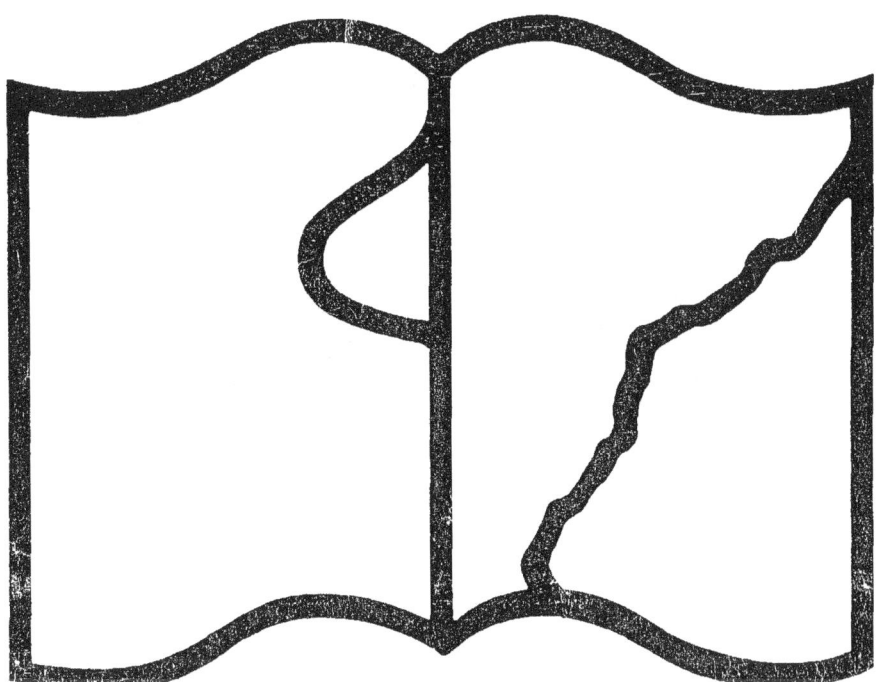

Texte détérioré — reliure défectueuse

NF Z 43-120-11

Contraste insuffisant

NF Z 43-120-14

Z
9665(33)

PANTHÉON LITTÉRAIRE.

LITTÉRATURE FRANÇAISE.

GÉOGRAPHIE. — VOYAGES.

LETTRES
ÉDIFIANTES ET CURIEUSES

CONCERNANT

L'ASIE, L'AFRIQUE ET L'AMÉRIQUE,

AVEC

QUELQUES RELATIONS NOUVELLES DES MISSIONS,
ET DES NOTES GÉOGRAPHIQUES ET HISTORIQUES.

PUBLIÉES SOUS LA DIRECTION
DE M. L. AIMÉ-MARTIN.

TOME DEUXIÈME.

GUYANES. — PÉROU. — CALIFORNIE. — CHILI. — PARAGUAY.
BRÉSIL. — BUENOS-AYRES. — INDOUSTAN. — BENGALE. — GINGI. — GOLCONDE.
MADURÉ. — CARNATE. — TANJAOUR. — MARHATE.

PARIS,
AUGUSTE DESREZ, IMPRIMEUR-ÉDITEUR,
RUE NEUVE-DES-PETITS-CHAMPS, 50.

M DCCC XXXIX.

LETTRES
ÉDIFIANTES ET CURIEUSES
ÉCRITES PAR LES MISSIONNAIRES.

MISSIONS D'AMÉRIQUE.

LETTRE

D'UN MISSIONNAIRE DE LA COMPAGNIE DE JÉSUS

ÉCRITE DE LA CAYENNE EN L'ANNÉE 1718 [1].

Mort du P. Creuilly.

C'est avec une sensible douleur que je vous apprends la perte que nous venons de faire du père de Creuilly. Il a passé trente-trois années dans cette mission, et, ce qu'on a de la peine à comprendre, c'est qu'avec une complexion aussi délicate que la sienne, il ait pu fournir une carrière si pénible et se livrer à des travaux continuels et qui étoient beaucoup au-dessus de ses forces.

Aussitôt qu'il arriva dans cette île, son premier soin fut d'instruire les peuples et de les porter à la pratique des vertus chrétiennes. Il ne se contentoit pas des instructions générales qu'il faisoit les dimanches, il partoit tous les lundis et s'embarquoit dans un canot avec quelques nègres. Comptant pour rien les périls qu'il avoit à courir sur une mer souvent orageuse et l'air étouffé qu'on respire en ce climat, il faisoit le tour de l'île, il parcouroit les habitations qui y sont répandues, et portant partout la bonne odeur de Jésus-Christ, il instruisoit chacun plus en particulier des devoirs de son état. Il ne revenoit d'ordinaire de cette course que sur la fin de la semaine, épuisé de fatigues, mais se soutenant par son courage et par la douce consolation qu'il avoit d'avoir rempli les fonctions de son ministère.

Bien que sa charité fût universelle, il s'employoit encore, ce me semble, avec plus d'ardeur et d'affection auprès des pauvres, et pour s'attirer davantage leur confiance, il entroit dans leurs cases, il les consoloit dans leurs souffrances et il étoit ingénieux à trouver des moyens de soulager leur indigence. Pour cela, il faisoit cultiver leurs terres par les nègres qui l'accompagnoient, il travailloit à réparer leurs cabanes à demi ruinées, il abattoit lui-même le bois nécessaire pour ces sortes de réparations et il en chargeoit ses épaules comme auroit fait un esclave. Une charité si vive et si agissante ne manquoit pas de lui gagner tous les cœurs; chacun l'écoutoit avec docilité, et il n'y avoit personne qui ne le respectât comme un saint et qui ne l'aimât comme son père.

La conversion des Indiens fut le second objet de son zèle. Rien ne le rebuta, ni les difficultés qu'il avoit à vaincre ni les dangers auxquels il falloit continuellement s'exposer. Il commença d'abord par apprendre leur langue, dont on n'avoit jusque là nulle connoissance. C'est lui qui, le premier, l'a réduite à des principes généraux et qui, par un travail aussi pénible qu'ingrat, en a facilité l'étude aux autres missionnaires.

---

[1] La lettre est datée de *La Cayenne*, c'est-à-dire de la rivière sur laquelle était située la ville chef-lieu de la colonie française.
Presque tous les établissemens européens, en Amérique, étaient fondés sur les cours d'eau ou à leur embouchure.
Ces villes prenaient le nom de la rivière ou du fleuve et l'on datait indifféremment ou de l'établissement même ou du cours d'eau qui lui donnait son nom.
La Cayenne est une des branches par laquelle l'Oyak se jette dans l'Atlantique.

Il vivoit de même que ces sauvages, de poisson et de cassave (c'est un pain fait de la racine de manioc [1]) : il logeoit avec eux dans un coin de ce qu'ils appellent le carbet, (c'est une espèce de longue grange faite de roseaux, exposée aux injures de l'air et remplie d'une infinité d'insectes très-importuns), mais il étoit moins sensible à ces incommodités, qu'au peu de disposition qu'il trouvoit dans ces peuples à pratiquer les vérités qu'il leur annonçoit. Leur extrême indolence et leur inconstance naturelle s'opposoient au désir qu'il avoit de leur conversion. C'est pourquoi il ne conféra le saint baptême qu'à un petit nombre d'adultes sur la persévérance desquels il pouvoit compter, et il borna son zèle à baptiser les enfans qui étoient en danger de mort. Mais par ses sueurs et par ses travaux il fraya le chemin à d'autres missionnaires qui ont achevé son ouvrage, et l'on a aujourd'hui la consolation de voir plusieurs peuplades d'Indiens qui ont reçu le baptême et qui mènent une vie édifiante et conforme à la sainteté du christianisme.

Toutes ses vues se tournèrent ensuite du côté des nègres esclaves. L'humiliation de leur état excita sa charité : il a travaillé près de vingt ans à leur sanctification. Il étoit presque toujours en course, exposé aux ardeurs d'un soleil brûlant ou à des pluies continuelles, qui sont très-incommodes en certains temps de l'année. S'il se trouvoit dans un canot avec les nègres, il ramoit souvent en leur place, et quand quelques-uns d'eux étoient incommodés, il leur distribuoit ses provisions, se contentant pour vivre de quelques morceaux de cassave qu'il recevoit d'eux en échange. Lorsque, après s'être bien fatigué tout le jour, il arrivoit le soir dans quelque pauvre habitation, son plaisir étoit d'y manquer de tout, jamais plus gai ni plus content que quand il se voyoit accablé du travail de la journée et dans la disette des choses les plus nécessaires à réparer ses forces.

Parmi plusieurs traits extraordinaires de son zèle, je n'en choisirai qu'un seul, qui vous en fera connoître l'étendue. Il apprit qu'un esclave s'étoit blessé et étoit en danger de mourir sans confession. La cabane de ce malheureux étoit fort éloignée de la maison : le père de Creuilly, suivant les mouvemens ordinaires de sa charité, partit sur l'heure à pied, et après avoir long-temps erré dans un bois où il s'égara, il se trouva à l'entrée d'une prairie toute inondée, remplie d'herbes piquantes et de serpens dont la morsure est très-dangereuse, et aperçut alors une misérable cabane qu'il crut être la demeure de ce pauvre esclave. Aussitôt, sans hésiter un moment, il se jette dans la prairie et la traverse ayant de l'eau jusqu'aux épaules. Lorsqu'il en sortit, il se trouva tout ensanglanté et il eut le chagrin de ne rencontrer personne dans la cabane, qui étoit abandonnée. Tout trempé qu'il étoit, il ne laissa pas de continuer sa route, avec la même ardeur vers l'endroit qu'on lui avoit désigné. Enfin il arrive à la cabane du nègre, qu'il trouva dans un état digne de compassion. Il le confessa, il le consola et fournit à ses besoins autant que sa pauvreté pouvoit le lui permettre. Lorsqu'il retourna le soir à la maison, à peine pouvoit-il se soutenir.

Personne ici ne doute que ces sortes de fatigues jointes à ses jeûnes et à ses continuelles austérités n'aient abrégé ses jours et hâté le moment de sa mort. Nous n'oublierons jamais les grands exemples de vertu qu'il nous a laissés. Bien qu'il fût d'une complexion vive et pleine de feu, il s'étoit tellement vaincu lui-même qu'on l'eût cru d'un tempérament froid et modéré. Son visage et son air ne respiroient que douceur. Tous les emplois lui étoient indifférens, et il ne marquoit d'inclination que pour les plus humilians et les plus pénibles, s'estimant toujours inférieur à ceux qu'on lui confioit. Comme il se croyoit le dernier des missionnaires, il les regardoit tous avec une sin-

---

[1] *Jatropha manioc*, la racine de cette plante, mangée sans préparation, est un poison mortel pour les hommes et pour les animaux. Le suc de *rocou* en est le contre-poison, mais il faut le prendre aussitôt, car si on tarde une demi-heure le remède est sans effet. Pour enlever le suc corrosif du manioc on presse fortement cette racine, puis on la réduit en farine et on en fait du pain d'une qualité excellente. Le suc exprimé du manioc a la blancheur et l'odeur du lait d'amande : on fait de l'amidon.

Le *rocou* ou *roucou*, est un petit arbrisseau; sa graine infusée et macérée donne une pâte rouge dont les peintres font usage. Elle a l'odeur de violette, mais cette odeur se perd dans la traversée d'Amérique en Europe.

Le rocou de la Guyane est très-estimé, et indépendamment de ses heureux effets contre l'empoisonnement par le manioc, il fortifie l'estomac et on l'emploie avec succès dans les inflammations d'entrailles.

gulière vénération. Ces bas sentimens qu'il avoit de lui-même lui ont fait refuser constamment la charge de supérieur de cette mission, dont il étoit plus digne que personne, son humilité lui suggérant toujours des raisons plausibles pour le dispenser d'accepter cet emploi. La délicatesse de sa conscience le portoit à se confesser tous les jours quand il en avoit la commodité.

Enfin, son union avec Dieu étoit intime ; tout le temps qui n'étoit pas rempli par les fonctions de son ministère, il l'employoit à la prière, et il s'en occupoit non-seulement pendant le jour, mais encore durant une grande partie de la nuit. Une vie si pleine de vertus et de mérites ne pouvoit guère finir que par une mort précieuse aux yeux de Dieu. Il reçut les derniers sacremens de l'église avec une piété exemplaire, et ce fut le dix-huitième jour du mois d'août, vers les huit heures du matin, que Dieu l'appela à lui pour le récompenser de ses travaux.

Ce fut à ce moment qu'on connut mieux que jamais l'idée que nos insulaires avoient conçue de sa sainteté. On accourut en foule à ses obsèques, on se jetoit avec empressement sur son corps, on le baisoit avec respect, on lui faisoit toucher des médailles et des chapelets, et on se croyoit heureux d'avoir attrapé quelques lambeaux de ses vêtemens.

Les guérisons miraculeuses dont il a plu à Dieu de favoriser plusieurs personnes qui implorèrent l'assistance du missionnaire, augmentèrent de plus en plus la vénération à son égard et la confiance qu'on a en son intercession. Plusieurs viennent prier sur son tombeau, d'autres lui font des neuvaines, tous le regardent comme un puissant protecteur qu'ils ont dans le ciel.

LETTRE DU P. CROSSARD,

SUPÉRIEUR DES MISSIONS DE LA COMPAGNIE DE JÉSUS EN L'ILE DE CAYENNE.

AU P. DE LA NEUVILLE,

PROCUREUR DES MISSIONS DE L'AMÉRIQUE.

Origine et progrès de la mission et de la colonie des Guyanes.

De l'île de Cayenne, ce 10 novembre.

MON RÉVÉREND PÈRE,

La paix de N. S.

Nous avons appris avec une joie sensible que la Providence vous avoit chargé du soin de nos missions de l'Amérique méridionale. La Guyane, dont l'endroit le plus connu est l'île de Cayenne, en est une portion qui doit vous être chère. Vous y avez travaillé pendant quelques années, et le zèle que vous y avez fait paroître nous répond de l'attention et des mouvemens que vous vous donnerez pour avancer l'œuvre de Dieu dans ces terres éloignées.

Vous n'ignorez pas, mon révérend père, qu'il y a environ dix-huit ans que le père Lombard et le père Ramette se consacrèrent à cette mission, et qu'ayant appris à leur arrivée que le continent voisin étoit peuplé de quantité de nations sauvages qui n'avoient jamais entendu parler de Jésus-Christ, ils demandèrent avec instance la permission de leur porter les lumières de la foi. A peine leur fut-elle accordée qu'à l'instant, sans autre guide que leur zèle, sans autre interprète que le Saint-Esprit, ils pénétrèrent dans la Guyane et se répandirent parmi ces Indiens.

Ils mirent plus de deux ans à parcourir les différentes nations éparses dans cette vaste étendue de terres. Comme ils ignoroient tant de langues diverses, ils étoient hors d'état de se faire entendre ; tout ce qu'ils purent faire dans ces premiers commencemens fut d'apprivoiser peu à peu ces peuples et de s'insinuer dans leurs esprits en leur rendant les services les plus humilians : ils prenoient soin de leurs enfans, ils étoient assidus auprès des malades et leur distribuoient des remèdes dont Dieu bénissoit d'ordinaire la vertu ; ils partageoient leurs travaux et prévenoient jusqu'à leurs moindres désirs ; ils leur faisoient des présens qui étoient le plus de leur goût, tels que sont des miroirs, des couteaux, des hameçons, des grains de verre coloré, etc.

Ces bons offices gagnèrent peu à peu le cœur d'un peuple qui est naturellement doux et sensible à l'amitié. Pendant ce temps-là, les missionnaires apprirent les langues différentes de ces nations ; ils s'y rendirent si habiles et en prirent si bien le génie qu'ils se trouvèrent en état de prêcher les vérités chrétiennes, même avec quelque sorte d'éloquence.

Ils ne retirèrent néanmoins que peu de fruit de leurs premières prédications. L'attachement de ces peuples pour leurs anciens usages, l'inconstance et la légèreté de leur esprit, la facilité avec laquelle ils oublient les vérités qu'on leur a enseignées, à moins qu'on ne les leur rebatte sans cesse; la difficulté qu'il y avoit que deux seuls missionnaires se trouvassent continuellement avec plusieurs nations différentes, qui occupent près de deux cents lieues de terrain, tout cela mettoit à leur conversion un obstacle presque insurmontable. D'ailleurs, les fatigues continuelles auxquelles ils se livroient, et les alimens extraordinaires dont ils étoient obligés de se nourrir, dérangèrent tout-à-fait le tempérament du père Ramette : de longues et de fréquentes maladies le réduisirent à l'extrémité et m'obligèrent de le rappeler dans l'île de Cayenne.

Cette séparation fut pour le père Lombard une rude épreuve et la matière d'un grand sacrifice. Son zèle, néanmoins, loin de se ralentir, se ranima et prit de nouveaux accroissemens ; une sainte opiniâtreté le retint au milieu d'une si abondante moisson ; il résolut d'en soutenir le travail et d'en porter lui seul tout le poids. Il sentit bien que son entreprise étoit au-dessus des forces humaines : il y suppléa par une invention que son ingénieuse charité lui suggéra. Il forma le dessein d'établir une habitation fixe dans un lieu qui fût comme le centre d'où il pût avoir communication avec tous ces peuples. Pour cela, il parcourut les diverses contrées, et, enfin, il s'arrêta sur les bords d'une grande rivière où se jettent les autres rivières qui arrosent presque tous les cantons habités par les différentes nations des Indiens.

Ce fut là qu'à la tête de deux esclaves nègres qu'il avoit amenés de Cayenne, et de deux sauvages qui s'étoient attachés à lui, la hache à la main, il se mit à défricher un terrain spacieux. Il y planta du manioc, du blé d'Inde, du maïs et différentes autres racines du pays, autant qu'il en falloit pour la subsistance de ceux qu'il vouloit attirer auprès de lui. Ensuite, avec le secours de trois autres Indiens qu'il sut gagner, il abattit le bois dont il avoit besoin pour construire une chapelle et une grande case propre à loger commodément une vingtaine de personnes.

Aussitôt qu'il eut achevé ces deux bâtimens il visita toutes les différentes nations et pressa chacunes d'elles de lui confier un de leurs enfans. Il s'était rendu si aimable à ces peuples et il avait pris un tel ascendant sur leurs esprits qu'ils ne purent le refuser. Comme il connoissoit la plupart de ces enfans, il fit choix de ceux en qui il trouva plus d'esprit et de docilité, un plus beau naturel et des dispositions plus propres au projet qu'il avoit formé. Il conduisit comme en triomphe ces jeunes Indiens dans son habitation, qui devint pour lors un séminaire de catéchistes destinés à prêcher la loi de Jésus-Christ.

Le père Lombard s'appliqua avec soin à cultiver ces jeunes plantes et se livra tout entier à une éducation qui devait être la source de la sanctification de tant de peuples. Il leur apprit d'abord la langue françoise et leur enseigna à lire et à écrire. Deux fois le jour, il leur faisoit des instructions sur la religion, et le soir étoit destiné à rendre compte de ce qu'ils avoient retenu. A mesure que leur esprit se développoit, les instructions devenoient plus fortes. Enfin, quand ils avoient atteint l'âge de dix-sept à dix-huit ans et qu'il les trouvait parfaitement instruits des vérités chrétiennes, capables de les enseigner aux autres, fermes dans la vertu et pleins du zèle qu'il leur avoit inspiré pour le salut des âmes, il les renvoyoit les uns après les autres, chacun dans leur propre nation, d'où il faisoit venir d'autres enfans qui remplaçoient les premiers.

Quand ces jeunes néophytes parurent au milieu de leurs compatriotes, ils s'attirèrent aussitôt leur admiration, leur amour et toute leur confiance. Chacun s'empressait de les voir et de les entendre. Ils profitèrent, en habiles catéchistes, de ces dispositions favorables pour civiliser les peuples qui formoient leur nation et travailler ensuite plus efficacement à leur conversion.

Après quelques mois d'instructions purement morales, ils entamèrent insensiblement les matières de la religion. Les jours entiers et une partie des nuits se passoient dans ce saint exercice, et ce fut avec un tel succès qu'ils en gagnèrent plusieurs à Jésus-Christ et qu'il ne se trouva aucun d'eux qui n'eût une connoissance suffisante de la loi chrétienne et qui ne fût persuadé de l'obligation indispensable de la suivre.

Toutes les fois que ces jeunes catéchistes faisoient quelque conquête, ils ne manquoient pas d'en donner avis à leur père commun. Ils lui rendoient compte tous les mois du succès de leurs petites missions et lui marquoient le temps auquel il devoit se rendre dans leurs quartiers pour conférer le baptême à un certain nombre d'adultes qu'ils avoient disposés à le recevoir. Pour ce qui est des enfans, des vieillards et des malades qui étoient en danger d'une mort prochaine, ils les baptisoient eux-mêmes, et on ne peut dire de combien d'âmes ils ont peuplé le ciel après les avoir ainsi purifiées dans les eaux du baptême.

Je vous laisse à juger, mon révérend père, quelle étoit la joie du missionnaire lorsqu'il recevoit ces consolantes nouvelles. Il visitoit plusieurs fois l'année ces différentes nations, et il retournoit toujours à son petit séminaire chargé de nombreuses dépouilles qu'il avoit remportées sur la gentilité par le ministère de ses chers enfans.

Le père Lombard passa environ quinze ans dans ces travaux, toujours occupé ou à former d'habiles catéchistes, ou à aller recueillir les fruits qu'ils faisoient, ou à visiter les chrétientés naissantes. Cependant, comme ces chrétientés devenoient de jour en jour plus nombreuses par les soins des jeunes Indiens qu'il avoit formés, il ne lui étoit pas possible de les cultiver et d'entretenir en même temps son séminaire : il falloit renoncer à l'un ou à l'autre de ces soins.

Dans l'embarras où il se trouva, il prit le dessein de réunir tous les chrétiens dans une même bourgade. C'étoit une entreprise d'une exécution très-difficile. Une demeure fixe est entièrement contraire au génie de ces peuples; l'inclination qui les porte à mener une vie errante et vagabonde est née avec eux et est entretenue par l'habitude que forme l'éducation. Cependant leur penchant naturel céda à la douce éloquence du missionnaire. Toutes les familles véritablement converties abandonnèrent leur nation et vinrent s'établir avec lui dans cette agréable plaine qu'il avoit choisie sur les bords de la mer du nord, à l'embouchure de la rivière de Korou. Cette nouvelle colonie est actuellement occupée à bâtir une église, à former un grand village et à défricher le terrain qui a été assigné à chaque nation.

La difficulté étoit de dresser le plan de cette église, de diriger les ouvriers qui y devoient travailler. Le père Lombard fit venir de Cayenne un habile charpentier, qui pouvoit servir d'architecte dans le besoin. On convint avec lui de la somme de 1,500 livres. Toute modique que paroît cette somme, elle étoit excessive pour un missionnaire destitué de tout secours et ne trouvant que de la bonne volonté dans une troupe de néophytes qui sont sans argent et sans négoce. Son zèle, toujours ingénieux, lui fournit une nouvelle ressource.

Les Indiens qui devoient former la peuplade étoient formés en cinq compagnies qui avoient chacune leur chef et leurs officiers subalternes. Le père les assembla et leur proposa le moyen que Dieu lui avoit inspiré pour procurer la prompte exécution de leur entreprise. Ce moyen étoit que chaque compagnie s'engageât à faire une pirogue (c'est un grand bateau qui peut contenir environ cinq cents hommes). L'entrepreneur consentoit de prendre ces pirogues sur le pied de 200 livres chacune.

Quoique ces Indiens soient naturellement indolens et ennemis de tout exercice pénible, ils se portèrent à ce travail avec une extrême activité, et en peu de temps les pirogues furent achevées. Il restoit encore 500 livres à payer à l'entrepreneur. Le père trouva de quoi suppléer à cette somme parmi les femmes indiennes. Elles voulurent contribuer aussi de leur part à une œuvre si sainte, et elles s'engagèrent de filer autant de coton qu'il en falloit pour faire huit *hamacs* (ce sont des espèces de lits portatifs qu'on suspend à des arbres). L'architecte les prit en paiement du reste de la somme qui lui étoit due.

Tandis que les femmes filoient le coton, leurs maris étoient occupés à abattre le bois nécessaire à la construction de l'église. C'est ce qui s'exécuta avec une promptitude étonnante. Ils avoient déjà équarri et rassemblé les pièces de bois, selon la proportion que leur avoit marquée l'architecte, lorsqu'il survint un nouvel embarras. Il s'agissoit de couvrir l'édifice, et pour cela il falloit des planches et des bardeaux ; mais nos sauvages n'avoient nul usage de la scie. La ferveur des néophytes leva bientôt cette difficulté. Au nombre de vingt ils allèrent trouver un François, habitant de Cayenne, qui avoit deux nègres très-habiles à manier la scie ; ils lui demandèrent ces deux esclaves, et ils s'offrirent de le servir pendant tout le temps qu'ils seroient occupés à faire le toit de l'église. Cette offre étoit trop avantageuse pour n'être pas acceptée ; les sauvages servirent le François en l'absence des nègres, et les nègres finirent ce qui restoit à faire pour l'entière construction de l'église.

Telle est, mon révérend père, la situation de cette chrétienté naissante : elle donne, comme vous voyez, de grandes espérances ; mais ce qu'il y a de triste et d'affligeant, c'est qu'une si grande étendue de pays demanderoit au moins dix missionnaires et que le père Lombard se trouve seul ; que bien qu'il soit d'un âge peu avancé, il a une santé usée de fatigues qui nous fait craindre à tout moment de le perdre, et que s'il venoit à nous manquer sans avoir eu le temps de former d'autres missionnaires et de leur apprendre les langues du pays, que lui seul possède, cet ouvrage, qui lui a coûté tant de sueurs et de travaux et qui intéresse si fort la gloire de Dieu, courroit risque d'être entièrement ruiné. Vous êtes en état, mon révérend père, de prévenir ce malheur, vous en connoissez l'importance et nous sommes assurés de votre zèle. Ainsi nous espérons que vous nous procurerez au plus tôt un nombre d'ouvriers apostoliques, capables par leurs talens, par leur patience et par leur vertu de recueillir une moisson si fertile.

Je suis avec respect, etc.

LETTRE DU P. LAVIT

AU P. DE LA NEUVILLE,

PROCUREUR DES MISSIONS D'AMÉRIQUE.

Traversée de La Rochelle à Cayenne. — État de la colonie. — Mœurs des sauvages entre l'Oyapoc et le Maroni.

A Cayenne, ce 23 octobre 1728.

MON RÉVÉREND PÈRE,

La paix de N. S.

Je croirois manquer à la reconnoissance que je vous dois de tant de marques d'amitié que vous me donnâtes avant mon départ de Paris, si je différois de vous faire en peu de mots le récit de mon voyage et de la première entrevue que j'ai eue avec nos sauvages dès les premiers jours de mon arrivée à Cayenne.

Nous partîmes de La Rochelle, comme vous le savez, le 3 juillet : le calme et les vents contraires ne nous permirent de mouiller devant Cayenne que le 21 de septembre. Il y avoit près de deux cents personnes sur notre bord, et quoique dans cette traversée, qui a été assez longue, nous ayons eu à souffrir et des ardeurs du soleil et de la disette d'eau où nous nous sommes trouvés durant plus d'un mois, il n'y a eu, grâce au Seigneur, que très-peu de malades et la mort ne nous a enlevé personne. Le père de Montville n'a pas été aussi heureux que moi : le mal de mer l'a tourmenté toute la route. Pour moi, j'ai profité de la santé que Dieu m'a accordée pour dire tous les jours la messe à ceux de l'équipage qui pouvoient l'entendre et pour faire des exhortations toutes les fêtes. J'ai eu la consolation d'en voir une grande partie s'approcher des sacremens, et plusieurs matelots ont fait leur première communion dans le vaisseau. Je vous avoue que j'ai quitté avec regret ces bonnes gens, en qui j'ai trouvé toute la simplicité de la foi.

Peu de jours après mon arrivée à Cayenne, je fus appelé à une habitation qui est de sa dépendance, quoiqu'elle en soit éloignée de quinze lieues dans les terres ; c'étoit pour administrer les sacremens à un malade. Dans ce petit voyage, que je fis partie sur l'eau et partie dans les bois, je trouvai sur ma route deux familles de sauvages. Ce fut pour moi un touchant spectacle de voir pour la première fois ces pauvres infidèles et la misérable vie qu'ils mènent ; je m'arrêtai dans leur carbet environ une heure ; il n'y eut que les enfans que ma présence effaroucha ; les autres vinrent à moi avec moins de peine et je les apprivoisai encore davantage en leur distribuant le peu d'eau-de-vie que j'avois portée avec moi et en leur faisant quelques petits présens.

J'aurois été très-embarrassé avec eux si le nègre qui me conduisoit n'avoit pas su leur langue : il me servit de truchement, et avec son secours je fis connoître à ces pauvres sauvages que, vivant comme ils faisoient dans l'ignorance du vrai Dieu, ils étoient dans un état de perdition ; qu'ils avoient une âme immortelle et que s'ils négligeoient de se faire instruire, des feux éternels seroient leur partage aussitôt après leur mort ; qu'ils pouvoient éviter ce terrible malheur ; que pour cela ils n'avoient qu'à aller trouver le père Lombard, qui sait parfaitement leur langue ; que s'ils faisoient cette démarche, ce père les recevroit à bras ouverts et prendroit d'eux le même soin que le père le plus tendre prend de ses enfans.

Je vis à leur air qu'ils étoient touchés de ce discours. Ils me répondirent qu'ils ne vouloient point être malheureux dans cette vie et dans l'autre; qu'avec plaisir ils iroient trouver le père Lombard, mais qu'ils n'étoient pas maîtres d'eux-mêmes, qu'il vivoient dans la dépendance de leurs chefs, auxquels ils obéiroient s'ils entroient dans mes vues; qu'actuellement ils étoient à la pêche, et que si je voulois repasser chez eux, je les trouverois de retour sur le midi.

Je sortis assez content de ma visite, et leur ayant donné parole de revenir, j'allai au secours du moribond pour lequel on m'avoit appelé, et dont l'habitation n'étoit qu'à une petite lieue de la demeure de ces sauvages. Après avoir dit la messe et confessé le malade, je lui donnai le saint viatique. Il trouva dans la participation des sacremens la santé du corps aussi bien que celle de l'âme, car dès le jour même, non-seulement il fut hors de danger, mais il se vit entièrement délivré de la fièvre, quoiqu'il eût passé la nuit précédente dans un délire continuel et que depuis trois jours on désespérât de sa vie.

Comme je le vis en train de guérison, je ne songeai plus qu'à aller revoir mes sauvages. Avant que de sortir de la maison, je m'informai quel était le caractère et la manière de vie de ces barbares. On me répondit qu'ils vivoient comme des bêtes, sans aucun culte et presque sans nulle connoissance de la loi naturelle; que leur principal chef avoit mis sa propre fille au nombre de ses femmes; qu'en vain tenterois-je les engager dans un autre train de vie que celui qu'ils mènent; qu'ils ne daigneroient seulement pas m'écouter; qu'on avoit déjà fait divers efforts pour leur persuader de faire un voyage à Kourou, et qu'on n'avoit jamais pu y réussir.

Cette idée qu'on me donnoit de ces Indiens ralentissoit fort le zèle que je me sentois de continuer la bonne œuvre que je n'avois qu'ébauchée : cependant, ranimant toute ma confiance en Dieu, je ne crus pas devoir céder à cet obstacle, et comme le Seigneur emploie quelquefois ce qu'il y a de plus vil pour rapprocher de lui ceux qui en paroissent le plus éloignés, je me persuadai que j'aurois un reproche éternel à me faire si je négligeois d'entretenir les chefs, ainsi que je l'avois promis à leur famille.

Lorsque j'entrai dans leurs carbets, je les trouvai de retour de la pêche : ils étoient tranquillement couchés dans leur hamac et ils ne daignèrent pas en sortir pour me recevoir. Dès que le premier capitaine m'aperçut, il se mit à rire de toutes ses forces, ce qui me sembla de mauvais augure; cependant il me fit signe d'approcher ma main de la sienne, et cette légère marque d'amitié me donna du courage. Je m'assis sur un tronc d'arbre qui étoit auprès de son hamac, et comme lui et le second capitaine me parurent assez disposés à m'entendre, je leur répétai ce que j'avois dit le matin à leur famille; puis je leur ajoutai que je n'avois d'autre vue que de leur procurer une vie heureuse; qu'il étoit enfin temps d'ouvrir les yeux à la lumière et de sortir de leurs ténèbres; qu'ils n'avoient que trop résisté à la voix de Dieu, qui les pressoit, et par lui-même et par ses ministres, de renoncer à leurs folles superstitions et d'embrasser la religion chrétienne; que s'ils vouloient me suivre à Kourou, je les mettrois entre les mains d'un vrai père, qui les recevroit avec bonté et qui leur faciliteroit les moyens de s'y établir avec leur famille.

C'est alors que je reconnus quelle est la force de la grâce sur les cœurs les plus endurcis : ils me répondirent qu'ils étoient sensibles à mon amitié et qu'ils étoient prêts à faire ce que je souhaitois. J'ai conclu que nous partirions ensemble le lendemain matin, et c'est ce qui s'exécuta. Je les conduisis à Kourou, qui est éloigné de leurs bois d'environ dix-huit lieues. L'aimable accueil que leur fit le père Lombard les engagea encore davantage; il convint avec eux qu'après qu'ils auroient fait leur récolte de manioc, qui est une racine dont ils font leur pain, il leur prêteroit sa pirogue afin d'y mettre leur bagage et d'amener leur famille, composée de vingt personnes.

Si je fus touché de compassion en voyant l'état déplorable où se trouvoient les sauvages que je conduisois à Kourou, je fus bien consolé de voir le progrès rapide que la religion a fait dans le cœur des Indiens qui composent cette église naissante. Je ne pus retenir mes larmes en voyant le recueillement, la modestie et la dévotion avec laquelle ces différentes nations de sauvages rassemblés assistoient aux divins mystères. Ils chantèrent la grand'messe avec une piété qui en auroit inspiré aux plus tièdes et aux plus dissipés. Après l'Évangile, le père Lombard monta en chaire : les larmes des Indiens firent l'éloge du prédicateur. Comme il prêchoit dans leur langue, je ne compris rien à ce qu'il disoit ; je ne jugeai de la force de sa prédication que par l'impression sensible qu'elle faisoit sur ses auditeurs. Il y eut grand nombre de communions à la fin de la messe, et ils employèrent une heure et demie à leur action de grâces. A la vue de ce spectacle, et comparant ce que je voyois de ces nouveaux chrétiens avec l'idée que je m'étois formée des sauvages, je ne pus m'empêcher de m'écrier : O mon Dieu ! quelle piété ! quel respect ! quelle dévotion ! Aurois-je pu le croire si je n'en avois été témoin !

L'après-midi, le père Lombard fit le catéchisme aux enfans, après quoi on chanta les vêpres. La prière du soir, qui se fit en commun dans l'église, termina la journée du dimanche. Le lundi matin je vis encore les Indiens rassemblés dans l'église pour y faire la prière, ensuite ils entendirent la messe du père Lombard, pendant laquelle ils récitèrent le chapelet à deux chœurs, et de là ils allèrent chacun à leur travail.

La mission de Kourou sera le modèle de toutes celles qu'on songe à établir parmi toutes ces nations de sauvages qui sont répandues de tous côtés dans cette vaste étendue de terres que présente la Guyane. Il y a de quoi occuper plusieurs ouvriers évangéliques, que nous attendons avec une extrême impatience.

Je suis avec respect, etc.

LETTRE DU P. FAUQUE,

MISSIONNAIRE,

AU PÈRE DE LA NEUVILLE,

PROCUREUR DES MISSIONS DE L'AMÉRIQUE [1].

A Kourou, dans la Guyane, à quatorze lieues de l'île de Cayenne, ce 15 janvier 1729.

MON RÉVÉREND PÈRE,

La paix de N. S.

Il faudroit être au fait du caractère et du génie de nos Indiens de la Guyane pour se figurer ce qu'il en a coûté de sueurs et de fatigues afin de parvenir à les rassembler en grand nombre dans une même peuplade, et à les engager de contribuer, du travail de leurs mains, à la construction de l'église qui vient d'être heureusement achevée.

Vous le comprendrez aisément, mon révérend père, vous qui savez quelle est la légèreté et l'inconstance de ces nations sauvages et combien elles sont ennemies de tout exercice tant soit peu pénible. Cependant le père Lombard a su fixer cette inconstance en les réunissant dans un même lieu, et il a pour ainsi dire forcé leur naturel, en leur inspirant pour le travail une activité et une ardeur dont la nature et l'éducation les rendoient tout-à-fait incapables. C'est au travail et au zèle de ces néophytes que ce missionnaire est redevable de la première église qui ait été élevée dans ces terres infidèles : il en avoit dressé le plan en l'année 1726, comme vous en fûtes informé par notre révérend père supérieur général.

Le corps de ce saint édifice a quatre-vingt-quatre pieds de longueur sur quarante de large ; on a pris sur la longueur dix-huit pieds pour faire la sacristie et une chambre propre à loger le missionnaire ; l'une et l'autre sont placées derrière le maître-autel ; le chœur, la nef et les deux ailes qui l'accompagnent sont bien éclairés, et si l'on avoit pu ajouter à l'autel la décoration d'un retable, j'ose dire que la nouvelle église de Kourou, seroit regardée, même en Europe, comme un ouvrage de bon goût.

---

[1] On donnait généralement le nom de *Guyane* à tout le pays qui se trouvait au nord de l'Amérique méridionale entre la *terre ferme* et le Brésil.

Cinq peuples d'Europe s'en disputaient et s'en partageaient la domination : les Espagnols, les Français, les Portugais et les Anglais.

Les Espagnols d'Amérique se sont séparés de la métropole et ils ont joint la portion de la Guyane qu'ils possédaient à d'autres provinces dont se compose aujourd'hui la république de Vénézuela.

Les Portugais se sont également séparés de la cour de Lisbonne, et la partie de la Guyane qui leur appartient est devenue *l'Empire du Brésil*.

Les Anglais, les Hollandais et les Français, après de longues et sanglantes guerres, se sont partagé la Guyane proprement dite, et ils y entretiennent avec plus ou moins de succès les colonies qu'ils y ont fondées.

La Guyane française est quelquefois aussi appelée la *France Équinoxiale*. De grands efforts ont été faits pour y naturaliser les plantes utiles de l'Inde. Sous beaucoup de rapports on a réussi et l'on tire à présent de ce pays des épices d'une excellente qualité.

On a essayé de faire à Cayenne des plantations de thé, mais le commerce n'a retiré jusqu'ici aucun profit de cette tentative.

On en fit la bénédiction solennelle le troisième dimanche de l'Avent, c'est-à-dire le douze décembre de l'année dernière. La cérémonie commença sur les huit heures. Nous nous rendîmes processionnellement à l'église en chantant *Veni Creator*. Le célébrant, en aube, étole et pluvial, étoit précédé d'une bannière de la croix, et d'une dixaine de jeunes sauvages revêtus d'aubes et de dalmatiques.

Quand nous eûmes récité à la porte de l'église les prières prescrites dans le Rituel, on commença à en bénir les dehors. Le premier coup d'aspersoir fut accompagné d'un coup de canon, qui réveilla l'attention des Indiens : c'est M. Dorvilliers, gouverneur de Cayenne, qui leur a fait présent de cette pièce d'artillerie, dont il se fit plusieurs salves pendant la cérémonie. On ne pouvoit s'empêcher d'être attendri en voyant la sainte allégresse qui étoit peinte sur le visage de nos néophytes.

Lorsque la bénédiction de l'église fut achevée, nous allâmes encore processionnellement chercher le saint sacrement dans une case, où dès le matin on avoit dit une messe basse pour y consacrer une hostie. Le dais fut porté par quelques-uns des François de l'île de Cayenne, que leur dévotion avoit attirés à cette sainte cérémonie. Ce fut un spectacle bien édifiant de voir une multitude prodigieuse d'Indiens, fidèles et infidèles, répandus dans une grande place, qui se prosternoient devant Jésus-Christ pour l'adorer, tandis qu'on le portoit en triomphe dans le nouveau temple qui venoit de lui être consacré.

La procession fut suivie de la grande messe, pendant laquelle le père Lombard fit un sermon très touchant à ses néophytes : douze sauvages, rangés en deux chœurs, y chantèrent avec une justesse qui fut admirée de nos François, lesquels y assistèrent. L'après-midi, on se rassembla pour chanter vêpres, et la fête se termina par le *Te Deum* et la bénédiction du très-saint sacrement. Un instant avant que le prêtre se tournât du côté du peuple pour donner la bénédiction, le père Lombard avança en surplis vers le milieu de l'autel, et par un petit discours très-pathétique, il fit à Jésus-Christ, au nom de tous les néophytes, l'offrande publique de la nouvelle église. Le silence et l'attention de ces bons Indiens faisoient assez connoître que leurs cœurs étoient pénétrés des sentimens de respect, d'amour et de reconnoissance, que le missionnaire s'efforçoit de leur inspirer.

Depuis que nos sauvages ont une église élevée dans leur peuplade, on s'aperçoit qu'ils s'affectionnent beaucoup plus qu'ils ne faisoient auparavant à tous les exercices de la piété chrétienne : ils s'y rendent en foule tous les jours, soit pour y faire leur prière et entendre l'instruction qui se fait soir et matin en leur langue, soit pour assister au saint sacrifice de la messe. On ne les voit guère manquer au salut qui se fait le jeudi et le samedi, de même qu'il se pratique dans l'île de Cayenne. C'est par ces fréquentes instructions, et de si saintes pratiques qu'on verra croître de plus en plus la ferveur et la dévotion de ces nouveaux fidèles.

Tels sont, mon révérend père, les prémices d'une chrétienté qui ne fait que de naître dans le centre même de l'ignorance et de la barbarie. Je ne doute point que l'exemple de ces premiers chrétiens ne soit bientôt suivi par d'autres nations de sauvages, qui sont répandues de tous côtés dans ce vaste continent. C'est à quoi je pensois souvent pendant le séjour que j'ai fait au fort d'Oyapoc [1], où j'ai demeuré un mois pour donner les secours spirituels à la garnison. Le pays est beau et excellent pour toute sorte de plantage; mais ce qui me frappe d'autant plus, c'est qu'il est très-propre à y établir de nombreuses missions.

Un assez grand nombre d'Indiens qui sont dans le voisinage sont venus me rendre visite et ont paru souhaiter que je demeurasse avec eux ; je les aurois contentés avec plaisir si j'en avois été le maître et si mes occupations me l'eussent permis. Mais je les consolai en les assurant que la France devoit nous envoyer un secours d'ouvriers évangéliques, et qu'aussitôt qu'ils seroient arrivés, nous n'aurions rien tant à cœur que de travailler à les instruire et à leur ouvrir la porte du ciel. Il est à croire que leur conversion à la foi ne sera pas si difficile que celle des Galibis [2]. Quand je leur demandois s'ils avoient un véritable désir d'être chrétiens, ils me disoient en riant qu'ils ne savoient pas encore de quoi il s'agissoit et qu'ainsi ils ne pouvoient pas me donner de réponse posi-

---

[1] Oyapoc est à 50 lieues de la peuplade de *Kouron*.
[2] C'est sur cette côte qu'est Sinamari, où les déportés du 18 fructidor eurent tant à souffrir.

tive. Je trouvai cette réflexion assez sensée pour des sauvages.

Dans les momens que j'ai eu de loisir, j'ai dressé un petit plan des missions qu'on pourroit établir dans ces contrées parmi les nations sauvages qu'on a découvertes jusqu'à présent. J'ai profité des lumières de M. de La Garde, commandant pour le roi dans le fort d'Oyapoc, qui a beaucoup navigué sur ces rivières: voici le projet de cinq missions que nous avons formé ensemble.

La première pourroit s'établir sur les bords du Ouanari : c'est une assez grande rivière qui se décharge dans l'embouchure même de l'Oyapoc, à la droite en allant de Cayenne au fort. Les peuples qui composeroient cette mission sont les Tocoyennes, les Maraones et les Maourions [1]. L'avantage qu'on y trouveroit, c'est que le missionnaire qui cultiveroit ces nations sauvages ne seroit éloigné du fort que de trois ou quatre lieues ; qu'il y pourroit faire de fréquentes excursions, et que d'ailleurs il n'auroit point d'autre langue à apprendre que celle des Galibis ; que si l'on vouloit placer deux missionnaires au fort d'Oyapoc, l'un d'eux pourroit aisément vaquer à l'instruction des Indiens, et je puis assurer qu'en peu de temps il s'en trouveroit un grand nombre qui seroient en état de recevoir le baptême.

La seconde mission pourroit être composée des Palicours, des Caranarious et des Mayets, qui sont répandus dans les savanes aux environs du Couripi : c'est une autre grande rivière qui se décharge aussi dans l'Oyapoc à la gauche, vis-à-vis du Ouanari. Ces nations habitent maintenant des lieux presque impraticables, leurs cases sont submergées une partie de l'année : ainsi il faudroit les transporter vers le haut du Couripi. Ce qui facilitera la conversion de ces peuples, c'est que parmi eux on ne trouve pas de Pyayes [2] comme ailleurs, et qu'ils n'ont jamais donné entrée à la polygamie. Ces deux missions n'étant pas éloignées du fort, fourniroient aisément les équipages nécessaires pour le service du roi, ce qui seroit d'un grand secours, car aujourd'hui pour trouver douze ou quinze Indiens propres à nager une pirogue [1], il faut quelquefois parcourir vingt lieues de pays.

En montant vers les sauts d'Oyapoc, on pourroit établir une troisième mission à quatre journées du fort : elle seroit placée à l'embouchure du Camopi et seroit composée des nations indiennes qui sont éparses çà et là depuis le fort jusqu'à cette rivière. Ces principales nations sont les Caranes, les Pirious et les Acoquas.

A cinq ou six journées au-delà, en suivant toujours la même rivière et entrant un peu dans les terres, on pourroit former une quatrième mission composée des Macapas, des Ouayes, des Tarippis et des Pirious.

Enfin, une cinquième mission pourroit être fixée à la crique [2] des Palanques, qui se jette dans l'Oyapoc à sept journées du fort. Elle se formeroit des Palanques, des Ouens, des Tarippis, des Pirious, des Coussanis et des Macouanis. La même langue, qui est celle des terres, se parlera dans ces trois dernières missions. Je compte d'amener ici vers Pâques un Indien Carave [3] qui sait le galibi et avec lequel je commencerai à déchiffrer cette langue.

Nous avons encore dans notre voisinage un assez bon nombre d'Indiens Galibis, qui souhaitent qu'on les instruise des principes du christianisme : ils sont aux environs d'une rivière appelée Sinamari. Si ma présence n'eût pas été nécessaire à Oyapoc, je serois allé passer quelques mois avec eux. Le père Lombard, qui connoît la plupart de ces sauvages, assure qu'une mission qu'on y établiroit pourroit devenir aussi nombreuse que celle de Kourou.

Voilà, mon révérend père, une vaste carrière ouverte aux travaux apostoliques de dix ou douze missionnaires. Plaise au Seigneur d'envoyer au plus tôt ceux qu'il a destinés à recueillir une moisson si abondante. Comme c'est à vos soins et à votre zèle que nous devons la perfection de ce premier établissement, dont je viens de vous entretenir, les secours abondans que vous nous avez accordés nous mettent en état d'avancer la conversion de tant de peuples barbares. Je suis avec beaucoup de respect en l'union de vos saints sacrifices.

---

[1] Grand bateau propre à contenir une cinquantaine de personnes.
[2] C'est ainsi que dans le pays on appelle un gros ruisseau ou une petite rivière.
[3] Nom d'une nation.

[1] Sur les bords du fleuve Maroni.
[2] Espèce de magiciens.

LETTRE DU P. LOMBARD,

DE LA COMPAGNIE DE JÉSUS, SUPÉRIEUR DES MISSIONS DES
SAUVAGES DE LA GUYANE,

AU RÉVÉREND PÈRE CROISET,

PROVINCIAL DE LA MÊME COMPAGNIE DANS LA PROVINCE DE
LYON.

Nouveaux établissemens.—Conversions.

A Kourou, dans la Guyane, ce 23 février 1730.

Mon révérend Père,
La paix de N. S.

Je ne saurois trop tôt marquer à votre révérence combien cette mission lui est obligée d'y avoir envoyé le frère du Molard. Il est arrivé dans les circonstances les plus favorables, vu le dessein que nous avons formé d'établir au plus tôt plusieurs missions, non-seulement à Kourou, mais encore à Oyapoc. Habile et plein de bonne volonté comme il est, son secours nous étoit très nécessaire pour la construction et l'ornement des églises que nous devons élever dans toutes ces contrées barbares.

La dernière lettre du père Fauque vous aura déjà fait connoître Oyapoc : c'est une grande rivière au-dessus de Cayenne ; le roi vient d'y établir une colonie, dont il nous a confié le soin, pour ce qui regarde le spirituel, en nous chargeant en même temps de faire des missions aux environs de cette rivière, où les nations indiennes sont en bien plus grand nombre qu'à Kourou.

Le frère du Molard va d'abord travailler à l'embellissement de l'église de Kourou et à la construction d'une maison pour les missionnaires : car jusqu'ici nous n'avons logé que dans de petites huttes à l'indienne. Après quoi, lorsqu'il s'agira de former des peuplades, il n'aura guère le temps de respirer.

Je prévois ce qu'il en coûtera de dangers et de fatigues aux missionnaires pour aller chercher les Indiens épars çà et là dans les retraites les plus sauvages où ils se cachent, et pour les rassembler dans un même lieu ; je l'ai éprouvé plus d'une fois, et tout récemment une excursion que j'ai faite chez les Maraones m'a mis dans un état où pendant quelques jours on a appréhendé pour ma vie. Je croyois ne pouvoir jamais me tirer des bois et des ravines, et pour surcroît de disgrâces, étant tout couvert de sueur, il me fallut essuyer une pluie continuelle pendant une partie de la nuit. A deux heures du matin, j'arrivai tout transi de froid à la case, et dès le lendemain la pleurésie se déclara : heureusement la fièvre étoit intermittente et me donnoit quelque relâche.

Ce fut dans un de ces intervalles qu'on m'apprit que deux missionnaires étoient morts le même jour à Cayenne, au service de la garnison, qui étoit attaquée d'une maladie contagieuse, et qu'il n'y en restoit plus qu'un seul d'une santé chancelante. Tout malade que j'étois, je pris le parti d'aller au secours de cette colonie qui se voyoit tout-à-coup privée de presque tous ses pasteurs. Je partis donc d'Oyapoc, et ayant fait ce trajet en moins de vingt-quatre heures, j'arrivai avec le père Catelin à Cayenne. Quelques Indiens de la mission de Kourou me témoignèrent en cette occasion leur zèle et leur attachement. A peine fus-je abordé qu'ils se présentèrent à moi pour me porter sur leurs épaules jusqu'à notre maison, qui est éloignée d'une demi-lieue de l'endroit où j'avois débarqué. Le violent accès de fièvre que j'avois eu toute la nuit m'avoit tellement abattu que je ne pouvois me soutenir qu'avec peine. L'affection de ces bons Indiens me consoloit, je les entendois se dire les uns aux autres : « Ayons grand soin de notre Baba, n'épargnons pas nos peines, car que deviendrions-nous s'il venoit à nous manquer ? qui est-ce qui nous instruiroit ? qui nous confesseroit ? qui nous assisteroit à la mort? »

La consternation étoit générale à Cayenne quand j'y arrivai, à cause de la perte qu'on venoit de faire tout à la fois de trois missionnaires : une pareille mortalité étoit extraordinaire et l'on n'avoit rien vu de semblable depuis que nous y sommes établis. La bonté de l'air qu'on y respire et des alimens dont on se nourrit fait que communément il y a très peu de malades. Vous comprenez assez, mon révérend père, quels sont nos besoins et combien il est important de remplacer au plus tôt ces pertes. Dix nouveaux missionnaires, s'ils arrivoient, auroient peine à suffire au travail qui se présente.

Le peu de temps que j'ai demeuré à Oyapoc ne m'a pas permis de faire autant de découvertes que j'aurois souhaité : le pays est d'une vaste étendue et habité par quantité de diverses nations indiennes. On vient, depuis peu, d'en découvrir une qui est très-nombreuse et qui est établie à deux cents lieues du fort d'Oyapoc : c'est la nation des Amikouanes, que l'on appelle autrement les Indiens à longues oreilles. Ils les ont effectivement fort longues, et elles leur pendent jusque sur les épaules. C'est à l'art, et non pas à la nature, qu'ils sont redevables d'un ornement si extraordinaire et qui leur plaît si fort. Ils s'y prennent de bonne heure pour se procurer cet agrément : ils ont grand soin de percer les oreilles à leurs enfans ; ils y insèrent de petits bois pour empêcher que l'ouverture ne se ferme, et de temps en temps ils y en mettent d'autres toujours plus gros les uns que les autres, jusqu'à ce que le trou devienne assez grand, à la longue, pour y insinuer certains ouvrages qu'ils font exprès et qui ont deux ou trois pouces de diamètre.

Cette nation, qui a été inconnue jusqu'ici, est extrêmement sauvage : on n'y a aucune connoissance du feu. Quand ces indiens veulent couper leur bois, ils se servent de certains cailloux qu'ils aiguisent les uns contre les autres pour les affiler et qu'ils insèrent dans un manche de bois en guise de hache. J'ai vu à Oyapoc une de ses sortes de haches : le manche a environ deux pieds, et au bout il y a une échancrure pour y insérer le caillou. Je l'examinai, mais bien qu'il soit si mince, il me parut peu tranchant. J'ai vu aussi un de leurs pendans d'oreilles : c'est un rouleau de feuilles de palmistes d'un pouce de large : ils gravent sur le tranchant quelque figure bizarre qu'ils peignent en noir ou en rouge, et qui, attachée à leurs oreilles, leur donne un air tout-à-fait risible ; mais, à leur goût, c'est une de leurs plus belles parures.

En-deçà des Amikouanes, il y a plusieurs autres nations ; quoiqu'elles soient fort différentes et même qu'elles se fassent quelquefois la guerre les unes aux autres, il n'y a point de diversité pour la langue, qui est la même parmi toutes ces nations. Tels sont les Aromagatas, les Palunks ; les Turupis, les Ouays, les Pirius, les Coustumis, les Acoquas et les Caranes. Toutes ces nations sont vers le haut de la rivière Oyapoc. Il y en a un grand nombre d'autres sur les côtes, comme les Palicours, les Mayes, les Karnuarious, les Coussanis, les Toukouyanes, les Rouourios et les Maraones. Voilà, comme vous voyez, un vaste champ qui s'ouvre au zèle des ouvriers évangéliques.

Vous souhaitez, mon révérend père, que je vous informe du progrès que fait la religion parmi ces peuples et des œuvres extraordinaires de piété qu'on leur voit pratiquer. Il me seroit difficile de vous rien mander de fort intéressant. Vous savez que cette mission n'est encore que dans sa naissance. On vous a déjà fait connoître le caractère de ces nations sauvages, leur légèreté, leur indolence et l'aversion qu'elles ont pour tout ce qui les gêne. Nous ne pouvons guère espérer de fruits solides de nos travaux que quand nous les aurons réunis dans différentes peuplades où l'on puisse les instruire à loisir et leur inculquer sans cesse les vérités chrétiennes. Le cœur de ces barbares est comme une terre ingrate, qui ne produit rien qu'à force de culture.

Il a été un temps où leur inconstance naturelle et la difficulté de les fixer dans le bien me rebutoient extrêmement. Je craignois de m'être laissé tromper par des apparences et d'avoir conféré le baptême à des gens qui étoient indignes de le recevoir. Une espèce de dépit, qui me paroissoit raisonnable, me fit presque succomber à la tentation qui me prenoit de les abandonner. J'écoutai néanmoins de meilleurs conseils ; d'autres pensées, plus justes et plus conformes au caractère des peuples que Dieu avoit confiés à mes soins en m'appelant à cette mission, succédèrent aux premières idées qui me décourageoient : le Seigneur, malgré mes défiances et mes dégoûts, me donna la force de m'appliquer avec encore plus d'ardeur à cultiver un champ qui me sembloit tout-à-fait stérile, et ce n'est que depuis quelques années que j'ai enfin reconnu, par le succès dont Dieu a béni ma persévérance, que la religion avoit jeté de profondes racines dans le cœur de plusieurs de ces barbares.

J'en ai été encore mieux convaincu par la sainte et édifiante mort de plusieurs néophytes que j'ai assistés en ce dernier moment. Je ne vous en rapporterai que trois ou quatre exemples. Je sais, mon révérend père, qu'ils n'auront pas de quoi vous frapper : vous avez reçu les derniers soupirs d'une infinité de personnes dont la vie, passée dans l'exercice de toutes sortes de vertus, a été couronnée par la mort la plus sainte ; mais enfin quand les mêmes choses se rapportent d'un peuple sauvage et barbare, dont le naturel, les mœurs et l'éducation sont si opposés aux maximes du christianisme, on ne peut guère s'empêcher d'y reconnoître le doigt de Dieu et la puissance de la grâce, qui des rochers les plus durs en fait, quand il lui plaît, de véritables enfans d'Abraham.

Je commence par un infidèle que je baptisai, il y a quelque temps, à l'article de la mort: c'étoit un Indien plein de bon sens, appelé Sany. J'allois souvent à Ikaroux, qui est le premier endroit où je m'étois établi avec le père Ramette. Ce bon sauvage ne manquoit pas de nous rendre de fréquentes visites, et nos entretiens rouloient toujours sur la religion chrétienne et sur la nécessité du baptême. Nos discours, aidés de la grâce, firent de vives impressions sur son cœur, et ces impressions se réveillèrent aux approches de la mort. Il s'étoit retiré dans un lieu très-sauvage, où ses ancêtres avoient demeuré autrefois et où étoit leur sépulture. Ce fut par un coup d'une providence particulière de Dieu que j'allai le voir dans un temps où ma présence étoit si nécessaire à son salut. Mon dessein étoit d'aller à cinq ou six lieues visiter un Indien dont j'avois appris la maladie depuis peu de jours. Je passai par un carbet voisin, où la plupart des sauvages qui l'habitoient étoient chrétiens: à peine fus-je arrivé qu'ils se mirent autour de moi et me demandèrent où je portois mes pas. Ayant satisfait à leur demande: « Tu vas chercher bien loin, me dirent-ils, ce que tu as auprès de toi: ton ami Sany, qui demeure à une demi-lieue d'ici, est à l'extrémité. Ne ferois-tu pas mieux de l'aller voir? » J'y consentis très-volontiers, et deux Indiennes, parentes du moribond, s'offrirent à être mes guides. Nous nous mîmes en chemin, elles, mon petit nègre et moi; nous arrivâmes bientôt à une savane presque impraticable: les herbes et les joncs étoient montés si haut qu'on auroit eu de la peine à y découvrir un homme à cheval. Ces bonnes Indiennes marchèrent devant et me frayèrent le chemin en foulant aux pieds les joncs et les herbes: enfin elles me conduisirent à la pointe d'un bois épais, où le malade s'étoit fait transporter et où on lui avoit dressé une pauvre cabane. Aussitôt qu'il m'aperçut il s'écria tout transporté de joie: « Sois le bienvenu, Baba, je savois bien que tu viendrois me voir aujourd'hui; je t'ai vu en songe toute la nuit, et il me sembloit que tu me donnois le baptême. »

Sa femme et sa mère, qui étoient présentes, m'assurèrent qu'en effet il n'avoit cessé de parler de moi toute la nuit, et qu'il leur avoit dit que j'arriverois ce jour-là même. Je profitai des momens de connoissance qui lui restoient et des heureuses dispositions que le ciel avoit mises dans son cœur, et comme il étoit déjà très-instruit des vérités de la religion, je le préparai au baptême, qu'il reçut avec une grande piété. Il expira entre mes bras la nuit suivante, pour aller jouir, comme il y a lieu de le croire, du bonheur que la grâce de ce sacrement venoit de lui inspirer.

Une autre mort d'un jeune homme que j'ai élevé et qui se nomme Rémy, me remplit de consolation toutes les fois que j'y pense: il y avoit peu de temps qu'il étoit marié, et il avoit toujours fait paroître un grand attachement à tous les devoirs de la religion. Attaqué d'un violent mal de poitrine, dont tous les remèdes que je lui donnai ne purent le guérir, je lui annonçai que sa mort n'étoit pas éloignée. « Il faut donc profiter, me répondit-il, du peu de tems qui me reste à vivre. Oui, mon Dieu, ajouta-t-il, c'est volontiers que je meurs, puisque vous le voulez, je souffre avec plaisir les douleurs auxquelles vous me condamnez: je les mérite, parce que j'ai été assez ingrat pour vous offenser. *Aouerle,* disait-il en sa langue, *Aouerle Tamoussi ye tombe eüa aroubou mappo epelagame* ». Ce n'étoient pas là des sentimens que je lui eusse suggérés: le Saint-Esprit lui-même, qui les avoit imprimés dans son cœur, les lui mettoit à la bouche: il les répétoit à tout moment, et je ne crois pas m'écarter de la vérité en assurant qu'il les prononçoit plus de trois cents fois par jour; mais il les prononçoit avec tant d'ardeur que j'en étois comme interdit, et je n'avois garde de lui inspirer d'autres sentimens. Dès qu'il se sentit plus mal qu'à l'ordinaire, il me demanda les sacremens. Après avoir entendu sa confession, qu'il fit avec des sentimens pleins de componction, j'allai lui chercher le saint viatique. A la vue de son Sauveur, il parut ranimer toute la ferveur de sa piété: il se jeta à genoux, et, prosterné jusqu'à terre, il adora Jésus-Christ, qu'il reçut ensuite avec le plus profond respect; je lui administrai presque en même temps l'extrême onction, qu'il reçut avec une foi également vive; après quoi il ne cessa de s'entretenir avec Dieu jusqu'au dernier soupir.

A une mort si édifiante, je joindrai celle de Louis-Rémi Tourappo, principal chef de nos Indiens et le premier de cette contrée qui ait embrassé la foi. C'étoit un homme d'esprit, parfaitement instruit des vérités de la religion, et qui m'a fourni en sa langue des termes très-propres et très-énergiques pour exprimer nos divins mystères. Il a été pendant toute sa vie un modèle de vertu pour nos néophytes : presque tous les jours il assistoit au saint sacrifice de la messe. Le soir et le matin il ne manquoit jamais de rassembler tout son monde et il faisoit lui-même la prière à haute voix. Un flux de sang invétéré nous l'enleva. Aussitôt qu'il s'aperçut que son mal étoit sans remède, il ne songea plus qu'à se préparer à une mort chrétienne. Il reçut les derniers sacremens avec une dévotion qui en inspira au grand nombre de sauvages, dont sa case étoit remplie; je jugeai à propos, pour l'instruction et l'édification de cette multitude d'Indiens, de lui faire faire sa profession de foi avant que de lui donner le saint viatique. Je prononçai donc à haute voix tous les articles de notre croyance. A chaque article il me répondoit avec une présence d'esprit admirable et d'un ton assuré : « Oui, je le crois, » ajoutant toujours quelque chose qui marquoit sa ferme adhésion aux vérités chrétiennes. Ce fut dans ces sentimens pleins de foi et d'amour pour Dieu qu'il finit sa vie.

Comme je consolois sa fille aînée de la perte qu'elle venoit de faire, elle m'apprit que son père, peu de jours avant sa mort, avoit assemblé tous ceux sur qui il avoit de l'autorité pour leur déclarer ses dernières volontés. « Je meurs nous a-t-il dit, et je meurs chrétien : aidez-moi à en rendre grâces au Dieu des miséricordes. Je suis le premier capitaine qui ait reçu chez moi les missionnaires : vous savez que les autres capitaines m'en ont su mauvais gré et que j'ai été l'objet de leurs censures ; mais je me suis mis au-dessus de leurs discours et je n'ai pas craint de leur déplaire. Imitez en cela mon exemple; regardez les missionnaires comme vos pères en J.-C.; ayez en eux une entière confiance, et prenez garde qu'une vie peu chrétienne ne les oblige malgré eux à vous abandonner. » J'ai été très-touché de cette mort : c'étoit un ancien ami que j'affectionnois fort, à cause de son zèle pour la religion, et qui m'étoit véritablement attaché. Il étoit mon *banaré* et j'étois le sien : c'est, après les liaisons du sang, une sorte d'union, parmi les Indiens, la plus étroite qu'on puisse avoir. Nous honorâmes autant que nous pûmes ses obsèques : son cercueil; sur lequel on avoit posé son épée et son bâton de commandant, fut porté par quatre capitaines et conduit à l'église par presque tous les Indiens de la mission, qui tenoient chacun un cierge à la main. Il fut enterré au milieu de la nouvelle église. La reconnoissance demandoit qu'on lui fît cet honneur, parce que c'est lui qui a le plus contribué à la construction de ce saint édifice.

Je n'ai garde, mon révérend père, de vous fatiguer plus long-temps par des répétitions ennuyeuses de faits qui sont assez semblables. Je finirai cette lettre par le récit de la mort d'un autre Indien nommé Denis, qui nous a constamment édifiés par une piété exemplaire par une extrême délicatesse de conscience, et par la plus exacte fidélité à remplir toutes les obligations qu'impose le nom chrétien. Il lui arrivoit souvent de rester dans l'église après la grand'messe et d'y passer un temps considérable dans un profond recueillement et comme absorbé en lui-même par la ferveur de sa prière. Je le considérois quelquefois et je me disois à moi-même : « Que ne puis-je pénétrer dans le cœur de ce pauvre sauvage et y découvrir les communications intimes qu'il paraît avoir avec Dieu ! » Attaqué d'un flux de ventre sanguinolent, il vit bien qu'il n'avoit que peu de jours à vivre; il ne songea plus qu'à se préparer à ce dernier passage : il purifia plusieurs fois sa conscience par des confessions très exactes et avec les sentimens de la plus vive douleur. Dès qu'il eut reçu le corps adorable de J.-C., il n'eut plus d'autres pensées que celles de l'éternité. Il avoit sans cesse à la main le crucifix. Une fois entre autres que j'allai le voir, je lui trouvai les yeux collés sur ce signe de notre rédemption. Plusieurs Indiens l'environnoient dans un profond silence : je m'assis auprès de lui, et contre son ordinaire il ne me salua point tant il étoit appliqué à l'objet adorable qu'il tenoit entre les mains. « Hé bien ! mon cher Denis, lui dis-je, cette image de J.-C. attaché à la croix pour ton salut ne t'inspire-t-elle pas une grande confiance en ses miséricordes ? — Oui, Baba, me répondit-il d'un air serein et tranquille. » Le lendemain je le trouvai tellement affoibli que, n'ayant plus la force de tenir lui-même le crucifix, il le faisoit tenir par sa femme. Ce fut là le spectacle édifiant qui se présenta à mes yeux lorsque j'entrai dans sa cabane : sa femme étoit à genoux à côté de son hamac, tenant le crucifix à la main et le présentant à son mari ; les yeux du mourant étoient immobiles et fortement attachés sur l'image de Jésus crucifié : ils ne m'aperçurent ni l'un ni l'autre, et je fus si attendri de ce que je voyois que je sortis sur l'heure pour donner un libre cours à mes larmes. Je trouvai le père Fauque, à qui je racontai le désolant spectacle dont je venois d'être témoin, et je m'appliquai en même temps ces paroles du roi prophète : « *Euntes ibant et flebant mittentes semina sua, venientes autem venient cum exultatione portantes manipulos suos.* » Pouvois-je le croire, lui dis-je, qu'ayant semé avec tant de douleur je moissonnerois un jour avec tant de consolation ? J'avois parcouru ces lieux sauvages en pleurant, et, semblable à un laboureur qui n'ensemence qu'à regret une terre ingrate, je semois sans presque aucune espérance de récolte : pouvois-je m'attendre à la joie que je ressens maintenant, de me voir chargé des fruits de mes peines et de ma patience ? »

Je vous l'ai dit, mon révérend père, et il est vrai que le cœur de nos sauvages ressemble à ces terres qui ne produisent de fruits que par la patience de ceux qui les cultivent. Un missionnaire, sans avoir ces grands talens que Dieu donne à qui il lui plaît, mais qui sera plein de zèle et qui, loin de voltiger chez toutes ces différentes nations, s'attachera à une nation particulière de sauvages, pour les instruire à loisir et leur rebattre sans cesse les mêmes vérités, sans se rebuter, sans se décourager, verra, avec le temps, sa patience couronnée par les fruits de bénédiction que produira la semence évangélique qu'il aura jetée dans leurs cœurs. *Fructum afferunt in patientiâ.* Je me recommande à vos saints sacrifices et suis avec un profond respect, etc.

LETTRE DU P. FAUQUE,

MISSIONNAIRE DE LA COMPAGNIE DE JÉSUS,

AU P. DE LA NEUVILLE,

DE LA MÊME COMPAGNIE, PROCUREUR DES MISSIONS DE L'AMÉRIQUE.

Description de la Guyane et particulièrement des rives de l'Oyapoc.

A Cayenne, ce 1er mars 1730.

MON RÉVÉREND PÈRE,
La paix de N. S.

Le zèle dont vous êtes animé pour l'établissement des missions que nous projetons parmi tant de nations sauvages qui habitent la Guyane, et la générosité avec laquelle vous êtes toujours prêt à nous seconder dans une si sainte entreprise, sont bien capables de nous soutenir et de nous fortifier dans les travaux qui en seront inséparables. Nous découvrons tous les jours quelques unes de ces nations, que nous espérons de réunir en diverses peuplades semblables à celle que le père Lombard vient de former à Kourou. Ce n'est qu'en fixant ainsi les sauvages qu'on peut se promettre de rendre leur conversion à la foi solide et durable.

Dans le dernier voyage que je fis à Oyapoc, je profitai d'un peu de loisir que j'y eus pour monter la rivière et faire une petite excursion chez les sauvages. M. du Villard s'offrit à être du voyage : nous partîmes du fort le lundi 22 décembre de l'année dernière, dans deux petits canots, avec sept Indiens qui nous accompagnèrent, savoir : trois Caranes, deux Acoquas, un Piriou et un Palanque. Nous arrivâmes de bonne heure au premier saut nommé *Yeneri* : il est long d'un demi-quart de lieue, c'est le plus dangereux qu'on trouve dans toute la rivière d'Oyapoc. Quelque favorable que soit la saison, il faut nécessairement y débarquer tout le bagage pour traîner plus aisément les canots sur les roches.

C'est aux environs de ce saut que demeurent les Caranes, nation à la vérité peu nombreuse, mais qui, par sa bravoure, a tenu tête autrefois aux François et à dix autres nations indiennes : ils me reçurent fort bien et me parurent très-disposés à se faire instruire des vérités de la foi.

Le lendemain nous ne fîmes qu'errer de roche en roche, pour donner le loisir à nos Indiens de haler nos canots. Nous arrivâmes avant midi au second saut, nommé *Cachiri*, qui est long de près d'un quart de lieue et éloigné du premier saut d'environ une lieue. On voit là une petite rivière sur la gauche, qu'on nomme *Kerikourou*, et qu'on monte plus de vingt lieues dans les terres, quoiqu'elle soit remplie de sauts. C'est à Cachiri que trois de nos François furent tués autrefois par les Caranes.

Après avoir passé ce saut, nous découvrîmes sur la droite une crique assez grande qu'on nomme *Armontabo*. Un Palanque, appelé *Kamiou*, y avoit fait son *abatis* l'année dernière (c'est ainsi qu'en Amérique on appelle un terrain défriché), mais il n'y demeura pas longtemps : les Caranes l'obligèrent d'aller s'établir plus loin. Nous campâmes ce jour-là sur une roche au bord de la rivière. Les Indiens nous dressèrent un petit *ajupa* pour y passer la nuit (c'est une espèce d'appentis ouvert de tous côtés); mais comme il étoit mal couvert, par la difficulté de trouver dans ces cantons les feuilles propres à couvrir les toits, nous fûmes bien mouillés par quelques grains de pluie qui tombèrent.

Le 14 nous ne fûmes pas obligés de mettre pied à terre : à la vérité on trouvoit de temps en temps des roches; mais comme elles sont éparses çà et là dans la rivière, elles n'empêchent pas de tenir la route. Le lit de cette rivière nous parut assez beau ; nous découvrions quelquefois près d'un quart de lieue au loin, et en certains endroits la nature a si bien aligné le canal qu'on diroit qu'il a été tiré au cordeau.

Nos Indiens eurent souvent le plaisir de tirer leurs flèches sur des bakous : c'est un poisson fort délicat, que je comparerois volontiers à la dorade de Provence ; on le trouve dans le plus fort des courans ; il est d'ordinaire tellement attaché à succer une espèce de mousse qui naît contre les roches, qu'on peut s'approcher fort près de lui sans qu'il s'en aperçoive.

Vers les quatre heures du soir nous trouvâmes un paresseux : je ne sais si lorsque vous étiez à Cayenne vous avez vu cette espèce d'animal. Le nom qu'on lui a donné convient bien à son indolence et à son inaction : je ne crois pas qu'il pût faire cent pas en un jour dans le plus beau chemin.

Il étoit perché sur la pointe d'un rocher élevé au milieu de l'eau. Il a quatre pattes armées de trois griffes assez longues et un peu crochues. Sa peau est couverte d'un poil presque aussi long et aussi fin que la laine ; sa queue est très-courte, et son museau ressemble parfaitement au visage d'un homme qui auroit la tête enveloppée d'un capuche bien étroit. Celui que nous vîmes n'étoit guère plus gros qu'un chat. Si nos Indiens ne l'eussent pas trouvé si maigre, ils s'en seroient régalés [1].

Il nous fallut coucher ce soir là dans le bois : la pluie que nous avions essuyée la nuit précédente rendit les Indiens plus attentifs à nous mieux loger. Leur précaution nous fut inutile, car il plut jusqu'à huit heures du matin.

Le 15 nous continuâmes notre marche, qui fut assez unie : il se trouva néanmoins assez fréquemment sur notre route des îlots, des bancs de roche, des courans et des bouquets de bois, mais ils ne nous furent d'aucun obstacle. Nous rencontrâmes dans la matinée une assez grande rivière, qui monte jusqu'à trente lieues dans les terres où il y a une nation d'Indiens qui sont inconnus. Je crois qu'on les nomme *Aranajoux*. Vers les deux heures après-midi, nous découvrîmes de loin deux abatis faits tout récemment ; nous n'eûmes pas le temps de les aller reconnoître de plus près.

Peu après nous rencontrâmes deux canots de pêcheurs qui nous conduisirent à leur case : c'étoient des Pirious établis depuis un an dans cette contrée. La pluie qui tomba en abondance aussitôt que nous y fûmes arrivés, nous obligea de passer la nuit chez eux. Nous étions si fort à l'étroit, et parmi des gens si sales, que j'aurois beaucoup mieux aimé loger dans les bois, comme nous avions fait les jours précédens. Un de nos Indiens nous avertit qu'il y avoit là un pyaie [2], lequel avoit trois femmes et laissoit mourir d'inanition ceux qui venoient chercher

---

[1] Ce genre de quadrupède ne se trouve que dans l'Amérique méridionale. Le paresseux est de l'ordre des tardigrades. Il y en a de trois espèces : l'aï, l'unau, le kouri.

L'aï est deux jours à monter sur l'arbre où il veut s'établir. Il le ronge jusqu'aux branches. Sa fourrure est d'un gris varié de brun, il a quelquefois une tache noire sur le dos.

L'unau est gros comme un mouton. Il n'a point de queue.

Le kouri est un petit unau. Il a le poil varié de brun, de jaune, de gris. Il habite particulièrement la Guyane.

[2] Enchanteur.

la santé chez lui, afin d'épouser ensuite les veuves. La polygamie et la confiance aveugle que ces sauvages ont dans ces sortes d'enchanteurs seront le plus grand obstacle que nous trouverons à établir le christianisme dans ces terres infidèles.

Le 16, nous commençâmes à trouver les abatis en plus grande abondance à l'un et à l'autre bord de la rivière. Nous nous arrêtâmes sur une roche vers les onze heures, afin de donner le temps à nos Indiens de se refaire un peu de leurs fatigues. Comme il y avoit là quelques cases et qu'il ne paroissoit aucun sauvage, j'eus la curiosité d'y entrer; mais à peine eus-je fait quelques pas que je sentis la terre s'enfoncer sous mes pieds : je retournai aussitôt vers nos Indiens, qui me dirent que depuis peu on avoit enterré en cet endroit une famille presque entière d'Acoquas, et que la peur dont les autres avoient été saisis les avoit fait décamper au plus vite.

Rien de plus digne de compassion, mon révérend père, que de voir la quantité de ces malheureux Indiens qui périssent faute de secours ; je suis persuadé que, quand nous serons une fois établis parmi eux, nous prolongerons la vie à un grand nombre. Dans les diverses excursions que j'ai faites, je n'en ai guère trouvé qui fussent d'un âge avancé. La confiance qu'ils paroissent avoir aux remèdes que leur donnent les François nous facilitera le moyen de nous insinuer dans leurs esprits. M. du Villard ouvrit la veine à plusieurs, qui lui témoignèrent beaucoup de reconnoissance. J'ai amené quatre de ces sauvages avec moi, afin qu'ils apprennent à saigner, et en même temps ils aideront le père Lombard à achever le vocabulaire qu'il a commencé. Ce secours que nous procurons aux Indiens les rendra bien plus dociles à nos instructions, car le caractère du sauvage est de ne se conduire d'abord que par des vues d'intérêt.

Après un peu de repos, nous reprîmes notre route; nous rencontrâmes une bande nombreuse d'Acoquas qui *enivraient* la rivière (c'est le terme des sauvages pour exprimer le secret qu'ils ont de prendre le poisson en les enivrant avec du bois de nekou qu'ils jettent dans l'eau et dont le poisson est friand). D'aussi loin que ces sauvages nous aperçurent, ils ramassèrent à la hâte leurs poissons et s'embarquèrent dans leurs canots pour éviter notre approche. Nous ne fûmes pas néanmoins longtemps sans les joindre : le plus ancien, qui faisoit la fonction de capitaine, vint me saluer. Un saut dangereux nous obligea de mettre pied à terre et d'aller à leurs cases. L'accueil froid et indifférent qu'ils nous firent ne nous engagea pas à demeurer avec eux : je leur donnai cependant le loisir de me bien examiner, car j'étois pour eux un objet nouveau et tout-à-fait extraordinaire.

Après avoir avalé un coui [1] d'une très-mauvaise liqueur qu'on me présenta, je profitai du reste de la journée pour me rendre chez le capitaine des Pirious, qui a une grande autorité dans sa nation et sur toutes les autres nations du voisinage. Il s'appelle Apariou : c'est un bon vieillard d'environ soixante et dix ans, qui a l'œil vif, l'air résolu et qui paroît homme de main. Un capitaine françois, à ce que m'assura M. du Villard, n'est pas mieux obéi de ses soldats qu'il l'est de tous ceux qui composent sa nation.

Quelques-uns de ses gens vinrent au-devant de moi avec leurs flèches, leurs plumets et les ornemens dont ils se parent. Apariou étoit resté chez lui dans une case haute. Aussitôt que j'eus pris place dans le *taboui* (c'est une case basse au rez-de-chaussée), je le vis paroître au haut de son échelle : il tenoit à la main une espèce d'esponton, et il avoit la tête couverte d'un vieux chapeau bordé dont M. de La Garde, envoyé à la découverte d'une mine d'or au haut de la rivière, lui avoit fait présent de la part du roi, comme à un banaré des François.

Avant de m'aborder, il s'adressa à son neveu, qui avoit fait quelques mois de séjour à Kourou, et lui demanda si j'étois véritablement celui chez qui il avoit demeuré. Après avoir été satisfait sur cet article, il s'approcha de moi avec un air épanoui et me dit en son langage que j'étois le bienvenu et qu'il étoit ravi de me voir. Je lui fis présent de quelques curiosités qui lui étoient nouvelles parce qu'il n'est jamais sorti de son pays, et il me parut très-content de mes libéralités. Je crus ne devoir rien négliger pour nous affectionner ce chef des sauvages, car c'est de lui que dépend le succès de l'établissement que nous projetons de faire en ce lieu-là. Sur le soir, je demandai au neveu quelles étoient les intentions du chef

---

[1] Jatte de bois vernissé.

son oncle. Il me répondit que, pour en être bien assuré, il falloit attendre le retour de son fils aîné, et qu'alors nous pourrions conférer ensemble et voir sur quoi je pouvois compter.

Comme nous n'étions pas éloignés de l'embouchure du Camopi[1], j'allai pendant ce temps-là voir cette rivière; nous y trouvâmes différentes cases de Pirious, qui nous reçurent avec affabilité. L'arrivée du fils aîné d'Apariou, qui s'appelle Aripa et qui doit lui succéder dans sa charge, m'obligea de retourner à sa case, où, ayant fait assembler les principaux de la nation, je leur déclarai que l'unique sujet de mon voyage étoit de m'assurer de leurs dispositions à l'égard du christianisme. Je m'étendis assez au long sur la vérité de la religion, sur la nécessité de l'embrasser et sur les grands avantages qu'ils en retireroient en cette vie et dans l'autre; puis je priai Aripa d'expliquer à son père et à tous ceux de l'assemblée ce que je venois de dire; il le fit, et je fus surpris d'entendre les exclamations du bon vieillard. Quoique sa langue me fût inconnue, je jugeai, par son ton de voix, par ses gestes et par la joie répandue sur son visage, qu'il entroit dans toutes mes vues. Ils furent quelque temps à délibérer ensemble; après quoi Aripa me répondit, au nom de l'assemblée, que notre établissement parmi eux leur faisoit plaisir, et qu'ils étoient prêts à nous écouter et à nous croire. On convint dès-lors d'un emplacement propre à construire l'église et les cases tant des missionnaires que des premiers chrétiens; l'endroit qu'on a choisi est au commencement d'un saut dont le coup d'œil est magnifique : on ne peut imaginer une nappe d'eau plus belle et plus claire; les poissons y sont en abondance, ce qui ne sera pas un amusement infructueux pour les jeunes Indiens.

Aripa me promit de fixer dans cet endroit l'établissement de tous ceux qui descendront du haut des deux rivières, en attendant que nous puissions nous y établir nous-mêmes. J'envie le sort de ceux qui auront l'avantage de recueillir cette moisson; ils seront bien dédommagés de leurs travaux par le caractère de douceur, de droiture et de docilité de ces peuples. J'avois avec moi un jeune enfant de Kourou, à qui je montrois à lire : rien ne leur parut plus extraordinaire que de voir un livre.

Ils me demandèrent plusieurs fois si leurs enfans pourroient avoir le même avantage. « Pourquoi non, leur répondis-je : si vous voulez bien nous les confier, nous en aurons le même soin, et ils deviendront aussi habiles que le François. »

Si les fêtes de Noël ne m'eussent pas rappelé à Ouyapoc, où ma présence étoit absolument nécessaire, j'aurois bien plus avancé dans les terres et j'aurois découvert plusieurs autres nations de sauvages. C'est ce que je ferai dans un autre voyage.

Je ne sais si vous avez été informé que feu M. Dorvilliers, avant que de partir pour la France, avoit envoyé un détachement de François vers le plus haut du Camopi : le dessein étoit de découvrir le lac Parime[1]. Ils ont été environ six mois à faire ce voyage. Ce qu'ils nous ont rapporté de plus intéressant, c'est qu'ils ont trouvé des bois remplis de cacao; ils se préparent à y aller faire cette année une abondante récolte. Ils nous ont raconté beaucoup d'autres choses curieuses de différentes nations sauvages qu'ils ont trouvées sur leur route; mais je ne crois pas devoir vous en faire part que nous ne nous soyons informés de la vérité de ces faits par nous-mêmes. Ne m'oubliez pas dans vos saints sacrifices, en l'union desquels je suis avec respect, etc.

LETTRE DU P. LOMBARD,

DE LA COMPAGNIE DE JÉSUS, SUPÉRIEUR DES MISSIONS INDIENNES DANS LA GUYANE,

AU PÈRE DE LA NEUVILLE,

DE LA MÊME COMPAGNIE, PROCUREUR DES MISSIONS DE L'AMÉRIQUE.

Kourou.—L'Ouyapoc.—Les Calibis.

A Kourou, dans la Guyane, ce 11 avril 1733.

MON RÉVÉREND PÈRE,

La paix de N. S.

Les missions naissantes qui se forment dans cette vaste étendue de terres connues sous le nom de Guyane sont trop redevables à vos soins et aux secours que vous leur fournissez si libéralement, pour ne pas vous en rendre un

---

[1] Elle se jette dans l'Ouyapoc à Sainte-Foi.

[1] Vaste lac, ou mer Blanche, dans le pays des Caracas. (Mathurin.)

compte fidèle. Je vous ai déjà entretenu de la première peuplade établie à Kourou, où nous avons rassemblé un grand nombre de sauvages, et de l'église que nous y avons construite. Cette peuplade est située dans une fort belle anse, arrosée de la rivière Kourou, qui se jette en cet endroit dans la mer. Nos sauvages l'ont assez bien fortifiée ; elle est fraisée, palissadée et défendue par des espèces de petits bastions. Toutes les rues sont tirées au cordeau et aboutissent à une grande place au milieu de laquelle est bâtie l'église, où les sauvages se rendent matin et soir, avant et après le travail, pour faire la prière et écouter une courte instruction.

Connoissant, comme vous faites, la légèreté de nos Indiens, vous aurez sans doute été surpris, mon révérend père, qu'on ait pu fixer ainsi leur inconstance naturelle : c'est la religion qui a opéré cette espèce de prodige ; elle prend chaque jour de fortes racines dans leurs cœurs. L'horreur qu'ils ont pour leurs anciennes superstitions, leur exactitude à approcher souvent des sacremens, leur assiduité à assister aux offices divins, les grands sentimens dont ils sont remplis au moment de la mort, sont des preuves non suspectes d'une conversion sincère et durable.

Nos François, qui viennent de temps en temps à Kourou, admirent la piété et la modestie avec laquelle ces sauvages assistent au service, et la justesse dont ils chantent l'office divin à deux chœurs. Vous seriez certainement attendri si vous entendiez les motets que nos jeunes Indiens chantent à la messe lorsqu'on élève la sainte hostie. Un Indien, nommé Augustin, qui sait fort bien le plain-chant, préside au chœur, anime nos chantres et les soutient du geste et de la voix. Il joint à beaucoup plus d'esprit que n'en ont communément les sauvages un grand fond de piété et remplit souvent les fonctions d'un habile et zélé catéchiste, soit en apprenant la doctrine chrétienne aux infidèles dispersés dans les terres, soit en leur conférant le baptême à l'article de la mort après les avoir instruits. Il y a peu de jours qu'on m'avertit que dans un lieu qui n'est pas fort éloigné de la mission, un sauvage infidèle étoit à l'extrémité. Outre que ma présence étoit alors absolument nécessaire à Kourou, une inondation subite avoit rendu le chemin impraticable à tout autre qu'aux Indiens. J'envoyai Augustin à son secours. Il partit à l'instant avec deux autres Indiens, et, ayant trouvé que le malade n'étoit pas dans un danger aussi pressant qu'on l'avoit publié, il le prit sur ses épaules et, avec le secours de ses compagnons, il me l'apporta à la mission, où je suis à portée de le baptiser quand je le jugerai nécessaire.

Cette peuplade, qui est comme le chef-lieu de toutes celles que nous projetons d'établir, s'est accrue considérablement par le nombre des familles indiennes qui viennent y fixer leur demeure et par la multitude des jeunes gens que j'ai élevés la plupart dès leur enfance et qui sont maintenant pères de famille. Les premiers y sont attirés par les avantages qu'ils trouvent avec nous. Au lieu qu'errant dans leurs forêts, ils cherchoient avec bien de la peine de quoi vivre et étoient sujets à de fréquentes maladies, qui, faute de soins, les enlevoient souvent dans la fleur de l'âge. Ici ils se procurent sans tant de fatigues et abondamment tout ce qui est nécessaire à la vie ; ils sont plus rarement malades, et l'on n'épargne aucun soin pour rétablir leur santé quand elle est altérée : deux grands logemens que j'ai fait bâtir servent d'infirmeries l'une pour les hommes et l'autre pour les femmes. Deux Indiens ont soin de la première et deux Indiennes de la seconde. Je leur ai fait apprendre à saigner et assez de chirurgie et de pharmacie pour préparer les médicamens dont les malades ont besoin et les donner à propos. Vous ne nous laissez manquer d'aucun des meilleurs remèdes de France, et ils ont ici plus de force et de vertu qu'en France même. Enfin le bonheur que goûtent nos néophytes, réunis ensemble dans un même lieu, n'ayant pu être ignoré d'un grand nombre de nations sauvages qui habitent la Guyane, ces bons Indiens me sollicitent continuellement et me pressent d'envoyer chez eux des missionnaires pour y faire des établissemens semblables à celui de Kourou. Quelle ample moisson si nous avions assez d'ouvriers pour la recueillir !

Le grand nombre des familles qui composent la peuplade et dont les chefs sont encore jeunes contribuent beaucoup au bon ordre et à la ferveur qu'on y voit régner. Depuis vingt-trois ans que je suis attaché à la nation des Galibis, ils ont tous été sous ma conduite dès leur bas âge : leur piété est solide, et c'est sur leurs exemples que se forment les nouveaux venus, qui, presque sans y faire réflexion, se laissent entraîner au torrent et s'assujettissent avec moins de peine aux exercices ordinaires de la mission.

Je vous l'ai déjà dit, mon révérend père, et je ne cesserai de le répéter, un missionnaire ne fera jamais de fruit bien solide parmi ces barbares s'il ne se fixe chez une nation à laquelle il se consacre tout entier : il ne doit point s'écarter de ses néophytes : quelque abandonnées que lui paroissent d'autres nations qui l'environnent, il ne peut faire autre chose que de gémir sur leur malheureux sort ou de leur procurer s'il le peut d'autres secours ; mais pour lui, il faut qu'il s'occupe sans cesse du soin de son troupeau et qu'il lui rebatte continuellement les mêmes vérités, sans se rebuter ni de la chute des uns ni du peu de ferveur des autres. Si je pouvois réunir sous un coup d'œil les chagrins et les dégoûts que j'ai eu à essuyer depuis que je travaille à la conversion des Galibis, vous en seriez étonné. C'est cependant ma persévérance qui a attiré les bénédictions de Dieu sur la mission de Kourou, qu'on voit maintenant si bien établie qu'elle a mérité l'attention particulière de monseigneur le comte de Maurepas, dont le zèle pour l'établissement de la religion dans ces terres infidèles et pour l'avancement de nos colonies nous fait ressentir chaque année des effets de la libéralité de notre grand monarque. Une protection si puissante est bien capable de soutenir et d'animer les ouvriers évangéliques dans les plus pénibles fonctions de leur ministère.

Après vous avoir parlé de la mission de Kourou, il faut vous entretenir du nouvel établissement qui se forme à Ouyapoc, où je fis un voyage sur la fin de l'année dernière. En fouillant la terre pour les fondemens de l'église qui y a été bâtie, nous fûmes fort surpris de trouver à quatre ou cinq pieds une petite médaille fort rouillée. Je la fis nettoyer et j'y trouvai l'image de saint Pierre : c'est ce qui me détermina à prendre ce prince des apôtres pour protecteur de la nouvelle église. Mais comment cette médaille a-t-elle pu se trouver dans ces contrées ? car enfin les Indiens n'ont jamais connu de médaille ni de monnoie, et il ne paroît pas qu'aucun chrétien ait jamais habité cette partie du Nouveau-Monde. Je m'offre à vous l'envoyer si vous croyez qu'elle mérite l'attention de vos savans antiquaires. Son type paroît être des premiers siècles du christianisme.

Le père Fauque est le premier jésuite qui se soit établi à Ouyapoc. Vous connoissez son zèle pour la conversion de nos sauvages et le talent qu'il a de s'insinuer dans leur esprit. Mais sa santé, qui s'affoiblit chaque jour, le met hors d'état de soutenir les fatigues inséparables des missions indiennes. Il fixera son séjour au fort d'Ouyapoc, où, se trouvant comme au centre de toutes les missions que nous espérons établir, il en aura la direction et trouvera dans sa prudente économie de quoi fournir aux besoins des missionnaires. Il est là comme environné de différentes nations, et entre autres des Maraones, des Maourios, des Tou-Koyanes, des Palikours, des Mayes, des Karanarious, etc.

A trois journées du fort, je séjournai au premier carbet que je trouvai, et j'y eus de fréquens entretiens avec ceux de ces sauvages qui savoient le galibi. J'espère que la semence que je jetai comme en passant dans leurs cœurs produira un jour des fruits de bénédiction.

De là, je continuai ma route, et après deux jours de navigation au milieu des roches dont la rivière est semée, et des fréquents sauts qui s'y trouvent, j'arrivai chez la nation la plus reculée des Pirious et où demeurent les capitaines, dont deux entendent fort bien le galibi. J'y trouvai le père d'Ayma logé dans une misérable hutte, vivant comme ces pauvres sauvages et passant la journée partie à la prière, partie à l'étude de la langue et à l'instruction des enfans. Deux sauvages qui savent les langues de de ces nations lui servoient d'interprètes. Il y a déjà deux ans qu'il a fixé parmi eux son séjour. Il m'a parlé d'un vaste emplacement où toutes ces nations doivent se réunir ; je l'ai vu et il est très-bien situé, mais il n'est pas du goût de tous les Indiens ; ceux d'en bas trouvent qu'il est trop éloigné, car il n'est qu'à une demi-journée de la rivière Camopi, et que, d'ailleurs, cette contrée est peu propre à la chasse et à la pêche. C'est pourquoi je convins avec les capitaines qu'on chercheroit plus bas un autre emplacement qui fût au gré de toutes ces nations, et que je viendrois moi-même y établir la mission. Ils me promirent de leur côté d'y rassembler tous les Indiens qui leur sont soumis, d'abattre le bois nécessaire pour aplanir le terrain, et d'y faire un plantage de cacao pour leur subsistance. Je leur ajoutai que je portois encore mes vues plus loin et que mon dessein étoit d'établir une mission chez les Ouayes et les Tarrupis, et une autre chez les Aromayotos. Ils approuvèrent ce dessein, en m'assurant qu'ils enverroient de leurs gens chez ces peuples pour les disposer à seconder les bonnes intentions que j'avois pour eux. Enfin, je leur demandai quelques-uns de leurs Indiens qui sussent la langue galibi, afin de m'apprendre la langue des Pirious, ce qu'ils m'accordèrent avec plaisir. Tout le loisir que je puis avoir je l'emploie à faire des grammaires et des dictionnaires de toutes les langues indiennes que j'ai apprises : j'abrégerai par là bien du travail à ceux de nos pères qui viendront partager nos travaux ou nous remplacer après notre mort.

Il se présente une mission bien plus importante à établir et dont le projet est fort goûté de M. le gouverneur et de M. l'intendant de Cayenne. Un grand nombre d'Indiens, qui désertent les peuplades qu'ont les Portugais vers le fleuve des Amazones, viennent chaque jour chercher un asile sur nos terres, où, quoiqu'ils soient chrétiens, ils se répandent de côté et d'autre et vivent sans aucun exercice de religion. Une grande mission portugaise établie à Purukouaré a été presque abandonnée par les Indiens : cinquante de ces sauvages, qui étoient sous la conduite des révérends pères récollets sont venus à Kourou. Je les ai trouvés bien instruits des vérités de la religion, et il n'y a rien à craindre pour eux tandis qu'ils demeureront dans notre peuplade. Mais que deviendront les autres qui mènent une vie errante? Ne perdront-ils pas bientôt les sentimens de piété qu'on leur a inspirés? Ceux même qui sont à Kourou, peuvent-ils y demeurer longtemps? Car le caractère de ces nations, leurs mœurs, leurs coutumes, leur langage sont entièrement différens des mœurs et du langage des Galibis, qui composent notre peuplade. Il y a même entre eux je ne sais qu'elle antipathie, qu'on auroit peine à vaincre. Le dessein est donc d'établir sur la rivière d'Aprouague une mission qui ne sera composée que de ces Indiens fugitifs, tant de ceux qui se sont réfugiés sur nos terres que de ceux qui viendront dans la suite. La situation d'Aprouague, qui se trouve entre Cayenne et Ouyapoc et à peu près à égale distance, est très-favorable. Il faudra leur accorder un vaste terrain et ne donner retraite à aucun d'eux qu'à condition qu'ils iront habiter cette mission. Par ce moyen-là ils ne seront point exposés au risque de retomber dans leurs premiers déréglemens ni au danger de périr de misère, faute de secours.

La colonie recevra de grands avantages de cet établissement. La mer est souvent difficile à tenir depuis la pointe d'Aprouague jusqu'à Ouyapoc. Il s'y fait de continuels naufrages, faute d'endroits où l'on puisse relâcher. Cette mission sera l'asile où se retireront ceux qui voyagent, jusqu'à ce que le temps devienne favorable pour se remettre en mer.

D'ailleurs, on cherche à ouvrir un chemin pour aller par terre à la colonie naissante d'Ouyapoc.

Les Indiens d'Aprouague rendront ce chemin praticable, et auront soin de l'entretenir. Enfin, ils seront d'un grand secours, soit pour la navigation, qu'ils entendent mieux qu'aucune autre nation, soit pour défricher les terres et pour construire des cases et des canots. On sait que quand ces sauvages sont dispersés et errans dans les forêts, on n'en peut tirer aucun service, au lieu que quand ils sont rassemblés dans un même lieu, l'émulation se met parmi eux, le gain qu'ils font et qui leur procure divers avantages les rend actifs et laborieux.

Le champ est ouvert, mon révérend père, il ne s'agit plus que de nous envoyer des ouvriers propres à le cultiver. Ce nouvel établissement demande un homme qui s'y livre entièrement, qui soit d'un zèle infatigable pour courir ces mers et aller chercher ces Indiens errans et fugitifs, et qui ait de la facilité à apprendre les langues, surtout celles des Arouas et des Mariones. Ce sont principalement ces deux nations, qui, se voyant inquiétées par les Portugais, se ressouviennent qu'ils ont été reçus autrefois dans l'alliance des François et viennent se réfugier chez leurs anciens amis. Je me repose entièrement sur votre zèle, dont vous nous donnez tant de preuves, et suis avec bien du respect, etc.

LETTRE DU P. FAUQUE,

MISSIONNAIRE DE LA COMPAGNIE DE JÉSUS,

AU P. DE LA NEUVILLE,

DE LA MÊME COMPAGNIE, PROCUREUR DES MISSIONS DE L'AMÉRIQUE.

Mœurs des Indiens.

A Ouyapoc, le 2 juin 1735.

Mon révérend Père.

La paix de N. S.

Les lettres que vous nous faites l'honneur de nous écrire chaque année respirent tout le zèle dont vous êtes rempli pour la conversion de nos pauvres sauvages. Nous voudrions pouvoir y répondre par une égale activité dans un travail auquel certainement nous ne nous refusons pas; mais, comme vous savez, le champ est vaste et très-inculte. Pour le défricher, il faut du temps et un plus grand nombre d'ouvriers que nous ne sommes.

Cependant, grâces aux bénédictions du Seigneur, nous recueillons déjà des fruits abondans, qui nous assurent que nos espérances sont bien fondées pour la suite. La peuplade de Kourou, que le père Lombard a formée, prend chaque jour de nouveaux accroissemens. Il n'y a point d'année qu'on n'y baptise plusieurs catéchumènes : ces nouveaux venus se forment bientôt sur le modèle des anciens fidèles. Les exemples de piété et de ferveur qu'ils ont devant les yeux fixent leur inconstance naturelle et les forcent en quelque sorte d'imiter les vertus dont ils sont témoins.

Le bel ordre qui s'observe dans cette peuplade, la variété des exercices, le soin qu'on prend de ces néophytes, la paix, la tranquillité et le bonheur dont ils jouissent, tout cela n'a pas été ignoré des nations les plus reculées. Six ou sept de ces nations pressent depuis long-temps le père Lombard de leur envoyer des missionnaires qui leur procurent les mêmes avantages, et c'est ce que ce père, dont vous connoissez le zèle, a extrêmement à cœur.

Pour moi, j'attends que le père d'Auzilhac vienne me remplacer à Ouyapoc, et aussitôt je partirai pour ouvrir la mission des Paliours. C'est la nation la plus nombreuse de toutes celles qui sont aux environs de cette contrée. Je suis déjà connu de ces peuples et je sens que j'en suis aimé.

Si l'on veut gagner le cœur et l'affection de nos Indiens, il faut s'armer de beaucoup de patience pour supporter leurs grossièretés et leurs défauts, avoir avec eux un air ouvert et des manières aisées, et être surtout attentif aux occasions de leur rendre service. C'est par ces manières franches et officieuses que le père Dayma s'est attiré l'amitié des Pirious et les a rassemblés dans une peuplade au nombre de plus de deux cents. Cette mission, qu'il a établie sous l'invocation de Saint-Paul, deviendra en peu de temps très-florissante.

Dans le voyage que je viens d'y faire avec M. Le Grand, lieutenant d'une compagnie de la marine, nous trouvâmes sur notre route la nation des Caranes. Ces bons sauvages nous comblèrent d'amitiés et de caresses, et je suis persuadé qu'on n'aura nulle peine à les réunir avec les Pirious. Ces deux nations parlent la même langue, elles se ressemblent parfaitement dans leurs mœurs et dans leurs usages, et les familles de part et d'autre s'unissent volontiers par des alliances.

Ce qui me fit plaisir fut de voir parmi eux une grande quantité d'enfans : cette jeunesse, formée de bonne heure à la piété chrétienne, se préservera plus aisément des vices ordinaires aux sauvages et conservera l'esprit du christianisme plus constamment que leurs parens qui se sont convertis dans un âge déjà avancé.

En approchant de la nouvelle peuplade, j'admirai l'ardeur avec laquelle une soixantaine d'Indiens, hommes, femmes et enfans, travailloient à défricher les terres de l'emplacement où l'on doit bâtir l'église et le logement du missionnaire. Pour peu qu'on connoisse le caractère indolent des sauvages et combien ils sont éloignés de tout travail tant soit peu pénible on ne doutera point que cette vivacité et cette ardeur dont ils sont naturellement incapables, ne soit l'effet d'une grâce singulière de Dieu, qui leur inspire un courage si extraordinaire. Je louai le zèle qu'ils faisoient paroître pour élever ce saint édifice en l'honneur du vrai Dieu ; je leur promis qu'aussitôt que l'église seroit achevée je viendrois les revoir et que j'amènerois avec moi quelques François pour leur servir de parrains lorsqu'ils seroient en état de recevoir le saint baptême. C'est un honneur dont nos Indiens sont jaloux, parce qu'ils trouvent un petit avantage dans les libéralités de ceux qui les ont tenus sur les fonts baptismaux.

Enfin, nous arrivâmes sur le soir à la mission de Saint-Paul : c'étoit un jour de réjouissance pour les sauvages, temps où ils prennent leurs plus belles parures. Les hommes vinrent nous recevoir à la descente de nos canots et nous conduisirent avec des démonstrations de joie extraordinaires à la case de leur missionnaire. Les femmes ne le cédèrent point à leurs maris et nous offrirent à l'envi divers rafraîchissemens.

Le lendemain nous visitâmes toutes les cases de ces bonnes gens, qui manquoient d'expressions pour nous témoigner leur amitié et leur reconnoissance. Je ne vous dissimulerai pas, mon révérend père, que je portois secrètement envie au père Dayma du bonheur qu'il a de travailler à la conversion de ces peuples ; je ne les quittai qu'à regret lorsqu'après avoir demeuré trois jours avec eux, il fallut nous séparer.

Lorsque le père Dayma aura gagné et réuni dans le même lieu le reste des Pirious dispersés çà et là dans les forêts, il sera chargé d'une peuplade aussi nombreuse qu'elle le peut être dans ce lieu-là, eu égard à ce que les terres sont capables de rapporter pour la subsistance de ses habitans.

Je vous ai parlé dans d'autres lettres du grand capitaine Ananpiaron, que la mort nous enleva il y a peu d'années. J'ai entretenu plusieurs fois ses deux fils, qui s'appellent Yaripa et Yapo. L'un et l'autre paroissent très affectionnés à la religion et aux missionnaires. Ils m'ont appris que le capitaine des Ouayes, qui habite le haut du Camopi, a dessein de s'approcher de nous et de descendre jusqu'à l'embouchure de cette rivière. S'il persiste dans sa résolution, comme il y a lieu de le croire, nous pourrons placer là une mission qui sera composée de ceux de cette nation, auxquels se joindront les Taroupis, les Acoquas, les Palanques et les Noragues.

Quoique cette mission placée à l'embouchure du Camopi doive être d'un grand secours à celle de Saint-Paul, dont elle retirera pareillement de grands avantages, je ne cesse pas de tourner mes vues du côté des Palikours et j'irai incessamment reconnoître leur pays.

On m'a déjà fait une peinture très-désagréable de sa situation et de la persécution qu'on a à souffrir des maringouins, dont toutes ces terres sont couvertes. Je choisirai l'endroit le moins incommode pour y fixer notre demeure. Mais je crois qu'il faudra établir dans cette contrée deux missions, parce que les Palikours, les Mayets et les Caranarious, qui occupent notre côté, du côté des Amazones, sont des nations trop nombreuses pour être rassemblées dans le même lieu.

De là nous passerons chez les Itoutanes. Ces Indiens sont à tout moment dans la crainte de tomber entre les mains des Portugais : on les réduira plus aisément que les autres sauvages d'alentour, parce qu'ils ont eu moins de commerce avec les Européens.

En nous avançant ainsi peu à peu au large, nous pourrons embrasser toute la Guyane françoise, c'est-à-dire le continent qui est depuis les Amazones jusqu'à Maroni. Peut-être même que la découverte de toutes ces terres deviendra très-avantageuse à la colonie.

Lorsque ces missions seront toutes formées, nous espérons en établir encore une autre à l'embouchure de cette rivière d'Ouyapoc, en y réunissant les Tokoyenes, les Maraones et les Maourious, nos voisins. Vous savez déjà que les Galibis de Sinamari sont dans les plus favorables dispositions à l'égard des missionnaires.

Voilà, comme vous voyez, mon révérend père, une grande moisson : plus elle est difficile à recueillir, plus elle animera le zèle des ouvriers évangéliques. Ces sauvages, tout grossiers, tout barbares qu'ils sont, ont été rachetés du sang de Jésus-Christ. Que ce motif est puissant pour nous soutenir dans nos peines et dans nos fatigues !

Je ne prétends rien dissimuler à ceux qui se sentent pressés de venir partager nos travaux, ils auront affaire à des peuples qui n'ont rien que de rustique et de rebutant dans leurs personnes, gens sans lois, sans dépendance, sans politesse, sans éducation, en qui l'on ne trouve nulle teinture de religion et qui n'ont pas même les premiers principes des vertus morales ; en un mot, de vrais sauvages qui semblent n'avoir de l'homme raisonnable que la figure. Mais en cela même ne sont-ils pas plus dignes de notre compassion et de notre zèle ?

On ne dira pas que je donne de nos sauvages un portrait flatté ; mais en même temps je ne puis m'empêcher d'avouer qu'un missionnaire qui travaille à leur conversion trouve bien des avantages qu'il n'auroit pas chez d'autres nations infidèles. Ici il n'y a ni idolâtrie à détruire ni idole à renverser ; il est à l'abri des persécutions auxquelles on doit s'attendre ailleurs de la part des puissances idolâtres ; ses instructions trouvent des cœurs extrêmement dociles, et l'on n'a jamais vu aucun sauvage former la moindre difficulté sur les vérités qui lui sont annoncées. Enfin, il recueille en paix le fruit de ses sueurs et de ses travaux, car, bien qu'il soit vrai que dans le nombre de ces néophytes qu'on a convertis à la foi il s'en trouve de tièdes et de languissans, il n'est pas moins vrai qu'on en voit un grand nombre qui conservent jusqu'à la mort un fond admirable de piété, et qui, par leur assiduité à la prière et dans tous les autres exercices d'une vraie dévotion, font paroître autant de ferveur qu'on en remarque en Europe parmi nos plus fervens congréganistes.

Parmi les nations polies et civilisées, un missionnaire a souvent à se précautionner contre les atteintes de la vaine gloire et contre les retours de l'amour-propre. Il n'a pas ici à craindre de semblables écueils, où viendroit se perdre le mérite de tous ses travaux ; il passe sa vie dans l'obscurité, au milieu des bois, n'ayant que Dieu pour témoin de ses ennuis, de ses souffrances, de ses sueurs et de ses fatigues. Ah ! qu'il est doux, mon révérend père, qu'il est consolant pour un ouvrier de l'évangile dont les vues sont bien épurées, de n'avoir que Dieu, au milieu de ces régions barbares, auquel il puisse avoir recours, de s'entretenir familièrement avec lui, de lui découvrir ses peines, de n'attendre de secours que de lui seul, et d'être comme en droit de lui dire : « Vous seul, ô mon Dieu, vous êtes mon unique refuge, mon soutien, mon espoir, ma consolation, ma joie, en un mot mon Dieu et mon tout : *Deus meus et omnia.* » Je me recommande à vos saints sacrifices et suis avec respect.

LETTRE DU P. FAUQUE,

MISSIONNAIRE DE LA COMPAGNIE DE JÉSUS,

AU P. DE LA NEUVILLE,

DE LA MÊME COMPAGNIE, PROCUREUR DES MISSIONS DE L'AMÉRIQUE.

Excursion dans les terres entre l'Ouyapoc et le fleuve des Amazones.

A Ouyapoc, ce 20 septembre 1736.

Mon révérend Père,
La paix de N. S.

Je vous ai annoncé dans plusieurs de mes lettres le voyage que je projetois de faire chez les Palikours ; mais des embarras imprévus et de fréquens accès d'une fièvre bizarre et opiniâtre me l'ont fait différer jusqu'au mois de septembre de l'année 1735. Ce fut donc le 5 de ce mois que je m'embarquai dans un petit *couillara* (c'est un tronc d'arbre creusé dont une extrémité se termine en pointe). Je descendis la rivière d'Ouyapoc dans cette espèce de canot, qui ne peut porter que cinq à six personnes, et je profitai ensuite de la marée pour entrer dans la rivière de Couripi, que nous remontâmes jusqu'à ce que la mer fût à flot. Nous mouillâmes alors, et comme les bords de cette rivière sont impraticables vers son embouchure, il me fallut prendre le repos de la nuit dans mon canot.

Aussitôt que la mer commença à monter, nous nous mîmes en route, et vers les sept heures du matin nous laissâmes à notre droite la rivière de Couripi pour entrer dans celle d'Ouassa. Vers le midi, je trouvai l'embouchure du Roucaüa, que nous laissâmes aussi à la droite, me réservant d'y entrer à mon retour, et comme la marée ne se faisoit presque plus sentir, nous ne fûmes pas obligés de mouiller ; mais la nuit nous ayant surpris avant que nous pussions gagner aucune habitation, il fallut la passer encore dans notre petit canot, avec des incommodités que vous pouvez assez imaginer.

Entre trois et quatre heures du matin, nous aperçûmes du feu sur l'un des bords de la rivière. C'étoient quelques Indiens qui campoient là et qui revenoient de chez leurs parens, établis près d'une grande crique[1] qu'on nomme

---
[1] C'est ainsi que dans le pays on appelle les petites rivières.

Tapamourou, dont je parlerai plus bas. Après un court entretien que j'eus avec eux, je continuai ma route et je fus fort surpris de ne point trouver ce jour-là d'habitations de sauvages. Je savois néanmoins qu'il y en avoit plusieurs répandues de côté et d'autre; mais outre que ceux qui m'accompagnoient ignoroient le chemin qui y conduit, il m'auroit été impossible d'y pénétrer, parce que les marais qu'il faut traverser étoient presque à sec.

Comme la nuit approchoit, je craignois fort d'être encore obligé de la passer dans mon canot, mais heureusement nous aperçûmes deux Indiens qui étoient à la pêche. Nous courûmes sur eux à force de rames, et eux, qui nous prenoient pour des coureurs de bois, fuyoient devant nous de toutes leurs forces, et nous eûmes bien de la peine à les atteindre. Nous les joignîmes enfin, et ils furent agréablement surpris de trouver dans moi toute la tendresse d'un père. Leur rencontre ne me fit pas moins de plaisir, surtout lorsqu'ils me dirent que leur demeure n'étoit pas fort éloignée. Ils m'y conduisirent, et le lendemain, fête de l'immaculée conception de la très-sainte Vierge, j'eus le bonheur d'y offrir le saint sacrifice de la messe.

Dès que l'aube du jour commença à paroître, je dressai mon autel et je le plaçai hors de la case, afin que de tous côtés on pût aisément me voir célébrer les saints mystères. C'étoit une nouveauté pour ces peuples, surtout pour les femmes et les enfans, qui n'étoient jamais sortis de leur pays. Aussi se placèrent-ils de telle sorte qu'il ne leur échappa pas la moindre cérémonie, et ils assistèrent à cette sainte action avec une modestie et une attention qui me charmèrent.

Vous jugez bien, mon révérend père, que la conversion de nos Indiens fut le principal objet de mon attention dans le temps du sacrifice : me trouvant au milieu de ce peuple infidèle, devois-je appliquer à d'autres le fruit et le mérite de l'hostie sainte que j'offrois à Dieu! Je conjurois donc le père des lumières d'envoyer au plus tôt à ces nations infortunées les secours dont elles sont privées depuis tant de siècles et qui ne sont dans l'égarement que parce qu'elles n'ont personne qui leur enseigne la voie du salut. Je fis la même application de toutes les autres messes que je dis pendant mon voyage, et ma consolation est d'apprendre qu'un nombre de dignes ouvriers se préparent à venir cultiver cette abondante portion de la vigne du Seigneur.

Je me rendis de là chez mon *banaré* (c'est le nom qui se donne, parmi les Indiens, à ceux avec lesquels on contracte des liaisons d'amitié, qui s'entretiennent par de petits présens qu'on se fait mutuellement). Il n'omit rien pour me retenir le reste du jour; mais je ne pus lui donner cette satisfaction parce que j'avois dessein de me rendre chez le capitaine de toute la nation, auquel M. des Roses, chevalier de Saint-Louis et commandant pour le roi dans ce poste, a donné, depuis environ deux ans, un brevet avec la canne de commandant. Cette canne est un jonc orné d'une pomme d'argent, aux armes de France, qui se donne de la part du roi aux capitaines des sauvages. Youcara (c'est le nom de ce capitaine) est, je crois, le plus âgé de tous les Palikours. Comme je l'avois vu plusieurs fois à Ouyapoc et que je lui avois souvent promis de l'aller voir chez lui, il me parut charmé que je lui eusse tenu enfin parole, et il n'oublia rien pour me dédommager de toutes les fatigues que j'avois eu à essuyer les jours précédens. Il me parut fort empressé à donner sur cela ses ordres à ses poitos, c'est-à-dire à ceux de sa dépendance, et surtout aux femmes, auxquelles appartient le soin du ménage.

Après les premiers complimens de part et d'autre, j'entrai d'abord en matière sérieuse et je lui dis que nous songions efficacement à nous établir parmi eux pour leur procurer le bonheur d'être chrétiens. Je lui exposai succinctement les motifs, soit surnaturels, soit humains, qui me parurent les plus propres à faire impression sur son esprit. Je n'oubliois pas la protection qu'ils auroient contre les vexations de ceux qui vont en traite, car je savois les sujets de mécontentement qu'il avoit sur cet article et qui lui tenoient au cœur. Comme il n'entend pas trop bien la langue galibi, dans laquelle je lui parlois, il me répondit qu'il feroit venir un interprète pour m'expliquer ses véritables sentimens. L'interprète arriva le lendemain matin, et après une courte répétition que je fis de ce que je lui avois dit la veille, il me répondit que sa nation seroit charmée d'avoir des missionnaires, et qu'ils ne viendroient jamais aussi tôt qu'elle le souhaitoit.

Nous délibérâmes alors sur l'endroit que nous choisirions pour y fixer la mission ; mais comme je n'avois pas encore parcouru les rivières de Roucaoua et de Tapamourou, je ne pouvois guère juger quel terrain méritoit la préférence. Maintenant que je les ai parcourues, je crois qu'on ne peut mieux faire que de s'établir chez Youcara jusqu'à ce qu'on trouve un endroit plus convenable. Sa demeure est presque tout-à-fait à la source du Ouassa, d'où l'on peut en un jour entrer dans Cachipour par la communication d'une petite crique. Je crois même qu'il y aura là beaucoup moins de *maques* (c'est un insecte assez semblable aux cousins, mais beaucoup plus gros, et dont l'extrémité des pieds est blanche). Cela seul mérite, je vous assure, quelque attention, car vous ne sauriez vous imaginer combien cette espèce d'insecte est incommode en certaines saisons de l'année. Il y en a quelquefois une si grande quantité que pour prendre son repas il faut se retirer dans quelque coin un peu à l'écart, souvent même on est obligé de manger en se promenant : c'est ce qui rend ce pays impraticable aux Européens. Quelques Indiens, pour se garantir de ces importuns insectes, se font des cases au milieu de l'eau, dans des marais fort éloignés de la terre, où ces petits animaux, ne trouvant ni arbres ni herbes aux environs pour se reposer, ne pénètrent guère, du moins en si grand nombre. La plupart dorment dans ce qu'ils appellent la *tocaye* (c'est une case écartée dans les bois, qui ressemble à une glacière) : ils ne s'y rendent que vers les huit heures du soir, et sans bruit, de crainte que ces insectes ne les suivent, car leur instinct les porte à aller où il y a du feu et où ils entendent du bruit. Je n'ai jamais osé y coucher, de peur d'y être étouffé : vous jugez aisément quelle doit être la chaleur d'une chambre fermée hermétiquement, où respirent, pendant toute une nuit, trente ou quarante Indiens.

Je passai le jeudi et le vendredi chez Youcara. C'est une curiosité naturelle à nos Indiens de visiter les hardes des étrangers, sans cependant jamais y rien prendre. Notre capitaine ayant visité le panier où je portois mon petit meuble, me demanda ce que contenoit une fiole qui étoit remplie d'eau bénite. Je lui répondis que c'étoit une eau dont les chrétiens se servoient pour chasser le démon, pour guérir les malades, etc. Il me pria d'en mettre sur quelques enfans qui languissoient depuis longtemps dans son carbet. Je les fis approcher et je leur fis le signe de la croix sur le front avec cette eau. Dieu en fut glorifié, car j'appris, peu de jours après, qu'ils jouissoient d'une santé parfaite.

Je trouvai dans ce capitaine des dispositions très favorables au christianisme, que je le pressois d'embrasser. En nous quittant, nous convînmes que dans trois jours il viendroit me joindre à l'embouchure de Tapamourou, où j'allois, et me confier deux jeunes Indiens que j'avois choisis chez lui pour les conduire à Kourou et les mettre en apprentissage de chirurgie. Il ne manqua pas au rendez-vous; mais comme je ne pus pas m'y rendre aussi exactement que lui, il planta une croix sur l'un des bords de la crique, pour me donner une preuve de son arrivée, après quoi il revira de bord. Heureusement les Indiens de ma suite ayant sonné du cor, il jugea que je n'étois pas loin et il s'arrêta pour m'attendre. Je vous avoue, mon révérend père, que je fus extrêmement surpris lorsque je vis le signe de notre rédemption arboré sur les bords de cette petite rivière, où je n'avois rien aperçu trois jours auparavant, et j'avois peine à me persuader que ce fût là l'ouvrage d'un sauvage. Il me dit qu'il l'avoit vu pratiquer ainsi autrefois à quelques François, dans les voyages qu'il avoit faits avec eux. Je le louai fort d'avoir retenu et imité ce trait de leur piété.

Pour revenir à Tapamourou, je ne pus gagner les cases des Indiens que bien avant dans la nuit du samedi au dimanche, bien qu'on m'eût fait espérer que j'y arriverois en plein jour. La principale cause de ce retardement fut que nous trouvâmes le lit de cette petite rivière tout couvert d'herbes et d'une espèce de roseaux sur lesquels il fallut se pousser à force de *tacaré*, (c'est une perche fourchue dont on se sert en guise de harpon.) Cette manière de naviguer est très-fatigante et demande beaucoup de temps. On est sujet à cet inconvénient dans les rivières peu fréquentées parce que les halliers des deux bords, venant à se joindre, font une espèce de barrière qui arrête tout ce que l'eau entraîne. Cela est quelquefois si considérable qu'on fait des lieues entières où il semble qu'on soit sur une prairie flottante, tandis qu'on a au-dessous de soi trois ou quatre brasses d'eau. Mon inquiétude étoit de nous voir obligés à passer encore la nuit dans notre canot, où nous n'aurions pas été fort en sûreté contre les crocodiles, dont nous étions environnés. Toutes ces rivières en foisonnent, et c'est ce qui contribue principalement à former l'embarras dont je viens de parler, car ces animaux, extrêmement voraces, en poursuivant les petits poissons dont ils se nourrissent, arrachent beaucoup de joncs, qui suivent ensuite le courant, et qui, venant à s'accrocher les uns les autres, couvrent toute la surface de l'eau.

Dans l'embarras où je me trouvai, je fis sonner de temps en temps du cor, afin d'avertir les sauvages de venir au devant de nous; mais ils ne portent pas jusque-là leur politesse: tout ce qu'ils firent, fut de nous apporter du feu à la descente de notre canot. Je bénis Dieu de bon cœur de me voir enfin à terre; je n'étois pas pourtant au bout de mes peines. Après avoir marché environ cent pas, nous trouvâmes un grand marais, qu'il fallut traverser pour se rendre au carbet. Les Indiens mettent d'ordinaire sur ces espèces d'étangs, des troncs d'arbres, qui se joignent bout à bout et qui forment une espèce de pont sur lequel ils courent comme des singes. Je voulus les imiter, à la faveur d'un tison de feu qu'on faisoit flamber devant moi pour m'éclairer; mais, soit que ma chaussure ne prêtât pas comme les pieds de mon guide, soit que je n'eusse pas autant de dextérité que lui, je tombai au second pas que je fis, et j'ai peine à comprendre comment je ne me brisai pas les côtes : le coup que je me donnai sur le côté gauche fut si violent que j'en ressentis une vive douleur pendant plusieurs mois. Je pris alors le parti de marcher dans le marais même, au risque d'être mordu des serpens, et j'arrivai enfin au gîte sans autre inconvénient que celui d'être bien mouillé.

Je trouvai là une grande et vaste case: comme elle étoit environnée de marais et de terres noyées, et que le temps des maques n'étoit pas encore passé, tous les habitans du lieu et ceux même de ma suite m'abandonnèrent pour aller coucher dans le tocaye. Je vous avoue, mon révérend père, que pendant cette nuit où je me voyois tout seul, j'eus bien des pensées effrayantes, malgré tous les motifs de confiance en Dieu que je ne cessois de me rappeler à l'esprit. « Si quelque sauvage, me disois-je, pour enlever le peu que tu as, venoit maintenant t'égorger ! si quelque tigre ou quelque crocodile se jetoit sur toi pour te dévorer ! » Car quelles horreurs n'inspirent pas les ténèbres d'une nuit obscure, surtout dans un pays barbare. Le lever de l'aurore vint enfin calmer mes inquiétudes, et après avoir célébré le saint sacrifice de la messe, j'allai visiter quelques habitations du voisinage.

J'entrai dans une case haute, que nous appelons *Soura* en langue galibi: m'entretenant avec ceux qui l'habitoient, je fus tout-à-coup saisi d'une odeur cadavérique, et comme j'en témoignai ma surprise, on me dit qu'on venoit de déterrer les ossemens d'un mort, qu'on devoit transporter dans une autre contrée, et l'on me montra en même temps une espèce d'urne qui renfermoit ce dépôt. Je me ressouvins alors que j'avois vu ici, il y a trois ou quatre ans, deux Palikours, lesquels étoient venus chercher les os d'un de leurs parens qui y étoit mort. Comme je ne pensai pas alors à les questionner sur cette pratique, je le fis en cette occasion, et ces sauvages me répondirent que l'usage de leur nation étoit de transporter les ossemens des morts dans le lieu de leur naissance, qu'ils regardent comme leur unique et véritable patrie. Cet usage est parfaitement conforme à la conduite que tint Joseph à l'égard de son père Jacob, et je dois vous dire en passant que nous remarquons parmi ces peuples tant de coutumes du peuple juif qu'on ne peut s'empêcher de croire qu'ils en descendent.

En continuant mes excursions dans mon canot, je trouvai deux cases de Caranarious. Ce sont des Indiens qui poussent encore plus loin que les autres sauvages le dénuement de toutes choses. Ils n'ont pas même de plantage; les graines des plantes et des arbres ou le poisson sont leur nourriture ordinaire. La cassaye, qui est un gâteau fait de la racine de manioc, et la boisson ordinaire des sauvages, qui se fait de la même racine, sont pour eux le plus grand régal. Quand ils veulent se le procurer, ils font une pêche abondante et ils portent leurs poissons chez les Palikours, qui leur donnent du manioc en échange. Les Palikours ont pris sur eux un tel ascendant qu'ils en font en quelque sorte leurs esclaves, c'est-à-dire qu'ils s'en servent pour faire leurs abatis, leurs canots, leur pêche, etc; souvent même ils leur enlèvent de force le peu de traite qu'ils font chez les François, lorsqu'ils travaillent pour eux.

Ce que cette nation a de singulier c'est que presque tous ceux qui la composent, hommes et femmes, sont couverts d'une espèce de lèpre, c'est-à-dire que leur épiderme n'est qu'une dartre farineuse qui se lève comme par écailles. Je vous avoue qu'on ne peut guère rien voir de plus affreux ni de plus dégoûtant. On trouve parmi les Palikours[1] une autre nation de cette espèce qu'on nomme Mayets; nous serons apparemment obligés de bâtir pour eux une église particulière, parce que leur lèpre qui flue de temps en temps répand une odeur si désagréable que les autres Indiens ne pourroient pas s'y accoutumer. Ce sont pourtant des âmes rachetées par le précieux sang de Jésus-Christ qui animent des corps si hideux et qui par-là méritent tous nos soins. Prions le Seigneur qu'il remplisse de son esprit ceux qui seront employés à leur conversion.

Je sortis le lundi de Tapamourou, et je couchai dans un petit bosquet sur l'un des bords du Ouassa; il me fallut y coucher encore le lendemain, parce que m'étant avancé jusqu'au milieu d'une crique qui conduisoit à d'autres habitations, l'eau qui y manquoit m'obligea de retourner sur mes pas. Le mercredi, j'arrivai chez un Indien nommé *Coumarouma*, qui m'avoit invité de l'aller voir et qui m'avoit même offert son emplacement pour y établir une mission : mais il n'est pas, à beaucoup près, si convenable que le haut du Ouassa dont j'ai parlé. Comme cet Indien étoit venu à Kourou et avoit été témoin de la charité des missionnaires pour leurs néophytes, nous nous entretînmes long-temps des mesures qu'on pourroit prendre pour faire chez eux un établissement. Je lui dis, entre autres choses, que les pyayes, qui sont une espèce d'enchanteurs et de magiciens, étoient entièrement bannis de la mission du père Lombard, et que je n'en connoissois qu'un seul qui eût la réputation de l'être. Je le lui nommai : il le connoissoit ; sachant qu'il étoit borgne : « Quoi ! me dit-il en riant, un tel est pyaye ? Et comment peut-il voir le diable, n'ayant qu'un œil ? » Cette plaisanterie de sa part me fit d'autant plus de plaisir qu'elle me confirma ce que je savois déjà, que les Palikours ne peuvent souffrir ces sortes de jongleurs : aussi les ont-ils tous fait périr, et il n'y a pas long-temps qu'une troupe de femmes en tuèrent un qui étoit de la nation des Caranarious, parce qu'elles le soupçonnèrent de vouloir exercer sur elles son art magique.

Le jeudi j'allai coucher à l'embouchure du Roucaoua, dans l'espérance de gagner le lendemain de bonne heure quelques habitations de sauvages ; mais mon attente fut trompée, et il fallut coucher dehors cette nuit-là ; cependant, ne pouvant me résoudre à dormir dans le canot, nous mîmes pied à terre et nous suspendîmes comme nous pûmes nos hamacs parmi les joncs et les broussailles, et le lendemain samedi, après avoir navigué toute la matinée avec beaucoup de peine et de fatigues, nous découvrîmes enfin des abatis de bois, et peu de temps après, des cases de sauvages. J'en connoissois plusieurs que j'avois vus au fort, et ils me reçurent fort bien. Je dis la messe le lendemain, et ce fut un grand sujet de satisfaction, surtout pour les femmes, les jeunes gens et tous ceux qui n'avoient jamais vu célébrer nos saints mystères. Je leur fis une explication succincte, avec un petit discours sur la nécessité d'embrasser la foi pour entrer dans la voie du salut. J'employai le reste de la journée et le lundi suivant à parcourir les carbets épars de côté et d'autre. J'y rencontrai un déserteur d'une des missions portugaises, qui sont sur les bords du fleuve des Amazones : il étoit venu s'établir là avec toute sa famille. Ce bon homme me fit une politesse à laquelle je n'avois pas lieu de m'attendre et qui me fit connoître le soin qu'ont les Portugais de civiliser les sauvages qu'ils rassemblent. Du plus loin qu'il m'aperçut, il vint au-devant de moi, tenant à la main une petite baguette dont il se servoit pour secouer la rosée des herbes

---

[1] Les Palikours étaient à l'est des Pirious et des Mayez. Ceux-ci habitaient la côte et dans les terres basses et marécageuses, ceux-là dans les savanes et les hautes terres.

Les Brésiliens leur ont fait une chasse à outrance et tout ce qu'ils ont pu saisir de ces peuplades ils l'ont transporté ailleurs et plus avant dans l'intérieur.

Cette partie de la côte entre l'Ouyapoc et l'Amazone, qui dépendait de la Guyane française, est depuis le traité de Vienne passé aux Portugais du Brésil.

Cependant les sauvages de cette contrée gardaient une affection vive pour les Français, et c'est une des causes principales qui les ont fait traiter sans pitié par le gouvernement brésilien.

qui bordoient le sentier par où je passois, ne voulant pas, me dit-il ensuite, que, puisque je prenois la peine de le visiter, mes habits en fussent endommagés.

Le mardi, je retournai sur mes pas et j'allai chez des sauvages que je n'avois pu voir en entrant dans la rivière de Roucaoua. Depuis que je suis dans ce pays et que je fréquente les sauvages, je n'en ai point vu de si sales, ni de si malproprement logés : aussi le lendemain, dès que j'eus dit la messe, nous nous embarquâmes pour nous rendre à l'embouchure du Couripi. Quoiqu'il n'y ait point d'Indiens établis sur cette rivière, j'aurois bien voulu avoir le temps de la remonter, pour examiner le terrain, ayant ouï dire qu'il y avoit vers sa source une vaste montagne nommée Oucaillari, où une mission seroit très bien placée. Mais les fêtes de Noël me rappeloient à Ouyapoc.

Les Palikours ont des coutumes assez singulières, mais dont nous ne pourrons être instruits que quand nous demeurerons avec eux. Il y en a deux principalement qui me frappèrent : la première c'est que les enfans mâles vont tout nus jusqu'à l'âge de puberté : alors on leur donne la *camisa*: c'est une aune et demie de toile qu'ils se passent entre les cuisses et qu'ils laissent pendre devant et derrière, par le moyen d'une corde qu'ils ont à la ceinture. Avant que de recevoir la camisa, ils doivent passer par des épreuves un peu dures : on les fait jeûner plusieurs jours, on les retient dans leur hamac, comme s'ils étoient malades, et on les fouette fréquemment, et cela, disent-ils, sert à leur inspirer de la bravoure. Ces cérémonies achevées, ils deviennent hommes faits.

L'autre coutume, qui me surprit bien davantage, c'est que les personnes du sexe y sont entièrement découvertes : elles ne portent jusqu'au temps de leur mariage qu'une espèce de tablier d'environ un pied en quarré, fait d'un tissu de petits grains de verre, qu'on nomme *rassade*. Je ne sache point que dans tout ce continent il y ait aucune autre nation où règne une pareille indécence. J'espère qu'on aura peu de peine à leur faire quitter un usage si contraire à la raison et à la pudeur naturelle. Nous donnerons d'abord des juppes à toutes les femmes, et il y a lieu de croire qu'elles s'y accoutumeront, car j'en ai déjà vu quelques-unes en porter ; elles seront bien plus honnêtement couvertes qu'avec leur tablier. Nous avons aux environs de ce fort une petite nation qui se nomme Tocoyenes, où les femmes sont beaucoup plus modestes. Peu à peu nous amènerons nos chrétiens à s'habiller totalement. Outre la plus grande décence, nous leur procurerons un autre avantage, c'est qu'en leur faisant naître des besoins, ils en deviendront plus laborieux et seront par là moins exposés aux tristes suites de l'oisiveté. J'ai l'honneur d'être avec bien du respect, etc.

LETTRE DU P. FAUQUE,

MISSIONNAIRE DE LA COMPAGNIE DE JÉSUS,

AU P. DE LA NEUVILLE,

DE LA MÊME COMPAGNIE, PROCUREUR DES MISSIONS DE L'AMÉRIQUE.

Manière de procéder dans l'établissement des missions. — Aspect du pays. — Différences entre les peuplades.

A Ouyapoc, ce 20 avril 1736.

MON RÉVÉREND PÈRE,

La paix de N. S.

Les lettres qui me sont venues d'Europe en différens temps et de diverses personnes me donnent lieu de croire qu'on n'y a pas une idée assez juste de cette mission ni du genre de travaux que demande la conversion de nos sauvages. Quelques-uns s'imaginent que nous parcourons les villes et les bourgades à peu près comme il se pratique en Europe, où de zélés missionnaires, par de ferventes prédications, s'efforcent de réveiller les pécheurs qui s'endorment dans le vice, et d'affermir les justes dans les voies de la piété. D'autres, qui sont plus au fait de la situation de cette partie du monde, croient qu'un missionnaire, sans se fixer dans aucun endroit, court sans cesse dans les bois après les infidèles, pour les instruire et leur donner le baptême.

Cette idée, comme vous le savez, mon révérend père, n'est rien moins que conforme à la vérité. Être missionnaire parmi ces sauvages, c'est en assembler le plus qu'il est possible, pour en former une espèce de bourgade, afin qu'étant fixés dans un lieu, on puisse les former peu à peu aux devoirs de l'homme raisonnable, et aux vertus de l'homme chrétien. Ainsi, quand un missionnaire songe à établir une peuplade, il s'informe d'abord où est le gros de la nation qui lui est échue en partage ; il s'y transporte et il tâche de gagner l'affection des sauvages par des manières affables et insinuantes ; il y joint des libéralités, en leur faisant présent de certaines bagatelles qu'ils estiment ; il apprend leur langue s'il ne la sait pas encore, et après les avoir préparés au baptême par de fréquentes instructions, il leur confère ce sacrement de notre régénération spirituelle.

Il ne faut pas croire que tout soit fait alors et qu'on puisse les abandonner pour quelque temps. Il y auroit trop à craindre qu'ils ne retournassent bientôt à leur première infidélité : c'est la principale différence qu'il y a entre les missionnaires de ces contrées et ceux qui travaillent auprès des peuples civilisés. On peut compter sur la solidité de ceux-ci et s'en séparer pour un temps, au moyen de quoi on entretient la piété dans des provinces entières ; au lieu qu'après avoir rassemblé le troupeau, si nous le perdions de vue, ne fût-ce que pour quelques mois, nous risquerions de profaner le premier de nos sacremens et de voir périr pendant ce temps-là tout le fruit de nos travaux.

Qu'on ne me demande donc pas combien nous baptisons d'Indiens chaque année. De ce que je viens de dire il est aisé de conclure que quand une chrétienté est déjà formée, on ne baptise plus guère que les enfans qui y naissent ou quelques néophytes qui, par leur négligence à se faire instruire ou par d'autres raisons, méritent de longues épreuves, pour ne pas se rendre tout-à-fait indignes de ce sacrement.

Vous n'ignorez pas, mon révérend père, ce que les missionnaires ont à souffrir, surtout dans des commencemens si pénibles : la disette des choses les plus nécessaires à la vie, quelque désir qu'aient les supérieurs de pourvoir à leurs besoins ; les incommodités et les fatigues des fréquens voyages qu'ils sont obligés de faire pour réunir ces barbares en un même lieu ; l'abandon général dans les maladies et le défaut de secours et de remèdes. Ce n'est là néanmoins que la moindre partie de leurs croix. Que ne leur en doit-il pas coûter de se voir éloignés de tout commerce avec les Européens et d'avoir à vivre avec des gens sans mœurs et sans éducation, c'est-à-dire avec des gens indiscrets, importuns, légers et inconstans, ingrats, dissimulés, lâches, fainéans, malpropres, opiniâtrement attachés à leurs folles superstitions, et pour tout dire en un mot, avec des sauvages ! Que de violences ne faut-il pas se faire ! que d'ennuis, que de dégoûts à essuyer ! que de complaisances forcées ne faut-il pas avoir ! combien ne doit-on pas être maître de soi-même ! Un missionnaire, pour se faire goûter de ses sauvages, doit en quelque sorte devenir sauvage lui-même.

Il faut pourtant vous l'avouer, mon révérend père, on est amplement dédommagé de toutes ces peines, non-seulement par la joie intérieure qu'on ressent de coopérer avec Dieu au salut de tant d'âmes qui ont toutes coûté le précieux sang de Jésus-Christ, mais encore par la satisfaction que l'on a de voir plusieurs de ces infidèles qui, ayant une fois embrassé la foi, ne se démentent jamais de la pratique exacte des devoirs du christianisme. En sorte qu'il arrive en cela, comme en bien d'autres choses, que les racines sont amères et que les fruits sont doux.

C'est en suivant ce plan que nous venons de faire, le père Bessou et moi, un assez long voyage chez les Indiens, qui sont au haut des rivières d'Ouyapoc et de Camopi, afin de les engager à se réunir et à se fixer dans une bourgade où l'on puisse les instruire des vérités de la religion. C'est un projet que j'avois formé il y a long-temps, et que je n'ai pu exécuter plus tôt parce que les Palikours et les nations plus voisines ont attiré jusqu'ici toute mon attention. Mais des personnes, à l'autorité desquelles je dois déférer, ont jugé qu'il ne falloit pas différer plus long-temps de travailler à la conversion des Ouens, des Coussanis [1] et des Tarouppis, qui sont répandus le long de ces deux rivières. J'ai lieu de croire que Dieu bénira cette entreprise.

Je partis donc le 3 novembre de l'année dernière pour me rendre à la mission de Saint-Paul, où je devois m'associer le père Bessou. Je fus agréablement surpris de trouver ce village beaucoup plus nombreux qu'il ne l'étoit la dernière fois que j'y allai : outre plusieurs familles de Pirious, de Palanques et de Macapas, qui s'y sont rendues de nouveau, la nation des Caranes y est maintenant établie tout entière et en fait un des plus beaux ornemens, car, de toutes ces nations barbares, c'est celle où l'on trouve plus de disposition à la vertu.

[1] Coussaris, à l'est de la Guyane française.

Mais ce qui me toucha infiniment, ce fut de voir l'empressement extraordinaire de ces peuples à se faire instruire. Au premier coup de cloche qu'ils entendent, ils se rendent en foule à l'église, où leur attention est extrême. Le temps qu'on emploie matin et soir à leur faire des catéchismes réglés leur paroît toujours trop court à plusieurs, et il faut que le missionnaire ait encore la patience de leur répéter en particulier ce qu'il leur a expliqué dans l'instruction publique. Une si grande ferveur, si peu conforme au génie et au caractère de ces nations, me fait croire que la chrétienté de Saint-Paul deviendra un jour très-florissante.

Après avoir demeuré trois jours dans la mission de Saint-Paul, nous nous mîmes en route, le père Bessou et moi, chacun dans notre canot. Dès la première journée je trouvai un fameux pyaye, nommé Canori, qui s'est fort accrédité parmi les sauvages, et avoit eu l'audace, pendant une courte absence du père Dayma, de venir dans sa mission de Saint-Paul et de faire ses jongleries tout autour de la case qu'il avoit nouvellement construite pour son logement. Je tâchai de savoir quelles avoient été ses intentions, mais ce fut inutilement : on ne tire jamais la vérité de ces sortes de gens accoutumés de longue main à la perfidie et au mensonge. Ainsi, prenant le ton qui convenoit, je lui remis devant les yeux les impostures qu'il mettoit en œuvre pour abuser de la simplicité d'un peuple crédule, en le menaçant que s'il approchoit jamais de la peuplade de Saint-Paul, il y trouveroit le châtiment que méritoient ses fourberies.

Ce qui met en crédit ces sortes de pyayes, c'est le talent qu'ils ont de persuader aux Indiens, surtout quand ils les voient attaqués de quelque maladie, qu'ils sont les favoris d'un esprit beaucoup supérieur à celui qui tourmente le malade; qu'ils vont monter au ciel pour appeler cet esprit bienfaisant, afin qu'il chasse l'esprit malin, seul auteur des maux qu'il souffre ; mais, pour l'ordinaire, ils se font payer d'avance et très-chèrement leur voyage. Ainsi, que le malade vienne à mourir entre leurs mains, ils sont toujours sûrs de leur salaire.

Le 11 du même mois, nous entrâmes dans la rivière de Camopi, environ sur les sept heures du matin, laissant la rivière d'Ouyapoc à notre gauche, et nous réservant à la monter à notre retour. Le Camopi est une assez grande rivière, moins grande que l'Ouyapoc, mais beaucoup plus facile à naviguer. Il y a pourtant des sauts en quantité ; nous en traversâmes un surtout le 15 qui étoit fort long et très-dangereux quand les eaux sont grandes. Aussi ne s'avise-t-on guère de le franchir alors, principalement quand on a des marchandises : on aime mieux faire des portages, quelque pénibles qu'ils soient, et c'est à quoi ne manquent jamais ceux qui vont chercher le cacao.

J'aurois peine à vous exprimer le profond silence qui règne le long de ces rivières ; on fait des journées entières sans presque voir ni entendre aucun oiseau. Cependant cette solitude, quelque affreuse qu'elle paroisse d'abord, a je ne sais quoi dans la suite qui dissipe l'ennui. La nature, qui s'y est peinte elle-même dans toute sa simplicité, fournit à la vue mille objets qui la récréent. Tantôt ce sont des arbres de haute futaie, que l'inégalité du terrain présente en forme d'amphithéâtre, et qui charment les yeux par la variété de leurs feuilles et de leurs fleurs. Tantôt ce sont de petits torrens ou cascades, qui plaisent autant par la clarté de leurs eaux que par leur agréable murmure.

Je ne dissimulerai pas pourtant, mon révérend père, qu'un pays si désert inspire quelquefois je ne sais quelle horreur secrète, dont on n'est pas tout-à-fait le maître, et qui donne lieu à bien des réflexions. Combien de fois me disois-je dans mes sombres rêveries, comment est-il possible que la pensée ne vienne point à tant de familles indigentes, qui souffrent en Europe toutes les rigueurs de la pauvreté, de venir peupler ces vastes terres qui, par la douceur du climat et par leur fécondité, semblent ne demander que des habitans qui les cultivent. Un autre plaisir bien innocent que nous goûtâmes dans ce voyage, c'est que, les eaux étant fort basses et fort claires, nous vîmes souvent des poissons se jouer sur le sable et s'offrir d'eux-mêmes à la flèche de nos gens, qui ne nous en laissèrent pas manquer.

Ce fut le 16 que nous nous trouvâmes aux premières habitations des Ouens, ou Ouayes. Ces pauvres gens nous firent un très-bon accueil ; toutes les démonstrations d'amitié dont un sauvage est capable, ils nous les donnèrent. Ils parurent charmés de la proposition que nous leur fîmes de venir demeurer avec eux pour les instruire des vérités chrétiennes et leur procurer le même bonheur qu'aux Pirious. Ils se regardoient les uns les autres et se marquoient leur étonnement de ce que, loin de leur rien demander, nous leur faisions présent de mille choses qui, en elles-mêmes, étoient de peu de valeur, mais dont les sauvages sont fort curieux. Il n'y en eut aucun d'eux qui ne promît de venir défricher des terres dans l'endroit que nous avons choisi, c'est-à-dire dans cette langue de terre que forme le confluent des rivières d'Ouyapoc et de Camopi. J'avois déjà jeté les yeux sur cet emplacement en l'année 1729. Mais aujourd'hui que je l'ai examiné de près, je ne crois pas qu'on puisse trouver un endroit plus commode et plus propre à y établir une peuplade. Il plut également au père Bessou, qui est destiné à gouverner cette peuplade quand les Indiens y seront rassemblés.

Nous nous arrêtâmes le 17 pour nous reposer ce jour-là et pour renouveler nos petites provisions, qui commençoient à nous manquer. Le lendemain matin nous reprimes notre route. Nous passâmes devant une petite rivière nommée *Tamouri*, que nous laissâmes à notre droite. Il faut la remonter pendant trois jours et marcher ensuite trois autres jours dans les terres pour aller chez une nation qu'on nomme *Caïcoucianes*, dont la langue approche assez du langage galibi [1] et est la même que celle des Armagatous. Nous aurions bien voulu visiter ces pauvres infidèles, mais les eaux étoient trop basses et ce n'étoit pas là le principal but de notre voyage. Nous nous contentâmes de lever les mains au ciel pour prier le père des miséricordes de bénir les vues que nous avons de les réunir aux autres nations que nous devons rassembler. J'ai lieu de croire qu'ils ne sont point éloignés du royaume de Dieu. Quelques-uns d'eux ayant visité la peuplade de Saint-Paul, ont été si contens de ce qu'ils y ont vu, que je ne doute pas qu'ils ne descendent bientôt à l'embouchure de leur rivière, pour se transporter au lieu où l'on fixera la nouvelle mission, surtout si les Armagatous veulent pareillement y venir. Quelques-uns de la nation des Ouens doivent aller leur rendre visite et les y inviter de ma part.

Ce jour-là même, à une heure après midi, nous arrivâmes à l'habitation d'Ouakiri, chef de toute la nation des Ouens, qui souhaitoit avec ardeur de voir un missionnaire parmi ses *poïtos* (c'est ainsi qu'on nomme les sujets d'un capitaine indien). Nous eûmes la douleur d'apprendre qu'il y avoit quatre mois que la mort l'avoit enlevé. Il étoit enterré dans un spacieux tabout [1] tout neuf, où nous passâmes la nuit. Ce que j'y remarquai de singulier, c'est que la fosse étoit ronde et non pas longue, comme elles le sont d'ordinaire. En ayant demandé la raison, on me répondit que l'usage de ces peuples étoit d'inhumer les cadavres comme s'ils étoient accroupis. Peut-être que la situation recourbée où ils sont dans leurs hamacs courts et étroits a introduit cette coutume; peut-être aussi que la paresse y a bonne part, car il ne faut pas alors remuer tant de terre. Quoi qu'il en soit, la nation des Ouens et le missionnaire qui va travailler à leur conversion ont fait une grande perte dans la personne d'Ouakiri. C'étoit un homme plein de feu, ami des François, aspirant au bonheur d'écouter nos instructions et ayant plus d'autorité sur ceux de sa nation que n'en ont communément les capitaines parmi les sauvages. Nous nous flattons néanmoins que cette perte n'est point irréparable, car nous nous sommes aperçus que ses enfans et son frère ont hérité de lui les mêmes sentimens.

Comme nous ne connaissions point d'autre nation au-delà du lieu où nous étions, il fallut songer au retour : nous descendîmes la rivière de Camopi, et le 23 nous entrâmes dans celle d'Ouyapoc, quoique nos gens se fussent arrêtés quelques heures pour chasser les cabiais, que les Pirious nomment cabionara. C'est un animal amphibie qui ressemble à un gros marcassin. On en tua deux dans l'eau à coups de fusil et de flèche. Cette chasse pensa nous coûter cher. Comme on faisoit boucaner cette viande pendant la nuit, selon l'usage des Indiens, dans le bois où nous étions couchés, nous fûmes réveillés brusquement par les cris de tigres, qui ne sembloient pas être éloignés : sans doute qu'ils étoient attirés par l'odeur de la viande. Nous allumâmes à l'instant de grands feux qui les écartèrent.

Il s'en faut bien que les eaux de l'Ouyapoc soient aussi ramassées que celles du Camopi. On trouve à tout moment dans l'Ouyapoc des

---

[1] Les Galibis sont à l'ouest de la Guyane française.

[1] Espèce de case.

bancs de roches, des bouquets de bois et des îlots qui forment comme autant de labyrinthes : aussi cette rivière n'est-elle pas à beaucoup près si fréquentée que l'autre, et c'est, à ce que je crois, ce qui nous procura la satisfaction de voir à différentes fois deux ou trois manipouris qui traversoient la rivière en des endroits où le chenal étoit plus découvert. Le manipouri est une espèce de mulet sauvage. On tira sur un, mais on ne le tua pas : à moins que la balle ou la flèche ne perce les flancs de cet animal, il s'échappe presque toujours, surtout s'il peut attraper l'eau, parce qu'alors il se plonge et va sortir au bord opposé du lieu où il a reçu la blessure que le chasseur lui a faite. Cette viande est grossière et d'un goût désagréable.

Nous reconnûmes le 25 à notre droite une petite rivière nommée Yarouppi. C'est là qu'on trouve la nation des Tarouppis. Les eaux étoient si basses qu'il ne nous fut pas possible d'y entrer. J'en fus d'abord affligé ; mais ce qui me consola un moment après, c'est que j'ai lieu de croire que l'impossibilité où nous avons été de les voir n'apportera aucun retardement à leur conversion. Nous avons vu plusieurs de ces Indiens chez les Ouens, avec qui ils sont en liaison, car ils se visitent souvent en traversant les terres qui séparent l'Oyapoc du Camopi, et ils m'ont bien promis de faire connaître aux chefs de leur nation le sujet de notre voyage en m'assurant qu'ils en auroient de la joie et qu'ils entreroient aisément dans nos vues.

Dès le lendemain 26, nous arrivâmes chez les Coussanis un peu avant le coucher du soleil. Il y a apparence qu'ils n'étoient là que depuis peu de temps, car leurs cases n'étoient pas encore achevées. Ils nous dirent que le principal capitaine et le gros de la nation s'étoient enfoncés dans les bois pour éviter la rencontre des Portugois, lesquels ne manquent guère, chaque année, de faire des excursions vers le haut des rivières qui se déchargent dans le grand fleuve des Amazones, soit pour ramasser du cacao, de la salsepareille et du bois de crabe, qui est une espèce de canelle; soit pour faire des recrues de sauvages et les rassembler, comme nous faisons, dans des peuplades. Mais l'extrême éloignement que ces Indiens ont des Portugois fait justement soupçonner qu'ils en sont traités avec trop de dureté.

Nous passâmes la nuit dans cet endroit, et le 27 nous allâmes visiter deux autres carbets assez éloignés et où il y avoit un bon nombre de ces Indiens : c'est tout ce que nous trouvâmes de la nation des Coussanis. Leur accueil fut assez froid ; j'attribue leur indifférence au peu de communication qu'ils ont eu jusqu'ici avec les François et à la disette extrême où ils vivent, jusque-là que je remarquai plusieurs femmes qui, faute de rassade, n'avoient pas même le tablier ordinaire que les personnes du sexe ont coutume de porter. Leur misère excita notre compassion, et comme nous étions au bout de notre course, n'y ayant point d'Indiens au-delà, nous leur distribuâmes libéralement la plus grande partie de la traite qui nous restait. Cette libéralité ne contribua pas peu à gagner leur confiance : ils nous parlèrent avec ouverture de cœur et se déterminèrent sans peine à se fixer dans le lieu que nous avons choisi pour y établir une peuplade. Depuis ce temps-là, deux des plus considérables de cette nation sont venus me voir à Oyapoc, plusieurs autres sont allés danser chez les Pirious. Lorsque, parmi ces barbares, une nation va danser chez une autre, c'est la plus forte preuve qu'elle puisse donner de son amitié et de sa confiance. Ainsi cette démarche des Coussanis est un témoignage certain de l'estime qu'ils font des Pirious depuis qu'ils sont sous la conduite d'un missionnaire. Après avoir ainsi confirmé toutes ces nations dans la résolution où elles paroissent être d'embrasser le christianisme, nous pensâmes à notre retour, et nous arrivâmes le 3 décembre à la mission de Saint-Paul.

Nous avons bien remercié le Seigneur des heureuses dispositions que nous avons trouvées dans ces nations sauvages : car c'est déjà beaucoup gagner sur des esprits si légers et si inconstans que de vaincre l'inclination naturelle qu'ils ont d'errer dans les forêts, de changer de demeure et de se transporter chaque année d'un lieu à un autre. Voici comme se font parmi eux ces sortes de transmigrations. Plusieurs mois avant la saison propre à défricher les terres, ils vont à une grande journée de l'endroit où ils sont pour y choisir un emplacement qui leur convienne; ils abattent tous les bois que contient le terrain qu'ils veulent occuper et ils y mettent le feu; quand le feu a tout consumé, ils plantent des branches de magnoc, car cette racine vient de bouture.

Lorsque le magnoc est mûr, c'est-à-dire au bout d'un an ou de quinze mois, ils quittent leur première demeure et viennent camper dans ce nouvel emplacement. Aussitôt qu'ils s'y sont logés, ils vont abattre du bois à une journée plus loin pour l'année suivante, brûlent le bois qu'ils ont abattu et plantent leur magnoc à l'ordinaire. C'est ainsi qu'ils vivent pendant des trente ou quarante ans; c'est ce qui rend leur vie fort courte : la plupart meurent assez jeunes, et l'on ne voit guère qu'ils aillent au-delà de quarante ou cinquante ans. Cependant, malgré toutes les incommodités inséparables de ces fréquens voyages, ils aiment extrêmement cette vie vagabonde et errante dans les forêts. Comme rien ne les attache à l'endroit où ils sont et qu'ils n'ont pas grand'meubles à porter, ils espèrent toujours être mieux ailleurs.

A mon retour à Oyapoc, je fus bien consolé d'apprendre, par une lettre du père Lombard, que le père Caranave avoit déjà baptisé la plus grande partie des Galibis répandus le long de la côte, depuis Kourou jusqu'à Sinamiri, et qu'il se disposoit à faire un établissement solide aux environs de cette rivière. D'autres lettres de Cayenne m'apprennent que le père Fourré va se consacrer à la mission des Palikours. Cette nation mérite d'autant plus nos soins qu'étant peu éloignée de nous, elle est pour ainsi dire à la porte du ciel, sans qu'on ait pu jusqu'ici la lui ouvrir. Quant au père d'Auzillac, vous ne sauriez croire ce qu'il lui en coûte de peines et de fatigues pour rassembler dans Ouanari les Indiens du voisinage, c'est-à-dire les Tocoyenes, les Maourious et les Maraones. Il faut avoir un zèle aussi solide et aussi ardent que le sien pour ne point s'être rebuté des diverses contradictions qu'il a eu à essuyer et auxquelles il n'avoit pas lieu de s'attendre. Dieu l'a consolé par la docilité de plusieurs de ces infidèles et par l'ardeur que quelques-uns ont fait paroître pour écouter ses instructions. Je ne vous en citerai qu'un trait qui vous édifiera. Un Indien, nommé Cayariouara, de la nation des Maraones, ne pouvant profiter de la plupart des instructions, à cause de l'éloignement où étoit sa parenté, s'offrit au missionnaire pour être le prêcheur de sa bourgade. Après avoir passé toute la journée à la pêche, il venoit la nuit trouver le père pour le prier de l'instruire; et après avoir persévéré pendant quatre mois dans ces exercices, il retourna chez lui et instruisit tous ses parens des vérités de la religion; après quoi il les amena à la mission, où il a planté son magnoc et où il construit une case pour lui et pour tous ceux de sa famille. Le père les trouva fort bien instruits et les dispose maintenant à recevoir le baptême. Je suis, avec bien du respect, etc.

LETTRE DU PÈRE FAUQUE,

MISSIONNAIRE DE LA COMPAGNIE DE JÉSUS,

AU P. ***,

DE LA MÊME COMPAGNIE.

Relation de la prise du fort d'Oyapoc par un corsaire anglois.

A la Cayenne, le 27 décembre 1744.

Mon Révérend Père,

La paix de N. S.

Je vous fais part de la plus sensible joie que j'aie goûtée de ma vie en vous apprenant l'occasion que je viens d'avoir de souffrir quelque chose pour la gloire de Dieu.

J'étais retourné à Oyapoc le 25 octobre dernier. Quelques jours après, je reçus chez moi le père d'Auzilhac, qui s'étoit rendu à sa mission d'Ouanari, et le père d'Huberlant, qui reste au confluent des rivières d'Oyapoc et de Camopi, où il forme une nouvelle chrétienté.

Nous nous trouvâmes donc trois missionnaires ensemble, et nous goûtions le plaisir d'une réunion si rare dans ces contrées lorsque la providence divine permit, pour nous éprouver, un de ces événemens imprévus qui détruisent dans un jour le fruit des travaux de plusieurs années. Voici le fait dans toutes ses circonstances.

A peine la guerre a-t-elle été déclarée en Europe entre la France et l'Angleterre, que les Anglois sont partis de l'Amérique septentrionale pour venir croiser aux îles sous le vent de Cayenne. Ils résolurent de toucher ici dans l'espérance de prendre quelque vaisseau, de piller quelques habitations, mais surtout pour tâcher d'avoir quelque connoissance d'un senau qui s'étoit perdu depuis peu de temps auprès de la rivière de Maroni. Ayant donné trop au sud et manquant d'eau, ils s'approchèrent d'Oyapoc pour en faire. Nous aurions dû naturellement en être instruits, soit par les sauvages, qui sortent fréquemment pour la pêche ou pour la chasse, soit par un corps-de-garde que notre commandant a sagement placé sur une montagne, à l'embouchure de la rivière, d'où l'on découvre à trois ou quatre lieues au large ; mais d'un côté les sauvages Arouas qui venoient de Mayacoré à Ouanari, ayant été arrêtés par les Anglois, leur donnèrent connoissance de la petite colonie d'Oyapoc, qu'ils ignoroient et sur laquelle ils n'avoient nulle vue en partant de leur pays, et d'autre part, les gens qui étoient en faction et qui devoient nous garder leur ont servi eux-mêmes de conducteurs pour nous surprendre. Ainsi tout a concouru à nous faire tomber entre les mains de ces corsaires.

Leur chef étoit le sieur Siméon Potter, créole de la Nouvelle-Angleterre, armé en guerre avec commission du sieur Williems Guéene, gouverneur de Rodelan et commandant du bâtiment le *Prince Charles de Lorraine*, de dix pièces de canon, douze pierriers et soixante et un hommes d'équipage. Ils mouillèrent le 6 novembre et firent de l'eau à la *montagne d'Argent* (c'est ainsi qu'on nomme dans ce pays la pointe intérieure de la baie de la rivière d'Oyapoc). Le 7, leur chaloupe revenant à bord aperçut un canot de sauvages qui venoient du *cap d'Orange* (c'est le cap qui forme l'autre pointe de la baie). Les Anglois vont à eux, intimident les Indiens par un coup de pierrier, les arrêtent et les conduisent au vaisseau. Le lendemain ayant vu du feu pendant la nuit sur une autre montagne qu'on nomme *la montagne à Lucas*, ils y allèrent et prirent deux jeunes garçons qui y étoient en sentinelle et qui auroient eu le temps de venir nous avertir, mais dont l'un, traître à sa patrie, ne le voulut pas.

Après avoir appris, par leur moyen, la situation, la force et généralement tout ce qui regardait le poste d'Oyapoc, ils se déterminèrent à le surprendre. Ils tentèrent même l'entreprise du 9 au 10 ; mais craignant que le jour ne survînt avant leur arrivée, ils rebroussèrent chemin et se tinrent cachés toute la journée du 10. La nuit suivante, ils prirent mieux leurs mesures ; ils arrivèrent peu après le coucher de la lune, et, guidés par les deux jeunes François, ils mirent à terre environ à cinquante toises du poste d'Oyapoc.

La sentinelle crut d'abord que c'étoient des Indiens ou des nègres domestiques, qui vont et viennent assez souvent pendant la nuit. Il cria ; on ne répondit point, et il jugea dès-lors que c'étoient des ennemis. Chacun s'éveilla en sursaut ; mais ils furent dans la place avant qu'on eût eu le temps de se reconnoître. Pour moi, qui logeois hors du fort et qui m'étois levé au premier cri du factionnaire, ayant entr'ouvert ma porte, je les vis défiler en grande hâte devant moi sans en être aperçu, et aussitôt je courus éveiller nos pères.

Une surprise si inopinée au milieu d'une nuit obscure, la foiblesse du poste, le peu de soldats qu'il y avoit pour le garder (car ils n'étoient pas pour lors plus de dix ou douze hommes), les cris effroyables d'une multitude, qu'on croit et qu'on doit naturellement croire plus nombreuse qu'elle n'est, le feu vif et terrible qu'ils firent de leurs fusils et de leurs pistolets à l'entrée de la place : tout cela obligea chacun, par un premier mouvement dont on n'est pas maître, à prendre la fuite et à se cacher dans les bois dont nous sommes environnés. Notre capitaine tira pourtant et blessa au bras gauche le capitaine anglois, jeune homme d'environ trente ans. Ce qu'il y a de singulier, c'est que ce capitaine fut le seul de sa troupe et de la nôtre qui fut blessé.

Cependant les deux missionnaires, qui n'avoient point charge d'âmes dans ce poste et dont l'un, par zèle et par amitié, vouloit rester à ma place, pressés par mes sollicitations, s'enfoncèrent dans le bois avec quelques Indiens de leur suite et tous nos domestiques. Pour moi, je restai dans ma maison, qui étoit éloignée du fort d'une cinquantaine de toises, résolu d'aller premièrement à l'église pour consumer les hosties consacrées et ensuite de donner les secours spirituels aux François, supposé qu'il y en eût de blessés, comme je le craignois, présumant avec raison, après avoir entendu tirer tant de coups, que nos gens avoient fait quelque résistance.

Je sortois déjà pour exécuter le premier de ces projets, lorsqu'un nègre domestique, qui, par bon cœur et par fidélité (qualités rares parmi les esclaves), étoit resté avec moi, me représenta qu'on me découvriroit infailliblement et qu'on ne manqueroit pas de tirer sur moi dans cette première chaleur du combat. J'entrai dans ses raisons, et comme je n'étois resté que pour rendre à mes ouailles tous les services qui dépendoient de mon ministère, je me fis scrupule de m'exposer inutilement et je me déterminai à attendre la pointe du jour pour paroître.

Vous pouvez aisément conjecturer, mon révérend père, quelle fut la variété des mouvemens qui m'agitèrent pendant le reste de la nuit. L'air retentissoit continuellement de cris, de huées, de hurlemens, de coups de fusil ou de pistolet. Tantôt j'entendois enfoncer les portes, les fenêtres, renverser avec fracas les meubles des maisons, et comme j'étois assez près pour distinguer parfaitement le bruit qu'on faisoit dans l'église, je fus saisi tout-à-coup d'une horreur secrète dans la crainte que le saint sacrement ne fût profané. J'aurois voulu donner mille vies pour empêcher ce sacrilége, mais il n'étoit plus temps. Pour y obvier néanmoins par la seule voie qui me restoit, je m'adressai intérieurement à Jésus-Christ et je le suppliai instamment de garantir son sacrement adorable des profanations que j'appréhendois, ce qu'il fit d'une manière si surprenante qu'elle peut être regardée avec raison comme une merveille.

Pendant tout ce tumulte, mon nègre, qui sentoit parfaitement le danger que nous courions et qui n'avoit pas les mêmes raisons que moi de s'y exposer, me proposa plusieurs fois de prendre la fuite; mais je n'avois garde de le faire : je connoissois trop les obligations de mon emploi et je n'attendois que le moment où je pourrois aller au fort pour voir en quel état étoit le détachement françois, dont je croyois une bonne partie morts ou blessés. Je dis donc à l'esclave que dans cette occasion il étoit son maître; que je ne pouvois pas le forcer de rester avec moi ; qu'il me feroit néanmoins plaisir de ne pas m'abandonner. J'ajoutai que s'il avoit quelque péché grief sur la conscience, il feroit fort bien de se confesser pour être prêt à tout événement; que d'ailleurs il n'étoit pas sûr qu'on nous ôtât la vie. Ce discours fit impression sur lui, il reprit cœur et tint ferme.

Dès que le jour parut, je courus à l'église en me glissant dans les taillis, et, quoiqu'il y eût des sentinelles et des maraudeurs de tous côtés, j'eus le bonheur de n'être pas aperçu. A l'entrée de la sacristie, que je trouvai ouverte, les larmes me vinrent aux yeux quand je vis l'armoire des ornemens et du linge, celle où je tenois le calice et autres vases sacrés, enfoncées, brisées, et plusieurs ornemens épars çà et là. J'entre dans le chœur de l'église : je vois l'autel à moitié découvert, les nappes ramassées en tas; je regarde le tabernacle, et n'apercevant pas un peu de coton que j'avois coutume de mettre à l'entrée de la serrure pour empêcher les ravets[1] d'y pénétrer, je crus que la porte étoit aussi enfoncée; mais y ayant porté la main, je trouvai qu'on n'y avoit pas touché. Saisi d'admiration, de joie et de reconnoissance, je prends la clé que les hérétiques avoient eue sous leurs mains, j'ouvre respectueusement et je communie en viatique, très-incertain si j'aurois jamais plus ce bonheur, car que ne doit pas craindre un homme de notre état des corsaires et des corsaires anglois!

Après que j'eus communié, je me mis à genoux pour faire mon action de grâce et je dis au nègre d'aller en attendant dans ma chambre, qui n'étoit pas fort éloignée. Il y alla, mais en revenant il fut aperçu et arrêté par un matelot. L'esclave demanda grâce et l'Anglois ne lui fit aucun mal. Je parus à la porte de la sacristie et aussitôt je me vis coucher en joue. Il fallut bien se rendre; je m'approchai et nous prîmes ensemble le chemin du fort. Quand nous entrâmes dans la place, je vis une grande joie répandue sur tous les visages, chacun s'applaudissant d'avoir fait capture d'un religieux.

Le premier qui m'aborda fut le capitaine lui-même. C'étoit un homme de petite taille, ne différant en rien des autres pour l'habillement. Il avoit le bras gauche en écharpe, un sabre à la main droite et deux pistolets à sa ceinture. Comme il sait quelques mots françois, il me dit que j'étois le bienvenu, que je ne devois rien craindre et qu'on n'attenteroit pas à ma vie.

Sur ces entrefaites, M. de Lage de La Landerie, écrivain du roi et notre garde-magasin, ayant paru, je lui demandai en quel état étoient nos gens et s'il y en avoit beaucoup de tués ou de blessés. Il me répondit que non, qu'il n'avoit vu de notre troupe que le sergent et une sentinelle, et qu'il n'y avoit de blessé de part et d'autre que le seul capitaine anglois qui nous tenoit en sa disposition. Je fus charmé d'apprendre que notre commandant, l'officier et leurs soldats eussent eu assez de loisir pour échapper, et comme par là les raisons qui

[1] Insecte fort commun dans les îles : il ne se promène que la nuit et ressemble au taon.

m'avoient engagé à demeurer ne subsistoient plus et que mon ministère n'étoit nécessaire à personne, j'aurois bien voulu être en liberté et avoir pris plus tôt le parti de la retraite; mais il ne falloit plus y songer, et dans ce moment-là même deux de nos soldats, qui s'étoient tenus cachés, furent saisis et augmentèrent le nombre des prisonniers.

Cependant le temps du dîner arriva. J'y fus invité; mais je n'avois assurément point envie de manger. Je savois que mon troupeau et les deux pères missionnaires étoient au milieu des bois, sans hardes, sans vivres, sans secours: je n'avois ni ne pouvois avoir de leurs nouvelles. Cette réflexion m'accabloit; il fallut pourtant se rendre à des invitations réitérées et qui me paroissoient sincères.

A peine le repas étoit-il commencé que je vis arriver les prémices du pillage qui se faisoit chez moi: il étoit naturel que j'en fusse ému. Je le parus en effet, et le capitaine me dit en s'excusant que c'étoit le roi de France qui avoit déclaré le premier la guerre au roi d'Angleterre et qu'en conséquence les François avoient déjà pris, pillé et brûlé un poste anglois, nommé Campo, auprès du cap Breton. Il ajouta même, en forme de plainte, qu'il y avoit eu quelques personnes et surtout des enfans étouffés dans l'incendie.

Je lui répondis que, sans vouloir entrer dans le détail des affaires de l'Europe, nos rois respectifs étant aujourd'hui en guerre, je ne trouvois pas mauvais, mais seulement j'étois surpris qu'il fût venu attaquer Oyapoc, qui n'en valoit pas la peine. Il me répliqua qu'il se repentoit fort d'y être venu, parce que ce retardement lui faisoit manquer deux vaisseaux marchands richement chargés, qui étoient sur le point de faire voile de la rade de Cayenne.

Je lui dis alors que puisqu'il voyoit par lui-même combien ce poste étoit peu considérable et qu'il n'y avoit presque rien à gagner pour lui, je le priois d'accepter une rançon convenable pour mon église, pour moi, pour mon nègre et pour tout ce qui m'appartenoit. Cette proposition étoit raisonnable, elle fut cependant rejetée. Il vouloit que je traitasse avec lui pour le fort et toutes ses dépendances. Mais je lui fis remarquer que ce n'étoit pas là une proposition à faire à un simple religieux; que d'ailleurs la cour de France se soucioit très-peu de ce poste, et que des nouvelles récentes venues de Paris nous avoient appris qu'on devoit l'abandonner au plus tôt. Eh bien, dit-il alors avec dépit, puisque vous ne voulez pas entendre à ma proposition, on va continuer à faire le dégât et user de représailles pour tout ce que les François ont déjà fait contre nous.

On continua donc en effet à transporter de nos maisons meubles, hardes, provisions, le tout avec un désordre et une confusion surprenante. Ce qui me pénétra de douleur, ce fut de voir les vases sacrés entre des mains profanes et sacriléges. Je me recueillis un moment et ranimant tout mon zèle, je leur dis ce que la raison, la foi et la religion m'inspirèrent de plus fort. Aux paroles de persuasion je mêlai les motifs de crainte pour une si criminelle profanation. L'exemple de Balthazar ne fut pas oublié, et je puis vous dire avec vérité, mon révérend père, que j'en vis plusieurs ébranlés et disposés à me les rendre; mais la cupidité et l'avarice prévalurent: toute cette argenterie fut enfermée et portée à bord le jour même.

Le capitaine, plus susceptible de sentimens que tous les autres, à ce qu'il m'a toujours paru, me dit qu'il me cédoit volontiers ce qui pouvoit lui en revenir, mais qu'il n'étoit pas le maître de la volonté des autres; que tout l'équipage ayant sa part dans le butin, il ne pouvoit, lui capitaine, disposer que de la sienne; qu'il feroit pourtant tout ce qui dépendroit de lui pour les porter tous à condescendre à ce que je proposois. C'étoit de leur faire compter à Cayenne ou à Surinam (colonie hollandoise qui n'est pas éloignée et où ils me disoient qu'ils vouloient aller), ou même en Europe par lettres de change, autant d'argent que pesoient les vases sacrés; mais il ne put rien obtenir.

Quelque temps après, le premier lieutenant me fit demander par interprète ce qui avoit pu m'engager à me rendre moi-même à eux. Je lui répondis que la persuasion où j'étois qu'il y avoit de nos soldats de blessés m'avoit déterminé à rester pour les secourir. Et n'appréhendiez-vous pas d'être tué? ajouta-t-il.—Oui sans doute, lui dis-je; mais la crainte de la mort n'est pas capable d'arrêter un ministre de Jésus-Christ quand il s'agit de son devoir. Tout véritable chrétien est obligé de sacrifier sa vie plutôt que de commettre un péché: or, j'aurois cru en faire un très-grand si, ayant charge d'âmes dans ma paroisse, je l'avois totalement abandonnée dans le besoin. Vous savez bien, continuai-je, vous autres protestans, qui vous piquez beaucoup de lire l'Écriture, qu'il n'y a que le pasteur mercenaire qui fuie devant le loup quand il attaque ses brebis. A ce discours, ils se regardoient les uns les autres et me paroissoient fort étonnés. Cette morale est sans doute un peu différente de celle de leur prétendue réforme.

Pour moi, j'étois toujours incertain de mon sort et je voyois bien que j'avois tout à appréhender de pareilles gens. Je m'adressai donc aux saints anges gardiens et je commençai une neuvaine en leur honneur, ne 'doutant pas qu'ils ne fissent tourner toute chose à mon avantage. Je les priai de m'assister dans la conjoncture difficile où je me trouvois, et je dois dire ici, pour autoriser de plus en plus cette dévotion si connue et si fort en usage dans l'église, que j'ai reçu en mon particulier et que je reçois chaque jour des bienfaits très-signalés de Dieu, par l'intercession de ces esprits célestes.

Cependant dès que la nuit approcha, c'est-à-dire vers les six heures (car c'est le temps où le soleil se couche ici durant toute l'année), le tambour anglois commença à rappeler. On se rassembla sur la place et on posa de tous côtés des sentinelles : cela fait, le reste de l'équipage, tant que la nuit dura, ne discontinua pas de manger et de boire. Pour moi, j'étois sans cesse visité dans mon hamac : ils craignoient sans doute que je ne tâchasse de m'évader. Ils se trompoient : deux choses me retenoient : la première, c'est que je leur avois donné ma parole qu'encore que je me fusse constitué moi-même leur prisonnier, je ne sortirois de leurs mains que par les voies ordinaires d'échange ou de rançon; la seconde, c'est qu'en restant avec eux, j'avois toujours quelque lueur d'espérance de recouvrer les vases sacrés ou du moins les ornemens et autres meubles de mon église.

D'abord qu'il fut jour, le pillage recommença avec la même confusion et le même désordre que la veille. Chacun apportoit au fort ce qui lui étoit tombé sous les mains et le jetoit en tas. L'un arrivoit revêtu d'une mauvaise soutane, l'autre avec un panier de femme, un troisième avoit un bonnet carré sur la tête. Il en étoit de même de ceux qui gardoient le butin : ils fouilloient dans ce monceau de hardes, et quand ils trouvoient quelque chose qui leur faisoit plaisir, comme une perruque, un chapeau bordé, un habit, ils s'en revêtoient aussitôt, faisoient trois ou quatre tours de chambre avec complaisance, après quoi ils reprenoient leurs haillons goudronnés. C'étoit comme une bande de singes, comme des sauvages qui ne seroient jamais sortis du centre des forêts. Un parasol, un miroir, le moindre meuble un peu propre, excitoit leur admiration : ce qui ne m'a pas surpris quand j'ai su qu'ils n'avoient presque aucune communication avec l'Europe, et que Rodelan étoit une espèce de petite république qui ne paie aucun tribut au roi d'Angleterre, qui fait elle-même son gouverneur chaque année, et où il n'y a pas même d'argent monnoyé, mais seulement des billets pour le commerce de la vie : car c'est là l'idée que j'en ai conçue sur tout ce qu'ils m'ont dit.

Sur le soir, le lieutenant s'informa de tout ce qui regarde les habitations françoises le long de la rivière, combien il y en avoit, à quelles distances elles étoient, combien chacune avoit d'habitans, etc. Ensuite il prit avec lui une dixaine d'hommes et un des jeunes François qui leur avoient déjà servi de guide pour nous surprendre, et après avoir fait tous les préparatifs nécessaires, ils partirent et ils montèrent dans la rivière. Mais ils ne trouvèrent rien ou fort peu de chose, parce que les colons, ayant été avertis par nos fuyards, avoient mis à couvert tous leurs effets, et surtout leurs nègres, qui étoient ce qui piquoit le plus l'avidité angloise. Se voyant donc frustrés dans leurs espérances, ils déchargèrent leur colère sur les maisons, qu'ils brûlèrent, sans nuire pourtant aux plantations, ce qui nous a fait soupçonner qu'ils avoient quelque intention de revenir.

Pour nous, qui étions dans le fort, nous passâmes cette nuit à peu près comme la précédente : mêmes agitations, mêmes excès de la part de nos ennemis et même inquiétude de la mienne. Le second lieutenant, qui étoit resté pour commander, ne me perdit point de vue, appréhendant sans doute que je ne voulusse profiter de l'absence du capitaine et du premier lieutenant pour m'échapper, car j'avois beau faire pour les rassurer à cet égard, je ne pouvois en venir à bout. Ces sortes de gens, accoutumés à juger des autres par eux-mêmes, ne pouvoient pas s'imaginer qu'un honnête homme, qu'un prêtre, pût et dût tenir sa parole en pareil cas.

Le jour venu, il parut un peu moins inquiet sur mon compte. Vers les huit heures ils se mirent tous à table, et après un assez mauvais repas, l'un d'eux voulut entrer en controverse avec moi et me fit plusieurs questions sur la confession, sur le culte que nous rendons aux croix, aux images, etc. Confessez-vous vos paroissiens? me dit-il d'abord.—Oui, lui répondis-je, lorsqu'ils viennent à moi, ce qu'ils ne font pas aussi souvent qu'ils le devroient et que je le souhaiterois par le zèle que j'ai pour le salut de leurs âmes.— Et croyez-vous bien véritablement, ajouta-t-il, que leurs péchés leur soient remis d'abord qu'ils vous les ont déclarés?—Non assurément, lui dis-je ; une accusation simple ne suffit pas pour cela, il faut qu'elle soit accompagnée d'une véritable douleur du passé et d'une sincère résolution pour l'avenir, sans quoi la confession auriculaire ne serviroit de rien pour effacer les péchés.—Et quant aux images et aux croix, reprit-il, pensez-vous que la prière ne soit pas aussi bonne sans cela qu'avec cet extérieur de religion? — La prière est bonne, sans doute, lui répondis-je. Mais permettez-moi de vous demander à vous-même pourquoi dans les familles on conserve les portraits d'un père, d'une mère, de ses aïeux ? N'est-ce pas principalement pour exciter sa propre reconnaissance en songeant aux services qu'on en a reçus, et pour s'animer à suivre leurs bons exemples? Car ce n'est pas précisément ce tableau que l'on honore, mais on rapporte tout à ceux qu'il représente : de même il ne faut pas vous imaginer que, nous autres catholiques romains, nous adorions le bois ni le cuivre, mais nous nous en servons pour nourrir, pour ainsi dire, notre dévotion. Car comment un homme raisonnable pourrait-il ne pas être attendri en voyant la figure d'un Dieu mort sur une croix, pour son amour ! Quel effet ne produit pas sur l'esprit et sur le cœur l'image d'un martyr qui a donné sa vie pour Jésus-Christ! —Oh! je ne l'entendois pas ainsi, me dit l'Anglois. Et je connus bien à son air que leurs ministres les trompent, en leur faisant entendre que les papistes, comme ils nous appellent, honorent superstitieusement et adorent les croix et les images prises en elles-mêmes.

J'attendois avec empressement le retour de ceux qui avoient été visiter les habitations, lorsque l'on vint me dire qu'il falloit aller à bord du vaisseau, parce que le capitaine Potter vouloit me voir et me parler. J'eus beau prier, solliciter, représenter le plus vivement que je pus toutes les raisons que j'avois de ne pas m'embarquer si tôt : je ne pus rien gagner et il fallut obéir malgré moi. Le chef de la troupe, qui, dans l'absence des autres, étoit le second lieutenant, ainsi que je viens de le dire, prenant sa langue d'une main, et de l'autre faisant semblant de la percer ou de la couper, me donna à entendre que si je parlois davantage, je devois m'attendre à de mauvais traitemens. J'ai lieu de croire qu'il étoit piqué des discours forts et pathétiques que je faisois sur la profanation des ornemens de l'église et des vases sacrés.

Nous nous mîmes donc vers les trois heures après midi dans un canot, et quoique le vaisseau ne fût guère qu'à trois lieues de là (le capitaine l'ayant déjà fait entrer en rivière), nous n'y arrivâmes pourtant qu'environ sur les huit heures, par la lâcheté des nageurs, qui ne discontinuoient pas de boire. Du plus loin qu'à la lueur de la lune je découvris le corps du bâtiment, il me parut tout en l'air. Il étoit en effet échoué sur le côté et n'avoit pas trois pieds d'eau sous lui. Ce fut un grand sujet d'alarmes pour moi, car je m'imaginois qu'il y avoit en cela de la faute de mon nègre, qu'on avoit choisi pour un des pilotes, et je croyois que le capitaine m'avoit envoyé chercher pour me faire porter la peine que méritoit l'esclave, ou tout au moins afin que je pérîsse avec les autres si le navire venoit à s'ouvrir. Ce qui me confirma pendant quelque temps dans cette triste idée, fut le peu d'accueil qu'on me fit : mais j'ai appris depuis qu'il n'y avoit eu en cela aucune affectation et que la mauvaise réception qui m'alarma venoit de ce que tout le monde étoit occupé à manœuvrer pour se tirer au plus vite de ce mauvais pas.

D'abord que notre canot eut abordé, je vis descendre et venir à moi un jeune homme qui estropioit un peu le françois et qui me prenant la main, la baisa en me disant qu'il étoit Irlandois de nation et catholique romain ; il fit même le signe de la croix, tant bien que mal, et m'ajouta qu'en qualité de second canonnier il avoit une cabane, qu'il vouloit me la donner et que si quelqu'un s'avisoit de me faire la moindre insulte, il sauroit bien la venger. Ce début, quoique partant d'un homme qui me paroissoit fort ivre, ne laissa pas de me tranquilliser un peu. Il me donna lui-même la main pour m'aider à grimper sur le pont par le moyen des cordages. A peine fus-je monté que j'aperçus mon nègre. Je lui demandai aussitôt ce qui avoit ainsi fait échouer le vaisseau, et je fus rassuré lorsqu'il m'eut dit que c'étoit par la faute du capitaine, qui s'étoit opiniâtré à tenir le large de la rivière, quoiqu'on lui eût plusieurs fois dit que le chenal[1] étoit tout proche de terre. Le capitaine parut en même temps sur le gaillard et me dit assez froidement d'entrer dans la chambre ; après quoi il alla continuer de vaquer à la manœuvre.

Cependant mon Irlandois ne me quittoit pas, et s'étant assis à la porte, il me renouvela ses protestations de bienveillance, me disant toujours qu'il étoit catholique romain, qu'il vouloit même se confesser avant que je sortisse de leur bord ; qu'il avoit communié autrefois, etc ; et comme dans tous ses discours il mêloit toujours quelques invectives contre la nation angloise, on le fit retirer avec défense de me parler dans la suite, sous peine de châtiment, ce qu'il reçut de fort mauvaise grâce, jurant, tempêtant et protestant qu'il me parleroit malgré qu'on en eût. Il s'en alla pourtant ; mais à peine fut-il parti qu'il en vint un autre aussi ivre que lui et Irlandois comme lui. C'étoit le chirurgien, qui me dit d'abord quelques mots latins : *Pater misercor*. Je voulus lui répondre en latin ; mais je compris bientôt qu'il n'y entendoit rien du tout, et comme il n'étoit pas plus habile en françois, nous ne pûmes pas lier conversation ensemble.

Cependant il se faisoit tard et je sentois le sommeil qui me pressoit, n'ayant guère dormi les nuits précédentes. Je ne savois pourtant où me mettre pour prendre un peu de repos. Le vaisseau étoit si penché qu'il falloit être continuellement cramponné pour ne pas rouler. J'aurois bien voulu me jeter sur une des trois cabanes ; mais je n'osois de peur que quelqu'un ne m'en fît retirer promptement. Le capitaine s'aperçut de mon embarras, et touché de la mauvaise figure que nous faisions sur des coffres, le garde-magasin et moi, il nous dit que nous pouvions nous loger dans la cabane du fond de la chambre. Il ajouta même poliment qu'il étoit fâché de ne pouvoir pas en donner une à chacun, mais que son vaisseau étoit trop petit pour cela. J'acceptai bien volontiers ses offres, et nous nous arrangeâmes de notre mieux sur ce tas de haillons.

Malgré toutes les incommodités de ma situation, je m'assoupis de lassitude, et pendant la nuit, moitié endormi, moitié éveillé, je m'aperçus que le bâtiment commençoit à remuer. Il vint insensiblement à flot, et pour empêcher qu'il ne se couchât dans la suite, on enfonçoit deux vergues dans la vase, une de chaque côté, lesquelles tenoient le corps du vaisseau en équilibre.

Lorsqu'il fut jour et qu'il fallut prendre quelque nourriture, ce fut un nouveau tourment pour moi, car l'eau étoit si puante qu'il n'y avoit pas moyen d'en goûter, tellement que les Indiens et les nègres, qui ne sont pas assurément délicats, aimoient mieux boire de l'eau de la rivière, quelque bourbeuse et quelque saumâtre qu'elle fût. Je demandai alors au capitaine pourquoi il n'en faisoit pas d'autre, puisque tout proche de là il y avoit une source où j'avois coutume d'envoyer chercher l'eau dont j'usois au fort. Il ne me répondit rien, croyant peut-être que je voulois le faire donner dans quelque embuscade. Mais après avoir bien questionné les François, les nègres et les Indiens qu'il avoit faits prisonniers, il se détermina à envoyer sa chaloupe à terre avec mon domestique. On fit plusieurs voyages ce jour-là et les jours suivans, en sorte que nous fûmes tous dans la joie d'avoir de bonne eau, quoique plusieurs n'en usassent guère, aimant mieux le vin et le taffia, qui étoient sur le pont à discrétion.

Je dois pourtant dire à la louange du capitaine qu'il étoit très-sobre. Il m'a même souvent témoigné sa peine sur les excès de son équipage, à qui, suivant l'usage des corsaires, il est obligé de laisser beaucoup de liberté. Il me fit ensuite une confidence assez plaisante. Monsieur, me dit-il, savez-vous que demain, cinquième jour du présent mois de novembre, suivant notre manière de compter (car nous autres François nous comptions le quinze), les Anglois font une très-grande fête ? — Et quelle fête ? lui dis-je. — Nous brûlons le pape, me répondit-il en riant. — Expliquez-moi, repris-je, ce que c'est que cette cérémonie. — On habille burlesquement, me dit-il, une statue ridicule

---

[1] *Chenal*, c'est dans une rivière le courant d'eau où un vaisseau peut entrer.

qu'on appelle pape et qu'on brûle ensuite en chantant des vaudevilles, et tout cela en mémoire du jour où la cour de Rome sépara l'Angleterre de sa communion. Demain, continua-t-il, nos gens qui sont à terre feront la cérémonie au fort. Après quoi il fit hisser sa flamme et son pavillon. Les matelots montèrent sur les haubans, le tambour battit, on tira du canon et l'on cria cinq fois *Vive le roi!* Cela fait, il appela un de ses matelots, qui, au grand plaisir de ceux qui entendoient sa langue, chanta une fort longue chanson, que je jugeai être le récit de cette indigne histoire. Voilà un trait, mon révérend père, qui confirme bien ce que tout le monde sait déjà que l'hérésie pousse toujours aux derniers excès son animosité contre le chef vivant de l'église.

Sur le soir nous vîmes venir un grand canot à force de rames. Le capitaine, qui se tenoit toujours sur ses gardes et qui ne pouvoit pas s'ôter de l'esprit que nos gens cherchoient à le surprendre, fit faire aussitôt branle bas, on tira sur-le-champ un coup de pierrier, et la pirogue ayant fait son signal, tout fut tranquille. C'étoit le lieutenant qui étoit allé faire le dégât sur les habitations le long de la rivière. Il rapporta qu'il n'avoit visité que deux ou trois plantations, où il n'avoit trouvé personne. Il ajouta qu'il alloit remonter pour mettre le feu partout. En effet, après avoir soupé et avoir amplement conféré avec les principaux, il repartit. Je demandai d'aller avec lui jusqu'au fort pour chercher mes papiers, mais je fus refusé, et, pour m'adoucir un peu la peine que me faisoit ce refus, M. Potter me dit qu'il m'y mèneroit lui-même. Je pris donc patience et je tâchai de réparer par un peu de sommeil la perte des nuits précédentes; mais ce fut inutilement: le bruit, le fracas et la mauvaise odeur ne me permirent pas de fermer l'œil.

Le dimanche matin je m'attendois à voir quelque exercice de religion, car jusque-là je n'avois aperçu aucune marque de christianisme; mais tout fut à l'ordinaire, en sorte que je ne pus pas m'empêcher de témoigner ma surprise. Le capitaine me dit que dans leur secte chacun servoit Dieu à sa mode; qu'il y avoit parmi eux, comme ailleurs, des bons et des mauvais, et que *qui bien faisoit bien trouveroit*. Il tira en même temps de son coffre un livre de dévotion et je m'aperçus qu'il y jeta quelquefois les yeux dans le cours de la journée et le dimanche suivant. Comme il m'a toujours paru plein de raison, j'avois soin de jeter de temps en temps dans la conversation quelques mots de controverse et de morale qu'il recevoit fort bien, se faisant expliquer par des interprètes ce qu'il n'entendoit pas. Il me dit même un jour qu'il ne vouloit plus faire le métier de corsaire; que Dieu lui donnoit aujourd'hui du bien qui peut-être lui seroit bientôt enlevé par d'autres; qu'il n'ignoroit pas qu'il n'emporteroit rien en mourant; que du reste je ne devois pas m'attendre à trouver plus de piété dans un corsaire françois ou même espagnol que je n'en voyois dans son vaisseau, parce que ces sortes d'armemens ne sont guère compatibles avec les exercices de dévotion.

Je vous avoue, mon révérend père, que j'étois étonné de voir de tels sentimens dans la bouche d'un huguenot américain, car tout le monde sait combien cette partie du monde est éloignée du royaume de Dieu et de tout ce qui y conduit. Je l'ai exhorté plusieurs fois à demander au Seigneur de l'éclairer et de ne pas le laisser mourir dans les ténèbres de l'hérésie, où il a eu le malheur de naître et d'être élevé.

Comme les canots alloient et venoient incessamment de terre à bord et de bord à terre pour transporter le pillage, il en vint un ce soir-là même qui conduisoit un François avec cinq Indiens. C'étoit un de nos soldats qui depuis une quinzaine de jours étoit allé chercher des sauvages pour les faire travailler, et qui, ne sachant pas que les Anglois étoient maîtres du fort, s'étoit jeté entre leurs mains. Je représentai au sieur Potter que les Indiens étant libres parmi nous il ne devoit ni ne pouvoit les prendre prisonniers, surtout n'ayant pas été trouvés les armes à la main; mais il me répondit que ces sortes de gens étoient esclaves à Rodelan, et qu'il les y conduiroit malgré tout ce que je pourrois lui dire. Il les a emmenés en effet avec les Arouas qu'il avoit d'abord pris dans la baie d'Oyapoc: peut-être a-t-il envie de revenir dans ce pays et de se servir de ces misérables pour faire des descentes sur les côtes; peut-être aussi les laissera-t-il à Surinam.

Je le sommai cependant le lundi matin de la parole qu'il m'avoit donnée de me mener à terre, mais il n'y eut pas moyen de rien obtenir et il fallut se contenter de belles promesses; en sorte que je désespérois de revoir jamais mon ancienne demeure, lorsqu'il vint lui-même à moi, le mardi, me dire que si je voulois aller au fort, il m'y feroit conduire. J'acceptai volontiers son offre ; mais avant que je m'embarquasse il me recommanda fort de ne pas fuir, parce qu'on ne manqueroit pas, dit-il, de vous arrêter avec un coup de fusil. Je le rassurai là-dessus et nous partîmes.

Celui qui commandoit le canot étoit le second lieutenant, celui-là même qui m'avoit menacé de me couper la langue ; et comme je m'en étois plaint au capitaine, qui lui en avoit sans doute parlé, il s'excusa fort là-dessus en chemin, et me fit mille politesses.

Nous arrivâmes insensiblement au terme, et aussitôt je vis tous ceux qui gardoient le fort venir au débarquement les uns avec des fusils, les autres avec des sabres pour me recevoir. Peu accoutumés peut-être à la bonne foi, ils craignoient toujours que je ne leur échappasse, malgré tout ce que je pouvois leur dire pour les tranquilliser sur mon compte.

Après que nous fûmes un peu reposés, je demandai d'aller chez moi et l'on m'y conduisit sous une bonne escorte. Je commençai d'abord par visiter l'église afin de voir pour la dernière fois dans quel état elle étoit. Et comme je ne pus retenir mes larmes et mes soupirs en voyant les autels renversés, les tableaux déchirés, les pierres sacrées mises en pièces et éparses de côté et d'autre, les deux principaux de la bande me dirent qu'ils étoient bien fâchés de tout ce désordre; que cela s'étoit fait, malgré leurs intentions, par les matelots, les nègres et les Indiens dans la fureur du pillage et dans l'ardeur de l'ivresse, et qu'ils m'en faisoient leurs excuses. Je leur répondis que c'étoit à Dieu principalement et premièrement qu'ils devoient demander pardon d'une telle profanation dans son temple ; qu'il étoit très à craindre pour eux qu'il ne se vengeât et qu'il ne les châtiât comme ils le méritoient. Je me jetai ensuite à genoux et je fis une espèce d'amende honorable à Dieu, à la sainte Vierge et à saint Joseph, à l'honneur desquels j'avois dressé des autels pour exciter la dévotion de mes paroissiens ; après quoi je me levai et nous prîmes le chemin de ma maison.

J'avois autour de moi cinq à six personnes qui observoient scrupuleusement toutes mes démarches, tous mes mouvemens et surtout les coups d'œil que je jetois. Je ne voyois pas pourquoi tant d'attention de leur part, mais je le sus dans la suite. Ces bonnes gens, avides au dernier point, s'imaginoient que j'avois de l'argent caché et que lorsque j'avois témoigné tant d'empressement de revenir à terre, c'étoit pour voir si on n'avoit pas découvert mon trésor. Nous entrâmes donc tous ensemble dans la maison, et ce fut un vrai chagrin pour moi, je vous l'avoue, de voir l'affreux désordre où elle étoit.

Il y a près de dix-sept ans que j'allai pour la première fois à Oyapoc et que je commençai d'y amasser ce qui est nécessaire pour la fondation des missions indiennes, prévoyant que ce quartier abondant en sauvages fourniroit une vaste carrière à notre zèle et que la cure d'Oyapoc seroit comme l'entrepôt de tous les autres établissemens. Je n'avois cessé depuis ce temps-là de me fournir toujours de mieux en mieux par les soins charitables d'un de nos pères qui vouloit bien être mon correspondant à Cayenne. Dieu a permis qu'un seul jour absorbât le fruit de tant de peines et de tant d'années : que son saint nom soit béni ! Ce qui me fâche le plus, c'est de savoir les trois missionnaires qui restent dans ce quartier-là dénués de tout, sans que je puisse pour le présent leur procurer même le pur nécessaire, malgré toute la libéralité et les bonnes intentions de nos supérieurs.

Enfin, après avoir parcouru rapidement tous les petits appartemens qui servoient de logement à nos pères quand ils venoient me voir, j'entrai dans mon cabinet : je trouvai tous mes livres et papiers par terre, dispersés, confondus et à moitié déchirés. Je pris ce je pus, et, comme on me pressoit de finir, il fallut m'en retourner au fort.

Peu d'heures après arrivèrent ceux qui étoient allés ravager les habitations, et s'étant un peu rafraîchis, ils continuèrent leur route jusqu'au vaisseau, emportant avec eux ce qu'ils avoient pillé, qui, de leur aveu et à leur grand regret, n'étoit pas fort considérable.

Le lendemain, toute la matinée se passa à achever de faire des ballots, à casser les meubles qui restoient dans les différentes maisons, à arracher les serrures, les gonds des portes, surtout ce qui étoit de cuivre, et enfin, environ midi, on mit le feu aux maisons des habitans, lesquelles furent bientôt réduites en cendres, n'étant couvertes que de paille, suivant l'usage du pays. Comme je voyois bien que la mienne alloit avoir le même sort, je pressai beaucoup pour qu'on m'y conduisît, afin de recueillir le plus de livres et de papiers que je pourrois.

Le second lieutenant, qui étoit le chef, affecta alors de décharger devant moi un pistolet qu'il portoit en bandoulière, et il le chargea tout de suite, ayant grand soin de me le faire remarquer. J'ai conçu depuis d'où venoit cette affectation de sa part. Ensuite il me fit dire que si je voulois aller chez moi, il m'y conduiroit.

Étant arrivé, je me mis à chercher encore quelques papiers, et comme il ne restoit avec moi qu'un matelot qui parloit françois, tous les autres s'étant un peu écartés, à dessein sans doute, celui-ci me dit : Mon père, tous nos gens sont loin, sauvez-vous si vous voulez. Je compris bien qu'il vouloit me tenter, et je lui répondis froidement que des hommes de notre état ne savent ce que c'est que de manquer à leur parole. J'ajoutai que si j'avois voulu prendre la fuite, il y avoit longtemps que je l'aurois fait, en ayant plusieurs fois trouvé l'occasion favorable pendant qu'ils s'amusoient à piller ou à boire.

Enfin, après avoir bien fouillé partout, et ne trouvant plus rien, je déclarai que j'avois fini et que nous nous en irions quand il leur plairoit. Alors le lieutenant s'approcha avec un air grave et menaçant, et me fit dire par l'interprète que j'eusse à leur montrer l'endroit où j'avois caché mon argent, sinon qu'il m'arriveroit malheur. Je répondis avec cette assurance que donne la vérité que je n'avois point caché d'argent, que si j'avois pensé à mettre quelque chose en sûreté, j'aurois commencé par ce qui servoit à l'autel. Vous avez beau nier le fait, me répondit pour lors l'interprète par l'ordre de l'officier, nous sommes certains, à n'en pouvoir douter, que vous avez beaucoup d'argent, car les soldats qui sont à bord prisonniers nous l'ont dit, et cependant nous n'en avons trouvé que fort peu dans votre armoire. Il faut donc que vous l'ayez caché, et si vous ne le donnez pas au plus vite, prenez garde à vous, vous savez que mon pistolet n'est pas mal chargé. Je me jetai pour lors à genoux, en disant qu'ils étoient les maîtres de m'ôter la vie, puisque j'étois entre leurs mains et à leur discrétion ; que cependant, s'ils vouloient en venir là, je les suppliois de me donner un moment pour faire ma prière ; que, du reste, je n'avois pas d'autre argent que celui qu'ils avoient déjà pris.

Enfin, après m'avoir laissé quelque temps dans cette situation en se regardant l'un l'autre, ils me dirent de me lever et de les suivre.

Ils me menèrent sous la galerie de la maison qui donnoit sur un petit plantage de cacaoyers, que j'avois fait en forme de verger, et m'ayant fait asseoir, le lieutenant se mit aussi sur une chaise ; après quoi, prenant un air gai, il me fit dire que je ne devois pas avoir peur, qu'il ne prétendait pas me faire aucun mal, mais qu'il étoit impossible que je n'eusse rien caché, puisque j'en avois eu le temps, les ayant vus passer devant ma porte lorsqu'ils alloient prendre le fort. Je lui répétai ce que j'avois déjà dit si souvent, que la frayeur nous avoit si fort saisis au bruit qu'ils firent dans la nuit par leurs huées, par leurs cris et par la quantité de coups qu'ils tirèrent, que nous n'avions songé d'abord qu'à nous mettre à couvert de la mort par une prompte fuite, d'autant que nous nous imaginions qu'ils se répandoient en même temps dans toutes les maisons.

Mais enfin, répliqua-t-il, les François prisonniers connoissent bien vos facultés : pourquoi nous auroient-ils avertis que vous aviez beaucoup d'argent si cela n'étoit pas vrai ? — Ne voyez-vous pas, lui dis-je, qu'ils ont voulu vous flatter et vous faire leur cour à mes dépens. — Non, non, continua-t-il, c'est que vous ne voulez pas vous dessaisir de votre trésor. Je vous assure pourtant et je vous donne ma parole d'honneur que vous aurez votre liberté et que nous vous laisserons ici sans brûler vos maisons si vous voulez enfin découvrir votre trésor. — C'est bien inutilement, lui répondis-je, ennuyé de tous ses discours, que vous me faites de si vives instances. Encore une fois, je n'ai pas d'autre chose à vous dire que ce que je vous ai déjà si souvent répété. Il parla alors au matelot qui servoit d'interprète et qui n'avoit pas cessé de me regarder pendant tout cet entretien, pour voir de quel côté je jetois les yeux ; après quoi celui-ci alla visiter tous mes cacaoyers.

Je me rappelai pour lors un petit entretien que j'avois eu avec le capitaine quelques jours auparavant. Je lui disois que si les sentinelles avoient fait leur devoir et qu'elles nous eussent avertis de l'arrivée de l'ennemi, nous aurions caché nos meilleurs effets. Dans quel endroit, me dit-il, auriez-vous mis tout cela ? L'auriez-vous enfoui dans la terre ? — Non, répondis-je, nous nous serions contentés de transporter tout dans le bois et de le couvrir de feuillages. C'est donc là-dessus que ces rusés corsaires, qui pesoient et combinoient toutes nos paroles, s'imaginant que je n'avois pas eu le temps de porter bien loin ce que j'avois de précieux, voulurent, par un dernier effet de leur cupidité et de leur défiance, parcourir le dessous des arbres de mon jardin. Mais il étoit impossible qu'ils y trouvassent ce qui n'y avoit pas été mis : aussi le matelot s'ennuya-t-il bientôt de chercher, et étant revenu, nous prîmes tous ensemble le chemin du fort, eux sans aucun butin, moi avec le peu de papiers que j'avois ramassés.

Alors ils conférèrent ensemble pendant quelque temps, et environ les trois heures ils allèrent mettre le feu chez moi. Je les priai d'épargner au moins l'église, et ils me le promirent. Elle brûla pourtant, et comme je m'en plaignois, ils me dirent que le vent, qui étoit ce jour-là très-grand, avoit emporté sans doute quelques étincelles qui l'avoient embrasée. Il fallut se contenter de cette réponse et laisser à Dieu le temps, le soin et la manière de venger l'insulte faite à sa maison. Pour moi, voyant les flammes s'élever jusqu'aux nues, et ayant le cœur percé de la plus vive douleur, je me mis à réciter le psaume 78. *Deus, venerunt gentes, etc.*

Enfin, lorsque tout fut transporté aux canots, nous nous embarquâmes nous-mêmes. Il étoit un peu plus de cinq heures, et les matelots qui devoient nous suivre dans deux petits canots achevèrent d'incendier toutes les maisons du fort; ensuite s'étant tirés un peu au large dans la rivière, et se laissant dériver tout doucement au courant, ils crièrent plusieurs fois *Houra!* qui est leur *Vive le roi!* et leur cri de joie. Ils n'avoient pas néanmoins grand sujet de s'applaudir de leur expédition, qui ne leur étoit ni glorieuse, puisque sans la noire trahison qui nous avoit livrés entre leurs mains, elle ne leur eût jamais réussi, ni utile, puisqu'en nous faisant à la vérité beaucoup de tort, ils en tiroient très-peu de profit.

Je m'attendois de trouver le vaisseau où je l'avois laissé; mais il avoit déjà pris le large, en sorte que nous n'y arrivâmes que bien avant dans la nuit, ce qui fit qu'on ne déchargea le le butin que le lendemain matin 19 du mois. On n'avança guère de toute cette journée, quoiqu'on se servît d'avirons, ne pouvant pas faire voile faute de vent. Cette lenteur m'inquiétoit beaucoup, parce que j'aurois voulu savoir au plus tôt quel seroit mon sort. Me laisseront-ils à Cayenne, me disois-je à moi-même ? Me mèneront-ils à Surinam ? Me conduiront-ils à la Barbade ou même jusqu'à la Nouvelle-Angleterre ? Et comme je m'entretenois dans ces pensées, couché dans ma cabane, que je ne pouvois quitter à cause de mon extrême foiblesse et du mal de mer, qui m'incommodoit infiniment, quelqu'un me vint dire qu'on avoit renvoyé à terre trois de nos soldats avec une vieille Indienne prise dans le canot d'Arouas, dont j'ai déjà parlé. J'en fus un peu surpris, et en ayant demandé la raison au capitaine, il me dit que c'étoient autant de bouches inutiles de moins. Et pourquoi, lui dis-je, ne faites-vous pas de même envers tous les autres prisonniers ? —C'est que j'attends une bonne rançon de vous autres, répliqua-t-il. Il auroit accusé plus juste s'il eût dit que, voulant faire des descentes à Cayenne, il appréhendoit que quelqu'un des siens n'y fût pris, et qu'en ce cas il vouloit avoir de quoi faire un échange, ce qui est arrivé en effet, comme on le verra dans la suite.

Le vent ayant un peu rafraîchi sur le soir, nous fîmes route toute la nuit, et dès avant midi on nous aperçut de Cayenne, à la hauteur d'un gros rocher qu'on nomme *Connestable* et qui est à cinq ou six lieues au large. On y étoit instruit déjà du désastre arrivé à Oyapoc, soit par un billet qu'avoit écrit un jeune sauvage, soit par quelques habitans d'Aproakac qui étoient venus se réfugier à Cayenne; mais on en ignoroit toutes les circonstances, et le public, comme il arrive ordinairement en pareil cas, faisoit courir plusieurs bruits plus fâcheux les uns que les autres : les uns disoient que tout avoit été massacré à Oyapoc, et que moi en particulier j'avois souffert mille cruautés; les autres publioient qu'il y avoit plusieurs vaisseaux et que Cayenne pourroit bien avoir le même sort. Ce qui paroissoit un peu accréditer cette dernière nouvelle, c'est que le navire qui nous avoit pris emmenoit avec lui trois canots, qui, avec sa chaloupe, faisoient cinq bâtimens, lesquels ayant des voiles et étant bien au large, ne laissoient pas de paroître quelque chose de considérable à ceux qui étoient à terre.

Pour moi, dans la persuasion où j'étois que nos pères que j'avois laissés dans le bois où quelques-uns des François qui avoient fui n'avoient pas manqué d'aller au plus vite à Cayenne donner par eux-mêmes des nouvelles sûres de notre triste sort, ou tout au moins d'y envoyer d'amples instructions là-dessus, je m'imaginois qu'on enverroit quelqu'un pour me réclamer ; mais je me trompois, et l'on ignoroit parfaitement tout ce qui m'étoit arrivé. Cependant le vendredi se passa, et le lendemain nous mouillâmes tout proche de *l'Enfant Perdu* (c'est un écueil éloigné de terre de six mille treize toises, ce qui a été exactement mesuré par M. de la Condamine, membre de l'Académie royale des sciences, à son retour du Pérou).

Vers les neuf heures du matin, après de grands mouvemens dans le navire, je vis démarrer deux grands canots qui alloient à une petite rivière nommée *Macouria* pour y ravager spécialement l'habitation d'une certaine dame, en revanche, disoient-ils, de quelques sujets de mécontentement qu'elle avoit donnés autrefois à des Anglois qui avoient été chez elle prendre des sirops : car vous savez, mon révérend père, qu'en temps de paix cette nation commerce ici, principalement pour fournir des chevaux aux sucreries. Comme je ne remarquai que treize hommes dans chaque pirogue, y compris deux François qui devoient leur servir de guides, je commençai dès-lors à concevoir quelque espérance de ma liberté, parce que je m'imaginois bien que, le temps étant fort serein, on s'apercevroit à terre de cette manœuvre, et qu'on ne manqueroit pas de courir sus. Je m'entretenois ainsi dans cette douce pensée lorsqu'on vint me dire que ces canots devoient aller premièrement à Couron, qui n'est éloigné de Macouria que d'environ quatre lieues, pour y prendre, s'ils pouvoient, le père Lombard, ce missionnaire qui travaille avec tant de succès et depuis si long-temps, dans la Guyane, à la conversion des sauvages, afin d'exiger de lui une rançon convenable à son âge et à son mérite.

Je vous laisse à penser quel coup de foudre ce fut pour moi qu'une nouvelle de cette nature : car je voyois par moi-même que si ce digne missionnaire étoit conduit à notre bord, il succomberoit infailliblement à la fatigue. Mais la Providence, qui ne vouloit pas affliger jusqu'à ce point nos missions, déconcerta leur projet. Ils échouèrent en chemin et furent obligés de s'en tenir à leur premier dessein, qui étoit d'insulter seulement Macouria. Ils y entrèrent en effet le dimanche matin; ils pillèrent et ravagèrent pendant tout le jour et toute la nuit l'habitation qui étoit l'objet de leur haine, et, après avoir mis le feu aux maisons le lundi matin, ils retournèrent à bord sans que personne fît la moindre opposition : les nègres étoient si fort effrayés qu'ils n'osoient paroître, et les François qu'on avoit envoyés de Cayenne dès le dimanche matin n'avoient pas encore pu arriver.

Pendant cette expédition, ceux qui étoient restés avec moi dans le vaisseau raisonnoient chacun suivant ses désirs ou ses craintes. Les uns appréhendoient un heureux succès de cette entreprise, et les autres le désiroient. Enfin, comme chacun se repaissoit ainsi de ses propres idées, je vis encore sur notre bord une grande agitation vers les trois heures après midi : c'étoit le maître de l'équipage, homme vif, hardi et déterminé, qui, à la tête de neuf hommes seulement, alloit dans la chaloupe tenter une descente à la côte, tout proche de Cayenne, se faisant conduire par un nègre qui connoît le pays, parce qu'il est créole. Peut-être aussi que le sieur Potter vouloit faire diversion et empêcher par là qu'on envoyât de Cayenne après ceux de ses gens qui alloient à Macouria.

Quoi qu'il en soit, lorsque je fus averti du départ de la chaloupe, je ne doutai plus que le Seigneur ne voulût me tirer de mon esclavage, persuadé que j'étois que si la première troupe n'étoit pas attaquée, la seconde le seroit infailliblement. Ce que je prévoyois arriva en effet. Les dix Anglois, après avoir pillé une de nos habitations, furent rencontrés par une troupe françoise et entièrement défaits. Trois restèrent sur la place et sept furent faits prisonniers; de notre côté, il n'y eut qu'un soldat blessé à l'épaule d'un coup de fusil. Pour mon pauvre nègre, il est surprenant que dans ce combat il n'ait pas même été blessé. Le Seigneur a sans doute voulu le récompenser de sa fidélité envers son maître : ce fut par lui qu'on apprit enfin à Cayenne tout le détail de la prise d'Oyapoc et tout ce qui me regardoit personnellement.

Nous étions sur notre bord fort impatiens de savoir quelle réussite auroient toutes ces expéditions, mais rien ne venoit ni de la côte ni de Macouria. Enfin, lorsque le soleil commença à paroître et qu'il fit assez clair pour pouvoir découvrir au large, c'étoit un flux et reflux de matelots qui montoient successivement à la hune et qui rapportoient toujours qu'ils ne voyoient rien. Mais environ les neuf heures le sieur Potter vint me dire lui-même qu'il avoit aperçu trois chaloupes qui, partant de Cayenne, prenoient le chemin de Macouria et alloient sans doute trouver ses gens. Pour le tranquilliser un peu, je lui répondis que ce pouvoient être des canots d'habitans, qui, après avoir entendu la messe, retournoient à leurs habitations. Non, non, répliqua-t-il, ce sont des chaloupes où il y a beaucoup de monde, je les découvre parfaitement bien avec ma lunette à longue vue.—Vos gens, ajoutai-je, seront peut-être sortis de la rivière avant que les nôtres y arrivent, et dès lors il n'y aura point de choc.—Tout cela ne m'inquiète point, me répondit-il, mon monde est bien armé et plein de courage. Le sort de la guerre en décidera si les deux troupes en viennent aux mains.

— Mais que pensez-vous de votre chaloupe? lui demandai-je.—Je la crois prise, me dit-il.
—Aussi, souffrez que je vous représente, ajoutai-je, qu'il y a un peu de témérité dans vous d'avoir hasardé une descente avec si peu de monde. Vous imaginiez-vous donc que Cayenne étoit un Oyapoc?—Ce n'étoit pas non plus mon sentiment, me répondit-il; mais c'est la trop grande ardeur et l'excessive vivacité du maître de l'équipage qui en est la cause; tant pis pour lui s'il lui est arrivé quelque malheur. J'en serois pourtant bien fâché, continua-t-il, car je l'estime beaucoup et il m'est très-nécessaire. Il aura sans doute passé mes ordres, car je lui avois recommandé de ne pas mettre à terre, mais seulement d'examiner de près l'endroit le plus commode pour débarquer.

Après nous être ainsi entretenus un peu de temps, il fit lever l'ancre et s'approcha le plus qu'il put de terre et de Macouria, tant pour couper chemin à nos chaloupes que pour couvrir ses gens et leur abréger le retour.

Cependant tout le dimanche se passa dans de grandes inquiétudes. Nos ennemis étoient avertis qu'il y avoit trois vaisseaux en rade, parce que les canots allant à Macouria s'étoient assez approchés du port pour les découvrir, et qu'ils avoient fait les signaux convenus avec le capitaine Potter. Or, quelques-uns craignoient que ces navires ne vinssent attaquer le vaisseau pendant la nuit. Aussi vers les sept heures du soir mirent-ils deux pierriers aux fenêtres de la chambre, outre les douze qui étoient sur le bord le long du bâtiment. Mais le capitaine étoit fort tranquille; il me dit que bien loin d'appréhender qu'on vînt l'attaquer, il le souhaitoit au contraire, espérant de se rendre maître de ceux qui oseroient l'approcher. Il étoit effectivement bien armé en corsaire : sabres, pistolets, fusils, lances, grenades, boulets garnis de goudron et de soufre, mitraille, rien ne manquoit.

Je crois que personne ne dormit cette nuit-là; rien pourtant ne parut ni de Macouria ni de Cayenne, ce qui nous inquiétoit tous infiniment. Enfin, environ les huit heures du matin, le capitaine vint me dire qu'on découvroit beaucoup de fumée du côté de Macouria et que c'étoient ses gens sans doute qui avoient mis le feu aux maisons de madame Gislet (c'est le nom de la dame à l'habitation de laquelle les Anglois en vouloient singulièrement). J'en suis fâché, ajouta-t-il, car j'avois défendu expressément de rien brûler. Peu après on aperçut du haut de la hune cinq canots ou chaloupes en mer qui paroissoient se poursuivre les uns les autres : c'étoient nos François qui donnoient la chasse aux Anglois. Le sieur Potter, en homme fait au métier, le connut bientôt et agit en conséquence, car il leva l'ancre, fit encore un petit mouvement pour s'approcher et ordonna à tout son monde de prendre les armes, ayant fait descendre en même temps dans la cale tous les prisonniers, soit François, soit Indiens. Je voulus y aller moi-même, mais il me dit que je pouvois rester dans la chambre et qu'il m'avertiroit quand il en seroit temps.

Pendant toute cette agitation, un des canots qui étoit allé à Macouria s'approchoit de nous à force de rames, et pour s'assurer que c'étoient des Anglois, on arbora la flamme et le pavillon et l'on tira un coup de canon, auquel le canot ayant répondu par un coup de mousquet, signal dont ils étoient convenus, la tranquillité succéda à ce premier mouvement de crainte.

Mais il restoit encore un canot en arrière qui venoit fort doucement avec la *pagaye* (espèce de pelle ou d'aviron dont les sauvages se servent pour nager leurs canots), et l'on appréhendoit qu'il ne fût pris par nos chaloupes. Aussi à peine l'officier qui avoit conduit le premier eut-il fait décharger à la hâte le peu qu'il avoit apporté, qu'il courut au-devant pour le convoyer, et l'ayant enfin conduit à bon port, et tout le petit butin étant embarqué dans le vaisseau, chacun pensa à se délasser de son mieux des fatigues de la maraude. Le punch, la limonade, le vin, l'eau-de-vie, le sucre, rien n'étoit épargné. Ainsi se passa le reste du jour et de la nuit du lundi au mardi.

Parmi tous ces succès qui, quelque peu considérables qu'ils fussent en soi, étoient pour eux autant de sujets de triomphe, il leur restoit un grand chagrin, c'étoit la prise de leur chaloupe et des dix hommes qui l'avoient conduite à terre. Il fallut donc penser sérieusement aux moyens de les ravoir : c'est pourquoi dès le mardi matin, après avoir conféré entre eux et tenu conseil sur conseil, ils vinrent me trouver et me dire que leur vaisseau chassant considérablement, soit à cause des courans, qui sont en effet très-forts dans ces parages, soit parce qu'il ne leur restoit plus qu'une petite ancre, ils ne pouvoient plus tenir la mer et qu'ils songeoient à aller à Surinam, colonie hollandoise à quatre-vingts lieues ou environ de Cayenne; qu'ils voudroient pourtant bien auparavant avoir des nouvelles de leur chaloupe et de leurs gens qui étoient allés à terre le samedi.

Je leur répondis que cela étoit très-aisé, qu'ils n'avoient pour cela qu'à armer un des canots qu'ils nous avoient pris, l'envoyer à Cayenne proposer un échange de prisonniers. Mais voudra-t-on nous recevoir? me diront-ils. Ne nous fera-t-on aucun mal? nous sera-t-il permis de revenir? etc. Il me fut aisé de résoudre des doutes si mal fondés en leur disant, comme il est vrai, que le droit des gens est de toutes les nations; que les François ne se piquent pas moins que les Anglois de l'observer; qu'il n'y avoit rien de si ordinaire parmi les peuples civilisés que de voir des généraux s'envoyer mutuellement des hérauts d'armes, trompettes ou tambours porter des paroles d'accommodement, et qu'ainsi ils n'avoient rien à craindre pour ceux de leur équipage qu'ils enverroient à terre.

Après de nouveaux entretiens qu'ils eurent entre eux, ils commencèrent à faire leurs propositions, dont je trouvai quelques-unes tout-à-fait déraisonnables : par exemple, ils vouloient qu'on leur rendît leur chaloupe avec toutes leurs armes et qu'on leur relâchât tous leurs prisonniers, en quelque nombre qu'ils fussent, pour quatre François seulement que nous étions. Je leur répondis que je ne croyois pas qu'on leur passât l'article des armes ; que pour ce qui est des hommes, l'usage est de changer tête pour tête. Mais, vous seul ne valez-vous pas trente matelots? me dit un de l'assemblée.—Non, certainement, lui dis-je : un homme de mon état, en fait de guerre, ne doit être compté pour rien.

—Tout cela est bon pour la raillerie, dit le capitaine, et puisque vous le prenez sur ce ton, je m'en vais mettre à la voile ; je puis fort aisément me passer de dix hommes : il me reste encore assez d'équipage pour continuer ma course. Sur-le-champ il sort de sa chambre, donne des ordres, on commence à manœuvrer, etc. Mais à travers tout ce manége je m'apercevois bien que ce n'étoit que feinte de leur part pour m'intimider et pour m'engager à leur offrir deux mille piastres qu'ils m'avoient déjà demandées pour ma rançon.

Cependant comme j'avois grande envie de me tirer de leurs mains, quoique je ne le fisse point paroître à l'extérieur, je fis appeler le sieur Potter et je lui dis qu'il ne devoit pas s'en tenir à mon sentiment; qu'il pouvoit toujours envoyer un canot à Cayenne faire les propositions qu'il jugeroit à propos, sauf à M. le commandant de les accepter ou de les rejeter. Il prit ce parti et me pria de dicter moi-même la lettre qu'il vouloit écrire, ce que je fis en suivant exactement ce qu'il me faisoit dire par son secrétaire.

J'écrivis moi-même un mot à M. d'Orvilliers et au père de Villeconte, notre supérieur-général, priant le premier de stipuler dans les articles de la négociation, si elle avoit lieu, qu'on me rendroit tout ce qui avoit appartenu à mon église, m'offrant à payer autant d'argent pesant que pesoit l'argenterie, et une certaine somme dont nous étions convenus pour les meubles, ornemens et linges ; je priois en même temps nos pères, si l'affaire réussissoit, de m'envoyer de l'argent et des balances par le retour du canot à l'endroit où devoit se faire l'échange des prisonniers, c'est-à-dire en pleine mer, à mi-chemin du vaisseau et de la terre.

Toutes ces lettres étant finies, le canot fut expédié et on y mit pour porter les paquets un sergent fait prisonnier à Oyapoc. Il avoit ordre de faire beaucoup de diligence, et comme c'est un homme expéditif nous aurions eu une réponse prompte, mais le vent et le courant étoient si contraires qu'il ne put gagner Cayenne. Nous en fûmes tous extrêmement fâchés, les Anglois parce qu'ils commençoient à manquer d'eau et que leur vaisseau dérivoit considérablement, n'ayant plus, comme je l'ai dit, qu'une fort petite ancre, qu'ils étoient obligés de mouiller avec un grappin, et nous autres François, parce que nous souhaitions d'être libres. Il fallut pourtant prendre patience et se résigner à la volonté de Dieu jusqu'à ce qu'il nous fît naître une nouvelle ressource.

Enfin, le mercredi matin m'étant avisé de demander au capitaine quel parti il étoit déterminé de prendre, je fus agréablement surpris de lui entendre dire que si je voulois aller à Cayenne moi-même j'en étois le maître, avec cette condition que je ferois renvoyer tous les Anglois qui y étoient prisonniers. Cela ne dépend pas de moi, lui dis-je; mais je vous promets de faire tous mes efforts auprès de M. le commandant pour l'obtenir. Après quelques légères difficultés que je levai aisément, nous écrivîmes une nouvelle lettre à M. d'Orvilliers dont je devais être le porteur, et tout étant prêt, nous nous embarquâmes, quatre François et cinq Anglois, pour venir à Cayenne.

En prenant congé du capitaine, je lui dis que si la guerre continuoit et que lui ou d'autres de sa nation vinssent à Cayenne, je ne pouvois plus être fait prisonnier. Il me répondit qu'il le savoit déjà, l'usage étant de ne pas faire deux fois prisonnier une même personne dans le cours d'une même guerre, à moins qu'il ne soit trouvé les armes à la main.

Je le remerciai ensuite de ses manières honnêtes à mon égard, et en lui serrant la main : Monsieur, lui dis-je, deux choses me font de la peine en vous quittant : ce n'est pas précisément le pillage que vous avez fait à Oyapoc, parce que les François vous rendent peut-être actuellement la pareille avec usure; mais c'est en premier lieu que nous ne soyons pas de la même religion, et en second lieu, que vos gens n'aient pas voulu me rendre les effets de mon église aux conditions que je vous ai proposées, quelque raisonnables qu'elles soient, parce que j'appréhende que la profanation de ce qui appartient au temple du Seigneur n'attire sa colère sur vous. Je vous conseille, ajoutai-je en l'embrassant, de prier Dieu chaque jour de vous éclairer sur le véritable chemin du ciel : Car, comme il n'y a qu'un Dieu, il ne peut y avoir qu'une véritable religion. Après quoi je descendis dans le canot qui devoit nous conduire, et aussitôt je vis tout le monde monter sur le gaillard; la flamme et le pavillon furent arborés, le tambour battit une diane, le canon tira, et nous fûmes salués de plusieurs *Houra!* auxquels nous répondîmes par autant de *Vive le roi!*

A peine eûmes-nous fait un quart de lieue de chemin que le vaisseau appareilla, et nous le perdîmes de vue vers les cinq heures. Cependant la mer étoit très-rude et nous n'avions que de mauvaises pagayes pour nager; mais par surcroît de malheur notre gouvernail manqua, c'est-à-dire qu'un gond de porte qui tenoit lieu de vis inférieure sortit de sa place et tomba dans la mer. Nous prîmes alors le parti, ne pouvant faire mieux, d'attacher la boucle du gouvernail à la planche qui ferme les derrières des canots; mais le fer eut bientôt rongé la corde et nous nous trouvâmes dans un très-grand danger.

Ce qui augmentoit nos craintes, c'est que la nuit devenoit fort obscure et que nous étions très-éloignés de la terre. Nous nous déterminâmes donc à mouiller jusqu'au lendemain matin pour savoir comment nous pourrions nous tirer de ce mauvais pas, et comme les Anglois connoissoient mieux que nous le péril où nous étions, l'un d'eux me proposa de hisser un fanal au haut d'un des mâts pour demander du secours. Mais je lui en représentai l'inutilité, parce que nous étions trop au large pour être aperçus et que d'ailleurs personne n'auroit osé venir à nous dans l'incertitude si nous étions amis ou ennemis.

Nous passâmes donc ainsi cette cruelle nuit entre la vie et la mort, et ce qu'il y a encore de bien surprenant, c'est que nous avions mouillé sans le savoir au milieu de deux grandes roches, que nous n'aperçûmes que lorsqu'il fit jour. Après avoir remercié Dieu de nous avoir si visiblement protégés, nous résolûmes de gagner le rivage afin de radouber notre canot s'il se pouvoit, ou d'en trouver un autre dans les habitations voisines, ou, au pis aller, de nous rendre par terre à Cayenne. Mais voici un nouvel accident : comme l'on ôtoit le grand mât et que nous étions foibles d'équipage, on le laissa aller du côté opposé à celui où il devoit naturellement tomber; nous crûmes tous qu'il avoit écrasé M. de La Landerie, mais heureusement il n'eut qu'une légère contusion.

Nous prîmes pour lors une pagaye, le sergent et moi, pour gouverner; les autres s'armèrent chacun de la leur pour nager, et, aidés partie par le vent (car nous portions notre misaine pour nous soutenir contre les brisans), partie par la marée, qui commençoit à monter, mais surtout conduits par la divine Providence qui nous guidoit, nous entrâmes le 26 au matin dans la petite rivière de Macouria, dont j'ai déjà tant parlé, sans qu'aucun de nous en connût le chenal; en sorte que les Anglois avouèrent hautement que c'étoit Dieu qui nous avoit conduits là sains et saufs, à travers tant de dangers.

Nous songeâmes ensuite aux moyens de nous rendre à Cayenne, mais la chose ne fut pas aisée. Outre que nous ne trouvâmes point de canot ni de quoi raccommoder le nôtre, les nègres, qui étoient restés seuls sur les habitations, étoient si effrayés qu'ils ne vouloient pas nous reconnoître. Comme il avoit déjà transpiré que j'étois prisonnier, ils appréhendoient que les Anglois ne m'eussent mis à terre par feinte, afin d'attraper des esclaves par mon moyen. Cependant, après bien des protestations, des prières et des sollicitations, j'en rassurai quelques-uns qui, plus hardis que les autres, osèrent s'approcher, et ce fut par leur moyen que nous eûmes un peu de rafraîchissement, dont nous avions assurément grand besoin, moi surtout qui ne peux presque point prendre de nourriture, et qui pour cette raison étois si foible qu'à peine pouvois-je me soutenir.

Lorsque chacun se fut un peu refait, je consignai aux nègres mêmes le canot, que nous laissions avec tous ses agrès et apparaux, et nous prîmes le chemin de Cayenne par les bords de la mer. Je ne voulois pas aller par l'intérieur des terres de peur de donner à nos ennemis des connoissances qui pourroient dans la suite nous être préjudiciables. La nuit, qui survint, favorisa mon dessein, et je puis dire avec vérité que les cinq Anglois que je menois avec moi n'ont rien vu qui puisse jamais leur servir si l'envie leur prenoit quelque jour de venir nous revoir dans le cours de cette guerre.

Il me seroit difficile, pour ne pas dire impossible, mon révérend père, de vous exprimer ce que nous eûmes à souffrir dans ce trajet, qui n'est pourtant que de trois à quatre lieues. Comme la mer montoit et que par cette raison nous étions obligés de tenir le haut de l'anse, où le sable est extrêmement mouvant, nous enfoncions considérablement, et la plupart avoient toutes les peines du monde à se traîner, en sorte que je vis plusieurs fois le moment que la moitié de ma troupe resteroit en chemin. Les Anglois surtout, peu accoutumés à marcher, trouvoient la promenade longue et auroient bien voulu être encore dans leur vaisseau; mais c'étoit leur faute s'ils se trouvoient dans un tel embarras. En nous embarquant ils savoient eux-mêmes que le canot dans lequel on nous avoit mis ne valoit rien; ils auroient dû m'en avertir à temps, et j'en aurois demandé un autre au capitaine.

Enfin, à force de les encourager et de les animer, nous arrivâmes tout proche de la pointe que la rivière forme et qui donne dans la rade. Il pouvoit être environ minuit. Nous nous arrêtâmes à l'habitation de Mme de Charanville, où les esclaves, connoissant le bon cœur et la générosité de leur maîtresse, quoique seuls, nous firent le meilleur accueil qu'ils purent pour nous dédommager de ce que nous venions de souffrir. J'avois eu la précaution d'envoyer avant nous un nègre de notre suite pour les rassurer sur notre arrivée, car sans cela nous aurions couru grand risque de n'être pas reçus, tant la frayeur avoit saisi partout ces pauvres misérables.

Une si bonne réception fit grand plaisir aux Anglois, qui craignoient eux-mêmes d'être tués ou maltraités par les nègres, ce qui infailliblement seroit arrivé si je n'avois pas été avec eux : aussi ne me quittoient-ils point. Enfin, après avoir pris un peu de repos, nous nous mîmes dès qu'il fut jour dans une pirogue que nous trouvâmes et nous fîmes route pour Cayenne.

Du plus loin qu'on nous aperçut, on connut bien à notre pavillon blanc que nous étions des députés qui venoient faire des propositions, et on envoya aussitôt un détachement au port, qui nous reçut la baïonnette au bout du fusil et présentant les armes, comme c'est l'usage en pareille occasion.

Tous les remparts qui donnent sur la rade, et le tertre sur lequel le fort est situé, étoient remplis de monde. J'ordonnai au sergent de rester dans la pirogue avec toute la troupe jusqu'à ce que j'eusse parlé au commandant, et je mis pied à terre. Le frère Pittet m'avoit reconnu avec une lunette à longue vue: il accourut pour me donner lui-même la main.

Ce fut un spectacle bien consolant, mon révérend père, de voir tout Cayenne venir au-devant de moi. Il y avoit dans les rues où je passois une si grande affluence de peuple que j'avois peine à me faire jour; les riches comme les pauvres, tous, jusqu'aux esclaves, s'empressèrent de me donner des marques de la joie que leur causoit mon élargissement. Plusieurs m'arrosoient de leurs larmes en m'embrassant. Je ne rougis pas de dire que j'en versai moi-même de reconnoissance pour de si grandes démonstrations d'amitié. Une grande foule me suivit même jusque dans l'église, où je fus d'abord rendre grâces à Dieu de tant de faveurs qu'il venoit de me faire, et dont je vous prie, mon révérend père, de vouloir bien le remercier aussi.

Nos pères et nos frères se distinguèrent dans cette occasion et poussèrent la charité à mon égard aussi loin qu'elle puisse aller. Comme toutes mes hardes étoient dans un pitoyable état, on m'apporta avec empressement tout ce qui m'étoit nécessaire, de sorte que j'éprouvai à la lettre cette parole du Sauveur: Quiconque quittera son père, sa mère, ses frères pour l'amour de moi recevra le centuple en ce monde.

Nous nous entretenons quelquefois ensemble des malheurs qui pourroient encore nous arriver, et je suis toujours extrêmement édifié de voir leur sainte émulation, chacun voulant se sacrifier pour secourir les blessés en cas d'attaque; mais je pense qu'ayant déjà vu le feu et ne pouvant plus être fait prisonnier dans le cours de cette guerre, je dois avoir la préférence et commencer à servir pour les fonctions de notre ministère. Il faut néanmoins espérer que nous ne serons pas obligés d'en venir là, ni les uns ni les autres, et que les armes victorieuses du roi procureront bientôt une paix solide et durable.

D'abord que j'eus fait mon rapport et remis mes lettres à M. d'Orvilliers qui s'étoit retiré dans notre maison à l'occasion de la mort de Mme son épouse, il donna ses ordres pour que les cinq Anglois venus avec moi fussent conduits les yeux bandés, suivant l'usage en pareil cas, au grand corps-de-garde qui devoit leur servir de prison : après quoi il prit les arrangemens nécessaires pour les renvoyer à leur vaisseau avec les sept autres prisonniers dont nous avons déjà parlé, et qu'il voulut bien élargir tous en grande partie à ma considération. Dès le lendemain 28, ils partirent pendant la nuit dans leur chaloupe avec tous les agrès et vivres nécessaires.

Il est à souhaiter pour nous qu'ils soient arrivés à bon port, parce que nous avons écrit par eux au gouverneur de Surinam, et moi en particulier, pour tâcher d'avoir par son moyen ce qui appartenoit à mon église aux conditions dont nous étions convenus avec le sieur Potter en nous séparant. Que si je ne réussis pas dans ce recouvrement, je me flatte que vous voudrez bien, mon révérend père, y suppléer en m'envoyant une chapelle complète, car tout a été perdu.

A mon arrivée à Cayenne, j'y ai trouvé l'officier qui étoit à Oyapoc quand il fut pris, et qui s'étoit déjà rendu ici avec le chirurgien-major et une partie des soldats. Depuis ce temps-là le commandant lui-même est revenu avec le reste du détachement pour attendre les ordres que la cour donnera touchant Oyapoc. Ce fort, que nous venons de perdre, fut construit en 1725 sous feu M. d'Orvilliers, gouverneur de cette colonie : ainsi il n'a existé que dix-neuf ans : on ne sait si la cour jugera à propos de le faire rétablir.

Je viens d'apprendre avec beaucoup de consolation que nos deux missionnaires, les pères d'Aurillac et d'Huberlant, étoient retournés chacun à son poste, après avoir essuyé bien des fatigues avant que de s'y rendre. Ils y auront encore beaucoup à souffrir jusqu'à ce que nous puissions leur fournir du secours.

On me mande que les Indiens, qui avoient été d'abord extrêmement effrayés, commencent à se rassurer et qu'ils continuent à rendre tous les services dont ils sont capables aux habitans qui restent dans le quartier jusqu'à nouvel ordre.

Voilà, mon révérend père, une lettre bien longue et peut-être un peu trop. Je m'estimerois heureux si elle pouvoit vous faire quelque plaisir, car je n'ai pas eu d'autre vue en l'écrivant. Je suis, avec respect, en l'union de vos saints sacrifices, etc.

LETTRE DU P. FAUQUE

AU P. ALLART.

Traite des nègres. — Vente des esclaves. — Entreprise pour ramener les nègres fugitifs et adoucir les maux des travailleurs.

A Cayenne, le 10 mai 1751.

MON RÉVÉREND PÈRE,

La paix de N. S.

Le désir que vous paroissez avoir d'apprendre de moi des nouvelles de ce pays lorsqu'elles auront quelque rapport au salut des âmes m'engage à vous envoyer aujourd'hui une relation succincte d'une entreprise de charité dont la Providence me fournit, il y a quelque temps, l'occasion, et qui a tourné également à la gloire de Dieu et au bien de cette colonie.

Vous savez, mon révérend père, que les principales richesses des habitans de l'Amérique méridionale sont les nègres esclaves, que les vaisseaux de la compagnie ou les négocians françois vont chercher en Guinée et qu'ils transportent ensuite dans nos îles. Ce commerce est, dit-on, fort lucratif, puisqu'un homme fait, qui coûtera cinquante écus ou deux cents livres dans le Sénégal, se vend ici jusqu'à douze ou quinze cents livres.

Il seroit inutile de vous dire comment se fait la traite des noirs dans leur pays; quelles sont pour cela les marchandises que l'on y porte, les précautions qu'on doit prendre pour éviter la mortalité, le libertinage et les révoltes dans les vaisseaux négriers. Comment nous nous comportons, nous autres missionnaires, pour instruire ces pauvres infidèles quand ils sont arrivés dans nos paroisses. Sur tous ces points et sur plusieurs autres de cette nature, on a publié une infinité de relations qui sans doute ne vous sont pas inconnues ; mais ce qui m'a toujours frappé et à quoi je n'ai pu encore me faire, depuis vingt-quatre ans que je suis dans le pays, c'est la manière dont se fait la vente de ces pauvres misérables.

Aussitôt que le vaisseau qui en est chargé est arrivé au port, le capitaine, après avoir fait les démarches prescrites par les ordonnances du roi, tant auprès de l'amirauté que de MM. les gens de justice, loue un grand magasin où il descend son monde, et là, comme dans un marché, chacun va choisir les esclaves qui lui conviennent pour les emmener chez soi au prix convenu. Qu'il est triste pour un homme raisonnable et susceptible de réflexions et de sentimens, de voir vendre ainsi son semblable comme une bête de charge ! Qu'avons-nous fait à Dieu tous tant que nous sommes, ai-je dit plus d'une fois en moi-même, pour n'avoir pas le même sort que ces malheureux ?

Cependant, les nègres, accoutumés pour la plupart à jouir de leur liberté dans leur patrie, se font difficilement au joug de l'esclavage, quelquefois même on le leur rend tout-à-fait insupportable, car il se trouve des maîtres (je le dis en rougissant) qui n'ont pas pour eux, non-seulement les égards que la religion prescrit, mais les attentions que la seule humanité exige. Aussi arrive-t-il que plusieurs s'enfuient, ce que nous appelons ici *aller marron*, et la chose leur est d'autant plus aisée à Cayenne, que le pays est pour ainsi dire sans bornes, extrêmement montagneux et boisé de toutes parts.

Ces sortes de désertions (ou marronnages) ne peuvent manquer d'entraîner avec soi une infinité de désordres. Pour y obvier, nos rois, dans un code exprès qu'ils ont fait pour les esclaves, ont déterminé une peine particulière pour ceux qui tombent dans cette faute. La première fois qu'un esclave s'enfuit, si son maître a eu la précaution de le dénoncer au greffe et qu'on le prenne un mois après le jour de la dénonciation, il a les oreilles coupées et on lui applique la fleur-de-lys sur le dos. S'il récidive et qu'après avoir été déclaré en justice, il reste un mois absent, il a le jarret coupé; et à la troisième rechute il est pendu. On ne sauroit douter que la sévérité de ces lois n'en retienne le plus grand nombre dans le devoir; mais il s'en trouve toujours quelques-uns de plus téméraires, qui ne font pas de difficulté de risquer leur vie pour vivre à leur liberté. Tant que le nombre des fugitifs ou marrons n'est pas considérable, on ne s'en inquiète guère ; mais le mal est quand ils viennent à s'attrouper, parce qu'il en peut résulter les suites les plus fâcheuses. C'est ce que nos voisins les Hollandois de Surinam ont souvent expérimenté et ce qu'ils éprouvent chaque jour, étant, à ce qu'on dit, habituellement menacés de quelque irruption funeste, tant ils ont de leurs esclaves errans dans les bois.

Pour garantir Cayenne d'un semblable malheur, M. d'Orvilliers, gouverneur de la Guyane françoise, et M. Le Moyne, notre commissaire-ordonnateur, n'eurent pas plus tôt appris qu'il y avoit près de soixante-dix de ces malheureux rassemblés à environ dix ou douze lieues d'ici, qu'ils envoyèrent après eux un gros détachement composé de troupes réglées et de milice. Ils combinèrent si bien toutes choses, suivant leur sagesse et leur prudence ordinaire, que le détachement, malgré les détours qu'il lui fallut faire parmi des montagnes inaccessibles, arriva heureusement.

Mais toutes les précautions et toutes les mesures que put prendre cette troupe, ne rendirent point son expédition fort utile. Il n'y eut que trois ou quatre marrons d'arrêtés, dont un fut tué, parce qu'après avoir été pris, il voulait encore s'enfuir.

Au retour de ce détachement, M. le gouverneur, à qui les prisonniers avoient fait le détail du nombre des fugitifs, de leurs différens établissemens et de tous les mouvemens qu'ils se donnoient pour augmenter leur nombre, se disposoit à envoyer un second détachement, lorsque nous crûmes qu'il étoit de notre ministère de lui offrir d'aller nous-mêmes travailler à ramener dans le bercail ces brebis égarées. Plusieurs motifs nous portoient à entreprendre cette bonne œuvre. Nous sauvions d'abord la vie du corps et de l'âme à tous ceux qui auroient pu être tués dans le bois, car il n'y a guère d'espérance pour le salut d'un nègre qui meurt dans son marronnage. Nous évitions encore à la colonie une dépense considérable, et aux troupes une très-grande fatigue. Outre cela, si nous avions le bonheur de réussir, nous faisions rentrer dans les ateliers des habitans un bon nombre d'esclaves dont l'absence faisoit languir les travaux.

Cependant, quelque bonnes que nous parussent ces raisons, elles ne furent pas d'abord goûtées : cette voie de médiation paraissoit trop douce pour des misérables dont plusieurs étoient fugitifs depuis plus de vingt ans et accusés de grands crimes, et d'ailleurs, ils pouvoient, disoit-on, s'imaginer que les François les craignoient, puisqu'ils envoyoient des missionnaires pour les chercher. Enfin, après deux ou trois jours de délibération, notre proposition fut acceptée et la Providence permit que le choix de celui qui feroit ce voyage tombât sur moi.

Quelques amis que j'ai ici et qui pesoient la chose à un poids trop humain n'en eurent pas plutôt connoissance, qu'ils firent tous leurs efforts pour m'en détourner. Qu'allez-vous faire dans ces forêts, me disoient les uns, vous y périrez infailliblement de fatigue ou de misère ! Ces malheureux nègres, me disoient les autres, craignant que vous ne vouliez les tromper, vous feront un mauvais parti. On me représentoit encore que je pouvois donner dans quelque piége, parce qu'en effet, les nègres marrons ont coutume de creuser, au milieu des sentiers, des fosses profondes dont ils couvrent ensuite adroitement la surface avec des feuilles, en sorte qu'on ne s'aperçoit point du piége, et si malheureusement on y tombe, on s'empale soi-même sur des chevilles dures et pointues dont ces fosses sont hérissées. Vous perdrez votre temps et vos peines, disoient les moins prévenus : très-sûrement vous n'en ramenerez aucun ; ils sont trop accoutumés à vivre à leur liberté pour revenir jamais se soumettre à l'esclavage.

Vous comprenez aisément, mon révérend père, que de semblables raisons ne devoient pas faire grande impression sur des personnes de notre état, qui n'ont quitté biens, parens, amis, patrie, et qui n'ont couru tous les dangers de la mer, que pour gagner des âmes à Dieu : trop heureux s'ils pouvoient donner leur vie pour la gloire du Grand-Maître, qui, le premier, a sacrifié lui-même la sienne pour nous.

Je partis donc avec quatre des esclaves de la maison et un nègre libre qui avoit été du détachement dont j'ai parlé plus haut et qui devoit me servir de guide. Il me fallut tout ce nombre pour porter ma chapelle et les vivres nécessaires pour le voyage. Nous allâmes d'abord par canot jusqu'au saut de Tonne-Grande (c'est une des rivières qui arrosent ce pays). Nous y passâmes la nuit. J'y dis la sainte messe de grand matin, pour implorer les secours du ciel, sans lequel nous ne pouvons rien ; ensuite nous nous enfonçâmes dans le bois. Malgré toute la diligence dont nous usâmes, nous ne pûmes faire ce jour-là qu'environ les deux tiers du chemin. Il nous fallut donc camper à la manière du pays, c'est-à-dire que nous fîmes à la hâte, avec des feuilles de palmier, dont il y a plusieurs espèces dans le pays, un petit *ajoupa* (c'est une espèce d'appentis qui sert à se mettre à couvert des injures du temps).

Dès qu'il fut jour, nous nous remîmes en route, et, entre deux et trois heures après midi, nous aperçûmes la première habitation de nos marrons, qu'ils ont nommée la Montagne de Plomb parce qu'il s'y trouve en effet une quantité de petites pierres noirâtres et rondes, dont ces malheureux se servent en guise de plomb à giboyer. Comme je vis la fumée à travers le bois, je crus d'abord que ceux qui faisoient l'objet de mon voyage n'étoient pas loin. Mais je me trompois dans ma conjecture : cette fumée étoit un reste de l'incendie qu'avoit fait le détachement qui m'avoit précédé, l'usage étant de brûler toutes les cases ou maisons et de faire le plus de dégât que l'on peut quand on est à la poursuite de ces sortes de fugitifs.

Je me fis alors annoncer à plusieurs reprises par une espèce de gros coquillage qui a presque la forme d'un cône et dont on se sert ici, au lieu de cloche, pour donner aux nègres le signal du lever et des heures du travail. Mais voyant que personne ne paroissoit, je me mis à parcourir tout l'emplacement, où je ne reconnus les vestiges que de deux ou trois hommes, dont les pieds étoient imprimés sur la cendre. Je compris que ceux que je cherchois n'avoient pas osé paroître là depuis qu'on leur avoit donné la chasse. Il nous fallut donc encore loger comme nous avions fait le jour précédent, c'est-à-dire que nous construisîmes notre petit ajoupa pour passer la nuit.

Il me seroit impossible, mon révérend père, de vous exprimer tout ce que la crainte inspira à mes gens de me représenter. Ils appréhendoient qu'à chaque instant on ne tirât sur nous quelque coup de fusil ou qu'on ne décochât quelque flèche. J'avois beau les rassurer de mon mieux, ils me répondoient toujours qu'ils connoissoient mieux que moi la malignité du nègre fugitif. Cependant la Providence ne permit pas qu'il nous arrivât aucun accident fâcheux durant cette nuit, et m'étant levé à la pointe du jour, je fis encore sonner de mon coquillage, qui me servoit comme de cor de chasse et dont le son extrêmement aigu devoit certainement se faire entendre fort au loin, surtout étant au milieu des vallons et des montagnes. Enfin, après avoir long-temps attendu et m'être promené partout comme la veille, ne voyant venir personne, je résolus d'aller à l'emplacement où l'on avoit trouvé depuis peu de jours les marrons et où l'un d'eux avoit été tué. Je commençai par dire la sainte messe, comme j'avois fait à Tonne-Grande, après quoi nous entrâmes dans le bois. Je jugeai que d'un abatis à l'autre il n'y avoit guère plus de deux lieues, du moins nous ne mîmes qu'environ deux heures pour faire le chemin. (On appelle ici abatis une étendue de bois coupé auquel on met le feu quand il est sec pour pouvoir planter le terrain.) Les marrons ont appelé cet endroit l'abatis du Saut, à cause qu'il y a une chute d'eau. L'emplacement me parut beaucoup plus grand et bien mieux situé que le premier, qu'ils nomment, comme j'ai dit, la Montagne de Plomb. C'étoit là aussi qu'ils prenoient leurs vivres, qui consistent en manioc, bananes, patates, riz, ignames, ananas et quelque peu de cannes à sucre.

D'abord que nous fûmes à la lisière de l'emplacement, je m'annonçai avec mon signal ordinaire, et ensuite je fis le tour d'un bout à l'autre sans voir personne. Tout ce que je remarquai, c'est que depuis peu de jours on y avoit arraché du magrive et qu'on avoit enterré le corps de celui qui avoit été tué ; mais la fosse étoit si peu profonde qu'il en sortoit une puanteur extrême. Je m'en approchai pourtant de fort près pour faire la prière sur ce misérable cadavre, dans l'espérance que si quelqu'un de ses compagnons m'apercevoit, cette action pourroit le toucher et l'engager à venir à moi. Mais toutes mes attentes furent vaines, et ayant passé le reste du jour inutilement dans cet endroit, nous revînmes coucher à la Montagne de Plomb, pour éviter la peine de faire là un nouvel ajoupa.

La nuit se passa, comme la précédente, sans inconvéniens, mais non sans peur de la part de mes compagnons de voyage. Ils étoient surpris de ne voir sortir personne du bois pour se rendre à nous. Je ne savois moi-même qu'en penser. Cependant, comme il me restoit encore un abatis à visiter, qu'ils nomment l'abatis d'Augustin, parce qu'un des chefs du marronnage qui porte ce nom y faisoit sa demeure ordinaire avec sa bande, je m'imaginois que tous les marrons s'étoient réfugiés là comme à l'endroit le plus éloigné. Mon embarras étoit que mon guide n'en savoit pas le chemin. Après l'avoir bien cherché, nous découvrîmes un petit sentier que nous enfilâmes à tout hasard, et après environ quatre heures de marche, toujours en montant et descendant les montagnes, nous arrivâmes enfin au bord d'un abatis dans lequel nous eûmes beaucoup de peine à pénétrer, parce que les bords étoient jonchés de gros troncs d'arbres. Nous franchîmes pourtant cet obstacle en grimpant de notre mieux, et le premier objet qui se présenta à nous fut deux cases, ou carbets. J'y cours et j'y trouve du feu, une chaudière et de la viande fraîchement bouillie, quelques feuilles de tabac à fumer et autres choses semblables. Je ne doutai point, pour lors, que quelqu'un ne sortît du bois pour venir me parler ; mais après avoir bien appelé et m'être promené partout à mon ordinaire pour me bien faire connaître, ne voyant paraître personne et ayant encore assez de jour, je voulus passer plus loin pour tâcher de trouver enfin l'établissement d'Augustin, me persuadant toujours que ceux que je cherchois s'y étoient retirés.

Mes compagnons de voyage n'étant pas animés par des vues surnaturelles, comme je devois l'être, et toujours timides, auroient bien souhaité que nous retournassions sur nos pas. Ils me le proposèrent même plus d'une fois, mais je ne voulois pas laisser ma mission imparfaite. Ce n'est pas que je ne ressentisse moi-même au fond du cœur, pour ne vous rien déguiser, une certaine frayeur : l'abandon total où je me voyois, l'horreur des forêts immenses au milieu desquelles j'étois sans aucun secours, le silence profond qui y régnoit, tout cela, ainsi qu'il arrive en pareille occasion, me faisoit faire, comme malgré moi, de sombres réflexions ; mais j'avois grand soin d'étouffer ces sentimens involontaires, et je n'avois garde d'en rien laisser paroître, de peur de troubler davantage ceux qui m'accompagnoient. Ainsi, après leur avoir fait prendre quelques rafraîchissemens, nous entrâmes encore dans le bois, sans savoir ni les uns ni les autres où aboutissoit le petit chemin que nous tenions.

La divine Providence, qui nous guidoit et qui veilloit sur nous, permit qu'après avoir franchi bien des montagnes et des vallons, nous arrivâmes enfin à notre but, n'ayant guère marché qu'environ deux heures. Je n'en fus pas plus avancé, car je ne trouvai qu'un abatis nouvellement fait, comme celui que je venois de quitter, mais sans que personne daignât se faire voir à nous. On avoit cependant arraché des racines bonnes à manger, et cueilli des fruits le jour même dans cet endroit, comme il nous parut par les traces toutes fraîches que nous reconnûmes.

Ce qui me fit le plus de peine, c'est que les marrons, s'imaginant peut-être qu'il y avoit toujours un détachement à leurs trousses, avoient eux-mêmes mis le feu aux cases depuis peu de jours, afin sans doute que ceux qui les poursuivroient ne pussent s'y loger. Je ne pouvois pas douter que de la lisière du bois ils ne me vissent et ne m'entendissent. Aussi je criais de toutes mes forces qu'ils pouvoient se rendre à moi en toute sûreté, que j'avois obtenu leur grâce entière, que mon état, me défendant de contribuer à la mort de qui que ce soit, ni directement ni indirectement, je n'avois garde de les venir chercher pour les livrer à la justice ; que du reste ils étoient maîtres de moi et de mes gens, puisque nous n'étions que six en tout et sans armes, au lieu qu'eux étoient en grand nombre et armés. Souvenez-vous, mes chers enfans, leur disais-je, que, quoique vous soyez esclaves, vous êtes cependant chrétiens comme vos maîtres ; que vous faites profession depuis votre baptême de la même religion qu'eux, laquelle vous apprend que ceux qui ne vivent pas chrétiennement tombent après leur mort dans les enfers : quel malheur pour vous si, après avoir été les esclaves des hommes en ce monde et dans le temps, vous deveniez les esclaves du démon pendant toute l'éternité ! Ce malheur pourtant vous arrivera infailliblement, si vous ne vous rangez pas à votre devoir, puisque vous êtes dans un état habituel de damnation, car, sans parler du tort que vous faites à vos maîtres en les privant de votre travail, vous n'entendez point la messe les jours saints, vous n'approchez point des sacremens, vous vivez dans le concubinage, n'étant pas mariés devant vos légitimes pasteurs. Venez donc à moi, mes chers amis, venez hardiment, ayez pitié de votre âme, qui a coûté si cher à Jésus-Christ.... Donnez-moi la satisfaction de vous ramener tous à Cayenne ; dédommagez-moi par là des peines que je prends à votre occasion, approchez-vous de moi pour me parler, et si vous n'êtes pas contens des assurances de pardon que je vous donnerai, vous resterez dans vos demeures, puisque je ne saurois vous emmener par force.

Enfin, après avoir épuisé tout ce que le zèle et la charité inspirent en semblable occasion, aucun de ces misérables ne paroissant, nous vînmes coucher aux cases que nous avions laissées dans l'autre abatis, soit pour éviter la peine de faire là un logement, soit parce que les traces fraîches que nous avions vues nous donnèrent lieu de croire que quelqu'un pourroit y venir pendant la nuit. Mais personne ne se montra, de sorte que, indignés de leur opiniâtreté, nous reprîmes le lendemain vers les quatre heures le chemin de la Montagne de Plomb. Nous y séjournâmes tout le samedi, j'y dis la sainte messe le dimanche, et comme j'étois pressé de m'en retourner, parce que les vivres commençoient à nous manquer, je voulus, avant que de partir, y laisser un monument non équivoque de mon voyage, en y faisant planter une croix d'un bois fort dur et qui subsiste encore.

Cette croix, comme je le dirai plus bas, servit à me faire réussir dans mon entreprise : car d'abord que les nègres marrons l'eurent aperçue, ils y vinrent faire leur prière, ayant la coutume, malgré leur libertinage (ce qu'on auroit de la peine à croire) de prier Dieu soir et matin. Ils baptisent même les enfans qui naissent parmi eux et ont grand soin de les instruire des principes de la foi autant qu'ils en savent eux-mêmes.

D'abord que je fus rendu à Tonne-Grande, où j'avois laissé mon canot, je fis savoir à MM. d'Orvilliers et Le Moine le peu de réussite qu'avoit eu mon projet. Je leur mandai que je devois rester quelque temps dans ce quartier-là pour faire les pâques aux nègres ; j'ajoutai que m'étant mis, au commencement de mon voyage, sous la protection des anges gardiens, j'avois un secret pressentiment qu'ils ne me laisseroient point retourner à Cayenne sans avoir connoissance des enfans prodigues qui en étoient l'objet. Enfin je priai ces messieurs de vouloir prolonger encore de quelques jours l'amnistie qu'ils m'avoient d'abord accordée pour eux, et ils eurent la bonté de l'étendre jusqu'à un mois entier.

Après cette réponse, je commençai ce qu'on appelle ici les pâques du quartier, c'est-à-dire, que je parcourus les différentes habitations pour confesser ceux qui sont déjà baptisés et pour instruire ceux qui sont encore infidèles. C'est notre coutume d'aller ainsi, au moins une fois l'an, chez tous les colons nos paroissiens, quelque éloignés qu'ils soient, car il y a ici des paroisses qui ont quinze et vingt lieues d'étendue, et vous ne sauriez croire, mon révérend père, le bien qu'il y a à faire et qu'on fait quelquefois dans ces sortes d'excursions. Le missionnaire qui est chargé de cette bonne œuvre met la paix dans les familles désunies en terminant leurs petits différends ; conclut des mariages pour faire cesser les commerces illicites, à quoi les esclaves sont très-sujets ; tâche de leur adoucir les peines attachées à leur état en les leur faisant envisager sous des vues surnaturelles ; prend une connoissance exacte de leur instruction actuelle, pour disposer peu à peu à la communion ceux qu'il en juge capables (notre usage étant de permettre à très-peu de nègres d'approcher de la sainte-table, par l'expérience que nous avons qu'ils en sont indignes) ; il remontre prudemment aux maîtres les fautes dans lesquelles ils tombent quelquefois envers leurs esclaves, soit en ne veillant pas assez sur leur conduite spirituelle, soit en les surchargeant de travaux injustes, soit enfin en ne leur donnant pas le nécessaire pour la nourriture et le vêtement, suivant les sages ordonnances de nos rois ; il fait mille autres choses de cette nature, qui sont du ressort de son ministère et qui tendent toutes également à la gloire de Dieu et au salut des âmes. Il en coûte, à la vérité, beaucoup de faire de pareilles courses dans un pays tel que celui-ci, où, lorsqu'on est en campagne, on est toujours, ou brûlé par les rayons d'un soleil ardent ou accablé de pluies violentes : mais à quoi ne porte pas un zèle bien épuré et quelles difficultés ne fait-il pas surmonter !

Cependant, en faisant cette bonne œuvre comme par occasion, car ce n'est pas là mon emploi ordinaire, je n'oubliai pas le premier objet de mon voyage. J'avois grand soin de dire aux nègres que s'ils pouvoient voir quelques-uns de leur compagnons marrons, ils les assurassent que, quoiqu'ils n'eussent pas voulu s'approcher de moi dans le bois, j'avois néanmoins obtenu encore un mois d'amnistie pour eux ; mais que si, pendant cet espace de temps, ils ne revenoient pas, ils n'avoient plus ni grâce ni pardon à espérer ; qu'ils devoient se persuader, au contraire, qu'on les poursuivroit sans relâche jusqu'à ce qu'on les eût tous exterminés.

Enfin j'avois fini ma mission et parcouru toutes les habitations des environs de Tonne-Grande ; j'étois même déjà embarqué dans mon canot pour me rendre à Cayenne, un peu confus d'avoir échoué dans mon dessein aux yeux des hommes, qui ne jugent ordinairement des choses que par le succès, lorsque je vis venir à moi un autre petit canot nagé par deux jeunes noirs, porteurs d'une lettre de l'économe de Mont-Séneri (c'est une sucrerie du quartier), qui me marquoit que les nègres marrons étoient arrivés chez lui et qu'ils me demandoient avec empressement. J'y vole avec plus d'empressement encore qu'ils n'en avoient eux-mêmes, et j'en trouve en effet déjà une vingtaine qui m'assurent que les autres sont en chemin pour se rendre. Quelle agréable surprise pour moi, mon révérend père, de voir mes vœux accomplis lorsque je m'en croyois le plus éloigné ! Après avoir versé quelques larmes de joie sur ces brebis égarées depuis si longtemps et qui rentroient dans le bercail, je leur fis des reproches sur ce qu'ils n'avoient pas voulu me parler tandis que j'étois au milieu d'eux, et ils me répondirent constamment qu'ils craignoient qu'il n'y eût quelque détachement en embuscade pour les saisir ; mais qu'ayant vu le signe de notre rédemption arboré sur leur terre, ils s'étoient enfin persuadés que le temps d'obtenir grâce pour leur âme et pour leur corps étoit arrivé. Que ce soit là le véritable motif qui les a fait agir, ou que quelqu'un de leurs camarades des différentes habitations que j'avois préparées pour les pâques, les ait assurés de la sincérité du pardon que je leur promettois, c'est ce que je n'ai jamais pu découvrir. Mais, quoi qu'il en soit, il en vint peu à peu jusqu'à cinquante, et comme M. notre gouverneur, qui tenoit un détachement tout prêt pour aller dans le bois si je ne réussissois pas, me pressoit de me rendre à Cayenne, je partis avec ces cinquante fugitifs.

Il seroit impossible, mon révérend père, de vous expliquer avec quelles démonstrations de joie l'on me reçut, suivi de tout ce monde, chacun d'eux portant sur sa tête et sur son dos son petit bagage. Les rues étoient bordées de peuple pour nous voir passer. Les maîtres se félicitoient les uns les autres d'avoir recouvré leurs esclaves, et les noirs eux-mêmes qui servent dans le bourg se faisoient une fête de revoir, l'un son père, l'autre sa mère, celui-ci son fils ou sa fille, et comme plusieurs de ceux que je menois n'avoient pas vu la ville depuis très-longtemps et qu'ils y remarquèrent bien du changement, notre marche étoit très-lente, afin de leur donner le plaisir de satisfaire leur curiosité, ce qui laissoit en même temps la liberté à leurs camarades de les embrasser, en faisant retentir l'air de mille cris d'allégresse et de bénédiction. Ce qu'il y avoit pourtant de plus frappant, c'étoit une troupe de jeunes enfans des deux sexes qui étoient nés dans les bois, et qui, n'ayant jamais vu de personnes blanches ni de maison à la françoise, ne pouvoient se lasser de les considérer en marquant, à leur façon, leur admiration. Je conduisis d'abord mon petit troupeau à l'église, où il y avoit déjà une grande assemblée à cause de la fête de saint François Xavier ; mais elle fut bientôt pleine par la foule qui nous suivoit. Je commençai par faire faire à ces pauvres misérables une espèce d'amende honorable.

1° À Dieu, dont ils avoient abandonné le service depuis si longtemps ; 2° à leurs maîtres et aux colons, à qui plusieurs d'entre eux avoient porté beaucoup de préjudice ; 3° à leurs compagnons, du mauvais exemple qu'ils leur avoient donné par leur fuite, par leurs vols, etc. Après quoi je dis la sainte messe en action de grâces. Ils y assistèrent avec d'autant plus de plaisir et de dévotion que plusieurs d'entre eux ne l'avoient pas entendue depuis quinze ou vingt ans ; et lorsqu'elle fut finie, je les présentai à M. le gouverneur, qui confirma le pardon que je leur avois promis de sa part : ensuite on les remit à leurs maîtres respectifs.

On dépêcha aussitôt un nombreux détachement pour aller faire le dégât dans leurs plantations et pour tâcher de prendre ou tuer ceux qui resteroient s'ils ne se rendoient pas volontairement ; mais une maladie qui se mit dans la troupe aussitôt qu'elle arriva sur les lieux fit échouer cette opération : en sorte que ceux que j'avois laissés au nombre seulement de dix-sept, tant grands que petits, soit hommes ou femmes, et qui m'avoient fait dire qu'ils viendroient après moi, n'ont pas tenu parole et sont encore dans les bois. Il s'y en est même joint quelques autres depuis ce temps-là. Si le nombre augmentoit à un certain point, ce seroit un très-grand malheur pour cette colonie. Mais les sages mesures que nos messieurs prennent pour l'empêcher paroissent nous mettre à couvert d'un tel désordre. Je vous prie cependant, mon révérend père, de joindre vos vœux aux nôtres pour obtenir cette grâce du ciel. Je suis, etc.

LETTRE DU P. FERREIRA

A MONSIEUR ***.

Difficultés et fatigues qu'on éprouve dans l'établissement des missions.

A Connany, ce 22 février 1778.

MONSIEUR,

J'ai reçu jeudi dernier, dix-neuf du présent, la lettre que vous m'avez écrite. Ce jour-là même j'eus un accès de fièvre et un second trois jours après, qui m'obligea de me mettre au lit et de prendre le lendemain un vomitif. Le père Padilla en fit autant, attaqué lui-même d'une fièvre tierce depuis quinze jours, qui est dégénérée en fièvre quarte ; cette fièvre, qui ne l'a point quitté jusqu'à présent, l'a extraordinairement affaibli. Il me charge de vous dire bien des choses et vous prie, ainsi que moi, de présenter nos respects à monseigneur le préfet, à la lettre duquel nous n'avons pu répondre, tant à cause de notre situation actuelle que parce que le temps nécessaire nous a manqué. Nous lui avions déjà écrit d'Oyapoc par le capitaine qui nous a conduits ici.

Que vous dirai-je de notre état actuel ? Nous habitons dans un petit carbet, où nous sommes exposés à toutes les injures de l'air ; la pluie et le vent y pénètrent, et nous sommes d'autant plus sensibles à cette incommodité que nous avons plus à souffrir du côté de la santé et que nous sommes moins dans le cas d'y remédier pour le présent. Je passe sous silence tous les autres désagrémens inséparables de la carrière dans laquelle nous ne faisons que d'entrer, et qui nous font adorer en silence les décrets d'un Dieu qui console dans les tribulations et qui n'humilie ses ministres que pour les rendre plus actifs et plus propres à ses desseins. Nous lui sommes déjà redevables de la satisfaction que nous avons d'être parmi les Indiens, presque tous déserteurs du Portugal, qui ont eu le bonheur d'être instruits dès leur enfance des principes de la religion. Il est vrai que, par le défaut de missionnaires, ces premières semences de l'Évangile sont restées incultes parmi eux ; mais ils nous témoignent la plus grande joie d'être à même aujourd'hui de mettre en pratique ce qu'ils ont appris dans leur jeunesse ; ils viennent à nous avec empressement et consentent volontiers à construire leurs carbets autour de nous, et à former une bourgade ; nous en attendons incessamment quinze ou seize familles. Nous avons déjà baptisé quinze petits enfans, et beaucoup d'autres nous seront présentés lorsqu'un temps moins pluvieux permettra aux parens de remonter de l'embouchure des rivières appelées Maribanaré et Macari. Il y a même des adultes qui demandent le baptême, que nous ne pouvons leur accorder que dans un cas de nécessité, parce qu'ils ne sont pas suffisamment instruits : nous savons là-dessus l'intention de Notre-Seigneur ; il a dit à ses premiers ministres : Allez, enseignez, baptisez ; mais ce qui nous cause beaucoup d'embarras, ce sont les mariages, ou plutôt le concubinage de nombre d'Indiens du Para, où ils ont laissé leurs femmes, et réciproquement des Indiennes leurs maris qui ont formé d'autres alliances ici, et ont même des enfans de leur commerce criminel, souvent avec plusieurs, quelques-uns même avec leurs parentes. Il y en a d'autres qui, quoique chrétiens, ont contracté avec des infidèles, et des fidèles avec des Indiens païens. Nous avons déjà la promesse de quelques-uns de ceux qui n'ont qu'une concubine, de faire, en face de l'église, ce que nous leur prescrirons à cet égard. Ce sont ces sortes de mariages, mon cher confrère, qui nous mettent dans le cas de recourir au père des lumières ; nous vous prions de les demander également pour nous. Après vous avoir exposé l'état de notre mission quant au spirituel, je vous dirai, pour ce qui concerne le temporel, que nous avons à notre service une très-bonne blanchisseuse indienne et son fils âgé de vingt ans, dont nous sommes on ne peut plus contens ; il est industrieux, fidèle, laborieux, nous fait bonne cuisine et sert bien la messe. Il fut jadis domestique d'un prêtre missionnaire parmi les Indiens du Para. Nous avons, en outre, deux enfans de onze à douze ans, deux chasseurs et deux pêcheurs. Moyennant une certaine rétribution ils nous approvisionnent assez bien, et, au cas que quelques-uns d'entre eux viennent à nous manquer, il s'en présente déjà d'autres pour les remplacer, tant pour la chasse que pour la pêche. Communiquez, s'il vous plaît, ma lettre à monseigneur le préfet, s'il est encore à Cayenne, et faites-lui nos excuses de ce que nous ne lui avons point écrit, ce que nous aurions fait immanquablement si la santé nous l'eût permis, et il falloit ces besoins pressans, j'ose vous l'avouer, pour vous écrire dans la circonstance où je me trouve. Je souhaite que Dieu vous l'accorde, cette santé, si nécessaire pour remplir vos fonctions, tant au collége qu'à la paroisse. Je vous sais toujours bon gré de m'avoir mis à même, lorsque nous étions à Cayenne, de partager avec vous les travaux du saint ministère dans la Savanne; je le ferois encore volontiers si je ne me croyois de plus en plus appelé à la conversion des Indiens, parmi lesquels je suis résolu de mourir; ma destinée paroît fixée sur ce peuple dur et barbare, parmi lequel j'espère faire plus de fruit, Dieu aidant, que parmi une nation plus cultivée et plus policée, dont la conduite exige plus de talent que je ne puis m'en attribuer. Envoyez-moi, s'il vous plaît, les effets du père Mathos qui sont restés chez vous, ne réservant que la soutane, pour prix de laquelle vous offrirez le saint sacrifice de la messe pour le repos de l'âme du cher défunt. Vous prendrez sur mes appointemens la somme des dettes qu'il vous a laissées, qui montent, je pense, à 195 livres; le reste vous servira à nous faire l'achat des denrées qui nous sont nécessaires actuellement et dont je vous ferai le détail. Profitez de la pirogue par laquelle je vous fais passer ma lettre; ayez soin que tout puisse nous arriver sain et sauf. J'ai l'honneur d'être, etc.

LETTRE DU P. PADILLA

A MESSIEURS ***.

Mort du P. Ferreira.—Notes sur les savannes.

A Connany, le 8 avril 1778.

Messieurs,

M. Monach, qui est entré avant-hier dans cette rivière, m'a remis les lettres et les divers effets dont vous l'aviez chargé pour moi : je suis aussi sensible à cette preuve de vos bontés qu'à l'intérêt que vous voulez bien prendre à ma santé. Elle n'est pas aussi bonne que je le désirerois; les fièvres tierces m'obligent depuis longtemps de garder la chambre, et la douleur que j'ai éprouvée en voyant mourir, à mes côtés, mon confrère, le père Ferreira, ne contribue pas peu, peut-être, à la lenteur de mon rétablissement. Des fièvres continuelles et violentes l'ont emporté en peu de jours. J'ose espérer cependant que le Seigneur me donnera des forces pour arriver au but que je me suis proposé en venant ici. Lorsque ma santé me le permettra, je m'occuperai, avec tout le zèle et l'activité qui dépendent de moi, de l'établissement de cette mission, et je saisirai avec empressement toutes les occasions qui me mettront à même de répondre à la confiance que vous avez bien voulu me témoigner.

J'expédierai, messieurs, ainsi que vous me le prescrirez, des canots indiens ou de pêcheurs blancs lorsqu'ils seront à ma portée, ce qui est rare, pour vous instruire de ce qui pourra vous intéresser dans ce quartier, et en même temps pour vous faire parvenir ma demande sur les secours dont je pourrois avoir besoin par la suite. Je n'omettrai rien non plus pour faire revenir les Indiens sur l'idée désavantageuse qu'on a cherché à leur donner de l'établissement de cette mission. Jusqu'à présent j'ai lieu d'être satisfait du zèle et de l'empressement qu'ils ont montré, et j'espère les entretenir dans ces mêmes sentimens.

J'ai remis à M. Monach les divers effets que j'avois ici appartenant au roi, et qui étoient en prêt aux révérends pères Mathos et Ferreira. Ci-jointe est la note de ce que j'ai l'honneur de vous adresser. Je garderai seulement ce qui est à mon usage, le reste me devient superflu.

Quant aux bestiaux que vous désireriez multiplier ici, les savannes me paroissent très-propres à la réussite de votre projet: au reste, M. Monach, qui les a visitées, vous rendra compte des remarques qu'il aura pu y faire.

Je vous prie, messieurs, de vouloir bien m'excuser si je me sers d'une main étrangère pour répondre aux lettres dont vous m'honorez; ma foible santé me défend dans ce moment toute espèce d'application, mais mon cœur n'en est pas moins pénétré de tous les sentimens de reconnoissance et de respect que vous m'inspirez, et avec lesquels je suis, etc.

LETTRE DU P. STANISLAS ARLET,

MISSIONNAIRE DE LA COMPAGNIE DE JÉSUS,

AU R. P. GÉNÉRAL DE LA MÊME COMPAGNIE;

TRADUITE DU LATIN.

Mission nouvelle du Pérou.

Mon très révérend Père,

P. C.

L'an 1697, la veille de la fête de saint Pierre et de saint Paul, nous arrivâmes au Pérou, le père François Boriné, mon compagnon, et moi, tous deux, grâces à Dieu, dans une santé parfaite, et sans avoir essuyé aucun fâcheux accident. Il y avoit justement quatre ans que, durant l'octave des saints apôtres, votre paternité nous avoit donné la permission de quitter la Bohême, notre patrie, pour passer aux Indes d'occident. Après quelque séjour en ce nouveau monde, nos supérieurs de ce pays me permirent, ce que je souhaitois avec le plus d'ardeur, d'avancer dans les terres pour y fonder un établissement nouveau. Nous lui avons donné le nom du prince des apôtres, sous les auspices de qui la mission a été entreprise et commencée, et on l'appelle la résidence de Saint-Pierre.

Les barbares que la Providence m'a chargé de cultiver se nomment *Canisiens*. Ce sont des hommes sauvages et peu différens des bêtes pour la manière de vivre et de se conduire. Ils vont tout nus, hommes et femmes. Ils n'ont point de demeure fixe, point de lois, nulle forme de gouvernement. Également éloignés de la religion et de la superstition, ils ne rendent aucun honneur ni à Dieu ni aux démons, quoiqu'ils aient des idées assez formées du souverain Être. Ils ont la couleur d'un brun foncé, le regard farouche et menaçant, je ne sais quoi de féroce dans toute la figure.

On ne sauroit bien dire le nombre des hommes qui peuvent être en ces vastes pays, parce que l'on ne les voit jamais assemblés et qu'on n'a pas encore eu le temps d'en rien deviner par conjecture. Ils sont continuellement en guerre avec leurs voisins, et quand ils peuvent prendre des prisonniers dans les combats, ou ils les font esclaves pour toujours, ou, après les avoir rôtis sur les charbons, ils les mangent dans leurs festins, et se servent, au lieu de tasses, des crânes de ceux qu'ils ont ainsi dévorés.

Ils sont fort adonnés à l'ivrognerie, et quand le feu leur monte à la tête après s'être querellés et dit bien des injures, souvent ils se jettent les uns sur les autres, se déchirent et se tuent. La pudeur m'empêche d'écrire d'autres désordres bien plus honteux auxquels ils s'abandonnent brutalement lorsqu'ils ont trop bu. Ils ont pour armes l'arc et les flèches et une espèce de long javelot fait de roseaux longs et pointus, qu'ils lancent de loin contre l'ennemi avec tant d'adresse et de force que de plus de cent pas ils renversent leur homme comme à coup sûr. Le nombre des femmes n'est point limité parmi eux, les uns en ont plus, les autres moins, chacun comme il l'entend. L'occupation des femmes, les journées entières, est de préparer à leurs maris des breuvages composés de diverses sortes de fruits.

Nous entrâmes dans le pays de ces pauvres barbares, sans armes, et sans soldats, accompagnés seulement de quelques chrétiens indiens, qui nous servoient de guides ou d'interprètes. Dieu voulut que notre expédition fût plus heureuse qu'on n'eût osé l'espérer, car plus de douze cents hommes sortirent bientôt des forêts pour venir avec nous jeter les fondemens de notre nouvelle peuplade. Comme jamais ils n'avoient vu ni chevaux ni hommes qui nous ressemblassent pour la couleur et pour l'habillement, l'étonnement qu'ils firent paroître à notre première rencontre fut pour nous un spectacle bien divertissant. Nous voyions l'arc et les flèches leur tomber des mains de la crainte qui les saisissoit; ils étoient hors d'eux-mêmes, ne sachant que dire, et ne pouvant deviner d'où de tels monstres avoient pu venir dans leurs forêts. Car ils pensoient, comme ils nous l'ont avoué depuis, que l'homme, son chapeau, ses habits et le cheval sur lequel il étoit monté, n'étoient qu'un animal composé de tout cela par un prodige extraordinaire; et la vue d'une nature si monstrueuse les tenoit dans une espèce de saisissement qui les rendoit immobiles.

Un de nos interprètes les rassura, leur expliquant qui nous étions et les raisons de notre voyage, que nous venions de l'autre extrémité du monde seulement pour leur apprendre à connaître et à servir le vrai Dieu. Il leur fit ensuite quelques instructions particulières, dont nous étions convenus, et qui étoient à leur portée, sur l'immortalité des âmes, sur la durée de l'autre vie, sur les récompenses que Dieu leur promettoit après leur mort s'ils gardoient ses commandemens, sur les châtimens redoutables dont il les menaçoit avec raison, s'ils se rendoient rebelles à la lumière qui les venoit éclairer de si loin.

Il n'en fallut pas davantage. Depuis ce premier jour un grand nombre de ces pauvres gens nous suivent comme un troupeau fait le pasteur, et nous promettent d'attirer après eux plusieurs milliers de leurs compagnons. Nous n'avons pas sujet de craindre qu'ils nous trompent. Déjà six nations fort peuplées, ou plutôt un peuple de six grandes forêts, ont envoyé des députés nous offrir leur amitié, nous demander la nôtre et nous promettre de se faire avec nous des demeures stables où nous jugerons à propos. Nous avons reçu ces députés avec toutes les démonstrations de l'amitié la plus tendre, et nous les avons renvoyés chez eux chargés de présens. Ces présens ne sont que quelques petits grains de verre dont ils font apparemment des bracelets et des colliers. L'or et l'argent ne sont point ici à beaucoup près si estimés, et si j'avois pour quarante ou cinquante écus seulement de ces grains de verre de toutes les grosseurs et de toutes les couleurs, hormis le noir, dont il ne faut pas, ce seroit de quoi nous amener une grande multitude de ces bonnes gens, que nous retiendrions ensuite par quelque chose de meilleur et de plus solide.

Nous avons choisi, pour faire notre nouvelle habitation, un canton bien situé et fort agréable, vers la hauteur d'environ quatorze degrés de latitude australe. Elle a au midi et à l'orient une plaine de plusieurs lieues d'étendue, plantée par intervalles de beaux palmiers ; au septentrion un fleuve grand et poissonneux, nommé *Cucurulu* en langue canisienne ; à l'occident, ce sont de vastes forêts d'arbres odoriférans et très propres à bâtir, dans lesquelles on trouve des cerfs, des daims, des sangliers, des singes et toutes sortes de bêtes fauves et d'oiseaux. La nouvelle bourgade est partagée en rues et en places publiques, et nous y avons une maison comme les autres, avec une chapelle assez grande. Nous avons été les architectes de tous ces bâtimens, qui sont aussi grossiers que vous pouvez vous l'imaginer.

Il faut avouer que les chaleurs sont ici très grandes par la nature du climat. C'est un été violent qui dure toute l'année, sans nulle variété sensible des saisons, et si ce n'étoient les vents, qui soufflent par intervalles et qui rafraîchissent un peu l'air, le lieu seroit absolument inhabitable. Peut-être aussi qu'étant élevés dans les pays septentrionaux, nous sommes un peu plus sensibles à la chaleur que les autres. L'air enflammé forme des orages et des tonnerres aussi affreux qu'ils sont fréquens. Des nuages épais de moucherons vénimeux nous tourmentent jour et nuit par leurs morsures.

On ne voit de pain et de vin que ce qu'il en faut pour dire la messe. C'est de la rivière et de la forêt qu'on tire tout ce qui sert à la nourriture, et on ne connoît d'autre assaisonnement à ces mets différens qu'un peu de sel quand on en a, car souvent même on en manque. On boit ou de l'eau ou des breuvages dont nous avons parlé. Mais Dieu, par ses consolations pleines de douceur, supplée à tout ce qu'on pourroit désirer d'ailleurs pour la commodité ou pour la délicatesse, et dans une si grande disette de toutes choses, on ne laisse pas de vivre très content. En mon particulier, mon révérend père, j'ose vous assurer que, depuis que je suis dans cette pénible mission, je n'ai pas eu un mauvais jour, et certainement ce que je m'en figurois, lorsque je demandois à y venir, me donnoit bien plus d'inquiétude et de dégoût que ne m'a causé de peine l'expérience de ce que j'ai trouvé à souffrir. Je repose plus doucement à l'air sur la terre dure que je ne fis jamais étant encore au siècle dans les meilleurs lits : tant il est vrai que l'imagination des maux tourmente souvent beaucoup plus que les maux même ne sauroient faire.

La vue seule de ce grand nombre de catéchumènes qui se préparent avec une ferveur inexplicable à embrasser la foi et qui se rendent dignes du baptême par un changement total de mœurs et de conduite, feroit oublier d'autres maux bien plus sensibles. C'est un charme de voir venir ce peuple en foule, et d'un air content, le matin à l'explication du catéchisme, et le soir aux prières que nous faisons faire en commun ; de voir les enfans disputer entre eux à qui aura plus tôt appris par cœur ce qu'on leur enseigne de nos mystères ; nous reprendre nous-mêmes quand il nous échappe quelque mauvais mot dans leur langue, et nous suggérer tout bas comment il auroit fallu dire ; les adultes plus avancés demander avec empressement le premier sacrement de notre religion, venir nous avertir à toutes les heures du jour et de la nuit, et quand quelqu'un d'eux est extraordinairement malade, pour aller promptement le baptiser ; nous presser de trouver bon qu'ils bâtissent au Grand-Maître une grande maison, c'est ainsi qu'ils nomment Dieu et l'église, pendant que plusieurs d'entre eux n'ont pas encore où se retirer ni où se loger.

On sait quel obstacle c'est à la conversion des barbares que la pluralité des femmes, et la peine qu'on a d'ordinaire à leur persuader ce que le christianisme commande à cet égard. Dès les premiers discours que nous fîmes à ceux-ci, avec toute la sagesse et toute la réserve que demandoit un point si délicat, ils comprirent très-bien ce que nous voulions dire et nous fûmes obéis partout, hormis en trois familles, sur lesquelles nous n'avons pu encore rien gagner. Il n'en a pas plus coûté pour les guérir de l'ivrognerie, ce qui doit paroître admirable et fait voir la grande miséricorde de Dieu sur ces peuples, qui paroissoient jusqu'ici abandonnés. Quelques femmes ont déjà appris à filer et à faire de la toile pour se couvrir. Il y en a bien une vingtaine qui ne paraissent plus qu'habillées de leur ouvrage, et nous avons semé une assez grande quantité de coton pour avoir dans quelques années de quoi vêtir tout le monde. Cependant on se sert comme on peut de feuilles d'arbres pour se couvrir, en attendant quelque chose de mieux. En un mot, les hommes et les femmes indifféremment nous écoutent et se soumettent à nos conseils avec tant de docilité qu'il paroît bien que c'est la grâce et la raison qui les gouvernent. Il ne faut qu'un signe de notre volonté pour porter ces chers fidèles à faire tout le bien que nous leur inspirons.

Voilà, mon révérend père, ceux à qui a passé le royaume de Dieu, que sa justice, par un jugement redoutable, a ôté à ces grandes provinces de l'Europe, qui se sont livrées à l'esprit de schisme et d'hérésie. Oh! si sa miséricorde vouloit faire ici une partie des merveilles auxquelles les aveugles volontaires de notre Allemagne s'obstinent à fermer les yeux, qu'apparemment il y auroit bientôt ici des saints! C'est une chose qui paroît incroyable, qu'en un an de temps des hommes tout sauvages et qui n'avoient presque rien de l'homme que le nom et la figure, aient pu prendre si promptement des sentimens d'humanité et de piété. On voit déjà parmi eux des commencemens de civilité et de politesse. Ils s'entre-saluent quand ils se rencontrent et nous font, à nous autres, qu'ils regardent comme leurs maîtres, des inclinations profondes, frappant la terre du genou et baisant la main avant que de nous aborder. Ils invitent les Indiens des autres pays qui passent par leurs terres à prendre logis chez eux, et, dans leur pauvreté, ils exercent une espèce d'hospitalité libérale, les conjurant de les aimer comme leurs frères et de leur en vouloir donner des marques dans l'occasion. De sorte qu'il y a lieu d'espérer qu'avec la grâce de Dieu, qui nous a tant aidés jusqu'ici, nous ferons de ces nations non-seulement une église de vrais fidèles, mais encore avec un peu de temps une ville, peut-être un peuple d'hommes qui vivront ensemble selon toutes les lois de la parfaite société.

Pour ce qui regarde les autres missions fondées en ce pays-ci depuis dix ans, je dirai à votre paternité ce que j'ai appris, que le christianisme y fait de très-grands progrès, plus de quarante mille barbares ayant déjà reçu le baptême. C'est un concours et une modestie rare dans les églises, un respect profond à l'approche des sacremens ; les maisons des particuliers retentissent souvent des louanges de Dieu qu'on y chante et des instructions que les plus fervens font aux autres. M'étant trouvé dans une de ces missions pendant la semaine sainte, j'eus la consolation de voir dans l'église plus de cinq cents Indiens qui châtioient rigoureusement leur corps le jour du vendredi-saint, à l'honneur de Jésus-Christ flagellé. Mais ce qui me tira des larmes de tendresse et de dévotion, ce fut une troupe de petits Indiens et de petites Indiennnes, qui, les yeux humblement baissés, la tête couronnée d'épines, et les bras appliqués à des poteaux en forme de croix, imitèrent plus d'une heure entière en cette posture l'état pénible du Sauveur crucifié, qu'ils avoient là devant les yeux. Mais afin que nos espérances ne nous trompent point et que le nombre de nos nouveaux fidèles s'augmente chaque jour avec leur ferveur, du fond de ces grands déserts où nous sommes à l'autre extrémité du monde, je conjure votre paternité de se souvenir de nous dans ses saints sacrifices, et de nous procurer le même secours auprès de nos pères et frères répandus par toute la terre, avec qui nous conservons une étroite union en Jésus-Christ, et dans les prières desquels nous avons une parfaite confiance. Je suis, etc.

Au Pérou, de la mission que les Espagnols appellent Moxos, et que les naturels du pays nomment Canisie, le 1er septembre 1698.

MÉMOIRE

Touchant l'état des missions nouvellement établies dans la Californie, par les pères de la compagnie de Jésus, présenté au conseil royal de Guadalaxara au Mexique, le 10 février 1702.

PAR LE PÈRE FRANÇOIS-MARIE PICOLO,

DE LA MÊME COMPAGNIE, ET L'UN DES PREMIERS FONDATEURS DE CETTE MISSION.

TRADUIT DE L'ESPAGNOL.

Messeigneurs,

C'est pour obéir aux ordres que vous m'avez fait l'honneur de me donner depuis quelques jours, que je vais vous rendre un compte exact et fidèle des découvertes et des établissemens que nous avons faits, le père Jean-Marie de Salvatierra et moi, dans la Californie, depuis environ cinq ans que nous sommes entrés dans ce vaste pays.

Nous nous embarquâmes au mois d'octobre de l'année 1697, et nous passâmes la mer, qui sépare la Californie du Nouveau-Mexique, sous les auspices et sous la protection de Notre-Dame de Lorette, dont nous portions avec nous l'image. Cette étoile de la mer nous conduisit heureusement au port avec tous les gens qui nous accompagnoient. Aussitôt que nous eûmes mis pied à terre, nous plaçâmes l'image de la sainte Vierge au lieu le plus décent que nous trouvâmes, et, après l'avoir ornée autant que notre pauvreté nous le put permettre, nous priâmes cette puissante avocate de nous être aussi favorable sur terre qu'elle nous l'avoit été sur mer.

Le démon, que nous allions inquiéter dans la paisible possession où il était depuis tant de siècles, fit tout ses efforts pour traverser notre entreprise et pour nous empêcher de réussir. Les peuples chez qui nous abordâmes, ne pouvant être informés du dessein que nous avions de les retirer des profondes ténèbres de l'idolâtrie où ils sont ensevelis, et de travailler à leur salut éternel, parce qu'ils ne savoient pas notre langue et qu'il n'y avoit, parmi nous, personne qui eût aucune connoissance de la leur, s'imaginèrent que nous ne venions dans leur pays que pour leur enlever la pêche des perles, comme d'autres avoient paru vouloir le faire plus d'une fois au temps passé. Dans cette pensée, ils prirent les armes et vinrent par troupes à notre habitation, où il n'y avait alors qu'un très petit nombre d'Espagnols. La violence avec laquelle ils nous attaquèrent et la multitude de flèches et de pierres qu'ils nous jetèrent fut si grande que c'étoit fait de nous infailliblement si la sainte Vierge, qui nous tenoit lieu d'une *armée rangée en bataille*, ne nous eût protégés. Les gens qui se trouvèrent avec nous, aidés du secours d'en haut, soutinrent vigoureusement l'attaque et repoussèrent les ennemis avec tant de succès qu'on les vit bientôt prendre la fuite.

Les barbares, devenus plus traitables par leur défaite, et voyant d'ailleurs qu'ils ne gagneroient rien sur nous par la force, nous députèrent quelques-uns d'entre eux; nous les reçûmes avec amitié; nous apprîmes bientôt assez de leur langue pour leur faire concevoir ce qui nous avoit portés à venir en leur pays. Ces députés détrompèrent leurs compatriotes de l'erreur où ils étoient, de sorte que, persuadés de nos bonnes intentions, ils revinrent nous trouver en plus grand nombre et nous marquèrent tous de la joie de voir que nous souhaitions les instruire de notre sainte religion et leur apprendre le chemin du ciel. De si heureuses dispositions nous animèrent à apprendre à fond la langue monqui, qu'on parle en ce pays-là. Deux ans entiers se passèrent, partie à étudier et partie à catéchiser ces peuples. Le père de Salvatierra se chargea d'instruire les adultes, et moi les enfans. L'assiduité de cette jeunesse à venir nous entendre parler de Dieu, et son application à apprendre la doctrine chrétienne fut si grande qu'elle se trouva en peu de temps parfaitement instruite. Plusieurs me demandèrent le saint baptême, mais avec tant de larmes et de si grandes instances que je ne crus pas devoir le leur refuser. Quelques malades et quelques vieillards qui nous parurent suffisamment instruits le reçurent aussi, dans la crainte où nous étions qu'ils ne mourussent sans baptême. Et nous avons lieu de croire que la Providence n'avoit prolongé les jours à plusieurs d'entre eux, que pour leur ménager ce moment de salut. Il y eut encore environ cinquante enfans à la mamelle qui, des bras de leurs mères, s'envolèrent au ciel, après avoir été régénérés en Jésus-Christ.

Après avoir travaillé à l'instruction de ces peuples, nous songeâmes à en découvrir d'autres à qui nous pussions également nous rendre utiles. Pour le faire avec plus de fruit, nous voulûmes bien, le père de Salvatierra et moi, nous séparer et nous priver de la satisfaction que nous avions de vivre et de travailler ensemble. Il prit la route du nord, et je pris celle du midi et de l'occident. Nous eûmes beaucoup de consolation dans ces courses apostoliques : car, comme nous savions bien la langue et que les Indiens avoient pris en nous une véritable confiance, ils nous invitoient eux-mêmes à entrer dans leurs villages et se faisoient un plaisir de nous y recevoir et de nous y amener leurs enfans. Les premiers étant instruits, nous allions en chercher d'autres, à qui successivement nous enseignions les mystères de notre religion. C'est ainsi que le père de Salvatierra découvrit peu à peu toutes les habitations qui composent aujourd'hui la mission de Lorette-Concho et celle de saint Jean-de-Londo, et moi tous les pays qu'on appelle à présent la mission de Saint-François-Xavier-de-Biaundo, qui s'étend jusqu'à la mer du Sud.

En avançant ainsi chacun de notre côté, nous remarquâmes que plusieurs nations de langues différentes se trouvoient mêlées ensemble, les unes parlant la langue monqui, que nous savions, et les autres la langue laymone, que nous ne savions pas encore. Cela nous obligea d'apprendre le laymon, qui est beaucoup plus étendu que le monqui et qui nous paroît avoir un cours général dans tout ce pays. Nous nous appliquâmes si fortement à l'étude de cette seconde langue, que nous la sûmes en peu de temps et que nous commençâmes à prêcher indifféremment, tantôt en laymon et tantôt en monqui. Dieu a béni nos travaux, car nous avons déjà baptisé plus de mille enfans, tous très-bien disposés, et si empressés à recevoir cette grâce que nous n'avons pu résister à leurs instantes prières. Plus de trois mille adultes, également instruits, désirent et demandent la même faveur; mais nous avons jugé à propos de la leur différer pour les éprouver à loisir et pour les affermir davantage dans une si sainte résolution. Car comme ces peuples ont vécu long-temps dans l'idolâtrie et dans une grande dépendance de leurs faux prêtres, et que d'ailleurs ils sont d'un naturel léger et volage, nous avons eu peur, si l'on se pressoit, qu'ils ne se laissassent ensuite pervertir, ou qu'étant chrétiens sans en remplir les devoirs, ils n'exposassent notre sainte religion au mépris des idolâtres. Ainsi on s'est contenté de les mettre au nombre des catéchumènes. Le samedi et le dimanche de chaque semaine, ils viennent à l'église et assistent avec les enfans déjà baptisés aux instructions qui s'y font, et nous avons la consolation d'en voir un grand nombre qui persévèrent avec fidélité dans le dessein qu'ils ont pris de se faire de vrais disciples de Jésus-Christ.

Depuis nos secondes découvertes, nous avons partagé toute cette contrée en quatre missions. La première est celle de Concho, ou de Notre-Dame-de-Lorette ; la seconde est celle de Biaundo, ou de Saint-François-Xavier; la troisième, celle de Yodivineggé, ou de Notre-Dame-des-Douleurs, et la quatrième, qui n'est encore ni fondée ni tout-à-fait si bien établie que les trois autres, est celle de Saint-Jean de Londo.

Chaque mission comprend plusieurs bourgades. Celle de Lorette-Concho en a neuf dans sa dépendance, savoir : Liggigé, à deux lieues de Concho; Jetti, à trois lieues ; Tuiddu, à quatre lieues. Ces trois premières bourgades sont vers le nord, et les six suivantes vers le midi. Vonu, à deux lieues ; Numpolo, à quatre lieues ; Chuyenqui, à neuf lieues; Liggui, à douze lieues ; Tripué, à quatorze lieues ; Loppu, à quinze lieues. On compte onze bourgades dans la mission de Saint-François-Xavier-de-Biaundo, qui sont Quimiouma, ou l'Ange-Gardien, à deux lieues ; Lichu, ou la Montagne-du-Cavalier, à trois lieues, Yenuyomu, à cinq lieues, Undua, à six lieues ; Enulaylo, à dix lieues ; Picolopri, à douze lieues ; Ontta, à quinze lieues ; Onemaito, à vingt lieues. Ces huit bourgades sont du côté du midi. Les deux suivantes sont au nord: Nuntei, à trois lieues, et Obbé, à huit lieues. Cuivuco, ou Sainte-Rosalie, à quatre lieues, est du côté de l'ouest.

On avoit bâti une chapelle pour cette seconde mission ; mais se trouvant déjà trop petite, on a commencé à élever une grande église, dont les murailles seront de brique et la couverture de bois. Le jardin qui tient à la maison du missionnaire fournit déjà toutes sortes d'herbes et de légumes, et les arbres du Mexique, qu'on y a plantés, y viennent fort bien et seront dans peu chargés d'excellens fruits. Le bachelier Dom Juan Cavallero Ocio, commissaire de l'inquisition et de la croisade, dont on ne saurait assez louer le zèle et la piété, a fondé ces deux premières missions et a été comme le chef et le principal promoteur de toute cette grande entreprise.

Pour ce qui regarde la mission de Notre-Dame-des-Douleurs, elle ne comprend qu'Unubbé, qui est du côté du nord, Niumqui, ou Saint-Joseph, et Yodivineggé, ou Notre-Dame-des-Douleurs, qui donne le nom à toute la mission. Niumqui et Yodivineggé sont deux bourgades fort peuplées et fort proches l'une de l'autre. Messieurs de la congrégation du collége de saint Pierre et de saint Paul de notre compagnie, érigée en la ville de Mexique, sous le titre des Douleurs de la sainte Vierge, et composé de la principale noblesse de cette grande ville, ont fondé cette mission, et marquent, dans toutes les occasions, une grande ardeur pour la propagation de la foi et pour la conversion de ces pauvres infidèles.

Enfin la mission de Saint-Jean-de-Londo contient cinq ou six bourgades. Les principales sont Teupnon ou Saint-Bruno, à trois lieues du côté de l'est, Anchu à une égale distance du côté du nord. Tamouqui, qui est à quatre lieues, et Diutro à six, regardent l'ouest. Le père de Salvatierra, qui brûle d'un zèle ardent d'étendre le royaume de Dieu, cultive ces deux dernières missions avec des soins infatigables. J'ai laissé avec lui le père Jean d'Ugarte, qui, après avoir rendu au Mexique des services essentiels à ces missions, a voulu enfin s'y consacrer lui-même en personne depuis un an. Il a fait de grands progrès en peu de temps, car outre qu'il prêche déjà parfaitement dans ces deux langues dont j'ai parlé, il a découvert, du côté du sud, deux bourgades, Trippué et Loppu, où il a baptisé vingt-trois enfans, et s'applique sans relâche à l'instruction des autres et des adultes.

Après vous avoir rendu compte, messeigneurs, de l'état de la religion dans cette nouvelle colonie, je vais répondre maintenant, autant que j'en suis capable, aux autres articles sur lesquels vous m'avez fait l'honneur de m'interroger. Je vous dirai d'abord ce que nous avons pu remarquer des mœurs et des inclinations de ces peuples, de la manière dont ils vivent, et ce qui croît en leur pays. La Californie se trouve assez bien placée dans nos cartes ordinaires. Pendant l'été les chaleurs y sont grandes le long des côtes et il y pleut rarement ; mais dans les terres l'air est plus tempéré et le chaud n'y est jamais excessif. Il en est de même de l'hiver, à proportion. Dans la saison des pluies, c'est un déluge d'eau ; quand elle est passée, au lieu de pluies, la rosée se trouve si abondante tous les matins qu'on croiroit qu'il eût plu, ce qui rend la terre très-fertile. Dans le mois d'avril, de mai et de juin, il tombe avec la rosée une espèce de manne, qui se congèle et qui s'endurcit sur les feuilles des roseaux, sur lesquelles on la ramasse. J'en ai goûté. Elle est un peu moins blanche que le sucre, mais elle en a toute la douceur.

Le climat doit être sain, si nous en jugeons par nous-mêmes et par ceux qui ont passé avec nous. Car en cinq ans qu'il y a que nous sommes entrés dans ce royaume, nous nous sommes tous bien portés, malgré les grandes fatigues que nous avons souffertes, et, parmi les autres Espagnols, il n'est mort que deux personnes, dont l'une s'étoit attiré son malheur. C'étoit une femme qui eut l'imprudence de se baigner étant prête d'accoucher.

Il y a dans la Californie, comme dans les plus beaux pays du monde, de grandes plaines, d'agréables vallées, d'excellens pâturages en tout temps pour le gros et le menu bétail, de belles sources d'eau vive, des ruisseaux et des rivières dont les bords sont couverts de saules, de roseaux et de vignes sauvages. Les rivières sont fort poissonneuses, et on y trouve surtout beaucoup d'écrevisses, qu'on transporte en des espèces de réservoirs, dont on les tire dans le besoin. J'ai vu trois de ces réservoirs très-beaux et très-grands. Il y a aussi beaucoup de xicames, qui sont de meilleur goût que celles que l'on mange dans tout le Mexique. Ainsi on peut dire que la Californie est un pays très-fertile. On trouve sur les montagnes des mescales [1] pendant toute l'année et presque en toutes les saisons, de grosses pistaches de diverses espèces, et des figues de différentes

---

[1] Espèce de fruit.

couleurs. Les arbres y sont beaux, et entre autres celui que les Chinos, qui sont les naturels du pays, appellent *palo santo*. Il porte beaucoup de fruits et l'on en tire d'excellent encens.

Si ce pays est abondant en fruits, il ne l'est pas moins en grains. Il y en a de quatorze sortes, dont ces peuples se nourrissent. Ils se servent aussi des racines des arbres et des plantes, et entre autres de celle d'yucca, pour faire une espèce de pain. Il y vient des chervis [1] excellens, une espèce de faséoles rouges, dont on mange beaucoup, et des citrouilles et des melons d'eau d'une grosseur extraordinaire. Le pays est si bon qu'il n'est pas rare que beaucoup de plantes portent du fruit trois fois l'année. Ainsi, avec le travail qu'on apporteroit à cultiver la terre et un peu d'habileté à savoir ménager les eaux, on rendroit tout le pays extrêmement fertile, et il n'y a ni fruits ni grains qu'on n'y cueillît en très-grande abondance. Nous l'avons déjà éprouvé nous-mêmes, car, ayant apporté de la Nouvelle Espagne du froment, du blé de Turquie, des pois, des lentilles, nous les avons semés, et nous en avons fait une abondante récolte, quoique nous n'eussions point d'instrumens propres à bien remuer la terre, et que nous ne pussions nous servir que d'une vieille mule et d'une méchante charrue que nous avions pour la labourer.

Outre plusieurs sortes d'animaux qui nous sont connus, qu'on trouve ici en quantité et qui sont bons à manger, comme des cerfs, des lièvres, des lapins et autres, il y a de deux sortes de bêtes fauves que nous ne connaissions point. Nous les avons appelées des moutons parce qu'elles ont quelque chose de la figure des nôtres. La première espèce est de la grandeur d'un veau d'un ou deux ans; leur tête a beaucoup de rapport à celle d'un cerf, et leurs cornes, qui sont extraordinairement grosses, à celles des béliers. Ils ont la queue et le poil, qui est marqueté, plus courts encore que les cerfs, mais la corne du pied est grande, ronde et fendue comme celle des bœufs. J'ai mangé de ces animaux, leur chair m'a paru fort bonne et fort délicate. L'autre espèce de moutons, dont les uns sont blancs et les autres noirs, diffère moins des nôtres. Ils sont plus grands et ils ont beaucoup plus de laine. Elle se file aisément et est propre à mettre en œuvre.

Outre ces animaux, dont on peut se nourrir, il y a des lions, des chats fauves et plusieurs autres semblables à ceux qu'on trouve en la Nouvelle-Espagne. Nous avions porté dans la Californie quelques vaches et quantité de menu bétail, comme des brebis et des chèvres, qui auroient beaucoup multiplié si l'extrême nécessité où nous nous trouvâmes pendant un temps ne nous eût obligés d'en tuer plusieurs. Nous y avons porté des chevaux et de jeunes cavales pour en peupler le pays. On avoit commencé à y élever des cochons; mais comme ces animaux font beaucoup de dégât dans les villages, et comme les femmes du pays en ont peur, on a résolu de les exterminer.

Pour les oiseaux, tous ceux du Mexique et presque tous ceux d'Espagne se trouvent dans la Californie; il y a des pigeons, des tourterelles, des alouettes, des perdrix d'un goût excellent et en grand nombre, des oies, des canards et de plusieurs autres sortes d'oiseaux de rivière et de mer.

La mer est fort poissonneuse, et le poisson en est d'un bon goût. On y pêche des sardines, des anchois et du thon qui se laisse prendre à la main au bord de la mer. On y voit aussi assez souvent des baleines et de toutes sortes de tortues. Les rivages sont remplis de monceaux de coquillages, beaucoup plus gros que les nacres de perles. Ce n'est pas de la mer qu'on y tire le sel; il y a des salines dont le sel est blanc et luisant comme le cristal, mais en même temps si dur qu'on est souvent obligé de le rompre à grands coups de marteau. Il seroit d'un bon débit dans la Nouvelle Espagne, où le sel est rare.

Il y a près de deux siècles qu'on connoît la Californie; ses côtes sont fameuses par la pêche des perles : c'est ce qui l'a rendue l'objet des vœux les plus empressés des Européens, qui ont souvent formé des entreprises pour s'y établir. Il est certain que si le roi y faisait pêcher à ses frais, il en tireroit de grandes richesses. Je ne doute pas non plus qu'on ne trouvât des mines en plusieurs endroits, si l'on en cherchoit, puisque ce pays est sous le même climat que les provinces de Cinaloa [1] et Sonora, où il y en a de fort riches.

---

[1] Le chervis est une plante potagère; sa racine est un composé de navets ridés d'un goût très-doux, sucré, agréable et très-sain.

[1] Sinaloa.

Quoique le ciel ait été si libéral à l'égard des Californiens, et que la terre produise d'elle-même ce qui ne vient ailleurs qu'avec beaucoup de peine et de travail, cependant ils ne font aucun cas de l'abondance ni des richesses de leur pays. Contens de trouver ce qui est nécessaire à la vie, ils se mettent peu en peine de tout le reste. Le pays est fort peuplé dans les terres, et surtout du côté du nord, et quoiqu'il n'y ait guère de bourgades qui ne soient composées de vingt, trente, quarante et cinquante familles, ils n'ont point de maisons. L'ombre des arbres les défend des ardeurs du soleil pendant le jour, et ils se font des branches et des feuillages une espèce de toit contre les mauvais temps de la nuit. L'hiver, ils s'enferment dans des caves qu'ils creusent en terre, et y demeurent plusieurs ensemble, à peu près comme les bêtes. Les hommes sont tout nus, au moins ceux que nous avons vus. Ils se ceignent la tête d'une bande de toile très-déliée ou d'une espèce de réseau; ils portent au cou et quelquefois aux mains pour ornement diverses figures de nacre de perles assez bien travaillées et entrelacées avec beaucoup de propreté de petits fruits ronds, à peu près comme nos grains de chapelet. Ils n'ont pour arme que l'arc, la flèche ou le javelot; mais ils les portent toujours à la main, soit pour chasser, soit pour se défendre de leurs ennemis, car les bourgades se font assez souvent la guerre les unes aux autres.

Les femmes sont vêtues un peu plus modestement, portant, depuis la ceinture jusqu'aux genoux, une manière de tablier tissu de roseaux, comme les nattes les plus fines; elles se couvrent les épaules de peaux de bêtes et portent à la tête, comme les hommes, des réseaux fort déliés; ces réseaux sont si propres que nos soldats s'en servent à attacher leurs cheveux; elles ont, comme les hommes, des colliers de nacre mêlés de noyaux de fruits et de coquillages qui leur pendent jusqu'à la ceinture, et des bracelets de même matière que les colliers.

L'occupation la plus ordinaire des hommes et des femmes est de filer. Le fil se fait de longues herbes qui leur tiennent lieu de lin et de chanvre, ou bien de matières cotonneuses qui se trouvent dans l'écorce de certains fruits. Du fil le plus fin on fait les divers ornemens dont nous venons de parler, et du plus grossier, des sacs pour différens usages et des rets pour pêcher. Les hommes, outre cela, avec diverses herbes dont les fibres sont extrêmement serrées et filasseuses et qu'ils savent très-bien manier, s'emploient à faire une espèce de vaisselle et de batterie de cuisine assez nouvelle et de toute sorte de grandeurs. Les pièces les plus petites servent de tasses; les médiocres, d'assiettes, de plats et quelquefois de parasols dont les femmes se couvrent la tête, et les plus grandes, de corbeilles à ramasser les fruits, et quelquefois de poêles et de bassins à les faire cuire; mais il faut avoir la précaution de remuer sans cesse ces vaisseaux pendant qu'ils sont sur le feu, de peur que la flamme ne s'y attache, ce qui les brûleroit en très-peu de temps.

Les Californiens ont beaucoup de vivacité et sont naturellement railleurs, ce que nous éprouvâmes en commençant à les instruire : car si tôt que nous faisions quelque faute dans leur langue, c'étoit à plaisanter et à se moquer de nous. Depuis qu'ils ont eu plus de communication avec nous, ils se contentent de nous avertir honnêtement des fautes qui nous échappent, et, quant au fond de la doctrine, lorsqu'il arrive que nous leur expliquons quelque mystère ou quelques points de morale peu conformes à leurs préjugés ou à leurs anciennes erreurs, ils attendent le prédicateur après le sermon et disputent contre lui avec force et avec esprit. Si on leur apporte de bonnes raisons, ils écoutent avec docilité, et si on les peut convaincre, ils se rendent et font ce qu'on leur prescrit. Nous n'avons trouvé parmi eux aucune forme de gouvernement ni presque de religion et de culte réglé. Ils adorent la lune, ils se coupent les cheveux, je ne sais si c'est dans le deuors, à l'honneur de leur divinité; ils les donnent à leurs prêtres, qui s'en servent à diverses sortes de superstitions. Chaque famille se fait des lois à son gré, et c'est apparemment ce qui les porte si souvent à en venir aux mains les uns contre les autres.

Enfin, pour satisfaire à la dernière question que vous m'avez encore fait l'honneur de me proposer, et qui me semble la plus importante de toutes, touchant la manière d'étendre et d'affermir de plus en plus dans la Californie la véritable religion, et d'entretenir avec ces peuples un commerce durable et utile à la gloire et à l'avantage de la nation, je prendrai la liberté de vous dire les choses comme je les pense et comme la connoissance que j'ai pu avoir du pays et du génie des peuples me les fait penser.

Premièrement, il paroît absolument nécessaire de faire deux embarquemens chaque année : le plus considérable pour la Nouvelle-Espagne, avec qui on peut faire un commerce très-utile aux deux nations ; l'autre pour les provinces de Cinaloa et de Sonora, d'où l'on peut amener de nouveaux missionnaires et apporter ce qui est nécessaire chaque année à l'entretien de ceux qui sont déjà ici. Les vaisseaux qui auroient servi aux embarquemens pourroient aisément, d'un voyage à l'autre, être envoyés à de nouvelles découvertes du côté du nord, et la dépense n'iroit pas loin si l'on vouloit employer les mêmes officiers et les mêmes matelots dont on s'est servi jusqu'ici, parce que, vivant à la manière de ce pays, ils auroient des provisions presque pour rien, et, connoissant les mers et les côtes de la Californie, ils navigueroient avec plus de vitesse et plus de sûreté.

Un autre point essentiel, c'est de pourvoir à la subsistance et à la sûreté tant des Espagnols naturels qui y sont déjà que des missionnaires qui y viendront avec nous et après nous. Pour les missionnaires, depuis mon arrivée, j'ai appris, avec beaucoup de reconnoissance et de consolation, que notre roi Philippe V, que Dieu veuille conserver bien des années, y a déjà pourvu de sa libéralité vraiment pieuse et royale, assignant par année à cette mission une pension de six mille écus, sur ce qu'il avoit appris des progrès de la religion dans cette nouvelle colonie. C'est de quoi entretenir un grand nombre d'ouvriers qui ne manqueront pas de venir à notre secours.

Pour la sûreté des Espagnols qui sont ici, le fort que nous avons déjà bâti pourra servir en cas de besoin ; il est placé au quartier de Saint-Denis, dans le lieu appelé Concho par les Indiens ; nous lui avons donné le nom de Notre-Dame-de-Lorette, et nous y avons établi notre première mission. Il a quatre petits bastions et est environné d'un bon fossé ; on y a fait une place d'armes et on y a bâti des casernes pour le logement des soldats. La chapelle de la sainte Vierge et la maison des missionnaires sont près du fort. Les murailles de ces bâtimens sont de brique, et les couvertures de bois. J'ai laissé dans le fort dix-huit soldats avec leurs officiers, dont il y en a deux qui sont mariés et qui ont famille, ce qui les arrêtera plus aisément dans le pays. Il y a avec cela huit Chinos et nègres pour le service, et douze autres matelots sur les deux petits bâtimens appelés le *Saint-Xavier* et le *Rosaire,* sans compter douze autres matelots que j'ai pris avec moi sur le *Saint-Joseph*. On a été obligé de renvoyer quelques soldats, parce qu'on n'avoit pas au commencement de quoi les nourrir et les entretenir ; cependant vous voyez bien que cette garnison n'est pas assez forte pour défendre long-temps la nation si les barbares s'avisoient de remuer. Il faut donc en établir une semblable à celle de la Nouvelle-Biscaye, et la placer dans un lieu d'où elle puisse agir partout où il seroit nécessaire. Cela seul, sans violence, pourroit tenir le pays tranquille, comme il l'a été jusqu'ici, grâces à Dieu, quelque foibles que nous fussions.

D'autres choses paroîtroient moins importantes ; mais elles ne le sont pas, quand on voit les choses de plus près. Premièrement, il est à propos de donner quelque récompense aux soldats qui sont venus ici les premiers. On est redevable en partie à leur courage des bons succès qu'on a eus jusqu'ici ; et l'espérance d'une pareille distinction en fera venir d'autres et les engagera à imiter la valeur et la sagesse des premiers.

Secondement, il faut faire en sorte que quelques familles de gentilshommes et d'officiers viennent s'établir ici pour pouvoir par eux-mêmes et par leurs enfans remplir les emplois à mesure qu'ils viendront à vaquer.

Troisièmement, il est de la dernière conséquence que les missionnaires et ceux qui commanderont dans la Californie vivent toujours dans une étroite union. Cela a été jusqu'à présent par la sage conduite et par le choix judicieux qu'on a fait, d'intelligence avec nous, M. le comte de Montezuma, vice-roi de la Nouvelle-Espagne. Mais comme les missionnaires sont assez occupés de leur ministère, il faut qu'on les décharge du soin des troupes, et que la caisse royale de Guadalaxara fournisse ce qui leur sera nécessaire. Il seroit à souhaiter que le roi nommât lui-même quelque personne d'autorité et de confiance, avec le titre d'intendant ou de commissaire général, qui voulût, par zèle et dans la seule vue de contribuer à la conversion de ce royaume, se charger de payer à chacun ce qui lui seroit assigné par la cour, et de pourvoir au bien des colonies, afin que tous pussent s'appliquer sans distraction à leur devoir, et que l'ambition et l'intérêt ne ruinassent pas en un moment, comme il est souvent arrivé, un ouvrage qu'on n'a établi qu'avec beaucoup de temps, de peines et de dangers.

Voilà, ce me semble, messeigneurs, tout ce que vous avez souhaité que je vous donnasse par écrit. Il sera de votre sagesse et de votre prudence ordinaire de juger ce qu'il est à propos d'en faire savoir au roi notre maître. Il aura sans doute beaucoup de consolation d'apprendre qu'à son avénement à la couronne, Dieu ait ouvert une belle carrière à son zèle. Je venois ici chercher des secours sans lesquels il étoit impossible ou de conserver ce que nous venons de faire, ou de pousser plus loin l'œuvre de Dieu. La libéralité du prince a prévenu et surpassé de beaucoup nos demandes. Que le Seigneur étende son royaume autant qu'il étend le royaume de Dieu, et qu'il vous donne, messeigneurs, autant de bénédictions que vous avez de zèle pour faciliter l'établissement de la religion dans ces vastes pays, qui ont été jusqu'à présent abandonnés!

Je suis, etc.

A Guadalaxara, le 10 de février de l'année 1702 [1].

[1] Les missions dans la Californie avaient eu un succès complet. Sous la conduite des jésuites, les sauvages avaient quitté la vie nomade, cultivé de petits terrains, bâti des maisons, élevé des temples, lorsqu'un décret impolitique vint détruire sur tous les points de l'Amérique Espagnole l'utile et puissante société.

Le gouverneur don Portola, envoyé en Californie pour exécuter le décret, crut y trouver de vastes trésors et 10,000 Indiens armés de fusils pour défendre les jésuites.

Il vit au contraire des prêtres à cheveux blancs venir humblement à sa rencontre ; il versa de généreuses larmes sur l'erreur du roi et adoucit tant qu'il put l'exécution des ordres dont il était porteur. Les jésuites partirent ; ils furent accompagnés jusqu'au lieu de leur embarquement par toute la population.

Les franciscains leur succédèrent et à leur suite vinrent les dominicains. Ceux-ci même s'établirent seuls dans la Vieille-Californie, et les franciscains s'étendirent dans la Nouvelle.

Mais ces derniers seuls ont prospéré. Les autres ont laissé périr les fondations faites avant eux.

Depuis le départ des jésuites la population de la Californie est fort réduite. Il n'existe pas 9,000 mille habitans dans un pays qui est plus grand que l'Angleterre.

ABRÉGÉ
D'UNE RELATION ESPAGNOLE.

De la vie et de la mort du P. Cyprien Baraze, de la compagnie de Jésus et fondateur de la mission des Moxes dans le Pérou, imprimée à Lima par ordre de monseigneur Urbain de Matha, évêque de la ville de la Paix.

On entend par la mission des *Moxes* un assemblage de plusieurs différentes nations d'infidèles de l'Amérique, à qui on a donné ce nom parce que en effet la nation des Moxes est la première de celles-là qui ait reçu la lumière de l'Évangile. Ces peuples habitent un pays immense, qui se découvre à mesure qu'en quittant Sainte-Croix-de-la-Sierra on côtoie une longue chaîne de montagnes escarpées, qui vont du sud au nord. Il est situé dans la zone torride et s'étend depuis dix jusqu'à quinze degrés de latitude méridionale. On en ignore entièrement les limites, et tout ce qu'on en a pu dire jusqu'ici n'a pour fondement que quelques conjectures, sur lesquelles on ne peut guère compter.

Cette vaste étendue de terre paroît une plaine assez unie ; mais elle est presque toujours inondée, faute d'issue pour faire écouler les eaux. Ces eaux s'y amassent en abondance par les pluies fréquentes, par les torrens qui descendent des montagnes et par le débordement des rivières. Pendant plus de quatre mois de l'année, ces peuples ne peuvent avoir de communication entre eux, car la nécessité où ils sont de chercher des hauteurs pour se mettre à couvert de l'inondation fait que leurs cabanes sont fort éloignées les unes des autres.

Outre cette incommodité, ils ont encore celle du climat, dont l'ardeur est excessive : ce n'est pas qu'il ne soit tempéré de temps en temps, en partie par l'abondance des pluies et l'inondation des rivières, en partie par le vent du nord, qui y souffle presque toute l'année. Mais d'autres fois le vent du sud, qui vient du côté des montagnes couvertes de neige, se déchaîne avec tant d'impétuosité et remplit l'air d'un froid si piquant que ces peuples, presque nus et d'ailleurs mal nourris, n'ont pas la force de soutenir ce dérangement subit des saisons, surtout lorsqu'il est accompagné des inondations

[1] Le chef-lieu, l'Orato, est une bourgade avec *presidio*; le nombre des habitans, tant Espagnols que métis et Indiens, ne s'élève pas à plus de 1,000.

dont je viens de parler, qui sont presque toujours suivies de la famine et de la peste, ce qui cause une grande mortalité dans le pays.

Les ardeurs d'un climat brûlant, jointes à l'humidité presque continuelle de la terre, produisent une grande quantité de serpens, de vipères, de fourmis, de mosquites, de punaises volantes et une infinité d'autres insectes, qui ne donnent pas un moment de repos. Cette même humidité rend le terroir si stérile qu'il ne peut porter ni blé, ni vignes, ni aucun des arbres fruitiers qu'on cultive en Europe. C'est ce qui fait aussi que les bêtes à laine ne peuvent y subsister. Il n'en est pas de même des taureaux et des vaches : on a éprouvé dans la suite des temps, lorsqu'on en a peuplé le pays, qu'ils y vivoient et qu'ils y multiplioient comme dans le Pérou.

Les Moxes ne vivent guère que de la pêche et de quelques racines que le pays produit en abondance. Il y a de certains temps où le froid est si âpre qu'il fait mourir une partie du poisson dans les rivières : les bords en sont quelquefois tout infectés. C'est alors que les Indiens courent avec précipitation sur le rivage pour en faire leur provision, et quelque chose qu'on leur dise pour les détourner de manger ces poissons à demi pourris, ils répondent froidement que le feu raccommodera tout.

Ils sont pourtant obligés de se retirer sur les montagnes une bonne partie de l'année et d'y vivre de la chasse. On trouve sur ces montagnes une infinité d'ours, de léopards, de tigres, de chèvres, de porcs sauvages et quantité d'autres animaux tout-à-fait inconnus en Europe. On y voit aussi différentes espèces de singes. La chair de cet animal, quand elle est boucanée, est pour les Indiens un mets délicieux.

Ce qu'ils racontent d'un animal appelé ocorome est assez singulier. Il est de la grandeur d'un gros chien ; son poil est roux, son museau pointu, ses dents fort affilées. S'il trouve un Indien désarmé, il l'attaque et le jette par terre sans pourtant lui faire de mal, pourvu que l'Indien ait la précaution de contrefaire le mort. Alors l'ocorome remue l'Indien, tâte avec soin toutes les parties de son corps, et se persuadant qu'il est mort effectivement, comme il le paroît, il le couvre de paille et de feuillages, et s'enfonce dans le bois le plus épais de la montagne. L'Indien, échappé de ce danger, se relève aussitôt et grimpe sur quelque arbre, d'où il voit revenir peu après l'ocorome accompagné d'un tigre qu'il semble avoir invité au partage de sa proie ; mais ne la trouvant plus, il pousse d'affreux hurlemens en regardant son camarade, comme s'il vouloit lui témoigner la douleur qu'il a de l'avoir trompé[1].

Il n'y a parmi les Moxes ni lois, ni gouvernement, ni police ; on n'y voit personne qui commande ni qui obéisse : s'il survient quelque différend parmi eux, chaque particulier se fait justice par ses mains. Comme la stérilité du pays les oblige à se disperser dans diverses contrées afin d'y trouver de quoi subsister, leur conversion devient par là très-difficile, et c'est un des plus grands obstacles que les missionnaires aient à surmonter. Ils bâtissent des cabanes fort basses dans les lieux qu'ils ont choisis pour leur retraite, et chaque cabane est habitée par ceux de la même famille. Ils se couchent à terre sur des nattes, ou bien sur un hamac qu'ils attachent à des pieux ou qu'ils suspendent entre deux arbres, et là ils dorment exposés aux injures de l'air, aux insultes des bêtes et aux morsures des mosquites. Néanmoins ils ont coutume de parer à ces inconvéniens en allumant du feu autour de leur hamac ; la flamme les échauffe, la fumée éloigne les mosquites, et la lumière écarte au loin les bêtes féroces ; mais leur sommeil est bien troublé par le soin qu'ils doivent avoir de rallumer le feu quand il vient à s'éteindre.

Ils n'ont point de temps réglé pour leurs repas : toute heure leur est bonne dès qu'ils trouvent de quoi manger. Comme leurs alimens sont grossiers et insipides, il est rare qu'ils y excèdent ; mais ils savent bien se dédommager dans leur boisson. Ils ont trouvé le secret de faire une liqueur très-forte avec quelques racines pourries qu'ils font infuser dans de l'eau. Cette liqueur les enivre en peu de temps et les porte aux derniers excès de fureur. Ils en usent principalement dans les fêtes qu'ils célèbrent en l'honneur de leurs dieux. Au bruit de certains instrumens, dont le son est fort fort désagréable, ils se rassemblent sous des espèces de berceaux qu'ils forment de branches d'arbre

---

[1] Le couguar, qu'on nomme aussi tigre roux, tigre poltron, n'a pourtant rien de l'instinct cruel des tigres ; il est peu dangereux et n'attaque que les brebis, qu'il tue pour en lécher le sang, mais il fuit l'approche du berger et du chien et il est facile à apprivoiser.
On ne le trouve guère que dans les contrées centrales de l'Amérique du Sud.

entrelacées les unes dans les autres, et là ils dansent tout le jour en désordre et boivent à longs traits la liqueur enivrante dont je viens de parler. La fin de ces sortes de fêtes est presque toujours tragique : elles ne se terminent guère que par la mort de plusieurs de ces insensés et par d'autres actions indignes de l'homme raisonnable.

Quoiqu'ils soient sujets à des infirmités presque continuelles, ils n'y apportent toutefois aucun remède. Ils ignorent même la vertu de certaines herbes médicinales, que le seul instinct apprend aux bêtes pour la conservation de leur espèce. Ce qu'il y a de plus déplorable, c'est qu'ils sont fort habiles dans la connoissance des herbes venimeuses, dont ils se servent à toute occasion pour tirer vengeance de leurs ennemis. Ils sont dans l'usage d'empoisonner leurs flèches lorsqu'ils se font la guerre, et ce poison est si subtil que les moindres blessures deviennent mortelles.

L'unique soulagement qu'ils se procurent dans leurs maladies consiste à appeler certains enchanteurs, qu'ils s'imaginent avoir reçu un pouvoir particulier de les guérir. Ces charlatans vont trouver les malades, récitent sur eux quelque prière superstitieuse, leur promettent de jeûner pour leur guérison et de prendre un certain nombre de fois par jour du tabac en fumée, ou bien, ce qui est une insigne faveur, ils sucent la partie mal affectée ; après quoi ils se retirent, à condition toutefois qu'on leur paiera libéralement ces sortes de services.

Ce n'est pas que le pays manque de remèdes propres à guérir tous leurs maux : il y en a abondamment et de très-efficaces. Les missionnaires, qui se sont appliqués à connoître les simples qui y croissent, ont composé, de l'écorce de certains arbres et de quelques autres herbes, un antidote admirable contre la morsure des serpens. On trouve presque à chaque pas sur les montagnes de l'ébène et du gayac ; on y trouve aussi de la cannelle sauvage et une autre écorce d'un nom inconnu, qui est très-salutaire à l'estomac et qui apaise sur-le-champ toutes sortes de douleurs.

Il y croît encore plusieurs autres arbres qui distillent des gommes et des aromates propres à résoudre les humeurs, à échauffer et à ramollir, sans parler de plusieurs simples connus en Europe et dont ces peuples ne font nul cas, tels que sont le fameux arbre de quinquina et une écorce appelée cascarille, qui a la vertu de guérir toutes sortes de fièvres. Les Moxes ont chez eux toute cette botanique sans en faire aucun usage.

Rien ne me fait mieux voir leur stupidité que les ridicules ornemens dont ils croient se parer et qui ne servent qu'à les rendre beaucoup plus difformes qu'ils ne le sont naturellement. Les uns se noircissent une partie du visage et se barbouillent l'autre d'une couleur qui tire sur le rouge. D'autres se percent les lèvres et les narines, et y attachent diverses babioles qui font un spectacle risible. On en voit quelques-uns qui se contentent d'appliquer sur leur poitrine une plaque de métal. On en voit d'autres qui se ceignent de plusieurs fils remplis de grains de verre, mêlés avec les dents et des morceaux de cuir des animaux qu'ils ont tués à la chasse. Il y en a même qui attachent autour d'eux les dents des hommes qu'ils ont égorgés, et plus ils portent de ces marques de leur cruauté, plus ils se rendent respectables à leurs compatriotes. Les moins difformes sont ceux qui se couvrent la tête, les bras et les genoux de diverses plumes d'oiseaux, qu'ils arrangent avec un certain ordre qui a son agrément.

L'unique occupation des Moxes est d'aller à la chasse et à la pêche, ou d'ajuster leur arc et leurs flèches ; celle des femmes est de préparer la liqueur que boivent leurs maris et de prendre soin des enfans. Ils ont la coutume barbare d'enterrer les petits enfans quand la mère vient à mourir, et s'il arrive qu'elle enfante deux jumeaux, elle enterre l'un d'eux, alléguant pour raison que deux enfans ne peuvent pas bien se nourrir à la fois.

Toutes ces diverses nations sont presque toujours en guerre les unes contre les autres. Leur manière de combattre est toute tumultuaire ; ils n'ont point de chef et ne gardent nulle discipline : du reste, une heure ou deux de combat finit toute la campagne. On reconnoît les vaincus à la fuite ; ils font esclaves ceux qu'ils prennent dans le combat, et ils les vendent pour peu de chose aux peuples avec qui ils sont en commerce.

Les enterremens des Moxes se font presque sans aucune cérémonie. Les parens du défunt creusent une fosse ; ils accompagnent ensuite le corps en silence ou en poussant des sanglots. Quand il est mis en terre, ils partagent entre eux sa dépouille, qui consiste toujours en des choses de nulle valeur, et dès lors ils perdent pour jamais la mémoire du défunt.

Ils n'apportent pas plus de cérémonie à leurs mariages. Tout consiste dans le consentement mutuel des parens de ceux qui s'épousent et dans quelques présens que fait le mari au père ou au plus proche parent de celle qu'il veut épouser. On ne compte pour rien le consentement de ceux qui contractent, et c'est une autre coutume établie parmi eux, que le mari suit sa femme partout où elle veut habiter.

Quoiqu'ils admettent la polygamie, il est rare qu'ils aient plus d'une femme, leur indigence ne leur permettant pas d'en entretenir plusieurs. Cependant ils regardent l'incontinence de leurs femmes comme un crime énorme, et si quelqu'une s'oublioit de son devoir, elle passe dans leur esprit pour une infâme et une prostituée; souvent même il lui en coûte la vie.

Tous ces peuples vivent dans une ignorance profonde du vrai Dieu. Il y en a parmi eux qui adorent le soleil, la lune et les étoiles; d'autres adorent les fleuves; quelques-uns, un prétendu tigre invisible; quelques autres portent toujours sur eux un grand nombre de petites idoles d'une figure ridicule; mais ils n'ont aucun dogme qui soit l'objet de leur créance: ils vivent sans espérance d'aucun bien futur, et s'ils font quelque acte de religion, ce n'est nullement par un principe d'amour: la crainte seule en est le principe. Ils s'imaginent qu'il y a dans chaque chose un esprit qui s'irrite quelquefois contre eux et qui leur envoie les maux dont ils sont affligés: c'est pour cela que leur soin principal est d'apaiser ou de ne pas offenser cette vertu secrète, à laquelle, disent-ils, il est impossible de résister. Du reste, ils ne font paroître au dehors aucun culte extérieur et solennel, et parmi tant de nations diverses, on n'en a pu découvrir qu'une ou deux qui usassent d'une espèce de sacrifice.

On trouve pourtant parmi les Moxes deux sortes de ministres pour traiter les choses de la religion. Il y en a qui sont de vrais enchanteurs, dont l'unique fonction est de rendre la santé aux malades; d'autres sont, comme les prêtres, destinés à apaiser les dieux. Les premiers ne sont élevés à ce rang d'honneur qu'après un jeûne rigoureux d'un an pendant lequel ils s'abstiennent de viande et de poisson. Il faut, outre cela, qu'ils aient été blessés par un tigre et qu'ils se soient échappés de ses griffes: c'est alors qu'on les révère comme des hommes d'une vertu rare, parce qu'on juge de là qu'ils ont été respectés et favorisés du tigre invisible, qui les a protégés contre les efforts du tigre visible avec lequel ils ont combattu.

Quand ils ont exercé long-temps cette fonction, on les fait monter au suprême sacerdoce; mais, pour s'en rendre dignes, il faut encore qu'ils jeûnent une année entière avec la même rigueur et que leur abstinence se produise au dehors par un visage hâve et exténué: alors on presse certaines herbes fort piquantes pour en tirer le suc qu'on leur répand dans les yeux, ce qui leur fait souffrir des douleurs très-aiguës, et c'est ainsi qu'on leur imprime le caractère du sacerdoce. Ils prétendent que par ce moyen leur vue s'éclaircit, ce qui fait qu'ils donnent à ces prêtres le nom de *tiharaugui*, qui signifie en leur langue celui qui a les yeux clairs.

A certains temps de l'année et surtout vers la nouvelle lune, ces ministres de Satan rassemblent les peuples sur quelque colline un peu éloignée de la bourgade. Dès le point du jour, tout le peuple marche vers cet endroit en silence; mais quand il est arrivé au terme, il rompt tout-à-coup ce silence par des cris affreux: c'est, disent-ils, afin d'attendrir le cœur de leurs divinités. Toute la journée se passe dans le jeûne et dans ces cris confus, et ce n'est qu'à l'entrée de la nuit qu'ils les finissent par les cérémonies suivantes:

Leurs prêtres commencent par se couper les cheveux (ce qui est parmi ces peuples le signe d'une grande allégresse) et par se couvrir le corps de différentes plumes jaunes et rouges. Ils font apporter ensuite de grands vases, où l'on verse la liqueur enivrante qui a été préparée pour la solennité: ils la reçoivent comme des prémices offertes à leurs dieux, et après en avoir bu sans mesure, ils l'abandonnent à tout le peuple, qui, à leur exemple, en boit aussi avec excès. Toute la nuit est employée à boire et à danser: un d'eux entonne la chanson, et tous formant un grand cercle se mettent à traîner les pieds en cadence et à pencher nonchalamment la tête de côté et d'autre avec des mouvemens de corps indécens, car c'est en quoi consiste toute leur danse. On est censé plus dévot et plus religieux à proportion qu'on fait plus de ces folies et de ces extravagances. Enfin, ces sortes de réjouissances finissent d'ordinaire, comme je l'ai déjà dit, par des blessures ou par la mort de plusieurs d'entre eux.

Ils ont quelque connoissance de l'immortalité de nos âmes; mais cette lumière est si fort obscurcie par les épaisses ténèbres dans lesquelles ils vivent qu'ils ne soupçonnent pas même qu'il y ait des châtimens à craindre ou des récompenses à espérer dans l'autre vie : aussi ne se mettent-ils guère en peine de ce qui doit leur arriver après leur mort.

Toutes ces nations sont distinguées les unes des autres par les diverses langues qu'elles parlent : on en compte jusqu'à trente-neuf différentes, qui n'ont pas le moindre rapport entre elles. Il est à présumer qu'une si grande variété de langage est l'ouvrage du démon, qui a voulu mettre cet obstacle à la promulgation de l'Évangile et rendre par ce moyen la conversion de ces peuples plus difficile.

C'étoit en vue de les conquérir au royaume de Jésus-Christ que les premiers missionnaires jésuites établirent une église à Sainte-Croix-de-la-Sierra, afin qu'étant à la porte de ces terres infidèles, ils pussent mettre à profit la première occasion qui s'offriroit d'y entrer. Leur attention et leurs efforts furent inutiles pendant près de cent ans : cette gloire étoit réservée au père Cyprien Baraze, et voici comment la chose arriva.

Le frère del Castillo, qui demeuroit à Sainte-Croix-de-la-Sierra, s'étant joint à quelques Espagnols qui commerçoient avec les Indiens, avança assez avant dans les terres. Sa douceur et ses manières prévenantes gagnèrent les principaux de la nation, qui lui promirent de le recevoir chez eux. Transporté de joie, il partit aussitôt pour Lima afin d'y faire connnoître l'espérance qu'il y avoit de gagner ces barbares à Jésus-Christ.

Il y avoit long-temps que le père Baraze pressoit ses supérieurs de le destiner aux missions les plus pénibles. Ses désirs s'enflammèrent encore quand il apprit la mort glorieuse des pères Nicolas Mascardi et Jacques-Louis de Sanvitores, qui, après s'être consumés de travaux, l'un dans le Chili et l'autre dans les îles Marianes, avoient eu tous deux le bonheur de sceller de leur sang les vérités de la foi qu'ils avoient prêchées à un grand nombre d'infidèles. Le père Baraze renouvela donc ses instances, et la nouvelle mission des Moxes lui échut en partage[1].

Ce fervent missionnaire se mit aussitôt en chemin pour Sainte-Croix-de-la-Sierra avec le frère del Castillo. A peine y furent-ils arrivés qu'ils s'embarquèrent sur la rivière de Guapay, dans un petit canot fabriqué par les gentils du pays, qui leur servirent de guides. Ce ne fut qu'après douze jours d'une navigation très-rude et pendant laquelle ils furent plusieurs fois en danger de périr qu'ils abordèrent au pays des Moxes. La douceur et la modestie de l'homme apostolique et quelques petits présens qu'il fit aux Indiens, d'hameçons, d'aiguilles, de grains de verre et d'autres choses de cette nature, les accoutumèrent peu à peu à sa présence.

Pendant les quatre premières années qu'il demeura au milieu de cette nation, il eut beaucoup à souffrir soit de l'intempérie de l'air qu'il respiroit sous un nouveau climat, ou des inondations fréquentes accompagnées de pluies presque continuelles et de froids piquans, soit de la difficulté qu'il eut à apprendre la langue, car, outre qu'il n'avoit ni maître ni interprète, il avoit affaire à des peuples si grossiers qu'ils ne pouvoient même lui nommer ce qu'il s'efforçoit de leur faire entendre par signe, soit enfin de l'éloignement des peuplades qu'il lui falloit parcourir à pied, tantôt dans des pays marécageux et inondés, tantôt dans des terres brûlantes, toujours en danger d'être sacrifié à la fureur des barbares, qui le recevoient l'arc et les flèches en main, et qui n'étoient retenus que par cet air de douceur qui éclatoit sur son visage : tout cela joint à une fièvre quarte qui le tourmenta toujours depuis son entrée dans le pays avoit tellement ruiné ses forces qu'il n'avoit plus d'espérance de les recouvrer que par le changement d'air. C'est ce qui lui fit prendre la résolution de retourner à Sainte-Croix-

[1] La province de Moxos faisait partie de la vice-royauté de la Plata; elle est maintenant comprise dans la république Bolivia.

Elle a 120 lieues du nord au sud, sur autant de l'est à l'ouest.

On y a introduit la culture de toutes sortes de plantes utiles et qui demandent de la chaleur : maïs, cannes à sucre, arbre à pain, riz, cacao, poivre vert, coton, gayac, cannelle, quinquina.

Mais il y a encore d'immenses forêts qui sont peuplées de sangliers, d'ours et de tigres.

de-la-Sierra, où en effet il ne fut pas longtemps à rétablir sa santé.

Éloigné de corps de ses chers Indiens, il les avoit sans cesse présens à l'esprit : il pensoit continuellement aux moyens de les civiliser, car il falloit en faire des hommes avant que d'en faire des chrétiens. C'est dans cette vue que, dès les premiers jours de sa convalescence, il se fit apporter des outils de tisserand et apprit à faire de la toile afin de l'enseigner ensuite à quelques Indiens et de les faire travailler à des vêtemens de coton pour couvrir ceux qui recevoient le baptême, car ces infidèles ont coutume d'aller presque nus.

Le repos qu'il goûta à Sainte-Croix-de-la-Sierra ne fut pas de longue durée. Le gouverneur de la ville s'étant persuadé que le temps étoit venu d'entreprendre la conversion des Chiriguanes[1], engagea les supérieurs à y envoyer le père Cyprien. Ces Indiens vivent épars çà et là dans le pays et se partagent en diverses petites peuplades, comme les Moxes; leurs coutumes sont aussi les mêmes, à la réserve qu'on trouve parmi eux quelque forme de gouvernement : ce qui faisoit juger au missionnaire qu'étant plus policés que les Moxes, ils seroient aussi plus traitables. Cette espérance lui adoucit les dégoûts qu'il eut à vaincre dans leur langue ; en peu de mois il en sut assez pour se faire entendre et pour commencer ses instructions ; mais la manière indigne dont ils reçurent les paroles de salut qu'il leur annonçoit, le força d'abandonner une nation si corrompue. Il obtint de ses supérieurs la permission qu'il leur demanda de retourner chez les Moxes, qui, en comparaison des Chiriguanes, lui paroissoient bien moins éloignés du royaume de Dieu.

En effet, il les trouva plus dociles qu'auparavant, et peu à peu il gagna entièrement leur confiance. Revenus de leurs préjugés, ils connurent enfin l'excès d'aveuglement dans lequel ils avoient vécu. Ils s'assemblèrent au nombre de six cents pour vivre sous la conduite du missionnaire, qui eut la consolation, après huit ans et six mois de travaux, de voir une chrétienté fervente formée par ses soins. Comme il leur conféra le baptême le jour qu'on célèbre la fête de l'Annonciation de la sainte Vierge, cette circonstance lui fit naître la pensée de mettre sa nouvelle mission sous la protection de la mère de Dieu et on l'a appelée depuis ce temps-là la mission de Notre-Dame-de-Lorette.

Le père Cyprien employa cinq ans à cultiver et à augmenter cette chrétienté naissante : elle étoit composée de plus de deux mille néophytes, lorsqu'il lui arriva un nouveau secours de missionnaires. Ce surcroît d'ouvriers évangéliques vint à propos pour aider le saint homme à exécuter le dessein qu'il avoit formé de porter la lumière de l'Évangile dans toute l'étendue de ces terres idolâtres. Il leur abandonna aussitôt le soin de son église pour aller à la découverte d'autres nations auxquelles il pût annoncer Jésus-Christ. Il fixa d'abord sa demeure dans une contrée assez éloignée, dont les habitans ne sont guère capables de sentimens d'humanité et de religion. Ils sont répandus dans toute l'étendue du pays et divisés en une infinité de cabanes fort éloignées les unes des autres. Le peu de rapport qu'ont ensemble ces familles ainsi dispersées a produit entre elles une haine implacable, ce qui étoit un obstacle presque invincible à leur réunion.

La charité ingénieuse du père Cyprien lui fit surmonter toutes ces difficultés. S'étant logé chez un de ces Indiens, de là il parcourut toutes les cabanes d'alentour : il s'insinua peu à peu dans l'esprit de ces peuples par ses manières douces et honnêtes et il leur fit goûter insensiblement les maximes de la religion, bien moins par la force du raisonnement, dont ils étoient incapables, que par un certain air de bonté dont il accompagnoit ses discours. Il s'asseyoit à terre avec eux pour les entretenir ; il imitoit jusqu'aux moindres mouvemens et aux gestes les plus ridicules, dont ils se servent pour exprimer les affections de leur cœur ; il dormoit au milieu d'eux, exposé aux injures de l'air, et sans se précautionner contre la morsure des mosquites. Quelque dégoûtans que fussent leurs mets, il ne prenoit ses repas qu'avec eux. Enfin, il se fit barbare avec ces barbares pour les faire entrer plus aisément dans les voies du salut.

Le soin qu'eut le missionnaire d'apprendre un peu de médecine et de chirurgie fut un autre moyen qu'il mit en usage pour s'attirer l'estime et l'affection de ces peuples. Quand ils étoient malades, c'étoit lui qui préparoit leurs médecines, qui lavoit et pansoit leurs plaies,

---

[1] Chiriguanes, au sud des Chiquitos, peuples du Paraguay, contrée de Chaco, république Argentine.

qui nettoyoit leurs cabanes, et il faisoit tout cela avec un empressement et une affection qui les charmoit. L'estime et la reconnoissance les portèrent bientôt à entrer dans toutes ses vues; ils n'eurent plus de peine à abandonner leurs premières habitations pour le suivre. En moins d'un an, s'étant rassemblés jusqu'au nombre de plus de deux mille, ils formèrent une grande bourgade, à laquelle on donna le nom de la Sainte-Trinité.

Le père Cyprien s'employa tout entier à les instruire des vérités de la foi. Comme il avoit le talent de se rendre clair et intelligible aux esprits les plus grossiers, la netteté avec laquelle il leur développa les mystères et les points les plus difficiles de la religion les mit bientôt en état d'être régénérés par les eaux du baptême. En embrassant le christianisme, ils devinrent comme d'autres hommes, ils prirent d'autres mœurs et d'autres coutumes et s'assujettirent volontiers aux lois les plus austères de la religion : leur dévotion éclatoit surtout dans ce saint temps auquel on célèbre le mystère des souffrances du Sauveur; on ne pouvoit guère retenir ses larmes quand on voyoit celles que répandoient ces nouveaux fidèles et les pénitences extraordinaires qu'ils faisoient : ils ne manquoient aucun jour d'assister au sacrifice redoutable de nos autels; et ce qu'il y eut d'admirable, vu leur grossièreté, c'est que le missionnaire vint à bout, par sa patience, d'apprendre à plusieurs d'entre eux à chanter en plein chant le cantique *Gloria in excelsis*, le Symbole des Apôtres et tout ce qui se chante aux messes hautes.

Ces peuples étant ainsi réduits sous l'obéissance de Jésus-Christ, le missionnaire crut devoir établir parmi eux une forme de gouvernement, sans quoi il y avoit à craindre que l'indépendance dans laquelle ils étoient nés ne les replongeât dans les mêmes désordres auxquels ils étoient sujets avant leur conversion. Pour cela il choisit parmi eux ceux qui étoient le plus en réputation de sagesse et de valeur, et il en fit des capitaines, des chefs de famille, des consuls et d'autres ministres de la justice pour gouverner le reste du peuple. On vit alors ces hommes, qui auparavant ne souffroient aucune domination, obéir volontiers à de nouvelles puissances et se soumettre sans peine aux plus sévères châtimens, dont leur fautes étoient punies.

Le père Cyprien n'en demeura pas là. Comme les arts pouvoient contribuer au dessein qu'il avoit de les civiliser, il trouva le secret de leur faire apprendre ceux qui sont le plus nécessaires. On vit bientôt parmi eux des laboureurs, des charpentiers, des tisserands et d'autres ouvriers de cette nature, dont il est inutile de faire le détail.

Mais à quoi le saint homme pensa davantage, ce fut à procurer des alimens à ce grand peuple qui s'augmentoit chaque jour. Il craignoit avec raison que la stérilité du pays obligeant ses néophytes à s'absenter de temps en temps de la peuplade pour aller chercher de quoi vivre sur les montagnes éloignées, ils ne perdissent peu à peu les sentimens de religion qu'il avoit eu tant de peine à leur inspirer. De plus, il fit réflexion que les missionnaires qui viendroient dans la suite cultiver un champ si vaste n'auroient pas tous des forces égales à leur zèle, et que plusieurs d'entre eux succomberoient sous le poids du travail s'ils n'avoient pour tout aliment que d'insipides racines. Dans cette vue, il songea à peupler le pays de taureaux et de vaches, qui sont les seuls animaux qui puissent y vivre et s'y multiplier. Il falloit les aller chercher bien loin et par des chemins difficiles. Les difficultés ne l'arrêtèrent point. Plein de confiance dans le Seigneur, il part pour Sainte-Croix-de-la-Sierra, il rassemble jusqu'à deux cents de ces animaux, il prie quelques Indiens de l'aider à les conduire, il grimpe les montagnes, il traverse les rivières, poursuivant toujours devant lui ce nombreux troupeau qui s'obstinoit à retourner vers le lieu d'où il venoit : il se vit bientôt abandonné de la plupart des Indiens de sa suite, à qui les forces et le courage manquèrent; mais sans se rebuter il continua toujours de faire avancer cette troupe d'animaux, étant quelquefois dans la boue jusqu'aux genoux, et exposé sans cesse ou à perdre la vie par les mains des barbares, ou à être dévoré par les bêtes féroces. Enfin, après cinquante-quatre jours d'une marche pénible, il arriva à sa chère mission avec une partie du troupeau qu'il avoit fait partir de Sainte-Croix-de-la-Sierra. Dieu bénit le dessein charitable du missionnaire. Ce petit troupeau s'est tellement accru en peu d'années qu'il y a maintenant dans le pays plusieurs de ces animaux et beaucoup plus qu'il n'en faut pour nourrir les habitans des peuplades chrétiennes.

Après avoir pourvu aux besoins de ses chers néophytes, il ne lui restoit plus que d'élever un temple à Jésus-Christ, car il souffroit avec peine que les saints mystères se célébrassent dans une pauvre cabane, qui n'avoit d'église que le nom qu'il lui en avoit donné. Mais pour exécuter ce projet il falloit qu'il mît la main à l'œuvre et qu'il apprît lui-même à ces Indiens la manière de construire un édifice tel qu'il l'avoit imaginé. Il en appela plusieurs, il ordonna aux uns de couper du bois, il apprit aux autres à cuire la terre et à faire de la brique; il fit faire du ciment à d'autres; enfin, après quelques mois de travail, il eut la consolation de voir son ouvrage achevé.

Quelques années après, l'église n'étant pas assez vaste pour contenir la multitude des fidèles, il en bâtit une autre beaucoup plus grande et plus belle. Ce qu'il y eut d'étonnant, c'est que cette nouvelle église fut élevée comme la première, sans aucun des instrumens nécessaires pour la construction de semblables édifices, et sans que d'autre architecte que lui-même présidât à un si grand ouvrage. Les gentils accouroient de toutes parts pour voir cette merveille : ils en étoient frappés jusqu'à l'admiration, et par la majesté du temple qu'ils admiroient, ils jugeoient de la grandeur du Dieu qu'on y adoroit. Le père Cyprien en fit la dédicace avec beaucoup de solennité : il y eut un grand concours de chrétiens et d'idolâtres qui furent aussi touchés d'une cérémonie si auguste qu'édifiés dans la piété d'un grand nombre de catéchumènes que le missionnaire baptisa en leur présence.

Ces deux grandes peuplades étant formées, toutes les pensées du père Cyprien se tournèrent vers d'autres nations. Il savoit, par le rapport qui lui en avoit été fait, qu'en avançant vers l'orient, on trouvoit un peuple assez nombreux; il partit pour en faire la découverte, et après avoir marché pendant six jours sans trouver aucune trace d'homme, enfin le septième il découvrit une nation qu'on nomme la nation des Coseremoniens. Il employa pour leur conversion les mêmes moyens dont il s'étoit déjà servi avec succès pour former des peuplades parmi les Moxes, et il sut si bien les gagner en peu de temps que les missionnaires qui vinrent dans la suite les engagèrent sans peine à quitter le lieu de leur demeure pour se transporter à trente lieues de là et y fonder une grande peuplade, qui s'appelle la peuplade de Saint-Xavier.

Le saint homme, qui avançoit toujours dans les terres, ne fut pas long-temps sans découvrir encore un peuple nouveau. Après quelques journées de marche, il se trouva au milieu de la nation des Cirioniens. Du plus loin que ces barbares l'aperçurent, ils prirent en main leurs flèches; ils se préparoient déjà à tirer sur lui et sur les néophytes qui l'accompagnoient; mais la douceur avec laquelle le père Cyprien les aborda leur fit tomber les armes des mains. Le missionnaire demeura quelque temps parmi eux, et ce fut en parcourant leurs diverses habitations qu'il eut connoissance d'une nation qu'on appelle la nation des Guarayens. Ce sont des peuples qui se sont rendus redoutables à toutes les autres nations par leur férocité naturelle et par la coutume barbare qu'ils ont de se nourrir de chair humaine. Ils poursuivent les hommes à peu près de la même manière qu'on va à la chasse des bêtes; ils les prennent vivans, s'ils peuvent, ils les entraînent avec eux et ils les égorgent l'un après l'autre, à mesure qu'ils se sentent pressés de la faim. Ils n'ont point de demeure fixe, parce que, disent-ils, ils sont sans cesse effrayés par les cris lamentables des âmes dont ils ont mangé le corps. Ainsi errans et vagabonds dans toutes ces contrées, ils répandent partout la consternation et l'effroi.

Une poignée de ces barbares se trouva sur le chemin du père Cyprien. Les néophytes, s'apercevant à leur langage qu'ils étoient d'une nation ennemie de toutes les autres, se préparoient à leur ôter la vie, et ils l'eussent fait si le missionnaire ne les eût arrêtés en leur représentant qu'encore que ces hommes méritassent d'expier par leur mort tant de cruautés qu'ils exerçoient sans cesse, la vengeance néanmoins ne convenoit ni à la douceur du christianisme ni au dessein qu'on se proposoit de pacifier et de réunir toutes les nations des gentils; que ces excès d'inhumanité se corrigeroient à mesure qu'ils ouvriroient les yeux à la lumière de l'Évangile, et qu'il valoit mieux les gagner par des bienfaits que de les aigrir par des châtimens. Se tournant du côté de ces barbares, il les combla de caresses, et eux, par reconnoissance, le conduisirent dans leurs peuplades, où il fut reçu avec de grandes marques d'affection. C'est là qu'on lui fit connoître plusieurs autres nations du voisinage, entre autres celles des Tapacures et des Baures.

Le missionnaire profita du bon accueil que lui firent des peuples si féroces pour leur inspirer de l'horreur de leurs crimes : ils parurent touchés de ses discours et promirent tout ce qu'il voulut ; mais à peine l'eurent-ils perdu de vue qu'ils oublièrent leurs promesses et reprirent leurs premières inclinations.

Dans un autre voyage que le père fit dans leur pays, il vit entre leurs mains sept jeunes Indiens qu'ils étoient prêts d'égorger pour se repaître de leur chair. Le saint homme les conjura avec larmes de s'abstenir d'une action si barbare, et eux, de leur côté, engagèrent leur parole de manière à ne laisser aucun doute qu'ils ne la gardassent. Mais il fut bien surpris à son retour de voir la terre jonchée des ossemens de quatre de ces malheureux qu'ils avoient déjà dévorés.

Saisi de douleur à ce spectacle, il prit les trois qui restoient et les emmena avec lui à son église de la Trinité, où, après avoir été instruits des vérités de la foi, ils reçurent le baptême. Quelque temps après, ces nouveaux fidèles allèrent visiter des peuples si cruels, et mettant en œuvre tout ce qu'un zèle ardent leur inspiroit pour les convertir, il les engagèrent peu à peu à venir fixer leur demeure parmi les Moxes.

Comme le christianisme s'étendoit de plus en plus par la découverte de tant de peuples différens qui se soumettoient au joug de la foi, on songeoit à faire venir un plus grand nombre d'ouvriers évangéliques. L'éloignement de Lima et des autres villes espagnoles étoit un grand obstacle à ce dessein. Les missionnaires avoient souvent conféré ensemble sur les moyens de faciliter la communication si nécessaire entre ces terres idolâtres et les villes du Pérou. Ils désespéroient d'y réussir, lorsque le père Cyprien s'offrit de tenter une entreprise qui paroissoit impossible.

Il avoit ouï dire qu'en traversant cette longue file de montagnes qui est vers la droite du Pérou il se trouvoit un petit sentier qui abrégeoit extraordinairement le chemin, et qu'une troupe d'Espagnols commandée par Don Quiroga avoit commencé de s'y frayer un passage les années précédentes. Il ne lui en fallut pas davantage pour prendre sur lui le soin de découvrir cette route inconnue. Il part avec quelques néophytes pour cette pénible expédition, portant sur lui quelques provisions de bouche pour subsister dans ces vastes déserts, et les outils nécessaires pour s'ouvrir un passage à travers les montagnes.

Il courut beaucoup de dangers et eut bien à souffrir pendant trois années qu'il s'efforça inutilement de découvrir cette route qu'il cherchoit. Tantôt il s'égaroit dans les lieux qui n'étoient pratiqués que par des bêtes farouches, et que d'épaisses forêts et des rochers escarpés rendoient inaccessibles. Tantôt il se trouvoit au haut des montagnes, transi de froid, tout percé des pluies, qui tomboient en abondance, ne pouvant presque se soutenir sur un terrain fangeux et glissant, et voyant à ses pieds de profonds abîmes couverts de bois, sous lesquels on entendoit couler des torrens avec un bruit impétueux. Souvent épuisé de fatigue, et ayant consommé ses provisions, il se vit sur le point de périr de faim et de misère.

L'expérience de tant de périls ne l'empêcha pas de faire une dernière tentative l'année suivante, et ce fut alors que Dieu couronna sa constance par l'accomplissement de ses désirs. Après bien de nouvelles fatigues soutenues avec un courage égal, lorsqu'il se croyoit tout-à-fait égaré, il traversa comme au hasard un bois épais et arriva sur la cime d'une montagne, dont il aperçut enfin la terre du Pérou. Il se prosterna aussitôt le visage contre terre, pour en remercier la bonté divine, et il n'eut pas plus tôt achevé sa prière qu'il envoya annoncer une si agréable nouvelle au collége le plus proche. On peut juger avec quels applaudissemens elle fut reçue, puisque, pour entrer chez les Moxes, il ne falloit plus que quinze jours de chemin par la nouvelle route que le père Cyprien venoit de tracer.

On ne doit pas oublier ici l'exemple singulier de détachement et de mortification que donna le missionnaire. Il se voyoit près d'une des maisons de sa compagnie, il étoit naturel qu'il allât réparer, sous un ciel plus doux, des forces que tant de travaux avoient consumées : son inclination même le portait à aller revoir ses anciens amis après une absence de vingt-quatre ans, surtout n'ayant point d'ordre contraire de ses supérieurs ; mais il crut qu'il seroit plus agréable à Dieu de lui en faire un sacrifice, et sur-le-champ il retourna à sa mission par le nouveau chemin qu'il avoit frayé avec tant de peines, se dérobant par là aux applaudissemens que méritoit le succès de son entreprise.

Quand il se vit au milieu de ses chers néophytes, loin de prendre les petits soulagemens qu'ils vouloient lui procurer et dont après tant de fatigues il avoit si grand besoin, il ne songea qu'à aller découvrir la nation des Tapacures[1], qui lui avoit été indiquée par les Guarayens. Ces peuples étoient autrefois mêlés parmi les Moxes, avec qui ils ne faisoient qu'une même nation. Mais les dissensions qui s'élevèrent entre eux furent une semence de guerres continuelles, qui obligèrent enfin les Tapacures à s'en séparer pour aller habiter une autre contrée à quarante lieues environ de distance, vers une suite de montagnes qui vont de l'orient au nord. Leurs mœurs sont à peu près les mêmes que celles des Moxes gentils, dont ils tirent leur origine, à la réserve qu'ils ont moins de courage et qu'ayant le corps bien plus souple et plus leste, ils ne se défendent guère de ceux qui les attaquent que par la vitesse avec laquelle ils disparoissent à leurs yeux.

Le père Cyprien alla donc visiter ces infidèles : il les trouva si dociles qu'après quelques entretiens, ils lui promirent de recevoir les missionnaires qui leur seroient envoyés et d'aller habiter les terres qu'on leur destineroit. Il eut même la consolation d'en baptiser plusieurs qui étoient sur le point d'expirer. Enfin, ce fut par leur moyen qu'il eut quelque connoissance du pays des Amazones. Tous lui dirent que vers l'orient il y avoit une nation de femmes belliqueuses ; qu'à certain temps de l'année elles reçoivent des hommes chez elles ; qu'elles tuoient les enfans mâles qui en naissoient ; qu'elles avoient grand soin d'élever les filles, et que de bonne heure elles les endurcissoient aux travaux de la guerre.

Mais la découverte la plus importante et qui fit le plus de plaisir au père Cyprien fut celle des Baures[2]. Cette nation est plus civilisée que celle des Moxes ; leurs bourgades sont fort nombreuses ; on y voit des rues et des places d'armes où leurs soldats font l'exercice : chaque bourgade est environnée d'une bonne palissade, qui la met à couvert des armes qui sont en usage dans le pays ; ils dressent des espèces de trappes dans les grands chemins, qui arrêtent tout court leurs ennemis. Dans les combats ils se servent d'une sorte de boucliers faits de cannes entrelacées les unes dans les autres et revêtues de coton et de plumes de diverses couleurs, qui sont à l'épreuve des flèches. Ils font choix de ceux qui ont le plus de valeur et d'expérience pour en faire des capitaines à qui ils obéissent. Leurs femmes portent toutes des habits décens. Ils reçoivent bien leurs hôtes : une de leurs cérémonies est d'étendre à terre une grande pièce de coton, sur laquelle ils font asseoir celui à qui ils veulent faire honneur. Le terroir paroît aussi y être plus fertile que partout ailleurs : on y voit quantité de collines, ce qui fait croire que le blé, le vin et les autres plantes d'Europe y croîtroient facilement, pour peu que la terre y fût cultivée.

Le père Cyprien pénétra assez avant dans ce pays et parcourut un grand nombre de bourgades ; partout il trouva des peuples dociles en apparence et qui paroissoient goûter la loi nouvelle qu'il leur annonçoit. Ce succès le remplissoit de consolation ; mais sa joie fut bientôt troublée. Deux néophytes qui l'accompagnoient entendirent, durant la nuit, un grand bruit de tambours dans une peuplade qu'ils n'avoient pas encore visitée. Saisis de frayeur, ils pressèrent le missionnaire de fuir au plus vite, tandis qu'il en étoit encore temps, parce que, selon la connoissance qu'ils avoient des coutumes du pays et du génie léger et inconstant de la nation, ce bruit des tambours et ce mouvement des Indiens armés présageoient quelque chose de funeste pour eux.

Le père Cyprien s'aperçut alors qu'il s'étoit livré entre les mains d'un peuple ennemi de la loi sainte qu'il prêchoit, et ne doutant point qu'on n'en voulût à sa vie, il en fit le sacrifice au Seigneur pour le salut de ces barbares. A peine eut-il avancé quelques pas pour condescendre à la foiblesse de ses néophytes qu'il rencontra une compagnie de Baures armés de haches, d'arcs et de flèches ; ils le menacèrent de loin et le chargèrent d'injures, en décochant sur lui quantité de flèches qui furent d'abord sans effet à cause de la trop grande distance ; mais ils hâtèrent le pas, et le père se

---

[1] Les Tapacures ainsi que les Baures font partie de la province de Moxos et de la république de la Plata.
[2] Ils habitent les bords d'une rivière qui porte leur nom.

sentit blessé au bras et à la cuisse. Les néophytes épouvantés s'enfuirent hors de la portée des flèches, et les Baures ayant atteint le saint hommes se jetèrent sur lui avec fureur et le percèrent de plusieurs coups, tandis qu'il invoquoit les saints noms de Jésus et de Marie et qu'il offroit son sang pour la conversion de ceux qui le répandoient d'une manière si cruelle. Enfin, un de ces barbares lui arrachant la croix qu'il tenoit en main, lui déchargea sur la tête un grand coup de hache dont il expira sur l'heure.

Ainsi mourut le père Cyprien Baraze, le 16 de septembre de l'année 1702, qui étoit la soixante-unième de son âge, après avoir employé vingt-sept ans et deux mois et demi à la conversion des Moxes. Sa mort arriva le même jour qu'on célèbre celle des saints Corneille et Cyprien; Dieu permit que portant le nom d'un de ces saints martyrs, et s'étant consacré aux mêmes fonctions pendant sa vie, il fût récompensé de ses travaux par une mort semblable.

Il s'étoit disposé à une fin si glorieuse par l'exercice des plus héroïques vertus. L'amour dont il brûloit pour Dieu, et son zèle ardent pour le salut des âmes ne lui faisoient trouver rien d'impossible; sa mortification alloit jusqu'à l'excès. Outre les disciplines sanglantes et un rude cilice dont il étoit presque toujours couvert, sa vie étoit un jeûne perpétuel; il ne vivoit dans tous ses voyages que de racines qui croissent dans le pays; c'étoit beaucoup lorsqu'il y ajoutoit quelque morceau de singe enfumé que les Indiens lui donnoient quelquefois par aumône.

Son sommeil ne dura jamais plus de quatre heures; quand une fois il eut bâti son église, il le prenoit toujours assis au pied de l'autel. Dans ses courses presque continuelles, il dormoit à l'air, sans se précautionner contre les pluies fréquentes ni contre le froid, qui est quelquefois très-piquant.

Les missionnaires ont coutume, quand ils naviguent sur les rivières, de se servir d'un parasol pour se mettre à couvert des rayons de feu que le soleil darde à plomb dans un pays si voisin de la zone torride. Pour lui il ne voulut jamais prendre un soulagement si nécessaire.

On sait combien la persécution des mosquites est insupportable; il y en a quelquefois dans ces terres une quantité si prodigieuse que l'air en est obscurci comme d'une nue épaisse; le père Cyprien refusa constamment de se mettre en garde contre leurs morsures.

Les bas sentimens qu'il avoit de lui-même l'avoient rendu comme insensible aux injures et aux outrages qu'il eut souvent à souffrir des Indiens. Il y en eut parmi eux qui en vinrent jusqu'à le traiter de fou et d'insensé. Le serviteur de Dieu ne répondoit que par les bons offices qu'il leur rendoit. Cet excès de bonté ne fut pas même du goût de quelques-uns des missionnaires; ils se crurent obligés de l'avertir que des chrétiens qui respectoient si peu son caractère étoient punissables; que le génie des Indiens les portoit naturellement à abuser d'une telle condescendance et que sa patience ne serviroit qu'à les rendre plus insolens. Le saint homme avait bien d'autres pensées. Il leur répondoit avec sa douceur ordinaire que Dieu sauroit bien trouver d'autres moyens de le maintenir dans l'autorité qui lui étoit nécessaire pour traiter avec ces peuples, et que l'amour des croix et des humiliations étant l'esprit de l'Évangile qu'il leur annonçoit, il ne pouvoit trop leur enseigner par son exemple cette philosophie toute divine.

C'étoit dans l'oraison qu'il puisoit une force si extraordinaire; malgré la multitude de ses occupations, il passoit plusieurs heures du jour et de la nuit en prières; la piété avec laquelle il célébroit le saint sacrifice de la messe en donnoit à tous les assistans; les tendres sentimens de sa dévotion envers la mère de Dieu en inspiroient de semblables à ses néophytes; il avoit composé plusieurs cantiques en son honneur, que ces peuples chantoient continuellement; on n'entendoit guère autre chose dans les chemins et dans les places publiques. Leur piété envers cette mère des miséricordes est si bien établie qu'ils ne manquent jamais d'approcher des sacremens toutes les fois qu'on célèbre quelqu'une de ses fêtes.

Tant de vertus de l'homme apostolique furent récompensées, non-seulement par une mort précieuse, mais encore par la consolation que Dieu lui donna de voir une chrétienté nombreuse et florissante, toute formée de ses mains. Il avoit baptisé lui seul plus de quarante mille idolâtres; il avoit trouvé des hommes dépourvus de tout sentiment d'humanité et plus féroces que les bêtes mêmes, et il laissoit un grand peuple civilisé et rempli des plus hauts sentimens de piété et de religion. Il n'étoit entré dans ces vastes contrées qu'avec un compagnon, et il laissoit après lui plus de trente missionnaires héritiers de ses vertus et de son zèle. Plaise au Seigneur de donner à son église un grand nombre d'ouvriers évangéliques qui retracent la vie et les vertus du père Cyprien Baraze et qui, à son exemple, agrandissent le royaume de Jésus-Christ parmi tant de nations infidèles!

LETTRE DU P. NYEL

AU R. P. DE LA CHAISE.

Traversée de Saint-Malo au Pérou.—Détroits de Magellan et de Le Maire.—Ports du Chili.—Description de Lima.

20 mai 1705.

MON TRÈS-RÉVÉREND PÈRE,
La paix de N.-S.

La protection dont vous honorez tous les missionnaires de notre compagnie et le zèle avec lequel vous procurez les progrès de la foi dans les pays les plus éloignés nous obligent de vous en marquer notre reconnoissance. C'est pour m'acquitter de ce devoir et pour vous rendre compte de notre voyage de la Chine, dont nous n'avons encore fait que la moitié, que je prends la liberté de vous écrire. Comme dans ce temps de guerre les Anglois et les Hollandois nous fermoient le passage des détroits de la Sonde et de Mataque, qu'il faut passer l'un ou l'autre en faisant la route des Indes par l'orient, on a jugé plus à propos, pour éviter ce danger, de nous faire prendre le chemin du détroit de Magellan et de la mer du Sud.

Ce fut sur la fin de l'année 1703 que nous partîmes de Saint-Malo, les pères de Brasses, de Rives, Hébrard et moi, sur deux vaisseaux[1] destinés pour aller à la Chine, et commandés par MM. du Coudray-Pérée et Fouquet, hommes habiles et fort expérimentés dans la navigation. Nous mîmes à la voile le 26 de décembre avec un vent favorable, qui nous conduisit en quinze jours aux Canaries, que nous ne fîmes que reconnoître. Après avoir souffert des calmes fâcheux sous la ligne pendant un mois entier, nous continuâmes notre route, et, après trois mois de navigation, nous nous trouvâmes environ à soixante lieues du détroit de Magellan, que nous voulions passer pour entrer dans la mer du Sud.

Il me paroît assez inutile de vous faire une description de ce fameux détroit, dont Ferdinand Magellan, si célèbre par ses voyages autour du monde, fit la première découverte il y a près de deux cents ans[1]. J'ai mieux aimé vous envoyer un plan correct et fidèle, fait sur les dernières observations, qui sont beaucoup plus exactes que les précédentes. Nous étions déjà entrés dans le premier canal de la baie Grégoire, lorsqu'il survint tout-à-coup un vent si impétueux qu'il nous rompit successivement quatre câbles et nous fit perdre deux ancres. Nous nous trouvâmes en danger de faire naufrage; mais Dieu, sensible à nos prières et à nos vœux, voulut bien nous en délivrer pour nous réserver, comme nous l'espérons, à de plus rudes épreuves et à souffrir une mort plus glorieuse pour la gloire de son nom et pour la défense de notre sainte religion.

Pendant quinze jours que nous restâmes dans ce premier canal pour chercher les ancres que nous avions perdues, et pour faire de l'eau dans une rivière que M. Baudran de Bellestre, un de nos officiers, découvrit et à laquelle il donna son nom, j'eus le plaisir de descendre quelquefois à terre pour y glorifier le Seigneur dans cette partie du monde où l'Évangile n'a point encore pénétré. Cette terre est rase et unie, entrecoupée de petites collines. Le terroir me parut assez bon et assez propre pour être cultivé. Il y a bien de l'apparence que c'est en ce lieu, le moins large du détroit, que les Espagnols, sous le règne de Philippe II, bâtirent la forteresse de *Nombre de Dios*, quand ils formèrent la téméraire et inutile entreprise de fermer aux autres nations le passage de Magellan en y bâtissant deux villes. Ils envoyèrent à ce dessein une nombreuse flotte sous la conduite de Sarmiento; mais la tempête l'ayant battue et dissipée, ce capitaine arriva au détroit en très-mauvais état. Il bâtit deux forteresses, l'une à l'entrée du détroit, que je crois être *Nombre de Dios*, et l'autre un peu plus avant, qu'il appela la *Ciudad del rey Phelipe*, apparemment dans le lieu qu'on

---

[1] Le Saint-Charles et le Murinet.

[1] Ce fut en 1520.

nomme aujourd'hui le Port-Famine, parce que ces malheureux Espagnols y périrent misérablement faute de vivres et de tous les autres secours. Cependant il ne paroît aucun vestige de ces forteresses, ni dans l'un ni dans l'autre endroit. Nous ne vîmes aucun des habitans du pays, parce que ces peuples, aux approches de l'hiver, ont coutume de se retirer plus avant dans les terres. Mais quelques vaisseaux françois qui nous ont précédés et qui nous ont suivis en ont vu plusieurs plus avant dans le détroit. Ils nous ont même assuré que ces peuples, qui paroissent dociles et sociables, sont pour la plupart forts et robustes, d'une taille haute et d'une couleur basanée, semblable à celle des autres Américains.

Je ne vous parlerai point ici, mon révérend père, de leur génie ni de leurs coutumes, pour ne rien dire d'incertain ou de faux; mais je prendrai la liberté de vous marquer les sentimens de compassion que la grâce et la charité de Jésus-Christ m'inspirent sur cela, à la vue des épaisses ténèbres qui sont répandues sur cette terre abandonnée. Je considérois d'un côté le peu d'apparence qu'il y avoit qu'on pût entreprendre la conversion de ces pauvres peuples et les difficultés immenses qu'il faudroit surmonter; de l'autre, la prophétie de Jésus-Christ, touchant la propagation de l'Évangile dans tout l'univers, me revenoit souvent à l'esprit; que Dieu a ses temps et ses momens marqués pour répandre en chaque climat les trésors de sa miséricorde; que depuis vingt ans nos pères avoient porté l'Évangile dans des lieux aussi éloignés de la lumière que ceux-ci; que peut-être Notre-Seigneur ne nous conduisoit à la Chine par ces routes nouvelles qu'afin que quelqu'un de nous, touché du besoin de ces pauvres barbares, se déterminât à s'y arrêter; que bien de florissantes missions devoient leur origine à un naufrage ou à quelque autre rencontre qui paroissoit ne venir que du hasard; je priois le Seigneur de hâter cet heureux moment; j'osois m'offrir moi-même, si c'étoit sa volonté, pour une si noble entreprise; c'étoit tout ce que je croyois pouvoir faire dans le temps présent. Mais j'ai su depuis que mes vœux avoient été prévenus et qu'ils n'étoient même pas loin d'être accomplis. Car, étant arrivés au Chili, on nous dit que les jésuites de ce royaume-là vouloient, à la première occasion, pénétrer jusqu'au détroit de Magellan, dont quelques-unes de leurs missions ne sont éloignées que de cent lieues. Celle-ci aura de quoi contenter les plus grands courages, les croix y seront abondantes, il y aura de grands froids à soutenir, des déserts affreux à pénétrer, des sauvages à suivre dans leurs longues courses. Ce sera dans le sud ce qu'est dans le nord la mission des Iroquois et des Hurons du Canada, pour ceux qui auront la gloire de faire ici ce qu'on fait en ces pays-là depuis près d'un siècle avec tant de travaux et de constance.

Après cette petite digression, je reviens à notre voyage. Comme l'accident qui nous étoit arrivé par la perte de nos câbles et de nos ancres ne nous permettoit plus de franchir le détroit de Magellan, où l'on est obligé de mouiller toutes les nuits, et que l'hiver du pays approchoit, messieurs nos capitaines résolurent, sans perdre de temps, de chercher, par le détroit de Le Maire, une route plus sûre et plus facile pour entrer dans la mer du Sud. Ainsi nous levâmes l'ancre le onzième d'avril de l'année 1704, pour sortir du détroit de Magellan et pour chercher celui de Le Maire [1]. Deux jours après nous nous trouvâmes à l'entrée de ce second détroit, que nous passâmes en cinq ou six heures, par un très-beau temps. Nous rangeâmes d'assez près la côte de la terre *del Fuego*, ou de Feu, qui me paroît n'être qu'un archipel de plusieurs îles plutôt qu'un continent, comme on l'a cru jusqu'à présent.

Je dois ici remarquer en passant une erreur assez considérable de nos cartes anciennes et modernes, qui donnent à la Terre-de-Feu, qui s'étend depuis le détroit de Magellan jusqu'à celui de Le Maire, beaucoup plus d'étendue en longitude qu'elle n'en a. Car, selon la supputation exacte que nous avons faite, il paroît certain qu'elle n'a pas plus de soixante lieues, quoiqu'on lui en donne davantage. La terre

---

[1] Le détroit de Magellan a 180 lieues de long, et sa largeur varie de 1 à 3 et jusqu'à 15 lieues.

Il est semé d'îles, de rochers, de récifs. On l'évitait presque toujours et l'on allait chercher le détroit de Le Maire plus au sud, doublant le cap Horn pour entrer dans l'océan Pacifique malgré les froids et les vents qui vous retiennent souvent un mois dans ces parages.

Mais depuis quelques années on a repris le passage par le détroit de Magellan, tant pour entrer dans la mer du Sud que pour revenir dans l'Atlantique, et plusieurs navigateurs ont déjà donné des relations sur les découvertes qu'ils ont faites dans ce trajet.

de Feu est habitée par des sauvages qu'on connoît encore moins que les peuples de la Terre Magellanique. On lui a donné le nom de Terre-de-Feu à cause de la multitude de feux que ceux qui la découvrirent les premiers virent pendant la nuit.

Quelques relations nous apprennent que don Garcias de Nodel, ayant obtenu du roi d'Espagne deux frégates pour observer ce nouveau détroit, y mouilla dans une baie où il trouva plusieurs de ces insulaires, qui lui parurent dociles et d'un bon naturel. Si l'on en croit ces relations, ces barbares sont blancs comme les Européens, mais ils se défigurent le corps et changent la couleur naturelle de leur visage par des peintures bizarres. Ils sont à demi couverts de peaux d'animaux, portant au col un collier d'écailles de moules blanches et luisantes, et autour du corps une ceinture de cuir. Leur nourriture ordinaire est une certaine herbe amère qui croît dans le pays et dont la fleur est à peu près semblable à celle de nos tulipes. Ces peuples rendirent toutes sortes de services aux Espagnols ; ils travailloient avec eux et leur apportoient le poisson qu'ils pêchoient. Ils étoient armés d'arcs et de flèches où ils avoient enchâssé des pierres assez bien travaillées, et portoient avec eux une espèce de couteau de pierre qu'ils mettoient à terre avec leurs armes quand ils s'approchoient des Espagnols pour leur marquer qu'ils se fioient à eux. Leurs cabanes étoient faites d'arbres entrelacés les uns dans les autres, et ils avoient ménagé dans le toit, qui se terminoit en pointe, une ouverture pour donner un libre passage à la fumée. Leurs canots, faits d'écorce de gros arbres, étoient assez proprement travaillés ; ils ne pouvoient contenir que sept à huit hommes, n'ayant que douze ou quinze pieds de long sur deux de large. Leur figure étoit à peu près semblable à celle des gondoles de Venise. Les barbares répétoient souvent : *hoo, hoo*, sans qu'on pût dire si c'étoit un cri naturel ou quelque mot particulier à leur langue. Ils paroissoient avoir de l'esprit, et quelques-uns apprirent fort aisément l'oraison dominicale.

Au reste, cette côte de la Terre-de-Feu est très-élevée. Le pied des montagnes est rempli de gros arbres épais et fort hauts, mais le sommet est presque toujours couvert de neige. On trouve en plusieurs endroits un mouillage assez sûr et assez bon pour faire commodément du bois et de l'eau. En passant ce détroit, nous reconnûmes vers notre gauche, à une distance d'environ trois lieues, la terre des états de Hollande [1], qui nous parut aussi fort élevée et très-montagneuse.

Enfin, après avoir passé le détroit de Le Maire et reconnu au-delà quelques îles qui sont marquées dans nos cartes, nous commençâmes à éprouver la rigueur de ce climat durant l'hiver, par le grand froid, la grêle, les pluies, qui ne cessoient point, et par la brièveté des jours, qui ne duroient que huit heures, et qui, étant toujours très-sombres, nous laissoient dans une espèce de nuit continuelle. Nous entrâmes donc dans cette mer orageuse, où nous souffrîmes de grands coups de vent qui séparèrent notre vaisseau de celui que commandoit M. Fouquet, et où nous essuyâmes des tempêtes violentes, qui nous firent craindre plus d'une fois de tomber sur quelque terre inconnue. Cependant nous ne passâmes pas la hauteur de cinquante-sept degrés et demi de latitude sud, et après avoir combattu pendant près de quinze jours contre la violence des vents contraires, nous doublâmes en louvoyant le cap Horne, qui est à la pointe la plus méridionale de la Terre-de-Feu. Nous avons encore remarqué ici une autre erreur de nos cartes, qui placent le cap Horne à cinquante-sept degrés et demi ; ce qui ne peut être : car, quoique nous nous soyons élevés jusqu'à cette hauteur, comme je viens de dire, nous sommes passés assez au large de ce cap et nous ne l'avons point reconnu, ce qui nous fait juger que sa véritable situation doit être à cinquante-six degrés et demi tout au plus [2].

Comme la plus grande difficulté de notre navigation dans cette mer consistoit à doubler le cap Horne, nous continuâmes notre route avec moins de peine, et nous nous trouvâmes peu à peu dans des mers plus douces et plus tranquilles : de sorte qu'après quatre mois et demi de navigation, nous gagnâmes le port de la Conception, dans le royaume de Chili, où nous mouillâmes le 13 de mai, seconde fête de la Pentecôte. Nous avons dans cette ville un collége de notre compagnie, où nos pères nous reçurent avec de grandes démonstrations

---

[1] Ile qui forme le côté sud du détroit de Le Maire.
[2] On le place au 55ᵉ degré 38 minutes.

d'amitié. La Conception est une ville épiscopale, peu riche et peu peuplée, quoique le terroir soit fertile et abondant. Aussi tout y est à beaucoup meilleur marché qu'au Pérou, excepté les denrées d'Europe, qui s'y vendent beaucoup plus cher. Les maisons sont basses et mal bâties, sans meubles et sans ornemens; les églises se ressentent de la pauvreté du pays; les rues sont comme dans nos villages de France. Le port est beau, vaste et sûr, quoique le vent de nord y règne assez souvent, au moins pendant l'hiver et l'automne. Huit jours après notre arrivée à la Conception, *le Murinet*, qui s'étoit séparé de nous, comme nous avons dit, vint mouiller dans ce port et nous tira de la crainte où nous étions qu'il ne lui fût arrivé quelque accident fâcheux. Nous ne restâmes à la Conception qu'autant de temps qu'il nous en fallut pour prendre quelques rafraîchissemens et nous délasser un peu des fatigues de notre voyage. Ainsi quinze jours après nous fîmes voile vers le Pérou, ayant laissé à la Conception *le Murinet*, qui avoit besoin de plus de temps pour se radouber et pour se rafraîchir [1].

Le premier port du Pérou où nous mouillâmes fut celui d'Arica [2], à dix-neuf degrés environ de latitude méridionale. Cette ville et ce port étoient autrefois très-célèbres, parce que c'étoit là qu'on chargeoit les richesses immenses qui se tiroient des mines de Potosi pour les conduire par mer à Lima; mais depuis que les forbans anglais ont infesté ces mers par leurs courses et par leurs pirateries, on a jugé à propos de les conduire par terre plus sûrement, quoique avec plus de dépense. Nous restâmes près de cinq mois dans ce port et dans celui de Hilo, qui n'en est éloigné que de trente lieues et qui n'a rien de considérable. Comme nous soupirions avec des vœux ardens vers notre chère mission de la Chine, nous ne souffrions qu'avec regret un si long et si ennuyeux retardement; et dès-lors nous commençâmes à craindre que nos vaisseaux ne fissent pas le voyage de la Chine. Ce qu'il y a de plus particulier au Pérou, c'est qu'on n'y voit jamais ni pluie, ni grêle, ni tonnerre, ni éclairs; le temps y est toujours beau, serein et tranquille. Un vent de midi qui souffle ordinairement, et qui est ici comme le nord en France, rafraîchit l'air et le rend plus supportable; mais les tremblemens de terre y sont fréquens, et nous y en avons essuyé deux ou trois depuis que nous y sommes.

Après avoir fait un si long séjour à Arica et à Hilo, nous nous avançâmes vers Lima et nous vînmes mouiller à Pisco [1], qui n'en est éloigné que de quarante lieues. Il y avoit autrefois près de ce port une ville célèbre située sur le rivage de la mer, mais elle fut presque entièrement ruinée et désolée par le tremblement de terre qui arriva le 19 d'octobre de l'année 1682 et qui causa aussi un dommage très-considérable à Lima, car la mer, ayant quitté ses bornes ordinaires, engloutit cette ville malheureuse, qu'on a tâché de rétablir un peu plus loin, à un bon quart de lieue de la mer. Nous y avions un beau et grand collège qu'on commence à rebâtir dans la nouvelle ville. Comme le révérend père recteur de Lima nous avoit invités de venir par terre à cette ville capitale du Pérou, qui est près du Callao, où nos vaisseaux devoient se rendre, nous y allâmes, le père de Brasle et moi, pour prendre un peu de repos après un si long et si ennuyeux voyage. Nos pères espagnols, qui nous attendoient depuis long-temps avec impatience, nous reçurent avec toute sorte de démonstrations d'estime et d'une charité tendre et sincère.

Lima [2], capitale du Pérou et la résidence ordinaire du vice-roi, est plus grande qu'Orléans. Le plan de la ville est beau et régulier: elle est située dans un terrain uni, au pied des montagnes; elle est baignée d'une petite rivière qui n'a pas beaucoup d'eau, mais qui grossit extraordinairement dans l'été par les torrens qui tombent des montagnes voisines quand les neiges se fondent. Il y a au milieu de Lima une belle et grande place, bornée d'un côté par le palais du vice-roi, qui n'a

---

[1] Les maisons de *la Conception*, ou *Penco*, sont basses à cause des tremblemens de terre dont on veut éviter les effets. Les Aramanos, qui habitent au sud du Chili, sont des peuples belliqueux et qui troublent souvent la Conception. Une fois ils l'ont prise et détruite. La nouvelle ville est bâtie sur les ruines de l'ancienne.

[2] Plusieurs fois ruinée par des tremblemens de terre.

[1] Joli port dans un des plus charmans pays de la côte. Tous les fruits d'Europe y abondent joints à ceux d'Amérique.

[2] Aujourd'hui capitale de la *république du Pérou*. Il s'y tint des conciles provinciaux en 1551 et 1567.

rien de magnifique, et de l'autre par l'église cathédrale et le palais de l'archevêque ; les deux autres côtés sont fermés par des maisons particulières et par quelques boutiques de marchands. On voit encore aujourd'hui les tristes effets de la ruine et de la désolation générale que causa le tremblement de terre dont j'ai parlé. Comme ces tremblemens de terre sont assez fréquens au Pérou, les maisons n'y sont pas fort élevées. Celles de Lima n'ont presque qu'un étage; elles sont bâties de bois ou de terre et couvertes d'un toit plat qui sert de terrasse. Mais, si les maisons ont peu d'apparence, les rues sont belles, vastes, spacieuses, tirées au cordeau et entrecoupées, de distance en distance, par des rues de traverse moins larges pour la facilité et la commodité du commerce. Les églises de Lima sont magnifiques et bâties selon les règles de l'art et sur les plus excellens modèles d'Italie ; les autels sont propres et superbement parés, et quoique les églises soient en grand nombre, elles sont toutes cependant fort bien entretenues. L'or et l'argent n'y sont point épargnés ; mais le travail ne répond pas à la richesse de la matière, et l'on ne voit rien ici, pour l'orfévrerie, qui approche de la délicatesse ni de la beauté des ouvrages de France et d'Italie. Nous avons cinq maisons à Lima, dont la principale est le collége de Saint-Paul.

Le port de Lima, qu'on nomme ordinairement le Callao, n'en est éloigné que de deux lieues; c'est un port très-bon et très-sûr, capable de contenir mille vaisseaux : il y en a ordinairement vingt ou trente, dont les marchands se servent pour faire leur commerce au Chili, à Panama et en d'autres ports de la Nouvelle-Espagne. Le roi catholique y a aussi quelques vaisseaux, mais ils sont désarmés et pourrissent inutilement dans l'eau. La forteresse commande le port; elle est bonne et fournie d'une nombreuse artillerie toute de bronze.

Ce seroit ici le lieu, mon révérend père, de vous faire une exacte description de ce fameux royaume, de son gouvernement ancien et moderne, de ses mines si célèbres dans toute l'Europe, de ses qualités, des mœurs de ses habitans, des fruits et des plantes qui lui sont particulières ; mais comme cela demanderoit beaucoup plus de temps et beaucoup plus d'habileté que je n'en ai, vous trouverez bon que je me dispense de ce travail et que je finisse ainsi ma relation.

Il y avoit déjà quelques mois que nous goûtions le repos dans Lima, et que nous nous disposions à nous remettre en mer pour aller à la Chine, lorsque messieurs nos capitaines nous déclarèrent que se trouvant hors d'état d'entreprendre un si long voyage, ils étoient obligés de s'en retourner en France. Cette résolution ne nous surprit point, ils avoient leurs raisons, mais elle nous affligea sensiblement, parce que nous nous voyions par là frustrés au moins pour un temps de nos plus douces espérances. Ainsi, après avoir recommandé instamment cette affaire à Notre-Seigneur et demandé les lumières du Saint-Esprit pour savoir ce que nous devions faire dans une si triste conjoncture, nous prîmes la résolution d'aller au Mexique et de passer de là aux Philippines, d'où il nous seroit aisé de nous rendre à la Chine. Le père de Rives, un de nos chers compagnons, voyant ses forces extrêmement épuisées par les travaux d'un si long voyage, se trouva obligé de retourner en France avec les vaisseaux qui nous ont apportés en ce pays. Pour nous, à qui Dieu a conservé jusqu'ici la santé, quoique nous connaissions toutes les difficultés du fatigant trajet qui nous reste à faire, nous l'entreprenons, tout pleins de courage et d'espérance que le ciel nous protégera et nous conduira heureusement au terme après lequel nous soupirons. C'est la grâce que nous prions tous nos pères de demander pour nous, afin que nous puissions sacrifier nos vies dans le ministère glorieux de la prédication de l'Evangile et de la conversion des infidèles, en suivant toujours, pour règles de notre conduite, les saintes maximes et les avis pleins de sagesse que vous eûtes la bonté de nous donner quand nous eûmes l'honneur de recevoir vos ordres. Je suis, avec une très-vive reconnaissance et un attachement très-respectueux, etc.

LETTRE DU P. NYEL,

MISSIONNAIRE DE LA COMPAGNIE DE JÉSUS,

AU RÉVÉREND P. DEZ,

DE LA MÊME COMPAGNIE, RECTEUR DU COLLÉGE DE STRASBOURG.

Deux nouvelles missions établies dans l'Amérique méridionale.

A Lima, ville capitale du Pérou, le 26 mai 1705.

MON RÉVÉREND PÈRE,

P. C.

Je me suis déjà donné l'honneur de vous écrire par la voie de Panama[1]; je le fais aujourd'hui par nos vaisseaux français qui retournent en France et qui nous abandonnent au milieu de notre course, ne se trouvant pas en état d'aller à la Chine, comme ils se l'étoient proposé. Ce contre-temps est fâcheux et nous jette dans de terribles embarras; mais Dieu, qui veut mettre notre patience à l'épreuve, nous a inspiré assez de force et de courage pour continuer notre voyage et pour chercher par le Mexique et par les Philippines un chemin jusqu'ici inconnu aux missionnaires français pour entrer à la Chine. Nous ne nous sommes déterminés à prendre ce parti qu'après avoir souvent consulté Dieu dans l'oraison et connu aussi certainement que nous le pouvons que cette résolution lui est agréable et qu'elle convient au bien de notre mission et à la fidélité que nous devons à une vocation aussi sainte que la nôtre. Nous n'ignorons pas les obstacles que nous avons à surmonter ni les dangers que nous allons courir; mais comme les souffrances et les contradictions sont un caractère des plus assurés de l'œuvre de Dieu, nous ne nous étonnons pas de celles que nous trouvons à l'accomplissement de ses desseins sur nous, étant disposés par sa miséricorde à recevoir de sa main tout ce qu'il lui plaira de nous envoyer, et faisant avec plaisir un sacrifice de nos vies et de tout ce que nous avons de plus cher pour suivre la voix qui nous appelle et pour nous rendre dignes de prêcher l'Evangile et de faire connaître Jésus-Christ et la gloire de son nom aux nations qui nous sont destinées. Dieu, qui par la force de son bras tout-puissant a conduit à la Chine un grand nombre de missionnaires parmi tant de travaux et tant de périls, nous fera aussi, comme nous l'espérons, la même grâce s'il veut se servir d'instrumens aussi foibles et aussi inutiles que nous sommes; et s'il permet que nos péchés et nos infidélités nous rendent indignes de cette grâce que nous attendons de sa grande miséricorde, nous adorerons humblement sa justice et nous nous estimerons heureux de mourir au milieu d'une si sainte entreprise.

Ainsi, bien loin de croire que notre sort soit à plaindre, je vous prie de remercier Notre-Seigneur de nous avoir jugés dignes d'être traités comme ses amis. Ceux qui ont goûté la consolation qu'il y a de n'avoir point d'autre appui que Dieu seul et de se reposer dans le sein de son aimable providence peuvent se former une juste idée du bonheur dont nous jouissons. Cet état nous est d'autant plus cher qu'il nous met dans une situation à peu près semblable à celle où se trouva autrefois le grand apôtre des Indes, saint François Xavier, lorsqu'il cherchoit, comme nous, à pénétrer dans le vaste empire de la Chine. C'est pourquoi nous l'avons choisi pour notre patron et pour le protecteur de notre voyage, que nous ne doutons pas qui ne soit heureux sous la protection d'un si grand saint. Nous avons cependant encore plus de cinq mille lieues à faire pour aller à la Chine, où nous ne pourrons arriver qu'en dix-sept ou dix-huit mois d'ici, car il nous faut traverser la Nouvelle-Espagne pour nous rendre à la ville capitale du Mexique, et de là à Acapulco[1], d'où nous ne pouvons partir qu'au mois de mars de l'année prochaine 1706 pour les Philippines. Voilà un voyage de la Chine bien nouveau et bien singulier.

Il me semble même que c'est une disposition particulière de la Providence, qui veut nous former par là aux travaux et aux exercices de la vie apostolique en permettant que nous parcourions ainsi cette étendue immense de terres infidèles et que nous soyons témoins des travaux et du zèle infatigable de nos pères qui sont répandus dans ces vastes provinces de

---

[1] Ville située sur la mer du Sud, dans l'isthme qui sépare l'Amérique méridionale de l'Amérique septentrionale.

[1] Fameux port de la mer du Sud dans la Nouvelle-Espagne.

l'Amérique et qui y travaillent à planter ou à maintenir la foi. On voit de jour en jour de nouveaux accroissemens dans cette portion de l'héritage du Seigneur par la découverte de nouveaux peuples et par l'industrie toute divine dont se servent ces admirables ouvriers pour gagner à Jésus-Christ ces nations barbares qui sont depuis si long-temps abandonnées. Quel fonds d'instructions n'avons-nous pas devant les yeux dans la vie sainte et laborieuse de ces hommes apostoliques qui ont établi la glorieuse mission des Moxes, qui appartient à la province du Pérou ! Quels exemples ne trouvons-nous pas dans la patience héroïque de ces pères, dans leur détachement universel de toutes les commodités de la vie, dans le courage invincible avec lequel ils ont frayé des chemins jusqu'alors impraticables et où les armes conquérantes des Espagnols n'avoient jamais pénétré, enfin dans ce zèle tout divin et plein d'une sagesse surnaturelle avec lequel ils ont établi une chrétienté nombreuse et florissante parmi des barbares presque aussi sauvages que les bêtes féroces ! Comme je ne puis encore vous entretenir des fruits de nos travaux apostoliques, j'entrerois volontiers dans ce vaste champ, où je trouverois non-seulement de quoi m'édifier et m'instruire moi-même, mais de quoi satisfaire le zèle ardent que vous avez pour la propagation de la foi. Comme ce travail demanderoit plus de loisir et d'habileté que je n'en ai, je me contenterai de vous donner ici une légère idée de l'état où se trouve aujourd'hui cette florissante mission.

J'envoie au père Le Gobien l'histoire de la vie et de la glorieuse mort du révérend père Cyprien Baraze, l'un des premiers fondateurs de cette mission, qui mérita, il y a deux ans et demi, de recevoir la couronne du martyre [1] après avoir travaillé pendant plus de vingt-sept ans à la conversion de ces peuples. On trouvera dans cette histoire, qu'un des plus saints et des plus habiles prélats [2] du Pérou a fait imprimer à Lima l'année 1704, quels ont été les progrès et les commencemens de cette mission ; quelle est la nature, la qualité et la situation du pays ; quelles sont les coutumes et les mœurs de ce peuple nouvellement converti. Pour moi, je me borne à décrire seulement ici le gouvernement spirituel que les missionnaires ont introduit et l'ordre admirable qu'ils ont établi avec un fruit et un succès incroyable.

Cette mission, qui n'a commencé que depuis environ trente ans, est située sous la zone torride, au douzième degré de latitude méridionale ; elle est séparée du Pérou par les hautes montagnes appelées *Cordilieras*, qu'elle a à l'orient. Du côté du midi, elle n'est pas éloignée des missions du Paraguay ; mais du côté de l'occident et du nord, ce sont des terres immenses qui ne sont pas encore découvertes et qui fourniront dans la suite un vaste champ au zèle des ouvriers apostoliques. Il y a aujourd'hui plus de trente missionnaires de notre compagnie qui sont employés à cultiver cette pénible mission. Ils ont déjà converti vingt-cinq à trente mille âmes, dont ils ont formé quinze ou seize bourgades qui ne sont éloignées les unes des autres que de six à sept lieues. Chaque bourgade est bâtie dans le terrain qui a paru le plus propre pour la santé et pour y procurer l'abondance ; les rues en sont égales et tirées au cordeau, les maisons uniformes. On assigne à chaque famille la portion de terre qui lui est nécessaire pour sa subsistance, et celui qui en est le chef est obligé de faire cultiver ces terres pour bannir de sa maison l'oisiveté et la pauvreté. L'avantage qu'on en retire, c'est que les familles sont à peu près également riches, c'est-à-dire que chaque maison a assez de bien pour ne pas tomber dans la misère, mais aucune n'en a en si grande abondance qu'elle puisse vivre dans la mollesse et dans les délices. Outre les biens qu'on donne à chaque famille en particulier, soit en terres, soit en bestiaux, chaque bourgade a des biens qui sont en commun et dont on applique le revenu à l'entretien de l'église et de l'hôpital, où l'on reçoit les pauvres et les vieillards que leur âge met hors d'état de travailler ; on emploie une partie de ces biens aux ouvrages publics et à fournir aux étrangers et aux néophytes ce qui leur est nécessaire en attendant qu'ils puissent travailler. Quand on établit une nouvelle bourgade, toutes les autres sont obligées d'y contribuer, chacune selon ses forces et ses revenus. Au commencement de chaque année, on choisit, parmi les personnes les plus sages et les plus vertueuses de la bourgade, des juges et des magistrats pour avoir soin de la police, pour punir le vice et pour régler les

---
[1] Ce fut le 16 de septembre 1702.
[2] D. Nicolas Urbain de Matha, évêque de la Ciudad de la Paz.

différends qui peuvent naître entre les habitans. Chaque faute a son châtiment particulier réglé par les lois. Il y a ordinairement deux missionnaires en chaque bourgade : les juges et les magistrats dont je viens de parler ont tant de respect et de déférence pour ces pères qu'ils ne font presque rien sans prendre leur avis. Les pères, de leur côté, sont dans un travail continuel : ils emploient le matin à célébrer les saints mystères, à entendre les confessions, qui sont fréquentes, et à donner audience à ceux qui viennent les consulter et leur proposer leurs doutes ; ils font l'après-dînée une explication de la doctrine chrétienne, ils visitent les pauvres et les malades, et finissent la journée par la prière publique, qu'on fait tous les soirs dans l'église ; les jours de fête, on y ajoute le sermon le matin et les vêpres le soir. Rien n'est plus édifiant que la manière dont l'office divin se fait dans cette nouvelle mission : s'il n'y a pas beaucoup de ministres pour le service des autels, il y a beaucoup de ferveur, de respect, de dévotion parmi ces nouveaux chrétiens. Comme ces peuples ont du goût pour le chant et pour les instrumens, chaque église a sa musique ; le nombre des musiciens et des autres officiers de l'église est assez grand, parce qu'on a attaché des privilèges particuliers aux offices qui regardent plus immédiatement le service divin et le soulagement des pauvres. Toutes les églises sont grandes et bien bâties, extrêmement propres et embellies d'ornemens de peinture et de sculpture faits par les Indiens, qui se sont rendus habiles dans ces arts ; on a eu soin de les pourvoir de riches ornemens, à quoi quelques personnes de piété n'ont pas peu contribué. Outre la nef et une aile de chaque côté, ces églises ont leur chœur, qui est couronné d'un dôme fort propre. La grandeur et la beauté de ces édifices charment les Indiens et leur donnent une haute idée de notre sainte religion.

Une des plus grandes difficultés que les missionnaires aient à vaincre dans la conversion de ces peuples a été la diversité des langues qui régnoit parmi eux. Pour remédier à un si grand inconvénient, qui retardoit beaucoup le progrès de l'Évangile, on a choisi parmi plus de vingt langues différentes celle qui est la plus générale et qui a paru la plus aisée à apprendre, et on en a fait la langue universelle de ce peuple, qui est obligé de l'apprendre. On en a composé une grammaire qu'on enseigne dans les écoles et que les missionnaires étudient eux-mêmes quand ils entrent dans cette mission, parce que c'est la seule langue dont ils se servent pour prêcher et pour catéchiser.

Comme le supérieur de cette mission a une intendance générale sur toutes les bourgades, il a choisi pour le lieu de sa résidence celle qui est au centre de la province ; il a dans sa maison une bibliothèque qui est commune à tous les missionnaires et une pharmacie remplie de toutes sortes de remèdes, qu'on distribue à toutes les bourgades selon le besoin qu'elles en ont. Tous les missionnaires s'assemblent une fois l'année en ce lieu-là pour y faire une retraite spirituelle et pour y délibérer ensemble sur les moyens d'avancer la conversion de ces peuples et de procurer le bien de cette église naissante. Cependant le supérieur de cette mission n'est pas si attaché au lieu où il fait sa demeure qu'il ne visite tous les ans chaque église et qu'il ne fasse même des excursions dans les pays voisins pour gagner des âmes à Jésus-Christ. Les dernières lettres qu'on a reçues de cette mission nous apprennent qu'il y a plus de cent mille hommes qui, charmés de la vie sainte et heureuse que mènent leurs compatriotes sous la conduite des missionnaires, demandent avec instance des ouvriers pour les instruire en notre sainte religion ; mais la disette de sujets et de secours n'a pu encore permettre à nos pères d'aller travailler à l'instruction de ces peuples, dont la conversion seroit suivie de celle d'un nombre infini d'autres Indiens, car on assure que ces vastes pays sont extraordinairement peuplés.

Comme on a reconnu, par une longue expérience, que le commerce des Espagnols était très-préjudiciable aux Indiens, soit parce qu'ils les traitent avec trop de dureté en les appliquant à des travaux pénibles, soit parce qu'ils les scandalisent par leur vie licencieuse et déréglée, on a obtenu un décret de sa majesté catholique qui défend à tous les Espagnols d'entrer dans cette mission ni d'avoir aucune communication avec les Indiens qui la composent : de sorte que si, par nécessité ou par hasard, quelque Espagnol vient en ce pays-là, le père missionnaire, après l'avoir reçu avec charité et exercé à son endroit les devoirs de l'hospitalité chrétienne, le renvoie ensuite dans les terres des Espagnols. Tout ce que je viens de rapporter ici, mon révérend père, est tiré des lettres des pères qui travaillent en cette mission. Je n'ai rien ajouté à ce qu'ils ont écrit; au contraire, j'ai omis plusieurs circonstances très-édifiantes et plusieurs moyens que l'esprit de Dieu a suggérés à ces fervens ouvriers pour établir un ordre admirable dans cette nouvelle chrétienté et y entretenir la pureté et la sainteté des mœurs.

Voilà donc, mon révérend père, ce peuple choisi de Dieu, cette nation destinée, en ces derniers temps, à renouveler la ferveur, la dévotion, la vivacité de la foi, et cette parfaite union des cœurs qu'on admiroit autrefois dans les premiers chrétiens de la primitive Église. Mais la vie sainte et fervente de ces néophytes ne doit-elle pas confondre les chrétiens de ces derniers temps, qui, au milieu de tant de secours, de lumières et de grâces, déshonorent la sainteté de notre religion et la dignité du nom chrétien ! C'est ici où je ne puis m'empêcher d'adorer les profonds et impénétrables jugemens de la sagesse de Dieu, qui a fait passer à ces peuples, ensevelis il n'y a encore que trente ans dans les plus épaisses ténèbres de l'infidélité, ces grâces et ces lumières dont tant d'âmes, élevées avec soin dans le sein du christianisme, abusent tous les jours.

Je pourrois vous faire part de bien d'autres nouvelles dignes de votre piété si j'entreprenois de vous parler de la fameuse mission du Paraguay, si souvent persécutée, et, malgré ses persécutions, toujours si florissante qu'elle est le modèle de toutes celles qui s'établissent de nouveau dans l'Amérique méridionale. Mais, comme on a écrit l'histoire de cette mission, où l'on peut s'instruire des vertus héroïques des ouvriers qui l'ont cultivée et de la ferveur des néophytes qui la composent, je me dispenserai de vous en parler ici et je me bornerai à vous faire connoître une nouvelle mission fondée depuis deux ans dans les terres les plus méridionales de l'Amérique, d'où l'on espère avec le temps pouvoir pénétrer jusques au détroit de Magellan, que nous avons reconnu dans notre voyage. Comme cette mission appartient à la province du Chili, qui a peu d'ouvriers et qui est chargée de plusieurs autres missions, tant des Espagnols que des naturels du pays déjà convertis, elle ne peut employer qu'un petit nombre de sujets à cultiver ce vaste champ. D'ailleurs cette mission demande des qualités singulières dans les missionnaires qu'on y envoie : il faut qu'ils aient un tempérament fort et robuste, un détachement parfait de toutes les commodités de la vie, enfin une douceur insinuante, une force, un courage, une constance à l'épreuve des difficultés les plus insurmontables au milieu d'un peuple barbare. Mais quelque féroce et indomptée que soit cette nation, elle s'assujettira sans peine au joug de la religion chrétienne, pourvu que le zèle des hommes apostoliques soit soutenu de cette sagesse surnaturelle qui n'envisage que Dieu, de ce désintéressement qui ne cherche que le salut des âmes et surtout de cette douceur qui gagne le cœur avant que d'assujettir l'esprit. Il y a près de trente ans que le révérend père Nicolas Mascardi, de notre compagnie, homme illustre par les grands travaux qu'il a soufferts et par les peuples qu'il a convertis, employa plusieurs années à défricher ce champ stérile et inculte, ce qu'il fit avec tant de succès qu'il y recueillit une moisson abondante et qu'il mérita ensuite d'y recevoir la couronne du martyre, comme la digne récompense de ses travaux apostoliques. Depuis ce temps-là cette terre arrosée d'un sang si précieux a donné de si belles espérances que plusieurs jésuites de la province du Chili se sont offerts pour continuer l'entreprise du révérend père Nicolas Mascardi, dont le nom est devenu vénérable à ceux même qui l'ont martyrisé, puisque ce sont ces peuples qui, touchés, ce semble, du repentir de leur crime et prévenus intérieurement par les grâces que ce saint homme leur obtient de Dieu, ont demandé eux-mêmes, depuis longtemps, des pères de notre compagnie pour leur enseigner le chemin du ciel. Plusieurs même d'entre eux assurent qu'il leur a apparu et qu'il les a consolés en leur promettant qu'il viendroit des missionnaires pour les instruire et pour les convertir. En effet, soit que ce fait soit véritable ou que ce bruit se soit répandu sans fondement, Dieu a suscité depuis deux ans le père Philippe de la Laguna pour mettre la main à une œuvre si importante au salut des âmes. Comme il m'est tombé entre les mains une relation que ce père a écrite à un de ses amis pour lui rendre compte de ses travaux et des moyens dont il s'est servi pour établir cette mission, j'en ai fait un petit abrégé que je joins à cette lettre.

RELATION

De l'établissement de la mission de Notre-Dame de Nahuelhuapi, tirée d'une lettre du révérend père Philippe de la Laguna, de la compagnie de Jésus [1].

Il y avoit déjà quelques années que Dieu, par une vocation spéciale et par un effet singulier de sa miséricorde, m'appeloit à la conversion des Indiens qu'on appelle Pulches et Poyas, qui sont vis-à-vis de Chiloé et de l'autre côté des montagnes, aux environs de Nahuelhuapi, à cinquante lieues de la mer du Sud, à la hauteur d'environ 42 degrés de latitude méridionale. Le souvenir encore récent des vertus héroïques du révérend père Nicolas Mascardi avoit fait naître et augmentoit toujours en moi le désir d'aller recueillir ce qu'il avait semé, et, comme le sang des martyrs est fécond, je ne doutois pas que je dusse y recueillir une heureuse et abondante récolte. Je soupirois ainsi sans cesse après cette chère mission, et je nourrissois au fond de mon cœur ces saints désirs sans oser les produire au dehors, parce qu'en envisageant les choses avec les yeux de la prudence humaine, ce projet me paroissoit presque impossible. Cependant, comme ma volonté était l'ouvrage de Dieu, je m'abandonnai entre ses mains et je lui laissai le soin de préparer les moyens les plus convenables à l'exécution des desseins qu'il m'inspiroit. Je reconnus bientôt que ma confiance lui étoit agréable, car la Providence, qui nous conduit par des voies secrètes et toujours admirables, permit que mes supérieurs me nommèrent vice-recteur du collège de Chiloé et m'ordonnèrent de venir à Sant'Iago, capitale du Chili, pour quelques affaires qui demandoient ma présence. Dieu me donna un pressentiment que ce voyage devoit servir à une affaire plus importante que celle qui obligeoit les supérieurs à me faire venir à Sant'Iago. En effet, ayant trouvé heureusement dans le port de Chiloé un vaisseau qui faisoit voile pour Valparaiso, qui est le port de cette ville capitale, je m'y rendis en quinze jours et je communiquai au révérend père provincial le dessein que Dieu m'avoit inspiré, d'établir une nouvelle mission à Nahuelhuapi. Il approuva ma résolution et me promit de l'appuyer de tout son pouvoir. Je me mis en mouvement pour assurer le succès d'un ouvrage si imparfait. Je commençai par intéresser les personnes les plus saintes et les plus zélées de s'unir à moi, afin d'obtenir, à force de prières et d'austérités, les grâces qui m'étoient nécessaires dans une entreprise si difficile. Surtout je recommandai cette affaire à un saint religieux de notre compagnie, le frère Alphonse Lopez, vénérable par l'innocence de sa vie, par la sainte simplicité qui règne dans toutes ses actions, par un don extraordinaire d'oraison et surtout par une tendre dévotion envers la sainte Vierge de qui il recevoit souvent des faveurs extraordinaires. Je lui promis même que je mettrois cette mission sous la protection d'une si puissante avocate, et que toutes les églises que j'élèverois au vrai Dieu seroient dédiées à cette mère de miséricorde s'il obtenoit ce que je demandois. Quelques jours après, ce saint frère m'aborda d'un air gai et me dit que je misse toute ma confiance en Dieu, et que l'entreprise que je méditois réussiroit.

Il y avoit des difficultés presque insurmontables. Je ne pouvois rien faire sans l'agrément du gouverneur du Chili, et ce seigneur étoit contraire aux nouveaux établissemens, soit par le chagrin qu'il avoit de ce qu'on en avoit abandonné plusieurs qu'on n'avoit pu soutenir, soit parce que, le trésor du roi se trouvant épuisé, il ne pouvait faire les avances nécessaires à l'établissement d'une nouvelle mission. Dans une conjoncture si fâcheuse, je m'adressai avec confiance à Notre-Seigneur, qui est le maître des cœurs, et je promis de dire trente messes et de jeûner trente jours au pain et à l'eau, en l'honneur de la sainte Trinité, si j'obtenois la permission du gouverneur; je mis même cette promesse par écrit; mais ayant perdu ce papier, il tomba entre les mains d'une personne qui le porta, à mon insu, au gouverneur. Quelques jours après, ayant recommandé cette affaire avec beaucoup de ferveur à Notre-Seigneur, je me sentis si plein de confiance de réussir dans cette entreprise que je me déterminai à aller voir le gouverneur; je dis même en sortant de la maison, à un de mes amis que je rencontrai, que j'allois au palais et que je ne retournerois pas au collège sans avoir obtenu la permission que j'allois demander. En effet, m'étant présenté pour avoir audience, on m'introduisit dans la chambre de M. le

---

[1] Nahuelhuapi est le nom d'une rivière et de la peuplade qui habite sur ses bord

gouverneur, qui lisoit le papier de ma promesse qu'on lui avoit mis entre les mains, et sans attendre que je lui parlasse : « Allez, mon père, me dit-il, votre affaire est faite, j'y donne volontiers les mains, et soyez persuadé que je favoriserai votre zèle en tout ce qui dépendra de moi, selon les ordres et les intentions du roi mon maître. Allez gagner des âmes à Jésus-Christ, mais souvenez-vous de prier Dieu pour sa majesté et pour moi. » Je dois vous avouer ici, mon cher père, que jamais je n'ai ressenti de joie intérieure ni de consolation plus pure que celle dont je fus pénétré dans ce moment, et dès lors Dieu me récompensa par avance bien libéralement des peines et des fatigues que je devois essuyer pour son amour dans le voyage que j'allois entreprendre pour me rendre au lieu de ma mission.

Ainsi, après avoir remercié Dieu d'une grâce si particulière, je me disposai à partir. Des aumônes que quelques personnes de piété me donnèrent, j'achetai des ornemens d'église, des curiosités propres pour faire de petits présens aux Indiens, et les provisions nécessaires pour mon voyage, et je me mis en chemin au mois de novembre de l'année 1703, avec le père Joseph-Maria Sessa, que les supérieurs me donnèrent pour compagnon.

Je ne puis vous marquer ici les aventures fâcheuses qui nous arrivèrent et les peines que nous souffrîmes pendant près de deux cents lieues que nous fûmes obligés de faire par des chemins impraticables, en traversant des torrens et des rivières, des montagnes et des forêts, sans secours et sans guides, dans une disette générale de toutes choses. Mon compagnon tomba malade d'une fièvre violente au milieu du voyage, ce qui m'obligea à le renvoyer au collège le plus proche, avec quelques-uns de ceux qui m'accompagnoient, et par là je me vis presque seul et abandonné au milieu de ces Indiens féroces, à qui le nom espagnol est si odieux qu'on ne peut échapper à leur fureur et à leur cruauté quand on a le malheur de tomber entre leurs mains. Mais Notre-Seigneur me délivra de tous ces dangers d'une manière merveilleuse, après m'avoir jugé digne de souffrir quelque chose pour son amour, pendant un voyage de près de trois mois. J'arrivai donc, plein de courage et de santé, au terme désiré de ma mission de Nahuelhuapi.

Les caciques [1] et les Indiens me reçurent comme un ange envoyé du ciel. Je commençai à élever un autel sous une tente, avec toute la décence que je pus, en attendant qu'on bâtît une église. Je visitai les principaux du pays et je les invitai à venir s'établir auprès de moi, pour fonder une petite bourgade et pour exercer avec plus de fruit les devoirs de mon ministère. J'eus la consolation de voir les néophytes, qui avoient été baptisés autrefois par le révérend père Nicolas Mascardi, assister aux offices divins et à l'explication de la doctrine chrétienne avec une ferveur, une dévotion et une faim spirituelle qui me donna de grandes et solides espérances de leur fermeté dans la foi et de la sincérité de leurs promesses. J'allai ensuite consoler les malades et les vieillards qui ne pouvoient me venir trouver, et je baptisai quelques enfans du consentement de leurs parens.

La consolation que je goûtois de ces heureux commencemens s'augmenta beaucoup par l'arrivée du père Joseph Guillelmo, que les supérieurs m'envoyoient pour prendre la place du père Sessa. Nous concertâmes ensemble les moyens les plus propres pour établir solidement notre mission, et nous résolûmes que, pendant qu'il resteroit à Nahuelhuapi pour y bâtir une petite église et une maison, j'irois à Baldivia [2] solliciter la protection de M. le gouverneur en faveur des néophytes. J'engageai les caciques d'écrire une lettre obligeante à ce gouverneur pour lui demander son amitié et sa protection. J'arrivai au commencement d'avril de l'année 1704 à Baldivia avec ces députés, que M. le gouverneur Dom Manuel Auteffia reçut avec beaucoup de joie et de tendresse, me donnant mille marques d'estime et de bienveillance et me promettant de favoriser de tout son pouvoir ce nouvel établissement. Je ne restai à Baldivia qu'autant de temps qu'il falloit pour terminer ma négociation; ainsi j'en partis vers le milieu du même mois d'avril avec les deux députés, que M. le gouverneur chargea de sa réponse pour les caciques. En voici la teneur :

MESSIEURS,

J'ai appris avec beaucoup de joie, par votre lettre et par le témoignage de vos députés, le

---

[1] Ce sont les chefs et les gouverneurs du peuple.
[2] Ou Valdivia, l'un des meilleurs ports du Chili.

bon accueil que vous avez fait aux missionnaires de la compagnie de Jésus et la résolution que vous avez prise d'embrasser notre sainte religion. Ainsi, après avoir solennellement rendu grâce à Dieu, souverain du ciel et de la terre, d'une si heureuse nouvelle, je dois vous assurer que vous ne pouvez jamais rien faire qui soit plus agréable au grand monarque des Espagnes et des Indes, Philippe V, mon seigneur et mon maître, que Dieu comble de gloire, de prospérité et d'années. C'est pourquoi, comme je représente sa personne dans l'emploi dont il m'a honoré, je vous offre et vous promets de sa part, pour toujours, son amitié et sa protection pour vous et pour ceux qui imiteront votre exemple, en vous avertissant en même temps que vous devez avoir soin que tous vos vassaux, après avoir embrassé la foi catholique, prêtent serment de fidélité et d'obéissance au roi mon maître, qui sera toujours votre appui, votre protecteur et votre défenseur contre tous vos ennemis ; c'est pourquoi dès aujourd'hui, moi et mes successeurs, nous voulons entretenir avec vous une constante amitié et une solide correspondance pour vous secourir dans tous vos besoins ; et comme j'espère que vous serez très-fidèle à exécuter ce que je vous prescris au nom du roi mon maître, j'ai voulu rendre ma promesse plus authentique en apposant ici le sceau de mes armes. A Baldivia, le 8 d'avril 1704.

Dom Manuel de Auteffia.

A mon retour de Baldivia à Nahuelhuapi, je trouvai une petite église déjà bâtie, les néophytes pleins de ferveur et plusieurs catéchumènes disposés à recevoir le baptême par le zèle du père Jean-Joseph Guillelmo, mon compagnon. La lettre du gouverneur fut reçue avec satisfaction de tout le peuple ; ainsi nous commençâmes à travailler sérieusement à l'œuvre de Dieu. Nous avons déjà bâti une petite maison et jeté les fondemens d'une plus grande église, parce que les nations circonvoisines commencent à venir nous trouver. Cependant comme le pays où je me suis établi est habité par deux peuples, dont les uns s'appellent *Pulches*[1] et les autres *Poyas*, il semble qu'il y ait entre eux de la jalousie et de l'émulation, car les Pulches ont voulu me détourner de travailler à la conversion de leurs voisins en me disant que c'est une nation fière, cruelle et barbare avec laquelle on ne pouvoit traiter.

Pour moi, qui connoissois la douceur et la docilité des Poyas, qui m'avoient sollicité instamment de les instruire, je vis bien que les Pulches n'agissoient que par leur passion. C'est pourquoi quelques jours après, ayant assemblé les principaux de cette nation, je leur parlai avec beaucoup de force et je leur représentai les raisons qui m'empêchoient de suivre leur sentiment. Je leur dis que Dieu vouloit sauver également tous les hommes sans acception de personnes ; que les ministres de Jésus-Christ ne pouvoient exclure aucune nation sans une injuste prévarication ; qu'ils étoient envoyés pour instruire et baptiser tous les peuples ; qu'eux-mêmes, s'ils vouloient être véritablement chrétiens, devoient être les premiers à procurer avec zèle le salut et la conversion des Poyas, qui étoient les frères de Jésus-Christ, les héritiers de son royaume et rachetés également par son sang précieux, qui avoit été versé pour tout le monde ; que l'obstacle qu'ils vouloient mettre à la conversion de leurs voisins étoit un artice du démon, le commun ennemi des hommes, pour priver ce peuple du bienfait inestimable de la foi et pour leur en ôter à eux-mêmes le mérite en leur faisant violer le précepte de la charité. Ces raisons firent impression sur leur esprit, et ils me promirent sur-le-champ de ne se point opposer à l'instruction et à la conversion des Poyas. Enfin, après avoir vaincu cet obstacle, qui pouvait retarder le progrès de l'Évangile, et avoir disposé les cœurs et les esprits de ceux qui m'avoient témoigné plus d'empressement pour recevoir le saint baptême, je choisis un jour solennel pour faire la cérémonie avec plus d'éclat, et je les baptisai tous. J'ai maintenant la sainte consolation de voir le changement merveilleux que la grâce de Jésus-Christ a fait dans leurs mœurs et dans leur conduite, tant ils sont fervens et attachés à leurs devoirs.

Voilà, mon cher père, les prémices de mes travaux apostoliques. Priez le Seigneur qu'il nous envoie des ouvriers zélés et laborieux, qu'il dispose l'esprit et le cœur de ce nombre infini de peuples qui nous environnent à recevoir la foi, et que le Seigneur daigne répandre sa bénédiction sur mon ministère. Je ne vous

---

[1] A l'est de Nahuelhuapi. Les Pulches sont les seuls Indiens qui communiquent pacifiquement avec les Chiliens.

ferai point de description du pays, et je ne vous parlerai point des mœurs et des coutumes de ce peuple, parce qu'il y a trop peu de temps que je suis ici pour les bien connoître. J'en serai plus instruit l'été prochain, car j'espère parcourir tout le pays pour en prendre une parfaite connaissance, afin de pouvoir établir des missions dans les lieux que je trouverai plus propres pour cela. Ce pays s'étend jusqu'au détroit de Magellan; il a plus de cent lieues d'étendue de ce côté-là; du côté de la mer du nord, il en a bien davantage. Je n'ose me flatter que Dieu veuille se servir d'un instrument aussi foible que je suis pour gagner à Jésus-Christ cette grande étendue de pays; mais j'espère que sa providence, qui veille à la conversion des infidèles, suscitera des hommes animés de son esprit pour venir prendre part à nos travaux et pour achever ce que nous avons si heureusement commencé.

PHILIPPE DE LAGUNA.

Voilà, mon révérend père, un abrégé fidèle de la relation qui m'est tombée entre les mains. Quoique vous n'y voyiez pas ces conversions éclatantes et nombreuses que vous souhaiteriez d'apprendre par un effet de votre zèle, je ne doute point cependant que vous ne la lisiez avec plaisir et ne remerciiez Dieu de vouloir bien se servir du ministère de nos frères pour étendre partout la gloire de son nom. Je vous prie, mon révérend père, en finissant cette lettre, de vouloir bien protéger notre mission de la Chine, qui vous a toujours été si chère, de nous procurer des hommes apostoliques pleins de zèle et de l'esprit de Dieu, et m'obtenir par vos prières les secours spirituels dont j'ai besoin pour me rendre capable du saint ministère auquel il a plu à Notre-Seigneur de m'appeler. Je suis, avec un profond respect, etc.

LETTRE DU PÈRE LABBE,

MISSIONNAIRE DE LA COMPAGNIE DE JÉSUS,

AU P. LABBE,
DE LA MÊME COMPAGNIE.

Relation du voyage de Port-Louis jusqu'au Chili.

A la Conception de Chili, ce 8 janvier 1712.

MON RÉVÉREND PÈRE.
La paix de N.-S.

J'ai l'honneur de vous écrire aussitôt qu'il m'a été possible de le faire, et je me persuade que vous lirez avec quelque plaisir le journal que je vous envoie de mon voyage depuis le Port-Louis jusqu'à la ville de la Conception, où nous mouillâmes le 26 de décembre de l'année 1711.

Ce fut le 13 septembre 1710 que nous mîmes à la voile. Après avoir essuyé jusqu'à deux fois des vents contraires qui nous rejetèrent dans le port, quoique nous eussions fait trente lieues au large, nous aperçûmes le 29 l'île des Sauvages, peu éloignée de Madère. Nous passâmes le lendemain entre Porto-Santo et Madère sans les pouvoir reconnoître.

Le 30 nous mouillâmes dans la rade de Ténérife pour y faire de l'eau. Une escadre angloise, qui avait paru la veille, y avoit jeté l'alarme. Le capitaine-général, que j'allai saluer avec notre capitaine, avoit peine à croire que nous ne l'eussions pas aperçue. Le soir, comme je retournois à bord, il y eut une seconde alarme; on alluma des feux sur les hauteurs de l'île pour assembler au plus tôt les milices, mais ce ne fut qu'une terreur panique. Cette île est habitée par les Espagnols. On y voit une montagne, qu'on appelle le Pic, qui s'élève jusqu'au-dessus des nues: nous l'apercevions encore à quarante lieues au-delà. Nous demeurâmes huit jours dans la rade de cette île. Deux jours avant que d'en partir, sur le soir, nous fûmes spectateurs d'un petit combat naval qui se donna à une lieue de nous entre un brigantin anglois de six canons et une tartane françoise qui n'avoit qu'un canon et quatre pierriers; ils se battirent près de deux heures avec un feu continuel de part et d'autre; après quoi la tartane s'approcha de nous et nous demanda du secours. On fit passer trente hommes dans la tartane et on en mit quinze dans la chaloupe; ils eurent bientôt joint le bâtiment anglois, qui se rendit après avoir essuyé le feu de la mousqueterie. Cependant les Espagnols ne voulurent pas permettre qu'on l'emmenât, quoiqu'ils convinssent qu'il étoit de bonne prise; on le laissa à la prière du consul français.

Nous partîmes de cette île le 7 de décembre, et le 10 à midi nous nous trouvâmes directement sous le tropique du cancer, ayant de hauteur 23 degrés 30 minutes. Le 11 on commença de voir des poissons volans qui sont d'un très-bon goût; ils ont quatre ailes, deux au-dessus de la tête et deux proche la queue; ils ne sortent de l'eau et ne se mettent à voler que quand ils sont poursuivis par les dorades et les bonites. Plusieurs donnèrent dans les voiles, d'autres se cassèrent la tête contre le corps du navire; on en voyoit qui étoient suspendus aux cordages, et il y en eut qui nous tombèrent dans les mains.

Le 15 on découvrit une des îles du Cap-Vert appelée *Bona Vista*. La nuit du 15 au 16, vers les onze heures du soir, j'aperçus le volcan de l'île de Feu et je le fis remarquer à quelques officiers. On mit aussitôt en panne pour ne pas s'exposer à échouer sur les roches qui sont aux environs de cette île. Dès que le jour parut, on découvrit l'île fort distinctement : nous n'en étions éloignés que de six à sept lieues ; nous passâmes assez proche d'elle, et étant par son travers, nous fûmes pris du calme, qui dura le reste du jour. Nous eûmes le loisir de considérer ce volcan : il sort d'une montagne qui est à l'est de l'île, d'où l'on voit des tourbillons de flammes s'élancer dans les airs et des étincelles en forme de gerbes qui se perdent dans les nues. Ces îles sont habitées par les Portugais, qui y sont en petit nombre ; elles paraissent fort stériles ; la terre y est entièrement brûlée par la chaleur extrême du climat.

Le 20 décembre, nous nous trouvâmes par les cinq degrés de latitude, et les calmes nous prirent. Nous y restâmes quarante jours de suite, et nous eûmes beaucoup à souffrir de l'excessive chaleur et de la disette d'eau. Du reste, le poisson fourmilloit autour du navire et nous en vécûmes pendant tout ce temps-là. Ce qu'il y eut d'agréable et de consolant pour nous, c'est que de cent quarante personnes que nous étions dans le vaisseau, il n'y en eut aucune qui tombât malade.

Le 10 de février 1711, nous passâmes la ligne, et le 18 du même mois on reconnut la côte du Brésil, que l'on commença à ranger. Le 21, nous mouillâmes proche les îles Sainte-Anne : elles sont au nombre de trois ; quelques brisans semblent en former une quatrième. Elles sont toute couvertes de bois ; la terre ferme n'en est éloignée que de trois ou quatre lieues. On trouve sur ces îles quantité de gros oiseaux qu'on nomme foux, parce qu'ils se laissent prendre sans peine : en peu de temps nous en prîmes deux douzaines. Ils ressemblent assez à nos canards, à la réserve du bec, qu'ils ont plus gros et arrondi ; leur plumage est gris ; on les écorche comme on fait les lapins.

Le 22, nous doublâmes le cap Friou. En le doublant, nous aperçûmes un navire portugais. On lui donna la chasse tout le jour et la nuit ; le lendemain on s'en rendit maître. Il avoit quatorze pièces de canon ; sa cargaison étoit de vin et d'eau-de-vie. Après qu'on eut emmariné ce bâtiment, nous le menâmes à l'Ile-Grande, où nous avions dessein de faire de l'eau. Nous n'y demeurâmes que fort peu de temps, sur les nouvelles qui nous vinrent que les Portugais cherchoient à nous surprendre, ce qui nous fut confirmé par le bruit de cinquante ou soixante coups de fusil que nous entendîmes dans le bois auprès duquel nous avions mouillé.

Le 5 mars, nous doublâmes le cap du Tropique, qu'on appelle ainsi parce qu'il est directement sous le tropique du Capricorne. Le 14, nous découvrîmes l'île de Gal et peu après l'île de Sainte-Catherine, où nous mouillâmes le soir pour y faire de l'eau.

Le 2 avril, jour du jeudi saint, nous eûmes un gros temps qui nous prit à minuit et qui dura jusqu'au samedi vers le midi. Nous vîmes alors pour la première fois des damiers, que l'on nomme ainsi parce qu'ils ont le dos partagé en petits carreaux noirs et blancs. Cet oiseau se prend d'ordinaire avec l'hameçon. Quand nous eûmes passé la ligne, nous vîmes dans un temps de calme un grand nombre de requins. C'est un animal terrible : il vient autour des navires et dévore tout ce qu'on laisse tomber ; il est dangereux de se baigner pour lors. Le requin, d'un seul coup de dent, coupe un homme en deux. Nous en prîmes plusieurs et de fort gros qui pesaient plus de six cents livres. On les prend avec un hameçon pesant six ou sept livres, auquel on attache un morceau de chair. Cet animal, qui est très-vorace, avale tout à coup l'un et l'autre. Il faut plus de cinquante hommes pour l'élever et le mettre à bord ; encore faut-il être sur ses gardes, car d'un coup de son gouvernail (c'est ainsi qu'on appelle sa queue), il rompra et jambes et cuisses de celui qu'il pourra joindre. Son cœur est fort petit à proportion de sa grosseur, mais il est d'une vivacité étonnante. Je l'ai fait arracher à plusieurs, et quoiqu'il fût séparé du corps et percé de coups de couteau, il palpitoit encore durant trois et quatre heures, et avec tant de violence qu'il repoussoit la main qui le pressoit fortement contre du bois.

Le 10 du même mois, on reconnut à la couleur de l'eau que nous étions dans la rivière de la Plata, où nous avions dessein d'entrer pour vendre notre prise à Buenos-Ayres. On sonda ce jour-là et on trouva quarante brasses de fond. Le lendemain on se trouva à quatre brasses, ce qui fit juger que nous étions sur le banc des Anglois et en danger de nous perdre. Ce banc s'appelle ainsi parce que plusieurs vaisseaux anglois y ont échoué et péri. Il fallut donc revenir vers l'entrée de la rivière pour se retirer de ce mauvais pas. Le soir on reconnut l'île des Loups : c'est une terre stérile, toute couverte de pierres et de sables, où les loups marins se retirent. Cet animal a la tête semblable aux chiens; il a par-devant deux ailerons qui lui servent de pattes; dans tout le reste, il ressemble à un poisson.

Le 15 on découvrit les montagnes de Maldonal et l'île de Flore, et le 16 on mouilla dans la baie de Montevidiol[1], qui est un cap de la terre ferme. On ne jugea pas à propos d'aller plus avant sans avoir des pilotes du pays, parce que cette rivière est remplie de bancs où plusieurs vaisseaux se sont perdus.

Le lendemain on fit partir le canot pour Buenos-Ayres, d'où nous étions encore éloignés de quarante lieues, afin de donner avis au gouverneur de notre arrivée et de prendre des pilotes qui pussent nous conduire au port. Cette contrée est délicieuse; la terre y est couverte d'une multitude innombrable de bestiaux; on y voit presque de tous côtés des plaines à perte de vue, coupées et arrosées par de petites rivières et des ruisseaux qui y entretiennent une verdure perpétuelle, où de grands troupeaux de bœufs et de vaches s'engraissent. Les cerfs et les autruches y sont sans nombre; les perdrix et les faisans s'y prennent à la course et on les tue à coups de bâton; les canards, les poules d'eau et les cygnes y sont très-communs. Ce seroit l'endroit du monde le plus commode pour se rafraîchir s'il n'y avoit rien à craindre pour les vaisseaux; mais cette rivière est fort dangereuse : le 26, nous pensâmes périr d'un coup de vent qui nous jeta sur une roche cachée sous l'eau dont nous nous tirâmes heureusement.

Le 1ᵉʳ de mai, nous mouillâmes à trois lieues de Buenos-Ayres. Cette ville n'est pas achevée, les maisons y sont assez mal bâties, elles ne sont la plupart que de terre; on y voit une forteresse qui n'est pas considérable; nous y avons un collége où l'on enseigne les humanités.

Vous vous attendez sans doute, mon révérend père, que je vous entretienne ici de la florissante mission du Paraguay, où l'on voit se retracer l'innocence et la piété des premiers fidèles. Cette mission consiste en quarante grosses bourgades habitées uniquement par des Indiens qui sont sous la direction des pères jésuites espagnols; les plus considérables bourgades sont de 15 à 20 mille âmes. Ils choisissent tous les ans le chef qui doit présider à la bourgade et le juge qui doit y maintenir le bon ordre; l'intérêt et la cupidité, cette source de tant de vices, est entièrement bannie de cette terre de bénédiction; les fruits de la terre qu'on recueille chaque année sont mis en dépôt dans des magasins publics, dont la distribution se fait à chaque famille à proportion des personnes qui la composent. La simplicité et la candeur de ces bons Indiens est admirable. Des missionnaires qui ont gouverné longtemps leur conscience m'ont assuré que, dans presque toutes leurs confessions, à peine trouve-t-on matière pour l'absolution. Après la grâce de Dieu, ce qui les a conservés et ce qui les conserve encore dans une si grande innocence de mœurs, c'est l'attention particulière des rois d'Espagne à ne pas permettre qu'ils aient la moindre communication avec les Européens. Si la nécessité du voyage oblige les Espagnols à passer par quelqu'une des bourgades indiennes, il leur est défendu expressément d'y demeurer plus de trois jours : ils trouvent une maison destinée pour leur logement où on leur fournit gratuitement tout ce qui leur est nécessaire; les trois jours expirés, on les conduit hors de la bourgade; à moins que quelque incommodité ne les y arrête.

Ces Indiens n'ont nul génie pour l'invention, mais ils en ont beaucoup pour imiter toutes sortes d'ouvrages qui leur tombent entre les mains, et leur adresse est merveilleuse. J'ai vu de leur façon de très-beaux tableaux, des livres imprimés correctement, d'autres écrits à la main avec beaucoup de délicatesse; les orgues et toutes sortes d'instrumens de musique y sont communs; ils font des montres, ils tirent des plans, ils gravent des cartes de géographie; enfin ils excellent dans tous les

---

[1] Monte-Vidéo.

ouvrages de l'art, pourvu qu'on leur en fournisse des modèles. Leurs églises sont belles et ornées de tout ce que leurs mains industrieuses peuvent travailler de plus parfait.

Il seroit difficile de vous faire connoître, d'un côté, combien il en a coûté de peines et de travaux aux missionnaires pour gagner ces peuples à Jésus-Christ et pour les instruire parfaitement des vérités chrétiennes, et, d'un autre côté, jusqu'où va l'attachement et la tendresse de ces néophytes pour ceux qui les ont engendrés en Jésus-Christ. Un des missionnaires m'a raconté que, naviguant dans un bateau avec trente Indiens, il tomba dans l'eau et fut incontinent emporté par le courant. Aussitôt les Indiens se jetèrent dans la rivière ; les uns nageant entre deux eaux le portaient sur leur dos, les autres le soutenaient par les bras, tous le menèrent ainsi jusqu'au bord du fleuve, sans craindre pour eux-mêmes le péril dont ils le délivrèrent.

Après cette petite digression, je reviens à la suite de mon voyage. La saison étant trop avancée pour passer le cap Horn, nous fûmes contraints d'hiverner dans la rivière, car nous avions alors l'hiver dans ces contrées, pendant que vous aviez l'été en Europe. Nous nous postâmes proche des îles de Saint-Gabriel, à une lieue de terre. Aussitôt que nous eûmes mouillé, plusieurs Indiens vinrent nous apporter de la viande et d'autres rafraîchissemens. Ces Indiens vont à la chasse des bœufs, qu'ils prennent fort aisément : ils ne font que leur jeter au col un nœud coulant, et ensuite ils les mènent partout où ils veulent. Avant notre départ, des Indiens d'une autre caste vinrent nous trouver : ils sont la plupart idolâtres, belliqueux et redoutés dans toute l'Amérique méridionale. Il règne parmi ces peuples un usage qui nous surprit étrangement : leur coutume est de tuer les femmes dès qu'elles passent trente ans. Ils en avoient amené une avec eux qui n'avoit que vingt-quatre ans : un de ces Indiens me dit qu'elle étoit déjà bien vieille et qu'elle n'avoit plus guère à vivre, parce que dans peu d'années on devoit l'assommer. Nos pères ont converti à la foi un assez grand nombre d'Indiens de cette caste. Il est à souhaiter pour les femmes qu'on les puisse tous convertir.

Le 25 de septembre, on mit à la voile pour sortir de la rivière, et le lendemain on vint mouiller à Montevidiol. Lorsque nous y passâmes au mois d'avril, en montant la rivière, nous pensâmes y périr : nous y courûmes un danger bien plus grand cette seconde fois. Nous y fûmes pris d'un ouragan si affreux que pendant six heures nous nous crûmes perdus sans ressource. Cinq ancres que nous avions mouillées ne purent tenir, et nous tombions sur la côte toute escarpée de pointes de rochers où il n'étoit pas possible de nous sauver. Je vis alors couler bien des larmes et former beaucoup de saintes résolutions. On fut sur le point de couper tous les mâts pour soulager le navire ; mais avant d'en venir à cette exécution, j'exhortai l'équipage à implorer le secours de Dieu : nous fîmes un vœu à sainte Rose, patrone du Pérou, et nous promîmes qu'aussitôt que nous serions arrivés au premier port du Pérou, nous irions en procession à l'église, nu-pieds et en habits de pénitens, que nous y entendrions une messe chantée solennellement et que nous participerions aux saints mystères avec toute la dévotion dont nous étions capables. A peine eûmes-nous fait ce vœu que nous nous aperçûmes que Dieu nous exauçoit : nos ancres, qui jusqu'alors n'avoient fait que glisser sur le fond sans pouvoir mordre, s'arrêtèrent tout-à-coup et peu à peu le vent s'apaisa.

Le 30, nous partîmes de Montevidiol, et sortant d'un danger, nous tombâmes dans un autre où notre navire devoit mille fois périr si nous eussions eu du vent. Nous rangeâmes l'île de Flore à la portée du canon, et, étant par son travers, nous échouâmes sur une pointe de roche où immanquablement le navire se fût ouvert si nous n'eussions pas été en calme. Nous nous en tirâmes sans aucun dommage ; le vent contraire qui survint ensuite nous obligea de rester quelques jours proche de l'île. Nous eûmes la curiosité d'y aller : on n'y voit que des loups et des lions marins. Le lion marin ne diffère du loup marin que par de longues soies qui lui pendent du col. Nous en vîmes d'aussi gros que des taureaux ; on en tua quelques-uns. Le corps de ces animaux n'est qu'une masse de graisse dont on tire de l'huile. Rien n'est plus aisé que de les tuer : il suffit de les frapper sur le bout du nez, et incontinent ils perdent tout leur sang par cette blessure ; mais pour cela il les faut surprendre endormis sur les rochers ou un peu avancés dans les terres : comme ils ne font que ramper, il est aisé de leur couper le chemin ; cependant si vous faisiez un faux pas et qu'ils pussent vous atteindre, ce seroit fait de votre vie : d'un seul coup de dent, ils couperoient le corps d'un homme en deux.

Le 1er de novembre, nous passâmes le détroit de Le Maire en peu de temps, parce que les courans nous étoient favorables. Nous entrâmes le soir dans la baie du Bon-Succès pour y faire de l'eau ; cette baie est de la Terre-de-Feu, vis-à-vis de l'extrémité de l'île des États, qui forme, avec la Terre-de-Feu, le canal ou détroit de Le Maire. Nous y restâmes cinq jours. La veille de notre départ, comme nous étions à terre, un Indien sortit du bois voisin, auquel on fit signe d'approcher. Il approcha en effet, mais toujours en défense, tenant son arc prêt à tirer. On lui présenta du pain, du vin et de l'eau-de-vie ; mais à peine l'avoit-il portée à la bouche qu'il la rejetoit. On lui fit faire le signe de la croix et on lui mit un chapelet au col. Comme nous entrions dans le canot pour retourner à bord, il jeta un cri qui ressembloit à une espèce de hurlement mêlé de je ne sais quoi de plaintif ; il parut aussitôt une trentaine d'autres Indiens, à la tête desquels étoit une femme toute courbée de vieillesse. Ils s'approchèrent du rivage, poussant de semblables cris et tâchant par des signes de nous engager à les aller joindre. On ne le jugea pas à propos. Ils étoient tout nus, à la réserve de la ceinture, qui étoit entourée d'un morceau de peau de loup marin ; leur visage étoit peint de rouge, de noir et de blanc ; ils portoient au col un collier fait de coquillages et au poignet des bracelets de peau. Ils ne se servent que de flèches, et au lieu de fer ils ont au bout une pierre à fusil taillée en fer de pique. Ces gens-là me parurent assez dociles, et je crois que leur conversion ne seroit pas difficile.

Le 5 nous sortîmes de ce port, et les courans, qui y sont très-violens, nous firent passer et repasser cinq fois le détroit.

Le 15 nous doublâmes le cap Horn par les 57 degrés 40 minutes de latitude méridionale. Nous eûmes durant trente jours des vents violens et contraires ; il fallut nous abandonner à la merci des flots et des vents, qui nous emportoient tantôt au sud, tantôt à l'ouest, et qui ne nous firent pas faire vingt lieues en route. Il faisoit un froid fort piquant. Ce qui nous consola dans ce mauvais temps, c'est que pendant plus de quarante jours nous n'eûmes jamais de nuit.

Le 9 de décembre, étant par les 50 degrés, nous découvrîmes un navire ; on l'attendit : c'étoit le vaisseau nommé *le Prince des Asturies*, de soixante-six pièces de canon. Il étoit réduit à une étrange extrémité, car il manquoit absolument de vivres. On l'assista de tout ce que l'on put. J'y trouvai le père Covarruvias, jésuite espagnol, qui revenoit de Rome avec la qualité de provincial de la province de Chili, à qui je procurai quelques rafraîchissemens.

Le 21, étant par les 37 degrés 40 minutes, nous découvrîmes la terre ; nous n'étions éloignés que de vingt lieues de la Conception ; nous y entrâmes le soir. Il y avoit trois navires françois prêts à retourner en Europe, savoir *les Deux-Couronnes*, *le Saint-Jean-Baptiste* et *le Comte-de-Torigni*. Le père Baborier arriva deux jours après nous, et nous continuerons le voyage ensemble. Ce père me parut bien usé des fatigues de la mer et encore plus des travaux que son zèle lui a fait entreprendre dans le navire sur lequel il étoit.

Voilà, mon révérend père, bien long-temps que nous sommes sortis de France, et il faut encore plus d'un an avant que nous puissions arriver à la Chine : il semble que cette terre chérie fuie devant nous. Je me recommande à vos saints sacrifices, en l'union desquels je suis, etc.

LETTRE DU P. JACQUES DE HAZE,

MISSIONNAIRE DE LA COMPAGNIE DE JÉSUS,

AU RÉVÉREND P. JEAN-BAPTISTE ARENDTS,

PROVINCIAL DE LA MÊME COMPAGNIE DANS LA PROVINCE FLANDRO-BELGIQUE.

Détails sur les peuplades des bords de l'Uruguay, de la Parana et du Paraguay.

À Buénos-Ayres, ce 30 mars 1718.

Mon révérend Père,

La paix de N.-S.

Depuis trente années que, par la miséricorde de Dieu, je me suis consacré à ces missions, rien ne m'a été plus sensible que de me voir éloigné de ceux avec qui j'ai passé mes premières années et dont le souvenir m'est toujours infiniment cher; mais le Seigneur, qui nous a séparés, nous réunit dans le même esprit et dans le même dessein que nous avons de procurer sa gloire.

Après avoir passé vingt-deux ans auprès des Indiens, on m'en a retiré pour me donner le gouvernement du collège du Paraguay; c'est un fardeau qui étoit au-dessus de mes forces et dont j'ai été chargé malgré moi : je m'attendois à finir mes jours avec mes chers néophytes et je n'ai pu les quitter sans douleur. Il n'est pas surprenant, mon révérend père, qu'un missionnaire qui a cultivé pendant plusieurs années une peuplade nombreuse d'Indiens conserve pour eux un tendre attachement, surtout lorsqu'il voit que Dieu bénit ses instructions et qu'il trouve dans les peuples qui lui sont confiés une piété solide, un véritable amour de la prière et la plus vive reconnoissance envers ceux qui les ont tirés du sein des forêts pour les réunir en un même lieu et leur enseigner la voie du ciel. C'est ce que je trouvois dans mes néophytes. Vous jugerez vous-même combien cette séparation me fut amère par le simple récit de ce qui se passa lorsque je fus sur le point de les quitter.

Le jour que je partis du bourg Notre-Dame-de-Lorette, cinq mille Indiens me suivirent fondant en larmes, élevant les mains au ciel et me criant d'une voix entrecoupée de sanglots : « Hé quoi! mon père, vous nous abandonnez donc! » Les mères levoient en l'air leurs enfans que j'avois baptisés et me prioient de leur donner ma dernière bénédiction. Ils m'accompagnèrent ainsi pendant une lieue entière, jusqu'au fleuve où je devois m'embarquer. Quand ils me virent entrer dans la barque, ce fut alors que leurs cris et leurs gémissemens redoublèrent. Je sanglotois moi-même et je ne pouvois presque leur parler. Ils se tinrent sur le rivage tant qu'ils purent me suivre des yeux, et je vous avoue que je ne crois pas avoir jamais ressenti de douleur plus vive.

Nous reçûmes, en l'année 1717, un secours de soixante-dix missionnaires; il y en avoit onze de la seule province de Bavière, pleins de mérite et de zèle. Je fus surpris de ne point voir dans ce nombre un seul de nos pères de Flandre. Ce n'est pas que je m'imagine que l'ardeur pour les missions les plus pénibles se soit tant soit peu ralentie parmi eux, mais je me doute que les supérieurs, dans la crainte de perdre de bons sujets, en auront retenu cette année-là plusieurs qui aspiroient au bonheur de joindre leurs travaux aux nôtres. Oserois-je vous le dire, mon révérend père, ne craignons point que Dieu se laisse vaincre en libéralité : pour un homme de mérite que vous accorderez à ces missions, il vous en donnera dix autres qui auront encore plus de vertu et plus de talens que celui dont vous serez privé.

La même année, les besoins de notre mission m'appelèrent à Cordoue-du-Tucuman. Je fis ce voyage, qui est de trois cents lieues, accompagné de quelques autres missionnaires, dont deux furent massacrés par les barbares avec environ trente Guaraniens[1] leurs néophytes. Ils se jetèrent d'abord sur le père Blaise de Sylva (c'est le nom du premier, qui avoit gouverné pendant neuf ans cette province), ils lui cassèrent toutes les dents, ils lui arrachèrent les yeux et ensuite l'assommèrent à coups de massue. Le père Joseph Maco (c'est le second) fut tué presque au même instant, et je vis tout en feu la barque où il étoit. Je devois m'attendre au même sort, car ils se venoient fondre sur moi avec fureur; mais les Indiens qui m'accompagnoient dans ma barque s'avisèrent de décharger quelques-uns de leurs mousquets qui les mirent en fuite.

Ces barbares[2], qu'on appelle Payagas, errent continuellement sur les fleuves, dans des canots qu'ils font aller avec une vitesse extrême, et ils tendent de perpétuelles embûches aux chrétiens et aux missionnaires. Ce sont eux qui massacrèrent il y peu de temps le père Barthelemy de Blende de la manière que je vous le raconterai dans la suite de cette lettre.

La mission des Guaraniens et celle des Chiquites[3] sont fort étendues. Les premiers sont rassemblés dans trente bourgades différentes, situées sur les bords du fleuve Parana et du fleuve Uruguay; les seconds, qu'on appelle Chiquites, parce qu'ils habitent dans des cabanes fort basses, sont du côté du Pérou, et l'on pénètre dans leur pays par la ville de Sainte-Croix-de-la-Sierra. Il y a vingt-huit ans que le père de Arce en fit la découverte; il les rassembla avec des travaux infinis en cinq

[1] Guaranis.
[2] A l'est de Rio-Paraguay.
[3] Chiquitos, au sud des Moxos, dans la province de la Plata.

bourgades qui sont très-nombreuses et qui se peuplent tous les jours de nouveaux fidèles. Des campagnes immenses, ou plutôt de vastes marécages, séparent ces deux nations.

Il y a deux chemins pour se rendre chez les Chiquites : le premier, en passant par le Pérou. Ce chemin est fort long et c'est néanmoins celui que nos missionnaires sont obligés de prendre; il est entrecoupé de rivières qu'on ne peut passer à gué qu'en certaines saisons de l'année. On pourroit tenir un autre chemin, qui est la moitié plus court, en s'embarquant sur le fleuve Paraguay, mais il a été inconnu jusqu'ici et c'est toujours inutilement qu'on a tenté d'en faire la découverte. Le fleuve et les terres par où il faudroit passer sont occupés par des peuples barbares ennemis jurés des Espagnols et de ceux qui professent le christianisme. Les uns sont toujours à cheval et battent sans cesse la campagne : ils ne se servent point de selles et ils montent leurs chevaux à nu. De toutes ces nations barbares, c'est la nation des Guaycuréens qui est la plus nombreuse et en même temps la plus féroce. Le gibier est leur nourriture ordinaire, et quand il leur manque, ils vivent de lézards et d'une espèce de couleuvres fort grandes. Les autres, au contraire, demeurent presque toujours sur le fleuve, où ils rôdent continuellement dans des canots faits de troncs d'arbres : ils ne vivent guère que de poisson, ils sont presque tous de la nation des Payaguas, nation perfide et cruelle qui est sans cesse en embuscade pour surprendre et massacrer les chrétiens. Tous ces barbares adorent le démon, et l'on dit qu'il se montre à eux de temps en temps sous la figure d'un grand oiseau.

Sur la fin de l'année 1714, le père Louis de Rocca, provincial du Paraguay, résolut de faire une nouvelle tentative pour découvrir le chemin qui conduit aux Chiquites par le fleuve Paraguay. Il choisit pour cette entreprise deux hommes d'une vertu rare et d'un courage extraordinaire, savoir le père d'Arce et le père de Blende, qui travailloient avec un grand zèle dans la mission des Guaraniens. Le père Laurent Daffe, missionnaire de la province Gallo-Belgique, s'étoit offert pour cette expédition en la place du père de Blende ; mais les supérieurs eurent d'autres vues sur lui et lui donnèrent le soin d'une bourgade de quatre mille Indiens.

Les deux missionnaires partirent donc pour le Paraguay avec trente néophytes indiens qu'on leur avoit donnés pour les accompagner, dont quelques-uns savoient la langue des Payaguas. Ils arrivèrent, au commencement de l'année 1715, à la ville de l'Assomption, qui est comme la capitale du Paraguay[1]. Quand ils y eurent pris quelques jours de repos, le père recteur du collège leur fit équiper un vaisseau où l'on mit les provisions nécessaires pour une année. Ce fut le 24 janvier qu'ils s'embarquèrent ; ils furent conduits au vaisseau par le gouverneur et par les principaux de la ville. Le vaisseau étoit précédé de deux esquifs qui alloient à la découverte afin de prévenir toute surprise de la part des barbares.

Ils avoient fait plus de cent lieues sur le fleuve, sans trouver un seul de ces infidèles, lorsqu'ils aperçurent une barque remplie de Payaguas qui étoient sans armes et sans défense. Ces barbares abordèrent le vaisseau dans la posture de gens qui demandoient du secours. En effet, ils racontèrent d'une manière très-touchante la triste situation où ils se trouvoient. « Nous sommes en proie, dirent-ils, à deux ennemis redoutables qui infestent l'un et l'autre rivage et qui ont conjuré notre perte : aux Guaycuréens, d'une part, nos ennemis jurés, et de l'autre, aux Brasiliens, qui viennent tout récemment de surprendre dans le bois plusieurs de nos femmes et de nos enfans, et les ont emmenés pour en faire leurs esclaves. C'en est fait de notre nation si vous n'avez pitié de nos malheurs. Nous ne demandons pas mieux que de vivre comme les autres Indiens, sous la conduite des missionnaires, de profiter de leurs instructions et d'embrasser la foi chrétienne. Ne nous refusez pas cette grâce. »

Les deux pères furent touchés de ce discours : ils permirent aux Payaguas de les suivre dans leurs canots et ils les conduisirent dans une île assez vaste, où ils étoient à couvert des insultes de leurs ennemis. Ce fut là que les Payaguas formèrent à la hâte une espèce de village où ils s'établirent avec leurs femmes et leurs enfans. Le père de Blende passoit les jours et les nuits à apprendre leur langue afin de les instruire, et il le faisoit avec succès, car la crainte les avoit rendus si dociles qu'ils écoutoient avec avidité les instruc-

---

[1] Sur la rive gauche du Rio-Paraguay.

tions du missionnaire et les répétoient sans cesse, de sorte que toute l'île retentissoit continuellement du nom de Jésus-Christ.

Cependant le père d'Arce, qui cherchoit à s'ouvrir un chemin qui le menât aux bourgades des Chiquites, essaya de mettre pied à terre en différens endroits, mais ce fut inutilement. Les Guaycuréens[1], qui avoient pressenti son dessein, tenoient la campagne, et ils étoient en si grand nombre qu'il n'eût pas été prudent de s'exposer à leur fureur. Le père prit donc le parti de chercher une autre route. Il laissa dans l'île un de ses néophytes pour continuer d'instruire les Payaguas, et il se fit accompagner par quelques-uns d'eux qui le suivoient dans leurs canots. Après diverses tentatives toutes inutiles, il arriva enfin à un lac d'une grandeur immense, où le fleuve Paraguay prend sa source[2].

Les Payaguas qui étoient à la suite des missionnaires, voyant qu'il n'y avoit plus rien à craindre des Brasiliens, projetoient secrètement entre eux de tuer ceux qui étoient dans le vaisseau et de s'en emparer; ils cachoient leur perfide dessein sous des marques spécieuses d'amitié et de reconnoissance, tandis qu'ils observoient avec soin ce qui se passoit dans le vaisseau et qu'ils épioient le moment d'exécuter leur projet. Le père d'Arce, se trouvant au milieu du lac, jugea que, gagnant le rivage, il pourroit se frayer un chemin chez les Chiquites. C'est pourquoi il laissa le père de Blende dans le vaisseau avec quinze néophytes indiens et deux Espagnols qui conduisoient la manœuvre, et il le chargea de l'attendre sur ce lac jusqu'à ce qu'il ramenât le père provincial, qui étoit allé visiter les bourgades des Chiquites par le chemin du Pérou. Il se mit donc avec quinze autres Indiens dans les deux esquifs, et s'étant pourvu des provisions nécessaires, il gagna le rivage, qui étoit fort éloigné. Il y aborda avec ses compagnons, il se fit lui-même une route vers les Chiquites, et, après deux mois de fatigues incroyables, il arriva à une de leurs bourgades.

Les Payaguas, voyant partir le père d'Arce et un bon nombre d'Indiens, jugèrent qu'il étoit temps de se rendre maîtres du vaisseau. Ils allèrent chercher leurs compagnons qui étoient dans l'île, et, sous prétexte de venir écouter les instructions du missionnaire, ils montèrent tous dans le vaisseau. Aussitôt qu'ils y furent entrés, ils se jetèrent avec furie sur nos gens, qu'ils trouvèrent désarmés, et ils les tuèrent à coups de dards. Ils épargnèrent néanmoins trois personnes : le père de Blende, dont les manières tout-à-fait aimables avoient gagné le cœur du chef des Payaguas; un des deux Espagnols qui gouvernoient le vaisseau, dont ils avoient besoin pour le conduire dans le lieu de leur retraite, et un néophyte de leur nation, qui, sachant parfaitement leur langue, devoit servir d'interprète. Ce fut, autant qu'on peut le conjecturer, au mois de septembre de l'année 1715 qu'ils firent ce cruel massacre et qu'ils enlevèrent le vaisseau.

Aussitôt que les Payaguas se virent au milieu de leurs habitations, ils vendirent à d'autres barbares le commandant du vaisseau, qui leur étoit désormais inutile. Leur chef fit dresser une méchante hutte pour servir de logement au père de Blende, et il laissa auprès de lui le néophyte qu'il avoit amené pour lui servir d'interprète. On peut aisément se figurer ce que le missionnaire eut à souffrir sous un ciel brûlant et au milieu d'un peuple si féroce. Il ne cessoit tous les jours de leur prêcher la loi chrétienne, soit par lui-même, soit par le moyen de son interprète; il n'épargnoit ni les caresses ni les marques d'amitié capables de fléchir leurs cœurs : tantôt il leur représentoit les feux éternels de l'enfer, dont ils seroient infailliblement les victimes s'ils persévéroient dans leur infidélité et dans leurs désordres; d'autres fois il leur faisoit la peinture des récompenses que Dieu leur promettoit dans le ciel s'ils se rendoient dociles aux vérités qu'il leur annonçoit. Il parloit à des cœurs trop durs pour être amollis : ces vérités si touchantes ne firent que les irriter, surtout les jeunes gens, qui ne pouvoient souffrir qu'on leur parlât de renoncer à la licence et à la dissolution avec laquelle ils vivoient. Ils regardèrent le père comme un censeur importun, dont il falloit absolument se défaire, et sa mort fut bientôt conclue. Ils prirent le temps que leur chef, qui aimoit le missionnaire, étoit allé dans des contrées assez éloignées, et aussitôt qu'ils le surent parti, ils coururent, les armes à la main, vers la cabane de l'homme apostolique. François (c'est le nom du néophyte qui étoit son

---

[1] Ou Guaycurus, comme les indique Brué sur ses cartes.
[2] Lac Uberada.

interprète) se douta de leur dessein : il eut le courage d'aller assez loin au-devant d'eux et de s'exposer le premier à leur fureur. Les ayant atteints, il leur reprocha la noirceur du crime qu'ils méditoient et il s'efforça, tantôt par des prières, tantôt par des menaces, de les détourner d'une action si perfide. Loin de les toucher, il ne fit qu'avancer à soi-même le moment de sa mort : ces barbares se jetèrent sur lui, l'emmenèrent assez loin et le massacrèrent à coups de dards. Ce néophyte avoit passé depuis son baptême douze années dans une bourgade des Guaraniens, où il avoit vécu dans une grande innocence, et il s'étoit présenté de lui-même aux missionnaires pour les accompagner dans leur voyage.

Cette mort ne put être ignorée du père de Blende, et il vit bien qu'on ne tarderoit pas à le traiter avec la même inhumanité. Il passa la nuit en prières pour demander à Dieu les forces qui lui étoient nécessaires dans une pareille conjoncture, et se regardant comme une victime prête à être immolée, il offrit son sang pour la conversion de ces peuples. Il ne se trompoit point : dès le grand matin il entendit les cris tumultueux de ces barbares qui avançoient vers sa cabane. Il mit aussitôt son chapelet au col et il alla au-devant d'eux sans rien perdre de sa douceur naturelle. Quand il se vit assez peu éloigné de ces furieux, il se mit à genoux, la tête nue, et croisant les mains sur la poitrine, il attendit, avec un visage tranquille et serein, le moment auquel on devoit lui arracher la vie. Un des jeunes Payaguas lui déchargea d'abord un grand coup de massue sur la tête, et les autres le percèrent en même temps de plusieurs coups de lance. Ils le dépouillèrent aussitôt de ses habits, et ils jetèrent son corps sur le bord du fleuve pour y servir de jouet à leurs enfans : il fut entraîné la nuit suivante par les eaux qui se débordèrent.

Ce fut ainsi que le père de Blende consomma son sacrifice. Ces barbares furent étonnés de sa constance, et ils publièrent eux-mêmes qu'ils n'avoient jamais vu mourir personne avec plus de joie et de tranquillité. Il étoit né à Bruges le 24 août de l'année 1675 de parens considérables par leur noblesse, par leurs richesses et encore plus par leur probité et leur vertu. Ce fut dans une famille si chrétienne qu'il puisa dès son enfance les sentiments de la plus tendre piété. Il entra dans notre compagnie à Malines, où en peu de temps il fit de grands progrès dans les vertus propres de son état. Après avoir enseigné les belles-lettres et achevé ses études de théologie, il fit de fortes instances auprès de ses supérieurs pour les engager à lui permettre de se consacrer aux missions des Indes : il obtint avec peine la permission qu'il demandoit avec tant d'ardeur, et il fut destiné à la mission du Paraguay. Il se rendit en Espagne, et étant obligé d'y faire quelque séjour jusqu'au départ des vaisseaux, il y édifia ceux qui le connurent par son zèle et par sa piété.

Il s'embarqua au port de Cadix avec l'archevêque de Lima et un grand nombre de missionnaires qui alloient dans l'Amérique. A peine se trouvèrent-ils en pleine mer qu'ils furent attaqués et pris par la flotte hollandoise, nonobstant le passeport qu'ils avoient de la feue reine d'Angleterre. Ils furent conduits à Lisbonne. On permit aux prisonniers de mettre pied à terre : il n'y eut que l'archevêque de Lima qu'on retint dans son vaisseau avec le père de Blende, qui lui servoit d'interprète, parce que les Hollandois vouloient les transporter en Hollande. Le prélat fut si charmé du missionnaire qu'il le prit pour le directeur de sa conscience : il eut la consolation de l'avoir toujours avec lui, non-seulement en Hollande, mais encore dans le voyage qu'il fit par la Flandre et par la France pour s'en retourner en Espagne. Les choses ayant changé de face et le prélat n'étant plus destiné pour l'Amérique, il fit tous ses efforts pour retenir auprès de lui le père de Blende, jusqu'à lui offrir une pension considérable. Le père fut sensible à cette marque d'estime et de confiance que lui donnoit un prélat si respectable, mais en même temps il le conjura de ne pas s'opposer à la volonté de Dieu qui l'appeloit à la mission des Indes. Il s'embarqua donc une seconde fois, et il arriva le onzième d'avril à Buenos-Ayres.

Il étoit d'une douceur, d'une modestie et d'une innocence de mœurs si grande qu'il étoit regardé comme un ange, et c'est le nom que lui donnoient communément ceux qui avoient quelque liaison avec lui. Il avoit une dévotion tendre pour Notre-Seigneur et pour sa sainte mère, et il se portoit à toutes les choses qui concernent le service divin avec une ferveur qui éclatoit jusque sur son visage, principalement lorsqu'il célébroit les saints mystères. Aussitôt qu'il fut arrivé à Buenos-Ayres, il fut envoyé dans le pays des Guaraniens, où, après avoir appris la langue, il se consacra à leur instruction. S'étant offert pour l'expédition dont j'ai parlé, il finit ses travaux, ainsi que je viens de le dire, par une mort aussi illustre qu'elle est précieuse aux yeux de Dieu. On a su les particularités de sa mort d'un des Payaguas qui en fut témoin oculaire, et qui, étant tombé entre les mains des Espagnols, fut envoyé par le gouverneur du Paraguay dans les bourgades des Guaraniens pour y être instruit des vérités chrétiennes.

Revenons maintenant au père d'Arce. Il étoit chargé, ainsi que je l'ai dit au commencement de cette lettre, de découvrir le chemin le plus court par le fleuve Paraguay, qui devoit faciliter aux missionnaires l'entrée dans le pays des Chiquites et donner le moyen aux provinciaux de visiter les bourgades nouvellement chrétiennes. La route qu'on tenoit par le Pérou étoit peu praticable : outre les fatigues d'un voyage de près de huit cents lieues qu'il faut faire par cette route, les eaux, qui inondent ces terres la plus grande partie de l'année, ôtent presque toute communication avec le Paraguay : c'est ce qui a fait qu'aucun provincial n'a pu jusqu'ici visiter ces missions : le seul père de Rocca s'est senti assez de force pour une si pénible entreprise. Il alla donc par la voie ordinaire du Pérou jusqu'à la bourgade de Saint-Joseph, qui n'est qu'à huit journées du fleuve Paraguay. Il avoit réglé que de là il enverroit un missionnaire avec plusieurs Indiens Chiquites jusqu'au fleuve pour y joindre le père d'Arce ; que ces Indiens emmèneroient le père de Blende, qui remplaceroit chez les Chiquites le missionnaire ; que pour lui il retourneroit au Paraguay avec le père d'Arce par le fleuve, et que de cette manière on connaîtroit parfaitement ce chemin, qui étoit très-court, en comparaison de celui du Pérou, et qui engageoit à beaucoup moins de dépenses et de fatigues.

Tout cela s'exécuta de sa part ainsi qu'il l'avoit projeté ; mais s'étant rendu au lieu marqué et n'ayant aucune nouvelle de l'arrivée du vaisseau ; de plus, le missionnaire qu'il avoit envoyé ayant rapporté à son retour que tous les soins qu'il s'étoit donnés pour le découvrir avoient été inutiles, il perdit toute espérance et il prit la résolution de s'en retourner dans la province par le même chemin par lequel il étoit venu. Il avoit déjà quitté la nation des Chiquites et il étoit bien au-delà de Sainte-Croix-de-la-Sierra lorsqu'il lui vint un exprès avec des lettres du père d'Arce, par lesquelles il marquoit son arrivée dans l'une des bourgades des Chiquites et le prioit de revenir sur ses pas, afin de s'en retourner au Paraguay par le chemin qu'il avoit enfin découvert. Le père de Rocca balançoit s'il s'exposeroit de nouveau aux fatigues qu'il avoit essuyées et aux risques qu'il avoit courus dans un voyage si long et si difficile. Ceux qui l'accompagnoient l'en dissuadoient fortement ; mais comme il est d'un courage que nulle difficulté ne rebute, il se détermina à rebrousser chemin, et il dépêcha un Indien pour en donner avis au père d'Arce. Celui-ci, jugeant qu'il étoit inutile d'attendre le père de Rocca, partit aussitôt avec quelques Chiquites pour se rendre au lac, où il avoit laissé le vaisseau, afin d'y disposer toutes choses pour le retour ; mais en y arrivant il fut bien étonné de ne trouver ni vaisseau ni barque. Comme il n'avoit nulle défiance de la perfidie des Payaguas, il crut que les provisions ayant manqué au père de Blende, qui n'avoit pas reçu de ses nouvelles depuis trois mois, il s'en étoit retourné au Paraguay. Sur quoi il prit une résolution qui fait assez connaître l'intrépidité avec laquelle il affrontoit les plus grands périls : il fit couper sur le champ deux arbres, qui ne sont pas fort gros dans ces contrées-là ; il les fit creuser et joindre ensemble en forme de bateau, et c'est sur une si fragile machine qu'il résolut de faire trois cents lieues avec six Indiens (car le bateau n'en pouvoit pas contenir davantage) pour se rendre au Paraguay, où il avoit dessein d'équiper un autre vaisseau sur lequel il viendroit chercher le père de Rocca. Avant que de s'embarquer, il écrivit une lettre à ce père, dans laquelle il l'instruisoit de l'embarras où il s'étoit trouvé et du parti qu'il avoit pris ; en même temps il le prioit instamment de demeurer quelques mois parmi les Chiquites, jusqu'à ce qu'il fût de retour.

Cependant le père de Rocca arriva à la bourgade des Chiquites la moins éloignée du fleuve, et ayant appris que le père d'Arce avoit pris les devants pour disposer toutes choses au retour, il se mit en chemin pour l'aller joindre.

C'étoit au mois de décembre, où les pluies sont abondantes et continuelles ; il étoit monté sur une mule qui n'avançoit qu'à peine dans ces terres grasses et marécageuses ; souvent même il étoit obligé de descendre et de marcher dans l'eau et dans la fange, dont la mule ne pouvoit se tirer sans ce secours. Il avoit fait environ cinquante lieues, toujours trempé de la pluie et ne pouvant prendre de repos et de sommeil que sur quelque colline qui s'élevoit au-dessus de l'eau, lorsqu'il reçut la lettre du père d'Arce. Ces tristes nouvelles l'affligèrent sensiblement, mais il adora avec une parfaite soumission les ordres de la Providence, et il s'en retourna vers les Chiquites, d'où il venoit. Il fut un mois dans ce voyage, où il souffrit toutes les incommodités qu'on peut imaginer.

Cependant le père d'Arce et ses six néophytes naviguoient dans leur petit bateau sur le grand fleuve Paraguay. Ils furent aperçus des Guaycuréens, qui les assaillirent et les massacrèrent impitoyablement. C'est ce qu'on a appris du même Payagua qui a fait le détail de la mort du père de Blende. Il n'a pu dire ni le lieu ni les circontances de la mort du père d'Arce : ce qu'il y a de certain, c'est que ce missionnaire a prodigué sa vie dans une occasion où il s'agissoit de procurer la gloire de Dieu et de faciliter la conversion des Indiens. Il naquit le 9 novembre de l'année 1651, dans l'île de Palma, l'une des Canaries. Ses parens, qui étoient Espagnols, l'envoyèrent en Espagne pour y faire ses études. Ce fut là qu'il entra dans notre compagnie. Il vint ensuite dans la province du Paraguay, et il enseigna pendant trois ans, avec succès, la philosophie à Cordoue-du-Tucuman. Peu après, étant attaqué d'une maladie mortelle, il s'adressa à saint François Xavier, qu'il honoroit particulièrement, et il fit vœu de se dévouer, le reste de ses jours, au salut des Indiens si Dieu lui rendoit la santé. Il la recouvra aussitôt, contre toute espérance. Après avoir passé quelques années dans la mission des Guaraniens, il entra chez les Chiriguanes, qui confinent avec le Pérou : le naturel féroce et indomptable de ces peuples rendirent ses travaux presque inutiles. Ce fut chez eux qu'il eut d'abord quelque connoissance de la nation des Chiquites, et ayant trouvé un Indien qui savoit parfaitement leur langue, il se mit à l'apprendre, afin d'être en état de travailler à leur conversion. Quelques néophytes guaraniens l'accompagnèrent chez les Chiquites. Il rassembla ces barbares, dispersés dans les forêts, avec des peines et des fatigues dont le détail seroit trop long. Enfin, avec le secours de quelques missionnaires qu'on lui envoya, il forma cinq nombreuses peuplades : de sorte qu'il doit être regardé comme le fondateur de cette nouvelle chrétienté. C'étoit un homme fort intérieur, détaché entièrement de lui-même, d'un courage à tout entreprendre, infatigable dans les travaux, intrépide au milieu des plus grands dangers, en un mot, qui avoit les vertus propres d'un homme apostolique.

Telle a été, mon révérend père, la mort toute récente de ces deux missionnaires. Si nous apprenons dans la suite quelque autre particularité qui les regarde, je ne manquerai pas de vous en faire part. Leur sang fertilisera sans doute ces terres infidèles et y produira, selon la pensée de Tertullien, le précieux germe de la foi. Je me recommande à vos saints sacrifices, en l'union desquels je suis avec beaucoup de respect, etc.

LETTRE DU PÈRE CHOMÉ,

MISSIONNAIRE DE LA COMPAGNIE DE JÉSUS,

AU P. VANTHIENNEN,

DE LA MÊME COMPAGNIE.

Traversée de Cadix au Brésil. — Notes sur les missions du Paraguay.

A la ville de Las Corrientes, ce 26 septembre 1730.

Mon révérend Père,

La paix de N.-S.

A peine suis-je arrivé dans ces missions, auxquelles j'aspirois depuis si long-temps, que j'ai l'honneur de vous écrire et de vous faire, comme je vous le promis en partant, le détail de ce qui s'est passé dans le cours de mon voyage.

Ce fut le 24 décembre de l'année 1729 que nous sortîmes de la baie de Cadix. Les cinq premiers jours, nous eûmes à essuyer une tempête presque continuelle ; mais elle nous fut favorable, en ce qu'elle nous mit bientôt à la vue du fameux Pic de Ténériffe. Ensuite les calmes ou les vents contraires nous retinrent jusqu'au jour des Rois, que nous entrâmes, vers les dix heures du matin, dans la baie de Sainte-Croix de l'île de Ténériffe. Nous y restâmes quelques jours pour faire nos provisions d'eau, de mâts, de vivres, etc., et pour donner le temps de s'embarquer à quelques familles canariennes, lesquelles devoient peupler Montevide[1], située à l'embouchure du grand fleuve de la Plata.

Si vous voulez avoir une juste idée de l'île de Ténériffe, imaginez-vous un amas de montagnes et de rochers affreux entre lesquels se trouve le Pic. Il se découvre rarement, parce qu'il est presque toujours dans les nues ou entouré de brouillards. On dit qu'il a perpendiculairement deux lieues et demie de hauteur. Quoi qu'il en soit, il est certain qu'il n'est pas au-dessus de la première région de l'air : car il est tellement couvert de neige que quand le soleil l'éclaire, il n'est presque pas possible de fixer les yeux sur son sommet. La Grande-Canarie est si escarpée que, quoiqu'elle soit à quatorze lieues de distance de cette baie, on voit néanmoins toutes les côtes.

Pendant que nous étions à la vue de l'île, les habitans de la ville de Laguna aperçurent nos navires du haut de leurs montagnes, et nous prenant pour des Anglois, ils en donnèrent avis au capitaine général de Sainte-Croix et des îles Canaries. Quatre mille Canariens parurent armés de fusils : ils n'avoient pas encore vu de si grands vaisseaux dans leur baie. Mais leur frayeur se dissipa aussitôt que nous les eûmes salués de onze coups de canon. Ils vinrent à bord de notre navire, qui étoit la *Capitaine*, et nous apportèrent de divers rafraîchissemens.

Nous ne remîmes à la voile que le 21 janvier vers les sept heures du matin, avec un bon vent froid nord-ouest. Nous n'étions pas encore tout-à-fait hors du détroit que forment la Grande-Canarie et l'île de Ténériffe que les vents nous devinrent contraires. Il nous fallut louvoyer pendant deux jours entre ces îles, et ce n'étoit pas sans crainte que le sud-est, qui souffloit alors, ne nous jouât quelque mauvais tour. Enfin, le 24, les vents furent nord-est et nous commençâmes à faire bonne route, et il n'y a guère eu de plus heureuse navigation que la nôtre, puisque nous jetâmes l'ancre devant Buenos-Ayres trois mois après notre départ de Ténériffe.

[1] Monte-Video.

Si vous étiez un peu pilote, je pourrois vous envoyer mon journal, car il est bon de vous dire que je prenois hauteur tous les jours. Notre premier pilote comptoit plus sur mon point pour assurer le sien que sur celui du second pilote, jusque-là qu'il ne vouloit pas pointer sa carte avant que j'eusse pointé la mienne, et alors il pointoit en ma présence.

Comme nous donnions la route aux deux autres navires qui nous accompagnoient, le navire *Saint-François* vint un jour nous dire de prendre plus à l'est et qu'il s'estimoit par 359 degrés de longitude. Le premier pilote me pria de faire la correction depuis notre départ de la pointe de la Grande-Canarie; je convins avec lui, à quelques minutes près, et nous nous estimâmes par 357 degrés de longitude : c'est pourquoi nous ne voulûmes pas changer de route, et les autres prirent le parti de nous suivre.

Le 26 janvier, nous arrivâmes au tropique du Cancer et nous commençâmes à entrer sous la zone torride; mais comme le soleil étoit dans la partie du sud, la chaleur fut supportable.

Le 3 février, qu'il faisoit sans doute grand froid chez vous, nos missionnaires commencèrent à se plaindre du soleil, mais c'étoit s'en plaindre de bonne heure. Enfin, le 7 du même mois, je convins sans peine avec eux qu'il faisoit chaud. Nous étions alors par 4 degrés 6 minutes de latitude nord, c'est-à-dire presque au milieu de la zone torride.

Pour nous rafraîchir, nous fûmes surpris l'après-midi d'un calme tout plat. Sur le soir, le ciel s'obscurcit et nous avertit d'être sur nos gardes. Un navire présente alors un spectacle fort sérieux ; vous en seriez certainement édifié, car il n'y a point de maison religieuse où le silence soit mieux observé. Notre vaisseau, qui portoit trois cents hommes d'équipage, paroissoit une vraie chartreuse. La mer étoit charmante et unie comme une glace, mais le ciel devint affreux. On ne peut se figurer de nuit plus terrible : d'épouvantables éclats de tonnerre se faisoient entendre et ne finissoient point; le ciel s'ouvroit à chaque instant et à peine pouvoit-on respirer. L'air étoit embrasé, point de pluie et pas le moindre souffle de vent. C'est ce qui fut notre salut, car si la mer eût été d'aussi mauvaise humeur que le ciel, c'eût été fait de nous. Nous restâmes en calme le 8 et le 9, et nous continuâmes à beaucoup souffrir de la chaleur.

Il ne faut pas oublier de vous marquer de quelle manière les matelots reçoivent ces feux follets, que les anciens appeloient Castor et Pollux lorsque l'on en voyoit deux, et Héléna quand il n'en paroissoit qu'un. Je vous ai dit que tout notre bord gardoit un morne silence. Nos matelots le rompirent vers minuit, lorsqu'ils aperçurent Héléna sur la dunette du grand mât.

Ce feu est semblable à la flamme d'une chandelle de grosseur médiocre et de la couleur d'un bleu blanchâtre. Ils commencent d'abord à entonner les litanies de la sainte Vierge, et quand ils les ont achevées, si le feu continue, comme il arrive souvent, le contre-maître le salue à grand coups du sifflet dont il se sert pour commander à l'équipage. Lorsqu'il disparoît, ils lui crient tous ensemble : Bon voyage ! S'il paroît de nouveau, les coups de sifflet recommencent et se terminent par le même souhait d'un heureux voyage.

Ils sont persuadés que c'est saint Elme, protecteur des gens de mer, qui vient leur annoncer la fin de la tempête. Si le feu baisse et descend jusqu'à la pompe, ils se croient perdus sans ressource. Ils prétendent que, dans un certain navire, saint Elme ayant paru sur la girouette du grand mât, un matelot y monta et trouva plusieurs gouttes de cire vierge : c'est pourquoi ils représentent saint Elme, qui étoit de l'ordre de saint Dominique, tenant à la main un cierge allumé.

Ils sont si entêtés de cette idée que le chapelain du navire *Saint-François* ayant voulu les désabuser, ils s'en offensèrent extrêmement et peu s'en fallut qu'ils ne le traitassent d'hérétique. Un jour que je me trouvois sur le tillac avec le second pilote et le contre-maître, ils me demandèrent ce que je pensois de ce phénomène. Je leur en dis mon sentiment et je leur en expliquai la cause, ce que je n'aurois eu garde de faire en présence des matelots.

Enfin, le 9 février, le vent commença à fraîchir et nous reçûmes un de ces coups terribles qu'on nomme ouragans. Malheur au navire qui se trouve à la voile. Heureusement nous avions pris nos précautions, car la mer parut tout-à-coup en fureur.

Ces vents terribles viennent ordinairement du sud-est et sont accompagnés d'un déluge d'eau, qui par son poids empêche la mer de s'élever lorsqu'ils passent. Ils durent pour l'ordinaire un demi-quart d'heure ; ensuite la mer est très-agitée ; puis succède le calme, que nous trouvâmes bien long, car il dura quatre jours, et la chaleur étoit excessive. Enfin vint un petit vent qui, soufflant de temps en temps, nous aida à passer la ligne le 16 vers minuit, par 357 degrés de longitude, selon notre estime.

Le 18, que le ciel étoit beau et serein, on fit la cérémonie à laquelle on s'est avisé de donner le nom de baptême. C'est un jour de fête pour l'équipage, et je ne crois pas qu'il y ait de comédie plus divertissante que celle qu'il nous donna.

Le 19 il s'éleva un sud-est et nous eûmes bon frais. Nous faisions route avec le navire *Saint-François*, qui étoit à une petite demi-lieue à côté de nous au-dessous du vent. Il voulut faire une courtoisie, qui étoit de nous passer par la proue, mais il la paya cher : il piqua le vent de manière que son mât de grande hune se rompit et amena pas sa chute le grand perroquet et le perroquet d'artimon, avec toutes leurs voiles et leurs cordages. Nous allâmes aussitôt le reconnoître, afin de lui prêter secours s'il en avoit besoin ; mais, par un double bonheur, cette avarie arriva pendant le temps du dîner, et les mâts et les voiles tombèrent dans le vaisseau, sans quoi, la mer étant assez grosse, il couroit risque de se perdre avant qu'on eût pu couper tous les cordages.

Autant qu'un navire présente je ne sais quoi de majestueux lorsqu'il marche avec toutes ses voiles, autant paroît-il ridicule lorsqu'on le voit ainsi démâté. On tâcha de réparer ce désordre, mais vainement : le mât du grand hunier, qu'ils avoient de relais, ne se trouva pas assez sûr, de sorte qu'ils ne purent porter le reste du voyage ni le grand perroquet ni leur grand hunier, sinon avec les trois ris serrés. Le perroquet d'artimon, qu'on avoit aussi de relais, fut trop court et ne pouvoit porter qu'une demi-voile, de manière que tous les soirs il restoit cinq à six lieues derrière nous et nous obligeoit de serrer toutes les nuits de voiles, pour lui donner le temps de nous joindre, ce qui nous retint sur mer près de trois semaines plus que nous ne devions y être. Cependant nous arrivâmes à Montevideo, dans le fleuve de la Plata, huit jours après lui, ainsi que je le dirai plus bas.

Le vingt-sixième, que nous étions par 10

degrés de latitude sud et par 352 degrés de longitude, le soleil nous passa à pic, dans un ciel très-serein. Il se préparoit à nous bien chauffer, mais un vent d'est qui nous faisoit faire deux lieues par heure l'en empêcha.

Enfin le 11 de mars nous sortîmes de la zone torride et nous vînmes chercher l'hiver, en vous envoyant l'été, dont nous étions bien las.

Le douzième, nous pensâmes être surpris d'un de ces ouragans dont je vous ai parlé, et à peine eûmes-nous le temps de serrer nos voiles. La mer étoit horrible : j'étois resté sur le tillac avec les deux pilotes, et les autres missionnaires étoient dans la chambre.

A peine eûmes-nous amené les voiles qu'un coup de mer donna contre la poupe avec tant de fureur que le navire s'en ébranla comme s'il eût donné sur un banc de sable. La pluie, qui redoubla alors, me fit descendre dans la chambre, où je les trouvai tous à genoux et à demi morts de peur. Le coup de mer avoit remonté de la poupe par quatre grandes fenêtres qu'on tenoit toujours ouvertes, et en avoit bien mouillé plusieurs ; les autres crurent qu'ils étoient sur le point de couler à fond. Je ne pus m'empêcher de rire en les voyant ainsi consternés, et eux-mêmes, revenus de leur frayeur, prirent le parti d'en rire avec moi.

Le treizième après midi, le débris d'un navire nous passa par le côté : il portoit encore le grand mât. Nous criâmes de toutes nos forces, pour voir s'il n'y avoit point quelque malheureux qui eût échappé du naufrage, mais personne ne nous répondit. Nous ne fûmes pas sans inquiétude, car le navire *Saint-Martin* nous avoit perdus dès le quatorzième degré de latitude nord, et nous craignions qu'il ne lui fût arrivé quelque disgrâce.

Le vingt-cinquième, fête de l'Annonciation, l'équipage crut voir la terre : la joie fut grande parmi tous les passagers. Nous crûmes que c'étoit la côte du Brésil, car nous étions par la hauteur du Rio-Grande; mais ayant pris le large, et le soleil ayant bien éclairci l'horizon, cette terre, qui étoit apparemment de la neige, disparut tout-à-coup. Il est vrai que l'eau avoit changé de couleur : c'est pourquoi nous sondâmes, et nous ne trouvâmes que cinquante brasses d'eau; mais il nous parut que nous étions sur un banc de sable nommé *le Placer*, qui court cinquante lieues le long de la côte du Brésil, et à midi, ayant sondé de nouveau, nous ne trouvâmes plus de fond.

Le lendemain 26, ayant couru partie au large et partie vers la terre, nous nous trouvâmes par quatre-vingts brasses. Le 27, à deux heures après midi, nous ne trouvâmes que vingt brasses; nous étions par 34 degrés et demi de latitude; mais il étoit trop tard pour entreprendre de chercher la terre : nous fûmes obligés de mettre à la cape.

Le 28, un brouillard épais qui s'étoit élevé nous empêcha de courir : il se dissipa vers midi, et nous ne vîmes plus le navire *Saint-François*, qui s'étoit hasardé à aller découvrir la terre et qui en effet la reconnut en peu d'heures. Pour nous, qui fûmes pris de calme, nous ne pûmes la reconnoître que le 30 à midi. C'étoit l'île de Castillos, qui n'est pas éloignée du cap de Sainte-Marie, lequel est à l'embouchure du fleuve de la Plata.

Le 31, un petit vent nous faisoit courir la côte ; mais vers les cinq heures du soir, n'ayant pu monter une pointe de terre, il nous fallut virer de bord, et bien nous en prit, car à peine avions-nous viré qu'il s'éleva un vent furieux du sud-est. Ce fut le seul danger évident que nous courûmes, car il y avoit à craindre que nous n'allassions nous perdre sur la côte. Nous nous dégageâmes et nous prîmes tellement le large que le 2 d'avril nous ne trouvâmes plus de fond, ayant couru plus de cinquante lieues de large à la mer.

Enfin le vent changea, mais les trois jours suivans, nous fûmes presque toujours en calme. Le peu de vent qui survint le 6 nous mit par la hauteur du cap de Sainte-Marie, et le lendemain nous aperçûmes l'île de Lobos, qui est la première que forme le fleuve de la Plata.

Le navire *Saint-François* avoit mouillé le deuxième du mois devant Montevide, où les Espagnols ont établi une colonie, et où ils ont bâti une forteresse pour s'opposer au dessein que les Portugais avoient de s'en emparer. Le troisième navire, nommé *Saint-Martin*, qui nous avoit si fort inquiétés, y étoit arrivé dès le 29 mars, avec les familles qu'il transportoit de la Grande-Canarie. Nous n'eûmes ce bonheur que le neuvième à sept heures du soir ; il arriva en même temps une grande tartane qu'on avoit envoyée nous chercher jusqu'aux Castillos. Le navire *Saint-François* avoit pris le même jour la route de Buenos-Ayres.

Comme le plus grand nombre des missionnaires étoit sur notre bord, que nous avions un gros temps à essuyer et que le fleuve de la Plata est plus dangereux que la mer, notre procureur général étoit dans de grande inquiétudes.

Le dixième après midi nous levâmes l'ancre de Montevide, et le jour suivant à onze heures nous aperçûmes le navire *Saint-François*, qui mouilla l'ancre pour nous attendre. Nous nous saluâmes par une décharge de tout notre canon.

Un instant après, notre procureur général vint à notre bord, transporté de joie de retrouver tous ses missionnaires en parfaite santé, après environ trois mois que nous étions partis des Canaries : de huit cents personnes que nous étions dans les trois vaisseaux, il n'y a eu qu'un soldat à bord du *Saint-François* qui soit mort, à l'entrée du fleuve de la Plata : il n'y eut pas même de malades, et l'on peut dire que nous arrivâmes en plus grand nombre que nous n'étions partis de Ténériffe, car plusieurs Canariennes qui s'étoient embarquées sur le vaisseau le *Saint-Martin* étant enceintes, accouchèrent durant le voyage.

Il n'y a que quarante lieues de Montevide à Buenos-Ayres; mais comme le fleuve est semé de bancs de sable, on ne peut y naviguer qu'avec une extrême précaution, et il faut mouiller toutes les nuits. Cela est assez agréable pour ceux qui ne sont point obligés de virer au cabestan; mais c'est alors l'enfer des matelots. Chaque navire fait voile avec ses deux chaloupes, qui vont devant lui à un quart de lieue, toujours la sonde à la main, et qui marquent par un signal la quantité d'eau qui se trouve.

Enfin le quinzième avril, jour du vendredi saint, un peu après le soleil couché, nous jetâmes l'ancre devant Buenos-Ayres à trois lieues de la ville, et nous ne débarquâmes que le dix-neuvième, parce que les officiers royaux n'avoient pu venir plus tôt faire leur visite.

Le fleuve de la Plata est très-poissonneux; il abonde principalement en dorades; l'eau en est excellente, on n'en boit pas d'autre, mais elle est très-laxative, et si, avant que d'y être accoutumé, on en boit avec excès, elle purge extraordinairement.

Vous jugez bien que tant de missionnaires nouvellement arrivés ne furent pas long-temps sans être partagés dans les différentes missions auxquelles on les destinoit : treize furent envoyés d'abord aux missions des Guaranis; le révérend père provincial emmena les autres avec lui à Cordoue-du-Tucuman. Il me laissa à Buenos-Ayres jusqu'à son retour, pour me conduire lui-même dans d'autres missions dont il devoit faire la visite.

Je me consolois de ce retardement parce que je retrouvai dans cette ville une mission aussi laborieuse que celle des Indiens réunis dans les peuplades. Elle m'occupoit jour et nuit, et Dieu bénit mes travaux.

Il y avoit à Buenos-Ayres plus de vingt mille nègres ou négresses qui manquoient d'instruction, faute de savoir la langue espagnole. Comme le plus grand nombre étoit d'Angola, de Congo et de Loango, je m'avisai d'apprendre la langue d'Angola, qui est en usage dans ces trois royaumes. J'y réussis, et en moins de trois mois je fus en état d'entendre leurs confessions, de m'entretenir avec eux et de leur expliquer la doctrine chrétienne tous les dimanches dans notre église.

Le révérend père provincial, qui fut témoin de la facilité que Dieu me donnoit d'apprendre les langues, avoit le dessein de m'envoyer dans les missions des Chiquites, dont la langue extrêmement barbare exerce étrangement la patience de ceux qui travaillent à la conversion de ces peuples. Ce sont des sauvages naturellement cruels, parmi lesquels il faut avoir toujours son âme entre ses mains.

Il y avoit environ un an que j'étois occupé à l'instruction des nègres de Buenos-Ayres lorsque je fis ressouvenir le révérend père provincial de l'espérance qu'il m'avoit donnée de me consacrer à la mission des Chiquites. Il me mena avec lui, sans cependant me rien dire de la détermination qu'il avoit prise.

Quand nous fûmes arrivés à la ville de Santa-Fé, je lui demandai si nous ne passerions pas plus loin. Il me répondit que l'état déplorable où se trouvoit la province, que les infidèles infestoient de toutes parts, ne permettoit guère l'entrée de ces missions; qu'il ne savoit pas même s'il pourroit aller à Cordoue pour y continuer sa visite [1].

---

[1] Cordova était la capitale de toute la province du Tucuman. Cette province en forme aujourd'hui plusieurs qui toutes font partie de la république Argentine.

Ses raisons n'étoient que trop bien fondées : le nombre prodigieux de barbares répandus de tous côtés dans la province occupoit tous les passages et il n'y avoit nulle sûreté dans les chemins. Vous en jugerez vous-même par les périls que nous courûmes en allant de Buenos-Ayres à Santa-Fé.

La façon dont on voyage au milieu de ces vastes déserts est assez singulière. On se met dans une espèce de charrette couverte, où l'on a son lit et ses provisions de bouche. Il faut porter jusqu'à du bois, à moins qu'on ne passe par les forêts. Pour ce qui est de l'eau, on n'en manque guère, parce qu'on trouve fréquemment des ruisseaux ou des rivières sur les bords desquels on s'arrête. Nous fîmes soixante lieues sans presque aucun risque, mais il n'en fut pas de même des vingt-deux dernières qui restoient à faire jusqu'à Santa-Fé.

Les barbares Guaycarus se sont rendus maîtres de tout ce pays ; ils courent continuellement la campagne, et plus d'une fois ils ont tâché de surprendre la ville de Santa-Fé. Ils ne font jamais de quartier ; ceux qui tombent entre leurs mains ont aussitôt la tête coupée ; ils en dépouillent la chevelure avec la peau, dont ils érigent autant de trophées. Ils vont tout nus et se peignent le corps de différentes couleurs, excepté le visage ; ils ornent leur tête d'un tour de plumes. Leurs armes sont l'arc, les flèches, une lance et un dard qui se termine en pointe aux deux bouts et qui est long de quatre à cinq aunes. Ils le lancent avec tant de force qu'ils percent un homme de part en part ; ils attachent ce dard au poignet, pour le retirer après l'avoir lancé.

Ces barbares ne sont pas naturellement braves ; ce n'est qu'en dressant des embuscades qu'ils attaquent leurs ennemis ; mais avant que de les attaquer ils poussent d'affreux hurlemens, qui intimident de telle sorte ceux qui n'y sont pas faits que les plus courageux en sont effrayés et demeurent sans défense. Ils redoutent extrêmement les armes à feu, et dès qu'ils voient tomber quelqu'un des leurs, ils prennent la fuite ; mais il n'est pas facile, même aux plus adroits tireurs, de les atteindre. Ils ne restent pas un moment à cheval dans la même posture. Ils sont tantôt couchés, tantôt sur le côté ou sous le ventre du cheval, dont ils attachent la bride au gros doigt du pied, et d'un fouet composé de quatre ou cinq lanières d'un cuir tors, ils font courir les plus mauvais chevaux. Quand ils se voient poursuivis de près, ils abandonnent leurs chevaux, leurs armes et se jettent dans la rivière, où ils nagent comme des poissons, ou bien ils s'enfoncent dans d'épaisses forêts, dont ils ne s'éloignent presque jamais. Leur peau, à la longue, s'endurcit de telle sorte qu'ils deviennent insensibles aux piqûres des épines et des ronces, au milieu desquelles ils courent sans même y faire attention.

Ces infidèles nous tinrent pendant trois nuits dans de continuelles alarmes, et sans une escorte qu'on nous avoit envoyée et qui faisoit continuellement la ronde, difficilement eussions-nous pu échapper à leur barbarie. Quelques-uns d'eux venoient de temps en temps examiner si nous étions sur nos gardes. Enfin, nous arrivâmes heureusement à Santa-Fé.

Comme le passage m'étoit fermé pour entrer dans la mission des Chiquites, je fus envoyé à celle des Guaranis. Ces Indiens, réunis dans diverses peuplades, sont tous convertis à la foi et retracent à nos yeux la vie et les vertus des premiers fidèles. De Santa-Fé à la première peuplade on compte deux cent vingt lieues, et cent cinquante jusqu'à la ville de Las Corrientes, par où je devois passer et d'où j'ai l'honneur de vous écrire.

J'ai déjà dit que dans ces pays-ci on voyage dans des charrettes couvertes. Cette voiture étoit très-incommode pour le chemin que j'avois à faire, ayant à traverser huit ou neuf rivières qui sont très-rapides quand il a plu, et une vingtaine de ruisseaux où l'on a presque les mêmes dangers à essuyer.

La manière dont on passe ces rivières vous surprendra sans doute, car je ne crois pas que vous vous imaginiez qu'on y trouve des ponts comme en Europe. Ceux qui voyagent dans ces charrettes les déchargent et les attachent à la queue des chevaux, qui les tirent à la nage. Souvent il arrive que les charrettes et les chevaux, emportés par les courans, disparoissent en un instant. La charge et ceux qui ne savent pas nager passent dans de petites nacelles qu'on nomme *pelota* (c'est un cuir de bœuf fort sec, dont on relève les quatre coins en forme de petit bateau). C'est à celui qui s'y trouve de se tenir bien tranquille, car, pour peu qu'il se donne de mouvement, il se trouve aussitôt dans l'eau.

C'est ainsi que je passai la célèbre rivière Corriente.

Ce n'est pas là le seul péril qu'on ait à craindre : les chemins sont semés d'infidèles nommés Charuas ; ils se disent amis des Espagnols, mais, à dire vrai, c'est ce qu'on appelle en Europe de francs voleurs de grand chemin. Ils ne vous tuent pas si vous leur donnez sur-le-champ ce qu'ils demandent ; mais, pour peu que vous hésitiez, c'en est fait de votre vie. Ils sont nus et armés de lances et de flèches. Quand ils vous parlent, ils se mettent en des postures et font des contorsions de visage aussi affreuses que ridicules : ils prétendent montrer par là qu'ils ne craignent rien et qu'ils sont gens de résolution.

J'en vis une troupe à dix lieues de Santa-Fé ; ils sont plus humains que ceux de leur nation qui vivent dans les forêts, parce qu'ils se trouvent dans une étendue de pays où il y a quelques habitations espagnoles. Il y avoit parmi eux un jeune homme de quatorze à quinze ans. Je l'embrassai avec amitié et je tâchai de le retirer des mains de ces barbares ; mais je ne pus rien gagner sur son esprit. Ils n'ont aucune demeure ; leurs maisons sont faites de nattes, et quand ils s'ennuient dans un lieu, ils plient bagage et portent leurs maisons dans un autre.

Je reviens à la manière dont je fis mon voyage, car je ne veux vous rien laisser ignorer de ce qui me regarde. Il n'étoit point question de prendre des charrettes, parce que ceux qui emploient cette voiture tombent d'ordinaire entre les mains des Charuas. Je pouvois remonter la rivière Parana, mais on ne le jugea pas à propos, car, outre qu'il eût fallu y employer plus de deux mois, j'avois tout à craindre des infidèles Payaguas, qui rôdent continuellement sur ce grand fleuve. On détermina qu'étant d'un tempérament robuste, je pourrois faire le voyage à cheval.

Ce fut donc le 18 d'août que je partis de Santa-Fé, accompagné de trois Indiens et de trois mulâtres, avec quelques chevaux et quatre mules. Je portois avec moi mon crucifix, mon bréviaire, un peu de pain et de biscuit avec une vache coupée par longues tranches, qu'on avoit fait sécher au soleil. J'avois de plus mon lit et une petite tente en forme de pavillon.

Quand on se trouve à dix lieues de Santa-Fé, ce n'est plus qu'un vaste désert plein de forêts, par où il faut passer pour se rendre à Sainte-Lucie, qui est une peuplade chrétienne éloignée de plus de cent lieues. Ces forêts sont remplies de tigres et de couleuvres, et l'on ne peut s'écarter de sa troupe, même à la portée du pistolet, sans courir de grands risques. Les gens de ma suite allumoient de grands feux pendant la nuit et reposoient autour de ma tente.

C'est la coutume des Charuas de se retirer dans leurs maisons de nattes au coucher du soleil, et de n'en point sortir durant la nuit, quand même ils entendroient le mouvement des voyageurs. C'est ce qui nous donnoit plus de facilité à éviter leur rencontre. Vers le midi, nous nous arrêtions dans quelque coin de la forêt à l'abri du soleil, mais sans cesser d'être à la merci des tigres[1] et des couleuvres. Une heure avant le coucher du soleil nous remontions à cheval, et le lendemain matin nous nous trouvions à dix ou douze lieues des Charuas. Nous prenions alors trois ou quatre heures de sommeil ; mais de crainte qu'il ne prît fantaisie à ces barbares de suivre la piste de nos chevaux et de courir après nous au galop, nous nous remettions en route jusqu'à la nuit.

C'est ainsi qu'en treize jours j'arrivai à la ville de Las Corrientes. Nous pouvions faire ce voyage en dix jours si nous eussions eu de meilleurs chevaux, quoique néanmoins on ne marche pas ici comme on voudroit ; l'eau règle les journées, selon qu'elle est plus ou moins éloignée.

Ce qui m'a le plus fatigué dans ce voyage, ce sont les chaleurs brûlantes du climat. Un jour nous fûmes contraints, pour nous en garantir, de nous enfoncer dans l'endroit le plus épais de la forêt. Je vous avoue que je n'ai jamais rien vu de plus agréable ; j'étois environné de jasmins d'une odeur charmante.

Outre les ardeurs insupportables du soleil, les barbares avoient mis le feu dans le bois pour en faire sortir les tigres, dont ils se nourrissent. Quelquefois nous avions le feu à notre gauche et il nous falloit marcher sur la terre encore fumante. D'autres fois, il falloit nous arrêter pour n'être pas coupés par les flammes.

C'est ce qui arriva un jour où le feu gagna l'autre côté d'un ruisseau assez large, où nous nous croyions en sûreté. Nous nous sau-

---

[1] Jaguar, ou tigre d'Amérique.

vâmes à la hâte; mais, comme le vent nous portoit au visage, il sembloit que nous fussions à la bouche d'un four.

Enfin j'arrivai ici en parfaite santé. Je n'ai plus que soixante-dix lieues à faire pour me rendre à mon terme. Il me faudra traverser un marais pendant quatre lieues, et l'on m'assure que ce sera bien marcher si je fais ces quatre lieues en deux jours.

Je pourrai dans la suite vous mander des choses plus intéressantes. Deux nouveaux missionnaires viennent d'entrer dans le pays des Guananas pour travailler à la conversion des infidèles qui l'habitent. Ces Indiens sont, dit-on, d'un excellent naturel. Comme cette nouvelle mission n'est pas éloignée de celle de Parana, si j'y reste, je serai à portée d'être informé des bénédictions que Dieu répandra sur leurs travaux, et je ne manquerai pas de vous en faire part.

Il ne faut pas juger de ce pays par comparaison avec celui d'Europe. Les fatigues qu'on a à essuyer, surtout dans les voyages, sont inconcevables. On passe tout-à-coup des chaleurs les plus ardentes à un froid glaçant.

Cependant, malgré ces fatigues, il y a peu de missionnaires qui n'aillent au-delà de soixante ans. La plupart de ceux que nous avons trouvés étoient si infirmes et si cassés de vieillesse qu'il falloit les porter en chaise à l'église pour y remplir les fonctions de leur ministère. Il semble que Dieu ait différé à les récompenser de leurs travaux qu'ils eussent des successeurs de leur zèle. Peu de temps après notre arrivée, ils achevèrent leur carrière les uns après les autres. Je recommande à vos prières la conversion de tant de barbares et suis avec respect, etc.

SECONDE LETTRE DU P. CHOMÉ

AU P. VANTHIENNEN.

Missions des Guaranis.

A Buenos-Ayres, ce 21 juin 1732.

Mon Révérend Père,

La paix de N.-S.

Il y a environ deux ans que je vous écrivis de la ville de Las Corrientes, par où je passois pour me rendre aux missions des Guaranis, auxquelles j'étois destiné et où j'arrivai au mois d'octobre de l'an 1730. Je m'appliquai d'abord à apprendre la langue de ces peuples : grâces à la protection de Dieu et au goût singulier qu'il m'a donné pour les langues les plus difficiles, en peu de mois d'une application constante je fus en état de confesser les Indiens et de leur annoncer les vérités du salut.

Je vous avoue qu'après avoir été un peu initié aux mystères de cette langue, je fus surpris d'y trouver tant de majesté et d'énergie; chaque mot est une définition exacte qui explique la nature de la chose qu'on veut exprimer et qui en donne une idée claire et distincte. Je ne me serois jamais imaginé qu'au centre de la barbarie l'on parlât une langue laquelle, à mon sens, par sa noblesse et par son harmonie, ne le cède guère à aucunes de celles que j'avois apprises en Europe; elle a d'ailleurs ses agrémens et ses délicatesses, qui demandent bien des années pour la posséder dans sa perfection.

La nation des Indiens Guaranis est partagée en trente peuplades, où l'on compte cent trente-huit mille âmes, qui, par la ferveur de leur piété et par l'innocence de leurs mœurs, nous rappellent les premiers siècles du christianisme. Mais ces peuples ressemblent assez à ces terres arides qui ont besoin d'une continuelle culture. Ce qui ne frappe pas les sens ne laisse dans leurs esprits que des traces légères : c'est pourquoi il faut sans cesse leur inculquer les vérités de la foi, et ce n'est que par les soins assidus qu'on se donne à les instruire qu'on les maintient dans la pratique de toutes les vertus chrétiennes.

Ces contrées sont infestées de bêtes féroces et surtout de tigres ; on y trouve diverses sortes de serpens et une infinité d'insectes qui ne sont pas connus en Europe. Parmi ces insectes, il y en a un singulier, que les Espagnols nomment *piqué*, et les Indiens, *tung* : il est de la grosseur d'une petite puce ; il s'insinue peu à peu entre cuir et chair, principalement sous les ongles et dans les endroits où il y a quelques calus. Là il fait son nid et laisse ses œufs. Si l'on n'a soin de le retirer promptement, il se répand de tous côtés et produit les plus tristes effets dans la partie du corps où il s'est logé ; d'où il arrive qu'on se trouve tout-à-coup perclus ou des pieds ou des mains, selon l'endroit où s'est glissé l'insecte. Heureusement on est averti de la partie où il s'est glissé par une violente démangeaison qu'on y sent. Le remède est de miner peu à peu son gîte avec la pointe d'une épingle et de l'en tirer tout entier, sans quoi il seroit à craindre que la plaie ne s'envenimât.

Les oiseaux y sont en grand nombre, mais bien différens de ceux qu'on trouve en Europe. Il y a plus de vingt sortes de perroquets; les plus jolis ne sont pas plus gros qu'un petit moineau; leur chant est à peu près semblable au chant de la linotte; ils sont verts et bleus, et quand on les a pris, en moins de huit jours on les rend si familiers qu'ils viennent sur le doigt du premier qui les appelle.

C'est surtout dans les marais qu'on voit des oiseaux de toute espèce, qui surprennent par l'agréable variété de leurs couleurs et par la diversité de leur bec, dont la forme est singulière. Les oiseaux de proie y abondent et il y en a d'une énorme grandeur.

Voilà tout ce que je puis dire d'un pays où je n'ai pas fait un long séjour, bien que je crusse y passer une partie de ma vie. Mais des ordres supérieurs m'appellent avec trois autres missionnaires dans une autre mission, qui doit en quelque façon nous être plus chère, puisqu'on nous y promet de grands travaux, des croix, des tribulations de toutes les sortes et peut-être le bonheur de sceller de notre sang les saintes vérités que nous allons annoncer dans ces contrées barbares. Ces peuples se nomment Chiriguanes.

Pour vous donner quelques connoissances de cette nation, il faut reprendre les choses de plus loin. Lorsque les Guaranis se soumirent à l'Évangile et que, réunis par les premiers missionnaires dans diverses peuplades, ils commencèrent à former une nombreuse et fervente chrétienté, il se trouva parmi eux un certain nombre d'infidèles dont on ne put jamais vaincre la férocité et qui refusèrent opiniâtrement d'ouvrir les yeux aux lumières de la foi.

Ces barbares, craignant le ressentiment de leurs compatriotes, dont ils n'avoient pas voulu suivre l'exemple, prirent la résolution d'abandonner leur terre natale et d'aller chercher un asile dans d'autres contrées; dans cette vue ils passèrent le fleuve Paraguay, et avançant dans les terres, ils fixèrent leur demeure au milieu des montagnes.

Les nations chez lesquelles ils s'étoient réfugiés en conçurent de la défiance, et après avoir délibéré sur le parti qu'elles avoient à prendre, ou de déclarer la guerre à ces nouveaux venus, ou de les laisser vivre tranquillement dans les montagnes, elles jugèrent qu'étant nés sous un ciel brûlant et passant dans des pays extrêmement froids, ils ne pourroient résister long-temps aux rigueurs d'un si rude climat et qu'ils y périroient bientôt de misère. Chiriguano, disoient-elles en leur langue, c'est-à-dire le froid, les détruira; et c'est de là qu'est venu le nom de Chiriguanes, qu'ils ont conservé pour se distinguer davantage des Guaranis, dont ils étoient sortis, et pour oublier entièrement leur patrie.

Ces nations se trompoient dans leurs conjectures: les Chiriguanes multiplièrent prodigieusement, et en assez peu d'années leur nombre monta à trente mille âmes. Comme ces peuples sont naturellement belliqueux, ils se jetèrent sur leurs voisins, les exterminèrent peu à peu et s'emparèrent de toutes leurs terres.

Les Chiriguanes occupent maintenant une vaste étendue de pays sur les rivières Picolmaio et Parapiti. On a tenté plusieurs fois de leur porter le flambeau de la foi, mais ces diverses tentatives n'ont eu aucun succès et l'on n'a pu encore adoucir leur naturel féroce. Il y a cinq ou six ans que nous avions deux ou trois peuplades; on en comptoit encore deux, dont l'une étoit gouvernée par trois pères dominicains et l'autre par un religieux augustin.

Ces heureux commencemens donnoient quelque espérance, et l'on se flattoit de vaincre insensiblement leur opiniâtreté et de les gagner à Jésus-Christ lorsque les missionnaires jésuites découvrirent le complot qu'ils avoient formé d'ôter la vie aux hommes apostoliques qui travailloient avec tant de zèle à leur conversion. Ils en informèrent aussitôt les pères de Saint-Dominique et le religieux augustin, afin qu'ils se précautionnassent contre la fureur de ces barbares: celui-ci profita de l'avis; mais les pères de Saint-Dominique, étant avec un nombre de chrétiens dans une espèce de petit fort palissadé, se crurent en état de se défendre si l'on venoit les y attaquer. Leurs palissades ne tinrent pas long-temps contre la multitude des Indiens, et ces pères furent massacrés d'une manière cruelle.

La nouvelle de leur mort ne fut pas plus tôt répandue dans les villes de Tarija et de Sainte-

Croix-de-la-Sierra que les Espagnols résolurent d'en tirer une prompte vengeance. Ils allèrent chercher ces infidèles jusque dans leurs plus hautes montagnes, en tuèrent un grand nombre et firent plusieurs esclaves.

Quelque temps après, les Indiens Chiquites, qui sont la terreur de toutes ces nations, se joignirent aux Espagnols de Sainte-Croix, pénétrèrent dans les montagnes des Chiriguanes, en tuèrent trois cents et en firent environ mille esclaves.

Ces deux expéditions humilièrent étrangement l'orgueil de ces barbares, qui se regardoient comme invincibles; ils ouvrirent enfin les yeux sur les malheurs dont ils étoient menacés; ils demandèrent la paix, et pour preuve de la sincérité de leurs démarches, ils prièrent instamment qu'on leur envoyât des missionnaires jésuites.

C'est sur les lettres pressantes que le révérend père provincial reçut du vice-roi de Lima et du président de l'audience royale de Chaquisaca qu'il me retira de la mission des Guaranis pour me faire passer dans celles des Chiriguanes. J'ai l'avantage de savoir déjà leur langue, parce que c'est la même que celle des Indiens Guaranis, et par là, dès le lendemain de mon arrivée chez ces barbares, je pourrai travailler à leur instruction. S'ils deviennent dociles aux vérités de l'Évangile, leur conversion ouvrira la porte d'un vaste pays nommé Chaco. C'est là le centre de la grande province du Paraguay, et en même temps l'asile et comme le boulevard de l'infidélité. Ce pays est environné en partie vers le nord par les Chiriguanes; il a au sud Las Corrientes; Salta à l'occident, et à l'orient le grand fleuve Paraguay.

Pour ce qui est des Chiriguanes, quoiqu'ils habitent sous la zone torride, les affreuses montagnes dont leur pays est couvert rendent le climat excessivement froid : ils ont à leur tête des caciques, qui sont des espèces d'enchanteurs adonnés aux sortiléges et aux opérations magiques. Ce sont ces chefs qui doivent être le premier objet de notre zèle, et ce n'est qu'après leur avoir fait goûter les vérités chrétiennes qu'on peut espérer de se faire écouter du reste de la nation. Cela seul doit vous faire juger des efforts que fera le démon pour empêcher la destruction de son empire, et des obstacles que nous aurons à surmonter pour établir la foi parmi ces peuples.

Grâces à Dieu, qui par sa miséricorde m'a appelé aux fonctions apostoliques et qui m'inspire l'amour que je sens au fond du cœur pour ces pauvres barbares, je ne suis nullement effrayé ni des fatigues que j'aurai à essuyer ni des périls auxquels ma vie va être sans cesse exposée. C'est maintenant que je me regarde véritablement comme missionnaire, parce que je vais éprouver tout ce que cet emploi a de plus laborieux et de plus pénible.

Je me souviens qu'étant sur mon départ d'Europe, et allant de Lille à Douai avec un de nos pères, il me fit remarquer une vieille chaumière qui tomboit en ruine, et me dit en riant : Telle sera aux Indes l'habitation du père Chomé. Je vous avoue que j'en serois très-content si je la trouvois parmi mes chers Chiriguanes : si j'en veux une semblable, il faudra que je la construise moi-même et que je mette en œuvre le peu que je sais d'architecture. Pour ce qui est de mes repas, si je veux me les procurer, ce ne pourra être qu'à la sueur de mon front, en cultivant moi-même la terre pour en recueillir un peu de maïs; encore heureux si, lorsqu'il sera en herbe, les barbares n'y font pas paître leurs mules, comme il est arrivé à quelques-uns de nos missionnaires qui se sont efforcés assez inutilement de les retirer de l'infidélité.

Cependant j'ai je ne sais quelle confiance que l'heure marquée par la Providence pour la conversion d'un si grand peuple est enfin arrivée. Si la semence de l'Évangile jetée dans les cœurs de ces infidèles y fructifie, ainsi que je l'espère de la divine miséricorde, quantité de nations voisines, encore plus barbares, présenteront un vaste champ au zèle des plus fervens missionnaires. Vous sentez assez tout le besoin que j'ai du secours de vos prières. Je vous les demande avec instance et suis avec beaucoup de respect, etc.

LETTRE DU P. G. D'ÉTRÉ

AU P. JOSEPH DUCHAMBGE.

Missions du Pérou et peuplades voisines.

A Cuença, dans l'Amérique méridionale, le 1er juin 1731.

Mon révérend Père,

La paix de N. S.

Je ne sais comment il s'est pu faire que depuis vingt-trois ans que je suis dans ces missions de l'Amérique méridionale, je n'aie point reçu de vos lettres et que vous n'en ayez point reçu pareillement des miennes. Je l'attribue en partie aux guerres que l'Espagne a eu à soutenir, et en partie aux malheurs qui nous sont arrivés : car, en premier lieu, un vaisseau qui portoit deux de nos missionnaires en Europe, savoir le père Garrofali et le père Delgado, fut pris par les Anglois entre Carthagène et Porto-Belo, et ces deux pères, laissés sur le bord de la mer, furent obligés de retourner à Quito. En second lieu, le père Castañeda et le père de La Puente, ayant été choisis pour aller à Rome, le premier est demeuré à Madrid dans l'emploi de procureur général de nos missions ; le second, y retournant accompagné de cinquante-cinq nouveaux missionnaires, et apportant quantité de riches ornemens pour nos églises, a fait malheureusement naufrage. Quoi qu'il en soit, j'espère que cette lettre-ci n'aura pas le sort des autres, et pour suppléer au détail que je vous y faisois, je vais vous rendre compte, en peu de mots, de mes occupations auprès de ces nations infidèles, et des diverses peuplades chrétiennes qui se forment sur l'un et l'autre bord du grand fleuve Maragnon, ou, comme d'autres l'appelent, de la rivière des Amazones.

Ce fut en l'année 1706 que j'y arrivai, et mon premier soin fut d'apprendre la langue *del Inga*, qui est la langue générale de toutes ces nations. Quoique cette langue soit commune à tous les peuples qui habitent les bords de ce grand fleuve, cependant la plupart de ces nations ont leur langue particulière, et il n'y en a que quelques-uns dans chaque nation qui entendent et qui parlent la langue dominante.

Aussitôt que je commençai à entendre et à parler la langue *del Inga*, on me confia le soin de cinq nations peu éloignées les unes des autres, savoir des Chayabites, des Cavapanas, des Paranapuras, des Muniches et des Ottanaves. Ces nations habitent le long de la rivière Guallaga, assez près du lieu où cette rivière se jette dans le fleuve Maragnon.

Après avoir passé sept ans avec beaucoup de consolation parmi ces peuples à les instruire des vérités du salut et à les entretenir dans la pratique des vertus chrétiennes, un plus vaste champ s'ouvrit à mon zèle, et je l'aurois cru bien au-dessus de mes forces si je n'avois été persuadé que, quand Dieu nous commande par l'organe de ceux qui tiennent ici bas sa place, il ne manque pas de soutenir notre foiblesse. On me nomma supérieur général et visiteur de toutes les missions qui s'étendent à plus de mille lieues sur les deux rives du Maragnon et sur toutes les rivières qui, du côté du nord et du midi, viennent se décharger dans ce grand fleuve.

Il ne m'étoit pas possible d'apprendre toutes les langues de ces diverses nations, ces langues ayant aussi peu de rapport entre elles que la langue françoise en a avec la langue allemande. Le parti que je pris, pour n'être point inutile à la plus grande partie de ces peuples, fut d'avoir recours à ceux qui savoient en même temps et leur langue naturelle et la langue *del Inga*. Avec leur secours, je traduisis en dix-huit langues par questions et par réponses la doctrine chrétienne et tout ce que l'on doit enseigner à ces néophytes, soit en leur administrant les sacremens, soit en les disposant à une sainte mort. Par ce moyen-là, sans entendre leur langue particulière, je venois à bout de les instruire des vérités de la religion.

Ce qui coûte le plus à un missionnaire qui ne connoît pas encore le génie de ces peuples, c'est d'entendre leurs confessions ; elles deviennent quelquefois embarrassantes selon la manière dont on s'y prend pour les interroger, car il faut savoir qu'ils répondent bien moins selon la vérité aux questions qu'on leur fait que conformément au ton et à la manière dont on les interroge. Si on leur demande, par exemple : Avez-vous commis tel péché ? ils vous répondent *ari*, qui veut dire *oui*, quoiqu'ils en soient très-innocens. Si on leur dit : N'avez-vous pas commis tel péché ? ils répondent *mena*, qui signifie *non*, quoiqu'ils en soient très-coupables. Si ensuite vous faites les mêmes questions, prenant un autre tour, ils avoueront ce qu'ils ont nié ou ils nieront ce qu'ils ont avoué.

C'est un autre embarras quand on veut tirer d'eux combien ils sont tombés de fois dans le même péché. Ils sont si grossiers qu'ils ne savent pas faire le moindre calcul. Les plus habiles d'entre eux ne comptent que jusqu'à cinq, et plusieurs ne vont pas plus loin que jusqu'à deux. S'ils veulent exprimer les nombres trois, quatre, cinq, ils diront deux et un, deux et deux, deux fois deux et un; ou bien, pour exprimer le nombre cinq, ils montreront les cinq doigts de la main droite ; et s'il faut compter jusqu'à dix, ils montreront de suite les doigts de la main gauche. Si le nombre qu'ils veulent exprimer passe dix, ils s'asseyent à terre et montrent successivement les doigts de chaque pied, jusqu'au nombre de vingt. Comme cette manière de s'expliquer est peu décente au tribunal de la pénitence, un confesseur doit s'armer de patience et leur entendre répéter le même péché autant de fois qu'ils l'ont commis ; ils diront, par exemple : J'ai fait tel péché une fois, je l'ai fait une autre fois, et ainsi du reste.

J'eus la consolation d'apprendre dans mes premières excursions que quatre nations infidèles paroissoient disposées à écouter les missionnaires et à embrasser la foi. Et en effet elles renoncèrent à l'idolâtrie et se convertirent, les unes plus tôt, et les autres plus tard, de la manière que je vais vous le raconter.

Ces nations sont les Itucalis, qui demeurent sur les bords d'une rivière nommée Chambira Yacu, laquelle vient se rendre dans le Maragnon ; les Yameos, qui sont un peu plus bas, le long du Maragnon, du côté du nord ; les Payaguas et les Iquiavates, qui habitent le long de la rive orientale de la grande rivière Napo, laquelle se jette comme les autres dans le Maragnon.

Ceux qui marquèrent le plus d'empressement pour se soumettre à l'Évangile furent les Itucalis. Ils allèrent d'eux-mêmes visiter les églises des peuplades chrétiennes ; ils demandèrent avec instance un missionnaire ; ils promirent de bâtir au plus tôt une église semblable à celles qu'ils voyoient, avec une maison pour le père qui voudroit bien les instruire. Et en effet, m'étant rendu chez eux environ quinze jours après la demande qu'ils avoient faite, je trouvai l'église et la maison achevées. Je demeurai un grand mois avec eux, et ils me fournirent libéralement tout ce qui étoit nécessaire à ma subsistance. Tous les jours, matin et soir, ils venoient réciter les prières et entendre l'instruction que je faisois aux uns en leur propre langue, et aux autres en la langue générale *del Inga*. Je conférai le baptême aux enfans que leurs parens me présentèrent et à environ deux cents adultes que je trouvai suffisamment instruits. J'établis quelques-uns d'eux, pour mieux instruire le reste de leurs compatriotes, en leur promettant que je reviendrois bientôt les voir et donner le baptême à ceux qui seroient en état de le recevoir.

Ces peuples sont plus sévères dans leurs mœurs et ont moins d'obstacle au christianisme que les autres infidèles : malgré les chaleurs brûlantes du climat, ils sont modestement vêtus, au lieu que les autres sont presque nus. D'ailleurs, la polygamie, qui est en usage parmi presque toutes ces nations, n'est point permise chez eux et ils n'ont chacun qu'une seule femme. C'est ce qui rend leur conversion plus aisée, et le missionnaire n'a plus qu'à confirmer leur mariage en leur administrant ce sacrement selon les cérémonies de l'Église.

Les Yameos, qui sont à une journée plus bas dans les forêts voisines du Maragnon, ayant eu occasion de fréquenter une nation toute chrétienne de leur voisinage, demandèrent pareillement un missionnaire. Le père qui a la conduite des Omaguas les alla voir, leur bâtit une église, les instruisit des vérités chrétiennes et donna le baptême à tous ceux qui y étoient disposés. Cette nation est composée de plus de deux mille Indiens.

Un autre événement que je vais vous rapporter donna lieu à l'établissement de trois peuplades dans la province des Yquiavates et des Payaguas, qui habitent les terres arrosées par la grande rivière de Napo[1]. Voici comment la chose arriva. Des Indiens infidèles avoient séduit et débauché un assez bon nombre de nos néophytes et les avoient entraînés avec eux dans leurs habitations qui sont le long de la rivière Ucayalle. J'appris cette nouvelle

---

[1] Dans la Nouvelle-Grenade, maintenant république de Colombie.

avec le plus vif sentiment de douleur, et mon premier mouvement fut de courir après ces brebis égarées pour les ramener au bercail. Mais qu'aurois-je pu faire moi seul au milieu de ces barbares? C'eût été me livrer témérairement et sans fruit à leur fureur.

J'étois dans ces perplexités lorsque six braves Espagnols, à la tête desquels étoit le capitaine Cantos, s'offrirent de m'accompagner avec un nombre d'Indiens chrétiens, capables de se faire respecter des infidèles. On fixa le jour du départ, et lorsqu'il fut arrivé, nous nous embarquâmes dans cinquante canots, qui formoient une petite armée navale. Chaque Espagnol commandoit cinquante Indiens. Les Espagnols étoient armés de leurs sabres et de leurs fusils; les Indiens portoient leurs armes ordinaires, qui sont la lance, l'arc et les flèches. Nous descendîmes ainsi le fleuve Maragnon en fort bon ordre.

Lorsque nous arrivâmes à l'embouchure de la rivière Ucayalle, qui se jette dans le Maragnon du côté du midi, je reçus une lettre du père Louis Coronado, missionnaire des Payaguas, qui déconcerta notre entreprise. Il me mandoit que les Yquiavates lui avoient député trente Indiens de leur nation pour le prier, ou de venir lui-même chez eux, ou de leur envoyer quelqu'un qui pût présider à la construction de l'église qu'ils vouloient bâtir, afin que le père qui leur seroit destiné trouvât tout prêt à son arrivée et qu'il n'eût plus qu'à les instruire; qu'il avoit reçu ces députés avec les plus grandes marques d'affection, et qu'après les avoir bien régalés, il leur avoit fait présent de ferremens, de couteaux, de fausses perles, de pendans d'oreilles, d'hameçons et d'autres bagatelles semblables, qui sont fort estimées de ces peuples; et qu'en les renvoyant, il leur avoit confié son domestique espagnol, nommé Manuel Estrada, pour les aider à bâtir leur église; que ces perfides, séduits et incités par quelques Indiens de la rivière Putumayo, soulevés contre les pères franciscains leurs missionnaires, avoient tué cet Espagnol en trahison; que lui-même étoit comme assiégé dans son quartier, avec un frère franciscain et vingt-cinq néophytes, sans oser paroître au dehors, et qu'on étoit obligé de faire tour à tour la sentinelle et d'être continuellement au guet pour éviter toute surprise de la part de ces barbares; qu'enfin ils se trouvoient dans un danger très-pressant, et qu'il me prioit instamment de venir au plus vite à leur secours.

Le capitaine de notre petite flotte, auquel je communiquai cette lettre, fit aussitôt débarquer les troupes qui la composoient, et les fit ranger avec leurs armes en ordre de bataille pour en faire la revue. Alors je leur fis part de la même lettre, et je leur en expliquai le contenu en langue del Inga. L'indignation fut générale, et tous s'écrièrent qu'il n'y avoit point à délibérer et que, sans perdre un seul moment, il falloit se rembarquer pour aller délivrer le missionnaire et venger la mort de l'Espagnol.

Comme je vis les Indiens fort animés à la vengeance, je pris à part le capitaine, et je le priai de ne pas souffrir qu'on répandît le sang de ces malheureux; qu'à la bonne heure, on leur inspirât de la terreur pour réprimer leur férocité, mais qu'il falloit user de bonté et de clémence pour adoucir leur naturel et les gagner à Jésus-Christ; que ce n'est pas par la voie des armes que se doit annoncer la loi chrétienne, mais par la vertu de la croix; que c'est pour cela que, dans nos courses apostoliques, nous la portons pendue au col, ou bien nous la tenons à la main, pour faire sentir à ces infidèles que ce sont là les seules armes que nous opposons à leur résistance et avec lesquelles nous tâchons de les soumettre à l'Évangile; qu'enfin, il n'ignoroit pas que son pouvoir étoit borné; qu'il ne lui étoit pas permis, dans les causes capitales, de faire un acte de justice et encore moins de condamner à mort les coupables, mais que sa fonction étoit seulement de se saisir de leurs personnes et de les faire conduire à la ville de Quito, où leur procès devoit s'instruire et se juger. Le capitaine, qui étoit plein de zèle et de piété, entra sans peine dans mes vues et me promit de s'y conformer.

Nous embarquâmes sur l'heure, et nous dirigeâmes notre route vers la rivière de Napo. Le capitaine rangea notre petite flotte en ordre de bataille, comme s'il se fût agi de livrer un combat. Il ordonna que dix canots, où seroient cinquante Indiens avec leur chef espagnol, formeroient l'avant-garde; qu'un pareil nombre de canots feroient l'arrière-garde; que les trente canots qui restoient seroient le corps de bataille, et que les chasseurs et les pêcheurs destinés à fournir les vivres seroient à couvert par l'arrière-garde. Ces précautions sont nécessaires quand on navigue sur ce grand fleuve, pour n'être pas insulté par ces barbares, lesquels sont souvent embusqués dans les bois qui règnent le long du fleuve, et vous attendent au passage pour fondre tout à coup sur vous s'ils s'aperçoivent que vous ne soyez pas sur vos gardes.

Dans le cours de notre navigation, les exercices ordinaires de piété se pratiquoient avec la même assiduité que dans les peuplades. Une heure avant le coucher du soleil, tous débarquoient, à la réserve de quelques Indiens qu'on laissoit pour la garde des canots. Aussitôt tous les Indiens se mettoient à couper des branches d'arbres et à dresser des cabanes qu'ils couvroient de feuilles de palmier : en une demi-heure, le camp étoit formé. Ils allumoient ensuite des feux pour faire cuire les racines et les provisions qu'apportoient ceux qui sont chargés de la chasse et de la pêche. On trouve en ce pays-ci toute sorte de gibier et de bêtes fauves, comme sangliers, daims, singes, perroquets, perdrix, canards, oies, quantité d'oiseaux de rivière de toute espèce, et grand nombre d'animaux dont les noms sont inconnus en Europe. Les rivières fournissent toute sorte de poissons, et entre autres la vache marine, que les Espagnols nomment *pece buey* (c'est un poisson d'un goût délicat et qui seul peut servir de repas à cinquante personnes). Quand tout étoit prêt, le capitaine faisoit la distribution des viandes, et chacun prenoit sa réfection.

Après le souper, je récitois le chapelet, les litanies de la sainte Vierge et les autres prières avec les Espagnols, et un ancien néophyte les récitoit avec les Indiens en leur langue, et il ajoutoit à la fin un acte de contrition et une prière pour les agonisans et pour le repos des âmes des fidèles défunts. Après quoi chacun se retiroit en sa cabane pour y prendre son repos. Pendant la nuit on renouveloit trois fois les sentinelles; et les Espagnols, chacun à leur tour, faisoient la ronde, pour s'assurer que les sentinelles et ceux qui gardoient les canots faisoient leur devoir.

Le signal du lever se donnoit une heure avant le lever du soleil par un coup de fusil que tiroit le capitaine et au bruit des tambours, des trompettes et des autres instrumens indiens. Pendant ce temps-là, je dressois mon autel pour le saint sacrifice de la messe. Ensuite, tous s'étant mis à genoux, je faisois le signe de la croix en langue *del Inga*, que je vais vous rapporter ici, afin de vous donner quelque idée de cette langue. *Sancta cruz pac anancharaicu aucaicucunamanta quispiguaycu Dios apuicu yaya churi Espiritu Santo sutinpi. Amen Jesu.* Puis je récitois le *Pater*, l'*Ave*, le *Credo*, les commandemens de Dieu et de l'Église, les sept sacremens et un abrégé de la doctrine chrétienne. J'y ajoutois, les dimanches et fêtes, une petite exhortation. Après quoi venoit la messe, pendant laquelle les Indiens chantoient des cantiques, qui ont rapport à toutes les actions du sacrifice. Au sortir de la messe, on se rembarquoit et l'on continuoit la navigation dans le même ordre jusqu'à dix heures, qu'on alloit à terre pour y préparer le dîner, la Providence fournissant abondamment à nos besoins par le moyen de nos chasseurs et de nos pêcheurs.

Enfin, après trois semaines de navigation, nous arrivâmes à la vue de la peuplade des Payaguas. Dès que nous fûmes aperçus du père Coronado et des autres Indiens, qui étoient avec lui dans des frayeurs continuelles, ils nous regardèrent comme des anges descendus du ciel qui venoient à leur secours, et ils témoignèrent leur joie par deux coups de fusil dont ils nous saluèrent. On leur répondit par sept coups de fusil et par les fanfares des tambours, des trompettes et des cornets des Indiens.

Pour prévenir toute confusion dans le débarquement, le capitaine ordonna que les cinquante canots vogueroient à forces de rames vers la rive opposée et s'avanceroient beaucoup plus haut que la peuplade ; que tous les canots aborderoient tous à la fois, chacun selon son rang, et qu'ayant tous ensemble mis pied à terre, les six Espagnols, à la tête des Indiens, iroient se ranger en ordre de bataille au milieu de la place, qui est vis-à-vis de l'église. Le père Coronado nous attendoit revêtu de sa chappe, et après nous avoir conduits à l'église et nous avoir présenté de l'eau bénite, il entonna le *Te Deum* en action de grâces, que les chantres indiens continuèrent au son des tambours et des trompettes.

Cependant notre petite armée étoit sur deux lignes en ordre de bataille. Ce bel ordre, dans lequel nous entrâmes dans la peuplade, étonna fort les Payaguas, qui n'avoient jamais rien vu de semblable, et jeta parmi eux la consternation : leurs caciques et plusieurs d'entre eux vinrent tout tremblans de peur se jeter à mes pieds et me prier d'intercéder pour eux auprès des Espagnols. Je les fis lever et les rassurai de leur frayeur, en leur faisant entendre qu'on n'avoit point de mauvaise volonté contre eux et que cette troupe de guerriers n'étoient venus sur leurs terres que pour châtier les Yquiavates, leurs voisins, qui, par la plus insigne perfidie, avoient trempé leurs mains cruelles dans le sang d'un Espagnol qu'ils avoient demandé avec instance; que pour eux, ils n'avoient qu'à continuer d'être dociles aux instructions de leur missionnaire, et qu'ils trouveroient toujours dans les Espagnols des amis et des protecteurs.

Comme il y avoit encore quatre journées de chemin à faire pour nous rendre aux Yquiavates, et qu'il étoit à craindre que si ces barbares avoient le moindre vent de notre arrivée, ils ne prissent la fuite et ne s'enfonçassent dans ces épaisses forêts, où il seroit difficile de les joindre, on résolut de ne rester que deux heures chez les Payaguas, pour donner le temps à notre petite armée de prendre son repas et de partir ensuite. Je profitai de ce temps-là pour m'entretenir avec le père Coronado; nous nous confessâmes l'un l'autre, et ce fut pour lui une grande consolation, parce qu'il y avoit plus d'un an qu'il n'avoit vu de missionnaire : ce n'en étoit pas une moindre pour moi, car j'étois à la veille d'une expédition périlleuse, et je voulois me préparer à tout événement.

Aussitôt après le dîner, nous nous embarquâmes, et le quatrième jour nous nous trouvâmes à l'embouchure d'une petite rivière qui se jette dans celle de Napo, où il falloit faire environ une lieue avant que d'arriver au village des Yquiavates. Dès la première pointe du jour nous entrâmes dans cette rivière en grand silence et avec les précautions nécessaires contre les différens stratagèmes dont usent ces barbares. Une de leurs ruses est de s'embusquer dans les bois à l'entrée de ces petites rivières, de couper à demi vers le pied les plus grands arbres, et de les faire tomber sur les navigateurs. C'est le stratagème que les Indiens de Darien, vers Panama, employèrent, il y a peu d'années, contre les Anglois. Ainsi, pour naviguer avec plus de sûreté, nous fîmes marcher cinquante Indiens sur les deux bords de la rivière, vingt-cinq d'un côté et vingt-cinq de l'autre. Comme tout y étoit paisible et qu'on n'y découvroit aucun infidèle, nous avançâmes tranquillement jusqu'à leur village. Alors le capitaine défendit, sous les peines les plus rigoureuses, de tuer aucun de ces infidèles, à moins qu'on n'y fût obligé pour la défense de sa propre vie, mais de se contenter de les faire prisonniers. Il ordonna ensuite que chaque Espagnol, à la tête de cinquante Indiens, entreroit dans le village par cinq endroits différens. Pour moi, je restai dans les canots avec un Espagnol et cinquante Indiens.

Cet ordre fut parfaitement bien exécuté. Les cinq partis se rencontrèrent au milieu de la place sans trouver aucun de ces barbares. Dès le matin ils avoient pris la fuite, et s'étoient retirés avec tant de précipitation dans les bois qu'ils avoient laissé les feux allumés et la plus grande partie de leurs provisions dans leurs cabanes. Le capitaine, résolu de poursuivre ces fugitifs, fit dîner au plus vite sa petite armée. Il me laissa dans le quartier avec deux Espagnols et cent Indiens, et lui en personne, avec deux cents Indiens et deux ou trois guides pour les conduire dans les bois, partirent vers le midi afin de suivre les traces de ces barbares.

Pendant ce temps-là nous fortifiâmes notre quartier le mieux qu'il nous fut possible pour nous mettre en garde contre toute surprise. Vers les sept heures du soir, car ici les jours et les nuits sont presque toujours égaux, nous vîmes arriver un parti de nos chrétiens, qui nous amenoit une prise de ces infidèles, ayant tous les mains liées et étant attachés deux à deux. Les femmes et les enfans étoient entièrement nus. Je députai aussitôt un exprès au missionnaire des Payaguas pour le prier de m'envoyer cent aunes de coton, dont je les fis couvrir. Pour ce qui est des hommes, ils avoient seulement la moitié du corps couvert d'une tunique, qui avoit la forme de dalmatique et qui étoit faite d'une écorce qu'ils appellent *yanchama*. Vous en avez à Douai une pièce dans le cabinet de notre bibliothèque.

Aussitôt que ces barbares furent en ma présence, ils se jetèrent à genoux : Nous sommes vos esclaves, me dirent-ils fondant en larmes, nous vous prions d'obtenir notre grâce des Espagnols, afin qu'ils ne nous fassent pas mourir, d'autant plus que nous avons déjà fait justice de celui qui a tué l'Espagnol que le père des Payaguas nous avoit envoyé. Je leur répondis qu'ils pouvoient s'assurer de la grâce qu'ils demandoient, que je n'étois pas venu dans leurs bois pour les faire esclaves, mais pour les rendre enfans d'un Dieu qui a créé le ciel et la terre et qui est mort pour leur donner la vie ; que, s'ils vouloient m'écouter, je les instruirois des vérités du salut, et que, par le baptême, je leur procurerois le plus grand bonheur auxquels ils puissent aspirer, puisque je les mettrois dans la voie qui conduit au ciel; qu'au reste ils n'avoient rien à craindre et qu'ils ne manqueroient de rien ; mais qu'ils prissent bien garde de ne point chercher les moyens de s'enfuir, que je ne serois pas le maître d'arrêter les fusils des Espagnols, d'où ils avoient vu sortir la foudre et le tonnerre. C'est l'expression dont se servent ces barbares lorsqu'ils parlent de nos armes à feu.

Ce petit discours les ayant un peu remis de leur frayeur, je les fis asseoir comme ils étoient, deux à deux, et on leur apporta à souper. L'Espagnol de garde posa des sentinelles autour des prisonniers et aux quatre coins du quartier, et moi je me retirai dans ma tente pour y prendre un peu de repos.

Le lendemain vers le midi, les trois autres partis de nos Indiens amenèrent une autre troupe de ces fugitifs, au nombre de quatre-vingts, qu'on joignit aux premiers, dans un quartier couvert et bien fermé de tous côtés ; je fis venir deux ou trois des principaux et leur demandai en quel endroit s'étoit commis le meurtre. Ils nous y conduisirent, le capitaine et moi. Il y avoit vingt jours que l'Espagnol avoit été massacré ; la terre étoit encore toute rouge de son sang, quoique ces barbares, en y allumant un feu presque continuel, eussent fait tous leurs efforts pour la sécher. Je leur demandai ensuite ce qu'ils avoient fait de son corps. Ils nous répondirent, en haussant les épaules, qu'après l'avoir fait rôtir, ils l'avoient mangé. Mais du moins, répliquai-je, dites-nous où vous avez mis la tête et les os que vous avez rongés. Ils nous menèrent derrière la la maison du cacique infidèle, où nous trouvâmes la tête, les côtes et les autres ossemens épars de côté et d'autre. On voyoit un grand trou derrière la tête, ce qui marque qu'ils l'avoient tué d'un coup de hache. Je fis recueillir tous ces ossemens, et après les avoir enveloppés dans un linceul, je les fis placer sur une table dans ma tente, au milieu de deux cierges, qui brûlèrent pendant toute la nuit. Le lendemain nous chantâmes l'office des morts, après quoi j'envoyai les précieux restes de ce bon Espagnol, qui avoit perdu la vie pour la cause de Dieu, au missionnaire des Payaguas, dont il étoit le domestique, afin qu'il les fît enterrer dans son église.

Ces peuples, comme vous voyez, mon révérend père, sont de vrais antropophages, qui se nourrissent de chair humaine. Il n'y avoit pas plus de deux mois qu'ils étoient allés surprendre et attaquer un parti de leurs ennemis, et en ayant tué jusqu'à cinquante, ils les coupèrent par morceaux, les firent rôtir, les apportèrent dans leur village et en firent un grand festin.

Un de ces Indiens, qu'on nomme *encavellados* parce qu'ils laissent croître leurs cheveux jusqu'à la ceinture, vint se jeter à mes pieds, et me montrant une lance dont la pointe étoit faite d'un os affilé, il me dit que c'étoit l'os de la jambe de son frère, que ces barbares avoient tué et dévoré, et il me prioit d'en tirer vengeance. Je lui répondis que je n'étois pas venu pour venger les morts, mais pour convertir les vivans et leur faire connoître le créateur et le maître souverain du ciel et de la terre, qui défend de semblables excès.

Un autre me raconta que peu de jours avant notre arrivée, un de ces barbares, voyant que sa femme étoit fort grasse et qu'elle ne lui rendoit aucun service parce qu'elle ne savoit ni faire la cuisine ni préparer sa boisson, il la tua et en régala ses amis, leur disant que, puisque sa femme, pendant sa vie, n'avoit été propre qu'à l'ennuyer, il étoit juste qu'elle lui servît de régal après sa mort. Jugez de là, mon révérend père, quel est l'aveuglement et la cruauté de ces peuples. Cependant leurs âmes doivent nous être infiniment chères, puisqu'elles ont été rachetées du sang de Jésus-Christ, et nous ne saurions trop faire ni trop souffrir pour leur conversion et leur salut.

L'après-midi, notre capitaine ayant appris qu'une nombreuse troupe d'Yquiavates s'étoit réfugiée dans les bois, vers une autre rivière, envoya quatre partis indiens à leur poursuite. Dès le lendemain ils amenèrent quatre-vingt-dix de ces barbares, qu'on mit dans le quartier des prisonniers. Il y avoit parmi eux la femme et les enfans du principal cacique, dont on n'avoit pu se saisir. Comme il n'étoit pas coupable de la mort de l'Espagnol et qu'au contraire il s'y étoit opposé, on ne doutoit point ou qu'il ne vînt lui-même ou qu'il n'envoyât demander sa femme et ses enfans. Nous restâmes deux jours à attendre cette députation; mais voyant qu'il ne venoit personne, je témoignai au capitaine que deux cents prisonniers qui étoient entre nos mains suffisoient pour châtier ces barbares et leur ôter l'envie de former dans la suite un pareil attentat.

Le capitaine fut de mon sentiment : ainsi nous nous rembarquâmes avec nos prisonniers et avec toute la provision de maïs et de racines, qu'ils nomment *yuca*, nous abandonnant pour le reste à la Providence et au soin de nos chasseurs et de nos pêcheurs, qui ne nous ont point manqué. Le père Coronado vint avec nous pour se rendre à son autre mission des Omaguas. Il nous fallut six semaines pour gagner la principale peuplade, qu'on nomme la Nouvelle-Carthagène. Là nous distribuâmes les prisonniers dans diverses peuplades chrétiennes, où l'on n'oublia rien pour les instruire et en faire de vertueux néophytes : en effet, au bout de deux ans je les trouvai assez instruits et assez fermes dans leur foi pour croire que je ne risquois rien en les renvoyant dans leur terre natale. Ils s'y rendirent avec deux nouveaux missionnaires que je leur donnai, et ils devinrent les fondateurs de deux grandes peuplades. Quand je les visitai, quelque temps après, j'y trouvai deux belles églises bien bâties et un grand nombre de néophytes. J'eus même la consolation d'apprendre que trois mille infidèles de la même nation vouloient se réunir à leurs compatriotes pour se faire instruire de nos saintes vérités, se rendre dignes du baptême et mener comme eux une vie chrétienne.

Vous voyez, mon révérend père, qu'au milieu de tant de nations barbares, nous devons avoir sans cesse notre âme entre nos mains. Plusieurs de nos missionnaires ont eu le bonheur d'être sacrifiés à la fureur de ces infidèles et de sceller de leur sang les vérités qu'ils leur annonçoient, entre autres le père François de Figueroa, en l'année 1666; le père Pierre Suarez, en l'année 1667; le père Augustin de Hurtado, en 1677; le père Henri Richter, en 1695; et en l'année 1707, le père Nicolas Durango. Outre les périls auxquels on est exposé avec un peuple si brutal et si cruel, que n'a-t-on pas à craindre dans les fréquens voyages qu'on est obligé de faire ! Continuellement, et presque à chaque pas, on court risque d'être mis en pièces par les tigres ou d'être mordu des vipères, ou d'être écrasé sous ces grands arbres qui tombent souvent lorsqu'on y pense le moins, ou d'être entraîné et noyé dans des rivières très-rapides, ou d'être englouti par les crocodiles ou bien par d'affreux serpens, qui de leur haleine empestée arrêtent les passans, se jettent sur eux et les dévorent.

Je me suis vu souvent dans de semblables périls, mais j'en ai toujours été préservé par une protection spéciale de la divine Providence. Un jour ces barbares empoisonnèrent ma boisson et les mets de ma table, sans que j'en aie jamais ressenti la moindre incommodité. Une autre fois, me trouvant parmi les Omaguas, vers le minuit ils mirent le feu à ma cabane, qui n'étoit couverte que de feuillages, et où je dormois tranquillement; je me sauvai heureusement du milieu des flammes dont je me vis tout à coup environné. Il arriva un autre jour qu'après avoir bâti une nouvelle église chez les Chayabitas, un Espagnol qui étoit à trois pas de moi, tirant un coup de fusil en signe de réjouissance, le canon de son fusil creva, un éclat me sauta à l'œil gauche et tomba tout aplati à mes pieds, sans que j'en eusse reçu le moindre mal. Je pourrois vous rapporter un grand nombre de semblables exemples si je ne craignois de passer les bornes d'une lettre.

Tandis que de nouvelles chrétientés s'établissoient le long du fleuve Maragnon, j'eus la douleur d'apprendre que nos anciennes missions étoient désolées par les irruptions des Portugais, qui, entrant bien avant dans les terres espagnoles, ravageoient et pilloient nos peuplades et enlevoient nos néophytes pour en faire leurs esclaves; nous en écrivîmes à la cour d'Espagne, et nous suppliâmes très-humblement sa majesté d'ordonner à ses plénipotentiaires, qui devoient se rendre au congrès de Cambrai, de régler et de fixer avec les ministres du Portugal les limites des terres appartenantes aux deux couronnes, afin qu'il ne fût plus permis d'empiéter les uns sur les autres, et que nos néophytes pussent jouir d'un repos et d'une tranquillité si nécessaires pour les maintenir dans la religion et la piété.

Notre requête eut son effet, car il vint aux Portugais un ordre, de la part du roi leur maître, de se retirer des terres de nos missions et de nous laisser tout le pays libre jusqu'au Rio-Negro, grande rivière que vous trouverez dans la carte de Maragnon que je vous envoyai il y a plusieurs années, et qui depuis a été gravée à Paris.

Tandis qu'on traitoit cette affaire en Europe, l'audience de Quito dépêcha un capitaine à la tête de cent soldats pour chasser les Portugais de nos terres ; il y réussit et fit quelques prisonniers qu'il conduisit à Quito ; mais ce capitaine n'ayant pas pris la précaution de bâtir une forteresse et d'y laisser des soldats, les Portugais revinrent de nouveau, enlevèrent les ornemens et les cloches de deux de nos églises, et s'étant saisis d'un de nos missionnaires et de quelques Espagnols, ils les menèrent prisonniers au Grand-Para, d'où ensuite ils les envoyèrent à Lisbonne. Il vint un second ordre du roi de Portugal qui enjoignoit à ses sujets, habitans du Maragnon, de nous restituer généralement tout ce qu'ils nous avoient pris, et de ne point pousser leurs conquêtes au-delà du Rio-Negro ; ils y ont bâti une fort belle forteresse.

Cette entreprise des Portugais a donné lieu à de nouvelles grâces que nous avons reçues de sa majesté catholique. Le père procureur de nos missions me manda que ce grand monarque, animé du plus pur zèle pour le progrès de la foi, avoit envoyé ses ordres au trésorier de ses finances à Quito pour donner tous les ans deux cens écus à chaque missionnaire, afin qu'ils pussent se fournir de vêtemens, de vin pour les messes et de toutes les choses dont on fait présent à ces barbares pour les apprivoiser et gagner leur amitié, telles que sont des perles fausses, des couteaux, des ciseaux, des hameçons, etc. Il m'ajouta que sa majesté souhaitoit d'être informée de l'état présent de toutes nos missions, et surtout de celles de la province des Omaguas et Yurimaguas, depuis que les Portugais étoient venus pour les détruire ; du nombre des nations converties à la foi ; du caractère, du génie et des mœurs de ces peuples ; des divers animaux et des différentes espèces d'arbres, de fruits, de plantes que produit le pays, de même que des herbes médicinales et de leurs vertus. J'exécutai le mieux qu'il me fut possible un ordre si respectable.

Presque en même temps le père Samuel Fritz, missionnaire aux Xeberos, l'une de nos plus grandes peuplades, m'envoya un exprès pour me faire savoir qu'il avoit un secret pressentiment de sa mort prochaine et qu'il me prioit de venir à son secours. Il semble en effet qu'il n'attendoit que moi pour aller recevoir la récompense de ses travaux. Aussitôt après mon arrivée, il fit une confession générale de toute sa vie, il dit la messe à son ordinaire le jour de la fête de Saint-Joseph, et fit une courte exhortation à ses Indiens, en leur faisant entendre que c'étoit pour la dernière fois qu'il leur parloit, et qu'il leur disoit un éternel adieu. Le lendemain matin, que j'étois occupé dans l'église à entendre les confessions des néophytes, on vint m'avertir que bien qu'on eût frappé fortement à la chambre du père, il ne répondoit point ; je m'y transportai aussitôt et je le trouvai assis et vêtu, mais sans vie, et il me parut qu'il venoit de rendre le dernier soupir. Je le fis revêtir de ses habits sacerdotaux, et il demeura exposé dans la salle jusqu'à ce que je fis ses obsèques. Je ne pus retenir mes larmes, voyant ces bons Indiens venir en foule se jeter sur le corps de leur père, l'arroser de leurs pleurs et lui baiser tendrement les pieds et les mains, qui furent toujours aussi flexibles que s'il eût été en vie.

Le père Fritz étoit du royaume de Bohême et est mort à l'âge de soixante-quinze ans ; il en a passé quarante-deux dans ces pénibles missions, dont il a été supérieur général. Vingt-neuf nations barbares, dans les provinces des Omaguas, Yurimaguas, Aysuares, Yvanomas, etc., lui sont redevables de leur conversion à la foi ; il lui a fallu faire de très-longs et dangereux voyages, l'un tout le long du Maragnon jusqu'au Grand-Para[1], qui appartient aux Portugais et qui est situé à l'embouchure du fleuve, et plusieurs autres, soit à Lima, capitale du Pérou, soit à Quito, d'où nous a apporté des cloches et de riches ornemens pour nos églises ; c'est lui qui a dressé la carte du cours de ce grand fleuve qui a été gravée à Paris et dont je vous ai parlé plus haut. Dieu lui avoit donné le talent de se rendre en peu de temps très-habile en toutes sortes d'arts. Il étoit devenu architecte, charpentier, sculpteur et peintre. Nous avons dans plusieurs de nos églises des tableaux de sa façon qu'on ne dédaigneroit pas en Europe.

Je comptois bien de succéder à cet ancien missionnaire et de consacrer le reste de mes jours au salut de ce grand nombre d'Indiens qui venoit de le perdre, mais la Providence avoit sur moi des vues différentes. Je reçus un ordre de me rendre au collège de Quito[2], qui

---
[1] Grand-Para a 10,000 habitans. Cette ville est sur la rive droite de la branche méridionale du fleuve.
[2] Dans la république de Colombie, au pied des Cordillières.

est éloigné de quatre cents lieues de Xiberos. Il me fallut donc quitter ces chers néophytes, et après deux mois de navigation, j'arrivai au port de Napo. A peine fus-je débarqué qu'on vint me dire que le père Pierre Gasner, bavarois, étoit à l'extrémité. Il étoit curé de la ville d'Archidona et missionnaire de deux peuplades voisines qui se nomment Tena et Chita, et qui sont la porte de toutes les missions que nous avons le long du fleuve Maragnon. De Napo, je me rendis à pied à Tena, où il étoit tombé malade, et je le trouvai en effet presque mourant; je lui administrai aussitôt les derniers sacremens. Il renouvela ses vœux entre mes mains et ne cessa jusqu'au dernier soupir de produire les actes les plus fervens de foi, d'espérance, de contrition, de charité et de conformité à la volonté divine. Son corps fut transporté à Archidona, où se firent ses obsèques.

La présence d'un missionnaire étoit d'autant plus nécessaire dans cette contrée que les maladies contagieuses y régnoient et enlevoient beaucoup de monde. J'envoyai un exprès à Quito, et je m'offrois à remplacer le défunt. La réponse me fut apportée par celui-là même qu'on avoit nommé son successeur, et l'on me chargeoit seulement de demeurer avec lui jusqu'à ce qu'il se fût rendu assez habile dans la langue *del Inga* pour instruire et confesser les Indiens. Je demeurai dans cette mission jusqu'au mois de septembre de l'année 1727, que je reçus un ordre de me rendre à Cuença, où notre révérend père général m'avoit nommé recteur du collège que nous avons dans cette ville. Je partis d'abord pour Quito, qui est à cent lieues d'Archidona, et quand j'y fus rendu, il me fallut faire cent autres lieues pour arriver à mon poste.

La ville de Cuença est, après celle de Quito, la principale de cette province. Elle abonde en froment, en orge, en maïs, en fruits et en légumes ; les animaux qu'on y a transportés d'Espagne depuis la conquête des Indes s'y sont multipliés à l'infini. Ainsi on y trouve quantité de vaches, de porcs, de moutons, de poules, de canards, de chevaux et de mules. L'air y est tempéré et l'on y jouit d'un printemps perpétuel. Toutes les rues sont droites, et au milieu de chacune coule un canal d'une eau très-claire, que fournit la rivière voisine. Il y a trois paroisses : la principale compte parmi ses paroissiens cinq mille Espagnols et trois mille métis. Les deux autres comptent plus de dix mille Indiens. Outre notre église, qui est fort belle, il y en a quatre autres, savoir de dominicains, de franciscains, d'augustins et de religieux de la Mercy. On y voit aussi deux églises assez jolies, l'une de religieuses de la Conception et l'autre de carmélites. Nos occupations sont presque continuelles. Jugez-en par celles qui me regardent : outre le gouvernement du collège dont je suis chargé, il me faut passer tous les dimanches et les fêtes et une bonne partie des jours ouvriers à l'église pour y entendre les confessions des Espagnols et des Indiens ; il n'y a guère de semaines que je ne sois obligé de prêcher en espagnol et en langue *del Inga* pour les Indiens, et je suis chargé de faire tous les quinze jours une conférence publique de cas de conscience, à laquelle monseigneur l'évêque de Quito oblige tous les prêtres de la ville d'assister, sous peine de suspense. Cependant, quoique je coure la soixante-troisième année, Dieu me donne encore la force de résister à ces continuelles fatigues. Aidez-moi à l'en remercier et ne m'oubliez point dans vos saints sacrifices, en l'union desquels je suis, etc.

DESCRIPTION

Abrégée du fleuve Maragnon et des missions établies aux environs de ce fleuve, tirée d'un mémoire espagnol du P. Samuel Fritz, missionnaire de la compagnie de Jésus.

Cette fameuse rivière, dont la carte vient de nous être donnée, en l'année 1707, par le père Samuel Fritz, missionnaire jésuite, qui l'a naviguée depuis sa source jusqu'à son embouchure, est la plus grande que l'on ait encore découverte. Les uns l'ont appelée la rivière d'Orellana ; d'autres lui ont donné le nom de Maragnon [1], et quelques autres l'ont nommée la rivière des Amazones : c'est sans doute à cause des Amazones [2], qui ont leurs habitations le long de son rivage, assez près de la Nouvelle-Grenade et par conséquent de la rivière d'Orinocque [3].

L'Orinocque, en certains endroits, ne paroît

---

[1] Marona.
[2] M. de La Condamine croit qu'on peut nier l'existence des Amazones. Voyez son voyage sur la rivière des Amazones, page 90.
[3] Orénoque.

pas si grand que la rivière des Amazones, mais il l'est beaucoup plus vers l'île de la Sainte-Trinité, où il se décharge dans la mer par soixante-six embouchures. Au milieu de toutes ces embouchures il y a une infinité d'îles habitées par des Indiens infidèles.

On rapporte des Amazones qu'elles font un divorce presque perpétuel avec leurs maris ; qu'elles ne les vont voir qu'une fois pendant l'année, et que les maris viennent les revoir à leur tour l'année suivante ; que, dans le temps de ces visites mutuelles, ils font de grands festins, ils célèbrent leurs mariages, ils coupent les mamelles aux jeunes filles afin que, dans un âge plus avancé, elles puissent tirer plus habilement de l'arc et combattre plus aisément leurs ennemis. On ajoute que quand elles vont visiter leurs maris, ceux-ci sont obligés de les nourrir, de leur préparer à manger et de les servir, tandis qu'elles se tiennent tranquilles dans leurs hamacs.

Le fleuve Maragnon a sa source dans le lac Loricocha[1], assez près de la ville de Guanuco, dans le royaume du Pérou. Il va en serpentant ; son cours est de dix-huit cents lieues ; il se décharge dans la mer du Nord par quatre-vingt-quatre embouchures. Là il a quatre-vingt-quatre lieues de largeur et il porte la douceur de ses eaux à plus de trente lieues en pleine mer. Un grand nombre de rivières viennent s'y décharger du côté du nord et du midi. La plupart de ces rivières ont leur source à plus de cent lieues de leur embouchure. On y trouve toute sorte de poissons et beaucoup de gibier dans les campagnes voisines.

Ce grand fleuve est couvert d'une infinité d'îles de différente grandeur : les moindres sont de quatre, cinq, dix et vingt lieues ; elles sont assez près les unes des autres : les inondations, qui y arrivent tous les ans, servent beaucoup à les fertiliser. Les peuples qui les habitent se font du pain des racines d'*yuca :* quand ce pain est sec, ils le détrempent dans l'eau, laquelle, après avoir bouilli à petit feu, se fermente et forme un breuvage qui enivre de même que le vin. Cette liqueur est fort en usage dans leurs festins.

Près de la ville de Borgia il se trouve un détroit qui se nomme Pongo[1] ; il a trois lieues de longueur et il se partage en vingt-cinq bras dans sa largeur. La rivière dans cet endroit est si rapide que les bateaux passent le détroit en un quart d'heure. A trois cent soixante lieues de la mer se trouve un autre détroit vers l'embouchure de la rivière Tupinamba, où le fleuve des Amazones est tellement rétréci par les terres qu'il n'a guère qu'un quart de lieue de largeur. En certains endroits il est large d'une lieue.

L'un et l'autre rivage, depuis la ville de Jaen, où la rivière commence à porter bateau, jusqu'à la mer, sont couverts d'arbres fruitiers de toute espèce ; les cacaotiers y abondent aussi bien que les cèdres et d'autres arbres propres du pays. On y voit des vignes sauvages et une écorce aromatique qui sert à la teinture ; il s'y trouve quantité de bocages qui produisent toute sorte de simples.

Parmi une infinité de poissons qui se trouvent dans cette rivière, il n'y en a point de plus remarquable ni de plus délicat que la vache marine. Les Espagnols l'appellent *pece buey* à cause de la ressemblance qu'elle a avec le bœuf. Cet animal va paître sur le rivage et se nourrit des herbes qu'il y trouve ; la femelle allaite ses petits. On y trouve aussi beaucoup de tortues, des serpens, des crocodiles, une espèce de couleuvre qui dévore les hommes.

Dans les montagnes il y a des tigres, des sangliers, des daims. On trouve dans les plaines des animaux de toute espèce, dont plusieurs sont inconnus en Europe, mais dont le goût est excellent, et dans les lacs, quantité

---

[1] Vers 11 degrés de latitude australe, ce fleuve court jusqu'à Jaen, dans l'étendue de six degrés. De là il prend son cours vers l'est, presque parallèlement à la ligne équinoxiale, jusqu'au cap du Nord, où il entre dans l'Océan sous l'équateur même, après avoir parcouru depuis Jaen, où il commence à être navigable, environ 1,100 lieues.

Le premier Européen qui découvrit cette rivière en 1539 fut le capitaine Francisco del Orellana. Il lui donna son nom. Mais ensuite il changea ce nom en celui de l'*Amazone*, quand il eut appris que sur ses bords il existait des peuplades où les hommes, disait-on, étaient sans barbe et où les femmes étaient armées.

L'Orénoque fut découvert en 1498 par Christophe Colomb. Il communique à l'Amazone par le Rio-Negro et par un canal naturel de jonction que M. de Humboldt a vu dans son voyage aux régions équinoxiales.

[1] Selon M. de La Condamine, il n'y a que deux lieues de Sant-Iago à Borgia, et le détroit, dans sa moindre largeur, a beaucoup plus de mille toises. Ses observations, comme il le remarque, sont plus exactes, parce qu'il avait de meilleurs instrumens. Sa carte cependant est assez conforme à celle du père Samuel Fritz.

d'oies et d'oiseaux de rivière. Outre cela ils ont diverses sortes de fruits, comme sont les bananes, les ananas, les goyaves, les amandes de montagnes, qui ressemblent assez à nos châtaignes, des dattes, des espèces de truffes, etc. Le pays est peuplé d'une infinité de nations barbares, surtout le long des rivières. Les Portugais y ont quelques colonies vers l'embouchure du et en le remontant six cents lieues plus avant, fleuve, ils ont élevé un petit fort à l'embouchure du Rio-Negro. Le Maragnon a dans ce vaste espace vingt à trente brasses de profondeur.

Les missions que les jésuites ont établies aux environs du fleuve Maragnon sont très-pénibles : ils y entrèrent en l'année 1658. Leur principal établissement est dans la ville de Borgia, qui est comme la capitale de la province de *los Maynas*, laquelle est à trois cents lieues de Quito. Cette province s'étend le long des rivières de Pastaça, de Gualagua et d'Ucayale.

Plusieurs des missionnaires ont eu le bonheur de sceller de leur sang les vérités de l'Évangile, qu'ils sont venus prêcher dans ces terres infidèles. Ces barbares massacrèrent, entre autres, le père François de Figueroa près de Guallaga, en l'année 1666 ; le père Pierre Suarez dans le pays d'Abijiras, en l'année 1667; le père Augustin de Hurtado dans le pays des Andoas, en 1677; le père Henri Richler dans le pays des Piros, en 1695, et, en cette année 1707, on a confirmé la nouvelle de la mort du père Nicolas Durango, qui a été tué par les infidèles dans le pays de Gayes. Le lieu où ces hommes apostoliques ont répandu leur sang est désigné sur la carte par une croix.

Le père Richler, l'un des derniers missionnaires dont Dieu a couronné les travaux par une mort si glorieuse, naquit à Coslau, en l'année 1653. Il se consacra au service de Dieu dans la compagnie de Jésus à l'âge de seize ans. Tout le temps qu'il enseigna les belles-lettres et qu'il fit ses études de théologie dans la province de Bohême, où il avoit été reçu, il soupira après les missions des Indes, auxquelles il prit le dessein de se dévouer, dans l'espérance d'obtenir du Seigneur la grâce d'y verser son sang pour la foi. Ce fut en l'année 1684 qu'il arriva dans cette laborieuse mission. Il exerça d'abord son zèle parmi les peuples de *los Maynas*[1] ; il fut envoyé ensuite chez les nations infidèles qui habitent le long du grand fleuve Ucayale. Il y travailla pendant douze ans avec tant de fruit qu'on comptoit neuf peuplades très-nombreuses de fidèles qu'il avoit formées au christianisme et qui vivoient dans une grande pureté de mœurs.

Il seroit difficile de faire comprendre ce qu'il eut de fatigues à essuyer, soit pour apprendre les langues barbares de ces peuples, soit pour faire entrer dans leur esprit et dans leurs cœurs les maximes de l'Évangile. Il fit pendant ces douze années plus de quarante excursions le long du fleuve, dont la moindre étoit de deux cents lieues, et, dans ces courses, il lui falloit pénétrer des forêts épaisses et traverser des rivières extrêmement rapides. On a peine à concevoir qu'un seul missionnaire, chargé du soin de tant d'âmes, ait pu trouver le temps de parcourir des contrées si éloignées les unes des autres, par des chemins si peu praticables que souvent c'est beaucoup avancer que de faire une demi-lieue par jour.

Dans tous ses voyages il comptoit uniquement sur la Providence pour les besoins de la vie, et il ne voulut jamais porter avec lui aucune provision. Il marchoit pieds nus dans des sentiers semés de ronces et d'épines, exposé aux morsures d'une infinité de petits insectes venimeux, dont les piqûres causent des ulcères qui mettent quelquefois la vie en danger : c'est ce qu'ont éprouvé plusieurs voyageurs, bien qu'ils prissent toute sorte de précautions pour se mettre à couvert de la persécution de ces petits animaux. Souvent il se trouva si dénué des choses les plus nécessaires que, faute d'un morceau d'étoffe pour se couvrir, il étoit obligé d'aller à demi nu, ou bien il se voyoit réduit à se faire lui-même une robe d'écorce et de branches de palmier : c'étoit plutôt un rude cilice qu'un vêtement.

Cependant, non content de ces rigueurs attachées à la vie apostolique qu'il menoit, il affligeoit son corps par de nouvelles macéra-

---

[1] Les missionnaires qui soumirent aux Espagnols le vaste pays de Maynas, limitrophe de *la Pampa del Sacramento* et situé aujourd'hui dans la Colombie, trouvèrent plus d'obstacles à mesure qu'ils s'avançaient vers l'Uyacale et surtout au delà de cette rivière.

A la fin du dix-septième siècle et au commencement du dix-huitième, il y eut de belles missions sur les bords de la rivière Manoa ; mais elles ont été détruites et ce n'est que longtemps après que des missionnaires d'Ocapa ont rétabli des communications avec plusieurs peuplades sauvages, notamment avec les *Panos*.

tions. Son jeûne étoit continuel et très-austère; dans ses plus longs voyages il ne vivoit que d'herbes champêtres et de racines sauvages; c'étoit un grand régal pour lui quand il trouvoit quelque petit poisson. Une vie si pénible et si mortifiée devoit finir par la plus sainte mort : ce fut aussi la récompense que le Seigneur avoit attachée à ses travaux.

On avoit tenté plusieurs fois la conversion des Xibares, et toujours inutilement : c'est un peuple naturellement féroce et inhumain, qui habite des montagnes inaccessibles. Les Espagnols, dans la vue de le soumettre à la foi, avoient bâti autrefois dans leur pays une ville nommée Sogrona; mais ils ne purent tenir contre les cruautés qu'exerçoient ces infidèles, et ils furent contraints de la ruiner. Don Matthieu, comte de Léon, président du conseil royal de Quito, homme né pour les grandes entreprises et plein de zèle pour la conversion des idolâtres, forma le dessein d'envoyer encore une fois des missionnaires à ces barbares; il en conféra avec l'évêque de Quito et le viceroi du Pérou, qui promirent d'appuyer de leur autorité une œuvre si sainte. Ils demandèrent aux supérieurs des hommes capables d'exécuter une entreprise aussi pénible et aussi périlleuse qu'étoit celle-là, et, pour ne pas les exposer témérairement, ils voulurent qu'un certain nombre d'Indiens convertis à la foi les accompagnassent et leur servissent comme d'escorte. Le père Richter et le père Gaspard Vidal furent choisis pour cette expédition : ils partirent avec joie, et bien que l'expérience du passé leur fît juger qu'il y avoit peu de chose à espérer pour l'avenir, ils crurent qu'ils seroient assez récompensés de leurs peines pourvu qu'ils eussent le mérite de l'obéissance.

Ce qu'ils avoient prévu arriva : cinq années des plus grands travaux ne produisirent presque aucun fruit. Les Indiens fidèles qui accompagnoient les missionnaires se rebutèrent de tant de marches et de tant de navigations pénibles; ils en vinrent aux plaintes et aux murmures; ils députèrent secrètement quelques-uns d'entre eux à Quito pour supplier qu'on les rappelât, ou du moins qu'on leur envoyât à la place du père Richter un autre missionnaire fort âgé, ne pouvant, disoient-ils, résister plus longtemps à tant de travaux, que le zèle infatigable du père Richter leur faisoit souffrir; enfin, voyant qu'on ne se pressoit pas de les satisfaire, ils prirent le dessein de se délivrer eux-mêmes du missionnaire, et, pour colorer leur révolte particulière, ils inspirèrent la haine secrète qu'ils lui portoient à quelques-uns des peuples circonvoisins, dont ils prétendoient se servir pour se défaire de l'homme apostolique.

Dieu permit, pour augmenter la couronne de son serviteur, que le chef de ceux qui conjurèrent sa perte fut celui-là même sur la fidélité duquel il devoit le plus compter. Henri (c'est son nom) étoit un jeune Indien que le missionnaire avoit élevé dès sa plus tendre enfance : il l'avoit baptisé et lui avoit donné son nom de Henri; il le regardoit comme un enfant chéri qu'il avoit engendré en Jésus-Christ et qu'il avoit formé aux vertus chrétiennes; il le tenoit toujours en sa compagnie et le faisoit manger avec lui; il l'employoit même dans les fonctions apostoliques. Ce perfide, oubliant tant de bienfaits, se mit à la tête d'une troupe d'Indiens qu'il avoit séduits par ses artifices, pour ôter la vie à son père en Jésus-Christ et à son maître. Il prit le temps que le père alloit travailler à la conversion des Piros, et l'ayant joint dans le chemin, il lui donna le premier coup : c'étoit le signal qui avertissoit les Indiens de sa suite de se jeter sur le missionnaire et de lui arracher la vie.

Ces barbares massacrèrent en même temps deux Espagnols qui accompagnoient le père, l'un qui étoit de Quito, et l'autre qui étoit venu de Lima. Ils entrèrent ensuite chez les Chipés, où ils exercèrent le dernier acte de leur cruauté sur le vénérable Don Joseph Vasquez, prêtre licencié, que son zèle et sa vertu avoient porté depuis plusieurs années à se joindre aux missionnaires jésuites et à travailler avec eux à la conversion des gentils.

Telle fut la fin glorieuse du père Richter, qui, ayant passé des climats glacés du septentrion dans les terres brûlantes de l'Inde occidentale, a ouvert la porte du ciel à plus de douze mille infidèles qu'il a convertis à la foi.

Le père Samuel Fritz, de qui nous avons la carte et les particularités du fleuve des Amazones, étoit venu aux Indes avec le père Richter; il suivit le cours de la rivière Maragnon jusque vers son embouchure; on fut quelques années sans recevoir de ses nouvelles, ce qui fit croire ou qu'il avoit péri dans les eaux ou que les barbares l'avoient massacré : on avoit même enjoint pour lui dans la compagnie les prières ordinaires qui s'y font pour les défunts. Il reparut enfin lorsqu'on ne s'attendoit plus à le revoir, et l'opinion qu'on avoit eue de sa mort le fit regarder comme un homme ressuscité. On sut de lui que le gouverneur d'une place portugaise l'avoit pris pour un espion, et que, l'ayant renfermé pendant deux ans dans une étroite prison, il avoit eu bien de la peine après un temps si considérable à lui rendre la liberté. Ce père a établi sa mission sur cette grande rivière, laquelle en plusieurs endroits ressemble à une vaste mer. Il a soin de trente nations indiennes qui habitent autant d'îles, de celles dont le Maragnon est couvert, depuis l'endroit où sont les Pelados jusqu'à son embouchure.

LETTRE DU P. IGNACE CHOMÉ

AU P. VANTHIENNEN.

Voyage à travers le Tucuman pour arriver au pays des Chiriganes.

De Tarija, le 3 d'octobre 1735.

Mon révérend Père.

La paix de N.-S.

Il y avoit peu de temps que j'étois dans la mission des Indiens Guaranis lorsque la Providence me destina à une autre mission sans comparaison plus pénible et où l'on me promettoit les plus grands travaux et des tribulations de toutes les sortes. Voici ce qui donna lieu à ma nouvelle destination. Le révérend père Jérôme Herran, provincial, faisant la visite des diverses peuplades qui composent la mission des Guaranis, reçut des lettres très-fortes du vice-roi du Pérou, et du président de l'audience de Chiquisaca, par lesquelles ils lui demandoient avec instance quelques missionnaires qui travaillassent de nouveau à la conversion des Indiens Chiriguanes. Ce sont des peuples intraitables, du naturel le plus féroce et d'une obstination dans leur infidélité que les plus fervens missionnaires n'ont jamais pu vaincre. On compte plus de vingt mille âmes de cette nation répandues dans d'affreuses montagnes, qui occupent cinquante lieues à l'est de Tarija et plus de cent au nord.

Les lettres que reçut le révérend père provincial sembloient insinuer que le temps de la conversion de ces peuples étoit enfin venu et qu'ils paroissoient disposés à écouter les ministres de l'Évangile. Il nomma le père Julien Lizardi, le père Joseph Pons et moi pour une entreprise si glorieuse, dont le succès devoit faciliter la conversion de plusieurs autres nations infidèles, et il voulut nous accompagner, afin de régler par lui-même tout ce qui concerneroit cette nouvelle mission.

Nous étions éloignés de plus de huit cents lieues de la ville de Tarija, laquelle confine avec le Pérou et avec la province de Tucuman. Nous nous embarquâmes au commencement de mai sur le grand fleuve Uruguai, et il nous fallut plus d'un mois pour nous rendre à Buenos-Ayres. Delà il nous restoit encore près de cinq cents lieues à faire.

Nos voyages se font ici en charrette, comme je vous l'ai déjà mandé, mais il n'en fut plus question quand nous arrivâmes à Saint-Michel-de-Tucuman. Les montagnes qu'il faut traverser ensuite y sont si prodigieusement hautes qu'on ne peut plus se servir que de mules et encore avec beaucoup de peine. Pour vous donner quelque idée de leur hauteur, il suffit de vous dire que nous trouvant déjà bien avant sous la zone torride, et au commencement de novembre, que les chaleurs sont excessives dans le Tucuman, nous avions néanmoins à essuyer une neige abondante qui tomboit sur nous. Une nuit surtout la gelée fut si forte qu'elle nous mit presque hors d'état de continuer notre voyage. Enfin, après bien des dangers et des fatigues, nous arrivâmes à Tarija vers la fin du mois de novembre.

Nous fûmes bien surpris de trouver les choses tout autrement disposées que nous ne nous l'étions figuré sur les lettres qui nous avoient été écrites. La paix n'étoit pas encore faite entre les Espagnols et ces infidèles : s'il y avoit suspension d'armes, c'est que, de part et d'autre, ils étoient également lassés de la guerre et qu'ils se craignoient réciproquement.

Le lendemain de notre arrivée, le commandant de la milice, que les Espagnols appellent mestre de camp, vint nous rendre visite. Après les premiers complimens : Je compte, nous dit-il, qu'aussitôt que la saison des pluies sera passée, vous m'accompagnerez chez ces infidèles pour y traiter de la paix et pour les forcer à vous recevoir dans leurs bourgades.

Nous ne nous attendions point à une pareille proposition. Nous lui répondîmes que notre mission ne dépendoit pas du succès de ses armes, et que si nous avions à combattre avec les infidèles, ce seroit le crucifix à la main et avec les armes de l'Évangile, et que, loin de l'attendre, nous étions résolus de partir dans peu de jours pour entrer sur leurs terres et parcourir leurs bourgades.

Cet officier, qui voyoit le danger auquel nous nous exposions, s'y opposa de toutes ses forces; mais le révérend père provincial, qui approuvoit notre résolution, détruisit toutes ses raisons par ces paroles, auxquelles il ne put répliquer : S'il arrivoit, lui dit-il, que ces pères vinssent à expirer par le fer de ces barbares, je regarderois leur mort comme un vrai bonheur pour eux et comme un grand sujet de gloire pour notre compagnie. Le révérend père provincial partit pour se rendre à Cordoue, et, pour ce qui est de nous autres, nous nous mîmes pour huit jours en retraite, afin d'implorer le secours du ciel et le prier de bénir notre entreprise.

Quoique nos fatigues et les continuels dangers que nous avons courus aient été inutiles, je ne laisserai pas, mon révérend père, de vous en faire le détail. Vous jugerez par cet échantillon ce qu'il en a coûté à nos anciens missionnaires pour rassembler tant de barbares et les fixer dans ce grand nombre de peuplades qu'ils ont établies depuis plus d'un siècle, où l'on voit une chrétienté si florissante par l'innocence des mœurs et par la pratique exemplaire de tous les devoirs de la religion.

Après avoir achevé les exercices de la retraite et préparé tout ce qui étoit nécessaire pour notre voyage, nous partîmes tous trois de Tarija pour nous rendre à Itau : c'est la première bourgade des infidèles, qui en est éloignée de soixante lieues. Six néophytes indiens nous accompagnaient. Le chemin que nous avions fait jusqu'alors dans le Tucuman, quelque affreux qu'il nous parût, étoit charmant en comparaison de celui que nous trouvâmes sur les terres de ces barbares. Il nous falloit grimper des montagnes bien autrement escarpées et toutes couvertes de forêts presque impénétrables; nous ne pouvions avancer au milieu de ces bois épais qu'en nous ouvrant le passage la hache à la main. Nos mules ne pouvoient nous servir qu'à porter nos provisions et à passer les torrens qui coulent avec impétuosité entre ces montagnes. Nous nous mettions en marche dès la pointe du jour, et au coucher du soleil nous n'avions guère fait que trois lieues. Enfin, nous arrivâmes à la vallée des Salines.

Le père Lizardi s'y arrêta avec un capitaine des Chiriguanes qui étoit chrétien et que nous ne voulions point exposer à la fureur de ses compatriotes, qui l'avoient menacé plusieurs fois de le massacrer. Nous poursuivîmes notre route, le père Pons et moi, jusqu'à la vallée de Chiquiaca, où nous vîmes les tristes ruines de la mission que ces infidèles avoient détruite, et les terres arrosées du sang de leurs missionnaires, qu'ils avoient égorgés. Nous employâmes trois jours à faire les huit lieues qu'il y a d'une vallée à l'autre.

Après avoir donné un jour de repos à nos mules, qui étoient fort harassées, nous nous engageâmes de nouveau, le père Pons et moi, dans ces épaisses forêts, bordées de tous côtés de précipices. Le quatrième jour, après avoir grimpé une de ces montagnes, et lorsque nous commencions à la descendre, nous entendîmes aboyer des chiens, compagnons inséparables des Indiens, dont ils se servent pour la chasse et pour se défendre des tigres. Jugeant donc qu'il n'y avoit pas loin de là un peloton de ces barbares, nous envoyâmes trois Indiens pour les reconnoître.

Dans l'impatience où j'étois d'en savoir des nouvelles, je pris les devants, laissant derrière moi le père Pons, qui auroit eu de la peine à me suivre. Je descendois le mieux qu'il m'étoit possible la montagne, lorsque parurent deux de ces Indiens que j'avois envoyés à la découverte. Ils me dirent qu'au bas de la montagne étoit une troupe de barbares qui, ayant reconnu l'endroit où nous avions passé la nuit précédente, nous attendoient au passage; qu'ils paroissoient être fort courroucés; qu'ils avoient retenu le troisième Indien, et que peut-être l'avoient-ils déjà massacré; qu'enfin, ils me conjuroient de ne pas avancer plus loin, parce que tout étoit à craindre de leur fureur.

Quelques efforts qu'ils fissent pour m'arrêter, je les quittai brusquement, et, roulant plutôt de cette montagne que je n'en descendois, je me trouvai tout à coup au milieu d'eux sans m'en être aperçu, parce que l'épaisseur des bois les déroboit à mes yeux. Ils étoient au nombre de douze, tout nus, armés de flèches et de lances, et notre Indien assis avec eux.

Aussitôt qu'ils me virent ils se levèrent, et moi, après les avoir salués, je sautai à leur col et les embrassai l'un après l'autre avec une gaîté extraordinaire. L'air de résolution que je leur montrai les étonna si fort qu'ils purent à peine me répondre. Lorsqu'ils furent un peu remis de leur surprise, je leur exposai le dessein que j'avois de passer à leur bourgade, et ils ne parurent pas s'y opposer.

En même temps arriva le père Pons avec notre petit bagage. J'en tirai un peu de viande sèche et de la farine de maïs que je leur distribuai; j'allumai moi-même leur feu, et je tâchai de les régaler le mieux qu'il me fut possible. Enfin, je m'aperçus bientôt que j'étois de leurs amis, sans cependant beaucoup compter sur leur amitié ni sur leur reconnoissance.

Comme nous avions besoin du consentement de leur capitaine pour aller à leur bourgade, nous dépêchâmes un de nos Indiens et un de ces infidèles pour lui en donner avis et obtenir son agrément. Nos députés étoient à peine partis qu'ils revinrent et nous dirent que ce capitaine arrivoit. Il parut effectivement peu après, et alla s'asseoir sur une pierre, la tête appuyée contre sa lance, et blêmissant de rage. Je ne sais, dis-je en riant au père Pons, quel sera le dénouement de cette comédie. Je m'approchai de lui, je le caressai sans en pouvoir tirer une seule parole. Je le priai de manger un peu de ce que je lui présentois; mes invitations furent inutiles. Un de ses compagnons me dit en son langage : *Y pia aci*, ce qui veut dire également : Il est en colère, ou bien : Il est malade. Je fis semblant de ne l'entendre que dans le dernier sens, sur quoi je lui tâtai le pouls; mais lui, retirant brusquement son bras : Je ne suis point malade, me dit-il. — Ho ! tu n'es point malade, lui dis-je en éclatant de rire, et tu ne veux point manger; tant pis pour toi, tes compagnons en profiteront. Au reste, quand tu voudras manger tu me le diras.

Cette réponse, mêlée d'un air de mépris, fit plus d'impression sur lui que toutes mes caresses; il commença à me parler et à rire avec moi; il commanda même à ses gens, de m'apporter à boire, et il me régala de ses épis de maïs, dont il avoit fait provision pour son voyage.

Comme j'avois mis notre capitaine en bonne humeur, je crus qu'il n'auroit plus de difficulté à souffrir que j'allasse à sa bourgade ; mais tout ce que je pus obtenir de lui, c'est qu'il feroit prier son oncle, qui en étoit le principal capitaine, de se rendre au lieu où nous étions, et il lui envoya en effet un de ses frères. Mais sa réponse fut qu'il n'avoit pas le loisir de venir nous trouver, et que nous eussions à nous retirer au plus vite. Le père Pons prit les devants avec un des deux Indiens chrétiens qui nous restoient, car les quatre autres nous avoient abandonnés. Je demeurai encore quelque temps avec eux, et je fis de nouvelles instances, mais sans aucun fruit. Il me fallut donc, après tant de fatigues inutiles, reprendre le chemin de Chiquiaca.

La nuit me surprit dans ces forêts, et j'eus à y essuyer une grosse pluie qui ne cessa qu'à la pointe du jour. Les torrens se trouvèrent si fort enflés et si rapides qu'il ne me fut pas possible de les passer : ce ne fut que le lendemain que je pus rejoindre le père Pons. Les quatre Indiens qui nous avoient quittés s'étoient rendus à la vallée des Salines, où ils avertirent le père Lizardi du mauvais succès de notre entreprise. Ce père vint nous trouver sur les bords de la rivière de Chiquiaca, où nous étions.

A peine fut-il arrivé que les pluies recommencèrent avec plus de violence que jamais. Les torrens, qui rouloient avec impétuosité des montagnes, enflèrent tellement cette petite rivière qu'elle se déborda et se répandit à cent cinquante pieds au-delà de son lit ordinaire. Nous nous trouvâmes tous trois sous une petite tente, inondés de toutes parts, sans autre provision qu'un peu de farine de maïs dont nous faisions une espèce de bouillie.

Ce débordement de la rivière nous arrêta quatre à cinq jours, et, voyant la fin de nos petites provisions, nous songions déjà à chercher quelques racines pour subsister. Heureusement la rivière baissa considérablement, et un de nos Indiens étant allé examiner s'il n'y avoit pas quelque endroit où elle fût guéable, il trouva le rivage tout couvert de poissons que le courant avoit jetés contre les pierres et qui étoient à demi morts. La grande quantité qu'il nous en apporta nous dédommagea de la rigoureuse abstinence que nous venions de faire. Nous en eûmes suffisamment pour gagner la vallée des Salines et nous rendre enfin à Tarija.

A mon arrivée, je fus nommé pour aller passer six semaines dans une mission moins laborieuse à la vérité, mais beaucoup plus satisfaisante : elle est à quarante lieues de Tarija, dans la vallée de Zinti, où j'eus la consolation d'instruire et de confesser jusqu'à quatre mille néophytes.

A mon retour, j'appris que le père Pons devoit accompagner cent quarante soldats espagnols qui alloient dans la vallée des Salines, pour engager les capitaines des bourgades infidelles à y venir traiter de la paix, et moi j'eus ordre de conduire dans la même vallée cent soixante Indiens nouvellement convertis, à douze lieues plus haut de l'endroit où alloient les soldats.

Les capitaines infidèles refusèrent constamment de sortir de leurs montagnes et de leurs forêts, sans que les offres qui leur furent faites par les Espagnols pussent jamais vaincre leur défiance. Le père Pons se hasarda à les aller trouver, accompagné d'un seul Indien métis [1],

et il cacha si bien sa marche qu'il arriva à Itau sans qu'ils en eussent le moindre pressentiment. Il conféra avec le capitaine, et il obtint de ce chef des infidèles la permission, pour lui et pour nous, de visiter ses bourgades. Ainsi l'entrée de ces terres barbares nous fut heureusement ouverte. Le père Pons alla du côté de la rivière Parapiti, qui est au nord du grand fleuve de Picolmayo, où j'étois. Il crut d'abord qu'il n'y avoit qu'à arborer l'étendard de la croix au milieu de ces bourgades, mais il ne fut pas longtemps sans se désabuser. Le temps de sa dernière profession étant arrivé, il retourna à Tarija pour la faire, et le père Lizardi vint le remplacer.

On compte dans cette contrée douze bourgades de Chiriguanes, où il y a environ trois mille âmes. Nous nous mîmes en chemin, le père Lizardi et moi, pour les reconnoître. Étant arrivés à Itau, où nous fûmes assez bien reçus, le père Lizardi prit sa route vers la rivière de Parapiti, et moi je tournai du côté d'une bourgade nommée Caaruruti.

A peine y fus-je entré que je me vis environné des hommes, des femmes et des enfans, qui n'avoient jamais vu chez eux de missionnaires. Ils m'accueillirent avec de longs sifflemens, qui leur sont ordinaires quand ils sont de bonne humeur. Je mis pied à terre au milieu de la place, sous un toit de paille où ils reçoivent leurs hôtes, et après les premiers complimens, je fis présent aux principaux de la bourgade d'aiguilles, de grains de verre et d'autres bagatelles semblables dont ils font beaucoup de cas. Ils goûtoient assez mon entretien lorsque je leur parlois de choses indifférentes ; mais aussitôt que je faisois tomber le discours sur les vérités de la religion, ils cessoient de m'écouter.

Au bout de deux jours, j'allai visiter cinq

---

[1] Il y a des mots pour désigner toutes les nuances du mélange des races en Amérique.

On divise les blancs en blancs nés en Europe et en descendans d'Européens nés dans les colonies européennes.

Les premiers portent le nom de chapetons ou de yachupinos ; les seconds, celui de criollos (créoles).

Les natifs des îles Canaries se considèrent comme Européens.

Les chapetons forment le quinzième de la population.

Le fils d'un blanc chapeton ou créole et d'une indigène à teint cuivré est appelé métis ou mestizo. La couleur de la peau est d'une transparence particulière et presque d'un blanc parfait.

Si une métis s'allie à un blanc, la génération qui en résulte ne diffère presque plus de la race européenne.

Les métis forment les sept huitièmes de la population.

Les mulâtres sont ceux qui naissent d'un blanc et d'une négresse.

Les enfans d'un nègre et d'une Indienne portent à Lima, à Mexico, à la Havane le nom de chino, chinois.

Ailleurs on les nomme aussi zambos. Mais cette dénomination est plus spécialement appliquée au fils d'un nègre et d'une mulâtresse ou d'un nègre et d'une china.

On nomme zambos-prietos les enfans qui naissent d'un nègre et d'une zamba.

Tous les individus de sang indien ou africain ont une odeur plus ou moins forte selon qu'ils sont plus près ou plus loin des races primitives.

Du mélange d'un blanc et d'une mulâtresse provient le quarteron.

Lorsqu'une quarteronne épouse un blanc d'Europe ou un créole, ses enfans portent le nom de quinterons.

Une nouvelle alliance avec la race blanche fait tellement perdre le reste de la couleur que l'enfant d'un blanc et d'une quarteronne devient blanc aussi.

Les mélanges dans lesquels la couleur des enfans devient plus foncée que n'était celle de leur mère s'appellent saltos-atras, ou saut en arrière.

ou six cabanes qui sont à un quart de lieue de là. Je n'avois fait encore que peu de chemin lorsque j'aperçus un Indien qui couroit à toutes jambes pour me joindre, l'arc et les flèches à la main. C'étoit pour m'avertir que le capitaine d'une bourgade voisine, nommé Beriti, venoit me voir et vouloit m'entretenir.

L'Indien qui m'accompagnoit n'eut pas plus tôt ouï son nom que me tirant à part : Ce capitaine qui te demande, me dit-il, fut fait autrefois prisonnier par les Espagnols et condamné aux mines de Potosi, dont il fut assez heureux que de s'échapper ; tiens-toi sur tes gardes et ne te fie point à lui.

Cet avis ne m'effraya point, je retournai à Caaruruti, où je trouvai ce capitaine, accompagné de dix Indiens choisis et bien armés. Je pris place parmi eux, je leur distribuai des aiguilles, et ils parurent si contens de moi qu'ils me pressèrent de les aller voir dans leur village, ce que je leur promis.

De là j'allai à Carapari, autre bourgade où l'on m'attendoit, car la nouvelle de mon arrivée s'étoit déjà répandue de toutes parts. Le capitaine témoigna assez de joie de me voir et ne s'effaroucha point comme les autres lorsque je lui exposai les vérités chrétiennes. Je n'y demeurai pourtant qu'un jour, parce que mon dessein étoit de me fixer dans une autre bourgade nommée Caysa, qui est la plus nombreuse et la plus propre à y établir la correspondance avec nos plus anciennes missions du Paraguay : car de cette bourgade au fleuve Paraguay il n'y a guère plus de cent quarante lieues, au lieu qu'il y en a plus de mille en y allant, comme nous fîmes, par Buenos-Ayres.

Caysa[1] est à l'est de Tarija et en est éloigné d'environ quatre-vingts lieues : c'est proprement le centre de l'infidélité. Avant que d'y arriver, j'eus à grimper une montagne beaucoup plus rude que toutes celles par où j'avois passé jusqu'alors. En la descendant, je trouvai en embuscade sept ou huit Indiens de Tareyri, bourgade qui est à l'autre bord du fleuve Picolmayo, mais par une protection singulière de Dieu, ils me laissèrent passer sans me rien dire ; enfin j'entrai dans Caysa. Je vous avoue que quand j'aperçus ces vastes campagnes qui s'étendent à perte de vue jusque vers le fleuve Paraguay, il me sembloit que j'étois dans un nouveau monde.

[1] Caysa, sur une rivière du même nom.

Les deux capitaines qui gouvernent cette bourgade me firent un favorable accueil et me parlèrent comme si effectivement ils avoient dessein d'embrasser la foi chrétienne. Je sentois bien que ce qu'ils me disoient n'étoit que feinte et artifice, mais je fis semblant de ne m'en pas apercevoir, et je leur fis entendre que, devant demeurer avec eux, il falloit me bâtir une cabane ; ils en convinrent, et deux jours après ils mirent la main à l'œuvre.

J'allois moi-même couper le bois, et je retournois d'une bonne demi-lieue chargé d'un faisceau de cannes. J'agissois comme si je n'avois pas lieu de me défier de leur sincérité ; j'avois même dépêché un de mes deux Indiens jusqu'à la vallée des Salines, afin qu'il m'apportât quelques-uns de mes petits meubles et les autres petits présens que je leur destinois lorsque je me verrois établi parmi eux.

Pendant ce temps-là, je n'avois pas d'autre logement que le toit de paille qui étoit au milieu de la place, et c'est où je prenois le repos de la nuit. Mais je m'aperçus que, pendant mon sommeil, ils me déroboient tantôt une chose, tantôt une autre ; je découvris peu après que tous leurs entretiens ne rouloient que sur le retour de mon Indien, et qu'ils laissoient entrevoir le dessein qu'ils avoient de piller mon petit bagage à son arrivée, et ensuite de me donner la mort. Je sus même que, vers le temps où l'Indien devoit arriver, quelques-uns d'eux étoient allés sur son passage, et que l'ayant attendu inutilement pendant deux jours et deux nuits, ils s'étoient retirés : d'ailleurs, ils procédoient avec une si grande lenteur à la construction de ma cabane qu'on voyoit assez qu'ils ne cherchoient qu'à m'amuser.

Tout cela me fit prendre le parti de quitter pour un temps leur bourgade. Je pris pour prétexte l'inquiétude où me jetoit la longue absence de mon Indien, qui auroit dû être revenu, et je leur promis que mon retour seroit plus prompt qu'ils ne pensoient, et qu'ainsi ils achevassent au plus tôt ma cabane, afin qu'en arrivant chez eux, elle fut toute prête à me recevoir. Je vis bien qu'ils n'étoient pas contens, et je lisois dans leurs yeux la crainte qu'ils avoient que leur proie ne leur échappât. Je partis de Caysa un peu avant le coucher du soleil, pour éviter les chaleurs excessives de ce climat.

Je vous avouerai, mon révérend père, que

je crus bien que cette nuit-là seroit la dernière de ma vie, surtout quand j'eus à grimper à pied cette affreuse montagne qui est entre Caysa et Carapari. Je me trouvai tout baigné de sueur et tourmenté de la soif la plus cruelle ; ma foiblesse étoit si grande qu'à peine pouvois-je dire deux mots à l'Indien qui m'accompagnoit, et je n'avois pas fait quatre pas qu'il falloit me jeter sur quelque racine d'arbre pour m'y reposer et prendre haleine. L'air étoit tout en feu, et les éclats de tonnerre ne discontinuoient pas ; quoique je n'eusse aucun abri, je souhaitois ardemment que cet orage se déchargeât en une pluie abondante, afin de recueillir un peu d'eau. Comme il ne m'étoit pas possible d'avancer, je montai sur ma mule, au risque de rouler à chaque pas dans d'affreux précipices. Dieu me protégea, et avec le temps et bien de la peine, je gagnai le sommet de la montagne, où je respirai un air un peu plus frais qui me ranima. Enfin, vers minuit j'arrivai au bas de la montagne, où je trouvai un petit ruisseau. Jugez de la satisfaction que j'eus de vider une calebasse pleine d'eau fraîche, dans laquelle j'avois délayé un peu de farine de maïs. Je puis vous dire que, dans la situation où j'étois, cette boisson me parut supérieure aux vins les plus délicats de l'Europe.

J'arrivai à Carapari vers les quatre heures du matin, où j'appris des nouvelles de mon Indien par le capitaine, qui étoit de ses parens. Après m'y être reposé quelques jours, je continuai ma route jusqu'à la vallée des Salines, où je trouvai mon Indien, qu'on y avoit arrêté, et le père Lizardi, qui n'avoit pu rien gagner auprès des infidèles dont les bourgades sont situées vers la rivière de Parapiti. Nous convînmes, ce père et moi, que j'irois à Caysa suivre ma première entreprise et que pour lui il demeureroit à Carapari, où les infidèles paroissoient moins aliénés du christianisme.

Lorsque nous étions sur notre départ, nous vîmes arriver le père Pons, qui alloit à la bourgade de Tareyri : nous fîmes le voyage tous trois ensemble. Mais comme ce père n'avoit pas encore assez pratiqué ces barbares, je lui conseillai de demeurer quelques jours avec le père Lizardi, afin de mieux connoître leur génie, et qu'ensuite je lui donnerois un Indien qui l'accompagneroit dans cette bourgade et qui le préserveroit de toute insulte, au cas qu'on ne voulût pas l'y recevoir. Le moindre retardement ne s'accordoit pas avec l'impatience de son zèle, et, sans égard pour mes remontrances, il voulut partir.

Je demeurai deux jours avec le père Lizardi à Carapari, où je laissai mon petit bagage, et j'allai à Caysa. Les infidèles accoururent en foule à mon arrivée. Comme ma cabane étoit dans le même état que je l'avois laissée, je leur demandai pourquoi ils avoient manqué à la parole qu'ils m'avoient donnée de la tenir prête pour mon retour. Ils me répondirent qu'ils ne m'attendoient plus, mais qu'en peu de jours elle seroit achevée. Sur quoi m'adressant au capitaine : Vous voyez bien, lui dis-je, que je ne puis pas rester ici si je manque de logement. Il n'est pas de la décence que je demeure dans vos cabanes environné de toutes vos femmes : ainsi je retourne à Carapari, où j'ai mon petit bagage, et lorsque vous m'aurez averti que ma cabane est prête, je partirai à l'instant pour venir fixer ma demeure au milieu de vous.

Cette résolution, à laquelle ils ne s'attendoient pas, les étonna si fort qu'ils ne purent dire une seule parole ; il n'y eut que la femme du capitaine qui, s'approchant de moi, me traita d'inconstant ; je partis au même moment, et je la laissai décharger sa colère.

Le lendemain de mon arrivée à Carapari, me promenant le soir à un beau clair de lune avec le père Lizardi, nous aperçûmes le père Pons qui venoit nous joindre dans l'équipage le plus grotesque. Il étoit sur sa mule, qui n'avoit ni bride ni selle, sans chapeau, sans soutane, et n'ayant pour tout vêtement que sa culotte et une camisole. Ayant mis pied à terre, il nous raconta son histoire : c'étoient les Indiens de Tareyri, où il avoit eu tant d'empressement d'aller, lesquels, aussitôt qu'il fut entré dans leur bourgade, l'avoient mis dans ce pitoyable état : ils l'auroient renvoyé entièrement nu si le fils du capitaine, par je ne sais quelle compassion naturelle, ou de crainte qu'ils ne lui ôtassent la vie, ne l'eût retiré de leurs mains.

Après avoir un peu ri de cette aventure, je lui donnai une vieille soutane qu'heureusement j'avois apportée pour en pouvoir changer dans le besoin lorsque je serois établi à Caysa, sans quoi il eût été fort embarrassé. Nous allâmes ensuite tous trois prendre le repos de la nuit, au milieu de la place, sous un demi-toit de paille que les Espagnols appellent *enra-*

mada, et que les Indiens élèvent sur quatre fourches pour se mettre à l'ombre.

Sur le minuit, et lorsque nous étions dans le fort du sommeil, je me sentis tirer les pieds; je m'éveillai en sursaut, et je me vis entouré d'une troupe de femmes qui me disoient : « Lève-toi promptement ; les Indiens de Caysa en veulent à ta vie ; ils se sont déjà emparés de toutes les avenues de notre bourgade afin que tu ne puisses leur échapper. » Nous fûmes bientôt debout, et nous nous retirâmes dans la cabane du capitaine comme dans un asile où les Indiens de Caysa n'entreroient pas si aisément.

Il n'y avoit alors que quatre Indiens infidèles dans la bourgade ; tous les autres étoient allés à une fête qui se donnoit à Caaruruti. Ces quatre Indiens avoient déjà pris leurs gros collets de cuir pour nous défendre, et ils faisoient presqu'à tout moment retentir l'air du bruit de leurs sifflets afin qu'on ne crût pas pouvoir les surprendre dans le sommeil. C'étoit un jeune Indien de Caysa, âgé de vingt ans, que j'avois régalé d'un couteau, qui, par reconnoissance, étoit venu secrètement nous avertir du danger que nous courions. Il nous dit que tous les chemins étoient occupés par un bon nombre de ses compatriotes, que les autres devoient entrer dans la bourgade lorsqu'on y seroit plongé dans le sommeil, qu'ils comptoient s'en rendre les maîtres et nous massacrer.

Sur cela, je fis appeler le plus jeune des enfans du capitaine : « Guandari, lui dis-je (c'est son nom), il faut aller à l'instant à Caaruruti pour informer ton père de ce qui se passe ; donne-moi cette marque de ton amitié. » Après quelques difficultés qu'il fit sur ce qu'il étoit à pied et que les chemins étoient trop bien gardés, il sortit de la cabane, puis revenant un moment après : « J'ai trouvé un cheval, me dit-il, je pars. » Il ne manqua pas d'être arrêté par les Indiens de Caysa, qui gardoient les passages et qui lui demandèrent si je le suivois ; mais ayant reçu réponse que j'étois resté à Carapari, ils le laissèrent passer.

Guandari n'employa guère que deux heures et demie à faire les six lieues qu'il y a jusqu'à Caaruruti. Son arrivée mit toute la bourgade en alarme ; on crioit de toutes parts : *Guandari ou, Guandari ou*, c'est-à-dire : Guandari est arrivé. Son père, qui s'étoit réveillé à ce bruit, voyant son fils entrer dans la cabane où il étoit couché, lui demanda d'abord si les pères avoient été tués. Guandari répondit qu'il les avoit laissés en vie, mais qu'il ne savoit pas ce qu'il leur étoit arrivé depuis son départ. Il lui raconta ensuite tout ce qui se passoit en son absence. Ce vieux capitaine sort à l'instant de son hamac, demande son cheval et part avec les plus considérables de la bourgade.

Cependant, peu après le coucher de la lune, quatorze des principaux de Caysa et quelques Indiens de Sinandíti entrèrent dans Carapari ; ils parcoururent toutes les cabanes et prirent ce qu'ils y trouvèrent à notre usage ; mais ils n'osèrent pas entrer dans celle du capitaine, ainsi que je l'avois prévu. Vers les trois heures du matin, l'un d'eux vint m'y chercher pour m'inviter, de la part de ses compagnons, à les aller trouver au milieu de la place où ils étoient. Je me disposois à les suivre ; mais les pères Pons et Lizardi, de même que les trois Indiens qui étoient avec nous, m'en détournèrent.

Sur les cinq heures, vint un second messager avec la même invitation. Pour cette fois-là, ce fut vainement qu'on voulut m'arrêter ; je sortis de la cabane et j'allai droit à ces barbares. Ils formoient un cercle autour du feu ; et comme aucun d'eux ne se remuoit pour me faire place, je m'approchai du capitaine, et prenant par les épaules celui qui étoit assis à sa droite : « Lève-toi, lui dis-je, afin que je sache ce que ton capitaine veut me dire. » Il obéit, et je pris sa place. Ils étoient tous bien armés, leurs arcs et leurs flèches à la main et tenant la lance haute. « J'ai soupçonné, me dit le capitaine, que ton dessein étoit de t'en retourner sans nous rien donner de ce que tu nous as apporté ; c'est pourquoi je suis parti pendant la nuit afin d'être ici de grand matin et de pouvoir t'entretenir. — Je ne te crois pas, lui répondis-je ; car pourquoi tes soldats se sont-ils emparés de tous les chemins par où je pouvois passer ? pourquoi ont-ils volé nos mules ? pourquoi es-tu si bien armé ? Je connois tes artifices, n'espère pas me tromper. »

Le capitaine, sans répondre à mes questions, fut assez effronté pour me demander dans quel endroit j'avois mis mon petit bagage. Je lui répondis que les Indiens de Carapari l'avoient si bien caché dans la forêt, ce qui étoit vrai en partie, que toutes leurs recherches seroient inutiles. Il me fit de nouvelles instances, en me pressant de leur en distribuer au moins quelque chose. Je persistai à leur dire que je ne leur donnerois rien avant l'arrivée du capitaine, que s'ils ne vouloient pas l'attendre, ils pouvoient s'en retourner.

A ces mots, je les vis qui trépignoient de rage; mais au même moment parut le fils aîné du capitaine, nommé Guayamba; je me levai brusquement et je lui demandai des nouvelles de son père. « Le voici qui arrive, » me dit-il. Je le suivis jusqu'à sa cabane, où il descendit de cheval tout trempé de sueur, et je me retirai dans la cabane de son père, lequel arriva presque aussitôt que son fils. Il étoit accompagné des quatre capitaines de Caaruruti, du capitaine de Beriti, de ses Indiens et de plusieurs autres Indiens des deux bourgades, tous bien armés. Il alla droit à la place, la lance à la main, et jetant un regard terrible sur les Indiens de Caysa : « Où sont ceux, s'écria-t-il, qui veulent tuer les pères? Quoi! venir chez moi pour commettre un pareil attentat! » Et en achevant ces paroles, il les désarma tous. Il alla ensuite dans sa cabane, d'où il m'ordonna de ne point sortir, et ayant un peu repris haleine, il retourna dans la place plus furieux qu'auparavant. Les Indiens du Caysa songèrent à la retraite sans oser demander leurs armes au capitaine : ils les demandèrent à son fils, qui les leur rendit à l'insu de son père, et ils se retirèrent bien confus d'avoir manqué leur coup.

On pourroit s'imaginer que le zèle de ces Indiens à prendre notre défense étoit un heureux préjugé de leurs dispositions à embrasser le christianisme, mais ce seroit mal connoître l'opiniâtreté de leur caractère. Ils regardoient l'entreprise de ceux de Caysa comme une insulte personnelle qui leur étoit faite, et l'ardeur qu'ils firent paroître étoit bien plutôt l'effet de leur ressentiment que d'un véritable attachement pour nous. Aussi leurs oreilles, et encore plus leurs cœurs, n'en furent-ils pas moins fermés aux vérités du salut que nous leur annoncions.

Comme leur conversion étoit l'unique fin de nos travaux et des périls auxquels nous nous exposions, et que nous ne voyions nulle espérance de fléchir la dureté de leurs cœurs, nous nous retirâmes à la vallée des Salines, où il y a une peuplade d'Indiens convertis et une église sous le titre de l'Immaculée Conception. C'étoit la saison des pluies, et nous y demeurâmes tout le temps qu'elles durèrent. Nous y reçûmes de fréquens avis que les infidèles avoient pris la résolution de nous faire mourir si la fantaisie nous prenoit de rentrer dans leurs bourgades.

Nonobstant ces menaces, dès que les pluies furent cessées, nous fîmes une nouvelle tentative du côté d'Itau. Quand nous fûmes à un quart de lieue de la bourgade, je pris les devans, et comme cette bourgade est située au bord de la forêt, je me trouvai au milieu de la place où étoient ces infidèles sans qu'ils m'eussent aperçu. Il m'est revenu de plusieurs endroits, leur dis-je, que vous aviez pris la résolution de me tuer, moi et mes compagnons. Je viens m'informer de vous-mêmes s'il est vrai que vous ayez conçu un si cruel dessein contre des gens qui vous aiment tendrement et qui veulent vous procurer le plus grand bonheur. Ils furent tellement étonnés de me voir qu'ils ne purent faire aucune réponse. Leur surprise fut bien plus grande quand ils virent approcher mes deux compagnons. Ils ne concevoient pas comment, après les avis qu'ils nous avoient fait donner, nous étions assez hardis pour nous remettre entre leurs mains.

Le capitaine, qui étoit absent de la bourgade, arriva un moment après, et j'allai le visiter dans sa cabane. Il me reçut assez bien ; mais quand je lui parlai du dessein que j'avais d'aller plus avant et de passer aux autres bourgades, il me répondit qu'absolument il ne me le permettroit pas. Lui ayant répliqué que j'avois à parler aux capitaines de Chimeo, de Zapatera et de Caaruruti, il me dit qu'il alloit les faire avertir de se rendre à sa bourgade. Les deux premiers vinrent effectivement, mais le troisième refusa de nous voir. A peine eus-je ouvert la bouche pour les entretenir de notre mission qu'ils me coupèrent la parole et me dirent de n'y pas penser; qu'ils étoient déterminés à ne nous pas entendre sur un pareil sujet; que l'entrée sur leurs terres nous étoit absolument fermée; que nous eussions à en sortir le lendemain au plus tard et à retourner d'où nous venions : c'est à quoi il fallut bien se résoudre. Le seul fruit que j'ai retiré et qui me dédommage de toutes mes peines, c'est d'avoir eu le temps d'instruire la femme d'un de ces infidèles, qui étoit attaquée d'une maladie mortelle, et de lui avoir conféré le baptême qu'elle me demanda instamment un moment avant sa mort.

Quand nous fûmes de retour à la vallée des Salines, nous apprîmes l'arrivée du révérend père provincial, auquel nous rendîmes un compte exact de toutes nos démarches auprès des Chiriguanes. Il jugea qu'il falloit abandonner à la malignité de son cœur une nation si peu traitable et si fort endurcie dans son infidélité. Dans la vue de nous occuper plus utilement, il m'appliqua aux missions qui dépendent du collége de Tarija; il donna au père Pons le soin de la peuplade de Notre-Dame-du-Rosaire, et celle de la Conception, dans la vallée des Salines, fut confiée au père Lizardi: c'est ce qui lui procura une mort glorieuse, qu'il avait cherchée inutilement parmi les Chiriguanes.

Les infidèles d'Ingré avoient formé depuis du temps le projet de détruire cette peuplade chrétienne. Ils traversèrent leurs épaisses forêts et s'en approchèrent peu à peu sans qu'on pût en avoir connoissance. Le 16 mai de cette année 1735, à la faveur d'un brouillard épais, ils entrèrent tout-à-coup dans la peuplade. Les néophytes, qui n'étoient pas en assez grand nombre pour leur résister, prirent la fuite. Ces barbares coururent aussitôt à l'église, où le missionnaire commençoit la messe; ils l'arrachèrent de l'autel, déchirèrent ses habits sacerdotaux, pillèrent les vases sacrés, les ornemens et tous les meubles de sa pauvre cabane, dont j'avais été l'architecte, et l'emmenèrent avec eux. A une lieue de la peuplade, ils le mirent tout nu, l'attachèrent à un rocher et décochèrent trente-deux flèches, dont une lui perça le cœur.

J'étois uni avec ce zélé missionnaire par les liens de la plus étroite amitié: il étoit le compagnon inséparable de mes voyages. Les petits meubles, dont je me sers actuellement, nous étoient communs, et ils étoient également à son usage: ainsi je les regarde comme autant de précieuses reliques. Les débris de sa peuplade et ses chers néophytes ont été transportés aux environs de Tarija, où ils seront à couvert de la fureur des cruels Chiriguanes.

C'est inutilement qu'on s'est employé jusqu'ici à inspirer des sentimens de religion et même d'humanité à ces barbares. Il y a plus de deux cents ans que de fervens missionnaires, brûlant de zèle pour leur conversion et s'y employant avec une charité infatigable, les quittèrent sans avoir pu retirer aucun fruit de leurs travaux. Saint François de Solano n'épargna ni soins ni fatigues pour amollir ces cœurs inflexibles sans avoir pu y réussir. Un d'eux me dit un jour: Tu te donnes bien des peines inutiles, et fermant la main: Les Indiens, ajouta-t-il, ont le cœur fermé comme mon poing. — Tu te trompes, répliquai-je, et tu n'en dis pas assez: leur cœur est plus dur que la pierre. — Ni plus ni moins, me répondit-il, mais en même temps ils sont plus adroits et plus rusés que tu ne penses. Il n'y a point d'homme, quelque fin qu'il soit, qu'ils ne trompent, à moins qu'il ne soit bien sur ses gardes.

C'est en partie cette mauvaise subtilité de leur esprit qui met obstacle à leur conversion. Ils sont naturellement gais, pleins de feu, enclins à la plaisanterie, et leurs bons mots ne laissent pas d'avoir leur sel; lâches pour l'ordinaire quand ils trouvent de la résistance, mais insolens jusqu'à l'excès lorsqu'ils s'aperçoivent qu'on les craint. J'eus bientôt approfondi leur caractère, et c'est pourquoi souvent je les traitois avec hauteur et leur parlois en maître.

Leurs bourgades sont toutes disposées en forme de cercle et la place en est le centre. Ils sont fort sujets à s'enivrer d'une liqueur très-forte que font leurs femmes et ils ne reconnoissent aucune divinité. Lorsqu'ils sont chez eux, ils vont d'ordinaire tout nus: ils ont pourtant des culottes de cuir, mais le plus souvent ils les portent sous le bras. Quand ils voyagent, ils se mettent un collet de cuir pour se garantir des épines dont leurs forêts sont remplies.

Leurs femmes ne se couvrent que de quelques vieux haillons qui leur pendent depuis la ceinture jusqu'aux genoux; elles portent les cheveux longs et bien peignés; au-dessus de la tête, elles se font avec leurs cheveux une espèce de couronne qui a assez bon air. Elles se peignent d'ordinaire le visage d'un rouge couleur de feu, et tout le reste du corps lorsqu'il y a quelque fête où l'on doit s'enivrer. Les hommes se contentent de se tracer sur le visage quelques lignes de la même couleur, auxquelles ils ajoutent quelques gros traits noirs. Quand ils sont peints de la sorte, hommes et femmes ont un air effroyable. Les hommes se percent la lèvre inférieure et ils y attachent un petit cylindre d'étain ou d'argent, ou de résine transparente. Ce prétendu ornement s'appelle *tembeta*.

Les garçons et les filles, jusqu'à l'âge de douze ans, n'ont pas le moindre vêtement : c'est une coutume généralement établie parmi tous ces infidèles de l'Amérique méridionale. Leurs armes sont la lance, l'arc et les flèches. Les femmes y sont du moins aussi rusées que les hommes et ont une égale aversion pour le christianisme. Ce qui m'a fort surpris, c'est que, dans la licence où ils vivent, je n'ai jamais remarqué qu'il échappât à aucun homme la moindre action indécente à l'égard des femmes, et jamais je n'ai ouï sortir de leur bouche aucune parole tant soit peu déshonnête.

Leurs mariages, si l'on peut leur donner ce nom, n'ont rien de stable. Un mari quitte sa femme quand il lui plaît : de là vient qu'ils ont des enfans presque dans toutes les bourgades. Dans l'une ils se marient pour deux ans, et ils vont ensuite se remarier dans une autre. C'est pourquoi je leur disois quelquefois qu'ils ressembloient à leurs perroquets, qui font leurs nids une année dans un bois et l'année suivante dans un autre.

Ce prétendu mariage se fait sans beaucoup de façon. Lorsqu'un Indien recherche une Indienne pour sa femme, il tâche de gagner ses bonnes grâces en la régalant pendant quelque temps des fruits de sa moisson et du gibier qu'il prend à la chasse ; après quoi il met à sa porte un faisceau de bois : si elle le retire et le place dans sa cabane, le mariage est conclu ; si elle le laisse à la porte, il doit prendre son parti et chasser pour une autre.

Ils n'ont point d'autres médecins qu'un ou deux des plus anciens de la bourgade : toute la science de ces prétendus médecins consiste à souffler autour du malade pour en chasser la maladie. Quand je sortis la première fois de Caysa, je laissai malade la fille d'un des deux capitaines ; lorsque je revins peu après, je la trouvai guérie. Ayant eu alors quelques accès de fièvre, sa mère m'exhorta fort à me faire souffler par leur médecin. Comme elle vit que je me moquois de sa folle crédulité : Écoute, me dit-elle, ma fille étoit bien malade quand tu nous quittas ; tu la trouves en parfaite santé à ton retour : comment s'est-elle guérie ? c'est uniquement en se faisant souffler.

Lorsqu'une fille a atteint un certain âge, on l'oblige de demeurer dans son hamac, qu'on suspend au haut du toit de la cabane ; le second mois, on baisse le hamac jusqu'au milieu, et le troisième mois, de vieilles femmes entrent dans la cabane armées de bâtons : elles courent de tous côtés en frappant tout ce qu'elles rencontrent et poursuivant, à ce qu'elles disent, la couleuvre qui a piqué la fille jusqu'à ce que l'une d'elles mette fin à ce manége en disant qu'elle a tué la couleuvre.

Quand une femme a mis un enfant au monde, c'est l'usage que son mari observe durant trois ou quatre jours un jeûne si rigoureux qu'il ne lui est pas même permis de boire. Un Indien de bonne volonté m'aidoit à construire ma cabane lorsque j'étois à Caysa ; il disparut pendant deux jours : le troisième jour, je le rencontrai avec un visage hâve et tout défait. « D'où te vient cette pâleur, lui dis-je, et pourquoi ne viens-tu plus m'aider à l'ordinaire ? — Je jeûne, » me répondit-il. Sa réponse m'étonna fort ; mais je fus bien plus surpris lorsque, lui en ayant demandé la raison, il me dit qu'il jeûnoit parce que sa femme étoit en couches. Je lui fis sentir sa bêtise et lui ordonnai d'aller prendre à l'heure même de la nourriture. « Si ta femme est en couches, lui ajoutai-je, c'est à elle à jeûner et non pas à toi. » Il goûta cette raison et vint peu après travailler comme il faisoit auparavant.

Ils n'abandonnent point leurs morts comme d'autres barbares. Quand quelqu'un de leur famille est décédé, ils le mettent dans un pot de terre proportionné à la grandeur du cadavre et l'enterrent dans leurs propres cabanes. C'est pourquoi tout autour de chaque cabane on voit la terre élevée en espèce de talus, selon le nombre de pots de terre qui y sont enterrés.

Les femmes pleurent les morts trois fois le jour, dès le matin, à midi et vers le soir. Cette cérémonie dure plusieurs mois et autant qu'il leur plaît. Cette sorte de deuil commence même aussitôt qu'ils jugent que la maladie est dangereuse : trois ou quatre femmes environnent le hamac du malade avec des cris et des hurlemens effroyables, et cela dure quelquefois quinze jours de suite. Le malade aime mieux qu'on lui rompe la tête que de n'être pas pleuré de la sorte ; car si l'on manquoit à cette cérémonie, ce seroit un signe infaillible qu'il n'est pas aimé.

Ils croient l'immortalité de l'âme, mais sans savoir ce qu'elle devient pour la suite; ils s'imaginent qu'au sortir du corps, elle est errante dans les broussailles des bois qui sont autour de leurs bourgades; ils vont la chercher tous les matins; lassés de la chercher inutilement, ils l'abandonnent.

Ils doivent avoir quelque idée de la métempsycose, car m'entretenant un jour avec une Indienne, qui avoit laissé sa fille dans une bourgade voisine, elle fut effrayée de voir passer un renard près de nous : Ne seroit-ce point, me dit-elle, l'âme de ma fille qui seroit morte?

Ils tirent un mauvais augure du chant de certains oiseaux, d'un surtout qui est de couleur cendrée, et qui n'est pas plus gros qu'un moineau, nommé chochos : s'ils se mettent en voyage et qu'ils l'entendent chanter, ils ne vont pas plus loin et retournent à l'instant chez eux. Je me souviens que, conférant un jour avec les capitaines de trois bourgades et un grand nombre d'Indiens, un de ces chochos se mit à chanter dans le bois voisin; ils demeurèrent interdits et saisis de frayeur, et la conversation cessa sur l'heure.

Du reste, les magiciens et les sorciers, qui font fortune chez d'autres sauvages, sont parmi eux en exécration, et ils les regardent comme des pestes publiques. Trois ou quatre mois avant que je vinsse à Caysa, ils y avoient brûlé vifs quatre Indiens de Sinanditi, sur le simple soupçon que le fils d'un capitaine étoit mort par les maléfices qu'ils avoient jeté sur lui. Lorsqu'ils voient qu'une maladie traîne en longueur et que les souffleurs ne la guérissent point, ils ne manquent pas de dire que le malade est ensorcelé.

Je ne finirois point, mon révérend père, si je vous faisois le détail de toutes les superstitions ridicules qui règnent parmi ces pauvres infidèles dont le démon s'est rendu absolument le maître. J'ai peine à croire qu'on puisse jamais les en désabuser, à moins que Dieu ne jette sur eux les regards de sa grande miséricorde. Souvenez-vous toujours de moi dans vos saints sacrifices, en la participation desquels je suis avec respect, etc.

ÉTAT DES MISSIONS

Des pères jésuites de la province du Paraguay parmi les Indiens appelés Chiquites, et de celles qu'ils ont établies sur les rivières de Parana et Uruguay dans le même continent; tiré d'un Mémoire espagnol envoyé à sa majesté catholique

PAR LE P. FRANÇOIS BURGES.

Les Chiquites[1], ainsi nommés par les Espagnols du Paraguay, qui en ont fait la découverte, sont entre le 16ᵉ degré de latitude australe et le tropique du Capricorne; ils ont à l'occident la ville de Saint-Laurent et la province de Sainte-Croix-de-la-Sierra, et s'étendent vers l'orient environ cent cinquante lieues jusqu'à la rivière Paraguay; au nord, cette nation est terminée par les montagnes des Tapacures, qui la séparent de celles des Moxes; au sud, elle confine avec l'ancienne ville de Sainte-Croix.

Le pays a environ cent lieues du nord au sud; son terrain est montagneux, il abonde en miel; on y trouve des cerfs, des buffles, des tigres, des lions, des ours et d'autres bêtes semblables; les pluies et les ruisseaux forment de grandes mares où se trouvent des crocodiles et certaines espèces de poissons. Dans la saison des pluies le pays est tout inondé, alors tout commerce cesse entre les habitations. Comme durant l'hiver le plat pays est tout couvert de méchantes herbes, ces Indiens labourent les collines et ils y ont d'ordinaire une bonne récolte de maïs, de racines d'yuca, de manioc, dont ils font de la cassave qui leur sert de pain, de patates, de légumes et de divers autres fruits.

Le dérangement des saisons et la chaleur excessive du climat y causent beaucoup de maladies et souvent même la peste, qui enlève beaucoup de monde. Ces peuples sont d'ailleurs si grossiers qu'ils ignorent jusqu'aux moyens de se précautionner contre les injures de l'air. Ils ne connoissent que deux manières de se faire traiter dans leurs maladies : la première est de faire sucer la partie où ils sentent de la douleur par des gens que les Espagnols ont appelés pour cette raison *chupadores*. Cet emploi est exercé par les caciques, qui sont les principaux de la nation et qui par là se donnent une grande autorité sur l'esprit de ces peuples. Leur coutume est de faire diverses ques-

[1] Chiquitos.

tions au malade. Où sentez-vous de la douleur, lui demandent-ils ? « En quel lieu êtes-vous allé immédiatement avant votre maladie? N'avez-vous pas répandu la *chica* ? (C'est une liqueur enivrante dont ils font grand cas.) N'avez-vous pas jeté de la chair de cerf ou quelque morceau de tortue ? » Si le malade avoue quelqu'une de ces choses : « Justement, reprend le médecin, voilà ce qui vous tue; l'âme du cerf ou de la tortue est entrée dans votre corps pour se venger de l'outrage que vous lui avez fait. » Le médecin suce ensuite la partie mal affectée, et au bout de quelque temps il jette par la bouche une matière noire : « Voilà, dit-il, le venin que j'ai tiré de votre corps. »

Le second remède auquel ils ont recours est plus conforme à leurs mœurs barbares. Ils tuent les femmes indiennes qu'ils s'imaginent être la cause de leur mal, et offrant ainsi par avance cette espèce de tribut à la mort, ils se persuadent qu'ils sont exempts de le payer pour eux-mêmes. Comme leur intelligence est fort bornée et que leur esprit ne va guère plus loin que leurs sens, ils n'attribuent toutes leurs maladies qu'aux causes extérieures, n'ayant aucune idée des principes internes qui altèrent la santé.

Ils ont la plupart la taille belle et grande, le visage un peu long. Quand ils ont atteint l'âge de vingt ans, ils laissent croître leurs cheveux ; ils vont presque tout nu ; ils laissent pendre négligemment sur leurs épaules un paquet de queues de singe et de plumes d'oiseaux qu'ils ont tués à la chasse, afin de faire voir par là leur habileté à tirer de l'arc ; ils se percent les oreilles et la lèvre inférieure, où ils attachent une pièce d'étain ; ils se servent encore de chapeaux de plumes assez agréables par la diversité des couleurs. Les seuls caciques ont des chemisettes. Les femmes portent une espèce de tablier qui s'appelle dans leur langue *typoy*.

On ne voit parmi eux aucune forme de police ni de gouvernement ; cependant dans leurs assemblées ils suivent les avis des anciens et des caciques. Le pouvoir de ces derniers ne se transmet point à leurs enfans ; ils doivent l'acquérir par leur valeur et par leur mérite. Ils passent pour braves quand ils ont blessé leur ennemi ou qu'ils l'ont fait prisonnier. Ils n'ont souvent d'autre raison de se faire la guerre que l'envie d'avoir quelques ferremens ou de se rendre les maîtres des autres, à quoi ils sont portés par leur naturel fier et hautain. Du reste, ils traitent fort bien leurs prisonniers, et souvent ils les marient à leurs filles.

Bien que la polygamie ne soit pas permise au peuple, les caciques peuvent avoir deux ou trois femmes. Comme le rang qu'ils tiennent les oblige à donner souvent la chica[1] et que ce sont les femmes qui l'apprêtent, une seule ne suffiroit pas à cette fonction. On ne prend aucun soin de l'éducation des enfans, et on ne leur inspire aucun respect pour leurs parens : ainsi abandonnés à eux-mêmes, ils ne suivent que leur caprice et ils s'accoutument à vivre dans une indépendance absolue.

Leurs cabanes sont de paille, faites en forme de four ; la porte en est si petite et si basse qu'ils ne peuvent s'y glisser qu'en se traînant sur le ventre : c'est ce qui les a fait nommer *Chiquites* par les Espagnols, comme qui diroit *peuples rapetissés*. Ils en usent ainsi, à ce qu'ils disent, afin de se mettre à couvert des mosquites, dont on est fort incommodé durant le temps des pluies.

Ils ont pourtant de grandes maisons, construites de branches d'arbres, où logent les garçons qui ont quatorze à quinze ans, car à cet âge ils ne peuvent plus demeurer dans la cabane de leur père. C'est dans ces mêmes maisons qu'ils reçoivent leurs hôtes et qu'ils les régalent en leur donnant la chica. Ces sortes de festins, qui durent d'ordinaire trois jours et trois nuits, se passent à boire, à manger et à danser. C'est à qui boira le plus de la chica, dont ils s'enivrent jusqu'à devenir furieux ; alors ils se jettent sur ceux dont ils croient avoir reçu quelque affront, et il arrive souvent que ces sortes de réjouissances se terminent par la mort de quelques-uns de ces misérables.

Voici de quelle manière ils passent la journée dans leurs villages. Ils déjeunent au lever du soleil, puis ils jouent de la flûte en attendant que la rosée se passe, car, selon eux, elle est fort nuisible à la santé. Quand le soleil est un peu haut, ils vont labourer leurs terres avec des pelles d'un bois très-dur, qui leur tiennent lieu de bêches. A midi ils viennent dîner. Sur le soir ils se promènent, ils se rendent des visites les uns aux autres, ils se donnent à manger

---

[1] Liqueur faite de maïs, de manioc et de quelques autres fruits.

et à boire : le peu qu'ils ont se partage entre tous ceux qui se trouvent présens. Comme les femmes sont ennemies du travail, elles passent presque tout leur temps à se visiter et à s'entretenir ensemble ; elles n'ont d'autre occupation que de tirer de l'eau, d'aller quérir du bois, de cuire le maïs, l'yuca, etc. ; de filer de quoi faire leur typoy ou bien les chemisettes et les hamacs de leurs maris; car pour ce qui les regarde, elles couchent sur la terre, qu'elles couvrent d'un simple tapis de feuilles de palmier, ou bien elles se reposent sur une claie faite de gros bâtons assez inégaux. Ils soupent au coucher du soleil et aussitôt après ils vont dormir, à la réserve des jeunes garçons et de ceux qui ne sont pas mariés : ceux-ci s'assemblent sous des arbres et ils vont ensuite danser devant toutes les cabanes du village. Leur danse est assez particulière : ils forment un grand cercle, au milieu duquel se mettent deux Indiens qui jouent chacun d'une longue flûte qui n'a qu'un trou et qui par conséquent ne rend que deux tons; ils se donnent de grands mouvemens au son de cet instrument, sans pourtant changer de place; les Indiennes forment pareillement un cercle de danse derrière les garçons ; et ils ne vont prendre du repos qu'après avoir poussé ce divertissement jusqu'à deux ou trois heures dans la nuit.

Le temps de leur pêche et de leur chasse suit la récolte du maïs. Quand les pluies sont passées, lesquelles durent depuis le mois de novembre jusqu'au mois de mai, ils se partagent en diverses troupes et vont chasser sur les montagnes pendant deux ou trois mois ; ils ne reviennent de leur chasse que vers le mois d'août, qui est le temps auquel ils ensemencent leurs terres.

Il n'y a guère de nation, quelque barbare qu'elle soit, qui ne reconnoisse quelque divinité. Pour ce qui est des Chiquites, il n'y a parmi eux nul vestige d'aucun culte qu'ils rendent à quoi que ce soit de visible ou d'invisible, pas même au démon, qu'ils appréhendent extrêmement. Ainsi ils vivent comme des bêtes, sans nulle connoissance d'une autre vie, n'ayant d'autre dieu que leur ventre et bornant toute leur félicité aux satisfactions de la vie présente: c'est ce qui les a portés à détruire tout à fait les sorciers, qu'ils regardoient comme les plus grands ennemis de la vie; et même à présent, il suffiroit qu'un homme eût rêvé en dormant que son voisin est sorcier pour qu'il se portât à lui ôter la vie s'il le pouvoit.

Cependant ils ne laissent pas d'être fort superstitieux, surtout par rapport au chant des oiseaux, qu'ils observent avec une attention scrupuleuse : ils en augurent les malheurs qui doivent arriver, et de là ils jugent souvent que les Espagnols sont près de faire des irruptions sur leurs terres. Cette appréhension seule est capable de les faire fuir bien avant dans les montagnes : alors les enfans se séparent de leurs pères, et les pères ne regardent plus leurs enfans que comme des étrangers. Les liens de la nature qui sont connus des bêtes mêmes, n'ont pas la force de les unir ensemble: un père vendra son fils pour un couteau ou pour une hache; c'est ce qui faisoit craindre aux missionnaires de ne pouvoir réussir à les rassembler dans des bourgades, ce qui est absolument nécessaire ; car il en faut faire des hommes avant que d'en faire des chrétiens.

Après avoir donné une connoissance générale des mœurs de cette nation, il faut parler de la manière dont l'Évangile lui fut annoncé et de ce qui donna lieu aux jésuites d'entrer dans le pays des Chiquites. Leurs vues ne s'étoient pas tournées d'abord de ce côté-là, ils ne pensoient qu'à la conversion des Chiriguanes, des Matagayes, des Tobas, des Mocobies et de diverses autres nations semblables. On avoit choisi le collège que don Jean Fernandez de Campero, maître-de-camp et chevalier de l'ordre de Calatrava, avoit fondé dans la ville de Tarija, qui se trouve dans le voisinage de toutes ces nations, pour y faire un séminaire d'ouvriers évangéliques propres à porter la foi chez tant de peuples infidèles. Le père Joseph-François d'Arce et le père Jean-Baptiste de Zea entrèrent les premiers chez les Chiriguanes, pour connoître quelle étoit la disposition de leurs esprits et en quel lieu on pourrait établir des missionnaires. Ce ne fut qu'avec bien des fatigues qu'ils arrivèrent à la rivière Guapay, où ils furent assez bien reçus des Indiens et de leurs caciques. Le père d'Arce eut la consolation d'instruire et de baptiser quatre de ces infidèles qui se mouroient ; ensuite il se disposa à s'en retourner après avoir promis aux caciques qu'il leur enverroit au plus tôt des missionnaires pour continuer de les instruire.

Comme il étoit sur son départ, la sœur d'un cacique, nommée Tambacura, vint trouver le père, et elle le supplia de protéger son frère auprès du gouverneur de Sainte-Croix, qui vouloit lui faire son procès sur une accusation très-fausse. Le père d'Arce saisit cette occasion de servir le cacique et par là de gagner de plus en plus la confiance des Indiens. Il sollicita sa grâce et il l'obtint.

Cependant don Arce de la Concha (c'est le nom de ce gouverneur) ne pouvoit goûter l'entreprise des missionnaires. Il leur représenta que leurs travaux auprès des Chiriguanes seroient inutiles ; que c'étoit une nation tout à fait indomptable ; que les jésuites du Pérou avoient déjà fait diverses tentatives pour les convertir à la foi sans avoir pu y réussir ; que leur zèle seroit bien mieux employé auprès des Chiquites ; que c'étoit un peuple doux et paisible, qui n'attendoit que des missionnaires pour se faire instruire ; que les jésuites du Paraguay avoient la mission des Itatines dans le voisinage de cette nation, et qu'il leur étoit facile d'entrer de là chez les Chiquites, dont le pays s'étend jusqu'à la rivière Paraguay, laquelle, après avoir formé la rivière de la Plata, va se décharger dans l'Océan à 35 degrés de latitude australe ; que le jésuites du Pérou n'avoient pas la même facilité que ceux du Paraguay ; qu'ils étoient trop occupés auprès de la nombreuse nation des Moxes, qui est fort éloignée de celle des Chiquites ; qu'enfin, s'il étoit nécessaire, il en écriroit au père provincial, et au père général même, qui étoit de ses amis. Le père d'Arce répondit au gouverneur qu'il ne pouvoit rien entreprendre sans l'ordre de ses supérieurs, mais qu'il ne tarderoit pas à l'exécuter aussitôt qu'il lui auroit été intimé.

Cependant, ayant reçu vers le commencement de l'année 1691 un renfort de missionnaires et ayant pris connoissance du pays des Chiriguanes, qu'il avoit parcouru, il fonda la première mission sur la rivière Guapay ; il lui donna le nom de la Présentation-de-Notre-Dame et il la mit sous la conduite du père de Cea et du père Centeno. Le 31 juillet de la même année, il établit la mission de Saint-Ignace dans la vallée de Tarequea, qui est entre la ville de Tarija et la rivière Guapay ; il la confia au père Joseph Tolu, après quoi il retourna au collège de Tarija pour conférer avec son supérieur sur les moyens de porter la lumière de l'Évangile aux nations des Chiquites. Là il eut ordre d'aller reconnoître la rivière Paraguay et d'examiner s'il trouvoit dans l'esprit des Chiquites des dispositions favorables pour recevoir la foi.

Le père d'Arce ne différa pas à se rendre à Sainte-Croix-de-la-Sierra ; mais il y trouva les choses bien changées. Don Augustin de la Concha, qui avoit si fort à cœur la conversion des Chiquites, avoit quitté le gouvernement de ce pays-là, et tout le monde dissuadoit le père d'une entreprise qu'on regardoit comme téméraire et inutile. C'étoit, disoit-on, s'exposer imprudemment à une mort certaine que de se livrer entre les mains d'un peuple barbare qui le massacreroit aussitôt qu'il seroit entré dans le pays. Comme ces discours n'effrayoient point le missionnaire, qu'au contraire ils ne servoient qu'à animer son zèle, quelques Espagnols, que leur propre intérêt touchoit davantage que le salut de ces infidèles, s'opposèrent formellement à son dessein : ils prévoyoient que si les missionnaires entroient une fois chez les Chiquites, ils les empêcheroient d'y faire des excursions et d'y enlever des esclaves, dont ils retiroient de grosses sommes par le trafic qu'ils en faisoient au Pérou, et c'est ce qui leur fit redoubler leurs efforts pour rompre toutes les mesures du père. Il eut beau chercher un guide pour le conduire dans ces terres inconnues, il n'en put jamais trouver. Enfin, après bien des sollicitations et des prières, il engagea secrètement deux jeunes hommes qui savoient passablement les chemins à le guider jusque chez les Pignocas, qui sont voisins des Chiquites.

Il partit donc au commencement de décembre, et il eut beaucoup à souffrir pendant un mois que dura son voyage : tantôt il lui falloit grimper sur des montagnes escarpées, tantôt il avoit à traverser des rivières très-profondes ; d'autres fois il étoit obligé de se tracer un chemin dans des lieux qui n'avoient été pratiqués de personne. Enfin, après des fatigues incroyables, il arriva chez les Pignocas. La joie qu'il eut de se voir au milieu de ces peuples fut bien tempérée par la douleur qu'il ressentit du triste état où il les trouva : la petite vérole faisoit parmi eux de grands ravages et enlevoit tous les jours quantité de monde. Le bon accueil qu'on lui fit le consola. Ces Indiens l'assurèrent qu'ils avoient un désir sincère d'embrasser la foi, et que s'il étoit venu plus tôt, plusieurs de leurs compatriotes, qui étoient morts, auroient reçu le baptême ; ils lui offrirent ensuite des légumes, du maïs, des citrouilles, des patates et divers autres fruits qu'ils cueillent dans les bois ; ils le prièrent instamment de ne les pas abandonner, et ils lui promirent de bâtir une église et de lui fournir tout ce qui seroit nécessaire à sa subsistance.

Des dispositions si favorables au christianisme charmèrent le père d'Arce ; c'est pourquoi, faisant réflexion que le temps des pluies étoit venu, que le pays, qui est une terre basse, étant tout inondé, il ne pouvait continuer la découverte de la rivière Paraguay qu'au mois d'avril que les pluies cessoient, il se détermina à demeurer tout ce temps-là parmi les Chiquites, et il leur promit que s'il étoit contraint de les quitter, il feroit venir d'autres missionnaires qui prendroient sa place.

Ces paroles du missionnaire combloient de joie les Indiens. Quoiqu'ils ne fussent pas encore bien rétablis de leur maladie, ils se mirent en devoir d'exécuter ce qu'ils avoient promis. Ils choisirent un lieu propre à placer une église et ils commencèrent par y planter une croix ; tous se prosternèrent devant ce signe du salut. Le père récita les litanies à haute voix, et les Indiens y assistèrent à genoux. Dès le soir même ces pauvres gens se mirent à couper du bois, et ils travaillèrent avec tant d'ardeur qu'en moins de quinze jours l'église fut achevée et dédiée à saint François Xavier. Ils s'y assembloient tous les jours pour se faire instruire de la doctrine chrétienne, et souvent le missionnaire étoit obligé de passer une partie de la nuit à leur expliquer ce qu'ils n'entendoient pas ou à leur répéter ce qu'ils avoient oublié. Cette assiduité et cette application extraordinaire les mit bientôt en état de recevoir le baptême. Le père commença par l'administrer à quatre-vingt-dix enfans qui étoient bien instruits : l'un d'eux ne survécut pas longtemps à cette grâce, et il alla prendre possession du céleste héritage que ces eaux salutaires venoient de lui acquérir.

Des progrès si rapides consoloient infiniment le missionnaire et adoucissoient toutes ses peines. Sa joie augmenta par l'arrivée de plusieurs caciques qui le prièrent de lui marquer un lieu dans la nouvelle peuplade où ils pussent se loger, eux et leurs familles, et ne faire qu'un même peuple avec les nouveaux fidèles. D'un autre côté, les Pegnoquis lui députèrent quelques-uns de leur nation pour le prier de leur envoyer des missionnaires qui les missent au rang des enfans de Dieu. De toutes parts les Indiens accouroient pour se faire instruire, et l'église se trouva bientôt trop petite pour les contenir.

Mais ces heureux commencemens furent bientôt troublés, soit par une maladie dangereuse qui pensa ravir le missionnaire à ses néophytes, soit par les irruptions des Mamelus-Portugais du Brésil. Ce sont des bandits qui, pour éviter le châtiment que méritent leurs crimes, s'attroupent en certains lieux, courent le pays à main armée et vivent dans une entière indépendance. Ils ne menaçoient de rien moins que de pousser leur excursion jusqu'à Sainte-Croix-de-la-Sierra, qu'ils prétendoient détruire, et d'emmener esclaves tous les Chiquites qu'ils trouveroient sur leur route. On eut ces avis par un Indien qui avoit été pris par les Portugais et qui s'étoit échappé de leurs mains au passage de la rivière Paraguay.

A cette nouvelle, le père d'Arce partit avec trois Indiens qui connaissoient le pays pour observer de près leur marche ; il prit sa route vers l'orient et il passa chez les nations des Boros, des Tabicas, des Taucas, etc. Partout il fut bien reçu, et tous ces peuples parurent disposés à se soumettre au joug de l'Évangile. Le missionnaire apprit bientôt, par quelques Indiens tout effrayés qui prenoient la fuite et par le bruit même des mousquets, que les Mamelus-Portugais étoient proche. Aussitôt il exhorta les Indiens à joindre leurs familles ensemble et à se retirer dans un lieu avantageux où ils pussent plus aisément se mettre à couvert des insultes de l'ennemi. L'avis du père fut suivi, et les Indiens se retirèrent dans un endroit appelé Capoco, où peu de temps après on fonda la mission de Saint-Raphaël. Ce poste étoit assez sûr, à cause d'un grand bois fort épais que les Indiens mettoient entre eux et la route que tenoient les Portugais.

Cependant le missionnaire, les trouvant tous réunis, profita de l'occasion pour les instruire autant que le temps le lui permettoit ; et après avoir baptisé quelques enfans, il se rendit à sa mission de Saint-François-Xavier, qui étoit à cinquante lieues plus loin, d'où il partit incontinent pour aller à Sainte-Croix-de-la-Sierra avertir le gouverneur de ce qui se passoit et lui demander un prompt secours. On lui donna trente soldats avec un commandant, qui partirent en toute diligence vers la mission de Saint-François-Xavier, où ils furent joints par cinq cents Indiens Chiquites, tous armés de flèches.

Comme l'endroit où cette mission est située n'étoit pas assez sûr, on jugea plus à propos d'aller camper sur la rivière Aperé, que les Espagnols nomment de Saint-Michel. Le commandant envoya aussitôt des coureurs pour reconnoître l'ennemi, et le lendemain il eut nouvelle qu'il étoit arrivé à la bourgade de Saint-Xavier, qu'on venoit d'abandonner. On reçut même une lettre du commandant portugais, qu'il écrivoit au missionnaire, dont voici la teneur :

« MON RÉVÉREND PÈRE,
» Je suis arrivé ici avec deux compagnies de braves soldats de ma nation ; nous n'avons nul dessein de vous faire du mal : nous venons chercher quelques-uns de nos gens qui se sont réfugiés dans ce pays ; ainsi vous pouvez retourner dans votre maison et ramener avec vous vos néophytes, vous y serez en toute sûreté.
» Je prie Dieu qu'il vous conserve.
» ANTOINE FERRAEZ. »

Après la lecture de cette lettre, le commandant espagnol fit aussitôt marcher ses troupes vers les Portugais. Il arriva sur les trois heures après midi à une lieue du camp ennemi. Il crut devoir différer le combat jusqu'au lendemain matin, soit pour délasser ses troupes, soit pour donner le temps aux Espagnols et aux Indiens de se confesser. Les missionnaires qui les accompagnoient furent occupés jusqu'à minuit à entendre les confessions. Sur les trois heures du matin le commandant donna ses ordres pour le combat : il fut réglé qu'on sommeroit d'abord les Portugais de mettre bas les armes ; qu'à leur refus, on tireroit un coup de fusil qui serviroit de signal pour commencer le combat.

Cet ordre fut troublé par l'imprudence de six Espagnols, qui obligèrent un Indien du parti portugais à décharger son mousquet dans la tête de l'un d'eux : cette mort est aussitôt vengée par celle de deux Portugais, et le combat s'étant ainsi engagé, on se mêla avec furie. Antoine Ferraez et Manuel de Friaz, qui commandoient les deux compagnies, furent tués à ce premier choc ; la mort des chefs effraya leurs soldats, qui se jetèrent avec précipitation dans la rivière de Saint-Michel pour se sauver à la nage. Ce fut vainement : les Espagnols et les Indiens en firent un tel carnage que de cent cinquante hommes qu'ils étoient, il n'en resta que six, dont trois furent faits prisonniers, trois autres prirent la fuite et allèrent porter la nouvelle de leur défaite à une autre troupe de leurs gens qui étoient entrés par un autre chemin dans le pays des Pegnoquis et avoient enlevé quinze cents de ces malheureux Indiens. Ils n'eurent pas plutôt appris cette nouvelle, qu'ils repassèrent au plus vite la rivière Paraguay et se retirèrent au Brésil. Les Espagnols s'en retournèrent à Sainte-Croix, n'ayant perdu que six de leurs soldats et deux Indiens ; ils y conduisirent trois prisonniers portugais, et ils eurent la gloire d'avoir sauvé cette chrétienté naissante, qui était perdue si elle n'avoit été secourue à temps.

Don Louis-Antoine Calvo, gouverneur de Sainte-Croix, remit les prisonniers au pouvoir du conseil royal de Charcas, auquel il envoya une relation détaillée de cette expédition. Il eut ordre du conseil d'en informer les missionnaires et les Indiens du Paraguay afin qu'ils prissent les mesures convenables pour prévenir de semblables malheurs qui intéressoient également et la religion et l'état.

On ne pouvoit douter que ces Mamelus n'eussent le même dessein sur le pays des Chiquites et sur la ville de Sainte-Croix, qu'ils avoient tâché d'exécuter auparavant sur les Guarinis du Paraguay et sur d'autres nations indiennes sujettes à la couronne d'Espagne. Leur vue est de s'emparer de toutes ces terres et de se frayer un passage au Pérou, se mettant peu en peine de ruiner le christianisme pourvu qu'ils satisfassent leur ambition et leur avarice.

Comme la connoissance de la route que tinrent les Mamelus du Brésil peut être utile afin de se précautionner contre leurs violences, et que d'ailleurs cet itinéraire ne servira pas peu à réformer les cartes géographiques, il est à propos de rapporter ici ce que l'on en a appris de Gabriel-Antoine Maziel, l'un des trois Portugais qui furent faits prisonniers dans le combat dont nous venons de parler. Il déclara donc qu'il partit du Brésil avec ses compagnons et qu'ils se mirent en canot sur la rivière Anemby, qui tombe dans le fleuve Parana par le côté du nord ; qu'ils entrèrent ensuite dans ce fleuve, et qu'ayant trouvé l'embouchure de la rivière Imuncina, qui s'y décharge du côté du sud, ils la remontèrent pendant huit jours, ne faisant que des demi-journées de chemin jusque vers la ville de Xeres, qui est à présent détruite; qu'ils laissèrent en ce lieu-là les canots sur lesquels ils étoient venus de Saint-Paul; qu'ils y laissèrent aussi de leurs gens pour les garder et pour semer de quoi recueillir à leur retour; qu'ils continuèrent leur voyage à pied, et qu'après douze demi-journées qu'ils firent dans les campagnes agréables de Xeres, ils arrivèrent à la rivière Boinhay, qui va tomber dans le fleuve Paraguay du côté du nord; qu'ils firent d'autres canots pour descendre cette rivière et qu'ils semèrent des grains pour leur retour; qu'après avoir navigué pendant dix jours, ils arrivèrent au fleuve Paraguay; qu'ils le remontèrent pendant huit jours et arrivèrent à l'étang Manioré; et qu'après un jour entier, ils prirent terre au port des Indiens Itatines, où ils enterrèrent leurs canots dans une grande sablière afin de s'en servir à leur retour; qu'ils poursuivirent ensuite leur voyage à pied, ne faisant qu'une ou deux lieues au plus par jour afin d'avoir le temps de courir sur les montagnes pour y trouver de quoi vivre et pour se rendre au lieu où ils campoient avant midi.

Tel fut ensuite l'ordre de leur marche. Le premier jour ils partirent du port des Itatines, tirant à l'occident un peu vers le nord, et ils arrivèrent à un marais d'eau salée. Le deuxième, ils marchèrent ce jour-là et presque tout le reste du voyage à l'occident, et ils s'arrêtèrent en un lieu nommé Mbocaytibazon, où ils ne trouvèrent point d'eau. Le troisième, détournant un peu vers le sud, ils vinrent sur les bords d'un ruisseau, ils y firent quelques puits pour avoir plus d'eau. Le quatrième, ils se rendirent à une mare appelée Guacuruti. Le cinquième, ils s'arrêtèrent dans un champ près d'un ruisseau. Le sixième, ils allèrent à un autre ruisseau au pied d'une montagne. Le septième, à une mare dans un grand champ nommé Jacuba. Le huitième, ils marchèrent dans une vaste campagne tirant au nord, et ils campèrent sur les bords d'un ruisseau. Le neuvième, suivant la même route, ils allèrent à Yacu. Le dixième, ils passèrent une montagne en tirant sur le nord, et ils arrivèrent auprès d'une mare. Le onzième, ils marchèrent vers l'occident et ils s'arrêtèrent dans un champ. Le douzième, ils passèrent dans une plaine, et, suivant la même route, ils arrivèrent à une bourgade ruinée qui avoit appartenu aux Itatines. Le treizième, suivant encore la même route, ils arrivèrent à une autre bourgade ruinée de cette même nation. Le quatorzième, ils continuèrent leur route dans une campagne et ils arrivèrent à un ruisseau. Le quinzième, ils se firent un chemin sur une montagne, et tirant à l'occident un peu vers le sud, ils allèrent à un autre ruisseau. Le seizième, tournant un peu au nord, ils marchèrent jusqu'à un ruisseau. Le dix-septième, ayant marché au nord, ils campèrent entre deux petites collines. Le dix-huitième, faisant même route, ils vinrent à l'entrée de Tareyri. Le dix-neuvième, marchant au sud un peu vers l'occident, ils campèrent sur les bords d'un ruisseau au pied d'une montagne. Le vingtième, ils tirèrent au nord vers la source de ce ruisseau, et ayant continué huit jours cette même route, ils arrivèrent au pays des Taucas, qui est de la nation des Chiquites, d'où l'on voit la montagne Agnapurahey, qui s'étend vers le sud. Le vingt-huitième, ils passèrent vers le sud à une autre bourgade des Taucas, plus voisine de cette montagne. Le vingt-neuvième, ayant passé une montagne et tirant vers l'occident, ils arrivèrent à un étang des Pegnoquis, dans un grand champ. Le trentième, ils suivirent la même route pour se rendre au bout de cet étang, où commence la chaîne des montagnes des Pignocas. Le trente et unième, ils eurent de mauvais chemins dans un pays montagneux et tout couvert de palmiers; ils tirèrent à l'occident un peu vers le nord, et ils vinrent à la colline des Quimecas; ils continuèrent la même route pendant quatre jours: ce fut là que, quelques années auparavant, Jean Borallo de Almada, chef des Mamelus, fut battu par les Pegnoquis. Le trente-cinquième, tirant à l'occident, ils arrivèrent à la rivière Aperé, autrement de Saint-Michel. Le trente-sixième et le trente-septième, ils marchèrent sur des montagnes et vinrent aux habitations des Xamarus. Le trente-huitième, ils passèrent la montagne des Pignocas pour se rendre aux bourgades des Pegnoquis, et ils passèrent la rivière Aperé. Enfin ils finirent leur marche dans le pays des Quimes, puis ils s'emparèrent de la bourgade de Saint-François-Xavier, chez les Pignocas, où ils furent entièrement défaits, ainsi qu'on l'a rapporté ci-devant.

Le Portugais qui nous a donné ce détail déclara encore que, trois ans auparavant, il avoit fait une excursion avec ses compagnons, en remontant la rivière Paraguay, dans un vaste pays où est la nation des Paresis ; que, commençant leur marche à l'entrée de l'étang Manioré, ils étoient arrivés en quatre jours à l'île des Yaracs : c'est un peuple que les Espagnols appellent Grandes-Oreilles, parce qu'ils se les percent et y mettent des pendans de bois ; qu'après avoir parcouru l'île, ils mirent quatre jours à trouver l'embouchure de la rivière Yapuy, qui se jette du côté gauche dans la rivière Paraguay ; que de là, en quatre autres journées, ils arrivèrent à l'embouchure du Isipoti, et que, continuant de naviguer, ils se trouvèrent cinq jours après aux habitations des Guarayus, appelés Caraberes et Araaibaybas ; qu'ils continuèrent leur chemin à pied pendant trois jours, et qu'ayant suivi une assez longue chaîne de montagnes, ils entrèrent dans le pays des Paresis et des Mboriyaras, d'où, par la même route, ils s'en retournèrent au Brésil.

L'entreprise toute récente des Mamelus, et la crainte qu'on eut qu'ils ne fissent dans la suite de nouvelles courses, porta les missionnaires à changer de lieu ; ils quittèrent donc la bourgade de Saint-François-Xavier et ils la transportèrent à Pari, sur la rivière de Saint-Michel. Cet endroit n'est éloigné que de huit lieues de Saint-Laurent. Les Pignocas et les Xamarus s'y assemblèrent, y établirent une grosse bourgade ; mais ils n'y furent pas long-temps tranquilles. Les Espagnols de Saint-Laurent troubloient leur repos et enlevoient des Indiens pour en faire des esclaves ; ils en vinrent même jusqu'à maltraiter les missionnaires qui s'opposoient à leur violence. C'est ce qui obligea le Père Lucas Cavallero à changer encore une fois le lieu de sa mission et à l'établir à dix-huit lieues plus loin sur la même rivière. Ces divers changemens, joints à la disette de toutes choses et aux maladies qui survinrent, diminuèrent beaucoup le nombre des néophytes ; quelques-uns se retirèrent sur les montagnes, d'autres périrent de faim et de misère. Néanmoins, on a lieu de croire que cette peuplade deviendra en peu de temps très-nombreuse : les nations voisines des Quibiquias, des Tubasis, des Guapas, aussi bien que plusieurs autres familles, ont promis d'y venir demeurer pour s'y faire instruire et être admises au baptême.

La seconde mission, qui s'appelle de Saint-Raphaël, est éloignée de la première de trente-quatre lieues vers l'orient. Le père de Cea et le père François Herbas la formèrent des nations des Tabicas, des Taus et de quelques autres qui se réunirent ensemble et composèrent une peuplade de plus de mille Indiens ; mais la peste la désola deux années de suite et en diminua beaucoup le nombre. C'est pourquoi, à la prière des Indiens, on transporta cette mission en l'année 1701 sur la rivière Guabis, qui se décharge dans la rivière Paraguay, à quarante lieues de l'endroit où elle étoit d'abord. Cette situation est d'autant plus commode qu'elle ouvre un chemin de communication avec les missions des Guaranis et avec celles du Paraguay par la rivière qui porte ce nom.

La joie fut générale parmi ces néophytes lorsqu'en 1702 ils virent arrriver sur cette rivière le père Herbas et le père de Yegros, accompagnés de quarante Indiens qui s'étoient abandonnés à la Providence et à la protection de la sainte Vierge, en qui ils avoient mis leur confiance. Pendant plus de deux mois que dura leur voyage, ils fatiguèrent beaucoup : il leur fallut traverser de rudes montagnes, se défendre des ennemis qu'ils trouvoient sur la route et se frayer un chemin par des pays inconnus. Ils subsistèrent pendant tout ce temps-là comme par miracle : dans leur chasse et dans leur pêche, le gibier et le poisson venoient presque se jeter entre leurs mains. Ce qui les consola infiniment au milieu de leurs fatigues, c'est que dans leur route ils gagnèrent trois familles d'Indiens, qui, les années précédentes, leur avoient fermé le passage.

Ces Indiens, dont la langue est entièrement différente de celle des Chiquites, connoissent le pays et entendent parfaitement la navigation des rivières. Ils ont déjà donné la connoissance des Guates, des Curucuanes, des Barecies, des Sarabes et de plusieurs autres nations qu'on trouve aux deux côtés de la rivière Paraguay, principalement en remontant vers sa source. Ainsi, voilà une ample moisson qui se présente au zèle des ouvriers évangéliques.

La troisième mission est celle de Saint-Joseph. Elle est située sur de hautes collines, au bas desquelles coule un ruisseau, à douze lieues vers l'orient de la bourgade de Saint-François-Xavier. C'est le père Philippe Suares qui la fonda le premier, en 1697. Les missionnaires ont eu beaucoup à y souffrir des maladies et de la disette des choses les plus nécessaires à la vie, c'est ce qui causa la mort au père Antoine Fideli, en l'année 1702. Cette mission est composée des familles des Boros, des Penotos, des Caotos, des Xamarus et de quelques Pignocas. La nation des Tamacuras, qu'on vient de découvrir du côté du sud et qu'on espère convertir à la foi, augmentera considérablement cette peuplade.

La mission de Saint-Jean-Baptiste est la quatrième. Elle est située vers l'orient, tirant un peu sur le nord, à plus de trente lieues de la mission de Saint-Joseph. Cette peuplade, qui est comme le centre de toutes les autres qui s'étendent d'orient en occident, est principalement habitée par les Xamarus; elle s'augmentera encore plus dans la suite par plusieurs familles des Tamipicas, Cusicas et Pequicas, auxquelles on a commencé de prêcher l'Évangile. C'est le père Juan Fernandez qui en a soin, et c'est don Juan Fernandez Campero, ce seigneur si zélé pour la conversion des Chiquites, qui a donné libéralement tout ce qui étoit nécessaire pour orner l'église et y faire le service avec décence.

On a découvert depuis peu plusieurs autres nations, telles que celles des Petas, Subercias, Piococas, Tocuicas, Purasicas, Aruporecas, Borilos, etc., et on a de grandes espérances de les soumettre au joug de l'Évangile; ce seront de nouveaux sujets pour la couronne d'Espagne.

On peut juger aisément ce qu'il en coûte aux missionnaires et à quels dangers ils exposent leur vie pour rassembler des peuples non moins sauvages que les bêtes et qui n'ont pas moins d'horreur des Espagnols que des Mamelus du Brésil. Depuis qu'on les a réunis dans des bourgades, on les a peu à peu accoutumés à la dépendance, dont ils étoient si ennemis; on a établi parmi eux une forme de gouvernement, et insensiblement on en a fait des hommes. Ils assistent tous les jours aux instructions et aux prières qui se font dans l'église, ils y récitent le rosaire à deux chœurs; ils y chantent les litanies, ils goûtent nos saintes cérémonies, ils se confessent souvent; mais ils ne sont admis à la table eucharistique qu'après qu'on s'est assuré qu'il ne reste plus dans leur esprit aucune trace du paganisme.

La jeunesse est bien élevée dans les écoles qu'on a établies à ce dessein, et c'est ce qui affermira à jamais le christianisme dans ces vastes contrées.

Les missions des Guaranis, où l'on trouve une chrétienté florissante, sont sur les bords des fleuves Parana et Uruguay, qui arrosent les provinces du Paraguay et Buenos-Ayres. Ces missions seroient beaucoup plus peuplées si les travaux des ouvriers évangéliques qui les ont établies et qui les cultivent n'étoient pas traversés par l'ambition et l'avarice des Mamelus du Brésil. Ces bandits ont désolé toutes ces nations et ont servi d'instrument au démon pour ruiner de si saints établissemens dès leur naissance. On assure qu'ils ont enlevé jusqu'à présent plus de trois cent mille Indiens pour en faire des esclaves.

Le zèle des missionnaires, loin de se ralentir par tant de contradictions et de violences, n'en devint que plus vif et plus ardent : Dieu a béni leur fermeté et leur courage. En cette année 1702, ils ont sur les bords de ces deux fleuves vingt-neuf grandes missions où l'on compte 89,501 néophytes, savoir : sur le fleuve Parana, quatorze bourgades composées de 10,253 familles, qui font 41,483 personnes; et sur le fleuve Uruguay, quinze bourgades, où il y a 12,508 familles composées de 48,018 personnes.

La joie que ces progrès donnent aux missionnaires est encore troublée par la crainte qu'ils ont de voir leurs travaux rendus inutiles par les Indiens infidèles qui sont dans leur voisinage : ceux-ci ont leurs habitations entre les bourgades dont je viens de parler et la colonie du Sacrement, que les Portugais entretiennent vis-à-vis de Buenos-Ayres. Ils se sont alliés aux Portugais, et ils en tirent des coutelas, des épées et d'autres armes en échange des chevaux qu'ils leur donnent. C'est une contravention manifeste au traité que les Portugais firent lorsqu'ils obtinrent des Espagnols la permission de s'établir en ce lieu-là. En 1701, ces Indiens, n'ayant nul égard à la paix qui régnoit parmi toutes les nations, s'emparèrent à main armée de la bourgade Yapeyu, autrement dite des Saints-Rois ; ils la pillèrent, ils profanèrent l'église, les images et les vases sacrés, et ils enlevèrent quantité de chevaux et de troupeaux de vaches.

Ce brigandage obligea nos néophytes de prendre les armes pour leur défense. Le gouverneur de Buenos-Ayres leur donna pour commandant un sergent-major avec quelques soldats espagnols qui, s'étant joints aux Indiens, formèrent un corps de deux mille hommes. Ils allèrent à la rencontre de leurs ennemis, et il se donna un combat où il y eut beaucoup de sang répandu de part et d'autre. Les infidèles demandèrent du secours aux Portugais, qui leur en donnèrent. Ils livrèrent un second combat qui dura cinq jours, et où ils furent entièrement défaits ; tout ce qui ne fut pas tué fut fait prisonnier. Par là il est aisé de voir à quel danger cette chrétienté naissante est exposée si les Espagnols ne la protégent contre la fureur des Indiens et contre les violences des Mamelus. Ceux-ci ne cherchent qu'à faire des esclaves de nos néophytes pour les employer ou à labourer leurs terres ou à travailler à leurs moulins à sucre. De pareilles violences nuisent infiniment à la conversion de ces peuples ; l'inquiétude continuelle où ils sont les disperse dans les forêts et dans les montagnes, et il sera impossible de les retenir dans les bourgages où on les a rassemblés avec tant de peine si on ne leur procure de la tranquillité et du repos [1].

LETTRE DU PÈRE BOUCHET

AU PÈRE J. B. D. H.

A Pondichéry, ce 14 février 1716.

MON RÉVÉREND PÈRE,
La paix de N.-S.

La relation que je vous adresse m'a paru singulière, et j'ai cru vous faire plaisir de vous la communiquer. Elle est du révérend père Florentin de Bourges, missionnaire capucin, qui arriva à Pondichéry vers la fin de l'année 1714. La route extraordinaire qu'il a tenue pour venir aux Indes, les dangers et les fatigues d'un long et pénible voyage, le détail où il entre de ces florissantes missions du Paraguay, qui sont sous la conduite des jésuites espagnols et qu'il a parcourues dans sa route, la certitude avec laquelle il m'a assuré qu'il n'avance rien dont il ne se soit instruit par ses propres yeux : tout cela m'a paru digne de l'attention des personnes qui ont du zèle pour la conversion des infidèles. C'est son original même que je vous envoie ; il a eu la bonté de m'en laisser le maître pour en disposer à mon gré. Je suis, etc.

Voyage aux Indes-Orientales par le Paraguay, le Chili, le Pérou, etc.

Ce fut du Port-Louis, le 20 avril de l'année 1711, que le révérend père Florentin mit à la voile pour les Indes. Il raconte d'abord divers incidens qui le conduisirent à Buenos-Ayres ; et comme c'est là que commence cette route extraordinaire qu'il fut contraint de prendre pour se rendre à la côte de Coromandel, c'est là aussi que doit commencer la relation qu'il fait de son voyage. Tout ce qui suit sont ses propres paroles qu'on ne fait ici que transcrire.

A mon arrivée à Buenos-Ayres, je me trouvai plus éloigné du terme de ma mission que lorsque j'étois en France ; cependant j'étois dans l'impatience de m'y rendre, et je ne savois à quoi me déterminer lorsque j'appris qu'il y avoit plusieurs navires françois à la côte du Chili et du Pérou. Il me falloit faire environ sept cents lieues par terre pour me rendre à la Conception, ville du Chili, où les vaisseaux françois devoient aborder. La longueur du chemin ne m'effrayoit point, dans l'espérance que j'avois d'y trouver quelque vaisseau qui de là feroit voile à la Chine et ensuite aux Indes-Orientales.

Comme je me disposois à exécuter mon dessein, deux gros navires, que les Castillans appellent *navios de registro*, abordèrent au port ; ils portoient un nouveau gouverneur pour Buenos-Ayres, avec plus de cent missionnaires jésuites et quatre sœurs capucines qui alloient prendre possession d'un nouveau monastère qu'on leur avoit fait bâtir à Lima. Je crus d'abord que la Providence m'offroit une occasion favorable d'aller au Callao, qui n'est éloigné que de deux lieues de Lima : c'est de ce port que les vaisseaux françois vont par la mer du sud à la Chine, et il me sembla que j'y trouverois toute la facilité que je souhaitois pour aller aux Indes. Mais quand je fis réflexion aux préparatifs qu'on faisoit pour le voyage de ces bonnes religieuses, à la lenteur de la voiture qu'elles prenoient, au long séjour qu'elles devoient faire dans toutes les villes de leur passage, je revins à ma première pensée, et je résolus d'aller par le plus court chemin à la Conception.

---

[1] Les missions des Chiquitos et des Moxos, alors si florissantes, languissent depuis la destruction de leurs fondateurs, les jésuites.

Après avoir rendu ma dernière visite aux personnes que le devoir et la reconnoissance m'obligeoient de saluer, je partis de Buenos-Ayres vers la fin du mois d'aout de l'année 1712, et au bout de huit jours j'arrivai à Santa-Fé : c'est une petite bourgade éloignée d'environ soixante lieues de Buenos-Ayres ; elle est située dans un pays fertile et agréable, le long d'une rivière qui se jette dans le grand fleuve de la Plata. Je n'y demeurai que deux jours, après quoi je pris la route de Corduba [1]. J'avois déjà marché pendant cinq jours lorsque les guides qu'on m'avoit donnés à Santa-Fé disparurent tout à coup ; j'eus beau les chercher, je n'en pus avoir aucune nouvelle : le peu d'espérance qu'ils eurent de faire fortune avec moi les détermina sans doute à prendre parti ailleurs.

Dans l'embarras où me jeta cet accident au milieu d'un pays inconnu et où je ne trouvois personne qui pût m'enseigner le chemin que je devais tenir, je pris la résolution de retourner à Santa-Fé, prenant bien garde à ne pas m'écarter du sentier qui me paroissoit le plus battu. Après trois grandes journées, je me trouvai à l'entrée d'un grand bois ; les traces que j'y remarquai me firent juger que c'étoit le chemin de Santa-Fé. Je marchai quatre jours, et je m'enfonçai de plus en plus dans d'épaisses forêts sans y voir aucune issue. Comme je ne rencontrois personne dans ces bois déserts, je fus tout à coup saisi d'une certaine frayeur qu'il ne m'étoit pas possible de vaincre, quoique je misse toute ma confiance en Dieu. Il étoit difficile que je retournasse sur mes pas, à moins que de m'exposer au danger de mourir de faim et de misère : mes petites provisions étoient consommées, et je savois que je ne trouverois rien dans les endroits où j'avois déjà passé, au lieu que dans ces bois je trouvois des ruisseaux et des sources dont les eaux étoient excellentes, quantité d'arbres fruitiers, des nids d'oiseaux, des œufs d'autruche et même du gibier dans les endroits où l'herbe étoit la plus épaisse et la plus haute. Je ne le croirois pas, si je n'en avois été témoin, combien il se trouve de gibier dans ces vastes plaines qui sont du côté de Buenos-Ayres et dans le Tucuman.

Ceux qui font de longs voyages dans ce pays se servent d'ordinaire de chariots ; ils en mènent trois ou quatre, plus ou moins, selon le bagage et le nombre de domestiques qu'ils ont à leur suite. Ces chariots sont couverts de cuirs de bœufs ; celui sur lequel monte le maître est plus propre, on y pratique une petite chambre où se trouvent un lit et un table ; les autres chariots portent les provisions et les domestiques. Chaque chariot est traîné par de gros bœufs : le nombre prodigieux qu'il y a de ces animaux dans le pays fait qu'on ne les épargne pas.

Bien que cette voiture soit lente, on ne laisse pas de faire dix à douze grandes lieues par jour. On ne porte guère d'autres provisions que du pain, du biscuit, du vin et de la viande salée, car pour ce qui est de la viande fraîche, on n'en manque jamais sur la route : il y a une si grande quantité de bœufs et de vaches qu'on en trouve jusqu'à trente, quarante et quelquefois cinquante mille qui errent ensemble dans ces immenses plaines. Malheur aux voyageurs qui se trouvent engagés au milieu de cette troupe de bestiaux ; il est souvent trois ou quatre jours à s'en débarrasser.

Les navires qui arrivent d'Espagne à Buenos-Ayres chargent des cuirs pour leur retour ; c'est alors que se fait la grande *matança*, comme parlent les Espagnols : l'on tue jusqu'à cent mille bœufs et même davantage, suivant la grandeur et le nombre des vaisseaux. Ce qu'il y a d'étonnant, c'est que si l'on passe trois ou quatre jours après dans les endroits où l'on a fait un si grand carnage, on n'y trouve plus que les ossemens de ces animaux : les chiens sauvages et une espèce de corbeau différente de celle qu'on voit en Europe ont déjà dévoré et consommé les chairs, qui sans cela infecteroient le pays.

Si un voyageur veut du gibier, il lui est facile de s'en procurer. Avec un bâton au bout duquel se trouve un nœud coulant, il peut prendre, sans sortir de son chariot et sans interrompre son chemin, autant de perdrix qu'il en souhaite. Elles ne s'envolent pas quand on passe, et pourvu qu'elles soient cachées sous l'herbe, elles se croient en sûreté. Mais il s'en faut bien qu'elles soient d'un aussi bon goût que celles d'Europe ; elles sont sèches, assez insipides et presque aussi petites que des cailles.

Quoiqu'au milieu de ces forêts où je m'étois engagé les perdrix ne fussent pas aussi communes que dans ces vastes plaines dont je viens de parler, je ne laissois pas d'en trouver dans les endroits où le bois étoit moins épais ; elles

---

[1] Cordova, Cordoue

se laissoient approcher de si près qu'il eût fallu être peu adroit pour ne pas les tuer avec un simple bâton. Je pouvois aisément faire du feu pour les cuire : les Indiens m'avoient appris à en faire en frottant l'un contre l'autre deux morceaux d'un bois qui est fort commun dans le pays.

L'étendue de ces forêts est quelquefois interrompue par des terres sablonneuses et stériles de deux à trois journées de chemin. Quand il me falloit traverser ces vastes plaines, l'ardeur d'un soleil brûlant, la faim, la soif, la lassitude me faisoient regretter les bois d'où je sortois ; et les bois où je m'engageois de nouveau me faisoient bientôt oublier ceux que j'avois passés. Je continuai ainsi ma route sans savoir à quel terme elle devoit aboutir et sans qu'il y eût personne qui pût me l'enseigner. Je trouvois quelquefois au milieu de ces bois déserts des endroits enchantés. Tout ce que l'étude et l'industrie des hommes ont pu imaginer pour rendre un lieu agréable n'approche point de ce que la simple nature y avoit rassemblé de beautés.

Ces lieux charmans me rappeloient les idées que j'avois eues autrefois en lisant les vies des anciens solitaires de la Thébaïde : il me vint en pensée de passer le reste de mes jours dans ces forêts, où la Providence m'avoit conduit pour y vaquer uniquement à l'affaire de mon salut, loin de tout commerce avec les hommes ; mais comme je n'étois pas le maître de ma destinée et que les ordres du Seigneur m'étoient certainement marqués par ceux de mes supérieurs, je rejetai cette pensée comme une illusion, persuadé que si la vie solitaire est moins exposée aux dangers de se perdre, elle ne laisse pas d'avoir ses périls lorsqu'on s'y engage contre les ordres de la Providence.

J'errois depuis un mois dans cette vaste solitude, lorsque enfin je me trouvai sur le bord d'une assez grande rivière d'où je découvrois une plaine agréable au milieu de laquelle je crus voir une grosse tour en forme de clocher. Cette vue me causa une vraie joie, m'imaginant que cette ville que je voyois pouvoit bien être Corduba, et qu'apparamment j'avois pris le droit chemin lorsque je croyois retourner sur mes pas. On se persuade aisément ce que l'on souhaite ; mais je fus bientôt détrompé : quelques Indiens que je rencontrai me dirent, en langue espagnole, que c'étoit une peuplade du Paraguay qu'on appeloit la peuplade de Saint-François-Xavier. Je me consolai de mon erreur, parce que je savois que les pères jésuites ont soin de cette mission et que j'étois sûr de trouver parmi eux la même charité dont ils m'avoient donné tant de marques à Buenos-Ayres.

Dans cette confiance, j'entrai dans la peuplade et j'allai droit à l'église : elle fait face à une grande place où aboutissent les principales rues, qui sont toutes fort larges et tirées au cordeau. Aussitôt que les pères apprirent qu'un religieux étranger venoit d'arriver, ils descendirent tous pour me recevoir ; ils me conduisirent d'abord à l'église, où le supérieur me présenta de l'eau bénite ; on sonna les cloches, et les enfans, qui s'assemblèrent sur-le-champ, chantèrent quelques prières pour rendre grâces à Dieu de mon arrivée. Quand la prière fut achevée, on me conduisit dans la maison pour m'y rafraîchir, et on me logea dans une chambre commode. Je racontai en peu de mots à ces révérends pères le dessein de mon voyage, les divers incidens qui m'avoient conduit à Buenos-Ayres ; la manière dont je m'étois égaré dans le chemin de Santa-Fé à Corduba, ce que j'avois souffert dans les bois et comment la Providence m'avoit conduit dans leur maison. Dites plutôt la vôtre, me répondirent-ils obligeamment, car vous êtes ici le maître, et nous n'omettrons rien pour vous délasser de vos fatigues. Ils m'embrassèrent ensuite d'une manière si cordiale que je ne pus leur en témoigner ma reconnoissance que par des larmes de joie. Je ne voulois rester que cinq à six jours dans cette peuplade ; mais ils me retinrent dix-sept jours entiers, et j'y serois demeuré bien plus longtemps si j'avois voulu me rendre à leurs instances. Cette communauté étoit composée de sept prêtres pleins de vertu et de mérite. La prière, l'étude, l'administration des sacremens, l'instruction des enfans et la prédication les occupoient continuellement, et ils n'avoient d'autre relâche que les entretiens qu'ils faisoient ensemble après le repas : encore étoient-ils souvent interrompus par l'exercice de leurs fonctions apostoliques, auxquelles ils se portoient avec un zèle admirable aussitôt qu'on les appeloit.

La manière dont ils cultivent cette nouvelle chrétienté me frappa si fort que je l'ai toujours présente à l'esprit. Voici l'ordre qui s'observe dans la peuplade où j'étois, laquelle est composée d'environ trente mille âmes. On sonne la cloche dès la pointe du jour pour appeler le peuple à l'église ; un missionnaire fait la prière du matin, on dit ensuite la messe, après quoi chacun se retire pour vaquer à ses occupations. Les enfans, depuis l'âge de sept à huit ans, jusqu'à l'âge de douze, sont obligés d'aller aux écoles, où des maîtres leur enseignent à lire et écrire, leur apprennent le catéchisme et les prières de l'église, et les instruisent des devoirs du christianisme. Les filles sont pareillement obligées, jusqu'à l'âge de douze ans, d'aller dans d'autres écoles, où des maîtresses, d'une vertu éprouvée, leur apprennent les prières et le catéchisme, leur montrent à lire, à filer, à coudre et tous les autres ouvrages propres du sexe. A huit heures, tous se rendent à l'église, où, après avoir fait la prière du matin, ils récitent par cœur et à haute voix le catéchisme : les garçons, placés dans le sanctuaire et rangés en plusieurs files, commencent, et les filles, placées dans la nef, répètent ce que les garçons ont dit. Ils entendent ensuite la messe, après laquelle ils achèvent de réciter le catéchisme et s'en retournent deux à deux aux écoles. J'étois attendri en voyant la modestie et la piété de ces jeunes enfans. Au soleil couchant, on sonne la prière du soir, après laquelle on récite le chapelet à deux chœurs : il n'y a guère personne qui se dispense de cet exercice, et ceux que des raisons empêchent de venir à l'église ne manquent pas de le réciter dans leurs maisons.

Pendant l'avent et le carême, on fait le catéchisme tous les samedis et les dimanches dans l'église ; et comme elle ne peut contenir tout le monde, trois ou quatre missionnaires vont trois fois la semaine, accompagnés d'une troupe d'enfans, faire le catéchisme dans divers quartiers de la peuplade. On le finit toujours par l'acte de contrition.

Les dimanches et les fêtes, on célèbre trois messes hautes : la première à six heures, la seconde à sept heures et demie, et la troisième à neuf heures ; à chaque messe il y a prédication. Les confréries du Scapulaire et du Rosaire y sont établies ; mais celle du Saint-Sacrement a quelque chose qui frappe. Tous les jeudis on donne la bénédiction du Saint-Sacrement, selon la permission qu'on en a obtenue du pape, et à voir le concours des fidèles qui s'y rendent, on croiroit que tous les jeudis de l'année sont autant de fêtes. Toutes les fois que l'on porte le viatique aux malades, un certain nombre de confrères doivent accompagner Notre-Seigneur avec des flambeaux. Leur foi est si vive que la pénitence à laquelle ils sont le plus sensibles, quand ils ont commis quelque faute considérable, c'est d'être privés de cet honneur.

La fréquentation des sacremens y est fort en usage, et il n'y a guère de fidèles qui ne se confessent et communient tous les mois ; d'autres le font plus souvent et même tous les huit jours : ce sont certaines âmes, prévenues d'une grâce particulière, qui aspirent à la perfection évangélique. Ceux que l'Esprit-Saint ne conduit pas par une voie si parfaite ne laissent pas de mener une vie très-innocente et qui ne cède guère à celle des chrétiens de la primitive Église. L'union et la charité qui règne entre ces fidèles est parfaite : comme les biens sont communs, l'ambition et l'avarice sont des vices inconnus, et on ne voit parmi eux ni division ni procès. On leur inspire tant d'horreur de l'impureté que les fautes en cette matière sont très-rares : ils ne s'occupent que de la prière, du travail et du soin de leurs familles.

Bien des choses contribuent à la vie innocente que mènent ces nouveaux fidèles. Premièrement, le soin extrême qu'on apporte à les instruire parfaitement de nos mystères et de tous les devoirs de la vie chrétienne. Secondement, les exemples de ceux qui les gouvernent, en qui ils ne voient rien que d'édifiant. En troisième lieu, le peu de communication qu'ils ont avec les Européens. Comme on ne trouve dans le Paraguay ni mines d'or et d'argent, ni rien de ce qui excite l'avidité des hommes, aucun Espagnol ne s'est avisé de s'y établir ; et quand il arrive que quelqu'un prend cette route pour aller au Potosi ou à Lima, il ne peut demeurer que trois jours dans chaque peuplade, ainsi qu'il a été ordonné par la cour d'Espagne : on le loge dans une maison destinée à recevoir les étrangers, on lui fournit tout ce qui lui est nécessaire, et les trois jours expirés, il doit continuer son voyage, à moins qu'il ne lui survienne quelque maladie qui l'arrête. Quatrièmement, enfin l'ordre établi par les premiers missionnaires, qui s'est perpétué jusqu'à nos jours et qui s'observe avec beaucoup d'uniformité dans toutes ces missions.

Dans toutes les peuplades, il y a un chef qu'on nomme fiscal : c'est toujours un homme d'âge et d'expérience, qui s'est acquis de l'autorité par sa piété et par sa sagesse : il veille sur toute la peuplade, principalement en ce qui concerne le service de Dieu ; il a un mémoire où sont écrits, par nom et par surnom, tous les habitans de la peuplade, les chefs de famille, les femmes et le nombre des enfans ; il observe ceux qui manquent à la prière, à la messe, aux prédications, et il s'informe des raisons qui les ont empêchés d'y assister. Il a sous lui, pour l'aider dans cette fonction, un autre officier qui s'appelle *teniente* ; celui-ci est chargé du soin des enfans : sa charge principale est d'examiner s'ils sont assidus aux écoles, s'ils s'appliquent et si les maîtres qui les enseignent s'acquittent bien de leur emploi ; il les accompagne aussi à l'église pour les contenir dans la modestie par sa présence.

Ces deux officiers ont encore des subalternes, dont le nombre est proportionné à celui des habitans. Outre cela, la peuplade est partagée en différens quartiers, et chaque quartier a un surveillant qu'on choisit parmi les plus fervens chrétiens. S'il arrive quelque querelle ou s'il se commet quelque faute, il en donne aussitôt avis au fiscal, qui fait ensuite son rapport aux missionnaires ; si la faute est secrète, on donne secrètement au coupable les avis capables de le faire rentrer dans lui-même ; si c'est une récidive, on lui impose une pénitence conforme à la faute commise ; mais si cette faute est publique et scandaleuse, la réprimande s'en fait en présence des autres fidèles. Les fervens chrétiens l'écoutent avec une attention et une docilité qui me tiroit les larmes des yeux. Le coupable vient remercier le missionnaire du soin qu'il prend de son salut : ils sont élevés à cela dès leur plus tendre jeunesse, et ce seroit parmi eux un signe certain d'un mauvais naturel si quelqu'un manquoit à cet usage. On a soin de marier les jeunes gens dès qu'ils sont en âge de l'être, et par là on prévient bien des déréglemens. Tel est l'ordre qui s'observe pour la conduite spirituelle de cette chrétienté. Je serois infini si j'entrois dans le détail de toutes les saintes industries que le zèle du salut des âmes inspire à ces missionnaires pour entretenir et augmenter la piété dans le cœur de leurs néophytes.

La manière dont s'administre le temporel a quelque chose de singulier, et je ne crois pas qu'il y ait rien de semblable dans aucune autre mission. Avant que les pères jésuites eussent porté la lumière de l'Évangile dans le Paraguay, ce pays étoit habité par des peuples tout à fait barbares, sans religion, sans lois, sans société, sans habitation ni demeure fixe ; errant au milieu des bois ou le long des rivières, ils n'étoient occupés que du soin de chercher de quoi se nourrir eux et leur famille, qu'ils traînoient partout avec eux. Soit qu'ils n'eussent nulle connoissance de l'agriculture ou qu'ils ne voulussent point prendre la peine de s'y appliquer, ils ne vivoient que des fruits sauvages qu'ils trouvoient dans les bois, du poisson que les rivières leur fournissoient en abondance et des animaux qu'ils tuoient à la chasse, et ils ne demeuroient dans chaque endroit qu'autant de temps qu'ils y trouvoient de quoi vivre.

Les jésuites, animés de ce zèle du salut des âmes qui est le propre de leur institut, se répandirent il y a plus de cent ans dans ce nouveau monde pour conquérir à l'empire de Jésus-Christ des peuples que la valeur de leurs compatriotes avoit déjà soumis à la monarchie d'Espagne. Ils pénétrèrent dans ces immenses forêts avec un courage à toute épreuve : il n'est pas aisé de concevoir quels travaux ils essuyèrent afin de rassembler ces barbares pour en faire des hommes raisonnables avant d'essayer d'en faire des chrétiens ; ils les suivoient dans leurs courses continuelles ; la patience, la douceur, la complaisance de ces hommes apostoliques fit enfin impression sur ces esprits grossiers ; peu à peu ils devinrent dociles, ils écoutèrent les instructions qu'on leur faisoit, et la grâce qui agissoit en eux achevant l'ouvrage de leur conversion, un grand nombre se soumit au joug de l'Évangile.

Mais pour entreprendre quelque chose de solide, il falloit fixer l'inconstance de ces peuples accoutumés à une vie vagabonde et errante, et pour les rassembler en société leur en faire goûter les douceurs et les avantages. C'est à quoi pensèrent d'abord les missionnaires. Ils firent venir de Buenos-Ayres des bœufs, des vaches, des moutons, des chevaux et des mules ; ces bestiaux multiplièrent si fort en peu de temps qu'on eut bientôt ce qui suffisait pour la subsistance des néophytes. On commença dès lors à former des peuplades ; on apporta de Buenos-Ayres tous les outils nécessaires, soit pour couper des bois et mettre en œuvre les pierres et les matériaux que le pays fournissoit, soit pour défricher et cultiver les terres ; on fit provision de blé, de légumes et de différentes sortes de grains dont les terres pussent être ensemencées; on enseigna aux Indiens la manière de faire de la brique et de la chaux; on leur traça le plan des maisons qu'il falloit construire. Les missionnaires eux-mêmes mettoient la main à tous ces ouvrages, et ils eurent la consolation de voir bientôt trois peuplades habitées.

Ces nouveaux citoyens, animés de l'esprit de charité que la vraie religion inspire et pressés par les sentimens d'un amour naturel, s'empressèrent de faire part à leurs parens et à leurs compatriotes du bonheur dont ils jouissoient : ils faisoient des excursions dans les endroits les plus écartés, et ils ne revenoient jamais de leur course qu'ils n'amenassent avec eux un grand nombre d'infidèles. La douceur avec laquelle ils étoient reçus et les témoignages de tendresse qu'on leur donnoit apprivoisoient insensiblement ces barbares. Tous les habitans s'empressoient à leur bâtir des maisons, tandis que les missionnaires les disposoient à recevoir la grâce du baptême. A peine l'avoient-ils reçu que, devenus eux-mêmes de nouveaux apôtres, ils alloient chercher leurs alliés et leurs amis pour les rendre participans des mêmes avantages. Le nombre des habitans s'étant accru dans chaque peuplade, on songea à en former de nouvelles. Les chrétientés qui étoient déjà fondées fournissoient tout ce qui étoit nécessaire aux nouvelles qu'on vouloit établir, et celles-ci à leur tour, quand elles étoient bien établies, contribuoient aux besoins des autres qu'on avoit dessein de fonder.

Sur ce plan, en moins d'un siècle, on a réduit en plus de cent peuplades plusieurs milliers d'Indiens, qui sont parfaitement instruits des vérités chrétiennes et dont les mœurs sont très-innocentes. Les missionnaires qui les gouvernent n'ont dégénéré en rien du zèle de leurs prédécesseurs : ils avancent sans cesse du côté du nord et font tous les jours de nouvelles conquêtes à Jésus-Christ. Quand il arrive d'Espagne une recrue de missionnaires, le père provincial du Paraguay les envoie dans les endroits les plus éloignés pour relever ceux qui ont déjà passé plusieurs années à courir, au milieu des forêts, après ces barbares et qui ont consumé leurs forces et leur santé dans des missions si pénibles; ceux-ci sont envoyés dans les anciennes peuplades pour y avoir soin des chrétiens. Dans celle où j'étois, il y avoit quatre de ces anciens missionnaires, respectables par leur âge et beaucoup plus encore par la sainteté de leur vie: j'étois surpris de voir qu'on regardât comme un repos le travail dont chacun en particulier étoit chargé, et qui certainement occuperoit en Europe trois des ecclésiastiques les plus zélés pour le salut des âmes.

A mesure qu'on formoit de nouvelles peuplades, on en fixoit les limites, afin de prévenir les plaintes et les murmures. A quelques-unes on assigna trente à quarante lieues aux environs ; à d'autres moins ou même davantage, selon la grandeur de la peuplade, le nombre des habitans et la qualité du terroir. Dans chaque peuplade, on examina la différence des terres et à quoi elles étoient propres : on mit les bestiaux dans celles qui pouvoient fournir le pâturage, on destina les autres à être ensemencées. On fit choix parmi les habitans de ceux qu'on devoit charger du soin des bestiaux et de ceux qu'on devoit appliquer à la culture des terres. On fit venir de Buenos-Ayres des ouvriers pour apprendre au reste des Indiens les métiers les plus nécessaires à la société civile ; leur application et le génie qu'ils ont pour les arts mécaniques leur fit apprendre aisément ce qu'on leur enseignoit; avec le temps et l'expérience ils se sont perfectionnés, et il y a certains métiers où ils excellent. Ils travaillent toutes les toiles et les étoffes dont ils ont besoin ; l'été ils s'habillent de toile de coton, et l'hiver ils se font des vêtemens de laine. Comme cette fabrique est assez considérable, car l'oisiveté est bannie de toutes les peuplades, lorsque les habitans sont suffisamment pourvus de toiles et d'étoffes, on envoie le surplus à Buenos-Ayres, à Corduba et au Tucuman ; l'argent qui se retire du débit de ces marchandises est employé à acheter les diverses choses qui viennent d'Europe et qui ne se trouvent point chez eux. Ils font pareillement un assez grand commerce d'une herbe qui croît dans le Paraguay et qui est fort en usage dans le Chili et dans le Pérou, à peu près comme le thé qui vient de la Chine l'est en Europe, avec cette différence que l'herbe du Paraguay est beaucoup moins chère, puisqu'on ne la vend que trente sous la livre dans le Pérou[1]. L'argent ou les denrées qui reviennent de ce trafic sont partagés également entre les habitans de la peuplade.

[1] C'est le matté.

Les maisons, qu'ils se sont bâties eux-mêmes, sont d'un seul étage ; elles sont solides et sans nul ornement d'architecture, n'ayant eu en vue que de se garantir des injures de l'air. Celle des pères jésuites est à peu près semblable, à la réserve qu'elle a deux étages. Mais l'église est vaste et magnifique, le dessin en est venu d'Europe, et les Indiens l'ont très-bien exécuté : elle est toute de pierres de taille ; le dedans est orné de peintures travaillées par les mêmes Indiens ; les rétables de l'autel sont d'un bon goût et tout dorés ; la sacristie est bien fournie d'argenterie et d'ornemens très-propres. Je parle de ce que j'ai vu dans la peuplade où j'étois. Cette église seroit certainement estimée dans les plus grandes villes de l'Europe.

Rien ne m'a paru plus beau que l'ordre et la manière dont on pourvoit à la subsistance de tous les habitans de la peuplade. Ceux qui font la récolte sont obligés de transporter tous les grains dans les magasins publics ; il y a des gens établis pour la garde de ces magasins, qui tiennent un registre de tout ce qu'ils reçoivent. Au commencement de chaque mois, les officiers qui ont l'administration des grains délivrent aux chefs des quartiers la quantité nécessaire pour toutes les familles de leur district, et ceux-ci les distribuent aussitôt aux familles, donnant à chacune plus ou moins, selon qu'elle est plus ou moins nombreuse.

Il en est de même pour la distribution de la viande. On conduit tous les jours à la peuplade un certain nombre de bœufs et de moutons, qu'on remet entre les mains de ceux qui doivent les tuer ; ceux-ci, après les avoir tués, font avertir les chefs de quartier, qui prennent ce qui est nécessaire pour chaque famille, à qui ils en distribuent à proportion du nombre de personnes qui la composent.

Par là on a trouvé le moyen de bannir l'indigence de cette chrétienté : on n'y voit ni pauvres ni mendians, et tous sont dans une égale abondance des choses nécessaires à la vie. Il y a, outre cela, dans chaque peuplade plusieurs grandes maisons pour les malades ; les unes sont destinées pour les hommes et les autres pour les femmes. Comme les prêtres ne s'occupent que de l'instruction et de la conduite spirituelle de ces nouveaux chrétiens, il y a encore trois frères, dont l'un, qui a une apothicairerie bien garnie, prépare les remèdes nécessaires aux malades ; les deux autres président à l'administration du temporel, et observent si, dans la distribution journalière qui se fait à chaque famille, tout s'y passe avec la droiture et l'équité convenable.

Pendant le temps que je demeurai à Buenos-Ayres, j'avois entendu faire de grands éloges de la mission du Paraguay ; mais j'avoue que tout ce qu'on m'en avoit dit de bien n'approche point de ce que j'en ai vu moi-même. Je ne sache pas qu'il y ait dans le monde chrétien de mission plus sainte. La modestie, la douceur, la foi, le désintéressement, l'union et la charité qui règnent parmi ces nouveaux fidèles me rappeloient sans cesse le souvenir de ces heureux temps de l'Église où les chrétiens, détachés des choses de la terre, n'avoient tous qu'un cœur et qu'une âme, et rendoient, par l'innocence de leurs mœurs, la religion qu'ils professoient respectable même aux gentils.

J'aurois passé volontiers le reste de ma vie dans un lieu où Dieu est si bien servi ; je sentois même que ces grands exemples de vertu faisoient sur moi des impressions extraordinaires ; mais les ordres de la Providence m'appeloient ailleurs. J'avois déjà demandé plusieurs fois à ces révérends pères la permission de partir ; mais leur charité, ingénieuse à trouver des raisons de m'arrêter, m'avoit retenu parmi eux dix-sept jours. Enfin ils se rendirent à mes instances, ils me donnèrent des guides pour me conduire et un de leurs domestiques chargé de toutes les provisions nécessaires pour le chemin que j'avois à faire de la peuplade de Saint-Xavier jusqu'à Corduba. On compte de l'une à l'autre un peu plus de deux cents lieues : je fus un mois à m'y rendre. Je passai par Saint-Nicolas et par la Conception, deux autres peuplades de la mission de Paraguay où il y a bien dans chacune quatorze à quinze mille âmes. Elles sont placées au bord d'une petite rivière, à trois journées l'une de l'autre : les rues en sont droites et bien alignées, les maisons solides et d'un seul étage. Les deux églises font face chacune à une grande place ; elles sont grandes, bien bâties et richement ornées. Les pères jésuites qui en ont la conduite me reçurent avec beaucoup de charité. On observe dans ces deux peuplades, comme dans toutes les autres de la mission, le même ordre que dans celle dont je viens de parler. On prendroit chaque peuplade pour une nombreuse famille ou pour une communauté religieuse bien réglée.

Je rencontrai sur ma route une *jaccra* qui appartenoit à un Espagnol : les Castillans appellent ainsi certaines terres dont les rois d'Espagne récompensèrent les officiers et les soldats qui s'étoient signalés dans la conquête du pays. On trouve quantité de jaccras dans toute l'Amérique; il y a dans chacune un petit village composé de maisons, de huttes et de cabanes où demeurent les Cafres et les autres esclaves qui cultivent les terres.

Le maître de cette jaccra me reçut fort bien, et comme je trouvai là des gens pour me conduire jusqu'à Corduba, je donnai congé à mes guides, à qui j'avois déjà causé assez de fatigues. Ces bons Indiens vouloient absolument me suivre jusqu'à mon terme, selon l'ordre qu'ils en avoient reçu, et j'eus beaucoup de peine à leur persuader que leurs services ne m'étoient plus utiles. S'il y a quelque occasion où la pauvreté doive faire de la peine à un capucin, c'est certainement dans celle-ci. J'étois véritablement affligé de n'avoir rien à donner à ces bonnes gens; il fallut qu'ils se contentassent de ma bonne volonté et de la promesse que je leur fis de ne les pas oublier dans mes foibles prières.

Ils reprirent la route de la peuplade de Saint-Xavier, et moi, après m'être reposé un jour dans la jaccra de ce gentilhomme espagnol, je pris la route de Corduba, où j'arrivai après huit jours de marche. Corduba est une ville assez considérable et plus grande que Buenos-Ayres; elle est située dans un terroir marécageux, mais néanmoins assez beau et assez fertile. Il y a un siége épiscopal et un chapitre, plusieurs maisons religieuses et un collège de jésuites, qui rendent des services continuels au public et qui sont dans une grande estime par la régularité de leur vie. J'allai saluer le révérend père recteur du collége, qui me retint quatre jours dans sa maison.

De Corduba, j'allai à Punta. C'est un petit bourg situé auprès des collines que l'on rencontre avant que d'arriver à cette chaîne de montagnes que les Espagnols appellent *las Cordilleras*. Un incident qui m'arriva dans le chemin me fit passer une fort mauvaise nuit. Comme on m'avoit dit qu'il n'y avoit que trente-cinq lieues jusqu'à la Punta, et qu'on trouvoit sur la route quantité de jaccras, je m'obstinai à ne point prendre de guide. Je partis donc tout seul, et après trois jours de marche je me trouvai dans un pays désert et sablonneux qui est assez proche des montagnes. Quelque diligence que je fisse, la nuit me surprit, et je résolus de la passer sous un gros arbre qui étoit à côté du grand chemin. Après avoir fait un léger repas et récité quelques prières, je ne sais quel pressentiment me détermina à monter sur l'arbre; je m'attachai aux branches avec la corde qui me servoit de ceinture, et je commençois déjà à sommeiller lorsque j'entendis du bruit au bas de l'arbre; je baissai aussitôt la tête et j'aperçus au clair de la lune un gros tigre, lequel, après avoir fait cinq ou six fois le tour de l'arbre, s'élançoit le long du tronc et faisoit de grands efforts pour y grimper. Ce manége dura assez longtemps; mais voyant que ses tentatives étoient inutiles et que je n'avois pas la complaisance de descendre, il prit le parti de se retirer. Jamais nuit ne me parut plus longue. Dès que le jour commença à paroître, je regardai de tous côtés, et m'étant bien assuré que cet animal avait disparu, je descendis de l'arbre et continuai ma route.

J'arrivai ce jour-là même d'assez bonne heure à la Punta. Je trouvai cette bourgade désolée par la maladie contagieuse, qui avoit enlevé plus des deux tiers des habitans. J'assistai à la mort du curé du lieu, deux révérends pères dominicains et plusieurs autres habitans. Je ne restai que trois jours dans cette bourgade, presque déserte et abandonnée, et je pris la route de Mendoza, qui est éloignée de vingt-cinq lieues.

Mendoza est une ville assez grande, mais peu peuplée; elle est située au pied des Cordillières : c'est cette longue chaîne de montagnes dont j'ai parlé plus haut, lesquelles vont du nord au sud et partagent toute l'Amérique méridionale. On trouve à Mendoza plusieurs maisons religieuses et un grand collège des pères jésuites; elle dépend pour le spirituel de l'évêque de Santiago du Chili. J'arrivai dans cette ville vers midi, et comme je passois au milieu de la place, je rencontrai un ecclésiastique qui me salua fort honnêtement et m'invita à dîner : c'étoit le curé des Espagnols.

Après le repas, je le priai de me faire conduire chez les pères jésuites, et il voulut m'y accompagner lui-même. Les pères savoient déjà que je devois passer par Mendoza pour me rendre par le Chili au Pérou : cinquante missionnaires destinés au Chili, du nombre de ceux que j'avois trouvés à Buenos-Ayres, étoient arrivés depuis deux mois et les avoient informés de ma marche. C'est pourquoi le révérend père recteur me dit, en m'embrassant tendrement, que l'inquiétude qu'il avoit eue à mon égard redoubloit la joie qu'il avoit à me voir, et qu'il avoit appréhendé longtemps qu'il ne me fût arrivé quelque accident sur la route. Après quelques momens d'entretien, comme je songeois à me retirer : « Vous ne logerez point ailleurs, me répondit obligeamment le père recteur en me prenant la main ; monsieur le curé est assez de nos amis pour ne pas trouver mauvais que je vous retienne. Le grand nombre de missionnaires qui viennent d'arriver m'empêche de vous donner une chambre en particulier, ce qui me mortifie beaucoup, mais nous partagerons ensemble la mienne, et j'ai donné ordre qu'on vous y préparât un endroit commode ». Cette invitation étoit trop pressante pour ne pas l'accepter. La joie que je ressentis de me voir avec tant de fervens missionnaires me fit bientôt oublier toutes mes fatigues passées.

J'étois cependant toujours occupé de mon voyage au Chili, où j'espérois trouver quelque vaisseau françois, qui, allant à la Chine, passeroit aux îles Mariannes, où j'attendrois le galion qui va de la Nouvelle-Espagne à Manille, d'où je pourrois me rendre aisément à la côte de Coromandel. Il y a deux routes pour aller de Mendoza à Santiago : la première est de traverser les Cordillières ; la seconde est de côtoyer ces montagnes et de marcher au nord jusqu'à une bourgade appelée San-Juan-de-la-Fontera, d'où ensuite l'on tourne vers le sud, côtoyant toujours les montagnes jusqu'à Santiago, qui est situé presqu'à la même élévation du pôle que Mendoza. Par la première route, il n'y a que vingt-cinq lieues à faire, mais il y en a plus de cent par la seconde. Je m'informai si l'on pouvoit passer les Cordillières ; on me répondit que l'on pouvoit absolument tenir cette route, mais qu'elle étoit très-difficile et très-dangereuse à cause des neiges dont ces montagnes sont toujours couvertes, et que les Espagnols ne la prenoient jamais, aimant mieux faire un long détour que de s'exposer aux dangers d'un chemin si peu praticable.

L'envie que j'avois de me rendre promptement au Chili me détermina à prendre le chemin le plus court, bien qu'il fût le plus difficile. Je faisois réflexion que nous étions au mois de décembre, qui est le temps d'été dans ces contrées méridionales ; qu'étant en Europe j'avois passé les Alpes et les Pyrénées, et que les Cordillières ne seroient peut-être pas plus difficiles à traverser ; que d'ailleurs, allant à pied, je pourrois passer aisément par des endroits inaccessibles aux gens à cheval. Je communiquai mon dessein au révérend père recteur du collége, qui fit tout ce qu'il put pour m'en détourner : il vouloit que j'attendisse le départ des missionnaires qui devoient passer dans deux mois au Chili. Le voyage m'eût été plus agréable ; mais comme j'étois pressé, je persévérai dans ma première résolution.

Les deux premières journées ne furent pas fort rudes ; mais quand j'eus pénétré plus avant dans ces montagnes, j'y trouvai des difficultés presque insurmontables : tantôt il me falloit grimper sur des montagnes escarpées et toutes couvertes de neiges, et ensuite me laisser glisser sur la neige dans des vallons où je n'apercevois nul sentier. Enfin après des fatigues incroyables, que j'eus à essuyer durant sept jours, je me trouvai au delà des Cordillières.

Je marchai droit à Santiago, dont je n'étois éloigné que de quatre lieues et que depuis deux jours j'avois aperçu du sommet des plus hautes montagnes. Après avoir traversé un lac, partie à gué, partie à la nage, j'entrai dans une belle jacera. Je fus agréablement surpris d'y trouver un père jésuite, qui me donna toute sorte d'amitié ; mais il fut bien plus surpris lui-même lorsque, lui ayant remis une lettre du père recteur de Mendoza, il connut par la date qu'il n'y avoit que huit jours que j'en étois parti. Cette jacera appartenoit au collége de Santiago. Il y a une petite église fort propre pour les nègres et les esclaves, qui forment un village de trois à quatre cents personnes. Le père a soin de leur instruction, et il a pour compagnon un frère qui veille à leur travail. Après m'y être reposé deux jours, je me mis en chemin pour Santiago.

Cette ville est la capitale du royaume du Chili ; elle est grande, bien peuplée, située dans une plaine agréable, laquelle est arrosée d'une belle rivière et d'un grand nombre de ruisseaux qui rendent les terres fertiles. Outre les fruits particuliers au pays, tous ceux qu'on y a transportés d'Europe y viennent parfaitement bien. La douceur du climat, la commodité du commerce, la fertilité des terres, qui fournissent tout ce qu'on peut souhaiter pour les délices de la vie, y ont attiré plusieurs familles espagnoles qui y ont fixé leur séjour; les rues sont larges et bien alignées, les maisons solidement bâties et commodes. Il y a un siége épiscopal, un chapitre et plusieurs communautés religieuses.

La première chose que je fis en arrivant dans la ville fut de rendre mes respects à M. l'évêque; il me témoigna beaucoup de bonté et donna ordre qu'on me préparât une chambre dans son palais. Les amitiés de ce grand prélat redoublèrent quand il sut le sujet de mon voyage. Le lendemain je rendis visite aux pères jésuites, qui ont un collège et une maison de noviciat dans la ville. Je n'y fis pas un long séjour, parce que j'appris que trois vaisseaux françois étoient arrivés à la Conception, qui est à cent lieues de Santiago; je m'y rendis en douze jours. Ce pays me parut un des plus beaux et des plus fertiles que j'aie encore vus.

La Conception étoit autrefois la capitale du Chili; c'est une petite ville située dans le fond d'une grande baie où les vaisseaux sont en sûreté: une île que la nature a formée au milieu de la baie les met à l'abri de la fureur des flots et des vents. Je trouvai dans le port les trois vaisseaux dont on m'avoit parlé; mais comme ils ne faisoient que d'arriver, ils n'étoient pas sitôt prêts de remettre à la voile. C'est ce qui m'engagea à aller à Valparaiso, où l'on m'assura qu'il y avoit un navire qui étoit sur son départ pour le Pérou. Si j'avois été bien instruit lorsque j'étois à Santiago, je me serois épargné bien des fatigues, car Valparaiso n'en est éloigné que d'environ vingt lieues, et j'en fis deux cents pour m'y rendre. J'y trouvai effectivement le vaisseau déjà tout chargé et qui se préparoit à partir.

Lorsque nous fûmes à quarante lieues de ce port, une chaloupe qui sortoit de la rade de Pisco vint droit à notre bord: elle étoit envoyée par le capitaine d'un navire françois, appelé *le Prince des Asturies*, qui avoit mouillé dans cette rade. J'appris d'un officier qui étoit dans la chaloupe qu'un vaisseau françois, nommé *l'Éclair*, commandé par M. Boislorée, devoit incessamment se rendre à Pisco, d'où il passeroit au Callao pour aller ensuite à Canton; c'est ce qui me porta à aller à Pisco pour l'y attendre. Il arriva quelques jours après, et m'ayant promis de me faire donner avis à Lima du jour de son départ du Callao, je m'embarquai dans un petit bâtiment espagnol qui faisoit voile pour ce port.

Le Callao est le principal et le plus fameux port de toute l'Amérique méridionale; c'est le rendez-vous général de tous les négocians de ces vastes provinces. Il n'est éloigné que de deux lieues de Lima, qui est la capitale du Pérou et le centre de tout le commerce de ce royaume et de celui du Chili. Les Espagnols y ont bâti une petite ville, le long du rivage, qui est entourée d'une muraille de pierres de taille, garnie de plusieurs pièces d'artillerie toutes de fonte. Il y a un gouverneur et une garnison de 500 hommes entretenue par le roi d'Espagne.

A peine fûmes-nous arrivés au port de Callao que je pris la route de Lima. Cette ville, la plus riche du Nouveau-Monde, a deux lieues de circuit; elle est située à deux lieues de la mer, au milieu d'un vallon le plus étendu et le plus beau de tous ceux qui sont le long de cette côte. Elle n'est fermée que d'une muraille de terre. Une petite rivière, qui descend des montagnes, coule auprès des murs et sépare la ville du faubourg; les eaux de cette rivière, qu'on conduit par des canaux dans les vallons, rendent la terre fertile et agréable, sans quoi elle seroit sèche et stérile, ainsi qu'il arrive dans toutes les plaines du Pérou qui manquent de ce secours. Il ne pleut jamais le long de cette côte. Cette capitale du Pérou est très-agréable, et par sa situation, et par la douceur du climat, et par le grand nombre de maisons religieuses et d'églises, qui sont magnifiques et richement ornées; le plan en est régulier, les rues y sont larges et tirées au cordeau; les maisons, quoique d'un seul étage, sont spacieuses, bien bâties et très-commodes: elles étoient autrefois plus élevées, mais le furieux tremblement de terre qui renversa presque toute la ville sur la fin du siècle passé a fait prendre aux habitans la précaution de les construire plus basses. Il s'en faut bien que cette ville soit peuplée à proportion de son étendue: on n'y compte pas plus de trente-cinq à quarante mille âmes.

Aussitôt que j'y arrivai, j'allai rendre mes devoirs au vice-roi. C'étoit l'évêque de Quito qui en faisoit les fonctions : le vice-roi étoit mort, aussi bien que l'archevêque de Lima, qui est vice-roi-né quand celui qui a été établi par la cour d'Espagne vient à mourir. Au défaut de l'un et de l'autre, la vice-royauté tombe à l'évêque de Quito jusqu'à ce que celui qu'il plaît à sa majesté catholique de nommer pour ce poste soit venu en prendre possession. Ce prélat me fit un accueil très-favorable, et après m'avoir retenu deux jours dans son palais, il me permit d'aller loger chez les pères jésuites, dont il me fit de grands éloges.

Outre le collège que ces pères ont au Callao, ils ont encore quatre maisons à Lima, savoir : la maison professe, le collège, qui est fort beau, le noviciat et la paroisse des Indiens, qui est à l'une des extrémités de la ville et que l'on nomme *el Cercado*. C'est là que les jeunes prêtres qui ont achevé leurs études font une troisième année de noviciat. J'allai d'abord à la maison professe, où le révérend père provincial me combla d'honnêtetés. Après y avoir demeuré trois jours, je lui témoignai que, voulant profiter du loisir et du repos que j'avois, mon dessein étoit de faire une retraite de huit jours. Il me répondit obligeamment que j'étois le maître de choisir, entre les quatre maisons de la compagnie, celle qui m'agréeroit davantage, et que j'y pouvois rester autant de temps qu'il me plairoit. Je choisis la maison du noviciat ; mais avant de m'y retirer, le révérend père recteur du collège m'invita à passer quelques jours chez lui. Je fus charmé de l'ordre et de la régularité de cette grande communauté, composée de plus de cent personnes, dont la plupart de jeunes étudians. Leur application à l'étude ne diminuoit rien de leur piété et de leur ferveur. Je demeurai trois jours au collège, et j'allai ensuite me renfermer dans le noviciat. La modestie, la piété, le silence et la régularité de ces ferveus novices, que j'avois tous les jours devant les yeux, me rappeloient sans cesse le souvenir de mes premières années de religion, et les saintes réflexions qu'ils me donnoient lieu de faire m'humilioient devant le Seigneur et m'animoient à être à l'avenir plus fidèle à ses grâces.

J'achevois ma retraite lorsque je reçus une lettre de M. Boislorée, qui m'apprenoit son arrivée au Callao. Je me rendis aussitôt à son bord, et dès le lendemain on mit à la voile : c'étoit le premier jour de mars de l'année 1713. Nous eûmes trois mois d'une navigation très-douce : les vents alizés qui règnent sur cette mer nous portèrent très-commodément aux îles Mariannes. Comme le galion d'Espagne que je venois chercher n'avoit pas encore paru, je résolus de l'attendre dans l'île de Guahan, où nous avions mouillé.

A peine étois-je à terre que les révérends pères jésuites, qui sont les seuls missionnaires de ces îles, vinrent au devant de moi accompagnés d'une troupe d'enfans. Ils me conduisirent en procession à leur église au milieu d'une multitude de fidèles qui s'étoient rendus en foule au rivage. L'air retentissoit des louanges du Seigneur que chantoient ces enfans avec une dévotion qui m'attendrissoit jusqu'aux larmes. La prière finie, les pères me menèrent dans leur maison, qui est assez mal bâtie. Ils n'oublièrent rien pour me marquer leur affection et pour dissiper l'ennui qu'on ne peut guère éviter dans un pays si sauvage.

Il n'y a qu'un zèle ardent pour le salut des âmes qui ait pu porter ces hommes apostoliques à entreprendre la conversion de ces barbares et à consacrer le reste de leur vie dans ces îles séparées du reste de l'univers et qui peuvent passer pour un exil affreux. Cependant ils me paroissoient plus contens que s'ils eussent été dans la plus riante contrée de l'Europe. Leur douceur, leur union, la paix intérieure qu'ils goûtoient, et qui se répandent jusque sur leur visage, tout me fit comprendre que ce n'est pas dans les missions les plus laborieuses et les plus destituées des commodités de la vie que les ouvriers évangéliques sont le plus à plaindre. Dieu sait les dédommager par l'onction de sa grâce de toutes les douceurs de la vie dont ils se sont privés pour son amour. Tous ces insulaires sont maintenant soumis à l'Évangile. Dans la principale de ces îles, qu'on appelle *Agadagnna*, il y a un séminaire, fondé et entretenu par les rois catholiques, où les missionnaires élèvent avec grand soin la jeunesse.

Il y avoit douze jours que j'étois dans cette île lorsque le galion arriva. Le capitaine me prévint obligeamment et m'offrit le passage que je souhaitois sur son bord. Je m'y embarquai, et après douze jours de navigation, nous découvrîmes les premières terres des îles Philippines et nous mouillâmes à *l'Emboccadero*, c'est ainsi que les Espagnols appellent l'entrée du canal. On a un grand nombre d'îles à passer avant que d'arriver au port de Cavite, qui est à trois lieues de Manille. Les basses[1], les rochers et les courans, qui sont très-rapides, rendent le passage de ce canal très-difficile et très-dangereux. La mousson avoit changé; les vents, qui étoient au sud-ouest, nous étoient contraires, et nous fûmes plus d'un mois et demi à faire quatre-vingts lieues dans ce canal. Les officiers étant résolus d'attendre la mousson favorable pour conduire sûrement le galion au port, je pris le parti, ainsi qu'avoient fait d'autres passagers, de me jeter dans la chaloupe et de prendre terre à l'île Luçon, d'où je me rendis en trois jours à Manille.

Cette ville, située dans l'île Luçon, est bâtie au fond d'une baie qui a plus de dix-huit lieues de circuit : c'est la capitale de toutes les îles qu'on appelle Philippines. Elle est environnée d'une bonne muraille et a un château bien fortifié. Le roi d'Espagne y entretient une garnison de 500 hommes. Elle a un gouverneur, une cour de justice, un archevêque, un chapitre et plusieurs maisons religieuses. Toutes les églises y sont belles et richement ornées. On compte dans ces îles près de huit cents paroisses, qui sont partagées pour la conduite entre les prêtres séculiers et réguliers. Cette nombreuse chrétienté est cultivée avec beaucoup de soin et est parfaitement instruite de nos mystères.

Une maladie violente, dont je fus attaqué à Manille, me réduisit à l'extrémité. On désespéroit absolument de ma guérison lorsque j'eus recours au grand apôtre des Indes, saint François Xavier. Ma prière ne fut pas plutôt achevée que je me sentis beaucoup mieux, et deux jours après je fus en état de célébrer le saint sacrifice de la messe. Ceux qui, après m'avoir vu au lit deux jours auparavant, me voyoient à l'autel ne doutèrent pas qu'une guérison si soudaine ne fût l'effet de la puissante protection du saint que j'avais invoqué.

Je partis de Manille le 15 de février de l'année 1714 sur *la Sainte-Anne*, vaisseau arménien, qui alloit à la côte de Coromandel. Une furieuse tempête, qui nous surprit entre l'île de la Paragua et le Paracel, nous mit plusieurs jours dans un danger continuel de faire naufrage ; nos mâts, nos voiles et le gouvernail furent emportés. Ce fut par une espèce de miracle que nous abordâmes à Malaca, où je trouvai un vaisseau danois prêt à faire voile pour Trinquimbar : c'est une place, située sur la côte de Coromandel qui appartient aux Danois. *La Sainte-Anne* étant hors d'état de se mettre en mer, je demandai passage au capitaine danois, qui me l'accorda avec beaucoup de politesse.

La saison, qui étoit déjà avancée, nous retint près de trois mois dans une traversée qu'on fait au temps de la mousson en moins de trois semaines. La maladie se mit dans l'équipage ; nous perdîmes le capitaine, qui mourut entre mes bras avec de grands sentimens de piété. Enfin, après bien des fatigues, nous arrivâmes à Trinquimbar. Je passai de là à Madras, d'où je me rendis aisément à Pondichéry, qui étoit le lieu de ma mission et le terme de mon voyage.

LETTRE

Sur les nouvelles missions de la province du Paraguay, tirée d'un mémoire espagnol du père Jean-Patrice Fernandez, de la compagnie de Jésus, présenté au sérénissime prince des Asturies en l'année 1726,

PAR LE P. HIÉRONIMO HERRAN, A M***.

MONSIEUR,

La province du Paraguay a environ six cents lieues de longueur ; elle est partagée en cinq gouvernemens et en autant de diocèses gouvernés par des évêques pleins de vertu et de zèle. C'est dans cette province, monsieur, que sont établies les missions des Indiens Guaranis, dont vous avez entendu parler si différemment et qui sont depuis longtemps l'objet de votre curiosité : c'est ce qui vous engage à me presser si fort de vous faire part des connoissances que je puis en avoir.

Vous ne prétendez pas, sans doute, que je remonte jusqu'aux premiers temps où ces célèbres missions commencèrent à s'établir ; il ne tient qu'à vous de vous en instruire : on en a une histoire complète, écrite par le père Nicolas del Techo, qui a travaillé plusieurs années dans ces pénibles missions ; elle fut imprimée à Liège en l'année 1673. Lisez-la,

---

[1] C'est un fond mêlé de sable, de roche et de pierre qui s'élève vers la surface de l'eau.

monsieur, elle a de quoi pleinement vous satisfaire.

Vous y trouverez dans un grand détail tout ce qu'il en a coûté de peines et de fatigues aux missionnaires pour percer des forêts impénétrables, et y aller chercher, au risque perpétuel de leur vie, tant de peuples épars et errant tout nus dans ces épaisses forêts, se faisant perpétuellement la guerre les uns aux autres, n'ayant guère de l'homme que la figure, et peu différens des tigres et des bêtes féroces avec lesquelles ils vivoient. Vous y verrez tout ce qu'un zèle ardent a inspiré à ces hommes apostoliques pour gagner le cœur de tant de barbares, pour les tirer de leurs antres et de leurs cavernes, pour changer en quelque sorte leur naturel en les réunissant dans des peuplades, sans quoi il n'étoit pas possible de de les instruire, et pour les y former aux devoirs de la vie civile et aux pratiques de la religion, en un mot pour en faire des hommes raisonnables et ensuite de vrais chrétiens.

Il est seulement à remarquer que quand l'histoire dont je parle fut donnée au public, il n'y avoit alors que vingt-quatre réductions ou peuplades établies sur les rivières Parana et Uruguay. Le Parana vient se joindre au fleuve Paraguay vers la ville de Corrientes, et l'Uruguay ainsi que le Paraguay se jettent dans la rivière de la Plata et en font un des plus larges fleuves que l'on connoisse[1]. Maintenant ces peuplades sont augmentées de sept nouvelles beaucoup plus nombreuses que les précédentes par la multitude d'Indiens qu'on convertit chaque jour à la foi et qui nous représentent au naturel la piété, le désintéressement, l'innocence et la sainteté des fidèles de l'Église naissante. Il y en a seize sur les bords du Parana et quinze le long de l'Uruguay. En l'année 1717, on comptoit dans ces diverses peuplades cent vingt et un mille cent soixante et un Indiens, tous baptisés de la main des missionnaires.

Ces missions étant établies et policées d'une manière qui excite encore aujourd'hui l'admiration des gouverneurs et des évêques lorsqu'ils en font la visite, on porta ses vues vers une infinité d'autres nations barbares, lesquelles sont répandues dans ce vaste continent et dans ces forêts immenses qui se trouvent entre le fleuve Paraguay et le royaume du Pérou.

Cette étendue de pays est partagée du septentrion au midi par une longue chaîne de montagnes qui commencent à Potosi et continuent jusqu'à la province de Guayra. C'est dans ces montagnes que trois grandes rivières prennent leur source, savoir : le Guapay, la rivière Rouge et le Picolmayo. Ces deux dernières arrosent une grande étendue de terres et viennent ensuite décharger leurs eaux dans le grand fleuve Paraguay.

C'est à la naissance de ces deux rivières, et dans les confins du Pérou, que vinrent se réfugier les Chiriguanes, il y a environ deux siècles, abandonnant la province de Guayra, qui étoit leur terre natale. Les affreuses montagnes qu'ils habitent ont cinquante lieues d'étendue à l'est de la ville de Tarija et plus de cent au nord. Voici quelle fut la cause de leur transmigration.

Au temps que les rois de Castille et de Portugal s'efforçoient d'accroître leur domination dans les Indes occidentales, un brave Portugais, plein d'ardeur pour le service du roi son maître Jean II, voulut signaler son zèle par de nouvelles découvertes; il part du Brésil avec trois autres Portugais également intrépides qu'il s'étoit associés, et après avoir marché trois cents lieues dans les terres, il arrive sur le bord du fleuve Paraguay, où, ayant engagé jusqu'à deux mille Indiens pour l'accompagner, il fit plus de cinq cents lieues et arriva jusqu'aux confins de l'empire de l'Inga[1]. Après y avoir amassé beaucoup d'or et d'argent, il reprit sa route pour se rendre au Brésil, où il comptoit jouir de toutes les douceurs que sa grande fortune devoit lui procurer. Il ne connoissoit pas apparemment le génie des peuples auxquels il s'étoit livré. Lorsqu'il étoit le moins sur ses gardes, il fut cruellement massacré et perdit la vie avec ses richesses.

Ces barbares, ne doutant point qu'une action si noire n'attirât sur eux les armes portugaises, songèrent au plus tôt à se soustraire au châtiment que méritoit leur perfidie et se retirèrent

---

[1] C'est le Paraguay qui se joint au Rio-Parana et qui prend son nom; ensuite le Parana, après avoir couru au sud jusqu'au-dessous de Santa-Fé, tourne à l'est à Rosario, reçoit l'Uruguay, qui vient du nord, prend alors le nom de Rio-de-la-Plata, passe à Buenos-Ayres, à Monte-Video et se jette dans l'Océan atlantique entre le cap Saint-Antoine et la pointe de l'est.

[1] Le Pérou.

dans les montagnes où ils sont encore maintenant. Ils n'étoient guère que quatre mille quand ils y pénétrèrent; on en compte aujourd'hui plus de vingt mille, qui y vivent sans habitation fixe, sans loi, sans police, sans humanité, errant par troupes dans les forêts, désolant les nations voisines, dont ils enlèvent les habitans qu'ils emmènent dans leurs terres, où ils les engraissent de même qu'on engraisse les bœufs en Europe, et après quelques jours ils les égorgent pour se repaître de leur chair dans les fréquens festins qu'ils se donnent. On prétend qu'ils ont détruit ou dévoré plus de cent cinquante mille Indiens.

Il est vrai que depuis l'arrivée des Espagnols au Pérou, d'où ils ne sont pas fort éloignés, ils se désaccoutument peu à peu d'une telle barbarie; mais leur génie est toujours le même, ils sont toujours également perfides, dissimulés, légers, inconstans, féroces : aujourd'hui chrétiens et demain apostats, ennemis encore plus cruels des prédicateurs de la loi chrétienne et plus opiniâtres que jamais dans l'infidélité.

Plus ces nations étoient inhumaines et barbares, plus le zèle des missionnaires s'animoit à travailler à leur conversion : ils se flattoient même que, s'ils pouvoient les soumettre au joug de l'Évangile, l'entrée leur seroit ouverte dans la grande province de Chaco, et que la communication deviendroit plus facile entre les nouvelles missions et les missions anciennes des Indiens Guaranis.

Il y a environ un siècle que le père Emmanuel de Ortega, le père Martin del Campo et le père Didaque Martinez exposèrent généreusement leur vie, en se livrant à un peuple si farouche, dans le dessein de l'humaniser peu à peu et de le disposer à s'instruire des vérités du salut. Leurs travaux furent inutiles.

D'autres missionnaires, en différens temps, se succédèrent les uns aux autres et entreprirent leur conversion avec le même courage et avec aussi peu de succès; et quoique cette terre ait été arrosée du sang de ces hommes apostoliques, elle n'en a jamais été plus fertile.

Enfin il n'y a guère que cinq ans que, sur une lueur d'espérance de trouver ces Indiens plus traitables, trois nouveaux missionnaires entrèrent assez avant dans leur pays. Le fruit de cette entreprise si récente fut de procurer une mort glorieuse au vénérable père Lizardi,

qui expira sous une nuée de flèches que ces barbares lui décochèrent.

Longtemps avant cette dernière tentative, on avoit cessé de cultiver une terre si ingrate : c'étoit se consumer et perdre un temps qui pouvoit être mieux employé auprès d'autres nations moins indociles, quoique peut-être également barbares. On se tourna donc du côté de la province des Chiquites.

Cette province contient une infinité de nations sauvages, que les Espagnols ont nommé Chiquites uniquement parce que la porte de leurs cabanes est basse et fort petite, et qu'ils ne peuvent y entrer qu'en s'y glissant et en se rapetissant : ils en usent de la sorte afin de n'y point donner entrée aux mosquites [1] et à beaucoup d'autres insectes très-incommodes dont le pays est infesté, surtout dans le temps des pluies.

Cette province a deux cents lieues de longueur sur cent de largeur; elle est bornée au couchant par la ville de Sainte-Croix-de-la-Sierra, et un peu plus loin par la mission des Moxes : elle s'étend à l'orient jusqu'au fameux lac des Xarayes, qui est d'une si grande étendue qu'on l'a nommé la mer Douce; une longue chaîne de montagnes la borne au nord et la province de Chaco au midi. Elle est arrosée par deux rivières, savoir : le Guapay, qui prend sa source dans les montagnes de Chuquisaca et coule dans une grande plaine jusqu'à une espèce de village des Chiriguanes nommé Abopo, d'où, prenant son cours vers l'orient, il forme une grande demi-lune qui renferme la ville de Sainte-Croix-de-la-Sierra; puis tirant entre le nord et le couchant, il arrose les plaines qui sont au bas des montagnes et va se décharger dans le lac Mamoré, sur le bord duquel sont quelques missions des Moxes[2].

La seconde rivière se nomme Aperé ou Saint-Michel. Sa source est dans les montagnes du Pérou, d'où, coulant sur les terres des Chiriguanes, où elle change son nom en celui de Parapiti, elle se perd dans d'épaisses forêts, et après plusieurs détours qu'elle fait entre le nord et le couchant, elle va droit au midi; puis

[1] Moustiques.
[2] La rivière qu'on nomme Guapay, Guapaix ou Guapahi, ne tombe pas dans le lac mais dans la rivière Mamoré, qui elle-même, après avoir reçu d'autres affluens, prend le nom de Madeira et va se jeter dans la rivière des Amazones.

recevant dans son lit tous les ruisseaux des environs, elle passe par les peuplades des Baures, qui appartiennent à la mission des Moxes, et décharge ses eaux dans le lac Mamoré, d'où elle se rend dans le grand fleuve Maragnon ou des Amazones[1].

Ce pays est fort montagneux et rempli d'épaisses forêts. La quantité de différentes abeilles qu'on y trouve fournissent du miel et de la cire en abondance. Il y a des abeilles d'une espèce que ces Indiens nomment *opemus*, qui ressemblent le plus à celles d'Europe; le miel qu'elles produisent exhale une agréable odeur; leur cire est fort blanche, mais un peu molle. On y voit des singes, des poules, des tortues, des buffles, des cerfs, des chèvres champêtres, des tigres, des ours et d'autres bêtes féroces. On y trouve des couleuvres et des vipères dont le venin est très-subtil. Il y en a dont on n'est pas plutôt mordu que le corps s'enfle extraordinairement et que le sang sort par tous les membres, par les yeux, par les oreilles, la bouche, les narines et même par les ongles. Comme l'humeur pestilentielle s'évapore avec le sang, leurs morsures ne sont pas mortelles. Il y en a d'autres dont le venin est beaucoup plus dangereux: n'en eût-on été mordu qu'au bout du pied, le venin monte aussitôt à la tête et se répand dans toutes les veines, il cause des défaillances, le délire et la mort. On n'a pu trouver jusqu'ici aucun remède qui fût efficace contre leurs morsures.

Le terroir de cette province est sec de sa nature; mais dans le temps des pluies, qui durent depuis le mois de décembre jusqu'au mois de mai, toutes les campagnes sont inondées et tout commerce est interdit entre les habitans. Il se forme alors de grands lacs qui abondent en toute sorte de poissons: c'est le temps où les Indiens font la meilleure pêche. Ils composent une certaine pâte amère qu'ils jettent dans ces lacs et dont les poissons sont friands; cette pâte les enivre, ils montent aussitôt à fleur d'eau et on les prend sans peine.

Quand les pluies sont cessées, ils ensemencent leurs terres, qui produisent du riz, du maïs, du blé d'Inde, du coton, du sucre, du tabac et divers fruits propres du pays, tels que sont ceux du platane, des pins, des mani et des zapallos: ceux-ci sont une espèce de calebasse dont le fruit est meilleur et plus savoureux qu'en Europe. Il n'y croit ni blé ni vin.

Je ne vous parle pas, monsieur, du caractère et des mœurs de ces nations barbares, pour ne point répéter ce qu'on a dit dans de précédentes lettres, qu'il vous est aisé de consulter. J'ajouterai seulement que de toutes les langues qu'on parle parmi ces différentes nations, la plus difficile à apprendre est celle des Chiquites. Ce qu'un des missionnaires écrivoit à ce sujet à un de ses amis vous le fera aisément comprendre:

« Vous ne vous persuaderez jamais, lui mandoit-il, ce qu'il m'en coûte d'application et de travail pour m'instruire de la langue de nos Indiens. Je dresse un dictionnaire de cette langue, et quoique j'aie déjà rempli vingt-cinq cahiers, je n'en suis encore qu'à la lettre C. Leur grammaire est très-difficile, leurs verbes sont tous irréguliers et les conjugaisons différentes. Quand on sait conjuguer un verbe, on n'en est pas plus avancé pour apprendre à conjuguer les autres verbes. Que vous dirai-je de leur prononciation? Les paroles leur sortent de la bouche quatre à quatre, et l'on a une peine infinie à entendre ce qu'ils prononcent si mal. Les Indiens des autres nations ne peuvent la parler que quand ils l'ont apprise dans leur jeunesse. Nous avons d'anciens missionnaires qui n'osent se flatter de la savoir dans sa perfection, et ils assurent que quelquefois ces peuples ne s'entendent pas eux-mêmes. »

Il faut avouer cependant que, quoiqu'un missionnaire la parle mal, ces Indiens ne laissent pas de l'entendre et de concevoir ce qu'il leur dit. La traduction que je joins ici du signe de la croix en leur langage, et tel qu'ils le font au commencement de chaque action, vous en donnera une idée:

« *Oinaucipi Santa Crucis, oquimay Zoychacu Zoychupa me unama po chineneco Zumamene au niri naqui Yaitotik, ta naqui Aytotik, ta naqui Espiritu Sancto.* »

« C'est-à-dire, mot pour mot: Par le signe de la sainte croix, défendez-nous, notre Dieu, de ceux qui nous haïssent: au nom du Père, du Fils et du Saint-Esprit. »

Ce fut à la fin du dernier siècle que le père Joseph de Arce abandonna les Chiriguanes, selon l'ordre qu'il en avoit reçu de ses supérieurs, et que par des chemins presque impra-

---

[1] La Parapiti change plusieurs fois de nom, devient la rivière des Chiquitos, puis de Sainte-Madeleine et se décharge dans la Madeira.

ticables il entra dans le pays des Chiquites, où, après avoir ramassé un nombre d'Indiens qu'il avoit cherché dans les forêts avec des fatigues incroyables, il établit une grande peuplade à laquelle il donna le nom de Saint-Xavier. Son zèle fut bientôt secondé par le père de Zea et par d'autres missionnaires qui vinrent partager ses travaux, et en l'année 1726 on comptoit déjà dans ces terres barbares six grandes peuplades d'Indiens convertis à la foi. Voici le nom de ces peuplades et la distance des unes aux autres. En commençant par le sud, on trouve la peuplade Saint-Jean, qui est à neuf lieues de Saint-Joseph; on compte trente lieues de Saint-Joseph à Saint-Raphaël, et huit de cette peuplade à Saint-Michel; il y a quarante-deux lieues de Saint-Michel à Saint-François-Xavier, et de celle-ci à la Conception vingt-quatre.

On se disposoit, en la même année 1726, à pénétrer vers le sud dans les terres des Zamucos, où l'on avoit des espérances bien fondées d'établir une nouvelle peuplade des peuples de cette nation et de celle des Ugaranos leurs voisins, qui comptent l'une et l'autre plus de deux mille quatre cents Indiens. Cette peuplade doit être sous la protection de Saint-Ignace.

Vous jugez assez, monsieur, à quels travaux doit se livrer un ouvrier évangélique pour aller à la recherche de ces barbares dans leurs montagnes et dans leurs forêts. « Lorsque j'étois en Europe, écrivoit un de ces missionnaires, je m'imaginois qu'il suffisoit de porter dans ces missions un grand zèle du salut des âmes; mais depuis que j'ai le bonheur d'y être, j'ai compris qu'il falloit encore s'être exercé de longue main à l'abnégation intérieure, à un entier détachement de toutes les choses d'ici-bas, à la mortification des sens, au mépris de la vie et à un total abandon de soi-même entre les mains de la Providence. »

Il y a d'ordinaire dans chaque peuplade, lorsqu'elle est nombreuse, deux missionnaires occupés à civiliser et à instruire les néophytes des vérités chrétiennes. L'un d'eux fait chaque année des excursions à trente ou quarante lieues au loin, chez les nations infidèles, pour les gagner à Jésus-Christ et les attirer dans la peuplade. Il part n'ayant que son bréviaire sous le bras gauche et une grande croix à la main droite, sans autre provision que sa confiance en Dieu et ce qu'il pourra trouver sur sa route. Il est accompagné de vingt à trente nouveaux chrétiens qui lui servent de guides et d'interprètes et qui font quelquefois les fonctions de prédicateurs. C'est avec leur secours que, la hache à la main, il s'ouvre un passage dans l'épaisseur des forêts; s'il se trouve, ce qui arrive souvent, des lacs et des terres marécageuses à traverser, c'est toujours lui qui, l'eau jusqu'à la ceinture, marche à leur tête pour les encourager par son exemple à le suivre; c'est lui qui grimpe le premier sur les rochers escarpés et bordés de précipices; c'est lui qui furète dans les antres, au risque d'y trouver des bêtes féroces, au lieu des Indiens qu'il y cherche.

Au milieu de ces fatigues, il n'a souvent pour tout régal que quelques poignées de maïs, des racines champêtres ou quelques fruits sauvages qu'on nomme motaqui. Quelquefois, pour étancher sa soif, il ne trouve que la rosée répandue sur les feuilles des arbres; le repos de la nuit, il le prend sur une espèce de hamac suspendu aux arbres. Je ne parle pas du danger continuel où il est de perdre la vie par les mains des Indiens qui sont quelquefois en embuscade, armés de leurs flèches et de leur massue, pour assommer les inconnus qui viennent sur leurs terres et qu'ils regardent comme leurs ennemis.

Il faut avouer cependant qu'il y a une protection particulière de Dieu qui veille à la sûreté et aux besoins des missionnaires. Il est arrivé plus d'une fois que, se trouvant dans une extrême nécessité, le gibier et le poisson venoient comme d'eux-mêmes se présenter aux Indiens de leur suite. D'autres fois, lorsque ces barbares étoient le plus animés contre le missionnaire qui se livroit à eux, ils changeoient tout à coup leurs cruelles résolutions ou bien les forces leur manquoient à l'instant, et leurs bras affoiblis ne pouvoient décocher leurs flèches.

Quelque pénibles et quelque dangereuses que soient ces excursions, un ouvrier évangélique se trouve bien récompensé de ses peines et de ses souffrances lorsqu'il retourne en triomphe dans sa peuplade accompagné de trois ou quatre cents Indiens, avec l'espérance d'en gagner l'année suivante plusieurs autres, qui, plus défians et dans la crainte qu'on ne veuille les surprendre pour les faire esclaves, ne se rendent qu'après avoir envoyé de leurs gens pour observer ce qui se passe dans la peuplade et venir leur en rendre compte. Quelle consolation pour lui de se revoir au milieu de ses chers néophytes, dont le nombre est augmenté par ses soins, et de se retrouver dans un lieu où, par les pieuses libéralités des personnes qui s'intéressent pour la conversion de tant de nations infidèles, il trouve de quoi rétablir ses forces pour s'appliquer avec une nouvelle ardeur à leur instruction !

Il est certain que ces travaux surpassent les forces humaines, et qu'il ne seroit pas possible d'y résister si l'on n'étoit pas soutenu d'une force toute divine. Il n'est pas moins étonnant que parmi un si grand nombre de missionnaires qui travaillent depuis tant d'années dans ces laborieuses missions, on n'en compte que trois ou quatre qui aient succombé aux fatigues, et que la plupart, après y avoir travaillé vingt-cinq et trente ans, conservent autant de force et de vigueur que ceux qui jouissent en Europe de toutes les commodités de la vie. Tel étoit le père Jean-Baptiste de Zea, qui a passé la plus grande partie de sa vie à cultiver ces nations infidèles et qui à l'âge de soixante-cinq ans ne paroissoit pas en avoir quarante.

La férocité de ces peuples et les peines extraordinaires qu'il faut se donner pour les réduire sous le joug de la foi ne sont pas capables de rebuter un homme vraiment apostolique. Il trouve en ce pays-ci d'autres obstacles à vaincre qui le contristent davantage et qui affligent sensiblement son cœur.

Le premier obstacle vient du côté des Espagnols qui ont leurs habitations peu éloignées des nations indiennes dont on entreprend la conversion. Quoiqu'en général la nation espagnole se distingue parmi les autres nations par sa piété et par son attachement sincère à la religion, on ne peut dissimuler que dans la multitude des membres qui la composent, il ne s'en trouve, comme ailleurs, dont les mœurs sont peu réglées et qui démentent la sainteté de leur foi par des actions criminelles. Le voisinage des villes espagnoles y attire les Indiens pour leur petit commerce ; et comme ces esprits grossiers sont plus susceptibles des mauvaises impressions que des bonnes, ils ne sont attentifs qu'aux dérèglemens dont ils sont témoins et dont à leur retour ils font part à leurs compatriotes ; de sorte que quand le missionnaire leur expliquoit les points de la loi chrétienne, ou qu'il leur faisoit des réprimandes sur l'inobservation de quelques articles de cette loi : « Vous nous traitez avec bien de la dureté, lui répondoient-ils ; pourquoi nous défendez-vous, à nous autres qui sommes nouvellement chrétiens, ce qui se permet à ceux de votre nation, qui sont nés et qui ont vieilli dans le sein du christianisme ? »

Quelques fortes raisons qu'on employât pour réfuter ce faux raisonnement, un pareil préjugé, secondé par leur penchant naturel au vice, avoit pris un tel empire sur les esprits qu'on avoit toutes les peines du monde à le détruire. C'est pour cela qu'on a transporté quelques peuplades de ces néophytes le plus loin des villes espagnoles qu'il a été possible ; c'est pour la même raison que depuis plus d'un siècle les rois d'Espagne ont porté les ordonnances les plus sévères, par lesquelles ils défendent à tout Espagnol de mettre le pied dans les anciennes peuplades des Indiens Guaranis, à la réserve des gouverneurs et des prélats ecclésiastiques qui, par le devoir de leurs charges, sont obligés d'en faire la visite.

L'esprit d'intérêt et l'envie démesurée de s'enrichir qui régnoit parmi quelques négocians étoit un autre obstacle très-nuisible au progrès de la foi. Ces hommes insatiables de richesses entroient à main armée dans les terres des Indiens, tuoient impitoyablement ceux qui se mettoient en devoir de leur résister, ils enlevoient les autres, ils alloient même jusqu'à arracher les enfans du sein de leur mère, et ils conduisoient au Pérou cette foule de malheureux liés et garottés, où il les employoient comme des bêtes de charge aux mines et aux travaux les plus pénibles, ou bien ils les vendoient dans des foires publiques.

C'étoit pour s'autoriser dans un si indigne trafic qu'ils publioient que ces Indiens n'avoient de l'homme que la figure, que c'étoient de véritables bêtes dépourvues de raison et incapables d'être admis au baptême et aux autres sacremens. Ces bruits calomnieux se répandoient avec tant d'affectation et de scandale pour les gens de bien que de saints évêques, et entre autres don Juan de Garcez, évêque d'Ascala, en informèrent le pape Paul III, qui déclara, par une bulle spéciale, que les Indiens étoient des hommes raisonnables qu'on devoit instruire des vérités chrétiennes, ainsi que les autres peuples de l'univers, et leur conférer les sacremens. *Indos ipsos, utpote veros homines, non solum*

Christianæ fidei capaces existere decernimus et declaramus, etc.

Les rois catholiques ne purent apprendre sans indignation des excès si criants et si contraires à l'humanité. Ils défendirent par de fréquens édits, sous les peines les plus grièves, ce commerce inique; ils ordonnèrent, sous les mêmes peines, qu'on unît et qu'on incorporât les Indiens à la couronne, et qu'ils fussent regardés et traités de même que le reste de leurs sujets, avec injonction expresse aux vice-rois et aux gouverneurs de tenir la main à l'exécution de ces édits et d'en rendre compte à la cour.

Nonobstant ces ordonnances réitérées, qui étoient encore assez récentes lorsqu'on commençoit à établir les premières peuplades chez les Chiquites, il se forma au Pérou une compagnie de marchands d'Europe qui faisoient cet abominable commerce. Le père de Arce, qu'on peut regarder comme le fondateur de ces nouvelles missions, étoit un homme que ni la crainte ni aucune considération humaine ne pouvoient retenir quand il s'agissoit des intérêts de Dieu. Ne pouvant souffrir que son ministère fût ainsi troublé et qu'on violât impunément les lois les plus sacrées de l'humanité et de la religion, il se plaignit amèrement à l'audience de Chuquisaca de l'infraction des ordonnances royales.

Ces marchands étoient soutenus et protégés par une personne très-riche et très-accréditée, et ce tribunal, par une fausse crainte de troubler la paix, fermoit les yeux sur un si grand désordre; il n'eut pas même la force de rien statuer, et il se contenta de renvoyer l'affaire au vice-roi du Pérou, qui est en même temps capitaine général de tous ces royaumes; c'étoit alors le prince de Santo-Bueno.

Ce seigneur, plein de religion et de piété, prit à l'instant les mesures les plus efficaces et les plus promptes pour remédier au mal. Il envoya ses ordres, qui portoient confiscation de tous les biens et bannissement de la province pour quiconque oseroit faire désormais quelque entreprise sur la liberté des Indiens; et pour ce qui est des gouverneurs qui toléreroient un abus si criminel, il les condamnoit à être destitués de leurs charges et à une amende de douze mille piastres. Des ordres si précis mirent fin à cet infâme trafic, et les Indiens, plus tranquilles, furent délivrés de toute vexation.

Un autre obstacle encore plus préjudiciable à la conversion de ces nations infidèles, et qui traversoit continuellement le zèle des missionnaires, venoit de la part des Mamelus du Brésil. Peut-être n'avez-vous jamais entendu parler de ces peuples, et il est à propos, monsieur, de vous les faire connoître.

Dans le temps que les Portugais firent la conquête du Brésil, ils y établirent plusieurs colonies, une entre autre qui se nommoit *Piratiningua*, ou, comme d'autres l'appellent, la ville de Saint-Paul. Ses habitans, qui n'avoient point de femmes d'Europe, en prirent chez les Indiens. Du mélange d'un sang si vil avec le noble sang portugais naquirent des enfans qui dégénérèrent dans la suite et dont les inclinations et les sentimens furent bien opposés à la candeur, à la générosité et aux autres vertus de la nation portugaise. Ils tombèrent peu à peu dans un tel décri, par le débordement de leurs mœurs, que les villes voisines auroient cru se perdre de réputation si elles eussent continué d'avoir quelque communication avec la ville de Saint-Paul; et quoique ses habitans fussent originairement Portugais, elles les jugèrent indignes de porter un nom qu'ils déshonoroient par des actions infâmes et les appellent *Mamelus* [1].

Il fut un temps qu'ils demeurèrent fidèles à Dieu et à leur prince par les soins du père Anchieta et de ses compagnons, qui avoient un collège fondé dans cette ville; mais trouvant dans ces pères une forte digue qui s'opposoit à leurs déréglemens, ils prirent le parti de la rompre, et pour se délivrer de ces importuns censeurs de leurs vices, ils les chassèrent de leur ville. A leur place ils y admirent la lie de toutes les nations; leur ville devint bientôt l'asile et le repaire de quantité de brigands, soit italiens, soit hollandois, espagnols, etc., qui en Europe s'étoient dérobés aux supplices que méritoient leurs crimes ou qui cherchoient à mener impunément une vie licencieuse. La douceur du climat, la fertilité de la terre, qui fournit toutes les commodités de la vie, servoient encore à augmenter leurs penchans pour toutes sortes de vices.

Du reste il n'est point aisé de les réduire : leur ville est située à treize lieues de la mer, sur un rocher escarpé, environnée de précipices :

---

[1] A l'instar des Mamelouks de l'Égypte.

on n'y peut grimper que par un sentier fort étroit où une poignée de gens arrêteroient une armée nombreuse ; au bas de la montagne, sont quelques villages remplis de marchands par le moyen desquels ils font leur commerce. Cette heureuse situation les entretient dans l'amour de l'indépendance ; aussi n'obéissent-ils aux lois et aux ordonnances émanées du trône de Portugal qu'autant qu'elles s'accordent avec leurs intérêts, et ce n'est que dans une nécessité pressante qu'ils ont recours à la protection du roi ; hors de là ils n'en font pas grand compte.

Ces brigands, la plupart sans foi ni loi et que nulle autorité ne pouvait retenir, se répandoient comme un torrent débordé sur toutes les terres des Indiens, qui, n'ayant que des flèches à opposer à leurs mousquets, ne pouvoient faire qu'une faible résistance. Ils enlevoient une infinité de ces malheureux pour les réduire à la plus dure servitude. On prétend (ce qui est presque incroyable) que dans l'espace de cent trente ans, ils ont détruit ou fait esclaves deux millions d'Indiens, et qu'ils ont dépeuplé plus de mille lieues de pays jusqu'au fleuve des Amazones. La terreur qu'ils ont répandue parmi ces peuples, les a rendus encore plus sauvages qu'ils n'étoient et les a forcés ou à se cacher dans les antres et le creux des montagnes ou a se disperser de côté et d'autre dans les endroits les plus sombres des forêts.

Les Mamelus, voyant que par cette dispersion leur proie leur échappoit des mains, eurent recours à une ruse diabolique dont les missionnaires ressentent encore aujourd'hui le contre-coup par la défiance qu'elle a jetée dans l'esprit de ces peuples. Ils imitèrent la conduite que tenoient ces hommes apostoliques pour gagner les infidèles à Jésus-Christ. Trois ou quatre de ces Mamelus se travestirent en jésuites ; l'un d'eux prenoit le titre de supérieur et les autres le nommoient *Payguasu*, qui signifie grand père, en la langue des Guaranis ; ils plantoient une grande croix et montroient aux Indiens des images de Notre-Seigneur et de la sainte Vierge ; ils leur faisoient présent de plusieurs de ces bagatelles, que ces peuples estiment ; ils leur persuadoient de quitter leur misérable retraite pour se joindre à d'autres peuples et former avec eux une nombreuse peuplade où ils seroient plus en sûreté. Après les avoir rassemblés en grand nombre, ils les amusoient jusqu'à l'arrivée de leurs troupes ; alors ils se jetoient sur ces misérables, ils les chargeoient de fers et les conduisoient dans leur colonie.

Le premier essai de leurs brigandages se fit sur les peuplades chrétiennes qu'on avoit établies d'abord vers la source du fleuve Paraguay, dans la province de Guayra ; mais ils ne retirèrent pas de grands avantages de la quantité d'esclaves qu'ils y firent : on a vu un registre authentique où il est marqué que de trois cent mille Indiens qu'ils avoient enlevés dans l'espace de cinq ans, il ne leur en restoit pas ving mille. Ces infortunés périrent presque tous, ou de misère dans le voyage ou des mauvais traitemens qu'ils recevoient de ces maîtres impitoyables, qui les surchargeoient de travaux, soit aux mines, soit à la culture des terres ; qui leur épargnoient les alimens et qui les faisoient souvent expirer sous leurs coups.

La fureur avec laquel les Mamelus désoloient les peuplades chrétiennes obligea les missionnaires de sauver ce qui restoit de néophytes et de les transplanter sur les bords des rivières Parana et Uruguay, où ils sont établis maintenant dans trente et une peuplades. Quoique éloignés d'ennemis si cruels, ils ne se trouvèrent pas à couvert de leurs fréquentes irruptions. Mais ces hostilités ont enfin cessé depuis que les rois d'Espagne ont permis aux néophytes l'usage des armes à feu et que dans chaque peuplade on en dresse un certain nombre à tous les exercices militaires. Ces Indiens se sont rendus redoutables à leur tour, et ils ont remporté plusieurs victoires sur les Mamelus.

La seule précaution que l'on prend, c'est de conserver ces armes dans des magasins et de ne les mettre entre les mains des Indiens que quand il est question de défendre leur pays ou de combattre pour les intérêts de l'état, car ces troupes sont toujours prêtes à marcher au premier ordre du gouverneur de la province, et en différens temps ils ont rendu les plus signalés services à la couronne d'Espagne ; c'est ce qui leur a attiré de grands éloges, que le roi dans diverses patentes a faits de leur fidélité et de leur zèle pour son service, avec des grâces singulières et des priviléges qu'il leur a accordés et qui ont même excité la jalousie des Espagnols.

La diversité des langues qui se parlent parmi ces différentes nations est un dernier obstacle très-difficile à surmonter, et qui fournit bien de quoi exercer la patience et la vertu des ouvriers évangéliques. On aura peine à croire qu'à chaque pas on trouve de petits villages de cent familles tout au plus, dont le langage n'a aucun rapport à celui des peuples qui les environnent. Lorsque, par ordre du roi Philippe IV, le père d'Acugna et le père d'Artieda parcoururent toutes les nations qui sont sur les bords du fleuve des Amazones, ils trouvèrent au moins cent cinquante langues plus différentes entre elles que la langue espagnole n'est différente de la langue françoise. Dans les peuplades établies chez les Moxes, où il n'y a encore que trente mille Indiens convertis à la foi, on parle quinze sortes de langues qui ne se ressemblent nullement. Dans les nouvelles peuplades des Chiquites, il y a des néophytes de trois ou quatre langues différentes; c'est pourquoi, afin que l'instruction soit commune, on a soin de leur faire apprendre la langue des Chiquites.

Lorsqu'on avancera davantage chez les autres nations, il faudra bien s'accommoder à leur langage; ainsi les nouveaux missionnaires, outre la langue des Chiquites, seront obligés d'apprendre encore la langue des Morotocos, qui est en usage parmi les Indiens Zamucos, et celle des Guarayens, qui est la même qu'on parle dans les anciennes missions des Indiens Guaranis.

Vous ne disconviendrez pas, monsieur, qu'il ne faille s'armer d'un grand courage pour se roidir contre tant de difficultés et être animé d'un grand zèle pour se livrer à tant de peines et de dangers. Mais un missionnaire en est bien dédommagé et il a bientôt oublié ses fatigues lorsqu'il a la consolation de voir toutes les vertus chrétiennes pratiquées avec ferveur par des hommes qui peu auparavant n'avoient presque rien d'humain et qui n'étoient occupés qu'à contenter leurs appétits brutaux. Il ne faut qu'entendre parler ces hommes apostoliques.

« Il n'est rien, disoit l'un d'eux, qu'on ne souffre volontiers pour le salut de ces Indiens, quand nous sommes témoins de la docilité de nos néophytes, de l'ardeur et de l'affection qu'ils ont pour tout ce qui concerne le service de Dieu et de leur fidèle obéissance à tout ce qu'ordonne la loi chrétienne. Ils ne savent plus ce que c'est que fraude, larcin, ivrognerie, vengeance, impureté et tant d'autres vices si fort enracinés dans le cœur de ces nations infidèles. Nul esprit d'intérêt parmi eux, et avec ce vice, combien d'autres ne sont-ils pas bannis! J'ose assurer, sans que je craigne qu'on m'accuse d'exagération, que ces hommes, adonnés autrefois aux vices les plus grossiers, retracent à nos yeux après leur conversion l'innocence et la sainteté des premiers fidèles. »

« Il me seroit difficile de vous exprimer, dit un autre missionnaire, avec quelle assiduité et quelle ardeur ils assistent à tous les exercices de piété. Ils ont un goût singulier à entendre expliquer les vérités de la religion, et ces vérités produisent dans leurs cœurs les plus grands sentimens de componction. »

C'est l'usage dans ces missions, lorsque la prédication est finie, de prononcer à haute voix un acte de contrition qui renferme les motifs les plus capables d'exciter la douleur d'avoir offensé Dieu; pendant ce temps-là l'église retentit de leurs soupirs et de leurs sanglots. Ce vif repentir de leurs fautes est suivi assez souvent d'austérités et de macérations, qu'ils porteraient à l'excès si l'on ne prenoit pas le soin de les modérer.

C'est surtout au tribunal de la pénitence qu'on connoît jusqu'où va la délicatesse de leur conscience : ils fondent en larmes en s'accusant de fautes si légères qu'on doute quelquefois si elles sont matière d'absolution; s'il leur échappe quelque faute, quoique peu considérable, ils quittent sur-le-champ leurs occupations les plus pressantes pour se rendre à l'église et s'y purifier par le sacrement de pénitence.

On fait choix dans chaque peuplade de quelques néophytes les plus anciens et les plus respectés pour y maintenir le bon ordre. Il y en a parmi eux qui sont chargés de veiller à la conduite et aux mœurs des néophytes; car il ne faut pas croire que, dans la multitude, il ne s'en trouve quelquefois qui se démentent. S'ils découvrent, ce qui est assez rare, que quelqu'un ait commis quelque faute scandaleuse, on le revêt d'un habit de pénitent, on le conduit à l'église pour demander publiquement pardon à Dieu de sa faute et on lui impose une pénitence sévère. Non-seulement le coupable se soumet à cette réparation avec docilité, mais quelquefois on en voit d'autres, et même des catéchumènes, qui, ayant commis secrètement la même faute qui n'est connue que d'eux seuls, viennent s'en accuser publiquement avec larmes, et prient avec instance qu'on leur impose la même pénitence.

Lorsqu'on les admet à la table eucharistique, ils ne s'en approchent qu'après une longue et fervente préparation, et ils s'étudient à conserver le fruit de la grâce qu'ils ont reçue. Quand quelque temps après on leur demande s'ils ne se sont point rendus coupables des mêmes fautes dont ils s'étoient accusés avant la communion, ils sont surpris qu'on leur fasse une pareille question : « Se peut-il faire, répondent-ils, qu'après avoir été nourri de la chair de Jésus-Christ, on retombe dans les mêmes fautes ? »

Trois fois le jour, le matin, à midi et sur le soir, toute la jeunesse s'assemble pour chanter à deux chœurs des prières très-dévotes et pour répéter les instructions qu'on leur a faites de la doctrine chrétienne. Rien n'est plus édifiant que le silence et la modestie avec laquelle ils assistent aux offices des dimanches et des fêtes. Lorsqu'ils vont dès le matin au travail et qu'ils reviennent le soir à la peuplade, ils ne manquent jamais d'adorer le Saint-Sacrement et de saluer la sainte Vierge, qu'ils regardent comme leur mère et pour laquelle ils ont la plus tendre dévotion ; ils célèbrent ses fêtes avec pompe et au son de leurs instrumens. Ils se feroient scrupule de commencer aucune action sans se munir auparavant du signe de la croix.

A la nuit fermante, et lorsque le travail cesse, toutes les rues de la peuplade retentissent de pieux cantiques que chantent les jeunes garçons et les jeunes filles, tandis que les hommes et les femmes séparément récitent le chapelet à deux chœurs.

C'est surtout aux grandes solennités qu'ils font éclater davantage leur piété. Dans les temps destinés par l'Église à rappeler le souvenir des souffrances du Sauveur dans sa Passion, ils tâchent d'en représenter toute l'histoire et d'exprimer au dehors les sentimens de pénitence et de componction dont ils sont pénétrés. Le jeudi saint au soir, après avoir entendu le sermon de la Passion, ils vont processionnellement à une espèce de Calvaire ; les uns portent sur leurs épaules de pesantes croix, les autres ont le front ceint de couronnes d'épines ; il y en a qui marchent les bras étendus en forme de croix ; plusieurs pratiquent d'autres œuvres de pénitence. La marche est fermée par une longue suite d'enfans qui vont deux à deux et qui portent dans leurs mains les divers instrumens des souffrances du Sauveur. Quand ils sont arrivés au Calvaire, ils se prosternent au pied de la croix, et après avoir renouvelé les divers actes de contrition, d'amour, d'espérance, etc., ils font une protestation publique d'une fidélité inviolable au service de Dieu.

Lorsque la Fête-Dieu approche, ils se préparent quelques jours auparavant à la célébrer avec toute la magnificence dont leur pauvreté les rend capables. Ils vont à la chasse et tuent le plus qu'ils peuvent d'oiseaux et de bêtes féroces ; ils ornent la face de leurs habitations de branches de palmier entrelacées avec art les unes dans les autres, avec des bordures des plus belles fleurs de leurs jardins et des plumages de différentes couleurs ; ils dressent des arcs de triomphe à une certaine distance les uns des autres, qui, quoique champêtres, ne laissent pas d'avoir leur agrément ; ils jonchent de feuilles et de fleurs toutes les rues où doit passer le Saint-Sacrement, et ils placent d'espace en espace les bêtes qu'ils ont tuées, tels que sont des cerfs, des tigres, des lions, etc., voulant que toutes les créatures rendent hommage au souverain maître de l'univers qui les a créés ; ils exposent vis-à-vis de leurs maisons le maïs et les autres grains dont ils doivent ensemencer leurs terres, afin que le Seigneur les bénisse à son passage ; enfin, par la modestie et la piété avec laquelle ils suivent la procession, ils donnent un témoignage authentique de leur foi envers ce grand mystère de l'amour de Dieu pour les hommes. Plusieurs des infidèles du voisinage, qu'ils invitent d'ordinaire à assister à cette cérémonie, touchés d'un si religieux spectacle, renoncent à leur infidélité, demandent à se fixer dans la peuplade et à être admis au rang des catéchumènes.

Ce qui remplit ces bons neophytes d'une tendre reconnoissance envers le Seigneur, c'est la comparaison qu'ils font souvent de la douce liberté des enfans de Dieu, dont ils jouissent, avec la vie féroce et brutale qu'ils menoient sous l'empire tyrannique du démon. C'est aussi ce qui leur inspire un zèle ardent pour procurer le même bonheur aux autres nations infidèles, même à celles pour lesquelles, dans le temps de leur infidélité, ils avoient hérité de leurs pères et sucé avec le lait une haine implacable.

Outre ceux qui accompagnent les missionnaires lorsqu'ils font des courses dans les forêts habitées par tant de barbares, on en voit plusieurs chaque année, quand la saison des pluies est passée, qui se répandent dans toutes les terres voisines pour annoncer Jésus-Christ aux infidèles. Les fatigues et les dangers inséparables de ces sortes d'excursions ne sont pas capables d'affoiblir leur zèle, il n'en est que plus vif; la mort même soufferte pour une pareille cause devient l'objet de leurs désirs. On compte plus de cent néophytes qui ont perdu la vie dans ces exercices de charité.

Il règne parmi eux une sainte émulation à qui convertira le plus d'infidèles : le jour qu'ils retournent à la peuplade accompagnés d'un bon nombre d'Indiens qu'ils ont gagnés à Jésus-Christ est un jour de fête et de réjouissance publique; il n'y a point de caresses et d'amitiés qu'on ne fasse à ces nouveaux hôtes, chacun s'empresse de fournir à leurs besoins. Une charité si bienfaisante les a bientôt dépris de l'amour naturel qu'ils ont pour leur terre natale, et c'est ainsi que les peuplades anciennes s'accroissent et que les nouvelles s'établissent.

Il y a longtemps qu'on cherche à s'ouvrir un chemin dans cette étendue de terres qui se trouvent entre la ville de Tarija et le fleuve Paraguay. Rien ne paroît plus important pour le bien de toutes ces missions, car ce chemin une fois découvert, elles peuvent communiquer ensemble beaucoup plus aisément et se prêter mutuellement du secours. Maintenant, pour se rendre des missions du Paraguay ou Guaranis à celles des Chiquites, il faut descendre la rivière jusque vers Buenos-Ayres, traverser toute la province de Tucuman et entrer bien avant dans le Pérou; en sorte que le père provincial, lorsqu'il fait la visite de toutes les réductions ou peuplades qui composent sa province, doit essuyer les fatigues d'un voyage de deux mille cinq cents lieues; au lieu que le voyage s'abrégeroit de moitié si l'on se faisoit une route au travers des terres qui sont entre les missions des Chiquites et celles du Paraguay. C'est une entreprise qu'on a tentée plusieurs fois et toujours inutilement.

Une fois, qu'on étoit entré assez avant dans les terres, on fut arrêté par les infidèles, qui, se doutant du dessein qu'on avoit de découvrir le fleuve Paraguay, s'y opposèrent de toutes leurs forces et obligèrent les missionnaires de se retirer. Il arriva dans la suite qu'un catéchumène de la même nation s'employa avec tant de force et de zèle auprès de ses compatriotes qu'il les détermina à embrasser la foi. On profita d'une conjoncture si favorable.

Ce fut en l'année 1702 que le père François Hervas et le père Michel de Yegros partirent avec le catéchumène et quarante Indiens, sans autre provision que leur confiance en la divine Providence; elle ne leur manqua pas, et pendant le voyage, la chasse et la pêche fournirent abondamment à leur subsistance. Ils furent très-bien reçus en trois villages de la nation du catéchumène, savoir : des Curuminas, des Batasis et des Xarayes, qui auparavant s'étoient opposés à leur entreprise. Ainsi ils poursuivirent librement leur route, laissant le catéchumène blessé par une épine qui lui étoit entrée au pied. On ne crut pas que le mal fût dangereux, cependant cette blessure lui causa la mort en peu de jours.

Après bien des incommodités que souffrirent les deux missionnaires, en se faisant un chemin au travers des bois, en grimpant de hautes montagnes et traversant des lacs et des marais pleins de fange, sans compter l'inquiétude et la crainte continuelle où ils étoient de tomber entre les mains des barbares, ils arrivèrent enfin sur les bords d'une rivière qu'ils prirent pour le fleuve Paraguay ou du moins pour un bras de ce fleuve, et ils y plantèrent une grande croix. On reconnut dans la suite qu'ils s'étoient trompés, et que ce qu'ils prenoient pour une rivière n'étoit qu'un grand lac qui se terminoit à une épaisse forêt de palmiers.

Dans la persuasion où l'on fut qu'on avoit enfin découvert ce chemin si fort souhaité, le père Nugnez, qui étoit alors provincial, fit choix de cinq anciens missionnaires des Guaranis pour parcourir le fleuve Paraguay et découvrir du côté de ce fleuve l'endroit où l'on avoit planté la croix du côté des Chiquites. Ces missionnaires étoient le père Barthélemy Ximenès, qui mourut chargé d'années et de mérites le 2 juillet 1717, le père Jean-Baptiste de Zea, le père Joseph d'Arce, le père Jean-Baptiste Neuman, le père François Hervas et le frère Sylvestre Gonzales. Comme le voyage qu'ils firent sur ce grand fleuve peut répandre quelque lumière sur la géographie des diverses contrées qu'il arrose, je vais vous rapporter le journal qui en a été fait par un de ces missionnaires.

Nous partîmes, dit-il, le 10 mai de l'année 1703 du port de notre peuplade de la Purification, d'où, après avoir passé par Antigui, nous prîmes terre le 27 du même mois à Itati. Le père Gervais, franciscain, qui étoit curé de cette bourgade, nous fit l'accueil le plus obligeant. De là nous continuâmes notre route vers la rivière Paramini, dans le lieu où le Parana se jette dans le fleuve Paraguay[1]. Les vents furieux qui régnoient alors et qui nous étoient contraires nous retardèrent et nous causèrent bien des fatigues; en sorte que nous ne pûmes aborder au port de l'Assomption que le 27 juin, où nous prîmes quatre jours de repos au collége que nous avons dans cette ville. On nous avoit préparé une grande barque, quatre balses, deux pirogues et un canot.

Nous nous embarquâmes, et après avoir avancé quelques lieues, nous découvrîmes un peu au loin des canots d'Indiens Payaguas qui sans doute venoient à la découverte. La pensée nous vint de les joindre et de les gagner si cela se pouvoit par quelques témoignages d'amitié qui pût les guérir de leur défiance. Le père Neuman se mit à cet effet dans le canot avec le frère Gonzales; mais quand ils furent presque à portée de ces Indiens, ils prirent la fuite en criant de toutes leurs forces : « *Peê pêmonda, ore Camaranda Buenos-Ayres, viarupi.* » Ce qui signifie : « Nous ne nous fions point à des gens d'une nation qui a fait périr tant d'Indiens, lesquels demeuroient aux environs de Buenos-Ayres. »

Le père Neuman, voyant le peu de succès de ses démarches, se contenta d'avancer vers le bord du fleuve et d'attacher aux branches d'un arbre plusieurs bagatelles de peu de valeur, mais qui sont estimées de ces barbares. Ces petits présens les rassurèrent, ils s'en saisirent aussitôt, et quatre d'entre eux s'approchèrent d'une de nos balses et y laissèrent à leur tour des nattes de jonc fort jolies et d'un travail très-délicat.

Un de nos néophytes, qui nous servoit d'interprète, nommé Anicet, plein de zèle pour la conversion des infidèles, jugea par la sensibilité des Payaguas que ses manières douces et affables pourroient faire quelque impression sur leurs cœurs; mais il ne connoissoit pas assez combien cette nation est perfide. Le 12 de juillet il s'approcha de quelques-uns de ces Indiens qu'il aperçut, et dans le temps que, par de petits présens, il tâchoit de gagner leur amitié, une troupe de Payaguas, partagés en deux canots, sortirent d'une embuscade où ils étoient cachés et vinrent fondre sur Anicet et ses compagnons, qu'ils assommèrent à grands coups de massue et s'enfuirent ensuite avec une célérité extraordinaire.

Nous n'apprîmes que fort tard ce triste événement; quelques-uns de nos Indiens allèrent au lieu où s'étoit fait le massacre, et ils y trouvèrent les cadavres de leurs chers compagnons. Nous célébrâmes le lendemain leurs obsèques, avec la douce espérance que Dieu leur aura fait miséricorde et aura récompensé la charité avec laquelle ils avoient exposé leur vie pour retirer ces barbares des ténèbres de l'infidélité.

Les Payaguas, voyant qu'on ne cherchoit point à tirer vengeance d'une action si cruelle, en devinrent plus audacieux. Ils parurent le lendemain en plus grand nombre dans une quantité prodigieuse de canots qui formoient deux espèces d'escadres : l'une gagna le rivage et tous ceux qui y étoient mirent pied à terre; l'autre rôdoit de tous côtés sur le fleuve, sans que les uns ni les autres osassent nous attaquer. Il n'y eut que dans l'obscurité de la nuit qu'ils jetèrent des pierres et tirèrent des flèches sur nous; mais nos néophytes les mirent bientôt en fuite, et ce ne fut que de fort loin qu'ils continuèrent de nous observer. C'est un bonheur qu'ils ne se soient pas joints aux Guaycurus, autre nation infidèle, mais beaucoup plus brave, plus hardie et naturellement ennemie du nom chrétien; il nous eût été difficile d'échapper aux piéges qu'ils nous auroient dressés sur un fleuve qui dans cet endroit est tout couvert d'îles où ils se seroient aisément cachés pour nous surprendre.

Le 6 d'août nous arrivâmes à l'embouchure de la rivière Xexui[1]; c'est par où les Mamelus vinrent faire irruption sur quelques-unes de nos anciennes peuplades, qu'ils détruisirent. Le 19 nous aperçûmes une terre de Payaguas dont les habitans s'étoient retirés peu auparavant pour aller dans une grande île qui étoit vis-à-vis; cette terre appartient à un cacique

---

[1] C'est-à-dire où le Paraguay se jette dans le Parana.

[1] Xeruguazu.

des Payaguas, nommé Jacayra, qui y entretient quelques-uns de ses vassaux occupés à la fabrique des canots.

Le 21 nous trouvâmes un petit fort entouré de palissades, avec trois grandes croix qu'on y avoit élevées. Nous crûmes d'abord que c'étoit un ouvrage des Mamelus, mais nous apprîmes dans la suite que c'étoient les Payaguas qui, ayant quelque connoissance de la vertu de la croix, avoient planté celles que nous voyions pour se délivrer de la multitude de tigres qui infestoient leur pays. Peu après, nous vîmes sur le rivage douze de ces barbares, qui ne songèrent point à nous inquiéter; mais ce qui nous surprit, c'est que jusqu'au 30 août, que nous arrivâmes à l'embouchure de la rivière Tapotù[1], nous n'aperçûmes que deux canots d'Indiens nommés Guachicos. La bouche de cette rivière est éloignée de trente lieues de celle de Piray; mais avant que d'y arriver, il faut passer par des courans très-rapides qui se trouvent entre une longue suite de rochers : nous en vîmes douze fort hauts et taillés naturellement d'une manière si agréable à la vue que l'art ne pourroit guère y atteindre. En ce lieu-là, les Guaycurus allumèrent des feux pour avertir les nations d'alentour qu'on voyoit paroître l'ennemi.

A six lieues de là, est le lac Nengetures, où se jette une rivière qui descend des terres habitées par les Guamas. Ces peuples sont en quelque sorte les esclaves des Guaycurus : ils y entretiennent leurs haras de mules et de cavales, ils cultivent la terre et y sèment le tabac, qui y croît en abondance. Il y a dans cette contrée beaucoup d'autres nations, et une entre autres nommée Lenguas, qui parle la même langue que les Chiquites.

Deux lieues au delà de ce lac est l'embouchure du Mboimboi. Il y avoit anciennement auprès de cette rivière une peuplade chrétienne qui étoit sous la conduite du père Christophe d'Arenas et du père Alphonse Arias. Ce dernier, étant appelé par les Indiens Guatos pour y administrer le baptême, tomba dans un parti de Mamelus, qui le tuèrent à coups de mousquet. Le père Arenas eut quelque temps après le même sort : il fut rencontré par les Mamelus, qui le maltraitèrent si fort qu'il ne survécut que peu de jours à ses blessures.

De là jusqu'aux Xarayes, on voit de vastes campagnes où des grains croissent naturellement et sans culture ; aussi les Payaguas, les Caracuras et beaucoup d'autres peuples d'alentour viennent y faire leurs provisions. Le 22 de septembre nous passâmes entre les montagnes de Cunayequa et de Ito, où sont les Sinamacas. La foi fut prêchée à ces peuples par les pères Juste Mansilla et Pierre Romero. Celui-ci et le frère Mathieu Fernandez furent massacrés dans la suite par les Chiriguanes, en haine de ce que la loi chrétienne leur défendoit d'avoir plus d'une femme.

Cinq lieues plus avant se trouve une île où s'étoient retirés deux caciques, nommés Jarachacu et Orapichigua, avec leurs vassaux Payaguas. Dès qu'ils nous aperçurent, ils dépêchèrent six canots à la grande île des Orejones, et aussitôt nous vîmes de près et au loin s'élever une grande fumée, signal ordinaire dont ils se servent pour avertir les nations voisines de se tenir sur leurs gardes. Ces nations font grand cas des Payaguas, parce que ceux-ci leur fournissent du tabac, des cuirs, des toiles et d'autres choses nécessaires à la vie, qu'ils ont chez eux en abondance.

Nous passâmes ensuite auprès des montagnes de Taraguipita. Cette contrée est habitée par plusieurs nations indiennes. Quatre de nos missionnaires leur ont annoncé l'Évangile, savoir : le père Ignace Martinez, Espagnol ; le père Nicolas Hénard, François ; les pères Diego Ferrer et Juste Mansilla, Flamands. Le premier partit dans la suite pour la mission des Chiriguanes, et les deux autres succombèrent aux fatigues et aux travaux qu'ils supportèrent et moururent parmi ces barbares, dénués de toute consolation humaine, ainsi que le grand apôtre des Indes, saint François Xavier, dans l'île de Sancian. Le dernier ne résista pas longtemps aux mêmes fatigues et finit sa vie dans l'exercice de ses fonctions apostoliques.

Huit lieues après avoir quitté le Tobati, nous nous trouvâmes à l'embouchure du Mboletei : c'est par cette rivière que les Mamelus avoient coutume d'entrer dans le fleuve Paraguay. De là on découvre de vastes campagnes qui s'étendent jusqu'aux Xarayes : elles étoient anciennement habitées par les Guaycurus et les Itatines ; mais ces Indiens, se voyant continuellement exposés aux irruptions et à la cruauté des Mamelus, abandonnèrent leur pays et cherchèrent un asile dans d'épaisses forêts

---

[1] Tepotù.

qui, depuis le lac Jaragui, s'étendent jusqu'à cinquante lieues du côté du Pérou.

Enfin le 29 septembre nous arrivâmes à l'endroit où le fleuve Paraguay, se partageant en deux bras, forme une grand île. Comme nous nous trouvions alors sur les terres des Chiquites, nous cherchâmes à découvrir la croix que nos deux missionnaires avoient plantée l'année précédente.

Le 12 d'octobre, ayant jeté l'ancre, nous aperçûmes quelques Payaguas. Quoiqu'ils fussent intimidés à la vue de nos Indiens, ils ne laissèrent pas de nous approcher, et ils nous offrirent des fruits de leurs terres. Nous répondîmes à cette honnêteté par quelques petits présens que nous leur fîmes.

Le 17 nous jetâmes l'ancre à la vue du lac Jaragui, qui est caché en partie entre les bois et les montagnes jusque vers les Orejones. Les campagnes de l'un et de l'autre côté du fleuve sont pleines d'habitations indiennes; il y en a davantage dans celles qui sont à la gauche, parce que les marais et les lacs dont elles sont environnées les rendent en quelque sorte inaccessibles et mettent ces nations à couvert des incursions des Mamelus.

Il seroit ennuyeux, monsieur, de vous rapporter les noms de ces différentes nations; il suffit d'en faire une note à la marge, en cas que vous ayiez la curiosité de les connoître[1]. Ce qu'il y a d'étonnant, c'est que la plupart de ces nations se réduisent à deux ou trois villages et que chacune ne compte guère plus de trois à quatre cents Indiens. Quoique ces nations confinent les unes aux autres, elles parlent chacune une langue différente et ne s'entendent point entre elles; elles n'ont nul commerce ensemble; elles se font souvent la guerre et cherchent à s'entre-détruire.

Le 18, ayant laissé à main droite le lac Tuquis, nous arrivâmes à l'embouchure de la rivière Paraguazu, qui décharge ses eaux dans le fleuve avec une impétuosité extraordinaire. Un peu au delà nous rencontrâmes un canot où étoit un jeune Indien bien fait et robuste. Il ne craignit point de se rendre à notre barque. Nous lui fîmes bien des amitiés, et quoiqu'il n'entendît point notre langue, ni nous la sienne, il ne laissa pas de nous faire connoître par signes qu'il étoit de la nation Mbiritii et qu'il y avoit trois journées de chemin jusqu'à son village. Nous connûmes l'affection qu'il nous portoit par la peine qu'il eut à nous quitter; c'est pourquoi nous lui offrîmes de monter dans notre barque. Il accepta cette offre avec joie et y entra avec ses armes et sa natte, qui étoit délicatement travaillée. Il régala nos Indiens d'un grand capivara qu'il avait tué: c'est un cochon de rivière assez semblable au cochon de terre. Voyant, au bout de trois jours, que nous naviguions le long du rivage pour ne pas nous embarrasser entre les îles qui couvroient le fleuve, il prit congé de nous avec promesse de venir bientôt nous rejoindre. Il reçut avec reconnoissance quelques petits présens que nous lui fîmes pour les présenter au cacique et aux principaux de sa nation. Cet Indien tint sa parole, et il ne fut pas longtemps sans revenir; mais voulant traverser un bras de rivière dans un temps orageux, il fit naufrage en notre présence. Il ne se sauva du danger qu'il courut que pour tomber entre les mains des Payaguas, qui le firent conduire dans son village.

Enfin le 31 octobre nous entrâmes dans le fameux lac de Xarayes, dans lequel plusieurs rivières navigables viennent se décharger. On croit communément que c'est dans ce lac que le fleuve Paraguay prend sa source. A l'entrée du lac est située la fameuse île des Orejones, où il y avoit autrefois une nation très-nombreuse qui a été entièrement détruite par les Mamelus. Le climat de cette île est tempéré et très-sain, quoiqu'elle soit à la hauteur de 17 degrés et quelques minutes. Selon l'opinion commune, elle a quarante lieues de longueur et dix de largeur; d'autres la font encore plus grande. Son terroir est fertile, bien qu'elle soit pleine de montagnes toutes couvertes de beaux arbres propres à être employés à toutes sortes d'ouvrages.

Pendant un mois et demi que nous employâmes sur la terre et sur l'eau à chercher cette croix qu'on avoit plantée, laquelle devoit indi-

[1] A main droite sont les Guaras, Lenguas, Chibapucus, Ecanaquis, Napiyachus, Guarayos, Tapyminis, Ayguas, Cunicanis, Arienes, Curuhinas, Coes, Guaresis, Jarayes, Caraberes, Urutues, Gualienes, Mboryares, Paresis, Tapaquis.
On trouve à main gauche les Payaguas, Guaicos, Itatines, Aginis, Sinemacas, Abiatis, Guithis, Cubicches, Chicaocas, Coroyas, Trequis, Gucamas, Quatus, Mbiritis, Eleves, Cuchiais, Tarayus, Jasintes, Guatoguazus, Zuruquas, Ayuceres, Quichiquichis, Xaimes, Guananis, Curnaras, Cuchycones, Aripones, Arapores, Cutuares, Itapares, Cutaguas, Arabiras, Cabies, Guannaguazus, Imbues, Mambiquas.

quer le chemin qui conduit aux missions des Chiquites, toutes nos diligences furent inutiles, et nous n'en découvrîmes point le moindre vestige. Cependant la saison avançoit, et il étoit à craindre que, le fleuve baissant chaque jour, notre barque ne se fracassât sur les rochers cachés sous l'eau : il fallut donc songer au retour, avec le chagrin de s'être donné tant de peines sans aucun fruit. Quelques-uns de nos missionnaires prièrent le père supérieur de les laisser dans l'île, où pendant l'hiver ils feroient de nouveaux efforts pour réussir dans cette découverte ; mais le succès étoit trop incertain et le risque trop grand : ainsi, après avoir loué la ferveur de leur zèle, il leur déclara qu'il ne pouvoit pas condescendre à leurs désirs.

Nous sortîmes donc de ce lac, que quelques-uns ont appelé la mer Douce. Mais comme, ainsi que je viens de le dire, nous entrions dans la saison où les eaux du fleuve diminuent considérablement, nous étions dans la crainte continuelle de donner dans de bas fonds ou de toucher aux rochers, qui en quelques endroits sont presqu'à fleur d'eau : heureusement nous fîmes cent lieues sans aucun accident. Nous découvrîmes trois canots qui venoient nous joindre à force de rames : il y avoit quatre Indiens, savoir : un Payagua et trois Guaranis, qui avoient anciennement reçu le baptême.

Aussitôt qu'ils se furent approchés de notre barque, ils y sautèrent avec beaucoup de légèreté et nous dirent qu'ils étoient déterminés à passer le reste de leurs jours avec nous, quelque peine que leur désertion dût faire à leurs caciques. Ils se trompoient pour ce dernier article, car les deux caciques dont ils étoient vassaux, frappés de la générosité avec laquelle ils avoient abandonné leurs biens et leurs parens pour vivre dans une plus exacte observation de la loi chrétienne, en conçurent une plus haute estime et pour eux et pour les missionnaires.

Ces deux caciques joignirent notre barque, et y étant entrés avec confiance, comme si la connoissance eût été ancienne, ils s'assirent sans façon auprès du père supérieur. Le père, profitant de ces favorables dispositions, les entretint de l'importance du salut et de la nécessité d'embrasser la loi chrétienne pour y parvenir. Il leur fit sentir qu'outre le bonheur qu'ils auroient de vivre en hommes raisonnables, de devenir enfans de Dieu et de mériter une récompense éternelle, ils couleroient bien plus tranquillement leurs jours, puisque, trouvant dans les peuplades des Guaranis autant de défenseurs qu'il y a de chrétiens, ils n'auroient plus rien à craindre des Mamelus et des Guaycurus, qui les jetoient dans de continuelles inquiétudes.

Les caciques, qui étoient très-attentifs au discours du père, parurent en être touchés ; ils promirent qu'ils se feroient instruire avec leur vassaux pour être admis au baptême, et qu'ils se faisoient fort d'engager les Indiens Guatos et Guacharapos à s'unir avec eux pour former tous ensemble une nombreuse peuplade. Pour nous assurer de la sincérité de leurs promesses, nous les priâmes de nous faire présent de quelques jeunes Indiens, qu'ils avoient faits leurs esclaves, afin de les instruire des vérités de la foi et de nous en servir en qualité d'interprètes. Nous leur offrîmes en échange des plats d'étain, des couteaux, des hameçons, de petits ouvrages de jaïet et d'autres choses de cette nature. Ils y consentirent de bonne grâce et nous remirent six Indiens de différentes nations, que nous envoyâmes dans une de nos peuplades pour y être instruits dans la religion.

Enfin, après bien des protestations d'amitié de part et d'autre, ils nous quittèrent très-contens de l'espérance que nous leur donnions d'envoyer chez eux des missionnaires. En partant ils ordonnèrent à quelques-uns de leurs vassaux, habiles pêcheurs, de nous suivre dans leurs canots, de faire chaque jour la pêche et de nous fournir abondamment de poisson. C'est ce qu'ils exécutèrent ponctuellement : ils nous suivirent cent cinquante lieues et ne nous en laissèrent jamais manquer. Ce secours vint fort à propos, car il y avoit déjà du temps que, nos provisions de biscuit et de maïs étant gâtées, il falloit nous contenter d'une écuellée de fèves par jour.

Étant arrivés à l'endroit du fleuve où le zélé néophyte Anicet et ses compagnons furent tués par les Payaguas, nous députâmes vers ces barbares quelques Payaguas de nos amis pour leur dire que nous n'avions pour eux que des pensées de paix et d'amour ; que notre plus ardent désir étoit de procurer leur bonheur en cette vie et après leur mort ; qu'ils en feroient l'expérience s'ils vouloient se joindre à nous ; que nous étions persuadés que s'ils avoient tué nos Indiens, c'étoit moins par haine pour eux que par la crainte où ils étoient qu'on ne leur tendît des pièges ; que du reste nous leur pardonnions ce qui s'étoit passé, et que pour toute satisfaction nous leur demandions les Espagnols qu'ils tenoient en esclavage.

« Nos députés s'acquittèrent si bien de leur commission auprès de ces barbares que quelques-uns d'eux vinrent nous demander pardon du meurtre qu'ils avoient commis et nous remirent un Espagnol qu'ils avoient fait esclave; ils nous assurèrent même du désir qu'ils avoient de se réunir dans une peuplade et d'embrasser la loi chrétienne. Mais dans le temps qu'ils nous donnoient ces assurances, ils ne cherchoient qu'à nous tromper; car ils nous protestèrent qu'ils n'avoient d'esclave que ce seul Espagnol, et nous apprîmes dans la suite qu'ils en avoient encore trois autres. Notre amitié s'étant renouvelée, nous vîmes paroître vingt de leurs canots qui se suivoient file à file. Ils montèrent les uns après les autres dans notre barque pour recevoir les petits présens que nous leur fîmes. Peu après leurs caciques vinrent nous apporter des fruits et nous donnèrent un canot fort propre.

« Nous ne crûmes pas néanmoins devoir nous fier à des peuples dont nous avions éprouvé si souvent la perfidie et l'inconstance, et qui ne tiennent leur parole qu'autant qu'ils y trouvent leur intérêt. Ce qu'il y a d'étonnant, c'est que cette nation, qui ne compte guère que quatre cents hommes capables de porter les armes, s'étende sur tout le fleuve Paraguay. Une partie se répand environ deux cents lieues sur le fleuve ou sur la terre, depuis le lac des Xarayes; l'autre partie rôde sans cesse vers la ville de l'Assomption, pillant tout ce qui tombe sous les mains, faisant des esclaves de ceux qu'ils rencontrent s'ils ne sont bien en garde contre leurs embuscades, ou bien se liguant avec les Guaycurus pour attaquer les Espagnols à force ouverte.

La vie errante et vagabonde qu'ils mènent n'est pas un moindre obstacle à leur conversion que leur caractère perfide et volage. Ils ne peuvent être longtemps sous le même ciel, aujourd'hui sur la terre ferme, demain dans quelque île ou se dispersant sur le fleuve; ils ne peuvent guère vivre d'une autre manière, ne subsistant que de la chasse ou de la pêche, qui ne se trouve pas toujours dans le même lieu.

Nous poursuivîmes assez tranquillement notre route, mais le 2 décembre nous fûmes à deux doigts de la mort. Il s'éleva un vent furieux qui, poussant notre barque avec violence, la fit sauter de rochers en rochers. Elle devoit se briser en mille pièces et nous devions mille fois périr; cependant elle ne reçut aucun dommage. Nous nous crûmes redevables de notre conservation à une protection spéciale de la très-sainte Vierge, que nous invoquions plusieurs fois chaque jour.

Après avoir échappé à ce danger et en avoir rendu grâce à Dieu et à la sainte Vierge, notre protectrice, le père supérieur fit prendre les devans à une de nos barques, ordonnant qu'elle allât à toutes voiles et à force de rames et fît toute la diligence qui seroit possible pour transporter au plus vite à la ville de l'Assomption le père de Neuman, que la dyssenterie dont il fut attaqué avoit réduit à l'extrémité.

Pour nous, ce ne fut que le 17 que nous arrivâmes. Le gouverneur de la ville, toute la noblesse et le peuple en foule vinrent nous recevoir au sortir de nos barques et voulurent absolument nous conduire jusqu'au collége. Il n'y avoit qu'une heure que nous y étions arrivés, lorsque le père de Neuman finit sa carrière et alla recevoir la récompense de ses travaux. Les chanoines de la cathédrale, les ecclésiastiques, les religieux et tous les corps de la ville honorèrent ses obsèques de leur présence, le regardant comme un martyr de la charité et du zèle dont il avoit toujours brûlé pour la conversion des infidèles.

Le 9 nous partîmes de la ville de l'Assomption pour nous rendre à nos chères missions des Guaranis, où nous arrivâmes le 4 de février. Ainsi se termina notre voyage, qui dura neuf mois, et où nous perdîmes seize des néophytes qui nous accompagnoient, et qui nous furent enlevés par le défaut de vivres et par la dyssenterie.

On a fait quelques tentatives pour découvrir ce chemin, qui n'ont eu d'autres succès que de procurer au père d'Arce et au père Blende une mort glorieuse. On en trouve le détail dans une des lettres précédentes. Je suis avec respect, etc.

SECONDE LETTRE

Sur les nouvelles missions du Paraguay.

A M***.

Monsieur,

La paix de N.-S.

C'est pour me conformer à vos désirs que je continue à vous entretenir des missions nouvellement établies dans la grande province du Paraguay et des moyens que prennent les missionnaires pour gagner tant de nations barbares, répandues dans d'immenses forêts, et les réunir dans des peuplades où l'on puisse les policer et les instruire des vérités de la foi. J'ai déjà eu l'honneur de vous dire que chaque peuplade chrétienne est sous la conduite de deux missionnaires, et qu'en certain temps de l'année, l'un d'eux parcourt les montagnes et les forêts pour chercher ces pauvres Indiens et les retirer des ténèbres de l'infidélité.

Le père Cavallero s'est rendu illustre en ces derniers temps par le succès de ces sortes d'excursions apostoliques et par la mort glorieuse dont son zèle a été couronné. Il fut tiré par ses supérieurs de la mission des Chiriguanes pour consacrer ses soins à celles des Chiquites. Il gouvernoit alors la peuplade de Saint-François-Xavier, d'où il avoit coutume chaque année de se répandre chez les Indiens infidèles ; il avoit déjà disposé la nation des Indiens Purakis à écouter ses instructions, et il partit de sa peuplade en l'année 1704 pour se rendre chez eux et achever l'ouvrage de leur conversion.

Comme il approchoit des habitations indiennes, il aperçut une troupe d'Européens qui au mépris des lois, qu'ils croyoient pouvoir enfreindre impunément dans un lieu si éloigné des villes espagnoles, cherchoient à enlever le plus qu'ils pourroient de ces Indiens pour en faire un cruel trafic et les vendre comme autant d'esclaves. Le chef de la troupe aborda le missionnaire et, prenant un ton d'empire et d'autorité, il lui dit que c'étoit bien le temps de faire des missions : qu'il eût à retourner dans sa peuplade, et que s'il balançoit tant soit peu à se retirer, il sauroit bien l'y contraindre. Le père, nullement intimidé par ses menaces, lui fit une réponse honnête et suivit son chemin.

Quand il arriva aux habitations, il les trouva toutes désertes : à la vue des Européens, la peur avoit saisi ces Indiens, ils avoint pris la fuite et étoient allés se cacher dans les bois les plus épais et les moins accessibles. Il n'aperçut que deux ou trois jeunes Indiens montés à la cime des arbres pour observer la marche et la contenance des Européens. Quelque impénétrables que fussent ces bois, ils ne furent point un obstacle au zèle du père Cavallero : il en perça l'épaisseur et se rendit, quoique avec beaucoup de peine, au lieu où étoient ses chers Indiens.

Après leur avoir renouvelé ses instructions, il baptisa un bon nombre d'enfans qu'ils lui présentèrent. Lorsqu'il eut fini, ce pauvre peuple, consterné de la longue sécheresse qui ruinoit leurs moissons et qui leur annonçoit une famine générale, se jeta à ses pieds et le conjura avec larmes d'employer le pouvoir qu'il avoit auprès du vrai Dieu qu'il leur annonçoit pour en obtenir de la pluie.

Le père, que ce spectacle avoit attendri, ne put se refuser à de si fortes instances, qui étoient une preuve de leur foi et de confiance en Dieu : il planta à terre la croix qu'il portait toujours à la main, il ordonna à tous les Indiens de se mettre à genoux devant ce signe de notre salut, d'élever leurs mains au ciel et de répéter avec lui la prière qu'il alloit faire au souverain maître de l'univers et au dispensateur de tous biens. Dieu daigna exaucer leur prière : à peine fut-elle achevée qu'une pluie abondante ressuscita leurs moissons et ranima les campagnes.

Le père n'eut pas le temps d'être témoin de leur reconnoissance ; il partit aussitôt pour aller visiter les Indiens Tapacuras, avec promesse que ce voyage ne seroit que de peu de jours. Pendant son absence, les Européens dont je viens de parler eurent recours à un stratagème au moyen duquel ils se promettoient un double avantage ; le premier, de rendre le missionnaire odieux et suspect aux Indiens, et le second, de se mettre en état de suivre leur proie sans obstacle. A cet effet, ils firent répandre parmi ces peuples, naturellement ombrageux, que le prétendu missionnaire auquel ils donnoient leur confiance étoit un Mamelus déguisé en jésuite, et qu'il étoit allé quérir ses compagnons pour venir fondre sur eux et les enlever ; qu'ils le cherchoient pour lui mettre les fers aux pieds et aux mains, et le conduire aux prisons de Sainte-Croix-de-la-Sierra.

Quoique ce bruit ne les trouvât pas assez crédules pour y ajouter une foi entière, cependant une ruse pareille, employée plus d'une fois par les Mamelus, leur inspiroit je ne sais quelle défiance que le père eut bientôt dissipée à son retour en leur découvrant le piége qu'on avoit tendu à leur simplicité.

Cette fourberie ayant si mal réussi à ces Européens, ils résolurent d'employer la violence. Le chef, suivi de sa troupe et informé par ses espions de la marche du missionnaire, alla le trouver, et donnant à entendre qu'il étoit autorisé des magistrats et envoyé à la découverte des Mamelus, il l'accabla d'injures et leva même la main pour le frapper; puis avec un visage allumé de fureur : « C'est de la part du roi, lui dit-il, que je vous ordonne de sortir au plus tôt du pays et d'aller rendre compte de votre conduite au gouverneur de Sainte-Croix ; obéissez. »

Ces nouvelles insultes ne causèrent pas la moindre émotion au père Cavallero. « Ne vous imaginez pas, lui répondit-il d'un air tranquille, que vos prétentions et vos vues criminelles me soient inconnues. Vous croyez que ces lieux déserts et écartés déroberont vos injustices à la connoissance de ceux qui ont l'autorité et l'obligation de les punir! Vous vous trompez. Sachez que le châtiment n'est pas si loin que vous le pensez. Du reste, vos menaces et vos artifices sont inutiles ; jamais vous ne m'arracherez d'un lieu où Dieu demande ma présence, et je ne souffrirai point que vous attentiez à la liberté d'un peuple qui en jouit sous la protection du roi et de ses édits. »

Ces dernières paroles, dites d'un ton ferme, étonnèrent le chef de ces brigands, et voyant que ses impostures étoient découvertes, il prit parti lui-même d'aller chercher fortune ailleurs; on ne le vit plus reparoître. Peu après un Indien de la nation des Mannacicas, qu'il avoit fait esclave, ayant eu l'adresse de s'échapper de ses mains, vint se jeter entre les bras du missionnaire. Il entendoit un peu la langue des Chiquites et il paroissoit avoir naturellement du goût pour les exercices de la religion : il étudioit toutes les actions du père et il tâchoit de les imiter; on le voyoit se prosterner comme lui au pied de la croix, lever comme lui les mains vers le ciel et réciter comme lui à haute voix les prières. De si heureuses dispositions du jeune Indien donnèrent au père une idée favorable du caractère de cette nation, et dès lors ses pensées se tournèrent à la conversion des Mannacicas.

Ce fut un grand sujet de joie pour ces pauvres Indiens de se voir délivrés de l'inquiétude que leur avoit causée cette troupe d'Européens. Leur cacique, venant lui en marquer sa reconnoissance, le pria de se transporter chez les Indiens Arupores. « Nous vous accompagnerons, lui dit-il, nous les entretiendrons des vérités de la religion, notre exemple les touchera, et nous les engagerons de se joindre à nous et aux Tubacis nos amis pour former tous ensemble une peuplade où vous puissiez nous enseigner la doctrine chrétienne et nous mettre, par le baptême, au rang des enfans de Dieu. »

Cette prière du cacique étoit trop conforme aux vues du missionnaire pour ne pas se rendre à ses désirs. Il se mit aussitôt en chemin avec sa suite, et il arriva en peu de jours chez ces Indiens. Il les trouva en effet si bien disposés à embrasser la foi qu'à cette première visite il baptisa plus de quatre-vingts enfans ; car pour le baptême des adultes, il n'en est point question : on ne le leur confère que quand ils sont fixés dans une peuplade où l'on ait tout le loisir de les instruire.

De là il passa dans un autre village de la même nation. Mais ces fatigues avec les mauvais alimens qu'il prenoit le jetèrent dans un état de langueur que son courage s'efforçoit en vain de surmonter ; enfin il se sentit défaillir les forces et il tomba en foiblesse ; une fièvre ardente qui le saisit en même temps l'eut bientôt réduit à l'extrémité. Assis au pied d'un arbre, il n'attendoit plus que sa dernière heure, à laquelle il se disposoit. Ces pauvres Indiens étoient désolés de ce que la ruine de leurs campagnes les mettoient hors d'état de lui procurer quelque secours. Enfin, après bien des mouvemens, le hasard leur fit trouver une poule qu'ils lui apportèrent, mais il la refusa constamment et la fit donner à un de ses néophytes qui étoit presque aussi mal que lui.

Dans le triste état où il se trouvoit, il lui vint une forte pensée de promettre à Dieu que s'il lui rendoit la santé il la sacrifieroit à la conversion des Indiens Mannacicas, et qu'il verseroit volontiers jusqu'à la dernière goutte de son sang pour les mettre dans la voie du salut. A peine eut-il fait cette promesse, que la fièvre cessa, qu'il trouva du goût aux mets les plus insipides dont usent ces Indiens, et qu'en très-peu de temps il recouvra ses forces.

Le cacique du lieu nommé Pou, suivi de quelques-uns de ses vassaux, vint le féliciter du rétablissement de sa santé. Le père, qui connaissoit la sincérité de l'affection qu'il lui portoit, l'entretint du projet qu'il avoit formé, et qu'il étoit sur le point d'exécuter, en le priant de vouloir bien l'accompagner avec les siens dans une expédition où il s'agissoit de gagner tant d'âmes à Jésus-Christ.

Le cacique, qui auguroit mal du succès de cette entreprise, lui en exposa les dangers ; il lui représenta que cette nation étoit très-nombreuse et encore plus redoutable par sa valeur ; qu'elle étoit irritée au delà de tout ce qu'on peut dire contre les Espagnols, à cause du meurtre tout récent qu'ils avoient fait de quelques-uns des siens ; qu'elle avoit juré de faire périr tout autant d'Espagnols qui tomberoient sous sa main ; que se livrer témérairement à un peuple fier, vindicatif et outragé, c'étoit courir à une mort certaine ; que tout le chemin qui conduit à leurs villages étoit semé de pointes d'un bois très-dur où il n'étoit pas possible de marcher sans s'estropier ; que ces villages étoient fortifiés de palissades qu'il n'étoit pas aisé de franchir ; enfin, lui témoignant qu'il l'aimoit comme son père : « Si ces furieux vous attaquent, lui dit-il, étant seul comme vous êtes, quelle sera votre défense ? »

Le père, qui l'avoit écouté sans l'interrompre, prit son crucifix à la main, et le lui montrant : « Voilà, lui répondit-il, le bouclier qui me défendra de leur fureur. Je ne crains rien quand Jésus-Christ m'ordonne de prêcher sa sainte loi : ils ne peuvent, sans sa permission, m'arracher un cheveu de la tête ; et quand je devrois expirer sous leurs traits, puis-je aspirer à un plus grand bonheur? Si vous craignez, vous autres, vous n'avez qu'à demeurer un peu au loin derrière moi, tandis que j'entrerai tout seul dans le village. Si l'on m'y fait un bon accueil, je viendrai vous appeler ; si au contraire je suis mal reçu, vous n'aurez qu'à prendre la fuite. »

Une réponse si ferme et si hardie porta le même courage dans le cœur du cacique. « Non certes, nous ne fuirons pas, dit-il, et s'ils venoient à vous tuer, nous vous aimons trop pour ne pas venger votre mort, dussent-ils nous hacher en pièces. » A l'instant il frappa sur ses armes. A ce signal une nombreuse troupe de braves Indiens parurent et promirent que si les Mannacicas osoient attenter à la personne du père, ils mourroient tous à ses côtés. Mais, avant que de partir, ils le prièrent de leur accorder un peu de temps pour les mieux instruire des vérités chrétiennes et pour conférer le baptême à leurs enfans.

Ce ne fut donc qu'après quelques jours qu'ils se mirent en marche. Lorsqu'ils eurent passé la rivière Arubaitu ou, comme d'autres l'appellent, Zuquibuiqui, à la vue des pointes aiguës dont le chemin étoit semé et des palissades qui environnoient le village, la frayeur s'empara des Indiens ; ils parloient tous de retourner sur leurs pas et de renoncer à une entreprise qu'il n'étoit pas possible d'exécuter.

« J'avoue, dit le père dans une lettre qu'il écrivit en ce temps-là à son supérieur, que quelque brave que soit la nation des Purakis et quelque amour qu'elle me porte, il n'y a que Dieu qui ait pu donner assez d'efficacité à mes paroles pour relever leur courage abattu. A peine eus-je prononcé deux mots que le cacique, suivi de ses vassaux, s'avance, et marchant pas à pas dans un profond silence, il arriva jusqu'à la palissade, où il ne se trouva personne pour la défendre. Je ne vous dissimulerai point qu'après avoir passé cette palissade et que me voyant près d'être exposé à la fureur de ces barbares, et, selon les apparences, à teindre de mon sang leurs flèches empoisonnées, la crainte me saisit à mon tour. J'étois pourtant ranimé par la présence d'un jeune néophyte qui étoit à mes côtés et qui, levant ses mains innocentes vers le ciel, offroit sans cesse à Dieu ses sueurs et ses peines pour planter la foi chez ces infidèles et son sang pour le verser à son service. »

Ils entrèrent dans le village, qu'ils trouvèrent entièrement abandonné : on n'y voyoit que des ruines de cabanes que le feu avoit consumées et des cadavres dont la terre étoit jonchée. A la vue de ce spectacle, qui faisoit horreur, les Purakis exhortèrent le missionnaire à se retirer ; mais un Indien Mannacica, nommé Izu, qui leur servoit d'interprète, leur assura qu'assez près de là il y avoit d'autres terres et d'autres villages. A ce récit, le père réveilla le courage de ses Indiens, et se mettant à leur tête, il eut bientôt gagné ce nouveau village. Il y entra seul avec Izu son interprète, laissant les Indiens derrière lui à une certaine distance.

Aussitôt que ces barbares l'aperçurent, ils poussèrent des cris affreux ; ils firent sortir du village leurs femmes et leurs enfans, ils s'armèrent de leurs flèches avec un air menaçant et jetant sur lui des yeux étincelans de fureur. Le néophyte Izu, élevant la voix, les conjura de ne point faire de mal à un homme qui n'étoit rien moins que leur ennemi. « Je suis un missionnaire, s'écria le père, qui viens vous prêcher la sainte loi de Jésus-Christ. » Tout cela ne fit nulle impression sur ces barbares : on leur vit faire un mouvement qui n'annonçoit rien que de funeste. Alors le cacique Pou s'approchant du père : « N'apercevez-vous pas, lui dit-il, qu'ils forment un cercle pour nous environner de toutes parts, afin qu'aucun de nous n'échappe de leurs mains ? » Il est étonnant que le missionnaire, qui peu de jours auparavant frémissoit de peur à la seule pensée de ces barbares, parut alors imperturbable. « Je vous avouerai ingénument, dit-il dans une de ses lettres, qu'au milieu du plus grand péril où j'étois de perdre la vie, je n'avois pas la moindre crainte : une voix intérieure me disoit que cette fois-ci elle ne me seroit pas ravie, et quoique je me visse couvert d'une nuée de flèches, j'étois dans la place, le crucifix à la main, aussi tranquille qui si j'eusse été dans mon église au milieu de mes néophytes. »

Izu, à la vue du péril que couroit le missionnaire, s'avança jusqu'au milieu de ses compatriotes et, tout nouveau chrétien qu'il étoit, il leur parla avec tant de force et d'énergie des grandeurs de Dieu, de la sainteté de sa loi et de la nécessité de l'embrasser pour être heureux, que ces cœurs barbares, touchés en même temps par la grâce, furent tout à coup changés ; leur fureur s'apaisa et toute leur haine se dissipa de telle sorte que, les mains encore pleines de flèches, ils vinrent à la file les uns des autres se mettre à genoux aux pieds du missionnaire et baiser avec une profonde vénération le crucifix qu'il tenoit entre les mains, à quoi ne contribua pas peu le cacique des Purakis, qui leur crioit de toutes ses forces : « Venez, mes amis, venez rendre hommage à Jésus-Christ notre créateur, adorez-le et rangez-vous au nombre de ses vassaux. »

Quel spectacle plus consolant et plus propre à inspirer de la confiance en la divine miséricorde que de voir d'un côté des infidèles, qui n'étoient instruits que depuis peu de jours des vérités de la foi et qui n'avoient pas encore reçu le baptême devenir des prédicateurs de l'Évangile ! et d'un autre côté une nation fière et orgueilleuse, qui ne respiroit que la haine et la vengeance, s'adoucir tout à coup et s'humilier aux pieds de Jésus-Christ !

Au même moment la place fut remplie des Indiens de l'une et l'autre nation, qui, déposant toute leur haine, se traitèrent avec amitié et jurèrent une paix durable, tandis que le néophyte Izu, aidé de ses parens, fabriquoit une grande croix. Le père la fit planter dans le lieu le plus apparent de la place, comme un monument de la victoire que le ciel remportoit sur l'enfer et de la possession que Jésus-Christ venoit prendre de cette terre consacrée auparavant au démon.

Tout ce grand peuple rendit hommage à ce signe de notre rédemption et écouta attentivement les instructions que leur fit le missionnaire par le moyen de son interprète. Les principaux de la nation en furent si satisfaits qu'ils le prièrent avec instance de demeurer avec eux pour continuer à leur enseigner le chemin du ciel. Le père l'auroit fort souhaité ; mais on entroit dans l'hiver, qui lui auroit entièrement fermé le retour dans sa peuplade, où les besoins de ses néophytes demandoient sa présence. Obligé de les quitter, il leur promit de revenir au printemps suivant. On lui fournit un cheval, et comme il se préparoit à y monter, ces bons Indiens, à l'envi l'un de l'autre, s'empressoient à lui rendre service, et ils l'accompagnèrent pendant un long espace de chemin. Le père avoue qu'il n'avoit jamais reçu d'aucun autre peuple tant d'honnêtetés et tant de témoignages d'une affection sincère.

Son départ fut un coup de la Providence, car s'il fût demeuré plus longtemps avec les Indiens dont il s'étoit séparé, il y auroit eu peut-être bien du sang de répandu à son occasion. Le *mapono* (c'est ainsi que se nomment les prêtres de leurs idoles), le mapono des Sibacas, village de la même nation, ayant appris ce qui s'étoit passé dans le village voisin, entra en fureur, et s'adressant à son cacique : « Nos dieux vous ordonnent, lui dit-il, d'aller à la tête de vos vassaux tuer cet étranger qui est venu dans notre voisinage et qui est leur ennemi capital; partez au plus tôt et attendez-le sur le chemin, il ne pourra vous échapper. » Le cacique lui répondit qu'il falloit s'informer ce que c'étoit que cet étranger, quel étoit son dessein, quel sujet de plainte il avoit donné, n'étant pas raisonnable d'ôter la vie un homme qu'on ne connoissoit pas même de vue.

Cette réponse augmenta la rage du mapono : il se rendit avec un nombre des plus dévots à ses dieux au village où étoit venu le missionnaire, et s'adressant au cacique, qui se nomme Chabi : « Je viens savoir, dit-il, quel est cet étranger que vous avez reçu chez vous ? Il est l'ennemi déclaré de nos dieux, c'est de leur part que je vous parle, et ils m'ordonnent de le tuer. — S'il avoit mérité la mort, répondit le cacique, je n'aurois pas besoin de votre secours, et j'ai en main de quoi punir ceux qui le méritent. Mais sachez que celui que vous appelez l'ennemi de vos dieux est mon ami : il s'est livré avec confiance entre mes mains, il m'a comblé d'amitiés, et il doit compter sur la mienne et sur ma reconnoissance du bien qu'il m'a fait. De plus, nous sommes sincèrement réconciliés avec les Purakis, nos anciens ennemis. Ainsi retournez chez vous et soyez-y tranquille. » En même temps il ordonna à ses gens de prendre leurs armes. Le mapono, confus, ne répliqua point; il se retira la rage dans le cœur et jurant qu'au retour du missionnaire, l'année suivante, il sauroit bien venger ses dieux outragés; mais ses dieux ne furent guère sensibles à son zèle, car ils ne le préservèrent point, ni lui ni ses complices, d'une mort cruelle que leur causa peu après la maladie contagieuse, qui désola leur village.

Je ne dois pas vous laisser ignorer, monsieur, quelle est la nature du pays habité par tant de peuples qui forment cette nombreuse nation, quel est leur caractère, leur génie, leur religion, leurs cérémonies et leurs coutumes : c'est ce que je vais vous exposer le plus succinctement qu'il me sera possible.

La nation des Mannacicas est partagée en une grande multitude de villages qui sont situés vers le nord, à deux bonnes journées de la peuplade Saint-Xavier, entre de grandes forêts si épaisses qu'à peine y voit-on le soleil. Ces bois vont de l'orient à l'occident et se terminent à de vastes solitudes qui sont inondées la plus grande partie de l'année.

La terre y est abondante en fruits sauvages; on y trouve quantité d'animaux farouches, entre lesquels il y en a un d'une espèce singulière, on le nomme *famacosio*. Cet animal ressemble au tigre par la tête et au chien par le corps, à la réserve qu'il est sans queue. C'est de tous les animaux le plus féroce et le plus léger à la course, de sorte qu'on ne peut guère s'échapper de ses griffes : si l'on en rencontre quelqu'un en chemin et que, pour se dérober à sa fureur, on monte à un arbre, l'animal pousse un certain cri, et à l'instant on en voit plusieurs autres, qui tous ensemble creusent la terre autour de l'arbre, le déracinent et le font tomber.

Les Indiens ont trouvé le secret de se défaire de ces animaux : ils s'assemblent en certain nombre et forment une forte palissade dans laquelle ils se renferment, puis ils font de grands cris, ce qui fait accourir ces animaux de toutes parts, et tandis qu'ils travaillent à fouir la terre pour abattre les pieux de la palissade, les Indiens les tuent, sans aucun risque, à coups de flèches.

Tout ce pays est arrosé de plusieurs rivières fort poissonneuses qui fertilisent les terres et rendent les moissons abondantes. Ces Indiens ont le teint olivâtre et sont du reste bien pris dans leur taille. Il règne quelquefois parmi eux une maladie assez extraordinaire : c'est une espèce de lèpre qui leur couvre tout le corps et y forme une croûte semblable à l'écaille de poisson; mais cette incommodité ne leur cause ni douleur ni dégoût. Ils sont aussi vaillans que les Chiquites, et même anciennement ils ne formoient tous ensemble qu'une seule nation; mais les troubles et les dissensions qui s'élevèrent parmi eux les obligèrent de se séparer. Depuis ce temps-là, par le commerce qu'eurent ces peuples avec d'autres nations, leur langage se corrompit entièrement; l'idolâtrie, inconnue aux Chiquites, s'introduisit parmi eux, de même que l'usage barbare de manger la chair humaine.

Il y a de l'art dans la disposition de leurs villages; on y voit de grandes rues, des places publiques, trois ou quatre grandes maisons partagées en salles et en plusieurs chambres de suite : c'est où logent le principal cacique et les capitaines; ces maisons sont destinées aussi aux assemblées publiques et aux festins et servent de temples à leurs dieux. Les maisons des particuliers sont construites dans un certain ordre d'architecture qui leur est propre. Ce qui surprend, c'est qu'ils n'ont point d'autre outil que des haches de pierre pour couper le bois et le mettre en œuvre.

Les femmes s'occupent avec grand soin à fabriquer des toiles et à faire tous les ustensiles du ménage, auxquels elles emploient une terre préparée de longue main. Les vases qu'elles travaillent avec cette terre sont si beaux et si délicats qu'à en juger par le son, on croiroit qu'ils sont de métal.

Leurs villages sont peu éloignés les uns des autres : c'est ce qui facilite les fréquentes visites qu'ils se rendent et les festins qu'ils se donnent très-souvent et où ils ne manquent guère de s'enivrer. Dans ces assemblées publiques, le cérémonial indien donne la place d'honneur au cacique; les mapono, ou prêtres des idoles, occupent la troisième place; les médecins sont au troisième rang; après eux les capitaines et ensuite le reste de la noblesse.

Les habitans de chaque village rendent à leur cacique une obéissance entière ; ils bâtissent ses maisons, ils cultivent ses terres, ils fournissent sa table de ce qu'il y a de meilleur dans le pays ; c'est lui qui commande dans tout le village et qui fait punir les coupables. Les femmes sont tenues à la même obéissance à l'égard de la principale femme du cacique (car il peut en avoir tant qu'il lui plaît). Tous lui paient la dixième partie de leur pêche ou de leur chasse, et ils ne peuvent y aller sans avoir obtenu sa permission.

Le gouvernement y est héréditaire. On y prépare de bonne heure le fils aîné du cacique par l'autorité qu'on lui donne sur toute la jeunesse, et c'est comme un apprentissage qu'il fait de bien gouverner. Quand il est parvenu à un âge mûr et capable du maniement des affaires, son père se démet du gouvernement et il lui en donne l'investiture avec beaucoup de cérémonies. Tout dépossédé qu'il est, on n'en a pas moins d'affection et de respect pour lui. Quand il vient à mourir, ses obsèques se font avec grand appareil, où l'on mêle une infinité de superstitions. Son sépulcre se place dans une voûte souterraine bien murée, afin que l'humidité n'altère pas sitôt ses ossemens.

La nation des Mannacicas est, comme je l'ai déjà dit, fort nombreuse et se divise en une multitude de noms et de peuples dont je renvoie les noms à la marge. Leur pays forme une espèce de pyramide qui s'étend du midi au nord et dont les extrémités sont habitées par ces Indiens ; au milieu sont d'autres peuples aussi différens pour la langue qu'ils parlent qu'ils sont semblables pour la vie barbare qu'ils mènent.

A la base de la pyramide sont à l'orient les Quimonocas, et à l'occident les Tapacuras. Le côté du nord, en laissant au delà les Puizocas et les Paunacas, est environné de deux rivières, nommées Potaquissimo et Zununaca, dans lesquelles se jettent plusieurs ruisseaux qui portent la fécondité dans toutes ces terres. Les premiers villages vers l'orient sont ceux des Eirinucas, etc.[1]; vers l'occident se trouvent ceux de Zounaaca, etc.[2]; en tirant de là vers la pointe de la pyramide au nord, on rencontre les Quimiticas, etc.[3]. Les Zibacas, qui n'en sont pas fort éloignés, ont été jusqu'ici préservés des irruptions des Mamelus, lesquels ont désolé tout le reste du pays qui s'étend jusqu'au fleuve Paraguay. Entre l'orient et le septentrion, derrière les Zibacas et à plusieurs lieues plus loin, on trouve les Parabacas, les Quiziacas, les Naquicas et les Mapasinas, nation fort brave, mais qui a été détruite en partie par une sorte d'oiseaux nommés *peresiucas*, qui vivent sous terre et qui, n'étant pas plus gros qu'un moineau, ont tant de force et sont si hardis que, voyant un Indien, ils se jettent dessus et le tuent. Vis-à-vis de ces peuples sont les Mochozuus et les Picozas, qui vont brutalement tout nus ; les femmes mêmes n'ont qu'une bandelette qui leur pend du col pour y attacher leurs enfans. Les Tapacuras, qui s'étendent entre l'occident et le septentrion, sont également nus et se nourrissent de chair humaine. Fort près de là sont les Boures, etc.[4]

---

[1] Muposicos, Zibacas, Jurocarecas, Quiviquiens, Cozocas, Subarecas, Iboeicas, Ozonimaaca, Tunumaaca, Zouca, Quitesuca, Osaaca, Matczupinica, Totaica, Quinomeca.

[2] Quitemuca, Ovizibica, Beruca, Obariquica, Obobocoea, Monocaraca, Quizemaaca, Simomuca, Piquica, Otuquimaaca, Oultunca, Bararoca, Quimamaca, Cuziea, Pichazica et d'autres encore qu'on ne connaît point.

[3] Bovituzaica, Sepeseca, Olaroso, Tobaizica, Munaizica, Zaruraca, Obisisioca, Baquica, Obobizooca, Sosiaca, Otenemema, Otigoca, Barayzipnnoca, Zizooca, Tobazica.

[4] Oyures, Sepes, Carababas, Payzinones, Toros, Omunaizis, Canamasi, Comano, Penoquis, Jovatabes, Zutimus, Oyurica, Sibu, Otezoo, Baraisi, Mochosi, Tesu, Pochaquiunape, Mayeo, Jobarasica, Zasuquichoco, Te-

Pour ce qui est de la religion de ces peuples et des cérémonies qu'ils y observent, il n'y a point de nation plus superstitieuse. Cependant, au travers de fables grossières et ridicules et des dogmes monstrueux qui les asservissent au démon, on ne laisse pas de découvrir quelques traces de la vraie foi, qui, selon la commune opinion, leur fut prêchée par Saint-Thomas ou par ses disciples : il paroît même qu'ils ont quelque idée confuse de l'avénement de Jésus-Christ incarné pour la rédemption des hommes.

C'est une tradition parmi eux que dans les siècles passés, une dame d'une grande beauté conçut un fort bel enfant sans l'opération d'aucun homme; que cet enfant, étant parvenu à un certain âge, opéra les plus grands prodiges qui remplirent toute la terre d'admiration; qu'il guérit les malades, ressuscita les morts, fit marcher les boiteux, rendit la vue aux aveugles et fit une infinité d'autres merveilles qui étoient fort au-dessus des forces humaines ; qu'un jour, ayant rassemblé un grand peuple, il s'éleva dans les airs et se transforma dans ce soleil que nous voyons. « Son corps est tout lumineux, disent les mapono ou prêtres des idoles, et s'il n'y avoit pas une si grande distance de lui à nous, nous pourrions distinguer les traits de son visage. »

Il paroît très-naturel qu'un si grand personnage fût l'objet de leur culte ; cependant ils n'adorent que des démons et ils disent qu'ils apparoissent quelquefois à eux sous des formes horribles. Ils reconnoissent une trinité de dieux principaux qu'ils distinguent des autres dieux qui ont beaucoup moin d'autorité, savoir : le père, le fils et l'esprit. Ils nomment le père Omequeturiqui, ou bien Uragozorizo ; le nom du fils est Uruzana, et l'esprit se nomme Urupo. Cette vierge, qu'ils appellent Quipoci, est la mère du dieu Uruzana et la femme d'Uragozorizo. Le père parle d'une voix haute et distincte ; le fils parle du nez, et la voix de l'esprit est semblable au tonnerre. Le père est le dieu de la justice et châtie les méchans ; le fils et l'esprit, de même que la déesse, font la fonction de médiateurs et intercèdent pour les coupables.

C'est une vaste salle de la maison du cacique qui sert de temple aux dieux. Une partie de la salle se ferme d'un grand rideau, et c'est là le sanctuaire où ces trois divinités, qu'ils appellent d'un nom commun à toutes trois Tinimacaas, viennent recevoir les hommages des peuples et publier leurs oracles. Ce sanctuaire n'est accessible qu'au principal mapono, car il y en a deux ou trois autres subalternes en chaque village, mais il leur est défendu d'en approcher, sous peine de mort.

C'est d'ordinaire dans le temps des assemblées publiques que ces dieux se rendent dans leur sanctuaire : un grand bruit, dont toute la maison retentit, annonce leur arrivée. Ces peuples, qui passent le temps à boire et à danser, interrompent leurs plaisirs et poussent de grands cris de joie pour honorer la présence de leurs dieux. « *Tata equice*, » disent-ils; c'est-à-dire : « Père êtes-vous déjà venu ? » Ils entendent une voix qui leur répond : « *Panitoques*, » qui veut dire : « Enfans ! courage, continuez à bien boire, à bien manger et à bien vous divertir ; vous ne sauriez me faire plus de plaisir : j'ai grand soin de vous tous, c'est moi qui vous procure les avantages que vous retirez de la chasse et de la pêche, c'est de moi que vous tenez tous les biens que vous possédez. »

Après cette réponse, que ces peuples écoutent en grand silence et avec respect, ils retournent à leur danse et à la *chicha*, qui est leur boisson, et bientôt leurs têtes étant échauffées par l'excès qu'ils font de cette liqueur, la fête se termine par des querelles, par des blessures et par la mort de plusieurs d'entre eux.

Les dieux ont soif à leur tour et demandent à boire : aussitôt on prépare des vases ornés de fleurs, et on choisit l'Indien et l'Indienne qui sont le plus en vénération dans le village pour présenter la boisson. Le mapono entr'ouvre un coin du rideau et la reçoit pour la porter aux dieux, car il n'y a que lui qui soit leur confident et qui ait le droit de les entretenir. Les offrandes de ce qu'on a pris à la chasse et à la pêche ne sont pas oubliées.

Quand ces peuples sont au fort de leur ivresse et de leurs querelles, le mapono sort du sanctuaire, et leur imposant silence, il leur annonce qu'il a exposé aux dieux leurs besoins, qu'il en a reçu les réponses les plus favorables ; qu'ils leur promettent toute sorte de prospérités, de la pluie selon les besoins, une bonne récolte, une chasse et une pêche abondante, et tout ce qu'ils peu-

popechosisos, Sosoaca, Zumonococoa et plusieurs autres dont on n'a pu encore avoir connaissance.

vent désirer. Un jour qu'un de ces Indiens, moins dupe que ses compatriotes, s'avisa de dire en riant que les dieux avoient bien bu et que la chicha les avoit rendus de bonne humeur, le mapono, qui entendit ce trait de raillerie, changea aussitôt ses magnifiques promesses en autant d'imprécations, et les menaça de tempêtes, de tonnerre, de la famine et de la mort.

Il arrive souvent que ce mapono rapporte de la part des dieux des réponses bien cruelles. Il ordonne à tout le village de prendre les armes, d'aller fondre sur quelqu'un des villages voisins, de piller tout ce qui s'y trouvera et d'y mettre tout à feu et à sang : il est toujours obéi ; c'est ce qui entretient parmi ces peuples des inimitiés et des guerres continuelles, et ce qui les porte à s'entre-détruire les uns les autres ; c'est aussi la récompense des hommages qu'ils rendent à l'esprit infernal, qui ne se plaît que dans le trouble et la division et qui n'a d'autre but que la perte éternelle de ses adorateurs.

Outre ces dieux principaux, ils en adorent d'autres d'un ordre inférieur, qu'ils nomment *Isituus*, ce qui signifie *seigneurs de l'eau*. L'emploi de ces dieux est de parcourir les rivières et les lacs et de les remplir de poissons en faveur de leurs dévots. Ceux-ci les invoquent dans le temps de leur pêche et les encensent avec de la fumée de tabac. Si la chasse ou la pêche a été abondante, ils vont au temple leur en offrir une partie en signe de reconnaissance.

Ces idolâtres croient que les âmes sont immortelles, ils les nomment *oquipau*, et qu'au sortir de leur corps, elles sont portées par leurs prêtres dans le ciel, où elles doivent se réjouir éternellement. Quand quelqu'un vient à mourir, on célèbre ses obsèques avec plus ou moins de solennité, selon le rang qu'il tenoit dans le village. Le mapono, auquel ils croient que cette âme est confiée, reçoit les offrandes que la mère et la femme du défunt lui apportent ; il répand de l'eau pour purifier l'âme de ses souillures ; il console cette mère et cette femme affligées et leur fait espérer que bientôt il aura d'agréables nouvelles à leur dire sur l'heureux sort de l'âme du défunt, et qu'il va la conduire au ciel.

Après quelque temps, le mapono, de retour de son voyage, fait venir la mère et la femme ; et, prenant un air gai, il ordonne à celle-ci d'essuyer ses larmes et de quitter ses habits de deuil, parce que son mari est heureusement dans le ciel, où il l'attend pour partager son bonheur avec elle.

Ce voyage du mapono avec l'âme est pénible : il lui faut traverser d'épaisses forêts, des montagnes escarpées, descendre dans des vallées remplies de rivières, de lacs et de marais bourbeux jusqu'à ce qu'enfin, après bien des fatigues, il arrive à une grande rivière, sur laquelle est un pont de bois gardé nuit et jour par un dieu nommé Tatusiso, qui préside au passage des âmes et qui met le mapono dans le chemin du ciel.

Ce dieu a le visage pâle, la tête chauve, une physionomie qui fait horreur, le corps plein d'ulcères et couvert de misérables haillons. Il ne va point au temple pour y recevoir les hommages de ses dévots, son emploi ne lui en donne pas le loisir, parce qu'il est continuellement occupé à passer les âmes. Il arrive quelquefois que ce dieu arrête l'âme au passage, surtout si c'est celle d'un jeune homme, afin de la purifier. Si cette âme est peu docile et résiste à ses volontés, il s'irrite, il prend l'âme et la précipite dans la rivière afin qu'elle se noie. C'est là, disent-ils, la source de tant de funestes événemens qui arrivent dans le monde.

Des pluies abondantes et continuelles avoient ruiné les moissons dans la terre des Indiens Jurucares ; le peuple, qui étoit inconsolable, s'adressa au mapono pour demander aux dieux quelle étoit la cause d'un si grand malheur. Le mapono, après avoir pris le temps de consulter les dieux, rapporta leur réponse, qui étoit qu'en portant au ciel l'âme d'un jeune homme dont le père vivoit encore dans le village, cette âme manqua de respect au Tatusiso et ne voulut point se laisser purifier, ce qui avoit obligé ce dieu, cruellement irrité, de la jeter dans la rivière.

A ce récit, le père du jeune homme, qui aimoit tendrement son fils et qui le croyoit déjà au ciel, ne pouvoit se consoler ; mais le mapono ne manqua pas de ressource dans ce malheur extrême. Il dit au père affligé que, s'il vouloit lui préparer un canot bien propre, il iroit chercher l'âme de son fils au fond de la rivière. Le canot fut bientôt prêt, et le mapono le chargea sur ses épaules. Peu après, les pluies étant cessées et le ciel devenu serein, il revint avec d'agréables nouvelles, mais le canot ne reparut jamais.

Du reste, c'est un pauvre paradis que le leur,

et les plaisirs qu'on y goûte ne son guère capables de contenter un esprit tant soit peu raisonnable. Ils disent qu'il y a de fort gros arbres qui distillent une sorte de gomme dont ces âmes subsistent ; que l'on y trouve des singes que l'on prendroit pour des Éthiopiens ; qu'il y a du miel et un peu de poisson ; qu'on y voit voler de toutes parts un grand aigle, sur lequel ils débitent beaucoup de fables ridicules et si dignes de compassion qu'on ne peut s'empêcher de déplorer l'aveuglement de ces pauvres peuples.

Le père Cavallero avoit employé tout l'hiver à cultiver dans la peuplade les nouveaux chrétiens et à instruire les catéchumènes : le retour de la belle saison l'avertissoit de continuer ses excursions apostoliques, mais les besoins de ses néophytes le retinrent plus de temps qu'il ne croyoit ; ce ne fut qu'à la mi-octobre et aux approches de l'hiver qu'il partit avec quelques fervens néophytes qui, avant leur départ, s'étoient fortifiés de la divine eucharistie et s'étoient préparés à répandre leur sang pour annoncer Jésus-Christ aux nations infidèles. Les pluies ne recommencèrent pas sitôt qu'ils l'appréhendoient, et ils eurent beaucoup à souffrir de la soif dans leur voyage, surtout pendant deux jours où ils furent obligés d'abord de comprimer avec les mains un peu de terre imbibée d'eau pour en tirer quelques gouttes et se rafraîchir la bouche ; mais enfin, lorsqu'ils étoient extrêmement pressés de la soif, ils trouvèrent dans le creux d'un arbre une eau pure et claire, et en assez grande quantité pour se désaltérer.

Les premiers villages où il entra le comblèrent de joie, car il trouva les peuples constamment attachés aux vérités chrétiennes qu'il leur avoit prêchées. Après avoir demeuré avec eux quelques jours, il avança plus avant. Il lui fallut mettre un jour entier à grimper une haute montagne toute hérissée de rochers. Quand il fut arrivé au sommet, il se sentit fort abattu, sans trouver de quoi réparer ses forces. Un Indien de sa suite, après avoir cherché de tous côtés, lui apporta certaines herbes, lesquelles, à ce que disent les gentils, font les délices de leurs dieux. On eut bien de la peine à les cuire. La faim devint alors le meilleur assaisonnement : le père en mangea, mais il ne put s'empêcher de sourire en disant qu'il falloit que ces dieux eussent terriblement faim et l'estomac bien chaud pour prendre goût à un mets semblable.

Après être descendus de la montagne, ses guides se trompèrent et ne prirent pas le droit chemin. Errant à l'aventure dans des bois épais, il fut si maltraité des branches d'arbres souvent entrelacées ensemble, des arbres épineux, des herbes piquantes, des taons et des mosquites, qu'il ne pouvoit se soutenir sur ses pieds et que ses néophytes étoient obligés de le mettre sur son cheval et de l'en descendre.

Enfin, après bien des incommodités souffertes dans ce voyage, il approcha du village des Sibacas : c'est le lieu dont le mapono avoit juré sa perte l'année précédente, ainsi que je l'ai rapporté, et qui peu après fut enlevé avec ses complices par une maladie contagieuse dont le village fut affligé.

Le père envoya au-devant un fervent chrétien nommé Numani, afin de pressentir la disposition de ces peuples. Il les trouva persuadés que la mort du mapono, causée par la contagion assez récente, étoit une punition de leurs dieux, d'où ils concluoient que le missionnaire étoit leur grand ami et qu'il falloit bien le recevoir. Ainsi ce n'étoit point le désir de profiter de ses instructions, mais la crainte d'un nouveau désastre qui les portoit à lui faire un bon accueil. Le père, étant entré dans le village, tira à part le cacique et commença par détruire le préjugé ridicule qu'il s'étoit formé ; il lui découvrit ensuite le motif qui lui avoit fait supporter tant de fatigues pour le venir voir ; qu'il étoit touché de leur aveuglement et de la vie malheureuse qu'ils menoient sous la tyrannie du démon ; qu'il venoit dissiper leurs ténèbres et les éclairer des lumières de la foi, en leur faisant connoître le vrai Dieu pour l'adorer, et sa sainte loi pour l'observer, et se procurer par là un véritable bonheur dans cette vie et dans l'autre.

Tandis que ces paroles frappoient les oreilles de ce barbare, Dieu lui faisoit entendre sa voix au fond du cœur : il fut touché et converti. L'exemple de son mapono contribua à fortifier ses bons désirs. Ce mapono étoit un jeune homme, fils de celui qui l'année précédente s'étoit engagé par serment de boire le sang du missionnaire. Un jeune chrétien fut l'instrument dont Dieu se servit pour le retirer de l'infidélité ; et d'ailleurs l'éloignement où il étoit de la vérité étoit plus l'effet de son ignorance, que de la dépravation de son cœur. Il ouvrit les yeux à la lumière, et il devint aussitôt apôtre que disciple, car ce jour-là même il gagna à Jésus-Christ deux des principaux du village.

Le peuple ne tarda pas à les imiter. Il s'assembla le jour suivant dans la grande place, où le père les entretint fort longtemps des mystères de la foi qu'ils devoient croire, des commandemens de la loi qu'ils devoient pratiquer afin de vivre chrétiennement et de mériter, par une vie chrétienne, un solide contentement en cette vie et un bonheur éternel en l'autre. On planta ensuite par ses ordres une grande croix, et au pied de cette croix on dressa une espèce d'autel sur lequel furent exposées les images de Notre-Seigneur, de la sainte Vierge et de l'archange saint Michel. Tout ce peuple se mit à genoux, et après une inclination profonde, il cria à haute voix : « Jésus-Christ Notre-Seigneur, soyez notre père ; sainte Marie Notre-Dame, soyez notre mère. » C'est ce que ces bons Indiens répétoient sans cesse et ce qui répandoit dans le cœur du missionnaire une joie et une consolation qu'il ne pouvoit exprimer. « O mon Seigneur et mon Dieu ! s'écrioit-il de son côté, que je suis bien payé de mes sueurs et de mes fatigues en voyant ce grand peuple vous reconnoître pour son créateur et son Seigneur ! Qu'il vous aime, qu'il vous adore, c'est toute la récompense que je vous demande en ce monde. »

La foi prit de si fortes racines dans le cœur de ces Indiens que quelques-uns d'eux, et entre autres le jeune mapono dont je viens de parler, souffrirent pour sa défense des vexations cruelles. Le démon, outré de se voir chassé d'un lieu où depuis tant de siècles il étoit le maître, suscita un de ses suppôts, qui ameuta quelques autres Indiens, et tous ensemble ils environnèrent le jeune homme et lui firent les reproches les plus amers : « Vous, lui dirent-ils, qui étiez le ministre de nos dieux et qu'un si bel emploi obligeoit à maintenir leur culte, vous les abandonnez lâchement, au lieu de les défendre ; vous écoutez les discours séduisans d'un imposteur qui vous trompe, et vous devenez le vil instrument de ses pernicieux desseins. Reconnoissez votre faute, demandez pardon à nos dieux, réparez-la au plus tôt, représentez au cacique ses promesses et ses engagemens, et tous deux travaillez de concert à rétablir la religion de vos pères, qui est sur le penchant de sa ruine, sans quoi nos dieux vont tirer une vengeance si éclatante quelle répandra la terreur dans tous les villages d'alentour. »

Le jeune catéchumène, loin d'être effrayé de ces menaces, ne fit qu'en rire ; et à l'instant ces barbares se jetèrent sur lui, le foulèrent aux pieds, l'accablèrent de coups et le maltraitèrent de telle sorte que le sang lui sortoit de la bouche en abondance. Un de ses amis, touché de l'état où l'on venoit de le mettre, s'approcha de lui et l'exhorta à marquer du moins à l'extérieur quelque respect pour les dieux et à dire un mot pour la forme au cacique. Le jeune homme lui répondit qu'il sacrifieroit volontiers le reste de vie qu'on lui laissoit pour la défense de la sainte loi qu'il avoit embrassée et pour témoigner son amour à Jésus-Christ, le seul Dieu que nous devons adorer. Sa constance confondit ses persécuteurs, et Dieu, pour le récompenser, le rétablit dans sa première santé.

Le père Cavallero, après avoir baptisé tous les enfans que ces nouveaux catéchumènes lui présentèrent, forma le dessein d'aller chez les Indiens Quiriquicas. Il en fit part au cacique du lieu, nommé Patozi, et le pria de l'accompagner avec un nombre de ses vassaux pour lui ouvrir un passage au travers des forêts qui se trouvent sur la route. Le cacique ne goûta pas d'abord cette proposition, à cause de la haine implacable que les Indiens qu'il alloit chercher portoient à ceux de son village. Cependant l'amour qu'il avoit pour le missionnaire surmonta ses craintes et ses répugnances ; il espéroit même de conclure avec eux une paix qui pût mettre fin pour toujours à leurs divisions. Le père avoit outre cela quelques néophytes, à la tête desquels étoit un nommé Jean Quiara, que la bonté de son naturel et l'innocence de ses mœurs rendoient aimable même aux infidèles.

Il se mit donc en chemin, et il eut à essuyer sur la route les mêmes fatigues et les mêmes incommodités qu'il avoit souffertes dans ses autres voyages et qu'il est inutile de répéter. Lorsqu'il fut près du village, il fit prendre les devans à deux de ses néophytes pour observer ce qui s'y passoit. Ils trouvèrent que tout y étoit en mouvement : un suppôt du démon, informé de l'arrivée du père, répandoit l'alarme de tous côtés, criant de toutes ses forces que les dieux ordonnoient de prendre les armes pour les défendre de leur ennemi capital qui s'approchoit, une grande croix à la main, pour les chasser de ce lieu et détruire le culte qu'on leur rend; qu'il n'y avoit point de temps à perdre, et que s'ils ne s'armoient promptement de force et de courage pour confondre et terrasser cet ennemi, les dieux qu'ils avoient toujours adorés tomboient dans le mépris et la religion étoit anéantie.

Ce discours émut tout le peuple et le remplit de fureur ; mais il fit une impression toute contraire sur l'esprit du mapono : « Il faut, se disoit-il à lui-même, que nos dieux soient bien foibles, puisqu'un seul homme les fait trembler. Si cet étranger, s'écria-t-il, est l'ennemi de nos dieux, que n'usent-ils de leur puissance pour l'écraser ou du moins pour le chasser bien loin de nos terres et lui ôter toute envie d'y revenir ? Pourquoi empruntent-ils notre secours pour leur défense ? Ne peuvent-ils pas se défendre eux-mêmes ? Ou ils ne sont pas ce qu'ils veulent paroître, ou ils veulent paroître ce qu'ils ne sont pas. »

Une réflexion si raisonnable devoit ouvrir les yeux au cacique et aux principaux du village, mais ils n'y firent pas même attention, et ils ne songèrent qu'à se tenir bien armés et attendre de pied ferme cet ennemi irréconciliable des dieux. Le père parut enfin, accompagné de peu de néophytes, car toute sa suite étoit demeurée derrière. Il s'éleva tout à coup un bruit confus de voix tumultueuses, et les Indiens s'avancèrent bien armés. A mesure qu'ils s'approchoient du père, ils formoient deux ailes pour l'envelopper ; alors la pensée vint à un des néophytes d'élever bien haut l'image de la sainte Vierge afin que tous l'aperçussent. Il étoit prévenu d'une secrète confiance qu'elle les protégeroit dans un danger si pressant. En effet, ces barbares se mettant en devoir de décocher leurs flèches contre le missionnaire, leurs bras devinrent si foibles qu'ils ne purent pas même les mouvoir, ce qui les effraya tellement qu'ils s'enfuirent avec précipitation dans la forêt sans qu'aucun d'eux osât en sortir. Il ne resta dans le village qu'un seul de ces Indiens, nommé Sonema, qui fut d'un grand secours dans la suite pour leur conversion.

Le jour suivant, le missionnaire, se trouvant comme le maître dans le village, dont tous les habitans avoient disparu, ne put voir d'un œil tranquille les deux temples consacrés au démon : il en renversa les tabernacles et mit en pièces les statues ; il en retira les ornemens et tout ce qui servoit à un culte si abominable, et après avoir allumé un grand feu, il y jeta tous ces symboles de l'idolâtrie. Le cacique Patozi, qui ne voyoit nul jour à entamer des propositions de paix avec ces Indiens fugitifs, prit le parti de se retirer avec ses vassaux, et conjura le missionnaire de venir avec lui et de mettre ses jours en sûreté. « Partez, à la bonne heure, lui répondit le père ; mais je ne sortirai pas d'ici que je n'aie annoncé Jésus-Christ à ce pauvre peuple, dussé-je y perdre la vie. » Ses néophytes tinrent le même langage.

Après le départ de Patozi, le père prit son bréviaire, et tandis qu'il récitoit son office, il aperçut tout à coup à ses côtés un Indien de haute taille et d'un air furieux. Ce barbare, voyant le livre que le père tenoit entre les mains, s'imagina qu'il contenoit le charme qui avoit rendu leurs bras immobiles ; il fit des efforts pour le lui arracher des mains. Le père, qui reconnut que c'étoit le cacique du lieu, tâcha de le désabuser de son erreur. Il l'entretint d'abord des artifices du démon, qui abusoit de leur crédulité pour les perdre ; il lui parla ensuite du vrai Dieu, à qui nous sommes redevables de notre être et qui mérite seul nos adorations, et de sa loi toute sainte, à l'observation de laquelle est attaché notre bonheur. Le cacique l'écouta sans dire un seul mot, puis, levant les épaules, il se retira à sa maison, où il prit une grosse poignée de flèches qu'il porta dans la forêt.

Il tint la nuit suivante un grand conseil de tous les principaux du village, où se trouva l'Indien Sonema. Ils furent longtemps dans l'irrésolution sur le parti qu'ils devoient prendre. Ce qui leur étoit déjà arrivé leur faisoit craindre que de nouveaux efforts pour perdre le missionnaire ne fussent inutiles. Sonema parla alors, et après avoir fait les plus grands éloges de la bonté et de la douceur de l'homme apostolique, il leur parla avec tant d'admiration des instructions qu'il lui avoit faites de la loi du vrai Dieu que tous unanimement se déterminèrent à retourner au village et à se mettre en ses mains. Ils sortirent donc de leurs bois, et entrant dans le village, ils allèrent droit à la cabane où étoit le missionnaire, qui les reçut avec toutes sortes de caresses et d'amitiés. Il semble que Notre-Seigneur eût mis dans son air et dans ses manières je ne sais quoi de plus qu'humain qui attiroit la confiance et le respect de ces peuples. Ils se jetèrent à ses pieds, ils lui demandèrent pardon, et aucun d'eux n'osoit le quitter sans sa permission. Le mapono vint le dernier, se tenant en sa présence dans une posture modeste. Le père le reçut à bras ouverts et le fit asseoir auprès de lui : il lui exposa les vérités de la religion ; il lui fit sentir que sans la connoissance du vrai Dieu et sans la foi en Jésus-Christ, il étoit impossible de se sauver ; enfin, il lui témoigna qu'il étoit pénétré d'une vive douleur mêlée d'indignation de les voir tyrannisés par les Tinimaacas, cette trinité diabolique qui ne cherchoit que leur perte.

Tout le peuple étoit attentif et ne savoit quel seroit le fruit de cet entretien : les uns croyoient que le mapono ne manqueroit pas de s'irriter et d'user de violence pour défendre avec éclat la divinité des démons ; d'autres s'attendoient à un succès plus favorable, et ils ne se trompèrent point. Ce mapono avoit de l'esprit et un beau naturel, et Dieu agissoit dans son cœur par la force de sa grâce. Il se jeta aux pieds du père, et le pria de l'admettre au rang des chrétiens ; et pour preuve de la sincérité de ses désirs, il se leva aussitôt, et adressant la parole à tous ces Indiens qui l'environnoient, il confessa hautement qu'il avoit été trompé et qu'il avoit trompé les autres ; qu'il rétractoit tout ce qu'il avoit appris et ce qu'il leur avoit enseigné ; qu'il n'y a de vrai Dieu que Jésus-Christ, que sa loi est la seule qui conduit au salut éternel ; que pour réparer son infidélité passée, non-seulement il les exhortoit à embrasser cette loi sainte, mais qu'il alloit la faire connoître aux Indiens Jurucares, Cozicas et Quimiticas, afin qu'ils la suivissent à son exemple. Ce fut là un sujet de joie bien sensible pour le missionnaire et ses zélés néophytes, qui ne cessoient d'embrasser le nouveau catéchumène et de montrer leur affection au grand peuple qui s'empressoit d'entrer dans le bercail de Jésus-Christ.

Le père, ayant fait faire une grande croix, on la porta en procession jusqu'au milieu de la place où elle devoit être plantée, tandis que les néophytes chantoient les litanies à deux chœurs de musique. Ces barbares, qui n'avoient jamais entendu une pareille harmonie, se croyoient transportés dans le ciel et ne pouvoient se lasser de l'entendre. Il se mit ensuite à baptiser les enfans. « On m'en présenta une si prodigieuse multitude, dit-il dans une de ses lettres, que toute la journée se passa à leur administrer le baptême, et que les bras me tomboient de lassitude. Pourrois-je exprimer l'abondance de consolations intérieures que je goûtois, voyant tant de jeunes Indiens régénérés dans les eaux du baptême, et leurs parens, qui étoient peu auparavant si entêtés de l'idolâtrie, devenus de fervens catéchumènes ! La saison des pluies, qui étoit déjà commencée, ne me permit pas de demeurer plus longtemps parmi eux : il fallut partir pour retourner dans ma peuplade. Ces bons Indiens ne pouvoient se consoler de mon départ ; ils m'environnoient en sanglotant : « Mon père, me disoient-ils, faut-il que vous nous abandonniez sitôt ? Ne nous oublierez-vous pas ? Quand viendrez-vous nous revoir ? Que ce soit au plus tôt, nous vous en conjurons. » Puis s'adressant à mes néophytes, ils les prioient avec larmes de m'amener incessamment dans leur village. Ils tinrent toujours le même discours pendant un long espace de chemin qu'ils m'accompagnèrent. Enfin quand il fallut se séparer, ils m'offrirent plusieurs enfans pour me servir à l'église : j'en choisis trois qui me suivirent et que je gardai dans la peuplade ».

Le dessein du père Cavallero étoit de parcourir toutes les terres de la nation des Manacicas afin d'en déraciner l'idolâtrie, d'y planter la foi et de disposer ces peuples nombreux à se réunir dans des peuplades pour y être instruits et y être admis au baptême. Aussitôt que la saison le permit, il fit choix d'un nombre de fervens néophytes prêts comme lui à répandre leur sang pour la conversion de ces infidèles, et il partit avec eux le quatrième d'août de l'année 1707. Il arriva le jour qu'on célèbre la fête de l'Assomption de la sainte Vierge sur les bords de la rivière Zununaca. Le cacique des Indiens Zibacas, nommé Petumani, vint au-devant de lui à la tête d'un nombre de ses vassaux avec une provision abondante de poissons pour le régaler. Étant pressé de se rendre au village, il laissa plusieurs de ses gens pour accompagner le père, pour lui aplanir le chemin et lui fournir tout ce qui seroit nécessaire pour sa subsistance.

Quand le missionnaire arriva au village, le cacique vint le complimenter et le conduire à la grande place, où tous les Indiens, hommes, femmes et enfans, s'étoient assemblés pour le recevoir. Dès qu'il parut, ce ne furent qu'acclamations et que cris de joie : tous l'environnèrent, et chacun s'empressa de lui baiser la main et de lui demander sa bénédiction. Il songea d'abord à pacifier les troubles qui s'étoient élevés depuis son départ entre eux et les Indiens Ziritucas et qui auroient été la source d'une guerre cruelle. Il fit appeler ces Indiens, qui ne firent nulle difficulté sur sa parole de se rendre dans un village qu'ils regardoient comme ennemi. Après avoir écouté leurs plaintes réciproques et réglé leurs différends à l'amiable, il leur fit jurer une amitié constante, et la paix fut parfaitement rétablie.

Le jour suivant, tous les Indiens des deux villages s'assemblèrent dans la place publique, et le missionnaire leur renouvela les instructions qu'il leur avoit faites l'année précédente, où il leur inspiroit de l'horreur pour leurs fausses divinités et leur expliquoit la doctrine chrétienne, et afin qu'elle se gravât bien avant dans leur mémoire, il en avoit réduit tous les articles en des espèces de cantiques qu'il avoit composés en leur langue. Il les faisoit chanter par ses néophytes ; mais ces Indiens ne leur donnoient aucun repos, en les leur faisant répéter sans cesse, afin de les apprendre par cœur et de les chanter tous les jours pour en conserver le souvenir.

Une faveur singulière accordée par la sainte Vierge à un de ces catéchumènes contribua beaucoup à les maintenir dans leur attachement à la foi. Le cacique avoit un neveu nommé Zumacaze ; une fièvre maligne le dévoroit depuis plus d'un mois et l'avoit réduit à l'extrémité. Il se sentoit mourir, et sa douleur étoit de n'avoir pas reçu le baptême. Il avoit entendu parler du pouvoir de la sainte Vierge auprès de Dieu et de sa bonté pour les hommes. La pensée lui vint de l'invoquer et de mettre en elle toute sa confiance : « Vierge sainte, s'écria-t-il en présence d'un grand nombre d'Indiens, je crois que vous êtes la mère de Dieu, je crois en Jésus-Christ votre cher fils ; voudriez-vous m'abandonner dans le triste état où je me trouve, et seroit-ce inutilement que j'aurois espéré en vous ? Ne permettez pas que je meure infidèle, délivrez-moi de cette fièvre jusqu'à ce que je puisse recevoir le saint baptême et aller vous voir et vous aimer dans le ciel. »

A peine eut-il achevé sa prière qu'il se sentit exaucé, et sa santé fut entièrement rétablie. Une guérison si prompte accordée à la prière du catéchumène enflamma de plus en plus dans les cœurs de ces peuples le désir qu'ils avoient d'être chrétiens. Dieu, touché de la confiance qu'ils avoient en ses miséricordes, continua de répandre sur eux ses bénédictions : ils amenèrent au missionnaire tous leurs malades en le suppliant d'intercéder pour eux auprès d'un Dieu si puissant dont il étoit le ministre. Le père se sentit inspiré de condescendre à leurs désirs : il demandoit à chaque malade s'il croyoit en Jésus-Christ et s'il vouloit recevoir le baptême. Le malade ayant répondu qu'oui, il lisoit sur lui l'Évangile de la messe que l'Église a prescrite pour les infirmes, et il finissoit par ces paroles : « Qu'il soit fait selon que vous avez cru. » Et aussitôt le malade étoit guéri, Dieu voulant sans doute récompenser leurs saints désirs et les confirmer dans la foi qu'ils étoient résolus d'embrasser.

Il finit sa mission par baptiser les enfans qui étaient nés pendant son absence. Le cacique et les principaux du village le prièrent de se transporter chez les Indiens Jurucares, qui désoloient tous les villages d'alentour en pillant les biens de leurs habitans et les tuant sans miséricorde. Plus ce peuple étoit féroce et barbare, plus le missionnaire eut d'empressement à lui annoncer les vérités de la foi. Après avoir marché quatre jours, il se trouva à l'entrée de leur village, dont il croyoit être encore bien éloigné. Voyant le péril de si près, il avertit ses néophytes de faire un acte de contrition et il leur donna une absolution générale. Un gentil qui les consideroit fut touché, et se jetant aux pieds du père, il lui protesta qu'il vouloit vivre et mourir chrétien.

L'arrivée du père avoit été connue dès la veille du mapono ; et craignant, selon les apparences, qu'il ne dévoilât ses supercheries, il avoit déjà commandé de la part des dieux à tous ces Indiens d'aller se cacher dans les bois. Quand le père entra dans le village, il en restoit encore quelques-uns qui prirent aussitôt la fuite, à la réserve d'un jeune homme d'une figure et d'une physionomie assez aimable. Le père s'approcha de lui avec toutes sortes de témoignages d'amitié ; il lui fit des présens de quelques bagatelles d'Europe, dont ces barbares sont très-curieux, et il le renvoya fort content vers ses compatriotes qui avoient pris la fuite.

Dieu inspira à ce jeune homme tant d'affection pour le missionnaire et donna tant de force à ses paroles qu'il changea en un instant le cœur de ses compatriotes. Peu à peu il les ramena au village et les conduisit au missionnaire. Ces barbares, en l'envisageant, ne pouvoient revenir de leur surprise : ils s'imaginoient que c'étoit un homme monstrueux et qui devoit être bien terrible, puisqu'il avoit jeté l'épouvante parmi leurs dieux et qu'il les avoit mis en fuite. Mais étant témoins de sa douceur et de son affabilité, ils conclurent que leurs divinités étoient bien foibles, puisqu'elles appréhendoient un homme de ce caractère. Ces réflexions bannirent de leurs cœurs toute crainte et y firent naître un respect et une véritable affection pour l'homme apostolique.

Le lendemain tout le peuple s'assembla dans la place, au pied d'une croix que le père y avoit déjà plantée. Il commença ses instructions sur la religion. Il leur fit d'abord l'histoire de la création du monde, de la chute des anges prévaricateurs et punis de supplices éternels pour leur révolte ; il leur demanda si ces esprits rebelles et condamnés à l'enfer méritoient leurs hommages ; il leur exposa les ruses et les artifices de leurs prêtres pour les entretenir dans le culte de ces infâmes divinités. Il leur expliqua ensuite les mystères de la foi et les articles de la loi chrétienne, dont l'observation est suivie d'une éternelle récompense. On l'écoutoit avec la plus grande attention. Le mapono, qui avoit vieilli dans l'infidélité, ne pouvant s'empêcher d'ouvrir les yeux à la lumière, avoua publiquement que jusqu'ici il les avoit trompés pour se procurer de la considération et une subsistance honnête.

Le père, ayant continué pendant quelques jours l'explication de la doctrine chrétienne et voyant l'impression qu'elle faisoit sur l'esprit de ces barbares, songea à couper jusqu'à la racine de l'idolâtrie en leur ôtant tout ce qui pouvoit être une occasion de rechute. Il se fit apporter dans la place les tabernacles de leurs idoles et tout ce qui servoit à leur culte, et après les avoir foulés aux pieds, il les brûla en leur présence ; après quoi il les exhorta fortement à mettre bas les armes et à finir toute hostilité avec les peuples voisins. Le cacique et les principaux du village lui promirent d'aller eux-mêmes leur offrir la paix et terminer toutes leurs querelles. Mais ce cacique lui représenta qu'étant fort vieux et n'ayant que peu de temps à vivre, il avoit un extrême désir de recevoir le baptême. Comme on s'est fait une loi de ne baptiser les adultes que quand ils vivent dans les peuplades, le père ne put lui accorder cette grâce ; mais il le consola par la promesse qu'il lui fit que bientôt ou lui-même ou quelqu'un de ses compagnons viendroit le mettre dans la voie du salut. Du reste, il n'eut garde de lui refuser une petite croix qu'il lui demanda pour gage de sa parole, afin de la porter pendue au col et qu'elle fût sa défense contre les attaques du démon, en lui ajoutant qu'elle serviroit de modèle à celles qu'il feroit faire à ses vassaux pour se garantir pareillement des pièges de l'esprit infernal.

Après avoir baptisé les enfans qu'on lui présenta en grand nombre, il tourna ses pas vers le village des Indiens Quiriquicas, qui, après avoir tenté inutilement l'année précédente de le faire mourir, avoient fait paroître ensuite tant d'ardeur pour embrasser la foi. Ces Indiens vinrent en grand nombre au devant de lui et lui firent un bon accueil, mais qui n'étoit pas accompagné de certains témoignages d'affection propres de ces peuples et auxquels il s'attendoit. Le missionnaire eut bientôt découvert la cause de leur froideur. Une maladie contagieuse ravageoit leur village, et ils s'étoient persuadés que lui seul en étoit l'auteur, et que, pour les punir de l'attentat qu'ils avoient formé contre sa vie, il faisoit venir d'ailleurs la peste et la répandoit dans l'air qu'ils respiroient.

Le missionnaire songea d'abord à leur ôter de l'esprit une idée si ridicule : « Je ne suis, leur dit-il, qu'une foible créature sans force et sans pouvoir. Ce fléau qui vous afflige vous est envoyé de Dieu, Créateur et Sauveur, maître de toutes choses ; c'est sa justice que vous devez fléchir, et ses miséricordes qu'il vous faut implorer. » Il parloit encore lorsqu'on vint l'avertir que le cacique nommé Sanucare étoit sur le point d'expirer. Il courut aussitôt à son secours, et il le trouva tombé dans un délire frénétique sans qu'aucun remède pût le soulager. A cette vue, il se prosterna à terre, et fondant en pleurs, il demanda à Dieu, par les mérites de Jésus-Christ, que cette âme rachetée de son sang pût recevoir le saint baptême. Au moment le délire cessa et la raison revint au malade. Le père en profita pour l'instruire de nos divins mystères, lui suggérer des actes de contrition, d'amour de Dieu et de confiance en sa miséricorde, et lui conférer le baptême; après quoi le malade rendit son âme à son créateur.

Le lendemain, le père ordonna une procession générale, où il fit porter l'image de la sainte Vierge, dont il imploroit l'assistance en faveur de ce peuple encore tendre dans la foi; il visita les cabanes de ceux qui étoient attaqués de la peste; en faisant mettre les assistans à genoux, il récitoit tout haut la salutation angélique, puis il demandoit au malade s'il croyoit en Jésus-Christ et s'il mettoit sa confiance en la protection de sa sainte mère. Aussitôt qu'il avoit répondu conformément à sa demande, il lui appliquoit l'image de la sainte Vierge. Elle ne fut pas invoquée en vain, car la peste cessa en peu de jours et tous les malades recouvrèrent la santé.

L'hiver, qui approchoit, pressoit le père de parcourir d'autres villages. A peine s'étoit-il mis en chemin pour se rendre chez les Indiens Cozocas qu'un cacique d'un village voisin, suivi d'un grand nombre de ses vassaux, l'aborda en lui faisant des plaintes amères de ce qu'il ne venoit pas chez lui, et pour l'y engager, il n'y a point d'artifices, de prières et de motifs auxquels il n'eût recours. Le père, ayant tâché de le contenter par les raisons qu'il lui apporta, l'invita à le suivre.

Lorsqu'il fut entré dans le village des Cozocas et qu'il se montra dans la grande place, où les barbares étoient assemblés, il fut accueilli d'eux par une quantité prodigieuse de flèches qu'ils lui décochèrent de toutes parts : c'est une merveille qu'il n'ait pas perdu la vie. Mais les flèches, quoique décochées avec le plus grand effort, venoient tomber à ses pieds comme si elles eussent été repoussées par une main invisible; il n'y eut que deux de ses néophytes qui en furent percés, l'un au bras, l'autre dans le bas ventre. L'intrépidité du missionnaire, qui, loin de reculer, avançoit toujours, les frappa et suspendit leur fureur. Pendant cet intervalle, il s'approcha du mapono, et l'abordant avec un air affable : « Ne voyez-vous pas, lui dit-il, que tous vos efforts pour me nuire sont inutiles, à moins que Dieu ne le permette? Osez-vous dire que les démons, dont vous avez fait l'objet de votre culte, sont les seigneurs du ciel et les maîtres de la terre, eux qui ne sont que de viles et méprisables créatures condamnées au feu éternel par la divine justice! Reconnoissez votre aveuglement, adorez le Dieu qui les punit, qui seul mérite vos adorations et qui vous punira comme eux si vous fermez les yeux à la lumière qui vient vous éclairer. »

Le mapono, qui dans sa fureur avoit dépêché un exprès au cacique des Subareccas, nommé Abetzaico, pour venir avec ses soldats l'aider à exterminer l'ennemi capital des dieux, se trouva tout à coup changé et n'étoit plus le même homme. Il combla le père d'amitiés, il le logea chez lui et le régala de tout ce qu'il y avoit de meilleur dans le pays. Abetzaico arriva en même temps sans armes et suivi simplement de deux vassaux ; et comme il étoit prévenu d'estime et d'amitié pour l'homme apostolique, il reprocha d'abord au mapono ses excès et le confirma dans les sentimens bien différens où il le trouva [1].

Cependant on vint avertir le père que ses deux néophytes blessés étoient sur le point de

---

[1] Mapono ou mohane. Il passe pour avoir des communications avec le diable. On le consulte sur la paix, sur la guerre, sur les moissons, sur la santé publique, sur les affaires d'amour.

Le métier de ce prêtre, ou plutôt de ce sorcier, est très-périlleux. Si ses artifices ne sont pas suivis du succès, la vengeance de ses dupes ne s'assouvit que dans son sang.

Le mohane se sert de talismans nommés *piripiris* et qui sont composés de diverses plantes.

Comme toutes les maladies sont attribuées à des maléfices, le premier soin d'une famille, quand un de ses membres est malade, c'est de chercher le mohane qui l'a ensorcelé. A cette fin, le plus proche parent boit un extrait de *datura arborea*; enivré par ce philtre narcotique, il tombe à terre et reste souvent pendant deux ou trois jours dans un état voisin de la mort. Revenu à lui, il annonce avoir vu en songe tel sorcier dont il donne le signalement. On court après le mohane auquel ce portrait convient, et on l'oblige à guérir le malade.

Si le malade meurt, la famille fait tout son possible pour prendre et tuer le mohane désigné.

Quand la vision ne donne point de résultat positif, on prend le premier mohane qui se présente et on le force à servir de médecin.

S'il ne réussit pas et si le malade succombe entre ses mains, il n'a rien de mieux à faire qu'à prendre la fuite, heureux s'il échappe aux pierres et aux flèches qu'on lance après lui.

Il y a du reste des mohanes fort habiles et qui ont la connoissance de simples qui produisent de salutaires effets, mais leur art consiste surtout en prestiges.

rendre le dernier soupir. Il alla aussitôt les joindre. « Pourrois-je exprimer, dit-il dans une de ses lettres, combien mon cœur fut touché et attendri quand je vis ces deux néophytes étendus sur la terre toute rouge de leur sang, en proie aux mosquites et n'ayant que quelques feuilles d'arbres pour couvrir leur plaie ! Mais quelle fut mon admiration quand je fus témoin de leur patience, des tendres entretiens qu'ils avoient avec Jésus-Christ et la sainte Vierge, et de la joie qu'ils faisoient paroître de verser leur sang pour procurer le salut à ces barbares ! L'un d'eux n'avoit reçu le baptême que depuis quelques mois ; la flèche lui avoit percé le bras de part en part, et ses nerfs blessés lui causoient de fréquentes pâmoisons. Pour l'autre, les intestins lui sortoient du bas-ventre, et on eut bien de la peine à les remettre dans leur état naturel. Ils éprouvèrent bientôt l'un et l'autre l'effet de leur confiance en la mère de Dieu : celui-ci après un léger sommeil se trouva guéri, et celui-là en peu de jours ne ressentit plus de douleur et eut le libre usage de son bras. »

Le père demeura quelques jours avec ces Indiens, jusqu'à ce qu'il les eût entièrement gagnés à Jésus-Christ. Cependant Abetzaico le sollicitoit continuellement de venir dans son village, et il n'y eut pas moyen de se refuser plus longtemps à ses fortes instances. Aussitôt que le père parut parmi les Subarecas, ce ne furent que fêtes et que réjouissances, ces bons Indiens ne sachant comment exprimer leur joie et le désir qu'ils avoient d'embrasser la loi chrétienne. Dieu récompensa leur ferveur par la santé qu'il rendit à tous les malades sur lesquels le missionnaire lut le saint Évangile ; mais leur joie se changea bientôt en une morne tristesse lorsqu'ils le virent obligé de se séparer d'eux. Comme son départ ne pouvoit se différer, ils voulurent que la fleur de leur jeunesse l'accompagnât pour lui aplanir le chemin et le pourvoir de vivres, lui et ceux qui étoient à sa suite.

Après avoir marché pendant quelques jours dans une épaisse forêt par un sentier étroit et difficile, ses guides perdirent leur route et s'égarèrent. Il lui fallut errer plusieurs jours à l'aventure dans les bois sans savoir où il alloit et ne trouvant pour vivre que les feuilles d'un certain arbre et des racines sauvages. Dans cet extrême embarras il eut recours à l'archange saint Raphaël et aux saints anges gardiens, et peu après, lorsqu'il y pensoit le moins, il se vit à la porte du village des Indiens Aruporecas, où il avoit fait mission les années précédentes.

Il fut bien consolé de trouver dans ces peuples le même éloignement de l'idolâtrie et le même désir de professer la loi chrétienne où il les avoit laissés. Il passa quelques jours à les instruire de nouveau et à les confirmer dans leurs bons sentimens, puis il reprit sa route.

Après avoir traversé des lacs, des marais et des bois, il s'égara de nouveau sans pouvoir s'orienter ni découvrir le chemin qu'il devoit prendre. Il avoit ouï dire que le village des Indiens Bohocas se trouvoit dans ces cantons-là, auprès d'une haute montagne. Il fit monter un Indien au sommet d'un grand arbre pour observer tout l'horizon. Cet Indien aperçut heureusement la montagne, et c'est vers ce côté-là qu'ils dirigèrent leur route. Ils arrivèrent bien fatigués au village, où ces bons Indiens n'oublièrent rien pour rétablir leurs forces. On avoit logé le père dans une cabane fort propre ; il y trouva des disciplines armées d'épines très-piquantes, et ayant apprit qu'il y en avoit un grand nombre de semblables dans le village, il craignit que cette apparence d'austérité ne cachât quelque reste de superstition. Il fit venir le cacique, qui se nommoit Sorioco, et lui montrant une de ces disciplines, il lui demanda ce que signifioit cette nouveauté qu'il n'avoit vue nulle part. « Je vais vous l'expliquer, répondit le cacique. Les Indiens Barillos s'avisèrent de vouloir s'établir parmi nous et nous y consentîmes. C'est un peuple hautain et superbe, qui prit bientôt des airs dédaigneux et méprisans, tournant en ridicule toutes nos actions. Nous en fûmes piqués au vif et nous conjurâmes leur perte. Dans le silence de la nuit, nous fîmes périr tous les hommes, ne réservant que les femmes qui pouvoient être de quelque utilité. Le châtiment suivit de près notre crime, la peste se répandit dans le village et nous la regardâmes comme une punition de Dieu. Dès lors nous songeâmes à apaiser sa colère. Nous savions que dans les peuplades chrétiennes, cet instrument de pénitence est en usage pour expier ses fautes ; nous y eûmes recours, et deux fois le jour nous allions nous prosterner au pied de la croix, et criant à Dieu miséricorde, nous nous frappions avec ces disciplines jusqu'à répandre du sang en abondance. Il paroît que notre pénitence fut agréée de Dieu, car en peu de jours la peste cessa et nul de ceux qui en furent atteints ne mourut. Depuis ce temps, la croix est encore beaucoup plus en vénération parmi nous. » Le père conçut par ce discours quelle seroit la ferveur des Indiens lorsque, rassemblés dans des peuplades comme ils le souhaitoient, ils seroient parfaitement instruits des vérités de la religion. Il les laissa dans cette douce espérance et continua son voyage jusqu'à la réduction ou peuplade de Saint-Xavier, où, après cinq mois de fatigues et de souffrances, il arriva au mois de janvier de l'année 1708.

Dès que la saison des pluies fut passée, le père Cavallero songea à recueillir le fruit de ses travaux auprès de tant de barbares qu'il avoit disposés au christianisme et à établir dans une vallée commode une réduction ou peuplade où il pût les rassembler. Il n'y avoit point à choisir, car le pays est tout couvert de bois. Il ne se présenta qu'une assez vaste campagne, mais fort marécageuse et infestée de mosquites : elle est située dans le voisinage des Indiens Mapacuras et Paunaucas. C'est dans cette campagne et aux bords d'un grand lac qu'il fut forcé d'établir la nouvelle peuplade sous le titre de l'Immaculée-Conception. Il y avoit aux environs de ce lac plusieurs habitations d'Indiens Paunapas, Unapes et Carababas. Ces peuples sont extraordinairement sauvages, mais lâches et timides ; hommes et femmes, ils n'ont pas le moindre vêtement qui les couvre ; ils n'ont proprement d'autre dieu que leur appétit brutal, et s'ils rendent quelque culte au démon, ce n'est qu'autant qu'ils se persuadent qu'il y va de leur intérêt ; ils ne vont point à la chasse dans les bois et ils se contentent de ce que leurs campagnes leur fournissent. Ils parurent fort dociles aux instructions que leur fit le missionnaire et ils consentirent tous à vivre dans la peuplade, pourvu qu'on leur permît la chicha, qui est leur boisson ordinaire et dont ils ne pouvoient pas se priver, disoient-ils, parce que l'eau crue leur causoit de violentes coliques d'estomac. Le père n'eut pas de peine à leur en permettre l'usage, parce qu'ils la prenoient avec modération et qu'ils n'étoient pas sujets à s'enivrer comme les autres barbares. Pour composer cette liqueur, qui leur est si agréable, ils font rôtir le maïs jusqu'à ce qu'il devienne du charbon, et après l'avoir bien pilé, ils le jettent dans de grandes chaudières d'eau où ils le font bouillir. Cette eau noire et dégoûtante est ce qu'ils appellent chicha et ce qui fait leurs délices.

D'autres peuples, voisins des Indiens Manacicas, vinrent habiter la même peuplade, qui se trouva en peu de temps très-nombreuse; mais comme l'air y étoit mal sain et qu'il y avoit lieu de craindre que les maladies ne vinssent ravager son troupeau, le père résolut de le transporter ailleurs. Il découvrit pour lors une grande plaine fort agréable, qui avoit à l'orient les Puyzocas, au nord les Cozocas et à l'occident les Cosiricas ; c'est dans cette plaine qu'il se fixa et qu'avec le secours de ses catéchumènes, il eut bientôt rebâti la peuplade. Il s'appliqua aussitôt avec un zèle infatigable à cultiver ce grand peuple, à déraciner le fond de barbarie avec lequel il étoit né, à l'humaniser peu à peu et à l'instruire de nos divins mystères et des obligations de la vie chrétienne. Toute la journée étoit occupée dans ces fonctions laborieuses, et le temps de la nuit il le réservoit pour la prière et pour un léger repos de quelques heures qui le mit en état de reprendre le lendemain ses travaux ordinaires.

Lorsque, après une année entière de sueurs et de fatigues, il eut établi dans sa nouvelle peuplade le même ordre qui s'observe dans les autres peuplades chrétiennes, qu'il vit ses néophytes bien affermis dans la foi et se portant avec ferveur à tous les exercices de la piété, il laissa pendant quelque temps à son compagnon le soin de les entretenir dans ces saintes pratiques et il tourna ses vues vers d'autres nations barbares pour les soumettre au joug de l'Évangile. La conversion des Indiens Puyzocas étoit la plus difficile : ces infidèles devinrent le principal objet de son zèle.

Il partit accompagné de trente-six Indiens Manacicas auxquels il avoit donné tout récemment le baptême. Il souffrit plus que jamais dans ce voyage, parce qu'une humeur maligne s'étant jetée sur ses jambes, il ne pouvoit marcher qu'avec le secours de ses néophytes. Enfin il arriva bien fatigué chez les Puyzocas; on l'y reçut avec des démonstrations de joie extraordinaires, chacun s'empressant à lui marquer son affection et à lui offrir des fruits du pays et d'autres soulagemens semblables. Le cacique ne cédoit à pas un de ses vassaux dans les témoignages de son amitié, tandis que lui et les siens, sous de trompeuses caresses, ils couvroient la plus noire perfidie : il ordonna que ces nouveaux venus fussent partagés dans différentes cabanes, en sorte qu'ils ne fussent que deux ou trois ensemble.

Aussitôt qu'ils se furent mis à table pour prendre un léger repas, une troupe de femmes parurent toutes nues dans la place, se tirant des lignes noires sur le visage : c'est une cérémonie en usage parmi eux lorsqu'ils trament quelque funeste complot. Au même temps ces barbares vinrent fondre sur les néophytes et les assommèrent. Quelques-uns, échappés à leur fureur, coururent en hâte à la cabane où étoit le père, qui disoit tranquillement son office; l'un d'eux le chargea sur ses épaules pour lui sauver la vie par la fuite, ce fut inutilement : il fut bientôt atteint par ces furieux, qui le percèrent d'un javelot. Le père, se sentant frappé à mort, se débarrassa du néophyte qui le portoit, et se mettant à genoux devant son crucifix, il offrit à Dieu son sang pour ceux qui le répandoient si cruellement; prononçant ensuite les saints noms de Jésus et de Marie, il reçut sur la tête un coup de massue qui lui arracha la vie. Ce fut le 18 de septembre de l'année 1711 qu'il termina sa carrière par une mort si glorieuse. Vingt-six néophytes qui l'accompagnoient furent pareillement les victimes de leur zèle; les autres retournèrent à la peuplade de la Conception, et cinq y moururent de leurs blessures. Ces nouveaux fidèles furent consternés lorsqu'ils apprirent la perte qu'ils venoient de faire. Ils allèrent en grand nombre, bien armés, chercher le corps de leur cher père; ils l'apportèrent à la peuplade avec la plus grande vénération, et ils continuèrent à le révérer comme un de ces hommes apostoliques qui [1] se sont livrés eux-mêmes et ont exposé leur vie pour annoncer aux nations le nom de Notre-Seigneur Jésus-Christ.

Cependant le père de Zea, qui demeuroit à la peuplade de Saint-Joseph, pensoit de son côté à établir une réduction ou peuplade. Un nombre de zélés néophytes partirent par ses ordres pour aller à la recherche des barbares. Ils marchèrent pendant plusieurs jours, et enfin ils découvrirent des traces de pieds d'hommes qui marquoient qu'un bon nombre d'Indiens avoient passé par là; un peu plus loin ils aperçurent un vieillard avec sa famille, qui ensemençoit ses terres. Ce pauvre Indien pâlit à la vue des néophytes, et tout tremblant de peur il les supplia de ne pas lui ôter la vie. Les néophytes ne purent s'empêcher de rire de sa frayeur, et pour le délivrer de toute inquiétude, ils accompagnèrent de quelques présens, entre autres d'un petit couteau, les marques d'amitié qu'ils lui donnèrent. Le vieillard, sautant de joie, conduisit ses bienfaiteurs à son village, où on les accueillit avec toutes sortes de témoignages d'amitié, auxquels ils répondirent par de petits présens qui gagnèrent entièrement ces infidèles. Mais comme leur langue étoit différente et qu'ils ne s'entendoient ni les uns ni les autres, on leur accorda deux jeunes gens qu'ils emmenèrent avec eux pour apprendre la langue des Chiquites et leur servir d'interprètes.

Ces Indiens sont de la nation des Morotocos; ils sont de haute taille et d'une complexion robuste; ils font leurs flèches et leurs lances d'un bois très-dur qu'ils savent manier avec beaucoup d'adresse. Les femmes y ont toute l'autorité, et non-seulement les maris leur obéissent, mais ils sont encore chargés des plus vils ministères du ménage et des détails domestiques; elles ne conservent pas plus de deux enfans : quand elles en ont davantage, elles les font mourir pour se débarrasser des soins qu'exige leur enfance. Quoiqu'ils aient des caciques et des capitaines, il n'y a parmi eux nul vestige de gouvernement et de religion. Leur pays est sec et stérile, et tout environné de montagnes et de rochers. Ils n'ont pour tout aliment que des racines qu'ils trouvent en abondance dans les bois. Ils ont des forêts de palmiers : le tronc de ces arbres leur fournit une moelle spongieuse dont ils expriment le suc, qui leur sert de boisson. Quoique durant l'hiver l'air soit fort froid dans leur climat et que souvent il y gèle, ils sont totalement nus et n'en ressentent nulle incommodité : un calus général leur épaissit la peau, l'endurcit et les rend insensibles aux injures de l'air.

Les deux jeunes Indiens Morotocos ne pouvoient contenir la joie qu'ils ressentoient d'avoir quitté leur misérable pays et de se trouver parmi les chrétiens dans un lieu où ils avoient abondamment de quoi satisfaire aux besoins de la vie. Quand ils eurent appris la

---

[1] *Qui tradiderunt animas suas, pro nomine Domini nostri Jesu Christi.*

langue des Chiquites, le père Philippe Suarez les prit pour interprètes et alla visiter les cinq villages d'Indiens qui forment cette nation pour leur faire connoître le vrai Dieu. Les entretiens que le missionnaire eut avec eux sur les vérités de la religion, appuyés du rapport que leurs jeunes compatriotes leur firent de la vie qu'on menoit dans la peuplade, les déterminèrent tous à le suivre et à aller s'y établir.

D'autres néophytes de la même peuplade avoient fait une semblable excursion chez d'autres Indiens d'une nation nommée Quies et avoient pareillement amené avec eux deux de ces Indiens pour apprendre la langue chiquite et servir d'interprètes. À quelque temps de là, leurs parens, ayant pris quelque inquiétude sur la destinée de leurs enfans, se rendirent à la peuplade pour s'en informer par eux-mêmes. On leur témoigna tant d'amitié et ils furent si charmés des exercices qui s'y pratiquoient, qu'ils engagèrent tous les Indiens de leur nation à venir fixer leur demeure parmi ces nouveaux fidèles et à s'assujettir aux lois de l'Évangile. Il n'y eut que quelques familles qui ne purent se résoudre à quitter leur terre natale; mais enfin en l'année 1715, que le père Suarez passa par leurs habitations, elles surmontèrent leurs répugnances et vinrent se joindre à leurs compatriotes.

Ces nouveaux venus donnèrent des connoissances bien particularisées d'une infinité d'autres nations répandues dans toutes ces terres, jusqu'à la grande province de Chaco, et entre autres des Indiens Zamucos, qui habitent six grands villages dont chacun est plus peuplé que la réduction de Saint-Joseph, et six autres moins grands, mais qui se touchent presque les uns les autres, tant ils sont voisins, et où l'on parle la même langue. On prit dès lors le dessein de travailler à la conversion de ce grand peuple; mais auparavant on ne pouvoit se dispenser de former au plus tôt une nouvelle peuplade en partageant celle de Saint-Joseph, laquelle étoit devenue si nombreuse, par le concours de tant de familles indiennes qui étoient venues s'y établir, que les terres des environs ne pouvoient plus suffire à leur subsistance.

A neuf lieues de Saint-Joseph se voit une belle plaine, nommée Naranjal, qui n'est stérile que par le défaut de culture; c'est cette plaine que l'on choisit, de l'agrément des néophytes, pour y bâtir la peuplade sous l'invocation de saint Jean-Baptiste : elle fut composée d'anciens néophytes et de quatre nations différentes d'Indiens qui se portèrent tous avec une égale ardeur à construire l'église et les maisons, et en même temps à défricher les terres et à les ensemencer. Le père Jean-Baptiste Xandra, que le père de Zea s'étoit associé pour gouverner la nouvelle peuplade, n'omit rien de tout ce qu'un grand zèle peut inspirer pour former ces barbares aux vertus civiles et chrétiennes, et Dieu bénit tellement ses travaux que le père de Zea, au retour de quelques excursions qu'il avoit faites dans les terres infidèles, fut fort surpris de trouver une nouvelle chrétienté devenue en peu de temps si raisonnable et si fervente.

Il crut qu'il étoit temps d'exécuter le dessein qui lui tenoit si fort au cœur de porter le nom de Jésus-Christ à la nombreuse nation des infidèles Zamucos. Cette entreprise fut beaucoup plus difficile qu'il ne l'avoit prévu. Il partit au mois de juillet de l'année 1716, accompagné d'un grand nombre de ses néophytes; les tempêtes qu'il essuya d'abord, les continuels tourbillons de vents furieux et le débordement des rivières ne lui permirent de faire que quatorze lieues en dix-neuf jours. Il passa par quelques villages des Indiens Tapiquies, absolument ruinés, où il trouva une trentaine de ces Indiens, qu'il gagna à Jésus-Christ et qu'il fit conduire par quelques-uns de ses néophytes à la réduction de Saint Joseph. Lorsqu'il eut marché encore quelques lieues, il se présenta une forêt longue de dix lieues, la plus épaisse et la moins accessible qu'il eût encore trouvée dans ses différentes courses; il fallut s'y faire un passage. Les Indiens y travaillèrent, mais quand ils eurent défriché environ la moitié, ils perdirent entièrement courage. Le père les ranima par ses paroles et encore plus par son exemple, se mettant à leur tête la hache à la main, et enfin, en dix-neuf jours, ils percèrent tout le bois. Mais il est inconcevable ce qu'ils eurent à souffrir d'une infinité de mosquites et de différentes sortes de taons qui ne leur donnoient de repos ni jour ni nuit, et qui, par leurs continuelles piqûres, les défigurèrent entièrement et leur laissèrent longtemps les marques de leur persécution.

Au sortir du bois il se vit dans une vaste campagne tout à fait stérile et qui étoit terminée par une autre forêt, où il falloit se faire jour avec les mêmes fatigues que dans celle qu'il venoit de traverser. Le pays ne fournit ni gibier, ni poisson, ni même de ruches à miel, comme on en trouve partout ailleurs, et la terre ne produit que quelques racines dont l'amertume n'étoit pas supportable au goût, quelque affamé qu'on fût. Le père alla visiter deux villages qui n'étoient pas éloignés, où il croyoit trouver quelque ressource; mais toutes les habitations étoient abandonnées, les Indiens s'étant répandus dans les forêts pour y chercher de quoi subsister. Il rencontra cependant une soixantaine de ces barbares, auxquels il n'eut pas de peine à persuader les vérités de la foi. Il les mit entre les mains de quelques-uns de ses néophytes, qui les menèrent à la peuplade de Saint-Joseph. Comme les forces manquoient à toute sa suite faute d'alimens, il fut contraint de renoncer pour le présent à son entreprise et d'en différer l'exécution à l'année suivante.

L'impatience où étoit le père de Zea de porter la foi chez les Indiens Zamucos lui fit devancer le temps où d'ordinaire les pluies finissent. Il prit avec lui douze fervens chrétiens, pleins d'ardeur et de courage, avec lesquels il se mit en chemin au mois de février de l'année 1717, et après avoir suivi la même route qu'il avoit tenue l'année précédente, il se trouva enfin à cette seconde forêt au travers de laquelle il falloit s'ouvrir un passage. Ils y travaillèrent sans relâche; mais les eaux qui croissoient chaque jour les gagnoient insensiblement, et quand ils eurent pénétré jusqu'au milieu de la forêt, ils se trouvèrent dans l'eau jusqu'à la ceinture. Le risque où ils étoient de se noyer obligea le missionnaire et sa suite à rebrousser chemin, et à retourner pour la seconde fois à la peuplade de Saint-Jean-Baptiste.

Le père de Zea, que tant de difficultés n'avoient point rebuté, partit pour la troisième fois au mois de mai avec plusieurs néophytes, et enfin il vint à bout de finir l'ouvrage commencé quelques mois auparavant et de traverser la forêt. Il arriva le 12 juillet au premier village des Zamucos; la joie que causa son arrivée surpassa ses espérances : ces peuples ne savoient quelles caresses lui faire, ils l'environnèrent avec les plus grandes démonstrations de respect et d'amitié, ils s'empressoient à lui baiser la main; ils ne cessoient d'embrasser les néophytes, ils les logèrent dans leurs cabanes et ils les régalèrent autant bien que pouvoit le permettre la pauvreté de leur pays.

Le lendemain le père les assembla dans la grande place; il leur déclara le sujet qui lui avoit fait essuyer tant de fatigues pour venir les voir, que son dessein étoit de leur faire connoître le vrai Dieu qu'ils ignoroient, de les engager à pratiquer sa loi et à se procurer un éternel bonheur; puis il leur demanda s'ils agréoient que des missionnaires vinssent les instruire des vérités de la foi et leur enseigner le chemin du ciel. Ils répondirent que c'étoit là depuis long-temps l'objet de leurs désirs, et que s'ils n'étoient pas chrétiens, c'est que personne ne leur avoit encore expliqué les vérités qu'ils devoient croire et les commandemens qu'ils devoient observer.

Le père, ne pouvant contenir la joie qu'il ressentoit au fond du cœur : « Si cela est ainsi, répliqua-t-il, il faut commencer par élever une église au vrai Dieu et vous réunir tous dans un même lieu pour l'honorer et le servir. » Alors les deux principaux caciques se levèrent et dirent qu'ils ne souhaitoient rien davantage, mais qu'il falloit choisir un lieu plus favorable que leur village, et qu'il pouvoit s'assurer que tous leurs voisins, qui sont de leur nation, se joindroient volontiers à eux pour former tous ensemble une nombreuse peuplade. Cependant le père fit planter une grande croix sur un tertre. Tous ces Indiens se mirent à genoux et l'adorèrent. Les néophytes chantèrent ensuite les litanies de la sainte Vierge, après quoi le père mit tout ce peuple et la peuplade où il alloit s'établir sous la protection de saint Ignace. Il fallut se séparer, et ce ne fut pas sans douleur de part et d'autre, mais ils se consolèrent mutuellement sur ce qu'ils ne seroient pas longtemps sans se revoir. Le père, en s'en retournant, eut occasion d'entretenir des vérités chrétiennes une centaine d'Indiens qu'il trouva sur sa route et de les gagner à Jésus-Christ. Ces Indiens étoient de trois nations différentes, savoir : des Zinotecas, des Joporetecas et des Cucarates. Il les emmena avec lui à la peuplade de Saint-Jean-Baptiste.

A peine fut-il arrivé qu'il reçut une lettre du révérend père général, qui le constituoit provincial de la province du Paraguay; ce fut un coup de foudre pour lui : il comptoit consommer l'ouvrage qu'avoit commencé de la conversion de ses chers Zamucos et sacrifier le reste de ses jours à les conduire dans la voie du salut ; mais considérant que l'obéissance vaut mieux que le sacrifice, il regarda les ordres de Dieu dans ceux de son supérieur ; il s'y conforma avec une parfaite résignation, et il confia l'établissement et le soin de la nouvelle peuplade au zèle du père Michel de Yegros.

Ce père n'avoit, ce semble, qu'à recueillir le fruit des travaux de son prédécesseur ; il ne s'agissoit plus que de convenir avec les Indiens Zamucos de l'endroit qui leur agréeroit davantage pour y bâtir la peuplade. Il partit donc au mois de septembre de l'année 1718 avec le frère Albert Romero et un certain nombre de nouveaux chrétiens. Quand il fut arrivé dans la forêt la plus proche du village, il fit prendre les devans à quelques-uns de ses chrétiens pour aller avertir le principal cacique de son arrivée et lui porter de sa part une canne fort propre et une veste de couleur : c'est un riche présent dans l'idée de ces Indiens.

Toutes les amitiés dont ces peuples sont capables, ils les témoignèrent aux députés du missionnaire : ils furent admis à la table du cacique, dont tout le repas consistoit en des racines de cardes sauvages. Le lendemain le cacique, accompagné des chrétiens et d'un nombre de ses vassaux, alla au-devant du père, qu'il rencontra presque au sortir de la forêt, et ils vinrent de compagnie jusqu'à l'endroit où la croix étoit plantée et où tout le peuple s'étoit assemblé. La joie fut universelle parmi ces barbares, et ils ne savoient comment l'exprimer. Le cacique parla au nom de tous, et dit que nonobstant leur pauvreté et l'extrême disette qu'ils avoient eu à souffrir, il n'avoit jamais voulu permettre que ses vassaux s'éloignassent du village, de crainte qu'un missionnaire n'arrivât pendant leur absence ; que dans l'impatience où il étoit de son arrivée, il avoit souvent envoyé à la découverte et y étoit allé lui-même pour voir s'il n'en paroîtroit pas quelqu'un, et qu'il pouvoit juger de là combien il désiroit sa présence et le plaisir qu'elle leur causoit.

On traita ensuite de l'endroit le plus convenable pour l'établissement de la peuplade. Le père leur dit que dans un de ses voyages il avoit passé par des terres qui sont au delà de leurs montagnes et dans le voisinage des Indiens Cucarates, et que ces terres lui paroissoient fort propres à être cultivées et à fournir abondamment à leurs besoins. Le cacique répondit au père qu'il connoissoit parfaitement ces campagnes et qu'on ne pouvoit faire un meilleur choix ; qu'il retournât donc chez lui afin de préparer tout ce qui étoit nécessaire pour la nouvelle peuplade, tandis que lui disposeroit ses voisins à le suivre, et que, quand il seroit temps, ils iroient tous ensemble l'attendre sur le lieu même ; mais que pour éviter toute méprise, il lui donnoit deux de ses vassaux qui l'accompagneroient et qui prendroient les devans afin de venir l'informer du jour qu'il auroit fixé pour son départ. Les autres Indiens donnèrent leur suffrage par acclamation, et en lui témoignant le désir qu'ils avoient de recevoir au plus tôt le saint baptême, ils le prièrent de presser son retour.

Le missionnaire partit avec un contentement qui étoit au-dessus de ses expressions. Il arriva comblé de joie à la peuplade de Saint-Jean-Baptiste avec les deux catéchumènes qu'il amenoit, auxquels les néophytes témoignèrent une affection extraordinaire tout le temps qu'ils demeurèrent avec eux. Sur la fin de juillet de l'année 1719, le père les dépêcha vers leur cacique afin de l'avertir qu'il étoit sur le point de se rendre au lieu dont ils étoient convenus et qu'il comptoit de l'y trouver, lui et tous ceux qui devoient le suivre et former ensemble la nouvelle peuplade. Il partit en effet peu après avec le frère Albert Romero et un bon nombre de néophytes qui étoient chargés des ornemens nécessaires pour célébrer le saint sacrifice de la messe et de tous les outils propres à défricher et à cultiver les terres.

Quand ils arrivèrent au lieu destiné, où ils s'attendoient de voir rassemblée une multitude de ces Indiens, ils furent fort étonnés de n'y pas trouver une seule âme. Le père envoya plusieurs de ses néophytes pour parcourir le pays d'alentour : nul de ces Indiens ne parut. Ils pénétrèrent jusqu'à leur village, ils en trouvèrent les habitations brûlées, ce n'étoit plus qu'une vaste solitude. Ils apprirent néanmoins que ces barbares s'étoient retirés à quelques journées de là, proche un lac fort poissonneux et qu'ils avoient fermé les passages par où l'on pouvoit s'y rendre.

Le frère Romero prit la résolution de les aller chercher. Il se mit en chemin avec quelques néophytes et pénétra enfin jusqu'au lieu de leur retraite : il les fit ressouvenir de la promesse qu'ils avoient faite à Dieu et aux missionnaires d'embrasser le christianisme et de se réunir à ce dessein dans cette vaste campagne qu'ils avoient choisie eux-mêmes pour y bâtir la peuplade. Ces barbares répondirent sans se déconcerter qu'ils n'avoient pas changé de sentiment et qu'ils étoient prêts de le suivre à l'heure même. En effet, ils partirent avec lui en grand nombre, un cacique à leur tête, et ils déguisèrent avec tant d'artifices l'atrocité du crime qu'ils méditoient qu'on ne pouvoit guère soupçonner leur sincérité. Les premiers jours du voyage ils ne s'entretenoient d'autre chose avec le frère que de l'ardent désir qu'ils avoient de recevoir le baptême et de pratiquer la loi chrétienne ; mais le premier jour d'octobre ils se démasquèrent et dévoilèrent leur perfidie : ils se jetèrent sur les néophytes, dont douze furent massacrés ; au même temps le cacique saisit le frère Romero et lui fendit la tête d'un coup de hache; il le dépouilla de ses habits, et dans la crainte que les Chiquites ne vinssent tirer vengeance d'un si noir attentat, ils prirent tous la fuite et se réfugièrent dans les bois.

Les néophytes échappés à la cruauté de ces barbares apportèrent une nouvelle si peu attendue ; elle se répandit bientôt dans toutes les peuplades chrétiennes, où ce saint frère fut extrêmement regretté de tous les néophytes, qui la plupart avoient ressenti les effets de son zèle et de sa charité.

Voilà, monsieur, tout ce que j'ai pu apprendre sur l'état présent des missions de la province du Paraguay jusqu'en l'année 1726. L'éloignement des lieux ne permet pas d'en recevoir de fraîches nouvelles ; il est à croire que depuis ce temps-là on aura fondé la peuplade de Saint-Ignace. A mesure que Dieu bénit les travaux des ouvriers évangéliques et qu'ils réduisent sous l'empire de Jésus-Christ tant de nations barbares, ce sont autant de sujets qu'ils acquièrent à la monarchie d'Espagne. Je ne manquerai pas de vous faire part des nouvelles connoissances qui me viendront dans la suite et de vous donner en cela des preuves du désir que j'ai de vous satisfaire et du respect avec lequel je suis, etc.

LETTRE DU P. IGNACE CHOMÉ

AU P. VANTHIENNEN.

Nouveaux détails sur le Paraguay.

A la réduction de Saint-Ignace des Indiens Zamucos, le 17 mai 1738 [1].

MON RÉVÉREND PÈRE,

La paix de N.-S.

Vous avez sans doute reçu la lettre que j'eus l'honneur de vous écrire en l'année 1735, où je vous faisois le détail de la mort du vénérable père Lizardi, le compagnon inséparable de mes travaux chez les Chiriguanes, qui le massacrèrent inhumainement. Je vous ajoutois qu'on prenoit la résolution d'abandonner une nation perfide et cruelle qui a répandu le sang de tant d'ouvriers évangéliques, lesquels par leur zèle et par des peines immenses n'ont jamais pu adoucir tant soit peu sa férocité.

Depuis ce temps-là jusqu'à cette année, j'ai été chargé de la mission de presque toute la province des Chichas, de celle de Lipez et de nos vallées circonvoisines. Ces missions sont très-laborieuses. Pour m'y rendre plus utile, j'avois appris la langue indienne qu'on nomme la langue *quichoa*, que parlent les Indiens de presque tout le Pérou, et j'avois acquis la facilité de leur prêcher les vérités chrétiennes en leur langue naturelle. Lorsque je m'y attendois le moins, je reçus une lettre du révérend père provincial qui me destinoit aux missions des Chiquites et me recommandoit de m'y rendre dans le cours de cette année.

Ces missions sont si pénibles que les supérieurs n'y envoient personne qui ne les ait demandées avec beaucoup d'instance. Ainsi je regardai comme un heureux présage des bénédictions que Dieu daigneroit répandre sur mes travaux la grâce singulière d'y être nommé sans qu'il y ait eu de sollicitation de ma part.

On compte plus de trois cents lieues depuis Tarija, où j'étois, jusqu'à la première réduction ou peuplade des Chiquites, qui est celle de Saint-François-Xavier. Il me fallut traverser

---

[1] Les montagnes de Zamucos sont au nord du Chaco. Les peuples qui ont pris le nom de ces montagnes sont à leur pied vers le midi.

d'affreuses montagnes, et je n'avois que quatre mois pour faire ce voyage; car pour peu que je me fusse arrêté sur la route, les pluies continuelles de la zone torride m'en auroient fermé l'entrée. Vous serez surpris de tout le pays qu'il m'a fallu parcourir et de la quantité de lieues que j'ai été obligé de faire depuis huit ans que je suis dans ces missions. Le détail que je vais vous en faire ne vous sera peut-être pas désagréable, du moins il vous donnera une connoissance certaine de la distance d'un lieu à un autre.

De Buenos-Ayres, où j'arrivai d'abord et qui fut ma première entrée dans ces missions, j'allai à Santa-Fé, ce sont quatre-vingts lieues; de Santa-Fé à la ville de Corrientes, cent cinquante lieues; de Corrientes à la réduction de Saint-Ignace, soixante-douze; de Saint-Ignace à celle qu'on nomme Corpus, soixante; de celle-ci à Gapeyu, quatre-vingts; de Gapeyu à Buenos-Ayres, deux cents; de Buenos-Ayres à Corduba, cent soixante; de Corduba à Santiago, cent; de Santiago à San-Miguel, quarante; de San-Miguel à Salta, quatre-vingts; de Salta à Tarija, quatre-vingt-dix; de Tarija aux Chiriguanes, où j'ai fait quatre voyages, deux cent quatre-vingts; de Tarija à Lipez, quatre-vingts; de Tarija aux Chichas, soixante-dix; de Tarija à Cinti, quarante; de Tarija aux Vallées, quatre-vingts; de Tarija à Saint-Xavier, première réduction des Chiquites, trois cents; de Saint-Xavier à la réduction de Saint-Ignace des Zamucos, cent soixante-dix. Ce qui se monte à deux mille cent trente-deux lieues. Que seroit-ce si j'ajoutois à ce calcul les lieues que j'ai faites en détours, car je ne parle que de celles qu'il m'a fallu faire en droiture? on en compteroit plus de trois mille.

La première réduction des Chiquites, nommée de Saint-Xavier, est par 16 degrés de latitude sud et 318 degrés de longitude. Celle de Saint-Ignace des Zamucos, d'où je vous écris, est par 20 degrés de latitude sud 320 de longitude, éloignée d'environ mille lieues de Buenos-Ayres par la route que l'on doit suivre pour y arriver.

Ce fut à la fin d'octobre de l'année dernière que j'arrivai à la réduction de Saint-Xavier, après avois mis trois mois dans mon voyage. A peine eus-je pris quelques jours de repos que je reçus un nouvel ordre de me rendre à la réduction de Saint-Ignace des Zamucos, qui en est éloignée, ainsi que je l'ai dit, de cent soixante-dix lieues. Il n'y a presque point de communication entre cette peuplade et celles des Chiquites, dont la plus proche est à quatre-vingts lieues de distance [1]. Elle est composée de plusieurs nations qui parlent à peu près la même langue, savoir: des Zamucos, des Cuculados, des Tapios, des Ugaronos et des Satienos, qui se soumirent enfin à Jésus-Christ en l'année 1721. Ces nations étoient extrêmement féroces, et il est incroyable combien elles ont coûté à réduire; elles sont maintenant plus traitables, mais il y a encore à travailler pour déraciner entièrement de leurs cœurs certains restes de leur ancienne barbarie.

Le dessein qu'on a eu en pressant mon départ, c'est l'extrême désir où l'on est depuis longtemps de découvrir le fleuve Picolmayo et les nations barbares qui habitent l'un et l'autre rivage de ce grand fleuve [2]. Il me falloit demeurer parmi les Indiens Zamucos pour apprendre leur langue, qu'on parle dans toutes ces contrées. Dieu a tellement béni mon application à l'étude de cette langue qu'en cinq mois de temps que j'y ai employé, je suis en état de leur prêcher les vérités de la religion. Je n'attends plus que les ordres des supérieurs pour exécuter cette entreprise: on m'annonce qu'elle est très-périlleuse; car il s'agit de faire brèche dans le plus fort asile où le démon se soit retranché dans cette province et d'en ouvrir la porte aux hommes apostoliques qui viendront travailler à la conversion de toutes ces nations barbares dont on ne sait pas encore les noms. Il n'y a aucun chemin qui y conduise; toutes les avenues en sont fermées par d'épaisses forêts, qui paroissent impénétrables, où il faut se conduire la boussole à la main pour ne pas s'y perdre. Enfin ce pays, où jusqu'à présent personne n'a encore mis le pied, est le centre de l'infidélité, d'où ces barbares sortent souvent en très-grand nombre et désolent toutes les provinces voisines. Je m'attends bien que les Indiens qui m'accompagneront pour percer ces épaisses forêts ne tarderont point à m'abandonner si ces infidèles nous attaquent; et quand ils auroient le courage de

---

[1] Ces peuplades sont séparées par des montagnes élevées.
[2] Le Picolmayo ou Pilcomayo vient du Pérou, coule au sud des Zamucos, traverse la province de Chaco et se jette dans le Paraguay vers le 26e degré de latitude méridionale.

tenir ferme, quelle pourroit être la résistance d'un contre cent? Je serai donc le premier en proie à leur fureur; mais je mets toute ma confiance en Dieu, qui disposera de tout pour sa plus grande gloire et qui, si c'est sa volonté, peut de ces pierres faire naître des enfans d'Abraham. S'il me conserve, je crois que j'aurai à vous écrire bien des choses capables de vous faire plaisir et de vous édifier. J'ai besoin plus que jamais du secours de vos prières, surtout à l'autel et dans vos saints sacrifices, en l'union desquels je suis avec respect, etc.

ÉTAT PRÉSENT
DE LA PROVINCE DU PARAGUAY

DONT ON A EU CONNAISSANCE PAR DES LETTRES VENUES DE BUENOS-AYRES, DATÉES DU 20 DE FÉVRIER 1733.

Traduit de l'espagnol.

Les connoissances qu'on a eues tout récemment de la révolte des peuples de la province de Paraguay contre le roi d'Espagne, leur souverain, consistent en une lettre que le père Jérôme Herran, provincial des missionnaires jésuites établis dans cette province, a écrite à monseigneur le marquis de Castel-Fuerte, vice-roi du Pérou; en une courte relation de ce qui s'est passé depuis la date de sa lettre, et dans une lettre que le père Herran a reçue du vice-roi avec l'arrêté du conseil royal de Lima, capitale du Pérou.

LETTRE DU R. P. J. HERRAN
A S. EXC. M. LE MARQUIS DE CASTEL-FUERTE,
VICE-ROI DU PÉROU,

Sur les événemens survenus dans les trente peuplades qui vivent sous les lois des jésuites.

MONSEIGNEUR,

Ce n'est qu'en arrivant dans la ville de Cordoue que j'appris la révolte des peuples de la province de Paraguay, lesquels, en se donnant le nom de communes, ont chassé don Ignace de Soroeta, à qui vous aviez confié le gouvernement de cette province. Je me suis mis aussitôt en chemin pour aller visiter les trente peuplades d'Indiens qui sont sous la conduite de nos missionnaires et dans la dépendance du gouvernement de Buenos-Ayres. À mon arrivée dans ces peuplades, je sus avec une entière certitude que les rebelles s'étoient unis ensemble pour déposer les officiers de la justice royale et le commandant des troupes. Voici à quelle occasion cette révolte devint presque générale.

Don Louis Bareyro, alcade ordinaire et président de la province, ayant pris le dessein d'étouffer les premières semences d'une révolte naissante, demanda du secours au commandant des troupes, qui vint en effet avec un nombre suffisant de soldats pour réduire ceux qui commençoient à lever l'étendard de la rébellion. Le président, se voyant ainsi soutenu, fit faire des informations contre les coupables, et ayant certainement connu par ces informations les chefs et les complices de la révolte, il les fit arrêter et les condamna à mort.

Lorsqu'on fut sur le point d'exécuter la sentence, le commandant auquel on avoit cru se fier, mais qui dans le cœur trahissoit les intérêts de son prince, au lieu d'appuyer la justice, ainsi qu'il étoit de son devoir et qu'il l'avoit promis, passa tout à coup avec ses troupes dans le parti des rebelles, les fit entrer dans la capitale et pointa le canon contre la maison de ville, où étoient le président et quelques régidors, zélés serviteurs du roi.

Les rebelles, étant entrés dans la ville sans la moindre résistance, se partagèrent dans tous les quartiers, pillèrent les magasins et les maisons de ceux qui demeuroient fidèles à leur souverain, les traînèrent avec ignominie dans les prisons, ouvrirent la prison publique et en firent sortir comme en triomphe ceux qui avoient été condamnés à mort. De plus, ils ordonnèrent sous peine de la vie, qu'on leur présentât toutes les informations du procès criminel et ils les firent brûler dans la place publique.

Après s'être rendus ainsi les maîtres sans qu'il y ait eu une seule goutte de sang répandu, ils établirent une justice qu'ils eurent l'insolence d'appeler royale. Ils donnèrent les premiers emplois à trois des principaux chefs de la révolte, qui avoient été condamnés à mort; ils firent l'un alferez royal, ils donnèrent à un autre la charge de régidor, et le troisième ils le nommèrent président.

Don Louis Bareyro ne put mettre sa vie en sûreté que par une prompte fuite, et ce ne fut qu'après avoir essuyé bien des fatigues et avoir couru plusieurs fois risque de tomber dans les embuscades qu'on lui avoit dressées, qu'il arriva heureusement dans nos peuplades. Les autres régidors se réfugièrent dans les églises, où néanmoins ils ne se trouvoient pas trop tranquilles, par la crainte continuelle où ils étoient que les rebelles ne vinssent les arracher de ces asiles, ainsi qu'ils les en menaçoient à tous momens.

Leur dessein étoit de faire irruption dans nos peuplades et surtout de s'emparer de quatre de ces peuplades les plus voisines, savoir : de celle de Sanit-Ignace, de celle de Notre-Dame-de-Foi, de celle de Sainte-Rose et de celle de Santiago, persuadés que si elles étoient une fois dans leur pouvoir, on feroit de vains efforts pour les soumettre. En effet, s'ils possédoient ces peuplades, ils deviendroient les maîtres du grand fleuve Parana et de Necmbucu, qui est un marais de deux lieues inaccessible à la cavalerie, où avec une poignée de gens ils arrêteroient tout court les nombreuses troupes que votre excellence pourroit envoyer pour les réduire.

J'avois prévu de bonne heure leur dessein ; c'est pourquoi à mon passage par Buenos-Ayres, j'en conférai avec monseigneur don Bruno de Zavala, gouverneur de cette ville et de tout le pays où se trouvent nos missions. Selon ses ordres, qu'il m'a confirmés dans la suite par plusieurs de ses lettres, on a fait choix, dans chacune des peuplades, d'un nombre de braves Indiens pour en former un petit corps d'armée capable de s'opposer aux entreprises des rebelles.

On peut compter sur la fidélité des Indiens et sur leur zèle pour tout ce qui est du service du roi ; ils en ont donné depuis cent ans des preuves éclatantes dans toutes les occasions qui se sont présentées, et entre autres il y a peu d'années qu'ils chassèrent les Portugais de la colonie du Saint-Sacrement, éloignée de nos peuplades de plus de deux cents lieues ; ils y signalèrent leur valeur et leur constance dans les travaux et les dangers inévitables d'un assez long siège, sans que pour leur entretien il en ait coûté un seul réal aux finances du roi.

Ce corps d'Indiens bien armés et prêts à affronter tous les périls commence à donner de l'inquiétude aux rebelles ; ils se sont adressés à monseigneur notre évêque et lui ont protesté qu'ils étoient fidèles sujets du roi, qu'ils n'avoient garde de vouloir rien entreprendre sur les peuplades, et qu'ainsi ils le prioient de m'engager à renvoyer les Indiens chez eux.

L'artifice étoit grossier, aussi n'y fit-on nulle attention ; il ne convenoit pas de désarmer les Indiens tandis que les rebelles ne cessoient pas d'être armés, que les grands chemins étoient couverts de leurs soldats qui exerçoient toute sorte d'hostilités et ôtoient à la ville toute communication avec les pays circonvoisins, et que même ils portoient l'audace jusqu'à intercepter les lettres de leur évêque et les miennes, dont ils faisoient ensuite publiquement la lecture.

Les rebelles, voyant qu'on n'avoit pas donné dans le piége qu'ils avoient dressé, s'avisèrent d'un stratagème plus capable de déguiser la perfidie et la duplicité de leur cœur et d'assurer les Indiens de leurs intentions pacifiques. Les chefs qu'ils avoient mis en place rendirent visite à monseigneur l'évêque, et l'abordant avec le plus profond respect et avec les apparences du repentir le plus vif et le plus sincère, ils le supplièrent de suivre les mouvemens de sa tendresse pastorale, en s'intéressant pour eux auprès de votre excellence, de lui demander leur grâce et de l'assurer qu'ils étoient entièrement disposés à rentrer dans l'obéissance, qui que ce fût qu'on leur envoyât pour gouverneur, fût-ce don Diego de Los Reyes. « Nous avons, ajoutèrent-ils, une autre prière à faire à votre seigneurie illustrissime, c'est d'ordonner une neuvaine en l'honneur des saints patrons de la ville, avec des processions et des œuvres de pénitence, afin d'obtenir un heureux succès de la démarche paternelle qu'elle veut bien faire en notre faveur. »

Le prélat fut infiniment consolé de trouver dans leurs cœurs de si saintes dispositions ; sa droiture naturelle ne lui permit pas de soupçonner qu'on en imposât à son zèle. La neuvaine commença, et un si saint temps fut employé par les rebelles à mieux affermir leur conspiration. Ils entrèrent dans la ville, non pas pour assister aux prédications, à la procession et aux prières publiques, mais dans le dessein de chasser les jésuites de leur collège, ainsi qu'ils l'exécutèrent le 19 de février de cette présente année.

La sentence de mort que votre excellence a prononcée contre don Joseph Antequera et don Juan de Mena, son procureur, et qui a été exécutée selon ses ordres, leur a servi de prétexte à former de nouveaux complots pour animer les peuples et les porter à cette sacrilége entreprise. Ils ont répandu de tous côtés que, par le moyen de leurs affidés, ils avoient entre les mains toutes vos procédures ; ils les ont revêtues des circonstances les plus odieuses, entre autres que votre excellence avoit achevé d'instruire le procès de quatorze d'entre eux, qu'elle les avoit condamnés à mort et qu'elle avoit nommé un oydor de l'audience royale de Los Charcas pour en hâter l'exécution. Et afin d'assouvir leur rage contre les jésuites, dont le zèle et la fidélité les importunent et traversent leurs desseins, ils ont publié que ces pères étoient les moteurs et les instigateurs de toutes les résolutions que votre excellence a prises.

Les esprits s'étant échauffés par toutes ces impostures, ils allèrent vers le midi au collège au nombre de deux mille cavaliers, poussant des cris pleins de fureur ; ils en rompirent les portes à grands coups de hache, y entrèrent à cheval, saccagèrent la maison et emportèrent tout ce qui se trouva sous leurs mains ; ils en firent sortir les pères avec tant de précipitation qu'ils ne leur donnèrent pas le temps de prendre leur bréviaire ni d'aller dans leur église pour saluer le saint-sacrement et le mettre à couvert des profanations qu'on avoit lieu de craindre.

Monseigneur l'évêque, ayant appris ces sacriléges excès, déclara que les rebelles avoient encouru l'excommunication et ordonna d'annoncer l'interdit par le son des cloches. C'est néanmoins ce qui ne s'exécuta point, car plusieurs des rebelles entourèrent la tour où sont les cloches et défendirent d'en approcher sous peine de la vie, tandis que d'autres postèrent des gardes autour du palais épiscopal, avec ordre à leur évêque de ne pas mettre les pieds même sur le seuil de sa porte.

Votre excellence apprendra ce qui s'est passé depuis par les lettres que ce prélat m'a adressées pour faire tenir à votre excellence ; elle verra que n'ayant pas même la liberté de punir les attentats commis contre sa personne, il a été forcé de lever l'excommunication, et elle jugera par là du pitoyable état où est cette province et du peu de religion de ses habitants.

Ces rebelles, non contens d'avoir chassé les jésuites de leur maison et de la ville, les chassèrent encore de la province et les traînèrent jusqu'à celle de Buenos-Ayres. Cependant nos Indiens en armes, au nombre de sept mille, font bonne garde à tous les passages qui peuvent donner entrée dans leurs peuplades, et ils sont résolus de mourir plutôt que de perdre un pouce de terre. C'est ce qui a arrêté les rebelles et qui les empêche de passer la rivière Tibiquari, laquelle sépare la province de Buenos-Ayres de celle du Paraguay.

Les Indiens se maintiendront toujours dans ce poste, à moins qu'il ne leur vienne des ordres contraires de votre excellence. Elle peut s'assurer de leur fidélité et de leur bravoure, et quoique leur petit nombre suffise pour s'opposer aux entreprises des révoltés dans une guerre qui de leur part n'est que défensive, cependant si votre excellence a besoin d'un plus grand nombre de troupes pour le service du roi, elles seront prêtes à se mettre en campagne au premier ordre de votre excellence, sans qu'il soit nécessaire de tirer de la caisse royale de quoi fournir à leur subsistance : nos Indiens, que le roi a distingués de tous les autres Indiens du Pérou par les priviléges et les exemptions qu'il leur a accordés, ont toujours servi et continueront de servir sa majesté sans recevoir aucune solde.

Je n'avance rien à votre excellence du courage et de la valeur de ces peuples dont je n'aie été moi-même le témoin. Je leur ai servi d'aumônier pendant huit ans de suite dans les guerres qu'ils ont eues avec les Indiens barbares Guenoas, Bohanes, Charruas et Yaros, qu'ils défirent en bataille rangée et qu'ils mirent en déroute. Le succès de ces expéditions fut si agréable à sa majesté qu'elle leur fit écrire pour les remercier de leur zèle et pour leur témoigner combien elle étoit satisfaite de leurs services.

Si j'insiste si fort sur le courage des Indiens, c'est pour rassurer votre excellence contre les discours de certaines personnes qui, ou par une fausse compassion pour les coupables, ou par une mauvaise volonté pour le gouvernement, s'efforcent de rabaisser la valeur indienne et d'exagérer les forces, le courage et le nombre des habitans du Paraguay pour persuader à votre excellence qu'il n'y a point de ressource contre un mal qui devient contagieux de plus en plus par la lenteur du remède et qui gagnera insensiblement les autres villes.

Je crois toutefois représenter à votre excellence que si elle prend la résolution de réduire cette province par la force des armes, il est à propos qu'elle envoie un corps de troupes réglées et commandées par des chefs habiles et expérimentés. Deux raisons me portent à lui faire cette représentation.

La première c'est que ce corps d'Espagnols sera comme l'âme qui donnera le mouvement à l'armée indienne, car bien que les Indiens soient intrépides et accoutumés à braver les périls, ils n'ont pas assez d'expérience de la guerre, et leur force augmentera de moitié lorsqu'ils seront assujettis aux lois de la discipline militaire.

L'autre raison est qu'après avoir fait rentrer cette province dans l'obéissance qu'elle doit à son roi, il faut y maintenir la tranquillité et arracher jusqu'à la racine les semences de toute révolte; ce qui ne se peut pas faire à moins que le gouverneur qui y sera placé par votre excellence n'ait la force en main pour se faire respecter et obéir.

Je suis convaincu qu'aussitôt que les rebelles apprendront que les troupes s'avancent pour leur faire la guerre, leurs chefs et ceux qui ont fomenté la rébellion, se voyant trop faibles pour se défendre, fuiront au plus vite dans les montagnes, d'où ils tiendront la province dans de continuelles alarmes. Il est donc nécessaire qu'on y entretienne pendant quelque temps une garnison de troupes réglées qui soient aux ordres et sous la conduite du gouverneur, afin qu'il en puisse disposer comme il le jugera à propos pour le plus grand service de sa majesté.

Je me suis informé de don Louis Bareyro, qui s'est réfugié dans nos peuplades, quel pouvoit être le nombre des habitans qui sont sur la frontière de la province de Paraguay : il m'a répondu qu'étant l'année dernière président de cette province, il avoit fait faire le dénombrement de tous ceux qui étoient capables de porter les armes, et que ce nombre ne montoit qu'à cinq mille hommes ; mais il m'assure que maintenant il n'y en n'a pas plus de deux mille cinq cents qui soient en état de faire quelque résistance aux forces que votre excellence enverra pour rétablir la paix. Il m'a ajouté que, bien que les rebelles paroissent résolus de faire face à vos troupes et de se bien défendre à la faveur du terrain qu'ils occupent, ils ne verront pas plutôt approcher votre armée qu'ils s'enfuiront dans les montagnes.

Tel est, monseigneur, l'état où se trouvent les rebelles de la province de Paraguay, c'est-à-dire presque tous ses habitans et ceux-là même que la sainteté de leur profession oblige de contenir les peuples par leurs prédications et par leurs exemples dans l'observance des lois divines et ecclésiastiques et dans l'obéissance qu'ils doivent à leur souverain : on n'y voit plus que tumulte et que confusion ; on ne sait ni qui commande ni qui obéit ; on n'entend parler que de haines mortelles, que de pillages et de sacriléges.

Monseigneur l'évêque a travaillé avec un zèle infatigable pour arrêter tant de désordres ; mais son zèle et ses travaux n'ont eu aucun succès auprès de ces hommes pervers, qui comme des frénétiques se sont jetés avec fureur sur le médecin charitable qui appliquoit le remède à leurs maux. Ils ont traité indignement sa personne, ainsi que votre excellence le verra par ses lettres, où il expose les raisons qui l'ont forcé d'absoudre de l'excommunication les sacriléges qui ont profané le lieu saint et violé l'immunité ecclésiastique. Il est vrai qu'il n'a exigé d'eux aucune satisfaction ; mais en pouvoit-il espérer de gens obstinés dans leurs crimes, qui, par leurs menaces, par leurs cris et par les expressions impies qu'ils avoient continuellement à la bouche, ne faisoient que trop craindre qu'ils n'en vinssent jusqu'à secouer tout à fait le joug de l'obéissance qu'ils doivent à l'Église.

Dieu veuille jeter sur eux des regards de miséricorde et les éclairer de ses divines lumières, afin qu'ils reviennent de leur aveuglement. Je prie le Seigneur qu'il conserve votre excellence pendant plusieurs années pour le bien de l'état et pour le rétablissement de la tranquillité, troublée par tant d'offenses commises contre la majesté divine et contre la majesté royale, etc.

Depuis la date de cette lettre, nos Indiens se sont toujours tenus sous les armes et gardent avec soin le poste où ils sont placés sur les bords de la rivière Tibiquari. Cependant les communes de Paraguay sont dans de grandes inquiétudes, causées ou par ambition des uns, qui voudroient toujours gouverner, ou par la crainte qu'ont les autres des résolutions que prendra monseigneur notre vice-roi pour punir tant d'excès et une désobéissance si éclatante.

Mais ce qui les inquiète encore davantage, c'est de voir dans leur voisinage l'armée des Indiens Guaranis, prête à exécuter sur-le-champ les ordres qu'on jugera à propos de lui donner. Il n'y a point de moyen que ces rebelles n'aient employé pour persuader à nos Indiens qu'ils n'avoient jamais eu la pensée d'envahir aucune de leurs peuplades ni d'exercer la moindre hostilité à leur égard; qu'ils devoient compter sur la sincérité de leurs paroles et se retirer dans leurs habitations sans rien craindre de leur part. Ces démarches n'ayant eu nul succès, ils eurent recours à monseigneur notre évêque et le prièrent fort inutilement d'interposer son autorité pour éloigner les Indiens. Enfin ils députèrent deux de leurs régidors vers l'armée indienne pour lui donner de nouvelles assurances de leurs bonnes intentions et lui protester qu'ils n'avoient jamais eu le dessein de rien entreprendre contre les peuplades.

Toute la réponse qu'ils reçurent des Indiens fut qu'ils occupoient ce poste par l'ordre de monseigneur don Bruno de Zavala, leur gouverneur, afin de défendre leurs terres et de prévenir toute surprise, et qu'ils y demeureront constamment jusqu'à ce qu'il vînt des ordres contraires de la part ou de son excellence ou de monseigneur le vice-roi; que du reste les habitans de Paraguay pouvoient s'adresser à l'un ou à l'autre de ces messieurs pour en obtenir ce qu'ils paroissoient souhaiter avec tant d'ardeur.

Les députés s'en retournèrent peu contens du succès de leur négociation et encore plus inquiets qu'auparavant, parce qu'ils avoient été témoins oculaires de la bonne disposition de ces troupes, de leur nombre, de leur valeur et de leur ferme résolution à ne pas désemparer du poste qu'ils occupoient.

Dans ces circonstances il me fallut visiter la province pour remplir les obligations de ma charge. En arrivant à Buenos-Ayres, j'appris que les peuples de la ville de Las Corientes avoient imité l'exemple des habitans du Paraguay et étoient entrés dans leur révolte sous le même nom de Communes. Voici à quelle occasion leur soulèvement éclata.

Monseigneur don Bruno avoit donné ordre à son lieutenant de cette ville d'envoyer un secours de deux cents hommes aux Indiens campés sur les bords de Tibiquari, au cas que les rebelles du Paraguay se préparassent à quelque entreprise. Comme le lieutenant se mettoit en devoir d'exécuter cet ordre, les habitans l'emprisonnèrent en lui déclarant qu'ils étoient frères et amis des Paraguayens et unis d'intérêts avec eux pour la conservation et la défense de leurs droits et de leur liberté. Ensuite, soit par crainte que le prisonnier n'échappât de leurs mains, soit dans la vue de mieux cimenter leur union réciproque, ils firent conduire ce lieutenant sur les terres du Paraguay pour y être en plus sûre garde. Ils eurent même l'audace d'envoyer des députés à monseigneur le gouverneur de Buenos-Ayres pour lui rendre compte de leur conduite et lui faire entendre qu'il devoit donner les mains à tout ce qu'ils avoient fait pour le grand service du roi et confirmer le nouveau gouvernement des Communes, approuver les officiers qu'ils avoient établis et abandonner à leur république le droit de les déposer ou de les placer selon qu'elle le jugeroit à propos. Un pareil discours fit assez connoître que ces peuples avoient secoué le joug de l'autorité souveraine et vouloient vivre dans une entière indépendance.

Cependant les Paraguayens, charmés de trouver de si fidèles imitateurs, ne tardèrent pas à leur en marquer leur reconnoissance: ils leur envoyèrent deux barques remplies de soldats pour les soutenir dans ce commencement de révolte et les attacher plus fortement aux intérêts communs. En même temps ils rassemblèrent leurs milices et firent descendre la rivière à deux mille de leurs soldats, commandés par le capitaine général de la province. Cette petite armée parut à la vue du camp de Tibiquari et s'y maintint jusqu'à la nuit du 15 de mai, qu'une troupe de nos Indiens passa la rivière à gué, donna vivement sur la cavalerie, qui étoit de trois cents hommes, et les amena au camp sans la moindre résistance. La terreur se mit dans le reste des troupes paraguayennes, qui cherchèrent leur salut dans une fuite précipitée. Deux de nos Indiens eurent la hardiesse d'aller jusqu'à la ville de l'Assomption, et après en avoir reconnu l'assiette, les différentes entrées et sorties de la place, les diverses routes qui y conduisent, ils s'en retournèrent sains et saufs au camp, où ils firent le rapport de ce qu'ils avoient vu et examiné.

Les choses étoient dans cet état lorsqu'on

apprit que monseigneur le vice-roi avoit nommé don Isidore de Mirones et Benévenlé pour juge-gouverneur et capitaine général de la province de Paraguay. Ce gentilhomme avoit la confiance du vice-roi et il la méritoit par son habileté et sa sagesse, dont il avoit donné des preuves toutes récentes en pacifiant avec une prudence admirable les troubles de la province de Cochabamba dans le Pérou. Il marchoit à grandes journées et approchoit de la province de Tucuman; il reçut un contre-ordre parce que sa majesté avoit pourvu du gouvernement de Paraguay don Manuel Augustin de Ruiloba de Calderon, capitaine général de la garnison de Callao. Le vice-roi lui ordonna de partir en toute diligence et de prévenir à l'heure même par ses lettres le gouverneur de Buenos-Ayres, afin qu'à son arrivée dans ce port il trouvât tout prêt et qu'il pût sans aucun retardement se rendre à son gouvernement avec les troupes espagnoles et indiennes qui doivent l'accompagner pour réduire cette province et la soumettre à l'obéissance de son légitime souverain.

LETTRE
DU MARQUIS DE CASTEL-FUERTE,
VICE-ROI DU PÉROU,
AU R. P. JÉROME HERRAN.

Troubles dans les établissemens des jésuites.

Mon révérend Père,

J'ai reçu la lettre que votre révérence m'a écrite le 15 mars, où elle expose dans un grand détail ce qui s'est passé dans la province de Paraguay, la rébellion de ses habitans et l'état où se trouvent les peuples voisins de cette province, afin qu'étant bien informé de toute chose, je puisse y pourvoir de la manière qui convient au service de sa majesté. C'est sur quoi je n'ai point perdu de temps. Don Manuel Augustin de Ruiloba Calderon, commandant de la garnison de Callao, a été nommé par le roi gouverneur et capitaine général de la province de Paraguay; il part en toute diligence, après avoir reçu les ordres que je lui ai donnés pour apporter le remède convenable à ces troubles.

Comme je connois votre attachement pour la personne du roi et le zèle avec lequel vous vous portez à tout ce qui est du service de sa majesté, je ne doute point que vous ne continuiez d'apporter tous vos soins et de tirer des peuplades de vos missions les secours nécessaires pour faciliter au nouveau gouverneur l'exécution de ses ordres.

La lettre ci-jointe, adressée à l'excellentissime seigneur don Bruno Zavala, contient des ordres qu'il doit exécuter d'avance, afin que don Manuel de Ruiloba trouve toutes choses prêtes à son arrivée et puisse agir dans le moment. Faites partir cette lettre par la voie la plus sûre et la plus courte, afin qu'elle soit remise promptement audit seigneur don Bruno, ainsi qu'il convient au service de sa majesté.

Faites part aussi de ce que je vous mande à monseigneur l'évêque, en lui marquant combien je suis satisfait de sa conduite et du zèle avec lequel il a servi sa majesté. Que le Seigneur conserve plusieurs années votre révérence, comme je le désire. A Lima, le 24 de juin 1732. Le marquis de Castel-Fuerte.

Copie de l'acte dressé dans le conseil royal de Lima relativement aux troubles du Paraguay.

Dans la ville de Los Reyes du Pérou, le 24 juin de l'année 1732, furent présens dans le conseil royal de justice: excellentissime seigneur don Joseph d'Armandariz, marquis de Castel-Fuerte, capitaine général des armées du roi, vice-roi, gouverneur et capitaine général de ses royaumes du Pérou, et les seigneurs don Joseph de La Concha, marquis de Casa Concha; don Alvaro de Navia Bolanoy Moscoso; don Alvaro Cavero; don Alvaro Quitos; don Gaspar Perez Buelta; don Joseph Ignace d'Avilés, président et oydor de cette audience royale, où assista le seigneur don Laurent Antoine de La Puente, son avocat fiscal pour le civil; lecture fut faite de différentes lettres et autres papiers envoyés à son excellence, qui informent des troubles suscités dans la province de Paraguay par différentes personnes; laquelle lecture ayant été entendue, et après de mûres réflexions sur l'importance des faits que contiennent ces lettres, il a été résolu qu'on prieroit son excellence d'enjoindre au père provincial de la province de Paraguay, ou en son absence à celui qui gouverne les missions voisines de ladite province, de fournir promptement au seigneur don Bruno de Zavala et à don Manuel Augustin de Ruibola, gouverneur de Paraguay, le nombre d'Indiens Tapes et des autres peuplades bien armées qu'ils demanderont pour forcer les rebelles à rentrer dans l'obéissance qu'ils doivent à sa majesté et exécuter les résolutions que son excellence a prises de l'avis du conseil. Son excellence s'est conformée à cet avis. En foi de quoi, conjointement avec lesdits seigneurs, elle a paraphé la présente.

Don Manuel François Fernandez de Parades, premier secrétaire du conseil pour les affaires du gouvernement et de la guerre.

MÉMOIRE APOLOGÉTIQUE

DES MISSIONS ÉTABLIES PAR LES PÈRES JÉSUITES DANS LA
PROVINCE DE PARAGUAY,

Présenté au conseil royal et suprême des Indes
PAR LE P. GASPARD RODERO,

Contre un libelle diffamatoire répandu dans toutes les parties
de l'Europe. Traduit de l'espagnol.

Un ecclésiastique étranger, qui avoit sans doute ses raisons pour cacher son nom et sa patrie, parut en cette cour d'Espagne en l'année 1715. Il trouva le moyen d'approcher de la personne du roi et de lui présenter un mémoire où il renouveloit les anciennes calomnies dont on a tâché de noircir les missionnaires du Paraguay, et supplioit sa majesté de lui donner les pouvoirs nécessaires pour remédier au prétendu désordre de ces missions et pour travailler à la conversion des nations infidèles répandues dans ces vastes provinces. Le roi eut à peine jeté les yeux sur cet écrit qu'il aperçut la malignité de l'accusateur et la fausseté de ses accusations, où la vraisemblance n'était pas même gardée. C'est pourquoi, non content de rejeter cet indigne libelle, il porta un nouveau décret l'année suivante 1716, par lequel il ordonnoit de conserver aux Indiens de ces missions toutes les grâces et les privilèges que les rois ses prédécesseurs leur avoient accordés. On trouvera ce décret à la fin de ce mémoire.

Le jugement d'un prince si éclairé et si équitable devoit faire rentrer en lui-même l'auteur du libelle : sa passion n'en fut que plus irritée. Il retourna en France, où il fit imprimer son écrit en françois et en latin : il le répandit en Angleterre, en Hollande et dans la Flandre, où il fut reçu avec applaudissement des gens animés de son même esprit et même de quelques catholiques portés naturellement à croire toutes les fables qu'on imagine et qu'on débite contre les jésuites.

Comme ce libelle avoit indigné sa majesté catholique et tous ceux qui ayant vécu dans ces provinces éloignées avoient été témoins de ce qui s'y passe, il ne méritoit guère que les jésuites y fissent attention. Aussi n'en firent-ils pas plus de cas que de tant d'autres contes satiriques que les ennemis de l'église ne cessent de publier contre leur compagnie.

Dix-huit ans après le mauvais succès que cet infortuné libelle avoit eu en Espagne, l'auteur ou quelqu'un de ses partisans a cru devoir le reproduire : les troubles arrivés en l'année 1732 dans la province de Paraguay lui ont paru une occasion favorable pour le remettre au jour, traduit en langue espagnole et simplement en manuscrit, comme s'il s'agissoit d'une découverte toute récente qu'on eût faite de la prévarication des missionnaires. Les agens des habitans de la ville de l'Assomption qui sont à la suite de la cour ont été le canal par où il a fait passer son écrit dans les mains d'un seigneur de grand mérite et qui approche de plus près la personne de monseigneur le prince des Asturies, ne doutant point qu'il ne fût communiqué à ce prince et qu'à la vue de ces priviléges accordés aux Indiens, et qu'on disoit être contraires aux droits héréditaires de la couronne, son altesse royale n'interposât son autorité pour les faire révoquer et ne prît des impressions désavantageuses aux jésuites. Mais quoique ce seigneur ignorât que ce mémoire eût déjà été rejeté du roi, il en conçut l'idée que méritoit un écrit où l'auteur n'osoit mettre son nom et qui rappeloit d'atroces calomnies dénuées de preuves et tant de fois détruites depuis plus d'un siècle par les témoignages les plus irréfragables.

L'acharnement de l'anonyme à décrier de si saintes missions et l'audace avec laquelle il voudroit en imposer à toute l'Europe ne permettent pas de différer plus longtemps à le convaincre de ses calomnies par des preuves évidentes et auxquelles il n'y a point de réplique.

Mais avant que de répondre en détail à chaque article de son libelle, il est à propos de faire remarquer en général combien il connoît peu la situation de ces provinces, la nature de leur climat, les fruits qu'elles produisent et la distance des peuplades. Selon lui, ce pays est un paradis sur terre qui fournit en abondance aux missionnaires de quoi mener la vie la plus délicieuse. On voit bien qu'il n'a pas éprouvé ce que l'on a à souffrir tout à la fois et d'un climat brûlant, où l'on ne respire qu'un air embrasé, et de l'humidité des terres, causée par les vapeurs continuelles qui s'élèvent du fleuve Parana et qui retombent en épais brouillards. Une pareille situation est sans doute fort avantageuse à la santé et très-propre à rendre un pays fertile en fruits délicieux.

A la vérité, les peuplades qui sont sur les bords de l'Uruguay jouissent d'un climat plus doux et plus tempéré. Comme elles sont à la hauteur de 26 degrés, elles se sentent du voisinage de Buenos-Ayres ; les vents qui s'y élèvent répandent en l'air une fraîcheur agréable : aussi voit-on que, pourvu qu'on cultive la terre, elle produit une partie de tout ce qu'on trouve en Espagne. On voyoit le siècle passé des troupeaux sans nombre de bœufs, de moutons et de chevaux qui erroient dans ces vastes campagnes, lesquelles s'étendent d'un côté jusqu'à la mer et au Brésil, et de l'autre côté jusqu'à Buenos-Ayres et à Montevide. Mais maintenant tout est presque entièrement ruiné, en partie par la sécheresse qui règne depuis quelques années, et encore plus par l'avidité des Espagnols, qui ont détruit tous ces bestiaux sans en tirer d'autre profit que la graisse, qu'ils ont gardée pour eux, et les cuirs, dont ils ont fait commerce dans toute l'Europe. Il faudra bien des années pour réparer cette perte. Il ne reste plus qu'une certaine quantité d'animaux domestiques, qu'on conserve avec grand soin dans chaque peuplade, soit pour la nourriture de ses habitans, soit pour les donner en échange des autres choses dont ils ont besoin toutes les fois que le gouverneur de Buenos-Ayres leur donne ordre de venir ou pour combattre les ennemis de l'état ou pour travailler aux fortifications des places de son gouvernement, comme on le verra dans la suite. C'est sur ce premier fondement que l'auteur du libelle établit d'abord les grandes richesses qu'il suppose aux missionnaires.

Il vient ensuite au prétendu commerce qu'ils font de ce qu'on appelle l'herbe du Paraguay[1], qui est si fort recherchée, non-seulement des peuples de l'Inde méridionale, mais encore de toutes les nations du nord. Il faut avertir d'abord que ce n'est que sur les montagnes de Maracayu, éloignées de près de deux cents lieues des peuplades du Paraguay, que croissent naturellement les arbres qui produisent cette herbe si estimée. Nos Indiens en ont absolument besoin, soit pour leur boisson, soit pour l'échanger avec les denrées et les autres marchandises qui leur sont nécessaires : c'est ce qui a été sujet à de grands inconvéniens ; il leur falloit passer plusieurs mois de l'année à voyager jusqu'à ces montagnes. Pendant ce temps-là ils manquoient d'instruction ; les habitations, se trouvant dépeuplées, étoient exposées aux irruptions de leurs ennemis : de plusieurs mille qui partoient, il en manquoit un grand nombre au retour ; le changement de climat et les fatigues en faisoient mourir plusieurs ; d'autres, rebutés par le travail, s'enfuyoient dans les montagnes et reprenoient leur premier genre de vie, ainsi qu'il est arrivé chez les Espagnols de l'Assomption, qui ont perdu dans ces voyages presque tous les Indiens qu'ils avoient à leur service à quarante lieues aux environs de leur ville, et qui voudroient bien se dédommager de ces pertes en ruinant nos peuplades pour s'approprier les Indiens qui y sont sous la conduite des jésuites.

Les missionnaires, pleins de zèle pour le salut de leur troupeau, cherchèrent les moyens de remédier à des inconvéniens si funestes : ils firent venir de jeunes arbres de Maracayu et les firent planter aux environs des peuplades, dans le terroir qui leur parut avoir le plus de rapport avec celui de ces montagnes : ces plans réussirent assez bien, et de la semence qu'ils recueillirent et qui est assez semblable à celle du lierre, ils firent dans la suite des pépinières. Mais on a l'expérience que cette herbe produite par des arbres qu'on cultive n'a pas la même force ni la même vertu que celle qui vient sur les arbres sauvages de Maracayu. « C'est de cette herbe, dit l'anonyme, que les jésuites font un commerce si considérable qu'ils en retirent plus de cinq cent mille piastres chaque année ». Voilà ce qu'il avance

[1] Matté.

hardiment et sans apporter la moindre preuve. Il prétend sans doute que, tout inconnu qu'il veut être, il doit être cru aveuglément sur sa parole. Mais que ne dit-il du moins dans quelle contrée des Indes les jésuites font ce grand commerce, avec quelles nations et quelles sont les marchandises qu'ils en retirent! Ce n'est pas certainement par ménagement pour les missionnaires qu'il garde sur cela un profond silence.

Voici ce qu'il y a de certain. Le roi a accordé aux Indiens de nos peuplades la permission d'apporter chaque année à la ville de Sainte-Foi ou à celle de la Trinité de Buenos-Ayres jusqu'à douze mille arrobes[1] de l'herbe du Paraguay. Cependant il est constant, et par les témoignages qu'ont rendus les officiers du roi, et par les informations juridiques faites en l'année 1722, qu'à peine ont-ils apporté chaque année six mille arrobes de cette herbe : encore n'étoit-ce pas de la plus fine et de la plus délicate, qu'on appelle caamini, qui est très-rare, mais de celle de Palos, qui est la plus commune. Il est constant que le prix courant de cette herbe dans les villes que je viens de nommer et à la recette royale, où se portent les tributs, est de quatre piastres par chaque arrobe, et par conséquent que ce que les Indiens emportent ne monte qu'à vingt-quatre mille livres. Il est encore constant qu'on n'a jamais vu aucun Indien de ces peuplades vendre ailleurs de cette herbe. C'est donc tout au plus vingt-quatre mille livres qu'ils retirent chaque année. Mais ce n'est pas là le compte de l'anonyme : il en fait monter le produit à plus de cinq cent mille piastres. Il suppose donc que les Indiens en vendent cent cinquante mille arrobes, et il ne fait pas réflexion que le Paraguay entier ne pourroit en fournir cette quantité à tout le royaume du Pérou.

L'auteur du libelle n'en demeure pas là. Dans le dessein qu'il a de décrier les missionnaires et de les faire passer pour des gens d'une avarice insatiable, il a recours à une nouvelle fiction. Il prétend que cette herbe et l'or que les Indiens tirent de leurs mines produisent aux missionnaires un revenu de souverain. On ne peut comprendre qu'un ecclésiastique qui se pique de probité ose hasarder une pareille calomnie sur un fait qui a été tant de fois examiné par l'ordre de nos rois et dont la fausseté a été reconnue et publiée par les officiers royaux chargés d'en faire sur les lieux des informations juridiques. La ville de l'Assomption du Paraguay ou pour mieux dire ses magistrats avoient intenté deux fois cette accusation contre les missionnaires ; mais ils furent convaincus d'avoir avancé une fausseté manifeste et déclarés calomniateurs par deux sentences juridiques, l'une de don André de Léon Garavito, en l'année 1640, et l'autre, en 1657, de don Jean Blasquez Valverde, oydor de l'audience royale de Las Charchas, qui, par ordre de sa majesté, avoit fait la visite de cette province et de toutes les peuplades qu'elle contient. Ils rendirent compte de leur commission au conseil des Indes, en lui envoyant la sentence qu'ils avoient portée, et qui fut confirmée par ce tribunal suprême. En voici la teneur :

« Ledit seigneur oydor a visité en personne toutes ces provinces et toutes les peuplades d'Indiens qui y sont sous la direction des missionnaires jésuites, menant avec lui ceux-là même qui les ont accusés d'avoir des mines cachées, afin qu'ils puissent lui découvrir et le conduire dans les endroits où ils marquent dans leur mémoire qu'elles se trouvent. Et en conséquence il a publié d'office et à la requête des missionnaires les ordres de sa commission et a promis au nom de sa majesté de grandes récompenses et des emplois honorables à ceux qui découvriroient ces mines et qui déclareroient où elles sont. Puis s'étant transporté sur les lieux, il a examiné toutes choses, pour en rendre un compte exact à sa majesté et remettre au conseil des Indes les procès-verbaux avec son sentiment, ainsi qu'il est ordonné. Tout bien considéré, et ce qu'il a vu lui-même, et ce qu'il a appris de la visite que le seigneur don André de Leon Garavito, chevalier de l'ordre de Saint-Jacques et oydor de l'audience royale de la Plata, a faite dans cette province en qualité de gouverneur ; vu toutes les pièces des procès-verbaux, les actes et les sentences qu'il a portées contre les délateurs de ces mines et le désaveu qu'en ont fait ces faux accusateurs, ordonne qu'on doit déclarer, et déclare comme nuls, de nulle valeur et effet, les actes, les décrets et les informations faites par les régidors et autres magistrats de la ville de l'Assomption ; veut et pré-

---

[1] L'arrobe pèse vingt-cinq livres.

tend qu'ils soient biffés des registres comme étant faux, calomnieux et contraires à la vérité, tout ayant été vérifié oculairement dans lesdites provinces, en présence des accusateurs mêmes qui ont été cités juridiquement, sans qu'on ait trouvé le moindre vestige de mines ni la moindre apparence qu'il y en ait jamais eu ou qu'il y en puisse jamais avoir, ainsi que les déposans l'ont avancé témérairement, méchamment et à dessein, comme il le paroît, de décréditer la sage conduite des missionnaires jésuites qui sont occupés depuis tant d'années dans cette partie de l'Inde à la prédication de l'Evangile et à l'instruction d'un si grand nombre d'infidèles qu'ils ont convertis à notre sainte foi. Et quoique le crime commis par les régidors et autres magistrats mérite la peine portée par la loi contre les calomniateurs, etc. »

Il rapporte ensuite les noms des principaux coupables, au nombre de quatorze, et la peine qu'ils méritent, en l'adoucissant néanmoins, parce qu'étant convaincus par leurs propres yeux de la fausseté de leurs accusations, ils en firent un désaveu juridique, et parce que les missionnaires, en demandant leur grâce, prièrent que tout fût enseveli dans un éternel oubli ; mais aussi en les avertissant que s'ils venoient à récidiver, ils seroient bannis pour toujours de la province, comme perturbateurs du repos public, et condamnés aux peines afflictives que les lois imposent aux faux accusateurs qui ne disent pas la vérité au roi et à ses ministres.

C'est ce qui ne peut être ignoré de l'auteur du libelle et encore moins de ceux qui ont conduit sa plume. Le soin qu'ils ont pris de cacher leurs noms en publiant ces calomnies donneroit lieu de croire qu'ils ont appréhendé le châtiment dont ledit seigneur oydor fit punir un Indien appelé Dominique pour avoir intenté cette fausse accusation contre les missionnaires, ainsi qu'on peut le voir à la page 10 des actes authentiques. Cet Indien qu'on lui amena, non content d'assurer avec serment qu'il avoit vu les mines et le lieu où elles étoient, présenta encore une carte où l'on avoit dessiné un petit château ou forteresse avec ses murs, ses tours, son artillerie et les soldats destinés à défendre les environs du lieu où se trouvoient ces prétendues mines.

Le seigneur oydor mena l'Indien avec lui dans la visite qu'il fit de la province ; mais peu de jours avant que d'arriver à la peuplade de la Conception, qui étoit le lieu marqué dans cette carte imaginaire, l'Indien disparut. Cette fuite fit une grande impression sur l'esprit de ce seigneur, qui la regarda comme une forte preuve contre les missionnaires ; car leurs ennemis ne cessèrent de lui représenter que c'étoit un artifice de ces pères qui, s'étant saisis de l'Indien, le tenoient caché afin qu'il ne révélât pas le lieu où étoient leurs trésors.

Dans le même temps qu'on appuyoit le plus sur cette preuve, arriva un exprès envoyé par le missionnaire de la peuplade de *los Reyes* qui donnoit avis qu'un Indien étranger étoit venu dans sa peuplade, lequel, selon l'indice qu'on en avoit donné, paroissoit être l'Indien dont on étoit en peine. On le fit venir aussitôt, et c'étoit effectivement l'Indien fugitif. Le visiteur lui demanda la raison qui l'avoit porté à prendre la fuite, avec menace de le mettre à la question s'il ne disoit pas la vérité. L'Indien répondit (ce que l'auteur du libelle pourroit répondre comme lui) qu'il n'avoit jamais vu ces peuplades ; qu'il savoit encore moins ce que c'étoit que cette forteresse, et que la carte qu'il en avoit présentée n'avoit pu être dressée par un ignorant comme lui, qui ne savoit ni lire ni écrire ; mais qu'étant au service d'un Espagnol nommé Christoval Rodriguez, il avoit été forcé par ses promesses et par ses menaces de produire cette fausseté contre les missionnaires.

Nonobstant cet aveu, le visiteur se transporta sur les lieux désignés avec d'habiles mineurs, lesquels, après avoir examiné les terres, déclarèrent avec serment que non-seulement il n'y avoit point de mines d'or ou d'argent, mais que ces terres n'étoient nullement propres à produire ces métaux. Sur quoi l'Indien fut condamné à recevoir deux cents coups de fouet.

Comment l'anonyme a-t-il eu la hardiesse de publier une pareille accusation, dont la fausseté a été évidemment reconnue par trois officiers aussi distingués que le sont don André de Leon Garavito, don Juan Blasquez Valverde oydor de l'audience royale de *las Charchas*, et don Hyacinthe Laris, gouverneur de Buenos-Ayres, qui, ayant été nommés par le roi et par son conseil des Indes pour connoître d'un fait si odieux, ont déclaré par une sentence définitive, approuvée et confirmée par les conseils du roi, que c'étoit une pure fable qui ne méritoit pas la moindre attention?

« A la bonne heure, dit sur cela le faiseur de libelles, qu'il n'y ait point de mines d'or ou d'argent dans les terres du Paraguay ; les missionnaires en ont d'une autre espèce bien plus sûres et moins sujettes à s'épuiser dans les travaux continuels de trois cent mille familles d'Indiens dont ils tirent par an plus de cinq millions de piastres. Et pour en donner une idée plus juste, ajoute-t-il, l'on suppose que chaque famille d'Indiens ne produit aux jésuites que cinquante francs par an toute dépense faite ; le produit général, à raison de trois cent mille familles, se trouvera monter à cinq millions de piastres. »

Selon le compte de cet anonyme, les jésuites du Paraguay mériteroient de grands éloges s'ils avoient conquis à Jésus-Christ et assujetti à la domination espagnole quinze cent mille Indiens, sans d'autres armes que le zèle infatigable avec lequel ils se sont employés pendant plus d'un siècle à leur conversion. Mais il se trompe dans son calcul ; car il est évident, par les derniers rôles que le gouverneur de Buenos-Ayres a arrêtés du nombre d'Indiens qui composent les trentes peuplades, qu'il n'y en a aucune qui aille à plus de huit mille et que la plupart ne passent pas quatre à cinq mille, ce qui fait en tout environ cent cinquante mille âmes. Il faut retrancher de ce nombre tous ceux que les lois ou priviléges accordés par nos rois exemptent de payer le tribut, c'est-à-dire les femmes, les caciques, les corrégidors, les alcades, ceux qui servent à l'église, les musiciens, les infirmes, les jeunes gens qui n'ont pas encore dix-huit ans et les hommes qui sont au-dessus de cinquante. Selon ce calcul, il n'y a guère que le tiers des habitans de chaque peuplade qui paie le tribut d'une piastre par tête. Je laisse à l'anonyme à supputer les cinq millions que son imagination, ou plutôt sa passion contre les missionnaires, a enfantés pour les décrier en public.

« Je consens, dit l'auteur du libelle, que le tribut qui se paie au roi n'aille pas fort loin, par l'attention qu'ont les missionnaires à n'accuser que la moitié de leurs Indiens pour la capitation ; mais ce qui se tire du commerce qu'ils font de l'herbe du Paraguay, du coton, de la laine, des troupeaux, du miel et de la cire doit se monter à plusieurs millions. »

Une pareille accusation, fondée sur de vaines conjectures d'un auteur que sa passion aveugle, ne mériteroit point de réponse. On ne peut ignorer à quoi se monte le revenu que produit le travail des Indiens de toutes les peuplades ; il a été vérifié tant de fois par les visiteurs, tant ecclésiastiques que séculiers, dont plusieurs sont encore aujourd'hui à la cour, qu'il n'est pas aisé de s'y méprendre. Il est certain que toutes les terres ne produisent pas les mêmes choses. Nous voyons qu'en Espagne, dans l'espace de trois cents lieues, une province fournit à l'autre ce qui lui manque. Il en est de même dans l'étendue de la province de Paraguay, qui est de deux cents lieues ; les pays chauds donnent de la cire, du coton, du miel, du maïs ou blé d'Inde ; les pays froids fournissent des troupeaux de bœufs et de moutons, de la laine et du froment. Le commerce de ces denrées se fait par échange, car on n'y connaît ni or ni argent.

Il est encore certain que les missionnaires font faire trois semences aux Indiens de chaque peuplade qui sont en état de travailler : la première est pour les Indiens, la seconde pour le bien commun de la peuplade, et la troisième est destinée à l'entretien des églises. Ainsi la première récolte se porte tout entière dans leurs maisons pour la subsistance de leur famille ; la seconde, qui est la plus abondante, se dépose dans de vastes magasins pour faire subsister les infirmes, les orphelins, les veuves, ceux qui sont occupés aux travaux publics ou à qui les provisions viennent à manquer pour n'avoir pas semé autant de grains qu'il étoit nécessaire, et enfin pour assister les autres peuplades que la sécheresse, des maladies populaires ou la mort de leurs bestiaux réduisent quelquefois à une extrême indigence et qui périroient si elles n'étoient promptement secourues ; enfin la troisième récolte est employée à l'entretien de l'église, aux ornemens, à la cire, au vin, à la nourriture des musiciens et des autres officiers qui servent à l'église, et à la subsistance du missionnaire, qui ne reçoit point d'autre honoraire de ses continuels travaux.

Tout ce qu'il y a de surplus et qui peut se trafiquer, comme les toiles de coton, la laine, le miel, la cire et l'herbe du Paraguay, se transporte dans des canots aux villes de Sainte-Foy et de Buenos-Ayres, où les missionnaires ont deux procureurs qui font vendre ces marchandises pour acheter toutes les choses dont les peuplades ont besoin, comme du fer, de l'acier, du cuivre, des harnois pour les chevaux, des hameçons, du linge, des étoffes de soie pour les ornemens de l'église ou d'autres choses de dévotion propres à entretenir la piété de ces peuples, tels que sont des crucifix, des médailles, des estampes, etc.; en telle sorte qu'il n'entre jamais dans les peuplades ni or ni argent. Cela supposé, que notre anonyme nous dise d'où se tirent chaque année les millions de piastres dont il parle et en quel endroit on les tient cachés. S'il les découvre, il s'enrichira en un instant par une voie très-légitime, car les lois d'Espagne accordent aux délateurs le tiers des richesses dont on a fraudé les droits du roi.

Mais pour rendre croyables toutes ces fables, qui sont uniquement de son invention et dont il a amusé un certain public, il passe à la magnificence et aux richesses des églises de ces missions, dont il fait la description la plus pompeuse. Selon lui, la face de l'hôtel est superbe : on y voit trois grands tableaux avec de riches bordures d'or et d'argent massifs ; au-dessus de ces tableaux sont des lambris en bas-reliefs d'or, et au-dessus jusqu'à la voûte règne une sculpture de bois enrichie d'or ; aux deux côtés de l'autel sont deux piédestaux de bois, couverts de plaques d'or ciselé, sur lesquels il y a deux saints d'argent massif; le tabernacle est d'or, le soleil où l'on expose le saint sacrement est d'or enrichi d'émeraudes et d'autres pierres fines ; le bas et les côtés de l'autel sont garnis de drap d'or avec des galons, l'autel est orné de chandeliers et de vases d'or et d'argent; il y a deux autres autels, à la droite et à la gauche, qui sont ornés et enrichis à proportion du grand autel; et dans la nef, vers la balustrade, est un chandelier d'argent à trente branches, garni d'or, avec une grosse chaîne d'argent qui va jusqu'à la voûte. Après cette description l'on peut juger, ajoute-t-il, quelle est la richesse de cette mission, si les quarante-deux paroisses sont sur le même pied, comme on a lieu de le croire.

C'est ici où pour la première fois notre anonyme apporte une sorte de preuve de ce qu'il avance : il cite deux soldats françois, de même pays que lui, qui ont vu toutes ces richesses de leurs propres yeux. Il faut que les yeux de ces soldats aient le même privilège que la fable attribue aux mains de Midas, et que, convertissant tout ce qu'ils voyoient en or, ils aient pris du bois ou du cuivre doré pour de l'or et de l'argent massifs. Les yeux des Espagnols ne sont pas à beaucoup près si perçans.

Nous ne dissimulerons pas néanmoins, et nous sommes sûrs que tout ce qu'il y a de catholiques ne nous en blâmeront pas, que dans quelque partie du monde où nous ayons des églises, nous tâchons de les orner le mieux qu'il nous est possible, selon la mesure des fondations ou de la libéralité des fidèles que leur piété porte à contribuer à une œuvre si sainte. Nous n'avons garde de rougir d'une chose qui a mérité à saint Ignace notre fondateur les plus grands éloges de l'Église lorsqu'elle dit que c'est principalement à ses soins qu'on est redevable de la décoration et de la magnificence de nos autels. *Templorum nitor ab ipso incrementum accepit.* Mais que les églises de ces missions surpassent en richesses toutes les églises de l'Europe, comme le dit l'anonyme, c'est une nouvelle fable ajoutée à toutes celles qu'il débite dans son libelle.

Jusqu'ici l'anonyme n'a vomi son fiel que contre les missionnaires ; il attaque maintenant tout ce qu'il y a eu d'officiers espagnols distingués par leur naissance, leur probité et leur mérite, à qui nos rois ont confié le gouvernement de ces provinces. Quoiqu'on mérite plus de croyance que lui en niant simplement ce qu'il avance sans preuve, cependant, comme il y a des personnes qui suivent cette maxime de Machiavel, « *On le dit, il en est donc quelque-chose,* » il est à propos de mettre au jour toute la malignité de ses calomnies. Quelle audace de dire, comme il fait, que les juges, les trésoriers, les gouverneurs et autres officiers du roi, gagnés à force d'argent par les missionnaires, connivent à tous ces désordres, qu'ils sont tous d'intelligence pour tromper sa majesté et que c'est à qui pillera le mieux !

On ne peut voir sans indignation qu'un homme sans caractère, tel que l'anonyme, traite avec tant d'indignité des officiers illustres et dont l'intégrité reconnue a mérité toute la confiance de nos rois. A qui prétend-il persuader que, pendant plus d'un siècle, tout ce qu'il y a eu de gouverneurs et de missionnaires ont eu si peu de religion qu'ils aient volé au roi des sommes immenses sans le moindre scrupule? Est-il croyable que, se trouvant au milieu d'ennemis alertes et implacables, tels sont que les habitans de la ville de l'Assomption, aucun d'eux, dans l'espace de cent ans, n'ait pu donner une preuve certaine de ces fraudes et de ce pillage?

C'est une chose constante que chaque année le tribut est exactement payé par tous les Indiens qui sont sur le rôle des officiers du roi ; que non-seulement les missionnaires ne trouvent pas mauvais que les gouverneurs envoient leurs officiers, mais que souvent ils les pressent de le faire ; que même les Indiens font à leurs frais le voyage de Buenos-Ayres, qui est de trois cents lieues, pour remettre à la recette générale, en denrées ou en marchandises, la valeur d'une piastre par chaque Indien qui paie le tribut, et ils épargnent par là à la caisse royale ce qu'il faudroit payer à un receveur pour ses peines et pour les frais de son voyage.

« Mais pour quelle raison, poursuit l'anonyme, a-t-on accordé aux Indiens de ces peuplades le privilége de ne payer qu'une piastre de tribut, tandis que tous les autres Indiens en paient cinq? Pourquoi leur permet-on de porter des armes à feu? Que ne laisse-t-on entrer les Espagnols dans ces peuplades, qui administreroient la justice, qui policeroient ces peuples et qui les feroient travailler comme les autres Indiens pour le service du roi et des Espagnols, à qui il a coûté tant de sang pour conquérir ces provinces? Comment souffret-on que trois cents mille familles soient uniquement employées au service de quarante missionnaires sans avoir d'autre roi ni d'autre loi que l'ambition démesurée de ces pères et leur pouvoir despotique? »

Bénissons Dieu de ce que les jésuites du Paraguay sont traités par l'anonyme de la même sorte que Notre-Seigneur le fut par les juifs, qui lui reprochoient faussement de défendre qu'on payât le tribut à César. Il est vrai que nos rois ont ordonné qu'on n'exigeât de chaque Indien qu'une piastre de tribut ; ce qui a été d'abord une grâce de leur part leur a paru dans la suite une espèce de justice : ils ont eu égard à la grande pauvreté de ces Indiens, qui ne subsistent que du travail de leurs mains et qui n'ont nul commerce avec aucune autre nation. Si pour assujettir les autres Indiens, il en a coûté tant de sang aux Espagnols, cette résistance peut être punie par un tribut plus considérable. Mais il n'en doit pas être de même de ceux qui ne dépendant d'aucune puissance et qui, étant parfaitement libres, ont embrassé la foi et ont reconnu nos rois pour leurs souverains. Ils ont formé trente peuplades qui contiennent environ cent cinquante mille âmes. Le zèle infatigable des missionnaires gagne tous les jours à Jésus-Christ de nouveaux Indiens qui deviendront autant de sujets de la couronne d'Espagne. Ces motifs, sont-ils indignes de la clémence et de la bonté de nos rois? D'ailleurs pourroient-ils leur refuser les mêmes priviléges qui s'accordent à ceux qui, demeurant sur les frontières, servent de rempart contre les ennemis de l'état et défendent l'entrée dans les terres de la monarchie? Tels sont nos Indiens : les plaines des rivières de Parana et d'Uruguay, qu'ils habitent, sont le seul endroit par où les Mamelus de Saint-Paul de Brésil, les autres nations barbares et même les Européens, je veux dire les Anglois et les Hollandois, pourroient pénétrer jusqu'aux mines du Potosi. C'est dans nos peuplades que les missionnaires ont attiré les tristes restes des missions de la Guyara, que les Mamelus ont saccagées et brûlées après avoir enlevé plus de cinquante mille Indiens qu'ils ont faits leurs esclaves. Ces cruels ennemis, quoique éloignés de trois cents lieues de nos peuplades, y viennent souvent faire la guerre ; mais nos Indiens les ont vaincus dans plusieurs batailles, en ont fait plusieurs prisonniers et ont forcé les autres à prendre la fuite. C'est ce qui irrite les Brasiliens jusqu'au point de vouloir exterminer nos Indiens s'il étoit possible de raser leurs peuplades et se frayer ensuite un passage jusqu'au royaume de Pérou.

En l'année 1641, huit cents Mamelus, armés de fusils, descendirent la rivière d'Uruguay dans neuf cents canots, ayant à leur suite six mille de leurs Indiens armés de flèches, de lances et de pierres à fronde. Nos Indiens de Parana et d'Uruguay n'en furent pas plutôt avertis qu'ils armèrent à la hâte deux cents canots où ils avoient élevé de petits châteaux de bois avec des créneaux et des meurtrières pour placer leurs fusils et tirer sans être aperçus. Ayant rencontré l'armée ennemie, de beaucoup supérieure à la leur, ils l'attaquèrent avec tant de valeur qu'ils coulèrent à fond un grand nombro de leurs canots, en prirent plusieurs autres, et forcèrent les ennemis à gagner la terre et à prendre la fuite. Ils les poursuivirent et en firent un si grand carnage qu'il n'en échappa qu'environ trois cents. Ce qui resta de Mamelus se retira vers Buenos-Ayres : ils y bâtirent de petits forts, d'où ils sortoient de temps en temps pour faire des esclaves et les emmener à Saint-Paul.

En l'année 1642, nos Indiens, ayant découvert la retraite des Mamelus, allèrent les attaquer dans leurs forts; ils les en chassèrent et les poursuivirent jusque dans les montagnes où ils s'enfuirent et où plusieurs furent tués, de sorte qu'il n'y en eut que très-peu qui retournèrent à Saint-Paul. Ce qui toucha plus sensiblement nos Indiens dans cette victoire, c'est qu'ils délivrèrent plus de deux mille Indiens que les Mamelus retenoient prisonniers et dont ils eussent fait des esclaves pour les vendre dans leur pays.

En l'année 1644, que don Grégoire de Hinostrosa étoit gouverneur de la province de Paraguay, il y eut un certain nombre d'ecclésiastiques et de séculiers de la ville de l'Assomption qui se révoltèrent et conjurèrent ensemble sa perte. Il n'eut pas d'autre ressource, pour assurer sa personne et son autorité, que d'appeler à son secours nos Indiens Paranas. Ils volèrent à ses premiers ordres et dissipèrent la conjuration. Don Grégoire de Hinostrosa reconnut cet important service dans les informations juridiques qu'il envoya la même année au conseil royal des Indes, où il marquoit qu'on étoit redevable de la conservation de ces provinces au zèle et à la fidélité des Indiens.

En l'année 1646, les barbares Guayeuriens, qui avoient tué plusieurs Espagnols et Indiens, prirent la résolution de tout exterminer, jusqu'à la ville de l'Assomption. Un cacique de nos missions, qui découvrit leur conspiration, en donna aussitôt avis au gouverneur don Grégoire de Hinostrosa. Il eut recours à nos Indiens, qui combattirent ces rebelles, les taillèrent en pièces et les mirent en déroute, sans qu'ils aient jamais osé paroître, et par là ils rendirent à la province sa première tranquillité.

En l'année 1649, le gouverneur prêt à remplacer don Hinostrosa apprit, par une voie sûre, qu'avant même son arrivée, quelques habitans de la ville de l'Assomption avoient conspiré contre sa vie. Ils auroient exécuté infailliblement leur dessein s'il n'avoit pas mené avec lui mille Indiens de nos peuplades, qui forcèrent les rebelles à prendre la fuite et à se retirer dans les montagnes. Il n'est pas surprenant que ces peuples, accoutumés depuis long-temps à se révolter contre les officiers du roy, conservent une haine implacable contre nos Indiens, dont on s'est toujours servi pour les faire rentrer dans le devoir de l'obéissance.

En l'année 1651, les Paulistes [1] formèrent une grande armée, qu'ils partagèrent en quatre détachemens, pour attaquer la province par quatre endroits différens et s'en rendre les maîtres. Le gouverneur don André Garavito de Léon, oydor de l'audience de Chuquisaca, donna ordre aux Indiens de nos peuplades de s'opposer de toutes leurs forces à l'entrée d'un si puissant ennemi, afin d'avoir le temps de faire marcher des troupes espagnoles et de les combattre. Cet ordre vint trop tard. Nos Indiens, partagés en quatre escadrons, avoient déjà eu le bonheur de joindre en un même jour les quatre détachemens des ennemis. Ils les attaquèrent, les défirent et les forcèrent à s'enfuir avec tant de précipitation qu'ils laissèrent sur le champ de bataille leurs morts, leurs blessés et leurs bagages, où l'on trouva quantité de chaînes dont ils prétendoient attacher ensemble le grand nombre d'esclaves qu'ils comptoient de faire.

En l'année 1662, don Alonso Sarmiento, étant dans le cours de ses visites à cent lieues de la ville de l'Assomption, fut tout à coup assiégé par la nation la plus guerrière de ces provinces, n'ayant que vingt personnes avec lui, manquant de vivres et sans la moindre apparence de pouvoir échapper des mains de ces barbares. Un Indien de nos missions avertit de l'extrême danger où étoit le gouverneur, et sur-le-champ on envoya trois cents hommes, qui, par une marche forcée, ayant fait en un jour et demi le chemin qui ne se fait jamais qu'en quatre jours, tombèrent rudement sur les ennemis, en tuèrent plusieurs, mirent les autres en fuite, délivrèrent leur gouverneur et l'escortèrent jusque dans la capitale.

Il seroit ennuyeux d'entrer dans un plus grand détail : il suffit de dire que don Sébastien de Léon, gouverneur du Paraguay, a attesté juridiquement que non-seulement les Indiens

---

[1] Mamelus de la province de Saint-Paul au Brésil.

des missions lui ont sauvé plusieurs fois la vie, mais encore que, dans l'espace de cent ans, il n'y a eu aucune action dans cette province et il ne s'y est remporté aucune victoire à laquelle ils n'aient eu la meilleur part, et où ils n'aient donné des preuves de leur valeur et de leur attachement aux intérêts du roi. A quoi l'on doit ajouter les témoignages de tout ce qu'il y a eu d'officiers d'épée et de robe, qui attestent de leur côté que, dans toutes ces actions, leur solde montoit à plus de trois cent mille piastres dont ils n'ont jamais voulu rien recevoir, regardant comme une grande récompense l'honneur qu'ils avoient de servir sa majesté et de pouvoir lui témoigner en quelque sorte leur gratitude des priviléges dont elle avoit bien voulu récompenser leur zèle et leur fidélité.

Ce seroit cependant faire injure à ces braves Indiens que de ne pas rapporter l'important service qu'ils rendirent au roi lorsqu'on fit le siège de la place nommée de Saint-Gabriel ou du Saint-Sacrement. Dans le dessein qu'eut don Joseph Garro, gouverneur de Buenos-Ayres de recouvrer cette place, qui avoit été enlevée à la couronne d'Espagne, il donna ordre aux corrégidors de nos peuplades de mettre sur pied le plus promptement qu'ils pourroient une armée d'Indiens. On a peine à croire avec quelle promptitude cet ordre fut exécuté : on ne mit que onze jours à rassembler trois mille trois cents Indiens bien armés, deux cents fusiliers, quatre mille chevaux, quatre cents mules et deux cents bœufs pour tirer l'artillerie.

Cette armée se mit en marche et fit les deux cents lieues qu'il y a jusqu'à Saint-Gabriel dans un si bel ordre que le général don Antoine de Vera Muxica, qui commandoit le siége, fut tout étonné en recevant ces troupes de les voir si bien disciplinées. Il fut bien plus surpris le jour même de l'action. Il défendit d'abord d'approcher de la place jusqu'à ce qu'il eût fait donner le signal par un coup de pistolet ; il fit ensuite la disposition de toute l'armée pour l'attaque, et s'étant mis à l'arrière-garde avec les Espagnols, les mulâtres et les nègres, il plaça nos Indiens à l'avant-garde, et vis-à-vis de la place il fit mettre les quatre mille chevaux à nu, comme pour servir de rempart et recevoir les premières décharges de l'artillerie. Aussitôt que les Indiens apprirent cette disposition, ils suspendirent leur marche, et députant vers le général un de leurs officiers avec le missionnaire qui les accompagnoit pour les confesser, ils lui représentèrent qu'une pareille disposition étoit propre à les faire tous périr : qu'au feu et au premier bruit de l'artillerie, les chevaux, épouvantés ou blessés, retomberoient sur eux, en tueroient plusieurs, mettroient la confusion et le désordre dans leurs escadrons et faciliteroient la victoire aux ennemis.

Le général goûta fort cet avis et s'y conforma en changeant sa première disposition. Les Indiens s'approchèrent des murs de la place dans un si grand silence et avec tant d'ordre que l'un d'eux escalada un boulevard et coupa la tête à la sentinelle, qu'il trouva endormie; il se préparoit à tuer une autre sentinelle lorsqu'il reçut un coup de fusil. A ce bruit qui fut pris par les Indiens pour le signal dont on étoit convenu, ils grimpèrent avec un courage étonnant sur le même boulevard, ayant à leur tête leur cacique, don Ignace Landau, et après un combat très-sanglant de trois heures, où les ennemis se défendirent en désespérés, les Indiens commencèrent tant soit peu à s'affoiblir et à plier. Alors le cacique levant le sabre et animant les siens de la voix et par son exemple, ils rentrèrent dans le combat avec tant de fermeté et de valeur que les assiégés, voyant leur place toute couverte de morts et de mourans, demendèrent quartier. Les Indiens, qui n'entendoient point leur langue, ne mirent fin au carnage que quand ils en reçurent l'ordre des chefs espagnols.

Cette action, qui a mérité aux Indiens les éloges de notre grand monarque, a donné lieu à une des plus atroces calomnies de l'anonyme. Il ne faut que rapporter ses paroles pour découvrir toute sa mauvaise foi. Après avoir dit que trois cent mille familles ne travaillent que pour les jésuites, ne reconnoissent qu'eux et n'obéissent qu'à eux : « Une circonstance, dit-il, qui les fait reconnoître, c'est que lorsque le gouverneur de Buenos-Ayres reçut l'ordre de faire le siège de Saint-Gabriel, où il y avoit un détachement de cavalerie de quatre mille Indiens, un jésuite à leur tête, le gouverneur commanda au sergent-major de faire une attaque à quatre heures du matin; les Indiens refusèrent d'obéir, parce qu'ils n'avoient point d'ordre du jésuite, et ils étoient au point de se révolter lorsque le jésuite, qu'on avoit envoyé chercher, arriva, auprès duquel ils se rangèrent et n'exécutèrent les ordres du commandant que par la bouche du père. » D'où il conclut par cette réflexion : « L'on doit juger de là combien ces pères sont jaloux de leur autorité à l'égard des Indiens, jusqu'à leur défendre d'obéir aux officiers du roi, lorsqu'il s'agit du service. »

Que l'anonyme accorde s'il peut la malignité de ses inventions avec les témoignages authentiques de tant de personnes illustres qui n'avancent rien dont ils n'aient été eux-mêmes les témoins : ils assurent au roi et à son conseil qu'il n'y a point de forteresse, de place ni de fortifications, soit à Buenos-Ayres, soit dans le Paraguay ou à Montevide, qui n'aient été construits par les Indiens ; qu'au premier ordre du gouverneur, ils accourent au nombre de trois ou quatre cents, le plus souvent sans recevoir aucun salaire ni pour leurs travaux ni pour les frais d'un voyage de deux cents lieues ; que c'est à la valeur de ces fidèles sujets qu'ils sont redevables de la conservation de leurs biens, de leurs familles et de leurs villes.

Qu'un soldat romain eût sauvé la vie à un citoyen dans une bataille ou dans un assaut, ou bien qu'il eût monté le premier sur la muraille d'une ville assiégée, la loi ordonnoit de l'anoblir, de l'exempter de tout tribut et de le récompenser d'une couronne civique ou murale. Et notre anonyme trouvera mauvais que nos rois accordent des grâces à nos Indiens qui ont tant de fois sauvé la vie, les biens et les villes des Espagnols ! Il fera un crime aux jésuites de faire valoir les continuels services de ce grand peuple qui, depuis sa conversion à la foi, n'a jamais eu d'autre objet que le service de Dieu, le service du roi et le bien de l'état !

Il a imaginé des richesses immenses dans ces peuplades, et il voudroit le persuader à ceux qui ne sont pas au fait de ces pays éloignés. On l'a déjà convaincu de calomnie ; mais qu'il dise ce que les jésuites font de ces richesses. Les voit-on sortir des bornes de la modestie de leur état ? leur vêtement, leur nourriture n'est-elle pas la même et quelquefois pire que celle des Indiens ? Le peu de colléges qu'ils ont dans cette province, en sont-ils plus riches et en ont-ils augmenté le nombre ? Ils sont tous Européens. Peut-on en citer un seul qui ait enrichi sa famille ?

« Mais pourquoi ne pas permettre aux étrangers ni même aux Espagnols de traiter avec les Indiens ? Pourquoi avoir fait une loi qui leur défend de demeurer plus de trois jours à leur passage dans chaque peuplade, où, à la vérité, on fournit à tous leurs besoins, mais sans qu'ils puissent parler à aucun Indien ? A quoi bon tant de précautions ? »

Ces précautions, qui déplaisent tant à l'anonyme, ont été jugées de tout temps nécessaires pour la conservation des peuplades. Elles seroient bientôt ruinées si l'on ouvroit la porte aux mauvais exemples et aux scandales que les étrangers ne donnent que trop communément. L'ivrognerie est le vice le plus commun parmi les Indiens ; on sait que la *chicha* dans le Pérou, le *pulque* et le *tepache* dans la Nouvelle-Espagne, de même que l'eau-de-vie dans les deux royaumes, y causent les plus grands ravages et sont la source d'une infinité de crimes, de haines, de vengeances et d'autres fautes monstrueuses auxquelles ces peuples s'abandonnent avec d'autant plus de brutalité qu'ils trouvent moins de résistance. C'est une loi établie parmi les Indiens de nos peuplades de ne boire aucune liqueur qui soit capable de troubler la raison ; et c'est ce qu'avant leur conversion on ne croyoit pas qu'on pût gagner sur eux. Tout esprit d'intérêt en est banni ; les jeux même qui leur sont permis sont exempts de toute passion, parce qu'ils ne les prennent que comme un délassement où ils n'ont ni à perdre ni à gagner. L'avarice, la fraude, le larcin, la médisance, les juremens n'y sont pas même connus.

Pour complaire à l'anonyme blâmera-t-on les jésuites de maintenir ces néophytes dans l'innocence de leurs mœurs et de fermer l'entrée de leurs peuplades à tous les vices que je viens de nommer et à beaucoup d'autres en la fermant aux étrangers ? On a une triste expérience de ce qui se passe dans les peuplades d'Indiens qui sont au voisinage de la ville de l'Assomption, et l'on ne sait que trop qu'ils mènent la vie la plus licencieuse, sans crainte de Dieu, sans respect pour nos rois, et ne redoutant que leurs maîtres, qui exercent sur eux une domination tyrannique et qui les traitent bien moins comme des hommes que comme des bêtes.

Ce qui tient au cœur de l'anonyme, c'est de voir qu'on permette à nos Indiens l'usage des armes à feu. Mais qu'il apprenne que nos rois proportionnent les armes qu'ils mettent entre les mains de leurs sujets aux ennemis qu'ils ont à combattre. S'ils n'avoient à faire qu'à des Indiens comme eux, l'arc, la flèche, l'épée et la lance leur suffiroient; mais ils en viennent souvent aux mains avec des troupes européennes armées de fusils, de balles, de grenades et de bombes : refuser aux Indiens de pareilles armes, ne seroit-ce pas les livrer à une mort certaine et les mettre hors d'état de défendre l'entrée de nos provinces aux ennemis de la couronne?

« Mais ne se pourroit-il pas faire que ces Indiens tournassent leurs armes contre les Espagnols? » Crainte frivole : 1° ils n'ont point ces armes à leur disposition ; elles sont renfermées dans des magasins d'où on ne les tire que par l'ordre que le gouverneur intime au supérieur de la mission; 2° ils n'ont point de poudre ni aucun moyen d'en faire, et il faut que ces munitions leur soient fournies par les Espagnols, qui ne leur en envoient que dans le besoin et lorsqu'il faut combattre les ennemis de l'état.

« Mais, ajoute-t-on, pourquoi ne pas confier le gouvernement de ces peuplades à des corrégidors espagnols? » Et moi je demande à mon tour : « Ces peuplades n'ont-elles pas été établies dans l'espace de plus de cent trente ans et ne s'accroissent-elles pas tous les jours sans le secours des corrégidors? Que sont devenues celles qu'ils ont gouvernées? Ne les ont-ils pas ruinées et détruites? Mettroient-ils dans ces peuplades une meilleure forme de gouvernement? Instruiroient-ils mieux ces Indiens des principes et des devoirs de la religion? Feroient-ils régner parmi eux une plus grande innocence de mœurs? Les rendroient-ils plus zélés qu'ils le sont pour le service du roi? En seroient-ils de plus fidèles sujets? »

On n'ignore pas ce qu'il en a coûté de travaux aux jésuites et combien d'entre eux ont perdu la vie pour réunir ces barbares dans des peuplades et en faire de fervens chrétiens et de zélés serviteurs de la monarchie. Parlons de bonne foi, seroit-ce là l'unique vue des corrégidors? Leur commerce, leur intérêt, le soin de s'enrichir, ne sont-ils pas communément le principal objet des peines qu'ils se donnent? En trouveroit-on beaucoup qui briguassent l'emploi de corrégidor s'ils n'en retiroient point d'autre avantage que celui de servir Dieu et le roi? Je ne citerai ici qu'un seul exemple.

Un évêque du Paraguay, plein de zèle pour son troupeau, ayant écouté trop légèrement les ennemis des jésuites, prit la résolution de leur ôter deux de leurs missions qui lui paraissoient être dans le meilleur état, savoir : celle de Notre-Dame-de-Foi et celle de Saint-Ignace, où il y avoit environ huit mille Indiens que ces pères avoient retirés de leurs bois et de leurs montagnes avec des fatigues immenses et au risque continuel de leur vie. Le prélat, ayant choisi deux ecclésiastiques de mérite, les envoya dans ces peuplades en qualité de curés et les fit escorter par des soldats qui chassèrent les missionnaires avec tant de violence que de quatre qu'ils étoient, l'un mourut en chemin et les trois autres furent incapables d'aucun travail le reste de leur vie. Ces deux ecclésiastiques se mirent en possession du spirituel et du temporel des peuplades ; mais à peine y eurent-ils demeuré quatre mois qu'ils vinrent trouver leur évêque en se plaignant amèrement qu'on les avoit envoyés dans un lieu où il n'y avoit pas de quoi vivre ; que la pauvreté des Indiens étoit si grande qu'ils ne pouvoient payer aucune rétribution, ni pour les messes, ni pour les enterremens, ni pour les mariages; qu'ils ne concevoient pas quel ragoût trouvoient les jésuites à demeurer avec ces barbares nouvellement convertis et toujours prêts à les égorger s'ils manquoient un seul jour à leur fournir des alimens; qu'ils avoient couru ce risque et que c'est pour cette raison qu'ils s'étoient promptement retirés.

La fuite des pasteurs dissipa le troupeau. Tous ces Indiens s'enfuirent dans leurs montagnes, où ils perdirent bientôt la foi, tandis que le roi perdoit en un seul jour jusqu'à huit mille sujets. L'ordre qu'a donné l'audience royale de Chuquisaca, de rétablir les jésuites dans leurs peuplades, ne rappellera pas tous ces Indiens dispersés et ne servira qu'à préserver les autres peuplades d'un malheur semblable.

Monseigneur don Christoval Mancha y Valesco, évêque de Buenos-Ayres, donna dans le même piége. On lui persuada d'ériger les missions en cures, et par un mandement qu'il fit publier dans son diocèse et dans tous les pays circonvoisins, il invita les ecclésiastiques de venir à un certain temps qu'il marquoit pour en recevoir les provisions. Le terme étant expiré, et voyant qu'il ne se présentoit personne, il examina plus sérieusement la vérité des faits qu'on lui avoit exposés et la manière dont les jésuites gouvernoient leurs missions. Comme ce prélat avoit les intentions droites, il eut bientôt découvert la vérité; les mauvaises impressions qu'on lui avoit données se changèrent dans une si grande estime pour les jésuites qu'il leur donna toute sa confiance. La sainte Vierge, à qui il avoit une dévotion singulière, lui ayant fait connoître que sa mort approchoit, il fit venir le père Thomas Donvidas, recteur du collége, et fit sous sa conduite, pendant huit jours, les exercices spirituels de saint Ignace, qu'il termina par une confession générale; ensuite, dans les différentes prédications qu'il fit à son peuple pour lui dire les derniers adieux, il ne cessa de réfuter les calomnies dont on vouloit noircir les jésuites, en déclarant qu'il avoit pensé lui-même y être surpris, et que c'étoient autant d'artifices du démon, qui cherchoit à perdre une infinité d'âmes en les retirant de la direction de ces pères, qui les conduisoient dans la voie du salut. Peu de jours après, il mourut, comme il l'avoit prédit, laissant à son peuple les exemples des plus héroïques vertus qu'il avoit pratiquées durant le cours de son épiscopat.

Revenons. Les corrégidors espagnols auroient-ils de grands avantages à espérer dans ces peuplades où un ecclésiastique n'y trouve pas même de quoi s'y faire une subsistance honnête? Supposons qu'on leur en confiât le gouvernement: ou ils suivront la méthode des missionnaires ou ils se formeront un système nouveau. S'ils conservent la forme du présent gouvernement, ils doivent s'attendre à être calomniés de même que ces pères; on ne manquera pas de dire qu'ils fraudent les droits du roi, qu'ils ont des mines cachées, qu'ils dominent en souverains. Si, pour éviter des reproches si mal fondés, ils prennent une autre route et changent des usages conformes au génie de ces peuples, qu'on a étudié depuis si longtemps, la ruine des missions est certaine, les Indiens se retireront dans leurs montagnes et les peuplades seront tout à coup désertes : près de deux cent mille Indiens vivront dans les bois sans culte et sans religion, et ce seront autant de sujets perdus pour le roi.

C'est ce qu'on a éprouvé dans la Nouvelle-Espagne. On ôta aux Indiens de la Laguna leurs missionnaires; ils se dispersèrent à l'instant avec la rage dans le cœur contre les Espagnols et ne cherchant que les moyens de la satisfaire. Encore aujourd'hui ils répandent la terreur sur tout le chemin qui conduit aux riches mines de cette province, et on est obligé d'entretenir à grands frais des garnisons pour la sûreté de ces passages.

On l'éprouve encore actuellement de la part de deux nations belliqueuses, les Nocomies et les Abipones [1]. Elles s'étoient soumises volontairement au joug de l'Évangile et à l'obéissance du roi, sur la parole que les jésuites leur avoient donnée qu'elles dépendroient uniquement des officiers de sa majesté; on ne leur a point tenu parole, et dans le moment ces peuples ont secoué le joug et ont fermé les chemins qui mènent au Pérou, en sorte qu'on n'y peut aller sans courir risque de la vie, à moins qu'on ne soit bien escorté. Ils ont même porté l'audace jusqu'à bloquer la ville de Sainte-Foi, avec menace d'assiéger la ville de Cordoue, qui est la capitale du Tucuman.

Si l'anonyme et ceux qui l'ont mis en œuvre avoient mérité qu'on eût fait attention à leur mémoire, nos Indiens ne seroient-ils pas en droit de se plaindre? « Quel est donc le crime que nous avons commis, pourroient-ils dire, pour qu'on abroge les priviléges dont la bonté du roi et de ses augustes prédécesseurs nous ont gratifiés? Ce sont des grâces, il est vrai, mais elles nous ont été accordées à des conditions onéreuses que nous avons fidèlement remplies. N'avons-nous pas servi de rempart contre les ennemis de sa couronne? N'avons-nous pas prodigué notre sang et nos vies pour sa défense? Que savons-nous si les habitans de l'Assomption, dont l'anonyme françois n'est que l'interprète, ne sont pas d'intelligence avec les ennemis de la monarchie pour nous désarmer et par ce moyen-là leur donner un libre passage au royaume du Pérou et se soustraire eux-mêmes aux justes châtimens que méritent leurs fréquentes révoltes? Dès qu'il s'agit des intérêts du roi et que ses officiers nous appellent, ne nous voit-on pas voler à leur secours? Ne sommes-nous pas actuellement armés au nombre de six mille hommes, par ordre du seigneur don Bruno de Zabala, gouverneur de Buenos-Ayres, résolus de verser jusqu'à la dernière goutte de

---

[1] Rive droite de Rio-Parana.

notre sang pour le service de sa majesté? Enfin si, depuis plus de cent trente ans que nous nous sommes soumis volontairement à la couronne d'Espagne, notre conduite a toujours été la plus édifiante et notre fidélité la plus constante, comme on le voit par les informations qui en ont été faites, par les témoignages qu'en ont rendus tant d'officiers illustres, par les sentences des tribunaux et par les patentes de nos rois, écoutera-t-on à notre préjudice un petit nombre de gens infidèles à leur roi et désobéissans à ses ordres, qui tant de fois ont attenté sur la vie de leurs gouverneurs; qui ont porté l'insolence jusqu'à les déposer et à en établir d'autres de leur propre autorité, comme ils font actuellement; qui, se prévalant du vain titre de conquérans, lequel n'est dû qu'à leurs ancêtres, ont détruit presque toutes les nombreuses peuplades qui leur avoient été concédées à quarante lieues aux environs de la ville de l'Assomption ? »

Et en effet, combien ne pourroit-on pas citer de témoignages que tant de saints évêques, tant d'illustres gouverneurs, tant d'officiers distingués des audiences royales ont rendus en différens temps à la piété de nos Indiens, à leur constante fidélité et à leur attachement inviolable pour les intérêts de la monarchie? Je n'en rapporterai que deux assez récens, l'un de monseigneur don Pierre Faxardo, évêque de Buenos-Ayres, l'autre du seigneur don Bruno de Zabala, gouverneur et capitaine de ladite province, à quoi j'ajouterai les patentes par lesquelles notre grand monarque met les Indiens de nos peuplades sous sa royale protection.

LETTRE DE DON P. FAXARDO,

[ÉVÊQUE DE BUENOS-AYRES,

AU ROI.

Réponse aux accusations portées contre les jésuites.

Sire,

Une lettre que j'ai reçue de la capitale du Paraguay, signée de ses régidors, où ma personne n'est pas trop ménagée, me fait prendre la liberté d'écrire à votre majesté. Je suis peu touché de leurs injures, mais je ne puis dissimuler à votre majesté qu'elle est remplie d'accusations fausses et calomnieuses contre les missionnaires de cette province. Comme ils me déclarent dans leur lettre qu'ils écrivent en conformité au conseil suprême des Indes, je serois très-blâmable si je manquois de découvrir à votre majesté la malignité de leurs calomnies et de l'informer de la sage et sainte conduite des hommes vraiment apostoliques contre lesquels ils se déchaînent avec tant de fureur.

Je puis assurer votre majesté que j'ai ressenti très-vivement le contre-coup de ces calomnies : il semble que le Saint-Esprit les ait eues en vue dans ces paroles du chapitre 6 de l'Ecclésiastique : *Delaturam civitatis, et collectionem populi calumniam mendacem super mortem omnia gravia*. La haine injuste de toute une ville, l'émotion séditieuse d'un peuple et la calomnie inventée faussement sont trois choses plus insupportables que la mort.

Ce n'est pas la première fois qu'ils ont envoyé au conseil suprême des Indes de semblables plaintes contre les missionnaires. Mais ces pères, qui n'ont d'autre objet que le service de Dieu, la conservation et l'augmentation de ces florissantes missions, ont supporté toutes ces attaques avec une constance et une égalité d'âme qui m'ont infiniment édifié.

Ce qui fait encore plus mon admiration, c'est que non-seulement ils paroissent comme insensibles à tous les coups qu'on leur porte, mais encore qu'ils ne répondent à tant d'injures de leurs adversaires que par une suite continuelle de bienfaits. Combien voit-on de pauvres de cette capitale du Paraguay qui ne subsistent que de leurs charités! Avec quel zèle ne s'emploient-ils pas au service de ses habitans! Ils les consolent dans leurs afflictions, ils les éclairent dans leurs doutes, ils leur prêchent les vérités du salut, ils enseignent leurs enfans, ils les assistent dans leurs maladies, ils confessent les moribonds, ils apaisent leurs différends et les réconcilient ensemble, enfin ils sont toujours prêts à leur faire du bien ; mais tant de vertus, qui devroient gagner l'estime et l'affection de ces peuples, ne servent qu'à les rendre plus susceptibles des impressions malignes de la calomnie. J'ose le dire, sire, ces pères auroient moins d'ennemis s'ils étoient moins vertueux.

On demanda un jour à Thémistocle quelle raison il avoit de s'attrister tandis qu'il étoit chéri et estimé de toute la Grèce. « C'est cela même qui m'afflige, répondit-il, car c'est une marque que je n'ai pas fait d'action assez glorieuse pour mériter d'avoir des ennemis. » Ces saints missionnaires n'ont de vrais ennemis que ceux que leur attirent leurs vertus et leurs actions, qui me paroissent héroïques. J'ai souvent parcouru leurs missions, et j'ose attester à votre majesté que durant tout le cours de ma vie, je n'ai jamais vu plus d'ordre que dans ces peuplades, ni un désintéressement plus parfait que celui de ces pères, ne s'appropriant rien de ce qui est aux Indiens, ni pour leur vêtement ni pour leur subsistance.

Dans ces peuplades nombreuses, composées d'Indiens naturellement portés à toutes sortes de vices, il règne une si grande innocence de mœurs que je ne crois pas qu'il s'y commette un seul péché mortel. Le soin, l'attention et la vigilance continuelle des missionnaires préviennent jusqu'aux moindres fautes qui pourroient leur échapper. Je me trouvai dans une de ces peuplades à une fête de Notre-Dame et j'y vis communier huit cents personnes. Faut-il s'étonner que l'ennemi commun du salut des hommes excite tant d'orages et de tempêtes contre une œuvre si sainte et qu'il s'efforce de la détruire!

Il est vrai que les missionnaires sont très-attentifs à empêcher que les Indiens ne fréquentent les Espagnols, et ils ont grande raison, car cette fréquentation seroit une peste fatale à leur innocence et introduiroit le libertinage et la corruption dans leurs peuplades. On en a vu un exemple palpable dans la vie que mènent les Indiens des quatre peuplades qui sont aux environs de la capitale du Paraguay.

Il est vrai encore que les Indiens ont pour ces pères une parfaite soumission, et c'est ce qui est admirable que dans des barbares, qui avant leur conversion faisoient douter s'ils étoient des hommes raisonnables, on trouve plus de gratitude que dans ceux qui ont eu dès leur enfance une éducation chrétienne.

A l'égard de leurs prétendues richesses, on ne pouvoit rien imaginer de plus chimérique : ce que ces pauvres Indiens gagnent de leur travail ne va qu'à leur procurer pour chaque jour un peu de viande avec du blé d'Inde et des légumes, des habits vils et grossiers et l'entretien de l'église. Si ces missions produisoient de grands avantages, cette province seroit-elle endettée comme elle l'est ; les colléges seroient-ils si pauvres que ces pères ont à peine ce qui est absolument nécessaire pour vivre ?

Pour moi, qui suis parfaitement informé de ce qui se passe dans ces saintes missions, je ne puis m'empêcher d'appliquer à cette compagnie qui en a la conduite ces paroles de la sagesse, et de m'écrier : *O quam pulchra est casta generatio cum claritate!* O combien est belle la race chaste lorsqu'elle est jointe avec l'éclat d'un zèle pur et ardent, qui de tant d'infidèles en fait de vrais enfans de l'Église, qui les élève dans la crainte de Dieu et les forme aux vertus chrétiennes, et qui, pour les maintenir dans la piété et pour les préserver du vice, souffre en patience les plus atroces calomnies! *Immortalis est enim memoria illius, quoniam apud Deum nota est et apud homines.* Sa mémoire est immortelle et est en honneur devant Dieu et devant les hommes, surtout devant votre majesté, à qui cette province est redevable de tant de bienfaits. C'est en son nom que j'ai l'honneur de présenter ce mémorial à votre majesté, et de lui faire la même demande qui fut faite à l'empereur Domitien par un de ses sujets : « J'ai un ennemi, disoit-il, qui s'afflige extrêmement de toutes les grâces que me fait votre majesté. Je la supplie de m'en faire encore de plus grandes, afin que mon ennemi en ait plus de chagrin. » *Da, Cæsar, tantò tu magis ut doleat.* C'est ce que j'espère de sa bonté, en priant le Seigneur qu'il la conserve un grand nombre d'années pour le bien de cette monarchie.

PIERRE, évêque de Buenos-Ayres.

A Buenos-Ayres, ce 20 mai 1721.

LETTRE DE DON BRUNO ZABALA,
GOUVERNEUR DE BUENOS-AYRES,

AU ROI.

Attestations favorables aux jésuites.

SIRE,

Je dois rendre témoignage à votre majesté que dans toutes les occasions où l'on a eu besoin du secours des Indiens Tapes[1], qui sont sous la conduite des pères jésuites, soit pour

---
[1] Peuplades qui habitent entre le Parana et l'Uraguay, à l'endroit où ces fleuves se rapprochent.

des entreprises militaires, soit pour travailler aux fortifications des places, j'ai toujours trouvé dans ceux qui les gouvernent une activité surprenante et un zèle très-ardent pour le service de votre majesté. Un nombre de ces Indiens, ainsi que je le mande séparément à votre majesté, sont actuellement occupés aux ouvrages qui se font à Montevide[2], et ils avancent ces travaux avec une promptitude et une ardeur incroyables, se contentant pour leur salaire d'alimens grossiers dont on les nourrit chaque jour.

Je n'ai garde d'exagérer quand je parle à votre majesté, et j'ose l'assurer que si nous n'avions pas eu le secours de ces Indiens, les fortifications qu'on avoit commencé de faire à Montevide et à la forteresse de cette ville n'auroient jamais pu être achevées. Les soldats, les autres Espagnols et les Indiens du voisinage qui travaillent à la journée sont incapables de soutenir longtemps cette fatigue. Ils sont assez ponctuels les trois ou quatre premiers jours, après quoi ils veulent être payés d'avance. Qu'on leur donne de l'argent ou qu'on leur en refuse, c'est la même chose, ils quittent l'ouvrage et s'enfuient. La paresse et l'amour de la liberté sont tellement enracinés dans leur naturel qu'il est impossible de les en corriger

Il y a une différence infinie entre ces lâches Indiens et ceux qui sont sous la conduite des missionnaires. On ne peut exprimer avec quelle docilité, avec quelle ardeur et avec quelle constance ils se portent à tout ce qui est du service de votre majesté, ne donnant aucun sujet de plainte ni de murmure, se rendant ponctuellement aux heures marquées pour le travail, et édifiant d'ailleurs tout le monde par leur piété et par la régularité de leur conduite, ce qu'on ne peut attribuer, après Dieu, qu'à la sagesse et à la prudence de ceux qui les gouvernent. Aussi monsieur l'évêque de cette ville m'a-t-il souvent assuré que toutes les fois qu'il a fait la visite de ces missions, il a été charmé de voir la dévotion de ces nouveaux fidèles de l'un et de l'autre sexe et leur dextérité dans tous les ouvrages qui se font à la main.

Quoique quelques personnes mal intentionnées, soit par jalousie, soit par d'autres motifs, tâchent de décrier le zèle et les intentions les plus pures d'une compagnie qui rend de si grands services dans tout le monde et en particulier dans l'Amérique, ils ne viendront jamais à bout d'obscurcir la vérité de ces faits, dont il y a une infinité de témoins. Ce que j'en dis à votre majesté n'est pas pour exalter ces pères, mais pour lui rendre un compte sincère tel qu'elle a droit de l'attendre d'un fidèle sujet qu'elle honore de sa confiance, et pour la prévenir sur les fausses impressions que la malignité et les artifices de certaines gens voudroient donner à votre majesté en renouvelant des plaintes et des accusations qu'elle a tant de fois méprisées.

J'ajouterai à votre majesté que les Indiens des trois peuplades établies aux environs de cette ville seroient bien plus heureux si dans la manière de les gouverner on suivoit le plan et le modèle que donnent ces pères dans le gouvernement de leurs missions. Ces trois peuplades sont peu nombreuses, et cependant ce sont des dissensions continuelles entre le curé, le corrégidor et les alcades; ce n'est pas pour moi une petite peine de trouver des curés qui veuillent en prendre soin; le grand nombre de ceux qui ont abandonné ces cures dégoûte presque tous les ecclésiastiques que je voudrois y envoyer.

C'est uniquement, sire, pour satisfaire à une de mes principales obligations que j'expose ici les services importans que rendent les Indiens Tapes qui sont sous la conduite des missionnaires jésuites, dont votre majesté connoît l'attachement plein de zèle pour tout ce qui est de son service. Je ne doute point qu'elle ne leur fasse ressentir les effets de sa clémence et de sa bonté royale. Pour moi, je ne cesserai de faire des vœux pour la conservation de votre majesté, qui est si nécessaire au bien de toute la chrétienté.

A Buenos-Ayres, le 28 mai 1724.

Clauses favorables aux jésuites, insérées dans le décret que le roi Philippe V envoya au gouverneur de Buenos-Ayres le 12 novembre 1716.

A l'égard du troisième article qui concerne les Indiens des missions dont les pères jésuites sont chargés dans ces provinces, faites attention qu'il y a plus de cent treize ans que ces pères, par leur zèle et leurs travaux, ont converti à la foi et soumis à mon obéissance

[2] Monte-Video.

une multitude innombrable de ces peuples; que ce qui a facilité en partie l'accroissement de ces missions, c'est que nous et nos prédécesseurs n'avons jamais voulu permettre qu'ils fussent mis en commanderies, comme on le voit par plusieurs patentes et ordonnances expédiées en différens temps, et spécialement en l'année 1661, où, entre autres choses, il fut ordonné au gouverneur du Paraguay d'unir et d'incorporer à la couronne tous les Indiens des peuplades qui étoient sous la conduite des jésuites, et de n'exiger pour le tribut qu'une piastre de chaque Indien, en déclarant qu'ils ne la paieroient pas avant quatorze ans ni après cinquante; laquelle grâce fut plus étendue en l'année 1684, où, pour procurer une plus grande augmentation des peuplades, il fut ordonné qu'ils cesseroient de payer après quarante ans, et que les trente premières années depuis leur conversion à la foi et leur réunion dans les peuplades, ils seroient exempts du tribut.

Par une autre patente expédiée en la même année de 1684 et envoyée aux officiers royaux de Buenos-Ayres, il fut ordonné qu'on conservât aux Indiens des peuplades des jésuites le privilége de ne payer aucun droit ni pour l'herbe du Paraguay ni pour leurs autres denrées, et il étoit marqué dans la même patente que ces Indiens payoient neuf mille piastres par an.

Une patente fut expédiée en l'année 1669, qui ordonnoit aux officiers royaux qui recevoient les tributs des Indiens de Parana et d'Uruguay de payer chaque année, sur leur caisse, à chacun des vingt-deux missionnaires qui ont soin des vingt-deux peuplades, quatre cent quarante-six piastres et cinq réaux.

Et par une autre patente expédiée en l'année 1707, il est pareillement ordonné que sur ce qui se perçoit du tribut des Indiens on paie trois cent cinquante piastres à chaque missionnaire (y compris son compagnon) qui a soin des quatre nouvelles peuplades appelées Chiquites, et autant à ceux qui gouverneront les peuplades qu'on fondera dans la suite.

Au regard des armes qu'ont lesdits Indiens, il est certain qu'à mesure que se formèrent ces peuplades, les missionnaires obtinrent la permission de distribuer des fusils à un nombre d'Indiens, afin de pouvoir se défendre des Portugais et des Indiens infidèles, qui exerçoient des actes continuels d'hostilité et qui, en différentes occasions, avoient fait plus de trois cent mille prisonniers. Ces hostilités cessèrent aussitôt qu'on eut pris le parti de les armer.

Et quoique par une patente de 1654 on ordonne au gouverneur du Paraguay de ne pas permettre que les Indiens des peuplades se servent des armes à feu que par son ordre, on dérogea depuis à cette résolution, ayant égard d'une part à la conservation de ces peuples, qui ont donné en tant d'occasions de si fortes preuves de leur zèle et de leur attachement à mon service, et considérant d'une autre part l'utilité qui en résultoit pour la sûreté de la ville de Buenos-Ayres et de toute l'étendue de sa juridiction, comme on l'éprouva en l'année 1702, que deux mille de ces Indiens firent, par ordre du gouverneur, plus de deux cents lieues, par des chemins très-difficiles, pour s'opposer au saccagement et au pillage que faisoient les Indiens infidèles nommés Mamelus du Brésil, que les Portugais mettoient en œuvre. Les Indiens des missions les combattirent durant cinq jours et les défirent entièrement; ce qui me porta, dès que j'en fus informé, à témoigner par une patente adressée aux supérieurs de ces missions combien j'étois satisfait de la valeur et de la fidélité de ces peuples, attribuant le succès de cette expédition à la sagesse avec laquelle ils les gouvernoient, et en les chargeant de les assurer qu'ils éprouveront en toute occasion les effets de ma bonté et de ma royale protection.

Ces Indiens ont eu aussi beaucoup de part à une autre expédition non moins importante, lorsqu'il fut question de chasser les Portugais de la colonie du Saint-Sacrement. Ils s'y trouvèrent en l'année 1680 au nombre de trois mille, avec quatre mille chevaux, deux cents bœufs et d'autres provisions qu'ils conduisirent à leurs frais, et firent dans cette expédition des actions prodigieuses de valeur; et en l'année 1705, qu'enfin on se rendit maître de cette colonie, les Indiens, qui y vinrent au nombre de quatre mille, avec six mille chevaux, s'y distinguèrent également par leur courage. Il y en eut parmi eux quarante de tués et soixante de blessés, ainsi que j'en fus informé par les lettres de don Juan Alonso de Valdès, gouverneur de Buenos-Ayres.

En l'année 1698, don André-Augustin de Roblès, craignant que douze vaisseaux de guerre qu'on armoit en France, et qui allèrent à Carthagène, ne fussent destinés à envahir la ville de Buenos-Ayres dont il étoit gouverneur, appela les Indiens à son secours : ils vinrent au nombre de deux mille avec une célérité surprenante. Ce gouverneur et tous les officiers qui composent ce gouvernement, ainsi qu'ils nous en ont informé, furent étonnés de voir le grand ordre et l'adresse de ces Indiens, qui pouvoient tenir tête aux troupes les mieux disciplinées.

Ce fut dans la même occasion qu'ils donnèrent une autre preuve de leur zèle et de leur générosité pour mon service, n'ayant point voulu recevoir leur solde, qui se montoit à quatre-vingt-dix mille piastres, pour cette campagne, à raison d'un réal et demi qu'on paie à chaque Indien. Ils cédèrent cette somme pour garnir de munitions les magasins de la place. Le gouverneur et les officiers du gouvernement s'exprimoient dans les termes les plus énergiques pour me faire connoître jusqu'où va l'attachement de ces Indiens à mon service et combien il est important de les conserver pour assurer la tranquillité de ces provinces, et en écarter les ennemis de la monarchie.

Et quoiqu'en l'année 1680, sur les représentations du même gouverneur don André de Roblès, il eût été résolu de tirer de leurs peuplades mille familles de ces Indiens pour former une peuplade aux environs de Buenos-Ayres, Charles II, de glorieuse mémoire, ayant fait réflexion que le changement de climat pourroit chagriner ces fidèles Indiens et leur causer de violentes maladies en respirant un air auquel ils n'étoient pas accoutumés, révoqua cet ordre par une patente expédiée en l'année 1683.

Enfin, comme il est constant que dans toutes les occasions et aux premiers ordres des gouverneurs, les Indiens de ces missions accourent avec un zèle et une promptitude surprenans, soit pour travailler aux ouvrages de fortification, soit pour la défense de cette ville et pour tout ce qui concerne mon service, nous, voulant leur donner des marques de notre royale protection et veiller à leur conservation et à tout ce qui peut leur donner contentement, vous ordonnons de vous conformer en cela à mes intentions, et non-seulement de ne les pas inquiéter en aucune chose, mais encore, ce qui est important pour mon service, d'être d'une union sincère et d'une parfaite intelligence avec les supérieurs de ces missions, afin que ces Indiens soient persuadés que je contribuerai de tout mon pouvoir à la conservation de leurs peuplades ; ordonnons de plus que vous veilliez avec soin à la conservation des exemptions, franchises, libertés et priviléges que nous leur avons accordés, afin qu'étant satisfaits et assurés de notre bienveillance, ils puissent employer leurs armes et leurs personnes à tout ce qui est de notre service avec le même zèle et le même courage, la même exactitude et la même fidélité qu'ils ont fait jusqu'à présent[1].

OBSERVATIONS GÉOGRAPHIQUES
SUR LA CARTE DU PARAGUAY,
PAR L'AUTEUR DE CETTE CARTE.

Je me suis servi pour composer la carte du Paraguay de plusieurs cartes données par les révérends pères jésuites missionnaires dans ce pays-là. En 1727 ces pères adressèrent une grande carte du Paraguay au révérend père général Michel-Ange Tamburini. Cette même carte, comme il m'a paru, renouvelée néanmoins par des changemens en plusieurs endroits, a été représentée au révérend père général François Rets en 1732. On avoit déjà connoissance d'une ancienne carte du Paraguay, dédiée au révérend père Vincent Caraffa, qui a rempli la septième place de général de la compagnie depuis l'an 1645 jusqu'en l'an 1649. Cette première carte, laquelle doit céder aux cartes plus récentes pour l'emplacement des lieux habités qui sont sujets à des changemens, a paru en revanche conserver de l'avantage sur ces cartes par rapport à une plus grande abondance et précision dans les détails, si l'on en excepte seulement les environs de la ville de l'Assomption. Indépendamment du mérite de ces cartes et de ce qui pouvoit résulter de leur combinaison, il n'a pas paru indifférent d'y joindre plusieurs instructions particulières qui pourroient influer sur une grande partie de l'objet qu'on avoit à représenter.

[1] Malgré ces défenses et ces apologies, le roi d'Espagne finit par détruire cette belle république du Paraguay fondée par les jésuites et qu'ils avaient scellée de leur sang. Trois cent mille Indiens y vivaient heureux; leur sort fut compromis dès que le régime de la compagnie fut aboli, et la ville de l'Assomption, qui était le centre de cet état, perdit une grande partie de sa puissance et de son éclat.

Après avoir fait choix pour cette carte de la projection la plus favorable, au moyen de laquelle l'intersection des méridiens et des parallèles se fait presque aussi régulièrement que sur la superficie convexe de la terre, j'ai d'abord jeté les yeux sur plusieurs points fixés astronomiquement à la côte de la mer du Sud. La longitude de ces lieux, comparée avec la détermination de l'île de Fer, observée en dernier lieu par le père Feuillée, minime, à 19 degrés 51 minutes 33 secondes du méridien de Paris, a servi de fondement à la longitude établie dans la carte. Quelques circonstances particulières et nouvelles sur la côte de la mer du Sud ont été tirées de plusieurs cartes manuscrites espagnoles qui sont entre mes mains, et j'ai tout de suite exposé le Chili avec assez de détail jusqu'à la hauteur de la Conception.

On ne se doute peut-être pas qu'il a été indispensable de reconnoître une grande partie du Pérou pour composer la carte du Paraguay ; cependant je me suis trouvé engagé fort avant de ce côté-là, en sorte que dans un carton particulier que j'ai cru être obligé de composer sur un plus grand point que la carte qu'on publie actuellement, il a fallu s'étendre jusqu'aux positions de Lima et du Cusco pour être assuré d'une correspondance plus générale et établir avec quelque certitude plusieurs positions essentielles, telles que celle du Potosi, à laquelle un grand nombre d'autres se rapportent et qui peut faire juger de l'intervalle qui existe entre certains endroits et la côte de la mer du Sud.

Mais un point tout à fait important à étudier a été la distance du Chili à Buenos-Ayres, d'où l'intervalle de la mer du Sud à la mer du Nord dans toute l'étendue de la carte semble dépendre. J'ai eu le bonheur de trouver là-dessus quelques instructions particulières dans des mémoires manuscrits qui m'en ont fourni pour une grande partie des Indes espagnoles. Ce que j'ai appris de ce côté-là m'a paru confirmé positivement par Laët, lequel dit avoir appris d'un de ses compatriotes du Pays-Bas, qui connoissoit le terrain pour l'avoir parcouru, que la distance de San-Juan-de-la-Frontera, dans la province de Cuyo, à la ville de Buenos-Ayres, n'est que de cent dix lieues, ce qu'on trouvera répété en deux endroits de la description du Nouveau-Monde de Laët, liv. 12, chap. 12, et liv. 14, chap. 12. Pour ne s'écarter que le moins qu'il est possible de ce que les cartes précédentes ont donné à cet espace, on ne peut mieux faire que de mesurer ces cent dix lieues sur le pied des lieues hollandoises ou allemandes, qui passent l'étendue des autres lieues et qu'on évalue d'ordinaire sur le pied de quinze pour l'équivalent d'un degré. Si même, au moyen d'une échelle de ces lieues qui a été ajoutée exprès sur la carte aux lieues espagnoles et françoises, on mesure l'intervalle que j'ai mis entre les positions de Buenos-Ayres et de San-Juan-de-la-Frontera, on trouvera que j'ai employé les cent dix lieues germaniques dans toute leur portée en ligne droite, quoique cette distance dût peut-être souffrir quelque déduction, comme on doit en faire sur les distances itinéraires. Mais, n'ayant pu me dispenser d'ôter considérablement à ce que les cartes précédentes mettoient d'espace où il s'agit, je suis bien aise que l'on connoisse que j'ai encore usé de réserve dans ce que j'ai fait. Il ne faut pas croire même que cela eût suffi pour me déterminer sur un article de cette importance si je n'avois observé que dans toute la partie de la carte qui se trouve à peu près renfermée dans la même longitude les espaces étoient correspondans. Car il est évident qu'une plus grande étendue dans un des côtés d'un même espace de terrain auroit dû se faire sentir avec quelque proportion dans l'autre. Cependant je n'ai si fort ménagé le terrain que, dans les dernières cartes données par les révérends pères jésuites du Paraguay, il n'y ait encore des espaces plus serrés ou moins étendus entre l'orient et l'occident que dans la carte dont je rends compte.

Comme il y a une route très-fréquentée entre Buenos-Ayres et le Potosi, de laquelle on trouve la description de plusieurs manières dans Laët, et que d'ailleurs j'en ai une assez grande carte manuscrite apportée de dessus les lieux, je me persuade que tout cela, combiné avec les cartes des révérends pères, peut avoir répandu un grand détail et mis beaucoup de précision sur ce passage. Il y a une remarque à faire au sujet des noms de diverses nations indiennes qui sont placées en quelques endroits de la carte, mais plus abondamment dans l'étendue du pays de Chaco, entre les établissemens espagnols du Tucuman et le Paraguay : c'est qu'il ne faut pas regarder ces situations comme bien fixes et permanentes, ce qui est évident par les cartes des révérends pères, faites en divers temps et qui diffèrent sur l'emplacement des noms de ces nations. On n'a pu exprimer dans la carte, ce qu'on sait d'ailleurs, que les diverses nations qui ont été amenées au christianisme et rassemblées par les révérends pères jésuites aux environs d'un endroit du Parana et de l'Uruguay où ces fleuves s'approchent l'un de l'autre, que ces nations, dis-je, divisées autrefois et éparses dans une étendue de pays beaucoup plus grande, ont un nom général et un langage commun, qui est Guarani.

J'ai eu l'avantage de prendre la vaste embouchure de Rio de la Plata et le cours du fleuve, en remontant jusqu'à la ville de Santa-Fé, avec une partie de l'Uruguay jusqu'à l'endroit appelé Rosal sur des cartes manuscrites faites sur les lieux en grand détail et par des gens de l'art. Mais il étoit de conséquence de combiner l'échelle de ces cartes avec certaines distances connues d'ailleurs. Par exemple, je me suis déterminé à prendre les soixante et dix lieues, que j'ai mesurées sur des cartes particulières, de l'embouchure entre Buenos-Ayres et le cap de Sainte-Marie, pour des lieues françoises, parce que cette mesure s'accorde parfaitement avec les routiers des Flamands, qui, suivant Laët à la fin du chap. 4 du liv. 14, ne comptent que quarante-deux lieues dans le même espace. Car si quinze lieues flamandes des routiers de mer remplissent l'étendue d'un degré, qui comprend vingt-cinq lieues françoises, il est évident que quarante-deux des premières et soixante-dix des autres font précisément la même étendue.

J'ai cru devoir remonter le Parana et l'Uruguay avec la plus ancienne des cartes des révérends pères ; mais la position d'une partie des *doctrines*, ou peuplades, m'ayant paru différente dans la carte récente, je m'y suis attaché sur cet article-là, parce que je ne doute pas que cette diversité ne procède de quelque mutation dans l'emplacement de ces lieux. C'est aussi sur les deux exemplaires différens de la nouvelle carte, combinés l'un avec l'autre, que j'ai pris le détail des environs de la ville de l'Assomption. L'ancienne carte marque des villes ou établissemens au Maracayu [1] que la nouvelle ne marque point. Si ces établissemens ne subsistent plus (ce que je ne sais pas positivement), il n'est pas mal que la mémoire s'en conserve sur la carte, de même que d'un assez grand nombre de missions que les révérends pères jésuites avoient d'abord établies dans une grande étendue de pays au-delà des missions d'aujourd'hui et que l'ancienne carte du Paraguay nous donne déjà pour éteintes.

La mer du Nord ferme la carte d'un côté, comme la mer du Sud la ferme de l'autre. Le gisement de la côte, depuis le cap de Sainte-Marie jusqu'à Saint-Vincent, est tel à peu près que dans d'autres cartes. Quoique ce gisement, s'il étoit exactement connu, fût établi par lui-même, ici il n'étoit pas inutile d'étudier s'il convenoit à quelque mesure de l'épaisseur des terres en des endroits principaux. La latitude de l'île de Sainte-Catherine, prise dans un de nos plus exacts voyageurs, étant plus septentrionale que dans les cartes précédentes, il a bien fallu renvoyer la côte du continent voisin. Ceux à qui le détail des autres cartes est connu ou qui le conféreront avec celle dont il s'agit s'apercevront qu'elle donne un pays rempli de circonstances géographiques aux environs de Saint-Paul, qu'on ne voit point ailleurs, et que j'ai tiré des Portugais. La partie du Brésil qui tient à ce même quartier-là, si elle avoit été du sujet de cette carte, nous fournissoit un champ plus vaste à d'autres circonstances plus neuves encore, mais qui trouveront leur place autre part, Dieu aidant.

Il est peut-être nécessaire, avant de finir, que je m'excuse de n'avoir point établi bien positivement des bornes tout à fait précises aux diverses régions renfermées dans la carte du Paraguay. Je n'ignore point que des géographes, avant moi, n'y ont pas manqué, et que de plus ils ont inventé des provinces particulières de Rio de la Plata, Parana, Uruguay, etc., à chacune desquelles ils ont eu soin d'assigner ses bornes. Mais qu'il me soit permis de dire que c'est par retenue qu'on s'est abstenu de tout cela dans la carte du Paraguay. On ne trouve point la distinction de telles provinces dans les cartes des révérends pères jésuites, qui sont sur les lieux, et de plus il y a des circonstances qui ne paroissent pas les admettre. Car, par exemple, il ne semble point du tout convenable de couper ou diviser le district dans lequel les missions des révérends pères jésuites sont ramassées, et cependant on le fait inévitablement en créant des provinces particulières

---

[1] Les plus septentrionaux du Paraguay.

de Parana et d'Uruguay. Ces noms appartiennent et sont propres à des rivières, ils ne sont point attribués à des pays. Il est bien vrai que le nom de Paraguay, qui est proprement celui d'une rivière, a été pris aussi pour désigner la contrée ; mais cette contrée qu'il désigne ne se borne pas aux rivages de la rivière de même nom : il se répand également sur le Parana et sur l'Uruguay, et ne laisse point de place distincte pour des provinces de ce nom [1].

S'il s'agissoit ici d'une carte de l'Europe, où chaque état a ses limites déterminées bien précisément, il ne seroit pas pardonnable à l'auteur de cette carte de les avoir omises, il pécheroit en un point des plus intéressans ; mais sur un terrain vague et indécis, convient-il d'établir des limites aussi marquées ? Il est vrai néanmoins qu'il se trouve, par-ci par-là certains points qui paroissent déterminés. Par exemple, on établit ordinairement pour borne au Chili l'entrée du Rio-Salado dans la mer, comme on l'a marqué par une ponctuation sur la carte. Depuis ce commencement-là jusqu'à la hauteur de la province de Cuyo, qui est constamment de la juridiction du Chili, ce pays est censé borné par la Cordillière. La vallée de Palcipa et Riona sont du Tucuman. Ce pays de Tucuman a pour dernière ville du côté du nord Xuxui. La contrée des Chichas est une dépendance du Pérou, auquel on attribue à la vérité tout le rivage de la mer jusqu'au Rio-Salado, mais les vallées renfermées dans la Cordillière ou qui pénètrent vers le Tucuman sont de ce dernier district, qui s'étend en longueur du nord au sud jusques et compris la ville et les environs de la nouvelle Cordoue. Le Chaco occupe les plaines qui sont entre le Tucuman et la rivière du Paraguay ; on peut lui attribuer l'établissement espagnol de Tarija. Tout ce qui peut être regardé comme district de Santa-Cruz-de-la-Sierra paroît une dépendance du Pérou. A l'égard du Paraguay, il est constant qu'il a pour limitrophes des terres dépendantes du Brésil.

On ne conteste point au Brésil les bords de la mer jusque dans la rivière de la Plata, où les Portugais ont une colonie du Saint-Sacrement, près des petites îles de Saint-Gabriel. Les Espagnols les bornent à la rivière de Saint-Jean, qu'ils gardent, et cet endroit de séparation, qui paroît décidé, est effectivement marqué par des points sur la carte. Mais de tracer des limites plus ou moins avancées dans les terres à cette continuation du Brésil, c'est ce qu'il ne m'a pas paru permis de faire [1]. Les Portugais ont réellement occupé un espace du pays à l'ouest et au sud de Piratininga, ou Saint-Paul, et c'est aussi chez eux que je l'ai trouvé décrit.

Si j'ai tenu les méridiens un plus près les uns des autres que dans la proportion ordinaire, c'est par rapport à quelques sentimens particuliers sur le diamètre de la terre d'orient en occident.

Dans cette analyse de la carte du Paraguay, on a négligé un menu détail qui auroit grossi excessivement cet écrit. Il reste seulement à dire que le Paraguay fait encore preuve de ce que la géographie doit aux révérends pères jésuites, puisque sans eux nous serions peut-être bornés, pour ce qui concerne l'intérieur de ce pays-là, à un petit nombre de circonstances, tirées avec peine de quelque histoire espagnole, ou à quelque route de voyageur que le dessein de bien décrire un pays n'eût pas conduit dans celui-là.

EXTRAIT

D'UNE LETTRE DU P. PIERRE LOZANO

AU P. BRUNO MORALES.

Tremblement de terre à Lima.

On a reçu de Lima et de Callao les nouvelles les plus funestes.

Le 28 octobre 1746, sur les dix heures et demie du soir, un tremblement de terre s'est fait sentir à Lima avec tant de violence qu'en moins de trois minutes toute la ville a été renversée de fond en comble. Le mal a été si prompt que personne n'a eu le temps de se mettre en sûreté, et le ravage si universel qu'on ne pouvoit éviter le péril en fuyant. Il n'est resté que vingt-cinq maisons sur pied. Cependant, par

---

[1] Toutes ces provinces font partie de la république de la Plata.

[1] Cette querelle du Brésil et de Buenos-Ayres a duré jusqu'à ces derniers temps et ne s'est terminée que par la fondation de la république de l'Uruguay, qui se trouve aujourd'hui interposée entre la vice-royauté de la Plata, devenue république argentine, et la vice-royauté portugaise transformée en un état indépendant. C'est aujourd'hui l'empire du Brésil.

une protection particulière de la Providence, de soixante mille habitans dont la ville étoit composée, il n'en a péri que la douzième partie, sans que ceux qui ont échappé aient jamais pu dire ce qui avoit été l'occasion de leur salut : aussi l'ont-ils tous regardé comme une espèce de miracle.

Il est peu d'exemples dans les histoires d'un événement si lamentable, et il est difficile que l'imagination la plus vive puisse fournir l'idée d'une pareille calamité. Représentez-vous toutes les églises détruites, généralement tous les autres édifices abattus, et les seules vingt-cinq maisons qui ont résisté à l'ébranlement si maltraitées qu'il faudra nécessairement achever de les abattre. Des deux tours de la cathédrale, l'une a été renversée jusqu'à la hauteur de la voûte de la nef, l'autre jusqu'à l'endroit où sont les cloches, et tout ce qui en reste est extrêmement endommagé. Ces deux tours en tombant ont écrasé la voûte et les chapelles, et toute l'église a été si bouleversée qu'on ne pourra la rétablir sans en venir à une démolition générale.

Il en est arrivé de même aux cinq magnifiques églises qu'avoient ici différens religieux. Celles qui ont le plus souffert sont celles des Augustins et des pères de la Merci. A notre grand collége de Saint-Paul, les deux tours de l'église ont été ébranlées du haut en bas; la voûte de la sacristie et une partie de la chapelle de Saint-Ignace sont tombées. Le dommage a été à peu près égal dans toutes les autres églises de la ville, qui sont au nombre de soixante-quatre, en comptant les chapelles publiques, les monastères et les hôpitaux.

Ce qui augmente les regrets, c'est que la grandeur et la magnificence de la plupart de ces édifices pouvoient se comparer à ce qu'il y a de plus superbe en ce genre. Il y avoit dans presque toutes ces églises des richesses immenses, soit en peintures, soit en vases d'or et d'argent garnis de perles et de pierreries que la beauté du travail rendoit encore plus précieux.

Il est à remarquer que dans les ruines de la paroisse de Saint-Sébastien, on a trouvé le soleil renversé par terre hors du tabernacle, qui est demeuré fermé, sans que la sainte hostie ait rien souffert. On a trouvé la même chose dans l'église des Orphelins : le soleil cassé, les cristaux brisés et l'hostie entière.

Les cloîtres, les cellules des maisons religieuses des deux sexes sont totalement ruinés et inhabitables. Au collége de Saint-Paul, dont j'ai déjà parlé, des bâtimens tout neufs et qui viennent d'être achevés sont remplis de crevasses. Les vieux corps de logis sont encore en plus mauvais état. La maison du noviciat, son église, sa chapelle intérieure, sont entièrement par terre. La maison professe est aussi devenue inhabitable. Un de nos pères ayant sauté par la fenêtre dans la crainte d'être écrasé sous les ruines de l'église s'est cassé le bras en trois endroits. La chute des grands édifices a entraîné les petits et a rempli de matériaux et de débris presque toutes les rues de la ville.

Dans l'épouvante excessive qui avoit saisi tous les habitans, chacun cherchoit à prendre la fuite ; mais les uns ont été aussitôt ensevelis sous les ruines de leurs maisons, et les autres courant dans les rues étoient écrasés par la chute des murs : ceux-ci, par les secousses du tremblement, ont été transportés d'un lieu à un autre et en ont été quittes pour quelques légères blessures ; ceux-là enfin ont trouvé leur salut dans l'impossibilité où ils ont été de changer de place.

Le magnifique arc de triomphe qu'avoit fait construire sur le pont le marquis de Villagunera, dernier vice-roi de ces royaumes, et au haut duquel il avoit fait placer une statue équestre de Philippe V, cet ouvrage si frappant par la majesté et par la richesse de son architecture a été renversé et réduit en poudre. Le palais du vice-roi, qui dans sa vaste enceinte renfermait les salles de la chancellerie, le tribunal des comptes, la chambre royale et toutes les autres juridictions dépendantes du gouvernement, a été tellement détruit qu'il n'en subsiste presque plus rien. Le tribunal de l'inquisition, sa magnifique chapelle, l'université royale, les colléges et tous les autres édifices de quelque considération ne conservent plus que de pitoyables vestiges de ce qu'ils ont été.

C'est un triste spectacle et qui touche jusqu'aux larmes de voir au milieu de ces horribles débris tous les habitans réduits à se loger ou dans les places ou dans les jardins. On ne sait si l'on ne sera pas forcé à rétablir la ville dans un autre endroit, quoique la première situation soit sans contredit la plus commode pour le commerce, étant assez avancée dans les terres et n'étant pas trop éloignée de la mer.

Une des choses qui a le plus ému la compassion, c'est la triste situation des religieuses, qui se trouvent tout à coup sans asile et qui, n'ayant presque que des rentes constituées sur différentes maisons de la ville, ont perdu dans un instant le peu de bien qu'elles avoient pour leur subsistance. Elles n'ont plus d'autre ressource que la tendresse de leurs parens ou la charité des fidèles. L'autorité ecclésiastique leur a permis d'en profiter et leur a donné pour cela toutes les dispenses nécessaires. Les seules récolettes ont voulu demeurer dans leur monastère ruiné, s'abandonnant à la divine Providence.

Chez les carmélites de Sainte-Thérèse, de vingt et une religieuses, il y en a eu douze d'écrasées avec la prieure, deux converses et quatre servantes ; à la Conception, deux religieuses, et une seule au grand couvent des carmélites ; chez les dominicains et les augustins, il y a eu treize religieux tués, deux chez les franciscains, deux à la Merci. Il est étonnant que, toutes ces communautés étant très-nombreuses, le nombre des morts ne soit pas plus considérable.

Nous avons eu à notre noviciat plusieurs esclaves et domestiques écrasés ; mais aucun de nos pères, dans nos différentes maisons, n'a perdu la vie. Il paroît que les bénédictins, les minimes, les pères agonisans, les frères de Saint-Jean-de-Dieu ont eu le même bonheur. A l'hôpital de Sainte-Anne, fondé par le premier archevêque de Lima en faveur des Indiens des deux sexes, il y a eu soixante-dix malades écrasés dans leur lit par la chute des planchers. Le nombre total des morts monte à près de cinq mille ; c'est ce qu'assure la relation, qui paroît être la plus fidèle de toutes celles qu'on a reçues, parce qu'il y règne un plus grand air de sincérité et que d'ailleurs, pour les différens détails, elle s'accorde plus parfaitement avec tout ce qui a été écrit de ce pays-là.

Parmi les morts il y a eu très-peu de personnes de marque. On nomme don Martin de Olivade, son épouse et sa fille, qui, étant sortis de leur maison, se sont trouvés dans la rue sous un grand pan de muraille au moment qu'il est tombé. Don Martin est venu a bout de se tirer de dessous les ruines ; mais lorsqu'il a appris que son épouse, qu'il aimoit tendrement, étoit écrasée, il en est mort de douleur. Une circonstance singulière et qui semble ajouter au malheur de cette aventure, c'est que ce gentilhomme n'a péri que parce qu'il a cherché à se mettre en sûreté, et qu'il ne lui seroit arrivé aucun mal s'il étoit resté chez lui, sa maison étant une de celles qui n'ont point été renversées.

Tous les morts n'ont pu être enterrés en terre sainte ; on n'osoit approcher des églises dans la crainte que causoient les nouvelles secousses qui se succédoient les unes aux autres. On a donc creusé d'abord des fosses dans les places et dans les rues. Mais pour remédier promptement à ce désordre, le vice-roi a convoqué la confrérie de la Charité, qui, aidée des gouverneurs de police, s'est chargée de porter les cadavres dans toutes les églises séculières et régulières, et s'est acquittée de cette périlleuse commission avec une extrême diligence, afin de délivrer au plus tôt la ville de l'infection dont elle étoit menacée. Ce travail n'a pas laissé de coûter la vie à plusieurs, à cause de la puanteur des corps, et l'on appréhende avec raison que tout ceci ne soit suivi de grandes maladies et peut-être d'une peste générale, parce qu'il y a plus de trois mille mulets ou chevaux écrasés qui pourrissent, et qu'il a été impossible jusqu'à présent de les enlever. Ajoutez à cela la fatigue, les incommodités, la faim qu'il a fallu souffrir les premiers jours, tout étant en confusion et n'y ayant pas un seul grenier ni un seul magasin de vivres qui ait été conservé.

Mais où le mal a été encore incomparablement plus grand, c'est au port de Callao. Le tremblement de terre s'y est fait sentir avec une extrême violence à la même heure qu'à Lima. Il n'y a eu d'abord que quelques tours et une partie des remparts qui aient résisté à l'ébranlement. Mais une demi-heure après, lorsque les habitans commençoient à respirer et à se reconnoître, tout à coup la mer s'enfle, s'élève à une hauteur prodigieuse et retombe avec un fracas horrible sur les terres, engloutissant tous les gros navires qui étaient dans le port, élançant les plus petits par-dessus les murailles et les tours jusqu'à l'autre extrémité de la ville, renversant tout ce qu'il y avait de maisons et d'églises, submergeant tous les habitans ; de sorte que Callao n'est plus qu'un amas confus de gravier et de sable et qu'on ne sauroit distinguer le lieu où cette ville étoit située qu'à deux grandes portes et quelques pans de mur du rempart qui subsistent encore.

On comptoit à Callao six maisons de religieux : une de dominicains, une de franciscains, une de la Merci, une d'augustins, une de jésuites et une de Saint-Jean-de-Dieu. Il y avoit actuellement chez les dominicains six de leurs religieux de Lima, tous sujets d'un mérite distingué, qui étoient occupés aux exercices d'une octave établie depuis quelques années pour faire amende honorable au Seigneur. Les franciscains avoient aussi chez eux un grand nombre de leurs confrères de Lima, qui étoient venus recevoir le commissaire général de l'ordre, lequel devoit y débarquer le lendemain. Tous ces religieux ont péri misérablement, et de tous ceux qui étoient dans la ville, il ne s'est sauvé que le seul père Arizpo, religieux augustin.

Le nombre des morts, selon les relations les plus authentiques, est d'environ sept mille, tant habitans qu'étrangers, et il n'y a eu que près de cent personnes qui aient échappé. Je reçois actuellement une lettre où l'on marque que par les recherches exactes qu'a fait faire don Joseph Marso y Velasco, vice-roi du Pérou, on juge que le nombre des morts, tant à Lima qu'à Callao, passe onze mille.

On a appris par quelques-uns de ceux qui se sont sauvés que plusieurs habitans de cette dernière ville, s'étant saisis de quelques planches, avoient flotté longtemps au-dessus des eaux, mais que le choc et la force des vagues les avoient brisés la plupart contre des écueils. Ils racontent aussi que ceux qui étoient dans la ville, se voyant tout-à-coup enveloppés des eaux de la mer, furent tellement troublés par la frayeur qu'ils ne purent jamais trouver les clés des portes qui donnent du côté de la terre. Après tout, quand même ils auroient pu les ouvrir, ces portes, à quoi cette précaution auroit-elle servi, sinon à les faire périr plus tôt, en donnant entrée aux eaux pour pénétrer de toutes parts? Quelques-uns se sont jetés par-dessus les murailles pour gagner quelque barque, entre autres le père Yguanco, de notre compagnie, trouva moyen d'aborder au navire nommé *l'Assembro*, dont le contre-maître, touché de compassion, fit tous ses efforts pour le secourir. Mais vers les quatre heures du matin, un nouveau coup de mer étant survenu et les ancres ayant cassé, le navire fut jeté avec violence au milieu de Callao, et le jésuite y périt.

Dans les intervalles où les eaux baissoient, on entendoit des cris lamentables et plusieurs voix d'ecclésiastiques et de religieux qui exhortoient vivement leurs frères à se recommander à Dieu. On ne sauroit donner trop d'éloges au zèle héroïque du père Alphonse de Losrios, ex-provincial des dominicains, qui, au milieu de ce désordre effroyable, s'étant vu en état de se sauver, refusa de le faire en disant : « Quelle occasion plus favorable puis-je trouver de gagner le ciel qu'en mourant pour aider ce pauvre peuple et pour le salut de tant d'âmes! » Il a été enveloppé dans ce naufrage universel en remplissant avec une charité si pure et si désintéressée les fonctions de son ministère.

Comme les eaux ont monté plus d'une lieue par delà Callao, plusieurs de ceux qui avoient pu prendre la fuite vers Lima ont été englontis au milieu du chemin par les eaux qui sont survenues. Il y avoit dans ce port vingt-trois navires, grands et petits, dont dix-neuf ont été coulés à fond et les quatre derniers ont paru échoués au milieu des terres. Le vice-roi ayant dépêché une frégate pour reconnoître l'état de ces navires, on n'a pu sauver que la charge du navire *Elsocorro*, qui consistoit en blé et suif, et qui a été d'un grand secours pour la ville de Lima. On a aussi tenté de tirer quelque avantage du vaisseau de guerre *le Saint-Firmin*, mais la chose a paru impossible. Enfin, pour faire comprendre à quel point a été la violence de la mer, il suffit de dire qu'elle a transporté l'église des Augustins presque entière jusqu'à une île assez éloignée, où on l'a depuis aperçue.

Il y a une autre île qu'on nomme l'île de Callao, où travailloient les forçats à tirer la pierre nécessaire pour bâtir. C'est dans cette île que le petit nombre de ceux qui ont échappé au naufrage se sont trouvés après l'éloignement des eaux, et le vice-roi a aussitôt envoyé des barques pour les amener à terre.

La perte qui s'est faite à Callao est immense, parce que les grandes boutiques qui fournissent la ville de Lima des choses nécessaires et où sont les principaux dépôts de son commerce étoient alors extraordinairement remplies de grains, de suif, d'eau-de-vie, de cordages, de bois, de fer, d'étain et de toutes sortes de marchandises. Ajoutez à cela les meubles et les ornemens des églises, où tout éclatoit en or et en argent; les arsenaux et les magasins du roi, qui étoient pleins; tout cela, sans compter la valeur des maisons et des édifices ruinés, monte à une somme excessive, et si l'on y joint encore ce qui s'est perdu d'effectif à Lima, la chose paroîtra incroyable à quiconque ne connoît pas le degré d'opulence de ce royaume. Par la supputation qui s'en est faite, pour rétablir les choses dans l'état où elles étoient auparavant, il faudrait plus de six cent millions.

Pendant cette affreuse nuit qui anéantit Callao, les habitans de Lima étoient dans de continuelles alarmes, à cause des mouvemens redoublés qui faisoient trembler la terre aux environs et parce qu'ils ne voyoient point de fin à ces épouvantables secousses. Toute leur espérance étoit dans la ville même de Callao, où ils se flattoient de trouver un asile et des secours. Leur douleur devint donc un véritable désespoir lorsqu'ils apprirent que Callao n'étoit plus. Les premiers qui en apportèrent la nouvelle furent des soldats que le vice-roi avoit envoyés pour savoir ce qui se passoit sur les côtes. Jamais on n'a vu une consternation pareille à celle qui se répandit dans Lima. On étoit sans ressource, les tremblemens continuoient toujours, et l'on en compta jusqu'au 29 novembre plus de soixante, dont quelques-uns furent très-considérables. Je laisse à imaginer quelle étoit la situation des esprits dans de si étranges conjonctures.

Dès le lendemain de cette nuit lamentable, les prédicateurs et les confesseurs se partagèrent dans tous les quartiers pour consoler tant de misérables et les exhorter à profiter de ce fléau terrible pour recourir à Dieu par la pénitence. Le vice-roi se montra partout, s'employa sans relâche à soulager les maux de ces infortunés citoyens.

On peut dire que c'est un bienfait de la Providence d'avoir donné à Lima, dans son malheur, un vice-roi aussi plein de zèle, d'activité et de courage. Il a fait voir en cette occasion des talens supérieurs et des qualités surprenantes. C'est une justice qu'on lui rend tout d'une voix. Sans lui, la faim auroit achevé de détruire tout ce qui restoit d'habitans. Tous les vivres qu'on attendoit de Callao étoient perdus; tous les fours étoient détruits à Lima; tous les conduits des eaux pour les moulins étoient comblés.

Dans ce péril extrême, le vice-roi ne se déconcerta point : il envoya à tous les baillis des provinces voisines ordre de faire voiturer au plus tôt les grains qui s'y trouvoient; il rassembla tous les boulangers; il fit travailler jour et nuit pour remettre les fours et les moulins en état; il fit rétablir tous les canaux, aqueducs, fontaines, afin que l'eau ne manquât point; il prit garde que les bouchers pussent fournir de la viande à l'ordinaire, et il chargea les deux consuls de tenir la main à l'exécution de tous ces ordres.

Au milieu de tant de soins, il n'a pas négligé ce qui regardoit le service du roi. Après avoir fait tirer de dessous les ruines toutes les armes qui pouvoient en être dégagées, il a envoyé des officiers à Callao pour sauver le plus qu'il se pouvoit des effets du roi, et il a mis des gardes à l'hôtel de la Monnaie pour garantir du pillage tout ce qu'il y avoit d'or et d'argent.

Comme il reçut avis que les côtes étoient couvertes de cadavres qui demeuroient sans sépulture, et que la mer y rejetoit à chaque instant une quantité prodigieuse de meubles et de vaisselle d'or et d'argent, il donna sur-le-champ des ordres pour faire enterrer les corps. Quant aux effets qui étoient de quelque prix, il voulut que les officiers les retirassent et en tinssent un registre exact où chacun pût reconnoître ce qui lui appartenoit. Il fit défense, sous peine de la vie, à tout particulier de rien prendre de tout ce qui seroit sur les côtes, et pour se faire obéir en ce point important, il fit dresser deux potences à Lima et deux à Callao, et quelques exemples de sévérité faits à propos tinrent tout le monde en respect.

Depuis la perte de la garnison de Callao, le vice-roi n'avoit plus que cent cinquante soldats de troupes réglées avec autant de miliciens; cependant il ne laissa pas de doubler partout les gardes pour réprimer l'insolence du peuple et surtout des nègres et des esclaves. Il en composa trois patrouilles différentes, qu'il fit rôder incessamment dans la ville pour prévenir les vols, les querelles, les assassinats, qu'on avoit tout lieu de craindre dans une pareille confusion. Une autre attention qu'il a eue fut d'empêcher qu'on allât sur les grands chemins acheter le blé qui arrivoit. Il a ordonné que tout le blé fût premièrement porté au milieu de la place, sous peine de deux cents coups de fouet pour les personnes de basse extraction et d'un exil de quatre ans pour les autres. Toutes ces dispositions, aussi sagement imaginées que vigoureusement exécutées, ont maintenu le bon ordre.

Cependant le dernier jour de novembre, sur les quatre heures et demie du soir, tandis qu'on faisoit la procession de Notre-Dame-de-la-Merci, tout à coup il se répandit un bruit par toute la ville que la mer venoit encore une fois de franchir ses bornes et qu'elle étoit déjà près de Lima. Sur-le-champ voilà tout le peuple en mouvement; on court, on se précipite, il n'est pas jusqu'aux religieuses qui, dans la crainte d'une prochaine submersion, ne sortent de leurs cloîtres, fuyant avec le peuple et chacun ne songeant plus qu'à sauver sa vie. La foule des fuyards augmentoit l'épouvante. Les uns se jettent vers le mont Saint-Cristophe, les autres vers le mont Saint-Barthélemi, on ne se croit nulle part en sûreté. Dans ce mouvement général, il n'a péri qu'un seul homme, don Pedro Landro, grand trésorier, qui en fuyant à cheval est tombé et s'est tué.

Le vice-roi, qui n'avoit reçu aucun avis des côtes, comprit aussitôt que ce n'étoit qu'une terreur panique. Il affecta donc de rester au milieu de la place, où il avoit établi sa demeure, s'efforçant de persuader à tout le monde qu'il n'y avoit rien à craindre. Comme on fuyoit toujours, il envoya des soldats pour arrêter le peuple, mais il leur fut impossible d'en venir à bout. Alors il y alla lui-même et parla avec tant d'autorité et de confiance qu'il fut obéi à l'instant et que chacun revint sur ses pas.

Quelques monastères de religieuses qui ont des rentes sur la caisse royale ont eu recours à lui pour lui représenter le triste état où elles étoient réduites; elles l'ont prié d'ordonner au gouverneur de police de veiller à leur défense pour les garantir de toute insulte. Cette demande et plusieurs autres de cette nature ont engagé le vice-roi à donner ordre que l'on fît un écrit général des réparations les plus pressantes qu'il y avoit à faire pour mettre les habitans en sûreté. Il a voulu même que l'on dressât des plans pour la réédification de cette ville, et il s'est proposé de faire désormais bâtir les maisons avec assez de solidité pour pouvoir résister à de pareils tremblemens. Celui qui a été chargé de toute cette opération est M. Godin, de l'Académie des sciences de Paris, envoyé par le roi de France pour découvrir la figure de la terre, et qui depuis quelque temps occupe, par ordre du vice-roi, la charge de professeur des mathématiques à Lima, jusqu'à ce qu'il puisse trouver les moyens de repasser en France.

Ce qui embarrassoit le plus le vice-roi, surtout dans les circonstances d'une guerre actuelle, étoit le fort de Callao qui est la clé de ce royaume. C'est pourquoi, après avoir mis ordre à tout dans Lima, il s'est transporté avec M. Godin à Callao pour choisir un terrain où l'on pût construire des fortifications capables d'arrêter l'ennemi et y établir des magasins suffisans, afin que le commerce ne soit pas interrompu.

Au reste, le tremblement de terre a fait aussi de grands ravages dans tous les environs, d'un côté jusqu'à Canneto, et de l'autre jusqu'à Chancay et Guaura. Dans ce dernier endroit, le pont, quoique très-solide, a été abattu; mais comme c'est un grand passage, le vice-roi a ordonné qu'on le rétablît au plus tôt. On ne sait pas encore au juste ce qui est arrivé dans les autres endroits voisins de Lima et de Callao. Les relations qu'on attend nous apprendront sans doute quelques particularités.

A Cordoue de Tucuman, le 1ᵉʳ mars 1747.

LETTRE DU R. P. MORGHEN,

MISSIONNAIRE DE LA COMPAGNIE DE JÉSUS,

A M. LE MARQUIS DE REYBAC, ETC.

Description du Pérou.

A Guacho, le 20 septembre 1755.

Monsieur,

J'ai eu l'honneur de vous envoyer l'an passé la description du Chili, d'après les observations d'un de nos missionnaires qui l'a parcouru. Je n'ose me flatter d'avoir dignement rempli les momens que vous avez bien voulu consacrer à la lecture de cette lettre, que je vous prie de ne regarder que comme un foible témoignage de ma reconnoissance et de mon attachement. Si j'entreprends aujourd'hui de vous extraire ce que j'ai remarqué de plus intéressant dans une autre relation du même missionnaire concernant le Pérou, c'est que j'aime à me persuader que la distance des lieux ne diminue rien de l'amitié dont vous m'honorez, et que vous apprendrez avec plaisir que j'existe encore, malgré les infirmités de l'âge et les fatigues continuelles d'une mission laborieuse et pénible.

Il seroit peut-être à propos de suivre notre missionnaire dans ses courses. Cependant j'ai cru devoir changer l'ordre de sa narration et commencer par la capitale du Pérou, dont la description termine son récit. Je n'ai point oublié, monsieur, les brillans tableaux que vous m'avez faits autrefois de ce pays, mais j'ose vous assurer qu'ils sont peu conformes à la vérité et que les voyageurs qui vous en ont suggéré l'idée se sont moins embarrassés de dire le vrai que de charmer l'esprit de leurs lecteurs. Au reste, je ne prétends point que le Pérou soit un de ces pays ingrats et sauvages qui n'ont rien d'agréable pour les étrangers. On y trouve certainement une grande partie des choses qui attirent les voyageurs curieux de singularités ; mais on pourroit rabattre beaucoup de l'image qu'on s'en est formée en Europe. Vous en jugerez, monsieur, par le récit du missionnaire dont je ne suis pour ainsi dire que le simple copiste.

Lima est la capitale du Pérou. Les Espagnols, qui la découvrirent le jour de l'Épiphanie, changèrent son nom en celui de *Ciudad de los Reyes* (Ville des Rois). Cette ville est située au pied d'une montagne peu haute pour ce pays, mais qui le seroit beaucoup pour le nôtre. Une rivière, ou plutôt un large torrent, en baigne les murs et distribue ses eaux par des canaux souterrains dans tous les quartiers de la ville, ce qui contribue beaucoup à en purifier l'air, qui y est naturellement assez malsain. Les environs de Lima sont arides et produisent peu de verdure. Ce n'est même que depuis quelques années qu'on y sème du blé, et il n'y croîtroit pas s'il ne se levoit tous les matins un brouillard épais qui humecte la terre, car il n'y pleut jamais.

On y trouve au nord, entre la ville et la montagne dont j'ai parlé, une promenade publique qui seroit charmante et peut-être unique dans son espèce si l'art y secondoit la nature : c'est un cours planté de quatre rangs d'orangers fort gros, qui sont couverts en tout temps de fruits et de fleurs ; on y respire une odeur agréable. Il seroit à souhaiter que les habitans négligeassent moins l'entretien de ces arbres, dont le nombre diminue tous les jours. En entrant dans la ville du côté du cours, on rencontre un faubourg très-étendu dont les maisons sont assez bien bâties. Entre ce faubourg et la ville est la rivière, qu'on traverse sur un pont de pierre, et dont le point de vue m'a paru enchanteur, car on y voit de là, d'un côté, la mer dans l'éloignement et la rivière qui va s'y jeter après plusieurs détours, et de l'autre la célèbre vallée de Lima, que les poëtes de cette ville ont si souvent chantée et qui mérite en effet une grande partie de leurs louanges. La porte de la ville qui répond à ce pont a quelque apparence de grandeur, et c'est peut-être le seul morceau d'architecture qui soit un peu régulier. Les maisons n'ont ordinairement qu'un étage ; le toit en est plat et fait en terrasse ; toutes les fenêtres qui donnent sur la rue sont masquées de jalousies. En général les appartemens sont vastes mais sans aucun ornement : six chaises, une estrade, ou tapis, et quelques carreaux composent tout l'ameublement des chambres. Dans les grandes maisons il y a communément une salle bâtie à l'épreuve des tremblemens de terre ; les murailles en sont soutenues par plusieurs piliers enclavés irrégulièrement les uns dans les autres. Cette précaution peut bien à la vérité en empêcher la chute, mais non pas la garantir des autres accidens.

Il y a dans Lima une grande place. C'est un carré régulier : l'église cathédrale et le palais de l'archevêque en forment une face, et le palais du vice-roi en fait une autre. Les deux dernières sont formées par plusieurs maisons d'égale hauteur, qui paroissent belles parce que les autres ne le sont pas. Au milieu de cette place est un grand jet d'eau orné de figures de bronze, et le bassin, qui est large et spacieux, sert de fontaine publique.

Le palais du vice-roi n'est beau ni dans son architecture ni dans ses ameublemens. La maison de ville n'a rien de plus distingué ; on y voit seulement l'histoire des Indiens et de leurs Incas, de la main des peintres de Cusco, qui passent pour les plus habiles du pays. Le goût de ces peintres est tout à fait gothique, car, pour l'intelligence du sujet qu'ils représentent, ils font sortir de la bouche de leurs personnages des rouleaux sur lesquels ils écrivent ce qu'ils veulent leur faire dire. L'intérieur des églises est riche en dorures et en bustes d'argent massif, mais sans art ; du reste, l'architecture m'en a paru fort commune. On y voit plusieurs tableaux où sont retracées les actions principales de la vie de Notre-Seigneur; la variété, le brillant, l'éclat des couleurs et surtout les noms des étrangers qui en sont les auteurs, tout cela les fait estimer au-delà de leur mérite; ce ne sont que de très-mauvaises copies d'originaux fort foibles, et, si je ne me trompe, les Espagnols ont tiré tous ces tableaux d'Italie lorsqu'ils étoient maîtres du Milanois, car on y reconnoît visiblement la touche de l'école lombarde, dont les peintures sont plus riches en couleurs que conformes aux règles du bon goût.

Je pourrois m'étendre davantage sur cette ville, vous en décrire les usages, les mœurs, le gouvernement; mais comme les usages, les mœurs et le gouvernement de Lima sont, à peu de chose près, les mêmes que dans les villes d'Espagne, je n'en ferai point ici mention. Je terminerai cet article par une coutume assez singulière qui ne regarde que les esclaves. Les magistrats, pour alléger le poids de leurs fers et adoucir un peu leur esclavage, les divisent en tribus, dont chacune a son roi, que la ville entretient et à qui elle donne la liberté. Ce fantôme de roi rend la justice aux esclaves de sa tribu et ordonne des punitions selon la qualité des crimes, sans cependant pouvoir condamner les criminels à mort.

Lorsqu'un de ces rois vient à mourir, la ville lui fait des obsèques magnifiques. On l'enterre la couronne en tête, et les premiers magistrats sont invités au convoi. Les esclaves de sa tribu s'assemblent, les hommes dans une salle où ils dansent et s'enivrent, et les femmes dans une autre où elles pleurent le défunt et forment des danses lugubres autour du corps; elles chantent tour à tour des vers à sa louange et accompagnent leurs voix d'instrumens aussi barbares que leur musique et leur poésie. Quoique tous ces esclaves soient chrétiens, ils ne laissent pas de conserver toujours quelques superstitions de leurs pays, et l'on n'ose leur interdire certains usages auxquels ils sont accoutumés dès leur enfance, dans la crainte d'aigrir leur esprit, naturellement opiniâtre et soupçonneux.

Cette bizarre cérémonie dure toute la nuit et ne finit que par l'élection d'un nouveau roi. Si le sort tombe sur un esclave, la ville rend à son maître le prix de l'argent qu'il a déboursé et donne une femme au roi s'il n'est pas encore marié, de sorte que lui et ses enfans sont libres et peuvent acquérir le droit de bourgeoisie. C'est par cette politique que les magistrats retiennent dans le devoir les esclaves du pays, qui joignent à leurs vices naturels tous ceux que la servitude entraîne ou produit.

Quoique Pisco ne soit remarquable ni par son étendue ni par la beauté de ses édifices, cependant on pourroit la regarder comme une des premières villes du Pérou. L'an 1690, elle fût abîmée par des tremblemens: elle étoit située sur les bords de la mer. La terre s'étant agitée avec violence, la mer se retira à deux lieues loin de ses bords ordinaires. Les habitans, effrayés d'un si étrange événement, se sauvèrent dans les montagnes; après la première surprise, quelques-uns eurent la hardiesse de revenir pour contempler ce nouveau rivage; mais tandis qu'ils le considéroient, la mer revint en fureur et avec tant d'impétuosité qu'elle engloutit tous ces malheureux, que la fuite et la vitesse de leurs chevaux ne purent dérober à la mort. La ville fut submergée et la mer pénétra fort avant dans la plaine. La rade où les vaisseaux jettent l'ancre aujourd'hui est le lieu même où la ville étoit assise autrefois.

Cette ville, ayant été ruinée de la sorte, fut rebâtie à un quart de lieue de la mer. Sa situation est assez agréable: la noblesse de la province y fait son séjour, et le voisinage de Lima y amène une foule de négocians lorsque nos vaisseaux y abordent. On peut jeter l'ancre ou devant la ville ou dans un enfoncement qui est à deux lieues plus haut vers le midi. Ce dernier ancrage est le meilleur, mais le moins commode, parce que ce canton est désert.

Ce pays m'a paru fort beau, et l'air y est plus pur que dans les autres ports du Pérou. Il y a plusieurs églises à Pisco, mais elles sont plus riches que belles; cependant j'ai vu avec beaucoup de plaisir un monastère des pères récolets, qui est situé au bout d'une avenue d'oliviers, dans un lieu très-solitaire. L'église en est propre et bien entretenue, et les cloîtres en sont d'une simplicité charmante. A deux ou trois lieues de là on trouve une montagne où l'on prétend que les Indiens s'assembloient autrefois pour adorer le soleil. La tradition marque que ces sauvages jetoient du haut de cette montagne dans la mer des pièces d'or et d'argent, des émeraudes, dont le pays abondoit, et quantité d'autres bijoux qui étoient en usage parmi eux. Cette montagne est si fameuse dans la province que c'est la première chose que les étrangers vont voir à leur arrivée. J'ai suivi la coutume établie, mais je n'ai rien trouvé qui fût digne de la curiosité d'un voyageur.

En quittant le territoire de Pisco, j'entrai dans la province de Chinca, qui a pour capitale aujourd'hui un petit bourg d'Indiens qui porte le nom de la province. Ce bourg étoit autrefois une ville puissante qui, dans son étendue, contenoit près de deux cent mille familles. On comptoit dans cette province plusieurs millions d'habitans; actuellement elle est déserte, car à peine y reste-t-il deux cents familles. Je trouvai sur ma route quelques monumens érigés pour conserver la mémoire de ces géants dont parle l'histoire du Pérou et qui furent frappés de la foudre pour un crime qui fit descendre autrefois le feu du ciel sur les villes de Sodôme et de Gomorrhe. Voici à ce sujet la tradition des Indiens. Ces peuples disent que pendant un déluge qui inonda leur pays, ils se retirèrent sur les plus hautes montagnes jusqu'à ce que les eaux se fussent écoulées dans la mer; que, lorsqu'ils descendirent dans les plaines, ils y trouvèrent des hommes d'une taille extraordinaire qui leur firent une guerre cruelle; que ceux qui échappèrent à leur barbarie furent obligés de chercher un asile dans les cavernes des montagnes; qu'après y avoir demeuré plusieurs années, ils aperçurent dans les airs un jeune homme qui foudroya les géants, et que, par la défaite de ces usurpateurs, ils rentrèrent en possession de leurs anciennes demeures. On n'a pu savoir en quel temps ce déluge est arrivé; c'est peut-être un déluge particulier tel que celui de la Thessalie, dont on démêle la vérité parmi les fables que les anciens nous ont laissées de Deucalion et de Pirrha. Quant à l'existence et au crime des géants, je ne m'y arrêterai point, d'autant plus que les monumens que j'ai vus n'ont aucune trace d'antiquité. Les vestiges des guerres fameuses qui ont dépeuplé cette province sont quelque chose de plus réel. Pays autrefois charmant, ce n'est plus qu'un vaste désert qui vous attriste sur le malheureux sort de ses anciens habitans; on ne peut y passer sans être saisi d'effroi, et l'humeur sombre et tranquille du peu d'Indiens qu'on y voit, semble vous rappeler sans cesse les infortunes et la mort de leurs aïeux. Ces Indiens conservent très-chèrement le souvenir du dernier de leurs Incas et s'assemblent de temps en temps pour célébrer sa mémoire. Ils chantent des vers à sa louange et jouent sur leurs flûtes des airs si lugubres et si touchans qu'ils excitent la compassion de tous ceux qui les entendent. On a vu des effets frappans de cette musique. Deux Indiens, attendris par le son des instrumens, se précipitèrent il y a quelques jours du haut d'une montagne escarpée pour aller rejoindre leur prince et lui rendre dans l'autre monde les services qu'ils lui auroient rendus dans celui-ci. Cette scène tragique se renouvelle souvent et éternise par là dans l'esprit des Indiens le douloureux souvenir des malheurs de leurs ancêtres.

On rencontre dans la province de Chinca plusieurs tombeaux antiques. J'en ai vu un dans lequel on avoit trouvé deux hommes et deux femmes dont les cadavres étoient encore presque entiers. A côté d'eux étoient quatre pots d'argile, quatre tasses, deux chiens et plusieurs pièces d'argent. C'étoit là sans doute la manière dont les Indiens inhumoient leurs morts. Comme ils adoroient le soleil, et qu'ils s'imaginoient qu'en mourant ils devoient comparoître devant cet astre, on mettoit dans leurs tombeaux ces sortes de présens pour les lui offrir et le fléchir en leur faveur. Les historiens conviennent que dans plusieurs endroits du Pérou les cadavres conservent longtemps leur forme naturelle. Soit que l'extrême sécheresse de la terre produise cet effet, soit qu'il y ait quelque autre qualité qui maintienne les corps sans corruption, il est certain qu'il n'est pas rare d'en trouver d'entiers après plusieurs années.

Arica, autre petite ville du Pérou, n'est pas plus considérable que Pisco, mais elle est beaucoup plus renommée à cause du commerce qu'y font les Espagnols qui viennent du Potosi et des autres mines du Pérou. Cette ville est située à 18 degrés 28 minutes de latitude méridionale; sa rade est fort mauvaise et les vaisseaux y sont exposés à tous les vents.

Quoique Arica soit sur le bord de la mer, l'air y est très-malsain, et on l'appelle communément le tombeau des François. Les habitans mêmes du pays ressemblent plutôt à des spectres qu'à des hommes; les fièvres malignes, la pulmonie et en général toutes les maladies qui proviennent ou de la corruption de l'air ou des influences de cette corruption sur le sang ne sortent presque jamais de leur ville. Il y a dans le voisinage une montagne toujours couverte des ordures de ces oiseaux de proie que nous appelons gouellans et cormorans, et qui se retirent là pendant la nuit. Comme il ne pleut jamais dans la plaine du Pérou et que les chaleurs y sont excessives, ces ordures, échauffées par les rayons du soleil, exhalent une odeur empestée qui doit infecter l'atmosphère. Le nombre de ces oiseaux est si grand que l'air en est quelquefois obscurci. Le gouverneur en retire un gros revenu : on se sert de leurs ordures pour engraisser les terres, qui sont sèches et arides ; tous les ans il vient plusieurs vaisseaux pour acheter de cette marchandise, qui se vend assez cher et dont tout le profit revient au gouverneur. La montagne d'où on la tire est creuse, et l'on assure, sans beaucoup de fondement, qu'il y avait autrefois une mine d'argent très-abondante. Les habitans du pays ont là-dessus des idées fort singulières. Ils s'imaginent que le diable réside dans les concavités de cette montagne, aussi bien que dans un autre rocher, appelé *morno de los diablos*, qui est située à l'embouchure des rivières d'Yta et de Sama, à quinze lieues d'Arica ; ils prétendent que les Indiens, ayant été vaincus par les Espagnols, y avaient caché des trésors immenses, et que le diable, pour empêcher les Espagnols d'en jouir, avait tué plusieurs Indiens qui voulaient les leur découvrir. Il disent aussi qu'on entend sans cesse un bruit épouvantable auprès de ces montagnes ; mais comme elles sont situées sur le bord de la mer, je ne doute point que les eaux qui entrent avec violence dans leurs concavités ne produisent cette espèce de mugissement, que les Espagnols, qui ont l'imagination vive et qui trouvent du merveilleux partout, attribuent à la puissance et à la malignité du diable.

Quelques jours après mon arrivée à Arica, il y eut un tremblement de terre si extraordinaire qu'il se fit sentir à deux cents lieues à la ronde. Tobija, Arreguipa, Tagna, Mochegoa et plusieurs autres petites villes ou bourgs furent renversés. Les montagnes s'écroulèrent, se joignirent et engloutirent les villages bâtis sur les collines et dans les vallées. Ce désordre dura deux mois entiers par intervalles. Les secousses étoient si violentes qu'on ne pouvoit se tenir debout; cependant peu de personnes périrent sous les ruines des maisons, parce qu'elles ne sont bâties que de roseaux revêtus d'une terre fort légère. Je fus obligé de coucher près de six semaines sous une tente qu'on m'avoit dressée en rase campagne, sans savoir ce que je deviendrois. Enfin je crus devoir quitter les environs d'une ville où je craignois d'être englouti, et je pris la route d'Ylo, petit bourg à quarante lieues de là. Mais avant de vous parler de ce nouvel endroit, je vais vous dire encore un mot d'Arica.

Le gouvernement de cette ville est un des plus considérables du Pérou à cause du grand commerce qui s'y fait. En arrivant, je trouvai dans le port sept vaisseaux françois qui avaient liberté entière de trafiquer. Le gouverneur lui-même, qui est très-riche et d'une probité infinie dans le commerce, faisoit des achats considérables pour envoyer aux mines. Environ à une lieue de la ville est une vallée charmante remplie d'oliviers, de palmiers, de bananiers et autres arbres semblables plantés sur le bord d'un torrent qui coule entre deux montagnes et qui va se jeter dans la mer près d'Arica. Je n'ai vu nulle part que là une si grande quantité de tourterelles et de pigeons ramiers; les moineaux ne sont pas plus communs en France. On trouve aussi dans cette partie du Pérou, un animal que les Indiens appellent *guanapo*, et les Espagnols *carnero de la tierra*. C'est une espèce de mouton fort gros, dont la tête ressemble beaucoup à celle du chameau ; sa laine est précieuse et infiniment plus fine que celle que nous employons en Europe. Les Indiens se servent de ces animaux au lieu de bêtes de somme, et leur font porter deux cents, quelquefois trois cents livres pesant ; mais lorsqu'ils sont trop chargés ou trop fatigués, ils se couchent et refusent de marcher. Si le conducteur s'obstine à vouloir, à force de coups, les faire relever, alors ils tirent de leur gosier une liqueur noire et infecte et la lui vomissent au visage. J'ai vu encore aux environs d'Arica une foule prodigieuse de ces oiseaux dont je vous ai parlé. Vous apprendrez sans doute avec plaisir la manière curieuse dont ils donnent la chasse aux poissons. Ils forment sur l'eau un grand cercle qui a quelquefois une demi lieue de circonférence, et ils pressent leurs rangs à mesure que ce cercle diminue. Lorsque par ce moyen ils ont assemblé au milieu d'eux une grande quantité de poissons, ils plongent et les poursuivent sous l'eau, tandis qu'une troupe d'autres oiseaux, dont j'ignore le nom, mais dont le bec est long et pointu, vole au-dessus du cercle, se précipite à propos dans la mer pour avoir part à la chasse et en ressort incontinent avec sa proie. Nos matelots attrapent ces derniers oiseaux en plantant à fleur d'eau, et à vingt ou trente pas du rivage, un pieu fait en forme de lance, au bout duquel ils attachent un petit poisson. Ces oiseaux fondent sur cette proie avec tant d'impétuosité qu'ils restent presque toujours cloués à l'extrémité du pieu. Tous ces oiseaux ont un goût détestable ; les matelots même peuvent à peine en supporter l'odeur. On voit pareillement sur cette côte un nombre infini de baleines, de loups marins, de pingouins et d'autres animaux de cette espèce. Les baleines s'approchent même si près du rivage qu'elles y échouent quelquefois. On m'avoit souvent parlé d'un poisson d'une grosseur extraordinaire, à qui on avoit donné le nom de licorne ; j'ai eu le plaisir de le voir sur les côtes d'Arica. Il est en effet d'une grandeur prodigieuse. Il nage avec une rapidité singulière, et il ne se nourrit guère que de bonites, de thons, de dorades et d'autres poissons de cette espèce. Comme cet animal a une longue corne à la tête, et que les plus anciens pilotes n'en avoient jamais vu de semblable, on lui a donné le nom de licorne, nom qui lui convient aussi bien que celui de *poisson spada* au poisson qui porte ce nom.

Je fus à peine à Ylo, bourg situé au bord de la mer à 17 degrés 40 minutes de latitude méridionale, que je m'empressai de voir aux environs une vallée délicieuse plantée d'oliviers et arrosée par un torrent qui tarit en hiver, mais que les neiges fondues qui tombent du haut des montagnes voisines enflent considérablement en été. Observez, monsieur, que le mot d'hiver dont je me sers ne doit être entendu que par rapport aux hautes montagnes du Pérou et non par rapport à la plaine, où la chaleur et l'été sont éternels. Les François avoient fait bâtir dans cette vallée un grand nombre de magasins très-bien fournis ; mais les derniers tremblemens de terre en ont renversé la plus grande partie. Je ne m'arrêterai point à vous faire la description d'Ylo ; c'est un très-petit bourg où je n'ai rien vu de remarquable ; c'est pourquoi je n'y suis resté que cinq jours. Je n'ai pas fait un plus long séjour à Villa-Hermosa, ville célèbre par son attachement aux rois d'Espagne. Elle est à 40 lieues d'Ylo du côté des montagnes. Au commencement du règne de Philippe V, dont vous savez l'histoire, cette ville se montra d'une manière qui fera toujours honneur à la générosité de ses habitans. Rappelez-vous l'affreuse extrémité où se trouvoit le roi d'Espagne dans ses guerres avec l'Archiduc ; rappelez-vous en même temps les cruautés inouïes que les Espagnols avoient exercées auparavant dans le Pérou, et vous verrez si cette nation avoit droit d'attendre d'un pays qui devoit naturellement la détester les services essentiels qu'elle en a reçus. Cependant les femmes de Villa-Hermosa vendirent à vil prix leurs bagues, leurs cercles d'or et tous les autres joyaux qu'elles possédoient ; les hommes vendirent également ce qu'ils avoient de plus précieux pour subvenir aux besoins du prince. Les uns et les autres se dépouillèrent de tout de leur plein gré, uniquement dans l'intention de contribuer au soutien d'un monarque que la fortune abandonnoit. Un trait de grandeur d'âme si caractéristique et si touchant est pour les habitans de Villa-Hermosa un titre bien marqué à l'estime et aux bienfaits des rois d'Espagne.

Guacho et Guaura sont deux petites villes du même royaume, qui sont situées à 11 degrés 40 minutes de latitude méridionale. La première a un petit port à l'abri des vents d'ouest et de sud, mais fort exposé à la tramontane ; en général elle est mal bâtie, mais elle est habitée par des Indiens d'une franchise et d'une bonne foi admirables dans le commerce qu'ils font de leurs denrées. Les vaisseaux qui partent du Pérou, soit pour retourner en France, soit pour aller à la Chine, peuvent y faire d'excellentes provisions plus commodément et à meilleur marché qu'en aucun autre endroit du Pérou ; et ce qu'il y a de particulier, c'est que l'eau qu'on y prend se conserve longtemps sur mer sans se corrompre. La seconde est assise dans le lieu le plus riant, le plus agréable et le plus champêtre du monde ; une rivière coule au milieu ; les maisons y sont plus commodes et beaucoup mieux bâties que partout ailleurs ; j'ai remarqué que les habitans de cette ville n'avoient presque aucun des vices ordinaires à leur nation. On peut regarder ce petit canton comme les délices du Pérou si l'on considère la douceur du génie des habitans, l'aménité du climat et la fertilité du pays. Je vous avoue, monsieur, que je serois tenté d'y passer mes jours si la Providence ne m'avoit point destiné à les finir dans les travaux de l'apostolat.

En sortant de cette dernière ville, je dirigeai ma route du côté de Cagnette, bourg de la province de Chinca. Je ne vous détaillerai point tout ce que j'ai eu à souffrir dans ce voyage. Je vous dirai seulement que ce pays est un peu moins aride que les provinces voisines, à cause du grand nombre de rivières qui l'arrosent ; ce sont des torrens formés par les neiges fondues qui tombent avec rapidité du haut des montagnes et qui entraînent dans leur cours les arbres et les rochers qu'ils rencontrent ; leur lit n'est pas profond, parce que les eaux se partagent en plusieurs bras, mais leur cours n'en est que plus rapide. On est souvent obligé de faire plus d'une lieue dans l'eau, et l'on est heureux quand on ne trouve point de ces arbres et de ces rochers que les torrens roulent avec leurs flots, parce que les mules, intimidées et déjà étourdies par la rapidité et le fracas des chutes d'eau, tombent facilement et se laissent souvent entraîner dans la mer avec le cavalier. A la vérité on trouve au bord de ces torrens des Indiens appelés *Cymbadores* qui connoissent les gués et qui, moyennant une somme d'argent, conduisent les voitures en jetant de grands cris pour animer les mules et les empêcher de se coucher dans l'eau. Mais si on n'a pas soin de les bien payer, ils sont capables de vous abandonner dans les endroits les plus dangereux et de vous voir périr sans pitié.

J'arrivai enfin à Cagnette après vingt-quatre heures de fatigues, de craintes et de périls. Je songeai d'abord à me reposer. Le lendemain je parcourus ce bourg d'un bout à l'autre. Les habitans m'en parurent pauvres et misérables ; leur nourriture ordinaire est le blé d'Inde et le poisson salé. C'est un pays ingrat, triste et désert. L'habillement des femmes est assez singulier : il consiste en une espèce de casaque qui se croise sur le sein et qui s'attache avec une épingle d'argent, longue de six ou sept pouces, dont la tête est ronde et plate et a six ou sept pouces de diamètre ; voilà toute la parure des femmes ; pour les hommes, ils sont vêtus à peu près comme les autres Indiens.

Les eaux d'un torrent voisin de Cagnette s'étoient débordées lorsque j'entrai dans le territoire de ce bourg. Mes guides me dirent alors qu'on ne pouvoit, sans beaucoup risquer, continuer la route ordinaire, et qu'il falloit me résoudre à faire une journée de plus et à passer un pont qui se trouvoit entre deux montagnes ; je suivis leur conseil, mais quand je vis ce pont, ma frayeur fut extrême. Imaginez-vous deux pointes de montagnes escarpées et séparées par un précipice affreux ou plutôt par un abîme profond où deux torrens rapides se précipitent avec un bruit épouvantable. Sur ces deux pointes on a planté de gros pieux auxquels on a attaché des cordes faites d'écorce d'arbres qui, passant et repassant plusieurs fois d'une pointe à l'autre, forment une espèce de rets qu'on a couvert de planches et de sable. Voilà tout ce qui forme le pont qui conduit d'une montagne à l'autre. Je ne pouvois me résoudre à passer sur cette machine tremblante qui avoit plutôt la forme d'une escarpolette que d'un pont. Les mules passèrent les premières avec leur charge ; pour moi je suivis en me servant et des mains et des pieds sans oser regarder ni à droite ni à gauche. Mais enfin la Providence me sauva et j'entrai dans la province de Pachakamac. Je passai en quittant le pont au pied d'une haute montagne dont la vue fait frémir : le chemin est sur le bord de la mer ; il est si étroit qu'à peine deux mules peuvent y passer de front. Le sommet de la montagne est comme suspendu et perpendiculaire sur ceux qui marchent au-dessous, et il semble que cette masse soit à tout moment sur le point de s'écrouler ; il s'en détache même de temps en temps des rochers entiers qui tombent dans la mer et qui rendent ce chemin aussi pénible que dangereux. Les Espagnols appellent ce passage *el mal passo d'ascia*, à cause d'une mauvaise hôtellerie de ce nom qu'on trouve à une lieue de là.

Dans l'espace de plus de quarante lieues, je n'ai pas vu un seul arbre, si ce n'est au bord des torrens, dont la fraîcheur entretient un peu de verdure. Ces déserts inspirent une secrète horreur ; on n'y entend le chant d'aucun oiseau, et dans toutes ces montagnes je n'en ai vu qu'un appelé *condur*, qui est de la grosseur d'un mouton, qui se perche sur les montagnes les plus arides et qui ne se nourrit que des vers qui naissent dans les sables brûlans dont les montagnes sont environnées.

La province de Pachakamac [1] est une des plus considérables du Pérou ; elle porte le

---

[1] Quelques géographes placent une île de ce nom en vue de Lima ; d'autres parlent d'une riche vallée de ce nom à quatre lieues au sud de cette ville.

nom du dieu principal des Indiens, qui adorent le soleil sous ce nom comme l'auteur et le principe de toute chose. La ville capitale de cette province étoit fort puissante autrefois et renfermoit plus d'un million d'âmes dans son enceinte. Elle fut le théâtre de la guerre des Espagnols, qui l'arrosèrent du sang de ses habitans. Je passai au milieu des débris de cette grande ville ; ses rues sont belles et spacieuses, mais je n'y vis que des ruines et des ossemens entassés. Il règne parmi ces masures un silence qui inspire de l'effroi, et rien ne s'y présente à la vue qui ne soit affreux. Dans une grande place qui m'a paru avoir été le lieu le plus fréquenté de cette ville, je vis plusieurs corps que la qualité de l'air et de la terre avoit conservés sans corruption ; ces cadavres étoient épars çà et là ; on distinguoit aisément les traits de leurs visages, car ils avoient seulement la peau plus tendue et plus blanche que les Indiens n'ont coutume de l'avoir.

Je ne vous parlerai point de plusieurs autres petites villes que j'ai vues dans ma route ; je me contenterai de vous dire qu'en général elles sont pauvres, mal bâties et très-peu fréquentées des voyageurs.

MÉMOIRE HISTORIQUE

SUR UN MISSIONNAIRE DISTINGUÉ DE L'AMÉRIQUE MÉRIDIONALE.

Le père Castagnares naquit le 25 septembre 1687 à Salta, capitale de la province de Tucuman. Son ardeur pour les missions se déclara de bonne heure et le fit entrer chez les jésuites. Après le cours de ses études, il se livra par préférence à la mission des Chiquites. Pour arriver chez ces peuples, il lui fallut parcourir plusieurs centaines de lieues dans des plaines incultes, dans des bois, sur des chaînes de montagnes, par des chemins rudes et difficiles coupés de rochers affreux et de profonds précipices, dans des climats tantôt glacés, tantôt embrasés. Il parvint enfin chez les Chiquites. Ce pays est extrêmement chaud et par la proximité du soleil ne connoît qu'une seule saison, qui est un été perpétuel. A la vérité, lorsque le vent du midi s'élève par intervalles, il occasionne une espèce de petit hiver ; mais cet hiver prétendu ne dure guère de suite qu'une semaine, et dès le premier jour que le vent du nord se fait sentir, il se change en une chaleur accablante.

La nature a étrangement à souffrir dans un pareil climat. Le froment et le vin y sont inconnus. Ce sont des biens que ces terres ardentes ne produisent pas, non plus que beaucoup d'autres fruits qui croissent en Europe et même dans d'autres contrées de l'Amérique méridionale.

Un plus grand obstacle au succès d'une si grande entreprise est l'extrême difficulté de la langue des Chiquites, qui fatigue et rebute les meilleures mémoires. Le père Castagnares, après l'avoir apprise avec un travail inconcevable, se joignit au père Suarez, l'an 1720, pour pénétrer dans le pays des Samuques (peuple alors barbare mais aujourd'hui chrétien) dans l'intention de les convertir et de découvrir la rivière de Pilcomayo pour faciliter la communication de la mission des Chiquites avec celle des Guaranis, qui habitent les rives des deux fleuves principaux ; ces deux fleuves sont le Parana et l'Uruguay, lesquels forment ensuite le fleuve immense de la Plata. Quant au Pilcomayo, il coule des montagnes du Pérou, d'occident en orient, presque jusqu'à ce qu'il décharge ses eaux dans le grand fleuve du Paraguay, et celui-ci entre dans le Parana à la vue de la ville de *los Corientes*.

Les supérieurs avoient ordonné aux pères Patigno et Rodriguez de sortir du pays des Guaranis avec quelques canots et un nombre suffisant de personnes pour les conduire, de remonter le fleuve du Paraguay pour prendre avec eux quelques nouveaux ouvriers à la ville de l'Assomption, et de remonter tous ensemble le bras le plus voisin du Pilcomayo. Ils exécutèrent ponctuellement cet ordre et remontèrent le fleuve l'espace de quatre cents lieues, dans le dessein de joindre les deux autres missionnaires des Chiquites, de gagner en passant l'affection des infidèles qui habitent le bord de ce fleuve et de disposer insensiblement les choses à la conversion de ces barbares.

Le succès ne répondit pas d'abord aux travaux immenses qu'ils eurent à soutenir ; mais le père Castagnares eut la constance de suivre toujours le même projet : il ne se rebuta point et espéra contre toute espérance. Cette fermeté eut sa récompense. Les Samuques se convertirent au moment qu'on s'y attendait le moins.

Le père étoit à l'habitation de Saint-Joseph, déplorant l'opiniâtreté de ces barbares, quand il arriva tout à coup à la peuplade de Saint-Jean-Baptiste, éloignée de Saint-Joseph de cs, près de cent personnes, partie Samuques, partie Cucutades, sous la conduite de leurs caciques, demandant d'être mis au nombre des catéchumènes. Quelle joie pour les missionnaires et les néophytes ! Aussi quel accueil ne firent-ils pas à des hommes qu'ils étoient venus chercher de si loin et qui se présentoient d'eux-mêmes ! On baptisa dès lors les enfans de ces barbares. Mais, parce que plusieurs des adultes tombèrent malades, le père Herbas, supérieur des missions, jugea à propos de les reconduire tous dans leur pays natal pour y fonder une peuplade à laquelle il donna par avance le nom de Saint-Ignace.

Le supérieur voulut se trouver lui-même à la fondation et prit avec lui le père Castagnares, qui voyoit avec des transports de joie que de si heureux préparatifs commençoient à remplir les plus ardens de ses vœux. Les pères mirent quarante jours à gagner les terres des Samuques, avec des travaux si excessifs que le père supérieur, plus avancé en âge, ne les put supporter et qu'il y perdit la vie. Castagnares, d'une santé plus robuste et moins avancé en âge, résista à la fatigue et pénétra avec les Samuques qui le suivoient et quelques Chiquites, jusqu'aux Cucutades, qui habitent le bord d'un torrent quelquefois presque à sec et qui forme quelquefois un fleuve considérable. C'est là qu'est aujourd'hui située l'habitation de Saint-Ignace des Samuques. Il posa les premiers fondemens ; et ayant perdu son compagnon, il se vit presque accablé des travaux qui retomboient tous sur lui seul. Il avoit à souffrir les influences de ce rude climat sans autre abri qu'une toile destinée à couvrir l'autel où il célébroit. Il lui fallut encore étudier la langue barbare de ces peuples et s'accoutumer à leur nourriture, qui n'est que de racines sauvages. Il s'appliqua surtout à les humaniser dans la terre même de leur habitation, ce qui peut-être n'étoit guère moins difficile que d'apprivoiser des bêtes féroces au milieu de leurs forêts. Mais les forces de la grâce applanissent toutes les difficultés et rien n'étonne un cœur plein de l'amour de Dieu et du prochain.

Tel étoit celui du père Castagnares. Par sa douceur, son affabilité, sa prudence et par les petits présens qu'il faisoit à ces barbares, il gagna absolument leur amitié. De nouvelles familles venoient insensiblement augmenter l'habitation de Saint-Ignace. Ces accroissemens imprévus remplissoient de consolation le zélé missionnaire et le faisoient penser à établir si bien cette fondation que les Indiens n'y manquassent de rien et ne pensassent plus à errer, selon leur ancienne coutume, en vagabonds pour chercher leur subsistance dans les forêts. Mais comme le père se trouvoit seul et qu'il auroit fallu leur faire cultiver la terre et leur fournir quelque détail qui pût leur donner de petites douceurs, ce n'étoit là que de belles idées qu'il étoit impossible de réaliser jusqu'à ce qu'il lui arrivât du secours et des compagnons.

Cependant le Seigneur adoucit ses peines et lui faisoit trouver de petites ressources d'autant plus sensibles qu'elles provenoient de l'affection de ses néophytes. Un Samuque, dont il n'avoit pas été question jusque-là, alloit de temps en temps dans les forêts voisines, sans qu'on le lui commandât ou qu'on l'en priât, tuoit un sanglier et alloit le mettre à la porte du missionnaire, se retiroit ensuite sans demander aucune de ces bagatelles qu'ils estiment tant et sans même attendre aucun remerciment. L'Indien fit au père trois ou quatre fois ces présens désintéressés.

Une chose manquoit à cette habitation, chose absolument nécessaire, le sel. Ce pays avoit été privé jusque-là de salines ; mais on avoit quelque soupçon vague qu'il y en avoit dans les terres des Zathéniens. Un grand nombre d'Indiens voulurent s'en assurer et éclaircir ce fait. Après avoir parcouru toutes les forêts sans avoir découvert aucune marque qu'il y eût du sel, un de ces Indiens monta sur une petite éminence pour voir si de là l'on ne découvriroit rien de ce qui étoit si ardemment désiré. Il vit à très-peu de distance une mare d'eau colorée, environnée de bruyères. La chaleur qu'il enduroit l'engagea à traverser ces bruyères pour aller se baigner. En entrant dans l'eau, il remarqua que la mare étoit couverte d'une espèce de verre ; il enfonça sa main et la retira pleine d'un sel à demi formé. L'Indien satisfait appela ses compagnons, et le missionnaire, en étant informé, prit des mesures pour faire des chemins sûrs qui y aboulissent et les mettre à l'abri des barbares idolâtres.

Le père Castagnares entreprit ensuite avec ses Indiens de construire une petite église, et pour remplir le projet général qu'il avoit formé, il voulut défricher des terres pour les ensemencer; mais comme les Indiens ne sont point accoutumés au travail, il falloit être toujours avec eux, exposé aux rigueurs du climat, et souvent le père arrachoit lui-même les racines des arbres que les Indiens avoient coupés, et il mettoit le premier la main à tout pour animer les travailleurs. Les Chiquites faisoient leur part de l'ouvrage ; mais ils disparurent tout à coup et s'en retournèrent chez eux. « Leur éloignement nous fit beaucoup de peine, dit un de nos missionnaires, parce qu'ils avoient soin de quelques vaches que nous avions. Nous ne nous étions point aperçus avant leur éloignement de la crainte excessive que les Samuques ont de ces animaux, qu'ils fuient avec plus d'horreur que les tigres les plus féroces. Ainsi nous nous vîmes obligés à tuer les veaux de notre propre main, quand nous avions besoin de viande, et à traire les vaches pour nous nourrir de leur lait. » Ce fut alors qu'arriva une aventure assez plaisante. Les Zathéniens avec quelques Samuques et les Cucutades se liguèrent pour faire une invasion dans la peuplade de Saint-Joseph. Ils en étoient déjà fort près lorsqu'un incident leur fit abandonner ce dessein. Les vaches paissoient à quelque distance de l'habitation ; la vue de ces animaux et leurs seules traces qu'aperçurent les Zathéniens leur causèrent tant de frayeur que, bien loin de continuer leur route, toute leur valeur ne put les empêcher de fuir avec la plus grande et la plus ridicule précipitation.

Dieu permit alors qu'une grande maladie interrompit les projets du père Castagnares ; mais quoiqu'il fût sans secours et dans un pays où il manquoit de tout, la même Providence rétablit bientôt sa santé, dont il faisoit un si bon usage. Il ne fut pas plutôt remis et convalescent qu'il se livra à de plus grands travaux.

Il est un point de ressemblance entre les hommes apostoliques et les anciens conquérans. Ceux-ci ne pouvoient apprendre qu'il y eût à côté de leurs états d'autres régions indépendantes sans brûler du désir de les asservir et d'en augmenter leur empire ; et les hommes apostoliques qui parcourent des contrées infidèles, quand ils ont soumis quelques-uns de ces peuples idolâtres à l'Évangile, si on leur dit qu'au delà il est une nation chez qui le nom de Jésus n'a pas encore été prononcé, ils ne peuvent s'arrêter; il faut que leur zèle se satisfasse et qu'ils aillent y répandre la lumière de l'Evangile. La difficulté, les dangers, la crainte même d'une mort violente, tout cela ne sert qu'à les animer davantage : ils se croient trop heureux si, au prix de leur sang, ils peuvent arracher quelques âmes à l'ennemi du salut. C'est ce qui détermina le père Castagnares à entreprendre la conversion des Terenes et des Mataguais.

Sa mission chez les Terenes n'eut pas de succès, et il fut obligé, après bien des fatigues, de revenir à l'habitation de Saint-Ignace. De là il songea à faire l'importante découverte du Pilcomayo, dont nous avons déjà parlé, et qui devoit servir à la communication des missions les unes avec les autres. Après avoir navigué soixante lieues, ne pouvant continuer sa route par eau, il prit terre et voyagea à pied en côtoyant le rivage du fleuve. Étrange résolution ! Le pieux missionnaire n'ignoroit pas qu'il lui falloit traverser plus de trois cents lieues de pays qui n'étoient habités que de nations féroces et barbares. Il connoissoit la stérilité de ces côtes. Malgré cela, avec dix hommes seulement et une très-modique provision de vivres il osa tenter l'impossible. Il voyagea dix jours, traversant des terres inondées, dans l'eau jusqu'à la poitrine, se nourrissant de quelques dattes de palmiers, souffrant nuit et jour la persécution des insectes qui l'épuisoient de sang; il lui falloit souvent marcher pieds nus dans les marécages couverts d'une herbe dure et si tranchante qu'elle ne faisoit qu'une plaie de ses pieds, qui teignoient de sang les eaux qu'il traversoit. Il marcha ainsi jusqu'à ce qu'ayant perdu toutes ses forces et manquant de tout, il fut obligé de se remettre sur le fleuve pour s'en retourner à l'habitation de Saint-Ignace.

Son repos y fut court. La soif de la gloire de Dieu le pressa d'aller chez les barbares nommés Mataguais. Un Espagnol, dont le nom étoit Acozar, sincèrement converti par les exhortations du missionnaire, l'accompagna, malgré les représentations de ses amis et l'évidence du danger. Ils arrivèrent : les barbares les reçurent bien. Mais il y avoit chez une nation avancée dans les terres, un cacique ennemi déclaré des missionnaires, de leurs néophytes et de tout ce qui conduisoit au christianisme. Ce perfide vint inviter le père à fonder une peuplade chez lui. Le missionnaire, croyant l'invitation sincère, vouloit s'y rendre ; mais il y eut des Indiens qui connoissoient la mauvaise intention du cacique et qui ne manquèrent pas d'avertir le père du danger auquel il alloit s'exposer.

Il résolut donc de s'arrêter pendant quelque temps chez les premiers Mataguais qui l'avoient accueilli. Dans cet intervalle, il n'y eut point de caresses qu'il ne fît au cacique et à sa troupe. Il le renvoya enfin avec promesse qu'aussitôt qu'il auroit achevé la chapelle qu'il vouloit bâtir, il passeroit dans sa nation pour s'y établir. Le cacique dissimulé se retira avec ses gens. Le père, se croyant en pleine sûreté, envoya ses compagnons dans la forêt pour couper les bois propres à la construction de la chapelle, et les Mataguais qui lui étoient fidèles pour les rapporter. Ainsi il resta presque seul avec Acozar. A peine ceux-ci s'étoient-ils éloignés qu'un Indien de la suite du traître cacique retourna sur ses pas. « Que voulez-vous ? » lui demanda le père. » Il répondit qu'il revenoit pour chercher son chien qui s'étoit égaré ; mais il ne revenoit que pour remarquer si le père étoit bien accompagné, et le voyant presque seul, il alla sur-le-champ en donner avis à son cacique, qui revint à l'instant avec tous ses gens, assaillit le père avec une fureur infernale et lui ôta sacrilégement la vie. Les autres barbares firent le même traitement à Acozar, qui eut ainsi le bonheur de mourir dans la compagnie de cet homme apostolique. Aussitôt ils mirent la croix en pièces, ils brisèrent tout ce qui servoit au culte divin et emportèrent triomphans tous les petits meubles du missionnaire, comme s'ils eussent remporté une victoire mémorable. La mort, ou, pour mieux dire, le martyre du père Augustin Castagnares arriva le 15 septembre 1744, la cinquante-septième année de son âge.

LETTRE DU R. P. CAT

A M***.

Traversée d'Espagne en Amérique. — Particularités sur les bords de la Plata, etc.

A Buenos-Ayres, le 18 mai 1729.

Je me hâte, monsieur, de remplir la promesse que je vous ai faite en partant de vous écrire les particularités de mon voyage, qui, aux fatigues près d'un trajet long et pénible, a été des plus heureux.

Je sortis le 8 de novembre 1738 de la rade de Cadix avec trois missionnaires de notre compagnie.

Poussé par un vent favorable, l'équipage perdit bientôt la terre de vue, et la navigation fut si rapide qu'en trois jours et demi nous arrivâmes à la vue des Canaries. Mais alors, le vent ayant changé, nous fûmes obligés de louvoyer jusqu'au 16, jour auquel nous mouillâmes à la baie de Sainte-Croix de Ténériffe, où nous arrêtâmes quelque temps pour faire de nouvelles provisions.

Je ne trouve rien de plus ennuyeux que le séjour d'un vaisseau arrêté dans un port. Heureusement nous ne restâmes pas longtemps dans celui où nous étions, car le 26 janvier nous nous trouvâmes sous le tropique du Cancer. Je fus alors témoin d'un spectacle auquel je ne m'attendois guère. On vit paroître tout à coup sur le vaisseau dix ou douze aventuriers que personne ne connoissoit. C'étoient des gens ruinés qui, voulant passer aux Indes pour y tenter fortune, s'étoient glissés dans le navire parmi ceux qui y avoient porté les provisions et s'étoient cachés entre les ballots. Ils sortirent de leur retraite les uns après les autres, bien persuadés qu'étant si avancés en mer on ne chercheroit point un port pour les mettre à terre. Le capitaine, indigné de voir tant de bouches surnuméraires, se livra à des transports de fureur qu'on eut bien de la peine à calmer, mais enfin on en vint à bout.

Quoique nous fussions sous la zone torride, nous n'étions cependant pas tout à fait à l'abri des rigueurs de l'hiver, parce que le soleil étoit alors dans la partie du sud et qu'il régnoit un vent frais qui approchoit de la bise.

Le printemps survint tout à coup ; quelques semaines après nous éprouvâmes les chaleurs de l'été, qui ne cessèrent pour nous que quand nous eûmes passé le tropique du Capricorne ; alors nous nous trouvâmes en automne, de sorte qu'en moins de trois mois nous eûmes successivement toutes les saisons.

Le 18 de février nous passâmes la ligne. Ce jour sera pour moi à jamais mémorable. On célébra une fête qui vous surprendra par sa singularité. Nous n'avions dans le vaisseau que des Espagnols : vous connoissez leur génie romanesque et bizarre, mais vous le connoîtrez encore mieux par la description des cérémonies qu'ils observent en passant la ligne. La veille de la fête on vit paroître sur le tillac une troupe de matelots armés de pied en cap et précédés d'un héraut qui donna ordre à tous les passagers de se trouver le lendemain à une certaine heure sur la plate-forme de la poupe pour rendre compte au président [1] de la ligne des raisons qui les avoient engagés à venir naviguer dans ces mers et lui dire de qui ils en avoient obtenu la permission. L'édit fut affiché au grand mât ; les matelots le lurent les uns après les autres, car tel étoit l'ordre du président, après quoi ils se retirèrent dans le silence le plus respectueux et le plus profond. Le lendemain dès le matin on dressa sur la plate-forme une table d'environ trois pieds de large sur cinq de long : on y mit un tapis, des plumes, du papier, de l'encre et plusieurs chaises à l'entour. Les matelots formèrent une compagnie beaucoup plus nombreuse que la veille ; ils étoient habillés en dragons, et chacun d'eux étoit armé d'un sabre et d'une lance. Ils se rendirent au lieu marqué au bruit du tambour, ayant des officiers à leur tête. Le président arriva le dernier. C'étoit un vieux Catalan qui marchoit avec la gravité d'un roi de théâtre ; ses manières ridiculement hautaines, jointes à son air original et burlesque qu'il soutenoit du plus grand sang-froid, faisoient bien voir qu'on ne pouvoit choisir personne qui fût plus en état de jouer un pareil rôle.

Aussitôt que le digne personnage fut assis dans le fauteuil qu'on lui avoit préparé, on fit paroître devant lui un homme qui avoit tous les défauts du Thersite d'Homère. On l'accusoit d'avoir commis un crime avant le passage de la ligne. Ce prétendu coupable voulut se justifier, mais le président, regardant ses excuses comme autant de manque d'égards, lui donna vingt coups de canne et le condamna à être plongé cinq fois dans l'eau.

Après cette scène, le président envoya chercher le capitaine du vaisseau, qui comparut tête découverte et dans le plus grand respect. Interrogé pourquoi il avoit eu l'audace de s'avancer jusque dans ces mers, il répondit qu'il en avoit reçu l'ordre du roi son maître. Cette réponse aigrit le président, qui le mit à une amende de cent vingt flacons de vin. Le capitaine représenta que cette taxe excédoit de beaucoup ses facultés, on disputa quelque temps, et enfin le président voulut bien se contenter de vingt-cinq flacons, de six jambons et de douze fromages de Hollande, qui furent délivrés sur-le-champ.

Les passagers furent cités à leur tour, les uns après les autres. Le président leur fit à tous la même demande qu'au capitaine ; ils répondirent de leur mieux, mais toujours d'une manière plaisante et digne des interrogations absurdes du président, qui finit sa séance par mettre tout le monde à contribution.

Quand la cérémonie fut achevée, le capitaine et les officiers du vaisseau servirent au président des rafraîchissemens de toute espèce dont les matelots eurent aussi leur part. Mais la scène n'étoit point encore finie. Dès qu'on fut sur le point de se séparer, le capitaine du vaisseau, qui s'étoit retiré quelque temps auparavant, sortit tout à coup de sa chambre et demanda d'un ton fier et arrogant ce que signifioit cette assemblée ? On lui répondit que c'étoit le cortège du président de la ligne. « Le président de la ligne ! reprit le capitaine en colère, de qui veut-on parler ? ne suis-je point le maître ici, et quel est l'insolent qui ose me disputer le domaine de mon vaisseau ? Qu'on saisisse à l'instant ce rebelle et qu'on le plonge dans la mer. » A ces mots le président, troublé, se jeta aux genoux du capitaine, qu'il pria très-instamment de commuer la peine ; mais tout fut inutile, il fallut obéir. On plongea trois fois dans l'eau sa risible excellence, et ce président si respectable, qui avoit fait trembler tout l'équipage, en devint tout à coup le jouet et la risée. Ainsi se termina la fête.

---

[1] Nom qu'on donna au principal acteur de la comédie.

Peut-être étiez-vous déjà instruit de cet usage, mais vous ignoriez peut-être aussi la manière dont il se pratique parmi les Espagnols, qui surpassent, en fait de plaisanteries originales, toutes les autres nations. Je ne suis point entré dans tous les détails de cette fête, qui est sujette à bien des inconvéniens ; je n'ai voulu que vous donner une idée du caractère d'un peuple qu'on ne connoît point encore assez.

Lorsque nous eûmes passé la ligne, nous éprouvâmes des calmes qui nous chagrinèrent autant que le passage nous avoit réjouis. Pour tromper notre ennui, nous nous occupions à prendre des chiens de mer, ou requins. C'est un poisson fort gros, qui a ordinairement cinq ou six pieds de long et qui aime beaucoup à suivre les vaisseaux. Parmi ceux que nous prîmes, nous en trouvâmes un qui avait dans le ventre deux diamans de grand prix, que le capitaine s'appropria, un bras d'homme et une paire de souliers. La chair de ce poisson n'est rien moins qu'agréable : elle est fade, huileuse et malsaine ; il n'y a guère que les matelots qui en mangent, encore n'en mangeroient-ils pas s'ils avoient d'autres mets.

Nous n'avions pour le pêcher d'autre instrument que l'hameçon, que nous avions soin de couvrir de viande. Alléché par l'odeur, cet animal venoit accompagné d'autres poissons appelés *romerinos*, qu'on appelle les pilotes, parce que ordinairement ils le précèdent ou l'entourent ; il avaloit le morceau que nous lui présentions, et dès qu'il étoit hors de l'eau, on s'armoit d'un gros bâton et on lui cassoit la tête. Ce qu'il y a de singulier, c'est que les poissons qui l'accompagnoient, le voyant pris, s'élançoient en foule sur son dos comme pour le défendre et se laissoient prendre avec lui.

Le requin ne fut pas le seul poisson que nous prîmes. Il en est un que j'étois fort curieux de voir et je ne tardai pas à me satisfaire : c'étoit le poisson volant. Celui-ci a deux ailes fort semblables à celles de la chauve-souris ; on l'appelle poisson volant parce que, pour se dérober aux poursuites d'un autre poisson très-vorace, nommé la bonite, il s'élance hors de l'eau et vole avec une rapidité merveilleuse à deux ou trois jets de pierre, après quoi il retombe dans la mer, qui est son élément naturel. Mais comme la bonite est fort agile, elle le suit à la nage, et il n'est pas rare qu'elle se trouve à temps pour le recevoir dans sa gueule au moment où il retombe dans l'eau, ce qui ne manque jamais d'arriver lorsque le soleil ou le trop grand air commence à sécher ses ailes. Les poissons volans, comme presque tous les oiseaux de mer, ne volent guère qu'en bande, et il en tombe souvent dans les vaisseaux. Il en tomba un sur le nôtre : je le pris dans ma main et je l'examinai à loisir. Je le trouvai de la grosseur du mulet de mer, dont le révérend père vous a donné la description dans la lettre curieuse qu'il vous écrivit l'an passé. Mais deux choses m'ont extrêmement frappé, c'est sa vivacité extraordinaire et sa prodigieuse familiarité. On dit que ce poisson aime beaucoup la vue des hommes : si j'en juge par la quantité qui voltigeoient sans cesse autour de notre navire, je n'ai aucune peine à le croire ; d'ailleurs il arrive souvent que, poursuivi par la bonite, il se réfugie sur le premier vaisseau qu'il rencontre et se laisse prendre par les matelots, qui sont ordinairement assez généreux ou assez peu amateurs de sa chair pour lui rendre la liberté.

Le 26 de février nous eûmes le soleil à pic[1], et à midi nous remarquâmes que les corps ne jetoient aucune ombre. Quelques jours auparavant nous avions essuyé une tempête que je ne vous décrirai point ici ; je vous dirai seulement que ce fut dans cette circonstance que je vis le feu Saint-Elme pour la première fois ; c'est une flamme légère et bleuâtre qui paroît au haut d'un mât ou à l'extrémité d'une vergue. Les matelots prétendent que son apparition annonce la fin des tempêtes ; voilà pourquoi ils portent toujours avec eux une image du saint dont ce feu porte le nom. Aussitôt que j'aperçus le phénomène, je m'approchai pour le considérer ; mais le vent étoit si furieux et le vaisseau si agité que les mouvemens divers que j'éprouvois me permirent à peine de le voir quelques instans.

Voici une autre chose que j'ai trouvée digne de remarque. Lorsqu'il pleut sous la zone torride, et surtout aux environs de l'équateur, au bout de quelques heures la pluie paraît se changer en une multitude de petits vers blancs assez semblables à ceux qui naissent dans le fromage. Il est certain que ce ne sont point les gouttes de pluie qui se transforment en vers ; il est bien plus naturel de croire que cette pluie

---

[1] Perpendiculairement.

qui est très-chaude et très-malsaine, fait simplement éclore ces petits animaux, comme elle fait éclore en Europe les chenilles et les autres insectes qui rongent nos espaliers. Quoi qu'il en soit, le capitaine nous conseilla de faire sécher nos vêtemens; quelques-uns refusèrent de le faire, mais ils s'en repentirent bientôt après, car leurs habits se trouvèrent si chargés de vers qu'ils eurent toutes les peines du monde à les nettoyer. Je serois infini, mon révérend père, si je vous racontois toutes les petites aventures de notre voyage. Je ne vous parlerai pas même des lieux que nous avons vus sur notre route ; n'étant point sorti du vaisseau, je ne pourrois vous en donner qu'une idée imparfaite. Je passerai donc sous silence tout ce qui nous est arrivé jusqu'à notre entrée dans le fleuve de la Plata, dont je crois devoir vous dire un mot.

J'avais ouï dire en Europe que ce fleuve avait environ cinquante lieues de large à son embouchure : on ne me disoit rien de trop ; je me suis convaincu par moi-même de la vérité du fait. Quand nous partîmes d'une forteresse située à plus de trente lieues de l'embouchure, dans un endroit où la largeur du fleuve est moindre que partout ailleurs, nous perdîmes la terre de vue avant d'arriver au milieu et nous naviguâmes un jour entier sans découvrir l'autre bord. Arrivé à Buenos-Ayres, je suis monté souvent sur une montagne très-élevée, par un temps fort serein, sans rien découvrir qu'un horizon terminé par l'eau. A la vérité le fleuve de la Plata est d'une profondeur peu proportionnée à sa largeur ; outre cela, il est rempli de bancs de sable fort dangereux sur lesquels on ne trouve guère que quatre ou cinq brasses d'eau. Le plus périlleux est à l'embouchure, et on le nomme *le banc anglois*. J'ignore ce qui l'a fait appeler ainsi ; cela vient peut-être de ce que les Anglois l'ont découvert les premiers ou de ce qu'un vaisseau de leur nation y a échoué. Quoi qu'il en soit, notre capitaine ne connoissoit la Plata que sous le nom redoutable d'enfer des pilotes : ce n'étoit pas sans raison, car ce fleuve est en effet plus dangereux que la mer même en courroux. En pleine mer, quand les vents se déchaînent, les vaisseaux n'ont pas beaucoup à craindre, à moins qu'ils ne rencontrent sur leur route quelque rocher à fleur d'eau. Mais sur la Plata on est sans cesse environné d'écueils ; d'ailleurs les eaux s'y élevant davantage qu'en haute mer, le navire court grand risque, à cause du peu de profondeur, de toucher le fond et de s'ouvrir en descendant de la vague en furie dans l'abîme qu'elle creuse en s'élevant. Nous n'entrâmes dans le fleuve qu'aux approches de la nuit; mais, grâce à l'habileté du pilote, la navigation fut si heureuse que nous abordâmes beaucoup plus tôt que nous ne pensions à l'île de *los Lobos* [1]. Quoique nous y ayons séjourné quelque temps, je n'ai cependant rien de particulier à vous en écrire, sinon qu'elle n'est pour ainsi dire habitée que par des loups marins. Lorsque ces animaux aperçoivent un bâtiment, ils courent en foule au-devant de lui, s'y accrochent, en considèrent les hommes avec attention, grincent des dents et se replongent dans l'eau ; ensuite ils passent et repassent continuellement devant le navire en jetant des cris dont le son n'est point désagréable à l'oreille ; et lorsqu'ils ont perdu le bâtiment de vue, ils se retirent dans leur île ou sur les côtes voisines. Vous vous imaginez peut-être que la chasse de ces animaux est fort dangereuse. Je vous dirai qu'ils ne sont ni redoutables par leur férocité ni difficiles à prendre ; d'ailleurs ils s'enfuient aussitôt qu'ils aperçoivent un chasseur armé. Leur peau est très-belle et très-estimée pour la beauté de son poil, qui est ras, doux et de longue durée. J'ai vu encore dans le fleuve de la Plata un poisson qu'on appelle *viagros*. Il a quatre longues moustaches ; sur son dos est un aiguillon dont la piqûre est extrêmement dangereuse, elle est même mortelle lorsqu'on n'a pas soin d'y remédier promptement ; cet aiguillon paroît cependant foible, mais on en jugeroit mal si l'on n'examinoit que les apparences. Voici un trait qui peut vous en donner une idée. Ayant pris un de ces poissons, nous le mîmes sur une table épaisse d'un bon doigt ; il la perça de part en part avec une facilité qui nous surprit tous également. Le reste du voyage fut on ne peut pas plus satisfaisant. Après une navigation agréable et tranquille, nous nous trouvâmes à la vue de Buenos-Ayres, d'où je vous écris. Cette ville est, je crois, sous le 32ᵉ degré de latitude méridionale. On y respire un air assez tempéré, quoique souvent un peu trop rafraîchi par les vents qui règnent sur le fleuve de la Plata. Les campagnes des environs n'offrent que de vastes déserts, et l'on

---

[1] Ile des Loups.

n'y trouve que quelques cabanes répandues çà et là, mais toujours fort éloignées les unes des autres. Le pêcher est presque le seul arbre fruitier que l'on voie aux environs de Buenos-Ayres. La vigne ne sauroit y venir à cause de la multitude innombrable de fourmis dont cette terre abonde; ainsi l'on ne boit dans ce pays d'autre vin que celui qu'on y fait venir d'Espagne par mer, ou par terre de Mendoza, ville de Chili, assise au pied des Cordillières, à trois cents lieues de Buenos-Ayres. A la vérité, ces déserts arides et incultes dont je viens de vous parler sont peuplés de chevaux et de bœufs sauvages. Quelques jours après mon arrivée à Buenos-Ayres, un Indien vendit à un homme de ma connoissance huit chevaux pour un baril d'eau-de-vie, encore auroient-ils été fort chers s'ils n'eussent été d'une extrême beauté, car on en trouve communément à six ou huit francs, on peut même en avoir à meilleur marché, mais alors il faut aller les chercher à la campagne, où les paysans en ont toujours un grand nombre à vendre. Les bœufs ne sont pas moins communs; pour s'en convaincre, on n'a qu'à faire attention à la quantité prodigieuse de leurs peaux qui s'envoient en Europe. Vous ne serez pas fâché, mon révérend père, de savoir la manière dont on les prend. Une vingtaine de chasseurs à cheval s'avancent en bon ordre vers l'endroit où ils prévoient qu'il peut y en avoir un certain nombre; ils ont en main un long bâton armé d'un fer taillé en croissant et bien aiguisé; ils se servent de cet instrument pour frapper les animaux qu'ils poursuivent, et c'est ordinairement aux jambes de derrière qu'ils portent le coup, mais toujours avec tant d'adresse qu'ils ne manquent presque jamais de couper le nerf de la jointure. L'animal tombe bientôt à terre sans pouvoir se relever. Le chasseur, au lieu de s'y arrêter, poursuit les autres, et frappant de la même manière tous ceux qu'il rencontre, il les met hors d'état de fuir, de sorte qu'en une heure de temps, vingt hommes peuvent en abattre sept à huit cents. Lorsque les chasseurs sont las, ils descendent de cheval, et après avoir pris un peu de repos, ils assomment les bœufs qu'ils ont terrassés, en emportent la peau, la langue et le suif, et abandonnent le reste aux corbeaux, qui sont ici en si grande quantité que l'air en est souvent obscurci. On feroit beaucoup mieux d'exterminer les chiens sauvages, qui se sont prodigieusement multipliés dans le voisinage de Buenos-Ayres. Ces animaux vivent sous terre dans des tannières faciles à reconnoître par les tas d'ossemens que l'on aperçoit autour. Comme il est fort à craindre que les bœufs sauvages venant à leur manquer, ils ne se jettent sur les hommes mêmes, le gouverneur de Buenos-Ayres avoit jugé cet objet digne de toute son attention. En conséquence il avoit envoyé à la chasse de ces chiens carnassiers des soldats qui en tuèrent beaucoup à coups de fusil; mais au retour de leur expédition, ils furent tellement insultés par les enfans de la ville, qui les appeloient vainqueurs de chiens, qu'ils n'ont plus voulu retourner à cette espèce de chasse.

Je vous ai dit que le fleuve de la Plata étoit un des plus dangereux de l'Inde; l'Uraguay, qui n'en est séparé que par une pointe de terre, ne l'est pas moins; il est vrai qu'il n'est point rempli de bancs de sable comme le premier, mais il est semé de rochers cachés à fleur d'eau qui ne permettent point aux bâtimens à voiles d'y naviguer. Les balses [1] sont les seules barques qu'on y voie et les seules qui n'y courent aucun risque à cause de leur légèreté.

Ce fleuve est, à ce qu'on dit, très-poissonneux. On y trouve des loups marins et une espèce de porc appelé *capigua*, du nom d'une herbe que cet animal aime beaucoup; il est d'une familiarité excessive, et cette familiarité le rend fort incommode à ceux qui veulent le nourrir. Les deux bords du fleuve sont presque couverts de bois de palmiers et d'autres arbres assez peu connus en Europe et qui conservent toute l'année leur verdure. On y trouve des oiseaux en quantité. Je ne m'arrêterai point à vous faire la description de tous ceux que j'y ai vus. Je ne vous parlerai que d'un seul, non moins remarquable par sa petitesse que par la beauté de son plumage: cet oiseau [2] n'est pas plus gros qu'un roitelet, son col est d'un rouge éclatant, son ventre d'un jaune tirant sur l'or

---

[1] Les balses sont des espèces de radeaux faits de deux canots, c'est-à-dire de deux troncs d'arbres creusés. On les unit ensemble par le moyen de quelques solives légères qui portent également sur les deux canots et y sont solidement attachées. On les couvre de bambous, et sur cette espèce de plancher on construit avec des nattes une petite cabane couverte de paille ou de cuir et capable de contenir un lit avec les autres petits meubles d'un voyageur.

[2] C'est probablement le colibri.

et ses ailes d'un vert d'émeraude. Il a les yeux vifs et brillans, la langue longue, le vol rapide et les plumes d'une finesse qui surpasse tout ce que j'ai vu en ce genre de plus doux et de plus délicat. Cet oiseau, dont le ramage m'a paru beaucoup plus mélodieux que celui du rossignol, est presque toujours en l'air, excepté le matin et le soir, temps auquel il suce la rosée qui tombe sur les fleurs et qui est, dit-on, sa seule nourriture. Il voltige de branche en branche tout le reste de la journée, et lorsque la nuit tombe, il s'enfonce dans un buisson ou se perche sur un cotonnier pour y prendre le repos. Cet oiseau conserve encore tout son éclat après sa mort, et comme il est extraordinairement petit, les femmes des sauvages s'en font des pendans d'oreilles, et les Espagnols en envoient souvent à leurs amis dans des lettres.

Ces bois dont je viens de vous parler sont remplis de cerfs, de chevreuils, de sangliers et de tigres. Ces derniers sont beaucoup plus grands et plus féroces que ceux d'Afrique. Quelques Indiens m'apportèrent, il y a huit jours, la peau d'un de ces animaux ; je la fis tenir droite et je pus à peine, même en haussant le bras, atteindre à la gueule de l'animal. Il est vrai qu'il étoit d'une taille extraordinaire; mais il n'est pas rare d'en trouver de semblables. Ordinairement ils fuient lorsqu'ils aperçoivent des chasseurs ; cependant aussitôt qu'ils se sentent frappés d'un balle ou d'un trait, s'ils ne tombent pas morts du coup, ils se jettent sur celui qui les a frappés avec une impétuosité et une fureur incroyables ; on prétend même qu'ils le distingueroient au milieu de cent autres personnes. Le révérend père supérieur des missions de l'Uraguay en fut témoin il y a quelques jours. Ce respectable missionnaire étoit en route avec trois Indiens qui virent entrer un tigre dans un bois voisin de leur route ; aussitôt ils résolurent de l'attaquer. Le missionnaire, curieux de voir cette chasse, se mit incontinent à l'écart pour pouvoir, sans danger, examiner ce qui se passeroit. Les Indiens, accoutumés à ce genre de combat, s'arrangèrent de cette manière : deux étoient armés de lances, le troisième portoit un mousquet chargé à balles. Celui-ci se plaça entre les deux autres. Tous trois s'avancèrent dans cet ordre et tournèrent autour du bois jusqu'à ce qu'enfin ils aperçurent le tigre ; alors celui qui portoit le mousquet lâcha son coup et frappa l'animal à la tête. Le missionnaire m'a raconté qu'il vit en même temps partir le coup et le tigre enferré dans les lances. Car dès qu'il se sentit blessé, il voulut s'élancer sur celui qui avoit tiré le coup ; mais les deux autres, prévoyant bien ce qui devoit arriver, avoient tenu leurs lances prêtes pour arrêter l'animal. Ils l'arrêtèrent en effet, lui percèrent les flancs chacun de leur côté et le tinrent un moment suspendu en l'air. Quelques instans après ils prirent un de ses petits, qui pouvoit avoir tout au plus un mois ; je l'ai vu et touché, non sans crainte, car tout jeune qu'il étoit, il écumoit de rage, ses rugissemens étoient affreux, il se jetoit sur tout le monde, sur ceux même qui lui apportoient à manger : heureusement que ses forces ne répondoient point à son courage, autrement il les eût dévorés. Voyant donc qu'on ne pouvoit l'apprivoiser, et craignant d'ailleurs que ses rugissemens ne nous attirassent la visite des tigres du voisinage, nous lui attachâmes une pierre au col et le fîmes jeter dans l'Uraguay, sur les bords duquel nous nous trouvions alors.

Les Indiens ont encore une manière de faire la guerre aux bêtes féroces. Outre la lance, l'arc et les flèches, ils portent à leur ceinture deux pierres rondes enfermées dans un sac de cuir et attachées aux deux bouts d'une corde longue d'environ trois brasses ; les sacs sont de peau de vache. Les Indiens n'ont pas d'armes plus redoutables. Lorsqu'ils trouvent l'occasion de combattre un lion ou un tigre, ils prennent une de leurs pierres de la main gauche, et de la droite font tourner l'autre à peu près comme une fronde jusqu'à ce qu'ils se trouvent à même de porter le coup, et ils la lancent avec tant de force et d'adresse qu'ordinairement ils abattent ou tuent l'animal. Quand les Indiens sont à la chasse des oiseaux et des bêtes moins dangereuses, ils ne portent communément avec eux que leur arc et leurs flèches. Rarement il arrive qu'ils manquent des oiseaux, même au vol. Souvent ils tuent ainsi de gros poissons qui s'élèvent au-dessus de la surface de l'eau. Mais pour prendre le cerf, la vigogne, le guanacos et d'autre animaux légers à la course, ils emploient les lacets et les deux pierres attachées au bout de la corde dont j'ai parlé. La vigogne ressemble au cerf pour la forme et l'agilité, mais elle est un peu plus grosse. Du poil qui croît sous son ventre, on fabrique des chapeaux fins qu'on appelle pour cette raison chapeaux de vigogne. Le poil des côtés sert à faire des serviettes et des mouchoirs fort estimés. Le guanacos tient aussi de la figure du cerf; il est cependant beaucoup plus petit; il a le col long, de grands yeux noirs et une tête haute qu'il porte fort majestueusement. Son poil est une espèce de laine assez semblable au poil de chèvre, mais j'ignore l'usage qu'on en fait. Cet animal est ennemi de la chaleur : quand le soleil est un peu plus ardent qu'à l'ordinaire, il crie, s'agite et se jette à terre, où il reste quelquefois très-longtemps sans pouvoir se relever.

Outre ces animaux, il en est un qui m'a paru fort singulier, c'est celui que les Moxes appellent *orocomo*[1] : il a le poil roux, le museau pointu, et les dents larges et tranchantes. Lorsque cet animal, qui est de la grandeur d'un gros chien, aperçoit un Indien armé, il prend aussitôt la fuite; mais s'il le voit sans armes, il l'attaque, le renverse par terre, le foule à plusieurs reprises, et quand il le croit mort, il le couvre de feuilles et de branches d'arbres, et se retire. L'Indien, qui connoît l'instinct de cette bête, se relève dès qu'elle a disparu et cherche son salut dans la fuite ou monte sur un arbre, d'où il considère à loisir tout ce qui se passe. L'orocomo ne tarde pas à revenir accompagné d'un tigre qu'il semble avoir invité à venir partager sa proie; mais ne la trouvant plus, il pousse des hurlemens épouvantables, regarde son compagnon d'un air triste et désolé et semble lui témoigner le regret qu'il a de lui avoir fait faire un voyage inutile.

Je ne puis m'empêcher de vous parler encore d'une espèce d'ours particulière qu'on appelle ours aux fourmis. Cet animal a, au lieu de gueule, un trou rond toujours ouvert. Le pays produit une quantité prodigieuse de fourmis; l'ours dont je vous parle met son museau à l'entrée de la fourmilière et y pousse fort avant sa langue, qui est extrêmement pointue; il attend qu'elle soit couverte de fourmis, ensuite il la retire avec promptitude pour engloutir tous ces petits animaux. Le même jeu continue jusqu'à ce que l'ours soit rassasié de ce mets favori. Voilà pourquoi on l'appelle ours aux fourmis.

Quoique l'ours aux fourmis soit sans dents,

il est pourvu néanmoins d'armes terribles. Ne pouvant se jeter sur son ennemi avec fureur, comme font les lions et les tigres, il l'embrasse, il le serre et le déchire avec ses pattes. Cet animal est souvent aux prises avec le tigre; mais comme celui-ci sait faire un aussi bon usage de ses dents que celui-là de ses griffes, le combat se termine d'ordinaire par la mort des deux combattans. Du reste toutes ces bêtes féroces n'attaquent guère les hommes à moins qu'elles n'en soient attaquées les premières, de sorte que les Indiens, qui le savent, passent souvent les journées entières au milieu des forêts sans courir aucun danger.

Ces différens animaux ne sont pas la seule richesse du pays. Il produit toutes les espèces d'arbres que nous connoissons en Europe. On y trouve même dans quelques endroits le fameux arbre du Brésil[1], et celui dont on tire cette liqueur célèbre qu'on appelle sang de dragon[2] et sur laquelle les voyageurs ont débité les fables les plus extravagantes. Je ne vous en dirai rien à présent, parce que je n'en connois point encore toutes les propriétés. Je me réserve à vous les détailler lorsque j'en serai plus instruit. Le pays produit encore certains fruits singuliers dont vous serez bien aise d'avoir quelque idée. Il en est un entre autres qui ressemble assez à une grappe de raisin; mais cette grappe est composée de grains aussi menus que ceux du poivre. Chaque grain renferme une petite semence qu'on mange ordinairement après le repas, et sa vertu consiste à procurer quelque temps après une évacuation douce et facile. Ce fruit, qu'on appelle *mbeque*, est d'un goût et d'une odeur fort agréable. Le pigna, autre fruit du pays, a quelque ressemblance avec la pomme de pin : c'est ce qui a fait donner le nom de pin à l'arbre qui le produit. Cependant la figure du pigna approche davantage de celle de l'artichaut; sa chair, qui est jaune comme celle du coing, lui est fort supérieure et pour la saveur et pour le parfum. On estime beaucoup dans le pays une plante nommée *mburusugia*, qui porte une très-belle fleur que les Indiens appellent la fleur de la passion et qui se change en une es-

[1] On a donné à cet arbre le nom d'*arbre du Brésil* parce que le premier qu'on a vu en Europe avait été apporté du Brésil. C'est le brésillet.

[2] Arbre sang-dragon, ou arbre-dragon; c'est le dragonnier ordinaire, *dracœna draco*.

[1] Le couguar.

pèce de calebasse de la grosseur d'un œuf de poule. Quand ce fruit est mûr, on le suce et l'on en tire une liqueur douce et délicate qui a la vertu de rafraîchir le sang et de fortifier l'estomac. J'ai vu encore une plante nommée pacoë, qui produit des cosses longues, grosses, raboteuses et de différentes couleurs ; ces cosses renferment une espèce de sève de très-bon goût. Je ne vous parlerai pas de l'herbe connue sous le nom de l'herbe du Paraguay, je me contenterai de vous dire que c'est la feuille[1] d'un arbrisseau qui ne se trouvoit autrefois que dans les montagnes de Maracayu, situées à plus de deux cents lieues des peuplades chrétiennes. Lorsque ces peuplades s'établirent dans les terres qu'elles ont défrichées, on y fit venir de jeunes plans de Maracayu, et ils réussirent à merveille. Aujourd'hui il y en a une si grande quantité que les Indiens en font un commerce considérable avec les Espagnols. Vous n'ignorez pas les calomnies et les discours injurieux que ce commerce a occasionnés contre nous ; mais vous savez aussi que la cour d'Espagne n'en a tenu aucun compte : c'est pourquoi je passerai cet article sous silence pour vous dire un mot du génie et des mœurs des Indiens encore barbares qui ne sont soumis à aucune loi.

Les sauvages ne connoissent entre eux ni princes ni rois. On dit en Europe qu'ils ont des républiques, mais ces républiques n'ont point de forme stable ; il n'y a ni lois ni règles fixes pour le gouvernement civil, non plus que pour l'administration de la justice. Chaque famille se croit absolument libre, chaque Indien se croit indépendant. Cependant comme les guerres continuelles qu'ils ont à soutenir contre leurs voisins mettent sans cesse leur liberté en danger, ils ont appris de la nécessité à former entre eux une sorte de société et à choisir un chef qu'ils appellent cacique, c'est-à-dire capitaine ou commandant. En le choisissant, leur intention n'est pas de se donner un maître, mais un protecteur et un père sous la conduite duquel ils veulent se mettre. Pour être élevé à cette dignité, il faut auparavant avoir donné des preuves éclatantes de courage et de valeur.

Plus un cacique devient fameux par ses exploits, plus sa peuplade augmente, et il aura quelquefois sous lui jusqu'à cent cinquante familles.

Si nous en croyons quelques anciens missionnaires, il y a parmi les caciques des magiciens qui savent rendre leur autorité respectable par les maléfices qu'ils emploient pour se venger de ceux dont ils sont mécontens. S'ils entreprenoient de les punir publiquement par la voie d'une justice réglée, on ne tarderoit pas à les abandonner. Ces imposteurs font entendre au peuple que les lions, les tigres et les animaux les plus féroces sont à leurs ordres pour dévorer quiconque refuseroit de leur obéir. On les croit d'autant plus facilement qu'il n'est pas rare de voir ceux que le cacique a menacés tomber dans des maladies de langueur qui sont plutôt un effet du poison qu'on sait leur faire prendre adroitement qu'une suite de la frayeur qu'on leur inspire.

Pour parvenir à la dignité de cacique, les prétendans ont ordinairement recours à quelque magicien, qui, après les avoir frottés de la graisse de quelques animaux, leur fait voir l'esprit des ténèbres dont il se dit inspiré ; après quoi il nomme le cacique, à qui il enjoint de conserver toujours une vénération profonde pour l'auteur de son élévation.

Les républiques ou peuplades d'Indiens se dissipent avec la même facilité qu'elles se forment ; chacun étant son maître, on se sépare dès qu'on est mécontent du cacique et l'on passe sous un autre chef. Les effets que laissent les Indiens dans un lieu qu'ils abandonnent sont si peu de chose qu'il leur est aisé de réparer bientôt leur perte. Leurs demeures ne sont que de misérables cabanes bâties au milieu des bois avec des bambous ou des branches d'arbre posées les unes auprès des autres sans ordre et sans dessin ; la porte en est ordinairement si étroite et si basse qu'il faut, pour ainsi dire, se traîner à terre pour y entrer. Demandez-leur la raison d'une structure si bizarre, ils vous répondront froidement que c'est pour se défendre des mouches, des cousins et de quelques autres insectes dont je ne me rappelle point les noms.

Les Indiens vivent, comme vous savez, du produit de leur chasse et de leur pêche, de fruits sauvages, du miel qu'ils trouvent dans les bois ou de racines qui naissent sans culture.

[1] L'infusion des feuilles de cette plante est encore aujourd'hui fort usitée dans l'Amérique méridionale, ce qui l'a fait nommer aussi thé du Paraguay. C'est le psoralier *psoralia glandulosa*. Dans quelques lieux cette plante est nommée l'herbe de la Saint-Barthélemi.

Les sangliers et les cerfs sont en si grande quantité dans les forêts qu'en peu d'heures les sauvages peuvent renouveler leurs provisions ; mais afin d'en avoir toujours en abondance, ils changent souvent de demeure, et voilà la raison qui les empêche de se rassembler en grand nombre dans un même lieu. Ces changemens sont sans contredit un des plus grands obstacles à leur conversion.

Les sauvages sont presque tous d'une taille haute ; ils sont agiles et dispos. Les traits de leur visage ne diffèrent pas beaucoup de ceux des Européens ; cependant il est facile de les reconnoître à leur teint basané. Ils laissent croître leurs cheveux, parce qu'une grande partie de la beauté consiste, selon eux, à les avoir extrêmement longs. Il n'est rien cependant qui les défigure davantage.

La plupart des Indiens ne portent point de vêtemens ; ils se mettent autour du cou, en guise de collier, certaines pierres brillantes que l'on prendroit pour des émeraudes ou pour des rubis encore bruts. Dans les jours de cérémonie, ils s'attachent autour du corps une bande ou ceinture faite de plumes de différentes couleurs dont la vue est assez agréable. Pour les femmes, elles portent une espèce de chemise, appelée tipoy, avec des manches assez courtes. Les peuples qui sont plus exposés ou plus sensibles au froid se couvrent de la peau d'un bœuf ou d'un autre animal. En été ils mettent le poil en dehors, et en hiver ils le tournent en dedans.

L'adresse et la valeur sont presque les seules qualités dont les sauvages se piquent et presque les seules qu'ils estiment. On leur apprend de bonne heure à tirer de l'arc et à manier les autres armes qui sont en usage parmi eux. Ce qu'il y a d'étonnant, c'est qu'il n'en est aucun qui ne soit extraordinairement habile dans ces sortes d'exercices ; jamais ils ne manquent leur coup, même en tirant au vol. Les massues dont ils se servent dans les combats sont faites d'un bois dur et pesant, elles sont tranchantes des deux côtés, fort épaisses au milieu et se terminent en pointe. A ces armes offensives, quelques-uns ajoutent, lorsqu'ils vont à la guerre, un grand bouclier d'écorce pour se mettre à couvert des traits de leurs ennemis.

Ces peuples sont si vindicatifs que le moindre mécontentement suffit pour faire naître entre deux peuplades la guerre la plus cruelle.

Il n'est pas rare de les voir prendre les armes pour disputer à quelque peuple voisin un morceau de fer, plus estimé chez eux que l'or et l'argent ne le sont en Europe. Quelquefois ils s'arment par pur caprice ou simplement pour s'acquérir une réputation de valeur. Les Européens ne sont peut-être guère en état de sentir ce qu'il y a de barbare dans un pareil procédé. Accoutumés eux-mêmes à s'armer quelquefois sans raison les uns contre les autres, leur conduite ne diffère guère en cela de celle des Indiens ; mais ce qui inspirera sans doute de l'horreur pour ces derniers, c'est l'inclination qu'ils ont à se nourrir de chair humaine. Lorsqu'ils sont en guerre, ils font le plus qu'ils peuvent de prisonniers et les mangent au retour de leur expédition. En temps même de paix, les Indiens d'une même peuplade se poursuivent les uns les autres et se tendent mutuellement des pièges pour assouvir leur appétit féroce. Cependant il faut convenir qu'il en est beaucoup parmi eux qui ont horreur de cette barbare coutume. J'en ai vu d'un caractère doux et paisible : ceux-ci vivent tranquilles chez eux ; s'ils prennent les armes contre leurs voisins, ce n'est que quand la nécessité les y contraint ; mais alors ce sont les plus redoutables dans les combats.

Vouloir entreprendre de vous faire une peinture des mœurs qui conviennent également à tous les peuples sauvages de l'Inde, ce seroit former un projet impossible. Vous concevez que les usages et les coutumes doivent varier presqu'à l'infini. Je me contente donc de rapporter ce qui m'a paru le plus universellement établi parmi eux. On peut cependant dire en général qu'il y a deux espèces d'hommes dans le pays dont je parle : les uns sont absolument barbares, les autres conservent jusque dans le sein même de la barbarie une douceur, une droiture, un amour de la paix et mille autres qualités estimables qu'on est tout étonné de trouver dans des hommes sans éducation et pour ainsi dire sans principes. Les historiens, faute de remarquer cette différence, ont été peu d'accord sur le génie et le caractère des Indiens. Tantôt on nous les représente comme des gens grossiers et stupides, aussi bornés dans leurs vues qu'inconstans et légers dans leurs résolutions, capables d'embrasser aujourd'hui le christianisme et de retourner demain dans leurs bois. Tantôt on nous les peint comme des hommes d'un tempérament vif et plein de feu, d'une patience admirable dans le travail, d'un esprit pénétrant, d'une intelligence vaste, et enfin d'une docilité singulière aux ordres de ceux qui ont droit de leur commander. Telle est l'idée que Barthélemi de Las-Casas nous donne des Indiens qui habitoient le Mexique et le Pérou lorsque les Espagnols y abordèrent pour la première fois. Cet écrivain célèbre auroit dû observer que ces peuples étoient déjà civilisés. Ils avoient en effet un roi environné d'une cour nombreuse, ce qui ne se trouve dans aucune contrée de l'Amérique méridionale. Ce seroit donc à tort qu'on voudroit juger des autres Indiens par ceux-là. Les bonnes et les mauvaises coutumes établies dans chaque canton passent des pères aux enfans, et la bonne ou la mauvaise éducation qu'on y reçoit l'emporte presque toujours sur le caractère propre des particuliers.

Il n'est pas surprenant que des nations errantes et sauvages, telles que la plupart de celles du Paraguay, connoissent si peu la beauté de l'ordre et les charmes de la société. Il n'est pas étonnant non plus que leurs jeunes gens, étant mal élevés et n'ayant sous les yeux que de mauvais exemples, se livrent si facilement à la débauche et à la dissolution. Je trouve encore moins étrange qu'étant accoutumés, comme ils le sont dès leur plus tendre enfance, à la chasse et à la pêche, exercices fatigans, qui ne sont cependant pas sans plaisirs, ils négligent si fort le soin de cultiver les campagnes.

La saison des pluies est pour eux un temps de réjouissances. Leurs festins et leurs danses durent ordinairement trois jours et trois nuits de suite, dont ils passent la plus grande partie à boire; mais il arrive très-souvent que, les fumées de la cicha[1] venant à troubler leur cerveau, ils font succéder les disputes, les querelles et les meurtres à la joie, aux plaisirs et aux divertissemens. Il est permis aux caciques d'avoir plusieurs femmes ; les autres Indiens n'en peuvent avoir qu'une, mais si par hasard ils viennent à s'en dégoûter, ils ont droit de la renvoyer et d'en prendre une autre. Jamais un père n'accorde sa fille en mariage à moins que le prétendant n'ait donné des preuves non équivoques de son adresse et de sa valeur. Celui-ci va donc à la chasse, tue le plus qu'il peut de gibier, l'apporte à l'entrée de la cabane où demeure celle qu'il veut épouser et se retire sans dire mot. Par l'espèce et la quantité du gibier, les parens jugent si c'est un homme de cœur et s'il mérite d'obtenir leur fille en mariage.

Il y a beaucoup d'Indiens qui n'ont point d'autre lit que la terre ou quelques ais, sur lesquels ils étendent une natte de jonc et la peau des animaux qu'ils ont tués. Ils se croient fort heureux lorsqu'ils peuvent se procurer un hamac : c'est une espèce de filet suspendu entre quatre pieux; quand la nuit arrive, ils le suspendent à des arbres pour y prendre leur repos.

L'orateur romain dit quelque part qu'il n'y a aucun peuple dans le monde qui ne reconnoisse un Être-Suprême et qui ne lui rende hommage. Ces paroles se vérifient parfaitement bien à l'égard de certains peuples du Paraguay, peuples grossiers et barbares, dont quelques-uns, à la vérité, ne rendent aucun culte à Dieu, mais qui sont persuadés de son existence et qui le craignent beaucoup. Ils sont également persuadés que l'âme ne périt point avec le corps, du moins je l'ai jugé ainsi par le soin avec lequel ils ensevelissent leurs morts : ils mettent auprès d'eux des vivres, un arc, des flèches et une massue, afin qu'ils puissent pourvoir à leur subsistance dans l'autre vie et que la faim ne les engage pas à revenir dans le monde pour tourmenter les vivans. Ce principe universellement reçu parmi les Indiens est d'une grande utilité pour les conduire à la connoissance de Dieu. Du reste, la plupart s'embarrassent très-peu de ce que deviennent les âmes après la mort.

Les Indiens donnent à la lune le titre de mère, et l'honorent en cette qualité. Lorsqu'elle s'éclipse, on les voit sortir en foule de leurs cabanes en poussant des cris et des hurlemens épouvantables et lancer dans l'air une quantité prodigieuse de flèches pour défendre l'astre de la nuit des chiens qu'ils croient s'être jetés sur lui pour le déchirer. Plusieurs peuples de l'Asie, quoique civilisés, pensent sur les éclipses de lune à peu près comme les sauvages de l'Amérique.

Quand il tonne, ces nations s'imaginent que l'orage est suscité par l'âme de quelqu'un de leurs ennemis morts qui veut venger la honte

---

[1] Boisson des Indiens.

de sa défaite. Les sauvages sont très-superstitieux dans la recherche de l'avenir. Ils consultent souvent le chant des oiseaux, le cri de certains animaux et les changemens qui surviennent aux arbres. Ce sont leurs oracles, et ils croient pouvoir en tirer des connoissances certaines sur les accidens fâcheux dont ils sont menacés.

N'attendez pas de moi que je vous détaille les différens points de la religion de ces barbares. D'abord je ne la connois que fort imparfaitement. Outre cela, comme chaque peuple a son culte, ses cérémonies et ses dieux particuliers, je serois infini si je voulois vous en faire une description exacte et complète. Peut-être qu'un jour je pourrai vous donner cette satisfaction ; mais auparavant je veux tout voir par moi-même, pour ne rien vous marquer que de certain. J'ai l'honneur d'être en l'union de N.-S. J.-C., etc.

LETTRE DU P. ANTOINE SEPP

AU P. GUILLAUME STINGLHAIM.

Etat de la religion au Paraguay.

MON RÉVÉREND PÈRE,
La paix de N.-S.

La mission du Paraguay, une des plus florissantes que nous ayons dans le Nouveau-Monde, mérite certainement votre attention et celle de toutes les personnes qui s'intéressent à la propagation de la foi. La grâce que Dieu m'a faite de m'y consacrer depuis plusieurs années me met en état de vous en donner des connoissances qui vous apprendront les qualités que doivent avoir ceux qui vous pressent de les envoyer partager avec nous les travaux de la vie apostolique. Au reste je ne vous entretiendrai ici que de ce qui me regarde, laissant aux autres missionnaires le soin d'informer leurs amis qui sont en Europe de ce qui se passe dans les nouvelles missions qui leur sont confiées.

Il y a peu d'années qu'on avoit formé le dessein de porter la foi chez les peuples infidèles qu'on appelle ici Tscharos. Ils sont presque aussi féroces que les bêtes parmi lesquelles ils vivent ; ils vont quasi tout nus, et ils n'ont guère de l'homme que la figure. Il ne faudroit point d'autre preuve de leur barbarie que la bizarre coutume qu'ils observent à la mort de leurs proches : quand quelqu'un vient à mourir, chacun de ses parens doit se couper l'extrémité des doigts de la main ou même un doigt tout entier pour mieux témoigner sa douleur ; s'il arrive qu'il meure assez de personnes pour que leurs mains soient tout à fait mutilées, ils vont aux pieds, dont ils se font pareillement couper les doigts à mesure que la mort leur enlève quelque parent.

On songea donc à civiliser ces barbares et à leur annoncer l'Évangile. On jeta les yeux pour cela sur deux missionnaires pleins de zèle et de courage, savoir : le père Antoine Bohm, qui est mort depuis quelque temps de la mort des saints, et le père Hippolyte Doctili, Italien. L'un et l'autre ont acquis un grand usage de traiter avec les Indiens par le grand nombre de nations du Paraguay qu'ils ont converties à la foi.

Un de ces Indiens, nommé Moreyra, qui étoit fort accrédité parmi ses compatriotes et qui entendoit assez bien la langue espagnole, s'offrit aux missionnaires pour leur servir d'interprète. L'offre fut acceptée avec joie : c'étoit un imposteur qui abusoit de la confiance des deux hommes apostoliques, et qui, loin d'entrer dans leurs vues, ne cherchoit qu'à ruiner leur projet et à rendre odieux le nom chrétien. Lorsque les pères expliquoient à ces infidèles les vérités de la religion, le perfide trucheman, au lieu d'interpréter leurs paroles dans la langue du pays, les avertissoit de se précautionner contre la tyrannie des Espagnols et leur faisoit entendre que ces nouveaux venus ne pensoient qu'à les attirer peu à peu vers leurs peuplades afin de les livrer ensuite aux ennemis de la nation et de les jeter dans un cruel esclavage.

Il n'en fallut pas davantage pour irriter tous les esprits contre les missionnaires : on prenoit déjà des mesures pour les massacrer. Le père Bohm eût été sacrifié le premier à leur fureur si un néophyte qui l'accompagnoit n'eût arrêté le bras d'un de ces barbares, qu'il avoit déjà levé pour lui décharger un coup de massue sur la tête. Des dispositions si éloignées du christianisme firent juger aux deux missionnaires qu'il n'étoit pas encore temps de travailler à la conversion de ces peuples, et ils se retirèrent pénétrés de douleur d'avoir eu si peu de succès dans leur entreprise.

Peu de jours après leur départ, le même Moreyra, qui avoit fait échouer par ses artifices le projet des missionnaires, parut dans ma peuplade, qui n'est pas éloignée des terres habitées par ceux de sa nation. La pensée me vint de gagner cette âme endurcie depuis longtemps dans toutes sortes de crimes et dont l'aversion pour le christianisme sembloit être insurmontable. Je l'engageai peu à peu par des démonstrations d'amitié à venir dans ma cabane; je l'y reçus avec tendresse, je lui donnai de l'herbe[1] du Paraguay, et je lui fis d'autres petits présens que je savois devoir lui être agréables.

Ces marques d'affection l'apprivoisèrent insensiblement; attiré par mes caresses et par mes libéralités, il vint toutes les semaines me rendre quelques visites; il m'amena même son fils. Quand je crus l'avoir gagné tout à fait, je lui représentai fortement le déplorable état dans lequel il vivoit; je lui fis sentir qu'étant dans un âge avancé, il devoit bientôt paroître au tribunal du souverain juge et qu'il devoit s'attendre à des supplices éternels si, continuant à fermer les yeux à la lumière qui l'avoit tant de fois éclairé, il persévéroit dans son infidélité. Je l'embrassai en même temps et je le conjurai d'avoir pitié de lui-même. Je m'aperçus qu'il s'attendrissoit, et aussitôt je le mis lui et son fils entre les mains de quelques néophytes pour le retenir dans la peuplade. Il est maintenant entièrement changé; il se rend exactement à l'église avec les autres fidèles; quoiqu'il ait soixante ans, il ne fait nulle difficulté de s'asseoir au milieu des enfans, de faire le signe de la croix et d'apprendre comme eux le catéchisme; il récite le rosaire avec les néophytes; enfin c'est sincèrement qu'il est converti, et il y a lieu de croire que son exemple produira aussi la conversion de ses compatriotes : sa femme l'a déjà suivi avec dix familles de la même nation qui demandent le baptême et qui demeurent dans ma peuplade pour se faire instruire.

Le fils de Moreyra, touché de la grâce que Dieu lui avoit faite de l'appeler au christianisme, ne songea plus qu'à procurer le même bonheur à ceux qui lui étoient le plus chers. Il alla lui-même chercher sa femme et l'amena à la peuplade. Elle a un frère, marié dans le même pays, qui a voulu l'y accompagner, et il me presse maintenant de le mettre au rang des chrétiens.

Quelques jours après son arrivée, la femme de ce dernier se présenta à moi presque demi-morte de lassitude et de la longue abstinence qu'elle avoit gardée. « Il y a longtemps, me dit-elle en m'abordant, que je désire d'embrasser le christianisme; quand je me suis vue abandonnée de mon mari, je n'ai plus pensé qu'à exécuter mon dessein; j'ai donc pris le parti de venir le joindre, mais j'ai eu le malheur de plaire à de jeunes Indiens qui, se doutant de ma résolution, ne me perdoient pas de vue et cherchoient à me retenir malgré moi pour me faire enfin consentir à leurs passions brutales. Je me suis échappée pendant la nuit, et lorsque je me croyois fort éloignée d'eux, je les ai aperçus dès la pointe du jour qui me poursuivoient. J'avois beau courir, ils étoient sur le point de m'atteindre. Dans l'extrémité où je me trouvois, je me suis jetée dans un marais qui étoit tout proche; j'y ai demeuré tout le jour enfoncée dans la boue jusqu'au col. La crainte que j'avois d'être découverte me jetoit dans de continuelles alarmes et ne me laissoit pas la liberté de faire attention à ce que je souffrois dans un lieu si incommode. Enfin j'ai cru qu'à la faveur de la nuit je pouvois sortir de mon marais et continuer ma route en toute sûreté. Le Seigneur, qui m'a protégée dans cette fâcheuse conjoncture et à qui je dois ma délivrance, a guidé mes pas vers vous, et je sens que votre présence me fait oublier toutes mes fatigues : aidez-moi, mon père, dans le dessein que j'ai d'entrer dans la voie du salut, c'est l'unique chose après laquelle je soupire, et c'est aussi la seule qui ait pu vous porter à venir demeurer au milieu de nous. »

Un si grand courage dans une personne du sexe a quelque chose de bien extraordinaire. Je ne jugeai pas qu'elle eût besoin d'autre épreuve pour me convaincre de la sincérité de ses dispositions; c'est pourquoi, aussitôt qu'elle fut instruite, je lui administrai le saint baptême. La ferveur de sa piété répond parfaitement à la fermeté qu'elle a fait paroître pour rompre les liens qui l'auroient attachée pour toujours à l'idolâtrie.

Je jouissois de la douceur que goûte un missionnaire à retirer des âmes égarées du chemin

---

[1] Cette herbe est de même usage que le thé.

de la perdition lorsque je reçus ordre de mes supérieurs de me rendre à Notre-Dame-de-Foi : c'est une des peuplades les plus nombreuses et et les plus étendues qui soient dans le Paraguay ; elle est située aux bords du fleuve Parana. Le père Ferdinand de Orga, qui gouvernoit cette Église, n'étoit plus en état de remplir ses fonctions, soit à cause de son grand âge qui passoit quatre-vingts ans, soit à cause de plusieurs infirmités qui étoient le fruit de ses longs travaux.

Ce bon vieillard me témoigna l'excès de sa joie par l'abondance des larmes qu'il répandit en m'embrassant. En effet, jamais cette chrétienté n'eut plus besoin d'être secourue que dans le temps que j'y arrivai. La peste qui était répandue dans tout le Paraguay se faisoit déjà sentir dans la peuplade, et elle y fit en peu de temps de plus grands ravages que partout ailleurs.

Cette maladie commençoit d'abord par de petites pustules qui couvroient tout le corps de ceux qui en étoient frappés ; ensuite elle saisissoit le gosier et portoit un feu dévorant dans les entrailles, qui, desséchant l'humide radical, affoiblissoit l'estomac et causoit un dégoût universel, ce qui étoit suivi de la pourriture des intestins et d'un flux de sang continuel. Les enfans même qui étoient encore dans le sein de leur mère n'étoient pas épargnés. Plusieurs de ces enfans naissoient avant le terme ordinaire : mon attention étoit de les baptiser aussitôt, car ils mouroient tous le même jour qu'ils étoient nés.

Comme il me falloit pourvoir aux besoins du corps et de l'âme de tant de malades et de mourans, il ne m'eût pas été possible de visiter chaque jour toutes les maisons de la peuplade ; ainsi, afin d'être plus à portée de les secourir, je pris le parti de les rassembler tous dans un même lieu. Je choisis pour cela un bâtiment fort vaste où se fabriquoit la tuile, dont je fis une espèce d'hôpital ; j'y fis transporter dans leurs hamacs tous ceux qui ressentoient les premières atteintes du mal contagieux ; je plaçai les hommes d'un côté et les femmes de l'autre ; je pratiquai aussi un lieu séparé pour celles qui étoient enceintes, et on m'avertissoit aussitôt que quelque enfant venoit au monde, afin de le baptiser sur-le-champ.

Mon premier soin étoit d'abord d'administrer les sacremens à chaque malade et de le disposer à une sainte mort. Ensuite je leur donnois les remèdes que je croyois pouvoir les guérir et qui effectivement en ont tiré plusieurs des portes de la mort. J'appris à quelques Indiens la manière dont ils devoient s'y prendre pour saigner. Le premier couteau, ou quelque autre outil semblable, qui leur tomboit sous la main leur servoit de lancette, et en peu de temps ils ouvrirent la veine à plus de mille personnes. Je parcourois plusieurs fois le jour chaque hamac, soit pour porter des bouillons aux malades, soit pour leur faire boire de l'eau de limon afin de rafraîchir leurs entrailles. Comme la malignité de la contagion se jetoit presque toujours sur leurs yeux ou sur leurs oreilles, en sorte qu'ils étoient en danger de demeurer sourds ou aveugles le reste de leur vie, je faisois une autre tournée, suivi d'un Indien qui leur ouvroit les yeux, tandis qu'à la faveur d'un long tuyau j'y soufflois du sucre candi en poudre ou bien je leur mettois dans l'oreille de petites boules de coton imbibées de vinaigre. Telles furent pendant près de trois mois mes occupations de chaque jour, qui me laissoient à peine le temps de prendre un morceau à la hâte et de réciter mon office.

Ces remèdes, que Dieu m'inspira de leur donner, eurent tout le succès que je pouvois souhaiter ; ils rendirent la santé à un grand nombre de ces pauvres gens, qui, étant dépourvus comme ils le sont de tout secours humain, n'auroient jamais pu résister sans moi à la violence du mal. J'attribue aussi la guérison subite de plusieurs à une protection sensible de la sainte Vierge, qu'ils invoquoient lorsqu'ils étoient sur le point de rendre le dernier soupir. J'avois dressé un autel au milieu de la salle et j'y avois posé sa statue, au pied de laquelle je mis un morceau de la statue miraculeuse de Notre-Dame-d'Oëtingen, qui m'a été donné par MM. les chanoines de cette ville losque je partis de Bavière pour la mission du Paraguay.

Le temps ne me permet pas d'entrer dans le détail de toutes les faveurs qu'elle répand sur nos Indiens ; les moins crédules parmi eux en sont tellement frappés qu'ils la réclament dans tous leurs besoins, et ce n'est pas en vain qu'ils ont recours à cette mère de miséricorde ; nous avons encore éprouvé tout récemment l'effet de ses bontés. La peste, ayant cessé d'affliger nos néophytes, s'étoit répandue dans les campagnes ; le blé, qui étoit déjà en fleur, se trouva tout corrompu par l'infection de l'air : on ne doutoit plus que la disette ne devint universelle et que la famine ne fît périr ceux que les maladies avoient épargnés.

Dans l'extrême consternation où l'on étoit, il me vint dans l'esprit de faire une procession générale et de porter la statue de la sainte Vierge dans toutes les campagnes. Cette procession se fit avec un grand ordre ; tous les habitans de la peuplade, jusqu'aux plus petits enfans, y assistèrent, et jamais ils ne donnèrent des marques plus véritables de leur piété. La confiance que nous avions eue en la mère de Dieu ne fut pas vaine : les campagnes prirent aussitôt une face nouvelle et la récolte fut des plus abondantes, en sorte même que nous fûmes en état d'assister les peuplades voisines, que la stérilité faisoit beaucoup souffrir.

Je me croyois à la fin de toutes mes fatigues, et je commençois à respirer lorsque je me sentis attaqué à mon tour d'une maladie qui me fit croire que je touchois à ma dernière heure ; je tombai tout à coup dans une faiblesse extrême, accompagnée d'un dégoût général de toutes choses. On jugea que le repos et le changement d'air pourroient me rétablir ; ainsi je quittai le climat sec et brûlant où j'étois pour me rendre sur les bords du fleuve Uruguay, où l'air est beaucoup plus doux et plus tempéré. Mon départ coûta bien des larmes à ces pauvres Indiens, qui me regardoient comme leur libérateur ; je n'avois pas moins de peine à me séparer d'eux ; mais dans l'état de langueur où je me trouvois, ma présence leur étoit absolument inutile. Ainsi je me traînai comme je pus jusqu'à la peuplade de Saint-François-Xavier, où à peine eus-je demeuré quelques jours que je sentis mes forces revenir peu à peu et que ma santé fut bientôt rétablie.

Le Seigneur, en me rendant la vie lorsque je me croyois à la fin de ma course, me destinoit à d'autres travaux. La peuplade de Saint-Michel, la plus grande qui soit dans le Paraguay, étoit devenue si nombreuse qu'un missionnaire ne pouvoit plus suffire à l'instruction de tant de peuples ; l'église, quoique fort vaste, ne pouvoit plus les contenir, et les campagnes capables de culture ne rapportoient que la moitié des grains nécessaires pour leur subsistance. C'est ce qui fit prendre la résolution de partager la peuplade et d'en tirer de quoi établir ailleurs une colonie.

On me chargea de l'exécution de cette entreprise, dont je comprenois toute la difficulté. Il s'agissoit de conduire quatre à cinq mille personnes dans une rase campagne, d'y bâtir des cabanes pour les loger et de défricher des terres incultes pour en tirer de quoi les nourrir. Je savois d'ailleurs combien les Indiens sont attachés au lieu de leur naissance et l'aversion extrême qu'ils ont pour toute sorte de travail. Les autres difficultés que je prévoyois ne me paroissoient pas moins grandes.

Néanmoins, regardant l'ordre de mes supérieurs comme me venant de Dieu même, plus j'avois sujet de me défier de mes propres forces, plus je m'appuyai sur le secours du ciel, et à l'instant toutes mes répugnances s'évanouirent. J'assemblai donc les principaux Indiens qu'on appelle *caciques* (ce sont les chefs des premières familles, qui ont dans leur dépendance quarante, cinquante et quelquefois cent Indiens, dont ils sont absolument les maîtres); je leur représentai la nécessité où l'on étoit de diviser leur peuplade à cause de la multitude excessive de ses habitans ; qu'ils devoient faire un sacrifice à Dieu de l'inclination qu'ils avoient à demeurer dans une terre qui leur étoit si chère; que je ne leur demandois rien que je n'eusse pratiqué moi-même, puisque j'avois quitté ma patrie, mes parens et mes amis pour venir demeurer parmi eux et leur enseigner le chemin ; qu'au reste ils pouvoient compter que je ne les abandonnerois pas ; qu'ils me verroient marcher à leur tête et partager avec eux les plus rudes travaux.

Ces paroles, que je prononçai d'une manière tendre, firent une telle impression sur leur esprit qu'à l'instant vingt et un caciques et sept cent cinquante familles se joignirent à moi et s'engagèrent de me suivre partout où je voudrois les conduire. Ils renouvelèrent leurs promesses à l'arrivée du révérend père provincial : « *Payguacu !* s'écrièrent-ils en leur langue, *aguy yebete yebi yebi oro inache engandebe,* » c'est-à-dire : « Grand-père (ils appellent ainsi le père provincial), nous vous remercions de la visite que vous voulez bien nous rendre ; nous irons volontiers où vous souhaitez. »

Il n'y a que Dieu qui ait pu mettre dans le cœur de ces Indiens une disposition si prompte à l'accomplissement de notre dessein. Dès lors je jugeai favorablement du succès et je ne songeai plus qu'à me mettre en chemin pour chercher un lieu propre à fonder la nouvelle colonie. Les principaux caciques m'accompagnèrent à cheval; nous marchâmes toute la journée vers l'orient, et enfin nous découvrîmes sur le soir un vaste terrain environné de collines et de bois fort touffus. Au haut de ces collines nous trouvâmes quatre sources extrêmement claires, dont les eaux serpentoient lentement dans les campagnes et descendoient dans le fond de la vallée, où elles formoient une petite rivière assez agréable. Les rivières sont nécessaires dans une habitation d'Indiens, parce que ces peuples étant d'un tempérament fort chaud ont besoin de se baigner plusieurs fois le jour. J'ai même été surpris de voir que, lorsqu'ils ont mangé, le bain étoit l'unique remède qui les guérissoit de leur indigestion.

Nous entrâmes ensuite dans les bois, où nous fîmes lever quantité de cerfs et d'autres bêtes fauves. La situation d'un lieu si commode nous détermina à y établir notre peuplade. Le lendemain, qui étoit la fête de l'Exaltation de la sainte croix, nous montâmes au plus haut de la colline, et j'y plantai une croix fort élevée pour prendre possession de cette terre au nom de Jésus-Christ. Tous nos Indiens l'adorèrent en se prosternant, après quoi ils chantèrent le *Te Deum* en actions de grâces.

Je portai aussitôt à la peuplade de Saint-Michel l'agréable nouvelle de la découverte que nous venions de faire. Tous les Indiens destinés à peupler la nouvelle colonie se disposèrent au départ et firent provision des outils qu'ils purent trouver, soit pour couper les bois, soit pour mettre les terres en état d'être cultivées; ils conduisirent aussi un grand nombre de bœufs propres au labour. Je ne jugeai pas à propos que leurs femmes et leurs enfans les suivissent, jusqu'à ce que la peuplade commençât à se former et que la terre eût porté de quoi fournir à leur subsistance.

Les caciques commencèrent d'abord par faire le partage des terres que devoit posséder chaque famille; ensuite ils semèrent quantité de coton: cette plante vient fort bien dans les campagnes du Paraguay; la semence en est noire et de la grosseur d'un pois : l'arbre croît en forme de buisson, il porte dès la première année; il faut le tailler chaque année comme on taille la vigne en Europe. La fleur paroît vers le mois de décembre ou de janvier; elle ressemble assez à une tulipe jaune : au bout de trois jours elle se fane et se détache; un bouton lui succède, qui mûrit peu à peu : il s'ouvre vers le mois de février et il en sort un flocon de laine fort blanche : c'est de cette laine que les Indiens font leurs vêtemens. Les missionnaires apportèrent autrefois du chanvre d'Espagne; il croîtroit dans ce pays aussi facilement que croît le coton; mais l'indolence des femmes indiennes ne peut s'accommoder de toutes les façons qu'il faut donner au chanvre pour le mettre en état d'être filé : le travail leur en a paru trop difficile, et elles l'abandonnèrent pour se borner à la toile de coton qu'elles font avec moins de peine.

Aussitôt qu'on eut appris dans les autres peuplades que nous travaillions à fonder une nouvelle colonie, chacune à l'envi voulut nous aider : les uns nous envoyèrent des bœufs, d'autres nous amenèrent des chevaux, quelques autres nous apportèrent du blé d'Inde, des pois et des fèves pour ensemencer les terres. Ce secours, venu si à propos, encouragea nos Indiens; ils partagèrent entre eux les travaux : une partie fut destinée à labourer la terre et à y semer les grains; l'autre partie, à couper des arbres pour la construction de l'église et des maisons. Avant toutes choses, je choisis le lieu où devoient se construire l'église et la maison du missionnaire; de là je tirai des lignes parallèles qui devoient être autant de rues où l'on devoit bâtir les maisons de chaque famille, en sorte que l'église étoit comme le centre de la peuplade où aboutissoient toutes les rues. Selon ce plan, le missionnaire se trouve logé au milieu de ses néophytes, et par là il est plus à portée de veiller à leur conduite et de leur rendre tous les services propres de son ministère.

Pendant que mes Indiens étoient occupés à bâtir la nouvelle peuplade, je fis une découverte qui nous sera dans la suite d'une grande utilité. Ayant aperçu une pierre extrêmement dure, qu'on appelle ici *itacura* parce qu'elle est semée de plusieurs taches noires, je la jetai dans un feu très-ardent et je trouvai que ces grains ou ces taches qui couvroient la pierre, se détachant de toute la masse par la violence du feu, se changeoient en du fer aussi bon que celui qu'on trouve dans les mines d'Europe.

Cette découverte me fit d'autant plus de plaisir que nous étions obligés de faire venir d'Espagne tous les outils dont on a besoin;

mais il n'y avoit pas moyen d'en fournir un si grand peuple : aussi un Indien se croyoit-il fort riche lorsqu'il avoit une faulx, une hache ou un autre instrument de cette nature. Lorsque j'arrivai au Paraguay, la plupart de ces pauvres gens coupoient leurs blés avec des côtes de vache, qui leur tenoient lieu de faulx; un roseau d'une espèce particulière, qu'ils fendoient par le milieu, leur servoit de couteau ; ils employoient des épines pour coudre leurs vêtemens. Telle étoit leur pauvreté, qui me rend encore plus précieuse l'heureuse découverte que je viens de faire.

En même temps que je remerciois le Seigneur de ce nouveau secours qu'il m'envoyoit, je bénissois sa providence d'avoir dépourvu le Paraguay de toutes les choses capables d'exciter l'avidité des étrangers. Si l'on trouvoit dans le Paraguay des mines d'or ou d'argent, comme on en trouve en d'autres pays, il se peupleroit bientôt d'Européens qui forceroient nos Indiens à fouiller dans les entrailles de la terre pour en tirer le précieux métal après lequel ils soupirent : il arriveroit de là que, pour se soustraire à une si dure servitude, les Indiens prendroient la fuite et chercheroient un asile dans les plus épaisses forêts, en sorte que n'étant plus réunis dans les peuplades, comme ils le sont maintenant, il ne seroit pas possible aux missionnaires de travailler à leur conversion ni de les instruire des vérités du christianisme.

Il y avoit près d'un an qu'on étoit occupé à former la nouvelle peuplade : l'église et les maisons étoient déjà construites, et la moisson surpassoit nos espérances. Je crus qu'il étoit temps d'y transporter les femmes et les enfans, que j'avois retenus jusqu'alors dans la peuplade de Saint-Michel. C'étoit un touchant spectacle de voir cette multitude d'Indiennes marcher dans les campagnes, chargées de leurs enfans qu'elles portoient sur leurs épaules et des autres ustensiles propres du ménage qu'elles tenoient dans leurs mains. Aussitôt qu'elles furent arrivées, on les logea dans la maison qui leur étoit destinée, où elles oublièrent bientôt leurs anciennes habitations et les fatigues qu'elles avoient essuyées pour se transporter dans cette nouvelle terre.

Il ne s'agissoit plus que de donner une forme de gouvernement à cette colonie naissante : on fit donc le choix de ceux qui avoient le plus d'autorité et d'expérience pour administrer la justice; d'autres eurent les charges de la milice pour défendre le pays des excursions que les peuples du Brésil font de temps en temps sur ces terres; on occupa le reste du peuple aux arts mécaniques.

Il n'est pas concevable jusqu'où va l'industrie des Indiens pour tous les ouvrages des mains ; il leur suffit de voir un ouvrage d'Europe pour en faire un semblable, et ils l'imitent si parfaitement qu'il est difficile de décider lequel des deux a été fait dans le Paraguay. J'ai parmi mes néophytes un nommé Païca qui fait toutes sortes d'instrumens de musique et qui les touche avec une dextérité admirable. Le même grave sur l'airain après l'avoir poli, fait des sphères astronomiques, des orgues d'une invention nouvelle et une infinité d'autres ouvrages de cette nature. Il y en a parmi nos Indiennes qui, avec des laines de diverses couleurs, font des tapis qui égalent en beauté ceux de Turquie.

Mais c'est surtout pour la musique qu'ils ont un génie particulier : il n'y a point d'instrument, quel qu'il soit, qu'ils n'apprennent à toucher en très-peu de temps, et ils le font avec une délicatesse qu'on admireroit dans les plus habiles maîtres. Il y a dans ma nouvelle colonie un enfant de douze ans qui joue sans broncher sur sa harpe les airs les plus difficiles et qui demandent le plus d'étude et d'usage. Cette inclination que nos Indiens ont pour la musique a porté les missionnaires à les entretenir dans ce goût ; c'est pour cela que le service divin est toujours accompagné du son de quelques instrumens, et l'expérience a fait connoître que rien n'aidoit davantage à leur inspirer du recueillement et de la dévotion.

Ce qu'on aura de la peine à comprendre, c'est que ces peuples, ayant un génie si rare pour tous les ouvrages qui se font de la main, n'aient cependant nul esprit pour comprendre ce qui est tant soit peu dégagé de la matière et qui ne frappe pas les sens. Leur stupidité pour les choses de la religion est telle que les premiers missionnaires doutèrent quelque temps s'ils avoient assez de raison pour être admis aux sacremens. Ils proposèrent leurs doutes au concile de Lima, qui, après avoir mûrement examiné les raisons qu'on apportoit pour et contre, décida pourtant qu'ils n'étoient pas tellement dépourvus d'intelligence qu'on dût leur refuser les sacremens de l'Église. Cela seul doit vous faire juger combien il en coûte aux missionnaires pour former au christianisme un peuple aussi grossier que celui-là. Grâces à Dieu, mes néophytes sont bien instruits, mais je n'ai pu y réussir qu'en rebattant sans cesse les mêmes vérités et qu'en les faisant entrer dans leur esprit par des comparaisons sensibles qui sont à leur portée.

Voilà, mon révérend père, quelles ont été mes principales occupations depuis quelques années. Priez le Seigneur qu'il me donne les forces nécessaires pour soutenir les travaux auxquels il a plu à sa bonté de me destiner. Surtout je vous conjure de vous souvenir à l'autel de ce petit troupeau, aussi bien que du pasteur à qui il est confié. Je suis avec beaucoup de respect, etc.

MISSIONS DE L'INDE.

PRÉFACE.

Dans les anciennes éditions, la correspondance des missionnaires sur Malana, Java, les Philippines et les îles Palaos, fait partie des *Mémoires de l'Inde* et s'y trouve mêlée.

Nous adoptons un classement plus conforme aux notions actuelles de la géographie, et nous donnons sous trois titres distincts les lettres, renseignemens et annotations qui se rapportent à l'*Inde*, à l'*Indo-Chine* et à l'*Océanie*.

Chaque partie a besoin de sa préface explicative, et ici spécialement nous nous occupons de ce qui concerne la première.

Jadis on n'allait dans l'Inde que par la Perse. Les épices, les étoffes, les diamans et les perles ne venaient à l'Europe que par Ispahan et Tiflis. On conçoit la lenteur du trajet et le prix qu'il fallait mettre à des objets rares transportés à dos de chameau et de mulet à travers mille dangers et mille obstacles.

Les Portugais firent les premiers le tour de l'Afrique par le cap de Bonne-Espérance. Mais ce chemin qu'ils avaient découvert, ils le cachaient aux autres nations, et ce ne fut qu'après plus d'un siècle qu'il fut commun à tous les navigateurs.

Vainqueurs des tempêtes, les aventuriers, partis de Lisbonne, dépassèrent le Cap, puis ils se jetèrent sur les côtes de l'Asie méridionale, et loin d'y rencontrer aucune résistance, ils furent accueillis comme délibérateurs par ces indigènes, fatigués du joug des soubhabs et des brames.

C'est ainsi que l'Inde aida elle-même à son asservissement. Les Portugais prirent le pouvoir et ne furent pas longtemps sans en abuser. Ils se distinguaient plutôt par la valeur que par la justice et la morale, et quand les populations désenchantées s'aperçurent qu'elles n'avaient fait que changer de tyrans, une haine violente vint succéder à leur premier enthousiasme.

Telles étaient leurs dispositions envers les Portugais quand Louis XIV forma le projet d'envoyer des missionnaires dans l'Inde; et comme une ambassade française allait partir pour Siam, il profita de cette occasion pour faire monter sur les mêmes vaisseaux six jeunes prêtres de la compagnie de Jésus, qu'on déposa sur la pointe méridionale du Dekhan, théâtre assigné à leurs travaux apostoliques. Leur vertu, leur courage et leur étude les rendaient propres à cette mission importante.

Ils étaient tous membres de l'Académie des sciences, et ils en avaient reçu les instructions et les directions les plus importantes.

C'étaient les pères Fontenay, Tachard, Gerbillon, Lecomte, Bouvet et Viserlou.

Le succès de leurs prédications nécessita bientôt après l'appel d'un plus grand nombre de missionnaires. Le roi en élut quinze autres, qui plus tard furent suivis de plus de soixante, tous ardens et courageux, se répandant avec rapidité dans tous les royaumes de l'Inde, et contribuant aux progrès de notre commerce comme à la gloire de la science et au triomphe de la foi.

La mission de l'Inde offrait des difficultés de plus d'un genre. Il fallait connaître les différens dialectes du pays, se mêler aux familles et aux mœurs, céder à des exigences sans fin, céder même d'abord aux préjugés pour les mieux combattre, prendre la nourriture et l'habit de chaque peuple, s'armer de patience et de raison pour lutter tour à tour contre les faibles et contre les forts, contre l'indifférence ou le fanatisme, contre les princes et les brames, contre les marchands et les voleurs, contre les saisons et le climat, contre la famine et la peste, la prison, les tortures, la mort.

Rien n'ébranla la constance des missionnaires. Ils bravèrent tout, et le tableau de leurs efforts et de leurs conquêtes, de leurs supplices et de leur résignation, en se déroulant aux yeux de l'Europe, y fit une impression qui, nous le pouvons dire, ne s'est point effacée et ne s'effacera jamais. Éternel sera le souvenir des missions de Maduré, de Carnate, de Marava, de Malabar.

La mission française dans l'Inde compte en ce moment treize apôtres européens, trois prêtres du pays même et deux évêques, c'est-à-dire le supérieur du diocèse et son coadjuteur.

Elle a pour chef-lieu Pondichéry. Cette ville pos

sède une église magnifique bâtie en forme de croix grecque et qui peut contenir six mille personnes.

Ce diocèse renferme en tout quatre-vingt-neuf églises, dont vingt-sept grandes et soixante-deux petites ; mais en outre il existe des chapelles dans un grand nombre de villages.

La mission portugaise a pour centre la ville de Goa, et son autorité s'étend fort loin, sans que les Anglais, maîtres de presque toutes les villes et provinces, y aient mis jusqu'à présent opposition.

Le gouvernement britannique vient même de prendre le parti d'appeler à Calcutta un évêque et plusieurs prêtres catholiques, qui vont desservir les églises du Bengale et porter dans toute la vallée du Gange les lumières de la religion.

On le voit, tout se réunit pour faire aujourd'hui de l'Inde un sujet d'étude qui intéresse également le savant, le chrétien et l'homme du monde.

Il nous a donc paru nécessaire de donner, sur tout ce qui la concerne, des renseignemens aussi développés que le comportait le genre de notre publication. C'est l'objet de quelques notes et appendices qu'on trouvera à la suite des missions de l'Inde.

LETTRE DU P. LAINEZ,

SUPÉRIEUR DE LA MISSION DE MADURÉ [1],

AUX PÈRES DE SA COMPAGNIE,

TRADUITE DU PORTUGAIS ;

Sur la mort du vénérable père Jean de Brito.

Le 10 février 1693.

Mes révérends Pères,
P. C.

Je ne sais si nous devons nous affliger de la mort de notre cher compagnon, le père Jean de Brito, et pleurer la perte que cette chrétienté vient de faire d'un pasteur plein de zèle et d'un missionnaire infatigable : ou si nous devons nous réjouir des avantages que cette Église naissante retire de la mort d'un généreux confesseur de Jésus-Christ, qu'elle vient de donner au ciel. Car s'il est vrai, comme dit un père, que le sang des martyrs est une semence féconde de nouveaux chrétiens, n'avons-nous pas lieu d'espérer que cette chrétienté va fructifier au centuple et s'étendre dans tous ces vastes pays de l'Orient ?

Permettez-moi donc, mes révérends pères,

[1] Madoura, ancienne province de Karnatik, aujourd'hui présidence de Madras.

de vous inviter à remercier Dieu avec moi d'avoir donné des martyrs à cette Église, et d'avoir fait la grâce à un de nos frères de répandre son sang pour la religion de Jésus-Christ. Cette faveur nous doit être beaucoup plus précieuse que les plus grands succès du monde. Quel bonheur pour nous, si nous étions destinés nous-mêmes à une semblable mort ! Tâchons de ne nous en pas rendre indignes par nos infidélités ; ranimons notre zèle, travaillons avec plus de courage et plus de ferveur que jamais au salut de ces infidèles rachetés par le sang du Sauveur, et regardons le martyre de notre saint compagnon comme une vive exhortation que Dieu nous fait de nous préparer et de nous tenir prêts pour recevoir peut-être la même grâce.

Vous savez qu'il y a environ six ans que Ranganadadeven, prince de Maravas [1], après avoir fait souffrir de très-cruels tourmens au père Jean de Brito, lui défendit, sous peine de la vie, de demeurer et de prêcher l'Évangile dans ses états. Il le menaça même de le faire écarteler s'il n'obéissoit à ses ordres. Le serviteur de Dieu, qui étoit alors supérieur de la mission, pour ne pas irriter ce prince infidèle, se retira sur-le-champ de Maravas, dans le dessein pourtant d'y revenir bientôt ; car il ne pouvoit se résoudre d'abandonner entièrement une nombreuse chrétienté qu'il avoit établie avec des soins et des fatigues incroyables ; et bien loin de craindre les menaces qu'on lui faisoit, il regardoit comme le plus grand bonheur qui lui pût arriver l'honneur de mourir pour la défense de la foi. Mais Dieu se contenta alors de sa bonne volonté. Comme il étoit sur le point de retourner au Maravas, nos supérieurs l'envoyèrent en Europe en qualité de procureur-général de cette province. Il obéit, et arriva à Lisbonne sur la fin de l'année 1687.

Le roi de Portugal, dont il étoit connu et auprès duquel il avoit eu l'honneur d'être élevé, marqua beaucoup de joie de son retour et voulut le retenir à sa cour pour des emplois importans. Mais le saint homme, qui ne respiroit que la conversion des infidèles, s'en excusa fortement. « Votre majesté, dit-il au roi avec respect, a dans ses états une infinité de personnes capables des emplois dont elle veut m'honorer ;

[1] Petit royaume entre le Maduré et la côte de la Pêcherie.

mais la mission de Maduré a très-peu d'ouvriers, et quand il s'en présenteroit un grand nombre pour cultiver ce vaste champ, j'ai l'avantage par-dessus ceux qui s'y consacreroient de savoir déjà la langue du pays, de connoître les mœurs et les lois de ces peuples, et d'être accoutumé à leur manière de vie, qui est fort extraordinaire. »

Le père de Brito ayant ainsi évité le danger où il étoit de demeurer à la cour de Portugal et ayant terminé les affaires dont il étoit chargé, ne pensa plus qu'à partir de Lisbonne et qu'à retourner aux Indes. Dès qu'il fut arrivé à Goa[1], il prit des mesures pour revenir dans cette mission, dont on l'avoit nommé visiteur. Comme il brûloit du zèle de la maison de Dieu, il ne se donna pas le temps de se délasser des fatigues d'un si long voyage ni de se remettre d'une dangereuse maladie qu'il avoit eue sur les vaisseaux. Tout son soin fut de remplir les devoirs de la nouvelle charge qu'on venoit de lui confier. Il commença par visiter toutes les maisons que nous avons dans le Maduré ; ensuite il se rendit auprès des Maravas, ses chers enfans en Jésus-Christ, qui faisoient toutes ses délices. Il y a, comme vous savez, plusieurs Églises répandues dans les forêts de ce pays ; il les parcourut toutes avec un zèle infatigable et avec de grandes incommodités. Les prêtres des Gentils se déchaînèrent contre lui, et leur haine alla si loin qu'il étoit chaque jour en danger de perdre la vie et qu'il ne pouvoit demeurer deux jours de suite dans le même lieu sans courir de grands risques. Mais Dieu le soutenoit dans ces dangers et dans ces fatigues par les grandes bénédictions qu'il daignoit répandre sur ses travaux apostoliques.

Dans l'espace de quinze mois qu'il a demeuré dans le Maravas depuis son retour d'Europe jusqu'à sa mort, il a eu la consolation de baptiser huit mille catéchumènes et de convertir un des principaux seigneurs du pays : c'est le prince Teriadeven, à qui devroit appartenir la principauté de Maravas ; mais ses ancêtres en ont été dépouillés par la famille de Ranganadadeven, qui y règne à présent. Comme la naissance et le mérite de Teriadeven le font considérer et aimer de tous ceux de sa nation, sa conversion fit beaucoup de bruit et fut l'occasion de la mort du père de Brito. Ce prince étoit attaqué d'une maladie que les médecins du pays jugeoient mortelle. Réduit à la dernière extrémité, sans espérance de recevoir aucun soulagement de ses faux dieux, il résolut d'employer le secours du Dieu des chrétiens : à ce dessein, il fit plusieurs fois prier le père de le venir voir, ou du moins de lui envoyer un catéchiste pour lui enseigner la doctrine de l'Évangile, en la vertu duquel il avoit, disoit-il, toute sa confiance. Le père ne différa pas à lui accorder ce qu'il demandoit. Un catéchiste alla trouver le malade, récita sur lui le saint Évangile et au même instant le malade se trouva parfaitement guéri.

Un miracle si évident augmenta le désir que Teriadeven avoit depuis longtemps de voir le prédicateur d'une loi si sainte et si merveilleuse : il eut bientôt cette satisfaction, car le père, ne doutant plus de la sincérité des intentions de ce prince, contre lequel il avoit été en garde jusqu'alors, se transporta dans les terres de son gouvernement ; et comme ce lieu n'étoit point encore suspect aux prêtres des idoles, il y demeura quelques jours pour y célébrer la fête des Rois. Cette solennité se passa avec une dévotion extraordinaire de la part des chrétiens et avec un si grand succès que le père Brito baptisa ce jour-là de sa propre main deux cents catéchumènes. Les paroles vives et animées du serviteur de Dieu, son zèle, la joie que faisoient paroître les nouveaux chrétiens, la majesté des cérémonies de l'Église et surtout la grâce de Jésus-Christ, qui voulut se servir de cette favorable conjoncture pour la conversion de Teriadeven, pénétrèrent si vivement le cœur de ce prince qu'il demanda sur-le-champ le saint baptême. « Vous ne savez pas encore, lui dit le père, quelle est la pureté de vie qu'il faut garder dans la profession du christianisme. Je me rendrois coupable devant Dieu si je vous accordois la grâce du baptême avant que de vous avoir instruit et disposé à recevoir ce sacrement. »

Le père lui expliqua ensuite ce que l'Évangile prescrit touchant le mariage. Ce point étoit surtout nécessaire, parce que Teriadeven avoit actuellement cinq femmes et un grand nombre de concubines.

Le discours du missionnaire, bien loin de rebuter le nouveau catéchumène, ne servit qu'à l'animer et qu'à faire paroître sa ferveur et son empressement pour le baptême. « Cet obs-

---

[1] Chef-lieu des possessions portugaises dans l'Inde.

tacle sera bientôt levé, dit-il au père, et vous aurez sujet d'être content de moi. » Au même instant, il retourne à son palais, appelle toutes ses femmes, et après leur avoir parlé de la guérison miraculeuse qu'il avoit reçue du vrai Dieu par la vertu du saint Évangile, il leur déclara qu'il étoit résolu d'employer le reste de sa vie au service d'un si puissant et d'un si bon maître; que ce souverain Seigneur défendoit d'avoir plus d'une femme; qu'il vouloit lui obéir et n'en avoir dorénavant qu'une seule. Il ajouta, pour consoler celles auxquelles il renonçoit, qu'il auroit soin d'elles, que rien ne leur manqueroit et qu'il les considéreroit toujours comme ses propres sœurs.

Un discours si peu attendu jeta ces femmes dans une terrible consternation. La plus jeune fut la plus vivement touchée. Elle n'épargna d'abord ni prières ni larmes pour gagner son mari et pour lui faire changer de résolution; mais voyant que ses efforts étoient inutiles, elle ne garda plus de mesures et résolut de venger sur le père de Brito et sur les chrétiens l'injustice qu'elle se persuada qu'on lui faisoit. Elle étoit nièce de Ranganadadeven, prince souverain de Maravas, dont j'ai déjà parlé. Elle le va trouver pour se plaindre de la légèreté de son époux. Elle pleure, elle gémit, elle représente le triste état où elle étoit réduite et implore l'autorité de la justice de son oncle. Elle lui dit que la résolution de Teriadeven ne venoit que de ce qu'il s'étoit abandonné à la conduite du plus détestable magicien qui fût dans l'Orient; que cet homme avoit ensorcelé son mari, et qu'il lui avoit persuadé de la répudier honteusement et toutes ses autres femmes, à la réserve d'une seule. Mais afin de venir plus heureusement à bout de son dessein, elle parla d'une manière encore plus vive et plus pressante aux prêtres des idoles, qui cherchoient depuis longtemps une occasion favorable pour éclater contre les ministres de l'Évangile.

Il y avoit parmi eux un brame nommé Pompavanan, fameux par ses impostures et par la haine irréconciliable qu'il portoit aux missionnaires et surtout au père de Brito. Ce méchant homme, ravi de trouver une si belle occasion de se venger de celui qui détruisoit l'honneur de ses idoles, qui lui enlevoit ses disciples et qui par là le réduisoit avec toute sa famille à une extrême pauvreté, assembla les autres brames et délibère avec eux sur les moyens de perdre le saint missionnaire et de ruiner sa nouvelle Église. Ils furent tous d'avis d'aller ensemble parler au prince. Le brame Pompavanan se mit à leur tête et porta la parole. Il commença par se plaindre qu'on n'avoit plus de respect pour les dieux; que plusieurs idoles étoient renversées et la plupart des temples abandonnés; qu'on ne faisoit plus de sacrifices ni de fêtes, et que tout le peuple suivoit l'infâme secte des Européens; que ne pouvant souffrir plus longtemps les outrages qu'on faisoit à leurs dieux, ils alloient tous se retirer dans les royaumes voisins, parce qu'ils ne vouloient pas être spectateurs de la vengeance que ces mêmes dieux irrités étoient prêts de prendre et de leurs déserteurs et de ceux qui, devant punir ces crimes énormes, les toléroient avec tant de scandale.

Il n'en falloit pas tant pour animer Ranganadadeven, qui étoit déjà prévenu contre le père de Brito et vivement pressé par les plaintes et par les larmes de sa nièce, et qui d'ailleurs n'avoit pas, à ce qu'il croyoit, sujet d'aimer le prince Teriadeven. Il ordonna sur-le-champ qu'on allât piller toutes les maisons des chrétiens qui se trouvoient sur ses terres; qu'on fît payer une grosse amende à ceux qui demeureroient fermes dans leur créance, et surtout qu'on brûlât toutes les églises. Cet ordre rigoureux s'exécuta avec tant d'exactitude qu'un très-grand nombre de familles chrétiennes furent entièrement ruinées, parce qu'elles aimèrent mieux perdre tous leurs biens que de renoncer à la foi. La manière dont on en usa avec le père de Brito fut encore plus violente. Ranganadadeven, qui le regardoit comme l'auteur de tous ces désordres prétendus, commanda expressément qu'on s'en saisît et qu'on le lui amenât. Ce barbare prétendoit, par la rigueur avec laquelle il le traiteroit, intimider les chrétiens et les faire changer de résolution.

Ce jour-là, qui étoit le huitième de janvier de cette année 1693, le saint missionnaire avoit administré les sacremens à un grand nombre de fidèles, et soit qu'il se doutât de ce qu'on tramoit contre lui, soit qu'il en eût une connoissance certaine par quelque voie que nous ne savons pas, il conseilla plusieurs fois aux chrétiens assemblés de se retirer pour éviter la sanglante persécution dont ils étoient menacés. Quelques heures après, on lui vint dire qu'une troupe de soldats s'avançoit pour s'assurer de sa personne : il alla au-devant d'eux avec un visage riant et sans faire paroître le moindre trouble ; mais ces impies ne l'eurent pas plutôt aperçu qu'ils se jetèrent sur lui impitoyablement et le renversèrent par terre à force de coups. Ils ne traitèrent pas mieux un brame chrétien, nommé Jean, qui l'accompagnoit ; ils lièrent étroitement ces deux confesseurs de Jésus-Christ, qui étoient bien plus touchés des blasphèmes qu'ils entendoient prononcer contre Dieu que de ce qu'on leur faisoit souffrir. Deux jeunes enfans chrétiens, qui avoient suivi le père de Brito, et dont le plus âgé n'avoit pas encore quatorze ans, bien loin d'être ébranlés par les cruautés qu'on exerçoit sur lui et par les opprobres dont on le chargeoit, en furent si animés et si affermis dans leur foi qu'ils coururent avec une ferveur incroyable embrasser le saint homme dans les chaînes et ne voulurent plus le quitter. Les soldats, voyant que les menaces et les coups ne servoient à rien pour les éloigner, garottèrent aussi ces deux innocentes victimes et les joignirent ainsi à leur père et à leur pasteur.

On les fit marcher tous quatre en cet état ; mais le père de Brito, qui étoit d'une complexion délicate, et dont les forces étaient épuisées par de longs et pénibles travaux et par la vie pénitente qu'il avoit menée dans le Maduré depuis plus de vingt ans, se sentit alors extrêmement affoibli. Tout son courage ne put le soutenir que peu de temps. Bientôt il fut si las et si accablé qu'il tomboit presque à chaque pas. Les gardes, qui vouloient faire diligence, le pressoient à force de coups de se relever et le faisoient marcher, quoiqu'ils vissent ses pieds tout sanglans et horriblement enflés.

En cet état, qui lui rappeloit celui où se trouva son divin maître allant au Calvaire, on arriva à un gros village nommé Anoumandancouri, où les confesseurs de Jésus-Christ reçurent de nouveaux outrages : car pour faire plaisir au peuple accouru en foule de toutes parts à ce nouveau spectacle, on les plaça dans un char élevé sur lequel les brames ont coutume de porter par les rues leurs idoles comme en triomphe, et on les y laissa un jour et demi exposés à la risée du public. Ils eurent là beaucoup à souffrir, soit de la faim et de la soif, soit de la pesanteur des grosses chaînes de fer dont on les avait chargés.

Après avoir ainsi contenté la curiosité et la fureur de ce peuple assemblé, on leur fit continuer leur route vers Ramanadabouram, où le prince de Maravas tient sa cour. Avant que d'y arriver, ils furent joints par un autre confesseur de Jésus-Christ : c'étoit le catéchiste Moutapen, qui avoit été pris à Candaramanicom, où le père l'avoit envoyé pour prendre soin d'une Église qu'il y avoit fondée. Les soldats, après s'en être saisis, brûlèrent l'église, abattirent les maisons des chrétiens, selon l'ordre qu'ils en avoient reçu, et conduisirent ce catéchiste étroitement lié à la ville de Ramanadabouram. Cette rencontre donna de la joie à tous les serviteurs de Dieu, et le père de Brito se servit de cette occasion pour les animer à persévérer avec ferveur dans la confession de la foi de Jésus-Christ. Ranganadadeven, qui étoit à quelques lieues de sa ville capitale lorsque ces glorieux confesseurs y arrivèrent, ordonna qu'on les mît en prison et qu'on les gardât à vue jusqu'à son retour.

Cependant le prince Teriadeven, ce zélé catéchumène qui étoit l'occasion innocente de toute la persécution, s'étoit rendu à la cour pour y procurer la grâce de celui à qui il croyoit être redevable de la vie du corps et de l'âme. Ayant appris la cruauté avec laquelle on avoit traité le serviteur de Dieu pendant tout le chemin, il pria les gardes d'avoir plus de ménagement pour un prisonnier qu'il considéroit. On eut d'abord quelque égard à la recommandation de ce prince ; on ne traita plus le père avec la même rigueur, mais il ne laissa pas de souffrir beaucoup et de passer même quelques jours sans prendre d'autre nourriture qu'un peu de lait qu'on lui donnoit une fois par jour.

Pendant ce temps-là, les prêtres des idoles firent de nouveaux efforts pour obliger le prince de Maravas à faire mourir les confesseurs de Jésus-Christ. Ils se présentèrent en foule au palais, vomissant des blasphèmes exécrables contre la religion chrétienne et chargeant le père de plusieurs crimes énormes. Ils demandèrent au prince, avec de grands empressemens, qu'il le fît pendre dans la place publique afin que personne n'eût la hardiesse de suivre la loi qu'il enseignoit. Le généreux Teriadeven, qui étoit auprès du prince de Maravas lorsqu'on lui présenta cette injuste requête, en fut outré et s'emporta vivement contre les prêtres des idoles qui en sollicitoient l'exécution. Il s'adressa ensuite à Ranganadadeven et le pria de faire venir en sa présence les brames les plus habiles pour les faire disputer avec le nouveau docteur de la loi du vrai Dieu, ajoutant que ce seroit un moyen sûr et facile de découvrir la vérité.

Le prince se choqua de la liberté de Teriadeven. Il lui reprocha en colère qu'il soutenoit le parti infâme d'un docteur d'une loi étrangère, et lui commanda d'adorer sur-le-champ quelques idoles qui étoient dans la salle. « A Dieu ne plaise, répliqua le généreux catéchumène, que je commette une telle impiété ! Il n'y a pas longtemps que j'ai été miraculeusement guéri d'une maladie mortelle par la vertu du saint Évangile : comment, après cela, oserois-je y renoncer pour adorer les idoles et perdre en même temps la vie de l'âme et du corps ? »

Ces paroles ne firent qu'augmenter la fureur du prince ; mais, par des raisons d'état, il ne jugea pas à propos de la faire éclater. Il s'adressa à un jeune seigneur qu'il aimoit, nommé Pouvaroudeven, et lui fit le même commandement. Celui-ci, qui avoit aussi été guéri par le baptême, quelque temps auparavant, d'une très-fâcheuse incommodité dont il avait été affligé durant neuf ans, balança d'abord ; mais la crainte de déplaire au roi, qu'il voyoit furieusement irrité, le porta à lui obéir aveuglément. Il n'eut pas plutôt offert son sacrifice qu'il se sentit attaqué de son premier mal, mais avec tant de violence qu'il se vit en peu de temps réduit à la dernière extrémité. Un châtiment si prompt et si terrible le fit rentrer en lui-même ; il eut recours à Dieu, qu'il venoit d'abandonner avec tant de lâcheté. Il pria qu'on lui apportât un crucifix ; il se jeta à ses pieds, il demanda très-humblement pardon du crime qu'il venoit de commettre et conjura le Seigneur d'avoir pitié de son âme en même temps qu'il auroit compassion de son corps. A peine eut-il achevé sa prière qu'il se sentit exaucé ; son mal cessa tout de nouveau, et il ne douta point que celui qui lui accordoit avec tant de bonté la santé du corps ne lui fit aussi miséricorde et ne lui pardonnât sa chute.

Tandis que Pouvaroudeven sacrifioit aux idoles, le prince de Maravas s'adressa une seconde fois à Teriadeven et lui ordonna avec menaces de suivre l'exemple de ce seigneur ; mais Teriadeven lui repartit généreusement qu'il aimeroit mieux mourir que de commettre une si grande impiété, et pour lui ôter toute espérance de le gagner, il s'étendit sur la vertu du saint Évangile et sur les louanges de la religion chrétienne. Le prince, outré d'une réponse si ferme, l'interrompit et lui dit d'un ton moqueur : « Eh bien ! tu vas voir quelle est la puissance du Dieu que tu adores et quelle est la vertu de la loi que ton infâme docteur t'a enseignée. Je prétends que dans trois jours ce scélérat expire par la force seule de nos dieux sans même qu'on touche à sa personne. »

A peine eut-il dit ces paroles qu'il commanda que l'on fît, à l'honneur des pagodes, le sacrifice qu'ils appellent *patiragalipouci* : c'est une espèce de sortilège auquel ces infidèles attribuent une si grande force qu'ils assurent qu'on n'y peut résister et qu'il faut absolument que celui contre lequel on fait ce sacrifice périsse. De là vient qu'ils le nomment aussi quelquefois *santourovesangaram*, c'est-à-dire destruction totale de l'ennemi. Ce prince idolâtre employa trois jours entiers dans ces exercices diaboliques, faisant plusieurs sortes de sacrifices pour ne pas manquer son coup. Quelques Gentils qui étoient présens, et qui avoient quelquefois entendu les exhortations du confesseur de Jésus-Christ, avoient beau lui représenter que toutes ses peines seroient inutiles, que tous les maléfices n'auroient aucune vertu contre un homme qui se moquoit de leurs dieux ; ces discours irritèrent furieusement ce prince ; et comme le premier sortilège n'avoit eu aucun effet, il crut avoir manqué à quelque circonstance, ainsi il recommença par trois fois le même sacrifice sans pouvoir réussir.

Quelques-uns des principaux ministres des faux dieux, voulant le tirer de l'embarras et de l'extrême confusion où il étoit, lui demandèrent permission de faire une autre sorte de sacrifice contre lequel, selon eux, il n'y avoit point de ressource : ce sortilège est le *salpechiam*, qui a, disent-ils, une vertu si infaillible qu'il n'y a nulle puissance, soit divine, soit humaine, qui en puisse éluder la force ; ainsi ils assuroient que le prédicateur mourroit immanquablement le cinquième jour. Des assurances si positives calmèrent un peu Ranganadadeven, dans le désespoir où il étoit de se voir confondu, aussi bien que tous ses dieux, par un seul homme qu'il tenoit dans les fers et qu'il méprisoit.

Mais ce fut pour lui et pour les prêtres des

idoles une nouvelle confusion lorsque, les cinq jours du *salpechiam* étant expirés, le saint homme qui devoit être entièrement détruit n'avoit pas même perdu un seul de ses cheveux.

Les brames dirent au tyran que ce docteur de la nouvelle loi étoit un des plus grands magiciens qui fût au monde et qu'il n'avoit résisté à la vertu de tous leurs sacrifices que par la force de ses enchantemens. Ranganadadeven prit aisément ces impressions; il fit venir devant lui le père de Brito et lui demanda en lui montrant son bréviaire, qu'on lui avoit ôté lorsqu'on le fit prisonnier, si ce n'étoit point de ce livre qu'il tiroit cette vertu qui avoit rendu jusqu'alors tous leurs enchantemens inutiles. Comme le saint homme lui eut répondu qu'il n'en falloit pas douter : « Hé bien ! dit le tyran, je veux voir si ce livre le rendra aussi impénétrable à nos mousquets. » En même temps il ordonna qu'on lui attachât le bréviaire au col et qu'on le fît passer par les armes. Déjà les soldats étoient prêts de faire leurs décharges lorsque Teriadeven, avec un courage héroïque, se récria publiquement contre un ordre si tyrannique, et se jetant parmi les soldats, il protesta qu'il vouloit lui-même mourir si l'on ôtoit la vie à son cher maître. Ranganadadeven, qui s'aperçut de quelque émotion parmi les troupes, eut peur d'une révolte, parce qu'il ne doutoit pas que Teriadeven ne trouvât encore plusieurs partisans qui ne souffriroient pas qu'on insultât impunément ce prince. Ces considérations arrêtèrent l'emportement de Ranganadadeven, il fit même semblant de révoquer l'ordre qu'il avoit donné et commanda qu'on remît en prison le confesseur de Jésus-Christ.

Cependant dès ce jour-là même il prononça la sentence de mort contre lui, et afin qu'elle fût exécutée sans obstacle, il fit partir le père secrètement sous une bonne garde, avec ordre de le mener à Ouriardeven, son frère, chef d'une peuplade située à deux journées de la cour, pour le faire mourir sans délai. Quand on signifia cet arrêt au serviteur de Dieu, la joie de se trouver si près de ce qu'il souhaitoit avec tant d'ardeur fut un peu modérée par la peine qu'il eut de quitter ses chers enfans en Jésus-Christ qui étoient en prison avec lui. Cette séparation fut si sensible qu'il ne put retenir ses larmes en leur disant adieu. Il les embrassa tendrement tous quatre l'un après l'autre et les anima chacun en particulier à la constance par des motifs pressans et conformes à la portée de leur esprit et à l'état où ils étoient. Ensuite, leur parlant à tous ensemble, il leur fit un discours touchant et pathétique pour les exhorter à demeurer fermes dans la confession de leur foi et à donner généreusement leur vie pour le véritable Dieu, de qui ils l'avoient reçue. Les Gentils qui étoient présens en furent attendris jusqu'aux larmes et ne pouvoient assez s'étonner de la tendresse que le serviteur de Dieu faisoit paroître pour ses disciples pendant qu'il paroissoit comme insensible aux approches de la mort qu'il alloit souffrir; ils n'étoient pas moins surpris de la sainte résolution des quatre autres confesseurs de Jésus-Christ, qui montroient tant d'impatience de répandre leur sang pour l'amour de leur Sauveur. Ainsi le père sortit de la prison de Ramanadabouram suivi des vœux de ses disciples, qui demandoient avec instance de le suivre et de mourir avec lui.

Il partit sur le soir avec les gardes qu'on lui donna; mais son épuisement étant plus grand encore qu'au voyage précédent, ce ne fut qu'avec des peines incroyables qu'il arriva au lieu de son martyre. On ne sait si ce fut la crainte de le voir expirer avant son supplice qui fit qu'on le mit d'abord à cheval; mais on l'en descendit bientôt après. Il marchoit nu-pieds, et ses chutes fréquentes lui déchirèrent tellement les jambes, qu'il avoit fort enflées, qu'on eût pu suivre ses pas à la trace de son sang. Il faisoit effort cependant pour avancer jusqu'à ce que ses gardes, voyant qu'il ne pouvoit plus du tout se soutenir, se mirent à le traîner impitoyablement le long du chemin.

Outre ces fatigues horribles et ce traitement plein de cruauté, on ne lui donna pour toute nourriture pendant le voyage, qui fut de trois jours, qu'une petite mesure de lait; de sorte que les payens même s'étonnèrent qu'il eût pu se soutenir jusqu'au terme du voyage, et que les chrétiens attribuèrent la chose à une faveur particulière de Dieu.

Ce fut en ce pitoyable état que cet homme vraiment apostolique arriva le 31 de janvier à Orejour, où devoit s'accomplir son martyre. Orejour est une grande bourgade située sur le bord de la rivière de Pambarou, aux confins de la principauté de Maravas et du royaume de Tanjaour[1]. Dès que Ouriardeven, frère du cruel

---

[1] Tandjor, présidence de Madras.

Ranganadadeven et encore plus inhumain que lui, eut appris l'arrivée du serviteur de Dieu, il ordonna qu'on le lui amenât. Ce barbare lui fit d'abord un accueil assez favorable. Il étoit depuis quelques années devenu aveugle et paralytique des pieds et des mains, et comme il avoit souvent ouï parler des merveilles que Dieu opéroit par le saint Évangile, il conçut quelque espérance que le docteur de la nouvelle loi, étant dans son pouvoir, ne lui refuseroit pas une grâce que tant d'autres avoient reçue ; c'est pourquoi, après lui avoir marqué assez de douceur dans cette première audience, où l'on ne parla que de religion, il lui envoya le lendemain toutes ses femmes, qui se prosternèrent aux pieds du confesseur de Jésus-Christ, pour le conjurer de rendre la santé à leur mari. Le père de Brito les ayant renvoyées sans leur rien promettre, Ouriardeven le fit appeler en particulier pour l'engager, à quelque prix que ce fût, à faire ce miracle en sa faveur. D'abord il promit, s'il lui accordoit ce qu'il lui demandoit, que non-seulement il le tireroit de prison et le délivreroit de la mort, mais encore qu'il le combleroit de riches présens. « Ce ne sont pas de semblables promesses, lui repartit le fervent missionnaire, qui pourroient m'obliger à vous rendre la santé si j'en étois le maître ; ne pensez pas aussi que la crainte de la mort puisse m'y contraindre. Il n'y a que Dieu seul, dont la puissance est infinie, qui puisse vous accorder cette grâce. »

Le barbare, choqué de cette réponse, commanda aussitôt qu'on ramenât le prisonnier à son cachot et qu'on préparât incessamment tous les instrumens de son supplice. L'exécution fut pourtant différée de trois jours, pendant lesquels on lui donna beaucoup moins de nourriture qu'à l'ordinaire ; en sorte que si on ne se fût pas pressé de le faire mourir par le fer, apparemment qu'il fût mort de faim et de misère. Le troisième février, qui fut la veille de son martyre, il trouva le moyen de m'envoyer une lettre qui étoit adressée à tous les pères de cette mission et que je garde comme une précieuse relique. Il n'avoit alors ni plume ni encre, ainsi il se servit pour l'écrire d'une paille et d'un peu de charbon détrempé avec de l'eau. Voici les propres termes de cette lettre.

MES RÉVÉRENDS PÈRES, ET TRÈS-CHERS COMPAGNONS,

P. C.

Vous avez su, du catéchiste canaguien, ce qui s'est passé dans ma prison jusqu'à son départ. Le jour suivant, qui fut le 28 de janvier, on me fit comparoître en jugement, où je fus condamné à perdre la vie à coups de mousquet. J'étois déjà arrivé au lieu destiné à cette exécution et tout étoit prêt lorsque le prince de Maravas, appréhendant quelque émotion, ordonna qu'on me séparât des autres confesseurs de Jésus-Christ, mes chers enfans, pour me remettre entre les mains de son frère Ouriardeven, à qui on envoya ordre en même temps de me faire mourir sans différer davantage. Je suis arrivé avec beaucoup de peine à sa cour le dernier de janvier, et ce même jour Ouriardeven m'a fait venir en sa présence, où il y a eu une grande dispute : après qu'elle a été finie, on m'a ramené en prison, où je suis encore à présent, attendant la mort que je dois souffrir pour mon Dieu. C'est l'espérance de jouir de ce bonheur qui m'a obligé à venir deux fois dans les Indes. Il est vrai qu'il m'en a coûté pour l'obtenir ; mais la récompense que j'espère de celui pour qui je me sacrifie mérite toutes ces peines et de bien plus grandes encore. Tout le crime dont on m'accuse, c'est que j'enseigne la loi du vrai Dieu et qu'on n'adore plus les idoles. Qu'il est glorieux de souffrir la mort pour un tel crime ! C'est aussi là ce qui fait ma joie et ce qui me remplit de consolation en Notre-Seigneur. Les soldats me gardent à vue, ainsi je ne puis vous écrire plus au long. Adieu, mes pères, je vous demande votre bénédiction et me recommande à vos saints sacrifices. De la prison d'Ourejour, le 3 de février 1693.

De vos révérences, le très-humble serviteur en Jésus-Christ.

JEAN DE BRITO.

C'étoit dans ces sentimens et avec ce grand courage que l'homme de Dieu attendoit l'heureux moment de son martyre. Ouriardeven, qui avoit eu des ordres exprès de le faire mourir incessamment, voyant qu'il ne pouvoit rien obtenir pour sa guérison, le mit entre les mains de cinq bourreaux pour le couper en pièces et l'exposer à la vue du peuple après qu'il seroit mort.

A une portée de mousquet d'Ourejour, on avoit planté un grand picu ou une espèce de poteau fort élevé, au milieu d'une vaste campagne, qui devoit servir de théâtre à ce sanglant spectacle. Le 4 février sur le midi, on y amena le serviteur de Dieu pour achever son sacrifice en présence d'une grande multitude de peuple qui étoit accouru de toutes parts dès que la nouvelle de sa condamnation se fut répandue dans le pays. Étant arrivé auprès du poteau, il pria les bourreaux de lui donner un moment pour se recueillir, ce qu'ils lui accordèrent ; alors s'étant mis à genoux en présence de tout ce grand peuple, et étant tourné vers le poteau auquel son corps séparé de sa tête devoit être attaché, il parut entrer dans une profonde contemplation. Il est aisé de juger quels pouvoient être les sentimens de ce saint religieux dans une semblable conjoncture, persuadé qu'il alloit dans quelques momens jouir de la gloire des saints et s'unir éternellement avec son Dieu. Les Gentils furent si touchés de la tendre dévotion qui paroissoit peinte sur son visage qu'ils ne purent retenir leurs larmes ; plusieurs même d'entre eux condamnoient hautement la cruauté dont on usoit envers ce saint homme.

Après environ un quart d'heure d'oraison, il se leva avec un visage riant qui montroit assez la tranquillité et la paix de son âme, et s'approchant des bourreaux, qui s'étoient un peu retirés, il les embrassa tous à genoux avec une joie qui les surprit. Ensuite s'étant relevé : « Vous pouvez à présent, mes frères, leur dit-il, vous pouvez faire de moi ce qu'il vous plaira, » ajoutant beaucoup d'autres expressions pleines de douceur et de charité qu'on n'a pu encore recueillir.

Les bourreaux à demi ivres se jetèrent sur lui et déchirèrent sa robe, ne voulant pas se donner la peine ni le temps de la lui détacher. Mais ayant aperçu le reliquaire qu'il avoit coutume de porter au col, ils se retirèrent en arrière saisis de frayeur et se disant les uns aux autres que c'étoit assurément dans cette boîte qu'étoient les charmes dont il enchantoit ceux de leur nation qui suivoient sa doctrine, et qu'il falloit bien se donner de garde de le toucher pour n'être pas séduits comme les autres. Dans cette ridicule pensée, un d'eux, prenant un sabre pour couper le cordon qui tenoit le reliquaire, fit au père une large plaie dont il sortit beaucoup de sang. Le fervent missionnaire l'offrit à Dieu comme les prémices du sacrifice qu'il étoit sur le point d'achever. Enfin ces barbares, persuadés que les charmes magiques des chrétiens étoient assez puissans pour résister au tranchant de leurs épées, se firent apporter une grosse hache dont on se servoit dans leurs temples pour égorger les victimes qu'on immoloit aux idoles, après quoi ils lui attachèrent une corde à la barbe et la lui passèrent autour du corps pour tenir la tête penchée sur l'estomac pendant qu'on lui déchargeroit le coup.

L'homme de Dieu se mit aussitôt à genoux devant les bourreaux, et levant les yeux et les mains au ciel, il attendoit en cette posture la couronne du martyre lorsque deux chrétiens de Maravas, ne pouvant plus retenir l'ardeur dont leurs cœurs étoient embrasés, fendirent la presse et s'allèrent jeter aux pieds du saint confesseur, protestant qu'ils vouloient mourir avec leur charitable pasteur, puisqu'il s'exposoit avec tant de zèle à mourir pour eux ; que la faute, s'il y en avoit de son côté, leur étoit commune et qu'il étoit juste qu'ils en partageassent avec lui la peine. Le courage de ces deux chrétiens surprit étrangement toute l'assemblée et ne fit qu'irriter les bourreaux. Cependant, n'osant pas les faire mourir sans ordre, ils les mirent à l'écart, et après s'en être assurés, ils retournèrent au père de Brito et lui coupèrent la tête. Le corps, qui devoit naturellement tomber sur le devant, étant panché de ce côté-là avant que de recevoir le coup, tomba néanmoins à la renverse avec la tête qui y tenoit encore, les yeux ouverts et tournés vers le ciel. Les bourreaux se pressèrent de la séparer du tronc, de peur, disoient-ils, que par ses enchantemens il ne trouvât le moyen de l'y réunir. Ils lui coupèrent ensuite les pieds et les mains, et attachèrent le corps avec la tête au poteau qui y étoit dressé afin qu'il fût exposé à la vue et aux insultes des passans.

Après cette exécution, les bourreaux menèrent au prince les deux chrétiens qui s'étoient venus offrir au martyre. Ce barbare leur fit couper le nez et les oreilles, et les renvoya avec ignominie. Un d'eux, pleurant amèrement de n'avoir pas eu le bonheur de donner sa vie pour Jésus-Christ, revint au lieu du supplice. Il y considéra à loisir les saintes reliques, et après avoir ramassé dévotement les pieds et les mains, qui étoient dispersés de côté et d'autré, il les approcha du poteau, où étoient la tête et le corps, et y demeura quelque temps en prières avant que de se retirer.

Voilà, mes révérends pères, quelle a été la glorieuse fin de notre cher compagnon le révérend père Jean de Brito. Il soupirait depuis longtemps après cet heureux terme, il y est enfin arrivé. Comme c'est dans les mêmes vues que lui que nous avons quitté l'Europe et que nous sommes venus aux Indes, nous espérons avoir peut-être un jour le même bonheur que ce serviteur de Dieu. Plaise à la miséricorde infinie de Notre-Seigneur Jésus-Christ de nous en faire la grâce, et que de notre côté nous n'y mettions aucun obstacle! La chrétienté de Maravas se trouve dans une grande désolation par la perte de son saint pasteur. Joignez donc, je vous conjure, vos prières aux nôtres afin que le sang de son premier martyr ne lui soit pas inutile et qu'elle retrouve, par les intercessions de ce nouveau protecteur, d'autres pères, aussi puissans que lui en œuvres et en paroles, qui soutiennent et qui achèvent ce qu'il a si glorieusement commencé.

Au moment que j'appris la nouvelle de la prison de notre glorieux confesseur, je me mis en chemin pour aller au Maravas l'assister et lui rendre tous les bons offices dont je suis capable. Je marchais avec une diligence incroyable et j'avais déjà fait une partie du voyage lorsqu'on m'apporta des nouvelles sûres de son martyre. Je résolus de passer outre; mais les chrétiens qui m'accompagnaient et les Gentils mêmes qui se trouvèrent présens me représentèrent que si j'entrais plus avant dans le Maravas, j'exposerois, sans espérance d'aucun succès, cette chrétienté désolée à une nouvelle persécution. Cette crainte me fit changer de dessein, je me retirai dans une bourgade voisine pour être plus à portée de secourir ceux qui étoient encore en prison et pour tâcher de retirer les reliques du saint martyr ou de les faire décemment ensevelir.

Si je vous marque ici, mes révérends pères, moins de choses que vous n'en désireriez savoir, soyez assurés que je ne vous mande rien que je n'aie appris de gens dignes de foi qui en ont été témoins oculaires. Si je découvre dans la suite quelque chose de plus, je ne manquerai pas de vous en faire part. Je me recommande cependant à vos saints sacrifices, et suis avec respect, etc.

H.

LETTRE DU P. PIERRE MARTIN

AU P. DE VILLETTE.

Notions sur le Bengale, le Karnatik et le Maduré. — Relations avec les mahométans.

A Balassor[1], le 30 janvier 1699.

Mon révérend Père,

P. C.

On m'a remis entre les mains les lettres que vous vous êtes donné la peine de m'écrire. Je ne vous dirai pas le plaisir que j'ai ressenti en recevant ces marques de votre cher souvenir. Il est plus doux que vous ne pensez d'apprendre, dans ces extrémités du monde, que nos amis ne nous oublient point et que, pendant que nous combattons, ils lèvent les mains au ciel et nous aident de leurs prières. J'en ai eu, je vous assure, un très-grand besoin depuis que je vous ai quitté, et je me suis trouvé dans des occasions qui vous paroîtroient bien délicates et difficiles si je pouvais vous les marquer ici.

Je suis venu dans les Indes par l'ordre de mes supérieurs. Je vous avouerai que je n'ai eu aucun regret de quitter la Perse, mon attrait étant pour une autre mission où je croyois qu'il y avoit plus à souffrir et plus à travailler. J'ai trouvé ce que je cherchois plus tôt que je n'eusse pensé. Dans le voyage, je fus pris par les Arabes et retenu prisonnier pour n'avoir pas voulu faire profession du mahométisme. Quelque envie qu'eussent ces infidèles de savoir qui nous étions, le père Beauvollier mon compagnon et moi, ils n'en purent venir à bout et ils crurent toujours que nous étions de Constantinople. Ce qui les trompoit est qu'ils nous voyoient lire des livres turcs et persans. Nous les laissâmes dans cette erreur jusqu'à ce qu'un d'entre eux s'avisa d'exiger de nous la profession de leur maudite secte. Alors nous nous déclarâmes hautement pour chrétiens, mais toujours sans dire notre pays. Nous parlâmes même très-fortement contre leur imposteur Mahomet,

[1] Ancienne province d'Orixah, aujourd'hui présidence de Calcutta.

ce qui les mit de si mauvaise humeur contre nous qu'ils saisirent le vaisseau, quoiqu'il appartînt à des Maures; ils nous menèrent à terre et nous mirent en prison. Ils nous firent comparoître plusieurs fois, le père et moi, devant les magistrats pour tâcher de nous séduire ; mais nous trouvant toujours, par la miséricorde de Dieu, fermes et constans, ils se lassèrent enfin de nous tourmenter et envoyèrent un exprès au gouverneur de la province pour savoir ce qu'ils feroient de nous. On leur ordonna de nous mettre en liberté pourvu que nous ne fussions pas Franquis, c'est-à-dire Européens. Ils ne soupçonnèrent presque pas que nous le fussions, parce que nous parlions toujours turc et que le père Beauvollier ne lisoit que des livres arabes et moi des livres persans. Ainsi le Seigneur ne nous jugea pas dignes, dans cette occasion, de souffrir la mort pour la gloire de son saint nom, et nous en fûmes quittes pour la prison et pour quelques autres mauvais traitemens.

De là nous vînmes à Surate[1], où le père Beauvollier demeura pour être supérieur de la maison que nous y avons. Pour moi, je ne m'y arrêtai pas, mais je passai dans le Bengale après avoir couru risque plus d'une fois de tomber entre les mains des Hollandois.

Sitôt que je fus arrivé dans ce beau royaume, qui est sous la domination des mahométans, quoique presque tout le peuple y soit idolâtre, je m'appliquai sérieusement à apprendre la langue bengale. Au bout de cinq mois, je me trouvai assez habile pour pouvoir me déguiser et me jeter dans une fameuse université de brames[2]. Comme nous n'avons eu jusqu'à présent que de fort légères connoissances de leur religion, nos pères souhaitoient que j'y demeurasse deux ou trois ans pour pouvoir m'en instruire à fond. J'en avois pris la résolution et j'étois prêt à l'exécuter lorsqu'il s'éleva tout à coup une si furieuse guerre entre les mahométans et les Gentils qu'il n'y avoit de sûreté en aucun lieu, surtout pour les Européens. Mais Dieu, dans l'occasion, donne une force qu'on ne comprend pas. Comme je n'appréhendois presque pas le danger, mes supérieurs me permirent d'entrer dans un royaume voisin nommé Orixa[1], où dans l'espace de seize mois j'eus le bonheur de baptiser près de cent personnes, dont quelques-unes passoient l'âge de soixante ans.

J'espérois, avec la grâce de Dieu, faire dans la suite une récolte plus abondante ; mais tout ce que nous pûmes obtenir fut d'avoir soin d'une espèce de paroisse érigée dans la principale habitation que la royale compagnie de France a dans le Bengale.

Comme cette mission ne manque pas d'ouvriers, nos supérieurs résolurent de m'envoyer avec trois de nos pères à Pondichéry[2], l'unique place un peu fortifiée que les François aient dans les Indes. Il y a environ cinq ans que les Hollandois s'en rendirent les maîtres. Nous y avons une assez belle église dont nous allons nous remettre en possession en même temps que les François rentreront dans la place.

Nous serons là, mon cher père, à la porte de la mission de Maduré[3], la plus belle, à mon sens, qui soit au monde. Il y a sept jésuites, presque tous Portugais, qui y travaillent infatigablement avec des fruits et des peines incroyables. Ces pères me firent proposer, il y a plus de dix-huit mois, de me donner à eux pour aller prendre part à leurs travaux. Si j'eusse pu disposer de moi, j'aurois pris volontiers ce parti ; mais nos supérieurs ne l'ont pas jugé à propos, parce qu'ils veulent que nous établissions de notre côté des missions françoises et que dans ces vastes royaumes nous occupions les pays que nos pères portugais ne peuvent cultiver à cause de leur petit nombre. C'est ce que notre supérieur général le révérend père de la Breuille, qui est présentement dans le royaume de Siam, vient de me marquer dans sa dernière lettre. Il me charge de la mission de Pondichéry et me fait espérer qu'en peu de temps il me permettra d'entrer dans les terres, ce que je souhaite depuis longtemps.

Par les dernières lettres qu'on a reçues d'Europe on mande qu'on me destine pour la Chine ; mais je renonce sans peine à cette mission, sur la parole qu'on me donne de me faire passer incessamment dans celle de Maduré, qui a, je vous l'avoue, depuis longtemps bien des

---

[1] Une des villes les plus commerçantes de l'ancienne province de Goudjerati ; elle fait aujourd'hui partie de a présidence de Bombay, district de Surate.

[2] Ce sont les docteurs des Indiens, prêtres de Brama.

[1] Ce royaume était sur le golfe de Bengale, en deçà du Gange (Oricah).

[2] Elle est située au milieu de la côte de Coromandel; c'est le centre des possessions françaises dans l'Inde.

[3] Maduré est un royaume situé au sud de la grande péninsule de l'Inde, qui est en deçà du Gange.

charmes pour moi. Dès que j'étois en Perse, je portois souvent mes vœux vers ce pays-là sans avoir alors aucune espérance de les voir exaucés. Mais je commence à juger que ces désirs si ardens et conçus de si loin ne venoient que d'une bonne source : je les ai toujours senti croître et s'augmenter à mesure que je m'approche de cet heureux terme. Vous n'aurez pas de peine à comprendre pourquoi je m'y sens si fort attiré si je vous dis qu'on compte dans cette mission plus de cent cinquante mille chrétiens et qu'il s'y en fait tous les jours un très-grand nombre : le moins que chaque missionnaire en baptise par an est mille. Le père Bouchet, qui y travaille depuis dix ou douze ans, écrit que cette dernière année il en a baptisé deux mille pour sa part, et qu'en un seul jour il a administré ce premier sacrement à trois cents, en sorte que les bras lui tomboient de foiblesse et de lassitude. « Au reste, ce ne sont pas, dit-il, des chrétiens comme ceux du reste des Indes : on ne les baptise qu'après de grandes épreuves et trois et quatre mois d'instruction. Quand une fois ils sont chrétiens, ils vivent comme des anges, et l'église de Maduré paroît une vraie image de l'église naissante. » Ce père nous proteste qu'il lui est quelquefois arrivé d'entendre les confessions de plusieurs villages sans y trouver personne coupable d'un péché mortel. « Qu'on ne s'imagine pas, ajoute-t-il, que ce soit l'ignorance ou la honte qui les empêche d'ouvrir leur conscience à ce sacré tribunal ; ils s'en approchent aussi bien instruits que des religieux et avec une candeur et une simplicité de novice. »

Le même père marque qu'il est chargé de la conduite de plus de trente mille âmes, de sorte qu'il n'a pas un moment de repos et qu'il ne peut même demeurer plus de huit jours dans un même quartier. Il lui seroit impossible, aussi bien qu'aux autres pères, vu leur petit nombre, de vaquer à tout par eux-mêmes ; c'est pourquoi ils ont chacun huit, dix et quelquefois douze catéchistes, tous gens sages et parfaitement instruits de nos mystères et de notre sainte religion : ces catéchistes précèdent les pères de quelques jours et disposent les peuples à recevoir les sacremens, ce qui en facilite beaucoup l'administration aux missionnaires. On ne peut retenir ses larmes de joie et de consolation quand on voit l'empressement qu'ont ces peuples pour la parole de Dieu, le respect avec lequel ils l'écoutent, l'ardeur avec laquelle ils se portent à tous les exercices de piété, le zèle qu'ils ont pour se procurer mutuellement tous les secours nécessaires au salut, pour se prévenir dans leurs besoins, pour se devancer dans la sainteté, où ils font des progrès merveilleux. Ils n'ont presque aucun des obstacles qui se trouvent parmi les autres peuples, parce qu'ils n'ont point de communication avec les Européens, dont quelques-uns ont gâté et corrompu par leurs débauches et par leurs mauvais exemples presque toute la chrétienté des Indes. Leur vie est extrêmement frugale, ils ne font point de commerce, se contentant de ce que leurs terres leur donnent pour vivre et pour se vêtir.

La vie des missionnaires ne sauroit être plus austère ni plus affreuse, selon la nature. Ils n'ont souvent pour tout habit qu'une longue pièce de toile dont ils s'enveloppent le corps ; ils portent aux pieds des sandales bien plus incommodes que les soques des récollets, car elles ne tiennent que par une espèce de grosse cheville à tête qui attache les deux premiers doigt de chaque pied à cette chaussure : on a toutes les peines du monde à s'y accoutumer. Ils s'abstiennent absolument de pain, de vin, d'œufs et de toutes sortes de viandes et même de poisson. Ils ne peuvent manger que du riz et des légumes sans nul assaisonnement, et ce n'est pas une petite peine de conserver un peu de farine pour faire des hosties et ce qu'il faut de vin pour célébrer le saint sacrifice de la messe. Ils ne sont pas connus pour être Européens : si l'on croyoit qu'ils le fussent, il faudroit qu'ils quittassent le pays, car ils n'y feroient absolument aucun fruit. L'horreur des Indiens pour les Européens a plus d'une cause : on a fait souvent de grandes violences dans leur pays ; ils ont vu des exemples affreux de toutes sortes de débauches et de vices ; mais ce qui les frappe particulièrement, c'est que les Franquis, ainsi qu'ils les nomment, s'enivrent et mangent de la chair, chose si horrible parmi eux qu'ils regardent comme des personnes infâmes ceux qui le font.

Ajoutez à la vie austère que mènent les missionnaires les dangers continuels où ils sont de tomber entre les mains des voleurs, qui sont là en plus grand nombre que parmi les Arabes mêmes. Ils n'oseroient tenir rien de fermé à clé de peur de donner du soupçon qu'ils eussent des choses précieuses : il faut qu'ils portent et qu'ils conservent tous leurs petits meubles dans des pots de terre. Ils se qualifient *brames du nord*, c'est-à-dire docteurs venus du nord pour enseigner la loi du vrai Dieu. Quoiqu'ils soient obligés de pratiquer une pauvreté très-rigoureuse et qu'il faille peu de chose pour leur personne, il leur faut néanmoins d'assez grands fonds pour pouvoir entretenir leurs catéchistes et subvenir à une infinité de frais et d'avanies qu'on leur fait. Ils souffrent souvent de véritables persécutions : il n'y a guère que quatre ans qu'un de nos plus célèbres et saints missionnaires fut martyrisé [1] ; le prince de Maravas [2] lui fit couper la tête pour avoir prêché la loi de Jésus-Christ. Hélas ! oserois-je jamais espérer une telle faveur ? Je vous conjure, mon très-cher père, de ne cesser par vous-même et par vos amis de demander à Notre-Seigneur qu'il me convertisse véritablement à lui et que je ne me rende pas indigne de souffrir quelque chose pour sa gloire.

Je me ferai un plaisir de vous instruire plus au long de tout ce qui regarde cette charmante mission quand j'aurai eu le bonheur de la connoître par moi-même. S'il y avoit quelques personnes vertueuses de celles que vous conduisez si bien dans la voie du Seigneur qui voulussent contribuer dans ces pays à sa gloire, en y fondant la pension de quelques catéchistes, je vous assure devant Dieu que jamais argent ne peut être mieux employé. L'entretien d'un catéchiste nous coûte par an dix-huit ou vingt écus (c'est beaucoup pour nous, c'est peu de chose en France), et nous pouvons compter que chaque catéchiste gagne par an à Jésus-Christ cent cinquante ou deux cents âmes. Mon Dieu, il y a tant de personnes zélées qui donneroient volontiers leur sang pour en retirer une seule des mains du démon, du moins le dit souvent au pied de l'oratoire! Ne s'en trouvera-t-il point qui veuille par un si petit secours nous aider à remplir la bergerie du père de famille ? Je connois votre zèle pour la conversion des âmes, mon très-cher père ; vous vous étiez sacrifié pour aller en Grèce ramener au troupeau de Jésus-Christ les pauvres schismatiques qui s'en sont séparés depuis si longtemps. Votre santé foible obligea les supérieurs de vous faire retourner sur vos pas. Vous aurez sans doute rapporté dans votre province tout le zèle qui vous en avoit fait sortir si généreusement. Appliquez-le, je vous conjure, ce zèle qui vous dévore, à nous procurer des missionnaires et des catéchistes. Je n'avois pas jusqu'ici écrit une seule lettre pour inviter personne à venir nous aider dans nos travaux, parce que je ne voyois point sur mon passage de moisson qui n'eût assez d'ouvriers. Maintenant que je découvre des campagnes entières dans une parfaite maturité ; des infidèles par milliers qui ne demandent qu'à être instruits ; je crie de toutes mes forces qu'on nous envoie d'Europe des secours d'hommes et d'argent, de bons missionnaires et des fonds pour leur donner des catéchistes ; et je me crois obligé en conscience d'intéresser dans une si bonne œuvre tous ceux que je connois propres à nous aider. Je ne vois personne, mon révérend père, qui puisse mieux que vous entrer dans de si pieux desseins. Si vous nous trouvez quelques secours, envoyez-les à Paris au père qui a soin de nos missions des Indes orientales et de la Chine.

Le père Bouvet a mené à la Chine, l'année 1698, une florissante recrue de missionnaires. L'escadre du roi en a apporté ici une petite troupe, mais très-choisie, qui est destinée aussi pour ce vaste empire ; elle est composée des pères Fouquet, Pelisson et d'Entrecolle, et des frères Rhodes et Fraperie, qui sont très-habiles dans la médecine et dans la chirurgie. Ils valent tous infiniment et méritent véritablement d'aller travailler dans un si beau champ. Le père d'Entrecolle s'est fait admirer par son zèle et par sa charité dans le vaisseau sur lequel il a passé. L'escadre du roi a été affligée dans les Indes [1] d'une terrible mortalité ; une grande partie des équipages y a péri. J'étois à cent lieues de l'endroit où elle est venue aborder ; aussitôt que j'appris un si grand malheur, je me jetai dans une chaloupe avec le père d'Entrecolle pour aller la secourir. A notre arrivée, nous trouvâmes deux aumôniers morts, tous les chirurgiens des vaisseaux morts aussi ou malades, de sorte qu'il nous fallut pendant deux mois servir de médecins, de chirurgiens, d'aumôniers et d'infirmiers. La mousson [2] pressa le père d'Entrecolle de partir avec le père Fouquet et le frère Fraperie, qui étoient aussi venus, depuis nous, au secours des vais-

---

[1] Le vénérable père Jean de Brito, jésuite portugais.
[2] Petit royaume entre le Maduré et la côte de la Pêcherie.

[1] A Négrailles, île près des côtes du Pégou.
[2] C'est la saison propre pour aller des Indes à la Chine, lorsque les vents d'ouest soufflent.

sceaux du roi ; de sorte que je me trouvai presque seul pendant assez longtemps, ayant sur les bras plus de cinq cents malades, dont plusieurs étoient attaqués de maladies contagieuses. Deux autres de nos pères vinrent ensuite partager un si saint travail et profiter d'une occasion que nous ne croyions pas trouver aux Indes, de servir si utilement les François nos chers compatriotes.

La main de Dieu s'est fait sentir bien vivement sur eux ; c'est une espèce de miracle qu'on ait pu sauver les vaisseaux du roi, je ne dis pas tous, car *l'Indien*, un des plus beaux, alla s'échouer sur les côtes du Pégou[1], où les autres prirent la maladie ; il n'y a eu que celui qui se sépara pour porter à Merguy[2] les pères Tachard et de la Breuille qui ait été préservé d'accident. Un si grand fléau a touché plusieurs de ceux qui étoient sur la flotte et a servi à les mettre dans la voie du salut. Il y avoit parmi eux quelques nouveaux convertis qui étoient plus attachés que jamais à leurs erreurs ; j'ai eu la consolation de recevoir leur abjuration et de les voir mourir avec de grands sentimens de componction et de pénitence. L'escadre, quoique diminuée d'un vaisseau, est présentement en bon état.

Nous allons en peu de jours prendre possession de Pondichéry. Dieu me fasse la grâce de n'y rester qu'autant de temps qu'il en faudra pour apprendre un peu la langue du pays, qui m'est nécessaire pour ma chère mission de Maduré. Cette langue est toute différente du turc, du persan, du maure et du bengale, que j'ai déjà apprises ; le persan et le maure me serviront beaucoup, à cause d'un grand nombre de mahométans qui sont répandus dans les terres. La langue portugaise me sera encore nécessaire pour traiter avec nos pères de cette nation : j'ai été obligé de l'apprendre, parce que je me suis trouvé chargé de plus de mille Portugais des Indes qui se trouvèrent abandonnés de leur pasteur pendant plus de six mois.

Dans le temps que j'en avois la conduite, je reçus ordre de M. l'évêque de Saint-Thomé[3]

[1] Ce royaume est à la côte orientale de Bengale, au delà du Gange. Il fait aujourd'hui partie de l'empire des Birmans.
[2] Merguy, sur le golfe du Bengale, appartient aujourd'hui aux Anglais.
[3] Cette ville, qu'on appelle aussi Meliapor, est sur la côte de Coromandel.

de publier le jubilé et de le leur faire gagner. Ces bonnes gens ne savoient ce que c'étoit que le jubilé ; je travaillai pendant plus d'un mois à les mettre en état de profiter du trésor que l'Église leur ouvroit. Je faisois deux sermons par jour et deux catéchismes ; le matin étoit destiné à l'instruction des adultes catéchumènes, et l'après-dînée à celle des chrétiens ; la moitié de la nuit se passoit à entendre les confessions des hommes, et depuis la pointe du jour jusqu'à neuf heures, que je disois la messe, j'entendois les confessions des femmes. Ce grand travail me dédommageoit des quatre années que j'avois passées sans pouvoir rien faire qu'apprendre des langues. Je me sens plus d'ardeur que jamais pour étudier celle de Maduré, parce que je suis convaincu qu'elle me sera plus utile que toutes les autres. Je ne veux retenir de françois qu'autant qu'il en faudra pour vous instruire de tout ce qui se passera dans ces missions et pour vous demander le secours de vos prières. Souvenez-vous de ce que vous me promîtes quand nous nous séparâmes, et comptez que toutes les fois que j'ai dit la sainte Messe j'ai pensé nommément à vous. Aidons-nous tous deux mutuellement à nous sanctifier, et quoique nous fassions si loin l'un de l'autre notre sacrifice, unissons-le toujours dans celui pour lequel seul nous le faisons. Je suis avec bien du respect, etc.

LETTRE DU P. PIERRE MARTIN

AU P. LE GOBIEN.

Missions de Carnate, Gingi, Golconde et Maduré. — Notions sur les castes de l'Inde.

A Camien-naïcken-patty, dans le royaume de Maduré, le 1er de juin 1700.

MON RÉVÉREND PÈRE.

P. C.

Je vous ai marqué dans mes dernières lettres le désir que j'avois de me consacrer à la mission de Maduré. Je cherchois les moyens d'exécuter un dessein que Dieu m'avoit inspiré depuis longtemps lorsque le père Bouchet arriva à Pondichéry. Je ne puis vous exprimer de quels sentimens je fus pénétré en voyant cet excellent missionnaire, qui, dans l'espace de douze années, a eu le bonheur de baptiser plus de trente mille âmes. Je ne pouvois l'entendre parler des travaux de nos pères missionnaires, de la ferveur des chrétiens, du grand nombre de conversions qui se font tous les jours dans cette Église naissante, sans me sentir animé d'une nouvelle ardeur de me joindre à ces ouvriers évangéliques et d'aller prendre part à leurs travaux.

Les sentimens de mes supérieurs se trouvèrent conformes à mes vues. Ils pensoient à établir une nouvelle mission dans les royaumes de Carnate, de Gingi et de Golconde, comme on vous l'a déjà mandé, et de la former sur le modèle de celle que nos pères portugais cultivent dans le royaume de Maduré, depuis plus de quatre-vingts ans, avec des bénédictions extraordinaires du ciel.

Pour réussir dans une entreprise si glorieuse à Dieu et si avantageuse à l'Église, il étoit nécessaire d'envoyer quelques-uns de nos pères françois dans cette ancienne mission, où ils puissent apprendre la langue, s'instruire des coutumes et des usages de ces peuples, former des catéchistes, lire et transcrire les livres que le vénérable père Robert de Nobilibus et nos autres pères ont composés, en un mot recueillir tout ce que le travail et l'expérience de tant d'années avait donné de lumières à ces sages ouvriers et tâcher d'en profiter dans une entreprise toute semblable à la leur. On jeta les yeux sur le père Mauduit et sur moi ; mais on jugea à propos de nous faire prendre deux routes différentes. Le père Mauduit, après avoir été à Méliapor visiter le tombeau de l'apôtre saint Thomas, eut ordre de se rendre auprès du père François Laynez dans le Maduré, pendant que j'irois par mer trouver le révérend père provincial des jésuites portugais, qui étoit alors dans le royaume de Travancor[1], afin de lui demander pour mon compagnon et pour moi la permission d'aller pendant quelque temps dans la mission de Maduré.

Je m'embarquai donc à Pondichéry vers la fin du mois de septembre de l'année 1699 sur un vaisseau de guerre françois monté par M. le chevalier des Augers, qui commandoit une petite escadre et qui m'offrit obligeamment de me mettre à terre à la côte de Travancor. Il ne falloit que quinze ou vingt jours pour doubler le cap Comorin si le vent avoit été favorable ;

mais il nous fut si contraire que pendant plus d'un mois nous ne fîmes que lutter contre des orages et des tempêtes. Outre cette première disgrâce, la maladie se mit dans nos équipages, qui n'étoient pas encore bien rétablis de ce qu'ils avoient souffert à Négrailles. Nous ne perdîmes cependant que six ou sept personnes, par le soin qu'eut M. des Augers de procurer aux malades les secours dont ils avoient besoin. Cet officier, aussi distingué par sa piété que par sa valeur, songeoit également à l'âme et au corps ; de sorte que la fête de la Toussaint étant arrivée dans le cours de notre voyage, il fit ses dévotions et me donna la consolation de les faire faire à la plus grande partie de l'équipage, sains et malades. Enfin, après quarante jours de navigation, nous découvrîmes les montagnes du cap de Comorin, si fameux par les premières navigations des Portugais.

J'avois résolu d'y prendre terre ; mais le vent s'étant considérablement augmenté pendant la nuit, nous nous trouvâmes le lendemain avoir dépassé ce cap de plus de quinze lieues. Quoique la côte fût remplie de bois et qu'il ne parût aucune habitation, je priai M. des Augers de me faire mettre à terre avec deux de nos pères, que M. de La Roche-Hercule, autre capitaine de notre petite escadre, avoit eu l'honnêteté de recevoir sur son bord. Ces deux pères, l'un Italien et l'autre Portugais, alloient à Travancor, aussi bien que moi, demander la permission de travailler dans la mission de Maduré. M. des Augers eut la bonté de nous donner une chaloupe armée pour nous porter à terre et pour nous défendre, s'il étoit nécessaire, des corsaires qui infestent ordinairement ces mers. Comme nous n'étions guère à plus de trois lieues de la côte, nous crûmes que nous aborderions aisément ; mais à mesure qu'on approchoit du rivage, nous y trouvions plus de difficulté. La mer brisoit partout avec violence, et l'on ne voyoit aucun endroit sûr pour nous débarquer : de sorte que l'officier qui commandoit la chaloupe, et qui étoit neveu de M. des Augers, nous eût ramenés au vaisseau si, après avoir couru une grande étendue de côte, il n'eût aperçu enfin dans le bois une assez grosse fumée et peu de temps après un pêcheur assis sur un *catimaron*, c'est-à-dire sur quelques grosses pièces de bois liées ensemble en manière de radeau.

Comme ce pêcheur se laissoit aller avec ses

---

[1] Sur la côte occidentale de la presqu'île du Dekkan.

filets au gré des flots, on alla droit à lui ; et quoiqu'il fît tous ses efforts pour nous éviter, nous prenant pour des corsaires, on l'atteignit bientôt d'assez près pour l'obliger de venir à nous. Sa crainte se changea en des transports de joie extraordinaires quand il aperçut dans notre chaloupe trois pères semblables à ceux qui ont soin des chrétiens de la côte de Malabar et qu'il vit un chapelet que je lui présentai. Il le baisa mille fois et fit à diverses reprises le signe de la croix, d'où nous connûmes que ce bon homme étoit chrétien. Il nous marqua qu'il falloit mouiller à l'endroit même où nous étions, parce que notre chaloupe se briseroit infailliblement si l'on approchoit plus près du rivage. Il nous fit entendre que, dans l'endroit où nous avions vu de la fumée, il y avoit une petite bourgade dont la plupart des habitans étoient chrétiens ; qu'il alloit les avertir de notre arrivée et qu'ils viendroient avec joie nous prendre dans un petit bateau. Cela ne manqua pas. Peu de temps après nous vîmes plusieurs hommes sortir du bois et se mettre en mer avec un canot soutenu par les deux côtés de calimarons pour empêcher qu'il ne tournât. La précaution étoit nécessaire, car sans cet appui nous n'eussions jamais osé nous hasarder sur ce fragile vaisseau. Ce n'étoit qu'une écorce d'arbre large de deux pieds et longue de huit à dix au plus. On n'y mettoit le pied qu'en tremblant. Une fois nous le vîmes tourner tout d'un coup. Heureusement il n'y avoit encore que quelques hardes, qui furent gâtées. Enfin je vous assure que, m'étant trouvé souvent exposé à de très-grands dangers sur la Méditerranée, sur la mer Noire et sur celle des Indes, je ne me suis jamais vu plus en péril que ce jour-là. Quand nous approchions de la terre dans le canot l'un après l'autre, ces bonnes gens, qui étoient venus au-devant de nous, se jetoient à l'eau, et, emportant tout à la fois le vaisseau, le pilote et le missionnaire, ils nous conduisoient au rivage sur leurs épaules. C'est de cette manière que nous abordâmes à la côte de Travancor.

Etant tous trois débarqués, nous remerciâmes Notre-Seigneur à genoux de nous avoir conservés et nous baisâmes cette terre sanctifiée autrefois par les pas de l'apôtre des Indes saint François Xavier. Quoiqu'il ne fût qu'environ midi, le soleil avoit déjà mis en feu les sables sur lesquels il falloit marcher. Ils étoient si brûlans que nous n'en pûmes longtemps soutenir l'ardeur. La douleur augmentant à chaque pas que nous faisions, elle devint si violente qu'il fallut ôter nos chapeaux de dessus la tête et nous les mettre sous les pieds pendant quelque temps pour ne pas brûler tout à fait. Mais le soulagement des pieds, comme vous pouvez juger, coûtoit cher à la tête. Les Indiens, nos guides, voyant que nous n'en pouvions presque plus, nous firent prendre la route d'un bois. La terre et l'air n'y étoient pas si échauffés, mais en échange c'étoient des broussailles et des épines qui nous entroient dans les pieds et nous déchiroient toutes les jambes. Le père italien, qui ne faisoit que de relever de maladie, souffrit beaucoup plus que mon compagnon et moi. Enfin, après avoir traversé le bois, nous arrivâmes à une petite église dont le dedans étoit très-propre, quoique ce ne fût qu'une cabane faite de terre et couverte de paille. Une petite image de la sainte Vierge faisoit tout l'ornement de l'autel. Après avoir prié Dieu et pris un léger repas de quelques herbes cuites à l'eau et de quelques cocos que les chrétiens nous présentèrent, nous nous remîmes sur le soir en chemin, et, au bout d'environ une lieue, nous arrivâmes chez le père Emmanuel Lopez, de notre compagnie, lequel a soin d'une partie des chrétiens de la côte de Travancor.

Il y a plus de cinquante ans que ce missionnaire travaille avec un zèle infatigable au salut des Malabars. Il est le dernier jésuite qui ait paru dans le Maduré avec l'habit que nous portons en Europe. Car, quoiqu'il y ait plus de quatre-vingts ans que le père Robert de Nobilibus fonda cette fameuse mission sur le pied qu'elle est aujourd'hui, c'est-à-dire en s'accommodant aux coutumes du pays, soit pour l'habit, la nourriture et la demeure, soit pour les autres usages qui ne sont point contraires à la foi et aux bonnes mœurs, cependant les Portugais ne purent se résoudre à ne plus paroître en ces terres en habit européen qu'après avoir été convaincus par une longue expérience que cette conduite étoit très-préjudiciable à la religion et à la propagation de la foi par l'aversion et le mépris que ces peuples ont conçu contre les Européens. Nous fûmes édifiés de la beauté et de la propreté de l'église du père Lopez, mais nous le fûmes bien davantage du nombre et de la piété des fidèles qui sont sous sa conduite, et qui se distinguent de tous les autres Malabars par leur docilité et par une foi vive et animée. Aussi cette chrétienté passe-t-elle pour être la plus florissante de la côte de Travancor. Le père Lopez nous reçut avec des transports de joie qui nous marquèrent son bon cœur; mais il ne put retenir ses larmes ni s'empêcher de jeter de profonds soupirs quand je lui dis que j'allois trouver le père provincial pour demander permission d'entrer dans la mission de Maduré. « Ah! que vous êtes heureux, mon cher père, me dit-il en m'embrassant tendrement, que ne puis-je vous y accompagner. Mais hélas! je suis indigne de travailler jamais avec cette troupe de saints qui y sont employés. » Quoique ce père eût de grands talens et un zèle égal pour la conversion des âmes, ses supérieurs n'ont pourtant pas voulu lui permettre de rentrer dans cette mission et d'y prendre l'habit que nous y portons, parce que, y ayant paru pendant plusieurs années comme Européen, il n'auroit pu jamais si bien se déguiser qu'on ne l'eût reconnu, ce qui l'eût rendu inutile à la conversion de ces peuples et peut-être tous les autres qu'on auroit soupçonnés d'être du même pays et d'avoir vécu selon les mêmes usages que lui. Après un repos de deux jours dans la compagnie de ce charitable missionnaire, nous continuâmes notre route le long de la côte, qui me parut assez peuplée; mais d'un si grand peuple, il n'y a guère que la caste des pêcheurs qui ait embrassé la religion chrétienne.

Quoique vous ayez souvent entendu parler de caste [1], je ne sais si vous êtes instruit assez distinctement de ce que c'est. On appelle une caste l'assemblage de plusieurs familles d'un même rang ou d'une même profession. Cette distinction ne se trouve proprement que dans l'empire du Mogol, dans le royaume de Bengale, dans l'île de Ceylan et dans la grande péninsule de l'Inde qui lui est opposée et dont nous parlons maintenant. Il y a quatre castes principales : la caste des brames, qui passe sans contredit pour la première et la plus noble; la caste des rajas, qui prétendent être descendus de diverses familles royales; la caste des choutres [1] et celle des parias. Chacune de ces castes est partagée en plusieurs branches dont les unes sont plus nobles et plus élevées que les autres. La caste des choutres est la plus étendue et celle dont les branches sont plus nombreuses, car sous le nom de choutres sont compris les peintres, les écrivains, les tailleurs, les charpentiers, les maçons, les tisserands et autres. Chaque métier est renfermé dans sa caste et ne peut être exercé que par ceux dont les parens en faisoient profession; ainsi le fils d'un tailleur ne peut pas devenir peintre, ni le fils d'un peintre tailleur. Il y a cependant certains emplois qui sont communs à toutes les castes : chacun, par exemple, peut être marchand ou soldat. Il y a aussi diverses castes qui peuvent s'appliquer à labourer et à cultiver la terre, mais non pas toutes. Quoiqu'il n'y ait que la caste des parias qui passe pour infâme, et dont ceux qui la composent ne peuvent presque entrer dans aucun commerce de la vie civile, il y a cependant certains métiers qui abaissent ceux qui les exercent presque jusqu'au rang des parias; ainsi un cordonnier et tout homme qui travaille en cuir, et en plusieurs endroits les pêcheurs et ceux qui gardent les troupeaux passent pour parias.

Les Portugais, ne connoissant point dans les commencemens la différence qu'il y a entre les castes basses et celles qui sont plus élevées, ne firent aucune difficulté de traiter indifféremment avec les unes et avec les autres, de prendre à leur service des parias et des pêcheurs et de s'en servir également dans leurs divers besoins. Cette conduite des premiers Portugais choqua les Indiens et devint très-préjudiciable à notre sainte religion, car ils regardèrent dès lors les peuples de l'Europe comme des gens infâmes et méprisables avec lesquels on ne pouvoit pas avoir commerce sans se déshonorer. Si on eût pris dès ce temps-là les sages précautions qu'on a gardées depuis près d'un siècle dans le Maduré, il eût été facile de gagner tous ces peuples à la nation Portugaise premièrement et ensuite à Jésus-Christ : au lieu qu'aujourd'hui la conversion des Indiens est comme impossi-

---

[1] Diodore, Arrien, Strabon, comptent sept castes; mais ils confondent des subdivisions avec les castes elles-mêmes. Ils parlent de la caste des bergers : or, ces bergers n'étaient que des tribus nomades et indisciplinées qui existent encore et qui n'entraient pas plus alors que de nos jours dans l'organisation bramaniste. Les mêmes historiens comptent aussi une caste de conseillers, tandis que les conseillers ne sont à vrai dire que des fonctionnaires et non pas des membres distincts d'une caste séparée.

[1] Tchoutres.

ble aux ouvriers évangéliques de l'Europe, je dis impossible à ceux qui passent pour Européens, fissent-ils même des miracles.

De tous les hommes apostoliques que Dieu a suscités dans ces derniers temps pour la conversions des nations, on peut assurer que saint François Xavier a été le plus puissant en œuvres et en paroles. Il prêcha dans la grande péninsule de l'Inde en un temps où les Portugais étoient dans leur plus haute réputation et où le succès de leurs armes donnoit beaucoup de poids à la prédication de l'Évangile. Il ne fit nulle part ailleurs des miracles plus éclatans, et cependant il n'y convertit aucune caste considérable. Il se plaint lui-même dans ses lettres de l'indocilité et de l'aveuglement de ces peuples, et marque que les pères qu'il employoit à leur instruction avoient peine à soutenir parmi eux le dégoût causé par le peu de fruit qu'ils y faisoient. Ceux qui connoissent le caractère et les mœurs de ces peuples, ne sont point si surpris de cette obstination en apparence si peu fondée : ce n'est pas assez qu'ils trouvent la religion véritable en elle-même, ils regardent le canal par où elle leur vient et ne peuvent se résoudre à rien recevoir de la part des Européens, qu'ils regardent comme les gens les plus infâmes et les plus abominables qui soient au monde.

Aussi a-t-on vu jusqu'à présent qu'il n'y a parmi les Indiens que trois sortes de personnes qui aient embrassé la religion chrétienne lorsqu'elle leur a été prêchée par les missionnaires d'Europe reconnus pour Européens. Les premiers sont ceux qui se mirent sous la protection des Portugais pour éviter la tyrannique domination des Maures : tels furent les Paravas, ou les habitans de la côte de la Pêcherie, qui pour cela, avant même que saint François Xavier vînt dans les Indes, se disoient chrétiens, quoiqu'ils ne le fussent que de nom ; ce fut pour les instruire de la religion qu'ils avoient embrassée presque sans la connoître que ce grand apôtre parcourut cette partie méridionale de l'Inde avec des travaux incroyables. En second lieu, ceux que les Portugais avoient subjugués sur les côtes par la force des armes professèrent d'abord à l'extérieur la religion de leurs vainqueurs : ce furent les habitans de Salsette et des environs de Goa et des autres places que le Portugal conquit sur la côte occidentale de la grande péninsule de l'Inde ; on les obligeoit à renoncer à leurs castes et à prendre les mœurs européennes, ce qui les irritoit extrêmement et les mettoit au désespoir. Enfin la dernière espèce d'Indiens qui se firent chrétiens dans ces premiers temps furent ou des gens de la lie du peuple, ou des esclaves que les Portugais achetoient dans les terres, ou des personnes qui avoient perdu leur caste par leurs débauches et par leur mauvaise conduite. Ce fut principalement à l'occasion de ces derniers, qu'on recevoit avec bonté comme tous les autres lorsqu'ils vouloient se faire chrétiens, que les Indiens conçurent tant de mépris pour les Européens. Cela, joint à la haine naturelle qu'on a d'une sujétion forcée et peut-être au souvenir de quelques expéditions militaires où il s'étoit glissé un peu de cruauté, a fait une si forte impression sur leur esprit, qu'ils n'ont pu encore en revenir, et il y a bien de l'apparence qu'ils n'en reviendront jamais. Quelqu'un peut-être se persuadera que c'est faute d'ouvriers que les Gentils des Indes qui sont au milieu des terres n'ont pas embrassé la foi ; on en sera détrompé si l'on veut bien faire un peu d'attention à ce que je vais dire.

Il y a dans la ville de Goa presque autant de prêtres et de religieux que de séculiers européens ; les cérémonies de la religion s'y font toutes avec autant de dignité et d'appareil que dans les premières cathédrales de l'Europe ; le corps de saint François Xavier, toujours entier, y a été jusqu'ici un miracle continuel et une preuve authentique de la vérité de notre sainte religion, et cependant, quoiqu'on compte dans cette grande ville plus de quarante ou cinquante mille idolâtres, à peine en baptise-t-on chaque année une centaine, encore sont-ce la plupart des orphelins qu'on arrache par ordre du vice-roi d'entre les mains de leurs proches. On ne peut pas dire ici que ce soit faute d'ouvriers ou faute de connoissance et de lumières dans les Gentils : plusieurs d'entre eux écoutent la vérité, la sentent, en demeurent persuadés, de leur propre aveu ; mais ce seroit une honte pour eux de s'y soumettre tant qu'elle leur est annoncée par des organes vils et souillés, selon eux, de mille coutumes basses, ridicules et abominables. C'est ce que les missionnaires qui venoient d'Europe dans les Indes furent longtemps à pouvoir comprendre, ou s'ils le comprirent, ils se contentèrent de déplorer un si étrange aveuglement sans se mettre en peine d'y apporter remède. Il n'y en a point d'autre, et l'expérience en a enfin convaincu les plus entêtés, que de renoncer aux coutumes des Européens et d'embrasser celles des Indiens en tout ce qui ne choque ni la foi ni les bonnes mœurs, selon la règle pleine de sagesse que leur en a donné la sacrée congrégation de la propagation de la foi.

C'est donc en menant parmi eux une vie austère et pénitente, parlant leurs langues, prenant leurs usages, tout bizarres qu'ils sont, et s'y naturalisant, enfin ne leur laissant aucun soupçon qu'on soit de la race des Franquis, qu'on peut espérer d'introduire solidement et avec succès la religion chrétienne dans ce vaste empire des Indes. Je ne parle ici que des lieux où il n'y a point d'Européens ; car sur le bord de la mer où ils sont établis, cette méthode est impraticable. Il ne faut pas espérer qu'on puisse pousser le christianisme des côtes dans le fond des terres ; depuis plus de cent cinquante ans on s'en est flatté vainement : c'est dans le centre et dans le milieu des terres qu'il faut l'établir solidement, et ensuite l'étendre vers la circonférence et jusque sur les côtes où il n'y a qu'une partie du plus bas peuple qui soit chrétien. Le père Robert de Nobilibus, illustre par sa naissance, étant proche parent du pape Marcel II et neveu propre du cardinal Ballarmin, mais plus illustre encore par son esprit, par son courage et par le zèle des âmes dont il brûloit, fut le premier qui, au commencement du siècle passé, mit en usage le moyen dont je viens de parler. Le nombre prodigieux de Gentils qui ont embrassé depuis ce temps-là et qui embrassent encore tous les jours notre religion dans les royaumes de Maduré, de Tanjaour, de Maravas et de Maissour[1], marque assez que le ciel suscita cet admirable missionnaire non-seulement pour procurer par lui-même et par ses frères qui l'imitent la conversion de ces pays méridionaux de l'Inde, mais aussi pour convaincre tous les autres missionnaires qui voudroient se consacrer au salut des âmes dans l'empire du Mogol, qu'il ne restoit point d'autre moyen pour gagner à Jésus-Christ ces peuples innombrables de l'Inde. Enfin, sans sortir du royaume de Travancor, nos pères que j'y ai vus m'ont avoué qu'avec tout ce qu'ils ont d'avantages pour se faire écouter, il s'en faut bien que le fruit réponde à leurs travaux. Ils arrosent tous les jours ces sables brûlans de leurs sueurs, à l'exemple de saint François Xavier, qui souffrit sur cette côte tant de persécutions, mais ils n'en recueillent presque que des épines ; et si on en excepte les chrétiens de Reytoura, dont j'ai parlé, et de quelques autres églises, tous les autres font souvent gémir les ouvriers évangéliques par leur indocilité ou par leurs entêtemens. En voici un trait qui étoit tout nouveau quand je passai.

Un chrétien de la caste des pêcheurs mourut non-seulement sans avoir voulu recevoir les sacremens, mais même après avoir appelé les prêtres des idoles pour invoquer le démon sur lui. Quoique ce malheureux eût fait une fin si funeste, ses parens prétendoient qu'il fût enterré dans l'église. Le père leur représenta que ce seroit la profaner, et qu'un homme mort dans l'impénitence et même dans l'apostasie ne pouvoit pas être mis en terre sainte ni avoir part aux suffrages des fidèles. Ces raisons firent peu d'impression sur l'esprit des parens du coupable ; ils se mirent en devoir de porter son corps à l'église. Le père en ayant barricadé les portes, ces opiniâtres résolurent de revenir en grand nombre les enfoncer le lendemain, et en attendant déposèrent le corps dans une maison voisine sans laisser personne pour le garder. Le jour suivant, ils furent fort surpris lorsque, voulant prendre ce corps pour le porter à l'église, ils trouvèrent que les *adibes*[1], qui sont une espèce de renards, l'avoient dévoré et qu'il n'en restoit que la carcasse. Ces animaux avoient creusé et percé la muraille, qui n'étoit que de terre, et s'étoient assouvis des entrailles et des chairs de ce malheureux. Cet accident jeta la consternation dans le village ; tous les habitans et même les parens du défunt crurent reconnoître la divine justice sur ce réprouvé ; ils vinrent, avec de grands cris, se jeter par terre à la porte de l'église pour implorer la miséricorde de Dieu ; ils firent avec soumission la pénitence que le père leur imposa et allèrent jeter dans la mer les restes de ce cadavre. Il faut souvent de ces sortes d'événemens pour réveiller la crainte des chrétiens et les rendre plus dociles et plus soumis : cela ne se-

---

[1] Mysore.

[1] Adil.

roit pas nécessaire dans nos missions de Maduré.

En traversant le royaume de Travancor, où l'idolâtrie est si enracinée, ce ne me fut pas une petite consolation de voir le long de cette côte des croix plantées de tous côtés sur le rivage et un grand nombre d'églises où Jésus-Christ est adoré. Les principales sont Mampoulain, Reytoura, Poudoutourcy, Culechy, Cabripatan, le Topo et Cuvalan. Outre ces églises, il y en a plusieurs autres qui sont comme des succursales qui en dépendent. Ce fut à Culechy que je rencontrai le père André Gomez, provincial de la province de Malabar, homme d'un mérite distingué et qui étoit supérieur de la maison professe de Goa lorsqu'il fut choisi pour gouverner la province de Malabar. Il faisoit, selon la coutume, la visite de toute cette chrétienté; mais ayant su que nous devions bientôt arriver, mon compagnon et moi, il s'arrêta pour nous attendre. Il nous reçut avec des démonstrations de joie et de charité très-grandes, et nous conduisit au Topo, qu'on appelle le collége de Travancor et qui est sa demeure ordinaire.

Ce collége est situé dans une des petites bourgades de cette côte; il n'est bâti que de terre et n'est couvert que de feuilles de palmier sauvage. L'église, dédiée à la sainte Vierge, est aussi simple que la maison, et la vie que les pères mènent répond parfaitement à la pauvreté de l'une et de l'autre. Je fus merveilleusement édifié de voir ces hommes, vénérables par leur âge et par leurs travaux, habiter sous des huttes si misérables, dans un dépouillement qu'on peut appeler universel de toutes les commodités de la vie. La vue de Dieu, qu'ils cherchent uniquement, les entretient dans une paix et dans une tranquillité parfaite, quoique exposés d'ailleurs aux insultes des idolâtres des terres et aux courses des pirates qui infestent ces mers et qui sont venus plus d'une fois renverser leurs cabanes et piller le peu de meubles qui s'y trouvoient.

Aussitôt que le père provincial m'eut accordé la mission de Maduré, que j'étois venu lui demander, je m'appliquai de toutes mes forces à apprendre la langue tamul ou malabare afin d'être bientôt en état de faire les fonctions de missionnaire, car c'est un ordre que les pères de la province ont sagement établi de ne laisser entrer personne dans la mission de Maduré qu'il ne sache la langue du pays. Sans cette précaution, on verroit bientôt qui nous sommes, et tout seroit perdu. Le Topo n'étoit pas un lieu propre pour m'avancer dans la langue autant que je le souhaitois : on ne parle pas assez bien tamul sur les côtes, qui ne sont habitées que par de petites gens grossiers et sans politesse. Le père provincial eut la bonté de m'envoyer à Cotate, où je pouvois trouver moins de distraction et plus de secours. Ce qui me fit le plus de plaisir, c'est que j'y rencontrai le père Maynard, qui avoit soin de l'église de cette ville. Comme il est né dans les Indes d'un père et d'une mère françois, il sait parfaitement les deux langues : la nôtre, qu'il a retenue de ses parens, et la malabare, qu'il a apprise dès l'enfance des gens du pays et qui lui est devenue comme naturelle.

Cotate est une assez grande ville située au pied des montagnes du cap de Comorin, qui n'en est éloigné que de quatre lieues. Elle est devenue fameuse en Europe et dans toutes les Indes par une infinité de miracles qu'y a opérés et qu'y opère encore tous les jours saint François Xavier. Cette ville, qui termine le royaume de Travancor du côté du sud, n'est pas plus à couvert que le reste du pays des courses des Badages, qui viennent presque tous les ans du royaume de Maduré faire le dégât dans les terres du roi de Travancor. La plaine où saint François Xavier, le crucifix à la main, arrêta lui seul une grande armée de ces barbares n'est qu'à deux lieues de Cotate, du côté du nord. Je ne sais si lorsque ce saint fit ce prodige, les rois de Travancor étoient bien différens de ce qu'ils sont aujourd'hui; mais à moins que leur puissance n'ait étrangement diminué, celui en faveur duquel saint François Xavier mit en fuite les barbares n'avoit assurément nulle raison de prendre la qualité de grand roi, puisqu'il est un des plus petits princes des Indes et qu'il est tributaire du royaume de Maduré. Mais comme il ne paie ce tribut que malgré lui, les Badages sont obligés d'entrer quelquefois à main armée dans ses terres pour l'exiger. Il lui seroit cependant assez facile de se mettre à couvert de leurs incursions et de rendre même son royaume inaccessible de ce côté-là, car les Badages ne peuvent guère entrer dans le Travancor que par un défilé des montagnes. Si l'on fermoit ce passage par une bonne muraille et qu'on y postât un petit corps de troupes, les plus grosses armées ne pourroient le forcer, ce qui délivreroit Cotate et le reste du pays d'un pillage presque annuel, sans quoi le roi de Travancor ne sauroit tenir tête à tant d'ennemis qu'il n'a jamais vaincus, hormis une seule fois par leur imprudence. Le fait est assez singulier pour devoir trouver ici sa place.

Les Badages avoient pénétré jusqu'à Corculam, qui est la capitale et la principale forteresse de Travancor, et le roi lui-même, par un trait de politique qui n'a peut-être jamais eu d'exemple, leur en avoit livré la citadelle. Ce prince, se sentant plus d'esprit et de courage que n'en ont d'ordinaire les Indiens, étoit au désespoir de voir son royaume entre les mains de huit ministres, qui, de temps immémorial, laissant au prince le titre de souverain, en usurpoient toute l'autorité et partageoient entre eux tous les revenus de la couronne. Pour se défaire de ces sujets impérieux devenus ses maîtres, il fit un traité secret avec les Badages, par lequel il devoit leur livrer quelques-unes de ses terres et leur remettre sa forteresse pourvu qu'ils le délivrassent des ministres qui le tenoient en tutelle. Il y auroit eu en lui de la folie de recevoir ainsi l'ennemi dans le cœur de ses états et de vouloir, en rompant huit petites chaînes, s'en mettre une au col infiniment plus pesante s'il n'eût pris en même temps des mesures justes pour chasser les Badages de son royaume après qu'ils l'auroient aidé à devenir véritablement roi. Les Badages entrèrent à l'ordinaire sur les terres sans trouver presque aucune résistance et pénétrèrent jusqu'à la ville capitale. Là, le prince, avec des troupes qu'il avoit gagnées, se joint à eux et les met en possession de la place. On fait mourir un ou deux des huit ministres qui le chagrinoient, les autres prennent la fuite ou sauvent leur vie à force d'argent. Le prince fait aussi semblant d'avoir peur; mais, au lieu de se cacher, il ramasse les troupes qui s'étoient dispersées et vient fondre tout d'un coup sur la forteresse de Corculam. Les Badages, qui ne s'attendoient point à être attaqués, sont forcés; on en tue un grand nombre dans la ville, et le reste gagne en désordre le chemin par où ils étoient venus. Le prince les poursuit, le peuple s'unit à lui, et on fait main basse de tous côtés sur les Badages avant qu'ils aient le temps de se reconnoître, en sorte qu'il n'y en eut qu'un très-petit nombre qui purent retourner chez eux. Après cette victoire, le roi de Travancor rentra dans sa capitale triomphant et prit en main le gouvernement du royaume. Il commençoit à se rendre redoutable à ses voisins lorsque ceux de ses anciens ministres auxquels il avoit épargné le dernier supplice et laissé du bien pour vivre honnêtement conjurèrent contre lui et le firent assassiner un jour qu'il sortoit de son palais. Ce vaillant prince vendit chèrement sa vie : il tua deux de ses assassins et en blessa un troisième grièvement; mais à la fin il succomba percé de mille coups et mourut fort regretté de tous ses sujets et particulièrement des chrétiens, qu'il aimoit et qu'il favorisoit en tout.

Les ministres, qui avoient été les auteurs de la conspiration, se saisirent derechef du gouvernement et, pour conserver quelque idée de la royauté, mirent sur le trône une sœur du roi, dont ils ont fait un fantôme de reine. Un seul fait vous fera juger de son crédit et en même temps de la grandeur et de la puissance de cet état. Des pêcheurs ayant pris un buffle, qui s'étoit jeté dans la mer je ne sais par quel hasard, prétendoient le vendre et en profiter, mais les officiers de la reine s'en saisirent et l'envoyèrent à cette princesse comme un présent considérable. Elle n'en fut pas longtemps la maîtresse, car un des gouverneurs en ayant eu envie le lui envoya fièrement demander. La reine, quoique surprise du procédé peu honnête du ministre, n'eut point d'autre parti à prendre que de lui envoyer le buffle et de lui faire excuse de l'avoir reçu sans son agrément.

Il n'y avoit que deux ou trois ans que la tragédie dont je viens de parler s'étoit jouée quand j'arrivai à Cotate : cette ville, l'une des principales de ce petit état, est partagée entre les ministres du royaume sans que la reine y ait, à ce que je crois, aucune autorité. Notre église se trouve située dans le quartier du principal de ces ministres. On a été plus de douze ou quinze ans à la bâtir, quoiqu'elle eût pu l'être dans six mois, parce que ces officiers, qui n'ont point d'autre dieu que leur intérêt, faisoient à tout moment suspendre l'ouvrage pour tirer de l'argent, de sorte que cet édifice a quatre fois plus coûté qu'il ne vaut, car il n'est considérable que par le lieu où on l'a élevé, le sanctuaire et l'autel étant placés à l'endroit même qu'occupoit la cabane où saint François Xavier se retiroit le soir après avoir prêché le jour à ces peuples. C'est à cette cabane que les Gentils mirent le feu une nuit, pensant le faire périr dans les flammes. L'on rapporte que la cabane fut réduite en cendres sans que le saint, qui y resta toujours en prières, reçût la moindre atteinte du feu. Les chrétiens, pour honorer un lieu si saint et si miraculeux, y plantèrent d'abord une grande croix, que Dieu rendit bientôt fameuse, parmi les idolâtres mêmes, par un très-grand nombre de miracles. Il me souvient d'en avoir lu autrefois plusieurs, que le père Bartoli raconte dans la vie de l'apôtre des Indes, aussi bien que celui des lampes suspendues devant l'image du saint, dans lesquelles l'eau brûloit comme si c'eût été de l'huile. Comme ce miracle dura longtemps, il demeura longtemps aussi imprimé dans la mémoire des Gentils, et j'ai trouvé encore sur les lieux des gens qui m'en ont parlé ; mais pour les lampes, je fus bien surpris de n'en point voir dans l'église ce grand nombre qui y brûloient autrefois : il n'en reste qu'une qu'on entretient jour et nuit; les Gentils viennent encore y prendre de l'huile par dévotion, et je crois qu'ils en usent bien autant ou plus que le feu n'en consume. On m'avoit dit aussi que la statue du saint apôtre étoit toute couverte de perles, je n'en vis aucune. Il ne faut pas s'en étonner : les fréquentes révolutions qui arrivent en ce royaume donnent lieu aux Gentils de piller impunément l'église, comme le reste du pays, et les Paravas, qui habitent la côte de la Pêcherie, sont devenus si pauvres et si misérables depuis qu'ils ne sont plus sous la domination des Portugais qu'ils n'ont guère de quoi orner la statue de leur saint. Le diadème qui est sur sa tête n'a été pendant plusieurs années que de plomb, et ce n'est que depuis peu qu'on y en a mis un d'argent, dans lequel on a enchâssé quelques diamans du temple, dont on m'avoit fait présent et que j'ai volontiers consacrés à cet usage.

J'arrivai à Cotate peu de jours avant la fête de Saint-François-Xavier; j'y fus témoin de l'affluence extraordinaire du peuple qui s'y rend tous les ans pour cette solennité ; on y accourt de vingt et trente lieues à la ronde : il semble que toute la côte de la Pêcherie et celle de Travancor y soient venues fondre cette année. Les pères de notre compagnie qui ont soin des églises de ces deux grands rivages s'y trouvèrent avec leurs chrétiens et furent occupés à entendre les confessions tant que la veille et le jour de la fête purent durer.

J'avois une vraie douleur de ne pouvoir m'employer avec eux à un si saint ministère, faute de savoir la langue du pays ; mais j'eus la consolation, pendant qu'ils confessoient, de donner la communion à plus de huit cents chrétiens. Quand l'heure de la grand'messe fut venue, on fit sortir de l'église les Gentils, et alors un des plus fameux missionnaires du pays, étant monté en chaire à l'une des portes de l'église pour être entendu également au dedans et au dehors, prononça le panégyrique du saint. Après avoir exposé les travaux de l'apôtre dans la prédication de la foi au royaume de Travancor, au cap de Comorin et à la côte de la Pêcherie, il s'étendit sur les prodiges qu'il avoit faits et qu'il continuoit de faire chaque jour dans l'église de Cotate. Il prit ensuite à témoin tous les assistans d'un miracle qui venoit d'y arriver encore il n'y avoit pas plus d'une heure et qu'il raconta avec toutes ses circonstances.

Un idolâtre, voyant qu'un de ses enfans, qu'il aimoit tendrement, perdoit les yeux par une fluxion opiniâtre, s'adressa au saint apôtre et fit vœu de donner à son église de Cotate huit fanons, qui font environ quarante sols de notre monnoie, si son fils pouvoit être délivré d'une incommodité si fâcheuse. L'enfant guéri parfaitement, et le père vint à Cotate pour y accomplir son vœu. Il y apporta son fils et le présenta au saint ; mais au lieu de donner huit fanons, comme il s'y étoit engagé, il n'en donna que cinq et se mit en devoir de se retirer. A peine étoit-il à la porte de l'église que, regardant l'enfant qu'il tenoit entre ses bras, il remarqua que ses yeux, qui étoient beaux et sains quand il l'avoit apporté à l'église, se trouvoient dans un état bien plus mauvais qu'avant qu'on eût fait le vœu. Saisi d'un événement si funeste, et ne doutant point que ce ne fût un châtiment du saint apôtre pour avoir usé de mauvaise foi dans l'accomplissement de sa promesse, il se prosterne au pied de l'autel, avoue et publie à tout le monde la faute qu'il a commise et l'accident qui lui est arrivé ; il offre les trois fanons qu'il avoit retenus, frotte les yeux de son enfant de l'huile de la lampe qui est suspendue devant l'image du saint, et sortant ensuite de l'église, il voit avec joie que les yeux de son fils sont sans aucune apparence de mal. Il s'écrie alors qu'il est exaucé : il rentre, il se prosterne derechef au pied de l'autel pour remercier le saint de la grâce qu'il vient de recevoir une seconde fois par son intercession. Tous les chrétiens et les infidèles qui se trouvèrent assemblés se convainquirent du miracle. Le père qui prêcha une heure après, comme j'ai dit, fit voir aux chrétiens que le bras de Dieu n'étoit pas raccourci dans ces derniers temps, et les porta à le louer et à le remercier de ce qu'il avoit bien voulu opérer cette merveille en leur présence pour les confirmer de plus en plus dans leur foi. Il exhorta en même temps les Gentils, en faveur de qui ce dernier miracle avoit été fait, de reconnoître le Dieu tout-puissant et de se rendre à des vérités certifiées chaque jour par tant de prodiges éclatans.

Je ne doutois nullement qu'une guérison si authentique n'ouvrît les yeux à un grand nombre d'idolâtres, ou qu'au moins le père de cet enfant ne demandât à se faire instruire sur l'heure même avec toute sa famille. Je fus étrangement surpris de voir que ni lui ni aucun de cette prodigieuse multitude d'infidèles, qui ne pouvoient nier un fait si public et si frappant, ne pensât pas seulement à se faire chrétien. Ils regardent saint François Xavier comme le plus grand homme qui ait paru dans ces derniers temps, ils l'appellent *Peria Padriar*, qui veut dire Grand-Père, et il y a même lieu de craindre qu'ils ne le mettent au rang de leurs fausses divinités, malgré le soin qu'on a de les instruire du culte qui lui est dû ; cependant ils demeurent tranquilles dans leurs erreurs, et quand nous les pressons, ils se contentent de répondre froidement qu'ils ne peuvent abandonner leur religion pour prendre celle d'une caste aussi basse et aussi méprisable que celle des Franquis.

Ce fut presque dans le même temps qu'une femme chrétienne vint aussi s'acquitter d'un vœu qu'elle avoit fait. Il y avoit plus de quatorze ans qu'elle étoit mariée sans avoir d'enfans, ce qui l'affligeoit sensiblement, car la stérilité n'est guère moins honteuse parmi ces peuples qu'elle l'étoit autrefois chez les Juifs. Elle vint donc à Cotate et fit une neuvaine au saint apôtre pour en obtenir un enfant, qu'elle lui présenta par avance pour être son esclave : c'est la manière de vouer les enfans en ce pays-ci, au lieu de leur faire porter un habit particulier comme on fait ailleurs. On les amène à l'église à un certain âge et on les déclare publiquement pour esclaves du saint par l'intercession de qui ils ont reçu la vie ou ils ont été préservés de la mort ; après quoi le peuple s'assemble, l'enfant est mis à l'enchère comme un esclave, et les parens le retirent en payant à l'Église le prix qu'en a offert le plus haut enchérisseur. La femme chrétienne dont je parle, ayant eu une fille l'année même qu'elle fit son vœu, elle l'éleva avec un grand soin pendant trois ans afin que le prix qu'on en offriroit fût plus considérable et qu'ainsi son offrande fût plus forte. Elle vint ensuite selon la coutume la présenter à l'église. L'argent qui revient de ces espèces de rançons s'emploie d'ordinaire à faire nourrir des orphelins ou à donner à manger aux pauvres qui viennent de fort loin en pèlerinage à Cotate.

Je ne puis passer sous silence une autre espèce de vœu qu'un Gentil vint faire à l'église du saint peu de jours après sa fête. Ces peuples ont coutume de s'associer assez souvent, tantôt cinq cents, tantôt mille, pour faire entre eux une manière de loterie. Ils mettent tous les mois dans une bourse chacun un fanon, qui vaut, comme j'ai dit, environ cinq sols de notre monnoie. Quand la somme dont on est convenu se trouve amassée, les associés s'assemblent au jour et au lieu marqués ; chacun écrit son nom dans un billet séparé, et tous ces noms sont mis dans une urne. Après qu'on les a longtemps ballotés en présence de tout le monde, on fait approcher un enfant, qui met la main dans l'urne, et celui dont le billet sort le premier emporte toute la somme. Par ce moyen, qui est fort innocent, des gens de très-pauvres qu'ils étoient auparavant peuvent devenir tout d'un coup à leur aise et pour toujours hors de la nécessité. Un Gentil qui avoit mis à deux loteries, souhaitant ardemment emporter les deux lots tout à la fois, vint un jour auparavant à l'église de Cotate et promit d'y donner cinq fanons si le saint daignoit bien le favoriser à la première loterie. Plein de confiance, il se rendit avec les autres dans la place publique où l'on étoit assemblé et publia tout haut le vœu qu'il avoit fait le jour précédent au Grand-Père. La chose se tourna en raillerie ; mais on fut bien surpris quand on vit que le premier billet tiré étoit le sien. Il emporta la somme et alla sur-le-champ à l'église remercier son bienfaiteur et s'acquitter de la dette qu'il avoit contractée. Il ajouta que s'il étoit assez heureux pour obtenir l'autre lot par son intercession, il redoubleroit de grand cœur la même offrande qu'il venoit de faire. La confiance dont il se sentit pénétré fut si grande que, s'étant rendu dans la place pour la seconde fois, il dit à ses compagnons, d'une voix assurée, qu'ils n'avoient que faire de rien espérer parce que le Grand-Père des chrétiens, qui l'avoit favorisé dans la première loterie, l'aideroit encore dans celle-ci. Quelques-uns en effet craignirent le pouvoir du saint, d'autres s'en moquèrent, et plusieurs gagèrent avec lui qu'il n'auroit rien. Il emploie à ces gageures toute la première somme qu'il avait gagnée. On écrit les billets on les met dans l'urne, on les brouille, l'enfant les tire, et celui de cet homme revient encore le premier, au grand étonnement de tous les assistans, qui ne voulurent plus qu'il eût part dans leur loterie. Il s'en mit peu en peine, ayant déjà gagné des sommes considérables ; mais il ne manqua pas de venir à l'église s'acquitter aussi fidèlement que la première fois du vœu qu'il avoit fait, et il donna même plus qu'il n'avoit promis. On lui parla, comme vous pouvez croire, de changer de religion et de reconnoître le Dieu par la vertu de qui le Grand-Père l'avoit si libéralement et si miraculeusement assisté. Point de réponse ni de conversion. Je vous avoue, mon très-cher père, qu'on est pénétré d'une vive douleur quand on voit le déplorable aveuglement où sont ces idolâtres et que le démon, pour les retenir sous sa puissance, ait trouvé le secret de leur donner une horreur si affreuse des Européens, par qui seuls le salut leur peut venir : car on ne peut pas douter, encore une fois, que le mépris qu'ils font de nous comme Franquis, ainsi qu'ils nous appellent, ne soit la vraie cause de leur obstination, puisque dans le Maduré et dans les autres royaumes où les ministres de l'Évangile ne passent pas pour Européens, il se convertit un si grand nombre d'infidèles.

Après la fête de Saint-François-Xavier, je retournai au Topo, étant convenu que je reviendrois à Cotate à Noël pour commencer tout de bon à apprendre la langue malabare. J'y fis beaucoup de progrès en peu de temps, parce que le père Maynard, dont j'ai parlé, eut la bonté de me l'enseigner avec une assiduité et des soins incroyables. Durant tout le temps que je demeurai avec ce cher missionnaire, nous ne baptisâmes que sept ou huit adultes de caste assez basse ; le plus considérable étoit le maçon qui avoit bâti notre église. Comme il était docile, d'un naturel doux et qu'il n'avoit point de vices, Dieu lui fit la grâce de pénétrer les vérités de la foi à travers les nuages du franquinisme, dont elles sont comme éclipsées aux yeux des Gentils qui nous connoissent pour Européens. Ce fut le premier à qui j'eus la consolation d'apprendre le catéchisme et les prières chrétiennes en langue malabare.

Mais la chose la plus singulière que je vis à Cotate pendant mon séjour, ce fut l'aventure d'un fameux pénitent idolâtre qui couroit tout le pays depuis huit ou neuf mois. Cet homme étoit dans un état à donner de la compassion. Il s'étoit fait mettre au col une espèce de collier fort extraordinaire : c'étoit une plaque de fer de trois pieds et demi en carré, épaisse à proportion, au milieu de laquelle il y avoit une ouverture assez large. Après y avoir passé la tête, il avoit fait appliquer tout autour de l'ouverture une bande de fer qui venoit lui serrer le col et qui tenoit à la plaque avec de bons clous bien rivés, afin qu'il ne lui fût pas libre de se décharger quand il voudroit d'un fardeau si pesant et si incommode. Cette large plaque, ainsi enchâssée au col, l'empêchoit de pouvoir se coucher ou appuyer sa tête contre quoi que ce soit. Ainsi quand il vouloit prendre un peu de repos, il falloit dresser des supports pour soutenir ce vaste collier des deux côtés. Il s'étoit lui-même imposé cette pénitence pour amasser, en se montrant par le pays, une somme d'argent qu'il destinoit à creuser un *tarpa culam*, c'est-à-dire un étang revêtu de pierres dans une plaine où il n'y a point d'eau et où les voyageurs souffrent beaucoup de la soif : car c'est une dévotion de ce peuple, une manière d'honorer leurs dieux et une œuvre des plus méritoires de faire des réservoirs sur les grands chemins, d'entretenir des gens qui présentent de l'eau à boire aux passans, ou de bâtir de grandes salles où les étrangers puissent se retirer et se mettre à couvert pendant la nuit. Celui dont je parle crut ne pouvoir attirer plus d'aumônes qu'en paroissant dans l'état digne de pitié où je viens de vous le représenter. Il y avoit sept ou huit jours que je l'avois rencontré dans les rues de Cotate, accablé sous le poids de son énorme collier et recevant les aumônes que les Gentils lui faisoient assez libéralement. Je fus touché de lui voir une assez heureuse physionomie et des manières de demander plus modestes et plus soumises que n'ont d'ordinaire les pénitens qui courent le pays ; dans ce moment, je me sens inspiré de prier Notre-Seigneur d'avoir pitié de ce malheureux, qui seroit capable de souffrir beaucoup pour son amour s'il savoit l'obligation qu'ont tous les hommes de n'aimer et de ne servir que lui seul. Je ne sais si Dieu eut égard à mes foibles prières, mais huit jours après je fus fort surpris de voir à la porte de notre église le pénitent au collier qui demandoit à parler au *gourou*, c'est-à-dire au père. Je crus qu'il cherchoit quelque aumône, et je tâchai de lui faire entendre qu'il ne devoit rien espérer de nous pour le sujet qui le faisoit quêter; mais comme je parlois fort mal la langue malabare, je connus qu'il ne m'entendoit pas. On me fit comprendre qu'il cherchoit autre chose que de l'argent. J'avertis le père Maynard de vouloir bien venir lui parler. Il vint, et s'approchant du pénitent, il lui dit : « Que venez-vous chercher à l'église des chrétiens, où l'on honore le vrai Dieu, vous qui adorez des idoles et qui êtes l'esclave des démons ? » Le pénitent répondit avec modestie : « C'est parce qu'on m'a dit que c'étoit ici la maison du vrai Dieu que j'y viens pour voir si je trouverai en lui plus de consolation que je n'en ai trouvé dans les dieux que j'adore, dont je ne suis guère satisfait après tout ce que vous voyez que je fais pour leur plaire. Je viens donc m'informer de votre Dieu et apprendre à le connoître pour mettre en repos s'il est possible mon esprit, qui est depuis longtemps agité. N'est-ce pas ici, ajouta-t-il, le temple de l'Être-Souverain, créateur du ciel et de la terre, qui récompense ceux qui le servent et qui punit éternellement ceux qui en adorent d'autres que lui? Je n'ai jusqu'ici adoré et servi mes dieux que parce que je n'en ai point connu de plus grands qu'eux : mais si vous me pouvez faire voir que le vôtre est au-dessus de tous, je renonce à eux et les abandonne pour jamais. »

Ces paroles nous touchèrent vivement, et nous eussions versé des larmes de joie sans la crainte que nous eûmes qu'il ne cherchât peut-être à nous tromper. Pour éprouver donc sa sincérité par l'endroit que nous crûmes devoir lui être le plus sensible : « Si vous voulez, lui dîmes-nous, connoître le Souverain-Seigneur et apprendre de notre bouche les perfections infinies qui le distinguent de vos prétendues divinités, il faut commencer par ôter de votre col cet instrument de mortification recherchée qui vous accable et que vous ne portez que pour vous distinguer et pour rendre honneur à l'ennemi de l'Être-Souverain, car tandis que vous en demeurerez chargé, la divine parole n'entrera point dans votre cœur ou bien vous ne la pourrez goûter ». J'avois quelque scrupule de l'obliger de quitter son habit de pénitent avant d'entrer un peu plus avant en matière et de le disposer davantage à ce que l'on voudroit, et je craignois que cette épreuve ne le rebutât. Mais il n'en parut pas le moins du monde ébranlé : « Je suis prêt, nous dit-il, à tout quitter, s'il le faut, pour connoître le souverain bien, mais je ne puis me débarrasser sans le secours d'un serrurier. » Certainement le fameux Siméon Stilite (s'il est permis de comparer un si grand saint à un homme qui était encore idolâtre) ne montra pas plus de soumission et de promptitude à descendre de sa colonne au premier ordre des pères du concile que celui-ci à renoncer aux marques de pénitence dont il se faisoit honneur parmi les Gentils. Le serrurier vint, et ce ne fut qu'avec bien du temps et une peine extrême qu'il dériva les clous qui tenoient attaché le petit collier au grand. Celui qui les avoit mis ne prétendoit pas apparemment qu'on les en ôtât jamais. Ce fut dans l'église même de saint François Xavier que nous délivrâmes ce pauvre esclave de Satan du joug que son redoutable maître lui avait imposé. La plaque étoit si pesante que je ne la pouvois soulever de terre qu'avec peine. Nous la suspendîmes à la muraille, près de l'autel, comme une dépouille enlevée à l'enfer et une des plus précieuses offrandes qu'on eût peut-être jamais faites au saint apôtre. Dès que le pénitent se vit libre, la joie parut peinte sur son visage, peut-être du plaisir que l'on venoit de lui faire, peut-être de l'espérance qu'il avoit que, ayant obéi, nous allions enfin l'éclairer sur la science du salut. Sans perdre de temps, le père Maynard commença à lui expliquer les mystères de notre sainte religion et moi à lui apprendre les prières et le catéchisme, ne sachant pas assez bien la langue pour l'entretenir.

Quoiqu'il parût content de nos instructions et qu'il fût charmé surtout de ce que nous lui disions de la grandeur de Dieu et de son amour pour les hommes, nous lûmes plus d'une fois dans ses yeux qu'il rouloit quelques pensées chagrinantes au fond de l'âme. Ceux qui l'avoient connu dans la ville avant qu'il s'adressât à nous lui faisoient de sanglans reproches, non pas précisément de ce qu'il changeoit de religion, mais de ce qu'il se faisoit disciple des docteurs franquis, lui qui étoit d'une des meilleures castes de tout le pays. C'étoit en effet cette idée du franquinisme qui lui causoit toute sa peine. Dès que nous le sûmes, nous prîmes la résolution de l'envoyer dans le Maduré se faire baptiser par quelqu'un de ceux qui y vivent sous l'habit de sanias[1]. Nous lui dîmes donc que nous n'étions que les gouroux ou les docteurs des castes basses, qui sont sur les côtes, et qu'il lui convenoit à lui, qui étoit homme de qualité, de s'adresser aux docteurs des hautes castes, qui sont dans les terres, et de se mettre au nombre de leurs disciples ; qu'il trouveroit dans le Maduré ces docteurs, qui lui enseigneroient la loi du vrai Dieu ; qu'il les allât trouver, et qu'après avoir achevé de l'instruire, ils le mettroient au nombre des fidèles. Ce bon homme, qui avoit pris de l'amitié pour nous, eut beaucoup de peine à se déterminer sur le parti que nous lui proposions ; mais enfin, comme nous lui persuadâmes que c'étoit son avantage, il nous crut et s'en alla trouver un de nos pères de la mission de Maduré, qui le baptisa et le renvoya ensuite dans son pays travailler à la conversion de ses parens, pour lesquels il nous parut avoir beaucoup de zèle et de tendresse.

J'avançois cependant dans l'étude de la langue malabare, et le désir d'entrer au plus tôt dans la mission de Maduré faisoit que je tâchois d'y paroître bien plus savant encore que je n'étois en effet. J'en fus puni, car l'opinion qu'on eut de mon habileté retarda mon départ au lieu de l'avancer. Le père Emmanuel Lopez, dont j'ai parlé au commencement de cette lettre, étant tombé malade sur la fin du mois de février, et ne se trouvant personne qui pût desservir ses églises pendant le carême qui approchoit, le père provincial m'appela au Topo et me proposa d'aller passer le carême au nord de la côte de Travancor, pour avoir soin du père malade et aider les fidèles en son absence, m'engageant sa parole qu'après Pâques immédiatement il m'enverroit dans la mission de Maduré, qui faisoit l'objet de tous mes vœux. Je représentai que je n'étois guère capable encore d'une pareille commission, surtout dans le temps de carême et de Pâques,

[1] C'est le nom qu'on donne aux religieux des Indes.

où il faut confesser tout le monde ; que pour les églises qui sont au nord du royaume de Travancor, je ne pouvois pas absolument m'en charger, parce que la langue malabare y est fort corrompue et mêlée avec la langue qu'on nomme malcamel ; que si cependant on manquoit d'ouvriers pour assister les chrétiens dans le temps pascal, je croyois qu'on pouvoit prendre un tempérament, qui étoit d'envoyer au nord du royaume de Travancor un des pères qui travailloient à la côte de la Pêcherie et de me faire occuper sa place, parce que les chrétiens de cette côte parlant fort distinctement la langue tamul, je pouvois les entendre et me faire entendre aussi plus facilement. Le père provincial agréa la proposition et m'envoya à Tala, sur la côte de la Pêcherie.

Je me mis en chemin et je remarquai dans mon voyage de terre deux choses que je n'avois point observées quand je doublai par mer le cap de Comorin. La première est une église bâtie en l'honneur de la sainte Vierge, sur la pointe méridionale de ce cap, et au-dessous de cette pointe un rocher qui s'avance dans la mer et qui y forme une espèce d'île : c'est sur ce rocher que se retirèrent autrefois les chrétiens de la côte de la Pêcherie pour éviter la fureur des Maures, qui les poursuivoient vivement. Ce lieu leur servit d'asile plusieurs mois, pendant lesquels ils ne se nourrirent que du poisson qu'ils pêchoient et des coquillages qu'ils pouvoient ramasser au pied de ce rocher. Depuis on y a planté une croix qui se découvre de fort loin. La seconde chose que je remarquai est une grande pagode de pierre, qui est plus avant dans les terres que l'église de la Sainte-Vierge, quoiqu'elle soit sur la même pointe. Comme cette pagode est nord et sud et directement opposée aux montagnes qui séparent le royaume de Travancor de celui de Maduré, si l'on tiroit une ligne à travers la pagode et ces montagnes, qui n'en sont éloignées que d'une lieue et demie, on auroit une division juste de ces deux royaumes, dont celui de Travancor s'étend le long de la côte occidentale, celui de Maduré sur la côte orientale, mais bien plus avant dans les terres du côté du nord.

C'est précisément au cap de Comorin que commence la côte de la Pêcherie, si fameuse par la pêche des perles. Elle forme une espèce de baie qui a plus de quarante lieues depuis le cap de Comorin jusqu'à la pointe de Ramancor, où l'île de Ceylan est presque unie à la terre ferme par une chaîne de rochers que quelques Européens appellent le pont d'Adam[1]. Les Gentils racontent que ce pont est l'ouvrage des singes du temps passé. Ils se persuadent que ces animaux, plus braves et plus industrieux que ceux d'aujourd'hui, se firent un passage de la terre ferme en l'île de Ceylan ; qu'ils s'en rendirent maîtres et délivrèrent la femme d'un de leurs dieux qui y avoit été enlevée. Ce qu'il y a de certain, c'est que la mer dans sa plus grande hauteur n'a pas plus de quatre à cinq pieds d'eau en cet endroit-là, de sorte qu'il n'y a que des chaloupes ou des bâtimens fort plats qui puissent passer entre les intervalles de ces rochers. Toute la côte de la Pêcherie est inabordable aux vaisseaux d'Europe parce que la mer y brise terriblement, et il n'y a que Tutucurin où les navires puissent passer l'hiver, cette rade étant couverte par deux îles qui en font la sûreté. Comme la côte de la Pêcherie est renommée par tout le monde, je m'imaginois y trouver plusieurs grosses et riches bourgades : il y en avoit autrefois un grand nombre, mais depuis que la puissance des Portugais s'est affaiblie dans les Indes et qu'ils n'ont plus été en état de protéger cette côte, tout ce qui s'y trouvoit de considérable a été abandonné et détruit. Il ne reste aujourd'hui que de misérables villages, dont les principaux sont Tala, Manapar, Alandaley, Pundicael et quelques autres. J'excepte toujours Tutucurin, qui est une ville de plus de cinquante mille habitans, partie chrétiens et partie Gentils.

Quand les Portugais parurent dans les Indes, les Paravas, qui sont les peuples de la côte de la Pêcherie, gémissoient sous la domination des Maures, qui s'étoient en partie rendus maîtres du royaume de Maduré. Dans cette extrémité, leur chef résolut d'implorer le secours des Portugais et de se mettre avec toute sa caste sous leur protection. Les Portugais, qui ont toujours eu beaucoup de zèle pour l'établissement de la religion chrétienne, la leur accordèrent, mais à condition qu'ils embrasseroient le christianisme, à quoi les Paravas s'obligèrent. Dès que ce traité eut été conclu, les Portugais chassèrent les Maures de tout le pays et y firent divers établissemens. Ce fut alors que la côte de la Pêcherie devint une florissante chrétienté par les travaux si connus de saint François-Xavier, qui bâtit partout des églises que nos pères ont cultivées depuis ce temps-là avec un très-grand soin. La liberté que les Paravas avoient sous les Portugais de trafiquer avec leurs voisins les rendoit riches et puissans ; mais depuis que cette protection leur a manqué, ils se sont vus bientôt opprimés et réduits à une extrême pauvreté. Leur plus grand commerce aujourd'hui vient de la pêche du poisson, qu'ils transportent dans les terres et qu'ils échangent avec le riz et les autres provisions nécessaires à la vie, dont cette côte est presque entièrement dépourvue, n'étant couverte que de bois épineux et d'un sable aride et brûlant, car c'est uniquement ce que je trouvai dans l'espace de douze lieues, depuis le cap de Comorin jusqu'à Tala, avec sept ou huit bourgades qui ont chacune une église dépendante de celle de Tala.

Je ne pus voir la misère où vivent ces pauvres chrétiens dont on m'avoit chargé sans en être attendri. Je tâchai d'adoucir leurs peines, qui ne sauroient manquer d'être très-méritoires, à en juger par la vivacité de leur foi et par leur attachement simple et fervent à toutes les pratiques de piété que les pères Portugais de notre compagnie ont eu soin d'introduire parmi eux. Une des choses qui contribue le plus à rendre cette chrétienté si distinguée entre toutes les autres, c'est le soin qu'on prend d'enseigner de très-bonne heure la doctrine chrétienne aux plus petits enfans. Cette sainte coutume s'est conservée inviolablement en ce pays-là depuis le temps de saint François-Xavier. Il étoit persuadé que la foi ne pouvoit manquer de jeter de profondes racines dans le cœur des habitans si dès la première enfance on les instruisoit bien des mystères et des préceptes de notre religion. La suite a fait voir qu'il ne se trompoit pas, car nulle part ailleurs dans les Indes on ne trouve ni plus de crainte de Dieu ni plus d'attachement au christianisme que chez les Paravas. Depuis qu'un enfant commence pour ainsi dire à bégayer jusqu'à ce qu'il se marie, il est obligé de se rendre tous les jours à l'église, les filles le matin au soleil levé, les garçons le soir au soleil couché. Ils récitent d'abord tous ensemble les prières ordinaires du matin et du soir, après quoi, se partageant en deux chœurs et

---

[1] Pont de Rama, suivant les anciens ; ce sont les Maures qui l'ont nommé pont d'Adam.

demeurant tous assis à terre, deux des plus habiles de chaque chœur se lèvent au milieu de l'église, et par forme de demandes et de réponses, répètent toute la doctrine chrétienne. Après cette première répétition, où il n'y a qu'eux qui parlent, ils interrogent ceux des deux chœurs qui les ont écoutés, lesquels tous ensemble répondent à la demande qu'on leur fait. Au reste cette doctrine chrétienne comprend non-seulement l'explication des mystères et des préceptes de la religion, mais encore, comme j'ai dit, la manière de se confesser et de communier et des méthodes pour bien faire toutes les autres actions, auxquelles ces fervens chrétiens se trouvent ainsi accoutumés presque avant l'usage de la liberté et de la raison. La doctrine chrétienne étant achevée, on se remet à genoux pour faire un acte de contrition, et après avoir récité le *Salve Regina* et la prière à l'ange gardien, on demande la bénédiction de Notre-Seigneur et de la sainte Vierge, et l'on se retire. Cette pratique s'observe non-seulement dans les lieux où les pères font leur demeure, mais encore dans toutes les autres bourgades, où les chefs, comme les vicaires de chaque église, assemblent les enfans et leur font faire assidûment tout ce que je viens de marquer.

Comme les pères qui cultivent cette grande chrétienté ne sont pas en fort grand nombre, les fidèles commencent dès les premiers jours de carême à s'acquitter du devoir pascal. Ainsi, après avoir pris à Tala les connoissances nécessaires, je commençai la visite de mes églises pour préparer tout le monde à la confession et à la communion. Ayant remarqué qu'une église fort ancienne de la petite bourgade de Cuttangeli menaçoit ruine et qu'on n'y étoit pas en sûreté, j'en fis bâtir une nouvelle. Je fatiguai beaucoup dans mes tournées, et je fus plus d'une fois en danger d'être dévoré par les tigres, qui sortent des bois pour chercher de l'eau. On ne sauroit croire le désordre que ces bêtes féroces ont fait cette année sur toute la côte. Outre le bétail qu'ils ont enlevé, on compte plus de soixante et dix personnes qui ont disparu et qui ont été apparemment dévorées par ces cruels animaux. On les voyoit s'approcher sur le soir des étangs, qui sont pour l'ordinaire assez près des villages : malheur alors au bétail, aux enfans et même aux hommes qui se trouvoient à leur portée. Rien ne leur échappoit. La crainte qu'on en avoit étoit devenue si grande que toutes les nuits on faisoit la garde dans les villages et l'on y allumoit de grands feux. Personne n'osoit sortir de sa maison durant les ténèbres ni se mettre en chemin; il n'étoit pas même trop sûr de marcher le jour, à moins qu'on ne fût bien accompagné. Cela ne m'empêcha pas pourtant de traverser plus d'une fois durant la nuit de grandes forêts pour aller administrer les sacremens à de pauvres moribonds qui ne pouvoient pas attendre. Je prenois la précaution de me faire escorter par quelques chrétiens, les uns portant des torches allumées et les autres battant le tambour, dont le bruit épouvante les tigres et les met en fuite. Une chose qui doit paroître extraordinaire et qui ne peut venir que d'une protection de Dieu toute particulière, c'est que dans tout le carnage qu'ont fait depuis un an ces redoutables animaux, aucun chrétien n'a péri. On a même pris garde que les Gentils se trouvant avec les chrétiens, les tigres dévoroient les idolâtres sans faire aucun mal aux fidèles, ceux-ci trouvant des armes sûres dans le signe de la croix et dans les saints noms de Jésus et de Marie, ce que les Gentils voyant avec admiration, ils ont commencé aussi à se servir des mêmes armes pour éviter la fureur des tigres et se préserver du danger.

Le bois infesté par les tigres règne pendant cinq ou six lieues; le reste de la côte n'est que sable, mais un sable qui fatigue extrêmement les voyageurs. J'éprouvai encore là les soins de la divine Providence. Je marchois le long de la mer pendant une nuit fort obscure, accompagné de deux de mes catéchistes, et je me trouvois sur le bord d'une petite rivière que j'avois traversée quelque temps auparavant sans aucun danger. Avançant comme pour passer ce gué, je tombai tout à coup, avec le catéchiste qui me soutenait, dans un grand fond que la marée avoit creusé en mangeant et emportant le sable. Nous nous serions noyés dans cette espèce d'abîme sans la main de Dieu, qui nous soutint. Nous en fûmes quittes pour être bien mouillés, ce qui ne nous empêcha pas de continuer notre route jusqu'à la plus prochaine église, où nous rendîmes grâces à Notre-Seigneur de nous avoir délivrés de ce danger.

Après avoir visité les églises de mon district, je revins la semaine sainte à Tala, où un grand nombre de chrétiens se rendirent de diverses bourgades des environs. Je travaillai beaucoup pendant tout ce saint temps ; les confessions me fatiguoient extraordinairement par la difficulté que j'avois à les entendre, car ces peuples parlent avec une vitesse surprenante, ou peut-être que cela me paroissoit ainsi parce que je n'avois pas encore l'oreille bien faite à leur langue. Les larmes me venoient quelquefois aux yeux quand, ne pouvant comprendre ce qu'ils me disoient, il falloit les faire recommencer jusqu'à trois et quatre fois, ce que ces bonnes gens faisoient avec une patience merveilleuse, cherchant même les mots et les tours les plus aisés pour s'exprimer. Outre le travail des confessions, j'avois celui de la prédication, et comme il m'étoit impossible de parler encore sur-le-champ, j'étois obligé de préparer et d'apprendre par cœur ce que je devois dire. Cependant, quoique je fisse une infinité de fautes, soit dans le tour de la langue, soit dans la prononciation, qui est très-difficile, ils ne paroissoient point rebutés de m'entendre, aimant mieux, disoient-ils, ouïr quatre paroles de la bouche des pères, quoique mal arrangées et mal prononcées, que les grands discours que leurs catéchistes leur auroient pu faire.

Je fis dresser en divers endroits de la bourgade plusieurs petits reposoirs, et le jeudi saint, sur le soir, nous y allâmes tous en procession faire les stations de la passion. A chaque station on faisoit tout haut des prières et des actes conformes au mystère qu'on venoit honorer. Les stations achevées, nous retournâmes à l'église, qui se trouva trop petite pour la grande multitude de chrétiens qui s'y étoient rendus de tous côtés. Je sortis, et tout le peuple s'étant rangé dans la place vis-à-vis l'église, mon catéchiste raconta fort au long l'histoire de la passion de Notre-Seigneur. Je fis ensuite, le crucifix à la main, un petit discours, dans lequel je tâchai de leur inspirer des sentimens de pénitence et d'amour de notre divin maître. Il étoit assez avant dans la nuit lorsqu'on se sépara. Le lendemain on revint pour les cérémonies du vendredi saint, que nous fîmes toutes, excepté celles de la messe, car il n'est pas permis, dans ces églises, de garder, du jeudi au vendredi, une hostie consacrée, à cause des soudaines irruptions que les Gentils, qui viennent du milieu des terres, font quelquefois sur les chrétiens. Ce fut à l'adoration de la croix qu'il m'eût été bien difficile de retenir mes larmes, les voyant couler en abondance des yeux de la plupart de nos fervens chrétiens. Jésus-Christ eût été là présent attaché sur la croix qu'ils n'eussent pas embrassé ses genoux avec plus de démonstrations de reconnoissance et de tendresse. Nous exposâmes l'après-dînée une représentation du saint suaire, tel qu'on le montre dans plusieurs églises d'Europe ; il y eut encore bien des pleurs répandus à cette pieuse cérémonie. Je parlai aussi un moment sur ce triste sujet, et l'on fit des prières et des chants en l'honneur de la passion de Notre-Seigneur. J'employai le samedi saint, le jour de Pâques et le reste des fêtes à confesser ceux qui ne s'étoient pas encore acquittés de ce devoir ; après quoi je partis pour faire une seconde fois la visite de mes églises et travailler plus à loisir que la première à l'instruction de ceux dans qui j'avois trouvé quelque ignorance. Mais le jour même que je m'étois mis en chemin, je reçus une lettre du père provincial, qui m'ordonnoit de remettre le soin de cette mission à deux pères qu'il y envoyoit, et de me préparer, selon sa promesse, à entrer incessamment dans celle de Maduré.

Dès que j'eus lu la lettre, je me rendis au Topo pour recevoir les ordres et les dernières instructions de mon supérieur. Il me les donna, et je pris la route de Maduré. Après avoir traversé de nouveau le cap de Comorin, je vins par Tala, Manapar, Alandaley et Punicael me rendre à Tutucurin. Cette ville est presque à une égale distance du cap de Comorin et du passage de Ramanancor. Comme Punicael est sur le bord d'une petite rivière qui a deux embouchures, on va aisément par eau de là à Tutucurin. Pour cela il n'y a qu'à observer le temps des marées : pendant le flux, on remonte de Punicael, qui est à la première embouchure, jusqu'au confluent des deux bras de la rivière ; au reflux, on descend jusqu'à la seconde embouchure, où se trouve Tutucurin[1].

Tutucurin paroît à ceux qui y abordent par mer une fort jolie ville. On découvre divers bâtimens assez élevés dans les deux îles qui la couvrent, une petite forteresse que les Hollandois ont bâtie depuis quelques années pour se mettre à couvert des insultes des Gentils qui viennent des terres, et plusieurs grands magasins bâtis sur le bord de l'eau, qui font un assez bel aspect. Mais dès qu'on a mis pied à

[1] Le Tuticorin des cartes de Brué.

terre, toute cette beauté disparoît et l'on ne trouve plus qu'une grosse bourgade presque toute bâtie de *palhotes*. Les Hollandois tirent de Tutucurin des revenus considérables, quoiqu'ils n'y soient pas absolument les maîtres. Toute la côte de la Pêcherie appartient en partie au roi de Maduré et en partie au prince de Marava, qui a secoué depuis peu le joug de Maduré, dont il étoit tributaire auparavant. Les Hollandois voulurent, il y a quelques années, s'accommoder avec le prince de Marava de ses droits sur la côte de la Pêcherie et sur tout le pays qui en dépend. Ils lui envoyèrent pour cela une célèbre ambassade avec de magnifiques présens. Le prince reçut les présens et donna de grandes espérances, dont on n'a vu jusqu'à présent aucun effet.

Les Hollandois, sans être maîtres de la côte, n'ont pas laissé d'agir souvent à peu près comme s'ils l'étoient. Il y a quelques années qu'ils enlevèrent les églises des pauvres Paravas pour en faire des magasins, et les maisons des missionnaires pour y loger leurs facteurs. Les pères furent obligés de se retirer dans les bois, où ils se firent des huttes pour ne pas abandonner leur troupeau dans un si pressant besoin. Il est vrai que les Paravas montrèrent en cette occasion une fermeté inébranlable et un attachement inviolable pour leur religion. On les voyoit tous les dimanches sortir en foule de Tutucurin et des bourgades pour aller entendre la messe dans les bois. Les pères y exerçoient, au milieu des Gentils, les fonctions de leur ministère plus librement qu'ils n'eussent fait auprès des Hollandois. Le zèle des Paravas choqua apparemment quelques-uns de ces messieurs; ils se mirent en tête de les pervertir et de leur faire embrasser leur religion. Dans cette vue, ils appelèrent de Batavia un ministre pour instruire, disoient-ils, ces pauvres abusés; mais la tentative réussit mal. Dès la première conférence que le chef de la caste des Paravas eut avec le président, il le confondit par ce raisonnement. « Vous deviez savoir, monsieur, lui dit-il, que quoique notre caste eût embrassé la religion catholique avant la venue du grand père dans les Indes (c'est de saint François-Xavier qu'il parloit), nous n'étions chrétiens que de nom, mais Gentils en effet. La foi que nous professons ne prit racine dans nos cœurs que par la force et par le nombre des miracles que notre saint apôtre opéra dans tous les lieux de cette caste. C'est pourquoi avant que vous nous parliez de changer de religion, il faut, s'il vous plaît, que premièrement vous fassiez à nos yeux, non pas seulement autant de miracles qu'en a fait le grand père, mais beaucoup davantage, puisque vous voulez nous prouver que la loi que vous nous apportez est meilleure que celle qu'il nous a enseignée. Ainsi, commencez par ressusciter du moins une douzaine de nos morts, car saint François-Xavier en a ressuscité cinq ou six dans cette côte; guérissez tous nos malades, rendez notre mer une fois plus poissonneuse qu'elle n'est, et quand cela sera fait, nous verrons ce qu'il y aura à vous répondre. » Le pauvre ministre, ne sachant que répliquer à ce discours, et voyant d'ailleurs cet air de fermeté et de raison, qu'il n'attendoit pas dans des pêcheurs, ne songea qu'à se rembarquer au plus vite. Mais avant que de le laisser partir, on voulut voir si la violence n'auroit pas plus de pouvoir que l'exhortation. On se mit donc en devoir de forcer les Paravas d'aller au prêche. Le chef de la caste eut le courage de faire afficher un écrit à la porte de la loge hollandoise, par lequel il déclaroit que si quelque Paravas alloit au temple des Hollandois, il seroit traité à l'heure même comme rebelle à Dieu et traître à la nation. Personne ne fut tenté d'y aller, excepté un seul. C'étoit un homme riche et puissant, dont la fortune dépendoit des Hollandois, et qui fut assez lâche, de peur de s'attirer leur disgrâce, de s'y trouver une fois.

On en avertit le chef de la caste des Paravas, lequel résolut d'en faire un exemple. Il mit donc ses gens sous les armes, se saisit des avenues, afin qu'à la sortie du temple le coupable ne pût lui échapper. Dès qu'il parut, il le fit mettre à mort. Les Hollandois voulurent se mettre en devoir de le secourir, mais ils n'y furent pas à temps, et ils furent obligés eux-mêmes de se retirer pour ne pas irriter des peuples qui étoient résolus de conserver leur religion aux dépens de leur vie.

Ces persécutions ont cessé par la grâce de Dieu; il est venu des directeurs plus doux et plus raisonnables, qui, bien loin d'inquiéter ces peuples sur leur religion et de leur faire violence, ont consenti que leurs anciens pasteurs revinssent demeurer dans les bourgades et continuassent les mêmes fonctions qu'ils avoient toujours faites depuis saint François-Xavier.

Au reste, je dois rendre cette justice à messieurs les directeurs d'aujourd'hui, que j'en ai trouvé parmi eux de très-honnêtes gens, qui gagnoient l'affection des peuples et se faisoient aimer des missionnaires, lesquels, de leur côté, leur rendoient dans l'occasion des services assez importans.

Pour ce qui regarde le commerce des Hollandois sur cette côte, outre les toiles qu'on leur apporte de Maduré et qu'ils échangent avec le cuir du Japon et les épiceries des Moluques, ils tirent un profit considérable de deux sortes de pêches qui se font ici : celle des perles et celle des *xanxus* (les xanxus sont de gros coquillages semblables à ceux avec lesquels on a coutume de peindre les Tritons). Il est incroyable combien les Hollandois sont jaloux de ce commerce; il iroit de la vie pour un Indien qui oseroit en vendre à d'autres qu'à la compagnie de Hollande. Elle les achète presque pour rien et les envoie dans le royaume de Bengale, où ils se vendent fort cher. On scie ces coquillages selon leur largeur : comme ils sont ronds et creux quand ils sont sciés, on en fait des bracelets qui ont autant de lustre que le plus brillant ivoire. Ceux qu'on pêche sur cette côte, dans une quantité extraordinaire, ont tous leurs volutes de droite à gauche. S'il s'en trouvoit quelqu'un qui eût ses volutes de gauche à droite, ce seroit un trésor que les Gentils estimeroient des millions, parce qu'ils s'imaginent que ce fut dans un xanxus de cette espèce qu'un de leurs dieux fut obligé de se cacher pour éviter la fureur de ses ennemis, qui le poursuivoient par mer.

La pêche des perles enrichit la compagnie de Hollande d'une autre manière. Elle ne fait pas pêcher pour son compte, mais elle permet à chaque habitant du pays, chrétien ou mahométan, d'avoir pour la pêche autant de bateaux que bon lui semble, et chaque bateau lui paie soixante écus et quelquefois davantage. Ce droit fait une somme considérable, car il se présentera quelquefois jusqu'à six ou sept cents bateaux pour la pêche. On ne permet pas à chacun d'aller travailler indifféremment où il lui plaît, mais on marque l'endroit destiné pour cela. Autrefois, dès le mois de janvier les Hollandois déterminoient le lieu et le temps où la pêche se devoit faire cette année-là sans en faire l'épreuve auparavant, mais comme il arrivoit souvent que la saison ou le lieu marqué n'étoit pas favorable et que les huîtres manquoient, ce qui causoit un notable préjudice après les grandes avances qu'il avoit fallu faire, on a changé de méthode, et voici la règle qu'ils observent aujourd'hui.

Vers le commencement de l'année, la compagnie envoie dix ou douze bateaux au lieu où l'on a dessein de pêcher. Ces bateaux se séparent en diverses rades, et les plongeurs pêchent chacun quelques milliers d'huîtres qu'ils apportent sur le rivage. On ouvre chaque millier à part et on met aussi à part les perles qu'on en tire. Si le prix de ce qui se trouve dans un millier monte à un écu ou au-delà, c'est une marque que la pêche sera en ce lieu-là très-riche et très-abondante, mais si ce qu'on peut tirer d'un millier n'alloit qu'à trente sols, comme le profit ne passeroit pas les frais qu'on seroit obligé de faire, il n'y auroit point de pêche cette année-là. Lorsque l'épreuve réussit et qu'on a publié qu'il y aura pêche, il se rend de toutes parts sur la côte, au temps marqué, une affluence extraordinaire de peuple et de bateaux qui apportent toutes sortes de marchandises. Les commissaires hollandois viennent de Colombo[1], capitale de l'île de Ceylan, pour présider à la pêche. Le jour qu'elle doit commencer, l'ouverture s'en fait de grand matin par un coup de canon. Dans ce moment, tous les bateaux partent et s'avancent dans la mer, précédés de deux grosses chaloupes hollandoises, qui mouillent l'une à droite et l'autre à gauche pour marquer les limites du lieu de la pêche, et aussitôt les plongeurs de chaque bateau se jettent à la hauteur de trois, quatre et cinq brasses. Un bateau a plusieurs plongeurs qui vont à l'eau tour à tour : aussitôt que l'un revient, l'autre s'enfonce. Ils sont attachés à une corde dont le bout tient à la vergue du petit bâtiment et qui est tellement disposée que les matelots du bateau, par le moyen d'une poulie, la peuvent aisément lâcher ou tirer, selon le besoin qu'on en a. Celui qui plonge a une grosse pierre attachée au pied afin d'enfoncer plus vite, et une espèce de sac à sa ceinture pour mettre les huîtres qu'il pêche. Dès qu'il est au fond de la mer, il ramasse promptement ce qu'il trouve sous sa main et le met dans son sac. Quand il trouve plus d'huîtres

---

[1] Construite par les Portugais sur la côte occidentale de l'île.

qu'il n'en peut emporter, il en fait un monceau, et revenant sur l'eau pour prendre haleine, il retourne ensuite ou envoie un de ses compagnons le ramasser. Pour revenir à l'air, il n'a qu'à tirer fortement une petite corde différente de celle qui lui tient le corps ; un matelot qui est dans le bateau et qui tient l'autre bout de la même corde pour en observer le mouvement donne aussitôt le signal aux autres, et dans ce moment on tire en haut le plongeur, qui, pour revenir plus promptement, détache s'il peut la pierre qu'il avoit au pied. Les bateaux ne sont pas si éloignés les uns des autres que les plongeurs ne se battent assez souvent sous les eaux pour s'enlever les monceaux d'huîtres qu'ils ont ramassés.

Il n'y a pas longtemps qu'un plongeur ayant vu qu'un de ses compagnons lui avoit volé ainsi plusieurs fois de suite ce qu'il avoit eu bien de la peine à recueillir, jugea à propos d'y mettre ordre. Il lui pardonna la première et la seconde fois, mais voyant qu'il continuoit à le piller, il le laissa plonger le premier et l'ayant suivi de près avec un couteau à la main, il le massacra sous les eaux et l'on ne s'aperçut de ce meurtre que lorsqu'on retira le corps de ce malheureux sans vie et sans mouvement. Ce n'est pas là ce qu'on a le plus à craindre dans cette pêche. Il court en ces mers des requins si forts et si terribles qu'ils emportent quelquefois et le plongeur et ses huîtres sans qu'on en entende jamais parler.

Quant à ce que l'on dit de l'huile que les plongeurs mettent dans leur bouche ou d'une espèce de cloche de verre dans laquelle ils se renferment pour plonger, ce sont des contes de personnes qui veulent rire ou qui sont mal instruites. Comme les gens de cette côte s'accoutument dès l'enfance à plonger et à retenir leur haleine, ils s'y rendent habiles, et c'est suivant leur habileté qu'ils sont payés. Avec tout cela le métier est si fatigant qu'ils ne peuvent plonger que sept ou huit fois par jour. Il s'en trouve qui se laissent tellement transporter à l'ardeur de ramasser un plus grand nombre d'huîtres qu'ils en perdent la respiration et la présence d'esprit, de sorte que ne pensant pas à faire le signal, ils seroient bientôt étouffés si ceux qui sont dans le bateau n'avoient soin de les retirer lorsqu'ils demeurent trop longtemps sous l'eau. Ce travail dure jusqu'à midi, et alors tous les bateaux regagnent le rivage.

Quand on est arrivé, le maître du bateau fait transporter dans une espèce de parc les huîtres qui lui appartiennent et les y laisse deux ou trois jours, afin qu'elles s'ouvrent et qu'on en puisse tirer les perles. Les perles étant tirées et bien lavées, on a cinq ou six petits bassins de cuivre percés comme des cribles, qui s'enchâssent les uns dans les autres, en sorte qu'il reste quelque espace entre ceux de dessus et ceux de dessous. Les trous de chaque bassin sont différens pour la grandeur ; le second bassin les a plus petits que le premier, le troisième que le second, et ainsi des autres. On jette dans le premier bassin les perles grosses et menues, après qu'on les a bien lavées comme j'ai dit. S'il y en a quelqu'une qui ne passe point, elle est censée du premier ordre, et celles qui restent dans le second bassin sont du second ordre, et de même jusqu'au dernier bassin, lequel n'étant point percé, reçoit les semences de perles. Ces différens ordres font la différence des perles et leur donnent ordinairement le prix, à moins que la rondeur plus ou moins parfaite ou l'eau plus ou moins belle n'en augmente ou diminue la valeur. Les Hollandais se réservent toujours le droit d'acheter les plus grosses : si celui à qui elles appartiennent ne veut pas les donner pour le prix qu'ils en offrent, on ne lui fait aucune violence et il lui est permis de les vendre à qui il lui plaît. Toutes les perles que l'on pêche le premier jour appartiennent au roi de Maduré ou au prince de Marava, suivant la rade où se fait la pêche. Les Hollandois n'ont pas la pêche du second jour, comme on l'a quelquefois publié, ils ont assez d'autres moyens de s'enrichir par le commerce des perles. Le plus court et le plus sûr est d'avoir de l'argent comptant, car pourvu qu'on paie sur-le-champ, on a tout ici à fort grand marché.

Je ne parlerai point d'une infinité de vols et de supercheries qui se font dans cette pêche ; cela nous mèneroit trop loin. Je vous dirai seulement qu'il règne de grandes maladies sur cette côte au temps de la pêche, soit à cause de la multitude extraordinaire de peuple qui s'y rend de toutes parts et qui n'habite pas fort à l'aise, soit à cause que plusieurs se nourrissent de la chair des huîtres, qui est indigeste et malfaisante, soit enfin à cause de l'infection de l'air, car la chair des huîtres étant exposée à l'ardeur du soleil se corrompt en peu de jours

.et exhale une puanteur qui peut toute seule causer des maladies contagieuses.

La pêche qui s'est faite cette année à Tutucurin a été très-malheureuse. L'épreuve s'en étoit trouvée très-belle, et on y étoit accouru de toutes parts; mais quand l'ouverture de la pêche se fit vers la fin du mois de mars, on fut bien surpris de voir que tous les plongeurs ensemble n'avoient ramassé que deux ou trois milliers d'huîtres et presque point de perles dedans. La désolation fut encore plus grande les jours suivans, car comme si les huîtres avoient tout-à-coup disparu, on n'en trouva plus aucune. Plusieurs attribuèrent cet accident aux courans, qui avoient apporté des sables et couvert les huîtres; quelques chrétiens le regardèrent comme un châtiment du ciel. On avoit coutume, de temps immémorial, de donner à l'église la plus prochaine de l'endroit où se faisoit la pêche les premières perles que prenoient les pêcheurs chrétiens. Mais cette année on résolut de ne point se conformer à ce pieux usage. Les inventeurs d'une pareille épargne n'en furent pas plus riches, et la pêche fut perdue au grand préjudice des Hollandois, des habitans de la côte et de tous les étrangers qui avoient fait de très-grandes avances.

Pendant que je m'instruisois ainsi des nouvelles du pays, j'écrivis au père Xavier Borghèse[1], qui de tous les missionnaires de Maduré étoit le plus proche de Tutucurin, pour l'informer de mon dessein, le prier de m'envoyer des guides et savoir de lui comment je me comporterois à mon entrée dans une terre qui faisoit depuis longtemps l'objet de mes plus ardens désirs. Ce père me répondit très-obligeamment qu'il ne s'en fieroit pas à des guides pour me conduire et qu'il viendroit lui-même me prendre à Tutucurin si le temps étoit propre à entrer dans le Maduré; mais que tout le pays étant en armes, ce seroit s'exposer à un péril évident d'être volé ou massacré que de se mettre alors en chemin. Il ajoutoit qu'on venoit d'arrêter prisonnier le père Bernard de Saa, son voisin, pour avoir converti un homme d'une haute caste; qu'on l'avoit traîné devant les juges, et qu'à force de coups on lui avoit fait sauter une partie des dents de la bouche, pendant qu'on déchiroit ses catéchistes à coups de fouets; que dans tout le pays l'émotion étoit générale contre les chrétiens; enfin qu'étant lui-même en danger d'être pris à chaque moment, il n'avoit garde de conseiller à un étranger de se rendre auprès de lui dans une conjoncture si fâcheuse. Je fus touché de la persécution des chrétiens; mais je le fus bien plus vivement de ce qu'on m'empêchoit d'aller prendre part à leurs souffrances. Néanmoins, sans me rebuter d'une réponse qui sembloit m'ôter toute espérance, je récrivis une seconde fois au père Borghèse et le suppliai de faire tous ses efforts pour me procurer l'entrée dans ma chère mission; je lui ajoutai que s'il ne le vouloit pas, à quoi je le conjurois de bien penser devant Dieu, j'étois résolu de m'embarquer pour aller chercher une autre porte, ou par le royaume de Tanjaour, ou par quelque autre endroit que ce pût être, nul danger et nulle difficulté n'étant capable de m'arrêter. Cette seconde lettre tomba heureusement entre les mains du père Bernard de Saa, qui venoit d'être exilé pour la foi, après avoir été très-cruellement traité, comme je viens de le marquer. Il s'étoit retiré depuis deux ou trois jours à Camien-naiken-patti. Il y reçut ma lettre et l'ouvrit suivant la permission que lui en avoit donnée le père Borghèse. Voyant un homme déterminé à tout tenter et à tout souffrir, il crut qu'il étoit inutile de me faire aller chercher bien loin l'entrée d'une mission à la porte de laquelle je me trouvois, et que, danger pour danger, il valoit mieux que je me livrasse à ceux du lieu où l'on me destinoit qu'à d'autres où je périrois peut-être sans aucun fruit. C'est ce qu'il m'écrivit en m'envoyant ses catéchistes pour me servir de guides. L'arrivée de ces chrétiens si attendus, et dont quelques-uns avoient beaucoup souffert pour la vraie religion, me causa une joie des plus sensibles. Je partis avec eux de Tutucurin sans différer. C'étoit sur le soir du dimanche de la Très-Sainte-Trinité, où j'avois lu à la messe l'ordre que Notre-Seigneur donna à ses apôtres d'aller par tout le monde prêcher l'Évangile et baptiser les nations. Je sortis de la ville comme pour aller confesser quelque malade, et à l'entrée de la nuit, me trouvant dans le bois, je quittai mon habit ordinaire de jésuite, pour prendre celui des missionnaires de Maduré. Les Paravas qui m'avoient accompagné jusque-là s'en retournèrent, et je m'abandonnai à la conduite de mes guides, ou plutôt à celle de Notre-Seigneur. Nous mar-

---

[1] Il est de l'illustre maison des princes Borghèse d'Italie.

châmes presque toute la nuit dans une grande obscurité jusqu'au lever de la lune. Mes gens prétendoient laisser le chemin ordinaire et me conduire au travers des bois, pour éviter une petite forteresse dont la garnison a coutume de faire de grandes violences aux passans. Elle étoit alors beaucoup plus à craindre à cause des troubles du royaume. Mais soit que mes guides sussent mal les chemins détournés, ou que dans les ténèbres ils se fussent trompés, nous nous trouvâmes, sans y penser, presque au pied de la forteresse, et contraints de passer près le corps-de-garde, qui étoit à la porte. Je pris sur-le-champ mon parti, qui fut de ne montrer ni crainte ni défiance : je dis à mes conducteurs de s'entretenir entre eux comme s'ils eussent été des gens de la bourgade voisine. Ils suivirent mon conseil, élevèrent la voix, portèrent même la parole à quelqu'un des gardes d'un air familier et délibéré, comme en pays de connoissance. Ce stratagème réussit heureusement : nous passâmes sans que la pensée vînt à aucun des gardes d'examiner davantage qui nous étions, la Providence veillant ainsi sur moi et sur nos chers missionnaires, à qui je portois de petits secours dont ils avoient un très-grand besoin.

Le danger évité, nous continuâmes notre route et nous arrivâmes un peu avant le jour à Camien-naiken-patti, où le père Bernard de Saa m'attendoit avec une inquiétude d'autant plus grande qu'il avoit appris que le jour d'auparavant on avoit commis un vol considérable sur le chemin que je devois tenir. Je ne saurois vous exprimer avec quelle tendresse j'embrassai un confesseur de Jésus-Christ, sorti tout récemment de la prison et de dessous les coups des ennemis du nom chrétien, ni ce que Dieu me fit sentir de consolation en prenant possession de cette terre bénie, après tant de désirs, de travaux, de courses et de craintes de n'y arriver peut-être jamais. Ce seroit le lieu de vous mander l'histoire de la nouvelle persécution et l'état où se trouvent aujourd'hui ces églises ; mais cette lettre n'est déjà que trop longue et vous me permettrez de remettre à la première que je me donnerai l'honneur de vous écrire plusieurs choses très-curieuses. Je me recommande cependant plus que jamais à vos saints sacrifices, moi et les disciples que j'espère que le Seigneur va me donner, et je suis avec bien du respect, etc.

LETTRE DU P. MAUDUIT

AU P. LE GOBIEN.

Progrès de la religion à Pondichéry et dans le Maduré.

A Pouleour, dans les Indes orientales,
le 29 de septembre 1700.

MON RÉVÉREND PÈRE,
P. C.

J'ai eu la consolation de recevoir deux de vos lettres ; j'ai répondu à la première il y a déjà plus d'un an, et je répondrai maintenant à la seconde qu'on m'a envoyée de Pondichéry, où les vaisseaux du roi sont heureusement arrivés depuis quelques jours. J'aurois bien souhaité vous écrire par les vaisseaux de la compagnie royale des Indes, mais lorsqu'ils partirent j'étois si occupé auprès des malades de l'escadre commandée par M. des Augers, que je ne pus trouver un seul moment pour le faire.

Je me rendis à Pondichéry quelque temps après le départ de ces vaisseaux, dans la vue de me consacrer entièrement à la pénible et laborieuse mission de Maduré et de me joindre au père Bouchet, qui y travaille depuis plusieurs années avec un zèle et un succès qu'on ne peut assez admirer. Je fis toutes les avances nécessaires pour l'exécution d'une si sainte entreprise ; mais Dieu, qui avoit d'autres desseins sur moi et sur mes compagnons, ne permit pas que j'y réussisse.

Je ne me rebutai pourtant point, non plus que le révérend père de La Breuille, supérieur de nos missions françoises des Indes, avec lequel j'agissois de concert. Nous formâmes le dessein de porter la foi dans les royaumes voisins de celui de Maduré et d'y établir une nouvelle mission sur le modèle de celle que nos pères portugais ont dans ce royaume. Nos compagnons ayant approuvé cette résolution, nous ne cherchâmes plus que les moyens de faire réussir une œuvre si glorieuse à Dieu et si avantageuse à la religion. Nous ne doutions pas qu'il ne se trouvât bien des obstacles à surmonter, mais vous savez, mon révérend père, que les difficultés ne doivent jamais arrêter des missionnaires, surtout après l'expérience que nous avons que Dieu, par les grandes traverses, prépare d'ordinaire aux plus heureux événemens.

Le père Martin alla trouver le révérend père provincial de Malabar, qui le reçut avec beaucoup de bonté et qui lui marqua un lieu où il pourrait aisément s'instruire des coutumes du pays et de la manière dont il faut vivre parmi ces nations, les plus superstitieuses qui aient jamais été. Pour moi je partis de Pondichéry, le 21 septembre de l'année 1699, pour aller au Petit-Mont, à peu de distance de Saint-Thomé. Je fis ce voyage dans la vue d'y apprendre parfaitement la langue, de m'informer des lieux où nous pourrions établir la nouvelle mission, et surtout dans le dessein d'y recueillir quelque étincelle du zèle ardent du grand apôtre des Indes, saint Thomas, qui a sanctifié le Petit-Mont par le séjour qu'on tient qu'il y a fait. Comme je n'y trouvai pas tous les secours qu'on m'y avoit fait espérer, je n'y demeurai que deux mois. Je revins à Pondichéry pour passer de là à Couttour, première résidence de la mission de Maduré, où je devois m'instruire de ce qui regardoit celle que nous voulions établir.

J'y arrivai en habit de sanias [1] le septième de décembre, veille de la Conception de la sainte Vierge. Le père François Laynès, que j'y trouvai, me reçut avec des marques d'une charité ardente et d'une amitié sincère. Je ne puis vous exprimer les sentimens dont je fus pénétré dans cette sainte maison, ni combien je fus édifié de la vie austère et pénitente qu'y mènent nos pères. Dieu répand de grandes bénédictions sur leurs travaux; j'ai tâché de les partager avec eux et j'ai eu la consolation d'administrer les sacremens à un très-grand nombre de ces nouveaux chrétiens, dont la ferveur et la piété me tiroient les larmes des yeux ; j'ai baptisé à Couttour plus de cent personnes, et plus de huit cents à Corali, autre résidence de cette mission. Ce grand nombre vous surprendra peut-être, mais qu'est-ce en comparaison de ce que fait le père Laynès dans le Maravas, où il a baptisé, en six mois, plus de cinq mille personnes! Il n'a pas tenu à moi ni à lui que je ne l'y aie accompagné et que je ne me sois dévoué à recueillir une moisson si abondante ; mais les ordres que j'avois ne me le permettoient point. Je les suivis, et je partis, au commencement de juin 1700, pour aller du côté de Cangibouram, ville qui est au nord de Pondichéry.

Sitôt que j'y fus arrivé je commençai à travailler. Je vous dirai, mon cher père, pour votre consolation et pour celle des personnes qui s'intéressent à nos missions et qui veulent bien les soutenir par leurs charités, que deux églises s'élèvent déjà à l'honneur du vrai Dieu au milieu d'une nation ensevelie dans les plus épaisses ténèbres de l'infidélité. Depuis trois mois et demi que je suis en ce pays, j'ai eu le bonheur de baptiser près de six-vingts personnes. Jugez par ces heureux commencemens ce que nous pourrons faire dans la suite avec la grâce de Dieu dans une mission si féconde, si on nous envoie les secours qui nous sont nécessaires ; mais il faut pour cela des hommes de résolution et qui puissent faire de la dépense, car on est obligé de garder ici bien plus de mesure que dans le Maduré, où le christianisme est aujourd'hui très-florissant, et l'on doit s'attendre à souffrir bien des persécutions, soit de la part des Gentils, soit d'ailleurs, si l'on ne s'observe et si l'on n'a un peu de quoi apaiser la mauvaise humeur des grands du pays.

Comme la vie que l'on mène dans cette mission est très-rude, je suis bien aise de vous avertir qu'il faut que ceux de nos pères qui voudront venir prendre part à nos travaux soient d'une santé forte et robuste, car leur jeûne sera continuel et ils n'auront pour toute nourriture que du riz, des herbes et de l'eau. J'écris ceci sans craindre qu'une vie si austère soit capable de les rebuter et de les détourner de venir à notre secours, persuadé au contraire que c'est ce qui les animera davantage à préférer cette mission aux autres. Je ne doute point qu'ils n'y soient remplis de joie et de consolation, du moins si j'en juge par mon expérience, car je puis vous assurer que je n'ai jamais été si content que je le suis avec mes herbes, mon eau et mon riz ; c'est sans doute une grâce très-particulière de Dieu. Aidez-moi, mon révérend père, à l'en remercier, et faites qu'on nous envoie d'Europe tous les secours qui nous sont nécessaires par tant de différentes raisons.

Vous penserez peut-être comme beaucoup d'autres que ce n'est pas assez ménager nos missionnaires que de les engager à une austérité de vie capable de les tuer ou de les épuiser en peu de temps. Je vous répondrai en deux

---

[1] Religieux des Indes.

mots que ce genre de vie est absolument nécessaire pour gagner ces infidèles, qui ne feroient nulle estime ni de la loi du vrai Dieu ni de ceux qui la prêchent s'ils nous voyoient vivre avec moins d'austérité que ne vivent leurs brames et leurs religieux. Nous conseillerez-vous de changer à cette condition ? Qu'est-ce donc que notre vie, qu'il l'a faille tant ménager, après qu'un Dieu a bien voulu donner la sienne pour sauver ceux auprès de qui nous travaillons ! Quand on fait réflexion que l'enfer se remplit tous les jours et que nous pouvons l'empêcher par la vie pénitente que nous menons, je vous assure qu'on n'a plus envie de l'épargner.

Quoique la vie des missionnaires soit aussi austère que je viens de vous le marquer, je vous répète encore qu'ils ne laissent pas d'avoir de grandes dépenses à faire, non pas pour leurs personnes, comme vous voyez, puisqu'ils ne boivent point de vin, qu'ils ne mangent ni pain, ni viande, ni poisson, ni œufs, et qu'ils sont vêtus d'une simple toile, mais pour les nouveaux établissemens qu'ils sont obligés de faire, pour le bâtiment des églises qu'ils élèvent au vrai Dieu dans ces terres infidèles et surtout pour l'entretien d'un grand nombre de catéchistes qui sont absolument nécessaires en ces pays. Un catéchiste est un homme que nous instruisons à fond de nos mystères et qui va devant nous de village en village apprendre aux autres ce que nous lui avons appris. Il fait un registre exact de ceux qui demandent le baptême, de ceux qui doivent approcher des sacremens, de ceux qui sont en querelle, de ceux dont la vie n'est pas exemplaire et généralement de l'état du lieu où on l'envoie. Nous arrivons ensuite, et nous n'avons plus qu'à confirmer par quelques instructions ce que le catéchiste a enseigné et qu'à faire les fonctions qui sont propres de notre ministère. Vous concevez par là l'utilité et la nécessité indispensable des catéchistes, et nous espérons que vous la voudrez bien faire comprendre à tous ceux qui s'intéressent à l'établissement de l'Évangile.

Je viens de recevoir des lettres de Pondichéry qui me marquent que trois nouveaux missionnaires de notre compagnie y sont arrivés pour passer à la Chine. Le récit qu'on leur a fait des bénédictions que Dieu donne à cette nouvelle mission, et les grandes espérances que nous avons de convertir ces vastes pays et de les gagner à Jésus-Christ, a porté le père de La Fontaine, homme d'un mérite distingué et l'un de ces trois missionnaires, à demander de demeurer avec nous. Je ne doute pas que plusieurs autres ne suivent son exemple et ne viennent prendre part aux pénibles mais salutaires travaux de cette chrétienté naissante. Je vous prie de ne me pas oublier dans vos prières, nous en avons plus besoin que jamais, et d'être persuadé que je suis avec respect, etc.

LETTRE DU P. DOLU

AU P. LE GOBIEN.

Nouvelles missions. — Fondation d'églises.

A Pondichéry, le 4 d'octobre 1700.

Mon révérend Père,

P. C.

Je vous écris cette lettre par la voie d'Angleterre, en attendant que je le puisse faire plus au long par les vaisseaux de la royale compagnie qui partiront au mois de janvier. Je vous enverrai par cette voie les lettres originales de ce qui se passe de plus édifiant en ces quartiers. Vous y verrez le commencement de la nouvelle mission que nous avons entreprise sur le modèle de celle de Maduré, à deux journées d'ici, où se termine la mission de nos pères portugais.

Le père Mauduit est le premier qui soit allé mettre la main à l'œuvre. Il a fait son noviciat dans le Maduré même, en vivant de riz et de légumes seulement, comme vivent nos pères en ce pays-là. Il a baptisé plus de sept cents personnes pendant cinq à six mois qu'il a demeuré avec eux, et depuis qu'il est allé prendre possession de la nouvelle vigne du Seigneur, il a baptisé plus de six-vingts personnes, parmi lesquelles il y a deux brames, ce qui est une grande conquête. Il a obtenu des seigneurs de ce pays-là la permisssion de bâtir deux églises, qui sont à présent achevées. La vie qu'il mène est bien rude et bien austère, ce qui est nécessaire pour convertir ces peuples ; mais ce qui lui donne beaucoup de crédit et d'entrée partout, c'est qu'il a des brames qui l'accompagnent et qui lui servent de catéchistes.

Les vaisseaux du roi nous ont apporté cette année les pères Hervieu, de La Fontaine et Noëlas, qui sont venus ici pour passer à la Chine. Le père de La Fontaine a été si édifié des travaux de nos pères et des grands biens de cette mission, qu'il a pris la résolution de demeurer parmi nous avec l'agrément des supérieurs. Il s'applique actuellement à apprendre la langue du pays, pour aller au plus tôt joindre le père Mauduit dans sa nouvelle mission. La ferveur est présentement pour la Chine ; mais si nos pères avoient la même idée que nous avons de la sainte mission de Maduré, je ne doute pas qu'ils ne la préférassent aux missions de la Chine et du Canada. J'ose même vous assurer que la vie toute apostolique qu'on y mène, les souffrances et les travaux continuels auxquels on est exposé et les grands fruits qu'on y fait, passent tout ce qu'on peut dire de ces célèbres missions. Jugez-en par ce seul trait :

Depuis quatre ans et demi que le père Bouchet est dans l'église d'Aour, qu'il a fondée, il a baptisé plus de dix mille âmes. C'est une chose charmante de voir la ferveur extraordinaire avec laquelle vivent ces nouveaux chrétiens. Ils récitent tous les jours ensemble les chapelets de Notre-Seigneur et de la sainte Vierge. Ils font le matin et le soir les prières et l'examen et quelques-uns même la méditation. Le père Martin, qui est depuis deux mois à Aour avec le père Bouchet, me mandoit, après trois semaines de séjour, qu'il avoit baptisé plus de soixante personnes pour sa part, qu'il ne se passoit presque aucun jour qu'il n'y eût des baptêmes et des mariages, et qu'il lui faudroit une relation entière pour me raconter tous les biens et toutes les choses édifiantes qu'il a vues dans cette mission. S'il m'envoie l'ample récit qu'il m'a promis, je vous en ferai part.

Ce même père Martin entra dans la mission de Maduré le jour de la Sainte-Trinité 1699. A la prmeière résidence où il alla, il trouva un de nos pères qui venoit d'être chassé de son église et qu'on avoit si fort maltraité qu'on lui avoit fait sauter deux dents de la bouche à force de coups, parce qu'il avoit converti et baptisé un homme d'une grande *caste* (c'est ainsi qu'ils appellent ce que les Juifs appeloient tribus).

J'ai reçu depuis peu une lettre du père Laynès, célèbre missionnaire du Maduré. Il étoit allé au commencement de cette année secourir les chrétiens de Maravas, où le vénérable père Jean de Brito a été martyrisé. Le père Laynès y a passé cinq mois dans des dangers continuels, couché à l'ombre de quelque arbre ou au bord de quelque étang, où les naturels du pays viennent souvent se laver. Il les instruisoit de nos mystères, et Dieu donnoit tant de force et d'onction à ses paroles qu'en peu de mois il a baptisé quatre à cinq mille idolâtres, sans parler de plusieurs milliers de chrétiens auxquels il a administré les sacremens de la pénitence et de l'eucharistie. Il me marque qu'il ne sait comment il a pu suffire à un travail si excessif. C'est ce même père qui, revenant l'an passé d'assister les chrétiens d'Outremelour, qui est la dernière résidence de Maduré, souffrit un tourment bien douloureux et bien extraordinaire. Il avoit obtenu du *durey* (seigneur d'Outremelour) la permission de bâtir une église sur ses terres, vers le nord, et proche la célèbre ville de Cangibouram, qui est dans le royaume de Carnate[1]. Un gouverneur l'ayant arrêté, à la sollicitation de quelques Gentils, ennemis de notre sainte religion, ce barbare lâcha sur lui quelques soldats à grande gueule (c'est ainsi qu'on les appelle), qui, comme autant de chiens enragés, le mordirent jusqu'au sang partout le corps et lui firent des plaies si profondes qu'il en a été long-temps très-incommodé. Je crois vous avoir déjà mandé cette action inhumaine.

Je vous quitte pour aller baptiser trois adultes de plusieurs qui se font instruire. Je vous manderai la première fois que je fais ici pour rendre vénérable notre sainte religion aux Gentils, et pour les y attirer. Comme ils sont frappés singulièrement de nos fêtes et de nos cérémonies, j'imagine chaque jour quelque manière de les célébrer avec plus d'éclat et de pompe. Dans la dernière solennité du jour de l'Assomption de la sainte Vierge, vous eussiez été charmé de voir les Gentils même s'unir à nous pour contribuer à l'envi à honorer la reine du ciel. Je vous en enverrai une petite relation. Je me recommande à vos saints sacrifices, et je vous prie de croire que je suis avec bien du respect, etc.

---

[1] Karnatik, présidence de Madras.

LETTRE DU P. BOUCHET

AU P. LE GOBIEN.

Efforts des ouvriers évangéliques.—Succès croissans.

A Maduré, le 1er de décembre 1700.

Mon Révérend Père,
P. C.

Notre mission de Maduré est plus florissante que jamais. Nous avons eu quatre grandes persécutions cette année. On a fait sauter les dents à coups de bâton à un de nos missionnaires, et actuellement je suis à la cour du prince de ces terres pour faire délivrer le père Borghèse, qui a déjà demeuré quarante jours dans les prisons de Trichirapali [1] avec quatre de ses catéchistes qu'on a mis aux fers. Mais ces persécutions sont cause de l'augmentation de la religion. Plus l'enfer s'efforce de nous traverser, plus le ciel fait de nouvelles conquêtes. Le sang de nos chrétiens répandu pour Jésus-Christ est, comme autrefois, la semence d'une infinité de prosélytes.

Dans mon particulier, ces cinq dernières années, j'ai baptisé plus de onze mille personnes et près de vingt mille depuis que je suis dans cette mission. J'ai soin de trente petites églises et d'environ trente mille chrétiens ; je ne saurois vous dire le nombre des confessions ; je crois en avoir ouï plus de cent mille.

Vous avez souvent entendu dire que les missionnaires de Maduré ne mangent ni viande, ni poisson, ni œufs ; qu'ils ne boivent jamais de vin ni d'autres liqueurs semblables ; qu'ils vivent dans de méchantes cabanes couvertes de paille, sans lit, sans siége, sans meubles ; qu'ils sont obligés de manger sans table, sans serviette, sans couteau, sans fourchette, sans cuillère. Cela paraît étonnant ; mais croyez-moi, mon cher père, ce n'est pas là ce qui nous coûte le plus. Je vous avoue franchement que depuis douze ans que je mène cette vie, je n'y pense seulement pas. Les missionnaires ont ici des peines d'une autre nature, dont le père Martin vous écrira amplement l'année prochaine. Pour ce qui est de moi, je ne souffre que de n'avoir

[1] C'est la ville où le roi de Maduré fait sa résidence ordinaire.

pas de quoi entretenir plus de catéchistes, qui m'aideroient à travailler à la conversion des âmes. J'ai un déplaisir que je ne puis vous expliquer, quand je vois venir des idolâtres de plusieurs cantons, qui me demandent des maîtres pour leur enseigner la loi de Dieu, et que je ne puis ni me multiplier moi-même ni multiplier mes catéchistes, faute de ce qui seroit nécessaire à leur subsistance. *Parvuli petierunt panem, et non erat qui frangeret eis.* Ainsi je sèche de douleur de voir périr des âmes pour lesquelles Jésus-Christ a répandu son sang. Hélas ! mon cher père, est-il possible qu'on ne sera point sensible à leur perte ! J'ai vendu cette année un calice d'argent que j'avais, pour me donner un catéchiste de plus. Vous me demanderez ce que je veux, je vous réponds que je ne veux rien pour moi, mais rien, vous dis-je, rien du tout : ce que je souhaite, et ce que je vous demande par les entrailles de Jésus-Christ, c'est de me procurer autant d'aumônes que vous pourrez pour ces catéchistes, et comptez qu'un catéchiste de plus ou de moins est une chose de la dernière conséquence. Je me recommande instamment à vos saints sacrifices, et je suis avec bien du respect, etc.

LETTRE DU P. PIERRE MARTIN

AU P. LE GOBIEN.

Persécutions. — Prédications. — Dangers que courent les ministres de l'Évangile.

A Aour, dans le royaume de Maduré, le 11 décembre 1700.

Mon Révérend Père,
P. C.

Je vous tiens parole, et je reprends aujourd'hui la suite des nouvelles que je n'eus pas le temps de vous écrire dans ma dernière lettre. Je commence par une relation succincte de la persécution que le père de Saa a soufferte dans ces derniers temps.

Ce missionnaire, qui me reçut avec tant de bonté à mon entrée dans le royaume de Maduré, avoit gagné à Jésus-Christ, entre plusieurs personnes considérables, un néophyte d'une caste très-distinguée et proche parent d'un ennemi mortel des chrétiens. Celui-ci se mit dans l'esprit de pervertir le nouveau chrétien et de le ramener au culte des idoles ; mais voyant ses prières, ses promesses et ses menaces également inutiles et que rien ne pouvoit faire perdre à son parent le précieux don de la foi, il tourna toute sa fureur contre le missionnaire qui l'avoit converti, et résolut de le perdre avec tous les chrétiens. Dans ce dessein, il présenta une requête au gouverneur de la province, dans laquelle il demandoit qu'on arrêtât le docteur étranger qui séduisoit les peuples et qui empêchoit qu'on adorât les dieux du pays.

L'or qu'il fit briller aux yeux de cet officier intéressé le rendit plus zélé et plus vif qu'il n'eût apparemment été. Une compagnie de ses gardes eut ordre de s'assurer au plus tôt du missionnaire. Cette troupe, animée par l'auteur de la persécution, qui se mit à leur tête, vient fondre pendant la nuit sur la maison, y entre avec violence, la pille et la saccage, sans que le père de Saa pût dire une parole, quand il l'aurait voulu. Il étoit arrêté par une fluxion violente, qui, s'étant jetée sur la gorge et sur le cou, lui avoit ôté l'usage de la voix. Son état douloureux ne toucha point ces barbares, ils l'arrêtèrent avec tous ses catéchistes et le traînèrent avec ignominie à la maison du gouverneur. Cet officier fit au père de grands reproches de ce qu'il venoit suborner les peuples et détruire une religion qu'on professoit, disoit-il, dans tout le pays depuis plus de deux cent mille ans ; que pour venger l'honneur de ses dieux offensés, il le condamnoit à avoir sans délai le nez et les oreilles coupées. C'étoit vouloir ôter au missionnaire toute créance et le mettre hors d'état de se faire écouter, car ce supplice rend infâme dans les Indes non-seulement celui qui l'endure, mais ceux encore qui auroient le moindre commerce avec un homme ainsi mutilé.

Cet ordre barbare alloit s'exécuter, et un soldat avoit déjà le sabre à la main, lorsqu'un des juges s'avisa de dire au gouverneur qu'il valoit mieux casser les dents à ce blasphémateur, pour proportionner en quelque sorte le châtiment au crime qu'il avoit fait de décrier leurs dieux. Le gouverneur, qui goûta cette raison, ordonna sur-le-champ à deux soldats de lui faire sauter les dents de la bouche à coups de poing, ou, si cela ne suffisoit pas, avec un instrument de guerre qu'un d'eux tenoit alors à la main. Les soldats, plus humains que leurs maîtres, frappèrent le père, mais ils le faisoient mollement, et plusieurs coups ne portoient point. Le gouverneur s'en aperçut, et les menaçant de son sabre, il ne fut content qu'après qu'on eut cassé au père quatre ou cinq dents. La multitude des coups qu'il reçut sur la tête et sur le visage, et que sa fluxion rendoit infiniment douloureux, fit craindre qu'il n'expirât entre les mains de ses bourreaux ; il éleva plus d'une fois les yeux et les mains au ciel, et offrit sa vie à Dieu, en le priant de vouloir bien éclairer ces pauvres aveugles.

Les catéchistes, les mains liées derrière le dos, assistèrent au supplice de leur maître. On tâcha de les intimider ; on ne réussit pas, et ils marquèrent tous avoir de la peine de n'y pas participer. Il y en eut même un qui, plus courageux que les autres, s'avança, et se mettant entre le père et les soldats, leur dit d'un ton de voix élevé : « Pourquoi veut-on nous épargner ? c'est nous, bien plus que notre maître, qui devons être punis, puisque c'est nous qui l'avons amené dans ce pays et qui l'aidons en tout ce qu'il fait pour la gloire du créateur du ciel et de la terre que nous adorons. » Le gouverneur ne put souffrir la sainte liberté du catéchiste, il le fit meurtrir de coups, et dans le transport de sa colère, il est certain qu'il l'eût fait mourir aussi bien que le père s'il en eût eu l'autorité.

Après cette première exécution, on les renvoya tous en prison, dans l'espérance d'en tirer quelque grosse somme d'argent ; mais le père manda qu'il faisoit profession de pauvreté, qu'on ne devoit rien attendre de lui ni de ses disciples, et que, d'ailleurs, il leur étoit si glorieux de souffrir pour la cause du Seigneur du ciel et de la terre, qu'ils donneroient volontiers de l'argent, s'ils en avoient, pour obtenir qu'on augmentât leurs supplices et qu'on voulût même leur ôter la vie. Une réponse si ferme déconcerta le gouverneur, qui se contenta de bannir le père de Saa des terres de son gouvernement et de faire encore quelque mauvais traitement à ses catéchistes. La sentence du père portoit qu'on chassoit ce prédicateur étranger parce qu'il méprisoit les grands dieux du pays et qu'il faisoit tous ses efforts pour détruire le culte qu'on leur rendoit.

C'est ainsi que ce saint missionnaire sortit de prison. Il avoit la tête et le visage si extraordinairement enflés qu'on auroit eu peine à le reconnoître. Les soldats qui avoient ordre de le conduire jusqu'au lieu de son exil ne purent le voir dans un état si pitoyable sans en être touchés de compassion et sans lui demander pardon des mauvais traitemens qu'ils lui avoient faits malgré eux. Le père, attendri, leur donna sa bénédiction et pria Notre-Seigneur de dissiper les ténèbres de leur ignorance.

Il se mit ensuite en chemin ; mais comme sa foiblesse étoit extrême et comme il tomboit presque à chaque pas, les soldats s'offrirent à le porter tour à tour dans leurs bras. Il ne le voulut pas, et il se traîna comme il put jusqu'au terme de son bannissement.

Je le trouvai presque guéri de ses plaies quand j'arrivai à Camien-naiken-patty. Ses dents, qui avoient été toutes ébranlées, lui causoient encore des maux très-aigus ; mais la douleur ne lui ôtoit rien de sa gaîté ni du désir ardent qu'il avoit de rentrer dans le champ de bataille à la première occasion qui se présenteroit.

Le gouverneur qui l'avoit jugé ressentit bientôt les effets de la vengeance de Dieu. Le tonnerre tomba deux fois sur sa maison, désola ses troupeaux et lui tua, entre autres, une vache qu'il faisoit nourrir avec beaucoup de superstition. Cette mort le toucha sensiblement ; mais ce qui augmenta sa douleur fut que le même coup de tonnerre qui frappa cet animal si cher fit disparoître une grosse somme d'or qui étoit le fruit de son avarice et de ses tyrannies.

Enfin, pour mettre le comble à sa désolation, on lui ôta, presqu'au même temps, son gouvernement pour une raison que je n'ai pas su, on le mit aux fers et on le condamna à payer une grosse amende.

Un soldat qui avoit paru plus ardent que les autres à tourmenter le père en fut puni d'une manière moins funeste. Il fut blessé dangereusement à la chasse, et regardant cet accident comme une punition de sa cruauté, il pria un de ses parens d'aller se jeter aux pieds du missionnaire, de lui demander pardon en son nom et de le supplier de procurer quelque soulagement à son mal. Le père le fit avec joie et lui envoya sur-le-champ des remèdes par un de ses catéchistes. Ces châtimens étonnèrent les Gentils et donnèrent une haute idée du pouvoir du Seigneur du ciel, qui protégeoit si visiblement ses serviteurs et ceux qui lui étoient recommandés de leur part.

Après avoir demeuré près d'un mois à Camien-naiken-patti, à cause des troubles du royaume, qui rendoient les chemins impraticables, j'en partis pour me rendre à Aour, qui est la principale maison de la mission de Maduré.

Le père Bouchet, qui a soin de cette maison et à qui je suis en partie redevable de la grâce que les pères portugais m'ont faite de me recevoir dans leur mission, ayant appris que j'étois arrivé sur la frontière de Maduré, mais que les troupes répandues dans le royaume, à cause de la guerre, m'empêchoient de l'aller joindre, envoya au devant de moi un fervent chrétien qui connoissoit parfaitement toutes les routes. Je me mis sous la conduite de ce guide, qui me fit bientôt quitter le grand chemin pour entrer dans le pays de la caste des Voleurs [1]. On la nomme ainsi parce que ceux qui la composent faisoient autrefois métier de voler sur les grands chemins. Quoique la plupart de ces gens-là se soient faits chrétiens et qu'ils aient aujourd'hui horreur de l'ombre même du vol, ils ne laissent pas de retenir leur ancien nom, et les voyageurs n'osent encore passer par leurs forêts. Les premiers missionnaires de Maduré furent assez heureux pour gagner l'estime de cette caste, de sorte qu'à présent il n'y a guère de lieu dans le royaume où nous soyons mieux reçus et plus en sûreté que dans leurs bois. Si quelqu'un, je dis de ceux mêmes qui ne sont point encore convertis, étoit assez téméraire pour enlever la moindre chose aux docteurs de la loi du vrai Dieu, on en feroit un châtiment exemplaire. Cependant comme l'ancienne habitude et l'inclination naturelle ne se perdent pas si vite ni si aisément, on éprouve long-temps ceux qui demandent à se faire chrétiens; mais quand une fois ils le sont, on a la consolation de voir que, bien loin d'exercer leurs brigandages ou de faire le moindre tort à qui que ce soit, ils détournent autant qu'ils peuvent leurs compatriotes de ce vice.

Depuis quelques années cette caste des Voleurs est devenue si puissante qu'elle s'est rendue comme indépendante du roi de Maduré, en sorte qu'elle ne lui paie que ce qu'elle juge à propos. Il n'y a que deux ans que les

---

[1] C'est le Marava habité par les Koulys.

Voleurs, s'étant engagés dans le parti d'un prince qui prétendoit avoir droit à la couronne, assiégèrent la ville de Maduré, qui étoit autrefois capitale de cet état, la prirent et l'en mirent en possession ; mais ils ne conservèrent pas longtemps leur conquête, étant beaucoup plus propres à faire un coup de main qu'à défendre une ville dans les formes. Sitôt que le *talavai* (c'est le nom qu'on donne au prince qui gouverne aujourd'hui le royaume sous l'autorité de la reine) eut appris la prise d'une place si importante, il assembla des troupes, se mit en marche, arriva de nuit devant la ville, en fit enfoncer une porte par trois ou quatre éléphans, et y rentra avec une partie de ses troupes avant que ses ennemis eussent le temps de se fortifier ni même de se reconnoître. On tua plusieurs des Voleurs dans l'ardeur du combat et on en prit un beaucoup plus grand nombre. Le prince rebelle fut assez heureux pour se sauver, pour se retirer dans les bois de sa caste, qui, depuis ce temps-là, a été beaucoup plus soumise au gouvernement.

Ce fut donc par le milieu de ces bois que je passai sans aucun danger et que je me rendis à Ariepaty, une de leurs principales bourgades. Nous y avions autrefois une église, mais elle a été ruinée depuis quelques années avec la forteresse que le prince de Maduré fit démolir après s'en être rendu maître. Étant arrivé, je me retirai avec mes gens sous des arbres un peu à l'écart, pour laisser passer la chaleur du jour ; mais à peine y eus-je demeuré un quart d'heure que je vis venir à moi le chef d'Ariepaty accompagné des principaux habitans, qui me saluèrent en se prosternant de la manière que les chrétiens ont coutume de le faire devant les ouvriers évangéliques dans toute la mission, pour montrer aux idolâtres l'honneur et le respect qu'ils portent à ceux qui leur enseignent la sainte loi. Comme il y avoit plusieurs Gentils parmi ceux qui vinrent me saluer, les chrétiens s'en séparèrent pour venir en particulier recevoir ma bénédiction. Ils me marquèrent les uns et les autres beaucoup de joie de mon arrivée, et m'invitèrent à entrer dans leur bourgade. Comme je témoignai que j'étois pressé de me rendre à mon terme et que je ne pouvois m'arrêter, ils m'envoyèrent du lait, du riz, des herbes et des fruits pour moi et pour ceux qui m'accompagnoient.

Après que les hommes se furent retirés, les femmes vinrent me saluer à leur tour et me prièrent instamment de presser les pères que j'allois trouver de leur envoyer quelque missionnaire pour rebâtir l'église d'Ariepaty et pour instruire un grand nombre de leurs compatriotes qui étoient disposés à entendre la parole de Dieu et à se convertir. Je les assurai que les pères souhaitoient ardemment de leur rendre service, de bâtir des églises et d'augmenter parmi eux le nombre des adorateurs du vrai Dieu ; qu'il en viendroit bientôt quelqu'un et que moi-même je demeurerois volontiers dans leur pays si je n'avois ordre de me rendre au plus tôt à Aour. On fut content de ma réponse et l'on me donna des guides pour me conduire jusqu'à deux journées de là.

Je me remis donc en chemin et j'arrivai ce jour-là même à un petit village situé entre deux montagnes et fameux par les vols qui s'y commettent. J'avois déjà choisi un lieu pour y passer la nuit, lorsqu'un des principaux habitans de ce village me vint trouver et me dit que je n'étois pas là en sûreté, qu'on craignoit qu'il ne m'arrivât quelque accident pendant la nuit, qu'il me prioit de le suivre et qu'il me mettroit hors d'insulte, « car si quelque étourdi venoit à perdre le respect qui vous est dû, m'ajouta-t-il, la faute en retomberoit sur le village entier, qui deviendroit par là odieux à toute la nation. » Je m'abandonnai à ce bon homme, qui me mena dans une grande pagode, la plus belle et la mieux bâtie que j'aie vue dans ce royaume. Elle a quarante-huit pieds de large sur près de quatre-vingts de long ; mais la voûte n'est pas assez élevée : c'est le défaut de tous les temples des Indes. Elle est soutenue par divers piliers assez bien travaillés et tous d'une seule pierre. Le portique qui fait l'entrée de cette pagode et qui règne sur toute sa largeur est appuyé de même sur huit colonnes de pierre ciselées, qui ont leurs bases et leurs chapiteaux d'un goût, à la vérité, différent du nôtre, mais qui n'est point barbare et qui plairoit en Europe. Le temple, qui est bâti de belles pierres de taille, n'a aucune fenêtre. Les épaisses ténèbres et la puanteur insupportable qui y règnent semblent avertir que ce lieu est consacré au démon. Je passai la nuit sous le portique ; l'eau qu'on m'y apporta pour me rafraîchir me parut être tirée d'un cloaque, tant elle sentoit mauvais ; je n'en pus boire, et pour ne pas augmenter ma soif, je m'abstins entièrement de manger.

Je continuai mon chemin le jour suivant et fus coucher dans un village où j'espérois trouver quelques rafraîchissemens. Mais la guerre, qui désole ce pays, en avoit fait fuir tous les habitans; ainsi je fus obligé de passer ce soir-là sans manger. Cependant je partis le lendemain, qui étoit un dimanche, longtemps avant le jour, parce que je voulois dire la messe à une petite église que nos pères ont bâtie depuis peu au milieu des bois. Aussitôt que j'y fus arrivé et que j'eus averti les chrétiens de mon dessein, ils me supplièrent de leur donner le temps d'assembler les fidèles des environs. Ils s'y rendirent en si grand nombre que l'église se trouva trop petite ce jour-là. Il seroit difficile de vous exprimer la joie dont ces bons néophytes étoient pénétrés d'avoir le bonheur d'entendre la messe. Je confessai les malades, et je me disposois à partir lorsque je vis arriver une grosse troupe de chrétiens qui venoient d'une ville éloignée de trois heures de chemin pour m'inviter d'y aller passer quelques jours. Je leur marquai que ce seroit pour moi une grande consolation, mais que le temps n'y étoit pas propre, parce qu'on m'avoit assuré que l'armée devoit passer en peu de jours par leur ville, et qu'ayant pris la route des bois pour l'éviter, il y auroit de l'imprudence de m'engager sans nécessité dans un péril d'où par la grâce de Notre-Seigneur je m'étois garanti jusqu'alors; que, sachant d'ailleurs qu'un des pères les avoit visités depuis peu, je les priois de trouver bon que je continuasse mon voyage, ce qu'ils m'accordèrent avec regret et en se recommandant à mes prières.

J'arrivai de là en deux jours à Serrhine, qui est la demeure ordinaire d'un de nos missionnaires. Je ne l'y trouvai point, parce qu'il étoit allé depuis quelques mois visiter les chrétiens des montagnes de Maduré; mais j'eus le bonheur d'y rencontrer le père Bouchet, qui étoit venu administrer les derniers sacremens à un chrétien moribond et qui m'y attendoit depuis quatre ou cinq jours. Quoique j'eusse déjà vu cet illustre missionnaire à Pondichéry, je vous avoue que je l'embrassai avec des sentimens tout nouveaux de tendresse et de respect pour s'être intéressé à me faire recevoir dans cette chère mission. Comme il n'y avoit que trois mois qu'il étoit sorti d'une affaire très-fâcheuse et qu'il n'étoit pas encore bien remis d'une maladie qui lui étoit survenue depuis, je le trouvai fort changé et dans une grande foiblesse. Voici le sujet de la persécution dont je parle.

Trois catéchistes, ayant oublié leur devoir et la sainteté du ministère qu'on leur avoit confié, causèrent de si grands scandales qu'on fut obligé de les priver de leurs emplois. Ces malheureux, au lieu de se reconnoître et de profiter des salutaires avis qu'on leur donna, levèrent le masque, devinrent apostats, et prirent la résolution de perdre les missionnaires et la mission. Pour venir à bout d'un si détestable dessein, ils formèrent trois chefs d'accusation contre les prédicateurs de l'Évangile. Le premier fut qu'ils étoient Franquis, c'est-à-dire Européens, gens infâmes par conséquent et exécrables à toute la nation. Le second, que, quoiqu'ils fussent depuis longtemps établis dans le royaume et qu'ils y eussent la direction et le gouvernement d'un grand nombre d'Églises, ils n'avoient cependant jamais rien payé au prince. Enfin la passion qui aveugloit ces perfides les porta à accuser nos missionnaires d'avoir fait assassiner un religieux d'un autre ordre, ce qui les avoit rendus, disoient-ils, si odieux au souverain pontife, qui est le chef de tous les chrétiens, qu'il avoit refusé de mettre au nombre des saints le père Jean de Brito, martyrisé pour la foi dans le Maravas. Quoique ce fût une calomnie atroce et ridicule que cette accusation, et que le religieux qu'ils prétendoient avoir été assassiné fût actuellement à Surate de retour de Rome, où le pape l'avoit fait évêque, il y avoit cependant beaucoup à craindre qu'à la faveur de vingt mille écus, qu'ils offroient au prince pour exterminer les chrétiens, ces misérables révoltés ne fissent chasser du royaume tous les ouvriers évangéliques, et surtout le père Bouchet, à qui ils en vouloient particulièrement.

D'abord ce zélé missionnaire eut recours à Dieu et lui recommanda pendant plusieurs jours une affaire si importante; ensuite, pour prévenir les pernicieux desseins de ces scélérats, il prit la résolution d'aller saluer le prince régent et de lui demander sa protection. Cette démarche étoit si hardie qu'aucun missionnaire ne l'avoit osé jusqu'alors, dans la crainte que la couleur de son visage ne le trahît et ne le fît reconnoître pour Européen, ce qu'il falloit éviter sur toutes choses, parce que ce prince a une si grande horreur des Franquis que, quoique engagé dans une fâcheuse guerre, il chassa il n'y a pas longtemps des canonniers fort habiles qui étoient à son service, et dont il sembloit qu'il ne se pouvoit passer, dès le moment qu'il apprit qu'ils étoient Européens.

Le père, mettant toute sa confiance en Dieu, prépare ses présens, va à la ville, se présente à la porte du palais, demande audience au prince, qui gouverne sous l'autorité de la reine[1], comme je l'ai déjà dit. Car cette princesse, qui est comme dépositaire de la couronne, fait élever avec un grand soin son petit-fils, prince âgé de quatorze à quinze ans à qui le royaume appartient, et confie cependant tout le gouvernement de l'état au talavay, ou prince régent, qui en est le maître absolu et qui dispose de tout à sa volonté, mais avec tant de sagesse et un si parfait désintéressement qu'on le regarde comme le plus grand ministre qui ait jamais gouverné le Maduré.

Mais quelque désintéressé que soit ce prince, le père Bouchet crut qu'il ne falloit point paroître en sa présence sans garder le cérémonial du pays, c'est-à-dire sans faire quelques présens. Ceux qu'il prépara étoient peu de chose, mais ils étoient nouveaux et c'étoit tout ce qu'il avoit. Il fit donc porter avec lui un globe terrestre d'environ deux pieds de diamètre, où les noms de tous les royaumes, provinces, côtes, mers, étoient écrits en langue talmule; un autre globe de verre d'environ neuf pouces de diamètre, étamé en dedans comme les miroirs; quelques verres de multiplication, quelques verres ardens, plusieurs curiosités de la Chine qu'on lui avoit envoyées de la côte de Coromandel, des bracelets de jais garnis d'argent, un coq fait de coquilles et travaillé avec beaucoup d'art et de propreté, enfin des miroirs ordinaires, et d'autres curiosités pareilles qu'on lui avoit données et qu'il avoit achetées. De plus, le père crut qu'il falloit mettre dans ses intérêts quelques seigneurs de la cour, afin qu'ils parlassent en sa faveur et qu'ils lui procurassent une audience favorable; car il étoit de la dernière importance, pour l'honneur de la religion et pour le bien de l'Église de Maduré, que la première fois que les docteurs de la sainte loi paroissoient à la cour, ils y fussent reçus avec quelque considération, afin d'autoriser par là leur ministère auprès d'un peuple qui suit plus aveuglément que tout autre les volontés et les inclinations de ses souverains.

Le père ayant pris ainsi les mesures de sagesse qu'il crut nécessaires pour réussir dans son dessein, il espéra tout de la bonté de Dieu, qui tient les cœurs des princes entre ses mains et qui les tourne comme il lui plaît. Il ne fut point trompé : le talavay ou le prince régent le reçut avec tant d'honneur et de distinction qu'il n'eût jamais osé espérer un accueil si favorable; car non-seulement il se leva dès que le père parut, mais il le salua de la manière que les disciples ont coutume ici de saluer leurs maîtres, et les peuples leurs seigneurs, ce qui consiste à joindre les deux mains et à les élever ainsi jointes jusqu'au front. Le père Bouchet, pour soutenir son caractère et pour répondre à un accueil si prévenant, salua le prince comme les maîtres font leurs disciples, c'est-à-dire en ouvrant les mains et en les étendant vers le prince comme pour le recevoir. Après quoi le prince régent fit asseoir le père auprès de lui sur une espèce de sofa, avec cette nouvelle marque de distinction que, ce siège se trouvant trop étroit pour tenir deux personnes commodément, le prince se serra pour faire asseoir le père auprès de lui et mit même ses genoux sur ceux du père.

Il faut être instruit comme nous le sommes ici des coutumes du pays, et de l'horreur naturelle que ces peuples et surtout les brames ont pour les Européens, pour comprendre combien cette réception étoit honorable. Le père Bouchet en fut surpris jusqu'à l'admiration aussi bien que tous les seigneurs de la cour, qui étoit ce jour-là fort nombreuse, car il y avoit plus de cinq cents personnes, dont la plus grande partie étoient brames. Le père, étant assis auprès du prince de la manière dont je viens de le marquer, fit son compliment. Il dit qu'il étoit venu du nord et des quartiers de la grande ville de Rome pour faire connoître aux peuples de ce royaume l'Être-Souverain et les instruire de sa sainte loi; que depuis plusieurs années, étant témoin de ses actions héroïques et de tant de victoires qu'il avoit remportées sur les ennemis de l'état, il s'étoit senti pressé du désir de voir enfin un si grand prince et de lui demander l'honneur de sa protection en fa-

---

[1] Cette princesse s'appelait Mangamal. Elle eut du roi Clocanada-naiken, son mari, un fils nommé *Benga mutlu vira Krisnapa-naiken*, prince d'une grande espérance, qui mourut de la petite vérole et qui laissa la reine sa femme enceinte d'un fils, qui fut depuis roi de Maduré sous la tutelle de sa grand'mère.

veur du ministère qu'il exerçoit; qu'un des principaux articles de la loi qu'il enseignoit obligeant les sujets à être parfaitement soumis à leur souverain et à lui garder une fidélité inviolable, il pouvoit s'assurer de sa fidélité et de celle qu'il ne manquoit pas d'inspirer à tous ses disciples.

Le prince répondit qu'il falloit que le Dieu qu'il adoroit fût bien puissant et qu'il méritât de grands honneurs pour obliger un homme de son mérite à entreprendre un si long voyage dans la vue de le faire connoître à des peuples qui n'en avoient jamais entendu parler; qu'on voyoit assez par la maigreur de son visage qu'il menoit une vie extrêmement austère, et par les présens qu'il avoit apportés que ce n'étoit point par nécessité qu'il avoit quitté son pays; qu'on lui avoit déjà parlé fort avantageusement de son esprit et de sa doctrine; que des occupations sans nombre ne lui permettant pas d'entendre, comme il l'eût souhaité, l'explication des figures qui étoient tracées avec tant d'art sur le globe qu'il lui avoit présenté, il avoit donné ordre au premier astrologue du royaume de conférer avec lui pour apprendre l'usage de cette merveilleuse machine; que comme il voyoit parmi ses présens quelque chose qui feroit plaisir à la reine, il le quittoit pour quelques momens afin d'aller lui-même l'offrir à sa majesté. Le prince se leva au même temps et ordonna à quelques seigneurs de mener le père dans le jardin, où ils lui tiendroient compagnie jusqu'à son retour.

La reine, charmée de la nouveauté des présens, les reçut avec joie et en fit de grands éloges. Elle admira surtout le globe de verre, les bracelets et le coq de coquilles, qu'elle ne pouvoit se lasser de regarder. Elle ordonna au prince régent de remercier de sa part le docteur étranger, de lui faire toute sorte d'honneurs et de lui accorder tout ce qu'il demanderoit.

Comme le père Bouchet avoit disparu aux yeux de la cour et qu'on l'avoit mené au jardin, le bruit se répandit dans le palais, et du palais dans la ville, qu'on l'avoit arrêté et mis en prison. Cette nouvelle fit triompher pour peu de temps les ennemis de notre sainte religion et jeta dans une terrible consternation les chrétiens, qui attendoient avec inquiétude quel seroit le succès de cette visite. Mais la tristesse des fidèles se changea bientôt en des transports de joie dont ils n'étoient pas les maîtres, car le prince, étant de retour de l'appartement de la reine, reçut le père en présence de toute la cour avec les mêmes honneurs qu'il a coutume de recevoir les ambassadeurs, c'est-à-dire qu'il lui mit sur la tête en forme de voile une pièce de brocart d'or d'environ huit pieds et répandit sur lui des eaux de senteur, après quoi il lui déclara qu'il avoit un ordre exprès de la reine de lui accorder tout ce qu'il demanderoit.

Si le père eût voulu alors dire un mot contre les catéchistes apostats qui depuis plusieurs mois causoient tant de troubles et tant de scandales dans son Église, il est certain que le prince les eût fait punir sévèrement et les eût même peut-être bannis du royaume. Mais le missionnaire, animé de l'esprit du Sauveur et se souvenant qu'il étoit père, ne voulut pas perdre ses enfans, quoique ingrats et traîtres à Jésus-Christ et à son Église. Il se contenta de les pouvoir mettre par sa visite hors d'état de nuire à la religion et de tromper désormais les peuples par leurs calomnies et par leurs noires accusations. Après avoir donc marqué à ce prince qu'il étoit infiniment sensible à ses bontés, il lui demanda tout de nouveau pour lui et pour ses disciples la grâce de vouloir bien les protéger, lui promettant que, pour reconnoître la faveur qu'il leur feroit, ils prieroient tous les jours le Seigneur du ciel et de la terre, qu'ils adoroient, de le combler de toutes sortes de prospérités et de le rendre toujours victorieux de ses ennemis. Le prince de son côté promit de ne pas l'oublier, et après l'avoir salué comme il avoit fait d'abord, il se retira, ordonnant à ses officiers de faire porter le père par toute la ville dans le plus beau palanquin de la cour, pour faire connoître à tout le monde qu'il honoroit ce docteur étranger et qu'il le prenoit sous sa protection.

La modestie du père Bouchet eut beaucoup à souffrir dans cette occasion; il délibéra s'il ne devoit pas refuser cet honneur public qu'on lui vouloit faire; mais après y avoir pensé devant Dieu, il crut qu'il étoit de la gloire du Seigneur et de l'honneur du christianisme que tous les habitans de la capitale du royaume fussent convaincus que le prince estimoit la religion qu'il enseignoit et qu'au besoin elle trouveroit dans lui un asile. Il entra donc dans le palanquin qu'on lui avoit préparé et souffrit qu'on le portât par toute la ville aux bruit des instrumens. Cette pompe attira bientôt dans les rues par où il passoit une multitude infinie de peuple qui le saluoit avec beaucoup de respect. Les fidèles, qui avoient été jusqu'alors dans la crainte de voir leur religion méprisée et condamnée par le prince, suivoient en foule avec des applaudissemens et des cris de joie qu'on ne sauroit exprimer, publiant tout haut qu'ils étoient chrétiens et disciples du docteur étranger. Le succès de cette espèce de triomphe affermit les néophytes dans leur foi et acheva de déterminer un grand nombre d'idolâtres à demander le saint baptême. On ne se contenta pas de conduire le père Bouchet par toute la ville de Trichirapali, on le porta de la même manière jusqu'au lieu de sa résidence, qui est éloigné de la capitale d'environ quatre lieues. Sitôt qu'il y fut arrivé, il assembla les chrétiens dans l'église, qui est dédiée à la sainte Vierge, pour remercier Dieu tous ensemble de la grâce qu'il venoit de leur faire dans une occasion si délicate et si importante.

Le croiroit-on? La voix de Dieu, qui prenoit si visiblement la défense du père contre ses calomniateurs, ne fit aucune impression sur l'esprits des trois apostats; on les pressa encore de rentrer dans leur devoir et de ne pas continuer à scandaliser leurs frères avec un danger si manifeste de s'attirer quelque châtiment d'éclat : ils demeurèrent opiniâtres, et le père se vit forcé de renouveler publiquement l'excommunication qui avoit déjà été fulminée contre eux par un de nos missionnaires. Comme on n'avoit point encore vu dans cette chrétienté d'exemple d'une sévérité pareille, les fidèles en furent vivement frappés, et regardant ces trois rebelles comme des membres véritablement pourris depuis qu'on les avoit retranchés du corps de l'Église, ils ne voulurent plus avoir de commerce ni aucune sorte de communication avec eux. Ces malheureux, jusqu'alors incapables de revenir à eux-mêmes, sentirent vivement ce dernier coup, qui les rendoit tout à la fois un objet d'horreur pour les chrétiens et les exposoit aux railleries des infidèles, qui, les montrant au doigt, se disoient les uns aux autres : « Voilà les traîtres à leurs docteurs, » c'est-à-dire, selon les idées qu'on a en ce pays-ci de la trahison, « Voilà les plus méchans hommes et les âmes les plus noires qui soient au monde. » Deux d'entre eux, ne pouvant soutenir ces reproches sanglans, après six mois entiers de révolte, vinrent se jeter aux pieds du père, pénétrés de douleur de leur apostasie et des maux effroyables qu'ils avoient voulu causer à cette Église naissante. Le père, qui soupiroit depuis longtemps après le retour de ces brebis égarées, les reçut avec bonté, et après une confession publique et une rétractation authentique, qu'ils firent dans l'église, de leur désertion infâme, de leurs calomnieuses et noires accusations, ils reçurent l'absolution et furent remis au nombre des fidèles. Pour le troisième, il demeura obstiné dans son apostasie, et il y a peu d'apparence qu'il se reconnoisse jamais si Dieu par un coup de grâce extraordinaire ne le convertit.

Quoique cette affaire se fût heureusement terminée, les peines et les fatigues que le père Bouchet s'étoit données pour la faire réussir étoient si grandes qu'il en tomba malade, et il n'étoit pas encore bien rétabli lorsque je le trouvai à Serrhine. Nous n'y demeurâmes qu'un jour, et dès le lendemain nous nous rendîmes à Aour, qui n'en est éloigné que d'une petite journée. Quand le père Bouchet vint dans la mission de Maduré, il y a environ douze ans, les missionnaires y vivoient encore dans une si grande crainte et avec tant de circonspection qu'ils n'osoient entrer que de nuit dans les bourgades : mais les choses, grâces à Dieu, ont bien changé depuis ce temps-là, car non-seulement nous entrâmes en plein jour dans Aour, mais les chrétiens des bourgades voisines, s'étant assemblés, nous y reçurent au son des instrumens et avec des cris d'allégresse qui me pénétrèrent jusqu'au fond de l'âme et me firent verser bien des larmes de joie et de consolation. Il est incroyable quel est l'amour, la tendresse et le respect que les chrétiens de cette bourgade ont pour le père Bouchet, qu'ils portent tous dans leur cœur, parce qu'ils sont persuadés qu'il les aime tous aussi comme ses véritables enfans. Nous allâmes droit à l'église, que nous trouvâmes ornée comme si c'eût été le jour de Pâques. On y rendit grâces à Dieu et à la très-sainte Vierge de l'heureux succès de mon voyage avec des démonstrations d'affection que j'attribuai à l'estime que le père Bouchet s'est acquise à lui-même et à tous ceux qui font profession du même institut que lui.

Peu de jours après, je reçus visite de ceux de nos pères qui font leur demeure proche d'Aour, et ceux qui en sont plus éloignés me firent l'honneur de m'écrire. Je m'étois toujours formé une haute idée de la vertu et du mérite de ces hommes apostoliques ; mais depuis que j'ai eu l'avantage d'en voir plusieurs et de les pratiquer, j'avoue que je ne les connoissois qu'à demi ; ce sont de vrais apôtres : à la manière dont ils vivent et dont ils attirent sur leurs travaux les bénédictions du ciel, je ne suis point surpris qu'ils fassent tant de conversions. Mais je me trouve bien téméraire d'avoir espéré pouvoir atteindre à leurs hautes vertus, et j'admire leur charité de me souffrir parmi eux. Je vous parle, mon cher père, dans une parfaite ouverture de cœur et sans aucune vue de flatterie ou d'humilité.

Comme il est à propos qu'un nouveau missionnaire se forme auprès de quelqu'un des anciens à la manière admirable dont on cultive cette précieuse vigne du Seigneur, tous les pères furent d'avis que je demeurasse à Aour avec le père Bouchet, visiteur de la mission, parce qu'en même temps je pourrois le soulager dans les travaux dont il étoit accablé. Je fus très-sensible à la grâce qu'on me faisoit de me donner un maître si expérimenté. Aour est aujourd'hui sans contredit la mission la plus considérable de Maduré, non-seulement à cause du voisinage de la capitale du royaume, mais parce qu'il y a vingt-neuf Églises qui en dépendent, dans lesquelles on compte plus de trente mille chrétiens : c'est le fruit des travaux du père visiteur. Il n'y avoit à Trichirapali, quand il y vint, que des Églises de parias, la dernière de toutes les castes, ce qui donnoit aux Gentils fort peu d'idée de notre sainte religion ; aujourd'hui il y a quatre Églises pour les castes hautes dans quatre endroits différens de cette grande ville. Quoique toutes les églises ne soient bâties que de terre et couvertes de paille, elles ne laissent pas d'être fort propres et fort ornées au dedans. Mais nous souhaiterions ardemment qu'il y en eût au moins une de pierre qui égalàt ou qui surpassât les temples des idoles : ce ne sauroit être que quand il plaira à Dieu d'inspirer la pensée en Europe à quelque âme généreuse de nous en donner le moyen. Cela serviroit beaucoup au progrès de la religion, au moins si nous en jugeons par ce qui est arrivé à Aour.

Lorsque le père Bouchet s'y établit, ce n'étoit qu'un méchant petit village où il y avoit très-peu de chrétiens. Comme il connoît parfaitement le génie de ces peuples, qui se laissent prendre par les sens, il résolut d'y bâtir une église assez belle pour donner de la curiosité et y attirer les infidèles. Elle ne fut pas plutôt achevée qu'on venoit la voir de toutes parts et surtout de la ville capitale, qui n'en est, comme je l'ai déjà dit, qu'à quatre lieues. Cela donnoit occasion au père de parler de Dieu à une grande multitude de peuple ; plusieurs se convertirent et vinrent s'établir à Aour, qui est devenu par là une des plus grosses bourgades du royaume. Vous ne serez peut-être pas fâché de savoir comment est faite cette église et qu'avec assez peu de dépense, dans un pays où rien n'est cher, il seroit aisé d'en faire plus d'une semblable.

Elle est bâtie au milieu d'une grande cour ; les murailles de distance en distance sont peintes et ornées en dedans de hautes colonnes qui soutiennent une corniche, laquelle règne tout autour du bâtiment ; le pavé est si propre et si bien uni qu'il ne paroît être que d'une seule pierre de marbre blanc ; l'autel est au milieu de la croisée afin qu'on le puisse voir de tous côtés : huit grandes colonnes qui soutiennent une couronne impériale en font tout l'ornement ; l'or et l'azur y brillent de toutes parts, et l'architecture indienne mêlée avec celle d'Europe y fait un très-agréable effet. Comme cette église est dédiée à la sainte Vierge, les chrétiens y viennent en pèlerinage de tous les endroits du royaume, et les grâces continuelles qu'ils y reçoivent par la puissante intercession de la mère de miséricorde animent et soutiennent leur foi, qui est encore pure et en sa première vigueur. J'espère que vous lirez un jour avec plaisir, dans l'*Histoire de l'église de Notre-Dame d'Aour*, que le père Bouchet a dessein de composer, un grand nombre de miracles dont plusieurs personnes dignes de foi ont été témoins oculaires ; mais je ne puis m'empêcher de vous écrire ce qui arriva peu de temps avant mon arrivée à une femme idolâtre.

Elle demeuroit à trois journées du chemin d'Aour, et elle étoit affligée d'un mal qui depuis quatre ou cinq ans lui avoit ôté l'usage de la parole. Sa famille, qui l'aimoit beaucoup, avoit essayé tous les remèdes naturels et même les diaboliques pour la guérir, mais toujours inutilement ; on l'avoit enfin abandonnée, et le mal étoit jugé désormais incurable lorsqu'un chrétien, entrant par hasard dans cette maison et voyant l'état pitoyable où étoit cette femme, en fut touché. Après avoir ouï le détail des médicamens et des sortiléges qu'on avoit épuisés sur elle : « Vous avez grand tort, s'écria-t-il pénétré d'une vive foi, de n'avoir pas eu recours au Dieu que nous adorons ; il commande à la nature comme il lui plaît, et si vous me promettez de vous faire chrétiens, je vous apprendrai un moyen infaillible de rendre la santé à votre malade. » On lui promit tout ce qu'il voulut. « Eh bien ! repartit-il, que quelques-uns d'entre vous viennent donc avec moi à Aour : c'est là que se trouve le remède dont je parle. » Il partit le jour même avec trois ou quatre des parens de cette pauvre malade ; ils arrivent à Aour : la beauté de l'église et l'air majestueux de la sainte Vierge, qui est placée sur l'autel, les charma d'abord ; on leur expliqua le pouvoir qu'avoit auprès de Dieu celle dont ils admiroient l'image. Ils promirent de nouveau de se faire chrétiens si leur parente recouvroit la parole et la santé par l'intercession de la mère de Dieu, après quoi on leur donna dans un petit vase de l'huile de la lampe qui brûle devant l'autel. Le chrétien qui les accompagnoit toujours, étant de retour chez la malade, se mit à genoux devant une image de la sainte Vierge qu'il avait apportée, et après avoir fait sa prière avec beaucoup de ferveur, il versa sur la langue de la muette deux ou trois gouttes de la liqueur qu'on avoit apportée ; il fit la même chose le lendemain et les jours suivans ; enfin le cinquième jour, au grand étonnement des parens et de plusieurs Gentils qui se trouvèrent assemblés, la malade commença à parler avec une entière liberté et se trouva quelques jours après en parfaite santé. Elle vint à Aour avec cinq de ses parens remercier Dieu et la sainte Vierge de sa guérison ; tous se firent instruire et remportèrent chez eux la précieuse grâce du baptême.

Je ne puis non plus omettre ici la faveur particulière dont je me suis cru redevable à la sainte Vierge. Il n'y avoit que deux jours que j'étois arrivé à Aour. Après avoir assisté le soir avec le père Bouchet aux prières et aux autres exercices de piété qu'on a coutume de faire à l'église, nous entrâmes dans la chambre où deux de nos pères, qui étoient venus me rendre visite, récitoient ensemble leur bréviaire à la lumière d'une petite lampe : je crus voir au milieu de la chambre une espèce de corde semblable à celles dont nous nous servons à lier nos cheveux sur le haut de la tête ; je la ramassai pour voir à la lampe à quoi elle pourroit être bonne. Je fus bien surpris d'apercevoir que ma corde prétendue étoit un serpent qui se dressoit pour me piquer ; je le lâchai tout effrayé, et on le tua dans le moment. Je ne conçois pas comment je n'avois pas senti plus tôt le mouvement de ce serpent, ou comment il ne m'avoit pas piqué dès qu'il se sentit touché. Je n'en serois pas réchappé, car la morsure de cette espèce de serpent est si dangereuse qu'il n'y a point de remède contre elle, quoiqu'il y en ait d'excellens contre les blessures de presque tous les autres. J'attribuai ma conservation à la protection de la mère de Dieu, qui ne voulut pas que je perdisse la vie avant que d'avoir travaillé dans cette mission à procurer la gloire de son fils : je m'y engageai sur l'heure même par de nouvelles promesses.

Le père Bouchet pourroit dire d'Aour à peu près ce que saint Grégoire le Thaumaturge disoit, en mourant, de sa ville épiscopale : « Il n'y avoit que dix-sept chrétiens quand j'y vins ; grâces à Jésus-Christ, je n'y vois aujourd'hui que dix-sept infidèles. » Il ne reste dans toute cette grosse bourgade que deux ou trois familles de Gentils. De là vient aussi que tous les exercices de la religion chrétienne s'y pratiquent avec autant de liberté et de paix qu'on le pourroit faire en France. Tous les matins, à la pointe du jour, on se rend à l'église pour la prière ; on commence par réciter en commun la couronne ou chapelet de Notre-Seigneur, qui est composé de trente-trois *Pater*, en mémoire des trente-trois années qu'il a vécu sur la terre. Ce qu'il y a de particulier, c'est qu'après chaque *Pater* on demande à Dieu la grâce d'acquérir quelque vertu, de vaincre quelque vice ou de garder quelqu'un de ses commandemens. On prie ensuite pour les nécessités communes et particulières de la mission, pour les âmes du purgatoire, et enfin pour ceux qui sont en péché mortel, selon l'ancien usage établi dans les Indes par saint François Xavier. Dans la difficulté qu'ont nos pères de se trouver partout pour baptiser les enfans et pour absoudre les adultes moribonds, ils se sont particulièrement appliqués à apprendre à tout le monde à former un acte de contrition et à bien prononcer la forme du baptême. Pour cela, tous les matins sans manquer, après la prière, on récite tout haut la formule de l'un et de l'autre. Nos missionnaires se trouvent fort bien d'avoir introduit cet usage : les chrétiens baptisent chaque année un grand nombre de petits enfans des Gentils quand ils les voient près d'expirer, et nous avons sujet de croire que l'habitude de s'exciter à la contrition est un remède bien salutaire aux adultes qui ont reçu le baptême lorsqu'ils sont surpris ou qu'ils meurent dans les voyages loin des églises et des missionnaires.

Il y a peu de jours qu'il ne se fasse des confessions, des communions et des baptêmes. Voici l'ordre qu'on y tient. Les premiers exercices du matin étant finis, le père ou le catéchiste préparent en public à la confession ceux qui veulent se confesser. Pendant que le père entend les confessions, le catéchiste dispose au baptême ceux qui doivent être baptisés. Les confessions étant achevées, on fait les baptêmes, à moins que les confessions n'emportent trop de temps, car ces jours-là on remettroit les baptêmes à l'après-dînée. La messe se dit ensuite, avant laquelle on prépare aussi à la communion ceux qui sont jugés dignes d'en approcher : de sorte que jamais les fidèles ne se confessent ni ne communient qu'on ne les instruise de nouveau comme s'ils ne l'avoient point encore fait. Le reste du jour, depuis la messe jusqu'au soir, les missionnaires font le catéchisme ou apprennent les prières aux catéchumènes. Au coucher du soleil, on vient à la prière du soir, qui n'est pas moins longue que celle du matin : on y fait l'examen de conscience, on y récite chaque jour à deux chœurs la troisième partie du Rosaire, ajoutant à la fin de chaque dizaine une prière particulière à l'honneur d'un des mystères de la très-sainte Vierge; on finit par le *Salve Regina*, qui chaque jour est suivi d'une exhortation ou d'une instruction que le père fait sur quelqu'un des devoirs de la vie chrétienne; ou, si le père est absent, le catéchiste lit un chapitre de quelqu'un des livres que les missionnaires ont composés.

L'exercice des dimanches est à peu près semblable, excepté que le peuple étant plus nombreux, on multiplie plusieurs fois les mêmes exercices et que le travail est beaucoup plus grand. Ce n'est que vers le midi qu'on dit la messe, à cause des confessions. Le prêtre montant à l'hôtel, on lit une courte méthode pour assister avec fruit au sacrifice; ensuite on chante des cantiques au son des instrumens jusqu'au temps de la communion qu'on récite tout haut les actes que doivent faire ceux qui reçoivent Jésus-Christ. Pendant que le célébrant se déshabille, qu'il fait l'action de grâces et qu'il se recueille un moment pour la prédication, qu'on ne manque jamais de faire les dimanches, on répète encore tout haut les principales prières du chrétien et l'abrégé de la doctrine du salut. Le père monte en chaire, qui est placée ordinairement à la porte de l'église afin qu'on l'entende et dedans et dehors. Ainsi il est toujours deux ou trois heures après midi avant qu'on se retire.

Il paroît qu'après un travail aussi violent que celui-là, dans un climat brûlant, un repas de riz et d'herbes cuites à l'eau, sans pain, sans vin, sans chair, sans poisson, n'est guère capable de soutenir ni de fortifier un homme qui, outre ce que je viens d'expliquer, a souvent confessé près de la moitié de la nuit; encore ne prend-on guère en repos ce peu de nourriture, car il faut quitter presque aussitôt pour aller administrer le baptême, qui se donne à bien plus de monde les fêtes que les jours ouvriers; mais Dieu y supplée par sa bonté et nous fait trouver des forces. Je ne vous parle point d'un travail qu'on peut regarder comme un casuel, quoiqu'il soit souvent de tous les jours et de toutes les heures du jour : c'est de prévenir les querelles, de réconcilier les ennemis, d'accorder les différends, de répondre à des doutes de conscience, de visiter les malades, d'examiner les empêchemens de mariages et d'en relever quand on le peut; ce dernier point nous embarrasse souvent, à cause d'une infinité de coutumes de ce pays différentes des nôtres et auxquelles il faut avoir de grands égards. Au milieu de tant d'occupations, ce sont les confessions qui nous accablent. En cinq mois que j'ai demeuré à Aour, il n'y a eu que trois ou quatre jours où nous n'en ayons point eu à entendre; et il est assez ordinaire que dans la suite de tant d'exercices différens, la nuit vienne sans que nous ayons pu trouver un moment pour réciter notre bréviaire; de sorte que, dans l'accablement où l'on se trouve, il faut encore dérober au sommeil le temps nécessaire pour prier Dieu.

Mais je puis vous assurer que les exercices dont je viens de parler ne sont pourtant rien encore en comparaison de ceux des fêtes les plus solennelles. Je fus témoin de ce qui se passa le jour de l'Assomption de Notre-Dame dernière. Les chrétiens se rendirent à Aour plusieurs jours auparavant pour se confesser, car le jour de la solennité on ne pourroit contenter qu'une très-petite partie de ceux qui veulent faire leurs dévotions. On commença donc huit jours avant la fête à se préparer à la passer saintement. Chaque jour on fit sur le mystère et sur une des principales vertus de la sainte Vierge un sermon qui étoit suivi de prières et d'autres exercices de piété; plusieurs jeûnèrent pendant les huit jours, et quelques-uns ne mangèrent que des herbes. On chanta tous les jours des cantiques en l'honneur de la mère de Dieu, et l'on disposa un grand nombre de catéchumènes à recevoir ce jour-là le saint baptême. Comme la persécution arrivée dans une province éloignée avoit obligé deux de nos pères à se retirer à Aour, nous nous trouvâmes quatre missionnaires, qui fûmes si occupés pendant tout ce temps-là qu'à peine pûmes-nous fournir aux pénitens qui se présentoient. Le jour de la fête, nous chantâmes une grande messe. Il n'est pas possible d'exprimer quelle est la joie et la dévotion qu'ont ces peuples de nous voir officier solennellement! La messe fut précédée et suivie de deux processions qui ne se firent pas avec moins d'appareil; la multitude des chrétiens et des Gentils qui y assistèrent fut innombrable. Il étoit plus de trois heures après midi quand la cérémonie fut achevée.

J'eus le bonheur d'administrer le baptême ce jour-là à soixante-dix-huit personnes; il en restoit encore cent trente-sept à baptiser que je remis au lendemain. Je fus si fatigué du travail de ces deux jours-là, de la prononciation des prières et des onctions, des signes de croix, de l'infusion de l'eau, qu'il m'avoit fallu recommencer tant de fois, que je puis dire, sans exagération, qu'il me falloit soutenir les bras sur la fin, et que je n'avois presque plus de voix pour prononcer les paroles sacramentelles et les oraisons du Rituel. Ce qu'il y a de consolant pour nous, c'est que nous ne célébrons aucune fête avec cet appareil qu'elle ne soit suivie de la conversion de plusieurs idolâtres. Ainsi on regarde peu à la peine, par l'espérance qu'on a de faire connoître la religion à une multitude de gens, qui viennent là par curiosité, dont il y en a toujours quelques-uns qui se laissent gagner.

La tranquillité avec laquelle vous voyez que nous faisons nos fonctions n'empêche pas que nous n'ayons de fréquentes alarmes et que nous ne soyons chaque jour à la veille de quelque persécution. Pendant le peu de séjour que j'ai fait à Aour, nous nous sommes trouvés trois fois sur le point de prendre la fuite et de nous retirer dans les bois, où l'on avoit déjà porté ce que nous avions de plus précieux, c'est-à-dire les ornemens de l'église et nos livres. Mais après beaucoup de travail, l'espérance du martyre est tout ce qui doit flatter un missionnaire; et en attendant cette grâce, si Dieu nous en jugeoit dignes, nous ne manquons pas d'occasions de souffrir pour nous y préparer.

J'avois ouï dire et je m'étois bien attendu avant que de venir ici qu'on n'y trouvoit ni pain, ni viande, ni œufs, ni poisson, ni vin que celui dont on use à la messe; mais je vous dirai naturellement que ce que j'ai vu est tout autre chose encore que ce que je m'étois figuré. On ne boit que de l'eau, qui est souvent très-bourbeuse et qui jamais n'est bien pure, étant puisée dans des étangs où les hommes et les animaux se lavent tous les jours. On ne mange que des herbes et des légumes : le gout en est insipide ou si amer que rien dans nos racines d'Europe n'en approche; il faut y être accoutumé dès l'enfance pour en pouvoir manger sans dégoût. Je me souviens à cette occasion d'un mot que dit fort agréablement un missionnaire nouvellement arrivé. On lui demanda ce qu'il pensoit des herbes qu'on lui servoit : « J'avois cru jusqu'à présent, répondit-il en riant, qu'il n'y avoit que les animaux qui eussent du fiel; mais je vois que dans ce pays les herbes mêmes et les légumes n'en manquent pas. » Il nous est permis de nous servir de beurre pour les assaisonner, mais ceux qui nous les préparent (car ce seroit déshonorer le ministère, au jugement des Indiens, que de nous faire nous-mêmes à manger), ceux, dis-je, qui nous les préparent, le font si mal que c'est toujours une vraie mortification pour nous que de manger. D'ailleurs le riz, qui sert de pain, étant cuit dans l'eau simple, ôte le goût qu'il pourroit y avoir. On croit dans les commencemens qu'avec un peu de courage on s'accoutumera à cette nourriture, tout insipide qu'elle est; mais l'estomac en prend peu à peu une si grande horreur que ce n'est que par pure nécessité qu'on se résout à manger. Les fruits sont si rares qu'on regarde comme un régal d'avoir pour sa collation quelque rave ou quelque petit concombre. Il nous est souvent arrivé, au père Bouchet et à moi, de n'avoir le soir, les jours mêmes que nous ne jeûnions pas, qu'un méchant morceau de galette cuite sur la braise et à demi brûlée.

Les peines d'esprit passent souvent de beaucoup celles du corps. Ce que saint Paul appeloit la sollicitude des églises se fait sentir ici d'une manière bien vive. Apprendre que les temples du vrai Dieu sont abattus ou brûlés, les fidèles mis en prison ou tourmentés avec danger de perdre la foi ; les bourgades chrétiennes ravagées ou détruites par les guerres continuelles que se font les rajas et les petits princes, à qui le roi de Maduré laisse vider leurs querelles particulières par les armes ; voir ceux sur qui l'on croyoit pouvoir compter tomber dans une apostasie honteuse ou retourner à l'idolâtrie, après avoir été longtemps catéchumènes, et les catéchistes enfin être quelquefois les premiers à scandaliser le peuple par leurs mauvais exemples ou à troubler par entêtement et opiniâtreté les missionnaires dans l'exercice de leur ministère, sans qu'on ose les punir pour ne pas attirer à toute la mission une cruelle persécution, sont des peines que l'on souffre souvent ici. Peut-on voir de telles foiblesses sans en être affoibli soi-même, au sens que le dit l'apôtre des nations, et être témoin de tels scandales sans en avoir une vive douleur?

Ajoutez la solitude affreuse dans une mission éloignée pour l'ordinaire de toute connoissance, nulle société qu'avec des gens sans agrément et sans politesse, un cérémonial le plus embarrassant et le plus ridicule presque en tout qu'on puisse imaginer, la privation durant les années entières de tous les secours spirituels qu'on ne peut recevoir que par le ministère d'autrui, la communication des lettres très-rare et très-difficile par la crainte d'être reconnus pour Européens ou de donner quelque soupçon si l'on nous savoit en commerce avec les Portugais et les autres Européens de la côte, et d'attirer ensuite sur nous des persécutions comme il est arrivé plus d'une fois. Au milieu de tout cela on gagne beaucoup d'âmes à Jésus-Christ, et, comme j'ai dit, l'on considère tout cela comme une préparation au martyre. On n'en sauroit trop acheter la grâce : voilà ce qui soutient.

Pendant le temps que j'ai demeuré à Aour, le père Bouchet a été presque toujours incommodé, ce qui m'a obligé de me charger du soin des malades pour leur administrer les sacremens. On n'attend pas ici à l'extrémité pour appeler un confesseur : avant qu'il y ait du danger, on nous envoie chercher d'une, de deux et de trois journées, d'où il arrive souvent que, le mal n'ayant pas eu de suite, nous trouvons à notre arrivée le malade en parfaite santé. Outre ces voyages, qui ont été assez fréquens, j'ai fait la visite de toutes les Églises de la dépendance d'Aour. Je m'arrêtai près d'un mois à Coulmeni : c'est une grosse bourgade où il y a une belle église fondée par un fervent chrétien nommé Chinapen. Cet homme, étant encore jeune, rencontra par hasard un catéchiste qui expliquoit la doctrine chrétienne à quelques néophytes, il y prit goût, et se trouvant bientôt instruit, il demanda le baptême. On le lui différa, dans la crainte que ses parens ne le pervertissent ; mais il fallut enfin céder à sa ferveur. Après qu'il fut baptisé, il eut à souffrir de grandes persécutions de sa famille et de ses voisins, étant le seul de la bourgade qui fut chrétien. Loin de se rendre à leurs instances, il travailla si utilement qu'il gagna plusieurs de ses compatriotes et toute sa famille, qui était nombreuse. Il bâtit d'abord une petite chapelle et ensuite une grande église, où s'assemblèrent pendant mon séjour diverses troupes de chrétiens des lieux circonvoisins, et entre autres de Chirangam, qui n'est éloigné de Coulmeni que d'environ quatre lieues.

Le Chirangam est une île que forme le fleuve Caveri, vis-à-vis de la ville de Trichirapali, capitale du royaume [1]. C'est un lieu des plus fameux qui soient dans l'Inde. Il y a un temple, entouré de sept enceintes de murailles, qui passe pour le plus saint de tout le pays. Ainsi il ne faut pas s'étonner que les habitans de cette île soient plus superstitieux et plus obstinés que les autres dans l'idolâtrie. Il n'y a que peu d'années que la foi a commencé d'y pénétrer et que le père Bouchet y a fait élever une petite église. Les chrétiens, au nombre d'environ quatre-vingts, ont coutume de s'y assembler au son d'une clochette, ce qui chagrine fort les

[1] Tritchinapaly, sur le fleuve Carory, au-dessus de Tanjore, ou Tandjor, ou Tanjaour.

prêtres du temple voisin. Ils ont souvent tenté de brûler le petit édifice, mais Dieu n'a pas permis qu'ils soient encore venus à bout d'exécuter leur mauvais dessein.

En sortant de Coulmeni, où j'eus la consolation de baptiser en un mois trente et un catéchumènes, je passai par le village d'Adatura; j'y confessai et communiai ceux qui n'avoient pu venir à Coulmeni, et je me rendis à Aour, où le père Bouchet, de son côté, avoit baptisé en mon absence quarante-trois personnes. Le lendemain, m'entretenant avec ce saint missionnaire, je lui disois que par la miséricorde de Notre-Seigneur, il me sembloit que notre mission jouissoit d'une assez grande paix: « Hélas! mon cher père, me répondit-il, le calme trop grand est toujours ici la marque de quelque prochaine tempête. Vous l'éprouverez. » En effet, dès ce soir-là même, nous reçûmes deux nouvelles qui nous affligèrent beaucoup : la première fut l'embrasement de l'église de Calpaleam, la plus belle de la mission après celle d'Aour; elle avoit été brûlée par un parti de cavalerie du roi de Tanjaour qui, étant en guerre avec celui de Maduré, désoloit la campagne et ravageoit tout ce qu'il rencontroit.

L'autre nouvelle, plus triste encore, fut l'emprisonnement du père Borghèse, qu'on avoit enlevé de sa maison et mené au gouverneur général des provinces méridionales de ce royaume. Il y avoit longtemps qu'on le menaçoit de cette insulte; mais il s'observoit, et sans donner aucune prise à ses ennemis, il continuoit ses exercices à l'ordinaire et convertissoit un grand nombre d'idolâtres, surtout de la caste des chanes, qui ont soin des palmiers. Un Gentil, proche parent de celui qui avoit excité contre le père Bernard de Saa la persécution dont j'ai parlé au commencement de ma lettre, et peut-être même à son instance, alla trouver le gouverneur et lui promit deux mille écus s'il vouloit faire arrêter le père. Le gouverneur, gagné, donna l'ordre que l'on souhaitoit, mais il traita le père Borghèse avec bien plus d'humanité qu'on n'avoit fait pour le père Bernard de Saa, car il défendit qu'on lui fît aucune violence, peut-être par respect pour la haute réputation de science et de vertu que le père s'étoit acquise depuis plusieurs années dans sa province.

Dès que nous sûmes cette nouvelle, le père Bouchet envoya ses catéchistes à la cour demander au prince régent la liberté du serviteur de Dieu; mais comme ils ne rapportoient pas de réponse, le père Bouchet crut devoir aller en personne solliciter la délivrance de son frère. L'affaire étoit difficile; il s'agissoit d'arracher un prisonnier des mains d'un gouverneur qui, par malheur, se trouvoit être propre gendre du prince régent, et de le délivrer d'un tribunal dont il est inouï qu'aucun ait été élargi sans payer une grosse somme qu'il ne nous étoit ni expédient ni possible de consigner. Mais Dieu, qui conduisoit l'affaire, donna au père Bouchet d'autres moyens de réussir. Le gendre du prince régent ayant été démis de son gouvernement, je ne sais pourquoi, huit jours précisément après avoir fait arrêter le père Borghèse, il vint à la cour implorer l'assistance de ses patrons et tâcher de se faire rétablir. L'ambassadeur d'un prince tributaire de Maduré, qui avoit beaucoup de crédit à la cour et qui estimoit et protégeoit les chrétiens, prit leur défense et demanda au gouverneur la délivrance du père Borghèse. Le gouverneur, espérant à son tour quelques bons offices de l'ambassadeur, la lui promit et écrivit en effet deux ou trois fois sur ce sujet au lieutenant de la province. Mais celui-ci, qui ne redoutoit peut-être guère l'autorité d'un homme dépossédé, loin d'exécuter ses ordres, menaçoit tous les jours le père de le tourmenter s'il ne se rachetoit promptement à prix d'argent; il fit même étaler en sa présence les instrumens de plusieurs supplices; mais le père, sans s'étonner, disoit en souriant que ces instrumens n'étoient propres qu'à tourmenter des enfans, et qu'en quittant son pays pour venir annoncer l'Évangile aux peuples de Maduré, il s'étoit résolu à en souffrir s'il falloit beaucoup d'autres. « Nous verrons, reprit le lieutenant, si vos disciples seront aussi fiers que vous ou si vous n'aurez point compassion d'eux. » Et faisant prendre un des catéchistes, il ordonna qu'on lui disloquât tous les os. Ce catéchiste, sans attendre ce que son maître répondroit : « Remercions Dieu, mon cher père, s'écria-t-il en se jetant à ses pieds, de la grâce qu'il me fait : c'est maintenant que je commence d'être véritablement votre disciple. Nous n'avons commis d'autres crimes que de faire connoître Dieu et de porter les hommes à l'adorer et à le servir. Je m'estime heureux de souffrir pour une si bonne cause. Ne craignez pas que je recule ni que je fasse rien d'indigne d'un chrétien. Donnez-moi seulement votre bénédiction et me voilà prêt de tout souffrir. » Le père fut attendri, et le lieutenant, avec ceux de sa suite, frappé d'étonnement, en demeura là et n'osa pas aller plus avant.

Cependant le prince régent rétablit son gendre dans son gouvernement et lui ordonna, à la prière du père Bouchet, d'écrire de sa part au lieutenant non-seulement de mettre incessamment le père Borghèse et ses catéchistes en liberté, mais encore de restituer tout ce qu'on leur avoit enlevé. Puis le regardant d'un œil sévère : « N'avez-vous point de honte, ajouta-t-il, de persécuter un étranger qui ne vous fait aucun mal et qui est venu de si loin faire pénitence en ce pays-ci? Qu'on exécute mes ordres, et que je n'entende plus parler de cette affaire ! » Ces paroles et le ton de maître dont elles furent prononcées eurent avec un peu de temps l'effet qu'on en devoit attendre. Le lieutenant parut vouloir obéir; mais avant que de délivrer le père, il lui représenta que jamais prisonnier, quelque puissant qu'il fût, n'avoit été traité avec plus de respect que lui, et que tant d'égards méritoient bien quelque petite somme au moins par reconnoissance. « Seigneur, dit le père, je ne vous suis obligé que de m'avoir fait souffrir quelque chose pour ma religion, et ce service ne sauroit se payer avec de l'argent. Si vous me croyez coupable pour avoir annoncé la loi du vrai Dieu, je suis encore entre vos mains, voilà ma tête, il me sera très-glorieux de la donner pour une si bonne cause; mais il me seroit honteux de donner la moindre chose pour ma délivrance. »

On admira plus que jamais la fermeté du docteur étranger, et on le laissa sortir après quarante jours de prison. Mais, comme si l'on s'étoit repenti, à peine étoit-il à un quart de lieue de la ville qu'on l'envoya reprendre et qu'on fit encore de nouvelles tentatives pour tirer quelque chose de lui. Les habitans, indignés qu'on revînt tant de fois à la charge, crioient hautement que la famine dont ils étoient menacés ne venoit que de la colère du Dieu des chrétiens, qui suspendoit les pluies et les empêchoit de tomber pour venger l'innocence de ses docteurs. Cependant il fallut encore comparoître devant le lieutenant; c'étoit toujours de l'argent qu'on vouloit, à moins que le missionnaire, par un écrit de sa main, ne s'obligeât à ne plus prêcher l'Évangile : « car ceux qui vous ont fait arrêter, ajouta sans déguisement le lieutenant, refusent de payer la somme qu'ils ont promise si l'on n'obtient cela de vous. »

« Vous me connoissez bien mal, seigneur, lui repartit le père; croyez-vous que j'aie quitté mon pays et tout ce que j'avois de plus cher au monde, que je sois venu prêcher ici la loi du vrai Dieu et que je l'aie prêchée depuis tant d'années pour garder maintenant le silence? Je vous déclare que, bien loin de signer ce qu'on me demande, j'emploierai plus que jamais ce qui me reste de vie et de force à faire de nouveaux disciples au Dieu du ciel. » Les Gentils s'entre-regardoient et se disoient les uns aux autres que cet homme étoit un rocher au pied duquel toutes les paroles et les menaces n'étoient que de foibles ondes qui venoient se briser. Le lieutenant remit donc, pour la seconde fois, le père en liberté; et comme, dès le lendemain, il plut si abondamment que les étangs en furent remplis et les campagnes inondées, les idolâtres ne manquèrent pas de dire que la sécheresse qui avoit désolé si longtemps le pays n'avoit pu être, comme ils l'avoient jugé, qu'un châtiment de l'injuste détention du père Borghèse et de ses catéchistes.

Il arrive ici d'autres marques bien plus sensibles de la protection que Dieu donne à la sainte religion que nous annonçons. Il n'est pas croyable combien le baptême y produit d'effets miraculeux! On m'apporta, à la fête de l'Assomption, un enfant de six à sept ans tourmenté du démon, qui le faisoit tomber presque continuellement dans des convulsions tout à fait étranges. Lorsque je voulus le baptiser, les convulsions augmentèrent d'une manière si violente, que le père Bouchet fut obligé de le prendre entre ses bras et de le tenir de toutes ses forces; mais à peine avois-je versé l'eau sur sa tête que, par la vertu du Sacrement, il se trouva parfaitement délivré, sans que, depuis ce temps-là, il ait paru dans lui la moindre marque de possession. Il étoit d'un village où il n'y avoit que sa mère qui fût baptisée. Les idolâtres du lieu, témoin de la possession ou de la maladie de cet enfant pendant plus de deux ans, le voyant revenir de l'église des chrétiens si parfaitement guéri, conçurent une si haute idée de notre sainte religion que quinze ou vingt résolurent de l'embrasser. Ils demandèrent qu'on leur envoyât quelqu'un pour les instruire. Tous nos catéchistes étoient dispersés de côté et d'autre, et il ne restoit que celui qui est attaché au service de cette église : on le leur envoya. Il les prêche actuellement, et ils l'écoutent avec beaucoup de ferveur et de docilité.

Voilà, mon cher père, de ces occasions précieuses où, faute d'avoir assez de catéchistes, nous sommes exposés à manquer l'œuvre de Dieu et la conversion de toute une bourgade. D'y aller nous-mêmes, il ne seroit pas quelquefois expédient ; car, outre que nous sommes en trop petit nombre et que notre présence est nécessaire à l'église pour l'administration des sacremens, la couleur de notre visage nous trahiroit et pourroit donner horreur pour toujours de la religion que nous annonçons. Les catéchistes nous déchargent de beaucoup de travail et préviennent les esprits en notre faveur ; on nous passe ensuite plus aisément les difficultés que notre air étranger fait naître dans les esprits. Enfin l'expérience de près d'un siècle nous a appris que toutes les premières ébauches des conversions doivent se faire par les catéchistes, et c'est pour cela que, dans toutes nos lettres, vous nous voyez faire tant d'instances pour en avoir un plus grand nombre. C'est une des plus grosses dépenses que vous fassiez pour nous, quoique leur pension n'aille pas au-delà de cinq ou six pistoles pour chacun ; mais n'y ayez pas de regret, et faites bien comprendre aux personnes généreuses qui nous aident de leurs charités, que c'est de l'argent qui produit au centuple et que, de toutes les bonnes œuvres qu'on peut entreprendre pour le service du prochain, il n'en est point de plus méritoire.

Le père Bouchet a ordinairement une douzaine de catéchistes, c'est peu pour trente Églises dont il a soin. Pour les bien desservir, il faudroit que chaque Église eût son catéchiste. J'ai été témoin que plusieurs Gentils étant venus nous demander à être instruits, il a fallu, faute de secours, les remettre à un autre temps. Dans cet intervalle, les bons désirs passent et souvent ils ne reviennent plus. Au défaut des catéchistes, on engage les plus fervens chrétiens et les moins grossiers à en faire l'office dans leurs villages. Un enfant de neuf à dix ans le fait actuellement dans le sien. Sa conversion a quelque chose de merveilleux. Il eut envie d'être baptisé. Pour exécuter ce dessein, il alloit trouver tous les jours en secret dans les champs un berger chrétien, qui l'instruisoit en gardant ses troupeaux. Il apprit du berger les commandemens de Dieu et les prières des chrétiens ; après quoi il pressa son père, sa mère et sa sœur de vouloir les apprendre de lui. D'abord on le traitoit d'enfant, mais il réitéra si souvent et si vivement ses instances qu'on commença à l'écouter. Quand il voyoit qu'on vouloit offrir quelque sacrifice aux idoles, il menaçoit de tout briser. Comme c'étoit un fils unique et qu'il étoit tendrement aimé, on n'osoit le contredire, on quittoit tout, ou bien on attendoit qu'il fût absent de la maison. Enfin cet admirable enfant n'a eu aucun repos qu'il n'ait persuadé au père, à la mère, à la sœur de se faire tous trois chrétiens.

Le petit prince sur les terres duquel cette famille demeure, ayant appris qu'ils se disposoient à recevoir le baptême, en fit un jour des reproches au père, qui l'étoit allé voir, disant que ceux qui embrassoient la loi des chrétiens ne vivoient pas longtemps, et, pour preuve de cela, qu'une femme chrétienne étoit morte depuis fort peu de jours. Le discours du prince frappa cet homme encore foible dans la foi, et étant retourné tout triste dans sa maison, il redit à sa famille ce que le prince venoit de lui raconter. L'enfant prit la parole : « Je m'étonne, mon père, lui dit-il, que vous n'ayez demandé par un écrit par lequel le prince vous garantit de la mort pourvu que vous demeurassiez infidèle. Est-ce que les chrétiens ne vivent pas aussi longtemps que les Gentils ? ou est-ce que les Gentils ne meurent pas aussi bien que les chrétiens ? Le prince même n'a-t-il pas perdu sa femme, qui étoit idolâtre ? Gardez-vous donc bien, mon cher père, de vous laisser ainsi surprendre. »

Ces paroles, dignes de sortir non de la bouche d'un enfant de neuf à dix ans, mais d'un missionnaire expérimenté, touchèrent si vivement ce pauvre père qu'il vint peu de jours après avec toute sa famille demander à être instruit et baptisé. Je fus surtout charmé des airs, de la candeur et de l'esprit de l'enfant, qui a une douceur d'ange et la plus heureuse physionomie que j'aie jamais vue. Son père souhaiteroit fort qu'il apprît à lire et à écrire, mais il ne sauroit l'obtenir : « Si je sais lire et écrire, dit l'enfant, l'on me mettra dans quelque emploi où je serai exposé à faire tous les jours des péchés qui m'empêcheront d'aller au ciel ; au lieu que si je ne sais rien, je resterai à la maison où je ne m'occuperai qu'à travailler et à prier Dieu. » C'est la réponse que je lui ai entendu faire moi-même lorsque je le pressois de s'attacher à l'étude, admirant à cet âge la force des lumières de la grâce, qui sans doute en fera un jour un des plus fervens appuis de cette Église naissante.

Je n'admirai pas moins la réponse que me fit une femme baptisée depuis peu d'années par le père Bouchet. Ce père passoit un jour par un village de Gentils ; cette femme venoit de perdre son mari, qu'elle aimoit tendrement, et dans l'excès de sa douleur, poussant des cris lamentables, elle vouloit absolument se brûler avec le corps du défunt. Le père, qui entendit ses gémissemens de fort loin, envoya un de ses catéchistes savoir quelle en étoit la cause. L'ayant apprise, il alla à la maison de la veuve, où étoient tous ses parens assemblés, qui ne pouvoient lui persuader de vivre. Le père fut plus heureux, car non-seulement il la détourna de se jeter dans le bûcher de son mari, mais à l'occasion de ces flammes passagères, il lui parla si fortement des vérités de l'autre vie et surtout du feu de l'enfer que, saisie de crainte, elle changea la résolution qu'elle avoit prise de se brûler toute vive en celle de se faire chrétienne pour éviter les peines éternelles de l'enfer. Depuis son baptême elle a toujours été très-fervente, et quoique fort éloignée de l'église, elle y vient souvent faire sa prière. Un jour donc qu'elle me racontoit sa conversion et que je lui faisois faire quelques réflexions sur le malheur éternel qu'elle avoit évité : « Il est vrai, mon père, me répondit-elle d'un air gai et content, que Dieu m'a délivrée de l'enfer par sa miséricorde, et je l'en remercie tous les jours ; mais je ne laisse pas de souffrir en cette vie les peines du purgatoire pour la satisfaction de mes péchés. » Et disant ces paroles, elle me montra ses mains, qui étoient fort enflées et crevées en plusieurs endroits par la violence du travail ; car depuis la mort de son mari, de riche qu'elle étoit, étant tombée dans la pauvreté, elle est obligée de gagner sa vie à piler du riz. Je lui dis, pour la consoler, que le partage des chrétiens devoit être la peine et l'affliction ; qu'on n'alloit au ciel que par la voie des souffrances que Jésus-Christ nous a tracée ; qu'elle avoit raison d'appeler son travail son purgatoire, et que si elle l'offroit bien à Dieu, il lui tiendroit lieu de celui de l'autre vie, qui est incomparablement plus rigoureux, et lui procureroit une gloire prompte et un repos éternel. Elle me remercia et me parut fort consolée.

Ce que le père Simon Carvalho m'a raconté d'un catéchumène a quelque chose de plus surprenant. Cet homme, natif de Tanjaour, capitale du royaume de même nom, avoit fait bâtir un temple d'idoles dans l'espérance de devenir fort heureux ; mais voyant que son bonheur ne croissoit pas à proportion que le temple s'avançoit, il se dégoûta, perdit la confiance qu'il avoit en ses idoles, et ayant entendu parler de *Vastou*, qui en langue talmule signifie l'Être-Souverain, ou la première et suprême cause de toutes choses, il se mit en tête de connoître Vastou et de lui parler. De tous les moyens qu'il imagina, il crut que le plus efficace pour mériter cet honneur étoit de faire de longs jeûnes et de se retirer du commerce et de la conversation des hommes. Pendant huit mois entiers qu'il vécut en solitude, il perdit tout l'embonpoint qu'il avoit naturellement et devint extrêmement maigre. Au bout de ces huit mois, le démon s'empara du corps de son frère et commença à le tourmenter terriblement. Le pénitent, surpris de voir qu'au lieu d'attirer Vastou chez lui par ses austérités, il y avoit attiré le diable, interrompit sa retraite et visita pendant plusieurs jours quelques temples d'idoles où il fit divers sacrifices pour la délivrance de son frère possédé ; mais ce fut en vain, jusqu'à ce qu'un jour, par je ne sais quelle inspiration, il menaça, le diable que s'il ne se retiroit, il mèneroit son frère à l'église des chrétiens. Depuis cette menace le démon sembla se retirer, et le frère du pénitent demeura tranquille et ne donna plus aucun signe de possession ; mais il mourut quatre jours après.

Les Gentils qui furent témoins de cette mort, ne manquèrent pas de dire au pénitent que le démon avoit ôté la vie à son frère pour le punir de sa curiosité, et qu'il la lui ôteroit à lui-même s'il ne cessoit de chercher Vastou. Le pénitent méprisant leurs avis, rentra dans sa solitude et continua encore un an son silence et ses jeûnes rigoureux. Une nuit qu'il étoit éveillé, il ouït, sans voir personne, une voix distincte qui lui disoit : « Je suis Vastou que tu cherches, j'ai tué ton frère et je te tuerai aussi dans huit jours. » Le pénitent fut terriblement effrayé; mais comme il avoit beaucoup d'esprit et que Dieu vouloit l'éclairer, il fit cette judicieuse réflexion, que la voix qu'il avoit entendue ne pouvoit être celle de Vastou : « Car Vastou, disoit-il, est le Souverain-Être, la cause et le principe de tout ce qui est; je cherche à le connoître pour le servir et pour l'adorer, cette recherche ne peut lui être désagréable, et ce seroit sans raison qu'il auroit tué mon frère et qu'il me menaceroit moi-même de me tuer; ainsi il faut que ce soit le diable qui contrefait Vastou et qui a ôté la vie à mon frère. » Sur cela, il prit la résolution d'avoir recours au gourou, ou docteur des chrétiens, pour s'instruire de leur loi, dont il avoit déjà entendu parler sans savoir qu'ils adorassent Vastou. Il alla trouver le père Simon Carvalho, qui est chargé de la chrétienté de Tanjaour. Le père commença à l'instruire des mystères de notre sainte religion, et après l'avoir convaincu qu'elle seule rendoit à Vastou le culte qui lui étoit dû, il le remit entre les mains d'un de ses catéchistes pour lui apprendre les prières de l'Église et achever de l'instruire. Le père eût bien voulu se charger seul de l'instruction d'un homme que Dieu vouloit si visiblement sauver, mais il étoit alors accablé de travail, ayant en deux mois et demi baptisé plus de cinq cents catéchumènes et confessé près de quatre mille personnes, quoique le feu de la guerre fût allumé de toutes parts dans ce royaume.

Ce père, l'un des plus illustres et des plus zélés ouvriers de cette mission, est de la province de Goa, où il passoit, sans contredit, pour le plus bel esprit qu'il y eût. Il y enseignoit la théologie avec un grand applaudissement, n'ayant encore que trente et un an, et il étoit dès lors dans une si haute réputation de vertu qu'on ne l'appeloit communément que le saint père. Quoiqu'il s'occupât très-utilement au service du prochain dans la ville et aux environs de Goa, il se sentit vivement pressé de se consacrer à la mission de Maduré. Il communiqua son dessein aux provinciaux des provinces de Goa et de Malabar, et prit des mesures si justes avec eux qu'il fut incorporé à la mission de Maduré avant même qu'on soupçonnât qu'il eût envie de s'y consacrer et que personne pût s'y opposer. Il y est un grand exemple de zèle, de mortification, de charité et de toutes les autres vertus propres d'un homme apostolique. Pour moi, je regarde comme un prodige qu'étant presque toujours malade, il puisse soutenir les travaux immenses de sa mission. Il est vrai que, dans la crainte qu'on a qu'il n'y succombe enfin, on a résolu de m'envoyer prendre sa place au retour du voyage que je vais faire à Pondichéry.

C'est une chose extraordinaire de voir la douleur dont ce saint homme paroît saisi quand il arrive des disgrâces à quelqu'une de nos Églises : son zèle le dévore, comme autrefois le prophète; il a le cœur si serré qu'il ne peut prendre de nourriture, il est deux et trois jours sans manger, il dépérit à vue d'œil. Ainsi on lui cache tout ce qu'on peut des traverses dont le démon ne manque pas de nous affliger. Mais Dieu paroît prendre plaisir à l'éprouver : nul missionnaire ne souffre plus de persécutions que lui dans le lieu où il travaille. Il n'y a qu'un an et demi qu'il eut la douleur de voir renverser une belle église qu'il venoit de bâtir. Elle étoit située entre la ville de Tanjaour et un fameux temple d'idoles; les prêtres qui avoient la direction du temple l'avoient vue s'élever avec un chagrin mortel; ils résolurent de la détruire, et voici l'artifice dont ils se servirent. Ils répandirent parmi le peuple que les dieux de leur temple vouloient qu'on détruisît l'église des bramas du nord (c'est le nom qu'on donne à nos pères en ce pays); autrement qu'ils abandonneroient leur demeure, « parce que quand il falloit aller au travers de l'air, de ce temple à la ville de Tanjaour, ils trouvoient en chemin l'église de ces étrangers, et que leur étant impossible de passer par dessus, ils étoient contraints, par force invisible, de prendre un fort long détour, ce qui leur étoit très-incommode et les fatiguoit beaucoup. » Quelque grossières que fussent les plaintes de ces dieux imaginaires, les idolâtres y furent sensibles : ils s'assemblèrent et conclurent d'abattre l'église sous les auspices d'un ministre d'état qu'ils avoient gagné et qui étoit d'ailleurs grand ennemi de notre sainte religion.

Pendant que j'étois occupé à Aour, soit auprès des chrétiens qui s'y rendent tous les jours en foule pour y faire leurs dévotions, soit auprès des catéchumènes qu'on y instruit sans cesse, soit enfin auprès des Gentils que la beauté de notre église y attire, et à qui on tâche de rendre utile leur curiosité, le père Bouchet, qui étoit à Trichirapali, m'invita d'aller passer quelques jours avec lui. C'étoit, il y a quelques années, une affaire pour nous d'entrer dans cette grande ville, et nous n'y demeurions qu'avec inquiétude; mais depuis que le prince régent a eu la bonté d'accorder sa protection au père Bouchet, comme je vous l'ai raconté, nous y allons en plein jour tête levée; et les gardes qui sont aux portes, loin de nous faire aucune peine, nous saluent avec un très-grand respect. J'allai donc trouver le père Bouchet, et je traversai une grande partie de la ville, qui me parut extrêmement peuplée, mais mal bâtie, la plupart des maisons n'étant que de terre et couvertes de paille. Ce n'est pas qu'il n'y ait des gens assez puissans qui pourraient en faire bâtir de belles et de solides; mais ou leur avarice, ou la crainte de paroître riches les empêche de se loger avec plus de propreté et de commodités. Je trouvai le père Bouchet en parfaite santé, et j'eus la consolation de voir auprès de lui un grand nombre de chrétiens distingués par leur piété et par leur zèle. J'admirai surtout la ferveur d'une vertueuse veuve qui, dans le désir qu'elle a de peupler le ciel d'âmes innocentes, s'est appliquée depuis quelques années à donner des remèdes aux enfans malades. Comme ses remèdes sont bons et ses cures heureuses, on l'envoie quérir de toutes parts, ce qui lui donne la facilité de baptiser un grand nombre d'enfans lorsqu'on les voit dans un danger évident de mort. Il n'est point d'année qu'elle n'en baptise au moins quatre cents. La bénédiction que Dieu lui donne a fait naître à quelques autres personnes de son sexe l'envie de l'imiter, et il y en a présentement deux ou trois qu'elle instruit elle-même de ses secrets pour leur donner accès par ce moyen dans toutes les maisons où il y a des enfans qu'on peut secourir. Les personnes qui ont la charité de nous envoyer des remèdes seront bien aises d'apprendre ce nouvel usage que nous en faisons.

Il y a encore à Trichirapali un homme que sa piété distingue beaucoup: c'est le premier receveur du domaine des provinces méridionales du royaume. Sa conversion a coûté la vie à un de nos plus fervens catéchistes. Cet homme, étant encore idolâtre, ne laissoit pas de vivre fort régulièrement selon sa secte; il observoit avec une exactitude scrupuleuse toutes les superstitions des payens, et il ne manquoit jamais, au temps même le plus froid de l'année, d'aller tous les jours de grand matin à la rivière s'y plonger jusqu'au col et faire en cet état de longues prières à ses dieux, ce que ces pauvres aveugles regardent comme une action très-méritoire. Le catéchiste, homme fort zélé et qui connoissoit d'ailleurs combien le receveur étoit régulier dans sa conduite, résolut de le gagner, à quelque prix que ce fût, persuadé que si on le convertissoit à Jésus-Christ, dans une religion si sainte il deviendroit capable de tout. Pour trouver l'occasion de l'aborder et de l'instruire, il entreprit d'aller, comme lui, tous les matins à la rivière, où, sans se faire connoître, mais prenant soin seulement de se laisser apercevoir, retiré à l'écart, il se plongeoit dans l'eau et offroit au vrai Dieu, avec de ferventes prières, la mortification d'un bain si long et auquel il n'étoit pas accoutumé pour la conversion d'une âme qui se faisoit ainsi tous les jours la victime du démon. Il continua plusieurs jours ce pénible exercice, jusqu'à ce que le Gentil, étonné de voir son assiduité à venir se laver et ne croyant pas qu'un autre que lui pût tenir contre le froid qu'il faisoit alors, eut la curiosité de savoir qui étoit cet homme et quelle dévotion l'amenoit. Le catéchiste, qui n'attendoit que cet heureux moment, lui dit: « Ce n'est pas à des dieux sourds et impuissans comme les vôtres que j'adresse mes vœux, mais au souverain maître du ciel et de la terre, au créateur de toutes choses, qui seul mérite le culte et l'adoration de tous les hommes. Les dieux que vous adorez, outre qu'ils ne sauroient vous faire ni bien ni mal, sont encore indignes d'être regardés même comme des hommes, puisqu'ils ont vécu d'une manière plus barbare et plus impure que les bêtes farouches et les animaux les plus immondes. » Il n'avançoit rien qu'il ne prouvât par des faits tirés des histoires authentiques du pays que le Gentil ne pouvoit révoquer en doute. Ce discours ne fit d'impression sur l'idolâtre qu'autant qu'il falloit pour vouloir en savoir davantage. Il pria le catéchiste, qui ne cherchoit que cela, de vouloir l'instruire plus à fond de notre religion et lui en expliquer les mystères. Les jours suivans se passèrent à l'explication de plusieurs points particuliers et à la lecture des livres des chrétiens qui traitent de la grandeur de Dieu et des fins dernières de l'homme, qu'on mit en parallèle avec les livres des idolâtres, où il ne se trouve que des infamies ou des impertinences et des faussetés visibles. Les réflexions du catéchiste furent si solides et Dieu leur donna tant de force et tant d'onction qu'il vint à bout enfin de ce qu'il avoit si ardemment désiré ; mais il lui en coûta la vie, car les bains longs et fréquens qu'il avoit pris, dans un temps où le froid, quoique médiocre pour nous, est très-sensible par rapport aux Indiens, éteignirent en lui la chaleur naturelle : il languit plusieurs mois et mourut enfin pénétré de joie d'avoir, à l'exemple de son divin maître, donné sa vie pour sauver son prochain. Il fut fort regretté des chrétiens, mais surtout de notre néophyte, qui étoit inconsolable de perdre son premier maître en Jésus-Christ et d'avoir été la cause innocente de sa mort. Il ne s'est point démenti depuis le moment de sa conversion, et il n'a rien relâché de ses jeûnes rigoureux et de ses longues prières : en sorte que la vie sainte et exemplaire qu'il mène anime et soutient toute cette chrétienté.

A une des extrémités de Trichirapali, il y a une église que le père Bouchet y a fait bâtir sur les ruines d'une pagode. On en avoit autrefois donné l'emplacement aux premiers missionnaires de Maduré ; mais les guerres, qui sont, comme j'ai dit, assez fréquentes en ces états, étant survenues, les pères furent obligés de quitter la ville et d'aller se cacher dans les bois. Pendant leur absence, un idolâtre s'empara de l'emplacement et y fit bâtir un petit temple qu'il remplit de pagodes de toutes les grandeurs.

Il n'y a que peu d'années que le père Bouchet s'est remis en possession de ce lieu et qu'il a obligé le prêtre des idoles d'en sortir. Ce fut un spectacle bien glorieux à la religion et bien digne de compassion tout ensemble de voir les mouvemens inutiles que se donnoit ce pauvre homme pour enlever ses dieux. Les chrétiens le pressoient de déloger, et pour finir plus vite ils prenoient les idoles et les mettoient eux-mêmes par terre sans beaucoup de précaution ; plusieurs se trouvoient brisées, et il en ramassoit les morceaux épars, pleurant à chaudes larmes, mais n'osant se plaindre, parce qu'on le faisoit sortir d'un lieu qui ne lui appartenoit pas et qu'il avoit usurpé. Le temple fut abattu, et sur ses ruines on bâtit une église et une petite maison qui sert à loger les missionnaires.

Pendant le peu de temps que je fus à Trichirapali avec le père Bouchet, nous ne laissâmes pas de baptiser une quarantaine de catéchumènes que nos cathéchistes avoient instruits, et je retournai à Aour pour y célébrer la fête de Saint-François-Xavier, et pour me disposer au voyage de Pondichéry. Je suis sur le point de partir, après avoir eu la consolation de baptiser à Aour et dans les succursales de sa dépendance environ six cents personnes en cinq mois que j'y ai demeuré. Je me donnerai l'honneur de vous écrire sitôt que je serai arrivé à Pondichéry et de vous rendre compte de mon voyage par la première occasion qui se présentera. En attendant, je recommande notre chère mission au zèle libéral de vos amis, et je vous prie de ne pas m'oublier dans vos prières, etc.

LETTRE DU P. DIUSSE

AU R. P. DIRECTEUR DES MISSIONS FRANÇOISES DE LA CHINE ET DES INDES ORIENTALES.

Projet d'établissement sur les terres du Mogol.

A Surate, le 28 de janvier 1701[1].

MON RÉVÉREND PÈRE,
P. C.

Il y a quelque temps que je m'étois donné l'honneur de vous écrire pour vous marquer combien il seroit avantageux à notre sainte religion d'établir une nouvelle mission dans les provinces occidentales de l'empire du Mogol ; mais dans la crainte que j'ai que vous n'ayez pas reçu mes lettres, que j'envoyai par la voie de terre, je vais vous faire ici un petit abrégé de ce que je vous mandois.

Quoique le mahométisme soit la religion dominante à la cour du Mogol et que tous les officiers du prince fassent profession de cette religion, cependant presque tout le peuple est idolâtre ; de sorte qu'on peut dire que pour un mahométan il y a deux et trois cents Gentils. Ces peuples ont pour la plupart leurs *rajas*

---

[1] Sur la côte des pirates ou de Konkan, au bas de la rivière Tapté.

qui reconnaissent le Mogol pour souverain, et qui sont dans l'Indoustan à peu près ce que les ducs de Guyenne, de Bretagne et de Normandie étoient autrefois en France [1].

Il seroit facile d'établir des missions florissantes dans les terres de ces rajas et d'y recueillir une abondante moisson. Le pays qui s'étend depuis l'embouchure du grand fleuve Indus jusque vers Caboul seroit, à mon avis, le lieu le plus propre pour commencer ce grand ouvrage. On m'a assuré que dans les montagnes qui séparent la Perse de l'empire du Mogol il y avoit des chrétiens qui s'imprimoient avec un fer chaud la figure de la croix sur le corps. Il y a bien de l'apparence que ces chrétiens ne le sont que de nom et que tout leur christianisme ne consiste qu'en cette marque extérieure qui les distingue des Gentils et des mahométans; cependant vous voyez que ce seroit ici une entrée pour les conduire à embrasser une religion que véritablement on a autrefois professée dans le pays.

Il y a encore dans ces mêmes montagnes des peuplades entières de ces anciens Perses qu'on nomme Gavres en Perse, et qu'on appelle Parsis à Surate et aux environs, où ils se sont établis en grand nombre. Ces peuples, qui paroissoient avoir de l'inclination pour nous, ont toujours eu beaucoup d'éloignement du mahométisme, jusque-là que ceux qui sont en Perse, se voyant depuis deux ou trois ans vivement pressés par le nouveau roi de Perse de se faire mahométans, ils le prièrent avec de grandes instances de leur permettre d'embrasser le christianisme.

Vous voyez, mon révérend père, que la moisson est abondante dans ces vastes pays, mais il faudroit pour la recueillir des missionnaires également vertueux et savans, et des fonds suffisans pour les entretenir, car ce n'est point assez que les missionnaires qu'on destinera à cette nouvelle mission aient beaucoup de zèle et de vertu, il faut de plus qu'ils aient une grande habileté, non-seulement pour détruire les anciennes erreurs de ces peuples, mais pour leur inspirer d'abord une haute estime de notre religion. Si l'impression qu'elle fera dans leur esprit en ces commencemens est forte et vive et qu'elle réponde en quelque sorte à la grandeur de nos mystères, je suis persuadé qu'elle ne s'effacera jamais et qu'elle sera comme la base et le fondement solide et assuré du salut de cette nation. Au contraire, si l'impression est foible et superficielle, leur foi et leur religion aura le même caractère, et l'on n'avancera guère, ou rien ne durera.

Ainsi, parmi ce nombre d'excellens sujets d'une vertu sûre et éprouvée dont vous pouvez disposer, il est important que vous en destiniez quelques-uns d'un mérite extraordinaire à un ouvrage qui doit avoir de si grandes suites pour le christianisme. On en doit certainement tout espérer, surtout après que les vastes états de l'Indoustan auront été partagés entre les enfans d'Aurengzeb, qui règne depuis si longtemps, car on ne doute point que ces princes ne soient favorables aux missionnaires et qu'ils ne les protégeassent ouvertement dans toutes les provinces, principalement s'ils les y trouvoient déjà établis à la mort de leur père. Le prince Chalem, qui est l'aîné, a toujours marqué beaucoup de bonté à nos pères portugais qui sont à Agra; il a même depuis peu appelé à Caboul, où il est présentement avec un corps d'armée considérable, le père Magalhaens, ancien missionnaire de Delhi et d'Agra, et il a ordonné aux gouverneurs et aux autres officiers des lieux où ce père passera de lui fournir tout ce qui sera nécessaire pour son voyage. On croit qu'il appelle ce père à sa cour pour avoir soin des chrétiens qui sont à sa suite. Voilà, mon révérend père, un léger crayon des grands biens que l'on peut faire en ce pays. Je vous enverrai un mémoire plus ample et plus détaillé par la première voie que je trouverai. Je me recommande à vos saints sacrifices, et suis, etc.

---

[1] Au temps où les jésuites écrivaient ces lettres, le Grand Mogol régnait encore. Il avait sous ses ordres immédiats des soubabs ou vice-rois, chargés de gouverner en son nom chacune des grandes divisions de l'empire. Les soubabs avaient des nababs, qui administraient des portions de territoire ou de provinces moins considérables. Sous les nababs étaient des rajahs, qui commandaient à des districts encore moins étendus, et les rajahs mêmes avaient sous eux des chefs qui commandaient à un fort, à un château, à une ville, à un canton limité.

Cette organisation, qui venait des Turcs, des Tartares, des Goths et des Vandales, faisait un tyran de chaque chef en particulier, et le peuple, au lieu de n'avoir qu'un seul maître, en avait mille qui le pressuraient et ne lui laissaient aucun repos.

LETTRE DU P. MAUDUIT

AU P. LE GOBIEN.

Notions sur le royaume de Carnate.—Les brames et les bayadères.

A Carouvepondi, le 1ᵉʳ janvier 1702.

Mon révérend Père,

P. C.

Dans les lettres que je me donnai l'honneur de vous écrire les années précédentes, je vous marquois que nos supérieurs ayant résolu d'établir une nouvelle mission au royaume de Carnate, dans le voisinage et sur le modèle de celle de Maduré, ils m'avoient choisi pour exécuter cette entreprise. Comme les coutumes et les mœurs de ces peuples sont fort extraordinaires et qu'il est nécessaire de les connaître et de s'y conformer en tout ce qui n'est pas contraire à la loi de Dieu, pour les gagner à Jésus-Christ, je crus que je devois aller m'en instruire dans le Maduré même auprès du père François Laynés et du père Joseph Carvalho, qui vient de perdre la vie pour la confession de la foi dans les prisons de Tanjaour[1]. Je travaillai environ six mois avec eux dans cette mission, et j'y baptisai huit à neuf cents personnes, dont la plus grande partie, instruits déjà par ces pères, étoient disposés à recevoir le premier sacrement de l'Église. J'y serois volontiers demeuré plus long-temps pour profiter à loisir des lumières et des exemples de ces deux saints missionnaires; mais nos supérieurs me pressoient de prendre la route du nord pour me rendre incessamment à Cangivaron[2], capitale du royaume de Carnate[3].

Après avoir recommandé à la sainte Vierge la nouvelle mission que j'allois établir et l'avoir mise sous sa protection, je commençai à travailler, et en moins de cinq ou six mois, je bâtis deux églises près la ville de Cangivaron et je baptisai près de cent cinquante personnes. Comme on ne peut presque rien faire en ce pays sans le secours des catéchistes, ainsi que je vous l'ai déjà mandé plusieurs fois, je cherchai d'abord avec soin des sujets propres à cet important emploi et je m'appliquai à les former. C'est une nécessité d'en avoir toujours un grand nombre, car, outre qu'il y a beaucoup de travail, le catéchiste d'une basse caste ne peut servir à instruire les Indiens d'une caste plus élevée. Les brames et les choutres, qui sont les principales castes et les plus étendues, ont un mépris bien plus grand pour les parias, qui sont au-dessous d'eux, que les princes n'en pourroient avoir en Europe pour le plus bas peuple. Ils seroient déshonorés dans leur pays et déchus des droits de leur caste s'ils avoient écouté les instructions d'un homme qu'ils regardent comme un malheureux. Il nous faut donc et des catéchistes parias pour les parias et des catéchistes brames pour les brames, ce qui nous jette dans un grand embarras, car il n'est pas aisé d'en former, surtout parmi les derniers, parce que la conversion des brames est très-difficile, et qu'étant fiers naturellement et entêtés de leur naissance et de leur supériorité au dessus des autres castes, on les trouve toujours bien moins dociles et plus attachés aux superstitions de leur pays.

Dieu cependant m'a fait la grâce de convertir deux jeunes brames qui ont de l'esprit et un très-beau naturel. Il y a quelques mois que je les ai baptisés, et je les instruis avec un grand soin dans l'espérance d'en faire un jour deux excellens catéchistes. J'ai eu aussi le bonheur de m'attacher un catéchiste paria fort habile : comme il a été autrefois prêtre des idoles, il est parfaitement instruit de tous les secrets de la religion païenne, et cela lui donne un grand avantage pour faire connaître à ses compatriotes le déplorable aveuglement où ils sont de rendre à de fausses divinités le culte qui n'est dû qu'au véritable Dieu.

Il y a quelque temps qu'un catéchiste de la mission de Maduré me pria de me trouver à Boulcour pour y baptiser quelques catéchumènes parias et pour y confesser quelques néophytes de cette caste. La crainte que les brames et les choutres ne vinssent à savoir que j'avois fait cette démarche et ne me regardassent comme un homme infâme et indigne d'avoir jamais aucun commerce avec eux m'empêcha d'y aller.

---

[1] C'est la ville capitale d'un royaume de même nom, sur la côte de Coromandel. (Note de l'ancienne édition.)
[2] C'est le Conjeveran des cartes nouvelles.
[3] Madras est aujourd'hui le chef-lieu de la présidence, dont le territoire se compose principalement de l'ancienne province de Karnatik.

Les paroles de l'apôtre saint Paul que j'avais lues le matin à la messe me déterminèrent à prendre cette résolution : « *Nemini dantes ullam offensionem, ut non vituperetur ministerium vestrum*[1]. » Je fis donc venir ces pauvres gens à trois lieues d'ici dans un lieu écarté, où j'allai les trouver pendant la nuit et avec de grandes précautions, et j'en baptisai neuf avec quelques habitans d'un petit village, que je laissai remplis de joie et de consolation de se voir mis au nombre des enfans de Dieu. Peu de temps après je baptisai une *deva dachi*, ou esclave divine : c'est ainsi que l'on appelle les femmes dont les prêtres des idoles abusent sous prétexte que leurs dieux les demandent et les retiennent à leur service. Je me souviens en cette occasion de ce que dit Notre-Seigneur dans l'Évangile, qu'il y aura de ces malheureuses pécheresses qui entreront plutôt dans le royaume de Dieu que plusieurs de ceux qui se croient justes[2]. Car cette deva dachi reçut le baptême avec de si grands sentimens de piété que je ne pus retenir mes larmes[3].

Le 23 du mois de mars de l'année passée, il y eut ici une éclipse de lune. Comme les brames sont les dépositaires de la science et de la doctrine parmi les Indiens et qu'ils s'appliquent particulièrement à l'astronomie, ils n'avoient pas manqué de prédire cette éclipse. J'examinai leur calcul et je ne le trouvai pas tout-à-fait juste, ce qui me donna occasion de faire un type de cette éclipse où j'en marquai exactement le temps et la durée. J'envoyai ce type à Cangivaron et dans les villes voisines. Il se trouva juste, car l'éclipse arriva à l'heure que j'avais marquée, ce qui donna à ces peuples une haute idée de la science des brames du nord, c'est le nom qu'on nous donne en ce pays.

Rien n'est plus extravagant que le sentiment des Indiens sur la cause des éclipses. Toutes les fois que l'ombre de la terre nous cache la lune ou que la lune nous empêche de voir le soleil, ce qui fait les éclipses, comme tout le monde sait, ces peuples superstitieux s'imaginent qu'un dragon engloutit ces deux astres et les dérobe à nos yeux. Ce qui est plus ridicule, c'est qu'afin de faire quitter prise à ce prétendu monstre, ils font pendant ce temps-là un charivari épouvantable, et que les femmes enceintes s'enferment avec un grand soin dans leurs maisons, d'où elles n'osent sortir, de peur que ce terrible dragon, après avoir englouti la lune, n'en fasse autant à leurs enfans.

Quelques brames m'étant venu voir en ce temps-là, ne manquèrent pas de me parler de l'éclipse. Je leur fis voir clairement que tout ce qu'on disoit du dragon qui engloutit le soleil et la lune, dans le temps que ces deux astres sont éclipsés, n'étoit qu'une fable grossière, dont on amusoit le peuple. Ils en convinrent aisément. « Puisque vous êtes de si bonne foi, leur repartis-je, permettez-moi de vous dire que comme vous vous êtes trompés jusqu'à présent sur la cause des éclipses, vous pourriez bien vous tromper aussi en croyant que Bruma, Vichenou et Routren sont des dieux dignes d'être adorés, puisque ces prétendus dieux n'ont été que des hommes corrompus et vicieux, que la flatterie et la passion ont érigés en divinités. » Il n'est pas difficile de convaincre des gens qui n'ont aucuns principes, mais il n'est pas aisé de leur faire quitter leurs erreurs ni de leur persuader d'agir conformément à la vérité connue. Quand on leur reproche quelque vice ou qu'on les reprend d'une mauvaise action, ils répondent froidement que cela est écrit sur leur tête et qu'ils n'ont pu faire autrement. Si vous paroissez étonné de ce langage nouveau et que vous demandiez à voir où cela est écrit, ils vous montrent les diverses jointures du crâne de leur tête, prétendant que les sutures mêmes sont les caractères de cette écriture mystérieuse. Si vous les pressez de déchiffrer ces caractères et de vous faire connoître ce qu'ils signifient, ils avouent qu'ils ne le savent pas. « Mais puisque vous ne savez pas lire cette écriture, disois-je quelquefois à ces gens entêtés, qui est-ce donc qui vous la lit ? qui est-ce qui vous en explique le sens et qui vous fait connoître ce qu'elle contient ? D'ailleurs, ces prétendus caractères étant les mêmes sur la tête de tous les hommes, d'où vient qu'ils agissent si différemment et qu'ils sont si contraires les uns aux autres dans leurs vues, dans leurs desseins et dans leurs projets ?»

Les brames m'écoutoient de sang-froid et

---

[1] II. Cor. chap. 3.
[2] Mat., chap. 11, vers. 31.
[3] Les bayadères attachées au service des temples existaient déjà au temps d'Alexandre. Leurs inspecteurs les rassemblaient au son d'un instrument d'airain, et la coutume qui livrait au désordre public ces victimes de la superstition est retracée, quoique vaguement, par Aristobule, l'un des compagnons du héros macédonien.

sans s'inquiéter ni des contradictions où ils tomboient ni des conséquences ridicules qu'ils étoient obligés d'avouer. Enfin, lorsqu'ils se sentoient vivement pressés, toute leur ressource étoit de se retirer sans rien dire. On voit par là quel est à peu près le caractère des gens de ce pays et que la conversion des brames est un ouvrage plus difficile qu'on ne s'imagine.

Depuis environ un an, les conversions n'ont pas été si fréquentes qu'elles l'étoient dans les premiers mois que je me suis établi ici. J'ai souvent envoyé mes catéchistes dans les villages et dans les bourgades voisines pour y annoncer le royaume de Dieu ; mais le succès n'a pas répondu à mes intentions ni à leurs travaux. Dans la plupart des lieux où ils ont été, on n'a pas seulement voulu les entendre, et il n'y a eu qu'un petit nombre d'âmes choisies qui aient écouté la divine parole et qui s'y soient rendues dociles. On fait souvent bien des courses et bien des voyages sans gagner personne à Jésus-Christ.

Je n'ai quitté qu'avec regret la mission de Maduré. Ah! quand aurai-je la consolation, mon révérend père, de baptiser quatre ou cinq cents personnes dans un seul jour, comme fit l'année passée, dans le Marava[1], le père François Laynès! Cet ouvrier infatigable, avec qui j'ai eu le bonheur de demeurer quelque temps, comme je vous l'ai marqué au commencement de cette lettre, m'a dit souvent qu'il ne falloit pas se rebuter si on ne faisoit pas d'abord un grand nombre de conversions; qu'il en est à peu près des missionnaires comme des laboureurs, qu'il faut semer beaucoup si l'on veut recueillir beaucoup; que les commencemens de la mission de Maduré, où la récolte est aujourd'hui si abondante, avoient été très-difficiles et qu'on y avoit prêché pendant plusieurs années sans y convertir presque personne. Je tâche de profiter des saintes instructions que cet ancien et expérimenté missionnaire a eu la bonté de me donner, et j'espère qu'un jour la divine semence que nous nous efforçons de répandre de côté et d'autre fructifiera au centuple.

Comme notre dessein est d'établir une mission solide non-seulement dans le royaume de Carnate, d'où je vous écris cette lettre, mais encore dans les autres royaumes qui nous environnent, on a jugé à propos que je prisse une connoissance exacte de ces pays afin de voir en quels lieux il sera plus avantageux de s'établir. C'est ce qui m'a obligé d'entreprendre un assez long voyage du côté de l'ouest, dont je ne suis de retour que depuis deux mois. Je vais vous en rendre un compte exact dans la petite relation que je joins à cette lettre. Je suis avec respect, etc.

RELATION

D'un voyage que le père Mauduit, missionnaire de la compagnie de Jésus, a fait à l'ouest du royaume de Carnate, en 1701.

Le 3 septembre de l'année 1701 je partis de Carouvepondi, où je fais ma résidence ordinaire et qui n'est qu'à deux ou trois lieues de Cangivaron, capitale du royaume de Carnate, et je me rendis ce jour-là même d'assez bonne heure à Ayenkolam, qui étoit autrefois une ville considérable et qui n'est aujourd'hui qu'un gros bourg. Un chrétien que j'avois baptisé depuis quelques mois me reçut chez lui avec beaucoup de charité, mais je ne m'y arrêtai pas. Je continuai mon chemin et j'allai coucher plus loin dans une grande pagode qui est dédiée à un singe que les Indiens adorent comme une divinité. Comme il n'y a dans tout ce pays ni hôtellerie ni caravansérail où l'on se puisse loger quand on fait voyage, on se retire d'ordinaire dans les temples pour y passer la nuit. Je me plaçai avec mes catéchistes au milieu de cette pagode; nous y fîmes nos prières ordinaires, et après nous être prosternés plusieurs fois devant l'image de Jésus crucifié, que j'avois attachée à un des piliers, nous chantâmes en talmul divers cantiques pour glorifier Dieu dans un lieu où il est si souvent déshonoré. Un des brames qui a soin de ce temple, chagrin de voir que nous méprisions ses idoles et que nous leur tournions le dos, nous en vint marquer son indignation ; mais, sans nous mettre en peine de ses reproches, nous continuâmes de chanter jusqu'à ce qu'il fallut prendre un peu de repos. Je passai une très-mauvaise nuit. L'ardeur du soleil, que j'avois eu presqu'à plomb sur la tête pendant tout le jour, et les mauvaises eaux que j'avois été obligé de boire, me causèrent une fièvre très-violente. Cet accident ne m'empêcha pas cependant de me remettre le lendemain en chemin et d'arriver à Alcatile, grande ville fort

---

[1] Principauté sur la côte de Coromandel, entre le royaume de Tanjaour et celui de Maduré. (Note de l'ancienne édition.)

peuplée, mais sale et mal bâtie, comme ont coutume de l'être presque toutes les villes des Indes.

Je vis, les yeux baignés de larmes, de tristes restes d'une cérémonie diabolique que les Maures[1] s'efforcent d'abolir depuis qu'ils se sont rendus maîtres de la plus grande partie de ce pays. Il y avoit peu de jours qu'une femme, ou pénétrée de douleur de la mort de son mari, ou touchée du désir de faire parler d'elle, s'étoit jetée dans le bûcher sur lequel on brûloit le corps du défunt, et y avoit été consumée par les flammes. On voyoit encore les colliers, les bracelets et les autres ornemens de cette malheureuse victime du démon attachés aux branches des arbres qui environnent le lieu où s'étoit faite cette triste cérémonie. On y avoit même élevé un mausolée pour conserver à la postérité la mémoire d'une action si héroïque dans l'idée de ces peuples, qui mettent les femmes au nombre de leurs divinités quand elles ont le courage de se brûler ainsi toutes vives après la mort de leurs époux.

Je couchai à Alcatile dans la maison d'un brame qui adoroit tous les jours le démon sous la figure et sous le nom de Pouléar. Ayant trouvé cette idole élevée dans la chambre où l'on me logea, je crus devoir la renverser par terre. Le brame vint le lendemain avec des fleurs et de l'eau pour honorer, selon sa coutume, le dieu Pouléar et pour lui faire un sacrifice; mais voyant et l'idole renversée et une espèce d'autel que j'avais dressé en sa place pour célébrer nos saints mystères, il se retira et me donna toute la commodité de faire les exercices de notre sainte religion. Je le fis en effet avec autant de paix et de tranquillité que dans une ville chrétienne. Mon arrivée attira plusieurs personnes dans cette maison, ce qui me donna occasion de leur parler de Dieu et du malheur qu'ils avoient de ne pas connoître cet Être-Souverain, qui est la source de tous les biens. Ils écoutèrent avec attention tout ce que je leur dis, mais ils n'en furent point touchés et il n'y en eut aucun qui marquât pour lors vouloir embrasser la religion chrétienne. J'eus seulement la consolation de baptiser un enfant qui étoit à l'extrémité et qu'on m'apporta pour lui donner quelques remèdes. Je laissai encore

dans de très-bonnes dispositions un homme et une femme de la secte des linganistes. Après les avoir instruits, je dis au mari qu'il falloit qu'il me mît entre les mains le lingan qu'il avoit au cou. Cette proposition lui fit changer de visage, ses yeux devinrent affreux et sa bouche demi-béante; enfin il me parut un autre homme; mais comme je le pressai vivement, il obéit et me donna son lingan. Le lingan est une figure monstrueuse et abominable, que quelques-uns de ces idolâtres portent au cou pour marquer le dévouement et l'attachement qu'ils ont à une espèce de Priape, la plus infâme de toutes les divinités. La femme de ce linganiste marqua beaucoup plus de ferveur que son mari, car elle arracha elle-même avec plaisir du cou et des bras de son fils je ne sais quelles écritures superstitieuses qu'on y avoit attachées. Je baptisai cet enfant et je laissai le père et la mère avec trois ou quatre personnes d'un village voisin entre les mains d'un bon chrétien pour achever de les instruire et pour les préparer au saint baptême, que j'espérois leur conférer à mon retour.

Avant que de quitter Alcatile, j'allai voir un fameux docteur linganiste, qui s'étoit acquis beaucoup d'estime et de réputation dans tout le pays. Je le trouvai occupé à la lecture d'un livre qui parloit du Seigneur du ciel et de la terre. Après les civilités ordinaires, il me demanda si la loi de ce souverain maître n'étoit pas la véritable religion. Je lui répondis qu'il n'en falloit pas douter et qu'il n'y en avoit point d'autre : j'ajoutai qu'il seroit inexcusable s'il n'embrassoit pas cette religion et s'il n'en suivoit pas les maximes. Il me parla de la religion chrétienne avec éloge et me montra même des livres qui en traitoient. Je lui dis que tout mon désir étoit de faire connoître à tous les peuples cet Être souverain dont il m'avoit parlé, et que je le priois de vouloir bien m'aider dans une si sainte entreprise. « Ce travail serait fort inutile, me repartit ce docteur, l'esprit des Indiens est trop borné et ils ne sont point capables d'une connoissance si élevée. — Quoique les perfections infinies de ce souverain Être soient incompréhensibles, lui dis-je, il n'y a personne qui ne le puisse connoître autant qu'il est nécessaire pour le salut, car il en est en quelque manière de Dieu comme de la mer : quoiqu'on n'en voie pas toute l'étendue et qu'on n'en connoisse pas la profondeur, on ne laisse

---

[1] C'est le nom qu'on donne aux mahométans dans les Indes orientales.

pas de la connoître assez pour faire des voyages d'un fort long cours et pour se rendre au lieu où l'on a dessein d'aller. » La comparaison lui plut ; mais je ne pus l'engager à embrasser le christianisme ni le porter à faire connoître le vrai Dieu. Il étoit à peu près du caractère de ceux dont parle l'apôtre, qui ayant connu Dieu, ne l'ont pas glorifié comme ils devoient. Les mœurs de ce docteur étoient trop corrompues et le gros lingan qu'il portoit au cou étoit comme le sceau de sa réprobation.

J'aurois fort souhaité convertir le brame qui m'avoit reçu si charitablement dans sa maison et qui paroissoit m'écouter avec beaucoup de docilité ; mais il avoit trois femmes qu'il aimoit, et l'attachement qu'il avoit pour elles ne lui permettoit pas de suivre la lumière qui l'éclairoit. La polygamie a toujours été dans l'Orient un des plus grands obstacles qu'on ait trouvés à la conversion des Gentils.

Je laissai à Alcatile un de mes catéchistes pour instruire les catéchumènes que j'y avois faits, et je me disposai à continuer mon voyage toujours à l'ouest. J'y trouvai de grandes difficultés. On me dit que les Maures et les Marastes [1] se faisoient de ce côté-là une cruelle guerre, et que tous les chemins étoient fermés. « Hé bien, nous prendrons la route du nord, repartis-je sur-le-champ à ceux qui sembloient vouloir m'effrayer, et après que nous aurons marché quelque temps de ce côté-là, nous tournerons vers le sud-ouest. » On m'assura que l'embarras seroit à peu près le même, à cause de la révolte des Paleagarens, qui sont de petits princes tributaires des Maures. Je vis bien à la manière dont on me parloit qu'on n'avoit envie que de rompre mon voyage et de m'empêcher de pénétrer plus avant dans le pays. Ainsi, sans m'arrêter davantage à tout ce qu'on me disoit, j'implorai l'assistance de Dieu et je pris la route de Velour, qui est à l'ouest d'Alcatile.

J'entrai dans cette grande ville, accompagné de mes catéchistes, dont quelques-uns étoient brames, et j'allai loger chez un brame, ce qui m'attira beaucoup de considération et me fit passer pour un sanias [2] d'une grande autorité. Sur le bruit qui s'en répandit, le durey (c'est le gouverneur de la ville), accompagné d'un grand nombre de personnes distinguées, me vint rendre visite. Je fis tomber la conversation sur le souverain Seigneur de toutes choses et sur ses admirables perfections. Il m'écouta avec plaisir et il me parut, autant que j'en pus juger par ses discours, n'être pas éloigné du royaume de Dieu. La forteresse de Velour est une des plus considérables de tout le pays. Les officiers de ce poste important étoient alors brouillés avec les principaux brames de la ville. Le gouverneur me demanda s'ils ne se réconcilieroient pas bientôt et s'ils ne s'uniroient pas entre eux par une bonne paix. Je lui répondis que la paix leur étoit absolument nécessaire, et que s'ils vouloient suivre mes conseils, ils la feroient incessamment, puisque les Maures, qui les environnoient de toutes parts, ne cherchoient qu'à profiter de leurs divisions ; que quelques Marastes avoient déjà pris leur parti, et qu'on ne devoit pas douter qu'un plus grand nombre ne suivît dans peu de temps un exemple si pernicieux. Le gouverneur, content de ma réponse, me quitta après m'avoir fait beaucoup d'honnêtetés et m'avoir assuré de sa protection. Les brames ayant fait réflexion aux avis que j'avois pris la liberté de leur donner, se réconcilièrent avec les officiers de la forteresse et firent avec eux une paix solide. Je ne manquai pas d'en faire compliment au gouverneur, qui fut si content de ma conduite qu'il eut la bonté de me donner une maison et de m'en mettre lui-même en possession, en me marquant qu'il feroit dans la suite quelque chose de plus pour moi. Il m'appela quelques jours après pour savoir mon sentiment sur la maladie de sa femme, qui étoit incommodée depuis longtemps. Je vis cette dame, je lui parlai de Dieu et de la nécessité qu'il y a de se sauver : elle m'écouta avec attention, et je la laissai dans de très-bonnes dispositions pour notre sainte religion.

Comme les Maures infestoient tout ce pays et qu'ils faisoient souvent des courses jusqu'aux portes de Velour, on n'y parloit que de guerre et on n'étoit occupé que des préparatifs qu'on faisoit pour se défendre et pour repousser les ennemis. Ainsi je ne crus pas devoir penser alors à aucun établissement dans cette grande ville. Je baptisai seulement douze ou quinze parias que je trouvai suffisamment instruits, et après avoir recommandé à quelques-uns de

---

[1] Sujets du fameux Sevagi, qui se rendit au dernier siècle si redoutable dans les Indes. Lisez Mahrattes au lieu de Marastes.

[2] C'est un religieux pénitent.

mes gens que je laissai là quelques catéchumènes auxquels je promis de conférer le baptême à mon retour, je continuai mon voyage vers l'ouest.

Le pays est beau et agréable, et il me parut assez peuplé. Mais il l'étoit bien davantage avant que les Maures s'en fussent rendus les maîtres. Leurs troupes, qui étoient répandues dans la campagne, ne me causèrent aucun embarras. Je vis sur ma route plusieurs petites villes, et entre autres Palliconde, dont la situation est admirable. Les rajas putres, qui sont seigneurs de ces villes, me reçurent avec beaucoup de civilité. Ces princes, dont la caste est fort illustre, sont venus du nord s'établir en ce pays, et s'y maintiennent par la protection des Maures, dont ils ont embrassé les intérêts. Je me suis souvent entretenu avec ces rajas, et ils m'ont toujours marqué beaucoup d'amitié; ils m'ont même témoigné qu'ils auroient de la joie de voir quelque missionnaire s'établir dans leurs états.

Je passai ensuite par la petite ville de Kuryetam, et j'allai loger chez un marchand. Je fis tous les exercices de notre sainte religion dans sa maison, et j'annonçai Jésus-Christ à sa nombreuse famille et à plusieurs autres personnes qui n'en avoient point entendu parler. Ce marchand, touché de mes exhortations, m'apporta lui-même des fleurs et du sanbrani, qui est une espèce d'encens, pour l'offrir au vrai Dieu. J'aurois eu plus de joie s'il s'y étoit offert lui-même; mais le temps n'étoit pas venu, et j'espère que Dieu achèvera ce qu'il semble avoir commencé pour la conversion de ces pauvres gens.

J'arrivai deux jours après à Erudurgam. C'est une ville située auprès de cette longue chaîne de montagnes qui courent presque d'une extrémité à l'autre de la grande péninsule de l'Inde qui est en deçà du Gange. On m'arrêta à la porte de cette ville, parce que le fameux Ram-Raja, qui a fait de si grandes conquêtes dans les Indes, surprenoit autrefois les villes et les forteresses sous un habit de sanias, c'est-à-dire sous un habit semblable à celui que je portois. Je dis aux officiers que je n'avois pas d'autre dessein en venant à Erudurgam que d'y faire connoître le véritable Dieu et de retirer les peuples de la profonde ignorance où ils étoient sur leur salut. On se contenta de cette réponse, et après m'avoir fait attendre longtemps à la porte, on me laissa enfin entrer. Dès le soir même, un docteur mahométan vint me voir avec quelques brames idolâtres. C'étoit un homme qui avoit de l'étude et de la capacité. Il me fit plusieurs questions fort spirituelles; il parloit la langue talmul avec beaucoup de facilité et d'élégance, et je n'en fus pas surpris quand on m'apprit qu'il étoit du royaume de Tanjaour. Il me parut, par toutes ses manières, être un fort honnête homme et mériter l'estime qu'on avoit pour lui. J'aurois fort souhaité le gagner à Jésus-Christ et l'attacher à notre sainte religion; mais outre que je ne demeurai qu'un jour en ce lieu-là, ce docteur étoit Maure, c'est-à-dire un homme beaucoup plus éloigné du royaume de Dieu que ne le sont les païens mêmes.

Je trouvai de grandes difficultés à continuer mon voyage. Il me falloit traverser des montagnes presque inaccessibles. Les catéchistes que j'avois envoyés de ce côté-là en avoient été effrayés plus d'une fois. Ils me disoient que les princes qui sont au-delà de ces hautes montagnes étoient en guerre et qu'il n'étoit pas de la prudence de s'exposer dans un temps si dangereux à aller dans un pays qu'on ne connoissoit pas. Les Indiens sont naturellement timides et tout les effraie. Sans avoir égard à leurs rapports, je me mis en chemin pour aller à Peddu-nayaken-durgam. Quoiqu'il n'y ait qu'une demi-journée d'Erudurgam jusqu'à cette grande ville, nous marchâmes deux jours entiers par des bois et des montagnes affreuses, sans savoir où nous allions, parce que nous nous étions égarés. Outre la faim et la lassitude dont nous étions accablés, les tigres et les autres bêtes féroces, dont ces montagnes sont pleines, nous donnoient de grandes inquiétudes. Dans cette extrémité, nous nous mîmes en prières et nous eûmes recours à la sainte Vierge, qui sembla nous exaucer, car un moment après nous découvrîmes une route qui nous remit dans notre chemin. Nous trouvâmes même de bonnes gens qui voulurent bien nous servir de guides jusqu'au village voisin.

Après nous être un peu délassés, nous passâmes enfin ces hautes montagnes [1] dont on nous avoit fait tant de peur, et nous traversâmes un gros bourg sans trouver personne,

---
[1] Les Ghattes.

parce que tous les habitans avoient pris la fuite par la crainte des Maures qui couraient la campagne. Enfin, après bien des fatigues, nous arrivâmes à Peddu-nayaken-durgam, petite ville, mais alors si peuplée, parce que les habitans des lieux circonvoisins s'y étoient réfugiés, que nous ne trouvâmes qu'une méchante cabane pour nous retirer. Nous y passâmes la nuit avec beaucoup d'incommodité, et j'allai le lendemain à la forteresse pour saluer le prince. On m'arrêta à la porte et je ne pus être admis à l'audience qu'après avoir été interrogé par quelques brames, qui me firent diverses questions et qui me conduisirent enfin par bien des détours dans l'appartement du paleagaren. Je trouvai un fort bon homme qui me reçut avec honnêteté. Je lui présentai quelques fruits du pays et un peu de jais, que les Indiens regardent comme quelque chose de précieux. Le prince étoit assis et avoit devant lui une espèce de petite estrade où il m'invita à m'asseoir. Comme je ne crus pas devoir me mettre dans un lieu plus élevé que celui où il étoit, j'étendis ma peau de tigre à terre, selon la coutume de ce pays ; je m'assis ensuite et je lui exposai le sujet de mon voyage à peu près en ces termes : « Je n'ai quitté mon pays, seigneur, et je ne me suis rendu ici avec des peines et des travaux immenses, que pour retirer vos sujets des épaisses ténèbres où ils vivent depuis si longtemps en adorant des divinités qui sont l'ouvrage des mains des hommes. Il n'y a qu'un souverain Seigneur de toutes choses, qui a créé le ciel et la terre; c'est ce souverain Maître de l'univers que tous les hommes doivent connoître et à qui ils doivent être soumis ; c'est sa loi qu'ils doivent suivre s'ils veulent être éternellement heureux, et c'est cette loi sainte dont je viens instruire vos peuples. S'ils l'embrassent et s'ils la gardent avec fidélité, on ne verra plus parmi eux ni troubles, ni divisions, ni violence, ni injustice. La charité, la douceur, la piété, la justice et toutes les autres vertus seront la règle de leur conduite. Soumis et fidèles au prince qui les gouverne, ils s'acquitteront de ce qu'ils doivent au souverain Seigneur et parviendront par là à la souveraine félicité. » Après lui avoir expliqué les principaux attributs de Dieu et lui avoir donné une grande idée de la morale chrétienne, je lui demandai sa protection. Il me la promit avec bonté, me fit trouver un logement commode pour ma demeure, et ordonna à un de ses officiers de me donner à moi et à mes gens tout ce qui seroit nécessaire ce jour-là pour notre subsistance.

Dès qu'on a passé les hautes montagnes dont je viens de parler, on ne se sert plus dans tout le pays que de la langue talanque ou canaréenne. Je trouvai cependant auprès de cette ville un gros bourg rempli de talmulers, qui s'y étoient retirés pour se mettre à couvert de la violence des Maures. Plusieurs bramenati me visitèrent : c'est le nom qu'on donne aux femmes des brames. Elles me firent plusieurs questions, et entre autres, elles me demandèrent si leurs maris, qui avoient entrepris de longs voyages, réussiroient, et s'ils seroient bientôt de retour en leur pays. Je leur répondis que je n'étois point venu pour les tromper, comme faisoient tous les jours leurs faux docteurs, qui les séduisoient par les fables qu'ils leur débitoient avec tant de faste et d'ostentation ; mais que mon dessein étoit de leur enseigner le chemin du ciel et de leur apprendre les moyens nécessaires pour y parvenir et pour acquérir les biens éternels. Elles m'écoutèrent avec attention, me saluèrent ensuite avec beaucoup de civilité, comme elles avoient fait d'abord, et se retirèrent sans me donner aucune espérance de conversion. Il y eut plusieurs autres personnes de moindre qualité qui demandèrent à se faire instruire et qui furent plus dociles à mes instructions. C'est ce qui m'engagea à laisser un de mes catéchistes pour les disposer au saint baptême et à leur promettre que je repasserois par leur ville à mon retour.

J'allai ensuite à Bairepalli, mais je n'y trouvai qu'un seul homme, tous les habitans ayant pris la fuite à l'approche des Maures. Le lendemain je me rendis à Tailur, c'est une petite ville qui appartient à un autre paleagaren. La forteresse en est assez bonne ; j'y dis la messe, et j'y trouvai le chef d'une nombreuse famille qui m'écouta volontiers et qui me parut avoir un véritable désir de son salut, quoiqu'il fût de la secte des linganistes. Je passai ensuite par Sapour, qui n'est qu'à une petite journée de Tailur. Sapour étoit autrefois une ville fort peuplée; ce n'est plus aujourd'hui qu'un village, où plusieurs talmulers, qui s'y sont retirés depuis longtemps, m'écoutèrent avec plaisir et me promirent de se servir des moyens que je leur marquai pour se faire instruire de notre sainte religion.

J'arrivai le même jour à Coralam, dont les Maures se sont rendus maîtres depuis peu de temps. Coralam a été une ville des plus considérables des Indes. Quoiqu'elle ait beaucoup perdu de l'éclat et de la splendeur qu'elle avoit autrefois, elle ne laisse pas d'être fort grande et fort peuplée. J'eus beaucoup de peine à y entrer et encore plus à y trouver une maison. Les personnes chez qui je logeai m'entendirent avec plaisir parler de Dieu, surtout les femmes, qui me marquèrent qu'elles étoient disposées à suivre la religion que je leur prêchois, pourvu que leurs maris l'embrassassent, car c'est la coutume en ce pays que les femmes suivent la religion de leurs maris. Aussi le principal soin d'un missionnaire est de gagner les chefs de famille, qui font en peu de temps plus de fruit en leur maison que n'en pourroient faire les plus fervens catéchistes.

J'eus de longs entretiens avec un brame qui me fit diverses questions et qui me parla beaucoup du dieu Bruma. Je lui fis voir combien les sentimens qu'il avoit de la divinité étoient ridicules et extravagans. Tantôt il assuroit que Bruma avoit un corps, et tantôt qu'il n'en avoit point. « Si Bruma a un corps, lui disois-je, comment est-il partout? Et s'il n'en a point, comment osez-vous assurer que les brames sont sortis de son front, les rois de ses épaules, et les autres castes des autres parties de son corps? » Cette objection l'embarrassa et l'obligea de se retirer. Mais il me promit de me revenir voir. Il y revint en effet accompagné d'un Maure. Ce Maure, qui avoit beaucoup voyagé et qui avoit demeuré trois ans à Goa, me regarda attentivement, et élevant sa voix, s'écria que j'étois un franquis[1]. Cette parole fut un coup de foudre pour moi, parce que je ne doutois pas que ce seul soupçon ne fût capable de renverser tous nos projets, et je ne me trompai pas.

Un des principaux de la ville m'avoit offert quelques jours auparavant de me bâtir une maison pour y faire en toute liberté les exercices de notre sainte religion, et plusieurs personnes m'avoient promis de se faire instruire; mais dès qu'ils eurent appris ce que le Maure avoit dit, l'idée que j'étois un franquis fit de si fortes impressions sur leurs esprits que je les vis en un moment entièrement changés à mon égard. Ils me traitèrent cependant toujours avec honneur; mais ils me firent dire que le temps n'étoit pas propre à faire un établissement; que le gouverneur devoit bientôt changer; qu'il falloit attendre son successeur et savoir sur cela ses sentimens, dont on ne pourroit s'informer que dans quelques mois. Je connus bientôt que tout ce qu'ils me disoient n'étoit qu'un honnête prétexte dont ils se servoient pour retirer la parole qu'ils m'avoient donnée et pour se défaire de moi. Quelque envie que j'eusse de commencer un établissement à Coralam, où il y a beaucoup à travailler pour la conversion des âmes, je ne crus pas devoir demeurer plus longtemps dans un lieu où le soupçon que j'étois franquis pouvoit avoir de fâcheuses suites pour nos desseins. Ainsi je résolus de partir incessamment. Je me trouvois alors au milieu des terres, c'est-à-dire également éloigné de la côte de Coromandel et de celle de Malabar. J'aurois bien souhaité poursuivre mon voyage du côté de l'ouest; mais la crainte d'être reconnu pour franquis et la saison des pluies, qui approchoit, m'obligèrent d'aller au nord chercher chez quelque paleagaren ce que je ne devois pas espérer de trouver parmi les Maures.

Je quittai donc Coralam, et le lendemain je m'arrêtai à Sonnakallu. C'est un lieu entouré de montagnes qui lui servent de défense. Je ne pus voir le paleagaren[1], parce qu'il avoit une grosse fluxion sur les yeux; mais je saluai son premier ministre, qui me reçut avec honneur. Je parlai de notre sainte religion à plusieurs personnes, qui me parurent être touchées de ce que je leur disois et qui me prièrent de leur envoyer quelqu'un pour les instruire.

De là je vins à Ramasa-mutteram, qui est une ville assez considérable; mais avant que d'y entrer, nous nous arrêtâmes, mes gens et moi, pour nous reposer. A peine nous étions-nous assis qu'une bonne veuve s'approcha de nous pour savoir qui nous étions et quels étoient nos desseins. Nous les lui expliquâmes et nous lui dîmes que nous étions des serviteurs du souverain Seigneur de l'univers, qui venions pour le faire connoître aux habitans

---

[1] C'est-à-dire un homme infâme, tel que les Indiens regardent les Européens.

[1] Polygar, chef de tribu.

de cette ville et pour leur apprendre le chemin du ciel, dont ils étoient fort éloignés. J'ajoutai que si quelque personne charitable vouloit nous aider à bâtir en ce lieu-là un temple à ce souverain Maître, je m'y arrêterois quelque temps et que j'y laisserois ensuite quelqu'un de mes disciples pour instruire ceux qui voudroient embrasser notre sainte religion. La veuve goûta cette proposition. Elle m'offrit d'abord une petite maison qu'elle avait hors de la ville. Je lui remontrai que si nous étions dans la ville même, nous y ferions nos fonctions avec plus de commodité pour nous et avec plus d'avantage pour les habitans. Elle me répondit que j'avois raison, qu'elle en vouloit faire la dépense et que je n'avois qu'à lui envoyer dans quelques mois quelqu'un de mes gens pour consommer cette affaire. Je la remerciai de sa bonne volonté et je lui promis de lui faire savoir de mes nouvelles.

Je me rendis ensuite à Punganour, grande ville et très-peuplée, mais sale et mal bâtie, quoiqu'elle soit la capitale de tout le pays. Dès le lendemain, j'allai trouver l'alvadar, qui est le premier ministre et comme le maître du royaume, le roi étant un jeune prince qui se tient presque toujours renfermé dans la forteresse avec la reine sa mère. L'alvadar, qui étoit environné de plusieurs brames, me reçut avec civilité. Je le priai de me présenter au roi; il me dit que le temps n'étoit pas propre et qu'on ne pourroit le voir qu'après que la fête que l'on célébroit avec grande solemnité seroit passée. Ce retardement m'obligea de demeurer à Punganour plus longtemps que je n'eusse souhaité. J'annonçai Jésus-Christ au milieu de cette grande ville: on m'écouta; mais comme la plupart des habitans sont de la secte des linganistes, on fut peu touché de mes discours. Il n'y eut qu'une seule femme qui se convertit avec ses quatre enfans, et un jeune homme d'un beau naturel, qui étoit au service d'un seigneur maure, et qui résolut de quitter son maître pour se retirer dans son pays et pour y faire profession de la religion chrétienne.

Il y avoit près de quinze jours que j'étois à Punganour lorsque l'alvadar m'envoya la permission de bâtir une église au vrai Dieu dans le lieu que je voudrois choisir. Mon désir étoit de parler au jeune roi et à la reine sa mère, dans l'espérance que je pourrois gagner à Jésus-Christ cette princesse, dont on m'avoit fait de grands éloges; mais, quelques efforts que je fisse, je ne pus avoir l'honneur de les voir. Un talmuler, homme d'esprit, m'assura que ce refus venoit de la crainte qu'avoit l'alvadar que je ne fisse quelques reproches au roi sur le lingan qu'il portoit depuis quelques années; mais je suis persuadé que si j'eusse pu faire quelques présens à ce prince et à la reine sa mère, on n'auroit pu faire aucune difficulté de m'introduire en leur présence et de me procurer l'audience que je demandois.

Avant que de sortir de cette grande ville, je baptisai trois enfans de la femme dont j'ai parlé. Pour elle, comme elle avoit porté longtemps le lingan, je crus qu'il la falloit éprouver plus longtemps, aussi bien que son fils aîné, que je pris à mon service dans l'espérance d'en faire un jour un excellent catéchiste, car, outre qu'il entendoit déjà plusieurs langues, il savoit fort bien lire et écrire en talmul. Pendant que je me disposois à baptiser ces trois catéchumènes, dix ou douze talmulers entrèrent dans la chambre où se devoit faire la cérémonie. L'équipage où je les vis me surprit. Ils avoient chacun à la main quelqu'un des instrumens dont on se sert pour bâtir; je crus qu'on me les envoyoit pour mettre la main à l'œuvre et pour élever une église au vrai Dieu. Je leur demandai s'ils venoient à ce dessein. « Nous le souhaiterions fort, repartirent ces bonnes gens, et nous nous ferions un grand plaisir de contribuer à une si sainte œuvre; mais nous ne pouvons vous offrir que nos bras, et nous sommes bien fâchés de ne pouvoir faire davantage. » Je les remerciai de leur bonne volonté et je les priai de la conserver pour quelque autre occasion. Ils assistèrent au baptême des trois catéchumènes, dont ils furent fort édifiés, et me conjurèrent de leur laisser un de mes catéchistes pour les instruire, ce que je fis avec plaisir.

Mon dessein étoit en quittant Punganour d'aller à Terapadi. C'est une fameuse pagode du côté du nord, où les Gentils vont en pèlerinage de toutes les parties des Indes et y portent des présens considérables; mais je fis réflexion que parmi la multitude de gens qui y alloient en foule en ce temps-là, je pourrois rencontrer quelqu'un qui me feroit passer pour franquis et qui par là détruiroit entièrement l'œuvre de Dieu. Ainsi je pris le parti de revenir à Tailur: ce ne fut pas sans peine, car il me fallut prendre de longs détours pour éviter la rencontre des Maures, qui désoloient tout ce pays-là. Après avoir marché assez longtemps, je m'arrêtai auprès d'un étang pour y prendre quelque repos. Une femme d'un âge fort avancé, m'ayant aperçu, vint s'asseoir assez près de moi. Je lui parlai de son salut et du danger où elle étoit de se perdre éternellement. Elle m'écouta avec une attention extraordinaire et de grands sentimens de piété. Elle comprenoit parfaitement tout ce que je lui enseignois et me le répétoit avec beaucoup de fidélité, ce qui me faisoit bien voir que pendant que mes paroles frappoient ses oreilles, le Saint-Esprit l'instruisoit intérieurement et lui faisoit goûter tout ce que je lui disois. Elle me marqua un désir extrême de recevoir le baptême. Comme je fis quelque difficulté de la baptiser, elle me représenta qu'étant accablée d'infirmités et âgée de près de cent ans, elle ne pourroit se transporter en aucune église des chrétiens, qu'ainsi elle seroit dans un danger évident de ne jamais recevoir ce sacrement, qui est nécessaire au salut; que je ne devois pas douter que Dieu ne m'eût conduit à ce dessein sur le bord de cet étang. Elle me conjura avec une si grande abondance de larmes de ne lui pas refuser la grâce qu'elle demandoit, que la voyant suffisamment instruite, je me rendis à ses instances et je la baptisai avec la même eau auprès de laquelle le Seigneur nous avoit conduits elle et moi par une providence si particulière. Le baptême sembla donner de nouvelles forces à son corps et remplit son âme d'une joie et d'une consolation si sensible qu'elle ne le pouvoit exprimer.

Je logeai à Tailur chez mon ancien hôte, qui me fit le meilleur accueil qu'il lui fût possible. Quoiqu'il fût linganiste, je le laissai dans de fort bonnes dispositions. S'il se fait chrétien, comme il me l'a promis, je suis assuré qu'il gagnera à Jésus-Christ un grand nombre de ses compatriotes et que sa famille, qui est très-nombreuse, suivra son exemple.

Je repassai par Peddu-nayaken-durgam et j'y laissai deux de mes disciples, parce que c'est un pays où il y a beaucoup de bien à faire. J'y trouvai des gens fort dociles et qui m'avouèrent de bonne foi qu'au milieu des bois et des montagnes dont ils étoient environnés, ils étoient comme des bêtes. « Écoutez-moi, leur dis-je, et je vous apprendrai le chemin qu'il faut tenir pour parvenir au royaume céleste et pour vous rendre éternellement heureux. Ouvrez les yeux à la lumière que je vous présente et laissez-vous conduire. » Quelques-uns me promirent de se faire instruire par ceux que je leur laissois ; il y en eut d'autres qui m'avouèrent ingénument que le royaume dont je leur parlois n'étoit pas fait pour eux et qu'ils n'y devoient pas penser. Ce n'étoit pas le temps de les désabuser d'une erreur si grossière, parce que le but de mon voyage n'étant que de découvrir le pays et de m'instruire de ce qui est le plus avantageux pour les desseins que nous avons d'y établir solidement la foi, je ne m'arrêtois dans les lieux par où je passois qu'autant qu'il étoit nécessaire pour prendre ces connoissances.

En passant par Velour, j'avois promis à quelques catéchumènes de les baptiser à mon retour si je les trouvois suffisamment instruits. C'est ce qui me porta à en prendre le chemin, sans faire assez d'attention au danger auquel je m'exposois et à l'état où se trouvoit cette ville. Les Maures, qui avoient dessein depuis longtemps de s'en emparer, la tenoient comme bloquée et couroient tout le pays. J'eus le malheur de tomber entre leurs mains dans un passage dont ils s'étoient saisis un quart d'heure avant que j'y arrivasse. On me conduisit au capitaine qui commandoit ce petit corps. Il me regarda avec fierté et me reçut d'abord assez mal ; mais il s'adoucit dans la suite et me renvoya le lendemain assez honnêtement. Je n'entrai point dans Velour, pour ne pas donner de soupçon aux Maures, qui n'auroient pas manqué de me chagriner ; mais je pris le chemin d'Alcatile, où j'arrivai heureusement et où j'appris que les catéchistes que j'avois laissés à Velour avoient pris la fuite à l'approche des Maures, qu'ils étoient tombés entre leurs mains par leur imprudence, et qu'après avoir été pillés et dépouillés, ils avoient été attachés à des arbres. Cette nouvelle m'affligea beaucoup ; mais j'adorai la divine conduite du Seigneur sur nous et je me soumis à sa sainte volonté.

Je fis quelques catéchumènes à Alcatile et j'en eusse fait assurément un plus grand nombre si toute la ville n'eût pas alors été occupée à célébrer la fête d'une de leurs plus fameuses divinités. Je logeois chez un homme fort entêté de ses faux dieux et fort zélé pour leur service.

Pendant le peu de temps que je demeurai dans sa maison, je lui donnai une si haute idée de notre religion qu'il voulut partager les fleurs qu'on lui apportoit tous les jours entre le vrai Dieu que nous adorions chez lui et le démon qu'il adoroit dans le temple qu'il avoit fait bâtir devant sa maison; mais je lui dis que ces deux cultes étoient incompatibles, qu'on ne pouvoit servir deux maîtres, accorder la lumière avec les ténèbres ni le vrai Dieu avec Poulear. Je prie le Seigneur d'éclairer cet homme charitable, dont la conversion auroit des suites très-avantageuses pour la religion. Je ne quittai qu'à regret Alcatile, mais il étoit temps de me rendre à Carouvepondi, qui est le lieu d'où j'étois parti deux mois auparavant.

Le fruit que j'ai tiré de mon voyage, c'est que j'ai connu des lieux où nous pourrons établir des missionnaires et envoyer des catéchistes. Il semble que le temps soit venu de travailler solidement à la conversion de ces pays ensevelis depuis tant de siècles dans les ténèbres du paganisme. Il faut se hâter, de peur que les mahométans, qui s'emparent peu à peu de tous ces royaumes, n'obligent ces peuples à suivre leur malheureuse religion. Rien n'édifie davantage ces idolâtres et ne les engage plus fortement à embrasser la religion chrétienne que la vie austère et pénitente que mènent les missionnaires. Un missionnaire de Carnate et de Maduré ne doit point boire de vin ni manger de chair, ni d'œufs, ni de poisson; toute sa nourriture doit consister dans quelques légumes ou dans un peu de riz cuit à l'eau ou un peu de lait, dont même il ne doit user que rarement. C'est une nécessité d'embrasser ce genre de vie si l'on veut faire quelque fruit, parce que ces peuples sont persuadés que ceux qui instruisent les autres et qui les conduisent doivent vivre d'une vie beaucoup plus parfaite. Hélas! que nous serions plus heureux si par chacun de nos jeûnes nous pouvions obtenir de Dieu la conversion d'un idolâtre! Pendant que j'ai travaillé dans le Maduré à la conversion des âmes, trois ou quatre baptêmes répondoient à un jeûne; depuis que je suis dans cette nouvelle mission, trois ou quatre jeûnes répondent à un baptême; c'est encore beaucoup, mais j'espère de la bonté de Dieu que le nombre des baptêmes égalera bientôt le nombre de nos jeûnes, et que dans quelques années il les surpassera infiniment. C'est ce que je vous prie de demander tous les jours à Dieu, afin qu'au milieu d'une moisson si abondante nous remplissions les greniers du père de famille en nous acquittant parfaitement des devoirs qui sont attachés à notre vocation et à notre ministère.

LETTRE DU P. PETIT

AU P. DE TREVOU,

CONFESSEUR DE S. A. R. MONSEIGNEUR LE DUC D'ORLÉANS.

Progrès de la religion. — Souffrances des missionnaires.

A Pondichéry, le 12 février 1702.

MON RÉVÉREND PÈRE.

P. C.

On ne peut être plus sensible que je le suis à toutes les bontés dont vous m'honorâtes à mon départ de France pour venir ici. J'en conserverai toute ma vie une parfaite reconnoissance. Recevez-en, s'il vous plaît, aujourd'hui les premières marques dans cette lettre que je prends la liberté de vous écrire. Il y a près de cinq semaines que je suis arrivé à Pondichéry avec le père Tachard. Vous verrez par la relation qu'il envoie en France combien notre voyage a été heureux et quelle route nous avons tenue.

Pour venir du lieu de notre débarquement à Pondichéry, il nous a fallu traverser le petit royaume de Maravas, qui est une dépendance de la mission de Maduré. Vous avez souvent entendu parler de cette mission comme d'une des plus saintes et des plus glorieuses à Jésus-Christ que nous ayons dans les Indes. On ne vous en a point trop dit et je puis vous assurer par tout ce que j'ai vu en passant en divers lieux que l'idée qu'on vous en a donnée est plutôt au-dessous qu'au-dessus de la vérité. Les ouvriers qui cherchent le travail et la croix trouvent ici de quoi se satisfaire pleinement et le succès répond abondamment au travail. Les conversions augmentent chaque jour de plus en plus. Le père Martin a baptisé dans son district en moins de cinq mois près d'onze cents personnes, et le père Laynés, dans le Maravas, en vingt-deux mois près de dix mille. On est bien dédommagé des peines du voyage et bien animé à apprendre promptement les langues quand on voit de l'ouverture à pouvoir, avec le secours du Seigneur, faire bientôt quelque chose de semblable.

Nous ne sommes pas même ici tout à fait sans quelque espérance du martyre, qui est la couronne de l'apostolat. Deux de nos pères viennent encore d'avoir le bonheur de confesser Jésus-Christ dans les fers. L'un des deux y est mort de misère et d'épuisement le 14 novembre dernier : c'est le père Joseph Carvalho. Son compagnon dans la prison étoit le père Berthold. Ils avoient été arrêtés dans la persécution sanglante qui s'est élevée depuis peu contre les chrétiens dans le royaume de Tanjaour, qui est assez proche de Pondichéry. Vous ne sauriez croire, mon révérend père, combien on se sent animé à souffrir et à porter avec joie le travail et les peines attachées à son emploi quand on songe au besoin qu'on aura de Dieu dans des épreuves beaucoup plus grandes, où l'on peut chaque jour se voir exposé. Mais quel bonheur aussi de pouvoir espérer qu'on ne sera point abandonné de sa grâce toute-puissante et qu'on est destiné peut-être à verser son sang pour la cause de Jésus-Christ ! Priez bien Dieu, je vous en conjure, qu'il veuille me rendre digne d'une si grande faveur et qu'il ait plus d'égard aux mérites de tant de saints religieux dont nous sommes les frères qu'à ce que pourroient attirer sur nous nos misères et nos fréquentes infidélités.

Je me donne présentement tout entier à apprendre la langue malabare, afin d'entrer au plus tôt dans la nouvelle mission de Carnate, que nos pères françois viennent d'établir sur le modèle de celles des jésuites portugais. Je compte beaucoup surtout, dans ces commencemens, sur le secours des catéchistes, qui savent la langue et qui sont faits aux usages du pays ; mais on n'en a pas autant qu'on voudroit parce qu'ils ne peuvent vaquer à leur ministère sans quitter toute autre sorte de travail, et qu'ainsi c'est à nous à les nourrir et à les entretenir de tout. Pour en avoir beaucoup, il faudroit que les aumônes d'Europe fussent plus abondantes sans comparaison qu'elles ne sont. Nos pères disent ici que vingt écus de France suffisent par an pour l'entretien d'un catéchiste. Si donc par vous-même, mon révérend père, ou par vos amis, vous pouvez nous en procurer plusieurs, vous devez compter qu'un grand nombre d'infidèles vous auront et à eux l'obligation de leur salut éternel. Je ne vous en dirai pas davantage, persuadé, par le zèle que vous avez pour la gloire de Dieu et pour l'avancement de la religion, que vous nous ménagerez tous les secours qui dépendent de vous et que vous ferez valoir la cause de nos pauvres infidèles autant que vaut le sang du fils de Dieu, qui n'a pas cru trop faire en le versant pour les racheter. Je me recommande à vos saints sacrifices, et je suis avec bien du respect, etc.

LETTRE DU P. TACHARD

AU P. DE LA CHAISE.

Ile d'Anjouan.—Troubles à Surate.—Cap Comorin.—Calecut.—Côtes de Malabar, de Travancor et de la Pêcherie.

A Pondichéry, le 16 février 1702.

Mon révérend Père,
P. C.

J'ai eu l'honneur de vous écrire du Cap-Vert ce qui s'étoit passé depuis notre départ du port Louis[1]. Je continue, comme je m'y suis engagé, à vous faire le détail de notre voyage. Depuis le Cap-Vert, il ne nous arriva rien de particulier jusqu'à l'île d'Anjouan, qui est au nord de la grande île de Madagascar. Les habitans d'Anjouan, qui sont venus de l'Arabie, appellent leur île Zoany, dont les Européens, en y ajoutant la syllabe *an*, qui est un article de la langue des insulaires, ont formé le nom d'Anjouan. Comme les ouragans se font ordinairement sentir aux mois d'août et de septembre sur les côtes de l'Indoustan, il est dangereux d'arriver aux Indes avant le 10 d'octobre. Ainsi, ayant fait une navigation beaucoup plus courte qu'on ne devoit l'espérer, nous fûmes obligés de demeurer assez longtemps encore à l'île d'Anjouan et plus longtemps encore à la hauteur du 21e et du 22e degré de latitude septentrionale, où nous louvoyâmes pendant un mois pour attendre la saison propre à mouiller dans la rade de Surate.

Le séjour que nous fîmes à Anjouan nous donna le temps de prendre, par plusieurs observations réitérées, sa véritable latitude. Dans la partie de l'île la plus septentrionale, où

---

[1] Cette lettre a été perdue, on ne sait point à qui elle a été confiée.

nous étions sur le bord de la mer, elle est de onze degrés cinquante minutes, et ainsi le milieu de l'île est à douze degrés de latitude méridionale. Cette observation, que je fis avec un quart de cercle d'un pied de rayon, est d'autant plus nécessaire qu'il n'y avoit pas long-temps qu'un vaisseau anglais, faute de savoir la latitude de l'île d'Anjouan, avoit échoué à Mayote, qui est une île vers le sud, éloignée de plus de quatorze ou quinze lieues de celle d'Anjouan. Il y a sept ans que le même malheur seroit arrivé à un vaisseau du roi, de soixante pièces de canon, si la bonne manœuvre que fit le capitaine ne l'eût sauvé ; le danger fut très-grand, et l'on voyoit déjà les rochers sous le vaisseau, qui se seroit infailliblement brisé, parce que les courans le portoient à terre. Cette erreur vint de ce que les pilotes, sur de mauvaises cartes, prirent Mayote pour Moali, quoique l'île de Moali soit plus septentrionale d'environ trente minutes, ou de dix lieues de marine que celle de Mayote.

Le 4 d'août, vers les onze heures du matin, le soleil s'éclipsa presque entièrement. Je ne vous envoie point le type de cette éclipse parce que tous mes papiers sont encore à Manapar, vers le cap de Comorin ; mais j'espère vous l'envoyer l'an prochain. Ce type est singulier, en ce que, par une méthode dont je ne sache pas que personne se soit encore servi, il fait voir la grandeur et la durée de cette éclipse solaire et tous les endroits du monde où elle a paru.

Le bon air de l'île d'Anjouan et les rafraîchissemens qu'on y trouve en abondance rendirent la santé aux malades du vaisseau presque aussitôt qu'on les eut mis à terre ; mais un grand nombre de ceux qui se portoient le mieux tombèrent malades, les uns pour avoir pris avec excès des boissons du pays, qui sont très violentes, les autres au contraire pour avoir trop mangé des fruits rafraîchissans et bu sans discrétion de l'eau vive qui coule des rochers. Les fièvres étoient malignes, accompagnées de grands dévoiemens et de grands transports au cerveau. Ces maladies naissantes, dont nous craignions les suites, parce qu'elles pouvoient devenir contagieuses, nous firent quitter cette île agréable et fertile beaucoup plus tôt que nous n'eussions fait. Nous levâmes l'ancre le 14 d'août avec un vent favorable, mais qui ne dura pas, car à peine eûmes-nous fait sept ou huit lieues que le calme nous prit. Les courans nous portèrent vers l'île de Moali et nous obligèrent à passer à l'occident de l'île de Comore ou d'Augasie, la plus grande de ce petit archipel.

Ce fut un coup de providence spéciale pour deux pauvres Anglois qui étoient dans cette île depuis deux ans, dénués de tout et abandonnés aux insultes et à la cruauté d'un peuple barbare. Nous avions envoyé notre chaloupe à terre chercher quelque chose qui nous manquoit ; on mit en panne et on attendit deux ou trois heures. Comme elle revenoit, nous fûmes fort surpris d'y voir deux hommes tout nus, décharnés et moribonds. L'un étoit âgé d'environ trente ans ; l'autre ne paroissoit pas en avoir plus de vingt. Après qu'on les eut interrogés, nous apprîmes qu'ils avoient fait naufrage à l'île de Mayote, dont nous avons déjà parlé. Le premier étoit dans un grand navire de la compagnie d'Angleterre, qui s'étoit perdu il y avoit près de trois ans, et l'autre venoit de Boston[1], où il s'étoit engagé avec des flibustiers anglois. Ces deux vaisseaux avoient péri parce que les pilotes avoient pris l'île de Mayote pour celle de Moali. Ceux des passagers et de l'équipage qui purent se sauver à terre furent traités par les habitans avec beaucoup de ménagement aussi long-temps que leur nombre les rendit redoutables. Mais diverses maladies causées, aux uns par le mauvais air ou par la débauche, aux autres par la tristesse et par le chagrin qu'ils prirent, les ayant réduits à quinze ou seize personnes, les barbares, qui ne les craignoient plus, cherchèrent bientôt les moyens de leur ôter les biens et la vie.

Il y avoit parmi ces malheureux sept François et trois Allemands ; le reste étoit Anglois ou Hollandois. Comme leur nombre diminuoit chaque jour et qu'ils se voyoient mourir de misère l'un après l'autre, ils prirent la résolution de sortir, à quelque prix que ce fût, de cette île, dont ils ne pouvoient pas espérer qu'aucun vaisseau d'Europe vînt jamais les tirer, le port étant inaccessible à ceux même d'une médiocre grandeur. Dans cette vue, ils firent des débris de leurs navires une chaloupe assez grande pour les porter, avec des sommes d'argent considérables qui leur restoient. Ils devoient mettre le lendemain à la

---

[1] Ville des États-Unis d'Amérique.

voile, quand le roi du pays, qui eut quelque soupçon de ce qui se passoit, leur envoya demander leur chaloupe, qu'il trouvoit, disoit-il, fort à son gré. Ce n'étoit visiblement qu'un prétexte pour les arrêter et pour se rendre maître de leur argent. Les Européens, qui se trouvoient alors assemblés dans une cabane sur le bord de la mer, tinrent conseil et furent tous d'avis de refuser au roi de Mayote le plus honnêtement qu'ils pourroient. Ils virent bien qu'après cette démarche on ne chercheroit qu'à les perdre et qu'ainsi il falloit qu'ils se tinssent sur leurs gardes plus que jamais. Mais les barbares, qui s'étoient aperçus que la poudre leur manquoit, parce qu'ils n'alloient plus à la chasse, les environnèrent en foule et les attaquèrent avec furie dans leur cabane, où ils se défendirent longtemps. Comme elle n'étoit environnée que de grosses nattes et qu'elle n'étoit couverte que de paille et d'écorces d'arbres, les barbares y mirent aisément le feu et y brûlèrent la plupart de ces misérables. Ceux qui échappèrent à demi grillés ne furent pas plus heureux; car on les mit brutalement à mort. Ainsi de toute cette troupe il ne resta que trois Anglois, qui se tinrent cachés jusqu'à ce que la fureur du combat et du carnage fût passée. On eut pitié d'eux et on leur donna un petit canot avec quatre hommes qui les menèrent à Angasie.

Ces pauvres gens y furent bien reçus par le roi de la partie occidentale de l'île, où on les débarqua. Il les entretint d'abord à ses dépens; mais s'étant bientôt lassé de cette hospitalité, il les laissa chercher de quoi vivre comme ils pourroient. Pendant une année et demie ils se nourrirent de fruit de coco, et du lait qu'ils tiroient des vaches quand ils pouvoient les trouver à l'écart; après quoi un des trois ne pouvant pas soutenir plus longtemps une si grande disette, tomba malade et mourut. Ses deux compagnons se mirent en devoir de l'enterrer; mais comme si la terre eût dû être profanée par la sépulture d'un Européen, les habitans d'Angasie ne voulurent pas le leur permettre et les obligèrent de le jeter dans la mer. Voilà ce que nous apprîmes de ces deux Anglois, qui racontèrent leurs disgrâces aux officiers de notre vaisseau. Ils étoient sur le rivage de l'île d'Angasie quand notre chaloupe y aborda; ils ne dirent rien jusqu'à ce que la voyant se remettre en mer, ils se jetèrent à la nage et firent tant d'efforts, toujours criant qu'on les attendît, qu'enfin ils l'atteignirent. On les reçut et on les mena à bord, où, ayant compassion de ce qu'ils avoient souffert et de l'état pitoyable où ils étoient encore, chacun se fit un devoir de les soulager et de leur donner des vivres et des habits. Quand nous fûmes arrivés à Surate, le plus âgé se retira chez les Anglois; l'autre, ayant déclaré que son père étoit Hollandois, quoiqu'il fût établi à Boston, alla loger chez les Hollandois.

Depuis Angasie jusqu'à Surate, nous eûmes beaucoup de malades qui ne manquèrent pas de secours. Le père Petit, mon compagnon, demeurant assidument auprès d'eux à les servir et à leur inspirer des sentimens propres de l'état où chacun se trouvoit, il ne fut pas longtemps sans être attaqué lui-même d'une fièvre très-maligne. Il m'édifia par sa résignation et par sa patience dans la maladie autant qu'il avoit fait auprès des malades par son courage et par sa charité. À ces dernières maladies près, qui nous emportèrent sept ou huit personnes, nous fîmes la plus heureuse navigation et la plus tranquille, en tout sens, dont j'aie jamais entendu parler; point de tempêtes, point de calmes fâcheux; l'union et la bonne intelligence fut toujours si grande entre les officiers et les personnes qui passèrent aux Indes sur ce vaisseau, qu'on ne se sépara les uns des autres qu'avec une véritable douleur. Les premiers qui se retirèrent furent deux jeunes pères capucins, qui nous avoient charmés dans tout leur voyage par leur douceur, leur honnêteté et leur zèle. Nous avions aussi avec nous deux pères carmes déchaussés de Flandres, pour lesquels M. le nonce s'étoit intéressé. Ils le méritoient, car on ne sauroit voir deux religieux plus vertueux et plus recueillis; ils nous donnèrent en particulier des marques très-touchantes de leur confiance et de leur amitié.

Les troubles de Surate ne nous permirent pas d'y demeurer longtemps. Les forbans anglois qui désolent ces mers depuis quelques années par les pirateries continuelles qu'ils y exercent venoient d'enlever deux vaisseaux richement chargés. Les marchands mahométans à qui ces vaisseaux appartenoient, irrités de tant de pertes, prétendoient en rendre responsables les nations de l'Europe établies à Surate, c'est-à-dire les François, les Anglois et les Hollandois. Les avanies qu'on leur faisoit nous obligèrent d'en sortir incessamment. Nous nous embarquâmes le 20 d'octobre 1701 pour aller à Calecut. Nous passâmes par Goa, où nous eûmes la satisfaction de faire nos dévotions au tombeau de l'apôtre des Indes, saint François-Xavier. Ce tombeau est richement orné et il n'y a que deux ans que monseigneur le grand-duc de Toscane, ce prince si sage et si estimé dans l'Europe, y a envoyé un magnifique piédestal de marbre jaspé, orné de plaques de bronze, où les principales actions de saint François-Xavier sont représentées avec une beauté et une délicatesse merveilleuse.

Après quelques jours de navigation, nous arrivâmes à Termepatan, petite bourgade située sur une petite rivière, où nous mouillâmes et où nous trouvâmes le *Pontchartrain*, vaisseau de la royale compagnie de France qui venoit de l'île de Mascarin[1] et qui avoit rencontré au cap de Comorin un forban anglois de quarante pièces de canon. Ce forban, qui avoit un nombreux équipage et tous ses canons dehors, avoit donné une chaude alarme à M. du Bosc, capitaine du *Pontchartrain*, et étoit venu sur lui jusqu'à la demi-portée du canon ; mais ayant aperçu tout l'équipage du *Pontchartrain* sur le pont et en résolution de se bien défendre, il s'étoit retiré et étoit allé mouiller à une lieue plus loin.

C'est ici qu'il nous fallut quitter le vaisseau la *Princesse*, sur lequel nous étions venus de France. Ce ne fut point sans regret, parce que nous avions encore à doubler le cap de Comorin, ce qui n'est pas aisé à faire dans une barque où il faut toujours aller terre à terre. Nous nous embarquâmes à Tremepatan pour Calecut, qui n'en est éloigné que de dix lieues. Calecut a été autrefois une ville célèbre et la capitale d'un royaume de même nom ; mais ce n'est aujourd'hui qu'une grande bourgade mal bâtie et assez déserte. La mer, qui depuis un siècle a beaucoup gagné sur cette côte, a submergé la meilleure partie de l'ancienne ville avec une belle forteresse de pierre de taille qui y étoit. Les barques mouillent aujourd'hui sur leurs ruines, et le port est rempli d'un grand nombre d'écueils qui paroissent dans les basses marées et sur lesquels les vaisseaux font assez souvent naufrage.

[1] Cette île est à l'orient de la grande Madagascar. Elle appartient aux Français, qui lui ont donné le nom de l'île de Bourbon.

L'empire des Portugais commença dans les Indes par la prise de Calecut, qu'ils conservèrent jusqu'à ce que les naïres, qui sont les gentilshommes et les meilleurs soldats du pays, voyant que les Hollandois attaquoient de tous côtés les Portugais et leur enlevoient leurs meilleures places, se servirent de cette occasion pour agir de leur côté et se remettre en possession de Calecut. Ils y trouvèrent plus de cent pièces de canon de fonte, dont ils jetèrent une partie dans un lac voisin et portèrent l'autre, au nombre de trente ou quarante pièces, à une demi-lieue dans les terres pour les mettre en sûreté. On les y voit encore.

Dans ce pays, qu'on appelle Malleami, il y a des castes comme dans le reste des Indes. Ce sont à peu près les mêmes coutumes et surtout le même mépris pour la religion et pour les manières des Européens. Mais ce qu'on n'a peut-être jamais vu ailleurs et ce que j'avois eu de la peine à croire, c'est que parmi ces barbares, au moins dans les castes nobles, une femme peut avoir légitimement plusieurs maris. Il s'en est trouvé qui en avoient en tout à la fois jusqu'à dix, qu'elles regardoient comme autant d'esclaves qu'elles s'étoient soumis par leur beauté et par leurs charmes. Ce désordre, qui a quelque chose de monstrueux, et plusieurs autres qu'on ne connoissent point leurs voisins et qui règnent parmi ces peuples, sont fondés dans leur religion. Ils prétendent en cela, comme les anciens payens, ne rien faire que ce qu'ont fait les dieux qu'on adore dans le Malleami.

Les jésuites avoient une belle église à Calecut, que le prince du pays s'avisa il y a quelque temps de faire abattre en haine des Portugais. Mais l'illustre comte de Villaverde, alors vice-roi des Indes, l'a obligé de la rebâtir ; elle n'étoit pas encore achevée quand nous y passâmes.

C'est en cette ville que le père Petit a commencé les premières épreuves de la vie austère qu'il doit mener dans le Maduré, couchant à terre sur une natte, ne mangeant que du riz et ne buvant que de l'eau. Quelque rude qu'ait dû être cet essai et quoiqu'il ne fût pas trop bien remis de la grande maladie qu'il avoit eue sur les vaisseaux, Dieu la soutenu et il n'en a point été incommodé.

Après avoir demeuré trois jours à Calecut, nous nous embarquâmes sur une petite *man-*

choue[1] qui nous porta à Tanor, à quatre lieues de là. Tanor est une bourgade pleine de chrétiens, dont le père Miranda, jésuite, a soin aussi bien que de ceux de Calecut. Ce fut pour moi une grande joie d'y trouver ce saint missionnaire, que j'avois connu autrefois à Pondichéry, où il étoit venu, par ordre de ses supérieurs, se guérir d'une fâcheuse maladie contractée dans la pénible mission du Maduré.

Comme les côtes de Malabar, de Travancor et de la Pêcherie sont presque toutes chrétiennes et sous la conduite des jésuites, nous avons eu le saint plaisir de visiter en passant la plupart des Églises de ces quartiers-là. On ne peut recevoir plus d'honneur ni plus d'amitié que nous en ont fait les missionnaires et leurs chrétiens. Voici comment nous fûmes introduits à Periapatam, et ç'a été partout à peu près de même. A une petite demi-lieue de l'église, nous trouvâmes les enfans qui venoient au-devant de nous au son des tambours et des trompettes, portant des banderoles en forme de bannières et ayant leurs petites clochettes à la main. Dès qu'ils nous aperçurent, ils poussèrent de grands cris de joie et se pressèrent de se venir jeter à nos pieds pour recevoir notre bénédiction. Ils reprirent ensuite leur marche et se mirent à chanter à deux chœurs la doctrine chrétienne. La croix et les banderoles marchoient les premières en forme de procession. A l'entrée de la bourgade étoient les hommes et les femmes, séparés en deux troupes, qui nous donnèrent mille nouvelles démonstrations de la joie que causoit notre arrivée : ils remercioient Dieu d'envoyer à leurs pays de nouveaux missionnaires pour achever d'instruire et d'éclairer leurs compatriotes qui sont encore dans l'infidélité. L'air retentissoit par reprises des noms de Jésus, de Marie et de François Xavier, dont ils nous appeloient les successeurs. Le père qui a soin de cette mission nous attendoit à la porte de l'église ; il nous présenta de l'eau bénite et nous conduisit jusqu'à l'autel, où nous fîmes notre prière pendant que les chrétiens chantoient le pseaume *Laudate Dominum omnes gentes.*

Il n'y a point de missionnaire sur cette côte qui n'ait trois ou quatre mille chrétiens sous sa conduite, et il y en a qui en ont jusqu'à dix ou douze mille ; car chaque jésuite a quatre ou cinq églises différentes à desservir ; de sorte qu'il faut qu'ils soient presque toujours en campagne, ou pour instruire et convertir les infidèles, ou pour visiter et consoler les fidèles malades et leur administrer les sacremens. Il semble qu'il y ait entre les chrétiens de diverses Églises comme une louable émulation à qui servira mieux Jésus-Christ et à qui fera plus d'honneur à la véritable religion dans un pays où l'hérésie ne fait guère moins de mal que le paganisme et l'infidélité. Il faut pourtant convenir que les Paravas, qui sont les chrétiens de la côte de la Pêcherie que saint François Xavier appeloit autrefois ses chers enfans, se distinguent de tous les autres par leur zèle et par leur attachement à la religion catholique ; ils ne savent ce que c'est que de la dissimuler : ils en font une profession publique, soit qu'ils se trouvent parmi les idolâtres ou parmi les Hollandois, auxquels ils sont presque tous soumis. Nous attribuons ceci en partie à leur naturel heureux, dont la grâce se sert pour les fixer dans le bien, et en partie à la protection particulière du grand apôtre des Indes saint François Xavier, qui fit longtemps de ce pays-ci sa mission favorite.

Nous partîmes de Tanor le 27 novembre avec un petit vent de nord-ouest, et nous rasâmes toujours les terres sans nous en éloigner de plus d'un demi-quart de lieue et quelquefois de beaucoup moins ; car le long de cette côte occidentale, la mer en cette saison, c'està-dire depuis le mois d'octobre jusqu'au mois de mars, est aussi tranquille qu'une rivière, et on met pied à terre aussi facilement qu'on le feroit sur la Seine et sur la Loire. Il n'en va pas ainsi de la côte de Coromandel, qui est à l'opposite depuis le cap de Comorin jusqu'à Bengale : on ne peut y prendre terre qu'avec une peine extrême et beaucoup de danger à cause des vagues de la mer qui viennent continuellement se briser sur les rivages avec un bruit et une impétuosité surprenante.

Cette tranquillité de la mer sur laquelle nous naviguions pour lors ne nous empêcha pas de souffrir beaucoup dans ce voyage. Notre barque avoit vingt rameurs, mais ils ne travailloient pas tant que dix d'Europe. Nous n'avions ni toile ni cabane pour nous mettre à couvert de l'extrême chaleur du jour et de la grande humidité de la nuit, qu'il falloit passer avec beaucoup d'incommodités entre les bancs sur

---

[1] C'est une espèce de felouque.

lesquels nos rameurs étoient assis. Le père Petit et le frère Moricet soutinrent cette fatigue sans presque s'en apercevoir ; mais pour moi, dès la première nuit, je fus attaqué d'un rhumatisme dont les douleurs étoient si vives qu'il m'étoit impossible de prendre aucun repos.

Comme la plupart des bourgades qu'on trouve depuis Tanor jusqu'à Coulan sont ou tout à fait ou en partie de la dépendance des Hollandois, nous ne pûmes débarquer nulle part ; nous fûmes même obligés d'attendre la nuit pour passer la barre de Cochin afin de n'être pas découverts. Après ce danger, nous en courûmes un autre beaucoup plus grand, ayant pensé être pris le lendemain par un bot, c'est-à-dire par la grosse chaloupe d'un forban anglois de quarante ou cinquante pièces de canon. Nous étions infailliblement enlevés si nos rameurs n'eussent donné en cet endroit des preuves de ce qu'ils pouvoient au besoin. La crainte de tomber entre les mains des pirates leur fit trouver des bras et leur tint lieu de voiles : nous paroissions voler sur la mer. Mais c'étoit courir d'un autre côté à notre perte : nous fuyions le bot pour aller au forban, que nous vîmes à l'ancre à deux lieues de Calicoulan. Ce dernier danger alarma nos matelots, déjà fatigués et ne sachant quel parti prendre. Le vent contraire et leur épuisement les empêchoit de reculer ; et s'ils passoient à la vue de ce vaisseau corsaire, c'étoit se perdre sans ressource. Ils résolurent d'arrêter, et quand la nuit seroit venue de faire tout de nouveau force de rames. Ils jetèrent donc l'ancre, comme s'ils eussent voulu prendre terre, et dès qu'il n'y eut plus de jour, s'étant remis à ramer, ils travaillèrent tant cette nuit-là et le lendemain tout le jour que nous arrivâmes à Coulan le 30 novembre à sept heures du matin. La chaloupe aborda au pied de notre église, où nous eûmes la consolation de dire la messe, le père Petit et moi, pendant que la musique de M. l'évêque de Cochin chantoit divers motets de dévotion.

Ce prélat, qui est religieux de l'ordre de Saint-Dominique, se déclare hautement pour être le père et le protecteur des jésuites et leur fait l'honneur de demeurer dans leur maison. Après avoir achevé notre action de grâce, nous allâmes le saluer dans son appartement, où le père d'Acosta, supérieur de la maison, nous conduisit. Outre les marques de bonté et d'estime que notre robe nous attira de la part de ce prélat, notre pays et le nom du grand prince dont nous avons le bonheur d'être sujets nous méritèrent encore des caresses toutes particulières. Il a une vénération si grande pour la sacrée personne du roi et il est si charmé des vertus et surtout du zèle de ce monarque à défendre et à étendre de tous côtés la religion catholique que sans cesse il en revenoit là. Il est aisé de juger à l'entendre qu'il est habile théologien et fort versé dans l'histoire universelle, sacrée et profane ; mais pour l'histoire des rois de France et celle de Louis-le-Grand en particulier, j'ai vu peu de personnes qui en parlassent plus savamment et qui parussent en avoir fait une étude plus exacte que lui. Toutes les honnêtetés de cet illustre prélat, non plus que les instances du père d'Acosta, ne nous purent obliger à passer le reste du jour à Coulan. Nous nous embarquâmes sur les quatre heures du soir, dans l'espérance de gagner le lendemain Manpouli, qui est à cinq ou six lieues, et d'y dire la messe dans l'église qu'ont encore là nos pères portugais ; mais la mer se trouva si grosse et elle brisoit à la côte avec tant de furie que nous fûmes obligés de continuer notre route sans aborder.

Pendant ce voyage, que nous fîmes toujours le long des côtes de Malabar et de Travancor, nous eûmes le temps de voir la véritable situation des terres et des bourgades, que toutes nos cartes de géographie et de marine défigurent étrangement. Quand le frère Moricet, que j'ai laissé à Manapar, sera arrivé, je me donnerai l'honneur de vous envoyer une carte exacte de tout ce pays, qui est extrêmement peuplé, car on ne fait presque pas deux lieues terre à terre sans trouver des villages et de grandes habitations. Nos cartes marquent des îles sur la côte de Travancor, nous les avons cherchées inutilement, elles ne se trouvent point. Depuis Calecut jusqu'au cap de Comorin, il n'y a qu'une seule île, à deux lieues de Calecut, que les cartes ne marquent pas, peut-être parce qu'elle est trop proche de la terre.

Après quinze jours de navigation, depuis Tremepatan, nous arrivâmes enfin à Periepatam, où nous fûmes reçus comme j'ai eu l'honneur de vous le dire. La fête de Saint-André, à qui est dédiée l'église de cette bourgade, y avoit attiré extraordinairement quelques missionnaires et un fort grand nombre de chrétiens venus des lieux circonvoisins pour participer ce jour-là aux saints mystères. Le plaisir de nous voir leur fit différer un peu leur départ. De Periepatam au Topo il y a une petite lieue : le Topo est comme le collège de la province de Malabar, où le provincial fait ordinairement sa demeure. Les pères du Topo nous reçurent avec une tendresse et une charité propre à nous faire bientôt oublier nos fatigues et nous engagèrent à aller avec eux à Cotate y célébrer la fête de Saint-François-Xavier. L'église de Cotate, qu'on a dédiée à ce grand apôtre, est fameuse dans toute l'Inde pour les miracles continuels qui s'y font par le moyen de l'huile qui brûle devant l'image du saint. Le concours des peuples est grand, et l'on y vient de soixante et de quatre-vingts lieues. Nous eûmes la joie d'y trouver à notre arrivée une assemblée toute extraordinaire de chrétiens ; mais cette joie fut interrompue quelque temps par la défense que le gouverneur de la ville envoya faire de célébrer la fête de Saint-François-Xavier ; cet ordre, qu'on n'attendoit pas, surprit et affligea tout le monde. En voici le sujet.

Une veuve considérable de la ville se préparoit depuis trois mois à faire un sacrifice public au démon, par intérêt ou par superstition et peut-être par tous les deux à la fois. L'envie de chagriner les chrétiens, qu'elle haïssoit à mort, et d'assembler plus de monde chez elle, lui fit choisir tout exprès, pour cette damnable cérémonie, le jour auquel elle savoit que se fait la fête de Saint-François-Xavier et qu'un nombre infini d'étrangers ne manque jamais de se rendre à Cotate. Dans une grande salle de sa maison, qui n'étoit pas éloignée de l'église du saint apôtre, on voyoit déjà trois colonnes de terre, de trois ou quatre pieds de haut, posées en triangle et éloignées l'une de l'autre d'environ une toise. Elle engraissoit depuis longtemps avec beaucoup de soin un cochon qui devoit servir de victime et qu'elle devoit elle-même égorger dans l'enceinte de ces colonnes. Les principaux de la ville et les personnes les plus riches des environs qui étoient de sa caste devoient se rendre au temps qu'elle marqueroit. Il ne falloit plus qu'un ordre du gouverneur qui permît de faire le sacrifice à un certain jour et qui défendît aux chrétiens de faire leur fête ce jour-là. Elle l'obtint, et la chose demeura secrète jusqu'au commencement de décembre, que le missionnaire qui a soin de cette fameuse Église en fut averti. Il ne perdit pas un moment, et au lieu de s'adresser au gouverneur de la ville, qui avoit porté l'ordre, il alla droit au gouverneur de la province. Il lui représenta et le mécontentement de tant de peuples, qui étoient venus de loin pour solenniser la Saint-François-Xavier, et l'injure qu'on feroit à la mémoire de l'apôtre des Indes si, au lieu de célébrer sa fête, on faisoit au démon un de ces abominables sacrifices pour lesquels cet homme miraculeux avoit toujours eu tant d'horreur. La remontrance du père eut tout l'effet qu'on en attendoit. Le gouverneur de la province donna ordre qu'on solennisât la fête à l'ordinaire et que le sacrifice fût rejeté à un autre jour. Ainsi ce contre-temps ne servit qu'à rendre notre cérémonie plus dévote par cette espèce de victoire que la vraie religion venoit de remporter sur l'idolâtrie. Je m'informai à cette occasion de la manière dont les prêtresses idolâtres font en ce pays-ci leurs sacrifices, et voici ce que j'en pus apprendre.

Quand tout le monde est assemblé dans la salle dont nous avons parlé, la prêtresse se met au milieu des trois colonnes et commence à invoquer le diable en prononçant certaines paroles mystérieuses avec de grands hurlemens et une agitation effroyable de tout son corps ; divers instrumens de musique l'accompagnent avec des sons qui varient selon la différence des esprits qui semblent tour à tour la posséder. Enfin il y a un certain air sacré qu'on ne commence pas plutôt de jouer que la Mégère se lève, prend un couteau, égorge le cochon, et, se jetant sur la plaie, boit de son sang tout fumant encore. Alors elle crie, elle prophétise, elle menace la peuplade et la province des plus terribles châtimens de la part du démon qui l'inspire, ou dont elle feint d'être inspirée, si les assistans ne se déterminent à lui donner ce qu'elle demande : de l'or, de l'argent, des joyaux, du riz, de la toile, tout lui est bon ; et ces enragées impriment pour l'ordinaire tant de crainte aux assistans qu'elles tirent quelquefois jusqu'à la valeur de deux ou trois cents écus.

La ville de Cotate est grande et bien peuplée, quoiqu'elle n'ait, non plus que la plupart des autres villes des Indes, ni fossés, ni murailles. Elle est dans les terres à quatre lieues du cap de Comorin, au pied des montagnes, qui rendent ce cap fameux pour les merveilles qu'on en raconte, car plusieurs assurent que dans cette langue de terre, qui n'a pas plus de trois lieues d'étendue, on trouve en même temps les deux saisons de l'année les plus opposées, l'hiver et l'été, et que quelquefois dans un même jardin de cinq cents pas en carré, on peut avoir le plaisir de voir ces deux saisons réunies, les arbres étant chargés de fleurs et de fruits d'un côté, pendant que de l'autre ils sont dépouillés de toutes leurs feuilles. Je n'ai point eu le loisir d'aller moi-même être juge de la vérité ou de la fausseté du fait ; mais il est certain que des deux côtés du cap, les vents sont toujours opposés et soufflent comme s'ils vouloient se combattre, de sorte que quand à la côte occidentale du cap de Comorin les vents viennent de l'ouest, à la côte orientale ils viennent de l'est. C'est ce que nous avons éprouvé nous-mêmes dans ce voyage. Depuis Calecut jusqu'au cap de Comorin, ayant presque toujours eu le vent au sud-est ou au sud-ouest, nous le trouvâmes au nord-est dès que nous eûmes passé ce cap. Comme donc cette diversité des vents, surtout lorsqu'elle est durable, contribue infiniment à la diversité des saisons, il n'est pas incroyable que vers la pointe du cap il puisse y avoir, dans un assez petit espace de terrain, des endroits tellement exposés à l'un des vents et tellement à couvert de l'autre que le froid ou le chaud et les impressions qui les suivent se fassent sentir en même temps dans des lieux assez peu éloignés comme dans d'autres qui le seroient beaucoup davantage. Mais je laisse à nos savans à rechercher la raison physique de cette contrariété de vents qu'on ne voit point ailleurs, où il semble que les principes tout semblables devroient la causer.

Ce seroit ici, mon révérend père, le lieu de vous faire une description exacte de tout le pays qui est entre Cotate et Pondichéry, puisque je l'ai parcouru dans ce voyage ; mais il faudroit plus de temps que je n'en ai maintenant. On me presse de finir ma lettre, et je remets à une autre occasion ce qui me resteroit de curieux à vous mander.

J'ajoute seulement deux mots d'une cruelle persécution excitée depuis peu contre les chrétiens à Tanjaour, et dont je ne doute pas que quelques-uns de nos missionnaires n'écrivent un plus grand détail en Europe. On assure que plus de douze mille chrétiens ont déjà confessé généreusement Jésus-Christ, quoique leurs persécuteurs n'aient rien épargné pour ébranler leur constance et les forcer à retourner aux superstitions du pays. Plusieurs ont perdu leurs biens, se sont laissé chasser de leurs terres avec leurs familles entières, ou bien se sont vu enlever leurs femmes et leurs enfans pour être prostitués d'une manière infâme. D'autres, enfermés dans des cachots puans et obscurs, ont long-temps souffert une faim et une soif cruelle. Plusieurs, après avoir été déchirés à coups de fouet, ont endure qu'on leur appliquât sur diverses parties du corps, avec des fers tout rouges de feu, le caractère des idoles qu'ils ne vouloient pas adorer. On a arrêté en cette occasion deux de nos pères, dont un a eu le bonheur de mourir, les fers aux pieds, des mauvais traitemens qu'il avoit reçus dans sa prison. Son compagnon a été relâché après avoir été tourmenté cruellement pendant plusieurs jours. Ceux des missionnaires qu'on a laissés en liberté n'ont eu guère moins à souffrir. Outre la douleur de voir leurs travaux de plusieurs années en danger de devenir inutiles et la tendre compassion que leur causoit le supplice barbare de tant de pauvres innocens, il a fallu qu'ils se soient tenus cachés dans les bois pour obéir à leurs supérieurs, qui leur avoient défendu de se montrer d'ici à quelque temps, et pour animer et fortifier de près et de loin, par des exhortations et par des lettres vives et touchantes, ceux de leur troupeau que la persécution sembloit avoir ébranlés. Nous espérons que les personnes pleines de zèle et de charité auront pitié de cette chrétienté désolée : c'est dans ces occasions, plus que jamais, qu'il seroit nécessaire que nous eussions de quoi tirer nos pauvres néophytes de l'extrême misère où les a réduits leur constance à pratiquer l'Évangile, que nous leur enseignons. Jugez, mon révérend père, de notre affliction quand nous voyons ces vrais confesseurs de Jésus-Christ venir à nos pieds nous demander quelque assistance et que notre pauvreté ne nous laisse presque aucun moyen de les soulager. On n'hésitera point à vendre et à engager tout ce qu'on peut avoir, jusqu'aux vases sacrés, lorsqu'il sera absolument nécessaire ; mais on sera bientôt au bout, et les meubles les plus précieux de notre église ne s'étendent pas bien loin, comme vous pouvez penser. Un besoin si pressant parle assez au cœur de ceux qui sont touchés du salut des âmes et de l'honneur dû aux autels. Je suis avec un profond respect, etc.

LETTRE DU P. TACHARD

A M. LE COMTE DE CRECY.

Renseignemens sur le Carnate.

A Pondichéry, le 4 de février 1703.

Monsieur,

Il est bien juste que je vous fasse part des premiers fruits de notre mission françoise de Carnate, puisque cet établissement, si important pour la publication de l'Évangile et pour la conversion de plusieurs nations, est une suite du zèle, de l'habileté et de la fermeté avec lesquels vous nous avez conservé par les traités de paix le fort et la mission de Pondichéry, d'où l'on envoie avec tant de bénédictions du ciel des ouvriers évangéliques dans les royaumes voisins.

Après le débris de notre mission de Siam, dont la perte vous fut si sensible, la plupart de nos pères se retirèrent à Pondichéry, sur la côte de Coromandel, où je les fus joindre après mon troisième voyage en France. En voyant le grand nombre d'idolâtres qui nous environnoient à l'ouest et au nord, nous fûmes touchés d'un véritable désir de travailler à leur conversion. Les grands progrès que les jésuites portugais avoient faits vers le sud, où ils avoient formé une chrétienté de près de deux cent mille âmes, nous firent juger qu'en employant les mêmes moyens pour la conversion des Indiens situés au nord de Pondichéry, nous pourrions peut-être avec le temps obtenir de Notre-Seigneur les mêmes bénédictions. Pour y réussir, nous commençâmes par nous établir à Pondichéry : mais les Hollandois nous en ayant chassés presque aussitôt que nous eûmes commencé à faire nos premières fonctions dans l'église que nous y avions bâtie, nos espérances alloient être perdues sans ressource si la Providence n'eût mis entre vos mains la conclusion de la paix générale. Ce fut, monsieur, par votre moyen que Pondichéry fut rendu à la royale compagnie, et vous devîntes en même temps comme le restaurateur de notre mission chancelante, dont vous étiez déjà en tant de manières le bienfaiteur, comme de toutes nos autres missions du Levant, des Indes orientales et de la Chine.

Quand j'arrivai à Pondichéry, à mon cinquième voyage, je trouvai le père Mauduit, qui avoit déjà commencé un établissement à trente ou quarante lieues d'ici vers le nord-ouest après avoir quitté la mission de Maduré, où il avoit appris la langue et les coutumes du pays. Il étoit allé à Carouvepondi, où il cultivoit une centaine de chrétiens qu'il avoit baptisés depuis qu'il s'y étoit établi. Ce même père avoit fait divers voyages et diverses découvertes dans les pays voisins, et surtout vers le nord-ouest, où il avoit eu occasion d'annoncer l'Évangile à divers peuples et de baptiser quelques personnes. Pendant ces courses apostoliques, il jeta les fondemens de l'Église de Tarcolan, autrefois le centre de l'idolâtrie de Carnate, et de l'Église de Ponganour, grande ville et fort peuplée, éloignée de Pondichéry d'environ cinquante lieues, où il avoit eu le bonheur de conférer le baptême à plus de quatre-vingts idolâtres.

Avant que de partir de France, cette dernière fois, j'avois obtenu de notre père général que le père Bouchet revînt dans notre nouvelle mission françoise. Ce père, après la révolution de Siam, avoit passé dans la province de Malabar et s'étoit consacré à la mission de Maduré, où Dieu avoit donné tant de bénédictions et de succès à son zèle qu'il avoit formé à Aour, à quatre lieues de la ville de Trichiparaly, qui est aujourd'hui la capitale du royaume, une Église de plus de vingt mille chrétiens qu'il avoit baptisés de sa main. Dès que je lui eus signifié la volonté de nos supérieurs, il se mit en état de quitter sa mission, et malgré les larmes et les instantes prières de ses chers néophytes, il se mit en chemin. Cette séparation se fit avec des circonstances dont le seul récit m'a souvent tiré les larmes des yeux, et il est difficile de voir l'empressement, la tendresse et la douleur de tant de milliers de fervens chrétiens sans en être vivement touché. Cependant il nous falloit nécessairement un homme de son expérience et de sa capacité pour donner à la nouvelle mission de Carnate une forme convenable à nos desseins, je veux dire afin que ses fondemens fussent solides et qu'on fût dès lors en état de s'y employer efficacement au salut des âmes. Le père Bouchet amena avec lui d'Aour un autre missionnaire françois, nommé le père de La Fontaine, qu'il avoit formé de sa main, de sorte qu'au mois de mars de l'année 1702, ils se trouvèrent trois missionnaires dans le royaume de Carnate. Le père Bouchet fut nommé supérieur de la nouvelle mission. Il étoit difficile de faire un meilleur choix, comme vous le verrez dans la suite. Il s'établit à Torcolan, et ayant laissé le père Mauduit dans son Église de Carouvepondi, il envoya le père de La Fontaine à Ponganour, où l'on parle la langue talangue, qui est aussi différente du malabar que l'espagnol l'est du françois.

Les missionnaires qui s'étoient assemblés à Carouvepondi avoient résolu entre eux, en entrant dans cette nouvelle mission, de prendre l'habit et la manière de vivre des sanias brames, c'est-à-dire des religieux pénitens : c'étoit prendre un engagement bien difficile, et il n'y a que le zèle et la charité apostolique qui en puisse soutenir la rigueur et les austérités ; car, outre l'abstinence de tout ce qui a eu vie, c'est-à-dire de chair, de poisson et d'œufs, les sanias brames ont des coutumes extrêmement gênantes. Il faut se laver tous les matins dans un étang public en quelque temps que ce soit, faire la même chose avant le repas, qu'on ne doit prendre qu'une fois le jour. Il faut avoir un brame pour cuisinier, parce que ce seroit se rendre odieux et indigne de son état que de manger quoi que ce soit qui eût été préparé par des gens d'une caste inférieure. Cet état les oblige à une extrême solitude, et à moins qu'un sanias ne sorte pour le bien de ses disciples ou pour secourir le prochain, il ne lui est pas permis de paroître hors de son ermitage. Je ne parle point ici d'autres lois aussi gênantes qu'un missionnaire sanias doit garder inviolablement s'il veut retirer quelque avantage de ses travaux pour le salut des pauvres Indiens.

Tarcolan étoit une ville considérable pendant que les rois de Golconde en ont été les maîtres, et il y a trente ans qu'ils l'étoient encore : mais elle a beaucoup déchu de sa grandeur et de ses richesses depuis que les Maures s'en sont emparés par la conquête du royaume de Golconde. Si l'on en croit les traditions fabuleuses des Gentils, elle étoit anciennement si belle et si magnifique que les dieux du pays y tenoient leurs assemblées générales quand il leur plaisoit de descendre sur la terre. Les Maures, après l'avoir conquise, la voyant presque déserte par la fuite des habitans, qui craignoient l'avarice et la cruauté de leurs vainqueurs, y ont fait une petite enceinte après avoir rasé presque toutes les magnifiques pagodes que les Gentils y avoient bâties. Ils n'ont gardé que la principale, dont ils ont fait une forteresse où ils entretiennent une petite garnison. L'étendue des terres que le Grand-Mogol a subjuguées et le nombre infini des villes qu'il a prises ne lui permettent pas d'y établir des gens de sa religion, qui est la mahométane : il a confié la garde de la plupart des villes moins importantes à des Gentils, et il en doit être content, car il en est parfaitement bien servi.

L'empereur, pour récompenser les services de ses omeraux, qui sont les grands de l'empire, leur donne comme en souveraineté pendant leur vie des provinces particulières, à condition d'entretenir dans ses armées un certain nombre de cavaliers quand il en a besoin. Quelque puissans que soient ces gouverneurs, ils ont des surveillans qu'on appelle les divans, charge qui répond à celle des intendans de nos provinces de France. L'emploi de ces divans, qui sont indépendans des gouverneurs ou omeraux, est de lever les tributs de l'empereur et d'empêcher les injustices que ces petits souverains exercent ordinairement sur les peuples. Le gouverneur général de Cangibouran, d'où dépend la ville de Tarcolan, s'appelle Daourkan : c'est un homme de fortune, qui s'est élevé par son mérite et qui a rendu des services importans à l'état, ce qui a porté le Grand-Mogol à lui donner Tarcolan de la manière dont je viens de le dire. Daourkan a établi cinq gouverneurs particuliers dans cette grande ville : on les appelle cramani. Le premier de ces cinq gouveurs, qui avoit un Topo auprès de Tarcolan, l'a donné au père Bouchet, qui y a fait bâtir une petite église et une maison où il demeure depuis qu'il est dans le royaume de Carnate.

Peu de temps après que cet ancien missionnaire eut paru dans ce Topo, c'est ainsi qu'on appelle ici ces sortes de bois de haute futaie, le bruit se répandit dans la ville et aux environs qu'il y avoit un fameux pénitent auprès de Tarcolan. Le cramani son bienfaiteur fut le premier à lui rendre visite dans ce petit ermitage ; le père Bouchet, qui sait parfaitement la langue et les coutumes du pays, le reçut avec tant d'honnêteté que le cramani fut charmé non-seulement de la vie austère du sanias brame et de son désintéressement à ne rien prendre de personne, sous quelque prétexte que ce fût, mais encore de ses manières polies et de la sainteté de ses discours. Il faut connoître la curiosité naturelle des Indiens pour ne pas avoir de peine à croire ce que ce missionnaire m'écrit de la foule du peuple qui venoit continuellement à son ermitage. Il m'assure qu'il avoit de la peine à trouver le temps de réciter son bréviaire, de faire ses prières et de prendre le petit repas qu'il fait chaque jour. Ces fréquentes visites ont été interrompues à diverses reprises par la jalousie des brames et des joguis, qui faisoient courir le bruit par leurs émissaires que le sanias du Topo étoit de la caste abominable des franquis qui habitent les côtes des Indes, qu'il buvoit du vin en secret, qu'il mangeoit de la viande avec ses disciples et qu'il commettoit toutes sortes de crimes. Ces calomnies jointes à la couleur du sanias, qui rendoit fort probable ce qu'on disoit de son pays, ont ralenti assez souvent l'ardeur des peuples à venir se faire instruire; mais le cramani son bienfaiteur, ayant examiné lui-même, durant quatre ou cinq mois, la vie pénitente du missionnaire et son exactitude à garder toutes les pratiques les plus sévères de son état, s'est converti: il a longtemps disputé, mais enfin il s'est rendu de bonne foi, et c'est assurément un fervent chrétien.

Ces bruits si désavantageux à la religion s'évanouirent tout à fait par deux ou trois visites importantes que le sanias romain reçut dans sa solitude. Le premier qui contribua beaucoup à détruire la calomnie des brames fut un célèbre brame, intendant de Daourkan. Il y a divers degrés de noblesse parmi les brames, comme il y en a en Europe parmi les gentilshommes. Cet intendant général étoit *tatouvadi*, c'est-à-dire de la première noblesse ou du premier rang. Il fit de grandes honnêtetés au missionnaire, et après un long entretien qu'il eut avec lui, il convint qu'il n'y avoit qu'un seul Être-Souverain qui méritât nos adorations. La seconde visite fut encore plus importante et plus avantageuse à notre sainte religion. Daourkan, qui est le gouverneur général du royaume de Carnate, comme j'ai déjà dit, a adopté un rajapour, nommé Sek, et l'a fait son lieutenant général. Celui-ci, ayant eu ordre de son père de se rendre à Velour, dernière place des Marastes, qui étoit assiégée depuis plusieurs mois par les Maures et qui étoit sur le point de se rendre, comme elle a fait depuis deux mois, passa à Tarcolan et alla voir le sanias pénitent. Comme les visites des grands de cet empire ne se font qu'en grande cérémonie et qu'avec beaucoup de pompe, Sek vint à l'ermitage au son des tambours et des timbales, accompagné d'un gros corps d'infanterie et de cavalerie. On ne peut pas se comporter d'une manière plus respectueuse que fit ce seigneur avec le sanias romain. Il lui offrit des terres, l'assura de sa protection, et après s'être recommandé à ses prières, il monta à cheval pour continuer son voyage.

Depuis ce temps-là la persécution qu'on faisoit au missionnaire sur le franquinisme, c'est-à-dire en l'accusant d'être Européen, a diminué, et les Gentils ne peuvent s'empêcher d'avoir beaucoup d'estime pour la doctrine et la personne du père après avoir été témoins des honneurs que lui font leurs vainqueurs et leurs maîtres.

Le gouverneur particulier de Tarcolan vint ensuite, et tous les habitans de cette ville suivirent son exemple; de sorte que la loi de Dieu ne paroît plus avec opprobre: au contraire, chacun s'empresse de l'écouter et de s'en instruire. Il faut cependant de la patience pour laisser fructifier cette divine semence, car ces idolâtres ont des obstacles presque insurmontables pour le salut.

Le père Mauduit, après avoir établi deux Églises, l'une à Carouvepondi et l'autre à Eroudourgan, ville qui n'est qu'à trente lieues de Pondichéry, vers le nord-ouest, s'est appliqué à l'étude du grandan, qui est la langue savante du pays. Pour rendre son ministère plus utile aux Indiens, il faut entendre leurs livres, qui sont écrits en cette langue, et paroître savans dans les sciences dont leurs docteurs font profession. Les brames, qui veulent être les seuls dépositaires des sciences, ne permettent point qu'on traduise les auteurs qui en traitent, et d'ailleurs ils en sont infiniment jaloux, persuadés que la science est le véritable caractère de la noblesse.

Le père de La Fontaine a eu un bonheur extraordinaire dès le commencement de sa mission. Il a su gagner la bienveillance du prince de Pongánour, où il s'est établi, et de la princesse son aïeule, qui est régente de ses états pendant sa minorité. Outre près de cent adultes, tous de castes distinguées, qu'il a baptisés, il compte neuf brames parmi ses néophytes, c'est-à-dire qu'il a lui seul en huit mois baptisé plus de brames adultes que presque tous les missionnaires de Maduré n'en ont baptisé en dix ans. Si ces conversions continuent, comme nous avons lieu de l'espérer, on pourra l'appeler l'apôtre des brames, et si Dieu fait la grâce à un grand nombre de ces nobles savans d'embrasser le christianisme, on convertira aisément toutes les autres castes. Ce n'est pas que de si grands succès, au commencement d'une mission naissante, ne me fassent de la peine, dans la crainte qu'ils ne soient suivis de quelque violente persécution qui ruine toutes nos espérances; mais Dieu est le maître: c'est à nous à nous conformer en tout et partout à sa sainte volonté. Il y a cinq ou six jours que deux de nos missionnaires se sont joints aux trois premiers ; j'espère que Notre-Seigneur leur accordera les mêmes bénédictions.

Voilà, monsieur, un petit détail des conquêtes apostoliques de nos missionnaires, auxquelles vous contribuez si libéralement par vos aumônes. Si leurs prières et celles de leurs néophytes sont exaucées, comme il n'y a pas lieu d'en douter, quelle sera la mesure de la reconnoissance de ce père de famille qui récompense jusqu'à un verre d'eau présenté à ses serviteurs ! Je n'oserois vous dire que je joins mes foibles vœux à ceux de ces hommes apostoliques ; mais vous me permettrez de vous assurer qu'il n'y en a point qui soit avec plus de respect et de reconnoissance que moi, etc.

LETTRE DU P. TACHARD

AU RÉVÉREND P. DE LA CHAISE,
CONFESSEUR DU ROI.

Persécutions.—État des Églises.

A Pondichéry, le 30 septembre 1703.

MON TRÈS-RÉVÉREND PÈRE,
P. C.

Nous avons jusqu'à présent attendu l'arrivée des vaisseaux de France ; mais, quoique la saison soit déjà avancée, il n'en a encore paru aucun, et nous ne savons s'il en viendra cette année. Cette incertitude m'oblige à vous écrire par un vaisseau danois qui est le seul qui retourne en Europe.

Notre mission du royaume de Carnate commence à s'établir solidement. Nous y avons présentement quatre excellens missionnaires, dont le père Bouchet, qui a tant fait de conversions dans le Maduré, est supérieur ; les trois autres sont les pères Mauduit, de La Fontaine et Petit. Le père de La Breuille s'étoit aussi consacré à travailler dans ce vaste champ; mais une maladie dangereuse l'ayant obligé de revenir à Pondichéry, je n'ai pas cru devoir l'exposer une seconde fois à une vie si dure et si laborieuse.

Il s'est élevé cette année une petite persécution contre le père Bouchet. On l'a mis en prison avec ses catéchistes, et on l'a menacé de le brûler tout vif et de lui faire souffrir des tourmens qui font horreur: on étoit sur le point de lui envelopper les mains avec de la toile de coton trempée dans de l'huile et on devoit y mettre le feu lorsque Notre-Seigneur détourna les juges de se servir d'un supplice si violent. On lui a présenté plusieurs fois des fers rouges de feu pour le tourmenter par tout le corps ; mais sa douceur et son air modeste et grave sembloit retenir ses bourreaux. Quand il fut arrêté, on se saisit de sa chapelle et de tous les petits meubles de son ermitage, et on lui enleva toutes les aumônes qu'il avoit, soit pour son entretien et celui de ses catéchistes, soit pour la subsistance des autres pères. Enfin, après avoir demeuré un mois en prison, où il ne prenoit qu'une ou deux fois par jour un peu de lait dans un morceau d'écorce de bois, on le délivra avec quelques chrétiens qui avoient été les compagnons de ses souffrances ; mais en lui rendant la liberté, on ne lui rendit pas ce qu'on lui avoit enlevé, et il a fallu y suppléer comme nous avons pu. La manière dont ce fervent missionnaire s'est comporté pendant tout ce temps-là a fait beaucoup d'honneur à notre sainte religion, les infidèles ne pouvant s'empêcher d'admirer sa patience et la joie qui étoit répandue sur son visage.

Le père de La Fontaine a eu aussi part aux opprobres de la croix du Sauveur. Les brames de la ville de Ponganour, voyant les progrès qu'il faisoit, en conçurent de la jalousie et résolurent de le faire chasser de son ermitage avec outrage et ignominie. Dans cette vue, ils engagèrent quelques néophytes de leur caste à l'accuser de se servir de vin au sacrifice de la messe, ce qui passe parmi ces peuples pour un crime capital. Après bien des affronts et des peines humiliantes, dont Notre-Seigneur a tiré sa gloire, la persécution a cessé, et ce père travaille avec plus de bénédictions qu'auparavant à la conversion des Gentils.

Le père Petit, ne sachant pas encore assez bien la langue du pays, s'est retiré dans une espèce de désert où il demeure pour l'apprendre et pour se former peu à peu aux bizarres coutumes de ces peuples et à la vie pénitente qu'il doit mener.

Le père Mauduit est actuellement en prison, d'où il m'écrit en ces termes : « J'ai été battu, bafoué et meurtri jusqu'à la mort avec mes bons catéchistes ; mais enfin je suis encore vivant et en état de rendre service à Dieu si mes péchés ne m'en rendent pas indigne. On m'a tout pris, et je vous prie de me secourir. » Je vous avoue, mon révérend père, que cette triste nouvelle m'a percé le cœur ; mais ce qui me pénètre de douleur est de nous voir presque dépourvus de tout et dans une espèce d'impossibilité de secourir ce pauvre captif pour Jésus-Christ. Nous commençons à vendre nos meubles et ce qui nous reste d'instrumens de mathématique pour ne pas manquer à nos chers missionnaires dans des nécessités si pressantes.

Les pères Quenein, Papin et Baudié sont dans le royaume de Bengale, où ils ne manquent pas d'occupation. Ce dernier vint l'an passé sur les vaisseaux de la royale compagnie; sa santé ne lui a pas permis d'entrer dans la mission des terres, à laquelle il souhaitoit ardemment de se consacrer.

Nous sommes ici cinq prêtres et deux frères de notre compagnie, tous sont fort occupés. Le père de La Breuille, qui est revenu de Carnate à cause de sa mauvaise santé, comme je vous l'ai marqué au commencement de cette lettre, enseigne la philosophie ; le père Dolu est curé de la paroisse des Malabars ; le père de La Lane, venu par les derniers vaisseaux, apprend les langues du pays pour entrer en mission l'année prochaine ; le père Turpin travaille très-utilement à la conversion des Gentils de cette ville et apprend la langue latine à quelques jeunes François et Portugais qui se destinent à l'état ecclésiastique ; le frère Moricet apprend à lire et à écrire, l'arithmétique, le pilotage et autres sciences aux enfans, afin qu'ils puissent dans la suite gagner leur vie. Nous tâchons surtout de bien élever cette jeunesse et de lui inspirer la crainte de Dieu et des sentimens de piété. Le Seigneur a béni cette année nos travaux, car nous comptons plus de trois cents personnes adultes baptisées dans notre Église. La ville de Pondichéry s'augmente tous les jours ; on y compte plus de trente mille âmes, dont il n'y en avoit encore qu'environ deux mille chrétiennes. Nous espérons, avec la grâce de Dieu, qu'en peu d'années la plus grande partie de ce peuple embrassera notre sainte religion ; nous ferons tous nos efforts pour cela, et je puis vous assurer que nous n'y épargnerons ni nos peines ni nos travaux. S'il vient ici cette année quelques vaisseaux françois, j'aurai l'honneur de vous écrire plus amplement et de vous assurer que je suis toujours avec un très-profond respect, etc.

LETTRE DU P. LE GOBIEN

AUX MISSIONNAIRES FRANÇOIS A LA CHINE ET AUX INDES.

Histoire du P. Verjus.

MES RÉVÉRENDS PÈRES.

Quelque sensibles que nous ayons été ici à la perte que nous avons faite du révérend père Verjus, je ne doute pas que la nouvelle de sa mort, qui doit maintenant avoir été portée jusqu'à vous, n'ait fait au fond de vos cœurs les mêmes impressions et peut-être encore de plus vives, puisque vous perdez en sa personne celui que vous regardiez avec raison comme le père et le fondateur de vos missions. Il l'étoit en effet, et c'est à l'établissement de cet ouvrage si nécessaire au salut des âmes qu'il a employé une bonne partie de sa vie : il y a consacré ses soins, ses veilles, sa santé, le crédit de ses amis, toutes les pensées de son esprit, et j'ose dire toute la tendresse et tous les mouvemens de son cœur.

J'ai cru, mes révérends pères, pour ne vous

pas laisser sans quelque consolation dans une si juste douleur et pour adoucir même en quelque façon la nôtre, ne pouvoir rien faire de mieux que de recueillir ce que j'ai su par moi-même et ce que j'ai pu apprendre par d'autres des particularités de sa vie et de ses vertus. Le récit que je vous en ferai sera court et simple et ne contiendra rien qui ne soit conforme à l'exacte vérité ; mais j'espère, sa mémoire vous étant aussi chère qu'elle l'est, que vous en serez touchés et que vous y trouverez même, quelque fervens que vous puissiez être, de quoi vous instruire et vous édifier.

Le père Antoine Verjus naquit à Paris le 24 janvier 1632. On remarqua en lui, dès ses plus tendres années, un naturel heureux et cet assemblage de bonnes qualités qui font toujours naître de grandes espérances et qui attirent l'attention et les soins particuliers des parens. Il parut même, en diverses occasions, que la Providence veilloit d'une manière spéciale à sa conservation ; et l'on a toujours regardé dans sa famille non-seulement comme un effet sensible de cette protection particulière de Dieu, mais comme une chose qui approchoit du miracle ce qui lui arriva à l'âge de neuf ou dix ans.

Un jour qu'il se promenoit à la campagne, s'étant échappé à la vigilance de ceux qu'on avoit commis pour son éducation, il monta sur un puits très-profond, qui n'étoit couvert que de mauvaises planches, et se faisoit un divertissement de s'y promener comme sur une espèce de théâtre quand les deux planches du milieu lui manquèrent tout à coup sous les pieds. Il étoit perdu sans ressource si, en tombant, il ne se fût pris à une des planches qui restoient encore et où il demeura attaché, n'ayant pour soutenir le poids de son corps ainsi suspendu que l'extrémité de ses doigts. Il demeura en cet état jusqu'à ce qu'une jeune paysanne accourût au bruit qu'elle entendit ; mais comme elle n'avoit pas assez de force pour l'aider à sortir de ce danger, tout ce qu'elle put faire fut de crier elle-même et d'appeler du monde à son secours. Alors un homme inconnu s'approcha, et l'ayant retiré sans peine, il l'avertit d'aller sur l'heure même à une chapelle de la sainte Vierge qui étoit dans le voisinage pour y rendre grâce à Dieu de l'avoir délivré d'un péril si évident. Il le fit avec joie, car il avoit déjà envers elle une dé-

votion particulière qu'il a conservée jusqu'à la fin de ses jours. Toute la bonté de son cœur se fit connoître dès cet âge tendre : à peine eut-il rejoint les gens de la maison qu'il envoya promptement chercher celui qui lui avoit sauvé la vie, afin de lui procurer la récompense qu'il méritoit. Mais cet homme, que la Providence sembloit n'avoir conduit là que pour le tirer de ce péril, disparut à l'instant, et quelque diligence qu'on fît pour le trouver, ou du moins pour savoir qui il étoit, on n'en put jamais être instruit.

A l'égard de la jeune paysanne, pour reconnoître le service qu'elle lui avoit rendu, il s'appliqua à l'instruire lui-même des mystères et des devoirs de la religion, et il le fit si parfaitement, tout enfant qu'il étoit encore, qu'on la jugea digne, quelque temps après, d'être reçue en qualité de religieuse chez les hospitalières de la place Royale, où elle a donné pendant toute sa vie de grands exemples des vertus propres de son état. Il courut dans sa jeunesse, malgré l'attention de ses parens, plusieurs autres dangers où la protection de Dieu parut toujours d'une manière si visible que le père Verjus, qui parloit peu de lui, avouoit quelquefois à ses amis qu'il ne pouvoit en rappeler le souvenir sans être pénétré de la plus vive reconnoissance.

M. Verjus, qui comptoit pour peu les avantages de la fortune s'ils n'étoient accompagnés et soutenus d'un vrai mérite, n'épargna rien pour cultiver les heureuses inclinations d'un fils qu'il aimoit tendrement. Quoique personne ne fût plus capable que lui de donner à ses enfans une éducation heureuse, comme le savent ceux qui l'ont connu, et comme il a assez paru par les fruits solides qu'ils ont retirés de ses soins et par la manière dont ils se sont distingués dans la profession qu'ils ont suivie, il crut cependant n'en pouvoir donner à celui-ci une meilleure que de le faire étudier dans notre collège de Paris. Il y fit en peu de temps de grands progrès et dans les sciences et dans la piété. Dès lors on admiroit en lui des sentimens nobles et élevés beaucoup au-dessus de son âge : un naturel égal et sans humeur, une sagesse anticipée, un esprit vif et pénétrant et qui ne se rebutoit pas aisément du travail, beaucoup de fermeté et de courage, en un mot les plus heureuses dispositions du monde à servir quelque jour utilement l'état dans le siècle, comme plusieurs autres de sa famille. Mais Dieu, qui vouloit l'attirer à son service, lui inspira d'autres vues. Dans le temps qu'on songeoit à le retirer du collége pour lui faire prendre le parti de l'épée, il se sentit fortement pressé de quitter le monde et d'entrer dans notre compagnie. Le père Petau, à qui il avoit déjà confié sa conscience, fut celui qu'il consulta sur son dessein. Ce grand homme, aussi recommandable par sa sagesse et par son éminente vertu que par cette capacité profonde qui le rendit une des plus vives lumières de son siècle, se fit un plaisir de l'écouter; et comme il connoissoit déjà par lui-même et par le témoignage public la piété constante et les talens naturels du jeune homme, après quelques entretiens particuliers, il l'assura que sa vocation venoit de Dieu. Il en fallut faire la déclaration à son père, qui en fut vivement touché et qui mit d'abord tout en œuvre pour s'opposer au dessein de son fils ; mais comme la tendresse ni l'autorité paternelle ne gagnoient rien sur un esprit naturellement ferme, il lui fit faire divers voyages de plaisir aux environs de Paris pour voir s'il n'y avoit point quelque légèreté dans son dessein et si le commerce du monde ne lui inspireroit point d'autres sentimens.

Ce fut dans une de ces promenades qu'il commença à donner des marques de ce zèle ardent pour la conversion des infidèles qui a si fort éclaté dans la suite de sa vie. Il se trouva un jour chez un gentilhomme, ami particulier de M. Verjus. Pour faire plaisir au père, le gentilhomme n'omit rien de ce qu'il crut propre à éprouver la vocation du fils ; mais, bien loin de l'ébranler, le jeune homme n'en parut que plus affermi. Il s'insinua même si bien dans l'esprit du gentilhomme et lui parla sur la conversion des infidèles d'une manière si pathétique qu'il l'engagea à contribuer par ses aumônes à cette bonne œuvre. Il lui laissa sur cela un mémoire écrit de sa main où il l'exhortoit à donner deux mille écus au noviciat des jésuites pour y élever de jeunes missionnaires propres à aller porter les lumières de l'Évangile dans le Nouveau-Monde. Ce mémoire se trouva dans les papiers du gentilhomme après sa mort avec son testament, qui étoit en effet chargé de cette aumône et qui fut exécuté avant même que le père Verjus eût fait ses premiers vœux de religion.

Cependant M. Verjus, voyant que tous les moyens qu'il avoit pris pour faire changer de résolution à son fils n'avoient servi qu'à le fortifier, ne voulut plus s'opposer aux desseins de la Providence, et il en fit le sacrifice à Dieu en homme vertueux et plein de religion.

La séparation coûta cher à l'un et à l'autre, et le père Verjus a avoué depuis qu'en ce moment il sentit les mouvemens de la nature se réveiller dans son cœur d'une manière si forte qu'il en fut ébranlé. Mais dès qu'il fut au noviciat, il protesta à Jésus-Christ que sa croix lui tiendroit lieu à l'avenir de tout ce qu'il avoit eu de plus cher dans le monde. En même temps ses peines s'évanouirent, et il ne songea plus qu'à acquérir la perfection de l'état qu'il venoit d'embrasser.

On ne sauroit dire avec quelle ferveur il s'appliqua à remplir tous les devoirs de sa profession. Il étoit alors dans sa dix-neuvième année ; et comme il avoit l'esprit mûr et fort avancé, il prit les choses de la piété non pas en novice, mais en homme fait. Il s'appliqua particulièrement aux vertus solides et propres à former un homme destiné à travailler au salut des âmes. La conversion du Nouveau-Monde ayant été le principal attrait de sa vocation, c'est là qu'il rapportoit ses prières, ses communions, ses mortifications et toutes les autres pratiques de la vie religieuse, et son zèle le porta dès ce temps-là à écrire à notre père général pour lui demander la permission de s'y consacrer lui-même le plus tôt qu'il se pourroit. Ce fut dans de si saintes dispositions qu'il fit ses premiers vœux.

Après son noviciat, on l'envoya régenter en Bretagne. Le désir qu'il avoit de se consacrer aux missions ne s'y ralentit pas ; au contraire, il s'y alluma encore davantage par les exemples de plusieurs fervens missionnaires que les jésuites avoient de tous côtés dans cette province. Mais il comprit bien, par la conduite qu'on observe dans notre compagnie, qu'il n'étoit pas encore mûr pour des emplois si difficiles ; qu'outre les forces du corps et un âge plus avancé, il falloit acquérir beaucoup de connoissances et s'exercer longtemps dans le travail ; qu'enfin il ne devoit pas aller dans le Nouveau-Monde pour se rendre saint mais plutôt qu'il falloit se rendre saint pour être en état d'aller travailler avec succès à la conversion du Nouveau-Monde.

Ainsi il ne songea qu'à se perfectionner dans

son emploi, et les classes furent pour lui une espèce d'apprentissage, où il s'accoutuma de bonne heure, comme il espéroit de le faire un jour dans les missions, à souffrir, à travailler, à instruire et à former les autres à la vertu. A mesure qu'il enseignoit à ses écoliers les voies du salut, il marchoit à grands pas dans celle de la perfection, et comme il rapportoit tout à cette fin, ni l'étude des langues, ni la lecture des auteurs profanes, ni le plaisir qu'il prenoit à la poésie et à l'éloquence ne furent pas capables de dessécher sa dévotion. Mais aussi il sut si bien allier l'un avec l'autre que la dévotion ne parut jamais nuire à ses études. Il y fit en effet des progrès très-considérables, et il se trouvoit parmi nous peu de personnes qui eussent plus de goût que lui pour les ouvrages d'esprit et qui entendissent plus finement les belles-lettres.

Il fit ensuite sa théologie avec le même succès, et il crut alors pouvoir espérer que le père général écouteroit ses prières et qu'il lui accorderoit enfin la grâce qu'il avoit si longtemps désirée. Bien des raisons cependant paroissoient s'opposer à son dessein. Comme il s'abandonnoit sans ménagement à tout ce qu'il entreprenoit, son extrême application à l'étude lui avoit causé des maladies considérables jusqu'à l'obliger souvent d'en interrompre le cours et de laisser les classes pour quelque temps. Sa poitrine même paroissoit entièrement ruinée, et on désespéroit qu'il pût jamais se rétablir. D'ailleurs on devoit avoir de la peine à se priver en France d'un homme que son esprit, sa capacité et son excellent naturel rendoient propre à d'autres fonctions importantes et qui demandoient moins de forces que les emplois de la vie apostolique.

Cependant sa fermeté et son zèle lui firent presser si fortement ses supérieurs qu'il leur fit une espèce de violence; et malgré tous les obstacles qu'on lui opposa, il obtint enfin du père général la permission de partir. Mais Dieu ne lui inspiroit ce grand zèle que pour éprouver sa fidélité, ou plutôt il attendoit encore plus de son zèle que ce qu'il lui avoit inspiré. Il ne demandoit qu'une place parmi les missionnaires, et Dieu, en le destinant à en être le père et le conducteur, vouloit en quelque manière qu'il les remplît toutes.

M. le comte de Crecy, qui fut averti, quoique un peu tard, de son dessein, ne put jamais se résoudre à perdre un frère qui lui étoit si cher. Il s'opposa fortement à son départ, et il lui fut d'autant plus aisé d'y réussir que les médecins déclarèrent que, dans la foiblesse où se trouvoit alors le père Verjus, il ne pouvoit pas même entreprendre le voyage sans courir risque de sa vie. Les raisons et les prières de M. de Crecy touchèrent les supérieurs, et il fut conclu que le père Verjus resteroit en France. Tout ce qu'on put faire pour le consoler fut de lui donner quelque espérance d'obtenir dans un autre temps ce qu'on étoit obligé alors de lui refuser.

Le père Verjus songea donc à rétablir sa santé; mais comme il n'attendoit rien des remèdes ordinaires, qu'il avoit si souvent et si inutilement employés, il eut recours à de nouveaux moyens que sa piété lui inspira. Il avoit une grande vénération pour la mémoire de messire Michel Le Nobletz, célèbre missionnaire de Bretagne, qui étoit mort quelques années auparavant en odeur de sainteté[1] et dont il avoit ouï parler avec admiration durant son séjour en cette province. Il l'invoquoit souvent dans ses dévotions particulières, et pour obtenir par ses mérites la guérison, il s'engagea par vœu à écrire sa vie. Cette vie, qu'il donna sous le nom de l'abbé de Saint-André, fut reçue du public avec un applaudissement général[2]; on la lut dans toutes les communautés et on la proposa aux ecclésiastiques des séminaires comme un modèle parfait pour ceux qui travaillent à la conversion des âmes.

L'estime que tout le monde fit de cet ouvrage, qui n'étoit pourtant qu'un premier essai, ne donna jamais envie au père Verjus de s'en déclarer l'auteur. Il compta pour rien les louanges qu'il méritoit, pourvu que le prochain en retirât un solide avantage: et ça été une des maximes qu'il a le plus constamment suivies, de travailler toujours sans aucune vue d'intérêt propre, sachant bien que Dieu nous récompense au centuple non-seulement de la gloire que nous lui rendons, mais encore de celle que nous dérobons, pour l'amour de lui, dans l'esprit des hommes. Ce travail, qui devoit être ce semble un obstacle au rétablissement de sa santé, devint un remède à son mal, comme sa foi le lui avoit fait espérer. Il se trouva dans la

---

[1] Le 5 mai de l'année 1652.
[2] Elle fut imprimée à Paris, chez François Muguet, en 1666.

suite beaucoup mieux ; et quoiqu'il ne fût point encore assez fort pour exécuter ses premiers desseins, il ne désespéra pas de pouvoir s'occuper utilement en France au salut du prochain.

On eût bien souhaité qu'il se fût appliqué à la prédication; il avoit pour cela des qualités qui ne se trouvent guère réunies dans la même personne : une éloquence naturelle et pleine d'onction, une politesse qui n'avoit rien d'affecté, beaucoup de feu dans l'esprit et dans l'action, une imagination qui répandoit partout de l'agrément et de la clarté, et surtout un sens droit, un discernement juste et un goût exquis pour découvrir ce qu'il y a de vrai et de solide en chaque chose; mais la foiblesse de sa poitrine et un asthme continuel empêchèrent toujours les supérieurs de l'appliquer à cette fonction.

Il s'en consola plus aisément que ses amis, parce qu'il redoutoit ce que ce ministère a d'éclatant; mais, pour ne pas laisser languir son zèle, il résolut d'écrire sur des matières de piété. Pour connoître ce que le père Verjus étoit capable de faire en ce genre-là, outre la vie de M. Le Nobletz dont j'ai parlé, il ne faut que jeter les yeux sur celle de saint François de Borgia, qu'il a beaucoup plus travaillée et à laquelle il eût encore voulu mettre la dernière main sur la fin de sa vie si ses occupations et ses incommodités lui eussent laissé quelques momens de loisir : c'est un ouvrage plein de cet esprit du christianisme et de ces grands sentimens qui font paroître la vertu dans tout son jour ; tout y respire le mépris des grandeurs humaines, les charmes de la solitude, le prix des humiliations, l'amour de la pénitence et la douceur de la prière et de la contemplation. Il est difficile de lire cette histoire avec quelque attention sans être également touché et des grands exemples qu'on y remarque et de la manière vive et éloquente dont les choses sont exposées par l'auteur.

Le père Verjus avoit surtout pour écrire une facilité merveilleuse : rien, ce me semble, ne lui coûtoit ; et dès qu'il prenoit la plume, tout ce qu'il vouloit dire se présentoit d'abord à son esprit et couloit comme de source sans qu'il fût obligé de le chercher. Je me suis moi-même fait souvent un plaisir de lui voir écrire un grand nombre de lettres sur des affaires importantes qui demandoient de la réflexion et de la justesse : il les écrivoit toutes aussi vite que si on les lui eût dictées, et je trouvois à la fin non-seulement qu'il n'avoit rien omis d'essentiel, ni pour le fond ni pour l'ordre, mais qu'il y avoit partout un agrément et un tour d'esprit où il est difficile d'arriver même avec beaucoup d'étude et de travail. Il y a peu de personnes en France, d'une certaine distinction, qui n'aient lu ou reçu de ses lettres, soit de celles qu'il écrivoit en son nom, soit de celles qu'il a écrites pour le révérend père de La Chaise; comme il tenoit lui-même un registre de celles particulièrement qui étoient sur des affaires importantes, le nombre qu'on en a est si prodigieux qu'on pourroit être surpris qu'avec ses autres occupations il ait pu fournir à un si grand travail.

Il seroit à souhaiter, pour le public, qu'on eût conservé les lettres qu'il a écrites à feu Mme de Malnoue [1] sur différens sujets de spiritualité. Cette princesse, si recommandable par sa piété, par son esprit et par sa politesse, pouvoit elle-même servir de modèle à tous ceux qui se piquoient de bien écrire. Elle se connoissoit parfaitement en ces sortes d'ouvrages, et le commerce qu'elle avoit avec tout ce qu'il y avoit de plus poli et de plus spirituel, lui donnoit lieu d'en pouvoir juger mieux que tout autre. Elle disoit quelquefois que dans les lettres des personnes de sa connoissance qui écrivoient le mieux, il lui sembloit voir tout d'un coup ce qu'ils avoient d'esprit ; mais que dans celles qu'elle recevoit du père Verjus, elle apercevoit, comme en éloignement et en perspective, un fond d'esprit en réserve qui alloit incomparablement au delà de ce qu'il en vouloit faire paroître. Elle voulut mettre à la tête de son admirable paraphrase sur le *Livre de la Sagesse* une préface de la façon du père Verjus. Ce père en fit une très-courte et en si peu de temps qu'il sembla y affecter quelque sorte de négligence ; cependant elle parut si belle à Mme de Malnoue qu'elle ne pouvoit se lasser de dire que ce petit nombre de paroles, rangées en apparence sans art et sans étude, valoient un livre entier.

La réputation que le père Verjus s'étoit acquise de bien écrire le fit rechercher de plusieurs personnes de qualité qui eussent bien

[1] La princesse Marie-Éléonore de Rohan, abbesse de Malnoue.

voulu profiter de son esprit et de ses talens ; il s'en excusa toujours sur l'obligation où il croyoit être de donner son temps à quelque chose de plus important, à la gloire de Dieu et au salut du prochain. Cependant il ne put se défendre de prêter sa plume pour travailler à quelques ouvrages d'un genre différent ; mais c'étoit dans une conjoncture où le devoir et l'amitié sembloient l'exiger de lui. Parmi ceux-là, on peut mettre l'*Apologie* de M. le cardinal de Furstemberg, enlevé à Cologne pendant qu'on y traitoit de la paix ; plusieurs *Manifestes* françois et latins, pour les princes de l'Allemagne, contre les prétentions de la cour de Vienne, et quelques autres écrits de même nature qui regardoient les intérêts de la France et qu'il fit pour soulager M. le comte de Crecy lorsqu'il fut envoyé auprès de lui en Allemagne par ordre même du roi.

Ce fut en 1672 que ce ministre, accablé par la multitude des affaires dont il étoit chargé et encore plus par ses indispositions, souhaita, pour sa consolation et pour son soulagement, avoir auprès de lui le père Verjus, dont il connoissoit mieux que personne l'habileté et la facilité pour le travail.

Le père Verjus s'acquit dans toutes les cours d'Allemagne une grande réputation, non-seulement par son esprit, mais beaucoup plus encore par sa vertu et par sa droiture. On admiroit en lui, avec une pénétration à laquelle rien n'échappoit, une modestie et des airs simples et unis qui ont toujours fait son caractère parmi nous et qui étoient encore plus remarquables au milieu du monde. Il se faisoit honneur de porter son habit jusque dans les palais des princes protestans où le nom de jésuite étoit le plus en horreur, et il paroissoit dans toute sa conduite un fonds de piété et de religion qui le faisoit aimer et respecter de ceux dont il étoit connu.

Le premier ministre de M. l'électeur de Brandebourg [1], homme d'une capacité reconnue dant tout l'empire, mais zélé calviniste et qui, dès son enfance, avoit pris dans les livres de ses docteurs d'étranges impressions contre les jésuites, disoit souvent qu'il passeroit volontiers sa vie avec lui. Ce n'est pas que le père le ménageât en aucune manière quand il s'agissoit de religion ; il lui parloit sur ce sujet avec la liberté qui convient à un ministre de Jésus-Christ, et il employa souvent toute la force de son zèle pour lui faire sentir ses erreurs et pour l'en détacher. S'il ne réussit pas à le convertir, la considération que ce ministre avoit pour lui fut cependant utile à la religion. Il lui représenta combien il étoit honteux de recevoir et de récompenser, comme on faisoit en quelques cours d'Allemagne et surtout en celle de son maître, certains réfugiés de France et d'autres royaumes catholiques à qui le seul esprit de libertinage avoit fait quitter leur pays et leur religion, et il ferma par là à plusieurs l'asile qu'ils cherchoient à leurs désordres. Ce n'étoit que par un esprit de zèle et pour les ramener plus aisément dans le bon chemin qu'il en usoit de la sorte ; lorsqu'il pouvoit les joindre et leur parler, il n'est point de mouvemens qu'il ne se donnât pour les faire revenir de leur égarement : il s'appliquoit à les instruire, il les effrayoit par la crainte des jugemens de Dieu, il les gagnoit par mille bons offices, il procuroit leur réconciliation avec les supérieurs dont ils craignoient les châtimens et l'autorité, il tâchoit de mettre à couvert leur honneur et celui de leur ordre s'ils étoient religieux, enfin il les conduisoit dans des lieux où il pouvoit espérer que leurs personnes et leur salut seroient à l'avenir en sûreté. Cette espèce de mission, que son zèle lui avoit inspirée jusque dans les cours et dans les palais des princes hérétiques, l'occupoit de telle sorte et lui réussit si bien qu'il sembloit que la Providence ne l'y avoit envoyé que pour faire rentrer dans l'église ces esprits égarés.

Le premier ministre du duc d'Hanovre [1] n'eut pas moins de considération pour le père Verjus qu'en avoit eu celui de Brandebourg. Il servoit un prince catholique [2] et il avoit le malheur de suivre le parti protestant. La beauté et l'élévation de son génie, jointes à une naissance très-distinguée, lui donnoient un grand crédit en cette cour ; mais plus il avoit de mérite, plus il étoit touché de celui du père Verjus. Il se déroboit souvent à ses plus importantes affaires pour l'entretenir et pour disputer avec lui. Il sembloit qu'il cherchât la vérité ; il l'écoutoit du moins avec plaisir quand le père tâchoit de la lui faire connoître. Mais ses

---

[1] M. de Grote.
[2] Jean Frédéric, duc d'Hanovre, mort à Augsbourg le 27 décembre 1679.

[1] M. le baron de Schwerin.

préjugés l'emportèrent sur sa raison, et, quoique ébranlé, il ne put jamais se résoudre à abandonner ses sentimens. Il avoua pourtant de bonne foi que le père Verjus l'avoit entièrement persuadé que les opinions des calvinistes n'étoient pas soutenables, et que pour lui, s'il pouvoit une fois se déterminer à condamner celle de Luther, ce ne seroit jamais que pour embrasser la religion catholique. Il ajoutoit aussi que le père lui avoit donné une haute idée des jésuites, et qu'il se croiroit fort heureux d'en avoir toujours auprès de lui d'eux ou trois de son caractère.

Mais la princesse Sophie[1], palatine, alors duchesse d'Osnabruk et aujourd'hui duchesse douairière d'Hanovre, dans qui l'esprit n'est pas moins distingué que la naissance, connut peut-être mieux que personne les excellentes qualités du père Verjus. Elle l'honora de son estime et de sa confiance, et lui en donna en diverses rencontres des marques très-particulières. Comme elle comptoit entièrement sur sa discrétion et sa prudence, elle voulut bien s'ouvrir à lui sur plusieurs affaires importantes qui concernoient sa maison et qui paroissoient même devoir être avantageuses à la religion catholique; c'est ce qui fit que le père Verjus répondit d'abord avec toute l'application de son zèle à l'honneur que lui faisoit cette princesse et qu'il chercha à entrer dans les desseins qu'elle lui proposoit. Ils furent cependant sans effet par divers obstacles qui les arrêtèrent et auxquels le désir qu'il avoit d'étendre la vraie religion ne lui permit pas d'être insensible.

Si le père Verjus s'acquit tant d'estime à la cour des princes protestans de l'empire, il est aisé de juger qu'il ne se fit pas moins estimer chez les princes catholiques. M. l'electeur de Cologne[2], M. l'évêque de Strasbourg[3] et M. le prince Guillaume de Furstemberg son frère, qui a été depuis cardinal, lui donnèrent toutes les marques possibles de bienveillance : non-seulement ils lui parloient familièrement de leurs affaires et de leurs intérêts, mais ils cherchoient toutes les occasions de l'obliger ; ils lui accordoient avec plaisir les grâces qu'il prenoit la liberté de leur demander, et qui jamais ne le regardoient personnellement ; ils l'invitoient même à se charger librement des prières qu'on voudroit leur faire par son canal, persuadés que ce qu'il auroit trouvé juste mériteroit toujours leur attention.

M. l'évêque de Munster, Bernard de Gaalen, quoique accablé d'affaires et toujours occupé d'une infinité de grands projets, et M. le duc d'Hanovre, catholique, qui étoit le prince et peut-être l'homme de l'empire le plus savant dans la religion, témoignoient souvent qu'ils ne se délassoient jamais plus agréablement qu'en sa compagnie : ils lui trouvoient de l'érudition dans toutes les sciences, de la délicatesse pour les belles-lettres, une critique fine dans les ouvrages d'esprit et une douceur animée de je ne sais quelle vivacité qui réveilloit toujours la conversation, mais surtout une vertu à l'épreuve et qui ne se démentoit jamais ; de sorte qu'ils le faisoient venir auprès d'eux le plus souvent qu'ils pouvoient et qu'ils ne s'en séparoient jamais qu'avec une nouvelle envie de le revoir.

Mais celui qui se distingua davantage par l'estime qu'il eut pour le père Verjus fut sans doute le célèbre évêque de Paderborn, alors coadjuteur de Munster[1]. Toute l'Europe sait que personne ne se connoissoit mieux en mérite que ce grand prince ; quelque caché qu'il pût être, il l'alloit chercher jusque dans les lieux les plus reculés, parmi les étrangers aussi bien que parmi ceux de sa nation, et il croyoit ne pouvoir rendre assez d'honneur à ceux qui se distinguoient par quelque endroit. Dès qu'il connut le père Verjus, il s'attacha par les témoignages de la plus sincère affection, et dans le dessein qu'il avoit de le retenir toujours auprès de sa personne, il combattoit continuellement les résistances de M. le comte de Crecy, qui de son côté ne pouvoit guère se passer de lui dans les différentes cours d'Allemagne où le service du roi l'appeloit.

Le père s'attacha d'autant plus à mériter et à cultiver les bonnes grâces de M. l'évêque de Paderborn qu'il y reconnut un grand fonds de religion et un désir très-ardent d'étendre partout la foi catholique. Il sut avec quelle piété ce prince si zélé avoit déjà établi des missions en Allemagne ; il lui persuada de répandre encore ses libéralités jusqu'à la Chine en donnant

---

[1] Fille de Frédéric V, électeur, comte palatin du Rhin et roi de Bohême, et d'Élisabeth d'Angleterre.
[2] Maximilien-Henri, duc de Bavière.
[3] François Egon de Furstemberg.

[1] Ferdinand de Furstemberg.

un fonds considérable pour y entretenir à perpétuité huit missionnaires. Cette fondation, mes révérends pères, dont vous êtes parfaitement instruits par les relations publiques et dont vous avez en partie recueilli les fruits, est également due et au zèle de cet incomparable prélat et au soin que le père Verjus eut de la lui inspirer.

Comme la marque la plus sûre d'un mérite vrai et solide est sans doute l'estime universelle des grands hommes avec qui on a lieu d'avoir quelque commerce, dans le dessein que j'ai, mes révérends pères, de vous faire connoître celui du père Verjus, ne soyez pas surpris si je m'étends sur l'idée que les personnes les plus qualifiées en ont eue. La France a jugé de lui comme l'Allemagne; et le sentiment de ceux qui ont eu de la considération pour lui, lui est d'autant plus avantageux qu'ils ont encore eu plus de temps pour le connoître que les étrangers.

Si le père Verjus avoit de la considération pour la personne de M. le cardinal d'Estrées, cet illustre prélat, qu'aucun autre n'a surpassé en générosité, ne manquoit aussi aucune occasion de marquer l'estime qu'il avoit pour le père Verjus : il sembloit souvent descendre de son rang pour venir s'entretenir familièrement avec lui ; il se faisoit un plaisir de l'obliger et de le prévenir en toute rencontre ; et comme si ce n'eût pas été assez de l'honorer de sa protection et de sa précieuse amitié, il voulut absolument lui faire accepter une pension considérable, non pas tant, disoit-il, pour pourvoir à ses besoins que pour faire connoître combien il le considéroit. Le père Verjus refusa constamment cette marque de sa bienveillance, et il l'assura toujours, de la manière la plus forte, qu'il ne se mettroit jamais hors d'état de pouvoir jurer que son extrême dévoûment pour sa personne avoit été et seroit toute sa vie désintéressé ; mais que pour marquer à son éminence qu'il ne prétendoit pas se défendre de lui avoir obligation, il consentoit, quand elle auroit cinquante mille écus de rente, d'en recevoir tous les mois dix ou douze écus pour les missions. C'est ainsi que, oubliant ses propres intérêts, il ne perdoit jamais de vue ceux de l'Église et du prochain.

Il se servit encore plus avantageusement pour ses missions de la faveur de M. le marquis de Louvois et de celle de M. le marquis de Seignelay. On vit durant quelques années dans ces deux ministres une espèce d'émulation à qui donneroit au père Verjus plus de marques de son pouvoir et de sa protection ; ils sembloient se disputer l'un à l'autre les occasions de lui procurer des grâces ; et il ménagea si sagement leur bonne volonté ou, comme il le disoit lui-même, Dieu le conduisit si heureusement dans les affaires qu'il eut à traiter avec eux que ses chères missions profitèrent toujours de la disposition favorable où ces deux grands hommes étoient à son égard.

Mais de tous ceux qui étoient alors dans le ministère, celui qui sans contredit lui voulut le plus de bien, ce fut le marquis de Croissy. Ce ministre a souvent dit qu'il ne croyoit pas avoir dans le monde un ami plus attaché et plus solide. Aussi n'avoit-il rien de caché pour lui dans ce qui regardoit ses intérêts particuliers et ceux de sa famille : il lui communiquoit ses desseins, il lui faisoit part de ses succès, il déchargeoit ses peines dans son cœur, et de quelque affaire qu'il lui parlât, il trouvoit toujours dans les vues qu'il lui proposoit, comme il l'a souvent témoigné lui-même, des conseils pleins de sagesse et de religion.

Je ne puis omettre ici une marque singulière, et qui a été sue de peu de personnes, qu'il lui donna de son estime en le proposant au roi pour ménager une des affaires des plus délicates et des plus importantes de l'Europe, et qui demandoit dans celui à qui on la confioit plus de sagesse et plus de talent pour s'insinuer dans les esprits. L'instruction qu'on devoit lui donner pour cela étoit déjà toute dressée et subsiste encore. Elle faisoit voir jusqu'où alloit la confiance qu'on avoit en lui, puisqu'on lui remettoit la disposition de plusieurs sommes considérables qu'il devoit employer selon les occurences. Mais un changement inopiné, qui arriva par rapport à cette affaire, fit prendre d'autres mesures et le tira de l'embarras où on l'avoit exposé sans le consulter ; car dans le temps qu'on jeta les yeux sur lui et que le roi agréa le choix que le ministre vouloit faire, le père Verjus ne savoit rien de ce qui se ménageoit, et lorsqu'il en fut enfin instruit, il se trouva fort incertain sur le parti qu'il avoit à prendre. Quoiqu'il eût pour la gloire et le service du roi un dévoûment entier, qu'il avoit assez fait paroître en d'autres occasions, dans celle-ci néanmoins il étoit combattu par l'opposition extrême qu'il avoit pour tout ce qui paroissoit ne pas s'accorder avec l'humilité de sa profession. La situation d'esprit où ces deux considérations le mirent lui fit regarder l'événement qui changeoit la disposition des choses, et qui le tiroit par là d'une fonction si opposée à ses inclinations, comme un coup heureux et comme une épreuve sensible de la protection de Dieu sur lui, dont il ne pouvoit assez le remercier.

Il étoit si éloigné de se procurer ou même de désirer des emplois éclatans qu'il évitoit avec soin les occasions les plus naturelles de se produire; et quoique en différens temps de sa vie il ait eu occasion de rendre compte au roi d'affaires très-importantes pour le bien de la religion et pour celui de l'état, il l'a toujours fait par le ministère des personnes qui avoient l'honneur d'approcher sa majesté, sans vouloir paroître lui-même en rien. L'on lui représenta souvent qu'ayant l'honneur d'être connu du roi autant qu'il l'étoit, il ne pouvoit se dispenser de le remercier lui-même des libéralités qu'il répandoit de temps en temps sur ses missions et de la protection qu'il leur accordoit; mais la parfaite reconnoissance dont il étoit pénétré à cet égard ne le fit jamais sortir des règles de modestie qu'il s'étoit prescrites, et ses remercîmens passoient toujours par le même canal par où les grâces lui venoient.

M. le maréchal de Luxembourg[1], que sa valeur et ses victoires ont rendu si célèbre dans l'Europe, avoit pour le père Verjus une confiance qu'on peut dire qu'il n'a jamais eue pour personne. Quoique peut-être plus occupé de sa propre gloire et de celle de l'état que du soin de son salut, il conservoit pourtant en son cœur des principes de religion qui lui faisoient estimer la vertu et qui le portoient quelquefois à rentrer en lui-même. Il s'en est souvent expliqué à ce père, qui ne désespéroit pas de le voir un jour aussi vif et aussi ardent pour Dieu qu'il l'avoit été pour le monde. Mais ce fut particulièrement dans une de ces conjonctures où il est si avantageux de trouver un homme sage et affectionné sur qui on puisse compter qu'il lui marqua la confiance intime qu'il avoit en lui. Avant que de faire une démarche qui pouvoit avoir de grandes suites pour sa personne, il voulut l'entretenir et lui ouvrir sa conscience; il souhaita même avoir son avis sur un mémoire important qu'il préparoit et qui devoit être présenté au roi. Cette confiance ne diminua pas dans la suite, elle a continué jusqu'à la mort, et le père Verjus s'en servoit toujours pour lui inspirer des sentimens chrétiens.

Il n'est pas nécessaire de vous rien marquer en détail sur la considération que le révérend père de La Chaize avoit pour le père Verjus et sur la confiance qu'il lui a témoignée : vos missions en ont trop ressenti les effets pour qu'aucun de vous puisse l'ignorer. Comme il lui connoissoit des vues droites et désintéressées, et un zèle très-ardent et plein de sagesse pour l'avancement de la religion, il se servoit volontiers de lui dans les affaires qui pouvoient se communiquer et particulièrement pour écrire une grande partie des lettres à quoi l'engageoit la multitude des affaires dont il étoit chargé; il entroit aussi avec plaisir dans tous les desseins que le père Verjus lui proposoit pour le bien de ses chères missions et les appuyoit de son crédit.

En voilà assez, mes révérends pères, pour vous faire connoître les sentimens qu'on avoit dans le monde pour le père Verjus. D'autres, mieux informés des particularités de sa vie, trouveront peut-être que j'ai omis bien des choses qui auroient pu servir à relever son mérite; mais je les prie de considérer que ce sont des secrets qui ont à peine échappé à son extrême confiance pour ses plus intimes amis et qu'il eût ensevelis avec lui s'il les eût cru capables de les révéler au public.

Je passe à la considération qu'on eut toujours pour lui dans son ordre. Les généraux qui ont gouverné de son temps l'ont toujours regardé comme un homme solide et extrêmement attaché aux véritables intérêts de son corps, qu'il ne séparoit jamais de ceux de l'Église. Ils prenoient volontiers ses avis, ils entroient avec plaisir dans ses vues, ils admiroient son zèle et respectoient sa vertu. Les supérieurs de Paris eussent bien souhaité, pour sa conservation, qu'il eût modéré son travail; cependant, dans cet excès même qu'ils ne pouvoient approuver, ils donnoient des éloges continuels à ses bonnes intentions, à sa tendre piété et à sa profonde humilité. Mais quelle idée n'en avoient point les particuliers qui étoient avec

---

[1] François-Henri de Montmorency, duc de Piney et de Luxembourg, pair et maréchal de France, mort à Versailles le 4 janvier 1695.

heureux pour vivre avec lui? Ils y ont trouvé non-seulement un fonds d'édification, mais encore une ressource assurée dans leurs affaires. Malgré la multitude de ses occupations, il étoit toujours prêt à les recevoir et à s'employer pour leur service; il ne ménageoit pour les contenter ni sa peine ni son crédit, et les jésuites étrangers étoient si convaincus de sa générosité qu'ils s'adressoient à lui comme s'il eût été à Paris le procureur de toutes les provinces.

Vous jugerez par là, mes révérends pères, de ce qu'il pouvoit être pour ses amis. Personne n'en a eu un plus grand nombre, et personne peut être n'a mieux su les cultiver et n'a plus mérité leur attachement. Il n'attendoit pas qu'ils s'ouvrissent à lui dans leurs besoins, il y pensoit le premier, et il se faisoit un plaisir de les prévenir. Quelque bons offices, au reste, qu'il eût rendus, il ne souffroit qu'avec peine qu'on lui en témoignât de la reconnoissance, et il disoit ordinairement que c'étoit lui faire plaisir que de lui donner occasion d'en faire aux autres.

Il est temps, mes révérends pères, que je reprenne la suite de sa vie et que je vous parle de ce qui en a fait et la plus longue et la plus douce occupation. Le procureur des missions du Levant étant mort, pour le remplacer on jeta les yeux sur le père Verjus; il reçut cet emploi non-seulement comme une disposition de la Providence, mais encore comme un dédommagement de la perte qu'il croyoit avoir faite en demeurant en France. Par là il se trouvoit continuellement occupé de ce qui étoit le plus capable de nourrir son zèle; et au lieu qu'en devenant missionnaire, il auroit été borné à une Église et à une province, par ce nouvel emploi il étoit chargé de la conversion de plusieurs royaumes. Aussi ne regarda-t-il pas cette occupation comme un temps de repos; il fut même d'abord persuadé qu'une santé plus forte que la sienne étoit nécessaire pour en remplir toutes les obligations, et il compta moins sur son courage que sur les secours de la Providence.

Ces missions manquoient alors, en plusieurs endroits, d'ouvriers faute d'un revenu suffisant pour les entretenir; et la piété des fidèles s'étant refroidie, on étoit contraint d'abandonner sans instruction un grand nombre de schismatiques. Mais le père Verjus fit bientôt changer de face à ces nouvelles Églises: il les augmenta en peu de temps d'un grand nombre d'établissemens; il les pourvut de ministres qu'il prit dans toutes nos provinces, et au lieu que ses prédécesseurs étoient obligés de refuser la plupart de ceux qui se présentoient, il se plaignoit toujours de n'en pas avoir assez. On fut surpris de sa conduite, et les supérieurs lui demandoient souvent: « *Unde ememus panes ut manducent hi* [1]. Où trouverez-vous de quoi entretenir un si grand nombre de missionnaires? » A quoi il répondoit que nous devions craindre de manquer à la Providence, mais qu'il ne falloit jamais appréhender que la Providence nous manquât. Il ajoutoit aussi que ce n'étoit pas les aumônes qui nous donnoient de bons missionnaires, mais que les bons missionnaires nous procuroient infailliblement des aumônes, selon cette parole de Jésus-Christ: « Cherchez premièrement le royaume de Dieu, et le reste vous sera donné [2]. »

Aussi la crainte de manquer d'argent n'empêcha jamais le père Verjus d'entreprendre une bonne œuvre: alors il empruntoit hardiment de grosses sommes, et ne craignoit point de faire de nouvelles dettes dès qu'il le jugeoit nécessaire au salut du prochain. L'expérience qu'il avoit que Dieu ne se laissoit jamais vaincre en libéralité animoit chaque jour sa confiance. Il écoutoit froidement les avis de ceux qui trouvoient de la témérité dans ses desseins, ou bien il leur disoit en souriant: « *Arcæ meæ confidito*. Comptez sur mes fonds. » Ce qu'il entendoit de ces fonds inépuisables du père de famille, dont les ouvriers sont toujours récompensés au centuple.

Non-seulement le ciel bénissoit d'une manière particulière les saintes entreprises du père Verjus par les grandes aumônes qu'il lui ménageoit dans ses besoins, mais beaucoup plus encore par la multitude d'excellens sujets qui se présentoient à lui de toutes parts: le nombre en étoit si grand que si on eût abandonné les jeunes jésuites à leur ferveur et au zèle du père Verjus, nos autres missions et je peux dire même nos collèges auroient été dépeuplés. Ce n'est pas que le père, en les invitant à entrer dans la vigne du Seigneur, leur proposât rien qui pût tant soit peu flatter la na-

---

[1] Joan., chap. 6, vers. 5.
[2] Mathieu, chap. 6, vers. 33.

ture ou la curiosité. Vous le savez, mes révérends pères, bien loin de leur cacher les croix qui se trouvent comme répandues et comme semées dans les voies de l'apostolat, il affectoit, ce semble, d'en augmenter le nombre; il ne leur parloit que de ce qu'ils avoient à souffrir de la faim, de la soif, des naufrages, des persécutions, du martyre : « Ce n'est pas, écrivoit-il à l'un d'eux, au Thabor que Jésus vous appelle, c'est au Calvaire, c'est à la mort. Souvenez-vous, mon cher père, qu'un apôtre meurt à tout moment. Il ne faut pas vous cacher les difficultés à vous-mêmes; elles sont grandes, et la charité ordinaire n'est pas assez forte pour les surmonter. Mais la charité de Jésus-Christ qui vous presse augmentera sans doute la vôtre. L'exemple de vos frères vous animera, et vous vous trouverez, comme je l'espère de la miséricorde de Dieu, rempli de joie et de consolation dans vos travaux. »

Il s'expliquoit à un autre en cette manière : « Je suis touché, mon révérend père, jusqu'à verser des larmes en lisant dans votre dernière lettre tout ce qu'il a plu à Dieu vous inspirer pour la conversion des infidèles. Il ne faut pas un courage moins grand que le vôtre pour entreprendre de si grandes choses. Mais soyez néanmoins persuadé que tout ce que vous vous représentez dans la ferveur de vos prières est beaucoup au-dessous de ce que vous éprouverez. Donnez à votre zèle autant d'étendue que vous pourrez, la Providence vous donnera encore des croix que vous n'avez pas prévues; mais cela même vous doit animer. Le disciple n'est pas de meilleure condition que le maître, et nous ne mériterions pas d'être à la suite de Jésus-Christ si nous ne portions comme lui une pesante croix. »

Toutes ses lettres et tous ses discours étoient pleins de ces sentimens, et il ne pouvoit souffrir qu'en écrivant à ceux qui se présentent pour les missions, on parlât de certains petits adoucissemens qu'on trouve quelquefois dans un pays plutôt que dans un autre. Il étoit au contraire persuadé que plus une mission est dure, fatigante, laborieuse, plus on trouve de jésuites qui veulent s'y consacrer; et il disoit avec esprit qu'il en étoit d'un apôtre comme d'un bon général d'armée, qui dans le combat se porte toujours où il voit le plus grand feu.

Ce n'est pas que dans la pratique il négligeât rien de ce qui pouvoit adoucir la vie pénible de ses missionnaires : il les aimoit avec une tendresse de père, il compatissoit à toutes leurs souffrances, et jamais il ne recevoit de leurs lettres sans les mouiller de ses larmes, surtout quand il y trouvoit les signes de leur apostolat, je veux dire des croix et des afflictions.

Lorsqu'ils étoient sur le point de partir, il pourvoyoit à leurs besoins au delà même de leurs désirs; il employoit tout son crédit pour leur procurer dans les ports de mer la protection des intendans et l'amitié des capitaines. Il avoit partout des relations, en Portugal, en Angleterre, en Hollande, à Constantinople, en Perse et dans les Indes, pour les pourvoir plus sûrement d'argent et des autres choses nécessaires. Enfin il se croyoit d'autant plus obligé de contribuer même à leurs commodités qu'il les trouvoit plus ardens à souffrir tout pour Jésus-Christ.

Vous avez vous-mêmes, mes révérends pères, mille fois éprouvé sa charité, et vous pourriez mieux que moi dire jusqu'où alloient sur cela ses saintes inquiétudes. Quoique nous en ayons vu ici une infinité d'exemples édifians, il y en a bien d'autres qui nous ont échappé, et il faudroit vous entendre chacun en particulier pour les connoître parfaitement.

Le père Verjus n'avoit pas moins d'estime que de tendresse pour ses chers missionnaires, et il n'y en avoit aucun parmi eux qu'il ne regardât avec respect et dont il n'admirât la vertu et le mérite. Si leurs voyages n'étoient pas heureux, si dans le compte qu'ils lui rendoient de leurs entreprises, il ne trouvoit pas que les progrès répondissent à ses espérances, s'il s'élevoit quelque persécution, il n'en rejetoit jamais la faute sur eux : à l'entendre parler, c'étoit toujours à lui qu'il falloit s'en prendre, et en ces occasions il disoit ordinairement : « Je vois bien que je gâte tout, et que par mes péchés j'arrête l'œuvre de Dieu. »

Comme les gens de bien n'ont pas toujours les mêmes vues dans le service du Seigneur, il est quelquefois arrivé que les missionnaires d'un pays se plaignoient qu'on négligeoit leur mission pendant qu'on sembloit ne songer qu'à étendre les autres, et ils écrivoient même sur ce sujet des lettres assez vives, que la vue des besoins véritables où se trouvoient les peuples dont ils étoient chargés leur arrachoit. Le père Verjus, loin de les condamner, louoit toujours leur zèle; il leur représentoit ses raisons, le malheur des temps, l'état peu favorable de ses affaires; il tâchoit surtout de les bien convaincre de sa bonne volonté, et il faisoit tous ses efforts pour les consoler. Dans les temps les plus difficiles, il ne perdoit jamais courage, et bien loin de se rebuter pour les difficultés que la malice des hommes ou l'ennemi commun faisoit naître, il se fortifioit, si je l'ose dire, à mesure qu'il se sentoit foible, et une entreprise manquée étoit pour lui une raison d'en former une autre.

Il faut pourtant avouer que le père Verjus eut d'abord quelque peine à entreprendre les nouveaux établissemens qui se sont faits par les jésuites françois aux Indes et à la Chine; il en prévit les difficultés, sachant surtout les différends qui étoient alors entre la cour de Rome et celle de Portugal au sujet des vicaires apostoliques et des évêques françois que la sacrée congrégation avoit nommés et qui avoient obtenu une pleine juridiction en ce pays-là contre les priviléges que le roi de Portugal soutenoit lui avoir été autrefois accordés. Il vit bien qu'il seroit difficile, quelques mesures qu'on prît, de concilier des intérêts si différens et de contenter en même temps les évêques portugais déjà établis dans les Indes et les évêques françois qui s'y établissoient de nouveau, les uns et les autres prétendant qu'on devoit absolument dépendre d'eux. Cependant, comme c'étoit par les ordres exprès du roi que devoient partir les six premiers jésuites qui allèrent à la Chine en qualité de mathématiciens de sa majesté, il crut qu'étant appuyés d'une si puissante protection, ils pourroient se ménager avec les uns et les autres et qu'on auroit même des égards pour eux jusqu'à ce que les contestations de la couronne de Portugal avec la sacrée congrégation eussent été réglées, et il se rendit enfin aux ordres réitérés qui lui furent donnés sur cela par M. le marquis de Louvois. Il est vrai que, quand il eut une fois pris son parti, il mit en œuvre tout ce que son zèle put lui suggérer pour soutenir et pour avancer cet ouvrage, malgré les obstacles et les persécutions par où le démon traverse ordinairement toutes les entreprises qui regardent la gloire de Dieu, et qui, comme vous savez et comme vous l'avez peut-être éprouvé vous-mêmes, n'ont pas manqué dans celle-ci.

Il ne se contenta pas des moyens ordinaires que lui donnoit la France pour faire passer des ouvriers dans les Indes, il chercha à s'ouvrir de nouveaux chemins par la Pologne, par la Perse et par la mer Rouge. L'Angleterre même, quoique en guerre avec nous, lui donna quelquefois la facilité de faire passer des missionnaires sur ses vaisseaux, et nous devons savoir gré à la compagnie royale de Londres des bons offices qu'elle nous a rendus à cet égard. Ainsi on vit en peu de temps nos missionnaires répandus dans les royaumes de Siam, de Maduré, de Malabar, de Bengale, de Surate, du Tonkin et de la Chine. Ces succès devoient assurément borner le zèle du père Verjus, mais il assuroit qu'il ne mourroit point content qu'il n'eût au moins établi cent jésuites françois en Orient; et si ses souhaits n'ont pas été entièrement accomplis, il s'en est peu fallu.

On ne sauroit assez admirer comment en si peu d'années le père Verjus put trouver des fonds suffisans pour fournir à tant de nouveaux établissemens, surtout lorsqu'on sait jusqu'où alloit son désintéressement et combien il étoit éloigné de ces vues basses où la conscience et l'honneur peuvent le moins du monde être intéressés. Il pressoit les personnes zélées, autant qu'il lui étoit possible, de contribuer à une si sainte œuvre; il tâchoit de les y porter par ses discours, par ses lettres, par ses amis et par les autres moyens que peut découvrir une piété ingénieuse; mais s'il pouvoit s'apercevoir que dans les dons et les aumônes qu'on lui faisoit, il entrât quelque autre vue que le désir de glorifier Dieu, c'en étoit assez pour l'obliger à les refuser.

Bien des gens seroient encore en état présentement de rendre témoignage à la vérité, et je pourrois citer moi-même plusieurs exemples dont j'ai eu connoissance et qui en seroient une preuve honorable à sa mémoire, mais je me contenterai d'en rapporter un très-édifiant et propre à faire connoître son caractère.

Un père de famille qui avoit un bien très-considérable, se trouvant au lit de la mort et voulant songer à sa conscience, fit appeler le père Verjus pour se confesser; il n'avoit aucune habitude avec lui, et sa seule réputation l'avoit porté à lui donner cette marque de confiance. Le malade commença par lui dire qu'il avoit dessein d'abandonner tout son bien à notre compagnie. Le père Verjus écouta froidement la proposition, et sans passer plus avant, il voulut savoir si le mourant ne laissoit point d'enfans dans le monde. Cet homme, qui paroissoit accablé de son mal, se réveilla alors tout d'un coup ; et comme si la colère lui eût donné de nouvelles forces, il s'emporta si violemment contre les déréglemens de son fils et il en fit un portrait si affreux que le père Verjus jugea d'abord qu'il y avoit dans le père plus d'animosité que de raison.

Cependant pour ne pas révolter un esprit irrité, il s'étendit en général sur la mauvaise conduite des enfans, qui s'attirent souvent la juste indignation de leurs parens ; il le loua ensuite de ce que, contre la coutume de quelques pères, il ne s'étoit point aveuglé sur les défauts de son fils. Mais quand, après un long discours, il s'aperçut que le malade lui donnoit volontiers son attention : « Après tout, monsieur, lui dit-il, l'action que vous allez faire mérite beaucoup de réflexion. Vous devez bientôt paroître devant Dieu, et il ne sera plus temps alors de réparer le tort que vous faites à votre fils si par hasard il se trouve moins coupable que vous ne vous l'êtes imaginé. Vous ne voudriez pas mourir chargé de la moindre injustice à l'égard de votre plus cruel ennemi : combien plus devez-vous appréhender d'ôter injustement le bien et l'honneur à la personne du monde qui vous doit être la plus chère ! Je ne veux point croire que ce jeune homme soit tout à fait innocent, puisque vous l'accusez vous-même ; mais je n'ose aussi le juger digne d'une punition si sévère, jusqu'à ce qu'on lui ait donné le temps de justifier sa conduite. Au reste, monsieur, l'aigreur, la colère et l'emportement ne sont pas de bonnes dispositions pour se préparer à mourir. Faites venir votre fils, parlez-lui en père et non pas en ennemi ; écoutez tranquillement ses excuses, et faites ensuite ce que la raison, l'amour paternel et la religion vous inspireront. Mais quelque parti que vous preniez après cela pour disposer de vos biens, jetez les yeux sur toute autre personne que sur les jésuites ; et pour moi, quelque ardeur que j'aie pour l'établissement de mes missions, vous pouvez compter que mon zèle ne servira jamais de prétexte ni à la vengeance d'un père ni à la ruine d'un fils. »

Ce discours, que le père Verjus étendit avec une éloquence vraiment chrétienne, eut tout l'effet qu'il s'étoit proposé. Le malade appela son fils, lui parla avec plus de modération, l'écouta et le jugea moins criminel ; de sorte qu'en peu d'heures, leur réconciliation fut si parfaite qu'elle fut suivie de larmes et de mille marques d'une tendresse réciproque.

Le jeune homme, dans la suite, ne pouvoit s'exprimer assez vivement sur les obligations qu'il reconnoissoit avoir à un homme qui, sans le connoître et en quelque sorte contre ses propres intérêts, lui avoit rendu un service si essentiel ; et il disoit souvent que s'il lui eût été permis de révéler certains secrets de famille qu'il devoit prudemment ensevelir avec son père, le monde connoîtroit, dans la personne du père Verjus, jusqu'où peut aller la sagesse, la bonté et le désintéressement d'un confesseur.

Lorsqu'on le louoit de ce détachement, il répondoit agréablement qu'il n'y avoit que deux choses qui pouvoient enrichir ses missions, recevoir peu et avec discrétion, et dépenser beaucoup et avec libéralité ; ce qu'il expliquoit de cette manière : « Je suis persuadé, disoit-il, qu'il y a certains biens qui appauvrissent au lieu d'enrichir. Ce qui nous vient de la passion, de l'intérêt, de la cupidité ne sert jamais à avancer la gloire de Dieu. J'aime mieux, pour nourrir tous les ministres de l'Évangile, ce petit nombre de pains que Jésus-Christ bénit dans le désert que toutes les richesses qui ne seroient ni données ni reçues dans un esprit de charité et de zèle : l'un croît toujours et se multiplie même au delà de nos besoins ; l'autre périt sans aucun fruit ou ne sert qu'à une vaine ostentation. Cela même nous doit inspirer une grande foi et une sainte prodigalité : car lorsqu'on dispense avec confiance à ses ministres le peu qui vient de Dieu et que lui-même a béni, comme les apôtres faisoient aux peuples qui suivoient Jésus-Christ, le ciel fait alors des miracles en notre faveur, et l'abondance suit de près notre pauvreté. » Le père Verjus ne regardoit pas ces maximes comme des idées de pure spéculation, il en faisoit la règle ordinaire de sa conduite; aussi tout sembloit naître sous sa main dès qu'il étoit dans le besoin, et la Providence lui fournissoit à point nommé tous les secours nécessaires.

C'est par là que les missions dont il eut soin s'étendirent dans la plus grande partie du monde. Lorsqu'il en fut chargé, il avoit commencé, si je puis m'exprimer ainsi, à être, comme un père de famille, borné à un petit nombre d'enfans, et il devint en peu d'années le père de plusieurs nations. Quelque plaisir qu'il eût de voir les grands succès que le ciel donnoit à ses travaux, il connut bien qu'un seul homme ne pouvoit plus remplir un emploi qu'il avoit rendu si pénible; il crut donc qu'il étoit temps de le partager, et il demanda instamment aux supérieurs, pour être le compagnon de son zèle, une personne pour qui depuis longtemps il avoit une véritable estime[1]. Il lui remit le soin de toutes les missions du Levant, c'est-à-dire de Constantinople, de Grèce, de Syrie, d'Arménie et de Perse, et il se borna à celles des Indes orientales et de la Chine. Mais son grand âge et ses infirmités continuelles ayant, quelque temps après, diminué considérablement ses forces, il se crut enfin obligé de se décharger entièrement et de se donner encore un second successeur[2] dans cette portion qu'il s'étoit réservée.

Ce fut alors qu'étant débarrassé de ses occupations extérieures, il s'occupa tout entier du soin de sa perfection. Il goûta sa liberté et sa solitude, non pas tant parce qu'elles lui procuroient du repos que parce qu'elles lui donnoient le temps de travailler uniquement pour lui-même : la prière, la mortification, la lecture de l'Écriture sainte partagèrent tout son temps. Il s'occupoit sans cesse des pensées de la mort, et il en parloit si souvent dans ses discours et dans ses lettres qu'il sembloit n'être attentif qu'à cette parole de l'apôtre : « *Quotidie morior.* » Cette pensée lui devint encore plus familière depuis un accident qui lui arriva à Fontainebleau, où il tomba tout à coup sans connoissance et avec des symptômes qui le menaçoient d'une mort subite.

Il regarda cette chute comme un avertissement de ce qui devoit bientôt lui arriver; il en remercia Dieu comme d'une grâce singulière, et il sentit de nouveaux désirs d'être bientôt en état de s'aller unir avec Jésus-Christ. Mais cette pensée de la mort, qui avoit fait d'abord sa plus douce consolation, devint pour lui dans la suite la source d'une épreuve pénible et humiliante; à force d'y penser, il en craignit les suites, et il ne pouvoit l'envisager sans trouble. Ce n'étoit dans son âme qu'inquiétudes, que dégoûts, que ténèbres : une foule de pensées se succédoient les unes aux autres pour le tourmenter. Il se reprochoit cent fois le jour le retardement des progrès de l'Évangile comme s'il en eût été effectivement la cause. Des vapeurs auxquelles il avoit été de temps en temps sujet et qui devinrent alors presque continuelles, et une fâcheuse insomnie jointe à la délicatesse de sa conscience, contribuèrent à ces agitations de son esprit; et Dieu, par ces peines, voulut sur la fin de sa vie exercer sa patience et purifier son âme.

Au milieu de ces inquiétudes, il conserva toujours néanmoins dans son cœur une solide confiance en la miséricorde divine; et quoiqu'elle n'eût rien de cette douceur sensible qui produit le calme et la paix, elle avoit toute la force qui fait accepter avec soumission et même avec action de grâces tout ce qui nous vient de la main de Dieu. Le trouble dont il fut agité pendant près de deux ans avoit pourtant ses intervalles, et la dernière année de sa vie il recouvra entièrement la paix. Mais comme il craignoit qu'une longue maladie ne le plongeât en son premier état, il pria Dieu de lui accorder un genre de mort qui ne l'exposât point à de semblables alarmes, et il se tenoit si sûr de l'obtenir que, quelques mois avant de mourir, il ne se séparoit jamais de ses amis sans leur dire le dernier adieu. Il mourut en effet presque subitement le 16 du mois de mai 1706, à quatre heures du matin, dans la soixante et quatorzième année de son âge, étouffé par son asthme, dont les accès étoient devenus très-fréquens et très-violens.

Jamais mort, quelque subite qu'elle parût, ne fut moins imprévue que la sienne. Il s'y étoit préparé par l'innocence de sa vie, par la pratique constante des vertus religieuses, par de continuelles méditations sur la vanité du monde, par un travail infatigable pour avancer la gloire de Dieu, par un pressentiment intérieur qui l'obligeoit à se tenir toujours prêt à aller paroître devant lui.

Nous avons, mes révérends pères, tous les sujets de croire qu'il étoit mûr pour le ciel, et que Dieu ne l'a retiré de ce monde que pour le récompenser avec un grand nombre de saintes âmes à qui il avoit procuré par ses travaux le bonheur éternel. Mais comme le père des lumières découvre souvent des taches dans ce qui paroît aux yeux des hommes le plus pur

---

[1] Le révérend père Fleuriau.
[2] Le révérend père Magnan, qui mourut à Versailles le 15 décembre 1705.

et le plus parfait, vous devez joindre vos prières aux nôtres pour hâter dans l'autre vie, s'il étoit nécessaire encore, le repos à un homme qui dans celle-ci a sacrifié tout le sien pour vous. Permettez-moi d'ajouter que ses religieux exemples nous laissent encore une autre obligation, et que nous ne pouvons nous représenter ce qu'il a fait sans penser à ce que nous devons faire nous-mêmes.

A considérer les grandes qualités que la nature, l'éducation et la grâce avoient réunies dans la personne du père Verjus, il semble qu'on ne puisse guère espérer de lui ressembler parfaitement ; il est pourtant vrai qu'il se trouve peu de personnes parmi nous plus propres à nous servir de modèle. Avec un esprit élevé et toujours rempli de grands desseins, mais qui ne regardoient jamais que la gloire de Dieu, personne ne s'abaissoit plus volontiers que lui à tout ce que la vie religieuse a de plus simple et de plus commun. Comme il aimoit la retraite, il aimoit aussi la régularité, et il gémissoit souvent de ce que ses occupations, ses voyages, ses visites et ses infirmités l'obligeoient quelquefois à se dispenser de certaines observances ; car pour la prière, la lecture des livres spirituels, l'exactitude à réciter en son temps l'office divin, à célébrer chaque jour les divins mystères et à se confesser régulièrement deux fois la semaine, rien n'a été capable de le déranger sur cela un seul moment.

Sa mortification n'a pas été une de ses moindres vertus. Il regardoit les croix comme son partage, et il les aimoit comme la plus précieuse portion de l'héritage de Jésus-Christ. Quoiqu'il eût un air toujours gai et content et que la tranquillité de son esprit se fît remarquer dans sa conduite et dans ses entretiens, il a passé presque toute sa vie dans les souffrances : son mal de poitrine le fit languir dans sa jeunesse, un asthme succéda à cette langueur, ensuite il fut tourmenté par des migraines violentes, enfin des fluxions sur toutes les parties du corps et des vapeurs très-fâcheuses achevèrent de ruiner sa santé. Il ne goûtoit aucuns des plaisirs innocens que les personnes même les plus spirituelles se permettent quelquefois ; et si quelque chose étoit capable de lui donner de la joie, c'étoit de penser que ses infirmités lui tiendroient peut-être lieu de purgatoire. C'est ainsi qu'il s'expliquoit dans ses plus grandes peines. Au lieu de prendre après le repas, selon notre coutume, un peu de relâche dans la conversation, il se retiroit ordinairement en sa chambre pour écrire ou pour prier ; il dormoit très-peu et étoit souvent obligé de passer une partie de la nuit sans se coucher.

Il recevoit surtout avec plaisir toutes les incommodités qui accompagnent la pauvreté de notre état. Non-seulement il fuyoit avec soin tout ce qui auroit eu parmi nous quelque air de singularité, mais dans les choses même les plus communes il se négligeoit jusqu'à paroître quelquefois choquer la bienséance. Pour les présens qu'on lui vouloit faire, il les refusoit constamment et disoit même ordinairement, pour se défendre de les recevoir, qu'il n'en connoissoit pas l'usage. M. de Crécy, son frère, plus attentif qu'un autre à ses besoins, lui envoya un jour une table commode pour écrire, dont il jugea que le religieux le plus austère pouvoit sans peine se servir ; le père la trouva trop propre, et M. le comte de Crécy fut obligé de la reprendre. Une autre fois il le pria d'accepter un fauteuil de maroquin tout uni, parce qu'il sut qu'il passoit la plus grande partie de la nuit sur une mauvaise chaise de paille ; il le refusa avec la même fermeté que le reste ; et comme malgré sa résistance on ne laissa pas de le mettre auprès de son lit : « Ce sont là, dit-il en riant, les armes de Saül, qui ne sont pas bonnes pour David. » En effet, il ne put jamais se résoudre de s'y asseoir une seule fois ; et de peur de le chagriner, on le fit porter dans la chambre des malades.

Plusieurs personnes qui avoient éprouvé sur ce point sa délicatesse lui envoyèrent, sans se nommer, diverses choses qui pouvoient être de quelque utilité pour sa santé ou pour son soulagement ; mais on sut que l'usage qu'il en faisoit étoit de les envoyer à l'hôpital, et il arrêta bientôt par là le cours de ces libéralités.

Il semble qu'il eût perdu le goût, tant il étoit indifférent pour tout ce qu'on lui présentoit à manger. Il commençoit sans réflexion par le fruit ou par quelque autre mets que ce fût, selon que le hasard le déterminoit. Jamais il ne s'est plaint de la qualité des viandes, et ne trouvoit rien de mauvais, parce qu'il croyoit que tout étoit bon pour un pauvre.

Quoiqu'il fût très-sensible au froid, il eut bien de la peine à souffrir qu'on lui fît du feu dans sa chambre, et pour l'y obliger, il fallut un ordre exprès du père général, qui en fut sollicité par une personne de la première distinction ; encore en usa-t-il si modérément qu'il sembloit plutôt en faire pour obéir que pour se chauffer. Et lorsque ses amis lui représentoient qu'il n'étoit pas de la bienséance de paroître faire usage de ces sortes d'épargnes, surtout lorsque des cardinaux, des évêques et d'autres personnes d'un rang distingué lui faisoient l'honneur de le visiter dans sa chambre, il disoit qu'au contraire un peu d'avarice ne sied pas mal à un religieux ; que les grands du monde n'ignorent pas entièrement les engagemens de notre pauvreté et que, quand ils ont assez d'humilité pour descendre jusqu'à nous, ils doivent bien s'attendre à partager un peu avec nous les incommodités de notre état.

Il joignoit à cette parfaite mortification une sincère humilité. Malgré l'estime universelle où il étoit, il avoit de très-bas sentimens de lui-même, et ces sentimens paroissoient dans la manière dont il s'exprimoit lorsqu'il étoit obligé de parler de lui. Il n'aimoit ni les louanges ni la flatterie, et il eût voulu paroître n'avoir part à rien, si ce n'est, comme je l'ai déjà marqué, pour se donner le blâme de tout ce qui tournoit mal. Il traitoit les autres au contraire avec des manières pleines d'estime et de respect et trouvoit toujours lieu de leur dire des choses obligeantes.

Le mépris qu'il faisoit de l'approbation et des louanges des hommes sur ce qui le regardoit personnellement ne l'empêchoit pas d'être vif lorsqu'il s'agissoit de la réputation de ses amis ou de l'honneur de ses missions. Son zèle s'allumoit alors et le rendoit ardent à les défendre, mais c'étoit toujours d'une manière qui ne lui faisoit rien perdre de sa douceur naturelle et en gardant les règles les plus exactes de la charité chrétienne ; car il avoit sur ce point une extrême délicatesse de conscience, et il n'est point de moyen dont il ne se servit pour éviter toutes les contestations qui pouvoient altérer cette vertu. Si cependant, malgré les précautions qu'il pouvoit prendre, on attaquoit injustement des personnes dont il devoit soutenir l'honneur et les intérêts, il n'épargnoit aussi ni ses soins ni son travail pour faire en sorte que le public fût instruit de la vérité et rendît enfin justice au mérite. C'est lui, comme vous savez, qui engagea un de nos meilleurs écrivains à réfuter les atroces calomnies dont quelques hérétiques avoient voulu noircir les nouveaux chrétiens de l'Orient en décriant le zèle de ceux qui avoient travaillé à leur conversion. C'est aussi particulièrement à sa prière que, dans les dernières disputes sur les cérémonies chinoises, qui ont fait tant de bruit en Europe, d'autres se sont employés à éclaircir la vérité. Vous pouvez juger combien il dut être sensible à tout ce qui se passa dans cette affaire ; et si on pouvoit vous instruire en détail de la manière dont il s'y comporta, il n'en faudroit pas davantage pour faire son éloge.

Afin de conserver encore plus longtemps la mémoire d'un homme qui vous doit être si cher, on a fait graver son portrait. Les traits, qui en sont assez bien pris, vous retraceront aisément l'air de son visage ; mais ils ne pourront vous bien représenter la pénétration et la vivacité de son esprit, beaucoup moins encore toute la bonté de son cœur et les autres qualités de son âme, qui ont fait dire à tous ceux qui l'ont connu que le père Verjus étoit un bon ami, un parfait honnête homme et un très-saint religieux. Je suis avec tout le respect possible, etc.

LETTRE DU P. BOUCHET,

MISSIONNAIRE DE MADURÉ ET SUPÉRIEUR DE LA NOUVELLE MISSION DE CARNATE,

A L'ANCIEN ÉVÊQUE D'AVRANCHES.

Croyances des Indiens comparées à celles des Hébreux.

Monseigneur,

Les travaux d'un homme apostolique dans les Indes orientales sont si grands et si continuels qu'il semble que le soin de prêcher le nom de Jésus-Christ aux idolâtres et de cultiver les nouveaux fidèles soit plus que suffisant pour occuper un missionnaire tout entier. En effet, dans certains temps de l'année, bien loin d'avoir le loisir de s'appliquer à l'étude, à peine a-t-on celui de vivre, et souvent le missionnaire est forcé de prendre sur le repos de la nuit le temps qu'il doit donner à la prière et aux autres exercices de sa profession.

Cependant, monseigneur, dans quelques autres saisons, nous nous trouvons assez en liberté pour pouvoir nous délasser de nos travaux par quelque sorte d'étude. Notre soin alors est de rendre nos délassemens mêmes utiles à notre sainte religion : nous nous instruisons dans cette vue des sciences qui ont cours parmi les idolâtres à la conversion desquels nous travaillons, et nous nous efforçons de trouver jusque dans leurs erreurs de quoi les convaincre de la vérité que nous venons leur annoncer.

C'est dans ce temps où les occupations attachées à mon ministère m'ont laissé quelque loisir que j'ai approfondi autant qu'il m'a été possible le système de religion reçu parmi les Indiens. Ce que je me propose dans cette lettre, monseigneur, est seulement de vous mettre devant les yeux et de rapprocher les unes des autres quelques conjectures qui sont, ce me semble, capables de vous intéresser : elles vont toutes à prouver que les Indiens ont tiré leur religion des livres de Moïse et des prophètes, que toutes les fables dont leurs livres sont remplis n'y obscurcissent pas tellement la vérité qu'elle soit méconnoissable, et qu'enfin, outre la religion du peuple hébreu, que leur a apprise, du moins en partie, leur commerce avec les Juifs et les Égyptiens, on découvre encore parmi eux des traces bien marquées de la religion chrétienne, qui leur a été annoncée par l'apôtre saint Thomas, par Pantœnus et plusieurs autres grands hommes dès les premiers siècles de l'Église.

Je n'ai point douté, monseigneur, que vous n'approuvassiez la liberté que je prends de vous adresser cette lettre. J'ai cru que des réflexions qui peuvent servir à confirmer et à défendre notre sainte religion devoient naturellement vous être présentées. Vous y prendrez plus de part que personne après avoir démontré, comme vous l'avez fait, la vérité de notre foi par la plus vaste érudition et par la plus exacte connoissance de l'antiquité sacrée et profane.

Je me souviens, monseigneur, d'avoir lu dans votre savant livre de la démonstration évangélique que la doctrine de Moïse avoit pénétré jusqu'aux Indes. Votre attention à remarquer dans les auteurs tout ce qui s'y rencontre de favorable à la religion vous a fait prévenir une partie des choses que j'aurois à vous dire. J'y ajouterai donc seulement ce que j'ai découvert de nouveau sur les lieux par la lecture des plus anciens livres des Indiens et par le commerce que j'ai eu avec les savans du pays.

Il est certain, monseigneur, que le commun des Indiens ne donne nullement dans les absurdités de l'athéisme. Ils ont des idées assez justes de la Divinité, quoique altérées et corrompues par le culte des idoles : ils reconnoissent un Dieu infiniment parfait, qui existe de toute éternité, qui renferme en soi les plus excellens attributs. Jusque-là rien de plus beau et de plus conforme au sentiment du peuple de Dieu sur la Divinité ; voici maintenant ce que l'idolâtrie y a malheureusement ajouté.

La plupart des Indiens assurent que ce grand nombre de divinités qu'ils adorent aujourd'hui ne sont que des dieux subalternes et soumis au Souverain-Être, qui est également le Seigneur des dieux et des hommes : « Ce grand Dieu, disent-ils, est infiniment élevé au-dessus de tous les êtres ; » et cette distance infinie empêchoit qu'il eût aucun commerce avec de foibles créatures. « Quelle proportion en effet, continuent-ils, entre un être infiniment parfait et des êtres créés, remplis comme nous d'imperfections et de foiblesses ? » C'est pour cela même, selon eux, que *Parabaravastou*, c'est-à-dire *le Dieu suprême*, a créé trois dieux inférieurs, savoir : *Brama*, *Vichnou* et *Routren*. Il a donné au premier la puissance de créer, au second le pouvoir de conserver, et au troisième le droit de détruire.

Mais ces trois dieux, qu'adorent les Indiens, sont, au sentiment de leurs savans, les enfans d'une femme qu'ils appellent *Parachatti*, c'est-à-dire *la puissance suprême*. Si l'on réduisoit cette fable à ce qu'elle étoit dans son origine, on y découvriroit aisément la vérité, tout obscurcie qu'elle est par les idées ridicules que l'esprit de mensonge y a ajoutées.

Les premiers Indiens ne vouloient dire autre chose sinon que tout ce qui se fait dans le monde, soit par la création, qu'ils attribuent à Brama, soit par la conservation, qui est le partage de Vichnou, soit enfin par les différens changemens, qui sont l'ouvrage de Routren, vient uniquement de la puissance absolue du Parabaravastou, ou du Dieu suprême. Ces esprits charnels ont fait ensuite une femme de leur Parachatti et lui ont donné trois enfans qui ne sont que les principaux effets de la toute-puissance. En effet *chatti*, en langue indienne, signifie puissance, et *para*, suprême ou absolue.

Cette idée qu'ont les Indiens, d'un être infiniment supérieur aux autres divinités, marque au moins que leurs anciens n'adoroient effectivement qu'un Dieu, et que le polythéisme ne s'est introduit parmi eux que de la manière dont il s'est répandu dans tous les pays idolâtres.

Je ne prétends pas, monseigneur, que cette première connoissance prouve d'une manière bien évidente le commerce des Indiens avec les Égyptiens ou avec les Juifs ; je sais que sans un tel secours, l'auteur de la nature a gravé cette vérité fondamentale dans l'esprit de tous les hommes et qu'elle ne s'altère chez eux que par le dérèglement et la corruption de leur cœur. C'est pour la même raison que je ne vous dis rien de ce que les Indiens ont pensé sur l'immortalité de nos âmes et sur plusieurs autres vérités semblables.

Je m'imagine cependant que vous ne serez pas fâché de savoir comment nos Indiens trouvent expliquée, dans leurs auteurs, la ressemblance de l'homme avec le Souverain-Être. Voici ce qu'un savant brame m'a assuré avoir tiré sur ce sujet d'un de leurs plus anciens livres : « Imaginez-vous, dit cet auteur, un million de grands vases tous remplis d'eau sur lesquels le soleil répand les rayons de sa lumière : ce bel astre, quoique unique, se multiplie en quelque sorte et se peint tout entier en un moment dans chacun de ces vases, on en voit partout une image très-ressemblante. Nos corps sont ces vases remplis d'eau, le soleil est la figure du Souverain-Être, et l'image du soleil, peinte dans chacun de ces vases, nous représente assez naturellement notre âme créée à la ressemblance de Dieu même. »

Je passe, monseigneur, à quelques traits plus marqués et plus propres à satisfaire un discernement aussi exquis que le vôtre. Trouvez bon que je vous raconte ici simplement les choses telles que je les ai apprises. Il me seroit fort inutile, en écrivant à un aussi savant prélat que vous, d'y mêler mes réflexions particulières.

Les Indiens, comme j'ai eu l'honneur de vous le dire, croient que Brama est celui des trois dieux subalternes qui a reçu du Dieu suprême la puissance de créer. Ce fut donc Brama qui créa le premier homme ; mais ce qui fait à mon sujet, c'est que Brama forma l'homme du limon de la terre encore toute récente : il eut à la vérité quelque peine à finir son ouvrage ; il y revint à plusieurs fois, et ce ne fut qu'à la troisième tentative que ses mesures se trouvèrent justes. La fable a ajouté cette dernière circonstance à la vérité, et il n'est pas surprenant qu'un dieu du second ordre ait eu besoin d'apprentissage pour créer l'homme dans la parfaite proportion de toutes les parties où nous le voyons. Mais si les Indiens s'en étoient tenus à ce que la nature et probablement le commerce des Juifs leur avoient enseigné de l'unité de Dieu, ils se seroient aussi contentés de ce qu'ils avoient appris par la même voie de la création de l'homme : ils se seroient bornés à dire, comme ils font après l'Écriture sainte, que l'homme fut formé du limon de la terre toute nouvellement sortie des mains du créateur.

Ce n'est pas tout, monseigneur : l'homme une fois créé par Brama, avec la peine dont je vous ai parlé, le nouveau créateur fut d'autant plus charmé de sa créature qu'elle lui avoit plus coûté à perfectionner. Il s'agit maintenant de la placer dans une habitation digne d'elle.

L'Écriture est magnifique dans la description qu'elle nous fait du paradis terrestre. Les Indiens ne le sont guère moins dans les peintures qu'ils nous tracent de leur *chorcam*. C'est selon eux un jardin de délices où tous les fruits se trouvent en abondance ; on y voit même un arbre dont les fruits communiqueroient l'immortalité s'il étoit permis d'en manger. Il seroit bien étrange que des gens qui n'auroient jamais entendu parler du paradis terrestre en eussent fait, sans le savoir, une peinture si ressemblante.

Ce qu'il y a de merveilleux, monseigneur, c'est que les dieux inférieurs, qui dès la création du monde se multiplièrent à l'infini, n'avoient ou du moins n'étoient pas sûrs d'avoir le privilège de l'immortalité, dont ils se seroient fort accommodés. Voici une histoire que les Indiens racontent à cette occasion ; cette histoire, toute fabuleuse qu'elle est, n'a point assurément d'autre origine que la doctrine des Hébreux et peut-être celle des chrétiens.

« Les dieux, disent nos Indiens, tentèrent toutes sortes de voies pour parvenir à l'immortalité. A force de chercher, ils s'avisèrent d'avoir recours à l'arbre de vie qui étoit dans le chorcam. Ce moyen leur réussit, et en mangeant de temps en temps des fruits de cet arbre, ils se conservèrent le précieux trésor qu'ils ont tant d'intérêt de ne pas perdre. Un fameux serpent, nommé Cheien, s'aperçut que l'arbre de vie avoit été découvert par les dieux du second ordre. Comme apparemment on avoit confié à ses soins la garde de cet arbre, il conçut une si grande colère de la surprise qu'on lui avait faite qu'il répandit sur-le-champ une grande quantité de poison. Toute la terre s'en ressentit, et pas un homme ne devoit échapper aux atteintes de ce poison mortel. Mais le dieu Chiven eut pitié de la nature humaine; il parut sous la forme d'un homme et avala sans façon tout le venin dont le malicieux serpent avoit infecté l'univers. »

Vous voyez, monseigneur, qu'à mesure que nous avançons, les choses s'éclaircissent toujours un peu. Ayez la patience d'écouter une nouvelle fable que je vais vous raconter, car certainement je vous tromperois si je m'engageois à vous dire quelque chose de plus sérieux; vous n'aurez pas de peine à y démêler l'histoire du déluge et les principales circonstances que nous en rapporte l'Écriture:

« Le dieu Routren (c'est le grand destructeur des êtres créés) prit un jour la résolution de noyer tous les hommes, dont il prétendoit avoir lieu de n'être pas content. Son dessein ne put être si secret qu'il ne fût pressenti par Vichnou, conservateur des créatures.» Vous verrez, monseigneur, qu'elles lui eurent dans cette rencontre une obligation bien essentielle. « Il découvrit donc précisément le jour auquel le déluge devoit arriver. Son pouvoir ne s'étendoit pas jusqu'à suspendre l'exécution des projets du dieu Routren; mais aussi sa qualité de dieu conservateur des choses créées lui donnoit droit d'en empêcher, s'il y avoit moyen, l'effet le plus pernicieux; et voici la manière dont il s'y prit.

» Il apparut un jour à Sattiavarti, son grand confident, et l'avertit en secret qu'il y auroit bientôt un déluge universel, que la terre seroit inondée, et que Routren ne prétendoit rien moins que d'y faire périr tous les hommes et tous les animaux; il l'assura cependant qu'il n'y avoit rien à craindre pour lui, et qu'en dépit de Routren, il trouveroit bien moyen de le conserver et de se ménager à soi-même ce qui lui seroit nécessaire pour repeupler le monde. Son dessein était de faire paraître une barque merveilleuse au moment que Routren s'y attendroit le moins, d'y renfermer une bonne provision d'au moins huit cent quarante millions d'âmes et de semences d'êtres. Il falloit au reste que Sattiavarti se trouvât au temps du déluge sur une certaine montagne fort haute qu'il eut soin de lui faire bien reconnoître. Quelque temps après, Sattiavarti, comme on le lui avoit prédit, aperçut une multitude infinie de nuages qui s'assembloient; il vit avec tranquillité l'orage se former sur la tête des hommes coupables. Il tomba du ciel la plus horrible pluie qu'on vit jamais. Les rivières s'enflèrent et se répandirent avec rapidité sur toute la surface de la terre; la mer franchit ses bornes et, se mêlant avec les fleuves débordés, couvrit en peu de temps les montagnes les plus élevées: arbres, animaux, hommes, villes, royaumes, tout fut submergé, tous les êtres animés périrent et furent détruits.

»Cependant Sattiavarti, avec quelques-uns de ses pénitens, s'étoit retiré sur la montagne; il y attendoit le secours dont le dieu l'avoit assuré. Il ne laissa pas d'avoir quelques momens de frayeur: l'eau, qui prenoit toujours de nouvelles forces et qui s'approchoit insensiblement de sa retraite, lui donnoit de temps en temps de terribles alarmes; mais dans l'instant qu'il se croyoit perdu, il vit paroître la barque qui devoit le sauver; il y entra incontinent avec les dévots de sa suite; les huit cent quarante millions d'âmes et de semences d'êtres s'y trouvèrent renfermés.

»La difficulté étoit de conduire la barque et de la soutenir contre l'impétuosité des flots, qui étoient dans une furieuse agitation. Le dieu Vichnou eut soin d'y pourvoir, car sur-le-champ il se fit poisson et il se servit de sa queue comme d'un gouvernail pour diriger le vaisseau. Le dieu poisson et pilote fit une manœuvre si habile que Sattiavarti attendit fort en repos dans son asile que les eaux s'écoulassent de dessus la face de la terre. »

La chose est claire, comme vous voyez, monseigneur, et il ne faut pas être bien pénétrant pour apercevoir dans ce récit, mêlé de fables et des plus bizarres imaginations, ce que les livres sacrés nous apprennent du déluge, de l'arche et de la conservation de Noé avec sa famille.

Nos Indiens n'en sont pas demeurés là, et après avoir défiguré Noé, sous le nom de Sattiavarti, ils pourroient bien avoir mis sur le compte de Brama les aventures les plus singulières de l'histoire d'Abraham. En voici quelques traits, monseigneur, qui me paroissent fort ressemblans.

La conformité du nom pourroit d'abord appuyer mes conjectures. Il est visible que de Brama à Abraham il n'y a pas beaucoup de chemin à faire, et il seroit à souhaiter que nos savans, en matière d'étymologies, n'en eussent point adopté de moins raisonnables et de plus forcées.

Ce Brama, dont le nom est si semblable à celui d'Abraham, étoit marié à une femme que tous les Indiens nomment Sarasvadi. Vous jugerez, monseigneur, du poids que le nom de cette femme ajoute à ma première conjecture. Les deux dernières syllabes du mot Sarasvadi sont dans la langue indienne une terminaison honorifique : ainsi *vadi* répond assez bien à notre mot françois *madame*. Cette terminaison se trouve dans plusieurs noms de femmes distinguées, par exemple dans celui de Parvadi, femme de Routren ; il est dès lors évident que les deux premières syllabes du mot Sarasvadi, qui sont proprement le nom tout entier de la femme de Brama, se réduisent à Sara, qui est le nom de Sara femme d'Abraham.

Il y a cependant quelque chose de plus singulier. Brama, chez les Indiens, comme Abraham chez les Juifs, a été le chef de plusieurs castes ou tribus différentes ; les deux peuples se rencontrent même fort justes sur le nombre de ces tribus. A Tichirapali, où est maintenant le plus fameux temble de l'Inde, on célèbre tous les ans une fête dans laquelle un vénérable vieillard mène devant soi douze enfans qui représentent, disent les Indiens, les douze chefs des principales castes. Il est vrai que quelques docteurs croient que ce vieillard tient dans cette cérémonie la place de Vichnou ; mais ce n'est pas l'opinion commune des savans ni du peuple, qui disent communément que Brama est le chef de toutes les tribus.

Quoi qu'il en soit, monseigneur, je ne crois pas que pour reconnoître dans la doctrine des Indiens celle des anciens Hébreux, il soit nécessaire que tout se rencontre parfaitement conforme de part et d'autre. Les Indiens partagent souvent à différentes personnes ce que l'Écriture nous raconte d'une seule, ou bien rassemblent dans une seule ce que l'Écriture divise en plusieurs ; mais cette différence, bien loin de détruire nos conjectures, doit servir, ce me semble, à les appuyer, et je crois qu'une ressemblance trop affectée ne seroit bonne qu'à les rendre suspectes.

Cela supposé, monseigneur, je continue à vous raconter ce que les Indiens ont tiré de l'histoire d'Abraham, soit qu'ils l'attribuent à Brama, soit qu'ils en fassent honneur à quelque autre de leurs dieux ou de leurs héros.

Les Indiens honorent la mémoire d'un de leurs pénitens qui, comme le patriarche Abraham, se mit en devoir de sacrifier son fils à un des dieux du pays ; ce dieu lui avoit demandé cette victime, mais il se contenta de la bonne volonté du père et ne souffrit pas qu'il en vînt jusqu'à l'exécution. Il y en a pourtant qui disent que l'enfant fut mis à mort, mais que ce dieu le ressuscita.

J'ai trouvé une coutume qui m'a surpris dans une des castes qui sont aux Indes, c'est celle qu'on nomme la caste des Voleurs. N'allez pas croire, monseigneur, que, parce qu'il y a parmi ces peuples une tribu entière de voleurs, tous ceux qui font cet honorable métier soient rassemblés dans un corps particulier et qu'ils aient pour voler un privilége à l'exclusion de tout autre ; cela veut dire seulement que tous les Indiens de cette caste volent effectivement avec une extrême licence ; mais par malheur ils ne sont pas les seuls dont il faille se défier.

Après cet éclaircissement, qui m'a paru nécessaire, je reviens à mon histoire. J'ai donc trouvé que dans cette caste on garde la cérémonie de la circoncision, mais elle ne se fait pas dès l'enfance, c'est environ à l'âge de vint ans ; tous même n'y sont pas sujets et il n'y a que les principaux de la caste qui s'y soumettent. Cet usage est fort ancien et il seroit difficile de découvrir d'où leur est venue cette coutume au milieu d'un peuple entièrement idolâtre.

Vous avez vu, monseigneur, l'histoire du déluge et de Noé dans Vichnou et dans Sattiavarti, celle d'Abraham dans Brama et dans Vichnou ; vous verrez encore avec plaisir celle de Moïse dans les mêmes dieux, et je suis persuadé que vous la trouverez encore moins altérée que les précédentes.

Rien ne me paroît plus ressemblant à Moïse que le Vichnou des Indiens métamorphosé en

Chrichnen ; car d'abord *chrichnen*, en langue indienne, signifie *noir*; c'est pour faire entendre que Chrichnen est venu d'un pays où les habitans sont de cette couleur. Les Indiens ajoutent qu'un des plus proches parens de Chrichnen fut exposé, dès son enfance, dans un petit berceau sur une grande rivière où il fut dans un danger évident de périr. On l'en tira et, comme c'étoit un bel enfant, on l'apporta à une grande princesse qui le fit nourrir avec soin et qui se chargea ensuite de son éducation.

Je ne sais pourquoi les Indiens se sont avisés d'appliquer cet événement à un des parens de Chrichnen plutôt qu'à Chrichnen même. Que faire à cela, monseigneur? il faut bien vous dire les choses telles qu'elles sont, et pour rendre les aventures plus ressemblantes, je n'irai pas vous déguiser la vérité. Ce ne fut donc point Chrichnen, mais un de ses parens qui fut élevé au palais d'une grande princesse; en cela la comparaison avec Moïse se trouve défectueuse. Voici de quoi réparer un peu ce défaut.

Dès que Chrichnen fut né, on l'exposa aussi sur un grand fleuve afin de le soustraire à la colère du roi qui attendoit le moment de sa naissance pour le faire mourir. Le fleuve s'entr'ouvrit par respect et ne voulut pas incommoder de ses eaux un dépôt si précieux ; on retira l'enfant de cet endroit périlleux et il fut élevé parmi des bergers; il se maria dans la suite avec les filles de ces bergers, et il garda longtemps les troupeaux de ses beaux-pères. Il se distingua bientôt parmi tous ses compagnons, qui le choisirent pour leur chef. Il fit alors des choses merveilleuses en faveur des troupeaux et de ceux qui les gardoient : il fit mourir le roi qui leur avoit déclaré une guerre cruelle ; il fut poursuivi par ses ennemis, et comme il ne se trouva pas en état de leur résister, il se retira vers la mer; elle lui ouvrit un chemin à travers son sein, dans lequel elle enveloppa ceux qui le poursuivoient : ce fut par ce moyen qu'il échappa aux tourmens qu'on lui préparoit.

Qui pourroit douter après cela, monseigneur, que les Indiens n'aient connu Moïse sous le nom de Vichnou métamorphosé en Chrichnen? Mais à la connoissance de ce fameux conducteur du peuple de Dieu, ils ont joint celle de plusieurs coutumes qu'il a décrites dans ses livres et de plusieurs lois qu'il a publiées et dont l'observation s'est conservée après lui.

Parmi ces coutumes, que les Indiens ne peuvent avoir tirées que des Juifs et qui persévèrent encore aujourd'hui dans le pays, je compte, monseigneur, les bains fréquens, les purifications, une horreur extrême pour les cadavres, par l'attouchement desquels ils se croient souillés, l'ordre différent et la distinction des castes, la loi inviolable qui défend les mariages hors de sa tribu ou de sa caste particulière. Je ne finirois point, monseigneur, si je voulois épuiser ce détail ; je m'attache à quelques remarques qui ne sont pas tout à fait si communes dans les livres des savans.

J'ai connu un brame, très-habile parmi les Indiens, qui m'a raconté l'histoire suivante, dont il ne comprenoit pas lui-même le sens tandis qu'il est demeuré dans les ténèbres de l'idolâtrie : « Les Indiens font un sacrifice nommé *ékiam* (c'est le plus célèbre de tous ceux qui se font aux Indes): on y sacrifie un mouton, on y récite une espèce de prière dans laquelle on dit à haute voix ces paroles : « Quand sera-ce que » le Sauveur naîtra? Quand sera-ce que le Ré- » dempteur paraîtra? »

Ce sacrifice d'un mouton me paroît avoir beaucoup de rapport avec celui de l'agneau pascal, car il faut remarquer sur cela, monseigneur, que comme les Juifs étoient tous obligés de manger leur part de la victime, aussi les brames, quoiqu'ils ne puissent manger de viande, sont cependant dispensés de leur abstinence au jour du sacrifice de l'*ékiam* et sont obligés par la loi de manger du mouton qu'on immole et que les brames partagent entre eux.

Plusieurs Indiens adorent le feu ; leurs dieux mêmes ont immolé des victimes à cet élément. Il y a un précepte particulier pour le sacrifice d'*oman*, par lequel il est ordonné de conserver toujours le feu et de ne le laisser jamais éteindre. Celui qui assiste à l'*ékiam*, doit tous les matins et tous les soirs mettre du bois au feu pour l'entretenir; ce soin scrupuleux répond assez juste au commandement porté dans le Lévitique, c. vj, v. 12 et 13 : « *Ignis in altari semper ardebit, quem nutriet Sacerdos, subjiciens ligna manè per singulos dies.* » Les Indiens ont fait quelque chose de plus en considération du feu : ils se précipitent eux-mêmes au milieu des flammes. Vous jugerez comme moi, monseigneur, qu'ils auroient beaucoup mieux fait de ne pas ajouter cette cruelle cérémonie à ce que les Juifs leur avoient appris sur cette matière.

Les Indiens ont encore une fort grande idée des serpens. Ils croient que ces animaux ont quelque chose de divin et que leur vue porte bonheur : ainsi plusieurs adorent les serpens et leur rendent les plus profonds respects ; mais ces animaux, peu reconnoissans, ne laissent pas de mordre cruellement leurs adorateurs. Si le serpent d'airain que Moïse montra au peuple de Dieu, et qui guérissoit par la seule vue, eût été aussi cruel que les serpens animés des Indes, je doute fort que les Juifs eussent jamais été tentés de l'adorer.

Ajoutons enfin, monseigneur, la charité que les Indiens ont pour leurs esclaves ; ils les traitent presque comme leurs propres enfans : ils ont grand soin de les bien élever, ils les pourvoient de tout libéralement ; rien ne leur manque, soit pour le vêtement soit pour la nourriture ; il les marient, et presque toujours ils leur rendent la liberté. Ne semble-t-il pas que ce soit aux Indiens, comme aux Israélites, que Moïse ait adressé sur cet article les préceptes que nous lisons dans le Lévitique ?

Quelle apparence y a-t-il donc, monseigneur, que les Indiens n'aient pas eu autrefois quelque connoissance de la loi de Moïse ? Ce qu'ils disent encore de leur loi et de Brama leur législateur détruit, ce me semble, d'une manière évidente ce qui pourroit rester de doute sur cette matière.

Brama a donné la loi aux hommes. C'est ce *Vedam* ou livre de la loi que les Indiens regardent comme infaillible ; c'est, selon eux, la pure parole de Dieu dictée par l'*Abadam*, c'est-à-dire par celui qui ne peut se tromper et qui dit essentiellement la vérité. Le *Vedam* ou la loi des Indiens est divisée en quatre parties ; mais au sentiment de plusieurs doctes Indiens, il y en avoit anciennement une cinquième qui a péri par l'injure des temps et qu'il a été impossible de recouvrer [1].

[1] Les *Védas* sont, après le *Safta*, les plus anciens livres sacrés des Indiens : à en juger par le calendrier qui s'y trouve annexé et d'après la position du colure des solstices que le calendrier indique, ils peuvent remonter à trois mille ans, époque plus éloignée de celle de Moïse.

Le *Mahabahraia*, ou *Histoire universelle*, le *Ramayana*, les *Pouranas* et autres livres indiens dont parlent les missionnaires ne sont que des légendes et

Les Indiens ont une estime inconcevable pour la loi qu'ils ont reçue de leur Brama. Le profond respect avec lequel ils l'entendent prononcer, le choix des personnes propres à en faire la lecture, les préparatifs qu'on doit y apporter, cent autres circonstances semblables sont parfaitement conformes à ce que nous savons des Juifs par rapport à la loi sainte et à Moïse, qui la leur a annoncée.

Le malheur est, monseigneur, que le respect des Indiens pour leur loi va jusqu'à nous en faire un mystère impénétrable. J'en ai cependant assez appris par quelques docteurs pour vous faire voir que les livres de la loi du prétendu Brama sont une imitation du Pentateuque de Moïse.

La première partie du *Vedam*, qu'ils appellent *Irroucouvedam*, traite de la première cause et de la manière dont le monde a été créé. Ce qu'ils m'en ont dit de plus singulier par rapport à notre sujet, c'est qu'au commencement il n'y avoit que Dieu et l'eau, et que Dieu étoit porté sur les eaux. La ressemblance de ce trait avec le premier chapitre de la Genèse n'est pas difficile à remarquer.

J'ai appris de plusieurs brames que dans le troisième livre, qu'ils nomment *Samavedam*, il y a quantité de préceptes de morale. Cet enseignement m'a paru avoir beaucoup de rapport avec les préceptes moraux répandus dans l'Exode.

Le quatrième livre, qu'ils appellent *Adaranavedam*, contient les différens sacrifices qu'on doit offrir, les qualités requises dans les victimes, la manière de bâtir les temples et les diverses fêtes que l'on doit célébrer. Ce peut être là, sans trop deviner, une idée prise sur les livres du Lévitique et du Deutéronome.

Enfin, monseigneur, de peur qu'il ne manque quelque chose au parallèle, comme ce fut sur la fameuse montagne de Sinaï que Moïse reçut la loi, ce fut aussi sur la célèbre montagne de Mahamerou que Brama se trouva avec le *Vedam* des Indiens. Cette montagne des Indes est celle que les Grecs ont appelé Meros, où ils disent que Bacchus est né et qui a été le séjour des dieux. Les Indiens disent encore

des poëmes où l'on trouve à peine les élémens d'une chronologie très-défectueuse qui ne remonte guère au delà du temps d'Alexandre. Les savans qui accordent à ces traités une antiquité plus reculée avouent qu'ils contiennent de nombreuses interpolations.

aujourd'hui que cette montagne est l'endroit où sont placés leurs *chorcams* ou les différens paradis qu'ils reconnoissent.

N'est-il pas juste, monseigneur, qu'après avoir parlé assez longtemps de Moïse et de la loi, nous disions aussi quelques mots de Marie, sœur de ce grand prophète? Je me trompe beaucoup, ou son histoire n'a pas été tout à fait inconnue à nos Indiens.

L'Écriture nous dit de Marie qu'après le passage miraculeux de la mer Rouge, elle assembla les femmes israélites; elle prit des instrumens de musique et se mit à danser avec ses compagnes et à chanter les louanges du Tout-Puissant. Voici un trait assez semblable que les Indiens racontent de leur fameuse Lakeoumi : « Cette femme, aussi bien que Marie sœur de Moïse, sortit de la mer par une espèce de miracle; elle ne fut pas plutôt échappée au danger où elle avoit été de périr qu'elle fit un bal magnifique dans lequel tous les dieux et toutes les déesses dansèrent au son des instrumens. »

Il me seroit aisé, monseigneur, en quittant les livres de Moïse, de parcourir les autres livres historiques de l'Écriture et de trouver dans la tradition de nos Indiens de quoi continuer ma comparaison; mais je craindrois qu'une trop grande exactitude ne vous fatiguât. Je me contenterai de vous raconter encore une ou deux histoires qui m'ont le plus frappé et qui font le plus à mon sujet.

La première qui se présente à moi est celle que les Indiens débitent sous le nom d'Arichandiren : c'est un roi de l'Inde fort ancien et qui, au nom et à quelques circonstances près, est, à le bien prendre, le Job de l'Écriture :

« Les dieux se réunirent un jour dans leur *chorcam*, ou, si vous l'aimez mieux, dans le paradis de délices. Devendiren, le dieu de la gloire, présidoit à cette illustre assemblée. Il s'y trouva une foule de dieux et de déesses; les plus fameux pénitens y eurent aussi leur place et surtout les sept principaux anachorètes.

» Après quelques discours indifférens, on proposa cette question : « Si parmi les hommes il se trouve un prince sans défaut. » Presque tous soutinrent qu'il n'y en avoit pas un seul qui ne fût sujet à de grands vices, et Vichouva-moutren se mit à la tête de ce parti. Mais le célèbre Vachichten prit un sentiment contraire et soutint fortement que le roi Arichandiren son disciple étoit un prince parfait. Vichouva-moutren, qui, du génie impérieux dont il est, n'aime pas à se voir contredit, se mit en grande colère et assura les dieux qu'il sauroit bien leur faire connoître les défauts de ce prétendu prince parfait si on vouloit le lui abandonner.

» Le défi fut accepté par Vachichten, et l'on convint que celui des deux qui auroit le dessous céderoit à l'autre tous les mérites qu'il avoit pu acquérir par une longue pénitence. Le pauvre roi Arichandiren fut la victime de cette dispute. Vichouva-moutren le mit à toutes sortes d'épreuves : il le réduisit à la plus extrême pauvreté, il le dépouilla de son royaume, il fit périr le seul fils qu'il eût, il lui enleva même sa femme Chandirandi.

» Malgré tant de disgrâces, le prince se soutint toujours dans la pratique de la vertu avec une égalité d'âme dont n'auroient pas été capables les dieux mêmes qui l'éprouvoient avec si peu de ménagement; aussi l'en récompensèrent-ils avec la plus grande magnificence. Les dieux l'embrassèrent l'un après l'autre, il n'y eut pas jusqu'aux déesses qui lui firent leurs complimens; on lui rendit sa femme et on ressuscita son fils. Ainsi Vichouva-moutren céda, suivant la convention, tous ses mérites à Vachichten, qui en fit présent au roi Arichandiren; et le vaincu alla fort à regret recommencer une longue pénitence pour faire, s'il y avoit moyen, bonne provision de nouveaux mérites. »

La seconde histoire qui me reste à vous raconter, monseigneur, a quelque chose de plus funeste et ressemble encore mieux à un trait de l'histoire de Samson que la fable d'Arichandiren ne ressemble à l'histoire de Job :

« Les Indiens assurent donc que leur dieu Ramen entreprit un jour de conquérir Ceilan, et voici le stratagème dont ce conquérant, tout dieu qu'il étoit, jugea à propos de se servir. Il leva une armée de singes et leur donna pour général un singe distingué qu'ils nomment Anouman. Il lui fit envelopper la queue de plusieurs pièces de toile sur lesquelles on versa de grands vases d'huile. On y mit le feu, et ce singe courant par les campagnes, au milieu des blés, des bois, des bourgades et des villes, porta l'incendie partout; il brûla tout ce qui se trouva sur sa route et réduisit en cendre l'île presque tout entière. » Après une telle expédition, la conquête n'en devoit pas être fort difficile, et il n'étoit pas nécessaire d'être un dieu bien puissant pour en venir à bout.

Je me suis peut-être trop arrêté, monseigneur, sur la conformité de la doctrine des Indiens avec celle du peuple de Dieu. J'en serai quitte pour abréger un peu ce qui me resteroit à vous dire sur un second point que j'étois résolu de soumettre comme le premier à vos lumières et à votre pénétration. Je me bornerai à quelques réflexions assez courtes qui me persuadent que les Indiens les plus avancés dans les terres ont eu dès les premiers temps de l'Église la connoissance de la religion chrétienne, et qu'eux aussi bien que les habitans de la côte ont reçu les instructions de saint Thomas et des premiers disciples des apôtres.

Je commence par l'idée confuse que les Indiens conservent encore de l'adorable Trinité, qui leur fut autrefois prêchée. Je vous ai parlé, monseigneur, des trois principaux dieux des Indiens, Brama, Vichnou et Routren. La plupart des Gentils disent, à la vérité, que ce sont trois divinités différentes et effectivement séparées; mais plusieurs *nianigueuls*, ou hommes spirituels, assurent que ces trois dieux, séparés en apparence, ne sont réellement qu'un seul dieu; que ce dieu s'appelle Brama lorsqu'il exerce sa toute-puissance, qu'il s'appelle Vichnou lorsqu'il conserve les êtres créés et qu'il donne des marques de sa bonté, et qu'enfin il prend le nom de Routren lorsqu'il détruit les villes, qu'il châtie les coupables et qu'il fait sentir les effets de sa juste colère.

Il n'y a que quelques années qu'un brame expliquait ainsi ce qu'il concevoit de la fabuleuse trinité des payens : « Il faut, disoit-il, se représenter Dieu et ses trois noms différens, qui répondent à ses trois principaux attributs, à peu près sous l'idée de ces pyramides triangulaires qu'on voit élevées devant la porte de quelques temples. »

Vous jugez bien, monseigneur, que je ne prétends pas vous dire que cette imagination des Indiens réponde fort juste à la vérité que les chrétiens reconnoissent; mais au moins fait-elle comprendre qu'ils ont eu autrefois des lumières plus pures et qu'elles se sont obscurcies par la difficulté que renferme un mystère si fort au-dessus de la foible raison des hommes.

Les fables ont encore plus de part dans ce qui regarde le mystère de l'Incarnation. Mais, du reste, tous les Indiens conviennent que Dieu s'est incarné plusieurs fois; presque tous s'accordent à attribuer ces incarnations à Vichnou, le second dieu de leur trinité; et jamais ce dieu ne s'est incarné, selon eux, qu'en qualité de sauveur et de libérateur des hommes.

J'abrége, comme vous le voyez, monseigneur, autant qu'il m'est possible, et je passe à ce qui regarde nos sacremens. Les Indiens disent que le bain, pris dans certaines rivières, efface entièrement les péchés, et que cette eau mystérieuse lave non-seulement les corps, mais purifie aussi les âmes d'une manière admirable. Ne seroit-ce point là un reste de l'idée qu'on leur auroit donnée du saint baptême.

Je n'avois rien remarqué sur la divine eucharistie; mais un brame converti me fit faire attention, il y a quelques années, à une circonstance assez considérable pour avoir ici sa place. Les restes des sacrifices et le riz qu'on distribue à manger dans les temples conservent chez les Indiens le nom de *pradjadam* : ce mot signifie en notre langue *divine grâce*, et c'est ce que nous exprimons par le terme grec *eucharistie*.

Il y a quelque chose de plus marqué sur la confession, et je crois, monseigneur, devoir y donner un peu plus d'étendue.

C'est une espèce de maxime parmi les Indiens que celui qui confessera son péché en recevra le pardon : « *Cheida param chounal tiroum.* » Ils célèbrent une fête tous les ans pendant laquelle ils vont se confesser sur le bord d'une rivière, afin que leurs péchés soient entièrement effacés. Dans le fameux sacrifice *ékiam*, la femme de celui qui y préside est obligée de se confesser, de descendre dans le détail des fautes les plus humiliantes et de déclarer jusqu'au nombre de ses péchés.

Une fable des Indiens que j'ai apprise sur ce sujet appuiera encore davantage mes conjectures :

« Lorsque Crichnen étoit au monde, la fameuse Draupadi étoit mariée aux cinq frères célèbres, tous rois de Maduré. L'un de ces princes tira un jour une flèche sur un arbre et en fit tomber un fruit admirable. L'arbre appartenoit à un célèbre pénitent et avoit cette propriété que chaque mois il portoit un fruit, et ce fruit donnoit tant de force à celui qui le mangeoit que pendant tout le mois cette seule nourriture lui suffisoit. Mais parce que dans ces temps reculés on craignoit beaucoup plus la malédiction des pénitens que celle des dieux, les cinq frères appréhendoient que l'ermite ne les maudît. Ils prièrent donc Crichnen de les aider dans une affaire si délicate. Le dieu Vichnou, métamorphosé en Crichnen, leur dit aussi bien qu'à Draupadi, qui s'étoit présenté, qu'il ne voyoit qu'un seul moyen de réparer un si grand mal ; que ce moyen étoit la confession entière de tous les péchés de leur vie : que l'arbre dont le fruit étoit tombé avoit six coudées de haut; qu'à mesure que chacun d'eux se confesseroit, le fruit s'élèveroit en l'air de la hauteur d'une coudée, et qu'à la fin de la dernière confession, il s'attacheroit à l'arbre comme il étoit auparavant.

Le remède étoit amer, mais il falloit se résoudre à en passer par là ou bien s'exposer à la malédiction d'un pénitent. Les cinq frères prirent donc leur parti et consentirent à tout déclarer. La difficulté étoit de déterminer la femme à faire la même chose, et on eut bien de la peine à l'y engager. Depuis qu'il s'agissoit de parler de ses fautes, elle ne se sentoit d'inclination que pour le secret et pour le silence. Cependant à force de lui remettre devant les yeux les suites funestes de la malédiction du *sanias* [1], on lui fit promettre tout ce qu'on voulut.

Après cette assurance, l'aîné des princes commença cette pénible cérémonie et fit une confession très-exacte de toute sa vie. A mesure qu'il parloit, le fruit montoit de lui-même et se trouva seulement élevé d'une coudée à la fin de cette première confession. Les quatre autres princes continuèrent, à l'exemple de leur aîné, et l'on vit arriver le même prodige, c'est-à-dire qu'à la fin de la confession du cinquième, le fruit étoit précisément à la hauteur de cinq coudées.

Il ne restoit plus qu'une coudée ; mais c'étoit à Draupadi que le dernier effort étoit réservé. Après bien des combats, elle commença sa confession, et le fruit s'éleva peu à peu. Elle avoit achevé, disoit-elle, et cependant il s'en falloit encore une demi-coudée que le fruit n'eût rejoint l'arbre d'où il étoit tombé ; il étoit évident qu'elle avoit oublié ou plutôt caché quelque chose. Les cinq frères la prièrent avec larmes de ne se pas perdre par une mauvaise honte et de ne les pas envelopper dans son malheur ; leurs prières n'eurent aucun effet. Mais Chrichnen étant venu au secours, elle déclara un péché de pensée qu'elle vouloit tenir secret. A peine eut-elle parlé que le fruit acheva sa course merveilleuse et alla de lui-même s'attacher à la branche où il étoit auparavant.

Je finirai par ce trait, monseigneur, la longue lettre que j'ai pris la liberté de vous écrire. Je vous y ai rendu compte des connoissances que j'ai acquises au milieu des peuples de l'Inde, autrefois apparemment chrétiens, et replongés depuis longtemps dans les ténèbres de l'idolâtrie. Les missionnaires de notre compagnie, sur les traces de saint François Xavier, travaillent depuis un siècle à les ramener à la connoissance du vrai Dieu et à la pureté du culte évangélique.

Vous voyez, monseigneur, qu'en même temps que nous faisons goûter à ces peuples abandonnés la douceur du joug de Jésus-Christ, nous tâchons de rendre quelque service aux savans d'Europe par les découvertes que nous faisons dans les pays qui ne leur sont pas assez connus. Il n'appartient qu'à vous, monseigneur, de suppléer par votre profonde pénétration et par votre commerce assidu avec les savans de l'antiquité à ce qui pourroit manquer de notre part aux lumières que nous acquérons parmi ces peuples. Si ces nouvelles connoissances sont de quelque usage pour le bien de la religion, personne ne saura mieux les faire valoir que vous. Je suis avec un profond respect, etc.

LETTRE DU P. BOUCHET

AU P. BALTUS.

Sur les idoles, les démons et les oracles.

Mon révérend Père,
P. C.

J'ai lu avec un plaisir incroyable votre excellente réponse à l'histoire des oracles. On ne peut réfuter avec plus de solidité que vous le faites les fausses raisons sur lesquelles étoit appuyé le système dangereux que vous avez entrepris de combattre.

Vous avez prouvé d'une manière invincible

---

[1] C'est ainsi que les Indiens appellent leurs pénitens.

que les démons rendoient autrefois des oracles par la bouche des faux prêtres des idoles, et que ces oracles ont cessé à mesure que le christianisme s'est établi dans le monde sur les ruines du paganisme et de l'idolâtrie. Quoiqu'il soit difficile de rien ajouter à tant de preuves convaincantes dont votre ouvrage est rempli et que vous avez puisées dans les ouvrages des pères de l'Église et des payens même, j'ose néanmoins vous assurer que je puis encore vous fournir en faveur du sentiment que vous soutenez une nouvelle démonstration à laquelle on ne peut rien opposer de raisonnable ; elle n'est pas tirée comme les vôtres des monumens de l'antiquité, mais de ce qui se passe souvent à nos yeux dans nos missions de Maduré et de Carnate et dont j'ai moi-même été témoin.

J'ai eu l'avantage de consacrer la meilleure partie de ma vie à prêcher l'Évangile aux idolâtres des Indes, et j'ai eu en même temps la consolation de reconnoître que quelques-uns des prodiges qui ont contribué à la conversion des payens, au temps de la primitive Église, se renouvellent tous les jours dans les chrétientés que nous avons le bonheur de fonder au milieu des terres infidèles.

Oui, mon révérend père, nous y trouvons encore maintenant des preuves sensibles des deux vérités que vous avez si bien établies dans la suite de votre ouvrage : car il est certain, en premier lieu, que les démons rendent encore aujourd'hui des oracles aux Indes et qu'ils les rendent non pas par le moyen des idoles, ce qui seroit sujet à l'imposture et à l'illusion, mais par la bouche des prêtres de ces mêmes idoles ou quelquefois de ceux qui sont présens quand on invoque le démon ; en second lieu, il n'est pas moins vrai que les oracles cessent dans ce pays et que les démons y deviennent muets et impuissans à mesure qu'il est éclairé de la lumière de l'Évangile. Pour être convaincu de la vérité de ces deux propositions, il suffit d'avoir passé quelque temps dans la mission des Indes.

Si le Seigneur me fait la grâce de me rendre à cette chère mission, que je n'ai quittée qu'a regret et à laquelle je dois retourner incessamment afin d'y consommer ce qui me reste de santé et de vie, je vous enverrai dans un plus grand détail certaines réponses particulières et certains oracles qui ne peuvent avoir été rendus que par le démon. Il me suffira aujourd'hui de vous apporter quelques preuves générales qui ne laisseront pas de vous faire plaisir.

Et pour commencer, mon révérend père, c'est un fait dont personne ne doute aux Indes, et dont l'évidence ne permet pas de douter, que les démons rendent des oracles et que ces malins esprits se saisissent des prêtres qui les invoquent ou même indifféremment de quelqu'un de ceux qui assistent et qui participent à ces spectacles. Les prêtres des idoles ont des prières abominables qu'ils adressent au démon quand on le consulte sur quelque événement : mais malheur à celui que le démon choisit pour son organe ! Il le met dans une agitation extraordinaire de tous ses membres et lui fait tourner la tête d'une manière qui effraie. Quelquefois il lui fait verser des larmes en abondance et le remplit de cette espèce de fureur et d'enthousiasme qui étoit autrefois chez les payens, comme il l'est encore aujourd'hui chez les Indiens, le signe de la présence du démon et le prélude de ses réponses.

Dès qu'on aperçoit ou dans le prêtre ou dans quelqu'un des assistans ces signes du succès de l'évocation, on s'approche du possédé et on l'interroge sur le sujet dont il est question. Le démon s'explique alors par la bouche de celui dont il s'est emparé. Les réponses sont communément assez équivoques quand les questions qu'on lui propose regardent l'avenir. Il ne laisse pas néanmoins de réussir assez souvent et de répondre avec une justesse qui passe de beaucoup les lumières des plus clairvoyans ; mais on trouve également, et dans l'ambiguïté de certaines réponses et dans la justesse des autres, de quoi se convaincre que le démon en est l'auteur : car après tout, quelque éclairé qu'il soit, l'avenir, quand il dépend d'une cause libre, ne lui est point certainement connu ; et d'ailleurs, ses conjectures étant d'ordinaire fort justes et ses connoissances beaucoup supérieures aux nôtres, il n'est pas surprenant qu'il rencontre quelquefois assez bien dans des occasions où l'homme le plus fin et le plus adroit auroit des pensées bien éloignées des siennes.

Je ne prétends pas, mon révérend père, qu'à l'imitation des oracles rendus véritablement par les démons, les prêtres des idoles ne se fassent quelquefois un art de contrefaire les possédés et de répondre comme ils peuvent à ceux qui les consultent ; mais après tout, cette dissimulation n'est, comme je vous l'ai dit, qu'une imitation de la vérité : encore le démon est-il communément si fidèle à se rendre à leur évocation que la fraude ne leur est guère nécessaire. Je ne me propose pas de vous rapporter un grand nombre d'exemples, mais en voici un qui se présente à mon esprit, et qui, ce me semble, doit convaincre tout homme sensé que le démon a véritablement part aux oracles qui se rendent aux Indes.

Sur le chemin de Varongapatti à Calpaleam, on rencontre un fameux temple que les Indiens nomment Changandi; à l'est de ce temple, et environ à une demi-lieue de distance, on trouve une bourgade assez peuplée et célèbre par l'événement que je vais vous raconter. Un des habitans de cette bourgade étoit fort favorisé du démon; c'étoit à cet homme qu'il se communiquoit le plus volontiers, jusque-là que toutes les semaines il se saisissoit de lui à certain jour marqué et rendoit par sa bouche les oracles les plus surprenans. On accouroit en foule à sa maison pour le consulter. Cependant, malgré l'honneur que lui attiroit la distinction que le démon faisoit de sa personne, il commençoit à se lasser de son emploi; le démon qui lui procuroit tant de visites se rendoit fort incommode : il ne le saisissoit jamais qu'il ne le fît beaucoup souffrir en le quittant, et ce malheureux pouvoit compter qu'il avoit toutes les semaines un jour réglé d'une violente maladie. Il lui arriva dans la suite quelque chose encore de plus fâcheux, car le démon qui s'attiroit par son moyen la confiance et les adorations d'une multitude innombrable d'Indiens s'avisa de demeurer plusieurs jours en possession de celui où il se trouvoit si fort honoré; il ne tardoit même guère à revenir, et il sembloit ne s'asujettir à une espèce d'alternative que pour renouveler plus souvent la frayeur qu'il causoit à son arrivée et les tourmens qui accompagnoient sa sortie. Ses fréquentes et longues visites allèrent si loin que ce misérable Indien se trouva absolument hors d'état de prendre soin de sa famille, qui ne pouvoit pourtant se passer de lui. Ses parens consternés allèrent à plusieurs temples pour prier les faux dieux d'arrêter ou du moins d'adoucir les violences du malin esprit; mais ces prétendues divinités s'accordoient trop bien avec le démon contre lequel on imploroit leur secours pour rien faire à son désavantage : on n'obtint donc rien de ce qu'on demandoit, le démon même en devint plus furieux et continua comme auparavant de rendre ses oracles par la bouche de son ancien hôte, avec cette différence qu'il le tourmentoit bien plus violemment et qu'il fit enfin appréhender que le pauvre homme n'en mourût.

Les choses étant presque désespérées, on crut qu'il n'y avoit plus d'autre remède que de s'adresser à celui-là même qui faisoit tout le mal. On s'imagina qu'il voudroit bien rendre un oracle en faveur d'un malheureux par le moyen duquel il en rendoit tant d'autres. On l'interrogea donc un samedi au soir pour savoir s'il ne se retireroit point et ce qu'il exigeoit pour diminuer le nombre de ses visites et pour en adoucir la rigueur. L'oracle répondit en peu de mots que si le lundi suivant on menoit le malade à Changandi, il ne seroit plus tourmenté et ne recevroit plus de ses visites.

On ne manqua pas d'exécuter ses ordres, dans l'espérance qu'on avoit de voir ce malheureux soulagé; on le porta à Changandi la veille du jour marqué par le démon, mais il y fut plus tourmenté que jamais : on l'entendoit pousser des hurlemens affreux, comme un homme qui souffre les plus cruels tourmens; cependant rien ne paroissoit à l'extérieur, et on se consoloit sur ce que le temps marqué par l'oracle n'étoit pas encore arrivé. Enfin le lundi étant venu, l'oracle s'accomplit à la lettre, mais d'une manière bien différente de celle à quoi l'on s'attendoit : le malade expira dans les plus horribles convulsions après avoir jeté beaucoup de sang par le nez, par les oreilles et par la bouche, ce qui est aux Indes le signe ordinaire d'une maladie et d'une mort causée par la possession. C'est ainsi que le démon justifia son oracle, par lequel il assuroit que ce malheureux cesseroit d'être malade et de recevoir de ses visites.

Il est aisé de s'imaginer combien les assistans furent effrayés d'un événement si tragique. Personne, je vous assure, ne s'avisa alors de soupçonner qu'il y eût de la fraude dans la possession de cet homme et dans les oracles qu'il avoit rendus si longtemps; je ne crois pas même que nos critiques les plus difficiles se persuadent qu'on puisse pousser la dissimulation jusque-là. Du moins la femme de ce malheureux n'en jugea pas de la sorte : elle fut si frappée de la mort subite et violente de son mari qu'elle abjura l'idolâtrie et le culte du démon, dont son époux avoit été la funeste victime; elle se fit instruire au plus tôt et reçut le baptême à Calpaleam. C'est là que je l'ai moi-même confessée plusieurs fois et que je lui ai fait souvent raconter cet événement en présence des idolâtres et plus souvent encore en présence des chrétiens qui se rendoient à notre église.

Je passe, mon révérend père, à d'autres choses sur lesquelles les démons sont très-souvent consultés dans les Indes. Ceux de tous les diseurs d'oracles en qui l'on a le plus de confiance sont, sans contredit, certains devins qui se mêlent de découvrir les voleurs dont les vols sont secrets. Après avoir tenté toutes les voies ordinaires et naturelles, on a recours à celle-ci, et par malheur pour ces pauvres idolâtres, le démon ne les sert que trop bien à leur gré. Il s'est passé de mon temps des choses étonnantes sur ce sujet; en voici une sur laquelle vous pouvez compter.

On avoit si subtilement et si secrètement volé des bijoux précieux au général d'armée de Maduré que celui qui en étoit coupable sembloit être hors d'atteinte de tout soupçon; aussi quelque recherche qu'on fît du voleur, on ne put jamais en avoir la moindre connoissance. On consulta à Tichirapali un jeune homme qui étoit un des plus fameux devins du pays. Après avoir évoqué le démon, il dépeignit si bien l'auteur du vol qu'on n'eût pas de peine à le reconnoître. Le malheureux, qu'on n'avoit pas même soupçonné tant on étoit éloigné de jeter les yeux sur lui, ne put tenir contre l'oracle, il avoua son crime et protesta qu'il n'y avoit rien de naturel dans la manière dont son vol avoit été découvert.

Quand plusieurs personnes deviennent suspectes d'un vol et qu'on ne peut en convaincre aucune en particulier, voici le biais qu'on prend pour se déterminer. On écrit les noms de tous ceux qu'on soupçonne sur des billets particuliers et on les dispose en forme de cercle; on évoque ensuite le démon avec les cérémonies accoutumées, et on se retire après avoir fermé et couvert le cercle de manière que personne ne puisse y toucher. On revient quelque temps après, on découvre le cercle, et celui dont le nom se trouve hors de rang est censé le seul coupable. Cette espèce d'oracle a si souvent et si constamment servi aux Indes à découvrir avec certitude un criminel entre plusieurs innocens que cette unique preuve suffit pour faire le procès à un homme.

Il y a encore une autre manière par laquelle les démons ont coutume de s'expliquer aux Indes et de rendre les réponses qu'on leur demande, c'est durant la nuit et par le moyen des songes. Il est vrai que cette manière m'a paru plus sujette à la fourberie; mais après tout, il s'y rencontre quelquefois des choses si surprenantes et des circonstances si singulières qu'on ne peut douter que les démons n'y aient bonne part et qu'ils n'instruisent en effe. par cette voie les prêtres des idoles qui ont soin de les évoquer.

Je vous rapporte peu d'exemples de tout ce que j'avance, non pas qu'ils soient rares aux Indes et qu'il ne s'en trouve fort souvent d'incontestables, mais la chose est si fort hors de doute dans le pays qu'on ne pense pas même à les recueillir. Si néanmoins vous souhaitez un plus grand détail, je ne manquerai pas de vous satisfaire dès que Dieu m'aura fait la grâce de me rendre à ma chrétienté de Maduré, après laquelle je soupire avec une ardeur que je ne puis vous exprimer.

Mais après tout, mon révérend père, quelle raison auroit-on de douter que les démons rendent des oracles aux Indes, tandis que nous avons des preuves si convaincantes qu'ils y font une infinité de choses qui sont fort au-dessus du pouvoir des hommes? On voit par exemple ceux qui évoquent les démons soutenir seuls et sans appui un berceau de branches d'arbres coupées et qui ne sont attachées ensemble par aucun endroit; d'autres élèvent en l'air une espèce de grand linceul, qui se tient étendu dans toute sa largeur : ils prouvent par là que le démon s'est véritablement communiqué à eux; quelques-uns boivent, à la vue de tout le monde, de grands vases remplis de sang, qui contiennent plusieurs pintes de Paris, sans en recevoir la moindre incommodité.

Je sais de plus, par le témoignage d'un homme digne de foi et sur lequel on peut s'appuyer solidement, qu'il s'est trouvé par hasard dans une assemblée où il fut témoin du fait que je vais vous raconter. On avoit attaché dans un endroit d'une petite chambre un corps solide de la hauteur d'un homme, et on l'avoit tellement joint à la muraille qu'on ne pouvoit l'en séparer qu'avec de grands efforts; cependant sans qu'on y touchât et même sans qu'on s'en approchât, on le vit se détacher de lui-même et s'avancer assez loin hors de l'endroit où il avoit été placé. Ajoutez à cela que le démon, semblable à lui-même dans tous les lieux et dans tous les temps, exige souvent de ceux qui l'évoquent les sacrifices les plus abominables et les plus capables d'inspirer de l'horreur aux hommes, mais en même temps les plus propres à satisfaire sa malignité.

Que diroient enfin nos prétendus esprits forts d'Europe, c'est-à-dire ces gens qu'une critique outrée rend incrédules sur les choses les plus avérées quand ils ont intérêt de ne les pas croire ; que diroient-ils, dis-je, s'ils étoient comme nous les témoins de la cruelle tyrannie que les démons exercent sur les idolâtres des Indes ? Ces malins esprits leur mettent quelquefois la tête si bas et leur font plier les bras et les jambes par derrière de telle sorte que leur corps ressemble à une boule, ce qui leur cause les plus cuisantes douleurs. En vain les porte-t-on au temple des idoles pour y recevoir quelque soulagement, ce n'est pas là qu'ils doivent s'attendre à le trouver : nos églises et nos chrétiens sont le seul secours qu'ils puissent opposer à une tyrannie si cruelle, et ce remède, comme vous le verrez dans la suite, prouve d'une manière invincible quels sont les véritables auteurs des douleurs inconcevables que ces malheureux ont à souffrir.

Vous voyez, mon révérend père, que je me suis un peu écarté de la matière des oracles, qui fait le principal sujet de ma lettre : je ne crois pas cependant que cette digression vous paroisse tout à fait inutile. Quand on sera bien convaincu que les démons ont sur les idolâtres un pouvoir qu'on ne peut leur contester, on en sera plus disposé à croire ce que j'ai déjà eu l'honneur de vous dire sur les oracles que les mêmes démons rendent parmi les Indiens, et je suis persuadé qu'un homme dont la foi est bien saine sur l'existence des démons ne doit guère avoir de peine sur le dernier article.

Au reste, il ne s'agit pas ici de cavernes et de lieux souterrains ni de fournir aux prêtres des idoles les trompettes du chevalier Morland pour grossir leur voix ou pour en multiplier le son. Ce n'est pas que les prêtres indiens ne soient assez trompeurs pour avoir imaginé tous les moyens capables de surprendre les peuples et pour supposer de faux oracles au défaut de ceux que les démons leur auroient refusés ; mais ils n'ont pas besoin de prendre cette peine, et je vous ai déjà fait remarquer que les démons ne leur sont que trop fidèles. Autant il est vrai que ces malins esprits rendent des oracles aux Indes, autant seroit-il ridicule de supposer en ce pays-ci, comme on l'a fait par rapport aux siècles passés, que ces oracles se rendissent par la bouche des statues. Vous avez démontré le peu de fondement de cette conjecture par les témoignages de l'antiquité et par le ridicule même qui en est inséparable ; mais, par rapport aux Indes, on a autant de témoins du contraire qu'il y a d'idolâtres et même de chrétiens dans tout le pays. Il est certain que, depuis tant d'années que je demeure parmi ces peuples, je n'ai jamais entendu dire qu'aucune idole ait parlé ; cependant je n'ai rien épargné pour m'instruire à fond de tout ce qui regarde les idoles et ceux qui les adorent.

Ce qu'il y a de plus convaincant, c'est que rien n'auroit été si aisé que d'imaginer cet expédient si les démons n'eussent point eux-mêmes rendu les oracles par la bouche des hommes. On voit dans les Indes des statues énormes par leur grosseur et par leur hauteur qui sont toute creuses en dedans ; ce sont celles qui sont à l'entrée des temples des payens. Il semble qu'elles soient faites exprès pour favoriser l'imposture des prêtres des idoles s'ils avoient eu besoin d'y avoir recours ; mais en vérité cet appât seroit bien grossier, et j'ai peine à croire qu'aucun Indien s'y laissât tromper. Voici quelques exemples qui vous apprendront de quoi sont capables les prêtres des Indiens en matière d'imposture, mais qui vous convaincront en même temps qu'ils ont affaire à des gens qui ne sont pas aisément les dupes de leur supercherie. Vous jugerez par là que puisque c'est une opinion si constante et si universelle aux Indes que les démons y rendent des oracles, elle n'est certainement point établie sur la fourberie de quelques particuliers ni sur la trop grande crédulité du commun du peuple.

Il y a quelques années qu'un roi de Tanjaour, fort affectionné aux idoles, sentit peu à peu refroidir son ancienne dévotion. Il étoit avant ce temps-là très-régulier à visiter tous les mois un temple fameux qu'on nomme Manarcovil ; il y faisoit de grosses aumônes aux prêtres de ce temple, et vous pouvez juger qu'une dévotion si libérale ne pouvoit manquer d'être fort de leur goût ; mais quelle désolation pour eux quand ils s'aperçurent que le prince abandonnoit le temple ! Je m'imagine qu'ils se seroient consolés plus aisément de sa désertion si du moins il avoit envoyé les sommes qu'il avoit coutume de leur distribuer : le mal fut qu'ils se virent privés tout à la fois et de l'honneur de voir le prince et du profit qu'ils tiroient de ses visites. Sur cela les brames s'assemblèrent, et, comme la chose étoit de la dernière importance pour eux, ils délibérèrent longtemps ensemble sur le parti qu'ils avoient à prendre. La question étoit d'engager le prince à visiter, selon son ancienne coutume, le temple de Manarcovil. S'ils étoient assez heureux que d'y réussir, ils ne doutoient point que les libéralités ne se fissent à l'ordinaire.

Voici donc le stratagème qu'ils imaginèrent et dont ils convinrent de se servir. Ils firent courir le bruit par tout le royaume que *Manar* (c'est le nom de l'idole) étoit extrêmement affligé, qu'on lui voyoit répandre de grosses larmes et qu'il étoit important que le roi en fût instruit. L'affliction de leur Dieu venoit, disoient-ils, du mépris que le prince sembloit faire de lui ; que Manar l'avoit toujours aimé et protégé, qu'il se trouvoit cependant réduit à la triste nécessité de le punir de l'outrage qu'il en recevoit, et qu'un reste de tendresse lui arrachoit ces larmes qu'on lui voyoit répandre en abondance.

Le roi de Tanjaour, bon payen et superstitieux à l'excès, fut effrayé de cette nouvelle ; il se crut perdu sans ressource s'il n'essayoit de calmer au plus tôt la colère du dieu Manar. Il alla donc au temple suivi d'une grande foule de ses courtisans ; il se prosterna devant l'idole, et voyant qu'effectivement elle versoit des pleurs, il conjura le dieu de lui pardonner son oubli et lui promit de réparer avec usure le tort que sa négligence pouvoit avoir fait à son culte dans l'esprit de ses sujets. Pour accomplir sa parole, il s'y prit de la manière du monde la plus capable de satisfaire les brames, car il leur fit distribuer sur-le-champ mille écus qu'il avoit apportés à cette intention. Le pauvre prince ne s'avisoit pas même de soupçonner la moindre fourberie de la part des brames : la statue étoit entièrement séparée de la muraille et placée sur un piédestal ; c'étoit pour le prince une démonstration de la vérité de ce prodige, et selon lui les brames étoient les plus honnêtes gens du monde.

Les officiers qui étoient à la suite du prince ne furent pas tout à fait si crédules : un entre autres s'approcha du roi, comme il sortoit du temple, et lui dit qu'il y avoit quelque chose de si extraordinaire dans cet événement qu'il y soupçonnoit de la supercherie. Le prince s'emporta d'abord contre l'officier et regarda un pareil doute comme une impiété détestable ; cependant à force de lui répéter la même chose, l'officier obtint la permission qu'il demandoit avec instance d'examiner de près la statue. Il rentre sur-le-champ dans le temple ; il place des gardes à la porte et prend avec lui quelques soldats de confiance. Il fait donc enlever la statue d'une espèce d'autel sur lequel elle étoit placée, il l'examine avec soin de tous côtés, mais il fut étrangement surpris de ne trouver rien qui appuyât ses conjectures. Il s'étoit imaginé qu'il y avoit un petit canal de plomb qui passoit de dessus l'autel dans le corps de la statue et que par ce moyen on y seringuoit de l'eau qui couloit ensuite par les yeux : il ne trouva rien de semblable ; mais comme il s'étoit si fort avancé, il fit de nouvelles recherches et découvrit enfin par une petite ligne presque imperceptible l'union de la partie supérieure de la tête avec la partie inférieure ; il sépara avec violence ces deux morceaux et trouva dans la capacité du crâne un peu de coton trempé dans de l'eau qui tomboit goutte à goutte dans les yeux de l'idole.

Quelle joie pour l'officier d'avoir enfin rencontré ce qu'il cherchoit ! Mais quelle surprise pour le prince quand on lui fit voir de ses propres yeux l'imposture des brames qui l'avoient ainsi trompé ! Il entra dans la plus furieuse colère et châtia à l'instant ces fourbes. Il commença par se faire rendre la somme qu'il avoit donnée et condamna les brames à mille écus d'amende. Il faudroit connoître combien ces sortes de gens sont attachés à l'argent pour bien juger de la grandeur de cette peine : une si grosse amende leur fut sans comparaison plus insupportable que les plus rigoureux supplices.

S'imaginera-t-on aisément que des gens capables d'une fourberie de cette nature n'eussent point inventé le secret de parler par la bouche de leurs idoles, la chose étant aussi facile que je vous l'ai montré, s'ils avoient cru pouvoir prendre à ce piège les Gentils, qui consultent les oracles, ou si ces oracles ne se rendoient pas constamment aux Indes, non par l'organe des statues, mais par la bouche des prêtres, que le démon fait entrer dans une espèce de fureur et d'enthousiasme, ou même par la bouche de quelqu'un de ceux qui assistent au sacrifice et qui se trouvent quelquefois, malgré qu'ils en aient, beaucoup plus habiles dans l'art de deviner qu'ils ne souhaiteroient de l'être.

Ce que je vous dis sur la manière dont les oracles se rendent aux Indes est si constant dans le pays que dès qu'un oracle est prononcé par quelque autre voie que ce puisse être, dès lors on y soupçonne de la fraude et de la supercherie.

« Deux marchands, racontent nos Indiens, avoient enterré de concert dans un endroit fort caché un trésor qui leur étoit commun; le trésor fut cependant enlevé. Celui des deux qui avoit fait le coup étoit le plus hardi à se déclarer innocent et à traiter son associé d'infidèle et de voleur; il alla même jusqu'à protester qu'il prouveroit son innocence par l'oracle d'un dieu célèbre que les Indiens adorent sous un certain arbre. Au jour dont on étoit convenu, on fit les évocations accoutumées, et l'on s'attendoit que quelqu'un de l'assemblée seroit saisi du dieu ou du démon auquel on s'adressoit; mais on fut bien surpris lorsqu'on entendit sortir de l'arbre une voix qui déclaroit innocent du vol celui qui en étoit l'auteur et qui en chargeoit au contraire l'infortuné marchand qui n'en avoit pas même eu la pensée. Mais, parce que c'est une chose inouïe aux Indes que les oracles se rendent de cette manière, ceux qui étoient députés de la cour pour assister à cette cérémonie ordonnèrent qu'avant que de procéder contre l'accusé, on examineroit avec soin s'il n'y avoit point lieu de se défier de ce nouvel oracle. L'arbre étoit pourri en dedans, et sur cela, sans autres recherche, on jeta de la paille dans un trou de l'arbre, ensuite on y mit le feu afin que la fumée ou l'ardeur de la flamme obligeât l'oracle à parler un autre langage, supposé, comme on s'en doutoit, qu'il y eût quelqu'un de caché dans le tronc de l'arbre. L'expédient réussit: le malheureux, qui ne s'étoit pas attendu à cette épreuve, ne jugea pas à propos de se laisser brûler; il cria de toute sa force qu'il alloit tout déclarer et qu'on retirât le feu, qui commençoit déjà à se faire sentir; on eut pitié de lui, et la fourberie fut ainsi découverte. »

Encore une fois, mon révérend père, c'est une chose incontestable parmi les Indiens que les arbres et les statues ne savent ni pleurer ni parler. Ce qui peut bien arriver quelquefois, c'est que les démons fassent mouvoir de petites idoles quand les idolâtres le souhaitent avec empressement et que pour l'obtenir ils emploient les moyens nécessaires. Voici ce que les chrétiens qui ont eu autrefois de grandes habitudes avec les idolâtres m'ont raconté sur cette espèce de prodige opéré par le démon.

Certains pénitens font des sacrifices sur le bord de l'eau avec beaucoup d'appareil. Ils décrivent un cercle d'une ou de deux coudées de diamètre; autour de ce cercle ils placent leurs idoles, en sorte que leur situation répond aux huit rumbs de vent. Les payens croient que huit divinités inférieures président à ces huit endroits du monde, également éloignés les uns des autres. Ils invoquent ces fausses divinités, et il arrive de temps en temps que quelqu'une de ces statues se remue à la vue de tous les assistans et tourne dans l'endroit même où elle est placée sans que personne s'en approche. Cela se fait certainement de manière qu'on ne peut attribuer ce mouvement qu'à l'opération invisible du malin esprit.

Les Indiens qui font ces sortes de sacrifices placent aussi quelquefois au centre du cercle dont je vous parle la statue de l'idole à laquelle ils veulent sacrifier; ils se croient favorisés de leurs dieux d'une façon toute singulière si cette petite statue vient à se mouvoir d'elle-même. Souvent, après qu'ils ont employé toutes les oraisons sacrilèges destinées à cette opération superstitieuse, les statues demeurent immobiles, et c'est alors un très-mauvais augure. Ce qui est certain, c'est qu'elles s'agitent quelquefois et se mettent dans un assez grand mouvement. Je sais encore ce fait de personnes qu'on ne peut accuser d'être trop crédules en cette matière et qui par là n'en sont que plus dignes de foi.

Voilà, au reste, jusqu'où s'étend le pouvoir des démons sur cet article. Il est inouï que jamais l'esprit malin ait parlé par la bouche d'une idole ni qu'un prêtre des Indiens ait mis en œuvre un pareil artifice: on n'en trouve aucune trace dans leurs livres; du moins puis-je assurer que je n'y ai jamais rien lu de semblable, quelque application que j'aie apportée à m'instruire de tout ce qui regarde le culte des idoles.

Je finis cette lettre, mon révérend père, par ce qu'il y a, dans la matière que je traite, de plus intéressant et de plus glorieux pour notre sainte religion : je parle du silence miraculeux des oracles dans les Indes à mesure que Jésus-Christ y est reconnu et adoré. Je dis plus encore, et puisque nous parlons du pouvoir des démons et de la victoire qu'a remportée sur eux la croix de Jésus-Christ, j'ajouterai que cette adorable croix, non-seulement ferme la bouche à ces oracles trompeurs, mais qu'elle est encore, dans ces pays infidèles, le seul rempart qu'on puisse opposer avec succès à la cruelle tyrannie que ces maîtres impérieux exercent sur leurs esclaves.

Je ne prétends pas dire que du moment que l'étendard de la croix fut levé dans les Indes, par les premiers missionnaires qui y ont planté la foi, on ait vu tout à coup cesser tous les oracles dans toutes les parties de l'Inde idolâtre, et que les démons, depuis ce moment, n'aient plus conservé aucun pouvoir sur les infidèles qui demeuraient dans leur infidélité. C'est en réfutant une supposition pareille de M. Van-Dale que vous avez justifié à M. de Fontenelle l'opinion des anciens pères de l'Église sur la cessation des oracles. Vous lui avez fait voir que les oracles du paganisme n'ont cessé qu'à mesure que la doctrine salutaire de l'Évangile s'est répandue dans le monde; que cet événement miraculeux, pour n'être pas arrivé tout-à-coup et en un instant, n'en doit pas moins être attribué à la force toute-puissante de Jésus-Christ, et que le silence des démons, aussi bien que la destruction de leur tyrannie, n'en est pas moins un effet de l'autorité qu'il a donnée aux chrétiens de les chasser en son nom. C'est de ce pouvoir absolu de Jésus-Christ crucifié et de ceux qui font profession de l'adorer que je prétends vous donner une preuve subsistante par la simple exposition des merveilles dont nous avons le bonheur d'être témoins.

En effet, quand il arrive que quelques chrétiens se trouvent par hasard dans ces assemblées tumultueuses où le démon parle par la bouche de ceux dont il se saisit, il garde alors un profond silence, sans que les prières, les évocations, les sacriléges réitérés soient capables de le lui faire rompre : ce qui est si commun dans les endroits de la mission de Maduré où nous avons des habitations que les idolâtres, avant que de commencer leurs cérémonies sacriléges, ont grand soin d'examiner si quelque chrétien ne se seroit point mêlé parmi eux, tant ils sont persuadés qu'un seul chrétien confondu dans la foule rendroit leur démon muet et impuissant. En voici quelques exemples.

Il y a peu d'années que dans une procession solennelle, où l'on portoit en triomphe une des idoles de Maduré, le démon s'empara d'un des spectateurs. Dès qu'on eut aperçu dans lui les signes qui marquoient la présence du démon, on s'approcha de lui en foule pour être à portée d'entendre les oracles qu'il prononceroit. Un chrétien passa par hasard dans cet endroit; il n'en fallut pas davantage pour imposer silence au démon : il cessa sur-le-champ de répondre à ceux qui l'interrogeoient sur le succès des choses à venir. Comme on vit que le démon s'obstinoit à ne plus parler, quelqu'un de la troupe dit qu'infailliblement il y avoit un chrétien dans l'assemblée; on se mit en devoir de le chercher, mais celui-ci s'échappa et vint en hâte se retirer à notre Église.

Un de nos missionnaires, allant dans une bourgade, s'arrêta dans une de ces salles qui sont sur les chemins pour la commodité des passans. Le père s'étoit retiré dans un coin de la salle ; mais un des chrétiens qui l'accompagnoient s'aperçut que dans la rue voisine les habitans environnoient un homme obsédé par le démon et que chacun interrogeoit l'oracle pour savoir de lui plusieurs choses secrètes. Le chrétien se mêla dans la foule et le fit si adroitement qu'il ne fut point aperçu de ceux même dont il s'approcha le plus près. Il étoit absolument impossible qu'il eût été reconnu de celui dont le démon s'étoit saisi ; mais le démon lui-même ressentit bientôt le pouvoir de ce nouveau venu : il cessa dès le moment même de parler ; on eut beau lui promettre des sacrifices, on n'en put tirer une seule parole. Cependant le chrétien se retira à peu près aussi secrètement qu'il étoit venu. Le démon alors, délivré de la présence d'un plus puissant que lui, se mit aussitôt à parler comme auparavant et commença par déclarer à l'assemblée que son silence avait été causé par la présence d'un chrétien dont on ne s'étoit point aperçu et qui pourtant s'étoit trouvé mêlé parmi eux.

Je ne finirois point, mon révérend père, si je voulois vous raconter tout ce que je sais d'événemens semblables : ils confirment tous d'une manière invincible que le pouvoir des esprits de ténèbres ne peut tenir contre la puissance victorieuse que Jésus-Christ communique aux enfans de lumière qui se font les disciples et les adorateurs de sa croix. Je puis dire seulement en général, conformément à une de vos remarques, que quelques-uns de nos chrétiens des Indes, semblables en ce point comme en bien d'autres à ceux de la primitive Église, pourroient appeler en défi sur cet article et mettre à cette épreuve les Indiens les plus entêtés de leurs oracles et de toutes les superstitions du paganisme.

Mais ce n'est pas seulement en imposant silence aux oracles que se manifeste le pouvoir de la croix sur l'empire des démons, c'est encore, du moins avec autant d'éclat, par la vertu miraculeuse qu'elle a de forcer ces tyrans d'abandonner les malheureux dont ils s'emparent et qu'ils tourmentent de la manière la plus cruelle. C'est là un second article dont les idolâtres et les chrétiens conviennent sans difficulté, et le bruit est généralement répandu dans tout le pays que le moyen sûr de chasser les démons et d'en être délivré, c'est d'embrasser la loi de Jésus-Christ.

L'expérience nous confirme tous les jours cette vérité d'une manière bien consolante pour nous et bien glorieuse à notre sainte religion. En effet, ces hommes si maltraités par le démon n'ont pas plutôt commencé à se faire instruire de nos saints mystères qu'ils se sentent soulagés, et enfin au bout de quinze jours ou d'un mois tout au plus, ils se trouvent entièrement délivrés et jouissent d'une parfaite santé.

Au reste, jugez combien il faut que cette opinion universelle soit bien fondée : car rien autre chose qu'une certitude infaillible de leur guérison n'engageroit ces malheureux à avoir recours à un tel remède. Ce ne sont point ici de ces événemens qu'on puisse expliquer à son gré en supposant de la mauvaise foi dans ceux qui se disent tourmentés et guéris ensuite par la vertu toute-puissante de notre sainte religion. Quand on est soi-même de bonne foi et qu'on connoît le génie des Indiens, on n'est guère tenté de recourir à de pareilles suppositions. Les idolâtres et surtout ceux qui sont les plus dévots envers leurs idoles, et qui, par la même raison, sont plus sujets aux insultes du démon, ont d'étranges préjugés contre la religion chrétienne. Ils n'ont aucun avantage à espérer d'une fourberie de cette nature ; ils n'ont rien à craindre des chrétiens, et ils ont tout à redouter des infidèles : ils s'exposent à perdre leurs biens, à être méprisés dans leurs castes ou tribus, à être mis en prison, à être maltraités de leurs compatriotes. Mais ces obstacles sont encore plus terribles à l'égard de ceux qui sont de castes où il y a peu de chrétiens et où par conséquent il leur seroit difficile et presque impossible, après cette démarche, de trouver des personnes qui voulussent s'allier à eux.

Cette dernière réflexion me paroît la plus considérable, mais il n'y a que ceux qui vivent parmi ces peuples qui puissent en comprendre toute la force. Pour la concevoir en quelque manière, il faut supposer, ce qui est très-certain, qu'il n'y a point de nation où les parens aient un attachement si violent pour leurs enfans : la tendresse des pères et des mères passe à cet égard tout ce que nous en pouvons imaginer. Elle consiste surtout à les établir et à les marier avec avantage ; mais il n'est point permis de contracter aucune alliance hors de sa caste particulière. Ainsi embrasser le christianisme quand on est d'une caste où il y a peu de chrétiens, c'est renoncer en quelque sorte à l'établissement de sa famille et combattre par conséquent les sentimens les plus vifs et les plus naturels ; cependant les tourmens que le démon fait souffrir à ces malheureux sont si violens qu'ils se trouvent forcés de passer par-dessus ces considérations : ils viennent à nos Églises, comme je vous l'ai dit, et ils y trouvent leur soulagement et leur guérison. Ce motif de crédibilité, joint aux autres qu'on a grand soin de leur expliquer, et plus que tout cela la grâce victorieuse de Jésus-Christ les détache peu à peu de leurs anciennes superstitions et leur fait embrasser cette loi sainte, qui leur procure de si grands avantages dès cette vie et qui leur en promet d'infiniment plus grands pour l'éternité.

Ce ne sont point là, encore une fois, de ces événemens rares et dont on ne voie que peu d'exemples ; c'est un miracle presque continuel et qui se renouvelle tous les jours. J'ai baptisé un fois dans l'espace d'un mois quatre cents idolâtres, dont deux cents au moins avoient été tourmentés par le démon et avoient été délivrés de sa persécution en se faisant instruire de la doctrine chrétienne. Nous serions étonnés s'il ne venoit incessamment quelqu'un de ces malheureux chercher du secours dans nos Églises ; et je puis assurer en mon particulier, avec toute sorte de sincérité, qu'il y en a presque toujours quelqu'un à Aour, qui est une de nos principales Églises et où j'ai demeuré plusieurs années. C'est là, et j'en ai été souvent le témoin, que les chrétiens de tout âge, de tout sexe, de toute condition chassent les démons et délivrent les possédés par la seule invocation du nom de Jésus-Christ, par le signe de la croix, par l'eau bénite et par les autres saintes pratiques qu'autorise la religion chrétienne et dont nos bons Indiens font certainement un meilleur usage que ne font communément nos chrétiens d'Europe, jusque-là même qu'ils contraignent souvent les démons de rendre malgré eux témoignage à la force toute-puissante de Jésus-Christ, et qu'on voit tous les jours ces malheureux esprits avouer qu'ils sont cruellement tourmentés dans les enfers, que le même sort attend tous ceux qui les consultent, qu'enfin la seule voie d'éviter de si grands tourmens est d'embrasser et de suivre la loi que prêchent les *gouroux* [1] des chrétiens.

Aussi nos néophytes ont-ils un souverain mépris pour les démons, sur lesquels la qualité seule de chrétien leur donne une si grande autorité. Ils leur insultent en présence des payens et les défient, avec une généreuse confiance, de rien attenter sur leur personne quand une fois ils sont armés du signe de notre rédemption. Néanmoins ce sont souvent ces mêmes Indiens qui ont été le plus cruellement maltraités par les malins esprits et qui les redoutoient le plus tandis qu'ils vivoient dans les ténèbres du paganisme.

J'ai souvent interrogé les plus fervens de nos chrétiens qui avoient été dans leur jeunesse les victimes de la fureur du démon et qui lui avoient servi d'instrument pour rendre ses oracles. Ils m'ont avoué que le démon les maltraitoit avec tant de furie qu'ils s'étonnoient de ce qu'ils n'en étoient pas morts. Ils n'ont jamais pu me rendre compte des réponses que le démon a rendu par leur bouche ni de la manière dont les choses se passoient lorsqu'il étoit en possession de leur corps : alors ils étoient tellement hors d'eux-mêmes qu'ils n'avoient aucun usage libre de leur raison ni de leurs sens, et ils n'avoient aucune part à ce que le démon prononçoit et opéroit par eux.

Peut-être que des esprits prévenus ou incrédules ne jugeront pas à propos d'ajouter grande foi au témoignage de ces bons Indiens : mais moi qui connois à fond leur innocence et leur sincérité, moi qui suis le témoin et le dépositaire de leurs vertus, et qui ne puis les connoître sans les comparer aux fidèles des premiers siècles, je me ferois un grand scrupule de douter un seul moment de la validité des témoignages qu'ils me rendent. Ils croiroient faire un grand péché s'ils trompoient leur gourou ou leur père spirituel, et certainement ceux que j'ai interrogé sont d'une conscience si délicate que la seule apparence du péché les jette dans des inquiétudes que nous avons quelquefois bien de la peine à calmer.

N'est-il pas bien consolant pour nous, mon révérend père, de voir renouveler sous nos yeux non-seulement la ferveur, mais encore les miracles de la primitive Église ? Quel sujet de joie pour les personnes zélées qui s'intéressent à l'entretien des missionnaires et des fervens chrétiens qui nous aident dans nos travaux apostoliques d'apprendre que la gloire de la religion, à laquelle ils contribuent par leurs libéralités, se répand avec tant d'éclat dans les pays infidèles ! Je suis sûr que personne n'y prend plus d'intérêt que vous, mon révérend père, et que vous me saurez gré de vous avoir fait le récit des victoires que notre sainte religion remporte dans les Indes sur les puissances de l'enfer. Vous avez trop heureusement travaillé à assurer ce triomphe à la croix de Jésus-Christ pour n'être pas sensible à ce que j'ai l'honneur de vous mander. Ce n'est là cependant qu'un essai, que je perfectionnerai, si vous le souhaitez, quand je serai de retour aux Indes. Je suis avec beaucoup de respect, etc.

---

[1] C'est le nom que les Indiens donnent à leur docteur ou leur père spirituel.

LETTRE DU P. MARTIN

AU P. DE VILLETTE.

Description d'une espèce de serpent.—Guerre dans le royaume de Tanjaour. — Mœurs et usages.

Mon révérend Père,

P. C.

L'intérêt que vous prenez aux bénédictions que Dieu répand sur nos travaux mérite bien que de notre côté nous prenions le soin de vous en instruire, et je me fais un devoir de seconder là-dessus votre inclination. Il me semble que je vous parlai dans ma dernière lettre du voyage que j'avois fait à la côte de Coromandel, et c'est là, si je ne me trompe, que finit ma relation. Il faut vous rendre compte maintenant de ce qui s'est passé de plus singulier depuis ce temps-là.

Ce fut la veille du mercredi des cendres que je partis de Coromandel pour retourner dans la mission qu'on m'a destinée. Il étoit environ minuit quand je me trouvai avec mes disciples sur le bord d'un rivière qu'il fallut traverser; l'obscurité nous engagea dans un passage si profond que nous pensâmes nous noyer : nous ne nous en serions jamais tirés sans une protection particulière de Dieu.

C'est une nécessité de prendre le temps de la nuit pour s'éloigner des côtes habitées par les Européens; car si nous étions aperçus des Gentils, ils ne manqueroient pas de nous reprocher que nous sommes Franquis [1], et cette idée qu'ils auroient nous rendroit méprisables à leurs yeux et leur inspireroit pour la religion une horreur qu'on ne pourroit jamais vaincre.

Après avoir marché quelque temps, je passai le reste de la nuit dans une masure qui se trouvoit à l'entrée d'un village. Le froid qui m'avoit saisi au passage de la rivière me causa la fièvre, ce qui alarma fort les chrétiens qui m'accompagnoient. J'aurois eu besoin d'un peu de feu, mais nous n'osâmes en allumer de crainte d'attirer les Gentils à notre cabane, car ils auroient bientôt conjecturé d'où je venois. Ainsi je me remis en chemin deux heures avant le jour, et je fis encore une longue traite dont je fus extrêmement fatigué.

Le Seigneur avoit ses vues en m'inspirant de marcher à si grandes journées. Sur le soir, nous vîmes paroître à notre droite quatre ou cinq personnes qui avançoient vers nous à grands pas dans le dessein de nous joindre. Nous crûmes d'abord que c'étoient des voleurs, car toutes ces campagnes en sont infestées; mais notre crainte se dissipa bientôt : ces bonnes gens étoient des chrétiens, qui ne se pressoient si fort de m'atteindre que pour me prier de venir préparer à la mort une femme chrétienne qui étoit à l'extrémité. Je me détournai donc de mon chemin afin de les suivre et j'arrivai vers la fin du jour sur le bord d'un étang fort écarté : c'est là qu'ils avoient transporté la malade, parce qu'il y auroit eu du danger à entrer dans le village, dont les habitans sont presque tous idolâtres et ennemis du nom chrétien. Je fus extrêmement édifié des saintes dispositions de cette mourante. Après l'avoir confessée et disposée à bien mourir, je continuai ma route vers Couttour.

Il étoit environ midi quand j'y arrivai. J'y trouvai un jésuite portugais, nommé le père Bertholde, qui travaille dans cette mission avec un zèle qui est bien au-dessus de ses forces. Il m'apprit de quel danger la Providence venoit de le délivrer. Il étoit allé de grand matin à son confessionnal (c'est une cabane couverte de paille où il y a un petit treillis qui répond à la cour de l'église et où les chrétiens se rendent un à un pour se confesser); en secouant la peau de cerf sur laquelle nous avons coutume de nous asseoir, il en sortit un gros serpent de ceux qu'on appelle en portugais *cobra-capel* [1] : le venin en est fort présent, et le père n'eût pas manqué d'en être mordu s'il se fût assis sur cette peau sans l'avoir remuée auparavant. Les murailles de terre dont nos pauvres maisons sont construites nous attirent souvent de semblables hôtes et nous exposent à tout moment à leurs morsures. J'en rapportai dans ma dernière lettre quelques exemples assez singuliers : ils suffisent pour vous faire connoître que c'est là un danger assez ordinaire que nous courons dans la mission de Maduré.

L'espèce de serpent dont je parle est encore

---

[1] Nom que les Indiens donnent aux Européens.

[1] C'est le serpent naïa de la famille des hétérodermes.

plus commune dans ces terres que dans les autres endroits de l'Inde, parce que les Gentils, s'imaginant que ces serpens sont consacrés à un de leurs dieux, leur rendent un certain culte et ont si grand soin de les conserver qu'ils en nourrissent à la porte des temples et jusque dans leurs propres maisons. Ils donnent à cette espèce de serpent le nom de *nalla pambou*, qui signifie bon serpent; car, disent-ils, il fait le bonheur des lieux qu'il habite. Cependant tout bon qu'il est, il ne laisse pas de porter la mort dans le sein même de ses adorateurs.

Le remède spécifique contre la morsure de ces serpens et de quantité d'autres bêtes venimeuses qu'on trouve aux Indes se nomme *veia-marondou*, c'est-à-dire le remède au venin. Il est plus en usage parmi les chrétiens que parmi les Gentils, parce que ceux-ci recourent aussitôt aux invocations du démon et à une infinité d'autres superstitions dont ils sont fort entêtés, au lieu que les chrétiens n'ont recours qu'aux remèdes naturels, entre lesquels celui-ci tient le premier rang. On dit que c'est un *joghi*[1] qui communiqua ce secret à un de nos premiers missionnaires en reconnoissance d'un service important qu'il en avoit reçu.

Ce n'est pas seulement contre la morsure des serpens que les idolâtres emploient les pactes superstitieux, c'est presque dans toutes leurs maladies. Une des choses qui fait le plus de peine aux nouveaux fidèles qui sont si fort mêlés parmi les Gentils, c'est d'empêcher quand ils sont malades que leurs parens idolâtres n'emploient de semblables moyens. Il arrive quelquefois que, quand ils dorment ou qu'ils tombent en défaillance, on leur attache au bras, au col ou aux pieds des figures et des écrits qui sont autant de signes de quelque pacte fait avec le démon. Dès que le malade revient à lui ou qu'il s'éveille, il ne manque pas d'arracher ces caractères infâmes, et il aime mieux mourir que de recouvrer la santé par des voies si criminelles; on en voit qui ne veulent pas même recevoir les remèdes naturels de la main des Gentils, parce qu'ils y mêlent souvent des cérémonies superstitieuses.

Je ne m'arrêtai qu'un demi-jour à Couttour et j'en partis dès le lendemain. Je repassai par la peuplade où deux mois auparavant, dans mon voyage de Pondichéry, j'avois baptisé deux enfans et un adulte qui étoit sur le point d'expirer. J'espérois y recueillir des fruits abondans de la semence évangélique que j'avois jetée à mon passage, car j'avois appris que la sainte mort de cet homme nouvellement baptisé avoit touché plusieurs Gentils et qu'ils n'attendoient qu'un catéchiste pour se faire instruire et embrasser le christianisme; mais j'eus la douleur de me voir frustré d'une partie de mes espérances. L'ennemi du père de famille avoit semé la zizanie dans ce petit champ; la plupart de leurs parens s'étoient soulevés contre eux et en avoient séduit plusieurs : de trente-trois personnes qui s'étoient déclarées pour Jésus-Christ, je n'en trouvai que dix-sept qui eussent résisté à la persécution de leurs proches. A la vérité presque tous s'assemblèrent autour de moi; mais à leur air et à leur contenance, je démêlai sans peine ceux qui étoient demeurés constans d'avec ceux qui avoient été infidèles à la grâce; je reprochai aux uns leur lâcheté et j'encourageai les autres. Quatre ou cinq des plus fervens m'accompagnèrent jusqu'à une peuplade voisine appelée Kokeri.

J'y trouvai le père Antoine Dias fort occupé à entendre les confessions des fidèles qui s'étoient rendus en foule à son église. J'eus la consolation d'aider ce zélé missionnaire, et nous ne fûmes libres l'un et l'autre que bien avant dans la nuit.

La première personne que je confessai fut une veuve âgée d'environ soixante ans. Sa confession finie, elle me tira un peu à l'écart, et développant un linge elle y prit vingt fanons[1] qu'elle mit à mes pieds (car c'est la manière respectueuse dont les chrétiens de cette nouvelle Église font leurs offrandes) : « Comme je n'ai plus guère de temps à vivre, me dit-elle, je vous prie de recevoir cette somme afin de prier Dieu pour moi après ma mort. » Je lui répondis que nous adressions continuellement à Dieu des prières pour la sanctification des fidèles, et que quand quelqu'un venoit à mourir, nous avions soin de redoubler nos vœux et d'offrir le saint sacrifice de l'autel pour son salut, mais que nous ne pouvions recevoir d'argent à cette intention. « Je ne serai pas contente, reprit cette sainte veuve, que vous

---

[1] Pénitent gentil qu'on nomme aussi djogi.

[1] Environ cinq francs.

n'acceptiez ce que je vous offre ou du moins que vous ne déterminiez à quelle bonne œuvre je dois l'appliquer. » Comme elle me pressoit fort, je lui fis faire attention à la pauvreté extrême de l'église où nous étions. « Ah ! me dit-elle toute transportée de joie, que vous me faites plaisir ! Non-seulement je consacre les vingt fanons à l'embellissement de l'église, mais j'y destine encore tout ce que désormais je pourrai recueillir de mon travail. » Une libéralité si extraordinaire nous surprit, et elle doit surprendre tous ceux qui sont instruits comme nous de l'indigence de ces peuples, des impôts dont ils sont accablés et de l'attachement naturel qu'ils ont à l'argent.

Cette action me rappelle le souvenir d'une autre qui n'est pas moins édifiante. Dans un temps où l'on étoit menacé d'une famine générale, un bon néophyte vint trouver le père Bouchet et mit à ses pieds cinq fanons ; le père refusa d'abord son offrande, apportant pour raison que durant la cherté où l'on se trouvoit, il étoit difficile qu'il ne fût dans le besoin. « Il est vrai, mon père, répondit ce fervent néophyte avec une foi digne des premiers siècles, il est vrai que ces cinq fanons sont toutes mes richesses et que la disette qui augmente chaque jour me réduit à la dernière extrémité ; mais c'est pour cela même que je fais présent à l'église du peu que je possède. Dieu devient mon débiteur, ne me paiera-t-il pas au centuple ? » Le missionnaire ne put retenir ses larmes à la vue d'une si vive confiance en Dieu. Il reçut son aumône de peur d'affoiblir sa foi, mais ce ne fut qu'à condition qu'il viendroit le trouver dès qu'il manqueroit des choses nécessaires à sa subsistance.

Comme le temps me pressoit de me rendre à Counampaty, qui étoit le lieu de ma nouvelle mission, je me séparai du père Dias bien plus tôt que je ne l'eusse voulu. Je fis tant de diligence que j'arrivai le lendemain d'assez bonne heure sur les bords du Coloran : c'est en certains temps de l'année un des plus gros fleuves et des plus rapides que l'on voie ; mais en d'autres, à peine mérite-t-il le nom de ruisseau. Lorsque je le passai, on ne parloit que de la célèbre victoire que le talavai [1] venoit de remporter sur les troupes du roi de Tanjaour et qui pensa causer la disgrâce du premier ministre

[1] Prince ou gouverneur général de Tichirapaly.

de ce prince, un des plus cruels persécuteurs de notre sainte religion. Voici comme on me raconta la chose ; la manière dont ce ministre se tira du danger où il étoit vous fera connoître son caractère et ce que nous devons craindre d'un ennemi si adroit.

Le talavai s'étoit campé sur la rive septentrionale du fleuve pour mettre son royaume à couvert de l'armée de Tanjaour, qui faisoit de grands ravages dans tout le pays ; mais, quelque effort qu'il fît, il ne put arrêter les incursions d'un ennemi dont la cavalerie étoit beaucoup plus nombreuse que la sienne. Il crut que le plus sûr pour lui étoit de faire diversion ; sur-le-champ il prit le dessein de repasser le fleuve, qui avoit fort baissé, afin d'aller ensuite porter la consternation jusque dans le royaume de Tanjaour. Il exécuta ce projet si secrètement que les ennemis ne s'aperçurent de son passage que lorsqu'ils virent ses troupes déployées sur l'autre bord de la rivière et prêtes à pénétrer dans le cœur du royaume, qui étoit resté sans défense. Ce passage imprévu les déconcerta. Il ne leur restoit d'autre ressource que de passer aussi la rivière pour venir au secours de leur pays : ce fut en effet le parti auquel ils se déterminèrent ; mais ils choisirent mal le gué, et d'ailleurs les pluies qui récemment étoient tombées sur les montagnes de Malabar, où ce fleuve prend sa source, le grossirent de telle sorte au temps que ceux de Tanjaour tentoient le passage que plusieurs fantassins et quelques cavaliers furent emportés par le courant. Le talavai, qui s'aperçut de leur désordre, vint fondre sur eux et n'eut pas de peine à les rompre. Ce fut moins un combat qu'une fuite, et la déroute fut générale ; enfin une victoire si complète fut suivie du ravage de la plus grande partie du royaume de Tanjaour.

Le roi, outré de se voir vaincu par un peuple accoutumé à recevoir ses lois, entra dans de grands soupçons de l'infidélité ou de la négligence de son premier ministre Balogi ou comme d'autres l'appellent *Vagogi-Pandiden*. Les grands, qui le haïssoient et qui avoient conjuré sa perte, appuyèrent fortement ce soupçon et firent retomber sur lui le succès infortuné de cette guerre ; mais Balogi, sans s'effrayer des complots qui se tramoient contre lui, alla secrètement trouver le roi : « Prince, lui dit-il d'un ton assuré, je porterai moi-même ma tête sur un échafaud si dans huit jours je ne conclus la paix avec vos ennemis. » Le terme qu'il assignoit étoit court, et le roi le lui accorda.

Cet adroit ministre envoya aussitôt ses secrétaires chez les principaux marchands de la ville et des environs; il ordonna à chacun d'eux de lui prêter une somme considérable, sous peine de confiscation de tous leurs biens; il tira tout ce qu'il put d'argent de ses parens et de ses amis, il détourna même une grosse somme du trésor royal; enfin, en moins de quatre jours, il amassa près de cinq cent mille écus qu'à l'instant il employa à se concilier la reine de Tichirapaly, à corrompre la plupart de ceux qui composoient son conseil et surtout à mettre dans son parti le père du talavai, homme avide d'argent au delà de tout ce qu'on peut imaginer. Il fit si bien qu'avant les huit jours expirés, sans que le talavai même en eût connoissance, la paix fut conclue dans Tichirapaly avec le roi de Tanjaour. C'est ainsi que le vaincu donna la loi au victorieux et que le ministre rentra dans les premières faveurs de son prince; son pouvoir devint plus absolu que jamais. Il n'en usa dans la suite que pour renverser la fortune de presque tous les grands du royaume et pour faire souffrir aux chrétiens une cruelle persécution dont je vous ferai une autre fois le récit.

Après bien des fatigues, j'arrivai enfin à Counampaty. C'étoit autrefois une des plus florissantes Églises de la mission; mais elle a été presque tout à fait ruinée par les guerres continuelles et par les différens troubles survenus entre les divers seigneurs qui habitent ces bois. Il y a trois ans que le père Simon Carvalho prend soin de cette Église, et malgré la foiblesse de sa santé, il y a fait des fruits extraordinaires.

La première année il baptisa plus de sept cent soixante personnes; la seconde il en baptisa mille, et la troisième il en baptisa douze cent quarante.

Les incommodités presque continuelles de ce fervent missionnaire obligèrent enfin les supérieurs à lui procurer du soulagement; ils l'envoyèrent à Aour pour y aider le père Bouchet, que de longues fatigues avoient épuisé.

Un travail ainsi partagé ne suffisoit pas à leur zèle; le père Carvalho, après de fortes instances, obtint la permission d'aller fonder de nouvelles Églises dans la partie occidentale du royaume de Maduré, le long des montagnes qui séparent ce royaume d'avec celui de Maissour[1]. L'air y est empesté et l'on y manque presque de toutes les choses nécessaires à la vie, quelque dure que soit celle des missionnaires. Cependant ce père y a déjà fondé deux Églises, l'une dans la grande peuplade nommée Totiam, l'autre dans la ville de Tourcour, capitale des états d'un prince nommé Leretti.

Ce fut vers la mi-carême que je pris possession de l'Église de Counampaty. Quoique cette peuplade soit fort petite, les seigneurs y sont néanmoins très-puissans et se sont rendus de tout temps redoutables aux princes d'alentour. Comme ils sont voleurs de profession, ils font des excursions nocturnes et pillent tous les pays circonvoisins. Cependant quelque éloignés qu'ils soient du royaume de Dieu par des engagemens si criminels, ils ne laissent pas d'affectionner les missionnaires : c'est d'eux que nous tenons ce terrain où l'église est bâtie. La peuplade ne peut guère être insultée, parce qu'elle est environnée d'un bois très-épais : il n'y a qu'une avenue fort étroite, fermée par quatre ou cinq portes en forme de claies, qu'il seroit difficile de forcer si elles étoient défendues par des soldats. Celui qui en est aujourd'hui seigneur a perdu, par son peu de conduite et par ses débauches, la plus grande partie des biens que ses ancêtres lui ont laissés; mais il a chèrement conservé le respect et l'affection qu'ils lui ont inspiré pour les missionnaires.

Comme il faut traverser quatre ou cinq lieues de bois pour venir à Counampaty, ce dangereux trajet sert quelquefois aux néophytes moins fervens de raison ou de prétexte pour se dispenser de se rendre à l'église aux jours marqués; et quoique pour se mettre à couvert de toute insulte, ils n'ont qu'à déclarer qu'ils vont faire leurs prières à l'église du vrai Dieu et rendre visite aux *souamis*[2], le moindre accident qui arrive à quelqu'un d'eux suffit pour jeter l'épouvante parmi les autres.

C'est ce qui a déterminé le père Simon Carvalho à bâtir une église dans un lieu plus proche de Tanjaour, ou du moins d'un côté où l'on

---

[1] Mysore, où a régné Tipoo-Saeb.
[2] C'est ainsi qu'ils appellent les missionnaires.

pût venir par un pays découvert qui ne fût ni des dépendances de ce prince ni exposé aux irruptions des voleurs. L'endroit qui lui a paru le plus propre à élever cette église est au delà du fleuve, assez près d'une peuplade nommée *Élacourrichi*, et à l'entrée d'un bois qui appartient au prince d'Ariélour, autrement dit Naynar.

Le père avoit déjà obtenu du prince la permission d'y faire défricher un certain espace de bois; je fis continuer l'ouvrage dès le lendemain de mon arrivée, dans le dessein de m'y rendre après les fêtes de Pâques et d'y rester jusqu'à la mi-juin, qui est le temps où la rivière commence à se former et à grossir par les pluies qui tombent alors sur les montagnes de Malabar. Ainsi mon district est composé des terres de trois différens princes, savoir : du Maduré, de Tanjaour et du Naynar. L'on n'y compte guère moins de trente mille chrétiens. Comme l'étendue en est fort vaste, il est rare qu'il ne s'y élève souvent des persécutions : aussi quand je pris possession de cette Église, elle en avoit à souffrir en deux endroits différens et était fort menacée dans un troisième.

Le premier de ces deux endroits étoit la province de Chondanarou. Les principaux du pays, animés contre les fidèles, dont ils voyoient croître le nombre chaque jour, conjurèrent leur perte : ils en prirent plusieurs, ils en bâtonnèrent quelques-uns et s'engagèrent tous, par un écrit qu'ils signèrent, à ne plus souffrir qu'aucun de la contrée embrassât le christianisme. De plus, ils réglèrent que ceux qui l'avoient déjà embrassé renonceroient à la foi ou seroient chassés des peuplades ; ils songeoient même à démolir l'église. Mais le chef de la peuplade, qui est chrétien, s'opposa fortement à une entreprise qui tendoit à l'entière destruction de cette chrétienté naissante; il employa si à propos le crédit de ses proches et de ses amis, de ceux même qui étoient idolâtres, qu'il ramena peu à peu les esprits à des conseils modérés.

Le catéchiste du lieu, qui avoit la réputation d'habile médecin et qui par là s'étoit rendu nécessaire à toute la contrée, eut le courage d'aller lui-même trouver nos ennemis et de leur représenter vivement qu'il était injuste de persécuter une loi dont les maximes étoient si saintes et si conformes à la droite raison : qu'elle enseignoit à ne faire tort à personne, à faire du bien à tout le monde, même à ceux qui nous font du mal, à reconnoître et à servir le véritable Dieu, à obéir aux princes, aux parens, aux maîtres et à tous ceux qui sont revêtus de quelque autorité.

Ces hommes, excités par la haine qu'ils portoient à notre sainte foi, lui firent une réponse qui n'étoit peut-être jamais sortie de la bouche des Gentils les plus brutaux et les plus barbares : « C'est, dirent-ils, parce que cette loi est sainte que nous la haïssons et que nous voulons la détruire. Si elle nous permettoit de voler impunément, si elle nous dispensoit de payer le tribut que le roi exige, si elle nous apprenoit à tirer vengeance de nos ennemis et à satisfaire nos passions sans être exposés aux suites de la débauche, nous l'embrasserions avec joie ; mais puisqu'elle met un frein si rigoureux à nos désirs, c'est pour cela même que nous la rejetons et que nous vous ordonnons, à vous, catéchiste, de sortir au plus tôt de la province. — J'en sors, dit le catéchiste, puisque vous m'y forcez, mais cherchez un médecin qui prenne soin de vous et qui vous guérisse de vos maladies, comme je l'ai fait si souvent. »

Cette persécution s'étant élevée à l'insu du gouverneur de la province, je l'envoyai aussitôt visiter par un de mes catéchistes ; cette honnêteté fut soutenue de quelques présens, selon la coutume du pays. Le catéchiste sut si bien s'insinuer dans l'esprit du gouverneur qu'il fut ordonné sur-le-champ qu'on laisseroit à tous les peuples la liberté d'embrasser une loi qui ne commandoit que des choses justes et saintes. Quelque précis que fussent ces ordres, il n'y eut jamais moyen de faire casser l'acte que nos ennemis avoient passé entre eux. On en demeura là de peur de les aigrir, et nous nous contentâmes d'avoir mis le gouverneur dans nos intérêts.

Cette épreuve, au reste, n'a servi qu'à faire éclater davantage la fermeté des néophytes ; un d'eux s'est signalé par une constance et une générosité vraiment chrétienne. On l'a fouetté à diverses reprises d'une manière cruelle, on lui a serré étroitement les doigts avec des cordes et brûlé les bras en y appliquant des torches ardentes sans que ces divers supplices aient pu le faire chanceler un instant dans sa foi. J'ai vu moi-même les cicatrices de tant de plaies que cet illustre néophyte a eu l'honneur de recevoir pour Jésus-Christ.

Ce fut principalement sur un des plus anciens chrétiens que les Gentils déployèrent toute leur rage. Il étoit habile sculpteur. Les Gentils l'avoient souvent pressé de travailler aux chars de triomphe destinés à porter leurs idoles, mais ils ne purent vaincre sa résistance. Ils dissimulèrent quelque temps, parce qu'ils avoient besoin de lui pour d'autres ouvrages; enfin, la fureur l'emportant sur toute autre considération, ils le saisirent, le maltraitèrent, pillèrent sa maison, ravagèrent ses terres et le chassèrent honteusement de sa peuplade. Il en sortit plein de joie, trop heureux, disoit-il, de tout perdre et de tout souffrir pour Jésus-Christ. Il se retira dans une province voisine, où un homme riche, qui connoissoit son habileté, le recueillit dans sa maison et l'occupa à divers ouvrages.

Dans la suite, ceux mêmes dont il avoit été si indignement traité, le firent prier d'oublier les insultes passées et de retourner parmi ses concitoyens, dont il seroit reçu avec honneur. Je l'envoyai chercher moi-même et l'exhortai à rentrer au plus tôt en possession de ses biens, mais je fus extraordinairement surpris et encore plus édifié de sa réponse : « Nos ennemis, me dit-il, m'ont rendu service en voulant me nuire. Si je fusse demeuré dans mon pays, peut-être n'aurois-je pu me défendre de travailler à leurs idoles et à leurs chars de triomphe. Hélas ! il ne faut qu'un instant où l'espérance du gain et la crainte des mauvais traitemens me feroient céder à leurs instances. Maintenant je n'ai plus rien à perdre, puisque je ne possède rien. Je gagnerai ma vie à la sueur de mon front : si le maître que je sers veut m'employer à des ouvrages défendus, je puis me retirer ailleurs ; au lieu que si je rentre dans les biens dont on m'a dépouillé, puis-je compter sur moi-même ? Que sais-je si j'aurai toujours le même courage que je me sens à présent ? La paix dont je jouis m'est plus précieuse que tout ce que j'ai perdu. »

Un désintéressement si parfait détermina un lâche chrétien qui en fut témoin à se déclarer plus ouvertement pour la religion qu'il n'avoit fait jusqu'alors. C'étoit le chef d'un petit village. Tous ceux qui y possèdent quelque fonds de terre lui paient tous les ans un certain droit ; ces redevances l'obligent de son côté à donner chaque année un festin à ses compatriotes. On accompagne ce festin de cérémonies qui tiennent fort de la superstition payenne ; il y en a une entre autres aussi infâme qu'elle est risible. Celui qui donne le festin est obligé, sur la fin du repas, de se barbouiller tout le corps d'une manière bizarre, de prendre en main la peau du mouton qui a été servi, de courir après les conviés et de les frapper de cette peau en poussant des cris aigus, comme feroit un homme en fureur et agité d'un esprit étranger. Il doit ensuite parcourir toutes les maisons de la peuplade, y faire mille gestes ridicules et y affecter une infinité de postures lascives et indécentes. Les femmes, qui se tiennent à leurs portes pour être témoins de ce spectacle, souffrent sans nulle pudeur ces bouffonneries infâmes : elles le saluent même comme une divinité, s'imaginant qu'un de leurs dieux s'empare de lui et le force à faire toutes ces grimaces et à prendre toutes ces postures extravagantes. Telles sont les cérémonies de ce repas solennel.

Le chrétien dont je parle n'eut jamais part à des actions si éloignées de la retenue et de la modestie chrétienne ; il se contentoit de donner le festin, où il ne se glissoit rien de superstitieux, après quoi il se retiroit pour ne pas participer aux criminelles folies des idolâtres : un autre étoit substitué à sa place par l'assemblée, qui se chargeoit de la conclusion du festin en faisant les cérémonies insensées que je viens de décrire. Mais quelques ennemis des chrétiens s'avisèrent de lui intenter procès, prétendant qu'il étoit déchu de ses droits puisqu'il n'accomplissoit pas les cérémonies inséparables du festin : il étoit à craindre qu'il ne succombât à une tentation si délicate ; en effet il s'efforça de me persuader qu'il n'y avoit point de mal à se barbouiller, à courir çà et là armé de la peau de mouton, à parcourir les maisons du village, à se mettre dans quelque posture grotesque pourvu qu'il ne s'y mêlât rien d'indécent. « Où est le crime, poursuivit-il, si je déclare d'abord que je fais toutes ces choses par pur divertissement, que je ne suis point animé de l'esprit de leur dieu et que je renonce à toutes les révérences et à tout le culte qu'on me rendra ? »

C'est ainsi que ce pauvre homme cherchoit à s'abuser lui-même, mais je le détrompai ; je lui fis sentir qu'il deviendroit véritablement l'auteur de tous les actes d'idolâtrie que les

Gentils commettroient à son égard; qu'il se rendroit coupable de toutes les superstitions auxquelles il donneroit lieu par ses bouffonneries affectées; enfin que, s'il n'y avoit point d'autre moyen de maintenir ses droits et ses prééminences dans le village, il devoit absolument y renoncer; qu'autrement je ne le reconnoissois plus pour enfant de Dieu ni pour mon disciple.

Je m'aperçus à son air que mes raisons et mes menaces n'auroient fait qu'une légère impression sur son esprit si elles n'avoient été soutenues de l'exemple du fervent chrétien dont j'ai parlé plus haut. Il rougit enfin de sa lâcheté. Après avoir combattu les divers mouvemens qui s'élevoient au fond de son cœur, il se jeta à mes pieds, il les embrassa avec larmes, il protesta à haute voix que, quand même les Gentils voudroient le dispenser de ces cérémonies si contraires à la foi et aux bonnes mœurs, il renonçoit dès maintenant à tous les droits et à tous les avantages qu'il avoit possédés jusqu'alors. Il faut connoître quel est l'attachement de ces peuples pour ces sortes de droits afin de bien juger de la violence que ce chrétien a dû se faire en cette rencontre.

Ce fut le gouverneur d'une peuplade qu'on nomme Chitrakuri qui excita la seconde persécution que souffroit cette autre partie du district qu'on m'a confié. Il y avoit peu d'années que le christianisme s'y étoit établi d'une façon assez extraordinaire. La femme d'un orfévre, nommée Mouttaï[1], qui s'étoit convertie à la foi, avoit aussi converti son mari; ils s'animoient l'un et l'autre à augmenter le nombre des fidèles, lui parmi les hommes et elle parmi les femmes; leur exemple et leurs discours en avoient déjà gagné à Jésus-Christ plus de quarante en moins de deux ans; la femme surtout donnoit des marques d'un zèle qui égaloit celui de nos catéchistes : elle avoit engagé son mari à transcrire les prières qui se récitent tous les dimanches dans nos églises. Cette petite chrétienté s'assembloit dans la maison de l'orfévre, où l'on avoit dressé une chapelle; ils y faisoient leurs prières et écoutoient attentivement les instructions de ce fervent chrétien.

Mouttaï avoit trouvé entrée dans presque toutes les maisons de la peuplade par le moyen de certains remèdes qu'elle distribuoit aux malades avec un succès qui certainement ne venoit ni de son habileté ni de son expérience; elle s'attachoit par là tous les cœurs et faisoit goûter à des familles entières les vérités saintes de notre religion. Un jour, ayant engagé plusieurs de ces familles à se convertir à Jésus-Christ et leur ayant enseigné elle-même les prières des chrétiens, elle fit venir un catéchiste nommé Raïapen[1] pour les instruire parfaitement de nos mystères. Ce catéchiste s'acquitta d'abord de ses fonctions avec plus de zèle que de prudence. Le gouverneur, informé de ce qui se passoit, envoya chercher Raïapen et lui demanda tout en colère pourquoi il venoit séduire les peuples et leur enseigner sans sa permission une religion étrangère. Je ne me souviens point quelle fut sa réponse, mais elle déplut au gouverneur, et il fit signe à ses gens de maltraiter le catéchiste.

On lui donna d'abord quelques coups, qu'il souffrit avec une patience invincible; mais comme on vouloit lui ôter le *toupeti* (c'est une pièce de toile dont les Indiens s'entourent le milieu du corps[2]), il poussa si rudement celui qui lui vouloit faire cet outrage qu'il le mit par terre. A l'instant les soldats se jetèrent sur lui avec fureur, le dépouillèrent de ses habits, le chargèrent de coups, le traînèrent par les cheveux hors de la peuplade et l'y laissèrent tout meurtri et nageant dans son sang, avec défense, sous peine de la vie, de paroître jamais dans la peuplade.

Ce mauvais traitement fait au catéchiste étoit, ce semble, le prélude des maux qui étoient près de fondre sur le reste des chrétiens. Néanmoins on vit bientôt renaître le calme, et le gouverneur ne poussa pas plus loin ses violences. Je crus pourtant devoir prévenir les suites que pouvoit avoir cette insulte : je m'adressai pour cela au gouverneur général de la province, homme modéré et affectionné aux chrétiens. La visite que je lui fis rendre et les petits présens que je lui envoyai eurent tout le succès que j'en pouvois attendre : le gouverneur de la peuplade reçut ordre de ne plus inquiéter ni le catéchiste ni les néophytes.

Un temps considérable s'étoit écoulé depuis l'exil de Raïapen jusqu'à son rappel, et je craignois fort que cette chrétienté encore nais-

---

Ce mot signifie Marguerite.

[1] C'est-à-dire Pierre.
[2] Le tapoi des sauvages de l'Amérique du sud.

sante, n'étant plus cultivée par ses soins, ne vint à chanceler dans la foi ; mais la vertueuse Mouttaï avoit pris le soin de fortifier ces néophytes par son zèle et par son assiduité à les instruire. Elle m'amena treize catéchumènes au commencement du carême ; je les joignis à plusieurs autres, et après les avoir disposés à la grâce du baptême par de fréquentes instructions, le jour de Pâques je leur conférai à tous le sacrement de notre régénération en Jésus-Christ.

Parmi le grand nombre de baptêmes que j'administrai en ce saint temps, il y en a deux ou trois qui ont quelque chose de singulier. Le premier fut celui d'une dame de la cour nommée Minackchiamal. Élevée dans le palais dès son bas âge, elle étoit entrée fort avant dans la confidence de la reine mère, qui l'avoit établie comme la prêtresse de ses idoles ; son ministère étoit de les laver, de les parfumer, de les ranger proprement, chacune selon son rang et sa qualité, au temps du sacrifice ; c'étoit à elle d'offrir les fleurs, les fruits, le riz, le beurre à chacune des idoles : elle devoit être alors fort attentive à n'en oublier aucune, de peur que celle qu'on auroit négligée ne fût mécontente et ne fît tomber sa malédiction sur la famille royale. On lui avoit fait épouser un grand du royaume qui avoit l'intendance générale de la maison du prince. Ce mariage donnoit la liberté à Minackchiamal de sortir de temps en temps et de s'instruire de ce qui se passoit hors du palais ; elle entendit parler de la loi des chrétiens et elle eut la curiosité de les connoître. Une femme chrétienne, avec qui elle avoit des liaisons étroites, lui procura peu à peu la connoissance d'un catéchiste pieux et habile. Ce zélé serviteur de Jésus-Christ l'entretint souvent de la grandeur du Dieu que nous adorons et lui inspira par ses discours une haute idée de notre sainte religion ; il arriva même que, dans les divers entretiens qu'ils eurent ensemble, ils reconnurent qu'ils étoient parens assez proches : la proximité du sang redoubla l'estime et la confiance. Cependant, bien qu'elle connût la sainteté de la loi chrétienne, elle ne parloit pas encore de l'embrasser : une disgrâce inopinée fraya le chemin à la lumière qui vint l'éclairer. Son mari, accusé de malversation dans l'administration de sa charge, fut condamné à une grosse amende. Minackchiamal ressentit vivement un malheur qui déshonoroit sa maison ; elle se vit réduite à vendre quantité de ses bijoux et de ses perles pour tirer son mari d'un si mauvais pas, et le chagrin qu'elle en conçut mina peu à peu sa santé et lui causa une maladie violente ; d'ailleurs le démon la tourmentoit souvent en reconnoissance des sacrifices qu'elle lui offroit chaque jour, et ce n'étoit que parmi les chrétiens qu'elle trouvoit un adoucissement à ses maux et une force extraordinaire contre les attaques du malin esprit.

Mais cela ne suffisoit pas pour briser tout à fait les chaînes qui la retenoient encore captive : une seconde disgrâce acheva ce que la première n'avoit fait qu'ébaucher. Son mari, qui lui avoit obligation de sa délivrance et de son rétablissement, ne paya ce bienfait que d'ingratitude. Comme il n'avoit point d'enfans et qu'il désespéroit d'en avoir, il passa à de secondes noces sans cependant dépouiller Minackchiamal du titre et des prérogatives de première femme. Ce coup imprévu lui fut plus sensible que tous les autres ; Dieu en même temps répandit dans son âme les plus vives lumières ; elle fut parfaitement convaincue de la vérité de notre religion et prit enfin la résolution de l'embrasser.

Il ne restoit plus qu'un lien assez difficile à rompre : l'office de *poujari*, ou de prêtresse de la reine mère, étoit incompatible avec le titre de servante du Seigneur. Il y avoit du risque à déclarer qu'elle vouloit quitter cet emploi pour se faire chrétienne, car, quoique dans l'occasion elle entretînt la reine de ce qu'elle avoit appris de notre religion, elle ne lui faisoit pas apercevoir quel étoit là-dessus son dessein. Le parti qu'elle prit fut de représenter à cette princesse que ses infirmités ne lui permettant plus d'avoir soin des idoles ni de se rendre aux sacrifices, elle la prioit instamment de confier cet emploi à un autre. La reine écouta ses raisons, en lui ordonnant néanmoins de venir au palais de deux jours en deux jours comme à l'ordinaire. Ainsi Minackchiamal continuoit d'être à la suite de la reine, mais elle ne participoit plus aux œuvres des païens et n'avoit plus l'intendance des sacrifices.

Dès qu'elle se vit libre, son unique passion fut d'être admise au rang des fidèles. Dans l'impatience qu'elle avoit de porter le caractère des enfans de Dieu, elle demanda permission à la reine de s'absenter du palais pour quatre ou cinq jours, et l'ayant obtenue, elle se mit aussitôt en chemin pour venir me trouver à Counampaty. Son mari vouloit qu'elle prît un palanquin, voiture ordinaire des gens de qualité, et qu'elle se fît suivre par un grand nombre de domestiques; mais elle s'obstina toujours à faire le voyage à pied. « La grâce après laquelle je soupire, disoit-elle, mérite bien que j'aie un peu de peine à l'obtenir. » Elle vint donc à pied, suivie d'une seule femme païenne qu'elle avoit à demi gagnée à Jésus-Christ et accompagnée de trois catéchistes qui lui servoient de guides.

Comme cette manière de voyager lui étoit nouvelle, ses pieds s'enflèrent extraordinairement; mais l'insigne faveur qu'elle étoit sur le point de recevoir occupoit toute son attention, à peine même s'aperçut-elle qu'elle souffroit. Je lui conférai le baptême avec le plus de solennité qu'il me fut possible, et elle le reçut avec des sentimens de joie qui ne se peuvent exprimer; je lui fis présent d'un chapelet de jais, dont ces peuples font grand cas, de quelques médailles et d'un *Agnus Dei*. « Ces marques de notre sainte religion, me dit-elle en les recevant, me sont infiniment plus précieuses que l'or, les perles, les rubis et le corail dont les personnes de mon rang ont coutume de se parer. »

La piété la portoit à faire quelque présent à l'église : elle désiroit surtout d'orner la statue de la Vierge d'un *padacam* de perles et de rubis. (C'est une espèce d'ornement que les dames indiennes suspendent à leur cou, et qu'elles laissent tomber sur leur poitrine.) Notre coutume est de ne recevoir que rarement les dons mêmes que les nouveaux fidèles veulent faire à l'église, afin de les bien convaincre de notre désintéressement. Je fis donc difficulté d'accepter ce qu'elle m'offroit; je lui représentai qu'un si riche ornement réveilleroit l'avidité des Gentils et deviendroit la source de quelque persécution nouvelle. Mais m'apercevant que ma résistance l'affligeoit, je crus devoir me relâcher un peu de ma sévérité: je pris une partie des bijoux qu'elle me présentoit, et je fis venir un orfévre pour les mettre en œuvre selon ses intentions. Ma prédiction ne fut que trop vraie : peu après il s'éleva une persécution, la maison de l'orfévre fut pillée et les libéralités de Minackchiamal devinrent la proie du soldat gentil. Nous espérons que cette généreuse chrétienne conservera sa foi pure dans le séjour de l'impiété, et qu'au milieu d'une cour idolâtre elle sera le soutien de la religion et l'appui des chrétiens persécutés.

Ce fut elle qui m'apprit les raisons qu'on avoit de craindre une troisième persécution à Tanjaour. Elle m'a raconté que plusieurs poëtes ayant récité des vers en l'honneur des faux dieux devant le roi, qui se pique d'entendre la poésie, un poëte inconnu se leva au milieu de l'assemblée, et prenant la parole : « Vous prodiguez, leur dit-il, votre encens et vos éloges à des divinités chimériques ; elles ne méritent point les louanges dont vous les comblez. Le seul être souverain doit être reconnu pour vrai Dieu, lui seul mérite vos hommages et vos adorations. »

Ce discours révolta l'orgueil des autres poëtes, et ils demandèrent justice au prince de l'insulte qu'on faisoit à leurs dieux. Le roi leur répondit que quand la fête seroit passée, il feroit venir le poëte inconnu et qu'il examineroit les raisons qu'il avoit eues d'avancer une proposition si hardie. Quand les chrétiens apprirent ce qui venoit de se passer au palais, la consternation fut générale : on ne doutoit point que dans la persuasion où l'on étoit que ce poëte avoit été aposté par les fidèles pour décrier les dieux du pays, la persécution ne dût être des plus sanglantes. Il falloit donc chercher quelque moyen d'écarter l'orage qui se formoit. Le père Simon Carvalho, qui gouvernoit alors cette Église, songeoit à se ménager un entretien avec le poëte, afin de sonder ses véritables sentimens. Il espéroit ou le gagner à Jésus-Christ ou découvrir du moins le motif qui l'avoit porté à se déclarer si hautement pour le vrai Dieu dans une cour païenne; mais il n'y eut jamais moyen de l'attirer auprès du missionnaire. Tout ce que purent savoir les catéchistes, c'est qu'il étoit brame et du nombre de ceux qu'on appelle *nianigueuls*, c'est-à-dire spirituels, qui ont appris dans leurs anciens livres à ne reconnoître qu'un Être Souverain et à mépriser cette foule de dieux que révèrent les Gentils.

Ce fut un nouveau sujet d'inquiétude pour le missionnaire. Il avoit raison de craindre que si le poëte venoit à être cité en présence du roi, il ne pût résoudre les difficultés que lui opposeroient les docteurs idolâtres. Il prit donc le dessein de fournir des armes à ce nouvel athlète, et pour cela il lui fit proposer de lire la première partie de l'*Introduction à la foi* composée par le père de Nobilibus, cet illustre fondateur de la mission de Maduré. Ce livre est écrit dans toute la pureté de la langue, car ce père en connoissoit toutes les délicatesses. L'unité de Dieu y est démontrée par des raisons si claires, si sensibles et en même temps si convaincantes, qu'il n'est point d'esprit raisonnable qui puisse y résister. Mais le brame, enflé d'orgueil et plein de mépris pour la loi chrétienne, regarda comme un outrage le secours qu'on lui offroit.

On peut juger de l'embarras où se trouva le père Carvalho. Il lui vint à l'esprit d'aller trouver le roi et de lui représenter qu'il seroit injuste de condamner notre loi sur les preuves insignifiantes qu'apporteroit un homme peu éclairé ; que le brame étoit plus entêté qu'habile, qu'il n'avoit pas la première idée des raisons fondamentales sur lesquelles est appuyée la vérité d'un seul être souverain ; qu'il s'offroit lui-même de soutenir cette vérité contre tous les docteurs gentils, et qu'il se condamnoit par avance au châtiment le plus sévère s'il ne la mettoit dans une évidence à laquelle il n'y auroit point de réponse.

Ce missionnaire avoit tout le zèle et toute la capacité nécessaire pour exécuter ce projet avec succès : il est habile théologien et sait parfaitement la langue du pays. Cependant, après quelques réflexions, il jugea que cette démarche seroit plus préjudiciable qu'utile à la religion ; que sa présence fortifieroit l'opinion dont on étoit prévenu, que le poëte n'avoit déclamé contre les dieux qu'à l'instigation des chrétiens ; qu'enfin l'indignation du prince en deviendroit plus grande et la persécution qu'on craignoit plus certaine.

Un autre incident confirma le père dans sa pensée. L'esprit du roi étoit fort aigri par d'autres vers injurieux aux divinités païennes, dont un de nos chrétiens étoit l'auteur. Ce néophyte excelloit dans la poésie indienne ; il avoit fait un ouvrage en ce genre lorsqu'il étoit Gentil, qui mérita les applaudissemens même du prince. Depuis sa conversion il n'employoit son talent qu'aux éloges de la religion sainte qu'il professe. Un des jeunes gens de la ville à qui il avoit autrefois enseigné la poésie s'avisa un jour de lui demander des vers qu'il pût réciter à la fête d'un des dieux du pays. Le chrétien y consentit de bonne grâce ; il composa sur-le-champ une pièce assez longue qu'il écrivit sur des feuilles de palmier sauvage. Il racontoit entre autres choses les infâmes et ridicules aventures qu'on attribue à ce dieu, et il concluoit cette espèce d'ode par ces paroles : « Quiconque a commis toutes ces abominations peut-il être un dieu ? »

Le jeune homme lut d'abord ces vers avec complaisance ; mais la fin de l'ouvrage lui fit bientôt sentir le ridicule dont on le couvroit lui et son dieu prétendu. De colère il va trouver un prêtre idolâtre qui d'intime ami de notre néophyte étoit devenu son ennemi irréconciliable, jusqu'à se vanter de le faire périr par l'épée d'un bourreau. Une haine si outrée venoit de ce que dans une dispute publique sur la religion, le nouveau chrétien avoit confondu le poëte gentil et l'avoit réduit à un honteux silence. Il conservoit toujours dans le cœur le souvenir de cet affront, et ravi d'avoir entre les mains de quoi perdre le néophyte, il se donna tant de mouvement, qu'enfin il fit tomber les vers entre les mains du prince, qu'il savoit être fort jaloux de l'honneur de ses dieux. Telle étoit la situation de la chrétienté de Tanjaour quand je succédai au père Carvalho. Il se répandoit tous les jours de nouveaux bruits qui me jetoient dans de nouvelles alarmes. Selon ces bruits, l'esprit du prince s'aigrissoit de plus en plus et le feu de la persécution alloit s'allumer de toutes parts. Je voulus savoir ce qu'il y avoit de réel dans tout ce qui se publioit. Je m'adressai pour cela à un des principaux officiers de la cour nommé Chitabara, qui est fort avant dans la confidence du roi et qui protége les chrétiens. Je fis partir quatre de mes catéchistes avec des présens qu'ils devoient lui donner (car ces sortes de visites ne se rendent jamais les mains vides), et je le suppliai de m'informer des sentimens du prince à notre égard, sans me déguiser ce que nous avions à craindre ou à espérer.

Un autre que Chitabara, témoin de nos alarmes, nous eût fait acheter chèrement sa réponse ; mais ce seigneur est d'une droiture et d'un désintéressement qu'on ne trouve point chez ceux de sa nation. Il nous rassura de nos craintes et nous fit dire que le roi ne pensoit plus ni à l'insulte publique que le brame avoit faite aux dieux ni à la satire adroite du néophyte ; que des affaires importantes occupoient toute son attention ; que même des courtisans s'étant échappés jusqu'à dire qu'un prince ne doit tolérer aucune des religions étrangères, le roi, faisant peu de cas de cet avis, avoit répondu qu'il ne vouloit contraindre personne, et que cette réponse avoit fermé la bouche aux malintentionnés. Les catéchistes vinrent tout triomphans m'apporter cette agréable nouvelle, qui rendit le calme et la tranquillité à tous les cœurs.

Cependant la foule des chrétiens augmentoit de plus en plus et il ne se passoit guère de jours que je ne baptisasse quelque catéchumène. Parmi le grand nombre de personnes qui reçurent la grâce du baptême, il y en a eu une que je ne puis omettre, c'est la femme d'un poëte du *Choren-madatan*. Elle étoit depuis longtemps fort tourmentée du démon : quelquefois il lui prenoit des accès d'une folie qui n'avoit rien de naturel ; quelquefois cette folie se changeoit en des transports de la plus violente fureur ; d'autres fois elle perdoit tout à coup l'usage de la parole, ou bien elle devenoit paralytique de la moitié du corps.

Son mari, qui l'aimoit tendrement, n'avoit rien épargné pour sa délivrance : il l'avoit promenée dans tous les temples les plus célèbres, il avoit fait une infinité de vers en l'honneur de ses dieux, il avoit chargé leurs autels d'offrandes et de présens, il avoit même distribué de grosses sommes aux gourous [1] gentils qui passoient pour avoir de l'empire sur les démons : tant de dépenses l'avoient presque réduit à la mendicité ; cependant la malade loin d'être soulagée empiroit tous les jours. Six ans se passèrent ainsi en vœux, en pèlerinages et en offrandes inutiles. Les chrétiens lui conseillèrent d'avoir recours au Dieu qu'ils adorent, et l'assurèrent que sa femme devoit en attendre une guérison parfaite si elle promettoit d'un cœur sincère d'embrasser sa loi. Le poëte, qui avoit le christianisme en horreur, rejeta d'abord un conseil si salutaire ; mais comme une disgrâce continue ouvre peu à peu les yeux des plus opiniâtres, l'inutilité des remèdes qu'on avoit employés lui fit faire des attentions sérieuses : son entêtement cessa et il se détermina enfin à mener sa femme à l'église de Tanjaour, gouvernée alors par le père Carvalho.

Mais on fut bien surpris de trouver dans la femme encore plus de résistance que n'en avoit fait paroître le mari. Ce qui parut extraordinaire, c'est que ses jambes se roidirent tout à coup et se collèrent si fortement contre les cuisses qu'on fit de vains efforts pour les en décoller. Le poëte ne se rebuta point, il crut au contraire que l'esprit malin ne faisoit naître cet obstacle que parce qu'il sentoit déjà la force du Dieu qu'on se mettoit en devoir d'implorer. Il fit mettre sa femme dans un *douli* (c'est une voiture moins honorable que le palanquin), et il la fit transporter à l'église.

Dès que le père Carvalho la vit approcher, il se disposa à réciter sur elle quelques prières : il n'avoit pas encore commencé qu'elle se leva tout à coup de dessus le douli, et marchant droit au père, qui étoit assez loin, elle se jeta à ses pieds sans pourtant prononcer aucune parole. Le mari, qui la vit marcher d'un pas si ferme et si assuré, ne put retenir ses larmes : il se jeta comme elle aux pieds du père et publia hautement la puissance du Dieu que nous invoquons. C'étoit un spectacle bien consolant pour le missionnaire, de voir le témoignage authentique que le démon étoit forcé de rendre à la vérité de notre sainte loi. Il fit sur elle les exorcismes de l'Église, et le démon ne donna plus aucun signe d'obsession. Dès lors elle se sentit comme déchargée d'un pesant fardeau, elle avoua même qu'elle n'avait jamais éprouvé une joie aussi pure que celle qu'elle goûtoit.

Ne pouvant résister à une conviction si forte de la vérité de notre religion, elle pressa extrêmement le père de l'admettre au rang des fidèles. Mais le missionnaire, ne croyant pas devoir se rendre sitôt à ses empressemens, lui répondit qu'il ne falloit rien précipiter dans une affaire de cette conséquence, qu'elle devoit auparavant se faire instruire, et que si dans deux ou trois mois elle persévéroit dans sa résolution, il lui accorderoit la grâce qu'elle demandoit avec tant d'instance. En même temps il lui donna quelques médailles, en l'assurant qu'elle n'avoit rien à craindre des attaques du démon, pourvu qu'elle persistât dans les bons sentimens où il la laissoit. Cette réponse la désola ; elle obéit pourtant et s'en retourna dans sa peuplade, le cœur serré de la plus vive douleur.

Quelques mois après, son mari, jugeant à ses manières que le démon ne l'avoit pas tout à fait abandonnée, me l'amena à Counampaty, où j'étois. Je l'examinai de nouveau et je la

[1] Aux docteurs.

trouvai inébranlable dans ses premiers sentimens. Cependant à son air interdit et effaré, je reconnus qu'elle étoit encore agitée de troubles intérieurs. Aussi m'avoua-t-elle qu'à la vérité, depuis la première fois qu'elle étoit venue à l'église, elle n'étoit plus inquiétée de ces horribles fantômes qui auparavant la tourmentoient presque à toute heure, mais qu'elle se sentoit de temps en temps saisie de certaines frayeurs subites dont elle ignoroit la cause ; qu'outre cela des songes affreux troubloient son sommeil presque toutes les nuits et qu'elle en demeuroit étonnée le jour suivant ; mais qu'enfin elle espéroit être entièrement délivrée par le baptême de tous ces restes de l'esclavage du démon.

Comme elle étoit parfaitement instruite de nos mystères, je ne différai pas davantage à lui accorder la grâce après laquelle elle soupiroit depuis tant de mois. Il arriva une chose assez extraordinaire : tandis que je faisois sur elle les exorcismes et les autres cérémonies du baptême, il lui prit tout à coup un balancement de tête à peu près semblable à celui du pendule d'une horloge qui est en mouvement. Je lui jetai aussitôt de l'eau bénite, et tout à coup ces balancemens cessèrent et elle revint à sa première situation. J'achevai en repos le reste des cérémonies, et la néophyte donna des marques durables d'une grande tranquillité d'esprit.

La multitude des confessions et des autres affaires inséparables d'une grande mission ne me permirent pas de donner à son mari tout le temps que j'aurois souhaité pour lui bien inculquer nos vérités saintes. Je le mis entre les mains des catéchistes, qui s'appliquèrent avec beaucoup de zèle à l'instruire durant les quatre jours qu'il demeura à Counampaty. Dans les divers entretiens qu'il eut avec eux, il leur avoua qu'outre la force qu'il reconnaissoit évidemment dans notre sainte religion par l'entière délivrance de sa femme, deux choses le convainquoient mieux encore de sa vérité. La première étoit la vie austère et désintéressée des missionnaires. « Je m'imaginois, disoit-il, que vos docteurs étoient semblables aux nôtres, qu'ils sauvoient les dehors, mais qu'au fond ils s'abandonnoient à toutes sortes de vices. J'ai voulu satisfaire ma curiosité, et après une recherche exacte de leurs mœurs, j'ai été extrêmement frappé de la vie innocente et laborieuse qu'ils mènent. » La seconde chose qui le convainquoit de la vérité de la loi chrétienne étoit qu'elle eût la force de changer les cœurs. Surtout il ne pouvoit comprendre comment ceux de la caste des voleurs qui se faisoient chrétiens renonçoient absolument à leurs larcins et à leurs brigandages.

Ainsi cette seule marque de la religion, que le prophète donna autrefois pour une des plus incontestables preuves de sa sainteté, *lex Domini convertens animas*, fit une telle impression sur ce Gentil qu'il ne songea plus qu'à s'instruire de nos saintes vérités. Il fit transcrire avec soin l'abrégé de la doctrine que nous enseignons, surtout les six preuves que nous donnons de la divinité et l'explication des dix commandemens de Dieu. Il prit ensuite congé de moi avec sa femme, et ils me promirent tous deux de venir me trouver de temps en temps, ce qu'ils ont fait et ce qu'ils font encore avec une exactitude qui me charme.

Ce fut environ ce temps-là qu'un autre Gentil vint à mon église et y trouva tout à la fois la santé de l'âme et du corps. Depuis quatre ans il se croyoit tourmenté du démon ; le mauvais esprit, à ce qu'il disoit, lui suçoit tout le sang, à dessein d'arracher ensuite son âme, qui ne tenoit presque plus à son corps. À le voir, on l'eût pris pour un squelette, tant il étoit décharné. Je jugeai que le prétendu démon étoit une vraie phthisie qui le minoit peu à peu. Cependant dans un corps si desséché il conservoit un esprit vif et plein de bon sens. L'idée qu'il avoit de son démon buveur de sang n'étoit pas en lui l'effet d'un cerveau troublé, mais de l'opinion commune à ces peuples, qui attribuent toutes leurs maladies aux démons ennemis du repos et du bonheur des hommes. Je le mis au rang des catéchumènes et je lui donnai quelques remèdes qui pouvoient le soulager. Le Seigneur bénit mes petits soins, de sorte même qu'au bout d'une semaine il fut en état de venir me voir et de me réciter ce qu'il avoit retenu des instructions qu'on lui avoit faites. La surprise fut si grande dans son village qu'un de ceux qui l'avoient apporté à l'église, persuadé que les remèdes humains n'avoient pu opérer une guérison si prompte, ouvrit les yeux à la vérité et demanda le baptême. La femme du catéchumène fut plus opiniâtre dans son attachement aux idoles : ni l'exemple de son mari ni ses pressantes sollitations ne purent amollir la dureté de son cœur.

C'est ainsi que dans cette mission nous voyons s'accomplir à tout moment la parole du fils de Dieu : tantôt le mari se convertit, et la femme demeure dans l'infidélité; tantôt la femme ouvre les yeux à la lumière, et l'homme vit et meurt dans l'aveuglement, *Unus assumetur, alter relinquetur*. Notre catéchumène reçut enfin la grâce de la régénération, à laquelle il s'étoit disposé avec tant de ferveur, et il s'en retourna d'un pas ferme dans sa peuplade pour y publier la force et la sainteté de la religion. Son incommodité l'ayant repris au bout de six mois, il mourut entre les bras d'un catéchiste avec toutes les marques d'un prédestiné. La candeur de son âme et la piété de ses sentimens me font croire qu'il a conservé jusqu'à ce dernier instant l'innocence et la sainteté de son baptême.

Outre le grand nombre d'adultes que je baptisai les dernières semaines du carême, j'eus la consolation d'ouvrir la porte du ciel au fils même du seigneur de la peuplade, qui mourut peu de jours après avoir reçu le baptême. Le frère du même seigneur eut dans ce même temps deux enfans jumeaux, dont l'un fut baptisé par le catéchiste dans la maison même où il venoit de naître et où il mourut le même jour. L'autre fut porté à l'église, où il reçut la même grâce. Il ne vécut que quinze jours. Ces trois enfans sont maintenant dans le ciel les protecteurs de cette église naissante.

Les jours me couloient bien doucement, mon révérend père, parmi d'aussi saintes occupations. Tout le temps se passoit ou à instruire les peuples ou à leur administrer les sacremens. Mais au milieu de tant de fatigues, qu'on est consolé de voir la vie innocente que mènent la plus grande partie de ces nouveaux fidèles ! J'avoue que ce ne sont pas des gens d'une spiritualité bien recherchée ; mais ils craignent Dieu, ils l'aiment de tout leur cœur, ils vivent hors d'une infinité d'occasions où les chrétiens d'Europe perdent la grâce ; ils la conservent au milieu de la gentilité avec plus de soin que ne font bien des fidèles dans le centre même des royaumes les plus catholiques. J'ai trouvé un grand nombre de filles qui, malgré l'extrême éloignement que ces peuples ont du célibat, imitent la généreuse résolution de tant de saintes religieuses d'Europe. Quelques-unes avoient eu à soutenir de rudes combats du côté de leurs parens, sans que les prières, les menaces, les mauvais traitemens eussent jamais pu leur faire changer la résolution qu'elles avoient prise de passer leur vie dans l'état parfait des vierges.

Une entre autres m'édifia fort par sa constance et par sa modestie. Sa mère, au désespoir de ce qu'elle ne vouloit pas se marier, me l'amena tout en colère et me dit que sa fille ne refusoit de s'engager dans le mariage qu'afin de mener une vie plus licencieuse et plus déréglée. La fille, pénétrée de douleur de ce que sa propre mère lui attribuoit des intentions si criminelles, se tenoit dans un humble silence : il lui échappa seulement de dire qu'elle étoit contente de ce que Dieu seul connoissoit son innocence. C'étoit en effet une calomnie des plus noires : tous ses parens rendoient témoignage à sa vertu et louoient surtout l'attrait particulier qu'elle avoit pour la solitude. La mère même ne fut pas longtemps sans se repentir de l'outrage qu'elle avoit fait à une fille si vertueuse, elle vint peu après les larmes aux yeux rétracter ce qu'elle avoit avancé si faussement, et elle me promit de ne plus inquiéter sa fille sur le parti qu'elle avoit eu le courage de prendre. Si la foi trouvoit autant d'accès chez les grands que chez les petits, et si quelque prince converti entreprenoit de fonder des monastères de religieuses, il est à croire qu'ils se peupleroient bientôt d'une infinité d'âmes choisies, qui embrasseroient dans toute leur étendue la pratique des conseils évangéliques.

Le peu de pluie qui étoit tombée l'année précédente, les chaleurs excessives, qui se font sentir dès le mois de mars, et la multitude prodigieuse des fidèles qui venoient à Counampaty, avoient tari une partie de l'étang, qui est le seul endroit où ces peuples trouvent de l'eau. C'est ce qui me fit naître la pensée d'aller à Elacourrichi ; mais une persécution qui venoit de s'élever contre les chrétiens de Couttour rompit toutes mes mesures. Jusque-là cette Église, fondée autrefois par le vénérable martyr le père Jean de Brito, avoit été regardée comme le lieu le plus paisible de la mission. Les missionnaires n'y avoient jamais éprouvé les contradictions et les traverses auxquelles ils sont continuellement exposés ailleurs. Voici ce qui donna lieu à la persécution.

Le frère du prince dont relève Couttour feignit de vouloir embrasser le christianisme et pressa plusieurs fois le père Bertholde de le baptiser. Le missionnaire, qui se défioit de sa sincérité, crut ne devoir lui accorder la grâce qu'il demandoit qu'après une longue épreuve; c'est pourquoi il lui répondit qu'il falloit attendre encore quelque temps et obtenir l'agrément du prince son frère. En effet, on publioit que ce jeune seigneur n'avoit point la volonté de renoncer au paganisme, mais que l'amour dont il étoit épris pour une femme chrétienne le portoit à faire cette démarche, dans l'espérance que son assiduité auprès du missionnaire faciliteroit l'accomplissement de ses désirs.

Quoi qu'il en soit, le pradani, ou le premier ministre du pandaratar, c'est ainsi que s'appelle le prince qui a sur ses terres les Églises de Couttour et de Coraly; le pradani, dis-je, ancien ennemi de la religion chrétienne, prit de là l'occasion d'animer le prince contre les fidèles. Il lui représenta qu'il étoit honteux à sa famille que son propre frère abandonnât la religion de ses ancêtres pour se livrer à de nouveaux docteurs qu'il savoit certainement être Franquis, c'est-à-dire gens vils et infâmes selon l'idée de la nation; que dans le besoin où il étoit d'argent, il lui seroit aisé de s'enrichir par le pillage de leur église; que les étrangers avoient cru y cacher sûrement toutes leurs richesses, parce que depuis son établissement elle n'avoit été sujette à aucune révolution.

Le prince, flatté de l'espoir d'un gain considérable, donna tout pouvoir à son ministre. Le pradani envoya ordre sur-le-champ au maniagaren [1] de la peuplade d'arrêter le missionnaire et de fouiller dans tous les recoins de sa maison jusqu'à ce qu'il eût déterré les trésors qui y étoient cachés. Jamais ordre ne fut mieux exécuté. Le maniagaren choisit le dimanche, jour auquel les chrétiens viennent en foule à l'église, et prit le temps que le père se disposoit à célébrer la sainte messe. Il commençoit déjà à se revêtir des ornemens sacerdotaux lorsque tout à coup le maniagaren et ses soldats vinrent fondre dans l'église; les uns se saisirent du père, le traînèrent vers sa maison, déchirèrent ses habits; les autres, en plus grand nombre, se postant aux diverses avenues par où les chrétiens pouvoient échapper, les dépouillèrent, les chargèrent de coups, leur arrachèrent les ornemens d'or qu'ils portent au col et aux oreilles: tous se mirent à piller les maisons qu'ils avoient dans la peuplade. Celle du père fut toute renversée: ils creusèrent partout, ils démolirent les murailles, et après bien des recherches ils trouvèrent environ soixante écus, qui étoient tout le fonds destiné à l'entretien des missionnaires et des catéchistes. Le maniagaren recueillit avec soin cette somme et tous les meubles de l'église, qu'il envoya aussitôt au palais. Mais le prince, qui s'attendoit à un grand butin, surpris de ce que le pradani l'avoit engagé dans une entreprise si peu sortable à son rang et à sa dignité, ne put retenir son indignation.

Le bruit des violences qu'on exerçoit à Couttour se répandit bientôt jusqu'à Coraly. Le père Joseph Carvalho, qui y fait sa résidence, se disposoit à recevoir les mêmes outrages: il prit seulement la précaution de faire transporter tout ce qu'il avoit dans sa maison au delà du Coloran et hors des dépendances du pandaratar. Il ne se réserva que son crucifix et son bréviaire, attendant en paix le bienheureux moment auquel il devoit être emprisonné pour Jésus-Christ. Trois jours se passèrent sans qu'on pensât à troubler sa solitude; il jugea de là que la cour n'étoit pas si irritée qu'on se le figuroit; plein d'une sainte confiance, il prit le dessein de s'aller présenter au prince pour lui demander la délivrance du père Bertholde, qu'on détenoit dans une rude prison. Il crut pourtant devoir en avertir le frère cadet du prince, ennemi secret du pradani et protecteur déclaré des missionnaires. Ce seigneur, de concert avec sa sœur, qui a beaucoup de crédit à la cour, engagea le prince à faire un bon accueil au docteur étranger et à réparer par quelques marques d'honneur la démarche qu'il avoit faite par le conseil de son ministre et qui avoit flétri la gloire que lui et ses ancêtres ont toujours eue de servir d'asile aux étrangers.

Le prince, gagné par de si puissantes intercessions, promit de faire justice à l'innocence de ces étrangers, et ayant appelé le pradani : « Il faut, lui dit-il en colère, ou que vous soyez bien imprudent d'avoir cru si légèrement les rapports qui vous ont été faits de l'opulence des sanis, ou que vous ayez un grand fonds de malignité de leur avoir suscité une persécution si cruelle et si préjudiciable à ma réputation.»

[1] Gouverneur particulier.

Le pradani, pour se justifier, eut recours aux accusations ordinaires : « Ce sont, dit-il, des Franquis, qui, sous le prétexte d'enseigner leur religion, tâchent de répandre l'esprit de révolte parmi vos sujets pour livrer le pays aux Européens qui habitent les côtes. »

Ces calomnies ne firent nulle impression sur l'esprit du prince : il sait que depuis près de cent ans que la religion chrétienne s'est introduite dans ces divers états de l'Inde méridionale, les missionnaires ont toujours inspiré aux peuples toute la soumission et la fidélité qu'ils doivent à leurs souverains. « Voilà, répondit le prince, voilà les chimères dont vous autres ministres vous nous repaissez sans cesse pour nous animer contre cette nouvelle loi ; ce n'est pas là de quoi il s'agit maintenant ; je prétends que quand le sanias viendra à l'audience, non-seulement vous vous absteniez de tout reproche, mais que vous lui donniez encore les plus grandes marques de votre respect. » C'étoit un coup de foudre pour le pradani, homme fier et hautain comme le sont tous les noirs dès qu'ils ont quelque autorité.

Quelques jours après, le prince permit au père Joseph Carvalho de paroître en sa présence et le fit asseoir sur un siège couvert d'un tapis, honneur qu'il n'accorde à aucun de ses sujets. Voici à peu près le discours que tint le missionnaire : « L'accueil favorable dont vous m'honorez, dit-il au prince, prouve assez que vous n'avez aucune part aux traitemens indignes qu'on a faits au docteur de Couttour, mon frère ; j'en connois les auteurs, je ne les accuse point de l'avoir chargé d'opprobres et d'avoir déchiré ses vêtemens, ravagé sa pauvre cabane, profané son église, maltraité ses disciples ; je ne me plains pas même de ce qu'on le tient encore resserré dans une étroite prison, comme si c'étoit un rebelle ou un voleur public, mais je me plains de ce qu'on ne m'a pas fait le même honneur. J'enseigne comme lui la loi du vrai Dieu et je m'estimerois heureux de souffrir pour une si juste cause ; nous sommes venus de plus de six mille lieues pour instruire les peuples des grandeurs infinies du souverain maître du ciel et de la terre ; nous avons prévu les diverses contradictions que nous souffrons maintenant, et ce sont ces contradictions-là même qui nous ont attirés dans des régions si éloignées de notre patrie. Nous nous croyons bien payés de nos peines quand nous avons le bonheur de souffrir pour la gloire du Dieu que nous servons. Je prie donc vos ministres de me donner quelque part aux opprobres et aux souffrances du docteur de Couttour. Néanmoins, comme il y a de l'injustice à punir des innocens, je vous supplie d'examiner à fond notre conduite : si vous nous trouvez coupables des crimes qu'on nous impute, nous nous soumettons à toute la peine que vous voudrez nous imposer ; si au contraire vous nous jugez innocens, ne permettez pas que l'innocence soit plus longtemps opprimée dans vos états. »

Ces paroles du missionnaire, prononcées avec beaucoup de modestie et de gravité, touchèrent le prince, et comme le pradani vouloit répliquer il lui imposa silence ; il lui donna ordre de rendre au plus tôt tout ce qui avoit été pris au docteur de Couttour et à ses disciples, de le remettre en liberté et de châtier sévèrement le maniugaren qui avoit commis de si grands excès. Se tournant ensuite vers le missionnaire : « Oublions le passé, lui dit-il d'un air gracieux, ce qu'a fait mon ministre est comme un nuage qui a obscurci pour quelques instans la lumière que vous répandez dans mes états ; mais ce nuage même n'a servi qu'à me faire mieux connoître la sainteté de votre loi et la pureté de vos mœurs. Désormais je donnerai de si bons ordres qu'aucun de mes officiers n'aura l'audace de vous manquer de respect. »

Là-dessus il se fit apporter une belle pièce de toile peinte, qu'il donna au missionnaire comme un gage de son amitié ; il lui fit présent d'une autre à peu près semblable pour le père qui étoit prisonnier à Couttour : il n'y eut pas jusqu'aux catéchistes qui eurent part aux libéralités du prince ; non-seulement il leur donna de beaux toupetis[1], il voulut encore qu'on les fit monter sur des éléphans richement enharnachés et qu'on les promenât en triomphe par toute la ville, afin que personne n'ignorât qu'il les prenoit, eux et le reste des chrétiens, sous sa protection. Tout cela fut exécuté le jour même ; on restitua au missionnaire tout ce qui avoit été pillé à Couttour. Les ornemens d'or et de corail qui appartenoient aux fidèles eurent un peu plus de peine à sortir des mains du pradani ; mais enfin, après quelques sommations, tout ou presque tout fut rendu.

C'est ainsi, mon révérend père, qu'à la gloire

---

[1] Pièce de toile dont les Indiens se couvrent.

de notre sainte foi et à la consolation des fidèles, la persécution de Couttour cessa bien plus tôt que nous n'avions osé l'espérer. Trouvez bon que je mette fin aussi à cette lettre, qui n'est déjà que trop longue. Je continuerai dans la suite de vous faire un récit fidèle de tout ce qui pourra contribuer à votre édification. Je suis, avec beaucoup de respect, etc.

SECONDE LETTRE DU P. MARTIN

AU P. DE VILLETTE.

Fêtes chrétiennes. — Curiosité des Indiens.

Mon révérend Père,

P. C.

La persécution suscitée contre les chrétiens de Couttour me retenoit à Counampaty, ainsi que je vous l'ai mandé dans ma lettre précédente. L'affluence des peuples qui s'y rendirent pour célébrer la fête de Pâques fut si grande que je désespérois d'y pouvoir suffire; et certainement il y auroit eu de quoi occuper plusieurs missionnaires. Dieu me donna la force de résister à cette fatigue.

Je tirois des catéchistes tout le secours que je pouvois: les uns étoient chargés de disposer les catéchumènes au baptême, les autres de faire en divers endroits de la cour des instructions aux nouveaux fidèles, car si on ne leur fait souvent des explications de nos mystères, ils en perdent bientôt le souvenir. Je faisois lire chaque jour l'histoire de la Passion de Jésus-Christ, j'y ajoutois diverses méditations fort touchantes qu'un ancien missionnaire composa autrefois sur ce mystère. Ces méditations sont à la portée de nos Indiens et ils les écoutent avec toute l'attention et toutes les marques d'un cœur attendri.

Au lever de l'aurore, vers le soir et à cinq différentes heures du jour, nous faisions des espèces de stations où nous chantions à genoux sur des airs lugubres les tourmens particuliers que le Sauveur a soufferts à chacune de ces heures. A la fin de chaque station nous avions soin de prier pour les différentes nécessités de la mission ; surtout nous recommandions à Dieu les Églises de Coraly et de Couttour, désolées dans un temps si saint, et je ne doute point que les vœux ardens de tant de néophytes, n'aient beaucoup contribué à faire cesser la persécution. Il y en avoit qui affligeoient leur corps par toute sorte d'austérités : les ceintures de fer, les disciplines et les autres instrumens propres à macérer la chair ne sont point inconnus à ces nouveaux fidèles. Quoique les souverains pontifes les dispensent de beaucoup de jeûnes à cause des ardeurs du climat et de la légèreté de leurs alimens, on en voit pourtant qui passent tout le temps du carême en ne mangeant qu'une fois le jour du riz et des herbes mal assaisonnées : j'en sais qui, durant la semaine sainte, demeuraient jusqu'à deux jours entiers sans prendre de nourriture. J'ai soin de leur défendre une abstinence si rigoureuse, parce qu'elle les fait tomber dans des défaillances dont ils ont bien de la peine à se remettre, mais je ne suis pas toujours le maître de modérer leur ferveur.

Ceux qui sont à leur aise font l'aumône chaque jour du carême à un certain nombre de pauvres : les uns à cinq, en l'honneur des cinq plaies de Notre-Seigneur ; les autres à trente-trois, en l'honneur des années qu'a duré la vie mortelle de Jésus-Christ ; d'autres à quarante, en mémoire des quarante jours qu'il passa dans le désert. Ces aumônes consistent en du riz et des herbes cuites, dont ils remplissent de grands bassins et qu'ils distribuent eux-mêmes avec beaucoup de piété.

C'est par de si saints exercices que les chrétiens se préparent à célébrer la fête de Pâques. Mais comme il s'agit principalement de les mettre en état de faire une bonne confession et d'approcher saintement de la table eucharistique, on n'omet rien de tout ce qui peut les y bien disposer.

Il est incroyable jusqu'où va la sensibilité de ces peuples quand on est obligé de leur différer l'absolution. Il faut être bien sur ses gardes pour ne pas se laisser fléchir à leurs prières et à leur importunités. S'ils ne peuvent rien gagner sur nous, ils ne rougissent point de s'adresser au catéchiste et de lui découvrir les fautes secrètes pour lesquelles ils ont été différés. En vain avertissons-nous les catéchistes de renvoyer les néophytes qui viennent ainsi s'ouvrir à eux : il s'en trouve toujours quelqu'un qui se fait honneur d'intercéder pour ces sortes de pénitens. Rien ne fait plus de peine aux missionnaires, surtout quand ces ouvertures se font à des catéchistes peu discrets et qui ne sentent pas assez l'obligation étroite que le sceau de la confession impose.

La simplicité des Indiens va quelquefois plus loin ; ce qu'on m'en a raconté est assez singulier. Une chrétienne à qui le missionnaire avoit différé l'absolution pour de bonnes raisons usa d'abord de toute sorte d'artifices pour émouvoir sa pitié et extorquer de lui ce qu'il refusoit avec fermeté, mais cependant avec douceur. Voyant qu'elle ne pouvoit rien gagner, elle se leva brusquement du confessionnal, et se tournant du côté des autres pénitens : « N'est-ce pas une chose plaisante ? dit-elle ; ce souamy[1] me renvoie sans m'absoudre, parce que j'offense Dieu depuis tant de mois ; si je n'offensois pas le Seigneur, aurois-je besoin de me présenter au saint tribunal ? Ne nous enseigne-t-on pas que c'est pour les coupables que ce sacrement est institué ? » Le père rougissoit pour elle et eût bien voulu mettre son honneur à couvert ; mais la crainte de trahir en quelque sorte un secret aussi inviolable que celui de la confession, l'obligea à se tenir dans le silence. Ce seul exemple fait voir quelle doit être la patience et la discrétion de ceux qui ont à traiter avec les Indiens ; si on trouve parmi eux des gens pleins d'esprit et de bon sens, on en trouve une infinité d'autres dont l'ignorance et la stupidité fournissent souvent aux missionnaires de quoi exercer leur vertu.

Quelque désir qu'eussent les chrétiens de participer aux sacremens, il me fut impossible malgré tous mes efforts de contenter la piété de plusieurs. Outre le temps qu'emportent les confessions, il faut encore baptiser les catéchumènes, apaiser les différends qui naissent entre les fidèles, prêcher les mystères de la Passion et de la Résurrection, faire les cérémonies de la semaine sainte, autant qu'elles peuvent se pratiquer dans un pays idolâtre, car, par exemple, on n'ose garder le saint sacrement du jeudi au vendredi saint, comme c'est la coutume en Europe : le père Bouchet est le premier qui l'ait fait cette année à Aour, parce que c'est l'endroit le plus sûr de la mission ; mais je doute que d'autres osent imiter en cela son zèle.

[1] Missionnaire.

La nuit du samedi au dimanche je fis préparer un petit char de triomphe, que nous ornâmes de pièces de soie, de fleurs et de fruits. On y plaça l'image du Sauveur ressuscité, et le char fut conduit en triomphe par trois fois autour de l'église, au son de plusieurs instrumens. Les illuminations, les fusées volantes, les lances à feu, les girandoles et diverses autres feux d'artifice où les Indiens excellent rendoient la fête magnifique. Ce spectacle ne cessoit que pour laisser entendre des vers qui étoient chantés ou déclamés par les chrétiens en l'honneur de Jésus triomphant de la mort et des enfers.

La cour qui règne autour de l'église pouvoit à peine contenir la multitude non-seulement des chrétiens, mais encore des Gentils qui y étoient accourus en foule. On les voyoit, à la faveur des illuminations, montés sur les branches des arbres dont la cour est environnée. C'étoit comme autant de Zachées que la curiosité élevoit au-dessus de la foule pour voir en figure celui que cet heureux publicain mérita de recevoir en personne dans sa maison. Le seigneur de la peuplade avec toute sa famille et le reste des Gentils qui assistèrent à la procession se prosternèrent par trois fois devant l'image de Jésus ressuscité, et l'adorèrent d'une manière qui les confondoit heureusement avec les chrétiens les plus fervens.

Je ne parle point d'un grand nombre de baptêmes que j'administrai aux catéchumènes. Parmi tant de conversions qu'il plut à Dieu d'opérer, une surtout me fit goûter une joie bien pure. L'oncle du seigneur de la peuplade vint avec sa femme me prier de les admettre au rang des fidèles. Ils me dirent, les yeux baignés de larmes, qu'il y avoit longtemps qu'ils reconnoissoient la vérité de notre sainte religion, mais que le respect humain les avoit toujours retenus dans l'idolâtrie ; enfin qu'à cette fête ils avoient ouvert les yeux à la lumière et qu'ils ne pouvoient plus résister à la voix intérieure qui les pressoit de se rendre.

Ce bon vieillard m'ajouta une chose qui marquoit son bon sens et la forte résolution où il étoit de vivre en parfait chrétien. « Je crois, dit-il, que ce qui a porté le Seigneur à jeter sur moi des regards de miséricorde, c'est qu'il y a plus de quinze ans qu'ayant ouï dire aux missionnaires et aux catéchistes que le larcin déplaisoit au vrai Dieu, j'en ai demeuré si convaincu que depuis ce temps-là je n'ai commis aucun vol ni par moi ni par mes esclaves, comme font les personnes puissantes de notre caste. Je n'ai pas même voulu participer aux larcins qu'ont faits mes enfans ou mes autres parens, quoique la coutume parmi nous soit de partager en commun ce que chacun a butiné en particulier. On s'est souvent moqué de ma simplicité, mais j'ai toujours tenu ferme, et je crois, encore une fois, que c'est pour n'avoir pas voulu déplaire en cela au vrai Dieu, quoique je ne l'adorasse pas encore, que sa divine bonté m'ouvre aujourd'hui son sein pour m'y recevoir, tout indigne que j'en suis. » L'air de sincérité dont il accompagna ces paroles me charma ; je l'embrassai tendrement et je le mis au rang des catéchumènes.

Ce ne fut pas là le seul fruit que nous recueillîmes dans ces jours saints : tous les jours de l'octave nous furent précieux par le nombre des Gentils qui prenoient la place des catéchumènes que nous baptisions. Pour comble de joie, nous apprîmes la paix et la tranquillité que le Seigneur venoit de rendre à l'Église de Couttour. Ce fut comme une seconde Pâque pour les chrétiens : ils se rassemblèrent dans l'église et rendirent à Dieu de solennelles actions de grâces pour un bienfait si signalé.

Cependant l'étang de Counampaty étant entièrement à sec, je ne songeai plus qu'à me rendre à Elacourrichy. Je voulus auparavant aller à Aour pour y conférer avec les missionnaires sur quelques points qui me faisoient de la peine dans ces commencemens. J'y trouvai les pères Bouchet et Simon Carvalho épuisés du travail dont ils étoient accablés depuis un mois. Jamais fête de Pâques ne s'étoit célébrée avec tant de magnificence ni avec un si grand concours de peuples. Comme les Indiens sont fort amateurs de la poésie, le père Bouchet avoit fait représenter en vers le triomphe de David sur Goliath : c'étoit une allégorie continue de la victoire que Jésus-Christ à remportée dans sa résurrection sur les puissances de l'enfer. Tout y étoit instructif et touchant.

Parmi la foule des peuples qui étoient accourus de toutes parts, il s'en trouva plusieurs d'une province voisine, ennemie déclarée du prince dont relève la peuplade d'Aour : ils étoient venus armés et avec grand cortège.

Ce contre-temps et les efforts inutiles que ce seigneur avoit faits pour tirer de l'argent des missionnaires aigrirent son esprit, déjà mal disposé à l'égard des chrétiens.

Quelques seigneurs des environs saisirent cette conjoncture pour l'animer encore davantage contre les fidèles. Ils lui écrivirent même avec menaces et n'omirent aucun des motifs les plus capables de l'ébranler. « N'est-il pas honteux, lui dirent-ils, que vous reteniez sur vos terres un étranger qui n'a d'autre but que d'anéantir le culte de nos dieux : il n'épargne ni soins, ni dépenses, ni fêtes pour élever sa religion sur les débris de la nôtre. Il semble vous faire la loi jusque chez vous par la multitude des disciples qu'il y attire ; les Gentils mêmes lui sont dévoués : à la dernière fête qu'il a célébrée, il lui est venu plus de monde qu'il n'en faut pour subjuguer tout un royaume. Au reste, le docteur étranger a fait un outrage manifeste à nos dieux : quoi de plus insultant que d'exposer aux yeux d'une multitude innombrable de peuples un jeune enfant qui tranche la tête à notre dieu Perounal? Ceux même de notre religion sont si infatués de cet étranger qu'ils lui applaudissent et battent des mains à la vue de leurs propres dieux déshonorés. Si vous avez la lâcheté de le soutenir plus longtemps sur vos terres, nous avons résolu de l'en chasser nous-mêmes à force ouverte. »

Ce qu'on proposoit à ce prince étoit fort conforme à ses inclinations, mais il trouvoit de la difficulté dans l'exécution. Il risquoit tout en usant de violence, car d'un côté il avoit à craindre le ressentiment du talavai, qui protégeoit les missionnaires ; d'un autre côté il étoit retenu par ses propres intérêts. S'il chassoit le missionnaire de sa peuplade, elle redevenoit un simple hameau ; tous les chrétiens qui étoient venus habiter ce lieu désert ne manqueroient pas de suivre leur pasteur, et par là il se frustroit lui-même de la meilleure partie de ses revenus. Ces raisons étoient pressantes pour un homme timide et intéressé. Cependant l'intérêt céda pour cette fois à la haine extrême qu'il portoit à la religion. Il envoya dire au missionnaire qu'il ne pouvoit plus tenir contre les instances et les menaces des seigneurs ses voisins, et qu'afin de leur complaire il lui ordonnoit de sortir dans trois jours de ses terres.

Une sommation si brusque nous déconcerta. Nous fûmes quelque temps incertains du parti qu'il y avoit à prendre, et déjà nous penchions du côté de la retraite; mais il nous parut bien triste qu'un prince de si petite considération ruinât en un instant la plus belle et la plus florissante Église de la mission. Le seul nom du talavai étoit capable de faire impression sur l'esprit de notre persécuteur. Le père Bouchet faisoit une machine pour monter une horloge d'eau qu'il devoit présenter au talavai. Il fit donc réponse au prince qu'il étoit inutile de lui donner trois jours pour sortir de ses terres, qu'un quart d'heure suffisoit; mais qu'ayant promis au talavai quelques machines qu'il souhaitoit, il attendoit qu'elles fussent finies; qu'aussitôt après il iroit les lui présenter et lui dire qu'étant tombé dans la disgrâce du prince de Catalour, qui le chassoit de toute l'étendue de ses états, il lui demandoit un petit coin dans le royaume pour s'y retirer, y bâtir une église et former une peuplade de ses disciples, qui ne resteroient pas dans Aour après qu'il en seroit sorti.

C'étoit en effet la résolution des chrétiens. Il y en eut même cinq ou six des principaux qui furent trouver le prince pour lui déclarer que n'étant venus peupler Aour, qui d'ailleurs est une terre fort ingrate, que pour avoir la consolation d'être auprès de leur pasteur, s'il le forçoit à se retirer, ils se retireroient avec lui, et que par leur retraite ils réduiroient la peuplade d'Aour à son premier état de hameau.

Cette déclaration des chrétiens, jointe à celle que le missionnaire lui envoya faire par ses catéchistes, fit rentrer le prince en lui-même; il craignit également et la perte de ses rentes et la colère du talavai. S'étant donc radouci, il fit réponse qu'il ne prétendoit pas que le missionnaire se retirât, mais qu'il le prioit de ne plus faire désormais de ces fêtes solennelles qui attiroient tant de peuple et qui donnoient ombrage aux seigneurs ses voisins. La condition parut dure; cependant on jugea qu'on n'auroit pas de peine à lui faire révoquer dans la suite sa défense; ainsi, sans lui dire qu'on acceptoit cette condition, le père Bouchet continua d'exercer ses fonctions dans Adour comme auparavant.

Il arriva alors un accident à un des catéchistes que le père avoit envoyés vers le prince dont nous fûmes alarmés. Il avoit marché durant la plus grande chaleur du jour, et, se trouvant fort altéré, il eut l'indiscrétion de boire sans prendre les précautions ordinaires. Dès le moment il se trouva attaqué de cette grande indigestion qu'on appelle aux Indes *mordechin*, et que quelques-uns de nos François ont appelée *mort de chien*, s'imaginant qu'elle se nomme ainsi parce qu'elle cause une mort violente et cruelle. En effet, elle se fait sentir par les douleurs les plus aiguës et qui forcent la nature avec tant de violence qu'il est rare qu'on n'y succombe pas si l'on n'use d'un remède qui est fort en usage sur les côtes, mais qui est moins connu dans les terres. Le remède est si efficace que de cent personnes attaquées de cette espèce de colique de *miserere*, il n'y en aura pas deux qu'il n'arrache des portes de la mort. Ce mal est bien plus fréquent aux Indes qu'en Europe; la continuelle dissipation des esprits, causée par les ardeurs d'un climat brûlant, affoiblit si fort la chaleur naturelle que l'estomac est souvent hors d'état de faire la coction des alimens. Le catéchiste donc, réduit à ne pouvoir plus se traîner, s'arrêta dans une peuplade distante d'environ une lieue d'Aour et nous envoya avertir du triste état où il se trouvoit.

Cette nouvelle ne vint qu'à neuf heures du soir; je volai sur-le-champ au secours du malade, je le trouvai étendu à terre presque sans connoissance et agité des plus violentes convulsions. Tout le village étoit assemblé autour de lui, et chacun s'empressoit de lui donner différentes drogues plus propres à irriter son mal qu'à le soulager. Je fis allumer un grand feu; j'avais besoin pour mon remède d'une verge de fer, mais n'en trouvant point, je pris une faucille qui sert à couper le riz et les herbes. Je la fis bien rougir au feu; j'ordonnai qu'on lui appliquât le dos de la faucille tout rouge sous la plante du pied, à trois travers de doigt de l'extrémité du talon, et afin qu'ils ne se trompassent point dans une opération qu'ils n'avoient jamais vu faire, je traçai avec du charbon une raie noire à l'endroit sur lequel il falloit poser le fer ardent. Ils l'appliquèrent fortement contre le pied, jusqu'à ce que le fer, pénétrant ces peaux moites qui sont dans les Noirs extrêmement dures, parvînt jusqu'au vif et se fît sentir au malade. Ce qu'on venoit de faire à ce pied-là on le fit à l'autre avec la même précaution et avec le même succès. S'il arrive que le malade se laisse brûler sans donner aucun signe de sentiment, c'est une marque que le mal est presque sans remède.

L'opération ainsi faite, je me fis apporter un peu de sel pulvérisé, au défaut duquel on peut prendre des cendres chaudes, et le répandant sur le sillon formé par le fer, je lui fis battre pendant quelque temps ces deux endroits avec le dessous de ses souliers. Ceux qui étoient présens ne pouvoient comprendre quelle pouvoit être la vertu de ce remède ; mais ils furent bien surpris quand, en moins d'un demi-quart-d'heure, ils virent le malade revenir parfaitement à lui et n'avoir plus de ces convulsions ni de ces autres symptômes mortels qu'il avoit auparavant ; il lui restoit seulement une grande lassitude et une soif pressante. Je fis bouillir de l'eau avec un peu de poivre et d'oignon que j'y fis jeter, et je lui en fis prendre. Ensuite, après l'avoir réconcilié, car il n'y avoit que peu de jours qu'il s'étoit confessé, je le laissai dans une situation fort tranquille et je pris le chemin d'Aour ; il fut en état dès le lendemain de venir m'y trouver et de rendre grâce à Dieu de sa guérison.

Peut-être ne serez-vous pas fâché d'apprendre un autre remède dont je n'ai pas fait l'expérience, mais qui m'a été enseigné par un médecin[1] habile, venu d'Europe, qui s'est fait une grande réputation à la cour du Grand Mogol, où il a demeuré quarante ans. Il m'a assuré que son remède est infaillible contre toute sorte de colique. Il faut, dit-il, avoir un anneau de fer d'un pouce et demi ou environ de diamètre et gros à proportion ; le faire bien rougir au feu, et faisant étendre le malade sur le dos, lui appliquer l'anneau sur le nombril, en sorte que le nombril serve comme de centre à l'anneau ; le malade ne tardera pas à en ressentir l'ardeur ; il faut alors le retirer promptement ; la révolution subite qui se fera dans le basventre dissipera en peu de temps toutes les douleurs. Il se fait garant du prompt effet de ce remède et m'assure qu'il s'en est toujours servi aux Indes avec succès.

Le trouble que le démon prétendoit exciter dans l'église d'Aour ayant été apaisé dans sa naissance, j'en partis pour me rendre à Elacourrichy. Nandavanaty fut la première peuplade que je trouvai sur ma route ; il y avoit autrefois une fort belle église et une chrétienté florissante ; les guerres ont ruiné l'église, mais la chrétienté subsiste encore, du moins en partie.

J'y trouvai un grand nombre de fidèles qui avoient bâti une petite église dans laquelle il n'y a que les parias[1] qui s'assemblent pour y faire leurs prières. Ils me prièrent de rétablir l'ancienne église, mais mes petits fonds ne me permettent pas d'en élever en tant d'endroits à la fois. Plusieurs Gentils se joignirent aux fidèles pour m'accompagner assez loin hors de la peuplade.

L'ambalakaren[2], bon vieillard, qui se souvient encore des missionnaires qu'il y a vus, me combla d'honnêtetés et m'offrit de travailler de concert avec les chrétiens à rebâtir l'ancienne église. Il m'ajouta que si l'emplacement ne m'agréoit pas, il me donneroit celui que je trouverois le plus commode, qu'il s'engageoit même à me fournir une partie du bois et de la paille nécessaires pour la couvrir ; qu'enfin, je n'avois qu'à donner mon consentement et qu'il se chargeoit de tout. A moins que de connoître le génie de ces peuples, on se laisseroit aisément surprendre par de si belles apparences. Je devois, ce semble, acquiescer à une proposition si avantageuse : c'est pourtant ce que je ne fis pas. Autant les Indiens sont libéraux quand il ne s'agit que de promettre, autant sont-ils ingénieux à trouver des prétextes de retirer leur parole dès qu'ils ont su nous engager dans quelque dépense. Je le remerciai donc de sa bonne volonté, en l'assurant néanmoins que j'en profiterois dans la suite, que je reviendrois dans peu de mois et qu'alors je prendrois avec lui des mesures nécessaires pour la construction d'une église encore plus belle que l'ancienne ; que cependant je le prioit de protéger toujours les chrétiens de sa dépendance et de penser lui-même qu'étant si près du tombeau, il devoit embrasser la religion qu'il reconnoissoit être la seule véritable et que plusieurs de ses parens avoient déjà embrassée.

Après avoir marché quelque temps dans les bois, j'arrivai sur les bords du Coloran, que je traversai sans beaucoup de peine ; je côtoyai ensuite ce fleuve et je me trouvai dans un petit bois dont les arbres sont fort agréables à la vue. Ils étoient chargés de fleurs d'un blanc qui tire un peu sur le jaune, de la grandeur à peu près des fleurs d'oranger. On me dit que

---

[1] M. Manucchi, Vénitien.

[1] Gens de la dernière caste.
[2] C'est-à-dire capitaine.

ces fleurs étoient d'un goût exquis; j'en cueillis quelques-unes et je leur trouvai en effet le goût sucré; mais peu après je fus atteint d'un tournoiement de tête qui dura quelque temps : c'est ce qui arrive, me dit-on, à tous ceux qui n'y sont pas accoutumés. Cette fleur est le fruit principal de l'arbre, et on en fait de l'huile qui est excellente pour les ragoûts.

Je continuai mon chemin en côtoyant toujours le Coloran, et j'arrivai sur le midi à Élacourrichy. Le catéchiste y étoit fort occupé à achever l'église, qui consiste, comme presque toutes les autres, en une grande cabane assez élevée, couverte de joncs, à l'extrémité de laquelle il y a une séparation pour servir de retraite au missionnaire.

Le soir même de mon arrivée j'appris par un exprès envoyé de Coutlour que le père Bertholde y étoit fort mal d'une fluxion violente, qui lui étoit tombée sur les yeux et sur les oreilles : c'étoit le fruit des mauvais traitemens qu'il avoit soufferts durant un mois de prison. Je partis sur-le-champ pour aller le secourir. Il faisoit un beau clair de lune, mais il falloit toujours marcher dans les bois, et mes guides s'égarèrent si souvent que je ne pus arriver que le lendemain matin à Coutlour. Je trouvai le père dans un état de souffrance qui me fit compassion. Le plus court remède eût été la saignée; mais ni le nom ni l'usage de la lancette n'est connu dans ce pays. Leur manière de tirer le sang est assez plaisante; ils ne s'en servent que dans les maladies qui se produisent au dehors; lorsque quelque partie est affligée, ils la scarifient avec la pointe d'un couteau; ensuite ils y appliquent une espèce de ventouse de cuivre, avec laquelle ils pompent l'air, et ils attirent ainsi le sang hors de la partie blessée par les ouvertures que la scarification a faites.

Nos Indiens sont si ignorans qu'ils ne mettent aucune différence entre l'artère et la veine. La plupart ne savent pas même si c'est une artère ou un nerf qui bat, ni quel est le ressort et le principe de ce battement. Cependant, comme ils se piquent d'avoir plus d'habileté qu'aucune autre nation, il avoient déjà donné plusieurs remèdes au missionnaire; mais ces remèdes n'avoient fait qu'aigrir son mal. J'arrivai fort à propos pour son soulagement : Dieu bénit mes soins, et le père, au bout de trois jours, se trouva tout à fait délivré de ses douleurs. Comme il n'avoit plus besoin de mon secours, je ne songeai plus qu'à me rendre à Élacourrichy, où ma présence devenoit nécessaire. Les chrétiens que j'y avois laissés et ceux qui y étoient venus depuis mon départ auroient murmuré d'une plus longue absence.

Je passai par plusieurs villages, car ces bois en sont semés. J'eus la douleur de voir que dans tous ces endroits le nom du Seigneur est ignoré faute de catéchistes. Faut-il que notre pauvreté ne nous permette pas d'en entretenir un aussi grand nombre que le demanderoit une si vaste étendue de pays! J'en compte quatorze dans mon district, et il en faudroit cinquante : encore ne sais-je s'ils pourroient suffire.

Il n'y avoit presque aucun chrétien choutre, ou de famille honorable, dans Élacourrichy ni dans les autres peuplades des environs. Tous étoient parias; leurs âmes n'en sont pas moins chères à Jésus-Christ; mais parce qu'aux yeux charnels de ces idolâtres les parias sont gens vils et dans le dernier mépris parmi eux, le grand nombre de chrétiens de cette caste, loin d'être un motif d'embrasser la foi, est peut-être le plus grand obstacle qui arrête ceux des castes distinguées. Le reproche ordinaire qu'ils font aux nouveaux fidèles, c'est qu'ils sont devenus parias et par là ils sont déchus de l'honneur de leur caste. Rien ne rend notre zèle plus inefficace auprès de ceux des hautes castes que cette idée du parianisme qu'ils ont attachée à notre sainte religion.

La moisson fut abondante dans une autre peuplade située à l'ouest d'Élacourrichy, environ à une lieue de distance. La curiosité avoit attiré beaucoup de ces peuples à mon église : ils me demandèrent avec empressement un catéchiste pour les instruire; mais, hélas! où en pouvois-je prendre un seul qui ne fît ailleurs beaucoup plus de bien qu'il n'en auroit fait dans cette peuplade? J'en voulus tirer un de son district pour peu de temps; les chrétiens vinrent aussitôt me trouver et m'exposèrent leurs besoins en termes si pressans qu'il me fut impossible de leur résister. Je n'ai point de parole, mon révérend père, qui puisse même vous exprimer une partie de la douleur que je ressentois de manquer d'une somme fort légère, qui eût suffi pour l'entretien d'un catéchiste; je laisse à ceux qui ont véritablement du zèle pour l'agrandissement de l'empire de Jésus-Christ à s'en former une juste idée. Je vous avoue encore que parmi plusieurs autres qui me demandèrent le saint baptême, j'aurois fort souhaité qu'il s'en fût trouvé un plus grand nombre de castes distinguées, rien ne serviroit davantage à accréditer la religion. Cependant si tous les parias vivoient aussi saintement que celui dont je vais vous parler, loin que la religion en fût avilie, elle en recevroit certainement beaucoup de lustre.

C'étoit autrefois un homme d'un libertinage outré. Son humeur brusque et impérieuse l'avoit rendu redoutable dans le pays; mais Dieu changea tout à coup son cœur : on le vit remplacer les désordres d'une vie dissolue par les rigueurs de la plus sévère pénitence. Après avoir obtenu le consentement de sa femme, pour vivre séparé d'elle, il se bâtit une hutte dans un champ écarté; il distribua tous ses biens à ses enfans, et ne se réservant d'autres fonds que celui de la Providence, il alloit de temps en temps ramasser des aumônes dans les villages d'alentour. Il n'en prenoit que la moindre partie pour sa subsistance; le reste il le partageoit entre les premiers pauvres qu'il trouvoit. Il passoit les jours entiers dans un lieu retiré vis-à-vis l'église; ses prières n'étoient interrompues que par l'abondance de ses larmes; il se confessoit souvent, et tous les huit jours il approchoit de la sainte table avec une piété qui touchoit les plus insensibles. Souvent il venoit me trouver et me demandoit tout en pleurs : « Croyez-vous, mon père, que Dieu daigne me faire miséricorde ? Croyez-vous qu'il oublie mes iniquités passées ? Quelle autre pénitence pourrois-je faire pour le fléchir ? Je ne lui demande pas qu'il me traite comme son enfant, j'en suis indigne : je souhaite seulement qu'un Dieu si bon et si miséricordieux ne soit plus en colère contre moi. Que cette pensée est accablante ! j'ai offensé un Dieu qui est la bonté même. »

C'étoit là le sujet ordinaire de ses méditations. Son air et ses discours faisoient juger qu'il ne perdoit jamais de vue la présence de Dieu. La haine qu'il se portoit à lui-même le conduisoit toutes les nuits dans le fond du bois, où il maltraitoit son corps par de longues et de sanglantes disciplines. À l'exemple de saint Jérôme, dont il ne connoissoit ni le nom ni la pénitence, mais instruit par le même maître; il se frappoit rudement la poitrine d'un gros caillou ; à la longue il s'y forma un calus, qui ne le rendoit pas pourtant insensible à la douleur. Les rigueurs qu'il exerçoit sans cesse sur son corps épuisèrent enfin ses forces et lui causèrent de fréquentes défaillances. J'eus beau lui défendre ces excès, il obéissoit pendant quelque temps, mais bientôt après il se laissoit emporter à sa ferveur. Enfin, se sentant attaqué d'hydropisie, il vint me trouver à Tanjaour, où il sut que j'étois, s'y confessa et reçut Notre-Seigneur comme pour la dernière fois, car bien que son mal ne l'eût pas réduit à l'extrémité, il avoit un secret pressentiment que sa mort approchoit. Oh! si cette Église avoit un grand nombre de chrétiens semblables, que la religion en seroit honorée !

Un autre chrétien des premières castes ne me donna pas moins de consolation. Sa vie étoit un modèle de toutes les vertus. La prière et le soin qu'il prenoit d'enseigner la doctrine chrétienne aux catéchumènes faisoient sa principale occupation ; il ne vivoit que des aumônes que lui donnoient les fidèles: souvent il distribuoit aux pauvres ce qu'il avoit pu recueillir, et s'adressant ensuite ou au catéchiste ou à quelqu'un des chrétiens : « Mon frère, lui disoit-il, j'ai recours à votre charité. Jésus-Christ a pris aujourd'hui et sa part et la mienne : donnez-moi de quoi subsister. » Il étoit presque toujours ceint d'une méchante pièce de toile, afin d'engager ceux qui le voyoient à lui en fournir une meilleure; quand il en avoit reçu par aumône, à peine la portoit-il un ou deux jours, il en revêtoit aussitôt le premier pauvre qui se présentoit à lui, et alors il disoit en riant : « Jésus-Christ m'a dépouillé. »

Son humeur toujours égale l'avoit rendu comme inaccessible à toutes les passions. Il reprenoit avec une sainte hardiesse les fautes qu'il remarquoit, mais c'étoit d'une manière si aimable qu'on se plaisoit même à souffrir ses réprimandes. Enfin sa vertu lui avoit attiré la vénération et l'amour de tous ceux qui le connoissoient. Si dans cette mission il y avoit plus d'ouvriers qui partageassent entre eux le travail qui accable un si petit nombre de missionnaires, ils emploieroient plus de temps à cultiver chaque fidèle, et je suis persuadé que plusieurs de ces néophytes feroient les mêmes progrès dans la vertu.

Je célébrai la fête de l'Ascension à Élacourrichy avec grand appareil et avec une foule de peuple la plus grande que j'aie encore vue;

le bois étoit aussi fréquenté que les plus grandes villes. Je baptisai près de trois cents catéchumènes ; les confessions furent en si grand nombre qu'il me fut impossible d'écouter tous ceux qui se présentoient.

Plusieurs, qui depuis longtemps n'avoient pu participer aux sacremens, faute d'une église située dans un endroit commode, vinrent en foule s'acquitter des devoirs de vrais fidèles et commencèrent une vie plus fervente. Quelques autres, que la crainte et le commerce des idolâtres avoient engagés dans des actions contraires à la pureté de notre sainte loi, vinrent se prosterner au pied des autels, pleurer leurs égaremens et jurer au Seigneur une fidélité inviolable. J'aurois infailliblement succombé sous le poids du travail qu'il me fallut soutenir jour et nuit, si une nouvelle alarme ne m'eût procuré deux ou trois jours de repos.

Le nabab[1] du Carnate, conquis par le Grand Mogol, songeoit à se faire payer par la force le tribut que refusoit le Chilianékan ; le bruit se répandit tout à coup que les troupes mogoles étoient déjà entrées dans les terres du prince d'Ariélour, frère du prince dont relève Elacourrichy. La peur saisit nos chrétiens et les dispersa à l'instant. Les catéchistes eurent pourtant la précaution de cacher cette nouvelle aux catéchumènes que je baptisois. La cérémonie achevée, je sortis hors de l'église, et je fus fort étonné de la solitude où je me voyois. J'en demandois la cause au peu de fidèles qui ne m'avoient pas encore abandonné, ils me conjurèrent pour toute réponse de fuir au plus vite. Quelques-uns même, sans me rien dire, retiroient les ornemens de l'église et les transportoient dans le fond du bois. Ceux qui venoient de recevoir le baptême n'eurent pas le temps de m'importuner, selon leur coutume, pour avoir des médailles et des chapelets ; chacun fuyoit en hâte dans la peuplade.

Pour moi, je jugeai que c'étoient là de ces terreurs paniques auxquelles nos Indiens se laissent aisément surprendre. Cependant j'ordonnai à quatre ou cinq des moins timides de s'avancer du côté de l'ouest, d'où partoit l'alarme, afin de s'instruire par eux-mêmes de la vérité de ces bruits. Ils partirent sur-le-champ, mais à leur contenance on eût dit qu'à chaque pas ils étoient sur le point de tomber parmi les lances et les sabres des Maures. Ils entrèrent dans plusieurs villages qu'ils croyoient réduits en cendres, et tout y étoit calme et tranquille ; ils demandèrent des nouvelles de l'ennemi, et on leur demandoit à eux-mêmes de quel ennemi ils vouloient parler. Revenus de leur frayeur, ils ne jugèrent pas à propos d'aller plus avant, ils retournèrent sur leurs pas, bien confus d'avoir pris l'alarme si légèrement. J'envoyai dès le lendemain rassurer tous les chrétiens qui s'étoient réfugiés au delà du Coloran, et ils se rendirent en foule à mon église.

Les fêtes de la Pentecôte, de la très-sainte Trinité et du saint Sacrement furent sanctifiées par une suite continuelle de confessions, de communions et de baptêmes. La consolation intérieure que je goûtois ne dura pas longtemps : j'appris que le prince de Catalour, dont j'ai déjà parlé, inquiétoit encore le père Bouchet dans son église d'Aour ; que même les catéchistes n'osoient plus parcourir les villages de ses dépendances ni rendre visite aux fidèles. L'unique moyen de le ramener à la raison étoit de s'adresser au talavai ; ce seul nom le faisoit trembler d'effroi ; on rapporte même qu'un jour ayant résolu de voir la capitale du royaume, séjour ordinaire du talavai, il se mit en frais pour y paroître avec plus de distinction, mais qu'étant assez près de la ville il n'eut jamais la hardiesse d'y entrer : il s'imagina que tout se disposoit pour le mettre aux fers et le dépouiller de son petit état. La frayeur qui le saisit fut si grande qu'il rebroussa chemin à l'instant et regagna Catalour avec une célérité qui surprit ses sujets. Il publia, pour sauver son honneur, qu'une maladie l'avoit contraint à un retour si précipité.

Ce prince fit réflexion que si le père portoit ses plaintes au talavai, ce gouverneur, qui l'a toujours comblé d'amitié, ne manqueroit pas de lui faire justice de tant de vexations injustes. Il prit donc des mesures pour apaiser le missionnaire, quoiqu'il n'en fût pas moins déterminé à inquiéter les chrétiens dans toutes les occasions. Le père, qui ne songeoit qu'à procurer la paix à son Église, crut devoir lui témoigner le peu de fond qu'il faisait sur ses promesses. «C'en est trop, seigneur, lui dit-il, jusqu'ici je n'ai rien omis pour gagner votre affection ; la grande peuplade que ma présence a formée à Aour a fort grossi vos revenus ;

---

[1] Général d'armée et gouverneur dans une province.

vous tirez des droits considérables des marchands que le concours des chrétiens attire sur vos terres; chaque fête que je célèbre est marquée par les présens que je vous envoie; c'est peu de chose, il est vrai, mais ce peu est conforme à la pauvreté dont je fais profession. Que pouvez-vous me reprocher? N'ai-je pas soin d'entretenir les peuples dans l'obéissance et la soumission qu'ils vous doivent? Y en a-t-il un seul parmi les chrétiens dont vous ayez sujet de vous plaindre, et dans l'occasion ne sont-ce pas vos meilleurs soldats? Comment payez-vous tous ces services? N'avez-vous pas cherché tous les moyens de me chagriner? Si vous me souffrez dans vos états, n'est-ce pas par intérêt plutôt que par affection? Vous me forcez enfin d'éclater : le talavai est équitable, il saura rendre justice à qui elle est due. »

Cette réponse déconcerta le prince de Catalour, mais il fut désolé par une autre affaire qui lui survint au même temps et qui étoit capable de le perdre si le talavai eût été moins désintéressé ou s'il eût trouvé dans le père Bouchet un homme susceptible de sentimens de vengeance.

A une lieue de Tichirapali s'élève une colline sur laquelle les Gentils ont construit un temple dont ils ont confié la garde à un célèbre joghi[1]. Les dehors de sa vie austère lui ont associé un grand nombre d'autres joghis qui vivent sous sa conduite. Quoiqu'on ait assigné pour leur entretien une vaste étendue de pays et un grand nombre de villages, le chef de ces pénitens, loin de partager avec eux ce qui est destiné à la subsistance commune, les envoie dans toutes les contrées voisines amasser des aumônes, et les oblige à lui apporter chaque mois une certaine somme qu'il consacre à l'idole. Ce sont de vrais brigands qui portent la désolation dans tous les villages et qui s'enrichissent des extorsions et du pillage qu'ils font sur le peuple.

Deux de ces joghis entrèrent sur les terres du prince de Catalour; un soldat dont ils vouloient tirer quelque aumône par force appela à son secours d'autres soldats de ses voisins; tous se jetèrent sur les deux mendians et les renvoyèrent à leur montagne meurtris de coups. Le premier joghi, se croyant insulté lui-même dans la personne de ses pénitens, forma le dessein d'en tirer une prompte vengeance. Sur-le-champ il fit arborer un drapeau au haut du temple, qui se découvroit de tous les pays d'alentour. A ce signal, tous les joghis de sa dépendance s'attroupèrent au nombre de plus de mille et se rangèrent autour de l'étendard. Ils se préparoient déjà à fondre sur les terres de Catalour, pour y mettre tout à feu et à sang.

La reine de Tichirapali, qui de son palais avoit aperçu l'étendard levé, voulut savoir de quoi il s'agissoit. Dès qu'elle en fut instruite, elle dépêcha des soldats vers le prince et lui donna ordre de venir incessamment à la cour pour y rendre compte de l'attentat commis contre des hommes consacrés au culte de ses dieux. Cet ordre de la reine et les fureurs des joghis jetèrent le prince de Catalour dans une grande consternation. Il étoit perdu sans ressource si le père Bouchet n'eût travaillé à le tirer de cette mauvaise affaire. Le missionnaire se transporta à la cour, il adoucit d'abord l'esprit de la reine, ensuite il exposa le fait dans toutes ses circonstances en présence du talavai, et il rendit un si bon témoignage de l'innocence du prince qu'il fut pleinement justifié. La vérité ainsi éclaircie, le prince en fut quitte pour quelques présens qu'il fallut faire à la reine et au joghi montagnard, et ces présens achevèrent de conjurer la tempête. Il ressentit les obligations qu'il avoit au missionnaire, et, charmé d'une générosité dont il n'avoit point vu d'exemple, il lui promit avec serment de ne plus le troubler dans l'exercice de ses fonctions.

La paix rendue à l'Église d'Aour donna le loisir au père Bouchet d'employer son zèle à apaiser d'autres troubles excités contre les chrétiens de Chirangam. Un temple célèbre érigé au démon rend cette île fameuse parmi les idolâtres. Le père Bouchet avoit fait élever une église dans le même lieu : c'étoit insulter au prince des ténèbres jusque sur son trône. On étoit surpris que cette église pût subsister parmi tant d'ennemis qui conjuroient sa ruine; elle subsistoit pourtant, et le nombre des fidèles, qui croissoit chaque jour, faisoit espérer de voir bientôt le christianisme triompher de l'idolâtrie jusque dans ses plus forts retranchemens.

Le gouverneur de Chirangam, animé par les prêtres des idoles, résolut d'éclater contre les néophytes. Un jour qu'ils étoient assemblés

[1] Pénitent gentil.

dans l'église pour y faire leurs prières et écouter l'instruction du catéchiste, les soldats et les habitans de l'île fondirent pêle-mêle sur les serviteurs de Jésus-Christ et les traînèrent hors de l'église en vomissant mille blasphèmes contre le vrai Dieu. On enleva tout ce qu'ils avoient, jusqu'aux images et aux chapelets, que ces néophytes conservent précieusement. Un jeune homme qui ne put souffrir l'outrage qu'on faisoit à la religion eut le courage de reprocher vivement aux Gentils les impiétés qu'ils venoient de commettre. Il reçut à l'instant la récompense de son zèle. Ces furieux se jetèrent sur lui, le traînèrent par toutes les rues, le chargèrent de coups et lui procurèrent la gloire de verser beaucoup de sang pour la foi.

Le père Bouchet, averti de l'oppression où étoit la chrétienté de Chirangam, porta ses plaintes à la cour. Le gouverneur y fut cité à l'instant, et après bien des reproches qu'on lui fit de son avarice et de sa cruauté, il eut ordre de rendre au plus tôt aux néophytes tout ce qui leur avoit été pris. Rien n'est plus difficile que de tirer des Indiens les choses dont ils se trouvent une fois saisis. Le gouverneur ne put se résoudre à voir sortir de ses mains ce qu'il possédoit par des voies si iniques ; il comptoit sur la clémence du talavai, persuadé qu'il n'en viendroit jamais aux extrémités de rigueur que méritoit son obstination à ne pas obéir.

Dieu fit voir alors qu'il vengeoit les intérêts de cette église désolée. Le ministre impie qui avoit profané le lieu saint et maltraité les fidèles fut doublement puni. Sa fidélité par rapport au maniement des deniers publics devint suspecte et on lui demanda ses comptes. Mais parce que, parmi ces peuples, être recherché sur cette matière et être condamné n'est qu'une même chose, il fut taxé à cinq mille écus, qu'il devoit porter incessamment au trésor. Comme il différoit toujours, ses délais furent suivis d'un châtiment dont il lui fallut dévorer toute la honte. Un jour qu'il s'y attendoit le moins, des soldats armés entrèrent de grand matin dans sa maison, le saisirent, le conduisirent au palais ; là on mit sur ses épaules une pierre d'une pesanteur énorme, qu'il fut contraint de porter jusqu'à ce qu'il eût satisfait au paiement. Ce coup humilia son esprit superbe, mais il ne changea pas son mauvais cœur.

Peu de jours après il lui arriva une autre aventure qui flétrit à jamais sa réputation. Il étoit brame et venoit d'épouser une bramine ; la bramine avoit été mariée dès son bas âge à un autre brame qui couroit le monde et dont on n'entendoit plus parler. Le jour même qu'on lui amena son épouse et qu'il étoit le plus occupé de la fête, le premier mari arriva à Tichirapali. Sur la nouvelle que sa femme avoit passé en d'autres mains, il court à la maison du nouvel époux et lui reproche publiquement l'opprobre et l'infamie dont il venoit de se couvrir, car l'enlèvement d'une bramine est parmi ces peuples un crime impardonnable. L'indignation qu'on conçut d'une action si infamante atterra le gouverneur ; il vit bien que sa perte étoit certaine si son ennemi demandoit justice ; il n'omit rien pour le fléchir ; larmes, prières, offres, tout fut mis en œuvre. Enfin on parla d'accommodement, il fallut remettre la bramine entre les mains du premier mari et payer ce jour-là même au brame la somme de cinq cents écus dont ils étoient convenus ensemble.

Le brame n'eut pas plutôt l'argent qu'il alla porter sa plainte au talavai : « Et afin que vous ne doutiez pas, seigneur, lui dit-il, qu'il est coupable du crime énorme dont je l'accuse, voici la somme qu'il m'a mise en main pour apaiser ma juste indignation. » Le talavai, qui est brame lui-même, ressentit toute la douleur d'une action qui déshonoroit sa caste ; il assembla les principaux brames de la cour et cita le coupable en leur présence. Le crime étoit trop bien prouvé pour que l'accusation pût être rendue suspecte. Ainsi ce malheureux seigneur ne songea plus qu'à implorer la miséricorde de ses juges. Il parut au milieu du conseil couvert d'un vieux haillon, les cheveux épars, se roulant sur le pavé et poussant les plus hauts cris. Il eut à soutenir de sanglans reproches d'une action dont la honte retomboit sur toute la caste des brames, et l'on ne doutoit point qu'après une pareille flétrissure il ne se bannît lui-même de son pays pour cacher sa confusion dans les régions les plus éloignées et y traîner les restes d'une vie obscure. Mais le talavai, bien plus porté à l'indulgence qu'à la sévérité, le fit revenir au palais et lui parla d'une manière propre à le consoler de sa douleur. « Les hommes ne sont pas impeccables, lui dit-il, votre faute est sans remède, ne songez plus qu'à contenter le brame et à réparer désormais, par une conduite sage et modérée, le scandale que vous avez donné à tout le royaume. »

Ces paroles rendirent la vie au gouverneur ; il s'accommoda avec le brame, il remplit les dures conditions qui lui furent imposées et rentra ainsi dans l'exercice de sa charge. La nouvelle humiliation d'un persécuteur si déclaré des chrétiens servit d'apologie à leur innocence : il n'y eut pas jusqu'aux Gentils qui reconnurent que la main du vrai Dieu s'étoit appesantie sur lui. Les fidèles intéressés dans le pillage de Chirangam ne laissèrent pas d'en souffrir ; il s'excusa toujours de rendre aux néophytes ce qu'il leur avoit ravi sur ce que tout son bien avoit été employé à terminer sa malheureuse affaire. Il n'en demeura pas là, il se prévalut dans la suite de quelques troubles qui arrivèrent, pour chasser tout à fait les chrétiens de leur église. Il usa pour cela d'un artifice qui lui réussit : il fit mettre dans le saint lieu l'idole qu'on nomme Poullear, convaincu que les fidèles n'oseroient plus s'y assembler. Il ne se trompoit pas : la profanation du temple saint porta la plus vive douleur dans le cœur des néophytes ; le parti qu'ils prirent fut de raser tout à fait l'église, à l'exemple de ces pieux Israélites qui détruisirent l'autel que les Gentils avoient profané par leurs sacrifices et par l'idole qu'ils y avoient placée.

Pendant les deux mois que j'ai demeuré à Elacourrichy, j'ai eu beaucoup plus d'occupation que ne m'en auroient pu fournir les plus grandes villes. Il me falloit chaque jour administrer les sacremens, soulager les malades qu'on apportoit à ma cabane, instruire les catéchumènes, recevoir les visites des Gentils, faire à chacun quelque discours sur la religion, répondre aux questions qu'ils me proposoient, sans néanmoins entrer avec eux en dispute. L'expérience nous a appris que ces sortes de disputes, où ils ont toujours le dessous, ne servent qu'à les aigrir et qu'à les aliéner de notre sainte religion. Il faut se faire à soi-même les objections qu'on voit qu'ils peuvent faire et y donner aussitôt la solution : ils la trouvent toujours bonne quand ils n'ont pas proposé eux-mêmes les difficultés auxquelles on répond.

Surtout il faut leur donner une grande idée du Dieu que nous adorons ; leur demander de temps en temps si les perfections que nous lui attribuons ne sont pas dignes du vrai Dieu, et s'il se peut y en avoir un qui ne possède pas ces qualités augustes, sans entrer dans le détail des chimères et des infamies qu'ils racontent de leurs divinités. Ce sont des conséquences qu'il faut leur laisser tirer d'eux-mêmes, et qu'ils tirent en effet, avouant souvent, sans qu'on les en presse, que ces perfections si admirables ne se trouvent point dans les dieux qu'ils adorent. Quand même leur orgueil les empêcheroit de faire cet aveu, il faut bien se donner de garde de l'exiger par la force de la dispute ; il nous doit suffire de les renvoyer dans cette persuasion que nous adorons un Dieu unique, éternel, tout-puissant, souverainement parfait et qui ne peut ni commettre ni souffrir le vice. Ils se retirent pleins de la grandeur de notre Dieu, pleins d'estime pour ceux qui l'adorent et de respect pour ceux qui enseignent à l'adorer.

Outre tous ces exercices du ministère apostolique, il faut encore se précautionner contre la haine des idolâtres, entrer malgré qu'on en ait dans les affaires temporelles des néophytes et accommoder la plupart de leurs différens, afin de les empêcher d'avoir recours aux juges gentils. Ce seul embarras auroit de quoi occuper un missionnaire tout entier : aussi, pour n'y point perdre trop de temps, je renvoie la discussion de leurs procès à des chrétiens habiles dont je les fais convenir auparavant et au jugement desquels ils promettent de s'en rapporter.

J'étois encore à Elacourrichy vers la mi-mai, qui est la saison où les vents commencent à souffler avec impétuosité : ils se déchaînent alors avec tant de fureur et ils élèvent en l'air des nuées de poussière si épaisses qu'elles obscurcissent le soleil, en sorte qu'on est quelquefois quatre à cinq jours sans l'apercevoir. Cette poussière pénètre partout, elle saisit le gosier et cause sur les yeux des fluxions si violentes qu'on en devient souvent aveugle. Il est alors presque impossible de marcher du côté de l'ouest, d'où vient la tempête. Les Indiens y sont plus faits que les Européens, cependant ils en souffrent beaucoup et c'est pour plusieurs une raison légitime de s'absenter de l'église.

Ces grands vents sont les avant-coureurs des pluies abondantes qui tombent dans la côte occidentale de l'Inde et sur les montagnes de Malabar, d'où se forme le Coloran, qui porte la fertilité dans les royaumes de Maissour, de Maduré, du Tanjaour et du Choren-Mandalam. Les peuples de l'Inde attendent ces pluies avec la même impatience que ceux d'Egypte soupirent après l'inondation du Nil.

On croyoit que la rivière grossiroit cette année avant la saison ordinaire, parce que les vents avoient commencé à souffler bien plus tôt que les années précédentes. Mon dessein étoit de partir d'Elacourrichy dès que les eaux paraîtroient dans la rivière, afin de pénétrer du côté du midi, dans une province où l'on n'a jamais vu ni missionnaire ni catéchiste ; mais les vents eurent beau souffler, le fleuve demeuroit toujours à sec et l'on étoit déjà dans l'appréhension d'une famine générale.

Cependant les pluies étoient tombées dans leur temps, et les eaux, qui descendent avec rapidité des montagnes, seroient entrées dans le Coloran plus tôt même qu'à l'ordinaire si le roi de Maissour n'en avoit arrêté le cours par une digue énorme qu'il avoit fait construire et qui occupoit toute la largeur du canal. Son dessein étoit de détourner les eaux par cette digue, afin que, se répandant dans les canaux qu'il avoit pratiqués, elles vinssent arroser ses campagnes. Mais en même temps qu'il songeoit à fertiliser ses terres et à augmenter ses revenus, il ruinoit les deux royaumes voisins, celui de Maduré et celui de Tanjaour. Les eaux n'auroient commencé à y paroître que sur la fin de juillet et le canal eût été tari vers la mi-septembre.

Les deux princes, attentifs au bien de leurs royaumes, furent irrités de cette entreprise : ils se liguèrent contre l'ennemi commun afin de le contraindre par la force des armes à rompre une digue si préjudiciable à leurs états. Ils faisoient déjà de grands préparatifs, lorsque le fleuve Coloran vengea par lui-même (comme on s'exprimoit ici) l'affront que le roi faisoit à ses eaux en les retenant captives. Tandis que les pluies furent médiocres sur les montagnes, la digue subsista et les eaux coulèrent lentement dans les canaux préparés ; mais dès que ces pluies tombèrent en abondance, le fleuve s'enfla de telle sorte qu'il entr'ouvrit la digue, la renversa et l'entraîna par la rapidité de son cours. Ainsi le prince de Maissour, après bien des dépenses inutiles, se vit frustré tout à coup des richesses immenses qu'il s'étoit promises.

Le canal ne fut pas longtemps à se remplir et la joie fut d'autant plus grande parmi ces peuples qu'ils s'attendoient déjà à une stérilité prochaine. On les voyoit transportés hors d'eux-mêmes, courir en foule vers la rivière afin de s'y laver, dans la persuasion ridicule où ils sont que ces premières eaux purifient de tous les crimes, de même qu'elles nettoient le canal de toutes ses immondices.

Comme le Coloran étoit encore guéable, je le traversai au plus tôt, afin de me rendre à Counampati et d'y attendre une occasion favorable de me transporter à Tanjaour. C'est dans ce royaume que la foi est cruellement persécutée, et c'est de cette persécution que je vous entretiendrai dans mes premières lettres. Vous jugerez assez par ce que j'ai l'honneur de vous écrire que si nos travaux sont mêlés de bien des amertumes, Dieu prend soin de nous en dédommager par les fruits abondans qu'il nous fait recueillir.

Je suis, avec bien du respect, dans l'union de vos saints sacrifices, etc.

LETTRE DU P. DE BOURZES

AU P. ÉTIENNE SOUCIET.

Traversée. — Phosphorescence.

Mon révérend Père,
P. C.

Lorsque j'étois sur le point de m'embarquer pour les Indes, je reçus une de vos lettres par laquelle vous me recommandiez de consacrer quelques momens à ce qui peut regarder les sciences, autant que me le permettroient les occupations attachées à l'emploi de missionnaire, et de vous communiquer en même temps les découvertes que j'aurois faites. Dans le voyage même j'ai pensé à vous contenter, mais je manquois d'instrumens, et vous savez qu'ils sont absolument nécessaires quand on veut faire quelque chose d'exact. C'est pourquoi je n'ai fait que de ces observations où les yeux seuls suffisent, sans qu'ils aient besoin d'un secours étranger.

Je commencerai par une matière de physique qui aura quelque chose de nouveau pour ceux qui n'ont jamais navigué, et peut-être même pour ceux qui ayant navigué ne l'ont pas observée avec beaucoup d'attention.

Vous avez lu, mon révérend père, ce que disent les philosophes sur les étincelles qui paroissent durant la nuit sur la mer; mais peut-être aurez-vous trouvé qu'ils passent fort légèrement sur ce phénomène, ou du moins qu'ils se sont plus appliqués à en rendre raison conformément à leurs principes, qu'à le bien exposer tel qu'il est. Il me semble pourtant qu'avant que de se mettre à expliquer les merveilles de la nature, il faudroit s'efforcer d'en bien connoître toutes les particularités. Voici ce qui m'a paru le plus digne d'être remarqué sur la matière présente.

I. Lorsque le vaisseau fait bonne route, on voit souvent une grande lumière dans le sillage, je veux dire dans les eaux qu'il a fendues et comme brisées à son passage. Ceux qui n'y regardent pas de si près attribuent souvent cette lumière ou à la lune, ou aux étoiles, ou au fanal de la poupe. C'est en effet ce qui me vint d'abord dans l'esprit la première fois que j'aperçus cette grande lumière. Mais comme j'avois une fenêtre qui donnoit sur le sillage même, je me détrompai bientôt, surtout quand je vis que cette lumière paroissoit bien davantage lorsque la lune étoit sous l'horizon, que les étoiles étoient couvertes de nuages, que le fanal étoit éteint, enfin lorsqu'aucune lumière étrangère ne pouvoit éclairer la surface de la mer.

II. Cette lumière n'est pas toujours égale: à certains jours il y en a peu ou point du tout; quelquefois elle est plus vive, quelquefois plus languissante: il y a des temps où elle est fort étendue, d'autres où elle l'est moins.

III. Pour ce qui est de sa vivacité, vous serez peut-être surpris quand je vous dirai que j'ai lu sans peine à la lueur de ces sillons, quoique élevé de neuf ou dix pieds au-dessus de la surface de l'eau. J'ai remarqué les jours par curiosité: c'étoient le 12 de juin de l'année 1704 et le dixième de juillet de la même année. Il faut pourtant vous ajouter que je ne pouvois lire que le titre de mon livre, qui étoit en lettres majuscules. Cependant ce fait a paru incroyable à ceux à qui je l'ai raconté; mais vous pouvez m'en croire, et je vous assure qu'il est très-certain.

IV. Pour ce qui regarde l'étendue de cette lumière, quelquefois tout le sillage paroît lumineux à trente ou quarante pieds au loin, mais la lumière est bien plus foible à une plus grande distance.

V. Il y a des jours où l'on démêle aisément dans le sillage les parties lumineuses d'avec celles qui ne le sont pas; d'autres fois on ne peut faire cette distinction. Le sillage paroît alors comme un fleuve de lait qui fait plaisir à voir. C'est en cet état qu'il me parut le 10 de juillet 1704.

VI. Lorsqu'on peut distinguer les parties brillantes d'avec les autres, on remarque qu'elles n'ont pas toutes la même figure: les unes ne paroissent que comme des pointes de lumière, les autres ont à peu près la grandeur des étoiles, telles qu'elles nous paroissent; on en voit qui ont la figure de globules d'une ligne ou deux de diamètre; d'autres sont comme des globes de la grosseur de la tête. Souvent aussi ces phosphores se forment en carré de trois ou quatre pouces de long, sur un ou deux de large. Ces phosphores de différentes figures se voient quelquefois en même temps. Le 12 de juin, le sillage du vaisseau étoit plein de gros tourbillons de lumière et de ces carrés oblongs dont j'ai parlé. Un autre jour que notre vaisseau avançoit lentement, ces tourbillons paroissoient et disparoissoient tout à coup en forme d'éclairs.

VII. Ce n'est pas seulement le passage d'un vaisseau qui produit ces lumières, les poissons laissent aussi après eux un sillage lumineux, qui éclaire assez pour pouvoir distinguer la grandeur du poisson et connoître de quelle espèce il est. J'ai vu quelquefois une grande quantité de ces poissons, qui, en se jouant dans la mer, faisoient une espèce de feu d'artifice dans l'eau, qui avoit son agrément. Souvent une corde mise en travers suffit pour briser l'eau en sorte qu'elle devienne lumineuse.

VIII. Si on tire de l'eau de la mer, pour peu qu'on la remue avec la main dans les ténèbres, on y verra une infinité de parties brillantes.

IX. Si l'on trempe un linge dans l'eau de la mer, on verra la même chose quand on se met à le tordre dans un lieu obscur, et même, quand il est à demi sec, il ne faut que le remuer pour en voir sortir quantité d'étincelles.

X. Lorsqu'une de ces étincelles est une fois formée, elle se conserve longtemps, et si elle s'attache à quelque chose de solide, par exemple aux bords d'un vase, elle durera des heures entières.

XI. Ce n'est pas toujours lorsque la mer est le plus agitée qu'il y paroît le plus de ces phosphores ni même lorsque le vaisseau va plus vite. Ce n'est pas non plus le simple choc des vagues les unes contre les autres qui produit des étincelles, du moins je ne l'ai pas remarqué. Mais j'ai observé que le choc des vagues contre le rivage en produit quelquefois en quantité. Au Brésil, le rivage me parut un soir tout en feu, tant il y avoit de ces lumières.

XII. La production de ces feux dépend beaucoup de la qualité de l'eau, et, si je ne me trompe, généralement parlant, on peut avancer que, le reste étant égal, cette lumière est plus grande lorsque l'eau est plus grasse et plus baveuse, car en haute mer l'eau n'est pas également pure partout : quelquefois le linge qu'on trempe dans la mer revient tout gluant. Or, j'ai remarqué plusieurs fois que quand le sillage étoit plus brillant, l'eau étoit plus visqueuse et plus grasse et qu'un linge mouillé de cette eau rendoit plus de lumière lorsqu'on le remuoit.

XIII. De plus on trouve dans la mer certains endroits où surnagent je ne sais quelles ordures de différentes couleurs, tantôt rouges, tantôt jaunes. A les voir, on croiroit que ce sont des sciures de bois : nos marins disent que c'est le frai ou la semence de baleine ; c'est de quoi l'on n'est guère certain. Lorsqu'on tire de l'eau de la mer en passant par ces endroits, elle se trouve fort visqueuse. Les mêmes marins disent qu'il y a beaucoup de ces bancs de frai dans le nord et que quelquefois pendant la nuit ils paroissent tout lumineux, sans qu'ils soient agités par le passage d'aucun vaisseau ni d'aucun poisson.

XIV. Mais pour confirmer davantage ce que j'avance, savoir que plus l'eau est gluante, plus elle est disposée à être lumineuse, j'ajouterai une chose assez particulière que j'ai vue. On prit un jour dans notre vaisseau un poisson que quelques-uns crurent être une bonite. Le dedans de la gueule du poisson paroissoit durant la nuit comme un charbon allumé, de sorte que sans autre lumière je lus encore les mêmes caractères que j'avois lus à la lueur du sillage. Cette gueule étoit pleine d'une humeur visqueuse ; nous en frottâmes un morceau de bois qui devint aussitôt tout lumineux : dès que l'humeur fut desséchée, la lumière s'éteignit.

Voilà les principales observations que j'ai faites sur ce phénomène : je vous laisse à examiner si toutes ces particularités peuvent s'expliquer dans le système de ceux qui établissent pour principe de cette lumière le mouvement de la matière subtile ou des globules, causé par la violente agitation des sels.

Il faut encore vous dire un mot des iris de la mer. Je les ai remarqués après une grosse tempête que nous essuyâmes au cap de Bonne-Espérance. La mer étoit encore fort agitée, le vent emportoit le haut des vagues et en formoit une espèce de pluie où les rayons du soleil venoient peindre les couleurs de l'iris. Il est vrai que l'iris céleste a cet avantage sur l'iris de la mer, que ses couleurs sont bien plus vives, plus distinctes et en plus grande quantité. Dans l'iris de la mer on ne distingue guère que deux sortes de couleurs : un jaune sombre du côté du soleil et un vert pâle du côté opposé. Les autres couleurs ne font pas une assez vive sensation pour pouvoir les distinguer. En récompense, les iris de la mer sont en bien plus grand nombre ; on en voit vingt et trente en même temps, on les voit en plein midi et on les voit dans une situation opposée à l'iris céleste, c'est-à-dire, que leur courbure est comme tournée vers le fond de la mer. Qu'on dise après cela que dans ces voyages de long cours on ne voit que la mer et le ciel, cela est vrai, mais pourtant l'un et l'autre représentent tant de merveilles qu'il y auroit de quoi bien occuper ceux qui auroient assez d'intelligence pour les découvrir.

Enfin, pour finir toutes les observations que j'ai faites sur la lumière, je n'en ajouterai plus qu'une seule, c'est sur les exhalaisons qui s'enflamment pendant la nuit et qui en s'enflammant forment dans l'air un trait de lumière. Ces exhalaisons laissent aux Indes une trace bien plus étendue qu'en Europe. Du moins j'en ai vu deux ou trois que j'aurois prises pour de véritables fusées : elles paroissoient fort proches de la terre et jetoient une lumière à peu près semblable à celle dont la lune brille les premiers jours de son croissant : leur chute étoit lente et elles traçoient en tombant une ligne courbe. Cela est certain au moins d'une de ces exhalaisons que je vis en haute mer, déjà bien éloigné de la côte de Malabar.

C'est tout ce que je puis vous écrire pour le

présent : je souhaite, mon révérend père, que ces petites observations vous fassent plaisir. Grâce au Seigneur, je n'attends que le moment où l'on m'avertisse d'entrer dans le Maduré. C'est la mission qu'on me destine et après laquelle vous savez que je soupire depuis tant d'années. J'espère que j'aurai occasion d'y faire des observations beaucoup plus importantes sur la miséricorde de Dieu à l'égard de ces peuples et auxquelles vous vous intéresserez vous-même davantage. Aidez-moi du secours de vos saints sacrifices, dont vous savez que j'ai tant de besoin.

Je suis, etc.

OBSERVATIONS
SUR LA PHOSPHORESCENCE DE LA MER.

Aux notes fournies par les missionnaires, et qu'on n'aura pas manqué de lire avec intérêt, nous en ajouterons d'autres plus étendues à la fois et plus précises, qui donneront à cette partie des mémoires tout l'attrait qu'elle comporte.

Depuis Aristote et Pline, la phosphorescence des eaux de la mer a été pour les navigateurs et les physiciens un constant objet d'étude et de méditation. Les phénomènes en sont nombreux et variés. Ici, la surface de l'océan étincelle et brille dans toute son étendue comme une étoffe d'argent électrisée dans l'ombre ; là, se déploient les vagues en nappes immenses de soufre et de bitume embrasés ; ailleurs, on dirait une mer de lait, dont on n'aperçoit que les extrémités. Les détails de ce grand phénomène ne sont pas moins dignes d'admiration que leur ensemble. Bernardin de Saint-Pierre a décrit avec enthousiasme ces étoiles brillantes qui semblent jaillir par milliers du fond des eaux, et dont, ajoute-t-il avec raison, celles de nos feux d'artifice ne sont qu'une bien faible imitation. D'autres ont parlé de ces masses embrasées qui roulent sous les vagues comme autant d'énormes boulets rouges, et qui parfois ne paraissent pas avoir moins de dix, quinze et vingt pieds de diamètre. Plusieurs marins ont observé des parallélogrammes incandescens, des cônes de lumière pirouettant sur eux-mêmes, des guirlandes éclatantes, des serpenteaux lumineux. Sur quelques points on voit s'élancer au-dessus de la surface des mers des jets de feux étincelans ; ailleurs, on a vu comme des nuages de lumière et de phosphore errer sur les flots au milieu des ténèbres. Quelquefois l'océan paraît comme décoré d'une immense écharpe de lumière mobile, onduleuse, dont les extrémités vont se rattacher aux bornes de l'horizon. Tous ces phénomènes et beaucoup d'autres encore que nous nous abstenons d'indiquer ici, quelque merveilleux qu'ils puissent paraître, n'en sont pas moins de la plus incontestable vérité ; ils ont d'ailleurs été décrits maintes fois par les voyageurs de la véracité la moins suspecte, et qui les ont observés en différentes parties des mers.

Péron est de tous les navigateurs celui qui a réuni le plus de notions sur les phénomènes de la phosphorescence ; c'est de lui que nous tirons les descriptions précédentes, dont il puisa lui-même les élémens dans Cook, La Peyrouse, Labillardière, Vancouver, Banks, Sparmann, Solander, Lamanon, d'après de La Mannevilette, Legentil, Adanson, Fleurieu, Marchand, Stavorinus, Spallanzani, Bourzeis, Limès, Pison, Hunter, Byron, Beal, Adler, Rathger, Martins, de Gennes, Hierne, Dagelet, Dicquemarre, Bacon, Lescarbot, Læflingius, Shaw, Sloane, Dombey, Ozanum, Barter, Tarnstrom, Marsigli, Kalm, Nassau, Poutoppidan, Morogue, Phipps, Poutrincourt, Heittmann, Kirchmayer, Anson, Frézier, Lemaire, Van-Neck, Rhumpf, Rogers, Dracke, etc.

Combien de théories n'ont pas été successivement émises pour l'explication de ces phénomènes variés. On en a cherché la cause, tantôt dans l'esprit prétendu du sel, dans le bitume, dans le pétrole, dans les huiles animales, tantôt dans le frai du poisson, dans celui des mollusques, dans les débris des animaux marins. D'autres ont cru que le *mucus* gélatineux qui transsude continuellement des zoophytes n'était pas étranger à ces brillans effets. Quelques physiciens ont admis une espèce de mouvement de putréfaction dans les couches superficielles de l'océan ; plusieurs ont appelé la lumière à leur secours, et tandis que les uns la faisaient agir comme combinée, d'autres la considéraient comme exclusivement réfléchie. L'électricité ne pouvait manquer de jouer un grand rôle dans cette partie de l'histoire de la mer, et plusieurs hommes célèbres ont effectivement eu recours à cet agent. Le phosphore et ses combinaisons diverses ont récemment ouvert une nouvelle carrière aux hypothèses ; quelques-uns ont supposé que dans ces phénomènes il était à l'état libre, d'autres ont voulu qu'il fût combiné avec l'hydrogène. En un mot, il n'est aucune sorte d'explication, vraisemblable ou même absurde, qui n'ait été donnée sur cet objet, et cependant l'opinion de plusieurs physiciens rigoureux flotte encore incertaine sur la cause réelle de ce grand phénomène physique.

Mais Péron, après toutes ses recherches, toutes ses expériences, toutes ses réflexions, tous ses calculs, n'hésite pas à donner comme positifs les résultats suivans :

1° La phosphorescence appartient essentiellement à toutes les mers ; on l'observe également au milieu des flots de l'équateur, dans les mers de la Norvége, de la Sibérie et dans celles du pôle antarctique ;

2° Toutes choses égales d'ailleurs, la phosphorescence est en général plus forte et plus constante entre les tropiques ou près des tropiques que sous les latitudes plus rapprochées des pôles;

3° La température habituellement plus élevée des mers équinoxiales pourrait être la cause médiate de cette différence;

4° La phosphorescence est plus grande et plus constante le long des côtes, dans les mers resserrées et dans les détroits, qu'au milieu des mers très-vastes et loin des terres;

5° Ce phénomène est d'autant plus sensible que la mer est plus fortement agitée et que l'obscurité de la nuit est plus profonde. On peut cependant l'observer aussi par les temps les plus calmes, et le plus beau clair de lune ne suffit pas toujours pour l'éclipser.

LETTRE DU P. ÉTIENNE LE GAC

AU P. CHARLES PORÉE.

Lutte des païens contre le christianisme.

A Chinnaballabaram, le 10 janvier 1709.

Mon révérend Père.

La paix de N.-S.

Vous n'ignorez pas que depuis quelques années nous sommes entrés dans le royaume de Carnate et que nous y avons formé une mission sur le plan de celle que les jésuites portugais ont établie dans le Maduré: les commencemens en sont à peu près semblables; nous y éprouvons aussi les mêmes difficultés qu'ils y eurent à surmonter et peut-être encore de plus grandes. Tout récemment il nous a fallu essuyer un des plus violens orages qui se soient encore élevés contre cette mission naissante. Les Dasseris, qui font une profession particulière d'honorer Vichnou[1], faisoient depuis longtemps sous main de vains efforts pour arrêter les progrès de l'Évangile. Mais voyant que leurs trames secrètes devenoient inutiles, ils résolurent enfin d'éclater, se fiant sur leur grand nombre et sur la facilité du prince à leur accorder tout ce qu'ils demandent.

Ce fut le jour de la Circoncision, lorsque les chrétiens sortoient de l'église, que notre cour se trouva tout à coup remplie de monde. Un grand nombre de Dasseris s'y étoient rassemblés avec quelques soldats du palais et plusieurs personnes de toutes sortes de castes que la curiosité y avoit attirées. Les principaux d'entre ceux-ci demandèrent à parler au missionnaire. Le père de La Fontaine parut aussitôt en leur présence avec cet air affable qui lui est si naturel, et faisant tomber le discours sur la grandeur de Dieu, il les entretint quelque temps de l'importance qu'il y avoit de le connoître et de le servir. Ceux que la passion n'avoit pas encore prévenus témoignèrent être contens de cet entretien et y applaudirent; mais pour ceux qui étoient envoyés de la part des gourous vichnouvistes[1], ils élevèrent leurs voix et nous menacèrent de venger bientôt d'une manière éclatante les divinités de leur pays, que nous rendions méprisables par nos discours. Le missionnaire répondit avec douceur qu'il enseignoit la vérité à tout le monde et qu'il n'y avoit que ceux qui embrasseroient cette vérité qui pussent espérer d'arriver un jour à la gloire à laquelle chacun d'eux avoit droit de prétendre.

Ainsi se termina cette assemblée. La rage étoit peinte sur le visage de la plupart, et ils ne nous menaçoient de rien moins que de nous chasser du pays et de détruire nos églises. C'étoit la résolution que les prêtres gentils avoient prise à Chillacatta, petite ville éloignée d'ici d'environ trois lieues. Ils souffroient impatiemment la désertion de leurs plus zélés disciples, dont un grand nombre avoient déjà reçu le baptême. Leurs revenus diminuoient à mesure que diminuoit le nombre des adorateurs de Vichnou, et cela encore, plus que le zèle pour le culte de leurs fausses divinités, les animoit contre notre sainte religion.

Le lendemain, second jour de janvier, nous apprîmes dès le matin que les Dasseris s'attroupoient en grand nombre dans les places de la ville: les cris menaçans que poussoient ces séditieux, le bruit de leurs tambours et de leurs trompettes, dont l'air retentissoit de toutes parts, obligèrent le prince à nous envoyer deux brames pour nous donner avis de cette émeute et nous sommer de sortir au plus tôt de la ville, sans quoi il lui seroit impossible d'apaiser une populace soulevée uniquement contre nous. Le père de La Fontaine répondit qu'il respectoit les moindres volontés du prince, mais qu'il le croyoit trop équitable pour ne lui pas rendre la justice qui lui étoit due.

[1] Divinité des Indiens.

[1] Prêtres de Vichnou, divinité indienne.

A ce moment-là même les Dasseris, suivis d'une foule incroyable de peuple, vinrent assaillir notre église. La cour et une grande place qui est vis-à-vis ne pouvant en contenir la multitude, plusieurs grimpèrent sur les murailles et sur les maisons voisines pour être témoins de ce qui devoit arriver. Les Dasseris armés crioient de toutes leurs forces que si nous refusions de sortir du pays, il n'y avoit qu'à nous livrer entre leurs mains. La populace mutinée leur répondoit par des injures atroces qu'elle vomissoit contre nous. Tout le monde s'acharnoit à notre perte, et parmi tant de personnes il n'y en avoit pas une qui nous portât compassion ou qui prît nos intérêts. Nous aurions certainement été sacrifiés à la fureur des Dasseris si le beau-père du prince, qui tient après lui le premier rang dans le royaume et qui a la direction de la police, n'eût envoyé des soldats pour contenir ces furieux et s'opposer au désordre. Le tumulte ne finit qu'avec la nuit; ils se retirèrent encore dans la forteresse, et là, pour intimider le prince, ils se présentèrent aux principaux officiers l'épée à la main, menaçant de se tuer eux-mêmes si l'on ne nous chassoit au plus tôt de la ville. Les esprits étoient si fort aigris que, dans la crainte d'un plus grand tumulte, on mit des gardes aux portes de la ville et de la forteresse.

J'admirai en cette occasion la protection particulière de Dieu sur nous, car bien que le soulèvement fût général, que le beau-père du prince fût du nombre des Dasseris et que le prince lui-même fût attaché au culte de ses fausses divinités jusqu'à la superstition, cependant les ordres se donnoient et on veilloit à notre sûreté de la même manière que si nous avions eu quelque puissant intercesseur dans cette cour.

Ce n'est pas qu'on quittât le dessein de nous chasser de la ville, car nous reçûmes coup sur coup plusieurs avis du prince qui nous conseilloit d'en sortir du moins jusqu'à ce que la sédition fût apaisée, parce qu'il n'étoit plus le maître d'une populace révoltée, qui avoit conjuré notre perte. Nous fîmes remercier le prince de cette attention, mais nous ne crûmes pas devoir déférer à ses conseils : notre sortie eût entraîné la perte de cette chrétienté naissante et nous perdions pour jamais l'espérance que nous avons d'avancer un jour vers le nord. D'ailleurs si nous eussions une fois quitté notre Église, on ne nous eût jamais permis d'y rentrer et on eût pris de là occasion de nous chasser pareillement de celle que nous avons à Devandapallé.

Ces considérations et beaucoup d'autres nous déterminèrent à souffrir plutôt toute sorte de mauvais traitemens que de consentir à ce qu'on nous proposoit. Ainsi nous répondîmes à ceux qui vinrent de la part du prince que le Dieu que nous servions sauroit bien nous protéger contre les ennemis de son culte s'il jugeoit que sa gloire y fût intéressée; que, s'il permettoit que nous succombassions sous les efforts de nos persécuteurs, nous étions prêts de répandre notre sang pour la défense de sa cause; qu'enfin nous étions dans la résolution de n'abandonner notre église qu'avec la vie.

Cependant le tumulte continuoit toujours et nous nous attendions à tout moment ou à être livrés entre les mains des Dasseris ou à être chassés honteusement et par force de la ville. Mais Dieu prit notre défense d'une manière visible en nous suscitant des intercesseurs, qui d'eux-mêmes firent notre apologie. Dès qu'on sut dans la ville que les Dasseris se rassembloient de nouveau, un grand nombre des principaux marchands, des capitaines, des troupes et d'autres personnes considérables vinrent à notre église. La seule curiosité de nous voir les y avoit d'abord attirés; mais ils furent ensuite si satisfaits de l'entretien qu'ils eurent avec le père de La Fontaine qu'en nous quittant, parmi plusieurs choses obligeantes qu'ils nous dirent, ils nous donnèrent parole de s'employer en notre faveur.

Dès lors il se fit dans les esprits un changement si grand à notre égard qu'on ne peut en attribuer la cause qu'à la divine Providence. On nous porta compassion, on cessa même de nous inquiéter; mais ce qui nous fut infiniment amer et sensible, c'est que nos ennemis tournèrent toute leur haine contre nos chrétiens. Je dois rendre ici témoignage à la vérité : au milieu de ce déchaînement universel, ce qui soutenoit notre courage et nous remplissoit de consolation, c'étoient la ferveur des néophytes et le désir qu'ils faisoient paroître pour Jésus-Christ. Tous les chrétiens, sans en excepter un seul, ne parloient que de répandre leur sang, s'il en étoit besoin, en témoignage de leur foi; ils se trouvoient dans ces assemblées tumultueuses et ne rougissoient pas de donner des marques publiques de la religion qu'ils professoient. Ils se retiroient le soir dans leurs maisons, où la meilleure partie de la nuit se passoit en prières, et ils demandoient sans cesse à Dieu, les uns pour les autres, la force de résister aux épreuves auxquelles ils alloient se voir exposés.

Les prêtres gentils firent publier dans toute la ville une défense de donner du feu ou de laisser puiser de l'eau à ceux qui viendroient à l'église, et par là les chrétiens étoient chassés de leurs castes; ils ne pouvoient plus avoir de communication avec leurs parens ni avec ceux qui exercent les professions les plus nécessaires à la vie; enfin, par cette espèce d'excommunication, ils étoient déclarés infâmes et obligés de sortir de la ville. Rien ne nous affligea plus sensiblement que cette nouvelle, à cause des suites funestes qu'elle ne peut guère manquer d'avoir pour la religion.

Le lendemain de la publication de cette défense, une chrétienne qui venoit à l'église pour assister à la prière du soir tomba dans un puits qui a bien trente-quatre à trente-cinq pieds de profondeur et où il n'y a presque point d'eau. D'autres chrétiens qui la suivoient de près accoururent aux saints noms de Jésus et de Marie qu'elle invoquoit et demandèrent du secours au voisinage; mais on fut bien surpris quand on la vit monter d'elle-même, à la faveur d'une corde qu'on lui avoit jetée, sans avoir reçu la moindre incommodité de sa chute. Les Gentils mêmes qui en furent témoins s'écrièrent qu'il n'y avoit que le Dieu des chrétiens qui pût faire un tel prodige.

Cependant les gourous envoyoient leurs disciples par toutes les maisons pour jeter l'épouvante parmi les chrétiens. Plusieurs ont déjà été chassés de chez leurs parens et demeurent inébranlables dans leur foi. Aidez-nous à prier le Seigneur qu'il donne à tous le courage et la force dont ils ont besoin, car, au moment que je vous écris, cet orage n'est pas encore cessé.

Je suis, avec beaucoup de respect, en l'union de vos saints sacrifices, etc.

LETTRE DU P. DE LA LANE

AU P. MOURGUES.

État du christianisme dans l'Inde. — Singularités sur les mœurs. Dieux hindous. — Superstitions. — Métempsycose. — Astronomie.

A Pondichéry, ce 30 janvier 1709.

Mon révérend Père,
La paix de N.-S.

La reconnoissance que je vous dois et l'intérêt que vous prenez au succès dont Dieu bénit les travaux des missionnaires sont pour moi deux grands motifs de vous informer de l'état présent du christianisme dans l'Inde et de vous communiquer les observations que j'ai faites sur la religion et sur les mœurs d'un grand peuple qui est peu connu en Europe.

Vous savez que notre compagnie a trois grandes missions dans cette partie de la presqu'île de deçà le Gange, qui est au sud de l'empire du Grand Mogol[1]. La première est la mission de Maduré, qui commence au cap de Comorin et s'étend jusqu'à la hauteur de Pondichéry vers le douzième degré de latitude; la seconde est celle de Maïssour, grand royaume, dont le roi est tributaire du Mogol : il est au nord de celui de Maduré et presque au milieu des terres; enfin la troisième est celle où la Providence m'a destiné et qui s'appelle la mission du Carnate : elle commence à la hauteur de Pondichéry et n'a point d'autres bornes du côté du nord que l'empire du Mogol; du côté de l'ouest elle est bornée par une partie du Maïssour.

Ainsi par la mission du Carnate on ne doit pas entendre seulement le royaume qui porte ce nom, elle renferme encore beaucoup de provinces et de différens royaumes qui sont contenus dans une étendue de pays fort vaste, de sorte qu'elle comprend du sud au nord plus de trois cents lieues dans sa longueur et envi-

---

[1] Le Grand Mogol n'existe plus que de nom. Son empire, ébranlé par Thamas Koulikan, a été renversé par les Anglais. Delhi et Agra, ses capitales, sont en leur puissance. Le monarque, dépouillé de tout crédit, n'est plus à Delhi, où il réside habituellement, que comme un pensionnaire à qui les Anglais veulent bien laisser encore l'ombre de son ancien pouvoir.

ron quarante lieues de l'est à l'ouest dans sa moindre largeur et dans les endroits où elle est bornée par le Maïssour, car partout ailleurs elle n'a point d'autres bornes que la mer. Les principaux états que j'y connois sont les royaumes de Carnate, de Visapour, de Bijanagaran, d'Ikkeri et de Golconde. Je ne parle point d'un grand nombre de petits états qui appartiennent à des princes particuliers, dont la plupart sont tributaires du Grand Mogol.

Le pays est fort peuplé et on y voit un grand nombre de villes et de villages. Il seroit beaucoup plus fertile si les Maures[1], qui l'ont subjugué, ne fouloient pas les peuples par leurs continuelles exactions. Il y a environ cinquante ans qu'ils ont envahi toutes ces terres, et ils se sont enfin répandus jusqu'au bout de la presqu'île. Il n'y a que quelques états qui, quoique tributaires du Mogol, aient conservé la forme de leur ancien gouvernement, tels que le royaume de Maduré, ceux de Maravas, de Tichirapali et de Gengi; tout le reste est gouverné par les officiers du Mogol, à la réserve pourtant de quelques seigneurs particuliers à qui ils ont laissé la conduite de leurs provinces; mais ces seigneurs paient de gros tributs, et ils sont dans une telle dépendance que, sur le moindre soupçon, on les dépouille de leur souveraineté, de sorte qu'on peut dire qu'ils sont plutôt les fermiers des Maures que les souverains de leur pays.

L'oppression où vivent les Gentils sous une pareille domination ne seroit point un obstacle à la propagation de la foi si en même temps les Maures n'étoient les ennemis implacables du nom chrétien: les idolâtres en sont toujours écoutés quand ils parlent contre nous. Ils leur persuadent aisément que nous sommes riches, et sur ces faux rapports les gouverneurs nous font arrêter et nous retiennent longtemps dans d'étroites prisons. Le père Bouchet, si célèbre par le grand nombre d'infidèles qu'il a baptisés, a éprouvé jusqu'où va leur avarice. Il avoit orné une petite statue de Notre-Seigneur de quelques pierres fausses; des Gentils qui s'en aperçurent rapportèrent au gouverneur de la province que ce père possédoit de grands trésors. Le missionnaire fut conduit dans une rude prison, où pendant plus d'un mois il souffrit toute sorte d'incommodités, et ses catéchistes furent cruellement fustigés et menacés du dernier supplice s'ils ne découvroient les trésors du missionnaire.

Il est assez ordinaire dans cette mission de voir les prédicateurs de l'Évangile emprisonnés et maltraités par l'avidité des mahométans, qui sont déjà assez portés d'eux-mêmes à les persécuter par l'horreur naturelle qu'ils ont des chrétiens. Cependant, comme ils sont les maîtres du pays, c'est à leurs yeux qu'il faut planter la foi.

Les Indiens sont fort misérables et ne retirent presque aucun fruit de leurs travaux. Le roi de chaque état a le domaine absolu et la propriété des terres; ses officiers obligent les habitans d'une ville à cultiver une certaine étendue de terre qu'ils leur marquent. Quand le temps de la moisson est venu, ces mêmes officier vont faire couper les grains, et les ayant fait mettre en un monceau, ils y appliquent le sceau du roi et puis ils se retirent. Quand ils le jugent à propos, ils viennent enlever les grains, dont ils ne laissent que la quatrième partie et quelquefois moins au pauvre laboureur. Ils les vendent ensuite au peuple au prix qui leur plaît, sans que personne ose se plaindre.

Le Grand Mogol tient d'ordinaire sa cour du côté d'Agra, éloigné d'environ cinq cents lieues d'ici. Et c'est cet éloignement de la cour mogole qui contribue beaucoup à la manière dure dont les Indiens sont traités. Le Mogol envoie dans ces terres un officier qui a le titre de gouverneur et de général de l'armée. Celui-ci nomme des sous-gouverneurs ou lieutenans pour tous les lieux considérables, afin de recueillir les deniers qui en proviennent. Comme leur gouvernement ne dure que peu de temps et qu'après trois ou quatre ans ils ont coutume d'être révoqués, ils se pressent fort de s'enrichir. D'autres plus avides encore leur succèdent. Aussi ne peut-on guère être plus misérable que les Indiens de ces terres. Il n'y a de riches que les officiers maures ou les officiers gentils qui servent les rois particuliers de chaque état; encore arrive-t-il souvent qu'on les recherche et qu'on les force, à grands coups de chapoue[1], de rendre ce qu'ils ont amassé par leurs concussions, de sorte qu'après leur magistrature, ils se trouvent aussi gueux qu'auparavant.

[1] Mahométans sujets du Mogol.

[1] Gros fouet.

Ces gouverneurs rendent la justice sans beaucoup de formalités ; celui qui offre le plus d'argent gagne presque toujours sa cause, et par ce moyen, les criminels échappent souvent au châtiment que méritent les crimes les plus noirs. Ce qui arrive même assez communément, c'est que les deux parties offrant à l'envi de grandes sommes, les Maures prennent des deux côtés, sans donner ni à l'une ni à l'autre la satisfaction qu'elles demandent.

Quelque grande que soit d'ailleurs la servitude des Indiens sous l'empire du Mogol, ils ont la liberté de se conduire selon la coutume de leurs castes ; ils peuvent tenir leurs assemblées, et souvent elles ne se tiennent que pour rechercher ceux qui se sont faits chrétiens et pour les chasser de la caste s'ils ne renoncent au christianisme.

Vous n'ignorez pas, mon révérend père, l'horreur qu'ont les Gentils pour les Européens, qu'ils appellent *Franquis*. Cette horreur, loin de diminuer, semble augmenter tous les jours et met un obstacle presque invincible à la propagation de la foi. Sans cette malheureuse aversion qu'ils ont pour nous et qui par un artifice de l'enfer s'étend jusque sur la sainte loi que nous prêchons, on peut dire que les Indiens ont d'ailleurs de favorables dispositions pour le christianisme. Ils sont fort sobres et n'excèdent jamais dans le boire ni dans le manger ; ils naissent avec une horreur naturelle de toute boisson qui enivre ; ils sont très-réservés à l'égard des femmes, du moins à l'extérieur, et on ne leur verra rien faire en public qui soit contre la pudeur ou contre la bienséance. Le respect qu'ils ont pour leur gourou [1] est infini ; ils se prosternent devant lui et le regardent comme leur père. On ne voit guère de nation plus charitable envers les pauvres. C'est une loi inviolable parmi les parens de s'assister les uns les autres et de partager le peu qu'ils ont avec ceux qui sont dans le besoin. Ces peuples sont encore fort zélés pour leurs pagodes, et un artisan qui ne gagnera que dix fanons [2] par mois en donne quelquefois deux à l'idole. Ils sont outre cela fort modérés, et rien ne les scandalise tant que l'emportement et la précipitation. Il est certain qu'avec de si bonnes dispositions plusieurs se feroient chrétiens, sans la crainte qu'ils ont d'être chassés de leur caste : c'est là un de ces obstacles qui paroît presque sans remède et qu'il n'y a que Dieu qui puisse lever par un de ces efforts extraordinaires que nous ne connoissons pas. Un homme chassé de sa caste n'a plus d'asile ni de ressource ; ses parens ne peuvent plus communiquer avec lui, pas même lui donner du feu ; s'il a des enfans, il ne peut trouver aucun parti pour les marier. Il faut qu'il meure de faim ou qu'il entre dans la caste des parias, ce qui parmi les Indiens est le comble de l'infamie.

Voilà cependant l'épreuve par où doivent passer nos chrétiens. Malgré cela, on en voit plusieurs qui souffrent un abandon si affreux avec une fermeté héroïque. Vous pouvez croire que dans ces tristes occasions un missionnaire ne manque pas de partager avec eux le peu qu'il peut avoir, et c'est souvent ce qui lui fait souhaiter de recevoir des secours plus abondans des personnes charitables d'Europe.

Il faut maintenant vous donner quelque idée de la religion des Indiens. On ne peut douter que ces peuples ne soient véritablement idolâtres, puisqu'ils adorent des dieux étrangers. Cependant il me paroît évident par quelques-uns de leurs livres qu'ils ont eu autrefois des connoissances assez distinctes du vrai Dieu ; c'est ce qu'il est aisé de voir à la tête du livre appelé *Panjangan*, dont voici les paroles que j'ai traduites mot pour mot : « J'adore cet Être qui n'est sujet ni au changement ni à l'inquiétude ; cet Être dont la nature est indivisible ; cet Être dont la simplicité n'admet aucune composition de qualités ; cet Être qui est l'origine et la cause de tous les êtres et qui les surpasse tous en excellence ; cet Être qui est le soutien de l'univers et qui est la source de la triple puissance. » Mais ces expressions si belles sont mêlées dans la suite d'une infinité d'extravagances qu'il seroit trop long de vous rapporter.

Il est aisé de conjecturer de ce que je viens de dire que les poëtes du pays ont par leurs fictions effacé peu à peu de l'esprit de ces peuples les traits de la Divinité. La plupart des livres indiens sont des ouvrages de poésie, pour lesquels ils sont fort passionnés, et c'est de là sans doute que leur idolâtrie tire son origine.

Je ne doute pas non plus que les noms de leurs faux dieux, comme *Chiven*, *Ramen*, *Vich-*

---

[1] Médecin.
[2] Pièce de monnaie qui vaut environ cinq sous.

nou et d'autres semblables, ne soient les noms de quelques anciens rois que la flatterie des Indiens et surtout des brames a divinisés pour ainsi dire, ou par apothéose ou par des poëmes composés en leur honneur : ces ouvrages ont été pris dans la suite pour des règles de leur foi et ont effacé de leur esprit la véritable idée de la Divinité. Les plus anciens livres, qui contenoient une doctrine plus pure, étant écrits dans une langue fort ancienne, ont été négligés peu à peu, et l'usage de cette langue s'est entièrement aboli. Cela est certain à l'égard du livre de la religion appelé *Vedam*, que les savans du pays n'entendent plus : ils se contentent d'en apprendre quelques endroits par cœur, qu'ils prononcent d'une façon mystérieuse, pour en imposer plus facilement au peuple.

Ce que je viens de dire sur l'idolâtrie indienne se confirme par un exemple assez récent. Il y a environ cinquante ans que mourut le roi de Tichirapali. Ce prince faisoit de grandes largesses aux brames, nation la plus flatteuse qu'on puisse voir. Les brames, par reconnoissance ou pour exciter les autres rois à imiter l'exemple de celui-ci, lui ont bâti un temple et ont érigé des autels où l'on sacrifie à ce nouveau dieu. Il ne faut pas douter que dans quelques années on n'oublie le dieu Ramen lui-même, ou quelque autre fausse divinité du pays, pour mettre à sa place le roi de Tichirapali. Il en sera apparemment de ce prince comme de Ramen, qu'on compte parmi les anciens rois, les livres indiens marquant son âge, le temps et les circonstances de son règne.

Outre Vichnou et Chiven, qui sont regardés comme les deux principales divinités et qui partagent nos Indiens en deux sectes différentes, ils admettent encore un nombre presque infini de divinités subalternes. Brama tient le premier rang parmi celles-ci : selon leur théologie, les dieux supérieurs l'ont créé dans le temps, en lui donnant des prérogatives singulières. C'est lui, disent-ils, qui a créé toutes choses et qui les conserve par un pouvoir spécial que la Divinité lui a communiqué ; c'est lui encore qui a comme l'intendance générale sur toutes les divinités inférieures ; mais son gouvernement doit finir dans un certain temps.

Les Indiens n'observent que les huit principaux rumbs de vent, qu'ils placent comme nous à l'horizon. Or, ils prétendent que dans chacun de ces endroits, un demi-dieu a été posté par Brama pour veiller au bien général de l'univers. Dans l'un est le dieu de la pluie, dans l'autre le dieu des vents, dans le troisième le dieu du feu, et ainsi des autres, qu'ils appellent les huit gardiens. Divendiren, qui est comme le premier ministre de Brama, commande immédiatement à ces dieux inférieurs. Le soleil, la lune, les planètes sont aussi des dieux. En un mot, ils comptent jusqu'à trois millions de ces divinités subalternes, dont ils rapportent mille fables impertinentes.

Il est vrai que dans la conversation plusieurs savans tombent d'accord qu'il ne peut y avoir qu'un seul Dieu qui est pur esprit ; mais ils ajoutent que Chiven, Vichnou et les autres sont les ministres de ce dieu et que c'est par leur moyen que nous approchons du trône de la Divinité et que nous en recevons des bienfaits. Néanmoins dans la pratique on ne voit aucun signe qui persuade qu'ils croient un seul Dieu : ce n'est qu'à Chiven et à Vichnou qu'on bâtit des temples et qu'on fait des sacrifices ; ainsi l'on peut dire qu'on ne sait guère ce que croient ces prétendus savans, qui sont en effet de véritables ignorans.

La métempsycose est une opinion commune dans toute l'Inde, et il est difficile de désabuser les esprits sur cet article, car rien n'est plus souvent répété dans leurs livres. A la vérité ils croient un paradis, mais ils font consister sa félicité dans les plaisirs sensuels, bien qu'ils se servent des termes d'union avec Dieu, de vision de Dieu et d'autres semblables qu'emploie notre théologie pour exprimer la félicité des saints. Ils croient aussi un enfer, mais ils ne peuvent se persuader qu'il dure éternellement. Tous les livres que j'ai vus supposent l'immortalité de l'âme ; je ne voudrois pas pourtant garantir que ce soit l'opinion de plusieurs sectes, non plus que de plusieurs brames; mais au fond ils ont des idées si peu nettes sur toutes ces choses qu'il n'est pas aisé de bien démêler ce qu'ils pensent.

Pour ce qui est de leur morale, voici ce que j'en ai appris. Ils admettent cinq péchés, qu'ils regardent comme les plus énormes : le bramicide, ou tuer un brame, l'ivrognerie, l'adultère commis avec la femme de son gourou, le vol, quand la matière est considérable, et la fréquentation de ceux qui ont commis quelqu'un de ces péchés. Ils ont aussi des péchés capitaux, mais ils n'en comptent que cinq, savoir : la luxure, la colère, l'orgueil, l'avarice et l'envie ou la haine. Ils ne condamnent pas la polygamie, bien qu'elle soit plus rare parmi eux que parmi les Maures ; mais ils ont horreur d'une coutume aussi monstrueuse que bizarre qui règne dans le Malleamen. Les femmes de ce pays peuvent épouser autant de maris qu'elles veulent, et elles obligent chacun d'eux à leur fournir les diverses choses dont elles ont besoin : l'un des habits, l'autre du riz, et ainsi du reste.

En récompense, on voit parmi nos Gentils une autre coutume qui n'est guère moins monstrueuse. Les prêtres des idoles ont accoutumé de chercher tous les ans une épouse à leurs dieux. Quand ils voient une femme à leur gré, soit qu'elle soit mariée, soit qu'elle soit libre, ils l'enlèvent et la font venir adroitement dans la pagode, et là ils font la cérémonie du mariage. On assure qu'ils en abusent ensuite, ce qui n'empêche pas qu'elle ne soit respectée du peuple comme l'épouse d'un dieu.

C'est encore un usage dans plusieurs castes, surtout dans les plus distinguées, de marier leurs enfans dès l'âge le plus tendre. Le jeune mari attache au col de celle qui lui est destinée un petit bijou qu'on appelle *tali*, qui distingue les femmes mariées de celles qui ne le sont pas, et dès lors le mariage est conclu. Si le mari vient à mourir avant que le mariage ait pu être consommé, on ôte le *tali* à la jeune veuve et il ne lui est plus permis de se remarier. Comme rien n'est plus méprisable, selon l'idée des Indiens, que cet état de viduité, c'est en partie pour n'avoir pas à soutenir ce mépris qu'elles se brûloient autrefois avec le corps de leur mari. C'est ce qu'elles ne manquoient pas de faire avant que les Maures se fussent rendus maîtres du pays et que les Européens occupassent les côtes. Mais à présent on voit peu d'exemples d'une coutume si barbare. Cette loi injuste ne regarde point les hommes, car un second mariage ne les déshonore ni eux ni leur caste.

Une des maximes de morale qui règne encore davantage parmi les Indiens idolâtres, c'est que pour être heureux il faut enrichir les brames, et qu'il n'y a guère de moyen plus efficace d'effacer ses péchés que de leur faire l'aumône. Comme ces brames sont les auteurs de la plupart des livres, ils y ont insinué cette maxime presque à toutes les pages. J'ai connu plusieurs Gentils qui se sont presque ruinés pour avoir la gloire de marier un brame, la dépense de cette cérémonie étant fort grande parmi ceux qui sont de bonne caste.

Et voilà la source principale de la haine qu'ils portent aux prédicateurs de l'Évangile : la libéralité des peuples diminuant à mesure que s'étend le christianisme, ils ne cessent de nous persécuter, ou par eux-mêmes, quand ils ont quelque autorité, ou par les Maures, qu'ils animent contre nous. Il n'a pas tenu à eux que je ne fusse battu cruellement de plusieurs coups de chabouc [1] et chassé d'une église que j'avois auprès d'une grande ville appelée Tarkolan. Voici comment la chose se passa :

Un jeune brame vint me demander l'aumône, et comme il m'assura qu'il n'avoit ni père ni mère et que si je voulois l'entretenir, il demeureroit volontiers avec moi, je le gardai afin de l'élever dans notre sainte religion et d'en faire un catéchiste. Les brames de Tarkolan ayant su que l'enfant étoit dans ma maison et se doutant de mon dessein, s'assemblèrent et résolurent ma perte. Sur-le-champ ils vont chez le gouverneur de la province et m'accusent d'avoir enlevé le jeune brame et de l'avoir fait manger avec moi, ce qui étoit, ajoutoient-ils, le dernier affront pour eux et pour leur caste. Là-dessus le gouverneur me fait saisir par ses gardes, qui, après m'avoir traité avec beaucoup d'inhumanité, me conduisirent en sa présence. Les accusations et les plaintes des brames recommencèrent en une langue que je n'entendois pas (car c'étoit la langue maure), et je fus d'abord condamné à recevoir plusieurs coups de chabouc, sans qu'il me fût permis de rien dire pour ma défense. On se disposoit déjà à me donner le premier coup, lorsqu'un Gentil, me voyant prêt de subir un châtiment auquel je n'aurois pas la force de résister, fut si touché de compassion qu'il se jeta aux pieds du gouverneur en lui remontrant qu'infailliblement je mourrois dans ce supplice. Le Maure se laissa attendrir et me fit demander sous main quelque argent. Comme je n'avois rien à lui donner, il ne poussa pas plus loin les choses et me renvoya.

Cependant les brames, pour purifier le jeune

---

[1] Les Indiens nomment ainsi une espèce de grand fouet.

homme de leur caste de la souillure qu'il avoit, disoient-ils, contractée en demeurant avec un Franqui, firent la cérémonie suivante, qu'ils appellent purification. Ils coupèrent la ligne [1] au jeune homme, le firent jeûner trois jours, le frottèrent à plusieurs reprises avec de la fiente de vache, et l'ayant lavé cent neuf fois, ils lui mirent une nouvelle ligne et le firent manger avec eux dans un repas de cérémonie.

C'est là, mon révérend père, un des moindres traits de la malice des brames et de l'aversion qu'ils ont pour nous. Ils n'épargnent rien pour nous rendre odieux dans le pays. S'il ne tombe point de pluie, c'est à nous qu'il faut s'en prendre; si l'on est affligé de quelque calamité publique, c'est notre doctrine, injurieuse à leurs dieux, qui attire ces malheurs. Tels sont les bruits qu'ils ont soin de répandre, et l'on ne sauroit dire jusqu'où va l'ascendant qu'ils ont pris sur l'esprit du peuple et combien ils abusent de sa crédulité.

C'est pour cette raison qu'ils ont introduit l'astrologie judiciaire, cet art ridicule qui fait dépendre le bonheur ou le malheur des hommes, le bon ou le mauvais succès de leurs affaires, de la conjonction des planètes, du mouvement des astres et du vol des oiseaux. Par là ils se sont rendus comme les arbitres des bons et des mauvais jours; on les consulte comme des oracles, et ils vendent bien cher leurs réponses. J'ai souvent rencontré dans mes voyages plusieurs de ces Indiens crédules, qui retournoient sur leurs pas parce qu'ils avoient trouvé en chemin quelque oiseau de mauvais augure. J'en ai vu d'autres qui, à la veille d'un voyage qu'ils étoient obligés de faire, alloient le soir coucher hors de la ville, pour n'en pas sortir dans un jour peu favorable.

Les obstacles que nous trouvons du côté des brames à la prédication de l'Évangile nous affligeroient moins s'il y avoit espérance de les convertir; mais c'est une chose moralement impossible, selon le cours ordinaire de la Providence. Il n'y a guère de nation plus orgueilleuse, plus rebelle à la vérité ni plus entêtée de ses superstitions et de sa noblesse. Pour comble de malheur, ils sont répandus partout, principalement dans les cours des princes, où ils remplissent les premiers emplois et où la plus grande partie des affaires passent par leurs mains.

Comme ils sont les dépositaires des sciences, peut-être ne serez-vous pas fâché de savoir l'idée qu'on doit avoir de leur capacité ou, pour mieux dire, de leur ignorance. A la vérité, j'ai lieu de croire qu'anciennement les sciences ont fleuri parmi eux; nous y voyons encore des traces de la philosophie de Pythagore et de Démocrite, et j'en ai entretenu qui parlent des atomes selon l'opinion de ce dernier. Néanmoins on peut dire que leur ignorance est extrême. Ils expliquent le principe de chaque chose par des fables ridicules, sans pouvoir apporter aucune raison physique des effets de la nature. Ce que j'ai vu de plus raisonnable dans un cahier de leur philosophie, c'est une espèce de démonstration qu'on y emploie pour prouver l'existence de Dieu par les choses visibles. Mais après en avoir conclu l'existence d'un premier être, ils en font une peinture extravagante, en lui donnant une forme et des qualités qui ne peuvent lui convenir. Au reste, s'il se trouve quelque chose de bon dans leurs livres, il y en a peu parmi les Indiens qui s'appliquent à les lire ou qui en comprennent le sens.

Ils comptent quatre âges depuis le commencement du monde. Le premier, qu'ils nous représentent comme un siècle d'or, a duré, disent-ils, dix-sept cent vingt-huit mille ans. C'est alors que fut formé le dieu Brama et que prit naissance la caste des brames, qui en descendent. Les hommes étoient d'une taille gigantesque; leurs mœurs étoient fort innocentes, ils étoient exempts de maladies et vivoient jusqu'à quatre cents ans.

Dans le second âge, qui a duré douze cent quatre-vingt-seize mille ans, sont nés les rajas, ou kchatrys, caste noble, mais inférieure à celle des brames. Le vice commença alors à se glisser dans le monde; les hommes vivoient jusqu'à trois cents ans; leur taille n'étoit pas si grande que dans le premier âge.

A celui-ci a succédé un troisième âge, qui a duré huit millions soixante-quatre mille ans : le vice augmenta beaucoup, et la vertu commença à disparoître; aussi n'y vécut-on que deux cents ans.

Enfin suivit le dernier âge, qui est celui où nous vivons, et où la vie de l'homme est diminuée des trois quarts : c'est dans cet âge que

---

[1] Cordon qui est la marque de noblesse.

le vice a pris la place de la vertu, presque bannie du monde. Ils prétendent qu'il s'en est déjà écoulé quatre millions vingt-sept mille cent quatre-vingt-quinze ans. Ce qu'il y a de plus ridicule, c'est que leurs livres déterminent la durée de cet âge et marquent le temps où le monde doit finir. Voilà, mon révérend père, une partie des rêveries en quoi consiste la science des brames, et qu'ils débitent fort sérieusement aux peuples.

Je ne sache pas qu'ils aient aucune connoissance des mathématiques, si l'on en excepte l'arithmétique, dans laquelle ils sont assez versés, mais ce n'est que dans ce qui regarde la pratique. Ils apprennent l'art de compter dès leur plus tendre jeunesse, et sans se servir de la plume, ils font, par la seule force de l'imagination, toutes sortes de comptes sur les doigts. Je crois pourtant qu'ils ont quelque méthode mécanique qui leur sert de règle pour cette manière de calculer.

Au regard de l'astronomie, il est probable qu'elle a été en usage parmi nos Indiens : les brames ont les tables des anciens astronomes pour calculer les éclipses, et ils savent même s'en servir. Leurs prédictions sont assez justes aux minutes près, qu'ils semblent ignorer et dont il n'est point parlé dans leurs livres qui traitent des éclipses du soleil et de la lune ; eux-mêmes, quand ils en parlent, ils ne font aucune mention de minutes, mais seulement de gari, de demi-gari, d'un quart et demi-quart de gari. Or, un gari est une de leurs heures, mais qui est bien petite en comparaison des nôtres, car elle n'est que de vingt-neuf minutes et environ quarante-trois secondes.

Quoiqu'ils sachent l'usage de ces tables et qu'ils prédisent les éclipses, il ne faut pas croire pour cela qu'ils soient fort habiles dans cette science. Tout consiste dans une pure mécanique et dans quelques opérations d'arithmétique ; ils en ignorent tout à fait la théorie et n'ont nulle connoissance des rapports et des liaisons que ces choses ont entre elles. Il y a toujours quelque brame qui s'applique à comprendre l'usage de ces tables, il l'enseigne ensuite à ses enfans, et ainsi, par une espèce de tradition, ces tables ont été transmises des pères aux enfans et on a conservé l'usage qu'il en falloit faire. Ils regardent un jour d'éclipse comme un jour d'indulgence plénière, car ils croient qu'en se lavant ce jour-là dans l'eau de mer, ils se purifient de tous leurs péchés.

Comme ils n'ont qu'un faux système du ciel et des astres, il n'y a point d'extravagance qu'ils ne disent du mouvement du soleil et des autres planètes. Ils tiennent, par exemple, que la lune est au-dessus du soleil, et quand on veut leur prouver le contraire par le raisonnement tiré de l'éclipse de cet astre, ils s'emportent par la seule raison qu'on contredit leurs principes. Ils croient encore que le soleil, après avoir éclairé notre hémisphère, va se cacher durant la nuit derrière une montagne. Ils admettent neuf planètes, en supposant que les nœuds ascendans et descendans sont des planètes réelles, qu'ils nomment pour cela kadou et kedou. De plus, ils ne peuvent se persuader que la terre soit ronde, et ils lui donnent je ne sais quelle figure bizarre.

Il est vrai pourtant qu'ils reconnoissent les douze signes du zodiaque et que dans leur langue ils leur donnent les mêmes noms que nous leur donnons ; mais la manière dont ils divisent et le zodiaque et les signes qui le composent mérite d'être rapportée. Ils divisent la partie du ciel qui répond au zodiaque en vingt-sept constellations : chacune de ces constellations est composée d'un certain nombre d'étoiles qu'ils désignent comme nous par le nom d'un animal ou d'une autre chose inanimée. Ils composent ces constellations du débris de nos signes ou de quelques autres étoiles qui leur sont voisines. La première de leurs constellations commence au signe du bélier, et renferme une ou deux de ces étoiles avec quelque autre du voisinage, et ils l'appellent Achouïni, qui veut dire en leur langue cheval, parce qu'ils croient y voir la figure d'un cheval. La seconde se prend ensuite en montant vers le signe du taureau, et s'appelle Barany, parce qu'ils prétendent qu'elle a la figure d'un éléphant, et ainsi des autres.

Chaque signe renferme deux de ces constellations et la quatrième partie d'une autre, ce qui fait justement vingt-sept constellations dans toute l'étendue du zodiaque ou des douze signes.

Ils subdivisent chacune desdites constellations en quatre parties égales, dont chacune est désignée par un mot d'une seule syllabe, et par conséquent toute la constellation est appelée d'un mot bizarre de quatre syllabes, qui ne signifie rien et qui exprime seulement les quatre parties égales.

Ils divisent encore chaque signe en neuf quarts de constellation, qui font autant de degrés à leur mode et qui en valent trois des nôtres et vingt minutes de plus. Enfin, selon ces mêmes principes, ils divisent tout le zodiaque en cent huit de leurs degrés, de sorte que quand ils veulent marquer le lieu du soleil, ils nomment premièrement le signe, ensuite la constellation et enfin le degré ou la partie de la constellation à laquelle répond le soleil : si c'est la première, ils mettent la première syllabe; si c'est la seconde, ils y mettent la seconde syllabe, et ainsi du reste.

Je ne puis vous donner une meilleure idée de la science de ces brames, si respectés des Indiens et si ennemis des prédicateurs de l'Évangile. Malgré leurs efforts, le christianisme fait tous les jours de nouveaux progrès. Nous avons actuellement quatre missionnaires qui travaillent avec zèle à la conversion de ce grand peuple. Je faisois le cinquième, mais j'ai été obligé de venir passer quelques mois à Pondichéry pour y rétablir ma santé, extrêmement affoiblie par le genre de vie si extraordinaire qu'on est contraint de mener dans les terres. J'ai demeuré trois ans à Tarkolan, ville assez considérable : je ne puis vous dire toutes les contradictions que j'ai eu à y essuyer, soit de la part des Indiens, qui, malgré mes précautions, me prenoient toujours pour un Franqui, soit de la part des Maures, dont le camp n'étoit éloigné que d'une demi-journée de mon Église.

Le père Mauduit est le plus ancien et le supérieur des missionnaires de Carnate. Depuis qu'il est dans cette mission, les brames et les Maures ne l'ont guère laissé en repos : ils l'ont souvent emprisonné et battu d'une manière cruelle, ils l'ont insulté dans ses voyages, ils lui ont enlevé ses petits meubles et pillé plusieurs fois son église; mais son courage et son intrépidité l'ont mis au-dessus de toutes ces épreuves : il a baptisé et baptise encore tous les jours un grand nombre d'infidèles.

Le père de La Fontaine a travaillé dans le commencement avec beaucoup de succès et a conféré le baptême à un grand nombre d'idolâtres; mais, dans la suite, le bruit que firent courir les brames qu'il étoit de la caste des Franquis lui suscita bien des contradictions, dont il s'est tiré par sa patience et par sa sagesse. Il s'est depuis avancé dans les terres du côté de l'ouest, où la foi commence à faire de grands progrès.

Le père Le Gac, après s'être consacré quelque temps à la mission de Maduré, est allé joindre le père de La Fontaine. À peine étoit-il entré dans le Carnate que les Maures le mirent en prison, où il eut beaucoup à souffrir pendant un mois : il en a été toujours persécuté depuis ce temps-là ; sa fermeté naturelle et son zèle ardent pour la conversion des âmes lui font dévorer toutes ces difficultés, et je ne doute point qu'il ne fasse de grands fruits dans cette nouvelle mission.

Enfin le père Petit se trouve dans un poste où il est un peu moins exposé à la fureur des Gentils et des Maures, quoiqu'il ne laisse pas d'éprouver de temps en temps des contradictions de la part des uns et des autres. Son Église est, de tout le Carnate, celle qui a un plus grand nombre de chrétiens, qu'il a presque tous baptisés.

Tel est l'état de cette chrétienté, qui seroit encore plus nombreuse si chaque missionnaire avoit un plus grand nombre de catéchistes : il en coûte si peu pour leur entretien, et leur secours est si important pour l'avancement de la religion que je me flatte qu'on contribuera volontiers à une si sainte œuvre. C'est surtout à vos prières que je recommande nos Églises, en vous assurant du respect et de l'attachement avec lequel je suis, etc.

LETTRE DU P. MARTIN

AU P. DE VILLETTE.

Peuples voleurs. — Peines du talion.

Du Marava, dans la mission de Maduré, le 8 novembre 1709.

MON RÉVÉREND PÈRE,

La paix de N.-S.

Voici la dixième année que je travaille à établir le christianisme dans le Maduré, et malgré les fatigues inséparables d'une mission si pénible, ma santé n'est point affoiblie et mes forces sont toujours les mêmes : à cela, mon cher père, je reconnois la main de Dieu, qui m'a appelé à un ministère dont j'étois si indigne, et cette faveur doit être pour moi un nouvel engagement de m'employer tout entier à son service jusqu'au dernier soupir de ma vie.

J'ai recueilli cette année des fruits abondans et j'ai eu beaucoup plus à souffrir que les années précédentes : aussi suis-je dans un champ bien plus fertile en ces sortes de moissons, c'est le Marava, grand royaume tributaire de celui de Maduré. Le prince qui le gouverne n'est pourtant tributaire que de nom, car il a des forces capables de résister à celles du roi de Maduré si celui-ci se mettoit en devoir d'exiger son droit par la voie des armes. Il règne avec un pouvoir absolu et tient sous sa domination divers autres princes qu'il dépouille de leurs états quand il lui plaît.

Le roi de Marava est le seul de tous ceux qui règnent dans la vaste étendue de la mission de Maduré qui ait répandu le sang des missionnaires : il fit trancher la tête, comme vous savez, au père Jean de Brito, Portugais, célèbre par sa grande naissance et par ses travaux apostoliques. La mort du pasteur attira alors une persécution cruelle sur son troupeau, mais elle est cessée depuis quelques années, et la mission du Marava est maintenant une des plus florissantes qui soient dans l'Inde. Le père Lainez, à présent évêque de Saint-Thomé, a cultivé cette chrétienté pendant quelque temps : il eut pour successeur le père Borghèse, de l'illustre famille qui porte ce nom ; mais ce missionnaire, dont la santé étoit ruinée par de continuels travaux, fut contraint de se retirer et c'est sa place que j'occupe depuis un an.

Cinq missionnaires suffiroient à peine pour cultiver une mission d'une si vaste étendue ; mais le manque de fonds nécessaires pour leur entretien, joint à la crainte qu'on a d'irriter le prince par la multitude d'ouvriers évangéliques, a obligé nos supérieurs à charger un seul missionnaire de tout ce travail. En deux mois et demi de temps j'ai baptisé plus de onze cents infidèles et j'ai entendu les confessions de plus de six mille néophytes. La famine et les maladies ont désolé ce pays, ce qui n'a pas peu redoublé mes fatigues, car le nombre des malades et des mourans ne me permettoit pas de prendre un moment de repos.

Mais rien n'égaloit la vive douleur que je ressentois de voir que, quelque peine que je me donnasse, quelque diligence que je fisse, il y en avoit toujours quelqu'un qui mouroit sans que je pusse lui administrer les derniers sacremens. Dans les continuels voyages qu'il me falloit faire pour visiter les chrétiens, la disette, qui est partout extrême, étoit pour moi un autre sujet d'affliction. Ces pauvres gens se croiroient heureux s'ils trouvoient chaque jour un peu de riz cuit à l'eau avec quelques légumes insipides. Je me suis vu souvent obligé de m'en priver moi-même pour soulager ceux qui étoient sur le point de mourir de faim à mes yeux.

Rien de plus commun que les vols et les meurtres, surtout dans le district que je parcours actuellement. Il y a peu de jours qu'arrivant sur le soir dans une petite bourgade, je fus fort étonné de me voir suivi de deux néophytes qui portoient entre leurs bras un Gentil percé de douze coups de lance, pour avoir été surpris cueillant deux ou trois épis de millet. Je le trouvai tout couvert de son sang, sans pouls et sans parole : quelques petits remèdes que je lui donnai le firent revenir, et lui ayant annoncé Jésus-Christ et la vertu du baptême, il me demanda avec instance de le recevoir. Je l'y disposai autant que son état le permettoit, et je me hâtai ensuite de le baptiser, dans la crainte qu'il n'expirât entre mes bras. Il se trouva là par hasard un homme qui se disoit médecin ; je lui donnai quelques fanons afin qu'il bandât les plaies de ce pauvre moribond et qu'il en prît tout le soin possible. Je passai le reste de la nuit, partie à confesser un grand nombre de néophytes, partie à administrer les derniers sacremens à quelques malades.

Je partis le lendemain de grand matin pour un autre endroit dont le besoin étoit plus pressant. A peine fus-je arrivé que ma cabane et la petite église furent environnées de quinze voleurs : comme elles étoient enfermées d'une haie vive très-difficile à forcer et que d'ailleurs deux néophytes qui s'y trouvèrent firent assez bonne contenance, les voleurs se retirèrent et j'eus le loisir de rassembler les chrétiens d'alentour. Je visitai ceux qui étoient malades et je célébrai avec les autres la fête de tous les Saints.

Je ne pus demeurer que deux jours parmi eux ; ma présence étoit nécessaire dans une autre contrée assez éloignée, où il y avoit encore plusieurs malades. Mais je fus bien surpris lorsqu'en sortant de ma cabane j'aperçus ce pauvre homme dont je viens de parler et que je croyois mort de ses blessures. Ses plaies étoient fermées, et de tous les coups de lance qu'il avoit reçus, il n'y en avoit qu'un seul qui lui fît de la douleur. Il n'étoit venu me trouver dans cet état que par l'impatience qu'il avoit de se faire instruire ; mais ne pouvant le satisfaire moi-même, je le mis entre les mains d'un catéchiste, avec ordre de me l'amener dès que je serois de retour, afin de suppléer aux cérémonies du baptême, que je n'avois pas eu le temps de faire, à cause du danger extrême où il étoit.

Je partis donc pour pénétrer plus avant dans le pays des voleurs, car c'est ainsi que s'appelle le lieu que je parcours maintenant : il me fallut traverser une grande forêt avec beaucoup de risques ; dans l'espace de deux lieues, on me montra divers endroits où il s'étoit fait tout récemment plusieurs massacres ; outre la parfaite confiance qu'un missionnaire doit avoir en la protection de Dieu, je prends une précaution qui ne m'a pas été inutile, c'est de me faire accompagner d'une peuplade à l'autre par quelqu'un de ces voleurs mêmes. C'est une loi inviolable parmi ces brigands de ne point attenter sur ceux qui se mettent sous la conduite de leurs compatriotes. Il arriva un jour que quelques-uns d'eux voulant insulter des voyageurs accompagnés d'un guide, celui-ci se coupa sur-le-champ les deux oreilles, menaçant de se tuer lui-même s'ils poussoient plus loin leur violence. Les voleurs furent obligés, selon l'usage du pays, de se couper pareillement les oreilles, conjurant le guide d'en demeurer là, de se conserver la vie, pour n'être pas contraints d'égorger quelqu'un de leur troupe.

Voilà une coutume assez bizarre et qui vous surprendra ; mais vous devez savoir que parmi ces peuples la loi du talion règne dans toute sa vigueur. S'il survient entre eux quelque querelle et que l'un, par exemple, s'arrache un œil ou se tue, il faut que l'autre en fasse autant, ou à soi-même, ou à quelqu'un de ses parens. Les femmes portent encore plus loin cette barbarie. Pour un léger affront qu'on leur aura fait, pour un mot piquant qu'on leur aura dit, elles iront se casser la tête contre la porte de celle qui les a offensées, et celle-ci est obligée aussitôt de se traiter de la même façon ; si l'une s'empoisonne en buvant le suc de quelque herbe vénéneuse, l'autre qui a donné sujet à cette mort violente doit s'empoisonner aussi ; autrement on brûlera sa maison, on pillera ses bestiaux et on lui fera toute sorte de mauvais traitemens jusqu'à ce que la satisfaction soit faite.

Ils étendent cette cruauté jusque sur leurs propres enfans. Il n'y a pas longtemps qu'à quelques pas de cette église d'où j'ai l'honneur de vous écrire, deux de ces barbares ayant pris querelle ensemble, l'un d'eux courut à sa maison, y prit un enfant d'environ quatre ans et vint en présence de son ennemi lui écraser la tête entre deux pierres. Celui-ci, sans s'émouvoir, prend sa fille, qui n'avoit que neuf ans, et lui plonge le poignard dans le sein : « Ton enfant, dit-il ensuite, n'avoit que quatre ans, ma fille en avoit neuf, donne-moi une victime qui égale la mienne. » — Je le veux bien, répondit l'autre, et voyant à ses côtés son fils aîné, qu'il étoit près de marier, il lui donne quatre ou cinq coups de poignard : non content d'avoir répandu le sang de ses deux fils, il tue encore sa femme pour obliger son ennemi à tuer pareillement la sienne. Enfin une petite fille et un jeune enfant qui étoit à la mamelle furent encore égorgés ; de sorte que dans un seul jour sept personnes furent sacrifiées à la vengeance de deux hommes altérés de sang et plus cruels que les bêtes les plus féroces.

J'ai actuellement dans mon église un jeune homme qui s'est réfugié parmi nos chrétiens, blessé d'un coup de lance que lui avoit porté son père pour le tuer et pour contraindre par là son ennemi à tuer de même son propre fils. Ce barbare avoit déjà poignardé deux de ses enfans dans d'autres occasions et pour le même dessein. Des exemples si atroces vous paroîtront tenir plus de la fable que de la vérité, mais soyez persuadé que, loin d'exagérer, je pourrois vous en produire d'autres qui ne sont pas moins tragiques. Il faut pourtant avouer qu'une coutume si contraire à l'humanité n'a lieu que dans la caste des voleurs et même que parmi eux plusieurs évitent les contestations, de crainte d'en venir à de si dures extrémités. J'en sais qui, ayant eu dispute avec d'autres prêts à exercer une telle barbarie, leur ont enlevé leurs enfans pour les empêcher de les égorger et pour n'être pas obligés eux-mêmes de massacrer les leurs.

Ces voleurs sont les maîtres absolus de toute

cette contrée; ils ne paient ni taille ni tribut au prince; ils sortent de leurs bois toutes les nuits, quelquefois au nombre de cinq à six cents personnes, et vont piller les peuplades de sa dépendance. En vain jusqu'ici a-t-il voulu les réduire. Il y a cinq ou six ans qu'il mena contre eux toutes ses troupes, il pénétra jusque dans leurs bois, et après avoir fait un grand carnage de ces rebelles, il éleva une forteresse où il mit une bonne garnison pour les contenir dans leur devoir, mais ils secouèrent bientôt le joug. S'étant rassemblés environ un an après cette expédition, ils surprirent la forteresse, la rasèrent, ayant passé au fil de l'épée toute la garnison, et demeurèrent les maîtres de tout le pays.

Depuis ce temps-là ils répandent partout l'effroi et la consternation. A ce moment on vient de m'apprendre qu'un de leurs partis pilla, il y a quelques jours, une grande peuplade, et que les habitans s'étant mis en défense, le plus fervent de mes néophytes y fut tué d'une manière cruelle; il n'y a guère qu'un mois qu'un de ses parens, plein de ferveur et de piété, eut le même sort dans une bourgade voisine. On compte plus de cent grandes peuplades que ces brigands ont entièrement ravagées cette année.

Quoiqu'il soit difficile que la foi fasse de grands progrès dans un lieu où règnent des coutumes si détestables, j'y ai cependant un assez grand nombre de néophytes, surtout à Velleour, qui signifie en leur langue peuplade blanche. Ce qui m'a rempli de consolation dans le peu de séjour que j'y ai fait, c'est de voir qu'au centre même du vol et de la rapine, il n'y a aucun de ces nouveaux fidèles qui participe aux brigandages de leurs compatriotes.

J'y ai eu pourtant un vrai sujet de douleur. Un des idolâtres de cette grande peuplade me paroissoit porté à embrasser le christianisme; il n'a aucun des obstacles qui en éloignent tant d'autres de sa caste. Sa femme et ses enfans sont déjà chrétiens, et s'ils manquent de faire chaque jour leurs prières ordinaires, il leur en fait aussitôt une sévère réprimande; à force de les entendre réciter, il les a fort bien apprises; enfin il n'adore point d'idoles ni aucune des fausses divinités qu'on invoque dans le pays. Avec de si belles dispositions, je croyois n'avoir nulle peine à le gagner entièrement à Jésus-Christ. Cependant, quand je lui parlai de la nécessité du baptême et de l'impossibilité où il étoit de faire son salut s'il ne se faisoit chrétien, il me parut incertain et chancelant sur le parti qu'il devoit prendre. Je l'embrassai plusieurs fois, en lui disant tout ce que je croyois pouvoir le toucher davantage; mes paroles arrachèrent quelques larmes de ses yeux, mais elles ne purent arracher l'irrésolution de son cœur.

Voilà, mon révérend père, de ces croix auxquelles un missionnaire est bien plus sensible qu'à celles que le climat ou que la persécution des infidèles fait souffrir. J'en ai eu beaucoup d'autres dont je voudrois vous faire le détail, surtout ces dernières années que la guerre, la famine et les maladies contagieuses ont désolé tout le pays; mais la crainte que ma lettre n'arrive pas à Pondichéry avant le départ des vaisseaux m'oblige à la finir malgré moi.

J'espère tirer de grands secours des catéchistes entretenus par les libéralités des personnes vertueuses qui se sont adressées à vous pour me faire tenir leurs aumônes; elles auront par là devant Dieu le mérite d'avoir contribué à la conversion et au salut de plusieurs infidèles : aidez-moi à leur en témoigner ma reconnoissance.

J'oubliois de répondre à une question que votre révérence me fait, savoir : S'il y a des athées parmi ces peuples. Tout ce que je puis vous dire, c'est qu'à la vérité il y a une secte de gens qui font, ce semble, profession de ne reconnoître aucune divinité, et qu'on appelle Naxtagher, mais cette secte a très-peu de partisans. A parler en général, tous les peuples de l'Inde adorent quelque divinité; mais, hélas! qu'ils sont éloignés de la connoissance du vrai Dieu! Aveuglés par leurs passions encore plus que par le démon, ils se forment des idées monstrueuses de l'Être-Suprême, et vous ne sauriez vous figurer à quelles infâmes créatures ils prodiguent les honneurs divins. Je ne crois pas qu'il y ait jamais eu dans l'antiquité d'idolâtrie plus grossière et plus abominable que l'idolâtrie indienne. Ne me demandez point quelles sont leurs principales erreurs, on ne peut les entendre sans rougir, et certainement vous ne perdez rien en les ignorant. Priez seulement le Seigneur qu'il me donne la vertu, le courage et les autres talens nécessaires au ministère dont il a daigné me charger, et qu'il m'envoie du secours pour m'aider à recueillir une si riche moisson. Je suis avec beaucoup de respect, etc.

LETTRE DU P. PAPIN

AU P. LE GOBIEN.

État des arts. — Adresse des ouvriers.

A Bengale, le 18 décembre 1709.

Mon révérend Père,
P. C.

J'ai compris, par la dernière lettre que j'ai reçue de votre révérence, que je lui ferois plaisir de lui communiquer les remarques que j'ai faites sur les diverses choses qui m'ont frappé dans ce pays; je voudrois que mes occupations m'eussent permis de vous satisfaire au point que vous le désirez. Ce que je vous en écris aujourd'hui n'est qu'un petit essai de ce que je pourrai vous envoyer dans la suite si vous me témoignez que vous en soyez content.

Au reste ce pays-ci est, de tous ceux que je connoisse, celui qui fournit plus de matière à écrire sur les arts mécaniques et sur la médecine. Les ouvriers y ont une adresse et une habileté qui surprend; ils excellent surtout à faire de la toile: elle est d'une si grande finesse que des pièces fort longues et fort larges pourroient passer sans peine au travers d'une bague[1].

Si vous déchiriez en deux une pièce de mousseline et que vous la donnassiez à raccommoder à nos rentrayeurs, il vous seroit impossible de découvrir l'endroit où elle auroit été rejointe quand même vous y auriez fait quelque marque pour le reconnoître; ils rassemblent si adroitement les morceaux d'un vase de verre ou de porcelaine qu'on ne peut s'apercevoir qu'il ait été brisé.

Les orfèvres y travaillent en filigrane avec beaucoup de délicatesse; ils imitent parfaitement les ouvrages d'Europe sans que la forge dont ils se servent ni leurs autres outils leur reviennent à plus d'un écu.

[1] Une pièce de huit aunes, de cette finesse, faisait partie d'une cargaison qui fut vendue à Nantes en 1796, au prix de 500 fr. l'aune. L'Europe, qui ne connaissait encore, il y a trente ans, que la mousseline de l'Inde, n'en fait plus venir une seule pièce aujourd'hui.

Le métier dont se servent les tisserands ne coûte pas davantage, et avec ce métier, on les voit, accroupis au milieu de leur cour ou sur le bord du chemin, travailler à ces belles toiles qui sont recherchées dans tout le monde[1].

On n'a pas besoin ici de vin pour faire de l'eau-de-vie; on en fait avec du sirop, du sucre, quelques écorces et quelques racines, et cette eau-de-vie brûle mieux et est aussi forte que celle d'Europe.

On peint des fleurs et on dore fort bien sur le verre. Je vous avoue que j'ai été surpris en voyant certains vases de leur façon, propres à rafraîchir l'eau, qui n'ont pas plus d'épaisseur que deux feuilles de papier collées ensemble.

Nos bateliers rament d'une manière bien différente des vôtres; c'est avec le pied qu'ils font jouer l'aviron, et leurs mains leur servent d'hymopochlion[2].

La liqueur que les teinturiers emploient ne perd rien de sa couleur à la lessive.

Les laboureurs en Europe piquent leurs bœufs avec un aiguillon pour les faire avancer; les nôtres ne font simplement que leur tordre la queue. Ces animaux sont très-dociles, ils sont instruits à se coucher et à se relever pour prendre et pour déposer leur charge.

On se sert ici d'une espèce de moulin à bras pour rompre les cannes de sucre, qui ne revient pas à dix sols.

Un émouleur fabrique lui-même sa pierre avec de la lacque et de l'émeril.

Un maçon carrèlera la plus grande salle d'une espèce de ciment, qu'il fait avec de la brique pilée et de la chaux, sans qu'il paroisse autre chose qu'une seule pierre, beaucoup plus dure que le tuf[3].

J'ai vu faire une espèce d'auvent, long de quarante pieds, large de huit et épais de quatre à cinq pouces, qu'on éleva en ma présence, et qu'on attacha à la muraille par un seul côté, sans y mettre aucun autre appui.

C'est avec une corde à plusieurs nœuds que les pilotes prennent hauteur; ils en mettent un

[1] Ce détail rappelle les ouvrières en blonde des environs de Caen. Accroupies à leur porte et pour le plus mince salaire, elles font les plus beaux ouvrages du monde.
[2] Ce mot signifie point d'appui, ce qu'on met sous le levier pour le faire jouer.
[3] Cette méthode, imitée d'abord par les Vénitiens, est en usage maintenant dans quelques parties de la France.

bout entre les dents, et par le moyen d'un bois qui est enfilé dans la corde, ils observent facilement la queue de la petite ourse, qui s'appelle communément l'étoile du nord, ou l'étoile polaire.

La chaux se fait d'ordinaire avec des coquillages de mer; celle qui se fait de coquilles de limaçon sert à blanchir les maisons, et celle de pierres, à mâcher avec des feuilles de bétel. On en voit qui en prennent par jour gros comme un œuf.

Le beurre se fait dans le premier pot qui tombe sous la main : on fend un bâton en quatre et on l'étend à proportion du pot où est le lait; ensuite on tourne en divers sens ce bâton par le moyen d'une corde qui y est attachée, et au bout de quelque temps le beurre se trouve fait.

Ceux qui vendent le beurre ont le secret de le faire passer pour frais quand il est vieux et qu'il sent le rance. Pour cela on le fait fondre, on y jette ensuite du lait aigre et caillé, et, huit heures après, on le retire en grumeaux, en le passant par un linge.

Les chimistes emploient le premier pot qu'ils trouvent pour revivifier le cinabre et les autres préparations du mercure, ce qu'ils font d'une manière fort simple. Ils n'ont point de peine à réduire en poudre tous les métaux ; j'en ai été témoin moi-même; ils font grand cas du talc et du cuivre jaune, qui consume, à ce qu'ils disent, les humeurs les plus visqueuses et qui lève les obstructions les plus opiniâtres.

Les médecins sont plus réservés que ceux d'Europe à se servir du soufre ; ils le corrigent avec du beurre ; ils font aussi jeter un bouillon au poivre long et font cuire le pignon d'inde dans le lait. Ils emploient avec succès contre les fièvres l'aconit corrigé dans l'urine de vache, et l'orpiment corrigé dans le suc de limon.

Un médecin n'est point admis à traiter un malade s'il ne devine son mal et quelle est l'humeur qui prédomine en lui ; c'est ce qu'ils connoissent aisément en tâtant le pouls du malade. Et il ne faut pas dire qu'il est facile de s'y tromper, car c'est une science dont j'ai moi-même quelque expérience.

Les maladies principales qui règnent dans ce pays-ci sont 1° le *mordechin*, ou le *choléra-morbus*; le remède qu'on emploie pour guérir ce mal est d'empêcher de boire celui qui en est attaqué et de lui brûler la plante des pieds ; 2° le *sonipat*, ou la léthargie, qui se guérit en mettant dans les yeux du piment broyé avec du vinaigre ; 3° le *pilhaï*, ou l'obstruction de la rate, qui n'a point de remède spécifique, si ce n'est celui des joghis [1]. Ils font une petite incision sur la rate, ensuite ils insèrent une longue aiguille entre la chair et la peau : c'est par cette incision qu'en suçant avec un bout de corne, ils tirent une certaine graisse qui ressemble à du pus.

La plupart des médecins ont coutume de jeter une goutte d'huile dans l'urine du malade : si elle se répand, c'est, disent-ils, une marque qu'il est fort échauffé au-dedans; si au contraire elle demeure en son entier, c'est signe qu'il manque de chaleur.

Le commun du peuple a des remèdes fort simples. Pour la migraine, ils prennent, en forme de tabac, la poudre de l'écorce sèche d'une grenade broyée avec quatre grains de poivre. Pour le mal de tête ordinaire, ils font sentir, dans un nouet [2], un mélange de sel ammoniac, de chaux et d'eau. Les vertiges qui viennent d'un sang froid et grossier se guérissent en buvant du vin, où on a laissé tremper quelques grains d'encens. Pour la surdité qui vient d'une abondance d'humeurs froides, ils font instiller une goutte de jus de limon dans l'oreille. Quand on a le cerveau engagé et chargé de pituite, on sent, dans un nouet, le cumin noir pilé. Pour le mal de dents, une pâte faite avec de la mie de pain et de la graine de stramonia, mise sur la dent malade, en étourdit la douleur. On fait sentir la matricaire, ou l'absinthe broyée, à celui qui a une hémorragie. Pour la chaleur de poitrine et le crachement de sang, ils induisent un giraumont [3] de pâte qu'ils font cuire au four, et boivent l'eau qui en sort. Pour la colique venteuse et pituiteuse, ils donnent à boire quatre cuillerées d'eau, où on a fait bouillir de l'anis et un peu de gingembre, à diminution de moitié. Ils pilent aussi l'oignon cru avec du gingembre, qu'ils prennent en se couchant, et qu'ils gardent dans la bouche pour en sucer le jus. La feuille

---

[1] Pénitens indiens.
[2] On appelle ainsi un paquet de quelque drogue enfermée dans un nœud de linge.
[3] On donne ce nom à une variété de la courge-pepon, qui a la forme d'une calebasse et le goût d'une citrouille.

de comcombre broyée les purge et les fait vomir s'ils en boivent le jus. La difficulté d'uriner se guérit ici en buvant une cuillerée d'huile d'olive bien mêlée avec une pareille quantité d'eau. Pour le cours de ventre, ils font torréfier une cuillerée de cumin blanc et un peu de gingembre concassé, qu'on avale avec du sucre. J'en ai vu guérir les fièvres qui commencent par le frisson, en faisant prendre au malade, avant l'accès, trois bonnes pilules faites de gingembre, de cumin noir et de poivre long. Pour les fièvres tierces, ils font prendre pendant trois jours trois cuillerées de jus de teucrium, ou de grosse germandrée, avec un peu de sel et de gingembre.

Ce n'est là, mon révèrend père, qu'une ébauche des observations que j'ai faites sur les arts et la médecine de ce pays. Si vous en souhaitez de nouvelles ou si vous voulez un plus grand éclaircissement sur celles que je vous envoie, vous n'aurez qu'à me l'écrire ; je me ferai un plaisir de vous satisfaire et de vous témoigner le respect avec lequel je suis dans l'union de vos saints sacrifices, etc.

LETTRE DU P. PAPIN.

Manière d'exercer la médecine dans l'Inde.

A Chandernagor de Bengale, en l'année 1711.

Je continue à vous faire part des remarques que j'ai faites sur la manière dont nos Indiens exercent la médecine. Leurs remèdes sont simples, et j'en ai vu souvent des effets extraordinaires.

Pour soulager ceux qui sentent une grande douleur de tête avec des élancemens, nos médecins de Bengale mêlent une cuillerée d'huile avec deux cuillerées d'eau, et après avoir bien agité ces deux liqueurs, ils en mettent dans le creux de la main et en frottent fortement la fontaine de la tête : ils disent que rien n'est plus propre à rafraîchir le sang. Ils donnent aussi la même dose à boire pour la rétention d'urine.

Ils traitent les érésipèles de la tête en appliquant les sangsues, et pour les faire mordre, ils les irritent en les tirant avec les doigts trempés dans du son mouillé.

La chaux éteinte est ici d'un assez grand usage : ils l'appliquent aux tempes pour le mal de tête qui vient de froideur. Ils l'appliquent pareillement sur les piqûres de scorpions, de frêlons, etc. Mais pour tirer les humeurs froides des genoux enflés, du ventre et les vents, ils la mêlent en petite quantité avec du miel, dont ils font une espèce d'emplâtre, qui tombe de lui-même quand il a fait son opération. Avant que d'appliquer ce liniment, ils oignent l'endroit avec de l'huile.

Ils prétendent que le meilleur remède contre les vers du ventre, c'est un verre d'eau de chaux pris trois matins de suite. Pour les vers qui s'engendrent dans les plaies, ils mêlent un peu de chaux avec le jus de tabac.

Le cucuma, ou terramérita, n'est pas moins en usage que la chaux. Ils s'en frottent le front, le dedans des mains et le dessous des pieds pour en tirer la chaleur.

La feuille de haricots du Bengale broyée, mise dans un nouet et sentie plusieurs fois le jour, guérit, à ce qu'ils prétendent, de la fièvre tierce. J'ai vu depuis un mois un de nos médecins qui donnait dans un nouet la fleur entière et non froissée de leukantemum, ou camomille blanche, à sentir pour le même mal, et deux heures avant l'accès il prenait un nouet où il y avait une herbe froissée avec les doigts, dont il touchoit légèrement le front, les tempes, la fontaine de la tête, l'endroit du bras où l'on a coutume de saigner, les poignets, le dedans et le dehors de la main, l'ombilic, les lombes, les jarrets, le dessus et le dessous des pieds, et la région du cœur. L'accès fut médiocre et la fièvre ne revint plus. Je crois que ce nouet était rempli de feuilles de haricots du pays, car ils n'emploient pas ceux de l'Europe.

Je ne sais pas où un chirurgien allemand, qui étoit sur les vaisseaux hollandois, avoit appris que les haricots sont très-utiles contre le scorbut : il en ordonnoit le bouillon aux plus malades ; il les faisoit manger fricassés avec de l'huile, et il les guérissoit.

Les habiles médecins jugent de la grandeur du mal par le pouls ; le commun en juge par le froid ou par la chaleur extérieure. Ils prétendent que le froid occupe le dedans quand la chaleur domine au dehors. Alors ils sont inexorables pour ne point permettre de boire, de crainte du *sannipat* (c'est une espèce de léthargie qui, sans troubler beaucoup la raison, cause la mort en peu de temps).

De toutes les fièvres, ils ne craignent que la

double tierce : pour celles qui commencent par le frisson et par le tremblement, ils font avaler une espèce de bouillie de riz cuit avec une cuillerée de poivre entier et une tête d'ail concassée. Ce remède fait suer les malades et les délivre de la soif. Quand on a froid au corps et chaud aux mains et aux pieds, ils ordonnent de prendre, trois matins de suite, trois cuillerées du suc d'une petite herbe, que je crois être le chamædris rampant, avec du jus de gingembre vert : peut-être que le gingembre sec avec du sucre aurait le même effet que le vert.

Il y en a qui, pour décharger les poumons d'une pituite crasse et visqueuse, veulent qu'on fume, au lieu de tabac, l'écorce sèche de la racine de verveine ; d'autres, pour inciser cette humeur dans la toux, font torréfier parties égales de clous de canelle, de poivre long, qu'ils mêlent avec du miel corrigé par une tête de clou rougie au feu ; cette composition étant faite, ils en mettent de temps en temps sur la langue.

J'ai vu des Persans qui, pour nettoyer les vaisseaux salivaires et amygdales, d'une humeur épaisse et gluante, se gargarisoient avec une décoction de lentilles, et ils s'en trouvoient bien.

Je connois un Indien qui a au milieu du front la cicatrice d'une profonde brûlure qu'on lui fit à l'âge de douze ans pour le guérir de l'épilepsie. On le brûla jusqu'à l'os, avec un bouton d'or, dans le paroxisme, et il fut parfaitement guéri. Ils ont encore un autre remède plus aisé. Dans le commencement du paroxisme, ils appliquent derrière la tête, dans l'endroit où les deux gros muscles qui la relèvent se séparent, deux ou quatre grosses sangsues, et si elles ne produisent rien, ils en ajoutent d'autres jusqu'à ce que le malade revienne à lui.

Quand on est travaillé d'un cours de ventre avec tranchées et glaires, ils donnent à boire le matin un verre d'eau dans lequel ils ont mis dès la veille au soir une cuillerée de cumin blanc avec deux cuillerées de poivre concassé et grillé comme du café. Si c'est un cours de ventre bilieux, ils mêlent de l'opium avec du miel, dont ils font un emplâtre qu'ils posent sur l'ombilic.

Ils froissent les écailles d'huître sur une pierre avec de l'eau, et ils font un liniment dont ils se servent pour l'enflure du scrotum : ils emploient le même remède pour toutes les fluxions froides.

Quand ils veulent faire suer un malade, ils le font asseoir sur un siége, ils lui couvrent tout le corps, excepté la tête, et dessous ils mettent de l'eau chaude où l'on a fait bouillir la stramonia, la grosse germandrée, l'eryssimum, etc. Je crois qu'ils y mettroient du buis s'ils en avoient, car le buis épineux que nous avons à Bengale n'a pas la même vertu que le buis qui croît en Europe.

Il y a ici une maladie assez commune, accompagnée de sueurs extraordinaires qui causent la mort. Le remède est de donner des cordiaux et de semer dans le lit du malade quantité de semence de lin, laquelle, mêlée avec la sueur, fait un mucilage qui resserre les pores par sa froideur.

Pour guérir les dartres, ils mettent une larme d'encens mâle dans deux ou trois cuillerées de jus de limon et ils en bassinent l'endroit où est la dartre. On en est guéri en trois semaines ; on sent de la fraîcheur en appliquant ce remède.

Ils guérissent le panaris fort aisément. Ils font mortifier sur la braise un morceau de la feuille d'une espèce de lys qui croît à Bengale ; ils le mettent sur le mal deux fois le jour ; au bout de trois jours le pus est formé : ce remède cause beaucoup de douleur. Il emploient le même remède pour résoudre les furoncles et les duretés et pour les faire percer. Je m'en suis servi moi-même pour un abcès caché sous les muscles du bras : je le fis sortir avec un cataplasme d'oignons et de gingembre vert, fricassés dans l'huile de moutarde. Quand l'abcès parut, les feuilles de lys le dissipèrent entièrement. Ce cataplasme se met sur les parties attaquées de la goutte et sur le ventre pour la colique venteuse.

Le scorbut n'est pas inconnu dans ces contrées : on le nomme *jari*. Nos médecins purgent d'abord celui qui en est attaqué, après quoi ils lui font boire une liqueur composée de jus d'oignon, de gingembre vert et de grand basilic, parties égales. Leur gargarisme se fait avec du miel et du jus de limon. Ils prétendent que ce mal vient des ulcères qui sont dans les entrailles.

Il y a ici un autre mal fort commun qu'on appelle *agrom*. La langue se fend et se coupe en plusieurs endroits ; elle est quelquefois rude et semée de taches blanches. Nos Indiens craignent beaucoup ce mal, qui vient, à ce qu'ils disent, d'une grande chaleur d'estomac. Pour remède, ils donnent à mâcher du basilic à graine noire ou bien ils en font avaler le suc ferré avec la tête d'un clou ; quelquefois ils donnent à boire le jus de la grosse menthe.

Il y a encore ici une sorte d'ulcères qu'ils appellent fourmillière de vers, et en effet ce sont plusieurs ulcères qui se communiquent par de petits canaux pleins de vers : l'un se guérit et l'autre s'ouvre. Pour prendre ces vers, il y en a qui appliquent sur la partie malade de petites lames de plomb percées en plusieurs endroits, et sur le plomb ils attachent des figues du pays bien mûres : les vers passent par les trous du plomb et se jettent dans le fruit, qu'on ôte aussitôt, et alors l'ulcère se guérit.

Un chirurgien du pays m'a dit, il y a peu de jours, qu'il venait de guérir un ulcère corrosif et très infect qu'avoit un Indien au-dessus du pied en lui mettant une couche de tabac grossièrement pulvérisé de l'épaisseur d'une pièce de quinze sols et du sel pilé d'une égale épaisseur. On lui appliqua ce remède tous les matins, et il fut guéri en vingt jours.

LETTRE DU P. DE SANT-YAGO

AU RÉVÉREND P. MANUEL SAVAY,

PROVINCIAL A GOA.

Détails sur le royaume de Maissour (Myzore).

A Capinagar, le 8 d'août 1711.

MON RÉVÉREND PÈRE,
La paix de N.-S.

Le père Dacunha est le premier missionnaire que votre révérence ait envoyé dans la mission de Maissour depuis qu'elle gouverne la province ; il a cultivé cette nouvelle vigne pendant trois ans avec un zèle infatigable au milieu de plusieurs persécutions et il vient enfin de mourir des blessures qu'il a reçues pour la défense des vérités de la foi. Je puis mieux que personne vous instruire des circonstances de sa mort, puisque j'ai été témoin oculaire de bien des choses et que d'ailleurs j'en ai entendu beaucoup d'autres de la bouche même d'un missionnaire et de ceux qui ont été les fidèles compagnons de ses travaux et de ses souffrances.

L'ancienne église que le père Dacunha avoit sur les terres du roi de Cagonti ayant été brûlée par les mahométans, il forma le dessein d'en construire une plus vaste et qui pût contenir un plus grand peuple, car le christianisme faisoit chaque jour de nouveaux progrès. Il n'eut pas de peine à en obtenir la permission du chef de la bourgade : ainsi, dès qu'il eut trouvé un lieu et une situation convenable, il commença la construction de l'édifice.

Comme il n'avoit pas encore de maison pour loger, il se retiroit dans un bois sous un arbre, où les chrétiens lui avoient dressé une petite hutte de feuillages pour y être avec plus de décence et moins d'incommodité. Là une foule de Gentils venoient visiter le missionnaire : ils y étoient attirés en partie par le bien qu'ils avoient entendu dire de lui, en partie parce qu'ils étoient charmés de ses discours sur la religion. Plusieurs en furent touchés et promirent d'embrasser le christianisme. Quelques-uns même donnèrent à leurs enfans la permission de recevoir le baptême.

Plusieurs dasseris, disciples du gourou, qui est le chef de la religion auprès du roi de Cagonti, vinrent de sa part trouver le missionnaire pour entrer avec lui en dispute. La dispute roula sur deux articles : ils combattoient l'unité de Dieu, et ils prétendoient qu'il avoit un corps.

Il ne fut pas difficile au missionnaire de les confondre, et leur confusion fut salutaire à plusieurs Gentils des autres sectes qui étoient présens : la plupart en furent touchés et pressèrent le missionnaire de les instruire. Cependant les dasseris, si fiers avant la dispute, se retirèrent tout interdits et menacèrent le père de venger bientôt l'affront qu'eux et leurs divinités venoient de recevoir.

Les chrétiens, attentifs à la conservation de leur pasteur, le conjurèrent d'aller passer les nuits dans son ancienne église, quoiqu'il n'y eût plus que des murailles à demi brûlées : il leur paroissoit que parce qu'elle étoit dans le bourg, il y seroit plus en sûreté ; mais le père ne fut point intimidé par ces menaces. Il se rassuroit principalement sur la réception gracieuse que lui avoit faite le délavay, c'est-à-dire le général des troupes du royaume, et sur les assurances qu'il lui avoit données de sa protection.

Sa nouvelle église étant donc achevée, il songea à y célébrer la fête de l'Ascension et compta pour rien les complots que les dasseris ne cessoient de tramer secrètement. Les chrétiens s'y étant rassemblés, il commença la messe, car ce fut la première et la dernière qu'il dit dans cette église.

Pendant la messe on vit arriver quarante dasseris, portant des bannières et faisant sonner des timbales et des hautbois. Le magistrat du lieu, qui avoit permis l'ouverture de l'église, envoya quérir un des chrétiens qui assistoit à la messe et le fit partir en diligence pour la cour. Il portoit au délavay la nouvelle de ce qui se passoit, et devoit en rapporter des ordres. Le père, de son côté, après sa messe, fit une courte exhortation aux chrétiens, afin de les encourager à tout souffrir pour la cause de Jésus-Christ.

Déjà une partie des dasseris étoit arrivée et s'étoit placée devant la porte de l'église pour observer le missionnaire, de peur qu'il n'échappât. Le père connut qu'il n'y avoit pas moins de péril pour lui à sortir qu'à demeurer : il craignit de plus d'exposer les chrétiens à la merci de leurs ennemis ; ainsi il prit le parti de rester dans l'église et d'y attendre la réponse du délavay.

Avant qu'elle fût venue, plus de soixante dasseris, suivis d'un grand nombre de brames, se présentèrent à la porte de l'église, et ne trouvant point d'obstacle, ils coururent au père. Un brame lui donna un coup de bâton sur les reins : ce premier coup fut suivi de bien d'autres qu'on déchargea sur lui. Les uns le frappèrent à la tête, les autres sur les bras ; ceux-ci avec des bâtons, ceux-là du bout de leurs lances ou avec des épées. Ceux qui n'avoient pas d'armes le maltraitèrent de paroles et le chargèrent d'outrages. Sans un brame qui avoit assisté à la dispute sur l'unité de Dieu, et qui prit le parti du père, on lui auroit arraché la vie au pied de l'autel. Ce brame n'étoit pas de la secte des dasseris, et peut-être avoit-il reconnu la vérité.

Enfin, tout couvert du sang qui couloit des plaies qu'il avoit reçues sur la tête et d'un coup d'épée à la main droite, le père fut traîné devant le gourou. Celui-ci étoit assis sur un tapis et faisoit paroître autant d'orgueil et de colère que le missionnaire montroit de constance et d'humilité. Le gourou parla d'abord au père en des termes de mépris ; puis il lui demanda qui il étoit, d'où il étoit, quelle langue il parloit et dans quelle caste il étoit né. Le père ne lui fit aucune réponse, et le gourou, attribuant ce silence à sa foiblesse, interrogea le catéchiste qui étoit au côté du père. Celui-ci répondit que le père étoit *xchatri*[1]. De là le gourou passa à des questions sur la religion. « Qu'est-ce que Dieu ? demanda-t-il au catéchiste. — C'est un souverain d'une puissance infinie, répondit le catéchiste. — Qu'entendez-vous par ces mots ? » reprit le gourou. Le catéchiste tâcha de le satisfaire. Ils demeurèrent quelque temps dans ces sortes d'interrogations et de réponses mutuelles. Enfin le catéchiste vint à dire que Dieu étoit le Seigneur de toutes choses. « Qu'est-ce, encore une fois, dit le gourou, que ce Seigneur de toutes choses ? « Le père prit alors la parole et dit : « C'est un être par lui-même, indépendant, pur esprit et très-parfait. » A ces mots le gourou fit de grands éclats de rire, puis il ajouta : « Oui, oui, bientôt je t'enverrai savoir si ton Dieu n'est qu'un pur esprit. » Le père répondit que s'il vouloit l'apprendre, il seroit aisé de le lui démontrer. Le gourou n'ignoroit pas le succès des disputes passées et il craignit de s'engager dans une dispute nouvelle qui auroit tourné infailliblement à sa confusion ; ainsi il se contenta de demander si Brama de Tripudi étoit Dieu. C'est une idole fort révérée dans le pays. « Non, » répondit le père. A ces mots, le gourou se livra à toute sa colère, et prit à témoin le magistrat de la bourgade. Il eût sans doute fait mourir le père sur-le-champ sans quelques Gentils qui, touchés de compassion, le conjurèrent avec larmes d'épargner ce reste de vie qu'avoit encore le misssionnaire et de ne pas souiller ses mains du peu de sang qui lui restoit dans les veines.

Le père seul dans l'assemblée paroissoit intrépide. Il se consoloit intérieurement de voir que ses travaux n'étoient pas vains, puisqu'ils aboutissoient à confesser et à glorifier le nom du vrai Dieu. Sa consolation fut encore augmentée par la générosité d'un de ses néophytes. Le gourou lui ayant demandé s'il ne vouloit pas se ranger au nombre de ses disciples : « Non, lui dit-il. — Du moins ne serez-vous pas

---

[1] Les *xchatris* ou *rajas*, c'est la seconde caste des Indiens.

des disciples de votre propre frère? — Non, dit encore le néophyte, ou plutôt je n'en sais rien, car peut-être se fera-t-il chrétien. — Mais pourquoi renoncer à la doctrine de votre père, reprit le gourou, pour en suivre une autre? — C'est que jusqu'ici mon père ne m'a point appris le chemin du salut, qui m'a été enseigné par ce misssionnaire. »

Deux anciens chrétiens firent paroître pour le père un attachement aussi louable. Tandis qu'il étoit en présence du gourou, ils vinrent se jeter au cou de leur pasteur et s'offrirent à défendre les intérêts de la religion. On ne les tira de ces tendres embrassemens qu'avec violence et à grands coups. Le catéchiste, qui ne le quitta point, reçut un coup de sabre sur les côtes. Il avait une ardeur inexprimable de mourir avec son pasteur.

Cependant le chef des dasseris, voyant que le peuple et que ceux des brames qui n'étoient pas de sa secte portoient compassion au missionnaire, lui ordonna tout à coup de sortir du pays. Le catéchiste fit son possible pour obtenir que le père demeurât encore cette nuit-là, afin qu'on pût le panser ; ce fut en vain. Le père, de son côté, fit instance et demanda qu'il lui fût permis de guérir les plaies des chrétiens, dont il étoit plus touché que des siennes. Le gourou rejeta avec fierté sa demande et le fit partir ce soir-là même. Pour s'assurer mieux de sa sortie, il lui donna des gardes, avec ordre de ne le point quitter qu'ils ne l'eussent mis hors du royaume. Le père, voyant qu'il ne pouvoit plus différer et que le néophyte qu'on avoit envoyé à la cour ne revenoit pas, regarda tendrement son église, dit adieu à ses chrétiens, qui fondoient en larmes, et partit à pied.

Il marcha toute la soirée jusqu'à une bourgade où il y avoit des chrétiens et où il passa la nuit. Alors ses douleurs se firent sentir plus vivement ; il en fut si abattu et si accablé qu'il ne pouvoit plus se remuer. Son bras gauche étoit estropié des coups qu'il avoit reçus ; son bras droit étoit encore plus maltraité ; il s'en étoit servi pour parer les coups qu'on lui déchargeoit sur la tête. Enfin il se trouva dans un état où il ne pouvoit plus se soutenir, et ce ne fut qu'avec bien de la peine qu'on le transporta jusqu'à Capinagati, le principal lieu de sa résidence.

Les chrétiens de cet endroit m'envoyèrent un exprès pour m'avertir du danger où étoit leur pasteur : je partis sur-le-champ pour aller le secourir, et je le trouvai bien plus mal que je ne croyois. Je vis ses plaies, dont quelques-unes étoient assez profondes. Les douleurs qu'il ressentoit ne le laissoient reposer ni jour ni nuit : elles lui avoient causé la fièvre, accompagnée de dégoûts et de vomissemens. Au milieu de ces maux, je le trouvai dans une résignation parfaite à la volonté de Dieu, content dans ses peines et les mettant au nombre des bienfaits du ciel.

Quatre jours après mon arrivée, se sentant beaucoup plus mal, il me pria de lui administrer les sacremens. Il se prépara pendant deux heures à sa confession : il me fit lire ensuite un chapitre de *l'Imitation de Jésus-Christ*, tenant à la main un crucifix qu'il baignoit de larmes, puis il me fit une confession générale de toute sa vie, avec tant de douleur qu'après l'avoir entendue je ne pus pas moi-même retenir mes larmes. Alors il tomba dans un délire qui m'ôta toute l'espérance que j'avois de sa guérison : il y demeura jusqu'au jour suivant, qu'il eut encore un intervalle de raison, pendant lequel je lui donnai le saint viatique. Ses actes furent aussi fervens qu'au temps de sa confession générale. Mais, peu de temps après, il retomba dans son premier état : tous ses rêves n'étoient que du martyre ; il ne parloit que de préparer ses habits pour aller se présenter aux juges. Quand je lui disois de prendre un peu de nourriture : « Il n'en est pas besoin, me répondoit-il, vous et moi nous allons au ciel : l'arrêt de notre condamnation est déjà porté. »

Le lendemain son délire cessa, mais il sortit tant de sang de ses blessures que le chirurgien qui le pansoit en fut effrayé et désespéra tout à fait du malade. Je l'avertis que sa mort approchoit : lui, qui avoit mis à profit tous les momens qu'il avoit eus de libres, demanda à renouveler sa confession. Il répéta ses actes de foi, d'espérance et d'amour de Dieu. Ses entretiens avec le Sauveur furent tendres et affectueux. Enfin il connut lui-même l'heure de sa mort, il prononça le saint nom de Jésus, et m'ayant embrassé avec une parfaite connoissance, il s'endormit dans le Seigneur, dix-huit jours après les mauvais traitemens qu'il avoit reçus des brames et des dasseris de Cagonti.

Le père Dacunha n'a pu me dire combien il avoit reçu de coups ; mais j'ai su des Gentils même qu'on l'avoit mis dans un état à ne pouvoir échapper à la mort. Son catéchiste, qui ne l'abandonna point, assure qu'il reçut plus de deux cents coups. Il est étonnant qu'un homme aussi foible que lui, surtout depuis qu'il étoit venu dans cette mission, ait pu survivre tant de jours à ses blessures.

Le délavay a été extrêmement touché de la mort du père Dacunha : il a même fait emprisonner le gourou qui en était l'auteur, avec ordre de ne lui point donner à manger de trois jours. On dit qu'il s'est tiré de la prison par l'intercession de certains brames qui sont en faveur et après avoir payé soixante pagodes. Absous à la justice des hommes, il n'a pu échapper à celle de Dieu : en rentrant dans sa maison, il trouva son fils expirant. Il étoit tombé dans un puits avec d'autres enfans ; les autres furent tirés du péril, le fils seul du gourou y perdit la vie. A l'égard des dasseris complices de l'assassinat du missionnaire, on les condamna à des amendes applicables à la guérison des chrétiens qui avoient été blessés : on ne sait si elles furent levées, mais les chrétiens n'en ont ressenti aucun soulagement.

Le délavay a fait encore annoncer de sa part aux chrétiens qu'un autre frère du défunt viendrait prendre sa place à Cagonti, et que non-seulement il lui en donnoit la permission, mais de plus qu'il prenoit la chose à cœur. Le père supérieur pourra y faire un tour, et je crois qu'il sera bien reçu des seigneurs du pays et d'une grande partie du peuple qui souhaitent ardemment d'y voir un missionnaire. Pour moi, je me sacrifierai volontiers à cette mission quand je serai plus habile dans la langue du pays. Je vous supplie de demander à Dieu qu'il m'accorde les forces nécessaires pour suivre les traces du père Dacunha, jusqu'à répandre mon sang comme lui pour les intérêts de la religion. Je me recommande à vos saints sacrifices et suis avec bien du respect, etc.

LETTRE DU P. BOUCHET

A M. COCHET DE SAINT-VALLIER,

PRÉSIDENT DES REQUÊTES DU PALAIS, A PARIS.

Haine des brames contre les missionnaires.

MONSIEUR,
La paix de N.-S.

Il est bien consolant à un missionnaire qui s'est relégué aux extrémités du monde pour travailler au salut des infideles, d'être dans le souvenir d'un magistrat de votre réputation et de votre mérite, et d'apprendre que non-seulement vous ne le perdez point de vue dans des lieux si éloignés, mais encore que vous vous intéressez à ses travaux et que vous voulez être informé des succès dont Dieu bénit son ministère.

L'avancement de la religion, que vous avez si fort à cœur, est sans doute ce qui a contribué plus que toute autre chose à cette amitié dont vous m'honorez et dont vous m'avez donné tant de preuves. C'est aussi ce qui vous a fait souhaiter d'être instruit plus en détail de la persécution que les chrétiens de Tarcolan ont soufferte presque au moment que la foi leur a été annoncée. Un mot qu'on en dit en passant dans un recueil de nos lettres a piqué votre curiosité, et le journal que je fis alors de tout ce qui nous arriva me met en état de vous satisfaire et de vous donner cette légère marque de mon estime et de ma reconnoissance.

Les Gentils de la ville de Tarcolan, capitale du royaume de Carnate, ne pouvoient souffrir les heureux commencemens de la religion chrétienne, qui faisoit chaque jour de nouveaux progrès dans le pays. Les principaux d'entre eux tinrent de fréquentes assemblées pour concerter notre perte et pour détruire le christianisme dans sa naissance. Le moyen dont ils s'avisèrent fut de me déférer à Sexsaeb, gouverneur de toute la province, et d'exciter son avidité en lui persuadant que je savais faire de l'or, que j'avois des richesses immenses et que s'il s'assuroit de ma personne, en me renfermant dans une étroite prison, il pouvoit s'enrichir en peu de temps, lui et toute sa famille.

Les autres accusations étoient trop foibles ; et, ce qu'on avoit pu dire à ce gouverneur de notre mépris pour les dieux de la nation n'avoit fait jusque-là qu'une légère impression sur son esprit; comme il étoit Maure[1], il se moquoit lui-même des superstitions païennes.

Il arriva en ce temps-là une chose qui détermina les Gentils à presser l'exécution du dessein qu'ils avoient formé de nous perdre. C'est une coutume établie parmi eux de faire au commencement de chaque année un sacrifice solennel au soleil ; ce sacrifice est suivi de festins auxquels ils s'invitent les uns les autres ; leurs proches parens et leurs amis ne manquent jamais de s'y trouver.

Le cramani[2] de Tarcolan, nouvellement chrétien, consulta mes catéchistes sur la conduite qu'il devoit tenir dans cette occasion ; ils lui répondirent, ce qu'il savoit bien, qu'il ne pouvoit pas assister au sacrifice des Gentils, mais qu'il lui étoit permis de donner le festin et d'y inviter ses parens et ses amis ; que les chrétiens de Maduré, afin de n'être pas soupçonnés d'imiter les cérémonies païennes, prévenoient les Gentils de trois ou quatre jours ; qu'avant que de commencer la fête, ils chantoient des cantiques de piété et qu'ensuite ils faisoient une aumône générale à tous les pauvres qui s'y trouvoient.

Le cramani prit le même parti et il voulut que la fête fût magnifique. Il fit faire un grand pandel[3] qu'on tapissa de toiles peintes ; les catéchistes dressèrent au milieu un autel qu'ils ornèrent de fleurs ; ils posèrent sur l'autel une statue de la très-sainte Vierge avec plusieurs cierges allumés et diverses cassolettes remplies de parfums ; on fit venir les tambours et les trompettes de la ville ; on chanta avec beaucoup de piété les litanies de Notre-Dame, après quoi l'on fit une décharge de quelques boîtes.

Une grande partie de la ville se rendit devant la porte du cramani, où tous les chrétiens s'étoient assemblés. Les catéchistes, voyant cette multitude de peuple, profitèrent de cette occasion pour leur annoncer les vérités du christianisme; chacun d'eux fit un discours très-touchant ; ils parlèrent surtout avec beaucoup de force contre le sacrifice du soleil ; ils firent voir que ce n'étoit qu'au créateur du soleil et de tout l'univers qu'on devoit rendre ses adorations ; ils s'étendirent ensuite sur les grandeurs de Dieu et sur la sainteté de la loi qu'il a donnée aux hommes. La plupart des auditeurs parurent émus ; mais quelque Gentils, les plus acharnés contre le christianisme, ne purent retenir leur rage ; ils la déployèrent ouvertement jusqu'à engager dans leur parti les principaux parens du cramani ; et de concert ensemble, ils le privèrent des honneurs qu'on a coutume de lui rendre comme au premier de la ville, et ils le déclarèrent déchu des priviléges de la caste. C'étoit tout ce qu'ils pouvoient faire par eux-mêmes pour témoigner leur ressentiment. Voici maintenant ce qu'ils tramèrent secrètement contre lui et contre les chrétiens par l'entremise des Maures.

C'étoit vers ce temps-là que Sexsaeb se rendit à Tarcolan. Dès le lendemain de son arrivée, on lui fit le portrait le plus odieux des chrétiens, et en même temps on lui insinua qu'il ne devoit pas laisser échapper le moyen infaillible qu'il avoit de s'enrichir en m'arrêtant prisonnier. Ces représentations flattoient trop l'avarice du gouverneur pour qu'il pût s'en défendre. Ce jour-là même il fit venir quelques-uns des gardes de la même ville, et il leur donna ordre d'être attentifs à toutes mes démarches et de se saisir de moi au premier mouvement que je ferois pour sortir de Tarcolan ; il les rendoit responsables de ma fuite, au cas que j'échappasse à leur vigilance.

Le lendemain, les gardes vinrent, sous différens prétextes, dans le Topo (c'est un bois près de Tarcolan, où est mon église) et ils ne me perdirent point de vue jusqu'au jour que je fus pris. Pour avoir quelque raison de me rendre visite et pour ne me laisser pas entrevoir leur mauvais dessein, deux d'entre eux feignirent de vouloir embrasser le christianisme. Ils assistoient régulièrement à mes instructions et ils faisoient paroître beaucoup plus d'ardeur que les autres catéchumènes ; j'étois charmé de leur ferveur, dont il ne m'étoit pas possible de prendre le moindre ombrage, lorsque j'appris que le père de La Breuille et le père Petit étoient sur le point d'arriver à Tarcolan. Je pris la résolution d'aller les recevoir à Carouvapoundi, et j'avertis un de mes catéchistes de se préparer à m'accompagner dans ce petit voyage. Un des gardes, étant venu le soir assez tard, s'aperçut

---

[1] On appelle ainsi les mahométans aux Indes.
[2] Premier juge de la ville.
[3] Espèce de salle couverte de nattes soutenues par des piliers de bois.

de quelque mouvement qui lui donna des soupçons de mon départ; il courut aussitôt en avertir ceux que Sexsaeb avoit laissés pour me garder. Cette nouvelle les déconcerta, parce que le capitaine dont ils devoient recevoir les ordres n'étoit pas alors à Tarcolan : ils lui dépêchèrent un exprès à minuit pour hâter son retour. Le capitaine monta sur-le-champ à cheval avec tous ses soldats, et dès la pointe du jour il se rendit dans le bois de Tarcolan. Il commença par faire investir à petit bruit ma cabane, et il commanda à ceux de ses soldats qui étoient pourvus de mousquets de se tenir prêts à tirer au premier ordre, au cas qu'on voulût faire quelque résistance.

Ayant ainsi disposé son monde, il me fit avertir que, s'en allant à Arcarou, il souhaitoit m'entretenir avant que de continuer son voyage. J'allai le trouver à l'instant même : après quelques paroles assez obligeantes, il me dit qu'il étoit fâché de m'apprendre que Sexsaeb étoit mal content de ma conduite sur quelques rapports qui lui avoient été faits, et en finissant ces paroles, il ordonna aux soldats de dépouiller les chrétiens et les catéchistes.

Comme je vis qu'on se mettoit en devoir d'exécuter ses ordres, je lui représentai qu'il m'étoit facile de nous justifier de ces accusations injustes, par lesquelles on avoit tâché de nous noircir dans l'esprit de Sexsaeb; que je n'ignorois pas quel étoit le motif de ces calomnies; que les Gentils n'avoient que trop fait éclater la haine qu'ils portoient à la loi sainte que j'enseignois à mes disciples; qu'on faisoit bien peu de cas de la permission que le grand pacha[1] nous avait donnée d'en faire une profession ouverte dans ses états; qu'au reste, si l'on usoit de violence, il devoit s'attendre que j'en porterois mes plaintes à Daourkan, son lieutenant-général, et que j'avois lieu d'espérer qu'il nous rendroit justice.

Ensuite, me tournant vers ceux que je savois être les auteurs de cette persécution : « Vous croyez, leur dis-je, qu'en excitant de pareils troubles, vous mettez quelque obstacle au progrès du christianisme : vous vous trompez. Sachez au contraire qu'outre les peines que vous attirera une entreprise de cette nature, loin de réussir dans votre projet, tout ce que vous faites pour étouffer le christianisme dans sa naissance ne servira qu'à lui donner de nouveaux accroissemens. Voyez ces branches de palmier, plus vous les baissez vers la terre, plus elles s'élèvent vers le ciel : il en est de même de la loi sainte que je vous annonce ; elle prendra de nouvelles forces à mesure que vous ferez des efforts pour la détruire. »

Je n'eus point d'autre réponse que celle qui me fut faite par le capitaine, qui est un rajapoutre gentil : « Je suis officier de Sexsaeb, me dit-il assez sèchement, je dois obéir à ses ordres. » Un de mes catéchistes, qui parla alors avec une fermeté vraiment chrétienne, fut rudement maltraité des soldats qui, lui déchargèrent sur le corps de grands coups de chabouc[1]. Il les souffrit avec constance, et loin de se plaindre : « Arrachez-moi la vie, leur disoit-il, je suis prêt à la sacrifier pour la cause de Jésus-Christ. »

Ils prirent aux chrétiens tout ce qu'ils avoient, puis ils les traînèrent avec violence dans l'église, où ils les renfermèrent. Pour moi j'entrai dans ma cabane, et comme je vis qu'ils se disposoient à prendre le peu qu'il y avoit, je me saisis de mon bréviaire et je me retirai à l'écart sous un arbre, où je commençai mon office en leur présence. Dieu permit que tout le mouvement qu'ils se donnoient ne me causât aucun trouble ; ils en étoient étonnés, et je les entendois qui se disoient les uns aux autres : « Voilà un étrange homme, il est aussi peu ému que si nous mettions au pillage la maison d'un de ses ennemis ; il ne nous regarde seulement pas. » On enleva les ornemens qui me servoient à l'autel, quelques bagatelles d'Europe et une petite boîte où était le reste des aumônes que j'avais reçues de France pour mon entretien et celui des catéchistes.

Après avoir achevé tranquillement mon office, je m'approchai du capitaine et je lui demandai deux petites statues, l'une de Notre-Seigneur, l'autre de la sainte Vierge ; elles étoient ornées de quelques pierres colorées, qu'il avoit prises d'abord pour des pierres précieuses d'une valeur inestimable ; mais s'étant détrompé, il n'eut pas de peine à me les rendre, non plus que quelques livres de piété qui m'ont été fort utiles dans ma prison.

Le cramani vint alors me témoigner la part qu'il prenoit à ma disgrâce ; je lui fis un petit

---

[1] Le Grand-Mogol.

[1] Un grand fouet.

discours en présence des idolâtres pour l'animer à souffrir constamment la perte de ses biens et même de sa vie, s'il étoit nécessaire, pour la défense de la foi. Je m'entretenois encore avec lui lorsque le capitaine monta à cheval : c'étoit le signal qu'il avoit donné pour m'arrêter. Les soldats et les gardes m'environnèrent aussitôt et se saisirent de moi pour me conduire en prison.

La trompette n'eut pas plutôt sonné que tous les habitans de Tarcolan sortirent de leurs maisons pour être témoins de ce spectacle. Tout le chemin jusqu'à la ville et toutes les rues de Tarcolan étoient bordées de Gentils. Je n'entendois tout autour de moi que des cris de triomphe, des reproches et des invectives. « Le voilà, s'écriaient-ils, le voilà celui qui parle mal de nos ideux ! oh ! qu'il mérite bien ce qu'on lui fait souffrir ! Si la religion qu'il enseigne étoit véritable, lui feroit-on un si sanglant affront ? A-t-on jamais vu un sanias[1] aller en prison au milieu des acclamations de tout un peuple ? » D'autres au contraire paraissoient touchés et disoient que leur ville étoit menacée de quelque grand malheur, puisqu'on commettoit un crime si énorme.

On me conduisit au milieu de ces clameurs dans un chaveri[2] public. On crut que le capitaine alloit me mettre sur la sellette pour me faire les interrogations accoutumées ; mais on se trompa ; son dessein étoit de me donner plus longtemps en spectacle à tout ce grand peuple. Au sortir du chaveri, on me fit traverser une grande rue au bout de laquelle est la forteresse, où, par la grâce de Dieu, j'entrai avec un visage tranquille et serein. Un grand mandaban[3] de pierre étoit la prison qu'on m'avoit destinée.

Peu de temps après je vis arriver plusieurs chrétiens : je ne savois pas qu'on voulût aussi les faire prisonniers. Touché des misères auxquelles ils alloient être exposés, je dis à l'officier qui les conduisoit qu'il suffisoit de m'arrêter moi seul et que je répondois pour tous les autres : il fut inflexible à mes prières. Nous étions en tout vingt-quatre personnes enfermées dans la forteresse. Je dois rendre ce témoignage à la fermeté de ces fervens chrétiens, que non-seulement ils n'ont point chancelé dans leur foi, mais qu'ils ont fait paroître une force digne des fidèles de la primitive Église.

Agréez, monsieur, que je vous fasse connoître quelques-uns de ces généreux néophytes ; je suis persuadé que vous serez édifié de leur constance et que vous bénirez le Seigneur du courage qu'il leur a inspiré. Il y avoit trois brames et une bramenati. Le plus âgé de ces brames avoit été autrefois un des plus ardens défenseurs de l'idolâtrie. Son zèle l'avoit porté à s'engager par vœu de faire bâtir un temple aux faux dieux qu'il adoroit ; mais comme il n'avoit pas l'argent nécessaire pour accomplir sa promesse, il prit la résolution de parcourir le pays en habit de pandaron[1] et de s'attirer par l'austérité de sa vie des aumônes abondantes. Pour cela il se fit mettre au col deux grandes plaques de fer percées aux deux côtés de l'ouverture et attachées par des clous qu'il avait fait river pour s'ôter à lui-même le pouvoir de les arracher ; ces plaques avoient deux coudées de longueur et une coudée de largeur. Il ne pouvoit reposer la nuit, à moins qu'on ne lui mît un gros coussin pour lui soutenir la tête. Il courut ainsi plusieurs provinces accompagné de trois ou quatre autres brames et de cinq ou six choutres, qui recevoient les aumônes. Il avoit déjà amassé sept cents écus lorsqu'il arriva à Cottati, où il trouva le père Maynard et le père Martin. Cottati est une ville célèbre par le séjour qu'y fit autrefois saint François-Xavier et par les merveilles qu'il y opère encore aujourd'hui. Notre brame eut plusieurs conférences avec les missionnaires et avec les catéchistes, et après diverses disputes, où il fut parfaitement convaincu de la fausseté des divinités païennes, il commença à ouvrir les yeux à la lumière, il reconnut enfin que le Dieu des chrétiens étoit le seul qu'il falloit adorer.

Il n'eut pas de peine à comprendre quelle étoit l'inutilité ou plutôt l'extravagance de la vie qu'il avait menée jusqu'alors ; il se déchargea de ce poids affreux qu'il portoit sur ses épaules en vue d'attendrir les peuples par la rigueur de sa pénitence et d'agrandir l'empire du démon, et après s'être fait suffisamment instruire des vérités du christianisme, il demanda le baptême.

---

[1] Nom qu'on donne aux religieux Indiens.
[2] Espèce de halle quarrée et ouverte d'un seul côté, où il est permis à tout le monde d'entrer.
[3] Maison voûtée, où le jour ne peut entrer que par la porte.

[1] Pénitent des Indes.

Les missionnaires ne jugèrent pas à propos de lui accorder sitôt cette grâce ; ils crurent qu'il falloit l'éprouver pendant quelque temps pour s'assurer davantage de sa persévérance et ils le renvoyèrent dans son propre pays pour voir de quelle manière il s'y comporteroit. Le bruit s'y étoit déjà répandu qu'il songeoit à se faire chrétien. Quand les brames surent son arrivée, ils allèrent au-devant de lui et le comblèrent de caresses, s'imaginant lui faire changer le dessein qu'il avoit de suivre la loi de Jésus-Christ; mais voyant qu'il ne faisait nul état de leurs discours, ils en vinrent aux plus indignes traitemens : ils l'accusèrent auprès du maniagarin[1] de la province d'avoir volé cinq cents écus des aumônes qu'on lui avoit faites pour la construction d'un temple. Sa maison fut aussitôt abandonnée au pillage ; sa femme, qui avoit mis en dépôt chez un ami quelques bijoux d'or et d'argent, fut trahie, et tout fut livré au gouverneur. Le catéchumène fut emprisonné et on lui fit souffrir divers tourmens pour l'obliger à rendre l'argent que les brames l'accusoient faussement d'avoir pris.

Les brames, avant de se porter à ces extrémités, avoient fait venir leur gourou[2] Trichirapali, pour tâcher d'ébranler la constance du catéchumène. La conférence qu'il eut avec le gourou ne servit qu'à aigrir davantage l'esprit des brames ; il révéla publiquement certaines pratiques honteuses qui sont en usage dans quelques-unes de leurs cérémonies, qu'il étoit de l'intérêt des brames de tenir secrètes. C'est aussi ce qui les engagea à le tourmenter d'une manière cruelle et à le chasser enfin de sa peuplade, lui, sa femme et ses enfans.

Ces pauvres gens, dénués de toutes choses, se retirèrent dans une autre peuplade, où on les reçut avec charité. Aussitôt que les brames en furent avertis, ils députèrent un d'eux pour les en faire chasser. Le catéchumène, ne sachant plus où trouver un asile contre la rage de ses persécuteurs, fit réflexion que sa femme avoit des parens à Tirouvelveli, qui est à l'autre extrémité du royaume de Maduré : il s'y retira ; mais les brames le poursuivirent encore jusque-là. L'un d'eux étant venu à mourir sur ces entrefaites, on accusa le catéchumène de lui avoir ôté la vie par sortilèges. Le déchaînement devint plus grand que jamais par cette nouvelle calomnie, et il fut contraint de sortir au plus tôt de la province

Nhanapragajaayen, c'est le nom du catéchumène, prit la fuite vers le Cholomandalam. Il se reposoit sous un grand arbre, au bord d'un ruisseau, lorsqu'il vit arriver son beau-père, qui venoit chercher sa fille et la délivrer des disgrâces continuelles que lui attiroit la compagnie de son mari. Nhanapragajaayen, vivement touché des maux que sa femme souffroit à son occasion, eut moins de peine à se séparer d'elle. Les enfans suivirent la mère, et le catéchumène se vit tout à coup, comme un autre saint Eustache, dépouillé de ses biens, abandonné de sa femme et de ses enfans, et persécuté partout où il portoit ses pas. Il arriva enfin chez le père Simon Carvalho, ancien missionnaire de Maduré, qui le reçut comme un zélé confesseur de Jésus-Christ et qui lui conféra le saint baptême.

Ce fut vers ce temps-là que je m'adressai aux missionnaires de Maduré pour avoir quelques brames qui pussent faire la fonction de catéchistes. On jeta les yeux sur le néophyte dont je parle. A peine eut-il passé quinze jours dans ma mission qu'il fut fait prisonnier et conduit avec moi dans la forteresse. Il ne manquoit plus que cette épreuve pour achever de couronner ce grand serviteur de Dieu, qui marqua en cette occasion, comme dans toutes les autres, beaucoup de fermeté et de courage.

Le second brame étoit un jeune homme de quinze à seize ans, que j'avois élevé à Aour dès son bas âge. Sa mère est une vraie sainte; si elle persévère dans les exercices de piété qu'elle pratique depuis plusieurs années, il y a lieu de croire qu'elle portera au tombeau l'innocence de son baptême. J'avois donné ce jeune brame au père de La Fontaine, qui me l'envoya peu de jours avant ma détention. Il tomba malade à son arrivée, et il avoit actuellement une grosse fièvre lorsqu'on l'arrêta prisonnier. On eut la cruauté de le faire marcher à pied dans des terres brûlantes, sans avoir égard à l'état de langueur où il se trouvoit. Il tomba évanoui à l'entrée de la prison, et peu après il fut à l'extrémité. J'admirai plus d'une fois le mépris qu'il faisoit de la vie et le désir ardent qu'il avoit de s'unir à Jésus-Christ. L'impuissance où j'étois de le soulager fut une des plus grandes croix de ma prison.

[1] Intendant de province.
[2] Prêtre indien.

J'avois baptisé le troisième brame à Tarcolan avec sa mère, qui est un exemple de ferveur et de piété. Elle n'a jamais donné le moindre signe de faiblesse, et elle exhortoit même ses compagnes à souffrir avec constance les rigueurs de la prison et la mort même si Dieu leur accordoit une aussi grande grâce que celle de perdre la vie pour la défense de la foi.

Le plus ancien de mes catéchistes, qui étoit aussi prisonnier, a donné dès sa plus tendre jeunesse des marques d'une foi vive. Il a pareillement une mère dont la patience a été mise aux plus rudes épreuves. Son mari, lui fit pendant plusieurs années, toutes sortes de mauvais traitemens pour l'obliger à quitter sa religion. Il lui fit d'abord couper les cheveux, ce qui est un des plus grands affronts qu'on puisse faire aux femmes indiennes : de temps en temps il lui mettoit une lampe allumée sur la tête, ce qui est encore une autre sorte d'affront propre au pays. Un jour il la fit descendre elle et son fils dans un puits qui étoit à sec, et il les y retint cinq jours entiers. Enfin il n'y eut point d'artifices ni de cruautés qu'il ne mît en usage pour la pervertir. Mais cette bonne chrétienne opposa toujours une patience héroïque à toutes ces indignités.

C'est sans doute à ses prières que Dieu accorda dans la suite la conversion de son mari : une fièvre continue l'avoit tellement abattu, qu'on n'attendoit plus que l'heure de sa mort. Sa femme, le voyant dans cet état se sentit inspirée de lui dire que s'il souhaitoit de vivre, il n'avoit qu'à adorer le véritable Dieu et implorer son secours avec confiance, qu'elle lui promettoit de sa part le recouvrement de sa santé. L'amour de la vie fit impression sur le mari, et il fit appeler un catéchiste. Les deux ou trois premières exhortations lui donnèrent du goût pour la religion chrétienne, et il demanda avec instance le baptême : on le lui accorda sur l'heure, à cause du danger pressant où il étoit. La fièvre le quitta le jour même qu'il fut baptisé ; ses forces se rétablirent insensiblement, et en peu de temps il fut parfaitement guéri. Il a persévéré jusqu'à la mort dans la pratique des vertus chrétiennes, et il n'a pas cessé de pleurer son aveuglement et les inhumanités qu'il avoit exercées sur sa femme et sur son fils. C'est ce fils qui a essuyé plusieurs persécutions de la part des idolâtres, et qui, par son exemple et par ses discours, a rempli dans la prison les fonctions du plus zélé missionnaire. Il faisoit tous les jours des exhortations aux femmes chrétiennes, auxquelles je n'avois pas la liberté de parler.

Le troisième catéchiste, qui étoit fort jeune, a fait paroître dans les tourmens un courage au-dessus de ses forces et de son âge. La plupart des autres prisonniers étoient nouvellement baptisés, quelques-uns même étoient encore catéchumènes : tous ont souffert les rigueurs et les incommodités de la prison avec une fermeté inébranlable.

Une femme, qui étoit au nombre de ces catéchumènes et qui avoit échappé à la vigilance des gardes, a eu le courage de nous visiter deux fois par jour et de nous apporter les aumônes qu'on lui faisoit pour nous. Tous les prisonniers la regardoient comme leur mère, et elle regardoit tous les prisonniers comme ses enfans. La charité qu'elle eut pour nous ne lui coûta pas seulement des peines et des fatigues, elle eut encore à essuyer de fréquens outrages de la part des Gentils, et de sanglans reproches du côté de ses parens. Toutes les fois qu'elle entroit dans la prison, sa présence me rappeloit le souvenir de ces saintes dames romaines, qui, dans les premiers siècles de l'Église, prenoient soin des chrétiens prisonniers pour Jésus-Christ. Elle se servoit de son mari pour porter mes lettres aux missionnaires qui étoient à Carouvapondi, et pour en rapporter les réponses. Les gardes, qui entrèrent en défiance, la menacèrent plusieurs fois de la tuer si elle s'avisoit de porter des lettres ; ces menaces ne l'intimidèrent point, et elle eut l'adresse de tromper leur attention et de nous remettre en main tous les paquets qui lui étoient confiés sans qu'ils s'en aperçussent.

Enfin le cramani dont j'ai parlé au commencement me consola infiniment par la résolution qu'il fit paroître. Loin de se retirer, comme il pouvoit le faire, au moment que je fus arrêté, il fut toujours à mes côtés tandis qu'on me conduisoit dans la ville au milieu des malédictions dont les idolâtres me chargeoient. Aussitôt que je fus en prison, on mit des gardes à sa porte et dans l'intérieur de la maison ; sa femme en fut si effrayée que, passant par dessus la muraille de son jardin pour se sauver, elle se pressa si fort qu'elle tomba et se blessa assez dangereusement. Ses parens renouvelèrent à cette occasion tous leurs efforts pour obliger le cramani à renoncer à sa foi ; ce fut en vain. Il me visitoit souvent dans la prison, ce qu'il ne pouvoit faire sans courir beaucoup de risques ; je lui faisois alors quelque exhortation pour l'affermir de plus en plus dans la foi ; je n'ai encore vu personne qui fût si avide de la sainte parole ; aussi cette divine semence, tombant dans un cœur bien préparé, produisoit chaque jour de nouveaux fruits de bénédiction. Je ne finirois point si j'entrois dans le détail de toutes les actions par lesquelles ces nouveaux fidèles signalèrent leur zèle pour la religion ; ainsi je passe à ce qui arriva durant le temps de ma prison.

C'étoit pour moi une mission presque continuelle. Le matin nous nous assemblions en deux endroits différens ; l'on faisoit d'abord la prière, ensuite on récitoit le rosaire à deux chœurs ; après quoi je faisois une exhortation à ceux qui étoient auprès de moi, et j'envoyois un catéchiste en faire de même dans l'endroit où étoient les femmes. Le reste du temps je me retirois pour vaquer à l'oraison et réciter mon office. Le catéchiste venoit de temps en temps m'informer de ce qui se passoit, ou je faisois venir quelqu'un des prisonniers pour lui donner en particulier les avis que je croyois convenables à la situation où il se trouvoit. Les exercices de piété étant finis, chacun s'occupoit à arracher de petites plantes qui se trouvoient dans la cour de la forteresse ; on les faisoit sécher au soleil, et comme nous n'avions point de bois, on s'en servoit pour faire cuire le riz qu'on donnoit aux prisonniers. L'après-dîner se passoit dans diverses pratiques de piété.

L'abstinence que gardèrent nos néophytes fut des plus rigoureuses ; ils ne faisoient qu'un repas par jour, et le peu qu'ils prenoient n'étoit pas capable de les soutenir ; en peu de jours ils ne furent plus reconnoissables, et lorsqu'on les délivra de prison, ils ressembloient plutôt à des cadavres qu'à des hommes vivans.

Pour moi je crus que je devois m'abstenir même du riz ordinaire, et me contenter seulement d'un peu de lait et de quelques poignées d'avel[1]. C'est ainsi que vivent les grands pénitens aux Indes, quand ils sont prisonniers. Il est certain que je n'aurois jamais pu mener si longtemps ce genre de vie sans une protection toute particulière de Dieu. A la fin pourtant je contractai une toux sèche qui me faisoit beaucoup souffrir, et qui sans doute auroit terminé mes jours si ma prison eût été plus longue.

Les gardes qu'on nous avoit donnés nous incommodèrent fort, dans la crainte où ils étoient que je ne vinsse à m'échapper de leurs mains, s'ils me perdoient de vue. On leur avoit persuadé que j'étois sorcier, et que par la vertu magique je pouvois m'élever en l'air et passer par-dessus les murailles de la forteresse. Ces bonnes gens furent longtemps dans cette erreur, et ils ne se désabusèrent qu'après m'avoir fort importuné nuit et jour par leurs assiduités.

Le second jour de ma prison, le capitaine de la forteresse vint m'avertir qu'il avoit ordre de me mettre les fers aux pieds. Je lui répondis que c'étoit le plus grand honneur qui pût m'arriver pendant ma vie, et que mes fers deviendroient pour moi des ornemens plus précieux que l'or et les diamans. Il fut si étonné de cette réponse, qu'il s'écria tout à coup : « Non, rien ne pourra me porter à commettre un si grand crime, quand même je devrois perdre ma fortune. Hé ! quelles gens sont-ce donc que ces chrétiens, poursuivit-il en se retirant, qui regardent comme un honneur d'être enchaînés ! » Cependant cet ordre me fit juger que ma prison seroit rigoureuse et qu'il falloit me préparer à la mort ; je n'y eus nulle peine par la grâce de Dieu.

Le troisième jour un brame, un raja et un rajapoutre vinrent me trouver dans le dessein de m'effrayer par leurs menaces : ils me parlèrent effectivement en des termes bien capables de m'intimider : « Croyez-vous, leur dis-je, que je n'aie pas prévu tout ce qui m'arrive maintenant ? Quand je suis venu prêcher l'Évangile dans votre pays, ignorois-je les obstacles que j'aurois à surmonter ? Ne savois-je pas l'aversion qu'on y a pour les ministres de Jésus-Christ et pour la religion qu'ils enseignent ? Les outrages, les prisons, la mort même dont vous me menacez, c'est ce que je souhaite avec le plus d'ardeur, c'est la récompense que j'attends de mes travaux. Vous avez coutume de dire que toute l'eau de la mer ne vient qu'aux genoux d'un homme qui ne craint pas la mort : or, sachez que loin d'appréhender

[1] C'est du riz rôti avec l'écorce et pilé.

la mort, le comble du bonheur pour moi seroit de verser jusqu'à la dernière goutte de mon sang pour la cause de Jésus-Christ. Vous me demandez où j'ai caché mes trésors. Hé quoi! ne m'avez vous pas pris le peu que j'avois sur la terre? Je n'ai point d'autres trésors que ceux qui me sont réservés dans le ciel : je les posséderai dès le moment que vous m'aurez arraché la vie. »

Ces paroles, que Dieu me fit la grâce de prononcer avec force, transportèrent le rajapoutre de rage et de colère : « A la bonne heure, me répondit-il, nous vous laisserons la vie, mais ce sera pour vous faire souffrir des tourmens mille fois plus affreux que la mort. » Il me fit ensuite le détail de tous les supplices qu'on me préparoit et il finit ainsi : « Si ce n'est pas assez, nous vous enfoncerons des aiguilles entre la chair et les ongles, nous vous envelopperons les mains de linges, sur lesquels on versera de l'huile bouillante, et nous verrons si votre constance sera à l'épreuve de ces supplices. »

J'avoue que ce raja, qui avoit dans l'air je ne sais quoi de hideux et de féroce, me parla d'un ton si ferme qu'il me persuada en effet qu'on en useroit ainsi avec moi. Je me contentai de lui dire que plus il me feroit souffrir de tourmens ici bas, plus il me procureroit de gloire dans le ciel. Comme ils virent qu'ils ne retiroient rien de moi, ils passèrent à l'endroit où étoient les femmes : « Votre gourou, leur dirent-ils, est résolu d'expirer dans les tourmens, mais pourquoi vos maris et vos enfans mourront-ils ? Si vous savez le lieu où il a mis ses trésors, indiquez-le-nous ; sauvez-lui la vie ; sauvez-la à vos maris, sauvez-la à vos enfans. » La réponse qui leur fut faite ne les satisfaisant point, ils se retirèrent plus résolus que jamais à nous tourmenter.

A peine furent-ils sortis que j'assemblai les chrétiens pour fortifier leur foi et leur courage : « Vous savez, leur dis-je, que les idolâtres ne nous ont livrés entre les mains de Sexsaeb que par la haine qu'ils portent à la loi de Jésus-Christ. Le mépris que nous faisons de leurs dieux n'eût pas été capable d'engager un sectateur de Mahomet à nous persécuter ; il a fallu chercher d'autres motifs plus conformes à ses passions ; l'espérance d'un gain considérable pouvoit seule animer contre nous un homme avide d'argent : c'est pour cela que les Gentils, tout convaincus qu'ils sont de notre indigence, nous ont fait passer dans son esprit pour être fort riches. Vous vivriez tranquilles dans vos maisons, et votre pauvreté ne seroit pas contestée si vous aviez eu le malheur de fermer les yeux à la lumière qui vous a éclairés; mais vous êtes maintenant doublement heureux, et d'avoir suivi Jésus-Christ, et d'être persécutés pour la défense de son nom. » Je leur fis ensuite l'éloge du martyre, et je fus bien consolé de voir qu'à la fin de mon discours ils s'encourageoient les uns les autres à souffrir.

Le même jour, sur les huit heures du soir, trois catéchistes et un nouveau chrétien furent appelés par les soldats qui venoient leur mettre les fers aux pieds. Ces généreux fidèles se prosternèrent aussitôt et me demandèrent ma bénédiction. La joie qui étoit peinte sur leur visage étoit un signe non suspect de la consolation qu'ils goûtoient intérieurement et un présage certain de leur constance future. On les attacha deux à deux à la même chaîne : « C'est maintenant, leur dis-je alors, que je vous regarde comme des confesseurs de Jésus-Christ, » et je me jetai à mon tour à leurs pieds, que je baisai tendrement, aussi bien que leurs fers.

Cependant le rajapoutre porta à Sexsaeb l'argent qu'on nous avoit pris. Un des gardes de la ville qui l'accompagnoit nous rapporta que ce gouverneur, à la vue d'une somme si légère, dit en se mordant le bras de fureur : « Hé quoi ! il n'y a pas là de quoi payer un soldat! Que sont devenues ces grandes richesses dont on m'avoit flatté ? Où sont ces perles, ces pierres hors de prix dont les chrétiens, disoit-on, avoient fait un amas prodigieux ? Faut-il que pour si peu de chose je me sois décrié dans toute la province! Je connois les délateurs et j'en ferai justice. »

Cette réponse, que l'on publia par toute la ville, jeta l'épouvante dans le cœur de nos ennemis et les anima encore davantage contre nous, dans l'espérance qu'à force de tourmens ils découvriroient enfin nos prétendus trésors. Deux jours après un rajapoutre, qui paroissoit être entré plus qu'un autre dans cette affaire, m'envoya un badagas[1] qui a de l'esprit ; celui-ci

---

[1] Nation particulière de Malabar, dont la langue est différente de celle des autres Malabares.

parut d'abord s'intéresser à mon malheur, il s'offrit même à se faire caution pour nous: « Hé quoi! me répétoit-il souvent, n'êtes-vous pas touché des affronts et des supplices qu'on va vous faire souffrir ? » Je lui fis réponse que la loi que j'enseignois nous apprend que lorsqu'on souffre avec patience les injustices qui nous sont faites, nous en sommes éternellement récompensés dans le ciel; que comme il n'étoit point éclairé des lumières de la foi, je ne m'étonnois point qu'il regardât comme une infamie ce qui faisoit la gloire et le bonheur des chrétiens. Le badagas me coupa la parole, et s'adressant aux catéchistes, il leur exposa d'une manière vive à quels supplices ils devoient s'attendre : « Et ce sera dès aujourd'hui, leur ajouta-t-il, qu'on vous arrachera, par la voie des tourmens, ce que nos prières et nos exhortations n'ont pu tirer de vous. »

En effet, il n'étoit encore que deux heures après midi lorsque nous entendîmes le son de la trompette qui avertissoit de l'arrivée du capitaine dans le chaveri public. Il fit asseoir auprès de lui deux brames avec quelques rajapoutres, qui devoient être nos juges. On appela d'abord deux catéchistes : on leur demanda qui j'étois et où étoient mes trésors. Comme ils faisoient les mêmes réponses qu'ils avoient déjà faites à de semblables demandes, on commença à les tourmenter et on leur serra les mains entre deux pièces de bois qu'on pressoit avec violence. La question qu'on leur donna aux pieds fut encore plus cruelle. Le rajapoutre qui m'avoit fait tant de menaces, croyant qu'ils ne souffroient pas encore assez, se mit lui-même à tirer les cordes de toutes ses forces pendant plus d'une demi-heure. Cette torture est très violente, et plusieurs de ceux qu'on y applique expirent de douleur ; c'est pourquoi on desserra un peu les cordes pour leur donner quelque relâche. Deux autres catéchistes furent traités avec la même rigueur et eurent une constance égale. Cependant on fit venir un *kollen* (c'est celui qui fait les ouvrages de fer), et on lui ordonna de mettre au feu de grandes tenailles qu'il avoit apportées pour faire souffrir aux catéchistes un autre genre de tourment encore plus rigoureux.

Nous ne savions rien dans la prison de tout ce qui se passoit au dehors, et nous étions en prières lorsque les gardes vinrent me chercher à mon tour. Les chrétiens ne doutèrent pas que ce ne fût pour me livrer aux tourmens, et ils vouloient absolument me suivre pour participer à mes souffrances. Un jeune homme, nommé Ajarapen et parent du cramani, se distingua parmi les autres : bien qu'il fût malade, il me conjuroit avec larmes de lui permettre de partager avec moi le bonheur que j'allois avoir de souffrir pour Jésus-Christ. Je fus inexorable et je lui défendis, comme au reste des chrétiens, de sortir de la prison ; je les priai seulement de demander au Seigneur les forces dont j'avois besoin dans cette nouvelle épreuve.

Le bruit s'étant répandu dans la ville que j'étois appelé au chaveri, toutes les rues se trouvèrent remplies de monde à mon passage : quelques-uns me portoient compassion ; d'autres, et c'étoit le plus grand nombre, me chargeoient d'injures et disoient que je méritois toute sorte de châtimens pour avoir méprisé leurs dieux. En arrivant au chaveri, je trouvai mes catéchistes étendus par terre ; ils avoient les pieds violemment pressés entre de grosses pièces de bois attachées avec des cordes, et ils ne pouvoient remuer les mains quoiqu'on les eût un peu desserrées. Deux Indiens avoient en main un long chabouc, prêts à les frapper de nouveau au moindre signe ; le kollen faisoit rougir au feu ses tenailles et faisoit grand bruit avec de gros soufflets qu'il agitoit continuellement. Les brames et les rajapoutres étoient assis sur un lieu élevé ; on me fit arrêter debout en leur présence. Le plus ancien des brames prit la parole: « Enfin voilà, me dit-il, où ont abouti toutes tes prédications : tu as cru t'élever au-dessus des brames par ta science et par ta loi, et te voilà maintenant abattu et humilié à leurs pieds; tu as méprisé nos dieux et tu es tombé entre les mains de Sexsacb qui les vengera de tes mépris. Regarde les instrumens de ton supplice. »

Je répondis à ce brame qu'il me faisoit plaisir de me déclarer le motif des mauvais traitemens qu'il me faisoit : que puisqu'il y étoit porté par la haine de la religion que je prêchois, plus il exerceroit sur moi de rigueurs, plus il augmenteroit la récompense que j'attendois dans le ciel : « Hé quoi! me dit sur cela le brame, crois-tu aller toi seul au ciel avec tes disciples ? prétends-tu que tous tant que nous sommes, qui ne suivons pas ta loi, nous devions être damnés ? — Il n'y a de salut, lui répondis-je, que pour ceux qui suivent la loi que je prêche. » Comme je voulois continuer, le capitaine m'imposa silence et dit au brame, en langue maure, de ne plus toucher cette matière.

Aussitôt le brame changea de langage et me répéta ce qu'on m'avoit déjà dit tant de fois, que je ne pouvois me soustraire qu'à force d'argent aux supplices qui m'étoient préparés : « Sur quoi fondé, lui dis-je, me demandez-vous de l'argent ? Si c'est une peine que vous m'imposez, dites-moi quel est mon crime, faites venir mes accusateurs. Quoi ! vous me condamnez à vous donner ce que je n'ai pas ; et si je le refuse, vous me menacez des tourmens les plus cruels ! Où est la justice ? où est la raison ? — Mais, reprit le brame, n'enseignes-tu pas la loi en promettant de l'argent à ceux qui l'écoutent ? —Citez-moi, lui dis-je, un seul homme qui ose soutenir ce que vous avancez ; j'avouerai que j'ai tort. —Mille gens le disent, répondit le brame. —Quoi ! lui répliquai-je, de mille personnes vous n'en sauriez produire une seule ? —C'est de l'argent qu'il nous faut, reprit le brame, autrement tes disciples vont être tourmentés de nouveau en ta présence et ensuite on te tourmentera toi-même. » Comme je ne répondais rien, il fit battre les catéchistes. Les coups redoublés de chabouc faisoient un bruit effroyable, et rien n'égaloit la douleur que je ressentois d'être le témoin de leurs souffrances. Quand on fut las de les frapper, le brame m'adressa encore la parole et m'ordonna de jeter les yeux sur les tenailles toute rouges que le kollen venoit de tirer du feu. Je ne fis ou plutôt je ne parus faire nulle attention à ce qu'il me disoit, sur quoi il me commanda d'avancer. Je crus alors, à n'en pouvoir douter, qu'on m'alloit brûler peu à peu avec ces tenailles ardentes ; grâces au Seigneur, qui me soutenoit, je sentis en moi une force que je n'avois pas encore éprouvée ; mais je fus bien surpris lorsque, m'étant approché du brame, il m'ordonna simplement de le suivre.

Il étoit accompagné de deux brames et d'un rajapoutre ; ils me menèrent dans une maison voisine du chaveri. Après m'avoir fait asseoir au milieu d'eux, le plus ancien me dit d'un air touchant qu'il avoit été obligé, malgré lui, de me maltraiter de paroles en public, dans la crainte qu'on ne l'accusât auprès de Sexsacb de n'avoir pas assez ménagé ses intérêts, mais que dans le fond il étoit affligé de la situation où je me trouvois ; qu'il me conjuroit de donner quelque argent pour me tirer d'un si mauvais pas :

« C'est tout de même, lui dis-je, que si vous m'ordonniez de voler dans les airs, quoique je n'aie point d'ailes. » Cette comparaison le frappa : « Du moins, me dit-il, promettez quelque chose, je me ferai votre caution jusqu'à ce que vous ayez payé. » Je lui fis réponse que je n'avais rien et qu'ainsi je ne pouvois rien promettre : « Mais, reprit un autre brame, ne pouvez-vous pas engager vos disciples à vous assister dans un besoin si pressant ? » Lui ayant répondu que nous nous étions fait une loi de ne rien demander à nos disciples : « Hé bien, continua-t-il, il faut donc vous résoudre à souffrir les tourmens que vous méritez. Y pensez-vous ? Si vous aviez affaire à des badagas, nés dans ces terres, vous auriez quelque espérance de les fléchir ; mais savez-vous que vous avez à traiter avec des barbares, avec des Maures, avec des gens détestables par leur cruauté et par leur avarice ? » Et il ajouta, presque en pleurant : « Quoi ! un étranger en proie aux plus cruelles douleurs ! quoi ! un sanias ! mais que faire ? C'est vous-même qui vous perdez ; levez-vous donc et suivez-nous. » Enfin ces brames me dirent tant de choses touchantes et leurs paroles étoient si bien étudiées que, bien qu'il y ait plusieurs années que je sois accoutumé à leurs artifices, ils me persuadèrent qu'on m'alloit brûler les mains, me tenailler et me livrer aux autres supplices dont ils me menaçoient.

Je les suivis dans cette pensée, me déterminant à tout ce qu'ils ordonneroient de moi ; mais le capitaine, ayant appris que rien ne pouvoit m'ébranler et que je persistois toujours à assurer que je n'avois nulle ressource, ordonna simplement qu'on me conduisît en prison avec mes catéchistes.

Le capitaine de la forteresse vint me voir aussitôt, et, après quelques démonstrations d'amitié, il m'envoya chercher du lait et donna ordre qu'on m'apportât à manger. Je lui répondis que j'acceptois volontiers le lait qu'il me donnoit, mais que je le remerciois du reste, voulant persévérer jusqu'à la fin dans la pénitence que j'avois commencée. Un chrétien vint peu après m'avertir que ce raja craignoit que je ne me tuasse, et que, pour prévenir cet accident, il avoit ordonné qu'on me gardât à vue toute la nuit.

Il est vrai que les Indiens se donnent la mort pour de moindres sujets, et l'on croyoit m'avoir traité d'une manière assez indigne pour avoir lieu de craindre que je n'en vinsse à cette extrémité. Les gardes me veillèrent donc toute la nuit: ils allumèrent une grande lampe auprès de moi, ils firent du feu, ils se mirent à chanter et à battre sans cesse du tambour pour ne pas s'endormir; enfin ils eurent continuellement les yeux attachés sur moi, et je fus obligé de souffrir ce tintamarre, qui ne me permit pas de prendre un moment de repos.

Cependant on rendit compte à Sexsaeb de tout ce qui venoit de se passer. Quelques-uns se déchaînèrent contre les auteurs de la persécution qui nous avoit été suscitée; d'autres au contraire lui écrivirent que si l'on nous délivroit de prison, il falloit absolument nous chasser de Tarcolan. Les menaces recommencèrent comme auparavant de la part de ceux-ci, et ils me disoient sans cesse qu'on n'avoit fait que suspendre pour peu de temps les supplices auxquels j'étois destiné.

Quand il me fut permis de parler à mes catéchistes, je leur demandai s'ils avoient été tourmentés avec ces tenailles ardentes qu'on avoit fait rougir en ma présence. Ils me répondirent que plusieurs fois on les leur avoit portées au visage, mais qu'à chaque fois un raja empêchoit qu'on ne les brûlât. Ils ressentoient de vives douleurs aux pieds et aux mains, qu'ils ne pouvoient remuer, et ils avoient encore les fers aux pieds. Je cherchois l'occasion de leur procurer quelque soulagement, et elle se présenta d'elle-même lorsque je m'y attendois le moins.

J'étois si foible que je ne pouvois presque me soutenir; le capitaine de la forteresse, en étant informé, vint me voir sur-le-champ pour m'exhorter à prendre quelque nourriture solide: il me répéta plusieurs fois que les plus grands pénitens de ces terres, après deux ou trois jours d'abstinence, se faisoient apporter du riz et en mangeoient; que je devois les imiter, et qu'il me fourniroit ce qui m'étoit nécessaire; que je pouvois même passer une partie de la journée dans le jardin qui joignoit la forteresse et qu'il m'en donnoit la permission.

Je lui répondis qu'étant *carana gouroukel*, c'est-à-dire cherchant le véritable profit de mes disciples, je devois les instruire encore plus par mes exemples que par mes discours; qu'après avoir passé le jour agréablement dans un jardin, il me siéroit mal de les exhorter le soir à la patience; qu'il falloit commencer par les délivrer de leurs fers, et qu'ensuite j'accepterois volontiers l'offre qu'il me faisoit.

Il me donna de belles paroles; cependant il ne fit rien ce jour-là. Le lendemain il vint encore me voir; il m'apporta de l'avel, et me pria d'en manger. Je lui fis la même réponse que je lui avois faite le jour de devant, et il me fit les mêmes promesses. J'attendis jusqu'à huit heures du soir pour voir s'il tiendroit sa parole; comme il ne vint personne de sa part, jelui renvoyai son avel. Il en fut si touché qu'il partit sur l'heure avec un kollen, qui ôta les fers à mes catéchistes. J'acceptai aussitôt l'avel qu'il me présentoit; mais j'eus bien de la peine à en faire usage, mon estomac s'étant extrêmement rétréci par la longue abstinence que j'avois faite.

Une abstinence si extraordinaire toucha extrêmement les Gentils: l'un deux, qui s'étoit le plus déclaré contre le christianisme, donna un fanon[1] pour m'acheter du lait afin de participer par cette aumône au mérite de la vie austère que je menois. Il m'a fait dire depuis qu'il pensoit sérieusement à sa conversion: « Si ce sanias étoit Franqui, disoient les autres, auroit-il pu vivre de la sorte seulement pendant quatre jours? Que devons-nous donc penser après un mois entier d'une si rude pénitence? On nous assuroit qu'il faisoit bonne chère; la fausseté de ces bruits qu'on semoit pour le décrier est manifeste, car enfin on ne passe pas ainsi d'une extrémité à l'autre. »

Un des principaux de la ville me rendit de fréquentes visites tant que dura cette persécution. Il ne pouvoit comprendre comment on avoit pu en user ainsi à notre égard: « Hé quoi! me disoit-il, vous n'avez commis aucune faute qui mérite ce châtiment: vous ne vous occupez que de la prière ou des exercices de charité, vos catéchistes vivent d'une manière irrépréhensible; comment donc se peut-il faire que ce malheur vous soit arrivé? Vous avez beau nier la transmigration des âmes, vous ne m'ôterez jamais de l'esprit l'opinion où je suis qu'il y a eu sans doute une autre génération, dans laquelle votre âme et celle de vos disciples se sont attiré les disgrâces présentes. »

Un de mes catéchistes lui répondit que l'homme n'est jamais exempt de fautes, du moins légères, et que le moindre péché, par exemple une distraction volontaire dans la prière ou d'autres fautes de cette nature qui offensent

[1] C'est environ quatre ou cinq sous de notre monnaie.

la majesté divine, mérite des peines encore plus grandes que celles que nous avions souffertes, mais que cette vérité n'entroit pas dans l'esprit des idolâtres, parce qu'ils n'avoient nulle idée des perfections infinies de l'Être-Suprême. Le brame parut embarrassé de cette réponse ; il le fut encore davantage lorsque j'ajoutai qu'il ne falloit pas s'imaginer que les peines passagères de cette vie, que Dieu permet souvent pour notre plus grand bien, fussent toujours jointes avec le péché ; qu'il s'est trouvé des âmes innocentes qui néanmoins ont beaucoup souffert ; que les souffrances sont d'un grand mérite auprès de Dieu et font pratiquer plusieurs vertus qui nous seroient inconnues si nous jouissions de toutes les douceurs de la vie présente : que je n'avois garde de me mettre au rang de ces âmes saintes, moi qui avois tant de raison de m'humilier, mais que je prétendois seulement le désabuser de l'erreur grossière dans laquelle il avoit vécu jusqu'alors.

Au reste, je crois devoir donner ici un conseil à ceux que la Providence destine à ces missions : c'est de ne jamais parler d'eux-mêmes en présence des idolâtres. Un missionnaire ayant dit, par un sentiment d'humilité, qu'il étoit un grand pécheur, un Gentil qui l'écoutoit alla aussitôt le redire à tous ses compatriotes : « Et il faut bien que cela soit vrai, ajoutoit-il, car il l'avoue lui-même. »

Le père Martin, ayant appris la nouvelle de ma détention, partit à l'instant de sa mission de Maduré pour venir à notre secours ; il fit une diligence incroyable et se rendit en peu de jours au palais de Sexsaeb. C'étoit s'exposer lui-même à une rude prison que de se présenter à ce gouverneur dans de pareilles conjonctures : son zèle et son courage lui firent oublier ses propres intérêts et mépriser toutes les raisons de prudence qui sembloient le détourner de la démarche qu'il vouloit faire. Il entre chez le gouverneur et lui dit avec un air modeste, mais d'un ton ferme et assuré, qu'ayant su que son frère aîné avait été emprisonné, il apportoit sa tête pour mourir avec lui s'il étoit coupable ; mais que s'il étoit innocent il demandoit qu'on le mît en liberté. Sexsaeb fut d'abord surpris ; cependant il fit des honnêtetés au missionnaire, et après une demi-heure d'entretien qu'il eut avec lui, il lui accorda sa demande.

Le père Martin se mit en chemin pour Tarcolan avec une lettre qui contenait les ordres de Sexsaeb. Aussitôt qu'il y fut arrivé, il se rendit au chaveri public et présenta la lettre du gouverneur. Le capitaine étoit à une grande lieue de là dans une peuplade où il fait sa demeure. En attendant que la lettre fût portée, le missionnaire demanda la permission de me voir et on la lui accorda. La joie fut grande de part et d'autre, et nous l'exprimâmes réciproquement par les embrassemens les plus tendres. Ce cher père avoit de la peine à me reconnoître tant j'avois le visage hâve et défiguré. Quelques heures que nous passâmes ensemble me dédommagèrent de toutes mes peines passées.

Cependant on n'avoit point de nouvelles du capitaine, ce qui fit soupçonner que la lettre du gouverneur n'étoit pas peut-être aussi favorable que le père Martin se l'étoit imaginé. Nous fûmes rassurés sur le soir : le son de la trompette se fit entendre et peu de temps après le capitaine arriva à la forteresse. Il me dit d'abord qu'il avait ordre de m'élargir et de rendre à mes disciples tout ce qui leur avoit été pris. Cet ordre s'exécuta à l'heure même ; on fit venir les tambours et les trompettes, on me mit dans un palanquin, et le même capitaine qui m'avoit fait prisonnier me conduisit avec honneur jusqu'à mon Église.

Je voulois retenir quelques jours avec moi le père Martin, à qui nous devions notre délivrance : les chrétiens qui avoient été les compagnons de ma prison l'en conjuroient instamment, mais son zèle ne lui permit pas de nous donner cette satisfaction : il étoit dans l'impatience de retourner à sa chère mission, qu'il avoit abandonnée à cause de nous, et après les adieux réciproques il prit le chemin de Maduré.

Voilà, monsieur, comment s'est dissipé ce premier orage que les Gentils avoient élevé contre les nouveaux chrétiens de Tarcolan. Il n'a servi qu'à confondre les ennemis de la religion, qu'à confirmer dans la foi ces premiers fidèles, qu'à faire éclater leur constance et leur zèle pour la défense des vérités chrétiennes et qu'à augmenter de plus en plus le nombre des adorateurs de Jésus-Christ.

J'espère vous donner bientôt des nouvelles de l'Église des Trois-Rois, que vous avez fondée dans le royaume de Carnate.

Je suis, etc.

LETTRE DU P. TACHARD

AU P. DE TREVOU,

CONFESSEUR DU DUC D'ORLÉANS.

Écoles chrétiennes pour les jeunes Indiens. — Saint-Thomé et son église. — Voyage de Madras. — Tempête. — Port de Ganjam. — Pagode de Jagaraud. — Pèlerins. — Entrée dans le Gange.

A Chandernagor[1], ce 18 janvier 1711.

Mon Révérend Père,

La paix de N.-S.

Quoique mes fréquens voyages m'aient empêché de me joindre aux ouvriers évangéliques qui travaillent bien avant dans les terres à la conversion des infidèles, et que maintenant je sois privé de ce bonheur à cause de mon grand âge et de mes continuelles infirmités, je n'ai pas laissé pourtant de participer un peu cette année au zèle et aux souffrances de ces hommes apostoliques, dans le voyage que je viens de faire de Pondichéry à Bengale. Les circonstances m'en ont paru édifiantes, et je me flatte qu'elles attireront votre attention.

Ce fut avec regret que je quittai Pondichéry. Je savois assez la langue malabare pour confesser, pour catéchiser, et même pour lire et entendre les livres du pays. Il falloit à Bengale commencer à apprendre une langue toute nouvelle : ce qui n'est pas aisé à l'âge de soixante ans. Je m'embarquai donc sur un petit vaisseau qui partoit pour Bengale. Le frère Moricet, qui m'accompagnoit, avoit enseigné la géométrie et la navigation au capitaine et aux deux pilotes du vaisseau. Le premier, qui étoit d'Anvers, étoit venu à Pondichéry sur les vaisseaux de la royale compagnie, en qualité de simple soldat. Se dégoûtant d'un métier qui ne conduit à rien dans les Indes, et qui est très-dangereux pour le salut, il lui prit envie d'apprendre le pilotage. Deux ans d'une application constante le mirent en état de commander une petite barque, et cette année il commande une caiche[2] de cent tonneaux.

Les deux pilotes, l'un Portugais et l'autre Indien, avoient appris aussi leur métier parmi nos pensionnaires de Pondichéry ; car nous avons cru, mon révérend père, que rien n'étoit plus important pour le salut de cette nation que de tenir des écoles publiques où l'on pût élever les jeunes Indiens. L'oisiveté et le défaut d'éducation les plongent d'ordinaire dans les plus grands désordres : abandonnés dès l'enfance à des esclaves, ils apprennent presque au sortir du berceau à commettre les actions qui font le plus d'horreur. En les élevant dans nos maisons, nous les occupons utilement ; nous tâchons de les former aux bonnes mœurs et de leur inspirer de bonne heure la crainte de Dieu. On leur apprend à lire, à écrire, à dessiner ; on leur enseigne l'arithmétique, le pilotage et la géométrie[1] ; ceux qui sont de naissance y étudient la langue latine, la philosophie et la théologie. Tandis que j'ai demeuré à Pondichéry, j'y ai vu plus de trente pensionnaires rassemblés de toutes les parties du monde : nous avions deux Européens, l'un qui étoit de Paris et l'autre de Londres, c'est le fils du gouverneur anglois de Godelour ; l'Afrique nous avoit envoyé cinq jeunes enfans nés à l'île de Mascarin[2] ; nous avions de l'Amérique un jeune Espagnol né aux Philippines, dont le père étoit général des galions d'Espagne ; tous les autres étoient du Pérou, de Bengale, de Madras, de Saint-Thomé, de Pondichéry, de Portonovo, de Surate, et d'Ispahan, capitale de la Perse. Dieu a béni nos soins : plusieurs de ces jeunes gens se sont avancés sur mer ou dans les comptoirs de la royale compagnie ; d'autres sont dans les ordres sacrés ou ont embrassé la vie religieuse.

Ce fut le neuvième de septembre que nous nous embarquâmes à Pondichéry, et le 11 au matin nous mouillâmes à Madras, où M. du Laurens devoit remettre quelques caisses d'argent à un riche marchand anglois. Quoique en Europe il y ait guerre entre les François et les Anglois, et qu'on se la fasse aux Indes sur mer, lorsque les vaisseaux se rencontrent, cependant ces deux nations vivent sur terre dans une parfaite intelligence, ce qui leur est très-utile pour l'exercice de leur commerce. Je fus reçu fort civilement de M. le gouverneur anglois ; il me pressa de dîner avec lui, et j'eus bien de la peine à lui faire goûter les raisons qui m'o-

---

[1] L'une des villes restées à la France dans l'Inde.
[2] Petit bâtiment indien.

[1] Dès ce temps-là donc les missionnaires donnaient au peuple de l'Inde l'éducation qu'on n'a donnée au peuple en France que depuis vingt-cinq ans.
[2] Bourbon.

bligeoient de ne pas répondre à son honnêteté.

Après avoir pris congé de M. le gouverneur, je partis pour Saint-Thomé, qui n'est éloigné que de deux lieues de Madras. J'étois dans l'impatience de voir M. Laynés, évêque de cette ville et ancien missionnaire de Maduré. La bonté et la tendresse avec laquelle ce saint prélat me reçut surpasse tout ce que je vous en pourrois dire : son élévation n'a rien changé dans son ancienne façon de vivre : à l'habit près, on le prendroit encore pour un missionnaire de notre compagnie. Je mangeai le lendemain à sa table, où l'on ne sert jamais que des légumes et du lait.

Le même jour j'eus le bonheur de célébrer le saint sacrifice de la messe dans une chapelle attenante à la cathédrale, où l'on dit que saint Thomas demeura quelque temps. On y garde encore diverses reliques de ce grand apôtre, entre autres le fer de la lance dont il fut percé, une partie de ses ossemens et des morceaux de ses habits. Quelques mois auparavant, j'avois eu la consolation de considérer à loisir les autres monumens de piété qui attirent en foule les anciens et les nouveaux fidèles de toute l'Inde. Les principaux se voient au grand Mont et au petit Mont. On appelle ainsi deux montagnes éloignées de deux grandes lieues de saint Thomé.

Le petit Mont est un rocher fort escarpé de trois côtés ; ce n'est que vers le sud-ouest qu'il a une pente aisée. On y voit deux églises, l'une qui regarde le nord vers Madras, et qui est située au milieu de la montagne ; on y monte par un degré de pierre fort spacieux, où se trouvent deux ou trois détours qui aboutissent à une esplanade de terre qu'on a faite sur le rocher. De cette esplanade, on entre dans l'église de Notre-Dame. Sous l'autel, qui est élevé de sept à huit marches, est une caverne d'environ quatorze pieds de largeur et de quinze à seize pieds de profondeur ; ainsi il n'y a que l'extrémité occidentale de la caverne qui soit sous l'autel. Cette grotte, ou naturelle, ou taillée dans le roc, n'a pas plus de sept pieds dans sa plus grande hauteur : on s'y glisse avec assez de peine par une crevasse du rocher, haute de cinq pieds et large d'un peu plus d'un pied et demi. On n'a pas jugé à propos d'embellir cette entrée, ni même de rien changer à toute la grotte, parce qu'on est persuadé que saint Thomas se retirait souvent dans ce lieu solitaire pour y faire oraison. Nos missionnaires ont dressé un autel vers l'extrémité orientale de la grotte. C'est une tradition parmi le peuple, qu'une espèce de fenêtre d'environ deux pieds et demi, qui est au sud, et qui donne un jour fort obscur à toute la grotte, a été faite par miracle, et que ce fut par cette ouverture que le saint apôtre se sauva des mains du brame qui le perça de sa lance, et qu'il alla mourir au grand Mont qui n'est qu'à une demi-lieue de là vers le sud-ouest. Cependant tout le monde ne convient pas de ce fait ; quelques-uns disent, au contraire, qu'il fut blessé au grand Mont, tandis qu'il étoit en prières devant la croix qu'il avoit lui-même taillée dans le roc, et qu'on y voit encore.

De l'église de Notre-Dame on monte sur le haut de la montagne, où nos pères ont élevé un petit bâtiment. Il est fondé sur le rocher, qu'on a eu bien de la peine à aplanir pour rendre ce petit ermitage tant soit peu commode. Vers le sud du logis, qui est bâti en équerre, est l'église de la Résurrection. On y trouve une croix d'un pied de hauteur, dans un petit enfoncement pratiqué dans le roc sur lequel est posé l'autel de l'église. Cette petite croix, qui est en relief et gravée dans le trou du rocher, à la grandeur près, ressemble tout à fait à la croix du grand Mont. On y remarque les mêmes prodiges ; et, si j'ose m'exprimer ainsi, les mêmes symptômes miraculeux. Je veux dire que quand la croix du grand Mont change de couleur, qu'elle se couvre de nuages et qu'elle sue, on voit sur la croix du petit Mont de pareils changemens, des nuages et une sueur semblable, mais non pas si abondante. Le père Sylvestre de Sousa, missionnaire de notre compagnie dans la province Malabare, qui demeure depuis long-temps au petit Mont, m'a assuré qu'il a été témoin oculaire de ce prodige. J'en parlerai plus bas.

On monte à l'église de la Résurrection par un grand escalier de pierre, d'une pente fort raide, qui prend depuis le pied occidental de la montagne jusqu'à une esplanade carrée, qu'on a pratiquée devant la porte de l'église. A côté de l'autel, vers le sud, on trouve une ouverture de rocher qui a quatre ou cinq pieds de longueur, un pied et demi de largeur, et cinq à six pieds de profondeur ; on l'appelle la Fontaine de saint Thomas. C'est une tradition assez commune dans le pays, que le saint apôtre qui demeuroit au petit Mont, vivement touché de ce que les peuples qui venoient en foule entendre ses prédications souffroient extrêmement de la soif, parce qu'on ne trouvoit de l'eau que fort loin dans la plaine, se mit à genoux dans le lieu le plus élevé de la montagne, qu'il frappa de son bâton le roc où il était en prière, et qu'à l'instant il en jaillit une source d'eau claire, qui guérissoit les malades quand ils en buvoient avec confiance à l'intercession du saint. Le ruisseau qui passe maintenant au pied du petit Mont ne parut qu'au commencement du siècle passé : il se forma par le débordement des eaux d'un étang éloigné dans les terres, qu'une forte pluie fit crever, ce qui produisit ce petit canal, qui, dans des temps de sécheresse, n'est rempli que d'une eau saumâtre, parce qu'à deux lieues du petit Mont il communique avec la mer.

Il y a encore des personnes vivantes, qui assurent avoir vu, il y a plus de cinquante ans, ce trou de rocher tel que je viens de le décrire ; et ils ajoutent que des femmes hérétiques y ayant jeté des immondices pour s'opposer, disoient-elles, à la superstition des peuples, l'eau se retira aussitôt, et les femmes, en punition de leur témérité, moururent le même jour d'une colique extraordinaire. On ne laisse pas de venir prendre de cette eau et d'en boire : les missionnaires, aussi bien que les chrétiens, assurent qu'elle produit encore des guérisons subites et surprenantes.

Ce fut vers l'an 1551 que le petit Mont, qui n'étoit auparavant qu'une éminence escarpée de rocher, commença à être défriché et aplani pour la commodité des pèlerins, ainsi qu'il est marqué sur une grosse pierre qu'on a ménagée dans le roc, au haut de l'escalier vers le nord de la montagne. L'église de Notre-Dame y fut bâtie, et on la donna aux jésuites portugais. Ceux-ci bâtirent ensuite le petit ermitage qui est au haut du rocher, et l'église de la Résurrection, où est la croix de pierre en relief dont je viens de parler.

Il faut l'avouer, mon révérend père, ce petit Mont est un véritable sanctuaire de dévotion; tout y inspire le recueillement et la piété ; et l'on ne sauroit parcourir les saints monuments qu'on y trouve, que le cœur ne soit attendri et touché de désirs vifs et pressans de se donner à Dieu.

Le grand Mont n'est éloigné du petit que d'une demi-lieue ; je n'en ai pas mesuré la hauteur, mais il me parut à l'œil trois ou quatre fois plus élevé et plus étendu que l'autre. Il n'y a pas plus de cinquante ans qu'il étoit aussi désert que le petit Mont, où il n'y a que deux maisons au bas de la montagne, encore n'ont-elles été bâties que depuis trois ou quatre ans. Mais à présent les avenues du grand Mont sont toutes pleines de maisons fort agréables, qui appartiennent aux Malabares, aux Portugais, aux Arméniens et surtout aux Anglois. Pendant les deux mois que je demeurai l'année dernière au petit Mont, il ne se passa guère de jours que je ne visse des cavaliers, des calèches et des palanquins aller au grand Mont et en revenir ; et l'on m'a assuré que, quand les vaisseaux d'Europe sont partis de Madras, presque la moitié du beau monde de cette grande ville va passer les mois entiers dans ce lieu champêtre.

L'église de Notre-Dame est bâtie au sommet de la montagne ; c'est sans contredit le monument le plus célèbre, le plus autorisé et le plus fréquenté par les chrétiens des Indes, et surtout par les chrétiens qu'on nomme de Saint-Thomé. Ceux-ci, qui habitent les montagnes de Malabar, y viennent de plus de deux cents lieues. Ils ont un archevêque nommé par le roi de Portugal ; c'est maintenant M. don Jean Ribeiro, ancien missionnaire de notre compagnie dans le Malabar. Ce prélat est fort habile dans les langues du pays, surtout dans le syriaque, qui est la langue savante. La liturgie des prêtres malabres, appelés caçanares, est écrite en cette langue. Ces caçanares sont les curés des différentes paroisses établies dans ces montagnes, où il y a plus de cent mille chrétiens dont quelques-uns sont encore schismatiques ; les autres furent réunis à l'église romaine au commencement du siècle passé par M. Don Alexis de Menezes, alors évêque de Goa et visiteur apostolique. Ce fut lui qui tint le fameux concile de Diamper[1], dont les actes furent imprimés depuis à Lisbonne.

La croix taillée dans le roc par saint Thomas est au-dessus du grand autel de l'ancienne église, qui a été depuis fort embellie par les Arméniens orthodoxes et schismatiques, et qu'on appelle maintenant Notre-Dame du Mont. Aussitôt que les vaisseaux portugais ou arméniens l'aperçoivent en mer et qu'ils la voient par son travers, ils ne manquent pas de faire une salve de leur artillerie. Cette croix a environ deux pieds en carré ; les quatre branches en sont égales ; elle peut avoir un pouce de relief, et la figure n'a pas plus de quatre pouces d'é-

---

[1] Diamper est un bourg considérable dans le Malabar.

tendue. J'avois cru, sur le témoignage du père Kirker, qu'elle avoit des paons aux quatre extrémités ; mais ayant su le contraire par des personnes qui l'avoient examinée attentivement, je voulus l'examiner de près moi-même, et je fus convaincu par mes yeux que le père Kirker avoit écrit sur de faux mémoires, et que c'étoient effectivement des pigeons et non des paons qui se voyoient aux extrémités.

C'est une persuasion générale parmi les Indiens, soit chrétiens, soit idolâtres, que cette croix est l'ouvrage de saint Thomas, l'un des douze apôtres de Jésus-Christ, et que c'est au pied de la même croix qu'il expira d'un coup de lance dont il fut percé par un brame gentil. Paroître avoir d'autres sentimens sur la mission et la mort de ce grand apôtre, ce seroit s'exposer à l'indignation et au ressentiment des chrétiens de toute l'Inde : c'est une tradition contre laquelle il seroit dangereux de s'élever.

On ne peut nier qu'il ne se fasse de continuels miracles à Notre-Dame du Mont ; on y voit, comme dans les églises d'Europe où il y a des images miraculeuses, diverses marques de la piété des fidèles, qui ont été guéris de différentes maladies. Huit jours avant Noël, les Portugais célèbrent avec beaucoup de solennité une fête qu'ils appellent de l'Expectation de la sainte Vierge. Il arrive quelquefois en ce temps-là un prodige qui contribue beaucoup à la vénération que les peuples ont pour ce saint lieu. Ce prodige est si avéré, si public, et examiné de si près par les chrétiens et les protestans qui viennent en foule ce jour-là à l'église, que les plus incrédules d'entre eux ne peuvent le révoquer en doute. On en conviendra aisément par les circonstances suivantes, que j'ai apprises d'un de nos missionnaires qui en a été deux fois témoin avec plus de quatre cents personnes de tout âge, de tout sexe et de toute nation, parmi lesquelles il y avoit plusieurs Anglois qu'on ne soupçonnera pas de trop de crédulité sur cet article.

Il y a environ sept à huit ans que pendant le sermon qu'on faisoit à la fête de l'Expectation, où l'église étoit pleine de monde, il s'éleva tout à coup un bruit confus de gens qui crioient de tous côtés : « Miracle ! » Le missionnaire qui étoit proche de l'autel ne put s'empêcher de publier le miracle comme les autres : en effet, il m'assura que cette sainte croix, qui étoit d'un roc grossier et mal poli, dont la couleur est d'un gris tirant sur le noir, parut d'abord rougeâtre, puis devint brune et ensuite d'un blanc éclatant ; enfin, qu'elle se couvrit de nuages sombres qui la déroboient aux yeux et qui se dissipoient par intervalle ; et qu'aussitôt après elle devint toute moite et répandit une sueur si abondante que l'eau en distilloit jusque sur l'autel. La dévotion des chrétiens est de conserver des linges mouillés de cette eau miraculeuse ; c'est pourquoi, à la prière de plusieurs personnes considérables, et pour mieux s'assurer de la vérité, le missionnaire monta sur l'autel, et ayant pris sept ou huit mouchoirs, il les rendit tout trempés, après en avoir essuyé la croix. Il est à remarquer que cette croix est d'un roc très-dur et semblable au rocher auquel elle tient de tous côtés ; que l'eau en couloit en abondance, tandis que le reste du rocher étoit entièrement sec, et que le jour étoit fort échauffé par les ardeurs du soleil.

Plusieurs Anglois protestans, ne pouvant nier ce qu'ils voyoient de leurs yeux, visitèrent l'autel et les environs en dedans et en dehors ; ils montèrent même sur l'église de ce côté-là et examinèrent avec attention s'il n'y avoit point quelque prestige dont on voulût surprendre la crédulité des peuples ; mais après bien des perquisitions inutiles, ils furent contraints d'avouer qu'il n'y avoit rien de naturel dans cet événement, et qu'il y avoit au contraire quelque chose d'extraordinaire et de divin. Ils furent persuadés, mais ils ne furent pas convertis. Lorsque la sueur commença à cesser, le père recteur de Saint-Thomé envoya un missionnaire au petit Mont pour examiner ce qui s'y passoit, et celui-ci m'a protesté qu'il trouva la croix, laquelle est pareillement taillée dans le roc, toute moite comme si elle venoit de suer, et le bas de l'enfoncement où elle est placée tout mouillé.

Il y avoit plusieurs années que cette merveille n'avoit paru au grand Mont, et depuis ce temps-là on n'a rien vu de semblable. Les Portugais, accoutumés à rapporter tout à leur pays, m'ont souvent assuré que ce phénomène, quand il arrive, est le présage de quelque malheur dont la nation est menacée ; ils m'en rapportèrent divers exemples arrivés dans le siècle passé, et annoncés par cette croix miraculeuse.

C'est là, mon révérend père, tout ce qu'on

peut dire de certain sur les merveilles de ces deux sanctuaires si célèbres dans l'Inde ; car on ne trouve plus personne qui parle de l'apparition de saint Thomas le jour de sa fête.

Je me rendis à Madras le 13 septembre, et la nuit suivante nous mîmes à la voile ; la saison étoit avancée et dangereuse à cause des vents qui règnent sur ces mers. Nous eûmes d'abord des vents variables, avec lesquels nous nous élevâmes allant au nord-est quart-d'est un peu plus de six degrés en latitude, car la rade de Madras est par 13 degrés 13 minutes de latitude nord [1].

Le 21 septembre, vers la pointe du jour, nous nous trouvâmes à la vue des montagnes de Ganjam, qui sont situées par 19 degrés 30 minutes ; ce fut alors que les vents nous devinrent contraires, et que l'orage commença à se faire sentir. Nous résistâmes quelque temps à la violence des ondes en revirant de bord de temps en temps, pour perdre moins de notre route ; mais nos précautions furent inutiles, le vent augmenta et se jeta au nord-est quart-d'est. Nous reculions à vue d'œil, parce que les courans forts nous étaient aussi contraires que le vent. On jugea à propos d'aller mouiller un peu près de la terre dans un fond vaseux et de tenue qui se trouve sur cette côte, jusqu'à ce que le vent redevînt calme. Tout ce que nous pûmes faire fut d'aller jeter la maîtresse ancre dans un bon fond, à 25 brasses vis-à-vis la montagne de Barba que les Anglois appellent Barua.

La nuit du 23 au 24, les vents forcèrent et la mer devint si enflée que le vaisseau, qui étoit peu chargé, fut agité de roulis et de tangage affreux. J'avertis le maître du vaisseau, nommé Étienne, qu'il ne suffisoit pas d'amener les vergues, comme il avoit fait, qu'il falloit encore mettre les mâts de hune bas. Il me répondit qu'il y avoit pensé, mais que la foiblesse et l'ignorance de l'équipage le mettoient hors d'état de prendre cette précaution. En effet, vingt matelots au moins nous eussent été nécessaires pour bien manœuvrer dans la situation où nous étions, et nous n'en avions que dix ; encore dans ce petit nombre il ne s'en trouvoit que deux qui eussent été sur mer : on avoit pris les autres à Pondichéry parmi les parias chrétiens, qui ignoroient jusqu'aux noms des manœuvres et qui n'entendoient rien au commandement. On ne s'aperçut de leur ignorance que quand il n'étoit plus temps d'y remédier.

Il fallut donc avec nos mâts de hune hauts soutenir toute la furie des vagues et des vents ; notre inquiétude devint encore plus grande lorsque nous reconnûmes que la mâture de notre vaisseau étoit trop haute. Autre malheur : le grand mât, bien qu'il fût tout neuf, se trouva pourri en dedans parce qu'on l'avoit coupé dans une mauvaise saison. L'horreur de la nuit, la violence des ondes et le bruit affreux de l'orage augmentèrent notre juste frayeur ; cependant vers les dix heures du soir chacun alla se reposer, à la réserve du premier pilote et du maître du navire. Un peu après minuit, celui-ci vint nous avertir de ne point sortir de la chambre, parce que le grand estay venoit de se rompre : c'est une manœuvre qui va saisir la tête du grand mât pour l'empêcher de tomber sur la poupe quand on revire de bord. Il ajouta que le grand mât balançoit fort et étoit près de tomber. Son avis étoit assez inutile, car nous étions tous écrasés si le grand mât fût tombé sur la chambre où nous nous trouvions. M. du Laurens, le frère Moricet et moi nous sentîmes en ce moment toutes les agitations qui sont ordinaires en de semblables conjonctures et nous nous adressâmes à Dieu avec toute la ferveur dont nous étions capables ; peu après le courant ayant pris le navire par le travers le fit rouler avec violence vers le côté du bas bord. Nous présentions le cap au vent, et une seconde houle le faisant relever avec un nouvel effort, le mât se rompit et tomba sur le côté gauche du navire.

Cet accident, auquel nous venions d'échapper, fut suivi d'un autre qui n'étoit guère moins à craindre : quand le mât fut dans l'eau, il se trouva retenu par les haubans, et les vagues le rejetoient avec violence contre le corps du vaisseau. On demandoit de tous côtés des haches pour couper les haubans, et il n'y en avoit point dans le navire tant il étoit bien pourvu ; on eut recours à des sabres, mais ils se trouvèrent si émoussés qu'ils ne firent nul effet. Enfin le pilote, voyant que le danger étoit pressant, se saisit du couteau de la cuisine, et à force de coups le mât se détacha enfin des haubans et fut porté sur le rivage.

Au même temps le maître du vaisseau parut couvert de sang. Deux poulies qui étoient tom-

---

[1] 13° 4′, 8″ de latitude.

bées avec le mât l'avoient blessé à la tête. Comme nous n'avions point de chirurgien, le frère Moricet lava ses plaies avec de l'eau-de-vie et lui enveloppa la tête de linge. Le crâne n'étant point entamé, il fut aussitôt en état d'agir. Il nous rassura un peu en nous disant que le danger étoit moins grand depuis que le vaisseau se trouvoit sans mâts, parce que le vent avoit moins de prise et que la maîtresse ancre étoit jetée sur un bon fond de grosse vase.

Cependant, comme l'orage ne s'apaisoit point, nous résolûmes d'implorer par un vœu l'assistance du ciel. Tout l'équipage se mit à genoux, nous prononçâmes ensemble à haute voix un acte de contrition, après quoi nous promîmes à Dieu de faire chanter une messe solennelle de Notre-Dame, que nous prenions pour notre protectrice, de communier à cette même messe et de faire une aumône aux pauvres pour le soulagement des âmes du purgatoire. On songea ensuite à se délasser de ses fatigues et à prendre un peu de repos. Il fut bientôt troublé par une nouvelle alarme. Le maître du vaisseau, qui veilloit pour tout l'équipage, vint sur les quatre heures du matin nous dire, la larme à l'œil, que tout étoit perdu, que le câble attaché à l'ancre venoit de se rompre, que le vaisseau alloit infailliblement échouer à la côte où la mer brisoit avec furie, qu'il n'y avoit plus que des ancres médiocres, mais qu'elles n'étoient point parées et que le câble étoit trop foible pour résister à la tempête. Comme nous n'avions point d'autre ressource, on se mit incessamment à travailler; on attacha le câble à l'une des ancres, et, après avoir invoqué le saint nom du Seigneur, on le jeta à la mer. Le vaisseau parut s'arrêter tout à coup, au grand étonnement de tout l'équipage, car le vent de l'est, qui nous portoit à la côte, souffloit avec fureur.

Nous demeurâmes ainsi à l'ancre le 24, et le lendemain le vent se calma. Nous songeâmes d'abord à nous tirer d'un voisinage aussi fâcheux que celui de la montagne de Barba. Les ondes étoient si hautes et le tangage si violent qu'il fut impossible de lever l'ancre. Il fallut donc couper le câble, afin de profiter d'un vent de sud sud-est assez fort pour nous faire refouler les courans qui nous étoient contraires. Ce parti, quoique nécessaire, nous jetoit dans une autre extrémité : il ne nous restoit que deux petites ancres et un bout de câble qui n'avoit que quarante-cinq brasses de longueur. La grande vergue avoit été amenée sur le pont dès le commencement de la tempête, avec un tronçon du grand mât d'environ quinze à seize pieds. On hissa la grande voile et on alla chercher un asile le long de la côte. Aucun de nos pilotes ne connoissoit cette plage, et nous nous trouvions fort embarrassés lorsque nous aperçumes au sud une grosse barque qui venoit en arrière et qui s'approchoit de nous : c'étoient des habitans de Narapour qui alloient à Ganjam : ils nous dirent que nous n'en étions éloignés que de huit à dix lieues, et ils voulurent bien diminuer leurs voiles afin de nous attendre. Étant arrivés à la vue de Ganjam, le 26 septembre, nous fûmes contraints de mouiller à six lieues au-dessous du vent par quinze brasses d'eau.

Nous demeurâmes le lendemain à l'ancre, dans une alarme continuelle, à cause du grand fond, du peu de cable que nous avions et de la foiblesse de notre ancre. On fit des signaux pour demander du secours, on tira du canon, on mit le pavillon en berne; mais personne ne paroissoit. Outre le danger où nous étions d'échouer, pour peu que le vent vînt à forcer, nous manquions de vivres et il ne nous restoit plus qu'un peu de riz et quelques poissons à demi gâtés.

Dans l'extrême nécessité où nous étions, nous résolûmes d'envoyer à terre le premier pilote et un jeune métis; comme nous n'avions point de bateau à bord, ils se mirent sur un radeau et ils s'efforcèrent de gagner le rivage à force de rames, afin d'aller à Ganjam demander des chelingues[1] et un pilote pour nous faire entrer dans le port au premier temps favorable. Ces pauvres gens exposoient ainsi leur vie avec courage pour l'assurer aux autres. Ils furent portés quatre lieues plus bas sur des rochers où le radeau s'arrêta, et après bien des risques qu'ils coururent, ils gagnèrent enfin la terre, les pieds tout ensanglantés, de telle sorte qu'il leur fallut trois jours pour se rendre à Ganjam, dont nous n'étions éloignés que de quatre lieues.

Pour nous, qui étions restés dans le vaisseau, nous nous flattions que dès le lendemain ils

---

[1] Espèce de chaloupe faite de planches liées ensemble avec du jonc. On s'en sert sur toutes ces côtes, parce qu'elles fléchissent et ne se rompent point lorsqu'elles touchent la barre, au lieu que nos chaloupes s'y brisent.

nous amèneroient du secours et des vivres; mais deux jours s'étant passés sans recevoir de leurs nouvelles, nous ne doutâmes plus ou qu'ils ne fussent péris sur mer ou qu'ils n'eussent été dévorés par des crocodiles. Le 28, nous aperçûmes un catimaron[1] conduit par deux pêcheurs, qui venoient droit à nous du rivage. Arrivés à bord ils nous firent les complimens de la chauderie[2] et d'un capitaine anglois, qui nous offroient leurs services, mais ils ne purent nous rassurer sur la destinée de notre pilote. Nous les renvoyâmes à la hâte avec des lettres de remercîment que nous écrivîmes à ces messieurs, par lesquelles nous leur demandions un prompt secours.

Le lendemain vingt-neuvième, nous vîmes sortir de l'embouchure de la rivière une grosse chelingue, qui fut bientôt rendue à bord. Elle nous amenoit notre pilote avec six bons matelots du pays envoyés à notre secours par M. Symond, Anglois, qui faisoit un grand commerce à Ganjam. Le pilote, après nous avoir raconté ses aventures, nous consola fort en nous rapportant le plaisir que M. Symond se faisoit de nous rendre service et les ordres qu'il avoit donnés pour nous faire trouver au rivage voisin des voitures qui nous transportassent commodément à Ganjam. Nous les attendîmes jusqu'au coucher du soleil, et nous apprîmes ensuite qu'un accident imprévu avoit détourné ailleurs son attention.

Dans le dessein de voir notre vaisseau de près, il avoit fait une partie de chasse : il y invita un pilote danois qui commandoit un vaisseau arménien; le Danois ne se rendit qu'avec peine à son invitation: il sembloit qu'il eût un pressentiment de sa mauvaise destinée. Comme ils passoient auprès d'un étang, M. Symond tira sur un grand oiseau, en volant; l'oiseau blessé alla tomber dans une petite rivière qui se jette un peu au-dessus de la ville dans la rivière de Ganjam. Le Danois y courut et comme il marchoit sur les bords qui étoient mouillés, le pied lui glissa et il tomba dans l'eau, précisément au seul endroit où cette rivière a dix ou douze pieds de profondeur, car partout ailleurs elle est guéable. M. Symond et ses gens accoururent au secours du Danois, mais ils ne virent que son chapeau qui flottoit sur l'eau et que le courant emportoit. Tout le reste du jour se passa à chercher le corps de cet infortuné, et c'est ce qui empêcha M. Symond de nous envoyer des palanquins comme il nous l'avoit promis.

Si nous eussions pu prévoir ce contre-temps, nous eussions passé la nuit dans la chelingue qui demeuroit à sec sur le sable du rivage; mais nous prîmes la résolution de marcher toujours vers la ville dans l'espérance de trouver les palanquins que nous attendions. Nous eûmes quatre grandes lieues à faire dans des chemins que le sable mouvant rendoit très-difficiles, et une rivière à passer qui étoit fort large et fort profonde. Nous arrivâmes sur les bords de cette rivière fort fatigués. Il n'y avoit ni bateau pour la traverser, ni maison pour nous retirer. Après avoir attendu longtemps, un Anglois que nous envoyoit M. Symond nous amena enfin deux bateaux et il nous apprit le chagrin et l'embarras qu'avoit causés le malheur arrivé au Danois.

Nous nous rendîmes le 1er d'octobre chez M. Symond; il nous reçut avec toute la politesse que nous pouvions attendre d'un homme de condition et de mérite et il n'omit rien de tout ce qui pouvoit nous faire oublier nos fatigues passées. Il me força de prendre sa propre chambre jusqu'à ce qu'il eût fait vider une maison qui lui servoit de magasin, pour nous y loger : la ville étoit si peuplée qu'on n'y trouvoit point de maison qui ne fût remplie.

Ganjam est une des villes les plus marchandes qu'on trouve depuis Madras jusqu'à Bengale[1]: tout y abonde et le port est très-commode. Dans les plus basses marées, son entrée a toujours cinq ou six pieds d'eau et neuf ou dix dans les eaux vives. On y bâtit des vaisseaux en grand nombre et à peu de frais. Nous comptâmes quatre-vingt-dix-huit vaisseaux à trois mâts échoués sur le rivage, et nous en vîmes environ dix-huit sur le chantier, qu'on construisoit tous à la fois. La facilité et l'abondance du commerce y auroient sans doute attiré les nations européennes si la jalousie des habitans ne s'étoit opposée à leur établissement. Ces peuples, bien qu'ils soient sous la domination mogole, s'imaginent conserver leur liberté parce qu'ils sont en possession de ne souffrir aucun Maure pour gouverneur dans leur ville. Néan-

---

[1] Assemblage de deux ou trois pièces de bois léger liées ensemble.
[2] Gouverneur gentil établi par le nabab ou gouverneur de la province.

[1] A l'embouchure d'une rivière, au sud du lac Chilka.

moins, depuis quatre ou cinq ans, ils permettent aux Maures d'y fixer leur demeure; mais ils sont fort en garde contre eux et bien plus contre les Européens. Il y a deux ou trois ans que M. Symond voulut renfermer sa maison d'une petite muraille de brique; le gouverneur et les habitans firent aussitôt cesser l'ouvrage : « Nous connoissons bien le génie des Européens, disoient-ils; s'il leur étoit permis d'user de briques pour leurs maisons, ils élèveroient bientôt des forteresses. » Aussi n'y a-t-il dans toute la ville qu'une grande pagode et la maison du gouverneur gentil qui soient faites de briques; toutes les autres maisons sont construites d'une terre grasse enduite de chaux par dedans et par dehors : elles ne sont couvertes que de paille et de jonc, et il en faut changer de deux ans en deux ans, ce qui est assez incommode.

La ville est d'une grandeur médiocre, les rues sont étroites et mal disposées, le peuple y est fort nombreux. Elle est située à la hauteur de 19 degrés 30 minutes nord sur une petite élévation le long de la rivière, à un quart de lieue de son embouchure. Il y a douze ans qu'elle étoit plus considérable par ses richesses et par le nombre de ses habitans : elle étoit alors beaucoup plus proche de la mer; mais un vent d'est des plus violens, qui s'éleva vers le soir, fit déborder les eaux de la mer, qui submergèrent la ville. Peu de ses habitans échappèrent au naufrage.

Quoique les Indiens soient superstitieux à l'excès et qu'ils aient ailleurs un grand nombre de pagodes, on n'en voit néanmoins qu'une à Ganjam. Il n'y a pas plus de vingt ans qu'on a commencé à la bâtir. Cette pagode n'est autre chose qu'une tour de pierre massive et de figure polygone, haute d'environ quatre-vingts pieds, sur trente à quarante de base. A cette masse de pierre est jointe une espèce de salle où doit reposer l'idole quand l'édifice sera fini. Cependant on a mis Coppal, c'est le nom de l'idole, dans une maison voisine : là elle est servie par des sacrificateurs et des *devadachi*, c'est-à-dire par des esclaves des dieux. Ce sont des filles prostituées dont l'emploi est de danser et de sonner de petites cloches en cadence en chantant des cantiques infâmes, soit dans la pagode quand on y fait des sacrifices, soit dans les rues quand on promène l'idole en cérémonie.

L'histoire du dieu Coppal est aussi bizarre qu'elle est confuse et embrouillée : ce que m'en ont dit les brames est plein de contradiction et n'a nulle vraisemblance. Voici ce qui se rapporte de plus certain. Il y a environ trente ans qu'un marchand étranger apporta une statue assez mal faite; c'étoit à peu près la figure d'un homme haut d'un pied et demi et qui avoit quatre mains : deux étoient élevées et étendues, il tenoit dans les deux autres une espèce de flûte allemande. Ce marchand exposa cette figure en vente : un prêtre d'idoles qui l'aperçut fit publier partout que ce dieu lui avoit apparu et qu'il vouloit être adoré à Ganjam avec la même solennité qu'on adoroit Jagrenat : c'est une fameuse idole qu'on révère dans une ville éloignée de quinze à seize lieues au nord de Ganjam, assez près de la mer. Le songe du brame passa pour une révélation divine : on acheta la statue de Coppal et on promit de lui bâtir un temple célèbre. Le gouverneur gentil n'eut garde de désabuser le peuple : il trouvoit son intérêt à le confirmer dans son erreur : c'est pourquoi, du consentement des principaux de la ville, il imposa une taxe gérale pour les frais du temple. C'étoit à qui auroit part à une si bonne œuvre : on m'a assuré que le gouverneur tira sur le peuple plus d'argent qu'il n'en falloit pour bâtir deux temples semblables à celui qu'il vouloit construire.

Je ne pus découvrir le moindre vestige du christianisme ni dans la ville de Ganjam ni dans celle de Barampour, qui est encore plus considérable, soit par la multitude et la richesse de ses habitans, soit par le grand commerce qu'on y fait des toiles et des soieries, ce qui me fait croire que l'Évangile n'a jamais été prêché dans ces vastes contrées. Il me semble qu'il s'y établiroit aisément si l'on y envoyoit des missionnaires. Ces peuples sont d'un naturel docile, ils n'ont qu'un médiocre attachement pour leurs idoles, surtout à Barampour, où les pagodes sont fort négligées. D'ailleurs, cette ville étant située entre la côte de Gergelin et celle d'Orixa, on y parle communément les deux langues, et de là on pourroit passer dans l'Orixa, où les peuples ont encore de plus favorables dispositions pour le christianisme. Quelques brames du pays m'ont assuré qu'il est rare de trouver un ourias qui ait deux femmes et que c'est parmi eux un libertinage désapprouvé quand un homme en épouse deux, surtout si la première n'est pas stérile.

Je vous avoue, mon révérend père, que j'étois saisi de douleur en voyant l'aveuglement de ces pauvres infidèles. Je me suis servi plusieurs fois d'un interprète pour leur parler des vérités du salut, car personne ici n'entend le tamul. Ils recevoient mes instructions avec ardeur et avec piété; ils convenoient sans peine des infamies de leurs dieux et ils les détestoient ; ils n'avoient pas moins de mépris pour leurs brames, dont ils connoissoient les fourberies et l'avarice : ainsi tout favorise leur conversion ; la Providence nous fournira peut-être les secours nécessaires pour l'entreprendre. Ce ne sont pas les missionnaires qui manqueront : les jésuites ne respirent qu'à se répandre parmi les infidèles et à se consacrer à leur salut.

Quoique je trouve parmi les peuples de cette côte beaucoup de docilité, je ne puis disconvenir qu'il règne à Ganjam un déréglement de mœurs qui n'a rien de semblable dans toute l'Inde. Le libertinage y est si public et si effréné que j'entendis publier à son de trompe qu'il y avoit du péril à aller chez les devadachi qui demeuroient dans la ville, mais qu'on pouvoit voir en toute sûreté celles qui desservoient le temple de Coppal. Une si étrange prostitution doit animer le zèle des hommes apostoliques destinés à éteindre les flammes de l'enfer et à allumer partout le feu du divin amour.

Barampour est à quatre lieues de Ganjam ; la forteresse y est remarquable. Elle consiste en deux rochers de médiocre hauteur qui sont environnés d'une muraille de pierre presque aussi dure que du marbre; elle a bien mille pas de circuit; ses murs vers le nord sont baignés par une petite rivière qui va se jeter dans la mer à une lieue de là. On nous dit qu'il y avoit sur la porte une inscription si ancienne que personne n'en connoissoit les caractères. J'aurais bien voulu la voir; mais les Maures, sachant que j'étois Européen, ne me permirent pas d'en approcher : ils craignent que les Européens ne s'en emparent, ce qui seroit fort facile, car il n'y a personne pour la défendre. On m'assura qu'il n'y a guère que soixante ans qu'un homme du pays, avec cent de ses compatriotes, y avait tenu tête pendant deux ans à une armée formidable de Maures, et que cette poignée de gens n'avoit pu être réduite que par la famine. Tout le plat pays est bien cultivé, surtout auprès des montagnes, où le riz et le blé viennent en abondance deux fois l'année, de même qu'à Bengale ; mais l'air y est plus sain et les bestiaux y sont plus gras et plus vigoureux.

Pendant le séjour que je fis à Ganjam, je fus témoin d'une cérémonie également superstitieuse et extravagante. Un vieux brame, accompagné des deux principales dames de la ville, se rendit auprès d'une petite élévation de terre que les *carias* ou fourmis blanches avoient formée à vingt pas de notre maison ; le brame, après avoir fait diverses grimaces ridicules, prononça quelques paroles et jeta de l'eau sur le monceau de terre. Les femmes vinrent ensuite d'un air fort dévot et jetèrent sur le même monceau de terre du riz cuit, de l'huile, du lait, du beurre et quantité de fleurs. Ce manège dura près de trois heures, ces femmes se succédant les unes aux autres pour faire leur offrande. Ayant demandé ce que signifioit cette cérémonie, on m'apprit qu'il y avoit là un repaire de serpens appelés en portugais *cobra capella*, dont la blessure est mortelle si on n'y applique sur-le-champ un remède du pays, et que ces femmes avoient la simplicité de croire que par leurs offrandes elles préservoient leurs enfans et leurs maris de la piqûre de ces serpens.

Nous étions sur notre départ de Ganjam lorsqu'on vint me chercher de la part d'un marchand arménien qui étoit à l'extrémité. Il n'avoit aucun secours à attendre dans cette ville, car on n'y trouve ni médecin ni chirurgien; c'est le gouverneur brame qui fait les fonctions de l'un et de l'autre : il a trois ou quatre recettes très-dangereuses à prendre, car ou elles rendent la santé en peu de temps ou, si elles ne font point sur-le-champ leur effet, le malade n'a qu'à se disposer à la mort.

Je me rendis dans la maison de l'Arménien, et, après quelques paroles de consolation propres à l'état où il se trouvoit, je m'informai s'il étoit orthodoxe ou schismatique. Il m'avoua qu'il étoit schismatique, mais qu'il ne laissoit pas d'entendre la messe de nos églises, de se confesser aux prêtres catholiques et de recevoir de leurs mains le corps de Jésus-Christ aussi souvent que de leurs vertabiels. Les Arméniens qui étoient présens m'assurèrent la même chose. En effet, c'est une pratique suivie universellement des Arméniens dans les Indes, lorsqu'ils se tr———t à Manille ou à Goa, de se confesser et communier dans les églises catholiques avec les fidèles sans qu'ils se croient obligés de renoncer à leur schisme.

Je fis entendre au malade qu'il ne pouvoit point en conscience recevoir les sacremens des prêtres schismatiques, et qu'en se confessant aux catholiques, il devoit déclarer qu'il vivoit dans le schisme; qu'il n'étoit nullement en état de recevoir l'absolution si auparavant il n'abjuroit ses erreurs; que sans cela l'absolution qu'on lui donnoit lui étoit inutile et que ses péchés n'étoient pas véritablement pardonnés; que pour moi je ne pouvois le confesser, encore moins le communier, s'il ne renonçoit au schisme qui le séparoit de l'Église catholique et romaine, hors de laquelle il n'y a point de salut; qu'il devoit reconnoître un purgatoire, avouer qu'il est bon et salutaire de prier pour les morts, enfin confesser qu'il y a deux natures en Jésus-Christ, qui ne font qu'une seule personne divine. Il me répliqua qu'il croyoit être dans une bonne religion et qu'il ne condamnoit point la nôtre : « Une telle créance, lui répondis-je, ne vous justifiera pas devant Dieu : puisque vous ne condamnez pas notre Église et que nous réprouvons la vôtre, vous devez prendre le parti le plus sûr. Le moment approche que vous allez paroître au tribunal du souverain juge, et si vous n'abjurez vos erreurs, tandis qu'il vous donne encore le temps de le faire, vous êtes perdu pour jamais. »

Après un long entretien où j'employai toutes les raisons les plus propres à le convaincre, Notre-Seigneur lui fit enfin la grâce de se reconnoître : il renonça de bonne foi à ses opinions, et il protesta qu'il croyoit sans hésiter tout ce que l'Église romaine, seule et vraie Église de Jésus-Christ, professe et enseigne. J'aurois bien voulu lui faire signer sa profession de foi; il y consentoit, mais je ne pouvois la faire écrire que par des Arméniens schismatiques, dont j'avois sujet de me défier. Je le confessai et il me parut vivement touché de la grâce que Dieu venoit de lui faire.

Le lendemain je fis porter à son logis des ornemens pour y célébrer le saint sacrifice de la messe; tous les catholiques y assistèrent. Le malade eut le courage de recevoir à genoux le saint viatique; il m'assura ensuite qu'il n'appréhendoit plus la mort, parce qu'il mettoit toute sa confiance dans les mérites de Jésus-Christ. Je l'allai voir encore le lendemain et l'ayant trouvé à l'agonie, je fis les prières de la recommandation de l'âme. On m'attendoit au rivage pour m'embarquer dans une chelingue, car notre vaisseau étoit en rade dès le matin. A peine y fus-je arrivé que nous mîmes à la voile.

Quand je fais réflexion à la sainte mort de ce bon Arménien, je ne puis m'empêcher d'admirer la conduite adorable de la Providence, qui avoit permis sans doute les malheurs qui nous étoient arrivés pour nous attirer au port Ganjam et pour ménager à ce schismatique les moyens de se convertir et de mourir dans le sein de l'Église. Ce qui me confirme de plus en plus dans cette pensée, c'est l'aveu que M. Du Laurens me fit dans la suite, qu'en moins de quinze jours il avoit fait ses affaires à Bengale aussi avantageusement que s'il y fût arrivé deux mois plus tôt, ainsi qu'il l'avoit projeté à son départ de Pondichéry.

Ayant levé l'ancre de la rade de Ganjam avec un vent de sud-est, nous découvrîmes le lendemain matin 26 novembre la pagode de Jagrenat, qui est à une lieue dans les terres, et nous fûmes par son travers avant le soleil couché. Jagrenat est sans contredit la plus célèbre et la plus riche pagode de toute l'Inde[1] : l'édifice en est magnifique, il est fort élevé et son enceinte est très-vaste. Cette pagode est encore considérable par le nombre de pèlerins qui s'y rendent de toutes parts, l'or, les perles et les pierreries dont elle est ornée : elle donne son nom à la grande ville qui l'environne et à tout le royaume. On la découvre en mer de dix à douze lieues quand le temps est serein. Le raja du pays est en apparence tributaire du grand-Mogol; il prend même le titre d'officier de l'empire. Tout l'hommage qu'on exige de lui, c'est que la première année qu'il prend possession de son gouvernement, il visite en personne le nabab de Catek[2] : c'est une ville considérable entre Jagrenat et Balassor. Le raja ne fait sa visite que bien escorté, afin de se mettre à l'abri de toute insulte.

J'aurois souhaité de m'instruire par moi-même des particularités qu'on me racontoit de la pagode de Jagrenat; mais on me dit qu'on n'y laissoit entrer personne qui ne fît profession publique d'idolâtrie; les Maures mêmes n'osent en approcher; on est surtout en garde contre

[1] Jagarnaud.
[2] Cuttak, Kuttak.

les François: il passe pour constant dans le pays qu'un François, sous l'habit de Pandaron, entra il y a environ trente ans dans le temple, qu'il y demeura caché et que pendant la nuit il enleva un gros rubis d'un prix inestimable qui formoit un des yeux de l'idole.

Ce temple est surtout célèbre par son ancienneté. L'histoire de son origine est singulière: voici ce qu'en apprend la tradition du pays. Après un ouragan des plus furieux, quelques pêcheurs ourias trouvèrent sur la plage, qui est fort basse, une poutre que la mer y avoit jetée; elle étoit d'un bois particulier, et personne n'en avoit vu de semblable; elle fut destinée à un ouvrage public, et ce ne fut pas sans peine qu'on la traîna jusqu'à la première peuplade, où l'on bâtit ensuite la ville de Jagrenat. Au premier coup de hache qu'on lui donna, il en sortit un ruisseau de sang. Le charpentier, à demi interdit, cria aussitôt au prodige; le peuple y accourut de tous côtés, et les brames, encore plus intéressés que superstitieux, ne manquèrent pas de publier que c'étoit un dieu qui devoit être adoré dans le pays.

Il n'y avoit rien d'extraordinaire dans cette liqueur rouge qui couloit de la poutre. J'ai vu à Ganjam de ces poutres, qui venoient des montagnes voisines: quand le bois n'est pas coupé dans la bonne saison, si on le laisse longtemps au soleil, il ne manque pas d'être rongé en dedans par les vers, qui creusent jusqu'au cœur du bois; qu'on le jette ensuite dans l'eau, il en est bientôt abreuvé, il s'y fait des réservoirs et l'eau en sort en abondance quand la hache pénètre un peu avant. Cette poutre étoit d'un bois rouge; il y a quantité de ces arbres au Pégou et à Tanasserim: l'eau, en pénétrant dans le cœur de la poutre, y avoit pris la couleur du bois, qui ressemble à celle du sang. Ainsi il n'y avoit rien que de naturel dans cette eau rougie; mais ces pauvres idolâtres, abusés par leurs brames, étoient ravis d'y trouver du prodige. On en fit donc une statue de cinq à six pieds de hauteur. Elle est très-mal faite, et c'est plutôt la figure d'un singe que d'un homme. Ses bras sont étendus et tronçonnés un peu plus bas que le coude; c'est apparemment parce qu'on a voulu faire la statue d'une seule pièce; car on ne voit point de statues mutilées dans l'Inde: elles passent dans l'esprit de ces peuples pour monstrueuses, et lorsqu'ils voient de nos images qui n'ont que le buste, ils reprochent aux chrétiens leur cruauté de mutiler ainsi les saints qu'ils révèrent.

Le tribut qu'on tire des pèlerins est un des plus grands revenus du raja de Jagrenat. En entrant dans la ville on paie trois roupies aux gardes de la porte, c'est pour le raja; avant que de mettre le pied dans l'enceinte du temple, il faut présenter une roupie au principal brame qui en a soin: c'est la moindre taxe, que les plus pauvres ne peuvent pas se dispenser de payer; pour ce qui est des riches, ils donnent des sommes considérables. Depuis peu il en coûta plus de huit mille roupies à un riche marchand qui y étoit venu de Balassor.

On ne sauroit croire la foule et le concours des pèlerins qui viennent à Jagrenat de toute l'Inde, soit en deçà, soit au delà du Gange. Il y en a qui ont fait plus de trois cents lieues en se prosternant continuellement par terre sur la route; c'est-à-dire qu'en sortant de leurs maisons, ils se couchent tout de leur long, les mains étendues au delà de la tête, et puis, se relevant, ils recommencent à se prosterner de la même manière, en mettant les pieds où ils avoient les mains, ce qu'ils continuent de faire jusqu'à la fin de leur pèlerinage, qui dure quelquefois plusieurs années; d'autres traînent de pesantes et longues chaînes attachées à leur ceinture; quelques-uns ont les épaules chargées d'une cage de fer dans laquelle leur tête est renfermée.

Vous jugez bien, mon révérend père, que des personnes qui se livrent à de si grandes austérités, sans être soutenues de la grâce, deviendroient de fervens chrétiens s'ils connaissoient Jésus-Christ. Que ne feroient-ils pas, que ne souffriroient-ils pas pour son amour s'ils savoient ce qu'il a souffert pour eux! Mais aussi que la vie pénitente et austère des missionnaires leur devient douce et consolante quand ils voient ces pénitens idolâtres en venir à ces excès pour honorer leurs fausses divinités! Les Gentils des côtes de Gergelin et d'Orixa ont continuellement Jagrenat à la bouche, ils l'invoquent en toute rencontre, et c'est en prononçant ce nom, qui leur est vénérable, qu'ils font sûrement tous leurs marchés ou qu'ils prêtent leurs sermens.

Pendant notre petite traversée de Ganjam à la pointe des Palmiers, nous eûmes presque toujours, durant la nuit, de petits vents de terre qui duroient jusques vers les dix heures du matin. Sur les deux heures après midi, les vents venoient du large et souffloient jusqu'au coucher du soleil. Pendant l'intervalle de ces changemens de vent, il nous falloit mouiller, parce que les courans étoient contraires. Ainsi nous fûmes cinq jours à faire environ quarante lieues sans nous éloigner de la terre de plus d'une lieue.

Nous arrivâmes le jour de Saint-André à la pointe des Palmiers et nous la doublâmes vers le soir. Nous avions reconnu la fausse pointe le jour précédent; elle est très-dangereuse dans la saison des vents de sud, parce que l'enfoncement que fait cette fausse pointe est tout à fait semblable à celui que fait la véritable, et tous les jours on s'y trompe, au danger de faire naufrage ; car quand on y est une fois entré, on ne peut guère s'en retirer. Comme nous n'avions pas pris hauteur ce jour-là, nous crûmes d'abord que la fausse pointe étoit la véritable ; mais ayant remarqué que les bords du rivage étoient fort escarpés et ayant aperçu des terres blanches par intervalle, nous reconnumes aussitôt notre erreur, et il nous fut aisé de sortir de ce mauvais pas, parce que c'étoit la saison où les vents de terre régnent pendant la nuit. Si l'on fait attention à ces remarques on n'y sera pas surpris. La véritable pointe des Palmiers est une terre basse et noyée, où il paroît des arbres éloignés les uns des autres bien avant dans la mer, sans qu'on puisse voir le rivage que d'une manière confuse.

Après avoir dépassé la pointe des Palmiers, des vents forts et contraires nous obligèrent de louvoyer durant sept jours avant que d'arriver à la rade de Balassor, qui n'en est éloignée que de quinze lieues. Les marées violentes nous faisoient dériver jusques près de Canaca : c'est une rivière au sud-ouest de l'enfoncement de la pointe des Palmiers. Ses habitans ont la réputation d'être de grands voleurs.

Pour ne pas perdre de temps à attendre le pilote-côtier à la barre de Balassor, car la saison étoit avancée, M. Du Laurens envoya à terre le maître du navire : il mit deux jours à se rendre à Balassor, et il vint ensuite nous joindre à la rade où nous avions mouillé et où nous pensâmes périr. Celui qui sondoit avoit mal instruit le pilote de la quantité du fond ; il fit mouiller sur les dix heures du soir, croyant être par quatre brasses ; mais une heure après le pilote ayant pris lui-même la sonde pour voir si l'ancre ne chassoit pas, il trouva qu'il n'y avoit que sept pieds d'eau, et nous en tirions six. Nous étions justement sur la barre de Balassor, où le sable est très-dur, et où nous ne pouvions échouer sans faire naufrage. Comme la mer perdoit toujours, il fit lever tout le monde, et on vira au cabestan avec tant de diligence que l'ancre fut haute avant que le navire eût touché. Dieu nous préserva encore de ce malheur, car nous n'eûmes que le temps nécessaire pour nous mettre au large.

Le lendemain huitième de décembre, aussitôt que le pilote françois du Gange fut entré, on leva l'ancre pour aller mouiller ce jour-là même aux pieds des brasses: on appelle ainsi un grand banc qui occupe toute l'embouchure du Gange; ces brasses ne sont que du côté de l'ouest ; du côté de l'est, on peut entrer et sortir du Gange sans passer sur aucun banc. Nul vaisseau n'entre jamais par la passe de l'est, quoique tous y passent en sortant ; une infinité de bancs cachés qui l'environnent et qui s'étendent fort loin dans la mer rendent cette passe très-dangereuse. Ces bancs forment un canal fort étroit à l'embouchure du Gange, qu'on découvre aisément en sortant, parce que le canal est près des terres ; mais on ne peut le connoître quand on vient du large. Les grands vaisseaux attendent le demi-flot pour passer les deux brasses, et vont mouiller dans un endroit où il y a toujours cinq ou six brasses d'eau : on l'appelle la chambre du diable, parce que la mer y est extrêmement haute quand le vent est violent et que les vaisseaux y sont en danger. Les brasses ne changent jamais: les petits vaisseaux passent la première brasse qui n'a pas plus de deux lieues, et se rendent dans le canal le long de la terre, comme nous fîmes. Nous fûmes plus de dix jours à remonter le Gange jusqu'à Chandernagor, et ce ne fut pas sans danger. Le vent contraire nous obligeoit de louvoyer pour avancer chemin à la faveur du flot, et le navire ayant refusé de revirer de bord, nous fûmes contraints de mouiller au plus vite. La poupe, en évitant, se trouva à six pieds d'eau ; on porta une ancre au large, et nous nous tirâmes d'affaire.

La première fois que je vins à Bengale, il y a douze ans, il nous arriva un pareil accident sur la même rivière, mais un peu plus bas. On ne sauroit croire combien de vaisseaux périssent sur cette rivière : les plus grands y naviguent jusqu'à Ougli, c'est-à-dire plus de quatre-vingts lieues depuis l'embouchure du Gange. Le riche commerce qu'on fait à Bengale ne permet pas de faire attention à ces pertes fréquentes. Si Dieu me conserve la vie, j'aurai l'honneur de vous envoyer une relation de ce royaume, le plus riche et le plus abondant de toute l'Inde. Toutes les nations y apportent de l'argent, et elles n'en rapportent que des effets. Les Anglois seuls y ont apporté cette année plus de six millions d'écus. J'ai l'honneur d'être avec un profond respect dans l'union de vos saints sacrifices, etc.

LETTRE DU P. C.-A. BARBIER

AU P. PETIT.

Courses et conversions.

A Pinneypundi, ce 1er décembre 1711.

Mon Révérend Père,

La paix de N.-S.

J'ai eu l'avantage, peu après mon arrivée aux Indes, d'entrer dans le Carnate et d'être chargé par mes supérieurs du gouvernement de la mission que vous aviez quittée un an auparavant pour passer en Europe. C'est pour moi une raison de vous adresser la première lettre que j'écris en France, afin de vous rendre compte de ce qui s'est passé de plus remarquable dans une mission dont vous êtes regardé comme le père.

Je ne vous dirai rien, mon révérend père, de la joie secrète que j'ai sentie en embrassant ce nouveau genre de vie: vous avez éprouvé vous-même avec quelle bonté Dieu nous dédommage du petit sacrifice qu'on lui fait en cette occasion. Du moins le Seigneur a eu compassion de ma foiblesse, et il a bien voulu me faciliter toutes les choses qui, dans le commencement d'une vie si extraordinaire, révoltent le plus la nature.

Après le tribut ordinaire d'une maladie qu'il m'a fallu payer les premiers mois, je me suis trouvé tellement accoutumé à cette nouvelle manière de vivre, de se vêtir et de marcher, qu'il ne me venoit aucun doute que je ne fusse véritablement destiné de Dieu à travailler dans cette mission. La difficulté inséparable de l'étude de ces langues ne m'a pas permis encore de parler avec cette facilité qui seroit nécessaire pour traiter librement avec les Gentils; mais, grâces à Dieu, j'en sais assez pour instruire par moi-même les néophytes.

Ce fut le premier jour de mars de cette année que j'entrai dans la mission de Carnatte. Je n'y avois encore demeuré que quelques semaines lorsque les catéchistes m'amenèrent de divers endroits un grand nombre de catéchumènes fort bien instruits et disposés à recevoir le saint baptême. Qu'il est consolant pour un nouveau missionnaire de commencer ses fonctions par administrer le baptême à près de deux cents personnes! Je recueillois ainsi la moisson que vous aviez semée : la joie et la consolation étoit pour moi tout entière, tandis que le travail et par conséquent le mérite étoit votre partage.

Je ferois violence à votre modestie, mon révérend père, si je marquois dans un plus grand détail les traces de votre zèle, que je trouvois presque à chaque pas en parcourant les endroits où vous avez demeuré; mais du moins vous ne serez pas insensible aux regrets de vos néophytes, qui demandent sans cesse au Seigneur, dans leurs prières les plus ferventes, le prompt retour de leur pasteur et de leur père.

Comme la fête de Pâques approchoit dans le temps que j'arrivai à Pinneypundi, je ne crus pas devoir sitôt entreprendre aucun voyage; en effet, je fus assez occupé à contenter la dévotion des chrétiens qui se rendirent en foule à mon église. On est frappé et attendri tout à la fois lorsque, arrivant nouvellement d'Europe, on voit la ferveur avec laquelle ces bons néophytes font huit et neuf journées de chemin à pied pour avoir le bonheur d'entendre une messe; bien plus encore, quand on est témoin de l'assiduité avec laquelle ces pauvres gens, après tant de fatigues, se trouvent aux instructions et aux prières qui se font dans l'église presque tout le jour et une grande partie de la nuit. Ils se retirent ensuite pour prendre quelques heures de sommeil sous le premier arbre qu'ils rencontrent: encore y en a-t-il plusieurs parmi eux qui emploient ce temps-là à des pénitences extraordinaires. Vous aurez vu sans doute comme moi, mon révérend père, des chrétiens de l'un et de l'autre sexe passer plusieurs heures de la nuit à faire sur leurs genoux le tour de l'église en récitant des prières vocales et en méditant la passion du Sauveur.

Après la cérémonie du vendredi-saint, m'étant retiré pour prendre un peu de repos, on vint m'avertir du danger où étoit un enfant de cinq ans, qu'on avoit porté à l'église pour y être baptisé. Il venoit d'être attaqué tout-à-coup d'une maladie violente, dont on ne pouvoit découvrir la cause : on jugeoit pourtant, par le mouvement irrégulier de ses yeux et par les convulsions de tout son corps, qu'il avoit été mordu de quelque serpent, et on ne lui donnoit plus que quelques instans à vivre. Je courus aussitôt à l'église et je le baptisai. Durant la cérémonie et surtout lorsque je lui mis le sel béni dans la bouche, cet enfant, que ses parens tenoient entre leurs bras à demi mort, parut à l'instant se ranimer : il se mit à pleurer, et ensuite il s'endormit. Deux heures après il se réveilla en parfaite santé, et il alla se ranger avec les autres enfans de son âge. Les chrétiens ne doutèrent point qu'une si prompte guérison ne fût l'effet du saint baptême, et ils en rendirent grâce au Seigneur comme d'une faveur spéciale.

Je comptois d'aller après les fêtes de Pâques à Adichenelour, pour y célébrer la fête de la Pentecôte dans la nouvelle église que vous y avez fait construire : mais j'appris qu'elle avoit été tout à fait ruinée par une inondation qui arriva l'hiver passé. Je fus bien dédommagé de la peine que me causa ce contre-temps par le bonheur que j'eus de gagner sûrement une âme à Dieu le propre jour de cette fête. J'étois occupé à entendre les confessions des chrétiens, qui étoient venus de fort loin et en grand nombre, lorsqu'un gentil se présenta à la porte de l'église avec sa femme, qui apportoit son fils, de quatre grandes lieues, dans l'espérance qu'on lui avoit donnée qu'il recevroit quelque soulagement à l'église des chrétiens. Cet enfant étoit à l'extrémité. Je fis comprendre à ses parens que le baptême étoit le seul remède dont il eût besoin, et que si leur fils venoit à mourir, ils auroient du moins la consolation d'être assurés qu'il vivroit éternellement dans la gloire. Ils y consentirent, et je baptisai l'enfant. A peine s'étoient-ils retirés qu'il mourut dans les bras de sa mère. Un quart d'heure plus tard, il eût été privé à jamais du bonheur de voir Dieu. Ces bonnes gens me rapportèrent le corps de leur enfant, que je fis enterrer avec solennité, et ils me parurent disposés eux-mêmes à renoncer à l'idolâtrie et à embrasser notre sainte religion. Vous savez mieux que moi, mon père, combien ces traits de la providence sont consolans pour un missionnaire.

Je suis occupé actuellement à faire instruire une famille entière, dont la conversion a commencé par un bon vieillard qui en est le chef. Le mauvais temps obligea un de mes catéchistes d'entrer dans une peuplade voisine : il fut touché des plaintes qu'il entendit faire dans la maison d'un Gentil ; il y entra, et, trouvant toute la famille éplorée, il connut par leurs larmes et leurs gémissemens qu'ils étoient sur le point de perdre leur père qui se mouroit ; il approcha du lieu où étoit ce vieillard, et il remplit alors les fonctions d'un zélé catéchiste. Il annonça Jésus-Christ à ce pauvre moribond et il l'instruisit des vérités du salut. La grâce qui agissoit en même temps dans son cœur le porta à demander le baptême : et comme le péril étoit pressant, il lui fut conféré sur l'heure par le catéchiste. Les forces semblèrent revenir au malade, ou plutôt la fermeté de sa foi lui fit tirer des forces de sa propre foiblesse. Il se fit porter le jour suivant à l'église, et là, entre les bras de ses enfans, il reçut les saintes onctions. A peine l'eurent-ils reporté dans sa maison qu'il expira.

Cette mort donna lieu à une grande contestation qui s'éleva entre les enfans et les parens du défunt. Ceux-ci, qui étoient accrédités dans la bourgade, prétendoient que le corps fût brûlé selon la coutume de leur caste. Les enfans, tout Gentils qu'ils étoient, s'y opposèrent, et dirent que leur père étant mort chrétien, il seroit enterré suivant la coutume qui s'observoit dans l'église des chrétiens. Comme cette contestation faisoit de l'éclat, elle vint bientôt à la connoissance du rajah d'Aneycoulam. Vous n'ignorez pas, mon révérend père, que nous avons dans cette cour de puissans ennemis. Cependant la providence ménagea si bien les choses que la religion eut le dessus. Le rajah répondit que puisqu'il honoroit de sa bienveillance le sanias de Pinneypundi, et qu'il lui permettoit d'avoir des disciples, il vouloit qu'on le laissât vivre selon ses usages. Les enfans du défunt me firent savoir cette réponse, dont je rendis grâce à Notre-Seigneur. La cérémonie de l'enterrement se fit à l'ordinaire et maintenant la veuve avec ses enfans se disposent à recevoir le baptême. Je rapporte ces faits, mon révérend père, parce qu'ils ont quelque chose de singulier ; car, pour les fruits ordinaires que l'on recueille dans cette mission, il seroit inutile de les écrire à une personne qui en a plus vu et plus fait que ne peut savoir un nouveau missionnaire.

Après les continuelles occupations que m'avoient données les grandes fêtes, Dieu m'éprouva par la maladie dont je vous ai parlé au commencement de cette lettre. Mon expérience m'apprit alors ce que je n'avois pu comprendre sur le récit d'autrui, de la nature d'une fluxion dont on est tourmenté dans ce pays. C'est une si grande abondance de sérosités qui tombent du cerveau, et qui s'écoulent continuellement par les yeux, qu'il est impossible de les tenir fermés pendant un temps considérable. Ouvrez-les, c'est encore pis ; chaque rayon de lumière est une espèce de dard qui vient frapper la prunelle ; il n'y a pas jusqu'au mouvement naturel des paupières qui ne cause un nouveau supplice, parceque l'humeur qui découle étant fort gluante forme par sa consistance des pointes qui picotent sans cesse la membrane de l'œil. Je passai ainsi huit jours sans pouvoir prendre un moment de repos. Cette insomnie me causa la fièvre accompagnée d'un dégoût extrême pour toute sorte d'alimens. Mais notre Seigneur, qui sait proportionner les maux à notre faiblesse, me rendit la santé au bout de six semaines.

J'entrepris aussitôt le voyage que j'avois projeté de faire à l'ouest pour visiter la chrétienté de Courtempettey, et repasser par le sud pour recueillir les débris de l'église que vous y avez bâtie. Cette tournée me parut être de près de quatre-vingts lieues, prenant depuis Pinneypondi jusqu'à Chingama, d'où, passant au sud par Adichenelour, on visite les habitations qui bordent la rivière de Ponarou, puis on revient par l'est de Gingi. Dans cette excursion, j'éprouvai aux pieds et aux jambes les douleurs que ces nouvelles courses ne manquent pas de causer. A la fin je me suis fait à la fatigue ; et, grâce à Dieu, il faut maintenant que les épines, dont vous savez que ces prairies sont toutes semées, soient bien longues et bien aiguës pour ne pas céder à la fermeté et à l'assurance avec lesquelles je les foule.

Il est vrai que la vue des lieux consacrés par les sueurs et par les souffrances des anciens missionnaires a bien de quoi encourager leurs successeurs ; et, en particulier, le souvenir de la prison que vous avez eu à souffrir dans l'endroit même où je passois alors a beaucoup contribué à me soutenir dans ce voyage.

A peine fus-je arrivé à Courtempettey, qu'on me fit le récit des outrages et des insultes que le père Mauduit avoit essuyés quelques années auparavant, lorsqu'on l'arrêta prisonnier à Chingama. On me menaçoit d'une destinée toute pareille : mais Notre-Seigneur ne prodigue pas ces sortes de faveurs à tout le monde : il faut les mériter par une ferveur extraordinaire et par une fidélité plus grande que la mienne. Du moins si en les désirant on pouvoit s'en rendre digne, il me semble que j'étois disposé à tout. Je pensois souvent que le révérend père Laynez, à présent évêque de Saint-Thomé et fondateur de la mission de Courtempettey, avoit été pris, il y a quelques années, dans ce lieu là même, et y avoit reçu des plaies dont il conserve encore les cicatrices, mille fois plus glorieuses pour lui que les pierres précieuses qui ornent la mitre que le souverain pontife l'a forcé récemment d'accepter. Mais enfin le séjour que j'y ai fait a été tranquille et les Gentils ne m'ont point inquiété.

Cependant la conversion d'un fameux Gentil de ce pays me fit croire que j'allois essuyer une rude persécution. Cet idolâtre, pour m'assurer que son changement étoit sincère, m'avoit remis son idole infâme, qui n'est redevable du culte que lui rendent les Indiens qu'au déréglement et à la corruption de leur cœur. Ses parens faisoient déjà beaucoup de bruit, mais Dieu permit que cet orage n'eût pas de suite.

Je pris ma route vers Tandarey, où je dressai un oratoire sur les débris d'une chapelle qui fut bâtie autrefois par le vénérable père Jean de Britto, martyrisé dans le royaume de Marava. Si mes facultés me l'eussent permis, j'aurois relevé cette église, tant à cause de la vénération que nous devons avoir pour ce saint homme qu'à cause de la situation du lieu même où les chrétiens peuvent s'assembler commodément. Mon dessein est d'employer à cet usage le premier secours qui me viendra d'Europe.

En passant à Tirounamaley, j'eus le chagrin d'y voir triompher la superstition par la beauté des édifices consacrés aux idoles, par la magnificence des portiques où une imagination ridicule fait nourrir et honorer une multitude prodigieuse de singes, et beaucoup plus encore par les monumens que l'impiété élève chaque jour aux endroits où l'on a obligé les femmes à se brûler toutes vives après la mort de leurs maris. Il y en avoit sept ou huit tout récens qui me pénétrèrent de la plus sensible douleur.

Au sortir de Tandarey, le voisinage de Gingi et d'autres grandes villes me fit garder plus de ménagemens pour secourir les chrétiens, sans m'exposer à être découvert. Je n'eus plus d'autre demeure que les bois, encore étois-je obligé d'y faire mes fonctions durant la nuit, me contentant, pendant le jour, d'entretenir les infidèles que la curiosité attiroit au lieu de ma retraite.

Enfin, après avoir fait le tour de cette mission et y avoir recueilli une moisson beaucoup plus abondante que je n'osois l'espérer, je suis revenu ici pour y célébrer la fête de tous les Saints. Je puis vous assurer, en finissant cette lettre, que vos chers disciples conservent précieusement le souvenir des instructions qu'ils ont reçues de leur maître, et que leur ferveur, loin de s'affaiblir, augmente de plus en plus chaque jour. Priez Dieu que votre ouvrage ne dépérisse pas entre mes mains. Je me recommande à vos saints sacrifices, en l'union desquels je suis avec beaucoup de respect, etc.

LETTRE DU P. DE BOURZES

A LA COMTESSE DE SOUDÉ.

Rangs et préséances.—Apparition des spectres.—Formes de la justice.—Condition des femmes.—Du riz et autres alimens. —Bœufs, buffles, ânes.—Habillemens, modes.

De la mission de Maduré, le 21 septembre 1713.

Madame,

La paix de N.-S.

Vous ne vous contentez pas de me donner des marques de votre souvenir et de vos bontés ordinaires, par les fréquentes lettres que vous me faites l'honneur de m'écrire, vous les accompagnez encore de présens et de libéralités : votre piété va chercher, jusqu'aux extrémités du monde, des nations que le malheur de leur naissance a plongées dans l'idolâtrie; et par le secours que votre zèle me procure, vous contribuez, autant qu'il dépend de vous, à leur conversion et à leur salut. Vos largesses ne se bornent pas même à la vie présente, vous les portez au-delà du tombeau par les mesures que vous avez prises afin que les effets de votre charité subsistent encore lorsqu'il aura plu à Dieu de vous retirer de ce monde. Il y a longtemps, madame, que je ne trouve plus de termes pour vous exprimer ma reconnoissance et celle de nos néophytes; mais le Dieu dont vous procurez la gloire, en augmentant le nombre de ses adorateurs, saura bien mieux récompenser vos bienfaits que nous ne pouvons les reconnoître.

Pour vous satisfaire sur les diverses questions que vous me faites, je répondrai par ordre à tous les articles de votre lettre, mais je n'y répondrai qu'en peu de mots. Il me faudroit faire un volume entier si j'entreprenois d'expliquer en détail tout ce qui concerne la religion et les usages de Maduré. Peut-être pourrai-je un jour contenter une curiosité si louable, et c'est à quoi je prétends consacrer mes premiers momens de loisir.

Vous me demandez d'abord si l'on voit ici, comme en Europe, des distinctions de rang et de préséance. Oui, madame, comme il y a partout des montagnes et des vallées, des fleuves et des ruisseaux, partout, et aux Indes plus qu'ailleurs, on voit des riches et des pauvres, des gens d'une haute naissance et d'autres dont la naissance est vile et obscure. Pour ce qui est des pauvres, ils y sont en très-grand nombre : une infinité de malheureux sont morts de faim depuis quatre ou cinq ans, d'autres ont été contraints de vendre leurs propres enfans et de se vendre eux-mêmes afin de pouvoir vivre. Il y en a qui travaillent toute la journée comme des forçats, et qui gagnent à peine ce qui suffit précisément pour subsister ce jour-là même eux et leur famille : on voit une multitude de veuves qui n'ont pour tout fonds et pour tout revenu qu'une espèce de rouet à filer : on en voit plusieurs autres, tant hommes que femmes, dont l'indigence est telle qu'ils n'ont pour se couvrir qu'un méchant morceau de toile tout en lambeaux, et qui n'ont pas même une natte pour se coucher. Les maisons des paysans d'Europe sont des palais en comparaison des misérables taudis où la plupart de nos Indiens sont logés. Trois ou quatre pots de terre sont tous les meubles de leurs cabanes. Plusieurs de nos chrétiens passent des années entières sans venir à l'église, faute d'avoir la petite provision de riz ou de millet nécessaire pour vivre durant le voyage.

On ne laisse pas de trouver des personnes riches aux Indes : l'agriculture, le commerce, les charges, sont les moyens ordinaires de s'enrichir ; mais le pauvre laboureur a bien de la peine à se sauver de l'oppression : la fraude et l'usure règnent dans le commerce, et l'exercice des charges est un véritable brigandage. Le vol est un autre moyen plus court de devenir riche : il est ici fort en usage, et je ne crois pas qu'il y ait de pays au monde où les petits larcins soient plus détestés et où les grands soient plus impunis. Le croiriez-vous, madame, qu'on trouve parmi nos Indiens une caste entière qui ne rougit pas de porter le nom et de faire une profession publique de voleurs de grands chemins ? Les laboureurs doivent être extrêmement attentifs, surtout la nuit, pour qu'on ne leur enlève pas leurs bœufs et leurs vaches : ils ont beau y veiller, leurs pertes n'en sont guère moins fréquentes. On a cru arrêter ces vols nocturnes en établissant des gardes dans toutes les peuplades, lesquels sont entretenus et payés par les laboureurs ; mais le remède est devenu pire que le mal : ces gardes sont plus voleurs que les voleurs mêmes.

Les rois et les grands seigneurs amassent de grandes richesses par leurs concussions ; mais quel usage font-ils de ces trésors ? Vous en serez surprise, madame : ils les enterrent, et c'est ainsi que l'avarice des hommes rend à la terre ce que leur cupidité leur a fait chercher jusqu'au fond de ses entrailles. Sans cela l'or seroit ici très-commun. Le feu roi de Tanjaour a ainsi enfoui quantité de millions. A ce tombeau de son avarice brûlent, dit-on, sans cesse quatre ou cinq lampes qu'on entretient pour conserver la mémoire d'une action si mémorable. On ajoute que ceux qui enterrent ainsi leurs trésors immolent au démon des victimes humaines, afin qu'il en prenne possession et qu'il ne les laisse point passer en d'autres mains. Cependant plusieurs cherchent ces trésors, et, pour les découvrir, ils font au démon d'autres sacrifices d'enfans et de femmes enceintes : quelques-uns prétendent avoir réussi par là ; d'autres, effrayés par les spectres qui leur apparoissent, ou par les coups qu'ils reçoivent, abandonnent leur dessein. Il y en a eu dont l'avidité a été punie par une mort soudaine et violente.

Au regard de l'apparition des spectres, je n'oserois en nier absolument la réalité. Un de nos chrétiens, homme plein de bon sens et de vertu, m'a assuré que, dans sa jeunesse et avant que d'avoir connu notre sainte loi, il avoit assisté à ces sacriléges cérémonies ; qu'il avoit vu des démons sous des formes épouvantables et que les coups de hoyau de ceux qui fouissoient, au lieu de porter sur la terre, leur tomboient sur les pieds et sur les jambes, ce qui fit échouer l'entreprise. Il m'ajouta que lui-même il avoit eu recours à certains secrets de magie et que, s'étant frotté les mains de je ne sais quelle couleur, il voyoit au travers de sa main et jusque sous la terre les vases où étoient renfermés ces trésors.

Généralement parlant, c'est ici un crime aux particuliers d'être riches : il n'y a point d'accusation à laquelle on prête plus volontiers l'oreille, ni de crime qui soit plus sévèrement puni. On applique incontinent l'accusé à une question rigoureuse, pour le contraindre, par la violence des tourmens, à découvrir où il a caché son argent. Deux de mes néophytes ont été réduits par-là à la mendicité, et l'un d'eux en est resté longtemps estropié. De là vient que les riches cachent leurs biens avec soin, et que souvent avec de grandes richesses ils ne sont ni mieux logés, ni mieux vêtus, ni mieux nourris que les plus indigens. De là vient encore que, bien qu'il y ait une infinité de véritables pauvres, il y en a beaucoup d'autres qui affectent de le paroître sans l'être véritablement. Je ne parle point de certains fainéans qui courent le pays en habit de pandaron[1] et qui, par l'austérité vraie ou apparente de leur vie, touchent les peuples et en tirent de grosses aumônes ; je ne parle point non plus de certains brames qui, étant d'une caste plus noble et plus riche que tous les autres, se font gloire néanmoins de demander et de recevoir l'aumône. Quelques uns d'eux reçurent il y a quelque temps un fanon, qui vaut environ cinq sous de notre monnoie ; le brame qui étoit gouverneur du lieu, et qui est très riche, voulut avoir part à l'aumône, et il n'eut pas honte de recevoir quelques pièces d'une basse monnoie de cuivre, semblable pour la valeur à nos doubles de France.

Mais si d'un côté on affecte aux Indes de pa-

---

[1] Pénitent indien.

roître pauvre au milieu des richesses, d'un autre côté on y est très jaloux des distinctions et du rang que donne la naissance : il n'y a guère de nation qui ait tant de délicatesse que celle-ci sur ces sortes de prérogatives. Vous savez, madame, que cette nation se partage en plusieurs castes, c'est-à-dire en plusieurs classes de personnes qui sont d'un même rang et d'une égale naissance, qui ont leurs usages, leurs coutumes et leurs lois particulières. Vous avez lu sans doute, dans nos lettres précédentes, quels sont ces coutumes et ces usages, et il seroit inutile de vous répéter ici ce que vous savez déjà. J'ajouterai seulement qu'on peut bien acquérir par de belles actions de l'honneur et des richesses, mais que la noblesse ne s'acquiert pas de même : c'est un pur don de la naissance ; le roi ne peut la donner ni les particuliers l'acheter. Le roi n'a aucun pouvoir sur les castes, il ne peut pas lui même passer à une caste supérieure ; celle du roi d'aujourd'hui est des plus médiocres. On voit souvent des contestations et des disputes pour le rang entre ces castes : actuellement il y en a deux de la lie du peuple qui sont aux mains au sujet de la préséance. Il y a telle caste si basse et si méprisable que ceux qui en sont n'oseroient regarder en face un homme d'une caste supérieure, et s'ils le faisoient, il auroit droit de les tuer sur le champ. Vous m'avouerez, madame, que de pareilles lois sont fort risibles ; mais je leur passerois aisément ce qu'elles ont d'absurde et de ridicule si elles n'étoient pas infiniment gênantes pour nos ministères.

Vous me demandez ensuite quel rang tiennent ici les Européens : c'est un article qui est souvent traité dans nos lettres. Il suffit de dire que rien n'est plus faux que ce que M. Robbe avance dans sa géographie de la prétendue estime que les Indiens font des Européens : cette estime est telle qu'un chrétien de la lie du peuple s'accusoit un jour comme d'un grand péché d'avoir appelé un autre fils de *Franqui*, c'est-à-dire fils de Portugais ou d'Européen. Toute notre attention est de cacher à ces peuples que nous sommes ce qu'ils appellent Franquis : le moindre soupçon qu'ils en auroient mettroit un obstacle insurmontable à la propagation de la foi. Il y auroit une infinité d'observations à faire sur les castes, sur leurs usages, sur leurs symboles, sur leurs offices, mais cela me mèneroit trop loin. Je passe à votre seconde question, qui regarde l'emploi des hommes et des femmes.

Ici, comme en Europe, les hommes ont divers emplois : les uns servent le prince, les autres cultivent la terre, ceux-ci s'appliquent au commerce, ceux-là travaillent aux arts mécaniques, et ainsi du reste. On ne voit aux Indes ni financiers ni gens de robe : les intendans ou gouverneurs sont chargés tout à la fois et de l'administration de la justice et de la levée des deniers, et du gouvernement militaire.

La justice se rend sans fracas et sans tumulte. La plupart des affaires, surtout celles qui sont de moindre importance, se terminent dans le village : chacun plaide sa cause, et les principaux font l'office de juges ; on n'appelle guère de leur sentence, principalement si ces juges sont, comme il arrive presque toujours, des premiers de la caste. Quand on a recours au gouverneur, le procès se termine à peu près de la même sorte, si ce n'est que pour l'ordinaire il met les deux parties à l'amende. Il sait le moyen de trouver coupables l'une et l'autre partie. Les présens font souvent pencher la balance d'un côté, mais elle devient égale quand le juge reçoit des deux côtés.

Je ne suis pas autrement instruit de ce qui regarde le gouvernement militaire : ce que je sais, c'est que tout est ici assez paisible. Les gouverneurs lèvent de temps en temps des soldats selon les besoins où ils se trouvent. Le roi envoie quelquefois des corps d'armée dans les provinces, mais ce n'est guère que pour soumettre quelque seigneur qui refuse de payer le tribut ou pour châtier ceux qui font des injustices trop criantes. On assiége leurs forteresses, alors le canon joue, mais bien froidement, et il se répand peu de sang de part et d'autre : pourvu que le coupable ait de l'argent et qu'il veuille bien en venir à une composition honnête, on lui fait bon quartier ; du reste, à lui permis de se dédommager par de nouvelles vexations dont il accable le pauvre peuple. Ces seigneurs dont je parle sont comme de petits souverains qui gouvernent absolument leurs terres et dont toute la dépendance consiste dans le tribut qu'ils paient au roi : ils sont héréditaires, au lieu que les gouverneurs et les intendans se révoquent et se destituent au gré du prince. Tel gouverneur ne dure pas quatre jours, et dans ce peu de temps il ne laisse pas de s'enrichir s'il est habile. On met souvent ces gouverneurs à la question pour leur faire rendre gorge, après quoi, quelques vexations qu'ils aient commises, on ne laisse pas de les rétablir dans leurs charges.

La justice criminelle ne s'exerce pas avec beaucoup de sévérité. J'ai dit plus haut qu'on étoit toujours coupable quand on étoit riche ; je puis dire pareillement, sans tomber dans aucune contradiction, que dès qu'on est riche on est toujours innocent. La levée des deniers publics est de la fonction des intendans : comme la taille est réelle, ils estiment le champ et ils le taxent selon qu'il leur plaît ; mais ils trouvent tant de sortes d'expédiens pour chicaner le laboureur et le piller, tantôt sous un prétexte tantôt sous un autre, que quelquefois il ne retire aucun fruit de toutes ses peines et que la récolte sur laquelle il fondoit ses espérances passe toute entre des mains étrangères. Outre la taille et plusieurs autres droits qu'on tire sur le peuple, il y a quantité de péages, et cette sorte d'impôt s'exige avec beaucoup d'injustice et de rigueur.

Pour ce qui est des femmes, elles sont moins les compagnes que les esclaves de leurs maris. Le style ordinaire est que le mari tutoie sa femme et que la femme ne parle jamais à son mari ni de son mari qu'en termes les plus respectueux. Je ne sais si c'est par respect ou par quelque autre raison que la femme ne peut jamais prononcer le nom de mari ; il faut qu'elle se serve en ces occasions de périphrases et de circonlocutions tout à fait risibles. On n'est point surpris que le mari batte sa femme et l'accable d'injures : « Si elle fait des fautes, ne faut-il pas la corriger, » disent-ils ? La femme n'est jamais admise à la table du mari ; nous n'osons presque dire qu'en Europe les usages sont tout différens. La femme sert le mari comme si elle étoit son esclave, et les enfans comme si elle étoit leur servante : de là vient que les enfans s'accoutument peu à peu à la regarder comme telle, à la tutoyer, la traiter avec mépris et quelquefois à porter la main sur elle. D'ailleurs, la belle-mère est une rude maîtresse : elle se décharge toujours sur sa belle-fille de tout le travail domestique, et quand elle donne ses ordres, c'est toujours d'une manière dure et impérieuse. Cependant les femmes ne laissent pas de réduire assez souvent leurs maris en s'enfuyant de la maison et en se retirant chez leurs parens : ceux-ci ne manquent pas de prendre sa défense, et alors les injures, les imprécations, les paroles sales, les invectives les plus grossières ne sont point épargnées, car cette langue est féconde en de semblables termes. La femme ne retourne point à la maison que le mari lui-même ou ses parens ne la viennent chercher, et elle leur fait faire quelquefois bien des voyages inutiles. Lorsqu'elle s'est rendue à ses prières, on donne un festin au mari, on le réconcilie avec sa femme et elle le suit dans sa maison.

Les femmes s'occupent dans le domestique à aller chercher de l'eau, à ramasser du bois, à piler le riz, à faire la cuisine, à tenir la maison et la cour propres, à faire de l'huile et d'autres choses de cette nature. L'huile se fait du fruit d'un arbrisseau nommé par quelques-uns de nos herboristes *Palma Christi*. On fait cuire ce fruit légèrement, on l'expose deux ou trois jours au soleil, on le pile jusqu'à le réduire en pâte ; on délaie cette pâte dans l'eau, versant deux mesures d'eau sur deux mesures du fruit qu'on a pilé et on fait bien bouillir le tout. Quand l'huile surnage on la tire avec une cuiller ou par inclinaison ; on lave ensuite le sediment dans l'eau et l'on en tire encore un peu d'huile.

La manière dont on pile le riz a quelque chose de singulier. Le riz naît, comme vous le savez, revêtu d'une peau rude et dure comme celle de l'orge : le riz en cet état se nomme ici nellou ; on le fait cuire légèrement dans l'eau, on le fait sécher au soleil, on le pile à plusieurs reprises. Quand on l'a pilé pour la première fois, il se dégage de la grosse peau ; la seconde fois qu'on le pile, il quitte la pellicule rouge qui est au dessous, et sort plus ou moins blanc, selon l'espèce de nellou, car il y en a de plus de trente sortes. Lorsque il est ainsi pilé, il se nomme arisi : deux litrons de bon nellou rendent un litron d'arisi. Il ne sort pas farineux et concassé comme notre riz d'Europe, mais il est beau et entier ; je ne crois pas néanmoins qu'il se conserve longtemps. Au reste le riz des Indes n'a pas la propriété de gonfler comme celui d'Europe : nos Indiens le souhaiteroient fort, et ils sont étonnés lorsque nous leur racontons le peu de riz qui suffit en Europe pour emplir une marmite.

Le temps que les femmes ont de reste après le travail du ménage, elles l'emploient à filer, et c'est leur occupation ordinaire ; elles ne font aucun travail à l'aiguille, elles ne savent pas même la manier. Il y a de certaines castes où il n'est pas permis aux femmes de filer, d'autres où elles ne s'occupent qu'à faire des paniers et des nattes, et celles-ci ne peuvent pas même piler le riz ; d'autres où elles ne peuvent pas aller quérir de l'eau : c'est la fonction d'une esclave ou bien du mari. Mais je n'aurois jamais fait s'il falloit rapporter toutes ces exceptions, et il suffit de parler de ce qui se fait le plus communément. En général, le bel usage ne permet pas aux femmes d'apprendre à lire et à écrire ; on laisse ce soin aux esclaves des pagodes afin qu'elles puissent chanter les louanges du démon et les cantiques impurs dont ses temples retentissent.

Vous me demandez en troisième lieu, madame, quels sont les alimens ordinaires de ces peuples. Je n'aurai pas besoin de m'étendre beaucoup pour vous satisfaire sur cet article. L'eau est leur boisson ordinaire : ce n'est pas qu'on ne fasse des liqueurs enivrantes, mais il n'y a que ceux de la lie du peuple qui en usent, les honnêtes gens en ont horreur. La principale de ces liqueurs est celle qui découle des branches du palmier dans un vase qu'on y attache pour en recevoir le suc ; on fait aussi, avec une certaine écorce et de la cassonade de palmier, une eau-de-vie qui prend feu comme celle d'Europe. D'autres en faisant fermenter des graines que je ne connois pas en font un vin qui enivre. Pour nous, Dieu nous préserve de toucher à ces infâmes liqueurs ; nous sommes trop heureux quand nous pouvons trouver de l'eau qui soit tant soit peu bonne : elle ne se trouve pas partout, principalement dans le Marava, où les eaux de puits et de source sont presque toutes malsaines. Le vin dont nous nous servons pour le saint sacrifice de la messe nous vient d'Europe : nous le cachons avec soin, de crainte que, s'il tomboit entre les mains des Gentils, ils ne s'imaginassent, comme il est arrivé quelquefois, que cette liqueur est semblable à leurs vins artificiels. Il y a environ trois ans qu'une de mes églises ayant été pillée en mon absence, un soldat y trouva une bouteille demi-pleine de vin : il s'applaudit aussitôt de sa découverte, se persuadant qu'elle contenoit une drogue propre à faire de l'or, car ces idolâtres, qui voient que, sans avoir de revenus, nous ne laissons pas de faire de la dépense, soit pour l'entretien de nos catéchistes, soit pour la décoration de nos églises, se figurent aisément que nous avons le secret, non de la pierre, mais de l'huile philosophale. Il prend donc la bouteille, il passe à son bras le cordon qui y étoit attaché, monte à cheval et l'emporte. Par malheur en passant près de là sur une roche, le cordon se rompit, la bouteille se cassa et toutes ses belles espérances s'évanouirent.

Le riz est la nourriture la plus commune ; mais vous voulez savoir apparemment comment il s'apprête, et le voici. Ceux qui sont à leur aise lui font un court bouillon, ou bien une sauce de viande, de poisson ou de légumes ; quelquefois ils le mangent avec des herbes cuites en forme d'épinards ou bien avec une espèce de petites fèves qui se cuit comme nos fèves de haricots, mais tout cela s'apprête à l'indienne, c'est-à-dire fort mal. On le mange encore avec du lait, quelquefois on se contente d'y jeter un peu de beurre fondu. Pour ce qui est des pauvres et des gens du commun, ils ne le mangent qu'avec quelques herbes cuites, ou avec du petit lait, ou simplement avec un peu de sel : la faim supplée au reste.

Ne croyez pas pourtant que tout le monde ait ici du riz : dans l'endroit où je suis actuellement on ne se nourrit que de millet : on y en voit de cinq ou six sortes, toutes inconnues en Europe. On l'assaisonne comme le riz, ou bien on le prend en forme de bouillie : il vient d'assez beau froment sur certaines montagnes, mais il n'y a guère que les Turcs et les Européens qui en usent. Les Turcs n'en font pas de pain que je sache : mais ils en font une espèce de galette en forme de gaufres, autant que j'en ai pu juger par ce qu'on m'en a rapporté. Les Européens qui sont sur la côte en font du pain ou du biscuit, tel à peu près que le biscuit de mer. Pour ce qui est de nous autres missionnaires nous ne sommes ni assez riches ni assez peu occupés pour penser même à faire du pain : d'ailleurs, le levain n'étant point ici en usage, on y supplée par la liqueur du palmier, dont nous ne pouvons user sans scandale, et sans nous décréditer dans l'esprit de ces peuples. C'est pour cette même raison que nous n'avons pas même de vinaigre pour manger de la salade, quoiqu'on en fasse de fort bon de cette même liqueur, en l'exposant pendant quarante jours au soleil dans un vase bien fermé. Nous nous abstenons de tout ce qui a rapport à ces sortes de boissons, à l'exemple de saint Paul, qui disoit qu'il aimeroit mieux ne manger jamais de viande que de scandaliser son frère.

Pour répondre à votre quatrième question,

il me faut, madame, entrer dans un petit détail des fruits et des animaux qui se trouvent en ce pays-ci. Il n'est pas autrement garni d'arbres fruitiers ; je n'y en ai vu presque aucun d'Europe, à la réserve de quelques citrons aigres. Je m'étois imaginé, quand je suis venu dans cette mission, que les oranges y étoient fort communes : depuis que j'y suis, je n'ai vu ni goûté aucune orange mûre. On ne laisse guère mûrir le peu de fruits qu'il y a : on les cueille tout verts, et on les fait confire dans quelque saumure aigre, pour les manger avec le riz et en corriger la fadeur.

Le fruit le plus ordinaire est la banane ou figue d'Inde, mais elle est bien différente de nos figues pour la couleur et la figure. Il y a encore des mangles surtout du côté des montagnes. Nous avons aussi, mais seulement dans nos jardins, quelques dattes et quelques goyaves. Dans quelques uns on voit des treilles qui se chargent assez de raisins, mais les oiseaux et les écureuils ne les laissent guère parvenir à leur maturité.

Quant aux légumes, la terre y porte des citrouilles de plusieurs espèces, des concombres et diverses herbes qui sont propres au pays. On n'y connoit point d'oseille, mais elle est remplacée par le tamarin : il y a des ciboules ; mais les choux, les raves, la laitue sont des plantes étrangères, qui ne laissent pas de croître assez bien quand on les sème. Comme nous sommes presque toujours en voyage, et que d'ailleurs des choses trop importantes occupent tout notre temps, nous n'avons ni la volonté ni le loisir de nous amuser au jardinage : outre que le terroir étant fort sec, il faudroit entretenir un jardinier qui n'eût d'autre soin que de cultiver et d'arroser sans cesse ces terres brûlantes : l'entretien des catéchistes nous est bien plus nécessaire. On ne voit ici ni chênes, ni pins, ni ormes, ni noyers ; il y a autant et plus de différence entre les arbres des Indes et ceux d'Europe, qu'il y en a entre les habitans des deux pays. Je dis à peu près la même chose des fleurs : à la réserve des tubéreuses, des tournesols, des jasmins, des lauriers-roses, toutes les autres fleurs que j'ai vues sont inconnues en Europe ; on les cultive ici avec beaucoup de soin pour en orner les idoles.

Venons aux animaux : on trouve dans les montagnes des éléphans, des tigres, des loups, des singes, des cerfs, des sangliers des lièvres ou lapins, car je ne les ai pas vus d'assez près pour en faire le discernement : on laisse le gibier fort en repos, quoique la chasse soit permise à tout le monde. Les seigneurs chassent de temps en temps par divertissement, mais il s'en faut bien que ce soit avec cette passion qu'on a en Europe pour cet exercice. La chasse se fait aussi à l'oiseau, mais rarement.

Quelques princes ont des éléphans privés et des chevaux. Les chevaux qui naissent dans le pays sont petits et faibles, mais on les a à bon marché. Pour ceux dont on se sert dans les armées, on les fait venir des pays étrangers, et ils coûtent fort cher ; on les achète d'ordinaire cinq ou six cents écus. Je doute que ce climat soit favorable à ces sortes d'animaux ; il faut des soins infinis pour les conserver ; il n'y a point de jour qu'il ne faille leur donner quelque drogue avant que de les panser, et à la moindre pause qu'on leur fait faire en voyage, il faut les manier, leur passer la main sur tout le corps, leur presser la chair et les nerfs, leur soulever les pieds l'un après l'autre ; si l'on y manque, leurs nerfs se rétrécissent, et ils sont ruinés en peu de temps. Comme il n'y a point ici de prairies, et qu'on n'y recueille ni foin ni avoine, on ne donne aux chevaux que de l'herbe verte, laquelle en certains endroits et en certains mois de l'année est très-difficile à trouver. Au lieu d'avoine, on leur donne une espèce de lentille qu'on fait cuire.

Les bœufs sont ici de grand usage ; on ne mesure la richesse d'un chacun que par le nombre de bœufs qu'il a. Ils servent au labourage et aux voitures, on les attelle aussi aux charrettes ; la plupart ont une grosse bosse sur le chignon du cou ; quand on veut les mettre à la charrette, on leur passe une corde au cou, on lie à cette corde une perche qui se met en travers, et qui porte sur le cou des deux bœufs attelés : à cette perche est attaché le timon de la charrette [1].

Les charrues n'ont point de roues, et le fer qui tient lieu de coutre est si étroit qu'il ne fait qu'égratigner la terre où l'on a coutume de semer le millet. Le riz demande plus de travail et de culture ; les champs où on le sème sont toujours au bord des étangs qu'on creuse exprès, afin de pouvoir y conserver l'eau de pluie et arroser les montagnes dans les temps de sé-

[1] Comme en France dans les départemens de l'ouest.

cheresse. On voit presque autant d'étangs que de peuplades. Les charrettes ne sont pas mieux entendues que les charrues : il y en a si peu que je ne crois pas en avoir vu six depuis que je suis dans ce pays ; mais on voit beaucoup de chars qui sont assez bien travaillés ; les roues sont petites, elles se font de grosses planches qu'on emboîte les unes dans les autres ; elles ne sont point ferrées, et elles n'ont d'autre moyeu qu'un trou qui est au milieu de ce tissu de planches ; le corps du char est fort élevé et tout chargé d'ornemens de menuiserie et de sculpture et de figures fort indécentes. Ces chars ne servent qu'au triomphe du démon ; on y place l'idole, et on la traîne en pompe par les rues. On ne sait ici ce que c'est que carrosse ; les grands seigneurs se font porter en palanquin, mais ils doivent en avoir la permission du prince.

On trouve encore au Maduré quantité de buffles qu'on emploie au labourage et qu'on attelle de même que les bœufs ; c'est un crime digne de mort que de tuer un bœuf, une vache ou un buffle ; il n'y a pas encore deux ans qu'on fit mourir deux ou trois personnes de la même famille qui étoient coupables d'un semblable meurtre ; je ne sais si un homicide leur auroit attiré le même supplice. Dans une de nos îles françaises de l'Amérique, on défendit autrefois, sous peine de la vie, de tuer les bœufs pour ne pas empêcher la multiplication de l'espèce : il est probable qu'une même raison de politique a porté les Indiens à faire de pareilles défenses.

Les bœufs ne sont nulle part plus nécessaires qu'en ce pays-ci ; ils n'y multiplient que médiocrement ; ils sont sujets à de fréquentes maladies, et la mortalité se met souvent parmi eux. Le remède le plus ordinaire dont on se serve pour les guérir de leurs maladies est de les cautériser ; au reste, les Indiens ont autant d'horreur de la chair de ces animaux, que les Européens en ont de la chair du cheval ; il n'y a que ceux des castes les plus méprisables qui osent en manger quand ils meurent de leur mort naturelle.

Ils ne jugent pas de même des chauve-souris, des lézards et même de certaines fourmis blanches ; lorsque les ailes viennent à ces fourmis, et que, prenant l'essor, elles vont se noyer dans les marais, les Indiens accourent pour les prendre ; si on les en croit, c'est un mets délicieux[1]. La chèvre, le mouton, la poule sont les viandes d'usage. On voit ici une espèce de poules dont la peau est toute noire aussi bien que les os ; elles ne sont pas moins bonnes que les autres ; je n'ai point vu de poules d'Inde, ce sont apparemment les Indes occidentales qui leur ont donné ce nom. Le poisson est aussi du goût des Indiens, ils le font sécher au soleil, mais ils ne le mangent guère qu'il ne soit tout à fait gâté et corrompu ; ils le trouvent alors excellent, parce qu'il est plus propre à corriger ce que le riz a d'insipide.

On trouve ici des ânes comme en Europe, et ils servent aux mêmes usages : il y a une remarque plaisante à faire sur cet animal et que je ne dois pas omettre. Vous ne vous imagineriez pas, madame, que nous avons ici une caste entière qui prétend descendre en droite ligne d'un âne et qui s'en fait honneur[2] ? Vous me direz qu'il faut que cette caste soit des plus basses : point du tout, c'est une des bonnes, c'est celle même du roi. Ceux de cette caste traitent les ânes comme leurs propres frères : ils prennent leur défense, ils ne souffrent point qu'on les charge trop ou qu'on les batte excessivement. S'ils apercevoient quelqu'un qui fût assez inhumain pour se porter à de telles extrémités, on le traîneroit aussitôt en justice, et il y seroit condamné à l'amende. Il est bien permis de mettre un sac sur le dos de l'animal, mais on ne peut mettre aucune autre chose sur ce sac ; et si cela arrivoit, les cavarravadouguer (c'est le nom de ceux de cette caste) feroient une grosse affaire à celui qui se seroit donné cette liberté. Ce qu'il y a de moins pardonnable dans cette extravagance, c'est qu'ils ont souvent moins de charité pour les hommes que pour ces sortes de bêtes : dans un temps de pluie, par exemple, ils donneront le couvert à un âne et le refuseront à son conducteur s'il n'est pas d'une bonne caste.

Enfin, madame (car il faut entrer dans le détail de tous les animaux de ce pays, puisque vous le souhaitez), nous avons ici des chiens, mais qui sont extrêmement laids ; nous avons des chats domestiques et sauvages et des rats de plusieurs espèces. Il ne faut pas oublier de

[1] Les sauvages de l'Amérique du sud mangent également des lézards et des fourmis.
[2] Les sauvages de l'Amérique du nord, qui habitent près des sources du Missouri et du Mississipi se vantent de descendre d'un chien, d'un ours, etc.

vous dire que nos Indiens vont à la chasse de ces rats, de même qu'on va en Europe à la chasse des lapins. La campagne seroit pleine de ces illustres chasseurs si l'on en trouvoit une aussi grande quantité qu'il y en a eu dans cette province dont vous me parlez et où vous dites qu'ils ont fait tant de ravages. On en voit ici une espèce qui ressemble assez à la taupe par la finesse de son poil, quoiqu'il ne soit pas tout à fait si noir. Les Portugais le nomment rat de senteur; il fait, dit-on, la guerre au serpent. Il y en a encore une autre espèce qui creuse sous terre comme la taupe, mais ce n'est guère que dans les maisons que cette sorte de rat travaille.

On m'a parlé d'une espèce de chat qui produit le musc, mais je n'en ai point vu et je ne puis dire si c'est effectivement un chat, ni comment il produit cette substance odoriférante; on m'a rapporté qu'en se frottant contre un pieu il y laisse le musc, et que c'est de ce pieu qu'on le retire. Parmi les chiens sauvages, il y en a un qu'on prendroit plutôt pour un renard; les Indiens l'appellent nari et les Portugais adiba : on m'a dit qu'il avoit ses heures réglées pour hurler pendant la nuit et que c'est de six en six heures ; pour moi j'ai voyagé souvent la nuit et je l'entendois hurler à toutes les heures.

Pour ce qui est des serpens, on en voit ici une infinité ; quelques uns sont si venimeux qu'une personne qui a été mordue tombe morte au huitième pas qu'elle fait, et c'est pourquoi on le nomme serpent de huit pas. Il y en a un autre que les Portugais appellent cobra de capelo, ce qui ne signifie pas serpent à chapeau comme l'ont cru quelques Européens, mais serpent à chaperon. On l'a nommé ainsi, parce que, quand il se met en colère, il s'élève à mi-corps et qu'il ne rampe que sur la queue ; alors son col s'élargit en forme de domino sur lequel paroissent trois taches noires, qui, au sentiment des Indiens, donnent de la grâce à ce serpent ; de là vient qu'ils l'ont appelé le beau ou le bon serpent, car le terme tamulique peut avoir ces deux significations. Lorsque je vous entretiendrai, dans quelque autre lettre, de la religion des Indes, je parlerai du respect superstitieux que les Gentils ont pour ce serpent ; s'ils l'avoient tué, ils croiroient avoir commis un sacrilége.

Entre autres insectes, on voit ici des mouches vertes qui luisent pendant la nuit ; elles cherchent les endroits humides; lorsqu'il y en a beaucoup et que la nuit est obscure, c'est un assez agréable spectacle de voir cette infinité de petites étoiles voltigeantes. On voit encore des fourmis de plusieurs espèces ; la plus pernicieuse est celle que les Européens ont nommée fourmi blanche, que les Indiens appellent carreian et que nous appelons plus communément caria. Cet insecte est la proie ordinaire des écureuils, des lézards et de certains oiseaux dont je ne puis vous dire le nom. Pour se mettre à couvert de tant d'ennemis, il a l'adresse de se former une butte de terre de la hauteur à-peu-près d'un homme ; pour cela, du fond de la terre, il charrie du mortier qu'il humecte ; peu à peu il élève son logis et il le maçonne si bien qu'il faut une pluie forte et presque continuelle pour y donner une atteinte sensible. Les campagnes sont remplies de ces buttes ; les laboureurs ne les abattent point soit parce qu'elles sont extrêmement dures, soit parce qu'en peu de jours elles seraient rétablies. Ces buttes sont pleines de compartimens en forme de canaux irréguliers ; le caria sort à certaines heures pour aller au fourrage ; il coupe l'herbe fort vite et il l'emporte dans sa fourmilière.

Il y a une autre espèce de caria qui est plus petit et qui se tapit d'ordinaire dans les maisons. On trouve dans le centre de sa fourmilière une espèce de rayon presque semblable au rayon des mouches à miel ; de là cet insecte monte sur les toits, mais il n'avance qu'en se couvrant à mesure et en formant, avec la terre qu'il charrie, une espèce de tuyau qui lui sert de chemin ; il ronge les feuilles de palmier, la paille et le chaume dont nos maisons et nos églises sont couvertes, ce qui fait que l'édifice tombe au premier vent ; il s'attache à toute espèce de bois sec et il le ronge peu à peu. Un si petit animal m'a obligé d'abandonner une assez belle église, dont la situation était fort commode à mes néophytes. Le lieu étoit si peuplé de ces insectes qu'un toit ne demeuroit pas six mois en son entier. Les chrétiens qui venoient à l'église et qui n'avoient point d'autre lit que la terre trouvoient le matin leur natte et leur linge tout rongés. Nous avons aussi des abeilles, mais on ne se donne pas la peine de leur bâtir des ruches : on ne manque pourtant ni de cire ni de miel ; l'un et l'autre se tirent des ruches que les abeilles se font à elles-mêmes sur les montagnes.

J'entre, comme vous voyez, madame, dans le détail des plus petites choses afin de satisfaire à toutes vos demandes. Celle où il me paroît que vous insistez davantage et sur laquelle vous désirez d'être parfaitement instruite regarde la manière dont les missionnaires sont vêtus au Maduré et la mode que suivent les Indiens dans leurs habillemens.

1° L'habit que portent les missionnaires est une simple toile de coton qui n'est ni rouge ni jaune, mais dont la couleur tient de l'un et de l'autre : ils portent à la main un vase de cuivre. Comme on ne trouve pas de l'eau partout et que celle qu'on trouve n'est pas toujours potable, ils sont obligés d'en avoir toujours avec eux pour se rafraîchir sous un ciel aussi brûlant que celui-ci. La chaussure vous paroîtra extraordinaire : c'est une espèce de socques assez semblable à celles dont se servent en France quelques religieux de saint François; à la vérité celles-ci s'attachent avec des courroies, au lieu que les socques des Indes ne tiennent que par une cheville de bois qui se met entre l'orteil et le second doigt du pied. Cette manière de se chausser ne nous est pas particulière : les rois et les grands seigneurs usent de socques comme nous; il y a cette différence que leurs socques sont d'argent et que les nôtres sont de bois. Ils prétendent que cette chaussure est la plus propre et la plus commode qu'on puisse imaginer pour ce pays-ci. C'est la plus propre, disent-ils, parce qu'on peut en tout temps la laver et se laver les pieds, ce qui est nécessaire ici à cause de la chaleur; la plus commode, parce que rien n'est plus facile à quitter et à reprendre. Il est vrai qu'il en coûte dans les commencemens et qu'on ne peut s'y accoutumer sans beaucoup souffrir; mais, avec du temps et de la patience, il se forme des calus à cet endroit du pied, et on acquiert enfin l'habitude de marcher sans aucune incommodité.

Dans les voyages que nous faisons d'ordinaire à pied, nous ne nous servons point de socques; mais je ne sais ce qui est alors le plus pénible, ou d'aller pieds nus sur ces terres brûlantes et semées de petits cailloux, ou d'user de sandales de cuir, ainsi que font les naturels du pays. Ces sandales ne sont qu'une simple semelle, sans empeignes, qui tient aux pieds par quelques courroies; le sable et les pierres s'y glissent aisément et causent beaucoup de douleur. Il n'est pas du bel usage de se servir de sandales et c'est pourquoi on les quitte toujours lorsqu'on doit paroître devant une personne qui mérite du respect. Nos images d'Europe, où les saints sont représentés vêtus à la romaine avec des sandales aux pieds révoltent la politesse indienne ; cependant plusieurs brames ne font pas difficulté d'en porter.

2° Au regard des modes indiennes, elles sont toujours les mêmes ; ces peuples ne changent guère leurs usages, surtout pour la manière de se vêtir. J'ai déjà eu l'honneur de vous dire, madame, que les gens du commun n'y font pas beaucoup de façon : ils s'entourent le corps d'une simple toile de coton, et il arrive souvent que les pauvres ont bien de la peine à avoir un morceau de toile pour se couvrir. Les grands seigneurs s'habillent assez proprement, selon leur goût et eu égard à la chaleur du climat : ils se couvrent d'une robe de toile de coton fort blanche et en même temps très-fine et transparente qui leur descend jusqu'aux talons; ils ont un haut de chausses et des bas de couleur rouge tout d'une pièce et qui ne vont que jusqu'au cou-de-pied ; ils sont chaussés d'une espèce d'escarpins de cuir rouge brodé, les quartiers de derrière se plient sous les talons : ils portent des pendans d'oreilles d'or ou de perle ; la ceinture est d'une étoffe de soie brodée d'or, les bracelets sont d'argent ; ils portent au col des chaînes d'or ou des espèces de chapelets dont les grains sont d'or. Les dames ont à peu près le même habillement, et on ne les distingue des hommes que par la manière différente dont elles ornent leur tête.

Je finis cette lettre, madame, qui n'est peut-être que trop longue, en répondant à votre dernière question. Vous souhaitez savoir où nous nous retirons pendant le jour et la nuit et si les gens de ce pays-ci consentent volontiers qu'on baptise leurs enfans. C'est sur quoi je vais vous satisfaire en peu de mots. Certainement il est nécessaire que nous ayons une demeure fixe : sans cela où les chrétiens et les Gentils iroient-ils nous chercher lorsqu'ils ont besoin de notre ministère? Comment tiendrions-nous nos assemblées ? Comment célébrerions-nous nos fêtes? D'un autre côté, il n'est pas à propos que nous demeurions toujours dans le même endroit, ce ne seroit pas le moyen d'étendre la foi ; les chrétiens seroient obligés de faire de fort longs voyages, plusieurs vieillards passeroient le reste de leur vie sans participer aux sacremens ; d'ailleurs un trop long séjour dans la même contrée donneroit le temps aux ennemis du nom chrétien de tramer des complots contre la religion et de lui susciter des persécuteurs. C'est pourquoi, comme chaque mission comprend une grande étendue de pays où les néophytes sont dispersés, nous y avons plusieurs églises, dans lesquelles nous entretenons des catéchistes qui instruisent les chrétiens et les catéchumènes et qui gagnent tous les jours quelques idolâtres à Jésus-Christ. Les conversions sont plus ou moins nombreuses chaque année, à proportion du nombre de catéchistes que nous avons le moyen d'entretenir. Soixante ou quatre-vingts francs suffisent pour l'entretien d'un catéchiste. Nous parcourons ces Églises, et nous faisons dans chacune quelque séjour pour administrer les sacremens aux fidèles et pour baptiser les catéchumènes. Nous avons auprès de chaque église une cabane et quelquefois un petit jardin : c'est là que nous nous retirons. Pendant nos voyages, qui sont fort fréquens, nous allons chez les chrétiens, quand il y en a dans le lieu, ou chez les Gentils qui veulent bien nous recevoir, ou dans les *madams* publics : on appelle ainsi un bâtiment dressé sur les chemins pour la commodité des passans, lequel supplée aux hôtelleries, dont on ignore ici l'usage. Dans certains *madams*, on donne à manger aux brames ; dans d'autres, on leur donne de la *cange :* on appelle ainsi l'eau où l'on a fait bouillir le riz ; il y en a d'autres où l'on donne du petit lait. Communément on n'y trouve que de l'eau et du feu, et il y faut porter le reste. Ainsi, comme vous voyez, madame, on ne voyage pas trop commodément en ce pays-ci ; néanmoins ce n'est pas là ce qu'il y a de plus rude ; la chaleur excessive du climat nous incommode plus que tout le reste : nous ne faisons guère de voyage que l'épiderme du visage ne soit tout à fait enlevé ; on s'en console aisément, et il en renaît bientôt un autre à la place.

Pour ce qui regarde le baptême des enfans, vous savez, madame, que l'usage observé de tout temps dans l'Église est de ne point baptiser les enfans des infidèles à moins qu'ils n'y consentent et qu'ils ne promettent de leur procurer une éducation chrétienne : c'est ce qu'on ne peut guère espérer de ceux qui sont obstinés dans leur aveuglement et qui refusent d'ouvrir les yeux à la lumière de l'Évangile ; il y a pourtant un cas à excepter, c'est lorsque ces enfans sont en danger de mort, la pratique est de les baptiser sans en demander la permission à leurs parens, qui ne manqueroient pas de la refuser.

Les catéchistes et les chrétiens sont parfaitement instruits de la formule du baptême, et ils le confèrent aux enfans moribonds sous prétexte de leur donner des remèdes. Il n'y a point d'année qu'ils ne mettent dans le ciel un grand nombre de ces petits innocens qui ont eu le malheur de naître dans le sein de l'infidélité. Quand il n'y auroit que ce bien là à faire dans cette mission, les missionnaires et ceux qui comme vous, madame, contribuent par leurs libéralités à l'entretien des catéchistes ne seroient-ils pas assez récompensés de leurs travaux et de leur zèle? Je ne vous parle point des fidèles, on ne peut pas douter qu'ils ne consentent que leurs enfans soient baptisés ; hé! quelle sorte de chrétiens seroit-ce s'ils ne venoient eux-mêmes offrir leurs enfans au baptême aussitôt qu'ils sont nés! C'est aussi à quoi ils ne manquent pas.

Je crois, madame, avoir satisfait à tout ce que vous souhaitiez de moi. Je vous sais bon gré de ne m'avoir pas fait un plus grand nombre de questions, car je n'aurois pu me résoudre à les laisser sans réponse, et cependant mes occupations présentes ne m'eussent guère permis d'entrer dans un long détail de mille autres choses dont j'aurai l'honneur de vous entretenir quand j'aurai plus de loisir. Je vous prie néanmoins de remarquer que, dans cette lettre, je ne parle que du pays où je me trouve, qui est vers la pointe du cap de Comorin, et non pas de toutes les Indes en général. Comme en France chaque province a quelque chose de particulier, de même chaque royaume des Indes et quelquefois divers endroits du même royaume ont des coutumes toutes différentes. Le Malabar, par exemple, qui n'est séparé du Maduré que par une chaîne de montagnes, a des usages, des fruits et d'autres choses qui ne se trouvent point ici ; il a l'hiver quand nous avons l'été et l'été quand nous avons l'hiver, car aux Indes ce n'est pas le cours du soleil, ce sont les pluies qui règlent les saisons. Cette remarque est nécessaire afin de concilier les contradictions apparentes qui se peuvent rencontrer dans les lettres qu'on écrit du même pays. J'ai l'honneur d'être avec un profond respect et une parfaite reconnaissance, etc.

LETTRE DU P. MARTIN

AU P. DE VILLETTE.

Disette et agriculture.—Étangs et irrigations.—Temples réédifiés.—Persécutions contre les chrétiens.

Mon Révérend Père

La paix de N.-S.

Dans la dernière lettre que j'eus l'honneur de vous écrire de la mission du Marava, je vous faisois le détail de l'état de la religion dans ce royaume, où j'étois chargé du soin de près de vingt mille chrétiens et de la conversion de plus d'un million d'infidèles. Puisque ce récit vous a été agréable, je vais vous informer de ce qui s'y est passé depuis ce temps-là jusque vers le milieu de l'année 1712.

La sécheresse et les chaleurs extraordinaires ayant causé en 1709 une disette générale, on commençoit à espérer que les pluies fréquentes qui tombèrent dans les mois d'octobre et de novembre rétabliroient l'abondance. Ces grands étangs qui se font aux Indes à force de bras et avec beaucoup de travail étoient déjà tous remplis : c'est à la faveur de ces eaux, que les laboureurs font couler des étangs dans les campagnes, qu'on voit croître une quantité prodigieuse de riz ; lorsque les pluies sont abondantes, le riz et les autres denrées y sont à vil prix : pour un fanon [1], on aura jusqu'à huit markals, ou grandes mesures, de très-bon riz pilé, ce qui suffit pour la nourriture d'un homme durant plus de quinze jours; mais aussi quand les pluies viennent à manquer, la cherté devient si grande que j'ai vu monter le prix d'une de ces mesures de riz jusqu'à quatre fanons, c'est-à-dire jusqu'à dix-huit sous.

On ne prend nulle part autant de précaution que dans le Marava pour ne pas laisser échapper une seule goutte d'eau et pour ramasser toute celle des ruisseaux et des torrens que forment les pluies. On y voit une assez

[1] Un fanon vaut quatre sous et demi de notre monnaie. (*Note de l'ancienne édition.*)

grande rivière appelée Vaïarou : après avoir traversé une partie du royaume de Maduré, elle tombe dans le Marava, et quand elle remplit bien son lit, ce qui arrive d'ordinaire pendant un mois entier chaque année, elle est aussi grosse que la Seine. Cependant, par le moyen des canaux que creusent nos Indiens et qui vont aboutir fort loin à leurs étangs, ils saignent tellement cette rivière de tous les côtés qu'en peu de temps elle est entièrement à sec.

Les étangs les plus communs ont un quart de lieue ou une demi-lieue de levée ; il y en a d'autres qui en ont une lieue et davantage ; j'en ai vu trois qui en ont plus de trois lieues. Un seul de ces étangs fournit assez d'eau pour arroser les campagnes de plus de soixante peuplades. Comme le riz veut toujours avoir le pied dans l'eau jusqu'à ce qu'il ait acquis sa parfaite maturité, lorsque, après la première récolte, il reste encore de l'eau dans les étangs, on fume les terres et on les ensemence de nouveau. Tout le temps de l'année est propre à faire croître le riz pourvu que l'eau ne lui manque pas.

On cueille ici diverses espèces de riz ; le meilleur est celui qu'on nomme chamba et pijànam : le premier croît et mûrit dans l'espace de sept mois, il faut neuf mois au second. On en voit qui ne demeure sur pied que cinq mois, et d'autre à qui environ trois mois suffisent ; mais il n'a ni le goût ni la force du chamba et du pijànam. Du reste, il est surprenant de voir la quantité de poissons qui se trouvent chaque année dans ces étangs lorsqu'ils tarissent ; il y en a dont la pêche s'afferme jusqu'à deux mille écus. Cet argent s'emploie toujours à la réparation des levées, qu'on fortifie des terres mêmes qui se tirent de l'étang.

Les premières pluies, qui arrivèrent dans le mois d'août, donnèrent le moyen à quelques laboureurs d'ensemencer les terres de cette espèce de riz qui croît en trois mois de temps ; mais après les pluies abondantes des mois d'octobre et de novembre, toutes les campagnes furent semées et elles promettoient une des plus riches récoltes. J'avois compassion de voir ces pauvres gens aller chaque jour recueillir quelques grains de riz à demi mûrs, les froisser dans leurs mains et les manger tout crus, la faim ne leur donnant pas la patience de les faire cuire.

Ceux qui avoient été plus diligens à ensemencer leurs terres prêtoient du riz aux autres qui avoient été plus lents à semer, mais c'étoit à des conditions bien dures : il falloit que pour une mesure de riz commun ils s'obligeassent à rendre huit, dix et même quinze mesures de riz chamba au temps de la récolte générale. Telle est l'usure qui s'exerce parmi les habitans du Marava. Vous jugez bien que ceux qui se convertissent doivent renoncer absolument à un gain si inique : c'est de quoi les infidèles même sont instruits, et ils admirent les bornes que la loi chrétienne prescrit sur cet article; pour peu que quelque néophyte vienne à les passer, ils ne manquent pas de lui en faire des reproches et même de m'en porter leurs plaintes, s'imaginant qu'un excès si criant est permis à ceux qui ne sont pas chrétiens : « Vous avez raison, leur dis-je alors, de condamner dans mes disciples cette prévarication, quoique ceux qui en sont coupables n'aient garde de porter l'usure aussi loin que vous; mais en serez-vous moins malheureux dans les enfers parce que vous vous croyez autorisés par l'éducation et par la coutume de votre pays? Vous vous condamnez vous mêmes par votre propre témoignage, car si ceux qui font profession de la loi que je prêche seront éternellement punis pour ne s'y être pas conformés, vous autres qui la connoissez, qui l'approuvez et qui refusez de l'embrasser, ne devez-vous pas vous attendre aux mêmes supplices? N'êtes-vous pas doublement idolâtres et des faux dieux qui sont l'ouvrage de vos mains et de cet argent qui est le fruit de ce trafic honteux que vous exercez? La profession que vous faites d'adorer les idoles justifie-t-elle votre avarice, et si elle l'autorise, n'est-ce pas une marque évidente de la fausseté de votre religion? » Quand je leur parle ainsi, ils se retirent pour l'ordinaire confus et interdits, mais ils ne songent pas pour cela à se convertir.

Comme je n'oublie rien afin d'arracher cette convoitise du cœur de mes néophytes et que je refuse d'admettre à la participation des sacremens ceux qui s'y sont laissé entraîner, j'ai eu la douleur de perdre un des chrétiens, lequel a abandonné la foi, non pas pour adorer les idoles, mais pour faire plus librement ce sordide commerce, vérifiant ainsi à la lettre ces paroles de saint Paul à Timothée : « La convoitise est la racine de tous les maux, et quelques-uns s'y laissant aller se sont écartés de la foi. » D'un autre coté, je fus consolé de voir qu'un chrétien s'étant rendu coupable du même péché, sa mère me l'amena à l'église; l'ayant accusé en ma présence, elle lui fit promettre qu'il ne prendroit désormais qu'autant qu'il auroit donné.

Ces pauvres gens, que l'indigence forçoit d'emprunter des Gentils à un si gros intérêt, se consoloient dans l'espérance d'une récolte abondante lorsqu'il plut à Dieu de replonger ce royaume dans de nouveaux malheurs. Le 18 décembre de l'année 1709, que tous les étangs se trouvoient pleins d'eau, il survint un ouragan que ces peuples appellent en leur langue *perumcatou* ou *perumpugel*, le plus furieux qu'on ait encore vu. Il commença dès sept heures du matin avec un vent affreux du nord-est et une pluie très-violente. Cet orage dura jusqu'à quatre heures, que le vent tomba tout à coup, mais demi-heure avant le coucher du soleil il recommença du côté du sud-ouest avec encore plus de furie, et comme les levées des étangs sont presque toutes tournées du côté du couchant, parce que tout le Marava va en pente vers l'orient, les ondes, poussées par le vent contre ces digues, les battirent avec tant d'impétuosité qu'elles les crevèrent en une infinité d'endroits; alors l'eau des étangs, s'étant réunie aux torrens formés par l'orage, causa une inondation générale qui déracina tout le riz et qui couvrit les campagnes de sable. La perte des moissons fut accompagnée de celle des bestiaux, qui furent submergés aussi bien que les peuplades bâties dans les lieux un peu bas.

Comme cette inondation arriva pendant la nuit, plusieurs milliers de personnes y périrent: dans un seul endroit on trouva jusqu'à cent cadavres que le courant y avoit portés. Un chrétien me montra depuis un grand arbre sur lequel il s'étoit perché avec vingt-six autres Indiens; ils y restèrent cette nuit-là et tout le jour suivant: deux de la troupe, à qui les forces manquèrent, tombèrent de l'arbre et furent emportés au loin par le torrent. Il m'ajouta qu'une femme ayant été portée par le courant près de cet arbre, un bon néophyte lui tendit le pied, qu'elle prit de la main, et un autre l'ayant soulevée par les cheveux, lui sauva la vie, qu'elle alloit perdre dans les eaux. L'on me montra dans un autre endroit la chaussée d'un grand étang qui creva tout à coup sous les pieds de cinq chrétiens qui s'y étoient réfugiés comme dans un lieu fort sûr. Je passai quelque temps après dans un petit bois de tamariniers : ce sont des arbres aussi hauts que nos plus grands chênes, dont la racine est fort profonde et qui, ayant les feuilles fort petites, donnent beaucoup moins de prise au vent; cependant presque tous ces arbres étoient renversés et avoient la racine en l'air : c'est ce que je n'aurois pu croire si je ne l'avois vu et ce qui marque bien le ravage que fit cet ouragan.

Les suites en furent très-funestes ; la famine devint plus cruelle que jamais et la mortalité fut presque générale, de sorte que plusieurs milliers d'hommes furent contraints de se retirer dans les royaumes de Maduré et de Tanjaour, qui confinent avec le Marava. Pour moi, j'eus beaucoup à souffrir pendant toute l'année 1710 : la calamité publique, les mauvaises eaux, que les terres charriées par les torrens rendoient encore plus mauvaises, les fatigues de la mission, la situation incommode de ma cabane, qui étoit sur le bord d'une mare, où un grand nombre de buffles venoient se vautrer pendant la nuit et faisoient lever des vapeurs infectes, tout cela altéra fort ma santé. La principale église que j'avois étoit devenue inabordable, les chrétiens n'osoient s'y rendre, de crainte des voleurs, qui faisoient des courses continuelles dans cette contrée et quelquefois au nombre de quatre à cinq cents hommes. J'avois fait bâtir quatre autres églises en quatre endroits différens, à une journée l'un de l'autre ; elles furent toutes submergées ou détruites par l'orage dont je viens de parler. Je songeai à en construire une autre à Ponnelicotey : c'est une grosse bourgade toute composée de chrétiens, qui est dans le centre du Marava. Le seigneur de cette peuplade, qui est aussi chrétien, me fournit pour la construction de mon église six colonnes de bois assez bien travaillées.

Presque toutes les bourgades et les terres de Marava sont possédées par les plus riches du pays, moyennant un certain nombre de soldats qu'ils sont obligés de fournir au prince toutes les fois qu'il en a besoin. Ces seigneurs se révoquent au gré du prince; leurs soldats sont leurs parens, leurs amis ou leurs esclaves, qui cultivent les terres dépendantes de la peuplade et qui prennent les armes dès qu'ils sont commandés. De cette manière le prince de Marava peut mettre sur pied en moins de huit jours jusqu'à trente et quarante mille hommes, et par là il se fait redouter des princes ses voisins:

il a même secoué le jong du roi de Maduré, dont il étoit tributaire. En vain les rois de Tanjaour et de Maduré s'étoient-ils ligués ensemble pour le réduire : le fameux brame Naraja, païen, grand général de Maduré, étant entré dans le Marava l'an 1702, à la tête d'une armée considérable, y fut entièrement défait et y perdit la vie; le roi de Tanjaour ne fut pas plus heureux en 1709: profitant de la désolation où étoit alors le Marava, il y envoya toutes ses forces; mais son armée fut repoussée avec vigueur, et il se vit réduit à demander la paix.

La situation de ma nouvelle église étoit commode pour les chrétiens, qui pouvoient s'y rendre des quatre parties du Marava, mais elle étoit très-nuisible à ma santé. Comme elle étoit entourée d'un côté par un grand étang et de l'autre par des campagnes de riz toujours arrosées, l'humidité du lieu et le concours incroyable des fidèles et des Gentils me causèrent deux grosses tumeurs, l'une sur la poitrine et l'autre immédiatement au-dessous de la jointure du bras. Je fus obligé de me mettre entre les mains d'un chrétien qui passoit pour habile dans ces sortes de cures. Quand il fallut ouvrir la tumeur, il se trouva qu'un mauvais canif tout émoussé que j'avois étoit meilleur pour cette opération que tous ses outils. Avant que de l'ouvrir, il y appliqua durant huit à dix jours, pour la résoudre, des oignons sauvages cuits sous la cendre et mis en forme de cataplasme. Quand la tumeur fut ouverte, il ne se servit plus que des feuilles d'un arbuste nommé virali. Il avoit soin d'oindre la tente longue de plus d'un demi-pied qu'il insinuoit dans la plaie, et après avoir amolli ces feuilles sur la fin, il les appliquoit dessus avec du diapalma. La plaie fut quarante jours à se fermer, sans que les chaleurs ardentes de la saison y causassent la moindre inflammation.

Cette incommodité fut suivie d'une autre qui n'étoit pas moins douloureuse : mes jambes s'enflèrent tout à coup, et dans l'une il se forma à la cheville du pied un de ces vers que les Tamuls appellent *nurapu chilendi*. Il est aussi mince que la plus petite corde de violon et long quelquefois de deux coudées et davantage. Cette maladie est causée par les eaux corrompues qu'on est obligé de boire ; elle se fait sentir d'abord par une démangeaison insupportable, ensuite il se forme à l'endroit d'où le ver doit sortir une petite ampoule rouge, et il paroit un petit trou où la pointe d'une aiguille auroit de la peine à s'insinuer. C'est par cette ouverture que le ver commence à sortir peu à peu : il faut chaque jour le tirer insensiblement en le roulant sur un petit morceau de linge roulé. Les Indiens prétendent qu'il est animé; pour moi, je n'y remarquai aucun signe de vie. Il est rare qu'il sorte tout entier sans se rompre; quand il se rompt, la partie qui reste dans la chair et sur les nerfs y produit une grande inflammation : il s'y amasse une matière âcre, qui, n'ayant point d'issue, y fermente et cause des douleurs très-aiguës : il faut deux ou trois mois pour en guérir. On prétend que l'incision de cette tumeur seroit mortelle ou que du moins on en demeureroit estropié le reste de la vie.

Ce fut vers la fin du carême que je fus attaqué de ces différentes infirmités. La circonstance du temps et la foule des néophytes qui vinrent à l'église ne me permirent pas de prendre le repos qui m'eût été nécessaire. Mais enfin il fallut y succomber malgré moi. Le jour même de Pâques j'eus bien de la peine à dire la sainte messe et à communier ceux que j'avois confessés les jours précédens; cependant je ne pus me dispenser de baptiser deux cents seize enfans que leurs mères tenoient entre leurs bras, mais je remis à une autre fois les cérémonies du baptême. Pour les adultes, qui étoient aussi en grand nombre, je différai leur baptême jusqu'après l'Ascension, prévoyant bien que je ne serois guère plutôt en état de reprendre mes fonctions. En effet, je fus arrêté au lit pendant quarante jours, et ce ne fut qu'à cette fête-là que je commençai à célébrer l'auguste sacrifice de nos autels.

J'étois encore convalescent qu'il me fallut faire un long voyage de douze grandes journées et durant des chaleurs brûlantes. Ce voyage, qui devoit, selon toutes les apparences, éloigner mon rétablissement, me rendit une parfaite santé. Il est inutile de vous dire jusqu'où va l'abandon où se trouve réduit un malade dans ces terres barbares; il n'y a aucun soulagement à espérer, il ne doit pas s'attendre même aux remèdes les plus communs. Les médecins indiens ignorent absolument l'usage de la saignée; tout leur art se borne à des purgations la plupart violentes et à une diète opiniâtre qu'ils font garder aux malades. La *cange*, c'est-à-dire de l'eau où l'on fait cuire quelques grains de riz, est tout le bouillon qu'on leur donne, et souvent même ils doivent se contenter d'eau chaude. Il faut avouer néanmoins que les Indiens se guérissent de beaucoup de maladies par le moyen d'une abstinence si extraordinaire et qu'ils vivent aussi longtemps qu'en Europe.

Ce fut cette année 1710 que mourut le prince de Marava, âgé de plus de quatre-vingts ans ; ses femmes, au nombre de quarante-sept, se brûlèrent avec le corps du prince. On creusa pour cela hors de la ville une grande fosse qu'on remplit de bois en forme de bûcher; on y plaça le corps du défunt richement couvert, on y mit le feu après beaucoup de cérémonies superstitieuses que firent les brames. Alors parut cette troupe infortunée de femmes, qui, comme autant de victimes destinées au sacrifice, se présentèrent toutes couvertes de pierreries et couronnées de fleurs; elles tournèrent diverses fois autour du bûcher, dont l'ardeur se faisoit sentir de fort loin. La principale de ces femmes tenoit le poignard du défunt, et s'adressant au prince qui succédoit au trône : « Voilà, lui dit-elle, le poignard dont le prince se servoit pour triompher de ses ennemis : ne l'employez jamais qu'à cet usage et gardez-vous bien de le tremper dans le sang de vos sujets ; gouvernez-les en père, comme il a fait, et vous vivrez longtemps heureux comme lui. Puisqu'il n'est plus, rien ne doit me retenir davantage dans ce monde, et il ne me reste plus que de le suivre. » A ces mots, elle remit le poignard entre les mains du prince, qui le reçut sans donner aucun signe de tristesse ou de compassion. « Hélas! poursuivit-elle, à quoi aboutit la félicité humaine! Je sens bien que je vais me précipiter toute vive dans les enfers. » Et aussitôt, tournant fièrement la tête vers le bûcher et invoquant le nom de ses dieux, elle s'élance au milieu des flammes.

La seconde était sœur du prince raja nommé Tondoman, qui était présent à cette détestable cérémonie; lorsqu'il reçut des mains de la princesse sa sœur les joyaux dont elle était parée, il ne put retenir ses larmes, et se jetant à son col, il l'embrassa tendrement. Elle ne parut pas s'en émouvoir; mais regardant d'un œil assuré tantôt le bûcher, tantôt les assistans, et criant à haute voix «Chiva! Chiva! » qui est un des noms que l'on donne au dieu Routren, elle se précipita dans les flammes comme la première.

Les autres suivirent de près : quelques-unes avoient une contenance assez ferme, d'autres avoient l'air interdit et effaré. Il y en eut une qui, plus timide que ses compagnes, courut embrasser un soldat chrétien et le pria de la sauver. Ce néophyte, qui, malgré les défenses sévères qu'on fait aux chrétiens d'assister à ces barbares spectacles, avoit eu la témérité de s'y trouver, fut si effrayé qu'il repoussa rudement sans y penser cette malheureuse et qu'il la fit culbuter dans le bûcher. Il se retira aussitôt avec un frémissement par tout le corps, qui fut suivi d'une fièvre ardente accompagnée de transport au cerveau dont il mourut la nuit suivante, sans pouvoir revenir à son bon sens.

Les dernières paroles que proféra la première de ces femmes sur l'enfer, où elle alloit, disoit-elle, se précipiter toute vive, surprirent tous les assistans. Elle avoit eu à son service une femme chrétienne, qui l'entretenoit souvent des grandes vérités de la religion et qui l'exhortoit à embrasser le christianisme ; elle goûtoit ces vérités, mais elle n'eut pas le courage de renoncer à ses idoles : elle en conçut pourtant de l'estime pour les chrétiens, et elle se déclaroit leur protectrice en toute occasion. La vue des flammes prêtes à la consumer lui rappela sans doute le souvenir de ce que cette bonne chrétienne lui avoit dit sur les supplices de l'enfer.

Quelque intrépidité que fissent paroître ces infortunées victimes du démon, elles ne sentirent pas plutôt l'ardeur du feu que, poussant des cris affreux, elles se jetèrent les unes sur les autres et s'élancèrent en haut pour gagner le bord de la fosse. On jeta sur elles quantité de pièces de bois, soit pour les accabler, soit pour augmenter l'embrasement. Quand elles furent consumées, les brames s'approchèrent du bûcher encore fumant et firent sur les cendres ardentes de ces malheureuses mille cérémonies non moins superstitieuses que les premières. Le lendemain ils recueillirent les ossemens mêlés avec les cendres, et les ayant enfermés dans de riches toiles, ils les portèrent près de l'île Ramesuren, que les Européens appellent par corruption Ramanancor, où ils les jetèrent dans la mer. On combla ensuite la fosse, on y bâtit un temple et on y fit chaque jour des sacrifices en l'honneur du prince et de ses femmes, qui dès lors furent mises au rang des déesses.

Cette brutale coutume de se brûler est plus fréquente dans les royaumes de l'Inde méridionale qu'on ne se l'imagine en Europe. Il n'y a pas longtemps que moururent deux princes qui relevoient du Marava. Le premier avoit dix-sept femmes et l'autre treize : toutes firent la même fin, à la réserve d'une seule qui étoit enceinte et qui ne put se brûler qu'après la naissance de son fils.

La reine de Trichirapali, mère du prince régnant, qui fut laissée enceinte il y a environ trente ans à la mort de son mari, prit la même résolution aussitôt que son fils fut né et l'exécuta avec une fermeté qui étonna toute cette cour. Sa belle-mère, nommée Mingamal, n'avoit pu accompagner le roi Chokanaden sur le bûcher pour la même raison ; mais après son accouchement, elle trouva le secret d'échapper aux flammes sous prétexte qu'il n'y avait qu'elle qui pût élever le jeune prince et gouverner le royaume durant la minorité. Comme elle aimoit la reine de Trichirapali, sa belle-fille, elle voulut lui persuader de suivre son exemple ; mais cette jeune reine la regardant avec dédain : « Croyez-vous, madame, lui dit-elle, que j'aie l'âme assez basse pour survivre au roi mon époux ? Le désir de lui laisser un successeur m'a fait différer mon sacrifice, mais à présent rien n'est capable de l'arrêter. Le jeune prince ne perdra rien à ma mort, puisqu'il a une grand'mère qui a tant d'attachement pour la vie. Il est autant à vous qu'à moi : élevez-le et conservez-lui le royaume qui lui appartient. » Elle ajouta beaucoup de reproches assez piquans, mais en termes couverts. Mingamal dissimula en femme d'esprit et abandonna sa belle-fille à sa déplorable destinée.

Au reste, bien que ce soit de leur propre choix que ces dames indiennes deviennent la proie des flammes, il n'est guère en leur pouvoir de s'en dispenser. La coutume du pays, le point d'honneur, la crainte d'être déshonorées et de devenir la fable du public, y ont plus de part que leur volonté propre ; si quelqu'une tâchoit de se soustraire à une mode si cruelle, ses parens sauroient bien l'y forcer, afin de conserver l'honneur de leur famille. C'est pourquoi, lorsqu'ils en voient chanceler, ils leur donnent aussitôt certains breuvages qui leur ôtent toute appréhension de la mort. Les femmes du commun sont en cela plus heureuses que les princesses et les concubines des princes indiens : cette loi barbare ne les regarde point, et s'il y en a qui s'y assujettissent, ce n'est d'ordinaire que par une vanité ridicule et par l'envie de s'attirer des honneurs avant qu'elles se jettent dans les flammes et de mériter un monument qui s'élève sur le lieu du bûcher où elles se sont brûlées. Il est rare d'en voir des exemples dans les castes basses et même dans celle des brames. Ils sont plus communs dans la caste des rajas, qui prétendent descendre de la race royale des anciens souverains de l'Inde.

Aussitôt que j'appris la mort du prince de Marava, j'envoyai saluer son successeur par mes catéchistes et par quelques capitaines chrétiens, qui lui portèrent de ma part quelques présens conformes à ma pauvreté. Il parut agréer cette visite, et sur-le-champ il me donna une patente qui me permettoit de bâtir des églises dans le cœur de ses états. Il ordonna même aux habitans de Ponnelicotey de me céder l'emplacement que je souhaiterois et de me fournir les matériaux dont j'aurois besoin. Je fis donc élever en l'année 1711 une assez grande église, qui se trouva plus belle qu'aucune de celles de Maduré. Un capitaine gentil, dont toute la famille étoit chrétienne, donna l'exemple et me fournit de beau bois qu'il fit couper par ses soldats et ses esclaves. Je fis venir de Trichirapali deux chrétiens habiles dans les ouvrages de terre et de plâtre; d'autres ouvriers les aidèrent, et en moins de six mois l'église fut achevée. Elle avoit trois grandes portes et huit croisées ornées en dedans et en dehors de colonnes et de pilastres avec leurs chapiteaux. Ils firent la frise, la corniche et l'architrave partie à l'indienne, partie à l'européenne. L'autel et le retable étoient travaillés avec tant d'art qu'un missionnaire qui vint me voir quelque temps après les prit pour un ouvrage véritablement sculpté.

Tandis qu'on étoit occupé à bâtir l'église, je fus obligé d'aller à Aour pour y recevoir M. l'évêque de Saint-Thomé et l'assister dans ses fonctions épiscopales: il étoit entré dans la mission afin de donner le sacrement de confirmation aux néophytes de Maduré. Ce saint prélat, qui a été lui-même missionnaire de Maduré pendant plus de vingt ans, savoit parfaitement la langue du pays et il étoit tout accoutumé à la vie austère qu'on y mène, puisque depuis son élévation à l'épiscopat il ne l'a jamais quittée. Jusqu'alors aucun autre évêque n'avoit osé pénétrer dans les terres, parce qu'ignorant la langue et les coutumes du Maduré, il n'auroit pas manqué de passer pour Franqui, ou Européen, dans l'esprit des Indiens, ce qui auroit absolument ruiné le christianisme.

Ce prélat entra donc dans le Maduré en habit de missionnaire, sans porter d'autre marque de sa dignité épiscopale qu'une petite croix sur la poitrine et une bague au doigt. Les chrétiens, dont plusieurs milliers avoient reçu le baptême de ses mains, s'empressoient de se rendre de toutes parts auprès de leur ancien pasteur. Il fallut leur ordonner de l'attendre dans leurs peuplades, qu'il parcouroit l'une après l'autre, de crainte qu'un si grand concours ne donnât de l'ombrage et ne fût la cause de quelque persécution. Il donnoit chaque jour la confirmation à une infinité de chrétiens; il entendoit les confessions tout le reste du temps qu'il avoit de libre, et il donnoit la communion à un grand peuple qui se présentoit en foule au saint autel. Nous nous étions rendus quatre missionnaires auprès du prélat, afin de disposer les peuples à recevoir la confirmation avec fruit. Nous eûmes autant à travailler chaque jour pendant trois mois que si c'eût été la fête de Pâques. Aour étant le centre de la mission fut aussi le lieu où nous fîmes le plus long séjour, et l'on permit aux néophytes d'y venir de tous les lieux circonvoisins. J'avois fait dresser pour moi une espèce d'appentis au fond d'un petit jardin, afin d'y vaquer avec moins de bruit aux confessions et à l'instruction des chrétiens; je m'y rendois quelques heures avant le jour, je le trouvois souvent déjà occupé par le prélat. Les pauvres et les parias, si méprisés dans les Indes, étoient ceux à qui il donnoit le plus de marques de sa charité pastorale. Il fit de grandes aumônes, jusqu'à s'endetter considérablement pour secourir un grand nombre de familles indigentes. Le prince vint le visiter et lui rendit toutes sortes d'honneurs. Quoiqu'il soit Gentil, il a pour les missionnaires une singulière affection, et aux fêtes principales il envoie d'ordinaire trois ou quatre de ses gens pour empêcher le désordre qu'y pourroient faire les Gentils que la curiosité y attire.

M. l'évêque de Saint-Thomé souhaitoit extrêmement de pénétrer jusque dans le Marava, et il étoit près d'y entrer lorsque des affaires pressantes le rappelèrent à la côte de Coromandel. Il nous promit, en partant, qu'il reviendroit le plus tôt qu'il pourroit pour parcourir toutes les autres Églises de la mission ; mais il ne l'a pu faire depuis ce temps-là : il a été obligé de visiter toutes les Églises qui se trouvent sur la côte de Coromandel, dans les colonies françoises, angloises, hollandoises, danoises, portugaises et dans quelques autres villes qui appartiennent aux Maures et aux Gentils. Il parcourut tous ces différens endroits sans trouver le moindre obstacle de la part des hérétiques et des infidèles. Il revint ensuite à Madras, où il s'embarqua pour aller visiter toutes les Églises des royaumes d'Arrakan et de Bengale, jusqu'aux frontières du Thibet ; il est accompagné du père Barbier, missionnaire françois du Carnate, qui partage avec ce grand évêque les travaux immenses qu'il faut essuyer dans la visite du plus grand diocèse qu'il y ait au monde, car il s'étend depuis la pointe de Caglia-mera, près de Ceylan, sur toute la partie orientale de l'Inde méridionale, et comprend les trois royaumes d'Arrakan, de Bengale et d'Orixa.

Aussitôt après le départ de M. l'évêque de Saint-Thomé, je retournai au Marava, où je trouvai ma nouvelle église presque achevée. J'eus la consolation d'y célébrer la première messe le jour de l'Assomption de la très-sainte Vierge, à laquelle je l'avois dédiée. Il y eut un concours extraordinaire de chrétiens, et un grand nombre d'infidèles se convertirent. Un seul missionnaire ne pouvant suffire à ce travail, mon dessein étoit de bâtir une autre église vers l'orient et d'y appeler un de nos pères pour partager avec moi une moisson qui devenoit de jour en jour plus abondante ; mais j'eus la douleur de voir tout à coup de si belles espérances ruinées.

Le prince nouvellement monté sur le trône étoit fort attaché à ses fausses divinités et faisoit rebâtir un grand nombre de temples que son prédécesseur avoit négligés. Les brames, qui s'étoient emparés de son esprit, lui représentèrent qu'il étoit assez inutile de relever leurs temples abattus s'il ne détruisoit celui du Dieu des chrétiens, qui faisoit déserter tous les autres. Ils profitèrent ensuite d'un accident arrivé à un seigneur chrétien, fort puissant à la cour et premier secrétaire d'état, pour aliéner tout à fait le prince de notre sainte religion. Ce seigneur, qui portoit de l'argent à une petite armée qu'on avoit levée pour donner la chasse aux voleurs, s'étoit engagé témérairement dans les bois avec une trop petite escorte ; il y fut attaqué par une troupe de ces voleurs, qui le dépouillèrent, lui enlevèrent l'argent et lui donnèrent plusieurs coups de poignard. On le porta tout ensanglanté dans sa maison, où je me rendis au plus vite et où je n'eus que le temps de le confesser avant sa mort.

Les brames et les autres ennemis de la religion dirent sur cela au prince que j'avois eu recours à mille sortiléges pour conserver la vie à cet officier de sa cour ; mais que par ces sortiléges-là même j'avois avancé sa mort ; que s'il eût été permis aux brames de faire leurs prières et leurs sacrifices, l'état n'auroit pas perdu un ministre si fidèle. Le prince, infiniment sensible à cette perte, avoit une disposition naturelle à croire ces imposteurs. Aussitôt il donna ordre que le lendemain, dès la pointe du jour, on s'assurât de ma personne et de mes catéchistes, qu'on pillât et brulât mon église, qu'on m'emprisonnât, qu'on fouettât mes catéchistes et qu'on les mît à la torture ; il défendit néanmoins qu'on me maltraitât, se faisant scrupule de violer la parole qu'il m'avoit donnée si solennellement.

Cet ordre, bien que donné en secret, fut entendu par le fils d'un chrétien gouverneur de la capitale et intendant des finances, qui se trouva alors dans l'appartement du prince ; il en donna avis aussitôt à son père, qui dans l'instant me dépêcha un courrier pour m'avertir de prendre mes sûretés : l'ordre avoit été donné le samedi à quatre heures du soir, et quoique mon église fût à huit lieues de là, j'en reçus la nouvelle avant minuit : j'étois encore occupé à confesser un grand nombre de chrétiens qui s'y étoient rendus. A cette nouvelle, tous me pressèrent de me retirer ; je ne suivis pas leur conseil pour les raisons suivantes. On m'avoit donné souvent de semblables avis qui s'étoient trouvés faux, et il en pouvoit être de même de celui-la ; en me retirant, je laissois mon église et les chrétiens à la merci de nos plus cruels ennemis ; ma retraite même sembloit confirmer la vérité des crimes qu'on m'imputoit, et les brames en eussent fait un sujet de triomphe ; enfin je faisois réflexion que si je sortois une fois du Marava, il me seroit très-difficile d'y rentrer, et j'avois cet avantage en y demeurant que de ma prison même je pouvois aisément détruire les calomnies que les brames publioient contre notre sainte religion, trop heureux si, en prenant le parti que je jugeois le plus sage, Dieu me trouvoit digne de souffrir et de mourir pour une si sainte cause. C'est pourquoi ayant fait transporter dans les peuplades voisines les principaux ornemens de l'église, je ne réservai qu'un seul ornement pour dire la messe le lendemain, supposé que la nouvelle ne fût pas véritable. Comme mes catéchistes étoient menacés des plus cruels tourmens, je les exhortai à se retirer, mais ils se tinrent offensés de ma proposition et ils me répondirent qu'ils étoient prêts à tout souffrir plutôt que de m'abandonner: ils se confessèrent et communièrent pour se préparer au combat qu'ils auroient à soutenir; deux autres chrétiens suivirent leur exemple.

Le jour parut, et l'on ne s'aperçut d'aucun mouvement ; c'est ce qui fit qu'une centaine de néophytes, que le bruit de cette persécution avoit dispersés, revinrent à l'église. Je commençai moi-même à douter si l'avis qu'on m'avoit donné étoit véritable : ainsi je me mis à entendre les confessions des néophytes, après quoi je dis la sainte messe, où je m'offris de bon cœur en sacrifice, demandant instamment à Notre-Seigneur qu'il daignât conserver cette église nouvellement élevée en son honneur au milieu de la gentilité. Je fis ensuite appeler vingt-cinq catéchumènes qui se disposoient depuis longtemps à recevoir le baptême; après les avoir entretenus, je les remis entre les mains des catéchistes afin qu'ils continuassent à les préparer, tandis que je réciterois mon office.

A peine avois-je ouvert mon bréviaire qu'un brame, un capitaine et une troupe de soldats parurent dans la cour de l'église: ils venoient, disoient-ils, pour me conduire au palais, où le prince vouloit m'entretenir. Cette nouvelle me fit plaisir, dans l'espérance dont je me flattois que si je pouvois parler au prince, je lui inspirerois des sentimens favorables à la religion. Je leur demandai la permission de faire quelques prières avant que de partir et de donner le baptême à quelques-uns de mes disciples : « Ce n'est pas de quoi il s'agit, » me répondirent-ils sèchement, et en même temps ils ordonnèrent aux soldats d'entrer dans ma cabane. Ils s'attendoient à y trouver des choses infiniment précieuses, et ils furent bien surpris de n'y trouver que des meubles fort pauvres.

Nous avons coutume de porter les ornemens d'autel dans des paniers assez propres faits en forme de coffre et couverts d'une peau de daim ou de tigre : je m'en saisis aussitôt, et je déclarai aux envoyés du prince que, leur abandonnant tout le reste, je ne permettrois à personne de toucher aux meubles qui servoient aux sacrifices que je faisois chaque jour au Dieu vivant; que mes catéchistes mêmes n'y pouvaient mettre la main ; qu'ils se gardassent bien d'y toucher s'ils ne vouloient éprouver la malédiction que je lancerois sur-le-champ de la part du vrai Dieu, auquel ces meubles étoient spécialement consacrés.

Ces paroles proférées d'un ton ferme les intimidèrent, car il n'y a rien que les Indiens appréhendent davantage que les malédictions des gourou[1] : « A la bonne heure, me répondirent-ils; mais ouvrez-nous ce *pugei petti*, c'est-à-dire ce coffre du sacrifice, et montrez-nous ce qui y est renfermé, afin que nous en puissions faire le rapport au Prince. J'ouvris le coffre, et je leur montrai chaque pièce l'une après l'autre; leur avidité ne fut guère irritée : la chasuble et le devant d'autel étoient d'une soie de la Chine fort commune ; le calice et le ciboire auroient pu les frapper, parce que la coupe en étoit de vermeil doré et le reste de cuivre doré ; mais je les tins enveloppés par respect, et je ne leur montrai que le dessous du pied, qui n'étoit pas doré, de sorte qu'ils n'en firent pas grand cas. Les chrétiens avoient eu soin de retirer de l'église une fort belle image de la sainte Vierge et quelques ornemens de peu de valeur.

Enfin les soldats prirent les petites provisions de riz et de légumes avec les pots et les ustensiles qu'ils trouvèrent dans ma cabane; ils enlevèrent pareillement deux charges de riz qu'un fervent chrétien avoit mises à la porte de l'église pour être distribuées aux pauvres, après quoi ils m'ordonnèrent de les suivre. J'allai à l'église, où, m'étant prosterné contre terre, je restai quelque temps en prières sans qu'ils m'interrompissent. J'exhortai ensuite les chrétiens, qui fondoient en larmes, à persévérer dans la foi, et je dis aux catéchumènes que si le Seigneur me faisoit la grâce de verser mon sang pour les intérêts de la religion, ils allassent trouver le missionnaire d'Aour, qui leur conféreroit le saint baptême. Je fus étonné du respect que les ministres du prince et leurs soldats me témoignèrent, leur coutume étant de traiter avec toutes sortes d'indignités ceux qu'ils ont ordre de conduire en prison.

[1] Docteurs spirituels.

A peine eûmes-nous fait quelques pas que je songeois à prendre le chemin de la capitale, ainsi qu'ils me l'avoient dit, mais ils m'en empêchèrent en me montrant leur ordre, qui portoit de me mettre en prison à une lieue de l'église : c'étoit le même endroit où le vénérable père de Britto, dont la mort glorieuse vous est assez connue, fut conduit il y a environ vingt-trois ans. Ce souvenir me remplit de joie, dans l'espérance du même bonheur. Néanmoins, comme ils voulurent me renfermer dans un temple d'idoles bâti de briques et assez vaste, je leur répondis qu'ils me mettroient plutôt en pièces que de m'y faire entrer, et que s'ils m'y entraînoient par la force, je renverserois toutes leurs idoles. Cette réponse leur fit changer de dessein, et ils me mirent dans un réduit fort humide qui n'étoit couvert que de paille et qui étoit fermé d'un grand retranchement. Incontinent après, ils mirent les fers aux pieds de mes deux catéchistes, et ils firent venir plus de deux cents soldats pour nous garder, dans l'appréhension où ils étoient que les chrétiens ne nous enlevassent. Je me présentai aux soldats pour participer aux fers de mes catéchistes, et je leur dis, pour les y engager, qu'étant leur chef et leur maître, cet honneur m'étoit dû préférablement à eux. Ils me répondirent qu'ils avoient défense de mettre la main sur moi.

Le lendemain ils préparèrent plusieurs poignées de branches de tamariniers, qui sont aussi pliantes que l'osier, mais qui, étant semées de nœuds, causent beaucoup plus de douleur, et ils conduisirent les deux catéchistes dans la place publique ; ils les dépouillèrent tout nus, ne leur laissant qu'un simple linge qui leur entouroit le milieu du corps. Après bien des reproches qu'on leur fit sur ce qu'ils avoient embrassé une loi nouvelle, deux soldats déchargèrent de grands coups sur le plus âgé, qui relevoit d'une longue et dangereuse maladie ; la force de son esprit suppléa à la faiblesse de son corps : il supporta ce tourment avec une constance invincible, prononçant à haute voix les sacrés noms de Jésus et de Marie ; et plus les idolâtres, qui étoient accourus en foule à ce spectacle, lui crioient d'invoquer le nom de leur dieu Chiven, plus il élevoit la voix pour invoquer celui de Jésus-Christ.

Les bourreaux s'étant lassés sur cette victime, deux autres prirent leur place et exercèrent la même cruauté sur le second catéchiste, dont la fermeté et la patience furent également admirables.

Après ce premier acte d'inhumanité on leur fit souffrir une question très-douloureuse : les bourreaux leur mirent entre les doigts de chaque main des morceaux de bois inégaux, et ils leur serrèrent ensuite les doigts très-étroitement avec des cordes ; pour rendre la douleur encore plus vive, ils les forcèrent de mettre leurs mains ainsi serrées sous la plante de leurs pieds, que les bourreaux pressoient avec les leurs de toutes leurs forces. Leur intention étoit d'obliger mes catéchistes, par cette torture, à découvrir où j'avois caché mes prétendues richesses. J'entendois de ma prison la voix de ces généreux patiens, et l'on peut penser avec quelle ardeur je priois le Seigneur de donner à ses serviteurs la force et la constance dont ils avoient besoin dans ce combat digne de ses regards.

Quand je les vis entrer dans le retranchement, je courus au-devant d'eux, et m'étant mis à genoux, je leur baisai les pieds, puis je les embrassai tendrement le visage baigné de larmes, que la joie et la compassion tout ensemble me faisoient répandre ; je les félicitai de l'honneur dont ils venoient d'être comblés, ayant été trouvés dignes de souffrir les opprobres et les tourmens pour le nom de Jésus-Christ ; je baisai avec respect les endroits de leur poitrine et de leurs épaules qui étoient le plus meurtris, et j'essuyai avec vénération le sang qui en découloit encore ; je ne pouvois me lasser de prendre leurs mains livides et de les mettre sur ma tête en les offrant à Dieu en expiation de mes propres offenses et le suppliant, par les mérites de ces généreux confesseurs, d'ouvrir les yeux à cette aveugle gentilité.

Ces différentes marques de joie, de compassion, de respect et de tendresse que je donnois à mes chers enfans en Jésus-Christ furent interprétées bien diversement par les idolâtres qui étoient entrés en foule dans le retranchement : « Voyez-vous, se disoient-ils entre eux, comme il les caresse ; c'est parce qu'ils n'ont point découvert où étoient ses trésors. » Je leur fis à cette occasion un assez long discours où je tâchai de les désabuser : « Si j'avois des richesses à amasser, leur dis-je, ce ne seroit pas dans un pays aussi pauvre que le vôtre que je viendrois les chercher ou que je voudrois cacher celles que j'aurois pu amasser ailleurs. J'ai, à la vérité, un grand trésor, mais je ne le cache à personne, c'est le royaume des cieux que je vous annonce et dont je souhaite de vous faire part au prix même de mon sang. Portez-en la nouvelle à votre prince; dites-lui que, sans qu'il ait besoin de violence, j'ai à lui offrir un trésor inestimable auprès duquel tous les autres trésors sont indignes de son attention. » Ils comprirent aisément ma pensée, et les plus sages d'entre eux ne purent s'empêcher de blâmer le prince de s'être laissé tromper par l'envie et la malignité des brames.

Il étoit midi, et depuis plus de vingt-quatre heures nous n'avions rien mangé. Les ministres du prince se retirèrent tout confus de la cruauté qu'ils venoient d'exercer, et le brame qui commandoit notre garde nous fit apporter du riz et des légumes qu'on avoit trouvés dans ma cabane. Un chrétien eut alors la liberté de sortir pour aller quérir de l'eau et du bois.

Cependant le brame écrivit au prince pour lui rendre compte de tout ce qui s'étoit passé. Le prince fut surpris de ce qu'on avoit trouvé si peu de chose dans mon église : on lui avoit rapporté qu'on y avoit vu le jour d'une fête un dais superbe qui valoit plus de mille pagodes, c'est-à-dire plus de 500 pistoles. Ce dais n'étoit cependant que de toile peinte ornée de divers festons de pièces de soie de la Chine. Il se douta que j'avois reçu quelque avis, et son soupçon tomba sur le gouverneur de sa capitale, qui est chrétien. Celui-ci s'excusa en disant que si j'avois été effectivement averti, soit par lui, soit par quelque autre, de l'ordre donné contre moi, je n'aurois pas manqué de me dérober à sa poursuite, comme il m'étoit aisé de le faire ; qu'il ne devoit pas s'étonner que mon église et ma cabane fussent si pauvres, puisque je faisois profession de la pauvreté la plus exacte; que ces ornemens précieux qu'on disoit avoir vus dans mon église étoient des pièces de soie et de toile peinte qui s'empruntoient aux chrétiens et qu'on rendoit aussitôt après la cérémonie des fêtes ; que lui-même avoit prêté souvent des pièces de soie pour orner mon église ces jours-là.

Cette réponse ne satisfit nullement le prince: il envoya un nouvel ordre au brame, par lequel il lui commandoit de tourmenter de nouveau mes deux catéchistes et de les tenailler, de brûler mon église, d'envoyer partout des soldats pour saisir les autres catéchistes et pour leur faire souffrir les mêmes supplices ; « Il faut, disoit-il, tourmenter les émissaires dont il se sert pour séduire mes sujets et leur faire abandonner la religion de leurs pères. » L'ordre portoit aussi de me resserrer plus étroitement que jamais, sans pourtant user de violence à mon égard : le malheur arrivé à son prédécesseur, qui avoit fait mourir le père de Britto, lui faisoit appréhender un sort semblable, et c'est l'unique raison qui le porta à cette sorte de ménagement.

L'ordre nous fut lu par le capitaine, le brame n'étant pas en état de le faire par ce qu'il étoit retenu au lit par une fièvre ardente. Cette maladie, qui le prit tout à coup, l'intimida, dans la persuasion où il étoit que c'étoit une punition de la cruauté avec laquelle il avoit traité mes catéchistes ; il me pria de l'aller voir dans l'endroit du retranchement où il étoit couché. Il me fit aussitôt des excuses de la manière indigne dont il me traitoit, et il en rejeta la faute sur l'avarice du prince, dont il ne pouvoit s'empêcher d'exécuter les ordres contre ma personne, contre mes catéchistes et contre mon église.

Je le confirmai dans l'opinion où il me parut être que cette maladie soudaine étoit, selon toute apparence, un châtiment du vrai Dieu, qu'il persécutoit dans la personne de ses serviteurs ; je lui dis que les ordres qu'il venoit de recevoir étant injustes et sollicités par lui-même, il ne pouvoit les exécuter sans se rendre aussi coupable que le prince qui les avoit portés; que du reste le premier ministre qui venoit de l'armée arriveroit dans deux jours et qu'il en pouvoit surseoir l'exécution jusqu'à son arrivée. Il le fit, et dès que le premier ministre parut, je lui fis demander audience. Il m'envoya deux de ses principaux officiers pour me dire qu'il ne pouvoit pas me parler, de crainte que le prince ne s'imaginât que je l'avois gagné par quelque somme d'argent mais qu'il permettroit à mes catéchistes de paroître en sa présence. Il ordonna sur-le-champ qu'on leur ôtât leurs fers et qu'on les lui amenât. D'abord il leur marqua le déplaisir qu'il avoit des tourmens et des affronts qu'on leur avoit fait souffrir:« Mais, ajouta-t-il, le prince n'a-t-il pas raison de vous punir pour avoir embrassé une loi si contraire à celle du pays et pour aider un étranger à la prêcher et à pervertir les peuples : vous êtes de la même caste que moi, pourquoi la déshonorez-vous en suivant un inconnu? Quel honneur et quel avantage trouvez-vous dans cette loi? — Nous y trouvons, répondirent les catéchistes, le chemin assuré du ciel et de la félicité éternelle. —Bon, répliqua-t-il en riant, quelle autre félicité y a-t-il que celle de ce monde? Pour moi, je n'en connais point d'autre: votre gourou vous abuse. —Nous le saurons un jour, vous et nous, répondirent les catéchistes, quand nous serons dans l'autre monde. —Hé! quel monde y a-t-il? —Il y a, répliquèrent-ils, le ciel et l'enfer, celui-ci pour les méchans, celui-là pour les bons.» Comme ils vouloient lui expliquer leur foi plus en détail, cet infidèle les interrompit en leur disant qu'il n'avoit pas le loisir d'entrer dans un long discours, mais que, s'ils pouvoient donner caution, il leur permettroit de le suivre à la cour, où il tâcheroit d'apaiser la colère du prince. Un chrétien, capitaine d'une compagnie de soldats, s'offrit aussitôt à être leur caution, et ils furent mis en liberté.

Ce ministre me fit dire qu'il s'opposeroit à la ruine de mon église pourvu que je promisse quelques milliers d'écus, que je pouvois tirer aisément du grand nombre de disciples que j'avois dans le royaume. Je répondis à ceux qui me firent cette proposition de sa part qu'ils pouvoient dire à leur maître et au prince même que je n'avois apporté dans le Marava que la loi de Jésus-Christ pour la leur annoncer et ma tête pour la donner, s'il étoit nécessaire, en témoignage de la vérité de cette loi; qu'ils n'avoient qu'à choisir ou l'une ou l'autre; mais que je ne permettrois jamais que mes disciples rachetassent par argent ma liberté ni ma vie: «Je n'ai bâti cette église, leur ajoutai-je, qu'en vertu d'une permission solennelle du prince: c'est à sa parole que j'en appelle, il s'est engagé d'honneur à la conserver, et, s'il la détruit, les ruines de ce saint édifice seront un témoignage éternel du fonds qu'on doit avoir sur ses promesses. Qu'il sache que je m'estime plus heureux dans ma prison que dans mon église et dans son palais.» Cette réponse étant portée au ministre, il ne dit autre chose, sinon: «Hé! que fera le prince du crâne d'un étranger? c'est de l'argent qu'il demande; si l'on ne promet rien, je ne réponds de rien.» Il partit ensuite pour la cour, et il permit à mes catéchistes d'aller voir leur famille avant que de venir l'y trouver.

Les deux catéchistes allèrent en effet dans leur maison, où ils avoient chacun leur mère. Celle de Xaveri Mouttou, c'est le nom du plus ancien catéchiste, étoit fort âgée, et il s'attendoit à la trouver toute désolée; mais il fut bien surpris quand il la vit se jeter à son col avec un visage épanoui et lui dire en l'embrassant: «C'est à présent que vous êtes et que je vous reconnais véritablement pour mon fils; quel bonheur pour moi d'avoir enfanté et nourri un confesseur de Jésus-Christ! Mais, mon cher fils, c'est peu d'avoir commencé à donner des preuves de votre constance, il faut persévérer jusqu'à la fin. Le Seigneur ne vous abandonnera pas si vous lui êtes fidèle.»

Sattianaden, c'est ainsi que s'appelle l'autre catéchiste, fut reçu par sa mère avec les mêmes transports de joie et les mêmes sentiments de piété: il étoit marié et avoit un enfant fort aimable d'environ trois ans; cette bonne chrétienne le prit entre ses bras et le portant au col de son fils: «Mon enfant, lui dit-elle, embrasse ton père, qui a souffert pour Jésus-Christ; on nous a enlevé le peu que nous avions, mais la foi nous tiendra lieu de tous les biens.»

Ces deux catéchistes sont en effet très-dignes de l'emploi qui leur est confié. Le premier, qui a été marié, perdit sa femme étant encore fort jeune; il a constamment refusé de s'engager de nouveau dans le mariage afin de vaquer plus librement à l'instruction des néophytes. Le second, quoique marié, vit comme le religieux le plus austère; à une humilité et une douceur charmante, il joint un zèle vif et animé qui le rend infatigable; et bien qu'il n'ait que trente ans, sa vertu le fait singulièrement respecter des chrétiens.

Ils se rendirent l'un et l'autre à la cour, où l'on avait transporté tout ce qui avoit été enlevé de mon église. Le prince, qui s'attendoit à un riche butin, fit de sanglans reproches aux brames de ce qu'ils l'avoient engagé dans une affaire capable de le déshonorer; cependant, pour couvrir son avarice sous des dehors de zèle pour ses divinités, il protesta qu'il ne vouloit plus souffrir une loi qui condamnoit les dieux, et ordonna qu'on fît une recherche exacte de tous les catéchistes afin de les punir sévèrement: ayant appris qu'on avoit épargné mon église, il donna un troisième ordre de la réduire en cendres.

Une troupe de gentils furent chargés de cette commission. J'avois fait écrire au haut du rétable ces paroles en gros caractères. « *Sarresurenukon stotiram,* » qui signifient « gloire et louange soient au souverain Seigneur de toutes choses. » Le capitaine qui présidoit à la destruction de l'église fit d'abord briser cette inscription, afin, dit-il, que le nom du Dieu des chrétiens soit tout à fait anéanti. Les matériaux furent transportés ailleurs et destinés à la construction d'un temple d'idoles ; le reste devint la proie des infidèles.

La ruine de cette église, qui n'étoit achevée que depuis deux mois, me causa une douleur bien sensible, mais elle n'égaloit pas la crainte que j'avois d'une persécution prochaine et très violente. Le prince étoit résolu de livrer tous les chrétiens à deux indiens de sa cour qui offroient de mettre vingt mille écus au trésor si l'on vouloit leur donner le pouvoir de tourmenter à leur gré mes néophytes et de piller leurs maisons : la chose étoit presque conclue ; mais le premier ministre, par un trait de politique, sauva les chrétiens afin de se sauver lui-même. Il craignoit d'être recherché sur l'administration des finances, et il savoit que les officiers chrétiens avoient en main de quoi le perdre. Pour leur fermer la bouche et gagner en même temps leurs bonnes grâces, il entreprit de dissuader le prince et de lui montrer que le dessein qu'il méditoit étoit contraire à ses véritables intérêts : il lui représenta donc que pour vingt mille écus qu'il gagneroit, il s'exposeroit à perdre plus de vingt mille bons sujets ; qu'il y avoit parmi eux un grand nombre de capitaines et de soldats ; que se voyant persécutés ils abandonneroient le pays et chercheroient un asile dans l'état voisin, qui étoit actuellement en guerre avec le Marava, que cette désertion grossiroit l'armée ennemie et entraîneroit peut-être la ruine de son état.

Ces raisons frappèrent le prince, il ne pensa plus à son premier projet ; mais il se flatta qu'il pourroit tirer cette somme par mon moyen. Il me fit dire qu'il n'ignoroit pas que j'étois sans argent, mais qu'il savoit aussi l'attachement que mes disciples avoient pour moi ; que j'en avois plus de cent mille, et que quand ils ne donneroient qu'un fanon chacun, ils feroient la somme de vingt mille écus qu'il souhaitoit. Il se trompoit sur le nombre des chrétiens, car il n'y en a guère plus de vingt mille qui aient reçu le baptême, mais je ne crus pas devoir le désabuser. Toute ma réponse fut qu'il n'appartenoit pas à un étranger comme moi d'imposer une taxe sur ses sujets ; que la loi sainte que j'enseignois prescrivoit l'obéissance et la fidélité qui est due aux souverains ; que je n'avois ni ne vouloir avoir aucun droit sur les biens de mes disciples et que je ne souffrirois pas qu'ils donnassent une obole pour acheter ma liberté ; qu'au contraire si je possédois des richesses, je les donnerois volontiers pour obtenir la grâce de mourir dans l'étroite prison où il m'avoit fait enfermer.

Cette réponse ne devoit pas lui être agréable, mais il crut que ma fermeté ne seroit pas à l'épreuve de la longueur et des incommodités de ma prison : c'est pourquoi il ne voulut plus écouter ceux qui lui parloient en ma faveur. Son propre frère, sollicité par des capitaines et des officiers chrétiens, lui écrivit plusieurs fois pour lui demander ma liberté, et quoique sa puissance soit presque égale à celle du prince, ses prières furent constamment rejetées. Ces refus réitérés ne le rebutèrent point : il dépêcha un de ses officiers pour solliciter de vive voix mon élargissement. Cet officier qui avoit ordre de me voir en passant me trouva tourmenté d'une grosse fluxion sur les yeux causée par l'humidité de ma prison ; il en fut touché, et il représenta vivement au prince le danger où j'étois de mourir dans ce cachot. Le prince, l'ayant écouté assez tranquillement, s'arracha un de ses cheveux et lui dit en colère : « Pourvu que je ne trempe pas mes mains dans son sang, je me soucie aussi peu qu'il meure que de voir tomber ce cheveu de ma tête ; qu'il pourrisse dans sa prison, et que cet exemple apprenne aux autres gouroux comme lui à ne pas venir dans mes états pour y séduire mes sujets. »

Néanmoins, nonobstant la colère du prince, mes gardes s'adoucissoient et devenoient de jour en jour plus humains : ils donnoient la liberté aux chrétiens de me venir voir ; j'en confessai plusieurs, et comme j'avois gardé mes ornemens d'autel et qu'un de mes catéchistes trouva le moyen de m'apporter du vin et des hosties, j'eus la consolation de dire la sainte messe et d'y communier quelques chrétiens ; je baptisai aussi plusieurs enfans et quelques adultes.

Les consolations que je goûtois dans ma prison furent troublées par la douleur que j'eus de voir mourir presque à mes yeux la femme d'un capitaine gentil, seigneur d'une peuplade voisine, sans pouvoir la secourir. Il y avoit un an que je lui avois conféré le saint baptême, et elle avoit vécu depuis dans une grande ferveur. Elle fut sensiblement affligée de ma prison par je ne sais quel pressentiment qu'elle avoit de sa mort prochaine et de l'impossibilité où je serois de lui administrer les derniers sacremens. En effet, elle tomba malade et fut tout-à-coup à l'extrémité. On n'oublia rien pour engager le brame à me permettre de l'aller voir, mais quelque bonne volonté qu'il eût, il n'osa pas accorder cette grâce, dont le prince auroit eu infailliblement connaissance par les espions qu'il a de tous côtés. Elle demanda avec instance qu'on la transportât dans ma prison quand même elle devroit mourir en chemin : ses parens ne purent s'y résoudre, et elle mourut entre les bras d'un catéchiste qui l'assista dans ses derniers momens et qui fut édifié de sa piété.

Enfin après plus de deux mois de détention et lorsque je m'y attendois le moins, un officier suivi de quatre soldats vint me tirer de ma prison. Il étoit chargé de me conduire sur la frontière du Marava et de m'intimer l'ordre de sortir du royaume et de n'y plus rentrer sous peine de la vie. Comme cet officier devoit sa fortune à un des premiers seigneurs du pays, qui étoit chrétien, il ne m'accompagna qu'une demi-lieue au sortir de la prison, et il me laissa la liberté d'aller où je voudrois.

Je me retirai d'abord dans une peuplade chrétienne, où j'administrai les sacremens à un grand nombre de fidèles. Je comptois de marcher pendant la nuit et de parcourir plusieurs bourgades pour y consoler les chrétiens, que la destruction de l'église, ma prison et mon exil avoient consternés ; mais une personne puissante à la cour et qui m'étoit affectionnée m'écrivit qu'il étoit plus à propos que je sortisse du Marava ; que la haine du prince se ralentiroit peu à peu, et que pour lui il ménageroit son esprit de telle sorte qu'il espéroit obtenir en moins de deux mois, et mon rappel et le rétablissement de mon église. Je pris donc le parti de me retirer, et je me rendis à une grande peuplade nommée Melcuri. Comme elle est située dans le bois et qu'elle est fort éloignée de la cour, j'y demeurai trois jours, et j'eus le temps de confesser et de communier tous les chrétiens de ce lieu-là et des pays circonvoisins. Enfin, je continuai ma route et j'allai demeurer hors des terres du Marava, dans un lieu qui en étoit assez proche pour être à portée d'en recevoir de fréquentes nouvelles.

Environ un mois après mon bannissement, le prince fit une double perte qui lui fut infiniment sensible. Deux de ses enfans moururent, et, ce qui le toucha vivement, c'est qu'il avoit destiné l'un d'eux à être un jour son successeur. Il regarda cette affliction comme l'effet de sa dureté à mon égard ; c'est ce qu'il avoua à un de ses officiers, auquel il promit qu'il me rappelleroit incessamment et qu'il feroit rétablir mon église. Mais oubliant peu à peu la perte de ses enfans et devenant de jour en jour plus attaché à ses superstitions, il ne pensa plus à tenir sa promesse.

Varouganadadeven, c'est le nom de son frère, étoit beaucoup plus humain et avoit toujours paru affectionné au christianisme. Je l'envoyai prier par un de mes catéchistes de me donner une retraite sur ses terres : il hésita quelque tems à prendre son parti, mais enfin il m'écrivit une lettre fort obligeante, par laquelle il m'invitoit à venir le trouver et m'accordoit sa protection. Ce prince fait sa résidence ordinaire dans une forteresse appelée Aradanghi : c'est une conquête que le feu prince de Marava a faite sur le prince de Tanjaour ; elle est bâtie de pierre ; ses tours sont assez hautes et garnies de quelques pièces d'artillerie ; ses fossés étoient autrefois fort larges et fort profonds, mais à présent ils sont à demi comblés. Varouganadadeven est le maître d'une bonne partie du Marava : tout le royaume lui appartenoit de droit, car il est l'aîné, mais il en a cédé la souveraineté à son cadet, qu'il reconnoît avoir plus de talent que lui pour le gouvernement.

Ce prince me reçut avec distinction et avec amitié ; il m'obligea de m'asseoir auprès de lui, et, après m'avoir fait des excuses sur les mauvais traitemens que j'avois reçus de son frère, notre entretien roula sur la religion. Je lui expliquai les commandemens de Dieu, le symbole des apôtres et en particulier l'article du jugement dernier et les peines éternelles destinées à ceux qui n'adorent pas le vrai Dieu. Je tenois à la main mon bréviaire ; il le prit et le feuilleta avec curiosité : il en admira les caractères, et il fallut lui donner quelque idée de notre impression que les Indiens ignorent, car ils ne sçavent que graver avec une espèce de burin sur de grandes feuilles de palmier sauvage

Il considéra attentivement une image de Rome en taille-douce, où la sainte Vierge est représentée la tête couronnée d'étoiles, ayant la lune et la terre sous les pieds, et tenant entre ses bras l'enfant Jésus. « Elle est belle, me dit-il, mais elle ressemble à une veuve, car elle n'a aucun joyau pendu au col. En effet les veuves ne portent aucun ornement dans le Marava, et c'est par là qu'elles se distinguent des autres femmes. — Il est vrai, seigneur, lui répondis-je, mais prenez garde qu'elle tient le monde sous ses pieds, et que sa tête est couronnée d'étoiles; une seule de ces étoiles est capable d'effacer l'éclat des plus précieux diamans, mais elle n'a pas besoin de ces ornemens fragiles, qu'elle foule aux pieds avec le monde qui les produit ».

Cette réflexion fut applaudie et du prince et de sa cour. Il répéta plusieurs fois le nom de Diva Mada, que nous donnons à la très-sainte Vierge, et qui signifie la Divine Mère. Montrant ensuite mon bréviaire à ses courtisans : « Voilà, dit-il, toutes les richesses que ce sanias porte avec lui; n'est-ce pas un objet bien capable d'exciter l'avidité de mon frère? » Puis en m'adressant la parole : Mon frère fera, dit-il, tout ce qu'il voudra sur ses terres; pour moi, je vous donne toute permission de demeurer dans les miennes et d'y choisir un endroit pour bâtir une église. Il est bon néanmoins, m'ajouta-t-il, qu'elle ne soit pas éloignée d'ici, afin qu'elle soit à couvert de toute insulte ». Et il m'indiqua un assez beau lieu à deux lieues de sa forteresse.

Je le remerciai de ses bontés, et comme, selon la coutume des princes indiens, il voulut me faire présent d'une pièce de toile très-fine, je m'excusai de la recevoir, en lui disant que je m'estimerois plus heureux s'il vouloit bien, en présence de toute sa cour, me faire l'honneur de mettre sa main droite dans la mienne en m'assurant de son amitié et de sa protection.

Je restai deux ou trois jours à cette cour pour déterminer l'endroit où je bâtirois l'église. Durant ce temps-là le prince m'envoya tous les jours dans des plats d'argent du riz, du lait et toutes sortes de légumes et de fruits du pays. S'il eût eu le moindre soupçon que j'étois de la caste des Franquis, c'est ainsi qu'ils appellent les Européens, il ne m'auroit point certainement admis auprès de sa personne ni envoyé des plats qui sont à son usage. Un de ses ministres, homme d'esprit, fit en ma présence un portrait fort ridicule des Franquis, ou Européens, qu'il avoit vus à la côte de Coromandel, et il concluoit que mes manières, ma façon de vivre, si opposée à celle de ces Franquis, étoient une preuve convaincante que je n'étois pas d'une caste si méprisable.

Je visitai avec mes catéchistes et quelques capitaines chrétiens l'endroit que le prince avoit indiqué pour y construire la nouvelle église. Le lieu me parut assez commode en lui-même, mais il ne l'étoit guère pour les chrétiens, surtout pour ceux qui sont vers le midi dans les terres du prince de Marava, qui en auroient été fort éloignés. Je jugeai qu'il convenoit mieux de la bâtir sur la frontière des deux états, afin d'être plus à portée de secourir les chrétiens de tout le Marava. J'en fis faire la proposition au prince mon protecteur. Il eut d'abord de la peine à consentir que je m'établisse si loin de son palais, dans la crainte que je ne fisse des excursions sur les terres de son frère, avec lequel il faudroit se brouiller s'il me faisoit quelque nouvelle peine. Enfin, pressé par mes sollicitations réitérées, il m'accorda un terrain où il avoit fait autrefois creuser un puits dans le dessein d'y faire un jardin, et il ordonna aux peuplades voisines de me fournir ce qui me seroit nécessaire pour la construction de l'église et de ma maison. Je m'y transportai, et ayant fait curer le puits qui étoit presque comblé, j'y trouvai de fort bonne eau et en abondance, ce qui est très-rare dans le Marava. Je ne balançai point à y bâtir ma nouvelle église, laquelle subsistera sans doute pendant la vie de ce bon prince, qui donne de jour en jour de nouvelles marques de son estime pour les missionnaires, et pour les chrétiens qui s'y rendent en foule de tous les quartiers du Marava.

Cependant, comme il m'étoit bien triste de ne pouvoir aller sur les terres du prince régnant pour y administrer les sacremens aux malades, je tâchai d'en obtenir la permission, et je la lui fis demander par des personnes de sa cour qu'il considère : « Mon frère le protège, répondit-il, cela suffit. » Le ton dont il prononça ces paroles ne fit que trop connaître le secret mécontentement qu'il en avoit. J'ai su depuis qu'il en avoit fait des reproches amers au prince son frère; mais comme celui-ci est absolu et indépendant, il s'est mis peu en peine de ces reproches.

Il a fait encore moins de cas des fréquentes

remontrances qui lui ont été adressées par les brames et par les prêtres des idoles. Comme ils lui disoient avec assez de chaleur que leurs dieux menaçoient d'abandonner deux ou trois temples qui sont à une ou deux lieues de ma nouvelle église : « Il faut, répondit le prince d'un ton moqueur, que ces dieux soient bien faibles et bien timides, puisque, fortifiés comme ils le sont dans de beaux temples de pierres et de briques, ils redoutent un Dieu qui n'est logé que dans une cabane de terre. Je ne prétends pas les chasser en recevant ce docteur étranger ; mais s'ils ne sont pas contens, qu'ils partent quand ils le voudront, il en restera toujours assez dans le pays. »

Il y a plus de quinze ans que ce prince est marié, sans qu'il ait eu aucun enfant du grand nombre de femmes qu'il entretient dans son palais. Il semble que n'ayant point de récompense à attendre dans l'autre monde, s'il persévère dans son infidélité, Dieu veuille le récompenser en cette vie de la bonne œuvre qu'il a faite en rétablissant la religion, presque détruite. Au bout de la première année de mon établissement dans ses terres, il lui est né une fille, et il reconnoît publiquement qu'il la doit au vrai Dieu. Les Gentils mêmes ne peuvent s'empêcher de dire hautement que le Dieu des chrétiens a ôté au prince qui les a persécutés les enfans qu'il avoit, pour les donner à celui qui les protège. Il promet que s'il lui naît un fils, il fera bâtir au vrai Dieu une église plus magnifique qu'aucun temple qu'il y ait dans le Marava. Prions le Seigneur que, pour le bien de la religion, il daigne accorder à ce prince une postérité telle qu'il la désire, et plus encore, qu'il daigne lui ouvrir les yeux et le tirer des ténèbres de l'infidélité, où il paraît vivre si tranquillement. Je suis avec bien du respect, etc.

A Varugupati, dans la mission de Maduré, le 10 décembre 1713.

LETTRE DU P. BOUCHET

A MONSEIGNEUR HUET,

ANCIEN ÉVÊQUE D'AVRANCHES.

Métempsycose.—Système des brames.

Monseigneur

Pendant le séjour que je fis, il y a quelques années, en Europe, pour les affaires de cette mission, j'eus à répondre à plusieurs questions que des personnes savantes me firent souvent sur la doctrine des Indiens et principalement sur l'opinion qu'ont ces peuples de la métempsycose ou de la transmigration des âmes. Elles souhaitoient, entre autres choses, de savoir en quoi le système indien est conforme au système de Pythagore et de Platon et en quoi il en est différent. Je me rappelle de temps en temps avec plaisir, monseigneur, les entretiens que j'eus alors avec votre grandeur sur la même matière ; c'est pour cela qu'étant de retour aux Indes, j'employai une partie de mon loisir aux recherches nécessaires pour me mettre en état de satisfaire une curiosité si louable. La bonté avec laquelle vous avez déjà reçu une lettre que j'ai eu l'honneur de vous écrire sur un autre sujet autorise la liberté que je prends de vous adresser ces réflexions et me fait espérer qu'elles ne vous seront pas désagréables.

Il y a longtemps, monseigneur, que je suis au fait des sentimens des brames ; j'ai lu plusieurs ouvrages des savans indiens, j'ai entretenu souvent leurs plus habiles docteurs, et j'ai tiré de la lecture des uns et de l'entretien des autres toutes les connaissances qui pourroient m'aider à approfondir leur système sur la transmigration des âmes.

J'ai d'abord été surpris, en lisant leurs livres, de voir qu'il n'y a presque point d'erreurs dans les auteurs anciens que les Indiens n'aient ou adoptées ou inventées. Plusieurs croient que les âmes sont éternelles ; d'autres pensent qu'elles sont une portion de Dieu même. Ils sont à la vérité presque tous convaincus de leur immortalité, mais ils prouvent cette immortalité par la transmigration des âmes en différens corps.

On a peine à comprendre comment une idée

aussi chimérique que celle-là s'est répandue dans toute l'Asie. Sans parler des Indiens qui sont en deçà du Gange, une partie des peuples d'Aracan, du Pégou, de Siam, de Camboje, du Tonquin, de la Cochinchine, de la Chine et du Japon sont dans cette ridicule opinion de la métempsycose, ils appuient par les mêmes raisons dont se servent les Indiens.

Lorsque saint François Xavier prêchoit la foi au Japon, le plus fameux bonze du pays, se trouvant avec le saint à la cour du roi de Bungo, lui dit d'un air suffisant : « Je ne sais si tu me connois, ou pour mieux dire si tu me reconnois, » et après avoir rapporté beaucoup d'extravagances, qu'on peut voir dans l'histoire de la vie de ce saint, il ajouta : « Écoute-moi, tu entendras des oracles et tu demeureras d'accord que nous avons beaucoup plus de connoissance des choses passées que vous n'en avez, vous autres, des choses présentes. Tu dois donc savoir que le monde n'a jamais eu de commencement et que les hommes, à proprement parler, ne meurent point : l'âme se dégage seulement du corps où elle étoit enfermée, et tandis que ce corps pourrit dans la terre, elle en cherche un autre frais et vigoureux où nous renaissons, tantôt avec le sexe le plus noble, tantôt avec le sexe imparfait selon les diverses constellations du ciel et les différens aspects de la lune. »

Les diverses relations que nous avons de l'Amérique nous assurent qu'on y trouve des vestiges de la métempsycose. Qui a pu porter cette folle imagination à des peuples qui ont été si longtemps inconnus au reste du monde ? On est moins surpris qu'elle se soit répandue dans l'Afrique et dans l'Europe : les Égyptiens peuvent l'avoir enseignée aux Africains ; Pythagore, qui fut le chef de la secte italique, l'avoit établie chez plusieurs nations, surtout dans les Gaules, où les druides la regardoient comme la base et le fondement de leur religion ; elle entroit même dans la politique ; les généraux d'armée voulant inspirer à leurs soldats le mépris de la mort les assuroient que leurs âmes n'auroient pas plutôt abandonné leurs corps qu'elles iroient en animer d'autres. C'est ainsi que César en parle en expliquant le dogme des druides : « *Non interire animas, sed ab aliis post mortem transire ad alios, atque hoc maximè ad virtutem excitari putant metu mortis neglecto*[1]. »

[1] De Bell. Gallic. lib. 6.

Ce dogme monstrueux fut enseigné au commencement de l'Église naissante par la plupart des hérétiques, tels que furent les simoniens, les basilidiens, les valentiniens, les marcionites, les gnostiques et les manichéens. Les Juifs eux-mêmes, qui avoient reçu la loi de Dieu et qui par conséquent devoient être convaincus de l'impiété d'un pareil système, s'y laissèrent néanmoins surprendre, ainsi que le rapportent Tertullien et saint Justin dans ses dialogues. On lit dans le *Talmud* que l'âme d'Abel passa dans le corps de Seth et ensuite dans celui de Moïse. Saint Jérôme donne aussi à entendre que quelques Juifs, et Hérode entre autres, s'imaginoient que l'âme de saint Jean avoit passé dans le corps de Jésus-Christ ; tel a été le progrès d'une opinion si extravagante.

Il ne seroit pas facile de remonter jusqu'à son origine, ni de décider quels en ont été les premiers auteurs. Hérodote, saint Clément d'Alexandrie et d'autres savans hommes ont cru que cette doctrine avoit d'abord été enseignée par les anciens Égyptiens, et que de chez eux elle étoit passée dans les Indes et dans le reste de l'Asie ; d'autres au contraire en attribuent l'invention aux peuples de l'Inde, qui l'ont ensuite communiquée aux Égyptiens, car il y avoit autrefois un commerce réglé entre ces deux nations. Pline et Solin rapportent fort en détail le chemin qu'on tenoit toutes les années pour aller de l'Égypte aux Indes. Philostrate assure que Pythagore est l'inventeur de ce système, qu'il le communiqua aux Brames dans un voyage qu'il fit aux Indes, et que delà il fut porté chez les Égyptiens.

Quoi qu'il en soit, c'est là sans doute une de ces questions qui demeureront longtemps indécises ; et c'est ainsi, monseigneur, que vous vous en expliquez dans vos entretiens sur Origène : « *An vesana metempsycoseos doctrina ab Indis ad Egyptios transivit, an ab his ad illos, res est non parvœ disquisitionis.* » Néanmoins, si l'on s'en rapportoit à la chronologie indienne, la question seroit bientôt décidée car elle compte plusieurs milliers d'années depuis que cette opinion est en vogue dans l'Inde ; mais par malheur la chronologie de ces peuples est remplie de tant de faussetés que l'on n'y peut faire aucun fonds. Il y a donc plus d'apparence, ainsi que plusieurs anciens auteurs l'ont dit en termes exprès, que c'est des Égyptiens plutôt que des Indiens que Pythagore et

Platon ont tiré tout ce qu'ils enseignent de la métempsycose.

Les Indiens, de même que les Pythagoriciens, entendent par la métempsycose le passage d'une âme par plusieurs corps qu'elle anime successivement pour y faire les fonctions qui lui sont propres. Au commencement il n'étoit question que du passage des âmes en différens corps humains : on l'étendit plus loin dans la suite, et les Indiens ont encore enchéri sur les disciples de Pythagore et de Platon.

1. Les Pythagoriciens, en établissant leur système, fondoient leur principale preuve sur l'autorité de leur maître : ses paroles étoient pour eux des oracles, il n'étoit pas permis d'avoir des doutes sur ce qui avoit été avancé par ce grand philosophe; et quand d'autres philosophes moins dociles blâmoient quelques-unes de ses opinions, ses disciples croyoient avoir donné une réponse solide, en disant que le maître par excellence l'avoit ainsi enseigné. Et certainement on ne peut nier que cette réputation que Pythagore s'étoit acquise ne fût bien fondée, puisque c'est lui qui perfectionna toutes les sciences, qui de son temps étoient fort confuses et fort embrouillées.

C'est aussi ce que répondent nos Indiens quand nous leur faisons toucher au doigt les extravagances qui suivent de leur système : « Brama, disent-ils, est le premier des trois dieux qu'on adore dans les Indes; c'est lui qui a enseigné cette doctrine : elle est donc infaillible. C'est Brama qui est l'auteur du *Vedam*, c'est-à-dire de la loi qui ne peut tromper. C'est Brama qui est Abaden, c'est-à-dire qui parle essentiellement conformément à la vérité et dont toutes les paroles sont des oracles ; il a une connaissance infinie de tout ce qui a été, de tout ce qui est et de tout ce qui doit être ; c'est lui qui écrit toutes les circonstances de la vie de chaque homme; c'est lui qui a enseigné toutes les sciences. Si les brames connoissent la vérité, s'ils sont habiles dans l'astronomie et dans les autres sciences, c'est à Brama qu'ils en sont redevables. Peut-on douter après cela que la doctrine de la métempsycose ne soit véritable, puisqu'elle nous est venue de Brama. »

2. Les disciples de Pythagore devoient garder le silence pendant un certain nombre d'années avant qu'il leur fût permis de proposer leurs doutes; après quoi, ils avoient la liberté de former des difficultés et d'interroger leur maître. Quelques-uns de ses disciples qui avoient achevé leur temps d'épreuve lui demandèrent un jour s'il se ressouvenoit d'avoir vécu dans un autre temps. Il leur répondit en faisant ainsi sa généalogie : « Autrefois j'ai paru dans le monde sous le nom d'Etalide, fils de Mercure, à qui je demandai la grâce de me ressouvenir de tous les changemens qui pourroient m'arriver ; il m'accorda cette insigne faveur. Depuis ce temps-là, je naquis dans la personne d'Euphorbe, et je fus tué au siége de Troie par Menelaüs ; j'animai ensuite un nouveau corps et je fus connu sous le nom d'Hermotime ; après quoi je fus un pêcheur de l'île de Delos, qu'on nommoit Pyrrhus ; et enfin je suis maintenant Pythagore. »

Mais comme les disciples de ce philosophe n'étoient pas toujours crus sur leur parole lorsqu'ils débitoient le privilége de cette réminiscence, ils la prouvoient par le détail de plusieurs circonstances également fabuleuses : « Une preuve, disoient-ils, que notre maître a véritablement paru sous le nom d'Euphorbe, c'est qu'en entrant dans le temple de Junon, qui est dans l'Eubée, il y a reconnu lui-même son propre bouclier, que les Grecs avoient consacré à cette déesse. » Cette fable étoit si souvent répétée par les pythagoriciens qu'Ovide la met en œuvre dans ses métamorphoses, en faisant parler ainsi Pythagore :

« *Ipse ego nunc memini trojani tempore belli.*
Panthoïdes Euphorbus eram [1]. »

On lit avec plaisir l'ingénieuse réfutation que Tertullien fait de cette fable ; mais comme ce n'est pas ici le lieu de la rapporter, je me contenterai d'examiner ce qui se trouve de semblable parmi les Indiens.

Ils ont dix-huit livres fort anciens qu'ils appellent *Pouranams*. Quoique ces livres soient remplis de fables plus grossières les unes que les autres, ils ne contiennent pourtant selon eux que des vérités incontestables. C'est dans ces *Pouranams* qu'on lit cent traits d'histoires semblables à celles que les pythagoriciens rapportent de leur maître. Plusieurs grands hommes y racontent toutes les figures différentes sous lesquelles ils ont paru dans divers royaumes; ils entrent dans le détail des moindres particularités ; ils disent par exemple

---

[1] Lib. 15.

qu'on trouvera dans certains endroits qu'ils marquent les trésors, les armes, les instrumens de fer et cent autres choses de cette nature qui leur appartenoient, par où ils prouvent qu'ils se ressouviennent de ce qu'ils faisoient dans les vies précédentes. On y voit aussi le changement de leurs dieux : ils commencent par Brama, qu'ils disent s'être montré sous mille figures différentes ; les métamorphoses de Vichnou y sont presque sans nombre : il y en a encore une qu'ils attendent et qu'ils appellent *Kelkiradaran*, c'est-à-dire Vichnou changé en cheval. Ils rapportent plusieurs changemens de Routren dont j'aurai occasion de parler dans la suite, aussi bien que de diverses métamorphoses de leurs déesses. Ils ont outre cela un autre livre appelé *Brama-pouranam*, où se trouve une multitude prodigieuse de transmigrations d'âmes dans le corps des hommes et des bêtes.

Les adorateurs de Vichnou prétendent que ce dieu éclaire par une lumière céleste quelques âmes favorites de ses dévots et qu'il leur fait connoître les différens changemens qui leur sont arrivés dans les corps qu'elles ont animés. Pour ce qui est des zélés serviteurs de Routren, ils assurent que ce dieu chimérique révèle à plusieurs d'entre eux les divers états où ils ont été engagés dans les différentes transmigrations de leurs âmes.

3. Les Indiens et les pythagoriciens ont recours aux comparaisons, pour expliquer leurs sentimens, mais avec cette différence que ceux-ci ne les emploient que pour donner de la clarté et du jour à leurs pensées, au lieu que ceux-là les regardent comme des preuves manifestes de ce qu'ils avancent.

« L'âme, disent les Indiens, est dans le corps comme un oiseau est dans sa cage. » C'est la première comparaison dont ils se servent ; mais ils ne s'y arrêtent pas beaucoup, parce qu'en effet la différence saute aux yeux. Mais en voici trois autres qui leur paraissent admirables et d'autant plus persuasives qu'elles sont soutenues chacune par l'autorité d'un poëte, car parmi les Indiens un vers cité même hors de propos donne un grand poids au raisonnement, et si le vers qu'on cite renferme une comparaison qui explique en apparence quelques circonstances du sujet dont on parle, c'est alors que la meilleure raison ne s'égale jamais à la comparaison.

Voici donc la seconde comparaison qu'ils emploient pour appuyer leur sentiment sur la métempsycose : « Comme l'homme est dans une maison, qu'il y habite et qu'il a soin d'en réparer les endroits faibles, de même l'âme de l'homme est dans le corps : elle y loge, elle s'étudie à le conserver et à en réparer les forces quand elles défaillent. De plus, comme l'homme sort de sa maison quand elle n'est plus habitable et va se loger dans une autre, l'âme de même abandonne son corps quand quelque maladie ou quelque autre accident le met hors d'état d'être animé et se met en possession d'un autre corps ; enfin, comme l'homme sort quand il veut de sa maison et y retourne de la même manière, il y a pareillement de grands hommes dont l'âme a le pouvoir de se dégager de son corps pour y revenir quand il lui plaît, après avoir parcouru plusieurs endroits de l'univers. A la vérité, on trouve peu de ces âmes privilégiées, mais enfin on en trouve, et les *Pouranams* nous en fournissent des exemples.

Parmi ces exemples, j'en choisis un qui est fort célèbre. On lit dans la vie de Vieramarken, l'un des plus puissans rois des Indes qu'un prince pria une déesse, dont le temple étoit à l'écart, de lui enseigner le *Mandiram*, c'est-à-dire une prière qui a la force de détacher l'âme du corps et de l'y faire revenir quand elle le souhaite. Il obtint la grâce qu'il demandoit ; mais, par malheur, le domestique qui l'accompagnoit et qui demeura à la porte du temple, entendit le *Mandiram*, l'apprit par cœur et prit la résolution de s'en servir dans quelque favorable conjoncture.

Comme ce prince se fioit entièrement à son domestique, il lui fit part de la faveur qu'il venoit d'obtenir, mais il se donna bien de garde de lui révéler le *Mandiram*. Il arrivoit souvent que le prince se cachoit dans un lieu écarté, d'où il donnoit l'essor à son âme ; mais auparavant il recommandoit bien à son domestique de garder soigneusement son corps, jusqu'à ce qu'il fût de retour. Il récitoit donc tout bas sa prière, et son âme se dégageant à l'instant de son corps voltigeoit çà et là, et revenoit ensuite. Un jour que le domestique étoit en sentinelle auprès du corps de son maître, il s'avisa de réciter la même prière, et aussitôt son âme s'étant dégagée de son corps prit le parti d'entrer dans celui du prince. La première chose que fit ce faux prince fut de trancher la tête à son premier corps, afin qu'il ne prît point fantaisie à son maître de l'animer. Ainsi l'âme du véritable prince fut réduite à animer le corps d'un perroquet, avec lequel elle retourna dans son palais.

On ne doit pas trouver étrange que les Indiens s'imaginent que de grands hommes parmi eux ayent eu ce pouvoir de séparer ainsi leurs âmes de leurs corps. Pline raconte, dans son *Histoire naturelle*[1], qu'un certain Hermotime avoit cet admirable secret de quitter son corps toutes les fois qu'il le vouloit : que son âme, ainsi séparée, alloit en divers pays, et revenoit dans son corps pour raconter les choses qui se passoient dans les lieux les plus éloignés. A la vérité Plutarque n'est pas de l'avis de Pline, il prétend que l'âme de cet Hermotime, qu'il appelle Hermodore, ne se séparoit pas réellement de son corps ; mais qu'un génie étoit sans cesse à ses côtés, qui l'instruisoit de tout ce qui se passoit ailleurs.

Ce que saint Augustin raconte dans son livre *De la Cité de Dieu*[2] paroît assez surprenant. Un prêtre, dit ce saint docteur, appelé Restitut, qui étoit de la paroisse de Calamo, pouvoit à son gré se mettre dans un état tout-à-fait semblable à celui d'un homme mort : on avoit beau alors le frapper, le piquer et même le bruler, il avoit perdu tout sentiment et on ne lui trouvoit nulle apparence de respiration : il ne s'apercevoit même qu'il eût été brulé que par les cicatrices qui lui en restoient : il avoit enfin un tel empire sur son corps, qu'en peu de temps, lorsqu'on l'en prioit, il s'interdisoit tout usage des sens. Un exemple de cette nature seroit dans la bouche d'un Indien une preuve à laquelle il n'y auroit point de réplique. Après avoir raconté un trait semblable : « Voyez, ajouteroit-il sérieusement, s'il n'est pas vrai que les âmes demeurent dans leurs corps de la même manière que les hommes logent dans leurs maisons. »

La troisième comparaison dont les Indiens se servent est prise du navire et du pilote. Le pilote, disent-ils, est le maître du navire, il le gouverne à son gré, il le conduit dans les pays les plus reculés, il le fait entrer dans les rivières, il lui fait faire le tour des îles, il lui fait parcourir tous les ports qui se trouvent sur les rivages de la mer : s'il est endommagé en quel-

qu'une de ses parties, il le radoube, et il l'abandonne quand les planches venant à se pourrir menacent d'un prochain naufrage. C'est ainsi que l'âme se trouve dans le corps de l'homme : elle le conduit partout ; elle lui fait faire de longs voyages, elle le mène dans les villes, elle le fait monter, elle le fait descendre, elle le fait marcher ou reposer ; lorsqu'il est malade, elle cherche des remèdes propres à réparer ses forces. Mais quand ce corps vient à périr, ou que ses organes s'usent et se déconcertent, elle l'abandonne pour en chercher un autre qu'elle puisse gouverner comme le premier.

Enfin, les Indiens comparent les âmes dans les corps à un homme qui est en prison. Cette comparaison suppose, ce que je dirai plus bas, que les âmes qui se trouvent engagées dans différens corps, qu'elles animent successivement, n'y sont retenues que pour expier les péchés qu'elles ont commis dans une autre vie. Pour prouver ce qu'ils avancent, ils raisonnent du plus au moins, et ils disent que les dieux subalternes, qui sont si fort au-dessus des hommes, sont obligés eux-mêmes d'animer des corps pour expier les péchés de la vie précédente. Ils rapportent sur cela une infinité d'histoires, entre autres celle qu'on lit dans la vie de Tarma Rajakets, ou autrement le *Baradam*; la voici.

Arichenen étoit un des cinq rois qui se sont rendus célèbres dans l'Inde. Ce prince eut un fils qu'il aimoit tendrement : on l'appeloit Abimanien. Cet enfant chéri vint à mourir après bien des aventures ; la douleur que son père en conçut le mit au désespoir. Vichnou, métamorphosé en Krichen, eut pitié de ce père affligé ; il le mena dans un des cinq paradis, où Arichenen aperçut son fils tout brillant de gloire. Il voulut l'embrasser et demeurer avec lui, mais on le fit retirer, et Abimanien lui parla de la sorte : « Autrefois, tout dieu que j'étois, je tombai dans un grand péché : pour l'expier, je fus condamné à être mis en prison dans un corps humain ; maintenant que j'ai satisfait pour ce crime et que je me suis entièrement purifié, vous me voyez plein de gloire comme j'étois auparavant. » Or, disent les Indiens, si les dieux eux-mêmes sont obligés d'animer des corps pour se purifier et pour faire pénitence dans ces prisons, pouvez-vous douter que les âmes, après avoir commis des

---

[1] Livre 7.
[2] Livre 14, chap. 24.

péchés dans une autre vie, ne soient pareillement obligées de demeurer dans les corps qu'elles animent comme dans autant de prisons? Si ces corps naissent dans des castes méprisables, s'ils sont sujets aux maladies et à d'autres infirmités, ou s'ils sont disgraciés de la nature, tout cela arrive afin qu'elles puissent expier les péchés de la vie passée.

Les platoniciens employoient la même comparaison ; Platon l'avoit tirée de Pythagore et d'Empédocle, et Pythagore l'avoit reçue d'Orphée. Parmi les premiers chrétiens, quelques-uns qui, avant que d'embrasser le christianisme, avoient été élevés dans l'école de Platon, trouvoient de quoi l'appuyer dans quelques passages de l'Écriture, qui ne devoient s'entendre que dans un sens métaphorique. Les saints pères en citent des endroits mal expliqués par les origénistes. Saint Épiphane, par exemple, dit que les sectateurs de Platon prenoient à la lettre ces paroles du prophète roi : « *Seigneur, tirez mon âme de la prison où elle est.* » Saint Jérôme observe qu'ils entendoient de même ces autres paroles de saint Paul : « *Qui me délivrera de ce corps de mort ?*» Doit-on être surpris que les Indiens s'attachent si fort à cette comparaison, puisque des philosophes qui se disoient chrétiens ne laissoient pas de s'en servir dans le même sens que les platoniciens.

4. Ce n'est pas assez pour les Indiens de faire passer les âmes dans différens corps humains, ils admettent encore la métempsycose à l'égard des corps des bêtes et de tous les objets sensibles. Ils assurent même que le monde change plusieurs fois de forme, ce qui se fait, selon eux, par autant de transmigrations différentes. Mais pour mieux éclaircir ce système des Indiens, il me faut montrer la conformité de leur sentiment sur la création du monde avec celui des disciples de Pythagore et de Platon.

Ces deux philosophes, ainsi que le marquent les pères, avoient transporté dans leur philosophie plusieurs choses qu'ils avoient tirées des Juifs touchant la morale et la manière dont le monde a été formé depuis tant de siècles : c'est le rapport qui se trouve entre le commencement de la Genèse et plusieurs endroits de Platon qui a fait dire à Numenius, que Platon n'étoit autre chose que Moïse qui parloit grec : « *Quid est Plato nisi Moyses atticissans ?*

En effet, Platon croyoit que le monde avoit été produit par la toute-puissance de Dieu, et qu'il étoit sujet à la corruption ; que Dieu est le souverain seigneur de toutes choses et le père des dieux subalternes, mais qu'il s'est servi de ces dieux pour former et pour perfectionner tous les êtres. Les premiers hérétiques, tel que fut Ménandre, disciple de Simon le magicien, pensoient à peu près de même et soutenoient que le monde avoit été fait par les anges. Saturnin disoit qu'il y en avoit eu sept entre autres qui avoient été occupés à ce grand ouvrage. Tous ces hérétiques des premiers siècles, qui s'étoient infatués du platonisme, appliquoient aux anges ce que le philosophe disoit des dieux inférieurs. Sénèque, voulant expliquer le sentiment des platoniciens, dit que Dieu produisit les dieux subalternes pour être les ministres de son royaume et pour le perfectionner. Je serois trop long si j'entreprenois de citer tous les endroits des ouvrages de Platon qui prouvent que c'est là son opinion.

C'est de la même manière que les Indiens expliquent la création du monde. Dieu, qui avoit subsisté pendant toute une éternité, lorsqu'il n'y avoit ni ciel ni terre, créa Brama par sa toute-puissance, laquelle est appelée par les Indiens parachatti, c'est-à-dire pouvoir souverain (les ignorans ont personnifié cette expression et croient que Parachatti est la mere des dieux) ; qu'il se servit de lui pour créer les autres êtres; qu'ensuite il créa Vichnou qui est le dieu conservateur de tous les êtres ; puis le dieu Routren qui détruit les mêmes êtres, afin que Brama les fasse reparoître avec plus d'éclat. Cet emploi des dieux subalternes, créés par le souverain pouvoir du seigneur de tous les êtres, peut-il être plus conforme à l'idée de Platon, qui assure que Dieu créa les dieux inférieurs et qu'il les employa à former et à perfectionner ce monde visible.

5. Selon la doctrine du même Platon, la première de toutes les métempsycoses est celle du monde qui doit finir un jour et être suivi d'un autre monde. La pensée de ce philosophe est que comme les âmes animent de nouveaux corps, il y aura aussi de nouveaux mondes. A la vérité, les platoniciens modernes s'efforcent de donner un bon sens à ces paroles ; mais peuvent-ils nier que ce n'ait été le sentiment des origénistes ; et n'est-ce pas chez Platon que les origénistes ont puisé cette idée du renouvellement du monde ? Il ne faut que lire ce que dit Origène au chapitre 5 du 3ᵉ livre de ses

Principes : il se propose une objection qu'on pourroit lui faire sur ce qu'il a dit que le monde a commencé dans le temps : « Vous me demanderez, dit-il, ce que faisoit Dieu avant qu'il créât le monde ? Il seroit ridicule de dire qu'il étoit oisif : car rien ne répugne davantage à la nature de Dieu que de penser que sa bonté n'ait pas voulu faire, ni sa toute-puissance exécuter ce qu'il pouvoit. A cela, dit ce docteur, nous répondons, conformément à la règle de la piété, que Dieu n'a pas commencé d'agir lorsqu'il a créé le monde ; mais nous croyons que, de la même manière que ce monde où nous sommes sera suivi d'un autre, il y en a eu pareillement plusieurs autres qui ont précédé celui-ci. » Ces paroles sont assez expresses en faveur de la doctrine des mondes qui se succèdent les uns aux autres et qu'Origène avoit tirée de Platon, ainsi que plusieurs saints pères le lui reprochent ; et comme ces mondes ont toujours été animés par la grande âme du monde, ainsi que Platon l'assure, peut-on douter que les platoniciens n'admissent la métempsycose à l'égard de plusieurs mondes ? Ce qu'il y a de surprenant, c'est qu'Origène, entêté de ces idées platoniciennes, abusoit de quelques passages des livres divins pour prouver un dogme si ridicule. Il employoit, par exemple, cet endroit d'Isaïe, où Dieu dit qu'il créera un nouveau ciel et une terre nouvelle, et cet autre de l'Ecclésiaste : « *Qu'est-ce qui a été autrefois ? c'est ce qui doit être à l'avenir. Qu'est-ce qui s'est fait ? c'est ce qui doit se faire encore. Rien n'est nouveau sous le soleil, et nul ne peut dire : voilà une chose nouvelle, car elle a été déjà dans les siècles qui se sont passés avant nous*[1]. »

Telle est l'opinion des Indiens ; ils s'imaginent que ce monde doit finir, et qu'ensuite Dieu en créera un nouveau ; ils déterminent même le temps où ce changement doit arriver, car ils prétendent qu'après que les quatre âges, d'or, d'argent, de cuivre, de fer, seront expirés, il y aura un jour de la vie de Brama qui doit durer cent ans ; que quand cette multitude d'années sera écoulée, le monde sera détruit par le feu. C'est une chose remarquable que presque toutes les nations conviennent ensemble sur cette manière dont le monde sera détruit ; c'est une tradition que les anciens philosophes se sont laissée les uns aux autres, et Ovide dit en termes formels que c'est une chose arrêtée par la force d'une fatalité inévitable, que le ciel, la mer et la terre doivent être consumés par le feu :

*Esse quoque infatis reminiscitur affore tempus
Quo mare, quo tellus, correptaque regia cœli
Ardeat.*

Ce monde étant donc détruit par le feu, Dieu en fera reparoître un nouveau de la même manière qu'il a créé celui-ci, et cela se renouvellera toujours ; de même qu'avant que cet univers où nous sommes eût été créé, il y en avoit un autre, et avant ce dernier un plus ancien : « C'est ainsi, disent-ils, qu'il faut raisonner en remontant toujours plus haut, où l'on trouvera divers mondes plus anciens les uns que les autres. » Je ne trouve qu'une différence entre les deux opinions, c'est que les platoniciens et les pythagoriciens croyoient qu'il n'y avoit qu'un monde à la fois, et que les Indiens au contraire en distinguent quatorze. On peut néanmoins facilement les accorder, en ce que les Indiens avouent que ces quatorze mondes n'en font qu'un seul, puisqu'ils sont tous renfermés dans un œuf, ou, comme quelques autres disent, dans Brama. C'est encore une chose à observer que presque toutes les nations sont dans ce sentiment que le monde est semblable à un œuf : c'est ainsi que les anciens Égyptiens représentoient le monde, et c'est d'eux sans doute que toutes les nations ont reçu cette idée. Les Indiens ajoutent que cet œuf qui renferme tous les mondes a été formé par le Dieu Brama, qui se trouva sur l'eau. Les platoniciens ont dit aussi que Dieu était sur l'eau ; n'auroient-ils pas abusé de ce passage de l'Écriture, où il est dit que « l'esprit de Dieu était porté sur les eaux[1] ? »

6. Mais combien d'années durera le monde avant qu'il en paroisse un autre ? Il durera, disent-ils, jusqu'à ce que Brama paroisse de nouveau et que tous les êtres reviennent au même état où ils ont paru d'abord. C'est ce qui répond à la grande année platonique qui devoit durer trente-six-mille ans. Les platoniciens disent que tout ce qui s'est passé durant ce long espace

---

[1] *Quid est quod fuit ? ipsum quod futurum est ; Quid est quod factum est ? Ipsum quod faciendum est. Nihil sub sole novum, nec valet quisquam dicere : Ecce hoc recens est ; jam enim præcessit in sæculis, quæ fuerunt ante nos.* (Ecclesiast. c. 1, v. 10.)

[1] *Spiritus Domini ferebatur super aquas.* Gen. c. 1, v. 2.

de temps se renouvellera alors, et que les âmes reviendront dans les corps pour recommencer une vie nouvelle; que Socrate doit être accusé de nouveau par Anyte et Mélite, que les Athéniens le condamneront à la mort, qu'ils s'en repentiront ensuite et qu'ils puniront rigoureusement les accusateurs. Ce qu'ils disent de Socrate doit s'entendre pareillement des autres hommes et de toutes les aventures si célèbres dans l'histoire.

7. La métempsycose, selon les Indiens, ne regarde pas moins les dieux que les hommes. A la vérité ils avouent que le dieu souverain qui a créé les dieux, les astres et tous les êtres n'est pas sujet à ces différens changemens; mais outre les dieux inférieurs, dont nous parlerons dans la suite, il y en a trois principaux qu'ils confondent avec le dieu suprême, savoir: Brama, Vichnou et Routren, et ces trois dieux du premier ordre quoique subalternes ont animé différens corps d'hommes et de bêtes. Brama a animé le corps d'un cerf et celui d'un cygne. Vichnou, le plus accoutumé aux métempsycoses, a paru sous la figure de matcham, c'est-à-dire de poisson: « Ce fut, disent quelques-uns, au temps du déluge, lorsque ce dieu conduisit la barque qui sauva le genre humain ». Il devint ensuite courman, c'est-à-dire tortue, pour soutenir le monde qui chanceloit; il prit aussi la figure d'un pourceau pour trouver les pieds de Routren, qui s'étoit caché; puis celle de narasingam, c'est-à-dire moitié homme et moitié lion, pour défendre un de ses adorateurs et faire mourir Franien. Enfin il a animé le corps d'un bramin, d'un fameux roi appelé Ramen, etc. Routren a pareillement changé plusieurs fois de figure, mais la plus extravagante est celle du Lingam, qui a produit la secte infâme des lingamistes.

Les déesses, femmes de ces trois dieux, ont été sujettes à de pareils changemens. Parradi, femme de Routren, vivement touchée de ce que son père n'avoit pas appelé son mari à un fameux sacrifice, auquel il avoit invité tous les dieux, de rage se jeta dans le feu, où elle fut consumée; elle naquit ensuite d'une montagne du nord et épousa une seconde fois Routren.

Les diverses renaissances de Lakehoumi, femme de Vichnou, sont célèbres: elle naquit d'abord lorsque les dieux et les géans firent tourner dans la mer la fameuse montagne de Meroua: il en sortit des choses prodigieuses; mais la plus excellente de toutes fut Lakehoumi, qui éblouit tous les dieux par sa beauté et qui de leur consentement fut donnée à Vichnou. Longtemps après elle naquit d'un fruit dont l'odeur infiniment douce et agréable se répandoit à dix lieues à l'entour. Cette jeune fille fut élevée par un pénitent appelé Vedamamouni, qui lui enseigna toutes les sciences; mais comme elle surpassoit en beauté toutes les personnes de son sexe, il souhaita qu'elle devînt femme de Vichnou, changé alors en Ramen, roi célèbre dans les anciennes histoires des Indes. Cette princesse s'appeloit pour lors Sida: elle faisoit une rude pénitence sur le bord de la mer, se tenant sur un mât, au bas duquel elle entretenoit un feu fort actif. La réputation de sa beauté vint aux oreilles d'un géant qui étoit roi de Ceylan: il se transporta sur le lieu où elle avoit fixé son séjour, dans le dessein de l'épouser; mais une pareille proposition lui ayant déplu, elle se jeta dans le feu et fut réduite en cendres. La pénitence ne fut pas pourtant inutile: car Vedamamouni ayant recueilli ses cendres les renferma dans une canne d'or, enrichie de diamans et de pierres précieuses d'un prix inestimable. On porta cette canne au géant Ravanen, qui la fit mettre dans son trésor. Quelque temps après, comme on entendit sortir de cette canne une voix semblable à celle d'un enfant, on l'ouvrit et on y trouva Sida changée en petite fille. Les astrologues, consultés sur ce prodige, répondirent que cet enfant seroit la cause de la ruine de Ceylan; c'est pourquoi on l'enferma dans un coffre d'or et on la jeta dans la mer pour l'y faire périr. Mais le coffre, au lieu d'être entraîné par sa pesanteur au fond de l'eau, surnagea et avança vers la mer de Bengale; étant entré dans un des bras du Gange, il fut porté sur un champ; les laboureurs l'ayant trouvé le donnèrent à leur roi, qui éleva Lakehoumi jusqu'à ce qu'elle fut mariée à Ramen.

En un mot les dieux subalternes du premier ordre, outre qu'ils doivent mourir au temps de la grande année bramatique et renaître ensuite, sont encore nés plusieurs fois dans le cours des années de Brama. Ces années contiennent plusieurs milliers d'années, et surpassent de beaucoup les années qui doivent s'écouler pendant la grande année platonique.

Pour ce qui est des dieux du second ordre, les Indiens les représentent souvent changés en hommes et en démons, lesquels ensuite redeviennent dieux. Cette opinion des savans indiens est très-conforme à celle des platoniciens. Saint Augustin assure que ces philosophes croyoient que les âmes des hommes qui avoient pratiqué la vertu étoient changées en dieux familiers et domestiques et devenoient les protecteurs des familles ; qu'au contraire, si elles s'étoient rendues coupables de quelques crimes, elles devenoient des esprits malins qui inquiètent les vivans : « *Animas ex hominibus fieri lares, si meriti boni, et lemures, si mali*[1]. » Saint Jérôme, dans sa lettre à Avitus, dit que les origénistes avoient le même sentiment, savoir que les hommes étoient changés en démons, et les démons en hommes : «*Ita cuncta variari, ut et qui nunc homo est, possit in alio mundo dæmon fieri ; et qui dæmon est, et negligentius egerit, in crassiore corpore relegetur, id est, homo fiat.* »

Afin de montrer que c'est là l'opinion des Indiens, je ne rapporterai qu'un seul exemple tiré d'un de leurs livres qui a pour titre *Palmapouranam*. Un fameux brame, appelé Kedanidi, avoit un fils nommé Akinipar. Ce jeune homme alloit tous les jours se laver dans une eau sacrée qu'on nomme Achoditirtam. Cinq jeunes déesses descendoient souvent du ciel pour y prendre le bain : elles aperçurent le jeune pénitent et elles en furent éprises. Celui-ci s'en offensa et, jetant sur elles sa malédiction, il les changea en démons et leur ordonna de voltiger dans les airs. Je dois remarquer en passant que comme Platon pensoit qu'il y avoit des démons dans les quatre élémens, les Indiens croient de même qu'il y en a dans l'air, dans le feu, dans l'eau et sur la terre. La malédiction eut son effet, mais les déesses, indignées de l'audace d'Akinipar, le maudirent à leur tour et le condamnèrent à être démon comme elles. Ces six démons, tout ennemis qu'ils devoient être, conspirèrent néanmoins la mort d'un grand pénitent qui se nommoit Chomoucharichi ; mais celui-ci rendit leurs efforts inutiles et les chassa honteusement de sa présence. Kedanidi se trouva là par hasard, et ayant reconnu son fils, qu'il cherchoit depuis longtemps, il pria le pénitent de le lui rendre dans une forme humaine. Le pénitent y consentit, pourvu que Kedanidi allât se baigner dans le Prayagatirtam (c'est le confluent de trois rivières qui se réunissent dans les états du Mogol), et, pour l'engager à suivre son conseil, il lui raconta l'histoire suivante : « Une sainte fille, appelée Malinei, fit autrefois plusieurs années de pénitence et mérita de renaître dans le palais des dieux et d'être changée en déesse : elle venoit tous les jours se laver dans le Prayaga : comme elle se retiroit, une goutte d'eau tomba de ses cheveux sur un géant d'une grandeur énorme qui étoit caché dans un bois de bambous. Cette seule goutte fit une telle impression sur le géant qu'il comprit que, dans une autre vie, il avoit été un des plus grands scélérats de l'univers, et que c'étoit pour cela qu'il avoit été condamné à naître sous cette figure affreuse. Aussitôt il se prosterna aux pieds de la déesse, et il la conjura avec larmes de lui ôter la vie et de lui obtenir une nouvelle naissance, qui lui procurât un état plus heureux. La déesse, touchée de ses pleurs, l'assura que, pour le faire renaître heureux et même pour le placer dans le palais des dieux, elle lui cédoit tout le mérite qu'elle avoit acquis pendant trente jours qu'elle s'étoit lavée dans le Prayaga, et le géant fut aussitôt changé en une autre forme. Kedanidi ayant entendu cette histoire alla sur-le-champ au Prayaga, où il se baigna trente jours de suite, après quoi il obtint ce qu'il souhaitoit, et son fils redevint brame. » Cette fable fait assez connoître qu'un des points de la doctrine indienne est que les dieux peuvent être changés en hommes, et les hommes en dieux, et que les hommes et les dieux peuvent devenir démons, et les démons devenir des hommes et des dieux.

Jusqu'ici, monseigneur, le système indien ne s'accorde pas mal avec le système de Pythagore et de Platon. Cependant la matière n'est encore qu'effleurée : plus j'approfondirai l'une et l'autre opinion, plus vous reconnoîtrez qu'à peu de choses près la conformité est entière. Je commence d'abord par l'idée que les uns et les autres se forment de la nature de l'âme.

8. On trouve dans les livres des anciens Indiens que les âmes sont une parcelle de la substance de Dieu même ; que ce souverain Être se répand dans toutes les parties de l'univers pour les animer : « Et il faut bien que cela soit ainsi, disent les Indiens, puisqu'il n'y a que Dieu qui puisse vivifier et faire paroître de nouveau des êtres. » J'eus autrefois un long entretien avec un brame qui se servoit de cette compa-

---

[1] De civit. Dei, l. 9, c. 11.

raison : « Représentez-vous plusieurs millions de vases, grands, petits, médiocres, tous remplis d'eau : imaginez-vous que le soleil donne à plomb sur ces vases : n'est-il pas vrai que dans chacun d'eux il grave son image ; que l'on y voit un petit soleil, ou plutôt un amas des rayons qui sortent immédiatement du corps brillant de cet astre? C'est me disoit-il, ce qui se passe dans le monde : les vases sont les différens corps dont l'âme émane de Dieu, de même que les rayons émanent du soleil. » Je lui demandai s'il pensoit que dans la dissolution des corps, ces âmes étoient détruites, de même que les images du soleil ne subsistoient plus dès que le vase étoit brisé. Il me répondit que comme ces mêmes rayons qui avoient formé ces images dans les vases brisés servoient à former d'autres images dans d'autres vases pleins d'eau, de même les âmes, obligées de quitter les corps qui périssent, vont animer d'autres corps qui sont frais et vigoureux. « Mais, poursuivis-je, pourquoi cette portion de la divinité qui anime les hommes commet-elle de si grands crimes ? N'est-il pas ridicule d'attribuer à une partie de Dieu même des péchés aussi honteux que ceux que nous voyons tous les jours commettre aux hommes ? » Il m'avoua qu'il avoit de la peine à comprendre comment cette partie de Dieu, qui animoit pour la première fois le corps de l'homme, pouvoit donner dans de si grands excès ; mais que, supposé qu'elle se fût rendue coupable de quelque crime, il falloit bien qu'elle se purifiât par quelques transmigrations avant que de se réunir à la Divinité.

D'autres croient que Dieu est un air extrêmement subtil et que nos âmes sont une partie de ce souffle céleste; que quand nous mourons, cet air subtil, qui nous servoit d'âme, va se réunir avec Dieu, à moins qu'il n'ait besoin de se purifier par plusieurs métempsycoses ; que quand ces âmes sont bien purifiées, elles obtiennent la béatitude, qui a cinq degrés différens et qui se consomme enfin par l'identité avec Dieu.

Cette même doctrine est enseignée par les disciples de Pythagore et de Platon, et, au rapport de saint Jérôme, par les origénistes, qui l'avoient tirée de ces deux philosophes. Il n'en faut point d'autre preuve que ce que Cicéron fait dire à Caton, savoir : que les philosophes de la secte italique ne doutoient point que les âmes ne fussent tirées de la substance de Dieu même : « *Audiebam Pythagoram Pythagoreosque incolas penè nostros, qui essent Italici Philosophi nominati, nunquam dubitasse quin ex universâ mente divinâ delibatos animos haberemus.*» C'est aussi votre sentiment, monseigneur ; car je me souviens d'avoir lu dans vos Notes sur Origène que les platoniciens et les stoïciens ont suivi cette même opinion ; que les marcionites et les manichéens l'ont embrassée depuis, et que c'est dans le sens des pythagoriciens que Virgile dit, en parlant de Dieu :

« . . . . *Deum namque ire per omnes*
Terrasque, tractatusque maris, cœlumque profundum.
Hinc pecudes, armenta, viros, genus omne ferarum,
Quemque sibi tenues nascentem arcessere vitas [1]. »

Il est vrai néanmoins que plusieurs textes de Platon prouvent assez clairement que Dieu a créé les âmes et qu'il les a ensuite attachées aux astres pour y contempler les idées de toutes les choses créées. Mais mon dessein n'est pas d'accorder Platon avec lui-même ni de le suivre dans ses incertitudes et dans ses contradictions perpétuelles ; tout ce que je prétends, c'est de montrer en quoi la métempsycose indienne est semblable à celle des platoniciens, qui ont tiré presque toute leur doctrine de Pythagore : car, comme le remarque saint Augustin, c'est de Pythagore que Platon tira toute sa physique, et en y ajoutant la morale de Socrate il se fit une philosophie complète.

Mais soit que les âmes soient une émanation de la substance de Dieu même, soit que Dieu les ait tirées du néant, il est toujours vrai de dire que Platon, fidèle disciple de Pythagore, a pensé, comme lui, que Dieu avoit attaché les âmes aux astres et leur avoit laissé le plein usage de leur liberté. Saint Augustin, en plusieurs endroits, Vivès, dans les *Commentaires*[2] qu'il a faits du livre *De la Cité de Dieu*, et le père Thomassin dans sa *Théologie*[3] nous assurent que c'est là le véritable sentiment de la philosophie platonicienne. Celui-ci, après avoir cité plusieurs textes de Platon qui le prouvent, l'explique à peu près de cette manière. Ces âmes, ainsi attachées aux astres, étoient si heureuses qu'elles sembloient être

---

[1] Georg., l. 4, v. 221.
[2] Comment. in C. 5, de Civ. Dei.
[3] Théolog., pag. 337.

au comble de leurs désirs. Dieu leur avoit manifesté une partie des beautés célestes; elles étoient si éclairées qu'elles découvroient la souveraine vérité dans elle-même, et cette vue étoit leur béatitude; mais elles abusèrent de leur liberté et, se laissant éblouir par les beautés créées, elles négligèrent ce qui faisoit leur parfaite félicité. Dieu, pour punir ces âmes téméraires et infidèles, les détacha des astres et les attacha à des corps grossiers. Néanmoins, si ces âmes faisoient un bon usage de la liberté qui ne leur avoit pas été ravie, si elles se purifioient en pratiquant la vertu, elles pouvoient, après quelques transmigrations, retourner au premier état dont elles étoient déchues. Si au contraire elles venoient à se souiller en s'abandonnant au vice, elles descendoient dans des corps plus grossiers les uns que les autres pour y être sévèrement punies.

« Cependant il faut prendre garde, disent les platoniciens, qu'il y a des âmes qui, ayant contemplé avec plus d'attention la beauté céleste et les vérités éternelles, ont conservé, nonobstant cette alliance avec les corps matériels, quelques idées de ces beautés et de ces vérités, à peu près comme on voit des rivières dont les eaux pures, après avoir coulé au travers des mines d'or et ensuite au milieu des prairies émaillées de fleurs, se jettent dans la mer et y conservent durant quelque temps les bonnes qualités des lieux où elles ont passé, sans trop se mêler au commencement avec les eaux salées. »

Enfin, pour ne rien omettre de ce que disent les platoniciens sur ce sujet, c'est en conséquence de ces traces des beautés éternelles qu'elles ont vues, que, quand elles trouvent sur la terre des objets qui leur paroissent accomplis, ces objets, quoique terrestres, remuent les traces des premières beautés et leur causent ces transports qui vont quelquefois jusqu'à une espèce d'extase. Les platoniciens sont tellement enchantés de cette idée qu'ils croient qu'on ne peut expliquer autrement ces violens et soudains attachemens qui enlèvent l'âme dès sa première vue.

Je sais qu'il y a des disciples de Platon qui, pour justifier leur maître, prétendent qu'il a simplement enseigné que Dieu a créé les âmes et les a unies au corps pour la perfection de l'univers et non pas pour des fautes qu'elles eussent commises étant attachées aux astres. Mais on trouve dans les ouvrages de ce philosophe des textes si formels du contraire qu'on doit, ce me semble, s'en tenir à ce que je viens d'exposer de sa doctrine.

La même doctrine se trouve répandue dans les ouvrages des Indiens, surtout au regard des rajas, qui forment la première caste après celle des brames. Il y a plusieurs castes de rajas, subordonnées les unes aux autres, qui cependant sont renfermées dans deux principales. La première est de ceux qui sont sortis du soleil, c'est-à-dire que leurs âmes habitoient auparavant dans le corps même du soleil ou en étoient, selon d'autres, une partie lumineuse. Cette caste s'appelle *chouria-vankcham*, caste du soleil. Ils en disent autant de la seconde caste, qu'ils nomment *somma-vankcham*, c'est-à-dire caste de la lune. Et quand on leur demande d'où viennent les âmes des autres castes, ils répondent qu'elles viennent des astres. C'en est, selon eux, une preuve décisive que ces traînées de lumière qui paroissent durant la nuit lorsque l'air est enflammé, car ils prétendent que ce sont des âmes qui tombent des astres ou bien du cherkam, qui est un de leurs paradis. Les brames persuadent au peuple que cette lumière, ou, selon eux, ces âmes qui tombent ainsi du ciel, venant à s'arrêter sur les herbes, entrent dans le corps des vaches ou des brebis qui broutent, et vont animer les veaux et les agneaux. Si cette lumière tombe sur quelque fruit qui soit mangé par une femme enceinte, ils disent que c'est une âme qui va animer le petit enfant dans le sein de sa mère.

Enfin les Indiens assurent, de même que les platoniciens, que ces âmes se dégoûtant de leurs premières délices, et pressées d'animer des corps matériels, viennent effectivement y habiter et y demeurent jusqu'à ce qu'elles se soient purifiées et qu'elles aient mérité de retourner au lieu d'où elles sont sorties, mais que si elles y contractent de nouvelles souillures, elles sont enfin condamnées aux enfers, d'où elles ne sortiront qu'après un temps presque infini.

9. Au reste, ce passage des âmes dans des corps plus ou moins parfaits, selon qu'elles ont pratiqué la vertu ou le vice, ne se fait pas au hasard, mais avec ordre, et il y a comme différens degrés par où elles montent ou descendent, pour être récompensées ou punies. C'est ce que Platon, fidèle disciple de Pythagore, enseigne dans son *Timée*, dans son pre-

mier livre de la *République* et dans son *Phédon*, où il explique ainsi l'ordre de ces transmigrations: « 1° Si c'est une âme qui ait vu beaucoup de perfections en Dieu et qui ait découvert plusieurs vérités dans cette espèce de vision béatifique, elle entre dans le corps d'un philosophe ou d'un sage qui fait ses délices de la contemplation ; 2° elle anime le corps d'un roi ou d'un grand prince ; 3° elle passe dans le corps d'un magistrat ou elle devient le chef d'une puissante famille ; 4° elle anime le corps d'un médecin ; 5° elle entre dans le corps d'un homme dont l'emploi est de pourvoir au culte des dieux ; 6° elle passe dans le corps d'un poëte ; 7° dans celui d'un artisan ou d'un laboureur ; 8° dans le corps d'un sophiste, et enfin dans celui d'un tyran. »

C'est ainsi à peu près que les Indiens arrangent leur métempsycose. Bien qu'ils n'admettent que quatre castes principales, ils reconnoissent néanmoins plusieurs autres castes subalternes, qui sont renfermés sous chacune de ces quatre castes fondamentales. Ainsi quand les âmes descendent immédiatement du ciel, elles entrent 1° dans le corps des brames, qui sont leurs savans et leurs philosophes ; 2° elles passent dans les corps des rois et des princes ; 3° dans les magistrats ou intendans des provinces, qui sont de la caste des choutres, et enfin dans les castes les plus viles et les plus méprisées, d'où aussi elles peuvent monter à mesure qu'elles se purifient. J'ai ouï dire à un brame habile qu'il avoit lu dans un livre ancien qu'en certaines occasions les âmes devoient passer jusqu'à mille fois dans différens corps avant que d'être unies au soleil, dont elles deviennent comme autant de rayons. Un poëte indien voulant faire mieux comprendre la manière dont les âmes descendent toujours en des corps moins parfaits les uns que les autres, lorsqu'elles ne suivent pas les lumières de la raison, les compare à la descente de la rivière du Gange. Cette rivière, dit-il, tomba d'abord du haut des cieux dans le chorkam, de là elle descendit sur la tête d'Issouren, puis sur la fameuse montagne Ima, de là sur la terre, de la terre dans la mer, de la mer dans le padalam, c'est-à-dire dans l'enfer.

Les Chaldéens expliquent ici d'une manière non moins ridicule cette descente et cette élévation des âmes : ils prétendent qu'elles ont des ailes qui se fortifient à mesure qu'elles pratiquent la vertu et qui s'affoiblissent à mesure qu'elles se plongent dans le vice. Le péché a la force de couper ces ailes ; et alors les âmes sont obligées de descendre. Quand elles se tournent vers la vertu, ces ailes croissent, se fortifient et les élèvent au ciel.

Platon dit de même que quand les âmes ne s'élèvent pas à un plus haut degré en changeant de demeure, c'est que leurs ailes ne sont pas assez fortes. Lorsqu'on demande aux platoniciens combien il faut de temps à ces âmes afin qu'elles puissent recouvrer leurs ailes brisées par le péché, ils répondent qu'il faut au moins dix mille ans pour les pécheurs, mais que pour les justes qui ont vécu trois fois dans la simplicité et dans l'innocence, il leur suffit d'y employer trois mille ans: «*Qui simpliciter et sine dolo philosophatus est, huic, si ter ad eum vixerit modum, ter milleni sufficient anni.*»

Il y a de l'apparence que cela se disoit par les platoniciens dans un sens allégorique. Mais les Indiens ne l'entendent pas de même : ils ont pris à la lettre ces ailes dont ils avoient ouï parler. Ils en ont donné jusqu'aux montagnes. Elles étoient autrefois si insolentes, disent-ils, qu'elles se mettoient devant les villes pour les couvrir. Devendiren les poursuivit avec une épée de diamans, et ayant atteint le corps de bataille de ces montagnes fugitives, il leur coupa les ailes ; c'est ce qui a produit cette chaîne de montagnes qui divise les Indes en deux parties[1]. Pour ce qui est des autres montagnes qui se séparèrent de l'armée, elles tombèrent çà et là dans leur déroute, ainsi qu'elles se voient encore aujourd'hui : celles qui tombèrent dans la mer formèrent les îles qu'on y découvre Toutes ces montagnes, selon eux, sont animées ; ils leur donnent même pour enfans, non seulement des rochers, mais encore des dieux et des déesses.

10. Après tout, monseigneur, les âmes ne seroient pas entièrement dégradées si elles étoient destinées à n'animer que des corps humains, mais que la philosophie platonicienne les ait avilies jusqu'à animer des corps de bêtes, c'est ce qui ne paroîtroit pas croyable si une opinion si insensée n'étoit pas semée dans les ouvrages de Platon. C'est cette opinion que saint Augustin rapporte au 30° livre de la *Cité de Dieu* lorsqu'il dit ces paroles : « *Platonem animas*

---

[1] Les Ghattes.

hominum post mortem revolvi usque ad corpora bestiarum scripsisse certissimum est. » Quand les platoniciens ont voulu corriger leur maître, comme a fait Porphyre, ils ont allégué des raisons qui ne prouvent rien ou qui prouvent également que les âmes animent les corps des bêtes et les corps des hommes.

Tel est donc le système de Platon. Toutes les âmes, à la réserve de celles de quelques philosophes, sont jugées au moment qu'elles se séparent de leurs corps : les unes tombent dans les enfers, où elles sont punies et purifiées ; les autres, dont la vie a été innocente, montent au ciel pour y être récompensées d'une manière proportionnée à leurs vertus ; mais après mille ans elles retournent sur la terre, où elles choisissent un genre de vie conforme à leur inclination. Il arrive alors que celles qui ont animé des corps humains dans la vie précédente passent dans des corps de bêtes ; que les autres qui ont été dans des corps de bêtes viennent animer des corps humains. C'est ainsi que ce philosophe s'explique dans son *Phédon.*

Mais qu'on ne croie pas que ce choix que font les âmes soit ou aveugle ou indifférent à l'égard de toute sorte de bêtes ; c'est un choix éclairé, puisque, parmi les bêtes, elles choisissent celles qui ont eu le plus de rapport à l'état où elles se sont trouvées dans une autre vie : ainsi Orphée choisit le corps d'un cygne, l'âme de Tamiris fut placée dans le corps d'un rossignol, celle d'Ajax dans le corps d'un lion, l'âme d'Agamemnon anima un aigle, et celle de Thersite passa dans le corps d'un singe. C'est dans le livre de *La République* que Platon développe cette rare doctrine.

Les Indiens pensent comme Platon, avec cette différence, comme nous le verrons dans la suite, qu'après que les âmes ont été punies pour leurs crimes ou récompensées pour leurs vertus, elles sont destinées à entrer dans d'autres corps, non par choix, mais par une qualité nécessitante, qu'ils appellent *chankcharam*, ou par la détermination de Brama, qui a soin d'écrire toutes les aventures de cette âme dans les sutures de la tête du corps qu'elle est sur le point d'animer.

11. Quand on a une fois admis le grand principe des pythagoriciens et des platoniciens savoir : que tout l'homme consiste dans l'âme, et que les corps que les âmes animent ne sont que de simples instrumens dont elles se servent ou comme des vêtemens dont elles se couvrent, il s'ensuit que les âmes doivent passer pareillement dans les arbres, dans les plantes et dans tout ce qui a la vie végétative. Et c'est ce qu'Ovide, qui partout se déclare pythagoricien, nous représente dans ses métamorphoses ; car bien qu'il y ait quelque légère différence entre la métempsycose et la métamorphose, cette dernière pourtant n'est fondée que sur la première ; c'est aussi ce que veut dire Virgile lorsqu'il raconte qu'Énée, coupant un arbre, vit couler le sang de Polydore et qu'il entendit une voix qui lui crioit :

« *Quid miserum, Ænea, laceras? jam parce sepulto.* »

Je pourrois rapporter ici plusieurs contes fabuleux qui ont cours parmi les Indiens et qui y passent pour des vérités incontestables. En voici un entre plusieurs qui se trouvent dans le fameux livre appellé *Ramayenam* : c'est, selon eux, un livre infaillible et dont la lecture efface tous les péchés :

« Chourpanaguey étoit sœur du géant Ravanen, elle avoit un fils qu'elle aimoit tendrement : ce jeune homme entra un jour dans le jardin d'un pénitent et y gâta quelques herbes ; le solitaire en fut offensé, et sur-le-champ il le condamna à devenir un arbre qui se nomme *Alamaram.* Chourpanaguey ayant prié l'ermite de modérer sa colère, il se laissa attendrir et il consentit que quand Vichnou, transformé en Ramen, viendroit dans le monde et couperoit une branche de cet arbre, l'âme du jeune homme s'envoleroit dans le chorkam [1] et ne seroit plus sujette à d'autres transmigrations. » On lit dans les ouvrages des savans indiens un grand nombre d'exemples de cette nature, par lesquels ils prouvent que les âmes passent dans les plantes et dans les arbres.

12. Pour pousser la métempsycose jusqu'où elle peut aller, il ne resteroit plus que de faire passer les âmes dans les pierres et dans tous les autres êtres de même espèce. Je ne trouve nul vestige d'une pareille doctrine parmi les sectateurs de Pythagore et de Platon. A la vérité, Ovide s'est donné l'essor dans ses métamorphoses : Aglauros y est changée en pierre, Niobé en marbre, Atlas en une montagne de son nom, Scylla en un écueil qui est dans la

[1] Paradis des Indiens.

mer, etc.; mais ce poëte ne croit pas que ces rochers, ces pierres et ces montagnes soient animés.

Les Indiens au contraire sont fortement persuadés que des âmes animent véritablement les pierres, les montagnes et les rochers. Parmi plusieurs exemples qu'on trouve dans le *Ramayenam*, je n'en citerai qu'un seul qui sera la preuve de ce que j'avance.

Il est rapporté qu'il y avoit auprès du Gange un pénitent nommé Cavoudamen dont la vie étoit très-austère ; qu'il avoit une des plus belles femmes qui fût au monde (elle se nommoit Ali), qu'elle eut le malheur de plaire à Devendiren, roi des dieux du Chorkam ; que l'ermite, qui s'en aperçut, en frémit de colère, et qu'il donna à l'un et à l'autre sa malédiction ; qu'Ali fut aussitôt transformée en un rocher où se logea son âme ; mais que dans la suite Ramen ayant touché du pied le rocher délivra par sa vertu cette âme infortunée ; que comme elle avoit expié son crime par cette transmigration, elle s'envola sur l'heure au Chorkam.

13. On pourroit me faire ici une question que je dois prévenir, afin de mieux approfondir le système indien, savoir : si le passage des âmes d'un corps dans un autre se fait à l'instant, ou s'il se trouve quelque intervalle de temps entre les différentes animations. Les sentimens des Indiens sont partagés : quelques-uns croient que les âmes demeurent auprès du corps, et même dans les endroits où se conservent les cendres des cadavres brûlés, jusqu'à ce qu'elles trouvent un autre corps qui soit propre à les recevoir ; d'autres pensent qu'elles ont la permission de venir manger ce qu'on leur offre pendant plusieurs jours, et c'est l'opinion la plus commune : aussi se réjouissent-ils lorsqu'ils voient que les corbeaux viennent se jeter sur ce que l'on a préparé pour ces âmes. Le peuple surtout croit que les âmes des morts entrent pendant quelques jours dans ces corbeaux, ou du moins qu'elles reviennent dans des corps qui en ont la figure ; qu'ensuite elles vont dans la gloire si elles l'ont méritée, ou dans les enfers si elles s'en sont rendues dignes.

Pour ce qui est de Platon, il m'a paru varier sur la destinée des âmes au sortir des corps; néanmoins il assure plus communément que les âmes qui se sont purifiées s'en retournent au ciel, d'où elles sont venues sur la terre, et que les âmes des méchans sont obligées de demeurer auprès des cendres des corps qu'on a brûlés ou auprès des sépulcres où l'on a placé ces cadavres avant qu'il leur soit permis de se loger dans d'autres corps et que par ce moyen-là elles expient leurs crimes.

C'est une observation que vous avez faite, monseigneur, et que je ne fais qu'après vous, que les poëtes, qui la plupart étoient pythagoriciens, ont cru que les âmes, soit bonnes, soit mauvaises, accompagnoient toujours au moins pour quelque temps les cadavres. C'est ce qu'on lit dans le quatrième livre de l'*Énéide*, lorsque Virgile parle des mânes et des cendres d'Anchise, dans le troisième livre d'Ovide et dans le quatrième livre des *Élégies* de Properce. Lucain veut qu'on ramasse les cendres répandues sur le rivage, pour les renfermer avec les mânes dans la même urne.

« . . . . *Cineresque in littore fusos
Colligite, atque unam sparris date manibus urnam*[1]. »

L'interprète Servius, en expliquant ces paroles du troisième livre de l'*Énéide :*

« . . . . *Animamque sepulchro
Condimus.* »

dit que l'âme demeure auprès du corps ou des cendres autant de temps qu'il en reste quelque vestige. C'étoit pour empêcher les âmes d'aller sitôt dans d'autres lieux que les Égyptiens embaumoient avec soin les cadavres : la myrrhe, les parfums, les bandes de fin lin enduites de gomme rendoient ces cadavres, au rapport de saint Augustin, aussi durs que s'ils eussent été de marbre ; c'est pour la même raison qu'ils firent bâtir ces superbes pyramides dont Hérodote, Diodore le Sicilien, Strabon, Pline et plusieurs savans voyageurs nous ont fait des peintures si surprenantes.

Les Indiens n'accordent pas aux âmes un si long séjour auprès des cadavres: douze ou quinze jours tout au plus leur suffisent, après quoi le penchant naturel porte ces âmes à chercher d'autres corps qui leur donnent plus de plaisir que les premiers qu'elles ont animés, et tout cela se fait jusqu'à ce qu'elles aient accompli plusieurs centaines de transmigrations.

[1] Livres 8 et 9.

Quand on interroge les brames sur la cause de ces diverses renaissances, ils se trouvent fort embarrassés. J'ai découvert néanmoins leur véritable sentiment, soit par la lecture de leurs livres, soit par les entretiens que j'ai eus avec leurs docteurs. Ils conviennent tous que Brama écrit dans la tête des enfans qui naissent l'histoire de leur vie future, et qu'ensuite ni lui ni tous les dieux ensemble ne peuvent plus l'effacer ni en empêcher l'effet; mais les uns prétendent que Brama écrit ce qu'il juge à propos, et que par conséquent c'est de sa fantaisie que dépend la bonne ou la mauvaise fortune; d'autres au contraire soutiennent qu'il ne lui est pas libre de suivre son caprice, et que les aventures qu'il écrit dans la tête des enfans doivent être conformes aux actions de la vie précédente.

C'est une chose assez plaisante, monseigneur, que cette écriture de Brama, et qui mérite d'être expliquée. Le crâne, comme tout le monde le sait, a des sutures qui entrent les unes dans les autres et qui sont façonnées à peu près comme les dents d'une scie. Toutes ces petites dents sont, selon les Indiens, autant de hiéroglyphes, qui forment l'écriture de Brama dans les trois principales sutures que les anatomistes appellent la coronale, la lambdoïde et la sagittale. « C'est dommage, disent-ils, qu'on ne puisse lire ces caractères, ni en pénétrer le sens, on sauroit toute la vie de l'homme. »

Voici donc quel est le véritable système des anciens brames : toute bonne action doit être essentiellement récompensée, et toute mauvaise doit être nécessairement punie : par conséquent nul innocent ne peut être puni, nul coupable ne doit être récompensé. Ce sont donc les vertus et les vices qui sont la véritable cause de la diversité des états : c'est là le destin auquel on ne peut résister, c'est là l'écriture fatale de Brama. Et c'est en développant ce principe qu'on rend raison pourquoi les uns sont heureux dans ce monde et les autres malheureux. Si vous avez fait du bien dans la vie précédente, vous jouirez de tous les plaisirs imaginables dans celle-ci ; si vous avez commis des crimes, vous en serez puni. C'est pour cela que les Indiens répètent sans cesse ce proverbe : « Qui fait bien trouvera bien ; qui fait mal trouvera mal. »

Ils appellent cette fatalité chankaram : c'est une qualité imprimée dans la volonté qui fait agir bien ou mal, selon les actions de la vie précédente. Ceux qui n'entendent pas bien la langue se trompent souvent sur cette expression, car elle a différentes significations : quelquefois elle signifie la mémoire, d'autres fois elle signifie une certaine qualité que les prêtres des païens impriment à la statue d'une idole par certaines prières qui donnent une espèce de vie à cette statue ; mais elle est principalement employée par les savans pour expliquer la cause des différentes transmigrations.

Ce principe une fois posé, et c'est ainsi que les brames raisonnent, le dieu que nous adorons est juste, il ne peut donc commettre aucune injustice ; cependant nous voyons que plusieurs naissent aveugles, boiteux, difformes, pauvres et dénués de toutes les commodités présentes, dont la vie par conséquent est très-malheureuse : ils n'ont pas mérité un sort si triste en naissant, puisqu'ils n'avoient pas l'usage de leur liberté ; il faut donc l'attribuer aux péchés qu'ils ont commis dans une autre vie. On en voit d'autres au contraire qui naissent dans de magnifiques palais, qui sont respectés, honorés, et à qui il ne manque rien de toutes les délices : par quelles actions peuvent-ils avoir mérité une destinée si agréable si ce n'est par les vertus qu'ils ont pratiquées dans la vie précédente ? Ainsi toutes les diverses transmigrations tirent leur origine de la nécessité qu'il y a que le vice soit puni et la vertu récompensée. On ne lit autre chose dans les histoires indiennes, leurs livres de morale et leurs poésies sont remplies de ces maximes. Voici par exemple ce que dit l'un de leurs plus célèbres auteurs pour montrer quelle est la force des bonnes œuvres :

« Un homme fort habile pensoit souvent à l'obligation où il étoit d'honorer les dieux subalternes ; il fit néanmoins réflexion que ces dieux inférieurs étoient soumis à Brama, et il jugea qu'il était plus naturel de s'adresser directement à lui. Ensuite il considéra que Brama ne pouvoit rien changer aux événemens de cette vie, et que tous les avantages qu'on retire dans l'état où nous sommes ont leur source dans les bonnes œuvres qu'on avoit pratiquées dans la vie précédente : d'où il conclut qu'il devoit regarder les actions vertueuses comme le principe de son bonheur. » Il est donc vrai, disent les Indiens, que c'est à la pratique de la vertu qu'on est redevable du bien que l'on reçoit maintenant.

Il ne me seroit pas difficile de rapporter des exemples de chaque vertu qui a produit une nouvelle renaissance dans un état plus heureux. Ce seul trait tiré de la vie de Vieramarken fera juger de tous les autres : « Un scélérat, coupable d'une infinité de crimes, donna par aumône une mesure de semence de bambous ; cette action de charité le fit renaître fils du roi de Cachi : c'étoit le plus grand honneur qu'il pouvoit espérer sur la terre. »

Les auteurs indiens rapportent pareillement une infinité d'exemples de la punition des pécheurs dans les diverses transmigrations de leurs âmes ; je me borne à un seul, qu'ils regardent comme la cause principale de toutes les métempsycoses de Vichnou : « Un solitaire appelé Virougoumamouni avoit vécu dans les rigueurs de la pénitence ; il s'étoit élevé à un si haut degré de perfection que les dieux mêmes étoient obligés de l'honorer ou étoient exposés à sa malédiction, car nulle puissance ne pouvoit lui résister. Il alla sur une montagne, où se trouvèrent Brama, Routren et Vichnou. Les deux premières divinités ne l'ayant pas reçu avec le respect qui lui étoit dû furent punies sur-le-champ : Brama fut condamné à n'avoir jamais de temple et Routren fut frappé rudement. Vichnou, qui craignoit un traitement semblable, s'humilia en sa présence, mais ensuite il entra dans une étrange colère contre le portier de son palais, qui avoit donné entrée au solitaire, et, pour le punir de sa négligence, il le condamna à renaître son ennemi dans ses diverses métempsycoses : c'est pour cela que quand Vichnou parut sous la figure de Ramen, le portier anima le corps d'un géant nommé Ravamen. » Vous voyez donc, ajoutent les Indiens, que c'est toujours ou le vice ou la vertu qui font renaître les hommes heureux ou malheureux.

Ils sont tellement convaincus que tous les événemens de cette vie ont pour principe le bien ou le mal qu'on a fait dans une autre vie, que quand ils voyent qu'un homme est élevé à quelque grande dignité ou qu'il possède de grandes richesses, ils ne doutent point qu'il n'ait été très-exact à pratiquer la vertu dans une vie précédente. Qu'un autre au contraire traîne une vie malheureuse dans la pauvreté et dans les disgrâces qui l'accompagnent : « Il ne faut pas s'en étonner, disent-ils, c'étoit un méchant homme. »

Je me souviens, monseigneur, de vous avoir raconté ce qui m'arriva il y a quelques années, lorsque je fus mis en prison à Tarcolam. Un des principaux du pays, touché de tout ce que je souffrois, vint me voir pour me consoler ; et comme il m'entretenoit à cœur ouvert : « Hé bien, me dit-il, vous avez tant de fois déclamé contre la métempsycose, la pouvez-vous nier à présent ? Le triste état où vous êtes réduit n'en est-il pas une preuve assez claire ? Car enfin, ajouta-t-il, j'ai appris de vos disciples que, dès votre plus tendre jeunesse, vous vous êtes fait sanias ; l'air empesté du monde et le commerce des méchans n'avoient alors pu corrompre votre cœur ; vous avez toujours vécu depuis dans la simplicité et dans l'innocence : vous menez dans les bois de Tarcolam une vie austère et pénitente, vous ne faites de mal à personne, au contraire, vous enseignez le chemin du salut à tout le monde. Pourquoi donc êtes vous enfermé dans cette obscure prison ? Pourquoi est-on près de vous livrer aux plus cruels supplices ? Ce n'est pas sans doute pour les péchés que vous avez commis dans cette vie, c'est donc pour ceux que vous avez commis dans une autre. »

Il n'en faut pas davantage, monseigneur, pour connoître ce que pensent les Indiens sur la métempsycose ; cependant pour achever le parallèle de leur opinion avec celle de Pythagore et de Platon, j'y ajouterai encore un dernier trait de ressemblance.

14. On lit dans un livre de saint Irénée sur les hérésies, que Platon ne sachant que répondre à ceux qui lui objectoient que la métempsycose étoit une chimère, puisqu'on ne voyoit personne qui se ressouvînt des actions qu'il avoit faites dans les vies précédentes, ce philosophe inventa le fleuve de l'oubli et avança, sans néanmoins le prouver, que le démon, qui présidoit au retour des âmes sur la terre, leur faisoit boire des eaux de ce fleuve : « *Qui primus hanc introduxit sententiam, cum excusare non posset, oblivionis induxit poculum potasse.* — Mais quoi ! dit à cela saint Irénée, nous nous ressouvenons tous les jours des songes que nous avons eus durant la nuit ; comment se peut-il faire que nous perdions tout souvenir de cette multitude prodigieuse de faits dont nous avons été les témoins, et de tant d'actions que nous avons faites ? Un démon, dites-vous, donne aux âmes qui entrent dans les corps un

breuvage qui leur fait oublier tout ce qui s'est passé dans les vies précédentes ; mais d'où savez-vous qu'il y a un pareil breuvage ? Qui vous a dit qu'un démon l'a préparé ? Si vous l'ignorez, l'un et l'autre est chimérique : si vous vous souvenez effectivement que ce démon vous a fait boire de l'eau de ce fleuve, vous devez également vous souvenir du reste. *Si enim et Dæmonem, et poculum, et introitum reminiscaris, reliqua oportet cognoscas. Si autem illa ignoras, neque Dæmon verus, neque artificiose compositum oblivionis poculum.* »

Platon ajoutoit néanmoins que l'oubli de ce qu'on avoit vu dans une autre vie n'étoit pas si profond ni si universel qu'il n'en restât quelques traces, lesquelles, excitées par les objets et par l'application à l'étude, rappeloient le souvenir des premières connoissances. C'est ainsi qu'il expliquoit la manière dont les sciences s'apprennent, et selon ce principe il soutenoit que les sciences étoient plutôt des réminiscences de ce qu'on avoit appris autrefois que des connoissances nouvellement acquises. Il y avoit, outre cela, des âmes privilégiées qui se souvenoient des différens corps qu'elles avoient animés, et de tout ce qu'elles avoient fait dans ces corps : c'est ainsi que Pythagore se ressouvenoit d'avoir été Euphorbe. Mais c'étoit une faveur singulière qui n'étoit accordée qu'à un petit nombre d'hommes excellens et tout divins.

Les Indiens disent quelque chose d'assez semblable, car ils assurent qu'il y a certaines vues spirituelles qui se donnent à quelques âmes plus favorisées et qui les font ressouvenir de tout ce qu'elles ont vu et de tout ce qu'elles ont fait. Ce privilège est surtout accordé à celles qui savent de certaines prières et qui les récitent : par malheur, presque personne ne sait ces prières, et de là vient cet oubli où l'on est maintenant de tout ce qu'on a été et de tout ce qu'on a fait. Un exemple fera mieux comprendre quelle est sur cela leur opinion.

Il est rapporté dans un livre qu'ils appellent *Brama-pouranam*, qu'un roi nommé Binarichen, né dans le royaume de Tiradidejam, avoit épousé Commatoudi : c'étoit une grande princesse qui étoit née dans le royaume de Nirreinchiadejam. Ce roi avoit de grands défauts ; il ne gardoit point les ajarams, c'est-à-dire les coutumes propres de la nation ; c'est qui le rendoit odieux et méprisable à ses sujets. La reine, qui le voyoit avec douleur négliger les choses mêmes où les parias sont très-exacts, lui en fit de vifs reproches. Le prince ne s'en tint pas offensé ; au contraire, après l'avoir écoutée paisiblement, il s'ouvrit à elle et il lui confia un grand secret : « La dévotion que j'avois aux dieux, lui dit-il, m'a obtenu d'eux une faveur particulière, et qui n'est réservée qu'à peu de personnes ; ils m'ont fait connoître par une vue spirituelle qu'ils m'ont donnée, que j'étois un chien dans la vie précédente : j'entrai alors par hasard dans la cour d'un temple où l'on faisoit un sacrifice ; je me jetai sur l'autel et je mangeai le riz qu'on y immoloit. On me chassa par trois fois différentes ; mais enfin, comme je revenois toujours à la charge, on me donna un coup si violent que j'en mourus sur l'heure devant la porte du temple dédié à Chiven. Heureusement pour moi, Chiven étoit descendu dans le temple pour voir le sacrifice et pour en humer la fumée. Il fut touché de me voir expirer ainsi devant sa porte, et il me procura une nouvelle naissance dans la personne d'un roi tel que je suis. Si donc vous voyez que j'observe si peu les adjarams, c'est que mes premières inclinations ne sont pas tout à fait détruites et que je suis encore comme entraîné par la pente naturelle de mon premier état. Ce récit surprit étrangement la princesse et la curiosité naturelle aux personnes du sexe la porta à faire instance auprès de son mari pour savoir de lui ce qu'elle avoit été elle-même. Le roi examina les vies précédentes avec le secours de sa vue spirituelle, et il lui apprit qu'elle étoit un oiseau qui fut poursuivi par un oiseau de proie, et qui vint mourir à la porte du temple de Chiven et que ce Dieu ordonna qu'elle naîtroit rajati. Mais que deviendrons-nous ? reprit la reine. Le prince, regardant pour la troisième fois dans l'avenir, découvrit que lui et elle devoient renaître trois fois dans la caste des rajas.

A travers toutes ces fables et ces idées extravagantes des Indiens, on voit assez qu'ils reconnoissent un premier être éternel et créateur de tous les autres êtres, des intelligences qui sont d'un ordre supérieur à l'homme quoique fort inférieures à Dieu ; qu'ils admettent des démons, qu'ils tiennent que l'âme est immortelle ; qu'il y a une autre vie, un paradis et un enfer ; qu'on mérite l'un par la pratique de la vertu et qu'on se rend digne de l'autre par les péchés qu'on commet; qu'on peut expier les péchés en cette vie; que la prospérité et les richesses sont presque toujours la source de nos désordres. Enfin il paroît que dans plusieurs points ils pensent d'une manière qui les rapproche des vérités de la religion; mais ces vérités qu'ils admettent sont tellement obscurcies par les fables et les rêveries que l'idolâtrie y a mêlées qu'on a peine à les tirer de cet amas confus de fables et de mensonges pour les leur faire voir telles qu'elles sont.

Peut-être me demanderez-vous, monseigneur, quelles sont les raisons qui frappent davantage ces peuples quand nous réfutons leurs ridicules idées sur la métempsycose.

C'est par où je finirai cette lettre, qui n'est déjà que trop longue. Nous avons remarqué que les raisons dont saint Thomas se sert contre les Gentils ne font sur l'esprit des Indiens qu'une très-légère impression. Ainsi, pour les désabuser entièrement d'un système également impie et ridicule, nous avons recours à des raisonnemens tirés de leur propre doctrine, de leurs usages et de leurs maximes : et ce sont ces raisonnemens, où on leur fait sentir les contradictions dans lesquelles ils tombent, qui les confondent et qui les contraignent de reconnoître l'absurdité de leurs opinions.

Nous leur demandons d'abord s'il n'est pas vrai que les hommes ont été créés : ils n'ont garde de le nier, car l'emploi de Brama, qui est le premier de leurs dieux, a été de créer le ciel et la terre, les hommes et les animaux. Nous leur demandons ensuite : « N'est-il pas vrai que Brama ne créa d'abord qu'un seul homme, et puis neuf autres et ensuite tous ceux qui tirent leur origine de ces premiers hommes?» C'est de quoi ils conviennent, car c'est là leur système : « Mais, poursuivons-nous, supposons que tous ces premiers hommes aient été d'abord au nombre de cent mille : leurs conditions étoient-elles égales? jouissoient-ils tous des mêmes richesses, des mêmes honneurs, des mêmes dignités? N'y avoit-il point parmi eux de malades ou de pauvres? N'en voyoit-on point qui commandoient aux autres et d'autres qui leur obéissoient?» Comme ils ne prévoient pas les conséquences que nous devons tirer de ces principes, ils n'ont point de peine à convenir qu'il y avoit de la différence dans leur état et dans leur condition : « Mais reprenons-nous, tous ces hommes n'avoient commis aucun péché ni pratiqué aucune vertu, puisqu'ils existoient pour la première fois : d'où peut venir parmi eux cette inégalité qui rend heureux le sort des uns et malheureux le sort des autres ? S'il n'est pas nécessaire de recourir aux vertus ni aux péchés de ces premiers hommes pour prouver la différence de leurs conditions, quelle nécessité y a-t-il maintenant d'y avoir recours?» A cela ils ne savent que répondre, et ils voudroient bien revenir sur leurs pas et dire, ce qui est contre leurs principes, que le monde n'a pas eu de commencement. Il est vrai que quelques savans prétendent qu'il y a trois choses qui sont éternelles, savoir : le Dieu suprême, les âmes et les générations, ce qu'ils expriment par ces trois mots : *padi, pachou, pajam*; et qu'en remontant du père à l'aïeul, de l'aïeul au bisaïeul et ainsi du reste, on ne trouvera jamais de premier principe. Mais l'opinion universellement reçue est que Brama a créé les premiers êtres; leur chronologie même fixe le nombre des années qui se sont écoulées depuis cette création. Ainsi l'argument subsiste dans toute sa force.

De plus, nous leur demandons où étoient ces âmes avant la création du monde. Quoiqu'ils soient partagés en cela en deux opinions différentes, cette question les jette dans un égal embarras. Ceux qui tiennent que nos âmes sont une portion de la Divinité disent qu'elles étoient en Dieu, dont elles se sont séparées quand elles sont venues sur la terre pour y animer les différens corps d'hommes, de bêtes ou de plantes : «Mais quoi, leur disons-nous, ces âmes étant des parties égales de la substance divine, comment ont-elles mérité d'être placées si différemment, les unes dans le corps d'un roi, les autres dans le tronc d'un arbre, celles-ci dans un lion féroce, celles-là dans un agneau?» Ils avouent de bonne foi qu'ils n'en savent pas davantage. Pour ce qui est des autres qui soutiennent que les âmes sont hors de Dieu, ils ne savent où les placer avant la création du monde, et ils ne peuvent se tirer que par des absurdités, dont ils sentent eux-mêmes le ridicule, comme par exemple que les âmes dormoient pendant tout ce temps-là.

Je me sers quelquefois d'une comparaison tirée d'un axiome qu'ils répètent continuellement, savoir : que l'homme est un petit monde et que tout ce qui se passe dans le grand monde se trouve dans l'homme ; et je leur demande :

« Tous les êtres qui sont dans le monde doivent-ils être semblables ? Ne doit-il y avoir que des soleils et des astres ? Le bien de l'univers n'exige-t-il pas que toutes les parties qui le composent soient subordonnées les unes aux autres et que tous les êtres soient placés différemment ? » Ils en tombent d'accord : « Avouez-donc, leur dis-je, qu'il en est de même du monde moral : que tous ne peuvent pas être rois ; que le bon ordre demande qu'il y ait de la subordination, et que par conséquent il est inutile d'attribuer la différence des états et des conditions aux actions de la vie précédente. »

Comme ils conviennent que, bien qu'il y ait ici-bas une grande différence entre un brame, un raja et un paria, il n'y aura cependant que la vertu qui distinguera les uns des autres à la porte du ciel, et que peu importe en quel état on se trouve en ce monde pourvu qu'on y pratique la vertu, je pousse encore plus loin cette comparaison et je leur dis : « Dans l'homme, que vous regardez comme un petit monde, tous les membres ne doivent-ils pas avoir des emplois différens ? La tête ne doit-elle pas être au-dessus du corps et les pieds au-dessous ? Quoique les fonctions des divers membres soient les unes plus nobles et les autres plus viles, chaque membre ne doit-il pas être content de son état ? » Ils en tombent d'accord, et alors je les force d'avouer que la même chose doit se passer dans le monde moral : qu'il doit y avoir différentes castes ; que dans quelque caste que l'on naisse, si l'on y pratique la vertu, on est plus heureux que ceux des castes supérieures qui s'abandonnent à des passions brutales ; que par conséquent c'est la vertu ou le vice qui fait la véritable distinction des hommes.

Voici un autre raisonnement qui est tout à fait à leur portée ; il est tiré de leurs propres maximes : « Un homme vertueux, disent-ils, renaîtra un grand roi ; dans une autre transmigration, sa vertu sera récompensée par la jouissance de tous les plaisirs. — Or leur disons-nous, comment accordez-vous cela avec cette opinion où vous êtes que tous les rois tombent en mourant dans les enfers ? Un état qui est cause de votre damnation peut-il être la récompense de la vertu ? De plus, ajoutons-nous, vous assurez que les plaisirs seront la récompense de la mortification, que les richesses seront données à un sanias qui dans cette vie aura fait choix de la pauvreté, mais en même temps vous dites que l'abondance et les délices sont capables de corrompre et corrompent effectivement le cœur. Aurez-vous donc pour récompense d'avoir évité le vice ce qui sera pour vous une source de crimes ? Un sanias, pour avoir méprisé les richesses et le commerce des femmes, afin de mieux pratiquer la vertu, sera-t-il récompensé en se mariant à plusieurs femmes et en amassant de grands biens ? Est-il rien de plus contraire au bon sens ? »

Un quatrième raisonnement dont je me sers est tiré de leur opinion sur l'écriture de Brama : « Vous soutenez, leur dis-je, que toute la vie de l'homme est écrite dans la tête de chaque enfant par Brama ; que ces caractères renferment toutes les circonstances des actions et des événemens qui se doivent passer à son égard, qu'ils sont ineffaçables ; que Brama lui-même et tous les dieux ne sauroient en empêcher l'effet, et que tout cela se fait conformément aux actions de la vie précédente. D'un autre côté, vous assurez que la vie des hommes et toutes leurs actions sont pareillement écrites dans les astres, dans les planètes et dans leurs différentes conjonctions et oppositions ; qu'il faut les consulter quand on veut réussir dans quelque entreprise : c'est pour cela que, quand il s'agit de faire des mariages, d'entreprendre un voyage, de construire des bâtimens, de dresser des contrats, vous voulez que le brame consulte les douze signes du Zodiaque, la situation des planètes et des vingt-sept principales constellations. Mais s'il est vrai que tout ce qui arrive dans cette vie a déjà été réglé par Brama, que devient la force invincible des astres ? quel avantage y a-t-il à les consulter pour savoir ceux qui sont favorables ou contraires ? Ou si les astres influent sur toutes vos actions, ce que vous dites de l'écriture de Brama est donc une chimère ? » Je n'ai vu presque aucun Indien qui ne sentît la force de ce raisonnement.

La doctrine des Indiens nous fournit une cinquième démonstration à laquelle ils n'ont point de réplique. La principale raison qui leur fait admettre la métempsycose est la nécessité d'expier les péchés de la vie passée ; or, suivant leur système, rien de plus aisé que l'expiation des péchés. Tous leurs livres sont remplis des faveurs singulières qui se retirent de la prononciation de ces trois noms : « Chiva, Rama, Harigara. » Dès la première fois qu'on les prononce, tous les péchés sont effacés ; et si l'on vient à les prononcer jusqu'à trois fois, les dieux qu'on honore par là sont en peine de trouver une récompense qui puisse en égaler le mérite. Alors les âmes, regorgeant pour ainsi dire de mérites, ne sont plus obligées d'animer de nouveaux corps; mais elles vont droit au palais de la gloire de Devendiren. Or il n'y a presque point d'Indien, quelque peu dévot qu'il soit, qui ne prononce ces noms plus de trente fois par jour; quelques-uns les prononcent jusqu'à mille fois et contraignent ainsi les dieux d'avouer qu'ils sont insolvables. De plus, les péchés s'effacent avec la même facilité en prenant le bain dans certaines rivières et dans quelques étangs, en donnant l'aumône aux brames, en faisant des pèlerinages, en lisant le *Ramayenam*, en célébrant des fêtes en l'honneur des dieux, etc. « Cela étant ainsi, leur dis-je, il n'y a personne aux Indes qui ne sorte de cette vie chargé de mérites et sans la moindre tache de péché; or, dès là qu'il n'y a plus de péchés à expier, à quoi peut servir la métempsycose? »

Ces sortes de raisons, prises de leur doctrine, font incomparablement plus d'impression sur eux que toutes les autres qui seroient beaucoup plus solides. On tire du moins cet avantage que, les ayant convaincus de la fausseté d'un point de leur doctrine, ils ne peuvent nier qu'une religion appuyée sur cette doctrine ne soit pareillement fausse.

Nous nous servons encore, à l'égard des Indiens, des mêmes reproches qu'on faisoit aux anciens pythagoriciens : « Supposé que ce soient les mêmes âmes qui animent les corps des hommes et des bêtes, il s'ensuit que c'est un crime énorme de tuer une bête, et qu'on s'expose même à donner la mort à son propre père, à ses enfans, etc. » Les Indiens avouent sans peine la conséquence : « Mais puisque cela est ainsi, leur disons-nous, comment se peut-il faire que vos dieux aient tant de complaisance pour les sacrifices d'animaux ? »

Ces sacrifices que faisoient les philosophes en l'honneur des dieux, sans être retenus par leur idée de la métempsycose, me donne lieu de remarquer ici en passant une pratique de Pythagore qui est actuellement observée par les brames. On sait que ce philosophe leur offroit une hécatombe en reconnoissance d'une démonstration de géométrie qu'il avoit trouvée, et quoiqu'il s'abstînt constamment de viande et qu'il ne vécût que de miel et de lait, il ne laissoit pas de manger certaines parties des victimes immolées. C'est ce que font pareillement les brames : bien qu'ils s'interdisent absolument la chair des animaux, néanmoins il est certain que dans le plus fameux de leurs sacrifices, qu'ils appellent *Ékiam*, où ils immolent des moutons, comme je l'ai vu à Trichirapali, ils mangent certaines parties de la victime qu'on vient d'immoler et s'abstiennent de toutes les autres. Il n'y a que dans cette occasion qu'ils mangent de la viande, car ils ne se nourrissent d'ordinaire que de riz et d'herbes qu'ils cueillent en grande quantité tous les jours. Cependant ils distinguent cinq sortes de péchés, par rapport aux herbes qu'ils appellent d'un nom générique *panchounou*. Ces péchés sont de couper des herbes, de les moudre, de les fouler aux pieds, de les cuire et de les mâcher. Sur quoi je leur dis : « Vous autres brames, vous êtes infiniment plus coupables que ceux des autres castes qui usent de viande, car en tuant un mouton, par exemple, ils ne font qu'un meurtre, au lieu que vous, qui arrachez tous les jours une si grande quantité d'herbes que vous faites cuire, ce sont autant de meurtres que vous faites ; d'ailleurs, comme il se trouve plusieurs petits animaux imperceptibles dans l'eau que vous buvez, ce sont encore autant de meurtres que vous commettez. » Ces ridicules conséquences que nous tirons de leur doctrine les couvrent de confusion et leur en font connoître l'absurdité.

Je me souviens qu'étant à Siam, dans un monastère de talapoins, où j'apprenois la langue, Sancrà[1] qui me l'enseignoit, et qui étoit fort entêté de la métempsycose, fut fort surpris quand je lui dis que toutes les fois qu'il buvoit de l'eau du Menan[2], il commettoit plusieurs meurtres; il se mit à rire de ma proposition, mais il fut tout à fait déconcerté lorsque ayant mis un peu d'eau dans un de ces beaux microscopes que nous avions apportés d'Europe, je lui fis voir plusieurs animaux qui étoient dans l'eau même dont il venoit de boire.

Ayant eu autrefois une longue conversation avec un bramo sur le passage des âmes dans les corps des bêtes, il me vint en pensée d'essayer si l'opinion des cartésiens touchant les

---

[1] Supérieur des talapoins.
[2] Rivière qui passe à Siam ; c'est le Meinam.

bêtes ne feroit pas quelque impression sur son esprit. Je me mis donc à lui prouver, par des raisons tirées de cette philosophie, que les bêtes ne sont que des automates et de pures machines. Pour ne rien avancer que de palpable : « N'est-il pas vrai, lui dis-je, que Dieu est tout-puissant, qu'il peut former le corps d'un animal, d'un cheval, par exemple, sans qu'il soit nécessaire de lui donner d'âme ? Vous devez l'avouer, puisque ce fut ainsi qu'en usa Brama quand il créa le premier homme. Vos histoires sont remplies de machines admirables qui se firent autrefois pour divertir vos empereurs : on y voit qu'on fit une statue humaine qui s'avançoit tous les matins dans la chambre de l'empereur et qui l'éveilloit en le frappant doucement ; on y lit encore qu'on a fabriqué des oiseaux qui voloient en l'air. Or il est certain que toutes ces machines n'avoient point d'âmes, et cependant on les voyoit se mouvoir comme si elles eussent été animées. Si des hommes ont pu faire des ouvrages si parfaits, Dieu n'aura-t-il pas pu faire des corps d'animaux avec la même impression de mouvement que donne l'âme ? » Je voulois continuer, mais le brame me regardant d'un air dédaigneux : « Faites-vous réflexion, me dit-il, à ce que nous voyons faire tous les jours aux éléphans et aux singes ? » Et sur cela il me raconta plusieurs histoires toutes plus extraordinaires les unes que les autres et il finit en me disant que c'étoit par pure malice que les singes ne vouloient pas parler, de peur qu'on ne les appliquât au travail, dont leur légéreté et leur paresse ne pouvoient pas s'accommoder : « Si j'avois un parti à prendre, ajouta-t-il, il me semble que je préférerois l'âme qui est dans les bêtes à celle qui est dans les hommes, car enfin il paroît beaucoup plus d'industrie dans leur travail que dans ce que font la plupart des hommes : il ne faut que voir les ouvrages des abeilles et des fourmis. » Je compris de cet entretien qu'il ne falloit pas même en riant proposer aux Indiens le système des philosophes modernes ; mais j'eus bientôt réduit le brame au silence en employant contre lui les raisons auxquelles je sais par expérience que les Indiens n'ont point de réplique.

Enfin nous ramassons plusieurs absurdités dans lesquelles ils s'engagent, et bien qu'elles choquent la vraisemblance ils ne laissent pas de les croire ; en cela ils sont encore semblables aux pythagoriciens, qui croyoient les fables les plus extravagantes dès là qu'elles appuyoient le dogme ridicule de la métempsycose, témoin ce qu'ils ont dit de la cuisse d'or de Pythagore, de la flèche d'Abaris, etc. Eupanius, fort instruit des opinions de Pythagore, a fait un recueil de pareilles fables qu'il propose pourtant comme autant de vérités, ce qui a fait dire à Jamblique, quoique d'ailleurs plein d'estime pour Pythagore, que les disciples de ce philosophe prouvoient leur doctrine par une infinité de contes fabuleux et qu'ils traitoient même d'insensés ceux qui avoient la sagesse de ne les pas croire. C'est pour cela aussi que Xénophon parlant de la doctrine des pythagoriciens dit qu'elle est *teratôdés*, c'est-à-dire toute pleine de prodiges.

Voilà le vrai portrait des Indiens : il n'y a point de fables si grossièrement inventées qu'ils ne croient et qu'ils ne proposent aux autres comme étant dignes de toute croyance. Ils vous diront froidement, par exemple, qu'un certain âne ne vouloit point manger de paille et aimoit mieux se laisser mourir de faim parce qu'il se ressouvenoit que dans un autre temps il avoit été empereur et qu'il avoit fait des repas délicieux.

Nous ne laissons pas de tirer de grands avantages de ces absurdités. Comme les Indiens sont convaincus que l'âme est immortelle, que les péchés sont punis et la vertu récompensée après la mort, nous nous servons du même argument que Tertullien employoit contre Labérius pour lui prouver la résurrection des morts. Celui-ci soutenoit, conformément à la doctrine de Pythagore, que l'homme étoit changé en mulet et la femme en couleuvre : sur quoi ce grand homme, sans s'arrêter à rendre cette pensée ridicule, se contenta d'en tirer cette conséquence, par rapport à la résurrection des morts : « S'il est vrai, disoit-il et disons-nous aux Indiens, que les âmes des hommes, en sortant de leurs corps, peuvent animer un mulet ou quelque autre bête, à plus forte raison ces mêmes âmes peuvent-elles animer une seconde fois le corps qu'elles ont abandonné. »

C'est ainsi, monseigneur, que le mensonge même nous sert à faire connoître la vérité à ces peuples. Quand ils sont une fois bien persuadés de l'aveuglement dans lequel ils ont vécu jusqu'ici, la vérité ne trouvant plus d'obstacles commence à éclairer leurs esprits, et quand Dieu daigne agir dans leurs cœurs par les impressions de sa grâce, l'ouvrage de leur conversion s'accomplit. J'ai l'honneur d'être, avec un profond respect, etc.

LETTRE DU P. BOUCHET

A M. COCHET DE SAINT-VALLIER,

PRÉSIDENT DES REQUÊTES DU PALAIS, A PARIS.

De la religion et de l'administration de la justice.

A Pondichéry, ce 2 octobre 1714.

Monsieur,

La paix de N.-S.

Dans la pensée que j'ai eue de vous faire part de quelques connoissances de ce nouveau monde, qui mérite votre attention, j'ai cru que ce seroit favoriser votre goût que de vous entretenir de la manière dont la justice s'administre aux Indes et de l'idée qu'on s'y forme de cette vertu ; car à qui pourrois-je mieux adresser de semblables observations qu'à un grand magistrat qui a passé plusieurs années dans un des plus illustres emplois de la robe et qui s'y est fort distingué par ses lumières, par sa pénétration et par son intégrité ? C'est donc à votre jugement, monsieur, que je soumets aujourd'hui la justice indienne ; ce que vous prononcerez pour ou contre ces maximes sera une règle sûre de ce qui doit être approuvé ou blâmé.

Je tâcherai en même temps de satisfaire à une partie de la reconnoissance que vous doivent nos missionnaires et leurs néophytes. Des églises fondées, des catéchistes entretenus sont l'effet de vos libéralités et de votre zèle à étendre la connoissance du vrai Dieu. On a exécuté vos intentions sur la construction d'une église en l'honneur des trois rois : rien ne convenoit mieux à cette mission naissante, puisque ces rois furent les prémices de la gentilité qui reconnurent et adorèrent le Sauveur des hommes. Le père Mauduit et le père de Courbeville élevèrent cette église dans un lieu nommé Paroupour, au nord-ouest de Tarcolam. Ce fut peu après l'avoir achevée qu'ils moururent tous

deux empoisonnés par les idolâtres. Depuis ce temps-là elle a été presque entièrement ruinée par les guerres continuelles qui ont désolé le pays.

C'est ce qui me détermina moi-même à en bâtir une autre au sud-ouest de Cangibouram, dans une bourgade appelée Tandarei. Quoique cette bourgade ne soit éloignée d'ici que de vingt lieues, je traversai pour m'y rendre deux déserts affreux ; j'y menai pour catéchiste le brame que vous avez vu avec moi à Paris. La chambre qu'on m'avoit préparée étoit si basse que je ne pouvois m'y tenir debout qu'au milieu, encore ma tête touchoit-elle au toit ; et elle étoit si étroite que je ne pouvois me coucher qu'en ployant les genoux. A notre arrivée nous fûmes presque inondés des pluies qui tombèrent en abondance. Cependant aussitôt qu'elles cessèrent, plus de quatre cents chrétiens vinrent m'y trouver et j'y baptisai vingt petits enfans et seize adultes.

La plus grande peine que nous eûmes, pendant un mois et demi que j'y demeurai, fut de nous défendre des tigres ; nous allumions toute la nuit de grands feux pour les écarter. Peu de jours avant que j'arrivasse à Tandarei, un chasseur de la peuplade avoit tué un de ces tigres qu'on appelle tigre royal, apparemment parce que ceux de cette espèce sont plus grands que les autres. Un autre jour que j'étois sorti d'assez bon matin, je trouvai fort près des dernières maisons du village les traces d'un de ces animaux ; il falloit qu'il ne fût pas bien éloigné, car peu d'heures après il revint sur ses pas et tua un bœuf dont il suça le sang.

Cette église que je venois de bâtir n'a pas subsisté autant de temps que j'avois lieu de l'espérer : les pluies continuelles qui sont survenues dans la suite ont détrempé les murs qui ne sont que de terre, et elle s'est enfin écroulée. Ainsi il nous faut recommencer à nouveaux frais ; c'est ce que fait actuellement le père de La Lane : il en bâtit une nouvelle à quatre ou cinq lieues de Tandarei. Je n'entre dans ce détail, monsieur, que pour vous rendre compte de la fidélité avec laquelle nous avons suivi vos intentions. Il faut maintenant satisfaire à ce que je vous ai promis, et vous parler des règles que les Indiens observent dans l'administration de la justice.

Ils n'ont ni code ni digeste ni aucun livre où soient écrites les lois auxquelles ils doivent se conformer pour terminer les différends qui naissent dans les familles. A la vérité ils ont le *Vedam*, qu'ils regardent comme un livre saint : ce livre est divisé en quatre parties qu'on appelle lois divines, mais ce n'est point de là qu'ils tirent les maximes qui servent de règles à leurs jugemens ; ils ont un autre livre qu'ils appellent *Vicnachuram* : on y trouve quantité de belles sentences et quelques règles pour les différentes castes qui pourroient guider un juge ; on y raconte la manière tout à fait ingénieuse dont quelques anciens ont découvert la vérité, qu'on tâchoit d'obscurcir par divers artifices. Mais si les Indiens admirent l'esprit et la sagacité de ces juges, ils ne songent point à suivre leur méthode. Enfin, on trouve une infinité de sentences admirables dans les poëtes anciens, qui faisoient profession d'enseigner une saine morale, mais ce n'est point encore là qu'ils puisent les principes de leurs décisions.

Toute l'équité de leurs jugemens est appuyée sur certaines coutumes inviolables parmi eux et sur certains usages que les pères transmettent à leurs enfans. Ils regardent ces usages comme des règles certaines et infaillibles pour entretenir la paix des familles et pour terminer les procès qui s'élèvent, non-seulement entre les particuliers, mais encore entre les princes. Dès là qu'on a pu prouver que sa prétention est fondée sur la coutume suivie dans les castes et sur l'usage du monde, c'en est assez, il n'y a plus à raisonner, c'est la règle et l'on doit s'y conformer. Quand vous auriez des démonstrations que cette coutume est mal établie et qu'elle est sujette à de grands inconvéniens, vous ne gagneriez rien, la coutume l'emportera toujours sur les meilleures raisons.

Parmi plusieurs exemples que je pourrois apporter, j'en choisis un tiré des coutumes qui s'observent pour le mariage. Les enfans des deux frères ou des deux sœurs sont déclarés frères entre eux par la coutume de toutes les castes, mais les enfans du frère et de la sœur ne sont que cousins germains : « De là vient, disent-ils, que ces derniers peuvent bien se marier ensemble, mais non pas les premiers, parce qu'autrement il s'ensuivroit que le frère et la sœur pourroient s'unir pareillement par les liens du mariage ce qui fait horreur et choque tout à fait le bon sens. » Quand on leur représente que le degré de parenté est absolument le même entre les enfans des deux frères ou des deux sœurs et les enfans du frère et de la sœur, puisqu'ils tirent leur origine de la même tige et en égale distance, cette objection leur paroit absurde et ils regardent ceux qui la proposent comme des gens qui combattent les premiers principes.

Leur entêtement, fondé sur les préjugés de l'éducation et sur l'usage continuel de ces maximes, leur paroit avoir une évidence qui l'emporte sur toutes les démonstrations. Aussi croient-ils avoir répondu solidement à toutes les difficultés qu'on leur oppose quand ils ont dit : « C'est la coutume ; car, poursuivent-ils, comment pourroit-on agir contre des usages établis du consentement général de nos ancêtres, de ceux qui les ont suivis et de ceux qui vivent aujourd'hui ? Ne faudroit-il pas être dépourvu de raison pour contredire ce qui a été réglé par tant d'hommes sages et ce qui est autorisé par une continuelle expérience ? »

Je leur ai quelquefois demandé pourquoi ils n'avoient pas ramassé ces coutumes dans des livres que l'on pût consulter au besoin. Ils me répondoient que si ces coutumes étoient écrites dans des livres, il n'y auroit que les savans qui pourroient les lire, au lieu qu'étant transmises de siècle en siècle par le canal de la tradition, tout le monde en est parfaitement instruit. « Cependant, ajoutent-ils, il ne s'agit ici que des lois générales et des coutumes universelles, car pour ce qui est des coutumes particulières, elles étoient écrites sur des lames de cuivre qu'on gardoit avec soin dans une grande tour à Cangibouram. Les Maures ayant presque entièrement ruiné cette grande et fameuse ville, on n'a pu découvrir ce qu'étoient devenues ces lames ; on sait seulement qu'elles contenoient ce qui regardoit en particulier chacune des castes et l'ordre que les castes différentes devoient observer entre elles. »

Je puis confirmer ce que disent sur cela les Indiens, qu'on gardoit autrefois à Cangibouram ce qui concernoit certains actes publics. En effet, c'est de Cangibouram qu'un brame tira autrefois la lame de cuivre où étoit marquée la donation qu'un ancien roi des Indes fit il y a plus de quatre cents ans de certaines peuplades à l'église de Saint-Thomé. Lorsque j'arrivai aux Indes, les Mogols ne s'étoient point encore emparés de Cangibouram. S'il s'élevoit alors parmi les Indiens quelque dispute sur la caste : « Allons à Cangibouram, disoient-ils, nous y trouverons plusieurs brames qui ont les lois écrites sur les lames de cuivre. » Et encore aujourd'hui que cette ville commence à se rétablir, il y a dix ou douze brames qu'on consulte souvent et dont on suit les décisions. Ce n'est pas que je sois persuadé qu'ils aient lu ces sortes de lois, mais du moins ils sont mieux instruits que d'autres de la tradition.

« Pour ce qui est des autres matières qui ne regardent point les castes, elles se terminent aisément, disent les Indiens. Le bon sens et la lumière naturelle suffisent à quiconque veut sincèrement juger avec équité. » D'ailleurs il y a certaines maximes générales qui tiennent lieu de lois que tout le monde connoit : les principales même qui regardent les castes ne sont ignorées de personne. Il ne se trouve de la difficulté que dans certains cas embarrassans et qui arrivent rarement. Je rapporterai quelques-unes de ces maximes qui fondent aux Indes une espèce de coutume.

Je me souviens que racontant autrefois à un habile homme d'Europe ce que j'ai l'honneur de vous mander, il me dit que certainement il devoit se commettre beaucoup d'injustices aux Indes, non-seulement par l'iniquité et par l'avarice des juges, mais encore parce qu'il n'y a nulle règle sûre comme il y en a en Europe dans le droit civil et dans le droit canon. Sans entrer ici dans l'examen des grands avantages qu'on prétend tirer de cette multitude prodigieuse de lois, il me semble que les Indiens ne sont pas si fort blâmables de n'avoir pas pris le soin de compiler en un livre leurs coutumes, car enfin ne suffit-il pas qu'ils les possèdent parfaitement? Et si cela est, qu'ont-ils besoin de livres? Or rien n'est plus connu que ces coutumes : j'ai vu des enfans de dix ou douze ans qui les savoient à merveille, et quand on exigeoit d'eux quelque chose qui y fût contraire, ils répondoient aussitôt : « *Ajaratoucou virodam* (cela est contre la coutume). » J'ai lu, si je ne me trompe, dans un livre de droit, que si des coutumes ont été acceptées du consentement général d'une nation, il importe fort peu qu'elles soient écrites, et même qu'une preuve admirable de leur validité et de leur autorité, c'est qu'il n'ait pas été nécessaire de les écrire. Cette maxime autorise entièrement l'usage des Indiens.

Les Indiens conservent chèrement le souvenir de quelques rois de l'Inde qui se sont rendus célèbres par l'équité des jugemens qu'ils ont rendus et auxquels tous les peuples ont généralement applaudi. Viéramarken est un de ceux qui se sont le plus distingués. Il étoit admirable, disent-ils, à démêler la vérité du mensonge et à la tirer des plus épaisses ténèbres où l'on tâchoit de l'envelopper. Sa réputation étoit si universellement établie que non-seulement les princes et les rois de son temps, mais les dieux mêmes s'en rapportoient à lui lorsqu'il s'élevoit entre eux quelque différend. C'est ce qui arriva aux dieux du *chorcam* (ils appellent ainsi un de leurs cinq paradis.) Ces dieux étant en dispute sur une matière importante et ne pouvant s'accorder convinrent de prendre Viéramarken pour juge : on le fit monter sur un char dans les airs, on le plaça sur le trône de Devendiren et on fut si satisfait de ses réponses qu'on lui donna pour récompense le trône où on l'avoit placé.

Mais, ajoutent les Indiens, quelque célèbre que fût ce juge, il étoit bien au-dessous d'un autre appelé Mariadi-ramen. Celui-ci étoit regardé autrefois comme le chef des castes, quelques-uns disent qu'il étoit brame. Jamais personne n'eut plus de sagacité et de pénétration. On prenoit quelquefois plaisir de feindre des causes très-épineuses et très-embarrassées, et l'on ne croyoit pas qu'il pût jamais s'en tirer. Mais on étoit bien surpris de voir avec quelle netteté il développoit les affaires les plus embrouillées, et avec quelle facilité il prononçoit des décisions où l'on n'avoit rien à répliquer. Il s'en faut bien pourtant que je croie ces jugemens aussi admirables que le disent les Indiens; si je les rapportois ici avec les circonstances dont ils sont revêtus, rien ne seroit moins conforme à notre goût. Je me contente d'en choisir deux qui ont quelque chose de remarquable. Le premier a du rapport au jugement de Salomon; le voici :

Un homme riche avoit épousé deux femmes; la première, qui étoit née sans agrémens, avoit pourtant un grand avantage sur la seconde, car elle avoit eu un enfant de son mari, et l'autre n'en avoit point. Mais aussi en récompense, celle-ci étoit d'une beauté qui lui avoit entièrement gagné le cœur de son mari. La première femme, outrée de se voir dans le mépris, tandis que sa rivale étoit chérie et estimée, prit la résolution de s'en venger, et eut recours à un artifice aussi cruel qu'il est extraordinaire aux Indes. Avant que d'exécuter son projet, elle affecta de publier qu'à la vérité elle étoit infiniment sensible aux mépris de son mari, qui n'avoit des yeux que pour sa rivale, mais aussi qu'elle avoit un fils et que ce fils lui tenoit lieu de tout. Elle donnoit alors toute sorte de marques de tendresse à son enfant, qui n'étoit encore qu'à la mamelle : « C'est ainsi, disoit-elle, que je me venge de ma rivale : je n'ai qu'à lui montrer cet enfant, j'ai le plaisir de voir peinte sur son visage la douleur qu'elle a de n'en avoir pas autant. »

Après avoir ainsi convaincu tout le monde de la tendresse infinie qu'elle portoit à son fils, elle résolut, ce qui paroît incroyable aux Indes, de tuer cet enfant : et en effet elle lui tordit le cou pendant que son mari étoit dans une bourgade éloignée, et elle le porta auprès de la seconde femme qui dormoit. Le matin, faisant semblant de chercher son fils, elle courut dans la chambre de sa rivale et l'y ayant trouvé mort, elle se jeta par terre, elle s'arracha les cheveux en poussant des cris affreux qui s'entendirent de toute la peuplade : « La barbare! s'écrioit-elle, voilà à quoi l'a portée la rage qu'elle a de ce que j'ai un fils et de ce qu'elle n'en a pas. » Toute la peuplade s'assembla à ses cris : les préjugés étoient contre l'autre femme : « Car enfin, disoit-on, il n'est pas possible qu'une mère tue son propre fils, et quand une mère seroit assez dénaturée pour en venir là, celle-ci ne peut pas même être soupçonnée d'un pareil crime, puisqu'elle adoroit son fils et qu'elle le regardoit comme son unique consolation. » La seconde femme disoit pour sa défense qu'il n'y a point de passion plus cruelle et plus violente que la jalousie, et qu'elle est capable des plus tragiques excès. Il n'y avoit pas de témoin et l'on ne savoit comment découvrir la vérité. Plusieurs ayant tenté vainement de prononcer sur une affaire si obscure, elle fut portée à Mariadi-ramen. On marqua un jour auquel chacune des deux femmes devoit plaider sa cause. Elles le firent avec cette éloquence naturelle que la passion a coutume d'inspirer. Mariadi-ramen les ayant écoutées l'une et l'autre prononça ainsi : « Que celle qui est innocente et qui prétend que sa rivale est coupable du crime dont il s'agit fasse une fois le tour de l'assemblée dans la posture que je lui marque. » Cette posture qu'il lui marquoit étoit indécente et indigne d'une femme qui a de la pudeur. Alors la mère de l'enfant prenant la parole : « Pour vous faire connoître, dit-elle hardiment, qu'il est certain que ma rivale est coupable, non-seulement je consens de faire un tour dans cette assemblée de la manière qu'on me le prescrit, mais j'en ferai cent s'il le faut. — Et moi, dit la seconde femme, quand même, tout innocente que je suis, je devrais être déclarée coupable du crime dont on m'accuse faussement et condamnée ensuite à la mort la plus cruelle, je ne ferai jamais ce qu'on exige de moi ; je perdrai plutôt mille fois la vie que de me permettre des actions si mal séantes à une femme qui a tant soit peu d'honneur. » La première femme voulut répliquer, mais le juge lui imposa silence, et, élevant la voix, il déclara que la seconde femme étoit innocente, et que la première étoit coupable : « Car, ajouta-t-il, une femme qui est si modeste qu'elle ne veut pas même se dérober à une mort certaine par quelque action tant soit peu indécente n'aura jamais pu se déterminer à commettre un si grand crime. Au contraire, celle qui ayant perdu toute honte et toute pudeur s'expose sans peine à ces sortes d'indécences ne fait que trop connoître qu'elle est capable des crimes les plus noirs. » La première femme, confuse de se voir ainsi découverte, fut forcée d'avouer publiquement son crime. Toute l'assemblée applaudit à ce jugement, et la réputation de Mariadi-ramen vola bientôt dans toute l'Inde.

Le second exemple a quelque chose de singulier ou plutôt de fabuleux. On sait que les Indiens admettent les dieux subalternes qui, quoique d'un génie fort inférieur aux dieux d'un ordre plus élevé, sont néanmoins beaucoup plus habiles que tous les hommes ensemble. Cela supposé, voici le fait.

Un homme appelé Parjen, recommandable par sa force et par son adresse extraordinaire, s'étoit marié et avoit vécu quelque temps fort paisiblement avec sa femme. Il arriva, je ne sais comment, qu'un jour s'étant fort emporté contre elle il l'abandonna et s'enfuit dans un royaume éloigné. Pendant ce temps-là, un de ces dieux subalternes dont j'ai parlé prit, ainsi que le racontent les Indiens, la figure de Parjen et vint dans sa maison, où il fit sa paix avec le beau-père et la belle-mère. Il y avoit déjà trois ou quatre mois qu'ils demeuroient ensemble lorsque le véritable Parjen arriva. Il alla se jeter aux pieds de son beau-père et de sa belle-mère pour leur redemander sa femme, avouant de bonne foi qu'il avoit eu tort de s'emporter aussi légèrement qu'il avoit fait, mais enfin qu'une première faute méritoit bien d'être pardonnée. Le beau-père et la belle-mère furent fort étonnés de ce discours, car ils ne comprenoient point que Parjen leur demandât une seconde fois le pardon qui lui avoit été accordé quelques mois auparavant. La surprise fut bien plus grande lorsque le faux Parjen arriva. Se trouvant tous deux ensemble, ils commencèrent par se quereller réciproquement, et ils vouloient se chasser l'un l'autre de la maison. Tout le monde s'assembla et personne ne pouvoit démêler quel étoit le véritable. Ils avoient tous deux la même figure, le même habit, les mêmes traits du visage, le même ton de voix. Enfin, pour dire en peu de mots ce que les Indiens racontent fort au long, c'étoit justement les deux Sosies dont parle Plaute. On plaida devant le palleacarien, et il avoua qu'il ne comprenoit rien à cette affaire. On alla au palais du roi : il assembla ses conseillers, et, après avoir bien conféré ensemble, ils ne surent que dire. Enfin l'affaire fut renvoyée à Mariadi-ramen. Il ne se trouva pas peu embarrassé lorsque le véritable Parjen ayant déclaré son nom, celui de son père, de sa mère, de ses autres parens, du village où il avoit pris naissance et les autres événemens de sa vie, le faux Parjen dit : « Celui qui vient de parler est un fourbe, il s'est informé de mon nom, de mes parens, de ma naissance et généralement de ce qui me regarde, et il vient ici faussement se déclarer pour Parjen : c'est moi qui le suis, et j'en prends à témoin ceux qui sont ici présens, ceux surtout qui ont vu quelles étoient ma force et mon adresse. — Hé! c'est moi, prenoit le véritable Parjen, c'est moi qui ai fait ce que vous vous attribuez faussement. » Une multitude prodigieuse de personnes qui entendoient ces discours crurent que pour le coup Mariadi-ramen ne se tireroit jamais d'une affaire si embarrassée ; néanmoins il fit bientôt voir qu'il avoit des expédiens toujours prêts pour éclaircir les faits les plus obscurs et les plus embrouillés ; car voyant une pierre d'une grosseur énorme que plusieurs hommes auroient eu de la peine à mouvoir, il parla ainsi :

« Ce que vous dites l'un et l'autre me met hors d'état de rien décider ; j'ai pourtant un moyen de connoître sûrement la vérité : celui qui est véritablement Parjen a la réputation d'avoir beaucoup de force et d'adresse ; qu'il en donne une preuve en soutenant cette pierre dans ses mains. » Le véritable Parjen fit ses efforts pour remuer la pierre, et l'on fut surpris qu'effectivement il la souleva tant soit peu, mais de l'effort qu'il fit il tomba par terre. Il ne laissa pas d'être applaudi de toute l'assemblée, qui jugea qu'il étoit le vrai Parjen. Le faux Parjen s'étant approché à son tour de la pierre, il l'éleva dans ses mains comme il auroit fait une plume. « Il n'en faut plus douter, s'écria-t-on alors, c'est celui-ci qui est le véritable Parjen. » Mariadi-ramen au contraire prononça en faveur du premier, qui avoit simplement soulevé la pierre, et il en apporta aussitôt la raison : « Celui, dit-il, qui le premier a soulevé la pierre a fait ce qu'on peut faire humainement quand on a des forces extraordinaires ; mais le second qui a pris cette pierre, qui l'a levée sans peine et qui étoit prêt de la jeter en l'air, est certainement un démon ou un des dieux subalternes qui a pris la figure de Parjen, car il n'y a point de mortel qui ose tenter de faire ce qu'il a fait. » Le faux Parjen fut si confus de se voir découvert qu'il disparut à l'instant. Cette fable a été sans doute inventée pour faire connoître jusqu'où alloit la sagacité de ce Mariadi-ramen. J'en ai retranché plusieurs circonstances, rapportées par les Indiens, qui seroient plus ennuyeuses qu'elles ne vous feroient de plaisir.

Il y en a encore un, nommé Apachi, dont les Indiens parlent souvent : c'étoit un homme à peu près semblable à notre Esope ; il étoit à la cour d'un roi des Indes et avoit le talent de developper les énigmes les plus obscures que les rois de ces temps-là se proposoient les uns aux autres, car on étoit obligé de découvrir le sens des énigmes, surtout de celles qui étoient proposées par l'empereur universel des Indes ; il y avoit même des peines attachées à ceux qui ne pouvoient pas réussir. Mais comme cela ne regarde qu'indirectement les jugemens qu'ont portés les anciens je n'en toucherai rien ici.

Ces exemples font assez voir l'idée qu'ont les Indiens d'un juge ; ils triomphent quand ils expriment les qualités qu'il doit avoir ; et s'ils étoient aussi exacts dans la pratique que dans la spéculation, je crois qu'ils ne céderoient guère aux Européens : « Un juge, disent-ils, doit posséder la matière dont il est question ; il doit savoir parfaitement toutes les maximes qui tiennent lieu de droit ; il doit être homme de bien ; il faut qu'il soit riche, pour ne pas se laisser corrompre par l'argent : il doit avoir plus de vingt ans, afin que l'indiscrétion, qui est si propre à la jeunesse, ne l'engage pas à précipiter ses décisions ; il doit avoir moins de soixante ans, parce que, disent-ils, l'esprit commence à s'affoiblir dans les sexagénaires, et ils ne sont plus guère capables d'une grande application ; s'il est ami ou parent d'une des parties, il doit se désister de la qualité de juge, de peur que la passion ne l'aveugle ; il ne doit jamais juger seul, quelque bonne intention et quelques lumières qu'il puisse avoir. » Tout ce que je viens de dire est écrit en vers grandoniques, c'est-à-dire en langue *samouseradam*[1].

Ils disent encore que la principale attention du juge doit être à bien examiner les témoins, qu'il est facile de corrompre et qui sont d'ordinaire très-adroits à faire des réponses équivoques, afin de pouvoir se disculper lorsqu'ils sont surpris dans un faux témoignage. Et en effet les Indiens, je dis même ceux qui ont le moins d'esprit, feroient sur cela des leçons à ceux qui en Europe sont le plus accoutumés à déguiser la vérité. C'est pourquoi les juges qui veulent s'instruire exactement de la vérité ont soin de faire écrire les réponses que les témoins ont faites à leurs interrogations ; ils les renvoient ensuite ; deux jours après, ils les font revenir et ils leur proposent les mêmes choses d'une manière un peu différente ; et parce que les juges sont communément aussi habiles que les témoins mêmes, ils tournent les réponses des témoins en toute sorte de sens afin de ne leur pas laisser la liberté d'expliquer ce qu'ils ont dit autrement que dans le sens naturel. « Cela arrive, disent les Indiens, quand le juge n'est pas gagné, car s'il s'est laissé corrompre, il fera dire infailliblement aux témoins ce qu'il voudra. »

La patience, la douceur, et surtout une grande attention à ce que prescrivent les coutumes sont encore recommandées aux juges. Tous les vers indiens sont remplis d'invectives contre un juge qui n'écoute plus les lois. « C'est un torrent impétueux, disent-ils, qui a rompu sa digue et que rien ne peut plus arrêter : il ravage, il désole tout ce qui se rencontre sur son passage.

Ils ont de même une espèce de proverbe qu'ils répètent sans cesse : c'est qu'un juge ne doit jamais regarder ni le visage ni la main des parties qui plaident. On étend l'explication de cette maxime à tout ce qui met quelque rapport d'union entre le juge et la partie, comme sont la naissance, les alliances, les emplois. Il ne doit jamais regarder le visage des parties, et sur cela ils citent un quatrain qui est à peu près parmi eux ce qu'étoient autrefois parmi nous les quatrains de Pibrac. En voici le sens : « Un roi qui est obligé de juger un procès entre un de ses sujets et un des princes ses enfans doit regarder le prince son fils comme un de ses sujets et le sujet comme son fils, de peur que l'affection naturelle ne le séduise ; encore sera-ce beaucoup si, avec cette précaution, l'amour-propre, par des retours imperceptibles, ne corrompt pas ses bonnes intentions. » Je leur ai aussi entendu parler avec de grands éloges d'un roi qui régnoit autrefois dans un siècle où l'on rendoit une exacte justice, il craignoit si fort de se laisser surprendre, que toutes les fois qu'il montoit sur son trône pour juger quelque procès, il se faisoit bander les yeux avant que les parties fussent arrivées, et, lorsqu'elles étoient en sa présence, il leur défendoit expressément de rien dire qui pût les désigner ou les faire connoître : « Aussi est-ce alors, ajoutent-ils, que les dieux, charmés de l'équité de ces juges incorruptibles, descendoient sur la terre pour en être les témoins et répandoient une pluie de fleurs sur leurs têtes. Mais que notre siècle est différent de ces siècles heureux ! on n'y voit plus que fraude et qu'injustice. »

En second lieu, un juge, disent les Indiens, ne doit pas regarder la main des parties, c'est-à-dire qu'il ne doit pas se laisser gagner par des présens, rien n'étant si indigne d'un homme en cette place que de se livrer à une passion aussi basse que l'avarice. Voici une de leurs sentences : « Quand vous allez visiter le temple des dieux, quand vous rendez vos devoirs aux maîtres qui vous ont enseigné, quand vous allez voir quelqu'un de vos parens ou de vos amis que vous n'avez pas vu depuis

[1] Langue des savans.

longtemps, vous faites bien de leur porter quelque présent, mais non pas quand vous allez voir vos juges : ce seroit leur faire un affront. »

Je me suis autrefois entretenu avec un Indien qui passoit pour très-habile : l'entretien étant tombé sur le sujet dont je parle, il me dit que cette maxime, qu'un juge ne doit regarder ni la main ni le visage des parties, avoit à la vérité un très-beau sens, mais que la maxime contraire avoit encore un sens plus fin et plus délicat. Il soutenoit donc qu'un juge devoit regarder le visage et la main de ceux qui plaident : il doit regarder le visage, parce que souvent le visage des cliens et des témoins porte des marques presque certaines de ce qui se passe dans le fond de leur âme et donne de grandes ouvertures pour approfondir la vérité. Les passions, poursuivoit-il, sont d'ordinaire si bien peintes dans les yeux et dans le reste du visage qu'on y reconnoît aisément la haine, l'amour, la colère et les autres passions qu'on s'efforce de déguiser ; les traits en sont quelquefois si bien marqués qu'ils contribuent beaucoup à dévoiler ce qu'on vouloit cacher, et quoique ces signes naturels ne soient pas toujours infaillibles, ils peuvent être cependant d'une grande utilité. Le visage qui se voit, disent les Indiens, est l'image de l'âme, qui ne se voit pas. Un juge, ajoutoit-il, doit pareillement regarder la main, c'est-à-dire les présens qu'on lui veut faire : par là il connoîtra ou que le plaideur a mauvaise opinion de sa cause ou qu'il se défie de l'équité de son juge, et ces connaissances peuvent fort bien le diriger dans la suite du procès.

Les livres indiens sont remplis d'invectives et d'imprécations contre les juges iniques qui se laissent séduire ou qui vendent la justice. Voici le sens d'un de leurs quatrains : « Le méchant juge qui a condamné l'innocent verra sa famille détruite, sa maison sera ruinée, les herbes et l'arbrisseau *eroucou* naîtront dans les chambres qu'il a habitées, et ses enfans mourront dans un âge encore tendre. » Je n'aurois jamais fait si je voulois m'étendre plus au long sur cette matière : je passe à d'autres points qui ne sont pas moins importans.

Voici ce qu'ils pensent sur les témoins qu'un juge est souvent obligé d'interroger : on doit se défier des témoins qui sont encore jeunes ou qui passent soixante ans et de ceux qui sont pauvres ; pour ce qui est des femmes, il ne faut jamais les admettre, à moins qu'une nécessité absolue n'y oblige. Ils ont une plaisante idée du témoignage que portent les borgnes, les bossus et ceux qui ont quelque difformité semblable : « L'expérience, disent-ils, nous a appris que le témoignage de ces sortes de gens est toujours très-suspect et qu'ils sont beaucoup plus faciles que d'autres à se laisser corrompre. » J'ajouterai que les Européens ne sont nullement propres à recevoir le témoignage des Indiens, à moins qu'ils n'aient fait un long séjour aux Indes et qu'ils ne possèdent parfaitement la langue, sans quoi ils seront toujours trompés par les réponses ambiguës qui leur seront faites.

Chaque chef de bourgade est le juge naturel des procès qui s'élèvent dans sa bourgade ; et, afin que ce jugement se porte avec plus d'équité, il choisit trois ou quatre des habitans les plus expérimentés, qui sont comme ses assesseurs et avec lesquels il prononce. Si celui qui est condamné n'est pas satisfait de sa sentence, il peut en appeler au maniacarren : c'est une espèce d'intendant qui a plusieurs bourgades dans son gouvernement. Celui-ci prend aussi avec lui deux ou trois personnes qui l'aident à examiner l'affaire et à la juger. Enfin on peut encore appeler de cette sentence aux officiers immédiats du prince, qui jugent en dernier ressort. Si c'est une affaire de caste, ce sont les chefs des castes qui la décident. Les parens peuvent aussi s'assembler dans ces occasions, et d'ordinaire ils jugent très-équitablement. Les gouroux, c'est-à-dire les pères spirituels (car les Gentils en ont aussi bien que les chrétiens), terminent une grande partie des procès qui s'élèvent entre leurs disciples. Quelquefois ceux qui sont en procès prennent des arbitres auxquels ils donnent le pouvoir de juger leur différend, et alors ils acquiescent à ce qu'ils ont décidé sans avoir recours à d'autres juges.

De tous ces juges, il n'y a que les maniacarrens qui prennent de l'argent, encore ne le font-ils pas toujours. Mais il y en a qui prennent le dixième de la somme qui fait la matière du procès, c'est-à-dire que si la somme est de cent écus, on en donne dix au maniacarren. C'est d'ordinaire celui qui gagne sa cause qu'on oblige de payer cette somme, celui qui la perd étant assez puni de payer ce qu'il doit. Pour ce qui est des gouroux païens, ils exigent bien davantage ; mais, à les entendre, cet argent n'est point pour eux : il est destiné à des œuvres saintes et utiles pour le public.

Après vous avoir entretenu des juges, il faut vous faire connoître, monsieur, quel est le devoir des parties. Ceux qui ont un procès à soutenir doivent plaider eux-mêmes leur cause, à moins que quelque ami ne leur rende ce service ; ils doivent se tenir dans une posture respectueuse en présence de leurs juges ; ils ne s'interrompent point, ils se contentent seulement de témoigner par un mouvement de tête qu'ils ont de quoi réfuter ce que dit la partie adverse. Quand les plaidoyers sont finis, on renvoie les parties et les témoins ; alors le juge et les conseillers confèrent ensemble, et, quand ils sont d'accord sur ce qu'ils doivent prononcer, le juge rappelle les parties et leur signifie la sentence. Vous voyez, monsieur, que par là on évite les lenteurs que la chicane a introduites et que les frais de la justice vont à très-peu de chose. Aussi n'y a-t-il guère de pays où l'on plaide à meilleur marché qu'aux Indes : pour peu que les juges soient intègres, on est bientôt hors de cour et de procès.

Comme la plupart des procès aux Indes roulent sur des dettes et sur des sommes empruntées qu'on diffère trop longtemps de rendre, je ne puis me dispenser de vous expliquer la manière dont se font ces sortes d'emprunts. C'est la coutume que celui qui emprunte donne un *mourri*, c'est-à-dire une obligation par laquelle il s'engage de payer à son créancier la somme empruntée avec les intérêts. Pour que cet acte soit authentique il doit être signé au moins de trois témoins ; l'on y marque le jour, le mois, l'année qu'on a reçu l'argent et combien on a promis d'intérêt par mois.

Les Indiens distinguent des intérêts de trois sortes : les uns qui sont vertu, d'autres qui sont péché et d'autres qui ne sont ni péché ni vertu, car c'est ainsi qu'ils s'expriment. L'intérêt qui est vertu est d'un pour cent chaque mois, c'est-à-dire douze pour cent chaque année. Ils prétendent que ceux qui ne prennent pas davantage pratiquent un grand acte de vertu, parce que, disent-ils, avec le peu de gain qu'ils font ils soulagent la misère de ceux qui sont dans une nécessité pressante. Ils parlent presque de cette manière de prêter comme d'une aumône. L'intérêt qui est péché est de quatre pour cent chaque mois c'est-à-dire de quarante-huit par an, en telle sorte qu'au bout de deux ans deux mois la somme a doublé. L'intérêt qui n'est ni vertu ni péché est de deux pour cent chaque mois, c'est-à-dire de vingt-quatre par an. Ceux qui prêtent et ne prennent que l'intérêt qui est vertu ne comptent point d'ordinaire ni le premier mois ni celui où l'on paie : ils ne sont pas pourtant obligés d'user de cette indulgence, et lorsqu'ils relâchent ainsi de leurs droits, c'est un effet de leur générosité. Au reste, il ne leur vient pas même en pensée d'examiner s'il y a usure ou non dans cette sorte de prêt ; ils croient avoir droit de faire valoir leur argent, et ils ne regardent comme défendu que l'intérêt qui, de leur aveu même, est péché.

Lorsqu'un créancier a attendu plusieurs mois ou une ou deux années, il a droit d'arrêter son débiteur au nom du prince et sous peine d'être déclaré rebelle. Alors le débiteur est forcé de ne pas passer outre jusqu'à ce qu'il ait satisfait celui à qui il doit. Cette coutume approche assez du cri de haro qui est en usage en Normandie, par lequel on réclame le secours de la justice et l'on contraint le débiteur à venir devant le juge. Ici le débiteur n'est pas encore obligé de comparoître devant le juge, parce que les premiers passans intercèdent pour lui et obligent le créancier de lui accorder encore quelques mois de terme. Ce temps expiré, le créancier peut encore arrêter le débiteur au nom du prince. Il est surprenant de voir l'obéissance exacte de ceux qui sont ainsi arrêtés, car non-seulement ils n'oseroient prendre la fuite, mais ils ne peuvent pas même ni boire ni manger que le créancier ne leur en ait donné la permission. C'est alors qu'on les conduit devant le juge qui demande aussi quelques mois de délai. Pendant ce temps-là l'intérêt court toujours. Enfin si le débiteur manque de payer au temps qu'on lui a prescrit, le juge le condamne, le fait mettre en une espèce de prison et fait vendre ses bœufs et ses meubles. Il est rare néanmoins qu'on tire la somme entière qui est due ; on engage d'ordinaire le créancier à relâcher quelque chose des intérêts qu'il auroit droit d'exiger.

Lorsque quelqu'un est accusé d'un vol et qu'il y a contre lui de forts préjugés, on l'oblige de prouver son innocence en mettant sa main dans une chaudière d'eau bouillante. Dès qu'il en a retiré la main, on l'enveloppe d'un morceau de toile, et on y applique un cachet vers le poignet. Trois jours après, on visite la main, et s'il n'y paraît aucune marque de brûlure il est déclaré innocent. Cette épreuve est assez ordinaire aux Indes, et l'on y en voit plusieurs qui retirent de l'huile bouillante leur main très-saine.

Pour ne parler ici que des chrétiens, il y en a qu'on a forcé de donner ce témoignage de leur innocence, et qui, sans nous consulter, sont allés dans les places publiques, et là, à la vue de tout le monde, ont enfoncé la main et le bras jusqu'au coude dans l'huile bouillante sans en être tant soit peu brûlés. J'ai examiné leur main et leur bras sans y trouver la moindre impression de brûlure.

J'ai connu autrefois un chrétien qui, ayant une femme très-sage, ne pouvoit s'ôter de l'esprit qu'elle ne lui fût infidèle. Les reproches sanglans qu'il lui faisoit sans cesse la réduisoient au désespoir. Un jour que cette pauvre femme étoit pénétrée de douleur, elle dit à son mari qu'elle étoit prête de lui donner les preuves qu'il pouvoit désirer de son innocence. Le mari ferma la porte à l'instant, et ayant rempli un vase d'huile, il la fit bouillir, puis il ordonna à sa femme d'y mettre la main : elle obéit aussitôt en disant qu'elle ne la retireroit que quand il le lui auroit commandé. La fermeté de cette femme étonna son mari, il la laissa un peu de temps sans lui rien dire ; mais voyant qu'elle ne lui donnoit aucun signe de douleur et que sa main n'étoit nullement brûlée, il se jeta à ses pieds et lui demanda pardon. Quatre ou cinq jours après, il me vint trouver avec sa femme et me raconta tout en pleurs ce qui lui étoit arrivé. J'interrogeai en particulier la femme, qui m'assura qu'elle n'avoit pas plus ressenti de douleur que si la main eût été dans l'eau tiède. On en croira ce qu'on voudra, mais moi qui ai vu jusqu'où alloit la folle jalousie de cet homme et la conviction qu'il eut depuis de la vertu de sa femme, je ne puis pas douter de la vérité de ce fait.

Un femme chrétienne d'une autre bourgade ayant été suspecte à son mari, il l'accusa d'infidélité devant sa caste, où les Gentils avoient tout pouvoir. Elle fut condamnée aussitôt à marcher vingt pas portant dans l'extrémité de la toile qui lui couvroit la tête une trentaine de charbons ardens ; si la toile brûloit, elle devoit être déclarée coupable. Elle porta ces charbons, et après avoir fait vingt pas elle les jeta sur son accusateur. C'est une chose qui se passa à la vue de plus de deux cents témoins. J'arrivai deux mois après dans cette peuplade, et j'imposai au mari une pénitence proportionnée à sa faute.

J'en sais d'autres qu'on a contraints de lécher avec la langue des tuiles en feu et qui n'en ont point été brûlés. Quand les Gentils exigent l'épreuve de l'huile bouillante, ils font laver les mains à l'accusé et ils lui coupent les ongles, de peur qu'il n'ait quelque remède caché qui l'empêche de se brûler.

Ils ont recours encore à une autre épreuve qui est assez ordinaire. On prépare un grand vase rond, à peu près comme une grosse boule, dont l'entrée est si étroite que c'est tout ce qu'on peut faire d'y mettre le poing. On met dans ce vase un de ces gros serpens dont la morsure est mortelle si on n'y remédie sur l'heure : on y met aussi un anneau. Ensuite on oblige ceux qui sont soupçonnés du vol de retirer l'anneau du vase. Le premier qui est mordu est déclaré coupable.

Mais avant que d'en venir à ces extrémités, on prend de grandes précautions pour ne pas exposer trop légèrement les accusés à ces sortes d'épreuves. Si par exemple c'est un collier de grains d'or ou quelque autre bijou semblable qu'on a volé, on donne à trente ou quarante personnes des vases ronds à peu près comme une boule, à chacun le sien, afin que le voleur puisse y mettre secrètement le bijou : ces vases sont faits d'une matière assez aisée à se dissoudre dans l'eau ; chacun va porter son vase dans une espèce de cuvette, on y délaie tous les vases, et l'on trouve ordinairement au fond de la cuvette ce qui a été volé, sans qu'on puisse découvrir le voleur.

S'il s'agit d'un meurtre, et que la loi du talion ait lieu dans la caste, cette loi s'observe dans toute la rigueur. La lettre du père Martin, que vous pouvez lire dans un des recueils de ces lettres édifiantes et curieuses, vous en fournira plusieurs exemples. Cependant il ne faut pas s'imaginer que cette loi du talion règne dans toute la caste des voleurs : elle n'est en usage que parmi ceux qui sont entre le Marava et le Maduré.

Les meurtres sont assez rares dans toute l'Inde, et de là vient peut-être qu'il y a si peu de justice pour ces sortes de crimes. Pourvu qu'on donne une certaine somme au prince, cent pagodes, par exemple, on obtient aisément sa grâce : et ce qui est surprenant, c'est que si quelque officier du prince a été tué, le meurtrier en sera quitte moyennant un présent de mille écus. Il est permis au mari, suivant les lois, de tuer sa femme adultère et son complice quand il peut les surprendre ensemble ; mais il doit les tuer tous deux, et alors on ne peut point avoir d'action contre lui.

Ce n'est pas précisément la crainte des châtimens qui les retient dans le devoir. Sous le règne de la princesse Mangamal, qui s'étoit fait une loi de ne faire mourir personne, on n'a pas vu de plus grands désordres que sous celui des rois qui punissoient les coupables. S'il se trouvoit un état en Europe où il n'y eût aucune peine de mort et où l'exil ne consistât, comme aux Indes, qu'à sortir par une porte de la ville et à rentrer par l'autre, à quels excès ne s'y abandonneroit-on pas ?

Mais sous quelque prince que ce soit, il n'est jamais permis aux Indes de faire mourir un bramo, de quelque crime qu'il soit coupable : on ne peut le punir qu'en lui arrachant les yeux. J'étois dans la ville de Trichirapali lorsqu'on surprit deux brames qui faisoient des sacrifices abominables pour procurer la mort de la reine. On se contenta de leur arracher les yeux ; encore cette exécution se fit-elle contre la volonté de la reine, qui ne pouvoit se résoudre à permettre qu'on les punît. On voit pourtant dans l'histoire des rois de Maduré que quand ils étoient mécontens de quelques brames, à la vérité ils s'abstenoient de répandre leur sang, mais ils les faisoient environner d'une haie d'épines, large de douze ou quinze pieds ; cette haie étoit gardée par des soldats ; on diminuoit chaque jour ce qu'on leur donnoit à boire et à manger, et ainsi peu à peu le défaut d'alimens leur causoit la mort.

Voilà, monsieur, une idée générale de la manière dont la justice est administrée aux Indes. Je vais vous rapporter quelques-unes de leurs maximes, qui sont autant de lois qui les dirigent dans les jugemens qu'ils portent.

PREMIÈRE MAXIME.

Quand il y a plusieurs enfans dans une maison, les enfans mâles sont les seuls héritiers ; les filles ne peuvent rien prétendre à l'héritage.

J'ai souvent reproché aux Indiens que cette maxime paroissoit injuste et contraire au droit naturel, puisque les filles ont le même père et la même mère que leurs frères ; mais ils m'apportoient d'abord cette réponse générale, que c'est la coutume, et qu'une pareille coutume ayant été introduite du consentement de la nation, elle ne pouvoit être injuste. Ils ajoutoient que les filles n'étoient pas à plaindre, parce que les pères et les mères et à leur défaut les frères étoient obligés de les marier ; qu'ainsi, en les transférant dans une autre famille, aussi noble que la leur (car on ne peut pas se marier hors de sa caste), les avantages qu'une fille trouvoit dans cette famille où elle entroit tenoient lieu de la part qu'elle auroit pu prétendre à l'héritage. « Vous pouvez dire cela, leur répondois-je, aux Européens qui habitent les côtes et qui ne connoissent que très-superficiellement vos coutumes, mais non pas à moi qui ai vécu tant d'années avec vous. Car enfin, leur répliquois-je, ne sont-ce pas les pères et les mères qui retirent tout l'avantage du mariage de leurs filles ? N'est-ce pas à eux que les maris portent la somme dont ils achètent la fille qui leur est destinée ? » Car il est bon d'observer que, parmi les Indiens, se marier et acheter une femme c'est la même chose ; aussi pour faire entendre qu'ils vont se marier ils disent d'ordinaire qu'ils vont acheter une femme.

Cependant je ne dois pas dissimuler qu'ils ne répondent pas mal à cette difficulté. Voici ce qu'ils disent : « La somme qui a été donnée par le mari à son beau-père est presque toute employée à acheter des bijoux pour la nouvelle épouse. Ainsi on lui fait faire des pendans d'oreilles, des bracelets d'argent, des colliers de corail et de grains d'or, des anneaux d'or et d'argent, suivant le rang et la noblesse de leurs castes (et il est à remarquer que ces anneaux se mettent souvent aussi bien aux doigts des pieds qu'aux doigts des mains). Le reste de la somme, ajoutent-ils, s'emploie au festin du mariage ; et ce qu'il en coûte au père de la fille va souvent au delà de ce qu'il a reçu. »

Ceux qui en usent autrement sont méprisés : c'est pourquoi on reproche à quelques brames leur avarice qui les porte à vendre leurs filles sans presque rien employer pour elles de la somme qui leur a été livrée. Ils répondent néanmoins que l'emploi qu'ils en font est légitime, puisque cet argent qu'ils reçoivent sert à marier leurs enfans mâles.

Je me souviens qu'ayant autrefois exposé en Europe cette coutume des Indiens, on se récria fort en disant que rien n'étoit plus barbare ni plus contraire aux lois de la nature. Cependant nous voyons quelque chose de semblable dans les livres sacrés. Il y est rapporté que les filles de Salphad, après la mort de leur père, qui n'avoit point laissé d'enfans mâles, se présentèrent à Moïse et à Éléazar[1] et demandèrent de recueillir l'héritage. Sur quoi le savant Cornelius *à Lapide* dit que l'on doit conclure de ce passage que les filles chez les Juifs, quand elles avoient des frères, ne devoient avoir aucune part à l'héritage de leur père : «*Ex hoc loco colligitur quod apud Hebræos, si proles aliqua esset mascula, illa omnium erat hæres, ita ut filiæ nullam hæreditatis partem adire possent.* C'est, ajoute cet auteur, parce que les familles, parmi les Israélites, étoient seulement nommées, distinguées et conservées par les enfans mâles. Cette distinction fut ainsi établie par la providence de Dieu afin que l'on pût connoître les successions des héritages et de qui elles étoient sorties, et qu'on comprit clairement que le Rédempteur étoit né des Juifs et de la famille de Juda, comme Dieu l'avoit promis à Jacob.» Ainsi les filles parmi les Juifs ne devoient rien attendre de l'héritage de leur père, supposé qu'elles eussent des frères ; et même quand elles n'en avoient point, il n'étoit pas si clair qu'elles eussent droit d'y prétendre, puisqu'on voit que les filles de Salphad ayant demandé d'avoir chacune leur part à l'héritage, il fallut consulter Dieu et attendre sa réponse, qui leur fut favorable.

Les filles, chez les Indiens, sont de pire condition que chez les Juifs, puisque les filles juives qui n'avoient pas de frères avoient droit à l'héritage, au lieu que parmi les Indiens il y a une exclusion entière pour les filles, bien qu'elles n'aient pas de frères. Deux frères se marient, l'un a un fils et l'autre a une fille ; tout le bien qui devroit naturellement venir à la fille va à son oncle, mais aussi il contracte l'obligation de marier sa nièce le plus avantageusement qu'il lui est possible.

Cependant il y a de petits royaumes dans les Indes où les princesses ont de grands privilèges qui les mettent au-dessus de leurs frères, parce que le droit de succéder ne vient que du côté de la mère. Si le roi, par exemple, a une fille d'une femme qui soit de son sang, quoiqu'il ait un enfant mâle d'une autre femme de même caste, ce sera la princesse qui succédera et à qui appartiendra l'héritage. Elle peut se marier à qui elle voudra, et quand son mari ne seroit pas du sang royal, ses enfans seront toujours rois, parce qu'ils sont du sang royal du côté maternel, le père n'étant compté pour rien, et le droit, comme je l'ai déjà dit, venant uniquement du côté de la mère.

On doit conclure de ce même principe que si cette princesse qui règne a un garçon et une fille, et qu'on ne puisse pas trouver une princesse du sang royal pour la marier au prince, ce seront les enfans de la fille qui règneront préférablement aux enfans de son frère ; et quand ni le prince ni la princesse n'ont point d'enfans, comme cela est arrivé dans le royaume de Travancor, on en cherche ailleurs qui soient issus du même sang, et cela se pratique quoique le roi ait des enfans de sa caste s'ils ne sont pas du sang royal du côté de la mère. Quand ce sont les reines qui ont la puissance absolue, il y a toujours six ou sept personnes qui l'aident à porter le fardeau du gouvernement.

SECONDE MAXIME.

Ce n'est pas toujours le fils aîné des rois et des princes, des palléacariens et des chefs de bourgade qui doit succéder aux états ou au gouvernement de son père.

Cette maxime, qui règle la succession des princes, a besoin d'explication. Les Indiens distinguent deux sortes de dignités : celles qui passent du père au fils et celles qui sont seulement attachées à quelques personnes sans qu'il soit nécessaire qu'elles passent à leurs enfans. Il n'est pas question de celles-ci, puisque le prince peut en disposer à son gré et choisir qui il lui plaira, mais il est question des états qui sont héréditaires. La coutume veut que les aînés succèdent quand leurs bonnes qualités

---

[1] Nomb. chap. 27, v. 1.

les en rendent capables ; mais lorsqu'ils ont peu d'esprit et qu'ils semblent peu propres à bien gouverner, et qu'au contraire le cadet a de grandes dispositions pour remplir les devoirs d'un prince, le roi dispose les choses de telle sorte qu'il fait tomber ses états au cadet. S'il ne le faisoit pas, les parens s'assembleroient après sa mort et choisiroient le cadet : et comme c'est une coutume établie, l'aîné a moins de peine à s'y conformer. Sa condition n'en est pas moins heureuse, car sans avoir les dégoûts et les peines qui sont inséparables de la royauté, il en a les agrémens et les douceurs : on n'omet rien de ce qui peut lui adoucir la peine que lui causeroit une soumission forcée.

Ce qui se dit des rois et des princes doit s'entendre à proportion des palleacariens et des chefs de bourgade : le cadet est toujours préféré à l'aîné quand il a plus de mérite. On a vu avec admiration les deux frères princes de Tanjaour gouverner tous deux ensemble le pays qui leur a été laissé par leur frère aîné, qui n'avoit point d'enfans. Il est vrai que l'expérience leur ayant appris que cette autorité commune embarrassoit leurs sujets, ils ont partagé entre eux le royaume de Tanjaour, mais ils ne laissent pas de demeurer ensemble dans le même palais et d'y vivre dans une parfaite union. Ils sont les enfans d'un frère du fameux Sivagi, si célèbre dans les Indes pour avoir ébranlé le trône des successeurs de Tamerlan.

La conduite que tiennent les princes mogols est bien différente : celui qui a des forces plus considérables et qui remporte la victoire sur ses frères succède aux vastes états du Mogol ; il en coûte toujours la vie ou la prison aux vaincus. On dit qu'Aureng-Zeb ayant été prié de déterminer celui de ses enfans qu'il croyoit le plus capable de lui succéder, il refusa de le faire, apportant pour raison que c'étoit au ciel à en décider. Il étoit monté lui-même sur le trône en faisant mourir ses frères et en retenant prisonnier son propre père, qu'il vouloit, disoit-il, décharger du poids du gouvernement : étrange politique des Mogols qui réduit les frères à une espèce de nécessité de s'égorger les uns les autres. Nos princes indiens abhorrent une si détestable maxime : il n'y a point de pays où les frères soient plus unis.

TROISIÈME MAXIME.

Quand les biens n'ont point été partagés après la mort du père, tout le bien que peut avoir gagné un des enfans doit être mis à la masse commune et être partagé également.

Cette maxime paroîtra étrange, mais elle est généralement suivie aux Indes, et c'est suivant cette règle qu'on termine une infinité de procès. Un exemple rendra la chose plus claire. Supposons qu'un Indien qui a cinq enfans laisse en mourant cent pagodes, qui font cinq cents livres de notre monnoie. Si l'on faisoit le partage, on devroit donner à chacun cent livres ; mais si le partage ne se fait pas, comme il est très-rare qu'on le fasse, surtout quand quelqu'un des frères n'est pas marié, alors quoique l'aîné ait gagné dix mille pagodes, il faut qu'il mette cette nouvelle somme à la masse commune, afin qu'elle soit partagée également à tous les frères. On assemble pour cela les parens et les amis : si l'aîné fait quelque résistance, il est toujours condamné par la maxime que j'explique.

Ils ont un autre usage, que les uns blâment et que les autres admirent. Lorsque parmi les frères il y en a quelqu'un qui a peu d'esprit et que les autres en ont beaucoup, on fait le lot du premier beaucoup plus gros que celui des autres, parce que, disent-ils, celui qui n'a point d'esprit est incapable de faire valoir le bien qu'on lui laisse, au lieu que les autres qui ont du génie et du savoir-faire deviendront en peu de temps beaucoup plus riches que leur frère auquel ils ont laissé la meilleure portion de l'héritage.

Il y a certaines familles où l'on ne parle jamais de partage : les biens sont communs, et on vit dans une parfaite intelligence. Cela arrive lorsque quelqu'un de la famille est assez habile pour la faire subsister. C'est lui qui fait toute la dépense : il est comme le supérieur des autres, qui n'ont d'autre soin que de travailler sous ses ordres : il marie les fils et les petits-fils de ses frères, il pourvoit à leurs besoins, aux vêtemens, à la nourriture, etc. Ce qu'il y a d'admirable, c'est qu'il se trouve quelquefois des femmes capables de gouverner ainsi plusieurs familles. J'en ai vu une qui étoit chargée de plus de quatre-vingts personnes qu'elle entretenoit des choses nécessaires à la vie. Il y a de ces familles où l'on n'a jamais fait de partage , et elles ne laissent pas d'être aussi riches qu'on l'est communément aux Indes. Ceux qui composent ces familles, dont l'union est si grande, sont dans une estime générale, et l'on s'empresse à entrer dans leur alliance. Ce détachement des biens de la terre qu'on voit parmi des idolâtres ne doit-il pas confondre tant de chrétiens d'Europe, que le moindre intérêt divise, et engage dans des procès éternels!

QUATRIÈME MAXIME.

Les enfans adoptifs entrent également dans le partage des biens avec les enfans des pères et mères qui les ont adoptés.

Quand un homme n'a point d'enfans, il en choisit souvent chez quelqu'un de ses parens qu'il adopte. Les cérémonies qu'on observe en cette occasion méritent d'être rapportées. On fait une assemblée dans la maison des parens de celui qui adopte: là on prépare un grand vase de cuivre de la figure de nos grands plats; on le place de telle sorte que l'enfant y puisse mettre les deux pieds et s'y tenir debout s'il en a la force. Ensuite le mari et la femme disent à peu près ce qui suit : « Nous vous avertissons que n'ayant point d'enfant, nous souhaitons adopter celui que vous voyez. Nous le choisissons tellement pour notre fils que nos biens lui appartiendront désormais, comme si véritablement il étoit né de nous. Il n'a plus rien à espérer de celui qui étoit son père naturel. En foi de quoi nous allons boire l'eau de safran si vous y consentez. » Les assistans donnent leur consentement par un signe de tête; après quoi le mari et la femme se baissent en versant de l'eau dans laquelle on a délayé du safran; ils en lavent les pieds de l'enfant et ils boivent l'eau qui est restée dans le vase. On passe aussitôt un écrit où l'on marque ce qui s'est passé, et les témoins signent. Cet écrit s'appelle *manchinir-cani-chitou*.

Si le mari ou la femme ont dans la suite des enfans, ces enfans deviennent les cadets de celui qui a été adopté, et celui-ci jouit des prérogatives de l'aîné, les lois ne mettant nulle différence entre l'enfant adopté et les véritables enfans. On a vu même souvent que les pères et les mères avoient plus de tendresse pour le fils adoptif que pour leurs véritables enfans, s'imaginant que les dieux, touchés de la vertu qu'ils avoient pratiquée en faisant cette adoption, leur avoient accordé des enfans et des biens temporels qu'ils n'auroient pas eus sans cela.

Il y a une autre espèce d'adoption qui n'a pas les mêmes avantages, mais qui ne laisse pas d'avoir quelque chose de singulier. Si un père et une mère qui ont perdu leur enfant en voient un autre qui lui ressemble, ils le prient de les regarder comme étant maintenant son père et sa mère : c'est à quoi l'enfant ne manque guère de consentir, et alors l'adoption est faite. Elle s'appelle dans la langue du pays *oppari pirieradou*. Ce qu'il y a de particulier, c'est qu'un *choutre* peut prendre par voie d'*oppari* un brame pour son fils s'il a des traits semblables à l'un de ses enfans morts, et ce brame l'appellera son père; cependant, comme ils sont de caste différente, ils ne mangeront jamais ensemble.

Ce qu'on dit du père et de la mère à l'égard du fils adopté par *oppari* doit se dire pareillement des frères et des sœurs qui adoptent de la même façon celui ou celle qui ressemble ou au frère ou à la sœur que la mort leur a enlevé. Ils les traitent dans la suite comme frères et sœurs; ils les assistent dans l'occasion; ils prennent part aux avantages ou aux disgrâces qui leur arrivent. Les Indiens disent que par là ils soulagent beaucoup la douleur qu'ils ont de la mort de leurs plus proches parens, puisqu'ils trouvent dans ceux qu'ils adoptent d'autres enfans, d'autres frères, d'autres sœurs. Mais cette sorte de parenté finit par la mort de ceux qui ont adopté et ne passe point à leurs enfans.

CINQUIÈME MAXIME.

Les orphelins doivent être traités comme les enfans de ceux à qui on les confie.

Un des plus sages réglemens qui soit aux Indes regarde les orphelins. S'ils ont des oncles et des tantes, comme ces oncles et ces tantes sont censés par la loi pères et mères des enfans de leurs frères et de leurs sœurs, ils sont élevés comme les autres enfans de la maison. Le père putatif est obligé de les pourvoir de la même manière que les autres enfans, de les marier quand ils sont en âge et de faire les frais nécessaires pour les mettre en état de gagner leur vie.

C'est en conséquence de cette coutume que lorsqu'un homme a perdu sa femme, il fait ce qui dépend de lui pour épouser la sœur de la défunte. Cette maxime leur paroît admirable, car, disent-ils, par ce moyen il n'y a point de belle-mère et les enfans de la sœur morte deviennent toujours les enfans de la sœur vivante. On ne sauroit les convaincre de l'équité de la loi ecclésiastique, qui défend à un homme d'épouser en secondes noces la sœur de sa femme défunte : « Ne voyez-vous pas, nous disent-ils, que si cet homme ne se marie pas avec la sœur de sa femme, il faudra qu'il épouse une autre fille, qui sera une véritable marâtre, qui ne manquera pas de maltraiter les enfans de son mari pour avantager les siens, au lieu que si la sœur de la défunte se marie avec son beau-frère, qui est veuf, les enfans de la sœur aînée seront toujours censés ses propres enfans. »

Enfin si les orphelins n'ont ni frère aîné, ni oncle, ni tante, on fait une assemblée de parens qui choisissent quelqu'un qui ait soin d'eux. On écrit ce que le père de l'orphelin a laissé, et on est obligé de le lui remettre aussitôt qu'il est majeur. Ceux qui élèvent les orphelins leur font gagner leur vie dès qu'ils sont en âge de travailler ; s'ils ont de l'esprit, on les met à l'école pour y apprendre à lire, à écrire et à chiffrer.

SIXIÈME MAXIME.

Quelque crime qu'aient commis les enfans à l'égard de leurs pères, ils ne peuvent jamais être déshérités.

Cette maxime, tout étrange qu'elle paroît, arrête une infinité de procès : il est souvent très-difficile de prouver en Europe qu'un père qui déshérite son fils ait eu une raison légitime de le faire. A la vérité, ce pouvoir des pères et la crainte de l'exhérédation peuvent contenir les enfans dans le devoir, mais on ne peut nier qu'il ne se trouve des occasions où la seule haine porte les pères à abuser de leur pouvoir.

Quoi qu'il en soit, les Indiens s'imaginent que leur coutume est très-sage et remplie d'équité. Ainsi quand un fils auroit frappé son père, qu'il l'auroit blessé, je dis plus, que dans un mouvement de colère il auroit même attenté à sa vie sans pourtant exécuter son dessein, le père est obligé de lui pardonner, et s'il arrivoit que le père déclarât en mourant que quelqu'un de ses enfans ne mérite pas d'avoir part à son héritage à cause des mauvais traitemens qu'il en a reçus, les frères qui prétendroient exécuter la volonté de leur père seroient condamnés à tous les tribunaux des Indes. Quand on dit aux Indiens qu'il est contre les bonnes mœurs qu'un père ne puisse pas priver de ses biens un fils ingrat qui l'a méprisé et insulté, ils répondent que rien au contraire n'est plus scandaleux que de voir mourir un père avec des sentimens de haine pour ses enfans : « L'obligation d'un père, ajoutent-ils, est de pardonner à son fils, quelque ingrat, quelque dénaturé qu'il soit, car enfin ce fils n'est-il pas né de son père? Il en est donc une portion. Hé! quand est-ce qu'on a vu un homme se couper la main droite parce qu'elle a coupé la main gauche? »

C'est par la même raison que les enfans ne peuvent pas déshériter leur père, quelque déraisonnable qu'il ait été à leur égard. Ainsi un fils unique marié qui meurt sans enfans avec beaucoup de bien, c'est son père qui est son héritier, et il n'y a aucune raison qui puisse le priver de l'héritage.

SEPTIÈME MAXIME.

Le père est obligé de payer toutes les dettes que les enfans ont contractées, et les enfans sont pareillement obligés de payer toutes les dettes de leur père.

Cette règle est générale et sert à vider les procès qui touchent cette matière. Cependant, de la manière que les Indiens l'expliquent, elle a quelque chose qui surprend, car enfin, selon cette coutume, si un enfant est débauché, s'il emprunte à toutes mains et qu'il donne des obligations en bonne forme, le père est obligé de payer ses dettes. On a beau dire que le fils ne mérite nulle grâce, puisque l'argent qu'il a emprunté n'a servi qu'à fomenter son libertinage, ils répondent que la bonté d'un père ne lui permet pas d'user de cette rigueur. La même règle s'observe à l'égard des dettes que contractent les pères : les enfans sont pareillement obligés de les payer. Quand même on prouveroit que le père a employé l'argent emprunté en des dépenses folles et indignes d'un honnête homme, quand même le fils renonceroit à l'héritage, il sera toujours condamné à payer les dettes de son père.

Il faut raisonner de la même manière des dettes qu'un des frères a contractées avant le partage des biens ; l'aîné est obligé de les payer, et celui qui a été un dissipateur ne laisse pas d'avoir sa part comme les autres à la masse commune. La raison de cette conduite est fondée sur cette maxime, que les Indiens admirent, savoir qu'après la mort du père, le fils aîné devient comme le père de ses frères, et en effet les autres frères viennent se jeter à ses pieds, et lui il les regarde comme ses enfans. Ainsi comme le père est obligé de payer les dettes de ses enfans, le frère aîné, qui tient lieu de père à ses frères, est pareillement obligé de payer leurs dettes ; cela s'entend avant le partage, mais ce partage se fait toujours fort tard. Cette règle ne s'étend point aux filles : le père n'est point obligé de payer leurs dettes, ni le frère les dettes de ses sœurs.

Ce sont, monsieur, ces maximes générales qui servent de lois aux Indes et qui sont suivies dans l'administration de la justice. Il y a d'autres lois particulières qui regardent chaque caste : comme elles me mèneroient trop loin, elles pourront faire la matière d'une autre lettre que j'aurai l'honneur de vous écrire.

J'ai celui d'être très-respectueusement, monsieur, votre, etc.

LETTRE DU P. LE GAC
AU PÈRE JOSEPH LE GAC, SON FRÈRE.

Persécution suscitée par les dasseris.

Mon très-cher Frère,

La paix de N.-S.

Cette mission de Devandapallé, où le Seigneur a eu la bonté de me destiner, vient d'éprouver une rude persécution qui lui a été suscitée par les dasseris de cette ville. Les dasseris composent une secte d'adorateurs de Vichnou, l'une des fausses divinités du pays : ce sont les plus grands ennemis du christianisme et ceux qui mettent le plus d'obstacles à la propagation de la foi. Le récit que je vous en ferai sera d'autant plus fidèle que j'ai été témoin de ce qui s'est passé durant le cours de cet orage.

Il commença vers la fin d'août de l'année 1710. La constance de mes néophytes fut mise pendant deux mois à de rudes épreuves : on en vint aux dernières violences pour les forcer de renoncer à leur foi ; mais, par la miséricorde du Seigneur, les efforts de nos ennemis furent inutiles, les chrétiens demeurèrent fermes, la vérité triompha et le calme succéda à la tempête. J'obtins alors du premier ministre un écrit signé de sa main, par lequel il déclaroit que le prince permettoit aux chrétiens de continuer en paix les exercices de leur religion. Ce témoignage ne suspendit que pour un temps la haine des dasseris, qui cherchèrent une occasion plus favorable de la faire éclater et de détruire entièrement le christianisme : c'est ce qui arriva vers le mois d'août de l'année dernière, ainsi que je vais le raconter.

J'étois parti au commencement du mois de mai de la même année pour Cruchnabouram, où plusieurs catéchumènes m'attendoient afin de leur conférer le baptême ; j'y appris le nouveau tumulte qu'excitoient les dasseris dans ma mission de Devandapallé lorsque je me préparois à célébrer la fête de l'Assomption de la sainte Vierge. Cette nouvelle me consterna, et j'étois sur le point de courir au secours de mes néophytes, auxquels ma présence sembloit nécessaire pour les fortifier dans la foi ; mais on me représenta que mon départ précipité à la veille d'une si grande fête alarmeroit les nouveaux fidèles et intimideroit les prosélytes qu'on disposoit au baptême. J'entrai dans cette raison et je me contentai pour lors d'écrire une lettre commune aux chrétiens de Devandapallé, dans laquelle je les exhortois à rendre grâces à Dieu de ce qu'il les avoit trouvés dignes de souffrir quelque chose pour la gloire de son saint nom ; je leur rappelois le souvenir de ce que je leur avois dit si souvent en leur prêchant l'Évangile, que je ne leur promettois pas les biens de ce monde, mais des croix et des persécutions, qui sont la semence des biens éternels que Dieu leur destinoit ; enfin je les assurois que je me rendrois incessamment auprès d'eux pour les consoler et pour participer à leurs souffrances.

Cependant je célébrai la fête de l'Assomption avec beaucoup d'appareil et je baptisai vingt catéchumènes. Aussitôt après je me mis en chemin pour Devandapallé. J'appris sur ma route que le père Platel, Italien et supérieur de la mission de Maïssour, à qui notre mission de Carnate a des obligations infinies, étoit à Cotta-Cotta (c'est une ville de la dépendance des Maures, qui n'est qu'à trois lieues de Devandapallé), je reçus même à Pongamour deux de ses lettres, par lesquelles il me donnoit avis de ce qui se passoit dans ma mission : je crus devoir aller trouver ce zélé missionnaire pour le remercier de ses peines et en même temps pour le consulter sur la conduite que je devois tenir dans les conjonctures présentes.

Il m'apprit qu'il y avoit plus de six mois que les dasseris de Maïssour tâchoient d'exciter un orage dans sa mission : qu'ils avoient écrit des lettres circulaires à tous ceux de leur secte; qu'ils s'étoient attroupés en grand nombre à Cotta-Cotta; que le gouverneur maure, ayant su pour quelle raison ils s'assembloient, l'avoit appelé pour venir disputer avec eux : qu'il s'étoit rendu auprès du gouverneur cinq jours de suite sans qu'aucun dasseri eût osé paroître; que le gouverneur, outré de cette conduite, avoit ordonné que si les dasseris s'assembloient encore, on châtiât les plus mutins de la troupe; que cet ordre les avoit dissipés; qu'ils s'étoient retirés à Devandapallé, et qu'ils espéroient venir plus aisément à bout de leurs pernicieux desseins dans un pays où la faiblesse du gouvernement leur donnoit lieu de tout entreprendre.

Les lettres qu'ils écrivirent à tous ceux de leur secte furent le signal de la révolte. Les dasseris s'assemblèrent et vinrent en foule, au son de leurs instrumens, assiéger l'église d'où ils savoient que j'étois absent. Il n'y avoit alors dans l'église qu'un vieux catéchiste aveugle et un chrétien qui accourut au bruit que faisoit cette troupe insensée. Il n'eut pas plutôt ouvert la porte que les Dasseris y entrèrent en poussant des cris de joie et en vomissant les plus exécrables blasphèmes contre le vrai Dieu. Ils se saisirent des deux néophytes et ils les promenèrent en spectacle dans les rues de la ville au milieu des huées d'un grand peuple qui les chargeoit d'outrages; après quoi ils les chassèrent de la ville et ils défendirent aux gardes de les y laisser rentrer.

Le chrétien dont je parle donna en cette occasion des marques de sa foi et de sa constance. Bien qu'il lui fût facile d'échapper aux insultes de ces furieux, il marchoit à pas lents dans les rues, conduisant par la main le catéchiste aveugle. A la fermeté de sa contenance, mêlée de gaîté et de modestie, on eût jugé que c'étoit pour lui un jour de triomphe. Les païens mêmes en furent surpris et édifiés.

Les dasseris parcoururent ensuite les maisons de la plupart des néophytes, et ils y commirent mille indignités. Ils déclarèrent publiquement les chrétiens déchus de leurs castes et incapables de faire aucun commerce dans la ville. Dès lors, il ne fut plus permis aux chrétiens de puiser de l'eau dans les puits et les étangs publics, d'acheter les plus grossiers ustensiles du ménage, comme de la vaisselle de terre ou d'autres choses de cette nature, ni même de faire laver leur linge.

La fureur des ennemis du christianisme augmentant de plus en plus, les chrétiens s'assemblèrent aux environs du palais, et s'étant avancés jusqu'à la porte, hommes, femmes et enfans, ils demandèrent justice de la violence qui leur étoit faite. « Nos docteurs, dirent-ils, en parlant des missionnaires, visitent les diverses contrées où ils ont des disciples, ils seront bientôt de retour et ils n'auront pas de peine à faire voir la fausseté de ce que leurs ennemis leur imputent. Cependant nous sommes prêts à souffrir toutes sortes de tourmens et à perdre même la vie si l'on peut nous reprocher autre chose que d'adorer le vrai Dieu, créateur du ciel et de la terre. »

Ils demeurèrent jusqu'au soir aux portes du palais, exposés aux railleries et aux insultes des dasseris, sans qu'on daignât leur faire aucune réponse. Enfin, comme ils persistoient à demander justice, le prince leur fit dire qu'ils n'avoient qu'à se retirer et qu'il examineroit leur affaire. Les chrétiens comprirent bien que c'étoit là une défaite : mais il fallut obéir, et ils se retirèrent.

Le lendemain les dasseris publièrent qu'ils avoient permission du prince de s'emparer de l'église : ils en chassèrent une famille chrétienne de brames qui y demeuroit et y établirent des familles de leur secte. Ils arrachèrent des médailles que des chrétiennes portoient au cou ou qu'elles avoient à leur chapelet, et les attachant par dérision à leurs souliers : « C'est ainsi, disoient-ils, en les traitant par les rues, qu'il faut traiter les Dieux des chrétiens, puisqu'ils ont l'audace de soutenir que nos divinités ne sont que des idoles inanimées. »

A peine se furent-ils rendus maîtres de l'église, qu'ils en renversèrent l'autel, et afin de purifier, disoient-ils, un lieu si abominable, ils y firent leurs cérémonies diaboliques. Ainsi le temple du vrai Dieu devint-il la retraite des démons. Ils publièrent ensuite dans la ville qu'en détruisant l'autel ils y avoient trouvé des ossemens et une certaine poudre propre aux enchantemens magiques, que les missionnaires employoient pour ensorceler ceux qu'ils vouloient attirer à leur religion. C'est ce qu'ils osèrent bien me reprocher à moi-même, comme si c'eût été une vérité prouvée et dont il ne fût pas permis de douter.

J'étois dans l'impatience de me rendre auprès de mes chers néophytes : mais il m'étoit difficile d'entrer dans la ville sans être découvert, car il y avoit défense aux gardes d'y laisser entrer aucun missionnaire. Je pris le temps de la nuit, et je m'étois déguisé de telle manière que les gardes ne me reconnurent point. Je passai cette nuit-là chez un fervent chrétien, et le lendemain dès la pointe du jour, je parus à l'entrée de la forteresse sur un lieu un peu élevé. Comme c'étoit l'endroit où il y a le plus grand concours de peuple, les dasseris furent avertis de mon arrivée : deux des principaux me traitèrent d'une manière si injurieuse et si méprisante que le peuple en fut indigné. J'eus occasion d'expliquer les vérités chrétiennes à beaucoup d'infidèles que la curiosité avoit attirés autour de moi : je me plaignis ensuite aux principaux ministres du prince de l'injustice avec laquelle on s'étoit emparé de mon église durant mon absence et des mauvais traitemens qu'on avoit faits à mes néophytes : je leur insinuai que les dasseris avoient parmi eux des personnes habiles, que j'étois prêt à disputer avec eux en présence du prince même ou des principaux de la ville ; mais ils n'eurent garde d'accepter le défi que je leur faisois. Ces prétendus docteurs ne se piquent pas autrement de science, et ils se contentent de s'enrichir du bien de ces malheureux qu'ils trompent et dont ils se font infiniment respecter.

Cependant quelques chrétiens qui m'avoient accompagné se retirèrent dans un corps de garde vis-à-vis du lieu où j'étois, et ils s'entretenoient avec les soldats lorsqu'un dasseri qui les aperçut fit aux soldats une sévère réprimande de ce qu'ils osoient parler à des gens déclarés infâmes et entièrement perdus de réputation. Les chrétiens furent chassés honteusement de ce lieu et il ne fut plus permis de les y recevoir. Ce fut dans ces tristes conjonctures que, pour surcroît de douleur, j'appris la mort de deux de nos chers missionnaires, les pères Mauduit et de Courbeville. On ne doute point que les ennemis de la foi ne les aient empoisonnés : ils moururent tous deux en moins d'un quart d'heure.

Je passai deux jours et une nuit dans le même lieu, exposé à la pluie et aux ardeurs du soleil, sans prendre d'autre nourriture qu'un peu de riz sec. J'y serois demeuré plus long-temps, car je m'apercevois que les esprits revenoient en ma faveur, sans un incident qui m'obligea de me retirer.

Les Gentils célébroient ce jour-là une de leurs fêtes, où l'on porte par la ville l'idole de leur principale divinité, qu'ils appellent Vichnou. Peu de temps avant que passât cette pompe sacrilège, des huissiers, entre lesquels étoit un dasseri, me demandèrent si je ne me lèverois pas pour honorer l'idole à son passage. Je lui répondis que je n'adorois que le seul vrai Dieu et que je ne connoissois point d'autre divinité que la sienne. Le premier ministre du prince, qui est affectionné aux chrétiens, me fit la même demande et il reçut la même réponse: sur quoi il me dit que les dasseris étant en grand nombre autour de l'idole pourroient se porter à de fâcheuses extrémités si je demeurois dans ce lieu et qu'il me conseilloit de me retirer. Je me serois estimé heureux de donner ma vie dans une semblable occasion et pour une pareille cause, puisque c'est le bonheur auquel aspire un missionnaire et qu'il va chercher dans ces terres barbares ; mais la crainte d'aigrir les esprits et de nuire par là aux intérêts de la religion m'engagea à suivre son avis et je me retirai dans le jardin d'un soldat chrétien peu éloigné de l'endroit où j'étois.

Nos ennemis prirent de ma retraite un nouveau prétexte d'empoisonner l'esprit du prince. Ils lui dirent, comme on me le rapporta ensuite, que les invectives des chrétiens contre les dieux du pays venoient d'être confirmées tout récemment par ma conduite, et qu'il falloit que leur divinité passât dans mon esprit pour quelque chose de bien abominable puisque j'avois même refusé de la voir.

Deux jours après, un ancien brame qui a du crédit auprès du prince lui parla en ma faveur : il lui représenta que son père nous avoit toujours protégés, et que malgré les efforts des dasseris, dont il avoit examiné les plaintes, il nous avoit permis de bâtir une église; qu'il devoit imiter une conduite si équitable et ne pas prêter si facilement l'oreille aux discours de gens qui n'ont que la passion pour guide.

Le prince régnant, qui, étant fort jeune et sans expérience, se livre aux premières impressions, répondit qu'il examineroit l'affaire et qu'il pacifieroit ces troubles ; mais un autre brame qui a le soin de la principale pagode de la ville et qui est à la tête des affaires, dit brusquement que la chose était tout examinée et qu'il ne s'agissoit plus que de nous chasser pour toujours de la ville; et sur ce que l'ancien brame témoigna que j'étois digne de compassion, qu'il y avoit quatre jours que je ne prenois presque point de nourriture, et que s'il m'arrivoit quelque accident, la malédiction du ciel pourroit tomber sur leur ville : « Je prends tout sur moi, répliqua-t-il; s'il meurt, je ferai traîner son corps par les rues, et cette vengeance apaisera sans doute nos dieux outragés. » Quand ce brame se fut ainsi déclaré contre les chrétiens, il n'y eut plus personne qui osât s'intéresser pour eux.

Dès lors les dasseris se crurent en droit de tout entreprendre. De plus ils se voyoient appuyés du beau-père du prince, qui est général des troupes, homme peu éclairé et livré aux caprices de ces faux docteurs, qu'il suit aveuglément. Ce fut par son ordre que deux jeunes soldats chrétiens furent arrêtés dans la forteresse; on mit tout en œuvre pour leur faire abandonner la foi, mais ces généreux fidèles répondirent avec fermeté que le prince étoit le maître de leurs biens et de leur vie, mais que pour leur religion ils étoient résolus de la conserver au prix de ce qui leur étoit le plus cher.

Les dasseris, accompagnés des archers de la ville, parcoururent de nouveau les maisons des chrétiens et ils leur ordonnèrent de la part du prince ou de renoncer à la foi ou de sortir de la ville. Ils brisèrent ce que ces pauvres gens avoient dans leurs maisons, ils les maltraitèrent de paroles et de coups, ils défendirent au peuple d'avoir aucune liaison avec eux et même de leur parler. Ils pillèrent en plein marché les denrées que quelques chrétiens y apportoient pour vendre et pour avoir de quoi subsister. La plupart d'entre eux n'ayant plus la liberté de faire leur petit commerce furent réduits à la plus extrême nécessité. Leurs parens mêmes devinrent leurs plus cruels persécuteurs ; personne n'étoit touché de leur disgrâce, tant le nom chrétien étoit devenu odieux dans le pays: la voix publique étoit qu'il ne falloit plus y souffrir ni ceux qui prêchoient la nouvelle loi ni ceux qui l'écoutoient.

Les chrétiens, au milieu de ces indignes traitemens, faisoient éclater leur joie et leur constance ; ils disoient hautement qu'ils étoient prêts de donner leur vie plutôt que d'abandonner la vérité que Dieu leur avoit fait la grâce de connoître, et qu'on pouvoit en faire l'épreuve : « Ce n'est pas votre vie que nous demandons, répondoient les dasseris, mais reprenez le naaman, c'est-à-dire votre ancienne religion, ou sortez de la ville. »

Quelques familles chrétiennes furent obligées d'abandonner leurs maisons et de se réfugier dans une espèce de caverne à une portée de mousquet de la ville ; ils y demeurèrent près de deux mois, et, comme c'étoit la saison des pluies, on peut juger ce qu'ils eurent à souffrir: le lieu étoit fort étroit, ils y étoient les uns sur les autres au milieu de l'eau et de la fange sans pouvoir se coucher pour prendre un peu de repos. D'ailleurs, obligés de s'apprêter à manger dans ce lieu-là, la pluie ne leur permettant pas de sortir dehors, la fumée étoit pour eux une nouvelle incommodité. Je les ai vus en cet état, et il m'étoit difficile de retenir mes larmes ; mais autant j'étois attristé de leurs disgrâces, autant étois-je édifié de leur courage et de leur piété. Quand je tâchois de les consoler: « Hé quoi! mon père, me disoient-ils d'un air content, avez-vous raison de nous plaindre? qu'avons-nous donc tant souffert? qui de nous a donné sa vie pour Jésus-Christ? Nous sommes en parfaite santé, et sa main puissante nous soutient dans ces légères adversités : que son saint nom soit béni! Pourvu que ce Dieu de bonté nous fasse un jour miséricorde, ne sommes-nous pas trop heureux ? »

D'un autre côté, les chrétiens qui étoient restés à la ville étoient exposés chaque jour à de nouvelles insultes : les dasseris les traînoient hors de leurs maisons et les traitoient avec la dernière violence. Ils allèrent chez la belle-mère de deux jeunes chrétiens qu'on retenoit dans la forteresse, et ayant honte de la frapper, ils lâchèrent sur elle des femmes prostituées qu'ils avoient introduites dans sa maison : ces femmes, perdues d'honneur, se jetèrent sur la néophyte, la traînèrent par les cheveux dans la cour, la foulèrent aux pieds et la meurtrirent de coups. Elle vint me trouver le visage tout ensanglanté, et elle prévint ce que j'aurois pu lui dire pour la consoler, en m'assurant qu'elle avoit une véritable joie de souffrir quelque chose pour Jésus-Christ, et qu'elle souhaitoit d'être mise à de plus rudes épreuves pour lui mieux témoigner son amour.

Ce fervent chrétien dont j'ai parlé au commencement de cette lettre fut celui qui fit paroître le plus de constance. Bien qu'il ne fût pas catéchiste, il en remplissoit les fonctions : il alloit hardiment dans la ville et dans la forteresse, il parcouroit sans cesse les maisons des chrétiens, et il les animoit à persévérer dans la foi. On vint lui dire un jour qu'on brisoit tout dans sa maison ; il y alla, et y ayant trouvé une troupe de dasseris : « Sont-ce donc là, leur dit-il, les instructions que vous donnent vos prétendus docteurs ? Les violences que vous exercez depuis tant de temps contre nous portent-elles le caractère de la vérité ? vos docteurs n'ont-ils rien de meilleur à vous enseigner ? » Ensuite, adressant la parole à ceux qui étoient accourus en foule au bruit que faisoient les dasseris, il leur fit un assez long discours dans lequel il leur montra que la religion chrétienne enseignoit au contraire la douceur, la patience, l'amour des ennemis, le pardon des injures et la connoissance du vrai Dieu. « Comparez maintenant, ajouta-t-il, ce que les docteurs de ce pays enseignent à leurs disciples avec les vérités dont je vous parle, et jugez vous-mêmes qui sont ceux que vous devez suivre pour arriver au ciel. » Il parla avec tant d'énergie, et parut si pénétré de ce qu'il disoit, que les Gentils mêmes le comblèrent d'éloges, et que les archers s'excusèrent de leurs violences sur les ordres précis que leur avoit donnés le beaupère du prince.

Mais rien ne me toucha davantage que la réponse généreuse d'un jeune enfant de dix ans et d'une petite fille de huit ans. Ils étoient à l'église avec leur père lorsque cette tempête commença à s'élever ; les officiers du prince leur demandèrent en plaisantant s'ils étoient prêts à mourir aussi pour le Dieu qu'ils adoroient. A ces mots ces deux enfans se mirent à genoux : « Oui, dirent-ils d'un ton ferme, en joignant les mains et en présentant le cou ; oui, nous sommes prêts de verser notre sang pour le vrai Dieu. » C'est de leur père que j'ai appris cette particularité. Les officiers se retirèrent confus, et en mettant la main sur leur bouche pour marquer leur étonnement.

Les dasseris allèrent chez un autre chrétien qui garde les clés d'une des portes de la ville, dans le dessein de le chasser de sa maison lui et sa famille, qui est fort nombreuse. Le néophyte les reçut d'un air tranquille, et il leur parla avec tant de candeur, il répondit avec tant de netteté aux objections qu'ils lui faisoient qu'ils changèrent tout à coup de résolution. Celui d'entre eux qui paroissoit le plus irrité lui dit en se levant qu'ils étoient venus pour le chasser de sa maison, mais qu'il pouvoit y demeurer en paix. Il semble que Dieu ait voulu récompenser par là la charité de ce vertueux néophyte : sa maison étoit devenue l'asile de plusieurs femmes chrétiennes qui s'y retiroient. Ses amis avoient beau lui remontrer que s'il ne gardoit pas plus de mesures, il s'exposeroit infailliblement à la rage des dasseris, il ne refusa jamais aucune des chrétiennes qui se présentèrent.

Une autre veuve chrétienne qui a quatre enfans et qui, d'une vie commode et aisée, est tombée dans une indigence extrême, parce qu'on lui a ôté tous les moyens de gagner sa vie, loin de se plaindre de sa situation, ne s'attristoit que d'une seule chose : il lui sembloit que ses enfans ne prioient pas Dieu avec assez de ferveur : « Le reste, me disoit-elle, je le compte pour rien ; que mes enfans aient de la piété, Dieu ne les abandonnera pas. »

Un soldat chrétien qui avoit été chassé de la ville et fut rappelé par son capitaine, qui prétendoit le pervertir. Ce soldat vint aussitôt me trouver pour savoir de moi ce qu'il devoit répondre : je l'exhortai en peu de mots à être ferme dans sa foi et à mettre sa confiance en Dieu, qui ne manqueroit pas de lui inspirer ce qu'il devoit dire dans cette rencontre. En effet, le capitaine lui ayant fait de vifs reproches de ce qu'il suivoit une loi nouvelle : « Cette loi que je professe, répondit le soldat, est la plus ancienne qui soit au monde, puisque c'est le vrai Dieu qui en est l'auteur : examinez-la et vous en conviendrez vous-même. Au reste, si vous croyez m'intimider par vos menaces, je vous amènerai ma femme et mes enfans et vous verrez qu'eux et moi nous sommes prêts à sacrifier notre vie pour conserver la foi que nous avons embrassée. » Je fus surpris qu'un homme d'un esprit grossier eût fait une réponse si précise.

A en juger par les apparences, ce qui irritoit le plus les dasseris, c'étoit de voir que, nonobstant leurs efforts, ils n'avoient pu séduire encore un seul néophyte. Ils essayèrent s'ils ne gagneroient rien par artifice. Pour cela ils rendirent visite à une famille chrétienne, dont le chef étoit en garnison dans une place voisine. « Nous savons, dirent-ils à ces bonnes gens, que vous ne pouvez vous délivrer des vexations qu'on vous fait ; mais prenez cet argent, portez-le à nos docteurs et priez-les de vous pardonner le crime que vous avez commis en suivant une religion étrangère. » De jeunes filles chrétiennes qui entendirent ce discours vinrent sur-le-champ me prier d'envoyer quelqu'un qui soutînt leurs parens dans le danger pressant où ils se trouvoient. Un fervent chrétien que j'avois auprès de moi y accourut, et s'adressant aux dasseris : « Ce sont donc là, leur dit-il, les lâches artifices que vos docteurs emploient pour nous perdre ? Faites-leur savoir que quand ils nous offriroient tous les biens que le prince possède, nul d'entre nous n'abandonnera le vrai Dieu qu'il adore. » Ces reproches, joints à la fermeté de cette famille, obligèrent les dasseris à se retirer bien confus de n'avoir pu réussir dans leur projet.

Cependant, comme je ne gagnois rien auprès du prince et qu'il ne me donnoit que des paroles stériles, tandis que nos ennemis entreprenoient tout à l'ombre de son autorité, j'écrivis au père Platel, qui étoit encore à Cotta-Cotta, et je le priai d'aller encore une fois à l'armée de Maïssour, dont il connoissoit deux des principaux chefs, afin d'y ménager de la protection. Il le fit ; mais pendant huit jours qu'il resta au camp, il ne put rien obtenir.

D'un autre côté le père de La Fontaine, supérieur de la mission de Carnate, qui relevoit d'une longue maladie, étoit occupé du soin de la chrétienté que gouvernoient les pères Mauduit et de Courbeville, qui venoient de mourir. A la première nouvelle qu'il eut de ce qui se passoit à Devandapallé, il crut que le meilleur moyen d'arrêter le cours de cette persécution étoit de s'adresser au nabab qui demeure à Arcadou et d'en obtenir des lettres de recommandation pour le prince de Devandapallé. Il eut recours pour cela à M. de Saint-Hilaire : c'est un François plein de zèle pour la religion, que son habileté dans la médecine a mis en grande réputation auprès du neveu du nabab. Il obtint la lettre que nous demandions, et le père de La Fontaine la porta aussitôt à Devandapallé.

Il n'y avoit que deux jours que j'étois sorti de la ville quand le père de La Fontaine y arriva. Jusqu'alors j'étois resté dans le jardin dont j'ai parlé : c'étoit de là que je fortifiois les chrétiens et que je tâchois d'attendrir le prince sur les maux qu'on nous faisoit souffrir. Comme ma présence déplaisoit aux dasseris, ils m'envoyèrent des archers pour m'ordonner de la part du prince de sortir au plus tôt de la ville. Je leur répondis que le père du prince m'avoit permis d'y bâtir une église au vrai Dieu ; que depuis près de dix ans que nous y étions établis, personne n'avoit eu à se plaindre de notre conduite, et que j'obéirois quand on m'auroit fait connoître de quel crime nous étions coupables ; que du reste leurs menaces et leurs violences n'étoient pas capables de m'intimider, et que j'étois sous la protection d'un Dieu tout-puissant dont ils devoient eux-mêmes redouter la colère. Ils ne répliquèrent rien à cette réponse et ils cessèrent de me faire de pareilles propositions, mais ils inquiétèrent continuellement le soldat chez qui je demeurois, et c'est ce qui m'obligea de sortir de la ville.

J'allai visiter les chrétiens qui étoient dans la caverne que j'ai décrite, et après avoir demeuré quelques jours avec eux, j'allai plus loin pour en visiter d'autres qui s'étoient retirés dans une semblable caverne. J'y trouvai le père Platel, qui, au retour de l'armée de Maïssour, s'étoit rendu auprès de mes néophytes pour les fortifier dans la foi. Peu après mon arrivée vint aussi le père de La Fontaine, de sorte que nous nous trouvâmes trois missionnaires avec nos catéchistes rassemblés dans le même endroit. Outre les incommodités du lieu, qui étoient grandes, nous étions encore dans une appréhension continuelle des soldats de l'armée de Maïssour, qui couroient toutes les nuits et qui avoient commis beaucoup de meurtres dans notre voisinage.

La lettre du nabab fut portée au prince de Devandapallé, mais il n'y eut aucun égard. Nous dépêchâmes sur-le-champ un exprès à M. de Saint-Hilaire pour le prier de nous obtenir une seconde recommandation plus forte que la première. Il nous l'envoya aussitôt par un Maure de la maison du nabab. Le beau-père du prince empêcha que cette seconde lettre ne produisît l'effet que nous avions sujet d'espérer, et il en prit même occasion de tourmenter davantage le peu de chrétiens qui restoient dans la ville. C'est ce qui nous fit prendre le parti de permettre aux chrétiens de se retirer dans quelque autre ville où ils pussent gagner leur vie sans être exposés continuellement au danger de se perdre.

Avant que de se séparer ils voulurent tous se confesser et communier. Nous admirions l'égalité d'âme et la constance de tant de généreux chrétiens qui venoient de tout perdre et qui, pour la plupart, chargés de familles nombreuses, ne faisoient paroître nulle inquiétude sur l'avenir : « Quelque part que nous allions, nous disoient-ils, nous trouverons Dieu, il aura soin de nous et de nos enfans ; la Providence, sur laquelle nous nous reposons, ne nous manquera pas. » Une femme fort âgée qui étoit à l'extrémité étoit hors d'état de les suivre ; on pria ses parens idolâtres de lui donner une retraite dans leur maison ; ils eurent la cruauté de la lui refuser. Une chrétienne, qui demeuroit avec sa famille dans une pauvre cabane, la fit transporter chez elle et se chargea d'en prendre un soin particulier.

Une autre femme chrétienne étant sur le point de partir avec ses enfans, son mari, qui est Gentil, vint la trouver et fit un dernier effort pour la séduire. Cette femme se jeta à ses pieds en présence de plusieurs chrétiens, lui demanda pardon des sujets de mécontentement qu'elle avoit pu lui donner, le pria de ne pas trouver mauvais qu'elle et ses enfans se séparassent de lui, puisqu'il ne leur étoit plus permis de rester dans la ville ; que le seul intérêt éternel pouvoit les porter à une séparation si amère, qu'elle et ses enfans prioient le Seigneur de lui donner la force de briser les liens qui le tenoient attaché aux folles superstitions du paganisme et qu'elle espéroit que le vrai Dieu qu'elle adoroit exauceroit leurs prières. Les chrétiens qui ont été témoins de cet adieu m'ont assuré qu'elle avoit un air tranquille et content, tandis que son mari fondoit en pleurs et qu'il mettoit tout en usage pour l'attendrir.

Depuis que cette persécution dure, il n'y a, par la grâce de Dieu, aucun chrétien qui n'ait donné des preuves d'un attachement inviolable à la foi. Une seule femme s'étoit cachée dès les premiers jours que l'orage commença d'éclater ; les chrétiens la soupçonnèrent de crainte et de lâcheté, ils m'en portèrent leurs plaintes, et ils me dirent que pour cette raison ils lui refusoient le salut ordinaire que les chrétiens se donnent quand ils se rencontrent. Ce salut consiste à joindre les mains devant la poitrine en inclinant doucement la tête et à se dire les uns aux autres : « Gloire soit à Dieu tout-puissant ! » Quelques jours après mon arrivée, cette pauvre femme vint me trouver, et elle me protesta avec larmes qu'elle avoit toujours été ferme dans la foi et qu'elle ne s'étoit cachée que pour se dérober aux sollicitations de son mari infidèle.

Il nous étoit bien douloureux de nous séparer ainsi de nos chers néophytes ; mais les uns étoient obligés d'aller chercher de quoi vivre dans des villes éloignées, et il n'étoit plus permis aux autres d'avoir aucune communication avec les missionnaires ; on les épioit au sortir de la ville et on leur en refusoit l'entrée quand ils nous avoient parlé.

Comme la perte de la mission de Devandapallé pouvoit avoir des suites très-fâcheuses, soit pour les anciennes missions que nous avions dans d'autres villes, soit pour les nouvelles que nous voudrions établir, il étoit important de faire les derniers efforts pour rétablir les chrétiens dans leurs maisons. C'est pourquoi le père de La Fontaine retourna à Velour, afin de consulter M. de Saint-Hilaire sur les mesures qui se pouvoient prendre auprès du nabab. Cette voie étoit la seule qui dût être efficace. Les pluies extraordinaires, jointes au débordement des rivières et des étangs, rendirent ce voyage très-pénible. Le missionnaire fut contraint de passer quelques rivières partie à la nage, partie en se tenant au bout d'une planche. Il arriva enfin à Velour, et ayant obtenu de M. de Saint-Hilaire les lettres qu'il souhaitoit, il en repartit sur-le-champ pour les porter au nabab qui s'avançoit avec son armée contre le Maïssour. Il la trouva campée aux portes de Devandapallé, et ce fut là qu'il lui présenta les lettres.

Le nabab reçut le père de La Fontaine avec des marques de *distinction* et *d'amitié* ; il l'embrassa en présence de son armée, il le logea dans une tente qui étoit près de la sienne, et il lui fit servir des mets de sa table. Au bout de deux jours il le fit appeler pour lui dire qu'il pouvoit retourner dans son église de Devandapallé, et il ordonna qu'on l'y conduisît sur un de ses éléphans. Ce fut ainsi que le missionnaire entra dans la ville au son des instrumens et accompagné de quelques chofedars, ou huissiers du nabab. Il n'accepta pourtant cet honneur que parce que, dans les conjonctures présentes, il le jugeoit nécessaire, soit pour relever le courage des chrétiens, soit pour effacer les mauvaises impressions qu'on avoit données aux peuples par la manière indigne dont on avoit traité les missionnaires et leurs disciples.

Le père de La Fontaine n'étoit guère en état de goûter le plaisir que pouvoit lui causer le retour dans une ville dont on nous avoit chassés quelques mois auparavant avec tant d'ignominie. Une longue maladie et les fatigues de tant de voyages l'avoient extrêmement affoibli, et il avoit actuellement la fièvre quand il entra avec cet appareil dans Devandapallé. Le triste état dans lequel il trouva l'église augmenta sa douleur : on avoit tout pillé, et le sanctuaire avoit été changé en une étable.

Les dasseris ne virent qu'avec dépit ce triomphe de la religion, et afin de pouvoir continuer de nous nuire, ils cherchèrent de la protection dans l'armée du nabab. Ils s'adressèrent pour cela à un brame, grand adorateur de Vichnou, qui y avoit beaucoup de crédit; ils se plaignirent à lui que nous enlevions leurs disciples et que nous anéantissions leurs divinités. Sur quoi le brame fit prier le père de La Fontaine de venir le trouver au camp. Après lui avoir fait diverses questions sur son pays et sur la doctrine qu'il prêchoit, il lui déclara que s'il enseignoit désormais cette loi nouvelle aux Indiens, il lui feroit couper le nez et les oreilles. Le père répondit avec douceur qu'il ne faisoit violence à personne et qu'on ne pouvoit pas lui faire un crime de ce qu'il enseignoit la vérité. Nous apprîmes depuis que ce brame avoit envoyé un de ses gardes à Devandapallé pour y publier la défense qu'il avoit faite au missionnaire.

Sans ce contre-temps le prince eût sans doute permis aux chrétiens de rentrer dans la ville et dans leurs maisons. Mais les dasseris, fiers de cette nouvelle protection, publioient hautement que le nabab ne se seroit pas plutôt retiré qu'ils commenceroient de nouveau à persécuter les chrétiens, et l'empressement que le prince avoit d'abord fait paroître s'étoit beaucoup ralenti. Il sembloit nécessaire qu'il vînt un nouvel ordre du nabab pour faire restituer aux chrétiens leurs maisons et pour empêcher qu'on ne les inquiétât davantage. M. de Saint-Hilaire, qui vouloit être informé de ce qui arriveroit, se chargea, avec son zèle et sa générosité ordinaires, de presser l'exécution de cette affaire, qu'il regardoit comme très-importante à la religion. Nous ne pouvions assez admirer avec quelle ardeur il s'employoit pour la faire réussir; loin de se rebuter de nos importunités fréquentes, il n'épargnoit ni la dépense ni ses soins; une de ses lettres que je reçus alors fait assez connoître quelle étoit son inquiétude et avec quel empressement il se portoit à ce qui pouvoit contribuer à l'établissement de la foi. La voici telle qu'il me l'écrivit.

« J'ai reçu, mon révérend père, les deux lettres dont vous m'avez honoré; je ne saurois vous témoigner combien je suis touché des mauvais traitemens que ces barbares font aux chrétiens et du peu de succès qu'a eu ma recommandation auprès du nabab. Pour ce qui est de moi, je vous assure que s'il s'agissoit de verser du sang pour terminer cette malheureuse affaire, je sacrifierois volontiers tout celui que j'ai, et je me croirois heureux de pouvoir le faire pour une pareille cause : Dieu connoît mes intentions. Le père de La Fontaine partira demain pour aller joindre le nabab; nous avons pris les mesures nécessaires ou du moins celles que nous avons jugées les plus propres à procurer le calme et la tranquillité. Dieu daigne y donner sa bénédiction. Je suis, etc. »

Le père de La Fontaine partit en effet pour l'armée, qui étoit à quatre lieues de Devandapallé, avec les lettres de M. de Saint-Hilaire pour le nabab et pour quelques seigneurs de son armée; on le prioit de dire à l'envoyé de Devandapallé qu'il souhaitoit qu'on rendit aux chrétiens leurs maisons et qu'on les y laissât tranquilles. Rien ne paroissoit plus aisé à obtenir; mais le nabab fit entendre qu'il n'en avoit déjà que trop fait et qu'il ne vouloit plus être importuné sur cette affaire. Le père de La Fontaine obtint d'un colonel maure ce qu'il n'avoit pu obtenir du nabab, et l'envoyé écrivit par son ordre au prince que le nabab et les principaux de l'armée vouloient qu'on fît justice aux chrétiens, mais cet envoyé, l'un des plus grands ennemis de notre sainte religion, tourna entièrement l'esprit du colonel par mille faussetés qu'il débita contre nous. Le missionnaire étant allé le remercier de la lettre favorable qu'il avoit fait expédier, il lui répondit qu'on ne l'inquiéteroit plus dans son église, mais qu'il eût à ne point enlever les disciples des autres sectes, c'est-à-dire à ne point prêcher l'Évangile ; que d'ailleurs il lui paroissoit injuste d'ôter aux soldats les maisons des chrétiens bannis que le prince leur avoit données.

Nonobstant la prévention où étoit le colonel maure, on ne laissa pas de présenter sa lettre au prince de Devandapallé. Il fit réponse qu'il avoit donné les maisons des chrétiens et qu'il ne pouvoit plus les reprendre, mais qu'il leur permettoit d'en bâtir de nouvelles aux environs de l'église. C'est là tout ce que nous avons pu obtenir : on n'inquiète plus le peu de chrétiens qui sont dans la ville, et ceux qui en ont été chassés ont permission de venir s'y établir. Nous célébrâmes la fête de Noël à l'ordinaire ; les chrétiens des villages voisins s'y rendirent, quelques-uns même de ceux qu'on avoit bannis y vinrent de douze lieues. Nous apprîmes d'eux que nos néophytes avoient été reçus avec beaucoup de charité des chrétiens de la mission de Maïssour, qu'on les avoit défrayés dans les villages et qu'on leur avoit fourni ce qui étoit nécessaire pour continuer leur route.

Au même temps que nous rentrâmes en possession de notre église de Devandapallé, l'armée de Maïssour leva le siége de devant la ville de Chinnaballabaram, où nous avions une église que le père de La Fontaine fut obligé de faire démolir aussitôt que les ennemis eurent fait leur campement. Quoique cette ville ne fût entourée que d'un simple fossé et que les murailles ne fussent que de terre, l'armée ennemie, composée de cent mille hommes, fut arrêtée neuf mois devant la ville sans pouvoir la prendre. Leurs tranchées consistoient en des parapets de terre et de bois plantés en forme de pilotis à l'épreuve du canon. On ne se sert ici que de canons de fer, et les boulets, qui sont de pierre, sont d'une grosseur énorme : j'en ai vu qui avoient deux coudées de circonférence, et l'on m'a assuré qu'il y en avoit encore de plus gros. Après neuf mois de siége, les assiégeans n'avoient poussé leurs tranchées qu'à la portée du pistolet de la contrescarpe.

Ils avoient fait une sape pour attacher le mineur, mais la mine fut éventée.

Le siège ne fut pas plutôt levé que la maladie contagieuse qui se répandit dans la ville enleva en peu de temps un grand nombre de personnes. Plusieurs chrétiens y moururent, un entre autres dont nous regretterons longtemps la perte. C'étoit un modèle de vertu pour cette chrétienté naissante : le désir qu'il avoit d'expier les péchés de sa vie passée le portoit à traiter son corps avec une extrême rigueur, et le zèle qu'il avoit pour la religion lui avoit fait entreprendre la conversion de ses parens infidèles. Il en avoit déjà gagné plusieurs à Jésus-Christ. Il étoit à la tête de toutes les œuvres de piété, et l'on m'a assuré qu'il avoit contracté la maladie dont il est mort en rendant les derniers devoirs aux chrétiens attaqués de la peste. C'est dans cette adversité commune que les chrétiens donnèrent des témoignages publics de la charité qui règne entre eux : ceux qui étoient en santé rendoient aux malades les services les plus humilians et qui répugnent le plus à la nature.

Le père de La Fontaine ayant rétabli le calme à Devandapallé ne songea plus qu'à soulager les chrétiens de Chinnaballabaram. Comme après le siége on n'y avoit pu bâtir qu'une méchante cabane, l'incommodité du logement et l'air contagieux lui causèrent une espèce d'ulcère au côté droit qui lui fit souffrir de cuisantes douleurs. Quelques jours après, il fut attaqué du mal contagieux. Je lui avois représenté avant son départ qu'avec une santé aussi foible que la sienne, c'étoit s'exposer à un péril évident de perdre la vie que d'aller respirer le mauvais air de Chinnaballabaram, et je m'offrois de prendre sa place ; mais son zèle ne lui permit pas d'écouter mes remontrances.

Aussitôt que j'eus appris sa maladie, j'allai à son secours. L'état dans lequel nous nous trouvâmes étoit digne de compassion. Outre le père de La Fontaine, trois de nos catéchistes furent attaqués de la même maladie, et il nous falloit tous loger sous un méchant appentis, exposés au vent et aux injures de l'air. Deux catéchistes moururent peu après mon arrivée, et presque tous les chrétiens tombèrent malades. M. de Saint-Hilaire, dont j'ai déjà parlé, n'eut pas plutôt su le danger où étoit le père de La Fontaine qu'il envoya des rafraîchissemens et des remèdes convenables à l'état du malade : il fit partir en même temps son palanquin avec douze porteurs pour le transporter près des côtes. Sans parler de la dépense qu'il fit en cette occasion, nous lui sommes redevables de la conservation d'un missionnaire dont la perte eût été infiniment affligeante. Le malade commença à reprendre ses forces aussitôt qu'il eut changé d'air.

Après avoir demeuré quelque temps à Chinnaballabaram, j'en partis pour aller visiter la nouvelle église de Cruchnabouram, à trois journées de là vers le nord. Je fus attaqué sur ma route par six cavaliers marastes qui étoient en embuscade dans un petit vallon : ils coururent tout à coup sur nous la lance haute et le sabre à la main ; ils dépouillèrent d'abord les catéchistes qui m'accompagnoient et leur prirent ce qu'ils avoient. L'un d'eux me donna dans l'estomac un coup du bout de sa lance qui étoit ferrée : j'ai regardé comme un effet de la protection de Dieu qu'il ne m'ait pas tué de ce coup et que j'en aie été quitte pour une légère meurtrissure. Deux de ces cavaliers me jetèrent ensuite par terre, m'arrachèrent une partie de mes habits, prirent l'argent que j'avois pour l'entretien de mes catéchistes et m'emportèrent jusqu'à mon bréviaire et mon calice. J'avois avec moi cinq catéchistes, et comme il étoit nuit nous nous retirâmes dans le prochain village, fort fatigués d'avoir marché tout le jour sous un ciel brûlant et sans avoir pu prendre de nourriture. Personne dans le village ne voulut nous assister ; il n'y eut qu'un brame qui, touché de notre état, nous apporta une poignée de grosse cassonade avec autant de farine, que nous mêlâmes dans de l'eau froide et dont nous fîmes notre repas.

Je restai deux mois à Cruchnabouram. A peine en étois-je parti que le feu prit à quelques maisons voisines de notre église ; elle fut réduite en cendres : c'étoit la mieux bâtie que nous eussions dans toute l'étendue de cette mission, parce que c'est le lieu où il y a le plus d'espérance d'établir une chrétienté florissante. Cette église vient d'être rebâtie par les soins du père de La Fontaine, et il y a déjà baptisé un grand nombre d'infidèles.

Depuis notre rétablissement à Devandapallé, les dasseris ne se sont point découragés et ils ont fait de nouveaux efforts pour nous en faire chasser une seconde fois : ils ont présenté de nouvelles requêtes au prince, ils ont fait venir de divers endroits des lettres séditieuses et menaçantes ; on m'a même assuré qu'ils avoient brûlé quelques maisons à la campagne pour intimider le prince et le forcer à condescendre à leur fureur. Ce fut surtout vers la fin du mois d'octobre de l'année 1713 qu'ils firent une tentative éclatante : c'est le temps où les Indiens de ces terres vont à un célèbre pèlerinage qu'on appelle *Tiroupati*. Les peuples y accourent de plus de soixante lieues, et je ne crois pas qu'il y ait dans l'Europe un lieu si fréquenté.

Les dasseris arrêtèrent ceux de leur secte qui passoient par cette ville, afin d'exciter une émeute générale : ils sollicitèrent les principaux des marchands et les chefs des troupes pour les soutenir dans leur révolte ; enfin ils n'attendoient plus que l'arrivée d'un célèbre dasseri pour faire main basse sur les missionnaires et sur les chrétiens, car ils publioient hautement qu'on ne viendroit jamais à bout de dissiper les disciples qu'en ôtant la vie à leurs docteurs. Ce héros de leur secte arriva avec sa troupe et il fut conduit en pompe au palais. Le prince donnoit ce jour-là un repas aux dasseris en l'honneur de Vichnou : c'est une coutume qu'il observe régulièrement deux fois chaque mois, le 11 et le 27 de la lune. Ces mutins refusèrent de manger si on ne leur promettoit auparavant de nous chasser de la ville. Le prince était incommodé ce jour-là, et sa réponse ne fut pas favorable : ainsi le parti qu'ils prirent fut de bien manger ; après quoi ils se retirèrent avec menaces de revenir bientôt, suivis de plus de deux mille dasseris, pour venger l'outrage que nous faisions à leurs divinités. Trop heureux si Dieu nous eût fait la même grâce qu'il accorda au père Emmanuel Dacunha, missionnaire portugais, lequel fut si maltraité des dasseris, à deux journées et demie de cette ville, qu'il mourut peu de jours après de ses blessures. M. l'archevêque de Cranganor vient de faire des informations d'une si glorieuse mort.

Nous commencions à goûter un peu de repos, les esprits paroissoient s'adoucir, les impressions fâcheuses que nos ennemis avoient données des chrétiens s'effaçoient tous les jours, la constance des néophytes et la modération avec laquelle ils parloient de leurs persécuteurs édifioit les infidèles et leur faisoit dire qu'il n'y avoit que la véritable religion qui pût inspirer de tels sentimens. A la faveur de ce calme la foi faisoit de nouveaux progrès; plusieurs Gentils recevoient le baptême et d'autres s'y disposoient. Comme une partie de ces néophytes demeuroit dans le quartier de la ville où il y a le plus grand nombre de dasseris, ceux-ci ne purent ignorer longtemps la désertion de leurs disciples. Un jour qu'ils s'assembloient pour célébrer une de leurs principales fêtes, leur chef les conduisit par toute la ville, en disant hautement qu'il falloit absolument raser notre église. Ils allèrent au palais et menacèrent le prince que, s'il n'y donnoit son consentement, il n'y auroit point de fête et qu'ils exciteroient une révolte générale. La réponse qu'ils eurent fut que nous avions été rétablis à Devandapallé par le nabab, qu'il se tiendroit offensé des nouvelles insultes qu'on nous feroit; qu'ils célébrassent toujours leur fête et qu'ensuite on chercheroit le moyen de les contenter.

Ces nouveaux troubles firent juger au père de La Fontaine qu'il falloit encore avoir recours au nabab pour le prier de soutenir son ouvrage. Il convint avec M. de Saint-Hilaire, que, pour mettre notre église hors d'insulte, le meilleur parti étoit de demander l'étendard du Mogol, qui fît connoître aux Gentils que nous étions sous sa protection : ce n'étoit pas une chose facile à obtenir. Néanmoins la patience et l'activité de M. de Saint-Hilaire triomphèrent de tous les obstacles; l'étendard fut accordé avec une patente honorable, par laquelle le nabab declaroit qu'il permettoit aux saniassis romains (c'est la qualité que prennent les missionnaires) de l'arborer dans la cour de leurs églises de Devandapallé et de Ballabaram. Deux cavaliers furent chargés d'accompagner le missionnaire pour porter l'étendard au prince.

Il étoit naturel de croire que le prince recevroit cet étendard avec honneur et qu'il le feroit porter, au son des instrumens, jusqu'à notre église; mais la crainte d'irriter nos ennemis, qui mirent tout en œuvre pour l'en détourner, ne lui permit pas de suivre en cela la coutume du pays, et après bien des délibérations il nous envoya dire que nous pouvions placer l'étendard où nous jugerions à propos.

Ce triomphe de la religion augmenta la fureur des dasseris; ils s'attroupèrent et cherchèrent à soulever la milice et le peuple. On les voyoit parcourir les boutiques des marchands, et là ils menaçoient, ils se répandoient en invectives contre les missionnaires et contre ceux qui avoient embrassé la foi. Le chef de ces insensés voyant ses efforts inutiles conduisit la troupe au temple de la ville qui est dans la forteresse; il fit entendre qu'il n'en sortiroit point qu'on ne lui eût donné satisfaction; il empêcha qu'on ne fît les sacrifices ordinaires, et il menaça d'assembler dans peu de jours plus de dix mille dasseris, par le moyen desquels il ruineroit le pays : c'est de quoi on a vu de fréquens exemples. Plus on cherchoit à l'apaiser, plus il devenoit hardi et intraitable, et il fallut lui promettre que dans deux jours on chasseroit les deux plus considérables familles de chrétiens qui avoient renoncé à sa secte.

En effet, les archers de la ville vinrent signifier à ces deux familles les intentions du prince; elles eurent beau demander quelque temps pour mettre ordre à leurs affaires, il fallut sortir sur-le-champ, autrement on les menaçoit de les chasser à force ouverte et de confisquer ce qui étoit dans leurs maisons. Elles se refugièrent pendant quelques jours dans notre église et ensuite elles se retirèrent hors de la ville.

Ce succès rendit les dasseris plus insolens. Persuadés qu'ils avoient intimidé le prince, ils s'assemblèrent en plus grand nombre et demandèrent le bannissement de six autres familles chrétiennes qui étoient le soutien de cette chrétienté naissante. Soit qu'ils l'eussent véritablement obtenu, soit qu'ils se prévalussent du nom et de l'autorité du prince, ils eurent le pouvoir d'envoyer des soldats chez tous les chrétiens, après quoi ils ne gardèrent nulles mesures. Nul chrétien ne paroissoit hors de sa maison qu'il ne fût maltraité par ces furieux.

Ils trouvèrent dans le marché une chrétienne nommée Luce, ils se jetèrent sur elle, ils la frappèrent à grands coups de bâton, ils la foulèrent aux pieds et la traînèrent dans les rues. Ce n'est pas la seule fois que cette néophyte a mérité de souffrir de semblables traitemens pour la défense de sa foi. Un autre jour qu'elle sortoit d'un village où elle avoit vendu quelques denrées, elle fut aperçue d'une troupe de dasseris qui l'accablèrent de coups sous lesquels elle auroit expiré si des païens qui accoururent au bruit ne l'avoient tirée de leurs mains.

Une autre femme d'une caste considérable, et qui n'étoit encore qu'au rang des catéchumènes, fut traitée par les dasseris avec la même inhumanité. Son assiduité à l'église leur fit croire qu'elle étoit chrétienne.

Dans le même temps un soldat chrétien qui s'entretenoit avec les principaux de la ville fut attaqué par ces mutins qui lui firent toutes sortes d'insultes. Le néophyte, qui a grande réputation dans les troupes et qui a signalé sa valeur en plusieurs rencontres, souffrit ces affronts sans en paroître tant soit peu ému. Comme on étoit surpris de sa modération, il répondit qu'outre le respect qu'il devoit aux personnes avec lesquelles il se trouvoit, il étoit chrétien, et que par les lois de sa religion la vengeance lui étoit interdite, que sans cela il ne seroit pas homme à dissimuler de pareils outrages. En effet, il en eût sans doute coûté la vie à quelques-uns de ces séditieux s'ils eussent osé l'insulter ainsi lorsqu'il vivoit encore dans les ténèbres du paganisme.

Je serois infini si je rapportois tout ce qu'ont eu à souffrir nos néophytes et les exemples de vertu qu'ils ont donnés. La persécution devint générale. Les dasseris suivis de soldats parcouroient les maisons des familles chrétiennes, et ils ne les quittoient point qu'ils ne les eussent conduits hors de la ville. Tout le peuple s'attroupoit pour être spectateur de ces tristes scènes. Les uns applaudissoient aux dasseris et insultoient aux chrétiens, d'autres en avoient compassion : « A quoi bon tant d'opiniâtreté, leur disoient-ils ? Que n'abandonnez-vous cette religion que vous avez embrassée ? Êtes-vous donc plus éclairés que nous et que nos ancêtres ? Il ne dépend que de vous de vivre en paix, et il ne s'agit pour cela que de reprendre la religion de vos pères ; à qui pouvez-vous attribuer qu'à vous-mêmes les malheurs où vous vous précipitez avec si peu de raison ? » Tels étoient les discours que leur tenoient leurs amis et ceux qui paroissoient sensibles à leurs disgrâces.

Cependant le mal croissoit de plus en plus et on n'y voyoit point de remède : c'est ce qui détermina le père de La Fontaine à aller sur le soir à la forteresse pour se plaindre au prince de la violence dont on usoit envers les chrétiens. Le père s'attendoit à être arrêté à la porte de la forteresse et à y demeurer la nuit ; néanmoins il passa les corps de garde et il pénétra sans obstacle dans l'appartement qui est proche de celui du prince. Il se plaignit hautement qu'on n'avoit nul égard ni aux promesses réitérées du prince, ni à la protection du nabab, et il protesta qu'il alloit déchirer en leur présence l'étendard qui lui avoit été donné si l'on n'arrêtoit pas la fureur des dasseris.

Ces paroles firent impression sur ceux qui étoient présens. Quelques seigneurs vinrent de la part du prince pour traiter d'accommodement. Le missionnaire qu'on exhortoit à retourner dans son église répondit constamment qu'il ne lui étoit pas possible de sortir du lieu où il étoit, tandis que les chrétiens chassés avec honte étoient couchés à l'air aux portes de la ville. Après bien des allées et des venues, un brame favori du prince vint assurer le père qu'on alloit faire entrer les chrétiens dans la ville et les remettre dans leurs maisons. Le père demanda que cet ordre fût exécuté par un homme envoyé immédiatement du prince, ce qui lui fut accordé. Il alla sur l'heure faire ouvrir les portes de la ville, les chrétiens y rentrèrent et passèrent le reste de la nuit dans leurs maisons.

Les dasseris ne se rebutèrent point de cette légère grâce que le prince venoit de faire aux chrétiens ; ils s'assemblèrent le lendemain en plus grand nombre et ils empêchèrent de vendre les ornemens dont ils ont coutume de se parer en l'honneur de leurs dieux. Ils menacèrent de les brûler aux portes de la ville, et ils protestèrent qu'ils en sortiroient tous pour n'être pas les témoins de la vengeance éclatante que leurs dieux alloient prendre d'un pays où ils étoient outragés. Pour se rendre encore plus redoutables, ils appelèrent ceux de leur secte qui demeurent dans les villes voisines, lesquels se rendirent auprès de leur chef ; ensuite ils marchèrent tous, armés, en bon ordre vers la forteresse au son des tambours et des trompettes, avec leurs enseignes déployées. Ils crioient comme des furieux dans les rues où ils passoient, et ils protestoient qu'ils ne seroient pas contens qu'ils n'eussent vu couler le sang des prédicateurs de la loi nouvelle. Ils en vinrent jusqu'à empêcher qu'on ne fît dans la pagode du prince les sacrifices accoutumés.

Outre la haine que les dasseris portent depuis longtemps à la religion chrétienne, l'action d'un jeune néophyte servit de nouveau prétexte à leur soulèvement. Ce jeune homme travailloit dans le palais à plusieurs sortes d'ouvrages, et parce qu'en certaines occasions on vouloit lui faire porter les statues des faux Dieux, il résolut de quitter son emploi, et il dit, pour raison, qu'étant chrétien il ne lui étoit pas permis de porter les cadavres de ces prétendues divinités. Cette expression, par laquelle il vouloit marquer que les dieux des Gentils étoient des idoles sans mouvement et sans vie, ne manqua pas d'être relevée. Les dasseris firent signer beaucoup de témoins qui l'avoient entendu et en portèrent leurs plaintes au prince, qui est de leur secte, en ajoutant plusieurs autres calomnies qu'ils assuroient être la doctrine que les missionnaires enseignoient à leurs disciples. Ils lui déclarèrent que cette religion des *Franquis* (car c'est ainsi qu'ils appellent par mépris la religion chrétienne) faisoit tous les jours de nouveaux progrès ; que leurs temples seroient bientôt déserts, qu'ils se verroient abandonnés de leurs disciples et réduits par là à une extrême pauvreté ; et, pour mieux prouver ce qu'ils avançoient, ils lui représentèrent que nous avions séduit jusqu'aux linganistes, dont une famille venoit récemment de renoncer à sa secte pour faire profession de christianisme. Ces linganistes composent une secte d'idolâtres qui honorent Isouren : ils portent sur eux l'idole infâme de cette divinité. L'esprit d'orgueil qui anime particulièrement les linganistes leur fait mépriser les autres sectes et rend leur conversion presque impossible. Il ne leur est permis de manger ni de se marier qu'avec ceux qui sont de la même secte.

Les docteurs gentils profitèrent de cela pour aigrir l'esprit du prince ; on fit de nouvelles recherches des chrétiens, et on les obligeoit à sortir de leurs maisons : pour peu qu'ils parussent résister, on les traînoit par force, on mettoit en pièces leurs meubles, on les chargeoit d'injures et on les accabloit de coups. La plupart se retirèrent chez nous avec leurs femmes, leurs enfans et ce qu'ils avoient pu emporter. Quelque triste que fût la situation où ils se trouvoient, je puis vous assurer qu'on n'entendoit parmi eux ni les plaintes ni les murmures si ordinaires dans la bouche des personnes qui souffrent : ils s'encourageoient les uns les autres et ils se félicitoient de leurs souffrances.

Néanmoins, comme ils n'avoient plus la liberté de travailler dans la ville et qu'ils manquoient de tout, nous les secourûmes, le père de La Fontaine et moi, autant que notre pauvreté pouvoit le permettre. A la vue de ce que souffroient ces généreux néophytes : « Hélas ! nous disions-nous, qu'il y a de personnes riches et charitables en Europe qui se feroient un devoir de soulager ces pauvres gens, leurs frères en Jésus-Christ, s'ils étoient témoins, comme nous, de ce qu'ils endurent pour la défense de leur foi. »

Les ordres du prince en faveur des chrétiens étant si mal observés, nous crûmes devoir encore une fois nous adresser à lui : nous allâmes, le père de La Fontaine et moi, à la forteresse, mais nous fûmes arrêtés à la première porte, les gardes nous repoussèrent rudement ; comme il étoit nuit, nous nous retirâmes à l'entrée d'un temple qui n'étoit pas loin delà. Les dasseris furent bientôt avertis de notre démarche ; quelques-uns d'eux nous insultèrent en nous jetant des pierres et en nous accablant d'injures.

Le lendemain trois brames des plus savans de la ville nous furent envoyés par le ministre du prince. Ils étoient accompagnés de plusieurs autres brames et de quelques choutres ; ils parurent vouloir entamer la dispute, mais dans la suite de notre entretien nous aperçûmes que celui qui passoit parmi eux pour le plus habile ne parloit qu'avec réserve comme s'il eût appréhendé de s'engager trop avant. On parla d'abord du premier Être, de sa nature et de ses attributs ; ils convinrent de son unité, de son éternité et de son immortalité ; mais il nous fallut réfuter les diverses opinions des Indiens par rapport à l'âme. Les uns admettent des générations éternelles et soutiennent que les âmes n'ont pas été créées : les autres disent qu'elles sont une portion de la substance divine ; quelques-uns prétendent que l'âme n'est qu'une simple représentation de l'Être divin, de même que la figure du soleil paroît dans plusieurs vases remplis d'eau lorsqu'on les expose à ses rayons. Quelques autres enfin, quoiqu'en plus petit nombre, soutiennent que les âmes sont matérielles. On disputa avec plus de chaleur touchant l'opinion de Pythagore sur la métempsycose que ces peuples admettent et dont on a bien de la peine à les détromper. Ils se fondent principalement sur certaines histoires ridicules dont ils sont infatués.

Ces trois brames étoient des deux différentes opinions qui partagent les savans brames de l'Inde; la première s'appelle *aduidam* et elle est la plus commune; on nomme la seconde *duidam*. Les aduistes disent qu'il n'y a qu'un seul Être, qui est Dieu, et que l'âme n'est pas différente de cet Être. Plusieurs d'entre eux croient que toutes les choses qui sont dans le monde et auxquelles nous donnons le nom d'être n'existent point à proprement parler, et que ce sont de purs fantômes; qu'il est faux par exemple que nous existons, que nous parlons, que nous mangeons. Pour ce qui est des duistes, ils conviennent que l'âme est un être créé, distingué du premier Être. Tout cela prouve que les brames ont eu quelque connoissance des opinions des anciens philosophes; mais, pour l'ordinaire, ils ne suivent dans la dispute aucune règle de raisonnement, de sorte qu'il n'est pas difficile de les faire tomber en contradiction, et lorsqu'ils y sont surpris ils ne s'en mettent pas fort en peine.

La dispute tomba insensiblement sur les diverses causes des météores. Les Indiens distinguent cinq élémens; car ils prétendent que le vent est un élément distingué de l'air. Nos brames convinrent sans peine de la cause des éclipses du soleil et de la lune, et ils avouent que ce qui se dit communément dans l'Inde de ce serpent qui les engloutit dans le temps de l'éclipse est une de ces opinions extravagantes dont on amuse le peuple ignorant.

Cette dispute dura un temps assez considérable, et les brames parurent contens de nos réponses. L'un d'eux fit notre éloge, et avoua que notre doctrine étoit véritable: « Mais, ajouta-t-il, est-il juste qu'étant venus seulement depuis quelques années dans ces terres, vous enseigniez une nouvelle doctrine aux disciples des autres sectes? Les gourous de ce pays ont le même droit sur leurs disciples qu'ont les pères sur leurs enfans: on ne doit point trouver mauvais qu'ils châtient ceux qui les abandonnent pour s'attacher à des étrangers. » En effet, selon la coutume de ces peuples, lorsqu'on a choisi un gourou et qu'on a pris sa marque qu'ils appellent *dixa*, c'est parmi eux une infidélité que de l'abandonner, et, pour rendre cette désertion plus odieuse, ils la comparent à l'infidélité d'une femme qui quitteroit son mari pour suivre un étranger.

Nous restâmes encore trois jours à l'entrée du temple, et il est aisé de juger ce que nous eûmes à essuyer d'insultes de la part des dasseris et de leurs partisans. Ils nous faisoient passer pour des sorciers et des magiciens qui avions le secret d'ensorceler les peuples. Le démon leur mettoit dans la bouche les mêmes calomnies dont on s'efforçoit de noircir la réputation des premiers fidèles au sujet de leurs saintes assemblées.

Le quatrième jour, trois brames des plus distingués vinrent, à ce qu'ils disoient, de la part du prince pour nous assurer que dans peu de jours il nous donneroit audience et qu'il termineroit cette affaire à notre satisfaction. Ils nous conduisirent à notre église, où ils nous donnèrent les mêmes assurances. Mais quelque instance que nous fîmes dans la suite, il nous fut impossible d'aborder le prince ni de mettre fin à ces vexations. Le parti que prirent les chrétiens fut de se retirer pour chercher ailleurs de quoi faire subsister leurs familles.

Les dasseris poursuivirent les chrétiens jusques dans les villages où ils se réfugièrent, bien que ces villages ne fussent pas de la dépendance de Devandapallé, et ils s'efforcèrent, quoique inutilement, de les faire sortir de tous les endroits où ils cherchoient un asile. Le traitement qu'ils firent à une chrétienne, nommée Claire, marque assez jusqu'où se portoit leur fureur. Elle étoit revenue secrètement à Devandapallé pour y prendre quelques grains qu'elle avoit mis en dépôt dans une maison voisine de la sienne: sa fille, qui étoit restée dans la rue, l'appela sans y penser par son nom: quelques dasseris l'ayant ouï nommer coururent aussitôt en donner avis au corps de garde. Il étoit neuf heures du soir: on la fit venir à l'instant, et après plusieurs outrages, le capitaine la fit attacher debout à un pilier, les mains liées derrière le dos. Elle passa la nuit dans cette posture, exposée à l'air et aux moucherons, dont les piqûres sont très-douloureuses. Dès la pointe du jour on la délia et on la conduisit chez le chef des dasseris, où elle fut meurtrie de coups. De là elle fut traînée une seconde fois au corps de garde, où elle eut à souffrir de nouveaux outrages devant une foule d'idolâtres qui s'y étoient assemblés. Enfin, comme ils virent qu'ils ne gagnoient rien sur son esprit et qu'ils ne pouvoient lui faire abandonner sa religion, ils la couvrirent de boue, ce qui est ici le comble de l'ignominie, et la chassèrent de la ville à coups de pierres, en vomissant mille blasphèmes contre le vrai Dieu et contre la loi chrétienne. Cette généreuse néophyte rentra dans la ville par une autre porte et se rendit à l'église, où elle demeura deux jours presque sans mouvement et sans vie.

C'est ainsi, mon très-cher frère, que nous avons passé les années 1713 et 1714. La joie que nous donnoient la constance des chrétiens et leur ferme attachement à la religion fut bien modérée par la vive douleur que nous ressentîmes de la perte d'une famille : elle eut la lâcheté, pour n'être point chassée de la ville, de donner à manger aux dasseris et de recevoir une de ces marques extérieures que prennent leurs disciples. On ne peut dire quelle fut l'indignation des autres chrétiens. Je rencontrai quelque temps après dans un de mes voyages cette malheureuse famille et je lui reprochai l'énormité de son crime ; tous ensemble me protestèrent, les yeux baignés de larmes, qu'ils reconnaissoient leur faute, qu'ils la pleuroient amèrement et qu'ils s'efforceroient de la réparer par une pénitence édifiante.

Nous craignions extrêmement que ces troubles excités par les dasseris ne se communiquassent à Ballabaram : c'est une ville bien plus considérable que Devandapallé et qui n'en est éloignée que de quatre lieues. Lorsque le père de La Fontaine y bâtit, il y a sept ans, une église, les dasseris éclatèrent et l'on fut sur le point de nous en chasser. L'ordre nous en fut intimé de la part du prince, mais une providence toute particulière de Dieu en empêcha l'exécution. Depuis ce temps-là la foi s'y est fortement établie et un grand nombre de familles y ont reçu le baptême. Les dasseris de Devandapallé s'étoient flattés d'y ruiner le christianisme, mais leurs efforts ont été superflus. Il est arrivé au contraire que, dans le temps que la chrétienté de Devandapallé étoit le plus vivement persécutée, Dieu a versé ses bénédictions les plus abondantes sur celle de Ballabaram. Plusieurs familles d'une des premières castes parmi les choutres, qui est celle du prince, ont renoncé à leur secte pour embrasser le christianisme. Ces conversions sont d'autant plus singulières que ceux de cette caste ont un incroyable attachement pour leurs fausses divinités.

Je ne dois pas omettre une coutume assez extraordinaire, qui ne s'observe nulle part que parmi ceux qui sont de la caste dont je parle. Quand le premier enfant d'une famille se marie, la mère est obligée de se couper, avec un ciseau de charpentier, les deux premières jointures des deux derniers doigts de la main, et cette coutume est si indispensable qu'on ne peut y manquer sans être dégradé et chassé de la caste. Les femmes des princes sont privilégiées, et elles peuvent s'en dispenser pourvu qu'elles offrent deux doigts d'or.

Il est temps de finir, mon très-cher frère ; je vous ai fait part des épreuves et des consolations que nous avons eues ces deux dernières années. Priez le Seigneur qu'il répande de plus en plus ses bénédictions sur cette chrétienté naissante. Je la recommande à vos saints sacrifices, en l'union desquels je suis, etc.

RELATION

De ce qui s'est passé dans les missions de Marava et de Tanjaour pendant les années 1714 et 1715, tirée d'un mémoire portugais adressé au très-révérend père Michel-Ange Tamburini, général de la compagnie de Jésus.

La chrétienté du Marava étoit dans un état florissant et la foi y faisoit de jour en jour de nouveaux progrès. Le missionnaire de cette contrée avoit baptisé en peu d'années plus de deux mille idolâtres ; il espéroit recueillir encore de plus grands fruits, lorsqu'il s'éleva tout à coup un orage qui mit la constance des nouveaux fidèles à une dure épreuve. Voici quelle en fut l'occasion.

Les Gentils célébroient la fête de Ramesceren, fameuse idole qu'ils révèrent. Le prince, accompagné des seigneurs de la cour et de plusieurs brames, se mit en chemin pour se rendre à la pagode et pour y prendre le bain, qui, selon eux, a la vertu d'effacer tous les péchés. Avant son départ, il laissa le gouvernement de ses états à Tiruvaluvatheven, son parent et son beau-frère, qui étoit parmi les néophytes un modèle de piété et de vertu ; mais il lui défendit expressément de visiter l'église des chrétiens pendant son absence, et il accompagna sa défense des menaces les plus capables de l'intimider.

Le prince étant arrivé à la pagode, et prenant le bain que les Gentils tiennent pour sacré, aperçut sur le rivage quelques-uns de ses soldats qui s'entretenoient ensemble. Il demanda aux brames qui l'environnoient pourquoi ces gens-là ne prenoient point, à son exemple, un bain si efficace et si salutaire. Les brames, ennemis nés de la loi chrétienne, saisirent l'occasion qui se présentoit d'aigrir l'esprit du prince et de l'animer contre les adorateurs du vrai Dieu : « Quoi, seigneur, lui dirent-ils, pouvez-vous ignorer que ces soldats sont chrétiens, que vous êtes actuellement l'objet de leur risée, qu'ils se moquent et du culte que vous rendez à Ramesceren et de la persuasion où vous êtes que dans ces eaux sacrées vous recevez l'entière rémission de vos fautes ! Pour vous en convaincre, vous n'avez qu'à ordonner qu'on leur présente des cendres dédiées au grand Chiven et qu'on leur propose d'en marquer leur front selon notre usage, vous serez témoin vous-même du mépris qu'ils en feront. »

A peine eurent-ils achevé ces paroles qu'un brame, sans attendre l'ordre du prince, se détacha de la troupe, et, tirant d'un petit sac qu'il portoit des cendres consacrées à Chiven, s'avança vers les soldats chrétiens, leur en offrit et les invita de s'en mettre au front. Les néophytes, en refusant de prendre ces signes de l'idolâtrie, ne purent s'empêcher de faire paroître de l'indignation : c'est aussi à quoi s'attendoit le brame, et comme son dessein étoit de manifester aux yeux du prince l'aversion que les chrétiens avoient pour ses divinités, il fit de nouvelles instances et pressa fortement les soldats de s'appliquer au front ces marques de vénération pour Chiven.

Ces invitations réitérées impatientèrent un des néophytes : il étendit la main pour recevoir les cendres qu'on lui offroit, et aussitôt, suivant l'ardeur de son zèle et sans faire réflexion qu'il étoit observé, il les jeta par terre avec dédain et les foula aux pieds. Le prince, qui examinoit attentivement la contenance des néophytes, se livra dès lors aux plus violens transports de fureur: on ne sait même ce qui l'empêcha de venger sur-le-champ par la mort de ces néophytes l'outrage qu'ils venoient de faire à sa divinité.

On lui apprit au même moment qu'aussitôt après son départ Tiruvaluvatheven, son beau-frère, avoit, contre sa défense, visité l'église des chrétiens et avoit participé à leurs mystères. Cet avis, qui étoit véritable, redoubla les accès de sa fureur; il sortit du bain transporté de rage, et après avoir pris ses vêtemens il prit la route de sa capitale dans la résolution d'exterminer le christianisme de ses états.

A peine fut-il entré dans son palais qu'il ordonna à ses soldats de se répandre dans l'étendue de sa principauté, de parcourir les maisons des chrétiens, de leur enlever tout ce qu'ils y trouveroient de vestiges du christianisme. Cet ordre impie fut exécuté avec la dernière rigueur: il n'y eut aucun des fidèles qui pût échapper à l'exacte perquisition des soldats ; on leur arracha avec violence les chapelets, les croix, les médailles, les images et les reliques, qu'ils s'efforçoient inutilement de cacher et de dérober aux yeux de leurs persécuteurs. Ces précieuses dépouilles furent apportées comme en triomphe aux pieds du prince: il les fit mettre dans divers sacs et les fit jeter dans un étang public, au milieu des applaudissemens et des cris de joie d'une multitude innombrable d'idolâtres.

Non content de cette première expédition, qui jeta la consternation parmi les nouveaux fidèles, il tâcha de les effrayer encore davantage par la manière impitoyable avec laquelle il sévit contre son propre sang. Il fit appeler Tiruvaluvatheven, son parent, et jetant sur lui des regards menaçans, il lui signifia que, pour conserver ses honneurs et sa vie, il n'avoit plus d'autre parti à prendre que d'abandonner à l'heure même l'infâme loi des Franquis (c'est le nom qu'il donnoit à la loi chrétienne) et de sacrifier au grand Chiven ; que s'il balançoit un moment, il alloit le méconnoître pour son parent, le dépouiller de ses dignités et de ses revenus et lui faire souffrir un lent et rigoureux supplice; qu'enfin il lui ôteroit la vie, dont il se rendoit indigne, par une mort également honteuse et cruelle.

Ces menaces n'intimidèrent point le généreux néophyte : il répondit comme un autre Éléazar, avec une fermeté respectueuse, que dès sa plus tendre enfance il suivoit la loi de Jésus-Christ; qu'elle avoit été jusqu'ici la règle de sa conduite ; qu'à son âge il ne lui étoit pas possible de l'abandonner ; qu'au reste ses biens et sa vie étoient entre les mains du prince pour en disposer à son gré, mais que rien ne l'engageroit à déshonorer sa vieillesse par une aussi lâche désertion que celle qu'on lui proposoit.

Une réponse aussi ferme irrita de plus en plus le prince : au même instant il dégrada le néophyte de son rang, il le destitua de ses emplois, et après avoir éprouvé sa constance par diverses tortures plus cruelles les unes que les autres, il le confina dans une prison obscure, jusqu'au temps qu'il avoit résolu de le faire mourir.

Comme on n'avoit pu ébranler sa fermeté par la voie des supplices, on l'attaqua par un autre endroit qui lui fut très-sensible. On permit à sa femme et à ses enfans de l'aller trouver dans sa prison. Cette famille désolée y entra dans le plus triste équipage ; de vieux haillons leur servoient de vêtemens, et ils tenoient à la main quelques morceaux de pots cassés, tels qu'en ont aux Indes les mendians qui vivent des aumônes qu'ils ramassent. Sa femme en l'abordant tout en pleurs : « Seigneur, lui dit-elle (car je n'ose plus vous appeler du doux nom de mari), vous voyez le déplorable état où votre imprudence nous a réduits : si vous n'avez pas compassion de vous-même, du moins soyez touché de ma misère et de celle de ces infortunés, gages de notre amitié conjugale : qu'ont-ils fait, ces chers enfans, pour n'avoir pas même de quoi se couvrir ! Tout innocens qu'ils sont, ils portent la peine d'une résistance aussi opiniâtre et aussi déraisonnable qu'est la vôtre aux volontés du prince. Que deviendront-ils si vous vous obstinez à vouloir mourir ? Serez-vous insensible au point de les laisser périr de faim et de misère ! »

Ces dernières paroles furent entrecoupées de sanglots et de cris lamentables qui percèrent jusqu'au vif le cœur du néophyte. Cependant il eut la force de résister à une tentation si délicate, et sa fidélité au service de Dieu l'emporta sur les plus tendres sentimens de la nature. Heureux s'il eût persévéré jusqu'à la fin dans son attachement à la foi ! Mais son courage, qui n'avoit pu être surmonté ni par la tendresse naturelle ni par l'horreur des tourmens et de la mort, céda enfin à la ruse et à l'artifice.

On introduisit dans sa prison un de ces hommes adroits et subtils qui savent s'insinuer dans les esprits par une fausse éloquence et qui ont l'art de colorer les actions les plus odieuses en les faisant passer pour indifférentes. Il commença d'abord à se rendre agréable au prisonnier par des complaisances affectées ; ensuite il parut vivement touché de voir un homme de son rang traité d'une manière si indigne et si barbare ; puis il lui demanda quel étoit donc le crime qui lui avoit attiré une suite de châtimens si rigoureux, et ayant appris qu'il n'avoit irrité le prince contre lui à cet excès que pour n'avoir pas voulu abandonner la loi de Jésus-Christ : « Ah ! seigneur, lui dit-il d'un ton tendre et radouci, est-il possible que vous donniez dans cette erreur populaire ! c'est vouloir de gaîté de cœur vous perdre vous et votre famille : je suis chrétien, ainsi que vous, je sais quels sont les devoirs que m'impose ma religion et je veux certainement me sauver ; mais il y a certaines conjonctures où je n'ai aucun scrupule de feindre et de dissimuler pour me mettre à couvert de la persécution des Gentils ; alors je ne fais nulle difficulté de dire seulement de bouche et à l'extérieur que je renonce à la foi : Dieu, qui sonde le cœur des hommes ne s'arrête point à de vaines paroles ; il suffit qu'il connoisse mes dispositions secrètes et qu'il sache que je conserve sa loi gravée au fond du cœur : faites de même ; soyez attaché de cœur à la foi et dites simplement de bouche que vous y renoncez ; le prince sera content, vous serez rétabli dans vos premiers honneurs et la persécution cessera : quel avantage n'en reviendra-t-il pas à la religion ! » Il appuya ce discours séduisant de tant de raisons apparentes et avec des termes si persuasifs que le malheureux néophyte se laissa entamer et crut que dans des occasions importantes où il s'agissoit de procurer un grand bien à la religion, il lui étoit permis d'user de feinte et de dissimulation. A la vérité il ne fut pas longtemps sans reconnoître sa faute : des catéchistes lui en représentèrent l'énormité, il en conçut une vive douleur et il tâcha de l'expier par l'abondance de ses larmes et par des pénitences extraordinaires. Mais son exemple ne laissa pas d'être pernicieux à quelques lâches chrétiens, dont le courage chancela à la vue des tourmens et qui prétextèrent la même raison pour s'en délivrer.

Cette foiblesse d'un petit nombre de chrétiens affligea sensiblement le reste des nouveaux fidèles : l'horreur qu'ils en conçurent ne servit qu'à fortifier davantage leur foi et à ranimer leur constance, que les outrages et les mauvais traitemens pouvoient affoiblir. Aux uns on coupa le nez et les oreilles, ce qui imprime parmi ces peuples un caractère d'infamie. Les autres furent contraints d'abandonner leurs maisons et leurs biens et de chercher un asile dans d'autres états plus paisibles. C'étoit un triste spectacle de voir de nombreuses troupes d'hommes et de femmes suivis de leurs petits enfans, ou qui les portoient entre leurs bras, n'ayant pour tout bien qu'un méchant morceau de toile dont ils étoient couverts, tombant en défaillance, faute de nourriture, au milieu des chemins, sans que qui que ce soit eût compassion de leur misère. Ce ne fut qu'après avoir gagné les terres du royaume voisin que ces généreux confesseurs de Jésus-Christ trouvèrent dans la charité des fidèles quelque soulagement à leurs maux.

Au milieu d'une désolation si générale, on peut juger quelles furent les agitations du missionnaire et combien de mouvemens il se donna pour calmer l'esprit du prince et apaiser cette tempête. Il s'adressa d'abord au frère du prince, qui étoit son appui à la cour et qui lui avoit permis de bâtir une église sur ses terres : il sollicita la protection de personnes puissantes et entre autres d'un prince maure, intime ami du prince de Marava. Le prince maure écrivit une lettre fort pressante, par laquelle il supplioit le prince de Marava de traiter plus favorablement le père et ses disciples. La réponse qu'il fit au prince maure fut qu'il le supplioit à son tour de l'excuser si dans cette occasion il ne lui accordoit pas la grâce qu'il lui demandoit, mais que la chose ne lui étoit pas possible; que ses états étoient sous la protection du grand Chiven; qu'il ne lui étoit pas libre de tolérer une religion qui n'inspiroit que de l'horreur et du mépris pour cette divinité; que le culte de ses dieux seroit bientôt anéanti s'il donnoit plus de licence aux chrétiens, et que ses propres soldats, qui s'étoient faits disciples de celui en faveur duquel il parloit, avoient si peu respecté sa présence qu'à ses yeux ils avoient eu l'insolence de fouler aux pieds les cendres consacrées à Chiven.

Cette réponse, qui fut communiquée au missionnaire, lui déchira le cœur. Il crut que, comme dans les grands maux on a recours aux remèdes extrêmes, il devoit aussi tenter quelque moyen extraordinaire d'étonner le prince barbare et d'amollir la dureté de son cœur. Il consulta Dieu par la prière et il redoubla ses austérités à cette intention. Enfin, après quelques jours, ayant assemblé ses catéchistes :

« Que ceux-là me suivent, leur dit-il, qui sont prêts à verser leur sang pour la foi. »

Par ces paroles et par quelques autres qui étoient échappées au missionnaire, les catéchistes comprirent que son dessein étoit d'aller droit à la cour, de reprocher au prince son impiété et de lui remettre devant les yeux l'énormité du crime qu'il commettoit en se déclarant l'ennemi et le persécuteur de la vraie religion. Comme ils étoient anciens dans la mission et qu'ils avoient plus de connoissance des usages du pays que le missionnaire, qui ne gouvernoit cette chrétienté que depuis peu d'années, ils lui représentèrent que cette démarche seroit non-seulement inutile, mais qu'elle auroit des suites funestes à la prédication de l'Évangile et qu'elle avanceroit infailliblement la ruine du christianisme sans lui laisser aucune ressource pour l'avenir. Il ne se rendit point à leurs raisons et il les regarda comme un effet de leur timidité naturelle. Sur quoi les catéchistes dépêchèrent secrètement un courrier au supérieur général pour l'instruire du dessein qu'avoit pris le missionnaire et des inconvéniens qui ne manqueroient pas d'en résulter.

Le père supérieur, qui avoit vieilli dans les travaux de cette mission et à qui une longue expérience avoit appris comment il falloit se comporter dans ces sortes de persécutions si ordinaires parmi les idolâtres, sachant d'ailleurs que le missionnaire, naturellement vif et plein de feu, étoit capable de se laisser emporter au mouvement d'un zèle peu discret, songea aussitôt à en modérer l'activité : il lui écrivit une lettre honnête et consolante, mais par laquelle il lui ordonnoit deux choses : la première, de revenir sur ses pas et de ne point paroître à la cour; la seconde, de sortir incessamment du Marava, selon le conseil que lui avoit donné le frère du prince.

En effet le frère du prince, qui honoroit le missionnaire de son estime, lui avoit remontré que la prudence vouloit qu'il se retirât pour quelque temps sous une autre domination; qu'on ne pouvoit maintenant apaiser la colère de son frère; que sa présence ne servoit qu'à l'aigrir davantage contre ses disciples; que le temps pourroit adoucir cet esprit irrité; qu'alors les conjonctures devenant plus favorables, il ne manqueroit pas de l'en informer et d'employer son crédit en sa faveur; qu'il avoit un nombre de catéchistes prudens et zélés, lesquels en son absence pourroient secrètement et sans aucun risque consoler ses disciples et fortifier leur courage; que d'ailleurs il ne devoit avoir nulle inquiétude pour son église, qu'il se faisoit fort de la garantir de toute insulte, et qu'il se promettoit de la lui rendre dans le même état qu'il la laissoit.

Le missionnaire, qui n'avoit pu goûter ce conseil, se soumit sans hésiter aux ordres de son supérieur; mais son obéissance lui coûta bien des larmes: il voyoit son troupeau désolé, sur le point d'être destitué de pasteur et de devenir la proie du plus cruel ennemi de la foi; cette pensée l'accabloit de douleur. Il sortit du Marava le cœur flétri d'amertume. L'accablement de tristesse où il étoit, joint aux fatigues qu'il venoit d'essuyer durant le cours de cet orage, lui causa plusieurs accès de fièvre dont il ne fut jamais bien rétabli. Cependant, après plusieurs lettres qu'il écrivit à son supérieur pour lui marquer l'affliction où il étoit de se voir séparé de son troupeau, il obtint la permission d'aller s'établir sur les confins du Marava, à condition néanmoins qu'il ne mettroit pas le pied sur les terres de ce royaume.

Cette lettre, qui étoit si fort selon ses désirs, lui fit oublier ses incommodités présentes. A l'instant il partit, et en moins de cinq jours de marche il arriva dans une peuplade de la dépendance de Maduré qui confine avec le Marava, et où il y a une église que de continuelles persécutions avoient fait abandonner depuis longtemps. C'est là qu'il s'établit d'abord; mais ensuite ayant découvert un lieu secret et retiré qui étoit beaucoup plus proche du Marava, il y fixa sa demeure. Ses catéchistes vinrent l'y joindre et il y eut bientôt rassemblé ses néophytes dispersés et fugitifs. Il n'écouta alors que l'ardeur de son zèle et il s'y livra avec excès. Il étoit sans cesse occupé à soulager leur affliction par des paroles consolantes, à les animer à la persévérance chrétienne et à les affermir dans la foi par de continuelles exhortations et par la participation des sacremens.

Ces travaux pris sans ménagement redoublèrent la fièvre dont il avoit eu plusieurs accès et lui causèrent d'autres indispositions, qui le réduisirent à une extrême foiblesse. Il succomba enfin à la violence du mal et il fut obligé de garder le lit. Les catéchistes lui procurèrent toute l'assistance dont ils étoient capables: ils firent venir un médecin gentil qui, présumant trop de son habileté, promit de le guérir. Mais soit que ce médecin ne fût pas aussi habile qu'il se vantoit de l'être, soit que la maladie fût plus forte que les remèdes, il se trouva beaucoup plus mal après les remèdes qu'on lui fit prendre qu'il n'étoit auparavant, et on commença à désespérer de sa guérison.

Le père Vieyra, qui n'étoit éloigné que d'une journée et demie du malade, accourut pour le secourir dans ce danger extrême. Il entendit sa confession, il lui administra le saint viatique, que le moribond, malgré sa foiblesse, reçut à genoux avec de tendres sentimens de piété; il lui donna enfin l'extrême-onction et ne le quitta point qu'il n'eût rendu le dernier soupir. Le mémoire portugais dont on a tiré cette relation ne marque point le nom de ce missionnaire. Le père Vieyra ne survécut pas longtemps à celui auquel il venoit de donner les dernières preuves de sa charité.

Son église étoit située sur les terres d'un raja qui avoit conçu une aversion mortelle contre le christianisme. Cette aversion ne lui étoit pas naturelle, mais elle lui avoit été inspirée par un brame qui lui servoit de gourou[1] et qui s'étant rendu maître absolu de son esprit, le gouvernoit despotiquement. Le brame avoit rendu son disciple si dévot à Vichnou qu'il ne pouvoit sortir du temple consacré à cette idole, et que, par un respect ridicule pour un lieu qui lui sembloit si saint, il se faisoit un devoir d'en balayer le pavé avec sa langue. Plus le raja se perfectionnoit dans les folles pratiques du culte superstitieux qu'il rendoit à sa fausse divinité, plus sa haine s'allumoit contre la religion chrétienne. Le brame qui avoit disposé insensiblement son cœur à cette haine n'eut pas de peine à lui persuader qu'il falloit détruire l'église des fidèles et chasser le missionnaire. Un autre raja plus humain donna au père Vieyra une retraite sur ses terres et lui accorda la permission d'y bâtir une église qui subsiste encore aujourd'hui.

Le père ne se trouva pas peu embarrassé dans sa nouvelle Église; l'entrée du pays qui dépend de ce raja étoit entièrement fermée aux Indiens de basse caste, parmi lesquels il comptoit un grand nombre de fervens chré-

---

[1] C'est ainsi que les Indiens appellent leur père spirituel.

tiens. Il ne put pas se résoudre à laisser sans secours spirituels cette portion de son troupeau, qui lui étoit d'autant plus chère que la naissance la rendoit plus méprisable aux Gentils de haute caste. Il chercha pour cela un expédient et il réussit.

Non loin des terres dépendantes du raja, étoit un bois solitaire et peu fréquenté des Indiens : c'est là qu'il se retira pour quelque temps. Il se logea dans une étable à chèvre à demi ruinée, qui ne pouvoit le défendre ni de l'humidité de la nuit ni de la rosée du matin, dont la malignité est fort contagieuse aux Indes. Pendant deux mois qu'il y demeura, il fut continuellement occupé à instruire ou à baptiser les catéchumènes et à administrer les sacremens aux anciens fidèles. Après avoir rempli de ce côté-là son ministère, il prit la route de Camin-Naikempati, pour y réparer ses forces et pour se remettre d'une fièvre lente qui le minoit à vue d'œil et qui le menaçoit d'une prochaine phthisie. Se sentant un peu mieux, il alla exercer les mêmes fonctions à Ultimapuleam, et ensuite il se tourna du côté de Maduré. La pluie, qui le prit en chemin et qu'il essuya durant une journée entière dans des lieux déserts et dépourvus de tout abri, renouvela ses indispositions et sa langueur. On lui conseilla d'aller se rétablir sur la côte, et il se rendit à Pondichéry, où le repos et tout ce que les jésuites françois firent pour lui rendre la santé furent inutiles. Son exténuation étant toujours la même, il passa à Méliapour, où il crut trouver un meilleur air. Mais à peine y fut-il trois jours qu'il sentit approcher sa dernière heure : il se fit administrer les derniers sacremens, et il finit sa course apostolique par une mort sainte et édifiante.

La mission établie dans le royaume de Tanjaour n'a pas été plus tranquille que celle de Marava. Un Gentil, chef de la peuplade nommée Vallam, où le père Emmanuel Machado avoit son église, fut le principal auteur de l'orage qui s'éleva contre les chrétiens. Il étoit extrêmement attaché au culte de ses idoles, et dans le dessein qu'il eut de leur élever un temple, il voulut engager les chrétiens ainsi que les idolâtres à y contribuer de leur argent et de leur travail en charriant les pierres destinées à la construction de l'édifice. Ayant trouvé de la résistance dans les chrétiens, qui refusèrent constamment de prêter leur ministère à un pareil ouvrage, il tâcha de les contraindre à force de coups et de mauvais traitemens.

Tirumularavam, vice-roi de la province, qui aimoit le père Machado, fut bientôt informé de l'injuste vexation que le Gentil faisoit aux nouveaux fidèles : il lui envoya ordre de venir rendre compte de sa conduite, et après lui avoir fait une sévère réprimande, il l'obligea d'aller faire ses excuses au missionnaire et de lui promettre que désormais il laisseroit en paix ses disciples.

Cette démarche étoit humiliante pour un homme rempli de fierté et d'orgueil tel qu'étoit ce Gentil. Il dissimula pour lors son ressentiment, parce que le père Machado, outre l'affection dont le vice-roi l'honoroit, avoit encore à la cour une protection puissante dans la personne du premier ministre du roi de Tanjaour. Mais s'il sut se contrefaire dans cette conjoncture, son cœur n'en fut pas moins ulcéré, et il n'attendoit que l'occasion de faire éclater sa vengeance. Cette occasion se présenta bientôt, et il s'empressa de la saisir. A peine l'année fut-elle écoulée que la mort enleva au père Machado son protecteur de la cour, et en même temps Tirumularavam, son ami, fut dépossédé de sa vice-royauté. Elle fut donnée à un autre brame, son ennemi, et qui, par cette seule raison, étoit disposé à haïr et à persécuter ceux que son prédécesseur affectionnoit.

Le perfide Gentil, attentif aux moyens de se venger, vit bien que le changement du ministère étoit favorable à son ressentiment. Il alla visiter le nouveau vice-roi, et après les premiers complimens : « Il est important pour vous et pour le bien de la province, lui dit-il, que vous y signaliez votre entrée par la destruction de l'église des chrétiens. Laissez-la subsister encore quelque temps, vous verrez tomber tout à fait le culte de nos divinités, et elles seront bientôt sans adorateurs. Suivez donc un conseil utile, car je n'ai en vue que votre repos et votre gloire ; commencez par vous assurer de la personne du missionnaire ; je sais, à n'en pouvoir douter, que vous trouverez chez lui plus de dix mille pataques ; cette somme n'est pas indifférente au commencement d'une administration. »

Il n'en falloit pas tant pour éveiller la cupidité du nouveau vice-roi ; il partit sur l'heure pour la cour et promit au roi quatre mille pataques si sa majesté lui permettoit de renverser l'église des chrétiens à Vallam et si elle abandonnoit le missionnaire à sa disposition. C'est ainsi qu'il partageoit entre le prince et lui un trésor imaginaire. Le roi, oubliant les marques d'estime qu'il avoit données peu auparavant au père Machado : « Que les pataques viennent, répondit-il au brame ; du reste, disposez à votre gré et du missionnaire et de son église. »

Une permission si ample combla de joie le vice-roi ; il conféra aussitôt avec le Gentil sur les mesures qu'ils devoient prendre pour se saisir sûrement du père Machado ; mais la chose ne fut pas si secrète qu'elle ne vînt aux oreilles de Tirumularavam. Cet ami fidèle dépêcha deux exprès au père pour lui donner avis des desseins qu'on tramoit contre sa personne et pour faciliter son évasion dans quelque endroit inconnu à ceux qui avoient comploté de l'arrêter. Mais soit que le père Machado comptât sur les démonstrations encore récentes d'estime et d'affection que lui avoit données le roi, soit qu'il jugeât que rien n'étoit plus triste pour un homme apostolique que d'être sans cesse errant et fugitif, il ne profita pas de l'avis et il demeura dans son église. Mais il ne fut pas longtemps sans reconnoître la faute qu'il avoit faite de ne pas suivre cet avis.

Un vendredi le vice-roi parut à la tête de deux cents soldats qui environnèrent l'église et la maison du père ; une partie des soldats se saisirent de sa personne et de trois catéchistes qui étoient avec lui. Les autres se mirent à démolir l'église et en peu de temps elle fut abattue. Le vice-roi de son côté furetoit des yeux les coins et recoins de la chambre du missionnaire, et dans l'impatience de trouver les pataques à chaque pas qu'il faisoit, il demandoit au Gentil où étoit le trésor. Mais nonobstant les plus exactes recherches, ce prétendu trésor ne paroissoit point. Le Gentil, honteux du mauvais succès de son entreprise et entrevoyant dans les yeux du vice-roi la colère dont il commençoit à s'enflammer, songea sérieusement à la retraite ; il disparut dans un instant et se déroba au juste châtiment qu'il devoit attendre par la fuite et par l'abandon de la maison et des biens qu'il possédoit dans la peuplade. Le vice-roi de son côté s'en retourna bien confus à Tanjaour.

Quand le père Machado fut pris, il n'avoit eu que le temps de mettre à couvert les ornemens de l'autel ; les vases, tant ceux qui renfermoient les saintes huiles que ceux qui servoient à l'église, furent enlevés par les soldats, portés au roi et exposés à la profanation de ce prince et des idolâtres.

C'est une opinion constante de cette aveugle gentilité, que nous tirons les saintes huiles des ossemens des défunts et que nous nous en servons pour ensorceler les peuples et les transformer en d'autres hommes. Ce qui a fait naître aux Gentils cette pensée ridicule, c'est que d'un côté ils savent que nous employons l'onction sainte dans l'administration du baptême, et que d'un autre côté ils voient qu'effectivement ceux qui sont baptisés changent aussitôt de mœurs et de coutumes ; qu'ils abhorrent les idoles pour lesquelles ils étoient auparavant pleins de vénération ; qu'ils se contentent d'une seule femme après avoir entretenu un grand nombre de concubines ; qu'enfin ils mènent après le baptême une vie toute contraire à celle qu'ils menoient avant leur conversion au christianisme. C'est ce qui leur fait dire que nous troublons l'esprit des peuples par des secrets magiques et que nous les enchantons de telle sorte qu'ils ne peuvent se défendre d'embrasser le christianisme.

Le roi fut curieux de faire en sa présence de ces sortes de métamorphoses : c'est pourquoi il ordonna à quelques soldats gentils de se frotter le corps de cette huile dont les effets étoient si surprenans. Cet ordre les fit trembler de peur, et après avoir balancé quelque temps sans oser répondre, enfin ils supplièrent sa majesté de ne pas exiger d'eux une chose qui leur seroit si préjudiciable, puisque si cette huile touchoit seulement leur chair, ils deviendroient tout autres qu'ils ne sont et seroient forcés malgré eux d'embrasser la loi des Franquis. Quelques Maures, moins timides que les soldats, s'offrirent d'eux-mêmes à en faire l'épreuve, et comme par cette onction plusieurs fois réitérée, il ne se fit aucun changement dans leur personne, le prince se désabusa d'une erreur si extravagante et témoigna de l'indignation contre le brame et contre les auteurs d'une semblable imposture. Un catéchiste qui étoit présent prit de là occasion de parler en faveur de la religion chrétienne et il montra avec une éloquence naturelle mais vive et animée qu'on ne pouvoit l'attaquer que par des mensonges et des calomnies. Son discours fut applaudi, mais il ne produisit aucun effet, car en cette cour, comme parmi tous ceux qui gouvernent dans l'Inde, dès qu'il se présente une lueur d'intérêt, il n'y a ni vérités ni raisonnemens qui prévalent.

Le brame, doublement mortifié et du mécontentement que le roi venoit de témoigner et de l'inutilité de son entreprise contre le père Machado, eut recours à un artifice, lequel, s'il eût réussi, auroit mis le christianisme à deux doigts de sa ruine. Son dessein étoit d'avoir un témoignage authentique que le père étoit Franqui et qu'il ne différoit en rien des Européens qui habitent les côtes. Un protestant anglois qui s'étoit enfui de Madras avoit trouvé accès auprès du roi de Tanjaour et étoit parvenu à être son écuyer. Ce fut de lui que le brame voulut tirer un aveu du franquinisme du missionnaire; il le fit venir chez lui, et après les démonstrations extraordinaires de politesse et d'amitié, comme à dessein de réparer une offense qu'il lui auroit faite sans le savoir : « Vous êtes sans doute fâché, lui dit-il, et vous me voulez du mal parce que j'ai fait mettre en prison un homme de votre caste et qui est même, à ce qu'on m'a assuré, votre gourou ; mais si à cette occasion vous gardiez quelque ressentiment contre moi, certainement vous n'auriez pas tout à fait raison : je n'ai eu jusqu'ici nulle connoissance de l'intérêt que vous preniez à ce prisonnier ; je vous honore et je vous affectionne trop pour ne pas respecter vos inclinations, et si vous m'assurez qu'il est de votre caste et que vous l'honorez de votre protection, à l'heure même je le fais sortir de prison avec honneur et je le remets entre vos mains. »

La Providence permit que le protestant, qui ne pouvoit ignorer que nous fussions les mêmes que les missionnaires de la côte, fît une réponse telle qu'on auroit pu l'attendre du catholique le plus sage et le plus discret : « Je vous proteste, lui dit-il, que je n'ai jamais ni vu ni entretenu le gourou dont vous me parlez : ainsi je ne puis vous dire s'il est Franqui ou non ; mais c'est un fait qu'il vous est très-aisé de vérifier. Si comme moi il mange de la viande, s'il boit du vin, s'il fréquente les parias, il n'y a point à douter qu'il ne soit de ma caste ; mais si au contraire il observe toutes vos coutumes, s'il n'a à son service que des gens de haute caste, on ne peut pas raisonnablement le soupçonner d'être Franqui et de la même caste que moi ».

Le brame ne s'attendoit pas à une réponse qui lui ôtoit un moyen présent de justifier sa haine contre le missionnaire et contre ses disciples. L'artifice lui ayant si mal réussi, il en vint à des voies de fait et à des exécutions cruelles. Il fit venir en sa présence deux des catéchistes prisonniers, leur ordonna de renoncer à la loi des Franquis et de sacrifier aux idoles, sinon qu'il alloit les faire expirer sous les coups de fouet. Ces généreux chrétiens répondirent d'une voix haute et ferme qu'on leur arracheroit plutôt mille fois la vie que de consentir à ce crime. Aussitôt on leur ôta leurs vêtemens et on les battit d'une manière cruelle. Leur constance lassa enfin le brame, il eut honte de sa barbarie, et sans parler des pataques, qui lui tenoient plus au cœur que tout le reste, il mit les catéchistes en liberté et les renvoya dans leurs maisons.

Peu après il se fit amener le troisième catéchiste, dont il crut venir plus aisément à bout. C'étoit un jeune homme âgé de dix-huit ans, plein de ferveur et de courage, nommé Xinamutu. Le brame n'épargna rien pour le gagner : détours, artifices, caresses, flatteries, promesses, menaces, il mit tout en œuvre pour lui faire découvrir l'endroit où le père Machado avoit enterré son prétendu trésor. Toute la réponse qu'il tira fut que la pauvreté du missionnaire étoit extrême et qu'il manquoit même des choses les plus nécessaires à la vie.

Le brame, chagrin et mécontent de cette réponse, s'emporta contre le jeune homme et éprouva sa fermeté par plusieurs sortes de tourmens qu'il lui fit souffrir durant quelques jours et à plusieurs reprises ; mais il ne put vaincre sa constance et son amour pour la vérité. Xinamutu répondit toujours la même chose, savoir que le père étoit un pauvre sanias[1] qui n'avoit rien à lui, et qu'il ne recevoit rien de ses disciples : « On peut, ajouta-t-il, me trancher la tête, mais on ne me forcera pas à représenter des trésors imaginaires et qui n'existèrent jamais. »

Le brame, voyant ses efforts inutiles, tourna sa rage contre le père Machado. Ce père étoit détenu dans une prison très-incommode qui

[1] Pénitent des Indes.

n'avoit que cinq à six pieds de longueur sur deux de largeur : elle étoit remplie de toutes sortes d'insectes, qui ne lui permettoient pas même de sommeiller, et il ne commença à prendre du repos qu'après que de charitables chrétiens eurent trouvé le secret de faire passer en cachette jusque dans sa prison des sacs de cendre, dont il couvrit la terre, afin d'y reposer moins durement et de se garantir des piqûres importunes de ces animaux. Le matin et le soir on ne lui donnoit pour toute nourriture qu'une porcelaine de riz cuit à l'eau avec un peu de lait. Les Gentils même ne pouvoient comprendre comment il vivoit si longtemps dans une abstinence si rigoureuse. Enfin on lui fit endurer deux sortes de supplices.

Le premier se nomme *catté* en langue indienne : c'est une torture très-cruelle. On fait joindre les mains au patient et on lui insère entre les doigts des morceaux de bois qu'on lie étroitement ensemble ; on le fait asseoir ensuite, les jambes croisées à la manière du pays, et lui posant les mains à terre, on les presse violemment avec des planches et des pierres très-pesantes, de telle sorte que le sang sort de tous côtés par les ongles. Il supporta durant une demi-heure un supplice si douloureux ; mais enfin les forces lui manquèrent et il tomba en défaillance. Alors les soldats, soit par un effet de la compassion naturelle, soit par la crainte de le voir expirer dans ce tourment, lui dégagèrent les mains et cessèrent de le tourmenter. Il y en a qui assurent que ce fut un Maure, dont le cœur s'attendrit à ce spectacle, qui donna de l'argent aux soldats pour obtenir sa délivrance.

L'autre supplice qu'on lui fit endurer, bien qu'il ne fût pas sanglant, n'étoit guère plus supportable. On le dépouilla de ses vêtemens, ne lui laissant qu'un morceau de toile au milieu du corps, et au temps que le soleil darde ses rayons avec le plus de violence, on le mit sur un mur qui s'élevoit en forme de talus, de même que le chevalet, et on lui attacha deux grosses pierres aux pieds. Ceux qui savent jusqu'à quel point le ciel est brûlant aux Indes peuvent juger de la rigueur de ce supplice. Il fut exposé de la sorte à un soleil très-ardent pendant trois heures, et comme il commençoit à s'affoiblir, on le reconduisit en prison.

Je ne parle point des insultes et des outrages auxquels il fut journellement exposé pendant deux ans moins vingt ou vingt-deux jours que dura sa prison : chaque jour on l'en tiroit pour le promener honteusement dans une peuplade voisine où il servoit de jouet à une populace insensée qui l'accabloit à l'envi de toute sorte d'injures. Plusieurs fois il pensa être assommé par une grêle de pierres qu'une soldatesque insolente lui jetoit de toutes parts. Il s'attendoit de finir enfin sa vie par la rigueur de sa prison ou par les mains des ennemis de Jésus-Christ, mais il n'eut pas ce bonheur après lequel il soupiroit. La liberté lui fut rendue par les soins charitables de M. de Saint-Hilaire, qui sert si utilement la religion par le crédit que son mérite lui donne auprès du nabab, auquel le roi de Tanjaour paie tous les ans le tribut qu'il doit au Mogol. On devroit, ce semble, raconter ici la manière dont le père Machado fut élargi ; mais on s'en dispensera pour ne pas anticiper sur ce qui en sera dit dans une des lettres suivantes, où les circonstances de son élargissement sont détaillées.

LETTRE DU P. DE BOURZES.

Enlèvement des enfans par le roi de Tanjaour. — Destination qu'il leur donne.

De la mission de Maduré, le 5 février 1715.

Vous n'ignorez pas que la cour de Tanjaour s'est toujours déclarée contre le christianisme. Dans la persécution qui arriva il y a treize ou quatorze ans, rien ne fit plus de peine aux chrétiens que de voir enlever leurs enfans de l'un et de l'autre sexe pour les confiner dans les palais du prince : on prenoit tous ceux qu'on trouvoit de bonne caste ; plusieurs néanmoins échappèrent à l'attention des officiers qui les recherchoient. Voici quelle étoit la vue du roi de Tanjaour : il prenoit un plaisir extrême aux danses et à tous les tours d'agilité et de souplesse du corps. C'est à ces sortes d'exercices qu'il appliqua ces jeunes enfans ; outre les maîtres de danse, il leur donna d'autres maîtres pour leur apprendre la musique, les langues et la poésie ; on leur enseigna à jouer des instrumens ; enfin, à en juger selon les idées qu'on a en Europe, on peut dire qu'ils étoient très-bien élevés. Mais les Indiens en pensent autrement. Danser, jouer des instrumens, ce sont des exercices qui leur paroissent tout à fait bas et indignes d'un homme d'honneur. Mais ce qui touchoit plus sensiblement les parens chrétiens, c'étoit le danger manifeste où étoient leurs enfans de perdre la foi. Le Seigneur, en haine duquel ce tendre troupeau étoit dans l'esclavage, veilla sur lui d'une façon bien singulière. Le premier trait de la Providence à leur égard fut le choix qu'on fit de quelques veuves chrétiennes, qu'on enferma avec eux dans le palais afin de les soigner et de leur tenir lieu de mères. Elles s'appliquèrent d'abord à instruire ces enfans de ce qu'ils étoient et pour quel crime on les avoit enfermés dans le palais ; elles leur firent connoître les obligations de leur baptême et le bonheur qu'ils avoient d'être enfans de Dieu ; elles leur inspirèrent une grande horreur pour les idoles et pour ce qui a rapport à leur culte ; enfin elles leur enseignèrent les vérités chrétiennes autant qu'elles en étoient capables.

Il y avoit, ce semble, de justes raisons d'appréhender que les filles ne fussent destinées à satisfaire l'incontinence du prince : c'est ce qui n'arriva point. A la réserve d'une seule qu'on mit dans le sérail et qui fut donnée pour concubine à un seigneur du palais, les autres ne furent occupées qu'à la danse et à d'autres emplois indifférens. Bien plus, comme le prince n'avoit aucun penchant pour le sexe, non-seulement il ne songeoit pas à séduire ces jeunes captives, mais encore, ce qui paroissoit incroyable, il avoit une attention extrême à les conserver dans l'innocence et dans l'éloignement de tout désordre. Je sais sur cela des particularités fort singulières, mais qui me mèneroient trop loin : il suffit de dire qu'il a été quelquefois cruel sur des soupçons très-mal fondés.

Malgré cette éducation beaucoup moins mauvaise qu'on n'avoit lieu de craindre dans le palais d'un prince gentil, on ne peut s'empêcher d'avouer que quelques-uns de ces jeunes gens ont donné dans certains écueils, soit en coopérant à l'idolâtrie par crainte ou par complaisance, soit en échappant à la vigilance du prince, en ce qui concerne la pureté des mœurs. Mais doit-on s'en étonner ? Ne sait-on pas combien il est dangereux, dans un âge si foible, d'habiter les palais des princes, surtout dans l'Inde ? Le roi de Tanjaour, voyant que ses précautions n'empêchoient pas le désordre, prit la sage résolution de fixer ces jeunes gens par d'honnêtes mariages ; il leur permit de chercher parmi les filles captives celles qui leur agréeroient davantage. On n'eut point d'égard aux castes, parce que dès là qu'on est esclave du palais, on est déchu de sa caste, ou du moins on est censé faire une caste à part.

Comme l'instruction qu'ils avoient reçue des veuves chrétiennes dans leur enfance n'étoit pas suffisante, Dieu suppléa à ce qui y manquoit en permettant que quelques catéchistes trouvassent le moyen d'entrer dans le palais, sous prétexte d'y voir leurs enfans et même d'y rester quelques jours pour les instruire secrètement. Ces jeunes esclaves, ayant l'esprit déjà ouvert par les sciences du pays, qu'on leur avoit apprises avec beaucoup de soin, firent en peu de temps de grands progrès dans la science du salut. On leur envoya dans la suite, peu à peu, des livres, des chapelets, des images et ce qui étoit propre à entretenir leur piété. Quelques-uns d'eux, qui avoient plus d'esprit et de vertu que les autres, devinrent comme les chefs et les maîtres de cette chrétienté, qu'ils gouvernoient avec une prudence qui étoit au-dessus de leur âge.

Au reste, quoique le roi de Tanjaour ait été fort décrié à cause de son avarice, il n'épargnoit point la dépense en leur faveur. Outre les appointemens ordinaires qui suffisoient pour leur entretien, il visitoit souvent leurs appartemens pour savoir d'eux-mêmes s'il ne leur manquoit rien, et il leur faisoit fournir exactement tout ce qu'ils demandoient, mais s'ils gagnoient d'un côté ils perdoient infiniment de l'autre : il leur falloit chaque jour danser et chanter en sa présence, et ces chansons étoient souvent ou contraires à la pudeur ou remplies d'éloges des faux dieux, ce qui s'accordoit mal avec la sainteté du christianisme. La Providence a eu encore soin de lever cet obstacle. Le roi mourut il y a quelques années; son frère, qui lui a succédé, n'a aucun goût pour ces danses ni pour les autres exercices où les Indiens font paroître la force et la souplesse du corps; il est entêté de la guerre, et s'il prend plaisir à quelques danses, c'est uniquement à celle qu'on nomme tamul-caligay : c'est une danse molle et efféminée de femmes perdues de réputation. De là vient qu'il ne pense guère aux jeunes gens dont nous parlons. Depuis qu'il est sur le trône, il n'a assisté qu'une seule fois à leurs exercices, encore fut-ce par hasard. On assure même qu'à son avénement à la couronne il songea à les renvoyer du palais, mais il en fut détourné par sa mère, qui lui représenta que ce seroit une chose honteuse pour lui de congédier des gens que son frère avoit entretenus et élevés comme ses propres enfans.

Ainsi rien n'empêche ces jeunes néophytes d'être de parfaits chrétiens que la captivité, qui les prive du secours des missionnaires et par conséquent de l'usage des sacremens. A cela près, ils se comportent d'une manière très-édifiante, car en premier lieu ils ont chacun dans leur appartement, qui est composé de trois petites chambres, un endroit où ils font régulièrement matin et soir leurs prières ; en second lieu, ils s'assemblent les fêtes et les dimanches, pour réciter ensemble certaines prières qui sont en usage dans la mission, par lesquelles on supplée en quelque sorte au saint sacrifice de la messe, quand on ne peut pas l'entendre. Ils y ajoutent plusieurs autres prières, comme les litanies, le chapelet, etc. Ils font une lecture spirituelle, ils chantent des cantiques, etc. Enfin, ils célèbrent les grandes fêtes même avec pompe : ils ornent l'autel de fleurs, et comme ils savent jouer des instrumens, ils entremêlent leurs prières de symphonies ; quelquefois ils font des feux d'artifice en signe de réjouissance.

Il étoit bien difficile que les choses se passant avec cet éclat au milieu du palais, le prince n'en fût averti. Les ennemis de la foi eurent soin de lui en porter des plaintes et de mêler à leurs accusations beaucoup de calomnies. Le roi ordonna aux néophytes de venir rendre compte de leur conduite : ils parlèrent si fort à propos que le prince parut satisfait de leurs réponses, et depuis ce temps-là on ne les a jamais inquiétés. Cette indulgence ne m'a pas tout à fait surpris, car bien qu'une des principales raisons qui attire tant d'ennemis à notre sainte religion, c'est qu'elle anéantit la religion du pays, cependant il est vrai de dire que cette raison ne touche pas le commun des Indiens. Ce qui rend la religion odieuse, c'est qu'elle est prêchée par des gens qu'on soupçonne d'être Franquis. On entend maintenant ce terme en France, mais on ne concevra jamais bien l'idée de mépris et d'horreur que les Indiens y ont attachée. Ce qui la rend odieuse cette loi sainte, c'est qu'elle est regardée comme la loi des Européens, des parias, des paravas, des mucuas et d'autres castes qui passent pour infâmes aux Indes ; c'est qu'elle défend de concourir à l'idolâtrie, de traîner les chars des idoles et de prendre part aux fêtes des Gentils. A cela près, la religion, quand elle est bien exposée, attire l'admiration des Indiens. Or, les chrétiens qui sont enfermés dans le palais n'ont presque aucun de ces obstacles : ils n'ont aucun commerce avec ceux qui sont d'une caste basse ni avec les missionnaires que leur couleur naturelle fait soupçonner d'être Franquis ; on ne les appelle point non plus aux corvées propres des idoles, et ils n'ont point la peine de s'en défendre ; cela fait qu'on les laisse en repos sous les yeux même du roi, tandis que hors de là les autres chrétiens sont continuellement inquiétés. Ainsi cette chrétienté se conserve sans peine. Les fautes qui échappent aux particuliers ne sont pas impunies : les plus distingués s'assemblent, et ayant bien examiné la nature de la faute, ils imposent une pénitence au coupable, ils l'excommunient même en quelque sorte si la faute le mérite, en l'excluant des assemblées et en interdisant aux autres tout commerce avec lui jusqu'à ce qu'il ait réparé le scandale qu'il a donné.

Outre les enfans des chrétiens qui furent enfermés dans le palais en haine du christianisme, quelques autres, quoique Gentils, y ont été mis pareillement pour punir leurs pères des fautes qu'ils avoient commises, principalement dans les intendances et dans la levée des deniers publics. Mais en quoi l'on doit admirer la Providence, c'est que plusieurs d'entre eux ont trouvé dans leur captivité même la liberté des enfans de Dieu. Les filles infidèles qui ont épousé des chrétiens ont embrassé la foi, quelques hommes instruits par les chrétiens et édifiés de leur conduite irréprochable se sont convertis et ont été baptisés ou sont maintenant catéchumènes. Ainsi le nombre des chrétiens augmente de jour en jour et l'on voit avec admiration la bonne odeur de Jésus-Christ se répandre dans un palais qui d'ailleurs est le séjour de tous les vices.

Cette chrétienté s'accroît encore par les fruits

du mariage; plusieurs ont déjà des enfans à qui ils n'ont pas manqué de conférer le baptême. Le nombre de ces chrétiens captifs est, à ce qu'on m'a assuré, de quatre-vingts ou quatre-vingt-dix. Ce qu'on ne peut assez déplorer, c'est qu'ils soient privés de la participation des sacremens. Quelques-uns ont trouvé le moyen de sortir; l'un d'eux en ayant obtenu la permission ne retourna plus au palais; il se retira dans la mission de Carnate, où il servit de catéchiste. Il est mort et est encore aujourd'hui fort regretté des missionnaires. La fuite de celui-là a fait resserrer les autres de crainte qu'ils ne suivissent son exemple. Cependant, sous ombre d'aller voir leurs parens, d'assister à quelque mariage, ou sous quelque semblable prétexte, quelques-uns ont eu le bonheur d'aller à l'église et d'y participer aux sacremens. Les uns sont allés à Elacarrichi, où le père Machado les a confessés et communiés; d'autres sont venus me trouver à Eilour, et ils m'ont extrêmement édifié. L'un d'eux, qui est fils de mon catéchiste, est fort habile dans les langues du pays. Outre le tamul, qui est sa langue naturelle, il sait le telongou, le maraste, le turc et même le semuscradam, qui est la langue savante. Il en vint un autre qui me fit sa confession générale avec des sentimens de piété dont je me souviendrai toute ma vie. Trois de ces jeunes femmes captives, dont l'une s'est convertie dans le palais, vinrent me trouver à mon église et je fus charmé de leur piété. J'étois vivement touché quand je considérois que ces pauvres gens n'avoient perdu le rang d'honneur qu'ils auroient eu dans leur caste et n'étoient prisonniers que parce qu'ils étoient nés de parens chrétiens, et en même temps je remerciois le Seigneur des moyens qu'il leur donne pour se sanctifier. J'espère que sa providence, qui a tant fait en leur faveur, achèvera son ouvrage. Ils ont déjà fait quelques tentatives pour obtenir du moins un peu plus de liberté. Un jour que le roi sortoit, ils fendirent la foule des courtisans et des officiers sans que personne osât les arrêter, car ils ont le privilége de ne pouvoir être châtiés que par l'ordre exprès du roi, et s'approchant du prince : « C'est à votre justice, lui dirent-ils, que nous avons recours; on nous retient dans la plus étroite captivité : il ne nous est pas permis de sortir ni d'aller chercher les choses les plus nécessaires à la vie; on nous les vend le double de ce qu'elles coûtent au marché. Craint-on que nous ne prenions la fuite? Hé! où pourrions-nous aller? De quoi sommes-nous capables et comment gagnerions-nous de quoi vivre? N'avons-nous pas nos familles dans le palais qui répondent de nous? Nous vous regardons comme notre père, ordonnez qu'on nous traite comme vos enfans. » Le roi ne s'offensa pas de ce discours, il les écouta avec bonté et leur promit d'examiner leur demande à son retour.

Quelques-uns de nos missionnaires se flattent que ce palais est peut-être un séminaire d'où sortiront plusieurs excellens catéchistes, car si le prince leur rend un jour la liberté, comme il y a lieu de l'espérer, ils ne sont point propres à d'autres emplois, et comme ils sont habiles dans la connaissance des langues, et que d'ailleurs ils ont beaucoup de piété, ils sont très-capables de bien remplir les fonctions de catéchistes. Qu'il seroit glorieux à la religion si Dieu permettoit que dans la cour la plus ennemie de la loi chrétienne se fussent formés ceux-là mêmes que sa providence destinoit à en être les prédicateurs!

LETTRE DU P. DE BOURZES

Famine.—Embarras des missionnaires.—Prédicans danois

De la mission de Maduré, le 25 novembre 1718.

Le secours qu'on m'a envoyé cette année de France est venu très à propos. Il y a un an entier que la famine fait ici de grands ravages. Je me suis trouvé chargé de dix catéchistes et de trois élèves : ce sont treize familles qu'il m'a fallu nourrir. J'ai été heureux d'avoir réservé une petite somme des années précédentes, où j'avois moins de catéchistes, car la mission est si épuisée qu'elle n'auroit pas pu m'aider dans ce pressant besoin. Nous ne pouvons donc ni moi ni mes néophytes avoir assez de reconnaissance pour les personnes charitables qui nous ont fait ressentir l'effet de leurs libéralités. Il semble que les luthériens aient dessein d'imiter le zèle que les vrais catholiques ont eu de tout temps pour étendre la connaissance du vrai Dieu parmi les nations idolâtres. Le roi de Danemark fait de grandes dépenses pour l'entretien de quelques prédicans à Trancambar : c'est une place danoise située sur la côte de Cholamandalam, ou, comme on dit en Europe, de Cholomandel. Il leur fournit l'argent nécessaire pour les entretenir eux et plusieurs catéchistes, pour payer des maîtres d'école, pour acheter une imprimerie et faire imprimer des livres tamuls, pour acheter de petits enfans et en faire des luthériens. On assure qu'à force d'argent ils ont gagné à leur secte environ cinq cents personnes. Pour nous, il ne nous est pas permis d'assister ouvertement nos néophytes, quand même nous en aurions les moyens : c'est sur quoi on m'a donné des avis très-sérieux, de crainte que le maniacarem (c'est ainsi qu'on appelle le gouverneur d'une ou de plusieurs peuplades) ne s'imaginât que je suis riche. Ce seul trait est bien capable de faire connoître quel est le pays où nous vivons. Il n'en est pas de même des prédicans luthériens : ils sont dans une ville danoise, où ils n'ont rien à craindre de l'avarice des Gentils.

Je ne vous parle point de ce qui s'est passé durant la détention du père Emmanuel Machado, mais la reconnaissance m'engage à vous entretenir de la manière dont il a été délivré de sa prison. Vous connaissez de réputation M. de Saint-Hilaire : c'est un gentilhomme de Gascogne que ses aventures ou plutôt la divine Providence a conduit aux Indes pour y servir la religion, comme il a fait en plusieurs rencontres. C'est par son zèle qu'il a mérité d'être fait chevalier de Christ. Le vice-roi de Portugal lui a fait cet honneur au nom du roi son maître, qui, à l'exemple des rois ses prédécesseurs, n'oublie rien de ce qui peut contribuer à faire connoître Jésus-Christ aux nations infidèles. M. de Saint-Hilaire est en qualité de médecin auprès de Baker-Saibu, gouverneur de la forte place de Velour, dans le Carnate, et neveu du nabab ou vice-roi dans ce pays pour le Mogol. Dieu bénit visiblement les remèdes qu'il donne : il a fait des cures dont les plus habiles médecins de l'Europe se feroient honneur. Il est aussi médecin du nabab, et il s'attire l'estime de tout le monde par l'intégrité de ses mœurs et par sa libéralité, qu'il pousse quelquefois au delà des bornes. Il a surtout un grand zèle pour la religion. Peu après que le père Machado fut arrêté, nous nous adressâmes à lui, dans l'espérance qu'une lettre qu'il nous procureroit du nabab obtiendroit la délivrance du missionnaire, parce que le roi de Tanjaour est tributaire du Mogol, et c'est le nabab qui vient presque tous les ans lever ce tribut. Le nabab, fortement sollicité par M. de Saint-Hilaire, écrivit plusieurs lettres, mais elles ne produisirent aucun effet. Un nabab européen auroit pris feu : le phlegme indien ne s'échauffe pas si aisément ; nous avions perdu toute espérance, mais M. de Saint-Hilaire ne se rebuta pas. Le nabab étant venu l'année passée sur les confins du Tanjaour pour lever le tribut, M. de Saint-Hilaire recommanda fort le père Machado à plusieurs seigneurs turcs du premier rang et accompagna sa recommandation de présens considérables. Heureusement pour nous Candogi-Vichitiram, favori du roi de Tanjaour, vint au camp du nabab. Les seigneurs turcs le pressèrent si fort qu'il promit avec serment de procurer la liberté au missionnaire. Il tint sa parole. Le père Machado sortit de prison le 6 juin, après y avoir été retenu près de deux ans et y avoir souffert d'extrêmes incommodités. Il alla aussitôt remercier M. de Saint-Hilaire et les seigneurs mahométans qui s'étoient intéressés pour sa délivrance, surtout Bakair-Saibu. Celui-ci lui fit beaucoup de caresses, l'embrassa et lui fit présent de quelques pièces de mousseline et de soie. Il le fit promener par la ville monté sur un éléphant, et M. de Saint-Hilaire précédoit à cheval cette espèce de triomphe.

Vous croirez peut-être que le roi de Tanjaour en persécutant le pasteur n'aura pas épargné les ouailles ; cependant, par une providence particulière de Dieu, les chrétiens ont été tranquilles, ceux même qui demeurent dans le palais. Aussi c'est bien moins le roi de Tanjaour qui fit arrêter le père Machado qu'un de ses premiers ministres, nommé Anandarau, qui, après s'être saisi du missionnaire, fit espérer au roi qu'il en tireroit des sommes considérables. C'est chez ce brame, et non dans les prisons du roi, que le père a été tourmenté et retenu si longtemps prisonnier. Il s'est élevé d'autres orages qu'il nous a fallu essuyer, particulièrement dans le Marava : il n'y a rien eu d'assez singulier pour vous en faire part. Cette année le père Ricardi, jésuite piémontais, a été arrêté par les Gentils, mais sa détention n'a eu aucune suite fâcheuse.

La famine dont je vous ai parlé nous a procuré un avantage qui seul peut nous dédommager des autres maux qu'elle nous a causés. Nos catéchistes ont baptisé quantité d'enfans qui mouroient de faim, dont la plupart sont déjà dans le ciel. Le père Michel Bertholo, supérieur de cette mission, a signalé en cela son zèle : je crois que dans la seule ville de Trichirapali il a administré le saint baptême à près de trois cents enfans.

LETTRE DU P. LE CARON.

Traversée.—Ténériffe.—Trinquebar.

A Pondichéry, ce 15 octobre 1718.

Je suis enfin arrivé à l'heureux terme qui, depuis plus de douze ans, a été l'unique objet de mes vœux les plus ardens : Dieu en soit éternellement béni! On a bien raison d'appeler cette mission la mission des saints ; si ceux qui y viennent travailler ne le sont pas encore, elle leur fournit les moyens de le devenir : c'est ce qui fait ma plus douce consolation. La vie dure et pénitente de nos missionnaires, les persécutions presque continuelles, les prisons, la mort même à quoi ils sont sans cesse exposés, les détachent aisément des choses de la terre et ne les attachent qu'à Dieu, leur unique appui.

En arrivant ici je trouvai deux de nos pères portugais de la mission de Maduré, qui y étoient venus pour se délasser de leurs travaux apostoliques. Il me sembloit voir ces premiers apôtres de l'Église naissante s'entretenir des progrès de l'Évangile dans les contrées idolâtres, de leurs souffrances et de leurs combats pour la cause de Jésus-Christ. J'étois charmé de leur entendre raconter les principales circonstances de la glorieuse mort du père Jean de Brito, les rigueurs extrêmes que les Maures exercèrent l'an passé sur un de leurs pères, l'ayant appliqué deux fois à une cruelle torture qu'il soutint avec une constance héroïque, et tant d'autres traverses que l'ennemi de la foi leur suscite tous les jours. Je n'ai pas joui longtemps des grands exemples de vertu et de d'aimable compagnie de ces pères : trois jours après mon arrivée ils apprirent que les idolâtres excitoient de nouveaux troubles et inquiétoient leur troupeau ; ils partirent le même jour à neuf heures du soir en habit de pénitens pour aller conjurer l'orage. Je fus attendri en disant adieu à ces missionnaires, qui, après avoir blanchi dans de continuels travaux, voloient encore pleins de joie à de nouveaux combats.

Vous êtes sans doute dans l'impatience d'apprendre des nouvelles de mon voyage ; je vous satisferai en peu de mots. Nous nous embarquâmes à Saint-Malo les premiers jours de mars, et, après avoir attendu durant près de trois semaines les vents favorables, on leva l'ancre le vingtième du même mois. Le quatrième d'avril nous arrivâmes à Sainte-Croix de Ténériffe, l'une des Canaries. Nous en partîmes le 6 d'avril, et à plus de trente lieues de là nous découvrions assez distinctement le pic de Ténériffe : c'est une montagne d'une hauteur prodigieuse ; son sommet étoit couvert de neiges, tandis que nous éprouvions au pied de la colline d'excessives chaleurs. Comme la semaine sainte approchoit, nous donnâmes à l'équipage une retraite de huit jours, qui se fit aussi tranquillement que si nous eussions été dans une maison religieuse. Tout le monde fit ses Pâques avec de grands sentimens de piété. Durant le voyage on faisoit exactement la prière le matin et le soir, on récitoit le chapelet à deux chœurs, on faisoit l'examen de conscience, on assistoit à une lecture spirituelle et l'on approchoit souvent des sacremens. Ces bonnes œuvres ont attiré sur nous les bénédictions du ciel. Trois mois entiers nous n'avons vu que le ciel et la mer ; les calmes, qui par leur durée sont tant à craindre sous la ligne, nous ont peu retardés ; les grandes chaleurs ne s'y sont fait sentir que sept ou huit jours. Il paroissoit de temps en temps de gros poissons, dont plusieurs se laissoient prendre à l'hameçon ; des baleines longues de trente pieds se sont approchées plusieurs fois de notre vaisseau ; ces animaux exhaloient une odeur qui empoisonnoit.

Au commencement du mois de juillet nous abordâmes à l'île d'Anjouan, qui est à plus de quatre mille lieues de France. Les insulaires vinrent sur une écorce d'arbre nous apporter des fruits. Pour une aiguille on avoit six grosses oranges. Étant descendu à terre, je vis donner quatre gros chapons pour un gobelet de deux sous. On prit pour la provision du navire trente bœufs, plus de cinquante cabris, quantité de volailles, du riz, des légumes et beaucoup d'autres choses; le tout ne coûta pas cent écus.

Nous ne nous arrêtâmes là que deux jours et nous fîmes route vers la côte de Goa : du plus loin que nous l'aperçûmes, nous invoquâmes saint François Xavier. De là nous allâmes à Trancamban¹, où les Danois ont une belle forteresse qui n'est qu'à vingt-cinq lieues de Pondichéry. Le roi de Danemark y a fait bâtir un beau séminaire où on élève les enfans des idolâtres dans la religion protestante : il leur donne chaque année deux mille écus pour leur entretien. Celui qui est chargé de ce séminaire alla il y a deux ans en Europe; il ramassa pour cet établissement de grosses aumônes en Allemagne, en Hollande et en Angleterre. Il a voulu entreprendre depuis quelque temps la conversion des brames; il s'avança pour cela dans les terres et il fit quelques instructions devant un grand peuple que la nouveauté avoit attiré. Il ignoroit apparemment l'horreur que les Indiens ont pour le vin et pour toute autre liqueur capable d'enivrer: se trouvant un peu altéré au milieu d'une instruction, il tira de sa poche une petite bouteille de vin, dont il vida la moitié et donna le reste à son compagnon. Les brames s'offensèrent d'une action si opposée à leurs manières; ils l'abandonnèrent sur-le-champ et le décrièrent dans tout le pays. Ce pauvre prédicant fut contraint de se retirer tout honteux avec sa femme et ses enfans dans son séminaire.

Enfin, le 20 août, nous arrivâmes à Pondichéry après cinq mois de la plus belle et de la plus heureuse navigation qui se soit jamais faite, sans tempête, sans danger, sans accident, sans maladie. Douze jours après, le père Boudier, avec qui j'avois fait le voyage, partit sur le même vaisseau pour le royaume de Bengale, qui est à trois cents lieues d'ici. Il fallut nous séparer après avoir vécu dix ans ensemble dans une grande union : ces sortes de séparations coûtent à la nature. Je le conduisis sur le bord de la mer, et là nous nous embrassâmes tendrement peut-être pour la dernière fois. Pour moi l'on m'a destiné à la mission de Car-

¹Trinquebar, sur la côte de Coromandel.

nate, la plus avancée dans les terres : je serai éloigné de quelques journées du père Le Gac, qui soutient avec un courage admirable la vie austère des grands pénitens de l'Inde. Je m'applique pour cela à l'étude de la langue telongou. Accordez-moi les secours de vos prières et recommandez-moi souvent à la très-sainte Vierge. La première église que je bâtirai, ce sera en l'honneur de son immaculée Conception. Demandez-lui qu'elle m'obtienne la grâce de travailler longtemps et avec fruit à la conversion de ces peuples idolâtres, et de terminer ma vie par la couronne du martyre. C'est une grâce que je ne mérite pas, mais l'espérance de l'obtenir par vos prières, dans un lieu où les persécutions sont si fréquentes, me remplit en ce moment d'une joie que je ne puis vous exprimer. Trop heureux si je pouvois avoir le même sort du père Brito, qui eut la tête tranchée pour la foi dans le Marava, ou des pères Mauduit et de Courbeville, qui furent empoisonnés, ou des pères Faure et Bonnet, qui ont été massacrés par les Nicobarins.

LETTRE DU P. BOUCHET
AU P. ***.

Conduite et régime de ceux qui se consacrent à la prédication de la foi. — État des mœurs dans la partie méridionale de la presqu'île en deçà du Gange.

MON RÉVÉREND PÈRE,

La paix de N.-S.

J'ai été également édifié et attendri quand j'ai vu, par la lettre que vous m'avez fait l'honneur de m'écrire, le désir ardent qui vous presse de vous consacrer aux missions et les instances réitérées que vous faites auprès de vos supérieurs pour obtenir d'eux cette grâce, qui vous paroît la plus grande qu'ils puissent jamais vous accorder. Votre attrait, dites-vous, est pour la mission de Maduré : vous la regardez comme une de celles où il y a le plus à travailler et à souffrir, et j'ose dire que vous ne vous trompez pas. Dans cette vue, vous vous adressez à moi, comme à un des plus anciens missionnaires de cette partie de l'Inde, pour vous instruire des travaux et des peines qui y sont attachés au ministère apostolique, et en même temps des bénédictions que Dieu répand sur ces peines et sur ces travaux. Il ne me sera pas difficile de vous satisfaire, et je me flatte que le détail dans lequel je vais entrer sur ces trois articles ne vous laissera rien à désirer.

Il faut compter d'abord que votre vie sera des plus austères ; vous savez sans doute que la viande, le poisson, les œufs et généralement tout ce qui a vie est interdit à nos missionnaires ; qu'ils ne boivent ni vin ni autre liqueur capable d'enivrer ; que leur nourriture consiste dans du riz cuit à l'eau ; qu'on y peut joindre quelques herbes fades, insipides et la plupart fort amères. La manière dont cette sorte de mets s'apprête par les Indiens cause un nouveau dégoût. A la vérité on peut user de lait et de fruits, mais les fruits des Indes n'ont la plupart nulle saveur, et, dans les commencemens, on se sent bien de la répugnance à en manger.

L'eau qu'on est obligé de boire est assez supportable durant l'hiver, mais il n'en est pas de même quand les grandes chaleurs commencent à se faire sentir. Les étangs où elle se conserve venant alors à se dessécher, l'eau en est toujours bourbeuse. On a le secret de la purifier avec le noyau d'un fruit qui en sépare les parties grossières ; mais quelque soin qu'on se donne, elle sent la bourbe et elle est très-désagréable au goût. Si l'on creuse des puits, l'eau qu'on y trouve est salée, et ainsi l'on est forcé de boire de celle des étangs.

Ajoutez à cela qu'un missionnaire est condamné ici à un jeûne perpétuel. Il n'est pas permis à un sanias de souper ; il peut seulement, s'il le veut, prendre le soir quelques fruits ou des confitures du pays : ces confitures, qui se font avec de la farine de riz, du poivre et du sucre noir mêlé avec de la terre, ont quelque chose de si dégoûtant qu'on a bien de la peine à s'y accoutumer.

J'ai vu des missionnaires dont l'estomac n'a jamais pu se faire à ce genre de vie. Ils ont enfin été obligés de se retirer sur les côtes, où l'on peut vivre à la façon d'Europe. Ils y ont trouvé de quoi satisfaire leur zèle, et, ne pouvant mener la vie pénitente de Maduré, ils ont eu la consolation de cultiver les néophytes qui descendent de ces premiers chrétiens, auxquels l'apôtre des Indes, saint François Xavier, a autrefois conféré le baptême.

Une cabane de terre couverte de paille sert de logement. Il y a d'ordinaire à l'entrée un petit salon d'environ dix pieds qui est couvert d'un côté. C'est là où le missionnaire entretient les néophytes qui lui rendent visite. Dans la saison des pluies, ces cabanes deviennent fort incommodes : le pavé et les murs sont alors fort humides à la hauteur d'un ou de deux pieds. Dans les commencemens on n'avoit de jour que par la porte, mais maintenant on pratique quelques trous en forme de fenêtre.

Trois ou quatre vases de terre sont tout le meuble du missionnaire. Dans l'un il met ce qui lui est nécessaire pour le saint sacrifice de l'autel ; les autres servent à mettre son riz et d'autres choses semblables. Des feuilles d'arbres tiennent lieu de tables, de plats, de nappes et de serviettes. C'est sur ces feuilles qu'on pétrit, en quelque sorte, le riz avec les herbes, et l'on en fait de petites boules qu'on avale.

Les premiers missionnaires couchoient autrefois à plate terre ; les maladies fréquentes causées par l'humidité les ont obligés d'étendre sur des ais une peau de tigre ou de cerf sur laquelle ils prennent maintenant leur repos.

Il n'y a que la main de Dieu qui puisse nous soutenir dans les travaux de la mission avec des alimens si légers. L'assiduité à entendre les confessions est peut-être une des occupations les plus pénibles. On a coutume de disposer chaque fois les néophytes au sacrement de la pénitence, comme si c'étoit la première fois qu'ils dussent s'en approcher. On leur fait faire des actes de foi, d'espérance, de contrition et d'amour de Dieu, et dans le temps qu'ils se confessent, on leur fait renouveler les mêmes actes. Le nombre des pénitens est quelquefois si grand que le missionnaire en est accablé, et il y a des occasions où à peine peut-il trouver le temps de dire son bréviaire. Quand on voit arriver de fort loin deux ou trois cents néophytes, avec leurs femmes et leurs enfans, qui n'ont précisément de riz que pour le temps de leur voyage, qui sont sous la dépendance de maîtres idolâtres, lesquels comptent les momens de leur absence, quand un missionnaire se voit environné de ces fervens chrétiens qui lui crient : « Mon père, il y a deux jours que nous sommes ici, nous en avons mis trois à venir, il nous en faut autant pour nous en retourner, et nos petites provisions sont sur le point de nous manquer, » quand dis-je un missionnaire se voit pressé de la sorte, bien qu'il ne puisse suffire à tout, son cœur est attendri, et il prend aisément la résolution de passer la nuit à confesser les hommes, après avoir employé tout le jour à entendre les confessions des femmes ; cependant, faute de sommeil, les forces manquent, les maux de tête succèdent, avec un dégoût si grand que le temps du repas devient un supplice. C'est surtout pendant le carême et au temps pascal que cette fatigue est si continuelle que, sans un secours particulier de Dieu, il seroit impossible d'y résister deux ans de suite. J'ai connu un missionnaire qui, succombant sous le poids du travail, disoit au Seigneur avec larmes : « Vous connoissez mon accablement, ô mon Dieu, fortifiez ma foiblesse, aidez-moi, afin que je puisse contenter ces bons néophytes ! »

La visite des malades qui sont en danger n'est pas moins pénible. On vient quelquefois chercher le missionnaire de quatre endroits différens, très-éloignés les uns des autres ; à peine est-il arrivé d'une bourgade qu'on l'appelle dans une autre sans qu'il puisse prendre un instant de repos. Souvent on le fait venir fort inutilement, et après bien des fatigues, il est étonné de trouver le prétendu malade qui vient le recevoir à l'entrée de sa bourgade. On seroit tenté alors de reprocher aux néophytes les peines qu'ils causent avec peu de raison ; mais on se donne bien de garde de le faire, de crainte que dans un danger réel ils ne devinssent trop circonspects et n'exposassent leurs parens à mourir sans recevoir les derniers secours de l'Église. Je vous raconterai ingénument ce qui m'est arrivé dans une semblable rencontre.

Le soleil se couchoit lorsqu'on vint m'avertir qu'un chrétien étoit à l'extrémité ; il demeuroit à une grande journée de l'endroit où j'étois, je me disposai à partir sur l'heure ; mais mes catéchistes me représentèrent qu'il n'y avoit aucun lieu sur la route où nous pussions nous arrêter ; que les pluies extraordinaires qui étoient tombées depuis quelques jours avoient tellement détrempé les terres qu'on y enfonçoit jusqu'aux genoux, que ces terres étoient remplies d'épines ; que la nuit étoit si obscure qu'il étoit impossible de ne pas s'écarter du droit chemin ; que d'ailleurs il y avoit trois rivières à passer, qu'aucune n'étoit guéable, parce que les pluies les avoient fort enflées ; qu'en partant si tard, nous nous exposions à ne pas même nous rendre le lendemain à la bourgade, et qu'il seroit beaucoup plus sûr de partir à la pointe du jour. Je me rendis à leurs raisons ; cependant je passai la nuit dans d'étranges inquiétudes sur l'état du malade, et je ne pus dormir un quart-d'heure de suite, me réveillant sans cesse avec la pensée qu'il pourroit mourir sans sacremens.

Dès que l'aurore parut, je partis avec mes catéchistes ; je n'eus pas fait une demi-lieue que je fus convaincu de la vérité de ce qu'ils m'avoient dit. Nous entrions jusqu'aux genoux dans la boue, et je ne m'en fusse jamais tiré si je m'y étois engagé pendant la nuit. Il me fallut passer deux petites rivières à la nage ; j'abordai à une troisième beaucoup plus large : on mit dans l'eau une longue perche que j'embrassai par le milieu, tandis que deux chrétiens qui la tenoient aux extrémités me conduisirent ainsi à l'autre bord. Je marchai ensuite près d'une demi-lieue dans un canal où l'eau me venoit à la ceinture ; enfin j'arrivai fort harassé à la bourgade. Je demandai en tremblant où étoit la maison du malade, dans l'appréhension où j'étois qu'on ne me répondît que je venois trop tard. Je fus fort surpris de le trouver qui m'attendoit sur le seuil de sa porte ; il se réjouit de mon arrivée, en me témoignant néanmoins qu'il étoit fâché des fatigues qu'il m'avoit causées, mais qu'on lui avoit dit que sa maladie étoit dangereuse et qu'il l'avoit cru.

Vous pouvez juger de là, mon cher père, quelle est l'incommodité des voyages que nous sommes obligés de faire presque continuellement, soit pour parcourir les divers lieux où nous avons des églises et des chrétientés nombreuses, soit pour assister les moribonds et leur administrer les sacremens, soit pour prévenir les persécutions qu'attireroit le trop long séjour des missionnaires dans le même endroit. Il ne faut pas s'imaginer qu'on trouve ici des hôtelleries sur la route comme en Europe ; à la vérité il y dans les chemins les plus battus de grandes salles, tout à fait ouvertes d'un côté, où les voyageurs peuvent se reposer de leurs fatigues ; mais outre que dans certaines contrées elles sont fort rares, on n'en trouve jamais dans les chemins de traverse que nous sommes le plus souvent obligés de prendre pour aller d'une bourgade à l'autre.

Quand les Indiens ont un voyage à faire, leur coutume est de faire cuire leur riz la veille de leur départ : ils en expriment l'eau afin de le porter plus commodément. Ce riz est tout froid et ressemble assez à du mortier à demi sec ; non-seulement il est beaucoup plus insipide que celui qu'on apprête pour manger chez soi, mais encore il s'aigrit aisément et devient insupportable au goût. C'est cependant l'unique nourriture du voyageur.

En quelque saison qu'on entreprenne un voyage, on a beaucoup à souffrir : durant les chaleurs on est exposé tout le jour aux rayons d'un soleil très-ardent qui brûle le visage, les pieds et les mains : il y a tel missionnaire qui a changé plus de trente fois d'épiderme, surtout au visage; l'air est quelquefois si embrasé qu'on a de la peine à respirer, et il y a plusieurs mois de l'année où il est absolument impossible de marcher depuis dix heures du matin jusqu'à deux heures après midi.

La saison des pluies a d'autres inconvéniens: comme alors elles sont presque continuelles et que nous ne sommes couverts que d'un simple vêtement de toile, on est bientôt trempé; on passe la journée dans cet état, et lorsqu'à la fin du jour on ne trouve ni bois ni paille pour se sécher, comme il arrive souvent, il faut bien se résoudre à coucher sur la terre nue dans des habits tout mouillés et à prendre un sommeil qui ne peut être provoqué que par l'extrême fatigue où l'on se trouve.

J'étois encore nouveau venu dans la mission lorsque je fus mis à une assez rude épreuve. Je demeurois depuis deux mois avec le père Laynez, qui m'enseignoit la langue du pays; le père Telles, autre missionnaire qui faisoit sa résidence à Cornepattou, vint nous trouver à Aour pour y rétablir sa santé. On vint les chercher tous deux en même temps, le premier pour un malade qui demeuroit à une bonne journée d'Aour, le second pour un de ses néophytes de Cornepattou qui étoit en danger. Le père Laynez partit sur l'heure. L'état de langueur où étoit le père Telles, ne lui permettoit pas d'aller au secours de son malade : je m'offris aussitôt à tenir sa place. Il me représenta que n'étant pas encore accoutumé à ces sortes de voyages, je n'aurois pas la force d'y résister et que je courois risque de demeurer à mi-chemin. Je présumai peut-être un peu trop de mes forces, et, sans avoir égard à ses représentations, je pars pour Cornepattou. Je n'eus pas fait une lieue que j'eus la plante des pieds à demi brûlée : je me les enveloppai avec de la toile; mais le sable s'y étant glissé m'écorcha toute la peau, et, s'insinuant entre cuir et chair, me causa des douleurs si aiguës que je fus contraint d'y succomber. Nous gagnâmes un village, et je passai la nuit à l'entrée d'une maison où l'on eut la charité de me recevoir. Un peu de lait qu'on me présenta fut un vrai régal pour moi, car il est rare d'en trouver lorsqu'on est en route. Je tirai comme je pus les grains de sable qui m'étoient entrés dans la chair et je me traînai ensuite environ une demi-lieue. Comme je ne pouvois presque me soutenir, un Indien gentil qui m'aperçut demanda à mes catéchistes ce que j'avois. Ceux-ci lui ayant répondu que j'étois un nouveau sanias qui n'étoit pas accoutumé à marcher sur ces sables brûlans, il en fut touché, et s'approchant de moi : « Seigneur, me dit-il, souffrez que je vous soulage dans la peine où vous êtes. » Il commanda ensuite à son valet de m'amener son cheval et de me suivre. Avec ce secours, je me rendis le soir au village : à peine eus-je confessé le malade que je fus saisi d'une fièvre très-violente qui me dura toute la nuit; elle n'eut pourtant pas de suite, et je fus en état de dire la messe le jour suivant. A mon retour je pensai être fait prisonnier : nous rencontrâmes une compagnie de soldats qui cherchoient depuis quelques jours un de nos missionnaires; on me fit cacher dans une ravine où je demeurai une heure entière, après quoi je continuai ma route.

Ce qui arriva au père Gozzadini à son entrée dans la mission vous fera mieux comprendre ce que l'on a à souffrir dans nos voyages. Quelques affaires m'avoient appelé à la côte de la Pêcherie : les ayant terminées vers la fin de novembre, je songeai aussitôt à retourner dans ma mission. Le père Gozzadini voulut profiter de l'occasion pour entrer avec moi dans les terres. Je lui fis connoître qu'un nouveau missionnaire, tel qu'il étoit, devoit attendre une saison plus favorable; que les pluies qui tomboient en abondance dans cette saison et qui continuoient d'ordinaire jusqu'à la fin du mois de décembre lui causeroient des fatigues auxquelles il succomberoit infailliblement, et qu'il s'accoutumeroit plus aisément aux travaux de la vie apostolique s'il en faisoit l'apprentissage dans une saison moins incommode. Ce fut inutilement : son courage et l'ardeur qu'il avoit de se consacrer au plus tôt à la mission lui persuadèrent trop facilement qu'il auroit peu de peine à surmonter ces premières fatigues. Nous partîmes de la côte pendant la nuit afin de n'être pas aperçus d'une forteresse où l'on nous auroit arrêtés en plein jour. On nous avoit donné des chevaux pour fair plus commodément le voyage, mais ils nous furent inutiles, ainsi que je l'avois prévu : ils enfonçoient dans la boue jusqu'aux sangles, et il nous étoit encore moins pénible de marcher à pied. Le nouveau missionnaire eut beaucoup de peine à se débarrasser des boues; la pluie survint en même temps, nous nous égarâmes au milieu d'une campagne immense sans savoir quelle route tenir : la nuit étoit obscure, et nous n'avions de lumière que celle de quelques éclairs. Nous approchâmes du village. Enfin les épines mêlées avec la boue causèrent un nouveau tourment au missionnaire, il en eut les pieds tout ensanglantés. Cependant son courage le mit encore au-dessus de cette épreuve. Nous arrivâmes le lendemain à la cabane d'un missionnaire : sa charité nous fit oublier nos fatigues passées. Cependant la fièvre saisit le père Gozzadini, et après trois jours de souffrances continuelles, il eut le courage de me suivre jusqu'à un village assez éloigné où résidoit le père Bernard de Sâ : c'est où je le laissai pour me rendre à Trichirapali. Pendant ce temps-là les pluies devinrent encore plus fortes et plus continuelles. Comme le pays étoit inondé, la maison du missionnaire, qui n'étoit bâtie que de terre, étoit sur le point d'écrouler. Un torrent éloigné seulement de cinquante pas s'étoit extraordinairement enflé et rouloit ses eaux avec impétuosité vers la maison. Le père de Sâ avertit son nouvel hôte du danger où ils se trouvoient d'être accablés sous les ruines de cette maison, qui commençoit déjà à tomber par morceaux. Ils prirent le parti de sortir dehors, mais ils aperçurent que la cour, qui étoit vis-à-vis l'église, ressembloit déjà à un étang, et qu'il n'y avoit qu'un arbre où ils pussent se réfugier. Ils détachèrent la porte de leur maison, et l'ayant fait attacher par un catéchiste aux plus grosses branches de l'arbre, ils y montèrent et y demeurèrent toute la nuit. L'ancien missionnaire, qui étoit fait à la fatigue, ne laissa pas de prendre quelques heures de repos dans une posture si gênante. Il n'en fut pas de même du père Gozzadini : il ne put fermer l'œil, et il passa la nuit dans une peur continuelle que les eaux, qui couloient avec rapidité, ne déracinassent l'arbre qui leur servoit d'asile. L'église, qui tomba vers le minuit, augmenta sa frayeur par le bruit de sa chute. Enfin il eut tant à souffrir cette nuit-là du vent et de la pluie que le lendemain il fut attaqué de la dyssenterie, dont il ne put se remettre qu'en retournant à Pondichéry, encore lui fallut-il plusieurs mois pour y rétablir sa santé.

Dans ces fréquentes et pénibles courses que doit faire un missionnaire, on peut compter pour quelque chose le danger où l'expose le passage des rivières ou des torrens qu'il trouve d'ordinaire sur sa route. On ignore ici l'usage de construire des ponts; rarement s'y sert-on de bateaux. Pour ce qui est des Indiens, comme ils savent la plupart fort bien nager, une fascine leur suffit pour traverser les fleuves les plus larges. S'ils ont à passer un homme qui ne sache pas nager, ils le lient avec des cordes cinq ou six fagots, ils le mettent sur cette machine et ils le poussent à l'autre bord en nageant. Je vous avoue que je fus fort effrayé la première fois que je passai ainsi le Coloran, qui étoit alors aussi large que la Garonne vis-à-vis de Bordeaux. Il est vrai que, pour me rassurer, plusieurs chrétiens se jetèrent dans l'eau et environnèrent la fragile machine où j'étois jusqu'à ce que je fusse à l'autre bord.

On se sert souvent de bâtons de netti, dont les branches ressemblent assez au liège : mais quelque chose qu'on fasse, le courant vous entraîne d'ordinaire à un quart de lieue et souvent à une demi-lieue de l'endroit où vous deviez aborder. Il y en a qui traversent la rivière en embrassant un grand vase de terre, dont on bouche l'ouverture après l'avoir rempli d'eau jusqu'à la moitié pour lui donner plus de consistance. Les missionnaires qui y sont accoutumés trouvent cette manière plus sûre et plus aisée, mais pour moi les fagots de netti m'ont toujours paru plus commodes.

Vous parlerai-je, mon cher père, des persécutions où l'on se trouve presque continuellement exposé dans cette mission ? Tout contribue à inquiéter les missionnaires et leurs néophytes. L'avarice des princes et leur attachement aux idoles; l'orgueil des brames, qui ne peuvent supporter une doctrine laquelle combat leurs ridicules idées; les chefs des diverses castes, qui regardent l'Évangile que nous leur prêchons comme l'anéantissement de leurs lois et de leurs usages; les prêtres des idoles, qui frémissent de rage de voir leurs fausses divinités tomber dans le mépris et eux-mêmes regardés comme des séducteurs; enfin les pénitens gentils dont les aumônes diminuent dans les endroits où la foi s'établit : ces gens-là se réunissent contre nous et répandent sans cesse toute sorte de calomnies pour irriter les peuples et pour décréditer le christianisme.

Les appuis qui sont souvent ménagés par la Providence dans les autres missions nous manquent dans celle-ci. Il y en a où les services rendus au prince attirent sa protection sur les prédicateurs de l'Évangile et accréditent la religion ; dans d'autres endroits l'autorité des Européens fait respecter les missionnaires ; il arrive quelquefois qu'un ministre ou un grand du royaume qui a embrassé la foi en devient le protecteur : rien de tout cela ne se trouve dans la mission de Maduré. Il est rare que les princes nous protègent, encore moins qu'ils se fassent chrétiens, si ce n'est dans le Marava, où l'on en trouve quelques-uns. Ceux qui ont embrassé le christianisme dans les castes les plus nobles, comme est celle des brames, sont dès là en butte aux plus indignes traitemens : les brames gentils les regardent comme des gens qui se sont dégradés et qui ont avili leur noblesse. Nous n'avons garde d'avoir recours aux Européens ni de faire tant soit peu paroître que nous ayons le moindre commerce avec eux. Il n'est pas possible de faire comprendre l'affreuse idée que les Gentils qui demeurent dans les terres se sont formée des Européens qui habitent la côte : tout ce qu'on en a pu dire jusqu'ici est infiniment au-dessous de ce que nous voyons. Il y a quelques années qu'un de nos missionnaires fut renfermé dans une rude prison ; les Européens de la côte, qui en furent informés, songèrent aussitôt à députer quelques-uns d'eux au prince pour demander sa délivrance : le missionnaire s'y opposa de toutes ses forces, aimant mieux expirer dans la prison que d'employer un moyen qui auroit fait connoître qu'il étoit lié avec les Franguis (car c'est ainsi qu'ils appellent les Européens) et qui auroit exposé sa chrétienté à une persécution générale.

Dans ces orages qui s'élèvent si fréquemment contre nous, le moins que nous ayons à craindre, c'est la prison, et c'est à quoi l'on est journellement exposé. Quand le missionnaire se lève le matin, il n'oseroit s'assurer qu'il ne couchera pas le soir dans quelque cachot : les lieux où l'on se croit le plus en sûreté sont souvent ceux où l'on est plus aisément surpris. Il y a quelques années qu'un missionnaire nouvellement arrivé fut conduit dans le lieu de sa mission par deux des plus anciens, qui l'en mirent en possession. Il fut d'abord si charmé des marques de tendresse que lui donnèrent les néophytes qu'il s'écria, transporté de joie : « Oh ! que de douceur et de consolation dans un lieu où je ne croyois trouver que des croix et des souffrances ! — Ne vous y fiez pas, lui dirent les plus anciens missionnaires, rien de plus trompeur que le calme présent ; tout est à craindre lorsqu'on est le plus tranquille. » Il ne répondit que par un souris plein de confiance ; mais sa propre expérience le détrompa bientôt : le même jour des soldats envoyés du prince se saisirent des trois missionnaires, leur mirent les fers aux pieds et les conduisirent en prison.

Il ne faut pas vous dissimuler ce qu'on a à souffrir dans ces prisons ; il y en a de plusieurs sortes : les unes sont publiques, et le grand nombre des prisonniers les rend insupportables. Nous y avons eu de nos missionnaires qui n'avoient que l'espace nécessaire pour se coucher durant la nuit. Dès la pointe du jour, les officiers se rendoient à la prison avec des bourreaux pour tourmenter les prisonniers ; les coups horribles dont on accabloit ces malheureux Indiens et les cris lamentables qu'ils poussoient jetoient la frayeur dans les esprits, chacun attendant le moment où il alloit être appelé pour souffrir les mêmes supplices. J'ai ici une lettre du père André Freyre, qui a été nommé depuis à l'archevêché de Cranganor, où il fait la description de la prison dans laquelle il fut renfermé à Tanjaour avec un autre jésuite ; le seul récit fait horreur.

Il y a d'autres prisons moins affreuses pour le lieu, mais toujours très-fâcheuses pour le genre de vie qu'on y mène. C'est la coutume des pénitens indiens de redoubler leurs austérités lorsqu'ils sont prisonniers, c'est même un moyen d'obtenir plus tôt la liberté, dans la crainte qu'on a que ces pénitens n'expirent dans les fers : d'ailleurs comme on n'a point la commodité de faire cuire le riz et les herbes à la façon du pays, il faut nécessairement se contenter de quelques poignées de riz froissées entre deux pierres et trempées d'un peu d'eau. On y peut ajouter du lait quand on en a la permission ; mais ceux à qui on est obligé de l'acheter y mêlent d'ordinaire les trois quarts d'eau, et il fait souvent plus de mal que de bien. Aussi voit-on des missionnaires qui au sortir de la prison ont bien de la peine à se rétablir ; l'œsophage se rétrécit presque toujours, et l'on se trouve surpris d'une toux sèche qui conduit quelquefois en peu de jours au tombeau. Le père Louis de Mello, bien que d'une complexion robuste, ne fut détenu en prison que quinze jours : cette toux sèche le prit et l'enleva en moins d'un mois. Le père Joseph Carvalho, avec qui j'ai vécu plusieurs années, mourut dans sa prison les fers aux pieds et couché sur un peu de paille. Le père Joseph Bertholdo, son compagnon, en sortit si défiguré qu'il ressembloit bien plus à un cadavre qu'à un homme vivant. Ne croyez pas au reste que ces emprisonnemens soient peu fréquens : il est rare qu'il se trouve un seul missionnaire qui échappe aux horreurs de ces prisons, et j'en ai connu qui ont été emprisonnés deux fois en moins d'une année.

Mais quand on trouveroit le moyen de se dérober à la fureur des ennemis du nom chrétien, on ne peut éviter les alarmes presque continuelles que donnent les néophytes. Les Indiens, naturellement timides, se persuadent aisément ce qu'ils craignent, et souvent au milieu d'une grande fête, comme seroit celle de Noël ou de Pâques, que les chrétiens sont assemblés en grand nombre, ils viennent, la frayeur peinte sur le visage, avertir le missionnaire de renvoyer au plus tôt les néophytes, que tout est perdu, que les soldats sont déjà en chemin, qu'ils arriveront en moins d'une heure, et ils ajoutent à ce qu'ils disent tant de circonstances que leur imagination craintive leur suggère qu'ils jettent le missionnaire dans l'embarras sur le parti qu'il doit prendre. Si d'un côté il ne doit pas tout à fait se fier à ces rapports, qui sont souvent mal fondés, d'un autre côté la prudence ne lui permet pas d'exposer cette multitude de fidèles à la fureur des idolâtres. Il faut avoir été dans de semblables occasions pour comprendre ce qu'on a à souffrir intérieurement ; je m'y suis trouvé plus d'une fois, et alors je me disois à moi-même : « Troublerai-je la piété et la ferveur de tant de néophytes pour un danger qui n'est peut-être qu'imaginaire ? Mais aussi si ce danger est réel, quelle douleur pour moi de les avoir livrés entre les mains des barbares ? » En vérité chaque moment alors est un vrai supplice.

Les fréquentes révolutions de l'état sont une autre source de dangers auxquels on n'est pas moins exposé. Les royaumes de l'Inde méridionale sont partagés entre plusieurs *palleacarens* ou gouverneurs qui, quoique dépendans du prince, sont tellement maîtres de leur état qu'ils peuvent se faire la guerre les uns aux autres sans que le prince prenne aucune part à leurs querelles. Il n'y a point de mois où il n'y ait quelques-unes de ces petites guerres dans quelque endroit de la mission. A la première alarme, les habitans des bourgades prennent la fuite et se retirent ailleurs. Quand ces incursions se font subitement et sans qu'on ait pu les prévoir, ils passent ce qu'ils rencontrent au fil de l'épée. L'année que je partis des Indes pour aller en Europe, les ennemis du prince à qui appartiennent les terres où est bâtie l'église d'Aour firent une semblable irruption ; il se livra un petit combat dans la cour qui est vis-à-vis l'église : le missionnaire qui confessoit alors un néophyte entendoit de tous côtés siffler les balles de mousquet ; peu après il s'aperçut qu'on avoit mis le feu à son église ; elle fut néanmoins conservée, le feu s'éteignit de lui-même aussitôt que les ennemis eurent disparu.

Outre ces petites guerres, qui sont très-fréquentes, le roi de Maduré envoie tous les ans une armée contre ces palleacarens ; malheur à ceux qui se trouvent sur sa route et qui n'ont pas le loisir de fuir dans les bois ou dans les bourgades qui appartiennent à d'autres princes. On ne peut attribuer qu'à une protection singulière de Dieu la manière dont le père Dabreu échappa à la fureur des soldats dans une pareille rencontre. Il étoit dans une peuplade qui fut tout à coup assiégée par l'armée de Maduré ; dès la pointe du jour les soldats y entrèrent pêle-mêle et mirent tout à feu et à sang. Le père étoit retiré dans sa chambre avec ses catéchistes, où il se disposoit à la mort, qu'il attendoit à chaque moment. Plusieurs soldats y entrèrent comme des furieux, et ayant envisagé le père pendant quelque temps, ils se retirèrent sans lui dire le moindre mot et, ce qui est plus étonnant, sans toucher aux pendans d'oreilles d'or des catéchistes ni au sac où étoient renfermés les habits du missionnaire. Lorsqu'ils furent sortis, un des catéchistes crut trouver ailleurs plus de sûreté ; il sortit de la maison, mais à peine eut-il fait quelques pas dans la rue qu'un soldat lui trancha la tête. Cet événement augmenta la confiance des autres catéchistes et leur fit comprendre que Dieu protége visiblement les missionnaires et ceux qui les accompagnent.

La désolation est encore bien plus grande lorsque les troupes du Mogol se répandent dans cette partie de l'Inde ; c'est un spectacle qui tire les larmes des yeux : on voit une multitude infinie de gens qui courent de côté et d'autre sans savoir où ils vont ; hommes, femmes, enfans, chevaux, bestiaux, tout est confondu, tout fuit, tandis que les bourgades sont en feu et que le soldat saccage tout ; les maris ne reconnaissent plus leurs femmes, les pères et les mères abandonnent leurs enfans, bien qu'ils les aiment à l'excès ; les femmes se précipitent dans les flammes ou dans les rivières pour ne pas tomber entre les mains d'un ennemi plus redoutable que la mort même. Je me souviens qu'un jour, comme je finissois la messe à Aour, on donna l'alarme à la bourgade, et je fus témoin de ce triste spectacle. Comme je prenois la fuite avec mes néophytes je trouvai une pauvre femme qui pouvoit à peine se traîner avec deux enfans qu'elle portoit entre ses bras. J'en pris un que j'avois baptisé peu de jours auparavant, et nous nous retirâmes dans un bois épais qui étoit à demi-lieue de la peuplade. Toute cette journée se passa dans des frayeurs continuelles.

Il arrive souvent qu'en voulant éviter un péril on tombe dans un autre. Il y a dans l'Inde méridionale une caste particulière d'Indiens qui fait profession publique de voler et qui s'appelle pour cela la caste des voleurs. Ils se retirent dans les bois, où ils ont leurs bourgades à part qui sont gouvernées par différens chefs. Dans les troubles de l'état, ils s'assemblent en différentes troupes et ils pillent également ceux qui fuient et les soldats qui on déjà fait quelque butin. Il est vrai pourtant que ceux de cette caste ont du respect pour les missionnaires, je ne sais pas pour quelle raison. Ils nous admettent volontiers dans leurs peuplades et ils nous laissent une entière liberté d'y exercer nos fonctions ; et même dans ces sortes d'occasions, pour peu qu'ils nous reconnoissent, ils s'abstiennent de nous faire du mal. Deux de nos missionnaires l'éprouvèrent il y a peu de temps. Dans une irruption des Mogols, ils se trouvèrent mêlés parmi ces pelotons d'Indiens qui fuyoient et tombèrent entre les mains des voleurs. Ceux-ci, les ayant reconnus, non-seulement ne leur firent aucun mal, mais ils les aidèrent même à sauver les ornemens de leur église ; cependant dans les premières saillies, ils ne connoissent personne, et les missionnaires sont exposés comme les autres à leur fureur.

Il arrive de temps en temps que ces voleurs se font la guerre les uns aux autres, et alors il n'y a nulle sûreté. La première année que j'entrai dans la mission, je fus envoyé à Counampati : c'est une bourgade de ces voleurs où il est facile de rassembler les chrétiens de Tanjaour. Le capitaine m'assura de sa protection, mais elle ne me fut guère utile. Un autre capitaine de voleurs beaucoup plus redouté dans l'Inde nous menaçoit sans cesse de nous surprendre et de ne faire quartier à personne. Je fus obligé pendant un mois entier de tenir les ornemens de l'église dans un sac afin d'être prêt à chaque instant à me sauver dans le bois qui environne la bourgade. Un jour que je confessois des chrétiens de Tanjaour, on donna l'alarme, et mon catéchiste, plus timide encore que les autres, vint tout effaré m'apporter le sac où étoient les ornemens, et criant : «Sauve qui peut!» commença par courir le premier de toutes ses forces. Il y avoit environ deux cents chrétiens dans la cour de l'église. Je vis alors une espèce de miracle causé par la frayeur : tous disparurent en un clin d'œil sans que je pusse comprendre comment ils avoient pénétré sitôt dans le bois, dont l'entrée étoit bordée d'épines. Peu après, un des fuyards, qui avoit grimpé au haut d'un arbre, avertit que les ennemis passoient outre avec le butin qu'ils avoient fait la nuit précédente. Les esprits se calmèrent, et les chrétiens que j'avois vu disparoître en un instant furent plus de deux heures à se débarrasser des épines et ne sortoient qu'avec beaucoup de peine des endroits où ils avoient passé auparavant sans y trouver le moindre obstacle.

Outre ces voleurs qui font une caste particulière, il y en a d'autres qui sont d'autant plus à craindre qu'ils sont répandus dans cette partie de l'Inde, de sorte qu'un missionnaire que ses fonctions engagent dans des voyages presque continuels, doit toujours avoir sa vie entre les mains. Un seul trait vous fera juger des risques que nous courons parmi ces peuples barbares. Le père Emmanuel Rodriguez passoit par un village pour se rendre à une des églises de sa mission : un officier qui l'aperçut jugea à sa physionomie qu'il étoit étranger, et il s'imagina en même temps que ce pouvoit être un marchand de pierres précieuses, et que les sacs portés par ses catéchistes étoient remplis de curiosités de grand prix. Aussitôt il dépêcha cinq ou six de ses soldats avec ordre de courir après l'étranger et de le tuer aussi bien que ceux de sa suite. Le chef de cette troupe atteignit le père Rodriguez à l'entrée d'un bois et lui ordonna de le suivre. Le père comprit qu'on en vouloit à sa vie et à celle de ses catéchistes : il se disposa à la mort par des actes de contrition ; il donna l'absolution à ses catéchistes sur les marques de douleur qu'ils lui donnèrent de leurs péchés, car on lui refusa la permission de s'entretenir avec eux. Après avoir marché environ un quart d'heure, ils arrivèrent dans l'endroit du bois le plus épais. Ce fut là que le chef de la troupe annonça au missionnaire qu'il falloit mourir. Le père demanda un peu de temps pour se recueillir, et il lui fut accordé. Lui et ses catéchistes se mirent aussitôt à genoux, prêts à recevoir le coup de la mort. Dieu toucha alors le cœur de ces barbares : ils furent attendris de ce spectacle et ne purent se résoudre à exécuter l'ordre qui leur avoit été donné ; ils se contentèrent de leur voler ce qu'ils portoient. Comme ils visitoient les sacs des catéchistes, on les entendit qui disoient entre eux : « C'eût été un grand crime que d'ôter la vie à cet étranger pour si peu de chose. » Ce fut ainsi que, par une providence particulière de la bonté divine, ce missionnaire échappa à la fureur des barbares.

A ces dangers, j'en dois ajouter un autre qui est fort commun aux Indes. Il s'y trouve quantité de gros serpens dont la morsure est mortelle et enlève un homme quelquefois en moins d'un quart d'heure. On y en voit de plus de vingt espèces différentes ; les moins dangereux ont un venin qui cause la lèpre ou rend tout à fait aveugle. Il est vrai qu'on a ici d'excellens remèdes contre leur venin, mais ces remèdes n'empêchent pas que plusieurs de ceux qui sont mordus ne meurent, soit qu'on les applique trop tard, soit que le venin soit si présent que tout remède devient inutile.

Les missionnaires, dont les maisons sont séparées de celles du village, sont encore plus exposés que les Indiens à la morsure des serpens. J'ai couru une infinité de fois ce risque, et la main bienfaisante de Dieu m'en a toujours préservé. Une fois, par exemple, que j'avois un grand nombre de chrétiens rassemblés dans mon église, je passai une partie de la nuit à confesser les hommes afin d'employer le lendemain à confesser les femmes. J'avois laissé sans réflexion et contre ma coutume la lampe allumée dans ma chambre. Quand j'y retournai, j'aperçus sur les ais où je devois me coucher un de ces gros serpens tout noir, et j'en fus si effrayé qu'en voulant me retirer, je me blessai la tête contre la porte de ma cabane, qui étoit fort basse. Quelques catéchistes que j'appelai le tuèrent. Si je n'avois pas eu de lumière dans ma chambre, j'aurois été infailliblement mordu de ce serpent, et je n'aurois survécu à sa morsure tout au plus qu'une demi-heure.

Une autre fois en me couchant, j'entendis un grand bruit sur le toit de ma cabane, qui étoit couverte de paille. Je m'imaginai que ce bruit étoit causé par quelques rats, dont il y a une grande quantité aux Indes ; mais je fus bien surpris le matin lorsque, ouvrant ma fenêtre, j'aperçus un de ces serpens dont le venin est si présent qui étoit suspendu à mi-corps sur l'endroit où j'avois reposé pendant la nuit. Dans une autre occasion, un catéchiste lisant un livre auprès de moi, un serpent tomba du toit sur son livre et ne nous fit aucun mal.

Un jour que trois ou quatre missionnaires conféroient ensemble assis sous des arbres, un serpent se glissa dans la soutane de l'un d'eux et monta jusqu'à une de ses manches, que nous portons ici fort larges à cause des grandes chaleurs ; il sortit ensuite auprès du poignet, et on en donna avis au missionnaire, qui n'y faisoit nulle attention : il eut assez de présence d'esprit pour ne pas se donner le moindre mouvement. Le serpent se coula tranquillement à terre, où on le tua.

Je pourrois vous rapporter un grand nombre d'exemples semblables où je n'ai pu être garanti de la morsure de ces animaux que par une protection singulière de Dieu. Ce qui m'arriva à Aour tient en quelque sorte du prodige. J'y ai bâti une assez belle église en l'honneur de l'Immaculée Conception : la statue de la Vierge, que j'ai fait venir de Goa, y est représentée tenant sous ses pieds le serpent infernal. Les chrétiens viennent l'y honorer avec beaucoup de piété. La veille de Noël, que l'église étoit remplie de monde, un serpent se glissa entre les jambes des néophytes et pénétra jusqu'à une de deux croisées où étoient les femmes, séparées des hommes ; là il grimpa sur une petite fille de cinq à six ans, qui le sentant fit un grand cri, et l'ayant pris avec ses mains, le jeta sur les femmes qui étoient auprès d'elle. La frayeur devint générale. Néanmoins le serpent se sauva et gagna la porte de l'église sans avoir mordu personne. Cela parut d'autant plus surprenant que dans le même temps plusieurs Indiens s'étant retirés dans une de ces salles qui se trouvent sur les chemins publics, sept ou huit furent mordus d'un semblable serpent qui s'y étoit glissé. Il est aisé de voir que Dieu protége d'une manière sensible les missionnaires : car quoique ces animaux soient ici très-communs, je n'ai pas ouï dire que, depuis plus de cent cinquante ans que les jésuites parcourent les Indes, aucun d'eux en ait été mordu.

Puisque je vous fais le détail des peines qui sont attachées à cette mission, je ne dois pas oublier ce qui vous en coûtera pour apprendre la langue et pour vous assujettir à des coutumes extraordinairement gênantes qu'on ne peut pas se dispenser d'observer. Il faut d'abord une grande constance pour dévorer dans un âge déjà avancé les difficultés qui se trouvent à commencer les élémens d'une langue qui n'a nul rapport avec celles qu'on a apprises en Europe; cependant on en vient à bout avec un travail assidu et le secours d'une grammaire composée par nos premiers missionnaires. Mais ce n'est pas tout de l'entendre, il faut savoir encore la prononcer : l'on est étonné qu'après avoir employé pendant une année entière les jours et une partie des nuits à étudier la langue indienne, lorsqu'on croit y avoir fait quelque progrès, on n'entend presque plus les mots dont on se sert soi-même s'ils viennent à être prononcés par les gens du pay. Les nerfs de la langue ne sont plus assez souples dans un certain âge pour attraper la prononciation de certaines lettres : mais si les naturels du pays ont cet avantage sur quelques missionnaires, il arrive souvent que les missionnaires les surpassent pour l'élégance de la diction.

Je ne vous dirai qu'un mot des usages du pays, auxquels nous sommes obligés de nous conformer, mais il y en a qui sont un vrai supplice dans les commencemens. Vous avez vu dans quelques-unes de nos lettres précédentes qu'on est obligé de marcher sur des socques, lesquels ne tiennent aux pieds que par une cheville de bois qui se met entre les deux premiers doigts de chaque pied. Cette chaussure est d'abord insupportable et l'on a toutes les peines du monde à s'y faire. J'ai vu plusieurs missionnaires qui avoient l'entre-deux des doigts écorché, et la plaie, qui devenoit considérable, duroit quatre à cinq mois; pour moi j'ai porté une semblable plaie six mois entiers. C'est ce qui faisoit dire à un de nos missionnaires que la langue, quelque difficile qu'elle soit, lui coûtoit beaucoup moins et qu'il apprenoit bien plus aisément à parler qu'à marcher.

Le croirez-vous ? il vous en coûtera même pour apprendre à vous asseoir à la manière des Indiens ? Leur coutume est de s'assoir à terre les jambes croisées; cette posture est très-gênante quand on n'y est pas accoutumé. S'il ne s'agissoit que d'y être un quart d'heure seulement, ce seroit peu de chose; mais il faut y demeurer des quatre heures de suite et quelquefois davantage sans qu'il soit permis de changer de situation : les Indiens seroient scandalisés pour peu qu'on étendît la jambe ou que, par quelque mouvement, on témoignât la gêne où l'on se trouve. Cependant avec le temps on s'en fait une habitude et l'on trouve que de toutes les postures celle-là est la plus naturelle.

Enfin la plus triste épreuve de cette mission est celle des maladies et de l'abandon général où l'on se trouve. Attendez-vous à vous voir alors dénué de tout secours humain, dans une pauvre cabane, couché sur deux ou trois ais, environné seulement de trois ou quatre Indiens, à peu près comme étoit saint François Xavier lorsqu'il mourut dans l'île de Sancian. Ce n'est pas qu'il n'y ait d'habiles médecins aux Indes; mais ils demeurent dans les grandes villes, d'où ils ne sortent jamais de crainte de perdre leurs pratiques ; et dailleurs quand on pourroit les engager à venir, nous nous donnerions bien de garde de les appeler à notre secours : ces gens-là, entêtés de leur science et encore plus de leurs superstitions, ne donnent point de remèdes qu'ils n'y fassent entrer quelque chose de superstitieux. Les médecins des villages sont plus dociles, mais ils sont si ignorans qu'on risque plus à les consulter qu'à se passer d'eux.

De plus, comme on est obligé de s'assujettir à la façon de vivre des Indiens lorsqu'on est en santé, on doit aussi lorsqu'on est malade se servir de leurs remèdes : or le grand remède de la médecine indienne, c'est l'abstinence générale de toutes choses, même de l'eau. Cette diète outrée est souvent plus cruelle que la maladie. Cependant le malade n'oseroit témoigner sa peine, de peur de mal édifier les Indiens, qui seroient surpris de voir qu'il a moins d'empire sur lui-même que la moindre femme parmi eux, qui garde sept à huit jours de suite cette abstinence rigoureuse.

Voilà, mon très-cher père, à peu près ce que vous aurez à souffrir dans la mission de Maduré; et pour reprendre en peu de mots ce que j'ai eu l'honneur de vous dire, attendez-vous à y trouver tous les périls dont l'apôtre saint Paul fait le détail dans sa seconde épître aux Corinthiens.

In itineribus sœpe. Dangers dans les voyages. Partout vous courez risque d'être arrêté; vous y souffrez les incommodités des saisons, vous y marchez tantôt sur des sables brûlans, tantôt dans les boues mêlées d'épines qui vous ensanglantent les pieds. Au temps des pluies, vous êtes trempé depuis le matin jusqu'au soir, et vous ne trouvez pas souvent de retraite où passer la nuit. Quelquefois la prison est le terme du voyage.

Periculis fluminum. Dangers dans le passage des rivières, que vous êtes obligé de traverser sur une perche, sur des fagots, en embrassant un vase de terre, toujours exposé à être submergé et à périr dans les eaux.

Periculis latronum. Dangers du côté des voleurs. Il s'en trouve de toute sorte aux Indes : il y en a qui en font une profession publique et qui mettent leur gloire à surprendre les voyageurs, à les charger de coups et souvent à leur arracher la vie.

Periculis in genere. C'est proprement au Maduré qu'on trouve ces diverses castes qui ont leurs maximes et leurs lois particulières. La loi chrétienne, qui combat ces usages, ne manque pas d'y être contredite, et ceux qui la prêchent doivent s'attendre aux plus rigoureux traitemens.

Periculis in Gentibus. Dangers du côté des Gentils. On ne peut ignorer que les idolâtres sont les ennemis nés du christianisme; ils regardent avec raison les missionnaires comme des gens qui veulent détruire la religion du pays. Les plus indignes artifices, les plus noires calomnies sont employées par les prêtres des idoles pour irriter les peuples et pour les soulever contre les prédicateurs de l'Évangile.

Periculis in civitate. Dangers dans les villes.

On n'y peut pas faire un long séjour, parce qu'on y est bien plus exposé qu'ailleurs à la rage des ennemis de la foi, qui y sont en grand nombre; on n'y va guère que durant la nuit, encore y est-on dans une crainte perpétuelle d'être découvert.

Periculis in solitudine. Si vous vous retirez dans les bois, comme on est souvent obligé de le faire pour éviter les persécutions, outre que la perfidie s'ouvre un chemin partout, on y est exposé à la morsure des serpens et d'une infinité d'autres insectes venimeux qui peuvent chaque jour vous causer la mort ou du moins des douleurs très-cuisantes, sans parler des tigres et d'autres bêtes féroces qui ont pénétré souvent jusque dans les cabanes des missionnaires.

Periculis in mari. Dangers sur la mer. Six ou sept mille lieues qu'on fait sur l'océan pour se rendre aux Indes ne laissent point douter de ce danger.

Periculis in falsis fratribus. Dangers de la part des faux frères. En quelque endroit qu'on aille, on trouve des traîtres. S'il y en a eu dans le sacré collège des apôtres, on peut bien penser qu'il y en a pareillement au Maduré. Des catéchistes ont quelquefois excité de grands orages; on en a vu d'autres, élevés parmi les missionnaires, qui se sont portés aux plus étranges extrémités : témoin celui qui, dans l'obscurité de la nuit, brisoit les idoles, les traînoit par les rues, et après les avoir jetées dans l'étang le plus proche, alloit le lendemain accuser les missionnaires et les chrétiens d'avoir causé ce désordre.

In labore et ærumna. Les travaux sont continuels, et il n'y a point de jour qui ne porte avec soi quelque peine particulière.

In vigiliis multis. Dans les veilles. Combien de fois faut-il passer la plus grande partie de la nuit à confesser les néophytes ou aller porter les sacremens aux malades !

In fame et siti, in jejuniis multis. Vous savez quelle est la vie d'un missionnaire de Maduré : un peu de riz, quelques herbes insipides, de l'eau souvent bourbeuse, et avec des mets si peu solides un jeûne presque continuel.

In frigore et nuditate. On ne sent point, à la vérité, du froid aux Indes comme en Europe, mais en récompense les chaleurs y sont insupportables. Il y a certains mois de l'année où les nuits sont très froides, et il tombe alors une espèce de rosée fort dangereuse et qui cause de grandes maladies.

Præter illa quæ extrinsecus sunt, instantia et sollicitudo omnium ecclesiarum. Outre cela, dit saint Paul, la peine qu'il y a à cultiver les églises et la part qu'on prend à ce qui arrive aux néophytes, l'attachement que nous avons pour eux fait que leurs peines et leurs afflictions deviennent les nôtres : nous souffrons avec eux, nous sommes affligés, persécutés avec eux, enfin nous les regardons comme nos enfans que nous avons engendrés en Jésus-Christ, et il seroit bien difficile de ne pas entrer dans les sentimens que la charité chrétienne et le zèle de leur salut peuvent nous inspirer.

Mais il faut l'avouer, ces peines, quelque grandes qu'elles paroissent, s'évanouissent lorsqu'on éprouve la consolation qu'il y a d'arracher au démon une infinité d'âmes rachetées du sang de Jésus-Christ : rien n'égale la joie intérieure qu'on ressent alors. Un avare ne compte pour rien la peine qu'il a à fouir la terre lorsqu'il est sûr d'y trouver un riche trésor : nos travaux qui sont suivis d'un grand nombre de conversions nous coûtent encore moins. La peine est douce quand on cultive une terre qui fait espérer une abondante moisson, et c'est ce qui soutient un missionnaire dans ses fatigues; il ne fait pas même attention à ce qu'il souffre quand il voit d'un côté les heureuses dispositions des Gentils pour le christianisme et de l'autre les exemples de vertu que donnent ceux qui se sont une fois convertis.

Il y a de deux sortes d'Indiens idolâtres, les uns entêtés à l'excès de leurs superstitions et d'autres qui sont assez indifférens à l'égard des fausses divinités qu'ils adorent. La conversion de ceux-ci est sans doute plus facile, et ils ne sont retenus d'ordinaire que par le respect humain ; cependant une longue expérience nous apprend que les plus fervens chrétiens sont ceux qui ont eu un attachement extraordinaire pour leurs idoles : quand ils ont une fois conçu quel est le crime de l'idolâtrie, ils entrent dans une sainte indignation contre eux-mêmes, et cherchant à réparer le scandale de leurs désordres passés, ils sont à l'épreuve du respect humain et des persécutions qu'ils ont à essuyer.

Il y a beaucoup de castes où les Indiens ont le naturel excellent : celle des rettis, par exemple, est d'une douceur et d'une docilité qu'on ne trouve point ailleurs : quand on les a une fois convaincus de la vérité de la religion et qu'ils l'ont embrassée, ils deviennent de parfaits chrétiens. On en peut dire autant à proportion des ambalagarrens : presque tous les Indiens de cette caste se sont convertis à la foi et vivent dans une grande innocence de mœurs.

Généralement parlant, les Indiens, à la réserve des parias, abhorrent l'ivrognerie, ils ne boivent jamais de liqueur qui puisse enivrer ; ils s'expriment même contre ce vice avec plus d'énergie que ne feroient nos plus zélés prédicateurs ; et c'est en partie ce qui leur inspire un si grand mépris des Européens. Nos Indiens, étant donc exempts d'un vice si grossier, sont à couvert de bien des désordres qui en sont la suite ordinaire.

Les Indiens n'ont nul penchant au jeu : ils jouent rarement et jamais d'argent ; ils regardent comme une folie de mettre l'argent sur jeu. Ils n'ont qu'une espèce de damier où ils tâchent de montrer leur habileté, et c'est là uniquement ce qui les pique et ce qui leur donne l'envie de gagner.

Le commun des Indiens a en horreur le jurement et l'homicide : il est rare qu'ils en viennent jusqu'à se battre. Cependant je crois que cette modération est plutôt l'effet de leur timidité naturelle que de leur disposition à la vertu. J'en juge ainsi, parce que quand ils sont en colère, les paroles les plus infâmes et les plus injurieuses ne leur coûtent rien ; à les voir se quereller les uns les autres, on diroit qu'ils sont sur le point de s'égorger : néanmoins ce fracas n'aboutit qu'à des injures et à des menaces.

Ils sont naturellement charitables et aiment à assister les indigens. S'ils ne donnent pas beaucoup, c'est qu'ils ont peu ; mais à proportion ils sont plus libéraux qu'on ne l'est en Europe. Dès qu'un homme a pris le parti de vivre d'aumônes, il peut compter que rien ne lui manquera. S'il arrive qu'ils amassent du bien, ils le dépensent à l'avantage du public, à faire creuser des étangs sur les chemins, à y bâtir des salles et à y planter des rangées d'arbres pour la commodité des voyageurs.

J'ai remarqué dans un autre endroit que les lois particulières des castes sont un des plus grands obstacles à la propagation de la foi. Cependant il est vrai de dire que quand la foi a fait des progrès dans une caste et que plusieurs y font profession du christianisme, la conversion des autres de la même caste devient très-aisée. La caste des parias par exemple et celle des ambalagarrens seront un jour toutes chrétiennes, parce que le plus grand nombre de ceux qui composent ces castes ont déjà embrassé la foi.

Un autre avantage qui est particulier à la mission de Maduré, c'est que les terres du royaume appartiennent à différens princes qui sont d'ordinaire opposés les uns aux autres et qui reçoivent volontiers ceux qui cherchent un asile. De là vient qu'il ne peut y avoir de persécutions générales et que les missionnaires sont toujours en état de consoler et de conduire leurs néophytes persécutés. Ceux-ci trouvent des églises construites dans les terres qui confinent avec le lieu de leur demeure et ils peuvent y aller en sûreté.

Enfin la polygamie, qui est ailleurs un si grand obstacle à la conversion des idolâtres, ne se trouve que rarement chez nos Indiens ; il n'y a que les grands seigneurs qui entretiennent plusieurs femmes ; le grand nombre est de ceux qui n'en ont qu'une.

Telles sont les favorables dispositions qu'on trouve dans les Indiens. Venons maintenant aux fruits qu'un missionnaire retire de ses travaux.

Un des plus grands, c'est la multitude des enfans qu'on régénère dans les eaux du baptême. Il n'y a guère d'années qu'un missionnaire ne baptise, ou par lui-même ou par le moyen des catéchistes, trois à quatre mille enfans de chrétiens. De ce nombre, il y en a bien la moitié qui meurent avant l'âge de raison : ainsi ce sont autant de saints qu'on est sûr d'avoir placés dans le ciel. Quand il n'y auroit que ce seul bien à faire, un missionnaire ne seroit-il pas dédommagé de ses peines et de ses travaux?

Pour ce qui est des enfans des Gentils, on en baptise un très-grand nombre de ceux qu'on voit être sur le point de mourir. Les chrétiens sont répandus dans tous les royaumes de l'Inde méridionale, et il n'y en a pas un qui ne soit instruit de la manière dont on doit conférer le saint baptême ; on leur en fait répéter la formule trois fois chaque jour dans les églises où résident les missionnaires, ainsi que dans les autres églises dont le missionnaire est absent et où un catéchiste a soin d'assembler les néophytes.

Les femmes chrétiennes surtout ont plus d'occasion de leur procurer ce bonheur. Comme il n'y a qu'elles à qui il soit permis d'entrer dans la chambre des femmes nouvellement accouchées, il n'y a qu'elles aussi qui puissent baptiser les enfans qui meurent peu après leur naissance. Je connois une bonne chrétienne qui se distingue dans ces fonctions de zèle : elle s'est rendue habile dans la connoissance des remèdes qui sont propres aux enfans malades ; sa réputation est si bien établie qu'on lui porte presque tous ceux de la ville de Trichirapali : on voit tous les matins une cinquantaine de nourrices et quelquefois davantage qui l'attendent avec leurs petits enfans dans la cour de sa maison. Elle ne manque pas de baptiser ceux qu'elle prévoit devoir bientôt mourir, et la connoissance qu'elle a du pouls et des symptômes d'une mort prochaine est si sûre que de près de dix mille enfans qu'elle a baptisés, il n'y en a que deux qui aient échappé à la mort.

Si nous venons aux adultes gentils qui embrassent la loi chrétienne, le nombre en est très-considérable ; il n'y a guère d'années qu'on n'en baptise cinq mille, quelquefois davantage, mais il est rare qu'il y en ait moins. On en a quelquefois compté jusqu'à six mille dans le seul royaume de Marava. Il n'en est pas tout à fait de même dans la mission de Carnate, qui est encore naissante ; mais à juger de ses commencemens par ceux de Maduré, il y a lieu de croire qu'avec la bénédiction de Dieu, les conversions y seront un jour plus nombreuses qu'elles ne le sont maintenant dans la mission de Maduré.

Ce qui console encore un missionnaire et ce qui le soutient dans ses travaux est la vie innocente que mènent ces nouveaux fidèles et l'horreur extrême qu'ils ont du péché. La plupart n'ont que des fautes légères à apporter au tribunal de la pénitence, et on entend quelquefois un grand nombre de confessions de suite sans savoir sur quoi appuyer l'absolution. Un missionnaire ne peut s'empêcher de verser des larmes de joie quand il voit celles que la componction fait répandre à ces vertueux néophytes et la docilité avec laquelle ils se rendent attentifs à ses instructions. Ils sont fortement persuadés que la vie chrétienne doit être sainte, et un chrétien qui se livre au péché leur paroît un monstre. Je vous rapporterai sur cela un trait qui a infiniment édifié ceux à qui je l'ai raconté.

Un Indien, extrêmement attaché au culte des faux dieux, comprit enfin qu'il étoit dans l'erreur, et s'étant fait instruire des mystères de notre sainte religion, il demanda avec instance le baptême nonobstant les liens qui le retenoient dans l'infidélité. Sa conversion fut si parfaite qu'il ne s'occupa plus que des œuvres de piété. Quelques mois après son baptême, je le fis venir pour le disposer à faire sa première confession. Il parut étrangement surpris lorsque je lui expliquai la manière dont il devoit se confesser : «Quand, dans les instructions que j'ai reçues, me dit-il, on m'a parlé de la confession de mes péchés, j'ai compris qu'il s'agissoit de ceux que j'avois commis avant le baptême afin d'en concevoir plus d'horreur ; mais vous me dites maintenant qu'il faut déclarer encore ceux qu'on a commis après le baptême. Hé quoi ! mon père, est-il donc possible qu'un homme régénéré dans ces eaux salutaires soit capable de violer la loi de Dieu ! Est-il possible qu'après avoir reçu une si grande grâce, il soit assez malheureux que de la perdre et assez ingrat pour offenser celui de qui il l'a reçue ? »

Voilà quelle est la noble idée que nos néophytes se forment de la religion chrétienne. Rien, ce me semble, n'est plus capable de confondre tant de chrétiens d'Europe qui, ayant sucé avec le lait les maximes de la loi de Dieu, l'observent néanmoins si mal, tandis que des peuples qu'ils regardent peut-être comme des barbares n'ont pas plutôt été éclairés des lumières de l'Évangile qu'ils en sont de fidèles observateurs et conservent jusqu'à la mort cette précieuse innocence qu'ils ont reçue au baptême.

La fidélité de ces nouveaux chrétiens à pratiquer dans leurs bourgades les exercices de piété qui se pratiquent dans les principales églises de la mission ne contribue pas peu à les maintenir dans l'innocence. Je n'entrerai point dans le détail de ces exercices, qui se font chaque jour dans le lieu où réside le missionnaire; outre que ce détail seroit trop long, les différens recueils de nos lettres vous en instruiront suffisamment.

Je me contenterai de vous dire que ces exercices de piété redoublent les dimanches et les fêtes ; la plupart des néophytes passent presque toute la journée en prières dans l'église : outre la prédication du missionnaire qu'ils écoutent attentivement, ils répondent encore avec une docilité surprenante aux questions que les catéchistes leur font sur les principaux articles de la foi. Ces articles sont renfermés dans un catéchisme que tous doivent savoir par cœur, et c'est pour leur en rafraîchir la mémoire qu'on le leur fait répéter si souvent. Au sortir de l'église, ceux qui sont en procès choisissent quatre ou cinq des principaux chrétiens et un des catéchistes pour juger leurs différends, et ils s'en tiennent à ce qui a été prononcé.

Le concours des chrétiens est grand ces jours-là : plusieurs viennent de fort loin pour assister à la célébration de nos saints mystères. J'ai vu un vieillard âgé de plus de soixante ans qui n'y manquoit jamais ; il n'étoit arrêté ni par les plus ardentes chaleurs ni par les pluies excessives, quoique sa bourgade fût éloignée d'environ cinq lieues de l'église.

Dans les autres églises où le missionnaire ne peut pas se trouver, on y fait les mêmes prières et les mêmes instructions : c'est un catéchiste ou à son défaut le plus ancien des néophytes qui préside à ces sortes d'assemblées ; et lorsque le missionnaire parcourt ces églises, il a la consolation de voir que son absence n'a rien diminué de la ferveur des fidèles.

Mais c'est principalement lorsque nous célébrons nos fêtes solennelles que la piété de ces fervens néophytes éclate davantage. Quelque éloignés qu'ils soient de l'église où se trouve le missionnaire, ils abandonnent la garde de leurs maisons à leurs voisins et se mettent en chemin avec leur famille pour s'y rendre au temps marqué ; ils ne se retirent jamais qu'ils ne soient au bout des petites provisions qu'ils ont apportées, et il y en a qui y demeurent huit jours entiers et quelquefois davantage; les pauvres trouvent alors dans la libéralité des riches une ressource à leurs besoins, et il y a des endroits où l'on fournit à manger à tous ceux qui en demandent.

Outre les baptêmes qui se font durant le cours de l'année, on en fait ce jour-là un solennel. Je baptisois d'ordinaire à Aour deux cent cinquante ou trois cents catéchumènes. Dans le Marava, le nombre a monté jusqu'à cinq cents et quelquefois davantage ; j'y passois toute une journée et une bonne partie de la nuit, pendant laquelle on allumoit grand nombre de flambeaux. Qu'on oublie bientôt, dans ces heureux momens, les fatigues attachées à nos fonctions, et qu'on ressent de plaisir quand on se voit obligé de se faire soutenir les bras, n'ayant plus la force de les élever pour faire les onctions et les autres cérémonies! Qu'il est doux, encore une fois, mon cher père, de succomber sous ce travail et de se retirer chargé de tant de dépouilles qu'on vient d'arracher à l'enfer! Quand je n'aurois passé qu'une de ces fêtes dans la mission, je me croirois trop bien récompensé des peines que j'y ai souffertes.

Nous ne sommes pas moins dédommagés de nos travaux lorsque nous sommes témoins de la vertu et de la ferveur de nos néophytes. Quand on leur a découvert les folies du paganisme et qu'on leur a expliqué les vérités chrétiennes, ils se laissent aisément persuader et ils deviennent inébranlables dans la foi. Il arrive rarement qu'ils aient des doutes; et quand les confesseurs les interrogent sur ce point, ils ont de grandes précautions à prendre. Il s'est trouvé de ces bons néophytes qui se scandalisoient étrangement qu'on leur demandât s'ils avoient douté de quelque article de foi, jugeant qu'un homme converti ou élevé dans la religion chrétienne ne pouvoit pas former le moindre doute sur les vérités qu'elle propose. S'il arrive, dans les temps de persécution, que quelques-uns d'eux paroissent chanceler dans la foi, c'est l'unique effet de la crainte qu'ils ont des supplices, et leur infidélité n'est qu'extérieure, quoiqu'elle n'en soit pas moins criminelle.

C'est à cette foi vive que j'attribue une espèce de miracle toujours subsistant dans la facilité avec laquelle les chrétiens chassent les démons. Une infinité d'idolâtres sont tourmentés du malin esprit, et ils n'en sont délivrés que quand ils ont imploré l'assistance des chrétiens. C'est ce qu'on éprouve sans cesse dans le royaume de Marava : on voit presque toujours à Aour quelques catéchumènes qui ne sont portés à se faire instruire des mystères de la foi que dans l'espérance de se soustraire au pouvoir des démons qui les tourmentent. Sur quoi je ferai ici quelques réflexions qui prouvent évidemment que rien n'est plus réel que cet empire du démon sur les idolâtres.

On ne peut pas soupçonner les Indiens d'user en cela de supercherie, comme il arrive quelquefois en Europe parmi ceux qui contrefont les obsédés. Les Européens qui ont recours à ce stratagème y sont portés par quelque intérêt secret ou par quelque motif humain. Ici les Gentils n'ont rien à gagner; ils ont au contraire tout à perdre. Il faut que leurs maux soient bien pressans pour en venir chercher le remède à l'église : ils se rendent dès lors infiniment odieux et méprisables à leurs amis et à leurs parens; ils s'exposent à être chassés de leurs castes, à être privés de leurs biens et à être cruellement persécutés par les intendans des provinces. Dira-t-on que le seul effort de l'imagination produit ces effets merveilleux que nous attribuons au démon? Mais peut-on croire que ce soit par la force de l'imagination que les uns se voient transportés en un instant d'un lieu dans un autre, de leur village dans un bois fort éloigné, ou dans des sentiers inconnus; que d'autres se couchent le soir pleins de santé et se lèvent le lendemain matin le corps meurtri des coups qu'ils ont reçus et qui leur ont fait pousser des cris affreux pendant la nuit? Imaginera-t-on encore que des choses si extraordinaires sont l'effet de quelque maladie particulière aux Indiens et inconnue en Europe? Mais ne seroit-il pas plus surprenant de se voir guéri de ces sortes de maladies en se mettant simplement au rang des catéchumènes que d'être délivré du démon? Il n'est donc pas possible de nier que le démon n'ait un véritable pouvoir sur les Gentils et que ce pouvoir cesse aussitôt qu'ils ont fait quelques démarches pour renoncer à l'idolâtrie et pour embrasser le christianisme.

J'ai vu des missionnaires arriver aux Indes fort prévenus contre ces obsessions; mais ce qu'ils ont vu de leurs propres yeux les en a bientôt convaincus, et ils étoient les premiers à en faire observer toutes les circonstances. Le vénérable père de Britto, qui a eu le bonheur de verser son sang pour la foi et qui certainement n'avoit pas l'esprit foible, m'a dit souvent qu'une des plus grandes grâces que Dieu lui avoit faites, c'est de lui avoir fait comme toucher au doigt la vérité de la religion chrétienne dans plusieurs occasions où les démons avoient été chassés du corps des Indiens au moment qu'ils demandoient le baptême. C'est aussi ce qui fait dire aux missionnaires que le démon est le meilleur catéchiste de la mission, parce qu'il force pour ainsi dire plusieurs idolâtres de se convertir, forcé lui-même par la toute-puissance de celui à qui tout est soumis.

Ce qui est constant, c'est qu'il ne se passe point d'années dans la mission de Maduré qu'un grand nombre d'idolâtres tourmentés cruellement par le démon n'en soient délivrés en écoutant les instructions qui les disposent au baptême. Le démon se retire d'ordinaire dans le temps qu'on explique la Passion de Notre-Seigneur. Parmi plusieurs exemples que je pourrois citer, je n'en rapporterai qu'un seul qui a été cause de la conversion de plusieurs rettis. La femme d'un chef de peuplade, étant fort tourmentée du démon, fut menée dans les principaux temples des faux dieux, où l'on espéroit qu'elle trouveroit du soulagement. Comme elle n'en étoit que plus cruellement tourmentée, on la transporta chez un gourou [1] célèbre parmi les Gentils. Lorsque le gourou étoit dans le fort de son prétendu exorcisme, elle s'approcha de lui insensiblement, et ayant bien pris son temps, elle lui déchargea un soufflet qui le couvrit de confusion et dont il ressentit la douleur pendant plusieurs jours. Le gourou en demeura là et fit au plus tôt retirer cette femme. Les idolâtres, ne sachant plus à qui avoir recours, prirent la résolution de la mener au gourou des chrétiens ; ils la transportèrent donc à Couttour. A peine fut-elle présentée au missionnaire que le démon la tourmenta violemment ; mais quand on eut commencé à lui parler de la Passion de Notre-Seigneur, les douleurs cessèrent à l'instant ; enfin elle fut parfaitement guérie avant même qu'on eût achevé de l'instruire des autres mystères.

Souvent le démon apparoît aux catéchumènes sous une forme hideuse et leur fait de sanglans reproches de ce qu'ils abandonnent les dieux adorés dans le pays. J'ai baptisé un Indien qui fut transporté tout à coup du chemin qui le conduisoit à l'église dans un autre, où il vit le démon tenant en main un nerf de bœuf dont il menaçoit de le frapper s'il ne changeoit la résolution où il étoit de me venir trouver.

Mais ce qu'il y a d'admirable, c'est que tout ce qui a quelque rapport à la religion, le signe de la croix, par exemple, l'eau bénite, le chapelet, les médailles de la sainte Vierge et des saints ont la vertu de chasser entièrement le démon ou du moins de soulager beaucoup ceux qui en sont tourmentés. Il y a peu d'années qu'un Indien dont le démon s'étoit saisi étoit presque continuellement meurtri de coups ; il entroit alors dans des fureurs qui effrayoient tous les habitans de la bourgade et qui les obligeoient de se renfermer dans leurs maisons sans oser en sortir. Les Gentils de cette bourgade me députèrent un exprès à Aour pour me prier de venir au secours de cet infortuné. Un jeune enfant qui apprenoit alors le catéchisme ne fut pas plutôt informé du sujet de cette députation que sur l'heure il courut à la bourgade, éloignée de trois lieues de mon église. Il entre dans la maison de ce furieux, il lui met son chapelet au cou et le tire au milieu de la rue comme il auroit tiré le plus paisible agneau. Il le mena le soir même à mon église au grand étonnement des Gentils qui le suivoient de loin.

Quelquefois le démon est forcé de rendre témoignage à la vérité de notre sainte religion. Ce qui est arrivé au père Bernard de Sà mérite de vous être rapporté ; je n'ajoute rien à ce qu'il m'a raconté. Il gouvernoit la chrétienté d'Ariapatti, qui est de la dépendance de Maduré. Les Gentils lui amenèrent un Indien que le démon tourmentoit d'une manière cruelle. Le père l'interrogea en présence d'un grand nombre d'idolâtres, et ses réponses surprirent fort les assistans. Il lui demanda d'abord où étoient les dieux qu'adoroient les Indiens ? La réponse fut qu'ils étoient dans les enfers, où ils souffroient d'horribles tourmens : « Mais que deviennent, poursuit le père, ceux qui adorent ces fausses divinités ? — Ils vont aux enfers, répondit-il, pour y brûler avec les faux dieux qu'ils ont adorés. » Enfin le père lui demanda quelle étoit la véritable religion ; et le démon répondit par la bouche de l'obsédé qu'il n'y en avoit de véritable que celle qui étoit enseignée par le missionnaire, et que c'étoit la seule qui conduisoit au ciel.

Je ne doute pas que cette puissance que les chrétiens ont sur le démon ne soit en partie la récompense de leur foi : ils croient avec simplicité, et Dieu ne manque pas de se communiquer aux simples, tandis qu'il rejette ces esprits superbes qui voudroient soumettre la foi à leur foible raison.

De cette foi humble et soumise naît dans le cœur des néophytes une entière confiance en Dieu. C'est surtout dans leurs maladies et au lit

---

[1] Père spirituel

de la mort qu'ils donnent des marques de cette espérance vive qu'ils ont en la miséricorde du Seigneur. Je puis le dire ici avec toute la sincérité possible, de cette multitude prodigieuse d'Indiens que j'ai confessés à la mort, je n'en ai pas trouvé un seul qui ne l'acceptât volontiers dans l'espérance d'aller au ciel. On n'est pas obligé, comme en Europe, de chercher tant de détours pour leur annoncer qu'il faut mourir : ils regardent la mort comme la fin de leur exil et le commencement d'une vie bienheureuse. Leur conformité à la volonté de Dieu est égale dans les autres afflictions qui leur surviennent : ils se disent continuellement les uns aux autres : « Nous souffrons dans cette vie, mais ces souffrances passagères nous procureront un bonheur éternel dans l'autre. » Ils ont aussi cette maxime du saint homme Job profondément gravée dans l'âme : « Dieu nous l'avoit donné, Dieu nous l'a ôté; son saint nom soit béni. »

A quoi les Indiens sont le plus sensibles, c'est à la perte de leurs enfans. Ils les chérissent avec une tendresse qui n'a point ailleurs d'exemple : ils n'en ont jamais assez, et s'il leur en meurt quelqu'un, ils sont inconsolables. Mais l'espérance qu'ont les chrétiens de les voir dans le ciel calme entièrement leur douleur. C'est ce que disoit un jour une bonne néophyte qu'on consoloit de la perte qu'elle venoit de faire de son fils : « Que les idolâtres, disoit-elle, pleurent leurs enfans, ils ont raison, ils ne peuvent les voir que malheureux dans l'autre monde; mais pour moi, j'espère voir le mien dans le sein de la gloire, où il sera éternellement heureux. Aurois-je raison de m'attrister de son bonheur ? »

J'aurois plusieurs exemples semblables à vous rapporter, mais je passerois les bornes que je me suis prescrites; un seul vous fera juger des autres. Dans un temps de sécheresse qui menaçoit le pays d'une disette générale, un bon chrétien vint se confesser, et au sortir du tribunal il me tint ce discours : « Tout le monde, mon père, craint la famine cette année ; je n'ai pour tout bien que cinq fanons, me voilà hors d'état de faire subsister ma famille, mais je me repose entièrement sur les soins paternels de mon Dieu : il a promis qu'il n'abandonneroit jamais ceux qui mettent en lui leur confiance. Je vous ai ouï dire dans un entretien que Dieu multiplioit au centuple ce qu'on donnoit aux pauvres pour l'amour de lui : je vous apporte mon bien, distribuez-le aux pauvres, afin que Dieu prenne soin de mes enfans. » Et mettant à mes pieds ses cinq fanons, il alla se cacher dans la foule, sans que j'aie jamais pu le démêler. Je ne sais si cet exemple trouveroit beaucoup d'imitateurs en Europe.

Il ne faut pas de grands raisonnemens pour inspirer l'amour de Dieu à nos néophytes. Quand on leur a fait une fois connoître les perfections de cet Être-Souverain, ils entrent comme naturellement dans deux sentimens, le premier d'indignation contre eux-mêmes d'avoir donné de l'encens au démon ou à des hommes que leurs vies rendent abominables, et l'autre d'amour envers un Dieu si parfait et si bienfaisant. J'ai vu un de ces nouveaux chrétiens qui, ne pouvant se consoler de ce qu'étant païen il avoit porté une idole infâme sur sa poitrine, prit en secret un rasoir et se déchiqueta toute la peau de la poitrine afin qu'il ne lui restât aucune partie de son corps qui eût touché l'idole. J'en ai vu plusieurs autres que leur ferveur portoit à des excès qu'il me falloit modérer : « Hé quoi ! mon père, me répondoient-ils, un homme qui a adoré les idoles peut-il en trop faire pour réparer le malheur qu'il a eu d'aimer si tard un Dieu qui l'a tant aimé? » Ceux qui sont nés de parens chrétiens et qui ont été baptisés dès leur enfance ont toujours présent à l'esprit la grâce singulière que Dieu leur a faite de les distinguer du commun de leurs concitoyens en ne permettant pas qu'ils aient été livrés aux folles superstitions du paganisme.

De là vient cette tendre piété avec laquelle ils célèbrent les mystères de la vie de Notre-Seigneur. Ils sont surtout extrêmement attendris quand ils entendent le récit de ses souffrances et de sa mort : l'église retentit alors de sanglots et de soupirs. Ils ne manquent pas tous les soirs, après l'examen de conscience, de réciter une oraison affectueuse qui comprend un abrégé de la Passion, et ils ne la récitent guère sans répandre des larmes.

Quand l'amour de Dieu est véritablement dans un cœur, il produit nécessairement l'amour du prochain. Aussi n'y a-t-il rien de comparable à l'union et à la charité qui règne entre nos néophytes nonobstant les usages du pays, qui sont très-contraires à cette union : car chacun est obligé, sous des peines très-grièves, de suivre les lois particulières de sa caste, et une de ces lois est d'interdire à ceux qui sont d'une caste supérieure toute communication avec ceux des castes inférieures. Cependant la religion a su réformer ces sortes de lois, les chrétiens y ont peu d'égard : ils se regardent tous comme enfans d'un même père et destinés à posséder le même héritage, et dans toutes les occasions ils se donnent les marques du plus tendre attachement. Leur coutume est, quand ils se rencontrent, de se saluer les uns les autres en se disant ces paroles : « Louange soit à Dieu ; » c'est la marque à laquelle ils se reconnoissent. Quand un chrétien fait quelque voyage et qu'il passe dans une bourgade où il y a des fidèles, chacun d'eux se dispute le plaisir de le loger et de le régaler : il peut entrer dans chaque maison comme dans la sienne propre. Un néophyte m'a raconté qu'étant environ à quarante lieues de Trichirapali, il tomba malade dans un village où il ne connoissoit personne. Il sut qu'il y avoit une famille chrétienne et lui fit savoir l'état où il étoit ; aussitôt ces bons chrétiens vinrent le chercher, ils le transportèrent dans leur maison, ils le traitèrent avec des assiduités et des soins qu'il n'auroit pas trouvé dans sa propre famille. Quand il fut guéri, ils lui donnèrent de quoi continuer son voyage et ils l'accompagnèrent assez loin hors de leur bourgade. J'ai vu de pauvres veuves qui n'avoient de bien que ce qu'elles pouvoient gagner en filant et qui néanmoins partageoient ce peu qu'elles avoient aux chrétiens qui se trouvoient dans l'indigence.

Leur charité est bien plus vive quand il s'agit de secourir leurs concitoyens dans leurs besoins spirituels. Ils ont un zèle admirable pour la conversion des idolâtres : rien ne les rebute, rien ne leur coûte. Dans le temps d'une disette générale qui dura deux années entières, nos chrétiens alloient dans les chemins publics, où ils trouvoient un grand nombre d'Indiens prêts à expirer faute de nourriture ; ils leur portoient du riz et ils accompagnoient leurs aumônes de tant de témoignages de tendresse qu'ils en gagnèrent beaucoup à Jésus-Christ. Une veuve baptisa elle seule vingt-cinq adultes et près de trois cents petits enfans.

C'est ce même zèle qui les porte à s'assister mutuellement dans leurs maladies et à se disposer les uns les autres à une sainte mort. Ils se font un plaisir d'enseigner le catéchisme et les prières aux Gentils qui veulent embrasser la foi et de procurer des aumônes aux chrétiens qui, étant éloignés de l'église, n'ont pas de quoi fournir aux frais du voyage. Si quelque néophyte vient à mourir qui n'ait pas de parens chrétiens, ils prennent la place des parens et assistent en grand nombre à ses funérailles. Enfin l'amour que se portent nos néophytes excite l'admiration même des Gentils, qui disent en parlant d'eux ce que les idolâtres disoient des premiers fidèles : « Voyez comme ils s'entr'aiment les uns les autres, ils ne font tous qu'un cœur et qu'une âme. »

On ne peut pas avoir de véritable amour pour Jésus-Christ qu'on n'en ait pour sa sainte mère ; c'est pourquoi les missionnaires ont soin d'inspirer aux néophytes une tendre dévotion pour la sainte Vierge. Cette dévotion est fortement établie dans ces contrées nouvellement chrétiennes. Il n'y a point de néophyte qui ne se fasse une loi de réciter tous les jours le chapelet en son honneur, et quoiqu'on leur ait dit souvent qu'il n'y a point de péché à y manquer, surtout quand on en est détourné par quelque occupation pressante, si quelqu'un d'eux y manque une seule fois, il s'en accuse au tribunal de la pénitence. Quoique les chaleurs insupportables des Indes rendent le jeûne très-pénible, la plupart jeûnent les samedis et la veille des fêtes, et alors ils ne mangent ni poissons ni œufs, et ils se contentent de quelques herbes. Leurs voyages ne sont pas pour eux une raison de s'en dispenser. J'ai assisté à la mort une femme âgée de quatre-vingts ans qui depuis son baptême, qu'elle avoit reçu à l'âge de vingt ans, n'avoit jamais manqué de jeûner ces jours-là nonobstant la fatigue des voyages ou d'autres occupations pénibles. Ces fêtes se célèbrent avec beaucoup de pompe et il y a un grand concours de peuple, surtout à Aour, où l'église, qui est la plus belle de la mission, lui est dédiée. Dans cette église est une lampe qui brûle nuit et jour en son honneur. Ces bons néophytes viennent des extrémités de la mission pour prendre de l'huile de cette lampe et ils l'appliquent sur leurs malades. Dieu a souvent récompensé leur foi par des guérisons miraculeuses et par d'autres événemens qui ne pouvoient être que l'effet d'une protection singulière de la mère de Dieu. En voici un exemple entre plusieurs. Il s'éleva il y a quelques années une persécution qui pouvoit avoir des suites très-funestes à la religion. Un catéchiste fut député vers le prince pour implorer sa protection. La négociation étoit délicate et dangereuse. Avant que de partir, il s'adressa à la sainte Vierge et la conjura d'assister cette chrétienté persécutée et de fléchir le cœur du prince vers lequel il étoit envoyé. Il crut entendre une voix intérieure qui lui promettoit un succès favorable. Il part avec confiance; il arrive à la porte du palais et demande audience. Comme le prince sommeilloit, on lui dit d'attendre l'heure de son réveil. Le catéchiste se mit de nouveau en prière et demanda avec instance à la sainte Vierge qu'elle daignât conduire cette affaire. Il n'avoit pas attendu un quart d'heure que l'officier de garde vint s'informer s'il y avoit quelqu'un qui demandât audience. Le catéchiste se présenta et fut introduit sur-le-champ. Le prince s'approchant d'un air gai: « Bon courage, lui dit-il, ce que vous demandez s'exécutera. Une grande reine vient de m'apparoître en songe et m'a ordonné de vous être favorable. » Le catéchiste proposa l'affaire dont il étoit chargé; il obtint aussitôt ce qu'il voulut et la paix fut rendue aux chrétiens.

Nos néophytes ont pareillement une dévotion tendre et affectueuse envers les saints, dont ils implorent l'intercession dans leurs besoins. Ceux qu'ils invoquent le plus souvent sont leur ange gardien, leur patron, saint Joseph, saint Jean-Baptiste, saint Michel, protecteur de notre mission, saint Pierre et saint Paul, saint Thomas l'apôtre de ces contrées-là, saint Ignace et saint François Xavier. C'est surtout lorsqu'ils entreprennent quelque voyage qu'ils se recommandent particulièrement à leur ange gardien: « Avant que de me mettre en chemin, me disoit un fervent néophyte, j'y mets mon ange gardien et je le suis en esprit comme le jeune Tobie suivoit l'ange Raphaël. » Il n'y a guère d'années que ces bons chrétiens ne ressentent les effets d'une protection particulière des saints auxquels ils sont le plus dévoués, surtout de saint François Xavier, qui dans le ciel n'a pas oublié les peuples qui ont été les premiers objets de son zèle. Je finirai cette lettre par deux traits singuliers de cette protection qui me vient maintenant à l'esprit.

On accusa un paria chrétien d'avoir tué une vache, et cela, disoit-on, à dessein d'insulter les Gentils, qui respectent ces sortes d'animaux; son procès fut bientôt fait, et il fut condamné à mort. Les soldats l'attachèrent avec des cordes à un arbre, les mains liées derrière le dos. Cependant l'exécution fut différée au lendemain, parce qu'il étoit fort tard. Les soldats passèrent la nuit auprès de leur prisonnier et s'endormirent. Ce bon néophyte passa ce temps-là en prière, et se souvenant que son patron, saint François Xavier, avoit été guéri miraculeusement des plaies que lui avoient faites les cordes dont il s'étoit lié étroitement les jambes et que ces cordes étoient tombées d'elles-mêmes, il invoqua l'apôtre des Indes et le pria de lui obtenir la même grâce. Sa prière fut exaucée: les cordes se brisèrent avec un tel bruit que les soldats se réveillèrent. Le néophyte pria de nouveau son saint patron de rendormir ses gardes, ce qui arriva au même instant. Alors, profitant de l'occasion, il s'échappa doucement et s'en alla trouver le missionnaire, auquel il raconta tout ce qui venoit de se passer, en lui montrant les marques des cordes encore empreintes sur sa chair.

Le second trait n'est pas moins surprenant. Une femme idolâtre du royaume de Tanjaour, s'étant convertie avec sa famille, eut une dévotion particulière à saint François Xavier. Elle avoit un enfant qu'elle aimoit tendrement; quand elle le fit baptiser, elle voulut qu'il portât le nom du saint apôtre, dans l'espérance qu'il lui conserveroit la vie et le maintiendroit dans l'innocence. Un an après son baptême, cet enfant, qui avoit environ dix ou douze ans, gardoit les moutons avec deux autres enfans de son âge. Le tonnerre tomba sur eux et les tua tous trois. On vint aussitôt en donner avis à leurs parens, et les mères désolées coururent chercher leurs enfans. Il y en avoit deux qui étoient idolâtres, et qui, ne voyant point de remède à leur malheur, firent enterrer les corps de leurs enfans. Celle dont je parle, qui étoit chrétienne, prit le corps de son petit Xavier, qui étoit sans mouvement et sans vie, et elle le porta à l'église. Là s'adressant au saint apôtre: « Grand saint, lui dit-elle, n'êtes-vous pas le protecteur de ma famille? n'avois-je pas assuré cent fois mes parens que je n'avois rien à craindre après avoir mis ma confiance en vous? cependant je n'ai plus de fils. N'y aura-t-il donc point de différence entre ces mères idolâtres, qui ne connoissent point le vrai Dieu, et moi qui fais profession de le servir et de vous être particulièrement dévouée? Consolez une mère accablée de douleur. Vous avez ressuscité tant de morts, ne pouvez-vous pas encore ressusciter mon fils? Rendez-moi ce cher enfant que vous m'avez donné. » Elle parloit encore lorsque les femmes chrétiennes qui étoient présentes crurent voir quelque mouvement dans le corps du petit Xavier ; un moment après, l'enfant ouvrit les yeux, et sa mère l'embrassant le trouva plein de vie.

Je crois, mon cher père, que vous ne désirez plus rien de moi et que vous avez maintenant une connoissance exacte de ce qui se passe dans cette mission. Je prie le Seigneur qu'il vous fasse la grâce d'y exercer bientôt ce zèle dont vous me paraissez rempli. Je suis avec respect en l'union de vos saints sacrifices, etc.

LETTRE DU P. TURPIN.

Renseignemens sur le coton et la mousseline des Indes.

A Pondichéry, en l'année 1718.

Puisque vous souhaitez savoir la manière dont on apprête le coton et dont on fait la toile aux Indes, il sera aisé de vous satisfaire, parce que, avant de vous répondre, j'ai tiré des ouvriers mêmes toutes les connoissances que j'ai crues nécessaires sur ce sujet.

Le coton naît aux Indes d'un arbrisseau qui a environ trois ou quatre pieds de hauteur. Lorsqu'il est grand, il jette un fruit vert de la grosseur d'une noix verte ; quand le fruit commence à mûrir, il s'entr'ouvre en forme de croix ; alors le coton commence à paroître. Lorsqu'il est tout à fait mûr, il se divise en quatre parties égales qui se séparent entièrement et qui ne se tiennent que par la tige. On cueille aussitôt le coton mêlé avec la graine, mais comme cette graine y est fortement attachée, on la sépare par le moyen d'une petite machine assez ingénieuse d'environ 13 à 14 lignes de diamètre et de la longueur d'une palme. Deux axes entrent dans deux pièces de bois qui sont de la hauteur d'une coudée et de la grosseur d'environ deux pouces perpendiculaires. Les deux cylindres ou axes sont placés immédiatement l'un sur l'autre à une ligne ou à une ligne et demie de distance, en sorte que les graines de coton ne puissent pas passer entre deux. Mais ce qu'il y a de mieux inventé dans la machine, c'est que, par le mouvement de la manivelle, qui tient au cylindre d'en haut, ces deux cylindres se meuvent en un sens contraire. Cela se fait par le moyen de deux pièces de bois qui communiquent avec les deux axes du côté opposé à la manivelle, et qui, étant en forme de vis, s'engrènent l'un dans l'autre ; d'où il arrive que la manivelle faisant tourner le cylindre d'en haut dans un sens, le bout du même cylindre s'engrénant dans le bout de l'autre le fait mouvoir dans un sens contraire. Il suit de ce mouvement que le coton qu'on approche de ces deux cylindres est attiré et passe entre deux en laissant tomber les graines qui y étoient embarrassées. Ces graines sont destinées à ensemencer les terres propres au coton.

On carde ensuite le coton : cela se fait d'abord avec les doigts, à peu près comme on fait la charpie ; ensuite on l'étend sur une natte et on achève de le carder avec un arc assez long qu'on met dessus et dont on pince la corde, en sorte que les vibrations tombant fréquemment et fortement sur le coton le fouettent et le rendent fort rare et fort délié. On le donne ensuite à des ouvriers, hommes et femmes, pour le filer, ce qui se fait avec un rouet qui est plus petit que ceux dont on se sert en Europe. La beauté et la bonté du fil dépendent presque de l'habileté des fileurs et des fileuses. Il y en a de fin et de grossier, et entre ces deux extrémités il y en a aussi de plusieurs sortes. Au reste, on ne lave point le fil ; mais après l'avoir mis en écheveau, on le donne au tisserand. Celui-ci choisit d'abord le plus grossier pour la trame et réserve le plus fin pour ourdir la toile, ce qui suppose que dans le fil de même espèce, il y a toujours de la différence. On fait bien bouillir dans l'eau chaude le fil réservé pour la trame, et lorsqu'il est bien chaud on le plonge dans de l'eau froide : c'est là toute la préparation qu'on lui donne avant que de le mettre dans la navette.

Le fil qui sert à ourdir la toile se prépare en cette manière. On le fait bien tremper dans de l'eau froide où l'on a délayé de la fiente de vache en assez petite quantité ; ensuite on exprime l'eau, et on laisse ainsi ce fil humide durant trois jours dans un vase couvert, et enfin on le fait sécher au soleil. Quand il est bien sec, on le dévide, ce qui se fait en cette manière. On plante en ligne droite dans une place bien nette de petites lattes de bambou, de la hauteur de trois pieds et à la distance d'une coudée l'une de l'autre, dans une longueur égale à la longueur de la toile qu'on veut faire; ensuite de jeunes enfans entrelacent, en courant, le fil entre les petites lattes de bambou. Le nombre des fils étant complet, on a soin de faire couler encore de nouvelles lattes entre les premières pour tenir le fil en sujétion et pour le mieux préparer; après quoi on roule le fil avec les lattes, qui forment comme une longue claie, et on le porte ainsi dans un étang où, après l'avoir laissé tremper pendant un bon quart d'heure et l'avoir foulé aux pieds afin que l'eau s'y imbibe mieux, on l'en tire pour le laisser sécher. Il s'agit après cela de revoir les fils pour les mettre en ordre : c'est pour cela qu'on replante de nouveau cette claie à terre, comme ci-devant, par le bout des lattes, et les tisserands assis auprès de la claie revoient les fils l'un après l'autre : ils en ôtent le petit coton superflu, ils tordent les fils rompus et arrangent ceux qui n'étoient pas en leur place. Ce travail est fort ennuyeux.

Après ce travail, on pense à donner au fil la préparation nécessaire pour le mettre en œuvre. Pour cela on arrache la claie et on l'étend sur des chevalets posés d'espace en espace à hauteur d'appui, puis on lui donne le canje : ce canje n'est autre chose que l'eau du riz cuit, mais qui, étant gardé depuis longtemps, est extrêmement aigre et d'un acide très-fort. On frotte ce fil de tous côtés avec le canje jusqu'à ce qu'il en soit pénétré, et ensuite on exprime avec les doigts le canje qui reste sur la superficie du fil. Il faut encore ranger les fils qui se sont entremêlés lorsqu'on a donné le canje: cela se fait d'abord avec les doigts, mais ensuite bien mieux avec une espèce de vergettes arrondies par le bas, dont les filamens s'insinuant entre les fils les nettoyent parfaitement, les unissent et en resserrent toutes les parties. Ce travail dure longtemps, après quoi on passe sur le fil une colle faite de riz cuit, et pour mieux étendre cette colle, on y fait passer une seconde fois les vergettes. Enfin on laisse un peu sécher le fil en cet état, et pour dernière préparation, on frotte le fil avec de l'huile, ce qui se fait par le moyen des vergettes qu'on a imbibées de cette liqueur. Il est à observer que ces différens apprêts qu'on donne au fil se doivent donner des deux côtés de la claie, en sorte qu'après avoir donné l'apprêt d'un côté, on tourne la claie de l'autre côté pour y donner le même apprêt. Au reste, lorsque le fil ainsi préparé est bien sec, il est si beau, si net, si égal qu'il ressemble à du fil de soie : sans le canje et les autres apprêts qu'on lui donne, le fil de coton n'auroit pas à beaucoup près la beauté qu'il a, car le canje, ainsi aigri, resserre et réunit en même temps les filamens insensibles qui composent le fil, et la colle venant par dessus les tient et les lie dans cet état en leur donnant plus de corps et plus de consistance pour être mis en œuvre; enfin l'huile sert à adoucir et à rendre plus flexible le même fil. Lorsqu'il est ainsi préparé, on le met sur le métier et on en fait les mousselines, les salempouris[1] et généralement toutes les toiles qu'on voit aux Indes, dont la différence dépend uniquement du fil et de la main du tisserand.

Le métier dont les Indiens se servent pour faire la toile est, à quelque différence près, assez semblable à celui dont on se sert en Europe, et la manière de la faire est à peu près la même. La toile faite il faut la blanchir et lui donner ce beau lustre que le coton porte avec soi. On la met donc entre les mains du blanchisseur, qui d'abord la fait tremper quelque temps dans l'eau froide; ensuite l'ayant retirée et en ayant exprimé l'eau, il la fait encore tremper dans d'autre eau froide où l'on a mêlé de la fiente de vache. Quand il en a tiré cette eau, il l'étend sur la terre et la laisse quelque temps à l'air; ensuite il la tord et la roule en forme de cylindre concave sur l'ouverture d'une grande cuve d'eau bouillante. La vapeur qui s'élève de cette eau bouillante se répand et se filtre dans la toile imbue des sels les plus subtils de la fiente de vache, et par sa chaleur délie et fait sortir les ordures de la toile : c'est là la première lessive qu'on lui donne. On la laisse en cet état toute la nuit, et le lendemain on la lave et on la bat fortement sur de grosses pierres dures, en sorte qu'une partie de la saleté se détache. Le second jour on jette la même toile dans une cuve de terre où l'on a délayé de la chaux avec une certaine terre blanche et légère qui est tout à

---

[1] Toile de coton de la qualité la plus commune.

fait stérile et qui sans doute est remplie de quantité de sels. On met de cette terre et de la chaux en égale quantité ; on fait ensuite tremper et on frotte bien la toile dans cette eau, après quoi on en exprime l'eau et on laisse la toile quelque temps étendue à l'air ; on la tord de nouveau, et l'ayant mise comme ci-devant autour de l'ouverture d'une grande cuve de terre où l'on a mis de l'eau avec le même mélange, on lui laisse prendre la seconde lessive, qui, en filtrant de nouveau toutes les parties de la toile avec le secours des sels dont elle est imbue, achève de lui ôter la saleté qui lui restoit et la rend parfaitement blanche. Si l'on trouve que la toile ne soit pas encore assez blanche, on réitère cette seconde lessive, après quoi on la lave et on la bat fortement dans de l'eau claire, ensuite on la fait sécher au soleil.

Il y a encore une autre façon qu'on donne aux salempouris et à d'autres toiles semblables : on les plie en dix ou douze doubles, et après les avoir mis sur une planche bien polie, on les bat à grands coups de masse pour les unir davantage et leur donner le dernier lustre. Je suis, etc.

LETTRE DU P. BOUCHET

AU P. ***.

Détails géographiques et statistiques sur la presqu'île en deçà du Gange.

A Pondichéry, ce 10 avril 1719.

MON RÉVÉREND PÈRE,

La paix de N.-S.

Je satisfais avec plaisir à ce que vous souhaitez de moi : je vous envoie une carte aussi exacte qu'elle a pu se faire des états où se trouvent nos missions, connues depuis longtemps sous le nom de Maduré. On n'a eu jusqu'ici que des idées assez confuses de cette partie de l'Inde méridionale située entre la côte de Coromandel et la côte de Malabar : comme il n'y a que nos missionnaires qui aient pénétré dans ces terres, où ils travaillent depuis plus de cent ans à la conversion des Indiens idolâtres, il n'y a qu'eux aussi qui puissent nous en donner des connoissances sûres.

Quoique mon principal dessein ait été d'abord de faire connaître les royaumes de Maduré, de Tanjaour, de Gingi, de Mayssur et du Carnate, où nos missions sont établies, je ne laisserai pas de vous entretenir de toute l'Inde en deçà du Gange ; mais je ne le ferai qu'autant qu'il sera nécessaire pour mieux faire entendre la plupart des choses dont il est parlé dans les lettres de nos missionnaires qu'on donne de temps en temps au public. J'y joindrai des observations qui ont été faites avec exactitude et qui pourront servir à cette partie de la géographie qui concerne les Indes.

Tous les géographes conviennent que les Indes orientales sont divisées en deux parties, la première qui est en deçà du Gange, la seconde qui est au delà du même fleuve. Celle-là se trouve renfermée entre les fleuves célèbres de l'Indus et du Gange et entre différentes mers qui en font une péninsule ; elle est bornée du côté de l'ouest par l'Indus et par la mer occidentale des Indes ; du côté de l'orient par le Gange et les côtes d'Orixa et de Coromandel ; du côté du sud par le cap Comorin et par la mer méridionale des Indes, et enfin du côté du nord par les montagnes d'Ima, qui sont une suite du mont Caucase.

Les anciens géographes ont représenté cette partie de l'Inde sous la figure d'un losange dont les côtés étoient égaux et les angles inégaux. Suivant cette description, qui est assez imparfaite, les côtés égaux sont d'une part les rivages du Gange et de l'Indus jusqu'à leur embouchure et les côtes de la mer occidentale des Indes, depuis l'embouchure du fleuve Indus jusqu'au cap de Comorin, et de l'autre part les côtes d'Orixa et Coromandel jusqu'au même cap ; les deux angles du sud au nord sont le cap Comorin et la fameuse montagne d'Ima ; les deux autres, de l'orient à l occident, sont les deux embouchures de l'Indus et du Gange.

Les Indes orientales, telles que je viens de les décrire, sont partagées naturellement par cette chaîne de montagnes de Gate qui s'étendent depuis l'extrémité de la mer méridionale jusqu'à la partie la plus septentrionale ; elles commencent au cap Comorin et se terminent au mont Ima, que Ptolomée appelle Imao. Quelques nouveaux géographes ont changé ce nom ; il est pourtant certain que c'est ainsi que les Indiens l'appellent et qu'il n'est point nommé autrement dans les anciens livres : ils disent que c'est sur cette montagne que le Gange prend sa source.

Comme le fleuve Indus étoit le plus connu des anciens géographes, ils ont appelé de ce nom tous les peuples qui étoient au delà de ce fleuve jusqu'à la mer orientale, et parce que Delhi a été longtemps le séjour des souverains, on l'a regardé comme la capitale des Indes. Aujourd'hui on donne le nom d'Indoustan à ce vaste pays qui est renfermé entre l'Indus et le Gange.

Les Indiens prétendent que les divers royaumes qui étoient compris dans toute l'étendue de ces terres formoient autrefois un vaste empire et que le souverain de cet empire avoit sous lui plusieurs autres princes qui lui payoient un tribut annuel. Cet empereur étoit absolu et avoit dans sa dépendance cinquante petits royaumes. Tous ces rois ne pouvoient se maintenir dans la possession paisible de leurs états qu'après avoir reçu les marques de leur dignité de la main du roi des rois: c'est ainsi qu'ils appellent cet empereur, qu'ils regardoient comme le maître du monde et qui dans la suite fut nommé empereur de Bisnagar.

De tous ces royaumes, il n'y en a que dix ou douze dont les noms se soient conservés : on connaît maintenant les autres sous des noms très-différens de ceux qu'ils portoient autrefois. Le dernier des empereurs de Bisnagar mourut l'an 1659. C'est des débris de son empire que se sont formés tant de divers états et surtout celui du Mogol, qui n'a pas pourtant subjugué encore les terres les plus méridionales.

Un des premiers royaumes qui se sépara de l'ancien empereur des Indes fut celui de Guzarate ou de Cambaye, situé à l'embouchure de l'Indus. Il fut gouverné quelque temps par des princes particuliers dont l'autorité étoit absolue, mais il est entré depuis sous la domination du Mogol. Une partie considérable du royaume de Decan reconnaissoit encore l'empereur de Bisnagar lorsque les Portugais arrivèrent aux Indes. Le gouverneur qui commandoit dans la ville de Goa lorsqu'elle fut prise par Albuquerque étoit un officier qui avoit secoué le joug des anciens rois de Bisnagar : c'est ce qui paroît par des lames de cuivre trouvées à Goa qui font foi qu'un de ces empereurs avoit accordé certains priviléges à quelques temples des environs de la ville. Pour ce qui est des rois de Malabar, il y avoit plus longtemps qu'ils s'étoient affranchis de la domination des empereurs indiens.

Ainsi les états de l'empereur de Bisnagar s'étendoient encore il n'y a pas deux cents ans depuis Orixa jusqu'au cap Comorin ; il possédoit toutes les terres qui sont sur la côte de Coromandel et plusieurs places maritimes sur la côte occidentale des Indes. Les Patanes, venus du nord, le dépouillèrent d'une partie de ses états ; une autre partie lui fut enlevée par les Mogols, qui avançoient toujours vers les parties méridionales; mais voici ce qui contribua plus que tout le reste à la destruction de cet empire. Le dernier empereur de Bisnagar avoit confié le commandement de ses armées à quatre généraux qui faisoient profession du mahométisme ; chacun d'eux commandoit un corps de troupes considérable dont ils se servirent pour envahir les états de ce malheureux prince. Le plus puissant de ces généraux demeura à Golconde et y fonda le royaume de ce nom; le second fixa sa demeure à Visapour et se fit nommer le roi de Decan ; les deux autres levèrent pareillement l'étendard de la révolte et se rendirent maîtres de deux places importantes.

Depuis ce temps-là le Mogol a tout englouti; à la vérité, les princes de la partie méridionale n'ont pas encore été tout à fait subjugués, mais le nabab[1] les inquiète de temps en temps et exige d'eux de grosses sommes qu'ils sont forcés de lui payer ; de sorte qu'à proprement parler, il n'y a que les princes de Malabar qui ne soient pas encore tombés sous la domination mogole.

On ne peut dire certainement en quel endroit le fleuve Indus prend sa source : c'est dans le pays de Cachemire, si l'on en croit quelques Indiens; d'autres la mettent beaucoup plus haut, dans les montagnes d'Ima. Il prend son cours vers le midi comme le Gange, avec cette différence que le Gange va un peu vers l'orient et que l'Indus au contraire se détourne vers l'occident ; ce dernier se jette dans la mer des Indes par plusieurs embouchures

Le Gange est le plus fameux fleuve de toute l'Asie; sa source, selon l'opinion des Indiens, est toute céleste : c'est, disent-ils, un de leurs dieux qui la fit découler de sa tête sur le mont Ima ; c'est de là que, traversant divers états et dirigeant son cours vers les parties méridionales, il arrose plusieurs villes célèbres, dont la plus

[1] Gouverneur générale d'une province.

fameuse, disent les Indiens, est Cachi, puis il passe dans le royaume de Bengale et se jette dans la mer par plusieurs embouchures différentes.

A entendre les Indiens, le Gange est une rivière sainte dont la vertu propre est d'effacer les péchés : ceux qui sont assez heureux que de mourir sur ses bords non-seulement sont exempts des peines que mérite une vie criminelle, mais ils sont admis dans une région délicieuse où ils demeurent jusqu'à une nouvelle renaissance. C'est pour cette raison qu'on jette tant de cadavres dans le Gange, que les malades se font porter sur ses bords, que d'autres qui en sont trop éloignés renferment avec soin dans des urnes les cendres des cadavres qu'ils ont brûlés et les envoient jeter dans le fleuve.

Cette estime générale qu'on a dans toute l'Inde pour les eaux du Gange est d'un grand profit aux pénitens indiens qu'on appelle *pandarons* ; ils en remplissent des bambous qu'ils attachent aux deux extrémités d'une perche longue de sept à huit pieds, et mettant cette perche sur leurs épaules, ils parcourent toute l'Inde et vendent bien cher une eau si salutaire. Ils prétendent qu'elle a la propriété de ne jamais se corrompre.

Telle est l'opinion que les Indiens idolâtres ont du Gange. Ceux qui ont navigué sur ce grand fleuve conviennent qu'ils n'ont jamais vu ni en Europe ni en Asie de rivière qui lui soit comparable. Vers son embouchure on découvre une petite ville nommée Balassor; presque tous les Européens y ont une maison où ils transportent les marchandises nécessaires pour la cargaison de leurs vaisseaux ; c'est là aussi que se trouvent les pilotes côtiers, dont on a absolument besoin pour entrer dans le Gange, parce qu'il y a plusieurs bancs de sable qui rendent cette embouchure très-dangereuse. Les Européens ont pareillement leurs factoreries sur le bord de ce fleuve : celle des François est à Chandernagor, celle des Portugais à Ouguely[1] ; les Anglois et les Danois en ont aussi dans le voisinage[2].

On me demandera peut-être d'où a pu venir aux Indiens cette haute idée qu'ils ont du Gange. A cela je réponds que les idolâtres ont presque dans tous les pays regardé les grandes rivières comme des divinités ou du moins comme la demeure de quelque dieu ou de quelque déesse. Outre le Gange, il y a encore cinq ou six autres rivières qui sont en réputation aux Indes, entre autres le Caveri, qui passe à Trichirapali auprès de la célèbre pagode de Chirangam ; de plus, il est certain, comme je l'ai déjà fait voir dans une lettre adressée à M. l'ancien évêque d'Avranches, que les Indiens ont ouï parler du paradis terrestre, des fleuves qui l'arrosoient et de l'arbre de vie, et il est vraisemblable que ne connoissant point de plus belle rivière que le Gange, ils lui ont attribué ce qu'ils ont entendu dire de ces fleuves. A cette connoissance du paradis terrestre, qu'ils ont reçue par tradition de leurs pères, ils ont mêlé dans la suite, selon leur génie, plusieurs fables : par exemple, que le Gange traverse un jardin délicieux dont les fruits rajeunissent ceux qui en mangent et leur donnent un siècle de vie, en sorte que celui qui à la fin de chaque siècle trouveroit un de ces fruits sur le rivage du Gange pourroit s'assurer une vie sans fin ; ils ajoutent comme une chose certaine qu'on en a vu qui ont vécu jusqu'à trois cents ans parce que, disent-ils, ils avoient trouvé un de ces fruits à la fin de chaque centaine d'années, mais que n'en ayant pu trouver au commencement du quatrième siècle, ils moururent à l'instant.

Après avoir décrit ces deux célèbres fleuves, il faut maintenant parcourir les principales villes qui sont sur les deux côtes de l'Inde. Je commence par celle qui règne depuis Bengale jusqu'au cap Comorin et qui est à l'orient; elle s'appelle en général la côte de Coromandel, mais elle ne laisse pas d'avoir d'autres noms par rapport aux divers royaumes qu'elle borne: on l'appelle, par exemple, la côte d'Orixa lorsqu'elle termine le petit royaume de ce nom, qui est au midi de l'embouchure du Gange ; on l'appelle pareillement la côte de la Pêcherie dans la partie méridionale, parce que c'est aux environs de cette côte qu'on pêche les perles.

Je me place d'abord à Pondichéry, parce qu'en rapportant les observations qui ont été faites par nos missionnaires, il est plus aisé de connoître la longitude des autres villes de la côte, qui va en plusieurs endroits presque nord et sud, excepté vers l'embouchure du Gange, qu'elle décline vers l'est.

Pondichéry appartient aux François, et c'est le plus bel établissement qu'ils aient aux Indes.

---

[1] Houglys.
[2] Les Anglais sont aujourd'hui les vrais souverains de l'Inde.

On y voit une forteresse régulière et où il ne manque aucun des ouvrages nécessaires pour une bonne défense : elle est toujours bien fournie de munitions de guerre et de bouche ; la ville est grande et les rues y sont tirées au cordeau ; les maisons des Européens sont bâties de briques, celles des Indiens ne sont que de terre enduite de chaux, mais comme elles forment des rues droites, elles ont leur agrément. Dans quelques-unes des rues on voit de belles allées d'arbres à l'ombre desquels les tisserands travaillent ces toiles si fort estimées en Europe. Les révérends pères capucins y ont un couvent ; les jésuites et messieurs des missions étrangères y ont aussi chacun une maison et une église.

Après plusieurs observations des éclipses du premier satellite de Jupiter, on a trouvé que la différence du temps entre le méridien de Paris et celui de Pondichéry étoit de cinq heures onze ou douze minutes, qui valent environ 78 degrés, et par conséquent, comme dans les hypothèses de l'Observatoire de Paris, la longitude de Paris est de 22 degrés 30 minutes, il faut conclure que la véritable longitude de Pondichéry est de 100 degrés 30 minutes. Par là on peut voir l'erreur énorme qui s'étoit glissée dans les cartes de géographie qui ont eu le plus de cours en Europe, comme sont celles de MM. Samson et Duval, où on éloignoit cette côte de plus de quatre cents lieues qu'elle n'est éloignée effectivement.

Pour ce qui est de la latitude de Pondichéry, on a trouvé qu'elle étoit un peu plus considérable que celle qu'on avoit arrêtée dans les premières observations, où l'on n'avoit remarqué par la distance du zénith à l'équateur que 11 degrés 56 minutes 28 secondes. Peut-être y a-t-il de l'erreur dans les chiffres [1].

En allant de Pondichéry vers le nord et suivant la côte, on trouve la ville de Saint-Thomé, on l'appelle aussi Méliapour ou, pour parler avec les Indiens, Mailabouram, c'est-à-dire la Ville des Paons, parce que les princes qui régnoient autrefois dans cette contrée avoient un paon pour armes et le faisoient peindre sur leurs étendards. C'est apparemment à l'imitation des empereurs de Bisnagar que les empereurs mogols ont fait placer un paon si beau et si riche sur le ciel de leur trône : « Le fond du ciel, dit un de nos voyageurs qui assure l'avoir vu, est tout couvert de perles et de diamans et est entouré d'une frange de perles ; au-dessus du ciel, fait en forme de voûte, se voit un paon dont la queue relevée est de saphirs et d'autres pierres de couleur ; le corps est d'or émaillé semé de pierreries ; enfin on lui voit un gros rubis au milieu de l'estomac, d'où pend une perle en forme de poire de cinquante karats. »

Les observations du père Richaud portent que la latitude de Saint-Thomé est de 13 degrés 10 minutes. Saint-Thomé étoit il n'y a pas quarante ans une des plus belles villes et des mieux fortifiées qui fussent aux Indes ; elle appartenoit aux Portugais, mais comme ils se voyoient dépouillés peu à peu par les Hollandois de leurs principaux états, ils prirent le parti d'abandonner cette place au roi de Golconde. M. de La Haye, envoyé aux Indes avec une flotte de dix vaisseaux de guerre, crut avoir des raisons pour l'attaquer : il fit sa descente et l'emporta en peu d'heures au grand étonnement des Indiens ; il la conserva pendant deux ans, et les François en seroient encore aujourd'hui les maîtres s'il lui fût venu du secours d'Europe.

Le roi de Golconde craignit à son tour que les François ne songeassent à reprendre ce poste : c'est pourquoi il se détermina à démanteler la forteresse et la ville. C'est de ses débris qu'on a étendu et augmenté la ville de Madras. Cependant Aurengzeb conquit le royaume de Golconde, et il est aujourd'hui le maître de Saint-Thomé. Les Portugais ne laissoient pas d'y avoir un beau quartier où l'on voyoit des maisons assez agréables et des rues fort larges. Cette partie où ils s'étoient retirés étoit environnée de murailles et ils y avoient commencé quelques petits bastions.

A une lieue au nord de Saint-Thomé, on trouve Madraspatan, que les Indiens appellent Genapattenam. Il seroit inutile de marquer sa longitude et sa latitude : ce que j'ai dit en parlant de Pondichéry suffit pour faire connoître la longitude et la latitude des autres villes de la côte pourvu qu'on en sache la distance nord et sud.

Madras est une fort belle ville qui appartient aux Anglois : elle est ceinte de murailles ; il y a un fort carré, mais sans ouvrages extérieurs, qu'on appelle le fort Saint-Georges. On voit une seconde ville habitée par les Arméniens et les marchands des nations étrangères, et en-

---

[1] 11° 55′ 41″, telle est la latitude aujourd'hui déterminée. La longitude est 77° 3′ 30″ à l'est du méridien de Paris.

suite une troisième, où résident les Indiens, beaucoup plus grande que la première et qui en est comme le faubourg. On compte dans les trois villes près de cent mille âmes. Les Anglois, à ce qu'on dit, y tirent de droits plus de soixante mille pagodes, qui font trente mille pistoles. Nos missionnaires, qui ont été quelquefois obligés d'aller à Madras, se louent infiniment de la politesse de MM. les Anglois et des marques d'amitié dont ils les ont honorés : je leur dois ce témoignage de notre reconnoissance et je me fais un plaisir d'avoir cette occasion de la rendre publique [1].

A sept lieues au nord de Madras, les Hollandois ont une forteresse qu'on appelle Paleacatte : c'étoit autrefois le principal comptoir qu'ils eussent sur la côte de Coromandel, et ils ont eu assez de peine à s'y établir.

Les deux autres endroits les plus considérables vers la côte du nord sont Massulipatan et Jagrenat. Massulipatan appartenoit anciennement au roi de Golconde, il est maintenant sous la puissance du Mogol. Cette ville est éloignée de Golconde d'environ quatre-vingts lieues; les principales nations de l'Europe qui trafiquent aux Indes y ont des comptoirs. Les toiles peintes qu'on y travaille sont les plus estimées de toutes celles qui se fabriquent aux Indes ; on y voit un pont de bois le plus long, je crois, qui soit au monde : il est utile dans les grandes marées, où la mer couvre beaucoup de terrain ; on y respire un très-mauvais air. Je trouve dans mes mémoires que sa latitude est de 16 degrés 30 minutes [2]. On compte plus de cent lieues de chemin par terre de Madras à Massulipatan, mais il est vrai qu'il y a plusieurs détours à prendre.

Jagrenat est célèbre par sa pagode. Nos voyageurs et surtout M. Tavernier en disent des merveilles : ils prétendent qu'il y a dans ce temple une idole dont les yeux sont formés de deux gros diamans, qu'il lui en pend un autre sur l'estomac, que ses bracelets sont de perles et de rubis, et que les revenus de cette pagode sont si considérables qu'ils peuvent nourrir quinze à vingt mille pèlerins : ils ne parlent apparemment que du temps qu'on célèbre des fêtes en l'honneur de l'idole. Les autres choses

qu'on rapporte me paroissent assez suspectes. Ce qu'il y a de certain, c'est que cette pagode est peu connue dans les parties méridionales de l'Inde, et je ne sache pas en avoir jamais entendu parler qu'à un seul Indien, au lieu qu'on vante fort celle de Cachi, que je crois être la même chose que Banare, ainsi que je l'expliquerai dans la suite. C'est sans contredit le temple des faux dieux le plus célèbre qui soit aux Indes. Mes mémoires rapportent que cet endroit où est situé le temple appelé Jagrenat a la latitude de 19 degrés 50 minutes. Si cela est, il ne doit être guère éloigné de Balassor, qu'on dit être au vingtième degré de latitude.

Je reviens maintenant à Pondichéry pour suivre la côte jusqu'au cap de Comorin : c'est une route que j'ai tenue plus d'une fois. A une grande journée de Pondichéry, en allant au sud, on arrive à Portonovo. Les Anglois et les Hollandois y ont quelques maisons, et les Portugais y sont en très-grand nombre. On voit une assez belle église où s'assemblent les chrétiens de la côte.

A mi-chemin de Pondichéry à Portonovo se trouve Coudelour, que les Indiens nomment Courralour : c'est une ville assez considérable que les Anglois ont achetée à bon compte avec les terres qui y sont jointes.

En avançant, on voit Trankebar [1], appelée par les Indiens Taranganbouri, c'est-à-dire la ville des ondes de la mer. Cette ville est éloignée d'environ vingt-cinq ou trente lieues de Pondichéry : elle appartient aux Danois. Les rues en sont droites, il y a de belles maisons, et la forteresse, dont la forme est quadrangulaire, paroît très-agréable quand on la voit du côté de la mer. Quand les Européens y abordent, le gouverneur envoie de beaux chevaux et des soldats pour les recevoir à la descente, et on les conduit avec toutes les marques d'honneur à la forteresse, où une partie de la garnison se trouve sous les armes. Les Portugais y sont établis en assez grand nombre. Il se présenta une occasion où ils ne contribuèrent pas peu à conserver la forteresse aux Danois, qui n'étoient pas en état de la défendre. Le roi de Tanjaour assiégea cette place il y a quelques années, mais ses efforts furent inutiles et il fut contraint de lever le siège.

---

[1] Madras est à 13° 4' 8" de latitude nord. On y compte aujourd'hui 300 mille habitants.
[2] 16° 10' à l'une des branches les plus orientales de la Krichna et au sud-ouest des bouches du Godavery.

[1] Trinquebar.

A une demi-journée de Trankebar, sur le chemin de Portonovo, se voit Caveripattevam, que les Européens nomment Caveripattam : c'étoit autrefois une grande ville et fort célèbre parmi les Indiens : aujourd'hui elle est presque entièrement ruinée. L'air y est fort bon, et les François y ont un établissement.

La ville de Negapatam se trouve en sortant de Trankebar du côté du midi : elle est située à 11 degrés de latitude nord. Les Indiens l'appellent Nagapattenam, c'est-à-dire la ville des serpens. C'étoit autrefois un des plus beaux établissemens que les Portugais eussent sur la côte de Coromandel, et comme ils possédoient la côte de la Pêcherie et l'île de Ceylan, cette ville étoit d'un grand abord. On y voyoit plusieurs belles églises et un collége appartenant aux jésuites. Les Hollandois s'en sont emparés avec le secours du roi de Tanjaour, qu'ils engagèrent à trahir les Portugais. On y a bâti une forteresse ; les chrétiens y ont une église desservie par un religieux de Saint-François[1].

En marchant toujours vers le sud, on trouve à dix lieues environ de Negapatam le cap de Cagliamera. Là se voit un nouveau golfe qui va se terminer à la côte de la Pêcherie. C'est là aussi que la côte de Coromandel, qui étoit nord et sud, prend un nouveau rumb de vent ; elle va d'abord droit à l'ouest, et puis elle se détourne peu à peu vers le sud jusqu'au cap de Comorin, où commence la côte de Travancor, qui n'est, suivant plusieurs voyageurs, qu'une partie de celle de Malabar. Il n'y a dans cette côte que deux endroits considérables, savoir : Outiar, où est Ramanancor et Tutucurin ; on peut y joindre aussi Manapar. Je dirai un mot de chacun.

On voit à Outiar une des choses les plus merveilleuses qui soient peut-être dans le reste du monde : c'est un pont[2] qui a environ un quart de lieue et qui joint à la terre ferme l'île où est Ramanancor. Ce pont n'est pas composé d'arcades comme les autres : ce sont des rochers ou des grosses pierres qui s'élèvent deux ou trois pieds au-dessus de la surface de la mer, qui est fort basse en cet endroit. Ces pierres ne sont pas unies les unes aux autres, mais elles sont séparées pour donner la liberté à l'eau de couler. Les pierres sont énormes à l'endroit des courans ; j'en ai mesuré qui avoient dix-huit pieds de diamètre, d'autres en ont beaucoup davantage. On voit des endroits où ces pierres sont séparées par des intervalles de trois pieds jusqu'à dix, et aux lieux où les barques passent, la largeur est encore plus grande. Il n'est pas aisé d'imaginer que ce pont soit un ouvrage de l'art, car on ne voit pas d'où l'on auroit pu tirer ces masses énormes et encore moins comment on auroit pu les transporter. Mais si c'est un ouvrage de la nature, il faut avouer que c'est un des plus surprenans qu'on ait jamais vu. Les idolâtres disent que ce pont fut fabriqué par les dieux quand ils allèrent attaquer la capitale de l'île de Ceylan. Le prince de Marava avoit accoutumé de se retirer dans l'île de Ramanancor quand il étoit poursuivi par les rois de Maduré ; il faisoit mettre de grosses poutres sur ces rochers, qui sont comme autant de plates-formes, et il y faisoit passer ses éléphans, son canon et son armée. J'aurai occasion dans la suite de parler de Ramanancor quand j'aurai expliqué ce que c'est que Cachi, les deux pagodes de Ramanancor et de Cachi étant, au rapport des Indiens, les lieux les plus saints qui soient au monde.

Tutucurin est la principale ou plutôt l'unique ville qui soit à la côte de la Pêcherie, le reste n'étant que de grosses bourgades ou des villages. De loin on la prendroit pour une ville ornée de magnifiques maisons ; mais quoiqu'elle soit fort peuplée, on trouve en y arrivant qu'elle n'est en rien supérieure aux autres villes des Indes. Les Hollandois, à qui elle appartient, y ont fait bâtir une petite forteresse. La hauteur du pôle à Tutucurin est, selon les observations du père Noël, de 8 degrés 52 minutes.

Après Tutucurin, Manapar est l'endroit de cette côte le plus remarquable. Les chrétiens y avoient autrefois une belle église, mais elle fut convertie en magasin par les Hollandois, et on a été obligé d'en bâtir une autre. Suivant l'observation qu'on y a faite, la hauteur du pôle est de 8 degrés 27 minutes. Pour ce qui est de la longitude, elle est assez régulièrement marquée à 98 degrés 45 minutes.

Je dirai ici en passant que j'ai souvent admiré la connoissance parfaite que les Indiens ont des rumbs de vent : il n'y a pas jusqu'aux

---

[1] Negapatam est dans la présidence de Madras à 11° 45' latitude nord, à trois lieues de la rivière Karikal et à l'embouchure d'un bras du Cavery.

[2] Pont de Rama, pont d'Adam.

enfans qui n'en soient instruits. Qu'on dise à un Indien le chemin qu'il doit tenir par rapport à tel rumb de vent, il ne se trompe jamais. Je me suis fait quelquefois un plaisir, en marchant avec eux, de m'éloigner tant soit peu du nord ou bien d'un autre rumb de vent où nous devions aller : à peine avois-je fait quatre pas qu'ils reconnoissoient l'erreur.

Il ne m'est pas permis d'oublier Manar, cette île si célèbre par le grand nombre d'idolâtres que saint Xavier convertit à la foi, du nombre desquels étoit le propre fils du roi de Jasnapatan, qui furent tous égorgés par les ordres de ce prince inhumain en haine du baptême qu'ils venoient de recevoir. Je ne pus retenir mes larmes en marchant sur cette terre arrosée du sang de tant de martyrs. Il n'est pas vrai que Manar appartienne au roi de Maduré, comme le disent quelques relations. Les Portugais la possédoient il y a plus de cent ans, et ce n'est que depuis l'année 1656 qu'ils furent contraints de l'abandonner quand les Hollandois se furent emparés de Ceylan. C'étoit anciennement un des meilleurs endroits pour la pêche des perles, mais on n'y en trouve presque plus à présent. L'île de Manar n'est séparée de l'île de Ceylan que par un petit canal qui n'est en quelques endroits que de trente ou quarante pieds; il n'y a qu'un petit fort qui domine sur le canal. Les Portugais y avoient trois ou quatre églises, dont l'une étoit dédiée à saint Jean. C'est dans les fondemens d'une de ces églises qu'ils trouvèrent une médaille de l'empereur Claude : il n'est pas aisé de comprendre comment elle a pu y être portée avant l'arrivée des Portugais.

Quoique j'aie été à Ceylan, je n'y ai pas demeuré assez de temps pour y voir les merveilles qu'on en raconte. Le roi de Portugal en demanda un jour des nouvelles à un de ses officiers qui revenoit des Indes. Cet officier lui répondit que c'étoit une île dont les mers qui l'environnoient étoient semées de perles, dont les bois étoient de canelle et les forêts d'ébène, les montagnes couvertes de rubis, les cavernes pleines de cristal, en un mot le lieu que Dieu avoit choisi pour le paradis terrestre. Cette description est sans doute exagérée; néanmoins on ne peut disconvenir que ce ne soit la plus belle île qui soit au monde. Les Indiens l'appellent Larka, et tous les idolâtres de l'Asie la regardent comme le séjour de leurs dieux. Le fameux Ramen, qui est une des principales divinités indiennes, y a demeuré, à ce qu'ils prétendent. Les Pégouans assurent qu'Anouman, singe célèbre qu'ils adorent, y a accompagné Vichnou métamorphosé en Ramen. Les Siamois disent que leur dieu Sammonocodon a un de ses pieds marqué dans l'île; les Chinois eux-mêmes, qui ne veulent rien devoir aux étrangers, avouent qu'une de leurs principales idoles est venue de Ceylan. Cette île a environ deux cents lieues de tour; elle est arrosée de quantité de belles rivières, et les moissons y sont abondantes. La religion chrétienne y florissoit, surtout à Jasnapatan, avant que les Hollandois s'en fussent rendus les maîtres : il y a encore d'excellens missionnaires qui se sont retirés à Candé et dans les autres provinces intérieures de l'île. Le roi de Candé est fort gêné dans son commerce, et toutes les raretés de son île lui sont assez inutiles, parce que n'ayant aucun port, il ne peut vendre par lui-même sa cannelle et ses éléphans, qui sont les plus beaux et les plus généreux de toute l'Asie[1].

Entre Manar et Tutucurin se trouve une grande bourgade appelée Pumicael et nommée par les Indiens Pounneicayel, où le père Antoine Criminal fut le premier de notre compagnie qui reçut la couronne du martyre lorsqu'il cultivoit la chrétienté de la côte de la Pêcherie : il expira noyé dans son sang sur la porte de son église et au pied des mêmes autels où il venoit de sacrifier l'agneau sans tache. La latitude de Pumicael est de 8 degrés 38 minutes.

Il est temps de venir à la côte de Malabar; mais comme elle est assez connue, je ne m'y arrêterai que pour marquer les hauteurs du pôle que le père Noël y a prises avec toute l'exactitude qu'on peut désirer.

A Tangapatan, la distance du zénith à l'équateur est de 8 degrés 19 minutes. Cet endroit est éloigné du cap de Comorin de huit lieues et demie portugaises.

Coilan, qui est une ville plus élevée, a de hauteur de pôle 8 degrés 48 minutes.

Tanor, capitale d'une principauté du même nom, a 11 degrés 4 minutes.

Calecut, ville autrefois très-célèbre, a 11 degrés 17 minutes.

[1] L'île de Ceylan appartient aujourd'hui aux Anglais.

Cananor a 11 degrés 58 minutes.

Depuis le cap de Comorin jusqu'à Cochin et au delà, les deux états les plus considérables sont ceux de Travancor et de Zamorin. Le premier étoit il n'y a pas longtemps sous la domination d'une reine qui se gouvernoit entièrement au gré de ses ministres. La ville de Coate est ce qu'il y a de plus remarquable dans ce royaume. Elle est située au pied des montagnes, environ à quatre lieues du cap Comorin, et est fort peuplée. On y a bâti une église en l'honneur de saint François Xavier au même endroit où les habitans voulurent le brûler vif dans sa cabane : ils y mirent le feu lorsqu'il y récitoit son bréviaire ; le saint vit tranquillement voler la flamme et continua sa prière sans s'émouvoir. Après que la cabane eut été réduite en cendres, il parut sain et sauf sans avoir reçu aucune atteinte du feu. C'est un miracle que l'on sait dans le pays par tradition et dont il n'est pas fait mention dans les différentes vies qu'on a publiées de cet apôtre. Les grâces singulières que Dieu a accordées à ceux qui visitent cette église y attirent un grand concours de peuples.

Pour ce qui est des états de Zamorin, Calecut, qui en étoit la capitale[1], étoit autrefois très-célèbre, et c'est là que les Portugais abordèrent la première fois qu'ils vinrent aux Indes. C'est aujourd'hui très-peu de chose et à peine y trouve-t-on des traces de ces magnifiques descriptions qu'on en a faites. La mer gagne tous les jours du terrain sur cette côte.

Cochin est une autre ville célèbre sur la côte de Malabar. Lorsqu'elle étoit sous la domination des Portugais, on en voyoit partir tous les ans un grand nombre d'hommes apostoliques qui alloient porter les lumières de la foi chez les nations idolâtres. Elle est maintenant sous la puissance des Hollandois ; ils l'ont ruinée en partie et ont fortifié avec de bons bastions ce qu'ils en ont conservé. Cette forteresse est défendue d'un côté par la mer et de l'autre par une grande rivière. Les maisons y sont belles et les rues plus larges que dans les autres villes de la côte. Le père Noël y trouva la hauteur du pôle de 9 degrés 58 minutes[2].

Goa, par où je finis de parler de cette côte, est éloignée de Cochin de plus de cent lieues.

Quand on y aborde par mer, on trouve à l'embouchure du fleuve Mendoua deux forts construits au pied des montagnes et bien garnis de canons qui en défendent l'entrée. Cette entrée est fort étroite, parce que les montagnes qui sont de chaque côté se rapprochent en cet endroit. Il y a depuis Goa et les terres des environs jusqu'à l'embouchure plus de quatre cents pièces de canon. La rivière est large, belle et majestueuse. Ceux qui ont navigué sur ce fleuve disent que c'est un des plus agréables spectacles qui soit dans l'univers : on voit de tous côtés de très-jolies maisons, des jardins utiles et agréables, des bois de palmiers plantés à la ligne qui forment des allées à perte de vue. La ville étoit autrefois comparable et même supérieure en beaucoup de choses aux plus belles villes de l'Europe ; mais elle n'est plus ce qu'elle étoit il y a soixante ans. Il ne laisse pas d'y avoir encore de superbes édifices : le palais du vice-roi et celui de l'inquisiteur sont d'une magnificence achevée ; il y a plusieurs belles églises, et notre compagnie y a cinq maisons ; mais ce qui la rendra à jamais recommandable, c'est le bonheur qu'elle a de posséder le corps miraculeux de saint François Xavier. L'air n'y est plus si bon, et c'est peut-être ce qui fait qu'elle n'est plus si peuplée ; en récompense, il est admirable à la campagne et dans les lieux circonvoisins. C'étoit pour les anciens empereurs de Bisnagar une contrée délicieuse où ils venoient passer plusieurs mois de l'année. Goa a d'élévation du pôle 15 degrés 31 minutes ; sa longitude est de 93 degrés 55 minutes[1].

Comme les Indiens vantent extrêmement la ville de Cachi, qui est vers le nord, et Ramanancor, qui est vers le sud, et que ce sont là les deux pôles de leur géographie, je ne puis me dispenser d'en parler. Il n'est pas aisé de dire ce que c'est que Cachi, non plus que l'endroit où il se trouve. Je rapporterai simplement quelques conjectures qui me persuadent que Cachi n'est autre chose que la ville de Banare, située sur le Gange ; les voici :

Les pèlerins de Cachi disent qu'en partant de Ramanancor, Golconde se trouve à la moitié du chemin. Or si Ramanancor est à 9 degrés 10 minutes et que Banare soit à 26

---

[1] Kalicut, premier port où Vasco de Gama ait abordé.
[2] Cochin appartient maintenant aux Anglais.

[1] La latitude est exacte, mais pour la longitude il faut lire 71° 25'.

degrés 30 minutes, comme le marquent nos voyageurs, il s'ensuit que Golconde, qui est, comme on l'assure, à 17 degrés, est presque au milieu de la route qu'on doit tenir.

D'ailleurs les Indiens m'ont assuré que quelques brames appellent Cachi du nom de *Vanaraja*, comme qui diroit le désert royal, ou plutôt le roi des déserts, parce que, disent les Indiens, c'est dans un désert aux environs de Cachi que les plus célèbres ermites se sont retirés pour faire pénitence. Or comme le changement du *V* au *B* est facile, je ne doute presque pas que par Vanaraja ils n'entendent la ville de Banare.

Cela paroît encore par les deux routes que tiennent les pèlerins pour se rendre à Cachi. Ceux qui vont par Golconde disent qu'au sortir de Bagnagar il faut prendre tant soit peu à l'est, et que par là ils se rendent droit à leur terme; les autres qui vont par Agra afin de visiter Matura, qui se trouve sur cette route et qui est une autre pagode fameuse par la naissance de Krichnen, assurent pareillement qu'on quitte le Gemma à main gauche et qu'on marche presque toujours vers l'orient; or, il est certain qu'il n'y a de lieu considérable que Banare, auquel aboutissent ces deux routes.

Autre conjecture. Cachi est parmi les Indiens ce qu'étoit Athènes parmi les Grecs : c'est, disent-ils, la plus fameuse université du monde; c'est là qu'on enseigne toutes les sciences, et quoique maintenant il y ait peu d'étudians, il y a néanmoins plusieurs docteurs qui ont chacun un certain nombre de disciples. Ils s'assemblent sous de grands arbres ou dans de beaux jardins : rien ne convient mieux à Banare[1]. Un de nos plus célèbres voyageurs assure qu'il y a auprès de la pagode un collège qui a été bâti aux frais du plus puissant raja de l'empire mogol afin d'y élever la jeune noblesse. Il ajoute que deux enfans de ce prince y étoient actuellement sous la conduite des brames et qu'ils apprennoient à lire et à écrire dans une langue bien différente de celle du peuple : cette langue est sans doute le *samouseradam*, qu'on parle vers le nord, ou le *grandam*, qui est en usage dans l'Inde méridionale.

Mais, dira-t-on, pourquoi tant s'embarrasser de Cachi? C'est que les idolâtres en parlent sans cesse et en des termes les plus magnifiques. C'est, selon eux, un lieu sacré et divin, c'est le séjour de leurs divinités. Ramen et les plus célèbres ermites ont accompli leur pénitence dans les bois qui environnent Cachi. Quiconque meurt dans une terre si sainte, ses péchés lui sont pardonnés, il va droit au ciel. Un homme qui a fait le voyage de Cachi est par cette seule raison infiniment respectable ; n'eût-il aucun mérite d'ailleurs, c'en est un grand d'avoir été à Cachi. Enfin ils se plaignent de n'avoir pas d'expressions assez nobles pour représenter dignement la sainteté d'un lieu si vénérable.

Pour ce qui est de Banare, que je crois être le Cachi des Indiens, je n'en puis dire que ce que j'en ai appris des Européens qui y ont voyagé. C'est, à ce qu'ils assurent, la ville la mieux bâtie des Indes; presque toutes les maisons y sont de pierres de taille ou de briques; on y voit de très-beaux caravanseras[1]; les rues y sont pourtant étroites. Le Gange baigne les murailles de la ville; la situation en est belle, le pays d'alentour fertile et délicieux. Depuis la porte du temple jusqu'au Gange, il y a plusieurs marches de pierre interrompues de temps en temps par des plates-formes. Ce récit est conforme à ce que les Indiens rapportent de la pagode de Cachi, ce qui me confirme dans mes conjectures[2].

Je parlerai avec plus de certitude de Ramanancor, que les Indiens appellent Rameissouram, parce que, dans le premier voyage que j'ai fait à la côte de la Pêcherie, je demeurai dix jours dans l'île où est cette pagode. Cette île a huit à neuf lieues de circuit ; quoiqu'elle soit très-sablonneuse, on y voit pourtant de beaux arbres. Il n'y a que quelques villages. La pagode est vers la partie méridionale. Je n'y ai point vu ces trois cents colonnes de marbre dont parle une relation imprimée. La pagode m'a paru moins belle et plus petite que plusieurs autres qui sont dans les terres. Je crois qu'elle n'est si fort estimée qu'à cause du bain qu'on prend dans la mer, car les idolâtres sont persuadés

---

[1] Bénares.

[1] Bâtiment destiné à loger les voyageurs.
[2] Toutes ces conjectures se sont trouvées justifiées, on a reconnu que Bénarès était le Varenachi des Hindous, ou Vara nachi en sanscrit, nom de deux ruisseaux sur lesquels la ville est bâtie. On l'appelait plus anciennement *Kachi* (en sanscrit).

M. Heber, l'évêque (anglican) de Calcutta, la nomme la Rome et l'Athènes de l'Inde

Cette ville a aujourd'hui sept cent mille habitans.

que ce bain efface entièrement les péchés, surtout si on le prend au temps des éclipses du soleil et de la lune. J'eus alors la consolation d'apprendre que dans un lieu où l'on rend tant d'honneur au démon, Dieu s'étoit choisi de fidèles adorateurs : la Providence me conduisit dans un petit village où je trouvai une chapelle bâtie par les chrétiens qui s'y étoient retirés et j'y baptisai plusieurs de leurs enfans.

Avant que de pénétrer dans l'Inde méridionale, je dirai encore un mot de Golconde et de Visapour, deux villes dont il est à propos de donner la connoissance, parce que nos missionnaires ont souvent occasion d'en parler.

La ville qu'on appelle aujourd'hui Golconde n'étoit autrefois qu'un jardin agréable à deux lieues de la forteresse qui portoit ce nom. On la nomma d'abord Bagnagar et dans la suite le nom de Golconde lui est resté. Elle est à peu près de la grandeur d'Orléans ; elle est bien située et les rues en sont belles. La rivière qui y passe et qui va se jeter dans la mer de Masulipatan est large et roule des eaux fort claires ; on y a bâti un pont qu'on dit être aussi beau que le Pont-Neuf de Paris : le palais du roi est magnifique. Depuis que cette ville est devenue la conquête du Mogol, elle n'est plus si peuplée qu'elle l'étoit auparavant. Aurengzeb la pilla entièrement avant que de prendre la forteresse. C'est dans le royaume de Golconde que se trouve la fameuse mine de diamans.

Visapour[1], capitale du royaume de Decan, est une autre grande ville située sur le fleuve Mendoua. Le palais du roi est vaste ; il est entouré de fossés pleins d'eau où il y grand nombre de crocodiles qui servent, selon l'usage des Indiens, à rendre une forteresse moins accessible. Le roy, que les Portugais appellent l'idalcan, avoit trois bons ports sur la côte qui règne depuis Goa jusqu'à Surate ; le principal est Rajapour, qu'on ne trouve point marqué dans plusieurs cartes, non pas même dans celles que les Hollandois ont fait graver avec beaucoup de soin. Ce royaume appartient maintenant au Mogol. Je trouve dans mes mémoires que Visapour est à 17 degrés 30 minutes d'élévation du pôle.

Entrons maintenant dans l'Inde méridionale, qui contient les royaumes de Maduré, de Mayssur, de Tanjaour, de Gingi et de Carnate, où sont établies les missions de notre compagnie, et parcourons ces petits états l'un après l'autre.

Je commence par le royaume de Maduré. Il est borné à l'orient par les états du roi de Tanjaour, au midi par la mer méridionale des Indes, à l'occident par les états des princes de Malabar, au nord par les terres de Mayssur et par celles qui appartiennent au gouverneur de Gingi. Ce royaume est aussi grand que le Portugal ; son revenu est d'environ huit millions. On y compte soixante-dix paleacarens : ce sont des gouverneurs absolus dans leurs petits états et qui ne sont tenus qu'à payer une taxe que le roi de Maduré leur impose. Ce prince peut mettre aisément sur pied vingt mille hommes d'infanterie et cinq mille de cavalerie. Il a près de cent éléphans, qui lui sont d'un grand secours pour la guerre[1].

Maduré est la capitale du royaume ; elle est environnée d'une double muraille ; chaque muraille est fortifiée à l'antique de plusieurs tours carrées avec des parapets et garnie d'un bon nombre de canons. La forteresse, dont la forme est carrée, est entourée d'un fossé large et profond avec une escarpe et contrescarpe très-fortes ; il n'y a point de chemin couvert à l'escarpe. Au lieu de glacis, on voit quatre belles rues qui répondent aux quatre côtés de la forteresse : on en peut faire le tour en moins de deux heures ; les maisons qui bordent ces rues ont de grands jardins du côté de la campagne, qui est belle et fertile.

L'intérieur de la forteresse se divise en quatre parties ; celles qui sont à l'orient et au midi contiennent le palais du roi : c'est un labyrinthe de rues, d'étangs, de bois, de salles, de galeries, de colonnades et plusieurs maisons semées çà et là ; quand on y a une fois pénétré, il n'est pas aisé d'en trouver l'issue. Lorsque les rois de Maduré y faisoient leur séjour, on n'y trouvoit que des femmes et des eunuques. Le fameux Troumoulanaiken, qui a le plus contribué aux embellissemens de ce palais, y tenoit plusieurs milliers de femmes renfermées. Les salles publiques où l'on donnoit audience étoient magnifiques. A l'entrée se trouvoit une grande galerie soutenue par vingt grosses colonnes de marbre bien travaillées ; de là on passoit dans une grande cour où l'on voyoit

[1] Surnommée la Palmyre du Dekhan.

[1] C'est un gouvernement comme ceux de l'Europe au moyen âge.

quatre corps de logis qui répondoient aux quatre parties du monde ; chaque corps de logis avoit au milieu un dôme fort élevé et chargé d'ouvrages de sculpture ; ces quatre dômes étoient réunis par huit galeries dont les angles étoient flanqués de tourelles. Le dessin de ce palais, à ce que m'a assuré un ancien missionnaire, a été dressé par un Européen : on y voit effectivement plusieurs ornemens d'architecture d'Europe mêlés avec l'architecture indienne.

Dans la seconde partie de la forteresse est le temple de Chokanaden : c'est l'idole qu'on adore à Maduré. A l'orient de la pagode sont plusieurs beaux portiques; au nord d'un de ces portiques se voit un char magnifique destiné à porter l'idole en triomphe le jour de sa fête. La pagode est environnée d'une triple muraille, et entre chaque muraille sont plusieurs belles allées de grands arbres très-unies et bien sablées. On trouve quatre grandes tours à l'entrée des quatre principales portes de la pagode: les brames prétendent qu'elles ont coûté des sommes immenses. Texeira rapporte qu'il y a à Maduré des tours dorées : pour moi je n'y en ai point vu de cette espèce. Le reste de l'espace intérieur de la forteresse est partagé en plusieurs rues, en des étangs et en des places publiques.

La rivière qui passe auprès de Maduré seroit belle si on ne la faisoit couler dans de grands étangs qui la tarissent; elle dégénère enfin en ruisseau.

Au-dessous de la ville on a construit un canal qui va du nord au sud et qui se jette dans cinq beaux étangs à l'ouest de Maduré ; il y a dans ces étangs d'autres canaux qui conduisent l'eau dans les fossés lorsqu'on le souhaite.

A l'orient de la forteresse on voit trois autres chars de triomphe : ils sont magnifiques quand on les a ornés. Le plus grand ne peut être tiré, à ce que disent les Indiens, que par plusieurs milliers de personnes. Je n'en suis pas surpris, la machine en elle-même est énorme ; on y fait monter jusqu'à quatre cents personnes dont les fonctions sont différentes : de grosses poutres forment cinq étages et chaque étage a plusieurs galeries. Quand cette machine est couverte de toiles peintes, de pièces de soie de diverses couleurs, de banderoles, d'étendards, de parasols, de festons de fleurs représentés sous différentes figures, et que tout cela se voit au milieu de la nuit à la clarté de mille flambeaux, on ne peut nier que le spectacle n'en soit agréable. Le char est traîné au son des tambours, des trompettes, des hautbois et de plusieurs autres instrumens, et il est traîné si lentement qu'on met trois jours à faire le tour de la forteresse. Tels sont les honneurs que cette aveugle gentilité rend aux démons.

Du côté du nord, au-dessus de la forteresse, dans la rue qui va est et ouest, étoient autrefois les églises des chrétiens, l'une qui avoit été fondée par le père de Nobilibus et l'autre plus ancienne dédiée à Notre-Dame et desservie par les jésuites. Ces églises furent tout à fait renversées lorsque la ville fut prise et ruinée en partie par le roi de Mayssur ; on en a bâti une nouvelle dans un des faubourgs auprès de la rivière qui s'appelle Vaighei. Maduré a beaucoup perdu de son ancienne splendeur depuis l'irruption des Mayssuriens et depuis que les derniers rois ont transporté leur cour à Trichirapali, qui par là est devenue la capitale du royaume. La latitude de Maduré est à peu près de 10 degrés 20 minutes, sa longitude de 98 degrés 32 minutes.

Trichirapali, où le prince réside, est une ville fort peuplée et d'une grande étendue : elle contient plus de trois cent mille âmes; c'est la plus grande forteresse qui soit depuis le cap de Comorin jusqu'à Golconde. De nombreuses armées l'ont souvent assiégée et toujours inutilement; aussi les Indiens disent-ils qu'elle est imprenable. Elle a une double enceinte de murailles fortifiées chacune de soixante tours carrées éloignées les unes des autres de quatre-vingts ou de cent pas; la seconde est plus élevée que la première et est garnie de 130 pièces de canon d'un assez gros calibre. Cette seconde enceinte est encore partagée en deux forteresses qu'ils appellent la forteresse du nord et la forteresse du sud ; celle-ci a la muraille intérieure plus basse que l'autre. On y voit une haute montagne qui sert à découvrir l'ennemi ; vers le milieu de la montagne est l'arsenal, et au bas est le palais du prince. Le dedans de la forteresse intérieure est assez agréable : c'est un grand amphithéâtre carré avec ses degrés de tous côtés pour monter sur les remparts. Le dernier degré le plus voisin de la terre est à hauteur d'appui. Outre les tours qui accompagnent la double enceinte de muraille, il y en a dix-huit autres plus grandes où l'on met les provisions de bouche et les munitions de guerre qui n'ont pu entrer dans l'arsenal. On renouvelle tous les ans les provisions de riz, et celui que l'on tire des greniers est livré aux soldats pour une partie de leur solde. La garnison est d'environ six mille hommes et quelquefois davantage.

Le fossé qui environne la forteresse est large et profond, il est plein d'eau et il y a quelques crocodiles. On a été obligé de creuser ce fossé dans le roc en plusieurs endroits, ce qui n'a pu se faire sans de grandes dépenses. Trichirapali a quatre grandes portes, qui répondent aux quatre principales parties du monde; il n'y en a maintenant que deux, savoir celle du septentrion et celle du midi, qui soient ouvertes. Celle d'orient, qu'on appelle aussi la porte de Tanjaour, a été longtemps murée; celle d'occident n'est libre qu'aux femmes du palais. Toutes les nuits on fait trois rondes dans la place, la première au son des tambours et des trompettes lorsque le jour baisse, la seconde vers neuf heures avec le hautbois et quelques autres instrumens, la troisième se fait en silence vers minuit; on en fait quelquefois une quatrième à trois heures après minuit.

La rivière de Caveri va de l'ouest à l'est de la forteresse. Au-dessus de Trichirapali on a construit un canal large et profond qui porte l'eau autour de la ville; de ce grand canal sortent plusieurs autres petits canaux qui vont se rendre dans de grands étangs qu'on trouve au dedans et au dehors de la ville. On y voit plusieurs places publiques et plusieurs bazars ; il y en a deux considérables qui sont placés aux deux principales portes: celui du nord s'étend jusque sur les bords du Caveri. Au delà du Caveri on trouve un autre bras du fleuve Coloran, et c'est au milieu de ces deux grandes rivières qu'on a bâti la pagode de Chirangam, la plus belle que j'aie vue aux Indes.

Il s'en faut bien que le palais de Trichirapali soit aussi superbe que celui de Maduré. J'y suis entré trois fois: il consiste en un amas de salles, de galeries et d'appartemens intérieurs. Le divan[1] qu'a fait bâtir le talavi[2] est soutenu par de beaux piliers fort élevés, contre la coutume des Indiens; on voit au-dessus une belle plate-forme. Les jardins ne sont point à comparer à ceux d'Europe: j'y vis quatre

[1] Tribunal où l'on rend la justice.
[2] Général d'armée.

ou cinq petits jets d'eau, et à l'entrée d'un de ces jardins une grande salle ouverte de tous côtés et entourée de fossés assez profonds: on les remplit d'eau quand la reine y vient prendre le frais; les piliers qui soutiennent cette salle sont alors couverts de brocarts d'or, et le haut de la salle est orné de festons de fleurs et de pièces de damas de différentes couleurs. Les chrétiens ont quelques églises à Trichirapali; mais comme on ne peut pas y demeurer longtemps avec sûreté, j'en ai fait bâtir une à trois lieues de la ville, où les missionnaires résident plus ordinairement. La hauteur du pôle y est de 11 degrés 40 minutes, la longitude de 98 degrés 42 minutes. On compte environ quarante lieues de Trichirapali à Maduré à cause des détours qu'on est obligé de prendre pour éviter les bois, qui sont infestés de voleurs; mais le voyageur a l'agrément de marcher continuellement dans une allée de beaux arbres qui commence au sortir de la ville et qui continue jusqu'aux portes de Maduré.

A l'orient de Maduré est le royaume de Tanjaour. Les terres de ce petit état sont les meilleures de toute l'Inde méridionale: le fleuve Caveri se partage en plusieurs bras qui arrosent et fertilisent toute cette contrée. Les revenus du prince vont jusqu'à douze millions. Tanjaour, qui en est la capitale, n'étoit autrefois qu'un temple d'idoles comme étoient dans les commencemens la plupart des forteresses de ces petits royaumes. Cette forteresse a une double enceinte comme celle de Trichirapali, mais elle n'est pas si bien bâtie: ses fossés sont moins profonds et il est moins aisé de les remplir d'eau. La forteresse intérieure se divise en deux parties, dont l'une est au nord et l'autre au sud; dans celle du nord on voit le palais du roi, qui n'a rien de magnifique: il n'y a que quelques tours assez jolies; on a bâti dans la partie du sud la pagode de Peria Oureyar. Au nord du temple est un vaste étang bordé de pierres de taille: les Indiens excellent dans la fabrique de ces étangs; j'en ai vu qu'on admireroit en Europe. Les environs de Tanjaour ne sont arrosés que par un petit ruisseau; plus loin on trouve la petite rivière de Vinnarou et au delà le Caveri, qui est un des plus grands bras du Coloran. La latitude de Tanjaour est de 11 degrés 27 minutes, la longitude de 99 degrés 12 minutes.

En allant de Tanjaour au nord et tirant un peu vers l'est, on trouve la forteresse de Gingi[1], capitale d'un petit royaume de ce nom. Il y a environ cinquante à soixante ans que le fameux Sevagi s'en étoit rendu le maître et par conséquent de tout le pays, car c'est une chose constante aux Indes que les terres qui environnent une forteresse en sont inséparables. Le fils de Sevagi la conserva quelques années; mais Aurengzeb, après la conquête des royaumes de Golconde et de Visapour, y envoya une armée dont les efforts furent d'abord inutiles. L'empereur mogol ne se rebuta point, il mit à la tête de son armée un général de réputation nommé Julfakarkan. Le dessein du général étoit de prolonger le siége, parce qu'il trouvoit son intérêt dans sa durée; mais Daourkan, un de ses officiers subalternes, pressa si vivement l'attaque de son côté qu'il emporta la place et mit par cette conquête tout le royaume sous la puissance d'Aurengzeb.

Ce que cette forteresse a de particulier, ce sont trois montagnes qui y forment une espèce de triangle. On a bâti un fort sur la cime de chaque montagne, d'où l'on peut abîmer à coups de canon ceux qui se seroient emparés de la ville. Cette ville est au bas des montagnes, qui s'unissent entre elles par des murailles et par des tours placées d'espace en espace. Un de ces forts a communication avec un bois épais qui favorise le secours qu'on peut faire entrer aisément dans la place. La hauteur du pôle de Gingi est de 12 degrés 10 minutes, la longitude d'environ 100 degrés.

Au nord de Gingi l'on découvre le royaume de Carnate: c'est un pays assez semblable à ceux dont je viens de parler. Cangibouran[2] en est la capitale: c'étoit autrefois une ville célèbre qui renfermoit dans ses murs plus de trois cent mille habitans, si l'on en croit les Indiens. On y voit, comme ailleurs, de grandes tours, des temples, des salles publiques et de fort beaux étangs.

Il ne me reste plus qu'à parler du royaume de Mayssur[3], qui est à l'occident de Carnate. Ce petit état est de tous ceux que le Mogol n'a pas subjugués celui qui est devenu le plus considérable par les conquêtes que ses princes ont faites de plusieurs forteresses, soit dans le royaume de Maduré, soit dans les autres états voisins. On lui donne près de quinze millions de rente. Il a mis sur pied des armées de trente mille hommes d'infanterie et de dix mille de cavalerie. Le père Cinnami, jésuite, fondateur de la mission établie dans ce royaume, assure que dès l'année 1650, les états de Mayssur s'étendoient depuis le commencement du onzième degré de latitude septentrionale jusqu'à la fin du treizième et au delà. Les terres du Zamorin et des autres princes de Malabar le bornent du côté de la mer.

Ce qui a rendu les Mayssuriens si redoutables à leurs voisins, c'est la manière cruelle et ignominieuse dont ils traitent les prisonniers de guerre: ils leur coupent à tous le nez; on met ensuite les nez coupés dans un vase de terre, on les sale pour les garder et les envoyer à la cour. Les officiers et les soldats sont récompensés à proportion du nombre de prisonniers qu'ils ont traités avec cette inhumanité. Chirangapatnam[1] est la capitale du royaume; elle est située environ à 13 degrés 15 minutes de latitude nord. La forteresse ressemble à nos anciennes villes qui étoient fortifiées par des tours; elle a un fossé. Le palais du roi n'a rien de remarquable. La pagode est célèbre, les chrétiens y ont une assez jolie église.

Je suis entré, comme vous voyez, mon révérend père, dans un assez grand détail de tout ce qui concerne cette partie de l'Inde où sont établies nos missions connues depuis longtemps sous le nom de Maduré. Les remarques que cette lettre contient rendront et plus utile et plus agréable la lecture des lettres que les missionnaires ont écrites jusqu'ici ou qu'ils pourront écrire dans la suite et faciliteront l'intelligence de la carte que je vous envoie. J'ai l'honneur d'être dans la participation de vos saints sacrifices, etc.

[1] Caverypatnam.

---

[1] Gingée, à quelque distance au nord de la rivière de Panaur.
[2] Conjeveran
[3] Mysore.

LETTRE DU P. LE GAC

A M. LE CHEVALIER HÉBERT.

Les gouroux et les catéchistes.

A Chruchsnabouram, ce 10 décembre 1718.

Monsieur,
La paix de N.-S.

Le désir que vous avez d'être instruit des bénédictions que Dieu répand sur nos travaux est l'effet de votre zèle pour le progrès de la foi dans ces contrées idolâtres. Le devoir ainsi que la reconnoissance me portent également à satisfaire une inclination si digne de votre piété. D'ailleurs les dernières paroles que vous me dites lorsque je partis de Pondichéry pour retourner dans les terres sont pour moi des ordres auxquels je me ferois scrupule de manquer. C'est donc pour m'y conformer que j'ai l'honneur de vous entretenir de ce qui est arrivé de plus considérable depuis deux ou trois ans dans notre mission de Carnate.

L'expérience que vous avez, monsieur, de ce qui se passe dans l'Inde ne vous laisse pas ignorer combien il s'y trouve d'obstacles à la propagation de l'Évangile. Un des plus grands vient de la part des gouroux, que les Indiens regardent à peu près ici de même que nous regardons en Europe les directeurs et les pères spirituels, avec cette différence que ces gouroux n'ont d'autre application que d'amasser de l'argent et d'en tirer par toutes sortes de voies de ceux qui s'abandonnent à leur conduite. Mais ce qui m'a étrangement surpris c'est de voir que les Indiens, qui la plupart sont convaincus de la vie déréglée de ces prétendus directeurs, et qui même sont souvent les témoins et les complices de leurs désordres, ne laissent pas d'avoir pour eux la plus profonde vénération et de regarder comme un péché énorme les plus légères fautes qu'ils commettroient à leur égard.

Quelques-uns d'eux gardent en apparence le célibat, tandis qu'en secret ils se livrent aux plus grands excès du libertinage. Les autres sont mariés et c'est des vexations faites à leurs disciples qu'ils entretiennent leur nombreuse famille. L'argent qu'on leur présente, ce n'est point à titre d'aumône qu'ils le reçoivent, ils le regardent comme une dette à laquelle on ne peut manquer de satisfaire sans mériter les plus cruelles insultes. Ils ont une liste exacte de leurs disciples, ils savent en quel lieu ils demeurent et surtout s'ils sont riches. Il y en a qui envoient de temps en temps quelque domestique pour visiter leurs disciples et pour lever le tribut ordinaire; mais comme la présence du gourou a quelque chose de plus imposant, la plupart ne s'en fiant qu'à eux-mêmes, parcourent en personne les villes et les bourgades où demeurent leurs dévots et dévotes. Ils marchent presque toujours accompagnés de leurs femmes, de leurs enfans et de leurs domestiques. On juge de leur mérite et de la somme qu'on doit leur payer à proportion que leur suite est nombreuse.

Quand le gourou est près d'arriver dans un lieu, on a soin d'en donner avis à ses disciples: les principaux de ce lieu vont le recevoir et le conduisent au son des instrumens dans le logement qu'on lui a préparé. On le défraie, lui et sa suite, durant son séjour, c'est-à-dire jusqu'à ce qu'on lui ait remis la somme dont on est convenu, car il n'y a point de crédit à espérer, il faut vendre ou emprunter de quoi le satisfaire. Si quelqu'un refuse de payer sa taxe, il est cité aussitôt devant le gourou, qui lui reproche son peu de zèle et de piété. Si ces reproches sont inutiles il le fait battre en sa présence, ou bien, ce qui est le comble de l'infamie, il lui fait couvrir le visage de fiente de vache, il le déclare retranché de sa caste et il n'est réhabilité qu'en donnant beaucoup plus d'argent qu'on ne lui en demandoit d'abord.

On voit de ces gouroux qui impriment un fer rouge sur les épaules de leurs disciples; mais c'est là une grâce qu'ils n'accordent qu'après avoir tiré d'eux quelques fanons[1]. En d'autres endroits ils tiennent des assemblées nocturnes où se rendent les plus fervens disciples de tout sexe. Là, après avoir bu abondamment de la raque et s'être remplis de toute sorte de viandes, ils s'abandonnent aux plus infâmes excès. Tels sont les ministres dont le démon se sert pour retenir ces peuples dans l'idolâtrie et pour arrêter les progrès de l'Évangile.

Un de ces gouroux vint il y a peu de temps

---

[1] Un fa: ou vaut quatre sous de notre monnoie.

à Cotta-Cotta, où quelques-uns de ses disciples avoient embrassé la loi chrétienne; il se déchaîna fort contre eux et contre la religion qu'ils professoient. Ces généreux néophytes allèrent le trouver et lui demandèrent si c'étoit un crime d'adorer le seul vrai Dieu. Le gourou, qui n'avoit point de raisons solides à leur opposer, eut recours aux menaces ordinaires de les déclarer déchus de leur caste. Les néophytes donnèrent avis de ce qui se passoit aux chrétiens des villages voisins : ceux-ci s'assemblèrent en foule dans cette petite ville, et là, sous les yeux du gourou, ils passèrent la plus grande partie du jour et de la nuit à réciter leurs prières, à chanter des cantiques spirituels et à lire publiquement les livres qui traitent des vérités de la foi et qui réfutent les erreurs des Gentils.

Le prince, qui fut informé du tumulte qu'excitoit le gourou, le blâma de son imprudence et lui conseilla de se retirer le plus secrètement qu'il lui seroit possible. Il suivit ce conseil, et perdant l'espérance de réduire ses anciens disciples, il sortit de la ville à petit bruit. Les chrétiens, qui se doutèrent qu'il iroit publier ailleurs que sa présence avoit confondu les déserteurs d'entre ses disciples et qu'il les avoit punis comme ils le méritoient, le suivirent de bourgade en bourgade, et enfin s'étant trouvés dans une petite ville où le gourou s'étoit retiré et où ils l'avoient encore poursuivi, ils assemblèrent les principaux habitans, et en leur présence celui des chrétiens qui portoit la parole au nom de tous réfuta d'abord avec autant de modestie que de force les calomnies que répandoit effrontément le gourou, et il exposa ensuite en peu de mots l'excellence de la religion chrétienne et les raisons qu'ils avoient eues de l'embrasser. Dieu donna tant de bénédictions à ses paroles que les Gentils même se déclarèrent en faveur des chrétiens, ce qui acheva de confondre ce faux docteur. Les chrétiens eussent pu lui reprocher sa vie scandaleuse, mais un reste de respect qu'ils conservoient pour lui les empêcha de révéler publiquement ses honteux excès.

Voici un autre trait de la malice des gourous. Un infidèle nommé Rangappa, de la caste des tisserands et qui avoit la réputation d'un homme d'esprit et de probité, se détermina à se faire instruire des vérités du christianisme. Son exemple fut imité de plusieurs idolâtres. On s'assembloit chez lui tous les soirs, la prière s'y faisoit en commun et elle étoit suivie de l'explication de nos mystères, que faisoit le catéchiste. Le gourou, qui n'étoit qu'à trois lieues de là, fut averti du dessein de Rangappa, et il se rendit aussitôt au village, ne pouvant se résoudre à perdre un de ses plus fidèles disciples, c'est-à-dire celui dont il tiroit le plus d'aumônes. Il assembla ses autres disciples et leur déclara le dessein qu'il avoit de punir d'une manière éclatante le perfide qui vouloit l'abandonner. Quelques-uns d'entre eux lui remontrèrent modestement que le catéchiste étoit chez Rangappa ; qu'il ne manqueroit pas de le défier à la dispute en présence des principaux du village; que selon les apparences il n'en sortiroit pas à son honneur; que du caractère dont étoit son ancien disciple, on ne devoit pas espérer qu'il changeât de résolution ; que d'user contre lui de violence et d'en venir aux voies de fait c'étoit s'exposer à être cité devant le prince; que l'affaire portée à ce tribunal diminueroit le zèle et les libéralités de ses disciples ; qu'enfin tout ce qu'il pouvoit faire pour le présent c'étoit d'user de menaces. Ce fut en effet le parti qu'il prit : il menaça, il invectiva contre le missionnaire et se livra à tous les emportemens d'une fureur inutile.

La manière dont ce gourou reçoit ses aumônes est tout à fait risible. Il s'entoure le corps d'une simple toile, il tient d'une main une petite béquille et de l'autre un panier d'osier. Il a sur sa tête un panier ouvert en forme de bonnet. Dans cet équipage il marche à grands pas en chantant les louanges de son dieu : il ne s'arrête point pour demander l'aumône : ceux qui la doivent faire se présentent à la porte de leur maison, et lui, baissant la tête, reçoit ce qu'on lui donne dans son bonnet d'osier : quand ce bonnet est presque plein il le vide dans le panier qu'il tient à la main.

Rangappa avoit eu auparavant un autre gourou dont il raconte toutes sortes d'infamies. Pour toute instruction il lui avoit donné une demi-aune de toile sur laquelle il avoit imprimé ses deux pieds, lui ordonnant de faire un sacrifice à cette toile. C'étoit, disoit-il, un moyen infaillible d'expier ses péchés et d'obtenir le ciel. Ce prétendu sacrifice consistoit à étendre la toile par terre, à y jeter quelques fleurs et à brûler de l'encens. C'est ainsi que le démon se joue de ces pauvres idolâtres. Rangappa cherchoit depuis longtemps la vérité; depuis qu'il l'a trouvée, il est rempli d'un saint zèle pour la faire connoître aux autres.

On ne commence guère à faire des instructions dans une bourgade que l'ennemi du nom chrétien n'y excite incontinent quelque orage. Quelques familles de Gentils, convaincues de la vérité de notre sainte religion, avoient fait prier un de mes catéchistes de venir dans leur village pour les instruire. A peine y fut-il arrivé que deux soldats maures entrèrent dans la maison où les prosélytes étoient assemblés : « Nous venons ici, dirent-ils, de la part du brame à qui appartient ce village : il a appris qu'un espion s'y étoit réfugié, et nous avons ordre de nous saisir de sa personne. » Le catéchiste, qui est encore jeune, mais qui a beaucoup de fermeté : « C'est à moi, leur répondit-il, que vous en voulez : c'est volontiers que j'irai trouver le brame. » Incontinent il suivit les soldats.

Lorsqu'il fut en présence du brame, il lui dit d'un ton ferme : « Vous souhaitez savoir qui je suis et ce que je viens faire dans votre village : j'y viens enseigner la vérité à ceux qui veulent la connoître. » Le brame, après quelques railleries, chercha à l'intimider, supposant toujours qu'il étoit l'espion d'une ville voisine avec laquelle il étoit en guerre ; et le faisant dépouiller de ses vêtemens, il étala avec affectation les divers instrumens dont on se sert pour punir les criminels. Le catéchiste parut peu touché de cet appareil : « La religion que je prêche, dit-il, est connue dans plusieurs villes voisines : le principal brame qui les gouverne a reçu avec estime le *saniassi*[1] dont j'exécute les ordres. J'arrive d'une bourgade qui n'est qu'à une demi-lieue d'ici, où j'ai demeuré quelques jours : ceux qui y sont le plus distingués par leur rang ne pouvoient se lasser d'entendre la lecture des livres qui expliquent les vérités que j'enseigne. »

Ces paroles ne firent nulle impression sur le brame, et il ordonna que le catéchiste fût renfermé pendant la nuit dans une étroite prison. Cette prison touchoit la maison du brame, et il lui fallut entendre toute la nuit la lecture que le catéchiste faisoit à haute voix des livres qui contiennent l'explication de nos saints mystères. Le brame le fit comparoître le lendemain. Deux principaux habitans d'un village voisin, qui se trouvèrent présens et qui connoissoient le catéchiste, rendirent un témoignage honorable à son innocence et à sa vertu ; de sorte que le brame ne put se défendre de lui rendre la liberté ; mais il lui défendit expressément de reparoître sur les terres de sa dépendance : « Vos terres, répliqua le catéchiste, ne s'étendent tout au plus qu'à deux ou trois lieues d'ici ; tout l'univers est de la dépendance du vrai Dieu que j'adore, c'est à son tribunal que je vous cite pour y rendre compte des obstacles que vous apportez à la prédication de sa sainte loi. » Ce qui est à craindre, c'est que ces pauvres infidèles, qui témoignoient tant d'ardeur de se soumettre à l'Évangile, ne persévèrent dans leur infidélité. C'est ce qui arrivera, à moins que Dieu, par son infinie miséricorde, ne leur inspire le courage d'aller ailleurs pour achever de se faire instruire.

L'opposition que ces peuples ont à la vérité est si grande que ce qui devroit produire dans leurs esprits de l'estime pour la religion ne sert souvent qu'à leur en donner plus d'horreur. La lumière ne semble luire à leurs yeux que pour les aveugler davantage. Une fervente chrétienne assistoit avec beaucoup de charité une pauvre femme idolâtre qui étoit malade et que ses plus proches avoient abandonnée ; son dessein étoit de sauver son âme en la soulageant dans les besoins de son corps. Dieu bénit ses intentions, et elle eut la consolation de lui faire administrer le saint baptême, auquel elle l'avoit disposée depuis longtemps. Après sa mort, qui suivit de près son baptême, elle aida à l'ensevelir et à lui rendre les derniers devoirs. Ses parens Gentils au lieu d'applaudir, comme ils le devoient, à une action si charitable, prétendirent que par cette action même elle étoit déchue de sa caste et qu'il falloit la chasser non-seulement de leur maison, mais encore du village. En effet, comme elle revenoit de l'enterrement avec une autre chrétienne, les chefs du village se présentèrent à elles, et les yeux étincelans de fureur les menaçèrent de les lier avec le cadavre dont elles venoient de faire les obsèques : « Ce seroit un grand honneur pour nous, répondirent-elles, si Dieu nous jugeoit dignes de souffrir la mort pour la foi que nous avons embrassée. »

La constance des nouveaux chrétiens et des prosélytes est souvent éprouvée par des maladies ou par des pertes qui leur surviennent ; c'est alors qu'ils ont à soutenir les reproches

---

[1] Missionnaire.

des infidèles, qui ne manquent pas de regarder ces disgrâces comme un châtiment de leurs dieux abandonnés. J'en ai vu qui étant sur le point de recevoir le baptême auquel on les avoit longtemps préparés, se sont replongés dans l'idolâtrie, et toute la raison qu'ils apportoient de leur inconstance, c'est que leurs dieux leur avoient apparu en songe et les avoient menacés de les exterminer eux et leur famille, s'ils renonçoient à la religion de leurs pères.

Depuis peu, un Gentil qui a des parens chrétiens et qui n'attend que la conclusion d'un mariage pour suivre leur exemple, étant assis à la porte de sa maison, au clair de la lune, vit un homme tel qu'on représente un de leurs faux dieux qui vint s'asseoir auprès de lui; il tenoit d'une main un trident, et de l'autre une petite cloche avec une calebasse dont on se sert pour demander l'aumône. Le spectre jeta sur lui un regard menaçant; mais le prosélyte qui avoit ouï parler de la vertu du signe de la croix, fit sur soi ce signe adorable, et le spectre disparut.

Cette mission du Chruchsnabouram est nouvellement établie, et cependant c'est une de celles où la religion fait le plus de progrès. Je ne doute pas que la réception honorable que le prince de Tatimini fit il y a quelques mois au père de la Fontaine n'y ait beaucoup contribué. Ce prince, qui est jeune, mais qui a plus de maturité d'esprit qu'on n'en a d'ordinaire à son âge, envoya prier le missionnaire de le venir trouver. Il lui assigna un logement, devant lequel il fit dresser une grande tente pour ses catéchistes. A peine le père y fut-il arrivé que le prince vint le saluer; il lui dit des choses obligeantes sur ce qu'il avoit appris de sa réputation, de son désintéressement et de la pureté de la loi qu'il enseignoit. Le père prit de là occasion de lui exposer les vérités de la religion; et l'attention du prince ne laissa pas douter du plaisir qu'il prenoit à l'entendre.

Pendant les trois jours que le père demeura à Tatimini, le prince lui rendit plusieurs visites; il l'invita le troisième jour à venir voir un nouvel appartement qu'il faisoit bâtir dans son palais, et il lui donna des marques de bonté et même de respect qui surprirent toute sa cour. Enfin, ayant appris que le missionnaire vouloit se rendre le lendemain à son église éloignée de quatre à cinq lieues, il ordonna que douze porteurs de palanquin coucheroient auprès de son logis, afin d'être à portée de partir au moment qu'il le souhaiteroit. Ces marques publiques d'estime de la part du prince ont fort accrédité la religion dans cette contrée

La conversion du chef d'un gros village de la caste des rettis a été accompagnée de circonstances si singulières et si édifiantes que je ne puis me dispenser de vous en faire le récit. Depuis deux ans il étoit attaqué d'une maladie qu'on regardoit comme incurable, et que quelques-uns attribuoient à un maléfice. Comme il est riche, il n'y a point de remèdes qu'on n'ait tenté inutilement pour sa guérison. Les brames, selon leur coutume, l'ont exhorté à apaiser la colère des dieux par des sacrifices et surtout par de grosses aumônes. Le malade, fatigué de tant de remèdes et de tant de vaines dépenses, se livra à la plus noire mélancolie; le désespoir même le porta jusqu'à demander du poison pour terminer avec sa vie les maux qu'il souffroit.

Un zélé chrétien vint alors dans le village pour des affaires domestiques. Le retti eut la curiosité de le voir; le fruit de plusieurs entretiens qu'ils eurent ensemble, fut que le malade demanda avec instance qu'on lui fît venir un catéchiste pour lui expliquer la doctrine chrétienne. Il y en avoit un à Darmavaram. Le plus jeune des frères du malade, nommé Condappa, se chargea de l'aller chercher. Il est surprenant combien ce jeune Gentil s'est toujours déclaré contre les fausses divinités; il ne pouvoit souffrir qu'on leur fît des sacrifices, ni qu'on leur rendît dans sa maison aucun culte : « Quelle vertu, disoit-il, peuvent avoir des statues de pierre et de bois? comment exauceroient-elles des vœux qu'elles n'entendent point? comment remédieroient-elles à des maux qu'elles ne connoissent point? peut-on mettre au rang des dieux des hommes dont la vie infâme feroit rougir les plus grands scélérats? » C'étoit là le sujet ordinaire des contestations domestiques. Il avoua, depuis qu'il eut reçu le baptême, que cette aversion des faux dieux lui étoit comme naturelle.

Il alla donc trouver le catéchiste à Darmavaram, et il le pria de venir à son village; le catéchiste s'en excusa d'abord sur divers prétextes; enfin, ne pouvant résister aux prières réitérées du Gentil, il s'y rendit secrètement, mais il n'y resta que trois jours. La frayeur eut beaucoup de part à cette conduite du catéchiste : il savoit que dans le pays où est le village du retti on avoit fait couper une main et une oreille à des étrangers pour un sujet assez frivole, et il craignoit le même sort, pour peu qu'on vînt à savoir la raison qui l'avoit amené dans le village.

Peu de jours après son départ, l'inquiétude du retti et l'empressement qu'il avoit de se faire instruire obligèrent Condappa à aller trouver une seconde fois le catéchiste, pour l'engager à venir revoir le malade. Mais ayant appris à son arrivée que le missionnaire étoit de retour dans son église de Chruchsnabouram, transporté de joie, il partit dès le lendemain pour cet endroit, accompagné du catéchiste et d'un de ses parens. Il exposa au missionnaire tout ce qui s'étoit passé durant son absence, le désir ardent qu'avoit son frère d'apprendre les vérités de la foi, et il le pria de permettre qu'on transportât le malade à son église, afin qu'il eût le bonheur de recevoir le baptême et de mourir à ses pieds.

Le père blâma la timidité du catéchiste et consentit avec plaisir à la proposition que lui faisoit le jeune Gentil : « Mais, ajouta-t-il, faites réflexion que si vous ne cherchez que la santé de votre frère, je ne vous réponds pas de sa guérison ; notre profession n'est pas de donner des remèdes, mais d'enseigner la loi du vrai Dieu. »

Condappa, étant de retour à son village, assembla tous les parens du malade, et il fut conclu qu'on le transporteroit au plus tôt à Chruchsnabouram : « Il faut vous avertir, dit Condappa, que le prédicateur de la loi chrétienne commencera par nous demander si nous avons dans notre maison des statues des faux dieux ou quelque autre signe d'idolâtrie ; et si cela est, il ne se fiera point à nos paroles, il se persuadera au contraire que nous n'avons en vue que le rétablissement de la santé de mon frère. » Les parens du malade avoient de la peine à se laisser enlever leurs divinités, dans la crainte qu'elles ne se vengeassent de cet affront : « Je me charge, dit Condappa, de la colère de ces prétendus dieux. » Après quoi les ayant mis dans un sac, il alla les jeter dans un puits hors du village.

Le lendemain on transporta le malade dans un brancard. Vingt de ses parens l'accompagnèrent, et en deux jours de marche ils arrivèrent à Chruchsnabouram. L'état du retti excitoit la compassion : outre la fièvre continue, il étoit tourmenté d'une toux si violente qu'on eût dit dans ses fréquens accès qu'il étoit près d'étouffer ; ses mains et ses pieds étoient couverts d'ulcères qui lui causoient des douleurs très-aiguës. On le logea dans la maison du missionnaire avec trois de ses parens pour le soigner. Il n'y avoit qu'environ huit jours qu'il y étoit arrivé lorsque sur le minuit il cria au secours : le père y accourut, et le trouvant dans les convulsions d'un homme mourant, il lui jeta de l'eau bénite et fit sur lui le signe de la croix. Le malade revenant à lui : « Ah ! mon père, s'écria-t-il, ils me tenoient à la gorge ; je vous conjure de ne pas différer plus longtemps à m'accorder la grâce du baptême. » On le porta le lendemain à l'église et il y fut baptisé.

Depuis que le néophyte eut été régénéré dans les eaux du baptême, sa maladie diminua de jour en jour, et on commença à bien espérer de sa guérison. Ce fut alors que les chrétiens de Ballabaram dépêchèrent un exprès au missionnaire, afin de l'avertir que sa présence étoit nécessaire pour les consoler et pour les fortifier dans le danger prochain où étoit leur ville d'être assiégée par l'armée du prince de Maïssour. Le missionnaire partit à l'instant, et à son arrivée il conféra le baptême à quatorze catéchumènes. Il en avoit baptisé dix-huit deux mois auparavant. Après un assez long séjour qu'il fit dans cette ville, comme il se disposoit à aller visiter les chrétientés de Devandapallé et de Ponganour, il apprit que le retti étoit tout à fait désespéré. C'est ce qui l'obligea de retourner à Chruchsnabouram, dans l'espérance de convertir à la foi plusieurs parens du malade. Il y en avoit déjà huit qui avoient reçu le baptême, et vingt autres se disposoient à le recevoir.

Lorsqu'on sut dans le village du retti qu'il n'avoit plus que peu de jours à vivre, son frère aîné, qui est dasseri, c'est-à-dire entièrement dévoué au culte de Vichnou, vint le trouver pour lui persuader de retourner dans sa maison. Le néophyte lui répondit d'un ton ferme, en présence de plusieurs Gentils, qu'il ne consentiroit jamais qu'on le tirât de l'église du vrai Dieu, qu'il avoit mis en lui toute sa confiance, qu'il étoit le maître d'ordonner de sa vie et de sa mort, et qu'il étoit entièrement soumis à ses volontés. Alors Condappa adressant la parole à son frère aîné : « Vous êtes témoin, lui dit-il des sentimens où est mon frère. J'ai apporté ici ses os, il est vrai, non pas pour lui procurer la santé, mais pour le mettre dans la voie du salut ; et vous voudriez les reporter dans notre village pour le précipiter dans l'enfer ! C'est à quoi je m'opposerai de toutes mes forces. » Et sur ce que dit le dasseri que ses parens étoient dans l'impatience de voir le malade avant sa mort : « Ils peuvent venir ici, répondit le moribond, comme ils y sont déjà venus. Pour moi je ne ferai jamais ce déshonneur à la religion du vrai Dieu que j'ai embrassée. » Puis parlant des soins que le missionnaire avoit pris de lui : « Où trouverois-je un père, dit-il, qui eût pour moi une égale tendresse? C'est à ses pieds que je veux mourir. »

Il mourut en effet la veille de Noël. Ses parens gentils, qui arrivèrent peu d'heures avant sa mort et qui avoient été préparés au baptême par le catéchiste, le demandèrent avec empressement : « Ne seroit-il pas à propos, leur dit le missionnaire, d'éprouver encore quelque temps votre constance ? Vous croyiez trouver votre parent en meilleure santé, et vous le voyez près de mourir. Votre foi n'en est-elle pas ébranlée, et n'auroit-elle pas besoin d'être affermie ? » Comme ils redoublèrent leurs instances, le père ne crut pas devoir leur refuser ce qu'ils demandoient avec tant d'ardeur. Il les baptisa au nombre de quatorze. Comme il faisoit le même jour son instruction aux fidèles dans l'église, il fut obligé de la quitter pour venir faire la recommandation de l'âme du retti, qui agonisoit. Tous les chrétiens le suivirent, et la douleur fut générale. Les larmes que le ministre du Seigneur ne put s'empêcher de répandre, jointes aux sanglots des nouveaux fidèles, interrompirent plusieurs fois les prières. Enfin le malade mourut entre les bras du missionnaire, comme il l'avoit souhaité.

Ce qu'il y eut de particulier, c'est que la douleur qu'on venoit de témoigner se changea tout à coup en des transports de joie : « Que je m'estimerois heureux, disoit-on, de mourir de la sorte, muni des sacremens de l'Église, et parmi le concours de tant de fidèles qui feront monter leurs prières et leurs aumônes vers le ciel pour l'âme du defunt ! » La cérémonie des obsèques, qui se fit le lendemain, ne contribua pas peu à confirmer dans la foi ses parens nouvellement baptisés. Le corps étoit porté sur un brancard couvert de toiles peintes et orné de festons de fleurs et d'un beau luminaire. Tous les chrétiens suivoient deux à deux, récitant à haute voix les prières de l'Église. Les Gentils mêmes en furent surpris et édifiés ; car toute la piété des infidèles, en de pareilles cérémonies, se réduit à accompagner le corps du défunt, à remplir l'air de cris lugubres, à se frapper les joues et la poitrine, à mettre un peu de riz cuit auprès du cadavre qu'on va brûler ou enterrer.

Quand les rettis chrétiens furent de retour dans leur village, ils eurent à essuyer des reproches amers de leurs compatriotes : « Qu'étoit-il nécessaire, disoient-ils, de porter si loin le cadavre d'un mourant? n'étoit-il pas plus à propos de le laisser mourir au milieu de sa famille que d'aller inutilement implorer le secours d'un étranger ? sa mort n'est-elle pas une preuve de la colère des dieux auxquels vous l'avez fait renoncer ? — Vous parlez en aveugles, répondirent les fidèles, c'est le salut de l'âme de notre frère que nous sommes allé chercher, et non pas la santé de son corps. Si vous aviez été témoins comme nous de la charité avec laquelle on l'a traité pendant quatre mois qu'à duré sa maladie, vous prendriez des sentimens plus favorables à la loi chrétienne, et vous vous garderiez bien de blâmer notre conduite. »

Ces reproches, mêlés de railleries et d'insultes que les Gentils faisoient aux rettis chrétiens, les portèrent à écrire au missionnaire pour le prier de venir dans leur village : et afin de l'y engager plus efficacement, ils l'assurèrent qu'il y trouveroit trente personnes disposées à recevoir le baptême. Le missionnaire se rendit à leurs prières. Au moment qu'il approcha du village, les nouveaux fidèles allèrent au-devant de lui, escortés de soldats et des principaux de la bourgade, avec des flambeaux et de la symphonie. Comme on avoit publié son arrivée dans les bourgades circonvoisines, une foule de peuples se rendit au village, soit par curiosité, soit par le désir de connoître la nouvelle loi dont ils avoient tant entendu parler.

Ce fut alors que les néophytes, fortifiés par la présence du missionnaire, reprochèrent à leur tour aux infidèles leur aveuglement: « Nous passons dans votre esprit pour des insensés, leur dirent-ils, parce que nous suivons la religion du vrai Dieu : voilà celui qui nous l'a enseignée; il est bien différent de vos gouroux, qui ne cherchent que votre argent. Celui-ci ne demande rien, et ce n'est que le désir de nous procurer un bonheur éternel qui l'a attiré de si loin dans nos contrées. Qu'avez-vous à répondre aux salutaires instructions qu'il nous fait? Est-ce donc une folie de n'adorer qu'un seul Dieu? et quelle est votre sagesse de croire que des idoles de bronze et de pierre soient de véritables divinités?» C'est ainsi qu'ils confondoient les idolâtres. Mais surtout ils ne pouvoient contenir leur joie lorsqu'ils voyoient que les brames, qui passent pour les plus habiles du pays, n'avoient rien à répondre aux questions que leur faisoit le missionnaire sur divers points de religion et de science. Pendant le peu de jours que le père demeura avec ses néophytes, il baptisa plus de cinquante personnes.

Peu de jours après son départ, un mariage qui se fit dans le voisinage mit les fidèles à une nouvelle épreuve. Le mari étoit chrétien et il obtint des parens de la fille qu'il épousoit qu'on n'observeroit dans son mariage que les cérémonies prescrites par l'Église, sans y mêler aucunes de celles qui s'observent parmi les idolâtres : ce qui fut exécuté ponctuellement. Le gourou, nommé Chivalingam, le persécuteur le plus déclaré du christianisme, se rendit aussitôt au village avec une suite nombreuse de ses disciples. Son dessein étoit de faire casser le mariage parce qu'il s'étoit fait sans sa permission ; ou du moins, s'il n'y pouvoit pas réussir, de tirer une grosse amende. Après bien des invectives contre la religion, il menaça de porter cette affaire au tribunal du prince; il ne se promettoit rien moins que de faire condamner les nouveaux fidèles et de faire proscrire le christianisme.

Prasappa-Naidou (c'est le nom de celui qui gouverne tout le pays qu'on appelle l'Andevarou[1]) passoit pour un prince également éclairé et inflexible. Deux exemples de sévérité lui avoient acquis cette réputation. Comme il visitoit une de ses forteresses, des mécontens prirent le dessein de l'y renfermer le reste de ses jours et de lui substituer son frère dans le gouvernement. Le prince fut averti du complot formé contre sa personne, et il partit lorsqu'on s'y attendoit le moins pour retourner à Anantabouram, qui est sa ville capitale. Son retour précipité rompit les mesures des conjurés, qui furent tous mis à mort à la réserve de son frère. Une autre fois qu'il étoit en voyage, ses porteurs, le croyant endormi dans son palanquin, s'échappèrent en des discours peu respectueux pour sa personne. Il dissimula jusqu'à son retour. Quelques jours après il assembla les principaux de sa cour et leur demanda quel châtiment mériteroient des serviteurs qui parloient avec mépris de leur maître. Tous répondirent qu'ils méritoient la mort. Dès le lendemain ils furent exécutés. Une justice si rigide n'est pas ordinaire aux Indes, où communément les plus grands crimes ne sont punis que de l'exil ou de quelque amende pécuniaire.

Le gourou dont je viens de parler alla donc à Anantabouram pour présenter au prince sa requête contre les chrétiens. Mais quelque mouvement qu'il se donnât, il ne put jamais obtenir d'audience. Un jour que le prince alloit à la promenade, il parut devant son palanquin, le corps tout couvert de cendres, l'épée nue à la main, et déclamant de toutes ses forces contre les prédicateurs de la loi chrétienne. Le prince l'écouta assez froidement, et lui fit dire que les saniassis romains ne demeuroient pas dans ses terres, qu'ils résidoient dans le pays de Ballaram et que c'étoit là qu'il devoit porter ses plaintes.

Ces mouvemens du gourou, qui ne laissèrent pas d'inquiéter les nouveaux fidèles, furent suivis d'une autre épreuve. L'armée des Marastes[2] dont le pays est vers la hauteur du Goa, fait de fréquentes excursions dans cette partie de l'Inde, qui est habitée par les rettis : elle y a porté le ravage tout récemment, et les chrétiens y ont fait de grosses pertes, soit en grains, soit en troupeaux. Dès qu'il arrive quelque perte ou quelque disgrâce à un chrétien, les Gentils l'attribuent d'abord à ce qu'ils ont quitté la religion de leurs pères : « C'est, disent-ils, une punition manifeste de nos dieux irrités. » Les chrétiens ne manquent pas de leur répondre que ces pertes les entretiennent dans l'humilité, qu'elles les détachent insensiblement de l'affection aux biens de la terre pour les faire aspirer aux seuls biens solides et véritables, qui sont les éternels. Mais ce qui

---

[1] Compris aujourd'hui dans la présidence de Madras.

[2] Mahrattes.

dut édifier les Gentils, c'est de voir que les chrétiens, nonobstant leurs pertes, soulagèrent, par de grosses aumônes, ceux que le fléau de la guerre avoit réduits à une extrême indigence.

Dans de si tristes conjonctures, ces fervens chrétiens ne perdoient pas de vue le dessein qu'ils avoient de bâtir chez eux une église. Ils députèrent deux néophytes à Chruchsnabouram, ville éloignée de douze lieues de leur pays, pour représenter au missionnaire combien il étoit difficile qu'eux et leurs familles se rendissent de si loin à l'église; que s'il y en avoit une au milieu d'eux, le nombre et la ferveur des chrétiens augmenteroient d'une manière sensible. C'est de quoi le missionnaire étoit bien convaincu : mais la difficulté étoit d'en obtenir la permission du prince, et c'étoit une démarche à laquelle on n'osoit s'exposer. Le père se hasarda néanmoins à lui envoyer un catéchiste pour lui présenter des raisins de sa part. Ce fruit est estimé dans l'Inde parce qu'il y est extrêmement rare. Le prince reçut le présent avec de grands témoignages d'estime pour le père, et il lui fit dire qu'il seroit ravi de le voir. Ce favorable accueil rassura les esprits, et le missionnaire, après avoir imploré le secours de Dieu par l'intercession de saint Joseph, ne songea plus qu'à se rendre dans le pays de l'Andevarou.

Le prince ne fut pas plus tôt informé de son arrivée qu'il dépêcha son premier ministre pour le recevoir aux portes de la ville. Il fut conduit au palais à la clarté des flambeaux et et au son des instrumens. Des *maldars* (ce sont des soldats maures) se trouvèrent sur sa route pour le prier de hâter sa marche, parce qu'il étoit attendu avec impatience. Le prince étoit dans sa grande salle d'audience : c'est une espèce de théâtre élevé de terre de trois à quatre pieds; le toit, qui est une plateforme, est soutenu par de hautes colonnes; le parterre, qui est vaste et découvert, est embelli de deux jets d'eau, l'un au bas du théâtre et l'autre à soixante pieds environ plus loin, au milieu de deux rangs d'arbres. Le pavé étoit couvert d'un tapis de Turquie sur lequel le prince étoit assis, appuyé, à la manière des Orientaux, sur un grand coussin en broderie. Il avoit à côté de lui un poignard et une épée dont les poignées étoient d'agate, enrichies d'or; ses parens et ses principaux officiers l'environnoient; les brames occupoient le fond de la salle, et le parterre étoit rempli de soldats et de bas officiers.

Aussitôt que le prince aperçut le missionnaire il se leva; et, après l'avoir salué, il lui fit signe de s'asseoir sur des coussins qui étoient auprès de lui. Le père refusa cet honneur et prit place à deux ou trois pas plus loin. Les catéchistes qui l'accompagnoient mirent aux pieds du prince une sphère, une mappemonde et d'autres semblables curiosités. Puis le père fit tomber insensiblement l'entretien sur la toute-puissance du premier Être, sur son immensité, son éternité et sur la fin qu'il s'est proposée en créant l'homme raisonnable. Le prince, l'ayant écouté attentivement, suggéra aux brames de questionner le missionnaire sur ce qu'il pensoit de leurs sacrifices : « Dans vos sacrifices, répondit le père, j'ai ouï dire que vous égorgez des victimes et que vous présentez à vos divinités du riz, du beurre et d'autres choses de cette nature. Croyez-vous, de bonne foi, que Dieu se nourrisse du sang de ces victimes et qu'il ait besoin des choses que vous lui offrez ? Dieu est un pur esprit, c'est en esprit et en vérité qu'il veut être adoré; l'honneur, la louange, l'amour, voilà le tribut qu'il exige de ses créatures. — C'est-à-dire, interrompit le prince, que nos sacrifices ne conviennent pas à la majesté de Dieu. Mais je voudrois bien savoir, poursuivit-il, quel est votre sentiment sur les métamorphoses de nos dieux? Commençons par celle de Rama.

— On trouve dans vos histoires, répondit le père, que Vichnou s'est métamorphosé en un homme que vous appelez Rama, pour tuer le géant Ravenen. Sans entrer dans les absurdités que renferme cette fable et qui choquent le bon sens, quelle idée auriez-vous d'un puissant roi qui se mettroit à la tête d'une nombreuse armée pour aller combattre une mouche? Dieu, qui d'une seule parole peut faire rentrer ce vaste univers dans le néant d'où il l'a tiré, avoit-il besoin de tant d'appareil pour se défaire d'un seul homme? A quoi bon cette multitude d'ours et de singes que vous donnez pour escorte à votre Rama.

— Comprenez-vous ce qu'il dit? répliqua le prince en s'adressant aux brames. » Puis regardant le missionnaire : « En sera-t-il, dit-il, de même des autres métamorphoses? — Prince, répondit le père, ma réponse ne sera pas du goût de bien des personnes et elle pourra peut-être les aigrir. — Que cela ne vous inquiète point, repartit le prince, je sais que vous faites profession de dire la vérité; expliquez-vous librement. — Peut-on se persuader, poursuivit le missionnaire, qu'un dieu se soit métamorphosé en lion, en poisson, en pourceau ? Telle est donc la majesté des dieux que vous adorez ! » Il s'éleva alors un murmure confus dans l'assemblée : le prince, de son côté, affectoit un air sévère et gardoit un profond silence : « J'ose me promettre, continua le père en regardant le prince, que vous serez de mon sentiment. N'examinons point quelle créance méritent ceux qui ont composé l'histoire de ces métamorphoses ; que la seule vérité soit notre règle. Si, pour vous donner quelque idée de ce que je suis, je paroissois devant vous sous la figure d'un pourceau et affectant les gestes de cet animal, pour qui passerois-je dans votre esprit ? » Le prince fit signe au père d'en demeurer là. Puis se tournant vers les brames, qui ne pouvoient dissimuler leur embarras : « Passez, leur dit-il, à l'article des Vedams ; c'est-à-dire des lois divines. » Les Indiens en reconnoissent quatre, qu'ils supposent être sorties des quatre visages de leur dieu Brama.

« Vous me feriez plaisir, dit le missionnaire en parlant aux brames, de m'expliquer ce que vous entendez par la loi divine. Votre malheur, ou plutôt votre orgueil fait que vous n'examinez rien à fond : vous vous contentez de réciter quelques vers que vous avez appris dans les écoles, et dont le sens vous est le plus souvent inconnu. Les plus sincères d'entre vous avouent de bonne foi qu'il y a plusieurs choses dans vos Vedams qui blessent la raison et qu'un homme d'honneur ne peut lire sans rougir. De telles infamies peuvent-elles sortir de la bouche d'un dieu ? Mais ajouta-t-il, voici le point décisif : une de vos lois apprend à faire des maléfices, à jeter des sorts et à les lever ; une pareille loi peut-elle venir du vrai Dieu ? » Les brames se récrièrent, disant que leur loi ne contenoit pas des secrets magiques : « La chose est vraie, dit le prince, et il seroit inutile de la désavouer. » On agita plusieurs autres questions qu'il seroit inutile de rapporter.

Sur la fin de l'audience le père s'adressant au prince : « Je ne cesserai point, lui dit-il, de prier Dieu pour votre personne : je ne vous souhaite point de plus grands biens temporels, le ciel vous en a comblé ; mais il y a des biens d'une autre nature et qui sont éternels : ce sont ceux-là que je conjurerai la divine Providence de ne pas vous refuser. » Un brame, croyant faire sa cour, dit sur cela en interrompant le père : « Que ces prétendus biens soient votre partage ; pour nous, nous souhaiterons dans ce monde au prince une fortune encore plus florissante que celle dont il jouit. —Vous avez tort, reprit le prince, ce partage seroit trop inégal : je souhaite avec le secours de ses prières d'avoir quelque part aux biens du ciel. » Il y avoit plus d'une heure et demie que duroit la dispute ; le père prit congé du prince, qui se leva en joignant les mains devant la poitrine et faisant une profonde inclinaison de tête. Le père se retira dans le logis qui lui avoit été assigné, et il y passa la nuit.

Le lendemain deux brames vinrent le chercher pour le conduire au palais ; il y alla accompagné de ses catéchistes. Le prince sortit de son appartement et vint au-devant de lui. « Je suis un étranger, dit le père, et je ne mérite pas cet honneur. — Un étranger, reprit le prince ! ce n'est pas ainsi que je vous regarde ; je vous honore comme je ferois mon propre gourou. » Il fallut pour obéir au prince que non-seulement le père, mais encore les catéchistes entrassent les premiers dans la salle d'audience. L'assemblée y étoit encore plus nombreuse que le jour précédent. La dispute avec les brames roula presque toute sur les mêmes points de controverse. Ce qu'il y eut de particulier, c'est que le prince réfuta lui-même les raisonnemens des brames, et il le fit avec vivacité et sans nul ménagement.

A ces marques d'affection que témoignoit le prince : « Seigneur, lui dit le père, il faut que vous soyez bien convaincu de la bonté de la cause que je soutiens, puisque vous me suscitez tant d'adversaires ; je me promets de vos lumières et de votre équité que vous vous intéresserez pour ma défense. — Je vous seconderai, » répliqua le prince avec un visage ouvert. Ensuite, s'adressant aux brames : « Vous convenez avec le saniassi romain, dit-il, de la nécessité d'un seul premier être, et cependant vous ne pouvez nier que nous admettons trois dieux. Vous, poursuivit-il, s'adressant à un vichnouviste, vous dites que ce premier être est Vichnou ; et vous, parlant à un autre, vous soutenez que c'est Brama : moi selon les principes de ma secte, je maintiens que c'est Issouren. Convenons d'abord entre nous quel est ce souverain être, et nous nous disputerons ensuite contre le saniassi. — Ces trois divinités, reprirent les brames, n'en font qu'une seule. — Cela ne peut pas être, dit le prince ; nous lisons dans nos histoires que de cinq têtes que vous attribuez à Brama, Issouren lui en a coupé une, et nous ne savons pas qu'il ait eu le pouvoir de reproduire cette tête coupée. — De pareilles absurdités, reprit le père, ne prouvent-elles pas manifestement la fausseté de ces chimériques divinités ? »

On reprit ensuite ce que le père avoit dit le soir précédent, que les quatre Vedams ne pouvoient pas être appelés des lois divines : « Quelle est donc cette loi que vous dites être la seule divine ? » demandèrent les brames. Le prince, sans donner au père le temps de répondre : « Écoutez, leur dit-il, mettons-nous, vous et moi, au rang de ses disciples, et il nous l'enseignera ; sans quoi, quel fruit retirerons-nous de ce qu'il prendroit la peine de nous dire ? » Le père fit à son tour quelques questions aux brames sur la nature de l'âme. Le prince s'aperçut que ces questions les embarrassoient : « Vous leur demandez, dit-il, ce que c'est que l'âme ; faites-les convenir d'abord qu'ils en aient une : du moins je sais que toute l'occupation de leur âme est d'inventer le moyen d'abuser les peuples et d'en tirer des aumônes. — Vous voulez dire, sans doute, ajouta le père, que leur ventre leur tient lieu d'âme et de divinité.

— Ce n'est point pour disputer, reprit le prince, que je vous ai fait appeler aujourd'hui ; c'est pour vous demander une grâce ; faites-moi le plaisir de vous établir dans ma ville capitale, je serai bien aise de vous entretenir de temps en temps. » Le père, après l'avoir remercié de ses bontés lui témoigna que sa profession de saniassi ne s'accordoit pas avec le fracas et le tumulte d'une grande ville : « Vous ne serez importuné, dit le prince, qu'autant que vous le voudrez, j'y donnerai bon ordre, et moi-même quand j'irai vous voir, ce sera sans aucune suite ; cependant je ne veux pas vous gêner, et vous êtes le maître de choisir dans toute l'étendue de mes états le lieu qui vous conviendra le mieux : mon inclination seroit que vous demeurassiez dans ma capitale. » Le père le pria de trouver bon que pour le présent il bâtît une église à Madigoubba, où il avoit plusieurs disciples ; que ce village n'étant qu'à deux lieues de la capitale, il seroit à portée de le venir trouver au premier ordre qu'il recevrait de sa part.

Pendant le temps de cette audience, le prince fut obligé de sortir deux fois. Rentrant dans la salle, et voyant le missionnaire debout, il ne voulut jamais reprendre sa place qu'il ne l'eût vu assis. C'est par ces distinctions qu'un prince idolâtre témoignoit à toute sa cour le respect qu'il avoit pour la loi du vrai Dieu et pour le dernier de ses ministres. Avant que de le congédier, il lui fit voir quelques curiosités qu'il avoit dans son palais, et il fit promener ses chevaux richement caparaçonnés. Il alla ensuite à la promenade, et apercevant un des rettis chrétiens : « Faites bâtir au plus tôt, lui dit-il, la maison du saniassi romain : je vous permets de faire couper tout le bois qui vous sera nécessaire. » Un moment après l'ayant fait rappeler : « Je n'ai consenti qu'avec peine que le missionnaire fixât sa demeure dans votre village ; puisque vous avez le bonheur d'être du nombre de ses disciples, je vous regarde comme mes enfans ; mais joignez vos prières aux miennes pour l'engager à demeurer dans ma capitale. J'ai encore à lui parler, avertissez-le de ne pas partir sitôt. »

Au retour de la promenade, il renvoya au palais la princesse avec ses éléphans, ses chevaux et la plus grande partie de sa cour et il se rendit en palanquin, accompagné de ses seuls gardes, au logis du missionnaire. Après les avoir fait retirer pour être seul avec le père, il lui dit : « Il n'y a qu'un article qui m'arrête ; si vous me le passez, je me fais dès à présent votre disciple. Je porte le lingan, comme vous voyez. » C'étoit un bijou d'or enrichi de pierreries, où apparemment étoit enfermée la pierre qu'on appelle lingan : il le portoit attaché à sa veste comme les chevaliers portent la croix de leur ordre : « Je suis bien éloigné de croire, ajouta-t-il, que ce soit une divinité ; je ne lui fais point de sacrifices ; mais vous savez que c'est la marque qui distingue ma caste : si je le quittois, je passerois pour un insensé et je révolterois contre moi toute ma famille.

— Prince, lui répondit le missionnaire, la chose vous paroît impossible, mais le Dieu que je vous prêche peut faire de plus grands miracles. — Non, répliqua le prince, le Dieu que vous adorez me sauvera ou me damnera avec le lingan. Je regarde les temples et les idoles comme de la boue ; je les ferai renverser si vous le jugez à propos, mais pour ce qui est du lingan, je ne le quitterai jamais. » Le père, les larmes aux yeux, prit les mains du prince, et les serrant étroitement : « Ce n'est pas encore, lui dit-il, de quoi il s'agit : donnez-vous la peine et le loisir de réfléchir sur les importantes vérités que je vous annonce, Dieu vous donnera la force d'exécuter ce qu'il vous inspire par le foible organe de son ministre : il ne vous a pas créé pour vous précipiter dans les flammes de l'enfer; sa grâce dissipera toutes vos craintes si vous la demandez avec confiance ; mes disciples et moi nous le prierons sans cesse de vous accorder ce puissant secours. »

A ces paroles, il parut s'apaiser ; puis changeant de discours : « Pourquoi refusez-vous, dit-il, de fixer ici votre demeure ? Je vous l'ai déjà dit que vous ne serez point interrompu dans vos saints exercices. Votre plaisir, dites-vous, est d'être avec les pauvres pour leur enseigner le chemin du ciel ; sachez que je ne regarde pas cet éclat qui m'environne ni ces biens que je possède comme quelque chose qui m'appartienne : je ne les ai point apportés en naissant, ils ne me suivront point après ma mort. Mon père possédoit ces biens, et ils ne l'ont point garanti du tombeau ; j'en jouis maintenant, et d'autres les posséderont après moi. Ainsi regardez-moi comme un pauvre et ne me refusez pas la grâce que je vous demande. »

Des réflexions si chrétiennes de la part d'un prince idolâtre surprirent les néophytes qui étoient présens : « Le vrai Dieu, répondit le père, qui vous met dans le cœur de si généreux sentimens a sans doute de grands desseins sur votre personne. Vous voulez que je bâtisse ici un *matam* (c'est le nom qu'on donne à nos églises), j'y consens et j'espère que Dieu en tirera sa gloire. Du moins je pourrai vous entretenir plus souvent de ses divines perfections et de l'importance qu'il y a de travailler sérieusement à votre salut. »

Le prince, ne pouvant dissimuler sa joie, renouvela aux rettis chrétiens la permission qu'il leur avoit donnée de couper tous les bois nécessaires pour la construction de l'église, sans épargner même les arbres de son jardin de plaisance qui est à Madigoubba. Plaise à la divine miséricorde de bénir de si heureux commencemens et de fortifier ce prince contre les obstacles qui s'opposeront à sa conversion.

J'avois encore, monsieur, d'autres particularités à vous mander, mais j'apprends à ce moment la mort du père de La Fontaine, notre supérieur général. Quelle perte pour cette mission ! Dieu nous l'enlève dans un temps où sa présence sembloit être le plus nécessaire. Sa douceur, son humilité, ses manières affables et obligeantes lui avoient gagné le cœur des François et des Malabars. Les églises qu'il a fondées dans cette mission seront des monumens durables du zèle dont il brûloit pour la gloire de Dieu et pour le salut des âmes. Mme la vicomtesse d'Harnoncourt sa mère lui faisoit tenir chaque année une aumône considérable qui le mettoit en état de fournir aux frais qui sont indispensables lorsqu'on entreprend d'ouvrir une nouvelle mission. La mission de Carnate, surtout celle qui est en deçà des montagnes, le regarde avec justice comme son fondateur. Il est difficile de montrer plus de courage, plus d'activité et plus de tranquillité d'âme qu'il en a fait paroître dans diverses persécutions qu'il a eu à soutenir. Dans celle de Ballabaram, sa douceur charma tellement les soldats envoyés pour le prendre qu'ils furent tout à coup changés en d'autres hommes et que se jetant à ses pieds, ils lui demandèrent pardon des indignités qu'ils avoient exercées à son égard. Dans une autre persécution où l'on avoit soulevé la ville contre les missionnaires et les chrétiens, un seul entretien qu'il eut avec le chef des troupes le convainquit des vérités de la religion; et, sur le rapport qu'il en fit au prince, il y eut défense d'inquiéter les nouveaux fidèles. Je ne puis vous exprimer avec combien de peines et de fatigues il a recouvré l'église de Devandapallé que les ennemis de la foi nous avoient enlevée. Depuis qu'il fut nommé supérieur général, il ne pensoit qu'à ramener les esprits prévenus sans perdre de vue cette mission, qui étoit le principal objet de ses soins : il espéroit l'affermir davantage, et il portoit ses vues encore plus loin afin d'étendre de plus en plus le royaume de Jésus-Christ. Si vous pouviez être témoin de la douleur que ressentiront les fidèles lorsqu'ils apprendront la mort de leur cher père en Jésus-Christ, vous jugeriez mieux quelle est la grandeur de notre perte. Adorons les jugemens de Dieu et conformons-nous à sa très-sainte volonté.

J'ai l'honneur d'être, avec beaucoup de respect, etc.

LETTRE DU P. BARBIER.

État et progrès de la religion.

A Puneypondi, le 7 janvier 1720.

J'avois mené une vie assez languissante à Bengale, ce qui m'avoit obligé d'aller chercher du soulagement à Pondichéry. Mais ce que vous aurez peine à croire, le dernier remède qu'il falloit employer pour rétablir ma santé étoit le riz et les herbes de la mission. Depuis qu'en prenant un peu sur moi-même j'ai abandonné la côte et que je me suis remis à la vie de missionnaire, je me porte beaucoup mieux et je sens mes forces revenir. Je conçois chaque jour plus d'espérance de travailler longtemps dans cette portion de la vigne du Seigneur. Je l'éprouve, et il est vrai qu'un abandon parfait entre les mains de l'aimable maître que nous servons est la vertu capitale qui nous est nécessaire. Si nous avons des fatigues à essuyer, si notre vie est austère, nous en sommes bien dédommagés par la consolation que nous avons de voir l'œuvre de Dieu s'avancer de jour en jour, soit par le concours de ceux qui se présentent au saint baptême, soit par l'innocence, la docilité et la ferveur des anciens chrétiens. De cent que je confesserai, à peine en trouverai-je douze qui soient tombés dans des fautes considérables : tous m'édifient infiniment par leur exactitude scrupuleuse à remplir les devoirs de la religion, par l'avidité avec laquelle ils entendent la parole de Dieu, par la patience qu'ils font paroître dans leurs afflictions et leurs maladies. Il me semble que je vois renaître la ferveur des premiers siècles.

Je visitai il y a peu de jours une malade asthmatique qui ne prenoit ni nourriture ni repos ; je l'exhortois à la patience, et pour cela je lui représentois que Dieu lui faisoit faire ici-bas son purgatoire en lui fournissant un moyen infaillible d'expier ses fautes : « Ah ! mon père, me repondit-elle d'un ton de voix qui m'étonna, je ne souffre pas encore assez. » Ce fut tout ce que la violence de son mal lui permit de me dire.

Un de mes catéchistes vint me trouver hier, et dans le compte qu'il me rendit de ce qui s'étoit passé dans son district il me raconta que tout récemment un chrétien avoit été mis à une question très-douloureuse pour n'avoir pas voulu coopérer à un sacrifice que les païens de sa bourgade vouloient faire au démon. Dieu bénit son courage en suscitant une femme d'autorité, laquelle leur reprocha si fortement leur barbarie, qu'ils promirent de ne plus inquiéter le néophyte.

Je reçois à ce moment une lettre d'un de nos missionnaires qui m'apprend que dans l'année dernière il baptisa deux cent trente-six adultes ; que ses catéchistes ont pareillement conféré le baptême à plus de quatre-vingt-douze adultes et à deux cent quarante enfans. Vous jugez bien que plusieurs de ces enfans sont morts ou mourront avant que d'avoir atteint l'âge qui les rend capables d'offenser Dieu : c'est ce qui nous soutient dans nos travaux. Le ciel se peuple insensiblement, la suite de l'agneau grossit tous les jours ; Dieu sera éternellement glorifié par ces âmes pures. Pourront-elles oublier ceux auxquels après Dieu elles sont redevables de leur salut éternel ?

LETTRE DU P. LE CARON

A SES SOEURS,

RELIGIEUSES URSULINES.

Détails sur la mission de Carnate et en général sur la religion, les mœurs et les coutumes des Indes.

Le 20 novembre 1720.

La paix de N.-S.

Je cherche, comme vous voyez, à vous contenter, mes chères sœurs, et la distance des lieux ne me fait pas oublier ce que vous me demandâtes instamment lorsque je vous dis le dernier adieu. Je vous entretiendrai d'abord en peu de mots des mœurs et des coutumes de ces nations éloignées et je m'étendrai un peu plus au long sur ce qui regarde les fonctions du saint ministère auquel la divine Providence m'a appelé.

La religion des Indiens est un composé monstrueux de toutes sortes de fables. Ils admettent, selon ce qu'on voit dans leurs livres, jusqu'à trente millions de dieux. Il y en a trois principaux dont les fonctions sont différentes : ils attribuent à l'un la création du monde, à l'autre la conservation et au troisième le pouvoir de le détruire. Ces trois dieux sont indépendans les uns des autres ; ils ont chacun leur paradis ; souvent ils se sont fait la guerre et l'un a coupé la tête à l'autre ; ils ont paru plusieurs fois sur la terre sous différentes figures, sous celle de poisson, de pourceau, etc. Tout ce qui a servi à ces dieux est divinisé. C'est pourquoi on voit presque dans tous les temples la figure d'un bœuf, auquel on offre des sacrifices parce qu'il servoit autrefois de monture à un de leurs dieux. Mais ce qui m'a le plus surpris au milieu de ces fables, c'est que ces peuples ont un dieu nommé Chrisnen, né à minuit dans une étable de bergers. Ils observent un jeûne la veille de sa fête qu'ils célèbrent avec grand bruit. La vie de ce dieu est un tissu d'actions infâmes.

C'est dans ce tintamare que consiste toute la solennité de la fête : boire, manger, chanter, se divertir, ce sont là leurs exercices de piété. Is ne s'assemblent guère dans leurs temples, qui sont de vraies demeures de démons. Il ne vient de jour dans ces temples que par une porte très-étroite, du moins dans ceux que j'ai vus. Ceux qui ont quelque dévotion particulière aux dieux envoient au sacrificateur de quoi faire le sacrifice : ce sont d'ordinaire des fleurs, de l'encens, du riz et des légumes. Personne n'assiste au sacrifice. Comme j'ai été témoin d'un de ces sacrifices, je puis vous en faire le récit.

Dans un voyage que je fis le mois passé, je me retirai le soir dans un temple à dessein d'y passer la nuit. J'y trouvai le prêtre des idoles qui se disposoit à leur faire son sacrifice. On venoit de lui envoyer de l'encens, du riz et des légumes. Je pris de là occasion de lui faire sentir quel étoit son aveuglement d'adorer des dieux insensibles ; je l'entretins assez longtemps du vrai Dieu et je m'aperçus que mes paroles faisoient impression sur son esprit ; il convint même de la vérité de ce que je lui disois. Après quoi prenant la parole : « Vous avez tort, me dit-il avec amitié, de passer ici la nuit : cette contrée est remplie de voleurs qui pourroient vous faire insulte ; croyez-moi, retirez-vous dans le prochain village, vous y serez plus en sûreté. » Comme je ne déférois pas à ses conseils et que ma présence l'importunoit, il excita tout à coup une fumée si épaisse, qu'elle me contraignit de gagner la porte : ce fut de là que je contemplai son manége. Il prépara le repas au coin du temple ; puis il versa sur ses idoles plusieurs cruches d'eau et les frotta longtemps, il mit du feu sur un têt de pot cassé, où il brûla de l'encens qu'il présenta au nez de chaque idole en prononçant certaines paroles dont je ne compris pas le sens. Ensuite il arrangea sur un plat, c'est-à-dire sur sept ou huit feuilles cousues ensemble, le riz et les légumes ; après quoi, se promenant autour des idoles, il leur fit plusieurs révérences, comme pour les inviter au festin. Puis il se mit à manger avec grand appétit ce qu'il avoit présenté à ses dieux. Ainsi se termina le sacrifice.

Presque tous les princes de ces contrées sont fort superstitieux. Il en coûte à plusieurs de grosses sommes pour célébrer la fête des idoles. Ils entreprennent quelquefois de longs et pénibles voyages pour porter des sommes d'argent considérables à quelque divinité, lesquelles passent bientôt entre les mains des Maures, qui sont les maîtres du pays. Dans la ville de Ballabaram où nous avons une église, le prince régnant fait porter continuellement un de ses dieux sur un palanquin, qui est précédé d'un cheval et d'un éléphant richement caparaçonnés, dont il lui a fait présent. Le bruit de quantité d'instrumens attire une foule incroyable d'infidèles qui viennent adorer l'idole. Par intervalle un héraut fait faire silence et il récite les louanges de la divinité.

L'année dernière la princesse régnante se trouva fort mal. Le prince, son mari, eut recours à toutes les idoles et leur fit faire des sacrifices pour obtenir sa guérison ; et afin de les fléchir il fit appliquer avec un fer rouge sur les deux épaules de cette princesse la figure d'une de ses principales divinités. La douleur abrégea sans doute ses jours, car elle mourut après cette cruelle opération. Le prince en fut si irrité contre ses dieux qu'il cessa entièrement de faire des fêtes en leur honneur. Sa colère s'est enfin radoucie et le mois dernier il commença une nouvelle fête plus magnifique que toutes les autres.

Ces peuples sont divisés par castes ou tribus, comme étoit autrefois le peuple juif avec lequel il paroît qu'ils ont eu commerce ; car dans leurs coutumes, dans leurs cérémonies, dans leurs sacrifices on découvre quantité de vestiges de l'ancienne loi, qu'ils ont défigurés par une infinité de fables. Cette distinction de castes est un grand obstacle au progrès de l'Évangile, surtout dans les lieux où il y a peu de chrétiens. Comme on ne peut se marier que dans sa caste et même dans sa parenté, un idolâtre qui a dessein de se convertir dit souvent : « Si je me fais chrétien, il faut renoncer à tout établissement ; il n'y a point encore de chrétiens dans ma famille ; j'en deviendrai l'opprobre et mes parens ne voudront plus communiquer avec moi. » Ainsi il faut que ces infidèles commencent par l'acte du monde le plus héroïque pour se faire instruire d'une religion contre laquelle ils sont déjà prévenus d'ailleurs par mille idées superstitieuses. Le Seigneur, par sa miséricorde infinie, a su aplanir ces difficultés.

Il y a une caste de gens qui portent le lingan (c'est une figure qu'ils portent au cou pour marquer leur dévouement à un de leurs dieux) ; ils le conservent avec un soin extrême et lui offrent chaque jour des sacrifices. Les gouroux ont su leur persuader que s'ils venoient à le perdre, il n'y auroit que la mort qui pût expier leur faute.

J'ai lu dans un livre indien l'histoire suivante : « Un de ces linganistes ayant perdu son lingan alla s'accuser de sa faute à son gourou ; celui-ci lui déclara qu'il devait se résoudre à mourir et que sa mort étoit le seul moyen qu'il eût d'apaiser le courroux des dieux, et en même temps il le conduisit vers les bords d'un étang pour l'y précipiter. Le linganiste parut y consentir, mais il demanda en grâce au gourou de lui prêter le lingan qu'il portoit, afin de lui faire pour la dernière fois son sacrifice. Aussitôt qu'il l'eut entre les mains, il le laissa tomber dans l'eau : « Nous voilà tous deux sans lingan, lui dit-il ; ainsi nous devons nous précipiter de compagnie dans l'étang pour apaiser la colère de nos dieux ; » et déjà il le tiroit par les pieds pour s'y jeter ensemble lorsque le gourou, lui prenant la main : « Attendez, mon fils, lui dit-il, il ne faut pas vous presser, je puis vous dispenser de la peine que vous avez méritée, je réparerai votre faute en vous donnant un autre lingan. »

Il règne ici une coutume assez extraordinaire dans la caste des laboureurs. Lorsqu'ils se font percer les oreilles ou qu'ils se marient, ils sont obligés de se faire couper deux doigts de la main et de les présenter à l'idole. Ils vont ce jour-là au temple comme en triomphe. Là, en présence de l'idole, on leur fait sauter deux doigts d'un coup de ciseau et aussitôt on y applique le feu pour étancher le sang. On est dispensé de cette cérémonie quand on fait présent de deux doigts d'or à la divinité. D'autres coupent le nez à ceux qu'ils peuvent attraper : leur prince les récompense à proportion des nez qu'ils apportent ; il les fait enfiler ensemble et on les suspend à la porte d'une de leurs déesses.

En France on applique la fleur de lys aux malfaiteurs, ici on donne de l'argent pour se faire brûler les épaules. Ces misérables esclaves du démon vont en foule chez le gourou, qui a toujours un fer tout prêt sur un brasier ardent. Il commence par se faire bien payer, sans quoi ni pleurs ni prières ne pourroient l'engager à accorder la grâce qu'on lui demande. Quand il a touché la somme prescrite, il leur applique sur les épaules le fer rouge, qui leur imprime l'image de leurs divinités, sans que durant ce tourment ils fassent paroître le moindre sentiment de douleur. Vous voyez par là jusqu'à quel point le démon se fait obéir.

Le gouvernement n'est guère moins bizarre que la religion. La volonté des princes et la raison du plus fort tiennent lieu de toute justice. Les peuples y vivent dans une espèce de servitude : ils ne possèdent aucune terre en propre ; elles appartiennent toutes au prince, qui les fait cultiver par ses sujets ; au temps de la récolte il fait enlever le grain et laisse à peine de quoi subsister à ceux qui ont cultivé les terres. C'est un crime aux particuliers d'avoir de l'argent : ceux qui en ont l'enterrent avec soin ; autrement sous mille faux prétextes on trouve le moyen de le leur enlever. Les princes n'exercent ces vexations sur leurs peuples que parce que les Maures, qui ont subjugué les Indes, lèvent sur ces princes des impôts exorbitans qu'ils sont obligés de fournir, sans quoi le pays seroit mis au pillage.

Les plus grands crimes ne sont point punis de mort ; pourvu qu'on fournisse de l'argent, on est assuré de l'impunité. On s'est contenté de bannir un homme qui avoit tué sa femme et sa fille. Une femme qui avoit tué son mari fut conduite dans la place publique, on lui couvrit le visage de boue : ce fut tout son sup plice. Un homme qui avoit volé le trésor du prince de Ballabaram en fut quitte pour quelques coups de bâton. Quelques jours après on le surprit faisant le même vol; au lieu de le punir, on le garda à vue comme une personne utile à l'état et qui, dans l'occasion, pouvoit lui rendre un service important. Ce service étoit qu'en cas de siége dont la ville étoit menacée on pourroit employer un homme si adroit à enlever la caisse militaire des ennemis et par là déconcerter leurs projets.

En Europe ce sont les meilleures familles qui occupent les trônes : de tous les princes de Carnate je n'en connois pas un seul qui soit de la première caste; quelques-uns même sont d'une caste fort obscure. De là vient qu'il y a des princes dont les cuisiniers se croiroient déshonorés et le seroient effectivement s'ils mangeoient avec les princes qu'ils servent : leurs parens les chasseroient de leurs castes comme des gens perdus d'honneur. C'est ici un noble emploi que de se faire la cuisine à soi-même. C'est pour cela que quelquefois pour me faire honneur on m'a dit : « C'est vous sans doute, mon père, qui vous faites votre cuisine? » Voulant par là me faire entendre qu'il n'y avoit personne d'une naissance ni d'un mérite assez distingués pour me la faire.

On est ici fort à plaindre quand on est malade. Ce n'est pas qu'il n'y ait grand nombre de médecins; mais ce sont de vrais charlatans fort ignorans et qui font leurs expériences aux dépens de la vie de ceux qu'ils traitent. Leurs drogues et leurs remèdes se trouvent dans les bois : ce sont quelques simples dont ils expriment le jus et qu'ils font prendre au malade. Dans les fièvres, durassent-elles trente ou quarante jours, on ne donne au malade qu'un peu d'eau chaude. Leur maxime est de chasser le mal en affoiblissant la nature. Si le malade meurt, c'est, disent-ils, la force du mal qui l'emporte et non pas le défaut de nourriture. J'étois fort contraire à ce régime lorsque j'entrai dans la mission, mais ayant vu mourir trois ou quatre de nos catéchistes pour avoir pris de la nourriture après quinze ou seize jours d'abstinence, je changeai de sentiment. Et en effet je fus témoin qu'un jeune enfant de quinze ans, de la première caste, étant tombé malade, on ne lui donna pendant un mois qu'un peu d'eau chaude. La fièvre le quitta le vingt-septième jour de sa maladie ; et comme il avoit encore un peu de force, on ne lui donna à manger qu'au bout de trois jours, de crainte que la fièvre ne le reprit. Le trentième et les cinq ou six jours suivans on ne lui fit prendre que plein la main de riz. Il s'est tout à fait rétabli et je le fais actuellement instruire pour lui donner le baptême.

Il n'y a parmi ces peuples ni académie ni sciences : ils ont quelque connoissance de l'astronomie, et ils prédisent les éclipses avec assez de justesse. Quoique leur pays ait été sujet à de fréquentes révolutions dont la mémoire méritoit d'être transmise à la postérité, on n'en trouve rien dans leurs livres, qui ne sont remplis que de contes et de fables.

Voilà, mes chères sœurs, un précis de ce qui regarde la religion et le gouvernement des peuples du Carnate: vous souhaitez quelque chose de plus particulier sur ce qui me regarde, et sur les bénédictions que le Seigneur verse sur cette chrétienté naissante; c'est à quoi je vais satisfaire.

J'entrai dans cette mission le 20 du mois de mars de l'année 1719. Je n'y fus pas trois semaines qu'il pensa m'arriver un petit accident. La nuit du samedi saint on vint m'avertir qu'un missionnaire qui demeuroit à trois lieues étoit tombé malade et hors d'état de célébrer la fête de Pâques. Je partis sur l'heure, et j'arrivai à son église le jour de Pâques à trois heures du matin. Les chrétiens, dont toute la campagne étoit couverte, se tenoient en garde contre les voleurs, qui depuis peu avoient pillé cette église ; comme ils me prirent moi et mes catéchistes pour ces voleurs, ils s'armèrent de pierres et de bâtons, poussèrent des cris affreux et je vis le moment qu'ils alloient fondre sur nous. Mais le Seigneur permit que je me fisse enfin reconnoître. Je baptisai ce jour-là vingt-huit personnes : à dix heures du soir je commençai, dans une vaste plaine une belle procession, où l'on porta sur un brancard bien orné la statue de la sainte Vierge. La nuit fut éclairée par trois cents flambeaux, et par quantité de feux d'artifice qui jouoient sans discontinuer. Une grande multitude de chrétiens et d'idolâtres furent charmés de cette cérémonie , qui dura depuis dix heures du soir jusqu'à trois heures du matin. L'appareil de ces sortes de fêtes contribue beaucoup à donner aux Indiens une grande idée de nos mystères.

Vous ne sauriez croire avec quelle foi,

quelle piété, quelle ferveur ces nouveaux fidèles s'approchent des sacremens. Dès que le missionnaire est arrivé dans une église ils s'y rendent de fort loin pour participer aux saints mystères. Après avoir voyagé tout le jour sous un soleil brûlant, n'ayant pris le matin qu'un peu de riz froid, ils arrivent sur le soir accablés de sueur et de fatigues. Ils boivent pour tout soulagement un peu d'eau, et passent la nuit couchés sur la terre, ils se fondent en larmes et sont inconsolables en s'accusant des fautes les plus légères. A la prière du soir, lorsqu'on récite l'acte de contrition, ils se frappent la poitrine et ne s'expriment que par des sanglots réitérés.

Aux fêtes solennelles, les chrétiens les plus aisés mettent en commun quelque argent pour donner à manger à tous les autres, et par là ils entretiennent entre eux cet esprit d'union et de charité qui édifie les païens mêmes. C'est ordinairement à ces fêtes qu'on administre le saint baptême. Les catéchistes nous amènent par troupes ces pauvres idolâtres qui n'ont pas connu plus tôt le vrai Dieu qu'ils secouent avec joie le joug du démon qui les a tenus si longtemps captifs. J'admire quelquefois les miracles de la grâce dans certains vieillards, qui, nonobstant les plus forts préjugés touchant leur divinité, reçoivent le saint baptême, sans que la foi de nos mystères trouve dans leur esprit la moindre résistance.

Ceux qui se convertissent à la foi ont souvent de cruelles contradictions à soutenir du côté de leurs parens idolâtres, qui les maltraitent et les chassent de leurs familles sans vouloir communiquer avec eux. Dans cet excès de tribulation, ils viennent nous faire le récit de leurs peines : « Mon père, disent-ils avec une foi vive, je souffre infiniment, mais je suis content pourvu que la volonté de Dieu s'accomplisse, et que le ciel devienne le prix de mes souffrances. » J'ai vu plusieurs chrétiens qu'on a voulu forcer de donner leurs filles en mariage aux idolâtres, et qui, l'ayant refusé constamment, ont été exposés aux plus indignes traitemens ; quelques-uns sont morts de misère, tous furent chassés de leur pays : leur crime étoit d'adorer le vrai Dieu. Ils ont soutenu cette persécution avec une fermeté, une foi, et un courage dignes des héros de la primitive Église. On les voyoit abandonner leurs emplois, leurs maisons, leurs parens, leurs amis, sans se plaindre ni murmurer, chargés de leurs petits enfans, obligés de chercher un asile dans une terre étrangère, n'ayant d'autre ressource pour vivre que dans une ferme confiance en la Providence. Ces exemples d'une vertu héroïque dans de nouveaux fidèles nous consolent des pas que nous faisons pour les faire entrer dans la voie du salut, et nous remplissent d'une joie pure et solide.

A la dernière fête de Noël, le Seigneur glorifia son saint nom d'une façon singulière dans les états d'un prince où l'Évangile n'avoit pu encore pénétrer. Il y avoit quatre mois que sept personnes y étoient cruellement tourmentées du démon ; deux moururent dans l'obsession. Les cinq autres, n'ayant plus d'autre ressource que dans le vrai Dieu, furent amenés à l'église de Chruchsnabouram, les fers aux pieds et les mains liées derrière le dos. Dès qu'ils furent arrivés, je chargeai un catéchiste d'aller enlever de sa maison et de celle de ses parens toutes les idoles et toutes les marques de superstition qu'il y trouveroit. Le lendemain après la messe, je commençai l'exorcisme : j'avois fait illuminer l'église pour rendre la fête plus éclatante. La nouveauté du spectacle y avoit attiré une grande foule de chrétiens et d'idolâtres. Le Seigneur exauça la foi de ces malheureux esclaves du démon. A la fin de l'exorcisme ils se trouvèrent tranquilles et tout à fait affranchis d'une si cruelle servitude. Je leur fis ôter les fers. Leurs compatriotes étoient étonnés de voir tant de douceur en des personnes dont ils n'avoient pu modérer la fureur.

Le prince, qui avoit été témoin de l'obsession et qui avoit fait enchaîner l'un de ces cinq idolâtres qui étoit son intendant, ne fut pas moins surpris. Il me fit dire qu'il avoit dessein de me venir voir. Il vint en effet le jour de Noël, en grand cortége, sur les quatre heures du soir. C'est un vieillard âgé de soixante-cinq ans. Dans mon entretien, j'insistai fort sur la délivrance de ces possédés, comme sur une preuve de la vérité de la religion que j'étois venu de six mille lieues lui annoncer pour le salut de son âme. Le prince et ceux de sa suite convinrent qu'un Dieu si puissant ne pouvoit être que le vrai Dieu. Après une demi-heure d'entretien, il se retira auprès de l'église et il me fit dire qu'il vouloit me parler en secret. Il se fit lire durant plus d'une heure les principales preuves de la divinité, et de temps en temps il se récrioit : « C'est ici la pure vérité. »

L'église étoit assez bien ornée. Quand l'heure de la prière eut sonné, le prince y assista, et il parut très-édifié de la piété et de la modestie des fidèles. La prière finie : « Qu'on reste ici, dit-il à ceux de sa cour, je vais prendre congé du père. » Il vint seul dans un endroit où je l'attendois, et là, durant un quart d'heure, je l'entretins du vrai Dieu, du paradis, de l'enfer, de la fausseté des divinités qu'il adoroit. Il convint de tout : « Je veux, dit-il, embrasser votre religion; admettez-moi, je vous prie, dès ce moment au nombre de vos disciples. » Alors il me salua en portant les deux mains jointes sur la tête, qui est la marque du plus grand respect, et il se retira. Le lendemain je lui envoyai un catéchiste avec des livres où nos mystères sont expliqués. Il se les fit lire durant quelques jours sans se déclarer, et il n'a point encore fait paroître qu'il voulût soutenir les démarches qu'il avoit faites le jour de Noël.

Ce prince a, parmi ses courtisans, grand nombre de brames, qui nous traversent presque dans toutes les cours, où ils ont les premières charges. J'ai appris qu'ils avoient persuadé à ce prince que j'étois le plus grand magicien qu'il y eût dans les Indes, et que ce n'étoit que par la vertu de mes enchantemens que les cinq personnes avoient été délivrées du démon. Ce prince est très-foible sur cet article; il entretient même à sa cour un magicien pour lever les sorts qu'on pourroit jeter sur lui. J'ai invité ce magicien à me venir voir, afin de nous communiquer l'un à l'autre nos secrets. Il m'avoit donné sa parole, mais il ne l'a pas tenue.

Six ou sept jours après la visite du prince, je lui envoyai un panier de raisins, auquel j'avois appliqué quelques cachets : c'est un fruit rare en ce pays. Les brames qui étoient auprès de lui l'avertirent de n'y pas toucher : « Voyez-vous ces cachets? dirent-ils, ils couvrent quelque sortilège, et si vous y touchiez il vous arriveroit malheur. » Le prince, trop crédule, n'osa toucher au raisin, quelque envie qu'il eût d'en manger. Peu de jours après, un de mes catéchistes étant allé le saluer de ma part : « Otez les cachets de ce panier, lui dit-il, le respect que j'ai pour le père m'empêche de les lever moi-même. » Le catéchiste obéit, et le prince mangea des raisins avec avidité. Les brames furent un peu déconcertés de cet expédient.

Une autre fois que j'envoyai saluer un autre prince par un catéchiste, je lui ordonnai de porter sur son bras un livre de la religion d'une forme particulière, afin de piquer sa curiosité. Cet innocent stratagème réussit : le prince demanda au catéchiste quel étoit ce livre, et ayant appris que c'étoit la loi du vrai Dieu, il se le fit lire bien avant dans la nuit. Un brame astrologue, souffrant avec impatience que le prince prît goût à cette lecture, vint avec son livre d'astrologie à la main : « Prince, lui dit-il, avec une espèce d'enthousiasme, selon le cours présent des étoiles, il ne vous est plus permis de rester ici; retirez-vous au plutôt. » Le prince obéit et congédia son lecteur.

La seconde semaine de carême, comme je finissois ma retraite annuelle, il m'arriva une petite humiliation. Un parti considérable de Maures vint pour m'enlever dans l'église de Cruchsnabouram. Dès le matin ils demandèrent à me parler : on leur répondit que j'étois en prières et que je ne voyois personne. Ce refus les surprit : ils entrèrent dans l'enceinte de la maison, et ce fut toute la journée un flux et reflux continuel de ces gens-là, sans rien communiquer de leur dessein. Ils avoient deux brames à leur tête, qui, comme je crois, étoient les auteurs de cette entreprise. Comme ils craignirent que les chrétiens ne prissent ma défense, ils s'adressèrent au prince tributaire du seigneur maure qui commandoit le détachement et le firent prier d'envoyer la garnison de la forteresse pour tenir mes disciples en respect. Le prince, qui m'affectionnoit, s'en excusa sur ce qu'il ne pouvoit exercer des actes d'hostilité sur les terres d'un prince son voisin avec qui il étoit en paix. Sur quoi les Maures prirent le dessein de m'enlever dans l'obscurité de la nuit et sans éclat. Je n'appris ce détail que le lendemain : je ne sais comment le commandant de la forteresse de Chruchsnabouram eut connoissance de leur dessein; il vint me trouver à cinq heures et demie du soir pour me donner avis que les Maures tramoient un complot contre ma personne, qu'ils s'étoient déjà emparés de toutes les avenues de la maison, et il me conseilla de me réfugier dans la forteresse. Je suivis son conseil, je sortis par une issue inconnue aux

Maures et je me retirai dans la forteresse, où je passai la nuit. Les Maures, s'étant aperçus de quelque mouvement et ayant appris ensuite que j'étois dans la forteresse, se retirèrent à leur camp. A huit heures du soir, ils m'envoyèrent inviter à me rendre au camp, où leur commandant souhaitoit avec passion de me voir. Je leur fis réponse qu'un pénitent et un solitaire comme moi ne voyoit pas volontiers le grand monde. Comme ils décampèrent le lendemain matin, je retournai dans mon église, où mes chrétiens m'accompagnèrent.

Je ne sais quel étoit le dessein de ces Maures ni quel parti ils m'eussent fait si j'étois tombé entre leurs mains ; tout ce que je sais, c'est que les brames nous ont souvent suscité de fâcheuses persécutions en leur persuadant que nous avons l'art de faire de l'or. C'est sous cette fausse accusation qu'ils maltraitent quelquefois les Indiens d'une manière cruelle, et que tout récemment ils retinrent un de nos missionnaires deux ans entiers dans une rude prison et qu'ils l'appliquèrent deux fois à la torture.

Quelque temps avant que les Maures entreprissent de m'enlever, j'admirai des effets bien sensibles de la providence de Dieu sur ses élus. Un idolâtre, étant venu par hasard de fort loin dans le village où je me trouvois, y tomba dangereusement malade ; des chrétiens lui parlèrent du vrai Dieu : il demanda à me voir, je l'instruisis autant que la nécessité pressante pouvoit le permettre ; je lui conférai le baptême, qu'il demandoit avec avec ferveur, et il mourut le lendemain dans de grands sentimens de piété.

Quatre autres adultes furent favorisés presque en même temps de la même grâce. Il y avoit parmi eux un brame qui seroit mort infailliblement dans l'idolâtrie s'il fût resté dans sa famille. La conversion d'un brame est un vrai miracle de la grâce, tant ils ont d'obstacles à surmonter. Celui dont je vous parle étoit âgé de 65 ans, et, contre la coutume de ceux de sa caste, il aimoit assez les prédicateurs de l'Évangile : il avoit même contribué à nous faire avoir un emplacement dans la ville de Devandapallé pour y bâtir une église. Dieu a voulu sans doute récompenser cette bonne œuvre : il arriva de trente lieues loin dans une église où j'étois, il tombe malade, il envoie à deux heures après minuit me demander quelque soulagement. Je lui portai de l'eau de mélisse, qui le fortifia. Bien qu'il eût toute sa présence d'esprit, je m'aperçus qu'il étoit dans un danger extrême, et comme il étoit assez instruit de nos mystères, je lui administrai le saint baptême, qu'il me demanda, et une heure après il mourut.

Ces miracles continuels de la miséricorde du Seigneur, dont nous sommes témoins, nous dédommagent au centuple des croix que nous avons à souffrir et de la pénitence continuelle qu'il nous faut pratiquer. La vie que nous menons est assurément austère, soit par la qualité des alimens, soit par la fatigue des voyages, soit par les persécutions et les dangers auxquels nous sommes sans cesse exposés. Vous savez sans doute que le riz, quelques légumes et de l'eau font toute notre nourriture ; cette austérité est absolument nécessaire en ces contrées, sans quoi il ne seroit pas possible d'y établir la religion. Les castes honorables ne vivent que de riz et de légumes, et on a le dernier mépris pour ceux qui usent d'autres alimens. D'ailleurs les pénitens gentils, car le démon a aussi ses martyrs, observent cette austérité de vie. Nous avons auprès de nous un chrétien qui a été autrefois au service d'un de ces pénitens ; il nous a rapporté que ce pénitent ne mangeoit à midi que du riz et des légumes, et que le soir il se contentoit de boire un peu d'eau, s'occupant tout le reste de la journée à réciter les louanges de ses faux dieux. Si notre vie étoit moins austère que la leur, et le misionnaire et la religion qu'il prêche tomberoient dans le mépris.

Nos voyages sont pénibles : on ne trouve sur la route aucun lieu pour se retirer. Jusqu'à présent j'ai presque passé toutes les nuits sous un arbre exposé aux vents et à la pluie ; quelquefois je me retire dans un temple d'idoles, quand il s'en trouve sur le chemin, mais on y est d'ordinaire mangé d'insectes. Tandis que les chrétiens qui m'accompagnent me préparent un peu de riz et de légumes, je récite mon office, et après quelques heures d'un repos assez interrompu, je continue mon voyage ; je n'en fais guère que je n'aie le visage, les mains et les pieds tout brûlés, sans trouver une seule goutte d'eau pour apaiser une soif ardente. C'est par une protection particulière de Dieu qu'il nous arrive si peu d'accidens dans ces voyages, car outre que le pays est rempli de voleurs, nous avons partout des ennemis du nom chrétien qui savent les routes que nous tenons et qui pourroient aisément nous égorger pendant la nuit.

Voilà, mes chères sœurs, un récit vrai dans toutes ses circonstances de la vie que je mène depuis seize mois que j'ai eu le bonheur d'entrer dans cette mission. Je vous demande plus que jamais le secours de vos prières ; c'est ce que j'attends de votre amitié. Je suis, etc[1].

LETTRE DU P. LE GAC

A M. LE CHEVALIER HÉBERT.

Etat de la religion.—Intrigues des dasseris.

A Ballabaram, ce 12 janvier 1722.

MONSIEUR,
La paix de N. S.

Je continue à vous faire part du progrès que fait la religion dans cette mission naissante du Carnate. La connoissance que j'ai de votre zèle pour l'établissement de la foi dans ces contrées barbares me persuade qu'en cela je réponds le mieux que je puis à vos intentions et aux bontés dont vous m'avez honoré lorsque vous gouverniez la nation françoise dans l'Inde.

Je finissois la dernière lettre que j'ai eu l'honneur de vous écrire par le récit de la protection dont Prasappa-Naïdou (c'est le prince qui gouverne le pays d'Andevarou) favorisoit les prédicateurs de l'Évangile. Je vous ai mandé que non-seulement il avoit permis de bâtir une église à Madigoubba, mais qu'il avoit même fourni les bois nécessaires pour la construction de cette église. Ce monument, qui s'élevoit au milieu de la Gentilité, ne pouvoit manquer d'irriter les ennemis de la foi ; aussi les Dasseris, fidèles adorateurs de Vichnou[2], ne

[1] Le père Le Caron a fini sa course apostolique presque aussitôt qu'il l'avait commencée. Il est mort victime de son zèle et de sa charité. Ayant appris qu'une famille entière d'idolâtres, frappée d'une maladie contagieuse, avait été chassée de la peuplade et était dans la campagne dénuée de tout secours, il courut les assister : touchée de ses soins, elle écouta ses instructions, et il eut le bonheur de les baptiser presque tous et de mourir avec son catéchiste de la maladie qu'il avait gagnée en les soignant. (*Note de l'ancienne édition.*)

[2] Divinité du pays.

cherchoient qu'une occasion de faire éclater la fureur dont ils étoient transportés.

L'absence du missionnaire, qui visitoit les autres chrétientés, fut le signal de leur révolte. Ils s'assemblèrent en grand nombre à Cloumourou, où il y a plusieurs familles de chrétiens ; ils prétendoient piller les maisons des néophytes, aller ensuite à Madigoubba, qui n'est qu'à une demi-lieue de ce village, et mettre le feu aux matériaux qu'on employoit à bâtir l'église.

En effet, le retti, qui est le chef des chrétiens de cette contrée, revenant dans sa maison, la trouva investie par ces séditieux, et il eut bien de la peine à percer la foule. Sans entrer en de vaines disputes, il cita les plus distingués d'entre les dasseris devant les brames du village ; puis interposant le nom du prince, selon la coutume du pays : « Je remets, leur dit-il, mes biens entre vos mains, vous en serez responsables. »

Cet expédient réussit ; les brames firent comprendre aux dasseris qu'on ne leur demandoit que le temps nécessaire pour informer le prince, qui ne manqueroit pas de leur rendre justice. La réponse du prince vint dès le soir même. Des Maures, dépêchés de sa part aux dasseris, leur ordonnèrent de se rendre à la capitale pour y porter leurs plaintes contre les chrétiens. Ils y allèrent en foule ; les dasseris de la ville se joignirent à ceux des villages ; les brames, soit vichnouvistes, soit linganistes, qui sont en grand nombre, intervinrent dans la cause commune ; les soldats et les marchands grossirent le parti ; enfin le nombre s'accrut de telle sorte que le prince, qui aperçut leur multitude, quitta le dessein d'aller à la promenade et rentra dans son palais.

Un officier fut envoyé de sa part aux dasseris : « Le prince, leur dit-il, a connoissance des accusations que vous formez contre les chrétiens : ils brisent vos idoles, ils déclament contre vos divinités, ils suivent une religion qui anéantit les coutumes de vos ancêtres ; voilà le sujet de vos plaintes. Le prince est trop juste pour ne pas réserver une oreille aux accusés : faites venir vos plus célèbres docteurs, et dès que le saniassi romain sera de retour, vos contestations se termineront dans une dispute réglée ; le prince veut lui-même en être le juge. »

Le missionnaire apprit ces nouvelles en venant de célébrer la fête de Noël à Ballabaram, il crut qu'il ne devoit pas différer de se rendre auprès de ses chers néophytes. A son passage par Darmavaram, qui est une ville considérable, les chrétiens à qui il communiqua le dessein où il étoit d'aller droit à la capitale lui représentèrent qu'il n'étoit pas de la prudence, dans une pareille conjoncture, de se livrer entre les mains d'un prince gentil ; que bien qu'il ait paru être dans des sentimens favorables à la religion, il étoit à craindre qu'une émeute si générale n'eût changé les inclinations de son cœur ; que du moins, avant que de rien tenter dans une affaire si délicate, il sembloit être plus à propos d'en conférer avec les chrétiens de Madigoubba et de sonder la disposition présente du prince. Le père répondit à ces représentations que son parti étoit pris, et que le reste il l'abandonnoit aux soins de la divine Providence.

Il partit donc pour Anantapouram ; dès qu'il y fut arrivé, il envoya prier le prince, par un de ses catéchistes, de lui accorder un moment d'audience : « Vous me trompez, dit le prince, il n'est pas possible que le saniassi romain soit ici. — Il est à la porte de la ville, répondit le catéchiste, où il attend vos ordres. — Lui faut-il un ordre, répliqua le prince, pour venir dans sa maison ? Ne sait-il pas que ce qui m'appartient est à lui ? Allez, dit-il à un de ses brames, lui marquer la joie que j'ai de son arrivée et l'impatience où je suis de le voir. » Le prince le reçut avec des démonstrations d'estime et d'amitié plus grandes qu'il n'avoit fait jusqu'alors. Il fit aussitôt appeler les brames et il engagea la dispute, où on traita les mêmes questions dont j'ai eu l'honneur de vous entretenir dans ma première lettre. Le père s'étendit fort au long sur les perfections du premier Être, et il fit voir d'une manière palpable que nulle de ces perfections ne convenoit aux divinités adorées dans l'Inde.

« N'entrez point, dit le prince, dans un plus grand détail ; ce que vous me dites sur cela il y a trois mois m'est encore présent à l'esprit. Vous êtes obligés, continua-t-il en s'adressant aux brames, de convenir que Vichnou s'est métamorphosé en pourceau : le saniassi romain vous le reprocha dans la dernière dispute. Faites-moi voir que cette métamorphose est bienséante à la Divinité, et alors je conviendrai avec vous de tout le reste. Mais comme cela n'est pas facile à prouver, avouons de bonne foi que nos histoires ne sont qu'un tissu de fables.

— Vichnou se métamorphosa de la sorte, répondirent les brames, pour exterminer un fameux géant. — Ne prenons point le change, dit le missionnaire : il ne s'agit pas ici de la cause de la métamorphose, mais de l'indécence ou plutôt de la folie qu'il y a d'attribuer cette métamorphose à la Divinité. — Ne les poussez pas davantage, reprit le prince en souriant. » Puis s'étant aperçu qu'un brame vichnouviste, parlant au père, se servoit de termes peu respectueux, il lui en fit une sévère réprimande : « Souvenez-vous, lui dit-il, qui est celui à qui vous parlez, et ayez égard au lieu où vous êtes. » Le père prit de là occasion de toucher un point qui regarde ces prétendus docteurs : « Il est étrange, dit-il, de voir jusqu'où va l'orgueil des gourous dans cette partie de l'Inde ; il y en a qui, entrant dans la maison de leurs disciples, se font laver les pieds par le chef de famille et qui ensuite distribuent cette eau à boire comme une chose sacrée. La sainteté de mon état m'empêche de révéler ici certains mystères d'iniquité..... »

A ces paroles, le père s'aperçut de quelque altération sur le visage du prince, parce que c'est surtout dans la caste des linganistes que ces infâmes pratiques sont en usage ; c'est pourquoi il n'insista pas davantage sur cet article, d'autant plus qu'on comprenoit assez ce qu'il vouloit dire : « Il n'y a point d'artifice, poursuivit-il, que vos gourous n'emploient pour mettre à contribution leurs disciples. Que quelques-uns d'eux leur représentent leur misère et leur pauvreté, n'ont-ils pas le front de leur dire qu'ils n'ont qu'à emprunter de l'argent et mettre en gage leurs femmes et leurs enfans ! De tels docteurs, conclut le missionnaire, ne ressemblent-ils pas plutôt à des sergens qu'à des pères ?

— Vous avez raison, interrompit le prince, la qualité de sergens leur convient admirablement bien, car ils en font les fonctions. » Puis adressant la parole à un gourou vichnouviste nommé Adjacoulou : « Pouvez-vous vous inscrire en faux contre ce que dit le saniassi romain ? — Quoi donc ! répondit le gourou avec émotion, voudroit-il nous réduire à la mendicité ? — Non, répliqua le missionnaire, mais je voudrois qu'une sordide avarice ne vous portât pas à faire des vexations indignes de votre ministère. »

Sur la fin de cette audience, le missionnaire, voyant que le prince ne lui disoit mot de l'émeute que les dasseris avoient excitée à son occasion, crut devoir le prévenir en général sur les oppositions qu'on formoit de toutes parts contre le christianisme : « Il n'est pas surprenant, lui dit-il, que la vérité trouve tant de contradicteurs. L'homme, naturellement ennemi de la contrainte, ne peut souffrir qu'on s'oppose au penchant qui l'entraîne vers le mal : « Le vice, ainsi que l'a dit un de vos poëtes, paroît à l'homme de l'ambroisie, et la vérité lui semble du poison. » Si la religion du vrai Dieu toléroit un seul des vices qui sont autorisés par les différentes sectes de ce pays, je pourrois me promettre de trouver un grand nombre de partisans et de disciples ; mais comme cette religion est si sainte et si pure qu'elle condamne jusqu'à l'apparence même du vice, faut-il s'étonner qu'on s'efforce de la décrier et que tant d'ennemis s'élèvent contre ses ministres ? Ma confiance est dans la protection du vrai Dieu, que j'adore et dont je publie la sainte loi : c'est le seul intérêt de sa gloire qui m'a fait quitter mon pays pour venir vous enseigner le chemin du ciel ; c'est son bras puissant qui me soutiendra contre les efforts de tant d'ennemis. Sans ce secours dont je m'appuie, aurais-je la témérité, seul comme je suis, d'entrer en lice avec une si grande multitude et de m'exposer à un danger continuel de perdre la vie ? C'est le seul bien qu'on puisse me ravir, et je m'estimerois heureux de le sacrifier mille fois en témoignage des vérités que je vous annonce. C'est ce vrai Dieu, prince, dont je publie les grandeurs, qui suscite des hommes amateurs de la vérité pour prendre en main sa défense et la soutenir de leur autorité. C'est à ce seul vrai Dieu que je suis redevable des marques d'affection dont vous m'honorez et de la permission que vous m'avez donnée de bâtir une église dans vos états. — Que dites-vous ? répondit le prince, quels avantages n'ai-je pas reçus moi-même depuis que vous êtes venu à ma cour ? Votre entrée dans mes états n'a-t-elle pas été pour moi une source de prospérités et de bénédictions ? »

Vous avez su, monsieur, que dans le temps que les dasseris nous enlevèrent notre église de Devandapallé, M. de Saint-Hilaire, qui s'intéresse avec tant de zèle pour le progrès de la foi, nous obtint une patente du nabab d'Arcade, qui nous fit rendre notre église et apaisa tout à fait l'orage. Le missionnaire jugea à propos de montrer au prince cette patente, dont voici la teneur :

« Ladoutoulla cam nabab, à tous les fosdars, rajas, quelidars, paleacandloux et autres ordres. Les saniassis romains ont des églises dans le pays de Carnate, où ils sont obligés de voyager pour instruire leurs disciples : ce sont des pénitens qui font profession d'enseigner la vérité et dont la probité nous est connue. Nous les considérons et nous les affectionnons ; c'est pourquoi notre volonté est qu'eux et leurs disciples soient traités partout favorablement sans qu'on leur fasse aucune peine. Tel est l'ordre que nous donnons. »

Le prince en finissant la lecture de cette patente : « Quels seroient les enfans du démon, dit-il, qui voudroient inquiéter de si grands hommes ? — Je me flatte, répondit le père, que quand vous connoîtrez encore mieux la sainteté de la loi chrétienne, vous m'honorerez d'un semblable témoignage. — C'est à moi à en recevoir de vous, reprit le prince d'un air obligeant. » Après quoi il réitéra ses ordres afin qu'on continuât de fournir ce qui seroit nécessaire pour la construction de la nouvelle église, et il ajouta, en congédiant le missionnaire, qu'il vouloit assister à la première fête qui s'y célébreroit.

Comme le père étoit occupé à conduire le bâtiment de son église, il reçut une lettre que lui présentèrent deux députés d'un prince maure, gouverneur de Manimadougou, petite ville éloignée de dix-huit à vingt lieues de Madigoubba. Ce gouverneur est homme d'esprit et curieux. Ayant appris qu'un saniassi romain enseignoit une nouvelle doctrine, il souhaitoit de le voir et de l'entretenir : c'est ce que contenoit sa lettre, qui étoit écrite sur du papier semé de fleurs d'argent. En voici à peu près les termes :

« Moi Secou-Aboulla-Rahimou, cam, gouverneur de la ville et forteresse de Manimadougou, je fais la révérence en présence des pieds de celui qui brille de toute sorte de belles qualités, qui est dans la plus haute contemplation de la Divinité, qui enseigne la loi du souverain maître de toutes choses..... Il y a longtemps que j'ai un extrême désir de jouir de votre présence, et il n'y a que vous qui sachiez quand ce moment heureux pour moi arrivera. Les deux personnes que je vous envoie tâcheront de découvrir quelle est votre volonté. Je finis en faisant plusieurs profondes révérences. »

Le père, qui savoit que cette démarche du prince maure n'avoit pour principe que sa curiosité naturelle et qu'il n'y avoit nulle espérance de lui faire goûter les vérités du christianisme, lui fit la réponse suivante :

« Le docteur de la loi du vrai Dieu donne sa bénédiction à Secou-Aboulla-Rahimou, etc. J'ai reçu avec toute la joie de mon âme la lettre qu'il vous a plu de m'envoyer. N'étant que le dernier des esclaves du vrai Dieu qui a créé le ciel et la terre et qui les gouverne par sa toute-puissance, je ne suis pas le maître de disposer de moi-même pour aller ou pour demeurer en quelque lieu que ce soit. Je m'assurerai par la prière quels sont les ordres et la volonté du souverain maître que j'adore, et alors je tâcherai de contenter pleinement le désir de votre cœur. Je prierai ce grand maître pour la conservation de votre personne. »

Peu de jours après il reçut une autre lettre de la femme du nabab de Chirpi : elle avoit déjà envoyé deux fois le même exprès à Ballabaram, où elle croyoit qu'étoit le missionnaire, pour le prier de la venir trouver. Le père s'en excusa sur l'obligation où il étoit de visiter ses différentes chrétientés. Cette réponse ne l'ayant pas satisfaite, elle lui écrivit une seconde lettre plus pressante que la première, et pour l'y engager, elle lui permettoit de bâtir une église dans l'étendue de son gouvernement, le laissant le maître de choisir ou Chipi, ou Colalam, ou Cotta-Cotta, qui sont de grandes villes et fort peuplées.

Le missionnaire ne crut pas devoir se rendre aisément à ses sollicitations, soit parce qu'il y a toujours du risque à se livrer entre les mains des Maures, soit par le peu d'espérance qu'il y a de les convertir ; il prit le parti d'envoyer un de ses catéchistes pour la sonder et pour découvrir s'il pouvoit quel étoit son dessein. Mais, sans vouloir autrement s'expliquer, elle répondit qu'elle avoit des choses à dire au saniassi romain qu'elle ne pouvoit confier à personne ; qu'elle le prioit de considérer qu'il n'étoit pas de la bienséance qu'une femme de son rang sortît du palais sans en avoir la permission expresse de son mari.

Le père, touché de ces raisons, se rendit le lendemain à Cotta-Cotta, et il fut aussitôt conduit dans l'appartement de la princesse maure. C'étoit d'abord une prétendue maladie sur laquelle elle vouloit le consulter. Il répondit qu'il n'avoit nulle connoissance de la médecine et que sa profession étoit d'enseigner la vérité. Une autre chose lui donnoit de l'inquiétude, savoir quelle étoit la situation de son fils aîné qu'on retenoit à la cour du Mogol jusqu'à ce que son père eût satisfait à une dette considérable. Enfin elle vint à la principale raison de son empressement à entretenir le missionnaire.

Quatre ou cinq mois auparavant, quelques faquirs (c'est le nom qu'on donne aux pénitens maures) lui avoient fait dire qu'ils savoient plusieurs secrets et entre autres celui de faire de l'or. Elle les avoit fait venir, et sur ce qu'ils dirent que malheureusement ils n'étoient pas en état de fournir aux dépenses nécessaires pour les préparatifs, elle se chargea d'en faire les frais. On leur donna plusieurs ouvriers pour travailler sous eux. Trois ou quatre mois se passèrent à chercher diverses plantes, à les broyer, à préparer les métaux qui devoient entrer dans cette composition ; ils firent fondre une grande quantité de cuivre qu'ils réduisirent en petits lingots : ces lingots devoient se changer en or ou en les trempant dans une certaine eau. Après avoir fait l'épreuve de cette eau, ils présentèrent à la dame deux ou trois morceaux d'or, auxquels il ne manquoit, disoient-ils, que quelques karats pour être dans sa perfection : « Pour cela, ajoutèrent-ils, il n'y a plus qu'à faire tremper dans cette eau des perles et des pierres fines pendant deux ou trois jours ; mais il nous faut passer ce temps-là en prières, sans manger, sans boire, sans parler à personne. » La dame eut la simplicité de leur confier ses bijoux ; ils passèrent le premier jour en prières, mais la seconde nuit ils disparurent et emportèrent les perles et les diamans qui leur avoient été confiés. La perte étoit grande ; l'incertitude où étoit la pauvre dame du traitement que lui feroit le nabab à son retour lui causoit de mortelles inquiétudes. Comme elle s'étoit laissée persuader que le missionnaire avoit le secret de faire de l'or, elle le conjuroit avec larmes de la tirer du mauvais pas où elle s'étoit engagée. L'expérience qu'elle venoit de faire ne pouvoit encore la guérir de son entêtement sur le secret imaginaire de la pierre philosophale,

Le père eut beau dire qu'il n'entendoit rien à cette alchymie, elle pressoit encore davantage, et enfin elle fit appeler son fils, qui commandoit en l'absence du nabab, pour l'aider à vaincre sa résistance. Le fils, plus raisonnable que la mère, fut convaincu de la sincérité avec laquelle le père lui parloit, et il lui accorda la permission de se retirer.

Cependant, nonobstant les bruits qui se répandoient d'une émeute nouvelle que les dasseris étoient prêts d'exciter, on se disposoit à célébrer la fête de Pâques dans la nouvelle église de Madigoubba. Comme le prince s'y étoit invité lui-même, le père envoya ses catéchistes pour le prier de sa part d'honorer la fête de sa présence. Il y avoit quelques jours qu'il étoit dans les remèdes et qu'il ne donnoit point d'audience. Les catéchistes se retirèrent dans un corps de garde à la porte de la forteresse, où ils passèrent la nuit. Les dasseris s'y étoient assemblés, et pas un d'eux ne reconnut les catéchistes. Un de leurs gouroux s'y étant rendu, ils prirent ensemble des mesures pour l'entreprise qu'ils méditoient. Ils convinrent qu'il n'y avoit rien à gagner par la dispute : « Soit enchantement, disoient-ils, soit quelque autre vertu secrète, dès la première question que nous fait le saniassi romain, il nous ferme la bouche; il en faut venir à un coup de main : c'est le moyen le plus court et le plus sûr de réussir. Allons en foule à son église au temps de la fête; ayons chacun un petit pot de terre rempli de poudre (c'est ce que nous appellerions des grenades), jetons-nous tumultuairement dans sa maison en criant : «Govinda! Govinda!» Il est difficile que, dans le désordre et la confusion, le saniassi nous échappe. — Vous serez, dit le gourou en leur applaudissant, vous serez de dignes enfans de Govinda si vous réussissez dans l'exécution d'un projet si bien concerté. »

Le prince étoit au lit lorsqu'il apprit l'invitation qu'on lui faisoit : il voulut se lever et tenir sa parole; mais sur ce qu'on lui représenta que dans l'état où il étoit, il y avoit du danger de s'exposer au grand air, il fit venir un de ses parens avec qui il a été élevé, et il lui ordonna d'assister à la fête avec une nombreuse escorte de soldats, d'y tenir sa place et d'obéir en toutes choses au saniassi romain. Il ne laissoit pas d'être informé de la nouvelle assemblée que tenoient les dasseris à la porte de la forteresse; mais il y fit si peu d'attention que le lendemain, de son propre mouvement et sans en avoir été prié, il envoya ses trompettes et ses timbales avec quantité de feux d'artifice pour rendre la fête plus célèbre.

Des témoignages si publics de son affection pour le missionnaire surprirent tout le monde. Il faut que ce prince ait une grande fermeté d'âme pour s'inquiéter si peu des mouvemens de ces séditieux, car ils savent se faire craindre par leur audace, par leur nombre et par leur opiniâtreté à ne pas se désister de leurs prétentions. Un des moyens qu'ils emploient pour cela est de faire un Pavadam : c'est une cérémonie que je vais vous expliquer.

Un des principaux dasseris se fait une plaie à la cuisse ou au côté. A l'instant l'air retentit de cris, de hurlemens, du bruit des cors et des plaques d'airain que ces mutins frappent à coups redoublés. On dresse une espèce de tente pour enfermer le forcené qui s'est ainsi blessé. A les croire, on le laisse là, sans boire, sans manger et même sans panser sa plaie, jusqu'à ce que quelque fameux dasseri vienne ressusciter pour ainsi dire le prétendu mort. C'est pour cela qu'il en coûte toujours de l'argent à celui contre qui se fait le Pavadam. Comme les Indiens sont persuadés que si l'on ne ressuscite promptement le mort, il arrivera quelque grand malheur, chacun s'empresse à faire l'accommodement. Quand on est convenu de la somme qui doit se payer, les dasseris s'assemblent autour de la tente; les cris, les hurlemens recommencent, et on entend une multitude de voix confuses qui appellent «Govinda!» Alors celui qui doit ressusciter le mort, après plusieurs prières et diverses singeries, comme s'il étoit possédé de son dieu Govinda, ordonne qu'on lève la tente. Le prétendu mort se met aussitôt à danser avec les autres dasseris ; on le conduit en triomphe dans la ville, et la cérémonie se termine par un grand repas qu'on donne à ces séditieux et par des présens qu'on leur fait de pièces de toile.

Les Maures ne se paient pas de ces impostures : car s'il arrive, ce qui est rare, que les dasseris fassent de ces sortes de Pavadams dans les lieux où ils sont les maîtres, ce n'est qu'à coups de bâton qu'ils font ressusciter le mort et qu'ils dissipent le tumulte. Il est étonnant que les Indiens n'aient pas recours au même remède. Jusqu'à présent les dasseris n'ont pas tenté la voie des Pavadams contre les chrétiens, soit qu'ils craignent de ne pas réussir par cet artifice, soit qu'ils appréhendent, comme on le dit, que leurs prétendus morts ne le deviennent réellement.

La fête de Pâques se passa avec un grand ordre et avec beaucoup d'édification. Le parent du prince assista à toute la cérémonie, après laquelle quarante personnes reçurent le baptême. Quatre chefs de famille vinrent mettre aux pieds du missionnaire le lingan et les autres signes d'idolâtrie qu'ils portoient : on les instruit actuellement eux et leurs familles, et il y a lieu de croire qu'ils seront de fervens chrétiens. Il n'y a guère de mission dans l'Inde où la religion ait fait de si rapides progrès en si peu de temps et où les peuples paroissent plus disposés à l'embrasser. Certains engagemens en retiennent beaucoup, comme malgré eux, dans l'idolâtrie ; si cet obstacle peut une fois se lever, la moisson sera plus abondante.

Aussitôt que le prince d'Anantapouram commença à se mieux porter, le missionnaire alla le remercier de la bonté qu'il avoit eue de contribuer au bon ordre et à la solennité de la fête. Le prince lui témoigna d'une manière obligeante le déplaisir qu'il avoit de n'avoir pu y assister, et il ajouta que les calomnies qu'on ne cessoit de répandre contre la loi chrétienne se détruisoient d'elles-mêmes.

On ne parloit alors à la cour que du fameux sacrifice appelé Égnam qu'on venoit de faire par ordre du prince, qui n'avoit pu résister aux sollicitations des brames. Une inondation avoit renversé la chaussée du grand étang de la ville, et le prince se laissa persuader que la chaussée se romproit toujours si l'on ne faisoit ce sacrifice. Peut-être serez-vous bien aise, monsieur, de savoir les cérémonies qu'on y observe.

Neuf jours de suite on sacrifie un bélier ; le lieu où se fait le sacrifice est hors de la ville. Le grand sacrificateur, qu'on appelle *saumeagi*, est assisté de douze autres ministres ou sacrificateurs, tous brames; ils sont habillés de toiles neuves de couleur jaune. On bâtit exprès une maison hors de la ville dans l'endroit où le sacrifice doit se faire ; on y creuse une fosse dans laquelle on allume du feu qui doit brûler nuit et jour, et qu'ils appellent pour cette raison feu perpétuel ; ils y jettent différentes sortes de bois odoriférant ; ils y versent du beurre,

de l'huile et du lait en récitant certaines prières tirées du livre de leur loi. On procède ensuite à la mort du bélier: on lui lie les pieds et le museau, on lui bouche les narines et les oreilles pour lui ôter la respiration ; après quoi les plus robustes des sacrificateurs lui donnent des coups de poing en prononçant à haute voix certaines paroles. Lorsqu'il est à demi tué, le grand sacrificateur lui ouvre le ventre et en tire le péritoine avec la graisse, qui se met sur un petit faisceau d'épines qu'on suspend au-dessus du feu perpétuel, en sorte que la graisse venant à fondre y tombe goutte à goutte. Le reste du péritoine et de la graisse se mêle avec du beurre que l'on fait frire et dont tous les sacrificateurs doivent manger : on en distribue pareillement aux plus considérables de l'assemblée, comme une chose sainte. Le reste de la victime est coupé par morceaux qu'on fait bouillir et qu'on jette par petites parties dans le feu, car il faut qu'il ne reste rien de cette espèce d'holocauste. Le sacrifice achevé, on donne un festin à mille brames, ce qui se pratique aussi tous les jours de cette neuvaine.

Le neuvième jour, le grand sacrificateur entre dans la ville, porté sur un char qui est tiré par les brames. La cérémonie se termine par des présens qu'on fait aux brames et surtout au grand sacrificateur et à ses douze assistans : ces présens sont des pièces de coton et de soie, et de grands pendans d'oreille d'or qui leur tombent presque sur les épaules, ce qui est la marque qui distingue le grand sacrificateur et le grand docteur de la loi. La dépense que fit le prince pour ce sacrifice monta à plus de onze mille livres.

Ce fut dans la même visite que le père demanda aux brames quelle étoit leur intention en portant le prince à faire cette dépense et quel avantage elle pouvoit lui procurer : « Hé quoi ! répondirent les brames, ne savez-vous pas que le chorkam, ce lieu de délices, est la récompense de ceux qui font faire le sacrifice de l'Égnam ? — Mais quelles sont ces délices, reprit le père, qu'on goûte dans votre chorkam ? — Il y en a de toutes sortes, répondirent les brames ; mais surtout il y a un arbre qui fournit tous les mets qu'on peut désirer. — N'y a-t-il rien de plus ? dit le père. » A cela les brames ne répondirent rien : « Je vois bien, ajouta le père, que la honte vous retient et vous empêche de me répondre. Faut-il que je révèle ici les infamies que vos historiens rapportent sur ce chorkam? Croyez-vous que j'ignore le nom de ces quatre femmes prostituées qui en font la félicité? J'en dis assez, et je n'ai garde d'entrer dans un plus grand détail. Mais voulez-vous savoir l'idée que je me forme de votre chorkam? je le regarde comme une assemblée d'impudiques ou plutôt de bêtes immondes dont l'occupation est d'assouvir leurs brutales passions. C'est aussi l'occupation de vos prétendues divinités. L'histoire de Devendroudou n'en est-elle pas une preuve authentique? Le *Ramaïanam*, ce livre si célèbre parmi vous, rapporte la malédiction que le pénitent Caoutamoudou lança contre le premier dieu du chorkam. La métamorphose d'Émoudou en chien, que Darma Rasou vouloit introduire dans ce lieu de délices, n'est-elle pas rapportée fort au long dans le *Baratam*, ce quatrième livre de votre loi? Cent autres histoires semblables tirées de vos livres ne prouvent-elles pas manifestement quel est le caractère de vos dieux? Falloit-il engager le prince à de si grands frais pour le placer dans une si infâme assemblée! »

La fureur étoit peinte sur le visage des brames, et frémissant de rage, ils se regardoient les uns les autres sans oser parler. Le prince, attentif à ce qui se disoit de part et d'autre, sembloit ne prendre aucun parti. Sur quoi le missionnaire lui adressant la parole : « Prince, lui dit-il, je ne saurois trahir mes sentimens ; votre silence sur une matière si importante me surprend. — Je ne suis qu'un enfant, répondit le prince, que pourrois-je ajouter à ce que vous venez de dire? » Puis, se tournant du côté des brames, il récita un vers dont le sens étoit : « Voilà quelle est la majesté des dieux que nous adorons. »

« Que n'aurois-je pas encore à vous dire, poursuivit le père, de ces prières tirées du livre de la loi que vous récitez en assommant à coups de poing la victime et de celles que vous dites lorsqu'on l'écorche et qu'on lui fend le ventre? Un brame qui toucheroit la chair du moindre animal passeroit chez vous pour un infâme, et cependant c'est parmi vous un acte de religion de manger la graisse du bélier pendant le sacrifice de l'Égnam, vous la vendez même au poids de l'or. Que ne dirois-je pas de ces mystères d'iniquité que vous cachez avec tant de soin et dont j'ai une parfaite connoissance? » Le père parloit d'un de leurs sacrifices appelé *Sacti pouja* où le démon renouvelle dans l'Inde les abominations qui se pratiquoient dans l'ancienne Rome aux cérémonies de Cybèle.

Ce discours, qui confondoit les brames, ne pouvoit manquer de les irriter ; c'est pourquoi le missionnaire, après avoir pris congé du prince, leur parla d'un ton plus affable : « Ne croyez pas, leur dit-il, que le ressentiment ou l'animosité ait aucune part à ce que je viens de dire. Si j'ai parlé avec plus de véhémence que je n'ai accoutumé de faire, ne l'attribuez qu'au désir que j'ai de vous faire entrer dans le chemin du ciel : le vrai Dieu, qui connoît mes intentions, vous les manifestera un jour. Je vous regarde tous comme mes frères, et je suis prêt à donner ma vie pour le salut de vos âmes. »

Ce fut là la dernière dispute du missionnaire avec les brames ; ils l'évitèrent quand l'occasion s'en présenta. Du reste il ne s'est passé rien de particulier jusqu'à la fête de Paques de l'année 1720, si ce n'est quelques alarmes causées de temps en temps par les dasseris, car ils se sont souvent assemblés à dessein de renverser notre église de Madigoubba, mais par la miséricorde de Dieu leurs projets ont été inutiles.

On ne pouvoit guère se dispenser d'inviter le prince à cette seconde fête de Pâques. Il s'en excusa d'abord sur une affaire importante qui lui étoit survenue ; mais peu après il se ravisa dans la crainte de mortifier le missionnaire, et il lui envoya dire qu'il y assisteroit. Il y vint en effet avec un nombreux cortège de cavaliers, de soldats et d'éléphans. Il avoit actuellement la fièvre, et il ressentoit de vives douleurs d'un abcès qui l'empêchoit de se tenir assis. Il assista à toutes les cérémonies, après lesquelles il dit qu'il alloit prendre un peu de repos jusqu'au temps que devoit se faire la procession. On lui représenta que, pour ne pas s'incommoder, il pouvoit voir la procession de sa chambre ; mais tout malade qu'il étoit, il voulut par respect venir à l'église.

La procession commença sur les sept heures du soir au son des instrumens et à la lumière de quantité de flambeaux et de feux d'artifice ; on fit trois fois le tour de l'église en récitant à haute voix les litanies du saint nom de Jésus, de la sainte Vierge, du saint sacrement, et de saint François Xavier. La fièvre ne quitta point le prince ; cependant avant que de partir, il vint encore à l'église, et en présence de ceux qui étoient à sa suite et des nouveaux fidèles, il parla de la religion chrétienne en des termes pleins d'estime et de vénération. Le père lui présenta les petits chrétiens en le priant de les prendre sous sa protection : « Ils me sont infiniment chers, répondit-il, depuis qu'ils ont le bonheur d'être vos disciples. »

Les douleurs que lui causoit son abcès augmentèrent de jour en jour sans qu'on pût le soulager par aucun remède. Il se fit apporter un couteau et il se l'ouvrit lui-même ; mais bientôt la plaie parut incurable et il se crut désespéré : aussitôt il fit faire son tombeau et il en donna le dessein. Tout mourant qu'il étoit, il s'y fit transporter pour examiner si l'on suivoit le plan qu'il en avoit tracé. Plusieurs princes du voisinage le visitèrent : il n'y eut personne qui n'admirât l'intrépidité qu'il faisoit paroître aux approches de la mort, dont il parloit sans cesse. Belle leçon pour les grands, qui, même dans le christianisme, ne peuvent souffrir qu'on leur annonce qu'il faut mourir.

Le père, dans cette triste occasion, tâcha de lui donner des marques de sa reconnoissance et de lui témoigner l'intérêt qu'il prenoit à sa conservation. Il lui envoya par un catéchiste un peu de baume de capaïba : « Ce n'est pas ici, dit le prince, un remède de mercenaire, c'est un présent d'ami. » Dès le premier appareil, il dépêcha un cavalier avec des soldats vers le père pour le prier de le venir voir. Il avoit quitté son palais, il étoit campé sous des tentes hors de la ville, sur un petit coteau au pied duquel étoit le mausolée qu'il faisoit construire : c'étoit un caveau revêtu de pierres de taille où l'on descendoit par plusieurs marches ; il y avoit fait pratiquer trois petites niches : celle du milieu, qui se fermoit par une porte à deux battans, étoit destinée à mettre son corps. Sur le caveau étoit une plate-forme de pierres de taille qui soutenoit plusieurs colonnes sur lesquelles s'élevoit une pyramide.

Il ne se peut rien ajouter au respect et à la tendresse avec laquelle il reçut le missionnaire. Après plusieurs honnêtetés : « Ne pensez pas, lui dit-il, à soulager mon corps : je me regarde déjà comme enfermé dans le tombeau. J'ai assez vécu : les maux que je souffre depuis deux ans m'ont dégoûté de la vie : je ne suis plus occupé que de la pensée des biens éternels ; c'est par vos prières que j'espère les obtenir. Faites-moi donc le plaisir de demeurer quatre ou cinq jours avec moi. J'ai pourvu à tout : je sais que vous êtes ennemi du grand monde, vous serez dans un lieu retiré où personne ne troublera vos saints exercices.

— C'est le vrai Dieu, reprit le missionnaire, qui met dans votre cœur de si saintes dispositions. Ces pressentimens que vous avez du bonheur de l'autre vie sont des grâces qu'il vous fait et que vous devez craindre de rejeter. J'espère de son infinie bonté qu'il vous rendra la santé du corps et qu'il vous donnera le courage de vaincre les obstacles qui s'opposent à la possession du véritable bonheur que vous désirez. Ces obstacles, prince, ne vous sont pas inconnus : vous avez besoin de fermeté pour les surmonter. » Après ces paroles, le père fut conduit dans le logement qu'on lui avoit préparé : c'étoit une grande tente qui pouvoit contenir cinquante personnes. On l'avoit dressée sur une petite colline, vis-à-vis de celle où le prince était campé.

Ce que je viens de rapporter fait bien voir l'estime que ce prince avoit conçu de la religion chrétienne et de ses ministres. Le missionnaire profita de ces dispositions favorables pour briser le reste des liens qui le retenoient dans l'idolâtrie : « Ne vous y trompez pas, prince, lui dit-il dans un autre entretien, sans la connoissance du vrai Dieu dont je vous ai si souvent parlé, vous ne parviendrez jamais à ce bonheur éternel après lequel vous aspirez.

— Je ne reconnois, répondit le prince, qu'une seule Divinité : est-il possible que vous en doutiez encore ? » Et incontinent après il prononça le nom de Chiva : « Ah ! prince, interrompit le missionnaire en lui serrant la main, ce Chiva n'est rien moins que le véritable Dieu : ce qui vous abuse est que vous lui donnez le nom de maître souverain, et c'est un nom qui ne lui convient nullement : c'étoit autrefois un homme mortel comme vous que vous avez érigé en divinité. Ce Chiva a eu des femmes et des enfans ; et le souverain maître de toutes choses, comme vous l'avouez vous-même, est un être spirituel et invisible. — Cela est incontestable, repartit le prince. »

Le missionnaire insista ensuite sur le lingan, qui est le symbole de cette fausse divinité et auquel ce prince est si fort attaché : « Tandis que vous le porterez, dit-il, n'espérez pas d'avoir part aux biens du ciel : c'est une vérité que je suis prêt de sceller de mon sang. » Le prince, à ces paroles qui devoient naturellement l'aigrir, répondit avec douceur : « Eh quoi ! croyez-vous qu'on me souffrît un moment dans le poste que j'occupe si je quittois le lingan?—Oui prince, reprit le père; du caractère dont je vous connois, j'espère qu'avec le secours de Dieu, vous n'auriez rien à craindre.» Les gardes, qui la plupart sont linganistes, prêtoient l'oreille à cet entretien, et le catéchiste avoua depuis qu'il trembloit lorsqu'il entendit le missionnaire parler avec tant de liberté. Il y a apparence que le prince y fit réflexion, car il interrompit le discours, et le faisant tomber sur sa maladie, il dit au père plusieurs fois : « Vous m'avez sauvé la vie. La mauvaise odeur des emplâtres qu'on me donnoit m'étoit plus insupportable que mes douleurs; la seule odeur du baume que vous m'avez envoyé m'a en quelque sorte ressuscité : je ne sens plus de douleur. »

En effet, l'abcès s'étoit entièrement vidé : la plaie étoit belle et les chairs commençoient à se réunir, en sorte qu'on ne doutoit plus de sa prochaine guérison. Le père demanda la permission de se retirer dans son église, mais ce ne fut que six jours après que le prince se rendit à sa prière avec des témoignages de la plus tendre reconnoissance.

Quatre jours étoient à peine écoulés qu'il envoya un exprès au missionnaire pour lui dire que sa santé se rétablissoit de jour en jour, et qu'il se recommandoit à ses prières. Ce jour-là même il alla à la promenade. Au retour, il voulut aller coucher au palais ; mais, sur ce qu'on lui représenta qu'il étoit tard et que difficilement les équipages pourroient être prêts, le voyage fut remis au lendemain.

Sur le minuit, après que les officiers se furent retirés et qu'on eut posé les sentinelles à l'ordinaire, il ne resta dans la tente du prince qu'une concubine et un jeune garçon dont la fonction étoit de chasser les mouches pendant son sommeil. Cette malheureuse éteignit les lampes, s'approcha du lit du prince, et prenant son sabre lui en déchargea un coup qui lui porta sur la joue. Le prince s'éveilla et jeta un grand cri. Elle, sans s'épouvanter, revint à la charge et lui coupa le cou. Au bruit qui se fit, les gardes entrèrent dans la tente, et trouvant le prince nageant dans son sang, ils saisirent la concubine, qui prenoit la fuite. Bien loin d'être étonnée, elle prit une contenance fière et dit au général des troupes, qui mettoit la main sur elle : « Est-ce donc ainsi que vous faites la garde ? on vient d'égorger le prince : vous en répondrez. »

Cette femme étoit une espèce de comédienne que le prince affetcionna après l'avoir vue danser. Moyennant une somme d'argent donnée à ses parens, il la fit consentir à demeurer dans le palais, où il lui fit prendre le lingan. Comme sa première femme étoit stérile, il l'épousa et il en eut quatre enfans. Elle étoit plutôt chargée qu'ornée de perles et de diamans. Il lui avoit donné le titre et les honneurs de seconde femme, et il avoit en elle la plus intime confiance. Quelque agrément qu'elle eût dans le palais, elle n'en pouvoit supporter la gêne et elle regrettoit sans cesse son premier genre de vie. La maladie dangereuse du prince lui avoit donné l'espérance de recouvrer bientôt sa liberté. Cette espérance s'étant évanouie par le rétablissement de sa santé, l'ennui de la contrainte et l'amour du libertinage la portèrent à acheter sa liberté par un si noir attentat. On ne l'a pas fait mourir, on s'est contenté de l'enfermer pour le reste de ses jours.

La mort de ce prince fut un coup sensible pour le missionnaire et pour les nouveaux fidèles. Il aimoit la vérité, et, bien qu'il fût naturellement impérieux et colère, il l'écoutoit avec docilité et avec plaisir ; quelques-uns même se persuadoient qu'il avoit embrassé la foi, parce que depuis qu'il avoit entendu parler du vrai Dieu, son naturel s'étoit radouci et qu'on ne voyoit plus de ces exemples d'une justice sévère avec laquelle il punissoit auparavant jusqu'aux moindres fautes.

Dans la dernière conversation que le père eut avec lui, le discours tomba sur le pardon des injures, et le missionnaire lui ayant dit que la bonté étoit un des attributs de Dieu et que les princes, qui sont ses images sur la terre, doivent exceller dans cette vertu : « Vous me faites plaisir, répondit-il ; je vous assure que je vais m'attacher plus que jamais à acquérir de la douceur et à user de clémence. — Dieu vous a donné un fonds de droiture, lui dit le père dans le même entretien, qui est une grande disposition pour connoître et embrasser la vérité ; mais à cette connoissance vous mêlez quelquefois des idées de gentilisme qui altèrent beaucoup ces heureuses semences.

J'espère que quand vous serez parfaitement rétabli, vous lirez volontiers les livres qui traitent de la vraie religion ; nous agiterons ensemble certains points sur lesquels il est important qu'il ne vous reste aucun doute : la dispute les éclaircira. — Moi, répondit-il, disputer contre vous! je ne suis pas assez téméraire pour l'entreprendre ; j'écouterai avec la simplicité d'un enfant tout ce que vous voudrez bien me dire pour mon instruction. »

On avoit raison de craindre que la perte de ce prince ne fût fatale à la religion et que les brames et les dasseris ne profitassent de cette conjoncture pour susciter quelque nouvel orage : ceux-là, parce qu'ayant été regardés jusqu'alors comme les oracles de la nation, ils sentoient chaque jour que leur crédit et leur réputation s'affoiblissoient ; ceux-ci, parce que le nombre de leurs disciples diminuoit, c'est-à-dire que les aumônes devenoient plus rares.

La conduite que vient de tenir le frère successeur du prince défunt a entièrement dissipé nos craintes. Comme il revenoit de l'armée du nabab de Cadappa et qu'il passoit auprès de Chruchsnabouram, où il sçavoit que nous avions une église, il fit demander si le saniassi romain y étoit. Les Gentils, ne voulant point donner entrée dans la peuplade à un prince étranger, répondirent faussement qu'il étoit allé à Ballabaram. Le père, qui en eut avis, alla dès le lendemain saluer le prince, qui s'étoit arrêté à une de ses forteresses peu éloignée. Le prince fut extraordinairement sensible à cette démarche du missionnaire, et il l'assura que lui et les chrétiens pouvoient compter sur son affection comme ils avoient compté sur celle de son frère. Un mois après, ayant appris que le père étoit de retour à Madigoubba, il vint le voir avec toute sa cour et il promit, ce qu'il a exécuté depuis, d'entretenir une symphonie pour l'église et de fournir les bois nécessaires pour construire un grand char où l'on porte en procession les statues de Notre-Seigneur et de la sainte Vierge.

Quelques jours après cette visite, il envoya prier le missionnaire de venir à la capitale, où il lui avoit marqué un logement. Le père s'y rendit le jour même. Le lendemain le prince vint le voir ; le père, qui en fut averti, alla le recevoir dans la rue. Aussitôt que le prince l'aperçut, il descendit de cheval, et s'approchant du missionnaire, il lui fit une profonde révérence, mettant ses deux mains à terre,

puis les portant sur la tête. Après les civilités ordinaires, il le pria de venir au palais et il le conduisit à l'appartement de la princesse.

Une fièvre continue, accompagnée de la dyssenterie, d'un rétrécissement de nerfs et de fréquens vomissemens, avoit presque réduit cette dame à l'extrémité : « Vous voyez, lui dit le prince, quelle est mon affliction. Nous avons épuisé vainement toutes sortes de remèdes, mais j'ai une entière confiance en vos prières. Je sais que vous n'êtes pas médecin, mais aussi je ne puis ignorer que vous avez tiré mon frère des portes de la mort, et que sans le malheureux accident qui lui est arrivé, il jouiroit d'une santé parfaite : aurez-vous moins de bonté pour nous que pour lui ? » Le missionnaire fut touché : il lui donna de la thériaque et quelques pastilles cordiales, qu'il bénit par le signe de la croix. Dieu permit que la confiance de de ce prince gentil ne fût pas confondue : en peu de jours la princesse se trouva tout à fait guérie. Il en a si souvent témoigné sa reconnoissance que nous espérons trouver en lui, comme en son prédécesseur, une protection qui anéantira les ruses et les artifices des ennemis de la foi.

J'ai l'honneur d'être très-respectueusement, etc.

LETTRE DU P. BARBIER

Sur l'état de la religion et des mœurs dans le diocèse du R. P. Laynez, évêque, dont la juridiction s'étend du cap Comorin jusqu'aux confins de la Chine.

A Pinnepondi, dans la mission de Carnate, ce 15 janvier 1723.

Mon révérend Père,

La paix de N.-S.

Lorsque Dieu eut appelé à lui monseigneur notre évêque le révérend père François Laynez, j'eus l'honneur de vous mander quelques circonstances de sa sainte mort. Vous eûtes soin de les rendre publiques dans le recueil des *Lettres édifiantes et curieuses*, sur quoi vous me témoignâtes que je vous obligerois de vous faire part de quelques particularités du voyage que j'avois fait avec ce digne prélat lorsque je l'accompagnai dans la visite de son diocèse, qui comprend toutes les provinces depuis le cap Comorin jusqu'aux confins de la Chine. Je le fais d'autant plus volontiers, mon révérend père, que j'ai toujours présent à l'esprit le zèle de ce saint évêque, qui ne regarda sa dignité que comme un nouvel engagement à remplir avec plus d'éclat les fonctions de missionnaire qu'il avoit exercées pendant près de vingt-cinq ans.

Il avoit été envoyé en Portugal en l'année 1705 pour des affaires qui concernoient le bien de cette mission. Il apprit en arrivant qu'il étoit nommé évêque de Saint-Thomé : ce fut pour lui un coup très-sensible ; il fit tous ses efforts pour faire changer cette destination et il se défendit longtemps de l'accepter ; mais le roi de Portugal, qui avoit conçu une haute idée de sa personne et de son mérite, persista dans son choix ; sa majesté réitéra ses instances auprès de notre saint-père le pape Clément XI, et il fallut enfin que l'humilité religieuse du père cédât à l'obéissance : il fut sacré à Lisbonne par le grand aumônier de Portugal. Il s'embarqua presque aussitôt, mais la navigation fut longue, il ne put prendre possession de son évêché qu'en l'année 1710.

Il pensa aussitôt à faire la visite de ce vaste diocèse ; il commença par la côte de Coromandel, où il y éprouva de grandes contradictions : c'est l'apanage ordinaire du zèle et de la vertu ; mais son courage lui fit surmonter tout ce qui s'opposoit à l'établissement de l'œuvre de Dieu. Quand il eut fini cette visite, les missionnaires de Maduré l'invitèrent à pénétrer dans les terres pour y administrer le sacrement de la confirmation. Il possédoit la langue du pays, il étoit fait aux usages de ces peuples, c'est ce qui lui donnoit un avantage que nul autre prélat ne pouvoit avoir.

Il employa trois mois à ce saint ministère et consola toute cette chrétienté par sa présence. Étant revenu à la côte, il se prépara à passer au royaume de Bengale. Ce fut alors qu'ayant demandé un missionnaire qui l'accompagnât dans ses courses apostoliques, j'y fus destiné par mes supérieurs et je m'embarquai avec lui.

Le pays de Bengale, situé au fond du golfe qui porte son nom, est comme le berceau de toutes les superstitions indiennes : on y parle toujours d'une célèbre académie de Nudia, où un grand nombre de brames s'occupent aux moyens d'accréditer le système ridicule de leur religion. Vous pouvez bien croire que le démon ne voyoit pas tranquillement les fruits que devoit opérer la venue du prélat parmi des chrétiens qui jusqu'alors n'avoient jamais vu leur évêque : aussi eut-il à essuyer beaucoup de traverses dans tout ce qu'il entreprit pour le bien des âmes.

Pendant huit jours de navigation, depuis notre sortie de Madraspatan, nous rangeâmes la côte de Coromandel et d'Orixa environ deux cent cinquante lieues, et nous nous trouvâmes le 9 de juin de l'année 1712 dans la rade de Balassor, à l'embouchure du Gange. Nous y fûmes accueillis d'une violente tempête ; le tonnerre tomba sur notre vaisseau, le mât d'avant alla en éclats et se brisa en mille pièces ; deux hommes furent jetés roides morts, dix ou douze autres demeurèrent quelque temps étendus sur le tillac, deux ou trois perdirent pour quelques jours l'usage de la vue ; la frayeur et la consternation fut générale. Pour moi, j'éprouvai visiblement que dans ces sortes d'occasions Dieu fortifie un missionnaire : un signe de croix que je fis pour me recommander à Notre-Seigneur me mit en état d'aller sans la moindre frayeur de l'avant à l'arrière du vaisseau pour assister ces pauvres gens ; ce ne fut que le soir que je ressentis tout ce qu'on peut imaginer de la foiblesse humaine, jamais nuit ne me fut plus pénible.

De cette rade, on a coutume d'envoyer à terre chercher un pilote côtier pour passer avec la marée les bancs de sable qui ferment le Gange. Pendant qu'on alloit chercher le pilote, le ciel se couvrit de nouveau et nous menaçoit d'une tempête encore plus dangereuse : « Prions Dieu, me dit alors le capitaine, nous ne savons pas ce qu'il nous prépare. » Nous nous mîmes tous en prières, et le prélat donna la bénédiction ; à l'instant la nuée se sépara, passant à droite et à gauche de notre vaisseau, et nous en fûmes quittes pour quelques gouttes de pluie.

Après avoir échappé à ce danger, nous remontâmes la rivière environ soixante lieues ; nous fîmes les vingt premières au travers de forêts immenses, ensuite on découvre un pays assez peuplé. Les Européens de différentes nations y ont ménagé divers endroits propres à recevoir les vaisseaux. Le confluent des rivières y assemble d'espace en espace un bon nombre de bateaux qui servent au commerce. Goulpy est un assez bon mouillage : les vaisseaux françois et anglois y restent d'ordinaire; les Hollandois montent jusqu'à Folta, quinze lieues plus haut; les uns et les autres, de même que les Danois et les Portugais, lorsque la saison et le courant le permettent, conduisent leurs vaisseaux jusque devant leurs comptoirs.

Nous étions sur un vaisseau arménien, frété par la compagnie de France et commandé par M. Boutet, ancien officier de la même compagnie. La marée nous portoit en haut et le vent nous repoussoit, de sorte que, gardant seulement une voile pour gouverner, le vaisseau alloit en arrière et suivoit l'impression du flot. Mais à un détour nous nous trouvâmes acculés dans une anse ; pour l'éviter on jeta une ancre, mais elle ne prit point, et le vaisseau approcha de la terre et échoua. La pente étoit si roide en cet endroit que d'un côté du navire, il n'y avoit qu'une brasse et demie d'eau, et de l'autre on filoit six brasses de corde. La mer baissoit et nous mettoit en danger de périr. On mit aussitôt en œuvre tout ce que l'art peut suggérer en de pareilles circonstances. Dieu bénit nos travaux. A la faveur d'un cable attaché à terre qui saisissoit la tête du mât, le navire glissa sur la vase et se trouva à flot avant la fin de la marée ; après quoi il se toua sur une autre ancre que l'on avoit portée au milieu de la rivière.

Ce fut alors que nous abandonnâmes notre vaisseau pour entrer dans un *bazeras* (c'est une barque de cette contrée qui, suivant sa grandeur, comporte depuis six jusqu'à quarante rameurs, avec une ou deux chambres sur l'arrière); cette manière de naviguer sur le Gange est absolument nécessaire à cause des inondations qui viennent régulièrement en certains mois de l'année et qui forment ensuite une multitude prodigieuse de canaux dont tout le pays est entrecoupé. Le bazeras étoit envoyé par M. Rouxel, parent de l'amiral de ce nom et gouverneur de Collicuta[1], qui est une des plus célèbres colonies que la compagnie d'Angleterre ait dans les Indes. On y voit une église ouverte aux catholiques, et qui a été construite avant que les Anglois donnassent à cette habitation la forme de ville; elle est desservie, comme toutes celles de Bengale, par un révérend père augustin, car c'est à ces pères que le roi de Portugal a confié le soin de ces chrétientés. Les papes ont accordé à ce prince, comme grand maître de l'ordre du Christ, la nomination de tous les bénéfices des Indes.

Nous mîmes pied à terre, et M. Rouxel, quoique protestant, témoigna, par une salve d'artillerie et par d'autres marques d'honneur, la considération et le respect qu'il avoit pour le prélat. Le lendemain nous passâmes sur le bazeras de la compagnie de France. Le père Tachard et un officier envoyé par M. d'Hardancourt étoient venus au-devant de M. l'évêque. Nous montâmes huit lieues plus haut à Chandernagor[1], comptoir de la compagnie. Le prélat, après avoir passé par le gouvernement et y avoir reçu les honneurs dûs à son caractère, vint loger à notre maison, mais il n'y demeura que trois jours, et il se rendit ensuite au couvent des révérends pères augustins, qui est deux lieues plus haut dans le Bandel ou habitation des Portugais. Il y a un collége de notre compagnie qui dépend de la province de Malabar.

Comme cette église est la mère de toutes les autres églises de Bengale, le dessein de M. l'évêque étoit d'y prendre les connoissances nécessaires pour le reste de sa visite. Il y séjourna trois mois ; mais ses fonctions furent fort interrompues par la guerre qui survint entre un seigneur maure et le gouverneur de la forteresse d'Ougli[2], dépendante du Mogol, qui n'est éloignée que d'un quart de lieue. Ce voisinage obligeoit les chrétiens d'être sans cesse sur leurs gardes et de faire de leur habitation une espèce de place d'armes, ce qui ne leur laissoit pas la liberté de venir à l'église pour y entendre les instructions de leur prélat.

Il revint à Chandernagor. Là il nous fallut payer le tribut que les nouveaux venus paient à Bengale, c'est-à-dire que pendant quatre mois, de vingt personnes que nous étions dans la maison, il y en eut toujours quatre ou cinq de dangereusement malades. Le père Tachard fut attaqué le premier et mourut après un mois de maladie ; je n'en fus pas plus exempt que les autres ; enfin M. l'évêque eut son tour, et nous craignîmes de le perdre : le cinquième accès de fièvre mit sa vie dans un extrême dan-

---

[1] Calcutta, capitale des possessions anglaises dans l'Inde.

[1] Comptoir français.
[2] Hougly est aux Anglais.

ger. Comme nous nous trouvâmes beaucoup de prêtres dans son antichambre, nous promîmes chacun de dire plusieurs messes pour son rétablissement. Dieu exauça nos vœux et il fut soulagé dans le moment. Trois grosses heures d'un frisson violent menaçoient pour le moins d'un accès de trente heures ; cependant au bout d'une heure ou deux le prélat se trouva sans fièvre et l'accès diminua chaque jour. Il se rétablit en peu de temps. Durant sa maladie, il ne pensa qu'aux moyens de pénétrer dans les terres pour ne laisser aucun lieu qu'il n'eût visité lui-même ; pour cela il descendit le long du Gange environ quarante lieues, et il prit la route de Chatigan vers la mi-janvier 1713.

Avant que de vous faire la description de ce pays, il est bon de vous dire, mon révérend père, qu'il faut distinguer dans Bengale trois sortes de chrétientés. La première est composée d'Européens de différentes nations qui y ont établi des comptoirs où se trouvent leurs agens, leurs domestiques et d'autres qui se rangent sous leur pavillon ; ils sont établis le long du principal cours du Gange, qui passe au pied de la forteresse d'Ougli.

La seconde est formée par le Mogol lui-même. Ce prince, pour défendre ses frontières contre les incursions de ses voisins et pour tenir en respect des peuples nouvellement conquis, outre la garnison maure qu'il a mise dans ses forteresses, a voulu avoir encore une garnison de gens à chapeau dans les lieux circonvoisins (car c'est ainsi qu'il appelle quelques Portugais anciennement venus de Goa qu'il à soudoyés et attachés à son service). Comme ils se sont multipliés à l'infini, cette chrétienté est devenue très-nombreuse à Ougli, à Pipli, à Chatigan, à Daca, à Ossumpur, à Rangamaty et ailleurs, et ce grand nombre de chrétiens est compris sous le nom de gens à chapeau ; ce n'est pas à dire que tous en portent, car il n'y a que le chef de chaque famille qui s'en serve et encore n'est-ce qu'aux jours de grande fête, mais c'est le nom qu'on leur donne.

Enfin un nombre d'infidèles convertis par le zèle des missionnaires et de leurs catéchistes et répandu en différentes habitations forment la troisième espèce de chrétiens.

Chatigan est une de ces chrétientés la plus nombreuse, tant à cause de la bonté du climat, où il est rare qu'on soit malade, qu'à cause de la nécessité où est le Mogol de se mettre à couvert de ce côté-là de l'irruption des peuples d'Aracan et du Pégu, avec lesquels il confine. C'est ce qui porta le prélat à commencer par là sa visite.

Pour nous y rendre, nous eûmes à tenir une route affreuse. Huit jours entiers, quoiqu'on ramât dix-huit heures chaque jour et que le courant et souvent la marée fussent favorables, suffirent à peine pour nous faire trouver une habitation : jusque-là nous ne vîmes que des bois épais, des bras de rivières par où le Gange se dégorge, tantôt d'une étendue prodigieuse, tantôt si étroits qu'on ne pouvoit ramer que d'un côté, les bords garnis de grands arbres dont les branches s'avancent fort avant dans l'eau, et par-dessus tout l'appréhension continuelle où l'on est des tigres, dont on voit des vestiges de temps en temps par des pieux plantés aux endroits où il y a eu des personnes dévorées à terre ou bien enlevées jusque dans leurs bateaux. Dans l'eau se trouvent des crocodiles longs de vingt et trente pieds qui engloutissent des hommes entiers. Enfin on y est souvent à la merci des voleurs qui rôdent incessamment dans ces parages montés sur des panceaux, c'est-à-dire de petits bateaux qui vont comme un trait. C'est à travers ces dangers que nous nous rendîmes à la côte de Chatigan. Un dernier bras du Gange court le long de cette côte et forme le golfe de Bengale du côté de l'est, de même que la côte de Coromandel le forme du côté de l'Inde.

Les premiers habitans que nous rencontrâmes nous surprirent par la manière extraordinaire dont ils étoient vêtus : ils avoient un caleçon de toile rayée à grands canons, des pantoufles, une chemise ou un pourpoint de toile ; sur la tête une espèce de calotte à oreilles dont les bouts étoient retroussés, et par-dessus tout cela une robe de chambre qui leur sert de couverture pendant la nuit et qui est leur habit de cérémonie pendant le jour.

Ce fut dans cet équipage qu'à une demi-lieue de l'habitation où nous étions arrivés, ils se présentèrent à nous portant chacun une arme à la main. Le prélat leur demanda qui ils étoient et l'un d'eux, prenant la parole, répondit qu'ils étoient soldats de telle compagnie et qu'ils venoient pour escorter sa seigneurie. Nous conprîmes alors que c'étoit là leur habit d'ordonnance. Le prélat, charmé de leur bonne volonté, leur donna sa bénédiction. Ces soldats furent bientôt suivis des capitaines et autres officiers : c'étoient tous des gens bien faits et de haute taille. Ils baisèrent la main de M. l'évêque et l'escortèrent dans leur bazeras jusqu'à l'habitation.

Les peuples reçurent le prélat avec toutes les marques de joie et de respect : salves, portiques, illuminations, cavalcades, rien ne fut oublié ; et il faut rendre ici la justice qui est due aux révérends pères Augustins : partout où le prélat s'est transporté, ils ont eu soin de rendre sa présence respectable aux Gentils et aux Maures et d'inspirer en cette contrée une haute idée du chef de la religion chrétienne.

Le prélat commença sa visite le jour de la Purification de l'année 1713. Voici l'ordre qu'il gardoit dans les visites de chaque église. Après les premières cérémonies, il déterminoit un nombre de jours pour disposer les chrétiens aux sacremens par des exercices de piété, par des exhortations et des instructions ; il prêchoit et confessoit souvent des nuits entières. Les missionnaires l'aidoient dans les mêmes fonctions.

Mais comme la visite du temporel, les différends des particuliers et les recherches qu'un évêque est obligé de faire l'occupoient d'ailleurs beaucoup, je fus chargé du reste. Le prélat voulut absolument que je fisse auprès de lui l'office du théologal et de pénitencier ; et après tout, ces fonctions sont peu différentes de celles que doit remplir un missionnaire.

Lorsque la mission étoit sur le point de finir, il indiquoit une communion générale pour quelque jour de fête à laquelle il faisoit publier une indulgence plénière, suivant le privilége que notre saint-père lui avoit accordé ; ensuite il donnoit la confirmation. Pendant la visite qu'il a faite de Chatigan, il a administré ce sacrement à plus de deux mille chrétiens.

Vous jugez bien que parmi ce grand nombre, il est difficile que tous soient d'une égale ferveur. Il y a partout des âmes vertueuses qui vont sincèrement à Dieu ; il y a des chrétiens tièdes dont la piété a besoin d'être animée ; il s'en trouve aussi qui par leur insensibilité donnent à leurs pasteurs une vrai inquiétude de leur salut. Que faire alors ? s'édifier des uns, instruire, aider, fortifier les autres, et gémir sur l'aveuglement des derniers. C'est aussi ce que faisoit le prélat avec une égalité d'âme qui s'est soutenue jusqu'à la fin. Mais Dieu, qu'on ne méprise pas impunément, a fait redouter sa justice à ces peuples. Quelques-uns ont fini leur vie par une mort si tragique qu'elle a été regardée comme une punition visible du peu de déférence qu'ils avoient eu pour les remontrances paternelles de leur évêque.

Les besoins de cette chrétienté et le débordement des eaux, qui arrivent régulièrement aux mois de juillet et d'août, ne nous permirent pas de passer sitôt ailleurs. Nous demeurâmes à Chatigan jusqu'au mois de novembre sans y ressentir aucune incommodité. Les vivres y sont admirables, l'air bienfaisant et l'eau excellente : mais le prélat ne profita guère de ces avantages, car il avoit résolu de continuer jusqu'à la mort l'abstinence rigoureuse qu'on observe dans la mission de Maduré.

Les chrétiens de Chatigan sont partagés en trois peuplades, à demi-lieue l'une de l'autre ; chacune a son capitaine, son église, son missionnaire ; il y auroit cependant de quoi en occuper plusieurs. On y parle communément la langue portugaise ; mais les naturels du pays, dont la plupart sont esclaves et à qui on parle presque toujours leur langue, ont de la peine à apprendre, dans une langue étrangère, les choses nécessaires à leur salut : dans le dessein de les instruire, de même que les chrétiens du dedans des terres nommés Boctos qui viennent à Chatigan pour participer aux sacremens, je me mis à étudier leur langue, et en peu de mois, avec le secours d'un interprète, je devins assez habile pour confesser et dresser un petit catéchisme qui m'a été d'une grande utilité dans le reste du voyage. J'engageai pareillement un ancien chrétien plein de vertu et de zèle à m'accompagner : il a fait partout les fonctions d'un excellent catéchiste.

Le respect que l'on a dans ce pays pour les chrétiens et un peu aussi pour les armes qu'ils portent, car ils sont tous soldats de profession, leur donne une liberté entière de célébrer les fêtes avec le même ordre et la même solennité qu'en Europe. Je fus charmé de leur voir faire les cérémonies de la semaine sainte. Le reposoir où fut placé le saint sacrement occupoit toute la hauteur de l'église en forme de trône à divers étages. Là, sans argenterie ni dorure, des feuilles d'étain nouvellement fondues et taillées en fleurs et en festons, et appliquées sur des pièces de décorations à fond rouge, faisoient un fort bel effet.

Il y a une autre cérémonie qui s'observe inviolablement parmi les Portugais. Ils choisissent un dimanche de carême qu'ils nomment *Domingo da cruz*. On représente dans une procession Notre-Seigneur portant sa croix. Cette cérémonie se fit avec un ordre admirable. La statue de Notre-Seigneur étoit faite au naturel, quoique de grandeur plus qu'humaine : elle étoit posée sur un brancard, et le Sauveur étoit représenté à genoux et portant sa croix. Vingt-quatre hommes portoient le brancard, et le père, en chape, tenant un crucifix voilé sous un dais violet, terminoit la procession. Les stations qu'on faisoit de temps en temps, jointes au chant lugubre et pénitent, nous pénétrèrent de dévotion. La procession fit le tour du quartier par quatre rues tirées au cordeau.

Mais ce qui m'édifia le plus fut la démarche grave et modeste avec laquelle se fit la rencontre d'une autre statue représentant la sainte Vierge et d'une troisième représentant sainte Véronique avec son voile empreint de la sainte face de Notre-Seigneur. Ces sortes de représentations ont quelque chose de majestueux et de touchant : elles frappent extraordinairement ces peuples, et moi-même je ne pus m'empêcher de répandre des larmes.

La fête du Saint-Sacrement se fit avec une magnificence égale, et l'on n'avoit encore rien vu de semblable dans ce pays. Le prélat jugea à propos de séparer la cérémonie. Chacun dans son église entendit la messe et fit ses dévotions le matin. M. l'évêque célébra pontificalement dans celle où il résidoit et donna la communion. Sur les trois heures on chanta vêpres, durant lesquelles les chrétiens des deux autres églises arrivèrent avec leurs croix, leurs châsses et l'habit de leurs confréries (ce sont des espèces de surplis) ; alors la procession sortit. Il étoit surprenant de voir avec quel soin ces bonnes gens avoient orné les rues : des arcs de triomphe, des festons, des banderolles, des allées d'arbres plantés exprès tenoient lieu de tapisserie. Les pierriers, les boîtes, la mousqueterie se firent souvent entendre, et lorsque la procession revint à l'entrée de la nuit et qu'on voyoit chaque chrétien tenant un cierge allumé, sans compter les torches qui étoient sans nombre, cette seule illumination accompagnée de feux d'artifices auroit mérité l'attention des personnes du meilleur goût.

J'ai regretté plus d'une fois que les Européens voulant s'établir dans le Bengale n'aient pas choisi Chatigan préférablement à Ougli, vu la sûreté du mouillage, la facilité d'y aborder, la bonté des vivres et mille autres commodités qui sembloient les y inviter ; il est vrai que les Maures, qui ont intérêt à les tenir comme enfermés dans le cœur de leur pays, s'y opposent autant qu'ils peuvent, et que quand malheureusement quelqu'un est obligé d'y relâcher par la violence des tempêtes, comme il est arrivé de mon temps à un navire anglois et à un autre arménien, qui, n'ayant pu prendre Balassor, furent contraints de se laisser dériver à Chatigan, ils les molestent par tant de vexations qu'après avoir mangé une partie de leurs fonds, ils sont obligés d'abandonner le reste et le vaisseau même pour sauver leurs personnes. Au reste Chatigan est de 15 degrés plus à l'est que Pondichéry : j'eus occasion de le reconnoître à une éclipse de lune que j'observai assez exactement ; pour ce qui est de la latitude, que j'ai observée plusieurs fois, elle m'a toujours paru de 21 degrés 20 secondes.

Nous quittâmes Chatigan pour remonter le Gange et nous rendre à Daca, capitale de Bengale[1]. A cinq journées de Chatigan, nous nous détournâmes d'un jour pour visiter une chrétienté qu'on trouve dans un lieu nommé Bouloüa. Dieu la soutient et la dirige immédiatement par lui-même, car il est rare qu'un missionnaire aille la visiter : il y avoit cinq ans qu'aucun n'y avoit paru ; mais je puis vous dire qu'il n'y a point d'endroit où j'aie eu plus de sujet d'être édifié. Le chef de ces chrétiens est un vieillard qui a cinq garçons tous mariés ; leur famille et les gens de travail qui se sont rangés auprès d'eux (car ils ont pris des terres à cultiver) forment une bourgade de trois à quatre cents personnes. La vie laborieuse qu'ils mènent, jointe à la vigilance et à l'attention du chef, les conserve dans la plus grande innocence. Le chef vint au bord de la rivière où M. l'évêque s'étoit arrêté, et il témoigna autant qu'il le put, avec le secours d'un interprète, la joie qu'il avoit de son arrivée ; mais les larmes qu'il répandit en abondance le témoignoient encore beaucoup mieux.

Le missionnaire de Chatigan et moi, nous nous rendîmes à la peuplade à trois quarts de

---

[1] Dacca ou Dakka n'est plus que le chef-lieu d'un district dans la présidence de Calcutta.

lieue dans les terres. Nous disposâmes ces peuples aux sacremens durant trois ou quatre jours, et après les avoir confessés, nous fîmes dresser un autel dans un lieu décent afin que M. l'évêque y célébrât le saint sacrifice de la messe.

A la vérité je doutais un peu que ces bonnes gens fussent suffisamment frappés de la grandeur de nos mystères; c'est pourquoi, dans les dernières exhortations, j'avois tâché de leur inspirer une juste crainte d'approcher de la sainte table sans les dispositions requises; j'avois même recommandé au catéchiste de bien examiner chacun d'eux en particulier et de donner un billet à ceux qu'il croiroit être en état de communier.

Sur les huit heures du matin nous revînmes à la peuplade. Ces bonnes gens et même les Gentils et les Maures d'alentour, dont ils sont fort aimés, s'empressèrent d'honorer l'entrée du prélat. Comme nous disposions les ornemens pour commencer la messe, le catéchiste s'approcha de moi et me dit à l'oreille qu'il n'y avoit que trois personnes qui eussent pris le billet de la communion, tous les autres se trouvant indignes de participer à un si redoutable mystère. Je fus très-édifié de leur simplicité; mais comme je savois qu'ils s'étoient disposés la plupart par une bonne confession, je leur fis une nouvelle exhortation pour leur inspirer de la confiance. Je réconciliai ensuite quelques-uns d'eux, après quoi on commença la messe, à laquelle ils communièrent. Le catéchiste fut chargé de faire le sermon, parce qu'aucun de nous ne savoit assez bien la langue pour entreprendre de prêcher. Mais je fus charmé de voir avec quelle précision et quelle onction il suivit et traita les points qu'on lui avoit marqués. Quand le cœur parle les paroles coulent de source.

La communion et la confirmation nous conduisirent jusque vers midi. Le prélat fut conduit à son bazeras; pour moi je restai encore quelque temps pour administrer le baptême et donner la bénédiction nuptiale à plusieurs personnes qui ne l'avoient pas encore reçue. Enfin le soir il fallut me séparer de ces bonnes gens pour rejoindre le bazeras et nous remettre en route avec la marée de la nuit suivante. Nous mîmes huit jours à nous rendre à Daca, et nous y arrivâmes sans accident. A la vérité le quatrième jour nous vîmes venir à nous un bateau de ces voleurs qui courent la rivière; mais comme nous étions bien escortés, ils prirent le parti de se retirer.

Daca, qui est, comme je l'ai dit, la capitale de Bengale, est située par les vingt-quatre degrés de la latitude nord; la commodité des rivières rend cette ville d'un très-grand commerce; les mousselines qu'on y brode, de fil et de soie, sont fort estimées en Europe. Pour ce qui est de la ville, rien de plus sale et de plus malpropre. Figurez-vous une prodigieuse multitude de chaumines qui occupent une plaine de demi-lieue d'étendue et qui forment des rues fort étroites, pleines de fange et d'ordures qui s'y rassemblent à la moindre ondée, au milieu desquelles quelques maisons de briques, bâties à la mauresque et d'un assez mauvais goût, s'élèvent d'espace en espace à peu près comme les baliveaux dans nos bois taillis : c'est là une peinture naturelle de Daca.

Les chrétiens ont leur église dans un quartier un peu plus décent à l'est de la ville; cette église est de brique et raisonnablement grande. Nous nous y rendîmes le premier dimanche de l'avent. Le missionnaire, qui attendoit M. l'évêque depuis longtemps, lui avoit fait préparer un appartement : bien qu'il ne fût que de terre, il avoit je ne sais quel air de propreté qui me charma; mais je fus encore plus surpris à la proposition que me fit ce révérend père : « Je vais, dit-il, vous faire construire un autre appartement séparé et qui sera tel que vous le souhaiterez. — Il n'est pas nécessaire, lui répondis-je; le peu de temps que nous avons à rester ici ne me donnera pas le loisir d'en profiter. — Vous y coucherez dès ce soir, répliqua-t-il, car il ne faut pour cela qu'envoyer à la ville. »

Cette réponse m'étonna encore davantage, et j'étois dans l'impatience de voir la structure de ces maisons que l'on achetoit au marché. Une demi-heure étoit à peine écoulée que je vis apporter quelques paquets de roseaux avec un certain nombre de nattes ou de claies faites aussi de roseaux, une vingtaine de piquets fourchés, enfin deux grandes claies de branches d'arbres entrelassées et suffisamment garnies de paille pour défendre de l'ardeur du soleil : c'est ce qui devoit faire le toit. L'édifice fut dressé en peu de temps sur deux fourches qui formoient l'enceinte; on y attacha des bois de traverses autant qu'il étoit nécessaire pour fixer le bâtiment, et le tout fut revêtu d'une double natte. La fenêtre, dont on fit l'ouverture en coupant les nattes, se fermoit par un volet de même matière attaché par le haut en forme d'auvent; la porte étoit de même, de sorte que la maison fut achevée avant la nuit. Le lendemain il n'y eut plus qu'à couvrir le toit d'assez de paille pour garantir de la pluie; enfin je me trouvai en peu d'heures assez agréablement logé.

Nous restâmes à Daca tout le mois de décembre, ce qui nous donna le temps d'y célébrer la fête de Noël. Elle se passa avec beaucoup d'appareil et de dévotion. Nous nous trouvâmes six prêtres avec monsieur l'évêque, ce qui est fort extraordinaire en cette contrée.

Après la fête, nous nous préparâmes au voyage de Rangamati[1], qui est à l'extrémité des états du Grand Mogol et est située par les vingt-sept degrés nord. L'on prétend que de là on peut se rendre en quinze jours à la province d'Yunam dans la Chine; mais les chemins ne sont nullement frayés, et le milieu des terres est occupé, à ce qu'on assure, par des princes qui refusent de donner passage aux étrangers.

On nous faisoit appréhender ce voyage, car c'est un proverbe commun à Bengale que de deux personnes qui vont à Rangamati, il y en a toujours une qui y reste. Mais le courage de notre prélat étoit à toute épreuve : « Que peut-il m'arriver? disoit-il. Mourir? Eh bien! je mourrai en remplissant les fonctions de mon ministère. »

Nous partîmes aussitôt après la fête des Rois pour Rangamati, et nous fûmes trois semaines à nous y rendre à cause de la violence des courans qui nous obligèrent de haler sans cesse à la cordelle. L'eau étoit extrêmement claire; aussi ne naviguions-nous plus sur le Gange, dont l'eau est partout bourbeuse, mais sur une rivière particulière qui, venant de l'est, se jette dans le Gange au-dessous de Daca; on ne put me dire où elle prenoit sa source.

Le cinquième ou sixième jour, nous abordâmes à une bourgade toute chrétienne, nommée Ossumpur, où nous ne restâmes qu'un jour, parce que nous devions y repasser au retour. La route que nous continuâmes fut pénible. Nous trouvâmes un pays désert, le climat très-froid, la rivière, comme il arrive en cette saison, couverte de continuels brouillards qui ne nous permettoient pas de voir à dix pas de nous, le courant rapide, des pierres à fleur d'eau, et en d'autres endroits des bancs de sable; mais enfin Dieu qui nous conduisoit sut nous préserver de tous ces dangers, et nous arrivâmes heureusement à Rangamati.

Les habitans nous reçurent avec de grandes démonstrations de joie; mais à les voir pâles, défigurés et portant sur leurs visages les indices de la fièvre qui les consumoit au dedans, nous comprîmes qu'on nous avoit fait une peinture véritable de la malignité du climat. J'en fus quitte néanmoins pour un accès de fièvre. Pendant environ vingt-cinq jours que nous y demeurâmes, M. l'evêque donna la confirmation à plus de mille personnes.

Dans les conversations que j'eus avec les gens du pays, j'appris une particularité que je ne dois pas omettre. Ils me rapportèrent que cette contrée avoit été infestée d'un monstre épouvantable: c'étoit un serpent d'une grosseur si prodigieuse qu'en rampant il frayoit un chemin de huit ou dix pieds de large. Il se retiroit d'ordinaire dans une montagne peu éloignée de Rangamati, en remontant la rivière; de là il découvroit aisément le cours du fleuve, et aussitôt qu'il apercevoit quelque bateau, il descendoit à temps, se plongeoit dans l'eau, renversoit le bateau et dévoroit à l'aise tous ceux qui y étoient.

Ce fléau dura jusqu'à ce qu'un criminel condamné à la mort s'offrit de purger le pays de ce monstre pourvu qu'on lui accordât la vie. Son offre fut acceptée. Il trouva moyen de remonter la rivière jusque au-dessus de l'endroit où résidoit cet horrible dragon; il construisit plusieurs figures d'hommes de paille, qu'il couvrit de vêtemens, dont le corps étoit rempli d'hameçons, de crocs, de harpons, qui tenoient à différentes cordes attachées à un même câble, lequel étoit fortement lié au pied d'un arbre. Il lança à l'eau ces hommes de paille plantés sur des bananiers flottans avec lesquels ils furent emportés par le courant. Le stratagème réussit, le dragon les vit et descendit pour les engloutir; mais il y resta déchiré par cette quantité de crocs et de harpons qu'il avoit avalés. Pour moi j'ai compté dans ce passage jusqu'à onze crocodiles étendus sur le sable, dont trois ou quatre me paroissoient avoir vingt-cinq ou trente pieds de longueur.

[1] Sur la rive droite du Broumapoutre, près des frontières et du Thibet.

En quittant Rangamati, nous eûmes lieu d'admirer un trait de la divine miséricorde à l'égard d'un chrétien qui avoit de la probité et de la religion, mais dont la vie n'avoit pas été fort réglée. Dieu, qui vouloit le sauver, permit qu'il tombât malade aussitôt après notre arrivée. Nous profitâmes de cette maladie pour le ramener à son devoir. Son cœur fut touché, et il reçut les sacremens avec des marques d'une vraie componction. La nuit suivante, on vint m'avertir que le malade étoit à l'extrémité : je fus prié d'y aller. Je me transportai à sa maison, qui étoit éloignée d'une demi-lieue, et je le trouvai effectivement très-oppressé, mais toujours rempli des sentimens de la plus tendre piété. Je le confessai encore, je lui administrai l'extrême-onction, et je l'exhortai à disposer incessamment de ses biens. Il étoit deux heures après minuit lorsque je le quittai. Il n'eut que le temps de faire son testament, et sur les quatre heures du matin, il rendit paisiblement son âme au Seigneur. On m'apprit aussitôt sa mort, et j'allai faire la cérémonie de ses obsèques. C'étoit justement un jour d'autel privilégié que M. l'évêque avoit permission d'accorder aux prêtres de sa compagnie. Je dis la messe en bénissant la conduite miséricordieuse de la Providence envers un homme qui un jour plus tard auroit été privé de ses derniers secours. On l'enterra dans un lieu particulier, et en ayant demandé la raison, on me répondit que cette place étoit réservée à six personnes qui avoient fourni la somme nécessaire pour la construction de cette église, en l'honneur de Notre-Dame du Rosaire, et que le défunt étoit du nombre. Je ne doutai plus alors que la Mère de miséricorde n'eût obtenu une si sainte mort à l'un de ses zélés serviteurs. Après le service, qui me conduisit jusqu'à midi, je me rendis à la rivière, où l'on n'attendoit que moi pour partir.

Les courans nous portoient ; ainsi nous ne fûmes pas longtemps à nous rendre à Ossumpur. Après avoir satisfait à la dévotion des chrétiens, nous pénétrâmes dans les terres à la faveur des canaux dont le pays est entrecoupé. Ce fut dans la principale église, dédiée à saint Nicolas de Tolentin, que les chrétiens reçurent la confirmation des mains de M. l'évêque. Nous nous rendîmes pour la seconde fois à Daca vers le dimanche de la Passion. Le devoir pascal et les différens exercices par lesquels le prélat disposoit les fidèles à la confirmation nous occupèrent d'une manière consolante.

Après les fêtes de Pâques, nous songeâmes à repasser à Ougli. Ce dernier trajet, qui dura environ vingt jours, nous fatigua plus que tout le voyage. Les lunes d'avril et d'octobre sont toujours orageuses en ces parages ; nous tombions dans la première : aussi du jour que nous partîmes de Daca jusqu'à notre arrivée à Ougli, l'on eût dit que nous avions toujours un orage attaché au gouvernail de notre barque ; il falloit dès trois ou quatre heures du soir chercher quelque anse à l'abri ou quelque bras de rivière enfoncé pour nous prémunir contre la tempête, qui pouvoit nous prendre à l'entrée de la nuit. Nous pensâmes être surpris en doublant une pointe nommée Narsinga, peu éloignée de Cassimbazar, où nous essuyâmes un orage si violent que le lendemain on ne voyoit partout que des débris de bateaux que cette tempête avoit mis en pièces. Dieu nous fit pourtant la grâce de gagner à temps un endroit où le peu d'eau et l'éloignement du courant firent notre sûreté. Quelques jours après nous abordâmes à l'église de Saint-Augustin du couvent d'Ougli, où nous rendîmes grâces à Notre-Seigneur de nous avoir ramenés en ce lieu-là, même en meilleure santé que nous n'en étions partis.

Le prélat, après avoir reçu les complimens de son heureux retour, voulut encore honorer de sa présence notre maison de Chandernagor. Il se retira ensuite au collège que les pères jésuites portugais ont au Bandel d'Ougli. A peine y eût-il demeuré neuf ou dix mois que, consumé de travaux, il termina, au milieu de ses frères, sa pénible carrière le 11 de juin de l'année 1715 pour aller recevoir la récompense d'une vie dont tous les momens avoient été consacrés à la conversion des idolâtres. Certains projets de réforme qu'il avoit médités, et auxquels il trouva de fortes oppositions, s'exécutèrent heureusement quelque temps après son décès : ce qui fit dire aux personnes les plus indifférentes de Bengale qu'on voyoit bien que dom Francisco Laynez avoit plus de pouvoir à la cour du roi du ciel qu'il n'en avoit eu ici bas sur l'esprit de quelques-uns de ses diocésains.

Je vous laisse à penser, mon révérend père, combien la perte de ce prélat me fut sensible ;

elle causa un deuil universel. A la première nouvelle de sa mort, les avenues du collège furent remplies d'une multitude infinie de peuples : les Gentils et les Maures témoignèrent à l'envi leur regret par leurs cris et leurs gémissemens. A la cérémonie de ses obsèques et lorsque le corps entra dans l'église, il s'éleva un cri général accompagné de lamentations qui durèrent plus d'un quart d'heure et que l'on eut bien de la peine à apaiser pour faire l'office avec l'ordre et la décence convenables.

Comme ce saint prélat m'avoit dit souvent que la mission de Carnate étoit mon partage et que j'y devois finir mes jours, je ne manquai pas quelque temps après sa mort de m'y rendre avec la permission de mes supérieurs. Je n'ai pas encore eu le temps d'y exercer mes fonctions; mais j'en ai eu assez pour m'édifier des bénédictions que Dieu a répandues sur les travaux du père Aubert, qui seul a cultivé, maintenu et augmenté les chrétientés répandues en deçà des montagnes du Canavay : c'est un territoire d'environ soixante lieues. Il pensa succomber aux fatigues de la solennité de Pâques, car quelques jours après les fêtes il tomba tout à coup en défaillance et demeura quelques heures sans pouls, presque sans respiration et sans nul mouvement; mais Notre-Seigneur daigna conserver une santé si nécessaire à ces peuples et son rétablissement fut prompt.

Il a administré cette année les sacremens à environ trois mille chrétiens et baptisé plus de deux cents adultes, ce qui est d'autant plus extraordinaire que la famine qui afflige cette contrée depuis trois ans a obligé la plupart des habitans à se retirer en d'autres provinces. Une si longue disette a fourni au père une nouvelle occasion d'exercer son zèle. Un grand nombre de pauvres qu'il a assistés en se retranchant le nécessaire se sont maintenus dans la ferveur du christianisme, et plusieurs Gentils ont trouvé avec la conservation de la vie du corps un gage de la vie éternelle de l'âme par le saint baptême qu'ils ont reçu.

Ces œuvres de charité et les mesures qu'il sait prendre pour accréditer notre sainte religion lui ont attiré une estime générale. Les princes et les gouverneurs reçoivent avec distinction les visites qu'il leur fait faire par ses catéchistes et viennent le visiter eux-mêmes. Le gouverneur de Cangivaron est venu tout récemment à Vayaour, où l'on célébroit la fête de Noël, et s'est trouvé honoré de passer la nuit dans la pauvre cabane du missionnaire. Vous savez mieux que personne combien ces sortes de protections contribuent à la propagation de la foi. Plusieurs cramanis [1] se font actuellement instruire, et j'ai été édifié de voir ceux de Cavepondi aussi désabusés de leurs ridicules superstitions qu'ils en étoient entêtés auparavant. Le chef de ceux-ci reçut le saint baptême à Noël : il nous parut si transporté de joie et si pénétré de consolation qu'il ne trouvoit pas de termes pour s'exprimer. Il lui sembloit, disoit-il, qu'il n'étoit plus le même, tant il se trouvoit l'esprit éclairé et le cœur tranquille. Les Gentils qui ont encore de l'attachement pour leur culte superstitieux, par une bizarrerie difficile à comprendre, mais qui pourra faciliter leur conversion, sollicitent le missionnaire de faire une fête magnifique à la reine des anges, et ils prétendent fournir à tous les frais. Les chrétiens qui ont assisté à celle de Noël m'ont dit que j'aurois été charmé de l'empressement des Gentils à orner les rues, à allumer des lampes et à donner d'autres marques de réjouissance dans tous les endroits où la procession devoit passer.

Ce fut vers ce temps-là que le cramani de Vaïlatour fut attaqué d'une maladie qui ne lui laissoit pas le moindre instant de repos. Il eut recours à tous les secrets de la médecine indienne et aux superstitions sans nombre qui règnent parmi ces peuples. Comme il ne trouvoit aucun soulagement à son mal, il fit dire au père qu'il viendroit à l'église de Carvepondy, parce qu'il n'y avoit que le Dieu des chrétiens qui pût le guérir. Le père y consentit, à condition qu'il se rendroit attentif aux instructions qu'on lui feroit sur les vérités chrétiennes.

Le malade se fit transporter à l'église, et s'étant arrêté sous le vestibule : « Allez, me dit-il, faire savoir au saniassi [2] que je suis arrivé et que je ne partirai pas d'ici que le vrai Dieu ne m'aie rendu la santé; j'espère qu'il m'exaucera. » Au même instant ses douleurs diminuèrent, et en moins de deux jours il se trouva parfaitement guéri.

Il semble que ce Gentil devoit renoncer sur l'heure à ses superstitions : il y pensoit sérieusement lorsque des brames vinrent lui dire

---
[1] Chef de peuplade.
[2] Nom qui se donne dans l'Inde aux missionnaires.

qu'il falloit faire un sacrifice pour l'anniversaire de la mort de son père. Il rejeta d'abord la proposition et témoigna quelque fermeté ; mais le respect humain l'emporta sur les premières impressions de la grâce, et il a laissé échapper le moment favorable, qui peut-être ne se présentera jamais.

Voici un autre trait plus particulier. Un Gentil qui n'avoit jamais entendu parler de la religion chrétienne cherchoit en lui-même le moyen de faire des œuvres agréables aux dieux. La nuit, il vit en songe un sanias, revêtu de couleur jaune à la manière des missionnaires (il y en a qui présument que ce fut le vénérable père Jean de Brito), qui lui dit d'aller à un village éloigné de six lieues, nommé Ayencoulan, d'entrer dans une maison dont il lui représentoit la figure, et que là on l'enseigneroit à faire des actions véritablement vertueuses. Il part dès le lendemain, entre dans le village, sans trop savoir où il alloit, jusqu'à ce que, passant dans une des rues, il crut reconnoître la maison qu'il avoit vue en songe, et entendit une voix intérieure qui lui ordonnoit d'entrer dans cette maison et de parler au chef de la famille : c'étoit un chrétien nommé Jean, presque le seul qui fût dans le village ; il le prit à quartier et lui raconta ce qui lui étoit arrivé. Le chrétien le conduisit aussitôt au missionnaire, qui jeta dans cette âme docile les premières semences de la foi. Il étoit dans l'impatience de faire part à sa femme de son bonheur, et tous deux ensemble ils viennent de se rendre à l'église, où actuellement ils se disposent à recevoir le saint baptême.

Voilà, mon révérend père, une partie des choses dont j'ai été témoin en arrivant dans cette mission ; mais rien ne m'a plus édifié que le concours, la piété et l'innocence des chrétiens qui venoient, au nombre d'environ trois cents, de dix à quinze lieues pour participer à nos saints mystères. J'ai été également consolé de voir plusieurs Gentils revenir insensiblement de leurs préjugés : dans les visites que les principaux d'entre eux m'ont rendues, ils ont paru goûter les vérités de la foi que je leur annonçais et se déprendre des erreurs et des superstitions dans lesquelles ils ont été malheureusement élevés. Après tout, ce n'est *ni celui qui plante ni celui qui arrose qui est quelque chose, mais c'est Dieu qui donne l'accroissement.* Conservez-moi quelque part dans vos saints sacrifices, en l'union desquels je suis avec respect, etc.

LETTRE DU P. CALMETTE

A M. DE COETLOGON,

VICE-AMIRAL DE FRANCE.

Idées générales des Indiens sur les étrangers et sur eux-mêmes. — Leur religion, leurs arts, leurs mœurs. — Etablissemens des chrétientés dans le royaume de Carnate.

A Ballabaram, le 28 septembre 1730.

MONSIEUR[1],

La paix de N.-S.

Le respect qui abrégea la lettre que j'eus l'honneur de vous écrire l'année dernière m'autorise à donner plus d'étendue à celle-ci depuis que M. de Cartigny m'a fait connoître votre goût et l'intérêt que vous prenez à la propagation de la foi dans ces terres barbares. Les vastes mers qui nous séparent de la France m'ont fait moins sentir, durant six mois de navigation, l'éloignement de l'Inde que les mœurs et le commerce de la nation ne m'en font tous les jours apercevoir : c'est par plus d'une raison que les premiers Européens qui l'ont reconnue ont pu l'appeler le nouveau monde, puisqu'en effet tout y est nouveau, la terre, l'air, les saisons, les mœurs, la couleur des hommes, les lois, la religion et tout ce qui peut mettre de la différence entre des nations que quatre mille ans ont séparées de leur commune origine. Aussi sommes-nous à notre tour pour les peuples de l'Inde un monde nouveau, avec d'autant plus de vraisemblance que le système de la pluralité des mondes leur est familier, non pas raisonné et embelli, tel qu'on le voit dans l'ouvrage de M. de Fontenelle, mais brute, jeté au hasard et reçu sans examen sur la seule foi de leurs traditions. Hé, qu'iroient chercher les Indiens dans des mondes imaginaires, eux qui ne connoissent pas celui-ci ? Car la géographie indienne ne pousse pas jusqu'à la Chine vers

---

[1] Cette lettre n'arriva à Paris que peu de jours après que M. le marquis de Coetlogon eut été honoré du bâton de maréchal de France.

l'orient ; elle ne connoît de terres du nord au sud que depuis le Caucase jusqu'à l'île de Ceylan, et elle n'est guère moins bornée à l'occident; de sorte qu'ils sont étrangement surpris de voir des étrangers qui ne sont point nés dans aucun des cinquante pays qu'ils nomment et au delà desquels ils ne pensoient pas qu'il y eût des terres habitées. Comme ils se trouvent placés au milieu des différens pays qu'ils connoissent, que les sciences ont de tout temps fleuri parmi eux et qu'ils ont eu de grands rois; l'Inde dans leur esprit est la reine des nations, leur caste d'une origine divine, et les autres hommes comparés à eux ne sont que des barbares. Les Maures, qui sont leurs maîtres, n'ont pu, dans l'espace de plusieurs siècles, se tirer du dernier étage où ils les ont placés, et toute la politesse, le courage, les arts et les sciences d'Europe n'ont pas pu de même donner à nos colonies le relief que la naissance donne aux conditions les plus médiocres parmi eux. Il n'est point de nation qui ne se préfère volontiers à toutes les autres; mais parmi nous, l'équité modère la présomption, et le commerce entretient l'égalité. Ici rien ne se trouve de niveau: il n'y a de noblesse que pour eux, de la politesse, de l'esprit, des sciences que chez eux. Il est vrai que le long des côtes, le temps a pu adoucir leur fierté; mais au milieu des terres, notre couleur peut à peine encore s'y défendre de l'opprobre. Si les fidèles souffrent de la part des Gentils, c'est souvent moins parce que c'est la religion chrétienne qu'ils ont embrassée que parce que c'est la nôtre. Si la haine de la vérité, qui décrédite leurs erreurs et dégrade leurs dieux en est le motif, comme dans les persécutions générales, les engagemens qu'ils ont pris avec nous en font ordinairement le prétexte, et c'est sur ce principal grief, qu'on peut appeler le zèle des castes, autant que par la jalousie du culte idolâtrique que les chrétiens sont bannis de leurs villes, privés de leurs emplois et, ce qui est peut-être ici la plus dangereuse de toutes les épreuves, déclarés déchus de leur caste. De sorte que nous pouvons dire avec autant de vérité que saint Paul: « *Tanquam purgamenta hujus mundi facti sumus.* » Cette ville a donné plus d'une scène en matière de persécutions ; je ne faisois qu'entrer dans la mission lorsque la dernière s'est élevée.

Ballabaram, capitale de la principauté de son nom, est par les 13 degrés 23 minutes, latitude nord observée, et 9 de longitude estimée. Cette ville, considérable par elle-même, l'est encore plus par le siège qu'elle soutint il y a vingt ans contre toutes les forces du roi de Mayssour et par la défaite d'une armée de cent mille hommes, qui termina leur différend. C'est sous ce prince qui soutint ce siège que nous avons fait cette établissement. A peine fut-il mort qu'on sollicita vivement son successeur de détruire l'église et de nous perdre. Il calma l'orage par sa réponse: « A Dieu ne plaise, dit-il, que j'éteigne la lampe que mon père a allumée. » Le frère a succédé à celui-ci au préjudice du fils, ce qui n'est pas rare dans l'Inde. Son état est plus florissant que jamais. Il y compte plusieurs places fortes, tant villes que citadelles, et entretient une armée de vingt mille hommes. Le révérend père supérieur qui avoit soin de cette mission bâtissoit une nouvelle église, parce que l'ancienne ne pouvoit plus contenir les chrétiens qui s'y rendoient aux grandes fêtes. Le prince avoit donné permission de couper le bois dans ses forêts, et l'ouvrage s'avançoit à la consolation des fidèles et à la gloire de la religion. Tant de prospérités ne pouvoient qu'irriter l'ennemi commun du salut des hommes, qui s'est mis depuis plusieurs siècles en possession de l'Inde par l'idolâtrie; il inspira ses ministres, ameuta les peuples, souffla l'esprit de sédition parmi les troupes, fit chanceler la fermeté du prince et dispersa dans peu de jours le troupeau que le père de famille nous avoit confié. Trois choses arrivées l'une sur l'autre préparèrent à cet événement et allumèrent peu à peu l'incendie Un homme aigri contre son beau-père, par un procès qui ne réussissoit pas à son gré, le déféra au gourou du prince comme chrétien, et, profitant de la connoissance qu'il avoit de notre culte et de nos liaisons avec l'Europe, lui dit que les chrétiens traitent de démons les dieux du pays, et que ceux qui sont venus porter cette religion dans l'Inde ne sont que des Pranguis. La dernière accusation est aussi décisive pour nous attirer le plus grand mépris que la première l'est pour exciter la haine des prêtres gentils.

Prangui est le nom que les Indiens donnèrent d'abord aux Portugais et par lequel ceux qui n'ont pas d'idée des différentes nations qui composent nos colonies désignent assez communément les Européens. Quelques-uns font venir ce mot de *Para-angui*, qui signifie, dans la langue du pays, habit étranger. Il paroît plus vraisemblable que c'est le mot de *Franqui* que les Indiens, qui n'ont pas la lettre F, prononcent à l'ordinaire par un P, et que ce mot *Prangui* n'est autre chose que le nom que l'on donne aux Européens à Constantinople, et qu'apparamment ce sont les Maures qui l'ont introduit ici.

Le gourou du prince, animé déjà par ses pertes contre la loi chrétienne et voyant diminuer tous les jours le tribut qu'il lève sur ses disciples, saisit aussitôt cette occasion de ruiner l'ouvrage de Dieu. Les dasseris, sectaires de Vichnou comme lui, ne lui manquèrent pas au besoin. Ils alloient au son de leur tambour ou de leur cor irriter la populace, et s'assembloient eux-mêmes tumultuairement pour intimider les esprits. Mais comme sans l'armée ils ne pouvoient se répondre du succès, ils n'oublièrent rien pour la mettre de leur côté. Elle étoit déjà ébranlée lorsqu'un second événement la détermina. Un soldat demi-fou, soit de lui-même, soit par une instigation étrangère, vint un soir, au temps de la prière, dans l'église où le père Duchamp, missionnaire, et quelques fidèles étoient assemblés; il avoit le poignard à la main dont il donna contre les murailles, et s'avançant contre l'autel, frappa à coups redoublés sur le balustre. On le fit retirer. Le missionnaire, qui ne s'étoit aperçu de rien, étant tourné vers l'autel le trouva au premier détour près de la porte de l'église. Le poignard qui brilloit dans les ténèbres le fit douter de son dessein. Mais les domestiques et les chrétiens qui accoururent le chassèrent. Comme ils le suivirent jusque dans la ville, où ils vouloient aller porter leurs plaintes, le soldat prit une pique et en blessa légèrement le catéchiste à l'épaule. Celui-ci s'en crut plus autorisé à porter sa plainte et la fit sans consulter le missionnaire. Le soldat fut chassé du service ; mais l'armée, aigrie déjà par le gourou du prince et par ses suppôts, se crut offensée dans la personne du soldat, de sorte que tout parut s'unir contre nous. On avoit déjà voulu intéresser le prince par des raisons d'état : c'étoit, disoit-on, une forteresse que nous bâtissions. Il envoya sur les lieux, et ayant appris qu'il n'étoit question que des murailles de l'église, dont les fondemens et le mur à demi-hauteur d'homme étoient de pierre, afin de l'affermir contre les pluies, il fut content et nous fit dire de bâtir le reste de terre. C'est ce que nous fîmes, et sans rien changer au dessin de la construction de notre édifice, il fut convaincu de notre obéissance. On avoit laissé quelques piquets sur le haut du toit pour y mettre une croix et quelque autre léger ornement. Nos ennemis en firent encore ombrage au prince : c'étoient, disoient-ils, des vases d'or que nous voulions y mettre. Le prince nous fit dire d'abattre les piquets, et ils furent abattus. Le prince paroissoit aux ennemis de la loi chrétienne avoir trop d'équité et de modération ; n'ayant pu venir à bout de faire détruire l'église, ils crurent y réussir en attaquant la personne du missionnaire. Et c'est ici la troisième cause de la persécution.

Un Gentil qui faisoit semblant de prendre goût aux vérités de la religion venoit assez fréquemment voir le missionnaire. Comme nos chambres sont à rez-de-chaussée, à la manière des Indiens, un jour que le père lui parloit à la fenêtre, il laissa tomber adroitement son petit sac dans la chambre. Le missionnaire, qui crut voir en cela plus de surprise que de dessein, le lui remit entre les mains. Le Gentil revint un autre jour, et sans que personne s'en aperçût, il cache sa bourse ou son petit sac dans l'ouverture qui est entre la muraille et le toit et se retire. Peu de jours après il prend le catéchiste à partie et redemande son sac avec trente pièces d'or qui étoient, disoit-il, dans sa bourse. Au mot de pièces d'or, le catéchiste s'aperçut de la friponnerie du Gentil, et, sans reconnoître le sac, il lui répondit que, ne l'ayant confié à personne, il n'en devoit demander compte qu'à lui-même. Le Gentil se mit alors à se plaindre, à crier et à faire retentir toute la ville de la calomnie. L'affaire fut portée au palais : comme on y connoît notre désintéressement et que la plupart d'entre eux le donnent pour exemple à leurs gouroux, on n'avoit garde de nous croire capables d'un larcin. Le calomniateur, désespéré de voir son stratagème inutile, se jette et se roule par terre en présence du prince, comme si une espèce de folie lui avoit troublé l'esprit et qu'il eût senti de vives douleurs. En même temps le père du prétendu fou se plaint que le missionnaire a ensorcelé son fils par des oranges qu'il lui a données. Un des princes qui étoit là présent découvrit le stratagème : « Aujourd'hui même, dit-il, j'ai mangé des fruits du jardin des pères et je me porte bien. Que veut dire cet insensé ? »

Plus on trouvoit de tranquillité au palais, plus le feu s'allumoit dans la ville. Le nombre des dasseris croissoit de jour en jour par l'arrivée de ceux que le bruit du tumulte et les lettres du gourou appeloient à la poursuite de la cause commune. Le père Duchamp et le père Ducros, qui étoient alors dans l'église, apprenoient à tout moment qu'on étoit sur le point de la détruire : les faux frères venoient donner des conseils timides, les soldats y paroissoient par troupes et les dasseris assemblés en grand nombre s'avançoient les armes à la main, au son de leur tambour et de leur cor, pour venir abattre notre église. Ils furent arrêtés à la porte de la ville par ordre du prince, à qui ces voies séditieuses déplaisoient d'autant plus qu'on n'ignoroit pas qu'un missionnaire de Maduré fût, il y a quelques années, si maltraité dans une émeute de dasseris qu'il mourut peu de jours après de ses blessures. Cependant le prince parut enfin se rendre et nous fit prier de nous retirer. Ses officiers vinrent porter cette parole escortés d'une multitude de soldats qui remplirent la cour de la maison et de l'église. Le père Duchamp répondit qu'il ne pouvoit se retirer, ni pour notre honneur puisque nous étions accusés, ni pour celui du prince, à qui l'émeute du peuple et de l'armée faisoit violence et qui ne nous donnoit ce conseil que parce qu'il craignoit pour nous. On fit encore diverses propositions et l'on pressa plus que jamais les pères de se retirer. Comme on ne gagnoit rien, quelqu'un, à ce qu'on rapporte, dit au grand prévôt : « Que ne lui faites-vous sauter la tête? » Cependant le père n'entendit pas ces paroles et il ne croit pas qu'on doive absolument y ajouter foi.

Il arriva par une suite inévitable de la persécution suscitée contre le missionnaire que l'orage tomba sur les chrétiens. Les dasseris se réunissoient hors de la ville pour faire parade de leur nombre et de leur force, tandis que l'un d'entre eux, la clochette à la main, achevoit d'ameuter la populace contre les fidèles. C'est alors que, soit par l'ordre du prince, qui craignoit ces mouvemens populaires, soit parce qu'il les favorisoit sous main, on publia dans la ville à son de trompe la destitution des emplois et l'exil de tous les chrétiens, on les déclara infâmes et déchus de leur caste avec défense à tous les ouvriers et artisans de les servir; on jeta de la boue dans leurs maisons, et on n'oublia rien pour les couvrir d'opprobres. Ce que la capitale venoit de faire, les villes du second ordre et les villages le firent à son exemple. Quoique, généralement parlant, l'Indien soit timide et aime la vie, je ne sais si la mort seroit pour eux une épreuve plus difficile, car, sans parler de la caste, dont ils sont extrêmement jaloux, la famine désoloit le pays, et c'étoit les condamner à mourir lentement de misère.

Pour peu qu'on connoisse l'Inde et l'esprit asiatique, on ne sera pas plus surpris de voir des chutes en une conjoncture pareille que de voir Israël se couronner de fleurs aux fêtes de Bacchus sous la persécution des rois de Syrie. Jérusalem opposa les Machabées au torrent de la séduction. Je n'ose leur comparer la générosité de plusieurs de nos chrétiens, qui ont tout quitté, patrie, caste, fortune, puisqu'il ne s'est point agi de répandre leur sang. Mais Dieu a partout ses âmes choisies, et Ballabaram n'en a pas manqué dans ces temps de tribulations. Trois frères, qui avoient quitté leurs biens et leur patrie durant la persécution de Devandapallé, perdirent de nouveau ce qui leur donnoit de quoi vivre. L'un d'eux, nommé Paul, en a depuis reçu la récompense. Je ne me souviens pas d'avoir vu mourir personne avec autant de désir et plus d'assurance de l'autre vie qu'il n'en a fait paroître. Quelques brames ont paru sans rougir dans les assemblées où on les exterminoit de la caste, comme les Juifs bannissoient les premiers chrétiens de la synagogue, et ce n'est qu'avec peine que ces brames ont obtenu dans la suite d'être réhabilités. Un Gola, chef de caste dans le pays de Ballabaram et au delà, soutint avec fermeté une pareille épreuve. Le chef d'un village fut réduit, en quittant sa patrie et son rang, à gagner sa vie en coupant des fagots dans la forêt et a conservé jusqu'à la mort, à la faveur de la pauvreté qu'il a choisie, toute la pureté de sa foi. Le *Mathan*, ou le lieu de la résidence que le révérend père supérieur de la mission bâtissoit alors à Vencatiquiry, capitale de la principauté de ce nom, en recueillit plusieurs qui y ont formé une chrétienté de confesseurs de Jésus-Christ ; plusieurs allèrent chercher de l'emploi chez les princes voisins. Le reste, à la réserve de ceux qui sont tombés, s'est dispersé en différens pays, Dieu l'ayant peut-être permis pour répandre en des lieux où il n'est pas connu la vérité de sa doctrine et la gloire de son nom. Quant à ceux qui ont témoigné de la foiblesse, on peut dire que plusieurs ont plutôt craint de paroître chrétiens qu'ils n'ont cessé de l'être : telles sont la plupart des femmes, auxquelles on n'a eu guère à reprocher d'avoir pris aucun signe de gentilité. Il a été question pour les hommes de se marquer le front avec de la terre blanche ou du vermillon, comme presque tous ceux qui vivent à la solde du prince ou qui ont de l'emploi : ces sortes de marques n'étant pas exemptes de superstition, nous ne les souffrons pas aux chrétiens. A cela près, l'idolâtrie n'a pas été leur crime; la promptitude du repentir a fait connoître qu'ils n'avoient pas commis cette faute sans remords. Mais peut-être ferois-je mieux d'oublier ces foibles néophytes, qui, pour avoir rougi de l'Évangile au temps de la tentation, sont indignes de toute excuse.

Sur ces entrefaites, le révérend père supérieur, qui se pressoit de finir l'église de Vencatiguiry, arriva pour soulager les autres missionnaires. Il y eut entre les trois pères un combat de générosité à qui resteroit pour voir la fin de cet orage. La déférence pour le supérieur le termina : il resta seul, et les pères allèrent prendre soin des autres églises. Quoique les attroupemens ne fussent plus les mêmes et que le feu parût amorti, on parloit encore de venir massacrer le missionnaire, jusqu'à désigner pour cela un jour que le prince devoit aller à la campagne. Les meubles de l'église, les livres et les autres effets avoient été la plupart transportés ailleurs et on se préparoit à tout événement. Grâce à Dieu, le calme revint, et notre église est plus affermie que jamais.

Une maladie populaire dont Dieu a affligé cette ville a été regardée du peuple et des grands comme une punition de la persécution faite aux chrétiens. Dans le fort d'une affliction si générale, un dasseri vint à l'église : « C'est pour cette église, dit-il, qu'on a voulu renverser que Dieu nous punit ; mais la ville périra et l'église subsistera. » En même temps il mit de la terre dans sa bouche pour marquer sa douleur et se retira.

La disette générale, qui dura près de trois ans, et divers événemens qui suivirent de près cette persécution persuadèrent encore davantage que le ciel étoit irrité et vengeoit sa cause. Un brame des plus animés contre les chrétiens mourut et fut mangé des chiens, ce qui passe pour la dernière infamie dans sa caste, où l'on a accoutumé de brûler les cadavres ; le gourou du prince fit une perte considérable dans sa famille. Un chrétien qui avoit été catéchiste et que la corruption des mœurs, plus que toute autre chose, avoit fait apostasier se mêla de sorcellerie : un chef de village que le démon tourmentoit, attribuant cette possession à quelque sortilége, le fit prier de l'en délivrer; celui-ci le promit, et s'étant transporté avec toute sa famille dans le village du possédé, il se mit en devoir de chasser le démon. Le démon sortit en effet du corps du possédé, mais ce ne fut que pour entrer dans celui de l'exorciste, qui dans le moment même s'écria d'un air effaré : « J'ai réussi, mais il m'en coûte la vie. » Peu après il perdit toute connoissance : après avoir demeuré trois jours en cet état, il expira. Malgré l'horreur qu'ont les Indiens, plus que toutes les autres nations, de laisser un cadavre dans le village, ils furent si effrayés que personne n'osa en approcher : ainsi le cadavre resta deux jours sans sépulture. Enfin les deux femmes qu'il entretenoit obtinrent, à force de prières, qu'on creusât une fosse où elles furent obligées de le porter elles-mêmes. Le lendemain on trouva le corps déterré, dont la chair étoit en pièces et les membres dispersés de tous côtés.

Puisque je parle de possession du démon, je joindrai au fait que je viens de rapporter un événement singulier dans le même genre qui s'est passé tout récemment dans la mission de Maduré ; je l'ai appris du missionnaire qui m'a succédé dans l'église de Pouchpaquiry et qui a vu l'homme dont il est question.

Les Danois établis à Trinquebar, sur la côte de Coromandel, ont des ministres luthériens entretenus par le roi de Danemark pour pervertir les nouveaux fidèles ; au moyen d'une imprimerie qu'on leur a envoyée, ils ont donné une édition du Nouveau Testament en malabare avec quelques autres livres de leur composition. Les missionnaires n'ont pas manqué d'en donner aux fidèles le préservatif, soit en excommuniant et brûlant publiquement le nom de ceux qui se sont laissé séduire, comme le révérend père Beschi, Italien, a fait à la dernière fête de Pâques en réfutant par de savans écrits les erreurs des hérétiques, comme le même missionnaire les a réfutées en habile théologien et en maître de la langue, qu'il possède mieux que la plupart des Indiens. La difficulté de multiplier les livres par l'écriture à la main n'est pas un petit obstacle à notre zèle ; mais nos fonds ne nous donnent pas de quoi faire les dépenses qu'on fait pour eux. Parmi ceux que la séduction ou l'intérêt avoit entraînés dans le parti hérétique, un homme avec sa femme alla voir un exorcisme qui se faisoit par des Gentils dans la ville de Tanjaour ; le démon sortant du corps du possédé entra dans celui de la femme hérétique. L'exorciste en fut très-surpris et en demanda la raison au malin esprit : « C'est, répondit-il, que celle-ci est mon bien aussi bien que l'autre. » Le mari, effrayé de l'aventure, reconnut sa faute, et, touché d'un vif repentir, il conduisit sa femme à notre église d'Élacourichi, où, prosterné à terre et fondant en larmes, il demanda pardon à Dieu de sa faute, après quoi il prit de cette même terre détrempée de ses pleurs et l'ayant mise sur la tête de sa femme avec une foi vive, elle fut dans le moment délivrée de la possession du démon. C'est un fait public et constant.

Tandis que le missionnaire qui étoit venu d'Élacourichi me faisoit le récit de cet événement, une persécution qui s'étoit élevée à Trichirapali mettoit toute la mission du Maduré en danger. Un homme du palais, modely de caste et substitut du dalavaï ou général des troupes, alla un jour avec des soldats dans un village de chrétiens pour y brûler l'église. Je ne me rappelle pas ce qui l'empêcha d'y mettre le feu, comme il l'avoit résolu ; mais, pour ne pas s'en retourner en vain, il se saisit du catéchiste, le maltraita cruellement et le chargea de fers. Peu de jours après, quelques dames s'étant intéressées dans cette affaire, le catéchiste fut mis en liberté. Cette démarche du modely n'étoit rien moins qu'une colère passagère : on vit bientôt que c'étoit le fruit du dessein que le dalavaï avoit pris avec lui de renverser la religion chrétienne dans le royaume de Trichirapali, car peu de temps après il brûla un village tout chrétien, avec l'église qui y étoit bâtie ; une petite fille périt dans l'incendie. Ceux dont il se saisit, après bien des mauvais traitemens, eurent les oreilles coupées. On enleva de l'église la statue de sainte Barbe, que le modely fit suspendre à la porte de la ville de Trichirapali, ou, comme on l'appelle dans le pays, de Tirouchinnapallé, pour en faire un sujet d'opprobre à notre sainte religion. Après qu'elle y eut été exposée quelques jours, un brame favori du roi, et par là même redouté, prit notre parti, mit à l'abri des outrages de la populace l'image de la sainte et fit craindre aux auteurs de cette violence son pouvoir sur l'esprit du prince. Le salut nous est venu d'où nous ne l'attendions pas : rien n'est ici plus contraire à la religion que la caste des brames. Ce sont eux qui séduisent l'Inde et qui inspirent à tous ces peuples la haine du nom chrétien. Pour un qui nous tend la main, on en trouve mille qui nous eussent volontiers poussés dans le précipice. Par qui a-t-il pu être inspiré de nous défendre, sinon par la miséricorde de celui qui conduit aux portes de la mort et nous en ramène? *Qui deducit ad inferos et reducit.*

Les choses en étoient là lorsque je reçus des lettres par lesquelles nos pères recouroient à la protection du nabab, ayant peine à croire que l'amitié d'un brame pût être de longue durée et tout étant à craindre si quelque intérêt temporel l'unissoit à nos ennemis. Je me rendis pour ce sujet à Velour, où le père Aubert, missionnaire de Carvepondy, se rencontra avec moi. Le sujet qui l'amenoit étoit une autre persécution qui concernoit son église. Comme il n'est personne dans la mission qui ait autant de rapport et d'accès que lui auprès des seigneurs maures ; que c'est particulièrement ce père qui, dans les affaires difficiles, en a toujours été écouté favorablement, je remis entre ses mains l'affaire de Tirouchinnapallé, pour laquelle il oublia le sujet qui l'amenoit et ne pensa à son église particulière que lorsqu'il eut obtenu les lettres dont la mission du sud avoit besoin.

Carvepondy est la première église que les fondateurs de la mission de Carnate ont bâtie. Comme elle est dans un terrain qui dépend des brames, quoique sujet au nabab, elle est plus que toute autre église exposée à leur persécution. Ils n'ont cessé depuis trente ans d'inquiéter les missionnaires, et bien qu'ils en aient été punis quelquefois par les Maures, seigneurs de cette contrée, comme ils n'ont pas cessé d'être les ministres de Satan, ils n'ont jamais perdu de vue le dessein de ruiner et notre église et la chrétienté qui en dépend.

Cette dernière année, un reddi, créature du gouverneur d'Outremalour, ayant eu en chef le village de Carvepondy, vint rendre visite au missionnaire. Comme il parut à la porte de la chambre avec ses brames, sans se faire annoncer : « Vous me faites honneur, lui dit le missionnaire, mais vous m'en auriez fait davantage si vous m'eussiez fait avertir de votre arrivée. » La visite se passa bien, et le reddi sortit avec un air content ; mais les brames relevèrent malignement cette parole du père, et ayant aigri son esprit, il revint une seconde fois non pas pour faire civilité, mais pour demander au missionnaire avec une espèce d'insulte de quelle autorité nous occupions ce terrain et de qui nous le tenions. Le père lui fit voir la patente du grand nabab ou vice-roi du Carnate, que celui-ci rejeta avec dédain comme une chose dont il se mettoit peu en peine. Le missionnaire jugea aisément à ce mépris qu'il étoit soutenu : aussi le reddi ne tarda-t-il pas à nous faire une guerre ouverte. Il nous fit signifier avec des menaces pleines de fierté et d'orgueil une défense de toucher ni aux fruits, ni aux arbres, ni aux légumes de notre jardin. Comme on ne fit pas grand cas de cette défense, il envoya ses gens pour cueillir nos fruits. Ils montoient déjà sur les arbres lorsqu'on leur envoya dire de se retirer, les avertissant que si le reddi demandoit honnêtement des fruits, on lui en donneroit, comme il savoit bien qu'on en donnoit volontiers à tout le monde, mais que sa manière d'agir étoit contre tout usage. Le reddi, encore plus irrité, vint lui-même avec des soldats, fit défense aux catéchistes et aux autres chrétiens logés dans la résidence d'en sortir, même pour aller puiser de l'eau, les menaçant avec des sermens exécrables que s'il en trouvoit quelqu'un dehors, il lui feroit couper les pieds et les mains. En sortant, il ferma la porte de l'enclos et y apposa le sceau, selon l'usage du pays, afin qu'on n'en pût sortir.

Ce procédé étoit trop insensé pour qu'on s'en inquiétât. Le missionnaire ouvrit la porte et se retira au village le plus voisin, où il y avoit quelques maisons de chrétiens, dans le dessein de continuer sa route le lendemain vers Arcade ou Velour pour y chercher un appui contre ces vexations. A peine fut-il dans le village qu'il vit arriver le père Vicary, missionnaire de Pinnepondy, qui ne savoit rien de ce qui se passoit : c'étoit une rencontre heureuse et ménagée sans doute par la Providence, afin que l'absence du missionnaire n'enhardît point le reddi à rien entreprendre contre sa maison. Il fut si déconcerté de l'arrivée de l'un et du départ de l'autre qu'il demeura tranquille jusqu'à la première lettre qu'il reçut. Le père Aubert, jugeant plus à propos de suivre l'ordre naturel afin de n'offenser personne, s'adressa d'abord au gouverneur de Carvepondy, qui étoit à Arcade.

La lettre qu'il en obtint ne fit qu'aigrir davantage le reddi et le porter à faire de nouvelles vexations. Le Maure gouverneur d'Outremalour n'avoit procuré le village au reddi, son homme de confiance, que dans le dessein de l'usurper et de se l'approprier, de sorte que le reddi se sentant appuyé affecta de mépriser les ordres de son gouverneur immédiat. Le père Vicary eut donc de nouvelles bourrasques à essuyer : le reddi renouvela les premières défenses, à cela près qu'il n'osa plus mettre le sceau à la porte ; il fit le tour de la maison avec sa troupe, criant de toutes ses forces d'un air triomphant que s'il ne venoit pas à bout de renverser la maison ou l'église, comme il l'avoit entrepris, on pouvoit le traiter de paria ou, qui pis est, de Franqui. Il vouloit être entendu du missionnaire, qui parut n'y pas faire attention, mais qui informa aussitôt le père Aubert du succès qu'avoient eu ses premières démarches. Celui-ci ayant obtenu du nabab Bakerhalikan une lettre avec deux députés pour le gouverneur d'Outremalour, l'affaire changea de tribunal ; c'étoit pour ménager tout le monde qu'on suivoit les degrés de subordination, car du reste notre avantage ne s'y trouvoit guère. Le protecteur du reddi devenoit son juge, et le même gouverneur qui avoit autrefois tenu le père Mauduit en prison durant quarante jours sembloit être moins notre juge que notre partie ; aussi ne fit-il que lier la plaie sans y apporter aucun remède.

Le nabab, instruit de ce qui se passoit, prit le parti de renvoyer le père Aubert à son église, dans un de ses palanquins, avec une escorte de soldats : « Je vous donne de plus, ajouta-t-il, un de mes soldats à votre choix pour vous servir de sauve-garde et demeurer dans votre maison comme dans son poste naturel ; il est en votre disposition et je ne serai son maître que pour lui payer sa solde. » N'y a-t-il pas lieu de bénir le Seigneur que les mahométans, ennemis jurés du nom chrétien, en soient devenus l'appui ? L'arrivée du missionnaire dans son église déplut fort au gouverneur d'Outremalour ; il se joignit au reddi pour nous perdre. Comme le nabab de Velour a un supérieur, qui est le nabab d'Arcade, dont la dignité répond à celle de vice-roi du Carnate, il se flatta de le surprendre ou de le gagner par des offres d'argent; il parloit même de lui donner trois mille pièces d'or s'il livroit le missionnaire à leur discrétion. Le reddi de son côté parcouroit les villages voisins et en assembloit les chefs : « Je vais, leur dit-il, détruire l'église et la maison du missionnaire. Les Maures feront du bruit, mais il est rare qu'ils punissent de mort : on les apaise aisément avec de l'argent. Il ne s'agit de votre part que de contribuer au paiement de l'amende, et nous sommes sûrs du succès. » Les chefs des villages refusèrent d'entrer dans une affaire si odieuse, et nous, nous eûmes lieu d'être contens du train qu'elle prenoit à Arcade.

Dosthalican, qui en fut le premier instruit (c'est le neveu et le successeur désigné du vice-roi), nous renvoya au nabab en disant que s'il s'en mêloit, il feroit couper la tête au reddi. Ce seigneur a dit, en quelque occasion, à des Européens qui me l'ont rapporté, que s'il n'étoit pas mahométan, il se feroit chrétien, et qu'au culte des images près, il approuvoit tout ce que notre religion enseigne.

Le nabab avoit été prévenu par M. Pereyra, son médecin, et par Chittijourou, le favori et le ministre du vice-roi, qui venoit de nous donner un terrain pour bâtir une église dans la ville d'Arcade; comme il se trouva présent, il appuya fortement nos intérêts, de sorte que le gouverneur d'Outremalour, qui étoit dans l'antichambre, ne gagna rien à son audience. Il n'eut d'autre accusation à porter contre nous, sinon que nous faisions partout des disciples : « Aimez-vous mieux, lui répondit le vice-roi, servir le diable que le dieu des chrétiens, qui, après tout, est le vôtre et le mien ? Depuis trente ans, ajouta-t-il, que les saniassi sont dans le pays, a-t-on reçu aucune plainte de leur conduite? Vivez en paix avec eux et que je n'entende plus parler de cette affaire. » Le gouverneur d'Outremalour fut à peine revenu chez lui qu'il reçut une corbeille de fruits de la part du missionnaire : il prit occasion de ce présent pour se réconcilier avec nous, et c'est ainsi que l'affaire se termina.

Il n'y avoit pas longtemps que le vice-roi du Carnate nous avoit donné une pareille marque de protection au sujet d'une famille de chrétiens persécutés pour la religion, avec cette différence qu'il s'intéressa pour eux à la simple prière des chrétiens, sans attendre que les missionnaires lui en parlassent. La chose se passa dans le district de Pouchpaquiry, dont j'étois alors éloigné de deux journées. J'appris à mon retour la victoire en même temps que l'épreuve des confesseurs de la foi, qui, au sortir des fers, se rendirent à la fête de l'Assomption, où le concours des chrétiens me donna lieu de les distinguer de la foule et de faire honorer leur constance.

Il y avoit une fête d'idole dans le village d'Ariendel. Parmi les cérémonies ordinaires de cette fête, une des plus remarquables est le mariage qu'on y fait de la déesse avec un jeune Indien de caste paria, qui doit lui attacher pour cet effet un bracelet. La cérémonie finie, il acquiert le droit de battre l'idole. Et si on lui en demande la raison, il répond qu'il bat sa femme et que personne n'y peut trouver à redire. Il y a dans chaque village un homme de service, appelé totti, qui est chargé des impositions publiques et entre autres de celles-là dans les lieux où l'idole est honorée. Ils sont quelquefois deux et alors ils partagent ensemble et le service et les droits qu'ils perçoivent dans le village. C'est à la faveur de cette société que la famille dont je parle se dispensoit depuis plusieurs années de toute action publique qui étoit mêlée de superstition, laissant à leur confrère gentil le soin des cérémonies idolâtriques. L'année dernière, le Gentil se brouilla avec cette famille, et lorsqu'il fut question de la fête dont je parle, il répondit que ce n'étoit pas son tour et qu'on n'avoit qu'à s'adresser à son associé. Sa vue étoit de brouiller la famille chrétienne ou avec le village ou avec les chrétiens. Ceux qui composoient cette famille ne balancèrent point sur le parti qu'ils avoient à prendre. Comme le chef du village disputoit avec eux pour les engager, de gré ou de force à faire la fonction de mettre le bracelet à l'idole, ils répondirent constamment qu'ils ne reconnoissoient pas leurs fausses divinités. La dispute s'échauffoit par le concours des voisins et par la fermeté des prosélytes lorsque le brame, intendant de ce canton, passa dans son palanquin. Il demanda quel étoit le sujet de cet attroupement et de leurs contestations. A peine lui eut-on répondu que ces indiens refusoient de donner le bracelet à l'idole et qu'ils parloient de leurs divinités avec le dernier mépris que, transporté de colère, il jeta un bâton armé de fer à la tête de l'un d'eux, qui heureusement évita le coup, après quoi il les fit saisir et mettre aux fers. Deux d'entre eux s'étoient échappés dans le tumulte, et, voyant le tour que prenoit cette affaire, étoient allés en donner avis aux missionnaires.

Les chrétiens de la caste des parias qui sont à Arcade furent informés d'abord de ce qui se passoit et ne tardèrent pas à prendre des mesures pour secourir leurs frères. Comme ils ont soin la plupart des éléphans et des chevaux de l'armée, ils appartiennent en quelque sorte au vice-roi : ayant donc trouvé le moyen de lui faire parler par un des principaux seigneurs de sa cour : « C'est une affaire que j'ai à cœur, répondit le vice-roi; puisque c'est vous qui m'en parlez, je ne puis la remettre en de meilleures mains ; je vous en abandonne le soin. » Celui-ci s'en fit instruire à fond par le catéchiste et voulut ensuite l'entendre parler de la religion chrétienne en présence de ceux qu'il avoit assemblés. Il se fit montrer nos chapelets, il loua l'usage de la prière et du jeûne et donna de grands éloges aux chrétiens. Ce qui peut avoir fait naître cette estime que les Maures ont de notre sainte religion, c'est la vie exemplaire que mènent les chrétiens qui sont dans leur armée. Quand ils demeurent dans la ville, ils ont leurs églises ; mais quant l'armée marche, afin de pouvoir continuer leurs assemblées et leurs prières en commun, selon ce qui se pratique dans cette mission, ils ont au milieu de leurs tentes une tente particulière qui est comme une église ambulante : elle est dans le camp ce qu'étoit le tabernacle de l'alliance au milieu d'Israël.

Pour revenir à l'affaire d'Ariendel, l'officier maure envoya ordre au brame d'élargir les deux frères chrétiens et de venir rendre compte de sa conduite. Ces chrétiens étoient le plus étroitement resserrés ; on leur avoit enclavé les pieds dans l'ouverture d'une grosse poutre qu'ils ne pouvoient ni traîner ni mouvoir ; durant neuf jours que dura leur prison, ils y furent attachés nuit et jour sans pouvoir se remuer de leur place. On avoit déjà chassé leur famille de la maison, enlevé les bestiaux et mis le sceau à la porte. Le brame ayant appris que ces prisonniers avoient le chapelet au cou et faisoient leurs prières à l'ordinaire, entra en fureur ; il ne parloit plus que de leur trancher la tête : quoique la chose passât son pouvoir, ce sont des menaces dont l'Indien timide se laisse aisément effrayer. Il s'en servit principalement pour les engager à adorer les dieux du pays ; mais nos chrétiens répondirent avec fermeté que quand on avoit une fois connu et embrassé la loi chrétienne, qui étoit la seule véritable, il n'étoit pas possible de l'abandonner. Le père Aubert, missionnaire de Carvepondy, traitoit, par le moyen du catéchiste, de l'élargissement des prosélytes avec le gouverneur de Tirouvatourou, auquel le brame persécuteur étoit subordonné, lorsque les ordres vinrent de la capitale, qui firent entièrement cesser cette persécution.

Jusqu'ici, monsieur, je n'ai eu l'honneur de vous entretenir que de nos peines et de nos combats. Pour changer de matière et finir ma lettre par ce qu'elle peut avoir de plus intéressant, je joins ici une prophétie indienne qui prouve ce que dit saint Paul : « Que Dieu n'a pas laissé les gentils sans témoignage, » et qui, en établissant parmi eux la connoissance du Rédempteur, justifie dans celle de Jacob le sens de ces paroles : *Ipse erit expectatio gentium*, il sera non-seulement la ressource, mais l'attente des gentils. » C'est un monument tiré des livres anciens ; la prédiction y est si précise et les caractères du Rédempteur si marqués, qu'on ne peut douter de la liaison qu'elle a avec les saintes écritures, ni méconnoître la source où ils l'ont puisé. Le révérend père supérieur de la mission qui m'a fait remarquer ce texte, et la lecture que nous en avons fait ensemble nous a fait convenir de la justesse de ses rapports. Voici le texte auquel je joindrai la réflexion que ce père m'a écrite depuis sur ce sujet.

Dans le livre du poëme nommé *Bartachastram*, troisième volume, qui a pour titre *Arannia parvam* ou *Aventures de la forêt*, après un long détail des désordres et des malheurs qui seront le partage du *Caliougam*, qui est, selon les Indiens, le quatrième âge du monde et celui où nous vivons, Marcandeyoudou, sage indien, adressant la parole à Darma Rajou, l'un de leurs plus grands rois, s'exprime de la manière suivante, qui est la traduction littérale des propres paroles qu'on trouvera au bas de la page.

« [1] C'est alors, je veux dire à la fin du Ca

[1] Appoudou Caliougantiamouna Sçambalam ene gra-

liougam, qu'il naîtra un brame dans la ville de Sçambelam. Ce sera Vichnou Iesou. Il possédera les divines Écritures et toutes les sciences sans avoir employé pour les apprendre que le temps qu'il faut pour prononcer une seule parole. C'est pourquoi on lui donnera le nom de Sarva Baoumoudou (celui qui sait excellemment toutes choses); alors ce qui étoit impossible à tout autre qu'à lui, ce Vichnou Iesou brame, conversant parmi ceux de sa race, purgera la terre des pécheurs, y fera régner la justice et la vérité, offrira le sacrifice du cheval et soumettra l'univers aux brames. Cependant lorsqu'il sera parvenu au temps de la vieillesse, il se retirera dans le désert pour faire pénitence ; et voilà l'ordre que ce Vichnou Sçarma établira parmi les hommes. Il fixera la vertu et la vérité parmi les brames et contiendra les quatre castes dans les bornes de leurs lois, c'est alors qu'on verra renoître le premier âge. Ce roi suprême rendra le sacrifice si commun parmi toutes les nations que les solitudes mêmes n'en seront pas privées. Les brames, fixés dans le bien, ne s'occuperont que des cérémonies de la religion et des sacrifices, ils feront fleurir parmi eux la pénitence et les autres vertus qui marchent à la suite de la vérité et répandront partout la clarté des divines Écritures. Les saisons se succédant avec un ordre invariable, les pluies en leur temps inonderont les campagnes, la moisson à son tour fera régner l'abondance, le lait coulera au gré de ceux qui le trairont, et la terre étant, comme dans le premier âge, enivrée de joie et de prospérité, tous les peuples goûteront des délices ineffables. »

Voici la réflexion que fait là-dessus le révérend père supérieur. Il est dit plus haut, dans le livre cité, que chacun des quatre âges est composé de trois mille ans; qu'à la fin du Caliougam, qui en est le quatrième, Vichnou, se revêtant de la nature humaine, naîtra sous la forme d'un brame appelé Yasoudou pour délivrer la terre de tous les maux; qu'il en exterminera les pécheurs, etc. Nous sommes à présent dans la 4,830ᵉ année du Caliougam, selon le calcul indien; si donc chaque âge ne dure que trois mille ans, il y a 1830 ans qu'il est fini et que le Rédempteur, dont il est ici parlé sous le nom d'*ïachoudou*, est venu. De plus, il est à remarquer que le mot hébreu *ïesouah* par une *f* douce, se prononce à peu près comme le *cha* doux des Indiens.

Quant au sacrifice *Achva meda*, qui signifie le sacrifice du cheval, les Indiens ne pourroient-ils pas s'être mépris au sens du mot? L'hébreu *ïasah Salvabit* ayant bien du rapport à *Assvam*, qui signifie cheval en langue *samouscroutam*, ils auroient, par une erreur de langue, substitué le sacrifice du cheval à celui du Rédempteur; de même, par une méprise plus grossière, ils auroient dit, comme quelques-uns, la naissance de Vichnou en cheval; je dis comme quelques-uns, car le livre est sans équivoque, et loin de donner lieu de prendre le change, il dit formellement, comme il paroît par le texte, qu'un brame appelé *ïachou*, qui sera Vichnou lui-même, étant né, etc. Que s'il reste quelque obscurité touchant le nom de Jésus, du moins n'y en a-t-il pas dans la prédiction d'un Libérateur qui sera Dieu, car les Indiens par Vichnou entendent Dieu.

Je joins à la réflexion de ce révérend père quelques remarques dont la première est l'antiquité du livre que je conclus du texte même. L'auteur, un peu au-dessus du texte cité, donne douze mille ans aux quatre âges en commun. Les trois premiers étant fabuleux, il est aisé de conclure, selon le style propre du mensonge ou selon le style indien, qu'on a voulu faire les quatre âges du monde égaux; et trois ou quatre brames à qui j'ai fait lire ce texte

mamouna Vichnou ïesoudou Brammanou janminchi voua mata matramoulo sacala veda chastramoulou neritchi Sarva Baoumoudou anipintson coui appoudou ievariki sçaxiam gani Vichnou ïesoudou Brammanou goudou coni Brammana sametamouga boulocamouna Santcharam sessi adarma vrourtini naratche mlexioulanou samharinchi appoudou sattia durmam nilpi appoudoua Brammhanoudou achva meda iagamoulou tchessounou appoudou a Vichnou ïesoudou boumi anta Brammhalakou dunanga itchi intalo atanikir vakam moussulitanam vatsounou andou chata vanamounacou poi tapassouna oundounou a Vichnou charma nirnaïam tchesse prakaram Brammanoulou sattia darmanoula varnachrava darmamoulou kchatria vessia sçoudra jutoulou vari vari mariadala vartiupoutsou oundounou appoudou croum ïouga pravecham aounou a Rama prabouvou chata samasta Vanamoulou sacala descamolou poujalou galigui Brammalou pouniatmoulai iegnadi cratouvoulou tapassoulou chessi sattia darmamoula naratchi veda chastramoulou prakassintchi cala varouchalou sampournamoulouga courichi samasta daniadoulou paitoulou pandi aoulou Sampournamouga palou pitiki sacala desçalou Sanbramamouga Santochamouga oundounou..... idi crouta ïouga adi vartamamam.

n'ont pas douté que l'auteur ne supposât trois mille ans pour chaque âge en particulier. Le quatrième, qu'ils appellent Galiougam, dont l'époque me paroît être ou la naissance de Noé ou le déluge, le calcul indien ne différant de la Vulgate que de 814 ans par rapport à ce dernier et beaucoup moins des Septante, le Caliougam ou quatrième âge compte, dis-je, aujourd'hui, comme il a été remarqué plus haut, 4,830 ans. Si cela est ainsi, le livre ne sauroit avoir moins de 1800 ans d'ancienneté et précède par conséquent la naissance de Jésus-Christ; car s'il étoit postérieur à cette époque, comment l'auteur, qui auroit compté dès lors plus de trois mille ans depuis l'époque du Caliougam, eût-il pu ne lui en donner que trois mille ans, et prédire, comme un événement éloigné, une naissance miraculeuse qui devoit cependant arriver dans les bornes du même âge?

Quant au nom du Rédempteur promis, je lis dans le texte *iesoudou* et le traduis par *iesu*. En voici les raisons. Le révérend père a déjà remarqué le rapport du *cha* doux des Indiens avec l'*f* des Hébreux; pour ce qui est de la première syllabe, le caractère qui exprime *ia* n'est distingué d'*ié* que par un fort petit trait que le copiste néglige quelquefois, comme a fait celui-ci, car dans les mots *iewariki* et *iegnan*, qui sont dans la même feuille, le caractère *ie* n'est nullement différent de la première syllabe de *iasoudou*, ou, comme j'ai lu, *iesoudou*. Pour me décider là-dessus, j'ai fait lire le texte au plus habile de nos brames chrétiens, et l'ayant fait répéter deux et trois fois, il a toujours lu *iesoudou*. Il faut remarquer que *dou* est dans cette langue la terminaison commune aux noms propres masculins, et que *iesoudou* n'est pas plus différent de *iesu* que Tiberius l'est de Tibère, chaque langue ayant ses terminaisons particulières. De sorte que le mot *iesoudou* doit être traduit dans les langues européennes *iesou* ou *iesu*: car si on donnoit aux Indiens comme nom d'homme le mot *iesou* ou l'hébreu *iesouah* à traduire en leur langue, ils diroient, sans aucun doute, *iesoudou*. Le nom du Rédempteur étant une fois établi, voyons-en les caractères.

Le lieu de sa naissance est la ville ou bourg de Chambelam. Je n'ose appuyer sur le rapport qu'il peut y avoir de *Balam* ou *Belam* (car la prononciation approche autant du second que du premier) avec Bethléem, la rencontre des noms pouvant être un effet du hasard. Mais dans une chose qui se soutient par tant d'autres convenances, les moindres rapports entrent en preuve. Ici le sens des mots est d'accord avec le son, et ce qui pourroit manquer d'une part est suppléé de l'autre. Bethléem signifie maison de pain, et Chambelam est dans l'Inde le pain ou la vie des soldats, des serviteurs et de toutes personnes qui sont à gages. L'étymologie de ce mot pourroit être *chamba* ou *chambali*, qui sont des espèces particulières de riz, et l'on n'ignore pas que le riz est le pain des Indiens; le *thelougou* dit *samba*, mais le *thamoul* ou *malabar* n'a point de caractère qui différencie le *fa* du *cha*. J'ajoute qu'il est surprenant que les Indiens, qui dans les différentes métamorphoses ou fabuleuses incarnations n'ont aucun monument qui montre qu'elles aient été prédites, soient si exacts à circonstancier celle-ci, que le nom, la caste, le lieu de la naissance, les œuvres, tout y soit clairement établi. La gentilité, qui se fait des dieux à son choix des héros que la mort a moissonnés, ne sauroit s'en faire de ceux qui doivent naître, et une prédiction si précise ne peut venir que d'une source étrangère.

Vichnou iesu. Il a été dit plus haut que les Indiens par *Vichnou* entendent Dieu. On ne veut pas dire que tous les caractères qu'ils font de Vichnou conviennent à Dieu: Vichnou est évidemment une monstrueuse production de l'idolâtrie; mais on peut dire que, dans bien des endroits de leurs ouvrages, les Indiens lui donnent les vrais caractères de la Divinité, quoiqu'ils ne se suivent pas, et il n'est pas hors de vraisemblance que ce nom ait été autrefois parmi eux le nom du vrai Dieu, que la gentilité auroit depuis profané, comme les noms de *Paramessouaroudou* (Seigneur suprême) et *Jagadissouaroudou* (Maître du monde) qui sont des noms de Routren. Vichnou, auquel sont attribuées toutes les fabuleuses incarnations au nombre de dix, est, selon le système qui a le plus de cours, le second Dieu de la Trinité indienne.

Sarva Baoumoudou. La manière dont il est dit qu'il possédera toutes les divines Écritures et toutes les sciences sans les avoir apprises est singulière. (J'ai traduit le mot *Vedam* par divines Écritures, parce qu'ayant demandé quelquefois à des brames ce qu'ils entendoient par *vedam*, ils m'ont répondu qu'ils entendoient la parole de Dieu.) *Ramoudou* ou *Ramen*, la plus fameuse incarnation de Vichnou, passe par tous les ordres de la grammaire, et les sciences lui coûtent plusieurs années. Il n'y a que celui-ci de qui l'on puisse dire comme du vrai Rédempteur : « Comment sait-il toutes choses, lui qui n'a point appris les lettres humaines ? »

Conversant parmi ceux de sa race. Il y a « parmi les brames. » Ceci est aisé à appliquer dans le système de ceux qui veulent que les brames soient de la race d'Abraham. S'il n'y avoit à cela d'autre objection à faire que l'éloignement des lieux, on pourroit y répondre que cela n'est pas plus difficile pour eux que pour les Lacédémoniens, qui se disent dans les Machabées enfans d'Abraham, et cette parole du texte cité : « Il donnera toute la terre aux brames » répondroit assez bien au prétendu royaume temporel que les Juifs attendoient à la naissance du Rédempteur.

Ce qui est dit de la destruction du péché et du règne de la justice et de la vérité est le caractère le plus clair qui soit dans cette prophétie. Il répand sa lumière sur tous les autres et spécifie la vraie rédemption. Ce qui est ajouté au sujet du sacrifice institué par le Rédempteur est tout à fait conforme à la prédiction du prophète Malachie : « *Ab ortu solis usque ad occasum magnum est nomen meum in gentibus, et in omni loco sacrificatur et offertur nomini meo oblatio munda.* — Du couchant jusqu'à l'aurore mon nom est grand parmi les nations, et l'on m'offre dans tous les lieux de la terre un sacrifice et une oblation sainte. » Le texte thelougou porte à la lettre : « Par lui, toutes les nations ou tous les pays, jusqu'aux solitudes mêmes, auront le sacrifice. » *Poujalou* est le mot dont nous nous servons pour exprimer le saint sacrifice de la messe. La pénitence et toutes les vertus qui fleurissent, la clarté des divines Écritures répandue partout, ne sont-elles pas une image de la prospérité de l'Église ? Les fausses rédemptions, qui font le sujet de la plupart des métamorphoses de Vichnou, se bornent à la destruction d'un tyran ou à de moindres objets. Celle-ci est la seule qui porte avec soi de vrais caractères et la seule qui ait été attendue, les autres étant après coup.

Asva meda. Sacrifice. C'est ici l'unique article qui coûte à déchiffrer. C'est une figure qui n'est point assortie au tableau et qui le dépare : je ne puis croire qu'elle soit de la même main. Celui qui l'a insérée ne sauroit avoir fait le reste, et celui qui partout ailleurs fait briller la vérité par la justesse des rapports n'auroit pas manqué de reconnoître ici les traits du mensonge. Remarquez qu'il est dit immédiatement auparavant « *ce qui étoit impossible à tout autre qu'à lui.* » Parmi les quatre choses qui sont contenues dans l'énumération, le sacrifice du cheval en est une. Que les trois autres soient, à la bonne heure, impossibles à tout autre qu'à lui : le sacrifice du cheval ne l'est certainement pas, car il a été fait par plusieurs de leurs rois. Si l'auteur parle juste, ce ne peut être ce sens-là. Je crois deviner ce qui a donné lieu à cette erreur, et ma conjecture est assez vraisemblable. Si dans les livres anciens ou premiers modèles sur lesquels ont écrit les copistes indiens, il s'étoit glissé un *a* par surprise ou par négligence, on devroit lire *sua meda* au lieu de *asua*. Cette simple correction donne un sens parfait. *Sua meda* signifieroit *son sacrifice*, le sacrifice du Rédempteur, soit celui qu'il a offert lui-même sur la croix et qui caractérise sa passion, soit celui qui en est l'image et qu'il offre tous les jours par la main de ses ministres. Le texte n'auroit plus alors aucune difficulté. Si le rapport de la racine hébraïque, expliqué plus haut, plaît davantage, on peut s'y arrêter.

Vichnou charma. Je n'ai point traduit ce mot, ne comptant pas assez sur l'interprétation d'un jeune brame qui m'a dit qu'on donnoit ce nom aux pénitens ; j'aurois pu traduire « ce Dieu pénitent, » et cela seroit bien à sa place.

Rama prabbouvou. Roi suprême. J'ai usé, pour le traduire ainsi, des droits que me donne tout le texte, en tirant sa signification de l'hébreu, n'ayant pu trouver d'abord personne qui me dît l'étymologie ou le sens de *rama*. *Prabbouvou* signifie dans la langue du pays roi, prince. Dans l'hébreu *rama* est la même chose que *excelsus*, grand, suprême ; j'ai été confirmé depuis dans cette interprétation par la réponse d'un savant que j'avois fait consulter dans une autre ville, et qui a dit que *rama* avoit la même signification que *karta*. *Karta* signifie seigneur, maître et ne se donne proprement qu'à Dieu, comme au Seigneur suprême. C'est le terme dont usent les Maures pour désigner en langue du pays le vrai Dieu.

J'ai ouï dire que *ram* étoit un mot qui avoit cours dans l'Indoustan et autres pays au nord de l'Inde pour signifier Dieu. *Raïm*, qui n'en est pas éloigné, est en usage parmi les Maures dans le même sens ; son étymologie et sa racine est, à ce qu'il me paraît, *rana esse*, être ; *raïm*, qui est, c'est le nom que Dieu se donne dans l'Exode en parlant à Moïse : « *Dices : Qui est misit me. Ego sum qui sum.* » Tout cela pourroit faire douter si *rama* n'étoit pas autrefois, comme quelques noms que j'ai cités, un nom du vrai Dieu qui auroit dégénéré depuis l'apothéose du fameux Ramen ou Rama, roi d'Ayottia. Le nom de Dieu et celui de roi, qui ne convient qu'au Messie, se trouveroient réunis dans ces deux termes, à moins qu'on n'aime mieux, eu égard au texte de l'Écriture : « *Vox in ramâ audita est*, » rapprocher *rama* de *chambelam* et trouver de nouveau Bethléem en appuyant l'un par l'autre.

Je m'aperçois, monsieur, que j'excède les bornes d'une lettre : il ne faut pas que je me livre davantage à ce défaut, pour lequel je demande votre indulgence. Je suis persuadé que ce monument littéraire fera plaisir au père de Tournemine, à qui je souhaite, si vous le permettez, de marquer en cette occasion mon profond respect, aussi bien qu'au père de Coetlogon, à M. le comte et à Mme la comtesse de Coetlogon et à toute votre illustre famille. J'ai l'honneur d'être avec un très-profond respect, etc.

mettent pas de laisser passer aucune occasion sans vous en marquer ma vive reconnoissance. Depuis trente ans que les jésuites françois ont formé cette mission du royaume de Carnate et qu'ils la cultivent sur le modèle de la mission de Maduré, elle s'étend déjà jusqu'à deux cents lieues, à la prendre depuis Pondichéry, qui en est la pierre fondamentale, jusqu'à Bouccapouram, à la hauteur de Massulipatan, qui est le dernier établissement que nous ayons fait. Il y a seize églises dans les terres à l'usage des missionnaires et deux dans les établissemens qu'ont les François à Pondichéry et à Ariancoupan. Le père Vicary, que vous connoissez et qui m'a souvent prié de vous présenter ses très-humbles respects, travaille avec grand zèle dans ces deux églises.

Nous sommes six missionnaires dans le pays des infidèles, deux autres se disposent à y entrer, tandis que dans le royaume de Bengale il s'ouvre un vaste champ pour y établir une nouvelle mission : c'est tout le nord de l'Inde. Le prince d'Orixa nous appelle ; un autre prince encore plus grand que lui dans l'Indoustan, raja de caste et habile astronome, invite et prie instamment les missionnaires de Bengale de venir dans ses états, où l'on souhaite les établir. Il aime les sciences, et l'on peut juger de l'étendue de ses lumières par les questions qu'il leur a déjà proposées. Les voici :

1° D'où vient la différence qu'il trouve entre la longitude de la lune observée et le calcul fait sur les tables de M. de La Hire qu'il s'est fait traduire ? Cette différence est de près d'un degré ; cependant les instrumens avec lesquels il a fait ses observations sont grands et exacts, et les observations ont été faites avec tous les soins requis. Cette différence se trouve-t-elle aussi pour le méridien de Paris ?

2° Y a-t-il des tables qui donnent les mouvemens de la lune parfaitement conformes aux observations ? S'il y en a, quel est l'auteur et quelle hypothèse astronomique suit-il ?

3° Quelle est l'hypothèse qu'a suivi M. de La Hire et par quelle manière géométrique a-t-il fait ses tables des mouvemens de la lune ?

4° De quelle manière observe-t-on en Europe la longitude de la lune lorsqu'elle est hors du méridien et avec quels instrumens ?

5° Sur quel fondement M. de la Hire a-t-il établi sa troisième équation des mouvemens de la lune et de quelle manière pourroit-on la ré-

LETTRE DU P. CALMETTE

A M DE CARTIGNY,

INTENDANT GÉNÉRAL DES ARMÉES NAVALES DE FRANCE.

État de la religion sur la côte orientale de la presqu'île en deçà du Gange. — Savoir d'un prince du pays. — Opinion sur le *vedam*. — Relations avec les brames.

A Vencatiguiry, le 24 janvier 1733.

MONSIEUR,

La paix de N.-S.

Les bontés dont vous m'honorez et l'intérêt que vous prenez aux missions que nous avons établies dans cette partie de l'Inde ne me per-

duire en hypothèse et la calculer géométriquement ?

Le père Boudier, à qui ces questions s'adressent, est habile lui-même en cette matière : il a fait à Bengale quantité d'observations et sur ses observations de nouvelles tables astronomiques qu'il croit plus exactes que celles qui ont précédé, fondé sur la différence qu'il a trouvée de la déclinaison de l'écliptique.

L'arrangement qu'on se propose est que le père Boudier, accompagné d'un autre missionnaire, que sa foible santé oblige de quitter cette mission, aille trouver le prince, et qu'après l'avoir satisfait au sujet de l'astronomie, il examine ce que la religion peut tirer d'avantage de la protection de ce prince et de la disposition des peuples ; car les sciences peuvent être ici comme à la Chine, un des principaux instrumens dont Dieu se serve pour l'édification de son église : ce ne sont pas les sources d'eau vive qui jaillissent jusqu'à la vie éternelle, mais par le choix de Dieu elles deviennent le canal, et ce n'est guère qu'à la bouche du canal que les grands de l'Inde veulent se désaltérer.

Si cette ouverture donnoit lieu à l'établissement d'une mission, nous aurions en quelque sorte bloqué l'Inde ; car tandis que depuis le cap Comorin nous nous avançons vers le nord, les missionnaires de Bengale gagnant le sud pour nous venir joindre, nous formerions une mission de cinq cents lieues d'étendue. Telle est la vigne que Dieu nous donne à cultiver.

Le roi ayant pris le dessein de former une bibliothèque orientale, M. l'abbé Bignon nous a fait l'honneur de se reposer sur nous de la recherche des livres indiens. Nous en retirons déjà de grands fruits pour l'avancement de la religion, car ayant acquis par ce moyen là des livres essentiels qui sont comme l'arsenal du paganisme, nous en tirons des armes pour combattre les docteurs de l'idolâtrie, et ce sont celles qui les blessent le plus profondément. Telles sont leur philosophie, leur théologie et surtout les quatre *Vedam* qui contiennent la loi des brames et que l'Inde est en possession immémoriale de regarder comme le livre sacré, le livre d'une autorité irréfragable et venu de Dieu même.

Depuis qu'il y a des missionnaires dans l'Inde, on n'a jamais cru qu'il fût possible de trouver ce livre si respecté des Indiens. Et en effet nous n'aurions jamais pu en venir à bout, si nous n'avions eu des brames chrétiens cachés parmi eux. Car comment l'auroient-ils communiqué à l'Europe et surtout aux ennemis de leur culte, eux qui à la réserve de leur caste ne le communiquent pas à l'Inde même ? C'est un crime pour un brame d'avoir vendu ou communiqué le livre de la loi à tout autre qu'à un brame : la raison est que les brames parmi les Indiens forment l'ordre sacerdotal et qu'ils regardent le reste des hommes comme des profanes ou plutôt qu'ils craignent d'ôter au livre, en le communiquant, le caractère de respect qu'il impose aux peuples jusqu'à lui faire des sacrifices et le mettre au rang de leurs divinités.

Ce qu'il y a de merveilleux, c'est que la plupart de ceux qui en sont les dépositaires n'en comprennent pas le sens ; car il est écrit dans une langue très-ancienne, et le *samouseroutam* qui est aussi familier aux savans, que le latin l'est parmi nous, n'y atteint pas encore, s'il n'est aidé d'un commentaire, tant pour les pensées que pour les mots qu'ils appellent *mahabachiam*, le grand commentaire. Ceux qui font leur étude de cette dernière sorte de livre sont parmi eux les savans du premier ordre. Tandis que les autres brames font le salut, ceux-ci leur donnent la bénédiction.

Jusqu'à présent nous avions eu peu de commerce avec cet ordre de savans : mais depuis qu'ils aperçoivent que nous entendons leurs livres de science et leur langue samouscroutam, ils commencent à s'approcher de nous, et comme ils ont des lumières et des principes, ils nous suivent mieux que les autres dans la dispute et conviennent plus aisément de la vérité, lorsqu'ils n'ont rien de solide à y opposer. Nous ne voyons pas pour cela qu'ils se rendent à cette vérité connue ; car de tous les temps Dieu a choisi les simples et les foibles pour confondre la sagesse et la puissance du siècle ; cependant nous ne cessons point de combattre et de disputer avec eux ; mais sans aigreur et avec tous les ménagemens que permet et qu'ordonne la vérité ; persuadés que le fruit de la parole ne se borne pas au nombre de ceux qui sont dociles aux vérités de l'Évangile qu'on leur prêche : une des parties les plus essentielles aux progrès de la foi est la gentilité décréditée, réduite au silence dans la dispute, forcée en mille occasions de convenir de son erreur, obligée de se cacher dans ses pratiques secrètes et diminuée sensiblement dans les lieux où nous avons des églises et des chrétiens. Nous ne recueillons pas toujours la meilleure partie de ce que nous avons semé; cette portion de la moisson est réservée pour le temps où, si Dieu leur fait miséricorde, le gros de la nation s'ébranlera et les peuples s'inviteront les uns les autres à venir par troupes dans le lieu saint, selon l'expression du prophète Isaïe : « *Venite, ascendamus ad montem Domini, et docebit nos vias suas, et ambulabimus in seminis ejus.* »

C'est dans ce sens qu'un ecclésiastique missionnaire de la Chine, étant venu à Pondichéry, disoit ces paroles, que je n'oublierai jamais : « Quand un missionnaire ne feroit que bâtir une église dans un lieu où Dieu n'est pas connu, il a déjà fait un très-grand bien et ne doit point regretter ses travaux. » Nous n'en sommes point bornés là : par la grâce dont Dieu accompagne la prédication de sa parole, nous avons des missionnaires dans le Carnate qui comptent près de dix mille chrétiens dans leur district. Les missions les plus anciennes et celles que leur voisinage de Maduré approchent le plus de la source sont les plus nombreuses. Il y en a de nouvellement établies dont les commencemens font beaucoup espérer et dont la chrétienté est très-fervente, entre autres celle de Bouccapouram, tont j'ai déjà parlé.

Dieu, pour marquer que l'Église de l'Inde est son ouvrage, ne la laisse pas sans miracles non plus que sans contradictions : grâce de miracles constante et assez ordinaire, surtout dans le pouvoir qu'ont les chrétiens de chasser les démons du corps de ceux qui en sont possédés. Il n'est pas rare de voir ici plusieurs de ces malheureux Indiens tourmentés par le malin esprit d'une si cruelle manière que leurs membres en sont tous disloqués. Dès qu'ils se sont fait porter dans nos églises, leur guérison est certaine et le démon n'a plus d'empire sur eux. Il y a peu de gens qui ajoutent foi aux possessions, bien qu'on en voie un si grand nombre dans l'Évangile et qu'il soit naturel de croire que les démons ont sur les idolâtres un pouvoir qu'ils n'ont pas sur le peuple fidèle : peu d'années d'expériences nous rendent dociles sur cet article, et ce qui se passe si souvent à nos yeux nous console infiniment et nous attache de plus en plus à une mission où Dieu se manifeste d'une façon si singulière.

J'ai parlé des églises qui sont à l'usage des missionnaires. Il y en a plusieurs autres auxquelles nos chrétiens donnent ce nom et qui leur servent, dans les villes où ils sont en grand nombre, pour s'y assembler tous les jours et surtout les jours de fêtes. Un catéchiste après la prière y fait une instruction : on y récite les prières qu'on a coutume de dire pendant le saint sacrifice de la messe, on accommode les affaires, on apaise les différends, on met en pénitence et l'on exclut même des assemblées ceux qui ont fait des fautes scandaleuses. Il y a peu de jours que j'ai permis à des chrétiens de ce district de bâtir une pareille chapelle : c'est qui se pratique surtout dans la caste des parias, qui est la plus vile et en même temps celle qui a fourni le plus de chrétiens, Dieu voulant que les pauvres soient aujourd'hui, comme autrefois, la première pierre de son église. *Pauperes evangelisantur.* C'est parmi ceux-ci que le gouverneur mahométan de Velour s'est fait une compagnie de soldats où il ne veut que des chrétiens : il les méconnoît s'ils manquent d'avoir leur chapelet au col.

Voilà, monsieur, en abrégé l'état présent de nos missions dans le royaume de Carnate. Je pourrai peut-être dans la suite entrer dans un plus grand détail, connoissant comme je sais combien vous êtes sensible à l'agrandissement du royaume de Jésus-Christ dans ces terres infidèles et désirant autant qu'il m'est possible de vous donner des marques du profond respect avec lequel je suis, etc.

LETTRE DU P. CALMETTE

AU P. DELMAS.

Prédications.—Conversions.—Guérisons merveilleuses.

A Ballapouram, ce 17 septembre 1735.

Mon Révérend Père,

La paix de N.-S.

L'intérêt que vous prenez à la propagation de la foi dans ces terres infidèles et le zèle avec lequel vous y contribuez chaque année par les secours que vous me procurez ne me permettent pas de vous laisser ignorer une partie des bénédictions que Dieu daigne répandre sur nos faibles travaux.

Je commencerai par vous faire connoître le catéchiste qui est entretenu de vos libéralités. Il se nomme Paul, et c'est celui de tous mes catéchistes à qui Dieu a donné de plus grands talens pour désabuser les Indiens de leurs folles superstitions et faire entrer dans leurs cœurs le goût des vérités chrétiennes. Sa conversion à la foi a quelque chose de singulier et elle est liée à des circonstances qui ne sont point indignes de votre attention.

Une maladie invétérée porta le beau-père du prince de Cotta-Cotta à visiter notre église de Crichnabouram dans l'espérance d'y trouver sa guérison. Il s'y rendit avec sa fille, nommée Yobalamma, qui n'avoit encore que huit ans. Ce seigneur eut plusieurs conférences sur nos vérités saintes avec le missionnaire, et la semence évangélique commençoit déjà à germer dans son cœur, mais elle fut bientôt étouffée par la violence des passions et par les embarras du siècle; cependant elle ne fut pas entièrement perdue, elle fructifia dans le jeune cœur de la princesse et prit de nouveaux accroissemens à mesure qu'elle avançoit en âge.

Ayant appris qu'un orfèvre chrétien avoit apporté des bijoux dans l'intérieur du palais, elle profita du moment qu'elle eut la liberté de lui parler pour lui demander par écrit les prières que récitent les nouveaux fidèles. Cela ne lui suffisoit pas et elle eût bien voulu aller à l'église pour y recevoir les instructions du missionnaire ; mais l'usage établi chez les princes ne permettant pas aux personnes du sexe de sortir du palais ni de parler aux étrangers sembloit lui en avoir fermé toutes les voies; elle s'en ouvrit une que l'esprit de Dieu lui inspira: ce fut de convertir à la foi quelqu'un de ceux qui faisoient le service dans le palais, et c'est sur Paul, qui devint ensuite mon catéchiste, qu'elle jeta les yeux. Elle l'entretint sur les principes de la religion chrétienne, selon le peu de lumières qu'elle avoit acquises dans son enfance: les désirs de son cœur suppléèrent à l'étendue de ses connaissances ; on sait assez que lorsqu'il s'agit de persuader, c'est le langage du cœur qui se fait le mieux entendre.

Aussitôt qu'elle se fut assurée du véritable désir que Paul avoit d'embrasser la foi : « Allez, lui dit-elle, allez apprendre la loi de Dieu de la bouche même du missionnaire, et ne revenez point qu'il ne vous ait baptisé. Surtout retenez bien tout ce qu'il vous dira ; plus vous aurez de connaissances, plus vous serez en état de m'instruire. » Paul exécuta les ordres de la princesse ; les premières semences de la foi qu'il avoit reçues d'elle se fortifièrent à mesure que l'instruction répandoit plus de lumière dans son esprit : il reçut enfin le baptême.

A peine fut-il de retour au palais qu'il se signala par son ferme attachement à la foi. Le prince lui ordonna d'apporter des cocos pour la collation. Le prosélyte n'étoit pas, ce semble, obligé de faire expliquer un ordre qui ne renfermoit rien d'illicite : il part sur-le-champ ; mais un moment après, se ressouvenant que le prince les offroit quelquefois à son idole, il revint sur ses pas et lui demanda s'il ne les destinoit pas à cet usage. « Que t'importe ? dit le prince : que ce soit pour l'idole ou pour moi, fais ce que je t'ordonne. — Il m'importe si fort, répliqua le néophyte, que si vous me refusez l'éclaircissement que je vous demande, je ne puis vous obéir. » Le prince ayant voulu en savoir la raison : « C'est, dit-il, que n'adorant qu'un seul Dieu, le créateur du ciel et de la terre, il ne m'est pas permis de contribuer en rien au culte des idoles. » Il semble que cette réponse eût dû irriter le prince ; cependant Paul n'en conserva pas moins ses bonnes grâces.

Yobalamma de son côté continuoit de s'instruire des vérités de la religion. Dans les saints empressemens qu'elle avoit de recevoir le baptême, elle communiquoit à Paul, son instructeur, différens projets qu'elle formoit où le zèle avoit plus de part que la discrétion : « Comme l'église n'est qu'à trois lieues d'ici, lui dit-elle un jour, ne pourrions-nous pas y aller et revenir dans une nuit sans être aperçus? Il n'y auroit qu'à trouver un moyen de descendre par les murs de la citadelle et revenir par le même chemin. » Paul n'eut garde d'entrer dans un pareil projet, qui ne pouvoit s'exécuter sans exposer l'honneur de la princesse et sa propre vie. Avec de si saintes dispositions pour le royaume de Dieu, Yobalamma se fortifioit de plus en plus dans la foi et soupiroit sans cesse après le moment qui devoit lui procurer la grâce qu'elle souhaitoit avec tant d'ardeur.

Cependant on s'aperçut au palais que la jeune princesse ne prenoit nulle part aux cérémonies idolâtriques et que son cœur étoit entièrement tourné vers la religion chrétienne. Ses parens crurent pouvoir la distraire de cette inclination en lui proposant un mariage ; mais elle leur répondit qu'elle y avoit renoncé et qu'elle vouloit demeurer vierge jusqu'à la mort : exemple aussi rare dans l'Inde qu'il l'étoit autrefois parmi les Juifs. On n'omit rien pour lui faire changer de résolution, mais tout ce qu'on put faire devint inutile. Enfin celui qui la recherchoit en mariage ayant découvert la principale cause de la résistance qu'il trouvoit, s'adressa à Paul et promit que si la princesse consentoit à devenir son épouse, la cérémonie des noces ne seroit pas plus tôt finie qu'il lui permettrait d'aller à l'église pour y recevoir le baptême. Sans cette condition Paul ne se seroit jamais chargé de lui en porter la parole. La princesse témoigna d'abord la crainte où elle étoit que ce nouvel état de dépendance ne fût un obstacle à son salut. Cependant la promesse qu'on lui faisoit de lui laisser le libre exercice de sa religion, joint au respect qu'elle avoit pour ses parens, la détermina à donner son consentement.

On ne manqua pas d'attribuer à Paul le mépris que faisoit la princesse et des idoles et des vanités du siècle : lui-même n'avoit garde de déguiser ses sentimens : dans toutes les occasions qui se présentoient, il rendoit publiquement témoignage à sa foi et il ne craignoit pas, même en présence du prince, de faire voir le ridicule des faux dieux et du culte qu'on leur rendoit. Une conduite si pleine de zèle lui attira enfin l'indignation du prince ; mais un dernier trait mit le sceau à sa disgrâce.

A une fête païenne, qui étoit celle du dieu du palais, on portoit l'idole en triomphe et on la promenoit par toute la ville. Paul étoit à la salle des gardes lorsqu'elle y passa. Dès qu'elle parut on fit lever tout le monde et chacun fit le *namascaram* (c'est la marque de vénération qui se donne dans une pareille occasion.) Paul, bien qu'on l'eût averti plusieurs fois, loin de donner ce signe de respect fit voir au contraire par sa contenance combien il méprisoit les dieux que toute la ville adoroit. Le prince en fut aussitôt informé, et Paul, qui avoit tout à craindre de son ressentiment, ne balança pas sur le parti qu'il avoit à prendre. Comme il s'étoit préparé par la tribulation et par ces premiers essais aux fonctions de zèle, il quitta le service du prince pour servir un plus grand maître et se rendit à l'église, où il devint mon catéchiste.

Peu de temps après la retraite de Paul on célébra au palais le mariage de Vobalamma. Le dernier jour de la cérémonie, on sortit hors de la ville avec tout l'attirail de palanquins et de chevaux. Paul se rencontra par hasard sur la route. Dès que la princesse l'aperçut, elle le fit approcher. Comme elle n'avoit consenti à son mariage que dans l'espérance de recevoir aussitôt après le baptême, ainsi qu'on lui avoit promis, à la vue de son prosélyte, elle oublia tous les honneurs qu'on lui rendoit et les bienséances même de cette journée. «Me voici, dit-elle, hors du palais : l'occasion ne peut être plus favorable, il faut que tu me mènes à l'église et que le baptême termine cette cérémonie.» Elle s'adressa ensuite à ceux qui pouvoient favoriser cette démarche, elle les pressa, elle les conjura, mais inutilement, et la suite ne fit que trop voir que sa ferveur n'étoit pas déplacée.

On oublia bientôt au palais la promesse qu'on lui avoit faite, et chaque jour on éludoit sous divers prétextes ses représentations les plus vives. Enfin ses parens se réunirent pour la détourner d'un dessein qu'elle avoit si fort à cœur. Comme ils ne purent y réussir par la voie de la persuasion, ils la mirent à une épreuve très-délicate dont on ne peut bien connoître la rigueur à moins que d'avoir demeuré dans l'Inde. On la traita comme si elle eût mérité de déchoir du rang et des priviléges de sa caste ; on la fit manger à part, surtout aux jours de fêtes, aux repas de cérémonie et en d'autres occasions où la parenté rendoit plus sensibles la honte et la confusion dont on vouloit la couvrir. Vobalamma se soumit à cette épreuve sans s'émouvoir ; elle témoigna même de la joie de ce que par ce moyen on rendoit public son attachement à la loi chrétienne.

Accoutumée par ces sortes d'épreuves à fouler aux pieds le respect humain, elle employoit une partie de son temps à instruire les dames du palais des vérités de la religion. Mais il semble que Dieu ait voulu ou punir ceux qui s'opposoient à son bonheur ou hâter sa récompense, car il la retira de ce monde l'année même de son mariage. Dès qu'elle connut le danger où elle se trouvoit, elle renouvela ses instances auprès de son époux, elle se jeta à ses pieds et le conjura avec larmes d'envoyer quelqu'un à l'église afin qu'on vînt lui administrer le saint baptême. Mais de si grands sentimens et de si saints désirs dans cette princesse suppléèrent sans doute au don de Dieu qu'on s'obstinoit de lui refuser, et elle n'a pas eu moins de droit que Valentinien, dont saint Ambroise fait l'éloge, d'être regardée comme chrétienne avant le baptême et d'entrer par la voie d'amour dans la société des élus de Dieu. L'odeur des vertus qu'elle laissa après sa mort fit encore plus d'impression sur les esprits que n'avoient fait ses discours ; quelques dames du palais, ses parentes, ont reçu depuis le baptême avec leurs enfans, et toute cette famille a conçu la plus haute estime de notre sainte religion. Le prince même a paru souhaiter qu'on bâtît une église dans la ville où il fait sa résidence.

Le catéchiste Paul, qui avoit la confiance de cette vertueuse princesse, après avoir élevé une nouvelle chrétienté vers Vavelipadou au nord de Ponganour, vint demeurer dans l'église de Ballapouram, où il a eu bonne part aux événemens dont je vais vous entretenir.

Il y a environ huit ans que les dasseris excitèrent une rude persécution contre les chrétiens de cette contrée. Le champ du Seigneur, frappé de stérilité, ne payoit que par des ronces et des épines les travaux et les sueurs des ouvriers évangéliques, lorsque Dieu, voulant manifester son empire sur les cœurs, soumit à sa loi un chef de ces dasseris, et fit servir à sa gloire le principal instrument de la persécution. Les dasseris sont singulièrement dévoués à Vichnou, divinité indienne dont ils se disent les esclaves. Dans le sens de la gentilité qui me paroît le plus fondé sur les livres et sur l'idée des savans, cette idole est le Dieu de la mer ; les dasseris sont comme ses tritons ; ils ont toujours une conque à la main, qui est une espèce de cor fait de coquille de mer, qu'ils enchâssent et qu'ils ornent assez proprement. *Timia*, c'est le nom du chef des dasseris, s'étoit distingué comme Saül dans le temps de la persécution, allant de maison en maison chercher les chrétiens pour les citer au gourou[1] du prince. Il fut frappé tout-à-coup d'une maladie extraordinaire qui dura deux ans. Les médecins, après avoir épuisé tous leurs re-

mèdes, la jugèrent incurable : plusieurs même l'attribuèrent à la magie et au sortilège, ce qui est assez commun dans ces terres infidèles. Un chrétien de ses parens lui persuada d'aller chercher le salut de son âme auprès de celui qui peut quand il le veut, donner aussi la santé du corps. Timia le crut ; il livra ses idoles et tous les nœuds magiques dont on l'avoit chargé, et alla demeurer dans la maison du catéchiste jusqu'à ce qu'il fût instruit. Son mal diminua à mesure que la foi entroit dans son cœur, et au bout de vingt jours il fut rétabli dans une santé parfaite.

Le bruit d'une guérison si surprenante attira moins d'attention que le renoncement qu'il venoit de faire à ses folles divinités. Ses parens en furent très-irrités. Son frère surtout, que des intérêts temporels avoient aliéné de la loi, se déclara son ennemi. Il ameuta les dasseris et fit arrêter le catéchumène devant la salle des gardes. Les dasseris s'attroupèrent autour de lui, le chargèrent d'injures, le menacèrent de le traîner au tribunal du gourou et tâchèrent d'intéresser dans leur cause les officiers et les soldats ; mais ceux-ci voyant qu'il s'agissoit d'une affaire de religion renvoyèrent le soir même Timaia dans sa maison. Il vint droit à l'église pour remercier Dieu de sa prompte délivrance, et le missionnaire, charmé du témoignage qu'il venoit de rendre publiquement à sa foi, ne différa pas de le baptiser avec sa femme et ses enfans.

Son frère, voulant s'attirer la protection des Gentils dans la poursuite du procès qu'il avoit intenté au néophyte, prit le dessein de confondre la cause des dieux avec la sienne et l'accusa d'avoir livré les idoles. Cet article étoit délicat et capable d'exciter un nouvel orage contre les chrétiens ; mais comme le néophyte, toujours ferme dans la confession de sa foi, éluda toutes les questions qui lui furent faites, il porta seul tout le poids de la rage qu'ils avoient dans le cœur et qu'ils déchargèrent sur lui par toutes sortes de mauvais traitemens et d'outrages. Le missionnaire envoyoit de temps en temps quelqu'un de ses disciples pour le consoler et affermir son courage ; le catéchiste y alla à son tour ; il étoit connu, et l'on vomit contre lui les plus grossières injures. Il les écouta d'un air froid et tranquille, sans faire paroître la moindre émotion. Lorsqu'ils eurent fini. « Notre

[1] Père spirituel.

religion, dit le catéchiste, nous apprend qu'il y a beaucoup de mérite à souffrir pour le nom de Dieu les affronts et les injures; si quelqu'un de vous vouloit bien continuer ou du moins répéter ce qu'on vient de me dire, je lui promets une bonne récompense. » Cette réponse les surprit étrangement ; les uns en rirent, d'autres en témoignèrent leur admiration ; tous changèrent de langage et le renvoyèrent avec honneur.

Léon (c'est le nom que Timaia reçut au baptême) ne fut pas le seul qui honora l'Eglise de Jésus-Christ par la confession de sa foi : sa femme, nommée Constance, ne marqua pas moins de fermeté. Elle se rendit plusieurs fois avec ses enfans auprès de son mari, pour animer sa constance et partager ses affronts. Ces choses se passoient à l'insu du prince aux portes de la ville, où, selon la méthode des premiers siècles, se rendent les jugemens, tantôt par manière d'arbitrage, tantôt par une sorte d'autorité que l'usage attribue aux capitaines. des portes et des autres lieux de cette nature. Le plus souvent la cabale y décide, et le meilleur appui de la justice sont les clameurs et les présens.

Ainsi l'innocence étoit-elle oprimée et la religion indignement foulée aux pieds dans la personne de Léon, lorsque Dieu prit sa défense et le délivra des mains de ses persécuteurs. Bairé Gavadou, oncle du prince, étant malade, fit appeler le missionnaire pour recevoir sa bénédiction, la regardant comme un moyen de recouvrer la santé, qu'il attendoit inutilement de tous les remèdes. Ayant appris que le père s'approchoit de la ville, il envoya au-devant de lui des officiers de sa maison et des soldats pour l'accompagner par honneur. C'est avec cette suite que le missionnaire entra par la porte de la ville où se passoit la scène dont je viens de parler. Il tourna la tête, comme s'il eût eu dessein de remarquer ceux qui y étoient assemblés, et continua sa route. Il n'en fallut pas davantage pour déconcerter cette cabale. Ils craignirent que le missionnaire, qui prenoit le chemin du palais, n'allât porter ses plaintes au tribunal du prince, et comme ils avoient à se reprocher l'irrégularité de leur procédé, ils se séparèrent à l'instant et laissèrent toute liberté de se retirer au néophyte, qu'ils avoient retenu deux jours et deux nuits.

La visite que le missionnaire rendit au prince se passa avec toute la bienséance convenable. On l'introduisit dans un salon où le prince s'é- toit fait transporter; on le fit asseoir sur un tapis devant le prince, qui demeura couché, parce qu'il ne pouvoit souffrir d'autre situation. Le missionnaire l'entretint d'abord d'un seul Dieu, de la rédemption des hommes, de la nécessité du salut, et parce qu'on assuroit que le démon avoit part à sa maladie, il lui donna un évangile de saint Jean qu'il reçut avec respect à dessein de le porter toujours sur lui. Les douleurs que souffroit le prince et l'empressement de ses officiers à le soulager interrompoient souvent le discours ; c'est pourquoi le missionnaire, jugeant qu'il ne falloit pas rendre trop longue cette première visite, se leva pour prendre congé. Il fut conduit dans son retour avec la même suite qui l'avoit accompagné.

Le lendemain le père l'envoya visiter n catéchiste. Le prince le reçut avec d'autant plus de bonté qu'il se trouvoit beaucoup mieux : il lui dit que s'il recouvroit la santé, il viendroit en rendre hommage au Dieu que nous servons et qu'il iroit l'adorer dans notre église tous les huit jours. Peu de temps auparavant un de ses domestiques, qui s'étoit converti, lui ayant demandé la permission de quitter ce jour-là son travail pour assister à la messe, il le lui permit de bonne grâce et il ajouta qu'il n'avoit garde de s'opposer à une œuvre si sainte.

On n'avoit pas fait connoître au missionnaire le danger où étoit le prince ni la cause de ses douleurs, qu'on ne regardoit pas comme mortelles : c'est pour cela qu'il s'étoit contenté de préparer les voies de sa conversion dans la confiance que par lui-même ou par ses catéchistes il achèveroit ce qu'il avoit commencé. Il n'en eut pas le temps, le troisième jour le prince se trouva plus mal ; on lui donna tant de remèdes purgatifs qu'il tomba dans l'agonie et perdit toute connoissance. Il n'avoit point chez lui d'idoles et il commençoit à goûter la vérité. Si Dieu n'a pas consommé par sa miséricorde ce que les hommes ont laissé imparfait, nous ne pouvons qu'adorer la profondeur de ses jugemens. La bénédiction de Dieu ne s'est point éloignée de sa maison, car depuis sa mort une famille entière de ses domestiques a reçu la grâce du baptême.

Le néophyte Léon ne jouit pas longtemps du calme où on l'avoit laissé. Des dasseris, s'étant unis à quelques-uns de ses parens, le déclarèrent déchu de sa caste, épreuve la plus délicate qu'il y ait pour un Indien. Comme le reste de la caste n'adhéra point à ce jugement, loin de se rebuter, ils concertèrent de nouveaux projets pour le perdre. Léon, qui étoit exactement informé de tout ce qui se tramoit contre lui, prit le parti de céder par un exil volontaire une maison et des biens qu'il craignoit de ne pas pouvoir allier avec son salut ; il se retira dans la principauté de Ponganour, où, quelques mois après, une mort chrétienne le mit en possession, comme il est à croire, de la récompense que méritoient ses souffrances et la fermeté de sa foi.

Après cette perte, Constance, femme du néophyte, eut à soutenir de nouvelles épreuves. La ville de Pouganour fut détruite par les Maures. Ainsi, obligée de conduire ses enfans d'exil en exil, elle tomba dans une affreuse misère. Il n'eût tenu qu'à elle de la prévenir ou d'y remédier en se réunissant à ses parens, mais elle eût risqué sa foi, pour laquelle elle avoit mieux aimé tout perdre. Contente de sa pauvreté et de son indigence pourvu qu'elle conservât ce précieux trésor, elle exhortoit sans cesse ses enfans à la persévérance et mourut enfin dans son exil après leur avoir fait promettre de ne jamais s'écarter de la voie qui avoit conduit leur père au ciel et qui devoit bientôt l'y conduire elle-même.

Le beau-frère de Léon avoit reçu avec lui le baptême. Un asthme habituel ne lui permettant plus de vaquer aux affaires temporelles, il se tenoit près de l'église, où il assistoit tous les jours au saint sacrifice de la messe. Après avoir passé une année dans tous les exercices de la piété chrétienne, une mort de prédestiné couronna sa ferveur. Sa maladie s'étant beaucoup augmentée, il lui fallut retourner au village de Candavaram, où étoit son domicile. Quoiqu'il fût le seul chrétien tant de sa maison que de son village, il fit peindre des croix sur les murs de sa chambre afin que de quelque côté qu'il jetât les yeux il se rappelât les douleurs de la passion de Notre-Seigneur. C'est dans les plus saintes dispositions qu'il reçut les derniers sacremens. Le catéchiste ne pouvant pas toujours être auprès de lui, il avoit chargé ceux de sa maison de lui dire de temps en temps : « Souvenez-vous de Jésus-Christ ; » et lorsqu'il eut perdu connoissance, ces seules paroles suffisoient pour rappeler sa raison.

Bien des gens ont peine à croire en Europe les maléfices, les sortiléges, les possessions et tout ce qui est du ressort de la magie ; une année passée au milieu de ces nations idolâtres les auroit bientôt persuadés. Il y a des vérités qui ne sont pas moins à la portée du peuple que des savans, et il est encore plus difficile de croire que des événemens capables de réduire les plus grands ennemis de la foi soient dans ceux qui les éprouvent de pure imagination ou foiblesse d'esprit.

Dans une caste où il n'y avoit jamais eu de chrétiens et où les femmes se distinguent par leur retenue et leur modestie, une d'entre elles a été appelée à la foi avec des circonstances qui méritent d'être rapportées. Avant que d'ouvrir les yeux à la lumière, elle se vit engagée dans une conjoncture délicate où il lui fallut défendre son honneur contre les sollicitations d'un de ses parens. Celui-ci, pour se venger de ses mépris, eut recours, ainsi qu'elle l'assure, à la magie et aux maléfices. En effet elle tomba dans une de ces maladies dont la longueur et les symptômes font conclure constamment aux médecins indiens qu'elle n'est pas naturelle et que le seul remède qu'on y puisse apporter est de recourir à ceux qui ont le secret de détruire ces sortes d'opérations magiques. Elle fit donc appeler un brame, car vous savez, mon révérend père, que les brames ne sont pas moins les dépositaires et les interprètes de la magie que de la loi. L'*Adarvanam*, qui est le quatrième *Vedam*, enseigne le secret de mettre en œuvre la magie et de la dissiper, ce qui s'appelle le sacrifice de mort, le sacrifice homicide. Il y a quelques années qu'il en coûta la vie à un brame pour avoir employé ce sacrifice contre une personne de grande autorité. Il avoit manqué apparemment à quelqu'une des paroles et des cérémonies prescrites, car alors le démon en fait, dit-on, porter la peine au sacrificateur. On parle encore ici de ce qui arriva il y a vingt-cinq ans lorsque Ballapouram fut assiégée par l'armée de Maïssour. Un brame crut rompre par la vertu magique l'entreprise de l'ennemi et rendre sa patrie victorieuse. Il se retira durant le siége à Gouribonda, ville voisine, et dans le temps qu'il pratiquoit les cérémonies ordonnées par l'*Adarvanam*, le démon le saisit et le tua sur l'heure. Ceux qui l'avoient aidé dans le sacrifice eurent le même sort. Je parlois de ce fait, comme par manière de doute, à un brame qui a ses biens à Gouribonda ; il me nomma aussitôt le sacrificateur et me raconta les autres circonstances de cet événement.

Pardonnez-moi cette digression, mon révérend père. Je reviens à notre malade. Le brame qu'elle avoit appelé après ses invocations ordinaires aperçut une fente en forme de zig-zag sur la muraille. Aussitôt, comme s'il eût été saisi d'une espèce d'enthousiasme : « J'ai découvert, dit-il, la cause des maux que vous souffrez. Chaohoudou, le dieu des serpens, s'est logé dans ce mur pour vous visiter : ne vous étonnez pas s'il trouble votre repos. Quels honneurs lui avez-vous rendus ? Dressez au pied du mur un petit autel et brûlez-y tous les jours de l'encens. » Elle le fit ; mais au lieu d'un démon qui l'agitoit, elle se vit tourmentée d'une légion entière. Elle eut recours encore une fois aux formules magiques et fit appeler un autre enchanteur, qui ne réussit pas mieux que le premier. Le démon présentoit toutes les nuits à son imagination troublée les plus effrayantes scènes, dont le tourment la desséchoit et l'épuisoit à un point qu'elle ne pouvoit plus se soutenir. Il y avoit six mois qu'elle languissoit lorsqu'elle s'adressa au missionnaire. On n'eut pas de peine à lui persuader d'embrasser la foi chrétienne, et dès le jour même elle se fit instruire. Ce qui persuada que c'étoit une véritable possession, c'est que de temps en temps son visage changeoit prodigieusement de couleur, et que d'autres fois elle avoit les plus violens saisissemens, qui suspendoient toute fonction de ses sens sans cependant lui ôter la connoissance. C'est dans ces symptômes, où l'on craignoit pour sa vie, que le missionnaire, l'ayant fait transporter à l'église, lui administra le saint baptême. Quoiqu'elle fût assise, elle eut besoin d'être soutenue par trois personnes jusqu'aux paroles de l'exorcisme, que ses yeux s'éclaircirent et que ses forces revinrent. Elle s'aida elle-même pour le reste de la cérémonie, et lorsque le missionnaire sortit de l'église, elle s'avança pour lui dire qu'elle se portoit fort bien. La suite confirma la vérité de sa guérison. Anne (c'est le nom qui lui fut donné) se montra à tous ceux qui avoient été témoins de ses souffrances et ne ressentit plus la moindre atteinte de son mal. Son mari et sa fille en furent si frappés qu'ils embrassèrent la foi.

Parmi les dieux du pays, il y en a un d'une espèce singulière qui tortille au sommet de la tête quatre ou cinq flocons de cheveux en manière de corde et se fait adorer sous le nom de Gourounadoudou. La crainte de l'irriter lui fait rendre les mêmes honneurs qu'aux autres dieux. Un jeune homme d'une caste distinguée dans cet état, parce que c'est celle du prince de Ballapouram, se mit au-dessus de cette crainte et se fit couper deux ou trois fois ces flocons de cheveux sans pourtant pouvoir les empêcher de se tresser de nouveau. Le démon voulut sans doute punir le jeune homme du mépris qu'il avoit marqué : il tomba dans une foiblesse extrême et son esprit baissoit considérablement chaque jour ; mais il n'eut pas plus tôt demandé et reçu le baptême qu'il recouvra les forces du corps et toute la vigueur de son esprit, et ses cheveux, qu'on coupa de nouveau en présence du missionnaire, ont toujours crû dans leur ordre naturel. Cet événement, joint à la conduite chrétienne et édifiante que le néophyte a tenue depuis ce temps-là, a fait une grande impression dans tout son village.

Un autre Gentil qui est au service du prince et dont la caste n'a jamais donné de chrétiens amena sa femme à l'église : il attribuoit au démon une maladie qui la tourmentoit depuis plusieurs années. Elle étoit sujette à des mouvemens convulsifs de tout le corps, avec d'affreuses contorsions de bras, où il n'y avoit rien de naturel. L'eau bénite que lui jeta le missionnaire l'eut à peine touchée qu'elle tomba dans une convulsion des plus violentes. Mais ce fut la dernière qu'elle éprouva, et elle recouvra en peu de temps la santé, qu'elle avoit perdue depuis six ans. Elle, son mari et deux enfans adoptifs demandèrent et reçurent le baptême.

Depuis environ deux ans plusieurs linganistes ont renoncé à leur infâme idole et ont embrassé la foi : c'est de toutes les castes celle qui est la plus éloignée de la religion chrétienne par la difficulté qu'il y a de quitter une idole qui est le signe caractéristique de la caste et qu'on doit toujours porter sur soi. Un orfèvre, considéré dans cette caste parce qu'il avoit la surintendance des ouvrages du palais, étoit tombé dans une folie jointe à de si violens accès de fureur qu'on fut obligé de l'enchaîner. Sa femme, après avoir employé inutilement tous les remèdes que son amitié et son propre intérêt purent lui inspirer, s'adressa à l'église du vrai Dieu. Elle se fit instruire avec sa fille des vérités de la foi, elles jetèrent l'une et l'autre le lingan, et le temps d'épreuve étant expiré, elles furent admises au baptême.

Pour ce qui est du mari, ses accès devinrent

beaucoup moins fréquens et moins violens, il se trouva tranquille pendant d'assez longs intervalles pour qu'on pût l'instruire; il écoutoit volontiers la lecture qu'on lui faisoit des livres qui traitent de la religion; il recevoit avec les civilités ordinaires le missionnaire et ceux qui venoient le visiter de sa part. Enfin sa folie dégénéra en enfance. Mais Dieu lui avoit donné autant de temps et de liberté d'esprit qu'il en falloit pour connoître la vérité et se mettre en état de recevoir le baptême, grâce plus utile pour lui que la santé et même d'autant plus précieuse qu'il risquoit moins de la perdre.

Cependant les nouvelles chrétiennes furent bientôt exposées à la tentation, elles eurent à essuyer les plus durs reproches du gourou linganiste et à soutenir tous les efforts qu'il fit pour les ébranler et les engager à reprendre le lingan. Mais la fermeté de ces ferventes néophytes le déconcerta et le réduisit enfin au silence. Elles auroient eu plus de difficulté à vaincre une pareille tentation si elles eussent paru tant soit peu faibles dans la foi, au lieu que par cette profession publique qu'elles en ont faite avec tant de courage, elles se sont procuré une paix profonde que le gourou n'osera plus troubler.

Je pourrois vous rapporter, mon révérend père, un grand nombre d'exemples semblables de la fermeté de nos néophytes, mais les bornes d'une lettre ne me le permettent pas. Voici néanmoins un trait que je ne puis omettre. Une femme mariée à Ballapouram pratiquoit depuis plusieurs années la loi chrétienne au milieu de la gentilité, et elle s'en étoit fait instruire par les nouveaux fidèles, avec qui elle avoit eu de fréquentes conversations, et elle avoit trouvé le secret sans déplaire à son mari de ne participer ni au culte qu'on rendoit dans sa famille aux faux dieux, ni aux idolâtries; cependant elle tenoit sa conversion secrète et différoit à recevoir le baptême jusqu'à ce qu'elle eût marié son fils aîné. Les difficultés que font toujours naître des parens infidèles l'obligeoient de garder avec eux certains ménagemens; mais son habileté et son zèle lui firent abréger ce terme. Dieu lui inspira de travailler à la conversion de quelques-uns de ses parens : elle se donna tant de mouvemens pour y réussir que le missionnaire la proposoit souvent pour modèle à ses catéchistes. Après avoir fait administrer le baptême à quatre d'entre eux, elle se crut suffisamment appuyée et le reçut à son tour à l'insu de son mari et avec un de ses enfans, auquel elle procura la même grâce. On lui donna le nom de Marguerite.

Peu après qu'elle eut été baptisée, un de ses frères étant tombé dangereusement malade, elle sut, nonobstant la défiance et les précautions de ses parens idolâtres, introduire plusieurs fois dans sa maison un catéchiste qui, après l'avoir disposé au baptême, le lui administra avant sa mort. Son mari en fut instruit et il se douta qu'elle avoit embrassé la religion chrétienne. Dans la crainte que cette démarche de sa femme, si elle étoit véritable, ne lui attirât diverses contradictions de la part de ses parens idolâtres, il voulut s'en assurer, et pour cela, aussitôt après les obsèques de leur frère, il lui ordonna de l'accompagner à la suite des Gentils chez un prêtre des idoles. Celui-ci leur distribua des fleurs offertes au démon. Marguerite, à qui il en présenta comme aux autres, les refusa constamment. Son mari, qui l'observoit, dissimula son mécontentement jusqu'à ce qu'il fût de retour chez lui. A peine y fut-il arrivé qu'après de vifs reproches sur l'affront qu'elle lui avoit fait en pleine assemblée, il lui déclara qu'il ne pouvoit y avoir dans sa maison un Dieu pour sa femme et un autre dieu pour lui : « Il est aisé de nous mettre d'accord, répondit Marguerite, allez-vous en à l'église des chrétiens comme moi, et nous n'aurons plus qu'un même Dieu, qui est le seul véritable. — Tu veux encore me séduire, répliqua le mari, mais il n'en sera pas ainsi, car il faut absolument que tu quittes une voie que tout le monde réprouve et qui ne me convient pas. — C'est à quoi je ne consentirai jamais, » répondit Marguerite. A ces paroles, le mari, transporté de fureur, tire son sabre et la menace de lui trancher la tête. Marguerite, se mettant à genoux, lui dit qu'il étoit le maître et qu'il pouvoit frapper. Deux chrétiens du voisinage, ayant accouru au bruit, se mirent en devoir de l'arrêter : « Hé! de quoi vous embarrassez-vous, leur dit Marguerite, que ne le laissez-vous faire! » Le mari ne passa pas outre, et il lui eût été difficile de ne pas se laisser fléchir à tant de douceur et de modération; il eut même honte de son emportement, et prenant un ton radouci : « Quelque chose que j'aie pu faire, lui dit-il, en as-tu été tant soit peu ébranlée? Comment veux-tu que nous vivions ensemble? Tu peux te retirer à l'église des chrétiens, que tu as indignement préférée à ta famille. — Quand vous m'avez reçue chez vous, répondit Marguerite, vous avez assemblé les parens : qu'ils soient témoins de notre séparation comme ils l'ont été de notre alliance ; déclarez-moi chrétienne en leur présence, et que ce soit à ce titre que vous me renvoyez ; alors j'irai me loger auprès de l'église, jusque-là, je regarde vos discours comme tant d'autres que vous ont fait tenir certaines querelles domestiques que je suis accoutumée à vous pardonner. »

C'est Marguerite elle-même qui a fait le récit de tout cet entretien au missionnaire. Par cette épreuve, soutenue avec tant de fermeté, elle a acquis le droit de ne plus garder de ménagemens et de faire une profession ouverte de sa foi, qu'elle avoit tenue renfermée pendant quelque temps dans son cœur. Vous savez, mon révérend père, que dans les premiers siècles de l'Église, souvent la seule présence des chrétiens rendoit muets les oracles ; c'est ce qui est arrivé à notre néophyte : un jour qu'on consultoit les interprètes du démon, qui sont les oracles des Indiens, elle étoit assise à un coin de la chambre : l'interprète ne la connoissoit pas, encore moins savoit-il qu'elle fût chrétienne : cet interprète, ou plutôt le démon par sa bouche, dit qu'il ne pouvoit pas s'expliquer tant qu'elle seroit présente et ordonna qu'on la fît retirer.

Il arrive dans l'Inde ce qui arrivoit aux premiers temps de l'Église naissante, que l'esprit de Dieu se communique plus volontiers aux pauvres qu'aux riches du siècle. Les armées de Marattes qui parcourent tous les ans cette partie de l'Inde pour lever le tribut ont parmi eux une chrétienté nombreuse et édifiante, qui donne lieu à beaucoup de conversions et de baptêmes. Il y a dans chaque armée un nombre considérable de familles chrétiennes. Ces bons néophytes se sont choisi un chef qui leur tient lieu de catéchiste ; tous les dimanches ils ornent une vaste tente en forme d'église : les chrétiens s'y assemblent pour réciter les instructions et faire leurs prières et ils s'en acquittent avec tant d'assiduité et de zèle que le missionnaire a été obligé de modérer les pénitences qu'ils imposoient à ceux qui manquoient une seule fois de s'y trouver.

Un officier maratte ayant été délivré du démon par un reliquaire qu'un chrétien lui avoit fait mettre au cou, a conservé depuis tant de vénération pour cette église ambulante qu'aux fêtes considérables il fait des offrandes d'encens et d'huile pour le luminaire, et comme les lois du pays ne lui permettent pas d'entrer dans les tentes du peuple d'un rang si inférieur, il se tient à quelque distance vis-à-vis la tente, jusqu'à ce que les prières soient finies.

Après vous avoir rapporté quelques traits édifians de nos néophytes, que j'ai choisis entre plusieurs autres semblables, je dois vous entretenir des nouvelles églises que nous élevons dans ces terres idolâtres. Il y a sept ou huit ans que nous en avons bâti une assez belle à Vencatiguiry, capitale de la principauté de ce nom. Quand il fallut en obtenir le terrain, le père Gargam, qui avoit entrepris ce saint édifice, trouva matière à exercer sa patience. Je ne vous dirai point ce qu'il eut à essuyer de délais, de variations, de froideurs et de rebuts du côté du palais. Il vint à bout de tout par sa douceur et par sa persévérance.

Un jour que le prince sortit pour la promenade, le père l'attendit à son retour et lui présenta sa supplique. Il fut reçu fort froidement à l'ordinaire ; mais le missionnaire, qui avoit pris le parti de ne pas le quitter qu'il n'en eût reçu une réponse positive, marcha toujours à ses côtés. Enfin, après avoir passé beaucoup de temps à visiter ses écuries, il entra enfin dans la salle d'audience, où il fit asseoir honorablement le missionnaire et lui fit faire diverses questions par un brame. Il est à croire que ses réponses satisfirent le prince, car la concession du terrain fut le fruit de cette conversation, et des officiers furent envoyés à l'heure même pour marquer l'emplacement de l'église.

A peine eut-on commencé l'édifice que le prince rendit visite au missionnaire. Il n'avoit encore pour logement qu'une misérable cabane faite de feuillages. « Je suis confus, dit-il au prince, de vous recevoir dans un lieu si peu convenable. — S'il est convenable pour vous, répondit poliment le prince, il l'est aussi pour moi. » Il demanda ensuite ce que représentoit une image qu'il aperçut. Quand on lui eut dit que c'étoit l'image de la sainte Vierge, il s'inclina aussitôt et lui donna des marques d'une profonde vénération.

Dès ce jour-là même il prit de l'affection pour le missionnaire et pour la nouvelle église qui étoit son ouvrage. Il venoit deux ou trois fois chaque mois et quelquefois plus souvent visiter le père; il prenoit plaisir à lui entendre parler de la religion, pour laquelle il paroissoit plein d'estime et de respect. On avoit tout à espérer de la pénétration de son esprit et de la droiture de son cœur. Mais ce furent ces qualités-là mêmes qui abrégèrent ses jours, car quelque temps après il fut empoisonné par des brames dont il éclairoit de trop près la conduite. On ignore dans quels sentimens il mourut; il en avoit assez appris pour fixer sa croyance et tourner son cœur vers celui dont il venoit d'admettre la loi sainte dans ses terres. Ce prince, dont on connoissoit les lumières et l'expérience, gouvernoit absolument ce petit état, quoique son frère en fût alors, comme il l'est encore maintenant, le véritable seigneur.

Pendant trois ou quatre ans, cette nouvelle chrétienté devint florissante sous la protection de l'un et de l'autre prince, et elle s'augmentoit de jour en jour par les bénédictions que Dieu répandoit sur la prédication évangélique. Mais les nouveaux établissemens ne sont pas longtemps tranquilles et le démon suscite toujours quelque orage. Il profita d'un temps de guerre pour ruiner notre église. Les Maures ayant formé le siége de Vencatiguiry, le prince, qui se vit attaqué du côté où est l'église, envoya un détachement pour en abattre le mur d'enceinte. Gopala-Naioudou, beau-frère du prince et Rangapa-Naioudou, frère du prince, Cangondy, que des divisions de famille avoient obligé de se retirer à Vencatiguiry, voulurent être de ce détachement afin de satisfaire la haine secrète qu'ils portoient au christianisme. Ils allèrent bien au delà des ordres du prince, car ils abattirent les toits de l'église et de la maison, renversèrent une partie des murs, pillèrent ce qui étoit à leur bienséance et brûlèrent tout le reste.

Dieu vengea bientôt les intérêts de son église ainsi profanée et détruite. Il commença par le prince : sa ville fut pareillement détruite et il ne put conserver sa citadelle qu'en payant un tribut excessif. Les deux chefs qui l'avoient saccagée et tous ceux qui avoient contribué à sa ruine furent punis d'une manière encore plus éclatante, ainsi que je le dirai bientôt.

Quand l'armée des Maures se fut retirée, nous sollicitâmes souvent et toujours inutilement le rétablissement de notre église : enfin on nous proposa un autre terrain au voisinage de la citadelle. Cet emplacement nous mettoit à couvert des inconvéniens de la guerre, mais il nous exposoit trop à la vue des remparts et rendoit inutiles les premières dépenses que nous avions faites; d'ailleurs, au travers de toutes les difficultés qu'on nous faisoit, nous aperçûmes des vues intéressées qui nous empêchèrent de l'accepter. Il fallut donc attendre un temps plus favorable. Au bout de deux ans, le missionnaire ayant fait présenter au prince un type d'éclipse, on lui accorda la permission de bâtir son église dans le premier emplacement où elle étoit avant sa destruction.

Peu de jours après que le prince eut accordé ce même emplacement, il vint rendre visite au missionnaire dans son église, toute ruinée qu'elle étoit. Il avoit à sa suite un grand nombre d'officiers et de brames : ceux-là ne sont d'ordinaire que de simples auditeurs, au lieu que ceux-ci, par les questions qu'ils font ou par leurs réponses aux questions qu'on leur fait, donnent plus de lieu à la dispute et plus de facilité à l'instruction.

Depuis que leur *Vedam*, qui contient leurs livres sacrés est entre nos mains, nous en avons extrait des textes propres à les convaincre des vérités fondamentales qui ruinent l'idolâtrie; car l'unité de Dieu, les caractères du vrai Dieu, le salut et la réprobation sont dans le *Vedam*; mais les vérités qui se trouvent dans ce livre n'y sont répandues que comme des paillettes d'or sur des monceaux de sable, car du reste on y trouve le principe de toutes les sectes indiennes et peut-être le détail de toutes les erreurs qui font leur corps de doctrine.

La méthode que nous observons avec les brames est de les faire convenir d'abord de certains principes que le raisonnement a répandu dans leur philosophie; et par les conséquences que nous en tirons, nous leur démontrons sans peine la fausseté des opinions qu'ils reçoivent communément. Ils ne peuvent, surtout dans une dispute publique, se refuser à des raisons puisées dans les sciences mêmes et beaucoup moins à la démonstration qui s'ensuit lorsqu'on leur prouve par les textes mêmes du *Vedam* que les erreurs qu'ils viennent de rejeter font partie de leur loi.

Une autre voie de controverses est d'établir la vérité et l'unité de Dieu par les définitions ou propositions tirées du *Vedam*. Comme ce livre est parmi eux de la plus grande autorité, ils ne manquent pas de les admettre; après quoi la pluralité des dieux ne coûte plus rien à réfuter. Que s'ils répliquent que cette pluralité, ce qui est vrai, se trouve dans le *Vedam*, on en conclut la contradiction manifeste de leur loi, qui ne s'accorde pas avec elle-même.

Ce prince nous écoutoit volontiers et ne se lassoit point de nous faire des questions intéressantes sur la religion. Il nous eût donné lieu d'espérer sa conversion si les princes de l'Inde n'étoient, par bien des raisons, trop éloignés du royaume de Dieu pour se rendre sitôt à la à la vérité. Il est toujours et utile pour eux de la leur annoncer et glorieux à l'Évangile de triompher de l'idolâtrie devant ses plus zélés défenseurs et ses plus fermes appuis.

Le missionnaire ne songea plus qu'à réparer son église et son logement; mais la difficulté étoit de trouver du bois pour en fabriquer les toits, car le pays n'en fournit pas. Il envoya un brame et deux catéchistes au prince du Drougam, dont Vencatiguiry est un démembrement, pour lui demander la permission d'en couper dans ses forêts. Ce prince, qui, pour le distinguer des cadets dont Vencatiguiry fait la portion héréditaire, est appelé le grand prince, reçut avec bonté les envoyés du missionnaire et leur accorda la permission qu'ils demandoient; il s'informa ensuite en détail de la doctrine chrétienne. C'est la première fois que la loi de Dieu a été annoncée à cette cour, où l'on continue de nous témoigner de l'affection. Depuis ce temps-là, ce prince à voulu être instruit par le catéchiste de plusieurs usages des chrétiens et a fait prier le missionnaire de venir donner sa bénédiction à son palais et à sa famille : c'est dans ces termes qu'il l'invita à le venir voir.

Je viens maintenant aux deux principaux instrumens dont le démon s'étoit servi pour la destruction de notre église. Leur crime ne fut pas longtemps impuni. Il paroît que Dieu livra Gopala-Naioudou à un sens réprouvé : il s'aveugla jusqu'au point de conspirer contre son prince, et il fit faire secrètement des fers pour l'enchaîner aussitôt qu'il l'auroit en sa puissance. Il croyoit déjà toucher au moment où il seroit maître de sa personne et de son état; car ayant rencontré un catéchiste, il lui parla en des termes menaçans, comme étant sur le point de lui faire sentir tout le poids de son autorité. Le prince, informé de ses menées secrètes, le fit arrêter, et il fut chargé des mêmes fers qu'il avoit fait fabriquer. Il trouva le moyen de s'évader et d'échapper au supplice, mais toute sa famille fut emprisonnée et ses biens confisqués. Ses confidens eurent part au châtiment; un de leurs chefs, qui avoit suivi le fugitif, fut massacré par lui-même; les autres furent condamnés à une grosse amende, et après l'avoir payée, ils s'exilèrent d'eux-mêmes.

Rangapa-Naioudou, frère du prince de Cangondi, avoit déjà éprouvé un sort plus funeste. La haine qu'il portoit au christianisme étoit héréditaire dans sa famille; il en donna encore des marques peu de jours avant son malheur. Ayant fait venir un chrétien aveugle, il le pressa de renoncer à la religion chrétienne, dont il parla dans les termes les plus méprisans et en vomissant d'affreux blasphèmes contre le vrai Dieu. L'aveugle répondit qu'il n'y avoit de vraie religion que celle qu'il avoit embrassée, ni de véritable Dieu que le Dieu des chrétiens ; que leurs gouroux en étoient les ambassadeurs que pour lui, il avoit trouvé le chemin du ciel et qu'il ne l'abandonneroit jamais. Ce seigneur, irrité d'avoir eu si peu de pouvoir sur l'esprit d'un pauvre mendiant et ne croyant pas qu'il fût de la bienséance de le maltraiter, se fit un jeu encore moins décent du triste état de son aveuglement : au lieu de le laisser retourner dans la ville par le chemin qu'il avoit coutume de tenir et où il se conduisoit par habitude, il lui indiqua un faux chemin qui l'engagea parmi les chevaux du palais, et il se fit un divertissement barbare de l'embarras où se trouva ce malheureux.

Peu de jours après il alla voir un de ses parens à Cadapa-Nattam, citadelle des Maures limitrophe de Vencatiguiry; c'est là que Dieu le conduisoit pour l'envelopper dans le massacre que je vais rapporter. Le prince de Ponganour étoit toujours en guerre avec ses voisins; après avoir pillé plusieurs bourgades et surpris une citadelle du nabab de Colalam, il tomba sur Cadapa-Nattam, qui dépend du nabab d'Arcatte, le plus puissant de ces quartiers de l'Inde : il vouloit tirer vengeance d'un Maratte qui étoit au service du prince son père et qui, après avoir livré aux Maures la principale forteresse de son état, s'étoit retiré dans cette citadelle.

Les troupes de Ponganour furent d'abord repoussées avec perte, mais elles revinrent à la charge avec tant de furie qu'elles prirent la ville cette nuit-là même et le lendemain la citadelle. Les prisonniers de conséquence, parmi lesquels se trouva Rangapa-Naioudou, furent conduits à Gondougallou, place frontière où le prince étoit resté. Le Maratte, qui s'attendoit à la mort, avança avec une contenance fière et répondit en des termes arrogans. Le prince, après l'avoir fait décapiter, fit le tour du cadavre en lui insultant et en le foulant aux pieds.

On fit avancer ensuite Rangapa-Naioudou : « Quel sujet vous ai-je donné de vous plaindre de moi ? » lui dit le prince. Et en effet, ils n'avoient jamais eu de guerre ensemble, et si Dieu ne l'avoit pas déjà condamné, on ne voit pas pourquoi il fut exclu de la grâce qu'un brame sut obtenir. Le gouverneur de Cadapa-Nattam avoit été blessé dans l'action ; il fut amené à son tour avec son fils, qui n'avoit que dix ans. Il conjura le prince de se contenter de la mort du père et d'épargner le fils, qui étoit dans un âge si tendre. Le prince fut inexorable, et le fils fut massacré aux yeux de son père. Enfin trente-sept personnes, distinguées par leur naissance ou par leurs emplois, périrent de la sorte : on voulut que le gouverneur fût témoin de cette tragique scène, et il ne fut décapité que le dernier.

Le prince fit apporter toutes ces têtes, sur lesquelles, en se mocquant, il jeta des fleurs comme par manière de sacrifice. Le lendemain il les fit transporter à sa capitale, où il s'en fit un triomphe barbare, ayant fait attacher deux de ces têtes aux défenses de l'éléphant sur lequel il faisoit son entrée, tandis que ceux qui le précédoient, par un jeu également cruel, jetoient les autres têtes en l'air et les recevoient dans leurs mains. Ces têtes furent exposées tout le jour devant la salle des gardes, et on les suspendit le lendemain près de la ville entre deux colonnes.

Il en coûta cher au prince pour s'être ainsi livré aux mouvemens de sa colère. L'armée des Maures, promptement rassemblée, et les princes tributaires réunis, ayant formé un corps d'armée considérable, entrèrent dans le pays de Ponganour. Le prince perdit courage. Au désespoir de ne trouver de salut que dans la fuite, avant que de partir, il fit tenailler celui dont les conseils l'avoient précipité dans ce malheur, et il gagna sa principale forteresse dans les montagnes ; mais ne s'y croyant pas encore en sûreté, il se rendit à Cadapa, comptant mal à propos sur la protection du nabab dont il étoit tributaire. Celui-ci, qui étoit d'intelligence avec le nabab offensé, l'amusa pendant quelque temps et le mit ensuite aux fers, où il est encore.

Cependant la ville de Ponganour fut prise après quelques jours de résistance. Le palais du prince fut détruit, la ville brûlée et les murs renversés. Nous eûmes part à la désolation commune, et notre église ne fut pas épargnée. Les Maures, après avoir mis la principauté sur la tête d'un enfant du prince et avoir établi le brame Sommappa pour général de l'état, donnèrent la paix à tout le pays et se retirèrent.

Le missionnaire n'ayant pu, durant ces troubles, visiter la chrétienté de Ponganour, profita des premiers momens de calme pour s'y rendre. Il choisit la maison d'un chrétien la plus propre à servir d'église, et il fit proposer une entrevue au brame administrateur. Celui-ci fit l'honneur au missionnaire de venir le trouver avec une suite de cinquante personnes. On s'entretint d'abord de sciences et ensuite de religion. On convint assez de l'unité de Dieu, et Sommappa ajouta ce que disent communément les brames, Kechavova, Chivova; c'est Kechavoudou ou Chivoudou. Le premier est un nom de Vichnou, le second de Roudroudou : « En voilà deux, reprit le père ; depuis tant de temps que vos docteurs disputent ou lisent des livres, n'ont-ils pu décider encore lequel des deux est le vrai Dieu ? Si la chose vous est si obscure, ne pouvez-vous pas dire : « J'ignore Vichnou et je ne sais quel est Chivoudou, mais je reconnois un Dieu créateur ? » Quand on est né dans une secte, la prévention aveugle si fort qu'on n'examine pas même les termes : car ce Kechavoudou, que vous avez nommé le premier, signifie le Chevelu et rien de plus. — Est-il bien vrai, demanda le brame, que le sens de ce terme soit celui que vous dites ? — Oui, répliqua le père, je l'ai lu dans vos livres les plus autorisés : *Kechacha*, cheveux ; *Kechikan*, chevelure ; *Kechavoudou*, le chevelu. Si vous lui donnez des cheveux, vous lui ôtez la nature divine, qui est pur esprit, comme vous en convenez vous-même par les termes de *Niranjana*, *Niracara*, *Akaiaga*, etc., c'est-à-dire qui est sans membres, sans figure, sans corps. » A la fin de cet entretien, le père demanda un terrain dans l'enceinte de la ville pour y bâtir une maison, et le brame le lui accorda.

Cette maison fut bientôt construite et ne tarda pas à enfanter de nouveaux chrétiens. Il y a parmi ces néophytes une famille dont l'aîné, toujours attaché à ses idoles, est capitaine; le reste de la famille, qui habite une maison séparée, a connu et embrassé la vérité. Ils n'eurent pas plus tôt reçu le baptême que leur foi fut éprouvée. Bali-Naïoudou, leur aîné, dont ils dépendent par les lois du sang et du service, fit un repas à l'honneur de ses ancêtres, lequel, parmi les Gentils, est toujours précédé de cérémonies superstitieuses, et y invita ses frères. L'un lui fit réponse que sa religion ne lui permettoit pas de participer aux cérémonies des Gentils; un autre lui déclara que si l'on s'abstenoit de telle et telle cérémonie, il s'y trouveroit, sinon qu'il étoit inutile de lui en parler. Tous refusèrent ainsi de s'y trouver.

Le plus jeune de cette famille se tira d'une épreuve encore plus délicate. Le brame administrateur, suivi d'une partie des troupes, étant allé visiter une des places de guerre, leur fit donner à dîner. Le jeune prosélyte s'aperçut que les mets étoient déposés aux pieds de l'idole. Comme on le pressoit de s'asseoir, il répondit qu'il jeûnoit ce jour-là, et il jeûna en effet, car il ne fit qu'une collation, ce qui est le jeûne de l'Inde. Lorsqu'il fut de retour à son poste, le capitaine ameuta contre lui quelques soldats sur ce qu'il avoit quitté le culte des dieux pour embrasser une religion qui leur est entièrement opposée. L'un d'eux l'ayant menacé de l'épée : « En toute occasion, répondit-il, je saurois bien me défendre, mais une mort soufferte en témoignage de ma foi est trop précieuse pour la refuser. »

Quelques jours ensuite, le brame Sommappa honora le missionnaire d'une seconde visite; il étoit accompagné de douze brames et de près de cent personnes. Il fit tomber lui-même le discours sur la religion, et pendant une bonne heure que dura l'entretien, on traita plusieurs matières importantes et toujours à l'avantage de la loi chrétienne. Un de leurs systèmes est que l'âme est universelle, et ils supposent qu'elle est la même dans tous les corps, selon cet axiome tiré de leur théologie : « *Chariram binnam paramatmamekam,* » c'est-à-dire que le corps est différent et que l'âme est une. Ils expliquent, selon ce système, la différence de l'homme d'esprit et de l'idiot, du savant et de l'ignorant par la comparaison d'un bon et d'un mauvais miroir : l'objet, quoique toujours le même, est représenté nettement dans l'un et confusément dans l'autre; la différence n'est point dans l'objet, elle est dans le miroir.

Cette proposition ayant été mise sur le tapis : « Ne tenez-vous pas, dit le père, un paradis et un enfer, l'un qui est la récompense des justes et l'autre qui est la prison des pécheurs ? » Ils convinrent de cet article. « Voilà donc deux hommes, reprit le père, un juste et un pécheur, qui meurent en même temps ; le corps est réduit en cendres : comment l'âme, si elle est une dans les deux, peut-elle en même temps avoir le paradis et l'enfer pour son partage ? Seroit-ce que vous reconnoîtrez après la mort une division dans l'âme universelle ? » Le brame Sommappa répéta ce raisonnement pour en faire sentir la force à l'assemblée ; il ne laissa pas de faire une instance : « Il y en a qui tiennent, dit-il, qu'il n'y a pas d'autre enfer ni d'autre paradis que la douleur et la joie qu'on éprouve dans le monde. — Sans m'arrêter, répondit le missionnaire, à un sentiment qui sappe le fondement de toute religion, vous ne pouvez pas le tenir, vous autres brames, puisque le contraire se trouve formellement dans le *Vedam*, où il est dit : « Si vous me pardonnez mes péchés, j'irai prendre possession de la gloire ; » et ailleurs, en parlant de ceux qui ont tout abandonné pour se consacrer à Dieu : « Ceux-là, dit-il, vont au paradis de Brama pour y jouir de l'immortalité. » Vous supposez donc un lieu hors de ce monde où les justes reçoivent la récompense de la vertu. » Le brame ne répliqua rien, et après quelques honnêtetés il se retira.

La nouvelle chrétienté de Bouccapouram s'est fort accrue depuis deux ans, et entre autres elle s'est augmentée de la famille des Reddis Tommavarou, qui sont en partie fondateurs de l'église de Madiggoubba. Il y a plusieurs années que le chef de cette famille, étant violemment tourmenté du démon, fut entièrement guéri aussitôt qu'il eut reçu le baptême, que le père Le Gac lui administra; cependant il ne survécut pas longtemps à cette grâce. Quoiqu'une mort si prompte soit une épreuve dans l'Inde pour des prosélytes, ils n'en furent pas moins attachés à la foi. Depuis ce temps-là, cette famille s'est augmentée jusqu'à près de deux cents personnes et est devenue extrêmement riche. On y conserve encore l'usage que nous inspirons aux chrétiens, savoir, de ne consentir au mariage de leurs filles qu'à condition que leurs gendres se fassent chrétiens, comme aussi de faire baptiser les filles des Gentils qui entrent dans leur maison. Leur fidélité à observer cet usage leur a attiré diverses persécutions qu'ils ont surmontées par leur fermeté.

Ces reddis dont je parle demeuroient à Alomourou, qui est de la dépendance d'Anantapouram ; on les déféra aux Marattes comme étant puissamment riches. Madou-Raioudou, brame maratte qui étoit à la tête d'un camp volant, alla assiéger la ville ; les reddis qui en étoient les maîtres, comptant peu sur le secours du prince, dont le gouvernement étoit foible, prirent le parti de se défendre ; et faisant des habitans autant de soldats, ils soutinrent le siège pendant trois mois : durant ce temps-là il n'y eut pas un seul chrétien de blessé, tandis que les ennemis perdirent une grande partie de leur armée. Cependant le chef des reddis chrétiens se rendit à la cour pour exposer au prince les besoins de la citadelle. Le prince lui donna des armes en récompense de sa bravoure et le fit conduire en triomphe par la ville sur son propre éléphant ; mais au lieu de lui fournir le secours qu'il demandoit, il abusa lâchement de sa confiance et le força de lui faire un billet de six mille pistoles.

Aussitôt que le reddi fut de retour à Alomourou, il assembla ses frères, et après leur avoir rapporté la criante et honteuse vexation que leurs richesses leur avoient attirée de la part de leur propre prince, ils prirent de concert la résolution d'abandonner le pays et de retourner à Bouccapouram, d'où ils étoient sortis autrefois. L'exécution en étoit difficile : la multitude de leurs bestiaux, leurs effets, leur argent, et plus que tout cela un grand nombre de petits enfans rendoient la marche périlleuse et embarrassante. Ils prirent le temps de la nuit pour se dérober à la vigilance de leur ennemi ; leur marche se fit heureusement dans le plus grand silence, et nul de leur suite ne fut surpris.

Quelque temps après leur départ, le prince d'Anantapouram, en étant informé, leur envoya des députés pour les engager à rester dans ses états ; mais cette négociation ayant été inutile, il en envoya d'autres avec une compagnie de soldats pour appuyer la négociation ; ces seconds députés arrivèrent trop tard, et les reddis n'étoient plus sur les terres du prince. Ils avoient promis à Dieu en partant d'Alomourou que s'ils échappoient à la vigilance de leurs ennemis et que s'ils obtenoient un établissement dans le lieu où ils se retireroient, ils y bâtiroient une église à leurs frais. Ils continuèrent paisiblement leur route, qui étoit de quatre-vingts lieues, et cette nombreuse famille arriva à Bouccapouram sans la moindre incommodité. Le prince leur donna d'abord une ferme du domaine et leur accorda ensuite d'autres villages, dont le plus considérable est voisin de l'église d'Aricatla.

Cette nouvelle église, qui est à une journée de celle de Bouccapouram, est l'ouvrage d'un fervent chrétien nommé Pierre Ponnapati. Il se trouva à Bouccapouram lorsqu'on y construisoit l'église : il étudia attentivement les principes de la religion chrétienne, et s'étant rendu à la vérité dès qu'il l'eut connue, il reçut le baptême. Quand il fut de retour dans sa ville, il eut à essuyer toute sorte de contradictions, soit de la part de sa famille, soit de la part de Pappi-Reddi, qui en étoit gouverneur. Il songea d'abord à gagner sa famille, et il y réussit par ses ferventes exhortations et par les leçons d'un catéchiste qu'il avoit amené avec lui. Il eut plus de peine à fléchir le gouverneur : cependant il en vint à bout et obtint son consentement pour l'établissement qu'il vouloit former et son agrément pour faire venir un missionnaire.

Le père Gargam, qui fut appelé, se rendit à Aricatla pour conférer avec le gouverneur. Cette ville est d'environ cinq à six mille habitans. Le démon, auquel ce gouverneur bâtissoit actuellement un temple, craignit un concurrent aussi redoutable que le Dieu des chrétiens. Les brames, qui l'avoient déjà ébranlé, firent de nouveaux efforts à l'arrivée du missionnaire : aussi le père le trouva-t-il tout à fait changé, et aux marques d'estime près, il n'en put recevoir aucune réponse positive. Le père, voyant l'inutilité de ses raisons et de ses démarches, demanda au gouverneur pourquoi il l'avoit fait appeler et s'il étoit permis à un homme de son rang de se jouer d'un missionnaire qui venoit dans son pays en qualité d'ambassadeur du vrai Dieu ; que ce seroit un sujet de triomphe pour les ennemis de son culte et qu'un semblable accueil retomboit sur le grand Maître qui l'avoit envoyé : « Ce grand Dieu, ajouta-t-il, nous ordonne de secouer la poussière de nos souliers contre ceux qui refusent de nous recevoir. » Et comme il se mettoit en devoir d'exécuter cet ordre, le gouverneur, tout effrayé, l'arrêta, et, changeant de langage, il donna son consentement de bonne grâce ; il se fit même un changement si grand dans le cœur du brame Ramanna, le principal auteur de cette opposition, qu'il se chargea de présider à la construction de l'église.

Ces deux églises, étant proches l'une de l'autre, s'entre-soutiennent pour l'accroissement de la foi. Celle de Bouccapouram eut bientôt plus de deux cents chrétiens, et par l'arrivée des reddis venus de Maddigoubba, celle d'Aricatla se trouve une église toute formée : elle commence déjà à donner des prosélytes. La curiosité ayant attiré à la nouvelle église un orfèvre linganiste, il disputa longtemps avec le brame et le catéchiste. Le père de La Johannie, jugeant par ses discours qu'il goûtoit les vérités chrétiennes, entreprit sa conversion. Dieu bénit son entreprise : l'orfèvre mit ce jour-là son lingan à ses pieds. Un si prompt changement est dans l'ordre des conversions de l'Inde une espèce de miracle, car de tous les Gentils, il n'y en a point de plus éloignés du christianisme que ceux qui sont de cette abominable caste. Régis (c'est le nom que ce néophyte reçut au baptême) s'est souvent distingué par la fermeté avec laquelle il a soutenu les diverses persécutions domestiques qui ne manquent guère aux nouveaux chrétiens.

La conversion d'un autre linganiste a quelque chose de plus singulier. Un Gentil qui, ayant entendu des catéchistes, avoit pris quelque teinture des vérités de la religion s'avisa de parler de la doctrine chrétienne au linganiste en termes méprisans et d'un ton railleur : « Ils sont admirables, dit-il, ces chrétiens ! ils font le procès à tous nos dieux et ils les traitent d'hommes, de pierres, d'animaux ; ils veulent qu'on se borne dans le mariage à une seule femme, qu'on ne touche point au bien d'autrui, etc. » Le linganiste l'écouta tranquillement, et quand il eut achevé de parler : « Vous me dites là des choses surprenantes, lui répondit-il ; il faut que ces missionnaires soient de grands hommes, puisqu'ils prêchent une religion si pure et si conforme à la droite raison. Je vous suis obligé des connoissances que vous m'en donnez, et je vais de ce pas à l'église pour m'en faire mieux instruire. » Et en effet il se fit présenter au missionnaire, lui remit son idole, écouta les instructions et reçut le baptême.

A Bouccapouram, un enfant de huit ans, qui étoit chrétien, se trouvant dans une salle publique où les principaux du lieu étoient assemblés, l'un d'eux se mit à railler sur la religion ; le jeune enfant répliqua sur le même ton. Après quelques altercations de part et d'autre, on lui dit de montrer son Dieu : « Mon Dieu, répondit l'enfant, est le créateur de tout l'univers ; il est un pur esprit, et je ne puis vous le montrer, mais je vous montrerai bien le vôtre. » Il prit en même temps une pierre sur laquelle il barbouilla une face humaine, puis l'ayant posée gravement à terre et avec un air de cérémonie, d'un coup de pied il la poussa loin de lui en disant : « Voilà les dieux que vous adorez. » Tout le monde applaudit à la saillie du jeune enfant, et le mauvais plaisant se retira couvert de honte et de confusion.

Une troupe de maçons, dont les chefs sont chrétiens, bâtissoient la chaussée d'un étang à Mondicallou. Un dasseri venu de Ballapouram leur ayant aperçu le chapelet au cou crut que son titre de *samaiacadou* ou de chef des dasseris lui donnoit le droit d'inquiéter partout les ennemis de ses dieux : il leur chercha querelle et, après bien des menaces, il leur défendit de puiser de l'eau : « Comment ! dit l'un d'eux, c'est nous qui travaillons à cet étang, et vous nous empêcherez de nous y désaltérer ! » Il alla à l'instant porter sa plainte au gouverneur, qui est parent du prince. Celui-ci fit appeler le dasseri et les fit disputer ensemble. La conclusion fut que le gouverneur, irrité contre le dasseri, le chassa de sa présence et qu'il présenta le bétel au chrétien, ce qui, dans cette circonstance, étoit pour lui une assurance d'affection et une marque d'honneur.

Les mêmes chrétiens ayant été employés par un brame, ministre d'état, à réparer la chaussée d'un autre étang en la chargeant de terre pour l'affermir enterrèrent à dessein un nombre de petites idoles que les Gentils ont coutume d'y placer. Le brame étant venu examiner l'ouvrage : « Je ne vois plus, dit-il, nos dieux : qu'en avez-vous fait ? — Je ne comprends pas bien ce que vous me demandez, répondit le chef des chrétiens ; à la vérité j'ai remarqué en cet endroit un amas de pierres que j'ai trouvées propres à fortifier la chaussée, mais des dieux, je n'en ai point vu. — C'étoit cela même, reprit le brame, que tu devois respecter : ignorois-tu que ce sont nos dieux? — Je m'y connois autant que personne, dit le maçon, puisque c'est mon métier, et vous pouvez m'en croire, c'étoient certainement des pierres ; mais puisque vous voulez que ce soient des dieux, ils sauront bien reprendre leur place. » Un autre brame lui ayant aperçu un chapelet, dit au brame ministre : « A quoi vous amusez-vous ? Ne voyez-vous pas que c'est un chrétien, et ignorez-vous le mépris que les chrétiens font de nos dieux. » La chose en demeura là et on ne les inquiéta point.

Je finis, mon révérend père, cette longue lettre en vous apprenant la mort du père Lavernhe, que l'excès de ses travaux a consumé en trois ou quatre ans passés dans cette mission. Il joignoit à une grande piété un zèle qui ne lui permettoit pas de se modérer dans les exercices les plus fatigans et les plus ruineux d'une mission par elle-même si dure et si pénible. Il est le premier des missionnaires qui ait fait faire les exercices de saint Ignace aux catéchistes et aux chrétiens. Son église étoit une de celles où il s'administroit le plus de baptêmes. Le soin qu'il prenoit à convertir les infidèles et à former les néophytes, ses fréquens voyages, le concours des fêtes et l'ardeur dont il animoit les fonctions de son ministère terminèrent bientôt son sacrifice. Il se rendit trop tard à Pondichéry, où les remèdes ne purent dissiper la langueur qu'il avoit contractée : elle servit à le disposer à une mort précieuse par les sentimens de prédestiné qui le sanctifièrent jusqu'au dernier soupir et qui laissèrent après lui une odeur de vertu qui subsistera longtemps dans cette mission.

J'ai l'honneur d'être, etc.

EXTRAIT

D'UNE LETTRE DU P. CALMETTE AU P. DE TOURNEMINE.

Idées religieuses et livres sacrés de l'Inde.

Vencatiguiry, dans le royaume de Carnate, le 16 septembre 1737.

Je pense comme vous, mon révérend père, qu'il eût été à propos de consulter avec plus de soin les livres originaux de la religion des Indes ; mais jusqu'ici ces livres n'étoient pas entre nos mains, et l'on a cru longtemps qu'il n'étoit pas possible de les trouver, surtout les principaux qui sont les quatre *Vedams*. Ce n'est que depuis cinq ou six ans, qu'à la faveur d'un système de bibliothèque orientale pour le roi, on me chargea de rechercher des livres indiens qui pussent la former. Je fis alors des découvertes importantes pour la religion, parmi lesquelles je compte les quatre *Vedams* ou livres sacrés.

Mais ces livres, qu'à peine les plus habiles docteurs entendent à demi, qu'un brame n'oseroit nous expliquer de crainte de s'attirer quelque fâcheuse affaire dans sa caste, et dont l'usage du *samscroutam* ou de la langue savante ne donne pas encore la clé, parce qu'ils sont écrits dans une langue plus ancienne, ces livres, dis-je, sont à plus d'un titre des livres scellés pour nous. On en voit pourtant des textes expliqués dans leurs livres de théologie : quelques-uns sont intelligibles à la faveur du samscroutam, particulièrement ceux qui sont tirés des derniers livres du *Vedam*, qui, par la différence de la langue et du style, sont postérieurs aux premiers de plus de cinq siècles.

Cependant les brames, parlant de leur *Vedam*, disent tantôt qu'il est éternel et tantôt qu'il est antérieur à la création. Mais j'ai prouvé plus d'une fois à ces docteurs, par les textes mêmes du *Vedam*, qu'il étoit postérieur, et en particulier par ce texte-ci : « Autrefois le monde n'existoit pas, et ensuite il est devenu existant ; c'est l'âme qui l'a formé, c'est pourquoi l'ouvrage est appelé bon : *Et vidit Deus quod esset bonum.* » Ordinairement par l'âme ils entendent *Dieu*, parce qu'ils en font l'âme universelle qui anime tous les corps.

A l'égard de l'idée de Dieu, que les philosophes indiens confondent toujours dans la suite de leurs systèmes, on ne peut nier qu'ils n'aient eu de grandes lumières et qu'ils ne soient dans le cas de ceux dont parle saint Paul, « qui ayant connu Dieu ne l'ont pas glorifié comme Dieu [1]. » De sorte qu'on est étonné de voir que des auteurs qui ont si bien parlé de Dieu se jettent aveuglément dans un chaos d'absurdités grossières, ou qu'étant plongés si avant dans les ténèbres du paganisme, ils aient eu des lumières si pures et si sublimes de la divinité.

Il n'y a pas un mois que m'entretenant avec un de ces docteurs, je lui parlois des attributs de Dieu et de la connoissance et de l'amour qui fonde la Trinité. Il m'objecta qu'il y avoit donc des qualités en Dieu. Je répondis que c'étoit en Dieu sa manière d'être, ses perfections, et non des accidens comme dans les êtres créés : « Mais, me répliqua-t-il, la perfection n'est-elle pas différente de celui qui a cette perfection ? Vous admettez donc une union entre la perfection et l'Être, ce qui détruit la simplicité de Dieu dont la nature est une et non composée ? » Je lui répondis que la perfection en Dieu ou son opération n'étoit pas différente de Dieu même ; que la sagesse de Dieu, par exemple, étoit Dieu. Il vit bien que j'avois satisfait à sa question, et sans insister davantage il se mit à expliquer ma pensée en disant que la perfection en Dieu existe à la manière de Dieu même. Sans qu'il soit nécessaire de citer les auteurs indiens, vous pouvez juger par ce seul trait s'ils connoissent Dieu.

J'ose même assurer que les philosophes indiens ont de grandes avances pour connoître la Trinité. Il y a une de leurs sectes, moins répandue ici que dans le nord, qui reconnoît en Dieu la connoissance et l'amour ; on la nomme la secte de ceux qui admettent des distinctions en Dieu, par opposition à celle des vedantoulou, qui rejettent ces distinctions en disant que cette connoissance et cet amour ne sont autre chose que Dieu même, sans s'apercevoir qu'ils ont raison de part et d'autre et que la vérité se trouve dans l'union de ces deux sentimens. Ils ont même répandu quelques idées de la Trinité dans leurs livres en la comparant à une lampe qui a trois lumignons et à un fleuve dont les eaux se séparent en trois bras différens.

Ce que j'ai vu de plus marqué et de plus étonnant en ce genre c'est un texte tiré de *Lamarastambam*, l'un de leurs livres. J'ai laissé à Ballapouram les papiers où j'ai décrit ce texte. Il commence ainsi : « Le Seigneur, le bien, le grand Dieu, dans sa bouche est la parole. » (Le terme dont ils se servent la personnifie.) Il parle ensuite du Saint-Esprit en ces termes : « *Ventus seu spiritus perfectus*, » et finit par la création, en l'attribuant à un seul Dieu : « C'est le Dieu, dit-il, qui a fait le monde. » C'est, à ce qu'il m'a paru, le sens du texte, que j'examinerai de nouveau et que j'aurai soin de vous envoyer.

Depuis le mois d'août de l'année 1736, la famine, qui dure encore, a désolé tout ce pays et a causé une grande mortalité. La consolation que j'ai eue au milieu de tant d'objets affligeans a été de conférer le baptême à deux mille deux cent quarante-deux Indiens, dont la plupart étoient des enfans près d'expirer. Les autres missionnaires en ont pareillement baptisé un grand nombre, chacun dans leur district. Je suis, avec beaucoup de respect, etc.

LETTRE DU P. SAIGNES

A MADAME DE SAINTE-HYACINTHE,

RELIGIEUSE URSULINE A TOULOUSE.

Détails sur les brames, les nobles, les nababs.—Cérémonies de la réception d'un étranger. — Les Maures dans l'Inde.—Difficultés et dangers des voyages. — Serpens et couleuvres. — Temple célèbre, taureau fameux.—Danseuses consacrées au culte.—Festins.—Prosélytes nombreux.

A Atipakam, dans le royaume de Carnate, ce 3 juin 1736.

MADAME,

La paix de N.-S.

Il est juste que je vous rende le tribut de reconnoissance que nous vous devons, moi et mes chers néophytes ; ils sont tous couverts de vos dons, car je partage avec eux les pieuses marques de votre libéralité, et il ne s'en trouve aucun parmi eux qui, portant au cou les croix,

---

[1] Rom. chap. 1. v. 21.

les agnus et les médailles dont vous m'avez envoyé une si grande quantité, ne se souvienne dans ses prières des largesses de sa généreuse bienfaitrice. Il y en a de même plusieurs qui m'ont prié de donner à leurs enfans, lorsque je leur confère le baptême, le nom du saint et de la sainte que vous portez : ainsi on en voit qui s'appellent *Mouttou*, ce qui signifie Hyacinthe; d'autres se nomment *Mouttamel*, qui veut dire Marguerite. Par ce moyen-là votre nom est connu et révéré jusque dans ces terres barbares, et vos saints protecteurs y sont spécialement invoqués.

Mais pour répondre à l'empressement avec lequel vous me priez de vous instruire de ce qui me regarde, du progrès que fait la foi parmi ces peuples et des exemples de vertu que donnent les nouveaux fidèles, je vais tâcher de vous satisfaire.

Je n'eus pas plutôt achevé d'apprendre la langue tamul que j'entrai dans la mission de Carnate. Je ne suis éloigné que de trois lieues de la montagne sur laquelle est située la fameuse citadelle nommée *Carnata,* qui a donné son nom à tout le pays. Mon église est bâtie au pied d'une grande chaîne de montagnes d'où les tigres descendoient autrefois en grand nombre et dévoroient quantité d'hommes et d'animaux ; depuis qu'on y a élevé une église au vrai Dieu, on ne les y voit plus paroître, et c'est une remarque que les infidèles mêmes ont faite.

J'ai une seconde église à Aréar, où l'on compte plus de quatre mille chrétiens : c'est une grande ville maure. On lui donne neuf lieues de circuit, mais elle n'est pas peuplée à proportion de sa grandeur. Le nabab y fait son séjour ordinaire. Un nabab est un vice-roi nommé par l'empereur du Mogol ; ces sortes de vice-rois sont plus puissans que le commun des vice-rois en Europe.

J'ai soin d'une troisième église à Velour, autre ville maure également considérable et la demeure d'un nabab différent de celui d'Aréar. On y voit une forte citadelle qui a double enceinte avec de larges fossés toujours pleins d'eau, où l'on entretient des crocodiles pour en fermer le passage aux ennemis; j'y en ai vu d'une grandeur énorme. Les criminels que l'on condamne aux crocodiles n'ont pas plutôt été jetés dans ces fossés qu'à l'instant même ils sont mis en pièces et dévorés par ces cruels animaux. Ce sont les anciens rois marattes qui ont construit cette citadelle; elle est encore recommandable par une superbe pagode qui fait maintenant partie du palais du nabab.

A une journée de Velour, tirant vers le nord, j'ai une quatrième église bâtie dans une forêt dont les arbres sont singuliers [1] : ils sont extrêmement hauts, fort droits et dénués de toute branche. Leur cime est chargée d'une grosse touffe de feuilles où est le fruit; ce fruit est doux, gros comme un pavie de France et couvert d'une espèce de casque très-dur. On le cueille en son temps et on le met en terre : au bout de deux mois il pousse au bas une racine et au haut un jet; l'un et l'autre se mangent. Six mois après on coupe certaines feuilles de l'arbre, grandes comme des éventails et qui en ont la forme, dont on couvre les maisons. La queue de la feuille est large de quatre doigts et longue d'une coudée. Quand, après l'avoir fait sécher au soleil, on l'a bien battue, elle ressemble à la filasse de chanvre, et l'on en fait des cordes. Au tronçon qui reste à l'endroit des feuilles qu'on a coupées récemment, on attache des vases pour recevoir la liqueur qui en découle. Cette liqueur est belle, claire, douce et rafraîchissante; je ne le sais que sous le rapport d'autrui, car je n'en ai jamais goûté. Il n'est pas permis à des sanias ou pénitens, tels que nous sommes dans l'idée de ces peuples, et qui font profession de renoncer à tous les plaisirs du monde, de boire une liqueur si délicieuse, bien moins encore quand elle est préparée, car elle devient très-forte et enivre aisément. Il n'y a guère que les gens de guerre et les parias, gens de la plus vile caste, qui en usent. On la prépare en la faisant bouillir, cuver et purifier. Lorsqu'on l'a fait bouillir jusqu'à un certain point, elle s'épaissit et acquiert un certain degré de consistance qui la fait changer de nom et de nature : c'est alors du sucre d'une couleur noirâtre qu'on met en grosses boules; il est d'un grand débit parmi nos Indiens et dans les pays étrangers où on le transporte. Lorsque l'arbre est vieux et n'a plus de suc, il devient d'une dureté extraordinaire; on le coupe et on en fait de fort beaux ouvrages et d'excellentes boiseries pour les maisons

[1] Ce sont des palmistes

L'utilité qu'on retire de ces sortes d'arbres a beaucoup servi à peupler cette forêt, où l'on voit un grand nombre de petites habitations. Dès que je fus arrivé à la mienne, j'eus peine à suffire à toutes les visites qu'on me rendit. J'entretins ces Indiens, chacun selon sa portée, de la loi sainte que je venois leur annoncer. Ils me parurent édifiés et contens, et plusieurs me promirent de venir dans la suite écouter mes instructions. Dieu veuille que leurs promesses soient sincères et qu'elles ne soient pas l'effet de leur politesse!

Après deux jours de repos, je commençai mes courses accoutumées dans les villages, où je prêchai ouvertement les vérités de la foi. Déjà six familles entières avoient ouvert les yeux à ces premiers rayons de lumière et pensoient sérieusement à leur conversion ; mais un brame qui avoit de l'autorité dans ce lieu-là vint à la traverse et se donna tant de mouvemens qu'il détourna deux de ces familles de la résolution qu'elles avoient prise. Les quatre autres ne se laissèrent pas ébranler. Une guérison dont ils avoient été témoins fortifia leurs saints désirs. Des infidèles de leur connoissance, qui avoient une fille mourante, crurent qu'ils lui conserveroient la vie s'ils pouvoient lui procurer le baptême. Ils l'amenèrent à mon église, et comme cet enfant étoit à l'extrémité, je ne fis nulle difficulté de la baptiser. Le lendemain elle fut parfaitement guérie. Le père et la mère demeurèrent trois jours dans mon église pour commencer à se faire instruire ; et obligés de retourner dans leur village, ils partirent avec une forte résolution de ne plus adorer que le vrai Dieu et de revenir au plus tôt recevoir les instructions nécessaires pour se mettre en état d'être admis au saint baptême.

Le père de la catéchumène, grand dévot de Routren, informé du changement de sa fille, quoiqu'il fût à une grande journée du village, partit sur l'heure pour la remettre, disoit-il, dans le bon chemin. Il ne la quitta point qu'il ne l'eût conduite à la pagode avec son mari. Je fus bientôt instruit de cette infidélité, et dans l'excès de douleur qu'elle me causa, je lui fis dire que si elle ne rétractoit au plus tôt une démarche si criminelle, pour ne rendre ses adorations qu'à l'Être-Suprême que je lui avois fait connoître, elle auroit tout à craindre pour sa fille. Mes remontrances furent inutiles; l'enfant, comme je l'avois prédit, fut frappée de son premier mal et mourut.

Assez près de ce village étoit une veuve, distinguée dans le pays, qui depuis dix ans souffroit de vives et continuelles douleurs dans tout le corps, accompagnées de fréquentes défaillances qui la rendoient incapable du moindre mouvement. Elle avoit employé inutilement pour sa guérison tous les remèdes naturels ; elle avoit eu recours avec aussi peu de fruit aux temples des plus fameuses idoles. Ayant appris la guérison subite de cette jeune fille dont je viens de parler plus haut, elle vint me voir, et au nom du Dieu qui avoit rendu la santé à cette enfant, elle me pria de l'instruire des vérités qu'il falloit croire pour recevoir le baptême. Elle demeura neuf jours dans l'église, et à mesure qu'elle s'instruisoit, elle se sentoit soulagée de plus en plus : enfin le dixième jour, se voyant tout à fait délivrée de ses douleurs, elle protesta qu'elle ne vouloit plus adorer que le vrai Dieu et partit pour aller publier parmi ses concitoyens l'insigne faveur qu'elle venoit de recevoir.

A peine eut-elle fait quelques pas hors de l'église qu'elle ressentit les atteintes de ses premières douleurs et qu'elle retomba dans les mêmes défaillances. Elle se fit de nouveau transporter dans l'église, et dès qu'elle m'aperçut : « Ah ! mon père, s'écria-t-elle, j'ai péché : il m'est échappé d'invoquer *Gangamma*, ne croyant pas que sans son secours mon retour au village pût être heureux. » C'est la coutume des Indiens, lorsqu'ils commencent quelque action, d'implorer l'assistance du Dieu particulier qu'ils adorent. Celle-ci adoroit le Gange et en portoit le nom. La déesse du Gange, selon les poëtes indiens, est la femme de leur Dieu Routren.

Je consolai cette pauvre veuve, qui reconnoissoit sa faute et la pleuroit amèrement : « Réparons-la, ma fille, lui répondis-je, par une foi vive et par de sincères adorations du seul vrai Dieu, en qui vous devez mettre uniquement votre confiance. » Et en même temps, moi et tous les chrétiens qui se trouvoient dans l'église, nous nous prosternâmes devant l'image de Jésus-Christ qui étoit sur l'autel. A cette vue : « Serai-je la seule, s'écria-t-elle en sanglotant, qui manquerai de rendre mes hommages à mon créateur et à mon libérateur ? » Au même instant elle se lève, se prosterne comme nous, et se relève sans aucun secours et jouissant d'une pleine santé. Pénétrée de joie et de reconnoissance, elle s'en retourna à son village, où j'espère que sa foi ne sera point altérée par les persécutions auxquelles elle doit s'attendre.

Un trait tout récent de fermeté qu'a fait paroître un de nos néophytes ne manquera pas, madame, de vous édifier. Un soldat nouvellement baptisé fut appelé par son colonel pour un exercice qu'il faisoit faire à ses troupes ; il s'y rendit et oublia de mettre son chapelet au cou, comme il avoit accoutumé de le faire pour ne laisser ignorer à personne qu'il étoit chrétien. Les soldats, ne lui voyant pas ce signe de sa religion, le raillèrent comme s'il avoit eu honte de le porter et qu'il eût abandonné la foi. Le soldat, sans répondre un mot, part pour sa maison et revient avec sa femme et ses trois enfans portant tous des médailles et des chapelets à leur cou : « Camarades, leur dit-il, voyez si ma famille rougit du nom de chrétien; sachez que ce beau nom fait toute ma gloire, et que plutôt que de le ternir par une action indigne, je donnerois ma tête, celle de ma femme, de mes enfans, de mon père, de ma mère et de tous mes parens et amis. »

Ce discours ayant été rapporté au colonel, il fit venir le soldat et le questionna sur la doctrine qu'on lui avoit enseignée ; il lui fit réciter ses prières et le fit interroger par un brame qui étoit à sa suite en qualité de son gourou. Ce soldat répondit d'une manière si juste et si plausible que le colonel en parut charmé. Ce bon néophyte, n'étant pas content de lui-même parce qu'il ne se croyoit pas assez habile, demanda avec instance qu'on voulût bien lui accorder une audience dans trois jours, parce qu'il amèneroit avec lui le catéchiste qui l'avoit instruit, dont on seroit bien autrement satisfait : « J'y consens, » dit le colonel en riant. Et se tournant vers le brame : « Vous êtes notre docteur, lui dit-il, je vous invite à cette entrevue. »

Le soldat, s'étant rendu au jour marqué chez le colonel avec son catéchiste, se fit annoncer. Le brame, qui se défioit de ses forces, voulant éviter une pareille conversation, demanda de quelle caste étoit celui qui prétendoit entrer en dispute avec lui sur la loi. On répondit qu'il étoit de la caste vellale, une des plus honorables qui soient parmi la caste des choutres. Le brame lui fit dire qu'étant d'une caste inférieure à la sienne, il ne lui étoit pas permis de s'asseoir même auprès de lui. Le soldat ne se contenta pas de cette réponse, mais s'adressant au brame : « Puisque ce choutre, lui dit-il, n'est pas digne de votre conversation, je vais chercher mon gourou, le saniassi romain ; dans quatre jours il sera ici. — Il n'est pas nécessaire, répondit le brame, je pourrai le voir et l'entretenir dans un temps plus favorable. » Le soldat fit bien valoir ce refus du brame et il en triompha devant ses camarades infidèles comme d'une victoire qu'il avoit remportée sur lui à la honte de sa doctrine insensée, dont il amusoit un peuple ignorant et crédule.

Les brames sont, comme vous savez, madame, la plus haute noblesse de ce pays ; on peut dire même que c'est la plus ancienne et la plus sûre noblesse du monde, car il est inouï qu'aucun de cette première caste se soit jamais mésallié. Ils sont les dépositaires de la loi, les gouroux ou les prêtres des dieux. Ils croiroient en effet s'avilir s'ils s'entretenoient de religion avec un homme de la caste des choutres [1] ; en voici un exemple assez récent. Un de nos missionnaires s'entretenoit avec un brame qui l'étoit venu voir; la conversation tomba insensiblement sur la religion. Le missionnaire, qui ne savoit pas encore bien la langue, se trouva embarrassé dans une occasion où il ne pouvoit pas assez bien expliquer sa pensée. Son catéchiste, qui étoit choutre, voyant son embarras, s'avisa de prendre la parole : Le brame en colère : « De quoi te mêles-tu, lui dit-il, d'oser parler en notre présence ? Tais-toi, laisse parler ton gourou; de quelque manière qu'il s'exprime, il me fait plaisir : quand tu dirois la vérité, je ne voudrois pas l'entendre de ta bouche. »

L'idée qu'ont les brames de l'excellence de leur qualité et de leurs personnes est fondée sur ce qu'ils croient et qu'ils publient, qu'ils sont nés de la tête du dieu Brama; il y en a qui se prétendent Brama eux-mêmes. Du reste, voici comme ils distribuent la naissance au reste des hommes : ils font naître leurs rois des épaules de Brama, c'est après eux la seconde caste ; les cometis, de ses cuisses, et c'est la troisième caste; et de ses pieds les choutres, qui sont la quatrième caste. Chacune de ces castes en renferme plusieurs autres ; mais un

---

[1] Tchoutres.

homme d'une caste inférieure, quelque mérite qu'il ait, ne peut jamais s'élever à une caste supérieure.

Ce qu'il y a de vrai, c'est que ces brames, qui se font semblables à leurs fausses divinités, leur ressemblent parfaitement par leurs fourberies et par leurs déréglemens. Ils ont communément de l'esprit et du savoir; il n'en est guère parmi eux qui ne conviennent que la loi que nous prêchons est sainte et que la leur ne peut lui être comparée; mais leur attachement aux plaisirs de la vie, le respect humain, la coutume l'emportent sur toute conviction. S'il ne s'agissoit que de raisonner et de convaincre pour convertir les Indiens, toute l'Inde seroit chrétienne.

Un Indien respectable par son âge et par son rang, que je pressois un jour plus fortement qu'à l'ordinaire d'embrasser la loi céleste, ainsi qu'il l'appeloit et dont il faisoit souvent lui-même l'éloge : « Volontiers, je l'embrasserois, me répondit-il, si vous pouviez empêcher les discours qu'on ne manquera pas de tenir sur ce que à mon âge de soixante-seize ans je change de religion. — Pour moi, dit un officier de guerre qui étoit présent, si j'avois autant d'esprit que vous et que je fusse convaincu comme vous me paroissez l'être, je ne balancerois pas un moment : il faut savoir mépriser les frivoles discours du monde. » Puis m'adressant la parole : « O pénitent romain, me dit-il, je ne suis pas capable d'entrer dans ces raisonnemens : j'adore Vichnou, allumons du feu dans une fosse, j'y ferai jeter un de mes soldats vichnouvistes; vous, faites-y jeter un de vos disciples : celui qui en sortira sain et sauf, sans avoir été endommagé par le feu, donnera une preuve certaine de la plus grande puissance du Dieu qu'il adore. »

Ma réponse à une proposition si peu raisonnable fut celle qu'on a accoutumé de faire à ceux qui voudroient tenter Dieu : « Cette épreuve, lui ajoutai-je, est d'autant moins nécessaire que Dieu daigne souvent par ses prodiges confirmer à vos yeux les vérités saintes que nous vous annonçons. » Sur quoi je lui nommai une personne qu'il connoissoit : « Allez la voir, lui dis-je, et faites-vous raconter ce qui lui est arrivé assez récemment. »

Cette personne dont je lui parlois étoit une dame indienne qui étant à l'extrémité fit venir un de mes catéchistes et lui demanda le baptême comme un remède infaillible qui lui rendroit la santé. Le catéchiste, après une courte instruction sur ce sacrement et sur les obligations auxquelles il engage, la laissa avec un grand désir de le recevoir. Au moment que, après avoir été instruite, elle conçut ce saint désir, elle se trouva beaucoup mieux, et au bout de trois jours elle fut parfaitement guérie. Sa santé une fois rétablie, elle négligea d'accomplir sa promesse. Après quelques mois, elle retomba dans sa première maladie : elle reconnut alors que Dieu la punissoit pour avoir différé de recevoir le baptême, et bien qu'elle fût d'une extrême foiblesse, elle se fit porter à l'église. Je la trouvai dans un pressant danger de mort et je ne crus pas pouvoir lui refuser cette grâce. Aussitôt, au grand étonnement de tous les assistans, ses forces revinrent, son visage reprit couleur, elle se leva et retourna de son pied à sa maison, s'appuyant seulement sur un de ceux qui l'avoient portée mourante à l'église. Pendant trois mois, aucune néophyte ne fit paroître plus de piété, plus de constance et de zèle : sa vertu étoit une prédication perpétuelle de la loi chrétienne.

Lorsque je citois cette guérison si extraordinaire à l'officier dont je viens de parler, je n'aurois pas pu lui faire le même éloge de cette dame. Les continuelles persécutions qu'elle eut à souffrir dans sa famille ébranlèrent enfin sa constance. On fit venir le prêtre de la divinité qu'elle adoroit auparavant; ce ministre du démon, lui ayant imposé pour pénitence de sa faute prétendue une grosse aumône qu'il s'appliqua dévotement à lui-même, lui arracha du cou l'image du Sauveur quelle portoit et lui attacha le lingan, figure infâme du dieu Routren, qui donne le nom à toute la secte des linganistes. Cette malheureuse dame devint par là aussi païenne qu'elle l'étoit avant sa conversion; mais elle ne porta pas loin la peine de son apostasie : sa maladie la reprit aussitôt et elle en mourut.

Je ne dois pas omettre que par un trait singulier de la divine miséricorde envers elle, le père Calmette, qui n'étoit jamais descendu du nord, passa par mon église, dont j'étois fort éloigné. La dame mourante, informée de son arrivée, le fit prier de la venir voir. Aussitôt que le père parut, elle se leva et, en présence de son mari et de tous ceux qui étoient présens, elle arracha le lingan qu'il lui avoit mis au cou, le jeta loin d'elle, détesta Routren, et fondant en larmes demanda pardon à Dieu de l'avoir si lâchement abandonné. Elle fit sa confession au missionnaire, et peu après l'avoir achevée, elle mourut dans de grands sentimens de repentir et d'espérance en la miséricorde de Dieu.

Les persécutions domestiques sont plus à craindre pour ces nouveaux fidèles que des persécutions plus grandes qui viennent de la part des étrangers. Le prince nommé Timmanaiken, dans les états duquel est cette église, est tout à fait contraire à la loi chrétienne, et elle est souvent l'objet de ses invectives : il a déclaré infâme un soldat et l'a chassé du service et de la ville par la seule raison qu'il écoutoit les instructions qui se font à l'église. J'ai cependant jusque dans sa cour trois familles de catéchumènes qui ne craignent point de s'attirer sa disgrâce et qui sont prêtes à tout souffrir plutôt que d'abandonner la foi.

Un brame, intendant de ce prince, passant par un village de sa dépendance, vit plusieurs personnes assemblées autour d'un de mes catéchistes qui leur expliquoit la loi chrétienne. Il s'arrêta, et l'ayant appelé, il lui demanda qui il étoit, quelle étoit sa caste, quel étoit son emploi et de quoi traitoit le livre qu'il tenoit à la main. Le catéchiste ayant satisfait à ses questions, le brame prit le livre et le lut. Il tomba justement sur un endroit qui disoit que les dieux du pays n'étoient que de foibles hommes : « Voilà une rare doctrine, dit le brame, je voudrois bien que vous entreprissiez de me le prouver. — Monsieur, répondit le catéchiste, il ne me seroit pas difficile de le faire si vous me l'ordonniez. — S'il ne tient qu'à cela, reprit le brame, je vous l'ordonne. » Le catéchiste commença à réciter deux ou trois faits de la vie de Vichnou, c'étoit des vols, des meurtres, des adultères. Le brame voulut détourner le discours ; le catéchiste, sans se laisser donner le change, le pressa davantage. Le brame, s'apercevant trop tard qu'il s'étoit engagé dans la dispute sans faire attention à sa qualité de brame et ne sachant plus comment se tirer d'embarras avec honneur, s'emporta violemment contre la loi chrétienne : « Loi de Franquis, dit-il, loi de misérables parias, loi infâme ! — Permettez-moi de le dire, répliqua le catéchiste, la loi est sans tache : le soleil, qui est également adoré des brames et des parias, ne doit point être appelé soleil de parias, quoique ceux-ci l'adorent ainsi que les brames. »

Cette comparaison irrita encore davantage le brame, et il n'y répondit que par plusieurs coups de bâton dont il frappa le catéchiste ; il lui porta entre autres un coup sur la bouche dont toutes ses dents furent ébranlées, et il le fit chasser du village comme un paria, avec défense à lui d'y reparoître et aux habitans de lui donner jamais de retraite : « C'est ainsi, dit le brame, que pour la première fois il faut traiter ces prédicateurs d'une loi nouvelle qui renverse l'état et qui détourne les peuples du culte de nos dieux ; et si cela leur arrive une seconde fois, il faut leur couper la tête comme on fait dans le royaume de Maïssour. — Ce ne sont pas là les maux que nous craignons, dit le catéchiste, au contraire, je regarde comme un bonheur les mauvais traitemens que vous me faites ; et si dès aujourd'hui, sans attendre à un autre temps, ma tête vous est agréable, je vous l'offre en témoignage des vérités que je prêche. »

Lorsque mon catéchiste, de retour à l'église, me fit le détail de ce qu'il venoit de souffrir et que je vis son visage encore enflé et ses dents ébranlées, je ne pus retenir mes larmes, et je l'embrassai tendrement. J'aurois fort souhaité d'avoir été à sa place ; mais je n'ai pas encore été jugé digne de rien souffrir pour Jésus-Christ, si ce n'est des mépris, des insultes, des injures et de vaines menaces qu'on m'a faites quelquefois de m'arracher la langue, de me faire couper les pieds et fendre la tête en deux. Demandez pour moi au Seigneur qu'on ne s'en tienne point à des menaces inutiles.

Cependant, pour l'honneur de la religion, je crus devoir informer le prince des mauvais traitemens faits sans aucune raison à mon catéchiste et lui en demander justice. Il me fit réponse que le brame, mécontent du service, s'étoit retiré hors de ses états : sur quoi je lui fis dire que, puisque cet officier ne dépendoit plus de lui, il ne trouvât pas mauvais que je m'adressasse au nabab de Velour, au pouvoir duquel il ne pouvoit manquer d'être, en quelque lieu qu'il se fût retiré. Le prince m'envoya un exprès pour me dire qu'il feroit revenir son intendant, et que j'eusse à lui envoyer le catéchiste maltraité et qu'il examineroit cette affaire. Ils parurent l'un et l'autre en présence du prince, et toutes choses ayant été mûrement examinées, le conseil décida que l'officier avoit tort. Sur quoi le prince lui ordonna de faire excuse au catéchiste et de lui donner du bétel en signe de réconciliation, d'estime et d'amitié, ce qui fut exécuté.

Le surlendemain j'envoyai faire mes remercîmens au prince en le priant de vouloir bien m'accorder la permission de prêcher et de faire prêcher librement dans ses états la religion chrétienne : « Le saniassi, répondit le prince, a la permission qu'il demande ; il n'a rien à craindre : si quelqu'un est désormais assez hardi pour lui faire de la peine, je saurai l'en punir d'une manière exemplaire. Il peut s'assurer de mon amitié. » Autant que l'insulte faite à la religion avoit été publique, autant la réparation fut-elle éclatante. Durant les huit jours que cette affaire traîna, à Toumandé, où réside le prince, la loi de Dieu fut plus prêchée et plus annoncée aux grands qu'elle ne l'avoit été depuis trente ans dans cette cour.

Je prévois, madame, une objection que vous m'allez faire et qui est toute naturelle : « Est-il possible, me direz-vous, que ce prince en ait agi si poliment avec vous et qu'en même temps il soit si fort opposé au christianisme ? » Cela s'accorde, madame, parce qu'il est encore plus politique qu'ennemi de notre sainte religion. Il est tributaire du nabab, et il ne peut ignorer que ce nabab m'honore de sa protection. Il y a peu de temps que ce seigneur m'envoya chercher par deux officiers brames pour administrer les derniers sacremens à un de ses médecins qui est né dans le royaume de Canara. Malheureusement, quelque diligence que j'eusse faite, je le trouvai mort à mon arrivée. Le nabab, qui l'aimoit tendrement, en fut fort affligé. Il ordonna que tous les chrétiens de sa cour se rendissent sous les armes aux funérailles avec un détachement de cavalerie et d'infanterie maure. Après qu'ils eurent fait quelques décharges de la mousqueterie sur le tombeau, on distribua aux pauvres de grosses aumônes pour le repos de l'âme du défunt.

Aussitôt que je fus arrivé dans ma petite maison à Velour, j'envoyai saluer le nabab par les brames qui m'avoient accompagné. Le nabab me fit saluer à son tour et m'envoya le *battiam* : c'est la nourriture de chaque jour, qui consiste en une mesure de riz, une demi-mesure d'une sorte de pois du pays, du beurre et quatre pièces de monnoie de cuivre, faisant la valeur d'un sou, pour acheter du poivre, du sel et du bois : c'est la manière la plus honorable et la plus polie dont les grands reçoivent les étrangers. Je fus traité de la même manière pendant quinze jours que ce vice-roi me fit rester à Velour pour terminer, selon les règles de la loi chrétienne, quelques différends survenus entre les chrétiens de sa cour. Ces affaires étant terminées, il me fit dire qu'il vouloit me voir avant mon départ et qu'il m'enverroit chercher.

Le lendemain matin vint un officier de la chambre avec un écuyer qui me faisoit conduire un cheval magnifiquement caparaçonné de l'écurie même du nabab. Je montai dessus suivi de ces deux officiers et de quatre de mes disciples. Étant arrivé à la première porte, je fus reçu par deux autres officiers de la garde et par six soldats qui, m'ayant fait traverser une grande cour, me remirent à une seconde porte entre les mains d'autres officiers. Ceux-ci me conduisirent au travers d'une autre grande cour dans une longue galerie où le nabab étoit assis sur une estrade couverte d'un riche tapis. Toute sa cour étoit debout sur les deux ailes de l'estrade. Je fus annoncé et précédé par un officier qui tenoit une baguette d'argent à la main et qui me mena jusqu'au bas de l'estrade. Le nabab m'ayant fait signe de monter se leva, m'embrassa et me prenant par la main me fit asseoir auprès de lui. Je lui présentai quelques bagatelles que je faisois porter par un de mes disciples, car ce seroit manquer à la politesse, lorsqu'on visite un grand, de ne lui pas offrir quelque chose. Il me diverses questions sur le gouvernement, sur les mœurs et les usages d'Europe. Mes réponses parurent le satisfaire ; mais ce qui lui fit surtout plaisir, c'est que je lui parlois la langue maure, qui est sa langue naturelle. Cependant l'heure de l'audience publique approchoit. Il fit apporter dans un grand bassin d'argent du bétel et m'en donna : c'est un présent que font les grands à ceux qu'ils honorent de leur estime et de leur amitié. Je le reçus et le donnai à garder à un de mes disciples. Vous savez sans doute, madame, qu'on appelle bétel les feuilles d'un certain arbrisseau odoriférant que mangent les Indiens et qui est pour eux un grand régal.

Ce seigneur musulman a une estime singulière pour les chrétiens ; il en a une compagnie de vingt-cinq hommes qui font tour à tour la garde au palais. La religion persécutée trouve toujours en sa personne un appui contre la fureur des princes gentils. Nous avons dans ses troupes un grand nombre de chrétiens qui ne manquent pas, lorsqu'ils sont en campagne, de s'assembler tous les dimanches à un certain signal qui se donne. Là un chef chrétien, sage et prudent, à qui j'ai donné le soin de veiller sur tous les chrétiens de l'armée, leur dit la prière, leur donne des avis et impose des pénitences à ceux qui ont fait des fautes qui en méritent. Au retour de la campagne, ce catéchiste d'armée me rend compte de tout ce qui s'est passé. Il m'a rapporté un trait remarquable arrivé dans la dernière campagne qu'on a faite sur les frontières du royaume de Tanjaour.

Un détachement de l'armée maure fut envoyé pour piller et brûler un village des ennemis. A cette nouvelle, la plupart des habitans songèrent à prendre la fuite. Une femme du nombre des fuyards fut arrêtée par un soldat maure qui, après lui avoir arraché son collier et ses bracelets, qu'elle ne vouloit point donner, levoit déjà le sabre pour la tuer. Cette pauvre femme se jetant à genoux : « La vie, s'écria-t-elle, je vous la demande au nom du vrai Dieu que j'adore. » Un soldat chrétien, qui étoit de ce détachement, jugeant que cette femme étoit chrétienne : « Arrête, camarade, dit-il au soldat maure, grâce pour un moment, ne frappe pas encore. » Il s'avance et demande à cette femme si elle étoit chrétienne : « Oui, dit-elle, je suis chrétienne ; au nom de Dieu, accordez-moi la vie. — Ne craignez rien, lui répondit le soldat, je suis pareillement chrétien. » Et aussitôt il lui fit rendre son collier et ses bracelets. Cette pauvre femme, quoique transportée de joie, avoit encore une autre inquiétude : « Hé ! que deviendra, s'écria-t-elle, l'église que nous avons dans le village ? Notre père n'y est pas. »

Au même instant, le soldat chrétien recommande cette femme à son camarade, retourne au camp, va droit à la tente du général et lui demande sa protection pour une église de chrétiens. Ce général, qui ne nous est pas moins affectionné que le nabab de Velour, envoya promptement arborer son pavillon à l'église ; cela fut fait avant que le détachement arrivât au village. Ainsi il n'y eut dans ce lieu-là que l'église qui fut sauvée du pillage et de l'incendie.

Ce même général maure fit délivrer, il y a deux ans, un de nos missionnaires qui avoit été fait prisonnier de guerre par un parti, dans le royaume de Trichirapali ; et en dernier lieu, il a apaisé une violente persécution que le roi de Tanjaour avoit excitée contre les chrétiens. Le père Beski, qui se trouva alors le plus près de l'armée, alla l'en remercier, et il en fut reçu avec les plus grandes marques de distinction. Il sera dans la suite fort important d'apprendre la langue maure pour cultiver l'amitié dont ces seigneurs mahométans nous honorent. Vous ne sauriez croire de combien d'embarras ils m'ont tiré.

L'extrême misère, qui depuis deux ans a été générale dans tout le Carnate, nous a enlevé un grand nombre d'anciens chrétiens. Pendant ces deux années-là, il n'est pas tombé une seule goutte de pluie ; les puits, les étangs, plusieurs rivières même ont été à sec ; le riz et tous les autres grains ont été brûlés dans les campagnes, et rien n'étoit plus commun parmi ce pauvre peuple que de passer un et deux jours sans rien manger. Des familles entières, abandonnant leur demeure ordinaire, alloient dans les bois pour se nourrir, comme les animaux, de fruits sauvages, de feuilles d'arbres, d'herbes et de racines. Ceux qui avoient des enfans les vendoient pour une mesure de riz ; d'autres, qui ne trouvoient point à les vendre, les voyant mourir cruellement de faim, les empoisonnoient pour abréger leurs souffrances. Un père de famille vint me trouver un jour : « Nous mourrons de faim, me dit-il ; ou donnez-nous de quoi manger, ou je vais empoisonner ma femme, mes cinq enfans, et ensuite je m'empoisonnerai moi-même. » Vous jugez bien que dans une occasion pareille, on sacrifie jusqu'à ses propres besoins. Au milieu de tant de malheurs, nous n'avons eu qu'une seule consolation, c'est de donner le baptême à une infinité d'enfans de parens infidèles. Le jour de Sainte-Hyacinthe, qui étoit votre fête, je donnai votre nom à un enfant qui s'envola au ciel le même jour et qui prie maintenant pour vous.

Aréar est une grande ville où la famine faisoit les plus grands ravages, et c'est aussi le lieu où l'on prioit avec le plus de ferveur pour obtenir de la pluie. Le nabab, en habit de fakir, c'est-à-dire de pénitent mahométan, tête nue, les mains liées avec une chaîne de fleurs et traînant une chaîne pareille qu'il avoit aux pieds, accompagné de plusieurs seigneurs de sa cour, tous dans le même équipage, se rendit en grande pompe à la mosquée pour obtenir de la pluie au nom du prophète Mahomet. Ses vœux furent inutiles et la sécheresse continua à l'ordinaire. Quelque temps après, un fameux pénitent gentil, que les infidèles regardoient comme un homme à miracles, se mit tout le corps en sang, en le déchiquetant avec un couteau bien affilé, en présence de tout le peuple, et promettant une pluie abondante. Il ne fut pas plus exaucé que le nabab. Enfin, quatre mois après, un chef des fakirs se fit enterrer jusqu'au cou, bien résolu de demeurer en cet état jusqu'à ce que la pluie fût venue. Il passa ainsi deux jours et deux nuits, ne cessant de crier de toutes ses forces au prophète qu'il devoit accorder de la pluie et qu'il y alloit de sa gloire. Enfin il perdit patience, et le troisième jour il se fit déterrer sans qu'il fût tombé une seule goutte de pluie, bien qu'il l'eût promise avec tant d'assurance.

Comme les besoins de nos églises et de différentes chrétientés que nous cultivons nous obligent à de longs et fréquens voyages, vous jugez assez, madame, combien nous avons eu à souffrir durant de si étranges chaleurs, dans un climat d'ailleurs qui est si ardent de lui-même. J'ai changé jusqu'à trois fois de peau : elle tomboit par lambeaux à peu près comme elle tombe aux vieux serpens. Ce qui me faisoit de la peine, c'est que la peau nouvelle qui revenoit n'étoit pas plus noire que la première : la couleur blanche, comme vous savez, n'est pas favorable en ce pays-ci à cause de l'idée de Franquis que ces peuples y ont attachée. Quand, dans un jour de marche, nous trouvions un peu d'eau toute bourbeuse, nous nous croyions heureux et elle nous paroissoit excellente. Une fois, la nuit nous surprit dans un bois sans avoir pu rien prendre de tout le jour. Il nous fallut coucher sous un arbre, après avoir allumé du feu pour écarter les tigres, les ours et les autres bêtes féroces. Malheureusement le feu s'éteignit pendant notre sommeil, et nous fûmes tout à coup réveillés par les cris affreux d'un tigre qui s'approchoit de nous. Le bruit que nous fîmes et le grand feu que nous allumâmes promptement l'éloignèrent, mais vous pensez bien qu'il ne nous fut pas possible de fermer les yeux le reste de la nuit.

Il y a, madame, une providence particulière de Dieu sur les missionnaires, qui les préserve et de la dent du tigre et de la morsure des serpens, qu'on trouve en quantité dans ce pays-ci. C'est ce que plusieurs fois j'ai éprouvé moi-même. Un jour que vers midi j'étois extrêmement fatigué d'une marche pénible, je me reposai sous un arbre où je m'endormis. Un moment après je fus réveillé par les cris extraordinaires d'un oiseau qui se battoit sur cet arbre avec un serpent. Le serpent, mis en fuite, descend de l'arbre et s'élance sur moi. Le mouvement que je fis en me levant l'empêcha de m'atteindre. Il était long de quatre pieds et parfaitement vert. Cette sorte de serpent se tient ordinairement sur les arbres et ne s'attache qu'aux yeux des passans, sur lesquels il se jette.

Une autre fois il ne s'en fallut presque rien que je ne fusse piqué d'une couleuvre qui s'étoit glissée le soir dans ma chambre sans que je m'en fusse aperçu. Le mouvement qu'elle fit la nuit sur moi, pendant que je dormois, me réveilla et je la jetai fort loin. J'allumai aussitôt du feu et j'appelai un de mes disciples, qui m'aida à la tuer. Ce qui me surprit, c'est qu'elle se défendoit également des deux extrémités du corps sans qu'il nous fût possible de distinguer la tête de la queue. Le lendemain je l'examinai à mon aise et je me convainquis par mes propres yeux d'une vérité dont j'avois toujours douté, savoir, qu'il y eût des serpens à deux têtes. Celui-ci en avoit réellement deux, dont les morsures sont également mortelles : de la première, qui est la mieux formée, il mord ; et la seconde, qui n'a point de dents comme la première, est armée d'un aiguillon dont il vous pique.

Le plus gros serpent que j'aie encore vu, c'est le serpent d'une pagode, qui est aussi gros que le corps d'un homme et long à proportion de sa grosseur. On a accoutumé de lui offrir, sur un petit tertre fait exprès, des agneaux, de la volaille, des œufs et autres choses semblables qu'il dévore à l'instant. Quand il est bien repu de ces offrandes, il se retire dans le bois voisin, qui lui est consacré. Aussitôt qu'il m'aperçut, il se dressa de la hauteur de deux coudées, et toujours les yeux attachés sur moi, il enfla son cou et poussa d'affreux sifflemens. Je fis le signe de la croix et me retirai bien vite. Ce serpent est le dieu particulier qu'on adore dans cette pagode. Les uns croient qu'il soutient et porte le monde sur sa tête, d'autres se sont imaginé que c'est sur lui qu'est couché Vichnou et porté dans la mer de lait. A ce seul trait, connoissez, madame, dans quelles profondes ténèbres sont ensevelis ces pauvres peuples au salut desquels nous travaillons.

Je reviens à un nouveau trait de fermeté qu'a fait paroître un de nos catéchumènes et qui a rendu la religion vénérable aux infidèles mêmes. Il y avoit quelque temps qu'il venoit assidûment à l'église, lui et sa famille, pour se faire instruire et se disposer au baptême. On le dénonça au chef de son village; celui-ci, l'ayant fait venir, lui demanda s'il étoit vrai qu'il eût dessein d'abandonner la loi de ses pères pour adorer un dieu étranger. Le catéchumène répondit ingénument qu'il ne vouloit plus vivre sous l'empire du démon, et que l'Être-Suprême qu'il adoroit étoit le créateur de tout l'univers et le seul maître à qui nous devions nos hommages. Le chef, irrité de cette réponse, après bien des menaces, fit venir le gourou pour le ramener avec douceur au culte des idoles. Le gourou n'ayant pu tant soit peu l'ébranler, il fut ordonné que la porte de sa maison seroit murée; on le déclara déchu de sa caste, on lui attacha sur le dos une pierre très-pesante, qu'on lui fit porter pendant six heures au milieu de la rue et au plus fort de la chaleur, après quoi on le chassa hors du village.

Ayant été bientôt informé d'un traitement si indigne, j'envoyai sur-le-champ un de mes catéchistes pour fortifier le catéchumène et faire des remontrances de ma part au chef du village. Comme ces remontrances furent inutiles, je fis porter mes plaintes au gouverneur maure de qui dépendoit le village, avec un détail de toutes les violences qu'on y avoit exercées. Le gouverneur cita à son tribunal et le chef du village et le pandaran (c'est le nom du catéchumène). Le premier s'y rendit accompagné des habitans les plus mutins et de plus de cinquante *andis*, qui sont des religieux indiens ennemis déclarés de la religion ; le second y alla accompagné de mon catéchiste, qui n'avoit garde de l'abandonner. Aussitôt qu'ils parurent: « Si le pandaran, dit le gouverneur, mérite d'être dégradé, je ne m'y oppose point, mais il est juste de l'écouter : qu'il dise ses raisons et vous direz les vôtres. » On y consentit de part et d'autre.

Le gourou commença le premier, et après avoir fait l'éloge de Brama, de Vichnou et surtout de Routren qui étoit sa principale divinité, il dit qu'on ne pouvoit abandonner le culte de Routren sans contrevenir aux lois les plus anciennes et les plus inviolables du pays, et que celui qui devenoit coupable d'un si grand crime méritoit d'être dégradé, privé de ses biens et banni de sa patrie. Ces paroles furent reçues avec un applaudissement général de la part des infidèles. Le catéchiste eut ordre de parler à son tour. Il exposa les principaux caractères de la Divinité, et il montra qu'aucun de ces caractères ne pouvoit convenir à Routren et qu'ils ne convenoient tous qu'à l'Être-Suprême adoré des chrétiens. Sur quoi le gouverneur, l'interrompant, demanda au pandaran si c'étoit là le Dieu qu'il adoroit : « Oui, répondit le catéchumène, c'est cet unique vrai Dieu que j'adore depuis un mois que j'ai le bonheur de le connoître. Routren n'est qu'un homme qui s'est rendu infâme par ses crimes. Le gourou vient de faire son éloge ; peut-il nier ce que nos histoires nous racontent de sa naissance ; de sa mère, nommée Parachatti; de Brama son frère aîné, auquel il coupa la tête ; du repentir qu'il eut de son fratricide, de sa retraite dans un désert pour en faire pénitence, et où cependant il commit les plus grandes abominations et de toutes les espèces ? »

Le gourou et les andis, voyant qu'il alloit découvrir bien des mystères d'iniquité, l'interrompirent par leurs cris et par les injures dont ils l'accablèrent. Le gouverneur, qui reconnoissoit le vrai Dieu aux traits dont le catéchiste l'avoit dépeint, et qui d'ailleurs, selon les principes de sa loi, révéroit Jésus-Christ comme un grand prophète, imposa silence à ces mutins, après quoi, de concert avec ses officiers, il prononça que le pandaran méritoit les plus grands éloges d'avoir abandonné Routren pour adorer le vrai Dieu, et qu'ainsi il devoit être maintenu dans tous ses biens et dans tous ses honneurs. Cette décision excita un grand tumulte parmi les andis et les autres Gentils, qui attendoient au dehors qu'elle seroit l'issue de cette dispute. Ils demandèrent une nouvelle conférence à laquelle ils feroient venir le grand gourou de Tirounamaley : elle leur fut accordée, et mon catéchiste m'en fit informer aussitôt. Je lui mandai de faire savoir à tout le monde qu'il y a longtemps que je souhaitois une pareille entrevue avec un homme d'une si grande réputation et que je me rendrois au palais du gouverneur dès qu'il y seroit arrivé. Le grand gourou, ayant appris ma résolution, s'excusa d'y comparoître sur ce que le gouverneur avoit montré trop de partialité, et me fit dire qu'il m'appeloit au tribunal du roi de Gingy. Comme j'avois toute ma confiance en Dieu, je ne redoutai point ce tribunal infidèle; je fis réponse qu'il n'avoit qu'à me marquer le jour et que je m'y trouverois ponctuellement.

La dignité de grand gourou est la plus grande qui soit dans la religion païenne : c'est lui qui nomme et établit les gouroux subalternes ; il décide en dernier ressort des affaires de la religion. Son emploi est de prier, de jeûner, de se laver fréquemment pour l'expiation des péchés des hommes, de donner à ceux de sa secte des avis et des instructions. Sa juridiction pour le spirituel s'étend à toute une province ; il a des revenus très-considérables, et les peuples ont pour lui un respect qui va jusqu'à la vénération : on s'estime heureux qu'il daigne recevoir ce qu'on lui présente ; s'il donne lui-même à un de ses disciples la feuille sur laquelle il mange, c'est une distinction pour celui qui la reçoit.

Tel est le grand gourou qui m'avoit fait proposer une conférence au tribunal du roi de Gingy et qui n'y pensa plus quand il sut que j'acceptois ses offres. Ce refus a été un sujet de triomphe pour nos chrétiens et a fort décrédité le grand gourou dans l'esprit des infidèles. Deux familles idolâtres de ce village sont déjà venues à l'église pour écouter les instructions et se préparer au baptême. Il y a apparence qu'elles seront suivies de plusieurs autres. Le seul signe de vie que donna le grand gourou fut d'ordonner qu'on retirât le lingan du catéchumène, de crainte qu'il ne fût profané. Ce lingan, comme je l'ai déjà dit, est une figure infâme du dieu Routren. Ses dévots le portent pendu au cou dans une petite boîte d'argent ; s'ils venoient à le perdre, de quelque manière que ce soit, c'est un crime qu'il leur faut expier par des jeûnes et d'effroyables pénitences auxquelles on les condamne pour le reste de leurs jours. Les andis ayant donc demandé le lingan à notre prosélyte, il répondit qu'il l'avoit jeté dans la rivière. A ces mots, les andis se frappèrent la poitrine, se jetèrent par terre,

se vautrant dans la poussière et criant de toutes leurs forces que ce malheureux avoit déshonoré Routren et qu'il méritoit la mort. La femme du catéchumène, qui craignoit que dans ce transport de fureur on ne se jetât sur son mari et qu'on ne le mît en pièces, appela promptement quelques soldats chrétiens de la suite du gouverneur qui gardèrent sa maison et écartèrent ces furieux.

Le gouverneur, informé peu après de ce tumulte, envoya quatre soldats pour lui amener le chef du village, auquel il ne donna que deux heures pour chasser tous les andis hors de la banlieue, avec ordre de laisser au pandaran la liberté entière de professer sa religion, lui ajoutant que s'il entendoit encore parler de cette affaire, il le feroit châtier sévèrement, lui et tous ceux qui auroient l'insolence de contrevenir à ses ordres. Les andis se retirèrent, et le pandaran demeura tranquille. Il vient souvent à l'église avec tous ceux de sa famille, et je compte leur administrer le baptême dans peu de jours. Tout étant ainsi apaisé, j'envoyai remercier le gouverneur de la protection dont il nous avoit honoré. Il me fit assurer de son amitié en me priant d'avoir recours à lui dans toutes les occasions où il pourroit me faire plaisir.

Quelque temps après je partis pour une autre église qui est à Courtempetti. Il me fallut passer par Tirounamaley, c'est-à-dire la *sainte montagne*, une des plus anciennes et des plus fameuses villes de cette péninsule, où j'eus la curiosité de voir le temple dont les Indiens racontent tant de merveilles. Ce temple ressemble à une citadelle : il est environné de fossés et d'une forte muraille de pierres de taille et a bien un quart de lieue de circuit. Sa forme est carrée, chaque angle est flanqué d'une tour carrée et prodigieusement haute. Les façades sont ornées de représentations de toutes sortes d'animaux ; elles sont terminées en tombeau soutenu aux quatre coins de quatre taureaux et surmonté de quatre pyramides. Sous chaque tour est une vaste salle où l'on conserve les chars des dieux et plusieurs autres meubles du temple. Il n'y a qu'une seule porte, à l'orient, sur laquelle est une cinquième tour, plus belle que les autres et chargée d'ouvrages de sculpture jusqu'au haut. La perspective y est si bien ménagée qu'à proportion que la tour s'élève, les figures y sont aussi plus grandes. Cette tour s'appelle la tour de Vichnou, parce qu'on y a représenté les neuf métamorphoses de cette fausse divinité. Il vous faut dire, madame, que, selon la théologie indienne, remplie des fables les plus extravagantes, leur dieu Vichnou s'est métamorphosé jusqu'à neuf fois : 1° en poisson ; 2° en tortue ; 3° en cochon ; 4° en homme-lion, en sorte que la moitié inférieure du corps est lion et la partie supérieure est homme ; 5° en brame ; 6°, 7° et 8° en un roi, nommé Ramen, qui est né trois fois sous la même figure ; 9° en un héros nommé Chrisnen.

La salle qui est sous cette tour de Vichnou sert de corps de garde à des soldats qui veillent à ce qu'il n'arrive point de désordres. Quand des étrangers de considération se présentent, on leur fait l'honneur de leur donner un soldat et un gardien du temple qui les conduisent partout. En entrant dans cette vaste enceinte, qui est toute pavée de pierres de taille, on voit d'abord la façade du temple, qui a soixante pieds de hauteur et est ornée de quatre corniches d'un travail bizarre ; sur les corniches, on a placé de distance en distance des statues des dieux. La longueur du temple est d'environ cent cinquante pieds sur soixante de largeur. La voûte est soutenue de deux rangs de piliers chargés des histoires de Brama ; les murailles sont couvertes de peintures à l'huile qui représentent des sacrifices et des danses fort immodestes. Le fond du temple est rempli par six colonnes sur chacune desquelles est posée une déesse tenant des fleurs en ses mains. On est frappé de voir entre les colonnes une statue de Routren d'une taille gigantesque, qui est debout, tenant de la main droite un sabre nu, ayant des yeux étincelans et un air terrible : aussi l'appelle-t-on le dieu destructeur. Un taureau furieux, qui est sa monture ordinaire, est placé en dehors, à l'entrée du temple, sur un piédestal haut de quatre pieds, ayant la tête tournée vers la prétendue divinité. Ce taureau, qui est d'une grandeur naturelle, est fait d'une seule pierre noire aussi polie que le marbre. C'est, à mon goût, la figure la plus régulière et la plus hardie que j'aie vue dans ce lieu-là, et elle me surprit véritablement ; tout le reste me parut peu naturel, gêné et sans vie.

En sortant du temple, on trouve du côté du sud une belle esplanade, au bout de laquelle on voit un grand étang plus long que large : on y descend par de grandes rampes : c'est là que les brames, avant la prière et les autres fonctions qu'ils ont à remplir dans le temple, viennent se laver et se purifier. A l'ouest du temple, et à une égale distance de l'étang, on trouve une espèce de petite chapelle où l'on a six marches à monter ; mais auparavant il faut se laver les pieds dans un bassin toujours plein d'eau qui est au bas de cet escalier. Le brame qui étoit à la porte de la chapelle, voyant que je me dispensois de cette cérémonie, y rentra au plus vite et en ferma la porte : « O saniassi ! me dit alors celui qui m'accompagnoit, vous êtes un pénitent, vous n'avez point de souillure, mais personne ne peut entrer dans ce saint lieu sans s'être bien purifié auparavant ; daignez quitter vos soques et arroser seulement la plante de vos pieds pour donner l'exemple. Quand vous serez entré, vous n'aurez plus qu'à vous prosterner devant Routren, et soyez sûr que ce dieu vous sera favorable. » J'étois le seul qui portois partout ma chaussure de bois, en qualité de pénitent ; les autres par respect marchoient nu-pieds, selon la coutume du pays, qui ne permet pas d'être chaussé dans la maison même d'un particulier un peu considérable. Je répondis à mon conducteur qu'un dieu de pierre n'étoit pas le mien, que je n'adorois que le vrai Dieu, le créateur et le maître souverain de toutes choses ; et par manière de conversation, je lui expliquai les grandeurs et les perfections de cet Être-Suprême.

Nous tournâmes ensuite sur la droite au nord : une place élevée de la longueur de l'étang, qui est au midi, fait un point de vue admirable. C'est une colonnade magnifique ouverte de tous côtés et plafonnée de belles pierres de taille. Il y a neuf cents colonnes, chacune est d'une seule pierre haute de vingt pieds : elles sont toutes ouvragées, et l'on y voit représentés des combats de dieux avec des géans et divers jeux de dieux et de déesses ; le travail en est immense. C'est là que les pèlerins qui viennent de toute l'Inde visiter ce temple célèbre se retirent en partie durant la nuit. Derrière cette colonnade, à cinquante pas plus loin, commence un corps de logis qui règne jusqu'à la muraille de l'est : c'est là que logent un grand nombre de brames, d'andis, de saniassis, de sacrificateurs, de gardiens du temple, de musiciens, de chanteuses et de danscuses, filles fort au-dessous d'une vertu médiocre qu'on appelle pourtant par honneur filles du temple ou filles des dieux. Il leur arriva l'année dernière une assez plaisante histoire que je vais vous raconter et qui vous divertira.

Le gouverneur maure de cette ville fit dire à ces filles qu'il avoit une fête à donner tel jour qu'il leur marqua; qu'il souhaitoit qu'elles s'y trouvassent et qu'elles en feroient tout l'agrément, pourvu qu'elles y vinssent avec tous leurs atours, et que s'il étoit content d'elles, il sauroit bien leur en témoigner sa reconnoissance. Elles s'y rendirent au nombre de vingt avec leurs habits et leurs parures les plus superbes: chaînes d'or, colliers, pendans d'oreilles, bagues, bracelets de diamans et de perles, et tout ce qu'elles avoient d'ornemens les plus riches et les plus précieux, rien ne fut oublié.

Quand le festin fut fini et qu'elles eurent bien chanté, dansé, épuisé tous leurs tours d'adresse et qu'elles s'attendoient à recevoir de magnifiques présens, le gouverneur les invita à entrer dans une autre salle où il entra ensuite lui-même avec quatre de ses officiers et ferma la porte. Il les fit ensuite ranger selon l'ordre de leur ancienneté: «Vous avez bien dansé, mesdames, leur dit-il, et vous danserez encore mieux et plus légèrement lorsque vous serez déchargées de tout ce poids d'ornemens inutiles: mettez chacune à votre rang tout ce vain attirail sur cette table.» Et s'adressant à la première: «Vous, madame, qui êtes la plus ancienne, lui dit-il, commencez la première.» Elle obéit, puis on lui ouvrit la porte et on la fit sortir. On en fit autant à toutes les autres, après quoi le gouverneur les fit reconduire fort poliment au temple. Les Maures, qui regardent les Gentils comme leurs esclaves, ne font nulle difficulté de s'approprier leurs biens quand ils en trouvent l'occasion: l'Alcoran leur donne ce pouvoir dans les pays qu'ils ont conquis sur les idolâtres.

Après avoir satisfait ma curiosité à Tirounamaley, je me rendis à Courtempetti, où l'on m'attendoit avec impatience. J'appris en y arrivant un trait tout récent de fermeté d'un de mes néophytes. C'est un habile sculpteur, et comme l'on venoit de bâtir dans une peuplade voisine un nouveau temple dédié à la célèbre couleuvre qui, selon les Indiens, porte le monde sur sa tête, on le fit venir pour sculpter cette couleuvre sur une pierre. Le chrétien répondit qu'il ne le pouvoit pas. On le fit expliquer, et il dit clairement que la religion chrétienne, qu'il avoit embrassée, ne lui permettoit pas de travailler pour des idoles. Au moment même on le conduisit au seigneur gentil, brame de caste et intendant du pays, qui lui en donna un ordre exprès sous peine d'être puni de cinquante coups de chabouc: c'est un grand fouet de cuir dont on châtie les criminels: «Vous ferez ce que vous jugerez à propos, répondit le néophyte, mais vous n'obtiendrez jamais de moi que je grave la figure d'une bête qu'on a dessein d'adorer à la place du vrai Dieu.» Cette réponse irrita fort le brame; il fit attacher le néophyte à un poteau, et on lui avoit déjà donné quelques coups lorsqu'un officier, s'approchant du brame, lui dit à l'oreille, mais assez haut pour qu'on pût l'entendre, que ce sculpteur étoit disciple du saniassi romain qui est à Velour et que le nabab considère. A ces paroles, le brame fit signe à ceux qui frappoient de s'arrêter, et voulant faire croire que c'étoit pour tout autre sujet qu'il faisoit châtier le néophyte: «Apprends, mon ami, lui dit-il, à me respecter et à porter tes deux mains sur la tête pour me saluer quand tu parois devant moi.» Puis il le fit détacher du poteau et le congédia.

Le néophyte se retiroit plein de joie d'avoir été jugé digne de souffrir pour Jésus-Christ lorsque le brame, qui depuis que l'officier lui avoit parlé étoit devenu tout rêveur, le fit rappeler: «Mon ami, lui dit-il, puisque vous avez de la peine à faire ce que je vous ordonnois, je ne veux pas vous y forcer: recevez le bétel que je vous donne en signe de mon amitié. Je n'aime point qu'on sorte mécontent d'auprès de moi: n'êtes-vous point fâché? — Non, seigneur, répondit le néophyte en souriant, et pour preuve que je vous dis vrai, c'est que je ne me plaindrai pas à mon gourou du mauvais traitement que j'ai reçu par vos ordres.» On trouva cette réponse aussi ingénieuse pour la conjoncture présente qu'elle étoit chrétienne.

Pendant les quatre mois du séjour que je fis à Courtempetti, je fus appelé à Velour pour administrer les derniers sacremens à un malade. Quoique le nabab, nous protège, nous n'entrons guère dans cette ville que la nuit et avec précaution. Dès que je fus arrivé dans ma petite maison, j'en fis avertir les chrétiens, qui s'y rendirent à l'heure même, et j'entendis leurs confessions jusqu'à minuit, que j'allai me reposer sur une natte de jonc, qui est notre lit ordinaire, dans le dessein de dire la messe à trois heures pour renvoyer tous les chrétiens avant le jour. A peine eus-je dormi une heure que je me réveillai en sursaut et j'eus la forte pensée d'aller visiter le malade. J'allai doucement auprès de lui et je le trouvai très-mal. Ayant éveillé ceux qui dormoient à ses côtés, je commençai promptement la messe, et après la communion je lui donnai le saint viatique, qu'il reçut avec une parfaite connoissance et avec de grands sentimens de piété. A la fin de ma messe il expira. Nous bénîmes tous ensemble le Seigneur d'une mort qui paroissoit marquée au sceau d'une providence si particulière.

Ces fréquentes courses sous un climat brûlant, jointes à de continuels travaux, m'incommodèrent si fort que mes supérieurs jugèrent à propos de me rappeler à Pondichéry pour un peu de temps afin de rétablir ma santé. Dieu avoit ses vues dans ce voyage qu'on m'obligeoit de faire à la côte, et je l'ai toujours regardé comme un nouveau trait de la divine Providence sur le salut d'un jeune mahométan, officier distingué de la cour du nabab et homme de beaucoup d'esprit. Il étoit depuis quelques jours à Pondichéry; ayant appris je ne sais comment, que je savois la langue indoustane, il vint me voir, et cette première visite fut suivie de plusieurs autres où il me faisoit toujours plusieurs questions sur la religion chrétienne, et où dans mes réponses je ne manquois pas de glisser mes réflexions sur les rêveries de l'Alcoran. Nous nous engageâmes peu à peu dans des disputes réglées, mais tranquilles, telles qu'on doit les avoir surtout avec les mahométans. Je fus fort surpris qu'un jour, à la fin de notre conversation, il se jeta tout à coup à mes pieds, et versant un torrent de larmes : « Vous êtes, me dit-il, le saniassi à qui le Dieu tout-puissant m'envoie. » Je le relevai en lui disant : « Que prétendez-vous faire, Almanzor ? » C'étoit son nom. Il fut un moment sans me répondre, puis après avoir essuyé ses pleurs : « Une nuit, me dit-il, que je dormois tranquillement, je fus soudainement réveillé par une voix que j'entendis et qui me disoit très-distinctement : « Tu es dans l'erreur, cherche la vérité et tu la trouveras; les pénitens qui te l'enseigneront ne sont pas éloignés. «Je ne pus fermer l'œil le reste de la nuit. J'allai de grand matin à la mosquée, j'y fis ma prière avec plus de ferveur qu'à l'ordinaire pour écarter les pensées qui me tourmentoient. La nuit suivante je crus entendre la même voix et les mêmes paroles, ce qui arriva encore la troisième nuit. Depuis ce temps-là, c'est-à-dire depuis trois ans, je n'ai pas goûté un moment de plaisir : je me suis informé des différentes religions du pays ; je les ai examinées attentivement, et elles m'ont paru toutes fausses et absurdes, à la réserve de la religion de Jésus-Christ que je crois être la seule véritable. Dès ce moment je renonce à Mahomet, je crois à Jésus-Christ le fils de Dieu mon divin maître, en un mot je suis chrétien. »

Vous pouvez juger, madame, quel fut mon étonnement ; il fut encore plus grand dans la suite. En six jours de temps le prosélyte apprit les prières et l'explication des vérités de la foi, que je lui donnai en langue indoustane. On ne pouvoit le retirer de l'église, où il passoit presque toute la journée, et quand je lui représentois qu'il y avoit des précautions à prendre : « Que craignez-vous donc pour moi ? me répondit-il, je suis prêt à donner ma tête pour la défense de ma foi. » Je louai sa fermeté ; mais je lui fis entendre que Dieu demandoit de lui un autre sacrifice qui ne lui seroit pas moins agréable : « c'est, lui dis-je, de quitter ce pays-ci, où vous ne pouvez rester sans que votre conversion n'éclate, ce qui exposeroit notre sainte religion à une persécution certaine de la part du nabab. — Je pars dès demain, me dit-il, si vous le voulez. » Après l'avoir éprouvé pendant un mois, qu'il eut tout le temps de mettre ordre à ses affaires, il prit l'habit d'un habitant de Carnate pour n'être point reconnu et il partit avec un chrétien de confiance qui le conduisit à Goa. Nos pères portugais, qui lui ont donné le saint baptême, en font les plus grands éloges. Il est content et il y mène une vie exemplaire. Il ne me reste plus, madame, que de vous demander la continuation de vos bontés et de vos prières pour moi et pour nos chers néophytes.

Je suis avec une respectueuse reconnoissance, etc.

LETTRE DU P. PONS

AU P. DU HALDE.

Particularités sur la littérature indienne.

A Carcical[1], sur la côte de Tanjaour, aux Indes orientales, ce 23 novembre 1740.

Mon révérend Père,

La paix de N.-S.

Il n'est pas aussi aisé qu'on pourroit se l'imaginer en Europe d'acquérir une connoissance certaine de la science de ces peuples gentils au milieu desquels nous vivons et qui sont l'objet de notre zèle. Vous en jugerez par cet essai que j'ai l'honneur de vous envoyer : il contient quelques particularités de littérature indienne que vous ne trouverez peut-être pas ailleurs et qui, à ce que je pense, feront mieux connoître les brahmanes anciens et modernes qu'on ne les a connus jusqu'ici.

I.

Les brahmanes ont été dans tous les temps les seuls dépositaires des sciences dans l'Inde, à l'exception peut-être de quelques provinces les plus méridionales où parmi les parias, qui probablement ont été les premiers habitans de ces cantons, on trouve une caste nommée des *vallourers*, qui prétendent avoir été autrefois ce que sont aujourd'hui les brahmanes ; en effet ils se mêlent encore d'astronomie et d'astrologie, et l'on tient d'eux quelques ouvrages très-estimés qui contiennent des préceptes de morale.

Partout ailleurs les brahmanes ont toujours été et sont encore les seuls qui cultivent les sciences comme leur héritage. Ils descendent des sept illustres pénitens qui se sont multipliés à l'infini et qui des provinces septentrionales situées entre le mont Hima et la Jamoune (c'est la rivière de Dely) et bornées au midi par le Gange jusqu'à Patna se sont répandus dans toute l'Inde. Les sciences sont leur partage, et un brahmane qui veut vivre selon sa règle ne doit s'occuper que de la religion et de l'étude;

[1] Karikal, port français.

mais ils sont tombés peu à peu dans un grand relâchement.

Ceux qui sont de la véritable caste des rajas ou ragepoutres peuvent être instruits dans les sciences par des brahmanes ; mais ces sciences sont inaccessibles à toutes les autres castes, auxquelles on peut seulement communiquer certains poëmes, la grammaire, la poétique et des sentences morales. Les sciences et les beaux-arts, qui ont été cultivés avec autant de gloire et de succès par les Grecs et les Romains, ont fleuri pareillement dans l'Inde, et toute l'antiquité rend témoignage au mérite des gymnosophistes : ce sont évidemment les brahmanes et surtout ceux qui parmi eux renoncent au monde et se font saniass.

II.

La grammaire des brahmanes peut être mise au rang des plus belles sciences ; jamais l'analyse et la synthèse ne furent plus heureusement employées que dans leurs ouvrages grammaticaux de la langue samskret ou samskroutan[1]. Il me paroît que cette langue, si admirable par son harmonie, son abondance et son énergie, étoit autrefois la langue vivante dans les pays habités par les premiers brahmanes. Après bien des siècles, elle s'est insensiblement corrompue dans l'usage commun, de sorte que le langage des anciens *richi* ou pénitens, dans les *Védams* ou livres sacrés, est assez souvent inintelligible aux plus habiles, qui ne savent que le samskret fixé par les grammaires.

Plusieurs siècles après l'âge de richi, de grands philosophes s'étudièrent à en conserver la connoissance telle qu'on l'avoit de leur temps, qui étoit, à ce qu'il me semble, l'âge de l'ancienne poésie. Anoubhout fut le premier qui forma un corps de grammaire, c'est le *S'arasvat*, ouvrage digne de Sarasvadi, qui est, selon les Indiens, la déesse de la parole et la parole même. Quoique ce soit la plus abrégée des grammaires, le mérite de son antiquité l'a mise en grande vogue dans les écoles de l'Indoustan. Pania, aidé du *S'arasvat*, composa un ouvrage immense des règles du samskret. Le roi Jamour le fit abréger par Kramadisvar, et c'est cette grammaire dont j'ai fait l'abrégé que

[1] Le sanskrit, dont une chaire fut créée à Paris en 1814 par M. l'abbé de Montesquiou, ministre, et dont M. Chézy fut nommé professeur.

j'envoyai il y a deux ans et qui vous aura sans doute été communiquée. Kalap en composa une plus propre aux sciences. Il y en a encore trois autres de différens auteurs ; la gloire de l'invention est principalement due à Anoubhout.

Il est étonnant que l'esprit humain ait pu atteindre à la perfection de l'art qui éclate dans ces grammaires : les auteurs y ont réduit par l'analyse la plus riche langue du monde à un petit nombre d'élémens primitifs qu'on peut regarder comme le *caput mortuum* de la langue. Ces élémens ne sont par eux-mêmes d'aucun usage, ils ne signifient proprement rien, ils ont seulement rapport à une idée, par exemple *kru* à l'idée d'action ; les élémens secondaires qui affectent le primitif sont les terminaisons qui le fixent à être nom ou verbe, celles selon lesquelles il doit se décliner ou conjuguer un certain nombre de syllabes à placer entre l'élément primitif et les terminaisons, quelques propositions, etc. A l'approche des élémens secondaires, le primitif change souvent de figure : *kru* par exemple devient, selon ce qui lui est ajouté, *kar, kar, kri, kir, kir*, etc. La synthèse réunit et combine tous ces élémens et en forme une variété infinie de termes d'usage.

Ce sont les règles de cette union et de cette combinaison des élémens que la grammaire enseigne, de sorte qu'un simple écolier, qui ne sauroit rien que la grammaire, peut en opérant, selon les règles, sur une racine ou élément primitif en tirer plusieurs milliers de mots vraiment samskrets. C'est cet art qui a donné le nom à la langue, car *samskret* signifie synthétique ou composé.

Mais comme l'usage fait varier à l'infini la signification des termes, quoiqu'ils conservent toujours une certaine analogie à l'idée attachée à la racine, il a été nécessaire de déterminer le sens par des dictionnaires : ils en ont dix-huit, faits sur différentes méthodes. Celui qui est le plus en usage, composé par Amarasimha, est rangé à peu près selon la méthode qu'a suivie l'auteur de l'*Indiculus universalis*. Le dictionnaire intitulé *Visvâbhidhânam* est rangé par ordre alphabétique selon les lettres finales des mots.

Outre ces dictionnaires généraux, chaque science a son introduction où l'on apprend les termes propres, qu'on chercheroit en vain partout ailleurs. Cela a été nécessaire pour conserver aux sciences un air de mystère tellement affecté aux brahmanes que, non contens d'avoir des termes inconnus au vulgaire, ils ont enveloppé sous des termes mystérieux les choses les plus communes.

III.

Les traités de la versification et de la poésie sont en grand nombre. Le petit abrégé de règles que j'en ai fait et que j'envoyai l'année dernière pour vous être communiqué me dispense d'en rien dire ici. A l'égard de la grande poésie ou des poëmes des différentes espèces, la nature étant la même partout, les règles sont aussi à peu près les mêmes. L'unité d'action est moins observée dans leurs pourânam et autres poëmes qu'elle ne l'est en particulier dans Homère et dans Virgile. J'ai pourtant vu quelques poëmes, et entre autres le *d'Harmapouranam*, où l'on garde plus scrupuleusement l'unité d'action. Les fables indiennes, que les Arabes et les Persans ont si souvent traduites en leur langue, sont un recueil de cinq petits poëmes parfaitement réguliers composés pour l'éducation des princes de Patna.

L'éloquence des orateurs n'a jamais été fort en usage dans l'Inde, et l'art de bien discourir y a été moins cultivé ; mais pour ce qui est de la pureté, de la beauté et des ornemens de l'élocution, les brahmanes ont un grand nombre de livres qui en contiennent les préceptes et qui font une science à part qu'on nomme *alankârachâstram*, science de l'ornement

IV.

De toutes les parties de la belle littérature, l'histoire est celle que les Indiens ont le moins cultivée. Ils ont un goût infini pour le merveilleux, et les brahmanes s'y sont conformés pour leur intérêt particulier ; cependant je ne doute pas que dans les palais des princes il n'y ait des monumens suivis de l'histoire de leurs ancêtres, surtout dans l'Indoustan où les princes sont plus puissans et rajepoutres de caste. Il y a même dans le nord plusieurs livres, qu'on appelle *Nâtak*, qui, à ce que des brahmanes m'ont assuré, contiennent beaucoup d'histoires anciennes sans aucun mélange de fables.

Pour ce qui est des Mogols, ils aiment l'histoire, et celle de leurs rois a été écrite par plu sieurs savans de leur religion. La gazette de tout l'empire, composée dans le palais même du Grand-Mogol, paroît au moins une fois le mois à Dely. Dans les poëmes indiens, on trouve mille restes précieux de la vénérable antiquité, une notion bien marquée du paradis terrestre, de l'arbre de vie, de la source de quatre grands fleuves dont le Gange en est un qui selon plusieurs savans, est le Phison du déluge, de l'empire des Assyriens, des victoires d'Alexandre sous le nom de Javana-Raja, roi des Javans ou Grecs.

On assure que parmi les livres dont l'académie des brahmanes de Cangivouram est dépositaire, il y en a d'histoire fort anciens, où il est parlé de saint Thomas, de son martyre et du lieu de sa sépulture. Ce sont des brahmanes qui l'ont dit et qui se sont offerts à les communiquer moyennant des sommes que les missionnaires n'ont jamais été en état de leur donner. Peut-être même que depuis le vénérable père de Nobilibus, il n'y a eu personne assez habile dans le samskret pour examiner les choses par soi-même. J'ai vu dans un manuscrit du père de Bourzes que dans certains pays de la côte de Malabar, les Gentils célébroient la délivrance des Juifs sous Esther, et qu'ils donnoient à cette fête le nom de *Yuda Tirounal*, fête de Juda.

Le seul moyen de pénétrer dans l'antiquité indienne, surtout en ce qui concerne l'histoire, c'est d'avoir un grand goût pour cette science, d'acquérir une connoissance parfaite du samskret et de faire des dépenses auxquelles il n'y a qu'un prince qui puisse fournir. Jusqu'à ce que ces trois choses se trouvent réunies dans un même sujet, avec la santé nécessaire pour soutenir l'étude dans l'Inde, on ne saura rien ou presque rien de l'histoire ancienne de ce vaste royaume.

V.

Entrons dans le sanctuaire des brahmanes, sanctuaire impénétrable aux yeux du vulgaire. Ce qui, après la noblesse de leur caste, les élève infiniment au-dessus du vulgaire, c'est la science de la religion, des mathématiques, et la philosophie. Les brahmanes ont leur religion à part ; ils sont cependant les ministres de celle du peuple. Les quatre *Vedas* ou *Bed* sont, selon eux, d'une autorité divine : on les a en arabe à la bibliothèque du roi. Ainsi les brahmanes sont partagés en quatre sectes, dont chacune a sa loi propre. Roukou Vedan, ou, selon la prononciation indoustane, Recbed et le Yajourvedam, sont plus suivis dans la Péninsule entre les deux mers, le Sâmavedam et Latharvana ou Brahmavedam dans le nord. Les Vedas renferment la théologie des brahmanes, et les anciens pouranam ou poëmes, la théologie populaire. Les Vedas, autant que j'en puis juger par le peu que j'en ai vu, ne sont qu'un recueil des différentes pratiques superstitieuses et souvent diaboliques des anciens *richi*, pénitens, ou *mouni*, anachorètes. Tout est assujetti et les dieux mêmes sont soumis à la force intrinsèque des sacrifices et des *mantram* : ce sont des formules sacrées dont ils se servent pour consacrer, offrir, invoquer, etc. Je fus surpris d'y trouver celle-ci : « *ôm, sântih, sântih, sântih, harik.* » Vous savez sans doute que la lettre ou syllabe *ôm* contient la trinité en unité, le reste est la traduction littérale de « *Sanctus, sanctus, sanctus, Dominus.* » Harih est un nom de dieu qui signifie ravisseur.

Les Vedas, outre les pratiques des anciens richi et mouni, contiennent leurs sentimens sur la nature de Dieu, de l'âme, du monde sensible, etc. Des deux théologies brahmanique et populaire, on a composé la science sainte ou de la vertu d'harmachâstram, qui contient la pratique des différentes religions, des rits sacrés ou superstitieux, civils ou profanes, avec les lois pour l'administration de la justice. Les traités d'Harmachâstram, par différens auteurs, se sont multipliés à l'infini. Je ne m'étendrai pas plus au long sur une matière qui demanderoit un grand ouvrage à part, et dont apparemment la connoissance ne sera jamais que très-superficielle.

VI.

Les brahmanes ont cultivé presque toutes les parties des mathématiques ; l'algèbre ne leur a pas été inconnu ; mais l'astronomie, dont la fin étoit l'astrologie, fut toujours le principal objet de leurs études mathématiques, parce que la superstition des grands et du peuple la leur rend plus utile ; ils ont plusieurs méthodes d'astronomie. Un savant Grec qui, comme Pythagore, voyagea autrefois dans l'Inde, ayant appris les sciences des brahmanes, leur enseigna à son tour sa méthode d'astronomie, et afin que ses disciples en fissent un mystère aux autres, il leur laissa dans son ouvrage les noms grecs des planètes, des signes du Zodiaque, et plusieurs termes, comme *hora* (vingt-quatrième partie d'un jour), *kendra* (entre), etc. J'eus cette connoissance à Dely, et elle me servit pour faire sentir aux astronomes du raja Jaesing, qui sont en grand nombre dans le fameux Observatoire qu'il a fait bâtir dans cette capitale, qu'anciennement il leur étoit venu des maîtres d'Europe.

Quand nous fûmes arrivés à Jaëpour, le prince, pour se bien convaincre de la vérité de ce que j'avois avancé, voulut savoir l'étymologie de ces mots grecs que je lui donnai. J'appris aussi des brahmanes de l'Indoustan que le plus estimé de leurs auteurs avoit mis le soleil au centre des mouvemens de Mercure et de Vénus. Le raja de Jaësing sera regardé dans les siècles à venir comme le restaurateur de l'astronomie indienne. Les tables de M. de La Hire, sous le nom de ce prince, auront cours partout dans peu d'années.

VII.

Ce qui a rendu plus célèbre, dans l'antiquité, le nom des gymnosophistes, c'est leur philosophie, dont il faut séparer d'abord la philosophie morale, non qu'ils n'en aient une très-belle dans beaucoup d'ouvrages du *nitichâstram*, science morale qui est renfermée ordinairement dans des vers sentencieux, comme ceux de Caton, mais c'est que cette partie de la philosophie est communiquée à toutes les castes : plusieurs auteurs choutres et même parias s'y sont acquis un grand nom.

La philosophie qu'on nomme simplement et par excellence *châstram* (science) est bien plus mystérieuse : la logique, la métaphysique et un peu de physique bien imparfait en sont les parties. Son unique fin, le but où tendent toutes les recherches philosophiques des brahmanes, est la délivrance de l'âme de la captivité et des misères de cette vie par une félicité parfaite qui essentiellement est ou la délivrance de l'âme ou son effet immédiat.

Comme parmi les Grecs il y eut plusieurs écoles de philosophie, l'ionique, l'académique, etc., il y a eu dans l'antiquité, parmi les brahmanes, six principales écoles ou sectes philosophiques dont chacune étoit distinguée des autres par quelque sentiment particulier sur la félicité et sur les moyens d'y parvenir: nyâyam, vedântam, sankiam, mimamsa, pâtanjalam, bhassyam, sont ce qu'ils appellent simplement les six sciences, qui ne sont que six sectes ou écoles. Il y en a encore plusieurs autres, comme l'agamachâstram et bauddamatham, etc., qui sont autant d'hérésies en matière de religion, très-opposées au d'harmachâstram dont j'ai parlé, qui contient le polythéisme, universellement approuvé.

Les sectateurs de l'agaman ne veulent point de différence de conditions parmi les hommes ni de cérémonies légales, et sont accusés de magie : jugez par là de l'horreur qu'en doivent avoir les autres Indiens. Les bauddistes, dont l'opinion de la métempsycose a été universellement reçue, sont accusés d'athéisme et n'admettent de principes de nos connoissances que nos sens. Boudda est le *Photo* révéré par le peuple à la Chine, et les bauddistes sont de la secte des bonzes et des lamas, comme les agamistes sont de la secte des peuples du *Mahâsin* ou *Grand-Sin*, qui commprend tous les royaumes de l'occident au delà de la Perse.

Je reviens à nos philosophes, qui par leur conduite ne donnent point d'atteinte à la religion commune et qui, quand ils veulent réduire leur théorie à la pratique, renoncent entièrement au monde et même à leur famille, qu'ils abandonnent. Toutes les écoles enseignent que la sagesse ou la science certaine de la vérité (*tâtvagniânam*) est la seule voie où l'âme se purifie et qui peut la conduire à sa délivrance (*moukti*) ; jusque-là elle ne fait que rouler de misère en misère dans différentes transmigrations que la seule sagesse peut faire finir : aussi toutes les écoles commencent par la recherche et la détermination des principes des connoissances vraies ; les unes en admettent quatre, les autres trois, et d'autres se contentent de deux.

Ces principes établis, elles enseignent à en tirer les conséquences par le raisonnement, dont les différentes espèces se réduisent en syllogisme. Ces règles du syllogisme sont exactes ; elles ne diffèrent principalement des nôtres qu'en ce que le syllogisme parfait, selon les brahmanes, doit avoir quatre membres dont le quatrième est une application de la vérité conclue des prémisses à un objet qui la rend indubitablement sensible. Voici le syllogisme dont les écoles retentissent : « Là où il y a de la fumée, il y a du feu; il y a de la fumée à cette montagne, donc il y a du feu comme à la cuisine. » Remarquez qu'ils n'appellent point fumée ni les brouillards ni autres choses semblables.

VIII.

L'école de nyâyam (*raison, jugement*) l'a emporté sur toutes les autres en fait de logique, surtout depuis quelques siècles que l'académie de Noudia dans le Bengale est devenue la plus célèbre de toute l'Inde par les fameux professeurs qu'elle a eus et dont les ouvrages se sont répandus de tous côtés. Gottam fut autrefois le fondateur de cette école à Tirat dans l'Indoustan, au nord du Gange, vis-à-vis le pays de Patna : c'est là qu'elle a fleuri pendant bien des siècles.

Les anciens enseignoient à leurs disciples toute la suite de leur système philosophique. Ils admettoient comme les modernes quatre principes de science : le témoignage des sens bien expliqués (*pratyakcham*); les signes naturels, comme la fumée l'est du feu (*anoumânam*); l'application d'une définition connue au défini jusque-là inconnu (*oupamânam*), enfin l'autorité d'une parole infaillible (*aptachabdam*). Après la logique, ils menoient leurs écoliers par l'examen de ce monde sensible à la connoissance de son Auteur, dont ils concluoient l'existence par l'anoumânam ; ils concluoient de la même manière son intelligence et de son intelligence son immatérialité.

Quoique Dieu de sa nature soit esprit, il a pu se rendre et s'est effectivement rendu sensible : de *Nirâkâra* il est devenu *Sâkâra* pour former le monde, dont les atomes indivisibles, comme ceux des épicuriens, et éternels sont par eux-mêmes sans vie.

L'homme est un composé d'un corps et de deux âmes : l'une suprême (*Paramâtma*), qui n'est autre que Dieu, et l'autre animale (*sivâtmâ*) ; c'est en l'homme le principe sensitif du plaisir et de la douleur, du désir, de la haine, etc. Les uns veulent qu'elle soit esprit, les autres qu'elle soit matière et un onzième sens dans l'homme, car ils distinguent les organes actifs des organes sensitifs ou passifs, et ils en comptent dix de cette façon.

Enfin, en ce qu'ils appellent suprême sagesse, il me semble qu'ils tombent dans le stoïcisme le plus outré : il faut éteindre ce principe sensitif, et cette extinction ne peut se faire que par l'union au Paramâtmâ ; cette union (*yogam* ou *jog*, d'où vient le nom de *Jogui*) à laquelle aspire inutilement la sagesse des philosophes indiens, de quelque secte qu'ils soient, cette union, dis-je, commence par la méditation et la contemplation de l'Être-Suprême et se termine à une espèce d'identité où il n'y a plus de sentiment ni de volonté. Jusque-là les travaux des métempsycoses durent toujours. Il est bon de remarquer que par le mot d'âme, on n'entend que le *soi-même*, que le *moi*.

Aujourd'hui on n'enseigne presque plus dans les écoles de Nyâyam que la logique remplie par les brahmanes d'une infinité de questions beaucoup plus subtiles qu'elles ne sont utiles. C'est un chaos de vétilles, tel qu'étoit il y a près de deux siècles la logique en Europe. Les étudians passent plusieurs années à apprendre mille vaines subtilités sur les membres du syllogisme, sur les causes, sur les négociations, les genres, les espèces, etc.; ils disputent avec acharnement sur de semblables niaiseries et se retirent sans avoir acquis d'autres connoissances. C'est ce qui a fait donner au Nyâyam le nom de Tarkachâstram.

De cette école sortirent autrefois les plus fameux adversaires des bauddistes, dont ils firent faire par les princes un horrible massacre dans plusieurs royaumes. Oudayanâchârya et Battâ se distinguèrent dans cette dispute ; et le dernier, pour se purifier de tant de sang qu'il avoit fait répandre, se brûla avec grande solennité à Jagnnâth sur la côte d'Oricha.

IX.

L'école de Vedântam (fin de la loi), dont Sankrâchâry fut autrefois le fondateur, a pris le dessus sur toutes les autres écoles pour la métaphysique; en sorte que les brahmanes qui veulent passer pour savans s'attachent aveuglément à ses principes ; je crois même qu'on ne trouveroit plus aujourd'hui de saniassi hors de cette école. Ce qui la distingue des autres c'est l'opinion de l'unité simple d'un être existant, qui n'est autre que le *moi* ou l'âme. Rien n'existe que ce *moi*.

Les notions que donnent ses sectateurs de cet être sont admirables. Dans son unité simple, il est en quelque façon trin par son existence, par sa lumière infinie et sa joie suprême : tout y est éternel, immatériel, infini. Mais parce que l'expérience intime du *moi* n'est pas conforme à cette idée si belle, ils admettent un autre principe, mais purement négatif et qui par conséquent n'a aucune réalité d'être, c'est le mâyâ du *moi*, c'est-à-dire erreur : par exemple, je crois actuellement vous écrire sur le système du Vedantam, je me trompe ; voilà tout, mais mon erreur n'est point un être. C'est ce qu'ils expliquent par la comparaison qu'ils ont continuellement à la bouche d'une corde à terre qu'on prend pour un serpent.

J'ai vu dans un poëme (car ils en ont de philosophiques inconnus au vulgaire ; les sentences des premiers maîtres sont même en vers), j'ai vu, dis-je, que Vassichta racontoit à son disciple Rama qu'un saniassi, dans un étang, abîmé dans la contemplation du mâyâ, fut ravi en esprit; il crut naître dans une caste infâme et éprouver toutes les aventures des enfans de cette condition; qu'étant parvenu à un âge plus mûr, il alla dans un pays éloigné, où, sur sa bonne mine, il fut mis sur le trône ; qu'après quelques années de règne il fut découvert par un voyageur de son pays qui le fit connoître à ses sujets, lesquels le mirent à mort, et pour se purifier de la souillure qu'ils avoient contractée, se jetèrent tous dans un bûcher où ils furent consumés par les flammes. Le saniassi, revenu de son extase, sortit de l'étang, l'esprit tout occupé de sa vision. A peine étoit-il de retour chez lui qu'un saniassi étranger arriva, lequel, après les premières civilités, lui raconta toute l'histoire de sa vision comme un fait certain et la déplorable catastrophe qui venoit d'arriver dans un pays voisin, dont il avoit été témoin oculaire. Le saniassi comprit alors que l'histoire et la vision, aussi peu vraies l'une que l'autre n'étoient que le mâyâ qu'il vouloit connoître.

La sagesse consiste donc à se délivrer du mâyâ par une application constante à soi-même en se persuadant qu'on est l'être unique, éternel et infini, sans laisser interrompre son attention à cette prétendue vérité par les atteintes du Mâyâ. La clé de la délivrance de l'âme est dans ces paroles, que ces faux sages doivent se répéter sans cesse avec un orgueil plus outré que celui de Lucifer : «Je suis l'Être Suprême.—*Aham ava param Brahma.*»

La persuasion spéculative de cette proposition doit en produire la conviction expérimentale, qui ne peut être sans la félicité : «*Evanuerunt in cogitationibus suis*[1]. — Ils se sont perdus dans leurs vaines pensées.» Cet oracle ne fut jamais plus exactement vérifié que dans la personne de ces superbes philosophes dont le système extravagant domine parmi les savans dans des pays immenses. Le commerce des brahmanes a communiqué ces folles idées à presque tous ceux qui se piquent de bel esprit. C'est pourquoi les nouveaux missionnaires doivent être sur leurs gardes lorsqu'ils entendent les brahmanes parler si emphatiquement de l'unité simple de Dieu (*adduitam*) et de la fausseté des biens et des plaisirs de ce monde (*mâyâ*).

X.

L'école de Sankiam, numérique, fondée par Kapil, qui rejette l'oupoumânam de la logique, paroît d'abord plus modeste, mais dans le fond il dit presque la même chose. Il admet une nature spirituelle et une nature matérielle, toutes deux réelles et éternelles. La nature spirituelle, par sa volonté de se communiquer hors d'elle-même, s'unit par plusieurs degrés à la nature matérielle. De la première union naissent un certain nombre de formes et de qualités : les nombres sont déterminés ; parmi les formes est *l'égoïté* (qu'on me permette ce terme), par laquelle chacun dit *moi*, je suis tel et non un autre. Une seconde union de l'esprit, déjà embarrassé dans les formes et les qualités, avec la matière produit les élémens ; une troisième, le monde visible. Voilà la synthèse de l'univers.

La sagesse, qui produit la délivrance de l'esprit, en est l'analyse ; heureux fruit de la contemplation, par laquelle l'esprit se dégage tantôt d'une forme ou qualité et tantôt d'une autre par ces trois vérités : « Je ne suis en aucune chose, aucune chose n'est à moi, le moi-même n'est point (*Nâsmin, name, mâham*). » Enfin le temps vient où l'esprit est délivré de toutes ces formes ; et voilà la fin du monde, où tout est revenu à son premier état.

Kapil enseigne que les religions qu'il connoissoit ne font que serrer les liens dans lesquels l'esprit est embarrassé, au lieu de l'aider à s'en dégager : « Car, dit-il, le culte des divinités subalternes, qui ne sont que les produc-

[1] Rom. chap. I, v. 21

tions de la dernière et la plus basse union de l'esprit avec la matière, nous unissant à son objet au lieu de nous en séparer, ajoute une nouvelle chaîne à celles dont l'esprit est déjà accablé ; le culte des divinités supérieures, Brama, Vichnou, Routren, qui sont à la vérité les effets des premières unions de l'esprit à la matière, ne peut qu'être toujours un obstacle à son parfait dégagement. Voilà pour la religion des Védas, dont les dieux ne sont que les principes desquels le monde est composé ou les parties même du monde composé de ces principes. Pour celle du peuple, qui est, comme la religion des Grecs et des Romains, chargée des histoires fabuleuses, infâmes et impies des poëtes, elle forme une infinité de nouveaux liens à l'esprit par les passions qu'elle favorise et dont la victoire est un des premiers pas que doit faire l'esprit s'il aspire à sa délivrance. » Ainsi raisonne Kapil.

L'école de Mimâmsâ, dont l'opinion propre est celle d'un destin invincible, paroît plus libre dans le jugement qu'elle porte des autres opinions ; ses sectateurs examinent les sentimens des autres écoles et parlent pour et contre à peu près comme les académiciens d'Athènes.

Je ne suis pas assez au fait des systèmes des autres écoles : ce que je vous marque ici ne doit même être regardé que comme une ébauche à laquelle une main plus habile auroit bien des traits à ajouter et peut-être plusieurs à retrancher. Il me suffit de vous faire connoître que l'Inde est un pays où il se peut faire beaucoup de nouvelles découvertes. Je suis, etc.

LETTRE DU P. SAIGNES

A MADAME DE SAINTE-HYACINTHE.

Guerres des marattes.—Notions sur les peuples.

A Pondichéry, le 18 janvier 1741.

MADAME,

La paix de N.-S.

Dans la lettre[1] que j'eus l'honneur de vous écrire l'année dernière, je vous informois assez en détail de la révolution arrivée dans l'empire

[1] Elle se trouve dans le tome 1er, p. 401 et suiv.

mogol. Je vous y parlois des conquêtes de Thamas Koulikan, qui, devenu roi de Perse, a pris le nom de Nader Schah, du détrônement de l'empereur mogol, du pillage et du saccagement de sa ville impériale, de son rétablissement sur le trône, dont Nader Schah le remit en possession à des conditions très-dures ; vous vous souvenez que l'une entre autres portoit qu'il jouiroit simplement des honneurs et de la dignité d'empereur, mais que l'autorité souveraine seroit entre les mains de Nirzamamoulouk, plus connu sous le nom d'Azefia.

Ainsi ce visir, aussi sage qu'habile guerrier, gouverne maintenant l'empire par les ordres du monarque persan, tandis que l'empereur, confiné dans son sérail, n'en sort que rarement et toujours sous bonne escorte. Les rajas de la capitale, qui pourroient être attachés au parti de l'empereur, n'oseroient faire le moindre mouvement en sa faveur. Azefia les contient par une armée de cent mille hommes campés aux portes de la ville.

Quand je partis de Bengale, il y a cinq mois, le nabab[1] venoit d'être tué dans une bataille rangée par un autre nabab de ses voisins qui n'étoit pas autorisé à lui faire la guerre. J'apprends que le vainqueur, ne pouvant faire sa paix avec la cour, qui paroît vouloir lui faire trancher la tête, menace et donne lieu de craindre une révolte. Dans les circonstances où l'on se trouve, s'il s'élevoit quelques troubles, ils pourroient bien se communiquer aux autres provinces.

C'est de ces circonstances qu'ont profité les Marattes, dont Azefia étoit la terreur lorsqu'il demeuroit dans le Dékan : ils n'osoient alors descendre de leurs montagnes. Aussitôt qu'ils l'ont vu occupé à la cour, ils ont cru pouvoir exécuter leurs entreprises, porter la désolation dans toute la péninsule de l'Inde et y anéantir le gouvernement mahométan. Cette nation des Marattes est puissante et met quelquefois sur pied jusqu'à cent quarante mille chevaux.

Ils allèrent l'année dernière jusque sur les bords du Gange ; ensuite, se tournant à l'ouest, ils s'emparèrent de tout le pays des Portugais et assiégèrent la ville de Goa, qu'ils auroient prise sans les forts qui la défendent. On espère que le roi de Portugal enverra au plus tôt un secours extraordinaire de troupes[2], sans quoi

[1] Vice-roi d'une province.
[2] Depuis, le comte d'Ericeyra, nouveau vice-roi, y est arrivé avec une escadre de cinq vaisseaux de

il court risque de perdre cette ville, la seule qui lui reste dans l'Inde.

Ce seroit un malheur irréparable pour la religion : la perte de Goa entraîneroit infailliblement la ruine des missions du Canada, de Maissour, de Maduré, de Travancor, de l'île de Ceylan, parce que les missionnaires qui sont dans ces différens royaumes n'y subsistent que par les revenus de Goa, sur lesquels sa majesté portugaise leur a assigné des pensions.

Après cette expédition, les Marattes tournèrent leurs armes contre les Maures, vers les parties méridionales; ils traversèrent les montagnes des paleakarens [1] sans trouver aucune résistance de la part des princes gentils; on croit même qu'ils étoient d'intelligence pour secouer le joug des mahométans.

Aussitôt que ceux-ci furent informés que Sitogi, prince des Marattes, descendoit les montagnes avec une armée de cinquante mille chevaux, ils allèrent à sa rencontre avec une armée presque égale. Les Marattes furent repoussés et obligés de se tenir sur les hauteurs. Cependant un corps de Marattes détaché de l'armée descendit par un autre défilé qui n'étoit pas gardé et vint prendre les Maures par derrière. Les Maures prirent ce détachement pour un renfort qui leur étoit envoyé d'Arcar et le laissèrent approcher tranquillement. Quand les Marattes furent à une certaine distance, les Maures les reconnurent, mais trop tard; ils crièrent aux armes, la confusion se mit dans leur armée qui, resserrée entre les montagnes, ne pouvoit par se replier. Les Marattes les attaquant alors des deux côtés opposés, les taillèrent en pièces.

Le nabab général de l'armée maure, son fils aîné et quelques autres seigneurs furent tués en combattant généreusement; plusieurs furent blessés ou faits prisonniers, peu s'échappèrent; les éléphans blessés et furieux achevèrent la déroute.

Cette triste nouvelle fut bientôt apportée à Arcar par les fuyards. Aussitôt le second fils du nabab, sa mère, son épouse, ses enfans et un grand nombre d'autres personnes d'une qualité distinguée songèrent à sauver leurs biens et leurs vies par la fuite. Pondichéry, qui n'est qu'à trois journées d'Arcar, leur parut la retraite la plus sûre. Ils ne perdirent point de temps; ils eurent bientôt préparé leurs éléphans, leurs chameaux, leurs chariots, leurs chevaux et leurs bêtes de charge, et ils arrivèrent heureusement dans cette ville escortés de sept mille hommes de cavalerie. Les Marattes, qui après leur victoir s'étoient amusés à partager les dépouilles des vaincus, arrivèrent trop tard à Arcar. Cette ville, quoique fort grande, n'est défendue que par une méchante citadelle de terre; la garnison qui y étoit ne pensa point à se défendre, dans la crainte d'être passée au fil de l'épée, car la frayeur s'étoit emparée de tous les cœurs. Ainsi les Marattes la pillèrent tranquillement et sans aucun obstacle.

De là ils allèrent se présenter devant Velour, autre ville considérable, mais dont la citadelle est très-forte : elle est bâtie de pierres de taille avec une double enceinte; ses bastions sont disposés régulièrement et elle est entourée d'un large fossé plein d'eau et de crocodiles, de sorte que sans canon elle est imprenable.

Comme les Marattes avoient laissé leur artillerie au delà des montagnes, ils ne s'y arrêtèrent pas, mais ils marchèrent du côté de Polour, petite ville qui est le séjour d'un nabab; ils la prirent et la pillèrent. Ils en firent autant à Gingama, à Tirounamalei, à Cangibouram et dans tous les bourgs et les villages où ils s'étendoient. Ils n'ont mis le feu qu'en peu d'endroits, et ils n'ont tué d'habitans que ceux qui leur ont résisté. Il falloit leur donner ce qu'on avoit ou le laisser prendre sans murmurer. Quelquefois ils n'avoient pas la patience d'attendre que les femmes tirassent leurs anneaux d'or, ils les leur arrachoient en leur déchirant le nez et les oreilles, où elles ont coutume de les porter.

Il y a eu des chefs de villages frappés cruellement du chabouk [1], et quelques-uns ont expiré sous les coups. Leur dessein étoit de les forcer, par la rigueur de ce supplice, à découvrir où étoient cachés les grains, l'argent, les meubles et d'autres ornemens précieux.

A Tirounamalei, ils firent d'un seul coup un butin très-considérable. Les peuples de tous les environs avoient transporté leurs richesses dans

---

guerre et a déjà repris quelques places sur les Marattes. (*Note de l'ancienne édition.*)

[1] Les royaumes de l'Inde méridionale sont partagés en plusieurs *paleakarens* ou *polygars*, qui, bien que dépendans du prince, sont maîtres absolus de leur petit état. (*Note de l'ancienne édition.*)

[1] Fouet indien.

la pagode de Routren[1], d'où ils croyoient que les Marattes, par respect, n'oseroient approcher. Ils se trompèrent : les soldats marattes enlevèrent non-seulement tout ce qui s'y trouva d'effets, mais encore les danseuses et les filles de la pagode qui leur plurent.

Vous pouvez bien juger, madame, que nos églises n'ont point été respectées; ils ont pris le peu qui y étoit resté, car les missionnaires, en prennant la fuite, avoient emporté avec eux tout ce qu'ils pouvoient. Il y a déjà quatorze de ces missionnaires arivés à Pondychéry. On est en peine de quatre pères portugais dont on n'apprend aucune nouvelle; on craint encore plus pour deux autres dont les églises sont fort éloignées dans les terres de Maissour : s'ils n'ont point eu le temps de gagner les bords de la mer, ils seront tombés infailliblement entre les mains des Marattes ; quelques-uns se sont sauvés, comme ils ont pu, dans les bois et sur les montagnes.

Il n'y a que le père Madeira qui n'a pas pu échapper à la fureur de ces brigands. A l'instigation d'un brame, qui leur persuada que ce père avoit caché de grands trésors, ils le battirent cruellement, ils le tinrent pendant plusieurs jours lié à un poteau, tête nue et tout le corps presque nu, exposé aux ardeurs d'un soleil brûlant, ne lui donnant du riz qu'autant qu'il en falloit précisément pour ne pas le laisser mourir de faim.

Cependant le peu qu'ils trouvèrent dans son église de Vergampettit fit soupçonner aux Marattes que le brame leur en avoit imposé : « Il faut le presser, dit le brame; s'il n'a point d'argent, vous en tirerez sûrement de ses disciples, qui n'épargneront rien pour le racheter des tourmens. » Les Marattes suivirent son conseil et annoncèrent au missionnaire que la résolution étoit prise de le faire mourir dans les plus cruels supplices s'il ne faisoit pas contribuer ses disciples.

En effet les chrétiens, informés de la triste situation où étoit leur père en Jésus-Christ, s'offroient déjà à ramasser parmi eux la somme qu'on demandoit pour sa délivrance. Le père fit venir le catéchiste qui avoit la liberté de lui parler et lui ordonna de défendre de sa part à ses disciples de donner la moindre chose pour le délivrer; qu'il aimoit mieux mourir que de les voir réduits, à son occasion, à une extrême indigence.

Les Marattes furent étrangement surpris d'une résolution si généreuse; cependant ils préparèrent leur chaise et leur casque de fer; ils firent rougir au feu l'un et l'autre, et ils se disposoient à faire asseoir le missionnaire sur cette chaise et à lui mettre le casque en tête lorsqu'un des chefs marattes, témoin de la fermeté du père et de la ferveur avec laquelle il offroit à Dieu ses tourmens, élevant la voix tout à coup : « Laissez en repos ce saniassi[1], s'écria-t-il; j'ai ouï parler du Dieu qu'il invoque, c'est un Dieu redoutable, et nous pourrions bien nous attirer son courroux en tourmentant son serviteur. D'ailleurs, ajouta-t-il, c'est un étranger qui fait du bien à tout le monde par ses prières et par ses utiles conseils. » On obéit, le missionnaire fut détaché du poteau et renvoyé libre.

Le roi de Maissour a tâché de défendre ses frontières avec une puissante armée, mais vainement : les Marattes l'ont défaite et ont pénétré dans les états de ce prince, où ils ont exercé toutes sortes de brigandages. Ceux qui étoient dans le voisinage des bois et des montagnes s'y sont réfugiés; mais ils n'y ont pas beaucoup gagné : les paleakarens leur ont fait payer chèrement l'asile qu'ils leur donnoient, sous prétexte qu'il leur falloit soudoyer de nouvelles troupes pour les garder et les défendre.

Le plus grand mal qu'aient fait les Marattes et ce qu'on regrette le plus, c'est l'enlèvement des troupeaux et des petits enfans, garçons et filles, qu'ils ont fait passer dans leur pays. Nous croyions que la saison des pluies mettroit fin à leurs courses ; ils les ont continuées et les ont poussées jusqu'à Portonovo, habitation hollandaise qu'ils ont ravagée.

Ils avoient un semblable dessein sur Pondichéry; ils s'en sont approchés à la distance de trois lieues ; quelques maraudeurs ont fait même des excursions dans quelques aldées[2] de sa dépendance. On fit sortir un détachement pour leur donner la chasse; mais ayant été instruits par leurs espions que nous avions de bons remparts garnis de gros canons, une forteresse dans la ville propre à les bien recevoir et qu'on étoit nuit et jour sur ses gardes pour

---

[1] Divinité des Indes.

[1] Nom qu'on donne aux missionnaires dans l'Inde.
[2] Villages.

éviter toute surprise, cette vigilance et la bonne contenance de nos François leur ont fait prendre le parti de tourner leurs pas vers le Maduré, faisant toujours sur la route leurs ravages accoutumés.

La conquête de ce royaume ne leur a pas beaucoup coûté. Deux de nos églises ont été brûlées et les autres mises au pillage. Les missionnaires qui ont été à portée de se rendre à Tiroucherapaly s'y sont réfugiés: c'est une assez bonne place et la capitale d'un royaume qui porte ce nom. Xandersaheb, qui l'a conquise depuis peu, en a été fait nabab par l'empereur.

Ce seigneur maure, dont les missionnaires sont connus et protégés, ne pouvant tenir la campagne avec onze mille hommes, s'est retiré dans la citadelle, où il s'est défendu avec beaucoup de valeur pendant deux mois. Barasaheb son frère, étant venu à son secours avec un corps de quatre mille hommes de cavalerie, tua dans un premier combat deux mille Marattes. La place étoit néanmoins toujours assiégée et l'on sommoit Xandersaheb de se rendre, sans quoi on le menaçoit de mettre tout à feu et à sang; trois mille échelles étoient déjà préparées pour monter à l'escalade. Xandersaheb prit la résolution de tout risquer et de faire une sortie avec toute sa garnison. Barasaheb son frère fut tué, sa troupe taillée en pièces et Xandersaheb fait prisonnier. De toutes leurs conquêtes, les Marattes n'ont conservé que cette place, où ils ont laissé quinze mille hommes pour commander le pays jusqu'à ce que leur roi en dispose.

Ces brigands prétendoient bien ne se pas borner à la prise de Tiroucherapaly; leur vue étoit d'aller détrôner le roi de Tanjaour, de mettre un autre prince en sa place, de revenir ensuite le long de la côte et de faire contribuer ou prendre de force Pondichéry, Careical, Sadrast, Madras et toutes les villes des Européens.

Pondichéry étoit surtout l'objet de leur colère et du désir insatiable qu'ils ont de s'enrichir : ils savoient que les trésors d'Arcar y avoient été transportés, et que si le fils du nabab, sa famille et sa cour n'y avoient pas trouvé un asile, ils les auroient faits prisonniers de guerre et se seroient emparés de toutes leurs richesses. On a reçu en effet dans la ville ces seigneurs maures et les dames avec toute sorte de politesse, et on leur a fourni à eux et à leur suite tous les logemens qu'ils ont souhaité; aussi en sont-ils pénétrés d'estime et de reconnoissance. Ils ont informé Azefia de l'accueil obligeant qu'on leur avoit fait ; ce visir, qui a toute l'autorité dans l'empire mogol, a écrit de Dely une lettre de remercîment à M. Dumas, notre gouverneur, et lui a envoyé un serpeau, c'est-à-dire un habit à la maure, un turban et une écharpe : c'est le présent dont les princes et les rois honorent ceux auxquels ils veulent donner des marques d'une singulière distinction.

Comme les Marattes ne font point la guerre pour conserver les villes et les pays qu'ils soumettent, mais uniquement pour les piller, ils abandonnèrent Arcar six jours après qu'ils s'en étoient rendus les maîtres. Le fils du défunt nabab, nommé Dostalikhan, qui s'étoit réfugié dans cette ville, ramassa une partie de ses troupes en fit un corps de vingt mille hommes avec lequel il retourna à Arcar, où il traita avec les Marattes, moyennant une somme considérable qu'il leur donna.

Jamais les Marattes n'avoient pénétré si avant dans ce pays-ci depuis que l'empereur Aurengzeb les en avoit chassés : les gouverneurs maures, ou par adresse ou par leur bravoure, les avoient toujours empêché de traverser les montagnes qui nous séparent d'eux. La division s'est mise entre les gouverneurs d'Arcar, de Velour, de Polour et de Tiroucherapaly, quoiqu'ils soient tous parens ; le sang et leurs propres intérêts devoient les réunir contre l'ennemi commun, la jalousie les a divisés, et ne se prêtant point de secours les uns aux autres, ils ont été battus tour à tour.

Nous nous ressentons malheureusement de leurs querelles particulières ; l'empire en souffre aussi, parce qu'on ne peut envoyer à Dely les tributs ordinaires. On assure qu'Azefia a donné ordre à son fils d'aller fondre dans le pays des Marattes avec une armée de quatre-vingt mille chevaux, car dans toute l'Asie l'infanterie n'est presque comptée pour rien. On espère que ces vagabonds reprendront le chemin de leurs montagnes pour aller défendre leur patrie, où cette diversion les rappelle.

Mais quand ils se seront retirés, dans quelle triste situation ne nous trouverons-nous pas ? Il nous faudra bâtir de nouveau des églises en plusieurs endroits où elles ont été détruites, en réparer d'autres et les pourvoir de tout ce qui est absolument nécessaire, rassembler surtout nos pauvres chrétiens, que cette guerre a dissipés. A la guerre succédera la famine, qui est inévitable. Les campagnes sont désertes, elles ont été fouragées; les peuples revenus dans leur demeure, n'auront point de quoi les ensemencer : il n'y aura donc ni riz ni d'autres grains. Dieu veuille avoir pitié de nous! Ne nous oubliez pas, madame, dans vos ferventes prières. Je suis avec beaucoup de respect, etc.

EXTRAITS

DE QUELQUES LETTRES DU P. CALMETTE AU P. DU HALDE.

Sur la rivière de Grandica, etc.

Il ne me reste plus, pour satisfaire aux questions que vous m'avez faites, que de vous donner une notice du *salagramam*, ou du caillou vermoulu de la rivière Gandica. Cette rivière de l'Indoustan descend des montagnes au nord de Patna et se jette dans le Gange près de cette ville. Le Gandica n'est pas moins sacré pour les Indiens que le Gange; l'un et l'autre ont été l'objet de leur poésie et sont le terme de leurs pèlerinages. Ce qu'il y a de singulier dans le Gandica, ce sont des cailloux qu'on dit être percés par un ver, lequel s'y loge, s'y roule et forme en s'y roulant des figures orbiculaires qui ont quelque chose de surprenant. Les Indiens en font grand cas; ils les achètent fort cher et en font commerce d'un bout de l'Inde à l'autre. Les brames les conservent dans des boîtes de cuivre ou d'argent et leur font un sacrifice tous les jours. J'ai donc à vous développer sur ce sujet le naturel et le mystique, le réel et la fable.

Le caillou percé de la rivière Gandica se nomme communément salagramam; ses différentes espèces ont donné lieu à quantité de noms différens qu'on lui donne : j'en ai compté jusqu'à soixante, qui ne sont guère connus que des savans et qu'il seroit inutile de vous détailler; tous ces noms ont rapport à leurs fables et surtout aux trois principales divinités de l'Inde. *Hirania garbam* (matrice d'or) est une espèce de salagramam qui a des veines d'or : elle appartient à Brama; *Chivanabam*, qui veut dire nombril de Chivoudou, est du ressort du dieu de ce nom. Ces deux divinités n'en ont que quatre chacun qui leur soient attribués; les autres salagramam, à la réserve de deux, ont tous des noms de Vichnou et de ses métamorphoses.

Le salagramam est un caillou dur, poli, communément noir, quelquefois marbré et de différentes couleurs, de figure ronde, oblongue, ovale, applati quelquefois d'un côté ou même des deux : ce sont les espèces que j'ai vues. Ces cailloux se forment dans la rocaille des rives ou cascades de Gandica, d'où on est obligé de les extraire en cassant la pierre qui les enveloppe, du moins en partie. Ils conservent la marque de leur position par un médiocre applatissement d'un des côtés; c'est dans l'eau ou à portée du flot qu'ils naissent. L'insecte qu'on y trouve est appelé ver; dans la langue des Indiens, on lui donne trois noms : *souvarnakitam* (le ver d'or), *vajirakitam* (le ver de diamant) et *prœstorakitam* (le ver de pierre). Une fable qu'on débite vers le nord porte que c'est une métamorphose du dieu Vichnou arrivée de la manière suivante. : « Vichnou alla rendre visite à la femme d'un pénitent et la suborna; le pénitent déshonoré se vengea par une malédiction conçue en ces termes : « Puisses-tu naître ver et n'avoir à ronger que la pierre. » La malédiction eut son effet : ainsi naquit Vichnou. »

On rapporte ailleurs, d'une autre manière, la métamorphose de Vichnou : « Les trois divinités, Brahma, Vichnou, Chivoudou, qui forment la fausse trinité des Indiens, ayant ouï parler d'une danseuse nommée Gandica, non moins fameuse par sa douceur que par sa beauté, furent la voir et mirent sa patience à l'épreuve par des manières inciviles et tout à fait propres à la fâcher. N'ayant pu altérer sa belle humeur, ils furent si contens de sa politesse qu'après s'être fait connoître, ils lui promirent de naître d'elle tous les trois, et pour cet effet, ils la métamorphosèrent en rivière : c'est la rivière Gandica, où ces trois divinités renaissent sous la forme de salagramam. »

Ces deux fables conduisent par divers chemins au même point, qui est de faire l'apothéose de l'insecte, lequel se loge ou naît dans cette rocaille. Faut-il le nommer ver ou poisson? Je doute fort que ce soit un ver ; en m'écartant du système des Indiens, je dirois plus volontiers que c'est un poisson. Peut-être conviendroit-il mieux de l'appeler limaçon à cause de sa figure et de sa position, telle qu'on peut le conjecturer des orbes qu'on remarque sur les cailloux les plus distincts. La queue est au centre, le ventre dans la partie la plus évasée de son lit, la tête au bord, où l'insecte reçoit la nourriure que le flot lui apporte.

Dans l'espace qu'occupe le corps de l'insecte, on voit à distances égales des lignes profondes, parallèles et régulièrement tracées, comme si elles partoient du centre à la circonférence, coupées cependant ou interrompues d'un orbe à l'autre. Ces lignes sont la partie par laquelle l'animal tient à la pierre, et qui suppose que l'insecte a divers plis, ainsi que le ver et la chenille. L'opinion qui a cours parmi les Indiens est que c'est un ver qui ronge la pierre pour s'y faire une loge ou pour s'en nourrir.

L'admiration est la mère de l'idolâtrie. L'Indien, qui examine peu et qui n'est rien moins que physicien, ayant remarqué dans ces cailloux des loges artistement travaillées, a donné de l'esprit à l'insecte. Il n'en faut pas davantage pour fonder l'apothéose parmi des gens superstitieux à l'excès : il leur a plu de faire disparoître le ver et d'y substituer leur idole. Quelques-uns parmi eux, surtout vers le nord, placent même à distances réglées les dieux subalternes du ciel de Vichnou ; les douarapalacoulou ou les portiers sont à l'entrée, et ainsi des autres.

Je ne voudrois pas nier absolument que la figure ou les cavités de certains cailloux, qui paroissent rongées, ne fussent l'ouvrage de quelque ver, mais ce ver doit être différent de l'insecte qui fait les orbes dont j'ai parlé ; encore peut-on ce me semble expliquer ainsi la plupart des cavités irrégulières. Le salagramam étant uni étroitement au roc dans lequel il se forme, il est naturel que les pointes du roc, entrant sans ordre dans le caillou qui croît avec lui, ces pointes concassées laissent le creux dont nous cherchons la cause.

Il y a une espèce de salagramam, appelé *chacrapani*, plat des deux côtés, qui a huit ou dix loges semblables sur une des faces, à distance égale et parfaitement régulières. Je ne puis douter qu'il n'y ait eu un petit poisson, mais différent de ceux qui sont disposés en limaçon ; ainsi, le chacrapani sera un coquillage pierreux ou pétrifié. Cependant il ne diffère pas du marbre par la couleur et la dureté. Pourquoi les autres salagramam ne seroient-ils pas de même des coquillages ?

J'ai vu sur les roches de l'Ile de France des coquillages qui, sans ressembler aux salagramam, peuvent nous aider à les faire connoître. C'est un assemblage de petites loges, dans les creux ou sur les pointes des rochers battus par la vague ; chaque loge est une coquille, et toutes ensemble font un bloc qu'on appelle, ce me semble, le bouquet de mer. Le poisson s'y nourrit de la graisse de la mer ou de l'eau filtrée au travers d'une peau qui couvre la surface à peu près comme les coquillages qui s'attachent au gouvernail du vaisseau. Ce bloc de coquillages, qui n'en font qu'un, a quelque rapport au chacrapani que j'ai décrit ; il est enchâssé dans la pierre, qu'il faudroit casser pour l'en extraire. Se pétrifie-t-il avec le temps ? c'est ce que je ne puis décider ; mais s'il se pétrifioit, on pourroit en faire une nouvelle espèce de salagramam.

Parmi les salagramam que je vous envoie, celui qui est de la première grandeur, appelé *anantamourti*, est rare et précieux : on le conservoit dans une boîte d'argent. La figure du limaçon y est si distincte, tant au-dessus qu'au dedans, qu'il prouve seul l'explication que j'en ai donnée. *Gopalamourti* est le second ou de la seconde grandeur ; il n'a qu'une loge et n'avoit qu'un limaçon. Le *chivabanam* est plus rond ; il est distingué par une figure circulaire que les Indiens appellent nombril. Je n'en ai vu qu'un de cette espèce, et je ne puis l'expliquer, à moins de dire que c'est un caillou enchâssé, par la partie qu'ils appellent nombril, dans un creux circulaire du roc où il s'est formé. Ce qui paroît inégal et rongé tout autour peut être l'effet des inégalités de la pierre qui l'environnoit. Je ne vois pas par quel art un ver formeroit un creux si régulier et comment, en rongeant la pierre inégalement, il seroit attentif à ne pas endommager le cercle qui fait la rareté du caillou. Le quatrième, ou le salagramam de la quatrième grandeur, parmi ceux que j'envoie, a sur le côté plat la figure de limaçon fort bien gravée ; on pourroit même croire, après avoir vu le caillou, que le limaçon marche en portant sa maison sur le dos. Le cinquième salagramam, qui est le plus petit, est nommé *cachamourti*; il a deux loges, et un lien par lequel elles communiquent.

Le sacrifice que les brames font au salagramam consiste à y appliquer la raclure de bois de sandal, dont ils ont coutume de s'orner eux-mêmes, à le remplir ou frotter d'huile, à le laver, à lui faire dessus des libations, à lui donner une espèce de repas d'une composition de beurre, de caillé, de lait, de sucre et de figues bananes appelée *panchamroutam* ou l'ambroisie des cinq mets. Ils accompagnent la cérémonie des paroles du *Védam* à l'honneur de Vichnou, parmi lesquelles elles lui adressent celles-ci: «Divinité à mille têtes, à mille yeux, à mille pieds,» peut-être par allusion à la quantité de loges, de trous et de lignes qu'on voit dans quelques salagramam.

Je ne dis rien de la manière dont se forme le caillou connu sous le nom de *salagramam*; il n'y a qu'un naturaliste habile qui puisse s'en éclaircir en faisant un voyage au Gandica[1]. Les recherches de l'Indien ne vont pas si loin. Je suis, etc.

LETTRE DU P. COEURDOUX

AU P. DU HALDE.

Sur les toiles de l'Inde, peintes et autres.

18 janvier 1742.

MON RÉVÉREND PÈRE,
La paix de N.-S.

Je n'ai pas oublié ce que vous m'avez recommandé dans plusieurs de vos lettres, de vous faire part des découvertes que je pourrois faire dans cette partie de l'Inde; vous êtes persuadé qu'on y peut acquérir des connoissances, qui, étant communiquées à l'Europe, contribueroient peut-être au progrès des sciences ou à la perfection des arts. Je serois entré plutôt dans vos vues, si des occupations presque continuelles n'avoient emporté tout mon temps. Enfin, ayant eu quelques momens de loisir, j'en ai profité pour m'instruire de la manière dont les Indiens travaillent ces belles toiles qui font partie du négoce des compagnies établies pour étendre le commerce, qui,

[1] Gandak, affluent du Gograh: il vient du Thibet.

traversant les plus vastes mers, viennent du fond de l'Europe les chercher dans des climats qui en sont si éloignés.

Ces toiles tirent leur valeur et leur prix de la vivacité et, si j'ose m'exprimer ainsi, de la ténacité et de l'adhérence des couleurs dont elles sont teintes, et qui est telle que, loin de perdre leur éclat quand on les lave, elles n'en deviennent que plus belles. C'est à quoi l'industrie européenne n'a pu encore atteindre, que je sache. Ce n'est pas faute de recherches dans nos habiles physiciens ni d'adresse dans nos ouvriers; mais il semble que l'auteur de la nature ait voulu dédommager les Indes des avantages que l'Europe a d'ailleurs sur ce pays en leur accordant des ingrédiens et surtout des eaux dont la qualité particulière contribue beaucoup à la beauté de ce mélange de peinture et de teinture des toiles des Indes.

Ce que j'ai à vous dire, mon révérend père, sur ces peintures indiennes, c'est ce que j'ai appris de quelques néophytes, habiles en ce genre d'ouvrage, auxquels j'ai conféré depuis peu le baptême. Je les ai questionnés à diverses reprises et séparément les uns des autres, et ce sont leurs réponses que je vous envoie.

I.

Avant que de se mettre à peindre sur la toile, il faut lui donner les préparations suivantes: 1° Prenez une pièce de toile neuve, fine et serrée: la longueur la plus commune est de neuf coudées; blanchissez-la à moitié: je dirai dans la suite de quelle manière cela se pratique. Prenez des fruits secs nommés *cadou* ou *cadoucaïe*[1] au nombre d'environ vingt-cinq, ou pour parler plus juste le poids de trois palam: ce poids indien équivaut à une once, plus un huitième, puisque quatorze palam et un quart font une livre. 2° Cassez ce fruit pour en tirer le noyau, qui n'est d'aucune utilité; réduisez ces fruits en poudre: les Indiens le font sur une pierre et se servent pour cela d'un cylindre, qui est aussi de pierre, et l'emploient à peu près comme les pâtissiers lorsqu'ils broient et étendent leur pâte. 3° Passez cette poudre par le tamis et mettez-la dans deux pintes ou en-

[1] Cadou, cadoo, plante dont la feuille a la forme et le goût du bétel. Les Indiens en brûlent dans leurs maisons, croyant préserver ainsi les enfans nouveaux nés de l'influence des mauvais esprits.

viron de lait de buffle, augmentant le lait et le poids du cadou selon le besoin et la quantité des toiles. 4° Trempez-y peu de temps après la toile autant de fois qu'il est nécessaire afin qu'elle soit bien humectée de ce lait ; vous la retirerez alors, vous la tordrez fortement et la ferez sécher au soleil. 5° Le lendemain vous laverez légèrement la toile dans l'eau ordinaire, vous en exprimerez l'eau en la tordant, et après l'avoir fait sécher au soleil, vous la laisserez au moins un quart d'heure à l'ombre.

Après cette preparation, qu'on pourroit appeler intérieure, on peut passer aussitôt à une autre que je nommerois volontiers extérieure, parce qu'elle n'a pour objet que la superficie de la toile. Pour la rendre plus unie et que rien n'arrête le pinceau, on la plie en quatre ou en six doubles, et avec une pièce de bois on la bat sur une autre pièce de bois bien unie, observant de la battre partout également; et quant elle est suffisamment battue dans un sens, on la plie dans un autre et on recommence la même opération.

Il est bon, mon révérend père, de faire ici quelques observations que vous ne jugerez pas tout à fait inutiles : 1° Le fruit cadou se trouve dans les bois, sur un arbre d'une médiocre hauteur; il se trouve presque partout, mais principalement dans le Malleiâlam, pays montagneux, ainsi que le signifie son nom, qui s'étend considérablement le long de la côte de Malabar. 2° Ce fruit sec, qui est de la grosseur de la muscade, s'emploie ici par les médecins, et il entre surtout dans les remèdes qu'on donne aux femmes nouvellement accouchées. 3° Il est extrêmement âpre au goût; cependant quand on en garde un morceau dans la bouche pendant un certain temps, on lui trouve, à ce que disent quelques-uns, un petit goût de réglisse. 4° Si après en avoir humecté médiocrement et brisé un morceau dans la bouche, on le prend entre les doigts, on le trouve fort gluant : c'est en bonne partie à ces deux qualités, je veux dire à son âpreté et à son onctuosité, qu'on doit attribuer l'adhérence des couleurs dans les toiles indiennes, et surtout à son âpreté ; c'est au moins l'idée des peintres indiens.

Il y a longtemps que l'on cherche en Europe l'art de fixer les couleurs et de leur donner cette adhérence qu'on admire dans les toiles des Indes. Peut-être en découvrirai-je le secret, du moins pour plusieurs couleurs, en faisant connoître le cadoucaïe, surtout sa principale qualité, qui est son extrême âpreté. Ne pourroit-on point trouver en Europe des fruits analogues à celui-ci ? Les noix de galle, les nèfles séchées avant leur maturité, l'écorce de grenade ne participeroient-elles pas beaucoup aux qualités du cadou ?

J'ajouterai à ce que je viens de dire quelques expériences que j'ai faites sur le cadou : 1° De la chaux délayée dans l'infusion de cadou donne du vert; s'il y a trop de chaux, la teinture devient brune; si l'on verse sur cette teinture brune une trop grande quantité de cette infusion, la couleur paroît d'abord blanchâtre, peu après la chaux se précipite au fond du vase. 2° Un linge blanc trempé dans une forte infusion de cadou contracte une couleur jaunâtre fort pâle; mais quand on y a mêlé le lait de buffle, le linge sort avec une couleur d'orange un peu pâle. 3° Ayant mêlé un peu de notre encre d'Europe avec de l'infusion de cadou, je remarquai au dedans, en plusieurs endroits, une pellicule bleuâtre semblable à celle qu'on voit sur les eaux ferrugineuses, avec cette différence que cette pellicule étoit dans l'eau même, à quelque distance de la superficie. Il seroit aisé en Europe de faire des expériences sur le cadou même, parce qu'il est facile d'en faire venir des Indes. Ces fruits sont à très-bon marché et on en a une trentaine pour un sou de notre monnoie.

Pour ce qui est du lait de buffle qu'on met avec l'infusion du cadoucaïe, on le préfère à celui de vache, parce qu'il est beaucoup plus gras et plus onctueux. Ce lait produit pour les toiles le même effet que la gomme et les autres préparations pour le papier afin qu'il ne boive pas. En effet, j'ai éprouvé que notre encre peinte sur une toile préparée avec le cadou s'étend beaucoup et pénètre de l'autre côté. Il en arrive de même à la peinture noire des Indiens.

Ce qu'il y a encore à observer, c'est que l'on ne se sert pas indifféremment de toutes sortes de bois pour battre les toiles et les polir. Le bois sur lequel on les met, celui qu'on emploie pour les battre, sont ordinairement de tamarinier ou d'un autre arbre nommé porchi, parce qu'ils sont extrêmement compactes quant ils sont vieux. Celui qu'on emploie pour battre se nomme cottapouli, il est rond, long d'environ une coudée et gros comme la jambe, excepté à une extrémité qui sert de manche. Deux ouvriers assis vis-à-vis l'un de l'autre battent la toile à l'envi. Le coup d'œil et l'expérience ont bientôt appris à connoître quand la toile est polie et lissée au point convenable.

II.

La toile ainsi préparée, il faut y dessiner les fleurs et les autres choses qu'on veut y peindre. Nos ouvriers indiens n'ont rien de particulier, ils se servent du poncis de même que nos brodeurs. Le peintre a eu soin de tracer son dessin sur le papier : il en pique les traits principaux avec une aiguille fine, il applique ce papier sur la toile, il y passe ensuite la ponce, c'est-à-dire un nouet de poudre de charbon par-dessus les piqûres, et par ce moyen le dessin se trouve tout tracé sur la toile. Toute sorte de charbon est propre à cette opération, excepté celui de palmier, parce que, selon l'opinion des Indiens, il déchire la toile. Ensuite sur ces traits on passe avec le pinceau du noir et du rouge, selon les endroits qui l'exigent, après quoi l'ouvrage se trouve dessiné.

III.

Il s'agit maintenant de peindre les couleurs sur ce dessin. La première qu'on applique c'est le noir : cette couleur n'est guère en usage, si ce n'est pour certains traits et pour les tiges des fleurs. C'est ainsi qu'on la prépare : 1° On prend plusieurs morceaux de mâchefer, on les frappe les uns contre les autres pour en faire tomber ce qui est moins solide ; on réserve les gros morceaux environ neuf à dix fois la grosseur d'un œuf. 2° On y joint quatre ou cinq morceaux de fer vieux ou neuf, peu importe. 3° Ayant mis à terre en un monceau le fer et le mâchefer, on allume du feu par-dessus : celui qu'on fait avec des feuilles de bananier est meilleur qu'aucun autre ; quand le fer et le mâchefer sont rouges, on les retire et on les laisse refroidir. 4° On met ce fer et ce mâchefer dans un vase de huit à dix pintes et l'on y verse du *canje* chaud, c'est-à-dire de l'eau dans laquelle on a fait cuire le riz, prenant bien garde qu'il n'y ait pas de sel. 5° On expose le tout au grand soleil, et après l'y avoir laissé un jour entier, on verse à terre le canje et l'on remplit le vase de *callou*, c'est-à-dire de vin de palmier ou de cocotier. 6° On le remet au soleil trois ou quatre jours consécutifs, et la couleur qui sert à peindre le noir se trouve préparée.

Il y a quelques observations à faire sur cette préparation. La première est qu'il ne faut pas mettre plus de quatre ou cinq morceaux de fer sur huit ou neuf pintes de canje, autrement la teinture rougiroit et couperoit la toile. La seconde regarde la qualité de vin de palmier et de cocotier, qui s'aigrit aisément et en peu de jours : on en fait du vinaigre et l'on s'en sert au lieu de levain pour faire lever la pâte. La troisième est qu'on préfère le vin de cocotier à celui de palmier. La quatrième est qu'au défaut de ce vin, on se sert du *kevarou*, qui est un petit grain de ce pays dont plusieurs se nourrissent : ce grain ressemble fort pour la couleur et la grosseur à la graine de navet, mais la tige et les feuilles sont entièrement différentes. On y emploie aussi le *varagou*, qui est un autre fruit du pays qu'on préfère au kevarou. On en pile environ deux poignées qu'on fait ensuite cuire dans l'eau ; on verse cette eau dans le vase où sont le fer et le mâchefer ; on y ajoute la grosseur de deux ou trois muscades de sucre brut de palmier, prenant garde de n'en pas mettre davantage, autrement la couleur ne tiendroit pas longtemps et s'effaceroit enfin au blanchissage. La cinquième est que pour rendre la couleur plus belle, on joint au callou le kevarou ou le varagou préparé comme je viens de le dire. La sixième et dernière observation est que cette teinture ne paroîtroit pas fort noire et ne tiendroit pas sur une toile qui n'auroit pas été préparée avec le cadou.

IV.

Après avoir dessiné et peint avec le noir tous les endroits où cette couleur convient, on dessine avec le rouge les fleurs et autres choses qui doivent être terminées par cette autre couleur. Je dis qu'on dessine, car il n'est pas encore temps de peindre avec la couleur rouge : il faut auparavant appliquer le bleu, ce qui demande bien des préparations.

Il faut d'abord mettre la toile dans l'eau bouillante et l'y laisser pendant une demi-heure. Si vous mettez avec la toile deux ou trois cadou, le noir en sera plus beau. En second lieu, ayant délayé dans de l'eau des crottes de brebis ou de chèvre, vous mettrez tremper la toile dans cette eau et vous l'y laisserez pendant la nuit. On doit la laver le lendemain et l'exposer au soleil.

Quand on demande à nos peintres indiens à quoi sert cette dernière opération, ils s'accordent tous à dire qu'elle sert à enlever de la toile la qualité qu'elle avoit reçue du cadoucaïe, et que si elle la conservoit encore, le bleu qu'on prétend appliquer deviendroit noir.

Il y a encore une autre raison qui rend cette opération nécessaire, c'est de donner plus de blancheur à la toile, car nous avons dit qu'elle n'étoit qu'à demi blanchie quand on a commencé à y travailler. En l'exposant au soleil, on ne l'y laisse pas sécher entièrement, mais on y répand de l'eau de temps en temps pendant un jour; ensuite on la bat sur une pierre au bord de l'eau, mais non pas avec un battoir comme il se pratique en France : la manière indienne est de la plier en plusieurs doubles et de la frapper fortement sur une pierre avec le même mouvement que font les serruriers et les maréchaux en frappant de leurs gros marteaux de fer sur l'enclume.

Quand la toile est suffisamment battue en un sens, on la bat dans un autre et de la même façon : vingt ou trente coups suffisent pour l'opération présente. Quand cela est fini, on trempe la toile dans du canje de riz. Le mieux seroit, si l'on avoit la commodité, de prendre du kevarou, de le broyer, de le mettre sur le feu avec de l'eau, comme si on vouloit le faire cuire, et avant que cette eau soit fort épaisse y tremper la toile, la retirer aussitôt, la faire sécher et la battre avec le cottapoulli, comme on a fait dans la première opération pour la lisser.

Comme le bleu ne se peint pas avec un pinceau, mais qu'il s'applique en trempant la toile dans de l'indigo préparé, il faut peindre ou enduire la toile de cire généralement partout, excepté aux endroits où il y a du noir et à ceux où il doit y avoir du bleu ou du vert. Cette cire se peint avec un pinceau de fer, le plus légèrement qu'on peut, d'un seul côté, prenant bien garde qu'il ne reste sans cire que les endroits que j'ai dit; autrement ce seroit autant de taches bleues qu'on ne pourroit pas effacer. Cela étant fait, on expose au soleil la toile cirée de la sorte; mais il faut être très-attentif à ce que la cire ne se fonde qu'autant qu'il est nécessaire pour pénétrer de l'autre côté : alors on la retire promptement, on la retourne à l'envers et on la frotte en passant fortement la main par-dessus. Le mieux seroit d'y employer un vase de cuivre rond par le fond : par ce moyen la cire s'étendroit partout et même aux endroits qui de l'autre côté doivent être teints en bleu. Cette préparation étant achevée, le peintre donne sa toile au teinturier en bleu, qui la rend au bout de quelques jours, car il est à remarquer que ce ne sont pas les peintres ordinaires mais les ouvriers ou teinturiers particuliers qui font cette teinture.

Ayant demandé au peintre s'il savoit comment se prépare l'indigo, il me répondit qu'il en étoit instruit, et il me l'expliqua de la manière suivante. Peut-être serez-vous bien aise de la comparer avec la méthode qu'on observe dans les îles de l'Amérique.

Ici l'on prend des feuilles d'averci ou d'indigotier que l'on fait bien sécher; après quoi on les réduit en poussière. Cette poussière se met dans un fort grand vase qu'on remplit d'eau : on la bat fortement au soleil avec un bambou fendu en quatre et dont les quatre extrémités d'en bas son fort écartées. On laisse ensuite écouler l'eau par un petit trou qui est au bas du vase, au fond duquel reste l'indigo; on l'en tire et on le partage en morceaux gros à peu près comme un œuf de pigeon. On répand ensuite de la cendre à l'ombre, et sur cette cendre on étend une toile sur laquelle on fait sécher l'indigo qui se trouve fait.

Après cela il ne reste plus que de le préparer pour les toiles qu'on veut teindre. L'ouvrier, après avoir réduit en poudre une certaine quantité d'indigo, la met dans un grand vase de terre qu'il remplit d'eau froide; il y joint ensuite une quantité proportionnée de chaux réduite pareillement en poussière; puis il flaire l'indigo pour connoître s'il ne sent point l'aigre, et en ce cas-là il ajoute encore de la chaux autant qu'il est nécessaire pour lui faire perdre cette odeur. Prenant ensuite des graines de tavarci, environ le quart d'un boisseau, il les fait bouillir dans un seau d'eau pendant un jour et une nuit, conservant la chaudière pleine d'eau. Il verse après cela le tout, eau et graine, dans le vase de l'indigo préparé. Cette teinture se garde pendant trois jours, et il faut avoir soin de mêler le tout ensemble en l'agitant quatre ou cinq fois par jour avec un bâton. Si l'indigo sentoit encore l'aigre, on y ajoutera une certaine quantité de chaux.

Le bleu étant ainsi préparé, on y trempe la toile après l'avoir pliée en double, en sorte que le dessus de la toile soit en dehors et que l'envers soit en dedans; on la laisse tremper environ une heure et demie, puis on la retire teinte en bleu aux endroits convenables. On voit par là que les toiles indiennes méritent autant le nom de teintes que le nom de toiles peintes.

La longueur et la multiplicité de toutes ces opérations pour teindre en bleu me fit naître une difficulté, ce semble assez naturelle, que je proposai à un des peintres que je consultois : « N'auroit-on pas plutôt fait, lui dis-je, de peindre avec un pinceau les fleurs bleues, surtout quand il y en a peu de cette couleur dans votre dessein? — On le pourroit sans doute, me répondit-il, mais ce bleu ainsi peint ne tiendroit pas, et après deux ou trois lessives, il disparoîtroit. »

Je lui fis une autre question, et lui demandai à quoi il attribuoit principalement la ténacité et l'adhérence de la couleur bleue. Il me répondit sans hésiter que c'étoit à la graine de lavarei. J'avois déjà reçu la même réponse d'un autre peintre. Cette graine est de ce pays-ci, quoiqu'il n'y en ait pas partout : elle est d'un brun clair ou olivâtre, cylindrique, de la longueur d'une ligne et comme tranchée par les deux bouts. On a de la peine à la rompre avec la dent ; elle est insipide et laisse une petite amertume dans la bouche.

V.

Après le bleu, c'est le rouge qu'il faut peindre ; mais on doit auparavant retirer la cire de la toile, la blanchir et la préparer à recevoir cette couleur. Telle est la manière de retirer la cire : on met la toile dans l'eau bouillante, la cire se fond ; on diminue le feu afin qu'elle surnage plus aisément et on la retire avec une cuillère le plus exactement qu'il est possible ; on fait de nouveau bouillir l'eau afin de retirer ce qui pourroit y être resté de cire. Quoique cette cire soit devenue fort sale, elle ne laisse pas de servir encore pour le même usage.

Pour blanchir la toile, on la lave dans de l'eau, on la bat neuf à dix fois sur la pierre et on la met tremper dans d'autre eau où l'on a délayé des crottes de brebis. On la lave encore et on l'étend pendant trois jours au soleil, observant d'y répandre légèrement de l'eau de temps en temps, ainsi qu'on l'a dit plus haut. On délaie ensuite dans de l'eau froide une sorte de terre nommée *ola* dont se servent les blanchisseurs, et l'on y met tremper la toile pendant environ une heure, après quoi on allume du feu sous le vase, et quand l'eau commence à bouillir, on en ôte la toile pour aller la laver dans un étang sur le bord duquel on la bat environ quatre cents fois sur la pierre, puis on la tord fortement. Ensuite on la met tremper pendant un jour et une nuit dans de l'eau où l'on a délayé une petite quantité de bouse de vache ou de buffle femelle. Après cela on la retire, on la lave de nouveau dans l'étang et on la déploie pour l'étendre pendant un demi-jour au soleil et l'arroser légèrement de temps en temps ; on la remet encore sur le feu dans un vase plein d'eau, et quand l'eau a un peu bouilli on en retire la toile pour la laver encore une fois dans l'étang, la battre un peu et la faire sécher.

Enfin pour rendre la toile propre à recevoir et retenir la couleur rouge, il faut réitérer l'opération du cadoucate comme je l'ai rapporté au commencement, c'est-à-dire qu'on trempe la toile dans l'infusion simple du cadou, qu'on la lave ensuite, qu'on la bat sur la pierre et qu'on la fait sécher; qu'après cela on la fait tremper dans du lait de buffle, qu'on l'y agite et qu'on la frotte pendant quelque temps avec les mains ; que quand elle est parfaitement imbibée on la retire, on la tord et on la fait sécher ; qu'alors s'il doit y avoir dans les fleurs rouges des traits blancs, comme sont souvent les pistils, les étamines et autres traits, on peint ces endroits avec de la cire, après quoi on peint enfin avec un pinceau indien le rouge qu'on a préparé auparavant. Ce sont communément les enfans qui peignent le rouge, parce que ce travail est moins pénible, à moins qu'on ne voulût faire un travail plus parfait.

Venons maintenant à la manière dont il faut préparer le rouge. Prenez de l'eau âpre, c'est-à-dire de l'eau de certains puits particuliers à laquelle on trouve ce goût. Sur deux pintes d'eau, mettez deux onces d'alun réduit en poudre ; ajoutez-y quatre onces de bois rouge, nommé *vartangui* ou bois de *sapan* réduit aussi en poudre ; mettez le tout au soleil pendant deux jours, prenant garde qu'il n'y tombe rien d'aigre ni de salé, autrement la couleur perdroit beaucoup de sa force. Si l'on veut que le rouge soit plus foncé, on y ajoute de l'alun ; on y verse plus d'eau quand on veut qu'il le soit moins ; et c'est par ce moyen qu'on fait le rouge pour les nuances et les dégradations de cette couleur.

VI.

Pour composer une couleur de lie de vin et un peu violette, il faut prendre une partie de rouge dont je viens de parler et une partie égale du noir dont j'ai marqué plus haut la composition ; on y ajoute une partie égale de canje de riz gardé pendant trois mois, et de ce mélange il en résulte la couleur dont il s'agit. Il règne une superstition ridicule parmi plusieurs Gentils au sujet de ce canje aigri. Celui qui en a s'en servira lui-même tous les jours de la semaine ; mais le dimanche, le jeudi et le vendredi, il en refusera à d'autres qui en manqueroient. Ce seroit, disent-ils, chasser leur dieu de leur maison que d'en donner ces jours-là. Au défaut de ce vinaigre de canje, on peut se servir de vinaigre de callou ou de vin de palmier.

VII.

On peut composer différentes couleurs dépendantes du rouge qu'il est inutile de rapporter ici ; il suffit de dire qu'elles doivent se peindre en même temps que le rouge, c'est-à-dire avant de passer aux opérations dont je parlerai après que j'aurai fait quelques observations sur ce qui précède : 1° Ces puits dont l'eau est âpre ne sont pas fort communs, même dans l'Inde ; quelquefois il ne s'en trouve qu'un seul dans toute une ville. 2° J'ai goûté de cette eau, je ne lui ai point trouvé le goût qu'on lui attribue, mais elle m'a paru moins bonne que l'eau ordinaire. 3° On se sert de cette eau préférablement à toute autre afin que le rouge soit plus beau, disent les uns, et suivant ce qu'en disent d'autres plus communément, c'est une nécessité de s'en servir, parce qu'autrement le rouge ne tiendroit pas. 4° C'est d'Achen qu'on apporte aux Indes le bon alun et le bon bois de sapan.

Quelque vertu qu'ait l'eau âpre pour rendre la couleur rouge adhérente, elle ne tiendroit pas suffisamment et ne seroit pas belle si l'on manquoit d'y ajouter la teinture d'*imbouré* : c'est cequ'on appelle plus communément *chala-ver* ou racine de *chaïa*. Mais avant que de la mettre en œuvre, il faut préparer la toile en la lavant dans l'étang le matin, en l'y plongeant plusieurs fois afin qu'elle s'imbibe d'eau, ce qu'on a principalement en vue et ce qui ne se fait pas promptement à cause de l'onctuosité du lait de bufle où auparavant l'on avoit mis cette toile. On la bat une trentaine de fois sur la pierre et on la fait sécher à moitié.

Tandis qu'on préparoit la toile, on a dû aussi préparer la racine de chaïa, ce qui se pratique de cette manière. Prenez de cette racine bien sèche, réduisez-la en une poudre très-fine en la pilant bien dans un mortier de pierre et non de bois, ce qu'on recommande expressément, jetant de temps en temps dans le mortier un peu d'eau âpre. Prenez de cette poudre environ trois livres et mettez-la dans deux seaux d'eau ordinaire que vous aurez fait tiédir, et ayez soin d'agiter un peu le tout avec la main. Cette eau devient rouge, mais elle ne donne à la toile qu'une assez vilaine couleur ; aussi ne s'en sert-on que pour donner aux autres couleurs rouges leur dernière perfection.

Il faut pour cela plonger la toile dans cette teinture, et afin qu'elle la prenne bien, l'agiter et la tourner en tous sens pendant une demi-heure qu'on augmente le feu sous le vase ; et lorsque la main ne peut plus soutenir la chaleur de la teinture, ceux qui veulent que leur ouvrage soit plus propre et plus parfait ne manquent pas d'en retirer leur toile, de la tordre et de la faire bien sécher. En voici la raison. Quand on peint le rouge, il est difficile qu'il n'en tombe quelques gouttes dans les endroits où il ne doit point y en avoir : il est vrai qu'alors le peintre a soin de les enlever avec le doigt autant qu'il peut, à peu près de même que nous faisons lorsque quelque goutte d'encre est tombée sur le papier où nous écrivons ; mais il reste toujours des taches que la teinture de chaïa rend d'abord plus sensibles ; c'est pourquoi, avant que de passer outre, on retire la toile, on la fait sécher comme je viens de le dire, et l'ouvrier recherche ces taches et les enlève le mieux qu'il peut avec un limon coupé en deux parties.

Les taches étant effacées, on remet la toile

dans la teinture, on augmente le feu jusqu'à ce que la main n'en puisse plus soutenir la chaleur ; on a soin de la tourner et la retourner en tous sens pendant une demi-heure. Sur le soir, on augmente le feu et l'on fait bouillir la teinture pendant une heure ou environ : on éteint alors le feu, et quand la teinture est tiède, on en retire la toile, qu'on tord fortement et que l'on garde ainsi humide jusqu'au lendemain.

Avant que de passer aux autres couleurs, il est bon de dire quelque chose sur le chaïa. Cette plante naît d'elle-même, et on ne laisse pas d'en semer aussi pour le besoin qu'on en a ; elle ne croît hors de terre que d'environ un demi-pied. Sa feuille est d'un vert clair, large de près de deux lignes et longue de cinq à six ; la fleur est extrêmement petite et bleuâtre ; la graine n'est guère plus grosse que celle du tabac. Cette petite plante pousse en terre une racine qui va quelquefois jusqu'à près de quatre pieds, et ce n'est pas la meilleure, on lui préfère celle qui n'a qu'un pied ou un pied et demi de longueur. Cette racine est fort menue ; quoiqu'elle pousse si avant en terre et tout droit, elle ne jette à droite et à gauche que fort peu et de très-petits filamens. Elle est jaune quand elle est fraîche et devient brune en se séchant. Ce n'est que quand elle est sèche qu'elle donne à l'eau la couleur rouge, sur quoi je remarquai une particularité qui m'étonna. J'en avois mis tremper dans de l'eau qui étoit devenue rouge. Pendant la nuit un accident fit répandre la liqueur ; mais je fus bien surpris de trouver le lendemain au fond du vase quelques gouttes d'une liqueur jaune qui s'y étoit ramassée. Je soupçonnai que quelque corps étranger tombé dans le vase avoit causé ce changement de couleur ; j'en parlai à un peintre : il me répondit que cela ne marquoit autre chose, sinon que le chaïa dont je m'étois servi étoit de bonne espèce, et que lorsque les ouvriers réduisoient en poussière cette racine, en y jetant un peu d'eau, comme on l'a dit, il étoit assez ordinaire qu'elle fût de couleur de safran. Je fis encore une autre remarque, c'est qu'autour du vase renversé, il s'étoit attaché une pellicule d'un violet assez beau. Cette plante se vend en paquets secs ; on en retranche le haut, où sont les feuilles desséchées, et on n'emploie que les racines pour cette teinture.

Comme la toile y a été plongée entièrement et qu'elle a dû être imbibée de cette couleur, il faut la retirer sans craindre que les couleurs soient endommagées par les opérations suivantes. Elles sont les mêmes que celles dont nous avons déjà parlé, c'est-à-dire qu'il faut laver la toile dans l'étang, la battre dix ou douze fois sur la pierre, la blanchir avec des crottes de mouton, et le troisième jour la savonner, la battre et la faire sécher en jetant légèrement de l'eau dessus de temps en temps. On la laisse humide pendant la nuit, on la lave encore le lendemain et on la fait sécher comme la veille. Enfin à midi on la lave dans de l'eau chaude pour en retirer le savon et toutes les ordures qui pourroient s'y être attachées et on la fait bien sécher.

VIII.

La couleur verte qu'on veut peindre sur la toile demande pareillement des préparations ; les voici. Prenez un *palam* ou un peu plus d'une once de fleur de cadou, autant de cadou, une poignée de chaïaver, et si vous voulez que le vert soit plus beau, ajoutez-y une écorce de grenade. Après avoir réduit ces ingrédiens en poudre, mettez-les dans trois bouteilles d'eau, que vous ferez bouillir jusqu'à diminution des trois quarts ; versez cette teinture dans un vase en la passant dans un linge. Sur une bouteille de cette teinture, mettez-y une demi-once d'alun en poudre, agitez quelque temps le vase, et la couleur sera préparée.

Si vous peignez avec cette couleur sur le bleu, vous aurez du vert. C'est pourquoi quand l'ouvrier a teint sa toile en bleu, il a eu soin de ne pas peindre de cire les endroits où il avoit dessein de peindre du vert, afin que la toile peinte d'abord en bleu fût en état de recevoir le vert en son temps. Il est si nécessaire de peindre sur le bleu qu'on n'auroit qu'une couleur jaune si on le peignoit sur une toile blanche.

Mais je dois avertir que ce vert ne tient pas comme le bleu et le rouge, en sorte qu'après avoir lavé la toile quatre ou cinq fois, il disparoît, et il ne reste à sa place que le bleu sur lequel on l'avoit peint. Il y a cependant un moyen de fixer cette couleur en sorte qu'elle dure autant que la toile même ; le voici. Prenez l'oignon du bananier, pilez-le encore frais et tirez-en le suc ; sur une bouteille de teinture verte, mettez quatre ou cinq cuillerées de ce suc, et le vert deviendra adhérent et ineffaçable. L'inconvénient est que ce suc fait perdre au vert une partie de sa beauté.

IX.

Il reste à parler de la couleur jaune, qui ne demande pas une longue explication. La même couleur qui sert pour le vert en peignant sur le bleu sert pour le jaune en peignant sur la toile blanche. Mais cette couleur n'est pas fort adhérente, elle disparoît après avoir été lavée un certain nombre de fois; cependant, quand on se contente de savonner légèrement ces toiles ou de les laver dans du petit-lait aigri, mêlé de suc de limon, ou bien encore de les faire tremper dans de l'eau où l'on aura délayé de la bouse de vache et qu'on aura passée au travers d'un linge, ces couleurs passagères durent bien plus longtemps.

X.

Avant que de finir, il faut dire un mot des pinceaux indiens. Ce ne sont autre chose qu'un petit morceau de bois de bambou aiguisé et fendu par le bout à la distance d'un travers de doigt de la pointe. On y attache un petit morceau d'étoffe imbibée dans la couleur qu'on veut peindre et qu'on presse avec les doigts pour l'exprimer. Celui dont on se sert pour peindre avec de la cire est de fer, de la longueur de trois travers de doigt ou un peu plus; il est mince par le haut, et par cet endroit il s'insère dans un petit bâton qui lui sert de manche; il est fendu par le bout et forme un cercle au milieu, autour duquel on attache un peloton de cheveux de la grosseur d'une muscade : ces cheveux s'imbibent de la cire chaude, qui coule peu à peu par l'extrémité de cette espèce de pinceau.

Voilà, mon révérend père, tout ce que j'ai pu apprendre sur la fabrique des toiles peintes de l'Inde. Je ne sais si j'aurai été plus heureux dans mes découvertes que ceux qui ont tenté avant moi d'en faire en ce genre. Comme ils n'avoient ni l'usage de la langue absolument nécessaire pour s'entretenir avec les peintres ni l'habitude de traiter avec eux, que d'ailleurs leur état même devoit naturellement inspirer de la défiance aux timides Indiens, je doute qu'ils aient pu bien exécuter les ordres dont ils ont été chargés à ce sujet. Ce n'est pas que je voulusse être responsable de la vérité de tout ce que je vous ai rapporté : il est difficile qu'il ne se glisse quelque erreur et quelque mécompte dans ce qu'on est obligé d'apprendre de gens qui savent mieux travailler que s'expliquer; mais enfin comme je ne me suis pas adressé à un seul peintre, que j'en ai consulté plusieurs et qu'il eût été très-difficile que, sans le savoir, ils se fussent tous accordés à me tromper, il n'est guère probable que je me sois éloigné de la vérité. Je suis, etc.

LETTRE DE M. POIVRE
AU P. COEURDOUX.

Sur les couleurs des toiles de l'Inde.

Mon révérend père,

Mon premier essai de peinture à la façon indienne est enfin achevé. Il l'auroit été plus tôt sans cette paresse et cette lenteur dont les ouvriers de ce pays-ci ne se défont jamais. Il m'a fallu user de beaucoup de patience pour les suivre dans toutes les opérations; ainsi il n'a pas tenu à moi de vous satisfaire plus tôt sur les remarques que vous m'avez fait l'honneur de me demander.

Dans mon premier ouvrage, mon dessein a été non-seulement de m'instruire de la façon dont les Malabares peignent leurs toiles, mais encore de faire diverses expériences pour savoir si en Europe on ne pourroit pas suppléer aux drogues dont ils se servent et que nous n'avons pas.

Je n'ai même suivi la méthode avec laquelle ils travaillent et dont ils sont esclaves qu'autant que je l'ai cru nécessaire pour la connoître moi-même et la savoir; d'ailleurs je m'en suis souvent écarté pour voir si l'on ne pourroit pas réussir autrement et faire avec moins de façons des ouvrages plus finis.

Je vous avouerai que je n'ai réussi qu'imparfaitement en bien des articles; en d'autres j'ai manqué absolument; quelquefois j'ai été plus heureux : c'est le sort de ceux qui font les premières expériences et qui, voulant perfectionner des arts trop imparfaits, commencent par secouer le joug de la coutume et par s'affranchir des règles ordinaires. Voici donc en peu de mots les remarques que m'ont fourni les premiers essais :

1° Je dois rendre justice aux recherches que vous avez faites [1] sur la façon dont les Indiens peignent leurs toiles. Vos découvertes sont très-justes et fort exactes. Les amateurs des arts doivent vous savoir bon gré des connoissances nouvelles que vous leur avez fournies sur cet article. Je trouve dans votre lettre les différentes opérations de nos peintures expliquées assez clairement et bien détaillées. Je désirerois seulement que vous pussiez donner en Europe une notion plus distincte des diverses drogues qui entrent dans la peinture des indiennes. Si pour cela vous pouviez dérober à votre zèle apostolique quelque moment de loisir, vous rendriez un service réel à nos curieux d'Europe en leur donnant de nouvelles explications sur le fruit que vous nommez *cadoucaïe* et sur la plante que vous leur avez déjà fait connoître sous le nom de *chaïaver*. Ce sont là les deux ingrédiens les plus essentiels dont le défaut de connoissance pourroit empêcher de réussir ceux qui voudroient en Europe tenter d'imiter les peintures de l'Inde.

2° Le cadoucaïe est un vrai myrobolan, dont, comme vous savez, nos droguistes distinguent jusqu'à cinq espèces : le myrobolan citrin, le myrobolan indien ou noir, le chébule, l'emblique et le myrobolan bellerique. Nos Malabares ne se servent que des deux premières espèces, qui ont beaucoup de sel essentiel et d'huile. Après les avoir broyées ils les mêlent avec du lait de bufle femelle. Cette espèce de lait n'est point absolument nécessaire ; j'ai éprouvé que celui de vache fait le même effet. Si c'est l'onctuosité du premier qui le rend préférable au second dans ce pays-ci, la même raison n'est pas pour l'Europe, où le lait de vache est beaucoup plus onctueux que tous les laits que l'on peut trouver dans l'Inde.

3° Je ne crois pas que l'on doive attribuer l'adhérence des couleurs à cette première préparation que l'on fait ici aux toiles ; elle ne sert absolument qu'à les rendre susceptibles de toutes les couleurs que l'on veut ensuite y appliquer, lesquelles s'emboiroient ou se répandroient trop, à peu près comme fait notre encre sur un papier qui n'est pas assez aluminé. Les Chinois ont comme les Indiens le secret de peindre les toiles, du moins avec la couleur rouge. Avant d'y travailler ils n'y donnent d'autres préparations que celle qu'ils donnent à leurs papiers, c'est-à-dire qu'ils les imbibent d'une mixtion d'alun et de colle extrêmement claire ; leurs ouvrages n'en sont pas moins ineffaçables, quoiqu'il n'y ait ni cadou ni lait de buffle femelle. Ce cadou ne me paroît donc avoir aucune autre utilité que celle de noircir ce premier trait dont les Malabares se servent pour marquer d'abord leur dessein après en avoir tiré le poncis. En effet j'ai remarqué que cette drogue dont vous donnez l'explication dans l'article troisième n'est d'abord qu'une eau roussâtre, chargée de parties vitrioliques, qui ne devient noire que lorsqu'elle est appliquée sur la préparation du cadoucaïe. Ainsi la noix de galle fera le même effet.

4° J'ai fait une autre expérience qui m'a réussi : c'est que nos toiles d'Europe sont tout aussi susceptibles des mêmes peintures que les indiennes. J'ai peint un mouchoir blanc d'une toile de Bretagne avec la préparation de bois de sapan, lequel fait un bel effet. Je l'ai fait laver plusieurs fois, et la couleur en est toujours également brillante. Je vous l'enverrai afin que vous puissiez en juger par vos yeux.

Je crois qu'au lieu de bois de sapan, on pourroit se servir avec plus d'avantage de teinture de bois de fernambouc ou même de cochenille : celle-ci l'emporteroit infiniment sur tout ce que l'on peut faire avec le bois de sapan, qui est absolument le même que ce que nous appelons en France bois de Brésil. J'en ai fait l'expérience avec un peu de carmin, lequel quoique entièrement gâté a pourtant sur la toile autant d'éclat que les peintures les plus fraîches des Indes.

5° Pour ce qui regarde le chaïaver, dont j'ai l'honneur de vous envoyer une plante dessinée et peinte d'après nature, il est visible que que c'est à sa racine que les couleurs, au moins la couleur rouge, doivent son adhérence et sa ténacité. Avant de faire bouillir la toile peinte dans la décoction de cette racine, on ne peut impunément confier la nouvelle peinture au blanchisseur : la couleur s'efface ; elle ne devient adhérente que lorsqu'elle a été suffisamment pénétrée des sels alcalis de cette racine.

Il me paroît que cette plante n'est autre

---

[1] Voyez la lettre précédente.

chose que ce que M. Tournefort appelle *callium album vulgare*. La description que ce savant botaniste fait de sa plante est absolument la même que celle qu'on pourroit faire du chaïaver ; au moins il est vrai que les deux plantes, si elles sont différentes, ont un même effet, qui est de faire cailler le lait : c'est une expérience que j'ai faite[1].

Voilà, mon révérend père, toutes les remarques que j'ai pu faire sur la façon dont les Indiens peignent leurs toiles à Pondichéry ; si vous les croyez justes, elles pourront contribuer au dessein que vous avez de faire passer en Europe le secret des Indes. Il est surprenant que jusqu'ici il ne se soit trouvé dans ce pays aucun Européen curieux qui ait tâché d'enrichir sa patrie d'un art dont on peut tirer tant d'avantage : il seroit à souhaiter que nos voyageurs en quittant leur pays l'oubliassent moins. Il ne se trouve guère de peuples qui ne soient en possession de quelque art particulier dont les connoissances seroient utiles à l'Europe : des découvertes en ce genre seroient plus avantageuses qu'une infinité de relations exagérées et peu fidèles dont ceux qui voyagent croient avoir droit d'amuser le public. Jusqu'à présent vos révérends pères, surtout ceux qui travaillent aux missions de la Chine, sont les seuls qui nous aient donné l'exemple d'un travail si utile. Les peines qu'ils se sont données pour découvrir la façon dont les Chinois travaillent la porcelaine, cultivent les mûriers et nourrissent les vers à soie leur ont mérité la reconnoissance de tous leurs compatriotes, qu'ils ont si utilement servis. Pourquoi un si bel exemple est-il si peu imité ?

J'espère, mon révérend père, que si vous avez fait quelque nouvelle découverte, vous voudrez bien m'en faire part avec la même franchise que je vous communique les miennes.

J'ai l'honneur d'être, etc.

Le chayaver de l'Inde produit le même effet que la garance ; elle appartient de même à la famille des rubiacées sous le nom d'*oldenlandia umbellata*.
Dans l'état de Virginie en Amérique, il y a une plante qu'on a nommée chappavur (*rubia Virginia*) et qui paraît être la même que le chayaver des Indes.

LETTRE DU P. COEURDOUX.

Nouvelles notions sur les peintures des toiles et sur les substances qu'on y emploie.

Cette lettre m'a donné occasion de faire quelques recherches et de nouvelles réflexions qui pourront être aussi de quelque utilité ; les voici :

1° Quoique le cadoucaïe soit la première espèce de myrobolan de nos droguistes, les Indiens ne le confondent pas comme eux, sous le même nom, avec des fruits produits par des arbres fort différens.

2° Comme nous distinguons les cerneaux des noix mûres, de même aussi les peintres et les marchands indiens distinguent les pindjou cadoucaïes, c'est-à-dire ceux qu'on a cueillis encore verts et tendres pour les faire sécher en cet état, de ceux qu'on a laissé mûrir avant que d'en faire la récolte ; ils paroissent fort différens à la vue, mais il est sûr que ce sont les fruits des mêmes arbres.

3° La raison de cette distinction et des différentes récoltes des cadoucaïes vient de la différence des eaux âpres, propres à la peinture, dont on a parlé ailleurs, lesquelles ne sont pas absolument les mêmes ni si bonnes partout, et au défaut desquelles il faut suppléer par des cadoucaïes plus âpres, comme ayant été recueillis avant leur maturité.

Par exemple, la qualité des eaux de Madras, ci-devant colonie angloise, fort célèbre dans les Indes et prise par les François en 1746[1], exige qu'on se serve des pindjou cadoucaïes, au lieu qu'il faut se servir à Pondichéry de ceux qui ont été cueillis en maturité. Tous les peintres indiens ne conviennent pas que ce soit le défaut d'un certain degré d'âpreté dans les eaux qui oblige à se servir des myrobolans cueillis tendres : il y en a qui prétendent au contraire que c'est avec les eaux plus âpres qu'il faut user des pindjou cadoucaïes, lesquels ont, selon eux, moins d'âpreté que ceux qui ont bien mûri. Quoi qu'il en soit, il est assez étonnant que les Indiens aient découvert dans la différence de maturité de ces fruits le sup-

[1] Les Anglois l'ont ressaisie de nouveau

plément au défaut de certaines eaux propres d'ailleurs à la teinture et à la peinture.

Ces cadoucaïes pindjou sont d'autant meilleurs qu'ils sont plus petits. Il y en a qui ont à peine six lignes de longueur ; ils sont les uns de couleur brune et les autres assez noirs, mais cette différence de couleur n'est qu'accidentelle et ne désigne point des espèces différentes. Comme ils ont été cueillis verts, il n'est pas étonnant que leur superficie se trouve toute couverte de rides lorsqu'ils sont desséchés ; mais, parce qu'il a fallu beaucoup plus de travail pour les ramasser et pour les faire sécher, leur prix est beaucoup plus grand que celui des cadoucaïes qui ont bien mûri.

4° Il faut mettre au nombre des pindjou cadoucaïes une sorte de myrobolans bruns ou noirs, comme les petits dont je viens de parler, mais qui sont plus gros et plus grands que ceux dont se servent les peintres de Pondichéry, quoiqu'ils aient été cueillis étant mûrs. J'avois peine à le croire, mais un peintre indien m'en convainquit en cassant devant moi un de ces gros cadoucaïes et son noyau, dont il me fit remarquer la pulpe mal nourrie et couverte d'une peau brune, au lieu qu'un cadoucaïe bien mûr, qu'il cassa aussi, avoit dans son noyau une pulpe bien conditionnée et blanche comme une amande. La raison de cette différence vient de ce que sous un même genre d'arbre de cadou il y en a plusieurs espèces dont les fruits sont de grosseurs différentes, commes nos pommes ne sont pas toutes également grosses conséquemment aux différentes espèces de pommiers qui les portent.

C'est ce que j'ai appris d'un marchand droguiste du pays que j'interrogeois sur ce sujet, car ce n'est qu'à force d'interrogations faites à plusieurs avec beaucoup de patience qu'on peut espérer de tirer de ces gens-ci ce qu'on en veut apprendre ; mais aussi on ne perd pas toujours son temps : l'un vous dit une circonstance qui avoit échappé à l'autre. L'embarras est quelquefois de les concilier lorsqu'ils se trouvent de sentimens opposés et qu'ils vous disent des choses contradictoires. De nouvelles interrogations faites à d'autres séparément et un redoublement de patience font enfin découvrir de quel côté est la vérité.

Mon marchand ajouta que c'étoit surtout du côté des provinces du nord que venoient les gros cadoucaïes et que tels étoient ceux qui venoient de Surate ; il me confirma aussi ce que j'ai dit plus haut, sur la foi des peintres indiens, que les cadoucaïes pindjou et les autres qui n'ont été ramassés qu'après avoir bien mûri étoient absolument les mêmes fruits et des mêmes arbres, m'assurant que dans sa jeunesse il avoit voyagé à l'ouest de Pondichéry et jusqu'à la chaîne des montagnes voisines de la côte de Malabar, d'où l'on apporte ces fruits, et qu'il en avoit vu faire la récolte.

5° Je ne dois pas omettre ici une autre production de l'arbre cadou et qu'on appelle *cadoucaïpou*, c'est-à-dire *fleur de cadoucaïe*, quoique ce ne soit rien moins que sa fleur : c'est une espèce de fruit sec ou simplement une coque aplatie et souvent orbiculaire, de couleur feuille-morte par-dessus et d'un brun velouté en dedans ; elle est vide et paroît n'avoir jamais rien contenu, si ce n'est les œufs des insectes qui ont probablement occasionné sa naissance, car cette espèce de noix se trouve sur les feuilles mêmes du cadou et est produite de la même façon que les noix de galle et quelques autres excroissances pareilles qui se trouvent sur les feuilles de certains arbres en Europe.

Il y a des cadoucaïpou qui ont jusqu'à un pouce de diamètre ; il y en a de beaucoup plus petites ; il y en a aussi, dit-on, de plus larges, mais je n'ai pas vu de celles-ci. La description que fait Lémery de la noix vomique convient fort au cadoucaïpou. Dans le doute si ce ne l'étoit point effectivement, on en a donné une dose considérable à un chien, qui n'en a point été incommodé ; il a même paru que cette drogue lui avoit fait du bien comme elle en fait aux hommes, car les médecins du pays l'emploient utilement contre les tranchées et les cours de ventre, moyennant quelques préparations qu'il seroit trop long de rapporter et qui ne sont pas de mon sujet. Il est étonnant qu'une drogue aussi efficace que celle-ci ne soit pas connue en Europe, ainsi que m'en a assuré une personne fort intelligente[1].

6° Quoi qu'il en soit, cette espèce de noix plate est d'une grande utilité pour peindre les toiles, et je rapporterai d'autant plus volontiers l'usage qu'en font les peintres indiens que j'en ai parlé trop brièvement ailleurs faute des connoissances qu'on m'en a données depuis.

[1] M. Mabile, docteur en médecine.

Voici le détail de la préparation de la couleur jaune qu'on fait avec le cadoucaïpou. Prenez-en, par exemple, quatre onces, et sans les écraser ni les broyer, laissez-les tremper pendant vingt-quatre heures dans environ quarante onces d'eau âpre. On met ensuite le tout sur le feu après y avoir jeté une once de chaïaver réduit en poudre ; on fait bouillir cette eau trois bouillons, retirant le feu lorsqu'elle bout et l'y remettant ensuite pour la faire bouillir à trois reprises, de sorte que l'eau se trouve réduite enfin à la moitié. Versez cette eau dans un autre vase, de sorte que le cadoucaïpou reste au fond du premier, et lorsque cette eau sera devenue tiède, vous y mettrez d'abord une once d'alun réduit en poudre et dissous dans un peu d'eau chaude. Si avec cette eau ainsi préparée vous peignez sur le bleu, vous aurez du vert; elle donnera du jaune si vous peignez sur la toile blanche préparée avec le cadoucaïe et le lait, ainsi qu'il a été dit ailleurs. Si l'on veut avoir un vert plus foncé, il faut commencer par rendre plus foncé le bleu sur lequel cette eau jaune doit passer. Pour avoir un jaune clair on retire de cette eau la quantité dont on a besoin lorsqu'elle n'a bouilli qu'une fois ; le jaune sera plus foncé si on retire l'eau après qu'elle aura bouilli deux fois ; il le sera bien davantage si on laissoit diminuer l'eau jusqu'aux trois quarts. On peut aussi pour avoir un jaune plus foncé peindre deux fois et à différentes reprises le même endroit avec la même eau. J'ai déjà averti qu'il n'en étoit pas de ces couleurs comme du rouge, qui devient plus beau au blanchissage, au lieu que celles-ci s'effacent à force de faire blanchir la toile sur laquelle elles sont peintes.

7° Le cadoucaïpou ne sert pas seulement pour peindre en jaune, les teinturiers l'emploient aussi pour teindre en cette couleur; mais la préparation de cette couleur est beaucoup plus simple ; la voici. Pour teindre, par exemple, six coudées de toile, prenez quatre palans de cadoucaïpou, brisez-les en petits morceaux et faites-les tremper ou infuser environ une demi-heure dans seize ou dix-sept livres d'eau âpre ou même d'autre eau, pourvu qu'elle ne soit ni salée ni saumâtre. Vous la ferez bouillir ensuite jusqu'à diminution d'un quart : quand elle est un peu refroidie, on y trempe la toile en sorte qu'elle soit bien imbibée de la liqueur, on la tord ensuite légèrement et on la fait bien sécher au soleil.

Faites de plus dissoudre dans seize livres d'eau deux palans d'alun réduit en poudre ; vous la ferez chauffer jusqu'à ce qu'elle soit plus que tiède, et vous y plongerez alors la même toile, qu'on tord légèrement et qu'on fait ensuite sécher une seconde fois au soleil. Une toile bleue teinte dans la même préparation et de la même façon se trouve teinte en vert. L'on teint encore en jaune avec moins de préparation et de frais. On prend pour la même quantité de toile un palan de cadoucaïpou qu'on brise avec un cylindre sur une pierre en y jettant un peu d'eau, en sorte que cet ingrédient forme une espèce de pâte ; on la fait tremper dans deux ou trois pintes d'eau qu'on passe ensuite par un linge ; on y ajoute trois fois autant de la plante appelée *terramerita*, qu'on prépare de la même façon que le cadoucaïpou : on préfère celle qui vient du Bengale à celle qui croît ici. On fait chauffer cette eau et on y plonge la toile, qui se trouve teinte en jaune après qu'on l'a fait sécher, non pas au soleil, mais à l'ombre, sans quoi cette couleur, qui n'est ni belle ni tenace, rougiroit ou bruniroit promptement.

8° Quant à la qualité du cadoucaïe de contribuer à l'adhérence des couleurs, M. Le Poivre croit devoir la lui refuser, en quoi je ne puis être entièrement de son sentiment : il a contre lui celui des Indiens ; et suivant le mémoire de M. Paradis sur la teinture en rouge, que je communiquerai dans la suite, on emploie ce fruit pour la teinture dans laquelle il ne s'agit nullement de gommer la toile comme on fait le papier sur lequel on doit écrire. L'exemple des Chinois, qui peignent fort bien en rouge sans cadoucaïe, prouve au plus que c'est un ingrédient qui leur manque ou qu'ils y suppléent d'ailleurs comme ils ont fait pour le chaïaver, qui paroît leur être inconnu.

8° Pour décider la question, savoir si le chaïaver est la même plante que le *gallium album vulgare*, le plus court seroit d'en envoyer de la graine en France. Si elle y réussissoit, on pourroit juger tout d'un coup à l'œil si c'est la même plante qui se trouve en France et dans les Indes : si c'est la même, M. Le Poivre a rendu un service considérable aux teinturiers en leur faisant connoître la vertu d'une plante si utile qu'on avoit sans savoir s'en servir ; si ce ne l'est pas, il aura au moins fait plaisir aux botanistes en leur découvrant un nouveau *gallium* ou *caille-lait*, qui a ce semble échappé à l'auteur de *l'Hortus Malabaricus*. Ce qui me fait douter que ces deux plantes soient la même, malgré les rapports qu'elles peuvent avoir, c'est qu'aucun botaniste n'attribue au *gallium album vulgare* les longues racines qui caractérisent en quelque sorte le chaïaver des Indes.

Voilà, mon révérend père, les remarques que j'ai faites à l'occasion de la lettre de M. Le Poivre, qui a peint au naturel une plante de chaïaver que j'ai l'honneur de vous envoyer ; elle pourroit ce semble faire plaisir aux curieux aussi bien que sa lettre.

J'ai l'honneur d'être, etc.

LETTRE DU P. POSSEVIN,

DES 4 ET 16 DÉCEMBRE 1743,

A Mme DE SAINTE-HYACINTHE.

Voyage dans l'intérieur à l'ouest de Pondichéry.

A Chrichnapouram, ce 4 décembre 1743.

MADAME,

La paix de N.-S.

Avant d'entrer dans la mission de Telougou, j'eus l'honneur de vous écrire l'an passé pour vous apprendre où le bon Dieu avoit daigné me conduire. C'est donc de la mission que je vous écris aujourd'hui, à cent lieues ou environ de Pondichéry par le chemin que nous faisons. Je ne croyois pas y porter avec moi tous les fléaux de Dieu ; il semble cependant que je les y ai apportés : vous en pouvez juger, madame, par ce que je vais vous en dire. Le jour que j'arrivai de Careïcal à Pondichéry pour me rendre ici, le nabab d'Arcar fut assassiné à Velour, ce qui mit le trouble et la division parmi les Maures, la guerre civile dans le pays et retarda notre départ de trois semaines. En partant le 9 décembre pour nous rendre ici, nous crûmes pouvoir y arriver sans accident. Le voyage fut assez heureux jusqu'à quatre ou cinq lieues par delà d'Arcar ; mais là, dans un défilé qu'il nous falloit passer, nous fûmes arrêtés, le père de La Cour et moi, par cent cinquante ou deux cents soldats qui gardoient le défilé pour empêcher les Marattes de venir par là ; ils nous pillèrent. Notre perte monta à environ 700 livres. Nous allâmes coucher à une ou deux lieues de là, dans le cœur d'un village, à la belle étoile, sans souper et au milieu des voleurs. Le lendemain 16, qui étoit un dimanche, nous allâmes à trois lieues de là dire la messe dans notre église de Paracour, où nous restâmes jusqu'au 19 dans de perpétuelles alarmes, ne sachant de quel côté aller. Enfin à midi nous prîmes le parti de continuer notre route, nous remettant entre les mains de la Providence. Le 20 nous arrivâmes heureusement à Ponganour, première église de la mission de Telougou, à cinquante-trois ou cinquante-quatre lieues de Pondichéry : nous y restâmes six jours avec le père Lavaur, que nous trouvâmes guéri comme miraculeusement, la veille de Saint-François-Xavier, d'un abcès qu'il avoit au genou. Le 29 décembre nous arrivâmes à Ballapouram, où je restai avec le révérend père Pons pour y apprendre la langue et ensuite me rendre d'ici à Chrichnapouram vers le commencement de mars ; mais le bon Dieu en disposa autrement, comme vous allez voir. En janvier, l'armée de Nisan, ministre du Mogol, comme vous savez, madame, par les lettres du révérend père Saignes, et gouverneur général du royaume de Carnate, Golconde, Décan, etc., qui venoit faire le siège de Trichirapali, aujourd'hui capitale du Maduré, dont les Marattes s'emparèrent il y a trois ans, pilla notre église de Pendicallon et ruina le pays ; ensuite l'armée du nabab de Carnoul, révolté contre Nisan, est venue se poster là dans notre maison et les environs, où ayant tout ravagé, nos chrétiens pensèrent à se sauver ailleurs.

En février, l'armée de Nisan pilla notre église de Camballadinné ; les pères Martin et Cordey furent au moment d'être pris, ils furent obligés de se sauver ici. Au départ des nababs et gouverneurs maures de ce pays, qui sont allés avec toutes leurs troupes accompagner Nisan dans son expédition de Trichirapali, les petits princes du pays se sont mis à se faire la guerre les uns aux autres, ce qui a occasionné le pillage de notre église de Madigonbba : le bourg et tous les environs sont devenus déserts, en sorte qu'il n'y a pas une seule âme. Le mois de mars, que tout ceci se passoit, le père de La Cour me manda de ne me point mettre en chemin, parce que les chemins n'étoient point praticables et qu'il étoit à la veille d'être assiégé, qu'il avoit emballé tous les ornemens de l'église pour fuir ailleurs. Cela m'empêcha de partir avant le 30 avril; j'arrivai ici le 2 mai. Les troubles ont continué et augmenté, en sorte que je n'ai pu sortir de ce Matham depuis sept mois pour aller ailleurs. Sidosi, espèce de prince ou de vice-roi des Marattes dans ce pays, s'est avancé, il y a quelques mois, avec deux mille chevaux à deux journées d'ici, où il pille et ravage tout. Son fils, gouverneur de Trichirapali, après la reddition de cette place, est venu en faire autant de son côté avec deux mille chevaux qui lui restent. Il y a quelques jours qu'il n'étoit qu'à cinq ou six lieues d'ici; on est venu trois ou quatre fois la nuit et le jour nous avertir de nous retirer dans le fort avec nos meilleurs effets. Nous avons emballé les ornemens de l'église, pour les faire transporter en cas de besoin, et sommes restés tranquilles chez nous. A tous ces désastres, ajoutez le défaut de pluie; la misère nous met une foule de pauvres sur les bras, que nous ne savons comment assister; la mission fournit par an cent pagodes ou 800 livres à chaque missionnaire, indépendamment des aumônes communes et particulières qui viennent de France: nous sommes quatre dans cette partie de la mission : nous avons bien dépensé chacun environ 1,600 livres cette année, et nous sommes encore dans le besoin jusqu'au cou, hors d'état de pouvoir envoyer personne nulle part pour annoncer l'Évangile. Il est vrai que ce n'en est guère le temps : chacun songe à se sauver là où il peut et à vivre; nous nous trouvons même endettés ici de 5 ou 600 livres sans savoir quand nous les paierons. Pour comble de malheur, quatre de nos disciples, qui étoient allés accompagner le révérend père Martin à Pondichéry, ont été assassinés le 26 septembre dernier à six lieues de Ponganour. Cinq ou six cents livres qu'ils nous apportoient, avec des provisions, nos lettres de France venues par les derniers vaisseaux et apparemment quelques bottes de chapelets et autres choses de dévotion qui nous venoient d'Europe ont été perdus. Voilà en gros ce qui nous regarde dans ces quartiers. Ne vous imaginez pas, madame, que tout ait été plus tranquille du côté de Ponganour et Vencatiguiri. Je pense que les choses y ont été encore plus mal; vous en jugerez par l'exposé, qui ne sera pas à beaucoup près tel que vous le pourroit mander celui de nos pères qui en a été témoin en bonne partie aux environs de Vencatiguiri. Sept cents chevaux marattes, qui venoient de Velour, pillèrent et mirent ce pays en trouble en février dernier; deux de nos gens, qui alloient à Pondichéry, furent arrêtés, puis relâchés : voilà le premier fléau dans ces cantons-là. Le nabab de Colola étant allé joindre Nisan avec ses troupes, les capouvarons ou laboureurs du pays, ne pouvant plus supporter les avanies qu'on leur faisoit tous les jours, se révoltèrent, brûlèrent et pillèrent le pays : deuxième fléau. Les rois avarons, caste de voleurs de profession, se mirent sur les rangs et furent le troisième fléau, qui dura plus que le deuxième, car les capouvarons, après avoir tout pillé, s'en allèrent ailleurs. Le prince de Vencatiguiri et les petits seigneurs maures, ayant pris les armes ensuite, pillèrent chacun de leur côté et s'emparèrent de tout ce qu'ils purent : quatrième fléau encore plus grand que les autres. La garnison de Trichirapali a été le cinquième en passant par là. Le père Lavaur, venant de Ponganour à Ballapouram, au commencement de mai, au milieu de tous ces troubles, risqua cinquante fois d'être pillé et massacré; ce n'a été que par une providence spéciale et des plus marquées qu'il a pu échapper à tant de dangers. Il est retourné dans ces quartiers. Il arriva sans accident de Ballapouram à Ponganour le jour que nos gens furent égorgés à six lieues de là; il est ensuite allé à Vencatiguiri, d'où il nous écrivoit le 29 octobre dernier qu'il ne voyoit aucun moyen d'en sortir en sûreté pour se retirer ailleurs avant l'arrivée de l'armée de Nisan, qui n'étoit qu'à douze lieues et que s'il ne pouvoit le faire, il prendroit le parti d'aller se jeter aux pieds de Nisan; pour lui demander sa protection et sa justice de l'assassinat de nos gens; depuis ce temps nous n'en avons reçu aucunes nouvelles, non plus que des pères Martin et Pon qui ont dû partir de Pondichéry vers la fin d'octobre pour venir dans ces quartiers, ce qui ne laisse pas de nous inquiéter. Le pays Tamoul n'a pas été plus tranquille que celui-ci, c'est là où le mal a commencé. Nos pères furent obligés de se sauver à Pondichéry une ou deux fois avant l'arrivée de l'armée de Nisan; ils étoient alors dans leurs églises. Le père de Montjustin fut dépouillé et pillé par l'armée de Nisan aussi bien que son église d'Atipacam; il ne put se sauver avec son cheval et autant d'habits qu'il lui en falloit pour n'être pas nu que moyennant huit pagodes qu'il donna à un officier maure, qui le laissa évader. Le pillage de cette église va bien à 800 livres. J'ai encore appris qu'un de nos gens, dans ces cantons, qui portoit vingt pagodes, fut volé. Je n'ai pu en savoir davantage, parce que les chemins ont été la plupart de l'année impraticables, et qu'en nous écrivant, on ne répondoit pas à nos lettres, qui n'annonçoient que peste sur peste et misère sur misère ; ce n'est que par ricochet que j'ai su le peu que je vous en mande. Vous voyez bien, madame, que j'ai eu raison de vous dire que j'ai apporté avec moi tous les fléaux de Dieu. Ne me demandez pas les progrès qu'a faits la religion cette année : vous devez bien penser que le temps n'est guère propre à rien faire ni à rien entreprendre. Quand sera-t-il plus favorable? hélas! je n'en sais rien, je n'y vois pas beaucoup de jour. Il n'y a eu cette année ici qu'environ trente-huit ou quarante baptêmes, cinquante ou cinquante-deux l'an passé, soixante-deux ou soixante-trois à Ballapouram. Le père Lavaur a baptisé soixante-dix ou quatre-vingts adultes à Vencatiguiri depuis environ un an ou quinze mois. Il y avoit les plus grandes espérances d'une abondante récolte; les troubles ont dispersé le troupeau et les catéchumènes. Le père Costas m'a mandé cette année qu'il avoit bien baptisé à Pouchepaguiri soixante-dix adultes en huit ou dix mois malgré les troubles ; je n'en ai rien appris depuis. Tout ce que je puis vous en dire de plus consolant, madame, est ce que me dit le révérend père Tremblay à mon passage à Pondichéry. Il venoit d'Alipacam et Courtempetti, dont il a eu soin pendant l'espace d'environ sept ans, où il me dit que chaque année, l'une portant l'autre, il avoit bien baptisé deux cent cinquante ou deux cent soixante personnes ; que les deux années de famine, lui, ses catéchistes et les chrétiens et chrétiennes avoient baptisé plus de trois mille enfans des Gentils et d'adultes moribonds, mais suffisamment instruits; qu'il entendoit bien dix ou onze mille confessions par an, et baptisoit chaque année quatre, cinq et quelquefois six cents enfans de chrétiens. Comme il écrit une lettre cette année fort simple sur tout cela au révérend père Duhalde, vous la verrez sans doute dans le premier recueil qui paroîtra. Le révérend père Saignes ne manquera pas non plus de vous instruire de tout ce qui sera venu à sa connoissance. Pour moi je me borne à ce petit détail, qui vous affligera sans doute; mais si vous êtes notre mère, madame, n'est-il pas juste que vos enfans vous mandent leur situation pour que vous compâtissiez à leurs misères et que vous les partagiez avec eux. Il n'est pas nécessaire de vous dire combien nous avons besoin du secours de vos prières et de celles de toutes les saintes âmes de votre connoissance; ce simple exposé vous le fera assez connoître. Cependant je puis vous assurer, madame, que voilà la moindre de mes peines : l'austérité de la vie, quelque dure quelle soit, tous ces malheurs, quelques grands qu'ils soient, ne sont rien en comparaison d'autres croix que nous avons à porter ici. Daignez donc vous souvenir de nous bien spécialement devant le Seigneur, et de moi en particulier, qui suis avec le plus profond respect, etc.

P. S. L'envie de vous dire les choses comme elles sont me fait ajouter ces deux mots, qui seront comme le correctif à ce que je vous ait dit du pays Tamoul. Les vingt pagodes volées vers Carrepondy ont été rendues, à la réserve de cinq. L'église d'Alipacam et la maison du missionnaire ne furent point pillées par l'armée de Nisan, qui n'y entra point ; mais un grand coffre rempli des ornemens et des meubles les plus précieux de cette église, que le père Montjustin conduisoit en lieu de sûreté, fut enlevé ; le père ne fut point dépouillé, mais reçut seulement un coup de sabre sur les reins ou le ventre, que la ceinture et les habits parèrent. Ainsi moyennant huit pagodes et son coffre, on le laissa aller. Cette mission a peu souffert de l'armée de Nisan, qui gardoit une exacte discipline et ne pilloit guère que sur les pays ennemis.

C'est le révérend père Martin, arrivé heureusement le 13, qui a dit ceci.

LETTRE DU P. TREMBLAY.

Disettes.—Accaparemens.—Malheur des peuples.—Dureté des ministres idolâtres.—Ferveur des chrétiens.

L'intérêt, monsieur, que vous daignez prendre à ce qui me regarde me fait une loi de vous instruire de ce qui s'est passé dans l'Inde depuis que la Providence m'a conduit dans cette mission.

Ce fut en 1734 que j'y arrivai. A la vue des travaux et du genre de vie des missionnaires, je crus y terminer bientôt mes jours. Tout ce qu'on peut se figurer de pénible n'est rien en comparaison des dangers, des fatigues, des chaleurs extrêmes et de mille incommodités ordinaires dans ces contrées. Mais la grâce rend tout aisé. D'ailleurs quelle consolation ne donne pas à un ouvrier évangélique la ferveur de ses nouveaux chrétiens et le plaisir délicieux de voir dans cette région infidèle le vrai Dieu adoré, Jésus-Christ reconnu pour le Sauveur de toutes les nations et la foi triomphante de l'idolâtrie! Car ces merveilles, quoi qu'en puisse dire la calomnie, se sont opérées et s'opèrent encore tous les jours à mes yeux. Oui, les chrétiens de l'Inde adorent notre Dieu en esprit et en vérité; leur culte est pur et sans mélange. Leur aversion pour les idoles va jusqu'au scrupule : souvent ils refusent de regarder les faux dieux, de passer devant leurs temples et de rien toucher qui appartienne aux cérémonies des Gentils. La faim, la soif, les persécutions, la privation des biens et les plus sanglans outrages ne peuvent les ébranler; pour symbole de leur foi, ils portent ordinairement la croix gravée sur leur front, et l'unique nom qu'ils donnent aux idoles est celui de démon.

En cela les soldats chrétiens sont surtout admirables : jamais ils ne paraissent devant le prince qu'avec quelque marque de christianisme. Un jour quatre cents de ces braves étant assemblés à la porte du palais, le roi leur dit en colère : « Pourquoi méprisez-vous mes divinités et leur donnez-vous les noms les plus odieux ? — Seigneur, repartit un des capitaines, depuis que nous sommes chrétiens, nous ignorons le déguisement, et c'est la vérité que nous avons le bonheur de connoître qui nous fait tenir ce langage. » Le prince en souriant répondit : « Je vous ai toujours regardés comme fidèles sujets; mais je vous défends d'approcher désormais de mes temples. Par vos prières, vous pourriez bien faire mourir mes dieux. Mes dieux morts, ce seroit alors pour moi une nécessité d'adorer le Dieu des chrétiens ou de ne plus rien adorer. » Depuis ce temps, les soldats chrétiens, quand on célèbre au palais une fête d'idoles, sortent de son enceinte et vont se promener dans la campagne. Ce prince étoit autrefois le plus grand ennemi du christianisme; il a paru dans la suite avoir des sentimens plus humains. Pendant plusieurs années je n'ai reçu de lui que des marques de bonté : souvent, en me faisant saluer, il s'est recommandé à mes prières.

Il faut avouer que les chrétiens de l'Inde ont à soutenir de plus fréquentes et de plus rudes épreuves que ceux des autres régions du monde. Je n'ai vu jusqu'ici parmi eux qu'une continuité de misères et d'afflictions. En 1737, le défaut de pluie empêcha la culture du riz, nourriture ordinaire des Indiens, et causa une famine générale qui dura plus de deux ans. Il est impossible de détailler les maux dont j'ai été témoin; il suffit de dire que j'ai vu renouveler ce que les histoires sacrées rapportent des sièges de Samarie et de Jérusalem.

Au commencement de la disette, les princes, les seigneurs et les ministres ayant fait enlever le riz qui étoit en réserve dans les villes et les bourgades, le peuple se trouva réduit à la dernière extrémité. Les marchands mirent leurs grains à un si haut prix que personne, excepté les riches, n'y pouvoit atteindre, et la mesure de riz ou de millet, qui est à peine suffisante pour la nourriture d'un jour, se vendit un fanon d'or, c'est-à-dire dix-huit sous de notre monnoie. On se trouva donc dans la situation la plus désespérante. Toutes les campagnes desséchées n'offroient que des sables brûlans; la terre sans herbe, les étangs sans eau, bientôt les bestiaux périrent. Si l'on creusoit des puits pour se désaltérer et pour cultiver quelques champs de riz, l'eau salée de ces puits faisoit mourir plus de monde que le riz qu'elle produisoit n'en pouvoit conserver. Les infortunés Indiens, se voyant sans ressource, abandonnèrent les peuplades; ils parcouroient les forêts et les montagnes, se nourrissant de quelques mauvaises racines, de feuilles d'arbre et d'insectes, nourriture qui ne servoit qu'à hâter leur mort. Les Gentils et les chrétiens souffroient également; mais quelle différence entre les uns et les autres! Les Gentils souffroient en furieux et en désespérés, se précipitant quelquefois du haut des rochers dans le fond des puits, au milieu des bûchers; les chrétiens souffroient en saints, ils baisoient la main du Seigneur, qui ne les frappoit que parce qu'il les aimoit; ils se soumettoient à ses ordres et espéroient tout de sa bonté.

Pendant les premiers mois de cette horrible famine, les chrétiens ayant encore quelque nourriture se rendirent de toute part à l'église, et j'en réconciliai quatre mille cinq cents.

Mais bientôt ils ne purent plus y venir, et je commençai à parcourir les bourgades pour administrer les sacremens et donner aux membres souffrans de Jésus-Christ les autres secours spirituels.

Je ne puis, monsieur, me rappeler qu'avec douleur l'affreux état où furent alors réduits mes néophytes. J'en ai vu mourir en se confessant, en assistant à la messe, d'autres en portant quelques grains de riz à la bouche. J'ai vu des mères mortes, ayant encore dans les bras leurs enfans vivans. Je n'entendois sortir de la bouche d'une foule de moribonds que les noms sacrés de Jésus et de Marie. Dans les campagnes, dans les bois, le long des chemins, dans les rues, on ne rencontroit que les plus tristes objets. Je reconnoissois les chrétiens à la croix imprimée sur leurs fronts et à leurs chapelets. Dès qu'ils m'apercevoient, ils ranimoient toute leur piété et tout ce qui leur restoit de force, et munis des sacremens, ils mouroient avec joie. Il auroit fallu me multiplier, pour ainsi dire, et pouvoir être en mille endroits à la fois. Dans un seul jour, je visitai onze villages, et trois jours après j'appris que, hommes, femmes, enfans, tout y étoit mort.

De retour à mes églises, à peine m'étoit-il permis d'y séjourner; le besoin des moribonds me rappeloit aussitôt ailleurs. A la vue de tant de maux, si la nature se trouble et fait couler des larmes, la foi console d'ailleurs et inspire la plus grande joie sur l'heureux sort de ces fervens prosélytes qui meurent dans la paix du Seigneur et dans l'exercice actuel des plus héroïques vertus.

L'inhumanité des infidèles augmentoit encore la douleur des chrétiens. Combien pourrois-je rapporter ici de traits qui déshonorent la nature humaine. A la vérité, la plupart des Gentils, uniquement occupés du soin de leur corps, ne songeoient guère à la religion: leurs temples étoient déserts, les idoles sans adorateurs et les fausses divinités sans sacrifices; quelques-uns même, empruntant le langage des chrétiens, invoquoient le vrai Dieu. Mais il est des idolâtres dont la malice s'accroît au milieu des afflictions; tels sont les chefs des peuplades et les gouverneurs des provinces: pourvu qu'ils fournissent le tribut ordinaire, ils peuvent impunément tyranniser. De là un grand nombre de chrétiens furent maltraités, dépouillés, dégradés, bannis et chassés des peuplades et des villes. Quel étoit leur crime? Adorateurs de Jésus-Christ, ils condamnoient par leur conduite et par leurs discours les infamies de la gentilité. C'en étoit assez : on les regarda comme la cause des maux publics et de toutes les calamités du pays, et sous ce prétexte on les contraignit d'aller mourir dans les forêts ou dans les creux des rochers.

Il y avoit à trois lieues d'ici un de ces hommes engraissés de la substance des malheureux, lequel, semblable au mauvais riche, nageoit dans les plaisirs, tandis que tout le monde étoit plongé dans le deuil et dans l'indigence. Il s'avisa de célébrer une fête en l'honneur des idoles et fit distribuer du riz à tous les habitans du lieu, mais il excepta les chrétiens en leur déclarant néanmoins que s'ils assistoient à la cérémonie, ils auroient, comme les autres, part à ses bienfaits. Le chef des chrétiens, qui avoit été baptisé par le vénérable père Jean de Brito, répondit avec une fermeté digne de sa religion et de son grand âge : « Votre proposition, lui dit-il, est pour moi une injure atroce. Nous adorons le vrai Dieu, moi, mon épouse, mes enfans et tous mes parens ; nous mourrons aujourd'hui s'il le faut plutôt que de recevoir un grain de riz dans votre temple et de sortir de notre maison pour voir la ridicule cérémonie de vos prétendues divinités, qui ne sont au fond que des démons. Le grand homme qui m'a baptisé a été martyrisé par le commandement d'un prince indien; heureux si, avec toute ma famille, je pouvois avoir le sort de mon père en Jésus-Christ. »

L'idolâtre, outré de ce discours, fit murer les portes de la maison de ce généreux vieillard, et, accompagné des idoles, des prêtres, des sacrificateurs, des magiciens, des danseuses, il environna le quartier des néophytes. Tout fut employé, sacrifices, malédictions, enchantemens, sortilèges, pour animer les dieux à sévir promptement contre les chrétiens: on leur offroit du riz, du beurre, du lait, des fruits, des poules, des moutons, et on leur en promit encore davantage ; on traça sur la muraille des cercles et des lettres mystérieuses et l'on perça des trous pour faire entrer des serpens.

Ce charivari ayant duré près de trois heures, l'assemblée se retira avec des cris et des hurlemens épouvantables, assurant que le lendemain la maison seroit renversée et les chrétiens écrasés. Jugez quelle fut, le matin, la surprise des gardes qu'on avoit placés dans tous les environs lorsqu'ils entendirent les chrétiens chanter les litanies de la sainte Vierge et réciter d'autres prières! Ils coururent aussitôt en donner avis. On chercha des dieux plus puissans, on appela des magiciens plus habiles, et le chef, se promettant une entière victoire, revint à la charge, mais avec aussi peu de succès que le jour précédent; alors il s'éleva parmi les Gentils une dispute assez vive. L'officier idolâtre accusoit les dieux d'impuissance, et les prêtres, dont l'avidité n'étoit pas encore satisfaite, reprochoient à l'officier son avarice. Il fallut que celui-ci donnât en abondance de l'argent et tout ce qui peut servir à la prétendue nourriture des dieux ; alors les sacrificateurs, chargés de présens, se retirèrent avec joie et annoncèrent la réussite prompte et parfaite de leur entreprise. Le troisième jour, comme les cérémonies diaboliques alloient recommencer, mon catéchiste parut, et sa seule arrivée dispersa et les prêtres et les sacrificateurs et toute leur méprisable suite. Les chrétiens, mis en liberté, triomphèrent ainsi de leurs ennemis. Le catéchiste ne s'en tint pas là; il reprocha à l'officier idolâtre son indigne conduite et le menaça du gouverneur maure. A ces mots, l'officier fut saisi de crainte, le pria de lui pardonner, me fit des excuses et promit d'en bien user désormais à l'égard des chrétiens. La menace devoit en effet l'intimider; les seigneurs maures sont expéditifs, et un officier gentil convaincu de vexations est ordinairement un homme perdu : dépouillé de tout, les oreilles et le nez coupés, il est contraint de courir le monde et de mendier sa vie.

Cette fermeté des fidèles dans des temps si malheureux combloit de joie les ministres du Seigneur. Chaque jour, soit par eux-mêmes, soit par leurs catéchistes ou par de zélés disciples, ils envoyoient des âmes au ciel. Dans cette multitude de peuplades, combien d'enfans abandonnés et moribonds ont reçu le saint baptême! on en a compté dans un même lieu jusqu'à cinq à six cents. Ces innocentes victimes, spirituellement régénérées, alloient par troupe grossir la compagnie de l'agneau sans tâche. Selon le rapport des missionnaires que j'ai vus et des catéchistes que j'ai interrogés, le nombre de ces bienheureux prédestinés monta, pendant ces deux années de stérilité, jusqu'à douze mille quatre cents. Combien encore qui nous sont inconnus! Deux de mes catéchistes et six veuves chrétiennes sont morts dans ce saint exercice; d'ailleurs il n'est aucun fidèle qui ne sache parfaitement la formule pour baptiser. Aussi est-il rare que dans les lieux où il y a des néophytes un enfant gentil meure sans baptême.

A la fin de 1737 le ciel cessa d'être d'airain, il tomba quelque pluie, la terre poussa quelques racines, on commença à cultiver le riz et le millet, et la violence de la famine se ralentit un peu. Pour moi, épuisé de forces et ayant à peine la figure d'un homme vivant, je crus que Dieu me permettroit de m'arrêter dans une peuplade pour y prendre quelque repos. J'y passai le carême de 1738 ; mais ce repos fut un nouveau travail par la multitude de confessions que j'eus à entendre depuis le jour des cendres jusqu'à Pâques. Le dimanche des Rameaux, je bénis une nouvelle église, qui ne s'étoit bâtie que par une providence spéciale, et, si j'ose m'exprimer ainsi, à l'aide de la famine. En effet, tant que dura ce fléau, je faisois distribuer tous les jours ce que je pouvois aux chrétiens et même à quelques Gentils : « Mes enfans, leur disois-je alors, vous voyez que je n'ai point d'église : aidez-moi donc à en bâtir une et je tâcherai de vous continuer l'aumône. » Les chrétiens et les Gentils s'animant mutuellement, les uns apportoient des pierres, les autres faisoient des briques; ceux-ci préparoient des bois, ceux-là de la chaux. Mes finances épuisées faisoient cesser le travail; les libéralités des gens de biens faisoient recommencer l'ouvrage : de sorte que sans la disette je ne serois jamais venu à bout de construire cette église, la plus belle qui jamais ait été bâtie dans l'intérieur des terres indiennes. Enfin, après avoir baptisé quarante-sept adultes et cinquante-quatre enfans, le jour de Pâques je donnai la divine eucharistie à cinq cent trente-six personnes.

Pendant ces jours de bénédictions, le roi de Trichirapali, dont les Maures avoient envahi le royaume, fut fait prisonnier ; on l'envoya à Tirounamaley, ville appartenant aux Maures, et on lui assigna pour prison le magnifique temple qui fait le plus bel ornement de cette ville. Parmi les soldats et serviteurs de ce prince, il se trouvoit alors soixante chrétiens avec leur famille. Le jour de Pâques, les femmes et les enfans vinrent à l'église, et après avoir satisfait leur dévotion s'en retournèrent. Le roi ayant appris qu'il y avoit dans le voisinage une église de chrétiens, fit à ses soldats de vifs reproches sur ce qu'ils ne l'en avoient pas averti plus tôt : « J'honore, dit-il, les saniassis romains, et si j'étois en liberté, je me ferois gloire de les protéger et de leur bâtir une église dans mes états. » Il m'envoya ensuite ses soldats à diverses reprises et me fit prier de me souvenir devant Dieu d'un roi malheureux. On ignore quel a été le sort de ce prince ; mais il est probable qu'il a péri dans sa prison.

Quoique la famine eût beaucoup diminué, on avoit bien de la peine à se remettre, et j'étois obligé sans cesse d'aller au secours des malades. En parcourant une partie de ma mission, j'arrivai dans un village où les fidèles ne veulent absolument souffrir aucun idolâtre : c'est un privilége qu'ils ont demandé au gouverneur maure et qu'il leur a accordé de bonne grâce. Après que j'y eus béni une petite église, le chef du lieu me dit ces paroles remarquables : « Il y a peu d'années qu'il n'y avoit ici que cinq chrétiens ; aujourd'hui j'en compte dans ma seule famille environ deux cents : C'est une bénédiction sensible du Seigneur. Je mourrai donc content, surtout depuis que vous avez bien voulu nous donner une église où nous pourrons tous les jours adorer Dieu, chanter ses louanges et celles de sa très-sainte Mère. »

Je continuai ma route, et côtoyant les montagnes qui séparent le Carnate du Maissour, je m'arrêtai dans une ville nommée Gingama, où soixante-cinq personnes d'une même famille, au milieu de quatorze mille idolâtres, faisoient honneur à la foi chrétienne par une vie pure et une conduite irréprochable. Une veuve appelée Marguerite, vraie femme forte, avoit soutenu cette famille malgré les violentes persécutions des païens. Son esprit, sa sagesse et sa ferveur faisoient respecter la religion, et les Gentils ne cessoient d'admirer sa régularité et son courage. Elle avoit pratiqué dans sa maison une petite chapelle où je dis plusieurs fois la messe, et je n'oublierai jamais les sentimens de piété avec lesquels ces chers néophytes approchèrent des sacremens. Le chef de la ville, dont le père est mort en bon chrétien, me dit un jour en me rendant visite : « Au reste je déteste les dieux du pays et je ne fréquente point leur temple. — Pourquoi ? lui demandai-je. — C'est, répondit-il, que la vertueuse Marguerite m'a souvent prouvé que la religion des Indiens n'étoit qu'un ramas de folies inventées par les brames pour tromper le peuple et pour vivre ; que toutes ces divinités n'étoient que des démons ; qu'il ne falloit adorer qu'un Dieu, Seigneur, Souverain et Créateur de toutes choses. Je trouve, ajouta-t-il, qu'elle a raison. — Mais, lui répondis-je, puisque vous avez tant de déférence pour les avis de cette femme respectable, que ne l'imitez-vous donc en embrassant sincèrement la religion chrétienne qu'elle professe et en rendant vos hommages au vrai Dieu que vous reconnoissez ? » Sa réponse fut qu'on se moqueroit de lui et qu'il perdroit sa charge. Trois jours se passèrent en dispute, et de plus de quatre cents idolâtres qui vinrent me trouver, il n'y en eut pas un qui ne convînt de la vanité des idoles et de la nécessité de ne reconnoître et de n'adorer qu'un Dieu. Mais ici encore plus qu'ailleurs, le respect humain est le grand mobile. Je convertis cependant quatre veuves avec leurs enfans au nombre de neuf, et j'entendis des Gentils louer hautement ces nouvelles prosélytes et les féliciter de ce qu'en se faisant chrétiennes, elles s'assuroient la gloire du paradis. Mais, hélas ! ce petit troupeau a été la victime des Marattes, et il ne reste aujourd'hui de chrétiens dans cette ville que trois veuves et deux enfans : tous les autres ont péri ou par le fer ou par la misère.

J'appris en 1739 qu'un missionnaire de notre compagnie étoit à l'extrémité dans une église, située sur les confins du Tanjaour, éloignée de moi de quatre journées de chemin. Je partis sur-le-champ ; je le trouvai épuisé de travail, je lui procurai tous les secours que la charité me suggéra, et en peu de jours il fut rétabli. Pendant les deux mois que je restai pour lui dans le beau pays de Maduré, je vis des miracles éclatans de la grâce de Jésus-Christ. Le travail d'un missionnaire y est à la vérité excessif : les confessions occupent souvent toute la nuit et une partie du jour ; l'après-dînée s'emploie à instruire. J'ai vu, les jours ouvriers, jusqu'à trois mille âmes entendre la messe, et les fêtes et dimanches jusqu'à cinq et six mille.

On l'a déjà dit dans les lettres précédentes et je le répète : non, il n'est point dans le monde de mission plus florissante que la mission de l'Inde ; il n'est point où les fidèles, dans tous les états, fournissent plus d'exemples de ces vertus qui firent l'admiration du christianisme naissant. Par la mission de l'Inde, j'entends celle qui est établie dans les royaumes de Maduré et de Maissour; dans le royaume de Carnate, sur les côtes et dans quelques provinces voisines, comme le Travancor et le Comorin, mission qui, malgré la famine et la guerre, compte encore plus de trois cent mille chrétiens. Le bruit de mon prochain départ s'étant répandu, la consternation fut générale; mais il fallut obéir à la nécessité, et je me dérobai du milieu d'un troupeau si fervent et si zélé. A mon retour, je visitai trente-cinq bourgades ou villages de la mission de Maduré et de Carnate, et partout j'eus lieu de bénir Dieu et de louer sa miséricorde.

Ce fut vers ce temps-là que Baccalarikam, nabab et gouverneur de la ville et forteresse de Velour, tomba malade sans espérance de guérison. Ses deux fils, prétendant l'un et l'autre au gouvernement, s'emparèrent, l'aîné de la forteresse et le cadet de la ville. J'appris alors qu'un capitaine maure s'étoit logé avec tout son monde dans notre maison et dans notre église. J'y allai dans l'espérance de recouvrer au moins l'église et d'en empêcher la profanation. Je me présentai à la porte de la citadelle; malgré toutes mes instances je ne pus rien obtenir. Le frère aîné dit qu'il ne pouvoit rien dans la ville; le cadet répondit que le capitaine logé dans l'église étoit un homme de distinction qu'il ne convenoit point de chagriner dans les circonstances où l'on se trouvoit. Le vieux nabab m'envoya un officier pour me saluer et m'apporter les marques ordinaires de son amitié, ajoutant qu'il étoit au désespoir de ne pouvoir plus me rendre service. Je me vis donc obligé d'aller à une autre église éloignée d'une journée, où j'appris la mort du nabab.

Baccalarikam avoit eu autrefois à sa cour, en qualité de médecin, M. de Saint-Hilaire, infiniment attaché aux prédicateurs de l'Évangile. Depuis M. de Saint-Hilaire, ce nabab avoit conservé pour les missionnaires une singulière affection : il les avoit protégés partout et leur avoit donné de magnifiques patentes avec ordre aux gouverneurs maures et gentils de les soutenir et de leur laisser bâtir des églises. Jamais de son vivant, une insulte faite aux chrétiens ne demeura impunie, ou bien il l'ignora. Il fit voir combien il estimoit notre sainte religion en formant une compagnie de chrétiens pour la garde de sa personne : au temps de la revue, il falloit que tous ces soldats eussent un chapelet au cou, ou le nabab les faisoit retirer en disant qu'il n'avoit aucune confiance en des hommes qui rougissoient des marques de leur religion. Jugez, monsieur, si la mort de Baccalarikam dut nous affliger. Mais à son exemple, ses fils, ses parens et les autres seigneurs maures nous ont donné mille marques de bonté.

Un jour on m'avertit que des brames demandoient à me parler. Je parus, et ces brames me dirent qu'ils étoient envoyés par Abusaheb, gouverneur de Tirounamalei, pour s'informer de l'état de ma santé; puis se prosternant et frappant trois fois la terre de leur front, ils ajoutèrent que si je ne pouvois aller à Tirounamalei, Abusaheb étoit déterminé à me venir voir. Je leur répondis d'une manière qui les satisfit, et le soir même je me mis en route. Les brames m'accompagnèrent; mais comme je m'arrêtai dans un village pour confesser deux malades, ils prirent les devans, et le matin je trouvai à une lieue de la ville le premier officier d'Abusaheb accompagné de vingt cavaliers maures et gentils; il me complimenta de la part de son maître et m'engagea à monter sur le cheval que le gouverneur m'envoyoit. J'entrai donc dans la ville avec cette escorte. Abusaheb vint me recevoir à la porte du palais, me salua trois fois à la maure en portant la main au front, m'embrassa et me conduisit dans une salle. Je lui présentai quelques bagatelles qu'il reçut avec plaisir, et insensiblement la conversation s'engagea.

Il commença par me demander pourquoi j'étois venu dans l'Inde : « Seigneur, lui répondis-je, je ne suis venu dans ces pays éloignés que pour annoncer le vrai Dieu à des peuples qui ont le malheur de le méconnoître. — N'y a-t-il donc pas d'idolâtres dans l'Europe ? répliqua-t-il — Non, repartis-je, la religion de Jésus est la religion de presque toute l'Europe. » Alors il leva les yeux au ciel pour marquer son admiration. Ensuite le jugement général, le paradis, l'enfer, le mariage, firent le sujet de la conversation. A toutes ces interrogations, je répondis : « Seigneur, ce monde merveilleux qui fait les délices et l'admiration des hommes doit un jour périr. Le soleil, la lune, les étoiles disparoîtront ; un feu divinement enflammé consumera toutes choses. L'ange du Seigneur fera entendre sa voix formidable et citera tous les hommes au jugement. Les âmes, par la toute-puissance de Dieu, s'étant réunies à leurs corps, tous les hommes ressusciteront, les gens de bien environnés de gloire, les méchans couverts d'ignominie. Alors le Seigneur Jésus, vrai fils de Dieu, Dieu lui-même, ce Sauveur des nations, paroîtra dans les airs, revêtu de tout l'éclat de sa majesté, accompagné de Marie, sa sainte mère, des anges et des bienheureux, et dans ce redoutable appareil, il prononcera, à la face de tout l'univers, la dernière sentence contre les impies. Alors les infidèles et les sectaires reconnoîtront Jésus-Christ pour vrai Dieu et pour leur Sauveur; mais le temps de la miséricorde sera passé : les gens de bien, c'est-à-dire les chrétiens qui auront vécu et qui seront morts dans la pratique des vertus et des préceptes évangéliques, s'en iront au ciel; les méchans, c'est-à-dire les idolâtres, les sectaires et les pécheurs rebelles aux vérités chrétiennes, seront précipités dans l'abîme. »

Abusaheb et les autres Maures parurent surpris, et comme ils ne répondoient rien, je continuai : « Les récompenses du paradis sont éternelles; elles ne seront données qu'aux adorateurs du vrai Dieu, qu'aux disciples de Jésus, vrai Dieu et Sauveur des hommes : encore faut-il qu'ils meurent dans l'amour de Dieu et sans péché grief. Il n'y a dans le ciel d'autre joie ni d'autre félicité que celle qu'on trouve dans la possession de Dieu. Les peines de l'enfer sont pareillement éternelles, destinées à tous les infidèles, à ceux qui n'adorent pas le Seigneur Jésus et même aux chrétiens qui meurent avec un péché considérable. Le mariage est une sainte union d'un homme avec une seule femme : l'Église réprouve tout autre commerce. L'homme cependant peut se remarier après la mort de sa femme, et la femme après la mort de son mari. »

Le gouverneur et les autres seigneurs m'ayant écouté avec une attention infinie, s'écrièrent : « Voilà la religion la plus pure et la plus belle morale... Mais, me dit un molla[1], ne reconnoissez-vous donc pas Abraham et Moïse? — Oui, lui répondis-je, nous les reconnoissons comme de grands saints, comme les amis particuliers de Dieu, Abraham comme patriarche, Moïse comme législateur du peuple de Dieu; mais Jésus-Christ a perfectionné la loi ancienne, et depuis ce temps la loi nouvelle, qui est l'Évangile, est l'unique chemin du ciel. Jésus-Christ est l'unique vrai Sauveur du monde, et hors de la religion de Jésus-Christ il n'y a que mort et damnation. »

Abusaheb, sans rien objecter, imposa silence à un autre molla qui paroissoit fort ému et qui alloit sans doute éclater en injures. Le discours tomba sur mille choses indifférentes. Ensuite le gouverneur fit apporter une cassette remplie de curiosités, de diamans et de pierreries. Après me les avoir fait considérer, il me pria de prendre celles qui me feroient plaisir. Je le remerciai et lui dis que des choses si précieuses ne convenoient pas à des religieux. Alors il me mit dans la main une bague d'or ornée d'un très-beau diamant; mais je la lui rendis sur-le-champ. Il en fut étonné et s'écria : « Voilà un vrai disciple de Jésus, qui ne veut rien des choses de ce monde. Les Maures ne sont pas si rigides, et s'il leur étoit permis de prendre ce qui leur convient, bientôt ma cassette seroit vide. »

Cette conférence avoit duré près de trois heures. On me conduisit dans une maison séparée du palais où je trouvai de quoi régaler plus de deux cents personnes; je ne voulus rien qui ne fût conforme à la vie pénitente que nous menions dans l'Inde. Tandis qu'on me préparoit un peu de riz, je récitai mon office et je pris quelques momens de repos. Sur les trois heures après midi, la curiosité m'engagea à aller voir le temple, qui est un des plus beaux de l'Inde. Quelques Maures, des brames et d'autres Gentils m'ayant joint, on parla beaucoup de religion. Je reprochai aux idolâtres mille extravagances et mille infamies qu'on fait en plein jour dans ce temple, qui est un vrai lieu de prostitution. Les brames restèrent interdits et ne purent répondre qu'en mettant la main devant la bouche, comme pour me faire entendre qu'il falloit garder sur cela un profond silence. Les Maures se mirent de mon côté et triomphoient de joie; enfin les Gentils, couverts de confusion, se retirèrent.

J'allai prendre congé du gouverneur. Il vouloit, sous différens prétextes, me retenir; mais je le pressai tant qu'il consentit à mon départ; il assura qu'il viendroit me voir, et m'ayant ac-

[1] Docteur mahométan.

compagne jusqu'à un perron qui donne sur la cour du palais, il dit à tous ses ministres assemblés : « Je vous déclare que j'estime et que j'honore le saniassi romain et que j'aime les chrétiens ses disciples. Si quelqu'un manque à leur égard, il sera plus sévèrement puni que s'il m'avoit offensé personnellement. » Cette déclaration étoit d'autant plus nécessaire que dans l'Inde on a besoin d'une protection marquée et qu'on est souvent obligé d'y avoir recours, parce que si on ne se plaint des moindres insultes, le mal augmente toujours et dégénère quelquefois en de si violentes persécutions qu'il faut quitter le pays. Le chef d'une ville ayant maltraité un de mes catéchistes, je fus obligé de me plaindre. Aussitôt il fut puni, condamné à cent pagodes [1] d'amende pour le prince et privé de son emploi. Comme je fis représenter que je ne demandois aucune punition, que je souhaitois seulement qu'on recommandât à cet officier de ne point insulter ceux que le prince honoroit de son amitié, Abusaheb répondit : « Si c'est une vertu dans le saniassi romain d'oublier et de pardonner les injures, c'est à moi une obligation de punir les coupables. Je sais la loi de Dieu. »

Parmi les Maures distingués, il s'en trouve qui ont de grands sentimens et de l'ardeur pour la vertu. Dans une peuplade voisine, le juge maure fut averti qu'un soldat gentil avoit voulu insulter une jeune fille chrétienne ; il le fit venir et lui parla en ces termes : « Tu mérites la mort pour avoir voulu déshonorer une fille qui adore le vrai Dieu. N'étant qu'un infâme Gentil, tu es indigne de l'épouser. Choisis donc ou la mort ou le christianisme. Si tu te fais chrétien, tu l'épouseras pour effacer ton crime ; mais si tu demeures idolâtre, il n'y a pour toi espérance ni de mariage ni de vie. » Le soldat, croyant déjà voir le sabre levé pour lui abattre la tête, promit avec sa famille d'embrasser le christianisme : « Si cela est, repartit le juge, allez-vous-en trouver le saniassi romain, directeur des chrétiens, et je vais lui faire part de ce que je viens de faire. » En effet, ils parurent à l'église avec une lettre du juge. J'adorai la Providence, et en remerciant ce magistrat équitable, je le priai de considérer que Dieu vouloit des adorateurs libres et qu'il falloit donner du temps à ces Gentils pour s'instruire à fond des obligations du christianisme. Quoique la guerre eût fait disparoître le juge maure et que par conséquent ses menaces ne fussent plus à craindre, cette famille de Gentils a continué de venir à l'église, et après les plus rigoureuses épreuves ils ont tous reçu le baptême au nombre de quarante-sept.

Quelques Maures même ont trouvé grâce devant Dieu. Un soir, accablé de fatigues, je m'arrêtai sous un arbre au bord d'un étang. L'eau de cet étang fut toute ma nourriture, et je pris ensuite un peu de repos. Mon catéchiste, étant allé visiter les chrétiens d'un village voisin, me rapporta qu'il avoit trouvé un Maure parfaitement instruit de la religion : c'étoit un vieux soldat qui, n'ayant pu suivre l'armée, étoit resté malade en chemin et que les chrétiens avoient recueilli et nourri. Il admira la charité de ses hôtes, l'ardeur des pères et mères à instruire leurs enfans, et il comprit par là qu'ils adoroient le vrai Dieu. A force d'entendre les prières et le catéchisme, il les apprit et les récitoit continuellement. Il anathématisa de tout son cœur Mahomet et son Alcoran, reçut le saint baptême avec de grands sentimens de religion et mourut quelques jours après. Je baptisai dans le même temps trois filles mauresses qui sont devenues depuis des modèles d'une vie régulière.

En général, les Maures ici, quoique mahométans, ne paroissent pas avoir d'aversion pour le christianisme, souvent même ils lui donnent des marques d'un véritable respect. En voici quelques exemples.

Santasaheb s'étant emparé de Trichirapali, capitale du Maduré, excita l'envie des seigneurs maures. Dostalikam, nabab d'Arcar et de tout le pays, crut que Santasaheb, son gendre, vouloit se rendre indépendant et usurper l'autorité souveraine dans ses nouvelles conquêtes ; en conséquence, il fit marcher son armée sous la conduite de Sabdalikam, son fils aîné. Le gros de l'armée eut ordre de camper sur les confins du Maduré, et Dostalikam s'avança avec douze mille hommes vers Trichirapali. Santasaheb vint à la rencontre du grand nabab son beau-père, et les affaires s'étant accommodées, Dostalikam fut reçu à Trichirapali avec les honneurs dus à sa dignité et y resta plusieurs mois. Comme le camp n'étoit qu'à une petite demi-lieue de mon église, les Maures

---

[1] Pièce d'or valant environ 8 liv. de France. (*Note de l'ancienne édition.*)

me rendoient de fréquentes visites. Un colonel, à la tête de cent cavaliers, qui alloit prendre l'air dans la campagne, ayant aperçu des arbres, s'avança; mais ensuite, connoissant que c'étoit une église des chrétiens, il mit pied à terre avec sa troupe, entra pieds nus dans l'église, se prosterna trois fois devant la statue de la sainte Vierge et sortit sans prononcer aucune parole. Je le trouvai sur la porte de l'église; il me salua de la manière la plus honnête, loua mon zèle d'avoir bâti une si belle église au vrai Dieu, parla de Jésus et de Marie avec le plus profond respect et fit mettre sur l'autel une roupie[1] pour faire brûler de l'encens en l'honneur de Bibi-Maria, ou de la grande dame Marie, ainsi que les Maures l'appellent. Cet officier ne voulut jamais permettre que je l'accompagnasse, et, pour ne point le gêner, j'entrai dans l'église. Il dit alors, en présence d'un grand nombre de chrétiens, de Maures et de Gentils : « Ce que je sais des saniassis romains et ce que je vois me fait douter de la vérité de ma religion. »

Je viens encore d'apprendre qu'une Mauresse, ayant conçu une haute idée de notre religion, se rendit à Ballapouram, où le père Pons, de notre compagnie, après les instructions et les épreuves nécessaires, lui conféra le baptême. Elle étoit veuve et avoit deux fils. Le cadet, tendrement attaché à sa mère, approuva sa conduite; mais l'aîné, oubliant les lois de la nature, devint furieux, dit hautement que sa mère étoit digne de mort pour avoir renoncé à Mahomet et à son Alcoran, et, dans le dessein de la faire périr, la dénonça comme apostate. Cette femme généreuse répondit sans s'émouvoir qu'elle étoit prête à donner sa vie pour la religion chrétienne; et quand elle parut devant le tribunal du molla, prêtre mahométan et juge souverain en matière de religion, elle parla si dignement des grandeurs de Dieu et des vérités de la religion de Jésus-Christ que le molla, transporté d'admiration, prit son parti et défendit de la molester. Le fils aîné, outré de dépit, changea de pays, et le cadet se dispose aujourd'hui à imiter sa mère.

En 1739, je me rendis à la côte malgré les torrens et les inondations. De là j'allai à la rencontre d'un missionnaire nouvellement arrivé d'Europe. Avant que de le conduire au lieu où la Providence le destinoit, je lui fis parcourir toutes mes églises; il fut témoin de la ferveur de cette nouvelle chrétienté, et il remercia Dieu de l'avoir appelé dans une contrée où la foi s'établit de jour en jour sur les ruines de l'idolâtrie. Après avoir passé près de deux mois dans les plus saintes occupations, nous franchîmes ensemble les affreuses montagnes qui séparent le pays Tamoul d'avec le pays Telougou, et nous allâmes joindre le père Mozac à Ponganour.

Quelle joie, monsieur, pour trois missionnaires d'une même compagnie, séparés ordinairement les uns des autres par plusieurs centaines de lieues, quelle joie, dis-je, de se trouver tout à coup réunis, de pouvoir louer ensemble le Dieu qu'ils sont venus annoncer à ces régions éloignées, de conférer entre eux sur les moyens d'avancer de plus en plus l'œuvre sainte, de s'exciter mutuellement à se perfectionner dans la vie apostolique à laquelle ils ont le bonheur d'être appelés et de se communiquer pour cela leurs vues et leurs sentimens!

Nous partîmes tous les trois pour Ballapouram, éloigné d'environ trente lieues de Ponganour. Là nous arrosâmes de nos pleurs le tombeau du père Calmette, missionnaire accompli, mort depuis quelques mois et universellement regretté dans cette partie de l'Inde par les Maures et par les Gentils. Nous nous séparâmes ensuite, et je partis pour Crisinapouram, où je trouvai une chrétienté désolée par la mort du père Le Gac, qui, après trente-six ans de travaux, avoit terminé depuis peu par une sainte mort cette longue et pénible carrière. Il me fallut peu de temps après reprendre le chemin de Tamoul et de là me faire conduire à la côte, où six mois de séjour ne me rendirent qu'avec peine la santé.

Au mois de mai 1740, une armée de Marattes de plus de cent mille hommes fit une soudaine irruption dans le royaume de Carnate. Vous avez pu voir dans des lettres une relation fidèle de ce funeste événement. Ce fut dans de si tristes circonstances que, ma santé étant un peu rétablie, je rentrai dans ma mission à la fin de septembre. La ferveur de nos néophytes, augmentée par la crainte des Marattes, les engagea à recourir au Seigneur et à purifier leurs consciences : de sorte que depuis mon arrivée

---

[1] Pièce d'argent valant 50 sous de France. (*Note de l'ancienne édition.*)

jusqu'au 3 décembre, j'administrai dans quatre églises différentes les sacremens de pénitence et d'eucharistie à plus de trois mille personnes, le baptême à cent cinq enfans et quatre-vingt-trois adultes.

Le lendemain de la Saint-Xavier, dont la fête s'étoit célébrée avec un concours extraordinaire, on vint m'avertir que l'armée des Marattes approchoit, qu'il falloit penser promptement à ma sûreté. Je sortis et je vis toute la campagne couverte d'hommes, de femmes, d'enfans qui gagnoient les montagnes. J'avertis les chrétiens de s'enfuir au plus tôt; je cachai le mieux qu'il me fut possible les meubles de mon église et je me retirai dans un bois voisin, où je passai la nuit. Le matin j'appris que l'armée maratte n'étoit qu'à une demi-lieue et que tout le pays étoit en combustion. J'avançai donc, et à travers les épines, les cailloux, les montagnes, je gagnai Pondichéry, où j'arrivai au bout de trois jours sans avoir pris aucune nourriture depuis mon départ.

Vers la mi-juin 1741, je hasardai de rentrer dans les terres. Tout y étoit dans un état déplorable et que je ne puis exprimer. Une de mes églises avoit été brûlée, une autre pillée. Vingt-deux peuplades, où étoit la plus belle portion de la chrétienté confiée à mes soins, avoient été saccagées, beaucoup de chrétiens massacrés, d'autres faits esclaves, le reste étoit contraint d'errer dans les forêts et sur les montagnes. A la vérité, l'armée ennemie avoit disparu; mais un ramas épouvantable de brigands marattes, maures, soldats des princes particuliers, rôdoient sans cesse et cherchoient avec avidité ce qui avoit pu jusque-là échapper au pillage. Je fus réduit pendant trois mois à faire des excursions extrêmement périlleuses, toujours sur le point de tomber entre les mains de ces malheureux. La foi, la patience, la résignation des chrétiens, me soutenoient au milieu de tous ces dangers.

Un jour, à la faveur des montagnes et sans qu'on s'en aperçût, une bande de ces vagabonds vint fondre sur le village de Courtempetty, qui est tout chrétien et où j'ai une église et une maison. Les hommes échappèrent, les femmes et les filles n'eurent d'autre asile que l'église, où elles se recommandèrent à Dieu et à la sainte Vierge; mais ensuite, persuadées que les brigands n'épargneroient pas la maison du Seigneur, elles se retirèrent au nombre de cinquante-deux dans un petit réduit à côté de ma chambre et, après avoir fermé la porte, elles se mirent à réciter le chapelet, conjurant la mère de Dieu d'avoir pitié d'elles et de veiller sur leur honneur et sur leur vie. Le village pillé, les Marattes entrèrent dans l'église et dans ma chambre, en renversèrent le toit et cherchèrent partout et longtemps sans apercevoir l'endroit où étoient ces chrétiennes tremblantes, ou du moins sans qu'il leur vînt en pensée d'y entrer. Je ne puis en cela méconnoître la providence spéciale de Dieu et la puissante protection de Marie sur de nouvelles chrétiennes, lesquelles lui demandoient avec larmes la conservation d'une vertu qui n'est connue dans l'Inde que des seuls disciples de Jésus-Christ.

Ce n'est pas là le seul exemple que je pourrois produire de l'assistance visible de cette reine du ciel à l'égard des fidèles qui réclament son secours. Une jeune chrétienne enfoncée dans des broussailles et saisie de frayeur l'invoquoit en pleurant: un impudique Maratte qui la poursuivoit fut mordu par un serpent et mourut quelques instans après, laissant à la vierge chrétienne la liberté de continuer sa route en chantant les louanges de sa bienfaitrice. Au reste, la prompte mort du scélérat qui vouloit la déshonorer ne doit pas être par elle-même regardée comme une merveille: le poison des serpens de l'Inde est d'une subtilité infinie; souvent entre la morsure et la mort il n'y a pas l'intervalle d'une heure. C'est pourquoi les missionnaires ont soin de se pourvoir d'un excellent contre-poison dont ils font part aux chrétiens, aux Maures, aux Gentils. J'en ai moi-même sauvé plusieurs par ce moyen; mais il faut être prompt à le donner. L'an passé, ayant entendu une catéchumène jeter de grands cris aux environs de l'église, j'y courus; un serpent venoit de la mordre. Mon premier soin fut de la baptiser; j'allai ensuite chercher du contre-poison, mais à mon retour je la trouvai morte, et tout cela se fit en moins d'un quart d'heure.

Il faut dire pour la gloire de Dieu que, par rapport aux serpens, il semble qu'il y ait sur les missionnaires une Providence particulière; en effet il est inouï qu'aucun d'eux n'en ait jamais été mordu. J'en ai trouvé dans ma chambre, sur mon lit, sur mes habits, sous mes pieds, et je n'en ai reçu aucun mal. J'étois couché la nuit tout habillé sur une natte dans une petite chambre où nous conservions le saint Sacrement : à mon réveil j'aperçus sur moi, à la lueur d'une lampe, un gros serpent dont la tête s'étendoit jusqu'à ma gorge ; je fis le signe de la croix, l'animal se glissa sur le pavé et fut tué par un missionnaire qui survint. Je ne puis omettre encore un trait favorable de la protection céleste. Nous voyagions sur les dix heures du soir et nous étions occupés, selon la coutume de la mission, à réciter le chapelet lorsqu'un tigre de la grande espèce parut au milieu du chemin et si près de moi qu'avec mon bâton j'aurois pu l'atteindre. Quatre chrétiens qui m'accompagnoient, effrayés à la vue du danger, s'écrièrent : «*Sancta Maria !*» Alors le terrible animal s'écarta un peu du chemin et marqua pour ainsi dire par sa posture et par ses grincemens de dents le regret qu'il avoit de laisser échapper une si belle proie.

A l'invasion et aux cruautés des Marattes succéda une guerre civile entre les seigneurs maures. Sabdalarikam, dont le gouvernement déplaisoit, fut assassiné en 1742, et sa mort ne fit qu'augmenter les troubles. Chacun voulut se saisir d'une partie de l'autorité et s'attribuer la souveraineté de ce qu'il possédoit. Le bruit de ces divisions ayant pénétré jusqu'à la cour de Dely, Nisammoulou, si connu et si fameux dans les dernières révolutions de l'empire, vint à la tête d'une armée[1] de cinq cent mille hommes, dégrada tous les seigneurs maures et les obligea de l'accompagner comme des prisonniers. Tout le pays ne reconnut presque plus d'autre maître que ce vice-roi, qui est resté plus de sept mois avec son effroyable armée dans le royaume de Maduré et aux environs de Trichirapali.

Au milieu des horreurs de la guerre il s'éleva alors, par surcroît de malheur, des persécutions particulières contre les disciples de Jésus-Christ ; mais Dieu en a tiré sa gloire, et les églises du pays Telougou comme celles du pays Tamoul ont eu lieu d'admirer plus d'une fois la fermeté et la constance des néophytes.

Un jeune homme, proche parent du prince de Vencatiguiri, s'étant converti, la princesse en fut irritée et fit emprisonner le catéchiste, qui souffrit avec un courage vraiment héroïque mille sortes de tourmens. Les soldats lui arrachèrent la barbe, le renversèrent par terre et le traînèrent de la manière la plus inhumaine ; d'autres l'élevant en l'air le laissoient retomber, et peu s'en fallut qu'il n'expirât sous leurs coups. Informé de ces excès, le frère du roi eut pitié de ce confesseur de Jésus-Christ, et lui donna la liberté de retourner à l'église. Mais les ministres du prince, toujours insatiables, empêchèrent les autres fidèles de fréquenter cette église à moins que, pour s'en faire ouvrir les portes, chacun ne donnât dix fanons d'or, ce qui fait environ sept livres de notre monnoie. Quant au jeune prosélyte, il méprisa les menaces, les promesses, les caresses et les inhumanités de ses parens : la tête rasée et chargé de chaînes, il fut ignominieusement conduit en présence du prince, qui, outré de l'audace de ses ministres, en vouloit tirer vengeance ; mais à force de prières on parvint à l'adoucir. Il donna même au jeune chrétien un emploi honorable dans son palais avec défense d'en sortir sans sa permission expresse.

Cependant le père de La Cour, informé de tout, vint à Vencatiguiri et fit faire des remontrances au prince, qui, le lendemain, accompagné d'une nombreuse suite, se rendit à l'église. Le père lui témoigna sa juste reconnoissance des bontés qu'il avoit toujours eues pour les missionnaires et pour leurs disciples, et en même temps il lui marqua sa surprise sur la situation présente de leurs affaires. Le prince répondit qu'il n'y avoit eu aucune part et qu'il avoit même sévi contre les auteurs. Alors un brame demanda au missionnaire pourquoi il usoit de violence et donnoit le baptême à des enfans sans le consentement des parens : « On doit nous rendre justice, répliqua le père ; nous ne faisons violence à personne : nous prêchons publiquement la vérité et nous n'admettons au baptême que les personnes qui embrassent librement le christianisme, la seule vraie et sainte religion. Dans une affaire d'une aussi grande importance que l'est le salut éternel, chacun est son maître, et le jeune homme

---

[1] De ces cinq cent mille hommes, il n'y avoit que cent mille cavaliers qui fussent proprement des gens de guerre ; le reste étoit pour le pillage, pour avoir soin des éléphans, des chameaux, des canons, etc. Ajoutez la canaille de tous les pays, qui se joint ordinairement à ces sortes d'armées : tel est le goût des princes orientaux ; ils font consister leur grandeur à être suivis d'une multitude innombrable d'hommes, pauvres et riches · tout est bon pourvu que le prince ne voie autour de lui que des objets agréables. (*Note de l'ancienne édition.*)

dont il s'agit, étant âgé de plus de vingt ans, peut et doit suivre la vérité sans égard aux oppositions de ses parens : chacun est personnellement chargé du soin de son âme. » Le prince, satisfait de ses raisons, promit de continuer son affection pour les chrétiens et défendit d'inquiéter personne au sujet de sa religion. Quelque temps après, le jeune Constantin tomba malade et mourut dans les sentimens du plus parfait chrétien. Son père et sa mère se sont fait baptiser et imitent aujourd'hui la ferveur de leur respectable fils. L'église de Vencatiguiri semble avoir tiré de cette persécution un heureux accroissement : plusieurs catéchumènes ont été régénérés ; grand nombre d'idolâtres se font instruire et une nouvelle ferveur anime les anciens.

Voilà, monsieur, un récit fidèle des choses principales qui se sont passées sous mes yeux jusqu'en 1743. Une autre lettre vous instruira de ce qui est arrivé depuis. Il ne me reste qu'à vous assurer de ma parfaite reconnoissance et de celle de mes néophytes : eux et moi nous offrirons sans cesse au ciel des vœux pour un si généreux bienfaiteur. Je suis, etc.

LETTRE DU P. COEURDOUX

AU P. PATOUILLET.

Teinture en rouge des toiles de l'Inde.

A Pondichéry, le 13 octobre 1748.

Mon révérend Père,

La paix de Notre-Seigneur.

Le mémoire que je vous envoie sur les différentes façons de teindre en rouge les toiles dans les Indes a été composé par feu M. Paradis, qui me pria de le lire et qui, sur les réflexions que je fis et que je lui communiquai, le retoucha et le mit dans l'état où il est. J'y ajoute d'autres remarques que j'ai faites depuis sur le même sujet, et je vous adresse le tout ; vous en ferez l'usage que vous jugerez à propos. Je suis bien persuadé que vous ne laisserez pas inutile et dans l'oubli ce que vous croyez capable de contribuer à la perfection des arts.

Mémoire sur les différentes façons de teindre en rouge les toiles.

Les teinturiers indiens s'y prennent de trois façons pour teindre les toiles en rouge ; j'expliquerai chacune de ces façons en son rang, après avoir prévenu que la première manière, bien plus composée que les deux autres, est aussi la meilleure et donne un rouge plus adhérent, et que la dernière est la plus imparfaite.

Première façon.

Pour teindre un coupon de toile de coton [1] de cinq coudées de longueur, on fait ce qui suit. On prend d'abord la tige d'une plante nommée nayourivi [2], avec les branches et les feuilles, que l'on fait bien sécher, puis brûler pour en avoir la cendre. On met cette cendre dans un vase de terre contenant environ neuf pintes d'eau de puits, et après l'avoir délayée on la laisse infuser pendant trois heures. Nos Indiens ont attention de choisir par préférence les eaux les plus âpres, comme ils s'expliquent ; mais il n'est pas aisé de définir quelle est cette âpreté [3]. Au reste, l'on sait qu'en Europe, aussi bien qu'ici, les teinturiers préfèrent certaines eaux dans lesquelles se trouvent quelques qualités propres à leurs teintures, par exemple l'eau du ruisseau des Gobelins à Paris passe pour la meilleure en ce genre.

Après trois heures, on passe dans un linge l'eau dont j'ai parlé, et l'on en prend une quantité suffisante pour que les cinq coudées de toile en soient bien mouillées et imprégnées. On y délaie des crottes de cabris de la grosseur d'un œuf auxquelles on joint la valeur d'un verre ordinaire d'un levain dont j'expliquerai ci-après la composition.

Enfin on verse sur le tout une *sere* [4] d'huile

[1] Les teinturiers veulent que la toile soit crue ; blanchie, elle ne prendrait pas si bien la teinture.
[2] Espèce de cadelari, variété de l'*achyrantes aspera*, qui passe pour un bon stomachique.
[3] Ces puits dont l'eau est âpre ne sont pas fort communs dans les Indes ; quelquefois il ne s'en trouve qu'un seul dans toute une ville. J'ai goûté de cette eau, je n'y ai pas trouvé le goût qu'on lui attribue, mais elle m'a paru moins bonne que l'eau ordinaire. On se sert de cette eau préférablement à toute autre, afin que le rouge soit beau, disent les uns, et suivant ce que disent les autres plus communément, c'est une nécessité de s'en servir, parce qu'autrement le rouge ne tiendrait pas. (*Note de l'auteur du mémoire.*)
[4] La *sere* dont on parle ici est une mesure cylindrique de trois pouces de diamètre avec autant de

de *gergelin*[1]. Lorsque toutes ces drogues ont été bien délayées, si l'infusion de cendres est bonne, l'huile rendra l'eau blanchâtre et ne surnagera pas. Le contraire arriveroit si les cendres étoient mêlées avec celles de quelque autre bois que le *nayourivi*. Cette préparation faite comme on vient de le dire, on y trempe la toile, qu'on pétrit bien dans le fond du vase, et on la laisse ensuite ramassée pendant douze heures, c'est-à-dire du matin au soir.

Alors on verse dessus un peu d'eau de cendre toute simple afin d'y entretenir l'humidité nécessaire pour pouvoir, en la pétrissant encore, la pénétrer dans toutes ses parties, après quoi on la laisse encore ramassée dans le fond du même vase jusqu'au lendemain. Ce second jour on agite la toile et on la pétrit comme la veille, de façon qu'elle se trouve humectée également; ensuite, l'ayant tordue à un certain point et secouée plusieurs fois, on la met bien étendue au soleil le plus ardent jusqu'au soir, qu'on la replonge et qu'on l'agite dans la même préparation qu'on a eu soin de conserver et dans laquelle on l'a laissée pendant la nuit; mais comme cette préparation se trouve diminuée, on remplace ce qu'elle a perdu par de l'eau de cendre simple, qui en la rendant plus liquide la rend aussi plus propre à s'étendre et à se partager dans toutes les parties de la toile.

L'opération dont on vient de parler doit se répéter pendant huit jours et huit nuits. On va expliquer à présent ce que c'est que le verre de levain qui doit entrer dans la préparation.

Ce levain n'est autre chose que cette même préparation que les peintres ont soin de conserver dans des vases de terre pour s'en servir une autre fois; mais s'ils avoient perdu leur levain, la façon d'en faire de nouveau est de prendre de l'eau âpre dans laquelle on fait infuser des cendres de nayourivi, d'y délayer de la fiente de cabris et l'huile de gergelin, comme on l'a déjà dit, et de laisser le tout fermenter pendant deux fois vingt-quatre heures, ce qui forme un nouveau levain.

La toile ayant été préparée pendant huit jours et huit nuits, on la lave dans de l'eau de cendre simple, pour en tirer l'huile jusqu'à ce qu'elle blanchisse un peu, et de là dans l'eau ordinaire, mais toujours âpre; ensuite on la fait sécher au soleil. Pendant les opérations dont je viens de parler, on aura préparé et fait sécher et pulvériser de la feuille de *cacha*[1]; on en prend une *sere* qu'on détrempe dans de l'eau âpre toute simple et en quantité suffisante pour en bien imprégner la toile, que l'on y agite cinq ou six fois et qu'on laisse passer la nuit dans cette eau. Ceci ne se fait qu'une fois. Le lendemain matin on tord la toile et l'on en exprime l'eau à un certain point; ensuite on la fait sécher au soleil jusqu'au soir. Cette préparation, qui lui donne un œil jeunâtre, étant achevée, on passe à celle dont je vais parler. Après avoir fait sécher et pulvériser la peau ou l'écorce des racines d'un arbre nommé *nouna*[2] par les Indiens et *nancoul* par les Portugais de ce pays-ci, on prend une *sere* de cette poudre qu'on délaie comme celle du *cacha* dans l'eau simple. On y plonge et l'on y agite pareillement la toile, et on l'y laisse également passer la nuit pour l'en retirer le lendemain, la tordre et la faire sécher jusqu'au soir, qu'on la replonge dans la même eau; elle y passe une seconde nuit, et on la retire le troisième jour pour la faire sécher. Cette dernière préparation lui communique une couleur rougeâtre à laquelle le *chayaver* donne la force et l'adhérence.

Pendant qu'on prépare la toile comme je viens de le dire, on doit aussi préparer les racines de chayaver[3], ce qui consiste à les émonder, à rejeter les extrémités du côté du

---

profondeur. La *sere* est aussi un poids Indien qui est de neuf onces.

[2] L'huile de gergelin, comme on l'appelle aux Indes du terme portugais, n'est autre chose que l'huile de sésame. A son défaut on peut se servir de saindoux liquéfié.

[1] Le *cacha* est un grand arbre commun aux Indes et dont la feuille est d'une consistance assez semblable à celle du laurier, mais plus moelleuse, plus courte et arrondie par le bout; sa fleur est bleue. On le nomme aussi *cachi* ou *jaquier*.

[2] Le *nouna* est un grand arbre dont les feuilles sont longues d'environ trois pouces et demi et larges de quinze lignes. Son fruit est à peu près de la grosseur d'une petite noix et couvert d'une peau verte contenant dans des cellules cinq à six pepins ou noyaux. Les Malabares mangent de ce fruit en *acharts*, c'est-à-dire préparé à la façon de nos cornichons. Cet arbre est un psychoturia de la famille des rubiacés.

[3] *Chaya* ou *chayaver* est une plante qui ne croit hors de terre que d'environ un demi-pied; sa feuille est d'un vert clair, ses racines sont quelquefois de quatre pieds : celles qui n'en ont qu'un de longueur sont les meilleures pour la teinture.

gros bout de la longueur d'un pouce, à hacher le reste de la longueur de cinq ou six lignes pour le piler plus facilement dans un mortier de pierre en quantité à peu près d'une *sere*, enfin à l'humecter avec de l'eau simple, tant pour former une espèce de pâte de cette racine que pour empêcher que la poussière ne s'élève et ne se perde.

Ce chayaver ainsi préparé, on le délaie dans environ neuf pintes d'eau simple ; on y plonge et agite la toile, qui y passe la nuit pour en être retirée le lendemain matin. Alors on la tord fortement et on la fait sécher au soleil pendant huit jours consécutifs. Chacun de ces huit jours charge de plus en plus cette toile de couleur, qui parvient enfin à un rouge foncé. Les huit jours expirés, on prend deux *seres* de la même poudre de chayaver qu'on met dans un autre vase de terre avec environ dix pintes d'eau, qu'on fait chauffer sur un feu modéré jusqu'à ce que l'eau s'élève un peu : c'est le moment où l'on y plonge la toile, après quoi on augmente le feu ; et quand l'eau bout bien fort, on retire le bois qui restoit sous le vase, qu'on laisse sur la braise pendant dix-huit heures sans toucher ni alimenter le feu par de nouveaux bois.

Pendant toute cette opération, on a grand soin d'agiter la toile avec le bout d'un bâton afin que la teinture en pénètre mieux toutes les parties. Les dix-huit heures passées, on retire cette toile, on la lave dans l'eau simple et fraîche, et ensuite on la suspend pour la faire sécher, et de cette façon la toile est teinte en rouge foncé de la première façon.

Une remarque à faire, c'est que quand on a commencé une teinture avec une sorte d'eau, il ne faut plus la changer, mais s'en servir dans toutes les opérations jusqu'à la fin. Les plus fraîches racines du chaya ou chayaver sont les meilleures, fussent-elles tirées de la terre le jour même, pourvu qu'elles aient le temps de sécher, ce qui se peut faire promptement, vu la finesse de cette racine. Cependant au bout d'un an elles sont encore bonnes et même elles peuvent servir jusqu'à trois ans de vieillesse, mais toujours en diminuant de bonté.

<small>Deuxième façon de teindre les toiles en rouge.</small>

Pour teindre un coupon de toile de cinq coudées de longueur, on commence par la faire blanchir, après quoi on prend des fruits de cadou ou cadoucaye [1], au nombre de deux pour chaque coudée de toile ; on les cassera pour en tirer le noyau, qui n'est bon à rien dans le cas présent ; on broiera le reste en roulant un cylindre de pierre plate et unie, ayant soin de l'humecter avec de l'eau (j'entends toujours de l'eau âpre), de façon que le tout forme une espèce de pâte plus sèche que liquide que l'on délaie en quantité suffisante pour bien humecter les cinq coudées de toile à teindre, c'est-à-dire un peu plus d'une pinte d'eau. Cette toile ainsi humectée, on la tord sans cependant la dessécher trop ; puis après l'avoir troussée on l'étend à l'ombre, où on la laisse sécher. Cette préparation, qui lui donne un œil jaunâtre, la dispose à recevoir la couleur du chayaver et l'y attache plus intimement.

La toile étant en l'état qu'on vient de dire, on prend un vase de terre dans lequel on fait un peu chauffer environ une pinte d'eau ; on y verse un palam [2] d'alun pulvérisé qui fond sur-le-champ, et aussitôt on retire de dessus le feu le vase, dans lequel on verse deux ou trois pintes d'eau fraîche ; ensuite on étend la toile sur l'herbe au soleil et on prend un chiffon de linge net que l'on trempe dans cette eau et que l'on passe sur le côté apparent de cette toile d'un bout à l'autre, en retrempant d'instant en instant le chiffon dans cette eau. Quand ce côté de la toile est bien humecté, on la retourne sur l'autre, auquel on en fait autant, après quoi on la laisse sécher. Ensuite on la porte à l'étang, dans lequel on l'agite trois ou quatre fois pour enlever une partie de l'alun et étendre plus également le reste. De là on l'étend encore sur l'herbe, où on lui donne une seconde couche de la même eau d'alun comme il vient d'être expliqué et on la laisse sécher.

Observez que cette dernière fois il ne faut pas attendre que la toile soit absolument sèche pour lui donner la seconde couche d'eau d'alun, sans doute afin que celle-ci s'étende plus facilement et plus également.

Cette double opération faite et la toile étant bien sèche, on la reporte à l'étang, où on la

---

[1] Le fruit *cadou* se trouve dans les bois sur un arbre d'une médiocre grandeur. Ce fruit sec, qui est de la grosseur de la muscade, est à la fois acide et onctueux ; c'est à ces deux qualités qu'on doit attribuer l'adhérence des couleurs dans les toiles indiennes.

[2] *Palam* est un poids indien qui équivaut à une once et un huitième.

plonge une vingtaine de fois en la frappant chaque fois d'une dixaine de coups sur des pierres de taille placées exprès sur le bord de cet étang, ce qui se fait en fronçant et ramassant cette toile, en la tenant par un côté de l'une de ses laizes et en reprenant ensuite à la main le côté de l'autre laize. Ceci fait, on réitérera l'opération en fronçant la toile et en l'empoignant par un de ses bouts ainsi froncés, et on commence à en frapper la pierre par une de ses extrémités en revenant peu à peu jusqu'à son milieu. On la retourne alors pour en faire autant, en commençant par l'autre extrémité. Les teinturiers fixent aussi le nombre de ces derniers coups à deux cents; je crois cependant que le plus ou le moins ne peut guère déranger l'opération. Cette toile ainsi lavée, on l'étend au soleil, où on la laisse sécher.

Alors on prend la quantité de cinq livres et demie de racine de chayaver qu'on prépare ainsi qu'il est marqué dans la première façon et qu'on verse dans un grand vase de terre contenant environ quinze pintes d'eau plus que tiède, mais qui ne bouillonne pas encore, et ayant bien remué cette eau pendant une demi-heure, on y plonge la toile, après quoi l'on augmente le feu de manière à faire fortement bouillir pendant cinq heures le tout, qu'on laisse encore trois heures sur le feu tel qu'il est sans y mettre d'autre bois pour l'entretenir. On observera pendant cette préparation de soulever et de remuer la toile avec un bâton, au moins de demi-heure en demi-heure, afin qu'elle puisse être plus facilement et plus également pénétrée de la teinture.

Après les huit heures expirées, on retire la toile du chayaver pour la secouer, la tordre et la laisser ramassée sur elle-même pendant une nuit. Le lendemain matin, l'ayant lavée à l'étang pour en détacher les brins de chayaver et autres ordures qui auroient pu s'y attacher, on la fera sécher au soleil, en l'étendant bien, moyennant quoi cette toile se trouvera teinte en rouge.

Troisième façon de teindre les toiles en rouge avec le bois de sapan.

On prépare la même longueur de toile [1] avec le cadou broyé et détrempé comme dans la deuxième manière, et on la fait sécher de même à l'ombre. Après que la toile est bien séchée, on la trempe dans l'eau préparée comme on va le dire.

On prend du bois du sapan, brisé en plusieurs petits morceaux de la longueur du doigt, plus ou moins, qu'on laisse infuser douze à quinze heures dans neuf à dix pintes d'eau fraîche, toujours âpre, que l'on fait chauffer jusqu'à ce qu'elle ait fait trois ou quatre bouillons. On la retire alors du feu pour la séparer de son sédiment, on la verse par inclinaison dans un autre vase de terre, où on la laisse refroidir. Dans cet état, on en prend une partie dans laquelle on plonge la toile, qu'on y agite un peu et qu'on retire aussitôt. On la tord jusqu'à un certain point, et on la fait sécher à l'ombre. Quand cette toile est sèche, on recommence cette opération, qu'on répète trois fois ou même quatre si on remarque que la couleur ne soit pas assez foncée.

Cela fait, on met dans un vase de terre environ une demi-pinte d'eau dans laquelle on jette un demi-palam d'alun pulvérisé, et l'on fait chauffer le tout jusqu'au point de voir frémir l'eau ; on la verse aussitôt dans un autre vase contenant une pinte d'eau fraîche. Ayant bien agité le tout, on y plonge la toile, et lorsqu'elle est bien imbibée de cette composition, on la tord légèrement de peur d'en détacher la couleur, après quoi on l'étend et on la fait sécher à l'ombre, ce qui achève cette sorte de teinture, à la vérité assez imparfaite puisqu'elle se détache à la lessive et s'évapore au soleil. J'ai remarqué que cette dernière préparation d'alun occasionnoit un changement notable dans la couleur de cette toile, qui d'un rouge orangé passe aussitôt à un rouge foncé en tirant sur la couleur de sang de bœuf.

Remarques sur l'eau que les peintres indiens préfèrent pour leurs teintures

Comme je crois que la qualité de l'eau qu'emploient nos peintres et nos teinturiers contribue effectivement à l'adhérence des couleurs, il me paroît à propos de la faire connaître plus particulièrement pour aider aux recherches qu'on pourroit faire en France des eaux les plus propres aux teintures, car il n'est pas impossible qu'on y rencontre des qualités homogènes à celles dont je vais parler. Voici comme le sieur Cayerfourg, chirurgien-major de cette ville, s'explique à leur sujet.

---
[1] Il est indifférent que cette toile soit blanchie ou qu'elle soit crue.

« Par l'analyse que je viens de faire de l'eau qui sert à la teinture des toiles, j'ai trouvé qu'elle étoit plus légère que celle d'Oulgaret[1], dont on boit ici par préférence à toute autre, savoir : de vingt-huit grains un seizième sur une livre de quatorze onces poids de marc; et ayant aussi comparé l'eau d'Oulgaret à celle d'un des puits de la ville le plus fréquenté par ceux qui n'ont pas la commodité de s'en faire apporter de la première, j'ai trouvé que cette dernière[2] étoit pour une livre de seize onces plus pesante de quarante-huit grains que celle d'Oulgaret. De là il résulte, calcul fait, que l'eau qu'adoptent vos teinturiers est de soixante grains et trois soixantièmes plus légère que celle de la ville, dont on use cependant plutôt que de celle des teinturiers, qu'il ne seroit pas possible de boire à cause de son goût insipide mais point âpre, tirant seulement un peu sur le goût minéral, quoique je n'y aie trouvé aucun sel de cette espèce après en avoir fait évaporer trente onces au bain de sable, lesquelles ne m'ont donné que onze grains d'un sel gemme très-blanc. »

Tel est le mémoire de M. Paradis. Voici les remarques que j'ai faites à son occasion.

1° La première plante dont on fait usage pour la teinture en rouge est celle qu'on nomme en langue tamoul nayourivi : c'est une plante qui croît partout aux Indes sans qu'on la sème. Quoique les Indiens la fassent entrer dans leurs remèdes, ainsi que presque toutes les autres plantes, on pourroit la mettre au nombre des mauvaise herbes si elle n'étoit employée aussi utilement qu'elle l'est pour teindre les toiles et le fil en rouge. Je joins ici la description de cette plante telle qu'elle a été faite à ma prière par une personne intelligente : c'est M. Binot, docteur en médecine.

La racine du nayourivi est fort longue, fibreuse, recouverte d'une écorce cendrée, se cassant très-facilement et s'enfonçant en forme de pivot en terre. De la circonférence de cette racine principale naissent de distance en distance des filets fort longs qui en donnent d'autres plus petits ; il y a de ces filets qui ont plus d'un pied de longueur. Du collet de cette racine, qui a quelquefois trois lignes de diamètre, sort une tige qui se divise souvent en plusieurs autres dès son origine ; chaque tige a des nœuds de distance en distance, et ordinairement de chaque nœud sortent deux branches qui ont aussi leurs nœuds, d'où sortent d'autres branches plus petites, et à l'extrémité de chacune de ces branches naissent des fleurs, comme je dirai plus bas.

Les feuilles sont opposées et naissent deux à deux, de manière que les deux d'en bas forment une croix avec les deux autres qui sont au-dessus, et ainsi successivement ces deux feuilles enveloppent toujours un des nœuds de la tige.

Ces feuilles ont environ quatre pouces de long sur deux dans leur grande largeur ; elles sont arrondies à leur extrémité et se terminent en pointe à leur base ; elles portent sur la tige par un pédicule fort grêle et long au plus d'une ligne ; de la côte principale naissent plusieurs nervures opposées. Ces feuilles sont fort minces, d'un vert pâle en dessus et d'un vert plus pâle en dessous ; elles sont légèrement velues en dessus et en dessous. Les tiges sont verdâtres, et dans quelques endroits elles sont rougeâtres; elles contiennent dans leur intérieur une moelle blanchâtre. Les nœuds de cette plante sont fort durs ; la plante a un port désagréable et croît à la hauteur de quatre pieds environ.

Les parties qui composent la fleur de cette plante sont si petites qu'on a besoin d'une bonne loupe pour les distinguer. Cette fleur est à étamines disposées autour d'un embryon qui devient dans la suite une semence. Cet embryon est terminé par un stylet très-fin, garni d'une petite tête à son extrémité. Les étamines ont environ une demi-ligne ou trois quarts de ligne de longueur surmontées par de petites têtes rougeâtres. Chacune des parties qui composent le calice est coriace, très-dure, un peu velue en dehors, verdâtre en dessus, terminée par une pointe fort aiguë tirant sur le rouge ; le contour de chacune de ces feuilles tire un peu sur le blanc : elles ont une ligne ou une ligne et un quart environ de longueur sur un tiers de ligne de largeur au plus. La partie inférieure du calice est collée contre la tige, et l'on n'y remarque point de pellicule. De la base de ce calice naissent deux petites pellicules d'un rouge fort vif, de la même figure que les feuilles du calice, mais beaucoup plus

---

[1] Puits situé hors de la ville de Pondichéry, à une lieue environ du bord de la mer.
[2] Puits situé à environ cent toises du bord de la mer.

petites, n'ayant au plus qu'une demi-ligne de longueur. La disposition de tous ces calices est singulière en ce qu'ils ont tous la pointe tournée contre terre. Ces calices sont disposés en rond autour des extrémités de quelques branches éloignées les unes des autres d'environ deux lignes, au nombre quelquefois de deux ou trois cents, ce qui forme des espèces de queues hérissées.

Chaque calice renferme un embryon de graine qui devient dans la suite une semence longuette, d'un brun foncé ou noirâtre, cylindrique, longue d'environ une demi-ligne sur un quart de ligne de diamètre.

2° Le mémoire ne marque point comment on peut connoître si l'infusion des cendres de nayourivi est trop ou trop peu chargée : c'est ce qu'on connoîtra par les expériences suivantes. Sur une cuillerée ou environ de cette infusion, on y laisse tomber quelques gouttes d'huile de sésame : mêlez-les ensemble avec le doigt ; si l'eau est trop chargée des sels de la plante, elle prendra une couleur jaunâtre ; si elle l'est trop peu, l'huile ne se mêlera pas bien et surnagera en partie. Quand l'infusion est telle qu'elle doit être, elle devient blanche comme du lait : d'où il s'ensuit que si l'infusion est trop foible, il faut y ajouter des cendres ; si elle est trop forte, il faut y verser de l'eau : c'est ainsi que je l'ai vu pratiquer par un prêtre indien. Il m'ajouta qu'il n'étoit pas nécessaire de passer l'infusion par un linge, ainsi que le marque le mémoire ; que le meilleur et le plus facile pour avoir une eau plus nette étoit de la verser dans un autre vase par inclinaison. Il me dit encore que plusieurs laissoient infuser les cendres de nayourivi non-seulement trois heures, mais un jour et une nuit avant que de s'en servir. Il n'est pas au reste indifférent de se servir d'une infusion exacte ou non : les tisserands qui y auroient peu d'égard rendroient leurs fils trop cassans et auroient de la peine à tisser leurs toiles.

3° Non-seulement le saindoux peut suppléer à l'huile de sésame, il lui est même, dit-on, préférable, et c'est par épargne, à ce qu'on ajoute, qu'on ne se sert ici que de l'huile de sésame, parce qu'elle coûte moins que le saindoux : l'inconvénient pour l'Europe seroit d'en avoir qui demeureroit toujours liquide. L'on ajoute encore que les crottes de brebis sont meilleures que celles de chèvres, lesquelles étant plus chaudes de leur nature peuvent brûler les toiles. L'on ne craint pas de rapporter ces minuties, qui ne paraîtront peut-être pas inutiles aux gens du métier : faute de les savoir, les essais réussissent mal, on se rebute et l'on abandonne les expériences qu'on avoit commencées.

4° Le teinturier que j'ai consulté m'a assuré qu'il valoit mieux se contenter de secouer la toile que de la tordre, comme le dit le mémoire en parlant de la première opération, suivant laquelle on l'a laissée dans le fond du vase pendant la nuit. Il m'avertit encore qu'il pouvoit arriver que la toile que l'on prépare n'eût pas pu bien sécher, soit à cause de la pluie, dont il faut au reste préserver les toiles qu'on prépare, ou pour quelque autre raison, et qu'en ce cas, au lieu de la remettre dans l'eau, ainsi qu'il est dit dans la première opération, il faudroit attendre jusqu'au lendemain pour la faire sécher plus parfaitement, après quoi on la remettroit dans l'eau pour y passer la nuit, ainsi que le dit le mémoire.

5° Il est aisé de conclure de la dernière remarque qu'il peut arriver des circonstances et des saisons où l'opération de faire sécher et retremper la toile doit se répéter non-seulement huit jours et huit nuits, mais encore davantage ; la difficulté est de connoître combien de fois il faut encore la réitérer. Outre l'usage et le coup d'œil de l'ouvrier, qui lui fait connoître si la toile a acquis le degré de préparation convenable, il peut se servir du moyen suivant. Il faut user sur une pierre humectée un peu de safran bâtard ou *terra merida*, dont on fait grand usage aux Indes pour les ragoûts ; on prend un peu de l'espèce de pâte qui en résulte et on la met sur un coin de la toile, laquelle prend une couleur rouge si elle est suffisamment préparée ; si elle ne l'étoit pas suffisamment, elle ne se teindroit pas de cette couleur. Mais c'est surtout au coup d'œil de l'ouvrier à juger si cette préparation, qui est une espèce de blanchissage, est suffisante : plus la toile est devenue blanche, mieux elle sera préparée. J'ai dit que cette préparation étoit une espèce de blanchissage, parce que effectivement le coupon de toile crue que l'on prépare devient blanc par ces opérations ; mais il ne faut pas oublier qu'elles devroient se faire également quand même on voudroit teindre en rouge une toile blanche.

6° Comme la chose la plus nécessaire et en même temps la plus utile à avoir en Europe pour teindre à la manière indienne est la plante nayourivi, j'ai essayé par plusieurs expériences de découvrir la vertu et la qualité des cendres de cette plante et d'y trouver, s'il étoit possible, un supplément ; je crois y avoir réussi. Voici les expériences : 1° Je mêlai de l'huile de lin avec l'infusion de nayourivi : elle se mêla presque aussi bien que l'huile de sésame, mais il surnagea quelques parties jaunes et fort grossières de cette huile, qui d'ailleurs étoit vieille et fort épaisse. 2° L'huile d'amande douce mêlée avec l'infusion fait aussi à peu près le même effet que l'huile de sésame, et on peut en dire autant de la graisse fondue de poule. 3° Je tentai l'expérience avec l'huile d'olive : je fus surpris de voir qu'elle ne se mêla point avec l'infusion de nayourivi ; au lieu de surnager, elle se précipita et forma une espèce de coagulation au fond du vase et donna une couleur jaunâtre à l'infusion du nayourivi qui surnageoit par-dessus l'huile. 4° Malgré l'expérience, je crois voir des qualités analogues entre les sels de nayourivi et ceux de la soude : j'en fis dissoudre dans l'eau et fis avec cette dissolution du sel de soude les mêmes expériences que j'avois faites avec celle de nayourivi, et elles me réussirent également ; il n'y a que celle que j'avois faite avec l'huile d'olive qui se trouva toute différente, car au lieu que cette huile ne se mêla point avec l'infusion de nayourivi, elle se mêla très-bien avec le sel de soude et donna une très-belle couleur de lait, à l'exception de quelques parties grossières de l'huile qui surnagèrent : au reste, cela ne pouvoit manquer d'arriver, la soude et l'huile d'olive étant la base du savon. 5° Je fis plus encore : je donnai à un teinturier du sel de soude et un morceau de toile d'Europe, lui recommandant de faire avec l'un et l'autre les mêmes opérations qu'il avoit coutume de faire avec son infusion de nayourivi. Il le fit, et non-seulement cela produisit le même effet, mais il prétendit que l'effet de la dissolution de la soude étoit préférable à celle de la plante indienne ; d'où l'on peut conclure que l'un pourroit suppléer à l'autre, quoique la nature de l'un et de l'autre ne soit pas absolument la même. 6° Voici encore une observation qui confirme ce rapport de la soude et du nayourivi : c'est que le levain dont il est parlé dans le mémoire, qui n'est autre chose que l'huile de sésame mêlée avec l'infusion gardée quelque temps, ce levain, dis-je, étant conservé avec soin, se fige enfin et devient dur, et alors il est, dit-on, excellent. Il est aisé de voir par là que l'eau de sésame avec la plante nayourivi forme un savon fort ressemblant en tout à celui qui résulte du mélange du sel de soude et d'huile d'olive ; il n'est guère douteux, ce semble, que l'un ne puisse suppléer à l'autre sans inconvénient, pour ne pas dire avec avantage. 7° Les expériences qui ont été faites sur l'eau qui sert aux teinturiers indiens ont donné occasion au frère Du Choisel d'en faire d'autres sur le même sujet. Je les rapporterai, dans la persuasion qu'elles pourront faire plaisir et être utiles.

« Cette eau a un goût insipide et dégoûtant qui m'a fait croire qu'elle étoit chargée de quelque partie de nitre ; l'expérience m'en a convaincu, puisque ayant fait dissoudre dans huit onces d'eau ordinaire un demi-gros de nitre, je lui ai trouvé en partie le goût de celle-ci, ce qui n'est point arrivé à différens autres sels minéraux que j'ai fait pareillement dissoudre. Cette eau est un peu plus légère que celle qu'on boit à Pondichéry ; elle pèse un gros de moins sur le poids de vingt-neuf onces.

» J'ai distillé sept livres quatre onces de la même eau dans un alambic de cuivre étamé ; j'en ai tiré la moitié environ par la distillation. Cette eau distillée, qui est moins chargée de sel, a un goût un peu moins désagréable et moins dégoûtant ; j'ai remarqué qu'elle pesoit alors un peu moins qu'auparavant, savoir un gros et demi sur la quantité de vingt-neuf onces et par conséquent deux gros et demi de moins que l'eau ordinaire de Pondichéry.

» Cette eau distillée a déposé, au bout de quelques jours, quelques filamens, ainsi que l'eau simple distillée d'une plante lorsqu'elle a reposé quelque temps. J'ai fait évaporer au feu nu la moitié de l'eau qui restoit dans la cucurbite après la distillation ; je l'ai filtrée par le papier gris, qui s'est trouvé couvert d'une poudre blanche que j'ai regardée comme le *caput mortuum* de cette eau, parce qu'elle n'avoit aucune saveur ni aucun goût.

» J'ai exposé la liqueur filtrée à un lieu frais pour voir si elle déposeroit quelque sel au fond du vase, parce qu'elle avoit un goût un peu salé. Trois jours après, voyant qu'elle n'avoit rien déposé, j'ai fait évaporer au bain-marie la moitié de la liqueur, que j'ai filtrée une seconde fois ; je l'ai encore exposée à un lieu frais sans en tirer plus que la première fois. J'ai enfin fait évaporer le reste de l'humidité, toujours au bain-marie, et j'en ai retiré un gros et quarante-deux grains de sel salé approchant du sel marin. J'ai mis quelques grains de ce sel dans une cuillerée de vinaigre ; il s'y est dissout, et le vinaigre y a perdu un peu de sa force sans qu'il y ait eu de fermentation sensible. J'ai cherché pourquoi ce sel avoit une qualité alcali ayant cependant un goût acide. Pour cela j'ai jeté ce sel dans une quantité d'eau commune ; j'en ai fait évaporer la moitié. Ce sel a eu de la peine à se dissoudre dans cette eau, et même il ne s'y est pas dissous entièrement. J'ai filtré cette dissolution à travers un papier blanc ; le filtre est demeuré couvert d'une poudre grossière qui n'avoit aucun goût salé, la liqueur n'a déposé aucun sel dans le vase qui la contenoit. Après avoir reposé vingt-quatre heures, j'ai fait évaporer toute l'humidité sur un feu fort doux ; après cette évaporation, le sel étoit fort blanc à la superficie et luisant. Je voulus retirer ce sel ; mais je trouvai que le dessous étoit fort gris, parce que cette partie de sel étoit apparemment encore chargée de terre. Je n'ai pu faire cristalliser ce sel, parce que je n'en avois pas une assez grande quantité ; d'ailleurs on sait que le sel fixe alcali ne se cristallise pas aussi facile que les autres sels.

» Ce sel étoit alcali apparemment à cause de la quantité de terre qui y étoit unie, car il avoit un goût salé comme le sel marin, qui est un sel acide, chargé d'un peu de terre. J'ai remarqué que tout le sel que j'ai tiré, après en avoir séparé la terre, n'étoit pas plus salé ; d'ou il s'ensuit qu'une partie de son acidité s'est perdue dans les différentes évaporations que j'en ai faites.

» J'ai fait évaporer trente onces de cette eau sans aucune autre préparation, et j'en ai tiré un demi-gros de sel fixe plus blanc que celui que j'ai tiré au bain-marie. Il avoit le même goût que l'autre ; et comme je n'en avois rien séparé par la filtration, j'en tirai trois grains de plus à proportion que je n'en avois eu dans l'autre opération. Tout ceci confirme la première pensée que j'ai eue, que cette eau étoit chargée de nitre. Le nitre est un sel fossile salé, composé d'un sel acide et d'une terre absorbante. Un

savant chimiste [1] a fort bien remarqué que lorsqu'on faisoit bouillonner dans une très-grande quantité d'eau une petite quantité de salpêtre, on n'en retire qu'un sel salé semblable au sel marin ou au sel gemme, c'est-à-dire un sel acide chargé d'une terre absorbante. Voilà ce que m'ont donné les opérations dont je viens de parler.

» J'ai remarqué que cette eau, quoique insipide et dégoûtante, dissout bien le savon, ainsi que celle qui est bonne à boire, et elle diffère en cela de celle des puits de Paris, qui n'est pas bonne à cet usage. J'ai fait dissoudre un peu de nitre dans de l'eau commune qu'on boit à Pondichéry et ensuite j'y ai fait dissoudre du savon ; il s'y est dissous comme dans l'eau que les peintres et les teinturiers indiens emploient dans leurs ouvrages.»

7° Je finis par les remarques auxquelles les Indiens prétendent distinguer les eaux propres à leurs teintures. Ils prétendent que l'eau âpre, ainsi qu'ils l'appellent, donne au riz une couleur rougeâtre lorsqu'on s'en sert pour le faire cuire, que la couleur de cette eau tire un peu sur le brun, que son goût la fait assez connoître à ceux qui sont accoutumés à s'en servir, mais que la meilleure marque est l'expérience, parce que si l'on se sert d'une autre eau que celle-là, la préparation qui se fait pour les toiles peintes avec le lait du buffle et le cadoucaye ou le mirobolam, dont il est parlé précédemment dans ces lettres édifiantes, ne s'attache pas bien à la toile.

Voilà, mon révérend père, les remarques que j'ai faites sur la teinture en rouge et sur ce qui y a rapport. Le défaut de temps m'a empêché de les mettre plus tôt en ordre ; mais le siège de cette ville, attaquée en vain par les Anglois pendant près de deux mois, m'a procuré pour cela plus de loisir que je n'aurois voulu. Cependant comme c'est au bruit du canon et au milieu des alarmes de la guerre que ces observations ont été rassemblées, j'espère qu'on aura pour elles quelque indulgence dans le jugement qu'on en portera. Je suis, dans l'union de vos saints sacrifices, etc.

[1] M. Lemery.

EXTRAIT

D'UNE LETTRE DU P. POSSEVIN
AU P. D'IRLANDE.

État des mœurs et de la religion. — M. Dupleix.

A Chandernagor, dans le Bengale, le 11 janvier 1749.

La Providence m'a envoyé à Bengale en 1747 remplacer le père Lalou, qui y mourut le 6 septembre 1746. La vie y est à peu près comme en Europe. Il y a du travail et peu de fruit, le débordement des mœurs y étant considérable comme dans les autres colonies des côtes, plus même ici qu'à Pondichéry, parce que le pays est bon, plus commerçant, qu'on y est moins maître qu'à Pondichéry et qu'il y a mélange de toutes nations et voisinage d'Anglois et de Hollandois. Cependant, à la faveur d'un hôpital de pauvres et d'orphelins que le père Mosac, notre supérieur, bâtit en 1744 ou 1745, dans un temps de mortalité et de famine, pour y mettre les enfans moribonds que les parens lui apportoient et lui vendoient, on ne laisse pas de faire ici du bien ; nous les achetons deux roupies[1] chacun et un morceau de toile ; cela va à près d'un écu de six livres de notre monnoie, somme bien modique pour une âme rachetée du sang d'un Dieu. Cela occasionne d'autres conversions : les mères viennent quelquefois se faire chrétiennes en apportant leurs enfans.

En général les adultes ici sont assez mauvais chrétiens : ils ont peu de foi, sont fort superstitieux, vivent dans une grande ignorance et indifférence de leur salut et dans un grand débordement de mœurs.

On m'a mandé que le prince de Nolan vouloit nous donner un emplacement dans Nolan pour y bâtir une église. J'en bénis le Seigneur ; mais à la moindre persécution l'église sera détruite, parce que ce prince est trop peu puissant et que les brames ont trop d'empire sur l'esprit des petits princes : il vaudroit mieux bâtir sur le terrain des Maures, que les brames craignent et qui en général nous sont favorables.

A Pondichéry, en mai 1747, la famine s'est fait sentir dans ces temps à vingt ou trente lieues à la ronde. Cela a occasionné bien des conversions de païens et surtout un grand nombre de baptêmes d'enfans moribonds.

J'ai été bien consolé et édifié des aumônes de M. et de Mme Dupleix et du reste de la colonie française de Pondichéry[1]. Je ne doute pas que ce ne soit cela qui ait attiré la protection visible de Dieu sur Pondichéry et sur tous les établissemens françois dans l'Inde, car jusqu'à présent, malgré les forces formidables de nos ennemis, nous n'avons pas perdu un pouce de terre dans tous nos établissemens, quoique les Maures se soient joints aux Anglais contre nous ; nous avons eu même le bonheur de les battre partout. Après que nous eûmes pris Madras et manqué Goudelour, ils ont été obligés de rester avec toutes leurs forces devant Goudelour pour le fortifier.

Ensuite l'amiral Boscaven arriva avec son escadre de vingt-deux ou vingt-trois voiles aux îles de France, où il n'eut aucun succès ; de là il vint se joindre à Goissin pour assiéger Pondichéry par terre et par mer. Ce siège commença le 18 ou 22 août : il a duré jusqu'au 17 octobre 1748. Six mille Européens et autant de soldats du pays, tant Maures qu'autres, assiégoient par terre, tandis que les vaisseaux anglais attaquoient par mer.

Ils levèrent le siège après avoir perdu environ quatorze cents hommes, tués ou morts de maladie ou faits prisonniers. Ils ont tiré environ quatre mille bombes et quarante à quarante-cinq mille coups de canon.

Pendant le siège, on a rasé une pagode qui étoit près de notre église, article que nous n'avions pu obtenir jusqu'à présent, mais que M. Dupleix a fait de la meilleure grâce du monde, à la réquisition des missionnaires.

Les ennemis n'ont pu approcher plus près que de trois cent cinquante toises des murs de Pondichéry.

---

[1] La roupie vaut 48 à 50 sous. (*Note de l'ancienne édition.*)

[1] M. Dupleix de simple marchand devint gouverneur général de l'Inde française.

LETTRE DU P. LAVAUR

A M. DE LAVAUR, SON FRÈRE.

Guerre des Maures et des Marattes.—Échec des Français, commencement de leur décadence dans l'Inde.

Mon très-cher Frère,

Je ne vous ai pas écrit depuis le temps où la guerre fut déclarée en ce pays-ci entre la France et l'Angleterre. Le départ de ma lettre précéda de peu cet événement et suivit le sort du vaisseau qui la portoit, lequel fut pris par les Anglois. Après la paix faite, il a dû vous sembler que c'étoit ma pure faute si je ne vous donnois point de mes nouvelles ; mais il s'en faut bien que la tranquillité rendue à l'Europe et aux cantons de l'Inde soumis aux Européens soit venue jusqu'à moi ; j'ai été sans intervalle jusqu'à présent au milieu de la guerre et des alarmes qui la suivent chaque jour, dans l'attente de quelque catastrophe funeste, du moins à mes églises, si ma vie n'y risquait pas. En cette situation, on n'est guère en humeur d'écrire ni même en commodité de le faire : tout au plus j'écrivois fort succinctement à Pondichéry, et il y a eu même des temps où j'osois à peine le faire, savoir lorsque les François ont été eux-mêmes mêlés dans cette suite de troubles dont j'ai été continuellement investi. Ceci s'est engagé de proche en proche et a produit des événemens dont l'importance et la singularité méritent une histoire particulière. Pour vous mettre au fait, il faudroit non-seulement remonter à d'autres événemens qui se sont passés avant mon arrivée dans l'Inde, mais encore vous donner une idée de la constitution du pays, de son gouvernement, des différens peuples qui l'habitent, des droits qu'y prétendent les Marattes et les Maures, dont les premiers l'ont autrefois gouverné et les derniers le gouvernent actuellement (quand je dis gouverner, cela veut dire piller). Les Maures en sont en possession, et leurs exactions se font à plus petit bruit ; les Marattes le parcourent à main armée et portent plus loin leur cruauté, pillant, saccageant et brûlant tous les lieux où ils passent. On est principalement exposé à ces sortes d'incursions dans le pays où sont les églises que j'ai desservies jusqu'ici, au delà des montagnes situées à cinq ou six journées de Pondichéry. Les gouverneurs maures les laissent faire, pour éviter les frais d'une guerre, et quelquefois sont eux-mêmes pillés. Pour les princes particuliers, originaires du pays, ils sont hors d'état de résister, outre la crainte que les Marattes leur ont imprimée par la vitesse avec laquelle ils se transportent d'un lieu à un autre et qui fait qu'on ne peut se garantir de leurs surprises, fût-on plus fort qu'eux ; de cette sorte, deux ou trois cents chevaux marattes font la loi dans une grande étendue de pays ; nos housards ne feroient que blanchir auprès d'eux : on les croit à trente lieues lorsqu'on les voit paraître tout à coup à la faveur d'une marche cachée par des déserts ou des forêts ou par l'obscurité d'une nuit durant laquelle ils auront fait des quinze ou seize lieues. La Providence m'a garanti d'eux bien des fois, ou en me les faisant éviter ou en me conciliant l'amitié des chefs au moyen de quelque petit présent de fruits que je leur envoyois en prévenant leur arrivée dans les endroits où je me trouvois. C'est ainsi que j'ai habité parmi eux durant huit ou neuf mois sans en recevoir le moindre dommage, si je ne puis dire la moindre inquiétude, ayant de pareils voisins campés autour de mon logement. Les chefs étoient presque continuellement chez moi, et il falloit souffrir cette importunité pour ne pas s'exposer à quelque chose de pire. Cela m'attiroit de la part de leurs gens une considération qu'ils n'avoient pas pour le prince même qui les avoit appelés à son secours et qui les soudoyoit pour se défendre contre le roi du Maissour, le plus puissant prince gentil qui soit dans la péninsule de l'Inde. Pendant que ces Marattes amis lui faisoient bien plus de mal que les Maissouriens, ses ennemis, qu'ils brûloient tous ses villages et détruisoient tous ses jardins, ils n'osoient entrer dans le mien et y prendre une feuille d'arbre, sinon avec ma permission. Malgré ces égards, je n'avois pourtant pas osé entreprendre un voyage et m'éloigner de leur camp, la plupart des soldats d'une pareille troupe n'ayant d'autre paie que la permission de piller impunément, à condition de partager le butin avec leurs chefs, qui, suivant leur concordat, ne leur font jamais rendre ce qui est une fois pris. Je serois bien long si je voulois entrer dans le détail de bien d'autres traits de la Providence dans le genre de celui que je viens de rapporter ; je vous ajouterai seulement qu'un missionnaire qui est en pareille situation et comme bloqué par une telle armée n'est pas cependant oisif pour les fonctions de son ministère. Il y a quantité de chrétiens dans ces sortes d'armées, où à la vérité ils ne sont pas en grande considération, mais ils n'en méritent pas moins la nôtre; l'emploi de la plupart est d'y soigner les chevaux des cavaliers marattes; d'autres y gagnent leur vie en vendant de l'herbe ou du bois. Comme ce sont des gens qui n'ont rien en propre que leur personne, ils trouvent leur patrie partout où ils trouvent à vivre. Une multitude de ces chrétiens suivit les Marattes il y a onze ou douze ans, après une incursion de ceux-ci ou plutôt une inondation qui embrassa presque toute la péninsule, depuis leur pays, situé au nord de Goa et s'étendant vers l'est, jusqu'à la mer, qui borne au sud ce pays-ci: ils passèrent les montagnes qui lui servent de barrière et vinrent jusque auprès de Pondichéry. Après avoir tué dans un combat le nabab ou gouverneur d'Arcat (c'est le nom de la ville capitale de ce pays et du pays même qui s'étend depuis la mer jusqu'aux montagnes dont j'ai déjà parlé, de l'est à l'ouest, et il a bien plus d'étendue encore nord et sud), le gendre du nabab, nommé Sandersaeb, étoit alors avec ses principales forces dans le royaume de Trichirapali, qu'il avoit conquis ou usurpé tout récemment, les Marattes allèrent l'attaquer, prirent la ville capitale et l'emmenèrent prisonnier dans leur pays. Ce fut alors qu'une multitude de chrétiens, auparavant attachés au service du nabab, suivirent les vainqueurs en continuant auprès de ceux-ci les emplois qu'ils avoient auparavant, comme de soigner les éléphans, les chameaux, les chevaux.

Quoique les Maures, gouverneurs particuliers de quelque place ou de quelque pays aient des démêlés presque continuels avec les différens chefs des Marattes qui rôdent de côté et d'autres, cependant tout se réunit, Maures et Marattes, sous l'étendard du grand nabab ou gouverneur de la péninsule, qui réside, soit à Aurengabad, situé dans le pays même des Marattes, soit à Golconde; la puissance de celui-ci le rend formidable à son maître même, le Grand Mogol, dont il dépend plus de nom que de fait. Il s'est attribué la nomination de tous les nababs subalternes, de sorte que le pays d'Arcat étoit passé, après plusieurs évènemens qu'il seroit trop long de déduire, à une de ses créatures. L'avant-dernier de ces gouverneurs qui étoit en place quand tout ce que je viens de dire est arrivé étoit le fameux Nisan, le même qui appela Thamas-Koulikan à Dely pour en emporter les richesses immenses dont celui-ci dépouilla le Grand Mogol. Nisan étant mort, il y a trois ou quatre ans, Nazersing lui succéda. Dans cette circonstance, Sandersaeb, prisonnier des Marattes, en obtint sa liberté; il ne put également obtenir de Nazersing la place de gouverneur d'Arcat, mais il se proposa de l'emporter de force. Soutenu et conduit par un neveu de Nazersing nommé Idaielmodiskan, mécontent de son oncle, il contoit encore plus pour réussir sur l'amitié des François, qui avoient été toujours de bonne intelligence avec sa famille et qui avoient lieu de se plaindre de son compétiteur, dont les Anglois avoient reçu du secours dans la dernière guerre que nous avons eue avec eux. Sa confiance n'a pas été trompée: les François s'étant joints à lui ont tué son rival dans un combat et l'ont mis en possession du pays. Ils travailloient même à agrandir son gouvernement quand Nazersing est venu avec une armée formidable, il y avoit plus de cent mille chevaux, et dont le total montoit au nombre de quatre cent mille hommes. Idaielmodiskan est tombé entre les mains de son oncle, on n'a jamais bien pu éclaircir par quelle intrigue. Les François n'ont eu d'autre parti à prendre que la retraite devant une armée dont ils ne connoissoient encore que le nombre et non la foiblesse: les Maures, en les attaquant, les ont instruits de ce dernier point. Les François, investis de tous côtés et n'étant qu'un contre cinquante, ont fait un abbatis de Maures et Marattes qui les a étonnés à tel point qu'à présent ils ne peuvent soutenir dans un combat un visage blanc. Il faut remarquer que les Anglois, presque en égal nombre que nous, étoient dans l'armée de Nazersing; mais ils s'amusèrent avec leur canon, qui ne put suivre nos gens. Ceux-ci, ayant mis au milieu d'eux Sandersaeb et son fils, firent une bonne journée de chemin en passant sur le ventre à des armées dont chacune sembloit devoir les engloutir et se rendirent à une lieue de Pondichéry, ayant été obligés d'abandonner dans la boue quelques pièces de canon qu'ils ont repris dans les suites. Après avoir formé leur camp, ils ne furent pas longtemps sans exercer à leur tour l'armée de Nazersing ; trois cents hommes fondirent dessus la nuit suivante, taillèrent en pièces un corps de douze mille chevaux plus avancés que le reste et déterminèrent par là Nazersing à aller se loger plus loin. Ceci a été suivi de bien d'autres actions et prises de villes à peine vraisemblables, mais cependant vraies. A tous ces échecs de Nazersing se joignit la disette de vivres, qui l'obligea de permettre à ses gens de se débander pour aller chercher des fourrages et des vivres ailleurs. J'en ai vu des détachemens à plus d'une douzaine de journées du camp principal. Je fus averti pour lors qu'on étoit allé me chercher dans une de mes églises pour me prendre et m'emmener à Nazersing et qu'on devoit venir à celle où j'étois. Un jésuite d'Agen, nommé le père Costas, qui venoit d'une autre extrémité de nos missions, se trouva dans cette conjoncture avec moi. Il n'y avoit que nous deux de missionnaires dans ces terres : en pareille situation, ce n'étoit pas la mort qui nous alarmoit, mais nous crûmes cependant devoir faire ce qui dépendoit de nous pour l'éviter. Nous nous éloignâmes donc encore d'environ trois journées dans le nord, en nous proposant de pousser jusqu'à Goa si les recherches qu'on faisoit de nous nous y obligeoient. Mais quinze jours ou trois semaines après, le bruit public nous apprit la mort de Nazersing, tué par ses gens mêmes dans une action vive où les François jouèrent à tout perdre et firent une entreprise et des efforts dont tout ce qu'on a écrit des combats d'Alexandre très-certainement n'approche pas. La scène changea. Idaielmodiskan, qui étoit déjà entre les mains des exécuteurs pour perdre sa tête, fut déclaré grand nabab, vint à Pondichéry et ne chercha qu'à témoigner sa reconnoissance aux François par des dons en terres et d'autres présens considérables ; il voulut en avoir un détachement avec lui pour s'aller saisir de Golconde, où étoient les trésors immenses ramassés par Nisan. On lui donna donc environ deux cents blancs avec un nombre plus considérable d'Indiens aguerris à notre service. Dans la longue route qu'il falloit faire pour arriver au terme du voyage, autre révolution. Quelques nababs particuliers ayant conjuré contre Idaielmodiskan, il y a eu un combat funeste aux conjurés ; mais sur la fin de l'action, une flèche, tirée par je ne sais qui, atteignit l'œil du vainqueur, qui mourut presque aussitôt. Les François, malgré leur petit nombre, lui donnèrent un successeur et déterminèrent l'élection, qu'ils firent tomber sur un cadet même de Nazersing, qu'ils venoient de faire périr ; ils l'avoient eu prisonnier à Pondichéry : il se nomme Salabersing. Celui-ci confirma tout ce que son prédécesseur avoit fait en faveur de la nation françoise, et le détachement françois s'attacha à lui pour le conduire et le mettre en possession de Golconde. On y est heureusement arrivé, et de là on est allé à Aurengabad. Les trésors de ces deux villes, fruits des épargnes, des travaux et des infidélités des grands nababs, qui depuis longtemps ne payoient rien à leur maître le Grand Mogol, se trouvent à présent entre les mains des François, dont le commandant règne pour ainsi dire à la faveur d'un petit détachement dans tout un pays bien plus considérable que la France. Salabersing est sous sa tutelle.

Pendant que tout ceci s'est passé dans le nord, bien loin d'ici, les Anglois ont voulu chasser le nabab d'Arcat placé par les François et lui substituer un des enfans de l'ancien nabab, mort dans le combat dont j'ai parlé ci-dessus. Celui-ci s'est emparé de la ville et du royaume de Trichirapali, dont il avoit eu l'administration du vivant de son père ; il s'y est maintenu jusqu'aujourd'hui, mais on le serre à présent dans sa capitale, quoique le nombre des Anglois qui sont avec lui égale au moins celui des François qui l'attaquent. Les Anglois ont reçu bien plus de soldats d'Europe que nous ; mais il paroît, par tous les événemens passés et par le tour que les affaires prennent pour le présent, que nous avons Dieu de notre côté. Si les Anglois prévaloient, on peut juger, par la conduite qu'ils tiennent à l'égard de la religion catholique dans les lieux de leur dépendance, qu'ils achèveroient de la ruiner, au lieu que les succès des François sont ceux de la religion même. Sandersaeb[1] nous a déjà donné un beau terrain au milieu de la ville d'Arcat, où nous commencions à bâtir quand les Anglois sont venus pour faire une diversion qui rompit l'entreprise de Trichirapali. Ils s'en sont emparés sans résistance et la quitteront avec la même facilité à l'arrivée des troupes qui ont été envoyées pour les en chasser. C'est une ville immense [2] qui a plus d'une mortelle

[1] Lisez Chandasaeb.
[2] Cette ville fut assiégée par nous, mais ne fut point

lieue de long, ou, pour mieux dire, c'est un amas de différens villages qui environnent une ville et sont censés faire un tout avec elle à raison de leur proximité ou de l'union qu'ils ont avec elle ou entre eux par une rue par exemple, tandis que ce ne sont à droite et à gauche de cette rue que des champs et des bois. Nous avions ci-devant une petite église dans un faubourg. Nous venons aussi de faire un nouvel établissement dans la ville de Gingi, autrefois capitale du royaume de ce nom et dont Pondichéry dépendoit. Cette ville, fameuse par ses sept forteresses, dont chacune est à la cime d'une montagne et qui ont communication entre elles par des murs bâtis dans l'intervalle de ces sept montagnes pour les lier l'une avec l'autre, avoit coûté douze ans de siége aux Maures, encore ne la prirent-ils que par l'imprudence du roi, qui se laissa faire prisonnier dans une sortie mal concertée. Les François s'en sont rendus les maîtres dans une nuit. Trois soldats seulement ont grimpé sur l'une des montagnes, malgré les corps de garde placés de distance en distance et ont tellement étonné les Maures que ceux-ci ont abandonné le reste avec bien du butin et des richesses. Les François sont encore nantis de cette place, et je ne sais s'ils la rendront au nabab. J'eus l'honneur d'y accompagner, sur la fin du carême passé, M. le gouverneur de Pondichéry et Sandersaeb. J'étois arrivé peu de temps auparavant dans cette ville pour m'y reposer un peu après trois ans d'absence ; mais M. le gouverneur me demanda pour être aumônier de l'armée qu'il envoyoit à Sandersaeb pour soumettre quelques places. Je quittai l'armée, excédé par les chaleurs, avant qu'elle prît la route de Trichirapali. Je ne m'arrêtai pas longtemps à Pondichéry, attendu le besoin de nos missions, pour lesquelles je partis presque aussitôt. Je repassai dans les montagnes avec bonne envie de visiter toutes mes églises, mais j'ai encore été traversé dans ce dessein : une armée de Marrattes m'a tenu bloqué pendant près de deux mois dans la première église de mon district. Grâce à Dieu, ce n'a pas été sans fruit, puisque dans mon séjour j'y ai fait plus de trente baptêmes, dont il y en a huit d'adultes. Il en restoit encore à faire de cette dernière espèce quand j'ai été rappelé à Pondichéry pour une raison à laquelle je n'avois guère sujet de m'attendre, savoir pour y remplir le poste de supérieur général. C'est au milieu des occupations dont je suis investi, outre la nécessité d'apprendre une nouvelle langue à l'âge de cinquante-sept ans, que je vous écris ceci à bâtons rompus pour vous apprendre en abrégé les événemens du pays, ma propre situation et pour vous faire connoître combien je suis éloigné de vous oublier. Recommandez-moi au Seigneur, faites-le prier pour moi et soyez toujours persuadé de la véritable tendresse avec laquelle je ne cesserai d'être, mon très-cher frère, votre, etc[1].

prise, et de cet échec data le déclin de notre puissance dans les Indes orientales.

EXTRAIT

D'UNE LETTRE ÉCRITE DE CHANDERNAGOR, DANS LE ROYAUME DE BENGALE, AU R. P. ***.

Description de la vallée du Gange

Le 1er janvier 1753.

Je ne vous entretiendrai pas longtemps, mon révérend père, de ce qui m'est arrivé pendant mon voyage, qui n'a pas été aussi heureux qu'on me l'avoit fait espérer ; je me contenterai de vous en donner ici un précis.

Je me suis embarqué comme vous savez à Lorient. D'abord la navigation a été assez favorable ; cependant je ne suis arrivé qu'au bout de cinq mois à l'Ile de France, qu'on ne connoissoit autrefois que sous le nom de l'île Maurice. Le capitaine du vaisseau ne voulut point relâcher à l'Ile-Grande, dans le Brésil, comme on en étoit convenu : nous aurions pu y faire provision d'eau douce, de bœufs et de volailles, dont nous avions grand besoin ; son dessein étoit de relâcher au Cap de Bonne-Espérance, qui est situé aux extrémités de l'Afrique : c'est une colonie hollandoise[2] qui ne cède, dit-on, en rien à celle que cette nation entretient à Batavia ; mais Dieu ne permit pas que nous y abordassions. Après huit jours d'efforts inutiles pour entrer dans la rade, nous fûmes obligés de faire encore neuf cents lieues pour aller chercher

[1] Ce fut un mémoire de ce père Lavaur qui, trouvé dans sa cassette, servit à la fameuse condamnation de Lalli, gouverneur de l'Inde après Dupleix.
[2] Aujourd'hui anglaise.

l'Ile de France, où nous arrivâmes enfin très-fatigués de la traversée et d'où nous partîmes après six semaines de séjour. Le reste de la route nous a beaucoup plus coûté : deux fois le feu a pris à notre vaisseau ; cinq fois nous avons failli à être submergés ; le navire a été plusieurs jours sur le point de se briser ou contre les rochers ou sur le sable, mais enfin l'activité et la bonne manœuvre de nos matelots nous ont toujours sauvés, grâces à la Providence qui veilloit sur nous. Nous avons vu de loin l'île de Madagascar[1], qui a près de neuf cents lieues de circuit ; on prétend que c'est la plus grande île connue, quoique beaucoup de voyageurs assurent que celle de Bornéo, vers la Chine, est plus grande encore[2]. Nous avions autrefois à Madagascar un établissement françois qui ne subsiste plus depuis quelques années. Il y a quelques années qu'un des rois de cette île mourut ; ses sujets voulurent reconnoître le roi de France pour leur souverain à condition que ce monarque leur donneroit pour vice-roi un certain François qu'ils désignèrent et qu'ils avoient vu dans leur pays. Ce François devoit épouser la fille unique du roi défunt afin d'avoir des enfans de son sang. Le François accepta la proposition, quitta l'épouse légitime qu'il avoit à l'Ile de France, où il étoit établi, et se rendit dans son royaume accompagné d'une vingtaine de ses compatriotes dont il avoit formé sa cour ; mais son règne ne fut pas de longue durée : les François se comportèrent si mal à l'égard de leurs bienfaiteurs que ces insulaires, fatigués des insultes qu'eux et leurs femmes en recevoient, les massacrèrent tous en un jour.

Je ne m'arrêterai point à vous détailler les dangers que nous avons courus jusqu'à Chandernagor, je vous dirai seulement que nous sommes arrivés dans cette ville après avoir essuyé tous les caprices de l'air et les fureurs d'une mer féconde en naufrages ; mais je ne vous laisserai pas ignorer un événement mémorable qui a jeté l'épouvante dans tout le royaume de Bengale. Je ne fus pas plutôt arrivé au lieu de ma destination qu'on m'apprit qu'Elcabat et Bénarès, deux villes considérables du pays, venoient d'être submergées et qu'il avoit péri dans ce désastre plus de cent mille personnes, sans compter une quantité prodigieuse d'éléphans, de chameaux, de chevaux, de bœufs, etc. Un fleuve voisin, enflé par les eaux du Gange débordé, rompit sa digue et se répandit avec tant d'impétuosité et de fureur qu'il entraîna dans son cours tout ce qu'il y avoit d'aldées ou villages jusqu'à Bar. On prétend qu'il a péri dans cette malheureuse occasion environ trente ou quarante mille personnes, et que tout le Gange étoit couvert de cadavres, de bestiaux et de débris de maisons. Il semble que le Seigneur ait voulu punir ces villes des abominations qui s'y commettoient impunément depuis plus de trente ans. Nos missionnaires les comparoient à Sodome et à Gomorrhe ; mais si tout ce qu'ils m'en ont raconté est vrai, comme je n'en doute point, elles méritoient un châtiment semblable à celui qui a rendu si célèbres dans l'Écriture les deux villes que je viens de nommer.

Bénarès étoit le terme d'un pèlerinage où tous les ans il venoit des pays les plus reculés de l'Inde des milliers d'idolâtres qui, autorisés par l'exemple de leurs dieux, se livroient aux abominations les plus révoltantes et les plus monstrueuses : assassinats, débauches, crimes de toute espèce, rien ne leur étoit défendu pendant le voyage ; dans le temple même, qui en étoit le terme, la licence n'avoit plus de bornes ; ma plume se refuse à vous écrire les horreurs qui s'y passoient et dont on se faisoit gloire comme un point essentiel de religion. Imaginez-vous tous ce que le cœur le plus corrompu et l'esprit le plus déréglé peuvent inventer de plus brutal et de plus odieux, et vous aurez quelque idée des fêtes affreuses qui se célébroient au temple de Bénarès[1].

On compte dans Chandernagor environ cent deux ou trois mille habitans, comme à Pondichéry, et dans ce grand nombre nous n'avons guère que quatre mille chrétiens, en y comprenant les François, les métis et les topases ; tout le reste est Maure mahométan ou idolâtre. Si nous avions plus d'ouvriers évangéliques, on pourroit malgré les efforts et la rage des bra-

[1] Les Perses connaissaient Madagascar et donnaient à cette île le nom de *Sarandib*; Ptolémée la nomme *Cerné*. Les Portugais la signalèrent en 1492 à l'Europe; elle a 336 lieues de long, 120 de large et environ 800 lieues de tour.

[2] Bornéo a 285 lieues de long sur 220 de large et 600 lieues de tour. Cette île fut découverte en 1521 par le Portugais Menesses.

[1] Ville régulière, bien bâtie, avec maisons blanches à toits plats. Les Anglais n'y laissent les Français qu'à la condition de n'y pas relever les fortifications détruites dans la dernière guerre.

mes, convertir sans sortir de la ville un grand nombre de ces infortunés; mais malheureusement nous ne sommes que quatre actuellement, encore le plus zélé et le mieux instruit de la conduite et des mœurs des idolâtres se trouve hors de combat à cause de son grand âge et de ses infirmités; de sorte que les détails de la paroisse, joints au soin d'un grand hôpital dont nous sommes chargés et où j'ai vu jusqu'à trois cents malades, demandent absolument tout notre temps. Nous aurions besoin de deux ou trois missionnaires laborieux qui se consacrassent entièrement à l'instruction des idolâtres. Le révérend père Mosac, supérieur de la mission et curé de la colonie, est le seul qui sache leur langue. Comme ce double emploi excède les forces de ce missionnaire, sans cependant ralentir son zèle, j'ai commencé à étudier la langue du pays dans l'espérance de pouvoir partager ses travaux, qui sont évidemment et trop multipliés et trop pénibles pour qu'il puisse les soutenir seul.

Jusqu'ici les malades et les mourans nous ont entièrement occupés. Il y a eu dans le mois d'octobre passé quatre-vingts enterremens et soixante et quinze dans le mois de novembre; au commencement du mois suivant, on en a compté vingt-quatre ou trente, et sur la fin du même mois j'ai enterré moi seul vingt-huit personnes. Jugez quelle prodigieuse quantité de morts il doit y avoir eu à proportion parmi les Maures et les Gentils, qui sont en si grand nombre? Les premiers enterrent leurs morts, les seconds les jettent dans le Gange. Pour les Gentils des terres éloignées de ce fleuve, ils portent les leurs dans un champ où les corbeaux, les chiens marrons et mille autres animaux carnassiers viennent les dévorer.

La grande mortalité de cette année a fait renouveler la scène tragique et barbare des femmes nobles qui se brûlent vivantes avec le corps de leurs époux décédés. L'usage est qu'alors elles se parent de leurs plus riches vêtemens et qu'elles chargent leur tête de tout ce qu'elles ont de plus précieux, comme de perles fines, de joyaux rares, etc; ensuite elles font gravement le tour du bûcher, après quoi elles distribuent à leurs parens et à leurs amis les diamans et les bijoux dont elles étoient ornées. Quand cette cérémonie est finie, elles montent avec intrépidité sur le bûcher, prennent sur leurs genoux le cadavre de leur mari, y mettent elles-mêmes le feu, et se laissent consumer avec lui sans faire paroître le moindre sentiment de douleur. Si lorsqu'elles s'approchent du bûcher il arrivoit qu'un Européen leur touchât seulement l'épaule ou la main, elles seroient déclarées infâmes, déchues de leur caste et indignes de l'honneur d'être brûlées. Jugez par là de l'horreur que les idolâtres de ce pays ont conçue pour nous. Cependant il est arrivé qu'on a sauvé des flammes quelques-unes de ces infortunées, mais il seroit téméraire de l'entreprendre encore : les brames ne manqueroient pas d'exciter contre les Européens une révolte générale dont nous serions très-certainement les premières victimes.

Nous voyons encore ici fort souvent des idolâtres malades se vouer au Gange, qu'ils regardent comme une divinité. Quelques jours avant mon arrivée, un homme riche, âgé de soixante ans, fut attaqué d'une maladie grave causée par ses débauches en tout genre. Comme les médecins désespéroient de lui rendre la santé, le malade se voua au Gange et se fit porter sur le rivage. Là on le lava à plusieurs reprises, on lui fit avaler beaucoup d'eau et enfin on le plongea dans le fleuve. Cependant, au lieu de diminuer, la maladie augmenta, et bientôt le malade fut à l'extrémité. Alors on lui mit de la boue du Gange dans la bouche, dans les narines et dans les oreilles. Ce malheureux se débattoit et prioit qu'on le laissât mourir en paix, mais on ne fit aucun cas de sa demande, qui blessoit l'usage, et ses plus proches parens le tinrent étroitement serré jusqu'à ce qu'il eût expiré. Voilà ce qu'on appelle dans ce pays une mort précieuse aux yeux des dieux de la nation, qui est persuadée que l'eau et la boue du Gange ont la vertu d'effacer tous les péchés, les crimes même des plus grands scélérats. Aussi voit-on les hommes, les femmes et les enfans, pêle-mêle, aller plusieurs fois par jour se laver dans les eaux de ce fleuve. Les brames, hommes pervers et corrompus, leur font accroire qu'en étouffant leurs malades sur les bords du Gange, ils tirent d'une espèce d'enfer qu'ils imaginent tous leurs ancêtres, depuis trente générations, et empêchent leurs descendans d'y tomber pendant trente autres générations. Les brames connoissent le vrai Dieu, mais ils n'en parlent point au peuple; ils lui disent au contraire qu'il y a trente millions de dieux, et qu'ils peuvent successivement se mettre sous la protection de chacun d'eux. Ils enseignent aussi qu'ils sont eux-mêmes des dieux ; que maîtres des saisons, ils font pleuvoir à leur gré ; que si un brame donnoit sa malédiction à quelque dieu, ce dieu ne pourroit s'empêcher d'en ressentir les funestes effets, et que le fameux Vichnou [1], ayant un jour été maudit par un brame, ce dieu fut obligé de venir prendre un corps sur la terre et d'y faire pénitence. Les peuples ont tant d'estime et de vénération pour ces imposteurs qu'ils les croient aveuglément sur leur parole. Ces idolâtres portent sur leur front des lignes horizontales ou perpendiculaires de diverses couleurs ; souvent leur tête est chargée de cendre et même d'excrémens d'animaux ; ils ont aussi près des tempes plusieurs cachets ronds, tantôt blancs, tantôt rouges, selon la divinité qu'ils adorent. Il me semble les voir marqués du sceau de l'antechrist dont il est parlé dans l'Apocalypse. Les chrétiens portent de leur côté une croix gravée sur le front, mais ce n'est pas le grand nombre : la plupart se contentent de la porter dans le cœur, sans quoi toutes les marques extérieures ne sont rien. On voit près de Chandernagor une grande pagode ou temple dédiée au dieu Jagrenat. Cette divinité est placée sur une espèce d'autel assez élevé. Elle avoit autrefois deux yeux d'un éclat si éblouissant qu'on n'osoit l'envisager : c'étoient deux pierres précieuses d'un prix inestimable ; un Anglois en arracha une il y a quelques années, et rendit le dieu borgne. Nos François ont tenté souvent de le rendre aveugle ; mais il est actuellement si bien gardé qu'ils ont perdu l'espérance de réussir. Le bruit court ici que le profanateur anglois à vendu l'œil du dieu Jagrenat au roi de France, qui le porte en certains jours de cérémonie.

Les places publiques, les campagnes et les grands chemins sont semés de petites pagodes ou chapelles. Ce sont ordinairement de grandes poutres plantées bien avant dans la terre et au haut desquelles on voit des figures de vaches et d'autres animaux. Ces lieux son très-fréquentés par les voyageurs, qui ne manquent jamais d'y faire leur prière en passant, car l'opinion commune est qu'on sera éternellement heureux si l'on vient à mourir en chemin après s'être acquitté de ce devoir ; d'autres sont persuadés que si en expirant ils ont le bonheur de tenir entre leurs mains la queue d'une vache blanche leur âme sortant de leur corps entre dans celui de l'animal, et que, s'échappant par sa bouche pure et sans tache, elle va droit dans un lieu de délices où les dieux n'admettent que leurs favoris.

Ce ne sont pas là les seules superstition de ce peuple ; il en est une infinité d'autres dont je supprime ici le détail pour éviter la longueur et l'ennui des longs récits. Vous me demanderez sans doute quels sont les habillemens des habitans de ce pays ? Je vous répondrai qu'en général depuis le Cap de Bonne-Espérance jusqu'à la Chine, tous les peuples, excepté les Maures, sont pour ainsi dire sans vêtemens, car ils ne portent qu'une pièce de toile qui leur couvre à peine la ceinture. Les Maures ont ordinairement une veste blanche cousue à une espèce de jupe de même couleur qui descend jusqu'aux talons. Les femmes de ces derniers ne paroissent jamais en public. Le jour de leur mariage, l'époux se promène à cheval dans tous les quartiers de la ville, accompagné de son épouse, qui est portée dans un palanquin couvert où elle ne peut ni voir ni être vue ; suit une troupe de mauvais musiciens qui ignorent, je vous assure, jusqu'aux premiers principes de leur art. J'ai été souvent témoin de cette cérémonie, qui n'a rien de curieux, excepté les évolutions qui se font durant la marche avec beaucoup d'adresse et d'agilité.

Vers le commencement du mois d'octobre, les idolâtres célèbrent la fête de la Durga. C'étoit, selon eux, une femme débauchée qui avoit triomphé par ses charmes de plusieurs princes, rois et empereurs mogols. Lassée enfin de tant de victoires, elle alla se précipiter dans le Gange en disant que tous ceux qui voudroient être heureux n'avoient qu'à la suivre. Les Gentils solennisent sa fête pendant dix jours avec beaucoup d'appareil et de pompe. Ils promènent par la ville les statues de la Durga magnifiquement parées : chaque quartier porte la sienne au son des instrumens ; et le dixième jour, ces différentes processions se réunissent et vont jeter dans le Gange toutes les statues de la Durga en vomissant contre elles les injures les plus atroces ; et ce qu'il y a de remarquable, c'est qu'on règle l'estime qu'on doit faire de chacun sur l'énergie et la grossièreté des expressions. Après cette fête bizarre vient la cérémonie des Maures mahométans, qui pleurent

---

[1] Nom d'un des principaux dieux de la nation.

neuf jours de suite la mort de leur prophète Aly. Ceux-ci témoignent leur douleur par des cris et des hurlemens épouvantables, se promènent nuit et jour dans la ville portant sur leurs épaules des bannières, des banderolles de diverses couleurs et des pavillons où sont représentées des forteresses et des maisons ; de temps en temps ils s'arrêtent et amusent les spectateurs par des combats simulés qui ont quelque chose d'assez agréable. J'ai admiré surtout la légèreté et l'art de leurs mouvemens. Ensuite ils continuent leur marche en désordre, sautant, dansant et poussant des cris affreux.

La scène qui vient de se passer chez le Mogol souverain de tout ce pays a été plus tragique. Ce prince, naturellement efféminé, étoit plongé dans les délices d'une vie voluptueuse et paisible. Un eunuque ambitieux, qui avoit eu le talent de s'emparer de son esprit, gouvernoit seul tous ses vastes états ; mais tandis qu'il exerçoit despotiquement un pouvoir dont il n'étoit que dépositaire, un visir dont j'ignore le nom leva une armée de cent mille hommes sous prétexte de se rendre maître du royaume de Golconde, où les troupes françoises soutiennent l'autorité du roi légitime ; à son arrivée, ce visir invita l'eunuque à un festin, et vers la fin du repas il le fit égorger. Aussitôt après il s'achemina du côté de la ville où le Mogol avoit fixé sa cour. Il ne lui fut pas difficile de s'emparer de l'esprit du monarque : ce prince, qui aimoit la tranquillité, ne balança point à lui confier les rênes du gouvernement, et cet usurpateur jouit actuellement de toute l'autorité. J'ai dit que le visir avoit paru n'en vouloir qu'aux François ; mais les François, qui ne le craignoient pas et qu'il redoutoit, ne tardèrent pas à s'apercevoir qu'il avoit jeté ses vues sur l'empire du Mogol. Cependant il s'étoit avancé jusque sur les frontières du royaume de Golconde, comme si en effet il eût voulu l'envahir ; mais bientôt il rebroussa chemin, faisant répandre le bruit que le tonnerre étant tombé sur sa tente, les brames l'avoient assuré que cet accident étoit d'un funeste augure et qu'il présageoit le mauvais succès de son entreprise. Ce ne fut que par ce stratagème que le visir trompa la prudence de l'eunuque, et que, l'ayant fait massacrer, il se fit déclarer à sa place ministre de l'empire. Vous me demanderez peut-être quelles ont été les suites d'un événement si peu attendu. Il vous sera facile de les deviner si vous faites attention et au règne tyrannique de l'eunuque et à l'ambition du visir.

Les Indiens[1] de ce pays n'ont ni la pénétration ni l'industrie que les voyageurs ont cru apercevoir en eux ; je trouve même que les Malabares de Pondichéry, tout grossiers, tout stupides qu'ils m'ont paru, sont de sublimes génies en comparaison des premiers, qu'il faut commencer par rendre raisonnables avant de les rendre chrétiens. Adonnés dès leur plus tendre enfance à tous les vices qui dégradent la nature humaine, on diroit qu'ils sont nés avec eux ou qu'ils les ont sucés avec le lait. En général ils sont lâches, menteurs, opiniâtres et surtout voleurs ; la honte n'a aucun pouvoir sur eux, la crainte des châtimens les fait trembler sans les retenir. Lorsque l'impunité leur est accordée, c'est pour eux un nouveau droit à de nouveaux crimes ; enfin ils portent leurs inclinations perverses à un point que sans un miracle frappant de la bonté céleste, on ne parviendra jamais à leur inspirer cette droiture, cette modération et cette probité qui caractérisent les âmes honnêtes et bien nées.

Vous allez croire que de pareilles dispositions nous découragent et nous déconcertent ? il est vrai que tout cela nous afflige beaucoup ; mais cependant je crois devoir vous dire, pour votre satisfaction et pour la nôtre, que nous ne manquons pas de sujets de consolation. Tous les ans nous ouvrons le ciel à un millier d'enfans que nous régénérons dans les eaux sacrées du baptême : quand leurs parens ne peuvent les nourrir ou que ces enfans se trouvent dans un danger de mort, les mères, pour s'en débarrasser, viennent nous les vendre ; aussitôt nous les baptisons et nous leur donnons une nourrice. Quelques jours après mon arrivée, une femme chrétienne m'apporta un enfant qui étoit né le matin même ; elle l'avoit trouvé sur le bord du Gange ayant une corde au cou : apparemment qu'on avoit cru l'avoir étranglé. Je le baptisai sur-le-champ, et il mourut deux heures après. Il seroit à souhaiter que les aumônes qu'on nous fait ici et celles qui nous viennent de France fussent plus abon-

---

[1] Ce jugement est trop sévère, et celui qui le porte est trop nouvellement arrivé dans l'Inde pour qu'on adopte son témoignage sans restriction et qu'on le préfère à celui que rendent des Indiens tant de voyageurs et d'anciens missionnaires. (*Note de l'ancienne édition.*)

dantes : nous pourrions acheter un plus grand nombre d'enfans et seconder plus efficacement les soins et la générosité du révérend père supérieur, qui vient de faire bâtir un hôpital où il élève plus de cent cinquante filles dans la crainte du Seigneur.

Quoique je ne sache pas encore bien la langue des Bengalis, je ne laisse pas de leur faire le catéchisme dans notre église; mais j'ai choisi un vieillard instruit pour répéter en particulier aux enfans ce que je leur enseigne en public. Une femme dévote, appelée Sabine, s'est chargée du même emploi pour les filles. Vous ne serez peut-être pas fâché de savoir l'histoire de cette femme. Elle perdit il y a environ douze ans son mari; comme ils étoient tous deux d'une caste riche et noble, la famille, selon l'usage, voulut qu'elle se brûlât vivante avec le corps de son époux. Après les cérémonies ordinaires, elle monta donc sur le bûcher, où six hommes vigoureux eurent ordre de la lier; mais soit que les cordes dont ils se servirent ne fussent point assez fortes, soit qu'ils l'eussent mal attachées, aussitôt qu'elle sentit les premières atteintes de la flamme, elle fit un si grand effort qu'elle rompit ses liens et se sauva chez nos néophytes, qui la cachèrent pendant quelques jours, ensuite on lui administra le baptême. Elle est aux yeux des Gentils un objet d'exécration et d'opprobre de sa caste; mais nous la regardons comme le modèle et l'exemple des personnes du sexe qui embrasse la loi de l'Évangile, et cette femme justifie parfaitement la haute idée que nous avons conçue de sa vertu.

Ces petits succès, quoique très-consolans pour nous, ne nous dédommagent cependant point du revers que notre sainte religion vient d'essuyer dans le royaume du Thibet : nous avons appris qu'elle en étoit entièrement bannie; que le roi, qui commençoit à favoriser les chrétiens, s'est laissé intimider par les menaces de leurs ennemis et qu'il poursuit actuellement les premiers avec toute la fureur que peut inspirer la haine unie à l'intérêt.

Je ne crois pas devoir finir cette lettre, qui n'est peut-être déjà que trop longue, sans vous dire un mot du pays où je suis. Chandernagor n'est point environné de murailles comme Pondichéry. Cette ville est ouverte de tous côtés et exposée aux incursions des ennemis. Les Marattes vinrent il y a douze ans jusqu'aux environs de la place avec une armée de près de cent mille hommes. A la vérité ils n'osèrent approcher à cause du canon de notre fort, qui n'a que de très-mauvaises murailles flanquées de quatre bastions sans aucun ouvrage extérieur. Cependant il y eut quelques détachemens de ces barbares qui, plus hardis que les autres, voulurent s'avancer pour piller; mais le feu continuel qu'on fit sur eux les épouvanta et ils retournèrent sur leurs pas.

En général les Bengalis, excepté ceux des grandes villes, qui paroissent assez policées, sont sauvages et peu propres à former des sociétés. Leurs maisons, qui sont couvertes de paille, ne sont composées que de nattes entrelacées ou de quatre petites murailles de boue. Ils n'ont ni tables, ni lits, ni chaises; la terre leur tient lieu de tout cela. Ces peuples ne vivent que de riz cuit à l'eau; mais ils mêlent du piment ou du gingembre pour en relever le goût. Ils n'oseroient manger de la viande, dans la crainte de manger quelqu'un de leurs ancêtres. Toute liqueur enivrante leur est interdite. Leur habillement ne consiste qu'en un morceau de grosse toile, encore ne leur est-il permis de s'en vêtir qu'à un certain âge. Vous ne sauriez croire jusqu'à quel point ils portent le mépris qu'ils ont pour tous les étrangers, ce qui n'empêche pas qu'ils ne leur donnent, dans l'occasion, de grandes marques de respect; mais nous savons, à n'en pouvoir douter, que le dernier de ces barbares se croiroit déshonoré s'il mangeoit avec le plus puissant monarque de l'Europe. Leurs mœurs sont aussi dépravées que leur esprit est borné, et je crois qu'il n'est point de nation plus stupide et plus corrompue que la leur. Leur vénération pour le Gange est extrême : ce seroit un grand crime, selon eux, de manger sur ces eaux lorsqu'on y navigue. Ceux qui me conduisirent ici (le trajet dura trois jours et trois nuits) passèrent tout ce temps sans rien prendre.

Leurs femmes aiment beaucoup à se parer d'anneaux : leurs mains, leurs bras, leurs jambes, toujours nues, leurs pieds mêmes en sont couverts; et ce que j'aurois eu peine à croire si je ne l'avois vu, elles se percent les oreilles, le nez et les lèvres pour y attacher de grands cercles d'or, d'argent ou de cuivre, selon leurs facultés. Jugez quel spectacle ce doit être pour un étranger ! Je vous avoue qu'on s'y fait difficilement, et que des usages si éloignés des nôtres nous deviendroient fort onéreux si la Providence qui nous soutient n'adoucissoit nos dégoûts.

Je ne vous dirai rien à présent du gouvernement du pays, qui est aujourd'hui sous la puissance d'un usurpateur. Ce nabab est fils d'un pion ou soldat. Étant jeune encore, il avoit été donné au fils véritable du roi légitime et fut élevé avec lui. Ce traître s'insinua si bien dans les bonnes grâces du jeune prince que celui-ci, devenu nabab après la mort de son père, en fit son premier ministre et son homme de confiance. Ce trait de bienfaisance et d'amitié lui a coûté cher, car ce perfide ministre l'a fait massacrer et s'est emparé du royaume, qu'il gouverne despotiquement. Cela seul suffit pour vous donner une idée du gouvernement actuel du Bengale. Je crois avoir satisfait aux différentes questions que vous m'avez faites ; peut-être un jour je vous instruirai plus amplement de l'état de nos missions, que je recommande à vos prières.

LETTRE

D'un missionnaire des Indes à M. ***, ou Mémoire sur les dernières guerres des Maures aux Indes orientales.

PREMIÈRE PARTIE.

Je vous envoie, monsieur, selon vos désirs, le mémoire que j'ai entrepris pour vous mettre au fait des troubles qui depuis quelques années agitent les Indes orientales. Les Maures, s'étant engagés dans une guerre sanglante les uns contre les autres, ravageoient toute cette contrée et y répandoient la terreur. Les missionnaires ne pouvoient s'en garantir. Dans ce tumulte général, ils étoient sans cesse exposés à toutes les calamités que produisent des armées où règne la plus grande licence : leurs églises pillées et renversées, leurs habitations détruites, leurs néophytes dispersés et errans sans savoir où se fixer. Ils furent donc obligés de fuir eux-mêmes et de se réfugier à Pondichéry. J'y vins comme les autres chercher un asile; et après avoir passé dix ans dans les missions pénibles du Maduré, où j'avois la consolation de travailler au salut des Indiens, je me suis trouvé malgré moi dans une position tranquille où je ne suis occupé que de moi-même et de mon salut.

Ce loisir m'a mis à portée de suivre les événemens qui nous environnoient ; et comme les François n'ont pu se dispenser de prendre part à cette guerre des Maures pour secourir ceux des nababs à qui ils avoient des obligations, et qu'ils l'ont fait avec toute la prudence qui convenoit à des étrangers et en même temps avec tous le succès possible, j'ai cru qu'un François devoit recueillir et transmettre à ses compatriotes des faits si honorables à la nation et qui font une portion remarquable du règne de Louis XV. Mais avant que d'entreprendre ce récit, il est à propos de donner une idée générale et abrégée des pays qui en ont été le théâtre.

L'Inde, un des plus grands et des plus riches empires de l'Asie, tire son nom du fleuve Indus, qui l'arrose vers l'occident et qui, prenant sa source vers le mont Caucase [1] après l'avoir traversée du nord au midi, va se jeter dans la mer des Indes. Elle a pour bornes au nord la grande Tartarie, dont elle est séparée par le Caucase, la Chine à l'orient, au midi l'Océan oriental, et la Perse à l'occident. On la divise en trois parties, qui sont l'Inde septentrionale ou l'empire du Mogol, appelé pour cette raison le Mogolistan et plus communément l'Indoustan ; la presqu'île occidentale deçà le Gange, et la presqu'île orientale delà le Gange [2].

Delli, situé vers le milieu de l'Indoustan, est la capitale de ce vaste empire et la résidence des princes mogols. Un peu vers le sud est Agra, la plus grande ville des Indes, autrefois le séjour des empereurs. Au nord de Delli sont Lahor, l'abord ordinaire des caravanes, et Cabul, située dans les montagnes, sur les frontières de la Perse et de la Tartarie [3].

La presqu'île occidentale deçà le Gange est traversée du midi au nord par les montagnes de Gatte, qui commencent au cap de Comorin et qui la divisent en deux parties, l'une orientale et l'autre occidentale. La partie occidentale contient les royaumes de Dekan ou Visapour, de Baglana, de Cuncan et de Malabar.

[1] Dans les monts Jespera, au nord du petit Thibet.
[2] L'empire du Mogol est détruit; les Anglais s'en sont emparés.
[3] Lahor et Caboul sont les capitales de deux nouveaux royaumes.

En allant du nord au sud, on y trouve les villes de Visapour, de Goa, qui appartiennent aux Portugais; de Bandel, de Calicut, de Canahor, de Cochin et de Travancor. Ensuite, doublant le cap Comorin et retournant au nord par l'orient, on trouve sur la côte de Coromandel les royaumes de Canora, de Maduré, de Tanjaour, de Maissour, de Marava, de Narzingue ou de Bisnagar, et au nord celui de Golconde. Les principales villes de cette partie orientale sont, en allant du nord au sud, Golconde, Trichirapali et Tanjaour dans les terres; sur la côte, Mazulipatan, Paliacate, Madras, Méliapour ou Saint-Thomé, Sadras, Pondichéry, Goudelour, Portenovo, Tringuebar et Négapatan.

C'est dans ces vastes pays que vers la fin du quatorzième siècle le célèbre Timur-Bec, plus connu sous le nom de Tamerlan, après avoir soumis presque toute l'Asie, maître de l'Indoustan, établit un puissant empire qui a toujours été possédé depuis par ses descendans sous le nom de princes mogols. Aurengzeb, un des plus fameux, en étendit de beaucoup les bornes du côté du midi par la conquête des royaumes de Golconde et de Visapour. De là les Mogols pénétrèrent dans la presqu'île en-deçà du Gange, portèrent les armes jusque dans le Carnate, dont le vice-roi ou souba qu'ils avoient établi à Golconde acheva de se rendre maître par la prise de Saint-Thomé, dont il s'empara avec l'aide des Hollandois. Les Portugais, qui possédoient cette place, après avoir inutilement soutenu toutes les fatigues d'un long siège, la perdirent faute de secours.

La ville autrefois appelée Méliapour a pris le nom de Saint-Thomé, parce que l'on prétend que l'apôtre saint Thomas y a fait un long séjour, qu'il y a prêché l'Évangile et qu'il y a été enterré après avoir été massacré par les brames du Malabar. Les historiens gentils et portugais s'accordent tous à dire qu'elle a été une des plus riches et des plus peuplées de l'Inde. Sa chute donna lieu en 1671 à l'établissement de Patna, qui n'en est éloigné que de deux lieues. Les anciens Portugais le nommèrent Madras; les Anglois l'ont appelé depuis le fort Saint-George.

Après la prise de Saint-Thomé, le souba de Golconde établit un nabab ou gouverneur maure à Arcate, capitale de tout le Carnate. Il rendit ensuite la ville de Saint-Thomé aux Portugais. Le nabab nouvellement établi à Arcate par le vice-roi de Golconde fut confirmé en cette qualité par le Grand Mogol avec le droit de succession. C'est ce que nous apprenons d'un historien maure nommé Dastagorsaeb, qui a écrit en langue persane et qui s'accorde avec les anciens de Malabar qui ont parlé des guerres entre les Maures et les Portugais.

En étendant leurs conquêtes dans cette partie de l'Inde, les Mogols avoient laissé subsister les anciens royaumes de Trichirapali, de Tanjaour, de Maduré, de Maissour et de Marava. Ces états continuoient d'être gouvernés par des princes gentils chargés seulement envers le Grand Mogol d'un tribut annuel qu'ils n'étoient pas toujours fort exacts à payer; l'empereur étoit souvent obligé de faire marcher des armées contre eux pour les contraindre d'y satisfaire. Depuis un certain temps, ces petits rois ou rajas tributaires étoient redevables de sommes considérables qu'on avoit laissé accumuler par la mollesse du gouvernement de Mahomet-Schah, père du Grand Mogol aujourd'hui régnant, uniquement occupé de ses plaisirs et des délices de son sérail.

Daoust-Alikan, un des descendans de ce premier nabab d'Arcate dont on a parlé, saisit cette occasion pour porter la guerre chez ces princes gentils. Ses vues étoient de former un royaume pour son fils aîné Sabder-Alikan et un pour son gendre Chandasaeb, jeunes gens tous deux ambitieux et qui ne manquoient pas des talens nécessaires pour réussir dans un pareil dessein. Daoust-Alikan crut l'occasion favorable pour l'exécution de son projet. Il assembla en 1736 une armée de vingt-cinq à trente mille chevaux dont il donna le commandement à Sabder-Alikan son fils et à son gendre Chandasaeb. Ceux-ci commencèrent par se rendre maîtres des terres de Trichirapali, après quoi ils mirent le siège devant cette ville.

Trichirapali, capitale du Maduré, grande ville bien peuplée, est située à trente-cinq lieues au sud-ouest de Pondichéry. Outre l'avantage de sa situation, cette place est défendue par un fossé plein d'eau de dix à douze toises de large et par un mur de trente pieds de haut flanqué de grosses tours de distance en distance. Elle fut investie par l'armée mogole le 6 mars 1736 et emportée d'assaut le 26 du mois suivant. Sabder-Alikan y établit pour gouverneur son beau-frère Chandasaeb, qui prit le titre de nabab. Ils s'emparèrent ensuite de tout le pays, entrèrent dans le royaume de Tanjaour et mirent le siége devant la capitale du même nom, où le roi Schagy s'étoit renfermé avec tout ce qu'il avoit pu rassembler de troupes. Comme cette place est trop bien fortifiée pour des peuples qui ignorent les moyens dont on se sert en Europe pour venir à bout des villes les plus fortes et les mieux défendues, après être restés six mois devant celle-ci, sans en être plus avancés, les deux généraux mogols convertirent le siége en blocus et firent un détachement de douze à quinze mille chevaux dont le commandement fut donné au frère de Chandasaeb. Celui-ci s'avança dans le sud et se rendit maître de tout le pays de Travancor, d'où il remonta vers le nord, le long de la côte Malabar.

Cette invasion des Mogols répandit l'alarme et l'effroi chez tous les princes gentils de cette partie de l'Inde: ils écrivirent lettres sur lettres au roi des Marattes pour lui demander du secours, lui représentant que s'il n'arrêtoit les progrès de leurs ennemis, c'en étoit fait non-seulement de leurs états mais encore de leur religion, qui alloit être entièrement détruite par les efforts des mahométans.

Les Marattes sont des peuples peu connus en Europe. Ils habitent à l'ouest des montagnes qui sont derrière Goa, à la côte Malabar. Sutura, capitale de leur pays, est une ville fort considérable. Le roi des Marattes est très-puissant: on l'a vu souvent mettre sur pied tout à la fois cent cinquante mille hommes de cavalerie qui alloient ravager les états du Mogol, les mettoient à contribution. Les sollicitations pressantes des peuples de Trichirapali et de Tanjaour, jointes à l'envie de piller un pays enrichi depuis grand nombre d'années par l'or et l'argent que toutes les nations du monde ne cessent d'y apporter en échange des marchandises précieuses qu'ils en tirent, déterminèrent ce prince à accorder le secours qu'on lui demandoit; ses principaux ministres, dont la plupart étoient brames, lui en firent même un devoir de conscience. Il leva une armée de soixante mille chevaux et de cent cinquante mille hommes de pied dont il confia la conduite à Ragogi-Boussoula, un de ses généraux. Ces troupes partirent au mois d'octobre 1739 et prirent la route du Carnate.

Au bruit de leur marche, Daoust-Alikan, nabab d'Arcate, écrivit à son fils et à son gendre d'abandonner le blocus de Tanjaour et de revenir en toute diligence auprès de lui; mais ses ordres furent mal suivis. Sabder-Alikan et Chandasaeb, ayant peine à renoncer à une conquête qu'ils regardoient comme assurée, différèrent de jour en jour de se rendre à ses avis et par là donnèrent le temps aux Marattes de s'approcher de la frontière. Ils avançoient à grandes journées, pillant et ravageant tout les pays par où ils passoient. Dans cette nécessité pressante, réduit à ses seules forces, Daoust-Alikan rassembla le plus de troupes qu'il lui fut possible et alla se saisir des défilés des montagnes du Canamay, qui sont à vingt lieues à l'ouest d'Arcate, passage très-difficile et qu'un très-petit nombre de troupes peut aisément défendre contre l'armée la plus nombreuse. Daoust-Alikan distribua sa petite armée dans tous les endroits par où il jugea que l'ennemi pourroit tenter de pénétrer dans ses états, et après s'être assuré de toutes les gorges des montagnes, il attendit les Marattes de pied ferme.

Ils arrivèrent aux montagnes de Canamay au mois de mai 1740, et ayant reconnu qu'il leur étoit impossible de forcer le nabab dans son poste sans perdre beaucoup de monde et risquer leurs meilleures troupes, ils campèrent à l'entrée des défilés, résolus d'attendre que le temps leur fournît une occasion de s'en rendre maîtres; elle ne tarda pas à se présenter. Le nabab avoit dans son armée un prince gentil qui commandoit un corps de cinq à six mille hommes. Daoust-Alikan, qui le croyoit fort attaché à ses intérêts, lui avoit confié la garde d'un poste un peu plus éloigné, si étroit et si escarpé qu'il n'y avoit nul apparence que l'ennemi pensât jamais à tenter par là le passage. Les Marattes se flattèrent de pouvoir le gagner; ils lui envoyèrent des gens de leur part et ne tardèrent pas à le corrompre par leurs présens et par leurs promesses; les brames eux-mêmes lui applanirent les difficultés et lui firent surmonter la répugnance qu'il avoit à commettre une trahison en lui faisant entendre que le succès qu'elle pouvoit avoir étoit capable de détruire le mahométisme dans cette partie du monde et d'y rétablir la religion de leurs ancêtres. Le prince gentil, déjà ébranlé par l'argent, se laissa aisément persuader par ces raisons et promit de livrer le poste qu'il gardoit aux Marattes. Ils firent aussitôt défiler des troupes de ce côté-là, et tandis qu'ils amusoient les Mogols par de légères escarmouches et sembloient se disposer à les attaquer, ils se rendirent maîtres du passage le 19 mai et débouchèrent par là dans la plaine.

La trahison avoit été conduite avec tant de secret que l'armée ennemie avoit franchi les défilés avant qu'on en eût reçu le moindre avis dans les troupes mogoles. De là, maîtres de la campagne, les Marattes marchèrent tout de suite pour surprendre le nabab, et à la faveur d'une grosse pluie ils s'approchèrent jusqu'à deux portées de canon de son arrière-garde avant qu'ils eussent été aperçus. Daoust-Alikan, qu'on informa alors qu'il paroissoit du côté d'Arcate un corps de cavalerie qui s'avançoit vers le camp, se flatta d'abord que c'étoient les troupes de Sabder-Alikan, auquel il avoit envoyé ordre de venir le joindre; mais dans le moment même il fut détrompé par de furieuses décharges de mousqueterie, et les nouveaux avis qu'il reçut ne lui permirent plus de douter qu'il ne fût attaqué par les Marattes. Il monta aussitôt sur son éléphant et marcha à l'ennemi. La mêlée fut sanglante pendant quelque temps : plusieurs des officiers généraux du nabab qui l'accompagnoient, montés de même sur leurs éléphans, se battirent d'abord en braves et soutinrent le combat avec toute la valeur et toute l'intrépidité possible, mais ils furent obligés de succomber au feu terrible que faisoient les ennemis. Après les avoir tous vu périr l'un après l'autre, Daoust-Alikan lui-même, blessé de plusieurs coups de feu, tomba mort de dessus son éléphant, et cette catastrophe n'eut pas plutôt été aperçue du reste de l'armée que ce ne fut plus qu'une déroute générale. Presque tous les officiers généraux qui accompagnoient le nabab furent tués et foulés aux pieds des éléphants, qui enfonçoient jusqu'à mi-jambe, la terre ayant été détrempée par la pluie de la nuit précédente qui avoit continué toute la matinée. Jamais champ de bataille n'offrit un spectacle plus affreux ni plus terrible. De quelque côté qu'on portât ses regards, on n'apercevoit que des chevaux et des éléphans blessés et furieux, renversés pêle-mêle avec les officiers et les soldats, faisant de vains efforts pour se tirer des bourbiers sanglans où ils étoient enfoncés et foulant aux pieds des monceaux de morts et de blessés qu'ils achevoient enfin d'écraser par leur chute ou de mettre en pièces avec leurs dents et avec leurs trompes. Tout ce qui résista fut passé au fil de l'épée ou fait prisonnier par les Marattes; le reste de l'armée vaincue trouva son salut dans la fuite. Quelque recherche que l'on fît, on ne put jamais trouver le corps du nabab, non plus que ceux de plusieurs de ses officiers généraux qui n'ont point reparu depuis, ayant été sans doute écrasés par les éléphans, ensevelis dans la boue et confondus dans la multitude des morts sans qu'il fût possible de les reconnoître. Cette sanglante bataille se donna le 20 mai 1740, environ à quatre lieues à l'ouest de la ville de Pondichéry.

La nouvelle de cette défaite et de la mort du nabab s'étant répandue dans le pays y causa une consternation qu'il est plus facile d'imaginer que de décrire. On vit bientôt arriver au pied des murs de Pondichéry les débris de l'armée mogole et une prodigieuse multitude de peuples maures et gentils qui, croyant déjà l'ennemi sur leurs traces, demandoient à grands cris qu'on leur accordât un asile dans cette ville. C'étoit, dans cette désolation générale, le seul endroit de la côte où ils se crussent en sûreté, tant à cause de la forteresse, des murs et des bastions dont la ville est défendue, qui étoient en bon état et garnis d'une nombreuse artillerie, qu'eu égard à la haute réputation que la nation s'est faite dans ce pays. La foule des fuyards devint si grande que l'on fut obligé de faire fermer les portes de la ville : on laissa seulement ouverte celle de Valdaour, dont on renforça la garde afin d'empêcher le désordre. Les gens de guerre eurent ordre de s'arrêter hors de la ville et de camper le long des murs; à l'égard des autres, il n'est pas concevable la quantité de grains et de bagages de toute espèce, le nombre de marchands, de femmes et d'enfans qui entrèrent dans Pondichéry. Tout ce qui ne put trouver place dans les maisons fut obligé de rester dans les rues, qui en peu de temps se trouvèrent si remplies que le cinquième jour après la bataille, c'est-à-dire le 25 mai, on pouvoit à peine y passer.

Ce spectacle fut suivi d'un autre qui n'étoit pas moins touchant. La princesse, veuve du nabab Daoust-Alikan, qui avoit été tué dans le combat, se présenta à la porte de Valdaour, suivie de toute sa famille, implorant la protection du roi de France et demandant avec instance d'être reçue dans la ville, où elle apportoit tout ce qu'elle avoit pu ramasser d'or, de pierreries et d'autres effets précieux. La circonstance étoit délicate. La politique d'un chef de colonie doit être de ménager également tous les peuples qui l'ont reçu sur leurs terres et qui veulent bien l'y souffrir. S'ils sont divisés, il ne peut se déclarer en faveur de l'un sans mécontenter et s'attirer le parti contraire. Dans les circonstances présentes, si l'on accordoit à la veuve du nabab l'entrée de Pondichéry, n'étoit-il pas à craindre qu'instruits du lieu de sa retraite, informés qu'elle y avoit transporté avec elle toutes ses richesses, les Marattes ne se déterminassent à venir faire le siège de cette place dans la vue de se rendre maîtres de tous ces trésors? D'un autre côté, comment refuser à une famille désolée un asile auquel tous les malheureux ont droit d'aspirer? Et si, comme cela pouvoit arriver, la moindre révolution faisoit changer de face aux affaires, si Sabder-Alikan, fils et successeur du dernier nabab, venoit à bout d'obliger les Marattes à se retirer et de les chasser du pays, pouvoit-on se flatter raisonnablement que ce prince et tous les officiers mogols, avec lesquels on avoit toujours vécu jusqu'alors dans une parfaite intelligence, pardonnassent jamais aux François de leur avoir refusé l'entrée de leur ville dans une occasion aussi pressante.

Enfin M. Dumas, gouverneur de Pondichéry, se détermina à accorder à la famille du nabab une retraite dans la ville et la protection du pavillon françois. Elle fut reçue avec tous les honneurs qui lui étoient dus. Les femmes, les filles et les neveux du nabab étoient portés dans vingt palanquins escortés d'un détachement de quinze cents cavaliers et accompagnés de quatre-vingts éléphants, de trois cents chameaux et de plus de deux cents carrosses, traînés par des bœufs, dans lesquels étoient tous leurs domestiques. Ils étoient suivis, outre cela, de plus de deux mille bêtes de charge. Le gouverneur alla les recevoir à la porte de la ville; toute la garnison étoit sous les armes, bordant les remparts, qui les saluèrent d'une triple décharge d'artillerie. De là ils furent conduits dans les logemens qui leur avoient été destinés. Les officiers mogols paroissoient pénétrés de l'accueil favorable qu'ils reçurent en cette occasion. Le bon ordre qui régnoit dans la ville, les fortifications bien entretenues, la nombreuse artillerie qui les défendoit étoient pour eux autant de sujets d'admiration. Ils se félicitoient les uns les autres d'avoir préféré la nation françoise à toutes les autres nations européennes établies dans le pays pour venir chercher auprès d'elle un asile contre la fureur de leurs ennemis.

Deux jours après le combat de Canamay, Sabder-Alikan arriva à deux journées d'Arcate à la tête de quatre cents chevaux; mais ayant appris la mort de son père et la défaite de son armée, il rebroussa aussitôt chemin et gagna en diligence la ville de Velour, qui passe pour une des mieux fortifiées du pays, où il s'enferma. Là, considérant qu'il lui étoit impossible de rétablir ses affaires par la voie des armes, il prit le parti de tenter un accommodement et députa aux officiers marattes, qui étoient alors à Arcate, dont ils s'étoient rendus maîtres, pour leur faire des propositions. Elles furent acceptées après quelques négociations, et la paix fut conclue entre eux aux conditions suivantes :

« Que Sabder-Alikan, qui avait succédé à son père dans le gouvernement d'Arcate, rentreroit en possession de cette place; qu'il paieroit aux Marattes cent laks de roupies; qu'il évacueroit toutes les terres de Trichirapali et de Tanjaour; qu'il joindroit ses forces à celles des Marattes pour en chasser son beau-frère Chandasaeb; qu'enfin les princes Gentils de la côte de Coromandel seroient remis en possession de toutes les terres dont ils étoient maîtres avant la guerre. » Ce traité fut signé à la fin du mois d'août de l'année 1740.

Tandis qu'il se négocioit, la mère de Sabder-Alikan, sa femme et toute sa famille étoient à Pondichéry, d'où elles l'informèrent de l'accueil favorable qu'elles avoient reçu des François et des honneurs qui leur avoient été rendus dans cette ville. Ces nouvelles engagèrent le nabab, aussitôt qu'il eut fait sa paix avec les Marattes, à se rendre à Pondichéry pour voir et consoler sa mère et pour la ramener avec lui à Arcate. Il y arriva à la fin du mois d'août 1740, à la tête de quatre à cinq cents chevaux et accompagné d'une suite fort nombreuse, et y fut reçu avec toute la distinction due à sa personne et à son rang. Il y demeura dix-sept jours[1], au bout desquels il en

[1] Ce fut pendant son séjour qu'il fit dresser les paravanas ou patentes pour les aldées d'Archiouae au nom de M. Dumas, dont sa famille jouit encore, et de Tin-

partit fort satisfait de la nation, ramenant avec lui sa mère, sa femme et ses enfans. Il laissa seulement dans la ville sa sœur, femme de Chandasaeb, qui avoit refusé d'accéder au traité fait avec les Marattes et qui, loin d'évacuer la ville de Trichirapali, s'y étoit renfermé avec une nombreuse garnison, résolu de la défendre jusqu'à la dernière extrémité. Plusieurs dames et seigneurs mogols de son parti restèrent aussi à Pondichéry.

Cependant les Marattes, après avoir reçu de Sabder-Alikan une partie de la somme dont ils étoient convenus, s'étoient retirés à dix ou douze journées d'Arcate, attendant le reste du paiement et l'exécution des autres articles du traité. Les deux seigneurs mogols se mettoient peu en devoir d'y satisfaire. Chandasaeb refusoit constamment de rendre la ville et les terres de Trichirapali, et Sabder-Alikan son beau-frère, dont le pays étoit ruiné et les finances épuisées, étoit dans l'impuissance d'achever de remplir les engagemens qu'il avait pris avec eux. En vain ils menaçoient de revenir à la charge et de rentrer dans le Carnate : le nabab, hors d'état de les contenter, traînoit les choses en longueur, espérant du temps quelque révolution qui le délivrât de leur poursuite. Enfin, lassés de ses remises, après avoir passé deux mois dans les montagnes pour rafraîchir leurs troupes et pour laisser passer les grandes chaleurs des mois d'août et de septembre, ils se remirent en marche et prirent le chemin d'Arcate.

Sabder-Alikan en fut effrayé ; il fit vendre aussitôt tout ce qu'il avoit de pierreries et envoya aux généraux marattes tout l'argent qu'il put ramasser. En même temps, à force de prières et de promesses, il les engagea à le laisser tranquille et à tourner leurs forces contre Trichirapali. Ils arrivèrent devant cette ville au mois de décembre, et après l'avoir investie, ils ouvrirent le 15 la tranchée devant la place.

Suivant les lettres écrites de leur camp à Pondichéry au commencement du mois de janvier 1741, leur armée étoit alors composée de 70,000 cavaliers et d'environ 55,000 hommes d'infanterie, dont la plus grande partie leur avoit été fournie par les princes gentils du pays. On y comptoit outre cela cent éléphans,

douvanatam, en date du 28 août et 12 septembre 1740. (*Note de l'ancienne édition.*)

cinq à six cents chameaux et plus de vingt mille bœufs. Toute cette armée étoit campée à une demi-lieue de la ville. A l'égard de Chandasaeb, il avoit dans la forteresse 2,000 cavaliers et 5,000 hommes de pied ; mais les vivres et les provisions ne répondoient pas à une garnison aussi nombreuse : il n'y avoit dans la ville du riz et de l'eau que pour un mois, et on y manquoit absolument de paille, d'huile, de beurre et même de poudre ; les cavaliers demandoient même à sortir de la place, parce que tous leurs chevaux mouroient ; en sorte que le 5 janvier on ne comptoit pas qu'elle pût encore tenir plus de huit jours.

Ce fut au commencement de ce siège que les Marattes, ayant appris que la femme et les enfans de Chandasaeb étoient à Pondichéry, informés d'ailleurs que les François avoient donné retraite dans leur ville à tous les officiers mogols qui avoient échappé à la défaite du Canamay et que ceux-ci y avoient transporté de grandes richesses, formèrent le dessein de se rendre maîtres de cette place après la réduction de Trichirapali, qui ne leur paroissoit pas devoir être fort éloignée. Cette résolution fut suivie de plusieurs lettres pleines de reproches et de menaces qu'ils envoyèrent à M. Dumas, alors gouverneur de Pondichéry. Voici la première que Rogogi-Boussoula, leur général, écrit à M. Dumas.

Rogogi-Boussoula-senasaeb-Souba, à M. le gouverneur de Pondichéry. Ram, ram.

« Je suis en bonne santé, il faut m'écrire l'état de la vôtre. Depuis que nous sommes venus dans ce pays, nous vous avons écrit plusieurs lettres sans que vous y ayiez fait aucune réponse. Ce procédé nous a fait penser que vous êtes ingrat envers nous, et que vous êtes de nos ennemis ; c'est ce qui nous a déterminés à faire marcher notre armée contre vous. Sur ces entrefaites, Apagi-Vitel, fils de Vitel-Naganada, un de nos anciens serviteurs que notre roi avoit pris autrefois à son service, est venu me trouver et m'a parlé de vous en bons termes. Ce qu'il m'en a dit m'a fait beaucoup de plaisir. Souvenez-vous que c'est nous qui vous avons anciennement établis dans le pays où vous êtes, et qui vous avons donné Pondichéry, parce qu'il nous paroissoit que vous étiez une nation juste et que vous ne manqueriez jamais à votre parole. Nous avons aussi pensé que vous agiriez de votre part pour nous apaiser, conformément à ce que notre ancien serviteur Vitel-Naganada réglera avec vous. Ces considérations nous ont engagé à différer de quelques jours le départ de notre armée et à commander à tous nos gimidars de ne point vous attaquer jusqu'à nouvel ordre. Il est nécessaire que vous vous fassiez informer de tout ce que nous vous avons écrit et que vous nous envoyiez au plus tôt votre réponse. Il faut aussi que, sans délai et sans le moindre retardement, vous réfléchissiez sur la façon dont il vous convient d'en user pour faire amitié avec nous, de façon que nous puissions vous regarder comme stables. J'ai dit à Apagi-Vitel tout ce dont il est nécessaire que vous soyez informé à ce sujet : vous en serez instruit par sa lettre. J'ai aussi expliqué sur cela mes intentions à Balogi-Naganada. Il faut que vous envoyiez au plus tôt votre vaquil avec lui afin de finir incessamment ce qui vous regarde et de convenir de la somme que vous nous paierez. Je vous ordonne aussi de lui compter sur-le-champ deux cents pagodes. Le 12 du mois de saval. Je n'ai autre chose à vous mander. »

Cette lettre du général des Marattes arriva à Pondichéry le 20 janvier 1741, et le lendemain le gouverneur y fit la réponse suivante.

Le gouverneur général de Pondichéry, à Ragogi-Boussoula, général de l'armée des Marattes, Salam.

« J'ai reçu la lettre que vous m'avez fait l'honneur de m'écrire et m'en suis fait expliquer le contenu. Votre seigneurie me marque qu'elle étoit dans l'intention d'envoyer son armée contre nous. Quel sujet avez-vous de vous plaindre des François et en quelle occasion vous ont-ils offensé ? Ils ont au contraire conservé jusqu'à présent une reconnoissance parfaite des faveurs qu'ils ont reçues des princes vos ancêtres ; et quoique vous fussiez très-éloigné de nous, nous n'avons jamais discontinué un seul instant d'exécuter tout ce que nous vous avions promis, ayant toujours protégé les Gentils et les gens de votre nation qui ont ici leurs temples et leur religion, qu'ils exercent avec liberté et tranquillité. Votre seigneurie doit aussi savoir que nous rendons à chacun la justice la plus exacte. On vit dans Pondichéry à l'abri de toute oppression, et nous serions sévèrement punis du roi de France notre maître, dont la justice et la puissance sont connues par toute la terre, si nous étions capables de faire la moindre chose contre ses intentions et contre sa gloire. Cela étant ainsi, quelle raison votre seigneurie pourroit-elle avoir de nous faire la guerre ? Que peut-elle attendre de nous ? La France, notre patrie, n'a ni or ni argent : celui que nous apportons dans ce pays pour acheter des marchandises nous vient d'une terre étrangère ; on ne tire de la nôtre que du fer et des soldats, que nous n'employons cependant que contre ceux qui nous attaquent injustement. Nous souhaitons de tout notre cœur de vivre en bonne amitié avec vous, et si nous pouvons vous servir à quelque chose, nous le ferons avec plaisir. Vous devez donc regarder notre ville comme la vôtre. Si votre seigneurie veut m'envoyer un passeport, j'enverrai une personne de confiance pour vous saluer de ma part ; mais dispensez-moi, je vous prie, de me servir de l'entremise d'Apagi-Vitel-Naganada, qui ne cherche qu'à vous trahir et à tromper votre seigneurie. Je prie le Tout-Puissant de vous combler de ses faveurs et de vous donner la victoire sur tous vos ennemis.

« A Pondichéry le 21 janvier 1741. »

Ces lettres furent suivies de quelques autres. Il y en eut une où le même Ragogi-Boussoula insistoit beaucoup sur ce que les François, disoit-il, n'avoient été autrefois établis dans l'Inde par le grand Maharaja, roi des Marattes, qu'à condition de lui payer chaque année un tribut, ce qu'ils n'avoient point encore exécuté ; il leur reprochoit aussi l'asile qu'ils avoient donné à la veuve du nabab d'Arcate et à sa famille après la malheureuse journée du Canamay, et demandoit qu'ils lui livrassent la femme de Chandasaeb avec tous ses trésors, ses pierreries et ses effets, menaçant, s'ils s'y refusoient, de les en rendre responsables. Cette lettre fut reçue à Pondichéry le 13 février, et le 27 du même mois le gouverneur y répondit en représentant au général maratte qu'il étoit inouï que ses prédécesseurs fussent convenus de payer le tribut dont il parloit ; que jamais il n'en avoit été fait mention ; qu'on ne l'avoit jamais demandé, qu'il étoit impossible d'en représenter aucuns titres, et qu'il étoit contre la justice de vouloir exiger de lui une chose qui jusque-là n'avoit jamais été en usage. A l'égard de l'asile que la nation avoit accordé, après la bataille du Canamay, à la mère de Sabder-Alikan, à sa femme et à ses enfans, il disoit que l'état déplorable où cette famille désolée s'étoit trouvée réduite par la mort du nabab Daoust-Alikan et l'amitié qui régnoit depuis longtemps entre ce seigneur et les François n'avoient pas permis à ceux-ci de refuser une retraite à des personnes aussi respectables qui, dans leur malheur, venoient se réfugier dans leur ville ; que non-seulement il y auroit eu de l'inhumanité à les refuser, mais encore que ç'auroit été leur faire le plus grand affront, et que les François n'étoient pas venus aux Indes pour y donner des preuves d'inhumanité ; qu'au reste, dans les mêmes circonstances, si quelques seigneurs marattes ou gentils eussent eu recours à leur protection, ils en auroient usé envers eux avec la même générosité. Il ajoutoit, au sujet de la femme de Chandasaeb, que cette dame n'étant venue à Pondichéry que par occasion, simplement pour y voir sa mère et sans aucun dessein de si fixer, puisqu'il n'y avoit alors aucune apparence de mouvement du côté de Trichirapali, elle n'y avoit par conséquent apporté avec elle aucuns effets, ni or, ni argent, ni trésor, ni pierreries ; que quelque temps après, sa mère étant retournée à Arcate et elle se disposant de son côté à aller rejoindre son mari, elle avoit appris qu'il y avoit des troubles dans ce pays-là et qu'ils y avoient porté la guerre, ce qui lui avoit fait prendre la résolution de rester ; qu'en conséquence la nation lui avoit accordé la protection du pavillon, et qu'après cette démarche, non-seulement il étoit contre la raison que les François la livrassent à ses ennemis, mais que s'ils le faisoient, ce seroit violer les droits de l'hospitalité, qui étoient respectés des peuples même les plus barbares.

Ces lettres ne produisirent rien ; les Marattes crurent que leurs menaces auroient plus d'effet s'ils les appuyoient de quelques troupes. Dans cette vue, ils firent un détachement de huit mille chevaux qui, s'avançant du côté de la mer, se présentèrent le 25 décembre à midi devant Portonovo, à sept lieues au sud de Pondichéry. Comme cette place est toute ouverte et sans défense, ils s'en rendirent maîtres sans opposition et la mirent au pillage à plusieurs reprises. Les loges hollandoises, angloises et françoises eurent le même sort : les Marattes enlevèrent tout ce qu'ils y trouvèrent de marchandises.

Après cette expédition, ils se replièrent vers le nord et allèrent attaquer Gondelour, établissement des Anglois, à quatre lieues au sud de Pondichéry, qu'ils pillèrent encore malgré le canon du fort Saint-David, qui ne put les en empêcher. Il s'avancèrent encore jusqu'au village d'Archiouve, à une lieue et demie de Pondichéry, sans oser avancer plus près de la ville. De là ils députèrent au gouverneur un de leurs principaux officiers pour réitérer leurs menaces et les mêmes demandes qu'ils avoient faites, protestant qu'en cas de refus, ils avoient ordre d'empêcher qu'il n'entrât aucuns vivres dans Pondichéry, et qu'aussitôt après la réduction de Trichirapali, qui ne pouvoit pas tenir, disoit-il, encore plus de quinze jours, toute l'armée maratte viendroit assiéger la place dans les formes. Le gouverneur reçut poliment cet officier, qui étoit un homme d'esprit et de mérite ; il lui fit voir l'état de la ville et de l'artillerie qui la défendoit et le renvoya sans paroître ému des menaces et sans lui accorder aucune de ses demandes.

On ne doit pas oublier à cette occasion un trait dont l'invention fut due principalement à M. de Cossigni, capitaine des grenadiers dans le régiment de Bretagne et ingénieur en chef à Pondichéry, officier distingué par ses talens et par son mérite ; il contribua peut être autant que tout autre chose à faire perdre aux Marattes l'envie d'attaquer les François. Comme on promenoit leur envoyé autour de la place pour lui en faire mieux reconnoître les fortifications, plusieurs fougasses que cet officier avoit fait creuser au dehors de distance en distance et qu'il avoit fait charger de caisses remplies de masses de pierres, allumées par quelques saucissons qui communiquoient à la ville, vinrent à jouer sur le passage de cet envoyé, emportant avec elles toutes les pierres et toutes les terres des environs. L'officier maratte fut si effrayé de l'effet de ces fougasses qu'il retourna joindre son détachement très-persuadé que tous les dehors de Pondichéry étoient minés, et que s'ils entreprenoient de l'assiéger, ils ne pourroient en approcher sans voir sauter en l'air toute leur cavalerie. Cependant sur les avis que reçut le gouverneur de l'arrivée de quelques partis ennemis qui pilloient Oulgaret et Arian-Coupan, villages appartenant à la compagnie, distant d'environ une demi-lieue de Pondichéry, il fit sortir pour les charger un détachement de deux cents grenadiers et de quelques volontaires commandés par le même M. de Cossigni. Mais les Marattes les ayant aperçus et le fort d'Arian-Coupan leur ayant tiré quelques volées de canon, ils se retirèrent. En même temps leur détachement s'éloigna et alla camper à cinq lieues à l'ouest de Pondichéry. Quelques jours après ils tombèrent sur Conimer et Sadrast, où les Hollandois ont des établissemens qu'ils pillèrent.

Cependant Trichirapali étoit réduit aux dernières extrémités. Les Marattes avoient formé devant cette ville quatre attaques qu'ils poussèrent à la sappe et avec des galeries parfaitement bien construites, et quoique le siège fût plus long qu'ils ne l'avoient imaginé d'abord, on jugeoit à leurs mouvemens et à toutes leurs dispositions qu'ils étoient résolus de ne point partir de là qu'ils ne fussent maîtres de la place. Chandasaeb, de son côté, étoit déterminé à la défendre tant qu'il lui resteroit un souffle de vie. Les Marattes instruits de ses dispositions avoient arboré le darmanchada ou pavillon de paix pour faire connoître aux habitans qu'ils pouvoient sortir de la ville sans crainte de recevoir aucune insulte. En effet sur cette assurance tous les habitans sortirent et se retirèrent du côté du Chiranghan. Après leur départ, réduit à ses seules troupes, Chandasaeb voulut entamer une négociation avec les Marattes, qui ne lui réussit pas. Il députa pour cela à Ragogi-Boussoula un de ses gens qu'il chargea de lui offrir dix laks de roupies. Le général maratte accepta la proposition : « Qu'il paie dix laks de roupies, répondit-il, et qu'il sorte de la place ; mais s'il veut la conserver et en rester le maître, nous ne la lui laisserons qu'à condition qu'il nous donnera trente laks de roupies. »

Cette réponse apportée à Chandasaeb, ne servit qu'à le confirmer dans la résolution où il étoit de faire la plus vigoureuse résistance qu'il seroit possible. Cependant la place ne pouvoit tenir plus longtemps sans un prompt secours. Instruit de ces dures circonstances, Barasaeb, frère de Chandasaeb ne perdit point de temps : il assembla promptement une armée de vingt-cinq mille hommes et une prodigieuse quantité de vivres et de munitions et se mit en marche pour se jeter dans Trichirapali. Mais les Marattes qui étoient instruits des besoins de la place, la serroient de si près et avoient si bien fermé toutes les avenues que quand il parut il lui fut impossible d'y pénétrer.

Désespéré d'avoir manqué son coup, et prévoyant tous les malheurs dont sa famille étoit menacée s'il ne tentoit quelque grand dessein, pour dégager son frère, Barasaeb suivi de ses vingt-cinq mille hommes, osa se présenter devant l'armée formidable des Marattes. Ragogi-Boussoula, quoique frappé de la témérité et touché en même temps de la grandeur d'âme de ce seigneur qui venoit se livrer à lui en désespéré, sortit cependant de ses lignes et accepta la bataille, après avoir donné partout des ordres exprès de ménager les jours de Barasaeb et de le lui amener prisonnier. Les deux armées se choquèrent. Les Mogols fondirent comme des furieux sur les Marattes ; mais ils furent bientôt accablés par le grand nombre de ces derniers. Ce ne fut proprement qu'une déroute. Chandasaeb qui étoit sorti de Trichirapali avec l'élite de sa garnison, voyant l'armée de son frère en fuite et considérant qu'avec sa petite troupe il ne pouvoit se flatter de faire pencher la victoire de son côté, se retira en bon ordre dans sa place, résolu plus que jamais de s'y défendre jusqu'au bout et de s'enterrer sous ses ruines.

Barasaeb au désespoir de ce contre-temps, mais toujours animé du désir de secourir son frère, traînant après lui les débris de sa petite armée, fit aussi sa retraite, la rage dans le cœur, sans que les Marattes, qui connoissoient sa valeur eussent la hardiesse de le poursuivre. Ils rentrèrent dans leurs lignes. Pour lui, après avoir rassemblé autour de lui la plus grande partie des fuyards, il harangua cette troupe consternée et, ce qu'on aura peine à croire, il entreprit de persuader à ces hommes échappés à peine à l'épée du vainqueur, la nécessité de mourir avec honneur en se sacrifiant pour leur patrie, ou de mettre par leur valeur leurs femmes et leurs enfans, leurs princes et leurs fortunes à couvert des insultes de leurs ennemis.

La langue indoustane est forte et mâle, et les Mogols sont naturellement éloquens ; Barasaeb réussit auprès de ses soldats au delà de ses espérances. De sept mille hommes qui lui étoient demeurés fidèles et qui l'écoutoient, quatre mille s'écrièrent tout d'une voix qu'ils vouloient mourir avec leur brave général ou pénétrer dans Trichirapali. Barasaeb n'eut garde de laisser refroidir le zèle de sa troupe ; il crut même pouvoir, dans l'ardeur qui l'animoit, la porter jusqu'à la férocité. Non content d'avoir convaincu ces hommes auparavant si foibles, de la nécessité de mourir, il entreprit de leur prouver que pour aller plus courageusement à la mort, ils devoient eux-mêmes sacrifier leurs femmes afin de les soustraire aux insultes des Marattes qui les couvriroient d'infamie.

Que ne peut sur les esprits la force du discours, lorsqu'il est manié par un homme adroit, aimé, qui parle au nom de la patrie et qui a affaire à des peuples esclaves de leurs préjugés ! Pour persuader ses soldats par son propre exemple plus encore que par ses paroles, Barasaeb fit venir sa femme et à la vue de toute sa troupe, saisi d'une fureur aveugle, il lui plongea un poignard dans le sein. Tous les assistans furent frappés d'horreur à la vue de ce cruel spectacle, tous détournèrent leurs regards mais tous suivirent l'exemple de leur chef, et sacrifièrent leurs femmes.

Après cette exécution barbare, Barasaeb fit distribuer du bangue à toute sa troupe et se mit en marche, traînant après lui une certaine quantité de sacs de riz. Il ne tarda pas à joindre les Marattes, sur lesquels il fondit comme un furieux. Le carnage fut d'abord terrible : semblables à des lions en fureur, les Mogols donnoient mille morts avant d'en recevoir une. Ils eussent été vainqueurs si le courage seul étoit suffisant pour détruire un ennemi de beaucoup supérieur en forces. Mais les Marattes étoient en si grand nombre que les Mogols, malgré leurs efforts étonnans, victimes de leur bravoure, et lassés à force de vaincre, furent bientôt immolés au ressentiment de leurs ennemis. Tous furent égorgés et passés au fil de l'épée. Barasaeb lui-même, après avoir fait des prodiges de valeur, refusa la vie qu'on lui offrit vingt fois et ne cessa de tuer que quand les forces lui manquèrent. Ragogi-Boussoula avoit donné des ordres précis de l'épargner. Mais les soldats furieux de se voir massacrer par un prince qui refusoit de céder au plus grand nombre, pour mettre leur propre vie à couvert, furent obligés de tirer sur lui et ne cessèrent que lorsqu'ils le virent tomber percé de vingt-deux blessures.

Après le combat, Ragogi-Boussoula fit chercher le corps de Barasaeb qu'il croyoit mort. On le trouva qui respiroit encore mais qui ne pouvoit se soutenir. On l'apporta avec les plus grandes précautions au général maratte, qui, le voyant en cet état, ne put s'empêcher de verser des larmes, et lui adressant la parole d'un ton plein d'affection et de bonté : « Ah ! Barasaeb, lui dit-il, pourquoi t'es-tu ainsi immolé toi-même à ta propre fureur ? Pourquoi n'as-tu pas assez bien présumé de ton ennemi pour le croire aussi généreux que toi ? Il vouloit être ton ami, et connoissant ta bravoure et les vertus de ton frère, il pouvoit te le rendre et lui rendre en même temps ses états. Toi-même tu l'as perdu, et tu as forcé mes gens à te sacrifier à leur sûreté. Vis du moins actuellement pour éprouver si les Marattes sont capables d'être vertueux. »

Barasaeb avoit encore assez de force pour répondre, mais il étoit trop fier pour le faire. Il auroit cru demander grâce s'il eût daigné parler à son ennemi, et il ne vouloit que mourir. Il ne chercha qu'à précipiter sa mort. Voyant qu'on lui avoit ôté toutes ses armes, il arracha lui-même une flèche qu'il avoit dans la tête et le fit avec tant de violence que dans le moment même il expira. Ragogi pleura sincèrement sa perte ; il avoit moins compté en faire un prisonnier qu'un ami. Il fit couvrir son corps des plus riches étoffes, et l'ayant fait mettre dans un palanquin, il le renvoya à son frère.

Chandasaeb, frappé de la mort d'un frère qu'il aimoit tendrement et qui venoit de perdre la vie pour le secourir, tomba dans le découragement et dans une espèce d'insensibilité qui lui fit prendre deux jours après le parti de rendre la place aux Marattes et de se rendre prisonnier de guerre. Le général maratte entra dans Trichirapali, d'où il enleva toutes les richesses. Il proposa aussi au prince de Mogol de lui rendre la liberté, moyennant une grosse rançon. Mais il demandoit des sommes si exorbitantes que Chandasaeb, qui se sentoit hors d'état d'y satisfaire, préféra de le suivre dans l'espérance qu'avec le temps il rabattroit de ses prétentions. Après avoir mis garnison dans Trichirapali, Ragogi-Boussoula sortit des provinces de Chandasaeb, traînant après lui son prisonnier et se retira dans le Malabar. Avant son départ, ce général avoit tenu un grand conseil pour délibérer de quel côté il marcheroit. Plusieurs opinèrent pour aller attaquer les établissemens que les Européens ont le long de la côte de Coromandel. Ragogi fut d'un avis contraire ; mais parce qu'il avoit publié fort haut qu'après la prise de Trichirapali ils iroient assiéger Pondichéry, ils crurent, pour garder les bienséances, devoir observer quelques formalités avant que de paroître vouloir se désister de cette entreprise. Dans cette vue, ils firent entrer dans leur assemblée les deux députés que le gouverneur de Pondichéry avoit envoyés vers eux, et qui y étoient toujours demeurés depuis ; et ceux-ci leur ayant représenté en plein conseil ce qu'ils avoient déjà dit à chacun d'eux en particulier pour les détourner de ce dessein, ils parurent se rendre à leurs raisons. Il fut décidé que non-seulement les Marattes renonceroient à leurs prétentions à cet égard, mais même qu'ils enverroient un homme de considération à Pondichéry porter un riche serpeau au gouverneur et lui demander son amitié. Ce député partit deux jours après accompagné de trois cents cavaliers et se rendit à Pondichéry, où il fut parfaitement bien reçu. Il y séjourna quelques jours, après quoi il en partit pour aller joindre l'armée des Marattes, qui, sur le bruit d'une révolution arrivée dans le Carnate, regagnoient leur pays à grandes journées.

Cette révolution fut causée par la mort tragique de Sabder-Alikan, nabab d'Arcate. Ce seigneur fut massacré dans une visite qu'il alla rendre à une de ses sœurs mariée au nabab de Velour. On dit que ce fut cette sœur même qui excita son mari à le faire assassiner, dans l'espérance de pouvoir par sa mort monter sur le trône du Carnate. Cet horrible attentat engagea Immasaeb, seigneur maure, parent de Chandasaeb, à partir sur-le-champ pour se rendre à la cour de Nisam-Moulouk. Il lui représenta si vivement les avantages qu'il pouvoit tirer en se présentant avec son armée dans le royaume du Carnate que ce général ne balança point à faire marcher ses troupes de ce côté-là.

Nisam-Moulouk, dont on aura encore occasion de parler dans la suite, est plus connu dans quelques auteurs sous le nom d'Azézia. C'étoit, sans contredit, le seigneur le plus puissant de tout l'empire. Il étoit généralissime des armées du Grand-Mogol, dans tous les pays de la partie sud. Mahamet, schah, père de l'empereur régnant, lui avoit donné sa nièce en mariage, l'avoit fait vice-roi des deux royaumes de Golconde et d'Aureng-Abad et lui avoit soumis tous les nababs de la presqu'île occidentale depuis Surate jusqu'au cap de Comorin.

Suivant les observations faites à son armée lorsqu'elle entra dans le Carnate, elle étoit composée de 70,000 mille cavaliers bien montés, de 200,000 hommes d'infanterie et de 15,000 Marattes. Elle avoit avec elle deux mortiers, 500 pièces de canons, dont les grandes étoient traînées par des éléphans et les petites par des bœufs. Toute cette artillerie étoit distribuée à la tête, au centre et sur les ailes du camp. Trente petites pièces accompagnoient la tente du général. On comptoit, dans cette armée, 1,200 éléphans, dont 1,000 servoient à l'artillerie et au bagage ; le reste étoit destiné au service de Nisam, de son fils et de leurs femmes. Il y avoit aussi 50 chameaux chargés de gargousses et de cartouches, et un nombre presque infini de bœufs, de vaches, de bufles, de chameaux et de moutons, avec une quantité prodigieuse de charrettes à quatre roues, qu'on avoit amenées d'Aureng-Abad. Les bazars étoient toujours bien fournis de toutes sortes de légumes.

Nisam dépensoit 100,000 roupies par jour. Il étoit suivi de 40 gémidars ; et lorsqu'il marchoit il étoit précédé d'un éléphant portant une espèce de bâton, au bout duquel paroissoit une tête de crocodile ou cayman, dorée, et la gueule ouverte. C'étoit une marque de dignité que l'empereur lui avoit accordée. Un autre éléphant portoit un étendard garni au bout d'une queue de cheval blanc et qui représentoit un croissant, avec une main armée d'un sabre. Il avoit aussi à sa suite 500 chopdars ou porteurs d'ordre. Tous les seigneurs du pays, qui vouloient lui rendre visite, se faisoient d'abord annoncer par leur titre de nabab. Nisam en fut choqué : « Quoi, dit-il, il y a dix-huit nababs dans cette province et je n'en sais rien ! Certes, les titres se multiplient bien vite ! Pour moi, je croyois qu'il n'y en avoit qu'un. » Il parloit ainsi parce qu'il croyoit être le seul qui eût droit de porter ce nom. Aussi tous ces titres furent-ils bientôt supprimés ; et deux nababs s'étant encore fait annoncer sous ce nom, furent bastonnés par les chopdards. Quand quelque seigneur se présentoit, ceux-ci, pour l'introduire, ne se servoient plus que de ces termes : « Votre esclave un tel demande à vous parler. » Le seigneur, admis auprès de Nisam, se tenoit éloigné et debout en sa présence, à moins que voulant le favoriser, celui-ci ne lui fit signe de s'asseoir. Tous ses gémidars et autres officiers étoient aussi debout derrière lui dans le respect et dans le silence. Il ne leur parloit qu'en peu de mots et ils lui répondoient toujours humblement et en s'inclinant. Il aimoit fort les Européens auxquels il parloit avec amitié, et avoit surtout une affection particulière pour la nation françoise.

Il y avoit dans les marches d'armée une distance de près de cent pas entre Nisam et Nazerzingue son fils, qui portoit une chaîne de fer en signe de sa captivité ; car il s'étoit révolté contre son père qui l'avoit fait prisonnier dans une bataille. Les femmes étoient tout à fait derrière escortées d'un détachement considérable de cavalerie, et chantoient les louanges de Nisam.

Son arrivée rétablit la tranquillité dans le Carnate. Il avoit commencé par le siège de Trichirapali qu'il avoit investie le 2 août 1743, et qui lui fut rendue le 25 du même mois. Coja Abdoulakan, ami intime de ce général, fut chargé de la conduite de ce siège, auquel on n'employa que des troupes de la province. Après avoir retiré cette place des mains des Marattes et en avoir ainsi purgé le pays, Nisam ne pensa plus qu'au retour. Avant son départ il confirma le gouvernement d'Arcate et du Maduré au fils du nabab Sabder-Alikan, neveu de Chandasaeb. Mais comme il n'étoit alors âgé que de huit à neuf ans, il nomma pour régent, pendant la minorité du jeune prince, un soubdar de sa suite, appelé Anaverdikan, qui avoit été gouverneur de son fils Nazerzingue. Nisam lui recommanda fortement l'éducation du jeune nabab, qu'il abandonna à ses soins et à ceux du nabab de Carapen.

Aussitôt qu'Anaverdikan se vit en possession des états qui venoient de lui être confiés, il pensa moins à les gouverner avec équité, qu'à les piller et à s'enrichir ; son avarice étoit insatiable. Il paroissoit d'ailleurs en user fort bien avec le jeune nabab, qu'il traitoit avec tout le respect possible. Sur ces entrefaites, ce jeune prince ayant été prié aux noces d'un seigneur maure de ses parens, s'y rendit accompagné de ses deux gouverneurs et du fils du nabab de Carapen, qui étoit à peu près du même âge. Le nabab de Velour qui, après avoir fait assassiner son beau-frère, ne cherchoit qu'une occasion favorable pour achever d'éteindre cette famille qui, par l'absence de Chandasaeb, étoit réduite à ce jeune prince, et envahir sa succession, crut pouvoir profiter de celle-ci. A force de promesses et de présens, il gagna douze soldats patanes qui, après avoir pris du bangue, entrèrent dans l'appartement où étoient les nababs, tuèrent les deux jeunes princes de peur de se tromper, et blessèrent à mort le nabab de Carapen. Nisam-Moulouk, instruit de la mort de ce dernier, donna de sa propre autorité le gouvernement d'Arcate et de Maduré à Anaverdikan, nomma Mafouskam son fils aîné nabab avec droit de survivance et fit soubdar le cadet Mahmet-Alikan. Anaverdikan retint l'aîné auprès de lui pour l'aider dans le gouvernement des affaires du Carnate et du Tanjaour et donna au cadet le commandement de Trichirapali et du Maduré. Plusieurs des gouverneurs des meilleures places du pays, indignés de se voir commandés par ce nouveau nabab, refusèrent de le reconnoître, secouèrent le joug et s'établirent en petits souverains chacun dans leur gouvernement. En même temps, pour ne pas attirer sur eux la colère de Nisam-Moulouk, ils lui envoyèrent directement les sommes qu'ils devoient payer au nabab. Du nombre de ces gouverneurs rebelles furent celui de Velour, à six lieues d'Arcate ; celui de Valdaour, à trois lieues de Pondichéry, et celui de Sermoukoul, à sept lieues de la même ville. Anaverdikan mit tout en œuvre pour les ramener à lui ; mais lorsqu'il vit que Nisam ne leur faisoit point un crime de leur révolte, comme lui-même n'étoit pas en état de les réduire par la force, il prit le parti de les laisser tranquilles.

Il étoit de l'intérêt du nouveau nabab de ménager les nations européennes établies à la côte de Coromandel, surtout les François, qui, ayant donné retraite et accordé leur protection à la famille de Chandasaeb, pouvoient par la suite lui donner de l'embarras et susciter des affaires assez fâcheuses. Pénétré de ces raisons dont il connoissoit toute la solidité, Anaverdikan envoya d'abord une magnifique ambassade à Pondichéry avec de grands présens pour le gouverneur [1], et peu de temps après

---

[1] Alors M. Dupleix, qui avoit remplacé M. Dumas, au commencement de 1741.

il vint lui-même lui rendre sa visite en qualité de nabab. M. Dupleix, comme on le dira plus bas, venoit d'être honoré du même titre par le Grand-Mogol, en considération des services qu'il avoit rendus à la nation mogole dans le Gange pendant qu'il étoit gouverneur de Chandernagor, et cette dignité lui venant de l'empereur lui-même, lui donnoit le pas sur le nabab qui ne la tenoit que de Nisam. Cependant comme ces seigneurs mogols sont en état de faire beaucoup de mal, les gouverneurs européens sont forcés de les ménager, de se relâcher un peu de leurs droits en leur faveur et de les attacher à eux par des présens et par les grands honneurs qu'ils leur font rendre. Ce fut là précisément la conduite que tint M. Dupleix à l'égard d'Anaverdikan. Ce nabab parut extrêmement satisfait de la manière dont il avoit été reçu à Pondichéry; il jura une amitié constante et solide pour la nation françoise, demanda qu'elle tînt toujours auprès de lui un agent et refusa de se prêter aux empressemens des Anglois qui le sollicitoient vivement de les honorer de sa visite. La suite démentit bien de si beaux sentimens. Une liaison intime avec les François n'offroit à l'insatiable avidité du nabab que de légers présens, beaucoup d'honneurs et plus d'amitié. Les Anglois au contraire lui donnèrent beaucoup d'argent et lui en promettoient encore davantage; rien ne leur coûtoit pour l'attirer à leur parti. La nation françoise à tenu dans ces circonstances une conduite toute différente.

Tel étoit l'état des affaires de ce côté-là, lorsque la guerre s'allumant en Europe entre les François et les Anglois, les deux nations semblèrent cependant vouloir établir une neutralité dans les Indes. Quels que soient les motifs qui empêchèrent de suivre ce système également avantageux à l'une et à l'autre nation, la neutralité n'eut point lieu. Les Anglois qui avoient commencé les premières hostilités sur mer firent aussi les premières insultes sur terre. Le gouverneur de Pondichéry s'adressa alors au nabab d'Arcate pour se plaindre de ces hostilités et l'engager à interposer son autorité pour les arrêter dans l'étendue de son domaine; mais Anaverdikan fit peu d'attention à ces représentations, n'y eut aucun égard et montra bientôt que l'argent des Anglois avoit plus d'empire sur lui que la foi due aux traités les plus solennels. En effet, aussitôt que M. de la Bourdonnais, qui s'étoit emparé de Madras le 21 septembre 1746, l'eut abandonné le 21 octobre suivant, après y avoir laissé une modique garnison pour rassembler les débris de son escadre dispersée par un horrible coup de vent, ce nabab attendant qu'il eût rassemblé son armée, écrivit au gouverneur françois de Madras des lettres pleines de rodomontades, le menaçant de toute son indignation, s'il ne rendoit au plus tôt cette place. Ces lettres furent envoyées à M. Dupleix, sur lequel elles ne produisirent d'autre effet que de l'engager à se tenir sur ses gardes et à envoyer ordre à Madras de se préparer à une vigoureuse défense.

M. de Kerjean son neveu fut la première victime de l'avarice et de la mauvaise humeur d'Anaverdikan. Le gouverneur françois de Madras l'ayant envoyé pour répéter le fils du major général, qu'un petit gouverneur maure avoit arrêté prisonnier sur la route de Pondichéry, il eut le malheur d'être rencontré par un détachement de l'armée du nabab qui, après mille mauvais traitemens, lui annonça qu'il étoit son prisonnier, ainsi qu'un conseiller [1] du conseil souverain qu'on lui avoit donné pour collègue. Quelques jours après Mafouskan, fils aîné du nabab, parut à la tête de huit à dix mille hommes, dont quatre mille étoient de cavalerie. M. de Kerjean fut d'abord présenté à ce seigneur qui, l'ayant reconnu pour l'avoir vu auprès de M. Dupleix, lui fit beaucoup d'amitiés sans cependant vouloir jamais entendre à lui rendre la liberté. Il proposa à ses deux prisonniers de traiter avec lui de la reddition de Madras; mais sur ce qu'ils lui représentèrent qu'il falloit pour cela s'adresser au gouverneur de Pondichéry, il résolut de continuer sa route, marchant vers Madras, dont il entreprit de faire le siège.

M. Dupleix voyant l'obstination des Maures à ne point rendre les deux prisonniers, envoya ordre au gouverneur de Madras de faire sortir de sa place un fort détachement pour tenter de les enlever s'il étoit possible. Ils étoient logés dans une maison de campagne des capucins à la tête de l'armée du nabab; mais au lieu de marcher droit vers cet endroit, M. de La Tour, qui commandoit ce détachement, peu au fait du local de Madras et trompé par ses guides,

[1] M. Gosse

donna précisément au corps d'armée. Les Maures qui ne s'attendoient point à une pareille sortie, prirent l'épouvante et se mirent en désordre au premier coup de canon qu'ils entendirent tirer. Mafouskan lui-même, voyant qu'il ne pouvoit résister au feu supérieur qui partoit de la petite troupe, après avoir ordonné de mettre les prisonniers en sûreté et de les conduire à Arcate, se mit à la tête de sa cavalerie et s'enfuit à toute bride ; le reste de l'armée suivit son général, abandonnant bagage, artillerie et munitions. Les François, dont le détachement n'étoit que de trois cents hommes, ne jugèrent pas à propos de poursuivre l'ennemi au delà de son camp, qu'ils pillèrent. Ils rentrèrent ensuite dans Madras, emmenant avec eux grand nombre de chevaux, de bœufs et de chameaux qu'ils avoient pris. M. de La Tour enleva aux Maures deux drapeaux et quelques pièces de canon qu'il fit enclouer et jeter dans des puits, parce qu'elles ne méritoient pas d'être traînées dans la ville.

Malgré cet échec, le fils du nabab ne se rebuta pas, et pour ne plus être surpris, il se jeta dans Saint-Thomé, qui n'est éloigné de Madras que de trois quarts de lieue. De là, la cavalerie faisoit des courses jusque sous les murs de cette ville, et les partis détachés de son armée couroient la campagne, maltraitoient tout ce qu'ils rencontroient de Malabares au service des François. Ils ne traitoient pas mieux les habitans portugais de la ville de Saint-Thomé ni même les missionnaires. Plusieurs d'entre eux moururent en prison. Le capitaine-commandant eut le même sort.

M. Dupleix jugea qu'il étoit à propos d'arrêter ces courses et ces entreprises des Maures. Pour cela il tira de la garnison de Pondichéry trois cent cinquante hommes de troupes réglées, cent matelots et deux cents cipayes, troupes du pays, dont il donna le commandement à M. Paradis, ingénieur en chef de cette ville, pour aller relever la garnison de Madras dont il n'étoit pas content. Cette petite troupe marchoit vers le lieu de sa destination lorsque M. Paradis apprit que les Maures, qui s'étoient saisis de la ville de Saint-Thomé, travailloient à la fermer d'une forte palissade. Sur cette nouvelle, il écrivit à M. Barthélemi, gouverneur de Madras, pour lui donner avis de l'heure à laquelle il arriveroit en présence des Maures, le priant de faire sortir de sa place un fort détachement afin de prendre l'ennemi en queue en même temps qu'il l'attaqueroit de front, et parce qu'il craignoit que sa lettre ne fût interceptée, il lui manda la même chose par plusieurs courriers qu'il fit partir successivement. En conséquence de cet avis, M. Barthélemi commanda d'abord le détachement ; mais soit qu'il ne crût pas qu'avec sa petite troupe M. Paradis osât hasarder d'attaquer sept à huit mille hommes, soit qu'il imaginât qu'il n'étoit pas possible qu'il arrivât à Saint-Thomé à l'heure qu'il marquoit, il ne donna point d'ordre de sortir de la place.

Cependant M. Paradis avançoit toujours du côté de Saint-Thomé. Sur les huit heures du soir, il arriva à deux lieues des Maures. Là il fit prendre un peu de repos à sa troupe afin qu'elle fût en état de combattre le lendemain, et sur les trois heures du matin il se remit en marche. Ses espions vinrent l'avertir que les Maures étoient informés de son arrivée et qu'ils l'attendoient en bataille dans les rues de la ville. Sur cet avis il fit faire halte à sa troupe afin d'encourager ses soldats par un petit discours qu'il leur fit ; après quoi il continua sa marche. Les François arrivèrent à Saint-Thomé le lendemain à la pointe du jour. M. Paradis s'étant aperçu, malgré le peu de clarté qu'il faisoit alors, que l'enceinte de la palissade n'étoit point achevée et qu'il restoit une brèche de près de vingt toises, il ne balança point à faire son attaque de ce côté-là : il forma sa troupe sur la largeur de la brèche et fondit par là sur les Maures. Ceux-ci furent fermes d'abord et soutinrent bravement les trois premières décharges ; mais à la quatrième, les soldats françois ayant mis la baïonnette au bout du fusil, l'épouvante se répandit dans les bataillons et les escadrons ennemis : ils s'ébranlent, ils plient, ils se rompent enfin et fuient en désordre. Animés par la lâcheté des Maures, les François poursuivent les fuyards l'épée dans les reins, taillent en pièce tout ce qui se présente et se rendent maîtres de trois pièces de canon qu'ils abandonnèrent parce qu'ils ne pouvoient s'en servir. Comme les rues de Saint-Thomé sont fort étroites, les chevaux et les hommes s'embarrassoient dans leur fuite. Il s'en fit un carnage affreux. Enfin, les ennemis gagnèrent la plaine, et appréhendant encore quelque sortie du côté de Madras, rien ne put les arrêter. Ils coururent pendant douze lieues, abandonnant à la discrétion du vainqueur bagages, munitions et généralement tout ce qu'ils avoient dans Saint-Thomé. Le butin fut considérable. On prit grand nombre de bêtes de charge, soixante chameaux, six cents bœufs, près de cent chevaux, tous les drapeaux des Maures et une grande quantité de marchandises. Après avoir fait inutilement pendant quelque temps tous les efforts possibles pour rallier ses troupes, emporté par les fuyards, Mafouskan lui-même fut obligé de céder au torrent, et comme il couroit trop de risques sur son éléphant, il monta à cheval et s'enfuit encore une fois à toutes jambes. Il ne se crut en sûreté que quand il eut mis entre lui et les François une distance de douze lieues. Il vomit en fuyant mille imprécations contre son armée, déchira ses vêtemens et prit pour quelque temps l'habit de Faquir.

Le bruit de l'arrivée de M. Paradis étant parvenu jusqu'à Madras, M. Barthélemi connut la faute qu'il avoit faite et le danger que couroient les troupes qui venoient de Pondichéry. Aussitôt il fit sortir le détachement qu'il avoit commandé pour les soutenir. Il arriva à Saint-Thomé au moment que les François, sûrs de leurs victoires, se préparoient à marcher vers Madras. M. Paradis fit entrer ce détachement dans Saint-Thomé et lui donna ordre d'en enlever le butin que ses soldats étoient obligés d'abandonner.

La troupe victorieuse ne poursuivit point l'ennemi au delà de la ville. Elle entra dans Madras en triomphe. Ceux des soldats qui n'avoient pu enlever des chevaux étoient montés sur des chameaux ou sur des bœufs, et presque tous étoient revêtus des habits qu'ils avoient enlevés sur les Maures. Ceux-ci perdirent à cette action près de cinq cents hommes et eurent presque autant de blessés. Les François n'y eurent que deux soldats blessés légèrement.

Malgré ses pertes réitérées, Mafouskan ne laissa pas d'aller au secours des Anglois à Goudelour, lorsque les François firent le siège de cette place. Il y fut encore battu en plusieurs rencontres. Enfin M. Dupleix ayant trouvé moyen de mettre dans ses intérêts son frère Mahmet-Alikan en semant la discorde entre les deux frères, obligea l'aîné à lui demander la paix. Mafouskan se rendit pour cela à Pondichéry au commencement de l'année 1747; il y signa le traité et jura une union constante avec la nation françoise. Il en partit le troisième jour de son arrivée très-satisfait des honneurs qu'il y avoit reçus du gouverneur et se rendit à son camp où il licencia son armée. De là, au lieu d'aller joindre son père à Arcate, comme le vieux Anaverdikan l'en sollicitoit vivement, il quitta ses vêtemens, sa robe, ses armes et son turban, reprenant l'habit de Faquir qu'il avoit abandonné ; il courut se cacher dans Trichirapali, honteux d'avoir toujours été battu par les François et de s'être vu obligé de faire une paix qui ne lui étoit pas honorable. Mahmet-Alikan licencia pareillement les troupes qu'il avoit levées et se rendit auprès de son père, qui parut oublier la trahison qu'il avoit faite à son frère.

Les Anglois étoient au désespoir de voir cette guerre si heureusement terminée pour les François. La gloire qu'ils avoient acquise leur faisoit ombrage ; il n'y eut rien qu'ils ne missent en œuvre pour attirer les Mogols à leur parti ; mais ceux-ci n'eurent garde d'être les dupes de leurs suggestions ni de se laisser séduire par leurs vaines promesses. Ils leur répondirent nettement qu'ils pouvoient se tirer d'affaire comme ils l'entendroient et qu'ils étoient très-résolus de ne plus rien faire pour eux. La nouvelle de la prise de Madras et des victoires remportées par les François sur le nabab d'Arcate s'étoit répandue dans tout l'Indoustan. Elle avoit pénétré non-seulement chez les Marattes, mais encore à la cour de Nisam-Moulouk qui en avoit informé le Grand-Mogol, et elle avoit attiré à M. Dupleix des lettres de compliment et de félicitation de la part de presque tous les princes et seigneurs de l'Inde. Voici celle que Ragogi-Boussoula lui écrivit à cette occasion.

Ragogi-Boussoula, général de l'armée des Marattes, à M. Dupleix, gouverneur de Pondichéry.

« Je ne puis vous exprimer la joie que j'ai ressentie lorsque j'ai appris la nouvelle de la prise de Madras et que les François s'en étoient rendus maîtres. Agréez donc le compliment que je vous en fais en mon particulier et qui part de l'endroit le plus sensible de mon cœur.

»J'ai appris en même temps que les soubdards du Carnate s'étoient joints ensemble, et ayant rassemblé leurs armées comme des troupeaux de moutons, avoient eu l'audace de vous déclarer la guerre; mais qu'une poignée de vos valeureux François, braves comme des lions, leur ont livré bataille aux environs de Méliapour, les ont battus, leur ont pris leurs drapeaux, beaucoup de leurs chevaux et autres instrumens de guerre; les ont fait fuir jusqu'à Angyvarem, l'épouvante s'étant mise dans leur armée, ainsi qu'elle se met dans un troupeau de moutons, lorsque quelque loup entre dans une bergerie. Je vous assure que cette nouvelle m'a fait un plaisir des plus grands que j'aie ressenti de mes jours. Je ne puis assez vous marquer la joie que cela m'a causé; je vous en fais mille et mille fois mon compliment.

» Le soleil éclaire le monde depuis son lever jusqu'à son coucher, et lorsqu'une fois sa clarté est passée, on n'y pense et l'on n'en parle plus. Il n'en est pas de même de la lumière que répand dans le monde votre bravoure et le renom que vous vous êtes acquis par tant d'exploits: on ne cesse jamais d'en parler; nuit et jour ils sont présens à l'esprit. Le bruit de vos victoires est tellement répandu dans toutes ces côtes et ailleurs que tous vos ennemis, de quelque nation qu'ils puissent être, en sont consternés. C'est de quoi vous pouvez être assuré. Tout l'Indoustan retentit de ce bruit. Notre roi, Savon-Raja, ayant appris toutes ces nouvelles, vous a donné des louanges inexprimables, et ne parle qu'avec admiration de votre nation. Chandasaeb m'a toujours parlé très-avantageusement de vous; mais vos derniers exploits ont fait plus d'impression sur moi que tout ce qu'il m'en avoit dit; c'est pourquoi je vous demande votre amitié, et vous fais savoir en même temps que notre puissant monarque voulant que son pavillon soit replanté dans tous les endroits où il battoit ci-devant et que les Maures nos ennemis nous ont enlevé, m'a ordonné de me transporter de vos côtés. Dans peu je compte mettre ses ordres à exécution. Aussitôt que je serai arrivé, je ne manquerai pas de vous en donner avis et de m'aboucher avec vous, car je vous dirai que j'ai bien des choses à vous communiquer touchant les intentions de mon puissant roi. Si vous voulez vous joindre à moi, c'est-à-dire vos forces aux miennes, nous ferons des choses dont on ne pourra s'empêcher de parler éternellement. Geréran-Pandet, mon procureur, qui est auprès de vous, vous dira le reste. Il est instruit de mes intentions. Je vous souhaite toujours beaucoup de réussite dans toutes vos entreprises, et un enchaînement de victoires qui ne puisse jamais finir, etc. »

L'infortuné Chandasaeb ne fut pas des derniers à apprendre les heureux succès des François ses bons amis, et il ne manqua pas d'en féliciter M. Dupleix, le priant de continuer d'honorer de sa protection (ce sont ses termes) sa femme et sa famille retirées à Pondichéry. On ne rapporte point ici sa lettre non plus que toutes celles que M. Dupleix reçut de divers endroits au même sujet, pour ne pas ennuyer par une répétition de complimens qui disent tous à peu près la même chose. Il suffit de savoir que dans ces lettres, on voit partout des preuves non équivoques de l'estime, de l'admiration et du respect que les derniers succès des François leur avoient attirés de la part de tous les seigneurs tant maures que gentils, qui tous recherchoient avec empressement leur alliance et leur amitié. Par là il est aisé de juger combien cette guerre des François contre les Maures, nécessaire dans son principe, a été non-seulement glorieuse, mais même avantageuse à la nation, et quel crédit et quelle autorité elle lui a conciliés dans l'Inde.

La réputation des François étoit montée à son plus haut point; la terreur de leur nom, pour me servir des propres termes dont usoit dans sa lettre un des principaux officiers de l'armée de Nazerzingue, s'étoit répandue dans tout l'Indoustan et il étoit à présumer que la paix qu'ils venoient de faire avec les Maures, seroit de durée. Mais Mafouskan, fils du nabab d'Arcate, aussi peu jaloux de ses sermens que de sa gloire, ne se piquoit pas d'observer ses engagemens les plus solennels. En se dépouillant des marques de sa dignité pour prendre l'habit de faquir, il ne s'étoit point défait de la haine qu'il portoit à la nation; aussi ne cherchoit-il que l'occasion de lui en donner des marques et de l'humilier. Elle parut se présenter sous un point de vue très-propre à flatter son animosité.

Au mois d'août 1748, les Anglois vinrent assiéger Pondichéry avec toutes les forces qu'ils purent rassembler dans les Indes; et pour assurer d'autant mieux la conquête qu'ils avoient méditée de cette place, ils entreprirent d'intéresser le nabab et de lui persuader qu'elle ne pouvoit leur résister. Mafouskan, que ses pertes et sa honte n'avoient pu rendre sage, aveuglé par sa haine, se laissa aisément persuader. Il leva 6000 hommes, et pour ne pas paroître être le premier à rompre la paix, il confia le commandement de ce corps à son beau-frère, qui pour colorer sa perfidie, publia qu'ayant une vengeance particulière à tirer de la nation, il venoit se joindre aux Anglois pour la châtier. D'un autre côté, le vieux nabab Anaverdikan se tenoit avec un corps de huit à dix mille hommes à dix ou douze lieues de Pondichéry, sous le prétexte de contenir quelques rebelles. Ce nouveau renfort étonna peu les François. Ils connoissoient l'ennemi qui les attaquoit et ils étoient bien sûrs qu'il seroit plus à charge aux Anglois qu'utile pour avancer le succès du siége comme la suite l'a bien prouvé.

Le Grand Mogol, charmé de la fermeté et de la sagesse du gouvernement de M. Dupleix, voulut lui donner des marques particulières de son estime. Pour cela il augmenta ses titres du nom de Dupleix-Kan-Mansoubdar-Nabab-Musafergeng-Badaour [1], et du sceau attaché à cette dignité. En augmentant son crédit et son autorité dans l'Indoustan elle lui concilia en même temps l'amitié de tous les princes et seigneurs maures et gentils ; en particulier celle de Savon-Raja, roi des Marattes, qui l'en fit féliciter par Ragogi-Boussoula son général. M. Dupleix crut pouvoir profiter de cette occasion et de la correspondance qu'il entretenoit avec Ragogi, pour procurer la liberté de Chandasaeb. Ce malheureux prince étoit toujours prisonnier chez les Marattes, qui, à l'instigation de Nisam-Moulouk, intéressé à soutenir Anaverdikan dans le gouvernement d'Arcate qu'il lui avoit donné, persistoit à lui demander des sommes considérables pour sa rançon. Il couroit de temps en temps des bruits sourds que ce seigneur revenoit à la tête d'une armée de Marattes pour rentrer dans ses états ; mais il ne sembloit pas qu'on dût penser à sa liberté pendant la vie de Nisam. Ses enfans ainsi que ceux de Barasaeb son frère, étoient toujours à Pondichéry où l'on avoit pour eux toutes sortes d'égards. Ils y répondoient de bonne grâce par l'affection qu'ils faisoient paroître pour les François, et par leur attention à témoigner leur reconnoissance au gouverneur. Celui-ci connoissoit l'attachement de Chandasaeb pour la nation. Il savoit les services qu'il avoit rendus à la compagnie et il étoit persuadé qu'il en reviendroit un grand bien s'il pouvoit rentrer dans son gouvernement. Dans cette vue et en répondant à Ragogi-Boussoula, pour le remercier de son compliment, il pria ce général de lui accorder la liberté de ce prince. On demandoit auparavant pour la rançon de Chandasaeb seize laks de roupies, qui font environ quatre millions monnoie de France. Cependant, sur la simple recommandation de M. Dupleix, on le mit en liberté avec son fils. On n'exigea de lui d'autre condition, sinon qu'aussitôt qu'il seroit maître d'Arcate, il payât deux laks et demi de roupies pour la dépense qu'il avoit faite pendant le temps de sa prison, et on voulut que cette somme fût remise alors entre les mains de M. Dupleix.

En accordant la liberté à Chandasaeb, le roi des Marattes lui donna une escorte pour le conduire dans ses états, avec ordre à tous ses généraux de lui prêter main forte au cas qu'il en eût besoin. Ce prince partit de Sutara, capitale du royaume des Marattes, accompagné de son fils. Il étoit déjà sur les terres du raja de Canara lorsqu'il apprit la nouvelle du siége de Pondichéry, ce qui l'engagea à suspendre sa marche, jusqu'à ce qu'il eût reçu des lettres de M. Dupleix. Dans cet intervalle, deux rajas du pays qui étoient en guerre, s'étant adressés à lui pour lui demander du secours, le plus foible engagea Chandasaeb à l'aider de ses forces, moyennant une somme d'argent dont ils convinrent. Les deux armées en étant venues aux mains, Chandasaeb perdit la bataille par la trahison d'un des généraux de son parti. Son fils fut tué avec quelques-uns de ses gens ; lui-même fut fait prisonnier : mais le vainqueur le relâcha dès qu'il eût vu l'ordre du roi des Marattes, et le mit en liberté avec toute sa suite.

Cependant le siége de Pondichéry continuoit sans que depuis plus de trente jours de tranchée ouverte, les ennemis parussent être plus avancés que le premier. On n'entrera point dans le détail de ce fameux événement dont on a vu sans doute plusieurs relations en Europe. Il suffit de dire que les Maures, qui s'étoient

---

[1] Celui qui possède ces titres dans l'Indoustan, a autant de pouvoir que l'empereur même : il peut lever des troupes et faire des nababs, et a droit de vie et mort sur tous les sujets de l'empire. (*Note de l'ancienne édition.*)

joints aux Anglois, voyant la belle défense des François et ne pouvant plus se promettre que la place fût emportée comme ils l'avoient espéré d'abord, commencèrent à penser à la retraite. Pour achever de les y déterminer, M. Dupleix sema adroitement la discorde entre les deux partis alliés et cette mésintelligence obligea enfin les Maures à décamper. Les Anglois se retirèrent eux-mêmes quelques jours après, ayant perdu devant cette place plus de 1,500 hommes, sans compter les prisonniers, qui étoient en grand nombre et parmi lesquels on comptoit le major de Goudelour, un capitaine et plusieurs officiers. Au contraire, la perte des François fut très-peu considérable, malgré le feu de plus de 40,000 coups de canon qui furent tirés contre la ville et près de 5,000 bombes qui y furent jetées. On admira la conduite prudente et ferme du gouverneur pendant toute la durée du siége.

Lorsque la nouvelle de cet événement se répandit dans l'Inde, tous les princes et gouverneurs maures et gentils qui en furent instruits, s'empressèrent d'écrire à M. Dupleix pour le féliciter de ce succès et pour lui en marquer leur satisfaction. Elle lui attira de grands complimens, non-seulement de la part de Ragogi-Boussoula avec lequel il entretenoit toujours une grande correspondance, mais même de celle de Feteissingue, fils de Savon-Raja, roi des Marattes et de Nazerzingue, fils de Nisam-Moulouk. Le vieux nabab d'Arcate Anaverdikan, à qui M. Dupleix avoit écrit très-fortement après la levée du siége et qu'il avoit menacé de toute l'indignation des François, se crut obligé de justifier sa conduite auprès de lui. Il désavoua hautement tout ce que son gendre avoit fait, témoignant que s'il le tenoit, il le puniroit grièvement, et promit à M. Dupleix d'en tirer telle vengeance qu'il jugeroit à propos. Celui-ci, bien instruit de la mauvaise foi du nabab et de son peu d'affection pour la nation françoise, crut ce qu'il voulut de ses excuses. Il dissimula cependant sa façon de penser, attendant que le temps lui fournît quelque occasion favorable de lui marquer son ressentiment.

Une grande révolution arrivée alors dans les Indes, la lui offrit telle qu'il pouvoit la souhaiter [1]. Personne n'ignore les malheurs de Mahamet-Schah, père du Grand Mogol aujourd'hui régnant, qui en 1739 fut détrôné par Nadir-Schah, autrement nommé Thamas-Kouli-Kan, roi de Perse. On ne peut nier que le Mogol ne se fût attiré cette disgrâce par sa mollesse et son mauvais gouvernement. Mais aussi n'y a-t-il guère lieu de douter que les Persans n'eussent été attirés dans les Indes par ce fameux Azefla ou Nisam-Moulouk dont on a déjà parlé. Cette conjecture est d'autant mieux fondée que Thamas-Kouli-Kan ne marqua pour personne tant d'estime et tant de confiance que pour ce seigneur, et que par un des articles du traité qu'il fit avec Mahamet-Schah, il ne le rétablit sur son trône qu'à condition que le gouvernement de l'empire resteroit entre les mains de Nisam. Ce qu'il y a de certain c'est que celui-ci fut violemment soupçonné d'avoir tramé ce projet, dans la vue, disoit-on, de s'emparer du trône après la mort de l'empereur, et de faire entrer la succession dans sa famille. Ces soupçons étoient encore fondés sur ce que Nisam avoit épousé la nièce de Mahamet-Schah et qu'il étoit Persan d'origine. Car on voit assez de Persans aller s'établir dans l'Indoustan ; et comme la langue des Mogols, par conséquent la langue dominante est le persan [1] que les Indiens ne parlent et n'entendent point, il arrive que ces Persans deviennent nécessaires dans le pays et assez souvent y font fortune.

Quoi qu'il en soit, il est certain qu'après être remonté sur le trône, Mahamet-Schah demeura fort affoibli et que son autorité ne fut plus suffisante pour contenir les généraux et les gouverneurs de l'empire. Les Patanes, profitant de cette foiblesse, formèrent le projet d'attaquer Delhy ; ils levèrent une armée de 80,000 chevaux et de 190,000 hommes de pied, et marchèrent vers cette capitale.

Le Grand Mogol a auprès de lui vingt-quatre omrhas ou ministres qui composent ses différens conseils. Deux d'entre eux sont généralissimes de ses armées. L'un commande dans la partie du nord, l'autre dans celle du sud. Leur devoir est de prévenir les rébellions et de calmer les troubles de l'empire. Tel étoit Nisam-Moulouk. La politique de ces généraux lorsqu'ils sont appelés en cour pour rendre compte de leur conduite, est de faire agir quel-

---

[1] Voyez les mémoires du Levant, tome 1. de la présente édition.

[1] Le persan est la langue diplomatique ; le Sanskrit la langue savante, l'indostani la langue vulgaire

ques corps de Marattes qu'ils engagent à se jeter sur quelque province et à la piller. Ils s'excusent alors d'aller en cour, sur la nécessité de repousser les ennemis, et se dispensent par là d'obéir aux ordres qu'on leur envoie. Nisam, dont les intrigues avoient tellement éclaté qu'il craignoit de tomber entre les mains de l'empereur, s'étoit souvent servi de cette ruse pour s'exempter de se rendre à Delhy.

Aussitôt que l'on eut appris dans cette capitale la nouvelle de la marche des Patanes, Mahamet-Schah assembla tous ses conseillers, ministres et généraux, s'assit sur son trône, et, présentant du bétel de sa main, invita celui d'entre eux qui avoit assez de courage pour aller attaquer le camp des ennemis, à venir prendre le bétel qui lui étoit destiné. Aucun d'eux n'osa ou bien ne voulut y toucher. Il n'y eut que le fils unique de l'empereur, jeune prince d'environ dix-huit ans, qui, voyant avec douleur le morne silence qui régnoit dans l'assemblée, se leva pour prendre le bétel; mais son père l'en empêcha et représenta qu'il n'étoit pas convenable que l'héritier présomptif de l'empire fût exposé dans une occasion aussi périlleuse, tandis qu'il y avoit tant de généraux expérimentés, plus propres que lui à repousser les ennemis. Cependant tous les grands s'opiniâtrèrent à soutenir que puisque son fils s'étoit présenté pour prendre le bétel, c'étoit par conséquent à lui de marcher. Le jeune prince en pressa lui-même son père avec larmes. L'empereur se rendit enfin ; mais, comme son fils n'avoit point de troupes, il ordonna que, suivant la loi et la constitution de l'état, ses ministres lui fourniroient trois cent mille hommes. Ils obéirent; mais ils gagnèrent sous main les commandans et autres officiers généraux de ces différens corps, et les engagèrent à faire en sorte que le prince tombât entre les mains des Patanes et pérît dans le combat. Le hasard voulut que leur trahison ne réussît point. Le jeune prince en ayant été instruit lorsqu'il étoit sur le point de livrer bataille, fit arrêter et punir tous les complices; après quoi il lui fut facile de battre tous les Patanes et de les mettre en fuite.

Tandis que ces choses se passoient à l'armée, les vingt-deux omrhas qui étoient restés auprès de l'empereur, ne doutant point de la réussite de leur trahison contre le prince qu'ils tenoient déjà pour mort, commencèrent par en faire courir sourdement le bruit dans la capitale, ensuite ils entrèrent un jour dans l'appartement de l'empereur, s'en défirent et jetèrent son corps par les fenêtres. Après quoi ils publièrent dans la ville que, sur la nouvelle de la perte de la bataille et de la mort de son fils, il s'étoit lui-même précipité. Telle fut la fin malheureuse de Mahamet-Schah, empereur des Mogols, assassiné par ses propres ministres en 1748.

Cet horrible attentat ne put pourtant être tenu si secret qu'il ne transpirât. Le jeune prince qu'on nommera désormais Amet-Schah, étoit en marche pour rentrer dans Delhy lorsqu'il en apprit la nouvelle. Aussitôt il comprit tout le danger qui le menaçoit. Pour l'éviter, il dissimula et mit en usage le même stratagème dont le fameux Aureng-Zeb s'étoit servi dans une occasion différente. Il parut désolé de la mort de son père qu'il feignit de croire être arrivée naturellement, déchira ses vêtemens et prit celui de faquir, déclarant hautement qu'il renonçoit au monde et qu'il ne vouloit point entendre parler du gouvernement de l'empire. Il eut même l'adresse de contrefaire le fou. Les traîtres informés de ce qui se passoit, allèrent à sa rencontre et l'assurèrent qu'ils le reconnoissoient pour leur empereur; mais le prince rejeta leurs offres. « Non, je ne monterai point sur le trône, leur dit-il d'un air affligé, un de vous sera empereur, je renoncerai à ma couronne en sa faveur, en présence de tout le peuple ; c'est-là ma dernière résolution. Je me rendrai aujourd'hui au palais pour prendre congé de ma mère. Que chacun de vous se retire chez soi. Celui de vous que j'enverrai chercher cette nuit, et à qui je remettrai le sceau de l'empire, règnera et prendra mon nom. Je souhaite qu'il gouverne en paix. Du reste le monde est fini pour moi. »

Ce discours intrigua tous ces grands et commença à mettre parmi eux une espèce de division. Chacun d'eux en particulier osa se flatter d'un choix qui alloit faire un empereur ; ils se retirèrent chez eux sans prendre aucune nouvelle résolution.

Aussitôt qu'Amet-Schah fut entré au palais, il fit préparer vingt-deux chambres pour l'exécution du dessein qu'il méditoit et ordonna que la porte en fût fort basse. Ensuite il plaça à l'entrée de chaque appartement deux personnes armées de lacs de rottin fin, avec ordre de les passer au cou de tous les ministres qu'il feroit appeler. Il commença par le plus considérable qui, croyant déjà avoir la couronne sur sa tête, et se baissant pour entrer dans l'appartement où étoit le prince, fut saisi par les deux soldats apostés et étranglé. Ses complices eurent successivement le même sort. En moins de deux heures la trahison fut punie et les vingt-deux traîtres sacrifiés à la juste vengeance du prince. Il fit exposer leurs corps au milieu de la place, et sur-le-champ nomma d'autres ministres sur la fidélité desquels il pouvoit compter. Après cette exécution sanglante, mais nécessaire, Amet-Schah se fit voir sur son trône dans tout l'appareil de la majesté et fut salué empereur par tous ses sujets.

Cet acte d'une justice sévère fit trembler tous ceux qui étoient en charge; quoiqu'ils fussent presque tous dans les intérêts des coupables, aucun ne branla. Tout plia sous l'autorité des nouveaux ministres. Le lendemain l'empereur fit trancher la tête à quelques généraux et officiers principaux qui avoient trempé dans la conspiration. Il en exila aussi quelques-uns et en condamna d'autres à une prison perpétuelle. Du nombre de ces derniers fut un fils de Nisam-Moulouk, aîné de Nazerzingue. A l'égard de celui-ci, son père le retenoit auprès de lui pour veiller sur ses actions, parce que, comme on l'a dit, il s'étoit révolté contre lui. Nisam avoit aussi une fille mariée à Satodoloskan et mère de Mouzaferzingue.

Après avoir rétabli le calme dans Delhy, il ne restoit plus à Amet-Schah que de tirer une juste vengeance du chef même des conjurés. C'étoit ce même Nisam-Moulouk si justement soupçonné d'avoir donné entrée aux Persans dans l'empire. L'empereur n'ignoroit pas toutes ses intrigues et il étoit bien informé qu'il avoit été le principal moteur de la dernière conspiration. Il lui envoya ordre de se rendre à la cour pour rendre compte des revenus des royaumes de Golconde et d'Areng-Abad, ainsi que de ses autres gouvernemens, dont il n'avoit encore rien remis au trésor impérial. Nisam mit en pratique, pour s'excuser de paroître à la cour, ce qui jusque-là lui avoit réussi. Il disposoit à son gré des généraux marattes, qui se prêtoient d'autant plus volontiers à ses intentions qu'ils profitoient du pillage qu'il leur occasionnoit. Mais ce nouvel empereur étoit au fait de toutes ses ruses, et pour cette fois, les ordres furent si exprès et si précis que Nisam ne crut pouvoir différer à obéir sous quelque prétexte que ce fût. Ce vieux général qui, au rapport des gens de sa nation, étoit alors âgé de cent sept ans, pénétré du mauvais succès de ses intrigues et craignant de finir des jours pleins de gloire, par une mort ignominieuse, pour sortir d'embarras, prit, dit-on, le parti d'avaler du poison. D'autres prétendent qu'il mourut du chagrin que lui causèrent les ordres qu'il avoit reçus de Delhy. Quelques-uns même le soupçonnèrent d'avoir été empoisonné par Nazerzingue. Après sa mort, celui qui, du vivant de son père, n'avoit jamais eu beaucoup de crédit, s'empara du gouvernement et de ses trésors, fit mourir quelques-uns des vieux conseillers de Nisam, chassa les autres et donna leurs places à des personnes qui lui étoient affidées. Ensuite, sans attendre l'agrément et les dispositions de la cour, il se rendit maître de l'administration de tous les gouvernemens de son père, disposa de toutes les charges et nomma à tous les offices militaires.

Amet-Schah ne fut pas plutôt instruit de la mort de Nisam et de la révolte de Nazerzingue, qu'il pensa à punir la témérité du rebelle et à rendre à l'héritier légitime la justice qui lui étoit due. C'étoit le fils de Satodoloskam petit-fils de Nisam par sa fille et à qui sa succession appartenoit, suivant même les dernières dispositions de ce vieux général. Aussitôt l'empereur appela à la cour ce jeune seigneur qui avoit l'honneur d'être son cousin, lui changea son nom en celui de Mouzaferzingue, le déclara souba et généralissime de ses armées, et l'investit du gouvernement des royaumes de Goldonde et d'Aureng-Abad et de toutes leurs dépendances. En même temps il lui donna ordre de marcher sur-le-champ contre Nazerzingue et de le lui envoyer prisonnier après lui avoir fait rendre compte des sommes considérables que son père devoit à l'empire, et il lui promit qu'aussitôt qu'il seroit maître de Golconde, il lui donneroit le titre de Nisam-Moulouk que portoit son aïeul. Il n'est point d'usage que l'empereur accorde ce nom, excepté à ceux qui se sont emparés de quelques royaumes et qui ont remporté plusieurs victoires.

Le Grand Mogol est une belle idole parée, qu'on encense, qu'on honore par des respects et que l'on cultive par des présens, mais sourde dans le fond, muette et insensible, et dont tout le pouvoir n'a de fondement que dans la vénération des peuples et l'attachement que ses adorateurs ont pour elle.

Le gouvernement est absolu dans les Indes comme dans tout l'Orient; là le monarque est aussi despotique et aussi indépendant qu'en Turquie. Il y a seulement une différence considérable : les Turcs, uniquement attachés à la maison ottomane, iroient plutôt se chercher un souverain parmi les Tartares de Crimée que de consentir jamais à se soumettre à une famille, quelque considérable qu'elle fût ; là jamais visir ni bacha n'osa se flatter de monter sur le trône, et la vénération des peuples pour le sang ottoman est telle qu'à la lecture des ordres du prince, qui en est issu et qui gouverne, le seigneur le plus puissant de l'empire se fait un devoir de religion de soumettre sa tête au coup mortel et de présenter son cou aux bourreaux.

La vénération des Mogols n'est pas moins grande pour leur empereur : ils se regardent tous moins comme ses sujets que comme ses esclaves ; mais leur soumission et leur attachement se bornent uniquement au trône de Tamerlan, sans qu'ils se mettent beaucoup en peine de quel nom ou de quelle famille est celui par qui il est occupé. Tout homme qui chez eux est maître du sceau de l'empire est en même temps leur maître et leur empereur ; ils le respectent, lui obéissent et lui paient tribut. Il n'appartient qu'à lui de distribuer les charges, les titres et les honneurs ; lui seul peut nommer aux gouvernemens. Mais ce prince si grand et si puissant n'a pas un seul homme de troupe à ses ordres : toutes les forces de l'empire sont entre les mains des ministres, des omrhas et des autres grands de l'empire, et en donnant un gouvernement à quelqu'un, le grand Mogol n'a pas le pouvoir de l'en mettre en possession malgré un seigneur rebelle qui s'en sera emparé. C'est au nouveau gouverneur à lever une armée, à marcher contre l'usurpateur et à tâcher de le chasser de la province qu'il occupe injustement et sans titre ; s'il réussit, à la bonne heure. Au contraire, s'il est battu, l'empereur n'en est pas moins reconnu et respecté. Le vainqueur ne manque jamais d'écrire à la cour des lettres pleines de soumission par lesquelles il demande le titre nécessaire pour commander dans la province qui avoit été destinée à son rival, et à la faveur des présens dont il fait appuyer sa demande, elle ne manque pas d'être écoutée. L'autorité du prince intervenant à une possession qui originairement n'étoit fondée sur aucun droit, fait d'un révolté ou d'un usurpateur un maître juste et légitime ; tous les peuples du gouvernement le reconnoissent et lui obéissent. Telle est la politique qui rend cet état sujet à des révolutions continuelles. On a fait cette remarque sur le gouvernement de l'empire des Mogols parce qu'on l'a cru nécessaire : elle servira à donner une idée juste de ce qui a été dit jusqu'ici et de ce qui reste à dire.

Mouzaferzingue partit de Delhy à la tête de huit mille chevaux et de treize à quatorze mille hommes d'infanterie. Son armée grossissoit à mesure qu'il avançoit par les nouvelles levées qu'il faisoit faire sur sa route. Il traversoit le royaume de Canora lorsque Chandasaeb, qui comme on l'a dit y étoit alors, crut pouvoir profiter de cette occasion pour faire valoir ses droits sur la nababie d'Arcate. Il se rendit auprès de ce seigneur, lui représenta la justice de ses prétentions et lui communiqua les lettres de M. Dupleix, qui lui promettoit son secours pour le rétablir dans son gouvernement. Mouzaferzingue, déjà instruit de la valeur de la nation françoise, voyant les droits de Chandasaeb si bien appuyés, ne balança point à lui confirmer le titre de nabab d'Arcate et de Maduré au nom du Grand Mogol, qu'il informa aussitôt de ce qu'il venoit de faire ainsi que du dessein qu'il avoit formé de marcher lui-même en personne vers le Carnate.

Il y avoit alors à la cour de Delhy plusieurs François que la curiosité y avoit attirés ; ils avoient fait valoir auprès de l'empereur la belle défense de Pondichéry contre toutes les forces réunies des Anglois ; ils lui avoient vanté la valeur des soldats françois, la capacité de leurs officiers et la conduite ferme et prudente de leur chef.

Amet-Schah, déjà informé de ces particularités par le bruit public et par quelques seigneurs mogols qui lui en avoient parlé, approuva tout ce que son général avoit fait, confirma à Chandasaeb le gouvernement d'Arcate et de Maduré, l'honora du nom d'Uzendoskan-Badour, et écrivit à Mouzaferzingue de lui donner le titre d'Umbrazingue dès qu'il seroit rentré dans ses états. En même temps il lui donna ordre qu'aussitôt qu'il auroit fait reconnoître son autorité dans les royaumes du Maduré et du Carnate, il se transportât à Pondichéry pour y visiter de sa part le gouverneur de cette ville et lui faire ses complimens, et qu'il lui déclarât que pour gage assuré de l'estime qu'il faisoit de lui et de la nation françoise il lui demandoit sa belle-fille en mariage, en faveur duquel il promettoit plusieurs grands priviléges, tant pour la nation que pour la religion catholique. Cette démarche tout extraordinaire qu'elle pourroit nous paroître en suivant nos idées et nos coutumes, ne l'est pas autant pour ceux qui sont instruits des usages de ce pays.

A la réception de ces ordres du prince, le souba Mouzaferzingue se mit en marche accompagné de Chandasaeb, et prit la route du Carnate. Il n'étoit pas aisé d'y pénétrer. Anaverdikan et Mafouskam son fils s'étoient emparés d'un défilé par où il falloit nécessairement que l'armée passât; ils s'y étoient retranchés et y attendoient fièrement leurs ennemis. Les troupes de Chandasaeb n'étoient pas nombreuses et Mouzaferzingue ne vouloit pas exposer les siennes aux risques de l'événement. Dans cet embaras, ils campèrent au pied des montagnes et dépêchèrent un exprès à M. Dupleix pour l'informer de leur situation.

Il n'y avoit pas beaucoup à balancer sur le parti que l'on pouvoit prendre dans ces circonstances. Tout parloit en faveur de Chandasaeb, ancien ami de la nation françoise, légitime héritier des royaumes du Carnate et du Maduré, qui apportoit encore avec lui la confirmation du Grand Mogol, dont le propre cousin, généralissime de ses armées, écrivoit à M. Dupleix qu'il étoit de la dernière importance qu'il s'abouchât avec lui à Pondichéry pour lui communiquer les ordres de l'empereur. Que pouvoit-on attendre au contraire d'Anaverdikan et de son fils, usurpateurs d'un état qui ne leur appartenoit point et dont la mauvaise volonté et le peu de bonne foi étoient connues? Ne les avoit-on point vus contre la foi des traités, par lesquels ils s'engageoient à ne jamais porter les armes contre la nation françoise, donner du secours aux Anglois à Goudelour, et tout récemment encore se joindre à eux pour faire le siége de Pondichéry?

Après avoir pesé et examiné mûrement toutes ces raisons, après avoir balancé les avantages que la compagnie pouvoit retirer de la visite du souba et de l'amitié de Chandasaeb, M. Dupleix se détermina à mettre en campagne deux mille Cypayes, soixante Caffres et quatre cent vingt soldats françois dont il confia la conduite au fils même de Chandasaeb. M. d'Auteuil, qu'il lui avait donné pour adjoint, se mit à la tête de ces troupes et marcha vers Arcate, éloigné de Pondichéry d'environ trente lieues. Il apprit sur la route qu'Anaverdikan s'étoit avancé quinze lieues dans les terres; il n'hésita point à l'aller trouver. Il le trouva campé au pied des montagnes, ayant avec lui dix à douze mille cavaliers, six mille hommes d'infanterie et deux cent vingt éléphans; il avoit aussi vingt pièces de canon gardées et servies par soixante-six Européens ramassés de toutes les nations. La montagne couvroit son camp d'un côté; de l'autre se présentoit un grand lac dont les bords étoient escarpés, le reste étoit défendu par un large fossé dans lequel on avoit fait entrer les eaux du lac: elles avoient débordé, de façon que tous les environs du camp étoient inondés et si glissans qu'à peine les chevaux pouvoient s'y soutenir.

Aussitôt que Mouzaferzingue eut reçu avis de l'arrivée de M. d'Auteuil, il prit le parti de déboucher par un autre défilé voisin, bien sûr qu'Anaverdikan ne risqueroit pas de sortir de son camp pour marcher à lui en présence des François. Leur résolution avoit en effet troublé le vieux nabab. Il n'avoit jamais imaginé qu'ils osassent s'avancer à une si grande distance de Pondichéry sans pouvoir espérer d'autre secours que celui qu'ils avoient à attendre de leur propre valeur. Ce vieux général, qui jusqu'alors s'étoit vu victorieux, commença à douter de l'événement; et après avoir si souvent éprouvé le courage des François, Mafouskam son fils, sentit redoubler ses craintes; leurs soldats ne faisoient pas une meilleure contenance. Anaverdikan voyant ce découragement général tâcha de ranimer ses troupes abattues, monta sur son éléphant, et donna lui-même l'exemple d'une généreuse défense.

Le 1er août 1749 on en vint aux mains. Les François attaquèrent le camp ennemi avec la plus grande vivacité, mais ils furent repoussés avec la même vigueur; ils retournèrent à la charge, et après plus d'une heure d'un combat très-vif, ils furent encore obligés de se retirer. Enfin M. d'Auteuil, considérant que ses troupes étoient fort incommodées du feu de l'artillerie et de la mousqueterie et plus encore par les flèches des ennemis, et que si on donnoit à Anaverdikan le temps de se reconnoître et de se fortifier davantage, il seroit impossible de le forcer, tout blessé qu'il étoit d'un coup de feu à la cuisse, il ranima sa petite armée et commanda une troisième attaque.

Elle se fit avec tant de bravoure et de vigueur que les François forcèrent les retranchemens ennemis et y arborèrent leurs drapeaux. Alors ce ne fut plus qu'une déroute générale. Mouzaferzingue et Chandasaeb, qui virent de loin avec étonnement ces prodiges de valeur se mirent à la poursuite des fuyards et profitèrent de tout le pillage, tandis que les François restoient sous les armes. Ceux-ci ne perdirent dans cette occasion qu'un officier irlandois et dix dragons, ils eurent aussi soixante soldats de blessés. Du côté des ennemis, on trouva parmi les morts Anaverdikan, qui fut renversé de dessus son éléphant de deux coups de feu qu'il reçut, l'un dans la tête, l'autre dans la poitrine[1]. Il y eut aussi neuf de leurs principaux chefs qui restèrent sur la place avec plus de mille soldats. Le nombre des blessés fut très-grand. On fit prisonnier Mafouskan, fils aîné du nabab, son oncle Mounourou-Dekan et dix de leurs principaux officiers de cavalerie. Mouzaferzingue et Chandasaeb ne perdirent pas un seul homme et en eurent très-peu de blessés dans la poursuite et dans le pillage. Le premier eut pour sa part du butin, quarante-trois éléphans; le second, dix-neuf. On tua tous les autres que l'on ne put prendre. On prit aussi plusieurs chevaux, que l'on partagea. La plus grande partie de la cavalerie ennemie passa au service de Mouzaferzingue et de Chandasaeb. Les François ne se réservèrent, pour tout avantage que l'honneur du combat, ce qui donna aux Maures la plus grande idée de la discipline et du désintéressement des troupes françoises dont ils venoient d'admirer la valeur.

Après la victoire, Mouzaferzingue honora le fils de Chandasaeb du titre de nabab de Trichirapali et de Maduré, et confirma, au nom de l'empereur, la donation de quarante-cinq aldées ou villages de Villenour, voisins de Pondichéry, du revenu d'environ soixante à quatre-vingt mille roupies, que Chandasaeb venoit de faire au nom de M. Dupleix, qui sur-le-champ en fit une cession authentique à la compagnie. Ensuite, tout étant disposé pour la marche de l'armée, les troupes françoises, jointes à celles des Mogols, prirent la route d'Arcate, d'où l'on dépêcha un exprès à M. Dupleix pour lui faire part de tout ce qui s'étoit passé. Suivant le rapport des principaux chefs maures, le pillage passoit la valeur de deux millions de pagodes, qui font près de dix-sept millions monnoie de France.

Pendant le séjour que les armées combinées firent à Arcate, Chandasaeb y nomma un gouverneur pour y commander en son nom. On mit à contribution les nababs de Velour et de Chétipel: le premier fut obligé de payer sept laks de roupies, qui font près de deux millions ; le second en fut quitte pour quatre laks et demi. Après cela, on se remit en marche pour se rendre à Pondichéry. L'armée de Mouzaferzingue et de Chandasaeb étoit fort grossie depuis le dernier combat ; elle étoit alors composée de vingt-trois mille hommes d'infanterie et quatorze mille chevaux et deux cent seize éléphans, et de six mille arquebusiers et arbalétriers. Ces troupes étoient suivies d'une multitude infinie de gens qui accompagnoient les bagages. Ils firent leur entrée dans la ville, qui les salua de toute son artillerie. Le gouverneur, qui vint les recevoir aux limites, étoit accompagné dans sa marche de toutes les marques de distinction attachées à ses dignités. En tête paroissoit un éléphant, portant un drapeau blanc sur lequel on remarquoit cinq soleils[1] ; ensuite venoient deux autres éléphans portant des nabates espèce de timbales qui n'est affectée qu'aux nababs dans leur gouvernement; après cela marchoit un autre éléphant portant aussi un drapeau blanc avec un soleil brodé d'or ; à ses côtés deux chameaux portoient deux timbales. Ils étoient suivis d'un officier à cheval portant un étendard à fond blanc, brodé en rouge et en vert, et chargé d'une main d'or armée d'une épée. Cinq cents cavaliers marchoient ensuite l'épée à la main, suivis de soixante dragons françois qui accompagnoient le palanquin de M. Dupleix : on portoit à sa droite douze petits étendards blancs ornés au milieu d'un soleil d'or ; à sa gauche paroissoit le palanquin de Chandasaeb, ayant à ses côtés huit étendards

---

[1] Il avoit alors 107 ans.

[1] Il n'appartient qu'aux mansoubdars d'avoir un étendard chargé de cinq soleils.

verts chargés d'un soleil d'or : sa suite étoit composée d'un éléphant qui marchoit en tête, sur lequel étoit son drapeau vert orné d'un soleil d'or ; de trois mille cavaliers, de deux cents gardes de sa personne marchant l'épée nue, de quatre cents lanciers et arbalétriers ; son palanquin étoit entouré de douze chopdards ou porteurs d'ordres armés de leurs longues cannes et de six autres portant des masses d'argent. Ce cortége se rendit à la forteresse, où Chandasaeb fit à M. Dupleix son présent, composé d'une magnifique toque, ornée d'un bouquet en forme d'aigrette d'or garnie de diamans, d'une cabaye ou robe tissue d'or et de soie et d'une ceinture brodée en or. Chandasaeb mit lui-même la toque sur la tête de M. Dupleix, et cette cérémonie fut accompagnée du bruit de l'artillerie de la forteresse. Le nabab demeura trois jours à Pondichéry, après lesquels il fut reconduit jusqu'à la porte de la ville avec les mêmes cérémonies qui avoient été observées à sa réception.

Deux jours après, le gouverneur de Pondichéry sortit au-devant de Mouzaferzingue, qui avoit différé jusqu'alors de faire son entrée. M. Dupleix étoit accompagné de tout le conseil souverain et avec la même suite dont on a donné la description. Les deux premiers conseillers de Pondichéry avec M. Albert, qui parle la langue indostane, furent députés pour complimenter Mouzaferzingue sur sa route, et aussi-tôt que M. Dupleix eut avis que ce prince approchoit des limites, il s'avança pour le recevoir.

Le souba avoit à sa suite cinq mille cavaliers, tous le sabre à la main. Son drapeau étoit blanc, chargé au milieu d'un côté de la moitié d'un soleil, de l'autre d'un croissant de couleur d'or: il étoit porté par un éléphant ; mille lanciers marchoient ensuite accompagnés de deux éléphans qui portoient chacun deux petits canons de deux livres de balle. Ils étoient suivis de huit cents chameaux chargés de fusées armées dont les Maures se servent dans le combat au lieu de grenades. Suivoit un nombre infini de drapeaux et d'étendards, qui étoient les marques des dignités de tous les grands officiers dont la suite du souba étoit composée : on en compta plus de deux mille sept cents. Après cela paroissoit un éléphant portant un étendard noir orné d'un côté d'une main armée d'un sabre d'argent, et de l'autre d'un croissant et de la

¹ L'étendard d'un Grand Mogol est blanc, il a d'un

moitié d'un soleil. Cet éléphant étoit entouré de vingt-quatre autres chargés de leurs petites tours sur le dos, où étoient assis les principaux généraux qui accompagnoient Mouzaferzingue. Après quoi marchoient cinq cents cavaliers armés de flèches. Mouzaferzingue lui-même paroissoit enfin sur son éléphant prodigieusement grand, ayant à ses pieds son fils, agé d'environ huit ans, et celui de Chandasaeb. On conduisoit à sa droite un éléphant qui portoit l'étendard nommé maimnavatte et tous les petits étendards qui étoient la marque des dignités dont Nisam-Moulouk, son grand-père, étoit revêtu. Sa garde étoit composée de dix mille cavaliers, superbement vêtus, marchant l'épée nue. Il étoit environné de vingt-quatre soubdars à masses d'argent et de cent chopdards armés de longues cannes. On portoit devant lui un étendard à fond blanc, orné d'un croissant et d'un soleil. Douze éléphans fermoient la marche et portoient la mère, la femme et le reste de la famille du souba dans leurs ckeiroses ou petites tours couvertes ; elles étoient gardées par cinq mille arquebusiers, mille lanciers et arbalétriers et mille cavaliers. Le reste de l'armée campa dans les aldées de Villenour avec tous les prisonniers.

Ce cortége étant arrivé à la tente de M. Dupleix, précédé du détachement victorieux des troupes françoises, Mouzaferzingue mit pied à terre, entra dans la tente avec son fils et complimenta M. Dupleix de la façon la plus polie et la plus honnête. De là ils se mirent en marche avec toute leur suite et furent salués à leur entrée à Pondichéry de toute l'artillerie de la forteresse et des remparts. Les Maures, peu accoutumés à ce bruit, en furent épouvantés ; et comme la plupart n'avoient jamais vu la mer, ils coururent avec empressement vers le port pour satisfaire leur curiosité. Il y eut le soir un grand souper au gouvernement. La moitié de la table étoit servie dans le goût des Maures pour Mouzaferzingue et sa suite ; l'autre à l'européenne pour les François. C'est l'usage qu'avant que de servir les mets préparés pour Mouzaferzingue, son majordome en fasse l'épreuve,

côté un soleil d'or, de l'autre une lune d'argent. Les généralissimes, princes du sang, portent le même étendard avec un croissant. Les autres n'ont qu'un étendard rouge. Cet étendard noir étoit celui de Nisam-Moulouk, depuis qu'il avoit vaincu le vice-roi de Golconde. Sa devise est une main armée d'un sabre. Nisam signifie bras fort. (*Note de l'ancienne édition.*)

qu'il les mette ensuite dans une boîte qu'il scelle de son cachet ; c'est en cet état qu'ils sont présentés sur la table. Le souba, ayant reconnu le sceau de son officier, fait ouvrir la boîte et mange sans crainte : c'est un usage établi parmi les Maures pour éviter le poison. Mais tant qu'il demeura à Pondichéry, Mouzaferzingue n'usa de cette espèce de cérémonie que pendant les deux premiers jours ; le reste du temps il voulut témoigner aux François qu'il se croyoit plus en sûreté chez eux qu'il n'eût pu l'être chez son propre frère. Cette marque de confiance frappa tous les seigneurs maures qui étoient à la suite du souba; elle leur parut d'autant plus extraordinaire que Mouzaferzingue avoit alors tout à craindre de Nazerzingue et de plusieurs autres ennemis. Ils avoient peine à comprendre comment, dans des circonstances si délicates, ce prince pouvoit abandonner sa vie à la discrétion d'un étranger, non-seulement en faisant usage des mets qui étoient préparés chez lui, mais même en reposant la nuit en toute sécurité avec toute sa famille dans la forteresse.

Mouzaferzingue est un jeune prince de vingt-cinq ans, d'une taille moyenne, aussi blanc qu'un Européen, d'une figure prévenante et d'une politesse infinie. Quelques jours après son arrivée à Pondichéry, le gouverneur le régala d'un très-beau feu d'artifice qu'il fit tirer et dont le souba, qui n'en avoit jamais vu de pareil, parut fort satisfait. Il marqua aussi avoir quelque envie de voir un combat entre deux corps de troupes européennes, et on lui en donna le plaisir. Les troupes commandées étoient accompagnées de quelques petites pièces de campagne, de celles qui tirent plusieurs coups dans la minute. Après plusieurs évolutions, elles marchèrent à l'attaque de la forteresse selon l'ordre qu'on leur en avoit donné ; en même temps deux vaisseaux d'Europe qui étoient en rade imitèrent entre eux un combat naval. Les Maures étoient dans l'admiration ; on entendit dire à cette occasion à Mouzaferzingue lui-même, en langue indostane, que s'il avoit à ses ordres mille dragons françois, il ne balanceroit pas un instant à aller attaquer Nazerzingue dans Golconde et Aureng-Abab sans avoir besoin de ses propres troupes. Un autre jour, on fit jeter en sa présence quelques bombes, dont les Maures ont une très-grande frayeur. Ils ont bien quelques fusées qu'ils lancent dans le combat contre la cavalerie pour y mettre le désordre, mais elles ne crèvent point et ne s'élèvent pas assez pour pouvoir être jetées dans une place ennemie.

Après s'être délassé pendant quelques jours à Pondichéry et s'être fait réciproquement des présens, Mouzaferzingue s'acquitta auprès du gouverneur de la commission dont l'empereur l'avoit chargé, de demander sa belle-fille en mariage. M. Dupleix s'excusa de répondre sur-le-champ sur une affaire aussi sérieuse : il dit seulement au souba qu'il se tenoit fort honoré de la demande de l'empereur, mais que la différence de religion sembloit rendre cette union impraticable.

Permettez, monsieur, que j'interrompe ici la relation que j'ai commencée. Un de nos missionnaires s'approchant de Pondichéry, je ne puis me dispenser d'aller à sa rencontre pour m'entretenir avec lui sur l'état de nos missions. Ainsi trouvez bon que je suspende pour quelque temps la satisfaction que vous auriez à suivre le fil de cette curieuse histoire. Je vous promets qu'au retour de mon petit voyage, je reprendrai ma narration au même point où je l'ai laissée. En attendant, j'ai l'honneur d'être, etc.

LETTRE

D'un missionnaire des Indes à M. ***, ou suite des Mémoires sur les dernières guerres des Maures aux Indes orientales.

DEUXIÈME PARTIE.

Mouzaferzingue passa huit jours à Pondichéry, et le séjour qu'il y fit ne fut pas seulement employé à jouir des fêtes et des divertissemens que M. Dupleix lui donna : ce seigneur, voulant donner aux François des marques solides et efficaces de son amitié et de son estime, non content de leur confirmer la donation que Chandasaeb et son fils leur avoient faite des aldées de Villenour, y joignit toutes les terres du district de Bahour, composant environ trente-cinq ou quarante aldées enclavées et entrelacées dans les premières. Par là le domaine de la compagnie se trouva composé d'environ quatre-vingts aldées des meilleures terres de l'Inde et son revenu augmenté de 30 à 40 mille pagodes, qui font plus de 360,000 livres de rente de notre monnoie. Ces présens du prince maure furent accompagnés d'un paravana, c'est-à-dire de lettres patentes qu'il fit expédier dans la forme la plus authentique, par lesquelles il assuroit à la compagnie la jouissance entière de la ville de Masulipatan et de toutes les terres qui en dépendent. Comme c'est l'usage de l'Inde de se servir dans ces occasions du nom de celui qui commande, toutes ces concessions furent faites au nom de M. Dupleix, qui sur-le-champ en passa une cession pure et simple à la compagnie[1].

Après ces témoignages non suspects de son attachement et de sa bienveillance pour la nation, comblé d'honneurs et d'amitiés de la part du gouverneur et remportant avec lui la plus haute idée de la bravoure et de la politesse françoise, Mouzaferzingue quitta Pondichéry et alla se mettre à la tête de son armée, qui campoit à quatre lieues de cette ville.

A l'égard de Chandasaeb, il resta encore quelques jours auprès de M. Dupleix pour régler certains comptes qu'ils avoient à faire ensemble et pour prendre avec lui les arrangemens nécessaires pour la continuation de la guerre. Aussitôt après son arrivée à Pondichéry ce seigneur, dont la générosité ne cédoit en rien à celle de Mouzaferzingue, pour récompenser les troupes françoises qui l'avoient si bien servi à la bataille d'Amours, leur avoit fait distribuer 75 mille roupies, et avoit fait présent à M. d'Auteuil, qui les commandoit, d'une aldée d'environ trois ou quatre mille roupies de revenu. La reconnoissance qu'il devoit à ces braves guerriers, qui avoient généreusement exposé leur vie pour son service, n'étoit pas le seul motif de ses libéralités : pour s'affermir sur le trône du Carnate, il avoit besoin de nouveaux secours, et il regardoit cette distribution placée à propos comme un moyen propre à lui attacher de plus en plus de vaillans soldats dont il avoit tout à espérer pour le succès de cette entreprise. C'étoit pour solliciter ces secours d'hommes et d'argent, qui dans la circonstance lui étoient plus nécessaires que jamais, qu'il étoit demeuré à Pondichéry. Il négocia cette affaire avec M. Dupleix, de qui il obtint tout ce qu'il pouvoit en attendre. Les premières démarches d'un grand éclat et qu'il étoit de l'honneur de la nation de soutenir, des avantages réels accordés à la compagnie et dont il étoit de son intérêt de s'assurer la possession ne permettoient pas de rien refuser aux deux princes maures de ce qui pouvoit leur être nécessaire pour l'établissement de leur domination dans cette partie de l'Inde. Il fut donc réglé qu'on leur fourniroit un détachement de huit cents blancs et de trois cents caffres et topas, troupes du pays, avec trente-quatre officiers, tant de terre que de marine, et qu'on y joindroit un train d'artillerie proportionné pour l'exécution des opérations dont on étoit convenu et qui devoit suivre ; que ces troupes demeureroient au service de Mouzaferzingue et de Chandasaeb tant qu'elles leur seroient nécessaires pour se mettre en possession de leurs états, payées et entretenues aux dépens de ces deux princes, et qu'à la fin de la guerre, ils rembourseroient à la compagnie toutes les avances qu'elles leur avoit faites. Après ce traité conclu et signé, M. Duquesne, qui avoit été nommé par M. Dupleix pour commander le détachement, partit vers la fin d'octobre, accompagné de Chandasaeb, pour aller joindre Mouzaferzingue[1]. Le dessein étoit de marcher d'abord à Trichirapali, dont Mahamet-Alikan, un des fils du dernier nabab d'Arcate, Anaverdikan, étoit alors le maître, et de lui enlever cette place pour la remettre à Chandasaeb à qui elle appartenoit légitimement.

Les événemens qui suivirent dérangèrent ce projet et obligèrent de prendre d'autres mesures. A la vue des troupes françoises, jointes aux deux armées maures combinées, tout avoit plié d'abord, tout s'étoit soumis dans le Carnate ; le roi de Tanjaour parut seul vouloir faire quelque résistance. Chandasaeb avoit des reprises considérables contre ce prince gentil pour raison du tribut que celui-ci étoit obligé de payer annuellement au nabab d'Arcate ; il avoit toujours su s'exempter de le faire depuis l'élévation de Sabder-Alikan sur le trône du Carnate : ainsi ce prince maure étoit en droit de répéter contre lui ce qu'il auroit dû payer à ce nabab et ce qui lui étoit dû à lui-même depuis la mort de son beau-frère, ce qui montoit à des sommes considérables. Il le fit sommer d'y satisfaire, et au cas de refus il le menaça de l'y contraindre par la force. Le roi de Tanjaour étoit de lui-même assez disposé à un accommodement, mais il en fut détourné par les mauvais conseils et les promesses fanfaronnes d'un brame du Ma-

[1] Mazulipatan forme un district de la province du Sorkars et de la présidence de Madras, qui est aujourd'hui aux Anglais.

[1] Avant que de penser à chasser du Dekhan son oncle Nazerzingue pour l'en mettre en possession.

labar appelé Maragi-Agi, qui étoit alors en grande réputation à sa cour. Celui-ci assuroit que si les ennemis faisoient le moindre mouvement pour assiéger Tanjaour, on verroit aussitôt accourir à son secours non-seulement Nazerzingue avec son armée, mais encore les Anglois et les Hollandois, et quoique en qualité de brame et de Malabare il fût le plus lâche et le plus poltron de tous les hommes, il osoit se vanter que si les Maures et les François étoient assez hardis pour s'avancer seulement à mille toises des murs de la place, il feroit sur eux une sortie si vigoureuse qu'il les tailleroit tous en pièces. Le roi étoit assez prudent pour ne pas trop compter sur des assurances aussi vaines et aussi frivoles, mais il étoit retenu par le grand crédit que le brame avoit dans la ville et parmi tous ses sujets ; et l'envie qu'il avoit d'ailleurs de se dispenser s'il étoit possible d'un paiement qui l'incommodoit le faisoit agir en effet comme s'il eût eu dans les promesses de Maragi-Agi la confiance la plus entière. Aux instances réitérées que Chandasaeb lui faisoit faire par ses envoyés, il ne répondit autre chose sinon : « Nous verrons. » En sorte que disant toujours qu'il verroit et ne se déterminant jamais, il éloignoit d'autant le paiement sans que pendant plusieurs jours il fût possible de voir la fin de ses irrésolutions et de ses remises.

Cette conduite équivoque et incertaine du roi de Tanjaour fit comprendre aux deux princes mogols qu'il falloit user de moyens plus efficaces pour l'obliger à s'expliquer nettement et pour tirer de lui une réponse plus précise. On étoit alors à la mi-décembre. Si M. Duquesne en eût été cru, l'affaire auroit bientôt été décidée par un coup de main. Cet officier, également brave et zélé, étoit instruit de la mauvaise disposition du roi de Tanjaour pour la nation, à qui il en avoit donné des marques en se joignant à ses ennemis dans la guerre qu'ils lui avoient faite ; il n'ignoroit point toutes les chicanes qu'elle avoit eues à essuyer de sa part au sujet de Karikal; il savoit qu'elle ne pouvoit regarder que comme une espèce de tribut honteux à sa gloire la redevance annuelle de deux mille pagodes qu'elle s'étoit obligée de lui payer à titre de présent pour ce même établissement, et il croyoit avoir trouvé l'occasion du monde la plus favorable pour la venger avec usure des mauvais procédés de ce prince à son égard et pour briser les fers qu'elle s'étoit donnés à elle-même : il ne demandoit pour cela qu'une simple permission d'attaquer Tanjaour. L'ardeur de ses troupes étoit telle qu'il voyoit les soldats se disputer entre eux l'honneur de marcher à cette expédition, en sorte qu'il osoit se promettre non-seulement d'emporter la ville, mais encore d'aller enlever le roi même jusque dans son propre palais et de l'envoyer prisonnier à Pondichéry.

Ce n'étoit pas là l'intention des princes maures. Accoutumés à passer souvent, sans se lasser, des années entières à se morfondre autour d'une place sans autre but que celui de forcer les habitans, sans coup férir, à payer malgré eux les sommes qu'il leur plaît d'en exiger, ils avoient peine à s'accommoder de cette vivacité françoise qu'irrite le moindre retardement. D'ailleurs la prise de Tanjaour n'offroit à leur imagination que l'idée d'une ville saccagée et mise au pillage, ce qui n'avançoit point du tout leurs affaires. Ainsi obligé par les ordres mêmes qu'il avoit reçus de M. Dupleix de s'accommoder à leur façon de penser, M. Duquesne fut forcé de se prêter à tout ce que voulut Chandasaeb, qui se contenta de faire promener les armées autour de la ville dans l'espérance que la vue de ces troupes nombreuses pourroit engager ceux de Tanjaour à entamer quelque négociation. Ce manége dura quatre jours entiers, au grand regret des François, qui ne pouvoient s'empêcher de détester dans leur âme le flegme et l'indolence de cette nation mogole. Ce qu'il y a de plaisant est que ce même Maragi-Agi dont j'ai parlé, voyant les troupes tourner autour de la place, assuroit hardiment au roi que les ennemis avoient peur et qu'ils cherchoient le chemin de Pondichéry, qui véritablement étoit situé du côté où les armées combinées étoient campées.

Ennuyé enfin de cette manœuvre qui ne produisoit aucun effet, M. Duquesne résolut de mettre les Maures dans la nécessité d'agir avec plus de vigueur. Dans cette vue, après avoir essuyé pendant tout le jour et toute la nuit du 17 décembre plus de cinq cents coups de canon qu'on lui tira et qui ne lui tuèrent pas un seul homme, le 18 à deux heures après midi, il décampa sans avoir communiqué son dessein aux deux princes, marcha vers la ville à la faveur d'un grand village qui étoit sur sa route et qui le couvroit, et alla forcer à cent cinquante toises de la place trois grands retranchemens qui en défendoient les approches.

Cette brusque attaque, conduite avec toute la bravoure imaginable, ne lui coûta qu'un caporal tué et cinq soldats blessés. Au contraire les ennemis y perdirent beaucoup de monde avec un drapeau qu'on leur enleva sur la tranchée et qu'on envoya le lendemain à Pondichéry. Après ce premier exploit, dès le jour même M. Duquesne fit nettoyer les trois retranchemens et y établit à cinquante toises de la ville deux batteries, l'une de deux pièces de six, l'autre de sept mortiers; en même temps il envoya vers Chandasaeb pour lui déclarer que de ce moment il se regardoit comme devant être le maître de faire la paix ou la guerre avec le roi de Tanjaour; que si ce prince demandoit à entrer en négociation, il entendoit être l'arbitre des conditions, et qu'il ne permettroit point qu'on fît aucun accommodement avec lui si les actes n'en étoient signés au nom de M. Dupleix et de la compagnie. Cette déclaration si fière et même un peu dure, dont il crut devoir user pour piquer l'indolence du prince maure, bien loin de choquer celui-ci, en fut reçue fort agréablement : assuré qu'il étoit de l'attachement des François pour sa personne, il se promettoit bien d'être toujours le maître de modérer leur vivacité, et il étoit très-sûr qu'à l'égard de ses intérêts, ils sauroient les ménager mieux que lui-même. Aussi se rendit-il aussitôt auprès de M. Duquesne pour le féliciter de l'avantage qu'il venoit de remporter, visita ses travaux et ses batteries, admirant partout la facilité et la diligence avec laquelle ces ouvrages avoient été perfectionnés, et ne se retira dans son camp que lorsqu'il crut que l'on se disposoit à faire jouer le canon et les bombes, car il est à remarquer que quoique ces peuples aient comme en Europe l'usage de l'artillerie, ils ont conçu d'ailleurs une idée si effrayante de la manière dont elle est servie parmi nous que tant que l'on tira dans le camp des François, ni Chandasaeb ni Mouzaferzingue n'osèrent jamais en approcher de plus de deux lieues.

La nuit fut cependant assez tranquille du côté des assiégeans. Il n'en fut pas de même dans Tanjaour : la prise des retranchemens y avoit répandu la consternation et la terreur, tout y étoit dans le désordre et dans le trouble; ce n'est pas que les habitans n'eussent volontiers reçu les François dans leur ville; au contraire, quelques-uns d'entre eux, étant sortis de la place, témoignèrent ce soir-là même à M. Duquesne qu'ils se croiroient heureux de passer sous leur domination : ils envioient le bonheur de ceux de leurs compatriotes qui étoient établis à Karikal et aux environs et qui, soumis à la nation, jouissoient, disoient-ils, d'un sort au prix duquel le leur n'étoit que le plus dur esclavage. À l'égard du roi, il ne vit pas plutôt les François à ses portes et leur artillerie prête à foudroyer ses murs, qu'il se crut perdu sans ressource. Ce fut alors qu'ayant fait venir Maragi-Agi : « Eh bien ! lui dit-il, où sont à présent vos Anglois, vos Hollandois, vos Nazerzingue? Qu'ils paroissent, il est temps : cet ennemi que vous méprisiez hier, le voilà aujourd'hui aux pieds de nos remparts. Qui peut vous arrêter ? Marchez à lui; éloignez de dessus nos têtes le coup funeste qui nous menace et prouvez-nous par une résolution généreuse que ce n'est pas à tort que nous avons mis notre confiance dans vos promesses ! » Le brame voulut répondre qu'il se défendroit jusqu'à la mort, mais le roi lui ferma la bouche en lui reprochant que c'étoit lui qui par ses mauvais conseils l'avoit entraîné dans une guerre qui alloit causer la ruine de son pays et dont il ne pourroit se tirer qu'aux dépens de son honneur, de ses trésors, peut-être même de sa couronne. Il le chargea ensuite de malédictions et le chassa de sa présence avec indignation et mépris.

Le lendemain 19 du mois, dès le grand matin, les ambassadeurs du roi de Tanjaour parurent au camp de Chandasaeb, demandant audience et offrant d'entrer en négociation ; mais ce prince refusa de les entendre et les renvoya au général françois, leur faisant dire que c'étoit à lui qu'ils devoient s'adresser; qu'il étoit l'arbitre de la paix et que de lui dépendoient les conditions auxquelles on pouvoit la leur accorder. Ils se rendirent donc à la tente de M. Duquesne. Ils commencèrent par se plaindre des demandes du nabab, qui faisoit, disoient-ils, monter ses prétentions à l'excès en exigeant qu'on lui payât quatre couroux de roupies. M. Duquesne, qui avoit le mot de Chandasaeb, convint qu'en effet la somme lui paroissoit exorbitante. Il ajouta qu'ils ne devoient pas cependant désespérer de fléchir ce prince; qu'il alloit passer chez lui avec eux afin de travailler à l'adoucir, et qu'il leur promettoit de les protéger en tout auprès de lui pourvu qu'eux-mêmes lui promissent d'être fidèles à remplir les engagemens qu'ils prendroient avec lui au nom du gouverneur de Pondichéry et de la compagnie. Les ambassadeurs, très-satisfaits de ces promesses, lui en firent de grands remerciemens, l'assurant que le roi leur maître étoit véritablement ami de la nation, et que dans l'occasion il se feroit un vrai plaisir de lui en donner des marques. De là on se rendit chez Chandasaeb, où il se passa entre ce prince et le général françois une scène qui, pour avoir été concertée entre eux, n'en parut pas moins naturelle. Elle aboutit à ces trois articles, sur lesquels toute la négociation roula dans la suite : « Qu'en considération de la nation françoise, Chandasaeb, voulant bien modérer ses prétentions, se réduiroit à un courou de roupies qui lui seroit payé par le roi de Tanjaour ; qu'en même temps celui-ci remettroit à la nation le présent de 2,000 pagodes auquel elle s'étoit engagée pour lui envers Karikal et y renonceroit dès à présent et pour toujours ; qu'enfin il feroit expédier un paravana ou patente signée de sa main par laquelle il assureroit à la compagnie la possession de quatre-vingt-une aldées à la proximité et à la bienséance de cet établissement. » Moyennant l'exécution de ces trois articles, Chandasaeb et le général françois promettoient d'accorder la paix au roi de Tanjaour et s'engageoient à le prendre sous leur protection. En renvoyant les ambassadeurs avec cette réponse, M. Duquesne leur donna un pavillon blanc avec ordre de le remettre à leur maître et de lui dire qu'il lui envoyoit ce pavillon pour marque de la suspension d'armes et de la protection qu'il lui accordoit ; qu'il lui donnoit deux jours pour se décider sur les propositions qu'ils étoient chargés de lui faire, et que si dans ce terme il ne se mettoit pas à la raison, il étoit résolu de lui enlever sa place et même son royaume, auquel cas il ne lui répondoit pas de sa liberté ni même de sa vie ; qu'il seroit fâché de se voir obligé d'en venir avec lui à ces dures extrémités et qu'il lui conseilloit de les prévenir.

Cette réponse portée au roi de Tanjaour, le jeta dans l'embarras le plus étrange. L'argent et la remise des 2,000 pagodes qu'on demandoit étoient ce qui l'inquiétoit le moins. Ce qui le tenoit plus au cœur, étoient les quatre-vingt-une aldées dont on vouloit le dépouiller et que l'on prétendoit démembrer de son état pour en augmenter le domaine de la compagnie. Déjà même elle en avoit pris possession sur la concession que Chandasaeb lui en avoit faite et alloit y commencer récolte. L'affaire étoit pressante. Ce prince assembla donc tous ses ministres, tint plusieurs conseils et forma cent résolutions sans s'arrêter à aucune. Les deux jours qu'on lui avoit donnés pour se décider s'étoient écoulés en délibérations inutiles. Il en fit demander un troisième qu'on ne lui accorda qu'avec peine. Enfin toute la journée du 22 s'étant passée sans qu'on reçût de lui aucune réponse, le lendemain dès six heures du matin, M. Duquesne fit entendre son canon et salua la ville de cinquante bombes et de trente grenades royales. La première grenade étant tombée chez le roi n'y causa que peu de désordre, parce que son palais était bâti de pierres de taille ; mais deux ou trois bombes ayant donné ensuite dans quelques maisons de briques qu'elles fracassèrent et ayant tué deux brames, ce prince, effrayé, envoya dire aussitôt au camp qu'il étoit disposé de faire tout ce que l'on demandoit de lui et qu'il prioit qu'on cessât le bombardement. Les ambassadeurs arrivèrent au retranchement au moment qu'on y lançoit la dernière bombe : mais comme ils n'apportoient rien de plus précis que ce qu'ils avoient proposé d'abord, cette entrevue ne réussit pas mieux que les précédentes. Le général françois tint toujours ferme pour la cession des 81 aldées et pour la remise des 2,000 pagodes ; à l'égard de Chandasaeb, il se réduisit à 75 laks de roupies. En reconduisant les ambassadeurs, M. Duquesne affecta de les faire passer devant vingt échelles de bambou qu'il avoit fait faire et leur dit qu'il comptoit aller le lendemain au soir souper dans la ville avec son armée.

Depuis ce jour jusqu'au 26, les négociations continuèrent avec aussi peu de succès qu'auparavant, ce qui chagrinoit d'autant plus M. Duquesne qu'il ne pouvoit douter que les ennemis ne profitassent de ces longueurs pour se mettre à couvert et pour transporter toute leur artillerie du côté du camp. Il y eut lieu de s'en convaincre lorsque, le 26 au soir, ayant recommencé le bombardement et l'ayant continué pendant un jour et deux nuits entières, la ville y répondit pendant tout ce temps par un feu très-vif de vingt pièces de canon de tout calibre et par une grêle de cayctoques. Malgré ce grand feu, il étoit si bien retranché qu'il ne perdit pas un seul homme. Il n'en eut pas moins d'ardeur pour mettre fin à ces retardemens. Vingt fois il proposa à Chandasaeb d'emporter la place et de la lui remettre ; mais jamais ce prince ne voulut y consentir, dans la crainte qu'elle ne fût mise au pillage ; il permit seulement de continuer le bombardement, ce qui obligea M. Duquesne, qui sentoit l'inutilité de tous ces ménagemens et le préjudice qu'ils pouvoient apporter aux affaires, de s'emparer d'une des portes, comme il le fit le 28 au soir, afin qu'ayant un pied dans la place, il pût forcer le roi de Tanjaour et Chandasaeb lui-même à prendre une dernière résolution.

Ce coup fixa les incertitudes du prince gentil et décida du parti qu'il avoit à prendre. Il voyoit les François dans sa place, prêts à s'en rendre maîtres et à la saccager au moindre refus qu'il feroit de se soumettre. D'un autre côté, pour le déterminer plus efficacement à la cession des 81 aldées qui lui étoit si sensible, Chandasaeb le faisoit menacer, au cas qu'une autre fois il le mît encore dans la nécessité d'employer la force pour le réduire, d'aliéner en faveur de la nation qui le seconderoit alors une autre partie de son royaume, même de l'en dépouiller entièrement. Enfin sa ville même étoit réduite à un état qui ne lui permettoit pas de différer plus longtemps d'y mettre ordre.

Le grand nombre d'hommes et de bestiaux qui s'y étoient réfugiés et qui ne pouvoient en sortir y avoient causé la famine et la peste ; la désolation y étoit générale. Dans ces circonstances, le roi de Tanjaour consentit enfin à faire la paix, et après quelques négociations qui ne tendoient plus de sa part qu'à obtenir quelque modération au sujet des prétentions de Chandasaeb, il convint de céder à la compagnie quatre-vingt-une aldées de la dépendance de Karikal, de lui remettre la redevance de 2,000 pagodes, qu'elle s'étoit obligée de lui payer tous les ans pour cet établissement, et de donner au nabab 70 laks de roupies, qui font près de 18 millions de notre monnoie. Chandasaeb exigea de plus qu'à cette somme il ajoutât une gratification considérable pour les troupes françoises qui l'avoient suivi à cette expédition et pour les officiers qui les commandoient. Ces articles furent signés le 31 décembre 1749,

et le 6 du mois de janvier suivant on reçut à Pondichéry les paravanas nécessaires pour la cession des quatre-vingt-une aldées. Cette nouvelle acquisition augmenta encore de moitié le domaine et les revenus de la compagnie ; il lui auroit même été facile dans cette conjoncture de s'emparer, si elle l'eût voulu, de tout le royaume de Tanjaour, qui rapporte, dit-on, 15 millions de rente, et de le garder avec moins de 2,000 blancs contre toutes les forces de l'Inde. M. Duquesne, au zèle et à l'activité duquel on étoit particulièrement redevable de ces avantages, ne jouit pas du fruit de ses travaux : excédé de fatigues et épuisé par la maladie, il fut obligé de se faire transporter à Karikal, où il arriva à l'extrémité ; il y mourut le 24 janvier 1750. M. Dupleix, ayant appris sa mort, nomma pour le remplacer le sieur Goupil, qui partit aussitôt pour se rendre au camp, où il prit le commandement des troupes françoises.

L'arrivée du nouveau commandant ne changea rien à la suite des projets qu'on avoit formés et qui devoient régler les opérations de la campagne. Après avoir mis à la raison le roi de Tanjaour, M. Duquesne avoit repris le dessein du siège de Trichirapali et avoit déjà commencé à faire tous les préparatifs nécessaires pour cette expédition. En succédant à cet officier, M. Goupil suivit les mêmes erremens et fit toutes les dispositions qu'il crut les plus propres à assurer le succès de cette entreprise. Tout étoit prêt à marcher contre cette place, on n'étoit retenu que par les lenteurs du roi de Tanjaour, qui différoit de jour en jour de satisfaire aux engagemens qu'il avoit pris vis-à-vis de Chandasaeb et qui tiroit les paiemens en longueur : c'étoit tantôt une raison, tantôt une autre qui les arrêtoit ; ce prince payoit quelques sommes aujourd'hui en argent, demain en vaisselle ou en bijoux, mais toujours en petite quantité ; on ne voyoit point de fin à ses délais et à ses remises. Cependant le temps s'écouloit et l'on perdoit la plus belle occasion de rendre inutiles toutes les forces et tous les projets d'un nouvel ennemi qui s'avançoit : c'étoit Nazerzingue, roi de Golconde, qui, voulant prévenir les desseins de son neveu Mouzaferzingue, qu'il ne regardoit que comme un rebelle à son égard, venoit, disoit-on, le chercher jusque dans le Sud pour le punir de sa révolte.

Le bruit de sa marche étoit déjà répandu dans tout le pays, on n'y parloit que de son arrivée. Il est vrai que les nouvelles qu'on en recevoit se contredisoient assez souvent; cependant il étoit constant qu'il approchoit, et il n'y eut plus lieu d'en douter quand, vers le commencement du mois de mars 1750, on eut avis qu'il avoit paru en deçà des montagnes qui séparent le Carnate du royaume de Maissour plusieurs partis de cavalerie maratte qui dans tous les lieux par où ils passoient portoient la terreur et le ravage.

Il est certain et c'est un fait prouvé que c'est aux Anglois seuls que ces malheureuses provinces sont redevables des maux qu'elles ont eu à souffrir pendant dix mois d'une guerre cruelle de la part des différentes armées qui pendant tout ce temps n'ont été occupées qu'à les désoler.

Quelque opposés que fussent les intérêts de l'oncle et du neveu, quoi que Nazerzingue pût appréhender des prétentions de Mouzaferzingue, dont les justes droits étoient appuyés de toute l'autorité du Grand Mogol, on peut assurer que ce prince, lâche et efféminé, adonné au vin et incapable d'une résolution généreuse, n'eût jamais osé tenter de mettre le pied dans le Carnate s'il n'y eût été attiré par les intrigues de cette nation, qui ne cessa de l'en presser, de l'en solliciter et de l'y engager par les promesses immenses qu'elle lui faisoit: il ne s'agissoit pas de moins que de lui fournir trois mille hommes de troupes réglées, cent pièces de canon et toutes les munitions nécessaires pour une artillerie aussi nombreuse. Cet appareil magnifique en idée flattoit agréablement Nazerzingue. Fier de cet appui, il s'imaginoit déjà voir ses ennemis plier devant lui et se dissiper à sa vue; cependant une crainte basse qui n'abandonna jamais cette race maure le retenoit au milieu des vastes projets qu'il méditoit : le récit des exploits par lesquels les François avoient tout récemment éternisé leur nom dans l'Inde venoit troubler la douce idée de ses conquêtes imaginaires; il lui occasionnoit des souvenirs amers et des réflexions chagrinantes qui l'arrêtoient souvent dans sa route. On l'a vu prêt à passer le Quichgna, se disposer ensuite à rebrousser chemin et à retourner en arrière comme si cette rivière eût dû être le terme de ses prospérités. Ainsi flottant entre l'espérance et la crainte, il employa six mois à faire une marche qui n'eût peut-être pas coûté à tout autre plus de six semaines.

Il n'avançoit cependant qu'en tremblant, avec les plus grandes précautions et toujours à petites journées. La peur étoit égale dans son âme et dans celles de toutes ses troupes; sans trop savoir les uns ni les autres ce qu'ils avoient à redouter, ils s'intimidoient réciproquement de part et d'autre. Ce qu'il y a de singulier, est que, comme si cette espèce de terreur panique eût été contagieuse pour les deux partis, dans le temps même que le chef et les soldats osoient à peine se répondre de leur sûreté dans le camp de Nazerzingue, au seul bruit de son arrivée, l'alarme se mit également dans les deux armées maures de Mouzaferzingue et de Chandasaeb: il ne ne fut plus possible de les contenir. En vain M. Dupleix fait-il proposer à ces deux princes de se rendre maîtres de la ville de Tanjaour où les troupes seroient à couvert de toutes les forces de l'ennemi, fussent-elles le double de ce que la renommée en publioit, rien n'est capable de les persuader; la frayeur dont ils sont possédés ne leur permet pas d'écouter la raison même. Les lettres qu'il leur écrit pour les rassurer, les efforts que font les officiers français pour les retenir, tout est également inutile : le parti est pris de décamper et de s'éloigner de Tanjaour, et les Maures l'exécutent sur-le-champ, laissant les François au pied des murs de cette place. Abandonnés de leurs timides alliés, ceux-ci n'en sont ni surpris ni déconcertés ; ils les rejoignent le lendemain sans que l'ennemi ose les troubler dans leur retraite.

Ce fut alors qu'on mit en délibération s'il ne seroit pas à propos de prendre le chemin de Gingi et de s'emparer de cette ville. C'étoit M. Dupleix qui avoit ouvert cet avis, et il fut généralement approuvé; mais à mesure que l'on recevoit des nouvelles de l'approche de Nazerzingue, ce dessein s'évanouissoit; on l'abandonna enfin tout à fait, et quoi que pût dire ou écrire M. Dupleix, on ne pensa plus qu'à se réfugier sous les murs de Pondichéry. Les deux armées combinées, qui dans cette marche occupoient une étendue de plus de trois lieues, commencèrent à être harcelées auprès de Chalembran[1] par les coureurs marattes sans que

---

[1] Grande pagode fortifiée, située à vingt lieues au nord de Tanjaour et à huit lieues au sud de Pondichéry.

dans ce trajet, ceux-ci pussent jamais venir à bout de les entamer : de quelque côté qu'ils avançassent, les troupes françaises faisoient face partout, montrant bonne contenance et détruisant, chemin faisant, beaucoup de cette canaille, qui n'osoit plus se présenter qu'avec les plus grandes précautions et toujours de loin. Enfin l'armée maure arriva proche de Pondichéry et fut obligée de camper malgré elle au delà de Villenour, M. Dupleix l'ayant fait menacer de tirer sur elle si elle approchoit des limites.

Dès le lendemain, Mouzaferzingue et Chandasaeb se rendirent chez le gouverneur, auprès duquel ils tâchèrent de justifier le mieux qu'il leur fut possible la démarche peu sage et trop précipitée qu'ils venoient de faire. Le premier s'excusoit sur le dessein où il étoit de remettre à Pondichéry toute sa famille, que ces seigneurs mogols ont la mauvaise coutume de traîner toujours après eux, et de se débarrasser ainsi d'un nombre infini et d'une suite immense d'équipages qui ne servent qu'à mettre la confusion dans une armée. Chandasaeb, de son côté, cherchoit à se disculper en alléguant l'obligation où il s'étoit trouvé de se conformer aux volontés du prince maure. Le résultat de cette entrevue fut que l'on fit entrer le jour même dans Pondichéry cette nombreuse famille et tous les équipages inutiles, ce qui formoit l'apparence d'une armée assez considérable ; mais le point le plus essentiel, et ce qu'on avoit peine à découvrir à M. Dupleix, étoit le besoin d'argent où Mouzaferzingue se trouvoit alors : les sommes considérables qui lui étoient rentrées des diverses contributions qu'il avoit levées avoient été consommées à payer ses troupes en partie, et elles refusoient absolument de marcher si on ne leur faisoit toucher auparavant ce qui leur étoit dû de reste. Le cas étoit pressant et la conjoncture très-embarrassante ; on s'ouvrit enfin, et l'on déclara de quoi il étoit question. M. Dupleix s'y attendoit ; il fit d'abord quelques difficultés, après quoi il compta à Mouzaferzingue trois cent mille roupies, qu'il avoit ramassées sur son crédit et qui ne tardèrent pas à être distribuées à son armée. Ce secours venu à propos rendit la vie à ce seigneur. Chandasaeb, qui n'étoit pas beaucoup mieux dans ses affaires, ne fut point oublié : on lui donna aussi quelque argent, et après diverses conférences tenues sur les opérations qui devoient suivre, les deux princes mogols partirent de Pondichéry pour retourner à leur camp.

M. Dupleix fut aussi obligé de faire alors quelque changement dans les troupes françoises. M. Goupil qui, comme on l'a vu, avoit été envoyé à Tanjaour à la place de M. Duquesne, ayant été attaqué d'un flux de sang, avoit été contraint au moment du départ de se retirer à Karikal. On nomma donc M. d'Auteuil pour le remplacer dans le commandement de l'armée, et cela même à la prière de M. de La Touche, qui s'étoit chargé de la retraite et qui avoit ramené les troupes si glorieusement jusqu'à Villenour. En même temps plusieurs officiers ayant demandé à être relevés, sous prétexte d'infirmité et du besoin qu'ils avoient de se remettre des fatigues passées, il fallut pour les remplacer, se servir nécessairement de ceux qu'on trouva sous sa main, et quoique parmi eux quelques-uns eussent été demandés nommément par M. d'Auteuil lui-même, M. Dupleix ne se porta cependant à cette nouvelle promotion qu'à regret et avec peine. Ses répugnances étoient fondées sur certains discours qui lui étoient revenus et que tenoient les nouveaux officiers au sujet de la gratification que les anciens avoient reçue à Tanjaour : ils disoient à cette occasion que ceux-ci avoient profité de la récompense, et que pour eux, il ne leur restoit que des coups à espérer. De pareils sentimens, qui ne pouvoient avoir leur source que dans une bassesse d'âme et dans une avarice sordide, rapportés à M. Dupleix, lui parurent de mauvais augure ; ils lui firent tout appréhender pour l'avenir : on va voir qu'en effet ils eurent des suites bien funestes.

On recevoit cependant tous les jours des nouvelles assez incertaines de l'approche de Nazerzingue et de son armée : elle marchoit par divisions, ou plutôt les moins timides prenoient les devans. A l'égard de Nazerzingue lui-même, il étoit encore au delà des montagnes sans pouvoir se déterminer à les passer ; les Anglois n'épargnoient rien pour l'y engager : leurs instances étoient vives, leurs promesses portées au delà de tout ce que l'on peut imaginer, et ils étoient soutenus dans leurs exagérations outrées par Mafouskan et Mahamet-Alikan, tous deux fils du nabab Anaverdikan tué à la bataille d'Amours. Le premier surtout, qui, comme on l'a dit, avoit été fait prisonnier à cette journée, sembloit ne vouloir faire usage de la liberté qu'il avoit obtenue depuis de la générosité de Mouzaferzingue que pour animer son oncle contre lui et le lui rendre irréconciliable. Ainsi pressé, sollicité de toutes parts et plein des magnifiques promesses qu'on lui faisoit, Nazerzingue se résolut enfin de passer les montagnes et entra dans le Carnate. La plus grande partie de son armée étoit déjà rendue à Gingi, et quelques coureurs marattes se montroient de loin à l'armée françoise, qui le 20 mars prit le parti de marcher en avant, renversant et faisant fuir devant elle tout ce qui se présentoit de ces pillards. Les Marattes, se voyant poussés, prirent l'épouvante et se retirèrent en désordre environ à sept lieues de Pondichéry.

On assure que si les François avoient continué de marcher à l'ennemi, il n'auroit jamais eu le temps de mettre ses troupes ensemble ; mais l'esprit de révolte avoit déjà soufflé parmi eux le feu de la division, qui commençoit à y faire d'étranges ravages. La source du mal étoit dans ces nouveaux officiers dont M. Dupleix avoit conçu de si justes défiances ; ils ne justifièrent que trop bien par leur conduite les soupçons légitimes qu'il avoit formés à leur sujet. Ceux mêmes que M. d'Auteuil avoit demandés furent les premiers auteurs de la mutinerie et du désordre : soit avarice ou lâcheté, ou peut-être tous les deux ensemble, ces officiers mal-intentionnés répandoient de faux bruits parmi les troupes, auxquelles ils sembloient faire entendre que l'on n'avoit d'autre dessein que de les mener à la boucherie, exagérant à tous propos les forces de l'ennemi, ne parlant que de vingt mille Marattes et d'un secours anglois qu'ils disoient être très-considérable. Tout cela n'avoit de réalité que dans leur idée : Les vingt mille Marattes n'avoient jamais existé, les Anglois n'avoient encore envoyé aucun secours, et l'artillerie seule qui étoit dans le camp suffisoit pour mettre à la raison plus de forces que Nazerzingue n'en pouvoit avoir. C'est ce qui étoit prouvé par tout ce qui avoit précédé et ce que la suite justifia d'une manière aussi humiliante pour les officiers mutins qu'elle fut glorieuse à ceux qui ne cessèrent d'être zélés et fidèles ; mais il est aisé de sentir que des circonstances aussi critiques ne sont pas un temps propre pour entreprendre de faire des conquêtes ni pour penser à repousser un ennemi : tout ce que la prudence peut alors permettre à un chef est de chercher à l'amuser, de se tenir sur la défensive et de tâcher cependant de contenir des officiers mal disposés et des troupes intimidées ; ce fut le sage parti que prit M. d'Auteuil dans ces conjonctures : content de refuser constamment de se prêter à la proposition honteuse qu'on lui faisoit de se replier sur Pondichéry, il crut d'ailleurs qu'il lui suffisoit de ne point fuir devant l'ennemi et de l'attendre de pied ferme. Cette résolution occasionna des marches, des contre-marches et divers séjours auxquels on employa tout le reste du mois. Les ennemis profitèrent de cet intervalle d'inaction de la part des François pour se mettre ensemble et pour se former ; elle servit même à les rassurer et à leur faire concevoir des espérances.

D'un autre côté, sur les premières nouvelles qu'on avoit eues de l'approche de Nazerzingue, M. Dupleix avoit écrit à son divan, qui avoit été des premiers à se rendre en deçà des montagnes. Mais soit mépris de la part de ce ministre ou mauvaise volonté du côté d'un brame que M. Dupleix avoit chargé de ses lettres, il n'en avoit reçu que des réponses vagues qui ne s'accordoient point avec les avances qu'il vouloit bien faire pour la paix. Nazerzingue lui avoit aussi écrit pour l'engager à faire retirer les troupes françoises, et il lui avoit répondu qu'il étoit résolu de n'en rien faire jusqu'à ce que la paix fût conclue ; qu'au reste s'il lui plaisoit de lui envoyer un homme de confiance, il espéroit que leurs différends ne tarderoient pas à être terminés. Cependant les Anglois n'avoient point encore joint l'armée ennemie, et ce fut sans doute pour leur donner le temps de faire cette jonction que le même divan à qui M. Dupleix avoit écrit jugea à propos de lui députer deux personnes chargées de propositions qui lui parurent fort raisonnables et qu'il crut pouvoir accepter. En conséquence il écrivit sur-le-champ à M. d'Auteuil de suspendre toutes les hostilités ; mais à peine eut-il expédié cet ordre qu'il fut instruit de la fourberie des Maures et des Anglois, qui profitoient de cet intervalle pour se joindre. Ils ne l'étoient pas encore lorsque l'ordre fut révoqué ; mais le contre-ordre vint trop tard, il arriva le soir, et la nuit même se fit la jonction, ce fut le 1er d'avril. Quelle surprise pour Nazerzingue de voir que ce secours tant vanté, dont l'espérance l'avoit attiré dans cette province, se réduisoit à environ 250 blancs et quelques misérables topas! C'étoit là à quoi avoient abouti les promesses immenses que les Anglois lui avoient faites; aussi en parut-il indigné lorsqu'il eut joint, ce qu'il ne fit que deux ou trois jours après, et il ne voulut jamais admettre à son audience ni le commandant anglois ni les envoyés du gouverneur de Goudelour.

La nouvelle de cette jonction réveilla les plaintes et les murmures des officiers mécontens; rien n'étoit plus capable de les retenir. Leur révolte éclata enfin par une représentation signée d'eux tous qu'ils firent remettre à M. d'Auteuil. Celui-ci l'envoya sur-le-champ à M. Dupleix, qui ne lui répondit que pour lui faire sentir le ridicule d'un pareil acte, qui ne pouvoit avoir été dicté que par la lâcheté et par la cabale. Avant que d'avoir reçu cette réponse, M. d'Auteuil avoit déjà pris le parti non de se replier, comme les mutins le demandoient, mais de se mettre dans une autre position plus avantageuse sans cependant s'éloigner de l'ennemi, que ce mouvement obligea de même à changer de camp. Les armées n'étoient alors qu'à trois lieues de distance l'une de l'autre : le voisinage favorisant les projets de Nazerzingue, dont l'arrivée du secours anglois n'avoit pas encore bien dissipé les craintes, il ne cessoit d'envoyer vers son neveu des personnes de considération de son armée pour lui faire des propositions; tout sembloit se disposer à la paix, et il paroissoit qu'on ne tarderoit pas à voir ces différends terminés par une heureuse conclusion. Ces négociations se passoient à la vue des séditieux; ils étoient instruits de ces allées et de ces venues, mais ils ne vouloient pas les voir, ou s'ils les voyoient, ce n'étoit que pour les désapprouver, elles n'étoient pas de leur goût, elles n'avoient rien qui les flattât, et quoique plusieurs de ceux qui avoient signé la représentation avec eux, ouvrant les yeux sur la faute qu'ils avoient faite, eussent abandonné leur parti et se fussent retirés de leur cabale, ils n'en étoient pas moins ardens à poursuivre l'exécution de leur dessein. Témoins de leur fureur à persister dans leur désobéissance, Mouzaferzingue et Chandasaeb ne savoient bientôt plus que devenir. Les lettres de M. Dupleix les rassuroient, mais elles ne les tranquillisoient pas. M. d'Auteuil de son côté écrivoit à Pondichéry lettres sur lettres pour rendre compte de ce qui se passoit et pour solliciter un prompt remède au mal dont on étoit menacé. Il en arrivoit à chaque instant : M. Dupleix en reçut une le 3 avril 1750 à deux heures du matin, et elle lui parut si pressante que sur-le-champ il fit partir le sieur B*** pour l'armée afin de voir s'il ne seroit pas possible de ramener les mutins et de les faire rentrer en eux-mêmes. Il lui désigna ceux qui étoient les principaux auteurs de la révolte et lui ordonna de casser celui qui refuseroit d'obéir; mais prévoyant le peu de fruit qu'il y avoit à attendre de cette démarche, considérant en même temps le peu de fond que l'on pouvoit faire sur des officiers mutinés qui avoient entraîné dans leur parti les plus imbéciles de l'armée, l'impuissance où il étoit de les remplacer par d'autres plus fidèles et plus zélés, l'impression que pourroit faire sur l'esprit du soldat la désertion de plus de la moitié de ses officiers, et balançant les différens partis que les circonstances présentes pouvoient permettre, il prit enfin celui d'écrire à Nazerzingue.

Dans sa lettre, datée du même jour 3 avril, M. Dupleix marquoit à ce prince qu'il ne devoit pas ignorer les raisons qui l'avoient porté à donner du secours à Chandasaeb et à Mouzaferzingue; qu'il savoit comment dans toutes les occasions Anaverdikan et sa famille avoient été contraires aux François tant qu'ils avoient été dans le Carnate, et qu'ils n'avoient cessé de leur donner des marques de leur mauvaise volonté dans toutes les rencontres qui s'étoient présentées; qu'au lieu d'empêcher qu'il ne s'élevât aucune guerre entre eux et les Anglois dans l'étendue de leur gouvernement, non contens d'être les premiers à l'allumer, ils avoient encore eu la lâcheté de se joindre à ces mêmes Anglois lorsqu'ils étoient venus assiéger Pondichéry par terre et par mer; qu'une conduite aussi irrégulière de la part de ceux qui dans ces circonstances devoient au moins garder une exacte neutralité avoit allumé contre eux l'indignation d'une nation généreuse qui croyoit mériter plus d'attention et plus d'égards de la part de cette famille, et l'avoit obligée pour punir leur témérité de joindre ses forces à celles de Mouzaferzingue et de Chandasaeb lorsqu'ils étoient venus prendre possession de cette province; que personne n'ignoroit quelles avoient été les suites de cette jonction, si funeste à Anaverdikan et à ses enfans et si glorieuse à la nation françoise; qu'il étoit inutile de lui vanter l'importance de ces secours qu'il avoit accordés à Chandasaeb et à son neveu, puisque lui-même étoit en état d'en juger mieux que personne; qu'il les avoit donnés d'abord et depuis augmentés non pour le détruire ni pour le dépouiller des charges et des honneurs qu'il pouvoit posséder, mais dans l'espérance de parvenir par là à une heureuse paix; que c'étoit là l'unique but de ses souhaits, et qu'il en avoit donné une preuve bien sensible en empêchant jusque là l'armée françoise de l'attaquer comme elle l'auroit pu et de remporter sur lui les avantages dont sa valeur pouvoit lui répondre; que dans ce désir il avoit vu avec joie les négociations commencées entre lui et son neveu pour la paix; qu'il avoit cru pouvoir se flatter alors qu'elle alloit bientôt se conclure, et qu'il en avoit été d'autant plus charmé qu'elle lui paroissoit nécessaire à sa gloire, à celle de son neveu Mouzaferzingue et au bien de toute sa famille; que cependant il avoit eu la douleur d'apprendre que les conférences étoient rompues, qu'il n'y avoit plus aucune espérance de conciliation et qu'il falloit de nouveau en venir aux armes; qu'il ne pouvoit attribuer ce changement qu'aux pernicieuses insinuations de Mafouskan et de Mamet-Alikan son frère, qui, ne consultant que leurs intérêts particuliers, ne cherchoient qu'à le tromper et ne cessoient de l'aigrir contre son neveu, se mettant peu en peine de le voir engagé dans le précipice pourvu qu'ils pussent venir à bout de se satisfaire: que c'étoient eux qui, aveuglés par la haine qu'ils portoient aux François et pressés du désir de se venger des pertes qu'ils leur avoient causées, l'entretenoient dans des idées dont les suites ne pouvoient qu'être fatales à son honneur, lui exagérant le secours des Anglois, dont lui-même étoit aujourd'hui à portée de reconnoître la foiblesse, et par là l'empêchant d'entendre à aucun accommodement et l'engageant à continuer une guerre qui ne servoit qu'à ruiner son pays et à enrichir les Marattes, ennemis communs de lui et de son neveu Mouzaferzingue : « Eh! qu'importe en effet, disoit-il, qu'importe à Mafouskan et à son frère que cette terre soit désolée? Ne savent-ils pas bien qu'ils n'en seront jamais possesseurs tant qu'il y aura un François sur cette côte? Que leur importe des intérêts de la famille de Nisam pourvu que leur vengeance soit satisfaite?»

Il ajoutoit qu'il étoit temps enfin de terminer des troubles qui ne pouvoient aboutir qu'à la ruine d'un pays dont la conservation devoit lui être si chère; qu'il étoit bien informé que les anciens serviteurs de Nisam, qu'il avoit à sa suite et dans son armée, étoient des premiers à le solliciter de conclure la paix; qu'il se joignoit à eux pour la lui offrir, mais que pour qu'elle fût solide et durable, il falloit qu'elle se fît selon l'équité et non au gré de la passion de Mafouskan ou de Mamet-Alikan son frère; qu'il étoit dans la disposition de lier avec lui la plus étroite amitié et qu'il ne tiendroit qu'à lui de la rendre éternelle; mais que si ses offres ne lui convenoient point, il osoit l'assurer que tous les Anglois et tous les Mafouskan du monde ne l'empêcheroient pas de suivre ses justes desseins et d'aller en avant : « Le Dieu des armées, continuoit-il, tient la victoire dans sa main, il est le maître de l'accorder à vous ou à nous; mais de quelque côté qu'elle penche, votre famille ne sauroit qu'y perdre; et quoi qu'il arrive, soyez persuadé que la nation françoise ne souffrira jamais que la famille du perfide Anaverdikan rentre dans le gouvernement de cette province: c'est sur quoi je vous prie de faire les plus sérieuses réflexions. Je vous offre la paix : si elle est de votre goût et si vous voulez que j'en sois le médiateur, envoyez ici une personne de confiance. Chandasaeb et votre neveu en feront autant, et tout pourra être réglé dans une conférence. Que si au contraire mes offres ne vous sont pas agréables, au moins les suites d'une guerre funeste ne pourront-elles m'être imputées: cela me suffit.»

Après avoir écrit cette lettre, M. Dupleix l'envoya à M. d'Auteuil avec ordre de la faire tenir sur-le-champ à Nazerzingue. Le lendemain le sieur B*** revint du camp, assurant qu'il avoit parlé comme il le devoit à tous les officiers mutins; qu'il leur avoit fait sentir la honte et l'imprudence de leur conduite et le déshonneur dont ils se couvriroient à jamais s'ils abandonnoient l'armée, et que tous de concert l'avoient chargé de prier M. Dupleix d'oublier le passé, promettant de se comporter en braves gens dans toutes les occasions qui se présenteroient dans la suite. M. Dupleix ajouta peu de foi à son rapport, il avoit raison. Le jour même il apprit, par les lettres qu'il reçut de

M. d'Auteuil, que le voyage du sieur B*** avoit été parfaitement inutile et que les séditieux, bien loin de lui marquer le moindre repentir, avoient déclaré au contraire que si dans vingt-quatre heures ils ne recevoient pas de Pondichéry une réponse conforme à leurs prétentions, ils étoient résolus de se retirer et d'abandonner le service. Ils ne tinrent que trop bien parole.

Ce même jour 4 avril, on entendit de Pondichéry plusieurs coups de canon redoublés; ils venoient des deux armées, qui se canonnèrent toute la journée sans aucune perte de la part des François: leur artillerie au contraire fit beaucoup de ravage dans l'armée ennemie, et deux ou trois boulets de dix-huit tuèrent quelques cavaliers et plusieurs chevaux aux côtés de Nazerzingue. Vers le midi, il reçut la lettre de M. Dupleix, et assembla sur-le-champ tous les principaux officiers de son armée pour délibérer de la réponse qu'il devoit y faire. Le résultat de cette conférence fut de faire cesser aussitôt toute hostilité et de dépêcher le lendemain, dès la pointe du jour, vers son neveu pour finir à quelque prix que ce fût et terminer leurs différends de façon ou d'autre. C'étoit le parti le plus sage qu'il eût à prendre. Depuis son entrée dans la province, les François avoient déjà remporté sur lui, en différentes rencontres, plusieurs petits avantages sans que jamais ses troupes en eussent eu aucun, et les divers détachemens qu'il avoit faits de son armée pour battre la campagne et pour piller en étoient toujours revenus fort maltraités.

Un de ces partis de maraudeurs ayant osé la veille s'avancer jusqu'à Ariancoupan, les habitans seuls, armés de bambous, avoient suffi pour les chasser; ils leur enlevèrent même trois chevaux et un Maratte. D'ailleurs le sifflement des boulets françois avoit fait sur lui le plus terrible effet; naturellement lâche, il n'en avoit pas fallu davantage pour le décider. Tout alloit se conclure, on touchoit au moment d'avoir la paix lorsque les officiers mutins, qui jusque-là avoient mis le désordre et le trouble dans l'armée françoise, prirent cet instant pour consommer leur lâcheté et mettre le comble à leur ignominie. Piqués de ce qu'on refusoit constamment de se prêter à leurs fantaisies et à leurs caprices, ils recommencent leurs menées avec plus de fureur que jamais; ils éclatent en plaintes et en murmures sans savoir trop bien eux-mêmes ni ce qu'ils veulent ni ce qu'ils craignent. Ils prennent enfin le parti de déserter. Témoin de cette scène affligeante, Chandasaeb ne savoit que penser de ce qu'il voyait: l'idée avantageuse qu'il avoit conçue de la nation étoit furieusement balancée dans son esprit par ce qui se passoit sous ses yeux. Pénétré de douleur, il pria, il supplia, il n'oublia rien de ce qu'il crut propre pour fléchir les mutins et leur faire changer de résolution: prières, supplications, tout fut inutile. Mouzaferzingue, à qui l'on avoit envoyé M. de Bussi pour l'informer de ce qui se passoit, également surpris et consterné de cette désertion, employa aussi vainement les sollicitations les plus pressantes pour retenir les séditieux: rien ne fut capable de les arrêter; et ce dont notre histoire ne nous fournit qu'un seul exemple [1], dont la vengeance suivit de près, on vit en ce jour treize officiers françois, traîtres à leur serment et à leur honneur, abandonner lâchement leur commandant, leurs troupes, leurs drapeaux, le camp où ils étoient en sûreté et, sans être attaqués ni poursuivis, prendre honteusement la fuite comme s'ils avoient eu toute l'armée ennemie sur leurs pas.

On peut juger de l'embarras où dut se trouver alors M. d'Auteuil, qui se disposoit à recommencer la canonnade le lendemain. Cependant le temps pressoit, la consternation étoit déjà répandue dans les deux armées de Mouzaferzingue et de Chandasaeb, et il y avoit tout lieu d'appréhender que, parmi les François mêmes, le soldat, frappé de se voir abandonné de ses officiers, ne prît également épouvante. Dans une conjoncture aussi critique, M. d'Auteuil fit appeler MM. de La Touche et de Bussi, et après avoir délibéré entre eux de ce qu'il y avoit à faire dans ces circonstances, ils conclurent que le seul parti qu'il y eût à prendre, étoit de se replier sur Pondichéry. La résolution fut aussitôt prise et signée d'eux trois, et sur-le-champ l'ordre fut donné pour décamper le lendemain à trois heures du matin le plus sourdement qu'il seroit possible. On en informa Mouzaferzingue, qui, après avoir longtemps débattu cette retraite et avoir allégué au con-

[1] Ce fut à Trèves, ou M. de Créqui qui y commandoit fut abandonné de ses officiers, qui livrèrent la ville aux impériaux. Par le jugement qui suivit, plusieurs furent punis de mort, les autres dégradés de noblesse et déclarés indignes de jamais porter les armes au service du roi.

traire toutes les raisons qu'il put imaginer, parut enfin consentir à suivre l'armée.

Elle se mit en marche le 5 au matin au signal d'un coup de canon dont on étoit convenu, et on prit la route de Pondichéry. On étoit dans la persuasion que Mouzaferzingue suivoit comme il l'avoit promis ; en sorte que la surprise ne fut pas petite lorsque à la pointe du jour on n'aperçut ni ce prince ni son armée ; on découvrit seulement quelques pelotons de celle de Chandasaeb, qui, mieux qu'un autre, savoit de quelle importance il étoit pour lui de ne point abandonner les François, et qui, ainsi que son fils, se comporta en brave homme dans cette retraite. On sut depuis que Mouzaferzingue avoit été détourné de suivre par ses principaux officiers, qui lui avoient fait entendre qu'étant porteur des ordres de l'empereur, il seroit honteux pour lui et indécent de fuir lâchement devant un rebelle. Ce prince, malgré sa jeunesse et son peu d'expérience, ne s'étoit rendu cependant à cet avis que contre son gré et n'en avoit point fait avertir M. d'Auteuil.

Cependant l'armée continuoit sa marche, côtoyée à droite et à gauche par différens corps de cavalerie qui furent d'abord pris pour amis. Le jour qui parut dissipa l'illusion et fit voir à découvert toute l'armée ennemie, qui accourut aussitôt à toute bride et vint fondre sur les troupes françoises. Elle fut reçue partout avec une valeur égale : quoique abandonnés de leurs officiers, les soldats ne perdirent point courage ; plusieurs même d'entre eux en firent la charge, ralliant leurs pelotons et les conduisant eux-mêmes à l'ennemi. Les Maures de leur côté, n'ayant aucune idée de retraite et persuadés que les François fuyoient devant eux, n'en étoient que plus acharnés à les poursuivre. Repoussés de toutes parts, ils revenoient de tous côtés à la charge, de nouveaux corps se succédant sans cesse sans se rebuter et trouvant partout la même résistance et une intrépidité qui ne se démentit jamais d'un seul instant pendant dix heures d'un combat opiniâtre qu'il fallut livrer jusqu'à Oulgaret [1]. Jamais retraite n'avoit été si bien conduite et jamais troupe ne s'étoit mieux comportée. M. d'Auteuil étoit partout, toujours secondé à propos par MM. de La Touche et de Bussi et par ce qui restoit d'officiers subalternes, qui chacun dans leur

[1] Éloigné de cinq ou six lieues de l'endroit où avoit commencé la retraite.

poste firent en cette occasion tout ce que l'on devoit attendre de leur zèle et de leur bravoure. Ceux mêmes qui, entraînés par le torrent, s'étoient d'abord rangés du parti des mutins et avoient signé la représentation avec eux, revenus depuis de leur égarement et résolus de réparer leur faute, signalèrent en cette rencontre leur courage et leur fermeté et contribuèrent comme les autres à soutenir l'honneur des armes de la nation. Arrivé à Oulgaret, M. d'Auteuil, ayant fait la revue de sa troupe, n'y trouva de manque que dix-neuf hommes, dont onze se retrouvèrent depuis, sans qu'il y eût eu aucun officier blessé. Au contraire cette journée si glorieuse aux troupes françoises et aux officiers qui les conduisoient, coûta fort cher aux ennemis, dont il n'est pas possible d'évaluer au juste la perte. Voilà à quoi aboutit le secours qu'ils avoient reçu des Anglois, dont on remarqua plusieurs officiers parcourant à cheval pendant l'action les rangs des Maures, les encourageant, les mettant en ordre et les menant à la charge. Cependant, malgré ce mauvais succès de leurs armes, cette nation hautaine ne laissa pas de triompher de cette retraite, comme si c'eût été une véritable fuite ; c'est ce qui se voit par les lettres écrites quelques jours après du camp de Nazerzingue à M. d'Auteuil par M. Cope, commmandant des troupes angloises, qui n'y ménagea pas les termes.

Tandis que ces choses se passoient à l'armée, M. Dupleix, qui n'avoit point reçu de nouvelles du camp depuis la veille, en attendoit impatiemment à Pondichéry lorsqu'un caffre, valet d'un des officiers fugitifs, vint lui dire que son maître avoit déserté avec plusieurs autres, qu'ils étoient poursuivis par les Marattes et qu'il les croyoit tous massacrés. Peu de temps après il fut informé qu'une partie de ces officiers s'étoit réfugiée dans un jardin voisin d'Oulgaret ; aussitôt il envoya ordre aux portes d'arrêter tous ces déserteurs à mesure qu'ils se présenteroient ; mais avant que l'ordre fût arrivé, il y en avoit déjà quelques-uns qui étoient entrés et que la peur possédoit encore si cruellement qu'ils couroient par les rues comme des insensés, criant à pleine tête : « Marattes, Marattes. » Cependant l'ordre porté contre eux s'exécutoit, et l'on arrêtoit tous ceux qui paroissoient, quand, à midi, on vint dire à M. Dupleix que le coteau d'Oulgaret étoit couvert de cavalerie, qu'elle paroissoit poursuivie et sembloit se réfugier de ce côté-là. Sur ce nouvel avis, il fit sur-le-champ donner ordre aux limites et aux portes de la ville de refuser l'entrée à toute cette cavalerie. Un instant après il vit entrer M. de Bussi, fort harassé, venant lui annoncer l'arrivée des troupes aux limites, la prise de Mouzaferzingue par son oncle et la perte de quelques pièces de canon enlevées dans l'obscurité et qui avoient été abandonnées par les officiers d'artillerie. Il ajoutoit que, depuis la retraite, toute la cavalerie de Mouzaferzingue et de Chandasaeb, montant au moins à 20,000 chevaux s'étoit dissipée de façon qu'il n'en paroissoit que le peu qui s'étoit réfugié à Oulgaret; qu'on ignoroit ce que le reste étoit devenu. Tant de mauvaises nouvelles arrivées coup sur coup ne déconcertèrent point M. Dupleix; il ordonna sur-le-champ à M. Burri de se rendre aux limites, de donner ordre aux troupes de passer à la blanchisserie, où il y avoit déjà assez de couvert pour qu'elles puissent y être à l'abri, et de défendre aux portes de laisser entrer dans la ville aucun soldat. Lui-même se transporta à l'armée peu de temps après; il caressa, il remercia, il encouragea l'officier et le soldat. Toute la troupe, formant un cercle autour de lui, s'empressoit de lui demander s'il étoit content; les soldats faisoient la même question à leurs officiers, ceux-ci aux soldats : la joie et la satisfaction étoient réciproques. Cependant M. Dupleix voulut que M. d'Auteuil rendît raison de la retraite précipitée qu'il avoit faite et qui, quoique exécutée fort glorieusement pour lui et pour les troupes, pouvoit d'ailleurs avoir de fâcheuses conséquences. Tous les officiers fugitifs avoient été arrêtés et renfermés dans le fort, où l'on commença à instruire leur procès. Ils y avoient perdu tous leurs équipages et n'avoient sauvé leur vie qu'en se tenant cachés dans les haies et dans les bois où les Marattes ne pouvoient pénétrer.

A l'égard de Mouzaferzingue, on fut informé quelques jours après qu'ayant pris le parti, comme je l'ai dit, de ne point suivre l'armée dans sa retraite, il avoit député sur-le-champ quelques-uns de ses principaux officiers vers ceux de son oncle Nazerzingue, et que tous ensemble s'étant rendus à la tente de celui-ci, ils lui avoient déclaré que son neveu étoit prêt à se rendre à lui pourvu qu'il voulût jurer sur l'Alcoran de ne point le faire prisonnier et de lui laisser la jouissance de ses gouvernemens.

Nazerzingue, à qui les parjures ne coûtoient rien, n'eut garde de laisser échapper l'occasion qui se présentoit de s'assurer de son rival, elle ne pouvoit être plus favorable. Il promit et jura tout ce qu'on voulut; mais à peine fut-il maître de son neveu, qui eut l'imprudence de se mettre entre ses mains, qu'il oublia ses promesses et ses sermens, le fit arrêter et le tint en prison sous bonne garde.

L'embarras de M. Dupleix dans de pareilles circonstances est facile à imaginer. Mouzaferzingue étoit prisonnier; Chandasaeb lui-même, abandonné de presque toute son armée, n'osoit sortir des murs de Pondichéry, et les troupes françoises, découragées et affoiblies par la retraite forcée qu'elles avoient été obligées de faire, ne paroissoient pas devoir être une ressource bien sûre pour sortir du mauvais pas où l'on s'étoit engagé. Il est vrai que l'intérêt de la compagnie n'étoit pas alors ce qui devoit inquiéter le plus. Il n'étoit pas impossible d'obtenir pour elle de Nazerzingue les mêmes avantages qui lui avoient été assurés par Mouzaferzingue et par Chandasaeb; on pouvoit espérer d'en venir à bout en renonçant de soutenir le parti des deux princes. Mais quelle honte cette espèce de fuite de l'armée françoise, jointe à la prise de Mouzaferzingue, n'alloit-elle point faire rejaillir sur la nation, qui dans ce moment se trouvoit la victime d'un petit nombre de lâches et de mauvaises têtes? Comment sans se couvrir d'un opprobre éternel abandonner le jeune prince mogol au ressentiment de son oncle! Comment rompre les liens de reconnoissance, d'union et d'amitié qui depuis tant d'années attachoient les François à Chandasaeb et à sa famille [1] pour se livrer aux caprices d'un prince lâche et sans foi, détesté de ses propres officiers pour son ivrognerie et ses autres vices? Mais aussi comment, sans appui, sans qu'on pût espérer aucun secours de la part des deux princes mogols, avec les seules forces de la nation, entreprendre de faire tête à toutes celles des Maures soutenus des Anglois? Comment oser se flatter de réussir contre ces deux puissances réunies?

[1] Indépendamment des concessions faites à la compagnie par Chandasaeb, elle tenoit de Sabder-Alikan, son beau-frère, les aldées d'Archiouae et de Tindouvanaram, et celles d'Oulgaret, de Mongourapakan et de Calepet, de Daoustalikan, son beau-père, ainsi qu'il paroît par les paravanas qui lui en furent expédiés par l'ordre de ces deux princes. (*Note de l'ancienne édition.*)

Ces réflexions chagrinantes frappèrent M. Dupleix, il en sentit toute la force et tout le poids ; mais il n'en fut point accablé, et après une délibération sérieuse, qui ne servit qu'à l'affermir dans la juste nécessité de ne point montrer de foiblesse, il prit le parti d'écrire à Nazerzingue et de sonder ses sentimens par la lettre suivante.

Lettre de M. Dupleix à Nazerzingue.

« Je vous écrivis il y a trois jours une longue lettre à laquelle vous n'avez point fait de réponse. En conséquence des offres que j'y faisois d'être le médiateur de la paix entre vous et le seigneur Mouzaferzingue, pour vous prouver la sincérité de mes sentimens, j'avois donné ordre à mon armée de se replier de ce côté-ci. Le seigneur Mouzaferzingue devoit prendre le même parti ; j'ignore quelle raison a pu l'en détourner, c'est un mystère qu'il ne m'a pas encore été possible d'éclaircir et qui l'a livré entre vos mains. Généreux comme on dit que vous l'êtes, je ne doute pas un moment que vous ne lui fassiez ressentir toute l'étendue de votre bon cœur et que vous n'ayez toujours présent à l'esprit qu'il est votre neveu et petit-fils de Nisam votre père. Je suis tranquille à cet égard ; soyez-le de même sur le sort de sa famille et de sa mère, qui est votre sœur : retirés dans cette ville, ils y éprouveront toujours de ma part toute l'attention et toutes les considérations que leur rang et leur naissance exigent de moi. Il paroît que les offres que je vous ai faites par ma première lettre ne vous ont point été agréables puisque dans notre retraite vos gens sont tombés sur nous comme sur une proie assurée. Nous nous retirions pour accélérer la paix, et ils vous ont fait croire que nous prenions la fuite. A leur retour vous ont-ils tenu le même langage ? Combien cette erreur ne leur a-t-elle pas coûté de sang ? Ils ont appris à leurs dépens ce que l'on gagne à attaquer les François dans le temps même qu'ils semblent céder ; vous-même en avez été frappé : pourquoi donc nous forcer plus longtemps à vous faire sentir malgré nous le poids de nos armes ? Pourquoi vous obstiner à la continuation d'une guerre funeste qui ne peut aboutir qu'à la désolation de votre pays ? La paix est entre vos mains. Pour y parvenir, éloignez de vous les mauvais conseils, les discours trompeurs qui vous ont engagé dans cette guerre et qui vous y entretiennent. Vous êtes aujourd'hui plus en état que jamais d'en reconnoître le poison et la fausseté. Écoutez des avis plus sages : ils ne tendent qu'à votre gloire et à votre bien. Combien de maux n'éviteriez-vous pas par là ? Et quelle satisfaction pour vous de rendre à vos peuples la tranquillité qu'ils ont perdue ! »

Cette lettre fut écrite le 6 avril et fut remise le jour même à Nazerzingue, qui ne jugea pas à propos d'y répondre ; au contraire, encore fier de la lâcheté qu'il venoit de commettre envers son neveu, il osa s'avancer jusqu'à Valdaour, où il établit son camp. M. Dupleix, de son côté, voyant les troupes reposées et rétablies, leur ordonna de marcher en avant. Elles sortirent des limites et allèrent camper sur le chemin le plus court de Valdaour. Ce voisinage des deux armées occasionna quelques pourparlers. La plupart des seigneurs du parti de Nazerzingue souhaitoient la paix et étoient disposés à s'entremettre d'accommodement entre l'oncle et le neveu. Les anciens serviteurs de Nisam, grand-père de Mouzaferzingue, s'intéressoient pour ce jeune seigneur et faisoient assez entendre à Nazerzingue qu'ils étoient résolus de le quitter s'il refusoit de tenir la parole qu'il leur avoit donnée sur l'Alcoran lorsque son neveu étoit venu se rendre à lui. Ces mêmes seigneurs ne cessoient de solliciter M. Dupleix de ne point abandonner le parti de ce jeune prince et lui faisoient entendre que s'il vouloit envoyer à leur camp quelque personne de confiance, ils ne doutoient point que tout ne se terminât promptement à la satisfaction des parties. Il céda à leurs instances et consentit à la députation à condition que Nazerzingue lui enverroit un passeport signé de sa main pour les personnes qu'il chargeroit de se rendre auprès de lui. Celui-ci accepta la proposition, et M. Dupleix n'eut pas plutôt reçu de lui les assurances qu'il demandoit qu'il fit partir pour le camp des Maures MM. du Bausset et de Larche. Le premier étoit connu particulièrement de Nazerzingue, qu'il avoit vu et entretenu plusieurs fois à Trichirapali lorsqu'en 1743 il avoit été député par M. Dupleix auprès de Nisam-Mouloue son père. L'autre possédoit parfaitement la langue persanne. Ces deux députés, chargés des ordres de M. Dupleix et escortés de cinquante cipayes qu'il leur donna, arrivèrent au camp des Maures le 18 avril 1750, et ils y furent reçus avec tous les honneurs et toute la distinction qu'ils pouvoient souhaiter. On leur assigna un logement proche de la tente de Nazerzingue et de celle de Chanavaskan, son premier ministre. Le soir même ils furent conduits à l'audience de ce dernier, qui d'aussi loin qu'il les aperçut se leva et s'avança pour les recevoir ; enfin dès le lendemain ils eurent audience de Nazerzingue lui-même, qui leur fit l'accueil le plus favorable, les assurant de la joie qu'il avoit de les voir, des dispositions sincères où il étoit, disoit-il, pour la paix et de l'estime particulière qu'il faisoit de la nation.

Malgré de si belles apparences, cette négociation ne réussit pas mieux que toutes celles qui avoient précédé. Elle roula principalement sur deux points, la liberté de Mouzaferzingue et la jouissance pour lui de toutes les terres avec le gouvernement du Carnate. Les députés étoient chargés par leurs instructions d'insister fortement sur ces deux articles ; et parce qu'à l'égard de la nababie du Carnate, Nazerzingue pouvoit faire difficulté de l'accorder à son neveu dans la crainte qu'elle ne le rendît trop puissant, ils avoient ordre en ce cas de proposer, comme d'eux-mêmes, de donner ce gouvernement à Chandasaeb, à la charge d'en faire hommage à Nazerzingue et de relever immédiatement de lui. M. Dupleix alloit même encore plus loin dans son instruction à ces députés. Supposé que l'on s'obstinât à leur refuser absolument la liberté de Mouzaferzingue, il leur ordonnoit de déclarer encore comme d'eux-mêmes que si Nazerzingue vouloit promettre par écrit de ne point attenter à la vie de son neveu, ils croyoient que M. Dupleix pourroit consentir à ne plus insister sur cet article, laissant à la clémence et à la générosité de ce seigneur d'en user à cet égard comme il le jugeroit à propos, à condition néanmoins que, pour consoler cette famille désolée, il accorderoit à Mahamet-Sadoudiu-Kan, fils de son neveu, la jouissance de toutes les terres que son père possédoit avant la guerre jusqu'à ce qu'il lui plût d'y rétablir Mouzaferzingue lui-même, donnant ainsi à ses petits-neveux et à sa sœur une assurance que sa vengeance ne s'étendroit pas jusqu'à eux et même un juste sujet d'espérer de se revoir un jour entre les bras de leur mari et de leur père.

Ces ménagemens, par où M. Dupleix sembloit se relâcher, sur le point capital de la négociation, qui étoit la liberté de Mouzaferzingue, lui avoient paru d'autant plus nécessaires qu'il ne se croyoit point alors en état de forcer Nazerzingue à l'accorder, et qu'il étoit presque convaincu qu'il ne l'accorderoit qu'à la force. En effet, dès la première ouverture que les députés en firent à Chanavaskan, ce ministre ne balança point à leur déclarer que Nazerzingue n'y consentiroit jamais. La même chose leur fut confirmée par tous les seigneurs qui composoient le conseil de ce prince : ils disoient qu'après la faute que Mouzaferzingue avoit faite de se révolter contre son oncle et d'appeler les étrangers à son secours pour le chasser de ses états, Nazerzingue ne pouvoit se dispenser de lui en marquer son ressentiment et de le mortifier du moins pendant quelque temps afin qu'il apprît à être plus soumis et plus retenu dans la suite ; qu'il se devoit cet exemple à lui-même et à sa propre sûreté à cause de ses autres parens, qui pouvoient tomber dans le même cas : que s'ils le voyoient pardonner si aisément à celui-ci, ils en seroient plutôt tentés de manquer à ce qu'ils lui devoient et de s'appuyer de même contre lui de la protection de quelque autre nation étrangère. Ils apportoient encore pour exemple Nazerzingue lui-même, qui, ayant pris les armes contre son père Nisam, avoit encouru la disgrâce de ce seigneur, qui l'en avoit châtié pendant longtemps, et qui, lorsqu'il avoit été satisfait de sa soumission, lui avoit enfin rendu son amitié et ses états. Ils ajoutoient qu'ils avoient même lieu d'être surpris que les François prissent si fort à cœur les intérêts de Mouzaferzingue et voulussent le soutenir contre son oncle après les marques d'estime et d'amitié qu'ils avoient reçues de Nisam et qui leur avoient été continuées par Nazerzingue. MM. du Bausset et de Larche avoient beau représenter qu'en soutenant Mouzaferzingue ils croyoient par là même donner à la famille de Nisam une preuve certaine de leur reconnoissance et de leur attachement ; qu'ayant une fois embrassé son parti pour les justes raisons que Nazerzingue lui-même ne pouvoit ignorer, il n'étoit plus libre à la nation de l'abandonner sans se déshonorer, et que bien loin de lui savoir mauvais gré de la générosité qu'elle faisoit paroître en cette occasion à l'égard de ce jeune prince, cette générosité même devoit être pour Nazerzingue un sûr garant de la fidélité des offres et des promesses qu'elle lui faisoit de son service ; qu'après tout il ne pouvoit nier que son neveu ne fût porteur des ordres de l'empereur ; qu'il n'appartenoit point aux François d'examiner si ces ordres avoient été bien ou mal donnés ; qu'il leur suffisoit de savoir que Mouzaferzingue n'avoit agi qu'en conséquence ; que si l'on prétendoit aujourd'hui lui faire un crime d'avoir exécuté les ordres de son maître, il pourroit fort bien arriver qu'un jour ce maître même voulût à son tour faire rendre compte à Nazerzingue de tout ce qui se passoit, et que pour prévenir ce coup et appaiser le prince, la bonne politique demandoit que l'on se hâtât d'accorder à ce jeune prince la liberté qu'il n'avoit perdue que pour avoir trop bien obéi ; qu'en un mot, en leur accordant la grâce qu'ils sollicitoient, Nazerzingue devoit faire attention que c'étoit à son neveu qu'il l'accordoit, au fils de sa sœur, au petit-fils de Nisam, et qu'outre l'honneur que cette action lui feroit, il auroit la satisfaction d'obliger une nation généreuse, qu'il pouvoit rencontrer encore plus d'une fois en son chemin et qui se faisoit un point d'honneur de reconnoître dans l'occasion les égards que l'on avoit pour elle. Leurs raisons ne furent point écoutées. Chanavaskan lui-même, tout porté qu'il étoit pour la paix, ne put s'empêcher de leur dire un jour, que s'ils étoient raisonnables, bien loin d'insister sur cette proposition ils seroient les premiers à penser comme eux sur cet article ; qu'au reste et pour ce qui regardoit la compagnie et M. Dupleix ils pouvoient demander tout ce qu'ils voudroient ; que Nazerzingue tireroit le rideau sur tout ce qui s'étoit passé, et qu'il se feroit un plaisir de leur accorder ce qu'ils croiroient être à leur bienséance. Ces négociations firent le sujet de plusieurs assemblées tant publiques que particulières pendant lesquelles il ne fut pas possible aux députés de s'aboucher, comme M. Dupleix le leur avoit recommandé, avec aucun des seigneurs qui favorisoient le parti de Mouzaferzingue. Pour ne pas se rendre suspects, ceux-ci affectèrent même, dans un grand conseil qui se tint à ce sujet, d'être d'un sentiment opposé à ce jeune prince ; ils n'ignoroient pas qu'ils étoient écoutés et que Nazerzingue étoit caché derrière la toile qui séparoit la tente où se tenoit la conférence. Enfin après sept à huit jours de négociations, MM. du Beausset et de Larche ne se voyant pas plus avancés que le premier, prirent le parti de se retirer, conformément aux ordres qu'ils avoient reçus de M. Dupleix. En prenant congé de Chanavaskan ils crurent devoir faire sentir à ce seigneur la peine que leur causoit une démarche aussi infructueuse, qui alloit mettre les François dans la triste nécessité de continuer les troubles non-seulement dans cette province mais même dans plusieurs autres qui, abandonnées de leurs défenseurs étoient à la merci de quiconque oseroit les envahir. Ils lui déclarèrent que par le peu de disposition qu'on leur avoit fait paroître pour la paix, on obligeoit la nation de garder à Pondichéry une famille respectable qui, tant qu'elle ne seroit pas rétablie, seroit dans cette partie de l'Inde une source éternelle de division et de discorde ; que de cette famille étoient sortis deux enfans mâles auxquels le roi leur maître avoit accordé sa protection et dont sa majesté ne manqueroit certainement pas de prendre la défense ce qui pouvoit occasionner un jour les révolutions les plus funestes non-seulement dans ce pays mais peut-être même dans tout l'empire. Ils finirent en priant le ciel de détourner de dessus ces provinces les malheurs qu'ils prévoyoient, protestant qu'après les avances et les offres qu'ils avoient faites, les suites que pouvoit avoir le refus qu'on faisoit de les écouter ne pourroient plus leur être imputées.

On remarquera que pendant tout le cours de cette négociation, les Anglois qui étoient au camp de Nazerzingue affectèrent de ne paroître nulle part où se trouvoient les députés françois. Ils n'y auroient pas tenu la première place ; le refus qu'on faisoit de leur donner audience, depuis trois semaines qu'ils étoient arrivés, marquoit assez le peu de cas que les Maures faisoient d'eux et du secours qu'ils leur avoient amené. Ils parurent enfin être sensibles à ce mépris, et peu de jours après le départ de MM. du Bausset et de Larche, piqués de ce qu'ils avoient été sitôt présentés à l'audience, ils demandèrent à y être admis à leur tour sur le même pied que les François, c'est-à-dire chaussés menaçant en cas de refus de se retirer sur-le-champ ; mais on leur répondit que Nazerzingue étoit le maître de ses volontés et de ses grâces ; que si cela leur convenoit, il les admettroit à son audience mais sans chaussures, et que s'ils n'étoient pas contens, ils pouvoient prendre leur parti. Quelque humiliante que fût cette réponse, les députés anglois aimèrent encore mieux s'y conformer que de souffrir qu'il fût dit qu'ils s'en étoient retournés sans audience. Ils parurent sans souliers devant Nazerzingue, qui les reçut fort froidement et qui prit leur présent avec beaucoup d'indifférence sans marquer la moindre curiosité de le voir, quoique entre autres effets précieux dont il étoit composé, on vantât fort une certaine tente que l'amiral Boscaven avait, dit-on, apportée d'Europe pour lui être présentée.

M. Dupleix voyant le peu de fruit de la négociation, comprit que la terreur de nos armes étoit seule capable de déterminer Nazerzingue à terminer tout par une solide paix ; en conséquence il envoya ordre aux troupes françoises de s'avancer jusqu'à Olgaret, près de l'armée ennemie ; et la nuit du 27 au 28 avril, une demi-heure avant le jour, M. de La Touche, avec trois cents hommes, donnant au travers du camp de Nazerzingue, ils y firent le plus horrible ravage, massacrant ou mettant en fuite tout ce qui tomboit sous leur main et pénétrant plus d'un quart de lieue dans cette armée où tout fut mis en confusion et en désordre. Dès que le jour parut, M. de La Touche, craignant que les Maures, revenus de leur première frayeur, ne reconnussent la foiblesse de son détachement, fit sa retraite en bon ordre et regagna son camp en triomphe, chargé des dépouilles de l'ennemi.

Depuis cette alarme, la frayeur dont Nazerzingue avoit été saisi à cette occasion ne l'abandonna plus d'un seul instant ; à tout moment il croyoit voir les François tomber sur lui. Enfin le 30 au matin, il prit le parti de se retirer et se servit de différens prétextes pour colorer sa fuite. Avant que de décamper, il fit dire aux Anglois, par un simple chopdar, qu'ils étoient libres de retourner chez eux dès qu'il leur plairoit. Il partit ensuite prenant le chemin de Gingi, d'où, ne se croyant pas encore en sûreté à cause de la proximité, il continua sa route jusqu'à Arcate. Il y arriva traînant après lui les débris de son armée à moitié ruinée et réduite à dix ou douze mille cavaliers qui, détestant la guerre et redoutant jusqu'au nom des François, ne respiroient tous que sa mort ou la paix.

Dans un moment de dépit, il avoit ordonné au gouverneur de Mazulipatan de faire arrêter tous les employés que la compagnie françoise tenoit dans cette ville, et cet ordre fut exécuté sans que les Maures y trouvassent aucune résistance. Ils arrêtèrent et mirent en prison les sieurs Coquet, chef de ce comptoir ; La Selle, employé, le courtier, les marchands et les principaux serviteurs de la compagnie ; après quoi ils s'emparèrent de la loge, où ils mirent le scellé partout en présence du courtier, afin que rien n'en fût détourné, suivant l'ordre qu'ils avoient reçu de Nazerzingue.

M. Dupleix pensa aussitôt à avoir sa revanche de l'entreprise des ennemis sur ce comptoir ; et parce que la prison du sieur Coquet avoit fait du bruit, il crut devoir aussi s'en venger avec éclat. Dans cette vue, on fit par son ordre la plus grande diligence à Pondichéry pour décharger les vaisseaux *le Fleury* et *le d'Argenson*, et on les rechargea avec le même empressement, sous prétexte de les envoyer à Bengale ; lorsque tout fut prêt et les munitions embarquées, il assembla le Conseil secret, auquel il fit part de son dessein : c'étoit de se rendre maître de Mazulipatan, et de s'assurer la possession de cette ville, conformément à la concession que Mouzaferzingue en avoit faite à la compagnie. Ce projet fut généralement approuvé. On chargea M. Guilard de la conduite de cette expédition, et on lui donna pour l'exécution deux cents blancs, vingt topas et deux cents cipayes, commandés par M. de La Tour. Cette petite troupe mit à la voile la nuit du 9 au 10 de juillet, et le 13 du même mois, ayant débarqué à Mazulipatan, elle se rendit maîtresse de cette ville sans y trouver nulle opposition et sans causer le moindre désordre, ce qui surprit d'autant plus les Maures qu'ils ignorent absolument cette manière noble et généreuse de faire la guerre. Aussitôt après, M. Guilard prit possession de la place au nom du roi et de la compagnie. A l'arrivée des troupes françoises, les Maures s'étoient retirés dans un fort voisin, environ à trois quarts de lieue, où l'épouvante étoit si grande parmi eux qu'ils mirent sur-le-champ en liberté le sieur Coquet et tous ceux qui avoient été faits prisonniers avec lui, mais depuis, revenus de leur première frayeur, ils parurent vouloir inquiéter les François, faisant sur eux des sorties fréquentes et leur coupant les vivres et l'eau, qu'ils étoient obligés de faire venir du dehors. On prit donc la résolution de les chasser de ce poste qui leur servoit d'asile. En conséquence M. de La Tour marcha contre le fort qu'il attaqua, et l'ayant emporté d'assaut, il le fit raser. En même temps la garnison françoise fut encore renforcée de cent blancs et de cent cinquante cipayes que M. Dupleix y envoya. Au moyen de ces précautions et des soins que M. Guilard se donna pour mettre la place hors d'insulte, elle fut en fort peu de jours en état de défense, capable de résister non-seulement à toutes les forces de l'Inde, mais même à celle des Européens, d'autant plus que sa situation avantageuse au milieu des marais en rend les avenues presque impraticables.

Tandis que ces choses se passoient du côté du nord, Nazerzingue, retiré à Arcate et noyé dans les plaisirs, sembloit ne penser à rien moins qu'à continuer la guerre ou à mettre fin aux troubles dont son état étoit agité ; ses débauches ne faisoient que redoubler. Cependant les amis que M. Dupleix avoit dans l'armée de Nazerzingue ne cessoient de l'exhorter à faire marcher ses troupes de ce côté-là, lui faisant entendre que c'étoit le seul moyen de tirer ce prince de son assoupissement. Pressé et sollicité de leur part, M. Dupleix fit prendre possession de quelques terres dans le voisinage, entre autres d'une pagode fortifiée nommée Tivaradi, où il envoya une garnison de vingt blancs, d'autant de topas et de cinquante cipayes. Ce mouvement sembla faire revenir Nazerzingue de son assoupissement. Les pourparlers et les propositions recommencèrent de sa part avec plus de vivacité que jamais ; il étoit prêt, disoit-il, à finir. Mais les Anglois, oubliant le peu de cas qu'il avoit fait du premier secours qu'ils lui avoient envoyé, le firent encore changer de résolution. Avides de son argent et peut-être plus avides encore de satisfaire leur haine et leur jalousie, ils agirent si fortement auprès de lui qu'ils l'engagèrent enfin, à force de sollicitations et de promesses, à faire partir Mahmet-Alikan à la tête de quelque cavalerie avec ordre de chasser les François de cette pagode fortifiée, pour le siège de laquelle ils devoient fournir des troupes, du canon et toutes les munitions nécessaires. Informé de la marche de l'ennemi, M. Dupleix augmente le nombre de blancs, qu'il avoit laissés à Vilnour, jusqu'à cinq cents et en donne le commandement à M. de La Tour, avec ordre de couvrir Tiravadi et Villeparou, autre poste fortifié où l'on avoit mis une petite garnison françoise. Les Anglois se mettent en campagne avec leur détachement et quelques pièces d'artillerie, et, tirant droit à l'ouest de Goudelour, font leur jonction avec l'armée maure. Aussitôt M. de La Tour règle ses mouvemens sur ceux des ennemis : leur dessein paroissant être sur Tiravadi, les François s'en approchent. Mais au moment qu'on y pense le moins, les Anglois se retirent brusquement et avec précipitation, et rentrent chez eux avec leur artillerie. Surpris et consternés de cette résolution imprévue, Mahmet-Alikan ne les abandonne point ; il fuit avec son armée et va camper au pied de leurs limites.

Un vaisseau nouvellement arrivé d'Europe avoit causé cette révolution si subite et si étrange : il portoit la révocation du gouverneur anglois et de tout son conseil ; et son successeur par intérim n'étoit pas plutôt entré en charge qu'aussitôt il avoit envoyé ordre aux troupes angloises de revenir. On en ignoroit alors la véritable raison ; elle ne tarda pas à se découvrir. Désespéré de se voir abandonné de ses infidèles alliés, Mahmet-Alikan met tout en œuvre pour faire changer de sentimens au nouveau gouverneur ; prières, promesses, tout fut employé sans qu'il fût possible d'en venir à bout ; il faisoit la sourde oreille ; les Maures ne portoient point encore leurs offres au point qu'il souhaitoit. Mahmet-Alikan s'y rendit enfin ; l'argent fut compté et reçu, et les Anglois sortirent de nouveau avec deux pièces de vingt-quatre et six de six livres de balles, et quelques mortiers de plus qu'ils n'avoient la première fois. La jonction étant faite, toute cette armée se mit en marche.

M. de La Tour, qui épioit ses mouvemens, bien résolu de déconcerter ses projets, se prépara à faire face partout. Comme elle paroissoit en vouloir tout de bon à Tiravadi, il s'en approcha environ à deux lieues ; ensuite s'étant aperçu que les Maures avoient posté une de leurs gardes fort proche des siennes, et cette garde ne lui ayant pas paru de grande importance, il la fit attaquer par vingt Cafres soutenus de cent cinquante cipayes. Peu s'en fallut que cette démarche n'engageât une action générale, par la résistance que fit la garde ennemie, qui se trouva beaucoup plus forte qu'on ne l'avoit cru. Toute l'armée maure s'étant avancée pour les soutenir, les François firent la même manœuvre, et il y eut entre eux une escarmouche des plus chaudes qui dura assez longtemps avec un feu très-vif des deux côtés, tant du canon que de la mousqueterie.

Toujours repoussés avec perte, les Maures revinrent plusieurs fois à la charge avec la même opiniâtreté. La nuit qui survint empêcha M. de La Tour de pénétrer jusqu'à leur camp et l'obligea de rester sur ses avantages. Le lendemain 1er août, il y eut une autre affaire aux environs de Tiravadi, qui dura depuis onze heures du matin jusqu'à six heures du soir et qui fut très-avantageuse pour les François, qui n'eurent que quatre blancs de tués, quelques Cafres et vingt-trois cipayes. Les ennemis au contraire y firent une perte considérable; les cipayes anglois surtout y furent maltraités par ceux des François, qui, commandés par leur brave général Chekassem, firent des merveilles à cette journée : elle auroit pu être décisive sans la présence des Anglois, qui servirent eux-mêmes le canon et qui retinrent les Maures et les empêchèrent de se mettre en déroute. Ils décampèrent dans la nuit et, après plusieurs marches et contre-marches, allèrent établir leur camp environ à une lieue et demie de l'armée françoise, qui de son côté se rapprocha de Tiravadi et campa sous son canon. Alors M. Dupleix donna ordre à M. d'Auteuil de sortir à la tête de deux cents blancs, auxquels il joignit quelques Cafres et quelques cipayes pour escorter les convois et donner de l'inquiétude aux ennemis. La dissention régnoit alors dans leur armée. Mahmet-Alikan prétendoit que les Anglois se moquoient de lui; qu'après avoir reçu son argent dans toutes les occasions qui jusque-là s'étoient présentées, ils n'avoient fait rien moins que le seconder comme il s'y étoit attendu et comme ils le lui avoient fait espérer, et il donnoit à entendre assez clairement qu'ayant été leur dupe jusqu'alors, il étoit bien résolu de ne plus l'être. Ceux-ci se plaignoient à leur tour de ce qu'on ne leur tenoit pas la parole qu'on leur avoit donnée et de ce qu'on ne leur envoyoit pas les paravanas qui leur avoient été promis pour les terres qu'on leur avoit accordées, menaçant hautement de se retirer si les paravanas ne venoient pas incessamment et si l'on retardoit le paiement de trois mille roupies qu'on s'étoit obligé de leur donner par jour pour l'entretien de leurs troupes. Ces plaintes réciproques avoient occasionné des disputes très-vives qui sembloient menacer d'une prochaine rupture. On s'échauffoit de part et d'autre; l'argent, qui jusque-là avoit été le grand mobile de toutes les démarches des Anglois, ne venoit plus et l'on s'attendoit à quelque coup d'éclat de leur part quand en effet, quelques jours après, on les vit décamper fort brusquement et rentrer encore une fois dans leurs limites, abandonnant les Maures et Mahmet-Alikan, leur chef, à leur bonne fortune.

Instruit de leur retraite, M. Dupleix envoya ordre sur-le-champ à M. d'Auteuil de joindre de nuit M. de La Tour et de marcher à l'ennemi. La jonction se fit le 31 août à onze heures du soir, et le lendemain 1er de septembre, toutes les dispositions étant faites pour une attaque générale, les troupes quittèrent leur camp à deux heures après midi et marchèrent sur trois colonnes précédées des grenadiers commandés par MM. Puymorin et Dugrès, et des dragons, qui avoient à leur tête MM. Garanger et du Rouvray. M. de La Tour conduisoit la droite et M. de Bussi la gauche; M. d'Auteuil étoit au centre. Après une heure et demie de marche, on découvrit l'armée des Maures, composée d'environ quinze mille cavaliers et de quatre à cinq mille hommes d'infanterie. Leur camp s'étendoit le long de la rivière de Poniar, qu'ils avoient à dos; leur droite et leur gauche étoient appuyées à deux petits villages brûlés. Il étoit défendu par intervalle par plusieurs bons retranchemens que l'infanterie occupoit; la cavalerie étoit à cheval par gros corps en seconde ligne. Les tentes étoient encore presque toutes debout, et trois grands pavillons paroissoient flotter au milieu du camp.

A la vue de l'ennemi M. d'Auteuil fit faire halte et rangea l'armée en bataille. Les troupes françoises occupoient le centre : à la droite étoient les cipayes de Muzaferkam, et ceux de Chekassem à la gauche; la cavalerie noire voltigeoit sur les ailes. L'artillerie fut distribuée sur tout le front de l'armée, et les chariots de munition furent rangés en ligne derrière les troupes. Le terrain permettant de marcher en cet ordre, on alla droit à l'ennemi. A la portée du canon, l'armée fit halte, et M. d'Auteuil ayant donné le signal à l'artillerie, elle fut servie avec tant de vivacité que de cette première salve on vit l'ennemi presque sur le point d'abandonner ses retranchemens. Alors se tournant du côté des soldats : « Enfans, leur dit M. d'Auteuil, qui m'aime me suive. » Toute l'armée répondit par un grand cri; les troupes s'ébranlèrent de nouveau : contenues par la vigilance et la fermeté de leurs officiers, qui avoient l'œil partout, elles s'avançoient en bon ordre lorsque M. d'Auteuil, ayant aperçu dans le camp des Maures quelques mouvemens qui lui parurent marquer de la confusion, fit faire halte une seconde fois et donna le signal à l'artillerie, qui fit une nouvelle décharge aussi vive que la première. Tout sembloit répondre d'un heureux succès ; il y avoit déjà quelque temps que les François essuyoient le feu de l'artillerie des Maures sans qu'ils eussent eu qu'un soldat de blessé quand une fusée, partie de la droite de l'ennemi, donnant dans deux de leurs chariots de munition, les fit sauter à vingt pas derrière eux. Le hasard voulut qu'aucun blanc ne fût blessé, et cet accident bien loin de ralentir l'ardeur des troupes ne servit au contraire qu'à les ranimer. En même temps, M. d'Auteuil, à qui les fréquentes décharges de la mousqueterie ennemie, dont les balles arrivoient jusqu'à lui, annoncèrent qu'il étoit temps de marcher en avant, donna l'ordre de l'attaque, qui fut aussitôt exécutée par toute l'armée avec une bravoure et une intrépidité admirable. S'étant trouvé quelque difficulté à la gauche, où M. de Bussi commandoit, à cause d'un ruisseau que les ennemis avoient coupé et qui avoit inondé le terrain, ce léger obstacle ne fut pas capable d'arrêter les troupes ; elles le franchirent presque sans s'en apercevoir et se trouvèrent dans le camp en même temps que le centre et la droite. Alors la confusion devint générale parmi les Maures, tandis que, fidèle à suivre les ordres de ses officiers, le soldat françois négligeoit le soin du pillage pour ne songer qu'à poursuivre sa victoire : tout tomboit sous l'épée du vainqueur ou prenoit lâchement la fuite. On voyoit les bataillons et les escadrons ennemis, après avoir passé sous presque tout le feu de la mousqueterie françoise, aller se précipiter en désordre dans la rivière voisine et trouver dans les eaux la mort qu'ils vouloient éviter. Il est impossible de marquer précisément quel fut le nombre des morts et des blessés parmi les Maures ; mais il est certain que leur perte ne put être que fort considérable : on en fit un très-grand carnage, et plusieurs jours encore après la bataille, la rivière ne rouloit que des corps d'hommes, de femmes, de chevaux et d'autres animaux noyés. A l'égard des François, un succès si marqué ne leur coûta que quatre blancs blessés par le feu de l'ennemi et dix-huit noirs brûlés par l'accident des deux chariots qui sautèrent. Le butin qu'ils firent fut immense : ils trouvèrent dans le camp des Maures une quantité prodigieuse de vivres et d'effets de toute espèce, du riz, du blé et d'autres grains, des chevaux, des chameaux, des balles et des boulets sans nombre, avec beaucoup d'autres munitions de guerre, trente pièces de canons de différens calibres et deux mortiers aux armes d'Angleterre. Jamais victoire ne fut plus complète et ne marqua mieux la terreur que les Maures avoient conçue des armes françoises.

Aussitôt que M. Dupleix en eut reçu la nouvelle, il jugea qu'il étoit à propos d'en profiter et de ne pas donner à l'ennemi le temps de se reconnoître ; en conséquence il envoya sur-le-champ ordre à M. d'Auteuil de faire, sous la conduite de M. de Bussi, un détachement de 200 blancs, soutenus de quelques cafres et de quelques topas, avec la moitié des cipayes pour marcher du côté de Gingy et serrer les Maures de plus près. L'ordre fut aussitôt exécuté, et M. de Bussi se mit en marche à la tête de son camp volant, ne faisant que de très-petites journées afin qu'il fût toujours à portée d'être joint par le reste de l'armée qui suivoit et qui partit quelques jours après lui. Sur sa route il reçut différens avis des débris de l'armée des Maures ; les plus vraisemblables étoient que Mahmet-Alikan songeoit à se jeter dans Gingy, qu'il croyoit devoir être attaqué par les François. Enfin le neuvième jour de sa marche, il arriva avec sa petite armée à Moustakongori, d'où l'on découvre Gingy, qui n'en est éloigné que d'une lieue.

Gingy [1] grande ville d'environ trois lieues de tour est bâtie dans les montagnes, à quatorze lieues à l'ouest de Pondichéry, et passe pour une des plus fortes places de l'Inde. Elle est fermée par un beau mur et défendue par une citadelle qui, entre les mains des Européens, pourroit résister à toutes les forces de l'Asie. Cette forteresse principale, qui renferme elle-même une assez belle ville, est entourée d'un grand fossé très-bien revêtu et, par le moyen de plusieurs courtines pratiquées dans les rochers, communique à sept autres forts construits sur le haut d'autant de montagnes d'un accès très-difficile. Ces fortifications étoient garnies, au temps dont je parle, d'une artillerie très-nombreuse, consistant en plusieurs canons de

[1] Gingée.

fer et de bronze de différens calibres, depuis quatre livres de balles jusqu'à trente-six, et elles étoient fournies de toutes les munitions nécessaires pour une longue et vigoureuse défense.

Ce fut le 11 septembre à neuf heures du matin que M. de Bussi campa à la vue de cette place. Environ une heure après, on vint l'avertir que Mahmet-Alikan, qui après la bataille de Tiravadi avoit fui à plus de quinze lieues, informé de son détachement et le croyant fort éloigné du reste de l'armée, avoit repassé les montagnes et se disposoit à venir l'attaquer. Cet avis n'étoit pas croyable ; cependant M. de Bussi ne crut pas le devoir négliger, et ayant envoyé quelques cavaliers à la découverte, il apprit qu'en effet l'armée maure marchoit à lui. Bientôt il fut lui-même à portée de la découvrir : elle étoit composée de 7 à 8,000 cavaliers que Mahmet-Alikan avoit rassemblés des débris de sa défaite, de 2,000 fantassins et de 1,000 cipayes anglois, et avoit avec elle huit petites pièces de canon. A la vue de cette armée, M. de Bussi se mit en bataille à la tête d'un petit village brûlé qu'il avoit à dos, où il jeta un peloton d'infanterie pour garder ses bagages. Les cipayes commandés par Chekassem furent distribués sur sa droite et sur sa gauche ; et parce qu'il connoissoit l'ennemi auquel il avoit affaire, dont la manœuvre est d'entourer, il disposa son artillerie qui ne consistoit qu'en quatre pièces de canon, de façon à pouvoir faire face partout. En même temps il détacha M. Le Normand avec quelque infanterie pour aller s'emparer de quelques cases qui étoient à une portée de mousquet de sa droite, dont il sut tirer grand parti.

Pendant ces préparatifs, les Maures s'avançoient en bon ordre, soutenus de leur artillerie qui commençoit à tirer : elle étoit servie par une vingtaine d'Européens, qui tous périrent ou furent faits prisonniers dans cette action. Alors M. de Bussi jugea qu'il étoit temps de leur répondre des quatre pièces qu'il avoit ; elles furent servies aussitôt avec la plus grande vivacité. Cependant, contre l'ordinaire, l'ennemi soutint ce premier feu avec une fermeté qu'on ne lui avoit point encore vue ; il ne se rompit, il ne s'ébranla point et eut même la hardiesse de s'avancer jusqu'à la portée du pistolet. Cette démarche lui coûta cher. Secondé des braves officiers qui commandoient sous lui, M. de Bussi reçut les Maures avec tant d'intrépidité qu'il mit en un moment tous leurs escadrons en désordre. En un instant la plaine fut jonchée de mourans et de morts. L'infanterie ennemie, qui s'étoit un peu éloignée et qui continuoit à canonner, étoit entraînée par cette cavalerie qui fuyoit. Tout plioit lorsqu'aux premiers coups de canon qui furent entendus du reste de l'armée, qui n'étoit pas alors à plus d'une lieue, M. d'Auteuil fit battre la générale et marcha pour joindre avec toute la diligence possible. Il étoit déjà à portée de canonner quelques corps avancés qui s'étoient postés entre lui et M. de Bussi et qui, obligés de passer sous le feu de ce dernier, furent criblés et mis en déroute. Cependant les François avoient un canon démonté et plusieurs blessés : malgré cela les troupes, animées à la vue de l'armée qui commençoient à paroître sur la hauteur et ayant été jointes par les dragons que M. d'Auteuil détacha pour les soutenir, elles continuoient à pousser l'ennemi, qui reculoit toujours en perdant beaucoup de monde, déjà elles étoient sous le canon des forts de Gingy, qui commençoient à tirer sur elles, quand M. d'Auteuil, laissant à M. de La Touche le commandement de l'armée, qui s'avançoit en bon ordre, alla joindre M. de Bussi pour délibérer avec lui du parti qu'il y avoit à prendre dans ces circonstances. Le plus convenable étoit sans contredit de profiter de la terreur répandue alors parmi les Maures pour se rendre tout de suite maîtres de Gingy, ce fut aussi celui auquel on s'arrêta, et M. de Bussi l'exécuta sur-le-champ, entrant dans la ville sans avoir eu à son passage qu'un soldat blessé malgré le feu continuel du canon des forts. De là il alla se poster à cinquante toises de la citadelle, d'où, ayant donné avis de sa situation, l'armée continua sa marche et entra dans la place sur les sept heures du soir.

Aussitôt M. d'Auteuil fit toutes les dispositions nécessaires pour l'attaquer. Les cipayes eurent ordre de border les murs en dehors ; on plaça les chariots de munitions dans toutes les rues de traverses ; les troupes furent distribuées et l'artillerie disposée dans différens postes. En même temps MM. de Saint-George, Verri et Le Normand furent commandés pour donner l'escalade à un des forts au coucher de la lune. Les dragons, ayant à leur tête M. de Puymorin, étoient destinés à soutenir ceux qui devoient attacher le pétard aux portes de la citadelle, dont M. d'Auteuil se réserva l'attaque, secondé de MM. de La Touche et de Bussi. Tout le monde étoit dans l'attente d'un événement auquel une heureuse témérité semble n'avoir eu guère moins de part que l'intrépidité et la bravoure. Pendant ce temps-là l'ennemi continuoit à faire un grand feu de canon et de mousqueterie et jetoit quantité de fouguettes. Les François avoient déjà six hommes de tués et quelques blessés ; et M. d'Auteuil ayant envoyé M. du Rouvrai reconnoître la porte du fort principal, ce brave officier reçut au retour un coup de feu au travers du corps, dont il mourut le lendemain regretté de toutes les troupes. Elle demeurèrent dans cette situation, attendant avec impatience le coucher de la lune : c'étoit le signal donné pour agir de tous côtés. Cependant M. Gallard, qui commandoit l'artillerie, foudroyoit la place de son canon et accabloit l'ennemi de bombes et de grenades. Enfin vers les quatre heures du matin on entendit partir du haut d'une des montagnes un grand cri de « Vive le roi ! » C'étoit MM. de Saint-George, Verri et Le Normand, qui, suivis de leurs troupes, venoient d'exécuter l'ordre dont ils étoient chargés et avoient emporté, l'épée à la main, le fort qui leur étoit destiné. Alors l'attaque devient générale ; M. d'Auteuil fait pétarder les portes de la citadelle. L'épouvante se met aussitôt parmi les Maures qui la défendent, ils tirent quelques foibles coups et prennent la fuite. En moins d'une heure on se rend maître de tout. Les fuyards se réfugient dans deux autres forteresses placées sur deux hauteurs presque inaccessibles ; ils semblent vouloir y tenir bon et blessent même un officier et quelques soldats : mais ils y sont encore forcés par les dragons, qui obligent bientôt ce foible reste d'ennemis à quitter la place. A dix heures du matin, les François se voient tranquilles possesseurs de Gingy et de tous ses forts, où M. d'Auteuil fait arborer sur-le-champ le pavillon du roi et met garnison. A la vue de ces fortifications, les troupes ne peuvent revenir de leur surprise ; elles regardent avec étonnement ces murs si hauts qui semblent ne pouvoir être escaladés qu'avec des échelles de quarante pieds, ces forts si escarpés et d'un si difficile accès, pour la défense desquels il ne falloit que de braves gens qui voulussent seulement se donner la peine de rouler des pierres ; et elles admirent qu'elles puissent à si bon marché se trouver dans de telles places. Une bataille gagnée et une ville très-forte emportée d'emblée dans la même nuit ne leur coûte que 10 hommes tués et 11 blessés. A l'égard des Maures, la campagne étoit couverte de leurs morts, et tout ce qui parut en armes dans les forts qu'on escalada fut passé au fil de l'épée. On y trouva des vivres et des munitions de guerre en quantité, une artillerie très-belle et très-nombreuse, plusieurs canons de fonte, un de 36 aux armes de France et de quelques autres souverains de l'Europe, beaucoup d'autres armes à feu, du soufre, du salpêtre, du coton et une si grande provision de plomb qu'on l'a fait monter à la charge de trois mille bœufs. On fit aussi prisonnier celui qui commandoit dans la place pendant l'absence du gouverneur, qui étoit alors à Arcate. En même temps, M. d'Auteuil reçut les soumissions et le salami [1] ou présent du raja du vieux Gingy ; et après avoir rassuré les habitans et avoir rétabli le calme parmi eux, ils se prépara à tirer de sa victoire tout le fruit qu'on devoit naturellement en attendre.

La nouvelle en étoit déjà parvenue jusqu'à Arcate, où elle étoit allée réveiller Nazerzingue de son ivresse. Tant de succès réitérés, deux grandes batailles gagnées par les François et la prise de la plus forte place de la province tirèrent enfin ce prince lâche du long assoupissement où ses débauches l'avoient plongé ; ses empressemens pour la paix parurent recommencer avec plus de vivacité que jamais, et il députa deux hommes à Pondichéry pour savoir à quelles conditions il pouvoit espérer de l'obtenir. M. Dupleix ne lui en prescrivoit point d'autres que celles qu'il lui avoit déjà fait proposer au mois d'avril par MM. du Bausset et de L'Arche ; il y ajouta seulement la confirmation de la cession faite à la compagnie de la ville de Mazulipatan et de ses dépendances, et la garde de Gingy jusqu'au retour de ce prince dans le Dékan. Nazerzingue ne se pressa point de répondre à ces propositions. Malheureux par ses lieutenans, auxquels il imputoit ses mauvais succès, il paroissoit enfin résolu de tenter par lui-même le sort des armes ; il se donnoit pour cela de grands mouvemens et assembloit une armée qui grossissoit tous les jours par les ordres qu'il envoyoit de toutes parts de venir le joindre.

M. Dupleix, de son côté, croyoit avoir enfin

---

[1] Le salami ou nazar consiste en une somme d'argent que l'inférieur présente à son supérieur.

trouvé le moment d'éxécuter un projet qu'il méditoit depuis plus de quatre mois et qui devoit mettre fin à tous ces troubles. Depuis longtemps la plupart des chefs de l'armée de Nazerzingue souffroient impatiemment qu'il eût manqué à la parole qu'il leur avoit si solennellement donnée de ne point attenter à la liberté de son neveu, et ils ne pouvoient voir qu'avec une extrême indignation qu'il eût lâchement abusé de leur bonne foi pour s'assurer de la personne de ce jeune prince ; d'ailleurs ses débauches continuelles l'avoient rendu odieux et méprisable à tous ces seigneurs, et ce mécontentement général, adroitement fomenté par les émissaires de M. Dupleix, étoit monté à un tel point qu'il étoit parvenu à les détacher presque tous du parti de Nazerzingue et à les mettre dans ses intérêts. Les principaux de ceux qu'il avoit gagnés étoient les nababs de Cadapé, de Canoul et de Samour ; deux généraux marattes l'un nommé Raja-Ranchin, l'autre qu'on appeloit Raja-Janogy, et quelques chefs de Paliagares de Maissour et de la province de Carnate. Ces chefs lui avoient promis avec serment tant par écrit que par leurs députés, aussitôt que l'armée françoise attaqueroit celle de l'ennemi, de se ranger tous avec leurs troupes sous un pavillon qu'il leur avoit envoyé et d'agir de concert avec les François tant pour s'assurer de la personne de Nazerzingue que pour rendre la liberté à son neveu, à la conservation duquel ils devoient veiller contre les risques infinis qu'il auroit alors à courir surtout de la part de son oncle.

Ainsi se tramoit sourdement la perte et la ruine de Nazerzingue, tandis que, retiré à Arcate, ce prince ne s'occupoit que de ses plaisirs. Le complot étoit déjà formé et l'accord conclu avant la bataille de Tiravadi. Dépositaire du secret de cette intrigue, M. d'Auteuil n'avoit agi qu'en conséquence, et ce fut pour en presser l'exécution qu'aussitôt après la prise de Gengy, ayant laissé garnison dans cette place, il en sortit suivi de sa petite armée et marcha du côté d'Arcate. Tout sembloit lui répondre d'un heureux succès quand, au bout de deux ou trois jours, les pluies abondantes qui commencèrent cette année de meilleure heure que de coutume l'obligèrent non-seulement de s'arrêter, mais même de se replier sur Gingy ; elles devenoient de jour en jour si considérables qu'elles donnoient lieu de craindre que la communication avec cette ville n'en fût interrompue, et il étoit d'autant plus important de se la conserver toujours libre que c'étoit le seul endroit d'où l'armée pût tirer des vivres et où il lui fût permis d'espérer de trouver une retraite ; enfin la mauvaise saison s'étant déclarée d'une façon peu ordinaire, il ne fut plus possible d'avancer ni de reculer : obligées de camper à une lieue de Gingy, les troupes y passèrent le plus cruel de tous les hivers, et pendant deux mois qu'il dura, elles en supportèrent toutes les incommodités avec autant de courage que de constance.

Telle étoit la situation des deux armées depuis environ le commencement d'octobre 1750. Retenues l'une et l'autre dans une inaction forcée, elles demeuroient tristement occupées à se consumer lentement. Cependant ces retardemens causoient à M. Dupleix les inquiétudes les plus cruelles. Il appréhendoit avec raison qu'à force de délais l'intrigue que jusque-là on avoit tenue si secrète ne vînt enfin à se découvrir et que la vie de Mouzaferzingue, qui étoit entre les mains de son oncle, ne fût le prix d'une entreprise faite pour lui procurer la liberté. La moitié peut-être de l'armée ennemie étoit instruite du complot : un secret de cette nature, confié à tant de gens, pouvoit-il demeurer longtemps caché ? devoit-on se flatter que dans un si grand nombre de personnes dont les intérêts étoient si divers, il ne se trouvât pas quelque traître ou quelque lâche ?

Enfin le retour de la belle saison dissipa les justes craintes qu'on pouvoit avoir que Nazerzingue ne fût instruit de la ligue. Vers les premiers jours de décembre, les pluies cessèrent, les chemins commencèrent à redevenir praticables, et l'on ne pensa plus dans le camp françois qu'à marcher à l'ennemi afin de ne pas lui donner le temps de se remettre et de grossir davantage son armée. Suivant les avis qu'on en recevoit, elle étoit composée de 40,000 hommes de pied, de 45,000 chevaux, 7,000 éléphans, 360 pièces de canon de différens calibres et un grand nombre de fouguettes, espèce de mauvaise arme à feu fort en usage dans le pays. A l'égard de l'armée françoise, on y comptoit 800 Européens, 3,500 fantassins cypayes, 500 chevaux et 20 pièces de campagne dont 10 à la suédoise. Ce fut avec ces forces aussi inégales que l'on résolut d'affronter l'armée formidable des ennemis. Mais l'ardeur des troupes, soutenues de la réputation du nom françois dans l'Inde, suppléoit au nombre, et une espèce de pressentiment qu'elles avoient de l'intelligence que M. Dupleix entretenoit dans le camp des Maures les mettoit en état de tout oser. Une violente attaque de goutte ayant obligé M. d'Auteuil de quitter l'armée, M. de La Touche, auquel il en avoit remis le commandement, devenu par là participant du secret, se disposa à exécuter les ordres qu'il recevoit de M. Dupleix et à en venir à une action décisive ; elle fut fixée au 15 du mois, jour auquel la lune devoit éclairer un combat des plus vifs et une victoire des plus complètes. L'on choisit la nuit pour attaquer le camp ennemi, ce temps étant ordinairement favorable aux troupes bien disciplinées.

Cependant Nazerzingue, que le mauvais temps et l'éloignement du péril avoient rendu fier, étoit retombé dans la belle saison dans ses frayeurs accoutumées ; il avoit dépêché trois hommes à Pondichéry avec ordre de faire de nouvelles propositions. Elles avoient paru si raisonnables que M. Dupleix, qui jusque-là n'avoit profité du succès des armes françoises que pour déterminer l'ennemi à la paix, charmé de se voir au moment de l'obtenir sans effusion de sang, avoit en conséquence écrit à M. de La Touche de suspendre sa marche et de faire trêve à toutes les hostilités jusqu'à de nouveaux ordres. Mais la Providence avoit résolu la perte de Nazerzingue et l'élévation de son neveu. La lettre de M. Dupleix n'arriva qu'après l'action qui décida du sort de l'un et de l'autre.

Ce fut ce même jour 15 décembre 1750 que les François quittèrent, à quatre heures du soir, leur camp sous Gingy. Ils étoient conduits par un homme du parti de M. Dupleix, qui leur servoit de guide. La difficulté des chemins les obligea d'abord de prendre un grand détour ; la marche fut longue et pénible, et ce ne fut que le 16 au matin, sur les deux heures qu'ils arrivèrent à la vue des ennemis ; à trois ils se trouvèrent à portée de les canonner. Alors M. de La Touche détacha M. de Puymorin avec ses grenadiers pour aller surprendre les gardes avancées ; en même temps toute l'armée se mit en bataille. M. de Bussi conduisoit la droite et M. de Kerjean la gauche, M. de Villeon commandoit au centre, M. de La Touche étoit partout ; les cipayes et leur cavalerie s'avancèrent en cet ordre, marchant vers le camp ennemi soutenus de l'artillerie, par MM. Gallard, Sabadin et Pisciny.

Quelques rondes de la cavalerie maure, par qui elles avoient été découvertes, avoient déjà donné l'alarme à l'ennemi ; tout s'y préparoit à soutenir le choc, avec un peu de confusion à la vérité, mais pourtant avec assez d'assurance. Nazerzingue lui-même ordinairement si lâche, sembloit dans ce moment avoir oublié ses craintes. Jamais il n'avoit fait paroître plus de sécurité : il ne pouvoit concevoir, disoit-il, que les François eussent la folie de venir l'attaquer avec une si petite poignée de monde. Ce prince avoit rangé son armée en bataille derrière son artillerie, et soutenu de 25,000 fusiliers, il fit pendant longtemps la plus vigoureuse résistance. Jamais les Maures n'avoient montré tant de courage : enfoncés d'un côté, ils revenoient de l'autre à la charge avec une nouvelle intrépidité. Sur les quatre heures, M. de Bussi, au moment qu'il étoit occupé à prendre quelques arrangemens avec M. de La Touche, reçut dans le bras un coup de feu qui heureusement ne l'empêcha point de donner ses ordres pendant le reste de l'action. Les troupes cependant, animées du désir de vaincre, faisoient partout les plus grands efforts ; et les cipayes, toujours commandés par leur général Chekasem, les secondoient en gens accoutumés à combattre de concert avec les François. Parvenus enfin au corps qui combattoit autour de Nazerzingue, les troupes redoublèrent de bravoure et de valeur, persuadées que de la prise ou de la mort de ce prince dépendoit tout le fruit de la victoire. Il ne put résister à leurs attaques réitérées. Ce prince étoit monté sur son éléphant avec plusieurs autres seigneurs ; il envoya chercher Mouzaferzingue, qui étoit son prisonnier ; il le fit mettre sur un éléphant, il donna ordre qu'au premier signal qu'il feroit on lui coupât la tête. Ainsi ce pauvre seigneur, prêt à être sacrifié, voyoit toujours auprès de lui deux coutelas étincelans. Sur les quatre heures et demie du matin, nos boulets faisoient beaucoup de ravage et notre armée faisoit toujours son chemin. Nazerzingue vit tomber à ses côtés plusieurs éléphans ; il commença alors à concevoir que l'affaire étoit sérieuse et que, malgré la supériorité de ses forces, rien ne pouvoit nous arrêter. Il avança, suivi de deux ou trois personnes, du côté des Patanes, que commandoient les trois nababs amis des

François ; il les trouva en bataille le sabre à la main. Il s'adressa au nabab de Canour, qui étoit mécontent de lui depuis longtemps et qui avoit eu soin de donner le mot à ceux qui étoient sur l'éléphant avec Nazerzingue.

Celui-ci adressa d'abord la parole au nabab, et lui dit : « Vous êtes dans l'inaction dans le temps que les François m'attaquent de tous côtés ; vous devez entendre l'artillerie depuis près de deux heures ; vous êtes un caffé. » Ce nabab lui répondit : « Quand nous serons attaqués, nous nous défendrons. Mais vous, seigneur, il me semble que vous fuyez ; ce n'est pas ici que vous devriez être. » Le terme de *caffé*, qui veut dire *traître*, irrita si fort ce seigneur qu'il fit signe au cornac de tourner l'éléphant de Nazerzingue de son côté, ce qui arriva si à propos que le nabab lâcha à Nazerzingue dans la poitrine un coup de fusil chargé de trois balles ; un autre vint qui lui coupa la tête de suite et la mit sur une pique et cria : « Vive Mouzaferzingue ! » On le chercha partout ; on le trouva sur son éléphant, prêt à recevoir le coup fatal. Le nabab qui avoit tué Nazerzingue s'approcha de lui, lui montra la tête de son ennemi et le reconnut pour son maître. Il fut mené sur-le-champ auprès des Patanes, qui lui servirent de gardes, et l'on promena la tête de Nazerzingue par toute l'armée.

Nos troupes alloient toujours en avant, et cherchoient des yeux le pavillon qui avoit été envoyé aux amis des François ; ils le découvrirent enfin quand le jour parut. Dans ce moment, ils ignoroient la mort de Nazerzingue. M. de La Touche marchoit toujours en ordre de ce côté-là lorsqu'il vint à lui un seigneur sur un éléphant pour le prier de faire cesser son feu ; que la paix étoit faite, que Nazerzingue avoit eu la tête coupée, que Mouzaferzingue vivoit et étoit reconnu souverain ; qu'il le prioit d'envoyer quelque officier pour le saluer, et qu'il avoit grande envie de les embrasser tous. M. de La Touche envoya M. de Bussi pour lui faire compliment. Il resta sous les armes et fit rendre grâce à Dieu des merveilleux événemens qui venoient d'arriver par trois salves de mousqueterie et au bruit de toute l'artillerie. La tranquillité fut remise dans cette grande armée ; on rentra paisiblement dans les tentes et tout alla son train à l'ordinaire. On fit poser des gardes et mettre le scellé sur les trésors de Nazerzingue, argent et bijoux : mais dans la confusion et pendant l'action, plusieurs soldats françois s'enrichirent, sans compter les cipayes, qui ont fait un butin immense.

M. Dupleix fut instruit le même jour à cinq heures du soir de cet événement. Il attendit les lettres de M. de La Touche pour faire chanter le *Te Deum* au bruit de toute l'artillerie de Pondichéry. Il fit partir le même jour quatre officiers distingués pour saluer Mouzaferzingue de sa part au sujet de l'heureux événement qui venoit de le rétablir sur le trône de ses ancêtres et pour lui présenter, au nom du roi, six serpeaux magnifiques qu'il avoit fait faire conformément au nombre des royaumes dont le nouveau nabab entroit en possession. Le présent et ceux qu'on en avoit chargés furent reçus avec tout les honneurs et toute la distinction possibles. Il envoya au-devant de ces députés les seigneurs les plus distingués de sa cour, qui les conduisirent à sa tente, où il les accabla d'honnêtetés et de politesses ; il ordonna aussi qu'un drapeau blanc, que M. Dupleix avoit joint à son présent, fût toujours porté dans la suite au milieu de ses marques d'honneur, le regardant, disoit-il, comme un témoignage assuré de la protection bienfaisante que le plus grand roi du monde vouloit bien lui accorder. Après cette cérémonie, le nouveau nabab, escorté des troupes françoises, se mit en chemin avec toute son armée pour se rapprocher de Pondichéry. Il y arriva le 26 décembre 1750, et y fit son entrée le même jour au bruit de toute l'artillerie de la place. Je ne m'arrêterai point ici à décrire l'entrevue de ce seigneur et de M. Dupleix ; elle fut des plus tendres et des plus touchantes : les larmes du prince maure, les caresses dont il combla le gouverneur françois exprimèrent alors beaucoup plus vivement que ses remercîmens et ses discours la reconnoissance dont il se sentoit pénétré et la haute idée qu'il avoit conçue du service qu'il venoit de recevoir ; aussi témoigna-t-il à M. Dupleix que, croyant tenir de son amitié et de la générosité de la nation la dignité de souba du Dékan dont il se voyoit revêtu, il n'avoit voulu prendre aucunes mesures pour l'administration de sa province sans l'avoir consulté auparavant le priant instamment de vouloir bien se charger lui-même du soin de faire à cet égard tout ce qu'il jugeroit à propos, de disposer des charges, des pensions, des honneurs et des dignités, et de mettre en un mot dans le gouvernement de ses royaumes l'ordre et l'arrangement qu'il croiroit le plus convenable.

M. Dupleix partagea ensuite le trésor de Nazerzingue, après avoir eu soin cependant que les bijoux, article essentiel et considérable, ne fussent ni visités ni partagés et fussent remis en entier au nabab ; il fit même présent à ce prince de la part du trésor qu'on l'avoit forcé de prendre. Celui-ci fut d'autant plus surpris de cet acte de générosité et de désintéressement qu'il est moins commun parmi les Maures. Il y répondit par un autre en faisant sur-le-champ distribuer aux troupes et aux officiers françois 4000 mille roupies ; en même temps il en fit remettre 500 mille à la caisse de la compagnie à compte des avances où elle pouvoit être avec lui.

On pensoit alors à prendre des arrangemens pour le gouvernement du Carnate et à y rétablir Chandasaeb. Ce seigneur, retiré à Pondichéry depuis la retraite forcée du mois d'avril et la désertion de son armée, attendoit de lui ce service. M. Dupleix le présenta donc à Mouzaferzingue, auquel il demanda pour lui la nababie de cette province. Ce prince lui répondit que c'étoit à lui-même qu'il appartenoit d'y nommer tel gouverneur qu'il lui plairoit ; que de ce moment il lui donnoit le gouvernement de toute la côte, depuis la rivière de Quichena jusqu'au cap Comorin ; qu'ainsi le Carnate devenant par là de sa dépendance et de sa juridiction, il ne tenoit qu'à lui d'en donner la nababie à Chandasaeb. M. Dupleix remercia le nabab de cette nouvelle marque de son amitié et de sa confiance ; et après avoir prêté serment de fidélité à Mouzaferzingue, et après avoir juré sur l'Alcoran de lui être toujours soumis et attaché, Chandasaeb fut déclaré soudar ou gouverneur de toute la province du Carnate.

On faisoit cependant toutes les dispositions nécessaires pour l'installation du nouveau nabab : c'étoit en partie ce qui l'avoit attiré à Pondichéry dans le dessein d'y prendre de la main même de M. Dupleix l'investiture de ses nouveaux états, et par cette marque de dépendance et de soumission rendre publiquement hommage à sa majesté du royaume immense qu'il venoit de recouvrer par la protection des armes françoises. La cérémonie s'en fit le dernier décembre sous une tente magnifique élevée à ce dessein dans la grande place de la ville, vis-à-vis de la maison que Mouzaferzingue occupoit avec sa famille. Là le prince s'étant assis sur un trône superbe qui lui avoit été dressé, M. Dupleix lui présenta le salami ou présent de vingt et une roupies d'or, et le reconnut pour souba du Dékan ; après quoi, l'ayant embrassé, Mouzaferzingue le força de s'asseoir à côté de lui sur le trône qu'il occupoit, tandis que tous les seigneurs de la cour du nabab, les généraux patanes et marattes, et Chandasaeb lui-même, s'empressoient de venir à ses pieds lui présenter aussi leur salami et le reconnoître pour leur souverain. Pendant ce temps-là, toute l'artillerie de la forteresse annonçoit à la ville par une décharge générale l'élévation du nouveau prince. Ce fut au milieu de ces fêtes et de ces applaudissemens, que M. Dupleix partageoit avec ce seigneur, que celui-ci lui confirma la donation qu'il lui avoit déjà faite du commandement général de toute la côte, depuis la rivière de Quichena jusqu'au cap de Comorin, le priant de se charger du gouvernement de ce pays et ne se réservant à lui-même que celui des provinces situées au delà de cette rivière. Il le fit mansoubdar de 700 cavaliers et lui dit que comme c'étoit la coutume de donner un jacquir ou pension et une forteresse aux mansoubdars de sa considération, il le prioit de vouloir bien accepter la forteresse de Valdaour et ses dépendances, dont il lui faisoit présent. Cette cérémonie dura trois heures, pendant lesquelles le nabab disposa de toutes les charges de sa maison, fit des mansoubdars, distribua des pensions, des honneurs et des récompenses, et cela seulement en conséquence des requêtes qui avoient été signées le matin par le gouverneur, celles qui n'avoient pas été signées de lui ayant été rejetées.

Ce fut là le premier dorbar ou la première assemblée générale que tint Mouzaferzingue depuis son élévation sur le trône du Dékan, et tous les anciens seigneurs, tant de la cour de Nisam-Moulouk que de celle de Nazerzingue, avouèrent qu'ils n'en avoient jamais vu d'aussi belles ni d'aussi nombreuses et où tant de différentes nations fussent rassemblées en même temps : en effet tous les chefs et généraux mogols, patanes, marattes et autres se trouvèrent à celle-ci, ce qui parut d'autant plus nouveau que la défiance et la jalousie qui règnent ordinairement entre ces seigneurs leur permettent rarement d'être réunis à ces assemblées. Aussi Mouzaferzingue, félicitant M. Dupleix de cette singularité, lui disoit agréablement que, ce qui ne s'étoit peut-être jamais vu, *il avoit trouvé le secret de réunir dans un même lieu les lions, les tigres et les moutons.*

Peu de jours après cette cérémonie, le divan ou le premier ministre du nabab remit à M. Dupleix les patentes du gouvernement général de la côte de Coromandel, depuis la rivière de Quichena jusqu'au cap de Comorin ; il y joignit une confirmation de la donation faite à la compagnie de la ville de Mazulipatan et de l'île de Divi avec leurs dépendances ; un ordre pour le cours des pagodes frappées à Pondichéry dans toute l'étendue de la domination du nouveau souverain, et une autre qui défendoit d'admettre dans le Carnate, à Mazulipatan et dans tout le royaume de Golconde d'autres monnoies que celles de Pondichéry et d'Arcate. Mouzaferzingue ne se contenta même pas de ces marques de reconnoissance, d'estime et d'attachement, aussi honorables qu'avantageuses à la nation ; pour lui en donner un témoignage encore plus éclatant et plus sensible, il ordonna à tous les nababs et gouverneurs de cette partie de l'Inde et surtout à celui d'Arcate en particulier de payer leur tribut à Pondichéry, voulant que dans la suite cette ville fût dépositaire du cazena ou trésor de la province, d'où après cela il lui fût remis par mer à Mazulipatan, son intention étant de faire de cette dernière place un de ses entrepôts pour tout ce qu'il tireroit par mer de marchandises étrangères, et de remettre ses effets les plus précieux entre les mains des François, dont l'affection et la fidélité lui étoient connues par tant de preuves.

Cependant après tant de marques de distinction et de confiance, pour s'assurer le fruit de ses travaux et le rendre solide et durable, il restoit encore à M. Dupleix une grande affaire à terminer. Mahmet-Alikan, toujours maître de la forte ville de Trichirapali, y étoit rentré après la mort de Nazerzingue, et tant qu'elle demeuroit en sa possession, la tranquillité ne pouvoit être parfaite ni solidement établie dans le Carnate. Mahmet-Alikan lui-même fournit à M. Dupleix le moyen de l'en tirer. Convaincu de l'impuissance où il étoit de conserver cette place contre les forces réunies des François et du nabab, il avoit pris la résolution, en la remettant de lui-même à certaines conditions, de s'en faire un mérite auprès de ce nouveau maître et avoit chargé Raja-Janogy, un des généraux marattes dont on a parlé, de négocier cette affaire auprès de ce prince. Janogy s'en ouvrit à M. Dupleix, qui ne fut pas plutôt instruit de la disposition et des prétentions de Mahmet-Alikan qu'il se hâta d'en profiter. Il en parla à Mouzaferzingue, qui, charmé de trouver une occasion aussi favorable, ne balança point à accorder à Mahmet-Alikan toutes ses demandes. Il consentit de ne point l'inquiéter au sujet de l'administration de la nababie d'Arcate pour le temps qu'elle avoit été entre les mains de son père Anaverdikan et promit de le conserver dans tous les biens et dans tous les honneurs dont il étoit alors en possession. A ces conditions, Mahmet-Alikan sortit de Trichirapali, qui fut aussitôt remis à Chandasaeb, et se contenta du gouvernement d'une forteresse que le nabab lui donna dans le royaume de Golconde.

Cette réconciliation fut suivie de celle de Chanavaskan, premier ministre de Nazerzingue, dont il avoit eu toute la confiance. Après la défaite et la mort de son maître, ce seigneur s'étoit retiré à Chettepette, forteresse éloignée d'environ vingt lieues de Pondichéry. M. Dupleix, persuadé qu'il étoit de l'intérêt de Mouzaferzingue d'attirer à son parti un homme aussi puissant et aussi habile, lui écrivit pour l'inviter de se rendre auprès de lui, l'assurant qu'il ne lui seroit fait aucun mal et que sa personne n'y couroit aucun risque. On avoit déjà fait quelques autres tentatives auprès de ce seigneur sans qu'il eût été possible de l'engager à se soumettre ; mais à peine eut-il reçu la lettre de M. Dupleix qu'il lui répondit sur-le-champ qu'il étoit prêt à faire tout ce qu'il exigeroit de lui et qu'il se rendroit à ses ordres aussitôt qu'il le jugeroit à propos. M. Dupleix fit part de cette réponse au nabab, et dans le moment même ils firent partir deux députés qui quelques jours après revinrent à Pondichéry ramenant avec eux Chanavaskan, que M. Dupleix présenta à Mouzaferzingue. Ce prince le reçut avec beaucoup de bonté et de distinction, l'embrassa et le fit asseoir au nombre des seigneurs de sa cour ; il le fit même ensuite, à la recommandation de M. Dupleix, mansoubdar de 2,500 chevaux et lui fit présent d'un jaquir proportionné à cette dignité, le priant de lui être aussi attaché qu'il l'avoit été à son oncle et de lui rendre les mêmes services.

Après avoir ainsi heureusement terminé

toutes les affaires qui l'avoient attiré à Pondichéry, il ne restoit plus à Mouzaferzingue que d'aller prendre possession de ses nouveaux états. Tout dans cette ville portoit des marques de sa gratitude et se ressentoit de sa générosité: les principaux officiers des troupes et du conseil avoient été gratifiés de pensions sur le trésor de la province ; ses libéralités s'étoient étendues jusque sur les pauvres et sur les églises. Sa reconnoissance devoit être satisfaite, il l'avoit portée au plus haut point ; n'étoit-il pas temps qu'il pensât enfin à aller faire sentir à ses nouveaux sujets les effets de sa bonté ? Il s'y disposoit, et dans cette vue il pressoit chaque jour M. Dupleix de lui accorder un détachement de troupes françoises, un train d'artillerie et quelques cipayes pour le conduire jusqu'à Aurengabad, afin, disoit-il, que tout l'Indoustan fût témoin de la puissante protection dont sa majesté l'honoroit, et que, puisque c'étoit aux François qu'il étoit redevable du Dékan, il n'en prît aussi possession qu'en leur compagnie. M. Dupleix parut d'abord faire difficulté de se rendre à ce que ce prince souhaitoit, fondé, à ce qu'il sembloit, sur l'éloignement, mais en effet, pour obliger le nabab à faire un meilleur parti aux officiers et à la troupe qui devoient lui servir d'escorte. Enfin, après quelques jours de négociation, il fut arrêté entre eux que l'on fourniroit à ce prince un détachement de trois cents hommes avec dix pièces de campagne et deux mille cipayes, et que cette petite armée seroit entretenue aux dépens du nabab, sur le pied dont on convint, jusqu'à ce qu'il l'eût remise dans un des ports de la nation. M. de Bussi, officier ferme, actif et vigilant, qui s'étoit offert lui-même pour ce long voyage, fut mis à la tête de cette expédition. On lui donna pour le seconder M. de Kerjean et huit autres officiers.

Après avoir pris ces arrangemens et avoir compté trois mois de paie d'avance aux troupes qui devoient l'accompagner, Mouzaferzingue quitta Pondichéry le 7 janvier de cette année 1751, suivi de toute sa famille, et se rendit à son armée, qui campoit au dehors des limites. Il resta dans ce camp jusqu'au 15 de ce mois, qu'ayant été joint par les troupes françoises, il en partit et prit la route d'Aurengabad. La veille de son départ, M. Dupleix étant allé lui rendre sa dernière visite et lui souhaiter un heureux voyage, ce prince lui fit présent d'un cheval et d'un éléphant qui avoient été donnés à son grand-père Nisam-Moulouk par le fameux Thamas-Kouli-Kan roi de Perse. Il l'assura en même temps que lui et ses descendans conserveroient éternellement le souvenir du service que la nation lui avoit rendu ; qu'il reconnoissoit que c'étoit à elle qu'il étoit redevable de sa conservation ; que c'étoit de son affection et de sa générosité qu'il tenoit le Dékan, qu'aussi ne l'oublieroit-il jamais ; qu'il lui accorderoit tous les priviléges dont elle pourroit avoir besoin et qu'il vouloit qu'elle fût toujours la maîtresse dans ses états autant et plus que lui-même. C'est dans ces sentimens que fut conçue la lettre qu'il écrivit au roi de France avant son départ et qu'il chargea M. de La Touche de remettre à sa majesté. Là après l'avoir remerciée, dans les termes les plus affectueux et les plus soumis, il lui présente tous ses royaumes, qu'il vient d'acquérir, dit-il, par la bravoure de ses sujets, le priant d'en disposer comme d'un bien qui lui appartient, de le regarder lui-même comme le plus fidèle et le plus dévoué de ses vassaux et de lui continuer en cette qualité, pour ses états et pour sa famille, la même protection dont elle l'a jusque-là honoré. De là il continua sa marche vers le Dékan, recevant partout sur sa route, comme on l'apprit, des lettres de M. de Bussi, les respects et les soumissions des peuples, qui s'empressoient de le reconnoître pour leur souverain et ayant toujours des attentions infinies pour les François qui l'accompagnoient, qu'il traitoit comme ses amis les plus chéris. Au commencement du mois de février, on le comptoit à environ quatre-vingts lieues de Pondichéry.

Telles ont été les causes et les motifs, les progrès et les suites d'une longue guerre qui pendant l'espace de plus de dix ans a embrasé une des plus grandes et des plus riches parties de l'Inde, à laquelle l'honneur, la justice, l'humanité, la reconnoissance, même la vraie et saine politique ont d'abord engagé les François de prendre parti ; que le malheur des temps, le concours des circonstances, l'intérêt même personnel leur ont depuis rendue nécessaire, et qui, malgré les idées sinistres que des hommes mal instruits ou mal intentionnés ont voulu en donner, tant dans ce pays-là qu'en Europe, ayant été conduite avec une prudence que le succès a justifiée, vient enfin d'être terminée, par une révolution des plus fameuses qui soient peut-être jamais arrivées dans ces provinces et aussi avantageuse qu'elle est honorable à la nation et glorieuse au règne de notre auguste monarque[1].

Il est juste, monsieur, qu'après vous avoir entretenu, comme François, des actions de valeur et de prudence qui ont fait ici tant d'honneur à la nation, je vous parle comme missionnaire, de ce que j'ai appris sur l'état de nos missions, dans le court voyage que je viens de faire, uniquement pour m'en informer.

Mon église est située dans un pays livré à toutes les horreurs de la guerre. Elle étoit ci-devant dans le faubourg d'une grande ville nommée Ballapouram ; sans avoir changé de place, elle est à présent dans la campagne attendu qu'on a démoli tout ce qui l'environnoit, dans la crainte d'un siége de la part de Maissouriens. Ceux-ci ont enlevé une principauté au prince de Ballapouram, qui l'avoit récemment acquise par succession, et veulent lui ravir tout ce qu'il possède encore. Dans cette vue, ils l'affoiblissent par des excursions continuelles où ils brûlent la récolte et les villages, enlèvent les bestiaux et chassent les habitans. C'est après une consécration spéciale de ce prince au dieu Vichnou que ces malheurs

---

Tout allait bien jusque-là ; M. Dupleix avait réussi en tout. Il avait été créé marquis, et le roi lui avait donné le grand cordon de Saint-Louis, faveur inouïe à cette époque pour un homme qui n'était pas militaire. Le mogol lui avait, à prix d'or, délivré la patente de souba ou vice-roi ; il menait le train et affichait l'état d'un monarque véritable.

Malheureusement il crut indispensable de pousser ses conquêtes, et il employa trop peu de troupes à l'accomplissement de ce dessein. Il s'agissait de s'emparer de Trichirapali, capitale du Maduré. L'entreprise ne paraissait pas difficile, mais nous eûmes en tête les Anglais : inquiets de notre agrandissement, ils résolurent d'y mettre une barrière; ils se liguèrent avec nos ennemis, pénétrèrent dans la ville assiégée et nous forcèrent à nous retirer. Cet échec fut le premier, mais non le plus terrible. Notre puissance déclina dans l'Inde à partir de ce jour fatal. Dupleix, rappelé en France, fut remplacé par Lalli, par ce Lalli devenu trop célèbre, homme de courage et de résolution, mais sans modération et sans prudence; il hasarda tout, compromit tout par sa précipitation et sa colère, et après avoir vu raser Pondichéry par les Anglais, il vint se constituer prisonnier à la Bastille. Une condamnation à mort l'en tira et l'envoya à l'échafaud, victime des ennemis qu'il s'était faits et d'un gouvernement faible qui après avoir eu le tort de le choisir y joignit la lâcheté de ne pas le défendre et la cruauté de le sacrifier.

---

lui sont arrivés. Bien des Gentils attachés à d'autres fausses divinités font cette réflexion, le prince persiste cependant dans son attachement à sa secte, qui plus que toute autre est ennemie de notre sainte religion. Malgré cela il n'a osé permettre qu'on touchât à notre église qu'il regarde, dit-il, comme le rempart de sa ville. Après l'avoir sauvée plusieurs fois et défendue contre la mauvaise volonté de ses sujets, il a été lui-même surpris de la voir subsister après tous les autres dangers qu'elle a courus d'ailleurs. Deux armées maures ont campé quelque temps tout auprès : bien loin d'en recevoir aucun dommage, les nababs ont veillé a sa conservation et m'ont fait toutes sortes de politesses. Les Marattes sont venus ensuite et ils ont campé près de neuf mois autour de nous. Vous connoissez sans doute ces peuples, ce sont les anciens maitres de la presqu'île de l'Inde. Ils partagent encore avec les Maures qui l'ont prise sur eux, une partie des impôts qui s'y lèvent ; ils se sont maintenus de plus dans la possession de piller le pays, et rien ne leur échappe, non pas même les ornemens des divinités qu'ils adorent : ils n'ont garde de leur laisser les habits et les bijoux dont ils les trouvent parées; cependant des gens de cette sorte n'ont eu que du respect pour l'église du vrai Dieu et pour le missionnaire. La divine Providence m'a même ménagé l'amitié des chefs.

Mais comme l'armée maratte n'est qu'un assemblage de brigands qui regardent le vol sur le pied d'une profession qui leur est propre, il ne se peut faire qu'on soit auprès d'eux absolument sans alarmes, et l'avenir est encore plus effrayant que le passé.

Les Marattes ont une fête pendant laquelle les chefs n'ont pas droit, durant l'espace d'une nuit, d'empêcher les vols ou pillages que leurs inférieurs veulent faire ; ils se volent même l'un l'autre réciproquement. J'en fus averti d'avance, et mes disciples, sans mon ordre, s'assemblèrent une douzaine en armes devant la première porte du terrain qui renferme l'église, la maison du missionnaire et quelques maisons de pauvres chrétiens : c'est ce qui constitue ce que nous appelons Malham. Ils étoient là pour intimider les voleurs qui viendroient si le nombre n'en étoit pas trop grand. Sur les dix heures du soir, j'entendis du tumulte et j'y accourus. Ces gens étoient aux mains avec une trentaine de goujats de l'armée qui s'enfuirent dès qu'ils m'aperçurent, en disant cependant qu'ils alloient chercher du renfort; ils revinrent en effet à diverses reprises, et nous aurions eu peine à faire face à tous ceux qui entreprenoient d'escalader de divers côtés la muraille si le fils d'un des généraux, chef lui-même d'une troupe qui passe dans cette armée même pour la troupe des vauriens, ne fût monté trois fois à cheval et ne fût venu, sans que je le susse, écarter ses gens de notre Matham; il en frappa même quelques-uns, sans respect pour la loi de la fête. Vers les deux heures après minuit, je me retirai pour prendre quelque repos; à peine fus-je couché sur mon lit, c'est-à-dire sur la terre, qu'il me vint en pensée que j'avois mal fait d'abandonner mes gens. Je retournai fort à propos à leur poste, où je les trouvai aux prises avec les domestiques mêmes du chef qui m'avoit rendu le service dont je viens de parler. Ceux-ci venoient avec des tisons allumés, avec dessein formé de brûler l'église : ils étoient piqués de ce que j'en avois fait sortir leur maître, qui étoit venu s'y coucher une après-dînée comme dans l'endroit le plus frais du camp. Ils avoient déjà secoué leur tisons sur le toit d'un chrétien, mais on arrêta le feu tout d'abord. Je fis à l'instant, et avant que de leur parler, arborer sur la porte un étendard que le principal chef m'avoit donné. Après quoi, j'appelai les incendiaires. Je leur demandai quel étoit l'usage de ces torches qu'ils portoient à la main. Ils me répondirent que c'étoit pour allumer leur pipe. Dès que je vis qu'ils n'osoient s'ouvrir à moi de leur dessein, je fis semblant de l'ignorer; et en leur témoignant plus d'assurance que je n'en avois, et leur parlant civilement, je leur donnai enfin leur congé qu'ils voulurent bien recevoir. Nous passâmes le reste de la nuit avec grande impatience de voir le soleil paroître sur l'horizon.

Ce petit détail fait voir le soin que la Providence prend de nous et la sorte de respect qu'elle inspire aux Gentils mêmes à notre égard, malgré le mépris qu'ils en ont d'ailleurs à raison de notre couleur et du soupçon que nous sommes Européens. En notre présence, beaucoup de respect ou de crainte ; nous ont-ils quittés, la plupart nous traitent de parias ou de pranguis.

Je vous ai parlé de mon église : je voudrois bien y retourner, quoique l'état du pays de Ballapouram n'ait point changé. Mais si les Mayssouriens en viennent à un siége, comme ils s'y préparent depuis longtemps, il n'y a pas d'apparence que je puisse m'y maintenir. Le commencement de l'année indienne, qui est à l'entrée du soleil dans le signe du bélier, nous éclaircira là-dessus : c'est le temps pour les Indiens d'entreprendre les expéditions qu'ils méditent.

Le secours qui me vint de votre part l'année dernière m'arriva fort à propos pour m'aider à une entreprise que j'avois déjà commencée. Je ne pousse pas mes actions de grâces jusqu'à la première main, instruit comme je le suis qu'un oubli apparent est la meilleure façon de reconnoître ses bienfaits, mais je n'ai garde de les oublier devant Dieu, de qui seul elle attend sa récompense.

Vous pouvez à présent, monsieur, juger de l'état où sont nos missions. Elles ont tellement souffert des guerres cruelles que les Maures et les Gentils se sont faites qu'il faudra bien du temps pour les rétablir, bien des secours pour réparer leurs pertes, bien des ouvriers pour remplacer ceux qui sont morts ou qui se sont dispersés. C'est par ces considérations que je prévois avec douleur que je serai probablement obligé de retourner en Europe pour solliciter ces secours et pour rassembler quelques nouveaux ouvriers que je puisse ramener avec moi afin de ne pas laisser en friche un champ autrefois si bien cultivé, et qui depuis dix ans n'a éprouvé que des ravages.

Il est vrai que nous avons un puissant protecteur dans la personne de M. Dupleix ; mais je doute si cette protection sera de longue durée et s'il ne sera pas lui-même bientôt rappelé dans sa patrie. Il est trop accrédité dans l'Inde, pour que les Anglois n'en soient point jaloux, et dès lors je suis sûr qu'ils chercheront tous les moyens possibles de prévenir la France même contre lui. C'est encore pour moi une raison de plus de quitter pour un temps ce séjour jusqu'à ce que la Providence remette les choses dans leur ancien état.

Pour y coopérer, à mon arrivée en France, j'exposerai la situation présente et le pitoyable état où est réduite la chrétienté de ce grand pays où l'on comptoit trois cent mille chrétiens. Les âmes fidèles et généreuses en seront touchées et viendront, à ce que j'espère, contribuer à réparer ces ruines. D'ailleurs nos frères, pleins de zèle pour les intérêts de la religion, s'empresseront de venir la relever dans ces vastes contrées. Je servirai du moins à les informer de la manière dont j'ai lieu de penser qu'il faut s'y prendre pour réussir dans cette bonne œuvre, et si je suis assez heureux pour y rentrer moi-même à la tête d'une si sainte recrue, je me croirai trop récompensé des fatigues d'un si long voyage.

J'ai l'honneur d'être, etc.

Explication de quelques termes persans, mogols et indoustans épandus dans l'histoire des dernières guerres de l'Inde.

Aldée, village ou ferme.

Arcate, ville capitale du royaume de Carnate ou du Carnatek. Ce royaume relève du souba du Dékan, et le souverain a le titre de nabab du Carnate. De lui relèvent plusieurs petits souverains appelés par tolérance nababs ou rajas, tels sont les nababs de Velour, Trichirapati, Carapen, Tanjaour, Maissour, etc.; Pondichéry, Madras, Saint-Thomé, etc., sont dans le district de la nababie d'Arcate. Le mot d'*Arcate,* en langue tamoule, veut dire *six montagnes.* Les anciens rois du Carnate, qui étoient maîtres de ce poste et qui en connoissoient l'avantage, le choisirent pour y établir leur cour.

Arian-Coupan, nom d'un village et d'une rivière à trois quarts de lieue de Pondichéry.

Azefia, nom qui chez les Mogols est donné au grand chancelier de l'empire, et en cette qualité il est le premier ministre. Nisam-Moulouk étoit *azefia.*

Bangue. Bangue est le suc d'une plante des Indes presque semblable au chanvre. On le mêle avec l'opium et la raque. Cette boisson enivrante rend furieux et insensible [1].

Bétel. Le betel est une herbe des Indes dont la feuille est large. Les Indiens en mâchent, sans l'avaler, le matin, l'après-midi, le soir, la nuit même et en portent toujours avec eux. Mais comme elle est amère, pour corriger cette amertume, on la mêle avec de la chaux, de la raque (fruit d'une espèce de palmier), du cardamome, du clou de girofle et de la canelle. Le bétel échauffe beaucoup, fortifie la poitrine, conserve les dents, rend les lèvres vermeilles et l'haleine douce; en le mâchant, un ouvrier peut travailler pendant deux jours sans avoir faim et sans avoir besoin d'aucune nourriture [1].

Boussola, titre de Rapogy, général des Marattes. *Rapogy boussoula,* veut dire, *seigneur généralissime.*

Brames. Les Indiens sont partagés en plusieurs castes ou familles dont la première et la plus noble est celle des brames. Ces brames sont prêtres et les docteurs de l'Inde.

Carapen, nom d'une forteresse dont le gouverneur est souverain et prend le titre de nabab de Carapex; il relève du nabab d'Arcate.

Cazena, caisse royale ou impériale.

Chandasaeb, gendre d'Aoustalikan, nabab d'Arcate. Ce nom signifie *seigneur de la lune.*

Chanavaskan, nom du premier ministre ou divan de Nazerzingue.

Chopdar, officier qui répond à nos aides de camp et dont les fonctions sont de porter les ordres du souverain.

Cipayes, soldats cipayes, c'est-à-dire soldats

---

[1] Bangue, chanvre de l'Inde qui s'élève beaucoup plus haut que celui d'Europe, dont il paraît cependant n'être qu'une variété. On fume les feuilles de cette plante ou on les mâche. Le mélange de la graine avec de l'opium, de l'arec et du sucre, pris à l'intérieur, procure une espèce d'ivresse et un sommeil tranquille. Le majah des Indiens se compose de musc, d'ambre et de sucre auquel on joint de la graine de bangue. On en fait usage pour écarter les idées sombres et pour inspirer la gaîté.

[1] Le poivrier-bétel, croit particulièrement sur les bords de la mer. Sarmenteux comme la vigne, il exige à peu près les mêmes soins, grimpe également le long des échalas et des arbres ou se marie quelquefois à l'arec (la raque), avec lequel il forme de gracieux berceaux. Le bétel entre à peine pour un quart dans la préparation que les Indiens mâchent continuellement sous le nom de *bétel.* La chaux vive y entre dans la même proportion, tandis que la noix d'arec constitue la moitié de ce masticatoire, qui est devenu pour les habitans des contrées équatoriales une denrée de première nécessité : il donne à la salive une couleur rouge de brique, stimule fortement les glandes salivaires et les organes digestifs, diminue la transpiration cutanée et prévient ainsi les affections atoniques qui dans les pays chauds résultent de cette déperdition trop abondante. Ce masticatoire est si irritant qu'il corrode par degré la substance des dents au point que les personnes qui en mâchent habituellement sont privées dès l'âge de 25 à 30 ans de toutes la partie des dents qui dépassent les gensives. Cet inconvénient n'empêche pas que l'usage du bétel ne soit généralement répandu dans les Indes et dans toutes les îles du Sud. L'abus en est funeste, cause des maux graves, et une altération des organes en est la suite; mais cela n'arrête personne : le besoin de stimulant l'emporte, et il y a tel Indien ou tel Malais qui, malgré les avis réitérés de la médecine, préfère la mort à la privation du betel.

du pays. Par ce mot on entend les Indiens à la solde des Européens.

Courou ou *carol*, somme valant cent laks, le lak vaut cent mille roupies. Une roupie d'or vaut treize roupies d'argent ; la roupie d'argent vaut 48 ou 50 sous de France ; le carol s'entend des roupies d'argent et vaut près de 25 millions.

Darmanchada, pavillon que les armées maures élèvent quand ils veulent faire savoir à l'ennemi qu'ils demandent la paix et qu'ils sont prêts à recevoir des propositions pacifiques.

Dékan. Le Dékan est une vaste province du Mogol contenant plusieurs royaumes. Le vice-roi de cette province s'appelle souba ; il est souverain et fait sa résidence ordinaire à Golconde ou à Aureng-Abad. On le nomme aussi roi de Golconde. Il nomme à plusieurs royaumes ou plutôt il y met des gouverneurs avec droit de succession : tel est le nabab d'Arcate et d'autres qui sont pourtant souverains moyennant un tribut qu'ils paient au cazena du souba du Dékan [1].

Diran. Chez les Persans ce mot signifie conseil d'état que tiennent les souverains, mais dans l'Inde c'est le nom du premier ministre.

Faquirs. Les faquirs sont une espèce de dervis ou religieux indiens vagabonds qui vivent d'aumônes. Ils vont quelquefois en troupes.

Il y aussi des faquirs pénitens dont la mortification la plus ordinaire est de se tenir jour et nuit dans une posture très-gênante : ils sont tous en grande vénération aux Indes.

Jaquir, pension sur le trésor royal qui est inséparable des titres que le souverain donne et qui est plus ou moins grande à proportion de ces titres.

Koulis. Ce mot signifie esclave, et on appelle de ce nom les porte-faix [2].

Kan. Kan veut dire *prince* ou *chef d'armée*, d'une province ou d'une ville.

Lak, somme valant 100,000 roupies d'argent ; la roupie à 50 sous, le lak vaut 250,000 livres.

Mouzaferzingue, fils de Satodoloskan, gendre de Nisam-Moulouk. Ce mot signifie *invincible guerrier*.

Mainnavatte est un étendard que le Grand Mogol donne à celui qu'il charge de marcher contre un rebelle. *Mainnavatte*, en indoustan, veut dire *seigneur qui châtie les rebelles*. C'est la plus grande marque d'honneur que le Grand Mogol puisse conférer ; jamais elle n'a été accordée qu'à un prince du sang. C'est le premier général qui porte cet étendard à côté du prince.

Mansoubdar, dignité militaire qui répond à celle de colonel de cavalerie, mais avec une autorité beaucoup plus étendue. Cette dignité est plus ou moins considérable par rapport au nombre de cavaliers que le souverain assujettit à celui qu'il en honore. Mansoubdar de 1,000, de 2,000, etc.; les mansoubdars au-dessus de 2,000 cavaliers ont de droit une forteresse outre le jaquir proportionné à leur dignité. M. Dupleix est mansoubdar de 2,500 cavaliers ; il a une pension de 100,000 roupies et la forteresse de Villenour. M. de La Touche est mansoubdar de 1,500 cavaliers ; sa pension va à peu près à 35,000 livres.

Marattes. Peuples qui habitent les montagnes du Malabar qui sont derrière Goa ; on les appelle *montagnes de Gatte*. Ils ont un roi, mais leur occupation ordinaire est le métier de la guerre. On peut les comparer aux Suisses d'Europe : pour de l'argent ils servent tout le monde. La capitale de ce peuple s'appelle Satara [1].

Moulouk. Nisam ou Nirsan s'appeloit autrefois azefia ou premier ministre du Grand Mogol ; il fut vice-roi du Dékan ; il combattit un concurrent qu'il avoit, on l'appela *Moulouk* ou *Bras fort de l'empire*. Il étoit généralissime du Grand Mogol et avoit conquis plusieurs royaumes.

Nazerzingue, fils de Moulouk. Il s'étoit révolté contre son père, qui en punition de cette faute l'obligea de porter tant qu'il a vécu une chaîne de fer. Il s'empara après la mort de son père du Dékan, conséquemment des royaumes de Golconde et d'Aureng-Abad.

Nabab. Ce nom veut dire *vice-roi* ; il n'appartient qu'au souba du Dékan dans la presqu'île, mais les gouverneurs que ce souba met aux royaumes de sa dépendance prennent le nom de nabab : tel est le nabab d'Arcate.

---

[1] Partie sud de la presqu'île en deçà du Gange, depuis la rivière Nerbuddah jusqu'au cap Comorin.

[2] On donne aussi ce nom à la charge qu'un homme peut porter.

[1] Il y a les Marattes orientaux et les Marattes occidentaux ; les uns occupent la partie orientale, les autres la partie occidentale des Gattes. Les uns et les autres ont reconnu la domination des Anglais.

Bien plus, les gouverneurs des forteresses et places fortes d'autres royaumes dépendans d'Arcate se qualifient aussi de nababs : tels sont les gouverneurs de Velour, de Trichirapali, Maduré, Maissour, etc.; on les appelle autrement *raja* ou *petit roi*. Ils sont tous souverains moyennant le tribut qu'ils paient.

Pagode, temple des divinités des Gentils. Ce nom s'applique aussi à ces divinités. Il signifie encore une espèce de monnoie valant un peu plus de huit livres monnoie de France.

Paravana. Lettres patentes qui confirment la concession que le souverain fait de quelque titre ou dignité, de quelque pension ou de quelques terres. Le souba du Dékan a donné le paravana de la ville de Mazulipatan, de l'île de Divi et de plusieurs autres concessions d'un produit très-considérable pour la compagnie des Indes.

Patanes. Peuples, Afghans.

Roupie. Roupie, espèce de monnoie des Indes : roupie d'or, roupie d'argent. La roupie d'or en vaut 13 d'argent et celle d'argent vaut de 48 à 50 sous.

Raja, nom qu'on donne à certains petits rois des Indes qui sont idolâtres et gentils et qui sont sous la protection du Mogol et des nababs ou gouverneurs généraux des royaumes dans lesquels se trouvent les états des rajas. Le raja de Tanjaour, le raja de, etc.

Satodoloskan, nom du fils de Mouzaferzingue.

Salami, somme d'argent qu'un inférieur présente à son supérieur.

Schah veut dire roi.

Serpeau, présent qui consiste en habit d'usage pour la nation qui le présente.

Souba, vice-roi ou plutôt souverain. Le souba du Dékan.

Soubdar, officier militaire inférieur au mansoubdar.

Tan, mot qui signifie pays et qui est d'usage dans tout l'Orient, l'Indoustan, le Curdistan, le pays des Indes, le pays des Curdes, etc.

LETTRE DU P. X. DE St-ESTEVAN

A M. LE COMTE DE ***.

Traversée. — État des missions dans l'Inde.

A Pondichéry, le 7 décembre 1754.

MONSIEUR ET RESPECTABLE AMI,

Je croirois manquer essentiellement aux bontés dont vous m'avez toujours comblé et à l'amitié sincère qui nous unit depuis si longtemps si je ne remplissois la promesse que je vous ai faite en quittant peut-être pour toujours l'Europe. Vous n'ignorez pas combien doit coûter un sacrifice qui nous sépare de tout ce que nous avons de plus cher au monde; vous connoissez mon cœur : jugez quelle dut être sa situation au moment de l'embarquement ! Il ne fallut rien moins, je vous l'avoue, que la volonté de Dieu pour le tranquilliser et lui rendre une paix qu'un peu trop de pusillanimité lui avoit peut-être fait perdre.

Je m'embarquai à Lorient le 8 mars 1754 dans le vaisseau *le Duc d'Orléans*, avec un compagnon dont le mérite, le zèle et le caractère ne laissoient rien à désirer. Notre vaisseau renfermoit environ sept cents personnes; on y comptoit quatre cents hommes de troupes, dont trois cents étoient Allemands, ce qui formoit une ample moisson pour de jeunes missionnaires. Notre apprentissage a été des plus rudes : à peine nous sommes-nous trouvés à trois cents lieues de France que les maladies ont commencé à se déclarer; la malpropreté jointe à des maux que je n'ose nommer infectèrent bientôt tout l'équipage; mais ce n'étoit encore là que les avant-coureurs des épreuves que la Providence nous ménageoit avec sa sagesse ordinaire.

Avant d'arriver à Gorée qui, selon les ordres de la compagnie, devoit être notre première relâche, nous eûmes le bonheur de faire faire abjuration à deux soldats allemands, et ce fut là les prémices de notre mission. Nous restâmes onze jours à Gorée. Je ne vous dirai rien de cette ville, qui n'est qu'un rocher aride, vous la connoissez; mais ce que vous ignorez sans doute est le désordre affreux que j'y ai vu régner. Une cinquantaine de soldats avec un état-major en composent toute la garnison, et une quarantaine de cases de noirs forme le village ou la bourgade. Nous y passâmes la semaine sainte ; mais tout le fruit que nous recueillîmes de nos pénibles fatigues fut les confessions de quelques noirs et d'un ou de deux blancs du bas étage. Il y avoit déjà quatre ans que l'aumônier de la garnison étoit mort. Je m'offris au commandant jusqu'à l'arrivée d'un autre qu'il prétendoit avoir demandé ; mes offres furent rejetées ; j'en sentis la raison : la vie déréglée qu'on menoit dans cette île n'étoit guère compatible avec la présence d'un missionnaire qui se consacre par état à la conversion des âmes. Ma bonne volonté devint donc inutile et je me vis forcé de me rembarquer, aussi scandalisé de la conduite des habitans de Gorée qu'édifié de la mort d'un soldat luthérien qui, après avoir fait son abjuration, mourut dans les sentimens de la plus héroïque piété.

A peine fûmes-nous huit jours en mer que les maladies augmentèrent à un point qu'il me seroit impossible de vous rendre la triste situation où fut réduit l'équipage. Aux maux dont je vous ai déjà parlé se joignirent la gale, la dyssenterie et le flux de sang. L'air corrompu qu'on y respiroit et la vermine qui gagna tout le bord en rendoient le séjour insoutenable même à ceux qui par état ou par devoir se trouvoient logés sur le tillac. Jugez, monsieur, quelle devoit être la situation de la multitude logée dans les entre-ponts et la sainte-barbe ! Cependant il n'y en avoit pas de plus cruelle que la nôtre : appelés à chaque instant par des moribonds entassés pour ainsi dire les uns sur les autres, couverts d'ordures et à moitié pourris, nous étions obligés de nous étendre entre deux cadavres vivans pour écouter leurs confessions et leur administrer les derniers sacremens. Vous devez sentir dans quel état nous sortions de ces lieux infects ; aussi les passagers fuyoient-ils notre voisinage et nous prioient-ils très-instamment de nous mettre sous le vent. Cet état violent dura près de trois mois au bout desquels nous arrivâmes enfin à la vue de Madagascar. Il en étoit temps ; nous avions déjà perdu beaucoup de monde, surtout parmi les Allemands dont heureusement plusieurs avoient abjuré le luthéranisme.

C'est ici que Dieu m'attendoit : ma santé s'étoit soutenue jusqu'alors dans toute sa vigueur ; elle succomba enfin.

Le Seigneur a partout des âmes d'élite, et il y en avoit à notre bord ; j'admirois surtout un jeune voilier âgé de vingt-deux ans dont la vie exemplaire étoit pour tout l'équipage un sujet d'édification : sa piété, sa dévotion, la candeur de son âme et la pureté de ses mœurs m'avoient inspiré pour lui le plus tendre attachement. Il fut frappé tout à coup du mal contagieux ; mais à peine en eut-il senti les premières atteintes qu'il m'appela pour le disposer à la mort. J'y courus aussitôt et je me hâtai de le confesser et de lui administrer l'extrême-onction. Cependant la maladie avoit fait des progrès si rapides qu'après la cérémonie je ne crus pas devoir l'abandonner ; bientôt il entra dans une agonie douloureuse qui lui laissa néanmoins toute sa connoissance, de sorte que je lui parlai du Dieu des miséricordes jusqu'à son dernier soupir, et comme j'étois trop près de lui, je le reçus dans la bouche. A l'instant je fus frappé à la tête comme d'un coup de massue, et l'impression du mal fut si extraordinaire et si rapide que, de retour sur le tillac, tous ceux qui m'aperçurent jetèrent un cri d'étonnement : des yeux enfoncés, des joues coulées et livides et un air égaré furent les symptômes de la peste qui venoit de m'attaquer. Tout le reste de la journée se passa dans un affaissement général et dans les plus vives douleurs. Sur le soir nous mouillâmes dans la rade de l'île, vis-à-vis de Foul-Pointe. La nuit ne put me procurer le moindre repos ; je crois même devoir vous dire que le mal augmenta. Le jour suivant, le capitaine, qui n'ignoroit point la situation où je me trouvois réduit, me demanda si je ne jugerois point à propos de descendre ; qu'en ce cas on alloit charger la grande chaloupe des mourans et des plus malades ; que je leur serois d'un grand secours dans la traversée et à terre, plusieurs étant sur le point d'expirer. Je consentis à tout et m'embarquai sur-le-champ avec une partie de ces pauvres malheureux, qui étoient environ au nombre de trois cents. Je me plaçai au milieu de ceux qui étoient le plus dangereusement malades, et durant la traversée, deux d'entre eux moururent dans mes bras. Arrivé à terre, je passai, malgré mon mal qui me permettoit à peine de voir clair, toute la matinée à confesser, à administrer les sacremens, à donner des bouillons et à soulager par mes soins des malheureux qui manquoient de tout. Heureusement pour moi, mon collègue arriva bientôt après avec une seconde chaloupe. Mon cœur, qui depuis deux jours étoit navré de douleur, se calma dans ce moment : « Soyez le bien arrivé, lui dis-je, il est temps, mon mal me presse horriblement ; faites-moi faire une cahute et jetez quelques planches sur des traiteaux ; je me meurs, et je sens que je n'irai pas loin. » Dans l'espace d'une heure, les nègres eurent tout préparé. J'étois allé en attendant sur le bord de la mer dans l'espérance que le grand air calmeroit un peu ma douleur ; je me trompai, je fus forcé de revenir sur mes pas, voyant à peine pour me conduire, et je ne fus pas plutôt entré dans la petite case qu'on achevoit de me construire que je me jetai à corps perdu sur une espèce de lit fabriqué à la hâte. A l'instant même je perdis connoissance, et je restai cinq jours entiers sans mouvement et sans le moindre sentiment. L'aumônier, frappé du même mal, mourut à côté de moi, et j'eusse ignoré sa mort si on ne me l'eût apprise lorsque je sortis de cette longue léthargie. Au bout du cinquième jour le sentiment me revint, mais avec une foiblesse inexprimable qui dura pendant un mois entier que nous passâmes dans cette île. Le père Yard a eu durant ce temps-là tous les malades à soigner : il n'a pris de repos ni nuit ni jour ; il a suppléé à tout et a eu le bonheur de faire rentrer deux Allemands dans le giron de l'Église.

Cependant le moment de quitter Madagascar étoit arrivé : le capitaine vint me voir et m'annonça qu'il étoit déterminé à m'y laisser, et que dans une vingtaine de jours, je pourrois m'embarquer avec les autres malades destinés comme moi à demeurer dans l'île. Ma réponse fut décisive : « Vous mourrez, me dit ce monsieur, qui avoit pour moi des bontés sans nombre. — N'importe, lui répliquai-je, mourir pour mourir, autant vaut-il que ce soit sur mer que sur terre. » Le capitaine y consentit. Il fallut donc me porter à la chaloupe, mais dès que j'y fus entré, le mouvement me fit perdre aussitôt connoissance, au point que la mer s'étant émue, une lame m'enleva à côté de moi une grande case pleine de volaille sans que je m'en aperçusse. On m'a dit depuis que nous avions été sur le point de périr. Étant arrivé près du vaisseau, on m'y enleva par le moyen de quelques cordes dont on eut soin de me bien lier. J'ignore encore comment cela se passa ; tout ce que je sais, c'est que je me trouvai le lendemain à bord.

Je ne puis que me louer, monsieur, de toutes les bontés qu'on a eues pour moi ; mais la force de mon tempérament n'a pas peu contribué à la diminution de mon mal. Mon collègue eut bientôt son tour : à peine fus-je un peu revenu qu'il se vit à l'extrémité, et il auroit infailliblement succombé si le Seigneur, qui le réservoit à la conversion des Indiens, ne l'eût rappelé à la vie, tandis que les hommes le condamnoient à la mort. Pour moi je n'étois rien moins que rétabli ; je devins hideusement scorbutique, et c'est dans cet état que nous abordâmes à Pondichéry le vingt-huitième d'août 1754.

Quand il fut question de descendre à terre, il ne se trouva dans le vaisseau ni bas ni souliers qui pussent me servir, tant mon corps étoit boursouflé. Je descendis donc pieds et jambes nues. Le père Lavaur, supérieur et le plus digne missionnaire de l'Inde, vint au-devant de moi et me conduisit à l'église environné d'une multitude de chrétiens ; de là il fallut prendre le chemin de l'infirmerie. Le médecin m'ayant vu porta aussitôt ma sentence, promit de faire pour moi tout ce qui dépendroit de son art, mais finit par conclure qu'il étoit moralement impossible de me tirer d'affaire. Le Seigneur en avoit jugé autrement. Le lendemain de notre arrivée, toute la chrétienté de Pondichéry partit en procession pour se rendre dans une maison appelée Ariam-Coupam, distante d'une lieue de cette ville. Je ne pus obtenir ce jour-là la permission de m'y faire transporter, mais j'y réussis le lendemain. Une Vierge miraculeuse, qu'on honoroit dans cette mission, avoit ranimé toute ma confiance : elle ne fut pas vaine. On m'y porta couché dans un palanquin. Je n'eus pas plutôt aperçu l'église que je voulus essayer de m'y rendre à pied à l'aide d'un bâton. J'y parvins avec bien de la peine. Prosterné aux pieds de la mère de Dieu, j'y fis ma prière et le sacrifice de ma vie. Ma prière étant finie, on me mit au lit, et la nuit même, pendant mon sommeil, il sortit de mes jambes une si grande quantité d'eau que dès le lendemain je fus en état de dire la messe, d'assister à tous les exercices, et au bout de la neuvaine de me rendre à pied et en procession à Pondichéry. Depuis ce moment, monsieur, je jouis de la plus parfaite santé. Vous me demanderez sans doute quelles sont à présent mes occupations. Une des principales est d'étudier de toutes mes forces une langue barbare et difficile qui cependant n'a rien de rebutant pour moi : l'espérance de devenir utile au salut de mes chers Indiens m'a-planit toutes les difficultés, et déjà je commence à faire assez de progrès pour oser me flatter d'aller bientôt partager les fatigues de ceux qui s'occupent dans l'intérieur des terres. Les exemples que j'ai ici sous les yeux sont un puissant motif pour moi : cette mission est un composé d'anciens et de respectables missionnaires qui ont blanchit dans les travaux apostoliques et qui ont environ quinze mille chrétiens sous leur direction ; ils sont au nombre de sept, et le moins âgé d'entre eux a passé soixante ans.

Cette nombreuse chrétienté augmente tous les jours les prosélytes qu'y attire le père Arnaud, l'apôtre des parias. Le bien qu'il fait auprès de ces derniers, que les autres Indiens regardent comme la lie du peuple, est immense. Il n'est point de semaine qu'il n'en gagne à Jésus-Christ au moins sept à huit, souvent un plus gand nombre. On voit ces pauvres gens se rendre régulièrement dans une cour de l'église le matin à six heures et l'après-midi à une heure pour apprendre leur catéchisme et leurs prières. Rien n'égale la patience de ces catéchumènes : assis par terre les jambes en croix comme nos tailleurs, vous les voyez occupés douze heures par jour à répéter ou à écouter avec la plus grande attention les instructions de leurs maîtres. Ce qu'on fait dans une cour de l'église pour les parias se fait aussi dans une autre pour les choutres ou nobles du pays. Un respectable vieillard[1], qui a été pendant dix ans supérieur général de la mission en est chargé aujourd'hui. Le nombre de ses prosélytes est très-grand et les baptêmes y sont journaliers. A mesure qu'on les trouve instruits on les régénère et on les fait enfans de Dieu. J'ai eu moi-même la consolation d'en purifier plusieurs dans les eaux salutaires ; et le nombre depuis mon arrivée jusqu'au moment où je vous écris est de plus de quarante adultes. Celui des prosélytes est actuellement bien plus considérable. Les nouveaux arrivés parmi nous s'occupent à enterrer, à baptiser les enfans, à porter l'extrême-onction et enfin à étudier la langue du pays. Tel est présentement mon emploi. Quant aux pères qui composent la maison, à peine peuvent-ils suffire aux confessions journalières, aux instructions, prô-

[1] Le père Cœurdoux.

nes, sermons, etc. L'usage des langues et l'habitude de parler sur-le-champ modèrent l'excès du travail.

Il y a dans notre voisinage, c'est-à-dire à une lieue d'ici ouest et sud, deux missions dirigées par deux vieillards vénérables, chacun d'environ soixante-dix à soixante-quinze ans. On compte près de trois mille chrétiens. La première est *Ariam-Coupam* et la seconde *Olougarei*. La ferveur des bonnes gens qui les composent m'a enchanté ; mais je me réserve à vous en donner un détail dans la suite. Alors je vous écrirai de l'intérieur des terres, où je compte passer au plus tôt.

Le fameux M. Dupleix vient de s'embarquer dans le vaisseau qui m'a conduit : il emporte avec lui les regrets des vrais François. Le rôle qu'il a joué dans l'Indoustan et la réputation singulière qu'il s'y est acquise font ici murmurer bien des gens. Trop nouveau encore et trop peu instruit du local, il me siéroit mal de porter mon jugement ; mais à en croire le public indien, c'est un malheur pour la nation françoise, qui, par l'arrivée de deux mille hommes transportés par l'escadre de M. Le Godeu, le mettoit dans le cas de donner la loi dans ces vastes contrées : la chose n'eût pas manqué d'arriver, disoient nos politiques, si M. Dupleix eût continué à commander la nation ; on se flatte même de son retour, et je crois pouvoir assurer qu'il y est presque généralement désiré ; on va encore plus loin, car à en croire certaines gens, son départ est le préambule de la supériorité des Anglois, dont la politique, dit-on, est la première cause du rappel de ce gouverneur. La suite fera voir s'ils devinent juste.

J'ai l'honneur d'être, avec le tendre attachement que je vous ai voué, etc.

LETTRE DU R. P. DE St-ESTEVAN

A M. LE COMTE DE ***.

Voyage de Pondichéry à Karikal.—Royaume de Tanjaour.

A Kareikal, le 15 novembre 1755.

Monsieur,

Ce n'est plus de Pondichéry, mais de Kareikal que je vous écris. Cette petite ville, qui est située à trente lieues au sud de Pondichéry, est un comptoir françois et se trouve enclavée entre Trinkebar, comptoir danois et Nagapatnam, comptoir hollandois. Ces deux derniers sont distans de deux lieues, le premier au nord et le second au sud. Il y a une trentaine d'années que le roi de Tanjaour, par un arrangement fait entre lui et la compagnie de France, avoit permis à cette dernière de bâtir un fortin sur le bord d'une rivière qui va se jeter dans la mer et qui, par sa position, rend ce terrain très-commode pour le commerce. Quelque temps après la donation, ce prince crut, par une politique mal entendue, devoir chasser les François de leur nouveau séjour; en conséquence il leur déclara la guerre, bien persuadé qu'une cinquantaine d'Européen ne pourroient ou n'oseroient tenir tête à une armée de cinq à six mille hommes destinés à les attaquer. La guerre ne fut pas plutôt déclarée, que les Tanjaouriens s'approchèrent de Kareikal; et, comme cette ville étoit ouverte de tous côtés, ils n'eurent pas de peine à y pénétrer. Après avoir fait quelques dégâts dans les environs, ils sommèrent le commandant de la place de se rendre : c'étoit le sieur Février. Celui-ci, par une prudence hors de saison, avoit pris le parti de s'enfermer dans le fort avec sa garnison dans le dessein d'y attendre le secours qu'on lui avoit annoncé de Pondichéry. Heureusement ce secours ne tarda point à paroître : il étoit composé de deux cents Européens, commandés par un de nos plus braves officiers, appelé M. Paradis. A peine eut-il mis le pied sur le rivage qu'il marcha droit à l'ennemi à la tête de sa troupe; il ne fut pas longtemps sans le rencontrer. Le voir, l'attaquer et l'enfoncer la baïonnette au bout du fusil, après avoir fait une décharge générale à bout touchant, tout cela fut l'affaire du même moment. L'ennemi, malgré la supériorité que devoit naturellement lui donner le grand nombre, ne put tenir contre une attaque si brusque et si violente; il plia, et bientôt la déroute fut générale : il passa la rivière en désordre, accompagné de sa petite troupe; mais il ne se crut pas en sûreté quand il vit le soldat françois qui se jetoit à l'eau pour le poursuivre. Il eut recours à une nouvelle fuite : une seconde rivière fut passée comme la première; il en traversa une troisième, toujours harcelé par nos soldats. Il ne se vit enfin à l'abri de l'impétuosité françoise qu'à l'autre bord de cette dernière. Après le passage de la seconde, qu'on appelle Karkangeli, M. Paradis fit rafraîchir sa troupe. Les soldats s'étant reposés pendant environ deux heures demandèrent à marcher à l'ennemi, que les espions disoient avoir fait halte de l'autre côté de la rivière. Le commandant, enchanté de la bonne volonté de ses gens, donna aussitôt ses ordres, se remit en route, et arriva à la vue de l'ennemi avec cette mâle assurance que donne une grande expérience unie à beaucoup de valeur. Les Tanjaouriens s'étoient retranchés sur une éminence qui commandoit la plaine et qui se trouvoit défendue par la rivière. Ils parurent résolus à empêcher le passage; mais M. Paradis, ayant trouvé un gué, se jeta sans balancer à l'eau, et quoiqu'il en eût jusqu'au cou, le soldat suivit l'exemple du chef avec une intrépidité et une ardeur extraordinaires. L'ennemi, consterné par ce nouveau trait de valeur, prit aussitôt l'épouvante et se sauva à la débandade, avec une perte considérable. Le commandant françois, au lieu de poursuivre les fuyards, s'avança en bon ordre du côté de Periapatnam, gros bourg dont il s'empara et qu'il mit à contribution. Après y avoir logé sa troupe, il crut devoir s'y reposer en attendant le parti que prendroit le roi de Tanjaour. Celui-ci, informé du mauvais succès de son entreprise et craignant qu'on n'envoyât de Pondichéry de nouvelles troupes au vainqueur, conclut à demander la paix, qui lui fut accordée à des conditions assez dures. Dès ce moment la ville de Kareikal avec toutes ses appartenances, et quatre aldées[1] avec les leurs, devinrent un apanage de la compagnie de France.

M. Paradis, devenu commandant de Kareikal, songea d'abord à mettre cette ville en état de défense. Il y avoit une pagode considérable et fameuse dans le pays; il la convertit en forteresse. Bastions, chemin couvert, fossés profonds, casernes, poudrière, chapelle, logement pour les officiers; rien ne fut oublié. Un petit pagotin à la portée du canon et situé au nordouest, près la rivière, devint un petit fort dans les règles, et Kareikal se trouva dès lors à l'abri de toute insulte de la part des noirs. Quand ces ouvrages furent finis, on nomma deux

---

[1] Bourgs.

missionnaires pour avoir soin de cette nouvelle chrétienté et l'on bâtit une église dans le centre du bourg. On n'y comptoit alors qu'une centaine de chrétiens; le nombre des communians y monte aujourd'hui à plus de deux mille. Au bout de trois ou quatre ans, on fonda une nouvelle église dans l'aldée ou bourg dont M. Paradis s'étoit rendu maître, et il s'y est formé une chrétienté nombreuse qui donne les plus belles espérances. C'est pour partager les travaux multipliés d'un ancien et respectable missionnaire, appelé le père du Tremblay, que les supérieurs m'ont envoyé dans ces quartiers. La résolution que le consul de Pondichéry a prise d'en augmenter la garnison, n'a pas peu contribué à m'y fixer.

Je partis de Pondichéry vers le commencement de janvier de cette année 1755. Je trouvai en arrivant au lieu de ma mission mon respectable collègue. C'est un homme d'environ soixante-trois ans, qui, malgré le poids de l'âge et les occupations de la vie la plus dure et la plus laborieuse, ne cède en rien au plus fervent, au plus zélé et au plus robuste de nos missionnaires. C'est sous sa direction et par ses soins que je suis enfin venu à bout d'entendre et de parler une langue qui surpasse en difficultés presque toutes celles de l'Indoustan. Rien de plus bizarre que sa construction; le nombre de ses termes et l'étendue de leur signification déconcerteroient l'homme le plus studieux et le plus appliqué; enfin la prononciation, la variation des temps, la quantité, tout y porte un caractère de barbarie que je ne saurois vous exprimer; mais le désir de se rendre utile à des âmes rachetées au prix du sang d'un homme-dieu, et de procurer la plus grande gloire du Seigneur, fait dévorer avec plaisir les plus grandes difficultés. Je ne pourrois vous rendre, monsieur, la joie secrète que je ressens toutes les fois que j'annonce la parole de Dieu dans une langue qui me paroissoit si affreuse il y a un an.

Vous comprenez aisément que dans cette mission naissante, nous ne manquons pas d'occupations. À peine ai-je le temps de respirer; car outre les travaux inséparables de la charge de trois ou quatre mille chrétiens, charge que je partage à la vérité avec le père du Tremblay, mais qui augmente tous les jours, on a jugé à propos de me confier le soin de la garnison, qui se trouve composée de plus de cent cinquante Européens ou *taupas*. Cet emploi m'oblige de me rendre au fort deux fois les dimanches et fêtes pour y chanter la grand'messe et les vêpres et y faire une instruction que je termine par la bénédiction du saint sacrement. Ces chers soldats, que je regarde comme mes enfans, la plupart jeunes gens et nouvellement arrivés d'Europe, m'ont causé bien des chagrins dans les commencemens. Je ne vous détaillerai point, monsieur, les peines que j'ai prises et les mouvemens que je me suis donnés pour eux pendant les trois premiers mois : soins, courses, exhortations, prières, tout étoit inutile, et je vous avoue, à ma honte, que le découragement commençoit à me saisir et que j'étois sur le point d'abandonner mon entreprise pour me livrer entièrement et sans réserve au salut de nos pauvres noirs. Cependant, réfléchissant un jour sur les difficultés que j'éprouvois, je sentis intérieurement comme une touche secrète et comme une voix qui me reprochoit mon défaut de constance et de fermeté. Ce sentiment produisit son effet. Je résolus dès lors de tenir tête aux obstacles et de ne rien épargner pour gagner ces jeunes cœurs à Dieu. Une retraite me parut un moyen sûr et efficace pour y réussir. Dans cette pensée, je demandai l'agrément du gouverneur et de l'état-major, ce qui me fut accordé. La retraite, annoncée avec appareil, remua les imaginations. Soit curiosité, soit respect humain, soit bonne volonté, que sais-je? toute la jeunesse y courut. Je profitai de cette ardeur pour la fixer; mais afin de ne pas en laisser perdre le fruit, je crus devoir remplir la journée entière, excepté le temps des repas. La prière, la messe, une instruction, quelques lectures occupoient toute la matinée; l'après-midi se passoit en conférences, sermons, lectures, vêpres, cantiques, etc., et la bénédiction du saint sacrement terminoit la soirée; enfin, le temps des lectures, spirituelles et une partie de la nuit étoient destinés à entendre les confessions. Cette retraite dura huit jours. Dieu sait combien ce travail suivi m'a coûté. Seul dans un climat brûlant, enfermé dans une petite chapelle qui pouvoit à peine contenir le nombre des retraitans, j'aurois infailliblement succombé sans une grâce spéciale de la Providence, qui me réservoit à de nouvelles fatigues. Le Seigneur a béni au centuple ma bonne volonté; le fruit de la retraite a été prodigieux et la réforme générale. Rien n'est encore aujourd'hui plus édifiant que la conduite de nos jeunes soldats, qui, à une piété peu ordinaire, réunissent la plus scrupuleuse exactitude à tous les devoirs de leur profession. Les casernes de Kareikal sont une véritable école de sagesse, et je puis assurer que Dieu et le roi y sont bien servis. Si la guerre se rallume, comme on le dit, je saurai par expérience si le service du Seigneur et la bravoure sont aussi incompatibles que l'assurent certains officiers, esprits foibles, prétendus forts. Personne n'ignore, monsieur, que vous avez donné plus d'une fois des preuves bien authentiques du contraire. Quoi qu'il en soit, je jouis avec la plus grande consolation du fruit de mes foibles travaux.

Trichirapali, ville trop fameuse par les maux que les François ont essuyés devant cette place et par les pertes considérables qu'ils y ont faites, se trouve aujourd'hui entre les mains des Anglois et selon les apparences pour bien des années. Le rappel du commandant de nos troupes au siège de cette ville est l'époque de sa délivrance. Ce militaire, redouté de nos ennemis, qu'il avoit constamment battus dans toutes les occasions, quoiqu'à nombre très-inégal, tenoit depuis quelques mois cette place resserrée au point que le major Laurents, commandant anglois, n'avait osé y jeter le moindre secours. Enfin réduite à la dernière extrémité elle avoit consenti à se rendre si elle n'étoit secourue dans un temps limité; encore quelques jours et elle étoit à nous. Mais le changement de général et les ordres de Pondichéry ont fait ce que l'armée angloise n'eût jamais osé entreprendre sous les yeux du brave Mainville. Cependant la prise de cette malheureuse place, source de querelles entre le nabab françois et le nabab anglois, et par une conséquence qui ne devoit point être entre les deux nations européennes, auroit mis fin à une guerre des plus funestes pour nous.

Ce premier revers a été immédiatement suivi d'un autre : c'est une trêve qui, à ce qu'on assure, est tout à l'avantage de la nation angloise et cela dans un temps où nous pouvions donner la loi par le nombre des troupes qui nous étoient nouvellement arrivées. Cette trêve a laissé aux Anglois le temps de se renforcer à nos dépens; on a même travaillé de notre côté à les rendre supérieurs en leur remettant des prisonniers forts et robustes tandis que nous n'en recevions en échange que de malheureux qui depuis plusieurs années croupissoient dans des cachots pratiqués sous terre : il n'en étoit aucun d'eux qui ne fût réduit au plus pitoyable état. Il étoit porté dans l'accord qu'on se rendroit mutuellement tous les prisonniers; mais, par une perfidie qu'on ne peut assez condamner, les Anglois se sont contentés de nous rendre homme pour homme et, ce qui est plus révoltant encore, de choisir et de nous renvoyer ceux qui, par leur situation déplorable, nous devenoient à charge au lieu de nous être utiles. Pour comble de malheur, on a si bien satisfait nos troupes qu'une bonne partie a déjà déserté. Voici à ce sujet un trait qui m'est arrivé dans mon voyage de Pondichéry à Kareikal.

Surpris par la nuit à l'approche d'une forteresse appelée Devikottey et au pouvoir des Anglois, je pris le parti de m'y arrêter, résolu de passer la nuit dans mon palanquin ou litière. Le commandant s'offrit à me loger dans le gouvernement, mais je refusai dans le dessein d'être plus à l'aise et de m'informer plus librement des forces de cette place. Il n'y avoit guère qu'une heure que j'étois arrivé lorsque je me vis entouré d'une troupe d'Allemands et de François, tous déserteurs de Fisher et venus dans l'escadre depuis quatre ou cinq mois. J'en avois connu plusieurs et entre autres huit Allemands qui avoient passé dans le même vaisseau que moi. Je ne balançai point à profiter de la circonstance pour leur reprocher l'indignité de leur conduite : « Que pouvions-nous faire? me répondit un d'entre eux au nom de tous on nous a trompés : depuis notre débarquement nous nous sommes vus sans paie et réduits à la plus extrême misère. Ce n'est pas l'intention du roi qu'on traite ainsi des sujets qui s'expatrient pour son service. On nous avoit fait les promesses les plus flatteuses, et non-seulement on nous a manqué de parole, mais encore on nous a maltraités. Moi et mes camarades, ajouta un hussard, nous nous sommes engagés pour servir à cheval et non à pied; les François n'ont pas jugé à propos de nous en donner, nous sommes venus en chercher chez les Anglois. Nous sommes ici bien montés et bien vêtus, bien nourris et surtout bien payés. Que la compagnie nous traite de même et bientôt nous serons à elle. Il n'y a pas plus loin de Devikottey à Pondichéry que de Pondichéry à Devikottey. » Cette conversation fut continuée assez avant dans la nuit, après quoi j'eus la consolation d'en gagner quelques-uns, et peu de jours ensuite plusieurs rejoignirent la nation.

Voilà, monsieur, comme vous voyez, de tristes commencemens. Je doute que ce que je viens de vous raconter fût arrivé sous M. Dupleix: son nom, sa réputation, sa politique sage et soutenue et principalement son patriotisme et son zèle pour la gloire de sa nation seront toujours pour l'Inde françoise des gages assurés du contraire. Au reste, monsieur, je ne suis, dans tout ce narré, que l'écho de l'Indoustan, dont M. Dupleix a emporté tous les regrets.

Dans le courant de cette année, la Providence, toujours adorable dans sa conduite, ne m'a pas épargné les épreuves. Une maladie épidémique a cruellement attaqué nos chrétiens. Je vous ai dit que nous n'étions que deux pour environ trois mille personnes. Obligés de courir à toutes les heures du jour et de la nuit et souvent jusqu'à une lieue, sans presque aucun relâche, pendant près de deux mois, nous avons enfin plié sous le poids de la fatigue. Je doute que mon collègue, déjà sur l'âge, se rétablisse d'un épuisement général, suite nécessaire d'un travail continuel et excessif. Qu'on est heureux, monsieur, quand on meurt dans l'exercice actuel d'une charité qui n'a ici d'autre agrément que celui de s'y livrer uniquement pour Dieu seul! car nos pauvres chrétiens n'ont rien d'attrayant que leur âme rachetée du sang d'un Dieu immolé par amour. J'envie le sort du père du Tremblay, qui selon les apparences sera la victime de son zèle. Pour moi, la jeunesse et la force du tempérament m'ont encore sauvé; j'en ai été pour sept accès de la fièvre la plus violente. Heureusement la contagion ne m'a saisi que vers le déclin de la maladie épidémique; d'ailleurs un de nos frères trouva dans ce temps-là un remède spécifique qui arrêta dans moi les progrès de ce fléau. Il a péri aux environs de Kareikal plus de quatre mille païens dont quelques-uns se sont convertis à l'heure de la mort; nous avons perdu outre cela environ trois cents chrétiens, et quantité d'enfans que nous avons eu le bonheur d'arracher au paganisme pour les régénérer dans les eaux salutaires du baptême. Ici je ne puis m'empêcher de vous raconter un trait de la miséricorde du Seigneur. Obligé de courir à une demi-lieue de l'église pour y exercer les fonctions de mon ministère, je trouvai sur le bord d'un étang une petite fille de huit à neuf ans qui tenoit dans ses bras un enfant de quinze mois réduit au plus affreux état. Contre l'ordinaire des enfans païens, la petite fille s'arrêta et je l'abordai : « A qui appartient l'enfant que tu portes? lui demandai-je. — C'est mon frère, me répondit-elle. — Mais pourquoi l'apportes-tu ici? ne vois-tu pas qu'il va mourir? — Ma mère me l'a ordonné, me repartit-elle. — Eh bien! repris-je, je vais lui donner un remède qui lui procurera le véritable bonheur; suis-moi. » La petite fille obéit. Je m'approche de l'étang, je trempe mon mouchoir dans l'eau et je baptise le mourant. On peut bien goûter à longs traits toute la douceur des consolations qui inondent le cœur d'un missionnaire dans ces heureuses rencontres, mais l'exprimer et la rendre est une chose impossible. La petite fille, pleine de l'espérance de voir son *tambi* (petit frère) bientôt guéri, courut annoncer cette nouvelle à ses parens. Pour moi, je continuai ma route, louant et bénissant celui qui avoit daigné se servir de moi pour l'exécution de cette bonne œuvre.

Je vous ai dit, monsieur, que la maladie m'avoit forcé d'interrompre mes travaux. A peine ma santé s'est-elle trouvée rétablie que je me suis occupé de l'établissement d'une nouvelle mission dans le royaume de Tanjaour. Le lieu que j'ai choisi s'appelle Nallatour : c'est une presqu'île formée par le confluent de deux petites rivières. Ce territoire, charmant par sa position, est enclavé dans la concession que le roi de Tanjaour fut obligé d'accorder à la compagnie de France après la guerre de Kareikal. Le conseil a bien voulu permettre à un des chefs de nos chrétiens de cultiver cet endroit. Cet homme, qui, en ferveur et en zèle pour la propagation de la foi ne le cède à aucun missionnaire, est enfin venu à bout d'y former un village où nous avons déjà plusieurs familles chrétiennes ; cinq païennes ont demandé à s'y établir et sont aujourd'hui catéchumènes. J'y ai fait dernièrement un voyage, et je vous assure que ces braves Indiens ne m'ont pas moins charmé par leur piété que par l'union qui règne entre eux, car ils sont tous *cor unum et anima una*. Pendant une semaine que j'y ai passée, j'ai eu la consolation de les faire approcher des sacremens ; j'y ai baptisé deux catéchumènes avec plusieurs enfans des familles païennes, et j'espère que le Seigneur répandra sur cette mission naissante ses plus abondantes bénédictions.

Vous m'avez recommandé, monsieur, de ne rien oublier de ce qui concerne nos travaux : c'est pour satisfaire votre pieuse curiosité que je vais ajouter ici quelques détails.

Nous avons baptisé cette année plus de cent cinquante adultes à Kareikal, sans compter un nombre prodigieux d'enfans que nous avons également régénéré. On me mande de Pondichéry que le Seigneur a accordé cette grâce à cinq ou six cents païens, tant enfans que convertis. J'ignore ce qui s'est passé dans l'intérieur des terres au royaume d'Orixa, à Masulipatam et à Bengale. Le père Yard, ce fervent missionnaire qui, dans la traversée d'Europe aux Indes, a donné tant de preuves de ce courage vraiment apostolique qui l'anime, est actuellement à parcourir le royaume d'Orixa; mais on me marque seulement en général qu'il y fait de grands biens et que son zèle a pris une nouvelle vigueur depuis qu'il possède la langue telenga. Destiné d'abord pour la mission du Carnate, il avoit travaillé avec la plus grande ardeur à apprendre la langue tamoul lorsque, par une nouvelle disposition des supérieurs, il fut envoyé dans le Telegou, où il cultive avec le plus grand succès la partie de la vigne du Seigneur qui lui est échue en partage.

Outre la chrétienté malabare de Kareikal et la mission de Nallatour, nous avons encore un établissement à une lieue d'ici, qui porte le nom de Tiroun-à-Malley; les François l'appellent la grande aldée à cause de son étendue qui est en effet assez considérable. Nous y avons une église bien bâtie et fort proprement ornée ; on y compte environ cinq cents communians ; un catéchiste y préside ; et comme le défaut de fonds ne permet point d'y entretenir un missionnaire, les chrétiens viennent à Kareikal les dimanches et fêtes pour y assister au service divin. C'est dans cette église que nous célébrons la mémoire de l'apôtre des Indes. Vous ne seriez peut-être pas fâché de savoir la manière dont se fait au centre du paganisme cette édifiante cérémonie que le Gentil partage [1] avec le chrétien. Le temps ne me permet point de vous en faire le détail cette année, mais je commencerai par là la première lettre que je vous écrirai.

Nous venons de perdre un de nos plus respectables missionnaires appelé le père Gargan. Pendant près de quarante ans qu'il a travaillé dans ces contrées, il a rendu les plus grands services à la nation. La côte de Coromandel a été aussi le théâtre de son apostolat ; il a même fondé plusieurs églises et de nombreuses peuplades dans la partie du nord. Aucun de ses prédécesseurs n'avoit pénétré dans les terres aussi avant que ce saint religieux. Aux travaux les plus pénibles dans les climats les plus brûlans, il a toujours joint la vie la plus dure et la plus mortifiée ; doux, aimable pour tout le monde, il étoit extrêmement sévère à lui-même et possédoit au suprême degré le talent si rare de gagner tous les cœurs. Parvenu à l'âge de soixante-douze ans, il n'a cessé d'exercer ses fonctions que quatre jours avant sa mort. C'est une vraie perte pour Pondichéry et surtout pour la mission d'Olougarci, dont il avoit la direction. La mort la plus sainte a consommé une vie entièrement consacrée à la gloire de Dieu, au salut des âmes et au bien de l'état. Il ne faut rien moins que des exemples frappans de vertu tels qu'il n'a cessé d'en donner pour animer ma foiblesse.

Je suis, avec le plus sincère attachement, etc.

LETTRE DU P. COEURDOUX

A M. DE L'ISLE,

DE L'ACADÉMIE DES SCIENCES.

Sur les mesures itinéraires usitées dans les Indes orientales.

A Pondichéry, le 12 février 1760.

MONSIEUR,

Les géographes ne peuvent fixer la position des lieux et déterminer leur distance réciproque sans s'être préalablement assurés de la mesure itinéraire usitée dans le pays dont on leur a fourni des mémoires et dont ils veulent dresser la carte. C'est pour cela que M. Danville, ayant entrepris il y a quelques années d'en donner une nouvelle des Indes orientales, commença par rechercher quelles sont les différentes sortes de lieues qui y sont en usage. Le détail de ses

---

[1] On y admet les catéchumènes.

recherches, qu'on peut voir à la tête de ses éclaircissemens sur cette carte, fait également honneur et à l'étendue de son savoir en ce genre et à sa pénétration.

Mais les Indes sont si étendues, les langues qui y ont cours si multipliées et leurs termes si défigurés lorsqu'ils passent par une bouche européenne que ce seroit une espèce de prodige si ce qu'il a pu découvrir sur les mesures itinéraires de l'Inde pouvoit s'appliquer à toutes ses parties et avoit une exactitude à laquelle nous ne pouvons prétendre nous-mêmes, quoique placés dans les Indes et ayant quelques connoissances des langues du pays. Ce que je rapporterai sur cette matière, à laquelle j'ai donné une application assez considérable, pourra servir de supplément à ce qu'en a dit cet habile géographe.

Les Indiens partagent une révolution journalière du soleil en soixante petites heures, dont chacune répond à vingt-quatre de nos minutes. Les trente premières heures se comptent depuis le lever du soleil jusqu'à son coucher, et les trente autres depuis son coucher jusqu'au lever du soleil du jour suivant; ces trente heures du jour se divisent en quatre parties ou veilles dont chacune contient sept heures et demie indiennes, et environ trois de nos heures; on partage de même celles de la nuit. Cette division du temps, qui a son origine dans l'antiquité la plus reculée, est en usage, à ce que je crois, depuis le cap de Comorin jusqu'aux extrémités de l'Inde chez toutes les nations dont elle est peuplée.

Rien n'étoit plus naturel que d'appliquer la division du temps à celle de l'espace : aussi les anciens Indiens le firent-ils, et, pour me servir des termes de la langue tamoule, ils comptèrent par *naliguei* de chemin, comme ils comptoient par *naliguei* de temps; et continuant la même analogie, comme de sept *naliguei* et demi de temps ils formèrent une grande heure ou une veille, de même de sept *naliguei* et demi de chemin ils formèrent une grande lieue, dont la mesure est le pas d'un homme qui, sans aller ni trop vite ni trop lentement, marche pendant une veille, avec cette différence que la veille s'appelle en leur langue *jamam* et la grande lieue *câdam*, au lieu que la petite heure et la petite lieue portent le nom de *naliguei*. Au reste cette manière de mesurer l'espace par le temps ne nous est pas entièrement étrangère, puisque nous comptons aussi quelquefois par heures et par journées de chemin.

Je commence par le pays où l'on parle la langue tamoule. Ce pays s'étend depuis le cap de Comorin jusqu'au quatorzième degré de latitude ou à peu près; il renferme l'ancien royaume de Maduré, ceux de Tanjaour, de Trichirapali, de Gengi et autres pays, qui ont tous passé sous une domination étrangère, à l'exception du seul royaume de Tanjaour, qui a encore son roi particulier. Sa largeur est bien moins considérable, étant bornée à l'orient par la mer et à l'occident par les montagnes du Macyalam et par le Maissour. J'ai déjà indiqué les deux espèces de lieues qui sont en usage dans ce pays : la grande, sous le nom de *câdam*, m'a toujours paru répondre à trois de nos lieues communes; cette grande lieue en renferme sept et demie de petites appelées *naliguei*. Il s'ensuit que celles-ci équivalent chacune à environ un quart et demi-quart d'une lieue commune de France.

Avant de parler des autres parties du continent et de leurs mesures itinéraires, je ferai connoître celles qui sont en usage dans l'île de Ceylan, laquelle tient pour ainsi dire au pays tamoul. Je ne doute nullement que cette île ne soit la fameuse Taprobane des anciens[1]. Les anciens Grecs et Romains faisoient de cette île un autre monde égale au leur. Ils avoient ajouté trop de foi aux relations des Indiens de leur temps, égaux ou même supérieurs à ceux d'aujourd'hui en fait d'idées gigantesques : ils donnoient à cette île une grandeur démesurée, mais proportionnée à la grandeur des énormes géans dont elle étoit peuplée selon eux. Les anciens astronomes indiens faisoient passer leur premier méridien par cette île, et suivant les poëtes il passoit par le palais d'un fameux géant à dix têtes, lequel étoit roi de l'île.

Dans cette île, il y a deux mesures itinéraires, ainsi que dans le pays tamoul; la grande s'appelle *gaoua* en langue singale, qui est celle des plus anciens habitans de Ceylan. Pour m'assurer de la grandeur du *gaoua*, j'ai eu recours à différentes combinaisons. J'ai surtout tablé sur la latitude de deux villes marquées sur la carte de M. Danville, *Colombo* et *Négombo*, que j'ai supposée exacte; et de leur distance réciproque,

---

[1] Les géographes sont incertains sur la question de savoir si Taprobane était Ceylan ou Sumatra.

j'ai enfin conclu que le *gaoua* de Ceylan étoit la moitié du *câdam* tamoul et qu'il revenoit par conséquent à une lieue et demie, puisque celui-là est égal à trois lieues communes, ainsi que je l'ai dit plus haut.

Un rapport si marqué entre ces deux grandes mesures itinéraires en annonce ce semble un pareil entre leurs sous-divisions : peut-être cela étoit-il autrefois ; quoi qu'il en soit aujourd'hui le *gaoua* de Ceylan se sous-divise en six *atacma*, dont chacun par conséquent revient à un quart de nos lieues communes. Ces deux mesures, le *gaoua* et l'*atacma*, sont les seules, à ce qu'on m'a assuré, qui aient cours dans toute l'île. Ce terme de *gaoua* doit être remarqué, parce que nous le retrouverons ailleurs, quoiqu'un peu défiguré.

Je reviens au continent. Ceux qui sont au fait de la géographie de l'Inde savent qu'une large chaîne de montagnes, qui commence ou qui aboutit si l'on veut au cap de Comorin, partage la péninsule en deux parties inégales. Cette chaîne de montagnes, qui en occupe une partie considérable, forme un grand pays connu sous le nom de Malcamé ou Maleyalam, qui indique que c'est un pays de montagnes. C'est par la même raison que les Portugais l'appellent le pays *da Serra*. Et c'est une erreur assez plaisante d'un auteur récent, lequel, moins savant en portugais qu'en latin, a écrit qu'on a donné le nom de *Serra* au pays dont je parle à cause de je ne sais quelle figure de *scie* qu'ont, dit-il, les montagnes qui le composent. Elles commencent du côté du sud au royaume de Travancor ou Ttirouvancôdou, qui renferme plusieurs autres petits états et s'étend au delà de Mahé. Les montagnards, car c'est ainsi qu'on les appelle, ont une langue et des coutumes particulières ; une des plus extraordinaires et qui n'a peut-être lieu en aucun autre endroit de l'univers, c'est que dans une caste très-noble et de laquelle sont la plupart des petits princes du Maleyalam, une femme peut avoir et a réellement plusieurs maris à la fois.

Dans ces pays, ainsi que dans les autres dont nous avons parlé, on se sert de deux mesures itinéraires : la grande s'appelle *câdam* et la petite *maliguei* comme dans la langue tamoule.

Entre le Maleyalam et la partie plus nord du pays tamoul est le Maissour [1] lequel s'étend bien au delà vers le septentrion. Cet état, beaucoup plus étendu aujourd'hui qu'il ne l'étoit autrefois, s'agrandit de jour en jour par l'ambition des ministres de ses rois, si tant est qu'ils méritent ce nom ; les Mogols au moins dont ils sont suzerains, ainsi que presque tous les autres princes de l'Inde ne les regardent pas comme tels ; ils ne sont point de la caste des rajas, mais de celle des potiers de terre, qui est fort basse dans le pays.

Le Maissour a aussi deux mesures itinéraires, lesquelles ne diffèrent de celles du pays tamoul que par les termes, car le Maissour proprement dit a sa langue particulière appelée *cannada*, laquelle participe et du tamoul et du telougou. Dans cette langue, la grande mesure se nomme *pavada* ou, comme parle le peuple, *gaouda* : elle répond au *câdam* tamoul et revient comme lui à trois de nos lieues communes. Le *gavada* se divise en sept *gueliguei* et demi, dont chacun répond à 24 minutes de chemin, comme le *naliguei* dont nous avons parlé plus haut.

Mais il y a encore dans le Maissour une autre sorte de lieue connue sous le nom de *haradâri* qui signifie à peu près une course. On en compte quatre dans le *gavada*, et chaque *haradâri* est censé égal à deux *gueliguei*, ce qui en donneroit huit pour le *gavada* au lieu de sept et demi. Mais en quel pays le peuple se pique-t-il de parler avec précision quand il s'agit de lieues et de chemin ?

Je retrouve cette manière de parler par course dans le pays telougou, qui confine en partie avec le Maissour du côté de l'ouest. Le pays où l'on parle la langue ainsi nommée est fort étendu : sa longueur est au moins de cent lieues du sud au nord ; il commence vers le quatorzième degré de latitude et finit vers le vingtième, sa largeur est inégale et n'est pas aisée à fixer. Le telougou est proprement la langue du Carnate, mais elle a cours en d'autres pays voisins.

La double mesure itinéraire du pays tamoul a cours dans ce pays, mais sous des noms différens, malgré l'affinité et des pays et des langues. Dans celle-ci la grande mesure se nomme *amada* et la petite *ghadia* ; ce dernier terme sert aussi pour exprimer la petite heure de vingt-quatre minutes : de sorte que l'on dit tant de *ghadia* de chemin, comme l'on dit tant de *ghadia* de temps. Mais la *reille* ou l'espace de trois heures a un nom différent de

[1] Mysore.

celui de la grande lieue et se nomme *jâmou*.

L'*amada* se partage aussi en quatre parties comme le *gavada* du Maissour, elles se nomment *parourou*, comme qui diroit une *course*. Cette division a surtout lieu dans les pays situés vers le quinzième degré de latitude. Après plusieurs expériences et avoir souvent voyagé dans ce pays la montre à la main, il m'a paru que le *parourou* étoit d'une heure de chemin, ce qui donneroit quatre lieues à l'*amada* au lieu de trois qu'il devroit seulement avoir : mais il se pourroit faire que dans le Carnate les lieues fussent plus grandes qu'ailleurs, de même qu'il y a une diversité très-grande entre celles qui ont cours en France dans nos différentes provinces. Ce qui en est sûr, c'est que dans le pays dont je parle, on prétend qu'un *amada* de chemin répond à un *jâmou* ou une des veilles du jour, lesquelles sont sûrement de trois heures.

En avançant vers la partie plus nord du Carnate, on parle encore par *amada*, mais le terme de *ghadia* ne sert plus que pour exprimer la petite heure, qui, comme nous l'avons dit, répond à vingt-quatre minutes; on s'y sert du terme de *cosse* en parlant de chemin. Je ne vois point d'autre raison de ce changement d'expression, ou peut-être même de mesure itinéraire, que la plus grande fréquentation avec les Maures, auxquels ce pays est comme immédiatement soumis. Les maîtres du pays parlant incessamment par *cosses*, le peuple s'est insensiblement accoutumé à leur manière de s'exprimer, et en adoptant ce terme ainsi que plusieurs autres de la langue indoustane, il a comme oublié le mot propre de sa langue naturelle.

Mais il est un autre pays dans les Indes, qui a sa langue particulière, dont le peuple ne joue qu'un trop grand rôle pour le bonheur des autres nations indiennes; ce pays s'appelle Maharachtram, c'est-à-dire *grand pays*, dont nous avons formé le nom de Marattes que nous donnons à la nation qui l'habite. Son empire, avant les conquêtes des Mogols, étoit presque aussi étendu que les Indes. Ceux-ci étoient venus à bout d'abaisser la puissance des Marattes, mais non pas de la détruire entièrement, et en leur enlevant la souveraineté d'une grande partie du pays, ils avoient été obligés de leur céder une portion considérable des tributs qui s'y lèvent, et ce sont ces tributs que les Marattes vont répéter de toutes parts à main armée. Il est vrai que c'est une nécessité pour eux d'en agir ainsi : les Indiens ne savent pas donner autrement que par force ce qu'ils doivent le plus légitimement; mais aussi s'ils donnoient de bonne grâce aux Marattes ce qui leur est dû, ceux-ci, jugeant par-là de l'abondance qui règne chez eux, feroient monter leurs prétentions plus haut et redoubleroient leurs extorsions. Divisés donc en différens partis, les uns pénètrent quelquefois jusqu'au cap Comorin, d'autres s'avancent dans le Bengale et dans les autres parties de l'Indoustan, portant partout le ravage et la désolation. Comme ces partis ne sont guère composés que de cavalerie armée à la légère et très-exercée au pillage, il est fort difficile de les éviter : ils paroissent lorsqu'on s'y attend le moins, et ils sont bien loin avant qu'on se soit mis en état de leur résister. Il n'est pas rare aussi de voir les Marattes mettre sur pied des armées de plus de cent mille chevaux contre les Maures, avec lesquels ils sont presque toujours en guerre, et aller jusqu'aux portes de Delhi faire trembler le Grand Mogol sur son trône.

L'invasion du fameux Nadershah[1] dans l'Indoustan n'avoit pas peu contribué à laisser prendre aux Marattes un nouvel ascendant dans un pays qui venoit d'être si fort humilié. Ils auroient pu être réprimés par Nisam-Moulouc, ou Azefla : ce vieux et rusé politique qui avoit appelé les Persans dans les Indes, et il le devoit faire en qualité de gouverneur du Dékan, qui confine avec le pays des Marattes; mais secretement d'intelligence avec eux, il n'étoit pas fâché d'avoir comme à sa main un ennemi puissant toujours prêt à être lâché contre son souverain, dont il n'étoit pas aimé, et un prétexte pour se tenir éloigné de la cour, dans la nécessité prétendue d'être toujours à portée de réprimer un peuple remuant et voisin de son gouvernement.

La mort de Nazerzingue, fils et successeur de Nisam-Moulouc, qui vint se faire tuer en 1750, à douze lieues de Pondichéry lorsqu'il ne prétendoit rien moins que de jeter, ainsi qu'il le disoit, la dernière pierre des fondemens de cette ville dans la mer, sa mort, dis-je, et celle de son successeur, qui suivit de près, réveillèrent l'ambition des Marattes, et ils s'emparèrent de plusieurs cantons du Dékan. Les

[1] Nadir Sha, Thamas Koulikan.

troupes françoises qu'on fournit au nouveau gouverneur maure et la juste confiance qu'il donna à M. de Bussy, qui commanda ces troupes pendant plusieurs années, furent pour eux un frein qui les retint; mais on peut dire que le torrent ne fut arrêté que pour un temps; et vu la foiblesse de gouvernement qui règne dans tout l'empire mogol, il y a apparence qu'avant quelques années les Marattes seront maîtres de tout le Dékan. Je ne parle point des autres conquêtes qu'ils ont faites du côté du nord, lesquelles ne sont pas moins étendues que celles qu'ils ont faites du côté du sud; et comme elles vont en augmentant de tous côtés, il n'est pas aisé de fixer les bornes de l'état des Marattes.

Sa capitale est Satara, dont M. Danville n'a osé fixer ni la latitude ni la longitude, les recherches qu'il a faites à ce sujet ne lui ayant fourni aucun résultat assez certain pour les déterminer. Je ne sais si j'aurai été plus heureux que lui. Les différens rapports qui m'ont été faits par des voyageurs et par des gens du pays même m'ont donné, après bien des combinaisons, quatre points assez peu éloignés les uns des autres entre lesquels, prenant un milieu, il me paroît que la latitude de Satara doit être placée à 17 degrés 55 minutes et sa longitude à 91 degrés 12 minutes. C'est surtout sur la carte de M. Danville que je me suis fondé dans cette détermination, supposant certaine la latitude de Daboul et comptant sur l'exactitude d'une route qu'il a marquée avec des points, laquelle aboutit d'une part à Daboul et de l'autre à Visapour[1].

Vous trouverez un peu longue cette digression sur les Marattes et leur capitale; mais peut-être aussi vous parottra-t-elle de quelque utilité pour faire connoître un des plus puissans peuples des Indes et déterminer un point de géographie assez incertain jusqu'à présent.

Pour revenir aux mesures itinéraires, celles du pays maratte sont de deux ou trois sortes, comme dans les pays dont j'ai déjà parlé. La grande se nomme *gan* ou *gaoun*; elle est composée de cosses et demi-cosses, et elle en contient huit suivant les uns et quatre suivant les autres, ce qu'on reconnoîtra revenir au même quand je parlerai des diverses espèces de cosses.

L'on y connoît aussi la petite mesure sous le nom de *guedi*, que l'on nomme aussi *gacta*. Il est aisé de remarquer que ce nom de *guedi* approche fort de celui de *gueliguei* du Maissour et de celui de *gadia* du Carnate. Le *ghan* revient à peu près à *l'amada* telougou et par conséquent à environ quatre heures de chemin et même moins.

Ce que nous venons de dire des mesures itinéraires marattes doit s'entendre d'un autre pays plus sud, mais plus nord que le Maleyalam, avec lequel il confine peut-être immédiatement. La langue qu'on y parle s'appelle *concouni* : c'est celle du peuple de *Goa*, et le pays où elle est en usage commence un peu au delà de cette ville; il a peu d'étendue du côté de l'ouest, d'où l'on peut conclure que ce pays est assez petit. Comme cette langue a beaucoup de rapport avec la maratte, les termes dont on s'y sert pour exprimer les mesures itinéraires et la longueur qu'on leur donne sont absolument les mêmes.

La langue maratte est usitée depuis les environs de Goa jusqu'à Surate, et c'est là que commence celle des Gouzarattes aussi bien que leur pays, dans lequel les Marattes ont fort poussé leurs conquêtes. La grande lieue y est en usage sous le nom de *gaou*, et un gaou est composé de quatre cosses; chaque cosse est composée de deux *guedi*, terme commun à cette langue et à celle des Marattes pour exprimer la petite lieue indienne; mais dans l'usage ordinaire, le terme de cosse a presque entièrement prévalu. Comme les gaou gouzarattes sont fort grands, il s'ensuit que les cosses le sont aussi : elles équivalent à près d'une de nos lieues. A l'ouest du Gouzaratte est le pays de Candès. On y parle aussi par *gaou*, et il est dit-on, d'une grandeur extraordinaire.

Ce que je viens de dire des *gan* et des *gaou* prouve que c'est avec justice que M. Danville a relevé l'erreur grossière de Tavernier, qui compte soixante et un *gaou* depuis Surate jusqu'à *Goa*; mais aussi ce voyageur n'est point tant répréhensible d'avoir attribué quatre cosses, l'une et l'autre étant fort égales en certains lieux.

Quant aux pays plus nord que ceux dont j'ai parlé, je n'ai pu savoir exactement si la grande mesure indienne y est fort en usage : le nom au moins n'est pas inconnu, et on l'appelle en maure *gaou*, comme en gouzaratte. Ce qui est

---

[1] C'est bien la latitude donnée par Brué sur sa carte encyclopédique de l'Inde; mais la longitude est à 71 degrés 50 minutes du méridien de Paris.

sûr, c'est qu'on y parle surtout par *cosse;* en sorte que je pense que c'est la seule ou presque la seule mesure itinéraire dont on use dans le reste des pays soumis au Grand Mogol, et c'est de cette mesure qu'il faut parler maintenant avec quelque étendue.

On en distingue de plusieurs sortes ; voici celles qui sont venues à ma connoissance : les *zemidari* cosses, les *pacca* cosses, les *catcha* cosses ou cosses d'armée, et les *rosmi* cosses. Les premières sont extrêmement grandes et paroissent répondre à une grande lieue de Bretagne ; les *pacca* cosses le sont beaucoup moins et répondent à une lieue de l'Ile-de-France. Pour les *catcha* cosses ou les petites cosses, elles n'équivalent guère qu'à une demi-lieue commune ; les cosses d'armée sont la même chose que les *catcha* cosses ; les *rosmi* cosses sont celles qu'on va mesurant devant un grand-nabab lorsqu'il voyage : cela ne sert guère que pour le faste et la vanité des seigneurs maures. Rien effectivement n'est plus fautif que cette mesure par la négligence de ceux qui sont chargés de cette opération et le peu de soin qu'ils ont de bien tendre la corde. J'aurois bien voulu savoir de combien de coudées est cette corde, car la coudée est la mesure presque universelle de ce pays, et combien de fois elle doit être tendue pour faire une cosse, mais je n'ai pu le découvrir jusqu'à présent ; je serai peut-être plus heureux dans la suite, et cette connoissance pourroit donner une idée un peu plus exacte des cosses indiennes.

Il paroît que les *catcha* cosses sont plus en usage que les autres cosses dans le gouvernement du Dékan; et comme ce sont celles des armées, il y a lieu de croire qu'elles ont lieu dans tout l'Indoustan, vu les fréquentes guerres dont ce pays est agité et les troupes qui sont sans cesse en campagne de tous côtés. L'on compte sans doute de la même manière dans toutes les armées du même souverain sans s'astreindre aux différentes sortes de cosses qui sont en usage dans les diverses provinces de ce vaste pays. Cela même a pu les introduire de toutes parts, d'autant plus que ce sont celles qu'on trouve écrites sur les piliers qu'on a plantés de cosses en cosses en certains lieux[1].

Ces piliers sont placés à droite et à gauche, à six toises de distance l'un de l'autre ; en certains endroits ils sont de maçonnerie en pierre, ils ont deux toises de hauteur et sont terminés par un globe dans le goût des tours des mosquées, ils sont ronds et leur diamètre est d'environ trois pieds. En d'autres lieux ce ne sont que de simples pierres fort hautes d'une seule pièce et un peu façonnées ; ces piliers en d'autres cantons ont à peine trois pieds de haut, mais de quelque façon qu'ils soient construits, on y lit combien il y a de cosses de là à tel endroit.

Il ne faut pas croire que ces piliers se trouvent dans toutes les Indes : je n'en ai jamais vu un seul dans mes différens voyages, et le père de Mont-Justin, qui a parcouru le Dékan dans tous les sens, ainsi que vous le pouvez connoître par la carte des routes de l'armée françoise dressée sur ses mémoires, ce père, dis-je, assure que ces piliers sont fort rares, qu'il en a trouvé dans le voisinage de Masulipatam et de Hederabad, et presque point ailleurs. Peut-être étoient-ils plus nombreux autrefois, car ceux qui subsistent tombent en ruine en plusieurs endroits, et il se peut faire qu'en plusieurs autres, le temps ait détruit ceux qui n'étaient que de maçonnerie. La même chose sera peut-être arrivée, vu la négligence du gouvernement maure, dans les pays même plus voisins de Delhi, où nos voyageurs françois en ont, disent-ils, rencontré. Un Persan, homme d'esprit qui a voyagé dans toutes les parties de l'Indoustan, m'a assuré qu'on n'en trouve qu'auprès des grandes villes et qu'ils ne vont pas à plus d'un ou deux *manzil* ou journées.

Mais quel est le premier inventeur de ces piliers ? c'est ce qu'il n'est pas aisé de découvrir. Si ce que M. Danville fait dire à Strabon est vrai, que les magistrats indiens avoient un soin particulier des chemins publics et d'y faire élever les piliers dont on a parlé, il faut que la chose soit bien ancienne ; mais il faut avouer en même temps que les Indiens d'aujourd'hui ont bien dégénéré de leurs ancêtres, quelque attachés qu'ils soient à leurs anciens usages, puisqu'ils n'ont pas la première idée de ce qu'on attribue à leurs devanciers, et qu'on ne trouve aucun indice de ces colonnes, non-seulement dans leur pays, mais encore dans leurs anciens livres.

Pour revenir aux cosses et aux pays où elles sont plus en usage, je ne vois aucune difficulté

---

[1] Ces cosses ressemblent à nos bornes milliaires, qui rappellent celles des Romains.

à y trouver la double ou même la triple mesure itinéraire que j'ai indiquée ailleurs. La petite cosse répond assez bien à vingt-quatre minutes de chemin et par conséquent au *naliguei* tamoul et au *ghadia* telougou. La grande cosse répondra au *parouvou* telougou et au *haradâri* du Maissour. La grande mesure de trois ou quatre heures de chemin est connue dans la langue maure ou indoustane sous le nom de *gaou*.

Dans cette diversité de cosses, il résulte un inconvénient qui pourroit faire tomber en erreur les géographes d'Europe. Nos voyageurs européens dans les Indes, ayant appris des Maures à compter par cosses, se servent ensuite de ce terme même dans les pays où il n'est pas usité, et peu d'accord entre eux sur la longueur de cette mesure, ils lui attribuent les uns une demi-lieue, les autres trois quarts de lieue de chemin. Cette différence vient du lieu où ils ont commencé à compter par cosses ; quelque part qu'ils aillent ensuite, ils attribuent toujours la même longueur à leurs cosses, ce qui ne peut manquer de jeter de la confusion dans leurs mémoires et de la différence entre leurs diverses relations. Une carte de l'Inde qui auroit été dressée en conséquence ne pourroit manquer d'être très-fautive.

Ma méthode a été, tant dans la carte des voyages du père de Mont-Justin dans l'Indoustan, dressée sur ses mémoires, que dans les autres recherches que j'ai faites en ce genre, d'avoir autant qu'il étoit possible la position exacte de certains endroits principaux connus ou par quelque observation de la hauteur du pôle ou par la combinaison de plusieurs relations dont je connoissois et les auteurs et le temps qu'ils y donnoient pour parcourir les mesures itinéraires dont ils s'étoient servis. Ces points principaux, surtout s'ils sont multipliés, sont, comme pour les navigateurs, différens points de départ qui servent à redresser leur route et empêcher les erreurs de s'accumuler les unes sur les autres. C'est tout ce qu'on peut faire de mieux en un pays comme celui-ci ; vous pouvez mettre au nombre des plus fortes exagérations ce qu'on pourroit vous dire de certaines cartes de l'Inde levées par des triangles géométriques.

Je finis en disant encore un mot sur les cosses et les gaous. Il ne paroît pas douteux que le mot de cosse ne soit très-ancien, puisqu'il est de la langue indoustane, très-ancienne elle-même. Le nom de *kossaios*, que M. D*** trouve dans Étienne de Bysance donné à un courrier indien, le confirme ; mais je doute si ce nom n'a point été inventé par les Grecs mêmes. Les Maures ont plusieurs sortes de courriers qu'ils nomment en général *alcala*. Les uns courent sur des dromadaires, et quand ils sont bien montés, ils font, dit-on, jusqu'à cinquante cosses par jour : ces courriers se nomment *chouttra assouari* ou *daca assouari*. Les autres ne sont que des messagers à pied ; ils se nomment *cassal* et font, dit-on, jusqu'à trente cosses en un jour. Il y en a une autre sorte qui font une partie du *saltanat* ou de la suite des seigneurs maures : on les appelle *paëc*. Il n'y a point de courriers à cheval dans l'Indoustan, ce que je remarque à cause du mot *assouari*, qui ressemble fort à celui d'*assouam*, lequel dans la langue savante signifie un cheval. Ne seroit-ce point du mot *cassal*, qui ne dérive nullement de celui de cosse, que les voyageurs grecs auroient formé celui de *kossaios*.

J'ai l'honneur d'être, etc.

LETTRE

<small>Sur les missionnaires des Indes, écrite par un homme du monde au père Patouillet.</small>

Vous m'avez souvent prié, monsieur, de vous donner quelques connoissances de l'Inde sur ce qui a rapport aux missions : mes occupations m'en ont jusqu'à présent empêché, et débarrassé désormais de toute affaire, je profite avec plaisir des premiers momens de mon temps pour vous satisfaire ; je vous parle en homme désintéressé et vous préviens d'avance que la vérité seule me dictera le petit détail dans lequel je vais entrer.

J'ai passé huit années dans l'Inde, tant à Pondichéry qu'à Madras. Lassé d'entendre tenir des propos sur la conduite de vos missionnaires, tenté même d'y ajouter foi, je voulus m'éclaircir du vrai ; j'eus pour cet effet plusieurs conférences avec vos missionnaires et ceux d'un autre ordre. Je ne m'en tins pas là, je questionnai les brames, qui sont comme vous le savez, les prêtres des Gentils. Voici mot pour mot la conversation d'un de ces brames. Afin de tirer plus de lumières de lui, je feignis de blâmer la conduite de vos missionnaires dans les terres, disant qu'ils ne s'occupoient qu'au commerce et que le bénéfice qu'ils tiroient de ce même commerce les affectoit beaucoup plus que la conversion des Gentils : « Vous vous trompez grossièrement, me répondit le brame, si vous pensez ainsi ; quoique mon état et ma religion exigent de moi de vous laisser dans l'erreur, les obligations que je vous ai m'engagent à vous tirer de celle où vous êtes, non que je croie votre religion meilleure que la mienne, mais je veux qu'il soit dit parmi votre nation qu'un prêtre gentil n'est pas homme à en imposer : mais revenons à la chose.

» Les brames du nord[1] sont d'honnêtes gens, et je ne leur connois d'autre défaut que celui d'être dans une mauvaise religion. Ils quittent leur pays d'Europe où ils ont leurs parens, leurs amis et où, dit-on, ils sont assez généralement estimés ; ceux que j'ai connus sont gens d'esprit. Voici la vie qu'ils mènent dans les terres. Ils sont habillés fort modestement, font la plus mauvaise chère du monde, et je suis toujours étonné comment ils y résistent; ils ne mangent rien de ce qui a vie : ce n'est point, comme se l'imaginent leurs ennemis, pour se conformer à la façon de vivre des brames gentils, c'est par pure mortification ; ils passent une partie du jour à la prière, souvent se lèvent pendant la nuit pour le même exercice. Leur plus grande occupation est d'élever les jeunes gens dans la religion qu'ils professent ; ils donnent tout ce qu'ils ont aux pauvres, jugent des différends qui s'élèvent entre leurs chrétiens, qu'ils regardent tous comme leurs frères, ils les accordent ensemble, leur prêchent l'union ; s'ils ont quelque crédit auprès des gouverneurs des forteresses ou des nababs, ils l'emploient pour empêcher les persécutions que ceux de notre religion feroient aux chrétiens ; si quelqu'un les insulte, ils lui font des politesses ; ils mènent enfin la vie du monde la plus exemplaire, et si je n'étois pas brame de l'Inde, je voudrois l'être du nord. Quant au commerce que vous dites qu'ils font dans les terres, je n'en ai jamais eu la moindre connoissance, et si cela étoit je le saurois certainement et je vous le dirois de bonne foi. — Si vous n'étiez pas un brame, lui répondis-je, je croirois votre témoignage suspect ; mais comment répondrez-vous à la question que je m'en vais vous faire ? Pourquoi les brames du nord, qui regardent, dites-vous, tous les chrétiens comme leurs frères, ont-ils un si grand mépris pour les gens que vous appelez parias[1] ? car enfin, selon notre religion, ces mêmes parias sont aussi chers à Dieu que les autres hommes d'un état plus distingué. — Arrêtez, monsieur, me dit le brame, ne confondez pas le mépris avec la distinction des états. Les brames du nord n'ont point de mépris pour les parias par principe de religion ; mais vous-même et les autres François tenez la même conduite dans vos colonies ; chaque état est distingué chez vous : le soldat n'ira pas manger à votre table ; un simple habitant, quoique blanc, n'ira pas chez le gouverneur comme vous y allez. Il en est de même chez nous : ces gens qu'on appelle parias sont destinés aux plus vils emplois; plusieurs s'adonnent à la débauche, ils boivent beaucoup de cette liqueur qu'on appelle *raque* et perdent par là l'usage de la raison : a-t-on tort de les regarder différemment de ceux qui tiennent une conduite régulière, qui ont des mœurs et une façon de penser plus relevée ? Bien loin d'approuver les brames du nord, je les blâme fort de regarder ces gens-là comme leurs frères, de les nourrir, de les faire travailler à la culture des terres et de leur donner généralement tous les secours dont ils ont besoin. Vous êtes à même de le voir dans cette ville, leur maison est pleine de ces gens-là : sont-ils malades, ils ont des remèdes gratis et sont mieux traités que nous, qui sommes brames, nous ne traiterions peut-être nos confrères. — Mais, lui répondis-je, à quoi bon cette distinction qu'ils ont dans leurs églises en faisant mettre les parias dans une chapelle ou endroit séparé ? — Si vous n'étiez pas un homme de bon sens, me repartit le brame, je vous pardonnerois de donner dans des petitesses pareilles. Je fonde mon raisonnement sur une petite comparaison que je vais vous faire. Pourquoi dans vos églises le gouverneur et les premiers de la ville sont-ils séparés des derniers? Voici le même cas des parias. Et qu'importe en quel endroit du temple on soit placé s'il est vrai, comme vous le dites, qu'il n'y ait

---

[1] Nom que les Gentils donnent aux missionnaires.

[1] Gens de la plus basse extraction.

qu'un Dieu dans votre religion et que ce même Dieu soit partout? Vous croiriez à m'entendre que je suis prêt à me convertir? Je vous avouerai de bonne foi que si mon intérêt, mon rang et ma famille ne m'obligeoient pas à un certain extérieur, que nous ne tenons cependant que des préjugés de l'enfance, je me ferois brame du nord dès demain, tant j'admire la conduite de ces hommes-là. Avez-vous encore quelques questions à me faire? me dit-il. — Non, » lui répondis-je, et nous nous quittâmes.

J'avouerai de bonne foi, mon révérend père, qu'on se laisse souvent prévenir aisément faute d'éclaircissemens ; je me suis trouvé dans ce cas plus que tout autre. Mais si nous cherchions la source de tous les bruits qui courent sur le compte de vos missionnaires, nous la trouverions peut-être chez ceux qu'une même religion et un même état devroient engager à cacher plutôt que de mettre au jour les défauts de leurs compatriotes. Oui, mon révérend père, tous ces bruits sont assurément dépourvus de toute vraisemblance.

A l'égard des cérémonies qui ont rapport à celles de la gentilité et qu'on reproche comme telles à vos missionnaires, rien de plus mal fondé. Premièrement, la cendre de bois de sandal dont ils se frottent le corps et les cheveux ne tient non plus de la gentilité que la poudre et la pommade en France : c'est une cendre odoriférante fort saine même au corps. L'autre cérémonie est celle de la bouse de vache détrempée dans de l'eau dont ils frottent le pavé de leurs maisons. Quoi ! ne seroit-il permis qu'aux seuls Indiens gentils de se préserver des insectes dont la plupart des maisons sont remplies ? Pour moi, mon révérend père, qui ne suis ni missionnaire ni idolâtre, je me suis souvent servi de ce moyen qui est le seul pour faire mourir les fourmis rouges et les punaises, qui incommodent beaucoup dans l'Inde. Vous voyez, quand on veut se donner la peine d'éclaircir les choses, souvent ce qui nous paroit un fantôme n'est rien.

Une autre cérémonie que vos missionnaires permettent, suivant vos ennemis, est un *thaly* ou espèce de médaille que les Indiens idolâtres attachent au cou des filles lorsqu'elles se marient. Il est vrai que sur ces médailles les Gentils gravent des figures qui font honte à la pudeur; mais n'y a-t-il pas de la noirceur d'oser dire que les jésuites se servent de ces médailles gravées comme celles des Gentils pour les mariages qu'ils font, et n'y a-t-il pas encore plus d'absurdité au public à le croire ? Le thaly ou la médaille dont se servent vos missionnaires pour la célébration des mariages est la même chose qu'un anneau conjugal qu'on donne en France ; cette médaille a différentes formes, tantôt c'est l'image de la sainte Vierge, tantôt un cœur sur lequel est gravé le saint nom de Jésus ou même quelquefois une croix. Voilà, mon père, le vrai, je l'ai vu moi-même cent fois pendant mon séjour aux Indes. Mais toutes ces calomnies doivent-elles nous étonner ? la vertu et le mérite ont été persécutés de tous temps. Si vos missionnaires, indifférens sur le salut des Indiens, menoient une vie tranquille et douce, comme la dureté du climat sembleroit le demander, peut-être n'auroient-ils pas tant d'ennemis. Je souhaiterois, mon révérend père, avoir une plume assez bonne pour dissuader ceux qui jugent d'un pays éloigné de six mille lieues avec tant de partialité. Qu'a-t-on au surplus à craindre lorsqu'on n'a rien à se reprocher ? Si vos missionnaires sont calomniés et persécutés en ce monde, la récompense de l'autre vie, qui sera le fruit de leurs travaux, les indemnisera de ce qu'ils auront souffert en celle-ci. Je suis, etc.

LETTRE DU P. DE LA LANE.

Intérieur du royaume de Carnate. — Mœurs des villes. — Superstitions des campagnes.

A Tarcolan, en l'année 1705.

Il y a sept mois que je suis entré dans la mission de Carnate et que je demeure à Tarcolan, grande ville qui est au milieu des terres à la hauteur de Madras et de Saint-Thomé, au troisième degré de latitude septentrionale ; elle est éloignée de Pondichéry d'environ trente lieues et située dans le vaste continent qu'on appelle communément la presqu'île en deçà le Gange.

Il y a dans cette péninsule plusieurs grandes villes qui sont assez peuplées, mais qui n'ont rien de la beauté ni de la magnificence de celles d'Europe, les maisons n'étant pour la plupart que de terre, peu élevées et couvertes de paille. Les principales nations qui habitent ce pays, depuis le cap Comorin du côté du sud jusqu'à Agra, capitale de l'Indoustan, vers le nord, sont les Tamoulers, les Badages, les Marattes, les Canaras et les Maures, qui depuis quelques années se sont rendus les maîtres de la plus grande partie de ces provinces.

Le pays est chaud, la terre sèche et sablonneuse ; on y voit peu d'arbres dont le fruit soit bon. On y trouve beaucoup de cocotiers et de palmiers ; on en fait la raque : c'est une liqueur assez forte et capable d'enivrer. Les campagnes sont couvertes de riz ; elles produisent aussi du blé, mais il n'est pas estimé des Indiens. Les légumes y sont bons ; cependant comme ils sont fort différens de ceux d'Europe, nous avons de la peine à nous y accoutumer.

Les principaux fruits de ce pays sont la *mangue*, qui est une espèce de pavie ; la *banane*, qui ressemble à la figue ; les melons d'eau, qui ne sont pas si bons que ceux d'Europe ; les *papayes*, qui ont la même couleur que celle de nos melons ordinaires, mais dont la chair n'est pas si ferme [1].

Les Indiens de ces terres sont polis, mais leur politesse est outrée et embarrassante ; ils ont de l'esprit, ils sont grands, bien faits et exempts de la plupart des vices qui ne sont que trop communs parmi les peuples de l'Europe. Leurs enfans marchent de bonne heure : à peine ont-ils trois mois qu'ils se traînent sur la terre ; ils sont rouges d'abord, ou plutôt d'une couleur de café bien teint.

Les brames, qui sont les nobles et les savans du pays, sont pauvres pour la plupart : ils n'en sont ni moins estimés ni moins fiers, parce que la vrai grandeur chez les Indiens se tire de la naissance seule et non pas des richesses. Leur vie est frugale : ils ne mangent ni viande, ni œufs, ni poissons ; ils se contentent de riz, de lait et de quelques légumes. Ils sont les dépositaires des sciences, et il n'est permis qu'à eux d'étudier et de devenir savans. Comme ils n'ont point d'imprimerie, tous leurs livres sont écrits à la main et en fort beaux caractères sur des feuilles de palmiers ; ils se servent pour écrire d'un stylet de fer qu'ils manient avec une adresse admirable.

Les Indiens passoient anciennement pour être très-habiles en toutes sortes de connoissances ; mais maintenant ils sont bien déchus de cette réputation. Ils se piquent pourtant encore de savoir l'astronomie ; il y en a même qui prédisent les éclipses : celle du soleil qui arriva au mois de novembre de l'année 1704 étoit marquée dans le livre *Panjangam*, qui est comme la table des saisons de l'année ; le calcul ne s'en trouva pas tout à fait juste ni conforme à celui du père Tachard, qui observa cette éclipse et qui en marqua le temps avec plus de précision, le commencement à 8 heures 57 minutes, la plus grande obscurité de six doigts à 11 heures 30 minutes et la fin à 1 heure 28 minutes.

Les brames ont encore des livres de médecine, mais ces livres leur sont assez inutiles, parce qu'ils n'ont presque aucune connoissance de l'anatomie. Toute leur science consiste en quelques secrets et dans l'usage de certains simples dont ils se servent avec succès. Ils estiment beaucoup leurs histoires, qui sont écrites en vers et qui contiennent les exploits fabuleux de leurs divinités et de leurs plus célèbres pénitens : les fables les plus grossières dont elles sont remplies passent dans leur esprit pour des vérités incontestables. J'ai auprès de moi un brame idolâtre qui lit quelquefois en ma présence un de ces livres, appelé *Ramayenam*, c'est-à-dire *la Vie du dieu Ramen*. Cette lecture l'attendrit souvent jusqu'à lui faire verser des larmes.

Le livre de la loi écrit en *samouseredam*, qui est la langue savante, est celui qu'ils estiment davantage ; cependant il n'y a personne parmi eux qui l'entende : ils ne laissent pas de l'apprendre par cœur, dans la pensée qu'ils ont qu'il suffit d'en réciter quelques mots pour obtenir la rémission de ses péchés. Quoique je leur aie fait voir que cette loi, n'étant entendue de personne, est non-seulement fausse mais inutile, que la véritable loi établie de Dieu pour le salut des hommes doit être intelligible afin que tout le monde connoisse la volonté de Dieu

---

[1] Il y a des papayers de différentes espèces. Ces arbres pour la plupart ressemblent à des palmiers ; on en trouve d'épineux. La Guyane, le Brésil, le Chili, le Pérou en possèdent ; il en croît surtout aux Moluques et dans l'Océanie. Le papayer de l'Inde donne un fruit ovale qui varie de grosseur selon le climat et le terrain. Ce fruit est sillonné et plein d'une pulpe dont la pellicule est jaune à sa maturité ; il est succulent et aromatique, la saveur en est douce et assez agréable. On le mange cuit à l'eau avant sa maturité ; on le mange cru comme les melons ou confit lorsqu'il est bien mûr.

et les moyens qu'ils ont de se sauver, ce discours n'a fait nulle impression sur leur esprit, tant ils sont entêtés de leurs anciennes erreurs.

Au travers de toutes les fables grossières qu'ils débitent, on remarque que nos livres sacrés ne leur ont pas été inconnus, car ils font mention du déluge, d'une arche et de plusieurs autres choses semblables. Ils assurent que leur dieu Vichnou a paru plusieurs fois sur la terre, pour le bien des hommes, tantôt sous la figure d'un homme, tantôt sous celle d'une bête ou d'un poisson ; ils s'attendent qu'il paroîtra bientôt parmi eux sous la figure d'un cheval.

On ne peut voir un si déplorable aveuglement sans être pénétré de douleur ; mais il n'est pas facile de désabuser ces peuples : quand on leur remet devant les yeux tout ce qu'il y a d'extravagant dans leur créance, ils répondent froidement qu'ils ne suivent que la pure parole de Dieu et qu'ils ne sont pas plus sages que leurs ancêtres et leurs docteurs. On trouve cependant quelques brames qui, plus éclairés et plus spirituels que les autres, avouent de bonne foi que tout ce qu'on débite au peuple n'est qu'un tissu de fables dont on l'amuse, mais il en est peu qui fassent un aveu si sincère.

OBSERVATIONS GÉOGRAPHIQUES

faites en 1734 par des pères jésuites pendant leur voyage de Chandernagor à Dely et à Jaëpour.

Le raja d'Amber, Jassing-Savaë, dont les gazettes d'Europe firent mention en 1728 ou 1729 au sujet d'un voyage en Portugal que le révérend père Figueredo, jésuite portugais, fit par ses ordres, mourut en 1743. C'étoit un prince riche, puissant et savant dans l'astronomie, pour laquelle il avoit fait des dépenses immenses. Il entretenoit plusieurs astronomes qui observoient jour et nuit sans discontinuer dans différens observatoires bâtis magnifiquement à ses frais, surtout à Dely dans un grand faubourg dépendant de lui, appelé pour cette raison Jassing-Poura, et à Jaëpour[1], ville considérable et grande au moins comme Orléans, qu'il a fait bâtir à un peu plus d'une lieue d'Amber et où il faisoit son séjour ordinaire. Toutes les rues de cette ville sont larges et tirées au cordeau, et elle est, dit-on, en petit ce que Dely est en grand.

Ce prince ayant demandé des pères jésuites de Chandernagor, l'espérance de le rendre encore plus favorable aux chrétiens, en faveur de qui il avoit déjà commencé une église dans sa nouvelle ville, détermina leur supérieur général dans les Indes à lui en envoyer deux, qui partirent de Chandernagor le 6 janvier de l'année 1734 et qui firent les observations géographiques qu'on va rapporter. C'est tout ce que leur a permis de faire en ce genre l'incommodité des voyages en ce pays-ci, surtout lorsqu'il faut les faire par terre, et leur mauvaise santé, tous les deux avant leur retour ayant pensé mourir de maladie causée par les fatigues et les mauvaises eaux qu'on est obligé de boire en chemin.

Table de la latitude des lieux suivans, et de leur longitude par rapport à l'Observatoire royal de Paris.

NOMS DES LIEUX.	long. est.		latit. nord.	
* Jaëpour, à l'observatoire, dans l'enceinte du palais du raja........	73°	50'	26°	56'
— Naëlla..............	73	57	26	56
—Parasaoli............	74	13	26	59
00 On n'a pas su le nom	74	30	27	1
00 de ces deux endroits..	74	42	27	10
Balodar...............	75	3	27	20
Dig...................	75	22	27	25
* Matoura.............	75	49	27	30
Gaugat...............	76	1	27	13
** Agra...............	76	9	27	10
** Dely, à l'observatoire du raja.............	75	0	28	37
Au palais de l'empereur mogol................	75	2	28	41
Faridabad.............	75	8	28	27
Parval................	75	14	28	10
Ourel.................	75	22	27	56
Chatéqui-Saraï........	75	37	27	44
Matoura, Gaugat, Agra comme ci-dessus.				
Férosabad.............	76	27	27	7
Sacourabad............	76	39	27	4
Jassondnagar..........	76	49	26	52
* Etaya...............	76	57	26	45
Agitmal...............	77	14	26	32

[1] Jyepour ou Djeypour.

MISSIONS DE L'INDE.

NOMS DES LIEUX.	long. est.	latit. nord.
Sicandara	77° 28'	26° 23'
— Drouguedas	77 46	26 17
*[Corregianabad	78 2	26 9
Cajoua	78 15	26 5
Fatépour	78 30	25 56
Chobé. (On prononce *cho* comme dans le mot chose)	78 48	25 46
Chassadpour	79 3	25 40
Alemchand	79 17	25 34
** Helabas	79 35	25 26
— Saïdabad	79 52	25 25
— Jagdis	80 8	25 23
Babouki-Saraï	80 25	25 23
** Benarez	80 47	25 21
Sedraja	81 4	25 17
— Mounia	81 21	25 14
Jehanabad	81 40	25 10
* Sasseram	81 58	25 5
— Gothaoli	82 13	25 0
Samsernagar	82 25	25 7
Mahavélipour	82 41	25 18
— Novotpour	82 52	25 29
** Patna, chez les révérends pères capucins	83 15	25 38
— Décantpour	83 24	25 33
Bahar	83 40	25 33
Dariapour	83 55	25 28
— Surgégara	84 10	25 19
Monguère	84 31	25 20
— Sultanegarge	84 47	25 20
Baguelpour	84 59	25 18
Calégam	85 15	25 18
— Sacrigalli	85 45	25 15
* Ragemol	85 55	25 1
— Bonapour	86 21	25 44
— Caméra	86 33	24 32
* Cassimbasar, à la loge françoise	86 40	24 8
* Moxudabad, séjour ordinaire du nabab de Bengale	86 41	24 11
* Chandernagor, à l'église de la forteresse	86 5	22 51
* Colicotta, colonie angloise	86 2	22 33
Balassor, selon les observations du père Martin, jésuite	84 36	21 29[1]

[1] Ces premiers renseignemens étaient précieux. Les

Pour déterminer les longitudes et les latitudes ci-devant, celle de Chandernagor étant connue par un très-grand nombre d'observations astronomiques, on a estimé le chemin qu'on a fait depuis un lieu jusqu'à l'autre, ayant toujours eu à la main une bonne montre pendant tout le temps qu'on a marché, comparant ce temps avec la vitesse de la voiture et ayant égard aux détours des chemins. On a eu aussi devant soi, pour connoître l'air de vent qu'on a suivi, une boussole, et cela autant qu'on l'a pu savoir depuis Cassimbasar jusqu'à Patna, et depuis Agra jusqu'à Dely et jusqu'à Jaëpour.

Depuis Patna jusqu'à Agra on n'a pu faire usage de la boussole parce qu'on étoit en charrette : on y a suppléé en prenant garde au cours du soleil ; de plus, pendant tout le voyage, on a eu soin, comme on le fait sur mer, de corriger son estime par l'observation de latitude de plusieurs endroits.

De Chandernagor à Cassimbasar on n'a rien marqué, parce qu'on a fait ce chemin par eau et que les détours du Gange auroient demandé qu'on eût employé beaucoup de temps pour faire une estime juste, outre qu'on a plusieurs fois marché pendant la nuit.

On a vu plusieurs cartes marines, dans toutes Colicotta[1], colonie angloise, est marquée plus à l'est que Chandernagor, au lieu qu'il est certainement tant soit peu plus à l'ouest. Il est étonnant que les pilotes du Gange, qui vont continuellement d'un de ces lieux à l'autre, ne se soient pas corrigés de cette erreur.

Outre les observations pour la latitude, on en a fait aussi quelques-unes pour la longitude. On donnera ci-après les unes et les autres.

Remarques sur le cours des rivières.

Le Gemna passe à Dely, Matoura, Gaugat, Agra ; il passe à cinq quarts de lieue de Faridabad, à deux lieues et demie de Parval ou Pa-

observations qui ont été faites plus récemment nous ont fourni les rectifications suivantes :

	Latit.	Long.
Jaypour ou Djeypour	26° 54'	73° 20'
Delhy	28 42	74 46
Bénarès	25 20	80 42
Patna	25 37	82 54

[1] Calcutta, au fort William, 22° 33' de latitude nord, 86° de longitude.

roüal, à deux lieues d'Ourel. Tous ces endroits sont à la droite du Gemna.

Les lieux suivans sont à la gauche : Phérosobad et Sacourabad, l'un et l'autre à environ trois lieues; Jassondnagar à deux, Étaya à une, Agitmel et Sicandara à une lieue et demie, Corrégianabad à deux, Cajoua à trois et demie, Fatépour à trois, Chobé à cinq lieues, Chassadpour à environ six, Alemchand à trois et demie, cette rivière se jette dans le Gange immédiatement au-dessous d'Helabas, qui est à la gauche du Gemna et à la droite du Gange; quoique cette dernière rivière conserve son nom, elle ne paroît pas en cet endroit plus considérable que l'autre.

La rivière Sonne est une grande rivière. On n'a vu que fort peu de son cours pour aller de Patna à Benarez. On la passe en bateau à une bonne demi-lieue plus loin que Gothaoly ; elle va à Mahauélipour, passe à moins d'un quart de lieue de Samsernagar, à plus de deux lieues de Novotpour et va se jeter dans le Gange, à trois ou quatre lieues au-dessus de Patna. Les endroits qu'on vient de nommer sont à la droite de cette rivière [1].

Les lieux suivans sont à la droite du Gange : Cajoüa en est distant d'environ trois lieues ; Fatépour de deux ; Chobé de trois quarts de lieue, Chassadpour un tiers, Alemchand trois quarts : cette rivière passe à Helabaz, où, comme on l'a dit, elle reçoit le Gemna. Saïdabad, Jasdis et Benarez sont à la gauche du Gange ; Saïdabad en est éloigné d'une demi-lieue; Jasdis d'environ une lieue. Benarez est sur le Gange : cette ville est très-grande ; la plupart de ses maisons sont à plusieurs étages, ce qui est rare dans les Indes et ce qui fait paroître les rues étroites. Depuis un grand nombre de siècles, elle est la plus fameuse ville de l'Inde parmi les Gentils, qui lui donnent assez souvent le nom de Cachi qu'elle portoit autrefois. Ce qui contribue principalement à la rendre si recommandable, c'est : 1° les avantages singuliers et beaucoup plus grands que partout ailleurs que les païens s'imaginent se procurer en se baignant dans le Gange en un certain endroit qui est devant cette ville ; 2° une université encore aujourd'hui la plus célèbre qu'aient les brames ; ils y enseignent toutes les sciences qui leur sont propres. Quoique l'empereur Aurenzel [1], par zèle vrai ou affecté pour sa religion, ait détruit beaucoup d'édifices considérables et diminué le grand nombre de brames qui y étoient, elle ne laisse pas de conserver une grande partie de son lustre. Les pères jésuites y séjournèrent deux jours, et pendant ce temps un d'eux, nommé le père Pons, qui savoit la langue du pays, visita deux fois une grande communauté de ces savans indiens à peu près semblable à un monastère de nos religieux ; il conféra avec eux particulièrement sur la religion.

Après Benarez ou Cachi, Matoura [2], belle et grande ville dont le Gange baigne le pied de la forteresse, qui est bâtie dans un lieu fort élevé, Matoura, dis-je, tient un des premiers rangs parmi les endroits particulièrement consacrés par la crédule superstition des Gentils pour prendre les bains.

Depuis Benarez exclusivement jusqu'à Chandernagor inclusivement, tout est à la droite du Gange. Sedraja en est éloigné d'environ trois lieues, Mounia d'environ six, Schnabad d'environ neuf ou dix, Sasseram de douze ou treize, Gothaoly de dix-huit ou vingt, Samsernagar d'environ quinze, Mahavélipour treize, Novotpour quatre.

Ce fleuve passe à Patna, à Becantpour, à Bahar, à Dariapour ; s'éloigne un peu de Surgègera; passe à Menguère, ville considérable, Sultanegange, Baguelpour, Calégam ; s'éloigne un peu de Chahabad, passe à Sacrigalli.

C'est ici que commence le royaume de Bengale en venant de Patna. Il ne seroit pas facile à l'ennemi d'entrer dans ce royaume par ce côté, car à environ un peu plus d'une lieue avant Sacrigalli, on trouve un endroit nommé Thoriagalli proche duquel est une porte ou espèce de barrière par où il faut passer et qu'on n'ouvre que quand il est nécessaire ; on a soin d'y entretenir des troupes pour la garder. Peu après cette porte, le chemin va en étrécissant, de sorte qu'on est obligé de marcher tout à fait sur le bord du Gange jusqu'à ce qu'à environ un bon quart de lieue de Sacrigalli on entre dans un chemin creux extrêmement obscur entre deux montagnes escarpées. Ce chemin va en montant assez rapidement jusqu'à une seconde porte qui est l'entrée de Sacrigalli et est

---

[1] La Sonne ou Soane prend sa source au-dessus de Sohagepour dans les mêmes montagnes que la Nerbuddah. Celle-ci coule à l'ouest et la Soane au nord.

[1] Aurengzeb.
[2] Matura ou Matra.

défendue par un bien plus grand nombre de troupes que la première. Au reste ce chemin creux est si étroit qu'il n'y peut passer de front qu'une charrette ; et afin que les voyageurs ne s'embarrassent point dans ce passage, il est réglé que ceux qui viennent de Patna passent le soir et ceux qui partent de Sacrigalli passent le matin, et s'il étoit nécessaire de faire autrement, il faudroit, avant de passer par une de ces portes, faire avertir à l'autre pour qu'on n'y laissât passer personne.

Après Sacrigalli, le Gange passe à Ragemolle, ville considérable ; s'éloigne de Cassimbasar d'environ six lieues ; passe à Ougly [1], où les Maures ont une forteresse ; à Chinchusa, colonie hollandoise [2] ; à Chandernagor, colonie françoise ; à Colicotta [3], colonie angloise : ce dernier endroit est à la gauche du Gange. Corrégianabad, ville considérable, est à la droite d'une petite rivière, nommée Rinde, qu'on passe sur un pont de pierre et qui va se jeter dans le Gemna.

Entre Sedraja et Mounia, on passe à gué deux petites rivières qui se déchargent dans le Gange ; la plus proche de Sedraja s'appelle Caramnassa, et l'autre Savot-Dourgaveti.

La rivière Kandoe vient se jeter dans le Gange devant Patna, vers le nord de cette ville.

Cassimbasar et Monudabat, lieu de la résidence du nabab, qui gouverne pour ainsi dire absolument un pays aussi étendu que toute la France, Bonapour, Caméra sont à la gauche d'un petit bras du Gange qui s'en sépare au-dessous de Ragemol et qui vient s'y rejoindre à environ douze à treize lieues au-dessus de Chandernagor, à un endroit nommé Noudia, où il y avoit autrefois une fameuse université de brames : encore aujourd'hui ce lieu, d'une assez grande étendue, n'est presque peuplé que de personnes de cette caste ; ils y enseignent, mais seulement dans des maisons particulières, un grand nombre de disciples brames auxquels ils apprennent la théologie, la philosophie, l'astronomie indienne, etc.

Dans la table de la longitude et de la latitude, etc., ci-dessus, on a mis deux astérisques ** devant le nom des villes les plus considérables, un * devant celles qui le sont un peu moins et cette marque — devant les plus petits endroits.

[1] Hougly.
[2] Anglaise.
[3] Calcutta.

Ougly, dont on a parlé ci-dessus, est à 86 degrés 6 min. de longitude, et à 22 [1] degrés 56 min. de latitude ; à peu près au nord d'Ougly et attenant à ce lieu est le Bandel des Portugais, autrefois considérable et aujourd'hui réduit presque à rien.

Chinchura, longitude 86 degrés 7 min., latitude 22 degrés 54 minutes.

Banquibazar, dont les Allemands ont été chassés par les Maures en 1744, est à la gauche du Gange : longitude 86 degrés 4 min., latitude 22 degrés 48 min. ; vis-à-vis de ce lieu, à la droite du Gange, est un grand et beau jardin appartenant à la compagnie de France

Observations des hauteurs méridiennes apparentes des astres faites en 1734 avec un quart de cercle de deux pieds de rayon.

A Cassimbasar, dans la loge françoise, en janvier.

	jours.	d. m. s.
Bord supérieur du soleil vers le sud	17	45 21 45
	21	46 12 20
	22	46 26 0
La Chèvre, vers le nord	16	68 25 30
	19	68 25 0
	21	68 26 0
Pied oriental d'Orion, vers le sud	15	56 5 0
	16	56 6 30

A Ragemol, 10 février.

La Chèvre, vers le nord		69 21 30
Sirius, vers le sud		48 39 0

A Catna, chez les révérends pères capucins, qui demeurent presque au milieu de la ville.

Bord supérieur du soleil vers le sud	25 février	55 34 0
	27	56 20 0
	1er mars	57 1 40
	2	57 25 0
	5	58 32 50
La Chèvre, vers le nord	27 février	69 55 30
	2 mars	69 54 30
	4	69 56 0
	5	69 54 20
	6	69 54 20
Sirius, vers le sud	23 février	47 57 10
	24	47 58 30

A Benarez ou Cachi.

Bord supérieur du soleil vers le sud	23 mars	65 53 40

[1] Hougly est à 22° 54 minutes de latitude nord ; 86° 2′ de longitude, suivant les plus récentes observations.

	jours.	d. m. s.
Cœur de l'Hydre, vers le sud .	22 mars	57 5 30
Bêta de la grande Ourse, vers le nord	22	57 31 30

A Helabas, le 28 mars.

Bord supérieur du soleil, vers le sud		67 45 30
Cœur de l'Hydre, vers le sud .		57 40 54
Bêta de la grande Ourse, vers le nord.		57 40 5
Sirius, vers le sud		48 10 45
Procyon, vers le sud		70 26 0

A Fatépour.

Bord supérieur du soleil, vers le sud	2 avril	69 12 40
Cœur de l'Hydre, vers le sud .	1er	56 32 45
Bêta de la grande Ourse, vers le nord.	1er	58 9 0

A Jassondnagar, le 9 avril.

Cœur de l'Hydre, vers le sud .		55 39 0
Bêta de la grande Ourse, vers le nord		59 6 0

A Agra, dans la maison des pères jésuites, en avril.

Bord supérieur du soleil, vers le sud	14	72 28 0
	15	72 48 1
	17	73 31 45
Bord inférieur	18	73 20
Cœur de l'Hydre, vers le sud .	13	55 13 40
	15	55 15 30
	16	55 14 50
	17	55 16 0
Bêta de la grande Ourse, vers le nord	13	59 25 40
	15	59 24 0
	16	59 25 20
	25	59 26 0
Epi de la Vierge, vers le sud .	25 avril	53 3 0

A Jaë, à l'observatoire du raja.

Bord supérieur du soleil, vers le sud	8 septem.	69 8 30
Bord inférieur	9	68 14 10
La Lyre, vers le nord	7 août	72 24 20
La queue du Cygne, vers le nord	10 septem.	72 35 10

A Dely, à l'observatoire du raja.

Bêta de la grande Ourse, vers le nord	3 mai	60 52 45
	4	60 52 30
Bêta de la grande Ourse, vers le nord	19	68 0 20
	20	68 0 20
Epi de la Vierge, vers le sud .	3	51 34 40 ou 45
	20	51 34 20

La polaire sous le pôle.

19 mai 26 31 15 ou 20   20 mai 26 31 0

Observations des distances apparentes du bord inférieur du soleil au zénith faites au même endroit avec un gnomon.

17 mai	9 36 16	image du soleil	558
18	9 22 30		558
19	9 9 20		558
21	8 44 6		558
25	7 57 50		558
26	7 47 2		557
27	7 36 50		557
28	7 26 50		557
21 juin	5 24 45		555

La plaque de cuivre où est le trou du gnomon est placée parallèlement à l'axe du monde. Les rayons du soleil viennent tomber sur la circonférence concave d'un quart de cercle dont le demi-diamètre est d'environ vingt-six pieds ; ce quart de cercle est divisé de minute en minute ; la corde 30 minutes est de 522 parties dont 32 font le diamètre du trou. L'image du soleil étoit sans pénombre, au moins sensible, de sorte qu'il étoit facile de la mesurer exactement.

Observations pour les longitudes faites en 1734.

A Cassimbasar, à la loge françoise, immersion du premier satellite de Jupiter le 30 janvier à 15 heures 41 minutes environ 25 secondes d'une bonne montre, laquelle ce jour-là même marquoit 14 heures 2 minutes point de seconde au moment du passage de Bêta de la grande Ourse par le vertical de la polaire, et 16 heures 21 minutes 30 secondes au moment de celui de la seconde de sa queue.

Du passage de ces deux étoiles par le vertical de la polaire, on a conclu qu'au temps de l'immersion du satellite, la montre avançoit de 2 minutes 50 secondes ; ainsi heure corrigée de l'immersion 15 heures 38 minutes 35 secondes.

A Fatépour, immersion du premier satellite le 2 avril à 13 heures 45 minutes point de secondes d'une bonne montre. Ce même jour, selon cette montre, hauteur de la queue du Lion vers l'occident 46 degrés 9 minutes point de secondes à 13 heures 50 minutes point de secondes, et hauteur de la luisante de l'Aigle vers l'orient 19 degrés 1 minute 30 secondes à 13 heures 57 minutes environ 10 secondes.

De la hauteur de ces deux étoiles, on a conclu que la montre avançoit de 1 minute 26 secondes : donc, heure corrigée de l'immersion 13 heures 43 minutes 34 secondes.

Selon une observation faite à Péking par le révérend père Gaubil, jésuite, le 11 avril de cette année 1734, la connoissance des temps donnoit cette immersion trop tard d'environ 5 minutes; car observation à
Pékin le 11 avril....... à   12ʰ. 31ᵐ. 57ˢ.
Otant pour la différence des méridiens de Paris et
Péking................   7   36   0
Cette immersion devait arriver à Paris......... à   4   55 57
Elle est marquée dans la connoissance des temps, ce qui diffère d'environ 5 minutes................   5   1   0
Dans ce même livre, l'immersion du 2 avril est marquée................ à   8   36
Otant 5 minutes reste...   8   31
Elle a été observée à Fatépour................ à   13   43 34

Donc, différence des méridiens de Paris et de Fatépour 5 heures et 13 minutes. On peut encore déterminer cette différence des méridiens de la manière suivante. Selon la connoissance des temps, l'intervalle entre l'immersion du 2 et du 11 avril est de 8 degrés 20 heures 26 minutes qu'il faut retrancher du temps de l'observation faite à Péking le 11 avril; le reste, savoir le 2 avril 16 heures 6 minutes 57 secondes sera le temps que l'immersion a dû arriver à Péking. Mais à Fatépour elle a été observée à 13 heures 43 minutes 34 secondes, ce qui donne pour différence 2 heures 23 minutes 23 secondes qu'il faut retrancher de la longitude de Péking 7 heures 36 minutes; il reste 5 heures 12 minutes 37 secondes ou 5 heures environ 13 minutes pour la différence des méridiens de Paris et de Fatépour.

A Agra, émersion du premier satellite le 7 octobre à 6 heures 42 minutes 9 secondes de la pendule non corrigée même jour. Selon cette pendule, observation faite par Thuret, hauteur d'Archirus vers l'ouest 13 degrés 53 minutes point de secondes, à 6 heures 51 minutes 55 secondes, et hauteur de la tête d'Andromède vers l'est 35 degrés 56 minutes point de secondes, à 6 heures 58 minutes 17 secondes; ainsi la pendule avançoit de 1 minute 33 secondes : donc, heure corrigée de l'émersion du satellite 6 heures 40 minutes 36 secondes.

On n'a pas cru devoir comparer cette observation avec celle du révérend père Gaubil faite à Péking le 7 septembre à 6 heures 55 minutes point de secondes du soir, parce que ces deux émersions sont trop éloignées l'une de l'autre.

A Dely, le 3 mai, commencement d'une éclipse solaire à 3 heures 57 minutes 11 secondes, fin un peu douteuse à cause de quelques nuages à 5 heures 55 minutes 15 secondes, pendule non corrigée; la grandeur de cette éclipse à paru être assez exactement de 9 doigts hauteur apparente du bord supérieur du soleil 29 degrés 1 minute 30 secondes à 4 heures 18 minutes 58 secondes de la pendule, d'où l'on a conclu qu'elle tardoit de 2 minutes 48 secondes; ainsi commencement de l'éclipse à 3 heures 59 minutes 59 secondes, et fin à 5 heures 58 minutes 3 secondes. Selon une lettre du révérend père Gaubil, M. l'abbé de Revilles et M. Celsius, astronome suédois, ont observé à Rome la fin de cette éclipse à 11 heures 52 minutes 1 seconde

En se servant de la méthode de M. de La Hire, édition de ses tables, 1702, p. 53, on a trouvé que le commencement de l'éclipse est arrivé à Dely lorsqu'il étoit à Rome 11 heures 40 minutes 55 secondes du matin, et la fin à 1 heure 39 minutes 45 secondes du soir ; ainsi le commencement de l'éclipse donne pour différence des méridiens de Rome et de Dely 4 heures 19 minutes 4 secondes, et la fin 4 heures 18 minutes 18 secondes. Ces deux différences varient de 46 secondes, dont la moitié 23 secondes, ajoutée à la plus petite différence, donne pour différence moyenne 4 heure 18 minutes 41 secondes, à laquelle ajoutant la différence des méridiens de Rome et de Paris 41 minutes 20 secondes. Selon la connoissance des temps, on a pour différence des méridiens de Paris et de Dely 5 heures point de minutes 1 seconde.

A Jaëpour, émersion du premier satellite de Jupiter le 13 août à 9 heures 22 minutes 58 secondes de la pendule. Ce même jour elle marquait 10 heures 57 minutes 37 secondes au temps du passage de la queue du Cygne par le vertical de la polaire : donc, elle avançoit de 57 secondes ; ainsi heure corrigée de l'émersion du satellite 9 heures 22 minutes 1 seconde.

Selon l'observation du révérend père Gaubil, faite à Péking le 6 août, de l'émersion de ce satellite à 10 heures 7 minutes 45 secondes, l'heure marquée par la connoissance des temps étoit assez juste. Or ce livre donne l'émersion du 13 août à 4 heures 27 minutes pour Paris qu'il faut ôter de 9 heures 22 minutes 1 seconde; il reste pour la différence des méridiens de Paris et de Jaëpour 4 heures 55 minutes.

On a cru déterminer encore plus exactement cette différence en comparant le milieu de l'éclipse lunaire de décembre 1732, conclu de l'immersion totale de la lune et du commencement de son émersion; ces deux phases, qui sont faciles à observer, l'ayant été à Paris par M. Cassini et à Jaëpour par les brames, qui, comme on l'a dit, y observent sans cesse jour et nuit.

Le 1er décembre 1732, à Jaëpour, immersion totale de la lune à 22 garis 7 pols après le coucher du soleil, commencement de l'émersion à 26 garis 20 pols : donc, milieu de l'éclipse à 24 garis 13 pols et demi après le coucher du soleil.

Chaque garis est de 24 minutes et contient 60 pols; ainsi milieu de l'éclipse à 9 heures 41 minutes 24 secondes après le coucher du soleil. En calculant à la manière des brames, c'est-à-dire sans avoir égard à la réfraction, le soleil se coucha à 5 heures 12 minutes 48 secondes ; par conséquent milieu de l'éclipse à 14 heures 54 minutes 12 secondes. Selon l'observation de M. Cassini faite à l'Observatoire de Paris, milieu de l'éclipse à 9 heures 58 minutes 38 secondes : donc, différence des méridiens de Paris et de Jaëpour 4 heures 55 minutes 34 secondes.

Les observations des satellites de Jupiter ont été faites par le révérend père Gaubil avec une lunette de 20 pieds et par les pères jésuites qui étoient en voyage avec une de 17 pieds.

On appelle l'heure de l'immersion du satellite de Jupiter le moment auquel on a cessé de voir ce satellite, et l'heure de l'émersion l'instant auquel on a commencé de le voir.

MÉMOIRE SUR L'INDE.

S'il falloit rendre un compte exact de tout ce qui s'est passé dans l'Inde pendant les derniers troubles, on se trouveroit forcé de sortir des bornes de la précision qu'on s'est prescrite dans ce mémoire; on se contentera donc de donner une idée pure et simple du gouvernement des Maures, de l'origine d'Anaverdikan, nabab ou gouverneur d'Arcate, des motifs de la guerre, de la conduite qu'on a tenue pour l'éviter dans tous les temps, conduite tout à fait opposée à celle des Anglois, qui sont seuls la cause de la continuation des troubles; on fera voir les effets de la guerre, qui n'a causé aucun préjudice au commerce; on y ajoutera un état de comparaison des établissemens françois et anglois, avant et depuis la guerre, auquel on joindra quelques réflexions sur les avantages qu'ils peuvent procurer ; on finira par un état des revenus de nos nouvelles concessions.

Du gouvernement des Maures.

Le soubedary du Dekan étoit autrefois ce fameux royaume de Golconde si connu par la richesse de ses mines de diamans et gouverné par des princes gentils.

La révolution occasionnée par les conquêtes d'Aurenzeb, empereur mogol, contemporain de Louis XIV, changea la forme de ce gouvernement, et de gentil qu'il étoit, il devint maure.

Toute la presqu'île de l'Inde, qui commence au nord d'Ianaon et finit au cap Comorin, fut donnée pour apanage, à titre de souveraineté, à Nizamel-Moulouk, proche parent de ce même Aurenzeb, et à ses descendans, à condition cependant qu'ils paieroient un tribut annuel au Mogol à chaque mutation occasionnée par leur mort.

Lorsque Thamas Kouli-Kan vint s'emparer il y a quelques années des états du Mogol, il ne changea rien à cette disposition et la confirma même par le traité que ce prince fit avec le Mogol lorsqu'il retourna en Perse.

Ce soubedary est divisé en plusieurs nababies ou gouvernemens amovibles et non héréditaires, comme sont à peu près les gouvernemens des différentes provinces de France; c'est celui qui possède ce soubedary de qui dépend tout le pays où la compagnie des Indes fait son commerce, depuis Karikal jusqu'au nord de Masulipatam, qui forme environ cent soixante lieues de côte.

Nizam Elmoulouk mourut à Golconde au mois de juin 1748 ; il laissa cinq enfans mâles : le premier, nommé Gazindikan, possédoit une des principales charges à la cour du Mogol; le second, nommé Nazerzingue, s'étoit révolté contre son père; les trois autres étoient encore fort jeunes. Nizam, pour punir Nazerzingue de sa révolte, laissa par son testament la soubabie du Dekan à son petit-fils, nommé Mouzaferzingue, et lui en fit obtenir l'investiture du Mogol.

Mouzaferzingue, après la mort de son grand-père, songea à se mettre en possession de ses états; mais Nazerzingue, dont on a parlé ci-dessus, qui à la mort de son père s'étoit emparé des trésors de Golgonde et avoit gagné par ses largesses les principaux chefs de l'armée, voulut empêcher ce prince de monter sur le trône de Nizam et sollicita auprès du Mogol l'investiture de la soubabie du Dekan. Le Mogol, bien loin de la lui accorder, lui ordonna de la remettre à Mouzaferzingue; mais l'usurpateur ne tint aucun compte de ses ordres et sut profiter adroitement des troubles qui régnoient alors à la cour de Dely pour se rendre indépendant; on assure même qu'il alloit se joindre à Hémet-Abdaly[1] pour détrôner son maître s'il n'eût pas cru sa présence nécessaire dans le Dekan pour conserver ses états quoique usurpés.

Cependant Mouzaferzingue, nanti des pouvoirs du Mogol, se mit en marche et crut convenable au bien de ses affaires de commencer les opérations par les provinces méridionales de la presqu'île : 1° pour retirer les tributs qui étoient dûs à son grand-père par les différens nababs ou gouverneurs de ces provinces, car l'insubordination règne de façon, parmi eux, que leur maître est presque toujours obligé de mettre une armée en campagne pour leur faire rendre compte; 2° le grand âge et les infirmités de Nizam l'ayant empêché de venir remédier au désordre qui régnoit dans la province d'Arcate, qui est une des plus considérables du Dekan, il étoit nécessaire que Mouzaferzingue nommât au gouvernement de cette province, qui étoit occupée depuis neuf ans par Anaverdikan, dont on va faire l'histoire en peu de mots.

Daoust-Alikan, gouverneur d'Arcate, mourut dans son gouvernement en 1741 ou 1742;

[1] Cet Hémet-Abdaly étoit au service de Thamas Koulikan lorsque ce prince fit la conquête de l'Indoustan, et après sa mort il leva des troupes et s'approcha de Dely en 1748 pour tirer de l'argent du Mogol.

il avoit trois enfans : l'aîné, nommé Sabder-Alikan, mourut à peu près en même temps que lui ; une fille mariée à Chandasaeb, gouverneur de Trichirapali, et le troisième étoit encore fort jeune. Daoust-Alikan vouloit faire passer son gouvernement sur la tête de son gendre Chandasaeb; mais les Marattes ayant pris Trichirapali, dont il étoit gouverneur, le firent prisonnier et l'emmenèrent dans leur pays.

En 1742, Nizam étant venu reprendre Trichirapali sur les Marattes et voulant reconnoître les services de Daoust-Alikan, homme qui lui avoit en toute occasion donné des marques de sa soumission et de son zèle, il nomma son fils au gouvernement d'Arcate et mit pour régent de cette province Anaverdikan, homme de fort basse extraction qui ne laissoit pas cependant d'avoir un certain mérite, mais il joignoit à ce mérite une ambition démesurée qui le porta bientôt aux plus grands excès. Sitôt qu'il sut Nisam de retour à Golconde et pensant bien que son âge l'empêcheroit de venir dans la province du Carnatte, il fit empoisonner le jeune Daoust-Alikan, dont il étoit gouverneur. Il donna avis de cette mort à Nizam, ayant bien soin de l'annoncer comme une mort naturelle, et lui demanda le gouvernement d'Arcate, qui lui fut toujours refusé; mais voyant qu'il ne pouvoit pas l'obtenir, il se rendit indépendant, leva les meilleures troupes qu'il put trouver, et comme il passoit pour être expérimenté dans l'art de la guerre, il se fit craindre et respecter, et jouit pendant sept ans des revenues de cette province sans en rendre aucun compte au souba du Dekan. Il est prouvé que jamais Anaverdikan n'a pu obtenir du souba l'investiture d'Arcate; son fils Mahamet-Alikan n'a pas mieux réussi que son père lorsqu'il a demandé cette investiture. Voyez à ce sujet les lettres des Anglois à Nazerzingue rapportées dans celles de M. Dupleix à M. Sannders et la lettre de M. Sannders à Salaberzingue, dont ci-joint copie.

Copie de la lettre de M. Sannders, gouverneur de Madras, à Salaberzingue.

« Je vous ai déjà écrit deux requêtes pour vous informer des embarras dans lesquels nous étions, mais je n'ai pas été assez heureux pour qu'elles parvinssent à votre cour. Avec l'aide et la protection de Dieu, les jours du malfaileur et trop malheureux Chandasaeb ont été tranchés par le fer. Anaverdikan a remporté la victoire. Le père de ce dernier étoit un de vos affectionnés serviteurs tant qu'il a vécu : il s'est comporté avec fidélité dans toutes les affaires ; son fils Anaverdikan est votre esclave, il fait des vœux pour votre prospérité, et il est capable de sacrifier sa vie pour vous ; c'est pourquoi je vous supplie de lui donner ce gouvernement. De plus, par rapport à Pondemaly, Saint-Thomé et Divy, notre commerce va mal si vous ne nous faites le don de ces trois endroits. Je vous promets de vous envoyer deux mille hommes de troupes portant chapeaux, des canons et munitions de guerre : ces hommes tiendront vos étriers et seront toujours prêts à sacrifier leur vie pour votre service. Je vous prie aussi de donner à un autre les terres qui sont entre Tevenapatam et Pondichéry, que les François ont à leur disposition, parce que cela nous fait tort et que les François sont des envieux qui ne voient qu'à regret le bien des autres : ce qu'ils ont fait est à la connoissance de tout le monde. Je fais des vœux pour mériter votre protection, et je vous supplie de donner ce gouvernement à Anaverdikan, Pandemaly, Saint-Thomé et Divy aux Anglois. Si vous faites ainsi, je vous enverrai sans faute les deux mille hommes de troupes, les canons et les munitions de guerre dont je viens de vous entretenir, et j'espère que les troupes vous prouveront par leur travail et leur zèle l'attachement que nous avons pour vous. »

Mouzaferzingue prévint M. Dupleix de sa marche, lui donna connoissance de son droit sur le Dekan par l'investiture que lui avoit donné le Mogol et lui demanda des secours, lui promettant d'augmenter nos établissemens et de nommer au gouvernement d'Arcate Chandasaeb, dont on a parlé ci-dessus, homme de tout temps attaché à la nation, qui en avoit donné des preuves du temps de M. Dumas, gouverneur de Pondichéry, qui lui avoit donné des secours lorsque les Marattes vinrent faire le siége de Trichirapali, dont ce même Chandasaeb étoit gouverneur.

Motifs de la guerre.

De ce qu'on vient d'exposer, il résulte que la guerre étoit allumée dans l'Inde, indépendamment des nations européennes, non-seulement entre Mouzaferzingue et Nazerzingue pour la soubabie du Dekan, mais encore vis-à-vis des autres nababs ou gouverneurs pour le paiement des tributs qu'ils doivent à Mouzaferzingue.

Si l'on considère la justice de la cause des deux concurrens et l'autorité du Mogol, qui doit seule être respectée par les nations européennes, il n'est pas douteux que le bon droit ne fût du côté de Mouzaferzingue.

A tous ces motifs, pour se déterminer en faveur de ce prince, on peut ajouter le juste ressentiment des François contre la famille d'Anaverdikan et la nécessité de le lui faire sentir sitôt que l'occasion favorable s'en fut présentée.

La compagnie et toute l'Inde savent à quel point cette famille étoit acharnée contre la nation françoise : le blocus de Madras sitôt que nous nous en fûmes rendus maîtres, les secours qu'elle donna aux Anglois lorsque nous nous préparions à faire le siége de Goudelour, secours qui firent échouer nos projets sur cette place ; les troupes que cette même famille joignit à celles des Anglois lorsque ces derniers vinrent faire le siége de Pondichéry au mois d'août 1748, malgré le traité de paix que ce même Anaverdikan avoit signé avec les François au mois de février 1747 ; les avanies que la nation avoit reçues de la part de sa famille, tout cela, joint aux ordres de la compagnie, avoit autorisé à faciliter la nomination de Chandasaeb au gouvernement d'Arcate et détermina le gouverneur de Pondichéry à donner les secours que Mouzaferzingue demandoit.

Non-seulement il étoit de notre intérêt de lui accorder ces secours, mais encore il étoit à craindre que ce prince ne s'adressât aux Anglois, qui n'auroient pas manqué de lui en donner et d'établir, par les avantages que leur eût procuré ce prince, l'agrandissement de leur terrain et de leur commerce sur les ruines du nôtre.

Après les plus sérieuses réflexions, M. Dupleix, frappé des avantages qui pourroient résulter des offres de Mouzaferzingue, qui lui promettoit de nous donner la propriété de Villenour, Valdaour et Bahour, qui formoient un arrondissement aux environs de Pondichéry d'autant plus utile que notre terrain de ce côté-là étoit des plus borné, lui envoya 400 soldats européens et 2,000 cipayes ou soldats indiens commandés par M. d'Auteuil, qui, s'étant joint à Mouzaferzingue, livra bataille à Anaverdikan, qui fut tué dans l'action et son armée entièrement défaite le 6 août 1749 dans un endroit nommé Ambour à cinquante lieues de Pondichéry.

Mouzaferzingue crut ne pouvoir mieux témoigner sa reconnoissance à la nation des service qu'elle venoit de lui rendre qu'en joignant à son domaine Bahour, Villenour et Valdaour et leurs dépendances aux environs de Pondychéry, quatre-vingts aldées ou villages auprès de Karikal, ce qui peut donner en tout un revenu de sept à huit cent mille francs de notre monnoie.

Ce prince, après avoir nommé Chandasaeb au gouvernement de la province d'Arcate, se disposoit à prendre la route de Golconde; mais l'usurpateur Nazerzingue, appelé par les Anglois, jaloux de nos avantages, descendant dans la province d'Arcate, Mouzaferzingue fut obligé d'y séjourner encore quelque temps.

Pour éviter un trop long détail, on se contentera seulement de dire que Nazerzingue resta dans cette province environ un an et qu'enfin il fut tué dans une action le 16 décembre 1750 à douze lieues de Pondichéry.

Sa mort laissa Mouzaferzingue sans concurrent; il donna encore à la nation une nouvelle marque de sa reconnoissance en lui donnant la propriété de la ville de Masulipatam et ses dépendances, six lieues de l'île de Divy, et quantité d'aldées ou villages d'un revenu considérable, et après avoir pris quelque arrangement pour maintenir la paix dans la province d'Arcate, il prit la route de Golconde au mois de janvier 1751; mais dans une action qu'il eut à cause d'une révolte de quelques chefs de son armée, il fut tué au mois de février de la même année, environ à quatre-vingts lieues de Pondichéry.

L'aîné des trois jeunes fils de Nizam, dont on a parlé ci-dessus, fut reconnu de toute l'armée pour successeur de Mouzaferzingue; il obtint du Mogol au mois d'août suivant l'investiture du Dekan, dont il jouit aujourd'hui. Nonseulement il confirma aussitôt les donations que son prédécesseur avoit faites à la nation, mais encore il les augmenta. Les dernières concessions de Masulipatam et dépendances ont toujours joui d'une tranquillité parfaite malgré les troubles de la province d'Arcate.

M. de Bussy, commandant des troupes qu'on avoit données pour la garde de Mouzaferzingue, suivit son successeur à Golconde, à Aurengabat et dans toutes les autres places où il étoit nécessaire que ce prince fît reconnoître son autorité; c'est à la capacité de ce commandant qu'on doit l'heureux succès de nos armes, et la confiance que Salaberzingue a eue en lui n'a pas peu contribué à l'agrandissement de nos établissemens et à notre réputation dans le Dékan.

Conduite des François pour éviter la guerre.

Il n'est pas douteux que la guerre ne soit nuisible au commerce; aussi a-t-on cherché de tous temps dans l'Inde les moyens de l'éviter.

Sitôt qu'on sut la nouvelle de la déclaration de guerre en 1744 entre la France et l'Angleterre, M. Dupleix proposa au gouverneur de Madras un traité de neutralité dans l'Inde, malgré la guerre qui étoit allumée entre les deux nations en Europe, sentant bien l'importance de la paix pour le commerce.

Le gouverneur anglois fut peu fidèle à ce traité, puisque en même temps qu'il le signa, il dépêcha de Madras un paquebot qui fut donner avis à l'escadre angloise qui étoit déjà rendue dans l'Inde des différens endroits où étoient nos vaisseaux, avis qui fut si bien suivi qu'ils prirent cette année-là tous ceux que nous avions en mer.

M. Dupleix fit un pareil traité de neutralité avec Anaverdikan, gouverneur d'Arcate, qui n'y fut pas plus fidèle que l'Anglois, comme on l'a dit et prouvé ci-dessus.

La paix terminée en Europe en 1748, les Anglois jugèrent à propos, au mois de décembre 1748 ou janvier 1749, de déclarer la guerre au roi de Tanjaour. Ce prince, lors de l'établissement de notre comptoir de Karikal, qui est dans ses états, avoit fait en 1738 avec M. Dumas un traité de ligue offensive et défensive qui fut approuvé en Europe; ce prince, prêt à succomber sous les Anglois, pressa M. Dupleix de lui fournir les secours que lui avoit fait espérer son prédécesseur par le susdit traité; mais M. Dupleix sentant qu'en paix avec les Anglois, il ne lui convenoit pas de donner des troupes contre eux, écrivit au roi de Tanjaour qu'il étoit fâché de ne pouvoir remplir les engagemens que son prédécesseur avoit pris avec lui, qu'il lui conseilloit de faire la paix avec les Anglois, que c'étoit le parti le plus sage, le plus nécessaire au bien de ses peuples et à la prospérité du commerce. Une pareille conduite prouve clairement l'envie qu'on a eue de tous temps d'avoir la paix dans l'Inde.

Conduite des Anglois pour susciter et continuer les troubles de l'Inde.

Si les Anglois eussent suivi un pareil exemple, les troubles de la province d'Arcate n'auroient pas été d'une plus longue durée; mais plus jaloux de notre agrandissement, que nous ne l'avions été du leur, ils ont cherché à les continuer en appelant Nazerzingue dans la province d'Arcate et lui conseillant toujours de ne faire aucun accommodement avec les François.

La mort de Nazerzingue eût dû mettre fin aux troubles; mais les Anglois trouvèrent bientôt un autre prétexte pour les continuer en soutenant Mahamet-Alikan, fils d'Anaverdikan, dans sa rébellion et prétendant que le gouvernement d'Arcate lui appartenoit de droit, quoiqu'il n'en eût jamais eu l'investiture de Nazerzingue, de Mouzaferzingue ni de Salaberzingue, ce qu'ils avouent eux-mêmes par leurs lettres à ces seigneurs, qui ont seuls droit de nommer au gouvernement; mais il leur falloit un prétexte pour nous nuire : celui-ci leur a paru suffisant.

Après avoir rendu compte des motifs de la guerre, examinons les effets qu'elle a produits.

Effets de la guerre.

Les terres que la compagnie possédoit à la côte de Coromandel, jusqu'au mois d'octobre 1749, se bornoient à la ville de Pondichéry, celles de Karikal et leurs dépendances, une loge ou maison de commerce à Masulipatam, une autre à Janaon, au nord de cette ville, ce qui pouvoit former deux lieues de terrain.

Les présens que la compagnie étoit obligée de faire aux nababs ou gouverneurs d'Arcate et à plusieurs autres petits chefs qui à chaque instant la gênoient dans son commerce, les droits que ces mêmes gouverneurs exigeoient des marchands qui fournissent nos toiles, les douanes qu'ils avoient auprès de nos limites la constituoient dans des dépenses énormes; d'ailleurs notre terrain très-borné et le peu de connoissance que nous avions de l'intérieur du pays nous empêchoient d'étendre notre commerce trop peu considérable pour les frais dont il étoit chargé.

Les terres que Mouzaferzingue et son successeur Salaberzingue ont jointes à Pondichéry sont d'autant plus utiles à la compagnie qu'elles lui donnent, indépendamment de cinq à six lieues de terrain, 500,000 livres de rente. Ce n'est pas le plus grand avantage qu'elle en peut retirer. Les villages de la dépendance de Valdaour, Villenour et Bahour étant à la portée de Pondichéry, on y a déjà établi plusieurs manufactures : l'exemption de quelques droits accordée à ceux qui voudroient s'y établir y a attiré une grande quantité d'ouvriers; un fortin qu'on y fait bâtir met les nouveaux habitans à l'abri des inconvéniens des voleurs, assez fréquens dans cette partie de l'Inde. Au moyen de ces manufactures bien établies, la compagnie pourra retirer par la suite de son propre terrain la plus grande partie de ses cargaisons; elle évitera par là les risques qu'elle couroit auparavant, étant obligée d'envoyer son argent à cinquante et soixante lieues dans les terres et de s'en rapporter à la bonne foi des tisserands et marchands, qui souvent se faisoient voler; elle sera encore exempte et percevra même des droits qu'elle étoit ci-devant obligé de payer aux gens du pays.

Les nouvelles concessions fourniront encore, indépendamment des manufactures, une partie des vivres nécessaires à la colonie, quelques-unes de ces terres étant propres à la culture du riz; les autres moins arrosées donneront des cotons, avec lesquels on fera les toiles pour les cargaisons, dont les prix doivent nécessairement diminuer dans quelques années et donner par conséquent un bénéfice réel à la compagnie.

Le comptoir du Karikal, situé dans le royaume de Tanjaour, qui depuis son établissement étoit à charge à la compagnie, lui rapporte aujourd'hui environ 100,000 écus de rente au moyen de quatre-vingts aldées ou villages que Mouzaferzingue y a joints. Cet établissement, dont la compagnie a déjà reçu des toiles, est devenu si considérable, par le nombre de tisserands et de marchands qui s'y sont établis depuis quatre ans, qu'on en peut tirer aujourd'hui sept à huit cents balles de marchandises, indépendamment de beaucoup de riz dont la compagnie fait le commerce tout le long de la côte de Coromandel et du débouché qu'elle y trouve des marchandises de France.

La ville de Masulipatam et dépendances dont

le revenu, suivant le mémoire envoyé à la compagnie par M. Demarcin, qui y commande, se monte à environ trois millions, dont il est déjà entré une année dans la caisse de la compagnie, font aujourd'hui le plus beau morceau de la domination françoise dans l'Inde et méritent toute l'attention du ministre et de la compagnie. Le commerce qu'on y peut faire est si considérable qu'il faudroit des volumes pour en détailler toutes les différentes branches; on se contentera seulement de dire que, par le revenu de cet établissement, la compagnie sera indemnisée de toutes ses dépenses de l'Inde et retirera encore une ou deux cargaisons de toiles qui ne lui coûteront rien; on y trouvera encore un débouché de plusieurs marchandises de France dont l'envoi diminuera celui de l'argent, dont l'exportation est toujours nuisible à un état.

Il est vrai que la compagnie ne s'est pas procuré tous ces avantages sans dépenser beaucoup d'argent; mais aujourd'hui elle en est totalement remboursée par les revenus de la province de Condavir, que Salaberzingue nous a donnée, pour nous indemniser des frais de la guerre; cette guerre n'a d'ailleurs porté aucune atteinte au commerce de la compagnie, puisqu'il est prouvé que depuis qu'elle subsiste, les envois en marchandises de l'Inde ont été du double plus fort qu'auparavant. Ce dernier article peut être vérifié sur les livres et factures envoyés à la compagnie.

Comparaison des établissemens françois et anglois.

Pour asseoir un jugement solide sur les avantages que peuvent retirer les compagnies de France et d'Angleterre de leurs établissemens des Indes orientales, tant anciens que nouveaux, il seroit nécessaire de faire un état de comparaison de ces mêmes établissemens les uns avec les autres établi sur des connoissances locales; c'est ce que l'on va faire avec le plus de précision qu'il sera possible.

On aura soin de distinguer les endroits qui seront mis sous le nom de comptoir d'avec ceux qui seront sous celui de loge, le mot de comptoir signifiant un endroit dont on a la propriété; le mot de loge au contraire n'est autre chose qu'une maison de commerce dans une ville ou sur tout autre terrain dont on n'a pas la propriété. Ces distinctions sont importantes.

On passera légèrement sur les établissemens de l'une et l'autre compagnie dans le royaume de Bengale, attendu qu'ils sont à peu près les mêmes et que d'ailleurs ils ne font point matière à discussion en Europe; on ajoutera à cet état un détail des avantages que peuvent produire ces établissemens.

Établissemens françois aux Indes orientales avant la dernière guerre de l'Inde.

A LA CÔTE DE COROMANDEL.

Karikal, comptoir.
Pondichéry, chef-lieu.
Une loge ou maison de commerce à Masulipatam.
Une autre loge à Yanaon.

Dans le royaume de Bengale.

Chandernagor, chef-lieu.
Une loge à Balacor.
Une à Daka.
Une à Patna.
Une à Cassimbasard.
Une à Gigoudia.

A la côte de Malabar.

Mahé, chef-lieu.
Une loge à Calicut.
Une à Suratte.

A la côte de l'Est.

Rien.

A Bassora en Perse.

Rien.

Établissemens anglois aux Indes orientales avant la dernière guerre de l'Inde.

A LA CÔTE DE COROMANDEL.

Goudelour ou fort Saint-David, comptoir.
Madras ou fort Saint-George, chef-lieu.
Ingeram, comptoir.
Visigapatnam, comptoir.
Une loge à Narsapour.

Dans le royaume de Bengale.

Colicotta, chef-lieu.
Une loge à Ganjam.
Une à Balacor.
Une à Gigoudia.
Une à Cassimbasara.
Une à Patna.
Une à Daka.

A la côte de Malabar.

Bombay, port de mer, chef-lieu.
Suratte, loge avec un consul et garnison.
Angingue, comptoir.
Talichery, comptoir.
Une loge à Calicut.

A la côte de l'Est.

Bancoul, comptoir important par la quantité d'or et de poivre qu'ils en retirent.

A Bassora en Perse.

Un consul.

Il est aisé de voir par l'état de comparaison ci-dessus la supériorité que les Anglois avoient sur nous avant la dernière guerre; voyons maintenant si les acquisitions que nous avons faites nous ont donné l'égalité, et faisons pour cet effet un état de comparaison des acquisitions de l'une et de l'autre compagnie depuis les derniers troubles de l'Inde.

État des François depuis les derniers troubles de l'Inde, à titre de concessions, confirmées par le Mogol.

A LA CÔTE DE COROMANDEL.

Naour, qui comprend quatre-vingts aldées ou villages aux environs de Karikal, dans le royaume de Tanjaour.
Valdaour, Villenour, Bahour et leurs dépendances, aux environs de Pondichéry.
Masulipatam et dépendances.
Nisampatnam, *idem.*
Six lieues de l'île de Divy.
Narsapour.
Et la province de Condavir.

A la côte de Malabar.

Neliuram[1].

État des Anglois depuis la dernière guerre de l'Inde, qu'ils n'ont d'autre titre que celui d'usurpation, comme le prouve la lettre de M. Saunders, gouverneur de Madras, à Salaberzingue, souba du Dekan, par laquelle il lui en demande le paravana ou donation, ce qui fait voir que les Anglois les possédoient sans titre. Cette lettre a été remise à la compagnie au mois de juillet 1753.

A LA CÔTE DE COROMANDEL.

Divy-Cottey ou Tivu-Cottey, avec plusieurs

[1] Tout est changé : les Anglais sont les maîtres de l'Inde, et les Français n'y ont plus que quatre comptoirs dont l'importance est fort restreinte, Pondichéry, Chandernagor, Mahi et Karikal.

aldées ou villages dans le royaume de Tanjaour, plusieurs aldées ou villages aux environs de Goudelour ou fort Saint-David.

Aux environs de Madras ou fort Saint-George.

Saint-Thomé, à l'exception de la ville blanche, qui appartient aux Portugais; elle a environ 300 toises carrées.
Cheydapet.
Trivilicany.
Le mamelon ou petit mont et dépendances.
Le grand mont.
Pondemali et quantité de villages dans le nord de Madras, jusqu'à Catirac, ainsi que dans l'ouest jusqu'à la même étendue que Pondemali, distant de Madras d'environ sept à huit lieues.

A la côte de l'Est.

Un nouvel établissement à la côte de l'Est, royaume du Pégou, dans la rivière de Siriam, par lequel ils auront le commerce exclusif du Pégou, qui est fort avantageux.

Remarques sur les nouvelles concessions françoises aux côtes de Coromandel et Malabar.

Les quatre-vingts aldées ou villages que nous avons joints à notre comptoir de Karikal nous sont avantageuses en ce que, indépendamment de l'agrandissement du terrain de ce comptoir, elles donnent encore environ 100,000 écus de rente années communes.

Aux environs de Pondichéry.

Valdaour, Villenour, Bahour et leurs dépendances, qui forment, aux environs de Pondichéry, un espace de cinq à six lieues, nous donnent, indépendamment des vivres et des cotons qu'on en peut retirer, environ 500,000 livres de rente. Elles étoient les plus convenables à l'arrondissement de notre terrain, vu leur proximité de Pondichéry; mais elles doivent être regardées comme des établissemens à former plutôt que formés, quoique les soins du gouverneur de Pondichéry y aient déjà attiré quantité d'ouvriers qui forment peu à peu des manufactures.

Bahour étoit celui de ces trois établissemens d'où nous pouvions retirer le plus grand avantage non-seulement par le riz qu'on y cultive avec succès, les aldées ou villages de sa dépendance étant arrosées par une rivière, mais encore par plusieurs manufactures qui y sont déjà bien établies.

Mais les Anglois s'en sont emparés sous prétexte, disent-ils, que cet établissement étoit trop près de leurs limites du fort Saint-David; qu'on consulte la carte de M. Danville, et on verra que Bahour est dans le nord de la rivière de Panna, qui sépare nos terres de celles des Anglois; et peuvent-ils craindre que la garnison de Bahour puisse inquiéter leurs limites, puisqu'il y a entre deux une rivière assez profonde et que cet endroit est d'ailleurs à peu près à égale distance de Pondichéry et du fort Saint-David?

La partie du nord des concessions aux environs de Pondichéry ne contient autre chose que quatre lieues de sables et de bruyères dont on ne tire aucun revenu.

Des concessions aux environs de Mazulipatam.

On convient que nos concessions de Mazulipatam et dépendances sont un objet bien considérable, et pour en avoir un détail plus exact que celui qu'on pourroit donner ici, on peut lire le mémoire de M. de Moracin, qui y commande; mais quelque avantageuses que soient ces concessions, il est aisé de démontrer qu'elles ne nous donnent pas le commerce exclusif du nord de la côte de Coromandel et du Dékan : la meilleure raison qu'on en puisse donner est que les Anglois ont dans le nord de ces établissemens deux comptoirs, Ingeram et Visigapatnam, et une loge à Narsapour, dans lesquels ils ont fait ci-devant et peuvent faire encore un commerce considérable, soit par les toiles qu'ils en peuvent retirer, soit par le débouché qu'ils ont comme nous de toutes sortes de marchandises d'Europe.

Il serait dangereux pour notre compagnie de donner dans le piège qu'ils semblent nous tendre sous le spécieux prétexte que nous voulons nous rendre maîtres de toute cette partie du commerce.

Quiconque a la moindre connoissance de l'Inde sait qu'ils ont profité seuls pendant bien des années de l'avantage de ce commerce et que dès qu'ils auront su nous en exclure, ils le reprendront en son entier comme auparavant.

N'y auroit-il pas un raisonnement à faire à leurs objections? disant, pendant que les Anglois ne se sont pas avisés de faire le commerce du Dékan et des environs du Mazulipatam, ils se sont bien donné de garde de chercher l'égalité, parce qu'il eût fallu pour cela qu'ils eussent abandonné leurs comptoirs d'Ingeram et de Visigapatnam, déjà bien établis; qu'ils se fussent réduits à de simples loges, comme nous avons à Mazulipatam et Janaon, et qu'ils auraient donné par-là le plus grand discrédit a leur nation dans l'Inde; qu'aujourd'hui par la même raison qu'en faisant les rétrocessions qu'ils exigent, non-seulement nous courons les mêmes risques qu'ils auroient courus en perdant Ingeram et Visigapatnam, mais encore nous abandonnons tout notre commerce dans cette partie de l'Inde, nous ne profitons pas des heureuses circonstances que nous a procuré l'égalité d'établissemens, et pour comble de malheur, nous perdons des points d'appui si nécessaires dans un pays aussi éloigné de la France.

L'exemple de la dernière guerre est assez récent pour faire sentir la nécessité de ces mêmes points d'appui. Si Pondichéry eût été pris, nous n'avions plus de ressource à la côte de Coromandel. Madras a été enlevé aux Anglois : le fort Saint-David et Gondelour leur est resté. Ces considérations exigent les plus sérieuses réflexions.

Remarques sur les concessions angloises.

Examinons maintenant les avantages que peuvent donner aux Anglois les nouvelles acquisitions qu'ils ont faites dans l'Inde pendant la dernière guerre, et voyons si, les joignant à la supériorité qu'ils avoient sur nous avant la guerre, elles ne leur donnent pas au moins l'égalité; et si cette égalité subsiste, que peuvent-ils exiger de plus?

Acquisitions angloises dans le royaume de Tanjaour.

Divy-Cottey ou Teou-Cottey est une île formée par deux bras du Colzam dans le royaume de Tanjaour. Cet établissement a deux avantages : 1° les terres en sont fertiles; 2° il y a une rivière dans laquelle il peut entrer des bâtimens de deux à trois cents tonneaux. Au moyen de ce nouvel établissement, les Anglois ont cinq points d'appui à la côte de Coromandel, savoir : Divy-Cottey, Gondelour ou fort Saint-David, Madras, Jugeram et Visigapatnam, dont ils sentent toute l'importance.

Aux environs de Gondelour ou fort Saint-David.

On sait que les anciennes limites de Gondelour étoient ci-devant très-bornées. Les nouvelles acquisitions qu'ils y ont jointes leur deviennent un objet des plus importans non-seulement par les manufactures de toutes sortes de toiles qui y sont bien établies, mais encore par la quantité de riz qu'ils en retirent, ces différentes aldées ou villages étant arrosés par plusieurs rivières. (Voyez la carte de M. Danville.) Avant que les Anglois s'en fussent rendus maîtres, nous en tirions beaucoup de marchandises que la proximité des lieux nous faisoit avoir à bon compte; mais depuis qu'ils s'en sont arrogé le commerce exclusif, il nous est impossible d'en tirer une seule pièce de marchandise; et plusieurs négocians de Pondichéry, qui, en 1751 et 1752, y avoient envoyé de l'argent pour en faire fabriquer, ont été obligés de faire le voyage de Manille ou îles Philippines sans avoir leurs marchandises ou de faire des présens au gouverneur de Gondelour pour avoir l'agrément de les faire sortir, encore falloit-il que ce fût sous des noms empruntés.

Ces nouvelles acquisitions leur donnent au moins le même revenu que nous tirons de Villenour et de Valdaour.

Aux environs de Madras

La compagnie de France a eu assez long-temps entre ses mains les livres et les titres des Anglois sur la ville de Madras pour savoir que leurs limites, aux environs de cette ville, étoient de si peu d'étendue qu'à peine étoit-on sorti des murs de Madras qu'on trouvoit des douanes des Maures. Non-seulement leur terrain étoit borné, mais même il ne leur appartenoit pas, puisqu'ils payoient deux mille pagodes, 16,000 livres de notre monnoie chaque année aux Maures pour l'emplacement de Madras.

Le gouverneur anglois, pendant les derniers troubles de l'Inde, s'est emparé, au nom de sa nation, non-seulement de l'emplacement de Madras, mais encore d'un agrandissement considérable par le revenu qu'ils en retirent et la facilité du commerce qu'ils peuvent faire d'autant plus avantageusement qu'ils se sont exemptés des droits qu'ils payoient ci-devant aux Maures. Qu'on consulte la nouvelle carte de M. Danville, on verra sept lieues de côte d'un pays extrêmement peuplé qui a la même profondeur du côté des terres, puisqu'il s'étend jusqu'à Pondemaly, dans lequel les manufactures des plus belles toiles de l'Inde sont déjà établies; en outre le commerce qu'ils peuvent faire par terre leur offre un débouché aussi avantageux que considérable de toutes sortes de marchandises d'Europe.

Pour prouver l'avantage réel que les Anglois tirent de leurs nouvelles acquisitions aux environs de Madras, il faut savoir qu'indépendamment des revenus considérables qu'ils en retirent et des cargaisons de toiles pour l'Europe, il s'y fabrique encore beaucoup de toiles peintes pour les Manilles ou îles Philippines. On armoit ci-devant pour ces îles trois vaisseaux à à la côte de Coromandel, dont la plus grande partie des cargaisons se faisoit dans les sept à huit lieues de terrain aux environs de Madras. Depuis que les Anglois se sont emparés de ces aldées ou villages, ils en ont le commerce exclusif.

On pourra objecter qu'ils offriront peut-être d'abandonner tous ces avantages en remettant aux Maures ces nouvelles acquisitions. Un pareil sacrifice peut paroître avantageux à ceux qui ne connoissent pas l'Inde; mais ceux qui par un long séjour y ont acquis des connoissances locales verront d'un coup d'œil que bien des raisons pourront les engager à faire une pareille proposition : 1° ils n'ont ces possessions à d'autre titre que celui d'usurpation, d'après même la lettre de M. Sannders à Salaberzingue, souba du Dékan; 2° au moyen de ce qu'ils proposent, ils ne manqueroient pas d'exiger que nous renonçassions à toutes nos concessions de Mazulipatam et aux différens points d'appui qu'elles nous procurent; 3° ils seront maîtres par là de tout le commerce du nord de la côte de Coromandel et du Dékan, commerce qu'ils feront avec d'autant plus d'avantage qu'ils seront sans concurrens et qu'ils ont déjà deux comptoirs bien établis à cet effet, savoir Ingeram et Visigapatnam, dont on a parlé ci-dessus.

Si en acceptant cette proposition nous consentions aux sacrifices qu'ils exigeroient, ils auroient toujours la même supériorité qu'ils avoient sur nous avant la guerre, supériorité qui seroit d'autant plus grande que les nations de l'Inde nous verroient avec mépris céder par la force des Anglois ce que la justice et le droit le plus légitime nous avoient acquis.

Dernière réflexion.

Après avoir établi cette position, il est aisé de conclure qu'il est de la dernière conséquence pour nous de conserver différens points d'appui à la côte de Coromandel des établissemens dont le revenu indemnise des frais dont le commerce que l'on peut faire dans l'Inde est chargé et de nous conserver le plus longtemps qu'il nous sera possible la protection du souba du Dékan en lui laissant, du moins pour quelque temps, les troupes que nous avons auprès de lui. Le dernier mémoire que M. Dupleix a envoyé au ministre et à la compagnie fait sentir l'importance de ces trois articles : son expérience jointe à vingt-cinq ans de commandement le mettent dans le cas d'en rendre compte mieux que qui que ce soit.

État des concessions accordées à la compagnie de France dans la province d'Arcate, par le souba du Dékan ou roi de Golconde, lesquelles donations ont été confirmées par un paravana ou ferman du Mogol, dont copie a été remise à la compagnie.

Savoir :

	Roupies.
Villenour et dépendances.	60,000
Bahour, *idem*.	50,000
Quatre-vingt-une aldées ou villages aux environs de Kareikal.	130,000
Valdaour et les cent aldées du Jaquir, accordés à M. Dupleix, et qu'il a remis au domaine de la compagnie.	150,000
	390,000
Qui réduites en livres de France, la roupie à 48 fr., font [1]	fr. 936,000

[1] Toutes ces richesses sont anéanties, et comme nous l'avons dit plus haut, la dernière guerre nous a ruinés dans l'Inde. Notre compagnie y est détruite, et non-seulement celle des Anglais est devenue puissante et souveraine, mais encore il s'en est formé une seconde pour l'exploitation des mers australes qui marche sur les traces de la première, qui promet même de la surpasser.

EXTRAIT

D'UNE LETTRE DE M. BUSSON [1] A M. DE BRASSAUD.

A Pondichéry, ce 6 mars 1780.

Prise de la ville par les Anglois.—État des chrétientés.

MONSIEUR,

J'ai reçu avant-hier la lettre de l'année 1778 que vous m'avez fait écrire par le respectable et très-cher M. du Fougeray. Je bénis Dieu de ce qu'il vous rend la santé et je le prie de la fortifier de jour en jour pour sa gloire et pour votre sanctification. Vous me marquez que depuis longtemps vous n'avez reçu aucune nouvelle directe de moi ; ce n'est pas ma faute : je vous ai écrit le plus souvent que j'ai pu, et quand j'ai écrit à nos amis communs, j'ai toujours prié qu'on vous communiquât tout ce qui pouvoit vous intéresser. Lorsque vous me faisiez écrire cette dernière lettre, nous venions d'être délivrés d'un long siège qui a fini par la reddition de la place, ainsi que vous l'avez vu sans doute dans les papiers publics. Nous sommes donc sous la domination angloise ; et quoique l'on ait toujours l'exercice libre de la religion et des fonctions du ministère, comme tous les employés, officiers et autres gens qui sont au service des Anglois sont des païens, la plupart fort mal disposés pour notre sainte religion, nous avons la douleur de voir triompher la gentilité de toutes parts et nous ne pouvons que prier le père des miséricordes qu'il daigne jeter un regard de compassion sur ces peuples et leur ouvrir le chemin à la religion chrétienne et au salut éternel.

Je suis toujours à la tête du petit collége du Malabare, et je me vois seul chargé de ce séminaire et d'une paroisse de 800 chrétiens. L'on sent bien qu'un seul missionnaire ne suffit même pas pour le collége ; mais les circonstances n'ont pas permis qu'on me donnât de second, comme l'on y pensoit. Après même que M. l'évêque de Tabraca, supérieur de cette mission, m'eût nommé un adjoint, il a été obligé de le retenir auprès de lui. Je suis dans

[1] Nous venons d'apprendre la sainte mort de M. Busson. (*Note de l'ancienne édition.*)

une église à une lieue de Pondichéry et en possession, avec nos enfans au nombre de 35, du bâtiment ci-devant bâti pour eux. L'on a pensé aussi à nous réunir au collège de Chinois, Cochinchinois et Siamois que MM. des missions étrangères ont à Virumpatanam; j'ai fait de mon côté tout ce que je devais faire pour cette réunion, mais la chose est restée suspendue. Le grand obstacle à tous ces projets, c'est: 1° qu'on ne se trouve pas assez muni d'argent pour se charger de ce collège; 2° qu'on a écrit à MM. de la maison de Paris, comme j'y ai aussi écrit conjointement avec nos autres messieurs, et l'on attend la réponse à toutes ces lettres. Quant à moi, j'adore en secret les desseins, toujours tant adorables, d'un Dieu qui dispose tout avec une bonté et une miséricorde infinie. J'ignore quels sont ses desseins sur moi, qui ne mérite pas le nom de missionnaire de Jésus-Christ et qui n'ai aucune des qualités qui seroient nécessaires pour cela, mais je ne demande et ne désire que ce qu'il veut, comme il le veut et parce qu'il le veut; j'en dis autant de tout ce qu'il voudra opérer par moi, prêt à rester toujours un néant, pauvre et inutile, tant qu'il lui plaira ou qu'il ne demandera rien autre chose de moi. Je sens que nous ne sommes tous rien en présence de sa divine majesté. Il se sert de qui il lui plaît, pour ce qui lui plaît, comme il lui plaît, non qu'il ait besoin de qui que ce soit; mais il nous demande peu afin de nous donner infiniment en se donnant lui-même à nous. C'est là, je vous assure, toute ma consolation. Avec cela, je vois ma misère et mon néant dans un grand esprit d'abandon. Je demande à Dieu, seul auteur de tout don parfait, toute la bonne volonté que lui-même il demande de moi et la fidélité que je dois avoir à son service. J'attends l'une et l'autre de sa très-pure miséricorde, et je me tiens renfermé dans mon pauvre néant sans aucun autre souci, sinon que je ne réponds pas comme je le devrois à la volonté de Dieu et à ses desseins sur moi. Du reste, je vois sans me troubler que je n'ai rien de ce qui seroit nécessaire pour m'acquitter de la moindre partie de ce que j'ai à faire et que les choses souffrent de mon incapacité. Dieu est ma caution; c'est lui qui réparera tout et qui disposera tout pour sa plus grande gloire et d'une manière qui lui sera d'autant plus glorieuse qu'il sera évident que les instrumens humains y auront moins de part.

Quant à notre collége, il n'a pas laissé de trouver des difficultés : je l'ai abandonné de mon mieux à la Providence, ne demandant que ce qui seroit selon son bon plaisir; la priant que si cet établissement n'étoit pas son seul ouvrage et pour sa seule gloire, elle l'anéantît à l'instant ou qu'elle le soutînt elle-même s'il lui étoit agréable. Aussi Dieu a dissipé les orages et a donné de moment en moment les secours convenables. Du reste, Dieu seul est ma vie, mon soutien et mon espérance en ceci comme en tout. Je ne vois rien, mais je sais que Dieu seul est toute lumière, et cela me suffit. Je ne sais rien, Dieu seul est toute sagesse, et je lui abandonne tout. Je ne puis rien, Dieu seul a tout pouvoir; il dispose, il arrange tout avec une douceur, une bonté, une miséricorde sans bornes et sans mesure : à lui seul toute gloire et tout empire. C'est tout ce que je puis vous dire par rapport à cet établissement et tout ce que j'en sais.

Quant à notre réunion avec MM. des missions étrangères, elle paroissoit nécessaire dans les circonstances, non-seulement parce que la mission leur étoit donnée, qu'ils sont très-capables de la soutenir et de nous diriger, et qu'ils n'avoient pas dans ce moment un nombre de missionnaires suffisant pour la dixième partie de ce qu'il y a de plus essentiel à faire, mais encore parce que nous nous trouvions nous-mêmes hors d'état d'y perpétuer le bien. Le manque de sujets auroit été bientôt sensible parmi nous. D'ailleurs, dans des temps aussi nébuleux, dans des circonstances aussi critiques que celles où nous nous trouvions, nous avions besoin de cet appui, de ce soutien, et c'est sans doute saint François Xavier, qui est le protecteur de la maison de ces messsieurs, qui nous a procuré cette ressource.

Depuis ce moment, chacun s'acquitte de son emploi sans tant de contradiction. Les missionnaires nos voisins, qui nous regardoient presque comme des excommuniés, se sont réunis avec nous. Notre évêque, qui ne demande que le bien, nous procure tous les secours qu'il peut pour cela : nous ne pouvons que nous louer de toutes les bonnes façons de tous les nouveaux missionnaires qui travaillent comme nous et avec nous à la vigne du Seigneur. Nous ne voyons pas non plus le même déchaînement qu'on voyoit auparavant dans la plupart des séculiers. Vous savez sans doute que M. l'évêque chargé de cette mission a cédé la cure de Chandernagor aux révérends pères capucins; sur ce que le père Sébastien ayant les pouvoirs de préfet apostolique, par rapport aux François, et cette ville n'ayant que des François ou leurs domestiques de chrétiens, il l'a regardée comme de la dépendance immédiate de ces pères; mais selon ce que j'ai entendu dire aux missionnaires qui s'y trouvoient, c'est un grand bien pour nous de nous trouver déchargés d'un pareil fardeau : on y a affaire avec des gens qui ne viennent pas pour se sanctifier dans ce pays et auprès desquels il est rare qu'on fasse quelque fruit.

Les missions des Portugais sont dans un état bien triste : elles ont perdu il y a quelques années l'archevêque de Tranganor, ancien missionnaire du pays : c'étoit un saint prélat, instruit, plein de zèle et dont l'autorité et les exemples soutenoient toute la mission. A présent les missionnaires de ces quartiers se trouvent sans les secours nécessaires dans bien des endroits, sans supérieurs qui aient une autorité suffisante et sans personne qui puisse les fixer et leur servir de point de réunion. Ils sont la plupart fort âgés, cassés par la maladie et chargés de plusieurs districts qu'ils ne peuvent soigner comme ils voudroient et comme il faudroit pour y faire un bien solide; d'ailleurs ils attendent de jour en jour le moment où on viendra les relever, ils le souhaitent même, car, quoi qu'on en dise, notre vœu le plus général et le plus vrai est qu'on travaille à faire connoître et servir Dieu, et nous disons de tout notre cœur : «*Utinam omnes prophetent!* »

L'on a assuré que cette mission avoit été donnée à d'autres religieux qui avoient fait quelques démarches préliminaires pour s'en mettre en possession, mais qui n'ont pas été au delà. Il est venu cependant d'un côté un missionnaire franciscain, envoyé par l'archevêque de Goa, lequel a pris l'habillement des anciens missionnaires et qu'ils ont laissé se fixer dans une de leurs meilleures églises; de l'autre côté, la congrégation de la Propagande a envoyé deux autres missionnaires carmes déchaussés avec ordre de ne rien changer à ce qui s'est pratiqué jusqu'à présent sans un nouvel ordre de la sacrée congrégation.

Nous avons reçu ici de cette congrégation une réponse à M. l'évêque de Tabraca, qui au commencement de sa supériorité dans cette mission lui avoit écrit à la demande de tous les missionnaires pour tranquilliser les consciences et s'assurer que chacun étoit suffisamment autorisé à suivre ce qui sembloit tolérable dans les rits malabares, sans aller contre les ordres des souverains pontifes, et ce qui sembloit indispensable pour ne pas révolter ce peuple et l'éloigner entièrement de notre sainte religion. Cette réponse porte que l'on peut tolérer au moins pour le présent les dits rits tels qu'ils sont en pratique dans la mission, vu la grande nécessité où l'on se trouve de les suivre. Or tout ce qui faisoit le plus de peine a été marqué à Rome, soit par un évêque qui a demeuré ici longtemps en qualité de supérieur du collège de Virampatanam, lequel fut chargé par Clément XIV de faire des informations et de les envoyer, soit par M. l'évêque de Tabraca comme je viens de le dire. Ainsi nous n'avons plus rien qui puisse embarrasser ni qui puisse altérer l'union, la concorde et la bonne intelligence qui règnent entre nous et messieurs des missions étrangères surtout depuis que nous leur sommes soumis et associés.

M. Andréa est toujours avec les Portugais; il a eu beaucoup de peine à s'y accoutumer pour bien des raisons qu'il seroit trop long de détailler. De plus, il a été attaqué d'une longue maladie qui a manqué de l'enlever et qui a fort altéré son tempérament, ce qui l'avoit porté à revenir parmi nous, et je le lui aurois conseillé dans le temps de sa maladie, dont il se seroit bien mieux guéri à Pondichéry qu'ailleurs; mais il paroît que ce n'étoit pas l'ordre de la Providence; il est actuellement chargé d'une église dans la mission portugaise, et il me marque qu'il est en état de la soigner, quoiqu'il ne soit pas encore bien rétabli.

Je vous ai écrit deux fois depuis la reddition de cette ville, par deux occasions qui m'ont paru sûres, et j'espère que vous aurez reçu mes lettres. Je vous marquois que j'ai reçu l'aumône en argent que vous me faisiez passer avec une caisse où se trouvoit bon nombre de livres latins, un ornement en soie et beaucoup de chapelets. Tout cela a été parfaitement bien reçu et nous est d'un grand secours. Quand vous nous enverrez des chapelets, tâchez qu'ils ne soient point en bois. Dans un climat brûlant et brûlé comme celui-ci, ils se fendent incontinent et deviennent inutiles. Il y en a de petits de verre bleu qui ne sont pas chers, qui sont fort solides : ce sont ceux qui conviennent le mieux ici. Qu'on nous les fasse passer tels qu'on les achète à la verrerie, nous les ferons enfiler, mais il ne faut pas que les grains soient trop petits ni les trous trop fins.

Je suis chargé d'une paroisse et d'un collége que je voudrois bien munir de reliques; si vous pouviez m'en procurer, vous nous rendriez un grand service en nous donnant des protecteurs que nous honorerions de notre mieux. Si elles étoient sans reliquaires, nous en ferons faire ici, où nos ouvriers sont capables de semblables ouvrages, quoique leur travail ne soit pas comparable à celui des ouvriers d'Europe.

Je voulois proposer à M. de Tabraca de demander à messieurs des missions étrangères quelque jeune ecclésiastique qui ait bien fait ses études et à qui il ne manque que l'âge pour recevoir la prêtrise ou qui l'ait reçue depuis peu ; il pourroit venir former un collége avec quelque ancien missionnaire. Celui dont je suis chargé lui tiendroit lieu de fondement : il réformeroit ce qui en a besoin et le mettroit sur un bon pied ; mais il est à propos, pour de semblables établissemens, qu'un seul en soit chargé ou en chef ou en second pendant plusieurs années, et un jeune homme a communément plus de zèle et d'activité et se fait mieux écouter des jeunes gens. Je n'ai pu encore en parler à sa grandeur, mais je lui en parlerai.

Je voudrois profiter de cette occasion pour écrire à M. du Fougeray, à qui je suis toujours tout dévoué, mais l'on m'attend pour porter cette lettre à la ville, et je n'ai plus que le temps de me recommander à vos prières et de vous assurer de la reconnoissance et du respect avec lesquels je suis, etc.

EXTRAIT

D'UNE LETTRE DU P. ANSALONI A ***.

Reconnoissance faite du corps de saint François Xavier

Goa, ce 21 mars 1782.

Je tiens la parole que je vous ai donnée de vous faire le rapport fidèle de ce qui s'est passé à Goa lors de la reconnoissance faite du corps de l'apôtre des Indes saint François Xavier.

Monseigneur Emmanuel de Sainte-Catherine, de l'ordre des carmes-déchaussés, évêque de Cochin et en même temps administrateur de l'archevêché de Goa, où il réside, et le gouverneur général de cette capitale de la domination des Portugais dans l'Inde, ont jugé qu'il étoit à propos de faire cette reconnoissance pour dissiper les bruits qui s'étoient répandus que ce saint et précieux dépôt avoit été enlevé. Le corps de ce zélé missionnaire est dans un beau sépulcre de marbre, dans l'église de Jésus, à laquelle est unie une des trois maisons que les jésuites avoient ici. Dans cette même église, hors du sanctuaire, on avoit préparé une estrade couverte de damas cramoisi. Sur cette estrade on avoit placé une grande urne de cristal avec des ornemens dorés ; au-dessus, à une certaine hauteur, étoit un magnifique baldaquin de damas avec des franges d'or. Autour de l'estrade régnoit une balustrade de bois peint et sur laquelle étoient de grosses torches de cire. Ces préparatifs ainsi faits, et le jour pris secrètement pour la cérémonie, le samedi avant la Quinquagésime, 9 février, vers la fin du jour, on posa des gardes dans l'église et dans la maison. Peu après, M. l'administrateur entra avec les personnes de sa suite, M. le gouverneur, l'officialité, quantité de nobles, les juges, les conseillers, tous en habits de cérémonie, un bon nombre de chanoines, de prêtres séculiers, de religieux et de dames même.

On distribua d'abord de gros flambeaux allumés à plus de cinquante personnes, et avec un dais on se rendit au lieu du sépulcre par la porte intérieure de la maison (car celle de l'église étoit fermée) ; on monta au haut du mausolée par un escalier pratiqué pour cela, et le sieur Cazalani, ingénieur de ces contrées et ci-devant frère de la compagnie de Jésus, portant huit clés que l'évêque, le gouverneur et les autres personnes préposées à la garde de ce dépôt conservent, ouvrit le sépulcre du côté de la partie des pieds du saint en présence de tous les spectateurs, tira le cercueil qui renferme le saint. Ce cercueil est de deux pieds de haut, long de huit ; le couvercle est en dos d'âne, fermé par trois serrures et couvert de drap d'or. Cela fait, on porta processionnellement le cercueil sur l'estrade qu'on avoit élevée au milieu de l'église. L'évêque, le gouverneur, quatre de nos missionnaires et quatre autres ecclésiastiques voulurent le porter. Un érésipèle et une jambe fort enflée me privèrent alors de cet avantage; mais quand on le remit dans le mausolée, mon indisposition ne m'empêcha pas de me joindre à ceux qui avoient l'honneur et le bonheur de porter une si précieuse relique.

Quand le cercueil eut été posé dans le lieu qu'on avoit préparé pour le recevoir, on leva le couvercle et ensuite un voile de soie qui couvroit tout le corps du saint. (Ce voile est envoyé à la reine de Portugal par le même vaisseau qui porte ma lettre.) On vit alors le corps entier : les pieds et les jambes sont en bon état et encore palpables; la tête est couverte de sa peau, mais sèche, et en quelques endroits on aperçoit le crâne : malgré cela la physionomie n'est pas tout à fait effacée, et si on le vouloit on pourroit encore en tirer des portraits; le bras et la main gauche sont assez bien conservés et posés sur la poitrine. Il est vêtu des habits sacerdotaux, qui paroissent encore neufs quoique la chasuble soit un présent de la reine de Portugal de la maison de Savoie, femme de Pierre II. Il est à observer que le saint étoit de stature très-basse; ses pieds sont demeurés assez noirs, peut-être parce qu'il étoit dans l'usage de faire pieds nus tous ses voyages. Au pied droit il manque deux doigts, qui par un pieux larcin ont été enlevés; on sait que le bras droit est à Rome. Quand le corps fut ainsi découvert, les assistans le baisèrent les uns après les autres avec vénération et sans aucune confusion; ils y firent toucher aussi avec respect des mouchoirs, des chapelets et des croix, après quoi on ferma le cercueil et on le mit dans une urne de cristal destinée à le recevoir. On chanta ensuite le *Te Deum*, et le corps resta exposé à la vénération publique sur l'estrade placée au milieu de l'église. La première nuit, la communauté des dominicains veilla avec les soldats commandés pour la garde. Le dimanche suivant 10 février, de très-bon matin, commença le concours du peuple, qui le second et le troisième jour fut encore plus grand et toujours en bon ordre. Un des cristaux de l'urne fut cependant rompu par la foule, que les prêtres et les soldats ne purent empêcher de s'approcher.

Parmi la multitude des personnes accourues pour visiter le corps du saint apôtre des Indes, on vit plusieurs Gentils et un frère du roi de l'Indoustan, peu éloigné de Goa. Le regolo déclara par son interprète qu'il croyoit que notre religion étoit la seule véritable. On ne vit néanmoins aucune conversion. Les pères observantins passèrent la seconde nuit dans l'église, et les pères de Saint-Philippe de Néri, la troisième. Pendant ces trois jours, deux ou trois processions de différentes communautés se rendirent dans l'église de Jésus pour y chanter le *Te Deum* et des messes solennelles.

Le premier jour, elle fut chantée par le doyen, premier dignitaire du chapitre, qui s'y trouva assemblé ainsi que MM. l'évêque et le gouverneur. Notre supérieur la chanta le second jour : nous y assistâmes tous, les séminaristes, l'évêque et le gouverneur. Le troisième jour, la messe fut pontificale; le gouverneur y assista en grande cérémonie, avec le conseil, les magistrats et les officiers. Quand la messe fut achevée, l'évêque donna la bénédiction au nom du pape et publia une indulgence plénière au bruit du canon de toutes les forteresses.

Dans l'après-midi du troisième jour, 13 février, la foule étant diminuée, on put aisément et sans violence fermer les portes de l'église. Il y resta quelques personnes pour la garde du saint dépôt, et dans la nuit, en présence de MM. l'évêque, du gouverneur, et dans le même ordre que dans le commencement de la cérémonie, on transporta le corps dans le mausolée de marbre; on le couvrit d'un nouveau voile brodé : on ferma ensuite le sépulcre avec les huit clés et on dressa un acte de tout ce qui s'étoit passé.

Ainsi finit cette reconnoissance solennelle du corps de l'apôtre des Indes saint François Xavier, de la compagnie de Jésus. Il est vraisemblable qu'on ne la renouvellera pas souvent et parce qu'on n'aura pas les mêmes motifs et parce que le saint corps s'altère et semble pâlir de l'air, des lumières et de la chaleur qu'occasionne la foule qu'attire une aussi pieuse cérémonie.

OBSERVATIONS GÉNÉRALES SUR L'INDE.

Dans l'antiquité, ces vastes régions n'avaient pas de limites bien déterminées. L'Inde partait du fleuve qui, bornant la Perse à l'orient, venait du nord et se jetait dans la mer au sud ; mais où finissait-elle ? quelles étaient ses frontières ? C'est ce que les anciens géographes ne nous apprennent pas.

Le fleuve qui avait donné son nom à toute la contrée s'appelait Sindhou en langue sanscrite ; on en fit sind ou hynd par abréviation ou par corruption. Vers sa source il se nommait Nylab et coulait dans une large vallée au fond de laquelle croissait la plante qui donne l'indigo.

Sindostan, Hindostan, tels étaient les noms persans de l'Inde. Dans les écrits attribués à Zoroastre (Zerbhoust), l'Inde porte le nom de *Firakh-Kand*.

La signification de Sindhou, nom du fleuve qui marquait alors le commencement de l'Inde a du rapport avec la couleur bleue : telle est en effet la couleur de la plante qui croît sur ses bords. Ce nom fut adopté par les Hébreux ; des Hébreux il passa aux Romains, et de la sorte il parvint jusqu'à nous, qui avons reçu de l'Italie toutes nos sciences et une partie de notre langue.

Les Romains appelaient *sindons*, *sindanes* les tissus qui leur venaient des rives du *Sind* ou *Indus*, comme nous avons appelé *indiennes* les toiles peintes qui nous ont été apportées de l'Inde.

Toute la région qui s'étendait au delà de l'Indus, relativement à l'Europe, formait l'Indostan ou Hindostan, pays des Hindous. On n'avait alors que des notions confuses sur la Chine et sur ce qu'elle pouvait être ; cependant chaque année on se rapprochait d'elle : les dernières terres que l'on avait découvertes étaient les plus riches et les plus belles, et l'espoir d'en découvrir de plus fertiles encore devait amener à la longue ces navigations autour du globe qui, de l'équateur aux pôles, ne doivent laisser un jour rien d'inexploré ni d'inconnu dans les vastes plaines de l'Océan.

Quand la science eut fait quelques pas et que des observations plus sûres eurent renversé les systèmes, on s'occupa de dresser de nouvelles cartes et de rectifier les calculs primitifs.

Alors on reconnut successivement la Chine, le Japon, les Philippines et l'Océanie tout entière, et on en détermina la position véritable. De la sorte, l'Inde se trouva circonscrite en un cadre moins vaste, et l'Archipel de la Sonde fut détaché de la partie méridionale de l'Asie.

Il n'y a pas plus d'un quart de siècle que, dans nos meilleures géographies, on donnait à l'Inde la presqu'île *en deçà* et la presqu'île *au delà* du Gange depuis le 66e jusqu'au 107e degré de longitude à l'orient du méridien de Paris.

Mais les récentes divisions ont renversé cette division primitive. La *presqu'île au delà du* Gange forme l'*Indo-Chine*, dont nous parlerons plus loin ; la *presqu'île en deçà* forme l'*Inde* proprement dite, et c'est d'elle que nous devons présentement nous occuper.

RACES ET CULTES.

Il y a une race hindoue antique et primitive dont les traditions bien authentiques remontent vers les temps de Moïse et des Pharaons ; mais plus de trente à quarante peuples se sont successivement mêlés à cette race indigène.

Le sang pur se trouve dans la vallée du Gange et dans le Dékhan intérieur ; mais sur les frontières, sur les côtes, dans les îles, les indigènes, malgré la rigueur de leurs lois et l'orgueil de leurs castes, se sont unis aux Mylitch, étrangers ou barbares, comme on les appelle par dédain à Bénarès. Ce mélange a donné naissance à des mœurs et à des religions différentes.

Les cinq sixièmes de la population passent encore il est vrai pour Hindous, mais le reste se compose des différentes nations qui ont tour à tour envahi l'Inde. Le dernier sixième est donc un mélange de Persans arabes, de Tartares et de Mogols, de Portugais, de Français, d'Anglais, etc., etc.

Tous ces peuples peuvent aujourd'hui se distribuer de la manière suivante, selon la différence des cultes qui les partagent, savoir :

Bramanistes	50,000,000
Boudhistes	2,000,000
Djaïnas	500,000
Seyks	5,000,000
Guèbres	1,500,000
Idolâtres	48,000,000
Catholiques	2,000,000
Protestans	10,000,000
Arméniens	400,000
Chrétiens de Saint-Thomé	600,000
Juifs	2,000,000
Maures ou Mahométans	18,000,000
TOTAL	140,000,000

La religion des brames a été curieusement étudiée et expliquée par les missionnaires.

Cette religion admet la *trimurti* ou trinité, triple divinité qui crée, conserve et détruit, et qui se trouve subordonnée à un seul Dieu ou pouvoir suprême.

Les divinités supérieures sont Brama, Vichnou et Chiva ou Routren ; viennent ensuite des milliers de dieux inférieurs qui sont chargés du gouvernement de l'air, des eaux et de la terre.

Au-dessous d'eux encore sont des esprits ou génies, bons ou méchans, qui tourmentent ou protégent les hommes et les guident vers le bien ou vers le mal.

L'Hindou croit à l'immortalité de l'âme, à la métempsycose, à la purification par la pénitence ; de là les abstinences et les pratiques pour obtenir le pardon des fautes et la réintégration future.

Les cérémonies du bramanisme sont nombreuses

et solennelles; elles se composent de processions, d'ablutions, de lustrations qui se renouvellent sans cesse : non-seulement on lave les fidèles, mais on lave les dieux, on les purifie comme les hommes; on purifie le feu par des offrandes, on sanctifie l'eau, puis on en jette sur la terre, sur les malades et sur la cendre des morts.

Ce sont ordinairement les plantes, les fleurs, les arbres qui fournissent les élémens des sacrifices; mais il est arrivé aussi que dans de grandes calamités on a sacrifié des hommes.

Les femmes des deux premières castes se brûlent encore sur le tombeau de leur mari, et les brames mêmes dans les épidémies et dans les famines se précipitent dans les flammes pour apaiser la colère du ciel.

Les temples ou pagodes sont innombrables. Il y en a de petits qui ne sont que de simples chapelles; il y en a de magnifiques et d'immenses qui pour être édifiés ont eu besoin du zèle ardent des sectaires et de toutes les ressources de l'art le plus avancé.

Les temples sont desservis par des ministres de différens grades et titres; mais au nombre des personnes qui sont attachées aux pagodes, il faut compter des femmes de deux espèces : les *devadassis*, *filles de Dieu* et du sanctuaire, et les *bayadères* ou danseuses, chargées d'accompagner dans les processions extérieures le char des grandes divinités.

Le boudhisme est une réforme du bramanisme. Boudha était un prêtre hindou qui voulut détruire le gouvernement théocratique, abolir les castes, amener les hommes à une égalité fraternelle et anéantir le culte des idoles. Il eut de nombreux partisans, et la lutte qui s'engagea entre eux et leurs rivaux fut longue et terrible. Les brames l'emportèrent enfin, et les boudhistes furent de toutes parts persécutés et terrassés : cependant il en reste encore dans les Ghattes et à l'occident sur l'Indus, comme aussi dans le Malabar et dans l'île Ceylan.

Les djaïnas tiennent le milieu entre les bramanes et les boudhistes : ils adoptent en grande partie les dogmes de ceux-ci, mais ils conservent des autres la division par castes.

Les seyks rejettent le culte des divinités hindoues et de leurs images; ils adorent un être suprême et lui adressent directement leurs prières et leurs vœux. Seyk signifie *disciple*; ce nom appartient en effet aux disciples de Nanek, qui donna ses lois religieuses et politiques dans un livre intitulé *Grunth*.

Nanek, réformateur de Brama, a eu lui-même un réformateur. Gourou-Govind-Singh est allé plus loin que lui dans l'épuration du culte, et c'est aux doctrines de ce dernier que se rattachent aujourd'hui le plus de croyans.

Les seyks à leur apparition furent poursuivis par les bramanes et attaqués aussi par les Mogols et les Afghans. Pour maintenir leur foi et leur indépendance, ils prirent les armes.

Ils eurent des chefs, des états et une grande célébrité; mais aujourd'hui ils ne forment plus un corps de nation séparé, ils sont répandus dans plusieurs principautés différentes à l'occident des Ghattes; cependant ils se sont en général ralliés à Raadja-Singh, et le plus grand nombre habite les provinces du royaume de Lahor.

Leurs femmes ne doivent point se brûler après leurs maris; mais il y en a qui tiennent par orgueil à cet usage.

Le tabac est interdit aux hommes, mais non le vin; ils laissent croître leurs cheveux et leur barbe.

Sortis des montagnes qui s'élèvent entre les vallées de l'Indus et du Gange à l'époque où les musulmans se précipitaient avec leurs doctrines nouvelles sur la terre antique des superstitions hindoues, les seyks présentent dans leur culte un mélange de ces deux religions. Du reste, ils sont braves, industrieux, sobres et beaucoup moins sensuels que les Maures; ils sont en outre excellens cavaliers et grands chasseurs, et ceux qui se livrent à l'agriculture ou au commerce y font preuve à la fois d'une persévérance infatigable et d'une grande dextérité.

Quant aux chrétiens, leur nombre augmente dans toutes les contrées, et l'on peut prévoir le temps où la Chine, se trouvant pressée sur tous les points par la civilisation européenne, sera forcée de lui ouvrir ses frontières et de rentrer ainsi dans la communauté universelle d'où elle s'est exilée depuis si longtemps.

Toutefois le bramanisme s'appuie encore sur de fortes racines, et les castes sont encore debout.

DES CASTES.

Ces castes ou *dchadi* sont au nombre de quatre, toutes régies par un code sévère, à la fois religieux et civil, et qui règle minutieusement toutes les prérogatives et tous les devoirs.

La première est celle des brames; la seconde est celle des tchatréas ou nobles et enfans des rois; la troisième est celle des *vessias*; la quatrième, celle des *soudras*.

Ces dénominations, qui sont aujourd'hui généralement reçues, se rapportent à celles des missionnaires, et les détails qui suivent confirment pleinement toutes les notions fournies par les lettres édifiantes.

La caste des *brames* comprend les prêtres, les savans, les juges, les magistrats. Ils ont des vêtemens particuliers, ne mangent d'autre viande que celle des sacrifices, ne subissent jamais de punitions corporelles, sont seuls chargés de l'explication des livres sacrés, forment le conseil des princes et jouissent enfin de toutes sortes de priviléges.

Ils se divisent en plusieurs classes : les *vichnouvites* se vouent plus spécialement au culte de Vichnou; les *chivenites*, plus spécialement au culte de

Chiva, les *wanaprasta* vivent dans la solitude et dans la contemplation; les *sanvas* ou saniassi ne vivent que d'aumônes; les *djogis* bravent le feu, la neige et toutes les intempéries des saisons; les *pandaris* croient plaire à la divinité en colportant des images infâmes; les *béraghis* se composent d'hommes et de femmes : voués au dieu Krichna et à la déesse Rada, ils chantent l'histoire de ces amans célestes en s'accompagnant du bruit des cymbales; les *pashandias* nient l'existence des dieux secondaires; les *sarwaginas* doutent de l'action de la Providence divine dans les événemens de la terre, et de la présence d'un immortel guide dans les destinées du genre humain.

Le pouvoir illimité des brames les a portés à en abuser; ils se sont plongés dans des corruptions de tous genres.

Il en est cependant qui, fidèles aux anciennes traditions, s'efforcent de conserver intact le dépôt de la science sacrée et de justifier leur pouvoir et leur rang, mais ils sont rares et ne peuvent arrêter le débordement général.

La caste des *tchatrias* est toute guerrière; elle descend des anciens rois de l'Inde. Ses membres ne se peuvent marier; ils doivent n'avoir que des maitresses et ne contracter aucun lien qui les empêche de se livrer entièrement au métier des armes, seule profession que la loi leur permet. Ils prennent le titre de radcha ou radjah et rajah. C'était parmi eux que le Grand Mogol prenait ses sinbabs, ses nababs et tous ses grands vassaux, qui à la fin se sont rendus indépendans et qui même ne paient qu'à regret et souvent que par force le tribut qui leur a été imposé par la compagnie anglaise.

Les *naïrs* et les *polygars* du Dékhan sont de cette caste ou du moins prétendent qu'ils en sont sortis, aussi bien que les chefs des *djattes* et des *radjépoutés*, qui peuplent les districts du Goudjérate et de l'Adjmir.

La caste des *vessias* est celle des cultivateurs, des jardiniers, des bergers nourrisseurs, des marchands et des manufacturiers : elle était exempte du service militaire; mais elle répudie cette faveur, et ses jeunes gens quittent volontiers l'atelier ou la charrue pour les armes : ils ont fait la force des armées marattes et anglaises dans les dernières luttes qui ont décidé du sort de l'Inde.

La caste des *soudras* renferme les artisans et les ouvriers : quoique la moins favorisée, elle est, comme on le croit facilement, la plus nombreuse; elle se divise en corporations diverses qui toutes ont leurs usages, leurs devoirs et leurs droits particuliers.

Telles sont les quatre castes régulières et antiques qui constituent l'organisation religieuse, politique, et civile du bramanisme. Les barrières qui les séparent l'une de l'autre sont telles que tout Indien qui passe d'une caste à une autre, soit par mariage, soit de toute autre manière, encourt la dégradation et souvent même la mort.

Au-dessous de ces castes, il y a encore deux classes d'Indiens : la première est celle des *varna samkra*; la seconde, celle des *parriahs* ou *parias*.

La classe des *varna samkra* ou *burum sumker* est celle des enfans ou descendans des Hindous qui ont violé les lois des castes. Cette classe est réputée *ignoble* et *méprisable*, elle n'existe que par tolérance et par une sorte d'amnistie; on veut bien ne pas sévir contre elle par le fer, mais elle est exclue de toute communication avec les castes nobles.

La classe des parias est encore plus méprisée : elle comprend les harris, les moukoas, les pêcheurs et une foule d'autres misérables qui, relégués dans leur abjection héréditaire, se livrent aux plus dégoûtantes professions, et n'osent regarder en face les Hindous des autres castes, qui les méprisent et se croient souillés de leur seule présence.

Aujourd'hui même encore, ce n'est que dans ces castes mixtes que les Européens peuvent trouver des gens qui les veuillent servir; mais le préjugé est si puissant que pour l'avoir bravé, les Anglais n'ont réussi jusqu'à présent qu'à éloigner d'eux par des répugnances invincibles la portion influente de la nation hindoue.

LES LANGUES, LES ARTS, LA LITTÉRATURE ET LES SCIENCES.

Les sciences et les arts ont été cultivés dès la plus haute antiquité dans l'Inde.

C'est de l'Inde que vinrent aux Arabes les chiffres, qu'à leur tour ils nous ont transmis.

C'est à l'Inde que nous devons les tissus, les teintures, la taille des pierres précieuses, la pêche des perles et une infinité d'arts agréables, d'inventions utiles qui ont plus servi à l'Occident qu'à l'Inde même.

Les contes et les allégories prennent aussi leur source dans l'Inde. Les fables de Bidpaï ou Pilpaï ont eu des admirateurs et des imitateurs par toute la terre.

C'est dans l'Inde aussi bien que dans l'Égypte que les philosophes grecs allèrent puiser une grande partie de leurs doctrines; mais hâtons-nous d'ajouter qu'eux seuls les ont rendues pratiques et progressives en y déposant le principe de la liberté.

Ce ne sont pas là les seuls liens qui nous unissent à l'Inde : entre nos langues primitives et celles de l'Asie, il existe des rapports essentiels qui ne peuvent être méconnus. Tant de motifs doivent puissamment aiguillonner les recherches sur l'Orient en général et sur l'Inde en particulier, qui offre sans contredit le plus de monumens curieux et les plus anciennes traditions.

Les Anglais l'ont senti et ils ont créé dans toutes

eurs villes capitales des sociétés et des collèges où l'on s'occupe spécialement de tout ce qui se rapporte au génie hindou.

Les langues surtout sont l'objet d'une étude particulière et approfondie.

Au premier rang se place le *sanskrit* ou *samskrda* qu'on parlait dans le bassin du Gange aux temps les plus reculés, tandis que l'*apabrancha* ou *païsacha* était en usage dans la partie orientale des monts Ghattes et sur les plateaux de l'ouest, et de plus s'étendait fort loin au sud dans le Dékhan.

Dans le Béhar, on se servait d'un idiome particulier, le *magudha*, qui donnait son nom à la portion méridionale de la province.

Le *prakrit* ou sanskrit adouci était parlé partout par les femmes, et dans les ouvrages dramatiques qui nous restent des anciens habitans de l'Inde on remarque avec surprise que les rôles d'hommes sont écrits en sanskrit et les rôles de femmes en prakrit.

Ces langues enfantèrent d'autres langues, qui ellesmêmes formèrent de nouveaux dialectes à mesure que la guerre ou le commerce firent pénétrer de nouveaux peuples sur le territoire indien.

Les Draviras apportèrent cinq dialectes qui se répandirent dans le Dekhan : celui des Gourgers, celui des Mahrattes, celui des Karnates, celui des Tamouls et celui des Télinges ou Télongas.

Une autre langue apparut dans le Bengale et prit le nom de *goura*, de celui de Gour, alors capitale du pays.

A cette langue a succédé le *bengali*, qui est en ce moment le dialecte habituel des classes populaires de tout le bassin du Gange inférieur.

Le *saraswata*, anciennement usité dans le Pendjab, a été remplacé par le penjabi.

L'*outiala* a laissé des traces dans la province d'Oricah.

Le *marthila* se retrouve dans le Neypal.

Le *kanvacubja* ou dialecte de Kanodji a pris une extension considérable, il a donné naissance à l'*hindi*; l'hindi lui-même, par son mélange avec le persan et avec l'arabe, est devenu l'*hindostani*, qui de tous les idiomes de l'Inde est regardé aujourd'hui comme le plus répandu.

Pour être employé par la compagnie anglaise dans ses colonies de l'Inde, il faut savoir parfaitement cette langue, qui règne dans presque toutes les provinces, indépendamment du dialecte local. C'est la langue du commerce et des manufactures, de la marine et de l'armée; elle est en outre vulgairement usitée dans toute la partie septentrionale dont Lahor, Delhi, Agrah, Bénarès sont les principales villes. On la parle aussi dans le Béhar, dans le Bengale et enfin dans toute l'immense vallée qui s'étend depuis Sirinagor jusqu'à Mourchid-abad et qui forme la contrée la plus populeuse, la plus productive et la plus riche de l'univers.

L'hindostani est également en usage à Bombay, à Aureng-abad, à Haïder-abad.

En un mot cette langue règne de l'Indus au Bramapoutre, de l'Himalaya à l'embouchure du Gange, du Kachmyr au Godassery et au delà. Dans cette vaste étendue se rencontrent bien des idiomes épars que les populations ont adoptés pour les besoins ordinaires de la vie; mais partout l'hindostani est connu, partout il domine. C'est ainsi que les habitans de Calcutta parlent entre eux le bengali, mais emploient toujours l'hindostani dans leurs relations avec les étrangers.

C'est à Bénarès, à Agrah et à Delhi que cette langue se parle dans toute sa pureté; elle s'altère à mesure qu'elle s'éloigne de ces villes, mais jamais assez pour cesser d'être un moyen de se faire entendre dans toutes les parties de la péninsule.

Elle commence à avoir sa littérature ou du moins sa poésie : des chants populaires ont été composés dans cet idiome; mais c'est l'arabe qui est plus spécialement consacré à l'astronomie, à la physique, à la chimie, aux sciences exactes et à la médecine; le persan est la langue de l'histoire et de la diplomatie. Quant au sanskrit, c'est la langue des sages et des érudits, langue à la fois morte et vivante : morte, dans l'acception vulgaire du mot, puisque le peuple ne la parle parle plus; vivante, puisqu'elle est encore tous les jours étudiée dans tous les livres sacrés et héroïques, qui font la base de l'éducation dans l'Inde et la véritable gloire de cette merveilleuse contrée.

A Paris, on a ouvert des cours de sanskrit et d'hindostani; mais quand un professeur vient à mourir, on est longtemps avant de lui trouver un successeur, et quand le professeur existe encore, il n'a pas constamment des élèves. Cependant nous venons de faire voir de quel prix sont ces études. Le turc, l'arabe, le persan, le kachmyrien, toutes les langues de l'Inde sont indispensables pour le navigateur, pour le commerçant et pour le missionnaire. Nous n'hésitons donc pas à le déclarer en terminant : au lieu d'une chaire pour chacune d'elles, il faudrait en créer plusieurs et encourager leur étude par des récompenses.

Songeons que le latin et le grec sont presque épuisés, tandis que les langues orientales commencent à peine à être sérieusement étudiées. Les premières nous ont enrichis de toutes les idées qu'elles renferment; il faut voir maintenant si les livres indiens seront entièrement stériles pour la science, pour l'histoire et pour la philosophie.

SOL, CULTURE ET PRODUITS.

Excepté le grand désert de sable qui se trouve dans la partie nord-ouest, entre le Lahor et l'Adjmir, excepté quelques marécages qui s'étendent au bord ou à l'embouchure des fleuves, et les contrées marécageuses et sauvages de l'Himalaya et des Ghattes, le sol de l'Inde est fertile.

Les parties les plus fécondes sont la vallée du Gange et le Dékhan : on y fait deux récoltes, l'une en septembre et l'autre en mars et avril.

Parmi les végétaux qui enrichissent l'Inde, nous citerons le riz, le froment, l'orge, le millet et le doura, le seigle, le maïs, l'avoine, tous les arbres fruitiers et tous les légumes d'Europe ; puis la canne à sucre, le tabac, le poivre, le chanvre, le lin, le gingembre, le bétel, la noix de coco, le café, le pavot, le sésame, le mûrier et la soie, le plus beau coton de la terre et aussi le plus commun ; l'indigo, qu'on nomme *anil* ; le *nerium*, tout récemment découvert et qui donne une substance colorante non moins belle et non moins fine que l'indigo; la cochenille, le safran, la gomme laque, le sapon, le moouah, le palmier, le bananier, l'oranger, l'encens, le benjoin, le camphre, la catua, le jalap, la salsepareille, le bambou, le teck, le santal et toutes sortes d'arbres de menuiserie, de charpente, de teinture et de construction.

Les minéraux ne sont pas moins abondans : on trouve dans l'Inde des mines d'or, d'argent, de cuivre, de fer, de plomb, d'étain, puis du sel gemme et du salpêtre, puis encore l'aimant, le silex, le marbre, le granit rouge et bleu, l'ardoise et toutes les natures de roches et de brèches, les cristaux, les diamans, les perles, les coquillages les plus magnifiques et toutes sortes de pierres précieuses.

Qui croirait maintenant qu'un pays aussi riche fût exposé à des famines qui viennent huit ou dix fois par siècle décimer les populations.

La compagnie anglaise voit le mal, et sans doute elle y cherche un remède, elle l'aurait même déjà trouvé; mais l'avarice des particuliers et du gouvernement empêchent qu'on ne prenne des mesures efficaces pour mettre un terme à ce fléau.

Les Hindous, moitié par un vice de leur nature, moitié par suite de l'esclavage où l'Angleterre les a réduits, sont paresseux et imprévoyans ; ils travaillent peu, gagnent peu et ne font jamais d'économies. Il n'y a là ni caisses d'épargne, ni magasins de réserve, du moins à l'usage des Indiens, et quand des pluies excessives font pourrir les germes de la terre ou quand des sécheresses prolongées brûlent et détruisent les récoltes avant qu'elles soient parvenues à leur maturité, il est impossible de nourrir le peuple avec le superflu des années précédentes : tout est dévoré en quelques mois, et alors des milliers de familles périssent dans les angoisses de la faim.

Depuis quinze ans, l'Inde a offert trois fois cet horrible spectacle. Les tribus entières descendent des montagnes, les villes et les ports s'encombrent; mais l'argent et les ressources s'épuisent, et la désolation commence. La compagnie s'environne de troupes et achète la sécurité de ses établissemens par des distributions de vivres. Elle sauve la colonie, mais sans renoncer à l'odieux système de monopole et de tyrannie, qui est évidemment le principe du mal.

Voici le tableau qu'un missionnaire tracé de l'effroyable disette qui a décimé l'Inde en 1833 ; il nous dispensera de plus amples détails :

Lettre de M. Charbonnaux, missionnaire apostolique, à Mgr. l'évêque d'Halicarnasse, à Pondichéry.

Gontour, décembre 1833[1].

« MONSEIGNEUR,

» J'envoie enfin à votre grandeur la narration de ce que j'ai vu pendant l'année 1833 dans les différentes contrées que j'ai parcourues. Pardonnez les incorrections que vous y trouverez : ce n'est que par morceaux et dans l'intervalle de deux mois que j'ai pu la terminer, car votre grandeur sait que depuis la Toussaint je suis en visite, d'abord à l'est de Peringuy-Pooram, maintenant au sud, pour m'en retourner par l'ouest. Ce n'est que pour accéder à la demande de votre paternité que je me suis hasardé de peindre le tableau déchirant que j'ai eu sous les yeux pendant près d'une année.

» Dieu, sans doute lassé de l'obstination des habitans de ces contrées dans l'infâme religion qu'ils professent, semble avoir voulu se faire justice d'un tel pays : aussi terrible dans sa colère que juste dans ses jugemens, il a montré enfin la force de son bras en amenant sur cette nation coupable tous les fléaux les plus affreux; aussi puis-je bien m'écrier en commençant le récit de ces malheurs : « Écoutez, peuples, Dieu a fait un exemple dont le récit portera l'épouvante dans le cœur de tous ceux qui l'entendront. »

» L'Inde est assez souvent affligée de disettes ou de sécheresses : les vieillards se rappellent trois années durant lesquelles les grains furent extrêmement chers ; mais ils n'avaient jamais entendu parler d'une calamité ni si générale, quant aux provinces, ni si compliquée par la réunion des maladies, ni si longue dans sa durée. De plus, jamais les habitans ne s'étaient trouvés si au dépourvu ni si pauvres. Dans le district de Gontour, où je suis, les pluies ayant été trop abondantes en 1832, les récoltes avaient déjà été assez médiocres, survint de plus, dans les mois de juin et de juillet, une chaleur extraordinaire qui occasionna dans ces villages couverts de chaume une infinité d'incendies qui consumèrent en plusieurs endroits les denrées qu'on y avait amassées. La saison des pluies était arrivée ; l'air toujours en feu ne présenta pendant plusieurs nuits que des phénomènes effrayans, que des météores se croisant, se précipitant dans tous les sens. Ces phénomènes frappèrent non-seulement le superstitieux Indien, qui tire augure de tout, mais même les ob-

[1] Gontour, dans les Jerkers, présidence de Madras.

servateurs anglais, qui annoncèrent dans les journaux les avoir remarqués depuis Gontour jusqu'à Cudapat. Je m'efforçai en vain de tranquilliser mes chrétiens en leur donnant pour cause la chaleur de l'atmosphère qui depuis dix mois n'avait pas été rafraîchie par les pluies, quoique soumise aux rayons du soleil le plus brûlant : ils m'avouèrent qu'ils regardaient ces phénomènes comme le présage de la perte de plusieurs millions d'habitans. Les événemens qui suivirent ne vérifièrent que trop cette prévision. Cependant vers le mois de septembre quelques pluies tombèrent en certains endroits : on se hâta de semer ; mais les sauterelles et les vers rongèrent le germe au sortir même de la terre. On sema une seconde fois et une troisième : alors une partie germa pour se dessécher après avoir crû, comme à regret, à la hauteur de deux pieds. Si quelques épis apparurent çà et là, la populace affamée, une foule de malheureux venus du nord, car dès lors on commençait à émigrer de ces régions, les enlevèrent pendant la nuit. Ainsi l'infortuné cultivateur se vit privé de toute ressource. J'excepte une douzaine de villages, sur les côtes de l'est, où la Providence, ayant accordé une abondante moisson, ménagea par là un faible secours qui empêcha la ruine totale des provinces de l'intérieur :

« *Audite hoc, senes ; et auribus percipite, omnes habitatores terræ : residuum erucæ comedit locusta, et residuum locustæ comedit bruchus, et residuum bruchi comedit ærugo.* » (Joel, cap. I, v. 2, 4¹.)

» Tel fut le prélude de l'année 1833. La famine qui commençait à se faire sentir au mois de janvier, trop lente, au gré de la Providence, à frapper les coupables marqués du sceau de la condamnation, le choléra-morbus, fléau de la colère divine, né dans ces provinces depuis dix ans, le choléra, dis-je, pendant sept mois vint moissonner tous ceux que leur fortune ou leur âge paraissait devoir rassurer : en tout lieu la jeunesse surtout périt.

» Dans une forteresse où se trouvent des troupes anglaises, vingt-six personnes périrent le jour où j'arrivai ; il en fut de même dans les autres pays de l'Inde. Sur les côtes de l'ouest de Cochin, de Macé, etc., il exerça des ravages plus épouvantables encore : les gazettes annoncèrent que la mortalité n'y avait plus de bornes. La petite vérole, en d'autres endroits, multiplia le nombre des victimes.

» Au milieu de juin et de juillet vinrent de l'ouest des vents dont la chaleur étouffante ne peut être comparée qu'à celle d'un four ; l'air, obscurci en un instant par des tourbillons de sable embrasé, asphyxia une infinité de malheureux dans les routes et les campagnes. Alors la soif se réunit à la faim pour désoler ce peuple aux abois. Les puits, les étangs tarirent dans une infinité de villages ; chaque famille se creusa une citerne où elle puisait la nuit, la recouvrant de terre le jour pour la conserver comme un trésor. Dans une ville principale, mes disciples et moi, après les fatigues d'une route un peu longue où nous avions essuyé ces vents brûlans, nous avons été obligés d'appeler les sergens de ville pour obtenir un peu d'eau dans un puits public qui ne distillait que quelques litres d'eau par heure.

» Sous ces vents de feu, toute verdure disparut. Après avoir donné aux animaux la couverture des maisons, qui sont en chaume dans ce pays, après avoir dépouillé les arbres de leur feuillage, les bestiaux, principale ressource de l'agriculteur, périrent presque tous. Je ne craindrais pas d'assurer que dans la contrée que je parcours on eût pu porter à plusieurs millions le nombre des vaches, bœufs, buffles qui succombèrent. Je ne citerai qu'un seul exemple, il pourra faire comprendre quelles ont dû être les pertes des simples cultivateurs. Un petit prince de ce pays avait quatre cents vaches, trente-six paires de bœufs, un très-grand nombre de buffles et vingt-deux chevaux de selle ; aujourd'hui il ne lui reste que deux chevaux, quatre paires de bœufs et dix buffles. Plus de trois mille pieds d'orangers, citronniers, pamplemousses, etc., plantés dans ses jardins, arrosés par différens canaux, se sont tous desséchés. Ainsi il n'y a plus de bœufs pour le labourage ; on ne trouve plus que très-difficilement à se procurer du lait, nourriture principale de l'Indien, si ce n'est du beurre et du lait de chèvre, que les bergers vendent au poids de l'or. En chaque village, deux ou trois habitans fortunés seulement ont pu conserver quelques vaches en en sacrifiant cinquante, quatre-vingts et jusqu'à deux cents peut-être qu'ils possédaient l'an dernier.

» De plus, les malheureux des classes inférieures, les seuls, parmi les Indiens, qui se nourrissent de chair de vache, après avoir dévoré les carcasses de celles qui avaient péri, ne trouvant plus rien pour se nourrir, afin de forcer les propriétaires, qui conservaient encore quelqu'un de ces animaux dans l'intérieur de leur maison, à les exposer dans les champs, percèrent, renversèrent les murs d'enclos et mirent le feu aux habitations ; alors ce ne furent plus qu'incendies : plus de mille villages furent ainsi ruinés. Pendant les nuits de juin et de juillet, je n'apercevais de tous les côtés que la lueur de ces flammes dévastatrices. Leur faim n'étant pas assouvie, ils vinrent par bandes nombreuses attaquer pendant la nuit les principaux habitans des villages, enlevant tout ce qu'ils trouvaient, brûlant, torturant, massacrant quelquefois les propriétaires pour les forcer à découvrir leurs bijoux ou leur argent. Bientôt ce brigandage devint si général, si habituel qu'on ne pouvait plus se fier à personne, ni le mari à sa femme, ni le père à son fils ; chacun enlevait les objets pré-

---

¹ « Écoutez ceci, vieillards, et vous, habitans de la terre, prêtez l'oreille : la sauterelle a mangé les restes de la chenille, le hanneton les restes de la sauterelle, et le ver les restes du hanneton. »

cieux et prenait la fuite. Le froid égoïsme se glissa dans tous les cœurs : ni les liens les plus sacrés de la chair et de l'amitié, ni le spectacle de l'extrémité la plus affreuse ne pouvaient plus rien sur ceux qu'un peu de fortune mettait encore en état de secourir les autres. Tous tremblaient pour eux-mêmes ; soit de jour soit de nuit, on ne pouvait marcher qu'en troupes et bien armés ; encore ces précautions étaient-elles quelquefois insuffisantes. Ceux qui conservaient encore quelque force empruntaient à gros intérêts un peu d'argent, puis allaient à trente et à quarante lieues pour acheter quelques grains ; mais, la nuit, les habitans des villages où ils couchaient, se réunissant, leur enlevaient ces grains et leurs vêtemens même après les avoir assommés de coups. J'ai entendu dire que pour empêcher l'exportation des grains, on avait mutilé cruellement les infortunés acheteurs. En conséquence de tous ces désordres, les prisons de toutes les villes principales furent encombrées de voleurs ; on en a compté, dit-on, à Gontour quatorze cents et autant ou plus dans les autres collectoreries. Les pluies tardant encore à tomber et les vents de l'ouest soufflant sans discontinuer, le mal parvint à son comble dans les mois de juillet, août et septembre. A cette époque, les rues de chaque village se remplirent de spectres animés fouillant dans les balayures des maisons pour y trouver de quoi assouvir leur faim ou rongeant les pailles destinés aux bestiaux pour en tirer un peu de suc. Alors on a vu un père couper la main de son fils mort, arracher les entrailles de son cadavre et les mettre sur les charbons pour s'en repaître, et une mère saisir son enfant presque encore à la mamelle et le conduisant à l'écart, mettre en pièces ses membres délicats afin d'assouvir la faim horrible qui la dévorait. Beaucoup d'autres parens vendirent leurs enfans aux mahométans (cruauté inouïe chez les Indiens). Enfin les infortunés habitans de ces provinces, voyant encore la première moisson de cette année 1833 se dessécher, s'abandonnèrent au désespoir à la vue de tant de maux dont ils n'entrevoyaient plus le terme, et quittant ces terres de douleur, ils s'enfuirent vers l'ouest, au delà des montagnes qui divisent la péninsule : là, disséminés dans les déserts, la mort les a décimés et presque anéantis partout ; d'autres se jetèrent dans les grandes villes ; mais la plupart descendit vers Madras. Tous les cœurs y furent émus, déchirés à la vue de ces populations entières, expirantes de misère et de faim, qui venaient implorer le secours des habitans de cette capitale de la péninsule occidentale. La compagnie des Indes, proportionnant la grandeur de ses bienfaits, en cette douloureuse circonstance, à celle des maux dont elle était témoin, a fait voir à tout l'univers ce que peut la raison éclairée encore par quelque reflet de la lumière de l'Évangile dans ceux même qui, s'étant séparés de son Église, ont par une conséquence nécessaire tant perdu de son esprit de charité. Sans s'effrayer des dépenses excessives auxquelles elle allait être entraînée, elle a prodigué pendant près de huit mois, dans toutes les capitales et tous les chefs-lieux de canton, les secours les plus généreux : nourriture abondante et vêtemens aux uns, remèdes aux autres, sépulture aux morts, frais de route pour reconduire dans leur patrie, à cent lieues de distance, ceux qui avaient survécu à tant d'épreuves, elle n'a rien négligé. Elle a chargé ses flottes de riz pour les distribuer aux Indiens affamés, taxé tous ses employés pour accroître les ressources destinées à soulager les malheureux, recommandé à tous ses gouverneurs des provinces désolées de se revêtir de l'âme tendre et ingénieuse des mères. Rien de plus admirable en un mot que la bienfaisance magnanime dont elle a fait preuve dans ces jours de malheur.

» Mais, hélas ! tout était insuffisant. Les hommes ont bien pu remplir leurs devoirs envers leurs semblables ; mais l'arrêt porté devait s'accomplir : il ne dépendait pas d'eux d'en empêcher l'exécution. La mort continua donc à frapper : elle entassa les victimes, et redoublant de jour en jour ses coups, bientôt les rues, les alentours de chaque bourgade furent jonchés de cadavres ou de moribonds. Le nombre en croissant sans mesure, ceux qui survivaient, languissant eux-mêmes, ne conservèrent plus assez de force pour creuser une fosse ou dresser un bûcher pour inhumer ou brûler les corps de leurs parens expirés : on se contenta d'attacher une corde au cou de ces cadavres et de les traîner à quelques pas au delà du village. Là ils étaient dévorés par les chiens, les renards et les oiseaux de proie ; mais ces animaux, tout voraces qu'ils sont, rassasiés enfin et dégoûtés de cette horrible abondance, abandonnèrent une foule de ces cadavres. Ainsi l'approche de chaque hameau ne présentait plus que le spectacle d'un champ de bataille couvert de membres épars, de têtes disséminées, de corps mutilés, au milieu d'autres encore intacts qui, se réduisant en pourriture, rendaient l'approche de ces charniers dangereux par l'infection pestilentielle qui s'en exhalait. Toutes les routes qui conduisaient à la mer, où les vaisseaux déchargeaient du riz, surtout celles qui conduisaient à Nelloor et à Madras, étaient encombrées de mourans qui, se soutenant les uns les autres, tombaient à quelques pas et expiraient. Dans l'espace de soixante-douze lieues, on ne vit pendant trois mois que des monceaux de cadavres ; on ne trouvait pas, disent ceux qui parcoururent cette route, où mettre le pied, tant les chemins en étaient encombrés. Dans un des villages qui se trouvent sur cette route, les registres publics comptèrent trois mille morts étrangers. Madras, dit-on, a été encombré de centaines de milliers d'infortunés dont elle a vu périr les deux tiers par la dyssenterie, et il en a été de même dans le Condavir, le Bellana, Conda, le Palnad, etc. Alors plus de pleurs, plus de cris à la mort des personnes les plus chères (chose extraordinaire dans l'Inde, où la mort la plus désirée est celle qui est accompagnée de grandes démonstrations de douleur vraie ou feinte); la mère, d'un œil sec, inhumait son enfant, dont elle enviait le sort : « Eh! me disait une infortunée jeune veuve, qui » avait été réduite à l'agonie par le choléra, pour- » quoi Dieu m'a-t-il rappelée des portes de la mort? » je ne verrais pas aujourd'hui mon mari, mes en- » fans, ma mère, mon beau-frère périr et me laisser » sans secours ici-bas. » Ses larmes étaient épuisées, elle n'en avait plus pour déplorer des pertes devenues journalières pour elles. Ainsi se sont accomplies ces paroles foudroyantes de Jérémie, chap. XXV, v. 33 : « *Et erunt interfecti Domini in die illâ à summo terrœ usque ad summum ejus : non plagentur, et non colligentur, neque sepelientur; ut sterquilinium super faciem terrœ jacebunt* [1]. » Dix, douze, quatorze personnes ont disparu dans une infinité de familles; que dis-je? des générations entières ont été anéanties ou réduites à quelques veuves en proie à la douleur et à la misère. La partie de l'Inde où je me trouve n'est plus qu'un amas de ruines; chaque bourgade ne se compose plus que de murailles et de masures abandonnées. Quant aux castes inférieures, je puis assurer que, dans l'intérieur du pays, les dix-huit vingtièmes ont péri.

» Enfin, Dieu semblant retirer son bras et mettre son glaive exterminateur dans le fourreau, dont il était sorti depuis dix mois, envoya au mois de septembre des pluies abondantes, au moins dans plusieurs provinces. Les restes malheureux des habitans se hâtèrent de confier au sein de la terre leurs dernières espérances; mais, hélas! privés de nourriture et de force jusqu'à la moisson, trop lente pour leurs besoins, ils cueillirent sans précaution les herbes potagères dont la campagne fut couverte au bout d'un mois. Arrachant les premiers épis encore verts, ils s'en firent une bouillie peu substantielle, ou même se contentant de les froisser dans leurs mains, ils les avalaient. Alors la mort revint sous un autre aspect : la dyssenterie à son tour décima les restes de ceux qui avaient échappé aux fléaux précédens ou qui étaient revenus de leur émigration. Ensuite des fièvres opiniâtres se répandirent dans toutes les provinces : tous alors, sans distinction, riches ou pauvres, jeunes ou vieux, en furent attaqués. Sur dix, huit au moins furent en proie à cette maladie pendant vingt ou trente jours; personne alors pour les travaux de la campagne. Une faiblesse universelle décèle maintenant dans ceux qui survivent à quelle épreuve ils ont été mis et à quel prix ils ont conservé leur existence.

» Telles sont, monseigneur, les douleurs dont j'ai été abreuvé cette année. Dieu en a été le témoin, de lui seul j'en attends la récompense. Ainsi je n'entrerai dans aucun détail sur ce qui me regarde ; ce que je dirai ne sera donc que pour montrer les desseins de la Providence et surtout sa protection paternelle sur ceux qui se confient en lui.

» Dans ces jours de calamité, ma principale et presque unique occupation était de rechercher les petits enfans gentils et mahométans pour les baptiser. Les mères, par l'espérance de quelques grains que je leur distribuais, consentaient volontiers à ce qu'ils reçussent le baptême lorsqu'ils étaient près de mourir. Hélas! parmi des millions de ces jeunes fleurs qui, à peine écloses, ont péri, la Providence ne m'a permis d'en choisir que quelques-unes pour en former une couronne digne d'être offerte au ciel! Deux cent quarante enfans et une quinzaine d'adultes seulement me furent alors accordés. J'avoue que plusieurs enfans ont été amenés à recevoir le baptême par des voies tout à fait extraordinaires qui me prouvent mieux que tout raisonnement une prédestination gratuite : quelquefois, Dieu semble m'avoir appelé dans certains endroits uniquement pour baptiser un petit élu. Que faire? nouvellement arrivé dans ce pays, parlant à peine la langue, accablé des cris de tout un peuple qu'il m'était impossible de secourir au gré de mon cœur, volant çà et là au lit des mourans, inhumant mes pauvres enfans, dont plus de cinq cents ont péri, j'ai manqué bien des occasions d'administrer le saint baptême ; j'en demande pardon à Dieu. Cependant l'aimable Providence, le véritable père que nous avons au ciel, ne m'a jamais abandonné : ma santé s'est soutenue inaltérable; moi et ma maison n'avons jamais manqué du nécessaire ; nous avons été, il est vrai, réduits au bien strict nécessaire et à la veille de nous coucher à jeun ; mais Dieu y pourvoyait enfin en intéressant les autorités mêmes du village, qui forçaient les marchands à nous vendre un peu de grain.

» Dans les différens voyages que j'ai été obligé de faire dans les déserts au travers des montagnes, sa main m'a préservé de tout danger. Plusieurs fois le bruit qu'une de ces bandes terribles de voleurs dont j'ai parlé plus haut devait tomber sur le village où je couchais faisaient trembler le peu d'habitans qui y restaient : je n'ai jamais rien aperçu. Une fois, il est vrai, on est entré dans la maison où je dormais, on y a enlevé une petite caisse où étaient mes papiers et quelque argent destiné à des aumônes, mais on s'est contenté des espèces sans toucher aux vases sacrés qui ont été cependant visités. Le lendemain je retrouvai mes papiers intacts dans la caisse, qui surnageait dans un puits où elle avait été jetée. J'avoue

---

[1] Ceux que la main du Seigneur aura frappés ce jour-là d'une extrémité de la terre à l'autre ne seront point pleurés ; on ne les relèvera point, on ne les ensevelira point, mais ils resteront étendus sur la surface de la terre comme du fumier. »

encore qu'on attaqua une fois et frappa assez grièvement un de mes disciples qui m'apportait d'une ville voisine des lettres d'Europe ; mais jamais dans des villages tout peuplés de Gentils, couchant en pleine rue ou sous un arbre, personne ne m'a attaqué ni molesté en rien ; je n'avais néanmoins ni armes ni gardes. Plusieurs de mes chrétiens me forcèrent, pendant quelques jours, à faire porter à mes disciples des lances et des sabres qu'ils me donnèrent ; mais, peu fait à un pareil attirail, je les renvoyai, ou plutôt, ne mettant ma confiance que dans le Dieu au nom duquel je marchais dans ces déserts, j'ai éprouvé comme bien d'autres la vérité de ces paroles du psalmiste : « *Oculis tuis considerabis, et retributionem peccatorum videbis : verumtamen non accedet ad te malum, et flagellum non appropinquabit tabernaculo tuo; quoniam in me speravit, protegam eum : cum ipso sum in tribulatione; eripiam eum, et glorificabo eum* [1]. »

» *P. S.* 1834. J'ignore quels sont les desseins de la Providence sur les malheureux pays que j'habite. Une disette au moins aussi générale se prépare encore cette année : les pluies, d'abord si abondantes, ont cessé entièrement au bout de six semaines ; la semence a germé, elle a crû jusqu'aux épis. Tous étaient remplis de l'espoir que les jours de malheur étaient enfin terminés; mais Dieu, dont les desseins sont impénétrables, a frustré toutes ces espérances : des vers, des chenilles de toutes les espèces ont entièrement fait périr le grain dans les épis. Ainsi les campagnes sont couvertes de paille; mais pas une mesure de froment. L'an dernier il y avait une grande quantité d'animaux, Dieu ne donna pas même du chaume pour les nourrir; cette année qu'ils ont tous péri, il y en a en abondance : l'an dernier, comme cette année, l'homme seul est privé de subsistance. La petite vérole commence ses ravages ; Dieu soit béni : « *Non recuso laborem ; ego autem in flagella paratus sum* [2]. »

» Cependant, pour me consoler, Notre-Seigneur a inspiré dans un seul village à trente personnes le désir de recevoir le baptême : je l'ai conféré à quelques-unes le jour de la fête de Noël, et j'ai dessein de le conférer aux autres quand elles seront plus instruites. Quelques villages me font concevoir aussi l'espérance d'y voir le nombre des chrétiens s'augmenter.

Pardonnez, monseigneur, la longueur de cette lettre ; c'est sous les arbres dans la route de Nellour (*Nellore*) à Kitchery que je trace les lignes que je vous adresse. Conservez-moi votre bonté paternelle ainsi qu'à tous mes enfans ; ils sont les plus affligés du troupeau, ils ont en quelque sorte plus de droits à votre tendre charité.

Agréez, etc.

A. Charbonnaux.
Miss. ap.

COMMERCE.

L'Hindou sort peu de son pays ; il n'y a guère que celui qui a embrassé un culte différent de celui de ses pères qui franchisse la frontière et aille trafiquer au dehors : la loi religieuse et politique s'y oppose formellement, et jadis l'infraction de cette règle était rigoureusement punie de mort.

On conçoit facilement de quel avantage cette défense fut pour les négocians étrangers : aucune concurrence ne vint les entraver. Les Arabes, les Persans, les Malais se présentèrent d'abord et firent le cabotage ; les Portugais vinrent ensuite et s'emparèrent de la navigation extérieure ; puis enfin les Hollandais, les Danois, les Français arrivèrent et eurent leur tour de règne. Sous Louis XIV, nos flottes étaient maîtresses de l'Inde, alors même que les Anglais et les Hollandais étaient réunis. Mais nous sommes loin de ces temps. L'Angleterre aujourd'hui domine dans ces parages et elle n'y souffre pas de rivaux.

La compagnie anglaise qui exploite cette admirable contrée tient le monopole de tous les genres de commerce, et les bénéfices qu'elle en retire sont incalculables :

Commerce de l'indigo dans le Bengale.

Commerce des toiles et mousselines dans l'Oricah, dans le Karnatik et sur la côte de Coromandel.

Commerce des perles dans le golfe de Mannar et dans le Maduré.

Commerce de la cannelle à Ceylan.

Commerce de bois dans le Havomior et dans le Malabar.

Commerce du poivre dans le Kanara et dans le Konkan.

Commerce des châles à Surate, à Luknow, à Calcutta.

Commerce du coton et des épices à Bombay.

Monopole du riz partout.

La conquête de l'Arakan et des provinces voisines vient de lui livrer le commerce de l'ivoire et des peaux de tigre.

La conquête de Mysore lui a donné le commerce des diamans et des pierres fines.

Et maintenant elle lutte contre les rois de Lahor et de Neypal, et elle prépare une expédition contre le Boutan et le Thibet pour s'emparer du Kachmir et de ses fabriques, et faire main basse sur le commerce des duvets et des laines. A cela joignez enfin les marchandises importées, tous les cuirs, tous les draps et

---

[1] « Vous verrez la punition des méchans, vous la contemplerez de vos yeux : cependant le mal n'approchera point de vous et le fléau restera éloigné de votre asile ; parce qu'il a espéré en moi, je le protégerai : je serai avec lui dans la tribulation, je l'en délivrerai et je le glorifierai. »

[2] « Pour moi, je ne refuse point le travail, et je suis prêt à tout souffrir. »

tous les objets manufacturés qui de l'Angleterre viennent dans l'Inde et dont le détail offre à Manchester, à Leids, à Birmingham et à Londres d'immenses et continuels débouchés.

CÔTE DE L'INDE.

Dans les limites actuelles du territoire indien, nous prenons ses côtes depuis le cap Monze dans la mer d'Oman jusqu'à l'île Rambek dans le golfe du Bengale.

Ces côtes sont généralement découpées. Cependant on remarque à l'ouest les golfes de Kotch et de Cambaye, qui forment la presqu'île de Goudjérate ; un peu plus au sud la baie de Bombay, et plus bas celle de Goa, sur la côte de Konkan, autrefois côte des Pirates.

Les côtes de Kanara et de Malabar ne présentent aucune forte échancrure jusqu'à Cochin, où un long bras de mer pénètre dans les terres.

Le cap Comorin, à l'extrémité méridionale de la péninsule indienne, s'avance au sud-ouest du golfe de Mannar, qui sépare du Maduré l'île de Ceylan.

Plus au nord, l'île et le continent semblent unis par les barres et récifs qu'on nomme le pont d'Adam ou de Rama.

Depuis ce pont jusqu'au cap Calymère règne le détroit de Palk.

De Comorin à Calymère, la côte prend le nom de côte de la Pêcherie, parce qu'on y fait la pêche des perles.

Au cap Calymère commence la côte de Coromandel, qui finit à Nizapatam, au sud de la Kichna. Cette côte est entrecoupée par les bouches de nombreuses rivières, notamment par celles du Kavery.

La côte des Sirkars part de la Kichna et se termine à Grandjam, au sud du lac Chilka.

Viennent ensuite la côte d'Oricah et celle du Bengale, qui sont aussi basses, mais plus marécageuses que les précédentes, et inondées, la première par les bouches du Mahanady ou Méhénédy, la seconde par les innombrables canaux qui versent les eaux du Gange et du Bramapoutre dans le golfe du Bengale et forment l'archipel fertile et malsain de Sounderbonds.

Vient ensuite la côte d'Arahan, semée d'îles dont les principales sont Saint-Martin, Balonga, Tcheduba et Rambek ou Rami, qui limite les nouvelles possessions conquises par les Anglais sur les Birmans et termine la ligne maritime.

Toutes ces côtes riches et animées se développent sur une étendue de 1,000 à 1,200 lieues.

DIVISION DU TERRITOIRE INDIEN.

L'Inde, dans les premiers temps de son histoire, se divisait en deux grandes sections, la partie supérieure et la partie inférieure, chacune ayant ses usages et ses lois : l'une plus adonnée aux sciences, l'autre au commerce ; l'une plus civilisée et plus tranquille, l'autre moins éclairée et plus remuante. Les livres sanskrits nomment la première Baralkhanda ou état de Bharatta et la seconde Djambou Dwip ou péninsule de l'arbre de Djambou. Mais à l'époque où la puissance, les idées et l'idiome des Arabes, des Tartares prévalaient, la *section du nord* reçut le nom d'Hindostan et dut s'entendre du territoire qui s'étendait depuis l'Himaus jusqu'à la Nerbuddah ; depuis le Sind ou Indus jusqu'au Gange et au Broumapoutre. Quant à la presqu'île qui de la Nerbuddah se prolonge jusqu'au cap Comorin, elle se nomma le Denan ou Dekhan, pays ou *section du midi*.

Ces divisions principales se subdivisaient elles-mêmes à l'infini. Rarement un seul maître pouvait tenir dans l'obéissance une si vaste région : les parties les plus éloignées du siége de sa résidence lui échappaient toujours.

Aussi le Dekhan se partagea-t-il en plus de cinquante royaumes ou principautés. L'Hindostan en avait peut-être le double.

Quand vint le Grand Mogol, il donna à l'Inde l'organisation des soubabies ; il n'y en eut d'abord que deux grandes, celle du nord et celle du midi ; mais par la suite elles se subdivisèrent, et à la fin du siècle passé il y en avait vingt-deux, savoir :

1° Kaboul,	12° Oricah,
2° Lahor,	13° Guzarat,
3° Kachmyr,	14° Adjimir,
4° Moultan,	15° Malvah,
5° Tattah,	16° Bérar,
6° Dehly,	17° Kandeisch,
7° Agrah,	18° Aureng-abad,
8° Allah-abud,	19° Bédor,
9° Aoud,	20° Haïder-abad,
10° Bihar,	21° Ahmed-Nagar,
11° Bengaly,	22° Visapour.

Mais les liens qui rattachaient ces derniers états à l'autorité suprême du Grand Mogol furent bientôt rompus, et peu à peu ils reprirent leur indépendance.

Passons maintenant à la géographie politique de l'Inde actuelle. La constitution physique de ce vaste pays demandait qu'on la divisât en quatre sections principales, savoir :

1° L'Hindoustan, ou la vallée de l'Indus ;
2° Le Gangistan, ou le bassin du Gange ;
3° La péninsule depuis la Nerbuddah jusqu'au cap Comorin, suivant l'ancienne délimitation du Dekhan ;
4° Les îles Ceylan, Laquedives, Malicoï et Maldives.

Mais la politique a méconnu cette division naturelle, et voici les grandes divisions maintenant avouées par elle.

INDE LIBRE.

1° Royaume de Lahor; 2° royaume de Neypal; 3° principauté à Sindhy; 4° état de Sindiab; 5° les Maldives.

L'Inde libre s'étend sur une superficie de 45 mille lieues carrées. Sa population est de 17 millions d'âmes. Les revenus de ses divers gouvernemens s'élèvent ensemble à 135 millions de francs et ses armées permanentes à un effectif de 340,000 hommes.

INDE ANGLAISE.

L'Inde anglaise se divise en possession directe et en états tributaires. Les possessions directes forment trois gouvernemens ou présidence, Calcutta, Madras et Bombay. La présidence de Calcutta est le centre de la domination anglaise et son titulaire a le rang de gouverneur général.

Les trois présidences occupent une superficie de 92 mille lieues carrées; leur population s'élèvent à 80 millions d'habitans et leurs revenus à 250 millions de francs. L'armée, qui est entretenue sur le pied de guerre et dont le gouverneur général peut disposer en souverain, se compose de 220,000 hommes, dont les neuf dixièmes sont Hindous (cypaies).

Il faut joindre aux possessions directes de l'Angleterre l'île de Ceylan, qui a 2,500 lieues carrées et 1500 mille habitants.

Quant aux états tributaires de la compagnie anglaise, ils sont au nombre de quarante et occupent une superficie de 84 mille lieues carrées; leur population totale s'élève à 40 millions d'âmes et le tribut payé à la compagnie anglaise à 80,000,000 de fr.

De cet exposé rapide, il résulte que la puissance anglaise s'étend sur une superficie de 180 mille lieues carrées, dont la population totale est de 120 millions d'âmes. Les revenus et les tributs s'élèvent à 330 millions de francs, et l'armée est au moins de 300,000 hommes.

INDES FRANÇAISE, PORTUGAISE, HOLLANDAISE ET DANOISE.

Cette division se réduit à quelques villes éparses avec des territoires très-limités et enclavés dans les possessions anglaises de manière à ne pouvoir laisser aucun ombrage à la compagnie.

INDE FRANÇAISE.

Les villes françaises sont au nombre de quatre:
Pondichéry,
Chandernagor,
Karikal,
Mahé.

La première, qui est le chef-lieu de nos posses-

sions, a .... 30,000 âmes
La seconde .... 40,000 »
La troisième .... 15,000 »
La quatrième .... 8,000 »

TOTAL ...... 93,000 âmes.

Mais ces villes ont chacune un petit territoire qui forme en tout 80 lieues carrées et compte une population de 100,000

Ce qui donne un total général de 193,000 âmes.

INDE PORTUGAISE.

Les villes portugaises sont Goa et Diu.
La première a 30,000 âmes et la deuxième 6,000 âmes.

Leur territoire s'étend à 700 lieues carrées et compte 500,000 habitans.

En somme donc 536,000 âmes.

INDE HOLLANDAISE.

Les villes hollandaises sont Négapatam, qui a 16,000 habitans, et Tuticorin, qui en a 12,000.

Le territoire qui en dépend est de 110 lieues carrées avec une population de 108,000 âmes.

Total général : 136,000 habitans.

INDE DANOISE.

Les villes danoises sont Syrampour et Tranquebar; elles ont chacune 20,000 habitans.

Leur territoire est de 120 lieues carrées avec une population de 350,000 âmes.

En somme : 390,000 habitans.

Résumé de la troisième partie.

Les possessions de la France, du Portugal, de la Hollande et du Danemark dans l'Inde se bornent à un territoire de 1,010 lieues carrées avec 10 villes et 1,215,000 habitans.

Récapitulation générale.

	Superficie en lieues carrées.	Nombre d'habitants.
Première partie.		
Inde libre	45,000	17,000,000
Deuxième partie.		
Inde anglaise	180,000	120,000,000
Troisième partie.		
Inde française, portugaise, hollandaise, danoise	1,010	1,215,000
TOTAUX	226,010	138,215,000

L'ILE CEYLAN.

L'île Ceylan est située à l'extrémité méridionale de la péninsule indienne entre 5° 54' et 9° 55' de latitude nord et entre 77° 40' et 79° 40' de longitude orientale.

Elle domine toute la navigation des côtes du Malabar et de Coromandel ; elle a 100 lieues de long sur 40 à 50 de large, et des montagnes couvertes de forêts la partagent en deux du nord au sud. Ces forêts et ces montagnes attirent des orages qui à certaines époques bien connues des marins sont très-violens. Les côtes sont bordées de bas fonds et d'écueils ; néanmoins on y trouve de bonnes rades et d'excellens ports.

Les montagnes du centre renferment des pierres précieuses et des mines d'or, d'argent, de fer et de plomb, mais ces richesses ont été jusqu'ici mal exploitées. On trouve aussi dans l'île de l'antimoine, du soufre, du salpêtre ; on y trouve en outre le tolipot, dont les feuilles servent de papier et d'éventail, le sagoyer, le palmier à sucre, le cocotier, les arbres à gomme, l'arbre à pain, l'oranger, l'ébénier et même le théyer et le camphrier, enfin toutes les plantes de l'Inde et de l'Asie méridionale. De plus, le riz et la canelle y abondent.

C'est entre Mannar, petite île tenant à Ceylan, et le Maduré, que se fait la grande pêche des perles. Jadis elle n'avait lieu que tous les trente ans ; elle n'eut ensuite lieu que tous les 20 ans ; puis les Portugais la firent tous les dix ans ; les Hollandais tous les cinq ans, et enfin les Anglais, possesseurs actuels de l'île et de la côte et maîtres du golfe de Mannar, tous les deux ans. Aussi la pêche devient-elle toujours moins abondante. Vers cette époque, les joailliers de l'Inde ne s'en donnent pas moins rendez-vous à Ceylan. Les missionnaires y viennent aussi, non pour la pêche des perles, mais pour celle des âmes ; ils se mêlent aux matelots, aux marchands, aux plongeurs, et leurs leçons et leur exemple ne sont jamais stériles au milieu de cette foule ardente et agitée.

Les missionnaires ont décrit la pêche en grand détail : elle se fait toujours de la même manière. Le spectacle est curieux, mais non pas sans dégoût. Les huîtres qui restent après l'extraction des perles pourrissent sur la dune et infectent l'air à plusieurs lieues à la ronde.

L'île de Ceylan a des éléphans très-grands et très-dociles, des buffles très-vigoureux, des chevaux très-agiles ; elle possède tous nos animaux domestiques, et dans ses bois elle a du lapin, dans ses champs des lièvres, mais aussi des chacals, des tigres et même des lions.

Singala ou Chingala, un des anciens noms de Ceylan, signifie île des lions : il y en a aujourd'hui très-peu.

Le plus ancien nom de l'île est la Sanskrit-Lanka, on l'appelle aussi Sulabha (*l'île riche*), que Ptolémée traduisit par Saliké, dont on fit Salice.

Il n'y a pas de contrée qui ait eu des noms si variés. Ceylan fut appelée par les Grecs Taprobane ; au premier siècle de notre ère, on l'appela Semoudon, puis Serendiva, Siclendiva, Serendis, Serendib, Sielediba : chaque auteur chaque orthographe ; enfin elle reçut le nom de Selen, puis de Zeilam, dont il n'a pas été difficile de faire *Ceylan*, nom généralement adopté aujourd'hui.

L'île a deux sortes d'habitans, les Veddahs et les Ceylanais.

Les Veddahs sont les habitans primitifs : ils vivent dans l'intérieur au milieu des montagnes ; les Ceylanais sont venus du continent : ils habitent sur les côtes et occupent plus particulièrement la partie méridionale de l'île.

Les Veddahs sont encore dans l'état sauvage ; ils vont presque nus, couchent dans des huttes ou sur les arbres. Leurs mœurs et leur culte sont à la fois sombres, sanguinaires et farouches.

Les Ceylanais sont plus civilisés et plus doux ; ils se rapprochent tout à fait des Hindous, et comme eux ils se divisent en castes qui ne se peuvent mêler sous peine de mort. Leurs femmes ont l'élégance et la grâce des Européennes.

Ces insulaires sont industrieux : ils font des toiles de coton et du sucre ; ils aiment les arts, et jadis ils eurent des monumens magnifiques dont les ruines couvrent encore le sol, surtout dans le nord.

Le premier roi de l'île fut *Rama* ; son empire se partageait en six principautés, savoir :

Kandy,   Dumbadam,
Cotta,   Ramnadapour,
Sieta-Reca,   Jaffnapatnam.

Les petits souverains de ces états divers se faisaient des guerres continuelles. Leurs divisions facilitèrent en 1517 la conquête de l'île par les Portugais.

Mais ces nouveaux maîtres se conduisirent d'une manière si odieuse que tous les Ceylanais, s'unissant contre eux, parvinrent à les chasser de l'île.

Les Hollandais avaient secouru les Ceylanais ; ils voulurent se mettre aux lieu et place des Portugais : mais ils ne réussirent qu'à soulever contre eux les Ceylanais, et chassés à leur tour, ils furent contraints de renoncer à des établissemens qui leur avaient coûté d'immenses sacrifices.

Les Français parvinrent un moment sur les côtes au temps du bailli de Suffren, sous les premières années du règne de Louis XVI, mais les Anglais seuls ont réussi à Ceylan à y affermir leur domination.

La superficie de l'île entière est de 2,500 lieues carrées, et sa population est de 1,500,000 habitans. Sur ce nombre, il y a un million de chrétiens, au nombre desquels on compte plus des quatre cinquièmes catholiques.

FIN.

TABLE DES LETTRES ET MÉMOIRES

CONTENUS DANS CE VOLUME.

Iᵉ PARTIE.

AMÉRIQUE MÉRIDIONALE.

Lettre d'un missionnaire écrite de Cayenne, sur la mort du P. Creuilly. 1
Lettre du P. Crossard au P. de La Neuville. — Origine et progrès de la mission et de la colonie des Guyanes. 3
Lettre du P. Lavit au P. de La Neuville. — Traversée de La Rochelle à Cayenne. — État de la colonie. — Mœurs des sauvages entre l'Oyapoc et le Maroni. 6
Lettre du P. Fauque au P. de la Neuville, procureur des missions de l'Amérique. 8
Lettre du P. Lombard, supérieur des missions des sauvages de la Guyane. — Nouveaux établissemens. — Conversions. 11
Lettre du P. Fauque. — Description de la Guyane et notamment des rives de l'Oyapoc. 15
Lettre du P. Lombard sur Kourou, l'Oyapoc, les Galibis. 18
Lettre du P. Fauque au P. de La Neuville. — Particularités sur les mœurs des Indiens. 22
Lettre du P. Fauque. — Excursion dans les terres entre l'Oyapoc et le fleuve des Amazones. 24
Lettre du P. Fauque. — Manière de procéder dans l'établissement des missions. — Aspect du pays. — Différence entre les peuplades sauvages. 29
Lettre du P. Fauque sur la prise du fort d'Oyapoc par les Anglais. 34
Lettre du P. Fauque au P. Allart. — Traite des nègres. — Vente des esclaves. — Entreprise pour ramener les noirs fugitifs et adoucir les maux des travailleurs. 51
Lettre du P. Ferreira à M. ***. — Peinture des difficultés qu'on rencontre et des fatigues qu'on éprouve dans les missions. 57
Lettre du P. Padilla sur la mort du P. Ferreira. — Notes sur les Savannes. 58
Lettre du P. Arlet sur une nouvelle mission du Pérou. 59
Mémoire touchant l'état des missions nouvellement établies dans la Californie. 62
Abrégé d'une relation espagnole de la vie et de la mort du P. Cyprien Baruze. — Notions sur les Moxos, les Chiquitos et les Chiriguanes. 68
Lettre du P. du R. P. de La Chaise. — Traversée de Saint-Malo au Pérou — Détroits de Magellan et de Lemaire. — Ports du Chili. — Description de Lima. 79
Lettre du P. Nyel sur deux missions nouvelles établies dans l'Amérique méridionale à l'est du Pérou. 84
Relation de l'établissement de la mission de Nahuelhuapi sur les bords de la rivière de ce nom. 88
Lettre du P. Labbe.—Relation d'une traversée de Port-Louis au Chili. 91
Lettre du P. de Haze. — Détails sur les peuplades des bords de l'Uruguay, de la Parana et du Paraguay. 95
Lettre du P. Chomé. — Traversée de Cadix au Brésil. — Renseignemens sur les missions du Paraguay. 101
Missions des Guaranis. 108
Deuxième lettre du P. Chomé. — Missions des Guaranis. 108
Lettre du P. Guillaume d'Étré au P. Duchambge. — Missions du Pérou et peuplades voisines. 111
Description abrégée du fleuve Maragnon et des missions établies sur ses bords. 119
Lettre du P. Chomé. — Voyage dans le Tucuman. — Mission des Chiriguanes. 123
État des missions au pays des Chiquites et sur les bords de la Parana et de l'Uruguay. 133
Lettre du P. Bouchet contenant la relation d'un voyage aux Indes orientales par le Paraguay, le Chili, le Pérou. 142
Lettre sur les nouvelles missions de la province du Paraguay tirée d'un mémoire espagnol du P. J.-Patrice Fernandez. — Notions sur la Parapiti, les Mamlus, etc. 153
Deuxième lettre sur les nouvelles missions du Paraguay. — Notes sur vingt nations sauvages. 169
Lettre du P. Chomé au P. Vanthiennen. — Nouveaux détails sur le Paraguay, le Chaco, les montagnes de Zamucos. 190
État présent de la province de Paraguay (1733). 192
Lettre du R. P. Herran au marquis de Castel-Fuerte, vice-roi du Pérou. — Sur les soulèvemens dans les trente peuplades qui reçoivent les lois des jésuites. 192
Lettre du marquis de Castel-Fuerte au R. P. Herran. — Sur les troubles du Paraguay. 197
Copie d'un acte dressé dans le conseil royal de Lima relativement aux troubles du Paraguay. 197
Mémoire apologétique des missions établies par les pères jésuites dans la province du Paraguay. 198
Lettre de l'évêque de Buénos-Ayres au roi. — Réponse aux accusations portées contre les jésuites. 210
Lettre du capitaine général de Buénos-Ayres contenant des attestations favorables aux jésuites. 211
Clauses favorables aux jésuites insérées dans le décret de Philippe V envoyé au gouvernement de Buénos-Ayres en 1716. 212
Observations géographiques sur la carte du Paraguay. 214
Extrait d'une lettre du P. Lozano, missionnaire de la province du Paraguay. — Nouvelles du Pérou. — Tremblement de terre à Lima (1746). 217
Lettre du R. P. Morgheu à M. le marquis de Reybac. — Description du Pérou. 222
Mémoire historique sur un missionnaire distingué (le P. Castagnare) de l'Amérique méridionale. 229
Lettre du R. P. Cat. — Traversée d'Espagne en Amérique. — Particularités sur les bords de la Plata, etc. 232
Lettre du P. Antoine Sepp sur l'état de la religion au Paraguay. 242

MISSIONS DE L'INDE.

Préface. 248
Lettre du P. Lainez sur la mort du P. Britto. 249
Lettre du P. Pierre Martin au P. de Villette. — Missions sur le Bengale, le Kernatik et le Maduré. — Relations avec les mahométans. 257
Lettre du P. Martin au P. Le Gobien. — Missions de Carnate, Gingi, Golconde et Maduré. — Notions sur les castes de l'Inde. 261
Lettre du P. Mauduit au P. Legobien. — Progrès de la religion à Pondichéry et dans le Maduré. 281
Lettre écrite de Pondichéry par le P. Dolu au P. Le Gobien. — Nouvelle mission. — Fondation d'églises. 283
Lettre du P. Bouchet au P. Le Gobien. — Efforts des ouvriers évangéliques. — Succès croissants. 285
Lettre du P. Martin au P. Le Gobien. — Persécutions. — Prédications. — Dangers que courent les ministres de l'Évangile. 285
Lettre du P. Dusse. — Projet d'établissement sur les terres du Mogol. 304
Lettre du P. Mauduit au P. Le Gobien. — Notions sur le royaume de Carnate. — Les brames et les bayadères. 306
Relation d'un voyage fait par le P. Mauduit à l'ouest du royaume de Carnate. 308

TABLE DES MATIÈRES.

Lettre du P. Petit au P. de Trévou. — Progrès de la religion. — Souffrances des missionnaires. 316

Lettre du P. Tachard au P. de La Chaise, confesseur du roi. — Ile d'Anjouan. — Troubles de Surate. —Cap Comorin.—Calecut.—Côtes de Malabar, de Travancor et de la Pêcherie. 317

Lettre du P. Tachard. — Renseignemens sur le royaume de Carnate. 325

Lettre du P. Tachard au P. de La Chaise. — Persécutions. — État des Églises. 328

Lettre du P. Legobien aux missionnaires français. — Histoire du P. Verjus. 329

Lettre du P. Bouchet à l'ancien évêque d'Avranches. — Croyances des Indiens comparées à celle des Hébreux. 344

Lettre du P. Bouchet au P. Baltus. — Sur les idoles, les démons, les oracles. 353

Lettre du P. Martin au P. de Villette. — Description d'une espèce particulière de serpens. — Guerres dans le royaume de Tanjaour. — Mœurs et usages. 363

Lettre du P. Martin au P. de Villette. — Fêtes chrétiennes. — Curiosité des indiens. 378

Lettre du P. de Bourzes au P. Souciet. — Traversée. — Phosphorescence. 389

Observations sur la phosphorescence de la mer. 392

Lettre du P. Le Gac au P. Porée. — Luttes des païens contre le christianisme. 393

Lettre du P. de La Lane au P. Mourgues.—État du christianisme dans l'Inde.— Particularités sur les mœurs. — Dieux hindous. — Superstitions.—Métempsycose.—Astronomie. 395

Lettre du P. Martin au P. de Villette. — Peuples voleurs. — Peine du talion. 402

Lettre du P. Papin au P. Le Gobien. — État des arts. — Adresse des ouvriers. 406

Lettre du P. Papin.—Manière d'exercer la médecine dans l'Inde. 408

Lettre du P. San-Yago au P. Manuel Savay. — Détails sur le royaume de Maissour. 410

Lettre du P. Bouchet à M. Cochet de Saint-Vallier.—Haine des brames contre les missionnaires. 413

Lettre du P. Tachard au P. de Trévou, confesseur du duc d'Orléans. — Écoles chrétiennes pour les jeunes Indiens. — Saint-Thomé et son église. —Voyage de Madras.— Tempête. — Port de Ganzam.— Pagode de Jagarnaud. — Pèlerins. — Entrée dans le temple. 425

Lettre du P. Barbier au P. Petit.— Courses et conversions. 437

Lettre du P. de Bourzes à la comtesse de Soudé. — Rangs et préséance. — Apparition de spectres. — Formes de la justice. — Conditions des femmes.—Du riz et autres alimens. — Bœufs, buffles et ânes. — Habillemens et modes. 440

Lettre du P. Martin au P. de Villette. — Disette et agriculture. — Étangs et irrigations. — Temples réédifiés.—Persécutions contre les chrétiens.

Lettre du P. Bouchet à l'ancien évêque d'Avranches. — Métempsycose. — Système des brames. 464

Lettre du P. Bouchet à M. le président Cochet de Saint-Vallier. — De la religion et de l'administration de la justice. 485

Lettre du P. Le Gac à son frère. — Persécution suscitée par les Dasseries. 499

Relation de ce qui s'est passé dans les missions de Marava et de Tanjaour pendant les années 1714 et 1715. 513

Lettre du P. de Bourzes. — Enlèvement des enfans par le roi de Tanjaour. — Destination qu'il leur donne. 521

Lettre du même. — Famine. — Embarras des missionnaires. — Prédicans danois. 524

Lettre du P. Le Caron. — Traversée. —Ténériffe. — Trinquebar. 526

Lettre du P. Bouchet. — Conduite et régime de ceux qui se consacrent à la prédication de la foi. — État des mœurs dans la partie méridionale de la presqu'île en deçà du Gange. 527

Lettre du P. Turpin. — Renseignemens sur le coton et la mousseline des Indes. 546

Lettre du P. Bouchet. — Détails géographiques et statistiques sur la presqu'île en deçà du Gange. 548

Lettre du P. Le Gac au gouverneur de Pondichéry. — Les gourous et les catéchistes. 561

Lettre du P. Barbier. — État et progrès de la religion. 572

Lettre du P. Le Caron à ses sœurs. —Détails sur la mission de Carnate et en général sur la religion, les mœurs et les coutumes des Indes. 572

Lettre du P. Le Gac au gouverneur de Pondichéry. — État de la religion.—Intrigues des Dasserics. 579

Lettre du P. Barbier sur l'état de la religion et des mœurs dans le diocèse du R. P. Laisnez, évêque dont la juridiction s'étoient du cap Comorin jusqu'aux confins de la Chine. 588

Lettre du P. Calmette à M. le marquis de Coëtlogon, vice-amiral de France. — Idées générales des Indiens sur les étrangers et sur eux-mêmes.—Leur religion, leurs arts, leurs mœurs. — Établissemens des chrétiens dans le royaume de Carnate. 598

Lettre du P. Calmette à M. de Cartigny, intendant général des armées navales de France. — État de la religion sur la côte orientale de la presqu'île en deçà du Gange. — Savoir d'un prince du pays. — Opinion sur le Védam. — Relation avec les brames. 610

Lettre du P. Calmette au P. Delmas. — Prédications. — Conversions. — Guérisons merveilleuses. 612

Lettre du P. Calmette au P. de Tournemine. — Idées religieuses et livres sacrés de l'Inde. 627

Lettre du P. Saignes à Mme de Sainte-Hyacinthe. — Détails sur les brames, les nobles, les nababs. — Cérémonie de la réception d'un étranger. — Les Maures dans l'Inde. — Difficultés et dangers des voyages. — Serpens et couleuvres. —Temple célèbre, taureau fameux. — Danseuses consacrées au culte. —Festins. — Prosélytes nombreux. 628

Lettre du P. Pons au P. du Halde.— Particularités sur la littérature indienne. 642

Lettre du P. Saignes à Mme de Sainte-Hyacinthe de Sauveterre.— Guerres des Marattes. — Notions sur ces peuples. 648

Extraits de quelques lettres du P. Calmette au P. du Halde.—Sur la rivière Gaudica, etc. 652

Lettre du P. Cœurdoux au P. du Halde. — Sur les toiles de l'Inde peintes et autres. 654

Lettre de M. Poivre au P. Cœurdoux. — Sur les couleurs des toiles de l'Inde. 661

Lettre du P. Cœurdoux. — Nouvelles notions sur les peintures des toiles et sur les substances qu'on y emploie. 663

Lettre du P. Possevin à Mme de Sainte-Hyacinthe. — Voyage dans l'intérieur à l'ouest de Pondichéry. 666

Lettre du P. du Tremblay.—Disettes, accaparemens.—Malheur des peuples. — Dureté des ministres idolâtres.—Ferveur des chrétiens. 66

Lettre du P. Cœurdoux au P. Patouillet. —Teinture en rouge des toiles de l'Inde. 679

Extrait d'une lettre du P. Possevin au P. d'Irlande. — État des mœurs et de la religion.—M. Dupleix. 687

Lettre du P. Lavaur à son frère. — Guerre des Maures et des Marattes. — Echec des Français, principe de leur décadence dans l'Inde. 688

Extrait d'une lettre écrite de Chandernagor. —Description de la vallée du Gange. 691

Lettre d'un missionnaire des Indes à M.***, on mémoire sur les dernières guerres des Maures aux Indes orientales (1re partie). 697

Lettre d'un missionnaire sur les dernières guerres des Maures (2e partie). 721

Explication de quelques termes persans, mogols et industans répandus dans l'histoire des dernières guerres de l'Inde. 752

Lettre du P. Saint-Estevan. — Traversée. — État des missions dans l'Inde.

Lettre du même. — Voyage de Pondichéry à Karikal. — Royaume de Tanjaour.

Lettre du P. Cœurdoux à M. Delille, de l'Académie des sciences, sur les mesures itinéraires usitées dans les Indes orientales.

Lettre sur les missionnaires des Indes écrite par un homme du monde au P. Patouillet.

Lettre du P. de La Lane. — Intérieur du royaume de Carnate. — Mœurs des villes.—Superstitions des campagnes. 770

Observations géographiques faites en 1734 par les pères jésuites pendant leur voyage de Delhy à Jacpour. 772

TABLE DES MATIÈRES.

Observations des hauteurs méridiennes apparentes des astres faits en 1734, avec un quart de cercle de deux pieds de rayon. 775
MÉMOIRE SUR L'INDE. 778
    Du gouvernement des Maures. 778
    Motifs de la guerre. 780
    Conduite des Français pour l'éviter. 781
    Conduite des Anglais pour susciter et continuer les troubles de l'Inde. 782
    Effets de la guerre. ib.
    Comparaison des établissemens français et anglais. 783
    Établissemens français aux Indes orientales avant la dernière guerre de l'Inde. 783
    Établiss. des Anglais. 783
    État des Anglais depuis la dernière guerre (juillet 1753). 784
    Des concessions aux environs de Mazulipatam. 784
    Remarques sur les concessions anglaises. 785
    Acquisitions anglaises dans le royaume de Tanjaour. 785
    Aux environs de Gondelour. 786
    Aux environs de Madras. 786
    État des concessions accordées à la compagnie de France dans la province d'Arcate. 787
Lettre de M. Busson à M. de Brassaud. — Prise de la ville de Pondichéry par les Anglais. — État des chrétientés. 787
Lettre du P. Ansaloni. — Reconnaissance faite du corps de Saint François Xavier. 790
TABLEAU DE L'INDE. — Observations générales. 791
    Races, cultes et castes. 793
    Les langues, les arts, la littérature et les sciences. 794
    Sol, culture, produits et famines. 795
    Commerce. 800
    Côtes de l'Inde. 801
    Division du territoire indien. 801
    Description de l'île Ceylan. 803

FIN DE LA TABLE DES MATIÈRES.

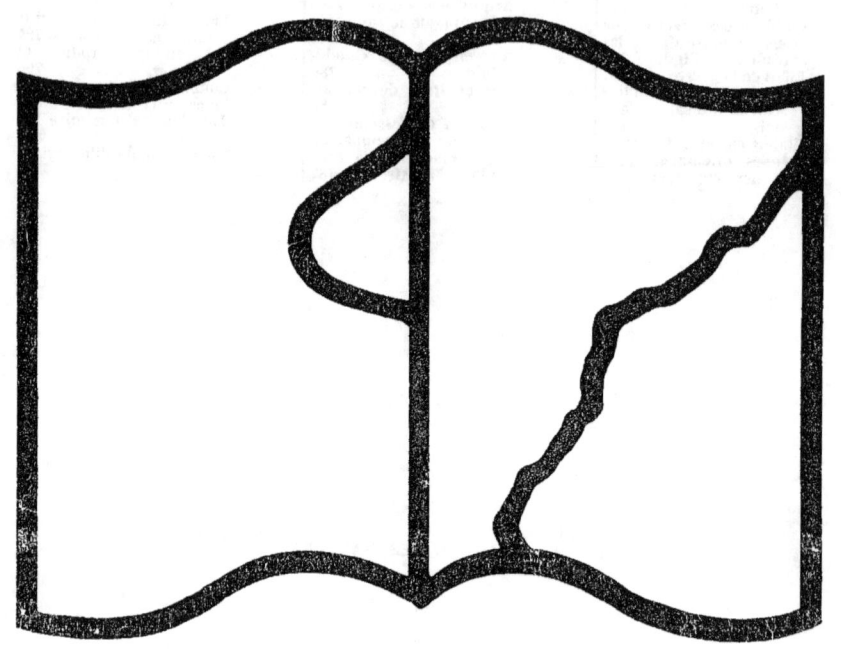

Texte détérioré — reliure défectueuse

NF Z 43-120-11

Contraste insuffisant

NF Z 43-120-14

www.ingramcontent.com/pod-product-compliance
Lightning Source LLC
Chambersburg PA
CBHW061724300426
44115CB00009B/1101